# 2025

## 国家统一法律职业资格考试

# 客观题精题冲刺30天

飞跃考试辅导中心 编

中国法治出版社
CHINA LEGAL PUBLISHING HOUSE

图书在版编目（CIP）数据

2025 国家统一法律职业资格考试客观题精题冲刺 30 天 / 飞跃考试辅导中心编. -- 北京 : 中国法治出版社, 2025. 3. -- ISBN 978-7-5216-4781-5

Ⅰ. D920. 4

中国国家版本馆 CIP 数据核字第 20246TD856 号

责任编辑：成知博（chengzhibo@ zgfzs. com）　　封面设计：杨鑫宇

**2025 国家统一法律职业资格考试客观题精题冲刺 30 天**

2025 GUOJIA TONGYI FALÜ ZHIYE ZIGE KAOSHI KEGUANTI JINGTI CHONGCI 30 TIAN

编者/飞跃考试辅导中心

经销/新华书店

印刷/北京虎彩文化传播有限公司

开本/787 毫米×1092 毫米　16 开　　印张/ 48. 5　字数/ 1624 千

版次/2025 年 3 月第 1 版　　2025 年 3 月第 1 次印刷

中国法治出版社出版

书号 ISBN 978-7-5216-4781-5　　定价：149. 00 元

北京市西城区西便门西里甲 16 号西便门办公区

邮政编码：100053　　传真：010-63141600

**网址：http：//www. zgfzs. com**　　**编辑部电话：010-63141809**

**市场营销部电话：010-63141612**　　**印务部电话：010-63141606**

（如有印装质量问题，请与本社印务部联系。）

# 学习打卡表

| 天数 | 完成时间 | 学习耗时 | 复盘总结 |
| --- | --- | --- | --- |
| 第 1 天 | 年　月　日 | | |
| 第 2 天 | 年　月　日 | | |
| 第 3 天 | 年　月　日 | | |
| 第 4 天 | 年　月　日 | | |
| 第 5 天 | 年　月　日 | | |
| 第 6 天 | 年　月　日 | | |
| 第 7 天 | 年　月　日 | | |
| 第 8 天 | 年　月　日 | | |
| 第 9 天 | 年　月　日 | | |
| 第 10 天 | 年　月　日 | | |
| 第 11 天 | 年　月　日 | | |
| 第 12 天 | 年　月　日 | | |
| 第 13 天 | 年　月　日 | | |
| 第 14 天 | 年　月　日 | | |

| 天数 | 完成时间 | 学习耗时 | 复盘总结 |
|---|---|---|---|
| 第 15 天 | 年　月　日 | | |
| 第 16 天 | 年　月　日 | | |
| 第 17 天 | 年　月　日 | | |
| 第 18 天 | 年　月　日 | | |
| 第 19 天 | 年　月　日 | | |
| 第 20 天 | 年　月　日 | | |
| 第 21 天 | 年　月　日 | | |
| 第 22 天 | 年　月　日 | | |
| 第 23 天 | 年　月　日 | | |
| 第 24 天 | 年　月　日 | | |
| 第 25 天 | 年　月　日 | | |
| 第 26 天 | 年　月　日 | | |
| 第 27 天 | 年　月　日 | | |
| 第 28 天 | 年　月　日 | | |
| 第 29 天 | 年　月　日 | | |
| 第 30 天 | 年　月　日 | | |

# 目　录

# 第 1 天

一鸣从此始，相望青云端。

## 试 题

**1.** 推进依法行政、转变政府职能要求健全透明预算制度。修改后的《预算法》规定，经本级人大或者常委会批准的政府预算、预算调整和决算，应及时向社会公开，部门预算、决算及报表也应向社会公开。对此，下列哪一说法是错误的？

A. 依法行政要求对不适应法治政府建设需要的法律及时进行修改和废止

B. 透明预算制度有利于避免财政预算的部门化倾向

C. 立法对政府职能转变具有规范作用，能为法治政府建设扫清障碍

D. 立法要适应政府职能转变的要求，但立法总是滞后于改革措施

**2.** 梁某欲将儿子转到离家较近的学校上小学，学校要求其提供无违法犯罪记录证明。梁某找到户籍地派出所，民警告之，公安机关已不再出具无违法犯罪记录证明等 18 类证明。考虑到梁某的难处，民警仍出具了证明，并附言一句："请问学校，难道父母有犯罪记录，就可以剥夺小孩读书的权利吗？"对此，下列哪一说法是正确的？

A. 公安机关不再出具无违法犯罪记录证明，将减损公民合法权益

B. 民警的附言客观上起到了普法作用，符合"谁执法谁普法"的要求

C. 派出所对学校的要求提出质疑，不符合文明执法的要求

D. 梁某要求派出所出具已明令不再出具的证明，其法治意识不强

**3.** 某法院在网络、微信等平台上公布失信被执行人名单以督促其履行义务，不少失信被执行人迫于"面子"和舆论压力主动找到法院配合执行。对此，下列哪一理解是正确的？

A. 道德问题的有效解决总是必须依赖法律的强制手段

B. 公布失信被执行人名单有助于形成守法光荣、违法可耻的社会氛围

C. 法律的有效实施总是必须诉诸道德谴责和舆论压力

D. 法律与道德具有概念上的必然关系，法律其实就是道德

**4.** 某县医院在两个月内连续发生 5 起"医闹"事件，当地公安部门开展了"打击医闹专项行动"，共处理涉嫌违法、犯罪人员 24 人，但"医闹"仍时有发生。之后，该县政府倡导发挥相对独立的第三方医患调处组织的作用，以政府购买服务的形式来解决问题。对此，下列哪一说法是正确的？

A. 第三方医患调处组织的处理决定具有国家强制力

B. "医闹"的解决依赖源头治理，国家机关不应介入

C. "医闹"的存在说明法律在矛盾化解中的权威地位仍待加强

D. 政府购买第三方服务不利于公正地解决医患矛盾

**5.** 某市律师协会与法院签订协议，选派 10 名实习律师到法院从事审判辅助工作 6 个月，法院为他们分别指定一名资深法官担任导师。对此，下列哪一说法是正确的？

A. 法官与律师具有完全相同的职业理想和职业道德

B. 是对法院审判活动进行监督的一种新途径

C. 有助于加深律师和法官相互的了解和信任

D. 是从律师中招录法官、充实法官队伍的一种方式

**6.** 秦某以虚构言论、合成图片的手段在网上传播多条"警察打人"的信息，造成恶劣影响，县公安局对其处以行政拘留 8 日的处罚。秦某认为自己是在行使言论自由权，遂诉至法院。法院认为，原告捏造、散布虚假事实的行为不属于言论自由，为法律所明文禁止，应承担法律责任。对此，下列哪一说法是正确的？

A. 相对于自由价值，秩序价值处于法的价值的顶端

B. 法官在该案中运用了个案平衡原则解决法的价值冲突

C. "原告捏造、散布虚假事实的行为不属于言论自由"仅是对案件客观事实的陈述

D. 言论自由作为人权，既是道德权利又是法律权利

**7.** 《民法典》第187条规定："民事主体因同一行为应当承担民事责任、行政责任和刑事责任的，承担行政责任或者刑事责任不影响承担民事责任；民事主体的财产不足以支付的，优先用于承担民事责任。"关于该条文，下列哪一说法是正确的？

A. 表达的是委任性规则

B. 表达的是程序性原则

C. 表达的是强行性规则

D. 表达的是法律责任的竞合

**8.** 王甲经法定程序将名字改为与知名作家相同的"王乙"，并在其创作的小说上署名"王乙"以增加销量。作家王乙将王甲诉至法院。法院认为，公民虽享有姓名权，但被告署名的方式误导了读者，侵害了原告的合法权益，违背诚实信用原则。关于该案，下列哪一选项是正确的？

A. 姓名权属于应然权利，而非法定权利

B. 诚实信用原则可以填补规则漏洞

C. 姓名权是相对权

D. 若法院判决王甲承担赔偿责任，则体现了确定法与道德界限的"冒犯原则"

**9.** 某法院在审理一起合同纠纷案时，参照最高法院发布的第15号指导性案例所确定的"法人人格混同"标准作出了判决。对此，下列哪一说法是正确的？

A. 在我国，指导性案例是正式的法的渊源

B. 判决是规范性法律文件

C. 法官在该案中运用了类比推理

D. 在我国，最高法院和各级法院均可发布指导性案例

**10.** "当法律人在选择法律规范时，他必须以该国的整个法律体系为基础，也就是说，他必须对该国的法律有一个整体的理解和掌握，更为重要的是他要选择一个与他确定的案件事实相切合的法律规范，他不仅要理解和掌握法律的字面含义，还要了解和掌握法律背后的意义。"关于该表述，下列哪一理解是错误的？

A. 适用法律必须面对规范与事实问题

B. 当法律的字面含义不清晰时，可透过法律体系理解其含义

C. 法律体系由一国现行法和历史上曾经有效的法构成

D. 法律的字面含义有时与法律背后的意义不一致

**11.** 有学者这样解释法的产生：最初的纠纷解决方式可能是双方找到一位共同信赖的长者，向他讲述事情的原委并由他作出裁决；但是当纠纷多到需要占用一百位长者的全部时间时，一种制度化的纠纷解决机制就成为必要了，这就是最初的法律。对此，下列哪一说法是正确的？

A. 反映了社会调整从个别调整到规范性调整的规律

B. 说明法律始终是社会调整的首要工具

C. 看到了经济因素和政治因素在法产生过程中的作用

D. 强调了法律与其他社会规范的区别

**12.** 关于法的现代化，下列哪一说法是正确的？

A. 内发型法的现代化具有依附性，带有明显的工具色彩

B. 外源型法的现代化是在西方文明的特定历史背景中孕育、发展起来的

C. 外源型法的现代化具有被动性，外来因素是最初的推动力

D. 中国法的现代化的启动形式是司法主导型

**13.** 《汉书·陈宠传》就西周礼刑关系描述说："礼之所去，刑之所取，失礼则入刑，相为表里。"关于西周礼刑的理解，下列哪一选项是正确的？

A. 周礼分为五礼，核心在于"亲亲""尊尊"，规定了政治关系的等级

B. 西周时期五刑，即墨、劓、剕（刖）、宫、大辟，适用于庶民而不适用于贵族

C. "礼"不具备法的性质，缺乏国家强制性，需要"刑"作为补充

D. 违礼即违法，在维护统治的手段上"礼""刑"二者缺一不可

**14.** 秦统治者总结前代法律实施方面的经验，结合本朝特点，形成了一些刑罚适用原则。对于秦律原则的相关表述，下列哪一选项是正确的？

A. 关于刑事责任能力的确定，以身高作为标准，男、女身高六尺二寸以上为成年人，其犯罪应负刑事责任

B. 重视人的主观意识状态，对故意行为要追究刑事责任，对过失行为则认为无犯罪意识，不予追究

C. 对共犯、累犯等加重处罚，对自首、犯后主动消除犯罪后果等减轻处罚

D. 无论教唆成年人、未成年人犯罪，对教唆人均实行同罪，加重处罚

**15.** 唐代诉讼制度不断完善，并具有承前启后的特点。下列哪一选项体现了唐律据证定罪的原则？

A. 唐律规定，审判时"必先以情，审察辞理，反复参验，犹未能决，事须拷问者，立案同判，然后拷讯，违者杖六十"

B. 《断狱律》说："若赃状露验，理不可疑，虽不成引，即据状断之"

C. 唐律规定，对应议、请、减和老幼残疾之人"不合拷讯"

D. 《断狱律》说："（断狱）皆须具引律、令、格、式正文，违者笞三十"

**16.** 随着商品经济的繁荣，两宋时期的买卖、借贷、租赁、抵押、典卖、雇佣等各种契约形式均有发展。据此，下列哪一说法是错误的？

A. 契约的订立必须出于双方合意，对强行签约违背当事人意愿的，要“重蝇典宪”

B. 买卖契约中的“活卖”，是指先以信用取得出卖物，之后再支付价金，且须订立书面契约

C. 付息的消费借贷称为出举，并有“（出举者）不得迴利为本”的规定，防止高利贷盘剥

D. 宋代租佃土地契约中，可实行定额租，佃农逾期不交租，地主可诉请官府代为索取

**17.** 最高法院印发的《人民法院民事裁判文书制作规范》规定：“裁判文书不得引用宪法……作为裁判依据，但其体现的原则和精神可以在说理部分予以阐述。”关于该规定，下列哪一说法是正确的？

A. 裁判文书中不得出现宪法条文

B. 当事人不得援引宪法作为主张的依据

C. 宪法对裁判文书不具有约束力

D. 法院不得直接适用宪法对案件作出判决

**18.** 根据我国民族区域自治制度，关于民族自治县，下列哪一选项是错误的？

A. 自治机关保障本地方各民族都有保持或改革自己风俗习惯的自由

B. 经国务院批准，可开辟对外贸易口岸

C. 县人大常委会中应有实行区域自治的民族的公民担任主任或者副主任

D. 县人大可自行变通或者停止执行上级国家机关的决议、决定、命令和指示

**19.** 根据《宪法》和《香港特别行政区基本法》规定，下列哪一选项是正确的？

A. 行政长官就法院在审理案件中涉及的国防、外交等国家行为的事实问题发出的证明文件，对法院无约束力

B. 行政长官对立法会以不少于全体议员2/3多数再次通过的原法案，必须在1个月内签署公布

C. 香港特别行政区可与全国其他地区的司法机关通过协商依法进行司法方面的联系和相互提供协助

D. 行政长官仅从行政机关的主要官员和社会人士中委任行政会议的成员

**20.** 某市执法部门发布通告：“为了进一步提升本市市容和环境卫生整体水平，根据相关规定，全市范围内禁止设置各类横幅标语。”根据该通告，关于禁设横幅标语，下列哪一说法是正确的？

A. 涉及公民的出版自由

B. 不构成对公民基本权利的限制

C. 在目的上具有正当性

D. 涉及宪法上的合理差别问题

**21.** 根据《国家勋章和国家荣誉称号法》规定，下列哪一选项是正确的？

A. 共和国勋章由全国人大常委会提出授予议案，由全国人大决定授予

B. 国家荣誉称号为其获得者终身享有

C. 国家主席进行国事活动，可直接授予外国政要、国际友人等人士“友谊勋章”

D. 国家功勋簿是记载国家勋章和国家荣誉称号获得者的名录

**22.** 某县人大闭会期间，赵某和钱某因工作变动，分别辞去县法院院长和检察院检察长职务。法院副院长孙某任代理院长，检察院副检察长李某任代理检察长。对此，根据《宪法》和法律，下列哪一说法是正确的？

A. 赵某的辞职请求向县人大常委会提出，由县人大常委会决定接受辞职

B. 钱某的辞职请求由上一级检察院检察长向该级人大常委会提出

C. 孙某出任代理院长由县人大常委会决定，报县人大批准

D. 李某出任代理检察长由县人大常委会决定，报上一级检察院和人大常委会批准

**23.** 某景区多家旅行社、饭店、商店和客运公司共同签订《关于加强服务协同 提高服务水平的决定》，约定了统一的收费方式、服务标准和收入分配方案。有人认为此举构成横向垄断协议。根据《反垄断法》，下列哪一说法是正确的？

A. 只要在一个竞争性市场中的经营者达成协调市场行为的协议，就违反该法

B. 只要经营者之间的协议涉及商品或服务的价格、标准等问题，就违反该法

C. 如经营者之间的协议有利于提高行业服务质量和经济效益，就不违反该法

D. 如经营者之间的协议不具备排除、限制竞争的效果，就不违反该法

**24.** 某蛋糕店开业之初，为扩大影响，增加销售，出钱雇人排队抢购。不久，该店门口便时常排起长队，销售盛况的照片也频频出现于网络等媒体，附近同类店家生意随之清淡。对此行为，下列哪一说法是正确的？

A. 属于正当的营销行为

B. 构成混淆行为

C. 构成虚假宣传行为

D. 构成商业贿赂行为

**25.** 霍某在靓顺公司购得一辆汽车，使用半年后前去靓顺公司维护保养。工作人员告诉霍某该车气囊电脑存在故障，需要更换。霍某认为此为产品质量问题，要求靓顺公司免费更换，靓顺公司认为是霍某使用不当所致，要求其承担更换费用。经查，该车气囊

电脑不符合产品说明所述质量。对此，下列哪一说法是正确的？

A. 霍某有权请求靓顺公司承担违约责任

B. 霍某只能请求该车生产商承担免费更换责任

C. 霍某有权请求靓顺公司承担产品侵权责任

D. 靓顺公司和该车生产商应当连带承担产品侵权责任

**26.** 某县开展科技创新资金专项调查，对申请财政贴息贷款的企业进行核查。审计中发现某企业申请了数百万元贴息贷款，但其生产规模并不需要这么多，遂要求当地农业银行、财政局和该企业提供贷款记录。对此，下列哪一说法是正确的？

A. 只有审计署才能对当地农业银行的财政收支情况进行审计监督

B. 只有经银监机构同意，该县审计局才能对当地农业银行的财务收支进行审计监督

C. 该县审计局经上一级审计局副职领导批准，有权查询当地财政局在银行的账户

D. 申请财政贴息的该企业并非国有企业，故该县审计局无权对其进行审计调查

**27.** 乘坐乙国航空公司航班的甲国公民，在飞机进入丙国领空后实施劫机，被机组人员制服后交丙国警方羁押。甲、乙、丙三国均为1963年《东京公约》、1970年《海牙公约》及1971年《蒙特利尔公约》缔约国。据此，下列哪一选项是正确的？

A. 劫机发生在丙国领空，仅丙国有管辖权

B. 犯罪嫌疑人为甲国公民，甲国有管辖权

C. 劫机发生在乙国航空器上，仅乙国有管辖权

D. 本案涉及国际刑事犯罪，应由国际刑事法院管辖

**28.** 甲、乙两国均为《维也纳外交关系公约》缔约国，甲国拟向乙国派驻大使馆工作人员。其中，杰克是武官，约翰是二秘，玛丽是甲国籍会计且非乙国永久居留者。依该公约，下列哪一选项是正确的？

A. 甲国派遣杰克前，无须先征得乙国同意

B. 约翰在履职期间参与贩毒活动，乙国司法机关不得对其进行刑事审判与处罚

C. 玛丽不享有外交人员的特权与豁免

D. 如杰克因参加斗殴意外死亡，其家属的特权与豁免自其死亡时终止

**29.** 甲、乙、丙三国对某海域的划界存在争端，三国均为《联合国海洋法公约》缔约国。甲国在批准公约时书面声明海洋划界的争端不接受公约的强制争端解决程序，乙国在签署公约时口头声明选择国际海洋法法庭的管辖，丙国在加入公约时书面声明选择国际海洋法法庭的管辖。依相关国际法规则，下列哪一选项是正确的？

A. 甲国无权通过书面声明排除公约强制程序的适用

B. 国际海洋法法庭对该争端没有管辖权

C. 无论三国选择与否，国际法院均对该争端有管辖权

D. 国际海洋法法庭的设立排除了国际法院对海洋争端的管辖权

**30.** 经常居所在广州的西班牙公民贝克，在服务器位于西班牙的某网络论坛上发帖诽谤经常居所在新加坡的中国公民王某。现王某将贝克诉至广州某法院，要求其承担侵害名誉权的责任。关于该纠纷的法律适用，下列哪一选项是正确的？

A. 侵权人是西班牙公民，应适用西班牙法

B. 被侵权人的经常居所在新加坡，应适用新加坡法

C. 被侵权人是中国公民，应适用中国法

D. 论坛服务器在西班牙，应适用西班牙法

**31.** 中国公民李某在柏林签发一张转账支票给德国甲公司用于支付货款，付款人为中国乙银行北京分行；甲公司在柏林将支票背书转让给中国丙公司，丙公司在北京向乙银行请求付款时被拒。关于该支票的法律适用，依中国法律规定，下列哪一选项是正确的？

A. 如李某依中国法为限制民事行为能力人，依德国法为完全民事行为能力人，应适用德国法

B. 甲公司对该支票的背书行为，应适用中国法

C. 丙公司向甲公司行使票据追索权的期限，应适用中国法

D. 如丙公司不慎将该支票丢失，其请求保全票据权利的程序，应适用德国法

**32.** 中国甲公司将其旗下的东方号货轮光船租赁给韩国乙公司，为便于使用，东方号的登记国由中国变更为巴拿马。现东方号与另一艘巴拿马籍货轮在某海域相撞，并被诉至中国某海事法院。关于本案的法律适用，下列哪一选项是正确的？

A. 两船碰撞的损害赔偿应适用中国法

B. 如两船在公海碰撞，损害赔偿应适用《联合国海洋法公约》

C. 如两船在中国领海碰撞，损害赔偿应适用中国法

D. 如经乙公司同意，甲公司在租赁期间将东方号抵押给韩国丙公司，该抵押权应适用中国法

**33.** 中国甲公司与日本乙公司的商事纠纷在日本境内通过仲裁解决。因甲公司未履行裁决，乙公司向某人民法院申请承认与执行该裁决。中日均为《纽约公约》缔约国，关于该裁决在中国的承认与执行，下列哪一选项是正确的？

A. 该人民法院应组成合议庭审查

B. 如该裁决是由临时仲裁庭作出的，该人民法院应拒绝承认与执行

C. 如该人民法院认为该裁决不符合《纽约公约》的规定，即可直接裁定拒绝承认和执行

D. 乙公司申请执行该裁决的期间应适用日本法的规定

**34.** 中国香港甲公司与内地乙公司签订商事合同，并通过电子邮件约定如发生纠纷由香港法院管辖。后因履约纠纷，甲公司将乙公司诉至香港法院并胜诉。判决生效后，甲公司申请人民法院认可和执行该判决。关于该判决在内地的认可与执行，下列哪一选项是正确的？

A. 电子邮件不符合“书面”管辖协议的要求，故该判决不应被认可与执行

B. 如乙公司的住所地与财产所在地分处两个中级人民法院的辖区，甲公司同时向这两个人民法院提出申请的，由最先立案的人民法院管辖

C. 如乙公司在内地与香港均有财产，甲公司不得同时向两地法院提出申请

D. 如甲公司的申请被人民法院裁定驳回，它可直接向最高人民法院申请复议

**35.** 中国伟业公司与甲国利德公司签订了采取铁路运输方式由中国出口一批货物的合同。后甲国法律发生变化，利德公司在收货后又自行将该批货物转卖到乙国，现乙国一公司声称该批货物侵犯了其知识产权。中国和甲国均为《国际货物销售合同公约》和《国际铁路货物联运协定》缔约国。依相关规则，下列哪一选项是正确的？

A. 伟业公司不承担该批货物在乙国的知识产权担保义务

B. 该批货物的风险应于订立合同时由伟业公司转移给利德公司

C. 铁路运输承运人的责任期间是从货物装上火车时起至卸下时止

D. 不同铁路运输区段的承运人应分别对在该区段发生的货损承担责任

**36.** 中国某公司进口了一批仪器，采取海运方式并投保了水渍险，提单上的收货人一栏写明“凭指示”的字样。途中因船方过失致货轮与他船相撞，部分仪器受损。依《海牙规则》及相关保险条款，下列哪一选项是正确的？

A. 该提单交付即可转让

B. 因船舶碰撞是由船方过失导致，故承运人应对仪器受损承担赔偿责任

C. 保险人应向货主赔偿部分仪器受损的损失

D. 承运人的责任期间是从其接收货物时起至交付货物时止

**37.** 中国某公司进口了一批皮制品，信用证方式支付，以海运方式运输并投保了一切险。中国收货人持正本提单提货时发现货物已被他人提走。依相关司法解释和国际惯例，下列哪一选项是正确的？

A. 承运人应赔偿收货人因其无单放货造成的货物成本加利润损失

B. 因该批货物已投保一切险，故保险人应对货主赔偿无单放货造成的损失

C. 因货物已放予他人，收货人不再需要向卖方支付信用证项下的货款

D. 如交单人提交的单证符合信用证的要求，银行即应付款

**38.** 甲、乙、丙三国生产卷钢的企业以低于正常价值的价格向中国出口其产品，代表中国同类产业的8家企业拟向商务部申请反倾销调查。依我国《反倾销条例》，下列哪一选项是正确的？

A. 如支持申请的国内生产者的产量不足国内同类产品总产量25%的，不得启动反倾销调查

B. 如甲、乙、丙三国的出口经营者不接受商务部建议的价格承诺，则会妨碍反倾销案件的调查和确定

C. 反倾销税的履行期限是5年，不得延长

D. 终裁决定确定的反倾销税高于已付的临时反倾销税的，差额部分应予补交

**39.** 甲国人迈克在甲国出版著作《希望之路》后25天内，又在乙国出版了该作品，乙国是《保护文学和艺术作品伯尔尼公约》缔约国，甲国不是。依该公约，下列哪一选项是正确的？

A. 因《希望之路》首先在非缔约国出版，不能在缔约国享受国民待遇

B. 迈克在甲国出版《希望之路》后25天内在乙国出版，仍然具有缔约国的作品国籍

C. 乙国依国民待遇为该作品提供的保护需要迈克履行相应的手续

D. 乙国对该作品的保护有赖于其在甲国是否受保护

**40.** 加强人权司法保障是司法机关的重要职责，也是保证公正司法的必然要求。下列哪一做法符合上述要求？

A. 某公安机关第一次讯问犯罪嫌疑人时告知其有权委托辩护人，但未同时告知其如有经济困难可申请法律援助

B. 某省法院修订进入法庭的安检流程，明确“禁止对律师进行歧视性安检”

C. 某法官在一伤害案判决书中，对被告人及律师“构成正当防卫”的证据和意见不采信而未做回应和说明

D. 某法庭对辩护律师在辩论阶段即将结束时提出的“被告人庭前供述系非法取得”的意见及线索，未予调查

**41.** 随着法院案件受理制度改革的落实，当事人诉权得到进一步保障。关于行政诉讼立案登记制的理

解和执行，下列哪一选项是正确的？

A. 立案登记制有助于实现司法效率，更有助于强化司法的应然功能

B. 对当事人提交的起诉状存在的欠缺和错误，法院应主动给予指导和释明，并一次性告知需要补正的内容

C. 如不能当场判定起诉是否符合规定，法院应接收起诉状，并口头告知当事人注意接听电话通知

D. 对法院既不立案也不做出不予立案裁定的，当事人可以向上一级法院投诉，但不可向上一级法院起诉

**42.** 张法官与所承办案件当事人的代理律师系某业务培训班同学，偶有来往，为此张法官向院长申请回避，经综合考虑院长未予批准。张法官办案中与该律师依法沟通，该回避事项虽被对方代理人质疑，但审判过程和结果受到一致肯定。对照《法官职业道德基本准则》，张法官的行为直接体现了下列哪一要求？

A. 严格遵守审限

B. 约束业外活动

C. 坚持司法便民

D. 保持中立地位

**43.** 律师事务所应当建立健全执业管理和各项内部管理制度，履行监管职责，规范本所律师执业行为。根据《律师事务所管理办法》，某律师事务所下列哪一做法是正确的？

A. 委派钟律师担任该所出资成立的某信息咨询公司的总经理

B. 合伙人会议决定将年度考核不称职的刘律师除名，报县司法局和律协备案

C. 对本所律师执业表现和遵守职业道德情况进行考核，报律协批准后给予奖励

D. 对受到6个月停止执业处罚的祝律师，在其处罚期满1年后，决定恢复其合伙人身份

**44.** 公证制度是司法制度重要组成部分，设立公证机构、担任公证员具有严格的条件及程序。关于公证机构和公证员，下列哪一选项是正确的？

A. 公证机构可接受易某申请为其保管遗嘱及遗产并出具相应公证书

B. 设立公证机构应由省级司法行政机关报司法部依规批准后，颁发公证机构执业证书

C. 贾教授在高校讲授法学11年，离职并经考核合格，可以担任公证员

D. 甄某交通肇事受过刑事处罚，因此不具备申请担任公证员的条件

**45.** 有研究表明，在实施行贿犯罪的企业中，有一部分企业是由于担心竞争对手提前行贿，自己不行贿就会“输在起跑线上”，才实施了行贿行为。对此，下列哪些说法是正确的？

A. 市场环境不良是企业行贿的诱因，应适当减轻对此类犯罪的处罚

B. 应健全以公平为核心的市场法律制度，维护公平竞争的市场秩序

C. 应加快反腐败立法，从源头上堵塞企业行贿的漏洞

D. 必须强化对公权力的制约，核心是正确处理政府和市场的关系

**46.** 孙某是某部热播电视剧中的人物，在剧中的角色是一级政府部门的主要负责人。孙某每天按时上下班，一刻不耽误；不贪污，也不怎么干事。其座右铭是“无私者无畏”：只要不贪不占，就没什么好害怕的。对此，下列哪些说法是正确的？

A. 官员应依法全面履行职责，既不能乱作为，也不能不作为

B. 对不能依法办事，经批评教育仍不改正的官员应调离领导岗位

C. “庸官”即使不贪不占，其“懒政”也可能造成严重的社会后果

D. 官员不能仅满足于不腐败，而应积极为人民谋福利

**47.** 鹿某为引起政府对其利益诉求的重视，以生产、生活和科研需要为由，在两年内向十几个行政机关提起近百次与其实际利益诉求无关的政府信息公开申请，在接到公开答复后又反复提起行政复议和行政诉讼，向相关部门施加压力。对此，下列哪些说法是正确的？

A. 鹿某为向相关部门施压而恶意提起政府信息公开申请的做法不符合法治精神

B. 滥用知情权和诉权造成了行政和司法资源的浪费

C. 法治国家以权利为本位，公民行使权利时不受任何限制

D. 诉求即使合理合法，也应按照法律规定和程序寻求解决

**48.** 全面依法治国，要求推进覆盖城乡居民的公共法律服务体系建设。下列哪些做法体现了上述要求？

A. 甲市整合政府和社会调解资源，建立“一站式”纠纷解决平台

B. 乙社区设置法律服务机器人，存储海量法律法规和专业信息供居民查询

C. 丙省建立法律服务志愿者微信群，打通服务群众的“最后一米”

D. 丁县推行“一村一律师”，律师结对贫困村，为村民提供免费法律咨询

**49.** 程某利用私家车从事网约车服务，遭客管中心查处。执法人员认为程某的行为属于以“黑车”

非法营运，遂依该省《道路运输条例》对其处以 2 万元罚款。对此，下列哪些说法是正确的？

A. 当新经营模式出现时，不应一概将其排斥在市场之外

B. 程某受到处罚，体现了“法无授权不可为”的法治原则

C. 科学技术的进步对治理体系和治理能力提出了更高要求

D. 对新事物以禁代管、以罚代管，这是缺乏法治思维的表现

**50.** 某区市场监督管理局以甲公司未依《食品安全法》取得许可从事食品生产为由，对其处以行政处罚。甲公司认为，依特别法优先于一般法原则，应适用国务院《工业产品生产许可证管理条例》（以下简称《条例》）而非《食品安全法》，遂提起行政诉讼。对此，下列哪些说法是正确的？

A.《条例》不是《食品安全法》的特别法，甲公司说法不成立

B.《食品安全法》中规定食品生产经营许可的法律规范属于公法

C. 若《条例》与《食品安全法》抵触，法院有权直接撤销

D.《条例》与《食品安全法》都属于当代中国法的正式渊源中的“法律”

**51.** 赵某在行驶中的地铁车厢内站立，因只顾看手机而未抓扶手，在地铁紧急制动时摔倒受伤，遂诉至法院要求赔偿。法院认为，《民法典》规定，被侵权人对损害的发生有过失的，可以减轻经营者的责任。地铁公司在车厢内循环播放“站稳扶好”来提醒乘客，而赵某因看手机未抓扶手，故存在重大过失，应承担主要责任。综合各种因素，判决地铁公司按 40% 的比例承担赔偿责任。对此，下列哪些说法是正确的？

A. 该案中赵某是否违反注意义务，是衡量法律责任轻重的重要标准

B. 该案的民事诉讼法律关系属第二性的法律关系

C. 若经法院调解后赵某放弃索赔，则构成协议免责

D. 法官对责任分摊比例的自由裁量不受任何限制

**52.** 甲公司派员工伪装成客户，设法取得乙公司盗版销售其所开发软件的证据并诉至法院。审理中，被告认为原告的“陷阱取证”方式违法。法院认为，虽然非法取得的证据不能采信，但法律未对非法取证行为穷尽式列举，特殊情形仍需依据法律原则具体判断。原告取证目的并无不当，也未损害社会公共利益和他人合法权益，且该取证方式有利于遏制侵权行为，应认定合法。对此，下列哪些说法是正确的？

A. 采用穷尽式列举有助于提高法的可预测性

B. 法官判断原告取证是否违法时作了利益衡量

C. 违法取得的证据不得采信，这说明法官认定的裁判事实可能同客观事实不一致

D. 与法律规则相比，法律原则应优先适用

**53.** 法律格言云：“不确定性在法律中受到非难，但极度的确定性反而有损确定性”。对此，下列哪些说法是正确的？

A. 在法律中允许有内容本身不确定，而是可以援引其他相关内容规定的规范

B. 借助法律推理和法律解释，可提高法律的确定性

C. 通过法律原则、概括条款，可增强法律的适应性

D. 凡规定义务的，即属于极度确定的；凡规定权利的，即属于不确定的

**54.** 依《刑法》第 180 条第 4 款之规定，证券从业人员利用未公开信息从事相关交易活动，情节严重的，依照第 1 款的规定处罚；该条第 1 款规定了“情节严重”和“情节特别严重”两个量刑档次。在审理史某利用未公开信息交易一案时，法院认为，尽管第 4 款中只有“情节严重”的表述，但仍应将其理解为包含“情节严重”和“情节特别严重”两个量刑档次，并认为史某的行为属“情节特别严重”。其理由是《刑法》其他条款中仅有“情节严重”的规定时，相关司法解释仍规定按照“情节严重”“情节特别严重”两档量刑。对此，下列哪些说法是正确的？

A. 第 4 款中表达的是准用性规则

B. 法院运用了体系解释方法

C. 第 4 款的规定可以避免法条重复表述

D. 法院的解释将焦点集中在语言上，并未考虑解释的结果是否公正

**55.** 我国《宪法》第 13 条规定：“公民的合法的私有财产不受侵犯。国家依照法律规定保护公民的私有财产权和继承权。”关于这一规定，下列哪些说法是正确的？

A. 国家不得侵犯公民的合法的私有财产权

B. 国家应当保护公民的合法的私有财产权不受他人侵犯

C. 对公民私有财产权和继承权的保护和限制属于法律保留的事项

D. 国家保护公民的合法的私有财产权，是我国基本经济制度的重要内容之一

**56.** 某省人大选举实施办法中规定：“本行政区域各选区每一代表所代表的人口数应当大体相等。各选区每一代表所代表的人口数与本行政区域内每一代表所代表的平均人口数之间相差的幅度一般不超过百分之三十。”关于这一规定，下列哪些说法是正确的？

A. 是选举权的平等原则在选区划分中的具体体现

B. “大体相等”允许每一代表所代表的人口数之间存在差别

C. “百分之三十”的规定是对前述“大体相等”的进一步限定

D. 不保证各地区、各民族、各方面都有适当数量的代表

**57.** 根据《宪法》和《立法法》规定，关于法律案的审议，下列哪些选项是正确的?

A. 列入全国人大会议议程的法律案，由宪法和法律委员会根据各代表团和有关专门委员会的审议意见，对法律案进行统一审议，向主席团提出审议结果报告和法律草案修改稿

B. 列入全国人大会议议程的法律案，在交付表决前，提案人要求撤回的，应说明理由，经主席团同意并向大会报告，对法律案的审议即行终止

C. 列入全国人大常委会会议议程的法律案，因调整事项较为单一，各方面意见比较一致的，也可经一次常委会会议审议即交付表决

D. 列入全国人大常委会会议议程的法律案，因暂不付表决经过两年没有再次列入常委会会议议程审议的，由委员长会议向常委会报告，该法律案终止审议

**58.** 我国宪法规定，法院、检察院和公安机关办理刑事案件，应当分工负责，互相配合，互相制约。对此，下列哪些选项是正确的?

A. 分工负责是指三机关各司其职、各尽其责

B. 互相配合是指三机关以惩罚犯罪分子为目标，通力合作，互相支持

C. 互相制约是指三机关按法定职权和程序互相监督

D. 公、检、法三机关之间的这种关系，是权力制约原则在我国宪法上的具体体现

**59.** 根据《立法法》，关于规范性文件的备案审查制度，下列哪些选项是正确的?

A. 全国人大有关的专门委员会可对报送备案的规范性文件进行主动审查

B. 自治县人大制定的自治条例与单行条例应按程序报全国人大常委会和国务院备案

C. 设区的市市政府制定的规章应报本级人大常委会、市所在的省级人大常委会和政府、国务院备案

D. 全国人大宪法和法律委员会经审查认为地方性法规同宪法相抵触而制定机关不予修改的，应向委员长会议提出予以撤销的议案或者建议

**60.** 李某花 2000 元购得某省 M 公司生产的苦茶一批，发现其备案标准并非苦茶的标准，且保质期仅为 9 个月，但产品包装上显示为 18 个月，遂要求该公司支付 2 万元的赔偿金。对此，下列哪些说法是正确的?

A. 李某的索赔请求于法有据

B. 茶叶的食品安全国家标准由国家卫健委制定、公布并提供标准编号

C. 没有苦茶的食品安全国家标准时，该省卫健委可制定地方标准，待国家标准制定后，酌情存废

D. 国家鼓励该公司就苦茶制定严于食品安全国家标准或地方标准的企业标准，在该公司适用，并报该省卫健委备案

**61.** 某商业银行推出“校园贷”业务，旨在向在校大学生提供额度不等的消费贷款。对此，下列哪些说法是错误的?

A. 银行向在校大学生提供“校园贷”业务，须经国务院银监机构审批或备案

B. 在校大学生向银行申请“校园贷”业务，无论资信如何，都必须提供担保

C. 银行应对借款大学生的学习、恋爱经历、父母工作等情况进行严格审查

D. 银行为提高“校园贷”业务发放效率，审查人员和放贷人员可同为一人

**62.** 某教师在税务师培训班上就我国财税法制有下列说法，其中哪些是正确的?

A. 当税法有漏洞时，依据税收法定原则，不允许以类推适用方法来弥补税法漏洞

B. 增值税的纳税人分为一般纳税人和小规模纳税人，小规模纳税人的适用税率统一为 3%

C. 消费税的征税对象为应税消费品，包括一次性竹制筷子和复合地板等

D. 车船税纳税义务发生时间为取得车船使用权或管理权的当年，并按年申报缴纳

**63.** A 基金在我国境外某群岛注册并设置总部，该群岛系低税率地区。香港 B 公司和浙江 C 公司在浙江签约设立杭州 D 公司，其中 B 公司占 95% 的股权，后 D 公司获杭州公路收费权。F 公司在该群岛注册成立，持有 B 公司 100% 的股权。随后，A 基金通过认购新股方式获得了 F 公司 26% 的股权，多年后又将该股权转让给境外 M 上市公司。M 公司对外披露其实际收购标的为 D 公司股权。经查，A 基金、F 公司和 M 公司均不从事实质性经营活动，F 公司股权的转让价主要取决于 D 公司的估值。对此，根据我国税法，下列哪些说法是正确的?

A. A 基金系非居民企业

B. D 公司系居民企业

C. A 基金应就股权转让所得向我国税务机关进行纳税申报

D. 如A基金进行纳税申报，我国税务机关有权按照合理方法调整其应纳税收入

**64.** 昌昌公司委托拍卖行将其房产拍卖后，按成交价向税务部门缴纳了相关税款，并取得了完税凭证。3年后，县地税局稽查局检查税费缴纳情况时，认为该公司房产拍卖成交价过低，不及市场价的一半。遂作出税务处理决定：重新核定房产交易价，追缴相关税款，加收滞纳金。经查，该公司所涉拍卖行为合法有效，也不存在逃税、骗税等行为。关于此事，下列哪些说法是正确的？

A. 该局具有独立执法主体资格

B. 该公司申报的房产拍卖价明显偏低时，该局就可核定其应纳税额

C. 该局向该公司加收滞纳金的行为违法

D. 该公司对税务处理决定不服，可申请行政复议，对复议决定不服，才可提起诉讼

**65.** 农民姚某于2016年3月8日进入红海公司工作，双方未签订书面劳动合同，红海公司也未给姚某缴纳基本养老保险，姚某向社保机构缴纳了基本养老保险费。同年12月8日，姚某以红海公司未为其缴纳社会保险为由申请辞职。经查，姚某的工资属于所在地最低工资标准额。关于此事，下列哪些说法是正确的？

A. 姚某自2016年3月8日起即与红海公司建立劳动关系

B. 红海公司自2016年4月8日起，应向姚某每月支付两倍的工资

C. 姚某应参加新型农村社会养老保险，而不应参加基本养老保险

D. 姚某就红海公司未缴养老保险费而发生争议的，可要求社保行政部门或社保费征收机构处理

**66.** 关于集体劳动合同，根据《劳动合同法》，下列哪些说法是正确的？

A. 甲公司尚未建立工会时，经其2/3以上的职工推举的代表，可直接与公司订立集体合同

B. 乙公司系建筑企业，其订立的行业性集体合同，报劳动行政部门备案后即行生效

C. 丙公司依法订立的集体合同，对全体劳动者，不论是否为工会会员，均适用

D. 因履行集体合同发生争议，丁公司工会与公司协商不成时，工会可依法申请仲裁、提起诉讼

**67.** 在加大房地产市场宏观调控的形势下，某市政府对该市房地产开发的管理现状进行检查，发现以下情况，其中哪些做法是需要纠正的？

A. 房地产建设用地的供应，在充分利用现有建设用地的同时，放宽占用农用地和开发未利用地的条件

B. 土地使用权出让，符合土地利用总体规划、城市规划或年度建设用地计划之一即可

C. 预售商品房，要求开发商交清全部土地使用权出让金，取得土地使用权证书，并持有建设工程规划许可证等

D. 采取税收减免等方面的优惠措施，鼓励房地产开发企业开发建设商业办公类住宅，方便市民改作居住用途

**68.** 中国公民李某与俄罗斯公民莎娃结婚，婚后定居北京，并育有一女李莎。依我国《国籍法》，下列哪些选项是正确的？

A. 如李某为中国国家机关公务员，其不得申请退出中国国籍

B. 如莎娃申请中国国籍并获批准，不得再保留俄罗斯国籍

C. 如李莎出生于俄罗斯，不具有中国国籍

D. 如李莎出生于中国，具有中国国籍

**69.** 马萨是一名来华留学的甲国公民，依中国法律规定，下列哪些选项是正确的？

A. 马萨入境中国时，如出入境边防检查机关不准其入境，可以不说明理由

B. 如马萨留学期间发现就业机会，即可兼职工作

C. 马萨留学期间在同学家中短期借住，应按规定向居住地的公安机关办理登记

D. 如马萨涉诉，则不得出境

**70.** 新加坡公民王颖与顺捷国际信托公司在北京签订协议，将其在中国的财产交由该公司管理，并指定受益人为其幼子李力。在管理信托财产的过程中，王颖与顺捷公司发生纠纷，并诉至某人民法院。关于该信托纠纷的法律适用，下列哪些选项是正确的？

A. 双方可协议选择适用瑞士法

B. 双方可协议选择适用新加坡法

C. 如双方未选择法律，法院应适用中国法

D. 如双方未选择法律，法院应在中国法与新加坡法中选择适用有利于保护李力利益的法律

**71.** 中国公民王某将甲国公民米勒诉至某人民法院，请求判决两人离婚、分割夫妻财产并将幼子的监护权判决给她。王某与米勒的经常居所及主要财产均在上海，其幼子为甲国籍。关于本案的法律适用，下列哪些选项是正确的？

A. 离婚事项，应适用中国法

B. 夫妻财产的分割，王某与米勒可选择适用中国法或甲国法

C. 监护权事项，在甲国法与中国法中选择适用有利于保护幼子利益的法律

D. 夫妻财产的分割与监护权事项均应适用中国法

**72.** 中国甲公司与英国乙公司签订一份商事合同，约定合同纠纷适用英国法。合同纠纷发生4年后，乙公司将甲公司诉至某人民法院。英国关于合同

纠纷的诉讼时效为6年。关于本案的法律适用，下列哪些选项是正确的？

A. 本案的诉讼时效应适用中国法
B. 本案的实体问题应适用英国法
C. 本案的诉讼时效与实体问题均应适用英国法
D. 本案的诉讼时效应适用中国法，实体问题应适用英国法

**73.** 甲、乙、丙三国均为WTO成员国，甲国给予乙国进口丝束的配额，但没有给予丙国配额，而甲国又是国际上为数不多消费丝束产品的国家。为此，丙国诉诸WTO争端解决机制。依相关规则，下列哪些选项是正确的？

A. 丙国生产丝束的企业可以甲国违反最惠国待遇为由起诉甲国
B. 甲、丙两国在成立专家组之前必须经过"充分性"的磋商
C. 除非争端解决机构一致不通过相关争端解决报告，该报告即可通过
D. 如甲国败诉且拒不执行裁决，丙国可向争端解决机构申请授权对甲国采取报复措施

**74.** 甲国惊奇公司的创新科技产品经常参加各类国际展览会，该公司向乙国的投资包含了专利转让，甲、乙两国均为《巴黎公约》和《华盛顿公约》（公约设立的解决国际投资争端中心的英文简称为ICSID）的成员。依相关规定，下列哪些选项是正确的？

A. 惊奇公司的新产品参加在乙国举办的国际展览会，产品中可取得专利的发明应获得临时保护
B. 如惊奇公司与乙国书面协议将其争端提交给ICSID解决，ICSID即对该争端有管辖权
C. 提交ICSID解决的争端可以是任何与投资有关的争端
D. 乙国如对ICSID裁决不服的，可寻求向乙国的最高法院上诉

**75.** 中国甲公司在承担中东某建筑工程时涉及一系列分包合同和买卖合同，并使用了载明适用《见索即付保函统一规则》的保函。后涉及保函的争议诉至中国某法院。依相关司法解释，下列哪些选项是正确的？

A. 保函内容中与《见索即付保函统一规则》不符的部分无效
B. 因该保函记载了某些对应的基础交易，故该保函争议应适用我国《担保法》有关保证的规定
C. 只要受益人提交的单据与独立保函条款、单据与单据之间表面相符，开立人就须独立承担付款义务
D. 单据与独立保函条款之间表面上不完全一致，但并不导致相互之间产生歧义的，仍应认定构成表面相符

**76.** 法律职业道德具有不同于一般职业道德的职业性、实践性、正式性及更高标准的特征。关于法律职业道德的表述，下列哪些选项是正确的？

A. 法律职业人员专业水平的发挥与职业道德水平的高低具有密切联系
B. 法律职业道德基本原则和规范的形成，与法律职业实践活动紧密相连
C. 纵观伦理发展史和法律思想史，法律职业道德的形成与"实证法"概念的阐释密切相关
D. 法律职业道德基本原则是对每个法律从业人员职业行为进行职业道德评价的标准

**77.** 关于规范检察人员的行为，下列哪些说法是正确的？

A. 领导干部违反有关规定组织、参加自发成立的老乡会、校友会、战友会等，属于违反组织纪律行为
B. 擅自处置案件线索，随意初查或者在初查中对被调查对象采取限制人身自由强制措施的，属于违反办案纪律行为
C. 在分配、购买住房中侵犯国家、集体利益的，属于违反廉洁纪律行为
D. 对群众合法诉求消极应付、推诿扯皮，损害检察机关形象的，属于违反群众纪律行为

**78.** 律师在推进全面依法治国进程中具有重要作用，律师应依法执业、诚信执业、规范执业。根据《律师执业管理办法》，下列哪些做法是正确的？

A. 甲律师依法向被害人收集被告人不在聚众斗殴现场的证据，提交检察院要求其及时进行审查
B. 乙律师对当事人及家属准备到法院门口静坐、举牌、声援的做法，予以及时有效的劝阻
C. 丙律师在向一方当事人提供法律咨询中致电对方当事人，告知对方诉讼请求缺乏法律和事实依据
D. 丁律师在社区普法宣传中，告知群众诉讼是解决继承问题的唯一途径，并称其可提供最专业的诉讼代理服务

**79.** 孟子的弟子问孟子，舜为天子时，若舜的父亲犯法，舜该如何处理？孟子认为，舜既不能以天子之权要求有司枉法，也不能罔顾亲情坐视父亲受刑，正确的处理方式应是放弃天子之位，与父亲一起隐居到偏远之地。对此，下列说法正确的是：

A. 情与法的冲突总能找到两全其美的解决方案
B. 中华传统文化重视伦理和亲情，对当代法治建设具有借鉴意义
C. 孟子的方案虽然保全了亲情，但完全未顾及法律
D. 不同法律传统对情与法的矛盾可能有不同的处理方式

**80.** 某法院推行办案责任制后，直接由独任法官、合议庭裁判的案件比例达到99.9%，提交审委会讨论的案件仅占0.1%。对此，下列说法正确的是：

A. 对提交审委会讨论的案件，法官、合议庭也可以不执行审委会的决定

B. 办案责任制体现了"让审理者裁判、让裁判者负责"的精神

C. 提交审委会讨论的案件应以审委会的名义发布裁判文书

D. 法庭审理对于查明事实和公正裁判具有决定性作用

**81.** 在小说《悲惨世界》中，心地善良的冉阿让因偷一块面包被判刑，他认为法律不公并屡次越狱，最终被加刑至19年。他出狱后逃离指定居住地，虽隐姓埋名却仍遭警探沙威穷追不舍。沙威冷酷无情，笃信法律就是法律，对冉阿让舍己救人、扶危济困的善举视而不见，直到被冉阿让冒死相救，才因法律信仰崩溃而投河自尽。对此，下列说法正确的是：

A. 如果认为不公正的法律不是法律，则可能得出冉阿让并未犯罪的结论

B. 沙威"笃信法律就是法律"表达了非实证主义的法律观

C. 冉阿让强调法律的正义价值，沙威强调法律的秩序价值

D. 法律的权威源自人们的拥护和信仰，缺乏道德支撑的法律无法得到人们自觉的遵守

**82.** 许某与妻子林某协议离婚，约定8岁的儿子小虎由许某抚养，林某可随时行使对儿子的探望权，许某有协助的义务。离婚后两年间林某从未探望过儿子，小虎诉至法院，要求判令林某每月探视自己不少于4天。对此，下列说法正确的是：

A. 依情理林某应探望儿子，故从法理上看，法院可判决强制其行使探望权

B. 从理论上讲，权利的行使与义务的履行均具有其界限

C. 林某的探望权是林某必须履行一定作为或不作为的法律约束

D. 许某的协助义务同时包括积极义务和消极义务

**83.** 据《二刻拍案惊奇》，大儒朱熹作知县时专好锄强扶弱。一日有百姓诉称："有乡绅夺去祖先坟茔作了自家坟地"。朱熹知当地颇重风水，常有乡绅强占百姓风水吉地之事，遂亲往踏勘。但见坟地山环水绕，确是宝地，遂问之，但乡绅矢口否认。朱熹大怒，令掘坟取证，见青石一块，其上多有百姓祖先名字。朱熹遂将坟地断给百姓，并治乡绅强占田土之罪。殊不知青石是那百姓暗中埋下的，朱熹一片好心办了错案。对此，下列说法正确的是：

A. 青石上有百姓祖先名字的生活事实只能被建构为乡绅夺去百姓祖先坟茔的案件事实

B. "有乡绅夺去祖先坟茔作了自家坟地"是一个规范语句

C. 勘查现场是确定案件事实的必要条件，但并非充分条件

D. 裁判者自身的价值判断可能干扰其对案件事实的认定

**84.** 我国宪法序言规定："中国共产党领导的多党合作和政治协商制度将长期存在和发展。"关于中国人民政治协商会议，下列选项正确的是：

A. 由党派团体和界别代表组成，政协委员由选举产生

B. 全国政协委员列席全国人大的各种会议

C. 是中国共产党领导的多党合作和政治协商制度的重要机构

D. 中国人民政治协商会议全国委员会和各地方委员会是国家权力机关

**85.** 人民代表大会制度是我国的根本政治制度。关于人民代表大会制度，下列表述正确的是：

A. 国家的一切权力属于人民，这是人民代表大会制度的核心内容和根本准则

B. 各级人大都由民主选举产生，对人民负责，受人民监督

C. "一府两院"都由人大产生，对它负责，受它监督

D. 人民代表大会制度是实现社会主义民主的唯一形式

**86.** 杨某与户籍在甲村的村民王某登记结婚后，与甲村村委会签订了"不享受本村村民待遇"的"入户协议"。此后，杨某将户籍迁入甲村，但与王某长期在外务工。甲村村委会任期届满进行换届选举，杨某和王某要求参加选举。对此，下列说法正确的是：

A. 王某因未在甲村居住，故不得被列入参加选举的村民名单

B. 杨某因与甲村村委会签订了"入户协议"，故不享有村委会选举的被选举权

C. 杨某经甲村村民会议或村民代表会议同意之后方可参加选举

D. 选举前应当对杨某进行登记，将其列入参加选举的村民名单

**某市混凝土公司新建临时搅拌站，在试运行期间通过暗管将污水直接排放到周边，严重破坏当地环境。公司经理还指派员工潜入当地环境监测站内，用棉纱堵塞空气采集器，造成自动监测数据多次出现异常。有关部门对其处罚后，公司生产经营发生严重困难，拟裁员20人以上。**

**请回答第87—89题。**

**87.** 关于该临时搅拌站建设，下列说法正确的是：

A. 如在该市规划区内进行建设的，应经市城管执法部门批准

B. 如该搅拌站影响该市近期建设规划的实施，有关部门不得批准

C. 如该搅拌站系未经批准进行临时建设的，由市政府责令限期拆除

D. 如该搅拌站超过批准时限不拆除的，由市城乡规划部门采取强制拆除措施

**88.** 关于该公司的行为，下列说法正确的是：

A. 如该公司应报批而未报批该搅拌站的环评文件，不得在缴纳罚款后再向审批部门补报

B. 该公司将防治污染的设施与该搅拌站同时正式投产使用前，可在搅拌站试运行期间停运治污设施

C. 该公司的行为受到罚款处罚时，可由市环保部门自该处罚之日的次日起，按照处罚数额按日连续处罚

D. 针对该公司逃避监管的违法行为，市环保部门可先行拘留责任人员，再将案件移送公安机关

**89.** 当该公司裁员时，下列说法正确的是：

A. 无须向劳动者支付经济补偿金

B. 应优先留用与本公司订立无固定期限劳动合同的职工

C. 不得裁减在该公司连续工作满 15 年的女职工

D. 不得裁减非因公负伤且在规定医疗期内的劳动者

**90.** 建立领导干部、司法机关内部人员过问案件记录和责任追究制度，规范司法人员与当事人、律师、特殊关系人、中介组织接触交往行为，有利于保障审判独立和检察独立。据此，下列做法正确的是：

A. 某案承办检察官告知其同事可按规定为案件当事人转递涉案材料

B. 某法官在参加法官会议时，提醒承办法官充分考虑某案被告家庭现状

C. 某检察院副检察长依职权对其他检察官的在办案件提出书面指导性意见

D. 某法官在参加研讨会中偶遇在办案件当事人的律师，拒绝其研讨案件的要求并向法院纪检部门报告

## 参考答案与解析

**1. D**。D 错误，其一，立法并非总是滞后于改革措施，立法也具有引领作用；其二，要处理好立法与改革的关系，实现立法和改革决策相衔接，做到重大改革于法有据、立法主动适应改革和经济社会发展需要。

**2. B**。公安机关不再出具无违法犯罪记录证明，是落实简政放权、放管结合、优化服务要求的措施，不但不会减损公民合法权益，还有利于规范执法、便民利民，故 A 错误。派出所的质疑跟文明执法无关，相反，证明附言对学校起到了普法作用，故 B 正确，C 错误。D 显然错误。

**3. B**。法律是底线的道德，也是道德的保障。但道德问题的解决并非都必须依赖法律，道德问题的解决也并非法律都可以强制解决。故 A 错误。道德对法律具有支撑作用，可以为法律的实施营造良好的人文环境，但法律的有效实施并非总是必须诉诸道德和舆论。故 C 错误。法律与道德具有概念上的必然关系，也有区别，二者不能等同。故 D 错误。B 正确。

**4. C**。第三方医患调处组织在性质上属于调解组织，不是行政机关，也不是司法机关，其处理决定不具有国家强制力。故 A 错误。第三方医患调处组织的优势之一是中立，跟医患双方均没有利害关系，有利于公正解决医患矛盾。故 D 错误。"医闹"的解决依赖源头治理，也需要综合治理、系统治理，国家机关责无旁贷。故 B 错误，C 正确。

**5. C**。法官与律师都是社会主义法治工作队伍的组成部分，但两者的职业理想和职业道德存在区别，故 A 错误。资深法官为实习律师担任导师，是律师培养的一种途径，有利于加深律师和法官之间的了解和信任，与审判监督、法官招录无关。故 C 正确，BD 错误。

**6. D**。自由和秩序都是法的最基本的价值。但相对于秩序价值，自由代表了人最本质的需要，位于法的价值的顶端。故 A 错误。法官认为"原告捏造、散布虚假事实的行为不属于言论自由"，因此不存在价值冲突。故 B 错误。法官的观点本身不仅是对案件事实的陈述，也包含着价值判断。故 C 错误。人权既可以作为道德权利而存在，也可以作为法律权利而存在，言论自由具有道德权利和法律权利的双重属性。故 D 正确。

**7. C**。委任性规则与确定性规则、准用性规则相对，是指内容尚未确定，而只规定某种概括性指示，由相应国家机关通过相应途径或程序加以确定的法律规则。不合题意，故 A 错误。程序性原则与实体性原则相对，是直接指涉及程序法（诉讼法）问题的原则。该条文表达的是法律规则，而不是法律原则，是实体性规则，而不是程序性规则。故 B 错误。强行性规则与任意性规则相对，是指内容规定具有强制性质，不允许人们随便加以更改的法律规则。该条文关于"承担行政责任或者刑事责任不影响承担民事责

任”“优先用于承担民事责任”的规定均为强行性规定，不能随意更改，故 C 正确。法律责任的竞合指同一法律主体实施一个行为，该行为符合两个或两个以上的法律责任构成要件，而该不同法律责任之间互相冲突。该条文规定不涉及具体法律行为，表达的不是法律责任竞合，故 D 错误。

【陷阱提示】该题极易错选 D。准确地说，该条文规定的是民事责任与行政责任、刑事责任竞合时，如何承担责任的规则，而不是关于法律责任竞合本身的规则。法律责任的竞合，是指由于某种法律事实的出现，导致两种或两种以上的法律责任产生，而这些责任之间相互冲突的现象。比如出卖人交付的物品有瑕疵，致使买受人的合法权益遭受侵害，买受人向出卖人既可主张侵权责任，又可主张违约责任，但这两种责任不能同时追究，只能追究其一，这种情况即是法律责任的竞合。一个条文如要表达法律责任的竞合规则，则需要有何种主体因何种行为导致哪些相互冲突的责任的内容，但题中条文显然不具备这些内容。故 D 错误。

**8. B**。姓名权属于法定权利，《民法典》《著作权法》等均有相关规定。故 A 错误。姓名权是绝对权，对应不特定的义务人。故 C 错误。公序良俗原则（冒犯原则）认为，法律对那些虽不伤害别人但却冒犯别人的行为予以禁止，是合理的。本题中，王甲的行为已经误导了读者，侵害了原告的合法权益。故 D 错误。法律原则可以弥补规则漏洞，纠正规则不正义，故 B 正确。

**9. C**。在我国，指导性案例是非正式的法的渊源。故 A 错误。规范性法律文件具有普遍适用、反复适用的效力，判决只是针对具体个案、具体当事人的适用，不具有普遍效力，属于非规范性法律文件。故 B 错误。《最高人民法院关于案例指导工作的规定》第 1 条规定：“对全国法院审判、执行工作具有指导作用的指导性案例，由最高人民法院确定并统一发布。”故 D 错误。法官参照指导性案例作出判决，实际上就是参照类案作出类似判决，属于类比推理。故 C 正确。

**10. C**。法律体系也称为部门法体系，是指一国的全部现行法律规范，按照一定的标准和原则，划分为不同法律部门而形成的有机整体。法律体系不包括历史上已经失效的法。故 C 错误。

**11. A**。根据题意可知，法的产生经历了从个别调整到规范性调整、一般规范性调整到法的调整的发展过程。故 A 正确。同时可知，法律成为社会调整的主要工具，并不是一开始就存在的。故 B 错误。该种解释没有说明经济因素和政治因素在法产生过程中的作用，也没有强调法与其他社会规范的区别。故 CD 错误。

**12. C**。根据法的现代化的动力来源，法的现代化过程大体上可以分为内发型法的现代化和外源型法的现代化。内发型法的现代化是指由特定社会自身力量产生的法的内部创新。这种现代化是一个自发的、自下而上的、缓慢的、渐进变革的过程。这种类型的法的现代化是在西方文明的特定社会历史背景中孕育、发展起来的。外源型法的现代化具有被动性、依附性和反复性，一般表现为在外部因素的压力下，本民族的有识之士希望通过变法以图民族强盛。故 AB 错误，C 正确。中国法的现代化的启动形式是立法主导型，故 D 错误。

**13. D**。“亲亲”“尊尊”是周礼的两条核心原则，“亲亲父为首”，规定了家族关系的等级，“尊尊君为首”，规定了政治关系的等级。故 A 错误。“礼不下庶人，刑不上大夫”是中国古代法律中的一项重要法律原则，它强调平民百姓与贵族官僚之间的不平等，强调官僚贵族的法律特权。“礼不下庶人”强调礼有等级差别，禁止任何越礼的行为；“刑不上大夫”强调贵族官僚在适用刑罚上的特权，但并不是说刑罚完全不适用于贵族。故 B 错误。西周时期的礼已具备法的性质，具有规范性、国家意志性和强制性。故 C 错误。D 正确。

**14. C**。秦律规定，凡属未成年犯罪，不负刑事责任或减轻刑事处罚。秦律以身高判定是否成年，大约六尺五寸为成年身高标准，低于六尺五寸的为未成年人。故 A 错误。秦律重视故意与过失犯罪的区别。故意诬告者，实行反坐；主观上没有故意的，按告不审从轻处理。故 B 错误。秦律规定，教唆未成年人犯罪者加重处罚。故 D 错误。C 正确。

**15. B**。A 是对刑讯条件的规定，即在拷讯之前，必须先审核口供的真实性，然后反复查验证据。证据确凿，仍狡辩否认的，经过主审官与参审官共同决定，可以使用刑讯；未依法定程序拷讯的，承审官要负刑事责任。故 A 不合题意。B 体现的是根据证据定罪的原则，即对于人赃俱获，经拷讯仍拒不认罪的，也可“据状断之”。故 B 符合题意。C 规定的是禁止使用刑讯的情形。D 规定的是依法判决的原则。

**16. B**。宋代买卖契约分为绝卖、活卖与赊卖三种。绝卖为一般买卖。活卖为附条件的买卖，所附条件完成时，买卖才算最终成立。赊卖是采取类似商业信用或预付方式，而后收取出卖物的价金的交易方式。故 B 错误，ACD 正确。

**17. D**。最高院的规定表明，法院裁判案件不得直接适用宪法（依据宪法作出裁判）。故 D 正确。但并不是说裁判文书中不得出现宪法条文，因为宪法条文可以在说理部分予以引用，阐述其体现的原则和精神；更不是说宪法对裁判文书不具有约束力，因为宪法是根本法，具有最高的法律效力，裁判文书当然不得与宪法相冲突。故 AC 错误。该规定针对的是法院裁判的规范，效力不及于当事人。故 B 错误。

**18. D**。《民族区域自治法》第10条规定："民族自治地方的自治机关保障本地方各民族都有使用和发展自己的语言文字的自由，都有保持或者改革自己的风俗习惯的自由。"故A正确。《民族区域自治法》第31条第1款规定："民族自治地方依照国家规定，可以开展对外经济贸易活动，经国务院批准，可以开辟对外贸易口岸。"故B正确。《民族区域自治法》第16条第3款规定："民族自治地方的人民代表大会常务委员会中应当有实行区域自治的民族的公民担任主任或者副主任。"故C正确。《民族区域自治法》第20条规定："上级国家机关的决议、决定、命令和指示，如有不适合民族自治地方实际情况的，自治机关可以报经该上级国家机关批准，变通执行或者停止执行；该上级国家机关应当在收到报告之日起六十日内给予答复。"可知，自治地方变通执行或停止执行，需上级国家机关批准。故D错误。

**【陷阱提示】** 民族自治地方的自治机关的人员构成有不同要求。《宪法》第113条第2款规定："自治区、自治州、自治县的人民代表大会常务委员会中应当有实行区域自治的民族的公民担任主任或者副主任。"《宪法》第114条规定："自治区主席、自治州州长、自治县县长由实行区域自治的民族的公民担任。"

**19. C**。《香港特别行政区基本法》第19条第3款规定："香港特别行政区法院对国防、外交等国家行为无管辖权。香港特别行政区法院在审理案件中遇有涉及国防、外交等国家行为的事实问题，应取得行政长官就该等问题发出的证明文件，上述文件对法院有约束力。行政长官在发出证明文件前，须取得中央人民政府的证明书。"故A错误。《香港特别行政区基本法》第49条规定："香港特别行政区行政长官如认为立法会通过的法案不符合香港特别行政区的整体利益，可在三个月内将法案发回立法会重议，立法会如以不少于全体议员三分之二多数再次通过原案，行政长官必须在一个月内签署公布或按本法第五十条的规定处理。"《香港特别行政区基本法》第50条规定："香港特别行政区行政长官如拒绝签署立法会再次通过的法案或立法会拒绝通过政府提出的财政预算案或其他重要法案，经协商仍不能取得一致意见，行政长官可解散立法会。行政长官在解散立法会前，须征询行政会议的意见。行政长官在其一任任期内只能解散立法会一次。"题中情形，行政长官可以签署公布原法案，也可以解散立法会。故B错误。《香港特别行政区基本法》第95条规定："香港特别行政区可与全国其他地区的司法机关通过协商依法进行司法方面的联系和相互提供协助。"故C正确。《香港特别行政区基本法》第55条第1款规定："香港特别行政区行政会议的成员由行政长官从行政机关的主要官员、立法会议员和社会人士中委任，其任免由行政长官决定。行政会议成员的任期应不超过委任他的行政长官的任期。"据此，还包括立法会议员，故D错误。

**20. C**。禁设横幅标语，涉及公民的言论自由和社会经济权利，构成对公民基本权利的限制，但不涉及出版自由。故AB错误。该做法目的上具有正当性，即为了提升本市市容和环境卫生整体水平。故C正确。因禁设横幅标语是全市范围内的整体要求，没有差别，故不涉及宪法上的合理差别问题。故D错误。

**21. C**。《国家勋章和国家荣誉称号法》第5条规定："全国人民代表大会常务委员会委员长会议根据各方面的建议，向全国人民代表大会常务委员会提出授予国家勋章、国家荣誉称号的议案。国务院、中央军事委员会可以向全国人民代表大会常务委员会提出授予国家勋章、国家荣誉称号的议案。"《国家勋章和国家荣誉称号法》第6条规定："全国人民代表大会常务委员会决定授予国家勋章和国家荣誉称号。"可知，国家勋章由全国人大常委会委员长会议、国务院、中央军委提出议案，由全国人大常委会决定。故A错误。《国家勋章和国家荣誉称号法》第18条规定："国家勋章和国家荣誉称号获得者因犯罪被依法判处刑罚或者有其他严重违法、违纪等行为，继续享有国家勋章、国家荣誉称号将会严重损害国家最高荣誉的声誉的，由全国人民代表大会常务委员会决定撤销其国家勋章、国家荣誉称号并予以公告。"故B错误。《国家勋章和国家荣誉称号法》第8条规定："中华人民共和国主席进行国事活动，可以直接授予外国政要、国际友人等人士'友谊勋章'。"故C正确。《国家勋章和国家荣誉称号法》第10条规定："国家设立国家功勋簿，记载国家勋章和国家荣誉称号获得者及其功绩。"故D错误，表述不完整。

**22. A**。《地方各级人民代表大会和地方各级人民政府组织法》（以下简称《地方组织法》）第32条第1款规定："县级以上的地方各级人民代表大会常务委员会组成人员、专门委员会组成人员和人民政府领导人员，监察委员会主任，人民法院院长，人民检察院检察长，可以向本级人民代表大会提出辞职，由大会决定是否接受辞职；大会闭会期间，可以向本级人民代表大会常务委员会提出辞职，由常务委员会决定是否接受辞职。常务委员会决定接受辞职后，报本级人民代表大会备案。人民检察院检察长的辞职，须报经上一级人民检察院检察长提请该级人民代表大会常务委员会批准。"故A正确，B错误。《地方组织法》第50条规定："县级以上的地方各级人民代表大会常务委员会行使下列职权：……（十三）在本级人民代表大会闭会期间，决定副省长、自治区副主席、副市长、副州长、副县长、副区长的个别任免；在省长、自治区主席、市长、州长、县长、区长和监察委员会主任、人民法院院长、人民检察院检察长因故不能担任职务的时候，根据主任会议的提名，从本级人民政府、监察委员会、人民法院、人民检察院副职领导人员中决定代理的人选；决定代理检察长，须报上一级人民检察院和人民代表大会常务委员会备案……”县人大常委会决定代理院长无需县人大批准，故 C 错误。县人大常委会决定代理检察长，需“备案”而非“批准”，故 D 错误。

**23. D**。《反垄断法》第 16 条规定：“本法所称垄断协议，是指排除、限制竞争的协议、决定或者其他协同行为。”《反垄断法》第 17 条规定：“禁止具有竞争关系的经营者达成下列垄断协议：（一）固定或者变更商品价格；（二）限制商品的生产数量或者销售数量；（三）分割销售市场或者原材料采购市场；（四）限制购买新技术、新设备或者限制开发新技术、新产品；（五）联合抵制交易；（六）国务院反垄断执法机构认定的其他垄断协议。”《反垄断法》第 20 条规定：“经营者能够证明所达成的协议属于下列情形之一的，不适用本法第十七条、第十八条第一款、第十九条的规定：（一）为改进技术、研究开发新产品的；（二）为提高产品质量、降低成本、增进效率，统一产品规格、标准或者实行专业化分工的；（三）为提高中小经营者经营效率，增强中小经营者竞争力的；（四）为实现节约能源、保护环境、救灾救助等社会公共利益的；（五）因经济不景气，为缓解销售量严重下降或者生产明显过剩的；（六）为保障对外贸易和对外经济合作中的正当利益的；（七）法律和国务院规定的其他情形。属于前款第一项至第五项情形，不适用本法第十七条、第十八条第一款、第十九条规定的，经营者还应当证明所达成的协议不会严重限制相关市场的竞争，并且能够使消费者分享由此产生的利益。”根据上述规定，AB 说法过于绝对，对于符合《反垄断法》第 20 条规定的行为，可以不适用前述第 16 条规定。C 错误，即使符合第 20 条第 1 款第 2 项规定，也还需要经营者“证明所达成的协议不会严重限制相关市场的竞争，并且能够使消费者分享由此产生的利益”。因此只有 D 符合垄断协议构成要件的落脚点，即具备排除、限制竞争的效果。

**【陷阱提示】** 关于垄断协议行为排除适用的情形，需牢记《反垄断法》第 20 条第 2 款规定，除了“为保障对外贸易和对外经济合作中的正当利益的”情形以外，其他情形都需要经营者证明所达成的协议不会严重限制相关市场的竞争，并且能够使消费者分享由此产生的利益，否则仍应适用《反垄断法》。

**24. C**。《反不正当竞争法》第 6 条规定：“经营者不得实施下列混淆行为，引人误认为是他人商品或者与他人存在特定联系：（一）擅自使用与他人有一定影响的商品名称、包装、装潢等相同或者近似的标识；（二）擅自使用他人有一定影响的企业名称（包括简称、字号等）、社会组织名称（包括简称等）、姓名（包括笔名、艺名、译名等）；（三）擅自使用他人有一定影响的域名主体部分、网站名称、网页等；（四）其他足以引人误认为是他人商品或者与他人存在特定联系的混淆行为。”根据上述规定，混淆行为需要造成消费者对实际生产者、服务者的误认，故 B 错误。《反不正当竞争法》第 7 条规定，经营者不得采用财物或者其他手段贿赂单位或者个人，以谋取交易机会或者竞争优势。题述案例并不是针对交易对方单位或有影响力的个人的贿赂行为，故 D 错误。题述案例经营者雇人排队抢购的行为制造了销售火爆的虚假信息，并通过媒体进行宣传，符合《反不正当竞争法》第 8 条有关虚假宣传行为的构成要件，即经营者不得对商品的销售状况作虚假或者引人误解的商业宣传，欺骗、误导消费者。故 A 错误，C 正确。

**25. A**。《消费者权益保护法》第 40 条第 1、2 款规定：“消费者在购买、使用商品时，其合法权益受到损害的，可以向销售者要求赔偿。销售者赔偿后，属于生产者的责任或者属于向销售者提供商品的其他销售者的责任的，销售者有权向生产者或者其他销售者追偿。消费者或者其他受害人因商品缺陷造成人身、财产损害的，可以向销售者要求赔偿，也可以向生产者要求赔偿。属于生产者责任的，销售者赔偿后，有权向生产者追偿。属于销售者责任的，生产者赔偿后，有权向销售者追偿。”另外，《消费者权益保护法》第 48 条规定：“经营者提供商品或者服务有下列情形之一的，除本法另有规定外，应当依照其他有关法律、法规的规定，承担民事责任：……（四）不符合商品说明、实物样品等方式表明的质量状况的……”霍某与靓顺公司间有机动车买卖合同，且该车气囊电脑存在质量问题，因而霍某可以要求靓顺公司承担违约责任，故 A 正确。虽然气囊电脑的质量问题不是销售者造成的，根据前述规定，霍某可以向销售者靓顺公司主张维修、更换，故 B 错误。产品侵权责任成立的前提是消费者遭受了人身或财产损失，故 C 错误。销售者和生产者并不是连带责任，销售者有先行承担赔付责任的义务，如果是生产者的责任，则销售者可以向生产者追偿，D 错误。

**26. C**。《审计法》第 19 条规定：“审计署在国务院总理领导下，对中央预算执行情况、决算草案以及其他财政收支情况进行审计监督，向国务院总理提出审计结果报告。地方各级审计机关分别在省长、自治区主席、市长、州长、县长、区长和上一级审计机关的领导下，对本级预算执行情况、决算草案以及其他财政收支情况进行审计监督，向本级人民政府和上一级审计机关提出审计结果报告。”《审计法》第 22 条第 1 款规定：“审计机关对国有企业、国有金融机构和国有资本占控股地位或者主导地位的企业、金融机构的资产、负债、损益以及其他财务收支情况，进行审计监督。”地方审计机关可以对国有金融机构进行审计监督，且不需要被审计对象的行业主管部门同意，故AB错误。《审计法》第37条第2款规定："审计机关经县级以上人民政府审计机关负责人批准，有权查询被审计单位在金融机构的账户。"事实上只需要经该县审计局局长批准即可，上一级的副职领导当然也属于负责人，故C正确。虽然该企业不是国有企业，但由于其接受和使用了财政资金，因而依法应当接受审计机关审计监督，故D错误。

**27. B**。根据《东京公约》《海牙公约》以及《蒙特利尔公约》的规定，下列国家拥有对于危害民航安全罪行的管辖权：航空器登记国；航空器降落地国，当犯罪嫌疑人仍在航空器内；承租人的营业国或常驻地国，当航空器是不带机组的出租；嫌疑人所在国；嫌疑人国籍国或永久居所国；犯罪行为发生地国；罪行后果涉及国，包括受害人国籍国或永久居所国、后果涉及领土国、罪行危及其安全的国家；根据本国法行使管辖权的其他国家。本题中，犯罪嫌疑人国籍国为甲国，甲国有管辖权。航空器登记国为乙国，乙国有管辖权。犯罪行为发生地为丙国，丙国有管辖权。故AC错误，B正确。国际刑事法院管辖范围限于灭绝种族罪、战争罪、危害人类罪、侵略罪等几大类，危害民航安全罪不属于国际刑事法院的管辖范围。故D错误。

**28. B**。根据《维也纳外交关系公约》的规定，在派遣武官时，应先将其拟派人选通知接受国，征得接受国同意后正式派遣。故A错误。外交人员享有刑事管辖豁免，接受国司法机关不得对其进行刑事审判和处罚。一般外交人员包括参赞、武官、秘书、随员。本题中约翰是二秘，属于一般外交人员。故B正确。外交人员特权与豁免的人员范围包括：(1) 外交人员；(2) 外交人员的家属（与外交人员构成同一户口的家属，如不是接受国国民，享有与外交人员相同的特权与豁免）；(3) 行政和技术人员及其家属（行政和技术人员及与其构成同一户口的家属，如不是接受国国民，且不在该国永久居留者，也享有一定的特权与豁免，但有某些例外：①执行职务范围以外的行为，不享有民事和行政管辖豁免；②到任后进口的自用物品不能免纳关税；③其行李不免除海关查验）；(4) 服务人员（使馆的服务人员，如不是接受国国民，且不在该国永久居留者，仅享有一定的优遇）。本题中玛丽属于行政和技术人员，在其不是接受国国民也非接受国永久居留者的情况下，享有外交人员特权与豁免。故C错误。如果使馆人员死亡，其家属继续享有相关特权与豁免，直到给予其离境的合理期间结束时为止。故D错误。

**29. B**。根据《联合国海洋法公约》的规定，对于海洋划界、领土争端、军事活动、涉及历史性海湾所有权的争端以及安理会正在行使管辖权的争端，缔约国可以通过书面声明排除强制程序的适用。故A错误。国际海洋法法庭的管辖权具有任择强制管辖性质，即一国在加入公约时，或在其后任何时间，都可以自由用书面声明方式选择海洋法法庭的管辖，只有争端各方都选择了法庭程序，法庭才有管辖权。故B正确，C错误。国际海洋法法庭的设立不排除国际法院对海洋争端的管辖，争端当事国可以自愿选择将争端交由哪个机构来审理。故D错误。

**30. B**。《涉外民事关系法律适用法》第46条规定："通过网络或者采用其他方式侵害姓名权、肖像权、名誉权、隐私权等人格权的，适用被侵权人经常居所地法律。"本题被侵权人王某经常居所地为新加坡，应适用新加坡法。故B正确。

**31. A**。《票据法》第96条规定："票据债务人的民事行为能力，适用其本国法律。票据债务人的民事行为能力，依照其本国法律为无民事行为能力或者为限制民事行为能力而依照行为地法律为完全民事行为能力的，适用行为地法律。"《涉外民事关系法律适用法》第12条规定："自然人的民事行为能力，适用经常居所地法律。自然人从事民事活动，依照经常居所地法律为无民事行为能力，依照行为地法律为有民事行为能力的，适用行为地法律，但涉及婚姻家庭、继承的除外。"故A正确。《票据法》第98条规定："票据的背书、承兑、付款和保证行为，适用行为地法律。"故B错误。《票据法》第99条规定："票据追索权的行使期限，适用出票地法律。"故C错误。《票据法》第101条规定："票据丧失时，失票人请求保全票据权利的程序，适用付款地法律。"故D错误。

**32. D**。《海商法》第273条第3款规定："同一国籍的船舶，不论碰撞发生于何地，碰撞船舶之间的损害赔偿适用船旗国法律。"本题中，东方号与货轮船旗国均为巴拿马，不论碰撞发生于何地，两船碰撞的损害赔偿应适用巴拿马法。故ABC错误。《海商法》第271条第2款规定："船舶在光船租赁以前或者光船租赁期间，设立船舶抵押权的，适用原船舶登记国的法律。"故D正确。

**33. A**。《最高人民法院关于适用〈中华人民共和国民事诉讼法〉的解释》（以下简称《民诉解释》）第546条第1款规定："承认和执行外国法院作出的发生法律效力的判决、裁定或者外国仲裁裁决的案件，人民法院应当组成合议庭进行审查。"故A正确。《民诉解释》第543条规定："对临时仲裁庭在中华人民共和国领域外作出的仲裁裁决，一方当事人向人民法院申请承认和执行的，人民法院应当依照民事诉讼法第二百九十条规定处理。"故B错误。《最高人民法院关于人民法院处理与涉外仲裁及外国仲裁事项有关问题的通知》规定："……人民法院……在裁定不予执行或者拒绝承认和执行之前，必须报请本辖区所属高级人民法院进行审查；如果高级人民法院同意不予执行或者拒绝承认和执行，应将其审查意见报最高人民法院。待最高人民法院答复后，方可裁定不予执行或者拒绝承认和执行。”故 C 错误。乙公司申请执行该裁决的期间应适用我国《民事诉讼法》的规定，故 D 错误。

**34. B**。《最高人民法院关于内地与香港特别行政区法院相互认可和执行民商事案件判决的安排》第 11 条第 2 款规定：“前款所称‘书面形式’是指合同书、信件和数据电文（包括电报、电传、传真、电子数据交换和电子邮件）等可以有形地表现所载内容的形式。”故 A 错误。前述规定第 7 条规定：“申请认可和执行本安排规定的判决：（一）在内地，向申请人住所地或者被申请人住所地、财产所在地的中级人民法院提出；（二）在香港特别行政区，向高等法院提出。申请人应当向符合前款第一项规定的其中一个人民法院提出申请。向两个以上有管辖权的人民法院提出申请的，由最先立案的人民法院管辖。”故 B 正确。前述规定第 21 条第 1 款规定：“被申请人在内地和香港特别行政区均有可供执行财产的，申请人可以分别向两地法院申请执行。”故 C 错误。前述规定第 26 条规定：“被请求方法院就认可和执行的申请作出裁定或者命令后，当事人不服的，在内地可以于裁定送达之日起十日内向上一级人民法院申请复议，在香港特别行政区可以依据其法律规定提出上诉。”故 D 错误。

**35. A**。《联合国国际货物销售合同公约》第 42 条第 1 款规定：“卖方所交付的货物，必须是第三方不能根据工业产权或其他知识产权主张任何权利或要求的货物，但以卖方在订立合同时已知道或不可能不知道的权利或要求为限，而且这种权利或要求根据以下国家的法律规定是以工业产权或其他知识产权为基础的：（a）如果双方当事人在订立合同时预期货物将在某一国境内转售或做其他使用，则根据货物将在其境内转售或做其他使用的国家的法律；或者（b）在任何其他情况下，根据买方营业地所在国家的法律。”本题中，中国伟业公司与甲国利德公司订立合同时，伟业公司不知道利德公司会将该批货物转卖至乙国，不承担该批货物在乙国的知识产权担保义务。故 A 正确。《联合国国际货物销售合同公约》第 67 条规定，如果销售合同涉及货物的运输，但卖方没有义务在某一特定地点交付货物，自货物按照销售合同交付给第一承运人以转交给买方时起，风险就移转到买方承担。《联合国国际货物销售合同公约》第 68 条规定，对于在运输途中销售的货物，从订立合同时起，风险就移转到买方承担。本题中，没有涉及伟业公司与利德公司关于交付货物地点的信息，该批货物的风险应于货交第一承运人时由伟业公司转移给利德公司。故 B 错误。需要注意的是，风险于订立合同时转移的情况较为特殊，即销售运输途中的货物，订立合同时风险转移。《国际铁路货物联运协定》规定，承运人的责任期间是承运货物时起，至交付货物时为止，而不以货物装上或卸下为责任期间的节点。故 C 错误。《国际铁路货物联运协定》规定，不同运输区段的承运人之间的责任清算规则是：如损失是由于一个承运人的过失造成，则该承运人负完全责任；如损失是由于参加运送的数个承运人的过失造成，则每一承运人各自对其造成的损失负责；如不能证明损失是因一个或数个承运人过失所造成，则承运人应商定责任分担办法，如承运人不能商定责任分担办法，则承运人间的责任按该批货物在各承运人进行运送时实际行经的运价公里比例分担，但能够证明损失不是由其过失所造成的承运人除外。故 D 错误。

**36. C**。本题中，收货人一栏写明“凭指示”的字样的提单为指示提单，此类提单经背书可以转让。故 A 错误。《海牙规则》规定，对 17 项原因引起或造成的货物灭失或损害，承运人不承担责任：（1）船长、船员、引水员或承运人的雇佣人在驾驶或管理船舶中的行为、疏忽或不履行职责；（2）火灾，但由于承运人实际过失或私谋所造成者除外；（3）海上或其他可航水域的风险、危险或意外事故；（4）天灾；（5）战争行为；（6）公敌行为；（7）君主、统治者或人民的扣留或拘禁或依法扣押；（8）检疫限制；（9）货物托运人或货主、其代理人或代表的行为或不行为；（10）不论由于何种原因引起的局部或全面的罢工、关厂、停工或劳动力受到限制；（11）暴乱和民变；（12）救助或企图救助海上人命或财产；（13）由于货物的固有瑕疵、性质或缺陷所造成的容积或重量的损失，或任何其他灭失或损害；（14）包装不当；（15）标志不清或不当；（16）尽适当的谨慎所不能发现的潜在缺陷；（17）不是由于承运人的实际过失或私谋，或是承运人的代理人或受雇人员的过失或疏忽所引起的任何其他原因。本题中，因船方过失致货轮与他船相撞属于第 1 项免责事由，承运人不承担责任。故 B 错误。本题中，仪器受损的损失属于“由于运输工具遭受搁浅、触礁、沉没、互撞、与流冰或其他物体碰撞以及失火、爆炸等意外事故造成货物的全部或部分损失”，在水渍险的保险范围之内。故 C 正确。《海牙规则》规定，承运人的责任期间是从货物装上船起至卸完船为止。故 D 错误。

**37. D**。《最高人民法院关于审理无正本提单交付货物案件适用法律若干问题的规定》（以下简称《无正本提单交付货物规定》）第 6 条规定：“承运人因无正本提单交付货物造成正本提单持有人损失的赔偿额，按照货物装船时的价值加运费和保险费计算。”赔偿额不包含利润损失，故 A 错误。一切险的保险范围不包括承运人无单放货造成的损失。故 B 错误。《最高人民法院关于审理信用证纠纷案件若干问题的规定》第 5 条规定：“开证行在作出付款、承兑或者履行信用证项下其他义务的承诺后，只要单据与信用证条款、单据与单据之间在表面上相符，开证行应当履行在信用证规定的期限内付款的义务。当事人以开证申请人与受益人之间的基础交易提出抗辩的，人民法院不予支持。具有本规定第八条的情形除外。”故C错误，D正确。

**38. A**。《反倾销条例》第17条规定：“在表示支持申请或者反对申请的国内产业中，支持者的产量占支持者和反对者的总产量的50%以上的，应当认定申请是由国内产业或者代表国内产业提出，可以启动反倾销调查；但是，表示支持申请的国内生产者的产量不足国内同类产品总产量的25%的，不得启动反倾销调查。”故A正确。《反倾销条例》第32条规定：“出口经营者不作出价格承诺或者不接受价格承诺的建议的，不妨碍对反倾销案件的调查和确定。出口经营者继续倾销进口产品的，商务部有权确定损害威胁更有可能出现。”故B错误。《反倾销条例》第48条规定：“反倾销税的征收期限和价格承诺的履行期限不超过5年；但是，经复审确定终止征收反倾销税有可能导致倾销和损害的继续或者再度发生的，反倾销税的征收期限可以适当延长。”故C错误。《反倾销条例》第43条第3款规定：“终裁决定确定的反倾销税，高于已付或者应付的临时反倾销税或者为担保目的而估计的金额的，差额部分不予收取；低于已付或者应付的临时反倾销税或者为担保目的而估计的金额的，差额部分应当根据具体情况予以退还或者重新计算税额。”故D错误。

**39. B**。《保护文学和艺术作品伯尔尼公约》规定，一个作品在首次出版后30天内在两个或两个以上国家内出版，则该作品应视为同时在几个国家内出版。本题中，迈克的著作《希望之路》在甲国和乙国出版时间间隔为25天，应视为同时出版。《保护文学和艺术作品伯尔尼公约》确立了文学艺术作品保护的基本原则：国民待遇原则、自动保护原则、独立保护原则和最低保护原则。国民待遇原则又称为“双国籍国民待遇”，即作者国籍是公约缔约国，或作者是在缔约国有惯常居所的非缔约国国民，或非公约缔约国国民的作品在任一个缔约国出版，或在一个缔约国和一个非缔约国同时出版，均在一切缔约国中享有国民待遇。本题中迈克的作品一经在乙国出版，便在缔约国中享有国民待遇。故A错误。自动保护原则是指享有和行使依成员国法律和公约所规定的权利，不需要履行任何手续，也不论作品在起源国是否受到保护。保护国法律对文学艺术作品自动保护。独立保护原则是指享有和行使文学艺术作品的权利，不依赖于在起源国是否受到保护。故CD错误。《保护文学和艺术作品伯尔尼公约》规定，在非缔约国和缔约国同时发表的作品，后者为作品国籍国。故B正确。（注：《保护文学和艺术作品伯尔尼公约》中的原文为起源国，起源国系其所使用的特有概念，《世界版权公约》则采用“首次出版”和“国籍”的说法）

**40. B**。《关于刑事诉讼法律援助工作的规定》第5条第1款规定：“公安机关、人民检察院在第一次讯问犯罪嫌疑人或者采取强制措施的时候，应当告知犯罪嫌疑人有权委托辩护人，并告知其如果符合本规定第二条规定，本人及其近亲属可以向法律援助机构申请法律援助。”故A不符合司法公正的要求，错误。B是对律师加强人权司法保障的表现，正确。司法公正要求冲突的解决者应听取双方的辩论和证据，故CD错误。

**41. B**。立案登记制的立足点是保障当事人的诉权，并非司法效率。故A错误。最高人民法院《关于人民法院推行立案登记制改革的意见》规定：“……三、登记立案程序（一）实行当场登记立案。对符合法律规定的起诉、自诉和申请，一律接收诉状，当场登记立案。对当场不能判定是否符合法律规定的，应当在法律规定的期限内决定是否立案。（二）实行一次性全面告知和补正。起诉、自诉和申请材料不符合形式要件的，应当及时释明，以书面形式一次性全面告知应当补正的材料和期限。在指定期限内经补正符合法律规定条件的，人民法院应当登记立案……”故B正确。法院应当在法定期限内书面通知当事人，C错误。当事人对于不予立案的裁定可以申请复议或上诉，D错误。

**42. D**。《法官职业道德基本准则》第13条规定：“自觉遵守司法回避制度，审理案件保持中立公正的立场，平等对待当事人和其他诉讼参与人，不偏袒或歧视任何一方当事人，不私自单独会见当事人及其代理人、辩护人。”故D正确。

**43. B**。《律师事务所管理办法》第44条规定：“律师事务所应当在法定业务范围内开展业务活动，不得以独资、与他人合资或者委托持股方式兴办企业，并委派律师担任企业法定代表人、总经理职务，不得从事与法律服务无关的其他经营性活动。”故A错误。《律师事务所管理办法》第43条规定：“律师事务所应当建立违规律师辞退和除名制度，对违法违规执业、违反本所章程及管理制度或者年度考核不称职的律师，可以将其辞退或者经合伙人会议通过将其除名，有关处理结果报所在地县级司法行政机关和律师协会备案。”故B正确。根据《律师事务所管理办法》的规定，该办法并未要求律所对本所律师的奖励报律协批准，故C错误。《律师事务所管理办法》第28条第2款规定：“新合伙人应当从专职执业的律师中产生，并具有三年以上执业经历，但司法部另有规定的除外。受到六个月以上停止执业处罚的律师，处罚期满未逾三年的，不得担任合伙人。”故D错误。

**44. C**。《公证法》第12条规定：“根据自然人、法人或者其他组织的申请，公证机构可以办理下列事务：（一）法律、行政法规规定由公证机构登记的事务；（二）提存；（三）保管遗嘱、遗产或者其他与公证事项有关的财产、物品、文书；（四）代写与公证事项有关的法律事务文书；（五）提供公证法律咨询。”A 本身符合法律规定，但本题设问是设立公证机构和担任公证员的条件及程序，而非公证事务的办理，故 A 错误。《公证法》第 9 条规定：“设立公证机构，由所在地的司法行政部门报省、自治区、直辖市人民政府司法行政部门按照规定程序批准后，颁发公证机构执业证书。”故 B 错误。《公证法》第 19 条规定：“从事法学教学、研究工作，具有高级职称的人员，或者具有本科以上学历，从事审判、检察、法制工作、法律服务满十年的公务员、律师，已经离开原工作岗位，经考核合格的，可以担任公证员。”故 C 正确。《公证法》第 20 条规定：“有下列情形之一的，不得担任公证员：（一）无民事行为能力或者限制民事行为能力的；（二）因故意犯罪或者职务过失犯罪受过刑事处罚的；（三）被开除公职的；（四）被吊销公证员、律师执业证书的。”交通肇事罪是过失犯罪，故 D 错误。

**45. BCD**。市场环境不良是企业行贿的诱因，但不是减轻对此类犯罪处罚的理由，故 A 错误。BCD 正确。

**46. ABCD**。政府要坚持法定职责必须为、法无授权不可为，勇于负责、敢于担当，坚决纠正不作为、乱作为，坚决克服懒政、怠政，坚决惩处失职、渎职。故 ABCD 正确。

**47. ABD**。公民享有知情权和诉权，但权利不得滥用。鹿某的做法是典型的权利滥用，不符合法治精神，同时造成了行政和司法资源的浪费。故 ABD 正确，C 错误。

**48. ABCD**。公共法律服务是政府公共服务体系的重要组成部分，具体包括：为全民提供法律知识普及教育和法治文化活动；为经济困难和特殊案件当事人提供法律援助；开展公益性法律顾问、法律咨询、辩护、代理、公证、司法鉴定等法律服务；预防和化解民间纠纷的人民调解活动等。故 ABCD 正确。

**49. ACD**。“法无授权不可为”是针对公权力行使的法治原则。私权利行使的法治原则是“法无禁止即可为”，故 B 错误。ACD 正确。

**50. AB**。《条例》规范的对象是工业产品，《食品安全法》规范的对象是食品，两者不是特别与一般的关系；即使是特别法与一般法的关系，特别法优于一般法的原则也只是适用于相同位阶的法律渊源，不同位阶的法律渊源应当适用上位法优于下位法原则，因此甲公司说法不成立。故 A 正确。《食品安全法》中规定食品生产经营许可的法律规范，是关于行政许可的规定，属于行政法规范。故 B 正确。《立法法》第 110 条规定：“国务院、中央军事委员会、国家监察委员会、最高人民法院、最高人民检察院和各省、自治区、直辖市的人民代表大会常务委员会认为行政法规、地方性法规、自治条例和单行条例同宪法或者法律相抵触，或者存在合宪性、合法性问题的，可以向全国人民代表大会常务委员会书面提出进行审查的要求，由全国人民代表大会有关的专门委员会和常务委员会工作机构进行审查、提出意见。前款规定以外的其他国家机关和社会团体、企业事业组织以及公民认为行政法规、地方性法规、自治条例和单行条例同宪法或者法律相抵触的，可以向全国人民代表大会常务委员会书面提出进行审查的建议，由常务委员会工作机构进行审查；必要时，送有关的专门委员会进行审查、提出意见。”故 C 错误，法院无权直接撤销《条例》。《条例》与《食品安全法》都属于当代中国法的正式渊源，但《条例》属于行政法规，《食品安全法》才属于法律（狭义的法律）。故 D 错误。

**51. ABC**。《民法典》第 1173 条规定：“被侵权人对同一损害的发生或者扩大有过错的，可以减轻侵权人的责任。”因此，赵某是否存在重大过失（违反注意义务），是衡量法律责任轻重的重要标准。故 A 正确。赵某与地铁公司之间的运输合同关系是第一性的法律关系（主法律关系），由此产生的诉讼关系是第二性的法律关系（从法律关系）。故 B 正确。若经法院调解后赵某放弃索赔，则构成协议免责，故 C 正确。D 明显错误。

**【陷阱提示】** *有观点认为 C 错误，理由在于，既然赵某放弃索赔，应该构成不诉免责。但是，不诉免责是指当事人不向法院起诉追究行为人的责任。根据题意，赵某已经起诉，且经法院调解也没有撤诉，故不构成不诉免责。根据题干，经法院调解后赵某放弃索赔，而不是撤诉，意味着双方达成了不予索赔的合意（调解协议），构成协议免责，故 C 正确。*

**52. ABC**。法律列举越详细，法的确定性和可预测性程度越高，故 A 正确。法官判断原告取证是否违法时作了利益衡量，即认为原告取证目的并无不当，也未损害社会公共利益和他人合法权益，且该取证方式有利于遏制侵权行为，应认定合法，故 B 正确。裁判事实不一定与客观事实完全一致，故 C 正确。在使用条件上，应当优先适用法律规则，穷尽法律规则，方得适用法律原则，故 D 错误。

**53. ABC**。题述情形是指准用性规则，故 A 正确。借助法律推理和法律解释，可以提高法律的适应性，如目的解释；也可以提高法律的确定性，如文义解释，故 B 正确。法律原则相对于法律规则，概括条款相对于确定条款，具有较大的灵活性和伸缩度，通过法律原则、概括条款，可增强法律的适应性，故 C 正确。法律的确定性跟义务性规则和权利性规则没有必然联系，义务性规则可能是确定的，也可能是不确定的，权利性规则同样如此，故D错误。

**54. ABC**。准用性规则是指内容本身没有规定人们具体的行为模式，而是可以援引或参照其他相应内容规定的规则。第4款中“依照第一款的规定处罚”，表达的是准用性规则，并可以避免法条重复表述，故AC正确。体系解释是指将被解释的法律条文放在整部法律中乃至整个法律体系中，联系此法条与其他法条的相互关系来解释法律。法院对第4款的解释，联系的是相关司法解释对《刑法》其他条款中“情节严重”的解释，并与此保持统一，属于体系解释，故B正确。法院的解释背后，隐藏的是对解释结果公正的追求，故D错误。

**55. ABCD**。根据题干所述《宪法》第13条易知，AB正确。《宪法》第6条规定：“中华人民共和国的社会主义经济制度的基础是生产资料的社会主义公有制，即全民所有制和劳动群众集体所有制。社会主义公有制消灭人剥削人的制度，实行各尽所能、按劳分配的原则。国家在社会主义初级阶段，坚持公有制为主体、多种所有制经济共同发展的基本经济制度，坚持按劳分配为主体、多种分配方式并存的分配制度。”这就意味着国家保护公民的合法的私有财产权，是我国基本经济制度的重要内容之一。《立法法》第11条规定，“基本经济制度”“对非国有财产的征收、征用”属于法律保留事项，故对公民私有财产权和继承权的保护和限制属于法律保留的事项。故CD正确。

**【陷阱提示】**CD容易漏选。《立法法》规定的法律保留事项没有把“公民私有财产权和继承权的保护和限制”单列，但是明确规定了“基本经济制度”属于法律保留事项。也就是要理解私有财产权（或者说私有产权）与经济制度和基本经济制度的关系。经济制度是指一国通过宪法和法律调整以生产资料所有制形式为核心的各种基本经济关系的规则、原则和政策的总称；它包括生产资料的所有制形式、各种经济成分的相互关系及其宪法地位、国家发展经济的基本方针、基本原则等内容。而产权是所有制的法律表现形式，因此产权是经济制度的重要内容。我国实行公有制为主体、多种所有制经济共同发展的基本经济制度，公有制对应的是社会主义公有财产权，而非公有制对应的是私有财产权。故D正确，相应地C也正确。

**56. ABC**。该规定是关于选举权平等原则在选区划分中具体体现的规定，ABC正确。《全国人民代表大会和地方各级人民代表大会选举法》（以下简称《选举法》）第15条第1款规定：“地方各级人民代表大会代表名额，由本级人民代表大会常务委员会或者本级选举委员会根据本行政区域所辖的下一级各行政区域或者各选区的人口数，按照每一代表所代表的城乡人口数相同的原则，以及保证各地区、各民族、各方面都有适当数量代表的要求进行分配。在县、自治县的人民代表大会中，人口特少的乡、民族乡、镇，至少应有代表一人。”省人大选举实施办法不得与选举法相抵触，亦需保证各地区、各民族、各方面都有适当数量的代表；且仅就题中规定而言，亦推导不出不保证各地区、各民族、各方面都有适当数量代表的要求。故D错误。

**57. ABCD**。《立法法》第23条规定：“列入全国人民代表大会会议议程的法律案，由宪法和法律委员会根据各代表团和有关的专门委员会的审议意见，对法律案进行统一审议，向主席团提出审议结果报告和法律草案修改稿，对涉及的合宪性问题以及重要的不同意见应当在审议结果报告中予以说明，经主席团会议审议通过后，印发会议。”故A正确。《立法法》第25条规定：“列入全国人民代表大会会议议程的法律案，在交付表决前，提案人要求撤回的，应当说明理由，经主席团同意，并向大会报告，对该法律案的审议即行终止。”故B正确。《立法法》第33条规定：“列入常务委员会会议议程的法律案，各方面的意见比较一致的，可以经两次常务委员会会议审议后交付表决；调整事项较为单一或者部分修改的法律案，各方面的意见比较一致，或者遇有紧急情形的，也可以经一次常务委员会会议审议即交付表决。”故C正确。《立法法》第45条规定：“列入常务委员会会议审议的法律案，因各方面对制定该法律的必要性、可行性等重大问题存在较大意见分歧搁置审议满两年的，或者因暂不付表决经过两年没有再次列入常务委员会会议议程审议的，委员长会议可以决定终止审议，并向常务委员会报告；必要时，委员长会议也可以决定延期审议。”故D正确。

**58. ACD**。互相配合，是指三机关在分工负责的基础上，通力合作，密切配合，依法办理刑事案件。互相配合是基于三机关在工作目的和任务的一致性。从目的上看，包括惩罚犯罪和保护人民两个方面，故B表述不够完整。ACD正确。

**59. ABCD**。《立法法》第111条第1款规定：“全国人民代表大会专门委员会、常务委员会工作机构可以对报送备案的行政法规、地方性法规、自治条例和单行条例等进行主动审查，并可以根据需要进行专项审查。”故A正确。《立法法》第109条规定：“行政法规、地方性法规、自治条例和单行条例、规章应当在公布后的三十日内依照下列规定报有关机关备案：……（三）自治州、自治县的人民代表大会制定的自治条例和单行条例，由省、自治区、直辖市的人民代表大会常务委员会报全国人民代表大会常务委员会和国务院备案；自治条例、单行条例报送备案时，应当说明对法律、行政法规、地方性法规作出变通的情况；（四）部门规章和地方政府规章报国务院备案；地方政府规章应当同时报本级人民代表大会常务委员会备案；设区的市、自治州的人民政府制定的规章应当同时报省、自治区的人民代表大会常务委员会和人民政府备案……”故 BC 正确。《立法法》第 112 条第 3 款规定：“全国人民代表大会宪法和法律委员会、有关的专门委员会、常务委员会工作机构经审查认为行政法规、地方性法规、自治条例和单行条例同宪法或者法律相抵触，或者存在合宪性、合法性问题需要修改或者废止，而制定机关不予修改或者废止的，应当向委员长会议提出予以撤销的议案、建议，由委员长会议决定提请常务委员会会议审议决定。”故 D 正确。

**60. AD**。苦茶属于食品因而应当适用《食品安全法》的相关规定。《食品安全法》第 148 条第 2 款规定：“生产不符合食品安全标准的食品或者经营明知是不符合食品安全标准的食品，消费者除要求赔偿损失外，还可以向生产者或者经营者要求支付价款十倍或者损失三倍的赔偿金；增加赔偿的金额不足一千元的，为一千元。但是，食品的标签、说明书存在不影响食品安全且不会对消费者造成误导的瑕疵的除外。”由于题述苦茶不符合食品安全标准，因而李某可以主张 10 倍价款赔偿，A 正确。《食品安全法》第 27 条第 1 款规定：“食品安全国家标准由国务院卫生行政部门会同国务院食品安全监督管理部门制定、公布，国务院标准化行政部门提供国家标准编号。”因而苦茶的国家标准编号应当是由国家标准化行政部门提供，B 错误。《食品安全法》第 29 条规定：“对地方特色食品，没有食品安全国家标准的，省、自治区、直辖市人民政府卫生行政部门可以制定并公布食品安全地方标准，报国务院卫生行政部门备案。食品安全国家标准制定后，该地方标准即行废止。”故 C 错误。《食品安全法》第 30 条规定：“国家鼓励食品生产企业制定严于食品安全国家标准或者地方标准的企业标准，在本企业适用，并报省、自治区、直辖市人民政府卫生行政部门备案。”故 D 正确。

**61. BCD**。《商业银行法》第 3 条第 1 款第 2 项规定，商业银行可以经营“发放短期、中期和长期贷款”的业务。但根据该条第 2 款规定，经营范围由商业银行章程规定，报国务院银行业监督管理机构批准。“校园贷”属于贷款的一种，因而，商业银行从事“校园贷”等贷款业务需要经国务院银监机构批准，A 正确。《商业银行法》第 36 条规定：“商业银行贷款，借款人应当提供担保。商业银行应当对保证人的偿还能力，抵押物、质物的权属和价值以及实现抵押权、质权的可行性进行严格审查。经商业银行审查、评估，确认借款人资信良好，确能偿还贷款的，可以不提供担保。”B 错误。《商业银行法》第 35 条规定：“商业银行贷款，应当对借款人的借款用途、偿还能力、还款方式等情况进行严格审查。商业银行贷款，应当实行审贷分离、分级审批的制度。”对于与借款人还款能力无关的内容不应当在贷款审查的范围，并且审贷必须分离，因而审查人员和放贷人员不可同为一人，故 CD 错误。

**62. AB**。税收法定原则禁止类推适用方法，故 A 正确。《增值税法》第 8 条第 2 款规定：“小规模纳税人可以按照销售额和征收率计算应纳税额的简易计税方法，计算缴纳增值税。”第 11 条规定：“适用简易计税方法计算缴纳增值税的征收率为百分之三。”故 B 正确。根据《消费税暂行条例》，木制一次性筷子和实木地板是消费税的征税对象，竹制一次性筷子和复合地板不是消费税的征税对象，故 C 错误。《车船税法》第 8 条规定：“车船税纳税义务发生时间为取得车船所有权或者管理权的当月。”故 D 错误。

**63. ABCD**。《企业所得税法》第 2 条规定：“企业分为居民企业和非居民企业。本法所称居民企业，是指依法在中国境内成立，或者依照外国（地区）法律成立但实际管理机构在中国境内的企业。本法所称非居民企业，是指依照外国（地区）法律成立且实际管理机构不在中国境内，但在中国境内设立机构、场所的，或者在中国境内未设立机构、场所，但有来源于中国境内所得的企业。”A 基金注册在境外某群岛并在当地设置总部，实际管理机构不在中国境内，因而系非居民企业。D 公司是注册在中国境内的，因而系居民企业。AB 正确。由于 A 基金转让 F 公司股权实质上是转让 D 公司股权，因而应当向我国税务机关进行纳税申报，故 C 正确。《企业所得税法》第 47 条规定：“企业实施其他不具有合理商业目的的安排而减少其应纳税收入或者所得额的，税务机关有权按照合理方法调整。”题述情形通过转让海外空壳公司股权的方式来实质转让境内公司的权益，当其适用的税率较低时，可以判定其不具有合理的商业目的，可以对其进行纳税调整，故 D 正确。

**64. ACD**。《税收征收管理法》第 14 条规定：“本法所称税务机关是指各级税务局、税务分局、税务所和按照国务院规定设立的并向社会公告的税务机构。”《税收征收管理法实施细则》第 9 条第 1 款规定：“税收征管法第十四条所称按照国务院规定设立的并向社会公告的税务机构，是指省以下税务局的稽查局。稽查局专司偷税、逃避追缴欠税、骗税、抗税案件的查处。”故 A 正确。《税收征收管理法》第 35 条第 1 款规定：“纳税人有下列情形之一的，税务机关有权核定其应纳税额：……（六）纳税人申报的计税依据明显偏低，又无正当理由的。”根据题述情形，该公司所涉拍卖行为合法有效，也不存在逃税、骗税等行为，因而税务机关没有理由核定其应纳税额，故 B 错误。由于昌昌公司没有逃税、骗税的行为，因而税务机关也没有理由加收其滞纳金，故 C 正确。《税收征收管理法》第 88 条第 1、2 款规定：“纳税人、扣缴义务人、纳税担保人同税务机关在纳税上发生争议时，必须先依照税务机关的纳税决定缴纳或者解缴税款及滞纳金或者提供相应的担保，然后可以依法申请行政复议；对行政复议决定不服的，可以依法向人民法院起诉。当事人对税务机关的处罚决定、强制执行措施或者税收保全措施不服的，可以依法申请行政复议，也可以依法向人民法院起诉。”由于题述稽查局作出的税务处理决定不属于行政处罚、强制执行措施或税收保全措施，因而必须先经过行政复议方可行政诉讼。故D正确。

**65. ABD**。《劳动合同法》第7条规定：“用人单位自用工之日起即与劳动者建立劳动关系。用人单位应当建立职工名册备查。”故A正确。《劳动合同法》第82条第1款规定：“用人单位自用工之日起超过一个月不满一年未与劳动者订立书面劳动合同的，应当向劳动者每月支付二倍的工资。”《劳动合同法实施条例》第6条第2款规定：“前款规定的用人单位向劳动者每月支付两倍工资的起算时间为用工之日起满一个月的次日，截止时间为补订书面劳动合同的前一日。”故B正确。根据《劳动合同法》第38条的规定，为劳动者缴纳社会保险费是用人单位的基本义务，用人单位不履行该义务时，劳动者可以主张解除劳动合同。故C错误。《劳动合同法》第74条规定：“县级以上地方人民政府劳动行政部门依法对下列实施劳动合同制度的情况进行监督检查：……（六）用人单位参加各项社会保险和缴纳社会保险费的情况……”另《社会保险法》第83条第3款规定：“个人与所在用人单位发生社会保险争议的，可以依法申请调解、仲裁，提起诉讼。用人单位侵害个人社会保险权益的，个人也可以要求社会保险行政部门或者社会保险费征收机构依法处理。”因而社保行政部门或社保费征收机构都具有处理养老保险纠纷的权力。故D正确。

**66. CD**。《劳动合同法》第51条第2款规定：“集体合同由工会代表企业职工一方与用人单位订立；尚未建立工会的用人单位，由上级工会指导劳动者推举的代表与用人单位订立。”故A错误。《劳动合同法》第53条规定：“在县级以下区域内，建筑业、采矿业、餐饮服务业等行业可以由工会与企业方面代表订立行业性集体合同，或者订立区域性集体合同。”《劳动合同法》第54条规定：“集体合同订立后，应当报送劳动行政部门；劳动行政部门自收到集体合同文本之日起十五日内未提出异议的，集体合同即行生效。依法订立的集体合同对用人单位和劳动者具有约束力。行业性、区域性集体合同对当地本行业、本区域的用人单位和劳动者具有约束力。”故B错误，C正确。《劳动合同法》第56条规定：“用人单位违反集体合同，侵犯职工劳动权益的，工会可以依法要求用人单位承担责任；因履行集体合同发生争议，经协商解决不成的，工会可以依法申请仲裁、提起诉讼。”故D正确。

**67. ABD**。《土地管理法》第4条第1、2款规定：“国家实行土地用途管制制度。国家编制土地利用总体规划，规定土地用途，将土地分为农用地、建设用地和未利用地。严格限制农用地转为建设用地，控制建设用地总量，对耕地实行特殊保护。”故A做法需要纠正，当选。《城市房地产管理法》第10条规定：“土地使用权出让，必须符合土地利用总体规划、城市规划和年度建设用地计划。”故B做法需要纠正，当选。《城市房地产管理法》第45条规定：“商品房预售，应当符合下列条件：（一）已交付全部土地使用权出让金，取得土地使用权证书；（二）持有建设工程规划许可证；（三）按提供预售的商品房计算，投入开发建设的资金达到工程建设总投资的百分之二十五以上，并已经确定施工进度和竣工交付日期；（四）向县级以上人民政府房产管理部门办理预售登记，取得商品房预售许可证明。商品房预售人应当按照国家有关规定将预售合同报县级以上人民政府房产管理部门和土地管理部门登记备案。商品房预售所得款项，必须用于有关的工程建设。”故C做法正确，不当选。土地用途在出让时就已经明确，不得随意改变用途。故D做法需要纠正，当选。

**68. ABD**。《国籍法》第12条规定：“国家工作人员和现役军人，不得退出中国国籍。”故A正确。《国籍法》第8条规定：“申请加入中国国籍获得批准的，即取得中国国籍；被批准加入中国国籍的，不得再保留外国国籍。”故B正确。《国籍法》第5条规定：“父母双方或一方为中国公民，本人出生在外国，具有中国国籍；但父母双方或一方为中国公民并定居在外国，本人出生时即具有外国国籍的，不具有中国国籍。”故C错误。《国籍法》第4条规定：“父母双方或一方为中国公民，本人出生在中国，具有中国国籍。”故D正确。

**69. AC**。《出境入境管理法》第25条第2款规定：“对不准入境的，出入境边防检查机关可以不说明理由。”故A正确。《外国人入境出境管理条例》第22条规定：“持学习类居留证件的外国人需要在校外勤工助学或者实习的，应当经所在学校同意后，向公安机关出入境管理机构申请居留证件加注勤工助学或者实习地点、期限等信息。持学习类居留证件的外国人所持居留证件未加注前款规定信息的，不得在校外勤工助学或者实习。”故B错误。《出境入境管理法》第39条第2款规定：“外国人在旅馆以外的其他住所居住或者住宿的，应当在入住后二十四小时内由本人或者留宿人，向居住地的公安机关办理登记。”故C正确。《出境入境管理法》第28条规定：“外国人有下列情形之一的，不准出境：（一）被判处刑罚尚未执行完毕或者属于刑事案件被告人、犯罪嫌疑人的，但是按照中国与外国签订的有关协议，移管被判刑人的除外；（二）有未了结的民事案件，人民法院决定不准出境的；（三）拖欠劳动者的劳动报酬，经国务院有关部门或者省、自治区、直辖市人民政府决定不准出境的；（四）法律、行政法规规定不准出境的其他情形。”上述第1项涉诉情形不允许出境，其他情形须经法院或有关政府决定，D过于绝对。故D错误。

**70. ABC**。《涉外民事关系法律适用法》第17条规定：“当事人可以协议选择信托适用的法律。当事人没有选择的，适用信托财产所在地法律或者信托关系发生地法律。”故ABC正确，D错误。

**71. ABC**。《涉外民事关系法律适用法》第27条规定：“诉讼离婚，适用法院地法律。”故A正确。《涉外民事关系法律适用法》第24条规定：“夫妻财产关系，当事人可以协议选择适用一方当事人经常居所地法律、国籍国法律或者主要财产所在地法律。当事人没有选择的，适用共同经常居所地法律；没有共同经常居所地的，适用共同国籍国法律。”故B正确，D错误。《涉外民事关系法律适用法》第30条规定：“监护，适用一方当事人经常居所地法律或者国籍国法律中有利于保护被监护人权益的法律。”故C正确。

**【陷阱提示】** 考生不要简单地认为诉讼离婚事项适用中国法即意味着离婚过程中所有的法律关系均适用中国法。《涉外民事关系法律适用法》第27条中的“诉讼离婚”是指离婚程序、离婚条件等，而财产关系、收养、抚养、监护等适用各自的准据法。

**72. BC**。《涉外民事关系法律适用法》第7条规定：“诉讼时效，适用相关涉外民事关系应当适用的法律。”《涉外民事关系法律适用法》第41条规定：“当事人可以协议选择合同适用的法律。当事人没有选择的，适用履行义务最能体现该合同特征的一方当事人经常居所地法律或者其他与该合同有最密切联系的法律。”本题中，中国甲公司与英国乙公司约定合同纠纷适用英国法，因此该案的诉讼时效与实体问题均应适用英国法。故BC正确，AD错误。

**73. CD**。最惠国待遇是WTO多边贸易制度中最重要的基本原则和义务。WTO的任何成员都可以享有其他成员给予任何国家的待遇。WTO争端解决机制的主体是国家。故A错误。磋商是争端解决的必经程序，提出磋商请求日起60天内没有解决争端时，申诉方才可以申请成立专家组。但磋商事项以及磋商的充分性，与设立专家组的申请及专家组将作出的裁定没有关系。故B错误。与关税与贸易总协定的争端解决机制相比，WTO争端解决机构在通过专家组和上诉机构报告的程序上有所突破，将关税与贸易总协定的“协商一致原则”改为“反向协商一致原则”，即除非争端解决机构一致不通过相关争端解决报告，该报告即得以通过。该通过实际上是一票通过制，是一种准自动通过方式。故C正确。被裁定违反了有关协议的一方，应当在合理时间内履行争端解决机构的裁定和建议。如果被诉方在合理期限内没有履行裁定和建议，原申诉方可以经争端解决机构授权交叉报复，对被诉方中止减让或中止其他义务。故D正确。

**74. AB**。临时保护原则是《巴黎公约》的基本原则之一，是指缔约国应对在任何一个成员国内举办的或经官方承认的国际展览会上展出的商品中可以取得专利的发明、实用新型、外观设计和可以注册的商标给予临时保护。故A正确。ICSID受理的争端限于一缔约国（东道国）与另一缔约国国民（外国投资者）的争端，此外，在争端双方均同意的情况下，也受理东道国和受外国投资者控制的东道国法人之间的争端，而不是任何与投资有关的争端。故C错误。ICSID的管辖权具有排他的效力，一旦当事人同意在中心仲裁，有关争端便属于中心专属管辖，而不再属于作为争端一方的缔约国国内法管辖的范围。ICSID裁决对争端各方均具有约束力，不得进行任何上诉或采取任何其他除《华盛顿公约》规定外的补救办法；每一缔约国都应承认裁决对其有约束力，并在其领土内履行该裁决所裁定的财政义务，并赋予该裁决等同于其国内法院终审判决的效力。故B正确，D错误。

**75. CD**。《国际商会见索即付保函统一规则》规定，本规则适用于一切明确表明适用本规则的见索即付保函，除非见索即付保函对本规则的内容进行了修改或排除，本规则对见索即付保函的所有当事人均具有约束力。因此，《国际商会见索即付保函统一规则》允许见索即付保函对其进行修改或排除，故A错误。《最高人民法院关于审理独立保函纠纷案件若干问题的规定》（以下简称《独立保函纠纷规定》）第3条第2、3款规定：“当事人以独立保函记载了对应的基础交易为由，主张该保函性质为一般保证或连带保证的，人民法院不予支持。当事人主张独立保函适用民法典关于一般保证或连带保证规定的，人民法院不予支持。”故B错误。《独立保函纠纷规定》第1条第1款规定：“本规定所称的独立保函，是指银行或非银行金融机构作为开立人，以书面形式向受益人出具的，同意在受益人请求付款并提交符合保函要求的单据时，向其支付特定款项或在保函最高金额内付款的承诺。”《独立保函纠纷规定》第6条第1款规定：“受益人提交的单据与独立保函条款之间、单据与单据之间表面相符，受益人请求开立人依据独立保函承担付款责任的，人民法院应予支持。”故C正确。《独立保函纠纷规定》第7条第2款规定：“单据与独立保函条款之间、单据与单据之间表面上不完全一致，但并不导致相互之间产生歧义的，人民法院应当认定构成表面相符。”故D正确。

**76. ABD**。法律职业道德的形成与“实证法”概念的阐释并没有直接必然的联系，故 C 错误。

**77. ABCD**。《检察人员纪律处分条例》第 66 条规定："领导干部违反有关规定组织、参加自发成立的老乡会、校友会、战友会等，情节严重的，给予警告、记过、记大过或者降级处分。"故 A 正确。《检察人员纪律处分条例》第 78 条规定："擅自处置案件线索、随意初查或者在初查中对被调查对象采取限制人身自由强制性措施的，给予记过或者记大过处分；情节较重的，给予降级或者撤职处分；情节严重的，给予开除处分。"故 B 正确。《检察人员纪律处分条例》第 113 条规定："在分配、购买住房中侵犯国家、集体利益，情节较轻的，给予警告、记过或者记大过处分；情节较重的，给予降级或者撤职处分；情节严重的，给予开除处分。"故 C 正确。《检察人员纪律处分条例》第 127 条规定："对群众合法诉求消极应付、推诿扯皮，损害检察机关形象，情节较重的，给予警告、记过或者记大过处分；情节严重的，给予降级或者撤职处分。"故 D 正确。

**78. AB**。《律师执业管理办法》第 31 条第 1 款规定："律师担任辩护人的，应当根据事实和法律，提出犯罪嫌疑人、被告人无罪、罪轻或者减轻、免除其刑事责任的材料和意见，维护犯罪嫌疑人、被告人的诉讼权利和其他合法权益。"故 A 正确。《律师执业管理办法》第 37 条规定："律师承办业务，应当引导当事人通过合法的途径、方式解决争议，不得采取煽动、教唆和组织当事人或者其他人员到司法机关或者其他国家机关静坐、举牌、打横幅、喊口号、声援、围观等扰乱公共秩序、危害公共安全的非法手段，聚众滋事，制造影响，向有关部门施加压力。"故 B 正确。《律师执业管理办法》第 35 条规定："律师承办业务，应当诚实守信，不得接受对方当事人的财物及其他利益，与对方当事人、第三人恶意串通，向对方当事人、第三人提供不利于委托人的信息、证据材料，侵害委托人的权益。"故 C 错误。《律师执业管理办法》第 41 条规定："律师应当按照有关规定接受业务，不得为争揽业务哄骗、唆使当事人提起诉讼，制造、扩大矛盾，影响社会稳定。"故 D 错误。

**79. BD**。孟子的方案兼顾了亲情和法律，但不是所有情与法的冲突都能找到两全其美的解决方案。故 AC 错误，BD 正确。

**80. BD**。《最高人民法院关于完善人民法院司法责任制的若干意见》第 26 条第 5 项规定，制作诉讼文书时，故意违背合议庭评议结果、审判委员会决定的，或者因重大过失导致裁判文书主文错误并造成严重后果的，应当依纪依法追究相关人员的违法审判责任。据此，对提交审委会讨论的案件，法官、合议庭不得违背审委会的决定。故 A 错误。《关于改革和完善人民法院审判委员会制度的实施意见》第 17 条规定："审判委员会以会议决议的方式履行对审判工作的监督、管理、指导职责。"据此，审委会不以自己的名义对外发布裁判文书。故 C 错误。BD 正确。

**81. ACD**。依据人们对法与道德的关系的不同主张，大致上可以将法的概念区分出两种基本立场，即实证主义的法的概念和非实证主义或自然法的法的概念。所有的实证主义理论都主张，法和道德是分离的。所有的非实证主义理论都主张，法与道德是相互联结的。沙威"笃信法律就是法律"表达了实证主义的法律观，故 B 错误。ACD 正确。

**82. BD**。权利的行使与义务的履行均具有其界限，没有无限制的权利，也没有无限度的义务。故 B 正确。但是义务具有强制履行的性质，而权利具有一定的自主性，权利主体可以按照自己的愿望决定是否实施某种行为。因此，依情理林某应探望儿子，但是探望权作为一种权利，不具有强制履行的性质，故从法理上看，法院不可判决其行使探望权。故 AC 错误。权利总是与义务人的义务相连，需要相应的义务做保障。林某的探望权对应的是许某的协助义务，包括积极义务和消极义务。故 D 正确。

**83. CD**。青石上有百姓祖先名字的生活事实，可以被建构为乡绅夺去百姓祖先坟茔的案件事实，也可以建构为百姓暗中埋下的案件事实。故 A 错误。表达法律规则的特定语句往往是一种规范语句。根据所运用的助动词的不同，规范语句可以区分为命令句和允许句。"有乡绅夺去祖先坟茔作了自家坟地"只是在描述一个事实，而不是表达一个规则，不是规范语句。故 B 错误。CD 正确。

**84. C**。《中国人民政治协商会议章程》总纲规定，中国人民政治协商会议是中国人民爱国统一战线的组织，是中国共产党领导的多党合作和政治协商的重要机构。故 C 正确。作为爱国统一战线的组织形式，中国人民政治协商会议是由中国共产党领导的，由各民主党派和各人民团体参加的政治联盟。但政协委员不是由选举产生的。《中国人民政治协商会议章程》第 40 条第 1 款规定："每届中国人民政治协商会议全国委员会的参加单位、委员名额和人选及界别设置，经上届全国委员会主席会议审议同意后，由常务委员会协商决定。"《中国人民政治协商会议章程》第 51 条第 1 款规定："每届中国人民政治协商会议地方委员会的参加单位、委员名额和人选及界别设置，经上届地方委员会主席会议审议同意后，由常务委员会协商决定。"故 A 错误。从本质上讲，政协不是国家机关，但是它同我国国家权力机关的活动有着极为密切的联系。比如全国人民代表大会召开会议的时候，一般均吸收政协全国委员会的委员列席。故 BD 错误。

**85. ABC**。人民代表大会制度是我国实现人民行使当家作主、实现社会主义民主的一种形式。在各种实现社会主义民主的形式中，人民代表大会制度居于最重要的地位。但是人民代表大会制度不是实现社会主义民主的唯一形式。故 D 错误。ABC 正确。

**86. D**。《村民委员会组织法》第 13 条规定："年满十八周岁的村民，不分民族、种族、性别、职业、家庭出身、宗教信仰、教育程度、财产状况、居住期限，都有选举权和被选举权；但是，依照法律被剥夺政治权利的人除外。村民委员会选举前，应当对下列人员进行登记，列入参加选举的村民名单：（一）户籍在本村并且在本村居住的村民；（二）户籍在本村，不在本村居住，本人表示参加选举的村民；（三）户籍不在本村，在本村居住一年以上，本人申请参加选举，并且经村民会议或者村民代表会议同意参加选举的公民。已在户籍所在村或者居住村登记参加选举的村民，不得再参加其他地方村民委员会的选举。"可知，王某、杨某户籍在本村，且表示参加选举，应当列入选民名单，不因未在甲村居住或"入户协议"而受影响，也不需要村民会议或者村民代表会议同意。故 ABC 错误，D 正确。

**87. B**。《城乡规划法》第 44 条规定："在城市、镇规划区内进行临时建设的，应当经城市、县人民政府城乡规划主管部门批准。临时建设影响近期建设规划或者控制性详细规划的实施以及交通、市容、安全等的，不得批准。临时建设应当在批准的使用期限内自行拆除。临时建设和临时用地规划管理的具体办法，由省、自治区、直辖市人民政府制定。"故 A 错误，B 正确。《城乡规划法》第 66 条规定："建设单位或者个人有下列行为之一的，由所在地城市、县人民政府城乡规划主管部门责令限期拆除，可以并处临时建设工程造价一倍以下的罚款：（一）未经批准进行临时建设的；（二）未按照批准内容进行临时建设的；（三）临时建筑物、构筑物超过批准期限不拆除的。"应为"城乡规划主管部门"而非"市政府"，故 C 错误。《城乡规划法》第 68 条规定："城乡规划主管部门作出责令停止建设或者限期拆除的决定后，当事人不停止建设或者逾期不拆除的，建设工程所在地县级以上地方人民政府可以责成有关部门采取查封施工现场、强制拆除等措施。"市城乡规划部门无权强制拆除，故 D 错误。

**88. A**。《环境影响评价法》第 31 条第 1、2 款规定："建设单位未依法报批建设项目环境影响报告书、报告表，或者未依照本法第二十四条的规定重新报批或者报请重新审核环境影响报告书、报告表，擅自开工建设的，由县级以上生态环境主管部门责令停止建设，根据违法情节和危害后果，处建设项目总投资额百分之一以上百分之五以下的罚款，并可以责令恢复原状；对建设单位直接负责的主管人员和其他直接责任人员，依法给予行政处分。建设项目环境影响报告书、报告表未经批准或者未经原审批部门重新审核同意，建设单位擅自开工建设的，依照前款的规定处罚、处分。"故《环境影响评价法》并未许可建设单位在被处罚后重新提交环评文件，而是要求责令恢复原状，故 A 正确。《环境保护法》第 41 条规定："建设项目中防治污染的设施，应当与主体工程同时设计、同时施工、同时投产使用。防治污染的设施应当符合经批准的环境影响评价文件的要求，不得擅自拆除或者闲置。"因而，即使是试生产也必须同时使用环保设施，故 B 错误。《环境保护法》第 59 条规定："企业事业单位和其他生产经营者违法排放污染物，受到罚款处罚，被责令改正，拒不改正的，依法作出处罚决定的行政机关可以自责令改正之日的次日起，按照原处罚数额按日连续处罚。前款规定的罚款处罚，依照有关法律法规按照防治污染设施的运行成本、违法行为造成的直接损失或者违法所得等因素确定的规定执行。地方性法规可以根据环境保护的实际需要，增加第一款规定的按日连续处罚的违法行为的种类。"据此，应为"责令改正之日的次日起"而非"处罚之日的次日起"，故 C 错误。《环境保护法》第 63 条规定："企业事业单位和其他生产经营者有下列行为之一，尚不构成犯罪的，除依照有关法律法规规定予以处罚外，由县级以上人民政府环境保护主管部门或者其他有关部门将案件移送公安机关，对其直接负责的主管人员和其他直接责任人员，处十日以上十五日以下拘留；情节较轻的，处五日以上十日以下拘留：……（三）通过暗管、渗井、渗坑、灌注或者篡改、伪造监测数据，或者不正常运行防治污染设施等逃避监管的方式违法排放污染物的……"正确做法是先移送公安机关，由公安机关依法对责任人进行拘留，故 D 错误。

**89. BD**。《劳动合同法》第 46 条规定："有下列情形之一的，用人单位应当向劳动者支付经济补偿：……（四）用人单位依照本法第四十一条第一款规定（即经济性裁员——编者注）解除劳动合同的……"故 A 错误。《劳动合同法》第 41 条第 2、3 款规定："裁减人员时，应当优先留用下列人员：（一）与本单位订立较长期限的固定期限劳动合同的；（二）与本单位订立无固定期限劳动合同的；（三）家庭无其他就业人员，有需要扶养的老人或者未成年人的。用人单位依照本条第一款规定裁减人员，在六个月内重新招用人员的，应当通知被裁减的人员，并在同等条件下优先招用被裁减的人员。"《劳动合同法》第 42 条规定："劳动者有下列情形之一的，用人单位不得依照本法第四十条、第四十一条的规定解除劳动合同：（一）从事接触职业病危害作业的劳动者未进行离岗前职业健康检查，或者疑似职业病病人在诊断或者医学观察期间的；（二）在本单位患职业病或者因工负伤并被确认丧失或者部分丧失劳动能力的；（三）患病或者非因工负伤，在规定的医疗期内的；（四）女职工在孕期、产期、哺乳期的；（五）在本单位连续工作满十五年，且距法定退休年龄不足五年的；（六）法律、行政法规规定的其他情形。”故 BD 正确，C 并未说明该女职工距离退休的年龄，故错误。

**90. ACD**。《司法机关内部人员过问案件的记录和责任追究规定》第 2 条规定：“司法机关内部人员应当依法履行职责，严格遵守纪律，不得违反规定过问和干预其他人员正在办理的案件，不得违反规定为案件当事人转递涉案材料或者打探案情，不得以任何方式为案件当事人说情打招呼。”上述规定禁止的是“违规转递涉案材料或者打探案情”，A 已经强调了是“按规定”，因而是正确的。《司法机关内部人员过问案件的记录和责任追究规定》第 4 条规定：“司法机关领导干部和上级司法机关工作人员因履行领导、监督职责，需要对正在办理的案件提出指导性意见的，应当依照程序以书面形式提出，口头提出的，由办案人员记录在案。”故 B 做法错误，C 做法正确。法官与律师就案件的研讨应当依法在适当的时间和场合进行，D 做法正确。

# 第2天

*长风破浪会有时，直挂云帆济沧海。*

## 试 题

**1.** 关于刑事司法解释的时间效力，下列哪一选项是正确的？

A. 司法解释也是刑法的渊源，故其时间效力与《刑法》完全一样，适用从旧兼从轻原则

B. 行为时无相关司法解释，新司法解释实施时正在审理的案件，应当依新司法解释办理

C. 行为时有相关司法解释，新司法解释实施时正在审理的案件，仍须按旧司法解释办理

D. 依行为时司法解释已审结的案件，若适用新司法解释有利于被告人的，应依新司法解释改判

**2.** 关于危害结果，下列哪一选项是正确的？

A. 危害结果是所有具体犯罪的构成要件要素

B. 抽象危险是具体犯罪构成要件的危害结果

C. 以杀死被害人的方法当场劫取财物的，构成抢劫罪的结果加重犯

D. 骗取他人财物致使被害人自杀身亡的，成立诈骗罪的结果加重犯

**3.** 关于刑事责任能力的认定，下列哪一选项是正确的？

A. 甲先天双目失明，在大学读书期间因琐事致室友重伤。甲具有限定刑事责任能力

B. 乙是聋哑人，长期组织数名聋哑人在公共场所扒窃。乙属于相对有刑事责任能力

C. 丙服用安眠药陷入熟睡，致同床的婴儿被压迫窒息死亡。丙不具有刑事责任能力

D. 丁大醉后步行回家，嫌他人小汽车挡路，将车砸坏，事后毫无记忆。丁具有完全刑事责任能力

**4.** 关于正当防卫与紧急避险的比较，下列哪一选项是正确的？

A. 正当防卫中的不法"侵害"的范围，与紧急避险中的"危险"相同

B. 对正当防卫中不法侵害是否"正在进行"的认定，与紧急避险中危险是否"正在发生"的认定相同

C. 对正当防卫中防卫行为"必要限度"的认定，与紧急避险中避险行为"必要限度"的认定相同

D. 若正当防卫需具有防卫意图，则紧急避险也须具有避险意图

**5.** 甲冒充房主王某与乙签订商品房买卖合同，约定将王某的住房以220万元卖给乙，乙首付100万元给甲，待过户后再支付剩余的120万元。办理过户手续时，房管局工作人员识破甲的骗局并报警。根据司法解释，关于甲的刑事责任的认定，下列哪一选项是正确的？

A. 以合同诈骗罪220万元未遂论处，酌情从重处罚

B. 以合同诈骗罪100万元既遂论处，合同诈骗120万元作为未遂情节加以考虑

C. 以合同诈骗罪120万元未遂论处，合同诈骗100万元既遂的情节不再单独处罚

D. 以合同诈骗罪100万元既遂与合同诈骗罪120万元未遂并罚

**6.** 甲欲前往张某家中盗窃。乙送甲一把擅自配制的张家房门钥匙，并告甲说，张家装有防盗设备，若钥匙打不开就必须放弃盗窃，不可入室。甲用钥匙开张家房门，无法打开，本欲依乙告诫离去，但又不甘心，思量后破窗进入张家窃走数额巨大的财物。关于本案的分析，下列哪一选项是正确的？

A. 乙提供钥匙的行为对甲成功实施盗窃起到了促进作用，构成盗窃罪既遂的帮助犯

B. 乙提供的钥匙虽未起作用，但对甲实施了心理上的帮助，构成盗窃罪既遂的帮助犯

C. 乙欲帮助甲实施盗窃行为，因意志以外的原因未能得逞，构成盗窃罪的帮助犯未遂

D. 乙的帮助行为的影响仅延续至甲着手开门盗窃时，故乙成立盗窃罪未遂的帮助犯

**7.** 甲欲杀丙，假意与乙商议去丙家"盗窃"，由乙在室外望风，乙照办。甲进入丙家将丙杀害，出来后骗乙说未窃得财物。乙信以为真，悻然离去。关于本案的分析，下列哪一选项是正确的？

A. 甲欺骗乙望风，构成间接正犯。间接正犯不影响对共同犯罪的认定，甲、乙构成故意杀人罪的共犯

B. 乙企图帮助甲实施盗窃行为，却因意志以外的原因未能得逞，故对乙应以盗窃罪的帮助犯未遂论处

C. 对甲应以故意杀人罪论处，对乙以非法侵入住宅罪论处。两人虽然罪名不同，但仍然构成共同犯罪

D. 乙客观上构成故意杀人罪的帮助犯，但因其仅有盗窃故意，故应在盗窃罪法定刑的范围内对其量刑

**8.** 关于罪数的判断，下列哪一选项是正确的？

A. 甲为冒充国家机关工作人员招摇撞骗而盗窃国家机关证件，并持该证件招摇撞骗。甲成立盗窃国家机关证件罪和招摇撞骗罪，数罪并罚

B. 乙在道路上醉酒驾驶机动车，行驶20公里后，不慎撞死路人张某。因已发生实害结果，乙不构成危险驾驶罪，仅构成交通肇事罪

C. 丙以欺诈手段骗取李某的名画。李某发觉受骗，要求丙返还，丙施以暴力迫使李某放弃。丙构成诈骗罪与抢劫罪，数罪并罚

D. 已婚的丁明知杨某是现役军人的配偶，却仍然与之结婚。丁构成重婚罪与破坏军婚罪的想象竞合犯

**9.** 关于自首，下列哪一选项是正确的？

A. 甲绑架他人作为人质并与警察对峙，经警察劝说放弃了犯罪。甲是在“犯罪过程中”而不是“犯罪以后”自动投案，不符合自首条件

B. 乙交通肇事后留在现场救助伤员，并报告交管部门发生了事故。交警到达现场询问时，乙否认了自己的行为。乙不成立自首

C. 丙故意杀人后如实交代了自己的客观罪行，司法机关根据其交代认定其主观罪过为故意，丙辩称其为过失。丙不成立自首

D. 丁犯罪后，仅因形迹可疑而被盘问、教育，便交代了自己所犯罪行，但拒不交代真实身份。丁不属于如实供述，不成立自首

**10.** 王某多次吸毒，某日下午在市区超市门口与同居女友沈某发生争吵。沈某欲离开，王某将其按倒在地，用菜刀砍死。后查明：王某案发时因吸毒出现精神病性障碍，导致辨认控制能力减弱。关于本案的刑罚裁量，下列哪一选项是错误的？

A. 王某是偶犯，可酌情从轻处罚

B. 王某刑事责任能力降低，可从轻处罚

C. 王某在公众场合持刀行凶，社会影响恶劣，可从重处罚

D. 王某与被害人存在特殊身份关系，可酌情从轻处罚

**11.** 在符合“执行期间，认真遵守监规，接受教育改造”的前提下，关于减刑、假释的分析，下列哪一选项是正确的？

A. 甲因爆炸罪被判处有期徒刑12年，已服刑10年，确有悔改表现，无再犯危险。对甲可以假释

B. 乙因行贿罪被判处有期徒刑9年，已服刑5年，确有悔改表现，无再犯危险。对乙可优先适用假释

C. 丙犯贪污罪被判处无期徒刑，拒不交代贪污款去向，一直未退赃。丙已服刑20年，确有悔改表现，无再犯危险。对丙可假释

D. 丁因盗窃罪被判处有期徒刑5年，已服刑3年，一直未退赃。丁虽在服刑中有重大技术革新，成绩突出，对其也不得减刑

**12.** 关于危害公共安全罪的认定，下列哪一选项是正确的？

A. 猎户甲合法持有猎枪，猎枪被盗后没有及时报告，造成严重后果。甲构成丢失枪支不报罪

B. 乙故意破坏旅游景点的缆车的关键设备，致数名游客从空中摔下。乙构成破坏交通设施罪

C. 丙吸毒后驾车将行人撞成重伤（负主要责任），但毫无觉察，驾车离去。丙构成交通肇事罪

D. 丁被空姐告知“不得打开安全门”，仍拧开安全门，致飞机不能正点起飞。丁构成破坏交通工具罪

**13.** 甲系外贸公司总经理，在公司会议上拍板：为物尽其用，将公司以来料加工方式申报进口的原材料剩料在境内销售。该行为未经海关许可，应缴税款90万元，公司亦未补缴。关于本案，下列哪一选项是正确的？

A. 虽未经海关许可，但外贸公司擅自销售原材料剩料的行为发生在我国境内，不属于走私行为

B. 外贸公司的销售行为有利于物尽其用，从利益衡量出发，应认定存在超法规的犯罪排除事由

C. 外贸公司采取隐瞒手段不进行纳税申报，逃避缴纳税款数额较大且占应纳税额的10%以上，构成逃税罪

D. 如海关下达补缴通知后，外贸公司补缴应纳税款，缴纳滞纳金，接受行政处罚，则不再追究外贸公司的刑事责任

**14.** 关于诈骗犯罪的论述，下列哪一选项是正确的（不考虑数额）？

A. 与银行工作人员相勾结，使用伪造的银行存单，骗取银行巨额存款的，只能构成票据诈骗罪，不构成金融凭证诈骗罪

B. 单位以非法占有目的骗取银行贷款的，不能以贷款诈骗罪追究单位的刑事责任，但可以该罪追究策划人员的刑事责任

C. 购买意外伤害保险，制造自己意外受重伤假象，骗取保险公司巨额保险金的，仅构成保险诈骗罪，不构成合同诈骗罪

D. 签订合同时并无非法占有目的，履行合同过程中才产生非法占有目的，后收受被害人货款逃匿的，不构成合同诈骗罪

**15.** 关于侵犯公民人身权利的犯罪，下列哪一选项是正确的？

A. 甲对家庭成员负有扶养义务而拒绝扶养，故意造成家庭成员死亡。甲不构成遗弃罪，成立不作为的故意杀人罪

B. 乙闯入银行营业厅挟持客户王某，以杀害王某相要挟，迫使银行职员交给自己20万元。乙不构成抢劫罪，仅成立绑架罪

C. 丙为报复周某，花5000元路费将周某12岁的孩子带至外地，以2000元的价格卖给他人。丙虽无获利目的，也构成拐卖儿童罪

D. 丁明知工厂主熊某强迫工人劳动，仍招募苏某等人前往熊某工厂做工。丁未亲自强迫苏某等人劳动，不构成强迫劳动罪

**16.** 关于诬告陷害罪的认定，下列哪一选项是正确的（不考虑情节）？

A. 意图使他人受刑事追究，向司法机关诬告他人介绍卖淫的，不仅触犯诬告陷害罪，而且触犯侮辱罪

B. 法官明知被告人系被诬告，仍判决被告人有罪的，法官不仅触犯徇私枉法罪，而且触犯诬告陷害罪

C. 诬告陷害罪虽是侵犯公民人身权利的犯罪，但诬告企业犯逃税罪的，也能追究其诬告陷害罪的刑事责任

D. 15周岁的人不对盗窃负刑事责任，故诬告15周岁的人犯盗窃罪的，不能追究行为人诬告陷害罪的刑事责任

**17.** 郑某冒充银行客服发送短信，称张某手机银行即将失效，需重新验证。张某信以为真，按短信提示输入银行卡号、密码等信息后，又将收到的编号为135423的“验证码”输入手机页面。后张某发现，其实是将135423元汇入了郑某账户。关于本案的分析，下列哪一选项是正确的？

A. 郑某将张某作为工具加以利用，实现转移张某财产的目的，应以盗窃罪论处

B. 郑某虚构事实，对张某实施欺骗并导致张某处分财产，应以诈骗罪论处

C. 郑某骗取张某的银行卡号、密码等个人信息，应以侵犯公民个人信息罪论处

D. 郑某利用电信网络，为实施诈骗而发布信息，应以非法利用信息网络罪论处

**18.** 下列哪一行为成立侵占罪？

A. 张某欲向县长钱某行贿，委托甲代为将5万元贿赂款转交钱某。甲假意答应，拿到钱后据为已有

B. 乙将自己的房屋出售给赵某，虽收取房款却未进行所有权转移登记，后又将房屋出售给李某

C. 丙发现洪灾灾区的居民已全部转移，遂进入居民房屋，取走居民来不及带走的贵重财物

D. 丁分期付款购买汽车，约定车款付清前汽车由丁使用，所有权归卖方。丁在车款付清前将车另售他人

**19.** 《刑法》第310条第1款规定了窝藏、包庇罪，第2款规定：“犯前款罪，事前通谋的，以共同犯罪论处。”《刑法》第312条规定了掩饰、隐瞒犯罪所得罪，但没有规定“事前通谋的，以共同犯罪论处。”关于上述规定，下列哪一说法是正确的？

A. 若事前通谋之罪的法定刑低于窝藏、包庇罪的法定刑，即使事前通谋的，也应以窝藏、包庇罪论处

B. 即使《刑法》第310条没有第2款的规定，对于事前通谋事后窝藏、包庇的，也应以共同犯罪论处

C. 因缺乏明文规定，事前通谋事后掩饰、隐瞒犯罪所得的，不能以共同犯罪论处

D. 事前通谋事后掩饰、隐瞒犯罪所得的，属于想象竞合，应从一重罪处罚

**20.** 关于盗伐林木罪，下列哪一选项是正确的？

A. 甲盗伐本村村民张某院落外面的零星树木，如果盗伐数量较大，构成盗伐林木罪

B. 乙在林区盗伐珍贵林木，数量较大，如同时触犯其他法条构成其他犯罪，应数罪并罚

C. 丙将邻县国有林区的珍贵树木移植到自己承包的林地精心养护使之成活的，不属于盗伐林木

D. 丁在林区偷扒数量不多的具有药用价值的树皮，致使数量较大的林木枯死的，构成盗伐林木罪

**21.** 国有甲公司领导王某与私企乙公司签订采购合同，以10万元的价格向乙公司采购一批设备。后王某发现，丙公司销售的相同设备仅为6万元。王某虽有权取消合同，但却与乙公司老总刘某商议，由王某花6万元从丙公司购置设备交给乙公司，再由乙公司以10万元的价格卖给甲公司。经王某签字批准，

甲公司将 10 万元货款支付给乙公司后，刘某再将 10 万元返给王某。刘某为方便以后参与甲公司采购业务，完全照办。关于本案的分析，下列哪一选项是正确的？

A. 王某利用职务上的便利套取公款，构成贪污罪，贪污数额为 10 万元

B. 王某利用与乙公司签订合同的机会谋取私利，应以职务侵占罪论处

C. 刘某为谋取不正当利益，事后将货款交给王某，刘某行为构成贪污罪

D. 刘某协助王某骗取公款，但因其并非国家工作人员，故构成诈骗罪

**22.** 关于我国刑事诉讼构造，下列哪一选项是正确的？

A. 自诉案件审理程序适用当事人主义诉讼构造

B. 被告人认罪案件审理程序中不存在控辩对抗

C. 侦查程序已形成控辩审三方构造

D. 审查起诉程序中只存在控辩关系

**23.** 1996 年 11 月，某市发生一起故意杀人案。2017 年 3 月，当地公安机关根据案发时现场物证中提取的 DNA 抓获犯罪嫌疑人陆某。2017 年 7 月，最高检察院对陆某涉嫌故意杀人案核准追诉。在最高检察院核准前，关于本案处理，下列哪一选项是正确的？

A. 不得侦查本案

B. 可对陆某先行拘留

C. 不得对陆某批准逮捕

D. 可对陆某提起公诉

**24.** 齐某在 A 市 B 区利用网络捏造和散布虚假事实，宣称刘某系当地黑社会组织"大哥"，A 市中级法院院长王某为其"保护伞"。刘某以齐某诽谤为由，向 B 区法院提起自诉。关于本案处理，下列哪一选项是正确的？

A. B 区法院可以该案涉及王某为由裁定不予受理

B. B 区法院受理该案后应请求上级法院指定管辖

C. B 区法院受理该案后，王某应自行回避

D. 齐某可申请 A 市中级法院及其下辖的所有基层法院法官整体回避

**25.** 成年人钱甲教唆未成年人小沈实施诈骗犯罪，钱甲委托其在邻市检察院担任检察官助理的哥哥钱乙担任辩护人，小沈由法律援助律师武某担任辩护人。关于本案处理，下列哪一选项是正确的？

A. 钱甲被拘留后，钱乙可为其申请取保候审

B. 本案移送审查起诉时，公安机关应将案件移送情况告知钱乙

C. 检察院讯问小沈时，武某可在场

D. 如检察院对钱甲和小沈分案起诉，法院可并案审理

**26.** 甲系某地交通运输管理所工作人员，在巡查执法时致一辆出租车发生重大交通事故，司机乙重伤，乘客丙当场死亡，出租车严重受损。甲以滥用职权罪被提起公诉。关于本案处理，下列哪一选项是正确的？

A. 乙可成为附带民事诉讼原告人

B. 交通运输管理所可成为附带民事诉讼被告人

C. 丙的妻子提起附带民事诉讼的，法院应裁定不予受理

D. 乙和丙的近亲属可与甲达成刑事和解

**27.** 卢某妨害公务案于 2016 年 9 月 21 日一审宣判，并当庭送达判决书。卢某于 9 月 30 日将上诉书交给看守所监管人员黄某，但黄某因忙于个人事务直至 10 月 8 日上班时才寄出，上诉书于 10 月 10 日寄到法院。关于一审判决生效，下列哪一选项是正确的？

A. 一审判决于 9 月 30 日生效

B. 因黄某耽误上诉期间，卢某将上诉书交予黄某时，上诉期间中止

C. 因黄某过失耽误上诉期间，卢某可申请期间恢复

D. 上诉书寄到法院时一审判决尚未生效

**28.** 环卫工人马某在垃圾桶内发现一名刚出生的婴儿后向公安机关报案，公安机关紧急将婴儿送医院成功抢救后未予立案。关于本案的立案程序，下列哪一选项是正确的？

A. 确定遗弃婴儿的原因后才能立案

B. 马某对公安机关不予立案的决定可申请复议

C. 了解婴儿被谁遗弃的知情人可向检察院控告

D. 检察院可向公安机关发出要求说明不立案理由通知书

**29.** 关于侦查辨认，下列哪一选项是正确的？

A. 强制猥亵案，让犯罪嫌疑人对被害人进行辨认

B. 盗窃案，让犯罪嫌疑人到现场辨认藏匿赃物的房屋

C. 故意伤害案，让犯罪嫌疑人和被害人一起对凶器进行辨认

D. 刑讯逼供案，让被害人在 4 张照片中辨认犯罪嫌疑人

**30.** 叶某涉嫌飞车抢夺行人财物被立案侦查。移送审查起诉后，检察院认为实施该抢夺行为的另有其人。关于本案处理，下列哪一选项是正确的？

A. 检察院可将案卷材料退回公安机关并建议公安机关撤销案件

B. 在两次退回公安机关补充侦查后，检察院应作出证据不足不起诉的决定

C. 检察院作出不起诉决定后，被害人不服向法院提起自诉，法院受理后，不起诉决定视为自动撤销

D. 如最高检察院认为对叶某的不起诉决定确有错误的，可直接撤销不起诉决定

**31.** 下列哪一选项属于两审终审制的例外？

A. 自诉案件的刑事调解书经双方当事人签收后，即具有法律效力，不得上诉

B. 地方各级法院的第一审判决，法定期限内没有上诉、抗诉，期满即发生法律效力

C. 在法定刑以下判处刑罚的判决，报请最高法院核准后生效

D. 法院可通过再审，撤销或者改变已生效的二审判决

**32.** 下列哪一案件可适用简易程序审理？

A. 甲为境外非法提供国家秘密案，情节较轻，可能判处3年以下有期徒刑

B. 乙抢劫案，可能判处10年以上有期徒刑，检察院未建议适用简易程序

C. 丙传播淫秽物品案，经审查认为，情节显著轻微，可能不构成犯罪

D. 丁暴力取证案，可能被判处拘役，丁的辩护人作无罪辩护

**33.** 在一审法院审理中出现下列哪一特殊情形时，应以判决的形式作出裁判？

A. 经审理发现犯罪已过追诉时效且不是必须追诉的

B. 自诉人未经法庭准许中途退庭的

C. 经审理发现被告人系精神病人，在不能控制自己行为时造成危害结果的

D. 被告人在审理过程中死亡，根据已查明的案件事实和认定的证据，尚不能确认其无罪的

**34.** 段某因贩卖毒品罪被市中级法院判处死刑立即执行，段某上诉后省高级法院维持了一审判决。最高法院复核后认为，原判认定事实清楚，但量刑过重，依法不应当判处死刑，不予核准，发回省高级法院重新审判。关于省高级法院重新审判，下列哪一选项是正确的？

A. 应另行组成合议庭

B. 应由审判员5人组成合议庭

C. 应开庭审理

D. 可直接改判死刑缓期2年执行，该判决为终审判决

**35.** 甲纠集他人多次在市中心寻衅滋事，造成路人乙轻伤、丙的临街商铺严重受损。甲被起诉到法院后，乙和丙提起附带民事诉讼。法院判处甲有期徒刑6年，罚金1万元，赔偿乙医疗费1万元，赔偿丙财产损失4万元。判决生效交付执行后，查明甲除1辆汽车外无其他财产，且甲曾以该汽车抵押获取小额贷款，尚欠银行贷款2.5万元，银行主张优先受偿。法院以8万元的价格拍卖了甲的汽车。关于此8万元的执行顺序，下列哪一选项是正确的？

A. 医疗费→银行贷款→财产损失→罚金

B. 医疗费→财产损失→银行贷款→罚金

C. 银行贷款→医疗费→财产损失→罚金

D. 医疗费→财产损失→罚金→银行贷款

**36.** 张某居住于甲市A区，曾任甲市B区某局局长，因受贿罪被B区法院判处有期徒刑5年，执行期间突发严重疾病而被决定暂予监外执行。张某在监外执行期间违反规定，被决定收监执行。关于本案，下列哪一选项是正确的？

A. 暂予监外执行由A区法院决定

B. 暂予监外执行由B区法院决定

C. 暂予监外执行期间由A区司法行政机关实行社区矫正

D. 收监执行由B区法院决定

**37.** 未成年人小周涉嫌故意伤害被取保候审，A县检察院审查起诉后决定对其适用附条件不起诉，监督考察期限为6个月。关于本案处理，下列哪一选项是正确的？

A. 作出附条件不起诉决定后，应释放小周

B. 本案审查起诉期限自作出附条件不起诉决定之日起中止

C. 监督考察期间，如小周经批准迁居B县继续上学，改由B县检察院负责监督考察

D. 监督考察期间，如小周严格遵守各项规定，表现优异，可将考察期限缩短为5个月

**38.** 董某（17岁）在某景点旅游时，点燃荒草不慎引起大火烧毁集体所有的大风公司林地，致大风公司损失5万元，被检察院提起公诉。关于本案处理，下列哪一选项是正确的？

A. 如大风公司未提起附带民事诉讼，检察院可代为提起，并将大风公司列为附带民事诉讼原告人

B. 董某与大风公司既可就是否对董某免除刑事处分达成和解，也可就民事赔偿达成和解

C. 双方刑事和解时可约定由董某在1年内补栽树苗200棵

D. 如双方达成刑事和解，检察院经法院同意可撤回起诉并对董某适用附条件不起诉

**39.** 甲在公共场所实施暴力行为，经鉴定为不负刑事责任的精神病人，被县法院决定强制医疗。甲父对决定不服向市中级法院申请复议，市中级法院审理后驳回申请，维持原决定。关于本案处理，下列哪一选项是正确的？

A. 复议期间可暂缓执行强制医疗决定，但应采取临时的保护性约束措施

B. 应由公安机关将甲送交强制医疗

C. 强制医疗6个月后，甲父才能申请解除强制医疗

D. 申请解除强制医疗应向市中级法院提出

**40.** W 国人约翰涉嫌在我国某市 A 区从事间谍活动被立案侦查并提起公诉。关于本案诉讼程序，下列哪一选项是正确的？

A. 约翰可通过 W 国驻华使馆委托 W 国律师为其辩护

B. 本案由 A 区法院一审

C. 约翰精通汉语，开庭时法院可不为其配备翻译人员

D. 给约翰送达的法院判决书应为中文本

**41.** 关于国务院行政机构设置和编制管理的说法，下列哪一选项是正确的？

A. 国务院议事协调机构的撤销经由国务院常务会议讨论通过后，由国务院总理提交国务院全体会议讨论决定

B. 国务院行政机构增设司级内设机构，由国务院机构编制管理机关提出方案，报国务院决定

C. 国务院议事协调机构的编制根据工作需要单独确定

D. 国务院行政机构的编制在国务院行政机构设立时确定

**42.** 关于公务员的考核和录用，下列选项正确的是：

A. 民警甲系公安局二级科员，对其定期考核可以采取年度考核的方式

B. 乙曾被行政拘留，不能被录用为公务员

C. 民政局丙专项考核结果为不称职的，应当降低一个职级任职

D. 丁在留党察看期间不能被录用为公务员

**43.** 关于行政法规的立项，下列哪一说法是正确的？

A. 省政府认为需要制定行政法规的，可于每年年初编制国务院年度立法工作计划前向国务院报请立项

B. 国务院法制机构根据有关部门报送的立项申请汇总研究，确定国务院年度立法工作计划

C. 列入国务院年度立法工作计划的行政法规项目应适应改革、发展、稳定的需要

D. 国务院年度立法工作计划一旦确定不得调整

**44.** 天龙房地产开发有限公司拟兴建天龙金湾小区项目，向市规划局申请办理建设工程规划许可证，并提交了相关材料。下列哪一说法是正确的？

A. 公司应到市规划局办公场所提出申请

B. 公司应对其申请材料实质内容的真实性负责

C. 公司的申请材料不齐全的，市规划局应作出不受理决定

D. 市规划局为公司提供的申请格式文本可收取工本费

**45.** 某市市场监督管理局发现王某开设的超市销售伪劣商品，遂依据《产品质量法》对发现的伪劣商品实施扣押。关于扣押的实施，下列哪一说法是错误的？

A. 因扣押发生的保管费用由王某承担

B. 应制作现场笔录

C. 应制作并当场交付扣押决定书和扣押清单

D. 不得扣押与违法行为无关的财物

**46.** 下列哪一选项属于法院行政诉讼的受案范围？

A. 张某对劳动争议仲裁裁决不服向法院起诉的

B. 某外国人对出入境边检机关实施遣送出境措施不服申请行政复议，对复议决定不服向法院起诉的

C. 财政局工作人员李某对定期考核为不称职不服向法院起诉的

D. 某企业对县政府解除与其签订的政府特许经营协议不服向法院起诉的

**47.** 某市公安局以朱某涉嫌盗窃罪于 2013 年 7 月 25 日将其刑事拘留，经市检察院批准逮捕。2015 年 9 月 11 日，市中级法院判决朱某无罪，朱某被释放。2016 年 3 月 15 日，朱某以无罪被羁押为由申请国家赔偿，要求支付侵犯人身自由的赔偿金，赔礼道歉，赔偿精神损害抚慰金 200 万元。下列哪一说法是正确的？

A. 市检察院为赔偿义务机关

B. 朱某不能以口头方式提出赔偿申请

C. 限制人身自由的时间是计算精神抚慰金的唯一标准

D. 侵犯朱某人身自由的每日赔偿金应按照 2014 年度职工日平均工资计算

**48.** 根据有关司法解释，关于利用互联网实施的犯罪行为，下列哪些说法是正确的？

A. 在网络上建立赌博网站的，属于开设赌场

B. 通过网络传播淫秽视频的，属于传播淫秽物品

C. 在网络上传播电子盗版书的，属于复制发行他人文字作品

D. 盗用他人网络账号、密码上网，造成他人电信资费损失的，属于盗窃他人财物

**49.** 关于因果关系，下列哪些选项是正确的？

A. 甲以杀人故意用铁棒将刘某打昏后，以为刘某已死亡，为隐藏尸体将刘某埋入雪沟，致其被冻死。甲的前行为与刘某的死亡有因果关系

B. 乙夜间驾车撞倒李某后逃逸，李某被随后驶过的多辆汽车辗轧，但不能查明是哪辆车造成李某死亡。乙的行为与李某的死亡有因果关系

C. 丙将海洛因送给 13 周岁的王某吸食，造成王某吸毒过量身亡。丙的行为与王某的死亡有因果关系

D. 丁以杀害故意开车撞向周某，周某为避免被撞跳入河中，不幸溺亡。丁的行为与周某的死亡有因果关系

**50.** 甲、乙合谋杀害丙，计划由甲对丙实施砍杀，乙持枪埋伏于远方暗处，若丙逃跑则伺机射杀。案发时，丙不知道乙的存在。为防止甲的不法侵害，丙开枪射杀甲，子弹与甲擦肩而过，击中远处的乙，致乙死亡。关于本案，下列哪些选项是正确的？

A. 丙的行为属于打击错误，依具体符合说，丙对乙的死亡结果没有故意

B. 丙的行为属于对象错误，依法定符合说，丙对乙的死亡结果具有故意

C. 不论采取何种学说，丙对乙都不能构成正当防卫

D. 不论采用何种学说，丙对甲都不构成故意杀人罪未遂

**51.** 甲知道乙计划前往丙家抢劫，为帮助乙取得财物，便暗中先赶到丙家，将丙打昏后离去（丙受轻伤）。乙来到丙家时，发现丙已昏迷，以为是丙疾病发作晕倒，遂从丙家取走价值5万元的财物。关于本案的分析，下列哪些选项是正确的？

A. 若承认片面共同正犯，甲对乙的行为负责，对甲应以抢劫罪论处，对乙以盗窃罪论处

B. 若承认片面共同正犯，根据部分实行全部责任原则，对甲、乙二人均应以抢劫罪论处

C. 若否定片面共同正犯，甲既构成故意伤害罪，又构成盗窃罪，应从一重罪论处

D. 若否定片面共同正犯，乙无须对甲的故意伤害行为负责，对乙应以盗窃罪论处

**52.** 关于数罪并罚，下列哪些选项是正确的？

A. 甲犯某罪被判处有期徒刑2年，犯另一罪被判处拘役6个月。对甲只需执行有期徒刑

B. 乙犯某罪被判处有期徒刑2年，犯另一罪被判处管制1年。对乙应在有期徒刑执行完毕后，继续执行管制

C. 丙犯某罪被判处有期徒刑6年，执行4年后发现应被判处拘役的漏罪。数罪并罚后，对丙只需再执行尚未执行的2年有期徒刑

D. 丁犯某罪被判处有期徒刑6年，执行4年后被假释，在假释考验期内犯应被判处1年管制的新罪。对丁再执行2年有期徒刑后，执行1年管制

**53.** 关于缓刑的适用，下列哪些选项是错误的？

A. 甲犯抢劫罪，所适用的是“三年以上十年以下有期徒刑”的法定刑，缓刑只适用于被判处拘役或者3年以下有期徒刑的罪犯，故对甲不得判处缓刑

B. 乙犯故意伤害罪与代替考试罪，分别被判处6个月拘役与1年管制。由于管制不适用缓刑，对乙所判处的拘役也不得适用缓刑

C. 丙犯为境外非法提供情报罪，被单处剥夺政治权利，执行完毕后又犯帮助恐怖活动罪，被判处拘役6个月。对丙不得宣告缓刑

D. 丁17周岁时犯抢劫罪被判处有期徒刑5年，刑满释放后的第4年又犯盗窃罪，应当判处有期徒刑2年。对丁不得适用缓刑

**54.** 下列哪些行为构成投放危险物质罪？

A. 甲故意非法开启实验室装有放射性物质的容器，致使多名实验人员遭受辐射

B. 乙投放毒害性、放射性、传染病病原体之外的其他有害物质，危害公共安全

C. 丙欲制造社会恐慌气氛，将食品干燥剂粉末冒充炭疽杆菌，大量邮寄给他人

D. 丁在食品中违法添加易使人形成瘾癖的罂粟壳粉末，食品在市场上极为畅销

**55.** 关于信用卡诈骗罪，下列哪些选项是错误的？

A. 以非法占有目的，用虚假身份证明骗领信用卡后又使用该卡的，应以妨害信用卡管理罪与信用卡诈骗罪并罚

B. 根据司法解释，在自动柜员机（ATM机）上擅自使用他人信用卡的，属于冒用他人信用卡的行为，构成信用卡诈骗罪

C. 透支时具有归还意思，透支后经发卡银行两次催收，超过3个月仍不归还的，属于恶意透支，成立信用卡诈骗罪

D. 《刑法》规定，盗窃信用卡并使用的，以盗窃罪论处。与此相应，拾得信用卡并使用的，就应以侵占罪论处

**56.** 下列哪些行为构成侵犯公民个人信息罪（不考虑情节）？

A. 甲长期用高倍望远镜偷窥邻居的日常生活

B. 乙将单位数据库中病人的姓名、血型、DNA等资料，卖给某生物制药公司

C. 丙将捡到的几本通讯簿在网上卖给他人，通讯簿被他人用于电信诈骗犯罪

D. 丁将收藏的多封50年代的信封（上有收件人姓名、单位或住址等信息）高价转让他人

**57.** 关于抢劫罪的认定，下列哪些选项是正确的？

A. 甲欲进王某家盗窃，正撬门时，路人李某经过。甲误以为李某是王某，会阻止自己盗窃，将李某打昏，再从王某家窃走财物。甲不构成抢劫既遂

B. 乙潜入周某家盗窃，正欲离开时，周某回家，进屋将乙堵在卧室内。乙掏出凶器对周某进行恐吓，迫使周某让其携带财物离开。乙构成入户抢劫

C. 丙窃取刘某汽车时被发现，驾刘某的汽车逃跑，刘某乘出租车追赶。途遇路人陈某过马路，丙也未减速，将陈某撞成重伤。丙构成抢劫致人重伤

D. 丁抢夺张某财物后逃跑，为阻止张某追赶，出于杀害故意向张某开枪射击。子弹未击中张某，但击中路人汪某，致其死亡。丁构成抢劫致人死亡

**58.** 关于毒品犯罪，下列哪些选项是正确的？

A. 甲容留未成年人吸食、注射毒品，构成容留他人吸毒罪

B. 乙随身携带藏有毒品的行李入关，被现场查获，构成走私毒品罪既遂

C. 丙乘广州至北京的火车运输毒品，快到武汉时被查获，构成运输毒品罪既遂

D. 丁以牟利为目的容留刘某吸食毒品并向其出卖毒品，构成容留他人吸毒罪和贩卖毒品罪，应数罪并罚

**59.** 关于受贿罪，下列哪些选项是正确的？

A. 国家工作人员明知其近亲属利用自己的职务行为受贿的，构成受贿罪

B. 国家工作人员虚假承诺利用职务之便为他人谋利，收取他人财物的，构成受贿罪

C. 国家机关工作人员实施渎职犯罪并收受贿赂，同时构成渎职罪和受贿罪的，除《刑法》有特别规定外，以渎职罪和受贿罪数罪并罚

D. 国家工作人员明知他人有请托事项而收受其财物，视为具备“为他人谋取利益”的构成要件，是否已实际为他人谋取利益，不影响受贿的认定

**60.** 关于渎职罪，下列哪些选项是正确的？

A. 省渔政总队验船师郑某，明知有8艘渔船存在套用船号等问题，按规定应注销，却为船主办理船检证书，船主领取国家柴油补贴640万元。郑某构成滥用职权罪

B. 刑警曾某办理冯某抢劫案，明知冯某被取保候审后未定期到派出所报到，曾某也未依法传唤冯某或将案件移送起诉或变更强制措施。期间，冯某再次犯罪。曾某构成徇私枉法罪

C. 律师于某担任被告人马某的辩护人，从法院复印马某贪污案的案卷材料，允许马某亲属朱某查阅。朱某随后游说证人，使数名证人向于某出具了虚假证明材料。于某构成故意泄露国家秘密罪

D. 公安局协警闫某，在协助抓捕行动中，向领导黑社会性质组织的李某通风报信，导致李某等主要犯罪分子潜逃。闫某构成帮助犯罪分子逃避处罚罪

**61.** 某市发生一起社会影响较大的绑架杀人案。在侦查阶段，因案情重大复杂，市检察院提前介入侦查工作。检察官在开展勘验、检查等侦查措施时在场，并就如何进一步收集、固定和完善证据以及适用法律向公安机关提出了意见，对已发现的侦查活动中的违法行为提出了纠正意见。关于检察院提前介入侦查，下列哪些选项是正确的？

A. 侵犯了公安机关的侦查权，违反了侦查权、检察权、审判权由专门机关依法行使的原则

B. 体现了分工负责，互相配合，互相制约的原则

C. 体现了检察院依法对刑事诉讼实行法律监督的原则

D. 有助于严格遵守法律程序原则的实现

**62.** 某案件经中级法院一审判决后引起社会的广泛关注。为回应社会关注和保证办案质量，在案件由高级法院作出二审判决前，基于我国法院和检察院的组织体系与上下级关系，最高法院和最高检察院可采取下列哪些措施？

A. 最高法院可听取高级法院对该案的汇报并就如何审理提出意见

B. 最高法院可召开审判业务会议对该案的实体和程序问题进行讨论

C. 最高检察院可听取省检察院的汇报并对案件事实、证据进行审查

D. 最高检察院可决定检察机关在二审程序中如何发表意见

**63.** 在袁某涉嫌故意杀害范某的案件中，下列哪些人员属于诉讼参与人？

A. 侦查阶段为袁某提供少数民族语言翻译的翻译人员

B. 公安机关负责死因鉴定的法医

C. 就证据收集合法性出庭说明情况的侦查人员

D. 法庭调查阶段就范某死因鉴定意见出庭发表意见的有专门知识的人

**64.** 犯罪嫌疑人、被告人在刑事诉讼中享有的诉讼权利可分为防御性权利和救济性权利。下列哪些选项属于犯罪嫌疑人、被告人享有的救济性权利？

A. 侦查机关讯问时，犯罪嫌疑人有申辩自己无罪的权利

B. 对办案人员人身侮辱的行为，犯罪嫌疑人有提出控告的权利

C. 对办案机关应退还取保候审保证金而不退还的，犯罪嫌疑人有申诉的权利

D. 被告人认为一审判决量刑畸重，有提出上诉的权利

**65.** 甲涉嫌利用木马程序盗取Q币并转卖他人，公安机关搜查其住处时，发现一个U盘内存储了用于盗取账号密码的木马程序。关于该U盘的处理，

下列哪些选项是正确的？

A. 应扣押U盘并制作笔录

B. 检查U盘内的电子数据时，应将U盘拆分过程进行录像

C. 公安机关移送审查起诉时，对U盘内提取的木马程序，应附有该木马程序如何盗取账号密码的说明

D. 如U盘未予封存，且不能补正或作出合理解释的，U盘内提取的木马程序不得作为定案的根据

**66.** 关于我国刑事诉讼的证明主体，下列哪些选项是正确的？

A. 故意毁坏财物案中的附带民事诉讼原告人是证明主体

B. 侵占案中提起反诉的被告人是证明主体

C. 妨害公务案中就执行职务时目击的犯罪情况出庭作证的警察是证明主体

D. 证明主体都是刑事诉讼主体

**67.** 我国强制措施的适用应遵循变更性原则。下列哪些情形符合变更性原则的要求？

A. 拘传期间因在身边发现犯罪证据而直接予以拘留

B. 犯罪嫌疑人在取保候审期间被发现另有其他罪行，要求其相应地增加保证金的数额

C. 犯罪嫌疑人在取保候审期间违反规定后对其先行拘留

D. 犯罪嫌疑人被羁押的案件，不能在法律规定的侦查羁押期限内办结的，予以释放

**68.** 甲、乙涉嫌非法拘禁罪被取保候审。本案提起公诉后，法院认为对甲可继续适用取保候审，乙因有伪造证据的行为而应予逮捕。对于法院适用强制措施，下列哪些选项是正确的？

A. 对甲可变更为保证人保证

B. 决定逮捕之前可先行拘留乙

C. 逮捕乙后应在24小时内讯问

D. 逮捕乙后，同级检察院可主动启动对乙的羁押必要性审查

**69.** 在朱某危险驾驶案的辩护过程中，辩护律师查看了侦查机关录制的讯问同步录像。同步录像中的下列哪些行为违反法律规定？

A. 后续讯问的侦查人员与首次讯问的侦查人员完全不同

B. 朱某请求自行书写供述，侦查人员予以拒绝

C. 首次讯问时未告知朱某可聘请律师

D. 其中一次讯问持续了14个小时

**70.**《关于推进以审判为中心的刑事诉讼制度改革的意见》第13条要求完善法庭辩论规则，确保控辩意见发表在法庭。法庭应当充分听取控辩双方意见，依法保障被告人及其辩护人的辩论辩护权。关于这一规定的理解，下列哪些选项是正确的？

A. 符合我国刑事审判模式逐步弱化职权主义色彩的发展方向

B. 确保控辩意见发表在法庭，核心在于保障被告人和辩护人能充分发表意见

C. 体现了刑事审判的公开性

D. 被告人认罪的案件的法庭辩论，主要围绕量刑进行

**71.** 王某因间谍罪被甲省乙市中级法院一审判处死刑，缓期2年执行。王某没有上诉，检察院没有抗诉。判决生效后，发现有新的证据证明原判决认定的事实确有错误。下列哪些机关有权对本案提起审判监督程序？

A. 乙市中级法院

B. 甲省高级法院

C. 甲省检察院

D. 最高检察院

**72.** 关于规章的起草和审查，下列哪些说法是正确的？

A. 起草规章可邀请专家参加，但不能委托专家起草

B. 起草单位就规章起草举行听证会，应制作笔录，如实记录发言人的主要观点和理由

C. 起草规章应广泛听取有关机关、组织和公民的意见

D. 如制定规章的基本条件不成熟，法制机构应将规章送审稿退回起草单位

**73.** 下列哪些情形中，行政机关应依法办理行政许可的注销手续？

A. 某企业的产品生产许可证有效期限届满未申请延续的

B. 某企业的旅馆业特种经营许可证被认定为以贿赂手段取得而被撤销的

C. 某房地产开发公司取得的建设工程规划许可证被吊销的

D. 拥有执业医师资格证的王医生死亡的

**74.** 某公安派出所以李某放任所饲养的烈性犬恐吓张某为由对李某处以500元罚款。关于该处罚决定，下列哪些说法是正确的？

A. 公安派出所可以自己名义作出决定

B. 可当场作出处罚决定

C. 应将处罚决定书副本抄送张某

D. 如李某不服处罚决定向法院起诉，应以该派出所所属的公安局为被告

**75.** 林某在河道内修建了“农家乐”休闲旅社，在紧急防汛期，防汛指挥机构认为需要立即清除该建筑物，林某无法清除。对此，下列哪些说法是正确的？

A. 防汛指挥机构可决定立即实施代履行

B. 如林某提起行政诉讼，防汛指挥机构应暂停强制清除

C. 在法定节假日，防汛指挥机构也可强制清除
D. 防汛指挥机构可与林某签订执行协议约定分阶段清除

**76.** 根据相关法律规定，在行政决定作出前，当事人有权就下列哪些情形要求举行听证？
A. 区市场监督管理局决定对个体户王某销售的价值10万元的假冒他人商标的服装予以扣押
B. 县公安局以非法种植罂粟为由对陈某处以3000元罚款
C. 区生态环境局责令排放污染物严重的某公司停业整顿
D. 胡某因酒后驾车，被公安交管部门吊销驾驶证

**77.** 关于行政复议案件的审理和决定，下列哪些说法是正确的？
A. 行政复议期间涉及专门事项需要鉴定的，当事人可自行委托鉴定机构进行鉴定
B. 对重大、复杂的案件，被申请人提出采取听证方式审理的，行政复议机构应采取听证方式审理
C. 申请人在行政复议决定作出前自愿撤回行政复议申请的，经行政复议机构同意，可以撤回
D. 行政复议人员调查取证时应向当事人或者有关人员出示证件

**78.** 县市场监督管理局认定某公司用超保质期的食品原料生产食品，根据《食品安全法》没收违法生产的食品和违法所得，并处5万元罚款。公司不服申请行政复议。下列哪些说法是正确的？
A. 公司可向市市场监督管理局申请行政复议，也可向县政府申请行政复议
B. 公司可委托1至2名代理人参加行政复议
C. 公司提出行政复议申请时错列被申请人的，行政复议机构应告知公司变更被申请人
D. 对县市场监督管理局的决定，申请行政复议是向法院起诉的必经前置程序

**79.** 关于民事、行政诉讼中的司法赔偿，下列哪些说法是正确的？
A. 对同一妨害诉讼的行为重复采取罚款措施的，属于违法采取对妨害诉讼的强制措施
B. 执行未生效法律文书的，属于对判决、裁定及其他生效法律文书执行错误
C. 受害人对损害结果的发生或者扩大也有过错的，国家不承担赔偿责任
D. 因正当防卫造成损害后果的，国家不承担赔偿责任

**某小区五楼刘某家的抽油烟机发生故障，王某与李某上门检测后，决定拆下搬回维修站修理。刘某同意。王某与李某搬运抽油烟机至四楼时，王某发现其中藏有一包金饰，遂暗自将之塞入衣兜。（事实一）**

**王某与李某将抽油烟机搬走后，刘某想起自己此前曾将金饰藏于其中，追赶前来，见王某神情可疑，便要其返还金饰。王某为洗清嫌疑，乘乱将金饰转交李某，李某心领神会，接过金饰藏于裤兜中。刘某确定王某身上没有金饰后，转身再找李某索要。李某突然一拳击倒刘某，致其倒地重伤。李某与王某随即逃走。（事实二）**

**后王某建议李某将金饰出售，得款二人平分，李某同意。李某明知金饰价值1万元，却向亲戚郭某谎称金饰为朋友委托其出售的限量版，售价5万元。郭某信以为真，花5万元买下金饰。拿到钱后，李某心生贪念，对王某称金饰仅卖得1万元，分给王某5000元。（事实三）**

请回答第80—82题。

**80.** 关于事实一的分析，下列选项正确的是：
A. 王某从抽油烟机中窃走金饰，破除刘某对金饰的占有，构成盗窃罪
B. 王某未经李某同意，窃取李某与其共同占有的金饰，应构成盗窃罪
C. 刘某客观上已将抽油烟机及机内金饰交给王某代为保管，王某取走金饰的行为构成侵占罪
D. 刘某将金饰遗忘在抽油烟机内，王某将其据为己有，是非法侵占他人遗忘物，构成侵占罪

**81.** 关于事实二的分析，下列选项正确的是：
A. 李某接过金饰，协助王某拒不返还他人财物，构成侵占罪的帮助犯
B. 李某帮助王某转移犯罪所得的金饰，构成掩饰、隐瞒犯罪所得罪
C. 李某为窝藏赃物将刘某打伤，属事后抢劫，构成抢劫（致人重伤）罪
D. 王某利用李某打伤刘某的行为顺利逃走，也属事后抢劫，构成抢劫罪

**82.** 关于事实三的分析，下列选项正确的是：
A. 李某对郭某进行欺骗，导致郭某以高价购买赃物，构成诈骗罪
B. 李某明知金饰是犯罪所得而出售，构成掩饰、隐瞒犯罪所得罪
C. 李某欺骗王某放弃对剩余2万元销赃款的返还请求，构成诈骗罪
D. 李某虽将金饰卖得5万元，但王某所犯财产犯罪的数额为1万元

**某地政府为村民发放优抚补贴，由各村村委会主任审核本村申请材料并分发补贴款。某村村委会主任王某、会计刘某以及村民陈某合谋伪造申请材料，企图每人套取5万元补贴款。王某任期届满，周某继任村委会主任后，政府才将补贴款拨到村委会。周某在分发补贴款时，发现了王某、刘某和陈某的企图，便只发给三人各3万元，将剩余6万元据为己有。三人心知肚明，但不敢声张。（事实一）**

**后周某又想私自非法获取土地征收款，欲找县自然资源局局长张某帮忙，遂送给县市场监督管理局局长李某 10 万元，托其找张某说情。李某与张某不熟，送 5 万元给县财政局局长胡某，让胡某找张某。胡某找到张某后，张某碍于情面，违心答应，但并未付诸行动。(事实二)**

**周某为感谢胡某，从村委会账户取款 20 万元购买玉器，并指使会计刘某将账做平。周某将玉器送给胡某时，被胡某拒绝。周某只好将玉器退还商家，将退款 20 万元返还至村委会账户，并让刘某再次平账。(事实三)**

请回答第 83—85 题。

**83.** 关于事实一的分析，下列选项正确的是：

A. 王某拿到补贴款时已经离任，不能认定其构成贪污罪

B. 刘某参与伪造申请材料，构成贪污罪，贪污数额为 3 万元

C. 陈某虽为普通村民，但参与他人贪污行为，构成贪污罪

D. 周某擅自侵吞补贴款，构成贪污罪，贪污数额为 6 万元

**84.** 关于事实二的分析，下列选项正确的是：

A. 周某为达非法目的，向国家工作人员行贿，构成行贿罪

B. 李某请托胡某帮忙，并送给胡某 5 万元，构成行贿罪

C. 李某未利用自身职务行为为周某谋利，但构成受贿罪既遂

D. 胡某收受李某财物进行斡旋，但未成功，构成受贿罪未遂

**85.** 关于事实三的分析，下列选项正确的是：

A. 周某挪用村委会 20 万元购买玉器行贿，属挪用公款进行非法活动，构成挪用公款罪

B. 周某使用村委会 20 万元购买玉器，属贪污行为，但后又将 20 万元还回，构成犯罪中止

C. 刘某第一次帮周某将账面做平，属于帮周某成功实施犯罪行为，与周某构成共同犯罪

D. 刘某第二次帮周某将账面做平，属于作假证明掩护周某的犯罪行为，构成包庇罪

**甲、乙二人系药材公司仓库保管员，涉嫌 5 次共同盗窃其保管的名贵药材，涉案金额 40 余万元。一审开庭审理时，药材公司法定代表人丙参加庭审。经审理，法院认定了其中 4 起盗窃事实，另 1 起因证据不足未予认定，甲和乙以职务侵占罪分别被判处有期徒刑 3 年和 1 年。**

请回答第 86—88 题。

**86.** 关于本案证据，下列选项正确的是：

A. 侦查机关制作的失窃药材清单是书证

B. 为查实销赃情况而从通信公司调取的通话记录清单是书证

C. 甲将部分销赃所得 10 万元存入某银行的存折是物证

D. 因部分失窃药材不宜保存而在法庭上出示的药材照片是物证

**87.** 关于丙参与法庭审理，下列选项正确的是：

A. 丙可委托诉讼代理人参加法庭审理

B. 公诉人讯问甲和乙后，丙可就犯罪事实向甲、乙发问

C. 丙可代表药材公司在附带民事诉讼中要求甲和乙赔偿被窃的药材损失

D. 丙反对适用简易程序的，应转为普通程序审理

**88.** 一审判决作出后，乙以量刑过重为由提出上诉，甲未上诉，检察院未抗诉。关于本案二审程序，下列选项正确的是：

A. 二审法院受理案件后应通知同级检察院查阅案卷

B. 二审法院可审理并认定一审法院未予认定的 1 起盗窃事实

C. 二审法院审理后认为乙符合适用缓刑的条件，将乙改判为有期徒刑 2 年，缓刑 2 年

D. 二审期间，甲可另行委托辩护人为其辩护

**某小学发生一起猥亵儿童案件，三年级女生甲向校长许某报称被老师杨某猥亵。许某报案后，侦查人员通过询问许某了解了甲向其陈述的被杨某猥亵的经过。侦查人员还通过询问甲了解到，另外两名女生乙和丙也可能被杨某猥亵，乙曾和甲谈到被杨某猥亵的经过，甲曾目睹杨某在课间猥亵丙。讯问杨某时，杨某否认实施猥亵行为，并表示他曾举报许某贪污，许某报案是对他的打击报复。**

请回答第 89—90 题。

**89.** 关于本案侦查措施，下列选项正确的是：

A. 经出示工作证件，侦查人员可在学校询问甲

B. 询问乙时，可由学校的其他老师在场并代行乙的诉讼权利

C. 可通过侦查实验确定甲能否在其所描述的时间、地点看到杨某猥亵丙

D. 搜查杨某在学校内的宿舍时，可由许某在场担任见证人

**90.** 关于本案证据，下列选项正确的是：

A. 甲向公安机关反映的情况，既是被害人陈述，也是证人证言

B. 关于甲被猥亵的经过，许某的证言可作为甲陈述的补强证据

C. 关于乙被猥亵的经过，甲的证言属于传闻证据，不得作为定案的依据

D. 甲、乙、丙因年幼，其陈述或证言必须有其他证据印证才能采信

## 参考答案与解析

**1. B**。刑法的渊源包括刑法典、单行刑法和附属刑法，司法解释不是刑法的渊源，其时间效力不能直接比照刑法时间效力适用。A错误。《最高人民法院、最高人民检察院关于适用刑事司法解释时间效力问题的规定》（以下简称《时间效力规定》）第2条规定："对于司法解释实施前发生的行为，行为时没有相关司法解释，司法解释施行后尚未处理或者正在处理的案件，依照司法解释的规定办理。"B正确。《时间效力规定》第3条规定："对于新的司法解释实施前发生的行为，行为时已有相关司法解释，依照行为时的司法解释办理，但适用新的司法解释对犯罪嫌疑人、被告人有利的，适用新的司法解释。"C错误。《时间效力规定》第4条规定："对于在司法解释施行前已办结的案件，按照当时的法律和司法解释，认定事实和适用法律没有错误的，不再变动。"D错误。

**2. C**。危害结果并非所有具体犯罪的构成要件要素，危险犯的成立并不以危害结果的发生为要件。A错误。抽象危险不需要司法上的具体判断，只要以一般社会生活经验认为具有发生侵害结果的危险即可，不是具体犯罪构成的危害结果。B错误。抢劫包含手段行为与目的行为，其中行为致人重伤、死亡的，均属于抢劫致人重伤、死亡，构成抢劫罪的结果加重犯。C正确。结果加重犯中，基本犯罪行为与加重结果之间应具有直接的因果关系，只有从基本犯的典型危险中产生结果时，才适用结果加重犯。骗取他人财物的行为与被害人自杀的行为之间没有直接的因果关系。D错误。

**3. D**。我国刑法中的限制刑事责任能力人虽然包括盲人，但甲实施伤害他人的行为时其辨认与控制能力并未受到失明的影响，不应将其认定为具有限定刑事责任能力。A错误。聋哑人属于限制刑事责任能力人，但乙长期在公共场所实施扒窃活动，对自身行为的违法性具有充分认识，应认定其具有完全刑事责任能力。B错误。服用安眠药陷入熟睡，不影响丙的责任能力的判断，致同床的婴儿被压迫窒息死亡，属于过失致人死亡的行为。C错误。醉酒的人犯罪的，不影响刑事责任的认定。D正确。

**4. D**。正当防卫中的不法"侵害"直接来源于不法侵害人，紧急避险中的"危险"来源除了不法侵害人以外还包含自然力量或野生动物的攻击等。A错误。正当防卫中不法侵害"正在进行"是指不法侵害已经开始但尚未结束；紧急避险中危险"正在发生"则指危险已经发生或迫在眉睫并且尚未消除。B错误。正当防卫的"必要限度"是制止不法侵害、保护法益所必需的限度。紧急避险的"必要限度"是所造成的损害不超过所避免的损害、足以排除危险所必要的限度。二者并不相同。C错误。主张正当防卫需具有防卫意图的，则紧急避险也需具有避险意图。D正确。

**5. B**。合同诈骗罪的既遂标准是欺骗行为导致被害人遭受了财产损失。甲与乙签订房屋买卖合同过程中，乙支付的100万元首付款构成合同诈骗罪的既遂。A错误。乙支付的100万元首付款构成合同诈骗罪的既遂，剩余的120万元虽然没有直接损失，但具有损失的紧迫危险，应作为未遂情节加以考虑。B正确，C错误。本案中，甲的行为仅涉嫌合同诈骗罪一罪，对具体行为犯罪既遂和犯罪未遂认定后应按照合同诈骗罪一罪定罪处罚。D错误。

**6. D**。本案中，乙明确要求甲若钥匙打不开就必须放弃盗窃，不可入室，乙与甲共同犯罪的合意是通过钥匙打开房门实施盗窃，甲通过钥匙无法打开房门，则甲、乙的共同犯罪构成未遂，乙成立盗窃罪未遂的帮助犯。甲破窗而入的行为超出了共同犯罪的故意，属于共同犯罪的实行过限，实行过限的犯罪行为由甲自己承担，对过限行为没有共同故意的乙不对过限行为负刑事责任。因此ABC错误，D正确。

**7. C**。根据共同犯罪理论，间接正犯是指通过利用他人实施犯罪的情况，即将被利用者视为工具使用。本案中，甲直接实施杀人行为，其欺骗乙让其望风的行为不构成间接正犯。A错误。乙与甲商议共同实施盗窃行为，但甲实施了杀人行为，依据共犯从属性说理论，只有当实行犯着手实行了犯罪时，才能适用共犯规定。因此甲、乙之间不能评价为盗窃罪的共同犯罪。BD错误。甲的行为认定为故意杀人罪，甲与乙之间在非法侵入他人住宅的范围内成立共同犯罪，甲非法侵入住宅的行为是故意杀人行为的一部分，甲既构成非法侵入住宅罪又构成故意杀人罪，属于想象竞合犯，应认定为故意杀人罪。但甲、乙之间就非法侵入住宅罪构成共同犯罪。C正确。

**8. A**。甲盗窃国家机关证件的行为构成盗窃国家机关证件罪，甲冒充国家机关工作人员实施招摇撞骗的行为构成招摇撞骗罪，行为人先后实施两个行为分别触犯两个罪名，应对两罪名数罪并罚。A正确。乙在道路上醉酒驾驶机动车行驶20公里的行为构成危险驾驶罪，而将张某撞死的行为构成了交通肇事罪。《刑法》第133条之一第3款规定："有前两款行为，同时构成其他犯罪的，依照处罚较重的规定定罪处罚。"由于交通肇事罪处罚较重，故对乙应按照交通肇事罪论处。B错误。《刑法》第269条规定，犯盗窃、诈骗、抢夺罪，为窝藏赃物、抗拒抓捕或者毁灭罪证而当场使用暴力或者以暴力相威胁的，依照抢劫罪的规定定罪处罚。丙以欺骗的手段骗取李某的名画被发现以后，为窝藏赃物向李某施以暴力的行为构成诈骗罪行为的转化犯，构成抢劫罪。C错误。《刑法》第259条第1款规定："明知是现役军人的配偶而与之同居或者结婚的，处三年以下有期徒刑或者拘役。"丁的行为直接构成破坏军婚罪。D错误。

**9. B**。关于自首中"自动投案"是指犯罪人基于自己的意志积极主动投案。甲绑架他人作为人质并与警察对峙时，其客观上仍可以继续挟持人质抗拒抓捕，经警察劝说而放弃犯罪，表明其主观上真心悔过，放弃对抗，自愿接受处理，可以认定为自动投案。在"犯罪过程中"主动放弃犯罪而投案和"犯罪以后"的自动投案，都可以构成自首。A错误。行为人如实供述自己的罪行，即犯罪人自动投案以后，如实交代自己的主要犯罪事实。乙虽然交通肇事后留在现场救助伤员，并报告交管部门发生了事故。但在交警到达现场询问时没有如实供述自己的犯罪行为，不成立自首。B正确。丙故意杀人自动投案后如实交代自己的客观罪行的行为已经构成自首，关于丙对自身主观罪过认定的辩护属于丙辩护权的范畴，不影响自首的认定。C错误。关于"如实供述自己的罪行"的具体认定，《关于处理自首和立功若干具体问题的意见》第2条规定："《解释》第一条第（二）项规定如实供述自己的罪行，除供述自己的主要犯罪事实外，还应包括姓名、年龄、职业、住址、前科等情况。犯罪嫌疑人供述的身份等情况与真实情况虽有差别，但不影响定罪量刑的，应认定为如实供述自己的罪行。犯罪嫌疑人自动投案后隐瞒自己的真实身份等情况，影响对其定罪量刑的，不能认定为如实供述自己的罪行……"丁交代了自己所犯罪行，虽然拒不交代真实身份，但在对定罪量刑没有影响的情况下，属于如实供述，成立自首。D错误。

**10. B**。量刑情节以刑法是否有明文规定为标准可以分为法定情节与酌定情节。法定情节是刑法明文规定在量刑时应当予以考虑的情节。酌定情节是刑法未作明文规定，量刑时酌情考虑的情节。AC均正确。根据原因自由行为的法理，对于故意或过失导致自己陷入限定责任能力状态而实施犯罪的，应当追究刑事责任，不应适用从轻或减轻处罚的规定。王某由于吸毒行为出现精神病性障碍属于原因自由行为。B错误。王某与被害人之间为男女朋友关系，由于婚姻家庭、邻里纠纷等民间矛盾激化引发的故意杀人案件，犯罪人案发后积极赔偿、真诚悔罪、取得家属谅解的，可以依法从宽处罚。D正确。

**11. B**。《最高人民法院关于办理减刑、假释案件具体应用法律的规定》第25条第1款规定："对累犯以及因故意杀人、强奸、抢劫、绑架、放火、爆炸、投放危险物质或者有组织的暴力性犯罪被判处十年以上有期徒刑、无期徒刑的罪犯，不得假释。"甲因爆炸罪被判处有期徒刑12年，不符合假释的条件。A错误。《最高人民法院关于办理减刑、假释案件具体应用法律的规定》第26条第2款规定："罪犯既符合法定减刑条件，又符合法定假释条件的，可以优先适用假释。"乙的情形同时符合减刑和假释的条件，可以优先适用假释。B正确。《最高人民法院关于办理减刑、假释案件具体应用法律的规定》第3条第2款规定，对于职务犯罪人员，不积极退赃的，不认定其"确有悔改表现"。C错误。丁在服刑中具有重大技术革新，成绩突出，属于"重大立功表现"，应该对其减刑。D错误。

**12. C**。丢失枪支不报罪的行为主体只能是依法配备公务用枪的人员。甲没有公务人员身份，不构成丢失枪支不报罪。A错误。破坏交通设施罪的对象是关涉公共安全的交通设施。主要是指破坏轨道、桥梁、隧道、公路、机场、航道、灯塔、标志或者进行其他破坏活动，足以使火车、汽车、电车、船只、航空器发生倾覆、毁坏危险的行为，而旅游景点的缆车不属于关涉公共安全的交通设施。B错误。吸食毒品后驾驶机动车辆致1人以上重伤的，以交通肇事罪定罪处罚。丙的行为构成交通肇事罪。C正确。破坏交通工具罪是指破坏火车、汽车、电车、船只、航空器，足以使火车、汽车、电车、船只、航空器发生倾覆、毁坏危险的行为。丁不顾劝阻拧开飞机安全门致使飞机不能起飞的行为不足以使飞机发生倾覆或毁坏的危险。D错误。

**13. C**。《最高人民检察院关于擅自销售进料加工保税货物的行为法律适用问题的解释》规定，未经海关许可并且未补缴应缴税额，擅自将批准进口的进料加工的原材料、零件、制成品、设备等保税货物，在境内销售牟利，偷逃应缴税额在5万元以上的，以走私普通货物、物品罪追究刑事责任。AB均错误。纳税人采取欺骗、隐瞒手段不进行纳税申报，逃避缴纳税款数额较大并且占应纳税额10%以上的，构成逃税罪。C正确。经税务机关依法下达追缴通知后，补缴应纳税款，缴纳滞纳金，已受行政处罚的，不予追究刑事责任。D错误。

**14. B**。票据诈骗罪中利用的金融票据主要包括银行的汇票、本票和支票。使用伪造的银行存单实施贷款诈骗的行为应成立金融凭证诈骗罪。A错误。刑法没有将单位规定为贷款诈骗罪的主体，对于为了单位利益的贷款诈骗行为，虽然不能直接处罚单位，但对于负有责任的自然人应以贷款诈骗罪论处。B正确。购买意外伤害保险后，制造自己意外受伤的假象骗取巨额保险金的行为，同时构成了保险诈骗罪与合同诈骗罪，应依照数罪并罚的规定处罚。C错误。合同诈骗罪是指以非法占有为目的，在签订、履行合同的过程中，骗取对方财物，数额较大的行为。其非法占有的目的既可以产生于签订合同时，也可以产生于履行合同的过程中。D错误。

**15. C**。对于年老、年幼、患病或者其他没有独立生活能力的人，负有扶养义务而拒绝扶养，情节恶劣的，构成遗弃罪。遗弃罪与故意杀人罪的界限应以行为人的主观故意、所实施的行为的时间和地点、是否立即造成被害人死亡以及被害人对行为人的依赖程度等进行综合判断。A错误。抢劫罪构成要件的内容是当场使用暴力、胁迫或者其他方法，强取公私财物。乙当场以杀害王某为要挟，胁迫银行职员交付钱款的行为构成抢劫罪。B错误。拐卖儿童罪，是指以出卖为目的，拐骗、绑架、收买、贩卖、接送、中转儿童的行为。只要将儿童作为商品出卖的，不论行为人是否实际获利，均应该认定为拐卖儿童罪。C正确。明知他人以暴力、胁迫或者限制人身自由的方法强迫他人劳动，而为其招募、运送人员，或者以其他方法协助强迫他人劳动的，构成强迫劳动罪。D错误。

**16. C**。诬告陷害罪，是指故意向公安、司法机关或有关国家机关告发捏造的犯罪事实，意图使他人受刑事追究，情节严重的行为。诬告他人介绍卖淫的，并非公然侮辱他人的行为，不成立侮辱罪。A错误。法官明知被告人系被诬告，仍判决被告人有罪的，法官仅触犯徇私枉法罪。B错误。形式上诬告单位犯罪，但所捏造的事实导致可能对自然人进行刑事追究的，也成立诬告陷害罪。C正确。诬告没有达到刑事责任年龄的人犯罪的，虽然司法机关查明真相后不会对被害人科处刑罚，但仍会使他们卷入刑事诉讼，仍然成立诬告陷害罪。D错误。

**17. A**。诈骗罪的行为结构为：行为人实施诈骗行为→受骗者产生错误认识→受骗者基于错误认识处分财产→行为人或第三方取得财产→被害人遭受财产损失。诈骗罪与盗窃罪的重要区别在于被害人是否基于认识错误主动交付财产。本案中郑某虽然实施了欺骗行为，但张某被骗后发送验证码时并没有主动交付财物的意思，郑某通过技术手段破除了张某对钱款的占有，构成盗窃罪。A正确，B错误。根据《刑法》第253条之一和第287条之一的规定，CD错误。

**18. D**。基于不法原因给付的财物，不能成立侵占罪。张某委托甲代为保管的为行贿赃款，张某对行贿款没有返还请求权，不能认定甲侵占了张某的财物。A错误。乙将房屋出售给赵某但尚未进行所有权转移登记，乙仍然是房屋的所有权人，对房屋具有处分权，其一房二卖的行为不构成侵占罪。B错误。侵占罪的犯罪对象主要包含委托物、脱离占有物（遗忘物或埋藏物）。灾区居民来不及带走的贵重财物并没有脱离占有，房屋中的财物仍然由居民占有。丙取走他人财物的行为构成盗窃罪。C错误。分期付款购物的场合，约定车款付清前车辆所有权归卖方所有，买方在付清车款前处分车辆的，属于对委托物的侵占行为。D正确。

**19. B**。事前通谋事后实施窝藏、包庇行为的，行为人与事前通谋之罪构成共同犯罪，应以事前通谋之罪论处。A错误。即使《刑法》第310条没有第2款规定，对于事前通谋事后窝藏、包庇的，也应以共同犯罪论处。B正确。事前通谋事后帮助实施掩饰、隐瞒犯罪所得行为的，应认定为事前通谋之罪的共同犯罪。C错误。事前通谋事后掩饰、隐瞒犯罪所得的行为，成立事前通谋之罪的共同犯罪，应结合其在共同犯罪中的责任承担刑事责任。D错误。

【陷阱提示】事先共犯是指事前有通谋的共犯，即共犯人的共同犯罪故意是在着手实行犯罪前形成的。窝藏、包庇罪是在被窝藏、包庇的人犯罪后实施的，其犯罪故意也是在他人犯罪以后产生，即只有在与犯罪人没有事前通谋的情况下实施窝藏、包庇行为的，才成立本罪。如果行为人事前与犯罪人通谋，商定待犯罪人实施犯罪以后予以窝藏、包庇的，则成立共同犯罪。因此，《刑法》第310条第1款规定了窝藏、包庇罪，第2款规定："犯前款罪，事前通谋的，以共同犯罪论处。"这种情形下，即使共同犯罪所犯之罪的法定刑低于窝藏、包庇罪的法定刑，也应以共同犯罪论处。掩饰、隐瞒犯罪所得、犯罪所得收益的行为，如果行为人事先与本犯通谋，就事后窝藏、转移、收购、代为销售、掩饰、隐瞒犯罪赃物达成合意的，则以共同犯罪论处，不会因缺乏明文规定，事前通谋事后掩饰、隐瞒犯罪所得的就不能以共同犯罪论处。

**20. D**。盗伐林木是指盗伐森林或者其他林木，数量较大的行为。偷砍他人房前屋后、自留地种植的零星树木，数额较大的，应认定为盗窃罪。A错误。乙在林区盗伐珍贵林木，数量较大的，触犯了盗伐林木罪和非法采伐国家重点保护植物罪两个罪名，对此应从一重论处。B错误。丙将国有林场的珍贵树木移植到自己承包林地养护的行为属于将国家所有的林木窃为己有的行为，构成盗伐林木罪。C错误。《最高人民法院关于审理破坏森林资源刑事案件适用法律若干问题的解释》第11条第2款第1句规定："非法实施采种、采脂、掘根、剥树皮等行为，符合刑法第二百六十四条规定的，以盗窃罪论处。"但对于剥树皮造成林木大量死亡的行为没有作规定。丁的行为若认定为盗窃罪不符合罪刑法定原则，应认定为盗伐林木罪。D正确。

**21. C**。王某作为国有公司的领导，属于国有公司中从事公务的人员，其通过签订虚假合同骗取公款的行为，不构成职务侵占罪，应构成贪污罪。贪污的数额应扣除设备实际款项6万元，应认定为4万元。AB错误。刘某某在王某的贪污犯罪行为中起帮助作用，刘某虽非国家工作人员，但其协助王某骗取国有公司公款的行为应认定为贪污罪共同犯罪。C 正确，D 错误。

**22. D**。当事人主义诉讼将开始和推动诉讼的主动权委于当事人，控诉、辩护双方当事人在诉讼中居于主导地位。我国不论公诉案件还是自诉案件都是在职权主义基础上吸收了当事人主义的因素，自诉案件不是适用当事人主义诉讼构造。故 A 错误。被告人认罪案件审理中，控辩双方可能对罪名和量刑有异议，仍然存在控辩双方的对抗。故 B 错误。我国侦查阶段只有侦查机关和犯罪嫌疑人两方参与，并无控辩审三方的构造。故 C 错误。我国审查起诉阶段只有检察院与犯罪嫌疑人这两方参与，只存在控辩关系，故 D 正确。

**23. B**。刑法规定的核准追诉制度，即法定最高刑为无期徒刑、死刑的犯罪，超过 20 年追诉期限后，认为必须追诉的，须报请最高人民检察院核准。《最高人民检察院关于办理核准追诉案件若干问题的规定》第 4 条规定："须报请最高人民检察院核准追诉的案件在核准之前，侦查机关可以依法对犯罪嫌疑人采取强制措施。侦查机关报请核准追诉并提请逮捕犯罪嫌疑人，人民检察院经审查认为必须追诉而且符合法定逮捕条件的，可以依法批准逮捕，同时要求侦查机关在报请核准追诉期间不停止对案件的侦查。未经最高人民检察院核准，不得对案件提起公诉。"由此条可知，核准追诉只是意味着未经核准不得对被告人提起公诉，并不意味着侦查机关不得对其进行侦查和采取强制措施。所以，在核准追诉前，公安机关可以对陆某故意杀人案进行侦查，也可以对陆某先行拘留，检察院也可以对陆某批准逮捕，但是不得对陆某提起公诉。故本题的正确答案为 B。

**24. B**。《最高人民法院关于适用〈中华人民共和国刑事诉讼法〉的解释》（以下简称《刑诉解释》）第 18 条规定："有管辖权的人民法院因案件涉及本院院长需要回避或者其他原因，不宜行使管辖权的，可以请求移送上一级人民法院管辖。上一级人民法院可以管辖，也可以指定与提出请求的人民法院同级的其他人民法院管辖。"本题中，王某与本案有利害关系，所以，B 区法院受理该案后应请求上级法院指定管辖。故 B 正确。

**25. A**。《刑事诉讼法》第 97 条规定，犯罪嫌疑人、被告人及其法定代理人、近亲属或者辩护人有权申请变更强制措施。钱乙作为钱甲的非律师辩护人，可以申请取保候审即变更强制措施。故 A 正确。《刑事诉讼法》第 162 条第 1 款规定："公安机关侦查终结的案件，应当做到犯罪事实清楚，证据确实、充分，并且写出起诉意见书，连同案卷材料、证据一并移送同级人民检察院审查决定；同时将案件移送情况告知犯罪嫌疑人及其辩护律师。"本题中钱乙不是律师，不得在侦查阶段担任钱甲的辩护人，公安机关也无需将案件移送情况告知钱乙。故 B 错误。我国《刑事诉讼法》未规定检察人员讯问犯罪嫌疑人时律师在场，故武某不得在场。C 错误。《刑诉解释》第 551 条第 1 款规定："对分案起诉至同一人民法院的未成年人与成年人共同犯罪案件，可以由同一个审判组织审理；不宜由同一个审判组织审理的，可以分别审理。"故 D 错误在于，如检察院对钱甲和小沈分案起诉，法院可以由同一审判组织审理而不是"可并案审理"。

**26. C**。《刑诉解释》第 177 条规定："国家机关工作人员在行使职权时，侵犯他人人身、财产权利构成犯罪，被害人或者其法定代理人、近亲属提起附带民事诉讼的，人民法院不予受理，但应当告知其可以依法申请国家赔偿。"甲涉嫌滥用职权罪，该罪是国家机关工作人员在行使职权时实施的犯罪，故乙不能提起附带民事诉讼，丙的妻子也不能提起附带民事诉讼，因此 AB 错误，C 正确。《刑事诉讼法》第 288 条第 1 款规定："下列公诉案件，犯罪嫌疑人、被告人真诚悔罪，通过向被害人赔偿损失、赔礼道歉等方式获得被害人谅解，被害人自愿和解的，双方当事人可以和解：（一）因民间纠纷引起，涉嫌刑法分则第四章、第五章规定的犯罪案件，可能判处三年有期徒刑以下刑罚的；（二）除渎职犯罪以外的可能判处七年有期徒刑以下刑罚的过失犯罪案件。"本题中甲涉嫌的滥用职权罪属于渎职犯罪，因而不能适用刑事和解程序，乙和丙的近亲属不得与甲达成刑事和解。故 D 错误。

**27. D**。《刑事诉讼法》第 230 条规定："不服判决的上诉和抗诉的期限为十日，不服裁定的上诉和抗诉的期限为五日，从接到判决书、裁定书的第二日起算。"《刑事诉讼法》第 105 条规定："期间以时、日、月计算。期间开始的时和日不算在期间以内。法定期间不包括路途上的时间。上诉状或者其他文件在期满前已经交邮的，不算过期。期间的最后一日为节假日的，以节假日后的第一日为期满日期，但犯罪嫌疑人、被告人或者罪犯在押期间，应当至期满之日为止，不得因节假日而延长。"故本题中 9 月 21 日一审宣判，并当庭送达判决书，上诉期从 9 月 22 日开始计算，最后一日是 10 月 1 日，因为 10 月 1 日是法定节假日，上诉期限顺延至法定节假日之后的第一个工作日即 10 月 8 日。看守所监管人员 10 月 8 日上班时才寄出，该上诉仍然有效，故上诉书寄到法院时一审判决尚未生效。故 D 正确。

**28. D**。《刑事诉讼法》第 112 条规定："人民法院、人民检察院或者公安机关对于报案、控告、举报和自首的材料，应当按照管辖范围，迅速进行审查，认为有犯罪事实需要追究刑事责任的时候，应当立案；认为没有犯罪事实，或者犯罪事实显著轻微，不需要追究刑事责任的时候，不予立案，并且将不立案的原因通知控告人。控告人如果不服，可以申请复议。”故A的错误在于，立案时无需确定遗弃婴儿的原因，只需查清是否有犯罪事实需要追究刑事责任即可。B的错误在于，马某是报案人，不是控告人，其无权申请复议。C的错误在于，控告的主体是被害人，第三人无权控告，只能报案或者举报。《刑事诉讼法》第113条规定：“人民检察院认为公安机关对应当立案侦查的案件而不立案侦查的，或者被害人认为公安机关对应当立案侦查的案件而不立案侦查，向人民检察院提出的，人民检察院应当要求公安机关说明不立案的理由。人民检察院认为公安机关不立案理由不能成立的，应当通知公安机关立案，公安机关接到通知后应当立案。”故D正确。

**29. B**。《公安机关办理刑事案件程序规定》（以下简称《公安规定》）第260条规定：“辨认时，应当将辨认对象混杂在特征相类似的其他对象中，不得在辨认前向辨认人展示辨认对象及其影像资料，不得给辨认人任何暗示。辨认犯罪嫌疑人时，被辨认的人数不得少于七人；对犯罪嫌疑人照片进行辨认的，不得少于十人的照片。辨认物品时，混杂的同类物品不得少于五件；对物品的照片进行辨认的，不得少于十个物品的照片。对场所、尸体等特定辨认对象进行辨认，或者辨认人能够准确描述物品独有特征的，陪衬物不受数量的限制。”本题的A中让犯罪嫌疑人对被害人进行“一对一”的辨认，被辨认的对象不符合规定，该项错误。B辨认的对象是现场，无需混杂辨认，该项正确。《公安规定》第259条第2款规定：“几名辨认人对同一辨认对象进行辨认时，应当由辨认人个别进行。”故集体辨认是错误的，应当个别辨认。C错误。《高检规则》第226条第1、2、3款规定：“辨认时，应当将辨认对象混杂在其他对象中。不得在辨认前向辨认人展示辨认对象及其影像资料，不得给辨认人任何暗示。辨认犯罪嫌疑人时，被辨认的人数不得少于七人，照片不得少于十张。辨认物品时，同类物品不得少于五件，照片不得少于五张。”D中的刑讯逼供案是检察院侦查的案件，被辨认的照片只有4张，不符合规定，该项错误。

**30. D**。《高检规则》第365条第2款规定：“对于犯罪事实并非犯罪嫌疑人所为，需要重新调查或者侦查的，应当在作出不起诉决定后书面说明理由，将案卷材料退回监察机关或者公安机关并建议重新调查或者侦查。”据此，A中检察院应当将案卷材料退回公安机关并建议其重新侦查，而非建议其撤销案件，A错误。《高检规则》第367条规定：“人民检察院对于二次退回补充调查或者补充侦查的案件，仍然认为证据不足，不符合起诉条件的，经检察长批准，依法作出不起诉决定。人民检察院对于经过一次退回补充调查或者补充侦查的案件，认为证据不足，不符合起诉条件，且没有再次退回补充调查或者补充侦查必要的，经检察长批准，可以作出不起诉决定。”故B的错误在于，少了一个条件“认为证据不足，不符合起诉条件”。《高检规则》第384条规定：“人民检察院收到人民法院受理被害人对被不起诉人起诉的通知后，应当终止复查，将作出不起诉决定所依据的有关案卷材料移送人民法院。”据此，法院受理被害人的自诉后，不起诉决定并不视为自动撤销，检察院应当将作出不起诉决定所依据的有关案件材料移送人民法院，C错误。《高检规则》第389条规定：“最高人民检察院对地方各级人民检察院的起诉、不起诉决定，上级人民检察院对下级人民检察院的起诉、不起诉决定，发现确有错误的，应当予以撤销或者指令下级人民检察院纠正。”据此，D正确。

**31. C**。两审终审制的实质是允许一个案件经过两级法院审理，也最多只能经过两级法院审理的审级限制。但我国的两审终审制有以下三种例外：（1）最高人民法院审理的第一审案件为一审终审，其判决、裁定一经作出，立即发生法律效力，不存在启动二审程序的问题。（2）判处死刑的案件，必须依法经过死刑复核程序核准后，判处死刑的裁判，才能发生法律效力，交付执行。（3）地方各级人民法院根据《刑法》第63条第2款规定在法定刑以下判处刑罚的案件，必须经最高人民法院的核准，其判决、裁定才能发生法律效力并交付执行。据此，C正确。

**32. B**。A属于危害国家安全的犯罪案件，根据《刑事诉讼法》第21条规定，最低由中级法院管辖，而简易程序只有在基层法院才能适用，故该项不得适用简易程序。A错误。《刑事诉讼法》第214条规定：“基层人民法院管辖的案件，符合下列条件的，可以适用简易程序审判：（一）案件事实清楚、证据充分的；（二）被告人承认自己所犯罪行，对指控的犯罪事实没有异议的；（三）被告人对适用简易程序没有异议的。人民检察院在提起公诉的时候，可以建议人民法院适用简易程序。”由此可见，检察院建议适用简易程序，并不是适用简易程序的必备条件。故B可以适用简易程序。《刑诉解释》第360条规定：“具有下列情形之一的，不适用简易程序：（一）被告人是盲、聋、哑人的；（二）被告人是尚未完全丧失辨认或者控制自己行为能力的精神病人的；（三）案件有重大社会影响的；（四）共同犯罪案件中部分被告人不认罪或者对适用简易程序有异议的；（五）辩护人作无罪辩护的；（六）被告人认罪但经审查认为可能不构成犯罪的；（七）不宜适用简易程序审理的其他情形。”本题的C属于上述第6项情形，D属于上述第5项情形，均不适用简易程序。因此，本题的正确答案为B。

**33. C**。《刑诉解释》第295条第1款规定：“对第一审公诉案件，人民法院审理后，应当按照下列情形分别作出判决、裁定：……（七）被告人是精神病人，在不能辨认或者不能控制自己行为时造成危害结果，不予刑事处罚的，应当判决宣告被告人不负刑事责任；被告人符合强制医疗条件的，应当依照本解释第二十六章的规定进行审理并作出判决；（八）犯罪已过追诉时效期限且不是必须追诉，或者经特赦令免除刑罚的，应当裁定终止审理；（九）属于告诉才处理的案件，应当裁定终止审理，并告知被害人有权提起自诉……”A 应适用裁定终止审理，C 应适用判决宣告被告人不负刑事责任，D 应适用裁定终止审理。《刑诉解释》第 331 条第 1 款规定：“自诉人经两次传唤，无正当理由拒不到庭，或者未经法庭准许中途退庭的，人民法院应当裁定按撤诉处理。”故 B 应适用裁定，而不是判决。故本题的正确答案为 C。

**34. D**。《刑诉解释》第 432 条规定：“最高人民法院裁定不予核准死刑，发回重新审判的案件，原审人民法院应当另行组成合议庭审理，但本解释第四百二十九条第四项、第五项规定的案件除外。”《刑诉解释》第 429 条规定：“最高人民法院复核死刑案件，应当按照下列情形分别处理：（一）原判认定事实和适用法律正确、量刑适当、诉讼程序合法的，应当裁定核准；（二）原判认定的某一具体事实或者引用的法律条款等存在瑕疵，但判处被告人死刑并无不当的，可以在纠正后作出核准的判决、裁定；（三）原判事实不清、证据不足的，应当裁定不予核准，并撤销原判，发回重新审判；（四）复核期间出现新的影响定罪量刑的事实、证据的，应当裁定不予核准，并撤销原判，发回重新审判；（五）原判认定事实正确、证据充分，但依法不应当判处死刑的，应当裁定不予核准，并撤销原判，发回重新审判；根据案件情况，必要时，也可以依法改判；（六）原审违反法定诉讼程序，可能影响公正审判的，应当裁定不予核准，并撤销原判，发回重新审判。”本题中，最高法院是以“事实清楚，但量刑过重，依法不应当判处死刑”为由发回高级法院重审，不属于应当另行组成合议庭审理的情形。故 A 错误。高级法院是第二审法院，最高法院若发回高级法院重审，高级法院将按照第二审重新审理，作出的判决为终审判决。故 D 正确。《刑事诉讼法》第 183 条第 4 款规定：“人民法院审判上诉和抗诉案件，由审判员三人或者五人组成合议庭进行。”故 B 表述过于绝对，B 错误。《刑诉解释》第 430 条规定：“最高人民法院裁定不予核准死刑的，根据案件情况，可以发回第二审人民法院或者第一审人民法院重新审判。对最高人民法院发回第二审人民法院重新审判的案件，第二审人民法院一般不得发回第一审人民法院重新审判。第一审人民法院重新审判的，应当开庭审理。第二审人民法院重新审判的，可以直接改判；必须通过开庭查清事实、核实证据或者纠正原审程序违法的，应当开庭审理。”本题中，最高法院是以“事实清楚，但量刑过重，依法不应当判处死刑”为由发回高级法院即第二审法院重审的，所以，高级法院重审时不属于应当开庭审理的情形。故 C 错误。

**35. A**。《最高人民法院关于刑事裁判涉财产部分执行的若干规定》第 13 条规定：“被执行人在执行中同时承担刑事责任、民事责任，其财产不足以支付的，按照下列顺序执行：（一）人身损害赔偿中的医疗费用；（二）退赔被害人的损失；（三）其他民事债务；（四）罚金；（五）没收财产。债权人对执行标的依法享有优先受偿权，其主张优先受偿的，人民法院应当在前款第（一）项规定的医疗费用受偿后，予以支持。”依据此法条可知，本题答案为 A。

**36. C**。《刑事诉讼法》第 265 条第 5 款规定：“在交付执行前，暂予监外执行由交付执行的人民法院决定；在交付执行后，暂予监外执行由监狱或者看守所提出书面意见，报省级以上监狱管理机关或者设区的市一级以上公安机关批准。”本题中，张某被判处有期徒刑，执行期间，张某需要监外执行，应当由省级以上监狱管理机关或者甲市公安机关批准监外执行，而不是法院。故 AB 错误。《刑事诉讼法》第 269 条规定：“对被判处管制、宣告缓刑、假释或者暂予监外执行的罪犯，依法实行社区矫正，由社区矫正机构负责执行。”《社区矫正法实施办法》第 10 条规定：“司法所根据社区矫正机构的委托，承担社区矫正相关工作。”故 C 正确。《全国人民代表大会常务委员会关于〈中华人民共和国刑事诉讼法〉第二百五十四条第五款、第二百五十七条第二款的解释》规定：“根据刑事诉讼法第二百五十七条第二款的规定，对人民法院决定暂予监外执行的罪犯，有刑事诉讼法第二百五十七条第一款规定的情形，依法应当予以收监的，在人民法院作出决定后，由公安机关依照刑事诉讼法第二百五十三条第二款的规定送交执行刑罚。”本题中，不是法院决定监外执行，因而也不是法院决定收监执行。故 D 错误。

**37. B**。《人民检察院办理未成年人刑事案件的规定》第 34 条规定：“未成年犯罪嫌疑人在押的，作出附条件不起诉决定后，人民检察院应当作出释放或者变更强制措施的决定。”故 A 错误。《人民检察院办理未成年人刑事案件的规定》第 45 条第 3 款规定：“作出附条件不起诉决定的案件，审查起诉期限自人民检察院作出附条件不起诉决定之日起中止计算，自考验期限届满之日起或者人民检察院作出撤销附条件不起诉决定之日起恢复计算。”故 B 正确。《人民检察院办理未成年人刑事案件的规定》第 44 条规定：“未成年犯罪嫌疑人经批准离开所居住的市、县或者迁居，作出附条件不起诉决定的人民检察院可以要求迁入地的人民检察院协助进行考察，并将考察结果函告作出附条件不起诉决定的人民检察院。”据此，本题中的监督考察机关应当是A县检察院。在小周经批准迁居B县后，A县检察院可以要求B县检察院协助进行考察，而不是改由B县负责监督考察。故C错误。《人民检察院办理未成年人刑事案件的规定》第40条第1款规定："人民检察院决定附条件不起诉的，应当确定考验期。考验期为六个月以上一年以下，从人民检察院作出附条件不起诉的决定之日起计算。考验期不计入案件审查起诉期限。"附条件不起诉考验期的法定期限为6个月以上1年以下，5个月少于法定期限，故D错误。

**38. C**。《刑诉解释》第179条第1款、第2款规定："国家财产、集体财产遭受损失，受损失的单位未提起附带民事诉讼，人民检察院在提起公诉时提起附带民事诉讼的，人民法院应当受理。人民检察院提起附带民事诉讼的，应当列为附带民事诉讼原告人。"本题中A错误在于，不是将大风公司列为附带民事诉讼原告人，而是将检察院列为附带民事诉讼原告人。《高检规则》第495条规定："双方当事人可以就赔偿损失、赔礼道歉等民事责任事项进行和解，并且可以就被害人及其法定代理人或者近亲属是否要求或者同意公安机关、人民检察院、人民法院对犯罪嫌疑人依法从宽处理进行协商，但不得对案件的事实认定、证据采信、法律适用和定罪量刑等依法属于公安机关、人民检察院、人民法院职权范围的事宜进行协商。"故B的错误在于，"是否对董某免除刑事处分"这是量刑问题，不得和解。《刑事诉讼法》第288条规定，犯罪嫌疑人、被告人真诚悔罪，通过向被害人赔偿损失、赔礼道歉等方式获得被害人谅解，被害人自愿和解的，双方当事人可以和解。和解方式包括向被害人赔偿损失、赔礼道歉等方式，这里的"等方式"就包括提供劳务的方式。故C正确。《刑诉解释》第596条第1款规定："对达成和解协议的案件，人民法院应当对被告人从轻处罚；符合非监禁刑适用条件的，应当适用非监禁刑；判处法定最低刑仍然过重的，可以减轻处罚；综合全案认为犯罪情节轻微不需要判处刑罚的，可以免予刑事处罚。"故D错误。

**39. B**。《刑诉解释》第642条规定："被决定强制医疗的人、被害人及其法定代理人、近亲属对强制医疗决定不服的，可以自收到决定书第二日起五日以内向上一级人民法院申请复议。复议期间不停止执行强制医疗的决定。"故A错误。《刑诉解释》第641条规定："人民法院决定强制医疗的，应当在作出决定后五日以内，向公安机关送达强制医疗决定书和强制医疗执行通知书，由公安机关将被决定强制医疗的人送交强制医疗。"故B正确。《刑诉解释》第645条规定："被强制医疗的人及其近亲属申请解除强制医疗的，应当向决定强制医疗的人民法院提出。被强制医疗的人及其近亲属提出的解除强制医疗申请被人民法院驳回，六个月后再次提出申请的，人民法院应当受理。"故C错误在于"解除强制医疗的申请被驳回后"才是6个月后再次申请解除强制医疗。D的错误在于，申请解除强制医疗应向决定强制医疗的人民法院即县法院而不是市中级法院提出。本题的正确答案为B。

**40. D**。《刑诉解释》第485条第1款规定："外国籍被告人委托律师辩护，或者外国籍附带民事诉讼原告人、自诉人委托律师代理诉讼的，应当委托具有中华人民共和国律师资格并依法取得执业证书的律师。"故A错误。《刑事诉讼法》第21条规定："中级人民法院管辖下列第一审刑事案件：（一）危害国家安全、恐怖活动案件；（二）可能判处无期徒刑、死刑的案件。"本题中约翰涉嫌间谍案，是危害国家安全的案件，应当由中级法院进行一审，而不是区法院。故B错误。《刑诉解释》第484条规定："人民法院审判涉外刑事案件，使用中华人民共和国通用的语言、文字，应当为外国籍当事人提供翻译。翻译人员应当在翻译文件上签名。人民法院的诉讼文书为中文本。外国籍当事人不通晓中文的，应当附有外文译本，译本不加盖人民法院印章，以中文本为准。外国籍当事人通晓中国语言、文字，拒绝他人翻译，或者不需要诉讼文书外文译本的，应当由其本人出具书面声明。拒绝出具书面声明的，应当记录在案；必要时，应当录音录像。"故C错误，D正确。

**41. D**。《国务院行政机构设置和编制管理条例》第11条规定："国务院议事协调机构的设立、撤销或者合并，由国务院机构编制管理机关提出方案，报国务院决定。"故A错误。《国务院行政机构设置和编制管理条例》第14条第1款规定："国务院行政机构的司级内设机构的增设、撤销或者合并，经国务院机构编制管理机关审核方案，报国务院批准。"故B错误。《国务院行政机构设置和编制管理条例》第20条规定："国务院议事协调机构不单独确定编制，所需要的编制由承担具体工作的国务院行政机构解决。"故C错误。《国务院行政机构设置和编制管理条例》第18条第1款规定："国务院行政机构的编制在国务院行政机构设立时确定。"故D正确。

**42. A**。《公务员法》第26条规定："下列人员不得录用为公务员：（一）因犯罪受过刑事处罚的；（二）被开除中国共产党党籍的；（三）被开除公职的；（四）被依法列为失信联合惩戒对象的；（五）有法律规定不得录用为公务员的其他情形的。"定期考核以平时考核、专项考核为基础。公安局民警甲属于非领导职务公务员，其定期考核以年终考核的方式进行。A正确。乙曾被行政拘留，如果符合其他录用条件是可以录用为公务员的。行政拘留不属于刑事处罚。B错误。定期考核（年终考核）结果为不称职的，才是降低一个职务或者职级任职。《公务员法》

本身没有对专项考核的结果等次和后果作出明确规定。C 错误。被开除共产党党籍的，不得录用为公务员。丁尚在留党察看期间，其党籍尚在，若符合其他条件，可以被录用为公务员。D 错误。

**43. C**。《行政法规制定程序条例》第 8 条第 1 款规定："国务院有关部门认为需要制定行政法规的，应当于国务院编制年度立法工作计划前，向国务院报请立项。" A 应该是国务院有关部门而非省政府，故 A 错误。《行政法规制定程序条例》第 9 条第 1 款规定："国务院法制机构应当根据国家总体工作部署，对行政法规立项申请和公开征集的行政法规制定项目建议进行评估论证，突出重点，统筹兼顾，拟订国务院年度立法工作计划，报党中央、国务院批准后向社会公布。" 应根据国家总体工作部署进行汇总研究，而不是根据有关部门报送的立项申请汇总研究；是拟订而非确认年度立法工作计划，还须报党中央、国务院审批。故 B 错误。《行政法规制定程序条例》第 9 条第 2 款规定："列入国务院年度立法工作计划的行政法规项目应当符合下列要求：（一）贯彻落实党的路线方针政策和决策部署，适应改革、发展、稳定的需要……" 故 C 正确。《行政法规制定程序条例》第 10 条第 3 款规定："国务院年度立法工作计划在执行中可以根据实际情况予以调整。" 从实际工作角度看看，常常是"计划赶不上变化"，也应当容许根据实际情况予以调整，故 D 错误。

**44. B**。《行政许可法》第 29 条第 2、3 款规定："申请人可以委托代理人提出行政许可申请。但是，依法应当由申请人到行政机关办公场所提出行政许可申请的除外。行政许可申请可以通过信函、电报、电传、传真、电子数据交换和电子邮件等方式提出。" 因此公司可以不到办公场所申请，故 A 错误。《行政许可法》第 31 条第 1 款规定，申请人申请行政许可，应当如实向行政机关提交有关材料和反映真实情况，并对其申请材料实质内容的真实性负责。故 B 正确。《行政许可法》第 32 条第 1 款第 4 项规定，申请材料不齐全或者不符合法定形式的，应当当场或者在 5 日内一次告知申请人需要补正的全部内容。市规划局应告知补正而非作出不予受理决定，故 C 错误。《行政许可法》第 58 条第 2 款规定："行政机关提供行政许可申请书格式文本，不得收费。" 故 D 错误。

**45. A**。《行政强制法》第 26 条第 3 款规定："因查封、扣押发生的保管费用由行政机关承担。" 故 A 错误。《行政强制法》第 18 条规定："行政机关实施行政强制措施应当遵守下列规定：……（七）制作现场笔录……" 故 B 正确。《行政强制法》第 24 条第 1 款规定："行政机关决定实施查封、扣押的，应当履行本法第十八条规定的程序，制作并当场交付查封、扣押决定书和清单。" 故 C 正确。《行政强制法》第 23 条规定，查封、扣押限于涉案的场所、设施或者财物，不得查封、扣押与违法行为无关的场所、设施或者财物。故 D 正确。

**46. D**。《最高人民法院关于适用〈中华人民共和国行政诉讼法〉的解释》（以下简称《行诉法解释》）第 1 条第 2 款第 2 项规定，调解行为以及法律规定的仲裁行为不属于行政诉讼受案范围，A 应属于民事诉讼，故错误。《行政诉讼法》第 13 条规定："人民法院不受理公民、法人或者其他组织对下列事项提起的诉讼：……（四）法律规定由行政机关最终裁决的行政行为。"《出境入境管理法》第 64 条第 1 款规定："外国人对依照本法规定对其实施的继续盘问、拘留审查、限制活动范围、遣送出境措施不服的，可以依法申请行政复议，该行政复议决定为最终决定。" 可见，外国人对出入境边检机关实施遣送出境措施的复议决定不服的，不得再提起行政诉讼，故 B 错误。《行政诉讼法》第 13 条规定："人民法院不受理公民、法人或者其他组织对下列事项提起的诉讼：……（三）行政机关对行政机关工作人员的奖惩、任免等决定……" 定期考核为不称职属于内部管理行为，不属于行政诉讼受案范围，故 C 错误。《行政诉讼法》第 12 条规定："人民法院受理公民、法人或者其他组织提起的下列诉讼：……（十一）认为行政机关不依法履行、未按照约定履行或者违法变更、解除政府特许经营协议、土地房屋征收补偿协议等协议的……" 行政协议属于行政诉讼受案范围，D 正确。

**47. A**。《国家赔偿法》第 21 条第 3 款规定："对公民采取逮捕措施后决定撤销案件、不起诉或者判决宣告无罪的，作出逮捕决定的机关为赔偿义务机关。" 朱某经市检察院批准被逮捕，市检察院为赔偿义务机关，A 正确。《国家赔偿法》第 12 条第 2 款规定："赔偿请求人书写申请书确有困难的，可以委托他人代书；也可以口头申请，由赔偿义务机关记入笔录。" 朱某可以口头申请，故 B 错误。《国家赔偿法》第 35 条规定："有本法第三条或者第十七条规定情形之一，致人精神损害的，应当在侵权行为影响的范围内，为受害人消除影响，恢复名誉，赔礼道歉；造成严重后果的，应当支付相应的精神损害抚慰金。"《国家赔偿法》第 3 条和第 17 条规定了人身权受侵害的情形，所以计算精神抚慰金不仅要考虑限制人身自由的时间长短，还要考虑人身权是否受侵害、侵害程度引起的焦虑、痛苦以及社会影响评价的降低等来认定是否造成严重后果，故 C 错误。《国家赔偿法》第 33 条规定："侵犯公民人身自由的，每日赔偿金按照国家上年度职工日平均工资计算。"《最高人民法院、最高人民检察院关于办理刑事赔偿案件适用法律若干问题的解释》第 21 条第 1 款规定："国家赔偿法第三十三条、第三十四条规定的上年度，是指赔偿义务机关作出赔偿决定时的上一年度；复议机关或者人民法院赔偿委员会改变原赔偿决定，按照新作出决定时的上一年度国家职工平均工资标准计算人身自由赔偿金。”2016年3月15日，朱某申请国家赔偿，赔偿义务机关市检察院应当在2个月的法定期限内作出赔偿决定。因此，赔偿义务机关作出赔偿决定的上一年度为2015年，故D错误。

**48. ABCD**。《最高人民法院、最高人民检察院关于办理赌博刑事案件具体应用法律若干问题的解释》第2条规定：“以营利为目的，在计算机网络上建立赌博网站，或者为赌博网站担任代理，接受投注的，属于刑法第三百零三条规定的‘开设赌场’。”A正确。《最高人民法院、最高人民检察院关于办理利用互联网、移动通讯终端、声讯台制作、复制、出版、贩卖、传播淫秽电子信息刑事案件具体应用法律若干问题的解释》第3条规定：“不以牟利为目的，利用互联网或者移动通讯终端传播淫秽电子信息，具有下列情形之一的，依照刑法第三百六十四条第一款的规定，以传播淫秽物品罪定罪处罚……”B正确。《最高人民法院、最高人民检察院关于办理侵犯知识产权刑事案件具体应用法律若干问题的解释（一）》第11条第3款规定：“通过信息网络向公众传播他人文字作品、音乐、电影、电视、录像作品、计算机软件及其他作品的行为，应当视为刑法第二百一十七条规定的‘复制发行’。”C正确。《最高人民法院关于审理扰乱电信市场管理秩序案件具体应用法律若干问题的解释》第8条规定：“盗用他人公共信息网络上网账号、密码上网，造成他人电信资费损失数额较大的，依照刑法第二百六十四条的规定，以盗窃罪定罪处罚。”D正确。

**49. ABCD**。因果关系的认识错误，是指行为人对其行为与危害后果之间的因果关系有不符合实际情况的错误认识。本题中，甲将刘某打昏后以为其已死亡，遂将其尸体埋入雪沟，致使刘某被冻死，属于事前的因果关系认识错误。通常认为在此种情况下，第一个行为与死亡结果之间的因果关系并未中断，应肯定第一行为与结果之间的因果关系，且所发生的结果与行为人意图实现的结果相一致，因此应以故意杀人罪既遂论处。A正确。若行为人履行义务就可以阻止或者避免危害结果，但行为人未履行义务，使该结果发生，则该不作为行为与危害结果具有因果关系。B正确。13岁的王某不具有辨认和控制能力，无法认识到过量吸食毒品造成的危害，丙向王某赠送毒品的行为与王某死亡结果具有直接的因果关系。C正确。丁实施的杀害行为具有高度的危险性，导致周某不得不跳河求生，周某因跳河溺水死亡的结果与丁的行为之间具有因果关系。D正确。

**50. AC**。具体符合说要求客观上发生的事实和行为人认识到的事实在具体层面完全一致。如果具体不一致的，不成立构成要件故意。法定符合说认为行为人所认识的事实与实际发生的事实只要在犯罪构成范围内是一致的，就成立故意的既遂犯。所谓打击错误是指行为人对自己意欲侵害的某一对象实施侵害行为，由于失误而导致实际侵害对象与其本欲侵害的对象不一致。A正确。丙的行为属于打击错误非对象错误。B错误。虽然甲与乙之间具有共谋杀害丙的故意，但丙对乙的埋伏行为并不知情。丙对乙的射杀行为构成偶然防卫，偶然防卫不是正当防卫。不论采取何种学说，丙对乙的射杀行为均不能构成正当防卫。C正确。采用具体符合说解释丙对甲的射杀行为能够得到故意杀人罪未遂的结论。D错误。

**【陷阱提示】**所谓打击错误，又称方法错误或目标打击错误，是指行为人由于失误而导致实际侵害对象与其本欲侵害的对象不一致。所谓对象错误，是指行为人因误认导致预定指向的对象与实际指向的对象不一致，而这种不一致仍未超出构成要件的范围。对象错误，行为人在主观认识上存在错误，是一种主观认识错误；而打击错误，行为人在主观认识上并没有认识错误，只是因为客观因素导致错误结果，是一种客观结果错误。本案中，丙的行为属于客观的结果错误而非主观上的认识错误。法定符合说，是指行为人所认识的事实与实际发生的事实只要在犯罪构成范围内是一致的，就成立故意的既遂犯。具体符合说，要求客观上发生的事实和行为人认识到的事实在具体层面完全一致。如果具体不一致的，不成立构成要件故意。依据法定符合说，行为人主观上想杀害他人，实际上也杀害了他人，乙死亡的结果没有超出丙犯罪行为的故意范围，成立故意杀人罪既遂。依据具体符合说，丙对甲的杀害行为成立故意杀人罪的未遂，对乙的死亡成立过失致人死亡罪。但不论采取何种学说，丙对乙都不能构成正当防卫，丙对乙的射杀行为构成偶然防卫，偶然防卫不是正当防卫。

**51. ACD**。若承认片面共同正犯，甲知道乙计划前往丙家抢劫，为帮助乙取得财物，便暗中先赶到丙家，将丙打昏后离去使丙受轻伤的行为应认定为片面共同正犯，对甲应以抢劫罪论处。但是，由于乙并不知情，不能认定乙是共同正犯，乙在丙昏迷的状态下取走丙财物的行为应认定为盗窃罪。A正确，B错误。若否定片面共同正犯，则甲、乙二人仅对自己实施的行为承担刑事责任，甲应构成故意伤害罪和盗窃罪，择一重罪论处，乙无须对甲的故意伤害行为负责，对乙应以盗窃罪论处。CD正确。

**52. ABCD**。《刑法》第69条第2款规定：“数罪中有判处有期徒刑和拘役的，执行有期徒刑。数罪中有判处有期徒刑和管制，或者拘役和管制的，有期徒刑、拘役执行完毕后，管制仍须执行。”AB正确。《刑法》第70条规定：“判决宣告以后，刑罚执行完毕以前，发现被判刑的犯罪分子在判决宣告以前还有其他罪没有判决的，应当对新发现的罪作出判决，把前后两个判决所判处的刑罚，依照本法第六十九条的规定，决定执行的刑罚。已经执行的刑期，应当计算在新判决决定的刑期以内。”C 正确。《刑法》第 86 条第 1 款规定：“被假释的犯罪分子，在假释考验期限内犯新罪，应当撤销假释，依照本法第七十一条的规定实行数罪并罚。”《刑法》第 71 条规定：“判决宣告以后，刑罚执行完毕以前，被判刑的犯罪分子又犯罪的，应当对新犯的罪作出判决，把前罪没有执行的刑罚和后罪所判处的刑罚，依照本法第六十九条的规定，决定执行的刑罚。”D 正确。

**53. ABD**。缓刑适用的对象条件是被判处拘役或者 3 年以下有期徒刑的犯罪分子。甲犯抢劫罪所适用的是“三年以上十年以下有期徒刑”的法定刑，刑法中的“以上”“以下”都包含本数，当甲的宣告刑为 3 年时，可以适用缓刑。A 错误。乙犯故意伤害罪与代替考试罪，分别被判处 6 个月拘役与 1 年管制。管制不适用缓刑，但是拘役可以适用缓刑。B 错误。对于累犯和犯罪集团的首要分子不适用缓刑。《刑法》第 66 条规定：“危害国家安全犯罪、恐怖活动犯罪、黑社会性质的组织犯罪的犯罪分子，在刑罚执行完毕或者赦免以后，在任何时候再犯上述任一类罪的，都以累犯论处。”对于特别累犯，前罪和后罪所判处的刑罚的种类及其轻重不受限制，即使前后两罪或者一罪被判处附加刑也不影响特别累犯的成立。丙构成特别累犯，不适用缓刑。C 正确。行为人被判处有期徒刑，刑满释放以后 5 年以内再犯判处有期徒刑的犯罪的，属于累犯，但是不满 18 周岁的人犯罪除外。丁实施抢劫罪时为 17 周岁，刑满后第 4 年再犯应被判处有期徒刑以上刑罚的犯罪也不构成累犯，可以适用缓刑。D 错误。

**54. AB**。投放危险物质罪与故意杀人罪、故意伤害罪的区别在于是否危及公共安全。甲故意非法开启实验室装有放射性物质的容器，致使多名实验人员遭受辐射，构成投放危险物质罪。A 正确。投放危险物质罪投放的必须是毒害性、放射性、传染病病原体以及其他危险物质，危害公共安全，乙的行为构成投放危险物质罪。B 正确。丙为制造社会恐慌将食品干燥剂粉末冒充炭疽杆菌大量邮寄给他人的行为，客观上不会造成危害公共安全的结果。C 错误。丁在食品中违法添加易使人形成瘾癖的罂粟壳粉末的行为属于涉嫌生产、销售有毒、有害食品罪的行为，不构成投放危险物质罪。D 错误。

**55. ACD**。《刑法》第 196 条第 1 款规定，以非法占有目的，用虚假身份证明骗领信用卡后又使用该卡的，应以信用卡诈骗罪处罚。A 错误。在自动柜员机（ATM 机）上擅自使用他人信用卡的行为，属于《刑法》第 196 条第 1 款第 3 项规定的“冒用他人信用卡”的情形，构成信用卡诈骗罪。B 正确。“恶意透支”是指持卡人以非法占有为目的，超过规定限额或者规定期限透支，并且经发卡银行两次有效催收后超过 3 个月仍不归还的行为。透支时没有非法占有的目的，具有归还意思的不属于恶意透支。C 错误。拾得信用卡并使用的行为属于《刑法》第 196 条第 1 款第 3 项规定的“冒用他人信用卡”的情形，构成信用卡诈骗罪。D 错误。

**56. BC**。甲长期用高倍望远镜偷窥邻居的日常生活的行为属于侵犯他人隐私权的行为，不构成侵犯公民个人信息罪。A 错误。《刑法》第 253 条之一第 1、2 款规定：“违反国家有关规定，向他人出售或者提供公民个人信息，情节严重的，处三年以下有期徒刑或者拘役，并处或者单处罚金；情节特别严重的，处三年以上七年以下有期徒刑，并处罚金。违反国家有关规定，将在履行职责或者提供服务过程中获得的公民个人信息，出售或者提供给他人的，依照前款的规定从重处罚。”乙将单位数据库中病人的姓名、血型、DNA 等资料，卖给某生物制药公司的行为，符合《刑法》第 253 条之一第 2 款的规定，构成侵犯公民个人信息罪。B 正确。丙将捡到的几本通讯簿在网上卖给他人用于电信诈骗犯罪的行为，符合《刑法》第 253 条之一第 1 款的规定，构成侵犯公民个人信息罪。C 正确。由于 50 年代的信封上公民的身份信息已经不具有真实性，将信封出卖给他人的行为，不构成侵犯公民个人信息罪。D 错误。

**57. ABD**。甲实施盗窃行为时误将李某当作王某而将其打昏的行为，甲主观认识到的（打昏王某）与实际发生的（打昏李某）二者不一致，打昏李某的行为应单独评价为故意伤害行为，不应认定为转化型抢劫罪。A 正确。入户实施盗窃行为被发现以后，行为人为窝藏赃物、抗拒抓捕或者毁灭罪证而当场使用暴力的，若暴力发生在户内可以认定为“入户抢劫”。乙暴力抗拒抓捕的行为发生于周某卧室内。B 正确。抢劫后逃离的行为致人重伤或死亡属于基本行为以外的行为造成的所谓严重结果，不成立抢劫罪的结果加重犯，应按照故意伤害罪与抢劫罪并罚。C 错误。丁抢夺张某财物后逃跑，为阻止张某追赶，出于杀害故意向张某开枪射击的行为构成事后抢劫，在事后抢劫中暴力行为导致抓捕者等人死亡的，应认定为抢劫致人死亡。D 正确。

**58. ABCD**。《刑法》第 354 条规定：“容留他人吸食、注射毒品的，处三年以下有期徒刑、拘役或者管制，并处罚金。”甲容留未成年人吸食、注射毒品，构成容留他人吸毒罪。A 正确。《刑法》第 347 条第 1 款规定：“走私、贩卖、运输、制造毒品，无论数量多少，都应当追究刑事责任，予以刑事处罚。”B 正确。运输毒品是采用携带、邮寄、利用他人或者使用交通工具等方法在我国领域内转移毒品。C 正确。丁以牟利为目的容留刘某吸食毒品并向其出卖毒品的行为，同时构成容留他人吸毒罪和贩卖毒品罪，应数罪并罚。D 正确。

**59. ABCD**。国家工作人员明知其近亲属利用自己的职务行为受贿的，构成受贿罪。其近亲属的行为构成利用影响力受贿罪。A 正确。国家工作人员具有为他人谋取利益的职权或职务条件，在他人有求于自己的职务行为时，并不打算为他人谋取利益但收受财物后作虚假承诺，导致财物与所许诺的职务行为之间形成了对价关系，构成受贿罪。B 正确。国家机关工作人员实施渎职犯罪并收受贿赂同时构成渎职罪和受贿罪的行为属于侵犯不同法益的不同行为，除刑法有特别规定外，应该按照渎职罪和受贿罪数罪并罚。C 正确。国家工作人员明知他人有请托事项而收受其财物，视为具备“为他人谋取利益”的构成要件，至于事后是否已实际为他人谋取利益，不影响受贿的认定。D 正确。

**60. AD**。滥用职权罪是指国家机关工作人员故意逾越职权，不按或违反法律决定、处理其无权决定、处理的事项，或者违反规定处理公务，致使公共财产、国家和人民利益遭受重大损失的行为。省渔政总队验船师郑某的行为违反国家规定，造成了国家财产的重大损失，构成滥用职权罪。A 正确。刑警曾某作为司法工作人员，明知被取保候审的犯罪嫌疑人违反相关规定，应将案件移送起诉或变更强制措施而未移送起诉或变更强制措施，使犯罪嫌疑人未及时受到追诉的行为属于一般的玩忽职守行为，不构成徇私枉法罪。B 错误。故意泄露国家秘密罪是指国家机关工作人员违反国家保密法律规定，故意泄露国家秘密，情节严重的行为。律师于某作为马某的辩护人，不具有国家机关工作人员的身份，于某在担任辩护人期间，将通过合法手续获取的案卷材料让当事人亲属查阅，不构成故意泄露国家秘密罪。C 错误。帮助犯罪分子逃避处罚罪，是指有查禁犯罪活动职责的国家机关工作人员，向犯罪分子通风报信、提供便利，帮助犯罪分子逃避处罚的行为。闫某为协警，属于依法从事公务的人员，其通风报信的行为构成帮助犯罪分子逃避处罚罪。D 正确。

**61. BCD**。《刑事诉讼法》第 3 条第 1 款规定，对刑事案件的侦查、拘留、执行逮捕、预审，由公安机关负责。检察、批准逮捕、检察机关直接受理的案件的侦查、提起公诉，由人民检察院负责。审判由人民法院负责。除法律特别规定的以外，其他任何机关、团体和个人都无权行使这些权力。本题中，检察院提前介入侦查，是检察院法律监督权的体现，并未侵犯公安机关的侦查权，也未违反侦查权、检察权、审判权由专门机关依法行使的原则。故 A 错误。《刑事诉讼法》第 7 条规定，人民法院、人民检察院和公安机关进行刑事诉讼，应当分工负责，互相配合，互相制约，以保证准确有效地执行法律。本题中检察院的做法体现了这一原则。故 B 正确。严格遵守法律程序原则要求，人民法院、人民检察院和公安机关在进行刑事诉讼活动时，必须严格遵守刑事诉讼法和其他有关法律的规定，不得违反法律规定的程序和规则，更不得侵害各方当事人和其他诉讼参与人的合法权益。本题中，检察院的做法有助于严格遵守法律程序原则的实现。故 D 正确。《刑事诉讼法》第 8 条规定，人民检察院依法对刑事诉讼实行法律监督。人民检察院是国家的法律监督机关，在刑事诉讼活动中，有权对公安机关的立案侦查、法院的审判和执行机关的执行活动是否合法进行监督。这种监督贯穿于刑事诉讼活动的始终。本题中检察院提前介入侦查，是检察院对公安机关的侦查权的监督。故 C 正确。

**62. CD**。《刑事诉讼法》第 5 条规定，人民法院依照法律规定独立行使审判权，人民检察院依照法律规定独立行使检察权，不受行政机关、社会团体和个人的干涉。人民法院和人民检察院在上下级关系上有所不同。人民检察院上下级之间是领导与被领导的关系，上级人民检察院有权就具体案件对下级人民检察院作出命令、指示。独立行使检察权实质上是指整个检察系统作为一个整体独立行使检察权，这在理论上称为检察一体化。与检察系统不同，人民法院上下级之间是监督与被监督的关系，各具体法院在具体案件的审判过程中独立行使审判权，包括上级人民法院在内的其他人民法院无权干涉。上级人民法院对下级人民法院的监督必须通过法定的程序进行，如改变管辖、在第二审程序中撤销错误的判决等。本题中，AB 两项的错误在于，最高法院不得就尚未作出判决的个案对高级法院进行指导和监督。但是，最高检察院可以针对具体案件对下级检察院作出命令和指示。故 CD 两项正确。

**63. AB**。《刑事诉讼法》第 108 条第 4 项规定，“诉讼参与人”是指当事人、法定代理人、诉讼代理人、辩护人、证人、鉴定人和翻译人员。诉讼参与人指的是专门机关以外的人。本题中翻译人员、作为鉴定人的法医，都属于诉讼参与人。故 AB 正确。但是，侦查人员是专门机关的人，不属于诉讼参与人。“有专门知识的人”尽管参加诉讼，但不是诉讼参与人。故 CD 错误。

**64. BCD**。刑事诉讼中犯罪嫌疑人、被告人享有广泛的诉讼权利。这些诉讼权利按其性质和作用的不同，可分为防御性权利和救济性权利两种。所谓防御性权利，是指犯罪嫌疑人、被告人为对抗追诉方的指控、抵消其控诉效果所享有的诉讼权利。防御性权利主要包括：（1）有权使用本民族语言文字进行诉讼；（2）辩护权；（3）拒绝回答权；（4）被告人有权在开庭前 10 日内收到起诉书副本；（5）参加法庭调查权；（6）参加法庭辩论权；（7）最后陈述权；（8）反诉权。所谓救济性权利，是指犯罪嫌疑人、被告人对国家专门机关所作的对其不利的行为、决定或裁判，要求另一专门机关予以审查并作出改变或撤销的诉讼权利。救济性权利主要包括：（1）申请复议权；（2）控告权；（3）申请变更、解除强制措施权；（4）上诉权；（5）申诉权。故 BCD 三项正确，A 属于防御性权利。

**65. ABCD。**《关于办理刑事案件收集提取和审查判断电子数据若干问题的规定》（以下简称《刑事案件电子数据规定》）第 8 条第 1 款规定："收集、提取电子数据，能够扣押电子数据原始存储介质的，应当扣押、封存原始存储介质，并制作笔录，记录原始存储介质的封存状态。"故 A 正确。《刑事案件电子数据规定》第 16 条第 2 款规定："电子数据检查，应当对电子数据存储介质拆封过程进行录像，并将电子数据存储介质通过写保护设备接入到检查设备进行检查；有条件的，应当制作电子数据备份，对备份进行检查；无法使用写保护设备且无法制作备份的，应当注明原因，并对相关活动进行录像。"故 B 正确。《刑事案件电子数据规定》第 19 条规定："对侵入、非法控制计算机信息系统的程序、工具以及计算机病毒等无法直接展示的电子数据，应当附电子数据属性、功能等情况的说明。对数据统计量、数据同一性等问题，侦查机关应当出具说明。"本题中，甲涉嫌利用木马程序盗取 Q 币并转卖他人，就属于本条规定的情形，所以应当附有该木马程序如何盗取账号密码的说明。故 C 正确。《刑事案件电子数据规定》第 27 条规定："电子数据的收集、提取程序有下列瑕疵，经补正或者作出合理解释的，可以采用；不能补正或者作出合理解释的，不得作为定案的根据：（一）未以封存状态移送的；（二）笔录或者清单上没有侦查人员、电子数据持有人（提供人）、见证人签名或者盖章的；（三）对电子数据的名称、类别、格式等注明不清的；（四）有其他瑕疵的。"故 D 正确。

**66. ABD。**刑事诉讼证明的主体是国家公诉机关和诉讼当事人。公安机关和人民法院不是证明的主体。附带民事诉讼原告人和反诉人（即反诉中的自诉人）都是当事人，是证明主体。故 AB 都是证明主体。警察是公安机关的侦查人员，不是证明主体。故 C 错误。刑事诉讼主体是所有参与刑事诉讼活动，在刑事诉讼中享有一定权利、承担一定义务的国家专门机关和诉讼参与人。其中承担基本诉讼职能的专门机关和当事人是主要的诉讼主体，其他诉讼参与人是一般诉讼主体。故证明主体包括公诉机关和当事人，都是刑事诉讼主体。D 正确。

**67. ACD。**变更性原则是指强制措施的适用，需要随着诉讼的进展、犯罪嫌疑人、被告人及案件情况的变化而及时变更或解除。本题的 B 只是改变了取保候审的保证金金额，并没有改变强制措施的种类或者解除，所以，未体现强制措施的变更性原则。ACD 符合强制措施变更性原则的要求，正确。

**68. ACD。**《刑事诉讼法》第 68 条规定，人民法院、人民检察院和公安机关决定对犯罪嫌疑人、被告人取保候审，应当责令犯罪嫌疑人、被告人提出保证人或者交纳保证金。而且，公安司法机关可以根据案情对保证方式进行变更。故 A 正确。《刑事诉讼法》第 71 条第 4 款规定，对违反取保候审规定，需要予以逮捕的，可以对犯罪嫌疑人、被告人先行拘留。故 B 中法院决定逮捕是正确的，但是法院先行拘留是错误的，应当由公安机关先行拘留。故 B 错误。《刑事诉讼法》第 94 条规定，人民法院、人民检察院对于各自决定逮捕的人，公安机关对于经人民检察院批准逮捕的人，都必须在逮捕后的 24 小时以内进行讯问。在发现不应当逮捕的时候，必须立即释放，发给释放证明。故 C 正确。《高检规则》第 573 条规定，犯罪嫌疑人、被告人被逮捕后，人民检察院仍应当对羁押的必要性进行审查。《高检规则》第 574 条规定，人民检察院在办案过程中可以依职权主动进行羁押必要性审查。本题中，法院决定逮捕乙后，同级检察院可主动启动对乙的羁押必要性审查。故 D 正确。

**69. BCD。**在侦查中可以更换侦查人员进行讯问。故 A 未违法。《公安规定》第 207 条规定，犯罪嫌疑人请求自行书写供述的，应当准许；必要时，侦查人员也可以要求犯罪嫌疑人亲笔书写供词。犯罪嫌疑人应当在亲笔供词上逐页签名、捺指印。侦查人员收到后，应当在首页右上方写明"于某年某月某日收到"，并签名。故 B 违法。《刑事诉讼法》第 34 条第 2 款规定，侦查机关在第一次讯问犯罪嫌疑人或者对犯罪嫌疑人采取强制措施的时候，应当告知犯罪嫌疑人有权委托辩护人。故 C 违法。《刑事诉讼法》第 119 条第 2 款规定，传唤、拘传持续的时间不得超过 12 小时；案情特别重大、复杂，需要采取拘留、逮捕措施的，传唤、拘传持续的时间不得超过 24 小时。本案属于危险驾驶案件，不属于案情特别重大、复杂，持续时间不超过 12 小时。故 D 属于违法。

**70. ABD。**《关于推进以审判为中心的刑事诉讼制度改革的意见》第 13 条强调发挥控辩双方的积极主动作用，有助于弱化法官的积极主动作用，促进控辩双方的积极对抗，朝着控辩式审判模式发展。故 A 正确。《刑事诉讼法》第 14 条第 1 款规定："人民法院、人民检察院和公安机关应当保障犯罪嫌疑人、被告人和其他诉讼参与人依法享有的辩护权和其他诉讼权利。"由此可见，在法庭辩论中，确保控辩意见发表在法庭，核心在于保障被告人和辩护人能充分发表意见。故 B 正确。刑事审判的公开性是指审判活动应当公开进行，法庭的大门永远是敞开的，除了为保护特定的社会利益依法不公开审理的案件以外，都应当公开审理，将审判活动置于公众和社会的监督之下。即使依法不公开审理的案件，宣告判决也应当公开。

这是摒除司法不公最有力的手段。本题题干与刑事审判的公开性无关。故C错误。《刑诉解释》第278条第1款规定："对被告人认罪的案件，在确认被告人了解起诉书指控的犯罪事实和罪名，自愿认罪且知悉认罪的法律后果后，法庭调查可以主要围绕量刑和其他有争议的问题进行。"故D正确。

**71. BD**。乙市中级法院一审判决死缓后，该死缓的判决要报经甲省高级法院核准后生效。所以，本题中甲省高级法院才是作出生效裁判的法院。《刑事诉讼法》第254条规定："各级人民法院院长对本院已经发生法律效力的判决和裁定，如果发现在认定事实上或者在适用法律上确有错误，必须提交审判委员会处理。最高人民法院对各级人民法院已经发生法律效力的判决和裁定，上级人民法院对下级人民法院已经发生法律效力的判决和裁定，如果发现确有错误，有权提审或者指令下级人民法院再审。最高人民检察院对各级人民法院已经发生法律效力的判决和裁定，上级人民检察院对下级人民法院已经发生法律效力的判决和裁定，如果发现确有错误，有权按照审判监督程序向同级人民法院提出抗诉。人民检察院抗诉的案件，接受抗诉的人民法院应当组成合议庭重新审理，对于原判决事实不清楚或者证据不足的，可以指令下级人民法院再审。"本题中，只有最高人民检察院和甲省高级法院才可以提起审判监督程序。乙市中级法院是甲省高级法院的下级法院，无权提起审判监督程序。甲省检察院是甲省高级法院的同级检察院，也无权对甲省高级法院的生效裁判提起审判监督程序。因此，本题的正确答案为BD两项。

**72. BC**。《规章制定程序条例》第15条第3款规定："起草专业性较强的规章，可以吸收相关领域的专家参与起草工作，或者委托有关专家、教学科研单位、社会组织起草。"故A错误。《规章制定程序条例》第16条第2款第3项规定，听证会应当制作笔录，如实记录发言人的主要观点和理由。故B正确。《规章制定程序条例》第15条规定，起草规章，应当深入调查研究，总结实践经验，广泛听取有关机关、组织和公民的意见。故C正确。《规章制定程序条例》第20条规定："规章送审稿有下列情形之一的，法制机构可以缓办或者退回起草单位：（一）制定规章的基本条件尚不成熟或者发生重大变化的……"所以不是必须退回起草单位，还可以缓办。故D错误。

**73. ABCD**。《行政许可法》第70条规定："有下列情形之一的，行政机关应当依法办理有关行政许可的注销手续：（一）行政许可有效期届满未延续的；（二）赋予公民特定资格的行政许可，该公民死亡或者丧失行为能力的；（三）法人或者其他组织依法终止的；（四）行政许可依法被撤销、撤回，或者行政许可证件依法被吊销的；（五）因不可抗力导致行政许可事项无法实施的；（六）法律、法规规定的应当注销行政许可的其他情形。"A符合第1项，BC符合第4项，D符合第2项，故ABCD正确。

**74. AC**。《治安管理处罚法》第91条规定，治安管理处罚由县级以上人民政府公安机关决定；其中警告、500元以下的罚款可以由公安派出所决定。故A正确。《行政处罚法》第51条规定，违法事实确凿并有法定依据，对公民处以200元以下、对法人或者其他组织处以3000元以下罚款或者警告的行政处罚的，可以当场作出行政处罚决定。法律另有规定的，从其规定。故B错误。《治安管理处罚法》第97条规定："公安机关应当向被处罚人宣告治安管理处罚决定书，并当场交付被处罚人；无法当场向被处罚人宣告的，应当在二日内送达被处罚人。决定给予行政拘留处罚的，应当及时通知被处罚人的家属。有被侵害人的，公安机关应当将决定书副本抄送被侵害人。"本案的被侵害人是张某，故C正确。根据前述《治安管理处罚法》第91条，派出所对该行政处罚具有法定权限，所以应当以该派出所为被告。故D错误。

**75. AC**。《行政强制法》第52条规定："需要立即清除道路、河道、航道或者公共场所的遗洒物、障碍物或者污染物，当事人不能清除的，行政机关可以决定立即实施代履行；当事人不在场的，行政机关应当在事后立即通知当事人，并依法作出处理。"故A正确。《行政诉讼法》第56条第1款规定："诉讼期间，不停止行政行为的执行。但有下列情形之一的，裁定停止执行：（一）被告认为需要停止执行的；（二）原告或者利害关系人申请停止执行，人民法院认为该行政行为的执行会造成难以弥补的损失，并且停止执行不损害国家利益、社会公共利益的；（三）人民法院认为该行政行为的执行会给国家利益、社会公共利益造成重大损害的；（四）法律、法规规定停止执行的。"本选项中并没有出现例外情况，所以并不停止执行行政行为。依据行政法公理，行政行为具有确定力、拘束力、执行力，一般情况下相对人提起行政诉讼、申请行政复议并不停止执行行政行为。故B错误。《行政强制法》第43条第1款规定："行政机关不得在夜间或者法定节假日实施行政强制执行。但是，情况紧急的除外。"本题中的"紧急防汛期"当属但书的除外情形，应当可以实施强制执行。故C正确。《行政强制法》第42条第1款规定："实施行政强制执行，行政机关可以在不损害公共利益和他人合法权益的情况下，与当事人达成执行协议。执行协议可以约定分阶段履行；当事人采取补救措施的，可以减免加处的罚款或者滞纳金。"但题干中明确说明"在紧急防汛期""需要立即清除该建筑物""林某无法清除"，可见，通过与林某签订执行协议分阶段清除的方式，显然与本题所述紧急情形不相适应，在防汛形势紧迫，且林某无法自行清除的情况下，防汛指挥机构应立即组织拆除。故 D 错误。

**76. BCD**。A 中的扣押行为属于行政强制措施，不属于行政处罚，行政强制措施不适用听证制度。故 A 错误。《行政处罚法》第 63 条第 1 款规定：“行政机关拟作出下列行政处罚决定，应当告知当事人有要求听证的权利，当事人要求听证的，行政机关应当组织听证：（一）较大数额罚款……（四）责令停产停业、责令关闭、限制从业；（五）其他较重的行政处罚……”BC 正确。《治安管理处罚法》第 98 条规定：“公安机关作出吊销许可证以及处二千元以上罚款的治安管理处罚决定前，应当告知违反治安管理行为人有权要求举行听证；违反治安管理行为人要求听证的，公安机关应当及时依法举行听证。”D 正确。

**77. ACD**。《行政复议法实施条例》第 37 条规定，行政复议期间涉及专门事项需要鉴定的，当事人可以自行委托鉴定机构进行鉴定，也可以申请行政复议机构委托鉴定机构进行鉴定。故 A 正确。《行政复议法实施条例》第 33 条规定，对重大、复杂的案件，申请人提出要求或者行政复议机构认为必要时，可以采取听证的方式审理。据此，应为“可以”而非“应当”。故 B 错误。《行政复议法实施条例》第 38 条第 1 款规定：“申请人在行政复议决定作出前自愿撤回行政复议申请的，经行政复议机构同意，可以撤回。”故 C 正确。《行政复议法实施条例》第 34 条第 2 款规定，调查取证时，行政复议人员不得少于 2 人，并应当向当事人或者有关人员出示证件。故 D 正确。

**78. ABC**。《行政复议法》第 24 条第 1 款规定：“县级以上地方各级人民政府管辖下列行政复议案件：（一）对本级人民政府工作部门作出的行政行为不服的；（二）对下一级人民政府作出的行政行为不服的；（三）对本级人民政府依法设立的派出机关作出的行政行为不服的；（四）对本级人民政府或者其工作部门管理的法律、法规、规章授权的组织作出的行政行为不服的。”市场监督管理局不属于垂直领导体制的机关。故 A 正确。《行政复议法》第 17 条第 1 款规定：“申请人、第三人可以委托一至二名律师、基层法律服务工作者或者其他代理人代为参加行政复议。”故 B 正确。《行政复议法实施条例》第 22 条规定：“申请人提出行政复议申请时错列被申请人的，行政复议机构应当告知申请人变更被申请人。”行政复议机构有告知、释明义务。故 C 正确。本选项属于复议选择式，因为调整市场监督管理的单行法律、法规没有对复议前置作出专门规定的，当事人既可以申请行政复议，也可以提起行政诉讼。故 D 错误。

**79. ABD**。《最高人民法院关于审理民事、行政诉讼中司法赔偿案件适用法律若干问题的解释》（以下简称《解释》）第 2 条规定：“违法采取对妨害诉讼的强制措施，包括以下情形：……（四）对同一妨害诉讼的行为重复采取罚款、拘留措施的……”A 属于第 4 项，这也符合法理上“一事不二罚”的规则。故 A 正确。《解释》第 5 条规定：“对判决、裁定及其他生效法律文书执行错误，包括以下情形：（一）执行未生效法律文书的……”B 符合第 1 项。故 B 正确。《解释》第 9 条规定：“受害人对损害结果的发生或者扩大也有过错的，应当根据其过错对损害结果的发生或者扩大所起的作用等因素，依法减轻国家赔偿责任。”受害人对损害结果的发生也有过错的，国家应当在相应的范围内减轻责任，而不是不承担赔偿责任。故 C 错误。《解释》第 7 条规定：“具有下列情形之一的，国家不承担赔偿责任：……（五）因不可抗力、正当防卫和紧急避险造成损害后果的……”D 符合第 5 项。正当防卫具有合法性，即便属于防卫过当致害最多引起的是补偿责任，也非赔偿责任。故 D 正确。

**80. A**。侵占罪，是指以非法占有为目的，将他人交给自己保管的财物、遗忘物或者埋藏物非法占为己有，数额较大，拒不交还的行为。侵占罪构成要件主要包含对委托物的侵占和对脱离占有物的侵占。事实一中，刘某将抽油烟机交给王某和李某带回修理的行为中的委托物为抽油烟机，金饰并非委托占有物。由于刘某住在五楼，王某窃走金饰时刚刚行至四楼，此时刘某对于金饰仍具有紧密的占有状态，金饰仍为刘某占有，不属于刘某的脱离占有物，王某此时从抽油烟机中将金饰窃走的行为破除了刘某的占有，应成立盗窃罪。A 正确，BCD 错误。

**81. B**。王某的行为已经构成盗窃罪，而非侵占罪。A 错误。王某窃取金饰的行为构成盗窃罪的既遂，为了躲避刘某追查将赃物转移给李某。李某明知金饰为赃物而窝藏、转移的行为构成掩饰、隐瞒犯罪所得罪。B 正确，CD 错误。

**82. AD**。李某明知金饰价值 1 万元，却以欺骗的方式向郭某谎称金饰价值 5 万元，致使郭某支付价款，遭受财产损失的行为，构成诈骗罪。A 正确。王某为躲避刘某追查将赃物转移给李某。李某明知金饰为赃物而窝藏、转移的行为构成掩饰、隐瞒犯罪所得罪，之后出售的行为属于事后不可罚的行为。B 错误。李某与王某共谋销赃均分，李某销赃所获的赃款具有违法性，王某对该项赃款不具有民法上的返还请求权，李某的行为也不构成诈骗罪。C 错误。在犯罪及销赃构成中，李某将赃物卖得 5 万元的行为王某并不知情，其所犯财产犯罪的犯罪数额为 1 万元。D 正确。

**83. C**。《全国人民代表大会常务委员会关于〈中华人民共和国刑法〉第九十三条第二款的解释》规定：“村民委员会等村基层组织人员协助人民政府从事下列行政管理工作，属于刑法第九十三条第二款规定的‘其他依照法律从事公务的人员’：（一）救灾、抢险、防汛、优抚、扶贫、移民、救济款物的管理……”村主任王某、会计刘某以及村民陈某合谋伪造申请材料骗取优抚补贴的行为，构成贪污罪的共同犯罪。王某拿到补贴款时虽然已经离任，但是依然构成贪污罪。A 错误。刘某参与伪造申请材料，其贪污罪的犯罪数额应认定为 15 万元。B 错误。陈某虽然为普通村民，但其参与王某和刘某的贪污犯罪，起帮助作用，构成共同贪污。C 正确。周某发现伪造的申报材料以后擅自侵吞补贴款，构成贪污罪，其贪污数额为 15 万元。D 错误。

**84. ABC**。行贿罪是指为谋取不正当利益，给国家工作人员以财物（含在经济往来中，违反国家规定，给予国家工作人员以财物，数额较大，或者违反国家规定，给予国家工作人员以各种名义的回扣费、手续费）的行为。周某为谋取非法利益，向李某提供 10 万元，意图请李某联系张某帮助其获取土地征收款的行为，构成行贿罪。A 正确。李某请托胡某帮忙联系张某并送给胡某 5 万元的行为，构成行贿罪。B 正确。李某虽然未直接利用自身职务行为为周某谋利，但是其利用本人的职权和地位形成的便利条件，通过其他国家工作人员职务上的行为，为请托人谋取不正当利益而收取财物的，构成受贿罪。C 正确。受贿罪不以为他人谋取了非法利益为既遂条件，胡某收受了李某的钱款以后，受贿罪已经既遂。D 错误。

**85. C**。挪用公款罪，是指国家工作人员利用职务上的便利挪用公款归个人使用，进行非法活动的，或者挪用公款数额较大、进行营利活动的，或者挪用公款数额较大、超过 3 个月未还的行为。周某挪用村委会 20 万元购买玉器行贿不具有归还意思，主观上不是挪用的目的而是非法占有的目的，构成贪污罪。A 错误。周某将村委会 20 万元取出后即构成贪污罪的既遂，犯罪既遂以后不再有犯罪中止。B 错误。刘某第一次帮助周某做假账的行为，与周某构成贪污罪的共同犯罪，C 正确。《刑法》第 310 条规定：“明知是犯罪的人而为其提供隐藏处所、财物，帮助其逃匿或者作假证明包庇的，处三年以下有期徒刑、拘役或者管制；情节严重的，处三年以上十年以下有期徒刑。犯前款罪，事前通谋的，以共同犯罪论处。”刘某第二次帮周某将假账做平的行为构成周某的犯罪的共同犯罪而不构成包庇罪。D 错误。

**86. B**。物证是指证明案件真实情况的一切物品和痕迹。书证是指以记载的内容和反映的思想来证明案件真实情况的书面材料或其他物质材料。本题中 A 是扣押清单，不是书证。B 和 C 均属于书证。因此，AC 错误。B 正确。D 中因部分失窃药材不宜保存而在法庭上出示的药材照片，是以其内容证明案件真实情况，因而属于书证。故 D 错误。本题的正确答案为 B。

**87. AB**。被害人一般是指自然人，但单位也可以成为被害人。单位被害人参与刑事诉讼时，应由其法定代表人作为代表参加刑事诉讼。法定代表人也可以委托诉讼代理人参加刑事诉讼。单位被害人在刑事诉讼中的诉讼权利和诉讼义务，与自然人作为被害人时大体相同。故 AB 正确。《刑诉解释》第 176 条规定：“被告人非法占有、处置被害人财产的，应当依法予以追缴或者责令退赔。被害人提起附带民事诉讼的，人民法院不予受理。追缴、退赔的情况，可以作为量刑情节考虑。”本案是盗窃案，属于非法占有被害人财产的犯罪。故 C 错误。《刑事诉讼法》第 214 条规定：“基层人民法院管辖的案件，符合下列条件的，可以适用简易程序审判：（一）案件事实清楚、证据充分的；（二）被告人承认自己所犯罪行，对指控的犯罪事实没有异议的；（三）被告人对适用简易程序没有异议的。人民检察院在提起公诉的时候，可以建议人民法院适用简易程序。”从此条可以看出，适用简易程序无需得到被害人同意。《刑诉解释》第 368 条第 1 款规定：“适用简易程序审理案件，在法庭审理过程中，具有下列情形之一的，应当转为普通程序审理：（一）被告人的行为可能不构成犯罪的；（二）被告人可能不负刑事责任的；（三）被告人当庭对起诉指控的犯罪事实予以否认的；（四）案件事实不清、证据不足的；（五）不应当或者不宜适用简易程序的其他情形。”故 D 错误。

**88. D**。《刑事诉讼法》第 235 条规定，人民检察院提出抗诉的案件或者第二审人民法院开庭审理的公诉案件，同级人民检察院都应当派员出席法庭。第二审人民法院应当在决定开庭审理后及时通知人民检察院查阅案卷。故 A 的错误在于不是“受理案件后”而是“决定开庭审理后”。《刑事诉讼法》第 237 条第 1 款规定：“第二审人民法院审理被告人或者他的法定代理人、辩护人、近亲属上诉的案件，不得加重被告人的刑罚。第二审人民法院发回原审人民法院重新审判的案件，除有新的犯罪事实，人民检察院补充起诉的以外，原审人民法院也不得加重被告人的刑罚。”本案检察院未上诉，受上诉不加刑原则的限制，第二审法院不能审理并认定一审法院未予认定的 1 起盗窃事实而加重被告人刑罚。故 B 错误。《刑事诉讼法》第 237 条第 2 款规定：“人民检察院提出抗诉或者自诉人提出上诉的，不受前款规定的限制。”故 C 中加重了被告人的刑期，违反上诉不加刑原则，C 错误。《刑诉解释》第 392 条规定：“第二审期间，被告人除自行辩护外，还可以继续委托第一审辩护人或者另行委托辩护人辩护。共同犯罪案件，只有部分被告人提出上诉，或者自诉人只对部分被告人的判决提出上诉，或者人民检察院只对部分被告人的判决提出抗诉的，其他同案被告人也可以委托辩护人辩护。”故 D 正确。

**89. AC**。《刑事诉讼法》第 124 条第 1 款规定，侦查人员询问证人，可以在现场进行，也可以到证人所在单位、住处或者证人提出的地点进行，在必要的时候，可以通知证人到人民检察院或者公安机关提供证言。在现场询问证人，应当出示工作证件，到证人所在单位、住处或者证人提出的地点询问证人，应当出示人民检察院或者公安机关的证明文件。本题 A 中的“学校”是现场，所以经出示工作证件，侦查人员可在学校询问甲。故 A 正确。《刑事诉讼法》第 281 条规定，对于未成年人刑事案件，在讯问和审判的时候，应当通知未成年犯罪嫌疑人、被告人的法定代理人到场。无法通知、法定代理人不能到场或者法定代理人是共犯的，也可以通知未成年犯罪嫌疑人、被告人的其他成年亲属，所在学校、单位、居住地基层组织或者未成年人保护组织的代表到场，并将有关情况记录在案。到场的法定代理人可以代为行使未成年犯罪嫌疑人、被告人的诉讼权利。由此可见，只有到场的法定代理人才能代为行使未成年犯罪嫌疑人、被告人的诉讼权利，此处的“学校的其他老师”是其他和合适成年人，不能代为行使乙的诉讼权利。故 B 错误。《刑事诉讼法》第 135 条第 1、3 款规定，为了查明案情，在必要的时候，经公安机关负责人批准，可以进行侦查实验。侦查实验，禁止一切足以造成危险、侮辱人格或者有伤风化的行为。本题 C 中“通过侦查实验确定甲能否在其所描述的时间、地点看到杨某猥亵丙”，不会造成危险、侮辱人格或者有伤风化的行为，故可以侦查实验。因此，C 正确。《刑诉解释》第 80 条第 1 款规定：“下列人员不得担任见证人：（一）生理上、精神上有缺陷或者年幼，不具有相应辨别能力或者不能正确表达的人；（二）与案件有利害关系，可能影响案件公正处理的人；（三）行使勘验、检查、搜查、扣押、组织辨认等监察调查、刑事诉讼职权的监察、公安、司法机关的工作人员或者其聘用的人员。”本题 D 中，许某和杨某之间有利害关系，故不得担任见证人。因此，D 错误。

**90. A**。甲向公安机关反映的既有另外 2 名女生乙和丙被害的经过，也有自己被害的经过。所以，既是被害人陈述，也是证人证言。故 A 项正确。补强证据要有独立的来源，许某的证言来源于甲，不能作为甲的补强证据。故 B 错误。传闻证据规则，也称传闻证据排除规则，即法律排除传闻证据作为认定犯罪事实的根据的规则。根据这一规则，如无法定理由，任何人在庭审期间以外及庭审准备期间以外的陈述，不得作为认定被告人有罪的证据。本题中，甲的证言虽属于传闻证据，但是，在我国，该传闻证据仍然可能作为定案的根据。故 C 错误。《刑诉解释》第 143 条规定：“下列证据应当慎重使用，有其他证据印证的，可以采信：（一）生理上、精神上有缺陷，对案件事实的认知和表达存在一定困难，但尚未丧失正确认知、表达能力的被害人、证人和被告人所作的陈述、证言和供述；（二）与被告人有亲属关系或者其他密切关系的证人所作的有利于被告人的证言，或者与被告人有利害冲突的证人所作的不利于被告人的证言。”此法条中未提到年幼，所以 D 错误。

# 第3天

*黄沙百战穿金甲，不破楼兰终不还。*

## 试　题

**1.** 甲、乙二人同村，宅基地毗邻。甲的宅基地倚山、地势较低，乙的宅基地在上将其环绕。乙因琐事与甲多次争吵而郁闷难解，便沿二人宅基地的边界线靠己方一侧，建起高5米围墙，使甲在自家院内却有身处监牢之感。乙的行为违背民法的下列哪一基本原则？

A. 自愿原则　　B. 公平原则

C. 平等原则　　D. 诚信原则

**2.** 肖特有音乐天赋，16岁便不再上学，以演出收入为主要生活来源。肖特成长过程中，多有长辈馈赠：7岁时受赠口琴1个，9岁时受赠钢琴1架，15岁时受赠名贵小提琴1把。对肖特行为能力及其受赠行为效力的判断，根据《民法典》相关规定，下列哪一选项是正确的？

A. 肖特尚不具备完全的民事行为能力

B. 受赠口琴的行为无效，应由其法定代理人代理实施

C. 受赠钢琴的行为无效，因与其当时的年龄智力不相当

D. 受赠小提琴的行为无效，因与其当时的年龄智力不相当

**3.** 齐某扮成建筑工人模样，在工地旁摆放一尊廉价购得的旧蟾蜍石雕，冒充新挖出文物等待买主。甲曾以5000元从齐某处买过一尊同款石雕，发现被骗后正在和齐某交涉时，乙过来询问。甲有意让乙也上当，以便要回被骗款项，未等齐某开口便对乙说："我之前从他这买了一个貔貅，转手就赚了，这个你不要我就要了。"乙信以为真，以5000元买下石雕。关于所涉民事法律行为的效力，下列哪一说法是正确的？

A. 乙可向甲主张撤销其购买行为

B. 乙可向齐某主张撤销其购买行为

C. 甲不得向齐某主张撤销其购买行为

D. 乙的撤销权自购买行为发生之日起2年内不行使则消灭

**4.** 甲公司开发的系列楼盘由乙公司负责安装电梯设备。乙公司完工并验收合格投入使用后，甲公司一直未支付工程款，乙公司也未催要。诉讼时效期间届满后，乙公司组织工人到甲公司讨要。因高级管理人员均不在，甲公司新录用的法务小王，擅自以公司名义签署了同意履行付款义务的承诺函，工人们才散去。其后，乙公司提起诉讼。关于本案的诉讼时效，下列哪一说法是正确的？

A. 甲公司仍可主张诉讼时效抗辩

B. 因乙公司提起诉讼，诉讼时效中断

C. 法院可主动适用诉讼时效的规定

D. 因甲公司同意履行债务，其不能再主张诉讼时效抗辩

**5.** 庞某有1辆名牌自行车，在借给黄某使用期间，达成转让协议，黄某以8000元的价格购买该自行车。次日，黄某又将该自行车以9000元的价格转卖给了洪某，但约定由黄某继续使用1个月。关于该自行车的归属，下列哪一选项是正确的？

A. 庞某未完成交付，该自行车仍归庞某所有

B. 黄某构成无权处分，洪某不能取得自行车所有权

C. 洪某在黄某继续使用1个月后，取得该自行车所有权

D. 庞某既不能向黄某，也不能向洪某主张原物返还请求权

**6.** 甲遗失手链1条，被乙拾得。为找回手链，甲张贴了悬赏500元的寻物告示。后经人指证手链为乙拾得，甲要求乙返还，乙索要500元报酬，甲不同意，双方数次交涉无果。后乙在桥边玩耍时手链掉入河中被冲走。下列哪一选项是正确的？

A. 乙应承担赔偿责任，但有权要求甲支付500元

B. 乙应承担赔偿责任，无权要求甲支付500元

C. 乙不应承担赔偿责任，也无权要求甲支付500元

D. 乙不应承担赔偿责任，有权要求甲支付500元

**7.** 村民胡某承包了一块农民集体所有的耕地，订立了土地承包经营权合同，未办理确权登记。胡某

因常年在外，便与同村村民周某订立土地承包经营权转让合同，将地交周某耕种，未办理变更登记。关于该土地承包经营权，下列哪一说法是正确的？

A. 未经登记不得处分

B. 自土地承包经营权合同生效时设立

C. 其转让合同自完成变更登记时起生效

D. 其转让未经登记不发生效力

**8.** 甲以某商铺作抵押向乙银行借款，抵押权已登记，借款到期后甲未偿还。甲提前得知乙银行将起诉自己，在乙银行起诉前将该商铺出租给不知情的丙，预收了1年租金。半年后经乙银行请求，该商铺被法院委托拍卖，由丁竞买取得。下列哪一选项是正确的？

A. 甲与丙之间的租赁合同无效

B. 丁有权请求丙腾退商铺，丙有权要求丁退还剩余租金

C. 丁有权请求丙腾退商铺，丙无权要求丁退还剩余租金

D. 丙有权要求丁继续履行租赁合同

**9.** 甲经乙公司股东丙介绍购买乙公司矿粉，甲依约预付了100万元货款，乙公司仅交付部分矿粉，经结算欠甲50万元货款。乙公司与丙商议，由乙公司和丙以欠款人的身份向甲出具欠条。其后，乙公司未按期支付。关于丙在欠条上签名的行为，下列哪一选项是正确的？

A. 构成第三人代为清偿

B. 构成免责的债务承担

C. 构成并存的债务承担

D. 构成无因管理

**10.** 陈老伯考察郊区某新楼盘时，听销售经理介绍周边有轨道交通19号线，出行方便，便与开发商订立了商品房预售合同。后经了解，轨道交通19号线属市域铁路，并非地铁，无法使用老年卡，出行成本较高；此外，铁路房的升值空间小于地铁房。陈老伯深感懊悔。关于陈老伯可否反悔，下列哪一说法是正确的？

A. 属认识错误，可主张撤销该预售合同

B. 属重大误解，可主张撤销该预售合同

C. 该预售合同显失公平，陈老伯可主张撤销该合同

D. 开发商并未欺诈陈老伯，该预售合同不能被撤销

**11.** 甲与乙公司订立美容服务协议，约定服务期为半年，服务费预收后逐次计扣，乙公司提供的协议格式条款中载明“如甲单方放弃服务，余款不退”(并注明该条款不得更改)。协议订立后，甲依约支付5万元服务费。在接受服务1个月并发生费用8000元后，甲感觉美容效果不明显，单方放弃服务并要求退款，乙公司不同意。甲起诉乙公司要求返还余款。下列哪一选项是正确的？

A. 美容服务协议无效

B. “如甲单方放弃服务，余款不退”的条款无效

C. 甲单方放弃服务无须承担违约责任

D. 甲单方放弃服务应承担继续履行的违约责任

**12.** 德凯公司拟为新三板上市造势，在无真实交易意图的情况下，短期内以业务合作为由邀请多家公司来其主要办公地点洽谈。其中，真诚公司安排授权代表往返十余次，每次都准备了详尽可操作的合作方案，德凯公司佯装感兴趣并屡次表达将签署合同的意愿，但均在最后一刻推脱拒签。期间，德凯公司还将知悉的真诚公司的部分商业秘密不当泄露。对此，下列哪一说法是正确的？

A. 未缔结合同，则德凯公司就磋商事宜无需承担责任

B. 虽未缔结合同，但德凯公司构成恶意磋商，应赔偿损失

C. 未缔结合同，则商业秘密属于真诚公司自愿披露，不应禁止外泄

D. 德凯公司也付出了大量的工作成本，如被对方主张赔偿，则据此可主张抵销

**13.** 甲、乙两公司约定：甲公司向乙公司支付5万元研发费用，乙公司完成某专用设备的研发生产后双方订立买卖合同，将该设备出售给甲公司，价格暂定为100万元，具体条款另行商定。乙公司完成研发生产后，却将该设备以120万元卖给丙公司，甲公司得知后提出异议。下列哪一选项是正确的？

A. 甲、乙两公司之间的协议系承揽合同

B. 甲、乙两公司之间的协议系附条件的买卖合同

C. 乙、丙两公司之间的买卖合同无效

D. 甲公司可请求乙公司承担违约责任

**14.** 某电影公司委托王某创作电影剧本，但未约定该剧本著作权的归属，并据此拍摄电影。下列哪一未经该电影公司和王某许可的行为，同时侵犯二者的著作权？

A. 某音像出版社制作并出版该电影的DVD

B. 某动漫公司根据该电影的情节和画面绘制一整套漫画，并在网络上传播

C. 某学生将该电影中的对话用方言配音，产生滑稽效果，并将配音后的电影上传网络

D. 某电视台在“电影经典对话”专题片中播放30分钟该部电影中带有经典对话的画面

**15.** 关于下列成果可否获得专利权的判断，哪一选项是正确的？

A. 甲设计的新交通规则，能缓解道路拥堵，可获得方法发明专利权

B. 乙设计的新型医用心脏起搏器，能迅速使心脏重新跳动，该起搏器不能被授予专利权

C. 丙通过转基因方法合成一种新细菌，可过滤汽油的杂质，该细菌属动物新品种，不能被授予专利权

D. 丁设计的儿童水杯，其新颖而独特的造型既富美感，又能防止杯子滑落，该水杯既可申请实用新型专利权，也可申请外观设计专利权

**16.** 韦某开设了“韦老四”煎饼店，在当地颇有名气。经营汽车配件的个体户肖某从外地路过，吃过后赞不绝口。当发现韦某尚未注册商标时，肖某就餐饮服务注册了“韦老四”商标。关于上述行为，下列哪一说法是正确的？

A. 韦某在外地开设新店时，可以使用“韦老四”标识

B. 如肖某注册“韦老四”商标后立即起诉韦某侵权，韦某并不需要承担赔偿责任

C. 肖某的商标注册恶意侵犯韦某的在先权利，韦某可随时请求宣告该注册商标无效

D. 肖某注册商标核定使用的服务类别超出了肖某的经营范围，韦某可以此为由请求宣告该注册商标无效

**17.** 高甲患有精神病，其父高乙为监护人。2009年高甲与陈小美经人介绍认识，同年12月陈小美以其双胞胎妹妹陈小丽的名义与高甲登记结婚，2011年生育一子高小甲。2012年高乙得知儿媳的真实姓名为陈小美，遂向法院起诉。诉讼期间，陈小美将一直由其抚养的高小甲户口迁往自己原籍，并将高小甲改名为陈龙，高乙对此提出异议。下列哪一选项是正确的？

A. 高甲与陈小美的婚姻属无效婚姻

B. 高甲与陈小美的婚姻属可撤销婚姻

C. 陈小美为高小甲改名的行为侵害了高小甲的合法权益

D. 陈小美为高小甲改名的行为未侵害高甲的合法权益

**18.** 刘男按当地习俗向戴女支付了结婚彩礼现金10万元及金银首饰数件，婚后不久刘男即主张离婚并要求返还彩礼。关于该彩礼的返还，下列哪一选项是正确的？

A. 因双方已办理结婚登记，故不能主张返还

B. 刘男主张彩礼返还，不以双方离婚为条件

C. 已办理结婚登记，未共同生活的，可主张返还

D. 已办理结婚登记，并已共同生活的，仍可主张返还

**19.** 张某因出售公民个人信息被判刑，孙某的姓名、身份证号码、家庭住址等信息也在其中，买方是某公司。下列哪一选项是正确的？

A. 张某侵害了孙某的身份权

B. 张某侵害了孙某的名誉权

C. 张某侵害了孙某对其个人信息享有的民事权益

D. 某公司无须对孙某承担民事责任

**20.** 摄影爱好者李某为好友丁某拍摄了一组生活照，并经丁某同意上传于某社交媒体群中。蔡某在社交媒体群中看到后，擅自将该组照片上传于某营利性摄影网站，获得报酬若干。对蔡某的行为，下列哪一说法是正确的？

A. 侵害了丁某的肖像权和身体权

B. 侵害了丁某的肖像权和李某的著作权

C. 侵害了丁某的身体权和李某的著作权

D. 不构成侵权

**21.** 姚某旅游途中，前往某玉石市场参观，在唐某经营的摊位上拿起一只翡翠手镯，经唐某同意后试戴，并问价。唐某报价18万元（实际进货价8万元，市价9万元），姚某感觉价格太高，急忙取下，不慎将手镯摔断。关于姚某的赔偿责任，下列哪一选项是正确的？

A. 应承担违约责任

B. 应赔偿唐某8万元损失

C. 应赔偿唐某9万元损失

D. 应赔偿唐某18万元损失

**22.** 刘婆婆回家途中，看见邻居肖婆婆带着外孙小勇和另一家邻居的孩子小囡（均为4岁多）在小区花园中玩耍，便上前拿出几根香蕉递给小勇，随后离去。小勇接过香蕉后，递给小囡一根，小囡吞食时误入气管导致休克，经抢救无效死亡。对此，下列哪一选项是正确的？

A. 刘婆婆应对小囡的死亡承担民事责任

B. 肖婆婆应对小囡的死亡承担民事责任

C. 小勇的父母应对小囡的死亡承担民事责任

D. 属意外事件，不产生相关人员的过错责任

**23.** 王某因全家外出旅游，请邻居戴某代为看管其饲养的宠物狗。戴某看管期间，张某偷狗，被狗咬伤。关于张某被咬伤的损害，下列哪一选项是正确的？

A. 王某应对张某所受损害承担全部责任

B. 戴某应对张某所受损害承担全部责任

C. 王某和戴某对张某损害共同承担全部责任

D. 王某或戴某不应对张某损害承担全部责任

**24.** 植根农业是北方省份一家从事农产品加工的公司。为拓宽市场，该公司在南方某省分别设立甲分公司与乙分公司。关于分公司的法律地位与责任，下列哪一选项是错误的？

A. 甲分公司的负责人在分公司经营范围内，当然享有以植根公司名义对外签订合同的权利

B. 植根公司的债权人在植根公司直接管理的财产不能清偿债务时，可主张强制执行各分公司的财产

C. 甲分公司的债权人在甲分公司直接管理的财产不能清偿债务时，可主张强制执行植根公司的财产

D. 乙分公司的债权人在乙分公司直接管理的财产不能清偿债务时，不得主张强制执行甲分公司直接管理的财产

**25.** 彭兵是一家（非上市）股份有限公司的董事长，依公司章程规定，其任期于2017年3月届满。由于股东间的矛盾，公司未能按期改选出新一届董事会。此后对于公司内部管理，董事间彼此推诿，彭兵也无心公司事务，使得公司随后的一项投资失败，损失100万元。对此，下列哪一选项是正确的？

A. 因已届期，彭兵已不再是公司的董事长

B. 虽已届期，董事会成员仍须履行董事职务

C. 就公司100万元损失，彭兵应承担全部赔偿责任

D. 对彭兵的行为，公司股东有权提起股东代表诉讼

**26.** 甲有限责任公司成立于2014年4月，注册资本为1000万元，文某是股东之一，持有40%的股权。文某已实缴其出资的30%，剩余出资按公司章程规定，应在2017年5月缴足。2015年12月，文某以其所持甲公司股权的60%作为出资，评估作价为200万元，与唐某共同设立乙公司。对此，下列哪一选项是正确的？

A. 因实际出资尚未缴纳完毕，故文某对乙公司的股权出资存在权利瑕疵

B. 如甲公司经营不善，使得文某用来出资的股权在1年后仅值100万元，则文某应补足差额

C. 如至2017年5月文某不缴纳其对甲公司的剩余出资，则甲公司有权要求其履行

D. 如至2017年5月文某不缴纳其对甲公司的剩余出资，则乙公司有权要求其履行

**27.** 汪某为兴荣有限责任公司的股东，持股34%。2017年5月，汪某因不能偿还永平公司的货款，永平公司向法院申请强制执行汪某在兴荣公司的股权。关于本案，下列哪一选项是正确的？

A. 永平公司在申请强制执行汪某的股权时，应通知兴荣公司的其他股东

B. 兴荣公司的其他股东自通知之日起1个月内，可主张行使优先购买权

C. 如汪某所持股权的50%在价值上即可清偿债务，则永平公司不得强制执行其全部股权

D. 如在股权强制拍卖中由丁某拍定，则丁某取得汪某股权的时间为变更登记办理完毕时

**28.** 逐道茶业是一家生产销售野生茶叶的普通合伙企业，合伙人分别为赵、钱、孙。合伙协议约定如下：第一，赵、钱共同担任合伙事务执行人；第二，赵、钱共同以合伙企业名义对外签约时，单笔标的额不得超过30万元。对此，下列哪一选项是正确的？

A. 赵单独以合伙企业名义，与甲茶农达成协议，以12万元的价格收购其茶园的茶叶，该协议为有效约定

B. 孙单独以合伙企业名义，与乙茶农达成协议，以10万元的价格收购其茶园的茶叶，该协议为无效约定

C. 赵、钱共同以合伙企业名义，与丙茶叶公司签订价值28万元的明前茶销售合同，该合同为有效约定

D. 赵、钱共同以合伙企业名义，与丁茶叶公司签订价值35万元的明前茶销售合同，该合同为无效约定

**29.** “李老汉私房菜”是李甲投资开设的个人独资企业。关于该企业遇到的法律问题，下列哪一选项是正确的？

A. 如李甲在申请企业设立登记时，明确表示以其家庭共有财产作为出资，则该企业是以家庭成员为全体合伙人的普通合伙企业

B. 如李甲一直让其子李乙负责企业的事务管理，则应认定为以家庭共有财产作为企业的出资

C. 如李甲决定解散企业，则在解散后5年内，李甲对企业存续期间的债务，仍应承担偿还责任

D. 如李甲死后该企业由其子李乙与其女李丙共同继承，则该企业必须分立为两家个人独资企业

**30.** 思瑞公司不能清偿到期债务，债权人向法院申请破产清算。法院受理并指定了管理人。在宣告破产前，持股20%的股东甲认为如引进战略投资者乙公司，思瑞公司仍有生机，于是向法院申请重整。关于重整，下列哪一选项是正确的？

A. 如甲申请重整，必须附有乙公司的投资承诺

B. 如债权人反对，则思瑞公司不能开始重整

C. 如思瑞公司开始重整，则管理人应辞去职务

D. 只要思瑞公司的重整计划草案获得法院批准，重整程序就终止

**31.** 亿凡公司与五悦公司签订了一份买卖合同，由亿凡公司向五悦公司供货；五悦公司经连续背书，交付给亿凡公司一张已由银行承兑的汇票。亿凡公司持该汇票请求银行付款时，得知该汇票已被五悦公司申请公示催告，但法院尚未作出除权判决。关于本案，下列哪一选项是正确的？

A. 银行对该汇票不再承担付款责任

B. 五悦公司因公示催告可行使票据权利

C. 亿凡公司仍享有该汇票的票据权利

D. 法院应作出判决宣告票据无效

**32.** 某基金管理公司在2003年曾公开发售一只名为“基金利达”的封闭式基金。该基金原定封闭期15年，现即将到期，拟转换为开放式基金继续运行。关于该基金的转换，下列哪一选项是正确的？

A. 须经国务院证券监督管理机构核准

B. 转换后该基金应保持一定比例的现金或政府债券

C. 基金份额持有人大会就该转换事宜的决定应经有效表决权的1/2以上通过

D. 转换后基金份额持有人有权查阅或复制该基金的相关会计账簿等财务资料

**33.** 姜某的私家车投保商业车险，年保险费为3000元。姜某发现当网约车司机收入不错，便用手机软件接单载客，后辞职专门跑网约车。某晚，姜某载客途中与他人相撞，造成车损10万元。姜某向保险公司索赔，保险公司调查后拒赔。关于本案，下列哪一选项是正确的？

A. 保险合同无效

B. 姜某有权主张约定的保险金

C. 保险公司不承担赔偿保险金的责任

D. 保险公司有权解除保险合同并不退还保险费

**34.** 住所在M省甲县的旭日公司与住所在N省乙县的世新公司签订了一份建筑工程施工合同，工程地为M省丙县，并约定如合同履行发生争议，在北京适用《中国国际经济贸易仲裁委员会仲裁规则》进行仲裁。履行过程中，因工程款支付问题发生争议，世新公司拟通过仲裁或诉讼解决纠纷，但就在哪个仲裁机构进行仲裁，双方产生分歧。对此，下列哪一部门对该案享有管辖权？

A. 北京仲裁委员会

B. 中国国际经济贸易仲裁委员会

C. M省甲县法院

D. M省丙县法院

**35.** 住所在A市B区的甲公司与住所在A市C区的乙公司签订了一份买卖合同，约定履行地为D县。合同签订后尚未履行，因货款支付方式发生争议，乙公司诉至D县法院。甲公司就争议的付款方式提交了答辩状。经审理，法院判决甲公司败诉。甲公司不服，以一审法院无管辖权为由提起上诉，要求二审法院撤销一审判决，驳回起诉。关于本案，下列哪一表述是正确的？

A. D县法院有管辖权，因D县是双方约定的合同履行地

B. 二审法院对上诉人提出的管辖权异议不予审查，裁定驳回异议

C. 二审法院应裁定撤销一审判决，发回一审法院重审

D. 二审法院应裁定撤销一审判决，裁定将案件移送有管辖权的法院审理

**36.** 丙公司因法院对甲公司诉乙公司工程施工合同案的一审判决（未提起上诉）损害其合法权益，向A市B县法院提起撤销诉讼。案件审理中，检察院提起抗诉，A市中级法院对该案进行再审，B县法院裁定将撤销诉讼并入再审程序。关于中级法院对丙公司提出的撤销诉讼请求的处理，下列哪一表述是正确的？

A. 将丙公司提出的诉讼请求一并审理，作出判决

B. 根据自愿原则进行调解，调解不成的，告知丙公司另行起诉

C. 根据自愿原则进行调解，调解不成的，裁定撤销原判发回重审

D. 根据自愿原则进行调解，调解不成的，恢复第三人撤销诉讼程序

**37.** 王某诉钱某返还借款案审理中，王某向法院提交了一份有钱某签名、内容为钱某向王某借款5万元的借条，证明借款的事实；钱某向法院提交了一份有王某签名、内容为王某收到钱某返还借款5万元并说明借条因王某过失已丢失的收条。经法院质证，双方当事人确定借条和收条所说的5万元是相对应的款项。关于本案，下列哪一选项是错误的？

A. 王某承担钱某向其借款事实的证明责任

B. 钱某自认了向王某借款的事实

C. 钱某提交的收条是案涉借款事实的反证

D. 钱某提交的收条是案涉还款事实的本证

**38.** 薛某雇杨某料理家务。一天，杨某乘电梯去楼下扔掉厨房垃圾时，袋中的碎玻璃严重划伤电梯中的邻居乔某。乔某诉至法院，要求赔偿其各项损失3万元。关于本案，下列哪一说法是正确的？

A. 乔某应起诉杨某，并承担杨某主观有过错的证明责任

B. 乔某应起诉杨某，由杨某承担其主观无过错的证明责任

C. 乔某应起诉薛某，由薛某承担其主观无过错的证明责任

D. 乔某应起诉薛某，薛某主观是否有过错不是本案的证明对象

**39.** 易某依法院对王某支付其5万元损害赔偿金之判决申请执行。执行中，法院扣押了王某的某项财产。案外人谢某提出异议，称该财产是其借与王某使用的，该财产为自己所有。法院经审查，认为谢某异议理由成立，遂裁定中止对该财产的执行。关于本案的表述，下列哪一选项是正确的？

A. 易某不服该裁定提起异议之诉的，由易某承担对谢某不享有该财产所有权的证明责任

B. 易某不服该裁定提起异议之诉的，由谢某承担对其享有该财产所有权的证明责任

C. 王某不服该裁定提起异议之诉的，由王某承担对谢某不享有该财产所有权的证明责任

D. 王某不服该裁定提起异议之诉的，由王某承担对其享有该财产所有权的证明责任

**40.** 夏某因借款纠纷起诉陈某，法院决定适用简易程序审理。法院依夏某提供的被告地址送达时，发现有误，经多方了解和查证也无法确定准确地址。对此，法院下列哪一处理是正确的？

A. 将案件转为普通程序审理

B. 采取公告方式送达

C. 裁定中止诉讼

D. 裁定驳回起诉

**41.** 甲、乙、丙三人共同致丁身体损害，丁起诉三人要求赔偿3万元。一审法院经审理判决甲、乙、丙分别赔偿2万元、8000元和2000元，三人承担连带责任。甲认为丙赔偿2000元的数额过低，提起上诉。关于本案二审当事人诉讼地位的确定，下列哪一选项是正确的？

A. 甲为上诉人，丙为被上诉人，乙为原审被告，丁为原审原告

B. 甲为上诉人，丙、丁为被上诉人，乙为原审被告

C. 甲、乙为上诉人，丙为被上诉人，丁为原审原告

D. 甲、乙、丙为上诉人，丁为被上诉人

**42.** 张某诉新立公司买卖合同纠纷案，新立公司不服一审判决提起上诉。二审中，新立公司与张某达成协议，双方同意撤回起诉和上诉。关于本案，下列哪一选项是正确的？

A. 起诉应在一审中撤回，二审中撤回起诉的，法院不应准许

B. 因双方达成合意撤回起诉和上诉的，法院可准许张某二审中撤回起诉

C. 二审法院应裁定撤销一审判决并发回重审，一审法院重审时准许张某撤回起诉

D. 二审法院可裁定新立公司撤回上诉，而不许张某撤回起诉

**43.** 石山公司起诉建安公司请求返还86万元借款及支付5万元利息，一审判决石山公司胜诉，建安公司不服提起上诉。二审中，双方达成和解协议：石山公司放弃5万元利息主张，建安公司在撤回上诉后15日内一次性付清86万元本金。建安公司向二审法院申请撤回上诉后，并未履行还款义务。关于石山公司的做法，下列哪一表述是正确的？

A. 可依和解协议申请强制执行

B. 可依一审判决申请强制执行

C. 可依和解协议另行起诉

D. 可依和解协议申请司法确认

**44.** 李某因债务人刘某下落不明申请宣告刘某失踪。法院经审理宣告刘某为失踪人，并指定刘妻为其财产代管人。判决生效后，刘父认为由刘妻代管财产会损害儿子的利益，要求变更刘某的财产代管人。关于本案程序，下列哪一说法是正确的？

A. 李某无权申请刘某失踪

B. 刘父应提起诉讼变更财产代管人，法院适用普通程序审理

C. 刘父应向法院申请变更刘妻的财产代管权，法院适用特别程序审理

D. 刘父应向法院申请再审变更财产代管权，法院适用再审程序审理

**45.** 海昌公司因丢失票据申请公示催告，期间届满无人申报权利，海昌公司遂申请除权判决。在除权判决作出前，家佳公司看到权利申报公告，向法院申报权利。对此，法院下列哪一做法是正确的？

A. 因公示催告期满，裁定驳回家佳公司的权利申报

B. 裁定追加家佳公司参加案件的除权判决审理程序

C. 应裁定终结公示催告程序

D. 作出除权判决，告知家佳公司另行起诉

**46.** 钱某在甲、乙、丙三人合伙开设的饭店就餐时被砸伤，遂以营业执照上登记的字号“好安逸”饭店为被告提起诉讼，要求赔偿医疗费等费用25万元。法院经审理，判决被告赔偿钱某19万元。执行过程中，“好安逸”饭店支付了8万元后便再无财产可赔。对此，法院应采取下列哪一处理措施？

A. 裁定终结执行

B. 裁定终结本次执行

C. 裁定中止执行，告知当事人另行起诉合伙人承担责任

D. 裁定追加甲、乙、丙为被执行人，执行其财产

**47.** 住所在A市B区的两江公司与住所在M市N区的百向公司，在两江公司的分公司所在地H市J县签订了一份产品购销合同，并约定如发生合同纠纷可向设在W市的仲裁委员会申请仲裁（W市有两个仲裁委员会）。因履行合同发生争议，两江公司向W市的一个仲裁委员会申请仲裁。仲裁委员会受理后，百向公司拟向法院申请认定仲裁协议无效。百向公司应向下列哪一法院提出申请？

A. 可向W市中级法院申请

B. 只能向M市中级法院申请

C. 只能向A市中级法院申请

D. 可向H市中级法院申请

**48.** 余某与其妻婚后不育，依法收养了孤儿小翠。不久后余某与妻子离婚，小翠由余某抚养。现余某身患重病，为自己和幼女小翠的未来担忧，欲作相应安排。下列哪些选项是正确的？

A. 余某可通过遗嘱指定其父亲在其身故后担任小翠的监护人

B. 余某可与前妻协议确定由前妻担任小翠的监护人

C. 余某可与其堂兄事先协商以书面形式确定堂兄为自己的监护人

D. 如余某病故，应由余某父母担任小翠的监护人

**49.** 甲出境经商下落不明，2015年9月经其妻乙请求被K县法院宣告死亡，其后乙未再婚，乙是甲唯一的继承人。2016年3月，乙将家里的一辆轿车赠送给了弟弟丙，交付并办理了过户登记。2016年10月，经商失败的甲返回K县，为还债将登记于自己名下的一套夫妻共有住房私自卖给知情的丁；同年12月，甲的死亡宣告被撤销。下列哪些选项是正确的？

A. 甲、乙的婚姻关系自撤销死亡宣告之日起自行恢复

B. 乙有权赠与该轿车

C. 丙可不返还该轿车

D. 甲出卖房屋的行为无效

**50.** 黄逢、黄现和金耘共同出资，拟设立名为"黄金黄研究会"的社会团体法人。设立过程中，黄逢等3人以黄金黄研究会名义与某科技园签署了为期3年的商铺租赁协议，月租金5万元，押3付1。此外，金耘为设立黄金黄研究会，以个人名义向某印刷厂租赁了一台高级印刷机。关于某科技园和某印刷厂的债权，下列哪些选项是正确的？

A. 如黄金黄研究会未成立，则某科技园的租赁债权消灭

B. 即便黄金黄研究会未成立，某科技园就租赁债权，仍可向黄逢等3人主张

C. 如黄金黄研究会未成立，则就某科技园的租赁债务，由黄逢等3人承担连带责任

D. 黄金黄研究会成立后，某印刷厂就租赁债权，既可向黄金黄研究会主张，也可向金耘主张

**51.** 甲、乙、丙、丁按份共有某商铺，各自份额均为25%。因经营理念发生分歧，甲与丙商定将其份额以100万元转让给丙，通知了乙、丁；乙与第三人戊约定将其份额以120万元转让给戊，未通知甲、丙、丁。下列哪些选项是正确的？

A. 乙、丁对甲的份额享有优先购买权

B. 甲、丙、丁对乙的份额享有优先购买权

C. 如甲、丙均对乙的份额主张优先购买权，双方可协商确定各自购买的份额

D. 丙、丁可仅请求认定乙与戊之间的份额转让合同无效

**52.** 甲公司以一地块的建设用地使用权作抵押向乙银行借款3000万元，办理了抵押登记。其后，甲公司在该地块上开发建设住宅楼，由丙公司承建。甲公司在取得预售许可后与丁订立了商品房买卖合同，丁交付了80%的购房款。现住宅楼已竣工验收，但甲公司未能按期偿还乙银行借款，并欠付丙公司工程款1500万元，乙银行和丙公司同时主张权利，法院拍卖了该住宅楼。下列哪些选项是正确的？

A. 乙银行对建设用地使用权拍卖所得价款享有优先受偿权

B. 乙银行对该住宅楼拍卖所得价款享有优先受偿权

C. 丙公司对该住宅楼及其建设用地使用权的优先受偿权优先于乙银行的抵押权

D. 丙公司对该住宅楼及其建设用地使用权的优先受偿权不得对抗丁对其所购商品房的权利

**53.** 2016年3月3日，甲向乙借款10万元，约定还款日期为2017年3月3日。借款当日，甲将自己饲养的市值5万元的名贵宠物鹦鹉质押交付给乙，作为债务到期不履行的担保；另外，第三人丙提供了连带责任保证。关于乙的质权，下列哪些说法是正确的？

A. 2016年5月5日，鹦鹉产蛋一枚，市值2000元，应交由甲处置

B. 因乙照管不善，2016年10月1日鹦鹉死亡，乙需承担赔偿责任

C. 2017年4月4日，甲未偿还借款，乙未实现质权，则甲可请求乙及时行使质权

D. 乙可放弃该质权，丙可在乙丧失质权的范围内免除相应的保证责任

**54.** 2016年8月8日，玄武公司向朱雀公司订购了一辆小型客用汽车。2016年8月28日，玄武公司按照当地政策取得本市小客车更新指标，有效期至2017年2月28日。2016年底，朱雀公司依约向玄武公司交付了该小客车，但未同时交付机动车销售统一发票、合格证等有关单证资料，致使玄武公司无法办理车辆所有权登记和牌照。关于上述购车行为，下列哪些说法是正确的？

A. 玄武公司已取得该小客车的所有权

B. 玄武公司有权要求朱雀公司交付有关单证资料

C. 如朱雀公司一直拒绝交付有关单证资料，玄武公司可主张购车合同解除

D. 朱雀公司未交付有关单证资料，属于从给付义务的违反，玄武公司可主张违约责任，但不得主张合同解除

**55.** 甲欠乙30万元到期后，乙多次催要未果。甲与丙结婚数日后即办理离婚手续，在《离婚协议书》中约定将甲婚前的一处住房赠与知悉甲欠乙债务的丙，并办理了所有权变更登记。乙认为甲侵害了自己的权益，聘请律师向法院起诉，请求撤销甲的赠与行为，为此向律师支付代理费2万元。下列哪些选项是正确的？

A. 《离婚协议书》因恶意串通损害第三人利益而无效

B. 如甲证明自己有稳定工资收入及汽车等财产可供还债，法院应驳回乙的诉讼请求

C. 如乙仅以甲为被告，法院应追加丙为被告

D. 如法院认定乙的撤销权成立，应一并支持乙提出的由甲承担律师代理费的请求

**56.** 居民甲经主管部门批准修建了一排临时门面房，核准使用期限为2年，甲将其中一间租给乙开餐馆，租期2年。期满后未办理延长使用期限手续，甲又将该房出租给了丙，并签订了1年的租赁合同。因租金问题，发生争议。下列哪些选项是正确的?

A. 甲与乙的租赁合同无效

B. 甲与丙的租赁合同无效

C. 甲无权将该房继续出租给丙

D. 甲无权向丙收取该年租金

**57.** 甲融资租赁公司与乙公司签订融资租赁合同，约定乙公司向甲公司转让一套生产设备，转让价为评估机构评估的市场价200万元，再租给乙公司使用2年，乙公司向甲公司支付租金300万元。合同履行过程中，因乙公司拖欠租金，甲公司诉至法院。下列哪些选项是正确的?

A. 甲公司与乙公司之间为资金拆借关系

B. 甲公司与乙公司之间为融资租赁合同关系

C. 甲公司与乙公司约定的年利率超过24%的部分无效

D. 甲公司已取得生产设备的所有权

**58.** 牛博朗研习书法绘画30年，研究出汉字的独特写法牛氏“润金体”。“润金体”借鉴了“瘦金体”，但在布局、线条、勾画、落笔以及比例上自成体系，多出三分圆润，审美价值很高。牛博朗将其成果在网络上发布，并注明“版权所有，未经许可，不得使用”。羊阳洋公司从该网站下载了九个“润金体”字，组成广告词“小绵羊、照太阳、过海洋”，为其从国外进口的羔羊肉做广告。关于“润金体”及羊阳洋公司的行为，下列哪些选项是正确的?

A. 字体不属于著作权保护的范围，故羊阳洋公司不构成侵权

B. “润金体”具有一定的独创性，可认定为美术作品而受著作权法保护

C. 羊阳洋公司只是选取了有限的数个汉字，不构成对“润金体”整体著作权的侵犯

D. 羊阳洋公司未经牛博朗同意，擅自使用“润金体”汉字，构成对牛博朗著作权的侵犯

**59.** 甲、乙两公司各自独立发明了相同的节水型洗衣机。甲公司于2013年6月申请发明专利权，专利局于2014年12月公布其申请文件，并于2015年12月授予发明专利权。乙公司于2013年5月开始销售该种洗衣机。另查，本领域技术人员通过拆解分析该洗衣机，即可了解其节水的全部技术特征。丙公司于2014年12月看到甲公司的申请文件后，立即开始制造并销售相同的洗衣机。2016年1月，甲公司起诉乙、丙两公司侵犯其发明专利权。关于甲公司的诉请，下列哪些说法是正确的?

A. 如甲公司的专利有效，则丙公司于2014年12月至2015年11月使用甲公司的发明构成侵权

B. 如乙公司在答辩期内请求专利复审委员会宣告甲公司的专利权无效，则法院应中止诉讼

C. 乙公司如能证明自己在甲公司的专利申请日之前就已制造相同的洗衣机、且仅在原有制造能力范围内继续制造，则不构成侵权

D. 丙公司如能证明自己制造销售的洗衣机在技术上与乙公司于2013年5月开始销售的洗衣机完全相同，法院应认定丙公司的行为不侵权

**60.** 乙女与甲男婚后多年未生育，后甲男发现乙女因不愿生育曾数次擅自中止妊娠，为此甲男多次殴打乙女。乙女在被打住院后诉至法院要求离婚并请求损害赔偿，甲男以生育权被侵害为由提起反诉，请求乙女赔偿其精神损害。法院经调解无效，拟判决双方离婚。下列哪些选项是正确的?

A. 法院应支持乙女的赔偿请求

B. 乙女侵害了甲男的生育权

C. 乙女侵害了甲男的人格尊严

D. 法院不应支持甲男的赔偿请求

**61.** 韩某于2017年3月病故，留有住房1套、存款50万元、名人字画10余幅及某有限责任公司股权等遗产。韩某在2014年所立第一份自书遗嘱中表示全部遗产由其长子韩大继承。在2015年所立第二份自书遗嘱中，韩某表示其死后公司股权和名人字画留给7岁的外孙女婷婷。2017年6月，韩大在未办理韩某遗留房屋所有权变更登记的情况下以自己的名义与陈卫订立了商品房买卖合同。下列哪些选项是错误的?

A. 韩某的第一份遗嘱失效

B. 韩某的第二份遗嘱无效

C. 韩大与陈卫订立的商品房买卖合同无效

D. 婷婷不能取得某有限责任公司股东资格

**62.** 甲、乙、丙三家毗邻而居，甲、乙分别饲养山羊各一只。某日二羊走脱，将丙辛苦栽培的珍稀药材悉数啃光。关于甲、乙的责任，下列哪些选项是正确的?

A. 甲、乙可各自通过证明已尽到管理职责而免责

B. 基于共同致害行为，甲、乙应承担连带责任

C. 如能确定二羊各自啃食的数量，则甲、乙各自承担相应赔偿责任

D. 如不能确定二羊各自啃食的数量，则甲、乙平均承担赔偿责任

**63.** 湘星公司成立于2012年，甲、乙、丙三人是其股东，出资比例为7∶2∶1，公司经营状况良

好。2017 年初，为拓展业务，甲提议公司注册资本增资 1000 万元。关于该增资程序的有效完成，下列哪些说法是正确的？

A. 三位股东不必按原出资比例增资
B. 三位股东不必实际缴足增资
C. 公司不必修改公司章程
D. 公司不必办理变更登记

**64.** 胡铭是从事进出口贸易的茂福公司的总经理，姚顺曾短期任职于该公司，2016 年初离职。2016 年 12 月，姚顺发现自己被登记为贝达公司的股东。经查，贝达公司实际上是胡铭与其友张莉、王威共同设立的，也从事进出口贸易。胡铭为防止茂福公司发现自己的行为，用姚顺留存的身份信息等材料，将自己的股权登记在姚顺名下。就本案，下列哪些选项是错误的？

A. 姚顺可向贝达公司主张利润分配请求权
B. 姚顺有权参与贝达公司股东会并进行表决
C. 在姚顺名下股权的出资尚未缴纳时，贝达公司的债权人可向姚顺主张补充赔偿责任
D. 在姚顺名下股权的出资尚未缴纳时，张莉、王威只能要求胡铭履行出资义务

**65.** 茂森股份公司效益一直不错，为提升公司治理现代化，增强市场竞争力并顺利上市，公司决定重金聘请知名职业经理人王某担任总经理。对此，下列哪些选项是正确的？

A. 对王某的聘任以及具体的薪酬，由茂森公司董事会决定
B. 王某受聘总经理后，就其职权范围的事项，有权以茂森公司名义对外签订合同
C. 王某受聘总经理后，有权决定聘请其好友田某担任茂森公司的财务总监
D. 王某受聘总经理后，公司一旦发现其不称职，可通过股东会决议将其解聘

**66.** 雀凰投资是有限合伙企业，从事私募股权投资活动。2017 年 3 月，三江有限公司决定入伙雀凰投资，成为其有限合伙人。对此，下列哪些选项是错误的？

A. 如合伙协议无特别约定，则须经全体普通合伙人一致同意，三江公司才可成为新的有限合伙人
B. 对入伙前雀凰投资的对外负债，三江公司仅以实缴出资额为限承担责任
C. 三江公司入伙后，有权查阅雀凰投资的财务会计账簿
D. 如合伙协议无特别约定，则三江公司入伙后，原则上不得自营与雀凰投资相竞争的业务

**67.** 舜泰公司因资产不足以清偿全部到期债务，法院裁定其重整。管理人为维持公司运行，向齐某借款 20 万元支付水电费和保安费，约定如 1 年内还清就不计利息。1 年后舜泰公司未还款，还因不能执行重整计划被法院宣告破产。关于齐某的债权，下列哪些选项是正确的？

A. 与舜泰公司的其他债权同等受偿
B. 应从舜泰公司的财产中随时清偿
C. 齐某只能主张返还借款本金 20 万元
D. 齐某可主张返还本金 20 万元和逾期还款的利息

**68.** 东霖公司向忠谙公司购买一个元器件，应付价款 960 元。东霖公司为付款开出一张支票，因金额较小，财务人员不小心将票据金额仅填写了数码的“¥960 元”，没有记载票据金额的中文大写。忠谙公司业务员也没细看，拿到支票后就放入文件袋。关于该支票，下列哪些选项是正确的？

A. 该支票出票行为无效
B. 忠谙公司不享有票据权利
C. 东霖公司应承担票据责任
D. 该支票在使用前应补记票据金额的中文大写

**69.** 甲在证券市场上陆续买入力扬股份公司的股票，持股达 6%时才公告，被证券监督管理机构以信息披露违法为由处罚。之后甲欲继续购入力扬公司股票，力扬公司的股东乙、丙反对，持股 4%的股东丁同意。对此，下列哪些说法是正确的？

A. 甲的行为已违法，故无权再买入力扬公司股票
B. 乙可邀请其他公司对力扬公司展开要约收购
C. 丙可主张甲已违法，故应撤销其先前购买股票的行为
D. 丁可与甲签订股权转让协议，将自己所持全部股份卖给甲

**70.** 李某于 2000 年为自己投保，约定如其意外身故则由妻子王某获得保险金 20 万元，保险期间为 10 年。2009 年 9 月 1 日起李某下落不明，2014 年 4 月法院宣告李某死亡。王某起诉保险公司主张该保险金。关于本案，下列哪些选项是正确的？

A. 保险合同应无效
B. 王某有权主张保险金
C. 李某死亡日期已超保险期间，故保险公司不承担保险责任
D. 如李某确系 2009 年 9 月 1 日下落不明，则保险公司应承担保险责任

**71.** 李立与陈山就财产权属发生争议提起确权诉讼。案外人王强得知此事，提起诉讼主张该财产的部分产权，法院同意王强参加诉讼。诉讼中，李立经法院同意撤回起诉。关于该案，下列哪些选项是正确的？

A. 王强是有独立请求权的第三人
B. 王强是必要的共同诉讼人
C. 李立撤回起诉后，法院应裁定终结诉讼
D. 李立撤回起诉后，法院应以王强为原告、李立和陈山为被告另案处理，诉讼继续进行

**72.** 杨青（15岁）与何翔（14岁）两人经常嬉戏打闹，一次，杨青失手将何翔推倒，致何翔成了植物人。当时在场的还有何翔的弟弟何军（11岁）。法院审理时，何军以证人身份出庭。关于何军作证，下列哪些说法不能成立？

A. 何军只有11岁，无诉讼行为能力，不具有证人资格，故不可作为证人

B. 何军是何翔的弟弟，应回避

C. 何军作为未成年人，其所有证言依法都不具有证明力

D. 何军作为何翔的弟弟，证言具有明显的倾向性，其证言不能单独作为认定案件事实的根据

**73.** 叶某诉汪某借款纠纷案，叶某向法院提交了一份内容为汪某向叶某借款3万元并收到该3万元的借条复印件，上有“本借条原件由汪某保管，借条复印件与借条原件具有同等效力”字样，并有汪某的署名。法院据此要求汪某提供借条原件，汪某以证明责任在原告为由拒不提供，后又称找不到借条原件。证人刘某作证称，他是汪某向叶某借款的中间人，汪某向叶某借款的事实确实存在；另外，汪某还告诉刘某，他在叶某起诉之后把借条原件烧毁，汪某在法院质证中也予以承认。在此情况下，下列哪些选项是正确的？

A. 法院可根据叶某提交的借条复印件，结合刘某的证言对案涉借款事实进行审查判断

B. 叶某提交给法院的借条复印件是案涉借款事实的传来证据

C. 法院可认定汪某向叶某借款3万元的事实

D. 法院可对汪某进行罚款、拘留

**74.** 对张男诉刘女离婚案（两人无子女，刘父已去世），因刘女为无行为能力人，法院准许其母李某以法定代理人身份代其诉讼。2017年7月3日，法院判决二人离婚，并对双方共有财产进行了分割。该判决同日送达双方当事人，李某对解除其女儿与张男的婚姻关系无异议，但对共有财产分割有意见，拟提起上诉。2017年7月10日，刘女身亡。在此情况下，本案将产生哪些法律后果？

A. 本案诉讼中止，视李某是否就一审判决提起上诉而确定案件是否终结

B. 本案诉讼终结

C. 一审判决生效，二人的夫妻关系根据判决解除，李某继承判决分配给刘女的财产

D. 一审判决未生效，二人的共有财产应依法分割，张男与李某对刘女的遗产均有继承权

**75.** 朱某诉力胜公司商品房买卖合同纠纷案，朱某要求判令被告支付违约金5万元；因房屋质量问题，请求被告修缮，费用由被告支付。一审法院判决被告败诉，认可了原告全部诉讼请求。力胜公司不服令其支付5万元违约金的判决，提起上诉。二审法院发现一审法院关于房屋有质量问题的事实认定，证据不充分。关于二审法院对本案的处理，下列哪些说法是正确的？

A. 应针对上诉人不服违约金判决的请求进行审理

B. 可对房屋修缮问题在查明事实的情况下依法改判

C. 应针对上诉人上诉请求所涉及的事实认定和法律适用进行审理

D. 应全面审查一审法院对案件的事实认定和法律适用

**76.** 甲公司购买乙公司的产品，丙公司以其房产为甲公司提供抵押担保。因甲公司未按约支付120万元货款，乙公司向A市B县法院申请支付令。法院经审查向甲公司发出支付令，甲公司拒绝签收。甲公司未在法定期间提出异议，而以乙公司提供的产品有质量问题为由向A市C区法院提起诉讼。关于本案，下列哪些表述是正确的？

A. 甲公司拒绝签收支付令，法院可采取留置送达

B. 甲公司提起诉讼，法院应裁定中止督促程序

C. 乙公司可依支付令向法院申请执行甲公司的财产

D. 乙公司可依支付令向法院申请执行丙公司的担保财产

**77.** 龙前铭申请执行郝辉损害赔偿一案，法院查扣了郝辉名下的一辆汽车。查扣后，郝辉的两个哥哥向法院主张该车系三兄弟共有。法院经审查，确认该汽车为三兄弟共有。关于该共同财产的执行，下列哪些表述是正确的？

A. 因涉及案外第三人的财产，法院应裁定中止对该财产的执行

B. 法院可查扣该共有财产

C. 共有人可对该共有财产协议分割，经债权人同意有效

D. 龙前铭可对该共有财产提起析产诉讼

**78.** 住所在北京市C区的甲公司与住所在北京市H区的乙公司在天津市J区签订了一份买卖合同，约定合同履行发生争议，由北京仲裁委员会仲裁或者向H区法院提起诉讼。合同履行过程中，双方发生争议，甲公司到北京仲裁委员会申请仲裁，仲裁委员会受理并向乙公司送达了甲公司的申请书副本。在仲裁庭主持首次开庭的答辩阶段，乙公司对仲裁协议的效力提出异议。仲裁庭对此作出了相关的意思表示。此后，乙公司又向法院提出对仲裁协议的效力予以认定的申请。下列哪些选项是正确的？

A. 双方当事人约定的仲裁协议原则有效

B. 仲裁庭对案件管辖权作出决定应有仲裁委员会的授权

C. 仲裁庭对乙公司的申请应予以驳回，继续审理案件

D. 乙公司应向天津市中级法院申请认定仲裁协议的效力

**蒋某是C市某住宅小区6栋3单元502号房业主，入住后面临下列法律问题，请根据相关事实予以解答。**

**请回答第79—81题。**

**79.** 小区地下停车场设有车位500个，开发商销售了300个，另200个用于出租。蒋某购房时未买车位，现因购车需使用车位。下列选项正确的是：

A. 蒋某等业主对地下停车场享有业主共有权

B. 如小区其他业主出售车位，蒋某等无车位业主在同等条件下享有优先购买权

C. 开发商出租车位，应优先满足蒋某等无车位业主的需要

D. 小区业主如出售房屋，其所购车位应一同转让

**80.** 该小区业主田某将其位于一楼的住宅用于开办茶馆，蒋某认为此举不妥，交涉无果后向法院起诉，要求田某停止开办。下列选项正确的是：

A. 如蒋某是同一栋住宅楼的业主，法院应支持其请求

B. 如蒋某能证明因田某开办茶馆而影响其房屋价值，法院应支持其请求

C. 如蒋某能证明因田某开办茶馆而影响其生活质量，法院应支持其请求

D. 如田某能证明其开办茶馆得到多数有利害关系业主的同意，法院应驳回蒋某的请求

**81.** 对小区其他业主的下列行为，蒋某有权提起诉讼的是：

A. 5栋某业主任意弃置垃圾

B. 7栋某业主违反规定饲养动物

C. 8栋顶楼某业主违章搭建楼顶花房

D. 楼上邻居因不当装修损坏蒋某家天花板

**甲服装公司与乙银行订立合同，约定甲公司向乙银行借款300万元，用于购买进口面料。同时，双方订立抵押合同，约定甲公司以其现有的以及将有的生产设备、原材料、产品为前述借款设立抵押。借款合同和抵押合同订立后，乙银行向甲公司发放了贷款，但未办理抵押登记。之后，根据乙银行要求，丙为此项贷款提供连带责任保证，丁以一台大型挖掘机作质押并交付。**

**请回答第82—84题。**

**82.** 关于甲公司的抵押，下列选项正确的是：

A. 该抵押合同为最高额抵押合同

B. 乙银行自抵押合同生效时取得抵押权

C. 乙银行自抵押登记完成时取得抵押权

D. 乙银行的抵押权不得对抗在正常经营活动中已支付合理价款并取得抵押财产的买受人

**83.** 如甲公司违反合同约定将借款用于购买办公用房，则乙银行享有的权利有：

A. 提前收回借款

B. 解除借款合同

C. 请求甲公司按合同约定支付违约金

D. 对甲公司所购办公用房享有优先受偿权

**84.** 如甲公司未按期还款，乙银行欲行使担保权利，当事人未约定行使担保权利顺序，下列选项正确的是：

A. 乙银行应先就甲公司的抵押实现债权

B. 乙银行应先就丁的质押实现债权

C. 乙银行可选择就甲公司的抵押或丙的保证实现债权

D. 乙银行可选择就甲公司的抵押或丁的质押实现债权

**2015年4月，居住在B市（直辖市）东城区的林剑与居住在B市西城区的钟阳（二人系位于B市北城区正和钢铁厂的同事）签订了一份借款合同，约定钟阳向林剑借款20万元，月息1%，2017年1月20日前连本带息一并返还。合同还约定，如因合同履行发生争议，可向B市东城区仲裁委员会仲裁。至2017年2月，钟阳未能按时履约。2017年3月，二人到正和钢铁厂人民调解委员会（下称调解委员会）请求调解。调解委员会委派了三位调解员主持该纠纷的调解。**

**请回答第85—87题。**

**85.** 如调解委员会调解失败，解决的办法有：

A. 双方自行协商达成和解协议

B. 在双方均同意的情况下，要求林剑居住地的街道居委会的人民调解委员会组织调解

C. 依据借款合同的约定通过仲裁的方式解决

D. 通过诉讼方式解决

**86.** 如调解成功，林剑与钟阳在调解委员会的主持下达成如下协议：2017年5月15日之前，钟阳向林剑返还借款20万元，支付借款利息2万元。该协议有林剑、钟阳的签字，盖有调解委员会的印章和三位调解员的签名。钟阳未按时履行该调解协议，林剑拟提起诉讼。在此情况下，下列说法正确的是：

A. 应以调解委员会为被告

B. 应以钟阳为被告

C. 应以调解委员会和钟阳为共同被告

D. 应以钟阳为被告，调解委员会为无独立请求权的第三人

**87.** 如调解成功，林剑与钟阳在调解委员会的主持下达成了调解协议，相关人员希望该调解协议被司法确认，下列说法正确的是：

A. 应由林剑或钟阳向有管辖权的法院申请

B. 应由林剑、钟阳共同向有管辖权的法院申请

C. 应在调解协议生效之日起30日内提出申请，申请可以是书面方式，也可以是口头方式

D. 对申请的案件有管辖权的法院包括：B市西城区法院、B市东城区法院和B市北城区法院

**大洲公司超标排污导致河流污染，公益环保组织甲向A市中级法院提起公益诉讼，请求判令大洲公司停止侵害并赔偿损失。法院受理后，在公告期间，公益环保组织乙也向A市中级法院提起公益诉讼，请求判令大洲公司停止侵害、赔偿损失和赔礼道歉。公益案件审理终结后，渔民梁某以大洲公司排放的污水污染了其承包的鱼塘为由提起诉讼，请求判令赔偿其损失。**

**请回答第88—90题。**

**88.** 对乙组织的起诉，法院的正确处理方式是：

A. 予以受理，与甲组织提起的公益诉讼合并审理

B. 予以受理，作为另案单独审理

C. 属重复诉讼，不予受理

D. 允许其参加诉讼，与甲组织列为共同原告

**89.** 公益环保组织因与大洲公司在诉讼中达成和解协议申请撤诉，法院的正确处理方式是：

A. 应将和解协议记入笔录，准许公益环保组织的撤诉申请

B. 不准许公益环保组织的撤诉申请

C. 应将双方的和解协议内容予以公告

D. 应依职权根据和解协议内容制作调解书

**90.** 对梁某的起诉，法院的正确处理方式是：

A. 属重复诉讼，裁定不予受理

B. 不予受理，告知其向公益环保组织请求给付

C. 应予受理，但公益诉讼中已提出的诉讼请求不得再次提出

D. 应予受理，其诉讼请求不受公益诉讼影响

## 参考答案与解析

**1. D**。民法基本原则是效力贯穿民法始终，对各项民法制度和民法规范起统率和指导作用的基本原则。对民事立法、民事行为和司法均有指导意义。根据我国《民法典》第4~7条规定，平等原则是指民事主体在民事活动中的法律地位一律平等。自愿原则是指民事主体从事民事活动，应当按照自己的意思设立、变更、终止民事法律关系。公平原则是指民事主体从事民事活动，应当合理确定各方的权利和义务。诚信原则是指民事主体从事民事活动，应当遵循秉持诚实、恪守承诺，不得滥用民事权利。本题中，乙因琐事与甲多次争吵而郁闷难解，便沿二人宅基地的边界线靠己方一侧建起高5米围墙，使甲在自家院内却有身处监牢之感。这属于违反诚信原则的行为，故D正确。

**2. B**。《民法典》第18条第2款规定，16周岁以上的未成年人，以自己的劳动收入为主要生活来源的，视为完全民事行为能力人。本题中，肖特16岁便不再上学，但其以演出收入为主要生活来源，应被视为完全民事行为能力人，而A表述太过绝对，错误。《民法典》第20条规定，不满8周岁的未成年人为无民事行为能力人，由其法定代理人代理实施民事法律行为。故本题中，肖特7岁时为无民事行为能力人。《民法典》第144条规定，无民事行为能力人实施的民事法律行为无效。故肖特7岁时受赠口琴1个的行为属于无效民事法律行为。故B正确。《民法典》第19条规定，8周岁以上的未成年人为限制民事行为能力人，实施民事法律行为由其法定代理人代理或者经其法定代理人同意、追认；但是，可以独立实施纯获利益的民事法律行为或者与其年龄、智力相适应的民事法律行为。所以肖特在9岁时和15岁时均属于限制行为能力人。《民法典》第145条第1款规定，限制民事行为能力人实施的纯获利益的民事法律行为或者与其年龄、智力、精神健康状况相适应的民事法律行为有效；实施的其他民事法律行为经法定代理人同意或者追认后有效。本题中，肖特9岁时受赠钢琴1架，15岁时受赠名贵小提琴1把，均属于限制民事行为能力人实施的纯获利益的民事法律行为，故均为有效。据此，CD均错误。

**3. B**。《民法典》第149条规定，第三人实施欺诈行为，使一方在违背真实意思的情况下实施的民事法律行为，对方知道或者应当知道该欺诈行为的，受欺诈方有权请求人民法院或者仲裁机构予以撤销。本题中，甲对乙实施欺诈，使得乙信以为真，以5000元买下齐某的石雕，故受欺诈方乙可向合同的另一方当事人齐某主张撤销其购买行为。故A错误，B正确。《民法典》第148条规定，一方以欺诈手段，使对方在违背真实意思的情况下实施的民事法律行为，受欺诈方有权请求人民法院或者仲裁机构予以撤销。本题中，甲曾因为被齐某欺诈以5000元从齐某处买过一尊石雕，发现被骗后即和齐某交涉，故受欺诈方甲可与其合同的另一方当事人齐某主张撤销其购买行为。故C错误。根据《民法典》第152条，当事人自知道或者应当知道受欺诈之日起1年内可以行使撤销权，故D错误。

**4. A**。《民法典》第192条第2款规定，诉讼时效期间届满后，义务人同意履行的，不得以诉讼时效期间届满为由抗辩；义务人已经自愿履行的，不得请求返还。本题中，诉讼时效期间届满后，乙公司组织

工人到甲公司讨要，作为甲公司新录用的法务小王，擅自以公司名义签署了同意履行付款义务的承诺函，该承诺函构成无权代理，甲公司可主张诉讼时效抗辩。故 A 正确，而 D 错误。诉讼时效中断必须发生在诉讼时效进行期间，在诉讼时效届满后，就不再会发生中断，故 B 错误。《民法典》第 193 条规定，人民法院不得主动适用诉讼时效的规定。故 C 错误。

**5. D**。《民法典》第 226 条规定，动产物权设立和转让前，权利人已经占有该动产的，物权自民事法律行为生效时发生效力。此所谓简易交付。本题中，庞某有 1 辆名牌自行车借给黄某，在借给黄某使用期间，又与黄某达成转让协议，黄某以 8000 元的价格购买该自行车，即在该自行车所有权转让给黄某前，黄某已经依借用合同占有该车，所以自行车所有权自庞某与黄某达成转让协议时庞某完成交付，黄某取得该自行车的所有权，当然黄某此时对该自行车也取得处分权。据此，AB 错误。《民法典》第 228 条规定，动产物权转让时，当事人又约定由出让人继续占有该动产的，物权自该约定生效时发生效力。此所谓占有改定。本题中，黄某取得该自行车的所有权后，又将该自行车以 9000 元的价格转卖给了洪某，但约定由黄某继续使用 1 个月，即该自行车所有权由黄某转移至洪某后，双方又约定由出让人黄某继续占有该车，但自行车的所有权自双方约定生效时就发生移转。据此，C 错误。综上，因为黄某将自行车转让给洪某是有权处分，而洪某由此也自黄某处取得该自行车的所有权，所以庞某既不能向黄某，也不能向洪某主张原物返还请求权。D 正确。

**6. B**。《民法典》第 314 条规定，拾得遗失物，应当返还权利人。《民法典》第 316 条规定，拾得人在遗失物送交有关部门前，有关部门在遗失物被领取前，应当妥善保管遗失物。因故意或者重大过失致使遗失物毁损、灭失的，应当承担民事责任。《民法典》第 317 条第 2 款规定，权利人悬赏寻找遗失物的，领取遗失物时应当按照承诺履行义务。本题中，甲遗失手链 1 条，被乙拾得，甲知道后要求乙返还，乙有义务返还，但与此同时，返还前乙应当妥善保管手链，而乙却没有尽到保管义务，以致在桥边玩耍时手链掉入河中被冲走，故乙应承担赔偿责任。据此，CD 错误。《民法典》第 317 条第 3 款规定，拾得人侵占遗失物的，无权请求保管遗失物等支出的费用，也无权请求权利人按照承诺履行义务。即拾得人构成侵占的，即丧失报酬请求权。本题中，甲承诺给付报酬，但要求乙返还手链时却不同意给付，在双方数次交涉无果的情况下乙仍然继续占有手链，乙的行为虽有不妥，但尚不构成侵占，因而乙并不因此而丧失请求支付报酬的权利。但是，该项链于乙在桥边玩耍时掉入河中被河水冲走，即最终乙并没有归还甲项链，没有完成甲悬赏广告中指定的行为，因而也无权索要报酬。故 A 错误，B 正确。

**7. B**。《民法典》第 333 条规定，土地承包经营权自土地承包经营权合同生效时设立。登记机构应当向土地承包经营权人发放土地承包经营权证、林权证等证书，并登记造册，确认土地承包经营权。由该规定可知，未办理确权登记不影响土地承包经营权的设立。同时，立法并未禁止处分未经登记的土地承包经营权。由此，本题中，尽管村民胡某与集体订立的土地承包经营权合同未办理确权登记，土地承包经营权也自土地承包经营权合同生效时设立，且取得土地承包经营权后即可以处分。故 A 错误，B 正确。《民法典》第 335 条规定，土地承包经营权人将土地承包经营权互换、转让的，当事人可以向登记机构申请登记；未经登记，不得对抗善意第三人。由该规定可知，土地承包经营权的转让也是自转让合同生效后发生权利移转，登记只是一个对抗善意第三人的要件。本题中，胡某与同村村民周某订立的土地承包经营权转让合同虽然未办理变更登记，但其转让合同生效和权利的移转均不因登记而受影响。故 CD 错误。

**8. C**。《民法典》第 405 条规定：“抵押权设立前，抵押财产已经出租并转移占有的，原租赁关系不受该抵押权的影响。”根据该规定，抵押权设立后出租抵押财产并不必然导致租赁合同无效，故 A 错误。《最高人民法院关于审理城镇房屋租赁合同纠纷案件具体应用法律若干问题的解释》（以下简称《城镇房屋租赁合同解释》）第 14 条规定：“租赁房屋在承租人按照租赁合同占有期限内发生所有权变动，承租人请求房屋受让人继续履行原租赁合同的，人民法院应予支持。但租赁房屋具有下列情形或者当事人另有约定的除外：（一）房屋在出租前已设立抵押权，因抵押权人实现抵押权发生所有权变动的；（二）房屋在出租前已被人民法院依法查封的。”本题中，在乙银行请求法院委托拍卖实现抵押权而由丁竞买取得所有权，发生所有权变动后，丙无权再要求丁继续履行租赁合同，相反，丁有权请求丙腾退商铺，丙有权要求甲退还剩余租金。综上，BD 错误，C 正确。

**9. C**。第三人代为清偿有两种表现方式，一是第三人单方表示代替债务人清偿债务，即在没有法定和约定义务的情况下，第三人自愿做出向债权人履行债务的行为；二是第三人与债务人达成代其清偿债务的协议，即订立债务履行承担合同，依该合同承担人对债务人负有履行债务人债务的义务。无论是哪种形式，第三人都不具有合同法律关系债务人的主体地位。本题中，乙公司与丙商议，由乙公司和丙以欠款人的身份向债权人甲出具欠条，丙直接成为合同债务人之一，故 A 错误。《民法典》第 551 条规定：“债务人将债务的全部或者部分转移给第三人的，应当经债权人同意。债务人或者第三人可以催告债权人在合理期限内予以同意，债权人未作表示的，视为不同意。”债务承担，是指在不改变合同内容的前提下，债权人或者债务人通过与第三人订立转让债务的协议，将债务全部或部分地转移给第三人承担的现象。以原债务人是否免责为标准，可以将债务承担分为免责的债务承担和并存的债务承担；在免责的债务承担中，由第三人取代原债务人的地位承担全部债务，原债务人脱离债务关系；在并存的债务承担中，原债务人并不脱离债务关系，而由第三人加入债的关系中，与债务人作为合同当事人共同承担债务。本题中，乙公司与丙商议，由乙公司和丙以欠款人的身份向甲出具欠条，此时丙成为合同债务人之一，而原债务人乙公司也没有脱离债务关系，故丙在欠条上签名的行为构成并存的债务承担。由此，B 错误，C 正确。《民法典》第 121 条规定：“没有法定的或者约定的义务，为避免他人利益受损失而进行管理的人，有权请求受益人偿还由此支出的必要费用。”本题中，丙公司是与乙公司商议，由乙公司和丙以欠款人的身份向甲出具欠条的，所以丙在欠条上签名的行为不属于没有法定的或者约定的义务进行管理，故 D 错误。

**10. D**。根据《民法典》第 147、148、151 条的规定，基于重大误解实施的民事法律行为，行为人有权请求人民法院或者仲裁机构予以撤销；一方以欺诈手段，使对方在违背真实意思的情况下实施的民事法律行为，受欺诈方有权请求人民法院或者仲裁机构予以撤销；一方利用对方处于危困状态、缺乏判断能力等情形，致使民事法律行为成立时显失公平的，受损害方有权请求人民法院或者仲裁机构予以撤销。本题中，陈老伯在考察楼盘时，销售经理介绍周边有“轨道交通 19 号线”，并未表述为“地铁”，不构成欺诈；陈老伯误以为轨道交通 19 号线属于地铁，构成误解，但这不属于对购买房屋这个买卖行为的误解，不构成可以撤销合同事由中的认识错误；此外，尽管铁路房的升值空间小于地铁房，但题面并未提供销售方利用陈老伯缺乏判断能力的情形，所以也不构成显失公平。综上，ABC 错误，D 正确。

**11. B**。《民法典》第 497 条规定：“有下列情形之一的，该格式条款无效：（一）具有本法第一编第六章第三节和本法第五百零六条规定的无效情形；（二）提供格式条款一方不合理地免除或者减轻其责任、加重对方责任、限制对方主要权利；（三）提供格式条款一方排除对方主要权利。”本题中，乙公司提供的协议格式条款中载明“如甲单方放弃服务，余款不退”（并注明该条款不得更改），仅对甲权利进行了约束，而从题面看不出对是否需达到何种服务效果、美容公司在无法达到服务效果时是否应承担责任、美容公司在不能提供相应服务时应承担何种责任等问题有规定。从协议来看，作为消费者的甲在预付了服务期内的所有费用后，即使对服务效果不满意，亦无法放弃接受服务。显然，提供格式条款的美容公司并未遵循公平的原则来确定双方之间的权利和义务，故这属于提供格式条款一方排除对方主要权利的条款，应归于无效，但该条款无效不等于该美容服务协议无效。由此，本题中 A 错误，B 正确。本题中，甲与乙公司订立美容服务协议，约定服务期为半年，服务费预收后逐次计扣，而在协议订立后，甲依约支付 5 万元服务费，在接受服务 1 个月并发生费用 8000 元后，甲感觉美容效果不明显，单方放弃服务并要求退款。在经营者并无违约或过错行为的情形下，甲单方提出终止消费，是否需要承担违约责任，需要综合服务协议的履行程度、美容公司提供服务的比例、甲单方放弃服务的过错程度、约定的计价方式等因素，进行综合考量，而 CD 说法过于绝对，错误。

**12. B**。《民法典》第 500 条规定：“当事人在订立合同过程中有下列情形之一，造成对方损失的，应当承担赔偿责任：（一）假借订立合同，恶意进行磋商；（二）故意隐瞒与订立合同有关的重要事实或者提供虚假情况；（三）有其他违背诚信原则的行为。”本题中，德凯公司在无真实交易意图的情况下，佯装感兴趣并屡次向真诚公司表达将签署合同的意愿，但均在最后一刻推托拒签，这一行为明显属于假借订立合同，恶意进行磋商。而真诚公司安排授权代表往返十余次，每次都准备了详尽可操作的合作方案，最终没有签署合同，真诚公司因此受到损失。而德凯公司虽然在此过程中也付出了大量的工作成本，但其损失是自己造成的。由此，本题中 AD 错误，B 正确。《民法典》第 501 条规定：“当事人在订立合同过程中知悉的商业秘密或者其他应当保密的信息，无论合同是否成立，不得泄露或者不正当地使用；泄露、不正当地使用该商业秘密或者信息，造成对方损失的，应当承担赔偿责任。”本题中，双方当事人虽然未订立合同，德凯公司也不应将缔约过程中知悉的真诚公司的部分商业秘密不当泄露，故 C 错误。

**13. D**。《民法典》第 770 条第 1 款规定：“承揽合同是承揽人按照定作人的要求完成工作，交付工作成果，定作人支付报酬的合同。”本题中，甲、乙两公司约定：甲公司向乙公司支付 5 万元研发费用，乙公司完成某专用设备的研发生产后双方订立买卖合同，将该设备出售给甲公司，价格暂定为 100 万元，具体条款另行商定。据此，甲、乙公司的协议中关于出售设备的内容是在研发之后的买卖合同中确定，所以本协议内容不包括交付工作成果，本协议也不属于买卖合同，故 AB 错误。本题中，乙公司完成研发生产后，作为设备的所有人，和丙公司签订设备买卖合同，不存在导致合同无效的事由。不过，《民法典》第 577 条规定：“当事人一方不履行合同义务或者履行合同义务不符合约定的，应当承担继续履行、采取补救措施或者赔偿损失等违约责任。”乙公司完成某专用设备的研发生产后没有依据其和甲公司的协议订立买卖合同，将该设备出售给甲公司，而是卖给了丙公司，应向甲公司承担违约责任。故 C 错误，D 正确。

**14. B**。《著作权法》第 19 条规定，受委托创作的作品，著作权的归属由委托人和受托人通过合同约定。合同未作明确约定或者没有订立合同的，著作权属于受托人。本题中，某电影公司委托王某创作电影剧本，但未约定该剧本著作权的归属，故剧本的著作权归属于受托人王某。《著作权法》第 17 条规定，视听作品中的电影作品、电视剧作品的著作权由制作者享有。故电影公司拍摄成电影后，电影作品的著作权属于制片人电影公司。根据《著作权法》第 10 条，著作权包括发表权、署名权、修改权、保护作品完整权、复制权、发行权、出租权、展览权、表演权、放映权、广播权、信息网络传播权、摄制权、改编权、翻译权、汇编权以及应当由著作权人享有的其他权利。《著作权法》第 42 条规定，录音录像制作者使用他人作品制作录音录像制品，应当取得著作权人许可，并支付报酬。录音制作者使用他人已经合法录制为录音制品的音乐作品制作录音制品，可以不经著作权人许可，但应当按照规定支付报酬；著作权人声明不许使用的不得使用。本题 A 中，某音像出版社制作并出版该电影的 DVD 属于使用电影公司的电影作品制作录音录像制品，应当取得电影作品著作权人许可，故音像出版社侵犯电影公司的著作权，但不侵犯王某的著作权。故 A 不选。某动漫公司根据该电影的情节和画面绘制一整套漫画，并在网络上传播，同时侵犯了电影公司和王某的著作权。故 B 当选。《著作权法》第 44 条规定，录音录像制作者对其制作的录音录像制品，享有许可他人复制、发行、出租、通过信息网络向公众传播并获得报酬的权利。被许可人复制、发行、通过信息网络向公众传播录音录像制品，应当同时取得著作权人、表演者许可，并支付报酬；被许可人出租录音录像制品，还应当取得表演者许可，并支付报酬。本题 C 中，某学生将该电影中的对话用方言配音，产生滑稽效果，并将配音后的电影上传网络，侵犯王某的著作权，侵犯电影公司的邻接权，但不侵犯电影公司的著作权。故 C 不选。《著作权法》第 46 条规定，广播电台、电视台播放他人未发表的作品，应当取得著作权人许可，并支付报酬。广播电台、电视台播放他人已发表的作品，可以不经著作权人许可，但应当按照规定支付报酬。本题 D 中，某电视台在“电影经典对话”专题片中播放 30 分钟该部电影中带有经典对话的画面，属于著作权法定许可范畴。故 D 不选。

**15. D**。《专利法》第 25 条规定：“对下列各项，不授予专利权：（一）科学发现；（二）智力活动的规则和方法；（三）疾病的诊断和治疗方法；（四）动物和植物品种；（五）原子核变换方法以及用原子核变换方法获得的物质；（六）对平面印刷品的图案、色彩或者二者的结合作出的主要起标识作用的设计。对前款第（四）项所列产品的生产方法，可以依照本法规定授予专利权。”根据该规定，A 中甲设计的新交通规则，能缓解道路拥堵，但属于智力活动的规则和方法，不可以被授予专利权；B 中乙设计的新型医用心脏起搏器，能迅速使心脏重新跳动，该起搏器属于医疗器械，非疾病的诊断和治疗方法，可以被授予专利权，故 B 错误；C 考查的是细菌的生产方法，根据上述规定，该生产方法应授予专利权，故 C 错误。《专利法》第 2 条第 3、4 款规定：“实用新型，是指对产品的形状、构造或者其结合所提出的适于实用的新的技术方案。外观设计，是指对产品的整体或者局部的形状、图案或者其结合以及色彩与形状、图案的结合所作出的富有美感并适于工业应用的新设计。”实用新型解决的是技术问题，外观设计是对产品的形状、图案（以及色彩）及其组合的设计。D 中丁设计的儿童水杯，其新颖而独特的造型既富美感，又能防止杯子滑落，所以丁既可以申请实用新型专利权，也可以申请外观设计专利权。故 D 正确。

**16. B**。《商标法》第 7 条第 1 款规定：“申请注册和使用商标，应当遵循诚实信用原则。”《商标法》第 15 条第 2 款规定：“就同一种商品或者类似商品申请注册的商标与他人在先使用的未注册商标相同或者近似，申请人与该他人具有前款规定以外的合同、业务往来关系或者其他关系而明知该他人商标存在，该他人提出异议的，不予注册。”《商标法》第 32 条规定：“申请商标注册不得损害他人现有的在先权利，也不得以不正当手段抢先注册他人已经使用并有一定影响的商标。”这些规定的目的即主要在于防止将他人已经在先使用的商标抢先进行注册，更加有效地遏制频发的商标抢注现象。本题中，韦某开设了“韦老四”煎饼店，在当地颇有名气，肖某就餐饮服务注册了“韦老四”商标，显然是违反上述规定的非法商标抢注行为，如肖某注册“韦老四”商标后立即起诉韦某侵权，韦某并不需要承担赔偿责任。故 A 错误，B 正确。《商标法》第 44 条规定，已经注册的商标，如果是以欺骗手段或者其他不正当手段取得注册的，由商标局宣告该注册商标无效；其他单位或者个人可以请求商标评审委员会宣告该注册商标无效。再依《商标法》第 45 条规定，已经注册的商标，违反《商标法》第 32 条规定的，自商标注册之日起 5 年内，在先权利人或者利害关系人可以请求商标评审委员会宣告该注册商标无效；对恶意注册的，驰名商标所有人不受 5 年的时间限制。据此，本题中 CD 错误。

**17. D**。《民法典》第 1051 条规定，有下列情形之一的，婚姻无效：（1）重婚；（2）有禁止结婚的亲属关系；（3）未到法定婚龄。本题中，陈小美以其双胞胎妹妹陈小丽的名义与高甲登记结婚，虽然有姓名欺诈，但该婚姻有效，故 A 错误。《民法典》第 1052 条规定，因胁迫结婚的，受胁迫的一方可以向人民法院请求撤销婚姻。请求撤销婚姻的，应当自胁迫行为终止之日起 1 年内提出。被非法限制人身自由的当事人请求撤销婚姻的，应当自恢复人身自由之日起 1 年内提出。本题中，高甲并非受胁迫而与陈小美结婚，所以 B 错误。《民法典》第 1015 条规定，自然人应当随父姓或者母姓，但是有下列情形之一的，可以在父姓和母姓之外选取姓氏：（1）选取其他直系长辈血亲的姓氏；（2）因由法定扶养人以外的人扶养而选取扶养人姓氏；（3）有不违背公序良俗的其他正当理由。少数民族自然人的姓氏可以遵从本民族的文化传统和风俗习惯。本题中，陈小美将一直由其抚养的高小甲户口迁往自己原籍，并将高小甲改名为陈龙，陈小美为高小甲改名的行为并未侵害高甲的合法权益，故 C 错误，D 正确，当选。

**18. C。**《民法典》第 1076 条规定："夫妻双方自愿离婚的，应当签订书面离婚协议，并亲自到婚姻登记机关申请离婚登记。离婚协议应当载明双方自愿离婚的意思表示和对子女抚养、财产以及债务处理等事项协商一致的意见。"《最高人民法院关于适用〈中华人民共和国民法典〉婚姻家庭编的解释（一）》[以下简称《婚姻家庭编解释（一）》] 第 5 条规定："当事人请求返还按照习俗给付的彩礼的，如果查明属于以下情形，人民法院应当予以支持：(一) 双方未办理结婚登记手续；(二) 双方办理结婚登记手续但确未共同生活；(三) 婚前给付并导致给付人生活困难。适用前款第二项、第三项的规定，应当以双方离婚为条件。"本题中，刘男按当地习俗向戴女交付了结婚彩礼现金 10 万元及金银首饰数件，婚后不久刘男即主张离婚，故 ABD 错误，只有 C 正确，当选。

**19. C。**身份权是民事主体基于某种特定的身份享有的民事权利，当民事主体从事某种行为或因婚姻、家庭关系而取得某种身份时享有。本题中张某出售孙某的姓名、身份证号码、家庭住址等信息并不会导致孙某身份权受到损害。故 A 错误。名誉权，是人们依法享有的对自己所获得的客观社会评价、排除他人侵害的权利。本题中张某出售孙某的姓名、身份证号码、家庭住址等信息的行为并不会导致孙某的名誉权受到损害。故 B 错误。《民法典》第 1034 条规定，自然人的个人信息受法律保护。个人信息是以电子或者其他方式记录的能够单独或者与其他信息结合识别特定自然人的各种信息，包括自然人的姓名、出生日期、身份证件号码、生物识别信息、住址、电话号码、电子邮箱、健康信息、行踪信息等。个人信息中的私密信息，适用有关隐私权的规定；没有规定的，适用有关个人信息保护的规定。本题中，张某因出售公民个人信息被判刑，孙某的姓名、身份证号码、家庭住址等信息也在其中，买方是某公司，故张某和某公司均侵害了孙某对其个人信息享有的民事权益，需要承担民事责任。据此，本题中 D 错误，C 正确。

**20. B。**《民法典》第 1018 条规定："自然人享有肖像权，有权依法制作、使用、公开或者许可他人使用自己的肖像。肖像是通过影像、雕塑、绘画等方式在一定载体上所反映的特定自然人可以被识别的外部形象。"《民法典》第 1019 条规定："任何组织或者个人不得以丑化、污损，或者利用信息技术手段伪造等方式侵害他人的肖像权。未经肖像权人同意，不得制作、使用、公开肖像权人的肖像，但是法律另有规定的除外。未经肖像权人同意，肖像作品权利人不得以发表、复制、发行、出租、展览等方式使用或者公开肖像权人的肖像。"肖像权就是自然人所享有的以自己的肖像上所体现的人格利益为内容的一种人格权。肖像权人对自己的肖像享有专有权，肖像权人既可以对自己的肖像权利进行自由处分，又有权禁止他人在未经其同意的情况下，擅自使用其专有的肖像。本题中，蔡某在社交媒体群中看到丁某的照片后，擅自将该组照片上传于某营利性摄影网站，获得报酬若干，其行为侵害了丁某的肖像权。故 D 错误。著作权是著作权人对其作品所享有的权利。未经著作权人同意，又无法律上的依据，使用他人作品或行使著作权人专有权的行为，属于侵害著作权的行为。本题中，李某为好友丁某拍摄了一组生活照片后，李某享有对这些照片的著作权。本题中，蔡某在社交媒体群中看到这些照片后，擅自将该组照片上传于某营利性摄影网站，该行为侵害了李某的著作权。身体权，是指自然人保持其身体组织完整并支配其肢体、器官和其他身体组织并保护自己的身体不受他人违法侵犯的权利。本题中，蔡某在社交媒体群中看到丁某的照片后，擅自将该组照片上传于某营利性摄影网站，获得报酬若干，其行为并未侵害丁某的身体权。综上，AC 错误，B 正确。

**21. C。**违约责任是合同法律关系中，违约方应当向守约方承担的责任。本题中，双方并未订立合同，不可能承担违约责任。故 A 错误。《民法典》第 1184 条规定，侵害他人财产的，财产损失按照损失发生时的市场价格或者其他合理方式计算。姚某不慎将手镯摔断，侵害了他人的合法财产，应按照财产的市场价格赔偿他人的损失，现手镯的市场价为 9 万元，故姚某应赔偿唐某 9 万元损失。综上，C 正确，BD 错误。

**22. D。**《民法典》第 1165 条规定，行为人因过错侵害他人民事权益造成损害的，应当承担侵权责任。对于本题案件，最高人民法院曾经认为，法律应当鼓励民事主体积极地展开社会交往，未成年人间无明显安全隐患的食物分享行为不能认定有过错。因此，整个事件中，各方均无过错，属于意外事件，不产生相关人员的过错责任。据此，ABC错误，D正确。

**23. D。**《民法典》第1245条规定，饲养的动物造成他人损害的，动物饲养人或者管理人应当承担侵权责任；但是，能够证明损害是因被侵权人故意或者重大过失造成的，可以不承担或者减轻责任。本题中，在戴某代看管饲养宠物狗期间，张某偷狗，被狗咬伤。张某对于自己的损害有重大过失，故而可以减轻饲养人或者管理人的责任。据此，ABC错误，D正确。

**24. D。**《公司法》第13条第1款规定："公司可以设立子公司。子公司具有法人资格，依法独立承担民事责任。公司可以设立分公司。分公司不具有法人资格，其民事责任由公司承担。"据此，分公司是公司的一个组成部分，可以以公司名义从事民事活动，其法律责任由公司承担。《民法典》第170条第1款规定："执行法人或者非法人组织工作任务的人员，就其职权范围内的事项，以法人或者非法人组织的名义实施的民事法律行为，对法人或者非法人组织发生效力。"据此，分公司的负责人有权以公司名义对外签约，如果事事都需要公司授权，分公司事实上无法运转，故A正确。《公司法》第3条第1款规定："公司是企业法人，有独立的法人财产，享有法人财产权。公司以其全部财产对公司的债务承担责任。"分公司是公司的组成部分，分公司的债务就是公司的债务，应当以（总）公司及其所有分公司的财产清偿。据此，BC两项正确，D错误。

**25. B。**《公司法》第70条2款规定："董事任期届满未及时改选，或者董事在任期内辞任导致董事会成员低于法定人数的，在改选出的董事就任前，原董事仍应当依照法律、行政法规和公司章程的规定，履行董事职务。"《公司法》第120条第2款规定："本法第六十七条、第六十八条第一款、第七十条、第七十一条的规定，适用于股份有限公司。"虽然任期届满，但在董事会改选出新的董事长之前，彭兵仍然是公司的董事长，故A错误。因为新的董事会成员尚未产生，原董事会成员仍须履行董事职责，B正确。《公司法》第188条规定："董事、监事、高级管理人员执行职务违反法律、行政法规或者公司章程的规定，给公司造成损失的，应当承担赔偿责任。"本题中，公司董事长彭兵消极怠工，给公司造成损失，应当承担赔偿责任，但投资失败并非彭兵一个人的问题，不能由彭兵承担全部赔偿责任，故C错误。根据《公司法》第189条规定，当公司高管有违反公司忠实义务的行为时，公司股东可以请求公司监事会提起诉讼，在监事会消极不作为时才能提起股东代表诉讼，故D错误。

**26. C。**《最高人民法院关于适用〈中华人民共和国公司法〉若干问题的规定（三）》［以下简称《公司法解释（三）》］第11条第1款规定："出资人以其他公司股权出资，符合下列条件的，人民法院应当认定出资人已履行出资义务：（一）出资的股权由出资人合法持有并依法可以转让；（二）出资的股权无权利瑕疵或者权利负担；（三）出资人已履行关于股权转让的法定手续；（四）出资的股权已依法进行了价值评估。"本题中，虽然文某对甲公司的出资义务尚未实际缴纳完毕，但其出资义务按照甲公司章程规定在2017年5月缴足即可。因而在2015年12月，文某以其对甲公司享有的股权对乙公司出资完全合法，并不存在权利瑕疵，故A错误。《公司法解释（三）》第15条规定："出资人以符合法定条件的非货币财产出资后，因市场变化或者其他客观因素导致出资财产贬值，公司、其他股东或者公司债权人请求该出资人承担补足出资责任的，人民法院不予支持。但是，当事人另有约定的除外。"本题中，文某以其对甲公司享有的合法股权对乙公司出资，其出资因为客观因素而发生贬值，文某不承担补足出资的责任，故B错误。《公司法解释（三）》第13条第1、2款规定："股东未履行或者未全面履行出资义务，公司或者其他股东请求其向公司依法全面履行出资义务的，人民法院应予支持。公司债权人请求未履行或者未全面履行出资义务的股东在未出资本息范围内对公司债务不能清偿的部分承担补充赔偿责任的，人民法院应予支持；未履行或者未全面履行出资义务的股东已经承担上述责任，其他债权人提出相同请求的，人民法院不予支持。"据此，如果文某不履行其对甲公司的出资义务，甲公司有权要求其履行，故C正确。乙公司既不是甲公司的股东，也不是甲公司的债权人，无权要求文某履行其对甲公司的出资义务，故D错误。

**27. C。**《公司法》第85条规定："人民法院依照法律规定的强制执行程序转让股东的股权时，应当通知公司及全体股东，其他股东在同等条件下有优先购买权。其他股东自人民法院通知之日起满二十日不行使优先购买权的，视为放弃优先购买权。"据此，在强制执行公司股权时，应当由法院通知其他股东而不是由债权人通知其他股东，故A错误。其他股东行使优先购买权的时间是20天而不是1个月，故B错误。公司股权在数额上可以分割，如果汪某所持股权的50%在价值上即可清偿债务，则永平公司不得强制执行其全部股权。故C正确。《公司法》第32条第1款规定："公司登记事项包括：……（六）有限责任公司股东、股份有限公司发起人的姓名或者名称。"《公司法》第34条规定："公司登记事项发生变更的，应当依法办理变更登记。公司登记事项未经登记或者未经变更登记，不得对抗善意相对人。"据此，工商变更登记仅是股权变动的对抗要件，而不是生效要件。在股权强制拍卖的情况下，因为法院事先已经通知了公司及其他股东，只要法院作出股权拍卖的裁定，即发生股权变动的效果，故D错误。

**28. C**。《合伙企业法》第26条第2款规定："按照合伙协议的约定或者经全体合伙人决定，可以委托一个或者数个合伙人对外代表合伙企业，执行合伙事务。"《民法典》第166条规定："数人为同一代理事项的代理人的，应当共同行使代理权，但是当事人另有约定的除外。"本题中，赵、钱共同担任合伙事务执行人，应当共同执行合伙事务，故A错误。孙单独以合伙企业名义对外签约属于无权代理，其所签合同效力待定而非无效，故B错误。C符合合伙协议的约定，正确。《合伙企业法》第37条规定："合伙企业对合伙人执行合伙事务以及对外代表合伙企业权利的限制，不得对抗善意第三人。"赵、钱违反合伙协议约定对外签约，其所签合同未必无效；如果相对人善意，则有效，故D错误。

**29. C**。《个人独资企业法》第18条规定："个人独资企业投资人在申请企业设立登记时明确以其家庭共有财产作为个人出资的，应当依法以家庭共有财产对企业债务承担无限责任。"在此，以家庭共有财产对企业债务承担无限责任，并不表明家庭成员全部成为合伙人，李甲所设立的企业依然是个人独资企业，故A错误。《个人独资企业法》第19条第1款规定："个人独资企业投资人可以自行管理企业事务，也可以委托或者聘用其他具有民事行为能力的人负责企业的事务管理。"据此，李甲可以委托他人（包括自己的儿子李乙）管理个人独资企业事务，不能因此认定李甲是以家庭共有财产出资，故B错误。《个人独资企业法》第28条规定："个人独资企业解散后，原投资人对个人独资企业存续期间的债务仍应承担偿还责任，但债权人在五年内未向债务人提出偿债请求的，该责任消灭。"据此，个人独资企业出资人对企业债务承担无限责任的期限为企业依法解散后5年内，故C正确。《个人独资企业法》第26条规定："个人独资企业有下列情形之一时，应当解散：（一）投资人决定解散；（二）投资人死亡或者被宣告死亡，无继承人或者继承人决定放弃继承；（三）被依法吊销营业执照；（四）法律、行政法规规定的其他情形。"据此，在投资人死亡后，如果有人继承，个人独资企业可以继续存在，故D错误。

**30. D**。《企业破产法》第70条第1款规定："债务人或者债权人可以依照本法规定，直接向人民法院申请对债务人进行重整。"《企业破产法》第71条规定："人民法院经审查认为重整申请符合本法规定的，应当裁定债务人重整，并予以公告。"据此，甲申请重整，不需要提供乙公司的投资承诺，故A错误。同时，法院可以独立裁断是否启动重整程序，不需要债权人同意，故B错误。《企业破产法》第73条第1款规定："在重整期间，经债务人申请，人民法院批准，债务人可以在管理人的监督下自行管理财产和营业事务。"据此，重整期间，管理人继续履行管理职责，故C错误。《企业破产法》第86条第2款规定："自重整计划通过之日起十日内，债务人或者管理人应当向人民法院提出批准重整计划的申请。人民法院经审查认为符合本法规定的，应当自收到申请之日起三十日内裁定批准，终止重整程序，并予以公告。"据此，在法院批准重整计划后，重整程序即终止，D正确。

**31. C**。《票据法》第44条规定："付款人承兑汇票后，应当承担到期付款的责任。"据此，承兑银行应当承担票据责任，A错误。《票据法》第15条规定："票据丧失，失票人可以及时通知票据的付款人挂失止付，但是，未记载付款人或者无法确定付款人及其代理付款人的票据除外。收到挂失止付通知的付款人，应当暂停支付。失票人应当在通知挂失止付后三日内，也可以在票据丧失后，依法向人民法院申请公示催告，或者向人民法院提起诉讼。"据此，当事人申请公示催告的原因是票据遗失，本题中五悦公司在将票据背书转让给他人之后申请公示催告，属于伪报票据丧失的违法行为，不受法律保护，故B错误，C正确。本案中，法院应当查明真相，保护亿凡公司的合法权益，而不是作出除权判决，故D错误。

**32. B**。《证券投资基金法》第78条规定："按照基金合同的约定或者基金份额持有人大会的决议，基金可以转换运作方式或者与其他基金合并。"《证券投资基金法》第79条规定："封闭式基金扩募或者延长基金合同期限，应当符合下列条件，并报国务院证券监督管理机构备案：（一）基金运营业绩良好；（二）基金管理人最近二年内没有因违法违规行为受到行政处罚或者刑事处罚；（三）基金份额持有人大会决议通过；（四）本法规定的其他条件。"据此，转换基金的运作方式，需要报证监会备案而不是经证监会核准，故A错误。《证券投资基金法》第68条规定："开放式基金应当保持足够的现金或者政府债券，以备支付基金份额持有人的赎回款项。基金财产中应当保持的现金或者政府债券的具体比例，由国务院证券监督管理机构规定。"据此，"基金利达"由封闭式基金转换为开放式基金后，应当保持一定比例的现金或政府债券，故B正确。《证券投资基金法》第86条第3款规定："基金份额持有人大会就审议事项作出决定，应当经参加大会的基金份额持有人所持表决权的二分之一以上通过；但是，转换基金的运作方式、更换基金管理人或者基金托管人、提前终止基金合同、与其他基金合并，应当经参加大会的基金份额持有人所持表决权的三分之二以上通过。"据此，转换基金运作方式应当由2/3以上的表决权通过而不是由1/2以上的表决权通过，故C错误。《证券投资基金法》第76条规定了基金的信息披露义务，包括公开财务状况与财务报表，但基金份额持有人并无查阅或复制基金会计账簿等财务资料的权利，D于法无据，故D错误。

**33. C**。《保险法》第52条第1款规定："在合同有效期内，保险标的的危险程度显著增加的，被保险人应当按照合同约定及时通知保险人，保险人可以按照合同约定增加保险费或者解除合同。保险人解除合同的，应当将已收取的保险费，按照合同约定扣除自保险责任开始之日起至合同解除之日止应收的部分后，退还投保人。"据此，被保险人违反了保险标的危险程度增加的通知义务，保险公司有权解除合同，但不影响保险合同的效力，故A错误。保险公司解除保险合同时，应当将超过保险合同期限部分的保险费退还给投保人，故D错误。《保险法》第52条第2款规定："被保险人未履行前款规定的通知义务的，因保险标的的危险程度显著增加而发生的保险事故，保险人不承担赔偿保险金的责任。"本题中，姜某因为夜晚载客，与人发生碰撞而导致车损，该保险事故的发生应当属于"因保险标的的危险程度显著增加而发生的保险事故"，故保险公司不承担赔偿责任，故B错误，C正确。

**34. D**。《仲裁法》第18条规定，仲裁协议对仲裁事项或者仲裁委员会没有约定或者约定不明确的，当事人可以补充协议；达不成补充协议的，仲裁协议无效。据此，旭日公司与世新公司所签订协议中约定的仲裁委不明确且无法达成一致，仲裁条款无效。因此北京仲裁委与中国国际经济贸易仲裁委员会对该案均不享有管辖权，所以AB错误。《民事诉讼法》第34条规定，下列案件，由本条规定的人民法院专属管辖：（1）因不动产纠纷提起的诉讼，由不动产所在地人民法院管辖；（2）因港口作业中发生纠纷提起的诉讼，由港口所在地人民法院管辖；（3）因继承遗产纠纷提起的诉讼，由被继承人死亡时住所地或者主要遗产所在地人民法院管辖。《民诉解释》第28条规定，不动产纠纷是指因不动产的权利确认、分割、相邻关系等引起的物权纠纷。农村土地承包经营合同纠纷、房屋租赁合同纠纷、建设工程施工合同纠纷、政策性房屋买卖合同纠纷，按照不动产纠纷确定管辖。不动产已登记的，以不动产登记簿记载的所在地为不动产所在地；不动产未登记的，以不动产实际所在地为不动产所在地。本案纠纷为建设工程施工合同纠纷，应由工程地M省丙县法院管辖，因此C错误，D正确。

**35. B**。《民诉解释》第18条规定，合同约定履行地点的，以约定的履行地点为合同履行地。合同没有实际履行，当事人双方住所地都不在合同约定的履行地的，由被告住所地人民法院管辖。本案中，甲公司与乙公司虽然约定履行地在D县，但是合同并未实际履行，且双方住所地都不在约定履行地，因此D县法院无管辖权，故A错误。《民事诉讼法》第130条规定，人民法院受理案件后，当事人对管辖权有异议的，应当在提交答辩状期间提出。人民法院对当事人提出的异议，应当审查。异议成立的，裁定将案件移送有管辖权的人民法院；异议不成立的，裁定驳回。当事人未提出管辖异议，并应诉答辩或者提出反诉的，视为受诉人民法院有管辖权，但违反级别管辖和专属管辖规定的除外。因此，二审期间原则上不能提出管辖权异议，但如果因级别管辖和专属管辖而提出异议，则属例外情况。本案为买卖合同纠纷，当事人在提交答辩状期间未对管辖权提出异议，在未违反级别管辖和专属管辖的前提下，D县法院基于应诉管辖取得应诉管辖权且作出判决。因此二审法院对上诉人提出的管辖权异议不予审查，裁定驳回其异议，故B正确。

**36. C**。《民事诉讼法》第41条第4款规定，审理再审案件，原来是第一审的，按照第一审程序另行组成合议庭；原来是第二审的或者是上级人民法院提审的，按照第二审程序另行组成合议庭。《民诉解释》第300条规定，第三人诉讼请求并入再审程序审理的，按照下列情形分别处理：（1）按照第一审程序审理的，人民法院应当对第三人的诉讼请求一并审理，所作的判决可以上诉；（2）按照第二审程序审理的，人民法院可以调解，调解达不成协议的，应当裁定撤销原判决、裁定、调解书，发回一审法院重审，重审时应当列明第三人。本案中，A市中级法院提审，适用二审程序审理，因此，法院可以调解，调解不成的，裁定撤销原判，发回重审。故C正确，ABD错误。

**37. C**。《民诉解释》第91条规定，人民法院应当依照下列原则确定举证证明责任的承担，但法律另有规定的除外：（1）主张法律关系存在的当事人，应当对产生该法律关系的基本事实承担举证证明责任；（2）主张法律关系变更、消灭或者权利受到妨害的当事人，应当对该法律关系变更、消灭或者权利受到妨害的基本事实承担举证证明责任。本案中，借款的事实是由王某提出，应由其承担借款事实存在的证明责任，故A正确，不选。《民诉解释》第92条规定，一方当事人在法庭审理中，或者在起诉状、答辩状、代理词等书面材料中，对于己不利的事实明确表示承认的，另一方当事人无需举证证明。对于涉及身份关系、国家利益、社会公共利益等应当由人民法院依职权调查的事实，不适用前款自认的规定。自认的事实与查明的事实不符的，人民法院不予确认。钱某提交证据证明其已返还借款的行为，构成对借款事实的自认，故B正确，不选。依据与证明责任承担的关系，证据可分为本证和反证。承担证明责任的人提供的证据是本证，不承担证明责任的人提供的证据是反证。本案中，钱某应承担其已还款事实的证明责任，所以其提供的证明其已还款事实所提供的证据，为案涉还款事实的本证。故D正确，不选；C错误，当选。

**38. D**。《民诉解释》第57条规定，提供劳务一方因劳务造成他人损害，受害人提起诉讼的，以接受劳务一方为被告。本案中，应由接受劳务一方即薛某作被告，受害人乔某应起诉薛某，而不应起诉提供劳务的杨某，故AB错误。在侵权关系中，主观过错的证明责任只发生在行为人与受害人之间，薛某不是侵权行为发生的行为人，其主观过错不应成为本案的证明对象，故C错误，D正确。

**39. B**。《民诉解释》第309条规定，案外人或者申请执行人提起执行异议之诉的，案外人应当就其对执行标的享有足以排除强制执行的民事权益承担举证证明责任。本案中，易某为申请执行人，谢某为案外人，执行过程中，谢某提出执行异议，法院裁定中止执行，申请人易某提起异议之诉时，由谢某承担其对执行标的享有民事权益的举证证明责任，故B正确，A错误。王某为被执行人，无权提起异议之诉，故CD错误。

**40. D**。《最高人民法院关于适用简易程序审理民事案件的若干规定》第8条规定，人民法院按照原告提供的被告的送达地址或者其他联系方式无法通知被告应诉的，应当按以下情况分别处理：（1）原告提供了被告准确的送达地址，但人民法院无法向被告直接送达或者留置送达应诉通知书的，应当将案件转入普通程序审理；（2）原告不能提供被告准确的送达地址，人民法院经查证后仍不能确定被告送达地址的，可以被告不明确为由裁定驳回原告起诉。本案中，原告未能提供被告准确的送达地址，人民法院经多方了解和查证也无法确定准确地址，属于该条的第二种情况，应当裁定驳回原告起诉，故D正确。

**41. A**。《民诉解释》第317条规定，必要共同诉讼人的一人或者部分人提起上诉的，按下列情形分别处理：（1）上诉仅对与对方当事人之间权利义务分担有意见，不涉及其他共同诉讼人利益的，对方当事人为被上诉人，未上诉的同一方当事人依原审诉讼地位列明；（2）上诉仅对共同诉讼人之间权利义务分担有意见，不涉及对方当事人利益的，未上诉的同一方当事人为被上诉人，对方当事人依原审诉讼地位列明；（3）上诉对双方当事人之间以及共同诉讼人之间权利义务承担有意见的，未提起上诉的其他当事人均为被上诉人。故A正确，BCD错误，不选。

**42. B**。《民诉解释》第336条规定，在第二审程序中，原审原告申请撤回起诉，经其他当事人同意，且不损害国家利益、社会公共利益、他人合法权益的，人民法院可以准许。准许撤诉的，应当一并裁定撤销一审裁判。据此，当事人可以在二审中撤回起诉，故A错误。《民诉解释》第335条规定，在第二审程序中，当事人申请撤回上诉，人民法院经审查认为一审判决确有错误，或者当事人之间恶意串通损害国家利益、社会公共利益、他人合法权益的，不应准许。据此，二审双方当事人可以撤回上诉，是否准许由二审法院裁定。本案中，双方当事人在二审中达成协议申请撤回上诉，二审人民法院可以允许当事人撤回上诉，故B正确。

**43. B**。和解协议是在当事人之间产生，只在当事人之间产生拘束力，不具有强制执行力，不可作为执行依据申请强制执行，故A错误。撤回上诉的法律效果在于一审判决生效，所以当事人可以申请执行一审判决，故B正确。同时，基于一事不再理原则，一审判决已经生效，不得再另行起诉，故C错误，不当选。在民事诉讼法中，只有调解协议可以申请司法确认，故D错误。

**44. B**。《民事诉讼法》第190条第1款规定，公民下落不明满2年，利害关系人申请宣告其失踪的，向下落不明人住所地基层人民法院提出。本案中李某与刘某有债权债务关系，为利害关系人，故有权申请宣告刘某失踪。故A错误，不当选。《民诉解释》第342条规定，失踪人的财产代管人经人民法院指定后，代管人申请变更代管的，比照民事诉讼法特别程序的有关规定进行审理。申请理由成立的，裁定撤销申请人的代管人身份，同时另行指定财产代管人；申请理由不成立的，裁定驳回申请。失踪人的其他利害关系人申请变更代管的，人民法院应当告知其以原指定的代管人为被告起诉，并按普通程序进行审理。本案中法院指定刘某妻子为财产代管人，刘某父亲为失踪人刘某的其他利害关系人，故刘某父亲提起诉讼，申请变更代管的，应当以原指定的代管人刘某妻子为被告提起诉讼，按普通程序审理。故B正确。

**45. C**。《民诉解释》第448条规定，在申报期届满后、判决作出之前，利害关系人申报权利的，应当适用《民事诉讼法》第232条第2款、第3款规定处理。《民事诉讼法》第232条第2、3款规定，人民法院收到利害关系人的申报后，应当裁定终结公示催告程序，并通知申请人和支付人。申请人或者申报人可以向人民法院起诉。本案中，申请人家佳公司申报的时间在法院作出除权判决作出之前，故家佳公司向法院申报权利后，法院应当裁定终结公示催告程序。C正确。

**46. D**。《最高人民法院关于民事执行中变更、追加当事人若干问题的规定》第14条规定，作为被执行人的合伙企业，不能清偿生效法律文书确定的债务，申请执行人申请变更、追加普通合伙人为被执行人的，人民法院应予支持。作为被执行人的有限合伙企业，财产不足以清偿生效法律文书确定的债务，申请执行人申请变更、追加未按期足额缴纳出资的有限合伙人为被执行人，在未足额缴纳出资的范围内承担责任的，人民法院应予支持。本案中，“好安逸”饭店由甲、乙、丙三人合伙开设，其财产不足以清偿法院判决支付给钱某的医疗费，故应当裁定追加合伙人甲、乙、丙为被执行人，执行其财产。故D正确。

**47. D**。本题中，两江公司与百向公司在合同中约定了合同纠纷可向W市的仲裁委员会申请仲裁，W市有两个仲裁委员会，在仲裁协议中双方并未一致选定具体的仲裁机构，应认为仲裁协议约定的仲裁机构不明确。在一方当事人两江公司向其中一个仲裁委员会申请并被受理后，另一方当事人向法院申请确认仲裁协议无效。《最高人民法院关于适用〈中华人民共和国仲裁法〉若干问题的解释》（以下简称《仲裁法解释》）第12条规定，当事人向人民法院申请确认仲裁协议效力的案件，由仲裁协议约定的仲裁机构所在地的中级人民法院管辖；仲裁协议约定的仲裁机构不明确的，由仲裁协议签订地或者被申请人住所地的中级人民法院管辖。本案属于仲裁机构约定不明确，故应当由仲裁协议签订地H市中级人民法院或者被申请人两江公司住所地A市中级人民法院管辖。故D正确。

**48. ABC**。《民法典》第29条规定，被监护人的父母担任监护人的，可以通过遗嘱指定监护人。本题中，余某与其妻婚后不育，依法收养了孤儿小翠。不久后余某与妻子离婚，小翠由余某抚养。故余某可通过遗嘱指定其父亲在其身故后担任小翠的监护人，A正确，当选。《民法典》第33条规定，具有完全民事行为能力的成年人，可以与其近亲属、其他愿意担任监护人的个人或者组织事先协商，以书面形式确定自己的监护人，在自己丧失或者部分丧失民事行为能力时，由该监护人履行监护职责。据此，C正确，当选。《民法典》第27条规定，父母是未成年子女的监护人。未成年人的父母已经死亡或者没有监护能力的，由下列有监护能力的人按顺序担任监护人：（1）祖父母、外祖父母；（2）兄、姐；（3）其他愿意担任监护人的个人或者组织，但是须经未成年人住所地的居民委员会、村民委员会或者民政部门同意。《民法典》第30条规定，依法具有监护资格的人之间可以协议确定监护人。协议确定监护人应当尊重被监护人的真实意愿。本题中，余某与其妻婚后不育，依法收养了孤儿小翠，形成法律意义上的父母子女关系，该关系不因夫妻离婚而受影响。余某前妻作为小翠的养母，具有对小翠的监护资格，可以与余某协议确定监护人，据此，B正确，当选。但是，在小翠的养母有监护能力且未丧失监护能力的情形下，余某的父母无权监护，故D错误。

**49. ABC**。《民法典》第51条规定，被宣告死亡的人的婚姻关系，自死亡宣告之日起消除。死亡宣告被撤销的，婚姻关系自撤销死亡宣告之日起自行恢复。但是，其配偶再婚或者向婚姻登记机关书面声明不愿意恢复的除外。本题中，甲被宣告死亡后，其妻乙未再婚且未向婚姻登记机关书面声明不愿意恢复婚姻关系，甲乙之间的婚姻关系自撤销死亡宣告之日起自行恢复。由此可知本题A正确。在甲经其妻乙请求被K县法院宣告死亡后，因乙是甲唯一的继承人，所以可以继承甲的财产，故乙在继承财产后有权对财产进行处分，由此B正确，当选。《民法典》第53条规定，被撤销死亡宣告的人有权请求依照本法继承编取得其财产的民事主体返还财产；无法返还的，应当给予适当补偿。本题中，乙将家里的一辆轿车赠送给了弟弟丙，交付并办理了过户登记。由于丙非依继承取得该车，故甲无权要求丙返还轿车。由此，C正确，当选。《民法典》第49条规定，自然人被宣告死亡但是并未死亡的，不影响该自然人在被宣告死亡期间实施的民事法律行为的效力。本题中，经商失败的甲返回K县，为还债将登记于自己名下的一套夫妻共有住房私自卖给知情的丁，该行为属于无权处分，无权处分的行为效力未定，题面中也未给出判断该行为有效或者无效的信息，但不能绝对地表述为行为无效。故D的说法太过绝对，不选。

**50. BCD**。《民法典》第75条规定，设立人为设立法人从事的民事活动，其法律后果由法人承受；法人未成立的，其法律后果由设立人承受，设立人为二人以上的，享有连带债权，承担连带债务。设立人为设立法人以自己的名义从事民事活动产生的民事责任，第三人有权选择请求法人或者设立人承担。本题中，黄逢、黄现和金耘共同出资，拟设立名为“黄金黄研究会”的社会团体法人。设立过程中，黄逢等3人以黄金黄研究会名义与某科技园签署了为期3年的商铺租赁协议，月租金5万元，押3付1。如果黄金黄研究会未成立，则某科技园的租赁债权应由设立人黄逢、黄现和金耘共同承受，承担连带责任。如果黄金黄研究会成立，则债权人印刷厂就租赁债权，既可向黄金黄研究会主张，也可向金耘主张。据此，本题A错误，BCD正确。

**51. BC**。《民法典》第305条规定，按份共有人可以转让其享有的共有的不动产或者动产份额。其他共有人在同等条件下享有优先购买的权利。由此，立法并不禁止按份共有人将份额转让。本题中，乙与第三人戊约定将其份额以120万元转让给戊，虽然没有通知甲、丙、丁，但乙戊之间的份额转让合同并不因此而无效，故丙、丁不可仅请求认定乙与戊之间的份额转让合同无效。故D错误。《最高人民法院关于适用〈中华人民共和国民法典〉物权编的解释（一）》［以下简称《物权编解释（一）》］第13条规定，按份共有人之间转让共有份额，其他按份共有人主张依据《民法典》第305条规定优先购买的，不予支持，但按份共有人之间另有约定的除外。本题中，甲、乙、丙、丁按份共有某商铺，各自份额均为25%。甲与丙商定将其份额以100万元转让给丙，此为共有人之间转让共有份额，题面也并未有按份共有人之间另有约定的信息，所以乙、丁对甲的份额不享有优先购买权，由此可知本题 A 错误。而乙与第三人戊约定将其份额以 120 万元转让给戊，属于将共有份额转让给共有人之外的人，所以其他共有人甲、丙、丁对乙的份额享有优先购买权。由此可知本题 B 正确。《民法典》第 306 条第 2 款规定，两个以上其他共有人主张行使优先购买权的，协商确定各自的购买比例；协商不成的，按照转让时各自的共有份额比例行使优先购买权。所以，如甲、丙均对乙的份额主张优先购买权，双方可协商确定各自购买的份额。据此，C 正确。

**52. ACD**。《民法典》第 397 条规定，以建筑物抵押的，该建筑物占用范围内的建设用地使用权一并抵押。以建设用地使用权抵押的，该土地上的建筑物一并抵押。抵押人未依据前款规定一并抵押的，未抵押的财产视为一并抵押。《民法典》第 417 条规定，建设用地使用权抵押后，该土地上新增的建筑物不属于抵押财产。该建设用地使用权实现抵押权时，应当将该土地上新增的建筑物与建设用地使用权一并处分。但是，新增建筑物所得的价款，抵押权人无权优先受偿。本题中，甲公司以一地块的建设用地使用权作抵押向乙银行借款 3000 万元，办理了抵押登记，因为当时地上没有建筑物，所以，乙银行对建设用地使用权拍卖所得价款享有优先受偿权，但乙银行对该住宅楼拍卖所得价款不享有优先受偿权。由此可知本题 A 正确，B 错误。《民法典》第 807 条规定，发包人未按照约定支付价款的，承包人可以催告发包人在合理期限内支付价款。发包人逾期不支付的，除根据建设工程的性质不宜折价、拍卖外，承包人可以与发包人协议将该工程折价，也可以请求人民法院将该工程依法拍卖。建设工程的价款就该工程折价或者拍卖的价款优先受偿。本题中，住宅楼已竣工验收，但甲公司欠付丙公司工程款 1500 万元，故而丙公司可以与发包人协议将该工程折价，也可以申请人民法院将该工程依法拍卖；建设工程的价款就该工程折价或者拍卖的价款优先受偿。《最高人民法院关于审理建设工程施工合同纠纷案件适用法律问题的解释（一）》第 36 条规定，承包人根据《民法典》第 807 条规定享有的建设工程价款优先受偿权优于抵押权和其他债权。但是本题中，丁作为购房者，已经支付了 80%的价款，承包人就该商品房享有的工程价款优先受偿权不得对抗买受人。故 CD 正确。

**53. BCD**。《民法典》第 429、430 条规定，质权自出质人交付质押财产时设立。质权人有权收取质押财产的孳息，但是合同另有约定的除外；前款规定的孳息应当先充抵收取孳息的费用。本题中，借款当日，甲将自己饲养的市值 5 万元的名贵宠物鹦鹉质押交付给乙，作为债务到期不履行的担保，因此乙有权收取鹦鹉的孳息。由此可知本题 A 错误。《民法典》第 432 条第 1 款规定，质权人负有妥善保管质押财产的义务；因保管不善致使质押财产毁损、灭失的，应当承担赔偿责任。本题中，乙作为质押权人应妥善照管鹦鹉，因乙照管不善致使鹦鹉死亡，乙需承担赔偿责任。由此可知本题 B 正确。《民法典》第 437 条第 1 款规定，出质人可以请求质权人在债务履行期限届满后及时行使质权；质权人不行使的，出质人可以请求人民法院拍卖、变卖质押财产。由此可知本题中 C 正确。《民法典》第 435 条规定，质权人可以放弃质权。债务人以自己的财产出质，质权人放弃该质权的，其他担保人在质权人丧失优先受偿权益的范围内免除担保责任，但是其他担保人承诺仍然提供担保的除外。由此可知本题中 D 正确。

**54. ABC**。《民法典》第 224 条规定，动产物权的设立和转让，自交付时发生效力，但是法律另有规定的除外。《民法典》第 225 条规定，船舶、航空器和机动车等的物权的设立、变更、转让和消灭，未经登记，不得对抗善意第三人。本题中，2016 年底朱雀公司依约向玄武公司交付了该小客车，虽然未同时交付机动车销售统一发票、合格证等有关单证资料，致使玄武公司无法办理车辆所有权登记和牌照，但此时小客车的所有权已经移转于玄武公司。由此可知本题 A 正确。《民法典》第 599 条规定，出卖人应当按照约定或者交易习惯向买受人交付提取标的物单证以外的有关单证和资料。本题中，朱雀公司依约向玄武公司交付了该小客车，但未同时交付机动车销售统一发票、合格证等有关单证资料，致使玄武公司无法办理车辆所有权登记和牌照，故玄武公司有权要求朱雀公司交付有关单证资料。由此可知本题 B 正确。《民法典》第 563 条规定，有下列情形之一的，当事人可以解除合同：（1）因不可抗力致使不能实现合同目的；（2）在履行期限届满前，当事人一方明确表示或者以自己的行为表明不履行主要债务；（3）当事人一方迟延履行主要债务，经催告后在合理期限内仍未履行；（4）当事人一方迟延履行债务或者有其他违约行为致使不能实现合同目的；（5）法律规定的其他情形。以持续履行的债务为内容的不定期合同，当事人可以随时解除合同，但是应当在合理期限之前通知对方。本题中，交付有关单证资料属于朱雀公司的从给付义务，如果其一直拒绝交付有关单证资料，属于从给付义务的违反，但因此致使玄武公司无法办理车辆所有权登记和牌照，即不能实现合同目的，故玄武公司可主张购车合同解除。由此可知本题中 D 错误，而 C 正确。

**55. BD**。《民法典》第 538 条规定，债务人以放弃其债权、放弃债权担保、无偿转让财产等方式无偿处分财产权益，或者恶意延长其到期债权的履行期限，影响债权人的债权实现的，债权人可以请求人民法院撤销债务人的行为。《民法典》第539条规定，债务人以明显不合理的低价转让财产、以明显不合理的高价受让他人财产或者为他人的债务提供担保，影响债权人的债权实现，债务人的相对人知道或者应当知道该情形的，债权人可以请求人民法院撤销债务人的行为。《民法典》第540条规定，撤销权的行使范围以债权人的债权为限。债权人行使撤销权的必要费用，由债务人负担。本题中，甲欠乙30万元到期后，乙多次催要未果。甲与丙结婚数日后即办理离婚手续，在《离婚协议书》中约定将甲婚前的一处住房赠与知悉甲欠乙债务的丙，并办理了所有权变更登记。如果因为甲的赠与致使甲履行不了其对乙的债务，乙可以行使撤销权，请求人民法院撤销甲的赠与行为，依法撤销的，该赠与行为（条款）自始无效，而非整个《离婚协议书》无效；如果甲证明自己有稳定工资收入及汽车等财产可供还债，法院应驳回乙的诉讼请求。故A错误，B正确。在撤销权中，债务人为被告，债务人的相对人（次债务人）为诉讼中的第三人，不存在共同被告的问题。本题中，如乙仅以甲为被告，法院可以追加丙为被告，而非应当追加丙为被告。由此可知本题C错误。因律师代理费属于必要费用，故如果法院认定乙的撤销权成立，应一并支持乙提出的由甲承担律师代理费的请求。D正确。

**56. BCD**。《城镇房屋租赁合同解释》第3条第2款规定，租赁期限超过临时建筑的使用期限，超过部分无效。但在一审法庭辩论终结前经主管部门批准延长使用期限的，人民法院应当认定延长使用期限内的租赁期间有效。据此，本题中，甲乙之间的合同有效，甲丙之间的合同无效，甲无权将该房继续出租给丙，故A错误，BC正确。《城镇房屋租赁合同解释》第4条第1款规定，房屋租赁合同无效，当事人请求参照合同约定的租金标准支付房屋占有使用费的，人民法院一般应予支持。故D正确。

**57. BD**。《最高人民法院关于审理融资租赁合同纠纷案件适用法律问题的解释》第2条规定，承租人将其自有物出卖给出租人，再通过融资租赁合同将租赁物从出租人处租回的，人民法院不应仅以承租人和出卖人系同一人为由认定不构成融资租赁法律关系。本题中，甲融资租赁公司与乙公司签订融资租赁合同，约定乙公司向甲公司转让一套生产设备，转让价为评估机构评估的市场价200万元，再租给乙公司使用2年，乙公司向甲公司支付租金300万元。据此，A错误，B正确。《最高人民法院关于审理民间借贷案件适用法律若干问题的规定》（以下简称《民间借贷规定》）第25条规定，出借人请求借款人按照合同约定利率支付利息的，人民法院应予支持，但是双方约定的利率超过合同成立时一年期贷款市场报价利率4倍的除外。前款所称"一年期贷款市场报价利率"，是指中国人民银行授权全国银行间同业拆借中心自2019年8月20日起每月发布的一年期贷款市场报价利率。据此，C错误。《民法典》第757条规定，出租人和承租人可以约定租赁期限届满租赁物的归属；对租赁物的归属没有约定或者约定不明确，依据本法第510条的规定仍不能确定的，租赁物的所有权归出租人。据此，D正确。

**58. BD**。《著作权法》第3条规定，美术作品受著作权法的保护。再依《著作权法实施条例》第4条第8项规定，美术作品，是指绘画、书法、雕塑等以线条、色彩或者其他方式构成的有审美意义的平面或者立体的造型艺术作品。本题中，牛博朗研习书法绘画30年，研究出汉字的独特写法牛氏"润金体"。"润金体"借鉴了"瘦金体"，但在布局、线条、勾画、落笔以及比例上自成体系，多出三分圆润，审美价值很高，具有独创性，构成美术作品。据此，AC错误，BD正确。

**59. CD**。如果甲公司的专利有效，则丙公司于2014年12月至2015年11月使用甲公司的发明虽然不构成侵权，但应当支付发明专利申请公布后至专利权授予前使用该发明的适当使用费。由此，A错误。《最高人民法院关于审理专利纠纷案件适用法律问题的若干规定》第5条规定："人民法院受理的侵犯实用新型、外观设计专利权纠纷案件，被告在答辩期间内请求宣告该项专利权无效的，人民法院应当中止诉讼，但具备下列情形之一的，可以不中止诉讼：（一）原告出具的检索报告或者专利权评价报告未发现导致实用新型或者外观设计专利权无效的事由的；（二）被告提供的证据足以证明其使用的技术已经公知的；（三）被告请求宣告该项专利权无效所提供的证据或者依据的理由明显不充分的；（四）人民法院认为不应当中止诉讼的其他情形。"据此，本题中，如乙公司在答辩期内请求专利复审委员会宣告甲公司的专利权无效，因本领域技术人员通过拆解分析该洗衣机，即可了解其节水的全部技术特征，属于上述规定中"被告提供的证据足以证明其使用的技术已经公知"的情形，故法院可以不中止诉讼。故B错误。《专利法》第75条规定，在专利申请日前已经制造相同产品、使用相同方法或者已经作好制造、使用的必要准备，并且仅在原有范围内继续制造、使用的，不视为侵犯专利权。本题中，甲公司于2013年6月申请发明专利权，专利局于2014年12月公布其申请文件，并于2015年12月授予发明专利权。乙公司于2013年5月开始销售该种洗衣机。因此，乙公司如能证明自己在甲公司的专利申请日之前就已制造相同的洗衣机、且仅在原有制造能力范围内继续制造，则不构成侵权。据此，C正确。《专利法》第22条规定，授予专利权的发明和实用新型，应当具备新颖性、创造性和实用性。新颖性，是指该发明或者实用新型不属于现有技术；也没有任何单位或者个人就同样的发明或者实用新型在申请日以前向国务院专利行政部门提出过申请，并记载在申请日以后公布的专利申请文件或者公告的专利文件中。创造性，是指与现有技术相比，该发明具有突出的实质性特点和显著的进步，该实用新型具有实质性特点和进步。实用性，是指该发明或者实用新型能够制造或者使用，并且能够产生积极效果。本法所称现有技术，是指申请日以前在国内外为公众所知的技术。《专利法》第 67 条规定，在专利侵权纠纷中，被控侵权人有证据证明其实施的技术或者设计属于现有技术或者现有设计的，不构成侵犯专利权。本题中，甲公司和乙公司的技术完全相同，因此，丙公司如能证明自己制造销售的洗衣机在技术上与乙公司于 2013 年 5 月开始销售的洗衣机完全相同，法院即应认定丙公司的行为不侵权。据此，D 正确。

**60. AD**。《民法典》第 1091 条规定，有下列情形之一，导致离婚的，无过错方有权请求损害赔偿：（1）重婚；（2）与他人同居；（3）实施家庭暴力；（4）虐待、遗弃家庭成员；(5) 有其他重大过错。本题中，甲男发现乙女因不愿生育曾数次擅自中止妊娠，为此甲男多次殴打乙女且致乙女住院，属于家庭暴力。由此可知，A 正确。《婚姻家庭编解释（一）》第 23 条规定，夫以妻擅自中止妊娠侵犯其生育权为由请求损害赔偿的，人民法院不予支持；夫妻双方因是否生育发生纠纷，致使感情确已破裂，一方请求离婚的，人民法院经调解无效，应依照《民法典》第 1079 条第 3 款第 5 项的规定处理。本题中，乙女擅自中止妊娠既不侵害甲男的生育权，也不侵害甲男的人格尊严。由此可知 BC 错误，D 正确。

**61. ABCD**。《民法典》第 1142 条规定，遗嘱人可以撤回、变更自己所立的遗嘱。立遗嘱后，遗嘱人实施与遗嘱内容相反的民事法律行为的，视为对遗嘱相关内容的撤回。立有数份遗嘱，内容相抵触的，以最后的遗嘱为准。本题中，韩某在 2014 年所立第一份自书遗嘱中表示全部遗产由其长子韩大继承。在 2015 年所立第二份自书遗嘱中，韩某表示其死后公司股权和名人字画留给 7 岁的外孙女婷婷，实际上是由第二份自书遗嘱部分撤销了第一份遗嘱的内容。据此，AB 说法均错误，本题为选非题，故 AB 当选。《民法典》第 230 条规定，因继承取得物权的，自继承开始时发生效力。同时结合《民法典》第 232 条规定，因继承享有不动产物权的，处分该物权时，依照法律规定需要办理登记的，未经登记，不发生物权效力。《民法典》第 215 条规定，当事人之间订立有关设立、变更、转让和消灭不动产物权的合同，除法律另有规定或者当事人另有约定外，自合同成立时生效；未办理物权登记的，不影响合同效力。综上，C 错误，本题为选非题，故 C 当选。《公司法》第 90 条规定，自然人股东死亡后，其合法继承人可以继承股东资格；但是，公司章程另有规定的除外。据此，婷婷能否取得某有限责任公司股东资格，不能一刀切，而本题中 D 说法太过绝对，本题为选非题，故 D 当选。

**62. CD**。《民法典》第 1245 条规定，饲养的动物造成他人损害的，动物饲养人或者管理人应当承担侵权责任；但是，能够证明损害是因被侵权人故意或者重大过失造成的，可以不承担或者减轻责任。本题中，甲、乙分别饲养山羊各一只。某日二羊走脱，将丙辛苦栽培的珍稀药材悉数啃光。由此可知，丙的损害应该由甲乙两人承担，且甲、乙不能通过证明已尽到管理职责而免责。故 A 错误。《民法典》第 1168 条规定，二人以上共同实施侵权行为，造成他人损害的，应当承担连带责任。《民法典》第 1171 条规定，二人以上分别实施侵权行为造成同一损害，每个人的侵权行为都足以造成全部损害的，行为人承担连带责任。《民法典》第 1172 条规定，二人以上分别实施侵权行为造成同一损害，能够确定责任大小的，各自承担相应的责任；难以确定责任大小的，平均承担责任。本题中，甲、乙分别饲养山羊各一只，并非为共同致害，故 B 错误，CD 正确。

**63. AB**。《公司法》第 227 条规定：“有限责任公司增加注册资本时，股东在同等条件下有权优先按照实缴的出资比例认缴出资。但是，全体股东约定不按照出资比例优先认缴出资的除外。股份有限公司为增加注册资本发行新股时，股东不享有优先认购权，公司章程另有规定或者股东会决议决定股东享有优先认购权的除外。”据此，湘星公司的三位股东可以决定不按照出资比例认缴出资，A 正确。《公司法》第 47 条第 1 款规定：“有限责任公司的注册资本为在公司登记机关登记的全体股东认缴的出资额。全体股东认缴的出资额由股东按照公司章程的规定自公司成立之日起五年内缴足。”B 正确。《公司法》第 46 条第 1 款第 3 项规定，公司章程中应当载明公司注册资本，公司增资会引发公司注册资本变化，当然需要修订公司章程，故 C 错误。《公司法》第 32 条第 1 款规定：“公司登记事项包括：……（三）注册资本……”《公司法》第 34 条规定：“公司登记事项发生变更的，应当依法办理变更登记。公司登记事项未经登记或者未经变更登记，不得对抗善意相对人。”故 D 错误。

**64. ABC**。《公司法解释（三）》第 28 条规定：“冒用他人名义出资并将该他人作为股东在公司登记机关登记的，冒名登记行为人应当承担相应责任；公司、其他股东或者公司债权人以未履行出资义务为由，请求被冒名登记为股东的承担补足出资责任或者对公司债务不能清偿部分的赔偿责任的，人民法院不予支持。”据此，其他股东可以要求冒名出资的胡铭履行出资义务，D 正确。冒名股东与股份代持不同，在冒用他人名义出资的情形下，冒名者是负有出资义务的股东，而被冒名者与公司没有任何关系。因为姚顺并非股东，不享有股东的任何权利，既不能向贝达公司主张分配利润，也不能参与贝达公司股东会，故AB错误。因为姚顺并非公司股东，所以不负有出资义务，贝达公司的债权人不能向其主张任何权利，故C错误。

**65. AB**。《公司法》第74条第1款规定："有限责任公司可以设经理，由董事会决定聘任或者解聘。"《公司法》第126条第1款规定："股份有限公司设经理，由董事会决定聘任或者解聘。"《公司法》第67条和第120条规定，董事会的职责之一是"决定聘任或者解聘公司经理及其报酬事项，并根据经理的提名决定聘任或者解聘公司副经理、财务负责人及其报酬事项"。据此，公司董事会可以决定总经理的聘任、解聘及其薪酬，而非股东会。王某受聘为总经理后，无权决定财务总监的人选，只能提请公司董事会任命其提名的人选，故A正确，CD错误。《民法典》第170条第1款规定："执行法人或者非法人组织工作任务的人员，就其职权范围内的事项，以法人或者非法人组织的名义实施的民事法律行为，对法人或者非法人组织发生效力。"据此，王某作为公司总经理，有权以茂森公司名义对外签订合同，B正确。

**66. ABCD**。《合伙企业法》第60条规定："有限合伙企业及其合伙人适用本章规定；本章未作规定的，适用本法第二章第一节至第五节关于普通合伙企业及其合伙人的规定。"《合伙企业法》对有限合伙人的入伙、退伙并无特别规定，适用一般规定。《合伙企业法》第43条第1款规定："新合伙人入伙，除合伙协议另有约定外，应当经全体合伙人一致同意，并依法订立书面入伙协议。"据此，在合伙协议没有特别约定的情况下，有限合伙人的入伙需要经过其他全体合伙人的一致同意而不仅仅是普通合伙人的同意，故A错误。《合伙企业法》第77条规定："新入伙的有限合伙人对入伙前有限合伙企业的债务，以其认缴的出资额为限承担责任。"据此，三江公司应当以认缴的出资额而不是以实缴的出资额为限承担责任，故B错误。《合伙企业法》第28条第2款规定："合伙人为了解合伙企业的经营状况和财务状况，有权查阅合伙企业会计账簿等财务资料。"同时，《合伙企业法》第68条第2款规定，有限合伙人"对涉及自身利益的情况，查阅有限合伙企业财务会计账簿等财务资料"不视为执行合伙企业事务。从这些规定可以看出，有限合伙人查阅合伙企业财务会计账簿的权利是受到限制的，即只有在涉及自身利益的情况下才能够查阅，而不能随意查阅合伙企业财务会计账簿，故C错误。《合伙企业法》第71条规定："有限合伙人可以自营或者同他人合作经营与本有限合伙企业相竞争的业务；但是，合伙协议另有约定的除外。"据此，D错误。

**67. BC**。企业重整期间发生的债务为共益债务，从债务人的财产中随时清偿，而不是列为破产债权，故A错误，B正确。齐某与舜泰公司约定，如借款1年内还清就不计利息，说明超过1年还清则要计算逾期利息。《民法典》第676条同样规定："借款人未按照约定的期限返还借款的，应当按照约定或者国家有关规定支付逾期利息。"《民间借贷规定》第29条特别规定了逾期利率的标准。据此，舜泰公司逾期还款之后，应当支付逾期利息。本案的特殊之处在于，舜泰公司逾期还款之时恰恰是其被宣告破产之时，逾期利息刚要开始计算，舜泰公司就被宣告破产了，相关的逾期利息事实上并未产生，所以齐某不能要求舜泰公司支付逾期利息，故C正确，D错误。

**68. CD**。《票据法》第84条规定："支票必须记载下列事项：（一）表明'支票'的字样；（二）无条件支付的委托；（三）确定的金额；（四）付款人名称；（五）出票日期；（六）出票人签章。支票上未记载前款规定事项之一的，支票无效。"同时，《票据法》第85条规定："支票上的金额可以由出票人授权补记，未补记前的支票，不得使用。"据此，欠缺票据金额并不会导致支票无效，只要在使用支票前补记金额即可。本题中，出票人因为疏忽，未记载票据金额的中文大写，使用之前补记中文大写即可，不影响支票的效力，故AB两项错误，CD两项正确。

**69. BD**。《证券法》第63条第1款规定："通过证券交易所的证券交易，投资者持有或者通过协议、其他安排与他人共同持有一个上市公司已发行的有表决权股份达到百分之五时，应当在该事实发生之日起三日内，向国务院证券监督管理机构、证券交易所作出书面报告，通知该上市公司，并予公告，在上述期限内不得再行买卖该上市公司的股票，但国务院证券监督管理机构规定的情形除外。"据此，持有某家上市公司股份达到5%的股东，应当向证监会、交易所报告，并且发布公告，甲违反了信息披露义务，应该受到证监会处罚。《证券法》第196条规定："收购人未按照本法规定履行上市公司收购的公告、发出收购要约义务的，责令改正，给予警告，并处以五十万元以上五百万元以下的罚款。对直接负责的主管人员和其他直接责任人员给予警告，并处以二十万元以上二百万元以下的罚款。收购人及其控股股东、实际控制人利用上市公司收购，给被收购公司及其股东造成损失的，应当依法承担赔偿责任。"该规定只是对违反信息披露义务的收购人进行行政处罚，但并未禁止其继续购买目标公司股票，故A错误。C同样错误，收购人违反披露义务，并不影响其股票买卖的效力。《证券法》第65条第1款规定："通过证券交易所的证券交易，投资者持有或者通过协议、其他安排与他人共同持有一个上市公司已发行的有表决权股份达到百分之三十时，继续进行收购的，应当依法向该上市公司所有股东发出收购上市公司全部或者部分股份的要约。”据此，持股30%以上的股东有强制要约收购的义务。本题中，甲持股6%，并无强制要约收购义务，乙可以邀请其他公司对力扬公司展开要约收购，故B正确。《证券法》第71条第1款规定：“采取协议收购方式的，收购人可以依照法律、行政法规的规定同被收购公司的股东以协议方式进行股份转让。”本题中，因为甲对上市公司持股6%，不负有强制要约收购的义务，所以甲可以采取协议收购的方式进行收购，丁可以将其所持股份全部转让给甲，故D正确。

**70. BD**。《保险法》第39条第1款规定：“人身保险的受益人由被保险人或者投保人指定。”李某作为完全行为能力人，有权指定其妻子为保险受益人，保险合同合法有效，故A错误。《最高人民法院关于适用〈中华人民共和国保险法〉若干问题的解释（三）》第24条规定：“投保人为被保险人订立以死亡为给付保险金条件的保险合同，被保险人被宣告死亡后，当事人要求保险人按照保险合同约定给付保险金的，人民法院应予支持。被保险人被宣告死亡之日在保险责任期间之外，但有证据证明下落不明之日在保险责任期间之内，当事人要求保险人按照保险合同约定给付保险金的，人民法院应予支持。”在此，宣告死亡是人民法院依照法律规定所作的死亡认定判决，判决的生效时间并不是下落不明人的确切死亡时间。如果有证据证明李某在保险期间下落不明，则保险公司应当承担赔偿责任，故BD两项正确，C错误。

**71. AD**。《民事诉讼法》第59条第1款规定，对当事人双方的诉讼标的，第三人认为有独立请求权的，有权提起诉讼。本案中王强主张对该财产的部分产权，可以作为有独立请求权第三人提起诉讼，A正确。必要共同诉讼指当事人一方或者双方为两人以上，诉讼标的同一，法院必须合并审理并且在裁判中对诉讼标的合一确定。王强既非共同原告，也非共同被告，而是反对李立和陈山两个人，所以不是必要共同诉讼人，B错误。《民诉解释》第237条规定，有独立请求权的第三人参加诉讼后，原告申请撤诉，人民法院在准许原告撤诉后，有独立请求权的第三人作为另案原告，原案原告、被告作为另案被告，诉讼继续进行。所以，李立经法院同意撤回起诉后，法院应以王强为原告、李立和陈山为被告另案处理，诉讼继续进行，故C错误，D正确。

**72. ABC**。《民事诉讼法》第75条规定，凡是知道案件情况的单位和个人，都有义务出庭作证。有关单位的负责人应当支持证人作证。不能正确表达意思的人，不能作证。据此，未成年人能否作证人主要看其是否能够正确表达意思，能够正确表达意思的未成年人，即使无诉讼行为能力也可以作证人，故A错误。证人不适用回避，B错误。未成年人作为证人提供的与其年龄、智力不相当的证言只是证明力相对较小，而非都不具有证明力，C错误。未成年人所作的证人证言能否单独作为认定案件事实的根据，关键看证言内容与其内容、智力是否相符，与当事人存在利害关系的人所作的证人证言不能单独作为定案根据，故D正确，不选。

**73. ABCD**。根据证据的理论分类，证据可以分为原始证据和传来证据，传来证据指不直接来源于案件事实，而是通过转抄、转述、复制后所获得的证据，因此本案中的复印件应属于传来证据，故B正确。《民诉解释》第112条规定，书证在对方当事人控制之下的，承担举证证明责任的当事人可以在举证期限届满前书面申请人民法院责令对方当事人提交。申请理由成立的，人民法院应当责令对方当事人提交，因提交书证所产生的费用，由申请人负担。对方当事人无正当理由拒不提交的，人民法院可以认定申请人所主张的书证内容为真实。因此在汪某拒不提供借条原件时，法院可根据叶某提交的复印件认定其主张的借款内容为真实，故AC正确。同时《民诉解释》第113条规定，持有书证的当事人以妨碍对方当事人使用为目的，毁灭有关书证或者实施其他致使书证不能使用行为的，人民法院可以依照《民事诉讼法》第114条规定［诉讼参与人或者其他人有下列行为之一的，人民法院可以根据情节轻重予以罚款、拘留；构成犯罪的，依法追究刑事责任：（1）伪造、毁灭重要证据，妨碍人民法院审理案件的；（2）以暴力、威胁、贿买方法阻止证人作证或者指使、贿买、胁迫他人作伪证的；（3）隐藏、转移、变卖、毁损已被查封、扣押的财产，或者已被清点并责令其保管的财产，转移已被冻结的财产的；（4）对司法工作人员、诉讼参加人、证人、翻译人员、鉴定人、勘验人、协助执行的人，进行侮辱、诽谤、诬陷、殴打或者打击报复的；（5）以暴力、威胁或者其他方法阻碍司法工作人员执行职务的；（6）拒不履行人民法院已经发生法律效力的判决、裁定的。人民法院对有前款规定的行为之一的单位，可以对其主要负责人或者直接责任人员予以罚款、拘留；构成犯罪的，依法追究刑事责任］，对其处以罚款、拘留，因此D正确。

**74. BD**。《民事诉讼法》第154条规定，有下列情形之一的，终结诉讼：（1）原告死亡，没有继承人，或者继承人放弃诉讼权利的；（2）被告死亡，没有遗产，也没有应当承担义务的人的；（3）离婚案件一方当事人死亡的；（4）追索赡养费、扶养费、抚养费以及解除收养关系案件的一方当事人死亡的。本案中，审理离婚诉讼法院于2017年7月3日作出判决，刘女作为离婚诉讼中一方当事人于2017年7月10日死亡，符合该条第3项规定，应裁定诉讼终结，故A错误，不当选。B正确。一审判决上诉期未满，李某作为刘女的法定代表人拟提起上诉，但尚未提起上诉，因此一审判决尚未生效，故C错误。因判决尚未生效，夫妻关系依然存在。婚姻关系存续期间，夫妻一方死亡，应按照法定继承，张男与李某作为第一顺位法定继承人，对遗产享有继承权。故D正确。

**75. AC**。《民事诉讼法》第175条规定，第二审人民法院应当对上诉请求的有关事实和适用法律进行审查。本案中，上诉人力胜公司对支付5万元的违约金不服提起上诉，故应当围绕不服违约金判决的请求，对该上诉请求所涉及的事实认定和法律适用进行审理。故A正确，C正确。尽管二审法院认为房屋有质量问题，事实不清，证据不足，受二审审理范围的限制，也不得自行查清事实后改判，故B错误，不当选。民事诉讼中二审应围绕当事人上诉请求进行，不适用全面审理，故D错误，不当选。本题选AC。

**76. AC**。《民诉解释》第429条规定，向债务人本人送达支付令，债务人拒绝接收的，人民法院可以留置送达。故A正确。《民诉解释》第430条规定，有下列情形之一的，人民法院应当裁定终结督促程序，已发出支付令的，支付令自行失效：（1）人民法院受理支付令申请后，债权人就同一债权债务关系又提起诉讼的；（2）人民法院发出支付令之日起30日内无法送达债务人的；（3）债务人收到支付令前，债权人撤回申请的。《民诉解释》第431条规定，债务人在收到支付令后，未在法定期间提出书面异议，而向其他人民法院起诉的，不影响支付令的效力。债务人超过法定期间提出异议的，视为未提出异议。本案中，甲公司未在法定期间内提出书面异议，也未向发出支付令的法院，即A市B县法院提起诉讼，而是向A市C区法院提起诉讼，并不影响支付令的效力，因此B错误。《民诉解释》第434条规定，对设有担保的债务的主债务人发出的支付令，对担保人没有拘束力。债权人就担保关系单独提起诉讼的，支付令自人民法院受理案件之日起失效。《民事诉讼法》第227条规定，人民法院受理申请后，经审查债权人提供的事实、证据，对债权债务关系明确、合法的，应当在受理之日起15日内向债务人发出支付令；申请不成立的，裁定予以驳回。债务人应当自收到支付令之日起15日内清偿债务，或者向人民法院提出书面异议。债务人在前款规定的期间不提出异议又不履行支付令的，债权人可以向人民法院申请执行。故C正确，D错误。

**77. BCD**。《民诉解释》第463条规定，案外人对执行标的提出的异议，经审查，按照下列情形分别处理：（1）案外人对执行标的不享有足以排除强制执行的权益的，裁定驳回其异议；（2）案外人对执行标的享有足以排除强制执行的权益的，裁定中止执行。驳回案外人执行异议裁定送达案外人之日起15日内，人民法院不得对执行标的进行处分。本案中，车辆虽为共有，但郝辉还是对该车辆享有部分利益，不享有足以排除强制执行的权益，故应当驳回其异议。法院可以将车辆变现后，以郝辉享有的部分权益向龙前铭清偿。《民事诉讼法》第238条规定，执行过程中，案外人对执行标的提出书面异议的，人民法院应当自收到书面异议之日起15日内审查，理由成立的，裁定中止对该标的的执行。故利害关系人应当以书面方式向法院提出异议，法院不应当直接裁定中止执行。故A错误，不选。《最高人民法院关于人民法院民事执行中查封、扣押、冻结财产的规定》第12条规定，对被执行人与其他人共有的财产，人民法院可以查封、扣押、冻结，并及时通知共有人。共有人协议分割共有财产，并经债权人认可的，人民法院可以认定有效。查封、扣押、冻结的效力及于协议分割后被执行人享有份额内的财产；对其他共有人享有份额内的财产的查封、扣押、冻结，人民法院应当裁定予以解除。共有人提起析产诉讼或者申请执行人代位提起析产诉讼的，人民法院应当准许。诉讼期间中止对该财产的执行。依据本条规定，法院可以查扣该共有财产，申请执行人龙前铭可对共有财产提起析产诉讼，故BCD正确。

**78. BC**。《仲裁法解释》第7条规定，当事人约定争议可以向仲裁机构申请仲裁也可以向人民法院起诉的，仲裁协议无效。但一方向仲裁机构申请仲裁，另一方未在《仲裁法》第20条第2款规定期间内提出异议的除外。本案中，双方当事人约定合同履行发生争议由仲裁委仲裁或向法院起诉的条款无效，故A错误。《仲裁法》第20条规定，当事人对仲裁协议的效力有异议的，可以请求仲裁委员会作出决定或者请求人民法院作出裁定。一方请求仲裁委员会作出决定，另一方请求人民法院作出裁定的，由人民法院裁定。当事人对仲裁协议的效力有异议，应当在仲裁庭首次开庭前提出。可见，有权对仲裁协议的效力作出决定的机构是仲裁委员会而不是仲裁庭，仲裁庭作决定须有仲裁委员会的授权，故B正确。此时已处于答辩阶段，仲裁庭对乙公司的申请应予以驳回，继续审理案件，故C正确。《仲裁法解释》第12条规定，当事人向人民法院申请确认仲裁协议效力的案件，由仲裁协议约定的仲裁机构所在地的中级人民法院管辖。首先，乙公司提出确认仲裁协议效力的时间不符合规定；其次，确认仲裁协议效力需向仲裁协议约定仲裁机构所在地的中院，约定仲裁地在北京，不在天津，乙公司向天津市中院申请认定仲裁协议效力的说法不正确，故D错误。

**79. C**。《民法典》第275条规定，建筑区划内，规划用于停放汽车的车位、车库的归属，由当事人通过出售、附赠或者出租等方式约定。占用业主共有的道路或者其他场地用于停放汽车的车位，属于业主共有。《民法典》第 276 条规定，建筑区划内，规划用于停放汽车的车位、车库应当首先满足业主的需要。本题中，小区地下停车场设有的 500 个车位，非占用业主共有的道路或者其他场地用于停放汽车的车位，不属于业主共有，而是应由开发商通过出售、附赠或者出租等方式确定。据此，A 错误，C 正确。《民法典》第 273 条规定，业主对建筑物专有部分以外的共有部分，享有权利，承担义务；不得以放弃权利为由不履行义务。业主转让建筑物内的住宅、经营性用房，其对共有部分享有的共有和共同管理的权利一并转让。我国相关法律并未规定在小区其他业主出售车位时，无车位的业主在同等条件下享有优先购买权，也未规定小区业主如出售房屋，其所购车位应一同转让。所以，BD 错误。

**80. ABC**。《民法典》第 279 条规定，业主不得违反法律、法规以及管理规约，将住宅改变为经营性用房。业主将住宅改变为经营性用房的，除遵守法律、法规以及管理规约外，应当经有利害关系的业主一致同意。《最高人民法院关于审理建筑物区分所有权纠纷案件适用法律若干问题的解释》第 11 条规定，业主将住宅改变为经营性用房，本栋建筑物内的其他业主，应当认定为《民法典》第 279 条所称“有利害关系的业主”。建筑区划内，本栋建筑物之外的业主，主张与自己有利害关系的，应证明其房屋价值、生活质量受到或者可能受到不利影响。依上述规定，本题中，小区业主田某将其位于一楼的住宅用于开办茶馆，除遵守法律、法规以及管理规约外，应当经本栋建筑物内的其他业主同意；本栋建筑物之外的业主，主张与田某住宅用途的改变有利害关系的，应证明其房屋价值、生活质量受到或者可能受到不利影响。题目没有给出蒋某和田某是否为同一栋建筑物的业主这样的信息，但无论是否属于同一栋楼的业主，故 ABC 正确，D 错误。

**81. D**。《民法典》第 286 条规定，业主应当遵守法律、法规以及管理规约，相关行为应当符合节约资源、保护生态环境的要求。对于物业服务企业或者其他管理人执行政府依法实施的应急处置措施和其他管理措施，业主应当依法予以配合。业主大会或者业主委员会，对任意弃置垃圾、排放污染物或者噪声、违反规定饲养动物、违章搭建、侵占通道、拒付物业费等损害他人合法权益的行为，有权依照法律、法规以及管理规约，请求行为人停止侵害、排除妨碍、消除危险、恢复原状、赔偿损失。业主或者其他行为人拒不履行相关义务的，有关当事人可以向有关行政主管部门报告或者投诉，有关行政主管部门应当依法处理。据此，本题中 ABC 均属于业主大会和业主委员会有权依照法律、法规以及管理规约，要求行为人停止侵害、消除危险、排除妨害、赔偿损失的行为，而不属于业主有权提起诉讼的行为，业主只能对侵害自己合法权益的行为，依法向人民法院提起诉讼。故 ABC 说法均错误，只有 D 正确。

**82. BD**。《民法典》第 396 条规定，企业、个体工商户、农业生产经营者可以将现有的以及将有的生产设备、原材料、半成品、产品抵押，债务人不履行到期债务或者发生当事人约定的实现抵押权的情形，债权人有权就抵押财产确定时的动产优先受偿。此为对浮动抵押的规定。《民法典》第 420 条第 1 款规定，为担保债务的履行，债务人或者第三人对一定期间内将要连续发生的债权提供担保财产的，债务人不履行到期债务或者发生当事人约定的实现抵押权的情形，抵押权人有权在最高债权额限度内就该担保财产优先受偿。此为对最高额抵押的规定。本题中，甲服装公司与乙银行订立合同，约定甲公司向乙银行借款 300 万元，用于购买进口面料。同时，双方订立抵押合同，约定甲公司以其现有的以及将有的生产设备、原材料、产品为前述借款设立抵押。显然这一抵押属于浮动抵押。故 A 错误。《民法典》第 404 条规定，以动产抵押的，不得对抗正常经营活动中已经支付合理价款并取得抵押财产的买受人。据此，本题中乙银行自抵押合同生效时取得抵押权，但乙银行的抵押权不得对抗在正常经营活动中已支付合理价款并取得抵押财产的买受人。故 BD 正确，C 错误。

**83. ABC**。《民法典》第 673 条规定，借款人未按照约定的借款用途使用借款的，贷款人可以停止发放借款、提前收回借款或者解除合同。故本题中在甲公司违反合同约定将借款用于购买办公用房时，乙银行有权提前收回借款或者解除合同。题面中并未给出双方是否有约定违约金的条款，如果有，乙银行也有权请求甲公司按合同约定支付违约金。据此，本题中 ABC 说法均正确。对于甲公司违反合同约定将借款用于购买的办公用房，乙银行并不享有抵押权，故对甲公司所购办公用房，乙银行并不享有优先受偿权。由此可知，D 错误。

**84. A**。《民法典》第 392 条规定，被担保的债权既有物的担保又有人的担保的，债务人不履行到期债务或者发生当事人约定的实现担保物权的情形，债权人应当按照约定实现债权；没有约定或者约定不明确，债务人自己提供物的担保的，债权人应当先就该物的担保实现债权；第三人提供物的担保的，债权人可以就物的担保实现债权，也可以请求保证人承担保证责任。提供担保的第三人承担担保责任后，有权向债务人追偿。据此，本题中，在甲公司未按期还款时，在当事人未就担保实现顺位进行约定的情形下，乙银行欲行使担保权利，须应先就甲公司的抵押实现债权，之后乙银行可选择就丁的质押或丙的保证实现债权。据此，A 正确，BCD 错误。

**85. ABD**。人民调解是指人民调解委员会通过说服、疏导等方法，促使当事人在平等协商基础上自愿达成调解协议，解决民间纠纷的活动。《人民调解法》第26条规定，人民调解员调解纠纷，调解不成的，应当终止调解，并依据有关法律、法规的规定，告知当事人可以依法通过仲裁、行政、司法等途径维护自己的权利。据此，当事人可以协商一致，共同申请人民调解委员会调解。故B正确。本案中，当事人在合同中约定了仲裁条款，然而当事人选择人民调解方式解决纠纷，不可再依据借款合同中约定的仲裁条款申请仲裁，而应当重新达成仲裁协议，再申请仲裁。故C错误，不选。调解不成，可以告知当事人通过司法途径维护自己的权利，故D正确。《民事诉讼法》第53条规定，双方当事人可以自行和解。据此，发生纠纷后，当事人可以以和解方式解决，故A正确。本题选ABD。

**86. B**。《民诉解释》第61条规定，当事人之间的纠纷经人民调解委员会调解达成协议后，一方当事人不履行调解协议，另一方当事人向人民法院提起诉讼的，应以对方当事人为被告。本案中，双方当事人在调解委员会的主持下最终达成调解协议，钟阳未按时履行协议时，林剑欲向法院提起诉讼，应当以对方当事人，即钟阳为被告，不应以调解委员会为被告，A错误。调解委员会和钟阳非共同被告，调解委员会也不是无独立请求权第三人，故CD错误。

**87. BC**。《民事诉讼法》第205条规定，经依法设立的调解组织调解达成调解协议，申请司法确认的，由双方当事人自调解协议生效之日起30日内，共同向下列人民法院提出：（1）人民法院邀请调解组织开展先行调解的，向作出邀请的人民法院提出；（2）调解组织自行开展调解的，向当事人住所地、标的物所在地、调解组织所在地的基层人民法院提出；调解协议所涉纠纷应当由中级人民法院管辖的，向相应的中级人民法院提出。因此，应当自调解协议生效之日起30日内，由林剑、钟阳共同向法院申请确认调解协议。故A错误，B正确。《民诉解释》第353条规定，当事人申请司法确认调解协议，可以采用书面形式或者口头形式。当事人口头申请的，人民法院应当记入笔录，并由当事人签名、捺印或者盖章。因此，C正确。申请确认调解协议，应当向调解组织所在地基层法院，即正和钢铁厂人民调解委员会所在地B市北城区基层法院管辖，故D错误。

**88. D**。《民诉解释》第285条规定，人民法院受理公益诉讼案件后，依法可以提起诉讼的其他机关和有关组织，可以在开庭前向人民法院申请参加诉讼。人民法院准许参加诉讼的，列为共同原告。因此，在法院受理后，公益环保组织乙也向法院提起诉讼时，应当允许其参加诉讼，与甲组织列为共同原告，故ABC错误，不当选；D正确，当选。

**89. BCD**。《最高人民法院关于审理环境民事公益诉讼案件适用法律若干问题的解释》第25条规定，环境民事公益诉讼当事人达成调解协议或者自行达成和解协议后，人民法院应当将协议内容公告，公告期间不少于30日。公告期满后，人民法院审查认为调解协议或者和解协议的内容不损害社会公共利益的，应当出具调解书。当事人以达成和解协议为由申请撤诉的，不予准许。《民诉解释》第287条也对此作出了相同规定。因此A错误。据此，公益诉讼中，当事人达成和解协议后，因涉及公共利益，法院应当将和解协议内容予以公告，公告期满经法院审查，不违反社会公共利益的，应当根据和解协议内容制作调解书，故CD正确。《最高人民法院关于审理环境民事公益诉讼案件适用法律若干问题的解释》第26条规定，负有环境资源保护监督管理职责的部门依法履行监管职责而使原告诉讼请求全部实现，原告申请撤诉的，人民法院应予准许。据此，在提起公益诉讼后，若相关行政部门履行职责而使原告诉讼请求全部实现，原告申请撤诉的，法院应当准许。本案中，并未提及原告的诉讼请求是否已经实现，故不应当准许撤诉，故B正确。

**90. D**。《民诉解释》第286条规定，人民法院受理公益诉讼案件，不影响同一侵权行为的受害人根据《民事诉讼法》第122条规定提起诉讼。因此，公益组织提起诉讼后不影响同一侵权行为的受害人就该侵权行为向法院提起诉讼，故ABC错误，不当选；D正确，当选。

# 第4天

千磨万击还坚劲，任尔东西南北风。

## 试　题

**1.** 相传，清朝大学士张英的族人与邻人争宅基，两家因之成讼。族人驰书求助，张英却回诗一首："一纸书来只为墙，让他三尺又何妨？万里长城今犹在，不见当年秦始皇。"族人大惭，遂后移宅基三尺。邻人见状亦将宅基后移三尺，两家重归于好。根据上述故事，关于依法治国和以德治国的关系，下列哪一理解是正确的？

A. 在法治国家，道德通过内在信念影响外部行为，法律的有效实施总是依赖于道德

B. 以德治国应大力弘扬"和为贵、忍为高"的传统美德，不应借诉讼对利益斤斤计较

C. 道德能够令人知廉耻、懂礼让、有底线，良好的道德氛围是依法治国的重要基础

D. 通过立法将"礼让为先""勤俭节约""见义勇为"等道德义务全部转化为法律义务，有助于发挥道德在依法治国中的作用

**2.** 某法院完善人民陪审员选任方式，在增加陪审员数量的基础上建立"陪审员库"，随机抽选陪审员参与案件审理。关于人民陪审员制度，下列哪一说法是错误的？

A. 应避免陪审员选任的过度"精英化"

B. 若少数陪审员成为常驻法院的"专审员"，将影响人民陪审员制度的公信力

C. 完善人民陪审员制度的主要目的是让人民群众通过参与司法养成守法习惯

D. 陪审员的大众思维和朴素观念能够弥补法官职业思维的局限性

**3.** 《治安管理处罚法》第115条规定："公安机关依法实施罚款处罚，应当依照有关法律、行政法规的规定，实行罚款决定与罚款收缴分离；收缴的罚款应当全部上缴国库。"关于该条文，下列哪一说法是正确的？

A. 表达的是禁止性规则

B. 表达的是强行性规则

C. 表达的是程序性原则

D. 表达了法律规则中的法律后果

**4.** 全兆公司利用提供互联网接入服务的便利，在搜索引擎讯集公司网站的搜索结果页面上强行增加广告，被讯集公司诉至法院。法院认为，全兆公司行为违反诚实信用原则和公认的商业道德，构成不正当竞争。关于该案，下列哪一说法是正确的？

A. 诚实信用原则一般不通过"法律语句"的语句形式表达出来

B. 与法律规则相比，法律原则能最大限度实现法的确定性和可预测性

C. 法律原则的着眼点不仅限于行为及条件的共性，而且关注它们的个别性和特殊性

D. 法律原则是以"全有或全无"的方式适用于个案当中

**5.** 甲和乙系夫妻，因外出打工将女儿小琳交由甲母照顾两年，但从未支付过抚养费。后甲与乙闹离婚且均不愿抚养小琳。甲母将甲和乙告上法庭，要求支付抚养费2万元。法院认为，甲母对孙女无法定或约定的抚养义务，判决甲和乙支付甲母抚养费。关于该案，下列哪一选项是正确的？

A. 判决是规范性法律文件

B. 甲和乙对小琳的抚养义务是相对义务

C. 判决在原被告间不形成法律权利和义务关系

D. 小琳是民事诉讼法律关系的主体之一

**6.** 有法谚云："法律为未来作规定，法官为过去作判决"。关于该法谚，下列哪一说法是正确的？

A. 法律的内容规定总是超前的，法官的判决根据总是滞后的

B. 法官只考虑已经发生的事实，故判案时一律选择适用旧法

C. 法律绝对禁止溯及既往

D. 即使案件事实发生在过去，但"为未来作规定"的法律仍然可以作为其认定的根据

**7.** 在宋代话本小说《错斩崔宁》中，刘贵之妾陈二姐因轻信刘贵欲将她休弃的戏言连夜回娘家，路遇年轻后生崔宁并与之结伴同行。当夜盗贼自刘贵家盗走15贯钱并杀死刘贵，邻居追赶盗贼遇到陈、崔二人，因见崔宁刚好携带15贯钱，遂将二人作为凶手捉拿送官。官府当庭拷讯二人，陈、崔屈打成招，后被处斩。关于该案，下列哪一说法是正确的？

A. 话本小说《错斩崔宁》可视为一种法的非正式渊源

B. 邻居运用设证推理方法断定崔宁为凶手

C. “盗贼自刘贵家盗走15贯钱并杀死刘贵”所表述的是法律规则中的假定条件

D. 从生活事实向法律事实转化需要一个证成过程，从法治的角度看，官府的行为符合证成标准

**8.**《全国人民代表大会常务委员会关于〈中华人民共和国刑法〉第一百五十八条、第一百五十九条的解释》中规定：“刑法第一百五十八条、第一百五十九条的规定，只适用于依法实行注册资本实缴登记制的公司。”关于该解释，下列哪一说法是正确的？

A. 效力低于《刑法》

B. 全国人大常委会只能就《刑法》作法律解释

C. 对法律条文进行了限制解释

D. 是学理解释

**9.** 王某参加战友金某婚礼期间，自愿帮忙接待客人。婚礼后王某返程途中遭遇车祸，住院治疗花去费用1万元。王某认为，参加婚礼并帮忙接待客人属帮工行为，遂将金某诉至法院要求赔偿损失。法院认为，王某行为属由道德规范的情谊行为，不在法律调整范围内。关于该案，下列哪一说法是正确的？

A. 在法治社会中，法律可以调整所有社会关系

B. 法官审案应区分法与道德问题，但可进行价值判断

C. 道德规范在任何情况下均不能作为司法裁判的理由

D. 一般而言，道德规范具有国家强制性

**10.** 西周商品经济发展促进了民事契约关系的发展。《周礼》载：“听买卖以质剂”。汉代学者郑玄解读西周买卖契约形式：“大市谓人民、牛马之属，用长券；小市为兵器、珍异之物，用短券。”对此，下列哪一说法是正确的？

A. 长券为“质”，短券为“剂”

B. “质”由买卖双方自制，“剂”由官府制作

C. 契约达成后，交“质人”专门管理

D. 买卖契约也可采用“傅别”形式

**11.** 春秋时期，针对以往传统法律体制的不合理性，出现了诸如晋国赵鞅“铸刑鼎”，郑国执政子产“铸刑书”等变革活动。对此，下列哪一说法是正确的？

A. 晋国赵鞅“铸刑鼎”为中国历史上首次公布成文法

B. 奴隶主贵族对公布法律并不反对，认为利于其统治

C. 打破了“刑不可知，则威不可测”的壁垒

D. 孔子作为春秋时期思想家，肯定赵鞅“铸刑鼎”的举措

**12.** 元代人在《唐律疏议序》中说：“乘之（指唐律）则过，除之则不及，过与不及，其失均矣。”表达了对唐律的敬畏之心。下列关于唐律的哪一表述是错误的？

A. 促使法律统治“一准乎礼”，实现了礼律统一

B. 科条简要、宽简适中、立法技术高超，结构严谨

C. 是我国传统法典的楷模与中华法系形成的标志

D. 对古代亚洲及欧洲诸国产生了重大影响，成为其立法渊源

**13.** 南宋时，霍某病故，留下遗产值银9000两。霍某妻子早亡，夫妻二人无子，只有一女霍甲，已嫁他乡。为了延续霍某姓氏，霍某之叔霍乙立本族霍丙为霍某继子。下列关于霍某遗产分配的哪一说法是正确的？

A. 霍甲9000两

B. 霍甲6000两，霍丙3000两

C. 霍甲、霍乙、霍丙各3000两

D. 霍甲、霍丙各3000两，余3000两收归官府

**14.** 1903年，清廷发布上谕：“通商惠工，为古今经国之要政，急应加意讲求，著派载振、袁世凯、伍廷芳，先定商律，作为则例。”下列哪一说法是正确的？

A.《钦定大清商律》为清朝第一部商律，由《商人通例》、《公司律》和《破产律》构成

B. 清廷制定商律，表明随着中国近代工商业发展，其传统工商政策从“重农抑商”转为“重商抑农”

C. 商事立法分为两阶段，先由新设立商部负责，后主要商事法典改由修订法律馆主持起草

D.《大清律例》、《大清新刑律》、《大清民律草案》与《大清商律草案》同属清末修律成果

**15.** 综观世界各国成文宪法，结构上一般包括序言、正文和附则三大部分。对此，下列哪一表述是正确的？

A. 世界各国宪法序言的长短大致相当

B. 我国宪法附则的效力具有特定性和临时性两大特点

C. 国家和社会生活诸方面的基本原则一般规定在序言之中

D. 新中国前三部宪法的正文中均将国家机构置于公民的基本权利和义务之前

**16.** 我国《立法法》明确规定：“宪法具有最高的法律效力，一切法律、行政法规、地方性法规、自治条例和单行条例、规章都不得同宪法相抵触。”关于这一规定的理解，下列哪一选项是正确的？

A. 该条文中两处“法律”均指全国人大及其常委会制定的法律
B. 宪法只能通过法律和行政法规等下位法才能发挥它的约束力
C. 宪法的最高法律效力只是针对最高立法机关的立法活动而言的
D. 维护宪法的最高法律效力需要完善相应的宪法审查或者监督制度

**17.** 社会主义公有制是我国经济制度的基础。根据现行《宪法》的规定，关于基本经济制度的表述，下列哪一选项是正确的？
A. 国家财产主要由国有企业组成
B. 城市的土地属于国家所有
C. 农村和城市郊区的土地都属于集体所有
D. 国营经济是社会主义全民所有制经济，是国民经济中的主导力量

**18.** 根据《选举法》和相关法律的规定，关于选举的主持机构，下列哪一选项是正确的？
A. 乡镇选举委员会的组成人员由不设区的市、市辖区、县、自治县的人大常委会任命
B. 县级人大常委会主持本级人大代表的选举
C. 省人大在选举全国人大代表时，由省人大常委会主持
D. 选举委员会的组成人员为代表候选人的，应当向选民说明情况

**19.** 澳门特别行政区依照《澳门特别行政区基本法》的规定实行高度自治，享有行政管理权、立法权、独立的司法权和终审权。关于中央和澳门特别行政区的关系，下列哪一选项是正确的？
A. 全国性法律一般情况下是澳门特别行政区的法律渊源
B. 澳门特别行政区终审法院法官的任命和免职须报全国人大常委会备案
C. 澳门特别行政区立法机关制定的法律须报全国人大常委会批准后生效
D.《澳门特别行政区基本法》在澳门特别行政区的法律体系中处于最高地位，反映的是澳门特别行政区同胞的意志

**20.** 某乡政府为有效指导、支持和帮助村民委员会的工作，根据相关法律法规，结合本乡实际作出了下列规定，其中哪一规定是合法的？
A. 村委会的年度工作报告由乡政府审议
B. 村民会议制定和修改的村民自治章程和村规民约，报乡政府备案
C. 对登记参加选举的村民名单有异议并提出申诉的，由乡政府作出处理并公布处理结果
D. 村委会组成人员违法犯罪不能继续任职的，由乡政府任命新的成员暂时代理至本届村委会任期届满

**21.** 2015年10月，某自治州人大常委会出台了一部《关于加强本州湿地保护与利用的决定》。关于该法律文件的表述，下列哪一选项是正确的？
A. 由该自治州州长签署命令予以公布
B. 可依照当地民族的特点对行政法规的规定作出变通规定
C. 该自治州所属的省的省级人大常委会应对该《决定》的合法性进行审查
D. 与部门规章之间对同一事项的规定不一致不能确定如何适用时，由国务院裁决

**22.** 某燃气公司在办理燃气入户前，要求用户缴纳一笔“预付气费款”，否则不予供气。待不再用气时，用户可申请返还该款项。经查，该款项在用户日常购气中不能冲抵燃气费。根据《反垄断法》的规定，下列哪一说法是正确的？
A. 反垄断机构执法时应界定该公司所涉相关市场
B. 只要该公司在当地独家经营，就能认定其具有市场支配地位
C. 如该公司的上游气源企业向其收取预付款，该公司就可向客户收取“预付气费款”
D. 县政府规定了“一个地域只能有一家燃气供应企业”，故该公司行为不构成垄断

**23.** 根据《个人所得税法》，关于个人所得税的征缴，下列哪一说法是正确的？
A. 自然人买彩票多倍投注，所获一次性奖金特别高的，可实行加成征收
B. 扣缴义务人履行代扣代缴义务的，税务机关按照所扣缴的税款付给2%的手续费
C. 在中国境内无住所又不居住的个人，在境内取得的商业保险赔款，应缴纳个人所得税
D. 夫妻双方每月取得的工资薪金所得可合并计算，减除费用7000元后的余额，为应纳税所得额

**24.** 某镇拟编制并实施镇总体规划，根据《城乡规划法》的规定，下列哪一说法是正确的？
A. 防灾减灾系镇总体规划的强制性内容之一
B. 在镇总体规划确定的建设用地范围以外，可设立经济开发区
C. 镇政府编制的镇总体规划，报上一级政府审批后，再经镇人大审议
D. 建设单位报批公共垃圾填埋场项目，应向国土部门申请核发选址意见书

**25.** 某采石场扩建项目的环境影响报告书获批后，采用的爆破技术发生重大变动，其所生粉尘将导致周边居民的农作物受损。关于此事，下列哪一说法是正确的？
A. 建设单位应重新报批该采石场的环境影响报告书

B. 建设单位应组织环境影响的后评价，并报原审批部门批准

C. 该采石场的环境影响评价，应当与规划的环境影响评价完全相同

D. 居民将来主张该采石场承担停止侵害的侵权责任，受3年诉讼时效的限制

**26.** 联合国会员国甲国出兵侵略另一会员国。联合国安理会召开紧急会议，讨论制止甲国侵略的决议案，并进行表决。表决结果为：常任理事国4票赞成、1票弃权；非常任理事国8票赞成、2票否决。据此，下列哪一选项是正确的？

A. 决议因有常任理事国投弃权票而不能通过

B. 决议因非常任理事国两票否决而不能通过

C. 投票结果达到了安理会对实质性问题表决通过的要求

D. 安理会为制止侵略行为的决议获简单多数赞成票即可通过

**27.** 甲乙两国边界附近爆发部落武装冲突，致两国界标被毁，甲国一些边民趁乱偷渡至乙国境内。依相关国际法规则，下列哪一选项是正确的？

A. 甲国发现界标被毁后应尽速修复或重建，无需通知乙国

B. 只有甲国边境管理部门才能处理偷渡到乙国的甲国公民

C. 偷渡到乙国的甲国公民，仅能由乙国边境管理部门处理

D. 甲乙两国对界标的维护负有共同责任

**28.** 关于国际法院，依《国际法院规约》，下列哪一选项是正确的？

A. 安理会常任理事国对法官选举拥有一票否决权

B. 国际法院是联合国的司法机关，有诉讼管辖和咨询管辖两项职权

C. 联合国秘书长可就执行其职务中的任何法律问题请求国际法院发表咨询意见

D. 国际法院做出判决后，如当事国不服，可向联合国大会上诉

**29.** 经常居所同在上海的越南公民阮某与中国公民李某结伴乘新加坡籍客轮从新加坡到印度游玩。客轮在公海遇风暴沉没，两人失踪。现两人亲属在上海某法院起诉，请求宣告两人失踪。依中国法律规定，下列哪一选项是正确的？

A. 宣告两人失踪，均应适用中国法

B. 宣告阮某失踪，可适用中国法或越南法

C. 宣告李某失踪，可适用中国法或新加坡法

D. 宣告阮某与李某失踪，应分别适用越南法与中国法

**30.** 英国公民苏珊来华短期旅游，因疏忽多付房费1000元，苏珊要求旅店返还遭拒后，将其诉至中国某法院。关于该纠纷的法律适用，下列哪一选项是正确的？

A. 因与苏珊发生争议的旅店位于中国，因此只能适用中国法

B. 当事人可协议选择适用瑞士法

C. 应适用中国法和英国法

D. 应在英国法与中国法中选择适用对苏珊有利的法律

**31.** 经常居所在汉堡的德国公民贝克与经常居所在上海的中国公民李某打算在中国结婚。关于贝克与李某结婚，依《涉外民事关系法律适用法》，下列哪一选项是正确的？

A. 两人的婚龄适用中国法

B. 结婚的手续适用中国法

C. 结婚的所有事项均适用中国法

D. 结婚的条件同时适用中国法与德国法

**32.** 俄罗斯公民萨沙来华与中国公民韩某签订一份设备买卖合同。后因履约纠纷韩某将萨沙诉至中国某法院。经查，萨沙在中国境内没有可供扣押的财产，亦无居所；该套设备位于中国境内。关于本案的管辖权与法律适用，依中国法律规定，下列哪一选项是正确的？

A. 中国法院没有管辖权

B. 韩某可在该套设备所在地或合同签订地法院起诉

C. 韩某只能在其住所地法院起诉

D. 萨沙与韩某只能选择适用中国法或俄罗斯法

**33.** 蒙古公民高娃因民事纠纷在蒙古某法院涉诉。因高娃在北京居住，该蒙古法院欲通过蒙古驻华使馆将传票送达高娃，并向其调查取证。依中国法律规定，下列哪一选项是正确的？

A. 蒙古驻华使馆可向高娃送达传票

B. 蒙古驻华使馆不得向高娃调查取证

C. 只有经中国外交部同意后，蒙古驻华使馆才能向高娃送达传票

D. 蒙古驻华使馆可向高娃调查取证并在必要时采取强制措施

**34.** 中国甲公司与德国乙公司签订了进口设备合同，分三批运输。两批顺利履约后乙公司得知甲公司履约能力出现严重问题，便中止了第三批的发运。依《国际货物销售合同公约》，下列哪一选项是正确的？

A. 如已履约的进口设备在使用中引起人身伤亡，则应依公约的规定进行处理

B. 乙公司中止发运第三批设备必须通知甲公司

C. 乙公司在任何情况下均不应中止发运第三批设备

D. 如甲公司向乙公司提供了充分的履约担保，乙公司可依情况决定是否继续发运第三批设备

**35.** 中国甲公司与法国乙公司订立了服装进口合同，信用证付款，丙银行保兑。货物由“铂丽”号承运，投保了平安险。甲公司知悉货物途中遇台风全损后，即通知开证行停止付款。依《海牙规则》、UCP600 号及相关规则，下列哪一选项是正确的？

A. 承运人应承担赔偿甲公司货损的责任

B. 开证行可拒付，因货已全损

C. 保险公司应赔偿甲公司货物的损失

D. 丙银行可因开证行拒付而撤销其保兑

**36.** 应国内化工产业的申请，中国商务部对来自甲国的某化工产品进行了反倾销调查。依《反倾销条例》，下列哪一选项是正确的？

A. 商务部的调查只能限于中国境内

B. 反倾销税税额不应超过终裁确定的倾销幅度

C. 甲国某化工产品的出口经营者必须接受商务部有关价格承诺的建议

D. 针对甲国某化工产品的反倾销税征收期限为 5 年，不得延长

**37.** 中国甲公司与德国乙公司签订了一项新技术许可协议，规定在约定期间内，甲公司在亚太区独占使用乙公司的该项新技术。依相关规则，下列哪一选项是正确的？

A. 在约定期间内，乙公司在亚太区不能再使用该项新技术

B. 乙公司在全球均不能再使用该项新技术

C. 乙公司不能再将该项新技术允许另一家公司在德国使用

D. 乙公司在德国也不能再使用该项新技术

**38.** 甲国 T 公司与乙国政府签约在乙国建设自来水厂，并向多边投资担保机构投保。依相关规则，下列哪一选项是正确的？

A. 乙国货币大幅贬值造成 T 公司损失，属货币汇兑险的范畴

B. 工人罢工影响了自来水厂的正常营运，属战争内乱险的范畴

C. 乙国新所得税法致 T 公司所得税增加，属征收和类似措施险的范畴

D. 乙国政府不履行与 T 公司签订的合同，乙国法院又拒绝受理相关诉讼，属政府违约险的范畴

**39.** 根据法官、检察官纪律处分有关规定，下列哪一说法是正确的？

A. 张法官参与迷信活动，在社会中造成了不良影响，可予提醒劝阻，其不应受到纪律处分

B. 李法官乘车时对正在实施的盗窃行为视而不见，小偷威胁失主仍不出面制止，其应受到纪律处分

C. 何检察官在讯问犯罪嫌疑人时，反复提醒犯罪嫌疑人注意其聘请的律师执业不足 2 年，其行为未违反有关规定

D. 刘检察官接访时，让来访人前往自然资源局信访室举报他人骗取宅基地使用权证的问题，其做法是恰当的

**40.** 检察一体原则是指各级检察机关、检察官依法构成统一的整体，下级检察机关、下级检察官应当根据上级检察机关、上级检察官的批示和命令开展工作。据此，下列哪一表述是正确的？

A. 各级检察院实行检察委员会领导下的检察长负责制

B. 上级检察院可建议而不可直接变更、撤销下级检察院的决定

C. 在执行检察职能时，相关检察院有协助办案检察院的义务

D. 检察官之间在职务关系上可相互承继而不可相互移转和代理

**41.** 法院、检察院、公安机关、国家安全机关、司法行政机关应当尊重律师，健全律师执业权利保障制度。下列哪一做法是符合有关律师执业权利保障制度的？

A. 县公安局仅告知涉嫌罪名，而以有碍侦查为由拒绝告知律师已经查明的该罪的主要事实

B. 看守所为律师提供网上预约会见平台服务，并提示律师如未按期会见必须重新预约方可会见

C. 国家安全机关在侦查危害国家安全犯罪期间，多次不批准律师会见申请并且说明理由

D. 在庭审中，作无罪辩护的律师请求就被告量刑问题发表辩护意见，合议庭经合议后当庭拒绝律师请求

**42.** 某律师事务所律师代理原告诉被告买卖合同纠纷案件，下列哪一做法是正确的？

A. 该律师接案时，得知委托人同时接触他所律师，私下了解他所报价后以较低收费接受委托

B. 在代书起诉状中，律师提出要求被告承担精神损害赔偿 20 万元的诉讼请求

C. 在代理合同中约定，如胜诉，在 5 万元律师代理费外，律师事务所可按照胜诉金额的一定比例另收办案费用

D. 因律师代理意见未被法庭采纳，原告要求律师承担部分诉讼请求损失，律师事务所予以拒绝

**43.** 关于公证制度和业务，下列哪一选项是正确的？

A. 依据统筹规划、合理布局设立的公证处，其名称中的字号不得与国内其他公证处的字号相同或者相近

B. 省级司法行政机关有权任命公证员并颁发公证员执业证书，变更执业公证处

C. 黄某委托其子代为办理房屋买卖手续，其住所地公证处可受理其委托公证的申请

D. 王某认为公证处为其父亲办理的放弃继承公证书错误，向该公证处提出复议的申请

**44.** 我国于2015年公布了全面实施一对夫妇可生育两个孩子的政策，《人口与计划生育法》随即作出修改。对此，下列哪些说法是正确的？

A. 在我国，政策与法律具有共同的指导思想和社会目标

B. 立法在实践中总是滞后的，只能“亡羊补牢”而无法适度超越和引领社会发展

C. 越强调法治，越要提高立法质量，通过立法解决改革发展中的问题

D. 修改《人口与计划生育法》有助于缓解人口老龄化对我国社会发展的压力

**45.** 法治政府建设要求行政部门不得任意扩权、与民争利，避免造成“有利争着管、无利都不管”的现象。下列哪些做法有助于避免此现象的发生？

A. 某省政府统筹全省基本公共服务均等化职能，破除地方保护主义

B. 某市要求行政审批部门与中介服务机构脱钩，放宽中介服务机构准入条件

C. 某区依法纠正行政不作为、乱作为，坚决惩处失职、渎职人员

D. 某县注重提高行政效能，缩短行政审批流程，减少行政审批环节

**46.** 全面依法治国要求加强人权的司法保障，下列哪些做法体现了这一要求？

A. 最高法院、公安部规定在押刑事被告人、上诉人应穿着正装或便装出庭受审

B. 某省扩大法律援助的覆盖面，将与民生密切相关的事项纳入援助范围

C. 某中级法院加大对生效判决的执行力度，确保当事人的胜诉权益及时兑现

D. 某基层法院设立“少年法庭”，对开庭审理时不满16周岁的未成年人刑事案件一律不公开审理

**47.** 某村通过修订村规民约改变“男尊女卑”“男娶女嫁”的老习惯、老传统，创造出“女娶男”的婚礼形式，以解决上门女婿的村民待遇问题。关于村规民约，下列哪些说法是正确的？

A. 是完善村民自治、建设基层法治社会的有力抓手

B. 是乡村普法宣传教育的重要媒介，有助于在村民中培育规则意识

C. 具有“移风易俗”功能，既传承老传统，也创造新风尚

D. 可直接作为法院裁判上门女婿的村民待遇纠纷案件的法律依据

**48.** 人民调解制度是我国的创举，被西方国家誉为法治的“东方经验”。关于人民调解，下列哪些说法是正确的？

A. 人民调解员不属于法治工作队伍，但仍然在法治建设中起着重要作用

B. 法院应当重视已确认效力的调解协议的执行，防止调解过的纠纷再次涌入法院

C. 人民调解制度能够缓解群众日益增长的司法需求与国家司法资源不足之间的矛盾

D. 人民调解组织化解纠纷的主要优势是不拘泥于法律规定，不依赖专业法律知识

**49.** 林某与所就职的鹏翔航空公司发生劳动争议，解决争议中曾言语威胁将来乘坐鹏翔公司航班时采取报复措施。林某离职后在选乘鹏翔公司航班时被拒载，遂诉至法院。法院认为，航空公司依《民法典》负有强制缔约义务，依《民用航空法》有保障飞行安全义务。尽管相关国际条约和我国法律对此类拒载无明确规定，但依航空业惯例航空公司有权基于飞行安全事由拒载乘客。关于该案，下列哪些说法是正确的？

A. 反映了法的自由价值和秩序价值之间的冲突

B. 若法无明文规定，则法官自由裁量不受任何限制

C. 我国缔结或参加的国际条约是正式的法的渊源

D. 不违反法律的行业惯例可作为裁判依据

**50.** 耀亚公司未经依法批准经营危险化学品，7月14日被区市场监督管理局依据《危险化学品安全管理条例》罚款40万元。耀亚公司以处罚违法为由诉至法院。法院查明，《安全生产法》规定对该种行为的罚款不得超过10万元。关于该案，下列哪些说法是正确的？

A. 《危险化学品安全管理条例》与《安全生产法》的效力位阶相同

B. 《安全生产法》中有关行政处罚的法律规范属于公法

C. 应适用《安全生产法》判断行政处罚的合法性

D. 法院可在判决中撤销《危险化学品安全管理条例》中与上位法相抵触的条款

**51.** 特别法优先原则是解决同位阶的法的渊源冲突时所依凭的一项原则。关于该原则，下列哪些选项是正确的？

A. 同一机关制定的特别规定相对于同时施行或在前施行的一般规定优先适用

B. 同一法律内部的规则规定相对于原则规定优先适用

C. 同一法律内部的分则规定相对于总则规定优先适用

D. 同一法律内部的具体规定相对于一般规定优先适用

**52.** 李某向王某借款200万元，由赵某担保。后李某因涉嫌非法吸收公众存款罪被立案。王某将李某和赵某诉至法院，要求偿还借款。赵某认为，若李某罪名成立，则借款合同因违反法律的强制性规定而无效，赵某无需承担担保责任。法院认为，借款合同并不因李某犯罪而无效，判决李某和赵某承担还款和担保责任。关于该案，下列哪些说法是正确的？

A. 若李某罪名成立，则出现民事责任和刑事责任的竞合

B. 李某与王某间的借款合同法律关系属于调整性法律关系

C. 王某的起诉是引起民事诉讼法律关系产生的唯一法律事实

D. 王某可以免除李某的部分民事责任

**53.** 王某向市生态环境局提出信息公开申请，但未在法定期限内获得答复，遂诉至法院，法院判决生态环境局败诉。关于该案，下列哪些说法是正确的？

A. 王某申请信息公开属于守法行为

B. 判决生态环境局败诉体现了法的强制作用

C. 王某起诉生态环境局的行为属于社会监督

D. 王某的诉权属于绝对权利

**54.** 我国的基本社会制度是基于经济、政治、文化、社会、生态文明五位一体的社会主义建设的需要，在社会领域所建构的制度体系。关于国家的基本社会制度，下列哪些选项是正确的？

A. 我国的基本社会制度是国家的根本制度

B. 社会保障制度是我国基本社会制度的核心内容

C. 职工的工作时间和休假制度是我国基本社会制度的重要内容

D. 加强社会法的实施是发展与完善我国基本社会制度的重要途径

**55.** 张某对当地镇政府干部王某的工作提出激烈批评，引起群众热议，被公安机关以诽谤他人为由行政拘留5日。张某的精神因此受到严重打击，事后相继申请行政复议和提起行政诉讼，法院依法撤销了公安机关《行政处罚决定书》。随后，张某申请国家赔偿。根据《宪法》和法律的规定，关于本案的分析，下列哪些选项是正确的？

A. 王某因工作受到批评，人格尊严受到侵犯

B. 张某的人身自由受到侵犯

C. 张某的监督权受到侵犯

D. 张某有权获得精神损害抚慰金

**56.** 根据《宪法》和法律的规定，关于全国人大代表的权利，下列哪些选项是正确的？

A. 享有绝对的言论自由

B. 有权参加决定国务院各部部长、各委员会主任的人选

C. 非经全国人大主席团或者全国人大常委会许可，一律不受逮捕或者行政拘留

D. 有五分之一以上的全国人大代表提议，可以临时召集全国人民代表大会会议

**57.** 国家实行审计监督制度。为加强国家的审计监督，全国人大常委会于1994年通过了《审计法》，并于2006年、2021年进行了修正。关于审计监督制度，下列哪些理解是正确的？

A. 《审计法》的制定与执行是在实施宪法的相关规定

B. 地方各级审计机关对本级人大常委会和上一级审计机关负责

C. 国务院各部门和地方各级政府的财政收支应当依法接受审计监督

D. 国有的金融机构和企业事业组织的财务收支应当依法接受审计监督

**58.** 甲市政府对某行政事业性收费项目的依据和标准迟迟未予公布，社会各界意见较大。关于这一问题的表述，下列哪些选项是正确的？

A. 市政府应当主动公开该收费项目的依据和标准

B. 市政府可向市人大常委会要求就该类事项作专项工作报告

C. 市人大常委会组成人员可依法向常委会书面提出针对市政府不公开信息的质询案

D. 市人大举行会议时，市人大代表可依法书面提出针对市政府不公开信息的质询案

**59.** 某县会计师行业自律委员会成立之初，达成统筹分配当地全行业整体收入的协议，要求当年市场份额提高的会员应分出自己的部分收入，补贴给市场份额降低的会员。事后，有会员向省级市场监督管理部门书面投诉。关于此事，下列哪些说法是正确的？

A. 该协议限制了当地会计师行业的竞争，具有违法性

B. 抑强扶弱有利于培育当地会计服务市场，法律不予禁止

C. 此事不能由省级市场监督管理部门受理，应由该委员会成员自行协商解决

D. 即使该协议尚未实施，如构成违法，也可予以查处

**60.** 甲县善福公司（简称甲公司）的前身为创始于清末的陈氏善福铺，享誉百年，陈某继承祖业后注册了该公司，并规范使用其商业标识。乙县善福公司（简称乙公司）系张某先于甲公司注册，且持有“善福100”商标权。乙公司在其网站登载善福铺的历史及荣誉，还在其产品包装标注“百年老牌”“创始于

清末”等字样，但均未证明其与善福铺存在历史联系。甲、乙公司存在竞争关系。关于此事，下列哪些说法是正确的？

A. 陈某注册甲公司的行为符合诚实信用原则

B. 乙公司登载善福铺历史及标注字样的行为损害了甲公司的商誉

C. 甲公司使用“善福公司”的行为侵害了乙公司的商标权

D. 乙公司登载善福铺历史及标注字样的行为构成虚假宣传行为

**61.** 甲在乙公司办理了手机通讯服务，业务单约定：如甲方（甲）预付费使用完毕而未及时补交款项，乙方（乙公司）有权暂停甲方的通讯服务，由此造成损失，乙方概不担责。甲预付了费用，1年后发现所用手机被停机，经查询方得知公司有“话费有效期满暂停服务”的规定，此时账户尚有余额，遂诉之。关于此事，下列哪些说法是正确的？

A. 乙公司侵犯了甲的知情权

B. 乙公司提供格式条款时应提醒甲注意暂停服务的情形

C. 甲有权要求乙公司退还全部预付费

D. 法院应支持甲要求乙公司承担惩罚性赔偿的请求

**62.** 某家具店出售的衣柜，如未被恰当地固定到墙上，可能发生因柜子倾倒致人伤亡的危险。关于此事，下列哪些说法是正确的？

A. 该柜质量应符合产品安全性的要求

B. 该柜本身或其包装上应有警示标志或者中文警示说明

C. 质检部门对这种柜子进行抽查，可向该店收取检验费

D. 如该柜被召回，该店应承担购买者因召回支出的全部费用

**63.** 李某从超市购得橄榄调和油，发现该油标签上有“橄榄”二字，侧面标示“配料：大豆油，橄榄油”，吊牌上写明：“添加了特等初榨橄榄油”，遂诉之。经查，李某事前曾多次在该超市“知假买假”。关于此案，下列哪些说法是正确的？

A. 该油的质量安全管理，应遵守《农产品质量安全法》的规定

B. 该油未标明橄榄油添加量，不符合食品安全标准要求

C. 如李某只向该超市索赔，该超市应先行赔付

D. 超市以李某“知假买假”为由进行抗辩的，法院不予支持

**64.** 陈某在担任某信托公司总经理期间，该公司未按照金融企业会计制度和公司财务规则严格管理和审核资金使用，违法开展信托业务，造成公司重大损失。对此，陈某负有直接管理责任。关于此事，下列哪些说法是正确的？

A. 该公司严重违反审慎经营规则

B. 国家金融监督管理总局可责令该公司停业整顿

C. 国家市场监督管理总局可吊销该公司的金融许可证

D. 国家金融监督管理总局可取消陈某一定期限直至终身的任职资格

**65.** 关于税收优惠制度，根据我国税法，下列哪些说法是正确的？

A. 个人进口大量化妆品，免征消费税

B. 武警部队专用的巡逻车，免征车船税

C. 企业从事渔业项目的所得，可免征、减征企业所得税

D. 农民张某网上销售从其他农户处收购的山核桃，免征增值税

**66.** 某县污水处理厂系乡村振兴项目，由地方财政投资数千万元，某公司负责建设。关于此项目的审计监督，下列哪些说法是正确的？

A. 审计机关对该项目的预算执行情况和决算，进行审计监督

B. 审计机关经银监局局长批准，可冻结该项目在银行的存款

C. 审计组应在向审计机关报送审计报告后，向该公司征求对该报告的意见

D. 审计机关对该项目作出审计决定，而上级审计机关认为其违反国家规定的，可直接作出变更或撤销的决定

**67.** 关于领土的合法取得，依当代国际法，下列哪些选项是正确的？

A. 甲国围海造田，未对他国造成影响

B. 乙国围兵邻国边境，邻国被迫与其签订条约割让部分领土

C. 丙国与其邻国经平等协商，将各自边界的部分领土相互交换

D. 丁国最近二十年派兵持续控制其邻国部分领土，并对外宣称拥有主权

**68.** “青田”号是甲国的货轮、“前进”号是乙国的油轮、“阳光”号是丙国的科考船，三船通过丁国领海。依《联合国海洋法公约》，下列哪些选项是正确的？

A. 丁国有关对油轮实行分道航行的规定是对“前进”号油轮的歧视

B. “阳光”号在丁国领海进行测量活动是违反无害通过的

C. “青田”号无须事先通知或征得丁国许可即可连续不断地通过丁国领海

D. 丁国可以对通过其领海的外国船舶征收费用

**69.** 韩国公民金某在新加坡注册成立一家公司，主营业地设在香港地区。依中国法律规定，下列哪些选项是正确的？

A. 该公司为新加坡籍

B. 该公司拥有韩国与新加坡双重国籍

C. 该公司的股东权利义务适用中国内地法

D. 该公司的民事权利能力与行为能力可适用香港地区法或新加坡法

**70.** 经常居所在上海的瑞士公民怀特未留遗嘱死亡，怀特在上海银行存有 100 万元人民币，在苏黎世银行存有 10 万欧元，且在上海与巴黎各有一套房产。现其继承人因遗产分割纠纷诉至上海某法院。依中国法律规定，下列哪些选项是正确的?

A. 100 万元人民币存款应适用中国法

B. 10 万欧元存款应适用中国法

C. 上海的房产应适用中国法

D. 巴黎的房产应适用法国法

**71.** 韩国甲公司为其产品在中韩两国注册了商标。中国乙公司擅自使用该商标生产了大量仿冒产品并销售至中韩两国。现甲公司将乙公司诉至中国某法院，要求其承担商标侵权责任。关于乙公司在中韩两国侵权责任的法律适用，依中国法律规定，下列哪些选项是正确的?

A. 双方可协议选择适用中国法

B. 均应适用中国法

C. 双方可协议选择适用韩国法

D. 如双方无法达成一致，则应分别适用中国法与韩国法

**72.** 中国甲公司向波兰乙公司出口一批电器，采用 DAP 术语，通过几个区段的国际铁路运输，承运人签发了铁路运单，货到目的地后发现有部分损坏。依相关国际惯例及《国际铁路货物联运协定》，下列哪些选项是正确的?

A. 乙公司必须确定损失发生的区段，并只能向该区段的承运人索赔

B. 铁路运单是物权凭证，乙公司可通过转让运单转让货物

C. 甲公司在指定目的地运输终端将仍处于运输工具上的货物交由乙公司处置时，即完成交货

D. 各铁路区段的承运人应承担连带责任

**73.** 在一国际贷款中，甲银行向贷款银行乙出具了备用信用证，后借款人丙公司称贷款协议无效，拒绝履约。乙银行向甲银行出示了丙公司的违约证明，要求甲银行付款。依相关规则，下列哪些选项是正确的?

A. 甲银行必须对违约的事实进行审查后才能向乙银行付款

B. 备用信用证与商业跟单信用证适用相同的国际惯例

C. 备用信用证独立于乙银行与丙公司的国际贷款协议

D. 即使该国际贷款协议无效，甲银行仍须承担保证责任

**74.** 甲乙两国均为 WTO 成员，甲国纳税居民马克是甲国保险公司的大股东，马克从该保险公司在乙国的分支机构获利 35 万美元。依《服务贸易总协定》及相关税法规则，下列哪些选项是正确的?

A. 甲国保险公司在乙国设立分支机构，属于商业存在的服务方式

B. 马克对甲国承担无限纳税义务

C. 两国均对马克的 35 万美元获利征税属于重叠征税

D. 35 万美元获利属于甲国人马克的所得，乙国无权对其征税

**75.** 法律在社会中负有分配社会资源、维持社会秩序、解决社会冲突、实现社会正义的功能，这就要求法律职业人员具有更高的法律职业道德水准。据此，关于提高法律职业道德水准，下列哪些表述是正确的?

A. 法律职业道德主要是法律职业本行业在职业活动中的内部行为规范，不是本行业对社会所负的道德责任和义务

B. 通过长期有效的职业道德教育，使法律职业人员形成正确的职业道德认识、信念、意志和习惯，促进道德内化

C. 以法律、法规、规范性文件等形式赋予法律职业道德以更强的约束力和强制力，并加强道德监督，形成他律机制

D. 法律职业人员违反法律职业道德和纪律的，应当依照有关规定予以惩处，通过惩处教育本人及其他人员

**76.** 法院的下列哪些做法是符合审判制度基本原则的?

A. 某法官因病住院，甲法院决定更换法官重新审理此案

B. 某法官无正当理由超期结案，乙法院通知其三年内不得参与优秀法官的评选

C. 对某社会高度关注案件，当地媒体多次呼吁法院尽快结案，丙法院依然坚持按期审结

D. 因人身损害纠纷，原告要求被告赔付医疗费，丁法院判决被告支付全部医疗费及精神损害赔偿金

**77.** 根据《法律援助法》和《关于刑事诉讼法律援助工作的规定》，下列哪些表述是正确的?

A. 区检察院提起抗诉的案件，区法院应当通知区法律援助中心为被告人甲提供法律援助

B. 家住 A 县的乙在邻县涉嫌犯罪被邻县检察院批准逮捕，其因经济困难可向 A 县法律援助中心申请法律援助

C. 县公安局没有通知县法律援助中心为可能被判处无期徒刑的丙提供法律援助，丙可向市检察院提出申诉

D. 县法院应当准许强制医疗案件中的被告丁以正当理由拒绝法律援助，并告知其可另行委托律师

**78.** 某检察院改革内部管理体制，将原有的多个内设处（室）统一整合，消除内部职能行政化、碎片化的弊端。关于上述改革，下列说法正确的是：

A. 完善内部管理体制有利于保证司法公正，提高检察机关公信力

B. 检察官独立行使检察权不应受任何组织和个人的监督

C. 将检察官等同于一般公务员的管理体制不利于提高检察官的专业素质和办案质量

D. 内部管理体制改革为完善检察官职业保障体系创造了条件

**79.** “法律只是在自由的无意识的自然规律变成有意识的国家法律时，才成为真正的法律。哪里法律成为实际的法律，即成为自由的存在，哪里法律就成为人的实际的自由存在。”关于该段话，下列说法正确的是：

A. 从自由与必然的关系上讲，规律是自由的，但却是无意识的，法律永远是不自由的，但却是有意识的

B. 法律是“人的实际的自由存在”的条件

C. 国家法律须尊重自然规律

D. 自由是评价法律进步与否的标准

**80.** 王某在未依法取得许可的情况下购买氰化钠并存储于车间内，被以非法买卖、存储危险物质罪提起公诉。法院认为，氰化钠对人体和环境具有极大毒害性，属于《刑法》第125条第2款规定的毒害性物质，王某未经许可购买氰化钠，虽只有购买行为，但刑法条文中的“非法买卖”并不要求兼有买进和卖出的行为，王某罪名成立。关于该案，下列说法正确的是：

A. 法官对“非法买卖”进行了目的解释

B. 查明和确认“王某非法买卖毒害性物质”的过程是一个与法律适用无关的过程

C. 对“非法买卖”的解释属于外部证成

D. 内部证成关涉的是从前提到结论之间的推论是否有效

**81.** 在莎士比亚喜剧《威尼斯商人》中，安东尼与夏洛克订立契约，约定由夏洛克借款给安东尼，如不能按时还款，则夏洛克将在安东尼的胸口割取一磅肉。期限届至，安东尼无力还款，夏洛克遂要求严格履行契约。安东尼的未婚妻鲍西娅针锋相对地向夏洛克提出：可以割肉，但仅限一磅，不许相差分毫，也不许流一滴血，惟其如此方符合契约。关于该故事，下列说法正确的是：

A. 夏洛克主张有约必践，体现了强烈的权利意识和契约精神

B. 夏洛克有约必践（即使契约是不合理的）的主张本质上可以看作是“恶法亦法”的观点

C. 鲍西娅对契约的解释运用了历史解释方法

D. 安东尼与夏洛克的约定遵循了人权原则而违背了平等原则

**82.** 我国宪法规定了“一切权力属于人民”的原则。关于这一规定的理解，下列选项正确的是：

A. 国家的一切权力来自并且属于人民

B. “一切权力属于人民”仅体现在直接选举制度之中

C. 我国的人民代表大会制度以“一切权力属于人民”为前提

D. “一切权力属于人民”贯穿于我国国家和社会生活的各领域

**83.** 我国宪法明确规定：“国家为了公共利益的需要，可以依照法律规定对公民的私有财产实行征收或者征用并给予补偿。”关于公民财产权限制的界限，下列选项正确的是：

A. 对公民私有财产的征收或征用构成对公民财产权的外部限制

B. 对公民私有财产的征收或征用必须具有明确的法律依据

C. 只要满足合目的性原则即可对公民的财产权进行限制

D. 对公民财产权的限制应具有宪法上的正当性

**84.** 宪法修改是指有权机关依照一定的程序变更宪法内容的行为。关于宪法的修改，下列选项正确的是：

A. 凡宪法规范与社会生活发生冲突时，必须进行宪法修改

B. 我国宪法的修改可由五分之一以上的全国人大代表提议

C. 宪法修正案由全国人民代表大会公告公布施行

D. 我国1988年《宪法修正案》规定，土地的使用权可依照法律法规的规定转让

**85.** 根据《宪法》和法律，关于我国宪法监督方式的说法，下列选项正确的是：

A. 地方性法规报全国人大常委会和国务院备案，属于事后审查

B. 自治区人大制定的自治条例报全国人大常委会批准后生效，属于事先审查

C. 全国人大常委会应国务院的书面审查要求对某地方性法规进行审查，属于附带性审查

D. 全国人大常委会只有在相关主体提出对某规范性文件进行审查的要求或建议时才启动审查程序

**王某，女，1990 年出生，于 2012 年 2 月 1 日入职某公司，从事后勤工作，双方口头约定每月工资为人民币 3000 元，试用期 1 个月。2012 年 6 月 30 日，王某因无法胜任经常性的夜间高处作业而提出离职，经公司同意，双方办理了工资结算手续，并于同日解除了劳动关系。同年 8 月，王某以双方未签书面劳动合同为由，向当地劳动争议仲裁委申请仲裁，要求公司再支付工资 12000 元。**

**请回答第 86—88 题。**

**86.** 关于女工权益，根据《劳动法》，下列说法正确的是：

A. 公司应定期安排王某进行健康检查

B. 公司不能安排王某在经期从事高处作业

C. 若王某怀孕 6 个月以上，公司不得安排夜班劳动

D. 若王某在哺乳婴儿期间，公司不得安排夜班劳动

**87.** 关于该劳动合同的订立与解除，下列说法正确的是：

A. 王某与公司之间视作已订立无固定期限劳动合同

B. 该劳动合同期限自 2012 年 3 月 1 日起算

C. 该公司应向王某支付半个月工资的经济补偿金

D. 如王某不能胜任且经培训仍不能胜任工作，公司提前 30 日以书面形式通知王某，可将其辞退

**88.** 如当地月最低工资标准为 1500 元，关于该仲裁，下列说法正确的是：

A. 王某可直接向劳动争议仲裁委申请仲裁

B. 如王某对该仲裁裁决不服，可向法院起诉

C. 如公司对该仲裁裁决不服，可向法院起诉

D. 如公司有相关证据证明仲裁裁决程序违法时，可向有关法院申请撤销裁决

**89.** 司法人员恪守司法廉洁，是司法公正与公信的基石和防线。违反有关司法廉洁及禁止规定将受到严肃处分。下列属于司法人员应完全禁止的行为是：

A. 为当事人推荐、介绍诉讼代理人、辩护人

B. 为律师、中介组织介绍案件

C. 在非工作场所接触当事人、律师、特殊关系人

D. 向当事人、律师、特殊关系人借用交通工具

**90.** 银行为孙法官提供了利率优惠的房屋抵押贷款，银行王经理告知孙法官，是感谢其在一年前的合同纠纷中作出的公正判决而进行的特殊安排，孙法官接受该笔贷款。关于法院对孙法官行为的处理，下列说法正确的是：

A. 法院认为孙法官的行为系违反廉政纪律的行为

B. 如孙法官主动交代，并主动采取措施有效避免损失的，法院应从轻给予处分

C. 由于孙法官行为情节轻微，如经过批评教育后改正，法院可免予处分

D. 确认属于违法所得的部分，法院可根据情况作出责令退赔的决定

## 参考答案与解析

**1. C**。道德有助于法律的有效实施，但法律的有效实施从根本上依靠的是国家强制力，并非总是依赖于道德，故 A 错误。“忍为高”并非以德治国应大力弘扬的传统美德，故 B 错误。依法治国需要法律和道德共同发挥作用，而不必也不可能将道德义务全部转化为法律义务，故 D 错误。C 正确。

**2. C**。完善人民陪审员制度的主要目的是保障人民群众参与司法，依靠人民推进公正司法。养成守法习惯并非陪审员制度的主要目的，故 C 错误。ABD 正确。

**3. B**。该条文表达的是法律规则，而不是法律原则，故 C 错误；表达的是强行性规则，而不是禁止性规则，强行性规则与任意性规则相对，是指内容规定具有强制性质，不允许人们随便加以更改的法律规则，“应当”的表述即为典型，而禁止性规则是指规定人们的消极义务（不作为义务），即禁止人们作出一定行为的规则，典型的标志词如“禁止”“不得”，故 A 错误，B 正确；表达的是行为模式，即人们如何具体行为，而不是法律后果，故 D 错误。

**4. C**。一切法律规范都必须以作为“法律语句”的语句形式表达出来，具有语言的依赖性，法律原则也不例外，故 A 错误。法律规则是法律中最具有硬度的部分，能最大限度地实现法律的确定性和可预测性，故 B 错误。法律规则的规定是明确具体的，它着眼于主体行为及各种条件（情况）的共性；其明确具体的目的是削弱或防止法律适用上的“自由裁量”。与此相比，法律原则的着眼点不仅限于行为及条件的共性，而且关注它们的个别性，故 C 正确。法律规则是以“全有或全无”的方式适用于个案当中，而法律原则的适用不同，因为不同的法律原则具有不同的“强度”（weight，分量），而且这些不同强度的原则甚至冲突的原则都可能存在于一部法律之中，故 D 错误。

**5. B**。判决是个别性法律文件，适用于特定对

象，不具有一般性约束力，故A错误。相对义务又称对人义务，对应特定的权利人，本案中，甲和乙的抚养义务仅对应小琳，是为相对义务，故B正确。判决在原被告之间形成保护性法律关系，被告（甲和乙）须支付原告（甲母）抚养费，故C错误。法律关系主体是法律关系的参加者，即在法律关系中一定权力的享有者和一定义务的承担者。本案中，小琳尚不具有成为法律关系的行为能力，且不是诉讼当事人一方，所以不是民事诉讼法律关系的主体之一，故D错误。

**6. D**。该法谚表达的主要是法律不溯及既往的一般原则，“法律为未来作规定”指的是不能用明天的法律来要求人们今天的行为，也不能用今天的法律来要求人们昨天的行为，“法官为过去作判决”指的是法官只能根据行为当时的法律对该行为作出判决。但是这一原则并非绝对，比如刑事法律中，各国通例均有“有利原则”作为例外，即法律原则上不溯及既往，但是有利于当事人的例外。故D正确，ABC错误。

**7. B**。设证推理是对从所有能够解释事实的假设中优先选择一个假设的推论。这个推论的一般形式是：

C被观察到或待解释的现象⟶待解释现象C

如果H为真，那么C是当然结果⟶如果H，则C

因此，H⟶所以H

本案中，邻居追赶盗贼遇到陈、崔二人，看到崔宁刚好携带15贯钱（待解释现象C）；如果陈、崔自刘贵家盗走15贯钱并杀死刘贵（H），那么崔宁身上刚好携带15贯钱（C）；因此，可以推定，陈、崔自刘贵家盗走15贯钱并杀死刘贵（H）。可见，邻居断定崔宁为凶手运用的是设证推理方法，故B正确。

当今中国法的非正式渊源主要包括习惯、判例、政策等，话本小说《错斩崔宁》不能视为一种法的非正式渊源，故A错误。“盗贼自刘贵家盗走15贯钱并杀死刘贵”表述的是法律规则中的行为模式，故C错误。法律适用过程作为一个证成过程，法律决定的合理性取决于下列两个方面：一方面，法律决定是按照一定的推理规则从前提中推导出来的；另一方面，推导法律决定所依赖的前提是合理的、正当的。本案中，官府当庭拷讯二人，陈、崔屈打成招，官府据此作出的法律决定（处斩）不符合证成标准，故D错误。

**8. C**。《立法法》第53条规定：“全国人民代表大会常务委员会的法律解释同法律具有同等效力。”故A错误。《宪法》第67条规定了全国人大常委会解释宪法和法律的权力，《立法法》第48条第1款规定：“法律解释权属于全国人民代表大会常务委员会。”可见，全国人大常委会可以解释的不只是《刑法》，故B错误。全国人大常委会的解释属于法定解释、正式解释，而不是学理解释，故D错误。C正确，该解释将《刑法》第158、159条规定的适用范围限于依法实行注册资本实缴登记制的公司，而不适用于认缴登记制的公司，比条文中公司的字面含义要窄，属于限制解释。

**9. B**。法律非常重要，但也是有限的，不能调整所有的社会关系，故A错误。法官审案应区分法与道德问题，但可以进行价值判断，道德规范作为法的非正式渊源，有的情况下也可以作为司法裁判的理由，故B正确，C错误。一般而言，道德规范的强制是内在的，法律规范则是外在的，具有国家强制性，故D错误。

**10. A**。西周的买卖契约称为“质剂”。《周礼》载，“质”“剂”有别。“质”，是买卖奴隶、牛马所使用的较长的契券；“剂”，是买卖兵器、珍异之物所使用的较短的契券。故A正确。“质”“剂”由官府制作，并由“质人”专门管理。故B错误。然而，买卖契约是写在简牍上，一分为二，双方各执一份。故C错误。西周的借贷契约称为“傅别”，故D错误。

**11. C**。郑国执政子产“铸刑书”，是中国历史上第一次公布成文法的活动；晋国赵鞅“铸刑鼎”，是中国历史上第二次公布成文法的活动。故A错误。春秋时期成文法的公布，否定了“刑不可知，则威不可测”的旧传统，对旧贵族操纵和使用法律的特权是严重的冲击，是新兴地主阶级的一次重大胜利。故B错误，C正确。孔子对“铸刑鼎”持反对态度，认为这是亡国之举：“晋其亡乎！失其度矣。”故D错误。

**12. D**。唐律作为中华法系的代表作，不仅在本国而且在世界法制史上也占有重要地位。它对亚洲诸国产生了重大影响。朝鲜《高丽律》篇章内容都取法于唐律。日本文武天皇制定《大宝律令》，也以唐律为蓝本。越南李太尊时期颁布的《刑书》，大都参用唐律。但对欧洲诸国产生重大影响的提法不准确，故D错误。

**13. D**。本题考查南宋关于户绝财产继承的规定。户绝指家无男子承继。户绝立继承人有两种方式：凡“夫亡而妻在”，立继从妻，称“立继”；凡“夫妻俱亡”，立继从其尊长亲属，称为“命继”。继子与户绝之女均享有继承权，但只有在室女（未嫁女）的，在室女享有3/4的财产继承权，继子享有1/4的财产继承权；只有出嫁女（已婚女）的，出嫁女享有1/3的财产继承权，继子享有1/3，另外的1/3收为官府所有。本题属于只有出嫁女（已婚女）的情况，故霍甲、霍丙、官府各享有1/3，D正确。

**14. C**。清末的商事立法，大致可以分为前后两个阶段：1903—1907年为第一阶段；1907—1911年为第二阶段。在第一阶段，商事立法主要由新设立的商部负责；在第二阶段，主要商事法典改由修订法律馆主持起草。故 C 正确。《钦定大清商律》是清朝第一部商律，包括《商人通例》和《公司律》，不包括《破产律》，故 A 错误。清廷制定商律，乃形势所迫，是一种被动的、被迫的立法活动，并非工商政策的变革，故 B 错误。清末修律成果包括《大清现行刑律》《大清新刑律》《大清商律草案》《大清民律草案》及诉讼法律、法院编制法等，不包括《大清律例》，《大清律例》是中国历史上最后一部封建成文法典，于乾隆五年完成，故 D 错误。

**15. D**。就宪法典的总体结构而言，一般包括序言、正文、附则三大部分。从形式上看，各国宪法序言的长短不尽相同，故 A 错误。附则的效力通常具有特定性和临时性，但我国宪法没有附则，故 B 错误。国家和社会生活诸方面的基本原则一般规定在正文之中，故 C 错误。中华人民共和国成立以来的前三部宪法均将国家机构置于公民的基本权利和义务之前，现行宪法调整了这种结构，将公民的基本权利和义务一章提到国家机构之前，故 D 正确。

**16. D**。题干所述为《立法法》第 98 条之规定。该条文中第二处“法律”指的是全国人大及其常委会制定的法律，第一处“法律”指的是广义的法律。故 A 错误。宪法效力具有最高性与直接性。在整个法律体系中宪法效力是最高的，不仅成为立法的基础，同时对立法行为与依据宪法进行的各种行为产生直接的约束力。故 BC 错误。D 正确。

**17. B**。在我国，国有企业和国有自然资源是国家财产的主要部分。此外，国家机关、事业单位、部队等全民单位的财产也是国有财产的重要组成部分。故 A 错误。《宪法》第 10 条第 1、2 款规定：“城市的土地属于国家所有。农村和城市郊区的土地，除由法律规定属于国家所有的以外，属于集体所有；宅基地和自留地、自留山，也属于集体所有。”故 B 正确，C 错误。在 1993 年以前，社会主义全民所有制经济一般被称为国营经济。1993 年 3 月 29 日第八届全国人大一次会议通过的宪法修正案将“国营经济”修改为“国有经济”。《宪法》第 7 条规定：“国有经济，即社会主义全民所有制经济，是国民经济中的主导力量。国家保障国有经济的巩固和发展。”故 D 错误。

**18. A**。《选举法》第 9 条第 1、2 款规定：“全国人民代表大会常务委员会主持全国人民代表大会代表的选举。省、自治区、直辖市、设区的市、自治州的人民代表大会常务委员会主持本级人民代表大会代表的选举。不设区的市、市辖区、县、自治县、乡、民族乡、镇设立选举委员会，主持本级人民代表大会代表的选举。不设区的市、市辖区、县、自治县的选举委员会受本级人民代表大会常务委员会的领导。乡、民族乡、镇的选举委员会受不设区的市、市辖区、县、自治县的人民代表大会常务委员会的领导。”故 B 错误，县级人大代表选举由选举委员会主持；C 错误，全国人大代表的选举，由全国人大常委会主持。《选举法》第 10 条规定：“不设区的市、市辖区、县、自治县的选举委员会的组成人员由本级人民代表大会常务委员会任命。乡、民族乡、镇的选举委员会的组成人员由不设区的市、市辖区、县、自治县的人民代表大会常务委员会任命。选举委员会的组成人员为代表候选人的，应当辞去选举委员会的职务。”故 A 正确，D 错误。

**19. B**。全国性法律一般不在特别行政区实施，只有在特别行政区实施的全国性法律才是特别行政区的法律渊源之一，故 A 错误。《澳门特别行政区基本法》第 87 条第 4 款规定：“终审法院法官的任命和免职须报全国人民代表大会常务委员会备案。”故 B 正确。《澳门特别行政区基本法》第 17 条前两款规定：“澳门特别行政区享有立法权。澳门特别行政区的立法机关制定的法律须报全国人民代表大会常务委员会备案。备案不影响该法律的生效。”故 C 错误，澳门享有立法权，制定的法律报全国人大常委会备案而不是批准。《澳门特别行政区基本法》反映了包括澳门同胞在内的全国人民的意志和利益，故 D 错误。

**20. B**。《村民委员会组织法》第 2 条第 3 款规定：“村民委员会向村民会议、村民代表会议负责并报告工作。”《村民委员会组织法》第 23 条规定：“村民会议审议村民委员会的年度工作报告，评议村民委员会成员的工作；有权撤销或者变更村民委员会不适当的决定；有权撤销或者变更村民代表会议不适当的决定。村民会议可以授权村民代表会议审议村民委员会的年度工作报告，评议村民委员会成员的工作，撤销或者变更村民委员会不适当的决定。”可见，村委会的年度工作报告由村民会议或村民代表会议审议，A 错误。《村民委员会组织法》第 27 条第 1 款规定：“村民会议可以制定和修改村民自治章程、村规民约，并报乡、民族乡、镇的人民政府备案。”故 B 正确。《村民委员会组织法》第 14 条第 2 款规定：“对登记参加选举的村民名单有异议的，应当自名单公布之日起五日内向村民选举委员会申诉，村民选举委员会应当自收到申诉之日起三日内作出处理决定，并公布处理结果。”可见，对登记参加选举的村民名单的申诉，村民选举委员会是处理机构，C 错误。《村民委员会组织法》第 18 条规定：“村民委员会成员丧失行为能力或者被判处刑罚的，其职务自行终止。”《村民委员会组织法》第 19 条规定：“村民委员会成员出缺，可以由村民会议或者村民代表会议进行补选。补选程序参照本法第十五条的规定办理。补选的村民委员会成员的任期到本届村民委员会任期届满时止。”故D错误。

**21. C**。自治州人大常委会不属于民族自治地方的自治机关，其出台的该法律文件属于一般性的地方性法规，不属于自治条例或单行条例，不能对法律和行政法规的规定作出变通规定，故B错误。《立法法》第81条第1款规定：“……设区的市的地方性法规须报省、自治区的人民代表大会常务委员会批准后施行。省、自治区的人民代表大会常务委员会对报请批准的地方性法规，应当对其合法性进行审查，认为同宪法、法律、行政法规和本省、自治区的地方性法规不抵触的，应当在四个月内予以批准。”《立法法》第81条第4款规定：“自治州的人民代表大会及其常务委员会可以依照本条第一款规定行使设区的市制定地方性法规的职权。……”故C正确。《立法法》第88条第3款规定：“设区的市、自治州的人民代表大会及其常务委员会制定的地方性法规报经批准后，由设区的市、自治州的人民代表大会常务委员会发布公告予以公布。”可知，自治州人大常委会出台的地方性法规由常委会公告予以公布，故A错误。《立法法》第106条第1款第2项规定：“……地方性法规与部门规章之间对同一事项的规定不一致，不能确定如何适用时，由国务院提出意见，国务院认为应当适用地方性法规的，应当决定在该地方适用地方性法规的规定；认为应当适用部门规章的，应当提请全国人民代表大会常务委员会裁决……”故D错误。

**22. A**。《反垄断法》第22条规定，禁止具有市场支配地位的经营者从事下列滥用市场支配地位的行为：……（5）没有正当理由搭售商品，或者在交易时附加其他不合理的交易条件……题述案例燃气公司的行为涉嫌“在交易时附加其他不合理的交易条件”，但执法过程中认定该违法行为的前提，同样需要先认定该公司具有市场支配地位。要认定公司具有市场支配地位，首先就要界定公司所涉的相关市场，再根据市场中竞争格局和竞争态势来判断其是否具有市场支配地位，不能想当然地看到是燃气公司，就认定其具有市场支配地位。故本题的正确答案为A。

**【陷阱提示】**由于题述案例用的是燃气公司的例子，考生可能会想当然地认为它就是一个垄断经营的主体，天然具有市场支配地位，而且大多数情况下燃气公司确实属于当地唯一一家具有经营燃气业务牌照的公司，因而具有对当地市场的支配地位。但是法律讲究逻辑严密，论证和推理要有章法，不能想当然。认定滥用市场支配地位，必须先认定是否具有市场支配地位，而认定是否有市场支配地位必须先划分清楚相关市场。故A正确、B错误。C错误，上游气源企业向其收取预付款不是其向客户收取预付气费款的正当理由。D错误，政府规定“一个地域只能有一家燃气供应企业”只能说明其自身经营资格的合法性，并不能说明其所有经营行为的合法性，具有合法的市场支配地位并不意味着它可以滥用这种市场支配地位。

**23. B**。2018年《个人所得税法》删除了关于加成征收的规定，故A错误。《个人所得税法》第17条规定，对扣缴义务人按照所扣缴的税款，付给2%的手续费。故B正确。C错误，《个人所得税法》第4条规定，下列各项个人所得，免征个人所得税：……（5）保险赔款……故在中国境内无住所又不居住的个人（非居民纳税人）虽然保险赔款收入来源于中国境内，但是由于是保险赔款，属于免税范畴。D错误，我国尚未实施以家庭为单位的所得税制，每个纳税人应当单独计算工资薪金收入及其起征点。

**24. A**。《城乡规划法》第17条第2款规定，规划区范围、规划区内建设用地规模、基础设施和公共服务设施用地、水源地和水系、基本农田和绿化用地、环境保护、自然与历史文化遗产保护以及防灾减灾等内容，应当作为城市总体规划、镇总体规划的强制性内容。故A正确。《城乡规划法》第30条第2款规定，在城市总体规划、镇总体规划确定的建设用地范围以外，不得设立各类开发区和城市新区。故B错误。《城乡规划法》第16条第2款规定，镇人民政府组织编制的镇总体规划，在报上一级人民政府审批前，应当先经镇人民代表大会审议，代表的审议意见交由本级人民政府研究处理。故C错误。《城乡规划法》第36条规定，按照国家规定需要有关部门批准或者核准的建设项目，以划拨方式提供国有土地使用权的，建设单位在报送有关部门批准或者核准前，应当向城乡规划主管部门申请核发选址意见书。前款规定以外的建设项目不需要申请选址意见书。故D错误。

**25. A**。《环境影响评价法》第24条规定，建设项目的环境影响评价文件经批准后，建设项目的性质、规模、地点、采用的生产工艺或者防治污染、防止生态破坏的措施发生重大变动的，建设单位应当重新报批建设项目的环境影响评价文件。故A正确，BC错误。《环境保护法》第66条规定，提起环境损害赔偿诉讼的时效期间为3年，从当事人知道或者应当知道其受到损害时起计算。需要注意的是适用诉讼时效期间3年的是“环境损害赔偿”，对于停止侵害、排除妨碍、消除危险等侵权责任，只要侵害行为在持续，随时可以主张要求停止侵害。故D错误。

**26. C**。安理会的每个理事国有一个投票权。程序性问题，由15个理事国中的9个理事国的可决票决定。非程序性问题，由9个理事国的可决票包括全体常任理事国的同意票决定。即任一常任理事国的反对票都可以否决决议。但是常任理事国不参加投票或者弃权，不构成否决。故A错误。程序性问题有：通过或修改安理会的议事规则；确定推选安理会主席的方法；组织安理会本身使其能持续行使职能；选定安理会会议的时间和地点；设立执行其职能所必需的机构；邀请在安理会中没有代表的会员国在对该国利益有特别关系时参加安理会讨论；邀请在安理会正在审议的争端中为当事国的任何国家参加关于该争端的讨论。实质性问题有：解决争端，调整足以引发争端的情势，断定对和平的威胁，消除对和平的威胁制止对和平的破坏。关于和平解决争端的决议，作为争端当事国的理事国不得投票，但是关于采取执行行动的决议，可以投票和行使否决权。此外，安理会在作出关于建议大会接纳新会员国、中止会员国的权利、开除会员国和向大会推荐秘书长人选等问题时，也需包括 5 个常任理事国在内 9 个理事国的可决票来决定。故 D 错误。本题属于实质性问题，由 9 个理事国的赞成票，且没有常任理事国的否决票表决即可通过。故 B 错误，C 正确。

**27. D**。界标，是指竖立在边界线上或边界线两侧，在实地标示边界线走向，且其地理坐标已测定并记载于勘界文件或联检文件中的标志。如发现界标被损坏、移动或毁灭，双方主管部门立即相互通报。按勘界文件和联检文件的规定，负责维护该界标的一方立即采取措施在原位修理、恢复或重建，并应在工作开始前通知另一方。一方主管部门在进行上述工作时，应有另一方主管部门的代表在场，工作完成后做出记录。故 A 错误。对于边境事件的处理，相邻国家通常通过协议，由双方代表成立处理边境地区事项的机构，专门处理边境和边民有关的问题，如偷渡、违章越界、损害界标等事项。本题中，对于偷渡问题应由甲乙两国成立的共同机构进行管理。故 BC 错误。在已设界标边界线上，相邻国家对界标的维护负有共同责任。应使界标的位置、形状、型号和颜色符合边界文件中规定的一切要求。两国可以协议确定对全部界标的维护进行分工。陆地上的界标和边界线应保持在易于辨认的状态。双方都应采取必要措施防止界标被移动、损坏或灭失。若一方发现界标出现上述情况，应尽速通知另一方，在双方代表在场的情况下修复或重建。国家有责任对移动、损坏或毁灭界标的行为给予严厉惩罚。故 D 正确。

**28. B**。《国际法院规约》第 8 条规定："大会及安全理事会各应独立举行法院法官之选举。"《国际法院规约》第 10 条规定："候选人在大会及在安全理事会得绝对多数票者应认为当选。"故 A 错误。《国际法院规约》第 1 条规定："联合国宪章所设之国际法院为联合国主要司法机关，其组织及职务之行使应依本规约之下列规定。"故 B 正确。《国际法院规约》第 65 条规定："一、法院对于任何法律问题如经任何团体由联合国宪章授权而请求或依照联合国宪章而请求时，得发表咨询意见。"故 C 错误。《国际法院规约》第 65 条规定："二、凡向法院请求咨询意见之问题，应以声请书送交法院。此项声请书对于咨询意见之问题，应有确切之叙述，并应附送足以释明该问题之一切文件。"《国际法院规约》第 60 条规定："法院之判决系属确定，不得上诉。判词之意义或范围发生争端时，经任何当事国之请求后，法院应予解释。"故 D 错误。

**29. A**。《涉外民事关系法律适用法》第 13 条规定："宣告失踪或者宣告死亡，适用自然人经常居所地法律。"越南公民阮某与中国公民李某的经常居所同在上海，因此二人的宣告失踪均应适用中国法。故 A 正确。

**30. B**。《涉外民事关系法律适用法》第 41 条规定："当事人可以协议选择合同适用的法律。当事人没有选择的，适用履行义务最能体现该合同特征的一方当事人经常居所地法律或者其他与该合同有最密切联系的法律。"《涉外民事关系法律适用法》第 47 条规定："不当得利、无因管理，适用当事人协议选择适用的法律。当事人没有选择的，适用当事人共同经常居所地法律；没有共同经常居所地的，适用不当得利、无因管理发生地法律。"本题属于不当得利法律关系，当事人可以协议选择适用的法律。故 B 正确。

**31. A**。《涉外民事关系法律适用法》第 21 条规定："结婚条件，适用当事人共同经常居所地法律；没有共同经常居所地的，适用共同国籍国法律；没有共同国籍，在一方当事人经常居所地或者国籍国缔结婚姻的，适用婚姻缔结地法律。"故 A 正确，D 错误。《涉外民事关系法律适用法》第 22 条规定："结婚手续，符合婚姻缔结地法律、一方当事人经常居所地法律或者国籍国法律的，均为有效。"故 BC 错误。

**32. B**。《涉外民事关系法律适用法》第 41 条规定："当事人可以协议选择合同适用的法律。当事人没有选择的，适用履行义务最能体现该合同特征的一方当事人经常居所地法律或者其他与该合同有最密切联系的法律。"本案的合同的签订地和标的物所在地都在中国，因此根据最密切联系原则韩某可在该套设备所在地或合同签订地法院起诉，该合同可以适用中国法。故 B 正确。

**33. A**。《民事诉讼法》第 294 条第 1 款规定："请求和提供司法协助，应当依照中华人民共和国缔结或者参加的国际条约所规定的途径进行；没有条约关系的，通过外交途径进行。"外交途径包括：已建立外交关系国家的法院之间通过外交途径相互委托向对方公民或在对方境内的第三国或无国籍当事人（包括个人和法人）送达民、商事司法文书或调查取证，一般是通过本国外交部指示驻被委托国使馆将有关文书送给该国的外交部转交该国的管辖法院执行送达。通过外交途径转递司法文书或调查取证，一般根据互惠原则并按程序和要求办理。故 A 正确。

**34. B**。《国际货物销售合同公约》第 5 条规定："本公约不适用于卖方对于货物对任何人所造成的死亡或伤害的责任。”故A错误。《国际货物销售合同公约》第71条规定：“（1）如果订立合同后，另一方当事人由于下列原因显然将不履行其大部分重要义务，一方当事人可以中止履行义务：（a）他履行义务的能力或他的信用有严重缺陷；或（b）他在准备履行合同或履行合同中的行为显示他将不履行其主要义务。（2）如果卖方在上一款所述的理由明显化以前已将货物发运，他可以阻止将货物交给买方，即使买方持有其有权获得货物的单据。本款规定只与买方和卖方间对货物的权利有关。（3）中止履行义务的一方当事人不论是在货物发运前还是发运后，都必须立即通知另一方当事人，如经另一方当事人对履行义务提供充分保证，则他必须继续履行义务。”《国际货物销售合同公约》第72条规定：“（1）如果在履行合同日期之前，明显看出一方当事人将根本违反合同，另一方当事人可以宣告合同无效。（2）如果时间许可，打算宣告合同无效的一方当事人必须向另一方当事人发出合理的通知，使他可以对履行义务提供充分保证。（3）如果另一方当事人已声明他将不履行其义务，则上一款的规定不适用。”故B正确，CD错误。

**35. C**。遭遇台风属于自然灾害，根据《海牙规则》，对于自然灾害造成的损失，承运人可以免责。故A错误。根据国际商会《跟单信用证统一惯例》（UCP600号）第4条所确立的信用证独立原则，就性质而言，信用证与可能作为其依据的销售合同或其他合同是相互独立的交易，不允许银行以买方与卖方之间对有关基础合同履行的争议，作为不付款、少付款或延期付款的理由；也不允许买方以其与卖方之间的合同履行方面的争议为理由，限制银行向受益人付款。故B错误。本题中，货物投保的是平安险，在平安险下，自然灾害造成的全部损失属于保险公司的承保范围。故C正确。保兑信用证，指经另一家银行加以保证兑付的信用证。在保兑信用证下，保兑行的责任相当于本身开证，无论开证行发生什么变化、是否承担兑付责任，保兑行都不得单方面撤销其保兑。故D错误。

**36. B**。《反倾销条例》第20条规定：“商务部可以采用问卷、抽样、听证会、现场核查等方式向利害关系方了解情况，进行调查。商务部应当为有关利害关系方提供陈述意见和论据的机会。商务部认为必要时，可以派出工作人员赴有关国家（地区）进行调查；但是，有关国家（地区）提出异议的除外。”故A错误。《反倾销条例》第42条规定：“反倾销税税额不超过终裁决定确定的倾销幅度。”故B正确。《反倾销条例》第31条规定：“倾销进口产品的出口经营者在反倾销调查期间，可以向商务部作出改变价格或者停止以倾销价格出口的价格承诺。商务部可以向出口经营者提出价格承诺的建议。商务部不得强迫出口经营者作出价格承诺。”故C错误。《反倾销条例》第48条规定：“反倾销税的征收期限和价格承诺的履行期限不超过5年；但是，经复审确定终止征收反倾销税有可能导致倾销和损害的继续或者再度发生的，反倾销税的征收期限可以适当延长。”故D错误。

**37. A**。独占专利许可合同，是指受让人在规定的范围内享有对合同规定的专利技术的使用权，让与人或任何第三方都不得同时在该范围内具有对该项专利技术的使用权。按照这一合同，专利权人允许被许可人在一定的期限和地域范围内享有独占使用其专利的权利，被许可人按照约定的数额支付给专利人使用费。这种合同要求专利权人在规定的时间和地域范围内，不但不能许可第三者使用该专利而且自己也不得使用。故A正确。

**38. D**。《多边投资担保机构公约》第11条规定：“承保险别：一、本机构在不违反下列第二和三款规定的前提下，可为合格的投资就因以下一种或几种风险而产生的损失作担保：（一）货币汇兑。东道国政府采取新的措施，限制其货币兑换成可自由使用货币或被保险人可接受的另一种货币，及汇出东道国境外，包括东道国政府未能在合理的时间内对该被保险人提出的此类汇兑申请做出行动；”故A错误。“（二）征收和类似的措施。东道国政府采取立法或行政措施，或懈怠行为，实际上剥夺了被保险人对其投资的所有权或控制权，或其应从该投资中得到的大量收益。但政府为管理其境内的经济活动而通常采取的普遍适用的非歧视性措施不在此列；”故C错误。“（三）违约。东道国政府不履行或违反与被保险人签订的合同，并且1. 被保险人无法求助于司法或仲裁机关对其提出的有关诉讼作出裁决，或2. 该司法或仲裁机关未能在担保合同根据机构的条例规定的合理期限内作出裁决，或3. 虽有这样的裁决但未能执行；”故D正确。“（四）战争和内乱。依照第六十六条本公约适用的东道国境内任何地区的任何军事行动或内乱。”故B错误。“二、应投资者与东道国的联合申请，董事会经特别多数票通过，可将本公约的担保范围扩大到上述第一款中提及的风险以外的其他的非商业性风险。但在任何情况下都不包括货币的贬值或降值。”也可得出A错误。

**39. D**。A中，法官的行为违反了法官职业道德基本准则。B中，法官的行为没有违反法官职业道德，因为见义勇为不是法律规定的法官职业道德。C中，检察官的行为违反了检察官职业道德基本准则。D中，刘检察官正在从事接待信访的工作，他根据案件的管辖情况建议来访人到有权机关进行举报是正确的。故只有D正确。

**40. C**。根据检察一体原则，上级检察院可以变更、撤销下级检察院的决定，检察官之间在职务关系上可以承继、转移和代理。故 BD 错误。A 是关于检察长负责制的描述，不属于检察一体原则的体现。C 正确，各地和各级检察机关之间具有职能协助的义务。

**41. C**。C 举措虽拒绝了律师的会见申请，但说明了理由，未违反保护律师执业权利的规定，其他选项均违规限制了律师的执业权利。

**42. D**。ABC 中的律师行为均不符合律师执业道德的要求，律师不应当在价格方面进行不正当竞争，不应当怂恿原告提出不恰当的诉讼请求，也不应当在正常的代理费之外，再收取风险代理费用。

**43. C**。《公证法》第 7 条规定，公证机构按照统筹规划、合理布局的原则，可以在县、不设区的市、设区的市、直辖市或者市辖区设立；在设区的市、直辖市可以设立一个或者若干个公证机构。公证机构不按行政区划层层设立。故 A 说法前半句正确，但后半句错误，公证处并没有禁止不同区域的公证处使用相同的商号。《公证法》第 21 条规定，担任公证员，应当由符合公证员条件的人员提出申请，经公证机构推荐，由所在地的司法行政部门报省、自治区、直辖市人民政府司法行政部门审核同意后，报请国务院司法行政部门任命，并由省、自治区、直辖市人民政府司法行政部门颁发公证员执业证书。故 B 错误。《公证法》第 25 条规定，自然人、法人或者其他组织申请办理公证，可以向住所地、经常居住地、行为地或者事实发生地的公证机构提出。申请办理涉及不动产的公证，应当向不动产所在地的公证机构提出；申请办理涉及不动产的委托、声明、赠与、遗嘱的公证，可以适用前款规定。由于题述案例是有关委托买卖行为代理的公证（公证的是黄某委托儿子代理买卖房屋手续），不是针对不动产买卖本身的公证（公证买卖双方发生不动产交易），可以由住所地公证机关公证，故 C 正确。《公证法》第 39 条规定，当事人、公证事项的利害关系人认为公证书有错误的，可以向出具该公证书的公证机构提出复查。公证书的内容违法或者与事实不符的，公证机构应当撤销该公证书并予以公告，该公证书自始无效；公证书有其他错误的，公证机构应当予以更正。《公证法》第 40 条规定，当事人、公证事项的利害关系人对公证书的内容有争议的，可以就该争议向人民法院提起民事诉讼。故 D 错误，可以申请复查，但不是申请复议。

**44. ACD**。立法具有滞后性的一面，但也具有超前性和预见性的一面，能够引领和推动经济社会发展，故 B 错误。ACD 正确。

**45. ABCD**。ABCD 均符合题意，有助于推进职能、权限、程序、责任法定化，促进"法定职责必须为，法无授权不可为"。

**46. ABCD**。ABCD 均为尊重和保障人权的体现。切实解决执行难问题，依法保障胜诉当事人及时实现权益，也是加强人权的司法保障的体现。

**47. ABC**。村规民约在社会治理、基层法治社会建设中具有重要作用，但不属于法的正式渊源，不能直接作为法院裁判的法律依据，故 D 错误。ABC 正确。

**48. BC**。法官、检察官、律师、公证员、基层法律服务工作者、人民调解员等都是社会主义法治工作队伍的组成部分，故 A 错误。人民调解组织化解纠纷不拘泥于法律规定，不依赖于专业法律知识，但是并非人民调解的主要优势，而且行业性、专业性人民调解组织对专业法律知识的要求是比较高的，故 D 不准确。BC 正确。

**49. ACD**。法无明文规定，则法官拥有较大自由裁量权，但并非不受任何限制，如本案中航空业惯例就是对法官自由裁量权的一个限制，故 B 错误。行业惯例是法的非正式渊源，当法律决定不能从正式渊源中找到确定的大前提时，就需要诉诸非正式渊源，D 正确。AC 正确，故本题正确答案为 ACD。

**50. BC**。《危险化学品安全管理条例》属于行政法规，《安全生产法》属于法律（狭义），后者效力位阶高于前者，故 A 错误。根据上位法优于下位法的原则，当两者规定冲突时，应适用《安全生产法》的规定，故 C 正确；但是法院无权撤销《危险化学品安全管理条例》中与上位法相抵触的条款，故 D 错误。通常认为，公法是配置和调整公权力的法律规范的总和，以保护国家（公共）利益为目的。公法的一方主体是国家或公权力，与另一方主体一般是不平等的隶属或服从关系。故 B 正确。

**51. ABCD**。根据特别法优先原则，对于同一机关制定的法律，特别规定相对于同时施行或在先施行的一般规定优先适用。对于同一法律内部，规则相对于原则优先适用，穷尽法律规则，始得适用法律原则；分则相对于总则，具体规定相对于一般规定优先适用。故 ABCD 均正确。

**52. BD**。如李某罪名成立，则既要承担刑事责任，也要承担还款的民事责任，两个责任并不冲突，不属于责任竞合，故 A 错误。调整性法律关系是基于人们的合法行为而产生的、执行法的调整职能的法律关系，它所实现的是法律规范（规则）的行为规则（指示）的内容，故 B 正确。所谓法律事实，就是法律规范所规定的、能够引起法律关系产生、变更和消灭的客观情况或现象，包括法律事件和法律行为，本案中，引起民事诉讼法律关系产生的法律事实有李某的借款、赵某的担保和王某的起诉等，故 C 错误。王某免除李某的部分民事责任，是对自己权利的处分，他有权这样做，故 D 正确。

【陷阱提示】法律责任的竞合，是指由于某种法律事实的出现，导致两种或两种以上的法律责任产生，而这些责任之间相互冲突的现象。如果数个法律责任可以被其中之一所吸收，如某犯罪行为的刑事责任吸收了其行政责任，或可以并存，如某犯罪行为的刑事责任与附带民事赔偿责任被同时追究，则不存在责任竞合的问题。当责任主体的数个法律责任既不能被其中之一所吸收，也不能并存，而如果同时追究，显然有悖法律原则与精神时，就发生法律责任间的冲突，产生竞合。本题中，李某一个行为导致了刑事和民事两种责任，但是两种责任可以并存，故不属于责任竞合。

**53. ABC**。守法即依照法律行使权利、履行义务的活动，不仅包括消极、被动的守法，也包括积极主动行使自己的权利，实施法律，王某申请信息公开的行为属于后者，故 A 正确。判决生态环境局败诉体现了法的评价作用和强制作用，评价作用是指法院判决对生态环境局行为合法与否的评判作用，强制作用是指判决生态环境局败诉是对生态环境局违法行为的制裁，通过制裁强制其遵守法律，故 B 正确。法律监督包括国家监督和社会监督，国家监督包括国家权力机关、行政机关和司法机关的监督，社会监督非国家机关的监督，指各政党、各社会组织和公民的监督，故 C 正确。王某的诉权是相对权利，因为义务主体是特定的，故 D 错误。

**54. BCD**。《宪法》第 1 条第 2 款规定，“社会主义制度是中华人民共和国的根本制度”。故 A 错误。我国现行宪法对基本社会制度的规定主要包括社会保障制度、医疗卫生事业、劳动保障制度、人才培养制度、计划生育制度、社会秩序及安全维护制度等方面。其中，社会保障制度是基本社会制度的核心内容，故 B 正确。职工的工作时间和休假制度是劳动保障制度的内容，故 C 正确。易知，D 亦正确。

**55. BCD**。公民对国家机关和国家工作人员，具有监督权。《宪法》第 41 条规定：“中华人民共和国公民对于任何国家机关和国家工作人员，有提出批评和建议的权利；对于任何国家机关和国家工作人员的违法失职行为，有向有关国家机关提出申诉、控告或者检举的权利，但是不得捏造或者歪曲事实进行诬告陷害。对于公民的申诉、控告或者检举，有关国家机关必须查清事实，负责处理。任何人不得压制和打击报复。由于国家机关和国家工作人员侵犯公民权利而受到损失的人，有依照法律规定取得赔偿的权利。”本案中，王某作为国家工作人员，其工作负有接受监督的义务，故 A 错误；张某因行使监督权被公安机关以诽谤他人为由行政拘留 5 日，其人身自由权和监督权受到侵犯，故 BC 正确，同时张某有要求国家赔偿的权利。《国家赔偿法》第 35 条规定：“有本法第三条或者第十七条规定情形之一，致人精神损害的，应当在侵权行为影响的范围内，为受害人消除影响，恢复名誉，赔礼道歉；造成严重后果的，应当支付相应的精神损害抚慰金。”《国家赔偿法》第 3 条规定：“行政机关及其工作人员在行使行政职权时有下列侵犯人身权情形之一的，受害人有取得赔偿的权利：(一) 违法拘留或者违法采取限制公民人身自由的行政强制措施的……”本案中，张某的精神受到严重打击，符合精神损害抚慰金的条件，故 D 正确。

**56. BD**。全国人大代表享有言论免责权，“全国人民代表大会代表在全国人民代表大会各种会议上的发言和表决，不受法律追究”（《宪法》第 75 条）。可见，这并非绝对的言论自由，故 A 错误。全国人大代表享有参与人事任免权，根据《宪法》规定，全国人民代表大会“根据中华人民共和国主席的提名，决定国务院总理的人选；根据国务院总理的提名，决定国务院副总理、国务委员、各部部长、各委员会主任、审计长、秘书长的人选”（《宪法》第 62 条第 5 项），故 B 正确。全国人大代表享有人身特别保护权，“全国人民代表大会代表，非经全国人民代表大会会议主席团许可，在全国人民代表大会闭会期间非经全国人民代表大会常务委员会许可，不受逮捕或者刑事审判”。(《宪法》第 74 条) 故 C 错误，不包括不受行政拘留权。《宪法》第 61 条第 1 款规定：“全国人民代表大会会议每年举行一次，由全国人民代表大会常务委员会召集。如果全国人民代表大会常务委员会认为必要，或者有五分之一以上的全国人民代表大会代表提议，可以临时召集全国人民代表大会会议。”故 D 正确。

**57. ACD**。《宪法》第 91 条规定：“国务院设立审计机关，对国务院各部门和地方各级政府的财政收支，对国家的财政金融机构和企业事业组织的财务收支，进行审计监督。审计机关在国务院总理领导下，依照法律规定独立行使审计监督权，不受其他行政机关、社会团体和个人的干涉。”《宪法》第 109 条规定：“县级以上的地方各级人民政府设立审计机关。地方各级审计机关依照法律规定独立行使审计监督权，对本级人民政府和上一级审计机关负责。”可知，A 正确。B 错误，地方各级审计机关对本级政府和上一级审计机关负责。CD 正确，国务院各部门和地方各级政府的财政收支，国家的财政金融机构和企业事业组织的财务收支，都应当依法接受审计监督。

**58. ABCD**。《政府信息公开条例》第 20 条规定：“行政机关应当依照本条例第十九条的规定，主动公开本行政机关的下列政府信息：……（八）行政事业性收费项目及其依据、标准……”显然，该收费项目的依据和标准属于市政府应当主动公开的范围，故 A 正确。《各级人民代表大会常务委员会监督法》（以下简称《监督法》）第 11 条规定：“各级人民代表大会常务委员会每年选择若干关系改革发展稳定大局和群众切身利益、社会普遍关注的重大问题，有计划地安排听取和审议本级人民政府、监察委员会、人民法院和人民检察院的专项工作报告。”本题中，行政事业性收费项目关系群众切身利益且社会普遍关注（“社会各界意见较大”），根据该规定，市政府可向市人大常委会要求就该类事项作专门工作报告，故 B 正确。《地方组织法》第 53 条第 1 款规定：“在常务委员会会议期间，省、自治区、直辖市、自治州、设区的市的人民代表大会常务委员会组成人员五人以上联名，县级的人民代表大会常务委员会组成人员三人以上联名，可以向常务委员会书面提出对本级人民政府及其工作部门、监察委员会、人民法院、人民检察院的质询案。质询案必须写明质询对象、质询的问题和内容。”故 C 正确。《地方组织法》第 24 条第 1 款规定：“地方各级人民代表大会举行会议的时候，代表十人以上联名可以书面提出对本级人民政府和它所属各工作部门以及监察委员会、人民法院、人民检察院的质询案。质询案必须写明质询对象、质询的问题和内容。”故 D 正确。

**59. AD**。《反垄断法》第 16 条规定，本法所称垄断协议，是指排除、限制竞争的协议、决定或者其他协同行为。《反垄断法》第 17 条规定，禁止具有竞争关系的经营者达成下列垄断协议：（1）固定或者变更商品价格；（2）限制商品的生产数量或者销售数量；（3）分割销售市场或者原材料采购市场；（4）限制购买新技术、新设备或者限制开发新技术、新产品；（5）联合抵制交易；（6）国务院反垄断执法机构认定的其他垄断协议。故 A 正确，B 错误。《反垄断法》第 56 条第 4 款规定，行业协会违反本法规定，组织本行业的经营者达成垄断协议的，由反垄断执法机构责令改正，可以处 300 万元以下的罚款；情节严重的，社会团体登记管理机关可以依法撤销登记。因而，C 错误。《反垄断法》第 56 条第 1 款规定，经营者违反本法规定，达成并实施垄断协议的，由反垄断执法机构责令停止违法行为，没收违法所得，并处上一年度销售额 1% 以上 10% 以下的罚款，上一年度没有销售额的，处 500 万元以下的罚款；尚未实施所达成的垄断协议的，可以处 300 万元以下的罚款。经营者的法定代表人、主要负责人和直接责任人员对达成垄断协议负有个人责任的，可以处 100 万元以下的罚款。因而 D 正确。

**60. AD**。《反不正当竞争法》第 2 条规定，经营者在生产经营活动中，应当遵循自愿、平等、公平、诚信的原则，遵守法律和商业道德。乙县善福公司并未因为自身的经营，而使得善福公司本身成为知名商品的商号，而陈某是通过继承祖业的方式获得老字号及商业标识，进而在不同地区注册同一商号的公司，并未侵犯他人的权益，符合诚实信用原则，故 A 正确。B 错误，乙公司登载善福铺历史及标注字样的行为并未诋毁善福铺的商誉（编造不实内容打击对手）。C 错误，善福公司作为商号与“善福 100”商标并不存在冲突。D 正确，《反不正当竞争法》第 8 条规定：“经营者不得对其商品的性能、功能、质量、销售状况、用户评价、曾获荣誉等作虚假或者引人误解的商业宣传，欺骗、误导消费者。经营者不得通过组织虚假交易等方式，帮助其他经营者进行虚假或者引人误解的商业宣传。”由于乙公司登载善福铺历史及标注字样的行为会让消费者误认为其生产者为善福铺，从而购买其商品，进而构成了虚假宣传行为。

**61. AB**。《消费者权益保护法》第 8 条规定：“消费者享有知悉其购买、使用的商品或者接受的服务的真实情况的权利。消费者有权根据商品或者服务的不同情况，要求经营者提供商品的价格、产地、生产者、用途、性能、规格、等级、主要成份、生产日期、有效期限、检验合格证明、使用方法说明书、售后服务，或者服务的内容、规格、费用等有关情况。”乙公司在甲办理手机通讯服务时未能全面说明有关业务的重要规定，导致甲未能获知与服务有关的重要规定，属于侵犯消费者知情权的情形，乙公司理应在甲方办理业务时说明有关暂停服务等情形的特别规定。故 AB 正确。《消费者权益保护法》第 53 条规定：“经营者以预收款方式提供商品或者服务的，应当按照约定提供。未按照约定提供的，应当按照消费者的要求履行约定或者退回预付款；并应当承担预付款的利息、消费者必须支付的合理费用。”本案例中乙方提供了服务，只是没有提醒甲有关暂停服务的特殊规定，故 C 错误。乙公司在交易过程中并没有欺诈行为，因而不适用惩罚性赔偿的规定，故 D 错误。

**62. AB**。《产品质量法》第 13 条规定，可能危及人体健康和人身、财产安全的工业产品，必须符合保障人体健康和人身、财产安全的国家标准、行业标准；未制定国家标准、行业标准的，必须符合保障人体健康和人身、财产安全的要求。故 A 正确。《产品质量法》第 27 条规定，使用不当，容易造成产品本身损坏或者可能危及人身、财产安全的产品，应当有警示标志或者中文警示说明。故 B 正确。《产品质量法》第 15 条第 3 款规定，根据监督抽查的需要，可以对产品进行检验。检验抽取样品的数量不得超过检验的合理需要，并不得向被检查人收取检验费用。监督抽查所需检验费用按照国务院规定列支。故 C 错误。由于并不是产品本身存在缺陷，而是安装方法有特定的要求，所以不应该召回，也不应当由经营者承担相关费用，故 D 错误。

**63. BCD**。《农产品质量安全法》第 2 条规定，本法所称农产品，是指来源于种植业、林业、畜牧业和渔业等的初级产品，即在农业活动中获得的植物、动物、微生物及其产品。由于食用油不属于初级加工产品，故 A 错误。《食品安全法》第 67 条规定，预包装食品的包装上应当有标签。标签应当标明下列事项：(1) 名称、规格、净含量、生产日期；(2) 成分或者配料表……故 B 正确，应当标明橄榄油添加量。《食品安全法》第 148 条规定，消费者因不符合食品安全标准的食品受到损害的，可以向经营者要求赔偿损失，也可以向生产者要求赔偿损失。接到消费者赔偿要求的生产经营者，应当实行首负责任制，先行赔付，不得推诿；属于生产者责任的，经营者赔偿后有权向生产者追偿；属于经营者责任的，生产者赔偿后有权向经营者追偿。故 C 正确。《最高人民法院关于审理食品药品纠纷案件适用法律若干问题的规定》第 3 条规定，因食品、药品质量问题发生纠纷，购买者向生产者、销售者主张权利，生产者、销售者以购买者明知食品、药品存在质量问题而仍然购买为由进行抗辩的，人民法院不予支持。故 D 正确。

**64. ABD**。《银行业监督管理法》第 2 条第 3 款规定，对在中华人民共和国境内设立的金融资产管理公司、信托投资公司、财务公司、金融租赁公司以及经国务院银行业监督管理机构批准设立的其他金融机构的监督管理，适用本法对银行业金融机构监督管理的规定。故信托公司应当适用《银行业监督管理法》的有关金融机构监督管理的规定。《银行业监督管理法》第 21 条规定，银行业金融机构的审慎经营规则，由法律、行政法规规定，也可以由国务院银行业监督管理机构依照法律、行政法规制定。前款规定的审慎经营规则，包括风险管理、内部控制、资本充足率、资产质量、损失准备金、风险集中、关联交易、资产流动性等内容。银行业金融机构应当严格遵守审慎经营规则。因而该公司未按照金融企业会计制度和公司财务规则严格管理和审核资金使用属于违反审慎经营规则的表现，故 A 正确。《银行业监督管理法》第 46 条规定，银行业金融机构有下列情形之一，由国务院银行业监督管理机构责令改正，并处 20 万元以上 50 万元以下罚款；情节特别严重或者逾期不改正的，可以责令停业整顿或者吊销其经营许可证；构成犯罪的，依法追究刑事责任：……(5) 严重违反审慎经营规则的……故 B 正确，C 错误（金融许可证由银监机构吊销）。《银行业金融机构董事（理事）和高级管理人员任职资格管理办法》第 29 条规定，金融机构有下列情形之一，监管机构可视情节轻重及其后果，取消直接负责的董事（理事）和高级管理人员 10 年以上直至终身的任职资格：(1) 违法违规经营，情节特别严重或造成损失数额特别巨大的；(2) 内部管理与控制制度不健全或执行监督不力，造成损失数额特别巨大或引发特别重大金融犯罪案件的；(3) 严重违反审慎经营规则，造成损失数额特别巨大或引发特别重大金融犯罪案件的……故 D 正确。

**65. BC**。《消费税暂行条例》第 1 条规定，在中华人民共和国境内生产、委托加工和进口本条例规定的消费品的单位和个人，以及国务院确定的销售本条例规定的消费品的其他单位和个人，为消费税的纳税人，应当依照本条例缴纳消费税。因而个人同样属于消费税的纳税人，只要不是在税法所规定的合理自用范围以内，同样需要缴纳消费税，A 错误。《车船税法》第 3 条规定，下列车船免征车船税：……(2) 军队、武装警察部队专用的车船……因此 B 正确。《企业所得税法》第 27 条规定，企业的下列所得，可以免征、减征企业所得税：(1) 从事农、林、牧、渔业项目的所得；(2) 从事国家重点扶持的公共基础设施项目投资经营的所得；(3) 从事符合条件的环境保护、节能节水项目的所得；(4) 符合条件的技术转让所得；(5) 本法第 3 条第 3 款规定的所得。故 C 正确。《增值税法》第 24 条规定，下列项目免征增值税：(1) 农业生产者销售的自产农产品，农业机耕、排灌、病虫害防治、植物保护、农牧保险以及相关技术培训业务，家禽、牲畜、水生动物的配种和疾病防治……故 D 错误，农民张某销售的不是自产的农产品。

【陷阱提示】*考生在记忆一些重要法条时一定要关注特殊的限定词语，本题中 D 针对有关增值税免税的规定，特意设计出非自产农产品的措辞，从而使得只记忆“农产品”免税的考生产生错误认识。*

**66. AD**。《审计法》第 23 条规定：“审计机关对政府投资和以政府投资为主的建设项目的预算执行情况和决算，对其他关系国家利益和公共利益的重大公共工程项目的资金管理使用和建设运营情况，进行审计监督。”故 A 正确。《审计法》第 38 条规定第 1、2 款规定：“审计机关进行审计时，被审计单位不得转移、隐匿、篡改、毁弃财务、会计资料以及与财政收支、财务收支有关的业务、管理等资料，不得转移、隐匿、故意毁损所持有的违反国家规定取得的资产。审计机关对被审计单位违反前款规定的行为，有权予以制止；必要时，经县级以上人民政府审计机关负责人批准，有权封存有关资料和违反国家规定取得的资产；对其中在金融机构的有关存款需要予以冻结的，应当向人民法院提出申请。”故 B 错误。《审计法》第 44 条规定：“审计组对审计事项实施审计后，应当向审计机关提出审计组的审计报告。审计组的审计报告报送审计机关前，应当征求被审计单位的意见。被审计单位应当自接到审计组的审计报告之日起十日内，将其书面意见送交审计组。审计组应当将被审计单位的书面意见一并报送审计机关。”故 C 错误。《审计法》第 46 条规定：“上级审计机关认为下级审计机关作出的审计决定违反国家有关规定的，可以责成下级审计机关予以变更或者撤销，必要时也可以直接作出变更或者撤销的决定。”故 D 正确。

**67. AC**。在国际法上传统的领土取得方式有：(1) 先占。是指一个国家有意识地占据不属于任何国家主权所有的土地，将其作为自己领土的一部分的国家法律行为。先占的客体必须是无主土地，即指不属于任何国家主权管辖之下的土地。先占必须是实行有效的占领，即必须对占有地进行实际控制和实施行政管理。（2）时效。是指占有他国的某块土地后，在相当长时期内不受干扰地占有而取得该土地的主权。（3）割让。是指一国根据条约把部分领土主权转移给另一个国家。从现代国际法看，由战争或不平等条约造成的割让都是违反国际法的。故 B 错误。（4）征服。是指战争结束后战胜国把战败国灭亡而兼并其领土的行为。（5）添附。是指领土因自然状态的变化或人工力量而增添的新部分。如新生岛、废河床、人工岛屿等。故 A 正确。也就是说，在传统国际法上侵略征服取得的土地就算是该国土地。但现代国际法已经将战争作为国际犯罪行为，即采取犯罪手段取得的土地不具有合法权利。故 D 错误。国际法上现代国家取得领土的方式有：（1）交换领土。为了便于边境管理和适应当地的历史条件，有关国家在自愿基础上交换其部分领土，这是符合国家主权和民族自决权原则的。故 C 正确。（2）全民投票。是指由某一领土上的居民以充分自主的投票方式决定其领土的归属。（3）收复失地。是指国家为恢复其对某些领土历史性权利而收回被他国侵占的领土。恢复领土主权可以采取武力方式，也可采取和平方式。

**68. BC**。《联合国海洋法公约》第 22 条领海内的海道和分道通航制规定："1. 沿海国考虑到航行安全认为必要时，可要求行使无害通过其领海权利的外国船舶使用其为管制船舶通过而指定或规定的海道和分道通航制。2. 特别是沿海国可要求油轮、核动力船舶和载运核物质或材料或其他本质上危险或有毒物质或材料的船舶只在上述海道通过。3. 沿海国根据本条指定海道和规定分道通航制时，应考虑到：(a) 主管国际组织的建议；(b) 习惯上用于国际航行的水道；(c) 特定船舶和水道的特殊性质；和 (d) 船舶来往的频繁程度。4. 沿海国应在海图上清楚地标出这种海道和分道通航制，并应将该海图妥为公布。"故 A 错误。《联合国海洋法公约》第 19 条无害通过的意义规定："1. 通过只要不损害沿海国的和平、良好秩序或安全，就是无害的。这种通过的进行应符合本公约和其他国际法规则。2. 如果外国船舶在领海内进行下列任何一种活动，其通过即应视为损害沿海国的和平、良好秩序或安全：(a) 对沿海国的主权、领土完整或政治独立进行任何武力威胁或使用武力，或以任何其他违反《联合国宪章》所体现的国际法原则的方式进行武力威胁或使用武力；(b) 以任何种类的武器进行任何操练或演习；(c) 任何目的在于搜集情报使沿海国的防务或安全受损害的行为；(d) 任何目的在于影响沿海国防务或安全的宣传行为；(e) 在船上起落或接载任何飞机；(f) 在船上发射、降落或接载任何军事装置；(g) 违反沿海国海关、财政、移民或卫生的法律和规章，上下任何商品、货币或人员；(h) 违反本公约规定的任何故意和严重的污染行为；(i) 任何捕鱼活动；(j) 进行研究或测量活动；(k) 任何目的在于干扰沿海国任何通讯系统或任何其他设施或设备的行为；(l) 与通过没有直接关系的任何其他活动。"故 BC 正确。《联合国海洋法公约》第 26 条可向外国船舶征收的费用规定："1. 对外国船舶不得仅以其通过领海为理由而征收任何费用。2. 对通过领海的外国船舶，仅可作为对该船舶提供特写服务的报酬而征收费用。征收上述费用不应有任何歧视。"故 D 错误。

**69. AD**。《涉外民事关系法律适用法》第 14 条规定："法人及其分支机构的民事权利能力、民事行为能力、组织机构、股东权利义务等事项，适用登记地法律。法人的主营业地与登记地不一致的，可以适用主营业地法律。法人的经常居所地，为其主营业地。"故 AD 正确。

**70. ABCD**。《涉外民事关系法律适用法》第 31 条规定："法定继承，适用被继承人死亡时经常居所地法律，但不动产法定继承，适用不动产所在地法律。"故 ABCD 正确。

**71. AD**。《涉外民事关系法律适用法》第 44 条规定："侵权责任，适用侵权行为地法律，但当事人有共同经常居所地的，适用共同经常居所地法律。侵权行为发生后，当事人协议选择适用法律的，按照其协议。"《涉外民事关系法律适用法》第 50 条规定："知识产权的侵权责任，适用被请求保护地法律，当事人也可以在侵权行为发生后协议选择适用法院地法律。"故 AD 正确。

**72. CD**。根据《国际铁路货物联运协定》，按运单承运货物的铁路，应负责完成货物的全程运输，直到在到达站交付货物时为止；每一继续运输货物的铁路，自接收附有运单的货物时起，即参加这项运输合同，并承担因此而发生的义务。可见，按运单承运货物的铁路部门应对货物负连带责任。故 A 错误，D 正确。铁路运单，是由铁路承运人签发的，证明铁路货物运输合同和货物已由承运人接管，以及承运人保证将货物交给指定收货人的单证。铁路运单是运输合同的证明，是铁路收取货物、承运货物的凭证，也是铁路在终点向收货人核收有关费用和交付货物的依据；但与提单不同，铁路运单不是物权凭证，不能转让。故 B 错误。DAP，Delivered at Place（目的地交货），指当卖方在指定目的地将仍处于运输工具上，且已做好卸载准备的货物交由买方处置时，即完成交货。故 C 正确。

**73. CD**。备用信用证，简称 SBLC（stand by letters of credit），又称担保信用证，是指不以清偿商品交易的价款为目的，而以贷款融资，或担保债务偿还为目的所开立的信用证。开证行保证在开证申请人未能履行其应履行的义务时，受益人只要凭备用信用证的规定向开证行开具汇票，并随附开证申请人未履行义务的声明或证明文件，即可得到开证行的偿付。备用信用证目前只适用国际商会《跟单信用证统一惯例》（UCP600）的部分条款。故B错误。备用信用证具有以下特征：（1）不可撤销性。除非在备用证中另有规定，或经对方当事人同意，开证人不得修改或撤销其在该备用证下之义务。故A错误。（2）独立性。备用证下开证人义务的履行并不取决于：①开证人从申请人那里获得偿付的权利和能力。②受益人从申请人那里获得付款的权利。③备用证中对任何偿付协议或基础交易的援引。④开证人对任何偿付协议或基础交易的履约或违约的了解与否。故C正确。（3）跟单性。开证人的义务要取决于单据的提示，以及对所要求单据的表面审查。（4）强制性。备用证在开立后即具有约束力，无论申请人是否授权开立，开证人是否收取了费用，或受益人是否收到或因信赖备用证或修改而采取了行动，它对开证行都是有强制性的。故D正确。

**74. AB**。《服务贸易总协定》（GATS）及相关税法规则规定：商业存在（Commercial Presence），是GATS中最重要的一种服务提供方式，一成员的服务提供者在任何其他成员境内建立商业机构（附属企业或分支机构），为所在国和其他成员的服务消费者提供服务，以获取报酬。包括通过设立分支机构或代理，提供服务等。故A正确。无限纳税义务亦称“全面纳税义务”，是“有限纳税义务”的对称。指纳税人就其来源于全球范围内的所得或财产对其所在国负有纳税义务。无限纳税义务只适用于本国居民（公民）。故B正确。国际重叠征税又称“国际双层征税”，是指两个以上的国家对不同的纳税人就同一课税对象或同一税源在同一期间内课征相同或类似性质的税收。故CD错误。

**75. BCD**。A错误，法律职业道德是本行业对社会所负的道德责任和义务。BCD说法均正确。

**76. ABC**。AB符合及时审判原则；C符合独立审判原则，D不符合不告不理原则。

**77. CD**。《法律援助法》第39条规定，被羁押的犯罪嫌疑人、被告人、服刑人员，以及强制隔离戒毒人员等提出法律援助申请的，办案机关、监管场所应当在24小时内将申请转交法律援助机构。犯罪嫌疑人、被告人通过值班律师提出代理、刑事辩护等法律援助申请的，值班律师应当在24小时内将申请转交法律援助机构。另《关于刑事诉讼法律援助工作的规定》第2条规定，犯罪嫌疑人、被告人因经济困难没有委托辩护人的，本人及其近亲属可以向办理案件的公安机关、人民检察院、人民法院所在地同级司法行政机关所属法律援助机构申请法律援助。具有下列情形之一，犯罪嫌疑人、被告人没有委托辩护人的，可以依照前款规定申请法律援助：（1）有证据证明犯罪嫌疑人、被告人属于一级或者二级智力残疾的；（2）共同犯罪案件中，其他犯罪嫌疑人、被告人已委托辩护人的；（3）人民检察院抗诉的；（4）案件具有重大社会影响的。故AB错误。《关于刑事诉讼法律援助工作的规定》第24条规定，犯罪嫌疑人、被告人及其近亲属、法定代理人，强制医疗案件中的被申请人、被告人的法定代理人认为公安机关、人民检察院、人民法院应当告知其可以向法律援助机构申请法律援助而没有告知，或者应当通知法律援助机构指派律师为其提供辩护或者诉讼代理而没有通知的，有权向同级或者上一级人民检察院申诉或者控告。人民检察院应当对申诉或者控告及时进行审查，情况属实的，通知有关机关予以纠正。故C正确。《关于刑事诉讼法律援助工作的规定》第15条规定，对于应当通知辩护的案件，犯罪嫌疑人、被告人拒绝法律援助机构指派的律师为其辩护的，公安机关、人民检察院、人民法院应当查明拒绝的原因，有正当理由的，应当准许，同时告知犯罪嫌疑人、被告人需另行委托辩护人。故D正确。

**78. ACD**。《宪法》第136条规定：“人民检察院依照法律规定独立行使检察权，不受行政机关、社会团体和个人的干涉。”《检察官法》第6条规定，检察官依法履行职责，受法律保护，不受行政机关、社会团体和个人的干涉。可见，独立行使检察权的主体是人民检察院；独立行使检察权必须建立在“依法”的基础上；检察权的行使不受行政机关、社会团体和个人的干涉，但不是说不受任何组织和个人的监督，《检察官法》第10条明确规定，检察官应当依法接受法律监督和人民群众监督。故B错误。ACD正确。

**79. BCD**。根据马克思的这段话，法律是人的意识的产物，只有反映自由的自然规律的法律才是真正的法律，即自由的存在。也就是说，自由是衡量国家法律是否是真正的法律的标准，未能反映自由的无意识的自然规律的法律不是真正的法律，而真正的法律是人的实际自由存在的条件。故A“法律永远是不自由的”错误，真正的法律即自由的存在。BCD正确。

**80. ACD**。法官认为王某未经许可的购买行为适用“非法买卖”罪名，重要的理由在于氰化钠具有极大的毒害性，而刑法规定的目的，正是要通过对行为人的惩罚防止危险物质对人体和环境造成毒害，所以，王某虽然只有购买行为，也构成该罪。可见，法官对“非法买卖”进行了目的解释。故A正确。法律人查明和确认案件事实的过程不是一个纯粹的事实归结过程，而是一个在法律规范与事实之间的循环过程，即目光在事实与规范之间来回穿梭。故B错误。法律决定按照一定的推理规则从相关前提中逻辑地推导出来，属于内部证成；对法律决定所依赖的前提的证成属于外部证成。前者关涉的只是从前提到结论之间推论是否是有效的，后者关涉的是对内部证成中所使用的前提本身的合理性，即对前提的证立。故 CD 正确。

**【陷阱提示】** 有一种观点认为，法官对“非法买卖”的解释属于文义解释。理由是，法官认为“非法买卖”并不要求兼有买进和卖出的行为，王某单独的购买行为也构成“非法买卖”，这是对“非法买卖”的文义解释，是以扩充“非法买卖”字面含义的方式所做的解释。这种观点是可以成立的。A 表述肯定目的解释，但并未否定文义解释，当选。

**81. AB**。安东尼与夏洛克的契约以金钱与身体（生命）作为对价，违背人权原则和平等原则，但是夏洛克主张有约必践，客观上体现了他的权利意识和契约精神，尽管这种权利要求违背人们的正义感。故 A 正确，D 错误。夏洛克有约必践的主张，本质上是“恶法亦法”的观点，故 B 正确。鲍西娅对契约的解释运用的是文义解释，即所谓“一磅肉”，须“仅限一磅，不许相差分毫，也不许流一滴血”，而不是历史解释方法，故 C 错误。

**82. ACD**。这一规定意味着国家一切权力来自人民，一切权力属于人民。故 A 正确。该原则贯穿于我国国家和社会生活的各领域，而不是仅体现在直接选举中，故 B 错误，D 正确。人民代表大会制度以“一切权力属于人民”为前提，人民行使国家权力的机关是全国人大和地方各级人大，故 C 正确。

**83. ABD**。对公民私有财产的征收或征用构成对公民财产权的外部限制。宪法有关征收和征用的规定有利于在公权力与私权利、私有财产与公共财产之间确定合理的界限，使受侵害的财产得到合理补偿。故 A 正确。宪法这一规定进一步明确了公民私有财产保护的宪法基础，即国家只有在为了公共利益的前提下，才可以对公民的私有财产进行征收或征用。并且，征收或者征用必须严格依照法律，并同时给予补偿后才能进行，而不得随意侵犯。故 BD 正确，C 错误。

**84. BC**。宪法修改是解决宪法规范与社会生活之间冲突的一种方式，但不是唯一方式，宪法解释也是解决方式之一。故 A 错误。《宪法》第 64 条第 1 款规定：“宪法的修改，由全国人民代表大会常务委员会或者五分之一以上的全国人民代表大会代表提议，并由全国人民代表大会以全体代表的三分之二以上的多数通过。”故 B 正确。实践中，我国宪法修正案均由全国人大公告公布施行，故 C 正确。1988 年《宪法修正案》规定：“土地的使用权可以依照法律的规定转让。”可知，土地使用权只能依照“法律”规定转让，不能依照“法规”转让，故 D 错误。

**85. AB**。事先审查又称预防性审查，指的是当法律、法规和法律性文件尚未正式颁布实施之前，由特定机关对其是否合宪所进行的审查。事后审查是指在法律、法规和法律性文件颁布实施以后，由特定机关对其是否合宪所进行的审查。我国采取事先审查和事后审查相结合的方式。事先审查主要体现为法规等规范性文件经批准后生效，事后审查主要体现为规范性文件的备案。故 AB 正确。全国人大常委会可以应相关主体提出对某规范性文件进行审查的要求或建议时启动审查程序，也可以对报送备案的规范性文件进行主动审查，故 D 错误。附带性审查是指司法机关在审理案件过程中，因提出对所适用的法律、法规和法律性文件是否违宪的问题，而对该法律、法规和规范性文件所进行的合宪性审查。附带性审查往往以争讼事件为前提，审查主体是司法机关。故 C 错误。

**86. B**。《劳动法》第 65 条规定，用人单位应当对未成年工定期进行健康检查。故 A 错误。《劳动法》第 60 条规定，不得安排女职工在经期从事高处、低温、冷水作业和国家规定的第三级体力劳动强度的劳动。故 B 正确。《劳动法》第 61 条规定，不得安排女职工在怀孕期间从事国家规定的第三级体力劳动强度的劳动和孕期禁忌从事的劳动。对怀孕 7 个月以上的女职工，不得安排其延长工作时间和夜班劳动。故 C 错误。《劳动法》第 63 条规定，不得安排女职工在哺乳未满 1 周岁的婴儿期间从事国家规定的第三级体力劳动强度的劳动和哺乳期禁忌从事的其他劳动，不得安排其延长工作时间和夜班劳动。本题 D 的描述未明确是否为未满 1 周岁的婴儿，故 D 错误。

**87. D**。《劳动合同法》第 14 条规定，用人单位自用工之日起满 1 年不与劳动者订立书面劳动合同的，视为用人单位与劳动者已订立无固定期限劳动合同。由于王某用工时间不满 1 年，故 A 错误。《劳动合同法》第 19 条第 4 款规定，试用期包含在劳动合同期限内。劳动合同仅约定试用期的，试用期不成立，该期限为劳动合同期限。故 B 错误，劳动合同期限自 2012 年 2 月 1 日起算。由于是劳动者主动辞职，且单位不存在过错，该公司不需要支付经济补偿金，故 C 错误。《劳动合同法》第 40 条规定，有下列情形之一的，用人单位提前 30 日以书面形式通知劳动者本人或者额外支付劳动者 1 个月工资后，可以解除劳动合同：……（2）劳动者不能胜任工作，经过培训或者调整工作岗位，仍不能胜任工作的……故 D 正确。

**88. ABD**。《劳动争议调解仲裁法》第 5 条规定，发生劳动争议，当事人不愿协商、协商不成或者达成和解协议后不履行的，可以向调解组织申请调解；不愿调解、调解不成或者达成调解协议后不履行的，可以向劳动争议仲裁委员会申请仲裁；对仲裁裁决不服的，除本法另有规定的外，可以向人民法院提起诉讼。因而，王某可以直接向劳动争议仲裁委申请仲裁，A 正确。《劳动争议调解仲裁法》第 48、49 条规定，劳动者对本法第 47 条规定的仲裁裁决不服的，可以自收到仲裁裁决书之日起 15 日内向人民法院提起诉讼。用人单位有证据证明本法第 47 条规定的仲裁裁决有下列情形之一，可以自收到仲裁裁决书之日起 30 日内向劳动争议仲裁委员会所在地的中级人民法院申请撤销裁决：（1）适用法律、法规确有错误的；（2）劳动争议仲裁委员会无管辖权的；（3）违反法定程序的；（4）裁决所根据的证据是伪造的；（5）对方当事人隐瞒了足以影响公正裁决的证据的；（6）仲裁员在仲裁该案时有索贿受贿、徇私舞弊、枉法裁决行为的。人民法院经组成合议庭审查核实裁决有前款规定情形之一的，应当裁定撤销。仲裁裁决被人民法院裁定撤销的，当事人可以自收到裁定书之日起 15 日内就该劳动争议事项向人民法院提起诉讼。故 BD 正确，C 错误。

**89. ABD**。ABD 均违反了有关司法廉洁的要求。在非工作场所接触当事人、律师、特殊关系人不属于完全禁止的行为。故 C 不应选。

**90. ACD**。《法官职业道德基本准则》第 18 条规定，妥善处理个人和家庭事务，不利用法官身份寻求特殊利益。按规定如实报告个人有关事项，教育督促家庭成员不利用法官的职权、地位谋取不正当利益。《人民法院工作人员处分条例》第 13 条规定，有下列情形之一的，应当在本条例分则规定的处分幅度以内从轻处分：（1）主动交待违纪违法行为的；（2）主动采取措施，有效避免或者挽回损失的；（3）检举他人重大违纪违法行为，情况属实的；（4）法律、法规和本条例分则中规定的其他从轻情节。《人民法院工作人员处分条例》第 14 条规定，主动交待违纪违法行为，并主动采取措施有效避免或者挽回损失的，应当在本条例分则规定的处分幅度以外降低一个档次给予减轻处分。应当给予警告处分，又有减轻处分情形的，免予处分。《人民法院工作人员处分条例》第 15 条规定，违纪违法行为情节轻微，经过批评教育后改正的，可以免予处分。故 ACD 均正确。根据规定 B 情形应当是处分幅度以外降低一个档次给予减轻处分，故 B 错误。

# 第 5 天

*鸿鹄一再高举，天地睹方圆。*

## 试　题

**1.** 关于不作为犯罪，下列哪一选项是正确的？

A. “法无明文规定不为罪”的原则当然适用于不作为犯罪，不真正不作为犯的作为义务必须源于法律的明文规定

B. 在特殊情况下，不真正不作为犯的成立不需要行为人具有作为可能性

C. 不真正不作为犯属于行为犯，危害结果并非不真正不作为犯的构成要件要素

D. 危害公共安全罪、侵犯公民人身权利罪、侵犯财产罪中均存在不作为犯

**2.** 关于因果关系的认定，下列哪一选项是正确的？

A. 甲重伤王某致其昏迷。乞丐目睹一切，在甲离开后取走王某财物。甲的行为与王某的财产损失有因果关系

B. 乙纠集他人持凶器砍杀李某，将李某逼至江边，李某无奈跳江被淹死。乙的行为与李某的死亡无因果关系

C. 丙酒后开车被查。交警指挥丙停车不当，致石某的车撞上丙车，石某身亡。丙的行为与石某死亡无因果关系

D. 丁敲诈勒索陈某。陈某给丁汇款时，误将 3 万元汇到另一诈骗犯账户中。丁的行为与陈某的财产损失无因果关系

**3.** 关于刑事责任能力，下列哪一选项是正确的？

A. 甲第一次吸毒产生幻觉，误以为伍某在追杀自己，用木棒将伍某打成重伤。甲的行为成立过失致人重伤罪

B. 乙以杀人故意刀砍陆某时突发精神病，继续猛砍致陆某死亡。不管采取何种学说，乙都成立故意杀人罪未遂

C. 丙因实施爆炸被抓，相关证据足以证明丙已满 15 周岁，但无法查明具体出生日期。不能追究丙的刑事责任

D. 丁在 14 周岁生日当晚故意砍杀张某，后心生悔意将其送往医院抢救，张某仍于次日死亡。应追究丁的刑事责任

**4.** 农民甲醉酒在道路上驾驶拖拉机，其认为拖拉机不属于《刑法》第 133 条之一规定的机动车。关于本案的分析，下列哪一选项是正确的？

A. 甲未能正确评价自身的行为，存在事实认识错误

B. 甲欠缺违法性认识的可能性，其行为不构成犯罪

C. 甲对危险驾驶事实有认识，具有危险驾驶的故意

D. 甲受认识水平所限，不能要求其对自身行为负责

**5.** 吴某被甲、乙合法追捕。吴某的枪中只有一发子弹，认识到开枪既可能打死甲也可能打死乙。设定吴某对甲、乙均有杀人故意，下列哪一分析是正确的？

A. 如吴某一枪没有打中甲和乙，子弹从甲与乙的中间穿过，则对甲、乙均成立故意杀人罪未遂

B. 如吴某一枪打中了甲，致甲死亡，则对甲成立故意杀人罪既遂，对乙成立故意杀人罪未遂，实行数罪并罚

C. 如吴某一枪同时打中甲和乙，致甲死亡、乙重伤，则对甲成立故意杀人罪既遂，对乙仅成立故意伤害罪

D. 如吴某一枪同时打中甲和乙，致甲、乙死亡，则对甲、乙均成立故意杀人罪既遂，实行数罪并罚

**6.** 关于正当防卫与紧急避险，下列哪一选项是正确的？

A. 为保护国家利益实施的防卫行为，只有当防卫人是国家工作人员时，才成立正当防卫

B. 为制止正在进行的不法侵害，使用第三者的财物反击不法侵害人，导致该财物被毁坏的，对不法侵害人不可能成立正当防卫

C. 为摆脱合法追捕而侵入他人住宅的，考虑到人性弱点，可认定为紧急避险

D. 为保护个人利益免受正在发生的危险，不得已也可通过损害公共利益的方法进行紧急避险

**7.** 甲、乙、丙共同故意伤害丁，丁死亡。经查明，甲、乙都使用铁棒，丙未使用任何凶器；尸体上除一处致命伤外，再无其他伤害；可以肯定致命伤不是丙造成的，但不能确定是甲造成还是乙造成的。关于本案，下列哪一选项是正确的？

A. 因致命伤不是丙造成的，尸体上也没有其他伤害，故丙不成立故意伤害罪

B. 对甲与乙虽能认定为故意伤害罪，但不能认定为故意伤害（致死）罪

C. 甲、乙成立故意伤害（致死）罪，丙成立故意伤害罪但不属于伤害致死

D. 认定甲、乙、丙均成立故意伤害（致死）罪，与存疑时有利于被告的原则并不矛盾

**8.**《刑法》第64条前段规定："犯罪分子违法所得的一切财物，应当予以追缴或者责令退赔"。关于该规定的适用，下列哪一选项是正确的？

A. 甲以赌博为业，但手气欠佳输掉200万元。输掉的200万元属于赌资，应责令甲全额退赔

B. 乙挪用公款炒股获利500万元用于购买房产（案发时贬值为300万元），应责令乙退赔500万元

C. 丙向国家工作人员李某行贿100万元。除向李某追缴100万元外，还应责令丙退赔100万元

D. 丁与王某共同窃取他人财物30万元。因二人均应对30万元负责，故应向二人各追缴30万元

**9.** 关于职业禁止，下列哪一选项是正确的？

A. 利用职务上的便利实施犯罪的，不一定都属于"利用职业便利"实施犯罪

B. 行为人违反职业禁止的决定，情节严重的，应以拒不执行判决、裁定罪定罪处罚

C. 判处有期徒刑并附加剥夺政治权利，同时决定职业禁止的，在有期徒刑与剥夺政治权利均执行完毕后，才能执行职业禁止

D. 职业禁止的期限均为3年至5年

**10.** 关于追诉时效，下列哪一选项是正确的？

A.《刑法》规定，法定最高刑为不满5年有期徒刑的，经过5年不再追诉。危险驾驶罪的法定刑为拘役，不能适用该规定计算危险驾驶罪的追诉时效

B. 在共同犯罪中，对主犯与从犯适用不同的法定刑时，应分别计算各自的追诉时效，不得按照主犯适用的法定刑计算从犯的追诉期限

C. 追诉时效实际上属于刑事诉讼的内容，刑事诉讼采取从新原则，故对刑法所规定的追诉时效，不适用从旧兼从轻原则

D. 刘某故意杀人后逃往国外18年，在国外因伪造私人印章（在我国不构成犯罪）被通缉时潜回国内。4年后，其杀人案件被公安机关发现。因追诉时效中断，应追诉刘某故意杀人的罪行

**11.** 关于法条关系，下列哪一选项是正确的（不考虑数额）？

A. 即使认为盗窃与诈骗是对立关系，一行为针对同一具体对象（同一具体结果）也完全可能同时触犯盗窃罪与诈骗罪

B. 即使认为故意杀人与故意伤害是对立关系，故意杀人罪与故意伤害罪也存在法条竞合关系

C. 如认为法条竞合仅限于侵害一犯罪客体的情形，冒充警察骗取数额巨大的财物时，就会形成招摇撞骗罪与诈骗罪的法条竞合

D. 即便认为贪污罪和挪用公款罪是对立关系，若行为人使用公款赌博，在不能查明其是否具有归还公款的意思时，也能认定构成挪用公款罪

**12.** 甲对拆迁不满，在高速公路中间车道用树枝点燃一个焰高约20厘米的火堆，将其分成两堆后离开。火堆很快就被通行车辆轧灭。关于本案，下列哪一选项是正确的？

A. 甲的行为成立放火罪

B. 甲的行为成立以危险方法危害公共安全罪

C. 如认为甲的行为不成立放火罪，那么其行为也不可能成立以危险方法危害公共安全罪

D. 行为危害公共安全，但不构成放火、决水、爆炸等犯罪的，应以以危险方法危害公共安全罪论处

**13.** 陈某欲制造火车出轨事故，破坏轨道时将螺栓砸飞，击中在附近玩耍的幼童，致其死亡。陈某的行为被及时发现，未造成火车倾覆、毁坏事故。关于陈某的行为性质，下列哪一选项是正确的？

A. 构成破坏交通设施罪的结果加重犯

B. 构成破坏交通设施罪的基本犯与故意杀人罪的想象竞合犯

C. 构成破坏交通设施罪的基本犯与过失致人死亡罪的想象竞合犯

D. 构成破坏交通设施罪的结果加重犯与过失致人死亡罪的想象竞合犯

**14.** 甲急需20万元从事养殖，向农村信用社贷款时被信用社主任乙告知，一个身份证只能贷款5万元，再借几个身份证可多贷。甲用自己的名义贷款5万元，另借用4个身份证贷款20万元，但由于经营不善，不能归还本息。关于本案，下列哪一选项是正确的？

A. 甲构成贷款诈骗罪，乙不构成犯罪

B. 甲构成骗取贷款罪，乙不构成犯罪

C. 甲构成骗取贷款罪，乙构成违法发放贷款罪

D. 甲不构成骗取贷款罪，乙构成违法发放贷款罪

**15.** 甲为勒索财物，打算绑架富商之子吴某（5岁）。甲欺骗乙、丙说：“富商欠我100万元不还，你们帮我扣押其子，成功后给你们每人10万元。”乙、丙将吴某扣押，但甲无法联系上富商，未能进行勒索。三天后，甲让乙、丙将吴某释放。吴某一人在回家路上溺水身亡。关于本案，下列哪一选项是正确的？

A. 甲、乙、丙构成绑架罪的共同犯罪，但对乙、丙只能适用非法拘禁罪的法定刑

B. 甲未能实施勒索行为，属绑架未遂；甲主动让乙、丙放人，属绑架中止

C. 吴某的死亡结果应归责于甲的行为，甲成立绑架致人死亡的结果加重犯

D. 不管甲是绑架未遂、绑架中止还是绑架既遂，乙、丙均成立犯罪既遂

**16.** 贾某在路边将马某打倒在地，劫取其财物。离开时贾某为报复马某之前的反抗，往其胸口轻踢了一脚，不料造成马某心脏骤停死亡。设定贾某对马某的死亡具有过失，下列哪一分析是正确的？

A. 贾某踢马某一脚，是抢劫行为的延续，构成抢劫致人死亡

B. 贾某踢马某一脚，成立事后抢劫，构成抢劫致人死亡

C. 贾某构成抢劫罪的基本犯，应与过失致人死亡罪数罪并罚

D. 贾某构成抢劫罪的基本犯与故意伤害（致死）罪的想象竞合犯

**17.** 关于诈骗罪的认定，下列哪一选项是正确的（不考虑数额）？

A. 甲利用信息网络，诱骗他人点击虚假链接，通过预先植入的木马程序取得他人财物。即使他人不知点击链接会转移财产，甲也成立诈骗罪

B. 乙虚构可供交易的商品，欺骗他人点击付款链接，取得他人财物的，由于他人知道自己付款，故乙触犯诈骗罪

C. 丙将钱某门前停放的摩托车谎称是自己的，卖给孙某，让其骑走。丙就钱某的摩托车成立诈骗罪

D. 丁侵入银行计算机信息系统，将刘某存折中的5万元存款转入自己的账户。对丁应以诈骗罪论处

**18.** 乙女在路上被铁丝绊倒，受伤不能动，手中钱包（内有现金5000元）摔出七八米外。路过的甲捡起钱包时，乙大喊“我的钱包不要拿”，甲说“你不要喊，我拿给你”，乙信以为真没有再喊。甲捡起钱包后立即逃走。关于本案，下列哪一选项是正确的？

A. 甲以其他方法抢劫他人财物，成立抢劫罪

B. 甲以欺骗方法使乙信以为真，成立诈骗罪

C. 甲将乙的遗忘物据为己有，成立侵占罪

D. 只能在盗窃罪或者抢夺罪中，择一定性甲的行为

**19.** 甲杀丙后潜逃。为干扰侦查，甲打电话让乙将一把未留有指纹的斧头粘上丙的鲜血放到现场。乙照办后报案称，自己看到“凶手”杀害了丙，并描述了与甲相貌特征完全不同的“凶手”情况，导致公安机关长期未将甲列为嫌疑人。关于本案，下列哪一选项是错误的？

A. 乙将未留有指纹的斧头放到现场，成立帮助伪造证据罪

B. 对乙伪造证据的行为，甲不负刑事责任

C. 乙捏造事实诬告陷害他人，成立诬告陷害罪

D. 乙向公安机关虚假描述“凶手”的相貌特征，成立包庇罪

**20.** 国家工作人员甲听到有人敲门，开门后有人扔进一个包就跑。甲发现包内有20万元现金，推测是有求于自己职务行为的乙送的。甲打电话问乙时被告知“不要问是谁送的，收下就是了”（事实上是乙安排丙送的），并重复了前几天的请托事项。甲虽不能确定是乙送的，但还是允诺为乙谋取利益。关于本案，下列哪一选项是正确的？

A. 甲没有主动索取、收受财物，不构成受贿罪

B. 甲没有受贿的直接故意，间接故意不可能构成受贿罪，故甲不构成受贿罪

C. 甲允诺为乙谋取利益与收受20万元现金之间无因果关系，故不构成受贿罪

D. 即使认为甲不构成受贿罪，乙与丙也构成行贿罪

**21.** 关于监狱在刑事诉讼中的职权，下列哪一选项是正确的？

A. 监狱监管人员指使被监管人体罚虐待其他被监管人的犯罪，由监狱进行侦查

B. 罪犯在监狱内犯罪并被发现判决时所没有发现的罪行，应由监狱一并侦查

C. 被判处有期徒刑罪犯的暂予监外执行均应当由监狱提出书面意见，报省级以上监狱管理部门批准

D. 被判处有期徒刑罪犯的减刑应当由监狱提出建议书，并报法院审核裁定

**22.** 法官齐某从A县法院辞职后，在其妻洪某开办的律师事务所从业。关于齐某与洪某的辩护人资格，下列哪一选项是正确的？

A. 齐某不得担任A县法院审理案件的辩护人

B. 齐某和洪某不得分别担任同案犯罪嫌疑人的辩护人

C. 齐某和洪某不得同时担任同一犯罪嫌疑人的辩护人

D. 洪某可以律师身份担任A县法院审理案件的辩护人

**23.** 郭某涉嫌参加恐怖组织罪被逮捕，随后委托律师姜某担任辩护人。关于姜某履行辩护职责，下列哪一选项是正确的？

A. 姜某到看守所会见郭某时，可带1—2名律师助理协助会见

B. 看守所可对姜某与郭某的往来信件进行必要的检查，但不得截留、复制

C. 姜某申请法院收集、调取证据而法院不同意的，法院应书面说明不同意的理由

D. 法庭审理中姜某作无罪辩护的，也可当庭对郭某从轻量刑的问题发表辩护意见

**24.** 根据《刑事诉讼法》的规定，辩护律师收集到的下列哪一证据应及时告知公安机关、检察院？

A. 强奸案中被害人系精神病人的证据

B. 故意伤害案中犯罪嫌疑人系正当防卫的证据

C. 投放危险物质案中犯罪嫌疑人案发时在外地出差的证据

D. 制造毒品案中犯罪嫌疑人犯罪时刚满16周岁的证据

**25.** 王某系聋哑人，因涉嫌盗窃罪被提起公诉。关于本案，下列哪一选项是正确的？

A. 讯问王某时，如有必要可通知通晓聋哑手势的人参加

B. 王某没有委托辩护人，应通知法律援助机构指派律师为其提供辩护

C. 辩护人经通知未到庭，经王某同意，法院决定开庭审理

D. 因事实清楚且王某认罪，实行独任审判

**26.** 公安机关发现一具被焚烧过的尸体，因地处偏僻且天气恶劣，无法找到见证人，于是对勘验过程进行了全程录像，并在笔录中注明原因。法庭审理时，辩护人以勘验时没有见证人在场为由，申请排除勘验现场收集的物证。关于本案证据，下列哪一选项是正确的？

A. 因违反取证程序的一般规定，应当排除

B. 应予以补正或者作出合理解释，否则予以排除

C. 不仅物证应当排除，对物证的鉴定意见等衍生证据也应排除

D. 有勘验过程全程录像并在笔录中已注明理由，不予排除

**27.** 关于《刑事诉讼法》规定的证明责任分担，下列哪一选项是正确的？

A. 公诉案件中检察院负有证明被告人有罪的责任，证明被告人无罪的责任由被告方承担

B. 自诉案件的证明责任分配依据"谁主张，谁举证"的法则确定

C. 巨额财产来源不明案中，被告人承担说服责任

D. 非法持有枪支案中，被告人负有提出证据的责任

**28.** 甲与邻居乙发生冲突致乙轻伤，甲被刑事拘留期间，甲的父亲代为与乙达成和解，公安机关决定对甲取保候审。关于甲在取保候审期间应遵守的义务，下列哪一选项是正确的？

A. 将驾驶证件交执行机关保存

B. 不得与乙接触

C. 工作单位调动的，在24小时内报告执行机关

D. 未经公安机关批准，不得进入特定的娱乐场所

**29.** 甲乙二人在餐厅吃饭时言语不合进而互相推搡，乙突然倒地死亡，县公安局以甲涉嫌过失致人死亡立案侦查。经鉴定乙系特殊体质，其死亡属意外事件，县公安局随即撤销案件。关于乙的近亲属的诉讼权利，下列哪一选项是正确的？

A. 就撤销案件向县公安局申请复议

B. 就撤销案件向县公安局的上一级公安局申请复核

C. 向检察院侦查监督部门申请立案监督

D. 直接向法院对甲提起刑事附带民事诉讼

**30.** 某地发生一起以爆炸手段故意杀人致多人伤亡的案件。公安机关立案侦查后，王某被确定为犯罪嫌疑人。关于本案辨认，下列哪一选项是正确的？

A. 证人甲辨认制造爆炸物的工具时，混杂了另外4套同类工具

B. 证人乙辨认犯罪嫌疑人时未同步录音或录像，辨认笔录不得作为定案的依据

C. 证人丙辨认犯罪现场时没有见证人在场，辨认笔录不得作为定案的依据

D. 王某作为辨认人时，陪衬物不受数量的限制

**31.** 甲、乙共同实施抢劫，该案经两次退回补充侦查后，检察院发现甲在两年前曾实施诈骗犯罪。关于本案，下列哪一选项是正确的？

A. 应将全案退回公安机关依法处理

B. 对新发现的犯罪自行侦查，查清犯罪事实后一并提起公诉

C. 将新发现的犯罪移送公安机关侦查，待公安机关查明事实移送审查起诉后一并提起公诉

D. 将新发现的犯罪移送公安机关立案侦查，对已查清的犯罪事实提起公诉

**32.** 法院在审理胡某持有毒品案时发现，胡某不仅持有毒品数量较大，而且向他人出售毒品，构成贩卖毒品罪。关于本案，下列哪一选项是正确的？

A. 如胡某承认出售毒品，法院可直接改判

B. 法院可在听取控辩双方意见基础上直接改判

C. 法院可建议检察院补充或者变更起诉

D. 法院可建议检察院退回补充侦查

**33.** 甲犯抢夺罪，法院经审查决定适用简易程序审理。关于本案，下列哪一选项是正确的？

A. 适用简易程序必须由检察院提出建议

B. 如被告人已提交承认指控犯罪事实的书面材料，则无需再当庭询问其对指控的意见

C. 不需要调查证据，直接围绕罪名确定和量刑问题进行审理

D. 如无特殊情况，应当庭宣判

**34.** 龚某因生产不符合安全标准的食品罪被一审法院判处有期徒刑5年，并被禁止在刑罚执行完毕之日起3年内从事食品加工行业。龚某以量刑畸重为由上诉，检察院未抗诉。关于本案二审，下列哪一选项是正确的？

A. 应开庭审理

B. 可维持有期徒刑5年的判决，并将职业禁止的期限变更为4年

C. 如认为原判认定罪名不当，二审法院可在维持原判刑罚不变的情况下改判为生产有害食品罪

D. 发回重审后，如检察院变更起诉罪名为生产有害食品罪，一审法院可改判并加重龚某的刑罚

**35.** 甲和乙因故意杀人被中级法院分别判处死刑立即执行和无期徒刑。甲、乙上诉后，高级法院裁定维持原判。关于本案，下列哪一选项是正确的？

A. 高级法院裁定维持原判后，对乙的判决即已生效

B. 高级法院应先复核再报请最高法院核准

C. 最高法院如认为原判决对乙的犯罪事实未查清，可查清后对乙改判并核准甲的死刑

D. 最高法院如认为甲的犯罪事实不清、证据不足，不予核准死刑的，只能使用裁定

**36.** 关于生效裁判执行，下列哪一做法是正确的？

A. 甲被判处管制1年，由公安机关执行

B. 乙被判处有期徒刑1年宣告缓刑2年，由社区矫正机构执行

C. 丙被判处有期徒刑1年6个月，在被交付执行前，剩余刑期5个月，由看守所代为执行

D. 丁被判处10年有期徒刑并处没收财产，没收财产部分由公安机关执行

**37.** 下列哪一案件可以适用当事人和解的公诉案件诉讼程序？

A. 甲因侵占罪被免除处罚2年后，又涉嫌故意伤害致人轻伤

B. 乙涉嫌寻衅滋事，在押期间由其父亲代为和解，被害人表示同意

C. 丙涉嫌过失致人重伤，被害人系限制行为能力人，被害人父亲愿意代为和解

D. 丁涉嫌破坏计算机信息系统，被害人表示愿意和解

**38.** 甲将乙杀害，经鉴定甲系精神病人，检察院申请法院适用强制医疗程序。关于本案，下列哪一选项是正确的？

A. 法院审理该案，应当会见甲

B. 甲没有委托诉讼代理人的，法院可通知法律援助机构指派律师担任其诉讼代理人

C. 甲出庭的，应由其法定代理人或诉讼代理人代为发表意见

D. 经审理发现甲具有部分刑事责任能力，依法应当追究刑事责任的，转为普通程序继续审理

**39.** 根据规定，地方的事业单位机构和编制管理办法由省、自治区、直辖市人民政府机构编制管理机关拟定，报国务院机构编制管理机关审核后，由下列哪一机关发布？

A. 国务院

B. 省、自治区、直辖市人民政府

C. 国务院机构编制管理机关

D. 省、自治区、直辖市人民政府机构编制管理机关

**40.** 为落实淘汰落后产能政策，某区政府发布通告：凡在本通告附件所列名单中的企业两年内关闭。提前关闭或者积极配合的给予一定补贴，逾期不履行的强制关闭。关于通告的性质，下列哪一选项是正确的？

A. 行政规范性文件　　B. 具体行政行为

C. 行政给付　　D. 行政强制

**41.** 李某多次发送淫秽短信、干扰他人正常生活，公安机关经调查拟对李某作出行政拘留10日的处罚。关于此处罚决定，下列哪一做法是适当的？

A. 由公安派出所作出

B. 依当场处罚程序作出

C. 应及时通知李某的家属

D. 紧急情况下可以口头方式作出

**42.** 下列哪一行政行为不属于行政强制措施？

A. 审计局封存转移会计凭证的被审计单位的有关资料

B. 公安交通执法大队暂扣酒后驾车的贾某机动车驾驶证6个月

C. 税务局扣押某企业价值相当于应纳税款的商品

D. 公安机关对醉酒的王某采取约束性措施至酒醒

**43.** 甲公司与乙公司发生纠纷向市场监督管理局申请公开乙公司的工商登记信息。该局公开了乙公司的名称、注册号、住所、法定代表人等基本信息，但对经营范围、从业人数、注册资本等信息拒绝公开。甲公司向法院起诉，法院受理。关于此事，下列哪一

说法是正确的?

A. 甲公司应先向市场监督管理局的上一级市场监督管理局申请复议，对复议决定不服再向法院起诉

B. 市场监督管理局应当对拒绝公开的依据以及履行法定告知和说明理由义务的情况举证

C. 本案审理不适用简易程序

D. 因相关信息不属政府信息，拒绝公开合法

**44.** 某区市场监管局以某公司生产经营超过保质期的食品违反《食品安全法》为由，作出处罚决定。公司不服，申请行政复议。关于此案，下列哪一说法是正确的?

A. 申请复议期限为60日

B. 公司不得以电子邮件形式提出复议申请

C. 行政复议机关不能进行调解

D. 公司如在复议决定作出前撤回申请，行政复议中止

**45.** 某区卫健委以董某擅自开展诊疗活动为由作出没收其违法诊疗工具并处5万元罚款的处罚。董某向区政府申请复议，区政府维持了原处罚决定。董某向法院起诉。下列哪一说法是正确的?

A. 如董某只起诉区卫健委，法院应追加区政府为第三人

B. 本案应以区政府确定案件的级别管辖

C. 本案可由区卫健委所在地的法院管辖

D. 法院应对原处罚决定和复议决定进行合法性审查，但不对复议决定作出判决

**46.** 某县公安局于2012年5月25日以方某涉嫌合同诈骗罪将其刑事拘留，同年6月26日取保候审，8月11日检察院决定批准逮捕方某。2013年5月11日，法院以指控依据不足为由判决方某无罪，方某被释放。2014年3月2日方某申请国家赔偿。下列哪一说法是正确的?

A. 县公安局为赔偿义务机关

B. 赔偿义务机关可就赔偿方式和数额与方某协商，但不得就赔偿项目进行协商

C. 方某2012年6月26日至8月11日取保候审，不属于国家赔偿范围

D. 对方某的赔偿金标准应按照2012年度国家职工日平均工资计算

**47.** 关于罪刑法定原则与刑法解释，下列哪些选项是正确的?

A. 对甲法条中的“暴力”作扩大解释时，就不可能同时再作限制解释，但这并不意味着对乙法条中的“暴力”也须作扩大解释

B. 《刑法》第237条规定的强制猥亵、侮辱罪中的“侮辱”，与《刑法》第246条规定的侮辱罪中的“侮辱”，客观内容相同、主观内容不同

C. 当然解释是使刑法条文之间保持协调的解释方法，只要符合当然解释的原理，其解释结论就不会违反罪刑法定原则

D. 对刑法分则条文的解释，必须同时符合两个要求：一是不能超出刑法用语可能具有的含义，二是必须符合分则条文的目的

**48.** 甲、乙共同对丙实施严重伤害行为时，甲误打中乙致乙重伤，丙乘机逃走。关于本案，下列哪些选项是正确的?

A. 甲的行为属打击错误，按照具体符合说，成立故意伤害罪既遂

B. 甲的行为属对象错误，按照法定符合说，成立故意伤害罪既遂

C. 甲误打中乙属偶然防卫，但对丙成立故意伤害罪未遂

D. 不管甲是打击错误、对象错误还是偶然防卫，乙都不可能成立故意伤害罪既遂

**49.** 关于犯罪未遂的认定，下列哪些选项是正确的?

A. 甲以杀人故意将郝某推下过街天桥，见郝某十分痛苦，便拦下出租车将郝某送往医院。但郝某未受致命伤，即便不送医院也不会死亡。甲属于犯罪未遂

B. 乙持刀拦路抢劫周某。周某说“把刀放下，我给你钱”。乙信以为真，收起刀子，伸手要钱。周某乘乙不备，一脚踢倒乙后逃跑。乙属于犯罪未遂

C. 丙见商场橱柜展示有几枚金锭(30万元/枚)，打开玻璃门拿起一枚就跑，其实是值300元的仿制品，真金锭仍在。丙属于犯罪未遂

D. 丁资助林某从事危害国家安全的犯罪活动，但林某尚未实施相关犯罪活动即被抓获。丁属于资助危害国家安全犯罪活动罪未遂

**50.** 关于罪数，下列哪些选项是正确的(不考虑数额或情节)?

A. 甲使用变造的货币购买商品，触犯使用假币罪与诈骗罪，构成想象竞合犯

B. 乙走私毒品，又走私假币构成犯罪的，以走私毒品罪和走私假币罪实行数罪并罚

C. 丙先后三次侵入军人家中盗窃军人制服，后身穿军人制服招摇撞骗。对丙应按牵连犯从一重罪处罚

D. 丁明知黄某在网上开设赌场，仍为其提供互联网接入服务。丁触犯开设赌场罪与帮助信息网络犯罪活动罪，构成想象竞合犯

**51.** 判决宣告以前一人犯数罪，数罪中有判处(1)和(2)的，执行(3)；数罪中所判处的(4)，仍须执行。将下列哪些选项内容填入以上相应括号内是正确的?

A. (1) 死刑 (2) 有期徒刑 (3) 死刑 (4) 罚金
B. (1) 无期徒刑 (2) 拘役 (3) 无期徒刑 (4) 没收财产
C. (1) 有期徒刑 (2) 拘役 (3) 有期徒刑 (4) 附加刑
D. (1) 拘役 (2) 管制 (3) 拘役 (4) 剥夺政治权利

**52.** 乙成立恐怖组织并开展培训活动，甲为其提供资助。受培训的丙、丁为实施恐怖活动准备凶器。因案件被及时侦破，乙、丙、丁未能实施恐怖活动。关于本案，下列哪些选项是正确的?

A. 甲构成帮助恐怖活动罪，不再适用《刑法》总则关于从犯的规定
B. 乙构成组织、领导恐怖组织罪
C. 丙、丁构成准备实施恐怖活动罪
D. 对丙、丁定罪量刑时，不再适用《刑法》总则关于预备犯的规定

**53.** 关于生产、销售伪劣商品罪，下列哪些选项是正确的?

A. 甲既生产、销售劣药，对人体健康造成严重危害，同时又生产、销售假药的，应实行数罪并罚
B. 乙为提高猪肉的瘦肉率，在饲料中添加“瘦肉精”。由于生猪本身不是食品，故乙不构成生产有毒、有害食品罪
C. 丙销售不符合安全标准的饼干，足以造成严重食物中毒事故，但销售金额仅有500元。对丙应以销售不符合安全标准的食品罪论处
D. 丁明知香肠不符合安全标准，足以造成严重食源性疾患，但误以为没有毒害而销售，事实上香肠中掺有有毒的非食品原料。对丁应以销售不符合安全标准的食品罪论处

**54.** 关于侵犯公民人身权利罪的认定，下列哪些选项是正确的?

A. 甲征得17周岁的夏某同意，摘其一个肾脏后卖给他人，所获3万元全部交给夏某。甲的行为构成故意伤害罪
B. 乙将自己1岁的女儿出卖，获利6万元用于赌博。对乙出卖女儿的行为，应以遗弃罪追究刑事责任
C. 丙为索债将吴某绑于地下室。吴某挣脱后，驾车离开途中发生交通事故死亡。丙的行为不属于非法拘禁致人死亡
D. 丁和朋友为寻求刺激，在大街上追逐、拦截两位女生。丁的行为构成强制侮辱罪

**55.** 下列哪些行为构成盗窃罪（不考虑数额）?

A. 酒店服务员甲在帮客人拎包时，将包中的手机放入自己的口袋据为己有
B. 客人在小饭馆吃饭时，将手机放在收银台边上充电，请服务员乙帮忙照看。乙假意答应，却将手机据为己有
C. 旅客将行李放在托运柜台旁，到相距20余米的另一柜台问事时，机场清洁工丙将该行李拿走据为己有
D. 顾客购物时将车钥匙遗忘在收银台，收银员问是谁的，丁谎称是自己的，然后持该钥匙将顾客的车开走

**56.** 2016年4月，甲利用乙提供的作弊器材，安排大学生丙在地方公务员考试中代替自己参加考试。但丙考试成绩不佳，甲未能进入复试。关于本案，下列哪些选项是正确的?

A. 甲组织他人考试作弊，应以组织考试作弊罪论处
B. 乙为他人考试作弊提供作弊器材，应按组织考试作弊罪论处
C. 丙考试成绩虽不佳，仍构成代替考试罪
D. 甲让丙代替自己参加考试，构成代替考试罪

**57.** 关于毒品犯罪，下列哪些选项是正确的?

A. 甲无牟利目的，为江某代购仅用于吸食的毒品，达到非法持有毒品罪的数量标准。对甲应以非法持有毒品罪定罪
B. 乙为蒋某代购仅用于吸食的毒品，在交通费等必要开销之外收取了若干“劳务费”。对乙应以贩卖毒品罪论处
C. 丙与曾某互不知情，受雇于同一雇主，各自运输海洛因500克。丙将海洛因从一地运往另一地后，按雇主吩咐交给曾某，曾某再运往第三地。丙应对运输1000克海洛因负责
D. 丁盗窃他人200克毒品后，将该毒品出卖。对丁应以盗窃罪和贩卖毒品罪实行数罪并罚

**58.** 关于贿赂犯罪的认定，下列哪些选项是正确的?

A. 甲是公立高校普通任课教师，在学校委派其招生时，利用职务便利收受考生家长10万元。甲成立受贿罪
B. 乙是国有医院副院长，收受医药代表10万元，承诺为病人开处方时多开相关药品。乙成立非国家工作人员受贿罪
C. 丙是村委会主任，在村集体企业招投标过程中，利用职务收受他人财物10万元，为其谋利。丙成立非国家工作人员受贿罪
D. 丁为国有公司临时工，与本公司办理采购业务的副总经理相勾结，收受10万元回扣归二人所有。丁构成受贿罪

**59.** 关于渎职犯罪，下列哪些选项是正确的?

A. 县财政局副局长秦某工作时擅离办公室，其他办公室人员操作电炉不当，触电身亡并引发大火将办公楼烧毁。秦某触犯玩忽职守罪

B. 县卫健委执法监督大队队长武某，未能发现何某在足疗店内非法开诊所行医，该诊所开张三天即造成一患者死亡。武某触犯玩忽职守罪

C. 负责建房审批工作的干部柳某，徇情为拆迁范围内违规修建的房屋补办了建设许可证，房主凭此获得补偿款 90 万元。柳某触犯滥用职权罪

D. 县长郑某擅自允许未经环境评估的水电工程开工，导致该县水域内濒危野生鱼类全部灭绝。郑某触犯滥用职权罪

**60.** 刑事诉讼法的独立价值之一是具有影响刑事实体法实现的功能。下列哪些选项体现了这一功能？

A. 被告人与被害人达成刑事和解而被法院量刑时从轻处理

B. 因排除犯罪嫌疑人的口供，检察院作出证据不足不起诉的决定

C. 侦查机关对于已超过追诉期限的案件不予立案

D. 只有被告人一方上诉的案件，二审法院判决时不得对被告人判处重于原判的刑罚

**61.** 关于保障诉讼参与人的诉讼权利原则，下列哪些选项是正确的？

A. 是对《宪法》和《刑事诉讼法》尊重和保障人权的具体化

B. 保障诉讼参与人的诉讼权利，核心在于保护犯罪嫌疑人、被告人的辩护权

C. 要求诉讼参与人在享有诉讼权利的同时，还应承担法律规定的诉讼义务

D. 保障受犯罪侵害的人的起诉权和上诉权，是这一原则的重要内容

**62.** 甲驾车将昏迷的乙送往医院，并垫付了医疗费用。随后赶来的乙的家属报警称甲驾车撞倒乙。急救中，乙曾短暂清醒并告诉医生自己系被车辆撞倒。医生将此话告知警察，并称从甲送乙入院时的神态看，甲应该就是肇事者。关于本案证据，下列哪些选项是正确的？

A. 甲垫付医疗费的行为与交通肇事不具有关联性

B. 乙告知医生“自己系被车辆撞倒”属于直接证据

C. 医生基于之前乙的陈述，告知警察乙系被车辆撞倒，属于传来证据

D. 医生认为甲是肇事者的证词属于符合一般生活经验的推断性证言，可作为定案依据

**63.** 辩护律师在庭审中对控方证据提出异议，主张这些证据不得作为定案依据。对下列哪些证据的异议，法院应当予以支持？

A. 因证人拒不到庭而无法当庭询问的证人证言

B. 被告人提供了有关刑讯逼供的线索及材料，但公诉人不能证明讯问合法的被告人庭前供述

C. 市场监督管理部门关于查处被告人非法交易行为时的询问笔录

D. 侦查人员在办案场所以外的地点询问被害人所获得的被害人陈述

**64.** 下列哪些选项属于刑事诉讼中的证明对象？

A. 行贿案中，被告人知晓其谋取的系不正当利益的事实

B. 盗窃案中，被告人的亲友代为退赃的事实

C. 强奸案中，用于鉴定的体液检材是否被污染的事实

D. 侵占案中，自诉人申请期间恢复而提出的其突遭车祸的事实，且被告人和法官均无异议

**65.** 下列哪些情形，法院应当变更或解除强制措施？

A. 甲涉嫌绑架被逮捕，案件起诉至法院时发现怀有身孕

B. 乙涉嫌非法拘禁被逮捕，被法院判处有期徒刑 2 年，缓期 2 年执行，判决尚未发生法律效力

C. 丙涉嫌妨害公务被逮捕，在审理过程中突发严重疾病

D. 丁涉嫌故意伤害被逮捕，因对被害人伤情有异议而多次进行鉴定，致使该案无法在法律规定的一审期限内审结

**66.** 甲、乙殴打丙，致丙长期昏迷，乙在案发后潜逃，检察院以故意伤害罪对甲提起公诉。关于本案，下列哪些选项是正确的？

A. 丙的妻子、儿子和弟弟都可成为附带民事诉讼原告人

B. 甲、乙可作为附带民事诉讼共同被告人，对故意伤害丙造成的物质损失承担连带赔偿责任

C. 丙因昏迷无法继续履行与某公司签订的合同造成的财产损失不属于附带民事诉讼的赔偿范围

D. 如甲的朋友愿意代为赔偿，法院应准许并可作为酌定量刑情节考虑

**67.** 公安机关获知有多年吸毒史的王某近期可能从事毒品制售活动，遂对其展开初步调查工作。关于这一阶段公安机关可以采取的措施，下列哪些选项是正确的？

A. 监听　　B. 查询王某的银行存款

C. 询问王某　　D. 通缉

**68.** 某基层法院就郭某敲诈勒索案一审适用简易程序，判处郭某有期徒刑 4 年。对于一审中的下列哪些情形，二审法院应以程序违法为由，撤销原判发回重审？

A. 未在开庭 10 日前向郭某送达起诉书副本
B. 由一名审判员独任审理
C. 公诉人没有对被告人进行发问
D. 应公开审理但未公开审理

**69.** 未成年人小天因涉嫌盗窃被检察院适用附条件不起诉。关于附条件不起诉可以附带的条件，下列哪些选项是正确的？

A. 完成一个疗程四次的心理辅导
B. 每周参加一次公益劳动
C. 每个月向检察官报告日常花销和交友情况
D. 不得离开所居住的县

**70.** 财政局干部李某在机关外兼职。关于李某兼职，下列哪些说法是正确的？

A. 为发挥个人专长可在外兼职
B. 兼职应经有关机关批准
C. 不得领取兼职报酬
D. 兼职情况应向社会公示

**71.** 某省会城市的市政府拟制定限制电动自行车通行的规章。关于此规章的制定，下列哪些说法是正确的？

A. 应先列入市政府年度规章制定工作计划中，未列入不得制定
B. 起草该规章应广泛听取有关机关、组织和公民的意见
C. 此规章送审稿的说明应对制定规章的必要性、规定的主要措施和有关方面的意见等情况作出说明
D. 市政府法制机构认为制定此规章基本条件尚不成熟，可将规章送审稿退回起草单位

**72.** 《医师法》规定，执业医师需依法取得卫生行政主管部门发放的执业医师资格，并经注册后方能执业。关于执业医师资格，下列哪些说法是正确的？

A. 该资格属于直接关系人身健康，需按照技术规范通过检验、检测确定申请人条件的许可
B. 对《医师法》规定的取得资格的条件和要求，部门规章不得作出具体规定
C. 卫生行政主管部门组织执业医师资格考试，应公开举行
D. 卫生行政主管部门组织执业医师资格考试，不得组织强制性考前培训

**73.** 关于行政许可的设定权限，下列哪些说法是不正确的？

A. 必要时省政府制定的规章可设定企业的设立登记及其前置性行政许可
B. 地方性法规可设定应由国家统一确定的公民、法人或者其他组织的资格、资质的行政许可
C. 必要时国务院部门可采用发布决定的方式设定临时性行政许可
D. 省政府报国务院批准后可在本区域停止实施行政法规设定的有关经济事务的行政许可

**74.** 关于一个行政机关行使有关行政机关的行政许可权和行政处罚权的安排，下列哪些说法是正确的？

A. 涉及行政处罚的，由国务院或者经国务院授权的省、自治区、直辖市政府决定
B. 涉及行政许可的，由经国务院批准的省、自治区、直辖市政府决定
C. 限制人身自由的行政处罚只能由公安机关行使，不得交由其他行政机关行使
D. 由公安机关行使的行政许可，不得交由其他行政机关行使

**75.** 下列哪些行政行为不属于行政处罚？

A. 市场监督管理局对甲企业涉嫌冒用他人商品识别代码的产品予以先行登记保存
B. 市场监督管理局责令乙企业召回已上市销售的不符合药品安全标准的药品
C. 生态环境局对排污超标的丙企业作出责令停产 6 个月的决定
D. 市场监督管理局责令销售不合格产品的丁企业支付消费者 3 倍赔偿金

**76.** 某市场监督管理局因陈某擅自设立互联网上网服务营业场所扣押其从事违法经营活动的电脑 15 台，后作出没收被扣电脑的决定。下列哪些说法是正确的？

A. 市场监督管理局应制作并当场交付扣押决定书和扣押清单
B. 因扣押电脑数量较多，作出扣押决定前市场监督管理局应告知陈某享有要求听证的权利
C. 对扣押的电脑，市场监督管理局不得使用
D. 因扣押行为系过程性行政行为，陈某不能单独对扣押行为提起行政诉讼

**77.** 对于下列起诉，哪些不属于行政诉讼受案范围？

A. 某公司与县政府签订天然气特许经营协议，双方发生纠纷后该公司以县政府不依法履行协议向法院起诉
B. 生态环境局干部孙某对定期考核被定为不称职向法院起诉
C. 李某与房屋征收主管部门签订国有土地上的房屋征收补偿安置协议，后李某不履行协议，房屋征收主管部门向法院起诉
D. 县政府发布全县征地补偿安置标准的文件，村民万某以文件确定的补偿标准过低为由向法院起诉

**78.** 交警大队以方某闯红灯为由当场处以 50 元罚款，方某不服起诉。法院适用简易程序审理。关于简易程序，下列哪些说法是正确的？

A. 由审判员一人独任审理
B. 法院应在立案之日起 30 日内审结，有特殊情况需延长的经批准可延长
C. 法院在审理过程中发现不宜适用简易程序的，裁定转为普通程序
D. 对适用简易程序作出的判决，当事人不得提出上诉

**79.** 甲、乙两村因土地使用权发生争议，县政府裁决使用权归甲村。乙村不服向法院起诉撤销县政府的裁决，并请求法院判定使用权归乙村。关于乙村提出的土地使用权归属请求，下列哪些说法是正确的?
A. 除非有正当理由的，乙村应于第一审开庭审理前提出
B. 法院作出不予准许决定的，乙村可申请复议一次
C. 法院应单独立案
D. 法院应另行组成合议庭审理

**甲将私家车借给无驾照的乙使用。乙夜间驾车与其叔丙出行，途中遇刘某过马路，不慎将其撞成重伤，车辆亦受损。丙下车查看情况，对乙谎称自己留下打电话叫救护车，让乙赶紧将车开走。乙离去后，丙将刘某藏匿在草丛中离开。刘某因错过抢救时机身亡。(事实一)**

**为逃避刑事责任，乙找到有驾照的丁，让丁去公安机关“自首”，谎称案发当晚是丁驾车。丁照办。公安机关找甲取证时，甲想到若说是乙造成事故，自己作为被保险人就无法从保险公司获得车损赔偿，便谎称当晚将车借给了丁。(事实二)**

**后甲找到在私营保险公司当定损员的朋友陈某，告知其真相，请求其帮忙向保险公司申请赔偿。陈某遂向保险公司报告说是丁驾车造成事故，并隐瞒其他不利于甲的事实。甲顺利获得 7 万元保险赔偿。(事实三)**

**请回答第 80—82 题。**

**80.** 关于事实一的分析，下列选项正确的是：
A. 乙交通肇事后逃逸致刘某死亡，构成交通肇事逃逸致人死亡
B. 乙交通肇事且致使刘某死亡，构成交通肇事罪与过失致人死亡罪，数罪并罚
C. 丙与乙都应对刘某的死亡负责，构成交通肇事罪的共同正犯
D. 丙将刘某藏匿致使其错过抢救时机身亡，构成故意杀人罪

**81.** 关于事实二的分析，下列选项错误的是：
A. 伪证罪与包庇罪是相互排斥的关系，甲不可能既构成伪证罪又构成包庇罪
B. 甲的主观目的在于骗取保险金，没有妨害司法的故意，不构成妨害司法罪
C. 乙唆使丁代替自己承担交通肇事的责任，就此构成教唆犯
D. 丁的“自首”行为干扰了司法机关的正常活动，触犯包庇罪

**82.** 关于事实三的分析，下列选项正确的是：
A. 甲对发生的保险事故编造虚假原因，骗取保险金，触犯保险诈骗罪
B. 甲既触犯保险诈骗罪，又触犯诈骗罪，由于两罪性质不同，应数罪并罚
C. 陈某未将保险金据为已有，因欠缺非法占有目的不构成职务侵占罪
D. 陈某与甲密切配合，骗取保险金，两人构成保险诈骗罪的共犯

**甲是 A 公司（国有房地产公司）领导，因私人事务欠蔡某 600 万元。蔡某让甲还钱，甲提议以 A 公司在售的商品房偿还债务，蔡某同意。甲遂将公司一套价值 600 万元的商品房过户给蔡某，并在公司财务账目上记下自己欠公司 600 万元。三个月后，甲将账作平，至案发时亦未归还欠款。(事实一)**

**A 公司有工程项目招标。为让和自己关系好的私营公司老板程某中标，甲刻意安排另外两家公司与程某一起参与竞标。甲让这两家公司和程某分别制作工程预算和标书，但各方约定，若这两家公司中标，就将工程转包给程某。程某最终在 A 公司预算范围内以最优报价中标。为感谢甲，程某花 5000 元购买仿制古董赠与甲。甲以为是价值 20 万元的真品，欣然接受。(事实二)**

**甲曾因公务为 A 公司垫付各种费用 5 万元，但由于票据超期，无法报销。为挽回损失，甲指使知情的程某虚构与 A 公司的劳务合同并虚开发票。甲在合同上加盖公司公章后，找公司财务套取“劳务费” 5 万元。(事实三)**

**请回答第 83—85 题。**

**83.** 关于事实一的分析，下列选项正确的是：
A. 甲将商品房过户给蔡某的行为构成贪污罪
B. 甲将商品房过户给蔡某的行为构成挪用公款罪
C. 甲虚假平账，不再归还 600 万元，构成贪污罪
D. 甲侵占公司 600 万元，应与挪用公款罪数罪并罚

**84.** 关于事实二的分析，下列选项正确的是：
A. 程某虽与其他公司串通参与投标，但不构成串通投标罪
B. 甲安排程某与他人串通投标，构成串通投标罪的教唆犯
C. 程某以行贿的意思向甲赠送仿制古董，构成行贿罪既遂
D. 甲以受贿的意思收下程某的仿制古董，构成受贿罪既遂

**85.** 关于事实三的分析，下列选项错误的是：

A. 甲以非法手段骗取国有公司的财产，构成诈骗罪

B. 甲具有非法占有公共财物的目的，构成贪污罪

C. 程某协助甲对公司财务人员进行欺骗，构成诈骗罪与贪污罪的想象竞合犯

D. 程某并非国家工作人员，但帮助国家工作人员贪污，构成贪污罪的帮助犯

**甲、乙（户籍地均为 M 省 A 市）共同运营一条登记注册于 A 市的远洋渔船。某次在公海捕鱼时，甲乙二人共谋杀害了与他们素有嫌隙的水手丙。该船回国后首泊于 M 省 B 市港口以作休整，然后再航行至 A 市。从 B 市起航后，在途经 M 省 C 市航行至 A 市过程中，甲因害怕乙投案自首一直将乙捆绑拘禁于船舱。该船于 A 市靠岸后案发。**

**请回答第 86—88 题。**

**86.** 关于本案管辖，下列选项正确的是：

A. 故意杀人案和非法拘禁案应分别由中级法院和基层法院审理

B. A 市和 C 市对非法拘禁案有管辖权

C. B 市中级法院对故意杀人案有管辖权

D. A 市中级法院对故意杀人案有管辖权

**87.** 关于本案强制措施的适用，下列选项正确的是：

A. 拘留甲后，应在送看守所羁押后 24 小时以内通知甲的家属

B. 如有证据证明甲参与了故意杀害丙，应逮捕甲

C. 拘留乙后，应在 24 小时内进行讯问

D. 如乙因捆绑拘禁时间过长致身体极度虚弱而生活无法自理的，可在拘留后转为监视居住

**88.** 本案公安机关开展侦查。关于侦查措施，下列选项正确的是：

A. 讯问甲的过程应当同步录音或录像

B. 可在讯问乙的过程中一并收集乙作为非法拘禁案的被害人的陈述

C. 在该船只上进行犯罪现场勘查时，应邀请见证人在场

D. 可查封该船只进一步收集证据

**甲女与乙男在某社交软件互加好友，手机网络聊天过程中，甲女多次向乙男发送暧昧言语和色情图片，表示可以提供有偿性服务。二人于酒店内见面后因价钱谈不拢而争吵，乙男强行将甲女留在房间内，并采用胁迫手段与其发生性关系。后甲女向公安机关报案，乙男则辩称双方系自愿发生性关系。**

**请回答第 89—90 题。**

**89.** 乙男提供了二人之前的网络聊天记录。关于这一网络聊天记录，下列选项正确的是：

A. 属电子数据的一种

B. 必须随原始的聊天时使用的手机移送才能作为定案的依据

C. 只有经甲女核实认可后才能作为定案的依据

D. 因不具有关联性而不得作为本案定罪量刑的依据

**90.** 本案后起诉至法院，关于本案审理程序，下列选项正确的是：

A. 应当不公开审理

B. 甲女因出庭作证而支出的交通、住宿的费用，法院应给予补助

C. 甲女可向法院提起附带民事诉讼要求乙男赔偿因受侵害而支出的医疗费

D. 公诉人讯问乙男后，甲女可就强奸的犯罪事实向乙男发问

## 参考答案与解析

**1. D**。不真正不作为犯与真正不作为犯一样，作为义务既可以源于法律的明文规定，也可以源于先行行为。A 错误。所有不作为犯的成立均要求行为人具有作为的可能性。B 错误。不真正不作为犯既可能是行为犯，也可能是结果犯。C 错误。危害公共安全罪、侵犯公民人身权利罪、侵犯财产罪中均存在不作为犯，D 正确。

**2. C**。按照刑法因果关系相关理论，当介入异常因素时会导致因果关系中断。乞丐取走王某财物的行为，只是利用了甲重伤王某致其昏迷的客观后果，属于他人的异常行为，其介入已导致甲伤害王某的行为与王某财产损失之间的因果关系被中断，甲无需对王某财产损失负责。A 错误。乙将李某逼至江边，李某跳江死亡，二者之间存在“没有 A 就没有 B”的因果关系。B 错误。负有安全保障义务的交警指挥丙停车不当，已阻断丙不当停车行为与石某撞车身亡之间的因果关系，死亡结果应归于警察。C 正确。丁的敲诈勒索行为导致陈某实施汇款行为，进而造成财产损失，二者之间存在“没有 A 就没有 B”的因果关系。D 错误。

**3. A**。吸毒后产生幻觉，误以为他人追杀自己而伤害他人，属于假想防卫。甲主观上没有伤害他人的故意，应当认定为过失致人重伤罪。A 正确。乙以杀人故意刀砍陆某，构成故意杀人罪，砍杀过程中突发精神病，根据不同刑法学说可分别认定为故意杀人罪未遂和故意杀人罪既遂。B 错误。现有证据足以证明丙已满 15 周岁，根据我国刑法，丙应当对包括爆炸罪在内的 8 种犯罪承担刑事责任，不需

要查明丙的具体出生日期。C错误。丁在14周岁生日当晚已实施完毕故意杀人行为，尽管结果发生时丁已满14周岁，丁也不应当承担故意杀人罪的刑事责任。D错误。

**4. C**。根据刑法通说，违法性认识并不要求行为人准确认识到其行为触犯了刑法哪一个具体罪名。甲醉酒驾驶拖拉机，误以为其行为不构成危险驾驶罪，并不影响追究其危险驾驶罪的刑事责任。甲具有危险驾驶的犯罪故意。C正确。甲未能正确评价自身行为，构成法律认识错误而非事实认识错误。A错误。甲具有违法性认识的可能性，其行为构成故意犯罪。B错误。甲认识水平的局限性并不影响要求其对自身行为负责。D错误。

**5. A**。吴某向甲、乙开枪的行为，如果没有打中任何一个人，则吴某成立对甲和乙的故意杀人罪未遂，但不需要数罪并罚。A正确。如果打中甲致甲死亡，则对甲成立故意杀人罪既遂，对乙成立故意杀人罪未遂，但不需要数罪并罚。B错误。如果吴某一枪致甲死亡、乙重伤，则属于一行为触犯数罪名，构成想象竞合犯，对甲成立故意杀人罪既遂，对乙成立故意杀人罪未遂而非故意伤害罪，以重罪故意杀人罪既遂论处。C错误。如果同时打中甲和乙致两人死亡，则对甲、乙同时构成故意杀人罪既遂，但属于一行为触犯数罪名，构成想象竞合犯，不应数罪并罚。D错误。

**6. D**。对正在进行不法侵害行为的人而采取的制止不法侵害的行为，对不法侵害人造成损害的，属于正当防卫，不负刑事责任。正当防卫应该满足以下五个条件：（1）所针对的必须是不法侵害；（2）必须是在不法侵害正在进行的时候；（3）所针对的必须是不法侵害人；（4）不能超越一定限度；（5）具有防卫意图。为了使国家、公共利益、本人或者他人的人身、财产和其他权利免受正在发生的危险，不得已采取的紧急避险行为，造成损害的，不负刑事责任。紧急避险超过必要限度造成不应有的损害的，应当负刑事责任，但是应当减轻或者免除处罚。任何人均可为保护国家利益实施防卫行为，均可能构成正当防卫，而不限于国家工作人员。A错误。为制止正在进行的不法侵害，使用他人财物反击导致财物被毁坏，如同时造成不法侵害人损失，也可能构成正当防卫。B错误。为摆脱合法抓捕侵入他人住宅，不可能成立紧急避险。只有针对不法侵害或自然灾害等才可能成立紧急避险。C错误。成立紧急避险要求保护的利益大于被损害的利益，为保护个人较大的利益免受正在发生的危险，损害较小的公共利益的，仍然可以成立紧急避险。D正确。

【陷阱提示】本题D很容易被误认为是错误的。因为按照朴素的认识，公共利益高于个人利益，因个人利益损害公共利益是不被允许的。但紧急避险理论主要目的在于从全社会的角度尽量以较小的损失避免较大的损失，在满足其他条件的情况下，为较大的个人利益损害较小的公共利益仍然符合紧急避险的要求，行为人的行为不构成犯罪。

**7. D**。根据共同犯罪理论，共同犯罪人虽然只实施部分行为，但也应当对全部结果承担刑事责任。本案中，甲乙丙构成故意伤害的共同犯罪，无论致命伤是甲还是乙造成，均未超出3人的共同犯罪故意，甲乙丙均应对丁的死亡结果承担刑事责任。因此，甲乙丙均成立故意伤害（致死）罪。同时根据存疑有利于被告的原则，因无法认定具体是甲还是乙所造成，在量刑时推定两人均未直接实施造成丁死亡的行为。因此D正确，ABC错误。

**8. B**。追缴违法所得的主要精神在于，不允许犯罪人从犯罪行为中获利。甲如果赌博赢钱，即使赢的钱已经挥霍掉，也应当责令退赔。但甲输了200万元，就不再需要甲退赔了。A错误。乙挪用公款炒股获利500万元，这些钱全部属于违法所得，无论乙是用于购买房产还是用于其他消费方式，均应予以追缴。B正确。丙向李某行贿，并未直接产生违法所得，可以要求丙支付罚金，但不能要求丙退赔行贿的100万元。C错误。丁与王某共同窃取30万元，两人违法所得总共30万元，因此向两人追缴的总额应为30万元。这与要求两人根据共同犯罪理论对30万元负责并不矛盾。D错误。

**9. B**。《刑法》第37条之一规定："因利用职业便利实施犯罪，或者实施违背职业要求的特定义务的犯罪被判处刑罚的，人民法院可以根据犯罪情况和预防再犯罪的需要，禁止其自刑罚执行完毕之日或者假释之日起从事相关职业，期限为三年至五年。被禁止从事相关职业的人违反人民法院依照前款规定作出的决定的，由公安机关依法给予处罚；情节严重的，依照本法第三百一十三条的规定定罪处罚。其他法律、行政法规对其从事相关职业另有禁止或者限制性规定的，从其规定。"利用职务上的便利实施犯罪的，均属于"利用职业便利"实施犯罪，但并非所有利用职务便利的犯罪人均会被判处职业禁止。A错误。根据《刑法》第37条之一的规定，行为人违反职业禁止决定情节严重的，应被判处拒不执行判决、裁定罪。B正确。职业禁止应自有期徒刑执行完毕后执行。C错误。一般情况下职业禁止的期限为3年至5年，但《刑法》第37条之一第3款规定："其他法律、行政法规对其从事相关职业另有禁止或者限制性规定的，从其规定。"我国现行有20多部法律和有关法律问题的决定对受过刑事处罚人员有从事相关职业的禁止或者限制性规定，包括规定禁止或者限制担任一定公职，禁止或者限制从事特定职业，以及禁止或者限制从事特定活动等。例如，《证券法》第221条第1款规定："违反法律、行政法规或者国务院证券监督管理机构的有关规定，情节严重的，国务院证券监督管理机构可以对有关责任人员采取证券市场禁入的措施。”D 错误。

**10. B**。拘役同样属于“法定最高刑为不满 5 年有期徒刑”，应当适用该规定计算危险驾驶罪的追诉时效，即为 5 年。A 错误。主犯和从犯的法定最高刑不同，根据追诉时效有关规定理应分别计算。B 正确。追诉时效属于刑法规定的内容，按照刑法理论应当适用从旧兼从轻的原则而非从新原则。C 错误。刘某在国外伪造私人印章的行为在我国不构成犯罪，因此其行为不导致追诉时效中断，不应继续追诉刘某故意杀人的罪行。D 错误。

**11. D**。法条竞合，是指一个行为同时符合了数个法条规定的犯罪构成要件，但从数个法条之间的逻辑关系来看，只能适用其中一个法条，当然排除适用其他法条的情况。换言之，法条竞合是指法条之间具有竞合（重合）关系，而不是犯罪的竞合。只有当两个法条之间存在包容关系（如特别关系）或者交叉关系时，才能认定为法条竞合关系。如果两个条文所规定的构成要件处于相互对立或矛盾的关系，则不可能属于法条竞合。例如，规定盗窃罪的条文与规定诈骗罪的条文是一种对立关系，针对一个法益侵害结果而言，某个行为不可能既构成盗窃罪又构成诈骗罪。因此，AB 错误。冒充警察骗取数额较大财物，属于一行为触犯数罪名，构成想象竞合而非法条竞合。C 错误。贪污罪与挪用公款罪是对立关系，不构成法条竞合，若行为人使用公款赌博，不能查明其是否有归还公款的意思，应当根据存疑有利于被告的原则认定为较轻的挪用公款罪。D 正确。

**12. C**。放火罪是指故意放火焚烧公私财物，危害公共安全的行为。以危险方法危害公共安全罪是一个概括性罪名，是故意以放火、决水、爆炸以及投放危险物质以外的并与之相当的危险方法危害公共安全的行为。无论是构成放火罪还是构成以危险方法危害公共安全罪，均要求行为人的行为对不特定多数人的生命健康安全构成了现实危险。本案中，甲在高速公路中间车道点燃一个焰高 20 厘米的火堆，并不足以危害车辆的通行安全，事实上也很快被通行车辆轧灭。因此，甲的行为既不构成放火罪，也不构成以危险方法危害公共安全罪。ABD 错误，C 正确。

**13. C**。破坏交通设施罪，指故意破坏轨道、桥梁、隧道、公路、机场、航道、灯塔、标志或者进行其他破坏活动，足以使火车、汽车、电车、船只、航空器发生倾覆、毁坏危险，足以危害公共安全的行为。破坏交通工具、交通设施、电力设备、燃气设备、易燃易爆设备，造成严重后果的，处 10 年以上有期徒刑、无期徒刑或者死刑。本案中，如果陈某破坏轨道后导致火车出轨致人死亡，将构成破坏交通设施罪的结果加重犯。但陈某在破坏轨道时将螺栓砸飞，击中幼童致其死亡，有很大的意外成分，陈某对幼童的死亡也不存在犯罪故意，因此不构成破坏交通设施罪的结果加重犯，而属于一行为触犯数罪名，构成破坏交通设施罪与过失致人死亡罪的想象竞合犯，应当从一重罪处罚。因此，ABD 错误，C 正确。

**14. D**。骗取贷款罪是指以欺骗手段取得银行或者其他金融机构贷款，给银行或者其他金融机构造成重大损失或者有其他严重情节的行为。违法发放贷款罪是指银行或者其他金融机构的工作人员违反国家规定发放贷款，数额巨大或者造成重大损失的行为。骗取贷款罪与贷款诈骗罪的主要区别在于行为人是否有非法占有目的。本案中，甲使用真实有效的身份证获取贷款，并未采用任何欺骗的手段，因而不构成骗取贷款罪。乙告知甲多借几个身份证可以多贷，并最终导致信用社遭受严重损失，构成违法发放贷款罪。因此，ABC 错误，D 正确。

**15. D**。本案中，甲乙丙有共同犯罪故意，且实施了共同绑架吴某的行为，已构成共同犯罪。但乙和丙误以为绑架吴某的行为系为了索要合法债务，因此乙和丙构成非法拘禁罪而非绑架罪。A 错误。绑架罪的既遂不需要实施勒索财物的行为，只要实际绑架了被绑架人就构成绑架罪的犯罪既遂。因此本案中甲的行为构成绑架罪既遂。甲让乙丙放人的行为也不构成绑架中止。B 错误。吴某回去路上溺水身亡，属于意外事件，吴某死亡与甲绑架之间的因果关系已经中断，甲不构成绑架罪的结果加重犯。C 错误。由于乙和丙构成非法拘禁罪，甲的行为构成绑架罪，因此无论甲的犯罪停止形态如何，由于乙和丙的绑架行为已经完成，只能成立非法拘禁罪的既遂。D 正确。

**16. C**。本案中，贾某离开时，抢劫行为已经完成，其轻踢马某胸口的行为是为了报复而非劫取财物，因此不构成抢劫行为的延续，也不属于事后抢劫和抢劫致人死亡。AB 错误。贾某轻踢马某胸口，没有杀害或者伤害马某的故意，只是由于意外造成马某心脏骤停死亡，因此该行为不构成故意犯罪，应认定为过失致人死亡罪。由于贾某的抢劫行为与轻踢马某的行为相互独立，不属于一行为触犯数罪名的想象竞合犯，而应认定为两个独立的犯罪数罪并罚。C 正确，D 错误。

**17. B**。构成诈骗罪，要求行为人虚构事实或隐瞒真相，使他人陷入错误认识，进而对财物进行处分。由于他人点击链接时没有处分财产的意思，因此不能成立诈骗罪，甲的行为应构成盗窃罪。A 错误。乙虚构可供交易的商品，使他人陷入错误认识，付款给乙，乙的行为构成典型的诈骗罪。B 正确。丙谎称钱某的摩托车是自己的，将其卖给孙某，实质上属于先将钱某的摩托车秘密据为己有，然后出卖给他人，其行为构成盗窃罪而非诈骗罪。C 错误。丁侵入计算机信息系统，窃取刘某存折里的钱，构成盗窃罪而非诈骗罪。D错误。

**18. D**。本案中，甲捡起钱包并未使用暴力或者以暴力相威胁，因此不构成抢劫罪。A错误。甲欺骗乙的行为并未导致乙基于错误认识处分财物，只是其顺利获取乙财物中的一个辅助手段，因此甲不构成诈骗罪。B错误。甲捡起钱包时乙就在旁边，甲非常清楚钱包并非遗忘物，因此甲的行为不构成侵占罪。C错误。甲的行为可能成立盗窃罪或者抢夺罪，这主要看基于哪种学术观点。如果强调盗窃需要秘密窃取，则甲的行为更接近抢夺罪；如果强调抢夺需要改变占有，则甲的行为更接近盗窃。D正确。

**19. C**。帮助毁灭、伪造证据罪，指在诉讼活动中，唆使、协助当事人隐匿、毁灭、伪造证据，情节严重的行为。诬告陷害罪，指捏造事实，作虚假告发，意图陷害他人，使他人受刑事追究的行为。这里的他人，指所有真实存在的人。窝藏、包庇罪，是指明知是犯罪的人而为其提供隐藏处所、财物，帮助其逃匿或者作假证明包庇的行为。本案中，乙将未留有指纹的斧头放到现场冒充凶器，属于帮助伪造证据。甲指使乙实施该行为，但其目的在于帮助自己逃避法律追究，不属于唆使、协助当事人伪造证据，因此不对此承担刑事责任。AB正确。乙捏造事实诬告陷害一个并非真实存在的人，不能成立诬告陷害罪。C错误。乙向公安机关虚假描述凶手相貌的行为，属于作假证明包庇的行为，构成包庇罪。D正确。

**20. D**。本案中，尽管甲没有主动索取财物，但受贿罪的成立本来也不需要主动索取贿赂。至于甲发现包内现金后选择收下的行为是否构成受贿罪需要根据本案的具体情况作细致分析。A错误。间接故意同样可以构成受贿罪。B错误。甲给乙打电话确认，说明甲已经猜测到可能是乙所送，乙也并没有否认，很难认定甲允诺为乙谋取利益与收到20万元之间没有因果关系。C错误。尽管在认定甲行为性质时存在疑难，但乙和丙向甲行贿的行为和主观故意非常清楚，应当认定乙和丙构成行贿罪。D正确。

**21. D**。根据《刑事诉讼法》第19条，A中的犯罪应由检察机关立案侦查，而不是由监狱侦查。故A错误。《刑诉解释》第13条第1款规定："正在服刑的罪犯在判决宣告前还有其他罪没有判决的，由原审地人民法院管辖；由罪犯服刑地或者犯罪地的人民法院审判更为适宜的，可以由罪犯服刑地或者犯罪地的人民法院管辖。"与之相对应，罪犯在监狱内犯罪并被发现判决时所没有发现的罪行，也不是应由监狱一并侦查。故B错误。《刑事诉讼法》第265条第5款规定，在交付执行前，暂予监外执行由交付执行的人民法院决定；在交付执行后，暂予监外执行由监狱或者看守所提出书面意见，报省级以上监狱管理机关或者设区的市一级以上公安机关批准。因此，被判处有期徒刑罪犯的暂予监外执行在交付执行前不是由省级以上监狱管理部门批准，C表述有例外，该项错误。《最高人民法院关于减刑、假释案件审理程序的规定》第1条规定："对减刑、假释案件，应当按照下列情形分别处理：……（三）对被判处有期徒刑和被减为有期徒刑的罪犯的减刑、假释，由罪犯服刑地的中级人民法院在收到执行机关提出的减刑、假释建议书后一个月内作出裁定，案情复杂或者情况特殊的，可以延长一个月……"故D正确。本题的正确答案为D。

**22. D**。《刑事诉讼法》第33条第1款规定，犯罪嫌疑人、被告人除自己行使辩护权以外，还可以委托1至2人作为辩护人。故C错误。《最高人民法院、最高人民检察院、公安部、国家安全部、司法部、全国人大常委会法制工作委员会关于实施刑事诉讼法若干问题的规定》（以下简称《六机关规定》）第4条第2款规定，1名辩护人不得为2名以上的同案犯罪嫌疑人、被告人辩护，不得为2名以上的未同案处理但实施的犯罪存在关联的犯罪嫌疑人、被告人辩护。故B错误。《刑诉解释》第41条规定："审判人员和人民法院其他工作人员从人民法院离任后二年内，不得以律师身份担任辩护人。审判人员和人民法院其他工作人员从人民法院离任后，不得担任原任职法院所审理案件的辩护人，但系被告人的监护人、近亲属的除外。审判人员和人民法院其他工作人员的配偶、子女或者父母不得担任其任职法院所审理案件的辩护人，但系被告人的监护人、近亲属的除外。"故A错误，D正确。本题的正确选项为D。

**23. D**。《关于依法保障律师执业权利的规定》第7条第4款规定，辩护律师可以带1名律师助理协助会见。故A错误。《关于依法保障律师执业权利的规定》第13条规定，看守所应当及时传递辩护律师同犯罪嫌疑人、被告人的往来信件。看守所可以对信件进行必要的检查，但不得截留、复制、删改信件，不得向办案机关提供信件内容，但信件内容涉及危害国家安全、公共安全、严重危害他人人身安全以及涉嫌串供、毁灭证据等情形的除外。故B的表述有例外，该项错误。《关于依法保障律师执业权利的规定》第18条规定，辩护律师申请人民检察院、人民法院收集、调取证据的，人民检察院、人民法院应当在3日以内作出是否同意的决定，并通知辩护律师。辩护律师书面提出有关申请时，办案机关不同意的，应当书面说明理由；辩护律师口头提出申请的，办案机关可以口头答复。故C错误。《关于依法保障律师执业权利的规定》第35条规定，辩护律师作无罪辩护的，可以当庭就量刑问题发表辩护意见，也可以庭后提交量刑辩护意见。故D正确。

**24. C**。《刑事诉讼法》第42条规定，辩护人收集的有关犯罪嫌疑人不在犯罪现场、未达到刑事责任年龄、属于依法不负刑事责任的精神病人的证据，应当及时告知公安机关、人民检察院。故C正确。A的错误在于，应当告知的内容不是被害人而是犯罪嫌疑人属于依法不负刑事责任的精神病人的证据。B不需要告知。D的错误在于，该项不属于未达到刑事责任年龄的证据。

**25. B**。《刑事诉讼法》第121条规定，讯问聋、哑的犯罪嫌疑人，应当有通晓聋、哑手势的人参加，并且将这种情况记明笔录。故A的错误在于，不是“有必要时可通知”，而是应当有通晓聋、哑手势的人参加。《刑事诉讼法》第35条第2款规定，犯罪嫌疑人、被告人是盲、聋、哑人，或者是尚未完全丧失辨认或者控制自己行为能力的精神病人，没有委托辩护人的，人民法院、人民检察院和公安机关应当通知法律援助机构指派律师为其提供辩护。故B正确。《刑诉解释》第225条第2款规定：“辩护人经通知未到庭，被告人同意的，人民法院可以开庭审理，但被告人属于应当提供法律援助情形的除外。”本案的被告人是聋哑人，系应当法律援助的对象，所以C错误。根据《刑事诉讼法》第183条第1款，基层人民法院适用简易程序的案件可以由审判员1人独任审判。《刑事诉讼法》第215条规定：“有下列情形之一的，不适用简易程序：（一）被告人是盲、聋、哑人，或者是尚未完全丧失辨认或者控制自己行为能力的精神病人的；（二）有重大社会影响的；（三）共同犯罪案件中部分被告人不认罪或者对适用简易程序有异议的；（四）其他不宜适用简易程序审理的。”本案属于聋哑人案件，故不能适用简易程序，而独任审判只有在简易程序中才可能适用，因此D错误。本题的正确答案为B。

**26. D**。《刑诉解释》第80条规定：“下列人员不得担任见证人：（一）生理上、精神上有缺陷或者年幼，不具有相应辨别能力或者不能正确表达的人；（二）与案件有利害关系，可能影响案件公正处理的人；（三）行使勘验、检查、搜查、扣押、组织辨认等监察调查、刑事诉讼职权的监察、公安、司法机关的工作人员或者其聘用的人员。对见证人是否属于前款规定的人员，人民法院可以通过相关笔录载明的见证人的姓名、身份证件种类及号码、联系方式以及常住人口信息登记表等材料进行审查。由于客观原因无法由符合条件的人员担任见证人的，应当在笔录材料中注明情况，并对相关活动进行全程录音录像。”故本题中的情形下虽无见证人到场，但有勘验过程全程录像并在笔录中已注明理由，因此不予排除。故D正确。

**27. D**。证明责任是提供证据责任与说服责任的统一。所谓提供证据的责任，即双方当事人在诉讼过程中，应当根据诉讼进行的状态，就主张的事实或者反驳的事实提供证据加以证明。所谓说服责任，即负有证明责任的诉讼当事人应当承担运用证据对案件事实进行说明、论证，使法官形成对案件事实的确信的责任。由此可见，仅仅提出证据并不等于履行了证明责任，还必须尽可能地说服裁判者相信所主张的事实存在或不存在。在我国，证明责任的承担主体首先是控诉机关和负有证明责任的当事人，即公诉案件中的公诉人和自诉案件中的自诉人，只有他们才应依照法定程序承担证明犯罪事实是否发生、被告人有罪、无罪以及犯罪情节轻重的责任，这是证明责任理论中“谁主张，谁举证”的古老法则在刑事诉讼中的直接体现。此外，根据“否认者不负证明责任”的古老法则和现代无罪推定原则的要求，犯罪嫌疑人、被告人不负证明自己无罪的责任。故AB两项错误。从整体上看，刑事诉讼中的证明责任是一个专属于控诉方的概念。但是，在少数持有类的特定案件，如巨额财产来源不明、非法持有枪支等案件中，犯罪嫌疑人、被告人也负有提出证据的责任。故C错误，D正确。

**28. C**。《刑事诉讼法》第71条第1、2款规定：“被取保候审的犯罪嫌疑人、被告人应当遵守以下规定：（一）未经执行机关批准不得离开所居住的市、县；（二）住址、工作单位和联系方式发生变动的，在二十四小时以内向执行机关报告；（三）在传讯的时候及时到案；（四）不得以任何形式干扰证人作证；（五）不得毁灭、伪造证据或者串供。人民法院、人民检察院和公安机关可以根据案件情况，责令被取保候审的犯罪嫌疑人、被告人遵守以下一项或者多项规定：（一）不得进入特定的场所；（二）不得与特定的人员会见或者通信；（三）不得从事特定的活动；（四）将护照等出入境证件、驾驶证件交执行机关保存。”其中，第1款规定了5项法定义务，第2款规定了4项酌定义务。本题中的ABD三项均属于被取保候审人的酌定义务，不当选，C属于被取保候审人的法定义务，当选。

**29. D**。《刑事诉讼法》第210条规定：“自诉案件包括下列案件：（一）告诉才处理的案件；（二）被害人有证据证明的轻微刑事案件；（三）被害人有证据证明对被告人侵犯自己人身、财产权利的行为应当依法追究刑事责任，而公安机关或者人民检察院不予追究被告人刑事责任的案件。”《刑事诉讼法》第101条第1款规定，被害人由于被告人的犯罪行为而遭受物质损失的，在刑事诉讼过程中，有权提起附带民事诉讼。被害人死亡或者丧失行为能力的，被害人的法定代理人、近亲属有权提起附带民事诉讼。本案中，公安局撤销案件属于不予追究刑事责任的处理方式，被害人的近亲属可以向法院提起自诉同时提起附带民事诉讼。故D正确。

**30. A**。《刑诉解释》第105条规定：“辨认笔录具有下列情形之一的，不得作为定案的根据：（一）辨认不是在调查人员、侦查人员主持下进行的；（二）辨认前使辨认人见到辨认对象的；（三）辨认活动没有个别进行的；（四）辨认对象没有混杂在具有类似特征的其他对象中，或者供辨认的对象数量不符合规定的；（五）辨认中给辨认人明显暗示或者明显有指认嫌疑的；（六）违反有关规定，不能确定辨认笔录真实性的其他情形。”故 BC 两项错误。《公安规定》第 260 条规定，辨认时，应当将辨认对象混杂在特征相类似的其他对象中，不得在辨认前向辨认人展示辨认对象及其影像资料，不得给辨认人任何暗示。辨认犯罪嫌疑人时，被辨认的人数不得少于 7 人；对犯罪嫌疑人照片进行辨认的，不得少于 10 人的照片。辨认物品时，混杂的同类物品不得少于 5 件；对物品的照片进行辨认的，不得少于 10 个物品的照片。对场所、尸体等特定辨认对象进行辨认，或者辨认人能够准确描述物品独有特征的，陪衬物不受数量的限制。故 A 正确，D 错误。

**31. D**。《高检规则》第 349 条规定，人民检察院对已经退回监察机关二次补充调查或者退回公安机关二次补充侦查的案件，在审查起诉中又发现新的犯罪事实，应当将线索移送监察机关或者公安机关。对已经查清的犯罪事实，应当依法提起公诉。故 D 正确。

**32. C**。《刑诉解释》第 297 条规定：“审判期间，人民法院发现新的事实，可能影响定罪量刑的，或者需要补查补证的，应当通知人民检察院，由其决定是否补充、变更、追加起诉或者补充侦查。人民检察院不同意或者在指定时间内未回复书面意见的，人民法院应当就起诉指控的事实，依照本解释第二百九十五条的规定作出判决、裁定。”故 C 正确。

**33. D**。《刑事诉讼法》第 214 条规定：“基层人民法院管辖的案件，符合下列条件的，可以适用简易程序审判：（一）案件事实清楚、证据充分的；（二）被告人承认自己所犯罪行，对指控的犯罪事实没有异议的；（三）被告人对适用简易程序没有异议的。人民检察院在提起公诉的时候，可以建议人民法院适用简易程序。”由此可见，检察院提出适用简易程序的建议，不是适用简易程序的必备条件。故 A 错误。《刑诉解释》第 364 条规定：“适用简易程序审理案件，审判长或者独任审判员应当当庭询问被告人对指控的犯罪事实的意见，告知被告人适用简易程序审理的法律规定，确认被告人是否同意适用简易程序。”故 B 错误。《刑诉解释》第 365 条第 1 款规定：“适用简易程序审理案件，可以对庭审作如下简化：（一）公诉人可以摘要宣读起诉书；（二）公诉人、辩护人、审判人员对被告人的讯问、发问可以简化或者省略；（三）对控辩双方无异议的证据，可以仅就证据的名称及所证明的事项作出说明；对控辩双方有异议或者法庭认为有必要调查核实的证据，应当出示，并进行质证；（四）控辩双方对与定罪量刑有关的事实、证据没有异议的，法庭审理可以直接围绕罪名确定和量刑问题进行。”故 C 错误。《刑诉解释》第 367 条第 2 款规定：“适用简易程序审理案件，一般应当当庭宣判。”故 D 正确。

**34. C**。《刑诉解释》第 393 条规定：“下列案件，根据刑事诉讼法第二百三十四条的规定，应当开庭审理：（一）被告人、自诉人及其法定代理人对第一审认定的事实、证据提出异议，可能影响定罪量刑的上诉案件；（二）被告人被判处死刑的上诉案件；（三）人民检察院抗诉的案件；（四）应当开庭审理的其他案件。被判处死刑的被告人没有上诉，同案的其他被告人上诉的案件，第二审人民法院应当开庭审理。”故 A 错误。《刑诉解释》第 401 条规定：“审理被告人或者其法定代理人、辩护人、近亲属提出上诉的案件，不得对被告人的刑罚作出实质不利的改判，并应当执行下列规定：（一）同案审理的案件，只有部分被告人上诉的，既不得加重上诉人的刑罚，也不得加重其他同案被告人的刑罚；（二）原判认定的罪名不当的，可以改变罪名，但不得加重刑罚或者对刑罚执行产生不利影响；（三）原判认定的罪数不当的，可以改变罪数，并调整刑罚，但不得加重决定执行的刑罚或者对刑罚执行产生不利影响；（四）原判对被告人宣告缓刑的，不得撤销缓刑或者延长缓刑考验期；（五）原判没有宣告职业禁止、禁止令的，不得增加宣告；原判宣告职业禁止、禁止令的，不得增加内容、延长期限；（六）原判对被告人判处死刑缓期执行没有限制减刑、决定终身监禁的，不得限制减刑、决定终身监禁；（七）原判判处的刑罚不当、应当适用附加刑而没有适用的，不得直接加重刑罚、适用附加刑。原判判处的刑罚畸轻，必须依法改判的，应当在第二审判决、裁定生效后，依照审判监督程序重新审判。人民检察院抗诉或者自诉人上诉的案件，不受前款规定的限制。”故 C 正确，B 错误。《刑诉解释》第 403 条第 1 款规定：“被告人或者其法定代理人、辩护人、近亲属提出上诉，人民检察院未提出抗诉的案件，第二审人民法院发回重新审判后，除有新的犯罪事实且人民检察院补充起诉的以外，原审人民法院不得加重被告人的刑罚。”故 D 错误。

**35. D**。《刑事诉讼法》第 259 条第 2 款规定：“下列判决和裁定是发生法律效力的判决和裁定：（一）已过法定期限没有上诉、抗诉的判决和裁定；（二）终审的判决和裁定；（三）最高人民法院核准的死刑的判决和高级人民法院核准的死刑缓期二年执行的判决。”据此，对于死刑立即执行的案件，高级法院裁定维持原判，并非意味着判决生效。故 A 错误。《刑诉解释》第 423 条规定：“报请最高人民法院核准死刑的案件，应当按照下列情形分别处理：……（二）中级人民法院判处死刑的第一审案件，被告人上诉或者人民检察院抗诉，高级人民法院裁定维持的，应当在作出裁定后十日以内报请最高人民法院核准……”故B错误。《刑诉解释》第429条规定：“最高人民法院复核死刑案件，应当按照下列情形分别处理：（一）原判认定事实和适用法律正确、量刑适当、诉讼程序合法的，应当裁定核准；（二）原判认定的某一具体事实或者引用的法律条款等存在瑕疵，但判处被告人死刑并无不当的，可以在纠正后作出核准的判决、裁定；（三）原判事实不清、证据不足的，应当裁定不予核准，并撤销原判，发回重新审判；（四）复核期间出现新的影响定罪量刑的事实、证据的，应当裁定不予核准，并撤销原判，发回重新审判；（五）原判认定事实正确、证据充分，但依法不应当判处死刑的，应当裁定不予核准，并撤销原判，发回重新审判；根据案件情况，必要时，也可以依法改判；（六）原审违反法定诉讼程序，可能影响公正审判的，应当裁定不予核准，并撤销原判，发回重新审判。”故C错误，D正确。

**36. B**。《刑事诉讼法》第269条规定，对被判处管制、宣告缓刑、假释或者暂予监外执行的罪犯，依法实行社区矫正，由社区矫正机构负责执行。故A错误，B正确。《刑事诉讼法》第272条规定，没收财产的判决，无论附加适用或者独立适用，都由人民法院执行；在必要的时候，可以会同公安机关执行。故D错误。《刑事诉讼法》第264条第2款规定，对被判处死刑缓期二年执行、无期徒刑、有期徒刑的罪犯，由公安机关依法将该罪犯送交监狱执行刑罚。对被判处有期徒刑的罪犯，在被交付执行刑罚前，剩余刑期在3个月以下的，由看守所代为执行。对被判处拘役的罪犯，由公安机关执行。故C错误。

**37. C**。《刑事诉讼法》第288条规定：“下列公诉案件，犯罪嫌疑人、被告人真诚悔罪，通过向被害人赔偿损失、赔礼道歉等方式获得被害人谅解，被害人自愿和解的，双方当事人可以和解：（一）因民间纠纷引起，涉嫌刑法分则第四章、第五章规定的犯罪案件，可能判处三年有期徒刑以下刑罚的；（二）除渎职犯罪以外的可能判处七年有期徒刑以下刑罚的过失犯罪案件。犯罪嫌疑人、被告人在五年以内曾经故意犯罪的，不适用本章规定的程序。”本题中，A中甲在5年内曾经故意犯罪，不能适用此和解程序。D不是刑法分则第四章、第五章规定的犯罪，不能适用此和解程序。《公安规定》第334条规定：“有下列情形之一的，不属于因民间纠纷引起的犯罪案件：（一）雇凶伤害他人的；（二）涉及黑社会性质组织犯罪的；（三）涉及寻衅滋事的；（四）涉及聚众斗殴的；（五）多次故意伤害他人身体的；（六）其他不宜和解的。”故B不适用此和解程序。《刑诉解释》第589条规定：“被告人的近亲属经被告人同意，可以代为和解。被告人系限制行为能力人的，其法定代理人可以代为和解。被告人的法定代理人、近亲属依照前两款规定代为和解的，和解协议约定的赔礼道歉等事项，应当由被告人本人履行。”故C可适用此和解程序。

**38. A**。《刑诉解释》第635条第2款规定：“审理强制医疗案件，应当会见被申请人，听取被害人及其法定代理人的意见。”故A正确。《刑诉解释》第634条规定：“审理强制医疗案件，应当通知被申请人或者被告人的法定代理人到场；被申请人或者被告人的法定代理人经通知未到场的，可以通知被申请人或者被告人的其他近亲属到场。被申请人或者被告人没有委托诉讼代理人的，应当自受理强制医疗申请或者发现被告人符合强制医疗条件之日起三日以内，通知法律援助机构指派律师担任其诉讼代理人，为其提供法律帮助。”故B错误。《刑诉解释》第636条第2款规定：“被申请人要求出庭，人民法院经审查其身体和精神状态，认为可以出庭的，应当准许。出庭的被申请人，在法庭调查、辩论阶段，可以发表意见。”故C错误。《刑诉解释》第637条规定：“对申请强制医疗的案件，人民法院审理后，应当按照下列情形分别处理：（一）符合刑事诉讼法第三百零二条规定的强制医疗条件的，应当作出对被申请人强制医疗的决定；（二）被申请人属于依法不负刑事责任的精神病人，但不符合强制医疗条件的，应当作出驳回强制医疗申请的决定；被申请人已经造成危害结果的，应当同时责令其家属或者监护人严加看管和医疗；（三）被申请人具有完全或者部分刑事责任能力，依法应当追究刑事责任的，应当作出驳回强制医疗申请的决定，并退回人民检察院依法处理。”故D错误。

**39. B**。《地方各级人民政府机构设置和编制管理条例》第29条规定，地方的事业单位机构和编制管理办法，由省、自治区、直辖市人民政府机构编制管理机关拟定，报国务院机构编制管理机关审核后，由省、自治区、直辖市人民政府发布。故B正确。ACD均为干扰项。

**40. B**。关于行政规范性文件是行政机关对不特定的主体作出的具有反复适用效力的法律文件，最经典的为各类行政立法，也包括行政机关制定发布的具有普遍约束力的决定、命令。非规范性文件是国家机关对特定主体作出的具有一次性效力的法律文件，最经典的是法院的判决书、行政机关的行政处罚决定书。“所列名单中的企业”表明行政相对人的主体特定，不属于行政规范性文件。故A错误。关于具体行政行为，是指国家行政机关及其工作人员针对特定的公民、法人或者其他组织，就特定的具体事项，作出的有关该公民、法人或者其他组织权利义务的单方行为。与之相对，抽象行政行为是针对不特定主体作出的，具有反复适用性。本通知针对的主体特定（附件所列名单中的企业），针对的事项特定（为淘汰落后产能强制企业关闭），因此是针对特定主体和特定事项作出的一次性行政行为，属于具体行政行为。故B正确。关于行政给付是指行政主体在特定情况下，依法向符合条件的申请人提供物质利益或赋予其与物质利益有关的权益的行为。与题目不符。故C错误。行政强制包括行政强制措施与行政强制执行。行政强制措施，是指行政机关在行政管理过程中，为制止违法行为、防止证据损毁、避免危害发生、控制危险扩大等情形，依法对公民的人身自由实施暂时性限制，或者对公民、法人或者其他组织的财物实施暂时性控制的行为。本通告不属于行政强制措施。行政强制执行，是指行政机关或者行政机关申请人民法院，对不履行行政决定的公民、法人或者其他组织，依法强制履行义务的行为。本通告是一种行政决定，是实施强制执行的前提，其本身不属于行政强制执行。故D错误。

**41. C**。根据《治安管理处罚法》第91条规定，公安派出所作为区县一级公安局的派出机构，被授权的范围仅限于警告和500元以下的罚款，无行政拘留处罚权，故A错误。《治安管理处罚法》第100条规定，违反治安管理行为事实清楚，证据确凿，处警告或者200元以下罚款的，可以当场作出治安管理处罚决定。因此，行政拘留不属于当场作出处罚的法定情形，B错误。《治安管理处罚法》第97条第1款规定，公安机关应当向被处罚人宣告治安管理处罚决定书，并当场交付被处罚人；无法当场向被处罚人宣告的，应当在2日内送达被处罚人。决定给予行政拘留处罚的，应当及时通知被处罚人的家属。故C正确。关于行政处罚任何情况下都不得以口头方式作出，即使是当场处罚程序也要出具行政处罚决定书并送达当事人。并且行政拘留作为最严厉的行政处罚措施，必须经过传唤、询问、取证、决定、执行等程序。故D错误。

**42. B**。行政强制措施，是指行政机关在行政管理过程中，为制止违法行为、防止证据损毁、避免危害发生、控制危险扩大等情形，依法对公民的人身自由实施暂时性限制，或者对公民、法人或者其他组织的财物实施暂时性控制的行为。行政强制措施和行政处罚的区别是是否具有临时性、是否具有制裁性。行政强制措施具有临时性、非处罚性、中间性、程序性；行政处罚则具有惩戒性、制裁性、实体性、最终性、结论性，不具有临时性。B中的暂扣行为是为了处罚酒后驾车，已经为实体结论，并且期限为6个月，不具有临时性，不同于行政强制措施里的暂扣，属于《行政处罚法》第9条第3项规定的“暂扣许可证件、降低资质等级、吊销许可证件”的行政处罚。故B正确。A中的“封存”、C中的“扣押”以及D中的将醉酒者约束至酒醒均为典型的行政强制措施。故ACD错误。

**43. B**。《政府信息公开条例》第51条规定，公民、法人或者其他组织认为行政机关在政府信息公开工作中侵犯其合法权益的，可以向上一级行政机关或者政府信息公开工作主管部门投诉、举报，也可以依法申请行政复议或者提起行政诉讼。据此可知，政府信息公开案件不属于复议前置案件，可以直接向法院提起行政诉讼。故A错误。《政府信息公开案件规定》第5条第1款规定，被告拒绝向原告提供政府信息的，应当对拒绝的根据以及履行法定告知和说明理由义务的情况举证。故B正确。《行政诉讼法》第82条规定：“人民法院审理下列第一审行政案件，认为事实清楚、权利义务关系明确、争议不大的，可以适用简易程序：（一）被诉行政行为是依法当场作出的；（二）案件涉及款额二千元以下的；（三）属于政府信息公开案件的。除前款规定以外的第一审行政案件，当事人各方同意适用简易程序的，可以适用简易程序。发回重审、按照审判监督程序再审的案件不适用简易程序。”本案属于政府信息公开案件，可以适用简易程序。故C错误。《政府信息公开案件规定》第8条规定：“政府信息涉及国家秘密、商业秘密、个人隐私的，人民法院应当认定属于不予公开范围。政府信息涉及商业秘密、个人隐私，但权利人同意公开，或者不公开可能对公共利益造成重大影响的，不受前款规定的限制。”公司的经营范围、从业人数、注册资本属于工商登记信息，不属于涉及国家秘密、商业秘密、个人隐私的信息，故D错误。

**44. A**。《行政复议法》第20条第1款规定：“公民、法人或者其他组织认为行政行为侵犯其合法权益的，可以自知道或者应当知道该行政行为之日起六十日内提出行政复议申请；但是法律规定的申请期限超过六十日的除外。”A正确。《行政复议法》第22条第1款规定：“申请人申请行政复议，可以书面申请；书面申请有困难的，也可以口头申请。”《行政复议法实施条例》第18条规定：“申请人书面申请行政复议的，可以采取当面递交、邮寄或者传真等方式提出行政复议申请。有条件的行政复议机构可以接受以电子邮件形式提出的行政复议申请。”故B错误。《行政复议法实施条例》第50条第1款规定：“有下列情形之一的，行政复议机关可以按照自愿、合法的原则进行调解：（一）公民、法人或者其他组织对行政机关行使法律、法规规定的自由裁量权作出的具体行政行为不服申请行政复议的；（二）当事人之间的行政赔偿或者行政补偿纠纷。”行政处罚往往具有裁量幅度，属于行使自由裁量权作出的具体行政行为，可以适用复议调解。故C错误。《行政复议法》第41条规定：“行政复议期间有下列情形之一的，行政复议机关决定终止行政复议：（一）申请人撤回行政复议申请，行政复议机构准予撤回……”D应是“终止”而非“中止”，故而错误。

**45. C**。《行政诉讼法》第26条规定，经复议的案件，复议机关决定维持原行政行为的，作出原行政行为的行政机关和复议机关是共同被告。《行诉法解释》第 134 条第 1 款规定："复议机关决定维持原行政行为的，作出原行政行为的行政机关和复议机关是共同被告。原告只起诉作出原行政行为的行政机关或者复议机关的，人民法院应当告知原告追加被告。原告不同意追加的，人民法院应当将另一机关列为共同被告。"故 A 错误。《行诉法解释》第 134 条第 3 款规定："复议机关作共同被告的案件，以作出原行政行为的行政机关确定案件的级别管辖。"故应以作出原行政行为的机关即区卫健委确定级别管辖，B 错误。《行政诉讼法》第 18 条第 1 款规定："行政案件由最初作出行政行为的行政机关所在地人民法院管辖。经复议的案件，也可以由复议机关所在地人民法院管辖。"区卫健委为最初作出行政行为的行政机关，其所在地法院有管辖权，C 正确。关于既然复议机关为共同被告，就要对复议决定作出判决。《行诉法解释》第 136 条第 1 款规定："人民法院对原行政行为作出判决的同时，应当对复议决定一并作出相应判决。"故 D 错误。

**46. C**。关于司法赔偿采取赔偿义务机关后置原则，在一审法院作出无罪判决时，批准逮捕的检察机关为赔偿义务机关。所以本题赔偿义务机关为检察院，先行执行刑事拘留的县公安局不履行赔偿义务。A 错误。关于赔偿方式、赔偿项目、赔偿数额都可以进行协商。《国家赔偿法》第 13 条第 1 款规定："赔偿义务机关应当自收到申请之日起两个月内，作出是否赔偿的决定。赔偿义务机关作出赔偿决定，应当充分听取赔偿请求人的意见，并可以与赔偿请求人就赔偿方式、赔偿项目和赔偿数额依照本法第四章的规定进行协商。"故 B 错误。关于由于取保候审没有实际羁押李某的人身自由，所以这个时间段不属于国家赔偿的范围。C 正确。《最高人民法院、最高人民检察院关于办理刑事赔偿案件适用法律若干问题的解释》第 21 条第 1 款规定："国家赔偿法第三十三条、第三十四条规定的上年度，是指赔偿义务机关作出赔偿决定时的上一年度；复议机关或者人民法院赔偿委员会改变原赔偿决定，按照新作出决定时的上一年度国家职工平均工资标准计算人身自由赔偿金。"因此，国家赔偿标准应该按照赔偿义务机关作出赔偿决定时的上一年度执行。题中未明确交代赔偿义务机关何时作出赔偿决定，但方某于 2014 年 3 月 2 日才申请国家赔偿，其上一年度至少应是 2013 年，D 所述 2012 年是错误的。

**47. AD**。在刑法条文中，存在很多"暴力"的表述，根据刑法解释理论，在不同语境下应当对暴力作出不同的解释，有的条文中需要进行扩大解释，有的条文中则需要进行限制解释，这并不违反罪刑法定原则。A 正确。构成强制猥亵、侮辱罪，要求以暴力、胁迫或者其他方法强制猥亵他人或者侮辱妇女。这里的"侮辱妇女"，主要是指对妇女实施猥亵行为以外的、损害妇女人格尊严的淫秽下流的、伤风败俗的行为。侮辱罪以败坏他人名誉为目的，必须是公然地针对特定的人实施，而且侵犯的对象不限于妇女、儿童；而强制猥亵、侮辱罪则是出于满足行为人的淫秽下流的欲望，不要求公然地针对特定的人实施，侵犯的对象只限于妇女。二者的区别不仅在于主观，也在于客观。B 错误。当然解释是使刑法条文之间保持协调的解释方法，但仅仅满足当然解释的要求不足以确保符合罪刑法定原则。C 错误。对刑法分则条文的解释，必须同时符合两个要求：一是不能超出刑法用语可能具有的含义，二是必须符合分则条文的目的。D 正确。

**48. CD**。打击错误和对象错误的区别在于：打击错误是指因为打击失误不小心伤害他人，对象错误是指误以为他人为准备伤害的对象而实施伤害。本案中甲的行为属于打击错误而非对象错误。根据法定符合说，对象错误和打击错误均不影响犯罪既遂的成立，根据具体符合说则相反。本案中，根据法定符合说甲的行为成立故意伤害罪既遂，根据具体符合说甲的行为成立故意伤害罪未遂和过失致人重伤罪。AB 错误。偶然防卫是指在客观上加害人正在或即将对被告人或他人的人身进行不法侵害，但被告人主观上没有认识到这一点，出于非法侵害的目的而对加害人使用了武力，客观上起到了人身防卫的效果。本案中甲的行为属于偶然防卫，但这并不影响其行为对于丙构成故意伤害罪未遂。C 正确。乙虽然与甲实施共同犯罪行为，但由于最终未能伤害丙，反而伤害了乙自己，乙的行为并未对其他人造成实际伤害后果，因此无论如何也不可能成立故意伤害罪既遂。D 正确。

**49. BC**。甲实施故意杀人行为，实行行为终了但未造成他人死亡后果，此时甲具备继续施加杀人行为的条件，但甲选择将郝某送去医院，这种情形属于能为而不欲，且最终避免了死亡结果发生，构成犯罪中止而非犯罪未遂。题干中提到的即便不送医郝某也不会死亡，并不影响犯罪中止的认定。A 错误。乙属于欲达目的而不能，由于意志以外原因造成犯罪结果未发生的，构成典型的犯罪未遂。B 正确。丙误以为仿制品系金锭而盗窃，属于对象不能犯的未遂，构成犯罪未遂。C 正确。资助危害国家安全犯罪活动罪系单独罪名，丁的资助行为是否既遂并不依赖于被资助对象是否成功实施危害国家安全犯罪行为。D 错误。

**50. BD**。使用假币罪与诈骗罪属于特别法与一般法的法条竞合关系，甲使用变造货币购买商品的行为构成使用假币罪一罪。A 错误。走私毒品又走私假币分别构成走私毒品罪和走私假币罪，两者不存在竞合或牵连关系，应当数罪并罚。B 正确。丙盗窃军人制服的行为与身穿军人制服招摇撞骗的行为并不具备刑法上的牵连关系，应当数罪并罚。C错误。开设赌场罪的共犯与帮助信息网络犯罪活动罪之间存在不同之处：前者要求行为人有开设赌场的共同故意，后者只要求行为人明知他人从事非法活动仍为其提供互联网接入服务。丁明知黄某在网上开设赌场而仍为其提供帮助，构成开设赌场罪共犯。同时其帮助行为又符合帮助信息网络犯罪活动罪的犯罪构成。丁一行为触犯数罪名，构成想象竞合犯。D正确。

**51. ABC**。死刑、无期徒刑与其他刑罚的数罪并罚，均采取吸收原则，即只要其中一个罪名判处了死刑，就判处死刑，只要其中一个罪名判处了无期徒刑，就判处无期徒刑。主刑与附加刑的数罪并罚采取并科原则，即数罪并罚后附加刑仍需执行。AB正确。《刑法》第69条第2款规定，数罪中有判处有期徒刑和拘役的，执行有期徒刑。数罪中有判处有期徒刑和管制，或者拘役和管制的，有期徒刑、拘役执行完毕后，管制仍须执行。C正确，D错误。

**52. ABCD**。恐怖活动是指以制造社会恐慌、危害公共安全或者胁迫国家机关、国际组织为目的，采取暴力、破坏、恐吓等手段，造成或者意图造成人员伤亡、重大财产损失、公共设施损坏、社会秩序混乱等严重社会危害，以及煽动、资助或者以其他方式协助实施上述活动的行为。《刑法修正案（九）》将资助恐怖组织罪修改为帮助恐怖活动罪：一是将资助恐怖活动培训的行为增加规定为犯罪，与原条文只针对资助直接实施恐怖活动犯罪的组织和个人相比，修改后条文进一步扩大了打击恐怖活动的范围。二是明确对为恐怖活动组织、实施恐怖活动或者恐怖活动培训招募、运送人员的行为，追究刑事责任。这意味着行为人即使没有帮助具体实施恐怖活动的个人，但帮助培训恐怖活动的机构招募、运送人员，同样构成该罪，而不论该培训机构培训的人员是否实施了恐怖活动。AB正确。《刑法修正案（九）》新增准备实施恐怖活动罪，即将为实施恐怖活动准备凶器、危险物品或者其他工具，组织恐怖活动培训或者积极参加恐怖活动培训，为实施恐怖活动与境外恐怖活动组织或者人员联系，以及为实施恐怖活动进行策划或者其他准备等行为明确规定为犯罪。这些行为在修订前可依据共同犯罪理论以预备犯论处，修订后则应直接以本罪论处。根据客观方面表现不同，本罪包含四种类型：准备犯罪工具型；培训型，包括培训者与被培训者；与境外联络型；策划型。本罪属于行为犯，不要求有后果或情节。CD正确。

**53. ACD**。甲生产、销售劣药，对人体健康造成严重危害的，构成生产、销售劣药罪，同时又生产、销售假药，构成生产、销售假药罪，数罪并罚。A正确。乙在饲料中添加瘦肉精，按照有关司法解释和刑法理论已构成生产、销售有毒、有害食品罪。B错误。丙销售不符合安全标准的食品，足以造成严重食物中毒事故，足以构成销售不符合安全标准的食品罪。由于销售金额很小，不构成生产、销售伪劣产品罪。C正确。丁对于香肠中掺有有毒的非食品原料并不知情，主观上没有销售有毒、有害食品罪的犯罪故意，因此仅构成销售不符合安全标准的食品罪。D正确。

**54. AC**。夏某作为未成年人，其对于摘除肾脏的同意不能构成刑法上的正当化事由，即使甲征得其同意并将所卖款项全部交给夏某，也不影响其行为已构成故意伤害罪。A正确。乙出卖自己女儿的行为已经构成贩卖儿童罪，对其行为应以贩卖儿童罪而非遗弃罪追究刑事责任。B错误。吴某挣脱控制后驾车离开发生交通事故，其死亡与丙的非法拘禁行为之间的因果关系已经中断，丙不构成非法拘禁致人死亡。如果吴某为摆脱丙的控制跳车、跳楼导致死亡则因果关系不中断。C正确。强制侮辱罪的客观行为主要是对妇女实施猥亵行为以外的、损害妇女人格尊严的淫秽下流的、伤风败俗的行为。例如，以多次偷剪妇女的发辫、衣服，向妇女身上泼洒腐蚀物、涂抹污物，故意向妇女显露生殖器，追逐、堵截妇女等手段侮辱妇女的行为。丁为寻求刺激追逐、拦截两位女生的行为不属于这一情况，不构成强制侮辱罪，可能构成寻衅滋事罪。D错误。

**55. ABCD**。服务员帮客人拎包，包内的财物并未转移占有，其将手机据为己有的行为属于秘密窃取他人财物，构成盗窃罪。A正确。客人将手机放到收银台附近充电，虽明确拜托服务员乙帮忙照看，但客人此时就在同一场所就餐，可以认定其没有转移占有的意思，乙将手机据为己有的行为属于盗窃罪而非侵占罪。B正确。机场清洁工丙将旅客临时放置的行李据为己有，由于该旅客并未脱离对行李的控制，丙的行为构成秘密窃取他人财物的盗窃罪。C正确。丁骗取他人车钥匙只是窃取他人车辆的手段，并不影响其行为的定性。丁的行为构成盗窃罪。D正确。

**56. CD**。在法律规定的国家考试中，组织作弊，或者为他人实施组织作弊犯罪提供作弊器材或者其他帮助的，均构成组织考试作弊罪。组织作弊，是指组织、指挥、策划进行考试作弊的行为，既包括构成犯罪集团的情况，也包括比较松散的犯罪团伙，还可以是个人组织他人进行作弊的情况；组织者可以是一个人，也可以是多人；可以有比较严密的组织结构，也可以是为了进行一次考试作弊行为临时纠结在一起；既包括组织一个考场内的考生作弊的简单形态，也包括组织大范围的集体作弊的复杂情形。为组织作弊行为提供作弊器材或者其他帮助，原本可以按照刑法总则关于共同犯罪的规定以组织作弊罪的共犯处理，按其在共同犯罪中的地位、作用追究刑事责任。但《刑法修正案（九）》规定，不再将这种帮助行为认定为帮助犯，而认定为组织考试作弊罪的实行犯。需要注意的是，只有为组织作弊行为提供作弊器材或其他帮助行为的才构成组织考试作弊罪，如果只是为他人作弊行为提供上述帮助的，不构成本罪。代替考试罪，是指代替他人或者让他人代替自己参加法律规定的国家考试的行为。本案中，甲和丙均构成代替考试罪，乙不构成组织考试作弊罪。AB错误，CD正确。

**57. ABD**。甲没有贩卖毒品的主观故意，其为江某代购毒品的行为过程中未谋取利益，且其代购的毒品系供江某吸食，因此其行为构成非法持有毒品罪而非贩卖毒品罪。A正确。乙代购毒品过程中收取了"劳务费"，但具体以什么名义谋取利益并不重要，乙的行为实质上属于贩卖毒品获利的行为，乙构成贩卖毒品罪。B正确。丙对于曾某运输500克海洛因的行为并不知情，按照共同犯罪理论和主客观相一致的原则，不能要求丙对曾某运输的500克承担刑事责任。C错误。盗窃毒品又贩卖的行为构成盗窃罪和贩卖毒品罪，应当数罪并罚。D正确。

**58. ABCD**。公立高校普通任课老师不属于国家工作人员，但其受学校委派开展招生工作属于公务活动，甲的行为成立受贿罪。A正确。无论是国有医院还是非国有医院的医生"开单提成"行为，均应按非国家工作人员受贿罪论处。主要理由是医生的处方行为不具有公务的性质。《全国法院审理经济犯罪案件工作座谈会纪要》规定："从事公务，是指代表国家机关、国有公司、企业事业单位、人民团体等履行组织、领导、监督、管理等职责。公务主要表现为与职权相联系的公共事务以及监督、管理国有财产的职务活动。如国家机关工作人员依法履行职责，国有公司的董事、经理、监事、会计、出纳人员等管理、监督国有财产等活动，属于从事公务。那些不具备职权内容的劳务活动、技术服务工作，如售货员、售票员等所从事的工作，一般不认为是公务。"医生的处方行为虽然是一种职务行为，但不具有从事公务的性质，因而不符合受贿罪的主体特征，应当按非国家工作人员受贿罪论处。B正确。村委会主任不属于国家工作人员，其在村集体企业招投标过程中收受贿赂的行为构成非国家工作人员受贿罪。C正确。国有公司临时工不属于国家工作人员，但按照共同犯罪理论其与副总经理构成受贿罪的共同犯罪。D正确。

**【陷阱提示】**区分受贿罪与非国家工作人员受贿罪的关键在于行为人是否具有国家工作人员身份，而认定行为人是否具有国家工作人员身份的关键并不在于行为人的职务，而在于行为人所实施的是否属于公务行为。A中的普通教师从事招生活动属于从事公务，B中的医院副院长开处方的行为不属于从事公务，因此普通教师可以构成受贿罪，医院副院长反而构成非国家工作人员受贿罪。

**59. CD**。县财政局副局长擅离办公室的行为与其他办公室人员操作电炉不当的行为没有因果关系，且防止他人操作电炉也不属于县财政局副局长的工作职责，因此不能认定秦某构成犯罪。A错误。武某作为县卫健委执法监督大队队长，防止他人非法行医是其职责所在，但何某刚刚开始非法行医3天即造成严重后果，无法认定武某严重不负责任，武某不构成玩忽职守罪。B错误。负责建房审批的柳某为他人违规补办建设许可证，属于典型的滥用职权行为，最终造成国家损失，构成滥用职权罪。C正确。郑某作为县里的一把手，擅自允许不符合制度要求的水电工程开工，属于滥用职权行为，造成严重损失，已构成滥用职权罪。D正确。

**60. ABD**。刑事诉讼法具有影响刑事实体法实现的功能。依据刑事诉讼法定和正当程序的理念，刑事实体法需要通过法律程序来实施。然而，刑事诉讼法并非实施刑事实体法的被动的"服务器"，而是在启动或终结实施刑事实体法活动方面扮演着十分积极的角色。比如，依照不告不理原则，如果没有控诉机关或人员起诉，就不能对现实中的犯罪行为适用刑事实体法；当出现了某些法定情形时，就要结束适用刑事实体法的程序，而不能适用刑事实体法；对同一案件，如果选择不同的刑事程序，适用刑事实体法的结果可能会不同。本题的ABD均是刑事诉讼法影响刑法实现的体现，但是，C并未影响刑法的实现。

**61. ABC**。《刑事诉讼法》第14条规定，人民法院、人民检察院和公安机关应当保障犯罪嫌疑人、被告人和其他诉讼参与人依法享有的辩护权和其他诉讼权利。诉讼参与人对于审判人员、检察人员和侦查人员侵犯公民诉讼权利和人身侮辱的行为，有权提出控告。该原则的基本含义是：(1) 诉讼权利是诉讼参与人享有的法定权利，法律予以保护，公安司法机关不得以任何方式加以剥夺。诉讼参与人在诉讼权利受到侵害时，有权采用法律手段依法保护自己的诉讼权利，如控告或请求公安司法机关予以制止，有关机关对于侵犯公民诉讼权利的行为应当认真查处。(2) 公安司法机关有义务保障诉讼参与人充分行使诉讼权利，对于刑事诉讼中妨碍诉讼参与人行使诉讼权利的各种行为，公安司法机关有义务采取措施予以制止。(3) 诉讼参与人在享有诉讼权利的同时，还应当承担法律规定的诉讼义务。公安司法机关有义务保障诉讼参与人的诉讼权利，也有权力要求诉讼参与人履行相应的诉讼义务。故AC两项正确。从《刑事诉讼法》第14条的表述来看，保障诉讼参与人的诉讼权利，核心在于保护犯罪嫌疑人、被告人的辩护权。故B正确。D的错误在于，公诉案件中受犯罪侵害的人没有上诉权。

**62. AC**。《刑诉解释》第88条第2款规定："证人的猜测性、评论性、推断性的证言，不得作为证据使用，但根据一般生活经验判断符合事实的除外。"D属于不符合一般生活经验的推断性的证言，应排除，不当选。直接证据是能够单独、直接证明案件主要事实的证据。也就是说，某一项证据的内容，无需经过推理过程，即可以直观地说明犯罪行为是否犯罪嫌疑人、被告人所实施。故B属于间接证据。凡是来自原始出处，即直接来源于案件事实的证据材料，是原始证据。凡是不直接来源于案件事实，而是从间接的非第一来源获得的证据材料，称为传来证据。故C正确。关联性也称为相关性，是指证据必须与案件事实有客观联系，对证明刑事案件事实具有某种实际意义；反之，与本案无关的事实或材料，都不能成为刑事证据。在理论上，特定的事实行为不具有关联性。例如，关于事件发生后某人实施补救措施的事实，一般情况下不得作为行为人对该事实负有责任的证据加以采用。故A的行为不具有关联性。

**63. ABC**。《刑诉解释》第91条第3款规定："经人民法院通知，证人没有正当理由拒绝出庭或者出庭后拒绝作证，法庭对其证言的真实性无法确认的，该证人证言不得作为定案的根据。"故A当选。《刑事诉讼法》第60条规定，对于经过法庭审理，确认或者不能排除存在本法第56条规定的以非法方法收集证据情形的，对有关证据应当予以排除。故B当选。《刑诉解释》第75条第1款规定："行政机关在行政执法和查办案件过程中收集的物证、书证、视听资料、电子数据等证据材料，经法庭查证属实，且收集程序符合有关法律、行政法规规定的，可以作为定案的根据。"询问笔录属于涉案人员的供述，不属于上述几个证据种类，不能作为刑事证据适用。故C当选。《刑诉解释》第90条规定："证人证言的收集程序、方式有下列瑕疵，经补正或者作出合理解释的，可以采用；不能补正或者作出合理解释的，不得作为定案的根据：（一）询问笔录没有填写询问人、记录人、法定代理人姓名以及询问的起止时间、地点的；（二）询问地点不符合规定的；（三）询问笔录没有记录告知证人有关权利义务和法律责任的；（四）询问笔录反映出在同一时段，同一询问人员询问不同证人的；（五）询问未成年人，其法定代理人或者合适成年人不在场的。"《刑诉解释》第92条规定："对被害人陈述的审查与认定，参照适用本节的有关规定。"故D不当选。

**64. AB**。《刑诉解释》第72条规定："应当运用证据证明的案件事实包括：（一）被告人、被害人的身份；（二）被指控的犯罪是否存在；（三）被指控的犯罪是否为被告人所实施；（四）被告人有无刑事责任能力，有无罪过，实施犯罪的动机、目的；（五）实施犯罪的时间、地点、手段、后果以及案件起因等；（六）是否系共同犯罪或者犯罪事实存在关联，以及被告人在犯罪中的地位、作用；（七）被告人有无从重、从轻、减轻、免除处罚情节；（八）有关涉案财物处理的事实；（九）有关附带民事诉讼的事实；（十）有关管辖、回避、延期审理等的程序事实；（十一）与定罪量刑有关的其他事实。认定被告人有罪和对被告人从重处罚，适用证据确实、充分的证明标准。"故本题的AB均属于证明对象，当选。C属于证据事实，不是证明对象，故不当选。《高检规则》第401条规定："在法庭审理中，下列事实不必提出证据进行证明：（一）为一般人共同知晓的常识性事实；（二）人民法院生效裁判所确认并且未依审判监督程序重新审理的事实；（三）法律、法规的内容以及适用等属于审判人员履行职务所应当知晓的事实；（四）在法庭审理中不存在异议的程序事实；（五）法律规定的推定事实；（六）自然规律或者定律。"本题的D属于上述第4项规定的免证事项，不当选。

**65. BD**。《刑诉解释》第169条规定："被逮捕的被告人具有下列情形之一的，人民法院可以变更强制措施：（一）患有严重疾病、生活不能自理的；（二）怀孕或者正在哺乳自己婴儿的；（三）系生活不能自理的人的唯一扶养人。"《刑诉解释》第170条规定："被逮捕的被告人具有下列情形之一的，人民法院应当立即释放；必要时，可以依法变更强制措施：（一）第一审人民法院判决被告人无罪、不负刑事责任或者免予刑事处罚的；（二）第一审人民法院判处管制、宣告缓刑、单独适用附加刑，判决尚未发生法律效力的；（三）被告人被羁押的时间已到第一审人民法院对其判处的刑期期限的；（四）案件不能在法律规定的期限内审结的。"故BD两项当选。

**66. ACD**。《刑诉解释》第175条第1款规定："被害人因人身权利受到犯罪侵犯或者财物被犯罪分子毁坏而遭受物质损失的，有权在刑事诉讼过程中提起附带民事诉讼；被害人死亡或者丧失行为能力的，其法定代理人、近亲属有权提起附带民事诉讼。"《刑事诉讼法》第108条第6项规定，"近亲属"是指夫、妻、父、母、子、女、同胞兄弟姊妹。故A正确。C属于可得利益，不能提起附带民事诉讼。C正确。《刑诉解释》第181条第1款规定："被害人或者其法定代理人、近亲属仅对部分共同侵害人提起附带民事诉讼的，人民法院应当告知其可以对其他共同侵害人，包括没有被追究刑事责任的共同侵害人，一并提起附带民事诉讼，但共同犯罪案件中同案犯在逃的除外。"故B错误。《刑诉解释》第180条第2款规定："附带民事诉讼被告人的亲友自愿代为赔偿的，可以准许。"《刑诉解释》第194条规定："审理刑事附带民事诉讼案件，人民法院应当结合被告人赔偿被害人物质损失的情况认定其悔罪表现，并在量刑时予以考虑。"故D正确。

**67. BC**。《公安规定》第174条第2款规定，调查核实过程中，公安机关可以依照有关法律和规定采取询问、查询、勘验、鉴定和调取证据材料等不限制被调查对象人身、财产权利的措施。但是，不得对被调查对象采取强制措施，不得查封、扣押、冻结被调查对象的财产，不得采取技术侦查措施。故本题 BC 正确。A 属于技术侦查，AD 均在立案后的侦查阶段才能采用。

**68. BD**。《刑事诉讼法》第 238 条规定："第二审人民法院发现第一审人民法院的审理有下列违反法律规定的诉讼程序的情形之一的，应当裁定撤销原判，发回原审人民法院重新审判：（一）违反本法有关公开审判的规定的；（二）违反回避制度的；（三）剥夺或者限制了当事人的法定诉讼权利，可能影响公正审判的；（四）审判组织的组成不合法的；（五）其他违反法律规定的诉讼程序，可能影响公正审判的。"本题的 BD 分别属于以上（四）、（一）两项情形，所以当选。《刑事诉讼法》第 219 条规定，适用简易程序审理案件，不受本章第一节关于送达期限、讯问被告人、询问证人、鉴定人、出示证据、法庭辩论程序规定的限制。但在判决宣告前应当听取被告人的最后陈述意见。本案适用简易程序，故 A 不违反法定程序，不当选。《刑诉解释》第 365 条第 1 款规定："适用简易程序审理案件，可以对庭审作如下简化：（一）公诉人可以摘要宣读起诉书；（二）公诉人、辩护人、审判人员对被告人的讯问、发问可以简化或者省略；（三）对控辩双方无异议的证据，可以仅就证据的名称及所证明的事项作出说明；对控辩双方有异议或者法庭认为有必要调查核实的证据，应当出示，并进行质证；（四）控辩双方对与定罪量刑有关的事实、证据没有异议的，法庭审理可以直接围绕罪名确定和量刑问题进行。"故 C 也未违反法定程序，不当选。

**69. ABC**。《高检规则》第 475 条规定："人民检察院对于被附条件不起诉的未成年犯罪嫌疑人，应当监督考察其是否遵守下列规定：（一）遵守法律法规，服从监督；（二）按照规定报告自己的活动情况；（三）离开所居住的市、县或者迁居，应当报经批准；（四）按照要求接受矫治和教育。"《高检规则》第 476 条规定："人民检察院可以要求被附条件不起诉的未成年犯罪嫌疑人接受下列矫治和教育：（一）完成戒瘾治疗、心理辅导或者其他适当的处遇措施；（二）向社区或者公益团体提供公益劳动；（三）不得进入特定场所，与特定的人员会见或者通信，从事特定的活动；（四）向被害人赔偿损失、赔礼道歉等；（五）接受相关教育；（六）遵守其他保护被害人安全以及预防再犯的禁止性规定。"故本题的正确答案为 ABC 三项，D 的错误在于，不是"不得离开所居住的县"，而是"离开所居住的市、县或者迁居，应当报经考察机关批准"。

**70. BC**。《公务员法》第 44 条规定："公务员因工作需要在机关外兼职，应当经有关机关批准，并不得领取兼职报酬。"兼职须是为了工作需要，故 A 错误，BC 正确。D 缺乏法律依据。

**71. BCD**。《规章制定程序条例》第 13 条第 3 款规定，年度规章制定工作计划在执行中，可以根据实际情况予以调整，对拟增加的规章项目应当进行补充论证。故 A 错误。《规章制定程序条例》第 15 条规定，起草规章，应当深入调查研究，总结实践经验，广泛听取有关机关、组织和公民的意见。听取意见可以采取书面征求意见、座谈会、论证会、听证会等多种形式。故 B 正确。《规章制定程序条例》第 18 条第 3 款规定，规章送审稿的说明应当对制定规章的必要性、规定的主要措施、有关方面的意见及其协调处理情况等作出说明。故 C 正确。《规章制定程序条例》第 20 条规定："规章送审稿有下列情形之一的，法制机构可以缓办或者退回起草单位：（一）制定规章的基本条件尚不成熟或者发生重大变化的；（二）有关机构或者部门对规章送审稿规定的主要制度存在较大争议，起草单位未与有关机构或者部门充分协商的；（三）未按照本条例有关规定公开征求意见的；（四）上报送审稿不符合本条例第十八条规定的。"故 D 正确。

**72. CD**。《行政许可法》第 12 条规定："下列事项可以设定行政许可：……（三）提供公众服务并且直接关系公共利益的职业、行业，需要确定具备特殊信誉、特殊条件或者特殊技能等资格、资质的事项；（四）直接关系公共安全、人身健康、生命财产安全的重要设备、设施、产品、物品，需要按照技术标准、技术规范，通过检验、检测、检疫等方式进行审定的事项……"执业医师资格属于该条第 3 项规定的"需要确定具备特殊信誉、特殊条件或者特殊技能等资格、资质的事项"，实践中由卫生行政部门组织资格考试来赋予公民特定资格，属于资格认可类的许可。A 中"直接关系人身健康，需按照技术规范通过检验、检测确定"的许可，属于该条第 4 项内容，针对的是设备、设施、产品、物品的检验检疫，属于对物的核准类许可，而非针对人的资格认可。故 A 错误。《行政许可法》第 16 条第 3 款规定，规章可以在上位法设定的行政许可事项范围内，对实施该行政许可作出具体规定。故 B 错误。《行政许可法》第 54 条规定："实施本法第十二条第三项所列事项的行政许可，赋予公民特定资格，依法应当举行国家考试的，行政机关根据考试成绩和其他法定条件作出行政许可决定；赋予法人或者其他组织特定的资格、资质的，行政机关根据申请人的专业人员构成、技术条件、经营业绩和管理水平等的考核结果作出行政许可决定。但是，法律、行政法规另有规定的，依照其规定。公民特定资格的考试依法由行政机关或者行业组织实施，公开举行。行政机关或者行业组织应当事先公布资格考试的报名条件、报考办法、考试科目以及考试大纲。

但是，不得组织强制性的资格考试的考前培训，不得指定教材或者其他助考材料。”故CD正确。

【陷阱提示】A如果不仔细审题，很容易误答。不要一看到“医师资格”和选项中的“直接关系人身健康”相符合就作出判断。观察该项后半句“需按照技术规范通过检验、检测确定申请人条件的许可”，“技术规范”“检验、检测”显然是针对“物”的，适用于对物的核准类许可，与确定申请人条件的资格认可不相关。这一点通过《行政许可法》第54、55条规定也可判定。

**73. ABC**。《行政许可法》第15条第2款规定：“地方性法规和省、自治区、直辖市人民政府规章，不得设定应当由国家统一确定的公民、法人或者其他组织的资格、资质的行政许可；不得设定企业或者其他组织的设立登记及其前置性行政许可。其设定的行政许可，不得限制其他地区的个人或者企业到本地区从事生产经营和提供服务，不得限制其他地区的商品进入本地区市场。”故AB当选。《行政许可法》第14条第2款规定：“必要时，国务院可以采用发布决定的方式设定行政许可。实施后，除临时性行政许可事项外，国务院应当及时提请全国人民代表大会及其常务委员会制定法律，或者自行制定行政法规。”可见，国务院可以采用发布决定的方式设定临时性行政许可，而国务院部门无此职权。故C当选。《行政许可法》第21条规定：“省、自治区、直辖市人民政府对行政法规设定的有关经济事务的行政许可，根据本行政区域经济和社会发展情况，认为通过本法第十三条所列方式能够解决的，报国务院批准后，可以在本行政区域内停止实施该行政许可。”故D不当选。

**74. ABC**。《行政处罚法》第18条规定：“国家在城市管理、市场监管、生态环境、文化市场、交通运输、应急管理、农业等领域推行建立综合行政执法制度，相对集中行政处罚权。国务院或者省、自治区、直辖市人民政府可以决定一个行政机关行使有关行政机关的行政处罚权。限制人身自由的行政处罚权只能由公安机关和法律规定的其他机关行使。”故AC正确。《行政许可法》第25条规定：“经国务院批准，省、自治区、直辖市人民政府根据精简、统一、效能的原则，可以决定一个行政机关行使有关行政机关的行政许可权。”故B正确。这里没有作出例外规定，D错误。

**75. ABD**。《行政处罚法》第9条规定：“行政处罚的种类：(一)警告、通报批评；(二)罚款、没收违法所得、没收非法财物；(三)暂扣许可证件、降低资质等级、吊销许可证件；(四)限制开展生产经营活动、责令停产停业、责令关闭、限制从业；(五)行政拘留；(六)法律、行政法规规定的其他行政处罚。”《行政处罚法》第28条第1款规定：“行政机关实施行政处罚时，应当责令当事人改正或者限期改正违法行为。”故只有C属于行政处罚。BD属于强制措施。《行政强制法》第9条规定：“行政强制措施的种类：(一)限制公民人身自由；(二)查封场所、设施或者财物；(三)扣押财物；(四)冻结存款、汇款；(五)其他行政强制措施。”A属于行政强制措施。

**76. AC**。《行政强制法》第24条第1款规定：“行政机关决定实施查封、扣押的，应当履行本法第十八条规定的程序，制作并当场交付查封、扣押决定书和清单。”故A正确。关于法律对行政强制措施未规定听证程序。故B错误。《行政强制法》第26条第1款规定，对查封、扣押的场所、设施或者财物，行政机关应当妥善保管，不得使用或者损毁；造成损失的，应当承担赔偿责任。故C正确。《行政强制法》第8条第1款规定，公民、法人或者其他组织对行政机关实施行政强制，享有陈述权、申辩权；有权依法申请行政复议或者提起行政诉讼；因行政机关违法实施行政强制受到损害的，有权依法要求赔偿。《行政诉讼法》第12条第1款第2项规定，对限制人身自由或者对财产的查封、扣押、冻结等行政强制措施和行政强制执行不服的，属于行政诉讼的受案范围。故D错误。

**77. BCD**。《行政诉讼法》第12条规定：“人民法院受理公民、法人或者其他组织提起的下列诉讼：……(十一)认为行政机关不依法履行、未按照约定履行或者违法变更、解除政府特许经营协议、土地房屋征收补偿协议等协议的……”故A不当选。《行政诉讼法》第13条规定：“人民法院不受理公民、法人或者其他组织对下列事项提起的诉讼：……(三)行政机关对行政机关工作人员的奖惩、任免等决定……”故B当选。《行政诉讼法》第2条规定：“公民、法人或者其他组织认为行政机关和行政机关工作人员的行政行为侵犯其合法权益，有权依照本法向人民法院提起诉讼。前款所称行政行为，包括法律、法规、规章授权的组织作出的行政行为。”行政诉讼属于“民告官”的案件，而C属于“官告民”，目前中国不存在这类行政诉讼。故C当选。《行政诉讼法》第13条规定：“人民法院不受理公民、法人或者其他组织对下列事项提起的诉讼：……(二)行政法规、规章或者行政机关制定、发布的具有普遍约束力的决定、命令……”D属于抽象行政行为，不能直接提起行政诉讼。故D当选。

**78. AC**。《行政诉讼法》第83条规定：“适用简易程序审理的行政案件，由审判员一人独任审理，并应当在立案之日起四十五日内审结。”故A正确，B错误。《行政诉讼法》第84条规定：“人民法院在审理过程中，发现案件不宜适用简易程序的，裁定转为普通程序。”故C正确。《行政诉讼法》第85条规定，当事人不服人民法院第一审判决的，有权在判决书送达之日起 15 日内向上一级人民法院提起上诉。当事人不服人民法院第一审裁定的，有权在裁定书送达之日起 10 日内向上一级人民法院提起上诉。据此，简易程序适用于第一审行政案件，对其判决不服，可以提出上诉。故 D 错误。

**79. AB**。《行诉法解释》第 137 条规定："公民、法人或者其他组织请求一并审理行政诉讼法第六十一条规定的相关民事争议，应当在第一审开庭审理前提出；有正当理由的，也可以在法庭调查中提出。"《行诉法解释》第 139 条第 2 款规定："对不予准许的决定可以申请复议一次。"故 AB 正确。《行诉法解释》第 140 条规定："人民法院在行政诉讼中一并审理相关民事争议的，民事争议应当单独立案，由同一审判组织审理。人民法院审理行政机关对民事争议所作裁决的案件，一并审理民事争议的，不另行立案。"本案属于行政机关对民事争议所作裁决的案件，因此不单独立案，由同一审判组织审理。故 CD 错误。

**80. D**。《最高人民法院关于审理交通肇事刑事案件具体应用法律若干问题的解释》（以下简称《解释》）第 5 条规定，"因逃逸致人死亡"，是指行为人在交通肇事后为逃避法律追究而逃跑，致使被害人因得不到救助而死亡的情形。本案中乙之所以离开事故现场是因为丙下车查看情况后对其谎称自己会留在现场打电话叫救护车，并非为了逃避法律追究而逃跑，因此不应认定为"因逃逸致人死亡"。AB 错误。《解释》第 2 条第 2 款规定："交通肇事致一人以上重伤，负事故全部或者主要责任，并具有下列情形之一的，以交通肇事罪定罪处罚：……（二）无驾驶资格驾驶机动车辆的……"乙未取得驾驶资格，将过马路的刘某撞成重伤，已构成交通肇事罪。丙作为乘车人指使乙逃逸，根据前述解释规定已构成交通肇事罪的共同犯罪，但丙杀害刘某的行为已超出乙的主观故意范围，属于共同犯罪实行过限，乙不需要对刘某的死亡结果负责。C 错误。《解释》第 6 条规定："行为人在交通肇事后为逃避法律追究，将被害人带离事故现场后隐藏或者遗弃，致使被害人无法得到救助而死亡或者严重残疾的，应当分别依照刑法第二百三十二条、第二百三十四条第二款的规定，以故意杀人罪或者故意伤害罪定罪处罚。"丙将刘某藏匿在草丛中离开，刘某因错过抢救时机而身亡，丙的行为构成故意杀人罪。D 正确。

**81. ABC**。伪证罪是指在刑事诉讼中，证人、鉴定人、记录人和翻译人对与案件有重要关系的情节，故意作虚假证明、鉴定、记录、翻译，意图陷害他人或者隐匿罪证的行为。包庇罪，是指明知是犯罪的人而为其作假证明包庇，使其逃脱法律的制裁。行为人完全可能同时构成上述两罪，如证人作假证明的行为就可能构成伪证罪和包庇罪的想象竞合犯。A 错误。妨害司法罪，是指违反法律规定，使用各种方法妨害国家司法机关正常诉讼活动，破坏国家司法权的行使，情节严重的行为。甲作为证人，故意隐瞒将车借给没有驾照的乙使用的事实，已经妨害了司法机关正常的诉讼活动，构成伪证罪。B 错误。乙出于直接故意，明知自己犯法但为逃避法律追究仍积极实施妨害作证行为。《刑法》第 307 条第 1 款规定："以暴力、威胁、贿买等方法阻止证人作证或者指使他人作伪证的，处三年以下有期徒刑或者拘役；情节严重的，处三年以上七年以下有期徒刑。"因此乙唆使他人陈述虚假事实，包庇犯罪行为，构成妨害作证罪，不构成教唆犯。C 错误。丁对肇事者乙的犯罪行为、后果以及其包庇乙将导致交管部门无法查明事实真相的后果都是明知，因此，丁行为符合包庇罪的法定构成要件，构成包庇罪。D 正确。

**82. AD**。根据《刑法》第 198 条，保险诈骗罪是指以非法获取保险金为目的，违反保险法规，采用虚构保险标的、保险事故、对发生的保险事故编造虚假的原因或者制造保险事故等方法，向保险公司骗取保险金，数额较大的行为。甲的行为已经构成本罪。A 正确。保险诈骗罪与诈骗罪是特别法与一般法的法条竞合关系，甲的行为不再另行构成诈骗罪。B 错误。陈某和甲构成共同犯罪，根据"部分行为全部责任"的共同犯罪理论，陈某是否从保险赔偿中获取利益并不影响对其行为的定性。根据有关司法解释，认定其行为构成保险诈骗罪还是职务侵占罪的关键在于谁在共同犯罪中具有关键地位。本案中，甲显然在共同犯罪中占主导地位，因此应当认定甲与陈某构成保险诈骗罪的共同犯罪。C 错误，D 正确。

**83. C**。挪用公款罪与贪污罪的主要区别在于行为人是否有非法占有目的。在司法实践中，司法机关认定行为是否构成贪污犯罪主要看账目是否被虚假平账，如果行为人有虚假平账行为，则一般可以证明行为人对于公共财物的目的是永久占有而非暂时使用。《全国法院审理经济犯罪案件工作座谈会纪要》对挪用公款转化为贪污的认定标准及四种具体情形作了规定：挪用公款罪与贪污罪的主要区别在于行为人主观上是否具有非法占有公款的目的；挪用公款是否转化为贪污，应当按照主客观相一致的原则，具体判断和认定行为人主观上是否具有非法占有公款的目的。在司法实践中，具有以下情形之一的，可以认定行为人具有非法占有公款的目的：（1）《最高人民法院关于审理挪用公款案件具体应用法律若干问题的解释》第 6 条规定，行为人"携带挪用的公款潜逃的"，对其携带挪用的公款部分，以贪污罪定罪处罚。（2）行为人挪用公款后采取虚假发票平账、销毁有关账目等手段，使所挪用的公款已难以在单位财务账目上反映出来，且没有归还行为的，应当以贪污罪定罪处罚。（3）行为人截取单位收入不入账，非法占有，使所占有的公款难以在单位财务账目上反映出来，且没有归还行为的，应当以贪污罪定罪处罚。(4) 有证据证明行为人有能力归还所挪用的公款而拒不归还，并隐瞒挪用的公款去向的，应当以贪污罪定罪处罚。如果行为人利用职务之便挪用公款后，又用虚假发票平账且没有归还公款，在无相反证据、事实的情况下，通常足以推定行为人具有非法占有公款的目的，其挪用公款的行为就应转化为贪污犯罪。本案中，甲将商品房过户的行为虽然属于挪用行为，但由于尚未超过3个月，依法并不构成挪用公款罪。因为其在公司财务账目上记下自己欠公司600万元，足以说明其行为当时没有永久占有公司财物的目的。但事后甲实施了平账行为，可以推定其主观心态发生了变化，其行为已转化为贪污罪。C正确，ABD错误。

**84. A**。串通投标罪是指投标者相互串通投标报价，损害招标人或者其他投标人利益，或者投标者与招标者串通投标，损害国家、集体、公民的合法权益，情节严重的行为。本案中，甲与程某串通投标，属于投标者与招标者串通投标，但并未损害国家、集体、公民的合法权益，且不属于情节严重，因此不构成串通投标罪。A正确。甲教唆程某与他人串通投标，同时对整个投标行为进行了具体安排，构成串通投标罪的实行犯而非教唆犯。B错误。程某向甲赠送仿制古董的行为，因仿制古董价值未达到行贿罪起刑点，不构成犯罪。C错误。甲有受贿的主观故意，实施了受贿行为，但客观上收受的贿赂价值未达到受贿罪起刑点，甲的行为不构成受贿罪。D错误。

**85. ABCD**。甲因公务垫付费用5万元，由于票据超期无法报销，甲实际为公司支出了5万元。甲虽指使程某虚构劳务合同并虚开发票，但其主观上并没有非法占有公共财物的非法目的，既不构成贪污罪也不构成诈骗罪。AB错误。程某协助甲实施欺骗行为，由于甲不构成犯罪，程某自然也不能构成贪污罪的帮助犯，不再另外成立诈骗罪。因此CD错误。

**86. BC**。《刑诉解释》第15条规定："一人犯数罪、共同犯罪或者其他需要并案审理的案件，其中一人或者一罪属于上级人民法院管辖的，全案由上级人民法院管辖。"A中故意杀人案和非法拘禁案均由中级法院审理，该项错误。《刑事诉讼法》第25条规定，刑事案件由犯罪地的人民法院管辖。如果由被告人居住地的人民法院审判更为适宜的，可以由被告人居住地的人民法院管辖。非法拘禁属于持续犯，其所经过的地方均是犯罪地，因此，B正确。《刑诉解释》第7条规定："在中华人民共和国领域外的中国船舶内的犯罪，由该船舶最初停泊的中国口岸所在地或者被告人登陆地、入境地的人民法院管辖。"故C正确，D错误。

**87. BCD**。《刑事诉讼法》第85条规定，公安机关拘留人的时候，必须出示拘留证。拘留后，应当立即将被拘留人送看守所羁押，至迟不得超过24小时。除无法通知或者涉嫌危害国家安全犯罪、恐怖活动犯罪通知可能有碍侦查的情形以外，应当在拘留后24小时以内，通知被拘留人的家属。有碍侦查的情形消失以后，应当立即通知被拘留人的家属。《刑事诉讼法》第86条规定，公安机关对被拘留的人，应当在拘留后的24小时以内进行讯问。在发现不应当拘留的时候，必须立即释放，发给释放证明。故A错误，C正确。《刑事诉讼法》第81条第3款规定，对有证据证明有犯罪事实，可能判处10年有期徒刑以上刑罚的，或者有证据证明有犯罪事实，可能判处徒刑以上刑罚，曾经故意犯罪或者身份不明的，应当予以逮捕。故B正确。《刑事诉讼法》第74条第1款规定："人民法院、人民检察院和公安机关对符合逮捕条件，有下列情形之一的犯罪嫌疑人、被告人，可以监视居住：(一) 患有严重疾病、生活不能自理的；(二) 怀孕或者正在哺乳自己婴儿的妇女；(三) 系生活不能自理的人的唯一扶养人；(四) 因为案件的特殊情况或者办理案件的需要，采取监视居住措施更为适宜的；(五) 羁押期限届满，案件尚未办结，需要采取监视居住措施的。"故D正确。

**88. ACD**。《公安规定》第208条规定，讯问犯罪嫌疑人，在文字记录的同时，可以对讯问过程进行录音录像。对于可能判处无期徒刑、死刑的案件或者其他重大犯罪案件，应当对讯问过程进行录音录像。前款规定的"可能判处无期徒刑、死刑的案件"，是指应当适用的法定刑或者量刑档次包含无期徒刑、死刑的案件。"其他重大犯罪案件"，是指致人重伤、死亡的严重危害公共安全犯罪、严重侵犯公民人身权利犯罪，以及黑社会性质组织犯罪、严重毒品犯罪等重大故意犯罪案件。故A正确。因为讯问犯罪嫌疑人和询问被害人的程序有差异，所以，不得在讯问乙的过程中一并收集乙作为非法拘禁案的被害人的陈述。故B错误。《公安规定》第216条规定，勘查现场，应当拍摄现场照片、绘制现场图，制作笔录，由参加勘查的人和见证人签名。对重大案件的现场勘查，应当录音录像。故C正确。《公安规定》第228条规定，在侦查过程中需要扣押财物、文件的，应当经办案部门负责人批准，制作扣押决定书；在现场勘查或者搜查中需要扣押财物、文件的，由现场指挥人员决定；但扣押财物、文件价值较高或者可能严重影响正常生产经营的，应当经县级以上公安机关负责人批准，制作扣押决定书。在侦查过程中需要查封土地、房屋等不动产，或者船舶、航空器以及其他不宜移动的大型机器、设备等特定动产的，应当经县级以上公安机关负责人批准并制作查封决定书。故D正确。

**89. A**。《刑事案件电子数据规定》第1条规定："电子数据是案件发生过程中形成的，以数字化形式存储、处理、传输的，能够证明案件事实的数据。电子数据包括但不限于下列信息、电子文件：(一) 网页、博客、微博客、朋友圈、贴吧、网盘等网络平台发布的信息；(二) 手机短信、电子邮件、即时通信、通讯群组等网络应用服务的通信信息；(三) 用户注册信息、身份认证信息、电子交易记录、通信记录、登录日志等信息；(四) 文档、图片、音视频、数字证书、计算机程序等电子文件。以数字化形式记载的证人证言、被害人陈述以及犯罪嫌疑人、被告人供述和辩解等证据，不属于电子数据。确有必要的，对相关证据的收集、提取、移送、审查，可以参照适用本规定。”故 A 正确。《刑事案件电子数据规定》第 9 条规定：“具有下列情形之一，无法扣押原始存储介质的，可以提取电子数据，但应当在笔录中注明不能扣押原始存储介质的原因、原始存储介质的存放地点或者电子数据的来源等情况，并计算电子数据的完整性校验值：(一) 原始存储介质不便封存的；(二) 提取计算机内存数据、网络传输数据等不是存储在存储介质上的电子数据的；(三) 原始存储介质位于境外的；(四) 其他无法扣押原始存储介质的情形。对于原始存储介质位于境外或者远程计算机信息系统上的电子数据，可以通过网络在线提取。为进一步查明有关情况，必要时，可以对远程计算机信息系统进行网络远程勘验。进行网络远程勘验，需要采取技术侦查措施的，应当依法经过严格的批准手续。”故 B 错误。C 不是该电子数据作为定案根据的必备条件。D 中该电子数据是具有关联性的，故不当选。

**90. ACD**。《刑事诉讼法》第 188 条第 1 款规定，人民法院审判第一审案件应当公开进行。但是有关国家秘密或者个人隐私的案件，不公开审理；涉及商业秘密的案件，当事人申请不公开审理的，可以不公开审理。本案属于强奸案，涉及个人隐私，应不公开审理。A 正确。《刑事诉讼法》第 65 条第 1 款规定，证人因履行作证义务而支出的交通、住宿、就餐等费用，应当给予补助。证人作证的补助列入司法机关业务经费，由同级政府财政予以保障。本案中甲女属于被害人，故不适用证人补助。B 错误。《刑事诉讼法》第 101 条第 1 款规定，被害人由于被告人的犯罪行为而遭受物质损失的，在刑事诉讼过程中，有权提起附带民事诉讼。被害人死亡或者丧失行为能力的，被害人的法定代理人、近亲属有权提起附带民事诉讼。故 C 正确。《刑诉解释》第 242 条规定：“在审判长主持下，公诉人可以就起诉书指控的犯罪事实讯问被告人。经审判长准许，被害人及其法定代理人、诉讼代理人可以就公诉人讯问的犯罪事实补充发问；附带民事诉讼原告人及其法定代理人、诉讼代理人可以就附带民事部分的事实向被告人发问；被告人的法定代理人、辩护人，附带民事诉讼被告人及其法定代理人、诉讼代理人可以在控诉方、附带民事诉讼原告方就某一问题讯问、发问完毕后向被告人发问。根据案件情况，就证据问题对被告人的讯问、发问可以在举证、质证环节进行。”故 D 正确。

# 第6天

路漫漫其修远兮，吾将上下而求索。

## 试　题

**1.** 根据法律规定，下列哪一种社会关系应由民法调整？

A. 甲请求税务机关退还其多缴的个人所得税

B. 乙手机丢失后发布寻物启事称："拾得者送还手机，本人当面酬谢"

C. 丙对女友书面承诺："如我在上海找到工作，则陪你去欧洲旅游"

D. 丁作为青年志愿者，定期去福利院做帮工

**2.** 甲企业是由自然人安琚与乙企业（个人独资）各出资50%设立的普通合伙企业，欠丙企业货款50万元，由于经营不善，甲企业全部资产仅剩20万元。现所欠货款到期，相关各方因货款清偿发生纠纷。对此，下列哪一表述是正确的？

A. 丙企业只能要求安琚与乙企业各自承担15万元的清偿责任

B. 丙企业只能要求甲企业承担清偿责任

C. 欠款应先以甲企业的财产偿还，不足部分由安琚与乙企业承担无限连带责任

D. 就乙企业对丙企业的应偿债务，乙企业投资人不承担责任

**3.** 潘某去某地旅游，当地玉石资源丰富，且盛行"赌石"活动，买者购买原石后自行剖切，损益自负。潘某花5000元向某商家买了两块原石，切开后发现其中一块为极品玉石，市场估价上百万元。商家深觉不公，要求潘某退还该玉石或补交价款。对此，下列哪一选项是正确的？

A. 商家无权要求潘某退货

B. 商家可基于公平原则要求潘某适当补偿

C. 商家可基于重大误解而主张撤销交易

D. 商家可基于显失公平而主张撤销交易

**4.** 甲公司员工唐某受公司委托从乙公司订购一批空气净化机，甲公司对净化机单价未作明确限定。唐某与乙公司私下商定将净化机单价比正常售价提高200元，乙公司给唐某每台100元的回扣。商定后，唐某以甲公司名义与乙公司签订了买卖合同。对此，下列哪一选项是正确的？

A. 该买卖合同以合法形式掩盖非法目的，因而无效

B. 唐某的行为属无权代理，买卖合同效力待定

C. 乙公司行为构成对甲公司的欺诈，买卖合同属可变更、可撤销合同

D. 唐某与乙公司恶意串通损害甲公司的利益，应对甲公司承担连带责任

**5.** 蔡永父母在共同遗嘱中表示，二人共有的某处房产由蔡永继承。蔡永父母去世前，该房由蔡永之姐蔡花借用，借用期未明确。2012年上半年，蔡永父母先后去世，蔡永一直未办理该房屋所有权变更登记，也未要求蔡花腾退。2015年下半年，蔡永因结婚要求蔡花腾退，蔡花拒绝搬出。对此，下列哪一选项是正确的？

A. 因未办理房屋所有权变更登记，蔡永无权要求蔡花搬出

B. 因诉讼时效期间届满，蔡永的房屋腾退请求不受法律保护

C. 蔡花系合法占有，蔡永无权要求其搬出

D. 蔡永对该房屋享有物权请求权

**6.** 甲被法院宣告失踪，其妻乙被指定为甲的财产代管人。3个月后，乙将登记在自己名下的夫妻共有房屋出售给丙，交付并办理了过户登记。在此过程中，乙向丙出示了甲被宣告失踪的判决书，并将房屋属于夫妻二人共有的事实告知丙。1年后，甲重新出现，并经法院撤销了失踪宣告。现甲要求丙返还房屋。对此，下列哪一说法是正确的？

A. 丙善意取得房屋所有权，甲无权请求返还

B. 丙不能善意取得房屋所有权，甲有权请求返还

C. 乙出售夫妻共有房屋构成家事代理，丙继受取得房屋所有权

D. 乙出售夫妻共有房屋属于有权处分，丙继受取得房屋所有权

**7.** 甲借用乙的山地自行车，刚出门就因莽撞骑行造成自行车链条断裂，甲将自行车交给丙修理，约定修理费100元。乙得知后立刻通知甲解除借用关系并告知丙，同时要求丙不得将自行车交给甲。丙向甲核实，甲承认。自行车修好后，甲、乙均请求丙返还。对此，下列哪一选项是正确的？

A. 甲有权请求丙返还自行车

B. 丙如将自行车返还给乙，必须经过甲当场同意

C. 乙有权要求丙返还自行车，但在修理费未支付前，丙就自行车享有留置权

D. 如乙要求丙返还自行车，即使修理费未付，丙也不得对乙主张留置权

**8.** 甲、乙二人按照 3：7 的份额共有一辆货车，为担保丙的债务，甲、乙将货车抵押给债权人丁，但未办理抵押登记。后该货车在运输过程中将戊撞伤。对此，下列哪一选项是正确的？

A. 如戊免除了甲的损害赔偿责任，则应由乙承担损害赔偿责任

B. 因抵押权未登记，戊应优先于丁受偿

C. 如丁对丙的债权超过诉讼时效，仍可在 2 年内要求甲、乙承担担保责任

D. 如甲对丁承担了全部担保责任，则有权向乙追偿

**9.** 甲、乙就乙手中的一枚宝石戒指的归属发生争议。甲称该戒指是其在 2015 年 10 月 1 日外出旅游时让乙保管，属甲所有，现要求乙返还。乙称该戒指为自己所有，拒绝返还。甲无法证明对该戒指拥有所有权，但能够证明在 2015 年 10 月 1 日前一直合法占有该戒指，乙则拒绝提供自 2015 年 10 月 1 日后从甲处合法取得戒指的任何证据。对此，下列哪一说法是正确的？

A. 应推定乙对戒指享有合法权利，因占有具有权利公示性

B. 应当认定甲对戒指享有合法权利，因其证明了自己的先前占有

C. 应当由甲、乙证明自己拥有所有权，否则应判决归国家所有

D. 应当认定由甲、乙共同共有

**10.** 甲单独邀请朋友乙到家中吃饭，乙爽快答应并表示一定赴约。甲为此精心准备，还因炒菜被热油烫伤。但当日乙因其他应酬而未赴约，也未及时告知甲，致使甲准备的饭菜浪费。关于乙对甲的责任，下列哪一说法是正确的？

A. 无须承担法律责任

B. 应承担违约责任

C. 应承担侵权责任

D. 应承担缔约过失责任

**11.** 清风艺术馆将其收藏的一批古代名家绘画扫描成高仿品，举办了"古代名画精品展"，并在入场券上以醒目方式提示"不得拍照、摄影"。唐某购票观展时趁人不备拍摄了展品，郑某则购买了该批绘画的纸质高仿版，扫描后将其中"清风艺术馆珍藏、复制必究"的标记清除。事后，唐某、郑某均在某电商网站出售各自制作的该批绘画的高仿品，也均未注明来源于艺术馆。艺术馆发现后，向电商发出通知，要求立即将两人销售的高仿品下架。对此，下列哪一说法是正确的？

A. 唐某、郑某侵犯了艺术馆的署名权

B. 郑某实施了删除权利管理信息的违法行为

C. 唐某未经许可拍摄的行为构成违约

D. 电商网站收到通知后如不采取措施阻止唐某、郑某销售该高仿品，应向艺术馆承担赔偿责任

**12.** 甲为出售一台挖掘机分别与乙、丙、丁、戊签订买卖合同，具体情形如下：2016 年 3 月 1 日，甲胁迫乙订立合同，约定货到付款；4 月 1 日，甲与丙签订合同，丙支付 20% 的货款；5 月 1 日，甲与丁签订合同，丁支付全部货款；6 月 1 日，甲与戊签订合同，甲将挖掘机交付给戊。上述买受人均要求实际履行合同，就履行顺序产生争议。关于履行顺序，下列哪一选项是正确的？

A. 戊、丙、丁、乙

B. 戊、丁、丙、乙

C. 乙、丁、丙、戊

D. 丁、戊、乙、丙

**13.** 2013 年甲购买乙公司开发的商品房一套，合同约定面积为 135 平米。2015 年交房时，住建部门的测绘报告显示，该房的实际面积为 150 平米。对此，下列哪一说法是正确的？

A. 房屋买卖合同存在重大误解，乙公司有权请求予以撤销

B. 甲如在法定期限内起诉请求解除房屋买卖合同，法院应予支持

C. 如双方同意房屋买卖合同继续履行，甲应按实际面积支付房款

D. 如双方同意房屋买卖合同继续履行，甲仍按约定面积支付房款

**14.** 甲公司与乙公司签订买卖合同，以市场价格购买乙公司生产的设备一台，双方交付完毕。设备投入使用后，丙公司向法院起诉甲公司，提出该设备属于丙公司的专利产品，乙公司未经许可制造并销售了该设备，请求法院判令甲公司停止使用。经查，乙公司侵权属实，但甲公司并不知情。关于此案，法院下列哪一做法是正确的？

A. 驳回丙公司的诉讼请求

B. 判令甲公司支付专利许可使用费

C. 判令甲公司与乙公司承担连带责任

D. 判令先由甲公司支付专利许可使用费，再由乙公司赔偿甲损失

**15.** 奔马公司就其生产的一款高档轿车造型和颜色组合获得了外观设计专利权，又将其设计的"飞天神马"造型注册为汽车的立体商标，并将该造型安装在车头。某车行应车主陶某请求，将陶某低价位的旧车改装成该高档轿车的造型和颜色，并从报废的轿车上拆下"飞天神马"标志安装在改装车上。陶某使用该改装车提供专车服务，收费

高于普通轿车。关于上述行为，下列哪一说法是错误的？

A. 陶某的行为侵犯了奔马公司的专利权

B. 车行的行为侵犯了奔马公司的专利权

C. 陶某的行为侵犯了奔马公司的商标权

D. 车行的行为侵犯了奔马公司的商标权

**16.** W 研究所设计了一种高性能发动机，在我国和《巴黎公约》成员国 L 国均获得了发明专利权，并分别给予甲公司在我国、乙公司在 L 国的独占实施许可。下列哪一行为在我国构成对该专利的侵权？

A. 在 L 国购买由乙公司制造销售的该发动机，进口至我国销售

B. 在我国购买由甲公司制造销售的该发动机，将发动机改进性能后销售

C. 在我国未经甲公司许可制造该发动机，用于各种新型汽车的碰撞实验，以测试车身的防撞性能

D. 在 L 国未经乙公司许可制造该发动机，安装在 L 国客运公司汽车上，该客车曾临时通过我国境内

**17.** 营盘市某商标代理机构，发现本市甲公司长期制造销售“实耐”牌汽车轮胎，但一直未注册商标，该机构建议甲公司进行商标注册，甲公司负责人鄢某未置可否。后鄢某辞职新创立了乙公司，鄢某委托该商标代理机构为乙公司进行轮胎类产品的商标注册。关于该商标代理机构的行为，下列哪一选项是正确的？

A. 乙公司委托注册“实耐”商标，该商标代理机构不得接受委托

B. 乙公司委托注册“营盘轮胎”商标，该商标代理机构不得接受委托

C. 乙公司委托注册普通的汽车轮胎图形作为商标，该商标代理机构不得接受委托

D. 该商标代理机构自行注册“捷驰”商标，用于转让给经营汽车轮胎的企业

**18.** 乙起诉离婚时，才得知丈夫甲此前已着手隐匿并转移财产。关于甲、乙离婚的财产分割，下列哪一选项是错误的？

A. 甲隐匿转移财产，分割财产时可少分或不分

B. 就履行离婚财产分割协议事宜发生纠纷，乙可再起诉

C. 离婚后发现甲还隐匿其他共同财产，乙可另诉再次分割财产

D. 离婚后因发现甲还隐匿其他共同财产，乙再行起诉不受诉讼时效限制

**19.** 钟某性情暴躁，常殴打妻子柳某，柳某经常找同村未婚男青年杜某诉苦排遣，日久生情。现柳某起诉离婚，关于钟、柳二人的离婚财产处理事宜，下列哪一选项是正确的？

A. 针对钟某家庭暴力，柳某不能向其主张损害赔偿

B. 针对钟某家庭暴力，柳某不能向其主张精神损害赔偿

C. 如柳某婚内与杜某同居，则柳某不能向钟某主张损害赔偿

D. 如柳某婚内与杜某同居，则钟某可以向柳某主张损害赔偿

**20.** 刘山峰、王翠花系老夫少妻，刘山峰婚前个人名下拥有别墅一栋。关于婚后该别墅的归属，下列哪一选项是正确的？

A. 该别墅不可能转化为夫妻共同财产

B. 婚后该别墅自动转化为夫妻共同财产

C. 婚姻持续满八年后该别墅即依法转化为夫妻共同财产

D. 刘、王可约定婚姻持续八年后该别墅转化为夫妻共同财产

**21.** 贡某立公证遗嘱：死后财产全部归长子贡文所有。贡文知悉后，自书遗嘱：贡某全部遗产归弟弟贡武，自己全部遗产归儿子贡小文。贡某随后在贡文遗嘱上书写：同意，但还是留 10 万元给贡小文。其后，贡文先于贡某死亡。关于遗嘱的效力，下列哪些选项是正确的？

A. 贡某遗嘱已被其通过书面方式变更

B. 贡某遗嘱因贡文先死亡而不生效力

C. 贡文遗嘱被贡某修改的部分合法有效

D. 贡文遗嘱涉及处分贡某财产的部分有效

**22.** 下列哪一情形构成对生命权的侵犯？

A. 甲女视其长发如生命，被情敌乙尽数剪去

B. 丙应丁要求，协助丁完成自杀行为

C. 戊为报复欲置己于死地，结果将己打成重伤

D. 庚医师因误诊致辛出生即残疾，辛认为庚应对自己的错误出生负责

**23.** 田某突发重病神志不清，田父将其送至医院，医院使用进口医疗器械实施手术，手术失败，田某死亡。田父认为医院在诊疗过程中存在一系列违规操作，应对田某的死亡承担赔偿责任。关于本案，下列哪一选项是正确的？

A. 医疗损害适用过错责任原则，由患方承担举证责任

B. 医院实施该手术，无法取得田某的同意，可自主决定

C. 如因医疗器械缺陷致损，患方只能向生产者主张赔偿

D. 医院有权拒绝提供相关病历，且不会因此承担不利后果

**24.** 张小飞邀请关小羽来家中做客，关小羽进入张小飞所住小区后，突然从小区的高楼内抛出一块砚台，将关小羽砸伤。关于砸伤关小羽的责任承担，下

列哪一选项是正确的？

A. 张小飞违反安全保障义务，应承担侵权责任

B. 顶层业主通过证明当日家中无人，可以免责

C. 小区物业违反安全保障义务，应承担侵权责任

D. 如查明砚台系从10层抛出，10层以上业主仍应承担补充责任

**25.** 李某和王某正在磋商物流公司的设立之事。通大公司出卖一批大货车，李某认为物流公司需要，便以自己的名义与通大公司签订了购买合同，通大公司交付了货车，但尚有150万元车款未收到。后物流公司未能设立。关于本案，下列哪一说法是正确的？

A. 通大公司可以向王某提出付款请求

B. 通大公司只能请求李某支付车款

C. 李某、王某对通大公司的请求各承担50%的责任

D. 李某、王某按拟定的出资比例向通大公司承担责任

**26.** 张某是红叶有限公司的小股东，持股5%；同时，张某还在枫林有限公司任董事，而红叶公司与枫林公司均从事保险经纪业务。红叶公司多年没有给张某分红，张某一直对其会计账簿存有疑惑。关于本案，下列哪一选项是正确的？

A. 张某可以用口头或书面形式提出查账请求

B. 张某可以提议召开临时股东会表决查账事宜

C. 红叶公司有权要求张某先向监事会提出查账请求

D. 红叶公司有权以张某的查账目的不具正当性为由拒绝其查账请求

**27.** 零盛公司的两个股东是甲公司和乙公司。甲公司持股70%并派员担任董事长，乙公司持股30%。后甲公司将零盛公司的资产全部用于甲公司的一个大型投资项目，待债权人丙公司要求零盛公司偿还货款时，发现零盛公司的资产不足以清偿。关于本案，下列哪一选项是正确的？

A. 甲公司对丙公司应承担清偿责任

B. 甲公司和乙公司按出资比例对丙公司承担清偿责任

C. 甲公司和乙公司对丙公司承担连带清偿责任

D. 丙公司只能通过零盛公司的破产程序来受偿

**28.** 烽源有限公司的章程规定，金额超过10万元的合同由董事会批准。蔡某是烽源公司的总经理。因公司业务需要车辆，蔡某便将自己的轿车租给烽源公司，并约定年租金15万元。后蔡某要求公司支付租金，股东们获知此事，一致认为租金太高，不同意支付。关于本案，下列哪一选项是正确的？

A. 该租赁合同无效

B. 股东会可以解聘蔡某

C. 该章程规定对蔡某没有约束力

D. 烽源公司有权拒绝支付租金

**29.** 唐宁是沃运股份有限公司的发起人和董事之一，持有公司15%的股份。因公司未能上市，唐宁对沃运公司的发展前景担忧，欲将所持股份转让。关于此事，下列哪一说法是正确的？

A. 唐宁可要求沃运公司收购其股权

B. 唐宁可以不经其他股东同意对外转让其股份

C. 若章程禁止发起人转让股份，则唐宁的股份不得转让

D. 若唐宁出让其股份，其他发起人可依法主张优先购买权

**30.** 兰艺咖啡店是罗飞、王曼设立的普通合伙企业，合伙协议约定罗飞是合伙事务执行人且承担全部亏损。为扭转经营亏损局面，王曼将兰艺咖啡店加盟某知名品牌，并以合伙企业的名义向陈阳借款20万元支付了加盟费。陈阳现在要求还款。关于本案，下列哪一说法是正确的？

A. 王曼无权以合伙企业的名义向陈阳借款

B. 兰艺咖啡店应以全部财产对陈阳承担还款责任

C. 王曼不承担对陈阳的还款责任

D. 兰艺咖啡店、王曼和罗飞对陈阳的借款承担无限连带责任

**31.** 祺航公司向法院申请破产，法院受理并指定甲为管理人。债权人会议决定设立债权人委员会。现昊泰公司提出要受让祺航公司的全部业务与资产。甲的下列哪一做法是正确的？

A. 代表祺航公司决定是否向昊泰公司转让业务与资产

B. 将该转让事宜交由法院决定

C. 提议召开债权人会议决议该转让事宜

D. 作出是否转让的决定并将该转让事宜报告债权人委员会

**32.** 甲公司为履行与乙公司的箱包买卖合同，签发一张以乙公司为收款人、某银行为付款人的汇票，银行也予以了承兑。后乙公司将该汇票背书赠与给丙。此时，甲公司发现乙公司的箱包为假冒伪劣产品。关于本案，下列哪一选项是正确的？

A. 该票据无效

B. 甲公司不能拒绝乙公司的票据权利请求

C. 丙应享有票据权利

D. 银行应承担票据责任

**33.** 赢鑫投资公司业绩骄人。公司拟开展非公开募集基金业务，首期募集1000万元。李某等老客户知悉后纷纷表示支持，愿意将自己的资金继续交其运作。关于此事，下列哪一选项是正确的？

A. 李某等合格投资者的人数可以超过200人

B. 赢鑫公司可在全国性报纸上推介其业绩及拟募集的基金

C. 赢鑫公司可用所募集的基金购买其他的基金份额

D. 赢鑫公司就其非公开募集基金业务应向中国证监会备案

**34.** 杨某为其妻王某购买了某款人身保险，该保险除可获得分红外，还约定若王某意外死亡，则保险公司应当支付保险金 20 万元。关于该保险合同，下列哪一说法是正确的？

A. 若合同成立 2 年后王某自杀，则保险公司不支付保险金

B. 王某可让杨某代其在被保险人同意处签字

C. 经王某口头同意，杨某即可将该保险单质押

D. 若王某现为无民事行为能力人，则无需经其同意该保险合同即有效

**35.** 不同的审判程序，审判组织的组成往往是不同的。关于审判组织的适用，下列哪一选项是正确的？

A. 适用简易程序审理的案件，当事人不服一审判决上诉后发回重审的，可由审判员独任审判

B. 适用简易程序审理的案件，判决生效后启动再审程序进行再审的，可由审判员独任审判

C. 适用普通程序审理的案件，当事人双方同意，经上级法院批准，可由审判员独任审判

D. 适用选民资格案件审理程序的案件，应组成合议庭审理，而且只能由审判员组成合议庭

**36.** 精神病人姜某冲入向阳幼儿园将入托的小明打伤，小明的父母与姜某的监护人朱某及向阳幼儿园协商赔偿事宜无果，拟向法院提起诉讼。关于本案当事人的确定，下列哪一选项是正确的？

A. 姜某是被告，朱某是无独立请求权第三人

B. 姜某与朱某是共同被告，向阳幼儿园是无独立请求权第三人

C. 向阳幼儿园与姜某是共同被告

D. 姜某、朱某、向阳幼儿园是共同被告

**37.** 小桐是由菲特公司派遣到苏拉公司工作的人员，在一次完成苏拉公司分配的工作任务时，失误造成路人周某受伤，因赔偿问题周某起诉至法院。关于本案被告的确定，下列哪一选项是正确的？

A. 起诉苏拉公司时，应追加菲特公司为共同被告

B. 起诉苏拉公司时，应追加菲特公司为无独立请求权第三人

C. 起诉菲特公司时，应追加苏拉公司为共同被告

D. 起诉菲特公司时，应追加苏拉公司为无独立请求权第三人

**38.** 丁一诉弟弟丁二继承纠纷一案，在一审中，妹妹丁爽向法院递交诉状，主张应由自己继承系争的遗产，并向法院提供了父亲生前所立的其过世后遗产全部由丁爽继承的遗嘱。法院予以合并审理，开庭审理前，丁一表示撤回起诉，丁二认为该遗嘱是伪造的，要求继续进行诉讼。法院裁定准予丁一撤诉后，在程序上，下列哪一选项是正确的？

A. 丁爽为另案原告，丁二为另案被告，诉讼继续进行

B. 丁爽为另案原告，丁一、丁二为另案被告，诉讼继续进行

C. 丁一、丁爽为另案原告，丁二为另案被告，诉讼继续进行

D. 丁爽、丁二为另案原告，丁一为另案被告，诉讼继续进行

**39.** 战某打电话向牟某借款 5 万元，并发短信提供账号，牟某当日即转款。之后，因战某拒不还款，牟某起诉要求战某偿还借款。在诉讼中，战某否认向牟某借款的事实，主张牟某转的款是为偿还之前向自己借的款，并向法院提交了证据；牟某也向法院提供了一些证据，以证明战某向其借款 5 万元的事实。关于这些证据的种类和类别的确定，下列哪一选项是正确的？

A. 牟某提供的银行转账凭证属于书证，该证据对借款事实而言是直接证据

B. 牟某提供的记载战某表示要向其借款 5 万元的手机短信属于电子数据，该证据对借款事实而言是间接证据

C. 牟某提供的记载战某表示要向其借款 5 万元的手机通话录音属于电子数据，该证据对借款事实而言是直接证据

D. 战某提供一份牟某书写的向其借款 10 万元的借条复印件，该证据对牟某主张战某借款的事实而言属于反证

**40.** 刘月购买甲公司的化肥，使用后农作物生长异常。刘月向法院起诉，要求甲公司退款并赔偿损失。诉讼中甲公司否认刘月的损失是因其出售的化肥质量问题造成的，刘月向法院提供了本村吴某起诉甲公司损害赔偿案件的判决书，以证明甲公司出售的化肥有质量问题且与其所受损害有因果关系。关于本案刘月所受损害与使用甲公司化肥因果关系的证明责任分配，下列哪一选项是正确的？

A. 应由刘月负担有因果关系的证明责任

B. 应由甲公司负担无因果关系的证明责任

C. 应由法院依职权裁量分配证明责任

D. 应由双方当事人协商分担证明责任

**41.** 李某起诉王某要求返还 10 万元借款并支付利息 5000 元，并向法院提交了王某亲笔书写的借条。王某辩称，已还 2 万元，李某还出具了收条，但王某并未在法院要求的时间内提交证据。法院一审判决王某返还李某 10 万元并支付 5000 元利息，王某不服提起上诉，并称一审期间未找到收条，现找到了并提交法院。关于王某迟延提交收条的法律后果，下列哪一选项是正确的？

A. 因不属于新证据，法院不予采纳
B. 法院应采纳该证据，并对王某进行训诫
C. 如果李某同意，法院可以采纳该证据
D. 法院应当责令王某说明理由，视情况决定是否采纳该证据

**42.** 甲公司因合同纠纷向法院提起诉讼，要求乙公司支付货款 280 万元。在法院的主持下，双方达成调解协议。协议约定：乙公司在调解书生效后 10 日内支付 280 万元本金，另支付利息 5 万元。为保证协议履行，双方约定由丙公司为乙公司提供担保，丙公司同意。法院据此制作调解书送达各方，但丙公司反悔拒绝签收。关于本案，下列哪一选项是正确的？

A. 调解协议内容尽管超出了当事人诉讼请求，但仍具有合法性
B. 丙公司反悔拒绝签收调解书，法院可以采取留置送达
C. 因丙公司反悔，调解书对其没有效力，但对甲公司、乙公司仍具有约束力
D. 因丙公司反悔，法院应当及时作出判决

**43.** 李某与温某之间债权债务纠纷经甲市 M 区法院审理作出一审判决，要求温某在判决生效后 15 日内偿还对李某的欠款。双方均未提起上诉。判决履行期内，李某发现温某正在转移财产，温某位于甲市 N 区有可供执行的房屋一套，故欲申请法院对该房屋采取保全措施。关于本案，下列哪一选项是正确的？

A. 此时案件已经审理结束且未进入执行阶段，李某不能申请法院采取保全措施
B. 李某只能向作出判决的甲市 M 区法院申请保全
C. 李某可向甲市 M 区法院或甲市 N 区法院申请保全
D. 李某申请保全后，其在生效判决书指定的履行期间届满后 15 日内不申请执行的，法院应当解除保全措施

**44.** 甲、乙、丙诉丁遗产继承纠纷一案，甲不服法院作出的一审判决，认为分配给丙和丁的遗产份额过多，提起上诉。关于本案二审当事人诉讼地位的确定，下列哪一选项是正确的？

A. 甲是上诉人，乙、丙、丁是被上诉人
B. 甲、乙是上诉人，丙、丁是被上诉人
C. 甲、乙、丙是上诉人，丁为被上诉人
D. 甲是上诉人，乙为原审原告，丙、丁为被上诉人

**45.** 甲公司诉乙公司买卖合同纠纷一案，法院判决乙公司败诉并承担违约责任，乙公司不服提起上诉。在二审中，甲公司与乙公司达成和解协议，并约定双方均将提起之诉予以撤回。关于两个公司的撤诉申请，下列哪一说法是正确的？

A. 应当裁定准许双方当事人的撤诉申请，并裁定撤销一审判决
B. 应当裁定准许乙公司撤回上诉，不准许甲公司撤回起诉
C. 不应准许双方撤诉，应依双方和解协议制作调解书
D. 不应准许双方撤诉，应依双方和解协议制作判决书

**46.** 某死亡赔偿案件，二审法院在将判决书送达当事人签收后，发现其中死亡赔偿金计算错误（数学上的错误），导致总金额少了 7 万余元。关于二审法院如何纠正，下列哪一选项是正确的？

A. 应当通过审判监督程序，重新制作判决书
B. 直接作出改正原判决的新判决书并送达双方当事人
C. 作出裁定书予以补正
D. 报请上级法院批准后作出裁定予以补正

**47.** 王某诉赵某借款纠纷一案，法院一审判决赵某偿还王某债务，赵某不服，提出上诉。二审期间，案外人李某表示，愿以自己的轿车为赵某偿还债务提供担保。三人就此达成书面和解协议后，赵某撤回上诉，法院准许。一个月后，赵某反悔并不履行和解协议。关于王某实现债权，下列哪一选项是正确的？

A. 依和解协议对赵某向法院申请强制执行
B. 依和解协议对赵某、李某向法院申请强制执行
C. 依一审判决对赵某向法院申请强制执行
D. 依一审判决与和解协议对赵某、李某向法院申请强制执行

**48.** 甲向法院申请执行郭某的财产，乙、丙和丁向法院申请参与分配，法院根据郭某财产以及各执行申请人债权状况制定了财产分配方案。甲和乙认为分配方案不合理，向法院提出了异议，法院根据甲和乙的意见，对分配方案进行修正后，丙和丁均反对。关于本案，下列哪一表述是正确的？

A. 丙、丁应向执行法院的上一级法院申请复议
B. 甲、乙应向执行法院的上一级法院申请复议
C. 丙、丁应以甲和乙为被告向执行法院提起诉讼
D. 甲、乙应以丙和丁为被告向执行法院提起诉讼

**49.** 何某依法院生效判决向法院申请执行甲的财产，在执行过程中，甲突发疾病猝死。法院询问甲的继承人是否继承遗产，甲的继承人乙表示继承，其他继承人均表示放弃继承。关于该案执行程序，下列哪一选项是正确的？

A. 应裁定延期执行
B. 应直接执行被执行人甲的遗产
C. 应裁定变更乙为被执行人
D. 应裁定变更甲的全部继承人为被执行人

**50.** 甲公司与乙公司因合同纠纷向某仲裁委员会申请仲裁，第一次开庭后，甲公司的代理律师发现合议庭首席仲裁员苏某与乙公司的老总汪某在一起吃饭，遂向仲裁庭提出回避申请。关于本案仲裁程序，下列哪一选项是正确的？

A. 苏某的回避应由仲裁委员会集体决定

B. 苏某回避后，合议庭应重新组成

C. 已经进行的仲裁程序应继续进行

D. 当事人可请求已进行的仲裁程序重新进行

**51.** 甲、乙为夫妻，长期感情不和。2010年5月1日甲乘火车去外地出差，在火车上失踪，没有发现其被害尸体，也没有发现其在何处下车。2016年6月5日法院依照法定程序宣告甲死亡。之后，乙向法院起诉要求铁路公司对甲的死亡进行赔偿。关于甲被宣告死亡，下列哪些说法是正确的？

A. 甲的继承人可以继承其财产

B. 甲、乙婚姻关系消灭，且不可能恢复

C. 2016年6月5日为甲的死亡日期

D. 铁路公司应当对甲的死亡进行赔偿

**52.** 甲8周岁，多次在国际钢琴大赛中获奖，并获得大量奖金。甲的父母乙、丙为了甲的利益，考虑到甲的奖金存放银行增值有限，遂将奖金全部购买了股票，但恰遇股市暴跌，甲的奖金损失过半。关于乙、丙的行为，下列哪些说法是正确的？

A. 乙、丙应对投资股票给甲造成的损失承担责任

B. 乙、丙不能随意处分甲的财产

C. 乙、丙的行为构成无因管理，无须承担责任

D. 如主张赔偿，甲对父母的诉讼时效期间在进行中的最后6个月内因自己系无行为能力人而中止，待成年后继续计算

**53.** 甲、乙、丙、丁按份共有一艘货船，份额分别为10%、20%、30%、40%。甲欲将其共有份额转让，戊愿意以50万元的价格购买，价款一次付清。关于甲的共有份额转让，下列哪些选项是错误的？

A. 甲向戊转让其共有份额，须经乙、丙、丁同意

B. 如乙、丙、丁均以同等条件主张优先购买权，则丁的主张应得到支持

C. 如丙在法定期限内以50万元分期付款的方式要求购买该共有份额，应予支持

D. 如甲改由向乙转让其共有份额，丙、丁在同等条件下享有优先购买权

**54.** 河西村在第二轮承包过程中将本村耕地全部发包，但仍留有部分荒山，此时本村集体经济组织以外的Z企业欲承包该荒山。对此，下列哪些说法是正确的？

A. 集体土地只能以家庭承包的方式进行承包

B. 河西村集体之外的人只能通过招标、拍卖、公开协商等方式承包

C. 河西村将荒山发包给Z企业，经2/3以上村民代表同意即可

D. 如河西村村民黄某也要承包该荒山，则黄某享有优先承包权

**55.** 甲对乙享有债权500万元，先后在丙和丁的房屋上设定了抵押权，均办理了登记，且均未限定抵押物的担保金额。其后，甲将其中200万元债权转让给戊，并通知了乙。乙到期清偿了对甲的300万元债务，但未能清偿对戊的200万元债务。对此，下列哪些选项是错误的？

A. 戊可同时就丙和丁的房屋行使抵押权，但对每个房屋价款优先受偿权的金额不得超过100万元

B. 戊可同时就丙和丁的房屋行使抵押权，对每个房屋价款优先受偿权的金额依房屋价值的比例确定

C. 戊必须先后就丙和丁的房屋行使抵押权，对每个房屋价款优先受偿权的金额由戊自主决定

D. 戊只能在丙的房屋价款不足以使其债权得到全部清偿时就丁的房屋行使抵押权

**56.** 王某向丁某借款100万元，后无力清偿，遂提出以自己所有的一幅古画抵债，双方约定第二天交付。对此，下列哪些说法是正确的？

A. 双方约定以古画抵债，等同于签订了另一份买卖合同，原借款合同失效，王某只能以交付古画履行债务

B. 双方交付古画的行为属于履行借款合同义务

C. 王某有权在交付古画前反悔，提出继续以现金偿付借款本息方式履行债务

D. 古画交付后，如果被鉴定为赝品，则王某应承担瑕疵担保责任

**57.** 甲公司借用乙公司的一套设备，在使用过程中不慎损坏一关键部件，于是甲公司提出买下该套设备，乙公司同意出售。双方还口头约定在甲公司支付价款前，乙公司保留该套设备的所有权。不料在支付价款前，甲公司生产车间失火，造成包括该套设备在内的车间所有财物被烧毁。对此，下列哪些选项是正确的？

A. 乙公司已经履行了交付义务，风险责任应由甲公司负担

B. 在设备被烧毁时，所有权属于乙公司，风险责任应由乙公司承担

C. 设备虽然已经被烧毁，但甲公司仍然需要支付原定价款

D. 双方关于该套设备所有权保留的约定应采用书面形式

**58.** 乙向甲借款20万元，借款到期后，乙的下列哪些行为导致无力偿还甲的借款时，甲可申请法院予以撤销？

A. 乙将自己所有的财产用于偿还对他人的未到期债务

B. 乙与其债务人约定放弃对债务人财产的抵押权

C. 乙在离婚协议中放弃对家庭共有财产的分割

D. 乙父去世，乙放弃对父亲遗产的继承权

**59.** 甲隐瞒了其所购别墅内曾发生恶性刑事案件的事实，以明显低于市场价的价格将其转卖给乙；乙在不知情的情况下，放弃他人以市场价出售的别墅，购买了甲的别墅。几个月后乙获悉实情，向法院申请撤销合同。关于本案，下列哪些说法是正确的？

A. 乙须在得知实情后一年内申请法院撤销合同

B. 如合同被撤销，甲须赔偿乙在订立及履行合同过程当中支付的各种必要费用

C. 如合同被撤销，乙有权要求甲赔偿主张撤销时别墅价格与此前订立合同时别墅价格的差价损失

D. 合同撤销后乙须向甲支付合同撤销前别墅的使用费

**60.** 居民甲将房屋出租给乙，乙经甲同意对承租房进行了装修并转租给丙。丙擅自更改房屋承重结构，导致房屋受损。对此，下列哪些选项是正确的？

A. 无论有无约定，乙均有权于租赁期满时请求甲补偿装修费用

B. 甲可请求丙承担违约责任

C. 甲可请求丙承担侵权责任

D. 甲可请求乙承担违约责任

**61.** 周某以6000元的价格向吴某出售一台电脑，双方约定五个月内付清货款，每月支付1200元，在全部价款付清前电脑所有权不转移。合同生效后，周某将电脑交给吴某使用。期间，电脑出现故障，吴某将电脑交周某修理，但周某修好后以6200元的价格将该电脑出售并交付给不知情的王某。对此，下列哪一说法是正确的？

A. 王某可以取得该电脑所有权

B. 在吴某无力支付最后一个月的价款时，周某可行使取回权

C. 如吴某未支付到期货款达1800元，周某可要求其一次性支付剩余货款

D. 如吴某未支付到期货款达1800元，周某可要求解除合同，并要求吴某支付一定的电脑使用费

**62.** 著作权人Y认为网络服务提供者Z的服务所涉及的作品侵犯了自己的信息网络传播权，向Z提交书面通知要求其删除侵权作品。对此，下列哪些选项是正确的？

A. Y的通知书应当包含该作品构成侵权的初步证明材料

B. Z接到书面通知后，可在合理时间内删除涉嫌侵权作品，同时将通知书转送提供该作品的服务对象

C. 服务对象接到Z转送的书面通知后，认为提供的作品未侵犯Y的权利的，可以向Z提出书面说明，要求恢复被删除作品

D. Z收到服务对象的书面说明后应即恢复被删除作品，同时将服务对象的说明转送Y的，则Y不得再通知Z删除该作品

**63.** 甲作曲、乙填词，合作创作了歌曲《春风来》。甲拟将该歌曲授权歌星丙演唱，乙坚决反对。甲不顾反对，重新填词并改名为《秋风起》，仍与丙签订许可使用合同，并获报酬10万元。对此，下列哪些选项是正确的？

A.《春风来》的著作权由甲、乙共同享有

B. 甲侵害了《春风来》歌曲的整体著作权

C. 甲、丙签订的许可使用合同有效

D. 甲获得的10万元报酬应合理分配给乙

**64.** 2010年，甲饮料厂开始制造并销售“香香”牌果汁并已产生一定影响。甲在外地的经销商乙发现甲尚未注册“香香”商标，就于2014年在果汁和碳酸饮料两类商品上同时注册了“香香”商标，但未实际使用。2015年，乙与丙饮料厂签订商标转让协议，将果汁类“香香”商标转让给了丙。对此，下列哪些选项是正确的？

A. 甲可随时请求宣告乙注册的果汁类“香香”商标无效

B. 乙应将注册在果汁和碳酸饮料上的“香香”商标一并转让给丙

C. 乙就果汁和碳酸饮料两类商品注册商标必须分别提出注册申请

D. 甲可在果汁产品上附加区别标识，并在原有范围内继续使用“香香”商标

**65.** 屈赞与曲玲协议离婚并约定婚生子屈曲由屈赞抚养，另口头约定曲玲按其能力给付抚养费并可随时探望屈曲。对此，下列哪些选项是正确的？

A. 曲玲有探望权，屈赞应履行必要的协助义务

B. 曲玲连续几年对屈曲不闻不问，违背了法定的探望义务

C. 屈赞拒不履行协助曲玲探望的义务，经由裁判可依法对屈赞采取拘留、罚款等强制措施

D. 屈赞拒不履行协助曲玲探望的义务，经由裁判可依法强制从屈赞处接领屈曲与曲玲会面

**66.** 熊某与杨某结婚后，杨某与前夫所生之子小强由二人一直抚养，熊某死亡，未立遗嘱。熊某去世前杨某孕有一对龙凤胎，于熊某死后生产，产出时男婴为死体，女婴为活体但旋即死亡。关于对熊某遗产的继承，下列哪些选项是正确的？

A. 杨某、小强均是第一顺位的法定继承人

B. 女婴死亡后，应当发生法定的代位继承

C. 为男婴保留的遗产份额由杨某、小强继承

D. 为女婴保留的遗产份额由杨某继承

**67.** 4名行人正常经过北方牧场时跌入粪坑，1人获救3人死亡。据查，当地牧民为养草放牧，储存牛羊粪便用于施肥，一家牧场往往挖有三四个粪坑，深者达三四米，之前也发生过同类事故。关于牧场的责任，下列哪些选项是正确的？

A. 应当适用无过错责任原则

B. 应当适用过错推定责任原则

C. 本案情形已经构成不可抗力

D. 牧场管理人可通过证明自己尽到管理职责而免责

**68.** 科鼎有限公司设立时，股东们围绕公司章程的制订进行讨论，并按公司的实际需求拟定条款规则。关于该章程条款，下列哪些说法是正确的？

A. 股东会会议召开7日前通知全体股东

B. 公司解散需全体股东同意

C. 董事表决权按所代表股东的出资比例行使

D. 全体监事均由不担任董事的股东出任

**69.** 紫云有限公司设有股东会、董事会和监事会。近期公司的几次投标均失败，董事会对此的解释是市场竞争激烈，对手强大。但监事会认为是因为董事狄某将紫云公司的标底暗中透露给其好友的公司。对此，监事会有权采取下列哪些处理措施？

A. 提议召开董事会

B. 提议召开股东会

C. 提议罢免狄某

D. 聘请律师协助调查

**70.** 甲、乙、丙等拟以募集方式设立厚亿股份公司。经过较长时间的筹备，公司设立的各项事务逐渐完成，现大股东甲准备组织召开公司创立大会。下列哪些表述是正确的？

A. 厚亿公司的章程应在创立大会上通过

B. 甲、乙、丙等出资的验资证明应由创立大会审核

C. 厚亿公司的经营方针应在创立大会上决定

D. 设立厚亿公司的各种费用应由创立大会审核

**71.** 星煌公司是一家上市公司。现董事长吴某就星煌公司向坤诚公司的投资之事准备召开董事会。因公司资金比较紧张，且其中一名董事梁某的妻子又在坤诚公司任副董事长，有部分董事对此投资事宜表示异议。关于本案，下列哪些选项是正确的？

A. 梁某不应参加董事会表决

B. 吴某可代梁某在董事会上表决

C. 若参加董事会人数不足，则应提交股东大会审议

D. 星煌公司不能投资于坤诚公司

**72.** 灏德投资是一家有限合伙企业，专门从事新能源开发方面的风险投资。甲公司是灏德投资的有限合伙人，乙和丙是普通合伙人。关于合伙协议的约定，下列哪些选项是正确的？

A. 甲公司派驻灏德投资的员工不领取报酬，其劳务折抵10%的出资

B. 甲公司不得与其他公司合作从事新能源方面的风险投资

C. 甲公司不得将自己在灏德投资中的份额设定质权

D. 甲公司不得将自己在灏德投资中的份额转让给他人

**73.** 法院受理了利捷公司的破产申请。管理人甲发现，利捷公司与翰扬公司之间的债权债务关系较为复杂。下列哪些说法是正确的？

A. 翰扬公司的某一项债权有房产抵押，可在破产受理后行使抵押权

B. 翰扬公司与利捷公司有一合同未履行完毕，甲可解除该合同

C. 翰扬公司曾租给利捷公司的一套设备被损毁，侵权人之前向利捷公司支付了赔偿金，翰扬公司不能主张取回该笔赔偿金

D. 茹洁公司对利捷公司负有债务，在破产受理后茹洁公司受让了翰扬公司的一项债权，因此茹洁公司无需再向利捷公司履行等额的债务

**74.** 甲公司为清偿对乙公司的欠款，开出一张收款人是乙公司财务部长李某的汇票。李某不慎将汇票丢失，王某拾得后在汇票上伪造了李某的签章，并将汇票背书转让给外地的丙公司，用来支付购买丙公司电缆的货款，王某收到电缆后转卖得款，之后不知所踪。关于本案，下列哪些说法是正确的？

A. 甲公司应当承担票据责任

B. 李某不承担票据责任

C. 王某应当承担票据责任

D. 丙公司应当享有票据权利

**75.** 吉达公司是一家上市公司，公告称其已获得某地块的国有土地使用权。嘉豪公司资本雄厚，看中了该地块的潜在市场价值，经过细致财务分析后，拟在证券市场上对吉达公司进行收购。下列哪些说法是正确的？

A. 若收购成功，吉达公司即丧失上市资格

B. 若收购失败，嘉豪公司仍有权继续购买吉达公司的股份

C. 嘉豪公司若采用要约收购则不得再与吉达公司的大股东协议购买其股份

D. 待嘉豪公司持有吉达公司已发行股份30%时，应向其全体股东发出不得变更的收购要约

**76.** 甲公司投保了财产损失险的厂房被烧毁，甲公司伪造证明，夸大此次火灾的损失，向保险公司索赔100万元，保险公司为查清此事，花费5万元。关于保险公司的权责，下列哪些选项是正确的？

A. 应当向甲公司给付约定的保险金

B. 有权向甲公司主张5万元花费损失

C. 有权拒绝向甲公司给付保险金

D. 有权解除与甲公司的保险合同

**77.** A市东区居民朱某（男）与A市西县刘某结婚，婚后双方住A市东区。一年后，公司安排刘某赴A市南县分公司工作。三年之后，因感情不和朱某向A市东区法院起诉离婚。东区法院受理后，发现刘某经常居住地在南县，其对该案无管辖权，遂裁定将案件移送南县法院。南县法院收到案件后，认为无管辖权，将案件移送刘某户籍所在地西县法院。西县法院收到案件后也认为无管辖权。关于本案的管辖问题，下列哪些说法是正确的？

A. 东区法院有管辖权

B. 南县法院有管辖权

C. 西县法院有管辖权

D. 西县法院认为自己没有管辖权，应当裁定移送有管辖权的法院

**78.** 法院受理案件后，被告提出管辖异议，依据法律和司法解释规定，其可以采取下列哪些救济措施？

A. 向受诉法院提出管辖权异议，要求受诉法院对管辖权的归属进行审查

B. 向受诉法院的上级法院提出异议，要求上级法院对案件的管辖权进行审查

C. 在法院对管辖异议驳回的情况下，可以对该裁定提起上诉

D. 在法院对案件审理终结后，可以以管辖错误作为法定理由申请再审

**79.** 程某诉刘某借款诉讼过程中，程某将对刘某因该借款而形成的债权转让给了谢某。依据相关规定，下列哪些选项是正确的？

A. 如程某撤诉，法院可以准许其撤诉

B. 如谢某申请以无独立请求权第三人身份参加诉讼，法院可予以准许

C. 如谢某申请替代程某诉讼地位的，法院可以根据案件的具体情况决定是否准许

D. 如法院不予准许谢某申请替代程某诉讼地位的，可以追加谢某为无独立请求权的第三人

**80.** 哥哥王文诉弟弟王武遗产继承一案，王文向法院提交了一份其父生前关于遗产分配方案的遗嘱复印件，遗嘱中有“本遗嘱的原件由王武负责保管”字样，并有王武的签名。王文在举证责任期间书面申请法院责令王武提交遗嘱原件，法院通知王武提交，但王武无正当理由拒绝提交。在此情况下，依据相关规定，下列哪些行为是合法的？

A. 王文可只向法院提交遗嘱的复印件

B. 法院可依法对王武进行拘留

C. 法院可认定王文所主张的该遗嘱能证明的事实为真实

D. 法院可根据王武的行为而判决支持王文的各项诉讼请求

**81.** 李某诉谭某返还借款一案，M市N区法院按照小额诉讼案件进行审理，判决谭某返还借款。判决生效后，谭某认为借款数额远高于法律规定的小额案件的数额，不应按小额案件审理，遂向法院申请再审。法院经审查，裁定予以再审。关于该案再审程序适用，下列哪些选项是正确的？

A. 谭某应当向M市中级法院申请再审

B. 法院应当组成合议庭审理

C. 对作出的再审判决当事人可以上诉

D. 作出的再审判决仍实行一审终审

**82.** 单某将八成新手机以4000元的价格卖给卢某，双方约定：手机交付卢某，卢某先付款1000元，待试用一周没有问题后再付3000元。但试用期满卢某并未按约定支付余款，多次催款无果后单某向M法院申请支付令。M法院经审查后向卢某发出支付令，但卢某拒绝签收，法院采取了留置送达。20天后，卢某向N法院起诉，以手机有质量问题要求解除与单某的买卖合同，并要求单某退还1000元付款。根据本案，下列哪些选项是正确的？

A. 卢某拒绝签收支付令，M法院采取留置送达是正确的

B. 单某可以依支付令向法院申请强制执行

C. 因卢某向N法院提起了诉讼，支付令当然失效

D. 因卢某向N法院提起了诉讼，M法院应当裁定终结督促程序

**83.** 大界公司就其遗失的一张汇票向法院申请公示催告，法院经审查受理案件并发布公告。在公告期间，盘堂公司持被公示催告的汇票向法院申报权利。对于盘堂公司的权利申报，法院实施的下列哪些行为是正确的？

A. 应当通知大界公司到法院查看盘堂公司提交的汇票

B. 若盘堂公司出具的汇票与大界公司申请公示的汇票一致，则应当开庭审理

C. 若盘堂公司出具的汇票与大界公司申请公示的汇票不一致，则应当驳回盘堂公司的申请

D. 应当责令盘堂公司提供证明其对出示的汇票享有所有权的证据

**84.** 田某拒不履行法院令其迁出钟某房屋的判决，因钟某已与他人签订租房合同，房屋无法交给承租人，使钟某遭受损失，钟某无奈之下向法院申请强制执行。法院受理后，责令田某15日内迁出房屋，但田某仍拒不履行。关于法院对田某可以采取的强制执行措施，下列哪些选项是正确的？

A. 罚款

B. 责令田某向钟某赔礼道歉

C. 责令田某双倍补偿钟某所受到的损失

D. 责令田某加倍支付以钟某所受损失为基数的同期银行利息

**甲、乙双方于2013年5月6日签订水泥供应合同，乙以自己的土地使用权为其价款支付提供了最高额抵押，约定2014年5月5日为债权确定日，并办理了登记。丙为担保乙的债务，也于2013年5月6日与甲订立最高额保证合同，保证期间为一年，自债权确定日开始计算。**

**请回答第85—87题。**

**85.** 水泥供应合同约定，将2013年5月6日前乙欠甲的货款纳入了最高额抵押的担保范围。下列说法正确的是：

A. 该约定无效

B. 该约定合法有效

C. 如最高额保证合同未约定将2013年5月6日前乙欠甲的货款纳入最高额保证的担保范围，则丙对此不承担责任

D. 丙有权主张减轻其保证责任

**86.** 甲在2013年11月将自己对乙已取得的债权全部转让给丁。下列说法正确的是：

A. 甲的行为将导致其最高额抵押权消灭

B. 甲将上述债权转让给丁后，丁取得最高额抵押权

C. 甲将上述债权转让给丁后，最高额抵押权不随之转让

D. 2014年5月5日前，甲对乙的任何债权均不得转让

**87.** 乙于2014年1月被法院宣告破产，下列说法正确的是：

A. 甲的债权确定期届至

B. 甲应先就抵押物优先受偿，不足部分再要求丙承担保证责任

C. 甲可先要求丙承担保证责任

D. 如甲未申报债权，丙可参加破产财产分配，预先行使追偿权

**源圣公司有甲、乙、丙三位股东。2015年10月，源圣公司考察发现某环保项目发展前景可观，为解决资金不足问题，经人推荐，霓美公司出资1亿元现金入股源圣公司，并办理了股权登记。增资后，霓美公司持股60%，甲持股25%，乙持股8%，丙持股7%，霓美公司总经理陈某兼任源圣公司董事长。2015年12月，霓美公司在陈某授意下将当时出资的1亿元现金全部转入霓美旗下的天富公司账户用于投资房地产。后因源圣公司现金不足，最终未能获得该环保项目，前期投入的500万元也无法收回。陈某忙于天富公司的房地产投资事宜，对此事并不关心。**

**请回答第88—90题。**

**88.** 针对公司现状，甲、乙、丙认为应当召开源圣公司股东会，但陈某拒绝召开，而公司监事会对此事保持沉默。下列说法正确的是：

A. 甲可召集和主持股东会

B. 乙可召集和主持股东会

C. 丙可召集和主持股东会

D. 甲、乙、丙可共同召集和主持股东会

**89.** 若源圣公司的股东会得以召开，该次股东会就霓美公司将资金转入天富公司之事进行决议。关于该次股东会决议的内容，根据有关规定，下列选项正确的是：

A. 陈某连带承担返还1亿元的出资义务

B. 霓美公司承担1亿元的利息损失

C. 限制霓美公司的利润分配请求权

D. 解除霓美公司的股东资格

**90.** 就源圣公司前期投入到环保项目500万元的损失问题，甲、乙、丙认为应当向霓美公司索赔，多次书面请求监事会无果。下列说法正确的是：

A. 甲可以起诉霓美公司

B. 乙、丙不能起诉霓美公司

C. 若甲起诉并胜诉获赔，则赔偿款归甲

D. 若甲起诉并胜诉获赔，则赔偿款归源圣公司

## 参考答案与解析

**1. B**。在人类社会生活中，有不受法律调整的社会关系，也有很多受各种不同性质法律调整的社会关系，而民事法律关系是依民法规范确立的法律关系。根据《民法典》第2条，民法调整的社会关系是平等主体之间的财产关系和人身关系。所以依民法规范确立的法律关系也就只能是平等主体之间的关系。平等性是民事法律关系的基本属性，这是民事法律关系区别于行政、刑事法律关系的重要特征。A中，税务机关与纳税人之间的税收征缴法律关系非平等主体之间的关系，故不受民法调整。排除A。需要注意的是，有些社会关系的主体之间即使具有平等性，是当事人之间自主形成的，但如果没有纳入法律调整范围，当然也不是民事法律关系。至于平等主体之间的哪些社会关系可以成为民事法律关系，应该属于一个价值判断问题。就民法的价值判断来看，CD即属于不受法律调整（当然也不受民法调整）的社会关系，即非法律关系。故排除CD。B中，乙手机丢失后发布的寻物启事属于单方允诺，是可以导致债发生的原因，可以因此在乙和送还手机者之间形成债的关系。《民法典》第499条规定，悬赏人以公开方式声明对完成特定行为的人支付报酬的，完成该行为的人可以请求其支付。即受民法调整。综上，B正确。

**2. C**。《民法典》第102条规定，非法人组织是不具有法人资格，但是能够依法以自己的名义从事民事活动的组织。非法人组织包括个人独资企业、合伙企业、不具有法人资格的专业服务机构等。《合伙企业法》第38条“合伙企业对其债务，应先以其全部财产进行清偿”和第39条“合伙企业不能清偿到期债务的，合伙人承担无限连带责任”的规定，在合伙企业中，除法律另有规定外，普通合伙人须对合伙企业的债务负无限连带责任，即当合伙企业财产不足以清偿时，普通合伙人要以自己的全部财产清偿。本题中，普通合伙企业甲企业对外欠债50万元，但合伙企业全部资产仅剩20万元，欠款应先以甲企业的财产偿还，不足部分应由合伙人安琚与乙企业承担无限连带责任。由此，C正确。《民法典》第178条规定，二人以上依法承担连带责任的，权利人有权请求部分或者全部连带责任人承担责任。连带责任人的责任份额根据各自责任大小确定；难以确定责任大小的，平均承担责任。实际承担责任超过自己责任份额的连带责任人，有权向其他连带责任人追偿。连带责任，由法律规定或者当事人约定。据此，ABD错误。

**3. A**。《民法典》第151条规定，一方利用对方处于危困状态、缺乏判断能力等情形，致使民事法律行为成立时显失公平的，受损害方有权请求人民法院或者仲裁机构予以撤销。由此可以看出，显失公平必须同时具备两个方面的要件：一是客观要件，即双方的权利与义务明显违反公平、等价有偿原则；二是主观要件，即一方当事人利用了优势地位或者利用了对方没有经验或者利用对方处于危困状态、缺乏判断能力等情形。也就是说，如果只有利益悬殊的客观要件，不具有意思表示瑕疵的主观要件，不应认定为法律意义上的显失公平。在“赌石”活动中，素有“三分靠眼力，七分靠运气，一刀穷，一刀富，一刀切出千万元”的说法，本题中，当地玉石资源丰富，且盛行“赌石”活动，商家作为卖方，应事先明知“赌石”实际上是“射幸合同”，既然买者购买原石后自行剖切，损益自负，卖者自然亦同。由此可排除BD。《民法典》第147条规定，基于重大误解实施的民事法律行为，行为人有权请求人民法院或者仲裁机构予以撤销。本题中，当地玉石资源丰富，且盛行“赌石”活动，损益自负可以理解为一种行业习惯，商家作为卖方，主张“重大误解”显然不合常理。由此，可排除C。综上，A正确。

**4. D**。本题买卖合同中，唐某是甲公司的代理人，唐某与乙公司私下商定将净化机单价比正常售价提高200元，乙公司给唐某每台100元的回扣；商定后，唐某以甲公司名义与乙公司签订了买卖合同。此间，无以合法形式掩盖非法目的之行为；唐某受甲公司委托，有代理权，不存在无权代理情形；《民法典》第148条规定，一方以欺诈手段，使对方在违背真实意思的情况下实施的民事法律行为，受欺诈方有权请求人民法院或者仲裁机构予以撤销。但本题中乙公司的行为也非对甲公司进行欺诈，所以ABC均错误。代理人是以被代理人的名义从事活动，由此产生的一些权益、责任都应归属于被代理人。所以，代理人实施代理行为时应像处理自己的事务一样谨慎、勤勉，尽可能使被代理人得到最大利益，不得以任何方式侵吞被代理人应得的权益。代理人在行使代理权时，违背代理权的设定宗旨和代理行为的基本准则，从事有损被代理人利益的代理行为，属于滥用代理权。本题中，唐某作为甲公司的代理人，与乙公司私下商定将净化机单价比正常售价提高200元，乙公司给唐某每台100元的回扣，此为明显的恶意串通滥用代理权的行为，必然损害甲公司的利益。《民法典》第164条规定，代理人不履行或者不完全履行职责，造成被代理人损害的，应当承担民事责任。代理人和相对人恶意串通，损害被代理人合法权益的，代理人和相对人应当承担连带责任。即唐某与乙公司恶意串通损害甲公司的利益，应对甲公司承担连带责任。由此，D正确。

**5. D**。《民法典》第209条规定，不动产物权的设立、变更、转让和消灭，经依法登记，发生效力；未经登记，不发生效力，但是法律另有规定的除外。《民法典》第230规定，因继承取得物权的，自继承开始时发生效力。这属于法律另有规定的一种情形。即因继承取得物权的，无需登记变动不动产所有权，而是自被继承人死亡时即发生所有权变动的效力。本题中，蔡永父母在共同遗嘱中表示，二人共有的某处房产由蔡永继承，故在蔡永父母先后去世后，依遗嘱，蔡永即使一直未办理该房屋所有权变更登记，也在其父母最后一方死亡时即取得了房屋所有权，并因此享有对该房屋的物权请求权。故D正确。尽管蔡永父母去世前，该房由蔡永之姐蔡花借用，但借用期未明确，意味着房屋所有人随时可以请求返还，所以即使蔡花系合法占有，该合法占有不能对抗蔡永的物权请求权，所以蔡永有权要求其搬出。据此，AC错误。《民法典》第196条规定，下列请求权不适用诉讼时效的规定：（1）请求停止侵害、排除妨碍、消除危险；（2）不动产物权和登记的动产物权的权利人请求返还财产；（3）请求支付抚养费、赡养费或者扶养费；（4）依法不适用诉讼时效的其他请求权。由此，所有权人行使所有物的原物返还请求权不受诉讼时效的约束，所以B错误。

**6. B**。《民法典》第1060条规定，夫妻一方因家庭日常生活需要而实施的民事法律行为，对夫妻双方发生效力，但是夫妻一方与相对人另有约定的除外。夫妻之间对一方可以实施的民事法律行为范围的限制，不得对抗善意相对人。本题中，乙将登记在自己名下的夫妻共有房屋出售给丙，交付并办理了过户登记，显然非日常生活需要，不属于家事代理，故C错误。对于财产代管人的权限，尤其是财产代管人是否有权处分失踪的被代管人的财产，我国立法目前未有明确规定。《民法典》第43条规定，财产代管人应当妥善管理失踪人的财产，维护其财产权益。失踪人所欠税款、债务和应付的其他费用，由财产代管人从失踪人的财产中支付。财产代管人因故意或者重大过失造成失踪人财产损失的，应当承担赔偿责任。由此可以解释为采限制失踪人财产代管人权限的立场，即代管人的代管权限主要包括用失踪人财产支付失踪人所欠税款、失踪人所欠债务、赡养费、扶养费、抚养费和因代管财产所需的管理费等必要的费用。简而言之，代管人对失踪人财产的代管行为主要限定于保管该财产并用以支付失踪人所欠各类债务。本题中，乙将登记在自己名下的夫妻共有房屋出售给丙，显然不属于乙作为代管人的权限范围，故其行为属于无权处分。据此，D错误。《民法典》第311条规定，无处分权人将不动产或者动产转让给受让人的，所有权人有权追回；除法律另有规定外，符合下列情形的，受让人取得该不动产或者动产的所有权：（1）受让人受让该不动产或者动产时是善意；（2）以合理的价格转让；（3）转让的不动产或者动产依照法律规定应当登记的已经登记，不需要登记的已经交付给受让人。受让人依据前款规定取得不动产或者动产的所有权的，原所有权人有权向无处分权人请求损害赔偿。当事人善意取得其他物权的，参照适用前两款规定。在乙向丙出示了甲被宣告失踪的判决书，并将房屋属于夫妻二人共有的事实告知丙的情形下，也不宜认定丙主观上构成善意，所以丙不能主张善意取得。据此，A错误，B正确。

**7. C**。从本题涉及法律关系来看，甲乙之间存在借用法律关系，甲丙之间存在承揽合同法律关系。在乙通知甲解除借用关系并告知丙，同时要求丙不得将自行车交给甲，丙也向甲核实而甲承认后，甲乙之间的借用法律关系解除，此时原甲丙之间的承揽合同法律关系中的定作人也由原来的甲变更为乙。故甲无权再请求丙返还自行车，而乙无论作为承揽合同法律关系的定作人还是自行车的所有人，均有权请求丙返还自行车，也无须经过甲同意。据此，AB错误。《民法典》第783条规定，定作人未向承揽人支付报酬或者材料费等价款的，承揽人对完成的工作成果享有留置权或者有权拒绝交付，但是当事人另有约定的除外。本题中，因为原甲丙之间的承揽合同法律关系中的定作人也由原来的甲变更为乙，故乙有权要求丙返还自行车，但在100元修理费未支付前，丙就自行车享有留置权。据此，C正确，D错误。当然，在乙支付丙100元修理费后，基于甲是“因莽撞骑行造成自行车链条断裂”，所以乙也有权要求甲偿还100元。

**8. D**。本题中，甲、乙二人按照3∶7的份额共有一辆货车，为按份共有。后该货车在运输过程中将戊撞伤。《民法典》第307条规定，因共有的不动产或者动产产生的债权债务，在对外关系上，共有人享有连带债权、承担连带债务，但是法律另有规定或者第三人知道共有人不具有连带债权债务关系的除外；在共有人内部关系上，除共有人另有约定外，按份共有人按照份额享有债权、承担债务，共同共有人共同享有债权、承担债务。偿还债务超过自己应当承担份额的按份共有人，有权向其他共有人追偿。依该规定，共有物造成他人损害的，除法律另有规定或者第三人知道共有人不具有连带债权债务关系的以外，共有人应当承担连带责任。对于债权人免除部分连带责任人赔偿责任后的效力问题，我国现行法未有明确规定，理论上也众说纷纭。但《最高人民法院关于审理人身损害赔偿案件适用法律若干问题的解释》第2条规定，赔偿权利人起诉部分共同侵权人的，人民法院应当追加其他共同侵权人作为共同被告。赔偿权利人在诉讼中放弃对部分共同侵权人的诉讼请求的，其他共同侵权人对被放弃诉讼请求的被告应当承担的赔偿份额不承担连带责任。责任范围难以确定的，推定各共同侵权人承担同等责任。人民法院应当将放弃诉讼请求的法律后果告知赔偿权利人，并将放弃诉讼请求的情况在法律文书中叙明。根据该规定的精神，该解析倾向于解释为：我国司法实践中对于被侵权人单方免除部分债务人债务的，被免除债务的债务人对剩余全部债务仍应当承担连带责任。本题中，如果戊免除了甲的损害赔偿责任，则甲乙仍然对未免除部分的债务承担连带损害赔偿责任。而且，如果甲对丁承担了全部担保责任，当然也有权向乙追偿。综上，A错误，D正确。《民法典》第403条规定，以动产抵押的，抵押权自抵押合同生效时设立；未经登记，不得对抗善意第三人。根据该条规定，本题中，“为担保丙的债务，甲、乙将货车抵押给债权人丁，但未办理抵押登记。后该货车在运输过程中将戊撞伤”，因为抵押权未登记，所以丁的抵押权不能对抗被撞伤的戊的损害赔偿请求权，应平等受偿。据此，B中的“戊应优先于丁受偿”的表述错误。《民法典》第419条规定，抵押权人应当在主债权诉讼时效期间行使抵押权；未行使的，人民法院不予保护。据此，本题中C“如丁对丙的债权超过诉讼时效，仍可在2年内要求甲、乙承担担保责任”的表述错误。

**9. B**。本题中，戒指非埋藏物、遗失物等有可能判决归国家所有的情形，也无由甲、乙共同共有的背景，故CD为可以直接排除选项。我国现行法律对于占有的推定效力未作明确规定。如果每个人对自己占有的财产，都要证明其享有所有权，这就会给人们的生产生活带来极大不便。如果不能举证证明自己占有的财产是自己享有所有权的财产，其财产的合法性就会受到他人挑战，这样财产的秩序、安全就会受到重大损害，也会带来高昂的成本。为此，占有的推定规则已经被各国和地区的立法所普遍采纳。依学理通说，占有推定规则是指占有人于占有物上行使的权利，推定其适法有此权利。质言之，为保护占有人起见，法律基于社会生活的一般情况，为占有人设各项推定，免除其举证责任，即受权利推定的占有人，免除举证责任，占有人可以直接援用该推定对抗相对人，无须证明自己是权利人。但是，需要注意的是，在相对人提出反证时，占有人为推翻该反证，仍须举证。本题中，争议发生时乙对戒指为现实直接占有，且主张所有权，故可先推定其对戒指有所有权，但在甲无法证明对该戒指拥有所有权，却能够针对乙的主张提出反证证明在 2015 年 10 月 1 日前一直合法占有该戒指的情形下，乙就应该提供自 2015 年 10 月 1 日后从甲处合法取得戒指的证据推翻该反证，否则，应当认定因甲证明了自己的先前占有，而推定甲对戒指享有合法权利。综上，A 错误，B 正确。

**10. A**。《民法典》第 133 条规定，民事法律行为是民事主体通过意思表示设立、变更、终止民事法律关系的行为。依学界通说，情谊行为是道德层面上的日常社会交往行为，它与法律行为和事实行为在法律意义上有显著区别，情谊行为与法律行为的本质区别主要在于，情谊行为原则上不具有受法律拘束的意思，不具有缔结法律关系的意图，因此情谊行为的行为人对自己的承诺原则上无须承担法律上的给付义务。事实行为是指民事主体主观上并不存在变动民事法律关系的意思，但客观上依民法的规定能够引起民事法律效果的行为，当然，情谊行为虽然其本身不具有法律上的拘束力，但有时可以引发对相对人信赖的保护以及适用侵权责任法律后果，本题中，甲单独邀请朋友乙到家中吃饭，乙爽快答应并表示一定赴约，但当日乙因其他应酬而未赴约，也未及时告知甲致使甲准备的饭菜浪费，甲还因炒菜被热油烫伤，此为典型的情谊行为，根据题目交代的情节也不会引发事实行为的法律后果，故乙对甲无须承担法律责任，据此，只有 A 正确。

**11. C**。署名权作为一种著作人身权，是指表明作者身份，在作品上署名的权利。本题中，艺术馆只是收藏古代名家绘画，非作者，故不享有署名权，他人也就不可能侵犯其署名权，故 A 错误。著作权人或者邻接权人为了防止他人假冒其作品或者进行非法复制，往往在其作品、制品或者复制品上注明有关权利管理信息。《世界知识产权组织版权条约》第 12 条规定，权利管理信息是指“识别作品、作品的作者、对作品享有任何权利的所有人的信息，或者有关作品的使用条件和条款的信息，以及代表这种形式的任何素质或者代码，各种信息均附于作品的每件复制品上或者在作品向公众进行传播时出现”。由此，可以看出，非法删除或者改变权利管理电子信息，是指未经著作权人或者著作邻接权人的许可，故意删除或者改变作品、录音录像制品等的权利管理电子信息的行为。本题中，因为艺术馆非著作权人或者著作邻接权人，所以唐某、郑某将其中“清风艺术馆珍藏、复制必究”的标记清除，或者未注明来源于艺术馆的行为，不能认定为属于删除权利管理信息的行为。故 B 错误。清风艺术馆在入场券上以醒目方式提示“不得拍照、摄影”，唐某购票后双方即成立合同关系，“不得拍照、摄影”便成为约定义务，但唐某购票观展时乘人不备拍摄了展品，其未经许可拍摄的行为构成违约。由此，C 正确。《民法典》第 1194 条规定，网络用户、网络服务提供者利用网络侵害他人民事权益的，应当承担侵权责任。法律另有规定的，依照其规定。《民法典》第 1195 条规定，网络用户利用网络服务实施侵权行为的，权利人有权通知网络服务提供者采取删除、屏蔽、断开链接等必要措施。通知应当包括构成侵权的初步证据及权利人的真实身份信息。网络服务提供者接到通知后，应当及时将该通知转送相关网络用户，并根据构成侵权的初步证据和服务类型采取必要措施；未及时采取必要措施的，对损害的扩大部分与该网络用户承担连带责任。权利人因错误通知造成网络用户或者网络服务提供者损害的，应当承担侵权责任。法律另有规定的，依照其规定。《民法典》第 1197 条规定，网络服务提供者知道或者应当知道网络用户利用其网络服务侵害他人民事权益，未采取必要措施的，与该网络用户承担连带责任。根据上述规定，网络用户利用网络服务实施侵权行为的，被侵权人有权通知网络服务提供者采取删除、屏蔽、断开链接等必要措施，而本题中，唐某和郑某的行为涉嫌构成对著作权人和邻接权人的侵权，对清风艺术馆而言，其非被侵权人，故电商网站收到通知后如不采取措施阻止唐某、郑某销售该高仿品，也无须向艺术馆承担赔偿责任。故 D 错误。

**12. A**。《最高人民法院关于审理买卖合同纠纷案件适用法律问题的解释》第 6 条规定：“出卖人就同一普通动产订立多重买卖合同，在买卖合同均有效的情况下，买受人均要求实际履行合同的，应当按照以下情形分别处理：（一）先行受领交付的买受人请求确认所有权已经转移的，人民法院应予支持；（二）均未受领交付，先行支付价款的买受人请求出卖人履行交付标的物等合同义务的，人民法院应予支持；（三）均未受领交付，也未支付价款，依法成立在先合同的买受人请求出卖人履行交付标的物等合同义务的，人民法院应予支持。”本题中，戊为先行受领交付的买受人，丁和丙分别为先行支付全部或者部分价款的买受人，乙为成立在先合同的买受人，上述买受人均要求实际履行合同的情形下，先行受领交付的戊有权最先得到履行；丁和丙分别为先行支付全部或者部分价款的买受人，但立法并未规定先行支付全部价款的买受人就优先于支付部分价款的买受人，故这种情形下要根据其合同成立的先后确定二者的顺序，故先行成立合同的丙应优先于丁。综上，A 正确。

**13. B**。行为人因对行为的性质、对方当事人、标的物的品种、质量、规格和数量等的错误认识，使行为的后果与自己的意思相悖，并造成较大损失的，可以认定为重大误解。本题中，双方当事人订立房屋买卖合同的行为中，均不存在意思表示的瑕疵，之所以合同约定面积和实际面积相差 15 平方米，是因为合同履行出现问题。所以本题中房屋买卖合同不存在重大误解，乙公司也无权请求予以撤销。故 A 错误。本题中，合同约定面积小于实际面积 15 平方米，误差超过 3%，根据《商品房销售管理办法》第 20 条规定，如果买受人请求解除合同、返还已付购房款及利息的，应予支持；如果买受人同意继续履行合同，房款应依情况分别计算，并非简单地一律按实际面积或者约定面积支付房款。据此，B 正确，CD 均错误。

**14. A**。《专利法》第 11 条第 1 款规定，发明和实用新型专利权被授予后，除本法另有规定的以外，任何单位或者个人未经专利权人许可，都不得实施其专利，即不得为生产经营目的制造、使用、许诺销售、销售、进口其专利产品，或者使用其专利方法以及使用、许诺销售、销售、进口依照该专利方法直接获得的产品。依此规定，本题中，乙公司侵权属实，故尽管甲公司并不知情，但未经许可使用侵权设备，也构成侵犯专利权。《专利法》第 77 条规定："为生产经营目的使用、许诺销售或者销售不知道是未经专利权人许可而制造并售出的专利侵权产品，能证明该产品合法来源的，不承担赔偿责任。"《最高人民法院关于审理侵犯专利权纠纷案件应用法律若干问题的解释（二）》第 25 条第 1 款规定："为生产经营目的使用、许诺销售或者销售不知道是未经专利权人许可而制造并售出的专利侵权产品，且举证证明该产品合法来源的，对于权利人请求停止上述使用、许诺销售、销售行为的主张，人民法院应予支持，但被诉侵权产品的使用者举证证明其已支付该产品的合理对价的除外。"本题中，甲公司与乙公司签订买卖合同，甲以市场价格购买乙公司生产的设备一台，甲公司并不知情乙公司侵权，这些事实意味着甲已经已支付该产品的合理对价，所以对于丙提出的要求甲公司停止使用专利产品的主张，人民法院不应再予以支持。综上，本题"判令甲公司支付专利许可使用费""判令甲公司与乙公司承担连带责任""判令先由甲公司支付专利许可使用费，再由乙公司赔偿甲损失"的表述均错误，只有 A 正确。

**15. A**。《专利法》第 11 条第 2 款规定："外观设计专利权被授予后，任何单位或者个人未经专利权人许可，都不得实施其专利，即不得为生产经营目的制造、许诺销售、销售、进口其外观设计专利产品。"由该规定观之，实施外观设计专利的行为中不包含使用行为。本题中，奔马公司就其生产的一款高档轿车造型和颜色组合获得了外观设计专利权，某车行应车主陶某请求，将陶某低价位的旧车改装成该高档轿车的造型和颜色，其中，车行的行为属于为生产经营目的而制造，陶某则属于使用，所以，陶某的行为未侵犯奔马公司的专利权，而车行的行为则侵犯了奔马公司的专利权。由此可知本题 A 错误，B 正确。《商标法》第 57 条规定："有下列行为之一的，均属侵犯注册商标专用权：（一）未经商标注册人的许可，在同一种商品上使用与其注册商标相同的商标的；（二）未经商标注册人的许可，在同一种商品上使用与其注册商标近似的商标，或者在类似商品上使用与其注册商标相同或者近似的商标，容易导致混淆的；（三）销售侵犯注册商标专用权的商品的；（四）伪造、擅自制造他人注册商标标识或者销售伪造、擅自制造的注册商标标识的；（五）未经商标注册人同意，更换其注册商标并将该更换商标的商品又投入市场的；（六）故意为侵犯他人商标专用权行为提供便利条件，帮助他人实施侵犯商标专用权行为的；（七）给他人的注册商标专用权造成其他损害的。"本题中，车行从报废的轿车上拆下"飞天神马"标志安装在改装车上，属于故意为侵犯他人商标专用权行为提供便利条件，帮助他人实施侵犯商标专用权的行为；陶某使用该改装车提供专车服务，属于未经商标注册人的许可，在同一种商品上使用与其注册商标相同的商标的行为。所以，陶某的行为和车行的行为均侵犯了奔马公司的商标权。由此，本题 CD 均正确。因为本题为选非题，所以 A 当选。

**16. C**。《专利法》第 11 条第 1 款规定："发明和实用新型专利权被授予后，除本法另有规定的以外，任何单位或者个人未经专利权人许可，都不得实施其专利，即不得为生产经营目的制造、使用、许诺销售、销售、进口其专利产品，或者使用其专利方法以及使用、许诺销售、销售、进口依照该专利方法直接获得的产品。"《专利法》第 75 条规定："有下列情形之一的，不视为侵犯专利权：（一）专利产品或者依照专利方法直接获得的产品，由专利权人或者经其许可的单位、个人售出后，使用、许诺销售、销售、进口该产品的；（二）在专利申请日前已经制造相同产品、使用相同方法或者已经作好制造、使用的必要准备，并且仅在原有范围内继续制造、使用的；（三）临时通过中国领陆、领水、领空的外国运输工具，依照其所属国同中国签订的协议或者共同参加的国际条约，或者依照互惠原则，为运输工具自身需要而在其装置和设备中使用有关专利的；（四）专为科学研究和实验而使用有关专利的；（五）为提供行政审批所需要的信息，制造、使用、进口专利药品或者专利医疗器械的，以及专门为其制造、进口专利药品或者专利医疗器械的。”本题中，A“在L国购买由乙公司制造销售的该发动机，进口至我国销售”以及B“在我国购买由甲公司制造销售的该发动机，将发动机改进性能后销售”，均属于上述规定第1项规定的因“专利权用尽”而不构成侵犯专利权的情形，不选。“在我国未经甲公司许可制造该发动机，用于各种新型汽车的碰撞实验，以测试车身的防撞性能”虽然属于上述规定第4项进行科学研究和实验，但该规定中未经专利权人许可只有为科学研究和实验“使用”有关专利才不构成侵犯专利权，而本表达是属于“制造”，所以仍然构成侵犯专利权，C当选。D“在L国未经乙公司许可制造该发动机，安装在L国客运公司汽车上，该客车曾临时通过我国境内”属于上述规定第3项不构成侵犯专利权的情形。由上可知，ABD在我国均不属于侵犯专利权的情形。

**17. A。**《商标法》第15条规定：“未经授权，代理人或者代表人以自己的名义将被代理人或者被代表人的商标进行注册，被代理人或者被代表人提出异议的，不予注册并禁止使用。就同一种商品或者类似商品申请注册的商标与他人在先使用的未注册商标相同或者近似，申请人与该他人具有前款规定以外的合同、业务往来关系或者其他关系而明知该他人商标存在，该他人提出异议的，不予注册。”《商标法》第19条规定：“商标代理机构应当遵循诚实信用原则，遵守法律、行政法规，按照被代理人的委托办理商标注册申请或者其他商标事宜；对在代理过程中知悉的被代理人的商业秘密，负有保密义务。委托人申请注册的商标可能存在本法规定不得注册情形的，商标代理机构应当明确告知委托人。商标代理机构知道或者应当知道委托人申请注册的商标属于本法第四条、第十五条和第三十二条规定情形的，不得接受其委托。商标代理机构除对其代理服务申请商标注册外，不得申请注册其他商标。”《商标法》第32条规定：“申请商标注册不得损害他人现有的在先权利，也不得以不正当手段抢先注册他人已经使用并有一定影响的商标。”根据上述规定，本题中A“乙公司委托注册‘实耐’商标”属于以不正当手段抢先注册他人已经使用并有一定影响的商标，违反《商标法》第32条规定，所以该商标代理机构不得接受委托，A正确，当选；D“该商标代理机构自行注册‘捷驰’商标，用于转让给经营汽车轮胎的企业”属于商标代理机构不得申请注册的范围，违反《商标法》第19条规定，行为不正确，应排除该选项。《商标法》第11条第1款规定：“下列标志不得作为商标注册：（一）仅有本商品的通用名称、图形、型号的；（二）仅直接表示商品的质量、主要原料、功能、用途、重量、数量及其他特点的；（三）其他缺乏显著特征的。”《商标法》第12条规定：“以三维标志申请注册商标的，仅由商品自身的性质产生的形状、为获得技术效果而需有的商品形状或者使商品具有实质性价值的形状，不得注册。”《商标法》第16条规定：“商标中有商品的地理标志，而该商品并非来源于该标志所标示的地区，误导公众的，不予注册并禁止使用；但是，已经善意取得注册的继续有效。前款所称地理标志，是指标示某商品来源于某地区，该商品的特定质量、信誉或者其他特征，主要由该地区的自然因素或者人文因素所决定的标志。”再依上述《商标法》第19条规定可知，本题B“乙公司委托注册‘营盘轮胎’商标”以及C“乙公司委托注册普通的汽车轮胎图形作为商标”，均属于委托人申请注册的商标可能存在上述规定不得注册情形的，商标代理机构应当明确告知委托人，而非“商标代理机构不得接受委托”，故BC不正确，应排除该两个选项。

**18. D。**《民法典》第1092条规定，夫妻一方隐藏、转移、变卖、毁损、挥霍夫妻共同财产，或者伪造夫妻共同债务企图侵占另一方财产的，在离婚分割夫妻共同财产时，对该方可以少分或者不分。离婚后，另一方发现有上述行为的，可以向人民法院提起诉讼，请求再次分割夫妻共同财产。《婚姻家庭编解释（一）》第84条规定，当事人依据《民法典》第1092条的规定向人民法院提起诉讼，请求再次分割夫妻共同财产的诉讼时效期间为3年，从当事人发现之日起计算。由上述两条规定可知，AC正确；D错误，当选。《婚姻家庭编解释（一）》第69条第2款规定，当事人依照《民法典》第1076条签订的离婚协议中关于财产以及债务处理的条款，对男女双方具有法律约束力。登记离婚后当事人因履行上述协议发生纠纷提起诉讼的，人民法院应当受理。据此，B正确。

**19. C。**《民法典》第1091条规定，有下列情形之一，导致离婚的，无过错方有权请求损害赔偿：（1）重婚；（2）与他人同居；（3）实施家庭暴力；（4）虐待、遗弃家庭成员；（5）有其他重大过错。《婚姻家庭编解释（一）》第86条规定，《民法典》第1091条规定的“损害赔偿”，包括物质损害赔偿和精神损害赔偿。涉及精神损害赔偿的，适用《最高人民法院关于确定民事侵权精神损害赔偿责任若干问题的解释》的有关规定。本题中，根据上述规定，钟某实施家庭暴力，柳某有权向其主张损害赔偿，且该损害赔偿包括精神损害赔偿，故AB说法均错误，不选。《婚姻家庭编解释（一）》第90条规定，夫妻双方均有《民法典》第1091条规定的过错情形，一方或者双方向对方提出离婚损害赔偿请求的，人民法院不予支持。《婚姻家庭编解释（一）》第2条规定，《民法典》第1042条、第1079条、第1091条规定的“与他人同居”的情形，是指有配偶者与婚外异性，不以夫妻名义，持续、稳定地共同居住。依该两条规定，本题中，如柳某婚内与杜某同居，属于“有配偶者与他人同居的”，根据上述规定，钟某不能向柳某主张损害赔偿，故D错误，C正确。

**20. D**。《民法典》第1063条规定，下列财产为夫妻一方的个人财产：（1）一方的婚前财产；（2）一方因受到人身损害获得的赔偿或者补偿；（3）遗嘱或者赠与合同中确定只归一方的财产；（4）一方专用的生活用品；（5）其他应当归一方的财产。《婚姻家庭编解释（一）》第31条规定，《民法典》第1063条规定为夫妻一方的个人财产，不因婚姻关系的延续而转化为夫妻共同财产。但当事人另有约定的除外。本题中，刘山峰婚前个人名下拥有别墅一栋，属于其婚前个人财产。根据上述规定，ABC表述均错误，D正确。

**21. AB**。《民法典》第1142条规定，遗嘱人可以撤回、变更自己所立的遗嘱。立遗嘱后，遗嘱人实施与遗嘱内容相反的民事法律行为的，视为对遗嘱相关内容的撤回。立有数份遗嘱，内容相抵触的，以最后的遗嘱为准。据此，本题中贡某所立公证遗嘱可以被贡某之后未公证的书面自书遗嘱变更，所以A正确。《民法典》第1154条规定，有下列情形之一的，遗产中的有关部分按照法定继承办理：（1）遗嘱继承人放弃继承或者受遗赠人放弃受遗赠；（2）遗嘱继承人丧失继承权或者受遗赠人丧失受遗赠权；（3）遗嘱继承人、受遗赠人先于遗嘱人死亡或者终止；（4）遗嘱无效部分所涉及的遗产；（5）遗嘱未处分的遗产。本题中，贡文先于贡某死亡，即属于上述规定第（3）项，贡某遗嘱因此不生效力，应依法定继承办理。故B正确。《民法典》第1133条第1款规定，自然人可以依照本法规定立遗嘱处分个人财产，并可以指定遗嘱执行人。据此，遗嘱人以遗嘱处分了属于国家、集体或他人所有的财产，遗嘱的这部分，应认定无效。本题中，在贡某死亡前，贡文遗嘱中处分贡某遗产的部分，即使经过贡某同意，也属无效。故本题CD均错误，不选。

**22. B**。生命权是指自然人维持生命和维护生命安全利益的权利，其客体是生命及其安全利益，这与身体权和健康权明显不同，A中“甲女视其长发如生命，被情敌乙尽数剪去”，侵犯的显然非生命权，而可能是身体权；C中“戊为报复欲置己于死地，结果将己打成重伤”，侵犯的也非生命权，而是健康权。故AC说法均错误，不选。D中“庚医师因误诊致辛出生即残疾”，《民法典》第16条规定，涉及遗产继承、接受赠与等胎儿利益保护的，胎儿视为具有民事权利能力。但是，胎儿娩出时为死体的，其民事权利能力自始不存在。可以认定庚医师的行为侵犯的是辛的权利，不过侵犯的仍是健康权而非生命权，由此D说法也错误，不选。《民法典》第1002条规定，自然人享有生命权。自然人的生命安全和生命尊严受法律保护。任何组织或者个人不得侵害他人的生命权。我国未认可“安乐死”，所以B“丙应丁要求，协助丁完成自杀行为”，丙的行为构成对丁的生命权的侵犯，故B为正确选项。

**23. A**。《民法典》第1218条规定，患者在诊疗活动中受到损害，医疗机构或者其医务人员有过错的，由医疗机构承担赔偿责任。由此，医疗损害责任的一般归责原则是过错责任原则，应由患方承担举证责任。据此，A正确，当选。《民法典》第1219条规定，医务人员在诊疗活动中应当向患者说明病情和医疗措施。需要实施手术、特殊检查、特殊治疗的，医务人员应当及时向患者具体说明医疗风险、替代医疗方案等情况，并取得其明确同意；不能或者不宜向患者说明的，应当向患者的近亲属说明，并取得其明确同意。医务人员未尽到前款义务，造成患者损害的，医疗机构应当承担赔偿责任。《民法典》第1220条规定，因抢救生命垂危的患者等紧急情况，不能取得患者或者其近亲属意见的，经医疗机构负责人或者授权的负责人批准，可以立即实施相应的医疗措施。依上述两条规定，本题显然不属于抢救生命垂危的患者等紧急情况，即便属于，题目中也未交代已经医疗机构负责人或者授权的负责人批准，故B错误，不选。《民法典》第1223条规定，因药品、消毒产品、医疗器械的缺陷，或者输入不合格的血液造成患者损害的，患者可以向药品上市许可持有人、生产者、血液提供机构请求赔偿，也可以向医疗机构请求赔偿。患者向医疗机构请求赔偿的，医疗机构赔偿后，有权向负有责任的药品上市许可持有人、生产者、血液提供机构追偿。据此，本题C错误，不选。《民法典》第1225条规定，医疗机构及其医务人员应当按照规定填写并妥善保管住院志、医嘱单、检验报告、手术及麻醉记录、病理资料、护理记录等病历资料。患者要求查阅、复制前款规定的病历资料的，医疗机构应当及时提供。据此，本题D错误，不选。

**24. B**。《民法典》第1198条规定，宾馆、商场、银行、车站、机场、体育场馆、娱乐场所等经营场所、公共场所的经营者、管理者或者群众性活动的组织者，未尽到安全保障义务，造成他人损害的，应当承担侵权责任。因第三人的行为造成他人损害的，由第三人承担侵权责任；经营者、管理者或者组织者未尽到安全保障义务的，承担相应的补充责任。经营者、管理者或者组织者承担补充责任后，可以向第三人追偿。由该规定可以看出，经营场所、公共场所的经营者、管理人或者群众性活动的组织者有法定的安全保障义务，本题中的张小飞显然不属于这类主体，故A“张小飞违反安全保障义务，应承担侵权责任”的表达错误，不选。题目中也未交代小区物业违反法定或者约定安全保障义务的情景，故“小区物业违反安全保障义务，应承担侵权责任”的表述错误，C

不选。《民法典》第1254条规定，禁止从建筑物中抛掷物品。从建筑物中抛掷物品或者从建筑物上坠落的物品造成他人损害的，由侵权人依法承担侵权责任；经调查难以确定具体侵权人的，除能够证明自己不是侵权人的外，由可能加害的建筑物使用人给予补偿。可能加害的建筑物使用人补偿后，有权向侵权人追偿。物业服务企业等建筑物管理人应当采取必要的安全保障措施防止前款规定情形的发生；未采取必要的安全保障措施的，应当依法承担未履行安全保障义务的侵权责任。发生本条第一款规定的情形的，公安等机关应当依法及时调查，查清责任人。故B“顶层业主通过证明当日家中无人，可以免责”的表达正确，当选；D“如查明砚台系从10层抛出，10层以上业主仍应承担补充责任”的表达错误，不选。

**25. A**。《公司法》第44条规定：“有限责任公司设立时的股东为设立公司从事的民事活动，其法律后果由公司承受。公司未成立的，其法律后果由公司设立时的股东承受；设立时的股东为二人以上的，享有连带债权，承担连带债务。设立时的股东为设立公司以自己的名义从事民事活动产生的民事责任，第三人有权选择请求公司或者公司设立时的股东承担。设立时的股东因履行公司设立职责造成他人损害的，公司或者无过错的股东承担赔偿责任后，可以向有过错的股东追偿。”据此，在发起人以自己名义对外签约的情形下，由具体对外签约的发起人承担合同责任。发起人李某以自己名义对外签约，其目的在于满足设立公司的需要，由此产生的债务应当由发起人李某和王某共同承担，故A正确，B错误。在发起人的内部责任分担上，李某、王某应当按照约定的出资比例分担，但对外责任则属于连带责任，故CD错误。

**26. D**。《公司法》第57条第2款规定：“股东可以要求查阅公司会计账簿、会计凭证。股东要求查阅公司会计账簿、会计凭证的，应当向公司提出书面请求，说明目的。公司有合理根据认为股东查阅会计账簿、会计凭证有不正当目的，可能损害公司合法利益的，可以拒绝提供查阅，并应当自股东提出书面请求之日起十五日内书面答复股东并说明理由。公司拒绝提供查阅的，股东可以向人民法院提起诉讼。”据此，张某要求查阅公司会计账簿时，应当以书面方式提出请求，故A错误。股东要求查阅公司会计账簿，通常是向公司经营层提出，C没有法律依据，错误。根据前述《公司法》第57条第2款，股东是否有权查阅公司会计账簿的关键在于股东查阅会计账簿是否有“正当目的”。一方面，股东对公司的财务状况享有知情权；另一方面，公司享有保护自身商业秘密（其中包括公司财务信息）的权利，公司法需要在两者之间进行平衡。就本题而言，一方面，红叶公司多年未分红，张某对红叶公司会计账簿存有疑惑，其查阅公司会计账簿具有正当目的；另一方面，张某又是红叶公司竞争对手枫林公司的董事，其查阅红叶公司会计账簿可能具有获取红叶公司商业秘密的不正当目的。根据前述《公司法》第57条第2款，只要公司有合理根据认为股东查阅公司会计账簿可能存在不正当目的，即可以拒绝其查阅公司会计账簿，故D正确。《公司法》第62条规定：“股东会会议分为定期会议和临时会议。定期会议应当按照公司章程的规定按时召开。代表十分之一以上表决权的股东、三分之一以上的董事或者监事会提议召开临时会议的，应当召开临时会议。”本题中，股东张某持有红叶公司5%的股权，没有权利提议召开临时股东会会议，故B错误。

**27. A**。《公司法》第23条第1款规定：“公司股东滥用公司法人独立地位和股东有限责任，逃避债务，严重损害公司债权人利益的，应当对公司债务承担连带责任。”本题中，零盛公司控股股东甲公司将零盛公司的资产全部用于甲公司的其他项目，事实上掏空了零盛公司的资产，使零盛公司空壳化，构成否定零盛公司法人资格的理由，甲公司应当对零盛公司的债务承担连带责任，故A正确，D错误。本题中，零盛公司的股东乙公司并不存在滥用公司法人资格以损害债权人利益的行为，故对零盛公司的债务不承担责任，BC错误。

**28. D**。《民法典》第170条规定：“执行法人或者非法人组织工作任务的人员，就其职权范围内的事项，以法人或者非法人组织的名义实施的民事法律行为，对法人或者非法人组织发生效力。法人或者非法人组织对执行其工作任务的人员职权范围的限制，不得对抗善意相对人。”烽源公司的章程对蔡某的约束属于内部约束，由于租赁合同并不存在无效情形，因此该租赁合同有效，A错误。《公司法》第178条第3款规定：“董事、监事、高级管理人员在任职期间出现本条第一款所列情形的，公司应当解除其职务。”《公司法》第178条第1款规定：“有下列情形之一的，不得担任公司的董事、监事、高级管理人员：（一）无民事行为能力或者限制民事行为能力；（二）因贪污、贿赂、侵占财产、挪用财产或者破坏社会主义市场经济秩序，被判处刑罚，或者因犯罪被剥夺政治权利，执行期满未逾五年，被宣告缓刑的，自缓刑考验期满之日起未逾二年；（三）担任破产清算的公司、企业的董事或者厂长、经理，对该公司、企业的破产负有个人责任的，自该公司、企业破产清算完结之日起未逾三年；（四）担任因违法被吊销营业执照、责令关闭的公司、企业的法定代表人，并负有个人责任的，自该公司、企业被吊销营业执照、责令关闭之日起未逾三年；（五）个人因所负数额较大债务到期未清偿被人民法院列为失信被执行人。”本题中，公司总经理蔡某只是从事自我交易，并不存在《公司法》第178条第1款规定的情形，除非烽源公司特别规定公司高管自我交易构成解聘高管的事由，否则烽源公司股东会不能解聘蔡某，故 B 错误。《公司法》第 5 条规定：“设立公司应当依法制定公司章程。公司章程对公司、股东、董事、监事、高级管理人员具有约束力。”《公司法》第 265 条第 1 项规定，“高级管理人员，是指公司的经理、副经理、财务负责人，上市公司董事会秘书和公司章程规定的其他人员”。本题中，蔡某为烽源公司的总经理，属于公司高管，公司章程对蔡某具有约束力，故 C 错误。《公司法》第 183 条规定：“董事、监事、高级管理人员，不得利用职务便利为自己或者他人谋取属于公司的商业机会。但是，有下列情形之一的除外：（一）向董事会或者股东会报告，并按照公司章程的规定经董事会或者股东会决议通过；（二）根据法律、行政法规或者公司章程的规定，公司不能利用该商业机会。”《公司法》第 186 条规定：“董事、监事、高级管理人员违反本法第一百八十一条至第一百八十四条规定所得的收入应当归公司所有。”据此，在公司高管与公司之间存在自我交易行为时，公司对于高管所得的收入享有归入权，故公司不必向蔡某支付租金，D 正确。

**29. B**。《公司法》第 162 条第 1 款规定：“公司不得收购本公司股份。但是，有下列情形之一的除外：（一）减少公司注册资本；（二）与持有本公司股份的其他公司合并；（三）将股份用于员工持股计划或者股权激励；（四）股东因对股东会作出的公司合并、分立决议持异议，要求公司收购其股份；（五）将股份用于转换公司发行的可转换为股票的公司债券；（六）上市公司为维护公司价值及股东权益所必需。”本题中并不存在股东要求公司回购股份的情形，故唐宁不得要求沃运公司收购其股权，A 错误。《公司法》第 157 条规定：“股份有限公司的股东持有的股份可以向其他股东转让，也可以向股东以外的人转让；公司章程对股份转让有限制的，其转让按照公司章程的规定进行。”其中并未规定股份公司股东转让股权需要经过其他股东同意，故 B 正确。针对股份公司的股权转让，《公司法》第 160 条规定：“公司公开发行股份前已发行的股份，自公司股票在证券交易所上市交易之日起一年内不得转让。法律、行政法规或者国务院证券监督管理机构对上市公司的股东、实际控制人转让其所持有的本公司股份另有规定的，从其规定。公司董事、监事、高级管理人员应当向公司申报所持有的本公司的股份及其变动情况，在就任时确定的任职期间每年转让的股份不得超过其所持有本公司股份总数的百分之二十五；所持本公司股份自公司股票上市交易之日起一年内不得转让。上述人员离职后半年内，不得转让其所持有的本公司股份。公司章程可以对公司董事、监事、高级管理人员转让其所持有的本公司股份作出其他限制性规定。股份在法律、行政法规规定的限制转让期限内出质的，质权人不得在限制转让期限内行使质权。”据此，转让股权属于公司发起人的基本权利，公司章程可以“限制”发起人转让股权，但不能“禁止”发起人转让股权。如果存在章程条款禁止发起人转让股权，这样的章程条款也会因为违反法律规定而无效，唐宁可以转让其股权，故 C 错误。《公司法》第 84 条第 2 款规定，有限责任公司股东向股东以外的人转让股权时，其他股东在同等条件下享有优先购买权。在股份有限公司股东转让股权时，《公司法》中并无类似规定，故在唐宁转让股权时，其他发起人不享有优先购买权，D 错误。

**30. B**。《合伙企业法》第 26 条第 1、2 款规定：“合伙人对执行合伙事务享有同等的权利。按照合伙协议的约定或者经全体合伙人决定，可以委托一个或者数个合伙人对外代表合伙企业，执行合伙事务。”《合伙企业法》第 27 条第 1 款规定：“依照本法第二十六条第二款规定委托一个或者数个合伙人执行合伙事务的，其他合伙人不再执行合伙事务。”本题中，合伙协议约定罗飞是合伙事务执行人，王曼原本不能代表合伙企业对外签约。但合伙协议关于合伙事务执行人的约定，外人通常难以知晓，第三人有理由相信王曼可以代表合伙企业签约，故 A 错误。《合伙企业法》第 38 条规定：“合伙企业对其债务，应先以其全部财产进行清偿。”王曼以合伙企业名义向陈阳借款 20 万元，应当由合伙企业对外承担责任，故 B 正确。《合伙企业法》第 39 条规定：“合伙企业不能清偿到期债务的，合伙人承担无限连带责任。”合伙协议中关于罗飞承担全部亏损的约定违反合伙企业合伙人共享利益、共担风险的原则，因而无效。罗飞、王曼对合伙企业债务都要承担无限连带责任，故 C 错误。D 表述不够准确，合伙企业债务先由合伙企业对外承担责任，无力清偿的，再由合伙人对外承担连带责任，并非合伙企业与合伙人一起承担连带责任，故 D 错误。

**31. D**。《企业破产法》第 25 条第 1 款规定：“管理人履行下列职责：（一）接管债务人的财产、印章和账簿、文书等资料；（二）调查债务人财产状况，制作财产状况报告；（三）决定债务人的内部管理事务；（四）决定债务人的日常开支和其他必要开支；（五）在第一次债权人会议召开之前，决定继续或者停止债务人的营业；（六）管理和处分债务人的财产；（七）代表债务人参加诉讼、仲裁或者其他法律程序；（八）提议召开债权人会议；（九）人民法院认为管理人应当履行的其他职责。”据此，破产管理人有权管理和处分债务人的财产。需要注意的是，《企业破产法》第 69 条第 1 款规定：“管理人实施下列行为，应当及时报告债权人委员会：（一）涉及土地、房屋等不动产权益的转让；（二）探矿权、采矿权、知识产权等财产权的转让；（三）全部库存或者营业的转让；（四）借款；（五）设定财产担保；（六）债权和有价证券的转让；（七）履行债务人和对方当事人均未履行完毕的合同；（八）放弃权利；（九）担保物的取回；（十）对债权人利益有重大影响的其他财产处分行为。”据此，在破产管理人决定处分债务人的财产时，应当及时报告债权人委员会，故 D 正确。破产管理人属于破产程序中的法定机构，并非债务人的法定代表人，更多时候反而是代表债权人，破产管理人作出处分债务人财产的决定并非代表债务人，故 A 错误。法院并不决定破产人的资产转让事宜，故 B 错误。《企业破产法》第 61 条第 1 款规定：“债权人会议行使下列职权：（一）核查债权；（二）申请人民法院更换管理人，审查管理人的费用和报酬；（三）监督管理人；（四）选任和更换债权人委员会成员；（五）决定继续或者停止债务人的营业；（六）通过重整计划；（七）通过和解协议；（八）通过债务人财产的管理方案；（九）通过破产财产的变价方案；（十）通过破产财产的分配方案；（十一）人民法院认为应当由债权人会议行使的其他职权。”据此，债权人会议的职责中并不包含处分债务人财产的内容，处分债务人财产事宜由破产管理人决定，故 C 错误。

**32. D**。《票据法》第 22 条规定：“汇票必须记载下列事项：（一）表明‘汇票’的字样；（二）无条件支付的委托；（三）确定的金额；（四）付款人名称；（五）收款人名称；（六）出票日期；（七）出票人签章。汇票上未记载前款规定事项之一的，汇票无效。”票据讲究形式性，票据无效的事由通常是因为票据不满足法定形式。本题中，票据形式合法，而且签发汇票也不存在非法交易的情形，不存在任何无效事由，故 A 错误。《票据法》第 13 条规定：“票据债务人不得以自己与出票人或者与持票人的前手之间的抗辩事由，对抗持票人。但是，持票人明知存在抗辩事由而取得票据的除外。票据债务人可以对不履行约定义务的与自己有直接债权债务关系的持票人，进行抗辩。本法所称抗辩，是指票据债务人根据本法规定对票据债权人拒绝履行义务的行为。”据此，票据抗辩虽然受到限制，但直接前后手之间可以主张票据抗辩，故甲公司可以拒绝乙公司的票据权利请求，B 错误。《票据法》第 11 条规定：“因税收、继承、赠与可以依法无偿取得票据的，不受给付对价的限制。但是，所享有的票据权利不得优于其前手的权利。前手是指在票据签章人或者持票人之前签章的其他票据债务人。”因为丙是通过从乙公司接受赠与而获得票据，其享有的票据权利不能优于乙公司，所以甲公司可以拒绝丙的票据权利请求，据此 C 错误。《票据法》第 44 条规定：“付款人承兑汇票后，应当承担到期付款的责任。”据此，D 正确。

**33. C**。《证券投资基金法》第 87 条第 1 款规定：“非公开募集基金应当向合格投资者募集，合格投资者累计不得超过二百人。”据此，A 错误。《证券投资基金法》第 91 条规定：“非公开募集基金，不得向合格投资者之外的单位和个人募集资金，不得通过报刊、电台、电视台、互联网等公众传播媒体或者讲座、报告会、分析会等方式向不特定对象宣传推介。”据此，B 错误。《证券投资基金法》第 94 条第 2 款规定：“非公开募集基金财产的证券投资，包括买卖公开发行的股份有限公司股票、债券、基金份额，以及国务院证券监督管理机构规定的其他证券及其衍生品种。”据此，C 正确。《证券投资基金法》第 94 条第 1 款规定：“非公开募集基金募集完毕，基金管理人应当向基金行业协会备案。对募集的资金总额或者基金份额持有人的人数达到规定标准的基金，基金行业协会应当向国务院证券监督管理机构报告。”据此，非公开募集基金应当向基金业协会备案，故 D 错误。

**34. B**。《保险法》第 44 条第 1 款规定：“以被保险人死亡为给付保险金条件的合同，自合同成立或者合同效力恢复之日起二年内，被保险人自杀的，保险人不承担给付保险金的责任，但被保险人自杀时为无民事行为能力人的除外。”据此，如果王某在合同成立 2 年后自杀，保险公司应当支付保险金，故 A 错误。《保险法》第 34 条第 1 款规定：“以死亡为给付保险金条件的合同，未经被保险人同意并认可保险金额的，合同无效。”据此，《保险法》强调的是被保险人同意并认可保险金额，被保险人既可以自己签字，也可以授权他人签字，故 B 正确。《保险法》第 34 条第 2 款规定：“按照以死亡为给付保险金条件的合同所签发的保险单，未经被保险人书面同意，不得转让或者质押。”据此，C 错误。《保险法》第 34 条第 3 款规定：“父母为其未成年子女投保的人身保险，不受本条第一款规定限制。”据此，死亡保险必须经过被保险人同意的例外只有父母为未成年人子女购买保险这一项，投保人为配偶购买死亡保险仍然要经过被保险人的同意，故 D 错误。

**35. D**。《民事诉讼法》第 41 条第 3 款规定，发回重审的案件，原审人民法院应当按照第一审程序另行组成合议庭。因此 A 错误。《民事诉讼法》第 41 条第 4 款规定，审理再审案件，原来是第一审的，按照第一审程序另行组成合议庭；原来是第二审的或者是上级人民法院提审的，按照第二审程序另行组成合议庭。简而言之，再审案件应组成合议庭进行审理。因此 B 错误。《民事诉讼法》第 160 条和《民诉解释》第 264 条规定，适用普通程序审理的案件，当事人可以合意选择适用简易程序，人民法院根据当事人申请适用简易程序，无需上级法院批准。因此 C 错误。《民事诉讼法》第 185 条规定，选民资格案件由审判员组成合议庭进行审理，因此D正确。

**36. D**。《民诉解释》第67条规定，无民事行为能力人、限制民事行为能力人造成他人损害的，无民事行为能力人、限制民事行为能力人和其监护人为共同被告。患有精神病的姜某将小明打伤，给小明造成损害，姜某和作为姜某监护人的朱某应为共同被告。《民法典》第1201条规定，无民事行为能力人或者限制民事行为能力人在幼儿园、学校或者其他教育机构学习、生活期间，受到幼儿园、学校或者其他教育机构以外的第三人人身损害的，由第三人承担侵权责任；幼儿园、学校或者其他教育机构未尽到管理职责的，承担相应的补充责任。幼儿园、学校或者其他教育机构承担补充责任后，可以向第三人追偿。补充责任是一个侵权责任承担顺序的问题，原则上要求权利人一并起诉姜某和向阳幼儿园，否则案情查不清。因此，姜某、朱某、向阳幼儿园是共同被告，D正确。

**37. C**。《民诉解释》第57、58条规定，提供劳务一方因劳务造成他人损害，受害人提起诉讼的，以接受劳务一方为被告。在劳务派遣期间，被派遣的工作人员因执行工作任务造成他人损害的，以接受劳务派遣的用工单位为当事人。在本案中，接受劳务派遣的用工单位苏拉公司为本案当事人。在原告以苏拉公司为被告时，法院不应追加劳务派遣单位菲特公司为被告，故A错误。当事人主张劳务派遣单位承担责任的，该劳务派遣单位为共同被告。故当事人起诉劳务派遣公司菲特公司时，应追加接受劳务派遣的用工单位苏拉公司为共同被告，C正确。

**38. B**。在法院审理原告丁一诉丁二继承纠纷一案中，丁爽针对原告丁一、被告丁二争议的继承权，提起独立的诉讼请求，在原诉之外，形成一个独立的诉，丁爽为有独立请求权第三人。开庭审理前，原告丁一撤回起诉，《民诉解释》第237条规定，有独立请求权的第三人参加诉讼后，原告申请撤诉，人民法院在准许原告撤诉后，有独立请求权的第三人作为另案原告，原案原告、被告作为另案被告，诉讼继续进行。故丁爽为另案原告，丁一、丁二为另案被告，诉讼继续进行，因此B正确。

**39. B**。书证是指以文字、符号、图案等表示的内容来证明案件待证事实的书面材料，银行转账凭证以其文字内容证明待证事实，属于书证。区分直接证据和间接证据的标准是该证据能否单独证明案件事实。该银行转账凭证并不能单独证明战某已经"向牟某借款5万元"，因此属于间接证据，A错误。《民诉解释》第116条规定，手机短信属于电子数据，该短信并不能单独证明战某已经"向牟某借款5万元"，因此属于间接证据，B正确。存储在电子介质中的录音资料和影像资料属于电子数据，该录音不能单独证明战某已经"向牟某借款5万元"，因此属于间接证据，C错误。提出方是否承担证明责任是区分本证和反证的标准，战某主张牟某向其借款10万元的事实，战某对此负有证明责任，因此战某提出的借条复印件属于战某主张牟某向其借款这一事实的本证，而非牟某主张战某借款事实的反证，D错误。

**40. B**。《民法典》第1202条规定，因产品存在缺陷造成他人损害的，生产者应当承担侵权责任。缺陷产品侵权，适用无过错责任归责原则，因果关系的结果意义上的证明责任并没有倒置，仍然应由刘月承担因果关系的证明责任。从根本上而言，对待证事实的结果意义上的证明责任——败诉风险的承担责任并没有在双方当事人之间转移。但刘月向法院提供了本村吴某起诉甲公司损害赔偿案件的判决书，生效判决书证明了因果关系的存在，该因果关系对于刘月就属于免证事实，除非甲公司能够提出相反的证据证明不存在因果关系，这时行为意义上的证明责任——提供证据的责任属于甲公司。从命题者的命题角度而言，题目所考查的不是完整意义上的证明责任，而仅仅考查行为意义上的证明责任。因此，因果关系已经被生效判决所确认，对于刘月来说为免证事实，甲公司只能提出反证来推翻生效判决所认定的事实，也即由甲公司负担无因果关系的证明责任——行为意义上的证明责任。因此B正确。

**41. B**。《民诉解释》第102条规定，当事人因故意或者重大过失逾期提供的证据，人民法院不予采纳。但该证据与案件基本事实有关的，人民法院应当采纳，并依照《民事诉讼法》第68条、第118条第1款的规定予以训诫、罚款。当事人非因故意或者重大过失逾期提供的证据，人民法院应当采纳，并对当事人予以训诫。王某由于一审期间没有找到收条而逾期提交收条，其对逾期提供收条无故意或者重大过失，人民法院应当采纳，并对王某予以训诫。因此，B正确。

**42. A**。《最高人民法院关于人民法院民事调解工作若干问题的规定》（以下简称《法院民事调解规定》）第7条规定，调解协议内容超出诉讼请求的，人民法院可以准许。本案中所涉调解协议虽然超出诉讼请求，约定了利息，但这是合法的，因此A正确。《民诉解释》第133条规定，调解书应当直接送达当事人本人，不适用留置送达。当事人本人因故不能签收的，可由其指定的代收人签收。因此B错误。《法院民事调解规定》第9条规定，调解协议约定一方提供担保或者案外人同意为当事人提供担保的，人民法院应当准许。案外人提供担保的，人民法院制作调解书应当列明担保人，并将调解书送交担保人。担保人不签收调解书的，不影响调解书生效。当事人或者案外人提供的担保符合《民法典》规定的条件时生效。据此，丙公司反悔，不影响调解书对其产生法律效力，因此CD错误。

**43. C**。《民诉解释》第163条规定，法律文书生效后，进入执行程序前，债权人因对方当事人转移财产等紧急情况，不申请保全将可能导致生效法律文书不能执行或者难以执行的，可以向执行法院申请采取保全措施。债权人在法律文书指定的履行期间届满后5日内不申请执行的，人民法院应当解除保全。据此，债权人在法律文书生效后，进入执行程序前，可以向执行法院申请保全，因此A错误。诉讼后保全只能向执行法院申请执行，《民事诉讼法》第235条规定，发生法律效力的民事判决、裁定，以及刑事判决、裁定中的财产部分，由第一审人民法院或者与第一审人民法院同级的被执行的财产所在地人民法院执行。本案中，第一审人民法院为M区法院，N区法院为与第一审人民法院同级的财产所在地法院，故可向甲市M区法院或甲市N区法院申请保全。因此C正确，B错误。债权人李某若在法律文书指定的履行期间届满后5日内不申请执行的，人民法院应当解除保全，此处所指的期间是5日，而不是15日，因此D错误。

**44. D。**《民诉解释》第317条规定，必要共同诉讼人的一人或者部分人提起上诉的，按下列情形分别处理：(1)上诉仅对与对方当事人之间权利义务分担有意见，不涉及其他共同诉讼人利益的，对方当事人为被上诉人，未上诉的同一方当事人依原审诉讼地位列明；(2)上诉仅对共同诉讼人之间权利义务分担有意见，不涉及对方当事人利益的，未上诉的同一方当事人为被上诉人，对方当事人依原审诉讼地位列明；(3)上诉对双方当事人之间以及共同诉讼人之间权利义务承担有意见的，未提起上诉的其他当事人均为被上诉人。在本案中，上诉人甲认为分配给丙和丁的遗产份额过多，对乙的权利义务分担并无异议，因此应当将丙、丁列为被上诉人，将乙依原审诉讼地位列为原审原告，因此D正确。

**45. A。**《民诉解释》第336条规定，在第二审程序中，原审原告申请撤回起诉，经其他当事人同意，且不损害国家利益、社会公共利益、他人合法权益的，人民法院可以准许。准许撤诉的，应当一并裁定撤销一审裁判。原审原告在第二审程序中撤回起诉后重复起诉的，人民法院不予受理。《民诉解释》第337条规定，当事人在第二审程序中达成和解协议的，人民法院可以根据当事人的请求，对双方达成的和解协议进行审查并制作调解书送达当事人；因和解而申请撤诉，经审查符合撤诉条件的，人民法院应予准许。甲公司与乙公司在二审中达成和解协议，并约定双方均将提起之诉予以撤回，人民法院应准许，并应当一并裁定撤销一审裁判，因此A正确。

**46. C。**《民事诉讼法》第157条规定，裁定适用于不予受理、对管辖权有异议的、驳回起诉、保全和先予执行、准许或者不准许撤诉、中止或者终结诉讼、补正判决书中的笔误、中止或者终结执行等。《民诉解释》第245条规定，《民事诉讼法》第157条第1款第7项规定的笔误是指法律文书误写、误算，诉讼费用漏写、误算和其他笔误。题中，二审法院发现死亡赔偿金计算错误（数学上的错误），导致总金额少了7万余元，这属于判决书中的笔误，该法院应作出裁定书予以补正，因此C正确。需要注意的是，判决存在实质错误和判决存在笔误的处理方式不同，一审宣判后，原审人民法院发现判决有（实质性）错误，当事人在上诉期内提出上诉的，原审人民法院可以提出原判决有错误的意见，报送第二审人民法院，由第二审人民法院按照第二审程序进行审理；当事人不上诉的，按照审判监督程序处理。

**47. C。**《民诉解释》第337条规定，当事人在第二审程序中达成和解协议的，人民法院可以根据当事人的请求，对双方达成的和解协议进行审查并制作调解书送达当事人；因和解而申请撤诉，经审查符合撤诉条件的，人民法院应予准许。赵某在二审期间撤回上诉，人民法院予以准许，撤回上诉的法律后果就是，一审的判决发生法律效力。撤回上诉后，赵某反悔并不履行和解协议，此时王某为了实现其债权，应该依据已经生效的一审判决对赵某向法院申请强制执行。王某、赵某和李某在二审期间达成的和解协议不具有强制执行力，王某不能据此向法院申请执行。

**48. D。**《民诉解释》第509条规定，多个债权人对执行财产申请参与分配的，执行法院应当制作财产分配方案，并送达各债权人和被执行人。债权人或者被执行人对分配方案有异议的，应当自收到分配方案之日起15日内向执行法院提出书面异议。《民诉解释》第513条规定，被执行人住所地人民法院裁定受理破产案件的，执行法院应当解除对被执行人财产的保全措施。被执行人住所地人民法院裁定宣告被执行人破产的，执行法院应当裁定终结对该被执行人的执行。被执行人住所地人民法院不受理破产案件的，执行法院应当恢复执行。因此，异议人甲、乙应以丙、丁为被告向执行法院提起诉讼，D正确。

**49. C。**《民诉解释》第473条规定，作为被执行人的公民死亡，其遗产继承人没有放弃继承的，人民法院可以裁定变更被执行人，由该继承人在遗产的范围内偿还债务。继承人放弃继承的，人民法院可以直接执行被执行人的遗产。本案中，被执行人甲的继承人中只有乙表示继承遗产，其他继承人均表示放弃继承，因此，人民法院应裁定变更乙为被执行人，C正确。对于该案执行，法院应变更被执行人，而不是延期执行，A错误。甲的继承人乙表示继承遗产，因此法院不能直接执行被执行人甲的遗产，B错误。因为除乙之外的其他继承人均表示不继承，法院不能将放弃继承的继承人变更为被执行人，因此法院不能变更甲的全部继承人为被执行人，D错误。

**【陷阱提示】**执行中继承当事人的变更和继承诉

讼中追加当事人的情形应区分开来。作为被执行人的公民死亡，若某一继承人放弃继承，则法院不得变更其为被执行人。在继承遗产的诉讼中，部分继承人起诉的，人民法院应通知其他继承人作为共同原告参加诉讼；被通知的继承人不愿意参加诉讼又未明确表示放弃实体权利的，人民法院仍应将其列为共同原告。

**50. D**。《仲裁法》第36条规定，仲裁员是否回避，由仲裁委员会主任决定；仲裁委员会主任担任仲裁员时，由仲裁委员会集体决定。本案中并未说明苏某是否为仲裁委员会主任，因此，对于苏某的回避，可能是由仲裁委员会主任决定，也可能是由仲裁委员会集体决定，因此A错误。《仲裁法》第37条第1款规定，仲裁员因回避或者其他原因不能履行职责的，应当依照本法规定重新选定或者指定仲裁员。苏某回避后，只需重新选定或者指定仲裁员，无需重新组成合议庭，B错误。《仲裁法》第37条第2款规定，因回避而重新选定或者指定仲裁员后，当事人可以请求已进行的仲裁程序重新进行，是否准许，由仲裁庭决定；仲裁庭也可以自行决定已进行的仲裁程序是否重新进行。因此D正确，C错误。

**51. AC**。被宣告死亡的自然人，在其原来的住所地、居所地等活动范围内于民事领域与自然死亡产生同样的法律后果。具体而言，自然人被宣告死亡的，继承关系开始。本题中，甲被宣告死亡，甲的继承人可以依法继承其财产。由此A表达正确，当选。《民法典》第51条规定，被宣告死亡的人的婚姻关系，自死亡宣告之日起消除。死亡宣告被撤销的，婚姻关系自撤销死亡宣告之日起自行恢复。但是，其配偶再婚或者向婚姻登记机关书面声明不愿意恢复的除外。根据上述规定，如果本题中甲后来生还，申请撤销死亡宣告，其配偶乙尚未再婚，则甲、乙的婚姻关系自撤销死亡宣告之日起有可能自行恢复。据此，B中“不可能恢复”的表达错误，不选。《民法典》第48条规定，被宣告死亡的人，人民法院宣告死亡的判决作出之日视为其死亡的日期；因意外事件下落不明宣告死亡的，意外事件发生之日视为其死亡的日期。依该规定，本题中，2016年6月5日法院依照法定程序宣告甲死亡，故2016年6月5日即为甲的死亡日期。据此，C正确，当选。本题中，甲乘火车，与铁路公司成立运输合同。但题目中无证据证明甲失踪是由于承运人履行运输合同造成的，故承运人铁路公司的运输与甲的因失踪而被宣告死亡之间无因果关系，所以铁路公司也无须对甲的死亡承担损害赔偿责任。依此，D错误，不选。

**52. AB**。《民法典》第34条第1、2、3款规定，监护人的职责是代理被监护人实施民事法律行为，保护被监护人的人身权利、财产权利以及其他合法权益等。监护人依法履行监护职责产生的权利，受法律保护。监护人不履行监护职责或者侵害被监护人合法权益的，应当承担法律责任。《民法典》第35条规定，监护人应当按照最有利于被监护人的原则履行监护职责。监护人除为维护被监护人利益外，不得处分被监护人的财产。未成年人的监护人履行监护职责，在作出与被监护人利益有关的决定时，应当根据被监护人的年龄和智力状况，尊重被监护人的真实意愿。本题中，依上述规定，乙、丙作为甲的监护人，不能随意处分甲的财产，故B正确，当选；乙、丙作为监护人，有义务保护被监护人的人身权利、财产权利及其他合法权益，所以乙、丙的行为不构成无因管理，故C错误，不选；乙、丙虽然是为了甲的利益，将甲在国际钢琴大赛中获奖的奖金全部购买了股票，但恰遇股市暴跌，给被监护人甲造成财产损失，可以认定乙、丙的行为侵害被监护人合法权益，所以乙、丙须对投资股票给甲造成的损失承担责任，据此，A正确，当选。《民法典》第190条规定，无民事行为能力人或者限制民事行为能力人对其法定代理人的请求权的诉讼时效期间，自该法定代理终止之日起计算。根据这一规定，本题中，作为法定代理人的乙、丙侵害了被代理人甲的合法权益，如果甲主张赔偿，应当在法定代理终止之日（即甲年满18周岁之日）起计算诉讼时效，且诉讼时效为3年。故D错误，不当选。

**53. ABCD**。《民法典》第305条规定，按份共有人可以转让其享有的共有的不动产或者动产份额。其他共有人在同等条件下享有优先购买的权利。由该规定可知，本题中无论是将共有份额转让给共有人，还是转让给共有人之外的人，均无须经其他共有人乙、丙、丁同意，故A错误。《最高人民法院关于审理建筑物区分所有权纠纷案件适用法律若干问题的解释》第11条规定，业主将住宅改变为经营性用房，本栋建筑物内的其他业主，应当认定为《民法典》第279条所称“有利害关系的业主”。建筑区划内，本栋建筑物之外的业主，主张与自己有利害关系的，应证明其房屋价值、生活质量受到或者可能受到不利影响。据此，如乙、丙、丁均以同等条件主张优先购买权，则应按照转让时各自份额比例行使优先购买权，故B错误。《物权编解释（一）》第12条规定，按份共有人向共有人之外的人转让其份额，其他按份共有人根据法律、司法解释规定，请求按照同等条件购买该共有份额的，应予支持。由该规定可知，本题中在甲向共有人之外的戊转让其共有份额，共有人丙在同等条件下有优先购买的权利，但其提出在法定期限内以50万元分期付款的方式要求购买该共有份额的情形，则不属于“同等条件”下，故C错误。《物权编解释（一）》第13条规定：“按份共有人之间转让共有份额，其他按份共有人主张依据民法典第三百零五条规定优先购买的，不予支持，但按份共有人之间另有约定的除外。”本题未交代按份共有人另有约定的情形，所以，如甲改由向乙转让其共有份额，丙、丁在同等条件下主张优先购买权的，应不予支持。故D错误。

**54. BD**。《农村土地承包法》第3条规定："国家实行农村土地承包经营制度。农村土地承包采取农村集体经济组织内部的家庭承包方式，不宜采取家庭承包方式的荒山、荒沟、荒丘、荒滩等农村土地，可以采取招标、拍卖、公开协商等方式承包。"《农村土地承包法》第16条第1款规定："家庭承包的承包方是本集体经济组织的农户。"据此，A错误，不选；B正确，当选。对于以其他方式承包的，《农村土地承包法》第52条第1款规定："发包方将农村土地发包给本集体经济组织以外的单位或者个人承包，应当事先经本集体经济组织成员的村民会议三分之二以上成员或者三分之二以上村民代表的同意，并报乡（镇）人民政府批准。"据此，C错误，不选。《农村土地承包法》第38条规定："土地经营权流转应当遵循以下原则：……（五）在同等条件下，本集体经济组织成员享有优先权。"《农村土地承包法》第51条规定："以其他方式承包农村土地，在同等条件下，本集体经济组织成员有权优先承包。"《最高人民法院关于审理涉及农村土地承包纠纷案件适用法律问题的解释》第11条规定："土地经营权流转中，本集体经济组织成员在流转价款、流转期限等主要内容相同的条件下主张优先权的，应予支持。但下列情形除外：（一）在书面公示的合理期限内未提出优先权主张的；（二）未经书面公示，在本集体经济组织以外的人开始使用承包地两个月内未提出优先权主张的。"《最高人民法院关于审理涉及农村土地承包纠纷案件适用法律问题的解释》第18条规定："本集体经济组织成员在承包费、承包期限等主要内容相同的条件下主张优先承包的，应予支持。但在发包方将农村土地发包给本集体经济组织以外的组织或者个人，已经法律规定的民主议定程序通过，并由乡（镇）人民政府批准后主张优先承包的，不予支持。"据此，D正确，当选。

**55. ABCD**。《民法典》第407条规定："抵押权不得与债权分离而单独转让或者作为其他债权的担保。债权转让的，担保该债权的抵押权一并转让，但是法律另有规定或者当事人另有约定的除外。"《最高人民法院关于适用〈中华人民共和国民法典〉有关担保制度的解释》（以下简称《担保制度解释》）第38条规定："主债权未受全部清偿，担保物权人主张就担保财产的全部行使担保物权的，人民法院应予支持，但是留置权人行使留置权的，应当依照民法典第四百五十条的规定处理。担保财产被分割或者部分转让，担保物权人主张就分割或者转让后的担保财产行使担保物权的，人民法院应予支持，但是法律或者司法解释另有规定的除外。"本题中，甲将其中200万元债权转让给戊，并通知了乙，当事人就抵押权问题未有约定，故戊对丙和丁的房屋均享有抵押权。同一债权有两个以上抵押人的，当事人对其提供的抵押财产所担保的债权份额或者顺序没有约定或者约定不明的，抵押权人可以就其中任一或者各个财产行使抵押权。本题中，当事人对其提供的抵押财产所担保的债权份额或者顺序没有约定，戊可以就丙和丁的任一房屋或者各个房屋行使抵押权，对每个房屋价款优先受偿权的金额在房屋价值和债权范围内由戊自主决定。据此，ABCD错误，当选。

**56. BCD**。以物抵债，是指以他种给付代替原定给付而消灭原有债务的法律行为。我国法律对此无明文定义，社会实践中类型多样。本题中，王某向丁某借款100万元，后借款到期无力清偿，遂提出以自己所有的一幅古画抵债，此情形为履行期限届至后约定的以物抵债，可以归入代物清偿。通说认为，代物清偿是指债权人受领他种给付以代原定给付而使合同关系消灭的法律行为。代物清偿的成立须具备四个条件：必须有原债的关系存在；必须有双方当事人关于代物清偿的合意；他种给付必须与原定给付不同；须债权人受领他种给付以代原给付。由此可见，其一，代物清偿为实践性行为，仅有抵债合意尚不足够，还须履行物权转移手续方成立。其二，以物抵债的最终目的在于清偿债务，故只有现实提出和受领了物的给付，才构成债的清偿，原来的债的关系才会消灭。如果双方仅仅达成以物抵债的合意，但并未实际履行，则原定债的关系并不消灭，且债务人有反悔的机会。依此判断本题各选项，A错误；BCD正确。

**57. AC**。《民法典》第604条规定，标的物毁损、灭失的风险，在标的物交付之前由出卖人承担，交付之后由买受人承担，但是法律另有规定或者当事人另有约定的除外。本题中，甲乙双方对标的物毁损、灭失的风险未作特别约定，而乙公司已经履行了交付义务，故风险责任应由甲公司负担，据此，AC正确，当选；B错误，不选。我国立法并未规定所有权保留的约定应采用书面形式，所以D错误，不选。

**58. ABC**。《民法典》第538条规定，债务人以放弃其债权、放弃债权担保、无偿转让财产等方式无偿处分财产权益，或者恶意延长其到期债权的履行期限，影响债权人的债权实现的，债权人可以请求人民法院撤销债务人的行为。据此，我国《民法典》对于债权人可以行使撤销权的事由，采封闭式列举立法。我国现行法律并未将债务人将自己所有的财产用于偿还对他人的未到期债务作为债权人行使可撤销权的事由。但从债权人撤销权的制度价值看，债务人实施减少其财产的行为对债权人造成损害的，债权人可以请求人民法院撤销该行为，而债权人行使撤销权的目的在于恢复债务人的责任财产（行为之前存在的财产），而将自己所有的财产用于偿还对他人的未到期债务，实质上是放弃自己的既有期限利益，会导致自己的责任财产减少，所以应作为债权人行使撤销权的事由。故A当选。“乙与其债务人约定放弃对债务人财产的抵押权”属于债务人放弃债权担保的行为，甲可申请法院予以撤销，故B当选。“乙在离婚协议中放弃对家庭共有财产的分割”实质上是无偿转让财产的行为，甲可以申请法院予以撤销，故C当选。对于放弃继承权的行为，债权人能否行使撤销权的问题，我国立法并无明确规定，理论上存在两种不同的意见。本解析倾向于这种情形下债权人不能行使撤销权。债权人撤销权的基本原理是：因债务人实施减少其责任财产的行为对债权人造成损害的，债权人可以请求人民法院撤销该行为，而债权人行使撤销权的目的在于恢复债务人的责任财产（行为之前存在的财产），而非增加债务人的责任财产（行为之后才发生的财产）。本题D中，乙放弃对父亲遗产的继承权，只是阻止债务人将来责任财产的增加，即放弃增加责任财产的机会，不是放弃责任财产，所以债权人不能行使撤销权。此外，继承权是基于身份权而产生的财产权，如允许撤销将会侵害债务人的人身利益，有干涉人身自由之嫌。故D不选。

**59. ABCD**。《民法典》第148条规定，一方以欺诈手段，使对方在违背真实意思的情况下实施的民事法律行为，受欺诈方有权请求人民法院或者仲裁机构予以撤销。《民法典》第152条第1项规定，当事人自知道或者应当知道撤销事由之日起1年内没有行使撤销权，撤销权消灭。本题中，甲隐瞒了其所购别墅内曾发生恶性刑事案件的事实，以明显低于市场价的价格将其转卖给乙，乙在不知情的情况下受欺诈与甲签订了买卖合同，有权在得知实情后1年内请求人民法院或者仲裁机构变更或者撤销合同。据此，A正确，当选。《民法典》第157条规定，民事法律行为无效、被撤销或者确定不发生效力后，行为人因该行为取得的财产，应当予以返还；不能返还或者没有必要返还的，应当折价补偿。有过错的一方应当赔偿对方由此所受到的损失；各方都有过错的，应当各自承担相应的责任。法律另有规定的，依照其规定。本题中，由于甲的欺诈，乙在不知情的情况下，放弃他人以市场价出售的别墅，购买了甲的别墅。所以，如果合同被撤销，甲应当赔偿乙因此所受到的损失。当然，乙如果在合同撤销前使用了别墅，乙也应当支付合同撤销前别墅的使用费，否则构成不当得利。据此，BCD三个选项表达均正确，当选。

**60. CD**。《城镇房屋租赁合同解释》第10条规定，承租人经出租人同意装饰装修，租赁期间届满时，承租人请求出租人补偿附合装饰装修费用的，不予支持。但当事人另有约定的除外。故A错误。《城镇房屋租赁合同解释》第6条规定，承租人擅自变动房屋建筑主体和承重结构或者扩建，在出租人要求的合理期限内仍不予恢复原状，出租人请求解除合同并要求赔偿损失的，人民法院依照《民法典》第711条的规定处理。本题中，甲可请求丙承担侵权责任。但基于合同的相对性，甲无权请求丙承担违约责任。故B错误，C正确。乙经出租人甲同意对承租房进行了装修并转租给丙，并未违约，但D表达用了“可”，基于诉权不可以被剥夺的原理，以及本题为多项选择题之缘故，故D当选。

**61. A**。周某与吴某约定在全部价款付清前电脑的所有权不发生转移，所以周某仍然是电脑的所有权人，周某在电脑修好之后将电脑出售并交付给不知情的王某，属于有权处分，王某能取得电脑的所有权。A正确。《民法典》第634条规定，分期付款的买受人未支付到期价款的数额达到全部价款的1/5，经催告后在合理期限内仍未支付到期价款的，出卖人可以请求买受人支付全部价款或者解除合同。出卖人解除合同的，可以向买受人请求支付该标的物的使用费。结合本题，吴某无力支付最后1个月的价款，表明其已经支付了前4个月的款项，合计4800元，达到标的物总价款的80%，故周某不可以行使取回权。B错误。如果吴某未支付到期货款达1800元，达到标的物总价款的30%，超过了1/5。但是，只有经催告后在合理期限内仍未支付到期价款的，出卖人才能主张一次性支付全部价款或解除合同。CD缺少“催告”程序，故错误。

**62. ACD**。《信息网络传播权保护条例》第14条规定：“对提供信息存储空间或者提供搜索、链接服务的网络服务提供者，权利人认为其服务所涉及的作品、表演、录音录像制品，侵犯自己的信息网络传播权或者被删除、改变了自己的权利管理电子信息的，可以向该网络服务提供者提交书面通知，要求网络服务提供者删除该作品、表演、录音录像制品，或者断开与该作品、表演、录音录像制品的链接。通知书应当包含下列内容：（一）权利人的姓名（名称）、联系方式和地址；（二）要求删除或者断开链接的侵权作品、表演、录音录像制品的名称和网络地址；（三）构成侵权的初步证明材料。权利人应当对通知书的真实性负责。”依该规定，本题中A正确，当选。《信息网络传播权保护条例》第15条规定：“网络服务提供者接到权利人的通知书后，应当立即删除涉嫌侵权的作品、表演、录音录像制品，或者断开与涉嫌侵权的作品、表演、录音录像制品的链接，并同时将通知书转送提供作品、表演、录音录像制品的服务对象；服务对象网络地址不明、无法转送的，应当将通知书的内容同时在信息网络上公告。”依该规定，本题中B错误，不选。《信息网络传播权保护条例》第16条规定：“服务对象接到网络服务提供者转送的通知书后，认为其提供的作品、表演、录音录像制品未侵犯他人权利的，可以向网络服务提供者提交书面说明，要求恢复被删除的作品、表演、录音录像制品，或者恢复与被断开的作品、表演、录音录像制品的链接。书面说明应当包含下列内容：(一) 服务对象的姓名（名称）、联系方式和地址；(二) 要求恢复的作品、表演、录音录像制品的名称和网络地址；(三) 不构成侵权的初步证明材料。服务对象应当对书面说明的真实性负责。”依该规定，本题中 C 正确，当选。《信息网络传播权保护条例》第 17 条规定：“网络服务提供者接到服务对象的书面说明后，应当立即恢复被删除的作品、表演、录音录像制品，或者可以恢复与被断开的作品、表演、录音录像制品的链接，同时将服务对象的书面说明转送权利人。权利人不得再通知网络服务提供者删除该作品、表演、录音录像制品，或者断开与该作品、表演、录音录像制品的链接。”依该规定，本题中 D 正确，当选。

**63. AC**。《著作权法》第 14 条规定：“两人以上合作创作的作品，著作权由合作作者共同享有。没有参加创作的人，不能成为合作作者。合作作品的著作权由合作作者通过协商一致行使；不能协商一致，又无正当理由的，任何一方不得阻止他方行使除转让、许可他人专有使用、出质以外的其他权利，但是所得收益应当合理分配给所有合作作者。合作作品可以分割使用的，作者对各自创作的部分可以单独享有著作权，但行使著作权时不得侵犯合作作品整体的著作权。”依该规定，《春风来》的著作权由甲、乙共同享有，为不可分割使用的作品；在甲、乙就著作权的行使不能协商一致的情形下，乙无正当理由的，不得阻止甲行使除转让、许可他人专有使用、出质以外的其他权利。同时，鉴于题涉 10 万元报酬相关的作品《秋风起》，是由甲原作曲和自己重新填词后与丙签订许可使用合同获得，与乙无关，故该利益无须分配给乙。据此，本题 AC 表达正确，当选；BD 表达错误，不选。

**64. BD**。《商标法》第 15 条规定：“未经授权，代理人或者代表人以自己的名义将被代理人或者被代表人的商标进行注册，被代理人或者被代表人提出异议的，不予注册并禁止使用。就同一种商品或者类似商品申请注册的商标与他人在先使用的未注册商标相同或者近似，申请人与该他人具有前款规定以外的合同、业务往来关系或者其他关系而明知该他人商标存在，该他人提出异议的，不予注册。”《商标法》第 45 条第 1 款规定：“已经注册的商标，违反本法第十三条第二款和第三款、第十五条、第十六条第一款、第三十条、第三十一条、第三十二条规定的，自商标注册之日起五年内，在先权利人或者利害关系人可以请求商标评审委员会宣告该注册商标无效。对恶意注册的，驰名商标所有人不受五年的时间限制。”依该两条规定，本题中，甲可自商标注册之日起五年内，请求宣告乙注册的果汁类“香香”商标无效。据此，A 错误，不选。《商标法》第 42 条第 2 款规定：“转让注册商标的，商标注册人对其在同一种商品上注册的近似的商标，或者在类似商品上注册的相同或者近似的商标，应当一并转让。”依该规定，B 正确，当选。《商标法》第 22 条规定，商标注册申请人应当按规定的商品分类表填报使用商标的商品类别和商品名称，提出注册申请。商标注册申请人可以通过一份申请就多个类别的商品申请注册同一商标。依该规定，C 错误，不选。《商标法》第 59 条第 3 款规定：“商标注册人申请商标注册前，他人已经在同一种商品或者类似商品上先于商标注册人使用与注册商标相同或者近似并有一定影响的商标的，注册商标专用权人无权禁止该使用人在原使用范围内继续使用该商标，但可以要求其附加适当区别标识。”依该规定，D 正确，当选。

**65. AC**。《民法典》第 1085 条规定，离婚后，子女由一方直接抚养的，另一方应当负担部分或者全部抚养费。负担费用的多少和期限的长短，由双方协议；协议不成的，由人民法院判决。前款规定的协议或者判决，不妨碍子女在必要时向父母任何一方提出超过协议或者判决原定数额的合理要求。《民法典》第 1086 条规定，离婚后，不直接抚养子女的父或者母，有探望子女的权利，另一方有协助的义务。行使探望权利的方式、时间由当事人协议；协议不成的，由人民法院判决。父或者母探望子女，不利于子女身心健康的，由人民法院依法中止探望；中止的事由消失后，应当恢复探望。《婚姻家庭编解释（一）》第 68 条规定，对于拒不协助另一方行使探望权的有关个人或者组织，可以由人民法院依法采取拘留、罚款等强制措施，但是不能对子女的人身、探望行为进行强制执行。由上述规定可知，本题中 AC 正确，当选；D 错误，不选。探望是权利，而非义务。故 B 错误，不选。

**66. ACD**。《民法典》第 1127 条规定，遗产按照下列顺序继承：(1) 第一顺序：配偶、子女、父母；(2) 第二顺序：兄弟姐妹、祖父母、外祖父母。继承开始后，由第一顺序继承人继承，第二顺序继承人不继承；没有第一顺序继承人继承的，由第二顺序继承人继承。本编所称子女，包括婚生子女、非婚生子女、养子女和有扶养关系的继子女。本编所称父母，包括生父母、养父母和有扶养关系的继父母。本编所称兄弟姐妹，包括同父母的兄弟姐妹、同父异母或者同母异父的兄弟姐妹、养兄弟姐妹、有扶养关系的继兄弟姐妹。本题中，熊某与杨某结婚后，杨某与前夫所生之子小强由二人一直抚养，所以，杨某作为配偶属于熊某的第一顺位的法定继承人；小强作为有扶养关系的继子女，也属于熊某的第一顺位的法定继承人。据此，A 正确，当选。《民法典》第 1128 条规定，被继承人的子女先于被继承人死亡的，由被继承人的子女的直系晚辈血亲代位继承。被继承人的兄弟姐妹先于被继承人死亡的，由被继承人的兄弟姐妹的子女代位继承。代位继承人一般只能继承被代位继承人有权继承的遗产份额。由此可见，被继承人的子女先于被继承人死亡的，才发生代位继承，本题中，女婴作为被继承人的子女，后于被继承人死亡，不可能发生代位继承。故B错误，不选。《民法典》第1155条规定，遗产分割时，应当保留胎儿的继承份额。胎儿娩出时是死体的，保留的份额按照法定继承办理。《民法典》第16条规定，涉及遗产继承、接受赠与等胎儿利益保护的，胎儿视为具有民事权利能力。但是，胎儿娩出时为死体的，其民事权利能力自始不存在。本题中，熊某去世前杨某孕有一对龙凤胎，杨某于熊某死后生产，产出时男婴为死体，女婴为活体但旋即死亡。根据上述规定，为男婴保留的遗产份额应由被继承人熊某的继承人杨某、小强继承；为女婴保留的遗产份额应由女婴的继承人杨某继承。故CD均为正确选项。

**67. BD**。《民法典》第1258条规定，在公共场所或者道路上挖掘、修缮安装地下设施等造成他人损害，施工人不能证明已经设置明显标志和采取安全措施的，应当承担侵权责任。窨井等地下设施造成他人损害，管理人不能证明尽到管理职责的，应当承担侵权责任。根据该规定，在公共场所或者道路上挖掘、修缮安装地下设施等致人损害的，适用过错推定责任原则。管理员不能证明尽到管理职责，应承担责任，换言之，管理员有证据证明尽到管理职责，则可免责。据此，本题中，A表达错误，不选；BD表达正确，当选。《民法典》第180条第2款规定，不可抗力是不能预见、不能避免且不能克服的客观情况。据此，C表达错误，不选。

**68. AB**。《公司法》第64条第1款规定："召开股东会会议，应当于会议召开十五日前通知全体股东；但是，公司章程另有规定或者全体股东另有约定的除外。"据此，公司章程可以对股东会会议召开的通知时间另外作出规定，故A正确。《公司法》第66条第3款规定："股东会作出修改公司章程、增加或者减少注册资本的决议，以及公司合并、分立、解散或者变更公司形式的决议，应当经代表三分之二以上表决权的股东通过。"据此规定，公司重大事项应当坚持资本多数决，防止大股东压榨小股东，问题是："应当经代表三分之二以上表决权"该如何理解？2/3究竟是可以超越的最低标准还是不能改动的绝对标准？从字面意思来看，可以认为2/3是最低标准，公司章程可以约定公司解散需要全体股东一致同意。尽管全体股东一致同意的约定容易造成公司治理僵局，但也可以充分彰显股东自治与章程自治，并不违反法律规定，故B正确。《公司法》第73条第1款规定："董事会的议事方式和表决程序，除本法有规定的外，由公司章程规定。"《公司法》第73条第3款规定："董事会决议的表决，实行一人一票。"在此，《公司法》特别将董事的表决机制确立为一人一票，属于强制性法律规定，不容许公司章程规定董事表决权按所代表股东的出资比例行使，故C错误。《公司法》第76条第2款规定："监事会成员为三人以上。监事会成员应当包括股东代表和适当比例的公司职工代表，其中职工代表的比例不得低于三分之一，具体比例由公司章程规定。监事会中的职工代表由公司职工通过职工代表大会、职工大会或者其他形式民主选举产生。"据此，如果科鼎有限公司设监事会，则监事会应当包括适当比例的公司职工代表，而不能全由公司股东代表组成，就此而言，D错误。但是，如果科鼎有限公司股东较少，公司决定不设监事会，则公司监事可以由公司股东担任，D又属于正确选项。总体而言，因为D表述存在错误的可能，故不能选。

**69. BCD**。《公司法》第78条规定："监事会行使下列职权：（一）检查公司财务；（二）对董事、高级管理人员执行职务的行为进行监督，对违反法律、行政法规、公司章程或者股东会决议的董事、高级管理人员提出解任的建议；（三）当董事、高级管理人员的行为损害公司的利益时，要求董事、高级管理人员予以纠正；（四）提议召开临时股东会会议，在董事会不履行本法规定的召集和主持股东会会议职责时召集和主持股东会会议；（五）向股东会会议提出提案；（六）依照本法第一百八十九条的规定，对董事、高级管理人员提起诉讼；（七）公司章程规定的其他职权。"据此，监事会有权提议召开股东会会议，无权提议召开董事会会议，故A错误，B正确；监事会有权提议罢免董事狄某，C正确。《公司法》第79条第2款规定："监事会发现公司经营情况异常，可以进行调查；必要时，可以聘请会计师事务所等协助其工作，费用由公司承担。"据此，监事会可以聘请"会计师事务所等"协助调查，其中应该包括聘请律师事务所协助调查，故D正确。

**70. AD**。《公司法》第104条第1款规定："公司成立大会行使下列职权：（一）审议发起人关于公司筹办情况的报告；（二）通过公司章程；（三）选举董事、监事；（四）对公司的设立费用进行审核；（五）对发起人非货币财产出资的作价进行审核；（六）发生不可抗力或者经营条件发生重大变化直接影响公司设立的，可以作出不设立公司的决议。"据此，厚亿公司的章程应当在公司成立大会（2023年《公司法》将"创立大会"改为"公司成立大会"——编者注）上通过，A正确。设立厚亿公司的各种费用应由公司成立大会审核，D正确。发起人非货币出资的作价应当由公司成立大会审核，但发起人出资的验资证明不需要由公司成立大会审核，故B

错误。《公司法》并未要求公司的经营方针在公司成立大会上决定，故 C 错误。

**71. AC**。《公司法》第 139 条规定：“上市公司董事与董事会会议决议事项所涉及的企业或者个人有关联关系的，该董事应当及时向董事会书面报告。有关联关系的董事不得对该项决议行使表决权，也不得代理其他董事行使表决权。该董事会会议由过半数的无关联关系董事出席即可举行，董事会会议所作决议须经无关联关系董事过半数通过。出席董事会会议的无关联关系董事人数不足三人的，应当将该事项提交上市公司股东会审议。”关于“关联关系”的界定，《公司法》第 265 条第 4 项规定：“关联关系，是指公司控股股东、实际控制人、董事、监事、高级管理人员与其直接或者间接控制的企业之间的关系，以及可能导致公司利益转移的其他关系。但是，国家控股的企业之间不仅因为同受国家控股而具有关联关系。”本题中，董事梁某的妻子在坤诚公司任副董事长，应当认为董事梁某与坤诚公司之间存在关联关系，所以针对星煌公司向坤诚公司的投资之事，梁某需要回避表决，故 A 正确。既然梁某需要回避表决，其他人自然不能代理梁某进行表决，故 B 错误。题目中“参加董事会人数不足”的含义不是很清晰，可以将其理解为“出席董事会会议的无关联关系董事人数不足三人”，若如此，则应提交股东会（2023 年《公司法》删去“股东大会”表述——编者注）审议，故 C 正确。星煌公司能否投资于坤诚公司，应当由星煌公司董事会或股东会决定，不能一概而论，故 D 错误。

**72. BC**。《合伙企业法》第 64 条规定：“有限合伙人可以用货币、实物、知识产权、土地使用权或者其他财产权利作价出资。有限合伙人不得以劳务出资。”本题中，甲公司为灏德投资的有限合伙人，不能以劳务出资，故合伙协议不能约定甲公司以劳务出资，A 错误。《合伙企业法》第 71 条规定：“有限合伙人可以自营或者同他人合作经营与本有限合伙企业相竞争的业务；但是，合伙协议另有约定的除外。”据此，合伙协议可以约定甲公司的竞业禁止义务，故 B 正确。《合伙企业法》第 72 条规定：“有限合伙人可以将其在有限合伙企业中的财产份额出质；但是，合伙协议另有约定的除外。”据此，合伙协议可以排除甲公司对合伙份额的出质权，故 C 正确。《合伙企业法》第 73 条规定：“有限合伙人可以按照合伙协议的约定向合伙人以外的人转让其在有限合伙企业中的财产份额，但应当提前三十日通知其他合伙人。”据此，转让合伙企业份额是有限合伙人不可剥夺的权利，合伙协议不能禁止合伙份额转让，故 D 错误。

**73. BC**。《企业破产法》第 109 条规定：“对破产人的特定财产享有担保权的权利人，对该特定财产享有优先受偿的权利。”据此，债务人破产之后，债权人享有的担保物权不受影响，破产法上称之为别除权。需要注意的是，别除权的行使受到破产程序的限制，至少要进行债权申报和债权确认之后，方能行使别除权。就此，《企业破产法》第 48 条第 1 款规定：“债权人应当在人民法院确定的债权申报期限内向管理人申报债权。”《企业破产法》第 49 条规定：“债权人申报债权时，应当书面说明债权的数额和有无财产担保，并提交有关证据。申报的债权是连带债权的，应当说明。”本题中，翰扬公司就其享有抵押权的债权可以行使抵押权，但必须经过破产债权申报和确认之后方能行使，而非在破产受理后直接行使，故而 A 错误。《企业破产法》第 18 条第 1 款规定：“人民法院受理破产申请后，管理人对破产申请受理前成立而债务人和对方当事人均未履行完毕的合同有权决定解除或者继续履行，并通知对方当事人。管理人自破产申请受理之日起二个月内未通知对方当事人，或者自收到对方当事人催告之日起三十日内未答复的，视为解除合同。”据此，B 正确。《企业破产法》第 38 条规定：“人民法院受理破产申请后，债务人占有的不属于债务人的财产，该财产的权利人可以通过管理人取回。但是，本法另有规定的除外。”在此，取回权的客体是特定的动产或者不动产，但货币本身具有占有即所有的特征，对货币不能行使取回权，而应当将该不当得利返还请求权作为破产债权进行申报，故 C 正确。《企业破产法》第 40 条规定：“债权人在破产申请受理前对债务人负有债务的，可以向管理人主张抵销。但是，有下列情形之一的，不得抵销：（一）债务人的债务人在破产申请受理后取得他人对债务人的债权的……”据此，债务人的债务人在破产受理之后取得的债权不能与其对债务人的债务进行抵销，故 D 错误。

**74. ABD**。《票据法》第 26 条规定：“出票人签发汇票后，即承担保证该汇票承兑和付款的责任。出票人在汇票得不到承兑或者付款时，应当向持票人清偿本法第七十条、第七十一条规定的金额和费用。”本题中，甲公司签发的票据合法有效，甲公司应当承担票据责任，故 A 正确。《票据法》第 14 条第 1 款规定：“票据上的记载事项应当真实，不得伪造、变造。伪造、变造票据上的签章和其他记载事项的，应当承担法律责任。”在伪造票据的情形下，因为被假冒人李某并未在票据上签章，所以李某不承担票据责任，故 B 正确。伪造人王某因为没有在票据上签章，所以王某不承担票据责任，尽管王某需要承担其他民事责任乃至刑事责任，故 C 错误。《票据法》第 14 条第 2、3 款规定：“票据上有伪造、变造的签章的，不影响票据上其他真实签章的效力。票据上其他记载事项被变造的，在变造之前签章的人，对原记载事项负责；在变造之后签章的人，对变造之后的记载事项负责；不能辨别是在票据被变造之前或者之后签章的，视同在变造之前签章。”丙公司作为票据的合法持有人，享有票据权利，故D正确。

**75. BC**。《证券法》第74条第1款规定：“收购期限届满，被收购公司股权分布不符合证券交易所规定的上市交易要求的，该上市公司的股票应当由证券交易所依法终止上市交易；其余仍持有被收购公司股票的股东，有权向收购人以收购要约的同等条件出售其股票，收购人应当收购。”据此，收购完成后，如果被收购公司股权分布符合上市条件的，可以继续上市交易，故A错误。《证券法》并未禁止收购失败者继续购买目标公司股票，故B正确。《证券法》第62条规定：“投资者可以采取要约收购、协议收购及其他合法方式收购上市公司。”《证券法》第65条第1款规定：“通过证券交易所的证券交易，投资者持有或者通过协议、其他安排与他人共同持有一个上市公司已发行的有表决权股份达到百分之三十时，继续进行收购的，应当依法向该上市公司所有股东发出收购上市公司全部或者部分股份的要约。”据此，要约收购本身要求向所有股东进行收购，不能再与大股东进行协议收购，故C正确。需要注意的是，在收购人持股达到30%以后，如果收购人要继续收购，应当采用要约收购方式而不能再采用协议收购方式，但收购人在持股30%以后并没有继续收购的义务，故D错误。

**76. AB**。《保险法》第27条第3款规定：“保险事故发生后，投保人、被保险人或者受益人以伪造、变造的有关证明、资料或者其他证据，编造虚假的事故原因或者夸大损失程度的，保险人对其虚报的部分不承担赔偿或者给付保险金的责任。”据此，在投保人等夸大损失的情形，保险人对于夸大的部分不支付保险金，对于实际损失则需要按照约定支付保险金，故A正确，C错误。《保险法》第27条第4款规定：“投保人、被保险人或者受益人有前三款规定行为之一，致使保险人支付保险金或者支出费用的，应当退回或者赔偿。”据此，B正确。投保人等夸大保险损失并非解除保险合同的理由，故D错误。

**77. AB**。《民诉解释》第12条规定，夫妻一方离开住所地超过1年，另一方起诉离婚的案件，可以由原告住所地人民法院管辖。夫妻双方离开住所地超过1年，一方起诉离婚的案件，由被告经常居住地人民法院管辖；没有经常居住地的，由原告起诉时被告居住地人民法院管辖。本题中，朱某住所地为A市东区，婚后一直居住在A市东区。刘某住所地为A市西县，婚后离开住所地住A市东区，后又工作于南县，起诉前其经常居住地为南县。《民事诉讼法》第22条规定，对公民提起的民事诉讼，由被告住所地人民法院管辖；被告住所地与经常居住地不一致的，由经常居住地人民法院管辖。原告朱某起诉离婚，可以由原告住所地即A市东区人民法院管辖，A正确；也可由被告住所地管辖，由于被告住所地与经常居住地不一致，因此应当由经常居住地人民法院，即南县人民法院管辖，B正确，C错误。《民事诉讼法》第37条规定，人民法院发现受理的案件不属于本院管辖的，应当移送有管辖权的人民法院，受移送的人民法院应当受理。受移送的人民法院认为受移送的案件依照规定不属于本院管辖的，应当报请上级人民法院指定管辖，不得再自行移送。西县法院为受移送的人民法院，认为受移送的案件不属于本院管辖的，应当报请上级人民法院指定管辖，不得再自行移送。D错误。

**78. AC**。《民事诉讼法》第130条规定，人民法院受理案件后，当事人对管辖权有异议的，应当在提交答辩状期间提出。人民法院对当事人提出的异议，应当审查。异议成立的，裁定将案件移送有管辖权的人民法院；异议不成立的，裁定驳回。当事人未提出管辖异议，并应诉答辩或者提出反诉的，视为受诉人民法院有管辖权，但违反级别管辖和专属管辖规定的除外。故当事人申请管辖权异议应当向受诉法院提出，人民法院应当对当事人的申请进行审查。A正确。受诉法院的上级人民法院无权受理当事人提出的管辖权异议申请，B错误。《民事诉讼法》第157条第1、2款规定：“裁定适用于下列范围：（一）不予受理；（二）对管辖权有异议的；（三）驳回起诉；（四）保全和先予执行……对前款第一项至第三项裁定，可以上诉。”故当事人可以在管辖权异议被驳回的情况下，对该裁定上诉。C正确。根据《民事诉讼法》第211条，管辖权异议不属于法定的申请再审的理由，D错误。

**79. ABCD**。《民诉解释》第249条规定，在诉讼中，争议的民事权利义务转移的，不影响当事人的诉讼主体资格和诉讼地位。人民法院作出的发生法律效力的判决、裁定对受让人具有拘束力。受让人申请以无独立请求权的第三人身份参加诉讼的，人民法院可予准许。受让人申请替代当事人承担诉讼的，人民法院可以根据案件的具体情况决定是否准许；不予准许的，可以追加其为无独立请求权的第三人。本案中程某将其所有的债权转让给谢某，并不影响程某作为原告的主体资格和原告的诉讼地位。故程某撤诉，是原告的权利，法院可以准许其撤诉，A正确。本案中的受让人谢某，如申请以无独立请求权第三人身份参加诉讼的，人民法院可予准许，B正确。谢某申请替代程某诉讼地位的，法院可以根据具体情况决定是否准许，C正确。如谢某申请替代程某诉讼地位法院不予准许，可以追加谢某为无独立请求权第三人，D正确。

**80. AC**。《民事诉讼法》第73条规定，书证应当提交原件。物证应当提交原物。提交原件或者原物确有困难的，可以提交复制品、照片、副本、节录本。提交外文书证，必须附有中文译本。《民诉解释》第 112 条规定，书证在对方当事人控制之下的，承担举证证明责任的当事人可以在举证期限届满前书面申请人民法院责令对方当事人提交。申请理由成立的，人民法院应当责令对方当事人提交，因提交书证所产生的费用，由申请人负担。对方当事人无正当理由拒不提交的，人民法院可以认定申请人所主张的书证内容为真实。本题中，王文向法院提交的遗嘱复印件为书证，且可得知遗嘱原件在被告王武的控制之下。王武经过法院通知后，无正当理由拒不提交。故可以认定王文可以只向法院提交遗嘱的复印件，A 正确。并且法院可以认定所提交的遗嘱复印件所证明的事实为真实，C 正确。《民诉解释》第 113 条规定，持有书证的当事人以妨碍对方当事人使用为目的，毁灭有关书证或者实施其他致使书证不能使用行为的，人民法院可以依照《民事诉讼法》第 114 条规定，对其处以罚款、拘留。本案中，王武并无该法条规定的情形，因此，不应予以罚款、拘留，B 错误。本案中，王武的行为仅仅能证明王文提交的遗嘱复印件主张的内容为真实，法院应当支持遗嘱所记载的内容。但是题干中并未明确说明王文的诉讼请求，因此无从得知王文的诉讼请求是否仅仅要求执行遗嘱所记载的内容。D 中法院可根据王武的行为而判决支持王文的各项诉讼请求的做法不合法，D 错误。

**81. BC**。《民诉解释》第 424 条规定，对小额诉讼案件的判决、裁定，当事人以民事诉讼法第二百零七条规定的事由向原审人民法院申请再审的，人民法院应当受理。申请再审事由成立的，应当裁定再审，组成合议庭进行审理。作出的再审判决、裁定，当事人不得上诉。当事人以不应按小额诉讼案件审理为由向原审人民法院申请再审的，人民法院应当受理。理由成立的，应当裁定再审，组成合议庭审理。作出的再审判决、裁定，当事人可以上诉。本题中，谭某应当向原审人民法院申请再审，A 错误。法院应当组成合议庭进行审理。B 正确。对作出的再审判决，裁定，当事人可以上诉，C 正确。D 错误。

**82. AB**。《民诉解释》第 429 条规定，向债务人本人送达支付令，债务人拒绝接收的，人民法院可以留置送达。卢某拒绝签收支付令，留置送达是正确的，A 正确。《民诉解释》第 431 条规定，债务人在收到支付令后，未在法定期间提出书面异议，而向其他人民法院起诉的，不影响支付令的效力。债务人超过法定期间提出异议的，视为未提出异议。M 法院留置送达了支付令，债务人卢某并未在法定异议时间 15 天内提起书面异议，于 20 日后向 N 法院起诉，支付令已生效，单某可以依生效的支付令向人民法院申请强制执行，B 正确。卢某向 N 法院提起诉讼，支付令并未失效，C 错误。《民诉解释》第 430 条规定，有下列情形之一的，人民法院应当裁定终结督促程序，已发出支付令的，支付令自行失效：（1）人民法院受理支付令申请后，债权人就同一债权债务关系又提起诉讼的；（2）人民法院发出支付令之日起 30 日内无法送达债务人的；（3）债务人收到支付令前，债权人撤回申请的。卢某向 N 法院提起诉讼，不属于以上规定人民法院应当裁定终结督促程序的法定情形，D 错误。

**83. AC**。《民诉解释》第 449 条规定，利害关系人申报权利，人民法院应当通知其向法院出示票据，并通知公示催告申请人在指定的期间查看该票据。公示催告申请人申请公示催告的票据与利害关系人出示的票据不一致的，应当裁定驳回利害关系人的申报。本案中，利害关系人盘堂公司向法院出示票据，法院应当通知公示催告人大界公司在指定的期间查看该票据，A 正确。若盘堂公司出具的汇票与大界公司申请公示的汇票一致，应裁定终结公示催告程序，申请人或权利人可以向人民法院起诉，B 错误。若盘堂公司出具的汇票与大界公司申请公示的汇票不一致，应当裁定驳回利害关系人盘堂公司的申报，C 正确。无论盘堂公司出示的汇票与大界公司申请公示的汇票是否一致，法院均没有法律依据责令盘堂公司提供证明其对出示的汇票享有所有权的证据，D 错误。

**84. AC**。《民诉解释》第 505 条规定，被执行人未按判决、裁定和其他法律文书指定的期间履行非金钱给付义务的，无论是否已给申请执行人造成损失，都应当支付迟延履行金。已经造成损失的，双倍补偿申请执行人已经受到的损失；没有造成损失的，迟延履行金可以由人民法院根据具体案件情况决定。本题中，田某拒不履行法院令其迁出钟某房屋的判决，使钟某无法履行与他人签订的租房合同，遭受损失。法院可责令田某双倍补偿钟某所受到的损失，C 正确。《民诉解释》第 503 条规定，被执行人不履行法律文书指定的行为，且该项行为只能由被执行人完成的，人民法院可以依照《民事诉讼法》第 114 条第 1 款第 6 项规定处理。被执行人在人民法院确定的履行期间内仍不履行的，人民法院可以依照《民事诉讼法》第 114 条第 1 款第 6 项规定再次处理。A 正确。赔礼道歉一般适用于人身侵权类的案件，故 B 错误。支付同期银行利息针对的案件是负有金钱给付义务的，本案不是给付金钱义务，故 D 错误。

**85. BC**。《民法典》第 420 条第 2 款规定，最高额抵押权设立前已经存在的债权，经当事人同意，可以转入最高额抵押担保的债权范围。根据该规定，甲、乙之间约定有效，A 错误，不选；B 正确，当选。根据前述《民法典》第 420 条第 2 款，如果最高额保证合同未约定将 2013 年 5 月 6 日前乙欠甲的货款纳入最高额保证的担保范围，则丙对此不承担责任，据此，C 正确，当选。甲、乙之间的约定不影响丙对 2013 年 5 月 6 日之后债务承担保证责任，故丙主张减轻保证责任于法无据。D 错误，不选。

**86. C**。《民法典》第 421 条规定，最高额抵押担保的债权确定前，部分债权转让的，最高额抵押权不得转让，但是当事人另有约定的除外。据此，ABD 错误，不选；C 正确，当选。

**87. ABD**。《民法典》第 423 条规定，有下列情形之一的，抵押权人的债权确定：（1）约定的债权确定期间届满；（2）没有约定债权确定期间或者约定不明确，抵押权人或者抵押人自最高额抵押权设立之日起满二年后请求确定债权；（3）新的债权不可能发生；（4）抵押权人知道或者应当知道抵押财产被查封、扣押；（5）债务人、抵押人被宣告破产或者解散；（6）法律规定债权确定的其他情形。根据该规定，本题中，A 正确，当选。《民法典》第 392 条规定，被担保的债权既有物的担保又有人的担保的，债务人不履行到期债务或者发生当事人约定的实现担保物权的情形，债权人应当按照约定实现债权；没有约定或者约定不明确，债务人自己提供物的担保的，债权人应当先就该物的担保实现债权；第三人提供物的担保的，债权人可以就物的担保实现债权，也可以请求保证人承担保证责任。提供担保的第三人承担担保责任后，有权向债务人追偿。根据该规定，本题中，B 正确，当选；C 错误，不选。人民法院受理债务人破产案件后，债权人未申报债权的，保证人可以参加破产财产分配，预先行使追偿权。本题中，D 正确，当选。

**88. AD**。《公司法》第 63 条第 2 款规定："董事会不能履行或者不履行召集股东会会议职责的，由监事会召集和主持；监事会不召集和主持的，代表十分之一以上表决权的股东可以自行召集和主持。"本题中，甲持有源圣公司 25%的股权，有权自行召集和主持股东会，故 A 正确。而乙、丙所持股份都不足 10%，不能召集和主持股东会，故 BC 两项错误。既然甲单方即可召开临时股东会，甲联合乙、丙更可以召开临时股东会，故 D 正确。

**89. ABC**。《公司法》第 53 条第 1 款规定："公司成立后，股东不得抽逃出资。"《公司法解释（三）》第 12 条规定："公司成立后，公司、股东或者公司债权人以相关股东的行为符合下列情形之一且损害公司权益为由，请求认定该股东抽逃出资的，人民法院应予支持：（一）制作虚假财务会计报表虚增利润进行分配；（二）通过虚构债权债务关系将其出资转出；（三）利用关联交易将出资转出；（四）其他未经法定程序将出资抽回的行为。"本题中，源圣公司董事长陈某利用关联交易将出资转出，属于抽逃出资的行为。《公司法》第 53 条第 2 款规定："违反前款规定的，股东应当返还抽逃的出资；给公司造成损失的，负有责任的董事、监事、高级管理人员应当与该股东承担连带赔偿责任。"本题中，源圣公司董事长陈某帮助股东霓美公司抽逃出资，应当对返还出资承担连带责任，故 A 正确。同时，股东霓美公司需要向源圣公司返还出资的相应利息，故 B 正确。《公司法解释（三）》第 16 条规定："股东未履行或者未全面履行出资义务或者抽逃出资，公司根据公司章程或者股东会决议对其利润分配请求权、新股优先认购权、剩余财产分配请求权等股东权利作出相应的合理限制，该股东请求认定该限制无效的，人民法院不予支持。"本题中，股东霓美公司抽逃出资，源圣公司可以通过股东会决议限制霓美公司的利润分配请求权，故 C 正确。《公司法解释（三）》第 17 条第 1 款规定："有限责任公司的股东未履行出资义务或者抽逃全部出资，经公司催告缴纳或者返还，其在合理期间内仍未缴纳或者返还出资，公司以股东会决议解除该股东的股东资格，该股东请求确认该解除行为无效的，人民法院不予支持。"据此，公司在解除抽逃出资股东的股东资格之前，需要先催告其返还出资，而不能直接解除其股东资格，故 D 错误。

**90. AD**。《公司法》第 22 条规定："公司的控股股东、实际控制人、董事、监事、高级管理人员不得利用关联关系损害公司利益。违反前款规定，给公司造成损失的，应当承担赔偿责任。"《公司法》第 188 条规定："董事、监事、高级管理人员执行职务违反法律、行政法规或者公司章程的规定，给公司造成损失的，应当承担赔偿责任。"《公司法》第 189 条第 1 款规定："董事、高级管理人员有前条规定的情形的，有限责任公司的股东、股份有限公司连续一百八十日以上单独或者合计持有公司百分之一以上股份的股东，可以书面请求监事会向人民法院提起诉讼；监事有前条规定的情形的，前述股东可以书面请求董事会向人民法院提起诉讼。"本题中，源圣公司控股股东霓美公司授意陈某损害源圣公司的利益，甲、乙、丙作为持股 1%以上的股东，有权提起股东派生诉讼，故 A 正确，B 错误。股东派生诉讼是股东为了维护公司利益而起诉，所得赔偿应当归属公司而不是起诉的股东，故 C 错误，D 正确。

# 第 7 天

会当凌绝顶，一览众山小。

## 试 题

**1.** 东部某市是我国获得文明城市称号且犯罪率较低的城市之一，该市某村为了提高村民的道德素养，建有一条“爱心互助街”，使其成为交换和传递爱心的街区。关于对法治和德治相结合的原则的理解，下列哪一选项是错误的？

A. 道德可以滋养法治精神和支撑法治文化

B. 通过公民道德建设提高社会文明程度，能为法治实施创造良好的人文环境

C. 坚持依法治国和以德治国相结合，更要强调发挥道德的教化作用

D. 道德教化可以劝人向善，也可以弘扬公序良俗，培养人们的规则意识

**2.** 建设法治政府必然要求建立权责统一、权威高效的依法行政体制。关于建设法治政府，下列哪一观点是正确的？

A. 明晰各级政府事权配置的着力点，强化市县政府宏观管理的职责

B. 明确地方事权，必要时可以适当牺牲其他地区利益

C. 政府权力清单制度是促进全面履行政府职能、厘清权责、提高效率的有效制度

D. 推行政府法律顾问制度的主要目的是帮助行政机关摆脱具体行政事务，加强宏观管理

**3.** 推进严格司法，应统一法律适用标准，规范流程，建立责任制，确保实现司法公正。据此，下列哪一说法是错误的？

A. 最高法院加强司法解释和案例指导，有利于统一法律适用标准

B. 全面贯彻证据裁判规则，可以促进法庭审理程序在查明事实、认定证据中发挥决定性作用

C. 在司法活动中，要严格遵循依法收集、保存、审查、运用证据，完善证人、鉴定人出庭制度

D. 司法人员办案质量终身负责制，是指司法人员仅在任职期间对所办理的一切错案承担责任

**4.** 增强全民法治观念，推进法治社会建设，使人民群众内心拥护法律，需要健全普法宣传教育机制。某市的下列哪一做法没有体现这一要求？

A. 通过《法在身边》电视节目、微信公众号等平台开展以案释法，进行普法教育

B. 印发法治宣传教育工作责任表，把普法工作全部委托给人民团体

C. 通过举办法治讲座、警示教育报告会等方式促进领导干部带头学法、模范守法

D. 在暑期组织“预防未成年人违法犯罪模拟法庭巡演”，向青少年宣传《未成年人保护法》

**5.** 临产孕妇黄某由于胎盘早剥被送往医院抢救，若不尽快进行剖宫产手术将危及母子生命。当时黄某处于昏迷状态，其家属不在身边，且联系不上。经医院院长批准，医生立即实施了剖宫产手术，挽救了母子生命。该医院的做法体现了法的价值冲突的哪一解决原则？

A. 价值位阶原则

B. 自由裁量原则

C. 比例原则

D. 功利主义原则

**6.** 《刑事诉讼法》第五十六条第一款第一句规定：“采用刑讯逼供等非法方法收集的犯罪嫌疑人、被告人供述和采用暴力、威胁等非法方法收集的证人证言、被害人陈述，应当予以排除。”对此条文，下列哪一理解是正确的？

A. 运用了规范语句来表达法律规则

B. 表达的是一个任意性规则

C. 表达的是一个委任性规则

D. 表达了法律规则中的假定条件、行为模式和法律后果

**7.** 律师潘某认为《母婴保健法》与《婚姻登记条例》关于婚前检查的规定存在冲突，遂向全国人大常委会书面提出了进行审查的建议。对此，下列哪一说法是错误的？

A. 《母婴保健法》的法律效力高于《婚姻登记条例》

B. 如全国人大常委会审查后认定存在冲突，则有权改变或撤销《婚姻登记条例》

C. 全国人大相关专门委员会和常务委员会工作机构需向潘某反馈审查研究情况

D. 潘某提出审查建议的行为属于社会监督

**8.** 张某到某市公交公司办理公交卡退卡手续时，被告知：根据本公司公布施行的《某市公交卡使用须知》，退卡时应将卡内200元余额用完，否则不能退卡，张某遂提起诉讼。法院认为，公交公司依据《某市公交卡使用须知》拒绝张某要求，侵犯了张某自主选择服务方式的权利，该条款应属无效，遂判决公交公司退还卡中余额。关于此案，下列哪一说法是正确的？

A. 张某、公交公司之间的服务合同法律关系属于纵向法律关系

B. 该案中的诉讼法律关系是主法律关系

C. 公交公司的权利能力和行为能力是同时产生和同时消灭的

D.《某市公交卡使用须知》属于地方规章

**9.** 赵某因涉嫌走私国家禁止出口的文物被立案侦查，在此期间逃往A国并一直滞留于该国。对此，下列哪一说法是正确的？

A. 该案涉及法对人的效力和空间效力问题

B. 根据我国法律的相关原则，赵某不在中国，故不能适用中国法律

C. 该案的处理与法的溯及力相关

D. 如果赵某长期滞留在A国，应当适用时效免责

**10.** 卡尔·马克思说："法官是法律世界的国王，法官除了法律没有别的上司。"对于这句话，下列哪一理解是正确的？

A. 法官的法律世界与其他社会领域（政治、经济、文化等）没有关系

B. 法官的裁判权不受制约

C. 法官是法律世界的国王，但必须是法律的奴仆

D. 在法律世界中（包括在立法领域），法官永远是其他一切法律主体（或机构）的上司

**11.** 关于法的适用，下列哪一说法是正确的？

A. 在法治社会，获得具有可预测性的法律决定是法的适用的唯一目标

B. 法律人查明和确认案件事实的过程是一个与规范认定无关的过程

C. 法的适用过程是一个为法律决定提供充足理由的法律证成过程

D. 法的适用过程仅仅是运用演绎推理的过程

**12.**《左传》云："礼，所以经国家，定社稷，序民人，利后嗣者也"，系对周礼的一种评价。关于周礼，下列哪一表述是正确的？

A. 周礼是早期先民祭祀风俗自然流传到西周的产物

B. 周礼仅属于宗教、伦理道德性质的规范

C. "礼不下庶人"强调"礼"有等级差别

D. 西周时期"礼"与"刑"是相互对立的两个范畴

**13.** 唐永徽年间，甲由祖父乙抚养成人。甲好赌欠债，多次索要乙一祖传玉坠未果，起意杀乙。某日，甲趁乙熟睡，以木棒狠击乙头部，以为致死（后被救活），遂夺玉坠逃走。唐律规定，谋杀尊亲处斩，但无致伤如何处理的规定。对甲应当实行下列哪一处罚？

A. 按"诸断罪而无正条，其应入罪者，则举轻以明重"，应处斩刑

B. 按"诸断罪而无正条，其应出罪者，则举重以明轻"，应处绞刑

C. 致伤未死，应处流三千里

D. 属于"十恶"犯罪中的"不孝"行为，应处极刑

**14.** 鸦片战争后，清朝统治者迫于内外压力，对原有的法律制度进行了不同程度的修改与变革。关于清末法律制度的变革，下列哪一选项是正确的？

A.《大清现行刑律》废除了一些残酷的刑罚手段，如凌迟

B.《大清新刑律》打破了旧律维护专制制度和封建伦理的传统

C. 改刑部为法部，职权未变

D. 改四级四审制为四级两审制

**15.** 宪法的制定是指制宪主体按照一定程序创制宪法的活动。关于宪法的制定，下列哪一选项是正确的？

A. 制宪权和修宪权是具有相同性质的根源性的国家权力

B. 人民可以通过对宪法草案发表意见来参与制宪的过程

C. 宪法的制定由全国人民代表大会以全体代表的三分之二以上的多数通过

D. 1954年《宪法》通过后，由中华人民共和国主席根据全国人民代表大会的决定公布

**16.** 宪法的渊源即宪法的表现形式。关于宪法渊源，下列哪一表述是错误的？

A. 一国宪法究竟采取哪些表现形式，取决于历史传统和现实状况等多种因素

B. 宪法惯例实质上是一种宪法和法律条文无明确规定、但被普遍遵循的政治行为规范

C. 宪法性法律是指国家立法机关为实施宪法典而制定的调整宪法关系的法律

D. 有些成文宪法国家的法院基于对宪法的解释而形成的判例也构成该国的宪法渊源

**17.** 国家的基本社会制度是国家制度体系中的重要内容。根据我国宪法规定，关于国家基本社会制度，下列哪一表述是正确的？

A. 国家基本社会制度包括发展社会科学事业的内容

B. 社会人才培养制度是我国的基本社会制度之一

C. 关于社会弱势群体和特殊群体的社会保障的规定是对平等原则的突破

D. 社会保障制度的建立健全同我国政治、经济、文化和生态建设水平相适应

**18.** 根据《宪法》和法律法规的规定，关于我国行政区划变更的法律程序，下列哪一选项是正确的？

A. 甲县欲更名，须报该县所属的省级政府审批

B. 乙省行政区域界线的变更，应由全国人大审议决定

C. 丙镇与邻近的一个镇合并，须报两镇所属的县级政府审批

D. 丁市部分行政区域界线的变更，由国务院授权丁市所属的省级政府审批

**19.** 根据《宪法》和法律的规定，关于民族自治地方自治权，下列哪一表述是正确的？

A. 自治权由民族自治地方的权力机关、行政机关、审判机关和检察机关行使

B. 自治州人民政府可以制定政府规章对国务院部门规章的规定进行变通

C. 自治条例可以依照当地民族的特点对宪法、法律和行政法规的规定进行变通

D. 自治县制定的单行条例须报省级人大常委会批准后生效，并报全国人大常委会备案

**20.** 中华人民共和国公民在法律面前一律平等。关于平等权，下列哪一表述是错误的？

A. 我国宪法中存在一个关于平等权规定的完整规范系统

B. 犯罪嫌疑人的合法权利应该一律平等地受到法律保护

C. 在选举权领域，性别和年龄属于宪法所列举的禁止差别理由

D. 妇女享有同男子平等的权利，但对其特殊情况可予以特殊保护

**21.** 中华人民共和国中央军事委员会领导全国武装力量。关于中央军事委员会，下列哪一表述是错误的？

A. 实行主席负责制

B. 每届任期与全国人大相同

C. 对全国人大及其常委会负责

D. 副主席由全国人大选举产生

**22.** 甲在A银行办理了一张可异地跨行存取款的银行卡，并曾用该银行卡在A银行一台自动取款机上取款。甲取款数日后，发现该卡内的全部存款被人在异地B银行的自动取款机上取走。后查明：甲在A银行取款前一天，某盗卡团伙已在该自动取款机上安装了摄像和读卡装置（一周后被发现）；甲对该卡和密码一直妥善保管，也从未委托他人使用。关于甲的存款损失，下列哪一说法是正确的？

A. 自行承担部分损失

B. 有权要求A银行赔偿

C. 有权要求A银行和B银行赔偿

D. 只能要求复制盗刷银行卡的罪犯赔偿

**23.** 为大力发展交通，某市出资设立了某高速公路投资公司。该市审计局欲对其实施年度审计监督。关于审计事宜，下列哪一说法是正确的？

A. 该公司既非政府机关也非事业单位，审计局无权审计

B. 审计局应在实施审计3日前，向该公司送达审计通知书

C. 审计局欲查询该公司在金融机构的账户，应经局长批准并委托该市法院查询

D. 审计局欲检查该公司与财政收支有关的资料和资产，应委托该市税务局检查

**24.** 申请不动产登记时，下列哪一情形应由当事人双方共同申请？

A. 赵某放弃不动产权利，申请注销登记

B. 钱某接受不动产遗赠，申请转移登记

C. 孙某将房屋抵押给银行以获得贷款，申请抵押登记

D. 李某认为登记于周某名下的房屋为自己所有，申请更正登记

**25.** 某省天洋市滨海区一石油企业位于海边的油库爆炸，泄漏的石油严重污染了近海生态环境。下列哪一主体有权提起公益诉讼（其中所列组织均专门从事环境保护公益活动连续5年以上且无违法记录）？

A. 受损海产养殖户推选的代表赵某

B. 依法在滨海区民政局登记的“海蓝志愿者”组织

C. 依法在邻省的省民政厅登记的环境保护基金会

D. 在国外设立但未在我国民政部门登记的“海洋之友”团体

**26.** 关于我国生态保护制度，下列哪一表述是正确的？

A. 国家只在重点生态功能区划定生态保护红线

B. 国家应积极引进外来物种以丰富我国生物的多样性

C. 国家应加大对生态保护地区的财政转移支付力度

D. 国家应指令受益地区对生态保护地区给予生态保护补偿

**27.** 联合国大会由全体会员国组成，具有广泛的职权。关于联合国大会，下列哪一选项是正确的？

A. 其决议具有法律拘束力

B. 表决时安理会5个常任理事国的票数多于其他会员国

C. 大会是联合国的立法机关，三分之二以上会员国同意才可以通过国际条约

D. 可以讨论《联合国宪章》范围内或联合国任何机关的任何问题，但安理会正在审议的除外

**28.** 甲国公民汤姆于2012年在本国故意杀人后潜逃至乙国，于2014年在乙国强奸一名妇女后又逃至中国。乙国于2015年向中国提出引渡请求。经查明，中国和乙国之间没有双边引渡条约。依相关国际法及中国法律规定，下列哪一选项是正确的？

A. 乙国的引渡请求应向中国最高人民法院提出

B. 乙国应当作出互惠的承诺

C. 最高人民法院应对乙国的引渡请求进行审查，并由审判员组成合议庭进行

D. 如乙国将汤姆引渡回本国，则在任何情况下都不得再将其转引

**29.** 甲国与乙国基于传统友好关系，兼顾公平与效率原则，同意任命德高望重并富有外交经验的丙国公民布朗作为甲乙两国的领事官员派遣至丁国。根据《维也纳领事关系公约》，下列哪一选项是正确的？

A. 布朗既非甲国公民也非乙国公民，此做法违反《公约》

B.《公约》没有限制，此做法无须征得丁国同意

C. 如丁国明示同意，此做法是被《公约》允许的

D. 如丙国与丁国均明示同意，此做法才被《公约》允许

**30.** 沙特某公司在华招聘一名中国籍雇员张某。为规避中国法律关于劳动者权益保护的强制性规定，劳动合同约定排他性地适用菲律宾法。后因劳动合同产生纠纷，张某向中国法院提起诉讼。关于该劳动合同的法律适用，下列哪一选项是正确的？

A. 适用沙特法

B. 因涉及劳动者权益保护，直接适用中国的强制性规定

C. 在沙特法、中国法与菲律宾法中选择适用对张某最有利的法律

D. 适用菲律宾法

**31.** 2014年1月，北京居民李某的一件珍贵首饰在家中失窃后被窃贼带至甲国。同年2月，甲国居民陈某在当地珠宝市场购得该首饰。2015年1月，在获悉陈某将该首饰带回北京拍卖的消息后，李某在北京某法院提起原物返还之诉。关于该首饰所有权的法律适用，下列哪一选项是正确的？

A. 应适用中国法

B. 应适用甲国法

C. 如李某与陈某选择适用甲国法，不应支持

D. 如李某与陈某无法就法律选择达成一致，应适用甲国法

**32.** 甲国游客杰克于2015年6月在北京旅游时因过失导致北京居民孙某受重伤。现孙某在北京以杰克为被告提起侵权之诉。关于该侵权纠纷的法律适用，下列哪一选项是正确的？

A. 因侵权行为发生在中国，应直接适用中国法

B. 如当事人在开庭前协议选择适用乙国法，应予支持，但当事人应向法院提供乙国法的内容

C. 因本案仅与中国、甲国有实际联系，当事人只能在中国法与甲国法中进行选择

D. 应在中国法与甲国法中选择适用更有利于孙某的法律

**33.** 2015年3月，甲国公民杰夫欲向中国法院申请承认并执行一项在甲国境内作出的仲裁裁决。中国与甲国均为《承认与执行外国仲裁裁决公约》成员国。关于该裁决的承认和执行，下列哪一选项是正确的？

A. 杰夫应通过甲国法院向被执行人住所地或其财产所在地的中级人民法院申请

B. 如该裁决系临时仲裁庭作出的裁决，人民法院不应承认与执行

C. 如承认和执行申请被裁定驳回，杰夫可向人民法院起诉

D. 如杰夫仅申请承认而未同时申请执行该裁决，人民法院可以对是否执行一并作出裁定

**34.** 英国人施密特因合同纠纷在中国法院涉诉。关于该民事诉讼，下列哪一选项是正确的？

A. 施密特可以向人民法院提交英文书面材料，无需提供中文翻译件

B. 施密特可以委托任意一位英国出庭律师以公民代理的形式代理诉讼

C. 如施密特不在中国境内，英国驻华大使馆可以授权本馆官员为施密特聘请中国律师代理诉讼

D. 如经调解双方当事人达成协议，人民法院已制发调解书，但施密特要求发给判决书，应予拒绝

**35.** 中国甲公司与法国乙公司签订了向中国进口服装的合同，价格条件CIF。货到目的港时，甲公司发现有两箱货物因包装不当途中受损，因此拒收，该货物在目的港码头又被雨淋受损。依1980年《联合国国际货物销售合同公约》及相关规则，下列哪一选项是正确的？

A. 因本合同已选择了CIF贸易术语，则不再适用《公约》

B. 在CIF条件下应由法国乙公司办理投保，故乙公司也应承担运输途中的风险

C. 因甲公司拒收货物，乙公司应承担货物在目的港码头雨淋造成的损失

D. 乙公司应承担因包装不当造成的货物损失

**36.** 青田轮承运一批啤酒花从中国运往欧洲某港，货物投保了一切险，提单上的收货人一栏写明“凭指示”，因生产过程中水份过大，啤酒花到目地港时已变质。依《海牙规则》及相关保险规则，下列哪一选项是正确的？

A. 承运人没有尽到途中管货的义务，应承担货物途中变质的赔偿责任

B. 因货物投保了一切险，保险人应承担货物变质的赔偿责任

C. 本提单可通过交付进行转让

D. 承运人对啤酒花的变质可以免责

**37.** 依最高人民法院《关于审理信用证纠纷案件若干问题的规定》，出现下列哪一情况时，不能再通过司法手段干预信用证项下的付款行为？

A. 开证行的授权人已对信用证项下票据善意地作出了承兑

B. 受益人交付的货物无价值

C. 受益人和开证申请人串通提交假单据

D. 受益人提交记载内容虚假的单据

**38.** 进口中国的某类化工产品 2015 年占中国的市场份额比 2014 年有较大增加，经查，两年进口总量虽持平，但仍给生产同类产品的中国产业造成了严重损害。依我国相关法律，下列哪一选项是正确的？

A. 受损害的中国国内产业可向商务部申请反倾销调查

B. 受损害的中国国内产业可向商务部提出采取保障措施的书面申请

C. 因为该类化工产品的进口数量并没有绝对增加，故不能采取保障措施

D. 该类化工产品的出口商可通过价格承诺避免保障措施的实施

**39.** 为了促进本国汽车产业，甲国出台规定，如生产的汽车使用了 30%国产零部件，即可享受税收减免的优惠。依世界贸易组织的相关规则，关于该规定，下列哪一选项是正确的？

A. 违反了国民待遇原则，属于禁止使用的与贸易有关的投资措施

B. 因含有国内销售的要求，是扭曲贸易的措施

C. 有贸易平衡的要求，属于禁止的数量限制措施

D. 有外汇平衡的要求，属于禁止的投资措施

**40.** 保证公正司法，提高司法公信力，一个重要的方面是加强对司法活动的监督。下列哪一做法属于司法机关内部监督？

A. 建立生效法律文书统一上网和公开查询制度

B. 逐步实行人民陪审员只参与审理事实认定、不再审理法律适用问题

C. 检察院办案中主动听取并重视律师意见

D. 完善法官、检察官办案责任制，落实谁办案谁负责

**41.** 职业保障是确保法官、检察官队伍稳定、发展的重要条件，是实现司法公正的需要。根据中央有关改革精神和《法官法》、《检察官法》规定，下列哪一说法是错误的？

A. 对法官、检察官的保障由工资保险福利和职业（履行职务）两方面保障构成

B. 完善职业保障体系，要建立符合职业特点的法官、检察官管理制度

C. 完善职业保障体系，要建立法官、检察官专业职务序列和工资制度

D. 合理的退休制度也是保障制度的重要组成部分，应予高度重视

**42.** 王某和李某斗殴，李某与其子李二将王某打伤。李某在王某提起刑事自诉后聘请省会城市某律师事务所赵律师担任辩护人。关于本案，下列哪一做法符合相关规定？

A. 赵律师同时担任李某和李二的辩护人，该所钱律师担任本案王某代理人

B. 该所与李某商定辩护事务按诉讼结果收取律师费

C. 该所要求李某另外预交办案费

D. 该所指派实习律师代赵律师出庭辩护

**43.** 某检察院对王某盗窃案提出二审抗诉，王某未委托辩护人，欲申请法律援助。对此，下列哪一说法是正确的？

A. 王某申请法律援助只能采用书面形式

B. 法律援助机构应当严格审查王某的经济状况

C. 法律援助机构只能委派律师担任王某的辩护人

D. 法律援助机构决定不提供法律援助时，王某可以向该机构提出异议

**44.** 关于我国公证的业务范围、办理程序和效力，下列哪一选项符合《公证法》的规定？

A. 申请人向公证机关提出保全网上交易记录，公证机关以不属于公证事项为由拒绝

B. 自然人委托他人办理财产分割、赠与、收养关系公证的，公证机关不得拒绝

C. 因公证具有较强的法律效力，要求公证机关在办理公证业务时不能仅作形式审查

D. 法院发现当事人申请执行的公证债权文书确有错误的，应裁定不予执行并撤销该公证书

**45.** 备案审查是宪法监督的重要内容和环节。根据中国特色社会主义法治理论有关要求和《立法法》规定，对该项制度的理解，下列哪些表述是正确的？

A. 建立规范性文件备案审查机制，要把所有规范性文件纳入审查范围

B. 地方性法规和地方政府规章应纳入全国人大常委会的备案审查范围

C. 全国人大常委会有权依法撤销和纠正违宪违法的规范性文件

D. 提升备案审查能力，有助于提高备案审查的制度执行力和约束力

**46.** 培养高素质的法治专门队伍，旨在为建设社会主义法治国家提供强有力的组织和人才保障。下列哪些举措体现了这一要求?

A. 从符合条件的律师中招录立法工作者、法官、检察官

B. 实行招录人才的便捷机制，在特定地区，政法专业毕业生可直接担任法官

C. 建立检察官逐级遴选制度，初任检察官由省级检察院统一招录，一律在基层检察院任职

D. 将善于运用法治思维和法治方式推动工作的人员优先选拔至领导岗位

**47.** 2011 年，李某购买了刘某一套房屋，准备入住前从他处得知该房内两年前曾发生一起凶杀案。李某诉至法院要求撤销合同。法官认为，根据我国民俗习惯，多数人对发生凶杀案的房屋比较忌讳，被告故意隐瞒相关信息，违背了诚实信用原则，已构成欺诈，遂判决撤销合同。关于此案，下列哪些说法是正确的?

A. 不违背法律的民俗习惯可以作为裁判依据

B. 只有在民事案件中才可适用诚实信用原则

C. 在司法判决中，诚实信用原则以全有或全无的方式加以适用

D. 诚实信用原则可以为相关的法律规则提供正当化基础

**48.** 某法院在一起疑难案件的判决书中援引了法学教授叶某的学说予以说理。对此，下列哪些说法是正确的?

A. 法学学说在当代中国属于法律原则的一种

B. 在我国，法学学说中对法律条文的解释属于非正式解释

C. 一般而言，只能在民事案件中援引法学学说

D. 参考法学学说有助于对法律条文作出正确理解

**49.** 徐某被何某侮辱后一直寻机报复，某日携带尖刀到何某住所将其刺成重伤。经司法鉴定，徐某作案时辨认和控制能力存在，有完全的刑事责任能力。法院审理后以故意伤害罪判处徐某有期徒刑 10 年。关于该案，下列哪些说法是正确的?

A. “徐某作案时辨认和控制能力存在，有完全的刑事责任能力”这句话包含对事实的法律认定

B. 法院判决体现了法的强制作用，但未体现评价作用

C. 该案中法官运用了演绎推理

D. “徐某被何某侮辱后一直寻机报复，某日携带尖刀到何某住所将其刺成重伤”是该案法官推理中的大前提

**50.** 张某出差途中突发疾病死亡，被市社会保障局认定为工伤。但张某所在单位认为依据《工伤保险条例》，只有“在工作时间和工作岗位突发疾病死亡”才属于工伤，遂诉至法院。法官认为，张某为完成单位分配任务，须经历从工作单位到达出差目的地这一过程，出差途中应视为工作时间和工作岗位，故构成工伤。关于此案，下列哪些说法是正确的?

A. 解释法律时应首先运用文义解释方法

B. 法官对条文作了扩张解释

C. 对条文文义的扩张解释不应违背立法目的

D. 一般而言，只有在法律出现漏洞时才需要进行法律解释

**51.** 我国《宪法》第三十八条明确规定：“中华人民共和国公民的人格尊严不受侵犯。”关于该条文所表现的宪法规范，下列哪些选项是正确的?

A. 在性质上属于组织性规范

B. 通过《民法典》中有关姓名权的规定得到了间接实施

C. 法院在涉及公民名誉权的案件中可以直接据此作出判决

D. 与法律中的有关规定相结合构成一个有关人格尊严的规范体系

**52.** 关于国家文化制度，下列哪些表述是正确的?

A. 我国宪法所规定的文化制度包含了爱国统一战线的内容

B. 国家鼓励自学成才，鼓励社会力量依照法律规定举办各种教育事业

C. 是否较为系统地规定文化制度，是社会主义宪法区别于资本主义宪法的重要标志之一

D. 公民道德教育的目的在于培养有理想、有道德、有文化、有纪律的社会主义公民

**53.** 甲市乙县人民代表大会在选举本县的市人大代表时，乙县多名人大代表接受甲市人大代表候选人的贿赂。对此，下列哪些说法是正确的?

A. 乙县选民有权罢免受贿的该县人大代表

B. 乙县受贿的人大代表应向其所在选区的选民提出辞职

C. 甲市人大代表候选人行贿行为属于破坏选举的行为，应承担法律责任

D. 在选举过程中，如乙县人大主席团发现有贿选行为应及时依法调查处理

**54.** 某村村委会未经村民会议讨论，制定了土地承包经营方案，侵害了村民的合法权益，引发了村民的强烈不满。根据《村民委员会组织法》的规定，下列哪些做法是正确的?

A. 村民会议有权撤销该方案

B. 由该村所在地的乡镇级政府责令改正

C. 受侵害的村民可以申请法院予以撤销

D. 村民代表可以就此联名提出罢免村委会成员的要求

**55.** 某设区的市的市政府依法制定了《关于加强历史文化保护的决定》。关于该决定，下列哪些选项是正确的？

A. 市人大常委会认为该决定不适当，可以提请上级人大常委会撤销

B. 法院在审理案件时发现该决定与上位法不一致，可以作出合法性解释

C. 与文化部有关文化保护的规定具有同等效力，在各自的权限范围内施行

D. 与文化部有关文化保护的规定之间对同一事项的规定不一致时，由国务院裁决

**56.** 党的十八届四中全会《决定》明确指出："完善以宪法为核心的中国特色社会主义法律体系。"据此，下列哪些做法是正确的？

A. 建立全国人大及其常委会宪法监督制度，健全宪法解释程序机制

B. 健全有立法权的人大主导立法工作的体制，规范和减少政府立法活动

C. 探索委托第三方起草法律法规草案，加强立法后评估，引入第三方评估

D. 加快建立生态文明法律制度，强化生产者环境保护的法律责任

**57.** 某市甲、乙、丙三大零售企业达成一致协议，拒绝接受产品供应商丁的供货。丙向反垄断执法机构举报并提供重要证据，经查，三企业构成垄断协议行为。关于三企业应承担的法律责任，下列哪些选项是正确的？

A. 该执法机构应责令三企业停止违法行为，没收违法所得，并处以相应罚款

B. 丙企业举报有功，可酌情减轻或免除处罚

C. 如丁因垄断行为遭受损失的，三企业应依法承担民事责任

D. 如三企业行为后果极为严重，应追究其刑事责任

**58.** 甲公司拥有"飞鸿"注册商标，核定使用的商品为酱油等食用调料。乙公司成立在后，特意将"飞鸿"登记为企业字号，并在广告、企业厂牌、商品上突出使用。乙公司使用违法添加剂生产酱油被媒体曝光后，甲公司的市场声誉和产品销量受到严重影响。关于本案，下列哪些说法是正确的？

A. 乙公司侵犯了甲公司的注册商标专用权

B. 乙公司将"飞鸿"登记为企业字号并突出使用的行为构成不正当竞争行为

C. 甲公司因调查乙公司不正当竞争行为所支付的合理费用应由乙公司赔偿

D. 甲公司应允许乙公司在不变更企业名称的情况下以其他商标生产销售合格的酱油

**59.** 关于个人所得税，下列哪一表述是正确的？

A. 以课税对象为划分标准，个人所得税属于动态财产税

B. 非居民纳税人是指不具有中国国籍但有来源于中国境内所得的个人

C. 居民纳税人从中国境内、境外取得的所得均应依法缴纳个人所得税

D. 劳务报酬所得适用比例税率，对劳务报酬所得一次收入畸高的，可实行加成征收

**60.** 某厂工人田某体检时被初诊为脑瘤，万念俱灰，既不复检也未经请假就外出旅游。该厂以田某连续旷工超过15天，严重违反规章制度为由解除劳动合同。对于由此引起的劳动争议，下列哪些说法是正确的？

A. 该厂单方解除劳动合同，应事先将理由通知工会

B. 因田某严重违反规章制度，无论是否在规定的医疗期内该厂均有权解除劳动合同

C. 如该厂解除劳动合同的理由成立，无需向田某支付经济补偿金

D. 如该厂解除劳动合同的理由违法，田某有权要求继续履行劳动合同并主张经济补偿金2倍的赔偿金

**61.** 友田劳务派遣公司（住所地为甲区）将李某派遣至金科公司（住所地为乙区）工作。在金科公司按劳务派遣协议向友田公司支付所有费用后，友田公司从李某的首月工资中扣减了500元，李某提出异议。对此争议，下列哪些说法是正确的？

A. 友田公司作出扣减工资的决定，应就其行为的合法性负举证责任

B. 如此案提交劳动争议仲裁，当事人一方对仲裁裁决不服的，有权向法院起诉

C. 李某既可向甲区也可向乙区的劳动争议仲裁机构申请仲裁

D. 对于友田公司给李某造成的损害，友田公司和金科公司应承担连带责任

**62.** 甲企业将其厂房及所占划拨土地一并转让给乙企业，乙企业依法签订了出让合同，土地用途为工业用地。5年后，乙企业将其转让给丙企业，丙企业欲将用途改为商业开发。关于该不动产权利的转让，下列哪些说法是正确的？

A. 甲向乙转让时应报经有批准权的政府审批

B. 乙向丙转让时，应已支付全部土地使用权出让金，并取得国有土地使用权证书

C. 丙受让时改变土地用途，须取得有关国土部门和规划部门的同意

D. 丙取得该土地及房屋时，其土地使用年限应重新计算

**63.** 某市政府接到省环境保护主管部门的通知：暂停审批该市新增重点污染物排放总量的建设项目环境影响评价文件。下列哪些情况可导致此次暂停审批？

A. 未完成国家确定的环境质量目标

B. 超过国家重点污染物排放总量控制指标

C. 当地环境保护主管部门对重点污染物监管不力

D. 当地重点排污单位未按照国家有关规定和监测规范安装使用监测设备

**64.** 某化工厂排放的污水会影响鱼类生长，但其串通某环境影响评价机构获得虚假环评文件从而得以建设。该厂后来又串通某污水处理设施维护机构，使其污水处理设施虚假显示从而逃避监管。该厂长期排污致使周边水域的养殖鱼类大量死亡。面对养殖户的投诉，当地环境保护主管部门一直未采取任何查处措施。对于养殖户的赔偿请求，下列哪些单位应承担连带责任？

A. 化工厂

B. 环境影响评价机构

C. 污水处理设施维护机构

D. 当地环境保护主管部门

**65.** 中国公民王某与甲国公民彼得于2013年结婚后定居甲国并在该国产下一子，取名彼得森。关于彼得森的国籍，下列哪些选项是正确的？

A. 具有中国国籍，除非其出生时即具有甲国国籍

B. 可以同时拥有中国国籍与甲国国籍

C. 出生时是否具有甲国国籍，应由甲国法确定

D. 如出生时即具有甲国国籍，其将终生无法获得中国国籍

**66.** 依据《中华人民共和国缔结条约程序法》及中国相关法律，下列哪些选项是正确的？

A. 国务院总理与外交部长参加条约谈判，无需出具全权证书

B. 由于中国已签署《联合国国家及其财产管辖豁免公约》，该公约对我国具有拘束力

C. 中国缔结或参加的国际条约与中国国内法有冲突的，均优先适用国际条约

D. 经全国人大常委会决定批准或加入的条约和重要协定，由全国人大常委会公报公布

**67.** 在某合同纠纷中，中国当事方与甲国当事方协议选择适用乙国法，并诉至中国法院。关于该合同纠纷，下列哪些选项是正确的？

A. 当事人选择的乙国法，仅指该国的实体法，既不包括其冲突法，也不包括其程序法

B. 如乙国不同州实施不同的法律，人民法院应适用该国首都所在地的法律

C. 在庭审中，中国当事方以乙国与该纠纷无实际联系为由主张法律选择无效，人民法院不应支持

D. 当事人在一审法庭辩论即将结束时决定将选择的法律变更为甲国法，人民法院不应支持

**68.** 韩国公民金某与德国公民汉森自2013年1月起一直居住于上海，并于该年6月在上海结婚。2015年8月，二人欲在上海解除婚姻关系。关于二人财产关系与离婚的法律适用，下列哪些选项是正确的？

A. 二人可约定其财产关系适用韩国法

B. 如诉讼离婚，应适用中国法

C. 如协议离婚，二人没有选择法律的，应适用中国法

D. 如协议离婚，二人可以在中国法、韩国法及德国法中进行选择

**69.** 秦某与洪某在台北因合同纠纷涉诉，被告洪某败诉。现秦某向洪某财产所在地的大陆某中级人民法院申请认可该台湾地区的民事判决。关于该判决的认可，下列哪些选项是正确的？

A. 人民法院受理秦某申请后，应当在6个月内审结

B. 受理秦某的认可申请后，作出裁定前，秦某要求撤回申请的，人民法院应当允许

C. 如人民法院裁定不予认可该判决，秦某可以在裁定作出1年后再次提出申请

D. 人民法院受理申请后，如对该判决是否生效不能确定，应告知秦某提交作出判决的法院出具的证明文件

**70.** 甲、乙、丙三国均为世界贸易组织成员，甲国对进口的某类药品征收8%的国内税，而同类国产药品的国内税为6%。针对甲国的规定，乙、丙两国向世界贸易组织提出申诉，经裁决甲国败诉，但其拒不执行。依世界贸易组织的相关规则，下列哪些选项是正确的？

A. 甲国的行为违反了国民待遇原则

B. 乙、丙两国可向上诉机构申请强制执行

C. 乙、丙两国经授权可以对甲国采取中止减让的报复措施

D. 乙、丙两国的报复措施只限于在同种产品上使用

**71.** 香槟是法国地名，中国某企业为了推广其葡萄酒产品，拟为该产品注册“香槟”商标。依《与贸易有关的知识产权协议》，下列哪些选项是正确的？

A. 只要该企业有关“香槟”的商标注册申请在先，商标局就可以为其注册

B. 如该注册足以使公众对该产品的来源误认，则应拒绝注册

C. 如该企业是在利用香槟这一地理标志进行暗示，则应拒绝注册

D. 如允许来自法国香槟的酒产品注册“香槟”的商标，而不允许中国企业注册该商标，则违反了国民待遇原则

**72.** 为了完成会计师事务所交办的涉及中国某项目的财务会计报告，永居甲国的甲国人里德来到中国工作半年多，圆满完成报告并获得了相应的报酬。依相关法律规则，下列哪些选项是正确的？

A. 里德是甲国人，中国不能对其征税

B. 因里德在中国停留超过了183天，中国对其可从源征税

C. 如中国已对里德征税，则甲国在任何情况下均不得对里德征税

D. 如里德被甲国认定为纳税居民，则应对甲国承担无限纳税义务

**73.** 关于加强法治工作队伍建设，下列哪些表述是正确的？

A. 全面推进依法治国，必须大力提高法治工作队伍思想政治素质、业务工作能力、职业道德水准

B. 建立法律职业人员统一职前培训制度，有利于他们形成共同的法律信仰、职业操守和提高业务素质、职业技能

C. 加强律师职业道德建设，需要进一步健全完善律师职业道德规范制度体系、教育培训及考核机制

D. 为推动法律服务志愿者队伍建设和鼓励志愿者发挥作用，可采取自愿无偿和最低成本方式提供社会法律服务

**74.** 法律职业人员在业内、业外均应注重清正廉洁，严守职业道德和纪律规定。下列哪些行为违反了相关职业道德和纪律规定？

A. 赵法官参加学术研讨时无意透露了未审结案件的内部讨论意见

B. 钱检察官相貌堂堂，免费出任当地旅游局对外宣传的“形象大使”

C. 孙律师在执业中了解到委托人公司存在严重的涉嫌偷税犯罪行为，未向税务机关举报

D. 李公证员代其同学在自己工作的公证处申办学历公证

**75.** 法律职业人员应自觉遵守回避制度，确保司法公正。关于法官、检察官、律师和公证员等四类法律职业人员的回避规定，下列哪些判断是正确的？

A. 与当事人（委托人）有近亲属关系，是法律职业人员共同的回避事由

B. 法律职业人员的回避，在其《职业道德基本准则》中均有明文规定

C. 法官和检察官均有任职回避的规定，公证员则无此要求

D. 不同于其他法律职业，律师回避要受到委托人意思的影响

**76.** 全面推进依法治国，要求深入推进依法行政，加快建设法治政府。下列做法符合该要求的是：

A. 为打击医药购销领域商业贿赂，某省对列入不良记录逾期不改的药品生产企业，取消所有产品的网上采购资格

B. 某市建立行政机关内部重大决策合法性审查机制，未经审查的，不得提交讨论

C. 某省交管部门开展校车整治行动时，坚持以人为本，允许家长租用私自改装的社会运营车辆接送学生

D. 某市推进综合执法，为减少市县两级政府执法队伍种类，要求无条件在所有领域实现跨部门综合执法

**77.** 2015年4月，最高法院发布了《关于人民法院推行立案登记制改革的意见》。关于立案登记制，下列理解正确的是：

A. 有利于做到有案必立，保障当事人诉权

B. 有利于促进法院案件受理制度的完善

C. 法院对当事人的起诉只进行初步的实质审查，当场登记立案

D. 适用于民事起诉、强制执行和国家赔偿申请，不适用于行政起诉

**78.** 张某因其妻王某私自堕胎，遂以侵犯生育权为由诉至法院请求损害赔偿，但未获支持。张某又请求离婚，法官调解无效后依照《婚姻法》中“其他导致夫妻感情破裂的情形”的规定判决准予离婚。对此，下列选项中正确的是：

A. 王某与张某婚姻关系的消灭是由法律事件引起的

B. 张某主张的生育权属于相对权

C. 法院未支持张某的损害赔偿诉求，违反了“有侵害则有救济”的法律原则

D. “其他导致夫妻感情破裂的情形”属于概括性立法，有利于提高法律的适应性

**79.** 李某因热水器漏电受伤，经鉴定为重伤，遂诉至法院要求厂家赔偿损失，其中包括精神损害赔偿。庭审时被告代理律师辩称，一年前该法院在审理一起类似案件时并未判决给予精神损害赔偿，本案也应作相同处理。但法院援引最新颁布的司法解释，支持了李某的诉讼请求。关于此案，下列认识正确的是：

A. “经鉴定为重伤”是价值判断而非事实判断

B. 此案表明判例不是我国正式的法的渊源

C. 被告律师运用了类比推理

D. 法院生效的判决具有普遍约束力

**80.** “法学作为科学无力回答正义的标准问题，因而是不是法与是不是正义的法是两个必须分离的问题，道德上的善或正义不是法律存在并有效力的标准，法律规则不会因违反道德而丧失法的性质和效力，即使那些同道德严重对抗的法也依然是法。”关于这段话，下列说法正确的是：

A. 这段话既反映了实证主义法学派的观点，也反映了自然法学派的基本立场

B. 根据社会法学派的看法，法的实施可以不考虑法律的社会实效

C. 根据分析实证主义法学派的观点，内容正确性并非法的概念的定义要素

D. 所有的法学学派均认为，法律与道德、正义等在内容上没有任何联系

**81.** 我国《宪法》第2条明确规定："人民行使国家权力的机关是全国人民代表大会和地方各级人民代表大会。"关于全国人大和地方各级人大，下列选项正确的是：

A. 全国人大代表全国人民统一行使国家权力

B. 全国人大和地方各级人大是领导与被领导的关系

C. 全国人大在国家机构体系中居于最高地位，不受任何其他国家机关的监督

D. 地方各级人大设立常务委员会，由主任、副主任若干人和委员若干人组成

**82.** 某县政府以较低补偿标准进行征地拆迁。张某因不同意该补偿标准，拒不拆迁自己的房屋。为此，县政府责令张某的儿子所在中学不为其办理新学期注册手续，并通知财政局解除张某的女婿李某（财政局工勤人员）与该局的劳动合同。张某最终被迫签署了拆迁协议。关于当事人被侵犯的权利，下列选项正确的是：

A. 张某的住宅不受侵犯权

B. 张某的财产权

C. 李某的劳动权

D. 张某儿子的受教育权

**83.** 预算制度的目的是规范政府收支行为，强化预算监督。根据《宪法》和法律的规定，关于预算，下列表述正确的是：

A. 政府的全部收入和支出都应当纳入预算

B. 经批准的预算，未经法定程序，不得调整

C. 国务院有权编制和执行国民经济和社会发展计划、国家预算

D. 全国人大常委会有权审查和批准国家的预算和预算执行情况的报告

**84.** 宪法解释是保障宪法实施的一种手段和措施。关于宪法解释，下列选项正确的是：

A. 由司法机关解释宪法的做法源于美国，也以美国为典型代表

B. 德国的宪法解释机关必须结合具体案件对宪法含义进行说明

C. 我国的宪法解释机关对宪法的解释具有最高的、普遍的约束力

D. 我国国务院在制定行政法规时，必然涉及对宪法含义的理解，但无权解释宪法

**某商场使用了由东方电梯厂生产、亚林公司销售的自动扶梯。某日营业时间，自动扶梯突然逆向运行，造成顾客王某、栗某和商场职工薛某受伤，其中栗某受重伤，经治疗半身瘫痪，数次自杀未遂。现查明，该型号自动扶梯在全国已多次发生相同问题，但电梯厂均通过更换零部件、维修进行处理，并未停止生产和销售。**

请回答第85—87题。

**85.** 关于赔偿主体及赔偿责任，下列选项正确的是：

A. 顾客王某、栗某有权请求商场承担赔偿责任

B. 受害人有权请求电梯厂和亚林公司承担赔偿责任

C. 电梯厂和亚林公司承担连带赔偿责任

D. 商场和电梯厂承担按份赔偿责任

**86.** 关于顾客王某与栗某可主张的赔偿费用，下列选项正确的是：

A. 均可主张为治疗支出的合理费用

B. 均可主张因误工减少的收入

C. 栗某可主张精神损害赔偿

D. 栗某可主张所受损失2倍以下的惩罚性赔偿

**87.** 职工薛某被认定为工伤且被鉴定为六级伤残。关于其工伤保险待遇，下列选项正确的是：

A. 如商场未参加工伤保险，薛某可主张商场支付工伤保险待遇或者承担民事人身损害赔偿责任

B. 如商场未参加工伤保险也不支付工伤保险待遇，薛某可主张工伤保险基金先行支付

C. 如商场参加了工伤保险，主要由工伤保险基金支付工伤保险待遇，但按月领取的伤残津贴仍由商场支付

D. 如电梯厂已支付工伤医疗费，薛某仍有权获得工伤保险基金支付的工伤医疗费

**88.** 审判组织是我国法院行使审判权的组织形式。关于审判组织，下列说法错误的是：

A. 独任庭只能适用简易程序审理民事案件，但并不排斥普通程序某些规则的运用

B. 独任法官发现案件疑难复杂，可以转为普通程序审理，但不得提交审委会讨论

C. 再审程序属于纠错程序，为确保办案质量，应当由审判员组成合议庭进行审理

D. 不能以审委会名义发布裁判文书，但审委会意见对合议庭具有重要的参考作用

**89.** 关于我国法律职业人员的入职条件与业内、业外行为的说法：①法官和检察官的任职禁止条件完全相同；②被辞退的司法人员不能担任律师和公证员；③王某是甲市中院的副院长，其子王二不能同时担任甲市乙县法院的审判员；④李法官利用业余时间提供有偿网络法律咨询，应受到惩戒；⑤刘检察官提出检察建议被采纳，效果显著，应受到奖励；⑥张律

师两年前因私自收费被罚款，目前不能成为律所的设立人。对上述说法，下列判断正确的是：

A. ①⑤正确

B. ②④错误

C. ②⑤正确

D. ③⑥错误

**90.** 为促进规范司法，维护司法公正，最高检察院要求各级检察院在诉讼活动中切实保障律师依法行使执业权利。据此，下列选项正确的是：

A. 检察院在律师会见犯罪嫌疑人时，不得派员在场

B. 检察院在案件移送审查起诉后律师阅卷时，不得派员在场

C. 律师收集到犯罪嫌疑人不在犯罪现场的证据，告知检察院的，其相关办案部门应及时审查

D. 法律未作规定的事项，律师要求听取意见的，检察院可以安排听取

## 参考答案与解析

**1. C**。坚持依法治国和以德治国相结合，是要使法律和道德共同发挥作用，实现法律和道德相辅相成、法治和德治相得益彰。而不是说要更加强调道德作用。故 C 错误。ABD 正确。

**2. C**。明晰各级政府事权配置的着力点，包括强化中央政府宏观管理、制度设定职责和必要的执法权，强化省级政府统筹推进区域内基本公共服务均等化职责，强化市县政府执行职责。故 A 错误。明确地方事权，是为了建立事权和支出责任相适应的制度，而不是牺牲其他地区利益。故 B 错误。推行政府法律顾问制度的主要目的是促进行政机关在法治轨道上开展工作，做到依法决策、依法行政。故 D 错误。C 正确。

**3. D**。司法人员办案质量终身负责制，指的是司法人员从办案之日起一直延续终身，如果所办案件出了问题，都要承担责任，而不限于任职期间。故 D 错误。

**4. B**。健全普法宣传教育机制要求实行国家机关“谁执法谁普法”的普法责任制，B 没有体现这一要求。

**5. A**。解答本题的关键在于区分法律价值冲突的各项解决原则。价值位阶原则是指在不同位阶的法的价值发生冲突时，在先的价值优于在后的价值。个案平衡原则是指在处于同一位阶上的法的价值之间发生冲突时，必须综合考虑主体之间的特定情形、需求和利益，以使得个案的解决能够适当兼顾双方的利益。比例原则是指为保护某种较为优越的法价值须侵及一种法益时，不得逾越此目的所必要的程度。医院在紧急情况下，未经患者及其家属同意实施手术，表明其作出的价值衡量是母子生命高于患者及其家属的同意权（自由），这正是价值位阶原则的体现，故 A 正确。D 为干扰项，法的价值冲突的解决原则中无此项原则。

**6. A**。A 正确。表达法律规则的特定语句往往是一种规范语句。规范语句分为命令句和允许句。命令句是指使用了“必须”（must），“应该”（ought to、should）或“禁止”（must not）等这样一些道义助动词的语句。允许句是指使用了“可以”（may）这类道义助动词的语句。易知，该条文属于规范语句中的命令句。B 错误，该条文内容具有强制性，不允许人们随意变更，表达的是一个强行性规则。按照规则对人们行为规定和限定的范围或程度不同，可以把法律规则分为强行性规则和任意性规则。强行性规则是指内容规定具有强制性质，不允许人们随便加以更改的法律规则。任意性规则是指规定在一定范围内，允许人们自行选择或协商确定为与不为、为的方式以及法律关系中的权利义务内容的法律规则。C 错误，该条文内容明确肯定，表达的是一个确定性规则。按照规则内容的确定性程度不同，可以把法律规则分为确定性规则、委任性规则和准用性规则。确定性规则是指内容本已明确肯定，无须再援引或参照其他规则来确定其内容的法律规则。委任性规则是指内容尚未确定，而只规定某种概括性指示，由相应国家机关通过相应途径或程序加以确定的法律规则。准用性规则，是指内容本身没有规定人们具体的行为模式，而是可以援引或参照其他相应内容规定的规则。D 错误，该条文表达的只有假定条件和法律后果，没有行为模式。

**7. B**。A 正确，《母婴保健法》是法律，《婚姻登记条例》是行政法规，法律的效力高于行政法规。B 错误，全国人大常委会有权撤销同宪法和法律相抵触的行政法规，但无权改变。《立法法》第 108 条规定：“改变或者撤销法律、行政法规、地方性法规、自治条例和单行条例、规章的权限是……（二）全国人民代表大会常务委员会有权撤销同宪法和法律相抵触的行政法规，有权撤销同宪法、法律和行政法规相抵触的地方性法规，有权撤销省、自治区、直辖市的人民代表大会常务委员会批准的违背宪法和本法第八十五条第二款规定的自治条例和单行条例……”C 正确，《立法法》第 113 条规定：“全国人民代表大会有关的专门委员会、常务委员会工作机构应当按照规定要求，将审查情况向提出审查建议的国家机关、

社会团体、企业事业组织以及公民反馈，并可以向社会公开。”D 正确，社会监督即非国家机关的监督，指由各政党、各社会组织和公民依照宪法和有关法律，对各种法律活动的合法性所进行的监督。易知，潘某作为公民提出审查建议的行为属于社会监督。

**8. C**。根据不同标准，可以对法律关系做不同的分类。按照法律主体在法律关系中的地位不同，可以分为纵向（隶属）的法律关系和横向（平等）的法律关系。纵向法律关系是指在不平等的法律主体之间所建立的权力服从关系。横向法律关系是指平等法律主体之间的权利义务关系。张某与公交公司属于平等的法律主体，二者之间的服务合同法律关系属于横向法律关系，故 A 错误。按照相关的法律关系作用和地位的不同，可以分为主法律关系（第一性法律关系）和从法律关系（第二性法律关系）。主法律关系是人们之间依法建立的不依赖其他法律关系而独立存在的或在多向法律关系中居于支配地位的法律关系。由此而产生的、居于从属地位的法律关系，就是从法律关系。诉讼法律关系依赖于服务合同法律关系而存在，属于从法律关系，故 B 错误。C 正确，法人的权利能力和行为能力是同时产生和同时消灭的。D 错误，《立法法》规定，地方政府规章的制定主体是省、自治区、直辖市和设区的市、自治州的人民政府。《某市公交卡使用须知》只是公交公司制定的规定，不属于规章。

**9. A**。法对人的效力，指法律对谁有效力，适用于哪些人。法的空间效力，指法在哪些地域有效力，适用于哪些地区。显然，这两个方面该案均涉及，故 A 正确。从对人的效力来说，我国采用的原则是：以属地主义为主，与属人主义、保护主义相结合。故 B 错误，赵某不在中国，未必不能适用中国法律。法的溯及力，也称法溯及既往的效力，是指法对其生效以前的事件和行为是否适用。该案处理与溯及力无关，故 C 错误。时效免责，即法律责任经过了一定的期限后而免除。根据刑法知识可知，该案中，赵某逃往 A 国前已经被立案侦查，不受追诉期限的限制。故 D 错误。

**10. C**。马克思的这句名言阐述的是法官依法独立审判的必要性。其含义是，法官独立审判，只服从宪法和法律，不受其他因素左右。据此，法官审判只服从宪法和法律，也必须服从宪法和法律，故 B 错误，C 正确。A 显然错误，法官的法律世界与其他社会领域关系密切。D 也明显错误，司法和立法是两个不同的领域，法官不可能主宰一切法律事务。

**11. C**。法的适用最直接的目标就是要获得一个合理的法律决定。在法治社会，所谓合理的法律决定就是指法律决定具有可预测性和正当性。可预测性是形式法治的要求，正当性是实质法治的要求。故 A 错误。法律人查明和确认案件事实的过程不是一个纯粹的事实归结过程，而是一个在法律规范与事实之间的循环过程，即目光在事实与规范之间来回穿梭。故 B 错误。法的适用过程是一个法律证成的过程，即为法律决定提供充足理由的过程。这一过程经常运用的推理规则有演绎推理、归纳推理、类比推理、设证推理等。故 C 正确，D 错误。

**12. C**。A 错误，周礼起源于早期先民祭祀风俗，但不是自然流传到西周的产物，而是在前代礼制的基础上发展的结果。B 错误，西周时期的礼已具备法的性质。D 错误，“礼”与“刑”共同构成西周法律的完整体系。“礼”正面、积极规范人们的言行，而“刑”则对一切违背礼的行为进行处罚，两者关系正如《汉书·陈宠传》所说的“礼之所去，刑之所取，失礼则入刑，相为表里”。C 正确。“礼不下庶人，刑不上大夫”是中国古代法律中的一项重要法律原则。“礼不下庶人”强调礼有等级差别，禁止任何越礼的行为；“刑不上大夫”强调贵族官僚在适用刑罚上的特权。

**13. A**。《唐律·名例律》规定：“诸断罪而无正条，其应出罪者，则举重以明轻；其应入罪者，则举轻以明重。”即对律文无明文规定的同类案件，凡应减轻处罚的，则列举重罪处罚规定，比照以解决轻案；凡应加重处罚的罪案，则列举轻罪处罚规定，比照以解决重案。唐律规定，谋杀（即预谋杀害）尊亲处斩，但无已伤已杀（即既遂，出现伤害、死亡的客观结果）重罪的条文，在处理已杀已伤尊亲的案件时，通过类推就可以知道更应处以斩刑。故 A 正确，BC 错误。谋杀尊亲属于“十恶”犯罪中的“不睦”行为。D 错误。

**14. A**。《大清现行刑律》只是在形式上对《大清律例》稍加修改，主要变化包括：对纯属民事性质的条款不再科刑；废除了一些残酷的刑罚手段，如凌迟；增加了一些新罪名，如妨害国交罪等。故 A 正确。《大清新刑律》是中国历史上第一部近代意义上的专门刑法典，但仍保持着旧律维护专制制度和封建伦理的传统。故 B 错误。清末司法机关的变化有：改刑部为法部，掌管全国司法行政事务；改大理寺为大理院，为全国最高审判机关；实行审检合署。同时，实行四级三审制。故 CD 错误。

**15. B**。A 错误，制宪权与修宪权是两种不同性质的权力。修宪权受制宪权的约束，不得违背制宪权的基本精神和原则。B 正确，人民作为制宪主体并不意味着人民直接参与制宪的过程，也可以通过对宪法草案发表意见来参与。C 错误，关于宪法的制定，《宪法》本身没有规定，《宪法》第 64 条只规定了我国宪法的修改由全国人民代表大会以全体代表的 2/3 以上的多数通过。D 错误，1954 年宪法是第一届全国人民代表大会第一次会议以中华人民共和国全国人民代表大会公告形式公布，自通过之日起生效。

**16. C**。综观世界各国宪法，宪法的渊源主要有宪法典、宪法性法律、宪法惯例、宪法判例、国际条约和国际习惯等。但一国或一国不同历史时期的宪法究竟采取哪些渊源形式，则取决于其本国的历史传统和现实政治状况等综合因素。故 A 正确。宪法惯例是指宪法条文无明确规定，但在实际政治生活中已经存在，并为国家机关、政党及公众所普遍遵循，且与宪法具有同等效力的习惯或传统。故 B 正确。宪法性法律是从部门法意义上按法律规定的内容、调整的社会关系进行分类所得出的结论。它是指一国宪法的基本内容不是统一规定在一部法律文书之中，而是由多部法律文书表现出来的宪法。主要有两种情况：一是指在不成文宪法国家中，国家最根本、最重要的问题不采用宪法典的形式，而由多部单行法律文书予以规定。宪法性法律制定和修改的机关、程序通常与普通法律制定和修改的机关和程序相同。二是指在成文宪法国家中，由国家立法机关为实施宪法而制定的有关规定宪法内容的法律，即部门法意义上的宪法，如组织法、选举法、代表法、代议机关议事规则等。故 C 错误。宪法判例是指宪法条文明文规定，而由司法机关在审判实践中逐渐形成并具有实质性宪法效力的判例。宪法判例在普通法系国家的宪法渊源中占有重要地位。在成文宪法国家，尽管法院的判决必须符合宪法的规定，因而不能创造宪法规范，但有些国家的法院享有宪法解释权，因而法院在具体案件中基于对宪法的解释而作出的判决对下级法院也有约束力。故 D 正确。

**17. B**。我国现行宪法对基本社会制度的规定主要包括以下方面：社会保障制度、医疗卫生事业、劳动保障制度、社会人才培养制度、计划生育制度、社会秩序及安全维护制度。故 B 正确。发展社会科学事业是国家基本文化制度的内容，故 A 错误。关于社会弱势群体和特殊群体的社会保障的规定是社会实质平等原则的体现，故 C 错误。《宪法》第 14 条第 4 款规定，国家建立健全同经济发展水平相适应的社会保障制度。故 D 错误。

**18. D**。我国行政区域变更的法律程序包括：(1) 省、自治区、直辖市的设立、撤销、更名，特别行政区的设立，应由全国人大审议决定（《宪法》第 62 条第 12、13 项）；(2) 省、自治区、直辖市行政区域界线的变更，自治州、县、自治县、市、市辖区的设立、撤销、更名或者隶属关系的变更，自治州、自治县的行政区域界线的变更，县、市的行政区域界线的重大变更，都须经国务院审批（《宪法》第 89 条第 15 项、《行政区划管理条例》第 7 条第 3 项）；(3) 县、市、市辖区部分行政区域界线的变更，国务院授权省、自治区、直辖市人民政府审批，并报国务院备案（《行政区划管理条例》第 8 条）；(4) 乡、民族乡、镇的设立、撤销、更名或者变更行政区域的界线，由省、自治区、直辖市人民政府审批（《宪法》第 107 条第 3 款）。据此可知，A 错误，甲县更名须经国务院审批；B 错误，乙省行政区域界线的变更，须经国务院审批；C 错误，丙镇与邻镇合并，由两镇所属的省级政府审批。D 正确。

**19. D**。民族自治权由民族自治地方的自治机关行使。《宪法》第 112 条规定，民族自治地方的自治机关是自治区、自治州和自治县的人民代表大会和人民政府，不包括审判机关和检察机关。故 A 错误。《立法法》第 93 条第 1 款规定："省、自治区、直辖市和设区的市、自治州的人民政府，可以根据法律、行政法规和本省、自治区、直辖市的地方性法规，制定规章。"可见自治州人民政府可以制定政府规章。《立法法》第 85 条第 2 款规定："自治条例和单行条例可以依照当地民族的特点，对法律和行政法规的规定作出变通规定，但不得违背法律或者行政法规的基本原则，不得对宪法和民族区域自治法的规定以及其他有关法律、行政法规专门就民族自治地方所作的规定作出变通规定。"可知，只有自治条例和单行条例可以对法律和行政法规作出变通规定，法律没有规定民族自治地方的政府规章可以对部门规章作出变通规定，故 B 错误；自治条例不得对宪法和民族区域自治法的规定以及其他有关法律、行政法规专门就民族自治地方所作的规定作出变通规定，故 C 错误。《民族区域自治法》第 19 条规定，自治州、自治县的自治条例和单行条例报省、自治区、直辖市的人民代表大会常务委员会批准后生效，并报全国人民代表大会常务委员会和国务院备案。故 D 正确。

**20. C**。《宪法》第 34 条规定，中华人民共和国年满 18 周岁的公民，不分民族、种族、性别、职业、家庭出身、宗教信仰、教育程度、财产状况、居住期限，都有选举权和被选举权；但是依照法律被剥夺政治权利的人除外。可知，性别是宪法列举的禁止差别的理由，但年龄不是，年满 18 周岁始享有选举权。故 C 错误，当选。ABD 均正确。

**21. D**。《宪法》第 93、94 条规定，中央军事委员会实行主席负责制。中央军事委员会每届任期同全国人民代表大会每届任期相同。中央军事委员会主席对全国人民代表大会和全国人民代表大会常务委员会负责。故 ABC 正确。《宪法》第 62、67 条规定，中央军委副主席由全国人大根据中央军委主席的提名，决定产生；在全国人大闭会期间，由全国人大常委会根据中央军委主席的提名，决定产生。故 D 错误。

**22. B**。《消费者权益保护法》第 7 条规定："消费者在购买、使用商品和接受服务时享有人身、财产安全不受损害的权利。消费者有权要求经营者提供的商品和服务，符合保障人身、财产安全的要求。"自动取款机是银行为客户提供服务的一种延伸手段和设施，银行有义务确保消费者在尽到合理注意义务前提下的存取款的安全。在题述案例中，银行有义务确保其自动取款机的安全性，且甲对其银行卡和密码一直妥善保管，因而银行有义务承担由于其自动取款机未能排除犯罪团伙的不良装置而导致的损失。故B正确。

**23. B**。《审计法》第22条第1款规定："审计机关对国有企业、国有金融机构和国有资本占控股地位或者主导地位的企业、金融机构的资产、负债、损益以及其他财务收支情况，进行审计监督。"题述某市出资设立的某高速公路投资公司应当属于审计监督的范围，故A错误。《审计法》第42条第1款规定："审计机关根据经批准的审计项目计划确定的审计事项组成审计组，并应当在实施审计三日前，向被审计单位送达审计通知书；遇有特殊情况，经县级以上人民政府审计机关负责人批准，可以直接持审计通知书实施审计。"故B正确。《审计法》第37条第2款规定："审计机关经县级以上人民政府审计机关负责人批准，有权查询被审计单位在金融机构的账户。"故C错误。《审计法》第34条规定："审计机关有权要求被审计单位按照审计机关的规定提供财务、会计资料以及与财政收支、财务收支有关的业务、管理等资料，包括电子数据和有关文档。被审计单位不得拒绝、拖延、谎报。被审计单位负责人应当对本单位提供资料的及时性、真实性和完整性负责。审计机关对取得的电子数据等资料进行综合分析，需要向被审计单位核实有关情况的，被审计单位应当予以配合。"《审计法》第36条规定："审计机关进行审计时，有权检查被审计单位的财务、会计资料以及与财政收支、财务收支有关的业务、管理等资料和资产，有权检查被审计单位信息系统的安全性、可靠性、经济性，被审计单位不得拒绝。"由此可见，审计局可以要求该公司直接提供财政收支有关的资料和资产，不需要委托税务局检查。故D错误。

**24. C**。《不动产登记暂行条例》第14条规定："因买卖、设定抵押权等申请不动产登记的，应当由当事人双方共同申请。属于下列情形之一的，可以由当事人单方申请：（一）尚未登记的不动产首次申请登记的；（二）继承、接受遗赠取得不动产权利的；（三）人民法院、仲裁委员会生效的法律文书或者人民政府生效的决定等设立、变更、转让、消灭不动产权利的；（四）权利人姓名、名称或者自然状况发生变化，申请变更登记的；（五）不动产灭失或者权利人放弃不动产权利，申请注销登记的；（六）申请更正登记或者异议登记的；（七）法律、行政法规规定可以由当事人单方申请的其他情形。"故C正确。

**25. C**。《环境保护法》第58条规定："对污染环境、破坏生态，损害社会公共利益的行为，符合下列条件的社会组织可以向人民法院提起诉讼：（一）依法在设区的市级以上人民政府民政部门登记；（二）专门从事环境保护公益活动连续五年以上且无违法记录。符合前款规定的社会组织向人民法院提起诉讼，人民法院应当依法受理。提起诉讼的社会组织不得通过诉讼牟取经济利益。"《最高人民法院关于审理环境民事公益诉讼案件适用法律若干问题的解释》第2—5条规定，"依照法律、法规的规定，在设区的市级以上人民政府民政部门登记的社会团体、基金会以及社会服务机构等，可以认定为环境保护法第五十八条规定的社会组织。""设区的市，自治州、盟、地区，不设区的地级市，直辖市的区以上人民政府民政部门，可以认定为环境保护法第五十八条规定的'设区的市级以上人民政府民政部门'。""社会组织章程确定的宗旨和主要业务范围是维护社会公共利益，且从事环境保护公益活动的，可以认定为环境保护法第五十八条规定的'专门从事环境保护公益活动'。社会组织提起的诉讼所涉及的社会公共利益，应与其宗旨和业务范围具有关联性。""社会组织在提起诉讼前五年内未因从事业务活动违反法律、法规的规定受过行政、刑事处罚的，可以认定为环境保护法第五十八条规定的'无违法记录'。"A系自然人不属于社会组织，B登记的民政部门级别不够，D不属于在我国设立登记的社会组织。故只有C正确。

**26. C**。《环境保护法》第29条第1款规定："国家在重点生态功能区、生态环境敏感区和脆弱区等区域划定生态保护红线，实行严格保护。"故A错误。《环境保护法》第30条规定："开发利用自然资源，应当合理开发，保护生物多样性，保障生态安全，依法制定有关生态保护和恢复治理方案并予以实施。引进外来物种以及研究、开发和利用生物技术，应当采取措施，防止对生物多样性的破坏。"故B错误。《环境保护法》第31条规定："国家建立、健全生态保护补偿制度。国家加大对生态保护地区的财政转移支付力度。有关地方人民政府应当落实生态保护补偿资金，确保其用于生态保护补偿。国家指导受益地区和生态保护地区人民政府通过协商或者按照市场规则进行生态保护补偿。"故C正确，D错误。

**27. D**。《联合国宪章》第13条规定，"联合国大会应发起研究，并作成建议，提倡国际法之逐渐发展与编纂"，因此大会不具有立法权，联合国大会决议仅具有建议的性质。《国际法院规约》第38条已是公认对国际法渊源的权威说明，该条规定除传统国际法渊源外，还涉及了一般法律原则、司法判例及各国权威最高之公法学家学说，然而该条并没有列入国际组织包括联合国大会的任何决议，因此，联大决议不应具有国际法效力。故A错误。《联合国宪章》第18条规定，大会之每一会员国，应有一个投票权。故B错误。《联合国宪章》第18条规定，大会对于重要问题之决议应以到会及投票之会员国2/3多数决定之。此项问题应包括：关于维持国际和平及安全之建议，安全理事会非常任理事国之选举，经济及社会理事会理事国之选举，依第 86 条第 1 项（寅）款所规定托管理事会理事国之选举，对于新会员国加入联合国之准许，会员国权利及特权之停止，会员国之除名，关于施行托管制度之问题，以及预算问题。关于其他问题之决议，包括另有何种事项应以 2/3 多数决定之问题，应以到会及投票之会员国过半数决定之。据此，大会表决原则是，每个会员国在大会拥有投票权，但对重要问题的决定，均需经出席并参加投票的会员国以 2/3 的多数通过；其他问题只需以简单多数通过。故 C 错误。《联合国宪章》第 10 条规定，大会得讨论本宪章范围内之任何问题或事项，或关于本宪章所规定任何大会之职权；并除第 12 条所规定外，得向联合国会员国或安全理事会或兼向两者，提出对各该问题或事项之建议。故 D 正确。

**28. B**。《引渡法》第 4 条规定："中华人民共和国和外国之间的引渡，通过外交途径联系。中华人民共和国外交部为指定的进行引渡的联系机关。引渡条约对联系机关有特别规定的，依照条约规定。"据此，乙国的引渡请求应通过外交途径联系，联系机关为外交部。故 A 错误。在现代国际关系中，引渡是国家之间司法合作的重要形式，是国家主权的合法体现。根据国际法，各主权国家没有必须对罪犯引渡的法律义务。现代国际最通行的办法是当事国双方订立双边或多边条约，为履行条约的义务而给予引渡；也有一些国家按照国内法有关规定，根据具体案情，以互惠为条件，或出于礼让和友好的考虑，把罪犯引渡给他国。故 B 正确。《引渡法》第 16 条规定："外交部收到请求国提出的引渡请求后，应当对引渡请求书及其所附文件、材料是否符合本法第二章第二节和引渡条约的规定进行审查。最高人民法院指定的高级人民法院对请求国提出的引渡请求是否符合本法和引渡条约关于引渡条件等规定进行审查并作出裁定。最高人民法院对高级人民法院作出的裁定进行复核。"据此，我国的引渡是由最高院指定的高级人民法院对案件进行实质审查，然后最高院对高级人民法院作出的裁定进行复核。故 C 错误。实践中，请求国只能就其请求引渡的特定犯罪行为对该被引渡人进行审判或处罚。这也称为"罪名特定原则"。如果以其他罪名进行审判或将被引渡人转引给第三国，则一般应经原引出国的同意。因此经原引出国的同意可以转引，故 D 错误。

**29. C**。《维也纳领事关系公约》第 22 条规定，领事官员之国籍：（1）领事官员原则上应属派遣国国籍。（2）委派属接受国国籍之人为领事官员，非经该国明示同意，不得为之；此项同意得随时撤销之。（3）接受国对于非亦为派遣国国民之第三国国民，得保留同样权利。据此可知 C 正确。

**30. B**。《涉外民事关系法律适用法》第 4 条规定："中华人民共和国法律对涉外民事关系有强制性规定的，直接适用该强制性规定。"《最高人民法院关于适用〈中华人民共和国涉外民事关系法律适用法〉若干问题的解释（一）》［以下简称《涉外民事关系法律适用法解释（一）》］第 8 条规定："有下列情形之一，涉及中华人民共和国社会公共利益、当事人不能通过约定排除适用、无需通过冲突规范指引而直接适用于涉外民事关系的法律、行政法规的规定，人民法院应当认定为涉外民事关系法律适用法第四条规定的强制性规定：（一）涉及劳动者权益保护的；（二）涉及食品或公共卫生安全的；（三）涉及环境安全的；（四）涉及外汇管制等金融安全的；（五）涉及反垄断、反倾销的；（六）应当认定为强制性规定的其他情形。"故 B 正确。

**31. D**。《涉外民事关系法律适用法》第 37 条规定："当事人可以协议选择动产物权适用的法律。当事人没有选择的，适用法律事实发生时动产所在地法律。"我国司法实践中，承认善意购买者可以取得对其购买的、依法可以转让的财产的所有权。陈某与李某没有选择适用的法律，则适用法律事实发生时动产所在地法即甲国法。因此 D 正确。

**32. B**。《涉外民事关系法律适用法》第 44 条规定："侵权责任，适用侵权行为地法律，但当事人有共同经常居所地的，适用共同经常居所地法律。侵权行为发生后，当事人协议选择适用法律的，按照其协议。"因此 B 正确。

**33. C**。《民事诉讼法》第 304 条规定："在中华人民共和国领域外作出的发生法律效力的仲裁裁决，需要人民法院承认和执行的，当事人可以直接向被执行人住所地或者其财产所在地的中级人民法院申请。被执行人住所地或者其财产不在中华人民共和国领域内的，当事人可以向申请人住所地或者与裁决的纠纷有适当联系的地点的中级人民法院申请。人民法院应当依照中华人民共和国缔结或者参加的国际条约，或者按照互惠原则办理。"因此杰夫应直接向被执行人住所地或者其财产所在地的中级人民法院提出申请，A 错误。《民诉解释》第 543 条规定，对临时仲裁庭在中华人民共和国领域外作出的仲裁裁决，一方当事人向人民法院申请承认和执行的，人民法院应当依照《民事诉讼法》第 304 条规定处理。据此，B 错误。《民诉解释》第 542 条规定，当事人向中华人民共和国有管辖权的中级人民法院申请承认和执行外国法院作出的发生法律效力的判决、裁定的，如果该法院所在国与中华人民共和国没有缔结或者共同参加国际条约，也没有互惠关系的，裁定驳回申请，但当事人向人民法院申请承认外国法院作出的发生法律效力的离婚判决的除外。承认和执行申请被裁定驳回的，当事人可以向人民法院起诉。故 C 正确。《民诉解释》第 544 条规定，对外国法院作出的发生法律效力的判决、裁定或者外国仲裁裁决，需要中华人民共和国法院执行的，当事人应当先向人民法院申请承认。人民法院经审查，裁定承认后，再根据《民事诉讼法》第三编的规定予以执行。当事人仅申请承认而未同时申请执行的，人民法院仅对应否承认进行审查并作出裁定。故D错误。

**34. C**。《民诉解释》第525条规定："当事人向人民法院提交的书面材料是外文的，应当同时向人民法院提交中文翻译件。当事人对中文翻译件有异议的，应当共同委托翻译机构提供翻译文本；当事人对翻译机构的选择不能达成一致的，由人民法院确定。"因此A错误。《民诉解释》第526条规定："涉外民事诉讼中的外籍当事人，可以委托本国人为诉讼代理人，也可以委托本国律师以非律师身份担任诉讼代理人；外国驻华使领馆官员，受本国公民的委托，可以以个人名义担任诉讼代理人，但在诉讼中不享有外交或者领事特权和豁免。"英国出庭律师可以通过事务律师为委托人提供法律咨询和辩护。当事人不能直接委托出庭律师，而必须通过事务律师作为中介人。当事人的所有请求和意见均要通过事务律师向出庭律师转交。出庭律师既不会见委托人，也不直接调取证据，他所依据的是事务律师为其提供的诉讼文书和有关材料。因此B错误。《民诉解释》第527条规定："涉外民事诉讼中，外国驻华使领馆授权其本馆官员，在作为当事人的本国国民不在中华人民共和国领域内的情况下，可以以外交代表身份为其本国国民在中华人民共和国聘请中华人民共和国律师或者中华人民共和国公民代理民事诉讼。"因此C正确。《民诉解释》第528条规定："涉外民事诉讼中，经调解双方达成协议，应当制发调解书。当事人要求发给判决书的，可以依协议的内容制作判决书送达当事人。"因此D错误。

**35. D**。《联合国国际货物销售合同公约》第9条规定，(1) 双方当事人业已同意的任何惯例和他们之间确立的任何习惯做法，对双方当事人均有约束力。(2) 除非另有协议，双方当事人应视为已默示地同意对他们的合同或合同的订立适用双方当事人已知道或理应知道的惯例，而这种惯例，在国际贸易上，已为有关特定贸易所涉同类合同的当事人所广泛知道并为他们所经常遵守。因此公约与贸易术语可以同时适用，A错误。2010年《国际贸易术语解释通则》规定，CIF（成本、保险费加运费）是指卖方以在指定装运港将货物装上买方指定的船舶或通过取得已交付至船上货物的方式交货。货物灭失或损坏的风险在货物交到船上时转移，买方承担自那时起的一切费用。卖方办理出口清关手续，但无义务办理进口清关、支付任何进口税或办理任何进口海关手续。因此BC均错误。在CIF条件下，卖方负责对货物查对、包装、标记，卖方必须支付交货所需进行的查对费用（如核对货物品质、丈量、过磅、点数的费用）。卖方必须自付费用，提供符合其安排的运输所要求的包装（除非按照相关行业惯例该合同所描述货物无需包装发运）。包装应作适当标记。因此D正确。

**36. D**。《海牙规则》第4条第2款规定，不论承运人或船舶，对由于下列原因引起或造成的灭失或损坏，都不负责：(a) 船长、船员、引水员或承运人的雇佣人员，在驾驶船舶或管理船舶中的行为、疏忽或不履行义务；(b) 火灾，但由于承运人的实际过失或私谋所引起的除外；(c) 海上或其他可航水域的灾难、危险和意外事故；(d) 天灾；(e) 战争行为；(f) 公敌行为；(g) 君主、当权者或人民的扣留或管制，或依法扣押；(h) 检疫限制；(i) 托运人或货主、其代理人或代表的行为或不行为；(j) 不论由于任何原因所引起的局部或全面罢工、关厂停止或限制工作；(k) 暴动和骚乱；(l) 救助或企图救助海上人命或财产；(m) 由于货物的固有缺点、质量或缺陷引起的体积或重量亏损，或任何其他灭失或损坏；(n) 包装不充分；(o) 标志不清或不当；(p) 虽恪尽职责亦不能发现的潜在缺点；(q) 非由于承运人的实际过失或私谋，或者承运人的代理人，或雇佣人员的过失或疏忽所引起的其他任何原因；但是要求引用这条免责利益的人应负责举证，证明有关的灭失或损坏既非由于承运人的实际过失或私谋，亦非承运人的代理人或雇佣人员的过失或疏忽所造成。因此，对于货物生产过程中的固有缺陷，承运人和保险人可以免责。A错误，D正确。一切险的责任范围除包括"平安险"和"水渍险"的所有责任外，还包括货物在运输过程中，因各种外来原因所造成保险货物的损失。投保一切险是投保人因附加险的种类繁多，为避免遗漏，保障货物安全而投保的一种安全性较大的险别。通常是在所发运货物容易发生碰损破碎、受潮受热、雨淋发霉、渗漏短少、串味、沾污以及混杂污染等情况下投保一切险。因此，货物生产过程中的固有缺陷不属于一切险的承保范围，保险人可以免责。B错误。指示提单，是指提单上收货人一栏内载明"凭指示"或"凭某人指示"字样的提单。前者称为不记名指示提单，承运人应按托运人的指示交付货物；后者叫记名指示提单，承运人按记名的指示人的指示交付货物。指示提单必须经过背书转让，可以是空白背书，也可以是记名背书。因此C错误。

**37. A**。《最高人民法院关于审理信用证纠纷案件若干问题的规定》第10条规定："人民法院认定存在信用证欺诈的，应当裁定中止支付或者判决终止支付信用证项下款项，但有下列情形之一的除外：(一) 开证行的指定人、授权人已按照开证行的指令善意地进行了付款；(二) 开证行或者其指定人、授权人已对信用证项下票据善意地作出了承兑；(三) 保兑行善意地履行了付款义务；(四) 议付行善意地进行了议付。”因此 A 正确。

**38. B**。《反倾销条例》第 8 条规定，在确定倾销对国内产业造成的损害时，应当审查“倾销进口产品的数量，包括倾销进口产品的绝对数量或者相对于国内同类产品生产或者消费的数量是否大量增加，或者倾销进口产品大量增加的可能性”。本题中该类化工产品两年进口总量持平，因此 A 错误。《保障措施条例》第 3 条规定：“与国内产业有关的自然人、法人或者其他组织（以下统称申请人），可以依照本条例的规定，向商务部提出采取保障措施的书面申请。商务部应当及时对申请人的申请进行审查，决定立案调查或者不立案调查。”《保障措施条例》第 7 条规定：“进口产品数量增加，是指进口产品数量的绝对增加或者与国内生产相比的相对增加。”《保障措施条例》第 8 条第 1 款规定：“在确定进口产品数量增加对国内产业造成的损害时，应当审查下列相关因素：（一）进口产品的绝对和相对增长率与增长量；（二）增加的进口产品在国内市场中所占的份额；（三）进口产品对国内产业的影响，包括对国内产业在产量、销售水平、市场份额、生产率、设备利用率、利润与亏损、就业等方面的影响；（四）造成国内产业损害的其他因素。”两年的进口数量虽然持平，但市场份额有较大增加，可以申请保障措施，故 B 正确，C 错误。价格承诺不能避免保障措施，D 错误。

**39. A**。《与贸易有关的投资措施协议》附件 1 解释性清单规定，与 1994 关贸总协定第 3 条第 4 款规定的国际待遇义务不相符的投资措施包括那些在国内法或行政命令下强制或可强制执行的措施，或为取得优势地位而必须服从的措施，以及有下列要求的措施：(1) 企业购买或使用国内原产品或来源于国内任何渠道的产品，无论对特定产品、产品的数量或价值，或其数量或价值在当地生产中所占的比重是否有具体说明；(2) 将企业购买或使用进口产品将限制在与该企业出口当地产品的数量或价值相关的数量上。据此，A 正确。

**40. D**。ABC 均属于外部监督，故只有 D 是正确选项。

**41. A**。对法官、检察官的保障包括工资保险福利、职业保障以及人身和财产保障等，故 A 说法不完整。

**42. C**。《律师执业行为规范（试行）》第 50 条第 4 项规定，同一律师事务所的不同律师同时担任同一刑事案件的被害人的代理人和犯罪嫌疑人、被告人的辩护人，但在该县区域内只有一家律师事务所且事先征得当事人同意的除外。赵律师可以同时担任李某和李二的辩护人，但该所的钱律师不应当担任本案王某代理人。故 A 错误。《律师服务收费管理办法》第 12 条规定：“禁止刑事诉讼案件、行政诉讼案件、国家赔偿案件以及群体性诉讼案件实行风险代理收费。”故 B 错误。《律师服务收费管理办法》第 19 条规定：“律师事务所在提供法律服务过程中代委托人支付的诉讼费、仲裁费、鉴定费、公证费和查档费，不属于律师服务费，由委托人另行支付。”《律师服务收费管理办法》第 20 条规定：“律师事务所需要预收异地办案差旅费的，应当向委托人提供费用概算，经协商一致，由双方签字确认。确需变更费用概算的，律师事务所必须事先征得委托人的书面同意。”可见，这些不属于律师服务费的办案费用可以由律师与委托人协商一个概算，由委托人预付，最后实报实销，多退少补。故 C 正确。《律师法》第 5 条第 1 款规定：“申请律师执业，应当具备下列条件：（一）拥护中华人民共和国宪法；（二）通过国家统一法律职业资格考试取得法律职业资格；（三）在律师事务所实习满一年；（四）品行良好。”因此，实习律师尚未取得执业资格，不能以律师身份出庭辩护。故 D 错误。

**43. C**。《法律援助法》第 41 条第 1 款规定：“因经济困难申请法律援助的，申请人应当如实说明经济困难状况。”法律未限定形式要求，故 A 错误。《刑事诉讼法》第 35 条第 1 款规定：“犯罪嫌疑人、被告人因经济困难或者其他原因没有委托辩护人的，本人及其近亲属可以向法律援助机构提出申请。对符合法律援助条件的，法律援助机构应当指派律师为其提供辩护。”故 B 错误，刑事诉讼中申请法律援助的原因不仅可以是经济困难，还可以是其他原因。同样根据该条规定，《刑事诉讼法》强调法律援助机构应当指派律师。故 C 正确。《法律援助法》第 49 条规定：“申请人、受援人对法律援助机构不予法律援助、终止法律援助的决定有异议的，可以向设立该法律援助机构的司法行政部门提出。司法行政部门应当自收到异议之日起五日内进行审查，作出维持法律援助机构决定或者责令法律援助机构改正的决定。申请人、受援人对司法行政部门维持法律援助机构决定不服的，可以依法申请行政复议或者提起行政诉讼。”故王某应当向设立该法律援助机构的司法行政部门提出异议，D 错误。

**44. C**。根据《公证法》第 31 条有关不予办理公证的事项规定，保全网上交易记录不属于不予办理公证的事项。故 A 错误。《公证法》第 26 条规定：“自然人、法人或者其他组织可以委托他人办理公证，但遗嘱、生存、收养关系等应当由本人办理公证的除外。”故 B 错误。《公证法》第 2 条规定：“公证是公证机构根据自然人、法人或者其他组织的申请，依照法定程序对民事法律行为、有法律意义的事实和文书的真实性、合法性予以证明的活动。”故公证业务不仅进行形式审查，还要审查合法性。C 正确。《公证法》第 37 条规定：“对经公证的以给付为内容并载明债务人愿意接受强制执行承诺的债权文书，债务人不履行或者履行不适当的，债权人可以依法向有管辖权的人民法院申请执行。前款规定的债权文书确有错误的，人民法院裁定不予执行，并将裁定书送达双方当事人和公证机构。”故人民法院不能撤销公证书，D 错误。

**45. ACD**。《立法法》第 109 条规定了规范性文件的备案制度，“省、自治区、直辖市的人民代表大会及其常务委员会制定的地方性法规，报全国人民代表大会常务委员会和国务院备案；设区的市、自治州的人民代表大会及其常务委员会制定的地方性法规，由省、自治区的人民代表大会常务委员会报全国人民代表大会常务委员会和国务院备案”“部门规章和地方政府规章报国务院备案；地方政府规章应当同时报本级人民代表大会常务委员会备案；设区的市、自治州的人民政府制定的规章应当同时报省、自治区的人民代表大会常务委员会和人民政府备案”。据此，地方性法规已纳入全国人大常委会的备案审查范围，而地方政府规章不在全国人大常委会的备案审查范围内。故 B 错误。《中共中央关于全面推进依法治国若干重大问题的决定》提出：“加强备案审查制度和能力建设，把所有规范性文件纳入备案审查范围，依法撤销和纠正违宪违法的规范性文件，禁止地方制发带有立法性质的文件。”故 A 正确。《立法法》第 108 条第 2 项规定：“……全国人民代表大会常务委员会有权撤销同宪法和法律相抵触的行政法规，有权撤销同宪法、法律和行政法规相抵触的地方性法规，有权撤销省、自治区、直辖市的人民代表大会常务委员会批准的违背宪法和本法第八十五条第二款规定的自治条例和单行条例……”故 C 正确。D 明显是正确的。

**46. ACD**。培养高素质的法治专门队伍，要建立从符合条件的律师、法学专家中招录立法工作者、法官、检察官制度。故 A 正确。要建立法官、检察官逐级遴选制度。初任法官、检察官由高级人民法院、省级人民检察院统一招录，一律在基层法院、检察院任职。故 C 正确。要把善于运用法治思维和法治方式推动工作的人选拔到领导岗位上来。故 D 正确。培养高素质的法治专门队伍，也要健全从政法专业毕业生中招录人才的规范便捷机制，但政法专业毕业生不能直接担任法官，因为违反《法官法》规定的法官任职条件，也有违法官、检察官招录与遴选制度。故 B 错误。

**47. AD**。法律原则，是为法律规则提供某种基础或本源的综合性的、指导性的原理或价值准则的一种法律规范。法律规则与法律原则的适用方式不同。法律规则是以“全有或全无的方式”或涵摄的方式应用于个案当中的。而法律原则的适用是以衡量的方式应用于个案当中的，因为不同的法律原则是具有不同的“强度”（分量）的，而且这些不同强度的原则甚至冲突的原则都可能存在于一部法律之中。因此，诚实信用作为一项法律原则，D 正确，C 错误。诚实信用原则是民法的帝王条款，但并非只有民事案件中才可适用该原则，B 错误。A 正确，不违背法律的民俗习惯是当代中国法的非正式渊源，故可作为裁判依据。

**48. BD**。法学学说在当代中国属于非正式的法的渊源，即不具有明文规定的法律效力，但具有法律说服力并能够构成法律人的法律决定的大前提的准则来源。作为非正式的法的渊源，并不限于在民事案件中援引。故 C 错误，D 正确。法律规则和法律原则均属于法律规范，法律规范由国家制定或认可，属于正式的法的渊源。法学学说属于非正式法律渊源，当然不能作为法律原则。故 A 错误。根据解释主体和解释效力的不同，法律解释可以分为正式解释和非正式解释。正式解释，通常也叫法定解释，是指由特定的国家机关、官员或其他有解释权的人对法律作出的具有法律上约束力的解释。非正式解释，通常也叫学理解释，一般是指由学者或其他个人及组织对法律规定所作的不具有法律约束力的解释。可知，B 正确。

**49. AC**。法律人适用法律解决个案纠纷的过程，首先要查明和确认案件事实，作为小前提；其次要选择和确定与上述案件事实相符合的法律规范，作为大前提；最后以整个法律体系的目的为标准，从两个前提中推导出法律决定或法律裁决。这实际上就是一个演绎推理过程。“徐某被何某侮辱后一直寻机报复，某日携带尖刀到何某住所将其刺成重伤”这一案件事实属于推理的小前提；法官判案所依据的刑事法律规范属于推理的大前提。故 C 正确，D 错误。在实际的法律活动中，上述三个步骤绝不是各自独立且严格区分的单个行为，它们之间界限模糊并且可以相互转换，是一个在事实与规范之间来回循环考察的过程。因此，“徐某作案时辨认和控制能力存在，有完全的刑事责任能力”这一判断包含对事实的法律认定，故 A 正确。法院判决体现了法的强制作用，也体现了评价作用，即判断、衡量他人行为合法与否的评判作用。故 B 错误。

**50. ABC**。在运用不同的方法解释法律时，一般文义解释优先。文义解释，也称语法解释、文法解释、文理解释，是指按照日常的、一般的或法律的语言使用方式清晰地描述制定法的某个条款的内容。根据解释的尺度大小，文义解释可以分为字面解释、扩张解释和限缩解释。扩张解释是将条文的含义做扩大范围的解释，限缩解释是将条文的含义做限缩范围的解释。扩张解释和限缩解释都应当符合立法目的。结合此案可知，AC 正确。本案中，法官将“在工作时间和工作岗位”解释为包含“为完成单位任务而从工作单位到达出差目的地这一过程”，明显属于扩张解释。故 B 正确。法律解释是法律适用的基础，对于法律适用来说是必不可少的，而不是只有在法律出现漏洞时才需要。故 D 错误。

【陷阱提示】D 容易出错。法律解释可以弥补法律漏洞，但不是只有出现法律漏洞时才需要法律解释。法律人在确认特定案件的大前提即法律规范时，不是一个纯粹地对法律规范的语言的解释过程，而是一个有目的即要针对他所要裁决的个案纠纷所进行的解释。法律人通过法律解释就是要对一般和个别之间的缝隙进行缝合，就是要解决规范与事实之间的紧张关系。在这个意义上法律解释对于法律适用来说并不是可有可无的，而是必要的，是法律适用的基础。

**51. BD**。组织性规范主要涉及国家政权机构的建立与具体的职权范围等。宪法中有关国家机构部分主要体现组织性规范的要求。题中条文不属于组织性规范，故 A 错误。我国宪法尚不能在司法判决中直接引用，故 C 错误。姓名权是人格权的一种，B 正确。D 表述明显是正确的。

**52. BD**。爱国统一战线是我国人民民主专政的主要特色，不属于文化制度的内容，故 A 错误。自近代意义的宪法产生以来，文化制度便成为宪法不可缺少的重要内容。1919 年德国《魏玛宪法》第一次比较全面系统地规定了文化制度，为许多资本主义国家宪法所效仿。因此不能认为是否较为系统地规定文化制度，是社会主义宪法区别于资本主义宪法的重要标志之一。故 C 错误。BD 是明显正确的。

**53. ACD**。根据《选举法》第 49、53 条，县人大代表由直接选举产生，乙县选民有权罢免之（须经原选区过半数的选民通过），故 A 正确。根据《选举法》第 55 条，县级的人民代表大会代表可以向本级人民代表大会常务委员会书面提出辞职。故 B 错误。根据《选举法》第 58 条，破坏选举，应承担相应法律责任，故 C 正确。《选举法》第 39 条规定，县级以上的地方各级人民代表大会在选举上一级人民代表大会代表时，由各该级人民代表大会主席团主持。《选举法》第 59 条规定，主持选举的机构发现有破坏选举的行为或者收到对破坏选举行为的举报，应当及时依法调查处理；需要追究法律责任的，及时移送有关机关予以处理。故 D 正确。

**54. ABCD**。《村民委员会组织法》第 23 条规定，村民会议有权撤销或者变更村民委员会不适当的决定。故 A 正确。《村民委员会组织法》第 36 条第 1、2 款规定："村民委员会或者村民委员会成员作出的决定侵害村民合法权益的，受侵害的村民可以申请人民法院予以撤销，责任人依法承担法律责任。村民委员会不依照法律、法规的规定履行法定义务的，由乡、民族乡、镇的人民政府责令改正。"故 BC 正确。《村民委员会组织法》第 16 条规定，本村 1/5 以上有选举权的村民或者 1/3 以上的村民代表联名，可以提出罢免村民委员会成员的要求，并说明要求罢免的理由。故 D 正确。

**55. CD**。设区的市的市政府依法制定的《关于加强历史文化保护的决定》属于地方政府规章。《立法法》第 108 条规定，地方人民代表大会常务委员会有权撤销本级人民政府制定的不适当的规章。据此，市人大常委会有权撤销该决定，上级人大常委会无权撤销该决定，A 错误。该决定与上位法不一致，当适用上位法优于下位法原则。《立法法》第 107 条规定，下位法违反上位法规定的，由有关机关依法予以改变或者撤销。因此法院不可作出合法性解释，B 错误。"文化部有关文化保护的规定"属于部门规章。《立法法》第 102 条规定："部门规章之间、部门规章与地方政府规章之间具有同等效力，在各自的权限范围内施行。"故 C 正确。《立法法》第 106 条规定，部门规章之间、部门规章与地方政府规章之间对同一事项的规定不一致时，由国务院裁决。故 D 正确。

**56. CD**。A 应当是"完善"全国人大及其常委会宪法监督制度，健全宪法解释程序机制。宪法监督制度在我国已经建立，应当是逐步完善，故 A 错误。健全有立法权的人大主导立法工作的体制，是要发挥人大及其常委会在立法工作中的主导作用，而不是规范和减少政府立法活动，加强和改进政府立法制度建设是完善立法体制的重要一环。故 B 错误。CD 均符合规定，正确。

**57. ABC**。《反垄断法》第 56 条第 1、2 款规定："经营者违反本法规定，达成并实施垄断协议的，由反垄断执法机构责令停止违法行为，没收违法所得，并处上一年度销售额百分之一以上百分之十以下的罚款，上一年度没有销售额的，处五百万元以下的罚款；尚未实施所达成的垄断协议的，可以处三百万元以下的罚款。经营者的法定代表人、主要负责人和直接责任人员对达成垄断协议负有个人责任的，可以处一百万元以下的罚款。经营者组织其他经营者达成垄断协议或者为其他经营者达成垄断协议提供实质性帮助的，适用前款规定。"故 AB 正确。《反垄断法》第 60 条第 1 款规定："经营者实施垄断行为，给他人造成损失的，依法承担民事责任。"故 C 正确。《反垄断法》第 66 条规定："反垄断执法机构工作人员滥用职权、玩忽职守、徇私舞弊或者泄露执法过程中知悉的商业秘密、个人隐私和个人信息的，依法给予处分。"《反垄断法》第 67 条规定："违反本法规定，构成犯罪的，依法追究刑事责任。"题述案例未提及不配合审查和调查的情形，故 D 错误。

**58. ABC**。《商标法》第 57 条第 7 项及《最高人民法院关于审理商标民事纠纷案件适用法律若干问题的解释》第 1 条第 1 项规定，将与他人注册商标相同或者相近似的文字作为企业的字号在相同或者类似商品上突出使用，容易使相关公众产生误认的，构成侵犯商标权的行为。故 A 正确。与此同时，《反不正当竞争法》第 6 条规定："经营者不得实施下列混淆行为，引人误认为是他人商品或者与他人存在特定联系：（一）擅自使用与他人有一定影响的商品名称、包装、装潢等相同或者近似的标识；（二）擅自使用他人有一定影响的企业名称（包括简称、字号等）、社会组织名称（包括简称等）、姓名（包括笔名、艺名、译名等）；（三）擅自使用他人有一定影响的域名主体部分、网站名称、网页等；（四）其他足以引人误认为是他人商品或者与他人存在特定联系的混淆行为。”故乙公司的行为会使得他人误认为是甲公司的酱油产品，造成混淆，属于不正当竞争行为。故B正确。《反不正当竞争法》第17条规定：“经营者违反本法规定，给他人造成损害的，应当依法承担民事责任。经营者的合法权益受到不正当竞争行为损害的，可以向人民法院提起诉讼。因不正当竞争行为受到损害的经营者的赔偿数额，按照其因被侵权所受到的实际损失确定；实际损失难以计算的，按照侵权人因侵权所获得的利益确定。经营者恶意实施侵犯商业秘密行为，情节严重的，可以在按照上述方法确定数额的一倍以上五倍以下确定赔偿数额。赔偿数额还应当包括经营者为制止侵权行为所支付的合理开支。经营者违反本法第六条、第九条规定，权利人因被侵权所受到的实际损失、侵权人因侵权所获得的利益难以确定的，由人民法院根据侵权行为的情节判决给予权利人五百万元以下的赔偿。”故C正确。从乙公司的使用与甲公司注册商标字样同样的商号，并在广告、企业厂牌、商品上突出使用的行为，可以看出其有益造成他人的混淆的故意，从而起到“搭便车”，不正当竞争的效果，故乙公司不仅应当停止在广告、企业厂牌、商品上突出使用相关字样的行为，也应该变更企业名称，不再使他人造成误认。故D错误。

**59. C**。个人所得税属于所得税，不属于财产税。故A错误。《个人所得税法》第1条规定：“在中国境内有住所，或者无住所而一个纳税年度内在中国境内居住累计满一百八十三天的个人，为居民个人。居民个人从中国境内和境外取得的所得，依照本法规定缴纳个人所得税。在中国境内无住所又不居住，或者无住所而一个纳税年度内在中国境内居住累计不满一百八十三天的个人，为非居民个人。非居民个人从中国境内取得的所得，依照本法规定缴纳个人所得税。纳税年度，自公历一月一日起至十二月三十一日止。”因而，是否为居民纳税人的判断标准不是国籍，而是以中国是否拥有住所、在中国境内居住时间为依据的。故B错误。同样根据上述规定，C正确。2018年《个人所得税法》删除了加成征收的规定。故D错误。

**60. ABC**。《劳动合同法》第43条规定，用人单位单方解除劳动合同，应当事先将理由通知工会。故A正确。《劳动合同法》第39条规定，劳动者严重违反用人单位的规章制度的，用人单位可以解除劳动合同。田某未请假就连续旷工确实属于严重违反单位规章制度的行为。故B正确。《劳动合同法》第39条用人单位单方面解除劳动合同的情形的，不能以《劳动合同法》第42条规定进行抗辩，即不得解除劳动合同的情形“患病或者非因工负伤，在规定的医疗期内的”不适用于劳动者发生重大过错导致被解除劳动合同的情形。此外，《劳动合同法》第46条规定的应当支付经济补偿金的情形也不适用于《劳动合同法》第39条的情形，故C正确。《劳动合同法》第48条规定：“用人单位违反本法规定解除或者终止劳动合同，劳动者要求继续履行劳动合同的，用人单位应当继续履行；劳动者不要求继续履行劳动合同或者劳动合同已经不能继续履行的，用人单位应当依照本法第八十七条规定支付赔偿金。”可见，继续履行与支付赔偿金不能并行。故D错误。

**61. AC**。《劳动争议调解仲裁法》第6条规定：“发生劳动争议，当事人对自己提出的主张，有责任提供证据。与争议事项有关的证据属于用人单位掌握管理的，用人单位应当提供；用人单位不提供的，应当承担不利后果。”故A正确。《劳动争议调解仲裁法》第5条规定：“发生劳动争议，当事人不愿协商、协商不成或者达成和解协议后不履行的，可以向调解组织申请调解；不愿调解、调解不成或者达成调解协议后不履行的，可以向劳动争议仲裁委员会申请仲裁；对仲裁裁决不服的，除本法另有规定的外，可以向人民法院提起诉讼。”另《劳动争议调解仲裁法》第47条规定：“下列劳动争议，除本法另有规定的外，仲裁裁决为终局裁决，裁决书自作出之日起发生法律效力：（一）追索劳动报酬、工伤医疗费、经济补偿或者赔偿金，不超过当地月最低工资标准十二个月金额的争议；（二）因执行国家的劳动标准在工作时间、休息休假、社会保险等方面发生的争议。”本案是追索劳动报酬的情形，故属于仲裁裁决为终局裁决，只有劳动者对该裁决不服的才能提起诉讼。故B错误。《劳动争议调解仲裁法》第21条规定：“劳动争议仲裁委员会负责管辖本区域内发生的劳动争议。劳动争议由劳动合同履行地或者用人单位所在地的劳动争议仲裁委员会管辖。双方当事人分别向劳动合同履行地和用人单位所在地的劳动争议仲裁委员会申请仲裁的，由劳动合同履行地的劳动争议仲裁委员会管辖。”另《劳动合同法》第58条规定，劳务派遣单位是本法所称用人单位，应当履行用人单位对劳动者的义务。故题述案例的劳动合同履行地为乙区，而用人单位所在地为甲区。C正确。《劳动合同法》第92条第2款规定，用工单位给被派遣劳动者造成损害的，劳务派遣单位与用工单位承担连带赔偿责任。由于题述案例给被派遣劳动者造成损害的是劳务派遣单位，不是用工单位，所以不存在连带责任的情形。D错误。

**62. ABC**。《城市房地产管理法》第 40 条规定："以划拨方式取得土地使用权的，转让房地产时，应当按照国务院规定，报有批准权的人民政府审批。有批准权的人民政府准予转让的，应当由受让方办理土地使用权出让手续，并依照国家有关规定缴纳土地使用权出让金。以划拨方式取得土地使用权的，转让房地产报批时，有批准权的人民政府按照国务院规定决定可以不办理土地使用权出让手续的，转让方应当按照国务院规定将转让房地产所获收益中的土地收益上缴国家或者作其他处理。"故 A 正确。《城市房地产管理法》第 39 条规定："以出让方式取得土地使用权的，转让房地产时，应当符合下列条件：（一）按照出让合同约定已经支付全部土地使用权出让金，并取得土地使用权证书；（二）按照出让合同约定进行投资开发，属于房屋建设工程的，完成开发投资总额的百分之二十五以上，属于成片开发土地的，形成工业用地或者其他建设用地条件。转让房地产时房屋已经建成的，还应当持有房屋所有权证书。"故 B 正确。《城市房地产管理法》第 44 条规定："以出让方式取得土地使用权的，转让房地产后，受让人改变原土地使用权出让合同约定的土地用途的，必须取得原出让方和市、县人民政府城市规划行政主管部门的同意，签订土地使用权出让合同变更协议或者重新签订土地使用权出让合同，相应调整土地使用权出让金。"故 C 正确。《城市房地产管理法》第 43 条规定："以出让方式取得土地使用权的，转让房地产后，其土地使用权的使用年限为原土地使用权出让合同约定的使用年限减去原土地使用者已经使用年限后的剩余年限。"故 D 错误。

**63. AB**。《环境保护法》第 44 条规定："国家实行重点污染物排放总量控制制度。重点污染物排放总量控制指标由国务院下达，省、自治区、直辖市人民政府分解落实。企业事业单位在执行国家和地方污染物排放标准的同时，应当遵守分解落实到本单位的重点污染物排放总量控制指标。对超过国家重点污染物排放总量控制指标或者未完成国家确定的环境质量目标的地区，省级以上人民政府环境保护主管部门应当暂停审批其新增重点污染物排放总量的建设项目环境影响评价文件。"故 AB 正确，CD 错误。

**64. ABC**。《环境保护法》第 65 条规定："环境影响评价机构、环境监测机构以及从事环境监测设备和防治污染设施维护、运营的机构，在有关环境服务活动中弄虚作假，对造成的环境污染和生态破坏负有责任的，除依照有关法律法规规定予以处罚外，还应当与造成环境污染和生态破坏的其他责任者承担连带责任。"故本题的正确答案为 ABC。

**65. AC**。《国籍法》第 5 条规定："父母双方或一方为中国公民，本人出生在外国，具有中国国籍；但父母双方或一方为中国公民并定居在外国，本人出生时即具有外国国籍的，不具有中国国籍。"故 AC 正确。《国籍法》第 3 条规定："中华人民共和国不承认中国公民具有双重国籍。"故 B 错误。《国籍法》第 7 条规定："外国人或无国籍人，愿意遵守中国宪法和法律，并具有下列条件之一的，可以经申请批准加入中国国籍：一、中国人的近亲属；二、定居在中国的；三、有其它正当理由。"《国籍法》第 8 条规定："申请加入中国国籍获得批准的，即取得中国国籍；被批准加入中国国籍的，不得再保留外国国籍。"故 D 错误。

**66. AD**。《缔结条约程序法》第 6 条第 2 款规定："下列人员谈判、签署条约、协定，无须出具全权证书：（一）国务院总理、外交部长；（二）谈判、签署与驻在国缔结条约、协定的中华人民共和国驻该国使馆馆长，但是各方另有约定的除外；（三）谈判、签署以本部门名义缔结协定的中华人民共和国政府部门首长，但是各方另有约定的除外；（四）中华人民共和国派往国际会议或者派驻国际组织，并在该会议或者该组织内参加条约、协定谈判的代表，但是该会议另有约定或者该组织章程另有规定的除外。"故 A 正确。我国已经于 2005 年 9 月 14 日签署了《联合国国家及其财产管辖豁免公约》，但我国还没有批准该公约，该公约对我国还没有拘束力，故 B 错误。《民事诉讼法》第 271 条规定，中华人民共和国缔结或者参加的国际条约同本法有不同规定的，适用该国际条约的规定，但中华人民共和国声明保留的条款除外。故 C 错误。《缔结条约程序法》第 15 条规定："经全国人民代表大会常务委员会决定批准或者加入的条约和重要协定，由全国人民代表大会常务委员会公报公布。其他条约、协定的公布办法由国务院规定。"故 D 正确。

**67. AC**。《涉外民事关系法律适用法》第 9 条规定："涉外民事关系适用的外国法律，不包括该国的法律适用法。"故 A 正确。《涉外民事关系法律适用法》第 6 条规定："涉外民事关系适用外国法律，该国不同区域实施不同法律的，适用与该涉外民事关系有最密切联系区域的法律。"故 B 错误。《涉外民事关系法律适用法解释（一）》第 5 条规定："一方当事人以双方协议选择的法律与系争的涉外民事关系没有实际联系为由主张选择无效的，人民法院不予支持。"故 C 正确。《涉外民事关系法律适用法解释（一）》第 6 条第 1 款规定："当事人在一审法庭辩论终结前协议选择或者变更选择适用的法律的，人民法院应予准许。"故 D 错误。

**68. ABCD**。《涉外民事关系法律适用法》第 27 条规定："诉讼离婚，适用法院地法律。"《涉外民事关系法律适用法》第 26 条规定："协议离婚，当事人可以协议选择适用一方当事人经常居所地法律或者国籍国法律。当事人没有选择的，适用共同经常居所地法律；没有共同经常居所地的，适用共同国籍国法律；没有共同国籍的，适用办理离婚手续机构所在地法律。”故ABCD均正确。

**69. ACD**。《最高人民法院关于认可和执行台湾地区法院民事判决的规定》第15条第1款规定：“人民法院受理认可台湾地区法院民事判决的申请后，应当在立案之日起六个月内审结。有特殊情况需要延长的，报请上一级人民法院批准。”故A正确。前述规定第14条规定：“人民法院受理认可台湾地区法院民事判决的申请后，作出裁定前，申请人请求撤回申请的，可以裁定准许。”故B错误。前述规定第22条第2款规定：“台湾地区法院民事判决已经被人民法院裁定不予认可或者部分不予认可的，申请人对不予认可部分再次申请认可的，裁定不予受理；已经受理的，裁定驳回申请。但申请人可以对不予认可部分向人民法院起诉。”故C正确。前述规定第11条规定：“申请人申请认可台湾地区法院民事判决，应当提供相关证明文件，以证明该判决真实并且已经生效。台湾地区法院民事判决为缺席判决的，申请人应当同时提交台湾地区法院已经合法传唤当事人的证明文件，但判决已经对此予以明确说明的除外。申请人可以申请人民法院通过海峡两岸调查取证司法互助途径查明台湾地区法院民事判决的真实性和是否生效以及当事人得到合法传唤的证明文件；人民法院认为必要时，也可以就有关事项依职权通过海峡两岸司法互助途径向台湾地区请求调查取证。”故D正确。

**70. AC**。国民待遇，又称平等待遇，是指所在国应给予外国人与本国公民享有的同等的民事权利地位。国民待遇的适用范围通常包括国内税，运输、转口过境，船舶在港口的待遇，船舶遇难施救，商标注册，申请发明权、专利权、著作权、民事诉讼权等；不包括领海捕鱼、购买土地、零售贸易等。故A正确。《WTO关于争端解决的规则与程序的谅解》（DSU）第22条第6款规定，若发生上面第22条第2款所述的情况，争端解决机构一接到请求，即应在合理期限到期后的30天内，授权中止这些减让或其他义务，除非争端解决机构一致决定拒绝该项请求。然而，若该有关成员方反对拟议中的中止程度，或声称在投诉当事方依照第22条第3款第（2）或第（3）子款提出中止减让或其他义务的授权请求的情况下。第22条第3款中所述之各项原则和各项程序未得到遵循，则该问题应诉诸仲裁。此类仲裁在能请到原有成员的情况下应由原来的专家小组执行，或由总干事任命的仲裁员执行，并应在合理期限到期后的60天内完成，在仲裁过程中，不应中止各项减让或其他义务。因此B错误，C正确。DSU第22条第3款规定，在考虑中止哪些减让或其他义务时，上诉当事方应运用以下原则和程序：（1）总原则是上述当事方应首先谋求中止涉及专家小组或受理上诉机构在其中发现有违反或其他取消或损害情况部门的减让或其他各项义务。（2）若该当事方认为中止涉及这一部门的减让或其他各项义务并不切实可行或有效，则它可以谋求中止同一协议其他部门中的减让或其他各项义务。（3）若该当事方认为中止涉及同一协议其他部门中减让或其他义务并不切实可行或有效，且情况十分严重，则它可以谋求中止另一有关协议中的减让或其他各项义务。由此可见，争端解决机制规定报复的行业或部门必须是自有争议和遭受损害的同一部门进行；报复应限于相当于利益丧失或损害的程度。如果受损害一方认为仅报复一个行业或部门无效或不能达到平衡，则可在其他的部门进行交叉报复。DSU还规定，在情况非常严重的时候，报复可以针对WTO的另外一个协议，实施跨协议报复。因此D错误。

**71. BC**。《与贸易有关的知识产权协议》第22条规定，对地理标志的保护：1. 本协议所称的地理标志是识别一种原产于一成员方境内或境内某一区域或某一地区的商品的标志，而该商品特定的质量、声誉或其他特性基本上可归因于它的地理来源。2. 在地理标志方面，各成员方应向各利益方提供法律手段以阻止：（1）使用任何手段，在商品的设计和外观上，以在商品地理标志上误导公众的方式标志或暗示该商品原产于并非其真正原产地的某个地理区域；（2）作任何在1967《巴黎公约》第10条之二范围内构成一种不公平竞争行为的使用。3. 若某种商品不产自于某个地理标志所指的地域，而其商标又包含了该地理标志或由其组成，如果该商品商标中的该标志具有在商品原产地方面误导公众的性质，则成员方在其法律许可的条件下或应利益方之请求应拒绝或注销该商标的注册。4. 上述第1、2、3款规定的保护应适用于下述地理标志：该地理标志虽然所表示的商品原产地域、地区或所在地字面上无误，但却向公众错误地表明商品是原产于另一地域。《与贸易有关的知识产权协议》第23条规定，对葡萄酒和烈性酒地理标志的额外保护：1. 每一成员方应为各利益方提供法律手段，以阻止不产自于某一地理标志所指地方的葡萄酒或烈性酒使用该地理标志，即使在标明了商品真正原产地或在翻译中使用了该地理标志或伴以“种类”“类型”“风味”“仿制”等字样的情况下也不例外。2. 对于不产自于由某一地理标志所指的原产地而又含有该产地地理标志的葡萄酒或烈性酒，如果一成员方的立法允许或应某一利益方之请求，应拒绝或注销其商标注册。3. 如果不同的葡萄酒使用了同名的地理标志，则根据上述第22条第4款规定，每一种标志均受到保护。每一成员方应确定使同名地理标志能够相互区别开来的现实条件，同时应考虑到确保有关的生产者受到公正待遇并不致使消费者产生误解混淆。4. 为了便于对葡萄酒地理标志进行保护，应在与贸易有关的知识产权理事会内就建立对参加体系的那些成员方有资格受到保护的葡萄酒地理标志进行通报与注册的多边体系进行谈判。因此BC正确，AD错误。

**72. BD**。《个人所得税法实施条例》第3条规定："除国务院财政、税务主管部门另有规定外，下列所得，不论支付地点是否在中国境内，均为来源于中国境内的所得：（一）因任职、受雇、履约等在中国境内提供劳务取得的所得；（二）将财产出租给承租人在中国境内使用而取得的所得；（三）许可各种特许权在中国境内使用而取得的所得；（四）转让中国境内的不动产等财产或者在中国境内转让其他财产取得的所得；（五）从中国境内企业、事业单位、其他组织以及居民个人取得的利息、股息、红利所得。"故A错误。个人非居民劳务所得包括个人独立劳务所得和非个人独立劳务所得。（1）个人独立劳务所得指个人独立从事独立性的专业活动所取得的收入。如医生、律师、会计师、工程师等从事独立活动取得的所得。确定独立劳务所得来源地的方式一般采用"固定基地原则"和"183天规则"。前者指个人从事专业性活动的场所，如诊所、事务所等。后者指在境内停留的时间，即应以提供劳务的非居民某一会计年度在境内连续或累计停留达183天或在境内设有经营从事独立活动的固定基地为征税的前提条件。对独立的个人劳务所得，应仅由居住国行使征税权。但如取得独立劳务所得的个人在来源国设有固定基地或者连续或累计停留超过183天者，则应由来源国征税。（2）非个人独立劳务所得，即非居民受雇于他人的所得，一般由收入来源国一方从源征税。因此B正确。无限纳税义务亦称"全面纳税义务"，是"有限纳税义务"的对称，指纳税人就其来源于全球范围内的所得或财产对其所在国负有纳税义务。无限纳税义务只适用于本国居民（公民）。因此C错误，D正确。

**73. ABC**。加强法治工作队伍建设把思想政治建设摆在首位，加强理想信念教育，深入开展社会主义核心价值观和社会主义法治理念教育，坚持党的事业、人民利益、宪法法律至上，加强立法队伍、行政执法队伍、司法队伍建设。推进法治专门队伍正规化、专业化、职业化，提高职业素养和专业水平。完善法律职业准入制度，健全国家统一法律职业资格考试制度，建立法律职业人员统一职前培训制度。加强律师队伍思想政治建设，把拥护中国共产党领导、拥护社会主义法治作为律师从业的基本要求，增强广大律师走中国特色社会主义法治道路的自觉性和坚定性。加强律师事务所管理，发挥律师协会自律作用，规范律师执业行为，监督律师严格遵守职业道德和职业操守，强化准入、退出管理，严格执行违法违规执业惩戒制度。发展公证员、基层法律服务工作者、人民调解员队伍。推动法律服务志愿者队伍建设。建立激励法律服务人才跨区域流动机制，逐步解决基层和欠发达地区法律服务资源不足和高端人才匮乏问题。故ABC正确。

**74. AD**。根据《法官法》第10条第5项，法官应当保守国家秘密和审判工作秘密。故A违反了规定。B检察官担任形象大使并不属于营利性活动，不会损害清正廉洁形象。《律师法》第38条规定："律师应当保守在执业活动中知悉的国家秘密、商业秘密，不得泄露当事人的隐私。律师对在执业活动中知悉的委托人和其他人不愿泄露的有关情况和信息，应当予以保密。但是，委托人或者其他人准备或者正在实施危害国家安全、公共安全以及严重危害他人人身安全的犯罪事实和信息除外。"故C行为并不违反上述规定。《公证法》第23条规定，公证员不得为本人及近亲属办理公证或者办理与本人及近亲属有利害关系的公证。D中李公证员代其同学在自己工作的公证处申办学历公证违反了《公证法》的相关规定。

**75. CD**。律师接受委托不受近亲属关系的限制，故A错误。《律师职业道德基本准则》中未明确规定有关律师的回避制度，故B错误。CD说法均正确。

**76. AB**。C错误，家长行为违法，交管部门不应当允许这种行为。D错误，跨部门综合执法只能在有条件的领域推行。AB正确。

**77. AB**。根据《关于人民法院推行立案登记制改革的意见》，立案登记适用于民事起诉、行政起诉、刑事自诉、强制执行和国家赔偿申请；法院对当事人的起诉只做形式审查；对符合法律规定的起诉、自诉和申请，一律接收诉状，当场登记立案。故CD错误。AB正确。

**78. BD**。王某与张某婚姻关系的消灭是由离婚诉讼行为引起的，属于法律行为，而非法律事件。法律事件是法律规范规定的、不以当事人的意志为转移而引起法律关系形成、变更或消灭的客观事实。故A错误。生育权本身属于绝对权，对应不特定的义务人，但是张某所主张的生育权，指的是因其妻私自堕胎所侵犯的权利，对应的义务人是其妻王某。故B正确。"有侵害则有救济"强调的是权利救济，而不是说要支持所有的诉讼请求。故C错误。D明显是正确的。

**79. BC**。人们对于法律问题的认识与审视，大致可以包括两个基本的方面：一是人们必须从自身的需要出发，来衡量法律的存在与人的关系以及对人的价值和意义，这就是价值性认识；二是对法律问题进行符合其本来面目的反映和描述，这种认识也可以称为事实性认识。由此种认识出发，对于法律问题的判断也可以分为两类：一是价值判断；二是事实判断。所谓价值判断，是指某一特定的客体对特定的主体有无价值、有什么价值、有多大价值的判断。所谓事实判断，在法学上是用来指称对客观存在的法律原则、规则、制度等所进行的客观分析与判断。在法律的实施过程中，对案件事实的认定总体上属于事实判断，但是认定案件事实离不开证据，一个证据有无证明力以及证明力大小需要相关主体做价值判断。“经鉴定为重伤”是对案件事实的认识，属于事实判断。故A错误。本案被告律师援引判例运用的是类比推理，通过两个案件的对比得出结论。所谓类比推理，就是根据两个或两类事物在某些属性上是相似的，从而推导出它们在另一个或另一些属性上也是相似的。故C正确。本案中，法院援引司法解释而非判例，对案件作出了判决，这是因为判例不是我国正式的法的渊源，不具有普遍约束力。故B正确，D错误。

**80. C**。这段话的意思是说，法律是法律，道德是道德，法与道德、正义无关。可见，它反映的是实证主义法学派的观点。实证主义法学派分为分析实证主义法学派和社会法学派，前者以权威性制定作为法的概念的一个必要的定义要素，后者以社会实效作为法的概念的一个必要的定义要素。与之相对的非实证主义法学派（自然法学派），则以内容的正确性作为法的概念的一个必要的定义要素。故ABD错误，C正确。

**81. AC**。全国人大和地方各级人大都是代表人民全权行使国家权力的机关。A正确。全国人大是国家最高权力机关，地方各级人大是地方各级国家权力机关，二者不是领导与被领导的关系，但存在法律上的监督关系、工作上的联系和指导关系。故B错误。人大是国家权力机关，在整个国家体系中居于主导地位，其他国家机关都由同级人大选举产生，对其负责，受其监督。全国人大在国家机构体系中居于最高地位，不受任何其他国家机关的监督。故C正确。《宪法》第103条规定，县级以上地方各级人大设立常务委员会，由主任、副主任若干人和委员若干人组成。因此，只有县以上地方各级人大设立常务委员会，乡级人大不设常委会；另外，省级、地市级人大常委会组成人员还包括秘书长。故D错误。

【陷阱提示】C关于全国人大“不受任何其他国家机关的监督”的表述，容易被认为是错误的，似乎违背人们关于有权力必有监督的通常认知。事实上，人民代表大会制度是由社会主义国家一切权力属于人民决定的，其逻辑起点是主权在民，核心原则是人民主权。因此，人民代表大会要向人民负责，受人民监督，但不受其他国家机关监督，其他国家机关都是由全国人大产生的。

**82. BCD**。政府违法拆迁侵犯张某的财产权；中学不给办理新学期注册手续，侵犯张某儿子的受教育权；财政局解除劳动合同，侵犯李某的劳动权。故BCD正确。题中某县政府是以较低补偿标准进行征地拆迁，并未采取进一步措施侵犯和破坏张某的住宅，故A错误。

【陷阱提示】住宅不受侵犯是指任何机关、团体的工作人员或者其他个人，未经法律许可或未经户主等居住者的同意，不得随意进入、搜查或查封公民的住宅。住宅不受侵犯属于广义的人身自由权的范围。住宅是公民日常生活、工作、学习的场所，因此保护了公民的住宅，也就保护了公民的居住安全和生活安定，也就进一步保护了公民的人身自由权利。题中政府违法拆迁侵犯的是张某的财产权（补偿标准较低），而不是人身自由权意义上的住宅不受侵犯权。当然，如果政府强拆，侵占、损毁张某房屋，那么不仅侵犯财产权，而且侵犯人身自由权。

**83. ABC**。《宪法》第89条第5项规定，国务院编制和执行国民经济和社会发展计划和国家预算。《宪法》第62条第10项、第67条第5项规定，全国人大审查和批准国民经济和社会发展计划和计划执行情况的报告，审查和批准国家的预算和预算执行情况的报告。全国人大常委会在全国人民代表大会闭会期间，审查和批准国民经济和社会发展计划、国家预算在执行过程中所必须作的部分调整方案。故C正确，D错误。AB符合《预算法》的规定。

**84. ACD**。各国宪法解释的机关主要分为代议机关、司法机关和专门机关三类。由司法机关按照司法程序解释宪法的体制起源于美国，即司法审查制度，它是指法院一般遵循“不告不理”和附带性审查的原则，只有在审理案件时才可以附带性地审查其所适用的法律是否违宪，如果认为违宪可宣布拒绝在本案中适用。故A正确。德国的宪法解释机关是宪法法院，其对宪法含义的解释跟司法审查制不同，不是必须结合具体案件。故B错误。我国的宪法解释权由全国人大常委会行使，全国人大常委会的宪法解释具有最高的、普遍的约束力。故C正确。国务院无宪法解释权；因为宪法是根本法，国务院在制定行政法规时不得与宪法相违背，必然涉及对宪法含义的理解。故D正确。

**85. ABC**。《消费者权益保护法》第18条第2款规定：“宾馆、商场、餐馆、银行、机场、车站、港口、影剧院等经营场所的经营者，应当对消费者尽到安全保障义务。”故王某、栗某作为消费者有权要求商场承担赔偿责任。故A正确。《产品质量法》第43条规定：“因产品存在缺陷造成人身、他人财产损害的，受害人可以向产品的生产者要求赔偿，也可以向产品的销售者要求赔偿。属于产品的生产者的责任，产品的销售者赔偿的，产品的销售者有权向产品的生产者追偿。属于产品的销售者的责任，产品的生产者赔偿的，产品的生产者有权向产品的销售者追偿。”故BC正确。本题案例中产品缺陷是电梯厂造成的，因而即使亚林公司被要求赔偿后，其也可以向电梯厂追偿，且法律依据均为《产品质量法》《消费者权益保护法》，商场有义务保障消费者的安全，但题述案例并未提到商场在对电梯运营管理过程中存在过错，因而商场不承担赔偿责任。故 D 错误。

**86. ABCD**。《消费者权益保护法》第 49 条规定："经营者提供商品或者服务，造成消费者或者其他受害人人身伤害的，应当赔偿医疗费、护理费、交通费等为治疗和康复支出的合理费用，以及因误工减少的收入。造成残疾的，还应当赔偿残疾生活辅助具费和残疾赔偿金。造成死亡的，还应当赔偿丧葬费和死亡赔偿金。"故 AB 正确。《最高人民法院关于确定民事侵权精神损害赔偿责任若干问题的解释》第 1 条规定，因人身权益或者具有人身意义的特定物受到侵害，自然人或者其近亲属向人民法院提起诉讼请求精神损害赔偿的，人民法院应当依法予以受理。故 C 正确。《消费者权益保护法》第 55 条第 2 款规定："经营者明知商品或者服务存在缺陷，仍然向消费者提供，造成消费者或者其他受害人死亡或者健康严重损害的，受害人有权要求经营者依照本法第四十九条、第五十一条等法律规定赔偿损失，并有权要求所受损失二倍以下的惩罚性赔偿。"故 D 正确。

**87. BC**。《社会保险法》第 41 条第 1 款规定："职工所在用人单位未依法缴纳工伤保险费，发生工伤事故的，由用人单位支付工伤保险待遇。用人单位不支付的，从工伤保险基金中先行支付。"《社会保险法》并未明确规定职工可以要求支付工伤保险待遇和承担民事人身损害赔偿责任进行选择的权利。故 A 错误，B 正确。《社会保险法》第 39 条规定："因工伤发生的下列费用，按照国家规定由用人单位支付：（一）治疗工伤期间的工资福利；（二）五级、六级伤残职工按月领取的伤残津贴；（三）终止或者解除劳动合同时，应当享受的一次性伤残就业补助金。"职工薛某被认定为工伤且被鉴定为六级伤残，故 C 正确。《社会保险法》第 42 条规定："由于第三人的原因造成工伤，第三人不支付工伤医疗费用或者无法确定第三人的，由工伤保险基金先行支付。工伤保险基金先行支付后，有权向第三人追偿。"如果电梯厂已支付工伤医疗费，则薛某不能主张工伤保险基金支付的工伤医疗费。故 D 错误。

**88. ABCD**。我国法律规定，独任庭审判以下几种案件：(1)《刑事诉讼法》规定，基层人民法院适用简易程序、速裁程序的案件可以由审判员一人独任审判。(2)《民事诉讼法》规定，适用简易程序审理的民事案件，由审判员一人独任审理；选民资格案件或者重大、疑难的案件，由审判员组成合议庭审理；其他案件由审判员一人独任审理。可知，独任庭也能审理刑事案件，且《民事诉讼法》第 163 条规定："简单的民事案件由审判员一人独任审理，并不受本法第一百三十九条、第一百四十一条、第一百四十四条规定的限制。"故 A 错误。《刑事诉讼法》第 221 条规定："人民法院在审理过程中，发现不宜适用简易程序的，应当按照本章第一节或者第二节的规定重新审理。"《刑事诉讼法》第 185 条规定："合议庭开庭审理并且评议后，应当作出判决。对于疑难、复杂、重大的案件，合议庭认为难以作出决定的，由合议庭提请院长决定提交审判委员会讨论决定。审判委员会的决定，合议庭应当执行。"故 B 错误。人民法院按照审判监督程序重新审判的案件，由原审人民法院审理的，应当另行组成合议庭进行。原来是第一审的，按照第一审程序另行组成合议庭；原来是第二审的或者是上级人民法院提审的，按照第二审程序另行组成合议庭。故 C 错误。审判委员会的决定，合议庭应当执行。审判委员会讨论决定的案件的判决书和裁定书，应当以审理该案件的合议庭成员的名义发布。故 D 错误。

**89. AD**。法官和检察官的任职禁止条件均为：曾因犯罪受过刑事处罚的；曾被开除公职的。故①正确。对因违法违纪被开除公职的司法人员、吊销执业证书的律师和公证员，终身禁止从事法律职业，而被辞退不一定是因为违法违纪的情形。这意味着，只要不是因为违法违纪被辞退，相应的司法人员仍可以担任律师和公证员。故②错误。《法官法》第 23 条规定，法官之间有夫妻关系、直系血亲关系、三代以内旁系血亲以及近姻亲关系的，不得同时担任下列职务：（1）同一人民法院的院长、副院长、审判委员会委员、庭长、副庭长；（2）同一人民法院的院长、副院长和审判员；（3）同一审判庭的庭长、副庭长、审判员；（4）上下相邻两级人民法院的院长、副院长。故③错误。④正确，李法官不应当从事营利性活动。⑤正确。《律师法》第 14 条规定，设立人应当是具有一定的执业经历，且 3 年内未受过停止执业处罚的律师。张律师所受并非停止执业的处罚，故⑥错误。故本题 AD 正确。

**90. AC**。根据《最高人民检察院关于依法保障律师执业权利的规定》第 5 条规定，人民检察院在会见时不得派员在场，不得通过任何方式监听律师会见的谈话内容。故 A 正确。前述规定第 6 条规定，律师查阅、摘抄、复制案卷材料应当在人民检察院设置的专门场所进行。必要时，人民检察院可以派员在场协助。故 B 错误。前述规定第 7 条规定，人民检察院应当依法保障律师在刑事诉讼中的申请收集、调取证据权。律师收集到有关犯罪嫌疑人不在犯罪现场、未达到刑事责任年龄、属于依法不负刑事责任的精神病人的证据，告知人民检察院的，人民检察院相关办案部门应当及时进行审查。故 C 正确。前述规定第 8 条规定，人民检察院应当主动听取并高度重视律师意见。法律未作规定但律师要求听取意见的，也应当及时安排听取。据此，不仅是可以安排听取。故 D 错误。

# 第8天

宝剑锋从磨砺出，梅花香自苦寒来。

## 试　题

**1.** 关于因果关系，下列哪一选项是正确的？

A. 甲跳楼自杀，砸死行人乙。这属于低概率事件，甲的行为与乙的死亡之间无因果关系

B. 集资诈骗案中，如出资人有明显的贪利动机，就不能认定非法集资行为与资金被骗结果之间有因果关系

C. 甲驾车将乙撞死后逃逸，第三人丙拿走乙包中贵重财物。甲的肇事行为与乙的财产损失之间有因果关系

D. 司法解释规定，虽交通肇事重伤3人以上但负事故次要责任的，不构成交通肇事罪。这说明即使有条件关系，也不一定能将结果归责于行为

**2.** 关于责任年龄与责任能力，下列哪一选项是正确的？

A. 甲在不满14周岁时安放定时炸弹，炸弹于甲已满14周岁后爆炸，导致多人伤亡。甲对此不负刑事责任

B. 乙在精神正常时着手实行故意伤害犯罪，伤害过程中精神病突然发作，在丧失责任能力时抢走被害人财物。对乙应以抢劫罪论处

C. 丙将毒药投入丁的茶杯后精神病突然发作，丁在丙丧失责任能力时喝下毒药死亡。对丙应以故意杀人罪既遂论处

D. 戊为给自己杀人壮胆而喝酒，大醉后杀害他人。戊不承担故意杀人罪的刑事责任

**3.** 警察带着警犬（价值3万元）追捕逃犯甲。甲枪中只有一发子弹，认识到开枪既可能只打死警察（希望打死警察），也可能只打死警犬，但一枪同时打中二者，导致警察受伤、警犬死亡。关于甲的行为定性，下列哪一选项是错误的？

A. 如认为甲只有一个故意，成立故意杀人罪未遂

B. 如认为甲有数个故意，成立故意杀人罪未遂与故意毁坏财物罪，数罪并罚

C. 如甲仅打中警犬，应以故意杀人罪未遂论处

D. 如甲未打中任何目标，应以故意杀人罪未遂论处

**4.** 鱼塘边工厂仓库着火，甲用水泵从乙的鱼塘抽水救火，致鱼塘中价值2万元的鱼苗死亡。仓库中价值2万元的商品因灭火及时未被烧毁。甲承认仓库边还有其他几家鱼塘，为报复才从乙的鱼塘抽水。关于本案，下列哪一选项是正确的？

A. 甲出于报复动机损害乙的财产，缺乏避险意图

B. 甲从乙的鱼塘抽水，是不得已采取的避险行为

C. 甲未能保全更大的权益，不符合避险限度要件

D. 对2万元鱼苗的死亡，甲成立故意毁坏财物罪

**5.** 下列哪一行为成立犯罪未遂？

A. 以贩卖为目的，在网上订购毒品，付款后尚未取得毒品即被查获

B. 国家工作人员非法收受他人给予的现金支票后，未到银行提取现金即被查获

C. 为谋取不正当利益，将价值5万元的财物送给国家工作人员，但第二天被退回

D. 发送诈骗短信，受骗人上当后汇出5万元，但因误操作汇到无关第三人的账户

**6.** 甲以杀人故意放毒蛇咬乙，后见乙痛苦不堪，心生悔意，便开车送乙前往医院。途中等红灯时，乙声称其实自己一直想死，突然跳车逃走，三小时后死亡。后查明，只要当时送医院就不会死亡。关于本案，下列哪一选项是正确的？

A. 甲不对乙的死亡负责，成立犯罪中止

B. 甲未能有效防止死亡结果发生，成立犯罪既遂

C. 死亡结果不能归责于甲的行为，甲成立犯罪未遂

D. 甲未能阻止乙跳车逃走，应以不作为的故意杀人罪论处

**7.** 15周岁的甲非法侵入某尖端科技研究所的计算机信息系统，18周岁的乙对此知情，仍应甲的要求为其编写侵入程序。关于本案，下列哪一选项是错误的？

A. 如认为责任年龄、责任能力不是共同犯罪的成立条件，则甲、乙成立共犯

B. 如认为甲、乙成立共犯，则乙成立非法侵入计算机信息系统罪的从犯
C. 不管甲、乙是否成立共犯，都不能认为乙成立非法侵入计算机信息系统罪的间接正犯
D. 由于甲不负刑事责任，对乙应按非法侵入计算机信息系统罪的片面共犯论处

**8.** 关于结果加重犯，下列哪一选项是正确的？
A. 故意杀人包含了故意伤害，故意杀人罪实际上是故意伤害罪的结果加重犯
B. 强奸罪、强制猥亵妇女罪的犯罪客体相同，强奸、强制猥亵行为致妇女重伤的，均成立结果加重犯
C. 甲将乙拘禁在宾馆20楼，声称只要乙还债就放人。乙无力还债，深夜跳楼身亡。甲的行为不成立非法拘禁罪的结果加重犯
D. 甲以胁迫手段抢劫乙时，发现仇人丙路过，于是立即杀害丙。甲在抢劫过程中杀害他人，因抢劫致人死亡包括故意致人死亡，故甲成立抢劫致人死亡的结果加重犯

**9.** 甲窃得一包冰毒后交乙代为销售，乙销售后得款3万元与甲平分。关于本案，下列哪一选项是错误的？
A. 甲的行为触犯盗窃罪与贩卖毒品罪
B. 甲贩卖毒品的行为侵害了新的法益，应与盗窃罪实行并罚
C. 乙的行为触犯贩卖毒品罪、非法持有毒品罪、转移毒品罪与掩饰、隐瞒犯罪所得罪
D. 对乙应以贩卖毒品罪一罪论处

**10.** 关于累犯，下列哪一选项是正确的？
A. 对累犯和犯罪集团的积极参加者，不适用缓刑
B. 对累犯，如假释后对所居住的社区无不良影响的，法院可决定假释
C. 对被判处无期徒刑的累犯，根据犯罪情节等情况，法院可同时决定对其限制减刑
D. 犯恐怖活动犯罪被判处有期徒刑4年，刑罚执行完毕后的第12年又犯黑社会性质的组织犯罪的，成立累犯

**11.** 下列哪一选项成立自首？
A. 甲挪用公款后主动向单位领导承认了全部犯罪事实，并请求单位领导不要将自己移送司法机关
B. 乙涉嫌贪污被检察院讯问时，如实供述将该笔公款分给了国有单位职工，辩称其行为不是贪污
C. 丙参与共同盗窃后，主动投案并供述其参与盗窃的具体情况。后查明，系因分赃太少、得知举报有奖才投案
D. 丁因纠纷致程某轻伤后，报警说自己伤人了。报警后见程某举拳冲过来，丁以暴力致其死亡，并逃离现场

**12.** 关于假释的撤销，下列哪一选项是错误的？
A. 被假释的犯罪分子，在假释考验期内犯新罪的，应撤销假释，按照先减后并的方法实行并罚
B. 被假释的犯罪分子，在假释考验期内严重违反假释监督管理规定，即使假释考验期满后才被发现，也应撤销假释
C. 在假释考验期内，发现被假释的犯罪分子在判决宣告前还有同种罪未判决的，应撤销假释
D. 在假释考验期满后，发现被假释的犯罪分子在判决宣告前有他罪未判决的，应撤销假释，数罪并罚

**13.** 下列哪一行为应以危险驾驶罪论处？
A. 醉酒驾驶机动车，误将红灯看成绿灯，撞死2名行人
B. 吸毒后驾驶机动车，未造成人员伤亡，但危及交通安全
C. 在驾驶汽车前吃了大量荔枝，被交警以呼气式酒精检测仪测试到酒精含量达到醉酒程度
D. 将汽车误停在大型商场地下固定卸货车位，后在醉酒时将汽车从地下三层开到地下一层的停车位

**14.** 下列哪一犯罪属抽象危险犯？
A. 污染环境罪
B. 投放危险物质罪
C. 破坏电力设备罪
D. 生产、销售假药罪

**15.** 下列哪一行为不成立使用假币罪（不考虑数额）？
A. 用假币缴纳罚款
B. 用假币兑换外币
C. 在朋友结婚时，将假币塞进红包送给朋友
D. 与网友见面时，显示假币以证明经济实力

**16.** 甲以伤害故意砍乙两刀，随即心生杀意又砍两刀，但四刀中只有一刀砍中乙并致其死亡，且无法查明由前后四刀中的哪一刀造成死亡。关于本案，下列哪一选项是正确的？
A. 不管是哪一刀造成致命伤，都应认定为一个故意杀人罪既遂
B. 不管是哪一刀造成致命伤，只能分别认定为故意伤害罪既遂与故意杀人罪未遂
C. 根据日常生活经验，应推定是后两刀中的一刀造成致命伤，故应认定为故意伤害罪未遂与故意杀人罪既遂

D. 根据存疑时有利于被告人的原则，虽可分别认定为故意伤害罪未遂与故意杀人罪未遂，但杀人与伤害不是对立关系，故可按故意伤害（致死）罪处理本案

**17.** 李某乘正在遛狗的老妇人王某不备，抢下王某装有4000元现金的手包就跑。王某让名贵的宠物狗追咬李某。李某见状在距王某50米处转身将狗踢死后逃离。王某眼见一切，因激愤致心脏病发作而亡。关于本案，下列哪一选项是正确的？

A. 李某将狗踢死，属事后抢劫中的暴力行为

B. 李某将狗踢死，属对王某以暴力相威胁

C. 李某的行为满足事后抢劫的当场性要件

D. 对李某的行为应整体上评价为抢劫罪

**18.** 乙全家外出数月，邻居甲主动帮乙照看房屋。某日，甲谎称乙家门口的一对石狮为自家所有，将石狮卖给外地人，得款1万元据为己有。关于甲的行为定性，下列哪一选项是错误的？

A. 甲同时触犯侵占罪与诈骗罪

B. 如认为购买者无财产损失，则甲仅触犯盗窃罪

C. 如认为购买者有财产损失，则甲同时触犯盗窃罪与诈骗罪

D. 不管购买者是否存在财产损失，甲都触犯盗窃罪

**19.** 菜贩刘某将蔬菜装入袋中，放在居民小区路旁长条桌上，写明"每袋20元，请将钱放在铁盒内"。然后，刘某去3公里外的市场卖菜。小区理发店的店员经常好奇地出来看看是否有人偷菜。甲数次公开拿走蔬菜时假装往铁盒里放钱。关于甲的行为定性（不考虑数额），下列哪一选项是正确的？

A. 甲乘人不备，公然拿走刘某所有的蔬菜，构成抢夺罪

B. 蔬菜为经常出来查看的店员占有，甲构成盗窃罪

C. 甲假装放钱而实际未放钱，属诈骗行为，构成诈骗罪

D. 刘某虽距现场3公里，但仍占有蔬菜，甲构成盗窃罪

**20.** 甲杀人后将凶器忘在现场，打电话告诉乙真相，请乙帮助扔掉凶器。乙随即把凶器藏在自家地窖里。数月后，甲生活无着落准备投案自首时，乙向甲汇款2万元，使其继续在外生活。关于本案，下列哪一选项是正确的？

A. 乙藏匿凶器的行为不属毁灭证据，不成立帮助毁灭证据罪

B. 乙向甲汇款2万元不属帮助甲逃匿，不成立窝藏罪

C. 乙的行为既不成立帮助毁灭证据罪，也不成立窝藏罪

D. 甲虽唆使乙毁灭证据，但不能认定为帮助毁灭证据罪的教唆犯

**21.** 关于刑事诉讼价值的理解，下列哪一选项是错误的？

A. 公正在刑事诉讼价值中居于核心的地位

B. 通过刑事程序规范国家刑事司法权的行使，是秩序价值的重要内容

C. 效益价值属刑事诉讼法的工具价值，而不属刑事诉讼法的独立价值

D. 适用强制措施遵循比例原则是公正价值的应有之义

**22.** 关于证人证言与鉴定意见，下列哪一选项是正确的？

A. 证人证言只能由自然人提供，鉴定意见可由单位出具

B. 生理上、精神上有缺陷的人有时可以提供证人证言，但不能出具鉴定意见

C. 如控辩双方对证人证言和鉴定意见有异议的，相应证人和鉴定人均应出庭

D. 证人应出庭而不出庭的，其庭前证言仍可能作为证据；鉴定人应出庭而不出庭的，鉴定意见不得作为定案根据

**23.** 甲涉嫌盗窃室友乙存放在储物柜中的笔记本电脑一台并转卖他人，但甲辩称该电脑系其本人所有，只是暂存于乙处。下列哪一选项既属于原始证据，又属于直接证据？

A. 侦查人员在乙储物柜的把手上提取的甲的一枚指纹

B. 侦查人员在室友丙手机中直接提取的视频，内容为丙偶然拍下的甲打开储物柜取走电脑的过程

C. 室友丁的证言，内容是曾看到甲将一台相同的笔记本电脑交给乙保管

D. 甲转卖电脑时出具的现金收条

**24.** 下列哪一选项属于传闻证据？

A. 甲作为专家辅助人在法庭上就一起伤害案的鉴定意见提出的意见

B. 乙了解案件情况但因重病无法出庭，法官自行前往调查核实的证人证言

C. 丙作为技术人员"就证明讯问过程合法性的同步录音录像是否经过剪辑"在法庭上所作的说明

D. 丁曾路过发生杀人案的院子，其开庭审理时所作的"当时看到一个人从那里走出来，好像喝了许多酒"的证言

**25.** 郭某涉嫌报复陷害申诉人蒋某，侦查机关因郭某可能毁灭证据将其拘留。在拘留期限即将届满时，因逮捕郭某的证据尚不充足，侦查机关责令其交纳2万元保证金取保候审。关于本案处理，下列哪一

选项是正确的？

A. 取保候审由本案侦查机关执行

B. 如郭某表示无力全额交纳保证金，可降低保证金数额，同时责令其提出保证人

C. 可要求郭某在取保候审期间不得进入蒋某居住的小区

D. 应要求郭某在取保候审期间不得变更住址

**26.** 章某涉嫌故意伤害致人死亡，因犯罪后企图逃跑被公安机关先行拘留。关于本案程序，下列哪一选项是正确的？

A. 拘留章某时，必须出示拘留证

B. 拘留章某后，应在 12 小时内将其送看守所羁押

C. 拘留后对章某的所有讯问都必须在看守所内进行

D. 因怀疑章某携带管制刀具，拘留时公安机关无需搜查证即可搜查其身体

**27.** 王某涉嫌在多个市县连续组织淫秽表演，2014 年 9 月 15 日被刑事拘留，随即聘请律师担任辩护人，10 月 17 日被检察院批准逮捕，12 月 5 日被移送检察院审查起诉。关于律师提请检察院进行羁押必要性审查，下列哪一选项是正确的？

A. 10 月 14 日提出申请，检察院应受理

B. 11 月 18 日提出申请，检察院应告知其先向侦查机关申请变更强制措施

C. 12 月 3 日提出申请，由检察院承担监所检察工作的部门负责审查

D. 12 月 10 日提出申请，由检察院公诉部门负责审查

**28.** 法院可以受理被害人提起的下列哪一附带民事诉讼案件？

A. 抢夺案，要求被告人赔偿被夺走并变卖的手机

B. 寻衅滋事案，要求被告人赔偿所造成的物质损失

C. 虐待被监管人案，要求被告人赔偿因体罚虐待致身体损害所产生的医疗费

D. 非法搜查案，要求被告人赔偿因非法搜查所导致的物质损失

**29.** 甲公司以虚构工程及伪造文件的方式，骗取乙工程保证金 400 余万元。公安机关接到乙控告后，以尚无明确证据证明甲涉嫌犯罪为由不予立案。关于本案，下列哪一选项是正确的？

A. 乙应先申请公安机关复议，只有不服复议决定的才能请求检察院立案监督

B. 乙请求立案监督，检察院审查后认为公安机关应立案的，可通知公安机关立案

C. 公安机关接到检察院立案通知后仍不立案的，经省级检察院决定，检察院可自行立案侦查

D. 乙可直接向法院提起自诉

**30.** 甲、乙、丙、丁四人涉嫌多次结伙盗窃，公安机关侦查终结移送审查起诉后，甲突然死亡。检察院审查后发现，甲和乙共同盗窃 1 次，数额未达刑事立案标准；乙和丙共同盗窃 1 次，数额刚达刑事立案标准；甲、丙、丁三人共同盗窃 1 次，数额巨大，但经两次退回公安机关补充侦查后仍证据不足；乙对其参与的 2 起盗窃有自首情节。关于本案，下列哪一选项是正确的？

A. 对甲可作出酌定不起诉决定

B. 对乙可作出法定不起诉决定

C. 对丙应作出证据不足不起诉决定

D. 对丁应作出证据不足不起诉决定

**31.** 罗某作为人民陪审员参与 D 市中级法院的案件审理工作。关于罗某的下列哪一说法是正确的？

A. 担任人民陪审员，必须经 D 市人大常委会任命

B. 同法官享有同等权利，也能担任合议庭审判长

C. 可参与中级法院二审案件审理，并对事实认定、法律适用独立行使表决权

D. 可要求合议庭将案件提请院长决定是否提交审委会讨论决定

**32.** 关于我国刑事诉讼中起诉与审判的关系，下列哪一选项是正确的？

A. 自诉人提起自诉后，在法院宣判前，可随时撤回自诉，法院应准许

B. 法院只能就起诉的罪名是否成立作出裁判

C. 在法庭审理过程中，法院可建议检察院补充、变更起诉

D. 对检察院提起公诉的案件，法院判决无罪后，检察院不能再次起诉

**33.** 某国有银行涉嫌违法发放贷款造成重大损失，该行行长因系直接负责的主管人员也被追究刑事责任，信贷科科长齐某因较为熟悉银行贷款业务被确定为单位的诉讼代表人。关于本案审理程序，下列哪一选项是正确的？

A. 如该案在开庭审理前召开庭前会议，应通知齐某参加

B. 齐某无正当理由拒不出庭的，可拘传其到庭

C. 齐某可当庭拒绝银行委托的辩护律师为该行辩护

D. 齐某没有最后陈述的权利

**34.** 黄某倒卖文物案于 2014 年 5 月 28 日一审终结。6 月 9 日（星期一），法庭宣判黄某犯倒卖文物罪，判处有期徒刑 4 年并立即送达了判决书，黄某当即提起上诉，但于 6 月 13 日经法院准许撤回上诉；检察院以量刑畸轻为由于 6 月 12 日提起抗诉，上级检察院认为抗诉不当，于 6 月 17 日向同级法院撤回了抗诉。关于一审判决生效的时间，下列哪一选项是正确的？

A. 6月9日　　B. 6月17日
C. 6月19日　　D. 6月20日

**35.** 关于审判监督程序中的申诉，下列哪一选项是正确的？

A. 二审法院裁定准许撤回上诉的案件，申诉人对一审判决提出的申诉，应由一审法院审理
B. 上一级法院对未经终审法院审理的申诉，应直接审理
C. 对经两级法院依照审判监督程序复查均驳回的申诉，法院不再受理
D. 对死刑案件的申诉，可由原核准的法院审查，也可交由原审法院审查

**36.** 关于刑事裁判涉财产部分执行，下列哪一说法是正确的？

A. 对侦查机关查封、冻结、扣押的财产，法院执行时可直接裁定处置，无需侦查机关出具解除手续
B. 法院续行查封、冻结、扣押的顺位无需与侦查机关的顺位相同
C. 刑事裁判涉财产部分的裁判内容应明确具体，涉案财产和被害人均应在判决书主文中详细列明
D. 刑事裁判涉财产部分，应由与一审法院同级的财产所在地的法院执行

**37.** 关于减刑、假释案件审理程序，下列哪一选项是正确的？

A. 甲因抢劫罪和绑架罪被法院决定执行有期徒刑20年，对甲的减刑，应由其服刑地高级法院作出裁定
B. 乙因检举他人重大犯罪活动被报请减刑的，法院应通知乙参加减刑庭审
C. 丙因受贿罪被判处有期徒刑5年，对丙的假释，可书面审理，但必须提讯丙
D. 丁因强奸罪被判处无期徒刑，对丁的减刑，可聘请律师到庭发表意见

**38.** 依法不负刑事责任的精神病人的强制医疗程序是一种特别程序。关于其特别之处，下列哪一说法是正确的？

A. 不同于普通案件奉行的不告不理原则，法院可未经检察院对案件的起诉或申请而启动这一程序
B. 不同于普通案件审理时被告人必须到庭，可在被申请人不到庭的情况下审理并作出强制医疗的决定
C. 不同于普通案件中的抗诉或上诉，被决定强制医疗的人可通过向上一级法院申请复议启动二审程序
D. 开庭审理时无需区分法庭调查与法庭辩论阶段

**39.** 甲市某县生态环境局与水利局对职责划分有异议，双方协商无法达成一致意见。关于异议的处理，下列哪一说法是正确的？

A. 提请双方各自上一级主管机关协商确定
B. 提请县政府机构编制管理机关决定
C. 提请县政府机构编制管理机关提出协调意见，并由该机构编制管理机关报县政府决定
D. 提请县政府提出处理方案，经甲市政府机构编制管理机关审核后报甲市政府批准

**40.** 某地连续发生数起以低价出售物品引诱当事人至屋内后实施抢劫的事件，当地公安局通过手机短信告知居民保持警惕以免上当受骗。公安局的行为属于下列哪一性质？

A. 履行行政职务的行为
B. 负担性的行为
C. 准备性行政行为
D. 强制行为

**41.** 市场监督管理局向一药店发放药品经营许可证。后接举报称，该药店存在大量非法出售处方药的行为，该局在调查中发现药店的药品经营许可证系提供虚假材料欺骗所得。关于对许可证的处理，该局下列哪一做法是正确的？

A. 撤回　　B. 撤销
C. 吊销　　D. 待有效期限届满后注销

**42.** 公安局以田某等人哄抢一货车上的财物为由，对田某处以15日行政拘留处罚，田某不服申请复议。下列哪一说法是正确的？

A. 田某的行为构成扰乱公共秩序
B. 公安局对田某哄抢的财物应予以登记
C. 公安局对田某传唤后询问查证不得超过12小时
D. 田某申请复议的期限为6个月

**43.** 在行政强制执行过程中，行政机关依法与甲达成执行协议。事后，甲应当履行协议而不履行，行政机关可采取下列哪一措施？

A. 申请法院强制执行
B. 恢复强制执行
C. 以甲为被告提起民事诉讼
D. 以甲为被告提起行政诉讼

**44.** 关于刑法解释，下列哪些选项是错误的？

A.《刑法》规定"以暴力、胁迫或者其他手段强奸妇女的"构成强奸罪。按照文理解释，可将丈夫强行与妻子性交的行为解释为"强奸妇女"
B.《刑法》对抢劫罪与强奸罪的手段行为均使用了"暴力、胁迫"的表述，且二罪的法定刑相同，故对二罪中的"暴力、胁迫"应作相同解释
C. 既然将为了自己饲养而抢劫他人宠物的行为认定为抢劫罪，那么，根据当然解释，对为了自己收养而抢劫他人婴儿的行为更应认定为抢劫罪，否则会导致罪刑不均衡

D. 对中止犯中的“自动有效地防止犯罪结果发生”，既可解释为自动采取措施使得犯罪结果未发生；也可解释为自动采取防止犯罪结果发生的有效措施，而不管犯罪结果是否发生

**45.** 关于不作为犯罪，下列哪些选项是正确的？

A. 儿童在公共游泳池溺水时，其父甲、救生员乙均故意不救助。甲、乙均成立不作为犯罪

B. 在离婚诉讼期间，丈夫误认为自己无义务救助落水的妻子，致妻子溺水身亡的，成立过失的不作为犯罪

C. 甲在火灾之际，能救出母亲，但为救出女友而未救出母亲。如无排除犯罪的事由，甲构成不作为犯罪

D. 甲向乙的咖啡投毒，看到乙喝了几口后将咖啡递给丙，因担心罪行败露，甲未阻止丙喝咖啡，导致乙、丙均死亡。甲对乙是作为犯罪，对丙是不作为犯罪

**46.** 关于因果关系，下列哪些选项是正确的？

A. 甲驾车经过十字路口右拐时，被行人乙扔出的烟头击中面部，导致车辆失控撞死丙。只要肯定甲的行为与丙的死亡之间有因果关系，甲就应当承担交通肇事罪的刑事责任

B. 甲强奸乙后，威胁不得报警，否则杀害乙。乙报警后担心被甲杀害，便自杀身亡。如无甲的威胁乙就不会自杀，故甲的威胁行为与乙的死亡之间有因果关系

C. 甲夜晚驾车经过无照明路段时，不小心撞倒丙后继续前行，随后的乙未注意，驾车从丙身上轧过。即使不能证明是甲直接轧死丙，也必须肯定甲的行为与丙的死亡之间有因果关系

D. 甲、乙等人因琐事与丙发生争执，进而在电梯口相互厮打，电梯门受外力挤压变形开启，致丙掉入电梯通道内摔死。虽然介入了电梯门非正常开启这一因素，也应肯定甲、乙等人的行为与丙的死亡之间有因果关系

**47.** 关于单位犯罪，下列哪些选项是正确的？

A. 就同一犯罪而言，单位犯罪与自然人犯罪的既遂标准完全相同

B. 《刑法》第一百七十条未将单位规定为伪造货币罪的主体，故单位伪造货币的，相关自然人不构成犯罪

C. 经理赵某为维护公司利益，召集单位员工殴打法院执行工作人员，拒不执行生效判决的，成立单位犯罪

D. 公司被吊销营业执照后，发现其曾销售伪劣产品20万元。对此，应追究相关自然人销售伪劣产品罪的刑事责任

**48.** 关于故意与违法性的认识，下列哪些选项是正确的？

A. 甲误以为买卖黄金的行为构成非法经营罪，仍买卖黄金，但事实上该行为不违反《刑法》。甲有犯罪故意，成立犯罪未遂

B. 甲误以为自己盗窃枪支的行为仅成立盗窃罪。甲对《刑法》规定存在认识错误，因而无盗窃枪支罪的犯罪故意，对甲的量刑不能重于盗窃罪

C. 甲拘禁吸毒的陈某数日。甲认识到其行为剥夺了陈某的自由，但误以为《刑法》不禁止普通公民实施强制戒毒行为。甲有犯罪故意，应以非法拘禁罪追究刑事责任

D. 甲知道自己的行为有害，但不知是否违反《刑法》，遂请教中学语文教师乙，被告知不违法后，甲实施了该行为。但事实上《刑法》禁止该行为。乙的回答不影响甲成立故意犯罪

**49.** 甲在乙骑摩托车必经的偏僻路段精心设置路障，欲让乙摔死。丙得知甲的杀人计划后，诱骗仇人丁骑车经过该路段，丁果真摔死。关于本案，下列哪些选项是正确的？

A. 甲的行为和丁死亡之间有因果关系，甲有罪

B. 甲的行为属对象错误，构成故意杀人罪既遂

C. 丙对自己的行为无认识错误，构成故意杀人罪既遂

D. 丙利用甲的行为造成丁死亡，可能成立间接正犯

**50.** 甲和女友乙在网吧上网时，捡到一张背后写有密码的银行卡。甲持卡去ATM机取款，前两次取出5000元。在准备再次取款时，乙走过来说：“注意，别出事”，甲答：“马上就好。”甲又分两次取出6000元，并将该6000元递给乙。乙接过钱后站了一会儿说：“我走了，小心点。”甲接着又取出7000元。关于本案，下列哪些选项是正确的？

A. 甲拾得他人银行卡并在ATM机上使用，根据司法解释，成立信用卡诈骗罪

B. 对甲前两次取出5000元的行为，乙不负刑事责任

C. 乙接过甲取出的6000元，构成掩饰、隐瞒犯罪所得罪

D. 乙虽未持银行卡取款，也构成犯罪，犯罪数额是1.3万元

**51.** 甲在公园游玩时遇见仇人胡某，顿生杀死胡某的念头，便欺骗随行的朋友乙、丙说：“我们追逐胡某，让他出洋相。”三人捡起木棒追逐胡某，致公园秩序严重混乱。将胡某追到公园后门偏僻处后，乙、丙因故离开。随后甲追上胡某，用木棒重击其头部，致其死亡。关于本案，下列哪些选项是正确的？

A. 甲触犯故意杀人罪与寻衅滋事罪

B. 乙、丙的追逐行为是否构成寻衅滋事罪，与该行为能否产生救助胡某的义务是不同的问题

C. 乙、丙的追逐行为使胡某处于孤立无援的境地，但无法预见甲会杀害胡某，不成立过失致人死亡罪

D. 乙、丙属寻衅滋事致人死亡，应从重处罚

**52.** 关于缓刑的适用，下列哪些选项是正确的？

A. 甲犯重婚罪和虐待罪，数罪并罚后也可能适用缓刑

B. 乙犯遗弃罪被判处管制1年，即使犯罪情节轻微，也不能宣告缓刑

C. 丙犯绑架罪但有立功情节，即使该罪的法定最低刑为5年有期徒刑，也可能适用缓刑

D. 丁17岁时因犯放火罪被判处有期徒刑5年，23岁时又犯伪证罪，仍有可能适用缓刑

**53.** 关于追诉时效，下列哪些选项是正确的？

A. 甲犯劫持航空器罪，即便经过30年，也可能被追诉

B. 乙于2013年1月10日挪用公款5万元用于结婚，2013年7月10日归还。对乙的追诉期限应从2013年1月10日起计算

C. 丙于2000年故意轻伤李某，直到2008年李某才报案，但公安机关未立案。2014年，丙因他事被抓。不能追诉丙故意伤害的刑事责任

D. 丁与王某共同实施合同诈骗犯罪。在合同诈骗罪的追诉期届满前，王某单独实施抢夺罪。对丁合同诈骗罪的追诉时效，应从王某犯抢夺罪之日起计算

**54.** 下列哪些行为（不考虑数量），应以走私普通货物、物品罪论处？

A. 将白银从境外走私进入中国境内

B. 走私国家禁止进出口的旧机动车

C. 走私淫秽物品，有传播目的但无牟利目的

D. 走私无法组装并使用（不属于废物）的弹头、弹壳

**55.** 甲与乙（女）2012年开始同居，生有一子丙。甲、乙虽未办理结婚登记，但以夫妻名义自居，周围群众公认二人是夫妻。对甲的行为，下列哪些分析是正确的？

A. 甲长期虐待乙的，构成虐待罪

B. 甲伤害丙（致丙轻伤）时，乙不阻止的，乙构成不作为的故意伤害罪

C. 甲如与丁（女）领取结婚证后，不再与乙同居，也不抚养丙的，可能构成遗弃罪

D. 甲如与丁领取结婚证后，不再与乙同居，某日采用暴力强行与乙性交的，构成强奸罪

**56.** 下列哪些行为触犯诈骗罪（不考虑数额）？

A. 甲对李某家的保姆说："李某现在使用的手提电脑是我的，你还给我吧。"保姆信以为真，将电脑交给甲

B. 甲对持有外币的乙说："你手上拿的是假币，得扔掉，否则要坐牢。"乙将外币扔掉，甲乘机将外币捡走

C. 甲为灾民募捐，一般人捐款几百元。富商经过募捐地点时，甲称："不少人都捐一、二万元，您多捐点吧。"富商信以为真，捐款2万元

D. 乙窃取摩托车，准备骑走。甲觉其可疑，装成摩托车主人的样子说："你想把我的车骑走啊？"乙弃车逃走，甲将摩托车据为己有

**57.** 关于程序法定，下列哪些说法是正确的？

A. 程序法定要求法律预先规定刑事诉讼程序

B. 程序法定是大陆法系国家法定原则的重要内容之一

C. 英美国家实行判例制度而不实行程序法定

D. 以法律为准绳意味着我国实行程序法定

**58.** 关于公检法机关的组织体系及其在刑事诉讼中的职权，下列哪些选项是正确的？

A. 公安机关统一领导、分级管理，对超出自己管辖的地区发布通缉令，应报有权的上级公安机关发布

B. 基于检察一体化，检察院独立行使职权是指检察系统整体独立行使职权

C. 检察院上下级之间是领导关系，上级检察院认为下级检察院二审抗诉不当的，可直接向同级法院撤回抗诉

D. 法院上下级之间是监督指导关系，上级法院如认为下级法院审理更适宜，可将自己管辖的案件交由下级法院审理

**59.** 关于刑事诉讼当事人中的被害人的诉讼权利，下列哪些选项是正确的？

A. 撤回起诉、申请回避

B. 委托诉讼代理人、提起自诉

C. 申请复议、提起上诉

D. 申请抗诉、提出申诉

**60.** 孙某系甲省乙市海关科长，与走私集团通谋，利用职权走私国家禁止出口的文物，情节特别严重。关于本案管辖，下列哪些选项是正确的？

A. 可由公安机关立案侦查

B. 经甲省检察院决定，可由检察院立案侦查

C. 甲省检察院决定立案侦查后可根据案件情况自行侦查

D. 甲省检察院决定立案侦查后可根据案件情况指定甲省丙市检察院侦查

**61.** 未成年人小付涉嫌故意伤害袁某，袁某向法院提起自诉。小付的父亲委托律师黄某担任辩护人，袁某委托其在法学院上学的儿子担任诉讼代理人。本案中，下列哪些人有权要求审判人员回避？

A. 黄某　　B. 袁某

C. 袁某的儿子　　D. 小付的父亲

**62.** 关于有效辩护原则，下列哪些理解是正确的？

A. 有效辩护原则的确立有助于实现控辩平等对抗

B. 有效辩护是一项主要适用于审判阶段的原则，但侦查、审查起诉阶段对辩护人权利的保障是审判阶段实现有效辩护的前提

C. 根据有效辩护原则的要求，法庭审理过程中一般不应限制被告人及其辩护人发言的时间

D. 指派没有刑事辩护经验的律师为可能被判处无期徒刑、死刑的被告人提供法律援助，有违有效辩护原则

**63.** 关于补充侦查，下列哪些选项是正确的？

A. 审查批捕阶段，只有不批准逮捕的，才能通知公安机关补充侦查

B. 审查起诉阶段的补充侦查以两次为限

C. 审判阶段检察院应自行侦查，不得退回公安机关补充侦查

D. 审判阶段法院不得建议检察院补充侦查

**64.**《全国人大常委会关于〈刑事诉讼法〉第二百七十一条第二款的解释》规定，检察院办理未成年人刑事案件，在作出附条件不起诉决定以及考验期满作出不起诉决定前，应听取被害人的意见。被害人对检察院作出的附条件不起诉的决定和不起诉的决定，可向上一级检察院申诉，但不能向法院提起自诉。关于这一解释的理解，下列哪些选项是正确的？

A. 增加了听取被害人陈述意见的机会

B. 有利于对未成年犯罪嫌疑人的转向处置

C. 体现了对未成年犯罪嫌疑人的特殊保护

D. 是刑事公诉独占主义的一种体现

**65.** 高某利用职务便利多次收受贿赂，还雇凶将举报他的下属王某打成重伤。关于本案庭前会议，下列哪些选项是正确的？

A. 高某可就案件管辖提出异议

B. 王某提起附带民事诉讼的，可调解

C. 高某提出其口供系刑讯所得，法官可在审查讯问时同步录像的基础上决定是否排除口供

D. 庭前会议上出示过的证据，庭审时举证、质证可简化

**66.** 律师邹某受法律援助机构指派，担任未成年人陈某的辩护人。关于邹某的权利，下列哪些说法是正确的？

A. 可调查陈某的成长经历、犯罪原因、监护教育等情况，并提交给法院

B. 可反对法院对该案适用简易程序，法院因此只能采用普通程序审理

C. 可在陈某最后陈述后进行补充陈述

D. 可在有罪判决宣告后，受法庭邀请参与对陈某的法庭教育

**67.** 甲、乙系初三学生，因涉嫌抢劫同学丙（三人均不满 16 周岁）被立案侦查。关于该案诉讼程序，下列哪些选项是正确的？

A. 审查批捕讯问时，甲拒绝为其提供的合适成年人到场，应另行通知其他合适成年人到场

B. 讯问乙时，因乙的法定代理人无法到场而通知其伯父到场，其伯父可代行乙的控告权

C. 法庭审理询问丙时，应通知丙的法定代理人到场

D. 如该案适用简易程序审理，甲的法定代理人不能到场时可不再通知其他合适成年人到场

**68.** 甲因琐事与乙发生口角进而厮打，推搡之间，不慎致乙死亡。检察院以甲涉嫌过失致人死亡提起公诉，乙母丙向法院提起附带民事诉讼。关于本案处理，下列哪些选项是正确的？

A. 法院可对附带民事部分进行调解

B. 如甲与丙经法院调解达成协议，调解协议中约定的赔偿损失内容可分期履行

C. 如甲提出申请，法院可组织甲与丙协商以达成和解

D. 如甲与丙达成刑事和解，其约定的赔偿损失内容可分期履行

**69.** 关于公务员的辞职和辞退，下列哪些说法是正确的？

A. 重要公务尚未处理完毕的公务员，不得辞去公职

B. 领导成员对重大事故负有领导责任的，应引咎辞去公职

C. 对患病且在规定的医疗期内的公务员，不得辞退

D. 被辞退的公务员，可根据国家有关规定享受失业保险

**70.** 对下列哪些拟作出的决定，行政机关应告知当事人有权要求听证？

A. 税务局扣押不缴纳税款的某企业价值 200 万元的商品

B. 交通局吊销某运输公司的道路运输经营许可证

C. 规划局发放的建设用地规划许可证，直接涉及申请人与附近居民之间的重大利益关系

D. 公安局处以张某行政拘留 10 天的处罚

**71.** 某公安交管局交通大队民警发现王某驾驶的电动三轮车未悬挂号牌，遂作出扣押的强制措施。关

于扣押应遵守的程序，下列哪些说法是正确的？

A. 由两名以上交通大队行政执法人员实施扣押

B. 当场告知王某扣押的理由和依据

C. 当场向王某交付扣押决定书

D. 将三轮车及其车上的物品一并扣押，当场交付扣押清单

**72.** 沈某向住建委申请公开一企业向该委提交的某危改项目纳入危改范围的意见和申报材料。该委以信息中有企业联系人联系电话和地址等个人隐私为由拒绝公开，沈某起诉，法院受理。下列哪些说法是正确的？

A. 在作出拒绝公开决定前，住建委无需书面征求企业联系人是否同意公开的意见

B. 本案的起诉期限为6个月

C. 住建委应对拒绝公开的根据及履行法定告知和说明理由义务的情况举证

D. 住建委拒绝公开答复合法

**73.** 某区市场监督管理局对一公司未取得出版物经营许可证销售电子出版物100套的行为，予以取缔，并罚款6000元。该公司向市市场监督管理局申请复议。下列哪些说法是正确的？

A. 公司可委托代理人代为参加行政复议

B. 在复议过程中区市场监督管理局不得自行向申请人和其他有关组织或个人收集证据

C. 市市场监督管理局应采取开庭审理方式审查此案

D. 如区市场监督管理局的决定明显不当，市市场监督管理局应予以撤销

**74.** 李某不服区公安分局对其作出的行政拘留5日的处罚，向市公安局申请行政复议，市公安局作出维持决定。李某不服，提起行政诉讼。下列哪些选项是正确的？

A. 李某可向区政府申请行政复议

B. 被告为市公安局和区公安分局

C. 市公安局所在地的法院对本案无管辖权

D. 如李某的起诉状内容有欠缺，法院应给予指导和释明，并一次性告知需要补正的内容

**75.** 关于行政诉讼简易程序，下列哪些说法是正确的？

A. 对第一审行政案件，当事人各方同意适用简易程序的，可以适用

B. 案件涉及款额2000元以下的发回重审案件和上诉案件，应适用简易程序审理

C. 适用简易程序审理的行政案件，由审判员一人独任审理

D. 适用简易程序审理的行政案件，应当庭宣判

**76.** 梁某酒后将邻居张某家的门、窗等物品砸坏。县公安局接警后，对现场进行拍照、制作现场笔录，并请县价格认证中心作价格鉴定意见，对梁某作出行政拘留8日处罚。梁某向法院起诉，县公安局向法院提交照片、现场笔录和鉴定意见。下列哪些说法是正确的？

A. 照片为书证

B. 县公安局提交的现场笔录无当事人签名的，不具有法律效力

C. 县公安局提交的鉴定意见应有县价格认证中心的盖章和鉴定人的签名

D. 梁某对现场笔录的合法性有异议的，可要求县公安局的相关执法人员作为证人出庭作证

**77.** 丁某以其房屋作抵押向孙某借款，双方到房管局办理手续，提交了房产证原件及载明房屋面积100平方米、借款50万元的房产抵押合同，该局以此出具房屋他项权证。丁某未还款，法院拍卖房屋，但因房屋面积只有70平方米，孙某遂以该局办理手续时未尽核实义务造成其15万元债权无法实现为由，起诉要求认定该局行为违法并赔偿损失。对此案，下列哪些说法是错误的？

A. 法院可根据孙某申请裁定先予执行

B. 孙某应对房管局的行为造成其损失提供证据

C. 法院应对房管局的行为是否合法与行政赔偿争议一并审理和裁判

D. 孙某的请求不属国家赔偿范围

**甲送给国有收费站站长吴某3万元，与其约定：甲在高速公路另开出口帮货车司机逃费，吴某想办法让人对此不予查处，所得由二人分成。后甲组织数十人，锯断高速公路一侧隔离栏、填平隔离沟（恢复原状需3万元），形成一条出口。路过的很多货车司机知道经过收费站要收300元，而给甲100元即可绕过收费站继续前行。甲以此方式共得款30万元，但骗吴某仅得20万元，并按此数额分成。**

**请回答第78—80题。**

**78.** 关于甲锯断高速公路隔离栏的定性，下列分析正确的是：

A. 任意损毁公私财物，情节严重，应以寻衅滋事罪论处

B. 聚众锯断高速公路隔离栏，成立聚众扰乱交通秩序罪

C. 锯断隔离栏的行为，即使得到吴某的同意，也构成故意毁坏财物罪

D. 锯断隔离栏属破坏交通设施，在危及交通安全时，还触犯破坏交通设施罪

**79.** 关于甲非法获利的定性，下列分析正确的是：

A. 擅自经营收费站收费业务，数额巨大，构成非法经营罪

B. 即使收钱时冒充国有收费站工作人员，也不构成招摇撞骗罪

C. 未使收费站工作人员基于认识错误免收司机过路费，不构成诈骗罪

D. 骗吴某仅得 20 万元的行为，构成隐瞒犯罪所得罪

**80.** 围绕吴某的行为，下列论述正确的是：

A. 利用职务上的便利侵吞本应由收费站收取的费用，成立贪污罪

B. 贪污数额为 30 万元

C. 收取甲 3 万元，利用职务便利为甲谋利益，成立受贿罪

D. 贪污罪与受贿罪成立牵连犯，应从一重罪处断

**朱某系某县民政局副局长，率县福利企业年检小组到同学黄某任厂长的电气厂年检时，明知该厂的材料有虚假、残疾员工未达法定人数，但朱某以该材料为准，使其顺利通过年检。为此，电气厂享受了不应享受的退税优惠政策，获取退税 300 万元。黄某动用关系，帮朱某升任民政局局长。检察院在调查朱某时发现，朱某有 100 万元财产明显超过合法收入，但其拒绝说明来源。在审查起诉阶段，朱某交代 100 万元系在澳门赌场所赢，经查证属实。**

**请回答第 81—83 题。**

**81.** 关于朱某帮助电气厂通过年检的行为，下列说法正确的是：

A. 其行为与国家损失 300 万元税收之间，存在因果关系

B. 属滥用职权，构成滥用职权罪

C. 属徇私舞弊，使国家税收遭受损失，同时构成徇私舞弊不征、少征税款罪

D. 事后虽获得了利益（升任局长），但不构成受贿罪

**82.** 关于朱某 100 万元财产的来源，下列分析正确的是：

A. 其财产、支出明显超过合法收入，这是巨额财产来源不明罪的实行行为

B. 在审查起诉阶段已说明 100 万元的来源，故不能以巨额财产来源不明罪提起公诉

C. 在澳门赌博，数额特别巨大，构成赌博罪

D. 作为国家工作人员，在澳门赌博，应依属人管辖原则追究其赌博的刑事责任

**83.** 关于黄某使电气厂获取 300 万元退税的定性，下列分析错误的是：

A. 具有逃税性质，触犯逃税罪

B. 具有诈骗属性，触犯诈骗罪

C. 成立逃税罪与提供虚假证明文件罪，应数罪并罚

D. 属单位犯罪，应对电气厂判处罚金，并对黄某判处相应的刑罚

**鲁某与关某涉嫌贩卖冰毒 500 余克，B 省 A 市中级法院开庭审理后，以鲁某犯贩卖毒品罪，判处死刑立即执行，关某犯贩卖毒品罪，判处死刑缓期二年执行。一审宣判后，关某以量刑过重为由向 B 省高级法院提起上诉，鲁某未上诉，检察院也未提起抗诉。**

**请回答第 84—86 题。**

**84.** 关于本案侦查，下列选项正确的是：

A. 本案经批准可采用控制下交付的侦查措施

B. 对鲁某采取技术侦查的期限不得超过 9 个月

C. 侦查机关只有在对鲁某与关某立案后，才能派遣侦查人员隐匿身份实施侦查

D. 通过技术侦查措施收集到的证据材料可作为定案的依据，但须经法庭调查程序查证属实或由审判人员在庭外予以核实

**85.** 如 B 省高级法院审理后认为，本案事实清楚、证据确实充分，对鲁某的量刑适当，但对关某应判处死刑缓期二年执行同时限制减刑，则对本案正确的做法是：

A. 二审应开庭审理

B. 由于未提起抗诉，同级检察院可不派员出席法庭

C. 高级法院可将全案发回 A 市中级法院重新审判

D. 高级法院可维持对鲁某的判决，并改判关某死刑缓期二年执行同时限制减刑

**86.** 如 B 省高级法院审理后认为，一审判决认定事实和适用法律正确、量刑适当，裁定驳回关某的上诉，维持原判，则对本案进行死刑复核的正确程序是：

A. 对关某的死刑缓期二年执行判决，B 省高级法院不再另行复核

B. 最高法院复核鲁某的死刑立即执行判决，应由审判员三人组成合议庭进行

C. 如鲁某在死刑复核阶段委托律师担任辩护人的，死刑复核合议庭应在办公场所当面听取律师意见

D. 最高法院裁定不予核准鲁某死刑的，可发回 A 市中级法院或 B 省高级法院重新审理

**87.** 关于地方政府规章，下列说法正确的是：

A. 某省政府所在地的市针对城乡建设与管理、环境保护、历史文化保护等以外的事项已制定的规章，自动失效

B. 应制定地方性法规但条件尚不成熟的，因行政管理迫切需要，可先制定地方政府规章

C. 没有地方性法规的依据，地方政府规章不得设定减损公民、法人和其他组织权利或者增加其义务的规范

D. 地方政府规章签署公布后，应及时在中国政府法制信息网上刊载

**88.** 下列选项属于行政诉讼受案范围的是：

A. 方某在妻子失踪后向公安局报案要求立案侦查，遭拒绝后向法院起诉确认公安局的行为违法

B. 区房管局以王某不履行双方签订的房屋征收补偿协议为由向法院起诉

C. 某企业以市场监督管理局滥用行政权力限制竞争为由向法院起诉

D. 黄某不服市政府发布的征收土地补偿费标准直接向法院起诉

**89.** 某镇政府以一公司所建钢架大棚未取得乡村建设规划许可证为由责令限期拆除。该公司逾期不拆除，镇政府现场向其送达强拆通知书，组织人员拆除了大棚。该公司向法院起诉要求撤销强拆行为。如一审法院审理认为强拆行为违反法定程序，可作出的判决有：

A. 撤销判决　　B. 确认违法判决

C. 履行判决　　D. 变更判决

**90.** 某县公安局以涉嫌诈骗为由将张某刑事拘留，并经县检察院批准逮捕，后县公安局以证据不足为由撤销案件，张某遂申请国家赔偿。下列说法正确的是：

A. 赔偿义务机关为县公安局和县检察院

B. 张某的赔偿请求不属国家赔偿范围

C. 张某当面递交赔偿申请书，赔偿义务机关应当场出具加盖本机关专用印章并注明收讫日期的书面凭证

D. 如赔偿义务机关拒绝赔偿，张某可向法院提起赔偿诉讼

## 参考答案与解析

**1. D**。刑法中的因果关系是指危害行为与危害结果之间的引起与被引起的关系。目前刑法理论上关于因果关系的判断标准是条件说，即要求危害行为与危害结果之间存在“没有前者就没有后者”的关系，且作为条件的行为必须是有导致结果发生可能性的行为，否则不承认有条件关系。A 中，甲跳楼自杀的行为本身具有一定的危险性，如果没有甲跳楼自杀的行为，从楼下经过的行人乙就不会被砸中，死亡结果也不会发生，因此，二者之间形成了“没有前者就没有后者”的条件关系，甲跳楼自杀的行为无疑是行人乙死亡的原因之一，二者之间存在因果关系，因此 A 错误。集资诈骗案中，行为人必须使用诈骗方法非法集资。正是由于行为人虚构事实、隐瞒真相等诈骗行为，出资人才自愿将资金交给行为人处置。因此，非法集资行为与资金被骗结果之间存在因果关系。出资人主观上是否有贪利的动机，并不会影响这种因果关系的成立，B 错误。在认定因果关系时，需要注意行为人的行为介入第三者的行为而导致结果发生的场合，要判断某种结果是否与行为人的行为存在因果关系，应当考察行为人的行为导致结果发生的可能性的大小、介入情况的异常性大小以及介入情况对结果发生作用的大小。C 中甲的肇事行为与乙被撞死之间存在因果关系，但是甲交通肇事后逃逸，乙的贵重财物并未受到侵害，而是由于介入第三者丙的行为致使乙的财产受到损失。因此，不能认定甲的肇事行为与乙的财产损失之间有因果关系，C 错误。D 中，交通肇事负事故次要责任的行为人的行为与重伤 3 人的后果存在“没有前者就没有后者”的关系，但是因果关系属于犯罪构成中客观构成要件要素，属于客观事实，认定有因果关系不等同于构成犯罪或追究刑事责任，还要综合考虑主观方面等因素。所以 D 正确，当选。

**2. C**。刑事责任年龄是指刑法规定的行为人实施刑法所禁止的犯罪行为需要负刑事责任必须达到的年龄。《刑法》第 17 条第 2、3 款规定：“已满十四周岁不满十六周岁的人，犯故意杀人、故意伤害致人重伤或者死亡、强奸、抢劫、贩卖毒品、放火、爆炸、投放危险物质罪的，应当负刑事责任。已满十二周岁不满十四周岁的人，犯故意杀人、故意伤害罪，致人死亡或者以特别残忍手段致人重伤造成严重残疾，情节恶劣，经最高人民检察院核准追诉的，应当负刑事责任。”A 中甲的爆炸行为的实施与爆炸结果的发生之间存在较长的时间间隔。犯罪是表现于外的能力，因此辨认、控制能力应当是行为当时的能力。因此甲在不满 14 周岁时安装定时炸弹的行为不构成犯罪。但是如果行为人实施了一定的行为之后，则在其具备相应的辨认、控制能力时就具有防止结果发生的义务。虽然甲安放定时炸弹时不满 14 周岁，但是甲在满 14 周岁之后对于自己 14 周岁以前的行为所可能引起的危险具有排除的义务，而甲在满 14 周岁之后仍不履行危险排除义务，最终炸弹爆炸导致多人伤亡的，应以不作为犯罪追究甲的刑事责任。所以 A 错误。刑事责任能力，是指行为人构成犯罪和承担刑事责任所必须具备的刑法意义上的辨认和控制自己行为的能力。根据《刑法》第 18 条第 2 款规定，间歇性精神病人实施犯罪行为时如果精神正常，具有辨认和控制能力，则应当追究其刑事责任。反之，该行为则不成立犯罪。因此，间歇性精神病人的行为是否成立犯罪，应以其实施行为时是否具有刑事责任能力为标准。B 中乙在精神正常时着手实行故意伤害行

为，如果构成犯罪的，应对故意伤害行为负责，但是乙在实施抢走被害人财物行为时丧失责任能力，此时乙对于抢劫行为不具备辨认和控制能力，不能以抢劫罪追究其刑事责任，所以 B 错误。C 中丙将毒药放入丁的茶杯，实施故意杀人行为时精神是正常的，而且故意杀人行为已经实施完毕，丙具有辨认、控制能力，因此应当承担故意杀人罪既遂的刑事责任，C 正确，当选。《刑法》第 18 条第 4 款规定："醉酒的人犯罪，应当负刑事责任。"因此 D 中戊为了壮胆，故意在喝醉后实施杀人行为，应当负故意杀人的刑事责任。故 D 错误。

**3. B**。如果认为甲只有一个故意，就是甲在主观上认识到开枪行为的危险性，并且希望打死警察结果的发生，那么甲主观上具有故意杀人的故意，但是仅仅造成警察受伤的后果，警察死亡的结果由于甲意志以外的原因并未发生，成立故意杀人罪未遂，A 正确。如果认为甲有两个故意，即故意杀人和故意毁坏财物，由于一枪导致警察受伤、警犬死亡，所以构成故意杀人罪未遂和故意毁坏财物罪既遂。但是即使认为甲有数个故意，甲只实施了一个行为，一行为触犯数罪名，属于想象竞合犯，应当从一重罪论处，不应数罪并罚。B 错误，当选。由于甲在主观上希望打死警察，并且着手实施了开枪行为，因此如果只打中警犬，没有导致警察死亡的结果，属于甲犯罪分子意志以外的原因而未得逞，应成立故意杀人罪未遂，C 正确。如果没有打中任何目标，由于甲实施行为时希望打死警察，因此具有故意杀人的故意，并且在开枪后行为已经实施完毕，没有出现希望的后果，甲仍应承担故意杀人未遂的刑事责任。因此 D 正确。

**4. B**。避险意图是紧急避险成立的主观要件，即行为人实行紧急避险必须是为了保护合法利益。甲从乙的鱼塘抽水救火，主观上是为了救火，属于"为了使他人的人身、财产和其他权利免受正在发生的危险"，有报复动机并不影响避险意图的成立，A 错误。紧急避险是通过损害一个合法权益而保全另一合法权益，所以对于紧急避险的可行性必须严格限制。只有在不得已即没有其他方法可以避免危险时，才允许实行紧急避险。甲的仓库边虽然有其他的鱼塘，但在当时的情况下，火势紧急，无论从哪一家鱼塘抽水，都会造成损失，因此从乙的鱼塘抽水是不得已的避险行为。所以 B 正确。紧急避险的限度条件是要求避险行为不能超过其必要限度，造成不应有的损害。对于财产权益而言，不允许为了保护较小的财产权益而牺牲另一个较大的财产权益，乙鱼塘鱼苗的价值和甲仓库商品的价值相当，不应认为超过必要限度，C 错误。甲选择用乙鱼塘的水灭火是在不得已情形下实施的，所以甲的行为构成紧急避险，对于 2 万元鱼苗的死亡，甲不成立故意毁坏财物罪。故 D 错误。

【陷阱提示】紧急避险的本质是避免现实危险、保护较大合法权益。紧急避险的客观特征是，在法律所保护的权益遇到危险而不可能采取其他措施予以避免时，不得已损害另一较小合法权益来保护较大的合法权益。紧急避险的主观特征是，认识到合法权益受到危险的威胁，出于保护国家、公共利益、本人或者他人的人身、财产和其他合法权利免受正在发生的危险的目的而实施避险行为。避险意图只是要求行为人主观上出于保护合法利益免受危险的目的，对于行为人的动机则并无要求。"不得已"是指只有当紧急避险成为唯一可以免遭危险的方法时，才允许实行。但这并不要求避险人选择最为经济的避险方式。对此应有准确认识。

**5. D**。行为人以贩卖为目的，在网上订购毒品，表明其存在贩卖毒品的故意，也已在此主观心态支配下着手犯罪的实行行为，并且在网上支付完毕，已经完成了购买毒品的全部过程，应认定为犯罪既遂，因此 A 错误。国家工作人员非法收受的是请托人给予的现金支票，可以随时支取，属于收受贿赂的行为，构成犯罪既遂，因此 B 错误。行贿罪的既遂与未遂的标志就是交付是否完成，交付完成即为犯罪既遂。因此 C 已经构成行贿罪的既遂，即使第二天钱款被退回，也不能影响犯罪既遂的成立。D 中行为人虽然实施了诈骗行为，受骗人基于这一信任主动交付财物而造成财产损失，但是由于受害人误操作并未汇入行为人的账户，行为人并未实际控制钱款，因此构成犯罪未遂。

**6. A**。犯罪中止是指犯罪分子在实施犯罪过程中，自动放弃犯罪或者自动有效地防止犯罪结果的发生。甲故意放毒蛇咬乙，但是后来打消了杀死乙的念头，并且采取了积极有效的救助措施，即将乙送往医院，这一积极行为足以阻止乙死亡结果的发生。如果没有乙的跳车行为，则乙就不会死亡。乙死亡的结果和甲的行为之间不存在因果关系，不应归责于甲，因此甲的行为成立犯罪中止，A 正确，BC 错误；不作为犯罪要求行为人负有实施某种积极行为的特定的法律义务，即义务来源。一般情形下，犯罪行为不应作为义务来源，除非犯罪行为导致另一合法权益处于危险状态。本题中甲已经实施了积极有效的救助行为，构成犯罪中止，因此不应以不作为的故意杀人罪论处，D 错误。

**7. D**。如果不考虑责任年龄、责任能力，甲与乙对非法侵入计算机信息系统形成了共同故意的意思联络，并且实施了犯罪行为，因此构成共同犯罪，A 正确；从犯在共同犯罪中起次要、辅助作用，乙为甲侵入计算机信息系统编写侵入程序，为犯罪的实施提供有利条件，乙是从犯，B 正确；达到刑事责任年龄、具有刑事责任能力的人支配未达刑事责任年龄和没有刑事责任能力的人实施犯罪行为的，利用者被称为间接正犯，因此，乙不成立间接正犯，C正确；片面共犯是指参与同一犯罪的人中，一方认识到自己是在和他人共同犯罪，而另一方没有认识到有他人和自己共同犯罪。由于甲和乙对于非法侵入计算机系统的行为都是明知的，所以不构成片面共犯。D错误，当选。

**8. C**。结果加重犯是指法律规定的一个犯罪行为，即基本犯罪，由于发生了严重结果而加重其法定刑的情况。根据中国的刑事立法与司法实践，结果加重犯的罪名与基本犯罪的罪名是一致的，即结果加重犯不成立独立的罪名。故意伤害致人死亡就属于典型的结果加重犯，仍构成故意伤害罪，而不构成故意杀人罪。因此A错误；强奸罪侵犯的客体是妇女的性自主权，强制猥亵妇女罪侵犯的客体是妇女的性自主权和人格尊严。强奸行为致妇女重伤的，属于结果加重犯，加重处罚，但是强制猥亵妇女罪并未将此规定为加重处罚的情形，因此不成立结果加重犯，所以B错误；甲为了让乙还债而将乙拘禁的行为构成非法拘禁罪，拘禁致人死亡要求被拘禁人的死亡结果与拘禁行为存在因果关系，但是乙跳楼死亡是因为无力还债，并非拘禁行为导致的，因此不能将死亡结果归因于非法拘禁行为，因此不构成非法拘禁罪的结果加重犯，C正确；D中丙的死亡行为与甲抢劫行为无关。甲实施的是两个行为，对乙实施了抢劫，对丙实施了故意杀人行为，应分别评价，予以数罪并罚。因此，甲不成立抢劫致人死亡的结果加重犯，D错误。

**9. C**。根据2008年《全国部分法院审理毒品犯罪案件工作座谈会纪要》的规定，盗窃、抢夺、抢劫毒品的，应当分别以盗窃罪、抢夺罪或者抢劫罪定罪，但不计犯罪数额，根据情节轻重予以定罪量刑。盗窃、抢夺、抢劫毒品后又实施其他毒品犯罪的，对盗窃罪、抢夺罪、抢劫罪和所犯的具体毒品犯罪分别定罪，依法数罪并罚。因此，对甲应以盗窃罪和贩卖毒品罪实行并罚。故AB正确。贩卖毒品罪一罪即足以评价乙销售冰毒的行为，若另行认定为非法持有毒品罪、转移毒品罪属于重复评价。掩饰、隐瞒自己犯罪所得的行为属于事后不可罚的行为，不应另行认定为掩饰、隐瞒犯罪所得罪。C错误，D正确。

**10. D**。《刑法》第74条规定了不适用缓刑的情形，即对于累犯和犯罪集团的首要分子，不适用缓刑。但是对于犯罪集团的积极参加者并未限制，因此A错误。《刑法》第81条第2款规定："对累犯以及因故意杀人、强奸、抢劫、绑架、放火、爆炸、投放危险物质或者有组织的暴力性犯罪被判处十年以上有期徒刑、无期徒刑的犯罪分子，不得假释。"因此B错误。《刑法》第50条第2款规定："对被判处死刑缓期执行的累犯以及因故意杀人、强奸、抢劫、绑架、放火、爆炸、投放危险物质或者有组织的暴力性犯罪被判处死刑缓期执行的犯罪分子，人民法院根据犯罪情节等情况可以同时决定对其限制减刑。"刑法并未规定对被判处无期徒刑的累犯限制减刑，因此C错误。《刑法》第66条规定了特别累犯，即危害国家安全犯罪、恐怖活动犯罪、黑社会性质的组织犯罪的犯罪分子，在刑罚执行完毕或者赦免以后，在任何时候再犯上述任一类罪的，都以累犯论处。因此D正确，当选。

**11. C**。一般自首的成立需要具备两个条件：自动投案和如实供述。所谓自动投案是指犯罪以后归案之前，出于本人的意愿而主动向司法机关或者个人承认自己的犯罪事实并自愿置于司法机关或个人的控制之下，并进一步交代自己犯罪事实的行为。A中甲虽然向单位领导如实承认了犯罪事实，但是不愿意让领导将自己移送司法机关，即不愿接受司法机关或个人的控制并进一步交代自己的犯罪事实，因此不属于自动投案，不成立自首，所以A错误。如实供述自己的罪行，要求行为人供述主要犯罪事实，即能够证明行为人的行为构成犯罪的基本事实，而B乙并未承认其贪污的客观犯罪事实，只是承认自己将公款分给职工，并未据为己有，进而否认贪污罪的成立，因此乙的行为不成立自首，B错误。C中丙主动投案，并且如实供述了自己在共同犯罪中参与盗窃的具体情况，符合自首的条件，自动投案的动机并不影响自首的成立，C正确。D中丁虽然主动报警投案，但是在公安机关到达之前，其已经逃离现场，并未在司法机关的控制之下进一步交代犯罪事实，因此，丁的行为不构成自首，D错误。

**12. D**。《刑法》第86条第1款规定，被假释的犯罪分子，在假释考验期限内犯新罪，应当撤销假释，依照《刑法》第71条的规定（即先减后并）实行数罪并罚，所以A正确。《刑法》第86条第3款规定，被假释的犯罪分子，在假释考验期限内，有违反法律、行政法规或者国务院有关部门关于假释的监督管理规定的行为，尚未构成新的犯罪的，应当依照法定程序撤销假释，收监执行未执行完毕的刑罚。因此B正确。《刑法》第86条第2款规定，在假释考验期限内，发现被假释的犯罪分子在判决宣告以前还有其他罪没有判决的，应当撤销假释，依照《刑法》第70条的规定（即先并后减）实行数罪并罚。所以C正确。《刑法》第85条规定，对假释的犯罪分子，在假释考验期限内，如果没有发现新罪、漏罪，也没有违反法律法规或者国务院有关部门关于假释的监督管理规定的行为，假释考验期满，就认为原判刑罚已经执行完毕。因此，在假释考验期满后发现漏罪的，不能撤销假释，而应对漏罪直接作出判决。所以D错误。

**13. D**。危险驾驶罪是指在道路上醉酒驾驶机动车，或者在道路上驾驶机动车追逐竞驶，情节恶劣的等行为。《刑法》第133条之一第3款规定，构成危险驾驶罪的同时构成其他犯罪的，依照处罚较重的规定定罪处罚。交通肇事罪，是指违反道路交通管理法规，发生重大交通事故，致人重伤、死亡或者使公私财产遭受重大损失，依法被追究刑事责任的犯罪行为。A 中，醉酒驾驶机动车，误将红灯看成绿灯，撞死 2 名行人的行为同时构成交通肇事罪和危险驾驶罪，应以交通肇事罪定罪处罚。A 不当选。B 中，吸毒后驾驶机动车属于“毒驾”，根据目前法律规定不构成危险驾驶罪。B 不当选。驾驶汽车前吃了大量荔枝，主观上没有危险驾驶的故意，尽管被交警以呼气式酒精检测仪测试到酒精含量达到醉酒程度，但根据主客观相一致的刑法原则，也不应认定为危险驾驶罪。C 不当选。《最高人民法院、最高人民检察院、公安部、司法部关于办理醉酒危险驾驶刑事案件的意见》第 5 条第 2 款规定：“对机关、企事业单位、厂矿、校园、居民小区等单位管辖范围内的路段是否认定为‘道路’，应当以其是否具有‘公共性’，是否‘允许社会机动车通行’作为判断标准。只允许单位内部机动车、特定来访机动车通行的，可以不认定为‘道路’。”据此，对于机关、企事业单位、厂矿、校园、住宅小区等单位管辖范围内的路段、停车场，若相关单位允许社会机动车通行的，亦属于“道路”范围，在这些地方醉酒驾驶机动车的，构成危险驾驶罪。因此 D 当选。需要注意的是，《刑法修正案（九）》对《刑法》第 133 条之一进行了修改。修改后的条文为：“在道路上驾驶机动车，有下列情形之一的，处拘役，并处罚金：（一）追逐竞驶，情节恶劣的；（二）醉酒驾驶机动车的；（三）从事校车业务或者旅客运输，严重超过额定乘员载客，或者严重超过规定时速行驶的；（四）违反危险化学品安全管理规定运输危险化学品，危及公共安全的。机动车所有人、管理人对前款第三项、第四项行为负有直接责任的，依照前款的规定处罚。有前两款行为，同时构成其他犯罪的，依照处罚较重的规定定罪处罚。”根据此规定，危险驾驶罪的范围较之前有一定程度的扩大，且机动车所有人和管理人也可能构成此罪。

**14. D**。危险犯通常被分为具体危险犯与抽象危险犯。所谓具体危险犯，是指以行为当时的具体情况为根据，认定行为具有发生侵害结果的危险。只要实施了某个犯罪行为，虽然不能直接侵害客体对象，但是对刑法所保护的客体造成具体的危害即构成犯罪。抽象危险犯，是指以一般的社会生活经验为根据，认定行为通常具有发生侵害结果的危险，虽然对刑法所保护的客体没有产生具体的危害，但是使得客体处于危险的状态之下即构成犯罪。根据《刑法》第 338 条，污染环境罪是指违反国家规定，排放、倾倒或者处置有放射性的废物、含传染病原体的废物、有毒物质或者其他有害物质，严重污染环境的行为。因此，污染环境罪要求行为具有严重污染环境的危险性才构成犯罪，因此不属于抽象危险犯，A 错误。根据《刑法》第 114 条，投放危险物质罪的成立并不需要出现不特定多数人的中毒或重大公私财产遭受毁损的实际结果，但是需要行为人的行为足以危害公共安全，即有危害公共安全的危险存在。因此，投放危险物质罪属于具体危险犯，B 错误。根据《刑法》第 118 条，破坏电力设备罪要求破坏电力设备的行为具有现实的危险性，危及公共安全才构成犯罪，因此属于具体危险犯，不属于抽象危险犯，C 错误。生产、销售假药罪是指行为人只要实施主观故意生产、销售假药的行为，即构成本罪。因此，不管具体危险是否发生，行为一经实施本罪即宣告成立，属于抽象危险犯。D 正确。

**15. D**。《刑法》第 172 条规定，使用假币罪是指行为人明知是伪造的货币而将其作为真货币置于流通的行为。使用假币既可以是以外表合法的方式使用，如 A 中的将假币缴纳罚款、B 的将假币兑换外币以及 C 中的将假币塞进红包送给朋友，也可以是以非法的方式使用，如将假币用于赌博、购买毒品等。D 中行为人仅仅是自己持有，用于炫耀自己的经济实力，但未将假币置于流通，并未危害货币的流通秩序，因此 D 的行为不属于使用假币的行为，不构成使用假币罪，当选。

**16. D**。甲基于伤害故意砍乙两刀，基于杀人故意又砍乙两刀，但实际上仅砍中一刀，应区分以下情况进行分析：如果这一刀是基于伤害故意砍中的，则根据主客观相一致原则，此时应认定为故意伤害（致死）罪，后两刀基于杀人故意没有砍中，应认定为故意杀人罪未遂；如果这一刀是基于杀人故意砍中的，则根据主客观相一致原则，此时应认定为故意杀人罪既遂，前两刀基于伤害故意没有砍中，应认定为故意伤害罪未遂。由于在案证据无法查明这一刀属于哪种情况，因此应作有利于被告人的推定，即认定故意伤害（致死）罪和故意杀人罪未遂。从甲的整体行为来看，其砍乙四刀的行为是连续的，虽有主观故意内容的变化，但应评价为一个刑法上的行为，因此构成故意伤害（致死）罪与故意杀人罪未遂的想象竞合犯，应从一重罪即故意伤害（致死）罪论处。D 正确，ABC 均错误。

**17. C**。事后抢劫是指犯盗窃、诈骗、抢夺罪，为窝藏赃物、抗拒抓捕或者毁灭罪证而当场使用暴力或者以暴力相威胁的行为。事后抢劫中的“暴力或者以暴力相威胁”等同于普通抢劫中的“暴力”“胁迫”手段。因此暴力、威胁的对象只能是人，而不能是财物。本题中李某在实施抢夺行为后，将追赶自己的宠物狗踢死，行为对象是狗，属于财物而不是人，因此不属于事后抢劫中的暴力行为，也不构成对王某的暴力威胁。故李某的行为只构成抢夺罪，不能转化为抢劫罪。因此，ABD 错误；事后抢劫的客观条件要求行为人犯盗窃、诈骗、抢夺罪之后，当场使用暴力或者以暴力相威胁。其中“当场”不限于实施盗窃、诈骗、抢夺罪的现场，还包括刚一逃离现场即被人发现和追捕的整个过程与现场。李某抢夺手包后，王某立即发现，并一直追李某，李某使用暴力的行为虽然距离王某50米，但仍然处于追捕的过程，因此符合事后抢劫当场性的要件，所以C正确。

**18. A**。盗窃罪只能是盗窃他人占有的财物，对自己占有的财物不可能成立盗窃罪，所以判断财物由谁占有、是否脱离占有是区分侵占罪与盗窃罪的关键。当他人并没有丧失对财物的占有，而行为人违反他人意志将该财物转移为自己或者第三者占有时就成立刑法上的盗窃罪。本案中，甲主动帮乙照看房屋，但房屋依然属于乙的支配领域，故应认为石狮仍属于乙占有。甲帮乙照看房屋，并不意味着甲已经占有了乙家的财物，甲只是乙家财物的占有辅助者。因此甲售卖石狮并将钱款据为己有的行为构成盗窃罪而非侵占罪。A错误，D正确；无权处分行为也可能构成财产犯罪，不能因为某种行为属于民法上的无权处分，就否认其成立财产犯罪。无权处分行为可能涉及两个被害人：一是财产的所有人，二是受让人。如果认为无权处分是完全有效的，就意味着受让人没有遭受财产损失，无权处分行为仅可能对财产的所有权人成立犯罪，而不可能对受让人成立财产犯罪，甲仅构成盗窃罪；如果认为无权处分是无效的，则财产的所有权人与受让人都可能遭受财产损失，无权处分行为同时对财产的所有权人与受让人成立犯罪，甲同时构成盗窃罪和诈骗罪。BC正确。

**19. D**。抢夺罪表现为乘人不备，公然夺取数额较大的公私财物或者多次抢夺的行为。公然夺取是抢夺罪区别于盗窃罪（秘密窃取）的一个重要标志。此外，抢夺罪还是一种强力夺取的行为。本案中，甲并没有当面强力夺取财物的行为，因此不构成抢夺罪，A错误。刘某是蔬菜的所有人并占有蔬菜，虽然刘某没有一直看守蔬菜，但是其将蔬菜放入袋中，并标明“每袋20元，请将钱放在铁盒内”的行为证明其是蔬菜的所有人。甲拿走蔬菜的行为对于刘某而言属于秘密窃取的行为，甲假装放钱的行为是对自己窃取行为的掩饰，而刘某也并未因此受骗而自愿交付财物，所以甲的行为构成盗窃罪，不构成诈骗罪。因此BC错误，D正确，当选。

**20. D**。毁灭证据并不限于从物理上使证据消失，而是包括妨碍证据出现，使证据价值减少、消失的一切行为。乙将甲杀人的凶器藏匿于自家的地窖中，属于毁灭证据，构成帮助毁灭证据罪，A错误。窝藏罪是指明知是犯罪的人而为其提供隐藏处所、财物，帮助其隐藏或者逃跑，逃避法律追究的行为。甲生活无着落准备投案自首，乙向甲汇款2万元使其在外继续生活，逃避法律制裁，构成窝藏罪，BC错误。帮助毁灭、伪造证据罪是指帮助诉讼活动的当事人毁灭、伪造证据，情节严重的行为。毁灭、伪造自己是当事人的案件的证据的，不成立犯罪。因此，如果当事人教唆第三者为自己毁灭、伪造证据，第三者接受教唆实施了毁灭、伪造证据行为的，则第三者成立帮助毁灭、伪造证据罪，而当事人不成立犯罪。因此甲虽然唆使乙毁灭证据，但不能认定为帮助、毁灭证据罪的教唆犯，D正确。

**21. C**。公正在刑事诉讼价值中居于核心的地位。刑事诉讼公正价值包括实体公正和程序公正两方面。程序公正是指程序本身符合特定的公正标准，如强制措施的适用应当适度等。故AD两项正确。刑事诉讼秩序价值包括两方面含义：其一是通过惩治犯罪，维护社会秩序，即恢复被犯罪破坏的社会秩序及预防社会秩序被犯罪所破坏；其二是追究犯罪的活动是有序的。国家刑事司法权的行使，必须受到刑事程序的规范。故B正确。刑事诉讼秩序、公正、效益价值是通过刑事诉讼法的制定和实施来实现的。一方面，刑事诉讼法保证刑法的正确实施，实现秩序、公正、效益价值，这是刑事诉讼法的工具价值；另一方面，刑事诉讼法的制定和适用本身也在实现着秩序、公正、效益价值，这是刑事诉讼法的独立价值。故C错误，当选。

**22. D**。只有自然人才能做证人和鉴定人，故A的前半句话正确，后半句话错误。《刑事诉讼法》第62条规定，凡是知道案件情况的人，都有作证的义务。生理上、精神上有缺陷或者年幼，不能辨别是非、不能正确表达的人，不能作证人。故B的前半句话正确。鉴定人要具备专门知识而且需要有鉴定人的资质，所以，生理上、精神上有缺陷的人若具有专门知识和鉴定人资格，也可以出具鉴定意见。故B后半句话错误。《刑事诉讼法》第192条规定，公诉人、当事人或者辩护人、诉讼代理人对证人证言有异议，且该证人证言对案件定罪量刑有重大影响，人民法院认为证人有必要出庭作证的，证人应当出庭作证。公诉人、当事人或者辩护人、诉讼代理人对鉴定意见有异议，人民法院认为鉴定人有必要出庭的，鉴定人应当出庭作证。故C错误。《刑诉解释》第91条第3款规定：“经人民法院通知，证人没有正当理由拒绝出庭或者出庭后拒绝作证，法庭对其证言的真实性无法确认的，该证人证言不得作为定案的根据。”《刑事诉讼法》第192条规定，经人民法院通知，鉴定人拒不出庭作证的，鉴定意见不得作为定案的根据。故D正确，当选。

**23. C**。根据证据材料的来源的不同，可以分为原始证据和传来证据。凡是来自原始出处，即直接来源于案件事实的证据材料，称为原始证据，也称第一手材料；凡是不是直接来源于案件事实，而是从间接的非第一来源获得的证据材料，称为传来证据，即通常所称的第二手材料。ACD三项均属于原始证据，B

属于传来证据。根据证据与案件主要事实的证明关系的不同，可以将证据划分为直接证据与间接证据。刑事案件的主要事实就是犯罪嫌疑人、被告人是否实施了犯罪行为。证明关系的不同，是指某一证据是不是可以单独地、直接地证明案件的主要事实。凡是可以单独直接证明案件主要事实的证据，属于直接证据。它的含义是指某一项证据的内容，不必经过推理过程就可以直观地说明指控的犯罪行为是否发生，这种犯罪行为是否为正在被追诉的人所实施的。凡是必须与其他证据相结合才能证明案件主要事实的证据，属于间接证据。ABD 三项均属于间接证据，C 则能直接否定犯罪的发生，属于直接证据。故本题的正确答案为 C。

**24. B**。传闻证据规则，即如无法定理由，任何人在庭审期间以外及庭审准备期间以外的陈述，不得作为认定被告人有罪的证据。本题的 B 即属于庭审期间以外证人所做的证言，系传闻证据，当选。ACD 三项均是在法庭上所做的陈述，不属于传闻证据。

**25. C**。本题中提到的报复陷害罪，根据 2018 年《监察法》，该案由监察机关立案调查，无侦查机关。而且根据《刑事诉讼法》第 67 条规定，本题中的取保候审应由公安机关执行，故 A 错误。《关于取保候审若干问题的规定》第 4 条第 2 款规定，对同一犯罪嫌疑人、被告人决定取保候审的，不得同时使用保证人保证和保证金保证。对未成年人取保候审的，应当优先适用保证人保证。故 B 错误。《刑事诉讼法》第 71 条第 1 款规定，被取保候审的犯罪嫌疑人、被告人应当遵守以下规定：……（2）住址、工作单位和联系方式发生变动的，在 24 小时以内向执行机关报告……故 D 错误。《刑事诉讼法》第 71 条第 2 款规定，人民法院、人民检察院和公安机关可以根据案件情况，责令被取保候审的犯罪嫌疑人、被告人遵守以下一项或者多项规定：（1）不得进入特定的场所……故 C 正确。

**26. D**。《公安规定》第 124 条规定，公安机关对于现行犯或者重大嫌疑分子，有下列情形之一的，可以先行拘留：（1）正在预备犯罪、实行犯罪或者在犯罪后即时被发觉的；（2）被害人或者在场亲眼看见的人指认他犯罪的；（3）在身边或者住处发现有犯罪证据的；（4）犯罪后企图自杀、逃跑或者在逃的；（5）有毁灭、伪造证据或者串供可能的；（6）不讲真实姓名、住址，身份不明的；（7）有流窜作案、多次作案、结伙作案重大嫌疑的。《公安规定》第 125 条规定，拘留犯罪嫌疑人，应当填写呈请拘留报告书，经县级以上公安机关负责人批准，制作拘留证。执行拘留时，必须出示拘留证，并责令被拘留人在拘留证上签名、捺指印，拒绝签名、捺指印的，侦查人员应当注明。紧急情况下，对于符合本规定第 124 条所列情形之一的，经出示人民警察证，可以将犯罪嫌疑人口头传唤至公安机关后立即审查，办理法律手续。故 A 的错误在于，紧急情况下，对于符合先行拘留情形的，可以不用出示拘留证即可拘留。《刑事诉讼法》第 85 条第 2 款规定，拘留后，应当立即将被拘留人送看守所羁押，至迟不得超过 24 小时。故 B 错误。《刑事诉讼法》第 118 条第 2 款规定，犯罪嫌疑人被送交看守所羁押以后，侦查人员对其进行讯问，应当在看守所内进行。该条只是要求侦查人员讯问应当在看守所内进行，故 C 的表述过于绝对。《刑事诉讼法》第 138 条规定，进行搜查，必须向被搜查人出示搜查证。在执行逮捕、拘留的时候，遇有紧急情况，不另用搜查证也可以进行搜查。《公安规定》第 224 条规定，执行拘留、逮捕的时候，遇有下列紧急情况之一的，不用搜查证也可以进行搜查：（1）可能随身携带凶器的；（2）可能隐藏爆炸、剧毒等危险物品的；（3）可能隐匿、毁弃、转移犯罪证据的；（4）可能隐匿其他犯罪嫌疑人的；（5）其他突然发生的紧急情况。章某携带管制刀具，即属于紧急情况，故 D 正确。

**27. D**。《高检规则》第 574 条第 2 款规定，犯罪嫌疑人、被告人及其法定代理人、近亲属或者辩护人可以申请人民检察院进行羁押必要性审查。申请时应当说明不需要继续羁押的理由，有相关证据或者其他材料的应当提供。由此可见，辩护人有权提出羁押必要性审查的申请。但是，《刑事诉讼法》第 95 条规定，检察院只需对逮捕后的羁押必要性进行审查，无需对拘留后的羁押必要性进行审查。故 A 错误。辩护人既可以向本案的侦查机关（即公安机关）申请变更强制措施，也可以向检察院申请羁押必要性审查。向侦查机关申请变更强制措施不是向检察院申请羁押必要性审查的必经程序。故 B 错误。《高检规则》第 575 条规定，负责捕诉的部门依法对侦查和审判阶段的羁押必要性进行审查。经审查认为不需要继续羁押的，应当建议公安机关或者人民法院释放犯罪嫌疑人、被告人或者变更强制措施。审查起诉阶段，负责捕诉的部门经审查认为不需要继续羁押的，应当直接释放犯罪嫌疑人或者变更强制措施。负责刑事执行检察的部门收到有关材料或者发现不需要继续羁押的，应当及时将有关材料和意见移送负责捕诉的部门。本题中，12 月 3 日本案处于侦查阶段，在实践中应由检察院的侦查监督部门负责羁押必要性审查。12 月 10 日提出申请，该案处于审查起诉阶段，在实践中由检察院公诉部门负责羁押必要性审查。故 C 错误，D 正确。

**28. B**。《刑诉解释》第 176 条规定："被告人非法占有、处置被害人财产的，应当依法予以追缴或者责令退赔。被害人提起附带民事诉讼的，人民法院不予受理。追缴、退赔的情况，可以作为量刑情节考虑。"故 A 错误。《刑诉解释》第 175 条第 1 款规定：

"被害人因人身权利受到犯罪侵犯或者财物被犯罪分子毁坏而遭受物质损失的，有权在刑事诉讼过程中提起附带民事诉讼；被害人死亡或者丧失行为能力的，其法定代理人、近亲属有权提起附带民事诉讼。"故B正确。D中的非法搜查罪侵犯的犯罪客体是他人的隐私权，所造成的物质损失，不属于附带民事诉讼赔偿的范围。故D错误。《刑诉解释》第177条规定："国家机关工作人员在行使职权时，侵犯他人人身、财产权利构成犯罪，被害人或者其法定代理人、近亲属提起附带民事诉讼的，人民法院不予受理，但应当告知其可以依法申请国家赔偿。"本题中C即属于国家机关工作人员行使职权时实施的犯罪，故C错误。

**29. D**。《刑事诉讼法》第112条规定，人民法院、人民检察院或者公安机关对于报案、控告、举报和自首的材料，应当按照管辖范围，迅速进行审查，认为有犯罪事实需要追究刑事责任的时候，应当立案；认为没有犯罪事实，或者犯罪事实显著轻微，不需要追究刑事责任的时候，不予立案，并且将不立案的原因通知控告人。控告人如果不服，可以申请复议。《刑事诉讼法》第113条规定，人民检察院认为公安机关对应当立案侦查的案件而不立案侦查的，或者被害人认为公安机关对应当立案侦查的案件而不立案侦查，向人民检察院提出的，人民检察院应当要求公安机关说明不立案的理由。人民检察院认为公安机关不立案理由不能成立的，应当通知公安机关立案，公安机关接到通知后应当立案。由此可见，申请复议不是请求检察院进行立案监督的必经程序，故A错误。B的错误在于，检察院应当先要求公安机关说明不立案的理由。《高检规则》第564条第2款规定，公安机关在收到通知立案书或者通知撤销案件书后超过15日不予立案或者未要求复议、提请复核也不撤销案件的，人民检察院应当发出纠正违法通知书。公安机关仍不纠正的，报上一级人民检察院协商同级公安机关处理。故C错误。《刑事诉讼法》第210条规定，自诉案件包括下列案件：（1）告诉才处理的案件；（2）被害人有证据证明的轻微刑事案件；（3）被害人有证据证明对被告人侵犯自己人身、财产权利的行为应当依法追究刑事责任，而公安机关或者人民检察院不予追究被告人刑事责任的案件。故D正确。

**30. D**。《刑事诉讼法》第177条规定，犯罪嫌疑人没有犯罪事实，或者有本法第16条规定的情形之一的，人民检察院应当作出不起诉决定。对于犯罪情节轻微，依照刑法规定不需要判处刑罚或者免除刑罚的，人民检察院可以作出不起诉决定。本题中，对甲应当作出法定不起诉，对乙、丙可作出酌定不起诉。故ABC三项错误。《刑事诉讼法》第175条第4款规定，对于二次补充侦查的案件，人民检察院仍然认为证据不足，不符合起诉条件的，应当作出不起诉的决定。故D正确。

**31. D**。《人民陪审员法》第10条规定，人民陪审员人选，由基层人民法院院长提请同级人民代表大会常务委员会任命。故A错误。《刑诉解释》第212条规定："合议庭由审判员担任审判长。院长或者庭长参加审理案件时，由其本人担任审判长。审判员依法独任审判时，行使与审判长相同的职权。"人民陪审员与法官享有同等权利，但是人民陪审员不能担任审判长，故B错误。第二审的合议庭只能由审判员组成，故C错误。《人民陪审员法》第23条规定，合议庭评议案件，实行少数服从多数的原则。人民陪审员同合议庭其他组成人员意见分歧的，应当将其意见写入笔录。合议庭组成人员意见有重大分歧的，人民陪审员或者法官可以要求合议庭将案件提请院长决定是否提交审判委员会讨论决定。故D正确。

**32. C**。《刑诉解释》第329条规定："判决宣告前，自诉案件的当事人可以自行和解，自诉人可以撤回自诉。人民法院经审查，认为和解、撤回自诉确属自愿的，应当裁定准许；认为系被强迫、威吓等，并非自愿的，不予准许。"故A错误。《刑诉解释》第295条规定："对第一审公诉案件，人民法院审理后，应当按照下列情形分别作出判决、裁定：……（二）起诉指控的事实清楚，证据确实、充分，但指控的罪名不当的，应当依据法律和审理认定的事实作出有罪判决……"故B错误。《刑诉解释》第297条规定："审判期间，人民法院发现新的事实，可能影响定罪量刑的，或者需要补查补证的，应当通知人民检察院，由其决定是否补充、变更、追加起诉或者补充侦查。人民检察院不同意或者在指定时间内未回复书面意见的，人民法院应当就起诉指控的事实，依照本解释第二百九十五条的规定作出判决、裁定。"故C正确。《刑诉解释》第219条规定："人民法院对提起公诉的案件审查后，应当按照下列情形分别处理：……（五）依照刑事诉讼法第二百条第三项规定宣告被告人无罪后，人民检察院根据新的事实、证据重新起诉的，应当依法受理……"故D错误。

**33. C**。《刑诉解释》第338条规定："被告单位的诉讼代表人享有刑事诉讼法规定的有关被告人的诉讼权利。开庭时，诉讼代表人席位置于审判台前左侧，与辩护人席并列。"《刑诉解释》第230条第3款规定："庭前会议准备就非法证据排除了解情况、听取意见，或者准备询问控辩双方对证据材料的意见的，应当通知被告人到场。有多名被告人的案件，可以根据情况确定参加庭前会议的被告人。"本题中不存在法条所述情形，故不是应当通知被告人到场，A错误。《刑诉解释》第337条第2款规定："被告单位的诉讼代表人不出庭的，应当按照下列情形分别处理：（一）诉讼代表人系被告单位的法定代表人、实际控制人或者主要负责人，无正当理由拒不出庭的，可以拘传其到庭；因客观原因无法出庭，或者下落不明的，应当要求人民检察院另行确定诉讼代表人；（二）诉讼代表人系其他人员的，应当要求人民检察院另行确定诉讼代表人。”故 B 错误。《刑诉解释》第 311 条第 2 款规定：“被告人当庭拒绝辩护人辩护，要求另行委托辩护人或者指派律师的，合议庭应当准许。被告人拒绝辩护人辩护后，没有辩护人的，应当宣布休庭；仍有辩护人的，庭审可以继续进行。”故 C 正确。《刑事诉讼法》第 198 条第 3 款规定，审判长在宣布辩论终结后，被告人有最后陈述的权利。据此，被告单位的诉讼代表人享有被告人的最后陈述权。故 D 错误。

**34. C**。《刑事诉讼法》第 105 条规定，期间以时、日、月计算。期间开始的时和日不算在期间以内。法定期间不包括路途上的时间。上诉状或者其他文件在期满前已经交邮的，不算过期。期间的最后一日为节假日的，以节假日后的第一日为期满日期，但犯罪嫌疑人、被告人或者罪犯在押期间，应当至期满之日为止，不得因节假日而延长。本题中，6 月 9 日送达判决书，10 日开始计算上诉、抗诉期限，19 日为上诉、抗诉的最后一日。13 日和 17 日是在上诉、抗诉期满之前撤回上诉、抗诉，《刑诉解释》第 386 条规定：“在上诉、抗诉期满前撤回上诉、抗诉的，第一审判决、裁定在上诉、抗诉期满之日起生效。在上诉、抗诉期满后要求撤回上诉、抗诉，第二审人民法院裁定准许的，第一审判决、裁定应当自第二审裁定书送达上诉人或者抗诉机关之日起生效。”本题的正确答案为 C。

**35. D**。《刑诉解释》第 453 条规定：“申诉由终审人民法院审查处理。但是，第二审人民法院裁定准许撤回上诉的案件，申诉人对第一审判决提出申诉的，可以由第一审人民法院审查处理。上一级人民法院对未经终审人民法院审查处理的申诉，可以告知申诉人向终审人民法院提出申诉，或者直接交终审人民法院审查处理，并告知申诉人；案件疑难、复杂、重大的，也可以直接审查处理。对未经终审人民法院及其上一级人民法院审查处理，直接向上级人民法院申诉的，上级人民法院应当告知申诉人向下级人民法院提出。”故 AB 错误。《刑诉解释》第 459 条规定：“申诉人对驳回申诉不服的，可以向上一级人民法院申诉。上一级人民法院经审查认为申诉不符合刑事诉讼法第二百五十三条和本解释第四百五十七条第二款规定的，应当说服申诉人撤回申诉；对仍然坚持申诉的，应当驳回或者通知不予重新审判。”故 C 错误。《刑诉解释》第 455 条规定：“对死刑案件的申诉，可以由原核准的人民法院直接审查处理，也可以交由原审人民法院审查。原审人民法院应当制作审查报告，提出处理意见，层报原核准的人民法院审查处理。”故 D 正确。

**36. A**。《最高人民法院关于刑事裁判涉财产部分执行的若干规定》第 2 条规定，刑事裁判涉财产部分，由第一审人民法院执行。第一审人民法院可以委托财产所在地的同级人民法院执行。故 D 错误。《最高人民法院关于刑事裁判涉财产部分执行的若干规定》第 5 条规定，刑事审判或者执行中，对于侦查机关已经采取的查封、扣押、冻结，人民法院应当在期限届满前及时续行查封、扣押、冻结。人民法院续行查封、扣押、冻结的顺位与侦查机关查封、扣押、冻结的顺位相同。对侦查机关查封、扣押、冻结的财产，人民法院执行中可以直接裁定处置，无需侦查机关出具解除手续，但裁定中应当指明侦查机关查封、扣押、冻结的事实。故 A 正确，B 错误。《最高人民法院关于刑事裁判涉财产部分执行的若干规定》第 6 条规定，刑事裁判涉财产部分的裁判内容，应当明确、具体。涉案财物或者被害人人数较多，不宜在判决主文中详细列明的，可以概括叙明并另附清单。判处没收部分财产的，应当明确没收的具体财物或者金额。判处追缴或者责令退赔的，应当明确追缴或者退赔的金额或财物的名称、数量等相关情况。故 C 错误。

**37. B**。《最高人民法院关于减刑、假释案件审理程序的规定》第 1 条规定，对减刑、假释案件，应当按照下列情形分别处理：……（3）对被判处有期徒刑和被减为有期徒刑的罪犯的减刑、假释，由罪犯服刑地的中级人民法院在收到执行机关提出的减刑、假释建议书后 1 个月内作出裁定，案情复杂或者情况特殊的，可以延长 1 个月……故 A 的错误在于，对甲的减刑，应由其服刑地中级法院作出裁定，而不是高级法院作出裁定。《最高人民法院关于减刑、假释案件审理程序的规定》第 6 条规定，人民法院审理减刑、假释案件，可以采取开庭审理或者书面审理的方式。但下列减刑、假释案件，应当开庭审理：（1）因罪犯有重大立功表现报请减刑的；（2）报请减刑的起始时间、间隔时间或者减刑幅度不符合司法解释一般规定的；（3）公示期间收到不同意见的；（4）人民检察院有异议的；（5）被报请减刑、假释罪犯系职务犯罪罪犯，组织（领导、参加、包庇、纵容）黑社会性质组织犯罪罪犯，破坏金融管理秩序和金融诈骗犯罪罪犯及其他在社会上有重大影响或社会关注度高的；（6）人民法院认为其他应当开庭审理的。《最高人民法院关于减刑、假释案件审理程序的规定》第 7 条规定，人民法院开庭审理减刑、假释案件，应当通知人民检察院、执行机关及被报请减刑、假释罪犯参加庭审。人民法院根据需要，可以通知证明罪犯确有悔改表现或者立功、重大立功表现的证人，公示期间提出不同意见的人，以及鉴定人、翻译人员等其他人员参加庭审。故 B 正确。《最高人民法院关于减刑、假释案件审理程序的规定》第 15 条规定，人民法院书面审理减刑案件，可以提讯被报请减刑罪犯；书面审理假释案件，应当提讯被报请假释罪犯。C系职务犯罪，其假释应当开庭审理，不能书面审理。故C错误。《最高人民法院关于减刑、假释案件审理程序的规定》第10条规定，减刑、假释案件的开庭审理由审判长主持，应当按照以下程序进行：（1）审判长宣布开庭，核实被报请减刑、假释罪犯的基本情况；（2）审判长宣布合议庭组成人员、检察人员、执行机关代表及其他庭审参加人；（3）执行机关代表宣读减刑、假释建议书，并说明主要理由；（4）检察人员发表检察意见；（5）法庭对被报请减刑、假释罪犯确有悔改表现或立功表现、重大立功表现的事实以及其他影响减刑、假释的情况进行调查核实；（6）被报请减刑、假释罪犯作最后陈述；（7）审判长对庭审情况进行总结并宣布休庭评议。故D错误。

**38. B**。《刑事诉讼法》第303条第2款规定，公安机关发现精神病人符合强制医疗条件的，应当写出强制医疗意见书，移送人民检察院。对于公安机关移送的或者在审查起诉过程中发现的精神病人符合强制医疗条件的，人民检察院应当向人民法院提出强制医疗的申请。人民法院在审理案件过程中发现被告人符合强制医疗条件的，可以作出强制医疗的决定。由此可见，法院审理案件时可以主动启动强制医疗程序，但是，法院的审理要以检察院的起诉为前提。故A错误。《刑诉解释》第635条规定："审理强制医疗案件，应当组成合议庭，开庭审理。但是，被申请人、被告人的法定代理人请求不开庭审理，并经人民法院审查同意的除外。审理强制医疗案件，应当会见被申请人，听取被害人及其法定代理人的意见。"故B正确。《刑事诉讼法》第305条第2款规定，被决定强制医疗的人、被害人及其法定代理人、近亲属对强制医疗决定不服的，可以向上一级人民法院申请复议。本题C的错误在于，被决定强制医疗的人可通过向上一级法院申请复议，但启动的不是"二审程序"，而是"复议程序"。故C错误。《刑诉解释》第636条第1款规定："开庭审理申请强制医疗的案件，按照下列程序进行：（一）审判长宣布法庭调查开始后，先由检察员宣读申请书，后由被申请人的法定代理人、诉讼代理人发表意见；（二）法庭依次就被申请人是否实施了危害公共安全或者严重危害公民人身安全的暴力行为、是否属于依法不负刑事责任的精神病人、是否有继续危害社会的可能进行调查；调查时，先由检察员出示证据，后由被申请人的法定代理人、诉讼代理人出示证据，并进行质证；必要时，可以通知鉴定人出庭对鉴定意见作出说明；（三）法庭辩论阶段，先由检察员发言，后由被申请人的法定代理人、诉讼代理人发言，并进行辩论。"由此可见，强制医疗案件审理，也要区分法庭调查和法庭辩论阶段。故D错误。

**39. C**。《地方各级人民政府机构设置和编制管理条例》第10条规定："地方各级人民政府行政机构职责相同或者相近的，原则上由一个行政机构承担。行政机构之间对职责划分有异议的，应当主动协商解决。协商一致的，报本级人民政府机构编制管理机关备案；协商不一致的，应当提请本级人民政府机构编制管理机关提出协调意见，由机构编制管理机关报本级人民政府决定。"本案情形属于上条规定的调整对象，C即解决这类冲突的唯一合法途径。其中AB均不符合该条规定。D报甲市（设区的市）人民政府批准层级太高了。故C正确。

**40. A**。A属于履行行政职务的行为，或者表述为行使职权的行为，属于公安机关的法定职权。实践中，各地市政府、市旅游局等主管机关经常以手机短信的形式提醒广大市民、消费者或外地漫游至本市的游客注意防止诈骗、防止消费欺诈，报正规旅游团队等提示短信即属此类情形。负担性行政行为以行政强制措施、行政处罚和行政强制执行三者为典型代表。B这类提示短信肯定不是负担、损益性行政行为。CD亦为干扰项。故A正确。

**41. B**。《行政许可法》第69条第2款规定："被许可人以欺骗、贿赂等不正当手段取得行政许可的，应当予以撤销。"本题符合应予撤销的情形。故B正确。

**42. B**。《治安管理处罚法》第23条至第29条规定了扰乱公共秩序的行为和处罚。这一类违反治安管理的行为没有"哄抢"这一行为方式，哄抢属于第49条规定的侵犯财产权利的违反治安管理行为："盗窃、诈骗、哄抢、抢夺、敲诈勒索或者故意损毁公私财物的，处五日以上十日以下拘留，可以并处五百元以下罚款；情节较重的，处十日以上十五日以下拘留，可以并处一千元以下罚款。"可知A错误。《治安管理处罚法》第89条规定，公安机关办理治安案件，对与案件有关的需要作为证据的物品，可以扣押；对被侵害人或者善意第三人合法占有的财产，不得扣押，应当予以登记。对与案件无关的物品，不得扣押。对扣押的物品，应当会同在场见证人和被扣押物品持有人查点清楚，当场开列清单一式二份，由调查人员、见证人和持有人签名或者盖章，一份交给持有人，另一份附卷备查。对扣押的物品，应当妥善保管，不得挪作他用；对不宜长期保存的物品，按照有关规定处理。经查明与案件无关的，应当及时退还；经核实属于他人合法财产的，应当登记后立即退还；满6个月无人对该财产主张权利或者无法查清权利人的，应当公开拍卖或者按照国家有关规定处理，所得款项上缴国库。故B正确。《治安管理处罚法》第83条规定，对违反治安管理行为人，公安机关传唤后应当及时询问查证，询问查证的时间不得超过8小时；情况复杂，依照本法规定可能适用行政拘留处罚的，询问查证的时间不得超过24小时。公安机关应当及时将传唤的原因和处所通知被传唤人家属。可知C错误。关于田某申请复议的期限为60日，根据《行政诉讼法》第46条，直接起诉的期限才为6个月。故D错误。

**43. B**。《行政强制法》第42条规定，实施行政强制执行，行政机关可以在不损害公共利益和他人合法权益的情况下，与当事人达成执行协议。执行协议可以约定分阶段履行；当事人采取补救措施的，可以减免加处的罚款或者滞纳金。执行协议应当履行。当事人不履行执行协议的，行政机关应当恢复强制执行。B正确，其他均为干扰项。A申请法院强制执行的应当是一个行政决定，不能是一个行政强制执行过程中的和解协议。C以甲为被告提起民事诉讼，肯定错误，在行政法制度中对行政行为没有履行不可能通过民事诉讼予以解决。我国目前不存在"官告民"的行政诉讼，D以甲为被告提起行政诉讼显然错误。

**44. BCD**。从文理解释的角度看，根据法律条文的规定，只要违背妇女意志，以暴力、胁迫或者其他手段强行与其发生性关系的，就属于强奸行为。因此，如果丈夫违背妻子的意愿与其发生性关系的，可以解释为"强奸妇女"。所以A正确；抢劫罪与强奸罪侵犯的客体不同，对象也不同，因此对于暴力、胁迫的手段不能作相同的解释，所以B错误；为了自己饲养而抢劫他人宠物的行为认定为抢劫罪，侵犯的是他人的财产权，但是为了自己收养而抢劫他人婴儿的行为侵犯的是人身权，因此不是抢劫罪所能涵盖的范围。所以C错误；成立犯罪中止要求中止行为的有效性，即必须没有发生作为既遂标志的犯罪后果。因此D错误。

**45. ACD**。不作为是相对于作为而言的，指行为人负有实施某种积极行为的特定的法律义务，并且能够实行而不实行的行为。可以概括为六个字：应为、能为、不为。所谓应为主要是指不作为犯罪的义务来源，主要包括以下几个方面：（1）法律明文规定的积极作为义务；（2）职业或者业务要求的作为义务；（3）法律行为引起的积极作为义务；（4）先行行为引起的积极作为义务。需要注意的是，仅仅是道义道德上的义务不能作为不作为犯罪的义务来源。A中甲对于年幼的孩子有救助的义务，救生员乙由于其职业的要求同样具有救助的义务，能救助而故意不救，因此甲、乙均成立不作为犯罪，因此A正确；B中虽然丈夫误认为没有救助妻子的义务，但是其主观上是放任妻子死亡结果的发生的，因而主观心态仍属于故意，不是过失的不作为犯罪，B错误；C中甲对母亲有救助义务，并且在当时的情况下甲有能力救助而没有及时救助母亲，因此构成不作为犯罪，C正确；D中甲故意往乙的咖啡中投毒，希望毒死乙的结果发生，属于作为的犯罪。由于甲往乙的咖啡中投毒的行为存在危险，因而甲在丙喝乙的咖啡时具有阻止的义务，但是甲并未阻止，致使丙死亡结果的发生，属于不作为犯罪，因此D正确。

**46. CD**。刑法中的因果关系，研究的是犯罪嫌疑人的行为与法益被侵害的状态之间是否有因果关系，而不是是否犯罪。因为即使存在一定的行为，并且该行为引起了相应的结果，也不一定是犯罪。A中虽然甲的行为和丙的死亡结果具有因果关系，但是甲车辆之所以失控是因为乙的行为，甲在主观上不存在故意或者过失，应属于意外事件，因此不承担交通肇事罪的刑事责任，所以A错误；B中乙报警后因担心被杀而选择自杀，此并非甲的强奸行为所导致，且甲的威胁行为并没有现实的危险性，因此不存在因果关系，B错误；C中由于甲将丙撞倒在地后没有及时救助，致使乙之后的再次碾轧行为，因此丙的死亡结果与甲的行为之间存在因果关系，所以C正确；D中甲、乙等人因琐事与丙发生争执，选择在电梯口相互厮打的行为具有一定的危险性，虽然介入了电梯门非正常开启的因素，但这并不影响因果关系的成立，因此D正确。

**47. ACD**。对于同一犯罪，刑法规定的犯罪构成要件是相同的，而单位犯罪和个人犯罪只是犯罪主体的不同，因此犯罪既遂的标准不存在差别，因此A正确；伪造货币罪未将单位规定为犯罪主体，因此不能构成单位犯罪，但这并不意味着相关自然人不构成犯罪。《全国人民代表大会常务委员会关于〈中华人民共和国刑法〉第三十条的解释》规定，公司、企业、事业单位、机关、团体等单位实施刑法规定的危害社会的行为，刑法分则和其他法律未规定追究单位的刑事责任的，对组织、策划、实施该危害社会行为的人依法追究刑事责任。B错误；《刑法修正案（九）》规定，拒不执行判决的犯罪主体可以是自然人也可以是单位，因此C正确；对于涉嫌犯罪的单位被吊销营业执照的，仍应按照刑法的规定对该单位的主管人员和其他直接负责人追究刑事责任，对该单位不再追诉。D正确。

**48. CD**。买卖黄金的行为不违反刑法，不构成犯罪，因此即使行为人存在违法性认识错误，也不构成犯罪，更不构成犯罪未遂，所以A错误；甲对法律规定是否有准确认识，并不影响对于甲行为的定性。如果甲主观上认识到盗窃的对象是枪支，有盗窃枪支的故意，客观上实施了盗窃枪支的行为，就可以盗窃枪支罪追究甲的刑事责任。B错误；甲主观上有拘禁他人的故意，客观上实施了非法拘禁的行为，其犯罪动机及对于行为违法性的认识并不影响其行为成立非法拘禁罪。C正确；甲已认识到行为是有害的，只是对行为是否违反刑法产生了错误认识，这并不影响依照刑法追究甲的刑事责任。D正确。

**49. ABCD**。甲虽然是在偏僻的路段设置路障，但是并不能保证只有乙从此处经过，因此甲的行为可能导致其他人死亡的结果，但是甲却放任这一结果的发生，故甲的行为与丁的死亡之间存在因果关系，虽然对象错误，仍构成故意杀人罪既遂，所以 AB 正确；丙出于杀死丁的主观心态，诱骗丁路过甲设置的路障，致使丁死亡，构成故意杀人罪既遂，因此 C 正确；间接正犯是指不亲自实行危害而利用他人之手达成犯罪目的。主要包括利用无责任能力人犯罪和利用他人过失或不知情的行为犯罪。D 中丙利用的正是甲精心设计的犯罪工具，而甲对此并不知情，因此丙可能成立间接正犯，D 正确。

**50. ABD**。《最高人民检察院关于拾得他人信用卡并在自动柜员机（ATM 机）上使用的行为如何定性问题的批复》及《最高人民法院、最高人民检察院关于办理妨害信用卡管理刑事案件具体应用法律若干问题的解释》第 5 条规定，拾得他人信用卡并在自动柜员机（ATM 机）上使用的行为，属于《刑法》第 196 条第 1 款第 3 项规定的“冒用他人信用卡”的情形，即构成信用卡诈骗罪。甲拾到的银行卡具有存取现金等功能，属于信用卡的范畴，因此构成信用卡诈骗罪。所以 A 正确；对于前两次取出 5000 元的行为，乙予以阻止，与甲并无意思联络，因此不承担责任，B 正确；乙最初在主观上没有与甲共同犯罪的故意，但是甲再次取款并将钱款交给乙时，乙予以接受，此时乙的主观方面发生了变化，与甲形成了共同的意思联络，成立共同犯罪，乙应对形成共同意思联络后甲支取的 1.3 万元承担刑事责任。因此 C 错误，D 正确。

**51. ABC**。甲单独实施的故意杀死胡某的行为，构成故意杀人罪，甲与乙、丙在公园这一公共场所追逐胡某的行为，构成寻衅滋事罪。所以 A 正确；乙、丙追逐行为是否构成寻衅滋事罪是定性的问题，是否具有救助义务是追逐行为是否属于先行行为，构成不作为义务犯罪的义务来源问题，是不同的问题，因此 B 正确；乙、丙并不知道甲想杀死胡某的意图，也无法预见甲会杀害胡某，因此不能对此承担刑事责任，所以 C 正确；胡某死亡的结果与乙、丙的追逐行为不存在因果关系，因此二人无须对死亡结果负责，所以 D 错误。

**52. ABCD**。甲虽然犯两罪，但如果各罪分别符合适用缓刑的条件，数罪并罚后也符合缓刑的条件，则可能适用缓刑。A 正确；缓刑的适用条件是：（1）被判处拘役或者 3 年以下有期徒刑；（2）犯罪情节较轻、有悔罪表现、没有再犯罪的危险、宣告缓刑对所居住社区没有重大不良影响；（3）不属累犯和犯罪集团的首要分子。因此 B 正确；C 中如果丙被判处 3 年以下有期徒刑，可能适用缓刑，所以 C 正确；D 中丁实施放火罪时未满 18 周岁，属于未成年犯罪，因此 5 年后再犯故意犯罪的不构成累犯，因此有可能被判处缓刑。所以 D 正确。

**53. AC**。《刑法》第 87 条规定，法定最高刑为无期徒刑、死刑的，追诉时效的期限为 20 年。如果 20 年后认为必须追诉的，须报请最高人民检察院核准。甲犯劫持航空器罪，有可能被判处死刑，因此即便经过 30 年，也可能被追诉，所以 A 正确；《刑法》第 89 条第 1 款规定，追诉期限从犯罪之日起计算。B 项中乙于 2013 年 1 月 10 日挪用公款，但是此时乙并未构成犯罪，只有超过 3 个月未还的才能构成挪用公款罪，因此应从 2013 年 4 月 10 日起计算追诉时效，所以 B 错误；法定最高刑为不满 5 年有期徒刑的，追诉时效的期限为 5 年。故意伤害致人轻伤的法定最高刑是 3 年，因此追诉时效是 5 年，C 中李某报案时已经超过追诉时效，因此不能追诉丙故意伤害的刑事责任，C 正确；《刑法》第 89 条第 2 款规定，在追诉期限以内又犯罪的，前罪追诉的期限从犯后罪之日起计算。即在追诉期限以内又犯罪的，前罪的追诉时效便中断，其追诉时效从后罪成立之日起重新计算。D 中丁没有犯新罪，因此对其犯合同诈骗罪的追诉时效并未因为王某新的犯罪行为而中断，因此不能重新计算，所以 D 错误。

**54. AD**。根据《刑法》第 151 条，白银只是被禁止出口，因而将白银从境外走私进入中国境内的，应以走私普通货物、物品罪论处，所以 A 正确；《最高人民法院、最高人民检察院关于办理走私刑事案件适用法律若干问题的解释》第 11 条第 6 项规定，走私国家禁止进出口的旧机动车的行为构成走私国家禁止进出口的货物、物品罪，因此 B 错误；C 中的淫秽物品法律有明确的规定，不属于普通货物、物品，因此不应选；《最高人民法院、最高人民检察院关于办理走私刑事案件适用法律若干问题的解释》第 4 条第 2 款规定，走私报废或者无法组装并使用的各种弹药的弹头、弹壳，构成犯罪的，以走私普通货物、物品罪定罪处罚，因此 D 正确。

**55. ABCD**。虐待罪，是指对共同生活的家庭成员，经常以打骂、捆绑、冻饿、限制自由、凌辱人格、不给治病或者强迫做过度劳动等方法，从肉体上和精神上进行摧残迫害，情节恶劣的行为。甲和乙已构成事实婚姻，属于共同生活的家庭成员，因此甲虐待乙的行为构成虐待罪。A 正确。法律上的义务属于作为义务的一种。乙作为丙的母亲，有法律上对其进行救助的作为义务，其未阻止甲的伤害行为可能构成不作为的故意伤害罪。B 正确。遗弃罪，是指对于年老、年幼、患病或者其他没有独立生活能力的人，负有扶养义务而拒绝扶养，情节恶劣的行为。甲作为丙的父亲，对于年幼的丙有抚养的义务，其拒绝抚养的行为可能构成遗弃罪。C 正确。婚内强奸，按照理论上的阐释，是指在夫妻关系存续期间，丈夫以暴力、胁迫或者其他方法，违背妻子意志，强行与妻子发生性关系的行为。我国刑法原则上将在法定婚姻关系存续期间丈夫违背妻子的意愿强行发生性关系的行为排除在强奸之外。但对于先有事实婚姻又与别人登记结婚的情形，事实婚姻的对象不属于法律意义上的妻子，强迫其发生性行为并不属于婚内强奸，应当以强奸罪论处。D正确。

**56. ABD**。在受骗人与被害人不是同一人的情况下，只要受骗人事实上具有处分被害人财产的权限，或者处于可以处分被害人财产的地位，对方的行为也成立诈骗罪。一方面，如果受骗人不具有处分财产的权限与地位，就不能认定其转移财产的行为属于诈骗罪的处分行为；另一方面，如果受骗人没有处分财产的权限与地位，行为人的行为便完全符合盗窃罪间接正犯的特征。A中，保姆是受骗人，李某是被害人，二者不一致并不影响诈骗罪的认定。A正确；诈骗罪中的欺骗行为，必须是使受骗者陷入或者继续维持处分财产的认识错误的行为，即欺骗行为与受骗者的财产处分行为之间必须具有因果关系。B中，乙因甲的欺骗行为陷入错误认识，乙虽然没有把财物直接交付给甲，但是乙扔掉的假币完全处于甲控制的范围，因此甲取得财物的行为构成诈骗罪。B正确；C中，富商并未陷入错误认识，其捐献2万元系真实意思表示。甲的行为不构成犯罪。C错误；D中，甲虚构事实、隐瞒真相，乙陷入错误认识交付财物，尽管乙并非财物的所有人，但其转移占有的行为也属于交付，甲构成诈骗罪。D正确。

**【陷阱提示】** 本题的难点之一是欺骗他人放弃财物并趁机据为己有的行为应当如何定性。当被害人实施了民法上的物权行为、准物权行为和将财物转移给行为人占有时，都属于刑法上的处分行为。欺骗他人放弃财物而后自己拾得财物的场合，由于该财物的获得是行为人采用欺骗他人的手段使其脱离了对财物的占有而转归自己的，属于他人即被害人在错误状态下自愿处分财物的行为，因此构成诈骗罪。本案中，乙将外币丢弃的行为，属于民法上对物的抛弃这种物权处分行为，可以认为乙存在处分行为，故甲成立诈骗罪。

**57. ABD**。程序法定原则包括两层含义：一是立法方面的要求，即刑事诉讼程序应当由法律事先明确规定；二是司法方面的要求，即刑事诉讼活动应当依据国家法律规定的刑事程序来进行。故A正确。大陆法系国家，程序法定原则与罪刑法定原则共同构成法定原则的内容。也就是说，法定原则既包括实体上的罪刑法定原则，也包括程序上的程序法定原则。故B正确。在英美法系国家，刑事程序法定原则具体表现为正当程序原则。故C错误。从我国宪法和刑事诉讼法“以法律为准绳”等规定来看，可以说，我国法律已基本确立了刑事程序法定原则。故D正确。因此，本题正确答案为ABD三项。

**58. ABC**。《刑事诉讼法》第155条规定，应当逮捕的犯罪嫌疑人如果在逃，公安机关可以发布通缉令，采取有效措施，追捕归案。各级公安机关在自己管辖的地区以内，可以直接发布通缉令；超出自己管辖的地区，应当报请有权决定的上级机关发布。故A正确。检察机关上下级之间是领导关系，奉行“检察一体，上命下从”的体制，整体独立于外部的行政机关、社会团体、个人。故B正确。《刑事诉讼法》第232条第2款规定，上级人民检察院如果认为抗诉不当，可以向同级人民法院撤回抗诉，并且通知下级人民检察院。故C正确。《刑事诉讼法》第27条规定，上级人民法院可以指定下级人民法院审判管辖不明的案件，也可以指定下级人民法院将案件移送其他人民法院审判。故D错在后半句话，因为下级法院不能审理由上级法院管辖的案件。

**59. BD**。被害人在刑事诉讼中除享有诉讼参与人共有的诉讼权利以外，还享有以下诉讼权利：(1) 申请复议权。对侵犯其合法权利的犯罪嫌疑人、被告人，有权向公安机关、人民检察院或者人民法院报案或者控告，要求公安司法机关依法追究、惩罚犯罪，保护其合法权利。控告人对公安机关不立案的决定不服的，可以申请复议。(2) 申诉权。包括三种情况：一是对公安机关不立案的申诉。对公安机关应当立案而不立案的，有权向人民检察院提出，请求人民检察院责令公安机关向检察机关说明不立案的理由。人民检察院应当要求公安机关说明不立案的理由。人民检察院认为其理由不能成立的，应当通知公安机关立案，公安机关则必须立案。二是对检察机关不起诉决定的申诉。对人民检察院作出的不起诉决定不服的，有权向上一级人民检察院提出申诉。三是对生效裁判的申诉。不服地方各级人民法院的生效裁判的，有权提出申诉。(3) 委托诉讼代理人的权利。自刑事案件移送审查起诉之日起，有权委托诉讼代理人。(4) 自诉权。如有证据证明公安机关、人民检察院对于侵犯其人身权利、财产权利的行为应当追究刑事责任而不予追究的，有权直接向人民法院起诉。(5) 申请抗诉权。不服地方各级人民法院的第一审判决的，有权请求人民检察院抗诉。本题中，A的错误在于，公诉案件的被害人有申请回避的权利，但是没有撤回起诉的权利。C的错误在于，被害人有申请复议的权利，但是，没有提起上诉的权利。BD两项均正确。

**60. ABCD**。《刑事诉讼法》第19条规定，刑事案件的侦查由公安机关进行，法律另有规定的除外。人民检察院在对诉讼活动实行法律监督中发现的司法工作人员利用职权实施的非法拘禁、刑讯逼供、非法搜查等侵犯公民权利、损害司法公正的犯罪，可以由人民检察院立案侦查。对于公安机关管辖的国家机关工作人员利用职权实施的重大犯罪案件，需要由人民检察院直接受理的时候，经省级以上人民检察院决定，可以由人民检察院立案侦查。自诉案件，由人民法院直接受理。本题中孙某作为国家机关工作人员参与走私文物，而且情节特别严重，属于重大犯罪案件，可以由检察院立案侦查，同时也可以由海关走私侦查部门（属于专门的公安机关）立案侦查，故AB两项正确。《高检规则》第15条规定，对本规则第13条第2款规定的案件，人民检察院需要直接立案侦查的，应当层报省级人民检察院决定。报请省级人民检察院决定立案侦查的案件，应当制作提请批准直接受理书，写明案件情况以及需要由人民检察院立案侦查的理由，并附有关材料。省级人民检察院应当在收到提请批准直接受理书后10日以内作出是否立案侦查的决定。省级人民检察院可以决定由设区的市级人民检察院立案侦查，也可以自行立案侦查。故CD两项正确。

**61. ABCD**。《刑事诉讼法》第29条规定，审判人员、检察人员、侦查人员有下列情形之一的，应当自行回避，当事人及其法定代理人也有权要求他们回避：（1）是本案的当事人或者是当事人的近亲属的；（2）本人或者他的近亲属和本案有利害关系的；（3）担任过本案的证人、鉴定人、辩护人、诉讼代理人的；（4）与本案当事人有其他关系，可能影响公正处理案件的。《刑事诉讼法》第32条规定，本章关于回避的规定适用于书记员、翻译人员和鉴定人。辩护人、诉讼代理人可以依照本章的规定要求回避、申请复议。本题中，黄某是辩护人，袁某是自诉人（属于当事人之一），袁某的儿子是诉讼代理人，小付的父亲是被告人的法定代理人，这四个人均有权申请回避。故本题的正确答案为ABCD。

**62. ACD**。有效辩护原则的确立，体现了犯罪嫌疑人、被告人刑事诉讼主体地位的确立和人权保障的理念，有助于维系控辩平等对抗和审判方居中“兼听则明”的刑事诉讼构造。故A正确。有效辩护原则应包括以下几方面的内容：（1）犯罪嫌疑人、被告人作为刑事诉讼的当事人在整个诉讼过程中应当享有充分的辩护权。（2）允许犯罪嫌疑人、被告人聘请合格的能够有效履行辩护职责的辩护人为其辩护，这种辩护同样应当覆盖从侦查到审判甚至执行阶段的整个刑事诉讼过程。（3）国家应当保障犯罪嫌疑人、被告人自行辩护权的充分行使，并通过设立法律援助制度确保犯罪嫌疑人、被告人能够获得符合最低标准并具有实质意义的律师帮助。故B错误，D正确。辩护应当对保护犯罪嫌疑人、被告人的权利具有实质意义，而不仅仅是形式上的，这就是有效辩护原则的基本要求。故C正确。

**63. ABC**。《刑事诉讼法》第90条规定，人民检察院对于公安机关提请批准逮捕的案件进行审查后，应当根据情况分别作出批准逮捕或者不批准逮捕的决定。对于批准逮捕的决定，公安机关应当立即执行，并且将执行情况及时通知人民检察院。对于不批准逮捕的，人民检察院应当说明理由，需要补充侦查的，应当同时通知公安机关。故A正确。《刑事诉讼法》第175条规定，人民检察院审查案件，对于需要补充侦查的，可以退回公安机关补充侦查，也可以自行侦查。对于补充侦查的案件，应当在1个月以内补充侦查完毕。补充侦查以2次为限。补充侦查完毕移送人民检察院后，人民检察院重新计算审查起诉期限。故B正确。《高检规则》第422条规定，在审判过程中，对于需要补充提供法庭审判所必需的证据或者补充侦查的，人民检察院应当自行收集证据和进行侦查，必要时可以要求监察机关或者公安机关提供协助；也可以书面要求监察机关或者公安机关补充提供证据。人民检察院补充侦查，适用本规则第六章、第九章、第十章的规定。补充侦查不得超过1个月。C正确。《刑诉解释》第277条第2款规定：“审判期间，被告人提出新的立功线索的，人民法院可以建议人民检察院补充侦查。”故D错误。

**64. ABC**。根据《刑事诉讼法》第282条，检察院办理未成年人刑事案件，在作出附条件不起诉决定前，应听取被害人的意见。《全国人民代表大会常务委员会关于〈中华人民共和国刑事诉讼法〉第二百七十一条第二款的解释》增加规定，检察院办理未成年人刑事案件，在考验期满作出不起诉决定前，应听取被害人的意见。故A正确。附条件不起诉制度是对本应进入刑事诉讼程序的刑事案件转向为非刑事诉讼的方式处理的非司法化，一些国家称之为转向处置。实践证明，转向处置能避免刑事诉讼的消极性作用，从而给予犯罪未成年人实质性的保护。我国附条件不起诉制度正是在合理吸收转向处置核心要素的基础上，结合司法实践和对未成年人特别保护的现实需要，创造性地设立了中国特色的未成年非司法化制度。故BC两项正确。刑事公诉独占主义，即刑事案件的起诉权被国家垄断，排除被害人自诉。我国刑事诉讼实行以公诉为主、自诉为辅的犯罪追诉机制。故D错误。

**65. AB**。《刑诉解释》第228条规定：“庭前会议可以就下列事项向控辩双方了解情况，听取意见：（一）是否对案件管辖有异议；（二）是否申请有关人员回避；（三）是否申请不公开审理；（四）是否申请排除非法证据；（五）是否提供新的证据材料；（六）是否申请重新鉴定或者勘验；（七）是否申请收集、调取证明被告人无罪或者罪轻的证据材料；（八）是否申请证人、鉴定人、有专门知识的人、调查人员、侦查人员或者其他人员出庭，是否对出庭人员名单有异议；（九）是否对涉案财物的权属情况和人民检察院的处理建议有异议；（十）与审判相关的其他问题。庭前会议中，人民法院可以开展附带民事调解。对第一款规定中可能导致庭审中断的程序性事项，人民法院可以在庭前会议后依法作出处理，并在庭审中说明处理决定和理由。控辩双方没有新的理由，在庭审中再次提出有关申请或者异议的，法庭可以在说明庭前会议情况和处理决定理由后，依法予以驳回。庭前会议情况应当制作笔录，由参会人员核对后签名。”故本题的 AB 两项均正确。C 的错误在于，口供是否需要排除，只能在庭审中解决，而不是在庭前会议中解决。D 的错误在于，不是“出示过的证据”，而是“无异议的证据”，庭审时举证、质证可以简化。

**66. ABD**。《刑诉解释》第 575 条第 1 款规定：“对未成年被告人情况的调查报告，以及辩护人提交的有关未成年被告人情况的书面材料，法庭应当审查并听取控辩双方意见。上述报告和材料可以作为办理案件和教育未成年人的参考。”故 A 正确。《刑诉解释》第 566 条规定：“对未成年人刑事案件，人民法院决定适用简易程序审理的，应当征求未成年被告人及其法定代理人、辩护人的意见。上述人员提出异议的，不适用简易程序。”故 B 正确。《刑事诉讼法》第 281 条规定，审判未成年人刑事案件，未成年被告人最后陈述后，其法定代理人可以进行补充陈述。而辩护人无权做补充陈述。因此，C 错误。《刑诉解释》第 576 条规定：“法庭辩论结束后，法庭可以根据未成年人的生理、心理特点和案件情况，对未成年被告人进行法治教育；判决未成年被告人有罪的，宣判后，应当对未成年被告人进行法治教育。对未成年被告人进行教育，其法定代理人以外的成年亲属或者教师、辅导员等参与有利于感化、挽救未成年人的，人民法院应当邀请其参加有关活动。适用简易程序审理的案件，对未成年被告人进行法庭教育，适用前两款规定。”故 D 正确。

**67. AC**。《人民检察院办理未成年人刑事案件的规定》第 17 条第 5 款规定，未成年犯罪嫌疑人明确拒绝法定代理人以外的合适成年人到场，人民检察院可以准许，但应当另行通知其他合适成年人到场。故 A 正确。《刑事诉讼法》第 281 条规定，对于未成年人刑事案件，在讯问和审判的时候，应当通知未成年犯罪嫌疑人、被告人的法定代理人到场。无法通知、法定代理人不能到场或者法定代理人是共犯的，也可以通知未成年犯罪嫌疑人、被告人的其他成年亲属，所在学校、单位、居住地基层组织或者未成年人保护组织的代表到场，并将有关情况记录在案。到场的法定代理人可以代为行使未成年犯罪嫌疑人、被告人的诉讼权利。到场的法定代理人或者其他人员认为办案人员在讯问、审判中侵犯未成年人合法权益的，可以提出意见。讯问笔录、法庭笔录应当交给到场的法定代理人或者其他人员阅读或者向他宣读。询问未成年被害人、证人，适用第 1 款、第 2 款、第 3 款的规定。故 B 错误在于，其伯父作为合适成年人不能代为行使未成年犯罪嫌疑人、被告人的诉讼权利。C 正确，D 错误。

**68. ABC**。《刑事诉讼法》第 103 条规定，人民法院审理附带民事诉讼案件，可以进行调解，或者根据物质损失情况作出判决、裁定。故 A 正确。B 中的调解协议约定的赔偿损失内容可以分期履行，是正确的。《刑诉解释》第 587 条第 1 款规定：“对符合刑事诉讼法第二百八十八条规定的公诉案件，事实清楚、证据充分的，人民法院应当告知当事人可以自行和解；当事人提出申请的，人民法院可以主持双方当事人协商以达成和解。”故 C 正确。《刑诉解释》第 593 条第 1 款规定：“和解协议约定的赔偿损失内容，被告人应当在协议签署后即时履行。”故 D 错误。

**69. CD**。《公务员法》第 86 条第 3 项规定，公务员有重要公务尚未处理完毕，且须由本人继续处理的，不得辞去公职。A 欠缺“且须由本人继续处理”的要件，故 A 错误。《公务员法》第 87 条第 3 款规定，领导成员因工作严重失误、失职造成重大损失或者恶劣社会影响的，或者对重大事故负有领导责任的，应当引咎辞去领导职务。公职不等于领导职务，所以 B 错误。《公务员法》第 89 条第 2 项规定，患病或者负伤，在规定的医疗期内的，不得辞退。所以 C 正确。《公务员法》第 90 条第 2 款规定，被辞退的公务员，可以领取辞退费或者根据国家有关规定享受失业保险。D 正确。因此，本题的正确答案为 CD。

**70. BC**。听证是《行政处罚法》确立的对影响相对人权益较重的处罚，为避免错误，由行政机关在处罚前听取被处罚人陈述事实、申辩理由的制度。适用听证的行政行为为法定的行政处罚。A 所述行政行为属于《行政强制法》调整的对象，虽然标的很大但不是行政处罚，只是行政强制措施，尚无实体处罚，所以不应当举行听证。《行政处罚法》第 63 条第 1 款规定：“行政机关拟作出下列行政处罚决定，应当告知当事人有要求听证的权利，当事人要求听证的，行政机关应当组织听证：（一）较大数额罚款；（二）没收较大数额违法所得、没收较大价值非法财物；（三）降低资质等级、吊销许可证件；（四）责令停产停业、责令关闭、限制从业；（五）其他较重的行政处罚；（六）法律、法规、规章规定的其他情形。”交通局吊销某运输公司的道路运输经营许可证属于上述规定中的应告知听证的情形，所以 B 应选。而 D 不属于上述情形，D 不选。《行政许可法》第 47 条第 1 款规定，行政许可直接涉及申请人与他人之间重大利益关系的，行政机关在作出行政许可决定前，应当告知申请人、利害关系人享有要求听证的权利；申请人、利害关系人在被告知听证权利之日起 5 日内提出听证申请的，行政机关应当在 20 日内组织听证。所以 C 应选。

**71. ABC**。《行政强制法》第 18 条规定：“行政机关实施行政强制措施应当遵守下列规定：（一）实施前须向行政机关负责人报告并经批准；（二）由两名以上行政执法人员实施；（三）出示执法身份证件；（四）通知当事人到场；（五）当场告知当事人采取行政强制措施的理由、依据以及当事人依法享有的权利、救济途径；（六）听取当事人的陈述和申辩；（七）制作现场笔录；（八）现场笔录由当事人和行政执法人员签名或者盖章，当事人拒绝的，在笔录中予以注明；（九）当事人不到场的，邀请见证人到场，由见证人和行政执法人员在现场笔录上签名或者盖章；（十）法律、法规规定的其他程序。”故AB正确。《行政强制法》第24条规定，行政机关决定实施查封、扣押的，应当履行本法第18条规定的程序，制作并当场交付查封、扣押决定书和清单。所以C正确。《治安管理处罚法》第89条规定，公安机关办理治安案件，对与案件有关的需要作为证据的物品，可以扣押；对被侵害人或者善意第三人合法占有的财产，不得扣押，应当予以登记。对与案件无关的物品，不得扣押。本题中某公安交管局交通大队民警发现王某驾驶的电动三轮车未悬挂号牌，所以交通大队将三轮车及其车上的物品一并扣押属于扣押了不相关物品，故D错误。

**72. BC**。《政府信息公开条例》第15条规定，涉及商业秘密、个人隐私等公开会对第三方合法权益造成损害的政府信息，行政机关不得公开。但是，第三方同意公开或者行政机关认为不公开会对公共利益造成重大影响的，予以公开。故A错误。《行政诉讼法》第46条第1款规定，公民、法人或者其他组织直接向人民法院提起诉讼的，应当自知道或者应当知道作出行政行为之日起6个月内提出。法律另有规定的除外。所以B正确。《政府信息公开案件规定》第5条第1款规定：“被告拒绝向原告提供政府信息的，应当对拒绝的根据以及履行法定告知和说明理由义务的情况举证。”故C正确。《政府信息公开条例》第37条规定：“申请公开的信息中含有不应当公开或者不属于政府信息的内容，但是能够作区分处理的，行政机关应当向申请人提供可以公开的政府信息内容，并对不予公开的内容说明理由。”据此，住建委认为信息中有企业联系人联系电话和地址等个人隐私的，应当删去此类信息以向沈某提供可以公开的信息内容，而不应该完全拒绝，故D错误。

**73. AB**。《行政复议法》第17条第1款规定：“申请人、第三人可以委托一至二名律师、基层法律服务工作者或者其他代理人代为参加行政复议。”故A正确。《行政复议法》第46条第1款规定：“行政复议期间，被申请人不得自行向申请人和其他有关单位或者个人收集证据；自行收集的证据不作为认定行政行为合法性、适当性的依据。”故B正确。《行政复议法》第49条规定：“适用普通程序审理的行政复议案件，行政复议机构应当当面或者通过互联网、电话等方式听取当事人的意见，并将听取的意见记录在案。因当事人原因不能听取意见的，可以书面审理。”据此，也可以通过互联网、电话等方式，C错误。《行政复议法》第64条规定：“行政行为有下列情形之一的，行政复议机关决定撤销或者部分撤销该行政行为，并可以责令被申请人在一定期限内重新作出行政行为：（一）主要事实不清、证据不足；（二）违反法定程序；（三）适用的依据不合法；（四）超越职权或者滥用职权。行政复议机关责令被申请人重新作出行政行为的，被申请人不得以同一事实和理由作出与被申请行政复议的行政行为相同或者基本相同的行政行为，但是行政复议机关以违反法定程序为由决定撤销或者部分撤销的除外。”D错误。

**74. ABD**。《行政复议法》第24条第1款规定，县级以上地方各级人民政府管辖下列行政复议案件：(1)对本级人民政府工作部门作出的行政行为不服的；(2)对下一级人民政府作出的行政行为不服的；(3)对本级人民政府依法设立的派出机关作出的行政行为不服的；(4)对本级人民政府或者其工作部门管理的法律、法规、规章授权的组织作出的行政行为不服的。因此，李某既可以向区政府申请复议，亦可以向上级主管部门市公安局申请复议，故A正确。《行政诉讼法》第26条第2款规定，经复议的案件，复议机关决定维持原行政行为的，作出原行政行为的行政机关和复议机关是共同被告；复议机关改变原行政行为的，复议机关是被告。故B正确。《行政诉讼法》第18条第1款规定，行政案件由最初作出行政行为的行政机关所在地人民法院管辖。经复议的案件，也可以由复议机关所在地人民法院管辖。所以，市公安局作为复议机关，其所在地的法院也有管辖权，故C错误。《行政诉讼法》第51条第3款规定，起诉状内容欠缺或者有其他错误的，应当给予指导和释明，并一次性告知当事人需要补正的内容。不得未经指导和释明即以起诉不符合条件为由不接收起诉状。故D正确。

**75. AC**。《行政诉讼法》第82条规定：“人民法院审理下列第一审行政案件，认为事实清楚、权利义务关系明确、争议不大的，可以适用简易程序：（一）被诉行政行为是依法当场作出的；（二）案件涉及款额二千元以下的；（三）属于政府信息公开案件的。除前款规定以外的第一审行政案件，当事人各方同意适用简易程序的，可以适用简易程序。发回重审、按照审判监督程序再审的案件不适用简易程序。”故A正确。发回重审的案件不得适用简易程序，故B错误。《行政诉讼法》第83条规定，适用简易程序审理的行政案件，由审判员一人独任审理，并应当在立案之日起45日内审结。故C正确。《行政诉讼法》第101条规定，人民法院审理行政案件，关于期间、送达、财产保全、开庭审理、调解、中止诉讼、终结诉讼、简易程序、执行等，以及人民检察院对行政案件受理、审理、裁判、执行的监督，本法没有规定的，适用《民事诉讼法》的相关规定。《行政诉讼法》对简易程序的宣判没有特殊规定，因此适用《民事诉讼法》相关规定。《最高人民法院关于适用简易程序审理民事案件的若干规定》第 27 条规定，适用简易程序审理的民事案件，除人民法院认为不宜当庭宣判的以外，应当当庭宣判。D 表述中差了“除人民法院认为不宜当庭宣判的以外”的前提条件，故 D 错误。

**76. ACD**。《最高人民法院关于行政诉讼证据若干问题的规定》（以下简称《行诉证据规定》）第 10 条规定，当事人向人民法院提供书证的，应当符合下列要求：（1）提供书证的原件，原本、正本和副本均属于书证的原件。提供原件确有困难的，可以提供与原件核对无误的复印件、照片、节录本；（2）提供由有关部门保管的书证原件的复制件、影印件或者抄录件的，应当注明出处，经该部门核对无异后加盖其印章；（3）提供报表、图纸、会计账册、专业技术资料、科技文献等书证的，应当附有说明材料；（4）被告提供的被诉具体行政行为所依据的询问、陈述、谈话类笔录，应当有行政执法人员、被询问人、陈述人、谈话人签名或者盖章。法律、法规、司法解释和规章对书证的制作形式另有规定的，从其规定。故照片属于书证，A 正确。《行诉证据规定》第 15 条规定，被告向人民法院提供的现场笔录，应当载明时间、地点和事件等内容，并由执法人员和当事人签名。当事人拒绝签名或者不能签名的，应当注明原因。有其他人在现场的，可由其他人签名。法律、法规和规章对现场笔录的制作形式另有规定的，从其规定。由上述规定可知，现场笔录没有当事人签名，但注明原因或第三人签名佐证的，具有证据效力。B 说法太绝对，故 B 错误。《行诉证据规定》第 14 条规定，被告向人民法院提供的在行政程序中采用的鉴定结论，应当载明委托人和委托鉴定的事项、向鉴定部门提交的相关材料、鉴定的依据和使用的科学技术手段、鉴定部门和鉴定人鉴定资格的说明，并应有鉴定人的签名和鉴定部门的盖章。通过分析获得的鉴定意见，应当说明分析过程。故 C 正确。《行诉证据规定》第 44 条第 1 项规定，对现场笔录的合法性或者真实性有异议的，原告或者第三人可以要求相关行政执法人员作为证人出庭作证。故 D 正确。

**77. AD**。《行政诉讼法》第 57 条第 1 款规定，人民法院对起诉行政机关没有依法支付抚恤金、最低生活保障金和工伤、医疗社会保险金的案件，权利义务关系明确、不先予执行将严重影响原告生活的，可以根据原告的申请，裁定先予执行。本案不属于先予执行的情形，故 A 错误。《行政诉讼法》第 38 条第 2 款规定，在行政赔偿、补偿的案件中，原告应当对行政行为造成的损害提供证据。因被告的原因导致原告无法举证的，由被告承担举证责任。故 B 正确。《最高人民法院关于审理行政赔偿案件若干问题的规定》第 14 条规定，原告提起行政诉讼时未一并提起行政赔偿诉讼，人民法院审查认为可能存在行政赔偿的，应当告知原告可以一并提起行政赔偿诉讼。原告在第一审庭审终结前提起行政赔偿诉讼，符合起诉条件的，人民法院应当依法受理；原告在第一审庭审终结后、宣判前提起行政赔偿诉讼的，是否准许由人民法院决定。故 C 正确。《国家赔偿法》第 4 条规定：“行政机关及其工作人员在行使行政职权时有下列侵犯财产权情形之一的，受害人有取得赔偿的权利：（一）违法实施罚款、吊销许可证和执照、责令停产停业、没收财物等行政处罚的；（二）违法对财产采取查封、扣押、冻结等行政强制措施的；（三）违法征收、征用财产的；（四）造成财产损害的其他违法行为。”房管局颁证时未核实房屋面积，属于未尽核实义务的违法行为，故 D 错误。

**78. CD**。寻衅滋事罪，是指肆意挑衅，随意殴打、骚扰他人或任意损毁、占用公私财物，或者在公共场所起哄闹事，严重破坏社会秩序的行为。寻衅滋事罪的行为人由于不合常理的动机或目的随便毁坏公私财物，其侵犯的对象具有不特定性和模糊性，而故意毁坏财物罪侵犯的对象具有明确性和特定性。本案中甲为了开辟高速公路出口，因此组织多人锯断高速公路隔离栏，具有明确的目的和对象，因此不构成寻衅滋事罪，构成故意毁坏财物罪，所以 A 错误，C 正确。聚众扰乱公共场所秩序、交通秩序罪是指聚众扰乱车站、码头、民用航空站、商场、公园、影剧院、展览会、运动场或者其他公共场所秩序，聚众堵塞交通或者破坏交通秩序，抗拒、阻碍国家治安管理工作人员依法执行职务，情节严重的行为。本罪侵犯的客体是公共场所秩序或者交通秩序。甲组织数十人，锯断高速公路一侧隔离栏、填平隔离沟，形成一条出口，并未影响到交通秩序，因此不构成聚众扰乱交通秩序罪。B 错误。破坏交通设施罪，是指故意破坏轨道、桥梁、隧道、公路、机场、航道、灯塔、标志或者进行其他破坏活动，足以使火车、汽车、电车、船只、航空器发生倾覆、毁坏危险，足以危害公共安全的行为。这是一种以交通设施为特定破坏对象的危害公共安全犯罪。隔离栏属于交通设施，本案中甲锯断隔离栏的行为如果危及交通安全可能构成本罪。D 正确。

**79. BC**。非法经营罪，是指未经许可经营法律、行政法规规定的专营、专卖物品或其他限制买卖的物品，买卖进出口许可证、进出口原产地证明以及其他法律、行政法规规定的经营许可证或者批准文件，未经国家有关主管部门批准，非法经营证券、期货或者保险业务的，或者非法从事资金支付结算业务，以及从事其他非法经营活动，扰乱市场秩序，情节严重的行为。本案中，甲私自开高速出口并向司机收取费用，并不是一种经营行为，也没有扰乱市场秩序，因此不构成非法经营罪。A错误。招摇撞骗罪，是指冒充国家机关工作人员进行招摇撞骗的行为。招摇撞骗，是指以假冒的身份进行炫耀、欺骗，如骗取爱情、职位、荣誉、资格等，原则上不包括骗取财物。本案中甲的行为主要目的在于骗取金钱，因此即使冒充国家工作人员身份也不构成招摇撞骗罪。B正确。C中，甲的行为并未使收费站的工作人员陷入错误认识，也未使交费的司机陷入错误认识，因此甲的行为不构成诈骗罪。甲和吴某利用吴某的职务之便侵吞国有财产的行为构成贪污罪而非诈骗罪。C正确。掩饰、隐瞒犯罪所得罪，是指明知是犯罪所得及其产生的收益而予以窝藏、转移、收购、代为销售或者以其他方法掩饰、隐瞒的行为。根据事后不可罚行为的刑法理论，隐瞒自己犯罪所得的行为不构成该罪。因此D错误。

**80. ABC**。本案中甲和吴某利用吴某职务上的便利侵吞本应由收费站收取的费用，构成贪污罪的共同犯罪。A正确。根据共同犯罪“部分行为全部责任”的理论，尽管吴某误以为贪污数额为20万元，也需对贪污的所有30万元数额承担刑事责任。B正确。吴某收取甲3万元的行为另行构成受贿罪，其受贿行为与二人的贪污行为构成手段行为与目的行为的牵连犯。对于受贿后又犯其他犯罪的，除几种法定情形外，原则上均应数罪并罚。因此本案中对吴某应以贪污罪和受贿罪数罪并罚。C正确，D错误。

**81. ABD**。根据条件说，如果没有朱某帮助电气厂通过年检的行为，电气厂就不会享受不应享受的退税优惠政策，也不会得到300万元的退税，国家也不会有300万元的税收损失，且朱某帮助电气厂通过年检的行为与国家损失300万元税收之间未介入其他异常因素，二者之间存在典型的因果关系。A正确。滥用职权罪是指国家机关工作人员故意逾越职权，违反法律决定、处理其无权决定、处理的事项，或者违反规定处理公务，致使公共财产、国家和人民利益遭受重大损失的行为。本案中朱某利用县民政局副局长的身份，在率县福利企业年检小组对电气厂年检时，违反规定使电气厂凭借提供的虚假材料通过年检，给国家税收造成重大损失，构成滥用职权罪。B正确。徇私舞弊不征、少征税款罪，是指税务机关的工作人员徇私舞弊，不征、少征应征税款，致使国家税收遭受重大损失的行为。本罪的犯罪主体是税务机关工作人员，也就是指各级税务局、税务分局和税务所中代表国家依法负有向纳税人或纳税单位征收税款义务并行使征收税款职权的人员。朱某作为民政局副局长无法构成本罪。C错误。受贿罪是指国家工作人员利用职务上的便利，索取他人财物，或者非法收受他人财物，为他人谋取利益的行为。根据目前法律规定，贿赂的内容限定为财物，即具有价值的可以管理的有体物、无体物以及财产性利益。至于非财产性利益，则不属于财物。本案中黄某帮助朱某升任民政局局长，属于非财产性利益，因此不成立受贿罪。D正确。

**82. B**。巨额财产来源不明罪，是指国家工作人员的财产或者支出明显超过合法收入，差额巨大，本人不能说明其来源是合法的行为。巨额财产来源不明罪是真正不作为犯。国家工作人员财产支出明显超出自己的收入的行为，不是本罪的实行行为。本罪的实行行为是国家工作人员被责令说明财产来源时不能说明自己的财产来源。A错误。目前法律并未规定说明财产来源的时限要求，犯罪嫌疑人在审查起诉阶段说明巨额财产来源且查证属实的，不能以巨额财产来源不明罪提起公诉。B正确。赌博罪是指以营利为目的，聚众赌博或者以赌博为业的行为。所谓聚众赌博，是指组织、招引多人进行赌博，本人从中抽头渔利。所谓以赌博为业，是指嗜赌成性，一贯赌博，以赌博所得为其生活来源。本案中朱某的赌博行为不属于聚众赌博或者以赌博为业，不构成赌博罪。C错误。所谓属人管辖，《刑法》第7条规定，是指中华人民共和国公民在中华人民共和国领域外犯我国刑法规定之罪的，适用我国刑法。澳门属于中华人民共和国领土的一部分，对于朱某在澳门的赌博行为不应适用属人管辖原则。D错误。

**83. ACD**。逃税罪发生在税款缴纳阶段，主要表现为纳税人采取欺骗、隐瞒手段进行虚假纳税申报或者不申报，逃避缴纳税款数额较大并且占应纳税额10%以上，扣缴义务人采取欺骗、隐瞒等手段，不缴或者少缴已扣、已收税款，数额较大的行为。本案中，黄某伪造文件材料并不是发生在税收缴纳的过程中，也不是为了不缴或者少缴税款，而是在已经缴纳税款后，为了利用国家的退税优惠政策骗取退税，因此不构成逃税罪。所以A错误；黄某通过虚构材料隐瞒真相骗取退税的行为符合诈骗的要件，触犯诈骗罪，所以B正确；提供虚假证明文件罪，是指承担资产评估、验资、验证、会计、审计、法律服务职责的人员或单位故意提供虚假证明文件，情节严重的行为。此罪的犯罪主体仅限于中介机构工作人员。黄某不构成本罪。C错误；根据法律规定，单位不能作为诈骗罪的犯罪主体。D错误。

**84. ACD**。《刑事诉讼法》第151条规定，批准决定应当根据侦查犯罪的需要，确定采取技术侦查措施的种类和适用对象。批准决定自签发之日起3个月以内有效。对于不需要继续采取技术侦查措施的，应当及时解除；对于复杂、疑难案件，期限届满仍有必要继续采取技术侦查措施的，经过批准，有效期可以延长，每次不得超过3个月。故B错误。《刑事诉讼法》第153条规定，为了查明案情，在必要的时候，经公安机关负责人决定，可以由有关人员隐匿其身份实施侦查。但是，不得诱使他人犯罪，不得采用可能危害公共安全或者发生重大人身危险的方法。对涉及给付毒品等违禁品或者财物的犯罪活动，公安机关根据侦查犯罪的需要，可以依照规定实施控制下交付。据此，只有在立案之后的侦查阶段，才可以实施控制下交付这一秘密侦查手段，故 AC 正确。《刑事诉讼法》第 154 条规定，依照本节规定采取侦查措施收集的材料在刑事诉讼中可以作为证据使用。如果使用该证据可能危及有关人员的人身安全，或者可能产生其他严重后果的，应当采取不暴露有关人员身份、技术方法等保护措施，必要的时候，可以由审判人员在庭外对证据进行核实。故 D 正确。

**85. A**。《刑诉解释》第 393 条第 2 款规定："被判处死刑的被告人没有上诉，同案的其他被告人上诉的案件，第二审人民法院应当开庭审理。"故 A 正确。《刑事诉讼法》第 235 条规定，人民检察院提出抗诉的案件或者第二审人民法院开庭审理的公诉案件，同级人民检察院都应当派员出席法庭。故 B 错误。《刑诉解释》第 401 条规定："审理被告人或者其法定代理人、辩护人、近亲属提出上诉的案件，不得对被告人的刑罚作出实质不利的改判，并应当执行下列规定：……（七）原判判处的刑罚不当、应当适用附加刑而没有适用的，不得直接加重刑罚、适用附加刑。原判判处的刑罚畸轻，必须依法改判的，应当在第二审判决、裁定生效后，依照审判监督程序重新审判……"故 CD 两项均错误。

**86. ABD**。《刑事诉讼法》第 248 条规定，中级人民法院判处死刑缓期二年执行的案件，由高级人民法院核准。实践中，高级法院对中级法院判决的死缓在二审维持后，会在二审的裁定书上注明该裁定也是核准死缓的裁定。故 A 正确。《刑事诉讼法》第 249 条规定，最高人民法院复核死刑案件，高级人民法院复核死刑缓期执行的案件，应当由审判员 3 人组成合议庭进行。故 B 正确。《刑事诉讼法》第 251 条规定，最高人民法院复核死刑案件，应当讯问被告人，辩护律师提出要求的，应当听取辩护律师的意见。《刑诉解释》第 434 条规定："死刑复核期间，辩护律师要求当面反映意见的，最高人民法院有关合议庭应当在办公场所听取其意见，并制作笔录；辩护律师提出书面意见的，应当附卷。"故 C 错误。《刑诉解释》第 430 条第 1 款规定："最高人民法院裁定不予核准死刑的，根据案件情况，可以发回第二审人民法院或者第一审人民法院重新审判。"故 D 正确。

**87. BD**。《立法法》第 93 条第 1、2、3 款规定，省、自治区、直辖市和设区的市、自治州的人民政府，可以根据法律、行政法规和本省、自治区、直辖市的地方性法规，制定规章。地方政府规章可以就下列事项作出规定：（1）为执行法律、行政法规、地方性法规的规定需要制定规章的事项；（2）属于本行政区域的具体行政管理事项。设区的市、自治州的人民政府根据本条第 1 款、第 2 款制定地方政府规章，限于城乡建设与管理、生态文明建设、历史文化保护、基层治理等方面的事项。已经制定的地方政府规章，涉及上述事项范围以外的，继续有效。所以 A 错误。《立法法》第 93 条第 4、5 款规定，除省、自治区的人民政府所在地的市，经济特区所在地的市和国务院已经批准的较大的市以外，其他设区的市、自治州的人民政府开始制定规章的时间，与本省、自治区人民代表大会常务委员会确定的本市、自治州开始制定地方性法规的时间同步。应当制定地方性法规但条件尚不成熟的，因行政管理迫切需要，可以先制定地方政府规章。规章实施满 2 年需要继续实施规章所规定的行政措施的，应当提请本级人民代表大会或者其常务委员会制定地方性法规。B 正确。《立法法》第 93 条第 6 款规定，没有法律、行政法规、地方性法规的依据，地方政府规章不得设定减损公民、法人和其他组织权利或者增加其义务的规范。C 错误。《立法法》第 97 条第 1、2 款规定，部门规章签署公布后，及时在国务院公报或者部门公报和中国政府法制信息网以及在全国范围内发行的报纸上刊载。地方政府规章签署公布后，及时在本级人民政府公报和中国政府法制信息网以及在本行政区域范围内发行的报纸上刊载。D 正确。

**88. C**。《行政诉讼法》第 12 条第 1 款规定："人民法院受理公民、法人或者其他组织提起的下列诉讼：（一）对行政拘留、暂扣或者吊销许可证和执照、责令停产停业、没收违法所得、没收非法财物、罚款、警告等行政处罚不服的；（二）对限制人身自由或者对财产的查封、扣押、冻结等行政强制措施和行政强制执行不服的；（三）申请行政许可，行政机关拒绝或者在法定期限内不予答复，或者对行政机关作出的有关行政许可的其他决定不服的；（四）对行政机关作出的关于确认土地、矿藏、水流、森林、山岭、草原、荒地、滩涂、海域等自然资源的所有权或者使用权的决定不服的；（五）对征收、征用决定及其补偿决定不服的；（六）申请行政机关履行保护人身权、财产权等合法权益的法定职责，行政机关拒绝履行或者不予答复的；（七）认为行政机关侵犯其经营自主权或者农村土地承包经营权、农村土地经营权的；（八）认为行政机关滥用行政权力排除或者限制竞争的；（九）认为行政机关违法集资、摊派费用或者违法要求履行其他义务的；（十）认为行政机关没有依法支付抚恤金、最低生活保障待遇或者社会保险待遇的；（十一）认为行政机关不依法履行、未按照约定履行或者违法变更、解除政府特许经营协议、土地房屋征收补偿协议等协议的；（十二）认为行政机关侵犯其他人身权、财产权等合法权益的。"C 的依据为上述第 8 项规定。A 为刑事诉讼行为，不属于行政诉讼受案范围。关于中国目前不存在“官告民”的行政诉讼类型。D“市政府发布的征收土地补偿费标准”具有抽象行政行为的性质，不可直接起诉。故 C 正确。

**89. B**。《行政诉讼法》第 74 条规定：“行政行为有下列情形之一的，人民法院判决确认违法，但不撤销行政行为：（一）行政行为依法应当撤销，但撤销会给国家利益、社会公共利益造成重大损害的；（二）行政行为程序轻微违法，但对原告权利不产生实际影响的。行政行为有下列情形之一，不需要撤销或者判决履行的，人民法院判决确认违法：（一）行政行为违法，但不具有可撤销内容的；（二）被告改变原违法行政行为，原告仍要求确认原行政行为违法的；（三）被告不履行或者拖延履行法定职责，判决履行没有意义的。”ACD 均不符合本条规定。故 B 正确。

**90. C**。《国家赔偿法》第 21 条第 1、2、3 款规定，行使侦查、检察、审判职权的机关以及看守所、监狱管理机关及其工作人员在行使职权时侵犯公民、法人和其他组织的合法权益造成损害的，该机关为赔偿义务机关。对公民采取拘留措施，依照本法的规定应当给予国家赔偿的，作出拘留决定的机关为赔偿义务机关。对公民采取逮捕措施后决定撤销案件、不起诉或者判决宣告无罪的，作出逮捕决定的机关为赔偿义务机关。故 A 错误。《国家赔偿法》第 17 条第 2 项规定，对公民采取逮捕措施后，决定撤销案件、不起诉或者判决宣告无罪终止追究刑事责任的，属于国家赔偿范围。故 B 错误。《国家赔偿法》第 12 条第 4 款规定，赔偿请求人当面递交申请书的，赔偿义务机关应当当场出具加盖本行政机关专用印章并注明收讫日期的书面凭证。申请材料不齐全的，赔偿义务机关应当当场或者在 5 日内一次性告知赔偿请求人需要补正的全部内容。故 C 正确。《国家赔偿法》第 24 条第 1、2 款规定，赔偿义务机关在规定期限内未作出是否赔偿的决定，赔偿请求人可以自期限届满之日起 30 日内向赔偿义务机关的上一级机关申请复议。赔偿请求人对赔偿的方式、项目、数额有异议的，或者赔偿义务机关作出不予赔偿决定的，赔偿请求人可以自赔偿义务机关作出赔偿或者不予赔偿决定之日起 30 日内，向赔偿义务机关的上一级机关申请复议。所以 D 错误。

# 第9天

乾坤能大，算蛟龙元不是池中物。

## 试 题

**1.** 甲以自己的名义，用家庭共有财产捐资设立以资助治疗麻风病为目的的基金会法人，由乙任理事长。后因对该病的防治工作卓有成效使其几乎绝迹，为实现基金会的公益性，现欲改变宗旨和目的。下列哪一选项是正确的？

A. 甲作出决定即可，因甲是创始人和出资人

B. 乙作出决定即可，因乙是法定代表人

C. 应由甲的家庭成员共同决定，因甲是用家庭共有财产捐资的

D. 应由基金会法人按照程序申请，经过上级主管部门批准

**2.** 张某和李某设立的甲公司伪造房产证，以优惠价格与乙企业（国有）签订房屋买卖合同，以骗取钱财。乙企业交付房款后，因甲公司不能交房而始知被骗。关于乙企业可以采取的民事救济措施，下列哪一选项是正确的？

A. 以甲公司实施欺诈损害国家利益为由主张合同无效

B. 只能请求撤销合同

C. 通过乙企业的主管部门主张合同无效

D. 可以请求撤销合同，也可以不请求撤销合同而要求甲公司承担违约责任

**3.** 甲公司与15周岁的网络奇才陈某签订委托合同，授权陈某为甲公司购买价值不超过50万元的软件。陈某的父母知道后，明确表示反对。关于委托合同和代理权授予的效力，下列哪一表述是正确的？

A. 均无效，因陈某的父母拒绝追认

B. 均有效，因委托合同仅需简单智力投入，不会损害陈某的利益，其父母是否追认并不重要

C. 是否有效，需确认陈某的真实意思，其父母拒绝追认，甲公司可向法院起诉请求确认委托合同的效力

D. 委托合同因陈某的父母不追认而无效，但代理权授予是单方法律行为，无需追认即有效

**4.** 甲与乙签订《协议》，由乙以自己名义代甲购房，甲全权使用房屋并获取收益。乙与开发商和银行分别签订了房屋买卖合同和贷款合同。甲把首付款和月供款给乙，乙再给开发商和银行，房屋登记在乙名下。后甲要求乙过户，乙主张是自己借款购房。下列哪一选项是正确的？

A. 甲有权提出更正登记

B. 房屋登记在乙名下，甲不得请求乙过户

C. 《协议》名为代购房关系，实为借款购房关系

D. 如乙将房屋过户给不知《协议》的丙，丙支付合理房款则构成善意取得

**5.** 甲将一套房屋转让给乙，乙再转让给丙，相继办理了房屋过户登记。丙翻建房屋时在地下挖出一瓷瓶，经查为甲的祖父埋藏，甲是其祖父唯一继承人。丙将该瓷瓶以市价卖给不知情的丁，双方钱物交割完毕。现甲、乙均向丙和丁主张权利。下列哪一选项是正确的？

A. 甲有权向丙请求损害赔偿

B. 乙有权向丙请求损害赔偿

C. 甲、乙有权主张丙、丁买卖无效

D. 丁善意取得瓷瓶的所有权

**6.** 甲乙为夫妻，共有一套房屋登记在甲名下。乙瞒着甲向丙借款100万元供个人使用，并将房屋抵押给丙。在签订抵押合同和办理抵押登记时乙冒用甲的名字签字。现甲主张借款和抵押均无效。下列哪一表述是正确的？

A. 抵押合同无效

B. 借款合同无效

C. 甲对100万元借款应负连带还款义务

D. 甲可请求撤销丙的抵押权

**7.** 乙欠甲货款，二人商定由乙将一块红木出质并签订质权合同。甲与丙签订委托合同授权丙代自己占有红木。乙将红木交付与丙。下列哪一说法是正确的？

A. 甲乙之间的担保合同无效

B. 红木已交付，丙取得质权

C. 丙经甲的授权而占有，甲取得质权

D. 丙不能代理甲占有红木，因而甲未取得质权

**8.** 甲去购买彩票，其友乙给甲10元钱让其顺便代购彩票，同时告知购买号码，并一再嘱咐甲不要改

变。甲预测乙提供的号码不能中奖，便擅自更换号码为乙购买了彩票并替乙保管。开奖时，甲为乙购买的彩票中了奖，二人为奖项归属发生纠纷。下列哪一分析是正确的？

A. 甲应获得该奖项，因按乙的号码无法中奖，甲、乙之间应类推适用借贷关系，由甲偿还乙10元

B. 甲、乙应平分该奖项，因乙出了钱，而甲更换了号码

C. 甲的贡献大，应获得该奖项之大部，同时按比例承担彩票购买款

D. 乙应获得该奖项，因乙是委托人

**9.** 甲与乙公司签订的房屋买卖合同约定："乙公司收到首期房款后，向甲交付房屋和房屋使用说明书；收到二期房款后，将房屋过户给甲。"甲交纳首期房款后，乙公司交付房屋但未立即交付房屋使用说明书。甲以此为由行使先履行抗辩权而拒不支付二期房款。下列哪一表述是正确的？

A. 甲的做法正确，因乙公司未完全履行义务

B. 甲不应行使先履行抗辩权，而应行使不安抗辩权，因乙公司有不能交付房屋使用说明书的可能性

C. 甲可主张解除合同，因乙公司未履行义务

D. 甲不能行使先履行抗辩权，因甲的付款义务与乙公司交付房屋使用说明书不形成主给付义务对应关系

**10.** 甲将房屋租给乙，在租赁期内未通知乙就把房屋出卖并过户给不知情的丙。乙得知后劝丙退出该交易，丙拒绝。关于乙可以采取的民事救济措施，下列哪一选项是正确的？

A. 请求解除租赁合同，因甲出卖房屋未通知乙，构成重大违约

B. 请求法院确认买卖合同无效

C. 主张由丙承担侵权责任，因丙侵犯了乙的优先购买权

D. 主张由甲承担赔偿责任，因甲出卖房屋未通知乙而侵犯了乙的优先购买权

**11.** 甲、乙两公司签订协议，约定甲公司向乙公司采购面包券。双方交割完毕，面包券上载明"不记名、不挂失，凭券提货"。甲公司将面包券转让给张某，后张某因未付款等原因被判处合同诈骗罪。面包券全部流入市场。关于协议和面包券的法律性质，下列哪一表述是正确的？

A. 面包券是一种物权凭证

B. 甲公司有权解除与乙公司的协议

C. 如甲公司通知乙公司停止兑付面包券，乙公司应停止兑付

D. 如某顾客以合理价格从张某处受让面包券，该顾客有权请求乙公司兑付

**12.** 方某、李某、刘某和张某签订借款合同，约定："方某向李某借款100万元，刘某提供房屋抵押，张某提供保证。"除李某外其他人都签了字。刘某先把房本交给了李某，承诺过几天再作抵押登记。李某交付100万元后，方某到期未还款。下列哪一选项是正确的？

A. 借款合同不成立

B. 方某应返还不当得利

C. 张某应承担保证责任

D. 刘某无义务办理房屋抵押登记

**13.** 刘某与甲房屋中介公司签订合同，委托甲公司帮助出售房屋一套。关于甲公司的权利义务，下列哪一说法是错误的？

A. 如有顾客要求上门看房时，甲公司应及时通知刘某

B. 甲公司可代刘某签订房屋买卖合同

C. 如促成房屋买卖合同成立，甲公司可向刘某收取报酬

D. 如促成房屋买卖合同成立，甲公司自行承担居间活动费用

**14.** 甲、乙合作创作了一部小说，后甲希望出版小说，乙无故拒绝。甲把小说上传至自己博客并保留了乙的署名。丙未经甲、乙许可，在自己博客中设置链接，用户点击链接可进入甲的博客阅读小说。丁未经甲、乙许可，在自己博客中转载了小说。戊出版社只经过甲的许可就出版了小说。下列哪一选项是正确的？

A. 甲侵害了乙的发表权和信息网络传播权

B. 丙侵害了甲、乙的信息网络传播权

C. 丁向甲、乙寄送了高额报酬，但其行为仍然构成侵权

D. 戊出版社侵害了乙的复制权和发行权

**15.** 甲、乙、丙、丁相约勤工俭学。下列未经著作权人同意使用他人受保护作品的哪一行为没有侵犯著作权？

A. 甲临摹知名绘画作品后廉价出售给路人

B. 乙收购一批旧书后廉价出租给同学

C. 丙购买一批正版录音制品后廉价出租给同学

D. 丁购买正版音乐CD后在自己开设的小餐馆播放

**16.** 2010年3月，甲公司将其研发的一种汽车零部件向国家有关部门申请发明专利。该专利申请于2011年9月公布，2013年7月3日获得专利权并公告。2011年2月，乙公司独立研发出相同零部件后，立即组织生产并于次月起持续销售给丙公司用于组装汽车。2012年10月，甲公司发现乙公司的销售行为。2015年6月，甲公司向法院起诉。下列哪一选项是正确的？

A. 甲公司可要求乙公司对其在2013年7月3日以前实施的行为支付赔偿费用

B. 甲公司要求乙公司支付适当费用的诉讼时效已过

C. 乙公司侵犯了甲公司的专利权

D. 丙公司没有侵犯甲公司的专利权

**17.** 佳普公司在其制造和出售的打印机和打印机墨盒产品上注册了“佳普”商标。下列未经该公司许可的哪一行为侵犯了“佳普”注册商标专用权？

A. 甲在店铺招牌中标有“佳普打印机专营”字样，只销售佳普公司制造的打印机

B. 乙制造并销售与佳普打印机兼容的墨盒，该墨盒上印有乙的名称和其注册商标“金兴”，但标有“本产品适用于佳普打印机”

C. 丙把购买的“佳普”墨盒装入自己制造的打印机后销售，该打印机上印有丙的名称和其注册商标“东升”，但标有“本产品使用佳普墨盒”

D. 丁回收墨水用尽的“佳普”牌墨盒，灌注廉价墨水后销售

**18.** 老夫妇王冬与张霞有一子王希、一女王楠，王希婚后育有一子王小力。王冬和张霞曾约定，自家的门面房和住房属于王冬所有。2012 年 8 月 9 日，王冬办理了公证遗嘱，确定门面房由张霞和王希共同继承。2013 年 7 月 10 日，王冬将门面房卖给他人并办理了过户手续。2013 年 12 月，王冬去世，不久王希也去世。关于住房和出售门面房价款的继承，下列哪一说法是错误的？

A. 张霞有部分继承权

B. 王楠有部分继承权

C. 王小力有部分继承权

D. 王小力对住房有部分继承权、对出售门面房的价款有全部继承权

**19.** 甲、乙、丙三家公司生产三种不同的化工产品，生产场地的排污口相邻。某年，当地大旱导致河水水位大幅下降，三家公司排放的污水混合发生化学反应，产生有毒物质致使河流下游丁养殖场的鱼类大量死亡。经查明，三家公司排放的污水均分别经过处理且符合国家排放标准。后丁养殖场向三家公司索赔。下列哪一选项是正确的？

A. 三家公司均无过错，不承担赔偿责任

B. 三家公司对丁养殖场的损害承担连带责任

C. 本案的诉讼时效是 2 年

D. 三家公司应按照污染物的种类、排放量等因素承担责任

**20.** 某洗浴中心大堂处有醒目提示语：“到店洗浴客人的贵重物品，请放前台保管”。甲在更衣时因地滑摔成重伤，并摔碎了手上价值 20 万元的定情信物玉镯。经查明：因该中心雇用的清洁工乙清洁不彻底，地面湿滑导致甲摔倒。下列哪一选项是正确的？

A. 甲应自行承担玉镯损失

B. 洗浴中心应承担玉镯的全部损失

C. 甲有权请求洗浴中心赔偿精神损害

D. 洗浴中心和乙对甲的损害承担连带责任

**21.** 甲的儿子乙（8 岁）因遗嘱继承了祖父遗产 10 万元。某日，乙玩耍时将另一小朋友丙的眼睛划伤。丙的监护人要求甲承担赔偿责任 2 万元。后法院查明，甲已尽到监护职责。下列哪一说法是正确的？

A. 因乙的财产足以赔偿丙，故不需用甲的财产赔偿

B. 甲已尽到监护职责，无需承担侵权责任

C. 用乙的财产向丙赔偿，乙赔偿后可在甲应承担的份额内向甲追偿

D. 应由甲直接赔偿，否则会损害被监护人乙的利益

**22.** 张某与潘某欲共同设立一家有限责任公司。关于公司的设立，下列哪一说法是错误的？

A. 张某、潘某签订公司设立书面协议可代替制定公司章程

B. 公司的注册资本可约定为 50 元人民币

C. 公司可以张某姓名作为公司名称

D. 张某、潘某二人可约定以潘某住所作为公司住所

**23.** 荣吉有限公司是一家商贸公司，刘壮任董事长，马姝任公司总经理。关于马姝所担任的总经理职位，下列哪一选项是正确的？

A. 担任公司总经理须经刘壮的聘任

B. 享有以公司名义对外签订合同的法定代理权

C. 有权制定公司的劳动纪律制度

D. 有权聘任公司的财务经理

**24.** 李桃是某股份公司发起人之一，持有 14%的股份。在公司成立后的两年多时间里，各董事之间矛盾不断，不仅使公司原定上市计划难以实现，更导致公司经营管理出现严重困难。关于李桃可采取的法律措施，下列哪一说法是正确的？

A. 可起诉各董事履行对公司的忠实义务和勤勉义务

B. 可同时提起解散公司的诉讼和对公司进行清算的诉讼

C. 在提起解散公司诉讼时，可直接要求法院采取财产保全措施

D. 在提起解散公司诉讼时，应以公司为被告

**25.** 甲公司是一家上市公司。关于该公司的独立董事制度，下列哪一表述是正确的？

A. 甲公司董事会成员中应当至少包括 1/3 的独立董事

B. 任职独立董事的，至少包括一名会计专业人士和一名法律专业人士

C. 除在甲公司外，各独立董事在其他上市公司同时兼任独立董事的，不得超过 5 家

D. 各独立董事不得直接或间接持有甲公司已发行的股份

**26.** 某普通合伙企业为内部管理与拓展市场的需要，决定聘请陈东为企业经营管理人。对此，下列哪一表述是正确的?

A. 陈东可以同时具有合伙人身份

B. 对陈东的聘任须经全体合伙人的一致同意

C. 陈东作为经营管理人，有权以合伙企业的名义对外签订合同

D. 合伙企业对陈东对外代表合伙企业权利的限制，不得对抗第三人

**27.** 李军退休后于2014年3月，以20万元加入某有限合伙企业，成为有限合伙人。后该企业的另一名有限合伙人退出，李军便成为唯一的有限合伙人。2014年6月，李军不幸发生车祸，虽经抢救保住性命，但已成为植物人。对此，下列哪一表述是正确的?

A. 就李军入伙前该合伙企业的债务，李军仅需以20万元为限承担责任

B. 如李军因负债累累而丧失偿债能力，该合伙企业有权要求其退伙

C. 因李军已成为植物人，故该合伙企业有权要求其退伙

D. 因唯一的有限合伙人已成为植物人，故该有限合伙企业应转为普通合伙企业

**28.** 关于破产重整的申请与重整期间，下列哪一表述是正确的?

A. 只有在破产清算申请受理后，债务人才能向法院提出重整申请

B. 重整期间为法院裁定债务人重整之日起至重整计划执行完毕时

C. 在重整期间，经债务人申请并经法院批准，债务人可在管理人监督下自行管理财产和营业事务

D. 在重整期间，就债务人所承租的房屋，即使租期已届至，出租人也不得请求返还

**29.** 甲从乙处购置一批家具，给乙签发一张金额为40万元的汇票。乙将该汇票背书转让给丙。丙请丁在该汇票上为“保证”记载并签章，随后又将其背书转让给戊。戊请求银行承兑时，被银行拒绝。对此，下列哪一选项是正确的?

A. 丁可以采取附条件保证方式

B. 若丁在其保证中未记载保证日期，则以出票日期为保证日期

C. 戊只有在向丙行使追索权遭拒绝后，才能向丁请求付款

D. 在丁对戊付款后，丁只能向丙行使追索权

**30.** 甲以自己为被保险人向某保险公司投保健康险，指定其子乙为受益人，保险公司承保并出具保单。两个月后，甲突发心脏病死亡。保险公司经调查发现，甲两年前曾做过心脏搭桥手术，但在填写投保单以及回答保险公司相关询问时，甲均未如实告知。对此，下列哪一表述是正确的?

A. 因甲违反如实告知义务，故保险公司对甲可主张违约责任

B. 保险公司有权解除保险合同

C. 保险公司即使不解除保险合同，仍有权拒绝乙的保险金请求

D. 保险公司虽可不必支付保险金，但须退还保险费

**31.** 某品牌手机生产商在手机出厂前预装众多程序，大幅侵占标明内存，某省消费者保护协会以侵害消费者知情权为由提起公益诉讼，法院受理了该案。下列哪一说法是正确的?

A. 本案应当由侵权行为地或者被告住所地中级法院管辖

B. 本案原告没有撤诉权

C. 本案当事人不可以和解，法院也不可以调解

D. 因该案已受理，购买该品牌手机的消费者甲若以前述理由诉请赔偿，法院不予受理

**32.** 某区法院审理原告许某与被告某饭店食物中毒纠纷一案。审前，法院书面告知许某合议庭由审判员甲、乙和人民陪审员丙组成时，许某未提出回避申请。开庭后，许某始知人民陪审员丙与被告法定代表人是亲兄弟，遂提出回避申请。关于本案的回避，下列哪一说法是正确的?

A. 许某可在知道丙与被告法定代表人是亲兄弟时提出回避申请

B. 法院对回避申请作出决定前，丙不停止参与本案审理

C. 应由审判长决定丙是否应回避

D. 法院作出回避决定后，许某可对此提出上诉

**33.** 李某驾车不慎追尾撞坏刘某轿车，刘某向法院起诉要求李某将车修好。在诉讼过程中，刘某变更诉讼请求，要求李某赔偿损失并赔礼道歉。针对本案的诉讼请求变更，下列哪一说法是正确的?

A. 该诉的诉讼标的同时发生变更

B. 法院应依法不允许刘某变更诉讼请求

C. 该诉成为变更之诉

D. 该诉仍属给付之诉

**34.** 赵某与刘某将共有商铺出租给陈某。刘某瞒着赵某，与陈某签订房屋买卖合同，将商铺转让给陈某，后因该合同履行发生纠纷，刘某将陈某诉至法院。赵某得知后，坚决不同意刘某将商铺让与陈某。关于本案相关人的诉讼地位，下列哪一说法是正确的?

A. 法院应依职权追加赵某为共同原告

B. 赵某应以刘某侵权起诉，陈某为无独立请求权第三人

C. 赵某应作为无独立请求权第三人

D. 赵某应作为有独立请求权第三人

**35.** 徐某开设打印设计中心并以自己名义登记领取了个体工商户营业执照，该中心未起字号。不久，徐某应征入伍，将该中心转让给同学李某经营，未办理工商变更登记。后该中心承接广告公司业务，款项已收却未能按期交货，遭广告公司起诉。下列哪一选项是本案的适格被告？

A. 李某

B. 李某和徐某

C. 李某和该中心

D. 李某、徐某和该中心

**36.** 下列哪一情形可以产生自认的法律后果？

A. 被告在答辩状中对原告主张的事实予以承认

B. 被告在诉讼调解过程中对原告主张的事实予以承认，但该调解最终未能成功

C. 被告认可其与原告存在收养关系

D. 被告承认原告主张的事实，但该事实与法院查明的事实不符

**37.** 张兄与张弟因遗产纠纷诉至法院，一审判决张兄胜诉。张弟不服，却在赴法院提交上诉状的路上被撞昏迷，待其经抢救苏醒时已超过上诉期限一天。对此，下列哪一说法是正确的？

A. 法律上没有途径可对张弟上诉权予以补救

B. 因意外事故耽误上诉期限，法院应依职权决定顺延期限

C. 张弟可在清醒后 10 日内，申请顺延期限，是否准许，由法院决定

D. 上诉期限为法定期间，张弟提出顺延期限，法院不应准许

**38.** 关于法院制作的调解书，下列哪一说法是正确的？

A. 经法院调解，老李和小李维持收养关系，可不制作调解书

B. 某夫妻解除婚姻关系的调解书生效后，一方以违反自愿为由可申请再审

C. 检察院对调解书的监督方式只能是提出检察建议

D. 执行过程中，达成和解协议的，法院可根据当事人的要求制作成调解书

**39.** 甲县法院受理居住在乙县的成某诉居住在甲县的罗某借款纠纷案。诉讼过程中，成某出差归途所乘航班失踪，经全力寻找仍无成某生存的任何信息，主管方宣布机上乘客不可能生还，成妻遂向乙县法院申请宣告成某死亡。对此，下列哪一说法是正确的？

A. 乙县法院应当将宣告死亡案移送至甲县法院审理

B. 借款纠纷案与宣告死亡案应当合并审理

C. 甲县法院应当裁定中止诉讼

D. 甲县法院应当裁定终结诉讼

**40.** 齐远、张红是夫妻，因感情破裂诉至法院离婚，提出解除婚姻关系、子女抚养、住房分割等诉讼请求。一审判决准予离婚并对子女抚养问题作出判决。齐远不同意离婚提出上诉。二审中，张红增加诉讼请求，要求分割诉讼期间齐远继承其父的遗产。下列哪一说法是正确的？

A. 一审漏判的住房分割诉讼请求，二审可调解，调解不成，发回重审

B. 二审增加的遗产分割诉讼请求，二审可调解，调解不成，发回重审

C. 住房和遗产分割的两个诉讼请求，二审可合并调解，也可一并发回重审

D. 住房和遗产分割的两个诉讼请求，经当事人同意，二审法院可一并裁判

**41.** 李云将房屋出售给王亮，后因合同履行发生争议，经双方住所地人民调解委员会调解，双方达成调解协议，明确王亮付清房款后，房屋的所有权归属王亮。为确保调解协议的效力，双方约定向法院提出司法确认申请，李云随即长期出差在外。下列哪一说法是正确的？

A. 本案系不动产交易，应向房屋所在地法院提出司法确认申请

B. 李云长期出差在外，王亮向法院提出确认申请，法院可受理

C. 李云出差两个月后，双方向法院提出确认申请，法院可受理

D. 本案的调解协议内容涉及物权确权，法院不予受理

**42.** 周立诉孙华人身损害赔偿案，一审法院适用简易程序审理，电话通知双方当事人开庭，孙华无故未到庭，法院缺席判决孙华承担赔偿周立医疗费。判决书生效后，周立申请强制执行，执行程序开始，孙华向一审法院提出再审申请。法院裁定再审，未裁定中止原判决的执行。关于本案，下列哪一说法是正确的？

A. 法院电话通知当事人开庭是错误的

B. 孙华以法院未传票通知其开庭即缺席判决为由，提出再审申请是符合法律规定的

C. 孙华应向二审法院提出再审申请，而不可向原一审法院申请再审

D. 法院裁定再审，未裁定中止原判决的执行是错误的

**43.** 甲向乙借款 20 万元，丙是甲的担保人，现已到偿还期限，经多次催讨未果，乙向法院申请支付令。法院受理并审查后，向甲送达支付令。甲在法定期间未提出异议，但以借款不成立为由向另一法院提起诉讼。关于本案，下列哪一说法是正确的？

A. 甲向另一法院提起诉讼，视为对支付令提出异议
B. 甲向另一法院提起诉讼，法院应裁定终结督促程序
C. 甲在法定期间未提出书面异议，不影响支付令效力
D. 法院发出的支付令，对丙具有拘束力

**44.** 甲乙双方合同纠纷，经仲裁裁决，乙须偿付甲货款 100 万元，利息 5 万元，分 5 期偿还。乙未履行该裁决。甲据此向法院申请执行，在执行过程中，双方达成和解协议，约定乙一次性支付货款 100 万元，甲放弃利息 5 万元并撤回执行申请。和解协议生效后，乙反悔，未履行和解协议。关于本案，下列哪些说法是正确的？

A. 对甲撤回执行的申请，法院裁定中止执行
B. 甲可向法院申请执行和解协议
C. 甲可以乙违反和解协议为由提起诉讼
D. 甲可向法院申请执行原仲裁裁决，法院恢复执行

**45.** 大成公司与华泰公司签订投资合同，约定了仲裁条款：如因合同效力和合同履行发生争议，由 A 仲裁委员会仲裁。合作中双方发生争议，大成公司遂向 A 仲裁委员会提出仲裁申请，要求确认投资合同无效。A 仲裁委员会受理。华泰公司提交答辩书称，如合同无效，仲裁条款当然无效，故 A 仲裁委员会无权受理本案。随即，华泰公司向法院申请确认仲裁协议无效，大成公司见状，向 A 仲裁委员会提出请求确认仲裁协议有效。关于本案，下列哪一说法是正确的？

A. A 仲裁委员会无权确认投资合同是否有效
B. 投资合同无效，仲裁条款即无效
C. 仲裁条款是否有效，应由法院作出裁定
D. 仲裁条款是否有效，应由 A 仲裁委员会作出决定

**46.** 自然人甲与乙签订了年利率为 30%、为期 1 年的 1000 万元借款合同。后双方又签订了房屋买卖合同，约定："甲把房屋卖给乙，房款为甲的借款本息之和。甲须在一年内以该房款分 6 期回购房屋。如甲不回购，乙有权直接取得房屋所有权。"乙交付借款时，甲出具收到全部房款的收据。后甲未按约定回购房屋，也未把房屋过户给乙。因房屋价格上涨至 3000 万元，甲主张偿还借款本息。下列哪些选项是正确的？

A. 甲乙之间是借贷合同关系，不是房屋买卖合同关系
B. 应在不超过银行同期贷款利率的四倍以内承认借款利息
C. 乙不能获得房屋所有权
D. 因甲未按约定偿还借款，应承担违约责任

**47.** 某旅游地的纪念品商店出售秦始皇兵马俑的复制品，价签标名为"秦始皇兵马俑"，2800 元一个。王某购买了一个，次日，王某以其购买的"秦始皇兵马俑"为复制品而非真品属于欺诈为由，要求该商店退货并赔偿。下列哪些表述是错误的？

A. 商店的行为不属于欺诈，真正的"秦始皇兵马俑"属于法律规定不能买卖的禁止流通物
B. 王某属于重大误解，可请求撤销买卖合同
C. 商店虽不构成积极欺诈，但构成消极欺诈，因其没有标明为复制品
D. 王某有权请求撤销合同，并可要求商店承担缔约过失责任

**48.** 甲向某银行贷款，甲、乙和银行三方签订抵押协议，由乙提供房产抵押担保。乙把房本交给银行，因登记部门原因导致银行无法办理抵押物登记。乙向登记部门申请挂失房本后换得新房本，将房屋卖给知情的丙并办理了过户手续。甲届期未还款，关于贷款、房屋抵押和买卖，下列哪些说法是正确的？

A. 乙应向银行承担违约责任
B. 丙应代为向银行还款
C. 如丙代为向银行还款，可向甲主张相应款项
D. 因登记部门原因未办理抵押登记，但银行占有房本，故取得抵押权

**49.** 2014 年 7 月 1 日，甲公司、乙公司和张某签订了《个人最高额抵押协议》，张某将其房屋抵押给乙公司，担保甲公司在一周前所欠乙公司货款 300 万元，最高债权额 400 万元，并办理了最高额抵押登记，债权确定期间为 2014 年 7 月 2 日到 2015 年 7 月 1 日。债权确定期间内，甲公司因从乙公司分批次进货，又欠乙公司 100 万元。甲公司未还款。关于有抵押担保的债权额和抵押权期间，下列哪些选项是正确的？

A. 债权额为 100 万元
B. 债权额为 400 万元
C. 抵押权期间为 1 年
D. 抵押权期间为主债权诉讼时效期间

**50.** 下列哪些情形下权利人可以行使留置权？

A. 张某为王某送货，约定货物送到后一周内支付运费。张某在货物运到后立刻要求王某支付运费被拒绝，张某可留置部分货物
B. 刘某把房屋租给方某，方某退租搬离时尚有部分租金未付，刘某可留置方某部分家具
C. 何某将丁某的行李存放在火车站小件寄存处，后丁某取行李时认为寄存费过高而拒绝支付，寄存处可留置该行李
D. 甲公司加工乙公司的机器零件，约定先付费后加工。付费和加工均已完成，但乙公司尚欠甲公司借款，甲公司可留置机器零件

**51.** 甲拾得乙的手机，以市价卖给不知情的丙并交付。丙把手机交给丁维修。修好后丙拒付部分维修费，丁将手机扣下。关于手机的占有状态，下列哪些选项是正确的？

A. 乙丢失手机后，由直接占有变为间接占有

B. 甲为无权占有、自主占有

C. 丙为无权占有、善意占有

D. 丁为有权占有、他主占有

**52.** 根据甲公司的下列哪些《承诺（保证）函》，如乙公司未履行义务，甲公司应承担保证责任？

A. 承诺："积极督促乙公司还款，努力将丙公司的损失降到最低"

B. 承诺："乙公司向丙公司还款，如乙公司无力还款，甲公司愿代为清偿"

C. 保证："乙公司实际投资与注册资金相符"。实际上乙公司实际投资与注册资金不符

D. 承诺："指定乙公司与丙公司签订保证合同"。乙公司签订了保证合同但拒不承担保证责任

**53.** 赵某从商店购买了一台甲公司生产的家用洗衣机，洗涤衣物时，该洗衣机因技术缺陷发生爆裂，叶轮飞出造成赵某严重人身损害并毁坏衣物。赵某的下列哪些诉求是正确的？

A. 商店应承担更换洗衣机或退货、赔偿衣物损失和赔偿人身损害的违约责任

B. 商店应按违约责任更换洗衣机或者退货，也可请求甲公司按侵权责任赔偿衣物损失和人身损害

C. 商店或者甲公司应赔偿因洗衣机缺陷造成的损害

D. 商店或者甲公司应赔偿物质损害和精神损害

**54.** 甲将其临街房屋和院子出租给乙作为汽车修理场所。经甲同意，乙先后两次自费扩建多间房屋作为烤漆车间。乙在又一次扩建报批过程中发现，甲出租的全部房屋均未经过城市规划部门批准，属于违章建筑。下列哪些选项是正确的？

A. 租赁合同无效

B. 因甲、乙对于扩建房屋都有过错，应分担扩建房屋的费用

C. 因甲未告知乙租赁物为违章建筑，乙可解除租赁合同

D. 乙可继续履行合同，待违章建筑被有关部门确认并影响租赁物使用时，再向甲主张违约责任

**55.** 郭某意外死亡，其妻甲怀孕两个月。郭某父亲乙与甲签订协议："如把孩子顺利生下来，就送十根金条给孩子。"当日乙把八根金条交给了甲。孩子顺利出生后，甲不同意由乙抚养孩子，乙拒绝交付剩余的两根金条，并要求甲退回八根金条。下列哪些选项是正确的？

A. 孩子为胎儿，不具备权利能力，故协议无效

B. 孩子已出生，故乙不得拒绝赠与

C. 八根金条已交付，故乙不得要求退回

D. 两根金条未交付，故乙有权不交付

**56.** 甲遗失其为乙保管的迪亚手表，为偿还乙，甲窃取丙的美茄手表和 4000 元现金。甲将美茄手表交乙，因美茄手表比迪亚手表便宜 1000 元，甲又从 4000 元中补偿乙 1000 元。乙不知甲盗窃情节。乙将美茄手表赠与丁，又用该 1000 元的一半支付某自来水公司水费，另一半购得某商场一件衬衣。下列哪些说法是正确的？

A. 丙可请求丁返还手表

B. 丙可请求甲返还 3000 元、请求自来水公司和商场各返还 500 元

C. 丙可请求乙返还 1000 元不当得利

D. 丙可请求甲返还 4000 元不当得利

**57.** 应出版社约稿，崔雪创作完成一部儿童题材小说《森林之歌》。为吸引儿童阅读，增添小说离奇色彩，作者使用笔名"吹雪"，特意将小说中的狗熊写成三只腿的动物。出版社编辑在核稿和编辑过程中，认为作者有笔误，直接将"吹雪"改为"崔雪"、将狗熊改写成四只腿的动物。出版社将《森林之歌》批发给书店销售。下列哪些说法是正确的？

A. 出版社侵犯了作者的修改权

B. 出版社侵犯了作者的保护作品完整权

C. 出版社侵犯了作者的署名权

D. 书店侵犯了作者的发行权

**58.** 甲公司获得一项智能手机显示屏的发明专利权后，将该技术以在中国大陆独占许可方式许可给乙公司实施。乙公司付完专利使用费并在销售含有该专利技术的手机过程中，发现丙公司正在当地电视台做广告宣传具有相同专利技术的手机，便立即通知甲公司起诉丙公司。法院受理该侵权纠纷后，丙公司在答辩期内请求宣告专利无效。下列哪些说法是错误的？

A. 乙公司获得的专利使用权是债权，在不通知甲公司的情况下不能直接起诉丙公司

B. 专利无效宣告前，丙公司侵犯了专利实施权中的销售权

C. 如专利无效，则专利实施许可合同无效，甲公司应返还专利使用费

D. 法院应中止专利侵权案件的审理

**59.** 河川县盛产荔枝，远近闻名。该县成立了河川县荔枝协会，申请注册了"河川"商标，核定使用在荔枝商品上，许可本协会成员使用。加入该荔枝协会的农户将有"河川"商标包装的荔枝批发给盛联超市销售。超市在销售该批荔枝时，在荔枝包装上还加贴了自己的注册商标"盛联"。下列哪些说法是正确的？

A. “河川”商标是集体商标
B. “河川”商标是证明商标
C. “河川”商标使用了县级以上行政区划名称，应被宣告无效
D. 盛联超市的行为没有侵犯商标权

**60.** 董楠（男）和申蓓（女）是美术学院同学，共同创作一幅油画作品《爱你一千年》。毕业后二人结婚育有一女。董楠染上吸毒恶习，未经申蓓同意变卖了《爱你一千年》，所得款项用于吸毒。因董楠恶习不改，申蓓在女儿不满1周岁时提起离婚诉讼。下列哪些说法是正确的？

A. 申蓓虽在分娩后1年内提出离婚，法院应予受理
B. 如调解无效，应准予离婚
C. 董楠出售《爱你一千年》侵犯了申蓓的物权和著作权
D. 对董楠吸毒恶习，申蓓有权请求离婚损害赔偿

**61.** 张某毕业要去外地工作，将自己贴身生活用品、私密照片及平板电脑等装箱交给甲快递公司运送。张某在箱外贴了“私人物品，严禁打开”的字条。张某到外地收到快递后察觉有异，经查实，甲公司工作人员李某曾翻看箱内物品，并损坏了平板电脑。下列哪些选项是正确的？

A. 甲公司侵犯了张某的隐私权
B. 张某可请求甲公司承担精神损害赔偿责任
C. 张某可请求甲公司赔偿平板电脑的损失
D. 张某可请求甲公司和李某承担连带赔偿责任

**62.** 关于动物致害侵权责任的说法，下列哪些选项是正确的？

A. 甲8周岁的儿子翻墙进入邻居院中玩耍，被院内藏獒咬伤，邻居应承担侵权责任
B. 小学生乙和丙放学途经养狗的王平家，丙故意逗狗，狗被激怒咬伤乙，只能由丙的监护人对乙承担侵权责任
C. 丁下夜班回家途经邻居家门时，未看到邻居饲养的小猪趴在路上而绊倒摔伤，邻居应承担侵权责任
D. 戊带女儿到动物园游玩时，动物园饲养的老虎从破损的虎笼蹿出将戊女儿咬伤，动物园应承担侵权责任

**63.** 张某、李某为甲公司的股东，分别持股65%与35%，张某为公司董事长。为谋求更大的市场空间，张某提出吸收合并乙公司的发展战略。关于甲公司的合并行为，下列哪些表述是正确的？

A. 只有取得李某的同意，甲公司内部的合并决议才能有效
B. 在合并决议作出之日起15日内，甲公司须通知其债权人
C. 债权人自接到通知之日起30日内，有权对甲公司的合并行为提出异议
D. 合并乙公司后，甲公司须对原乙公司的债权人负责

**64.** 2015年6月，刘璋向顾谐借款50万元用来炒股，借期1个月，结果恰遇股市动荡，刘璋到期不能还款。经查明，刘璋为某普通合伙企业的合伙人，持有44%的合伙份额。对此，下列哪些说法是正确的？

A. 顾谐可主张以刘璋自该合伙企业中所分取的收益来清偿债务
B. 顾谐可主张对刘璋合伙份额进行强制执行
C. 对刘璋的合伙份额进行强制执行时，其他合伙人不享有优先购买权
D. 顾谐可直接向合伙企业要求对刘璋进行退伙处理，并以退伙结算所得来清偿债务

**65.** 君平昌成律师事务所是一家采取特殊普通合伙形式设立的律师事务所，曾君、郭昌是其中的两名合伙人。在一次由曾君主办、郭昌辅办的诉讼代理业务中，因二人的重大过失而泄露客户商业秘密，导致该所对客户应承担巨额赔偿责任。关于该客户的求偿，下列哪些说法是正确的？

A. 向该所主张全部赔偿责任
B. 向曾君主张无限连带赔偿责任
C. 向郭昌主张补充赔偿责任
D. 向该所其他合伙人主张连带赔偿责任

**66.** A公司因经营不善，资产已不足以清偿全部债务，经申请进入破产还债程序。关于破产债权的申报，下列哪些表述是正确的？

A. 甲对A公司的债权虽未到期，仍可以申报
B. 乙对A公司的债权因附有条件，故不能申报
C. 丙对A公司的债权虽然诉讼未决，但丙仍可以申报
D. 职工丁对A公司的伤残补助请求权，应予以申报

**67.** 关于支票的表述，下列哪些选项是正确的？

A. 现金支票在其正面注明后，可用于转账
B. 支票出票人所签发的支票金额不得超过其付款时在付款人处实有的存款金额
C. 支票上不得另行记载付款日期，否则该记载无效
D. 支票上未记载收款人名称的，该支票无效

**68.** 张某手头有一笔闲钱欲炒股，因对炒股不熟便购买了某证券投资基金。关于张某作为基金份额持有人所享有的权利，下列哪些表述是正确的？

A. 按份额享有基金财产收益
B. 参与分配清算后的剩余基金财产
C. 可回赎但不能转让所持有的基金份额
D. 可通过基金份额持有人大会来更换基金管理人

**69.** 潘某请好友刘某观赏自己收藏的一件古玩，不料刘某一时大意致其落地摔毁。后得知，潘某已在甲保险公司就该古玩投保了不足额财产险。关于本案，下列哪些表述是正确的？

A. 潘某可请求甲公司赔偿全部损失

B. 若刘某已对潘某进行全部赔偿，则甲公司可拒绝向潘某支付保险赔偿金

C. 甲公司对潘某赔偿保险金后，在向刘某行使保险代位求偿权时，既可以自己的名义，也可以潘某的名义

D. 若甲公司支付的保险金不足以弥补潘某的全部损失，则就未取得赔偿的部分，潘某对刘某仍有赔偿请求权

**70.** 张志军与邻居王昌因琐事发生争吵并相互殴打，之后，张志军诉至法院要求王昌赔偿医药费等损失共计3000元。在举证期限届满前，张志军向法院申请事发时在场的方强（26岁）、路芳（30岁）、蒋勇（13岁）出庭作证，法院准其请求。开庭时，法院要求上列证人签署保证书，方强签署了保证书，路芳拒签保证书，蒋勇未签署保证书。法院因此允许方强、蒋勇出庭作证，未允许路芳出庭作证。张志军在开庭时向法院提供了路芳的书面证言，法院对该证言不同意组织质证。关于本案，法院的下列哪些做法是合法的？

A. 批准张志军要求事发时在场人员出庭作证的申请

B. 允许蒋勇出庭作证

C. 不允许路芳出庭作证

D. 对路芳的证言不同意组织质证

**71.** 李根诉刘江借款纠纷一案在法院审理，李根申请财产保全，要求法院扣押刘江向某小额贷款公司贷款时质押给该公司的两块名表。法院批准了该申请，并在没有征得该公司同意的情况下采取保全措施。对此，下列哪些选项是错误的？

A. 一般情况下，某小额贷款公司保管的两块名表应交由法院保管

B. 某小额贷款公司因法院采取保全措施而丧失了对两块名表的质权

C. 某小额贷款公司因法院采取保全措施而丧失了对两块名表的优先受偿权

D. 法院可以不经某小额贷款公司同意对其保管的两块名表采取保全措施

**72.** 甲公司生产的“晴天牌”空气清新器销量占据市场第一，乙公司见状，将自己生产的同类型产品注册成“清天牌”，并全面仿照甲公司产品，使消费者难以区分。为此，甲公司欲起诉乙公司侵权，同时拟申请诉前禁令，禁止乙公司销售该产品。关于诉前保全，下列哪些选项是正确的？

A. 甲公司可向有管辖权的法院申请采取保全措施，并应当提供担保

B. 甲公司可向被申请人住所地法院申请采取保全措施，法院受理后，须在48小时内作出裁定

C. 甲公司可向有管辖权的法院申请采取保全措施，并应当在30天内起诉

D. 甲公司如未在规定期限内起诉，保全措施自动解除

**73.** 章俊诉李泳借款纠纷案在某县法院适用简易程序审理。县法院判决后，章俊上诉，二审法院以事实不清为由发回重审。县法院征得当事人同意后，适用简易程序重审此案。在答辩期间，李泳提出管辖权异议，县法院不予审查。案件开庭前，章俊增加了诉讼请求，李泳提出反诉，县法院受理了章俊提出的增加诉讼请求，但以重审不可提出反诉为由拒绝受理李泳的反诉。关于本案，该县法院的下列哪些做法是正确的？

A. 征得当事人同意后，适用简易程序重审此案

B. 对李泳提出的管辖权异议不予审查

C. 受理章俊提出的增加诉讼请求

D. 拒绝受理李泳的反诉

**74.** 郑飞诉万雷侵权纠纷一案，虽不属于事实清楚、权利义务关系明确、争议不大的案件，但双方当事人约定适用简易程序进行审理，法院同意并以电子邮件的方式向双方当事人通知了开庭时间（双方当事人均未回复）。开庭时被告万雷无正当理由不到庭，法院作出了缺席判决。送达判决书时法院通过各种方式均未联系上万雷，遂采取了公告送达方式送达了判决书。对此，法院下列的哪些行为是违法的？

A. 同意双方当事人的约定，适用简易程序对案件进行审理

B. 以电子邮件的方式向双方当事人通知开庭时间

C. 作出缺席判决

D. 采取公告方式送达判决书

**75.** 甲公司财务室被盗，遗失金额为80万元的汇票一张。甲公司向法院申请公示催告，法院受理后即通知支付人A银行停止支付，并发出公告，催促利害关系人申报权利。在公示催告期间，甲公司按原计划与材料供应商乙企业签订购货合同，将该汇票权利转让给乙企业作为付款。公告期满，无人申报，法院即组成合议庭作出判决，宣告该汇票无效。关于本案，下列哪些说法是正确的？

A. A银行应当停止支付，直至公示催告程序终结

B. 甲公司将该汇票权利转让给乙企业的行为有效

C. 甲公司若未提出申请，法院可以作出宣告该汇票无效的判决

D. 法院若判决宣告汇票无效，应当组成合议庭

**甲公司、乙公司签订的《合作开发协议》约定，合作开发的A区房屋归甲公司、B区房屋归乙公司。乙公司与丙公司签订《委托书》，委托丙公司对外销售房屋。《委托书》中委托人签字盖章处有乙公司盖章和法定代表人王某签字，王某同时也是甲公司法定代表人。张某查看《合作开发协议》和《委托书》后，与丙公司签订《房屋预订合同》，约定："张某向丙公司预付房款30万元，购买A区房屋一套。待取得房屋预售许可证后，双方签订正式合同。"丙公司将房款用于项目投资，全部亏损。后王某向张某出具《承诺函》：如张某不闹事，将协调甲公司卖房给张某。但甲公司取得房屋预售许可后，将A区房屋全部卖与他人。张某要求甲公司、乙公司和丙公司退回房款。张某与李某签订《债权转让协议》，将该债权转让给李某，通知了甲、乙、丙三公司。因李某未按时支付债权转让款，张某又将债权转让给方某，也通知了甲、乙、丙三公司。**

请回答第76—78题。

**76.** 关于《委托书》和《承诺函》，下列说法正确的是：

A. 乙公司是委托人

B. 乙公司和王某是共同委托人

C. 甲公司、乙公司和王某是共同委托人

D. 《承诺函》不产生法律行为上的效果

**77.** 关于《房屋预订合同》，下列说法正确的是：

A. 无效

B. 对于甲公司而言，丙公司构成无权处分

C. 对于乙公司而言，丙公司构成有效代理

D. 对于张某而言，丙公司构成表见代理

**78.** 关于30万元预付房款，下列表述正确的是：

A. 由丙公司退给李某

B. 由乙公司和丙公司退给李某

C. 由丙公司退给方某

D. 由乙公司和丙公司退给方某

**顺风电器租赁公司将一台电脑出租给张某，租期为2年。在租赁期间内，张某谎称电脑是自己的，分别以市价与甲、乙、丙签订了三份电脑买卖合同并收取了三份价款，但张某把电脑实际交付给了乙。后乙的这台电脑被李某拾得，因暂时找不到失主，李某将电脑出租给王某获得很高收益。王某租用该电脑时出了故障，遂将电脑交给康成电脑维修公司维修。王某和李某就维修费的承担发生争执。康成公司因未收到修理费而将电脑留置，并告知王某如7天内不交费，将变卖电脑抵债。李某听闻后，于当日潜入康成公司偷回电脑。**

请回答第79—81题。

**79.** 关于张某与甲、乙、丙的合同效力，下列选项正确的是：

A. 张某非电脑所有权人，其出卖为无权处分，与甲、乙、丙签订的合同无效

B. 张某是合法占有人，其与甲、乙、丙签订的合同有效

C. 乙接受了张某的交付，取得电脑所有权

D. 张某不能履行对甲、丙的合同义务，应分别承担违约责任

**80.** 如乙请求李某返还电脑和所获利益，下列说法正确的是：

A. 李某向乙返还所获利益时，应以乙所受损失为限

B. 李某应将所获利益作为不当得利返还给乙，但可以扣除支出的必要费用

C. 乙应以所有权人身份而非不当得利债权人身份请求李某返还电脑

D. 如李某拒绝返还电脑，需向乙承担侵权责任

**81.** 关于康成公司的民事权利，下列说法正确的是：

A. 王某在7日内未交费，康成公司可变卖电脑并自己买下电脑

B. 康成公司曾享有留置权，但当电脑被偷走后，丧失留置权

C. 康成公司可请求李某返还电脑

D. 康成公司可请求李某支付电脑维修费

**甲、乙、丙三人共同商定出资设立一家普通合伙企业，其中约定乙以其所有房屋的使用权出资，企业的财务由甲负责。2015年4月，该合伙企业亏损巨大。5月，见股市大涨，在丙不知情的情况下，甲与乙直接将企业账户中的400万元资金，以企业名义委托给某投资机构来进行股市投资。同时，乙自己也将上述房屋以600万元变卖并过户给丁，房款全部用来炒股。至6月下旬，投入股市资金所剩无几。丙得知情况后突发脑溢血死亡。**

请回答第82—84题。

**82.** 关于甲、乙将400万元资金委托投资股市的行为，下列说法正确的是：

A. 属于无权处分行为

B. 属于改变合伙企业经营范围的行为

C. 就委托投资失败，甲、乙应负连带赔偿责任

D. 就委托投资失败，该受托的投资机构须承担连带责任

**83.** 关于乙将房屋出卖的行为，下列选项正确的是：

A. 构成无权处分行为

B. 丁取得该房屋所有权

C. 丁无权要求合伙企业搬出该房屋

D. 乙对合伙企业应承担违约责任

**84.** 假设丙有继承人戊，则就戊的权利，下列说法错误的是：

A. 自丙死亡之时起，戊即取得该合伙企业的合伙人资格

B. 因合伙企业账面上已处于亏损状态，戊可要求解散合伙企业并进行清算

C. 就甲委托投资股市而失败的行为，戊可直接向甲主张赔偿

D. 就乙出卖房屋而给企业造成的损失，戊可直接向乙主张赔偿

**主要办事机构在 A 县的五环公司与主要办事机构在 B 县的四海公司于 C 县签订购货合同，约定：货物交付地在 D 县；若合同的履行发生争议，由原告所在地或者合同签订地的基层法院管辖。现五环公司起诉要求四海公司支付货款。四海公司辩称已将货款交给五环公司业务员付某。五环公司承认付某是本公司业务员，但认为其无权代理本公司收取货款，且付某也没有将四海公司声称的货款交给本公司。四海公司向法庭出示了盖有五环公司印章的授权委托书，证明付某有权代理五环公司收取货款，但五环公司对该授权书的真实性不予认可。根据案情，法院依当事人的申请通知付某参加（参与）了诉讼。**

**请回答第 85—87 题。**

**85.** 对本案享有管辖权的法院包括：

A. A 县法院　　B. B 县法院

C. C 县法院　　D. D 县法院

**86.** 本案需要由四海公司承担证明责任的事实包括：

A. 四海公司已经将货款交付给了五环公司业务员付某

B. 付某是五环公司业务员

C. 五环公司授权付某代理收取货款

D. 付某将收取的货款交到五环公司

**87.** 根据案情和法律规定，付某参加（参与）诉讼，在诉讼中所居地位是：

A. 共同原告

B. 共同被告

C. 无独立请求权第三人

D. 证人

**张山承租林海的商铺经营饭店，因拖欠房租被诉至饭店所在地甲法院，法院判决张山偿付林海房租及利息，张山未履行判决。经律师调查发现，张山除所居住房以外，其名下另有一套房屋，林海遂向该房屋所在地乙法院申请执行。乙法院对该套房屋进行查封拍卖。执行过程中，张山前妻宁虹向乙法院提出书面异议，称两人离婚后该房屋已由丙法院判决归其所有，目前尚未办理房屋变更登记手续。**

**请回答第 88—90 题。**

**88.** 对于宁虹的异议，乙法院的正确处理是：

A. 应当自收到异议之日起 15 日内审查

B. 若异议理由成立，裁定撤销对该房屋的执行

C. 若异议理由不成立，裁定驳回

D. 应当告知宁虹直接另案起诉

**89.** 如乙法院裁定支持宁虹的请求，林海不服提出执行异议之诉，有关当事人的诉讼地位是：

A. 林海是原告，张山是被告，宁虹是第三人

B. 林海和张山是共同原告，宁虹是被告

C. 林海是原告，张山和宁虹是共同被告

D. 林海是原告，宁虹是被告，张山视其态度而定

**90.** 乙法院裁定支持宁虹的请求，林海提出执行异议之诉，下列说法可成立的是：

A. 林海可向甲法院提起执行异议之诉

B. 如乙法院审理该案，应适用普通程序

C. 宁虹应对自己享有涉案房屋所有权承担证明责任

D. 如林海未对执行异议裁定提出诉讼，张山可以提出执行异议之诉

## 参考答案与解析

**1. D。**《民法典》第 87 条规定，为公益目的或者其他非营利目的成立，不向出资人、设立人或者会员分配所取得利润的法人，为非营利法人。非营利法人包括事业单位、社会团体、基金会、社会服务机构等。《民法典》第 92 条第 1 款规定，具备法人条件，为公益目的以捐助财产设立的基金会、社会服务机构等，经依法登记成立，取得捐助法人资格。本题中的基金会即属于我国法上的捐助法人。此外，依《基金会管理条例》第 10 条规定，基金会章程是基金会登记的必备事项，而基金会章程必须明确基金会的公益性质，应当载明设立宗旨和公益活动的业务范围；再依《基金会管理条例》第 15 条规定，基金会的登记事项需要变更的，应当向登记管理机关申请变更登记。基金会修改章程，应当征得其业务主管单位的同意，并报登记管理机关核准。综上，D 为正确选项。

**2. D。**《民法典》第 148 条规定，一方以欺诈手段，使对方在违背真实意思的情况下实施的民事法律行为，受欺诈方有权请求人民法院或者仲裁机构予以撤销。本题中，甲公司与乙公司订立的合同中存在明显的欺诈，是可撤销合同，而不是无效合同。故本题中，AC 错误。可撤销的合同，在撤销之前是有效的，撤销权人只要没有行使撤销权，则合同就应当按照原来的内容来履行，如果不能履行的，则应当依据合同约定承担违约责任。故 B 错误，D 正确。

**3. D。**根据《民法典》第 145 条，限制民事行为能力人订立的合同，经法定代理人追认后，该合同

有效，但纯获利益的合同或者与其年龄、智力、精神健康状况相适应而订立的合同，不必经法定代理人追认。本题中，陈某属于限制民事行为能力人，标的价值为50万元的合同明显与其年龄、智力不相适应，而作为其法定代理人的陈某的父母知道后，明确表示反对，故该委托合同无效。据此，本题BC均错误。《民法典》第162条规定，代理人在代理权限内，以被代理人名义实施的民事法律行为，对被代理人发生效力。通说认为授予代理权的行为是单方行为，仅凭被代理人授权的意思表示即可发生效力，无需追认，故A错误，D正确。

**4. A**。本题中，《协议》的内容本身是明确的，就是房屋代购协议，不是借款购房关系。故C错误。《民法典》第220条第1款规定，权利人、利害关系人认为不动产登记簿记载的事项错误的，可以申请更正登记。不动产登记簿记载的权利人书面同意更正或者有证据证明登记确有错误的，登记机构应当予以更正。故A正确。根据甲乙之间房屋代购协议的内容，甲有权请求乙进行过户登记，如乙不办理过户登记，构成违约。故B错误。《民法典》第209条第1款规定，不动产物权的设立、变更、转让和消灭，经依法登记，发生效力；未经登记，不发生效力，但是法律另有规定的除外。现在房屋登记在乙的名下，尽管甲乙之间有代购房屋的协议，但对于登记在乙名下的房屋，乙此时若将房屋出卖，应当认定为是有权处分。丙的取得应当是继受取得。故D错误。

**5. A**。本题中，甲将一套房屋转让给乙，乙再转让给丙，相继办理了房屋过户登记。丙翻建房屋时在地下挖出一瓷瓶，经查为甲的祖父埋藏，甲是其祖父唯一继承人，由此可知该瓷瓶应为甲所有，丙将该瓷瓶以市价卖给不知情的丁的行为属于无权处分，但不能因此就可以否定丙、丁买卖合同的效力，据此，C错误。《民法典》第311条规定，无处分权人将不动产或者动产转让给受让人的，所有权人有权追回；除法律另有规定外，符合下列情形的，受让人取得该不动产或者动产的所有权：（1）受让人受让该不动产或者动产时是善意；（2）以合理的价格转让；（3）转让的不动产或者动产依照法律规定应当登记的已经登记，不需要登记的已经交付给受让人。受让人依据前款规定取得不动产或者动产的所有权的，原所有权人有权向无处分权人请求损害赔偿。当事人善意取得其他物权的，参照适用前两款规定。本题中，尽管丁不知情，但从题干所给信息无法认定丁必然属于善意，因为交易场所等可以作为善意与否的判断因素在题干中并未给出，所以不能从现有信息中得出丁可以善意取得瓷瓶的结论。故D错误。甲为瓷瓶的原所有人，乙不是，所以只有甲有权要求无权处分人丙赔偿损失，故B错误。综上可知只有A正确。

**6. D**。由于本题中抵押房屋属于甲乙夫妻共有但登记在甲名下，所以乙瞒着甲冒用甲的名字签字签订抵押合同、办理抵押登记的行为均非甲的意思表示，原则上对甲均不生效力，但乙丙之间的抵押合同有效，A错误。《民法典》第667条规定，借款合同是借款人向贷款人借款，到期返还借款并支付利息的合同。无论抵押效力如何，因为抵押合同是从合同，其是否有效不影响借款合同的效力，题干中没有关于会导致借款合同无效的信息，故B错误。《民法典》第1064条规定，夫妻双方共同签名或者夫妻一方事后追认等共同意思表示所负的债务，以及夫妻一方在婚姻关系存续期间以个人名义为家庭日常生活需要所负的债务，属于夫妻共同债务。夫妻一方在婚姻关系存续期间以个人名义超出家庭日常生活需要所负的债务，不属于夫妻共同债务；但是，债权人能够证明该债务用于夫妻共同生活、共同生产经营或者基于夫妻双方共同意思表示的除外。本题中，题干已经明确为乙借款供个人使用，所以本题中甲对100万元借款不负连带还款义务，故C错误。综上，D正确。

**7. C**。《民法典》第215条规定，当事人之间订立有关设立、变更、转让和消灭不动产物权的合同，除法律另有规定或者当事人另有约定外，自合同成立时生效。所以本题中，甲乙之间的担保合同自质权合同成立时生效，故A错误。《民法典》第429条规定，质权自出质人交付质押财产时设立。占有红木并非只能由本人亲自进行的行为。本题中，甲与丙签订委托合同授权丙代自己占有红木，乙将红木交付于丙，此时，甲为占有人，丙为占有辅助人，即在乙将红木交付与丙时，甲即取得该红木的占有，自此取得质权。据此，BD错误，C正确。

**8. D**。《民法典》第919条规定，委托合同是委托人和受托人约定，由受托人处理委托人事务的合同。《民法典》第927条规定，受托人处理委托事务取得的财产，应当转交给委托人。本题中，甲去购买彩票，其友乙给甲10元钱让其顺便代购彩票，同时告知购买号码，并一再嘱咐甲不要改变，甲的行为属于代理权授予行为，此时甲乙成立代理关系。甲预测乙提供的号码不能中奖，便擅自更换号码为乙购买了彩票并替乙保管，此时甲的行为属于无权代理。依《民法典》第171条第1款规定，行为人没有代理权、超越代理权或者代理权终止后，仍然实施代理行为，未经被代理人追认，对被代理人不发生效力。现本题中乙主张奖项，说明其追认甲的行为，故奖项应该归乙。由此，D正确。

**9. D**。《民法典》第526条规定，当事人互负债务，有先后履行顺序，应当先履行债务一方未履行的，后履行一方有权拒绝其履行请求。先履行一方履行债务不符合约定的，后履行一方有权拒绝其相应的履行请求。根据《民法典》第527条，应当先履行债务的当事人，有证据证明对方有法定情形的，可以中止履行。这两个条文分别为先履行抗辩权和不安抗辩权的规定，前者是后履行义务一方的抗辩权，后者是先履行义务一方的抗辩权。本题中，相对于房屋使用说明书和二期房款的交付义务，甲是后履行一方，所以不可以行使不安抗辩权，故 B 错误。行使先履行抗辩权的条件是在双务合同中，先履行一方没有履行对待给付义务，而本题中甲的付款义务与乙公司交付房屋的义务才是对待给付义务，与乙公司交付房屋使用说明书非对待给付义务，所以甲也不可以行使先履行抗辩权，故 A 错误，D 正确。《民法典》第 563 条第 1 款第 3、4 项规定，当事人一方迟延履行主要债务，经催告后在合理期限内仍未履行，或者当事人一方迟延履行债务或者有其他违约行为致使不能实现合同目的，当事人可以解除合同。本题中，不具备甲解除合同的条件，故 C 错误。

**10. D**。《民法典》第 726 条规定，出租人出卖租赁房屋的，应当在出卖之前的合理期限内通知承租人，承租人享有以同等条件优先购买的权利；但是，房屋按份共有人行使优先购买权或者出租人将房屋出卖给近亲属的除外。出租人履行通知义务后，承租人在 15 日内未明确表示购买的，视为承租人放弃优先购买权。《民法典》第 728 条规定，出租人未通知承租人或者有其他妨害承租人行使优先购买权情形的，承租人可以请求出租人承担赔偿责任。但是，出租人与第三人订立的房屋买卖合同的效力不受影响。本题中，甲将房屋租给乙，在租赁期内未通知乙就把房屋出卖并过户给不知情的丙，所以承租人乙有权以优先购买权被侵害为由请求出租人甲承担赔偿责任，但无权请求法院确认买卖合同无效。故 AB 错误，D 正确。本题中丙是善意购买房屋并已经办理登记手续的第三人，不构成侵权，故 C 错误。

**11. D**。本题中，持有面包券并不意味着对某些特定的面包享有支配权，只是享有请求义务人乙依面包券给付面包的权利，所以面包券不是物权凭证，而是债权凭证，故 A 错误。《民法典》第 545 条规定，债权人可以将债权的全部或者部分转让给第三人，但是有下列情形之一的除外：（1）根据债权性质不得转让；（2）按照当事人约定不得转让；（3）依照法律规定不得转让。当事人约定非金钱债权不得转让的，不得对抗善意第三人。当事人约定金钱债权不得转让的，不得对抗第三人。甲和张某之间买卖面包券的行为实际上属于债权转让，在甲公司将面包券转让给张某后，甲公司已经退出原甲乙之间的法律关系，张某成为乙公司的债权人，在张某将面包券进一步流入市场后，取得面包券的新的受让人成为乙公司的债权人，有权要求乙公司依面包券兑付，而甲既不能以张某未付款而解除与乙公司的协议，也不能要求乙公司停止兑付面包券，故 BC 均错误。综上，只有 D 正确。

**12. C**。《民法典》第 490 条第 1 款规定，当事人采用合同书形式订立合同的，自当事人均签名、盖章或者按指印时合同成立。在签名、盖章或者按指印之前，当事人一方已经履行主要义务，对方接受时，该合同成立。本题中，方某、李某、刘某和张某签订借款合同，虽然李某未签字，但李某交付方某 100 万元，方某也接受，此时合同成立，方某接受款项有法律依据，也不构成不当得利，到期方某有依借款合同返还借款的义务。故 AB 均错误。张某签字即意味着保证合同生效，在债务人方某不履行债务的情况下，张某应承担保证责任，故 C 正确。依据《民法典》第 402 条，以房屋设定抵押权的，抵押权自登记时设立，但依《民法典》第 215 条规定，未经登记并不影响抵押合同的效力，而抵押合同的效力即债权人有权要求抵押人办理抵押登记，故 D 错误。

**13. B**。《民法典》第 962 条第 1 款规定，中介人应当就有关订立合同的事项向委托人如实报告。故 A 正确。中介合同的中介人不介入当事人的合同，所以本题中甲作为中介人不可以代刘某签订房屋买卖合同，故 B 错误。《民法典》第 963 条规定，中介人促成合同成立的，委托人应当按照约定支付报酬。对中介人的报酬没有约定或者约定不明确，依据本法第 510 条的规定仍不能确定的，根据中介人的劳务合理确定。因中介人提供订立合同的媒介服务而促成合同成立的，由该合同的当事人平均负担中介人的报酬。中介人促成合同成立的，中介活动的费用，由中介人负担。据此，CD 正确。因为本题为选非题，所以 B 当选。

**14. C**。本题中，甲乙合作创作的作品为合作作品。依《著作权法》第 14 条第 2 款规定，合作作品的著作权由合作作者通过协商一致行使；不能协商一致，又无正当理由的，任何一方不得阻止他方行使除转让、许可他人专有使用、出质以外的其他权利，但是所得收益应当合理分配给所有合作作者。所以，无论是甲把小说上传至自己博客并保留了乙的署名，还是经甲同意后的戊出版社的将小说出版，均不侵害乙的著作权，故 AD 错误。依《信息网络传播权保护条例》和《最高人民法院关于审理侵害信息网络传播权民事纠纷案件适用法律若干问题的规定》的规定，仅提供网络链接不侵害著作权，但明知被链接的网页是侵权网页而提供链接的，则构成侵权。由此可知丙的行为不构成侵权，但丁的行为构成侵权。故 C 正确，B 错误。

**15. B**。A 中的临摹作品属于复制，是比较直接的侵权行为。B 中图书作者的著作权中没有出租权，故不侵犯著作权。依《著作权法》第 52 条规定，除《著作权法》另有规定外，未经视听作品、计算机软件、录音录像制品的著作权人、表演者或者录音录像制作者许可，出租其作品或者录音录像制品的原件或者复制件的，以及未经表演者许可，从现场直播或者公开传送其现场表演，或者录制其表演的，均属于侵权行为，但前者侵犯的是著作邻接权，后者侵犯的是著作权人的机械表演权。综上，本题B为正确选项。

**16. C**。《专利法》第74条规定，侵犯专利权的诉讼时效为3年，自专利权人或者利害关系人知道或者应当知道侵权行为以及侵权人之日起计算。发明专利申请公布后至专利权授予前使用该发明未支付适当使用费的，专利权人要求支付使用费的诉讼时效为3年，自专利权人知道或者应当知道他人使用其发明之日起计算，但是，专利权人于专利权授予之日前即已知道或者应当知道的，自专利权授予之日起计算。所以，甲公司要求乙公司支付适当费用的诉讼时效未届满，故C正确，AB错误。根据《专利法》第77条，为生产经营目的使用、许诺销售或者销售不知道是未经专利权人许可而制造并售出的专利侵权产品，构成侵权，但能证明该产品合法来源的，不承担赔偿责任。据此，D错误。

**17. D**。根据《商标法》第57条以及《商标法实施条例》第75、76条规定，本题中ABC均为合法正常的销售行为，不属于侵犯注册商标专用权，但D中丁的行为属于侵犯注册商标专用权的行为。故D当选。

**18. D**。《民法典》第1142条规定，遗嘱人可以撤回、变更自己所立的遗嘱。立遗嘱后，遗嘱人实施与遗嘱内容相反的民事法律行为的，视为对遗嘱相关内容的撤回。立有数份遗嘱，内容相抵触的，以最后的遗嘱为准。关于出售门面房价款的继承，2013年7月10日，王冬将门面房卖给他人并办理了过户手续，相当于以行为变更了2012年8月9日的公证遗嘱。其死后出售该门面房的价款应由其第一顺序法定继承人王希、张霞继承，因王希在遗产分割前死亡，发生转继承，即由王希继承的份额转由王小力继承。关于住房的继承，应由王冬的第一顺序法定继承人王希、张霞和王楠继承。综上，只有D错误。

**19. D**。《民法典》第1229条规定，因污染环境、破坏生态造成他人损害的，侵权人应当承担侵权责任。故A错误。环境侵权损害纠纷的诉讼时效是3年，故C错误。《民法典》第1231条规定，两个以上侵权人污染环境、破坏生态的，承担责任的大小，根据污染物的种类、浓度、排放量，破坏生态的方式、范围、程度，以及行为对损害后果所起的作用等因素确定。故B错误，D正确。

**20. C**。《民法典》第1198条规定，宾馆、商场、银行、车站、机场、体育场馆、娱乐场所等经营场所、公共场所的经营者、管理者或者群众性活动的组织者，未尽到安全保障义务，造成他人损害的，应当承担侵权责任。因第三人的行为造成他人损害的，由第三人承担侵权责任；经营者、管理者或者组织者未尽到安全保障义务的，承担相应的补充责任。经营者、管理者或者组织者承担补充责任后，可以向第三人追偿。本题中，洗浴中心未尽到安全保障义务，但甲到洗浴中心将贵重易碎玉镯随时携带，也有一定的过错，所以洗浴中心应承担玉镯的损失，但并非全部。再依《最高人民法院关于确定民事侵权精神损害赔偿责任若干问题的解释》第1条规定，因人身权益或者具有人身意义的特定物受到侵害，自然人或者其近亲属向人民法院提起诉讼请求精神损害赔偿的，人民法院应当依法予以受理。综上，C正确。

**21. A**。《民法典》第1188条规定，无民事行为能力人、限制民事行为能力人造成他人损害的，由监护人承担侵权责任。监护人尽到监护职责的，可以减轻其侵权责任。有财产的无民事行为能力人、限制民事行为能力人造成他人损害的，从本人财产中支付赔偿费用；不足部分，由监护人赔偿。本题中，甲虽然已尽到监护职责，但仍然需承担侵权责任，但因乙的财产足以赔偿丙，故不需用甲的财产赔偿。据此，本题A正确，BCD错误。

**22. A**。《公司法》第29条规定："设立公司，应当依法向公司登记机关申请设立登记。法律、行政法规规定设立公司必须报经批准的，应当在公司登记前依法办理批准手续。"《公司法》第30条第1款规定："申请设立公司，应当提交设立登记申请书、公司章程等文件，提交的相关材料应当真实、合法和有效。"据此，公司章程是公司设立的必备条件，非公司股东投资协议所能替代，故A错误。《公司法》第47条规定："有限责任公司的注册资本为在公司登记机关登记的全体股东认缴的出资额。全体股东认缴的出资额由股东按照公司章程的规定自公司成立之日起五年内缴足。法律、行政法规以及国务院决定对有限责任公司注册资本实缴、注册资本最低限额、股东出资期限另有规定的，从其规定。"2013年《公司法》修改之后，取消了一般公司的最低注册资本限额，故张某和潘某可以将公司注册资本数额约定为50元人民币，B正确。关于公司名称，《公司法》并无特别要求，同时，使用张某的姓名也不存在违反法律法规强制性规定或者公序良俗的情形，C正确。《公司法》对公司住所并无特别要求。只要公司对潘某的住所享有使用权，就可以将潘某的住所作为公司住所，故D正确。

**23. C**。《公司法》第74条第1款规定："有限责任公司可以设经理，由董事会决定聘任或者解聘。"据此，有权聘任公司总经理的是董事会而非董事长，A错误。对于公司而言，享有代表公司对外签订合同的法定代理权的主体只能是公司的法定代表人。关于法定代表人，《公司法》第10条第1款规定："公司的法定代表人按照公司章程的规定，由代表公司执行公司事务的董事或者经理担任。"据此，公司法定代表人不一定是经理，B 错误。《公司法》第 74 条规定："有限责任公司可以设经理，由董事会决定聘任或者解聘。经理对董事会负责，根据公司章程的规定或者董事会的授权行使职权。经理列席董事会会议。"公司劳动纪律制度属于公司的具体规章，故公司的总经理有权制定，而不仅仅是拟定，故 C 正确。《公司法》第 67 条第 2 款规定："董事会行使下列职权……（八）决定聘任或者解聘公司经理及其报酬事项，并根据经理的提名决定聘任或者解聘公司副经理、财务负责人及其报酬事项……"据此，聘任公司财务负责人是公司董事会的权限，公司总经理是有权提请董事会聘任，故 D 错误。

**24. D**。本题中，公司董事之间矛盾不断，可能是对公司的发展方向或者经营策略存在争执，未必违反对公司的忠实义务，公司股东不一定有权提起股东派生诉讼。即便股东有权提起股东派生诉讼，也应当按照《公司法》第 189 条规定的程序进行，先要求公司的监事会或者监事采取行动，在公司监事会或者监事不作为时，公司股东才有权提起股东派生诉讼，故 A 错误。《公司法》第 231 条规定："公司经营管理发生严重困难，继续存续会使股东利益受到重大损失，通过其他途径不能解决的，持有公司百分之十以上表决权的股东，可以请求人民法院解散公司。"《公司法解释（二）》第 1 条第 1 款规定："单独或者合计持有公司全部股东表决权百分之十以上的股东，以下列事由之一提起解散公司诉讼，并符合公司法第一百八十二条规定的，人民法院应予受理：……（三）公司董事长期冲突，且无法通过股东会或者股东大会解决，公司经营管理发生严重困难的……"本题中，公司董事之间矛盾不断，且连续两年多无法解决，导致公司经营严重困难，李桃持有公司 14%的股份，有权提起解散公司之诉。《公司法解释（二）》第 2 条规定："股东提起解散公司诉讼，同时又申请人民法院对公司进行清算的，人民法院对其提出的清算申请不予受理。人民法院可以告知原告，在人民法院判决解散公司后，依据民法典第七十条、公司法第一百八十三条和本规定第七条规定，自行组织清算或者另行申请人民法院对公司进行清算。"据此，B 错误。《公司法解释（二）》第 3 条规定："股东提起解散公司诉讼时，向人民法院申请财产保全或者证据保全的，在股东提供担保且不影响公司正常经营的情形下，人民法院可予以保全。"据此，股东如果要求财产保全，必须向法院提供担保且不影响公司正常经营，而不能"直接"要求法院采取保全措施，故 C 错误。《公司法解释（二）》第 4 条第 1 款规定："股东提起解散公司诉讼应当以公司为被告。"据此，D 正确。

**25. A**。《公司法》第 136 条第 1 款规定："上市公司设独立董事，具体管理办法由国务院证券监督管理机构规定。"我国关于上市公司独立董事制度的主要规范性文件是 2023 年中国证券监督管理委员会所发布的《上市公司独立董事管理办法》。根据《上市公司独立董事管理办法》第 5 条第 1 款规定："上市公司独立董事占董事会成员的比例不得低于三分之一，且至少包括一名会计专业人士。"故 A 正确。在独立董事中，会计专业人士必不可少，法律专业人士则可有可无，故 B 错误。根据《上市公司独立董事管理办法》第 8 条规定："独立董事原则上最多在三家境内上市公司担任独立董事，并应当确保有足够的时间和精力有效地履行独立董事的职责。"故 C 错误。《上市公司独立董事管理办法》第 6 条第 1 款规定："独立董事必须保持独立性。下列人员不得担任独立董事……（二）直接或者间接持有上市公司已发行股份百分之一以上或者是上市公司前十名股东中的自然人股东及其配偶、父母、子女；（三）在直接或者间接持有上市公司已发行股份百分之五以上的股东或者在上市公司前五名股东任职的人员及其配偶、父母、子女……"据此，现有规定并未绝对禁止上市公司独立董事持有本公司股份，只是进行了数额限制，故 D 错误。

**26. B**。《合伙企业法》第 31 条规定："除合伙协议另有约定外，合伙企业的下列事项应当经全体合伙人一致同意：……（六）聘任合伙人以外的人担任合伙企业的经营管理人员……"从该条款逻辑分析，既然合伙企业有权聘任"合伙人以外的人"担任合伙企业的经营管理人员，合伙企业也有权利聘任"合伙人"担任合伙企业的经营管理人员。如果陈东是某合伙企业的合伙人，陈东也可以被聘任为合伙企业的经营管理人员，这就如同公司股东可以被聘任为公司经理一样。所以，陈东可以是合伙企业的合伙人，同时担任合伙企业的经营管理人，就此而言，A 正确。司法部认为 A 错误，可能是基于一种误读，即认为陈东因为被聘任为合伙企业的经营管理人，于是具有了合伙企业合伙人的身份，如果这样理解，A 错误。此外，根据上述第 31 条第 6 项规定，聘请合伙人以外的人担任合伙企业的经营管理人员才需要全体合伙人一致同意。如果陈东属于合伙人，则聘请陈东担任合伙企业的经营管理人员不需要全体合伙人一致同意。就此而言，B 错误。司法部假定陈东是合伙人之外的人，聘任陈东担任合伙企业的经营管理人，自然需要全体合伙人一致同意，就此认为 B 正确。《合伙企业法》第 26 条第 2 款规定："按照合伙协议的约定或者经全体合伙人决定，可以委托一个或者数个合伙人对外代表合伙企业，执行合伙事务。"合伙企业中执行合伙事务的合伙人相当于公司中的董事长或者执行董事一类的角色，有权对外代表合伙企业。而合伙企业的经营管理人相当于公司经理，通常并无对外代表合伙企业的权限，只有经过合伙企业授权才能对外代理合伙企业。就此，《合伙企业法》第35条第1款规定："被聘任的合伙企业的经营管理人员应当在合伙企业授权范围内履行职务。"本题中，陈东被聘为合伙企业的经营管理人，负责合伙企业的内部管理与市场开拓，当其进行市场开拓时，通常需要在合伙企业的授权范围内以合伙企业名义对外签订合同。就此而言，C具有正确的成分。C的问题在于表述过于简单，让人误以为经营管理人当然有权代表合伙企业对外签约而不需要合伙企业的特别授权，以此而论，则C错误。《合伙企业法》第37条规定："合伙企业对合伙人执行合伙事务以及对外代表合伙企业权利的限制，不得对抗善意第三人。"有权"代表"合伙企业的主体只能是合伙企业的执行合伙事务的合伙人，而非合伙企业的经营管理人。经营管理人只有在经过合伙企业（通过执行合伙事务的合伙人）授权之后，才有权在授权范围内对外"代理"合伙企业。因为合伙企业的执行合伙事务的合伙人通常可以对外代表合伙企业，享有一般代表权，所以内部限制不得对抗善意第三人。而合伙企业的经营管理人只有经过特别授权后才有权代理合伙企业，没有授权就没有代理权，自然不存在内部限制不得对抗善意第三人的问题。而且D中表述中连"善意"二字都被抹去，只是"第三人"而已，可谓错上加错。

**27. A**。《合伙企业法》第77条规定："新入伙的有限合伙人对入伙前有限合伙企业的债务，以其认缴的出资额为限承担责任。"李军以20万元加入某有限合伙企业，仅以20万元为限承担有限责任，故A正确。《合伙企业法》第78条规定："有限合伙人有本法第四十八条第一款第一项、第三项至第五项所列情形之一的，当然退伙。"《合伙企业法》第48条第1款规定："合伙人有下列情形之一的，当然退伙：（一）作为合伙人的自然人死亡或者被依法宣告死亡；（二）个人丧失偿债能力；（三）作为合伙人的法人或者其他组织依法被吊销营业执照、责令关闭、撤销，或者被宣告破产；（四）法律规定或者合伙协议约定合伙人必须具有相关资格而丧失该资格；（五）合伙人在合伙企业中的全部财产份额被人民法院强制执行。"由此可见，丧失偿债能力并非有限合伙人的退伙原因。因为有限合伙人仅以出资为限承担有限责任，在李军履行其对某合伙企业的出资义务20万元之后，李军仅在此20万元的范围内承担责任，其后李军丧失偿债能力并不会影响李军在20万元的范围内承担责任。所以，李军丧失偿债能力不影响其有限合伙人资格，故B错误。《合伙企业法》第79条规定："作为有限合伙人的自然人在有限合伙企业存续期间丧失民事行为能力的，其他合伙人不得因此要求其退伙。"有限合伙人并不参与合伙企业经营，不需要具有行为能力，不能因为李军成为植物人而要求其退伙，故C错误。《合伙企业法》第75条规定："有限合伙企业仅剩有限合伙人的，应当解散；有限合伙企业仅剩普通合伙人的，转为普通合伙企业。"因为李军丧失行为能力并未影响其有限合伙人资格，因此不会影响有限合伙企业的存续，故D错误。

**28. C**。《企业破产法》第70条规定："债务人或者债权人可以依照本法规定，直接向人民法院申请对债务人进行重整。债权人申请对债务人进行破产清算的，在人民法院受理破产申请后、宣告债务人破产前，债务人或者出资额占债务人注册资本十分之一以上的出资人，可以向人民法院申请重整。"据此，债务人或者债权人可以不经过申请破产程序而直接申请破产重整，故A错误。《企业破产法》第72条规定："自人民法院裁定债务人重整之日起至重整程序终止，为重整期间。"《企业破产法》第88条规定："重整计划草案未获得通过且未依照本法第八十七条的规定获得批准，或者已通过的重整计划未获得批准的，人民法院应当裁定终止重整程序，并宣告债务人破产。"据此，重整计划可能根本无法获得债权人会议通过或者法院批准，此时重整程序终止。《企业破产法》第93条第1款规定："债务人不能执行或者不执行重整计划的，人民法院经管理人或者利害关系人请求，应当裁定终止重整计划的执行，并宣告债务人破产。"据此，重整计划可能被执行，也可能不被执行，如果重整计划不被执行，重整程序也要终止。所以，破产重整期间的终点为重整程序终止之时而非重整计划执行完毕之时，故B错误。《企业破产法》第89条规定："重整计划由债务人负责执行。人民法院裁定批准重整计划后，已接管财产和营业事务的管理人应当向债务人移交财产和营业事务。"《企业破产法》第90条规定："自人民法院裁定批准重整计划之日起，在重整计划规定的监督期内，由管理人监督重整计划的执行。在监督期内，债务人应当向管理人报告重整计划执行情况和债务人财务状况。"据此，重整计划由债务人在管理人的监督下负责执行，故C正确。D没有正当理由。《民法典》第733条规定："租赁期限届满，承租人应当返还租赁物。返还的租赁物应当符合按照约定或者根据租赁物的性质使用后的状态。"无论是在破产重整期间还是破产清算期间，只要租赁合同到期，出租人都有权利要求承租人返还租赁物。就此，《企业破产法》第38条规定："人民法院受理破产申请后，债务人占有的不属于债务人的财产，该财产的权利人可以通过管理人取回。但是，本法另有规定的除外。"就出租人的取回权而言，破产重整与破产清算程序并无区别，法律并未特别限制出租人的取回权，故D错误。

**29. B**。《票据法》第48条规定："保证不得附有条件；附有条件的，不影响对汇票的保证责任。"据此，A错误。《票据法》第46条规定："保证人必须在汇票或者粘单上记载下列事项：（一）表明'保证'的字样；（二）保证人名称和住所；（三）被保证人的名称；（四）保证日期；（五）保证人签章。"《票据法》第 47 条第 2 款规定："保证人在汇票或者粘单上未记载前条第（四）项的，出票日期为保证日期。"据此，保证人未记载保证日期的，以出票日期为保证日期，B 正确。《票据法》第 50 条规定："被保证的汇票，保证人应当与被保证人对持票人承担连带责任。汇票到期后得不到付款的，持票人有权向保证人请求付款，保证人应当足额付款。"据此，票据保证人与被保证人承担连带责任，持票人戊在银行拒绝承兑后，可以向前手丙追索，也可以直接要求丁承担保证责任，故 C 错误。《票据法》第 52 条规定："保证人清偿汇票债务后，可以行使持票人对被保证人及其前手的追索权。"据此，丁可以向被保证人丙及其前手甲、乙进行追索，故 D 错误。

**30. B**。《保险法》第 16 条第 1 款规定："订立保险合同，保险人就保险标的或者被保险人的有关情况提出询问的，投保人应当如实告知。"本题中，甲在填写投保单以及回答保险公司相关询问时，未如实说明自己两年前曾做过心脏搭桥手术，违反了投保人的告知义务。在投保人违反告知义务时，《保险法》给予保险人的救济措施是保险人可以解除保险合同或者不承担赔偿责任之类，并不涉及追究投保人的违约责任问题，故 A 错误。《保险法》第 16 条第 2 款规定："投保人故意或者因重大过失未履行前款规定的如实告知义务，足以影响保险人决定是否同意承保或者提高保险费率的，保险人有权解除合同。"本题中，投保人甲故意或者因重大过失而未履行告知义务，保险公司可以解除保险合同，B 正确。《保险法》第 16 条第 4 款规定："投保人故意不履行如实告知义务的，保险人对于合同解除前发生的保险事故，不承担赔偿或者给付保险金的责任，并不退还保险费。"《保险法》第 16 条第 5 款规定："投保人因重大过失未履行如实告知义务，对保险事故的发生有严重影响的，保险人对于合同解除前发生的保险事故，不承担赔偿或者给付保险金的责任，但应当退还保险费。"本题中，投保人甲或者是故意违反告知义务，或者构成因重大过失而未履行告知义务，保险公司对保险合同解除前发生的保险事故都不承担保险责任，就此而言，C 应该是正确的。但 C 中"不解除保险合同"的说法不够妥当，容易引发误解。命题人可能据此认为 C 错误。根据前述《保险法》第 16 条第 5 款，只有在投保人因为重大过失而未履行告知义务时，保险公司才需要退还保险费。本题中，难以确定投保人甲属于因重大过失而未履行告知义务，更多的可能反而是故意违反告知义务，故 D 错误。

**31. A**。《民诉解释》第 283 条规定，公益诉讼案件由侵权行为地或者被告住所地中级人民法院管辖，但法律、司法解释另有规定的除外。因此，A 正确。《民诉解释》第 288 条规定，公益诉讼案件的原告在法庭辩论终结后申请撤诉的，人民法院不予准许。因此，B 错误。《民诉解释》第 287 条规定，对公益诉讼案件，当事人可以和解，人民法院可以调解。因此，C 错误。《民诉解释》第 286 条规定，人民法院受理公益诉讼案件，不影响同一侵权行为的受害人根据《民事诉讼法》第 122 条规定提起诉讼。因此，D 错误。

**32. A**。《民诉解释》第 43 条规定，审判人员是本案当事人近亲属的，当事人有权申请其回避；此外，《民事诉讼法》第 48 条第 1 款规定，当事人提出回避申请，应当说明理由，在案件开始审理时提出；回避事由在案件开始审理后知道的，也可以在法庭辩论终结前提出。因此，A 正确。《民事诉讼法》第 48 条第 2 款规定，被申请回避的人员在人民法院作出是否回避的决定前，应当暂停参与本案的工作，但案件需要采取紧急措施的除外。因此，B 错误。根据《民事诉讼法》第 49 条，审判人员的回避，由院长决定。因此，C 错误。《民事诉讼法》第 50 条规定，申请人对回避决定不服的，可以在接到决定时申请复议一次。因此，D 错误。

**33. D**。该案中刘某与李某发生争议请求人民法院裁判的民事法律关系始终是侵权关系，只是刘某的诉讼请求由"要求李某将车修好"变更为"赔偿损失并赔礼道歉"，因此，该案的诉讼标的未发生变化，故 A 错误。《民事诉讼法》第 54 条规定，原告可以变更诉讼请求。因此，B 错误。该案刘某起诉是请求人民法院责令李某基于侵权关系履行义务以实现自身的民事权益，属于给付之诉，即使刘某在诉讼中变更请求，其请求内容的性质并未变化，仍属于给付之诉，因此，C 错误，而 D 正确。

**34. D**。该题考查考生对必要共同诉讼人、有独立请求权第三人和无独立请求权第三人基本概念的理解。在本案中，商铺系赵某与刘某共同共有，刘某瞒着赵某将商铺卖给承租人陈某的行为损害了赵某的合法权益。在刘某与陈某的诉讼中，赵某既反对原告刘某，也反对被告陈某，其主张独立的实体权利，系有独立请求权的第三人，故 D 正确。

**35. B**。《民诉解释》第 59 条规定，在诉讼中，个体工商户以营业执照上登记的经营者为当事人。营业执照上登记的经营者与实际经营者不一致的，以登记的经营者和实际经营者为共同诉讼人。因此，B 正确，其余选项错误。

**36. A**。《民诉解释》第 92 条第 1 款规定，一方当事人在答辩状中，对于己不利的事实明确表示承认的，另一方当事人无需举证证明。因此，A 当选。《民诉解释》第 107 条规定，在诉讼中，当事人为达成调解协议作出妥协而认可的事实，不得在后续的诉讼中作为对其不利的根据，但法律另有规定或者当事人均同意的除外。因此，B不当选。《民诉解释》第92条第2款规定，对于涉及身份关系的事实，不适用自认的规定。因此，C不当选。《民诉解释》第92条第3款规定，自认的事实与查明的事实不符的，人民法院不予确认。因此，D不当选。

**37. C**。《民事诉讼法》第86条规定，当事人因不可抗拒的事由或者其他正当理由耽误期限的，在障碍消除后的10日内，可以申请顺延期限，是否准许，由人民法院决定。因此，C正确，其余选项均错误。

**38. A**。《民事诉讼法》第101条规定，调解维持收养关系的案件，人民法院可以不制作调解书。因此，A正确。《民事诉讼法》第213条规定，当事人对已经发生法律效力的解除婚姻关系的判决、调解书，不得申请再审。因此，B错误。根据《民事诉讼法》第219条，最高人民检察院或者上级人民检察院发现调解书损害国家利益、社会公共利益，应当提出抗诉，如果是地方各级人民检察院发现同级人民法院的调解书损害国家利益、社会公共利益的，可以向同级人民法院提出检察建议，并报上级人民法院备案，也可以提请上级人民检察院向同级人民法院提出抗诉。因此，C错误。《民事诉讼法》第241条规定，在执行中，双方当事人自行和解达成协议的，执行员应当将协议内容记入笔录，由双方当事人签名或者盖章。因此，D错误。

**39. C**。《民事诉讼法》第153条关于诉讼中止的法定情形的规定包括：本案必须以另一案的审理结果为依据，而另一案尚未审结的；一方当事人死亡，需要等待继承人表明是否参加诉讼的。本案诉讼的进行需要以两个事实为基础：一是乙县法院是否宣告成某死亡；二是如果乙县法院判决宣告成某死亡，还需要等待成某的继承人表示是否参加诉讼。因此，C正确，其余选项均错误。

**40. A**。《民诉解释》第324条规定，对当事人在第一审程序中已经提出的诉讼请求，原审人民法院未作审理、判决的，第二审人民法院可以根据当事人自愿的原则进行调解；调解不成的，发回重审。因此，A正确。《民诉解释》第326条规定，在第二审程序中，原审原告增加独立的诉讼请求或者原审被告提出反诉的，第二审人民法院可以根据当事人自愿的原则就新增加的诉讼请求或者反诉进行调解；调解不成的，告知当事人另行起诉。双方当事人同意由第二审人民法院一并审理的，第二审人民法院可以一并裁判。因此，BCD均错误。

**41. D**。《民事诉讼法》第205条规定，经依法设立的调解组织调解达成调解协议，申请司法确认的，由双方当事人自调解协议生效之日起30日内，共同向下列人民法院提出：（1）人民法院邀请调解组织开展先行调解的，向作出邀请的人民法院提出；（2）调解组织自行开展调解的，向当事人住所地、标的物所在地、调解组织所在地的基层人民法院提出；调解协议所涉纠纷应当由中级人民法院管辖的，向相应的中级人民法院提出。因此，ABC错误。《民诉解释》第355条规定，当事人申请司法确认调解协议，有下列情形之一的，人民法院裁定不予受理：（1）不属于人民法院受理范围的；（2）不属于收到申请的人民法院管辖的；（3）申请确认婚姻关系、亲子关系、收养关系等身份关系无效、有效或者解除的；（4）涉及适用其他特别程序、公示催告程序、破产程序审理的；（5）调解协议内容涉及物权、知识产权确权的。因此，D正确。

**42. B**。《民诉解释》第261条规定，适用简易程序审理案件，人民法院可以采取捎口信、电话、短信、传真、电子邮件等简便方式传唤双方当事人。以简便方式送达的开庭通知，未经当事人确认或者没有其他证据证明当事人已经收到的，人民法院不得缺席判决。因此，A错误。《民事诉讼法》第211条第10项规定，未经传票传唤，缺席判决的，当事人可以申请再审。因此，B正确。对于题中未交代本案是否经过二审；而且《民事诉讼法》第210条规定，当事人一方人数众多或者当事人双方为公民的案件，可以向上一级人民法院申请再审，也可以向原审人民法院申请再审。因此，C错误。《民事诉讼法》第217条规定，按照审判监督程序决定再审的案件，裁定中止原判决、裁定、调解书的执行，但追索赡养费、扶养费、抚养费、抚恤金、医疗费用、劳动报酬等案件，可以不中止执行。因此，D错误。

**43. C**。《民诉解释》第431条规定，债务人在收到支付令后，未在法定期间提出书面异议，而向其他人民法院起诉的，不影响支付令的效力。债务人超过法定期间提出异议的，视为未提出异议。因此，AB错误，而C正确。《民诉解释》第434条规定，对设有担保的债务的主债务人发出的支付令，对担保人没有拘束力。债权人就担保关系单独提起诉讼的，支付令自人民法院受理案件之日起失效。因此，D错误。

**44. CD**。《民事诉讼法》第268条第1项规定，申请人撤销申请的，人民法院裁定终结执行。因此，A错误。《民事诉讼法》第241条第2款规定，当事人不履行和解协议的，人民法院可以根据当事人的申请，恢复对原生效法律文书的执行。《最高人民法院关于执行和解若干问题的规定》（以下简称《执行和解规定》）第9条规定，被执行人一方不履行执行和解协议的，申请执行人可以申请恢复执行原生效法律文书，也可以就履行执行和解协议向执行法院提起诉讼。因此，CD正确，B错误。

**45. C**。《仲裁法》第20条规定，当事人对仲裁协议的效力有异议的，可以请求仲裁委员会作出决定或者请求人民法院作出裁定。一方请求仲裁委员会作出决定，另一方请求人民法院作出裁定的，由人民法院裁定。因此，AD 错误，而 C 正确。《仲裁法》第 19 条规定，仲裁协议独立存在，合同的变更、解除、终止或者无效，不影响仲裁协议的效力。因此，B 错误。

**46. ACD**。《民间借贷规定》第 23 条规定，当事人以订立买卖合同作为民间借贷合同的担保，借款到期后借款人不能还款，出借人请求履行买卖合同的，人民法院应当按照民间借贷法律关系审理。当事人根据法庭审理情况变更诉讼请求的，人民法院应当准许。按照民间借贷法律关系审理作出的判决生效后，借款人不履行生效判决确定的金钱债务，出借人可以申请拍卖买卖合同标的物，以偿还债务。就拍卖所得的价款与应偿还借款本息之间的差额，借款人或者出借人有权主张返还或者补偿。由此，本题中甲乙之间是借贷合同关系，不是房屋买卖合同关系，而且，即便借款人在诉讼发生后拒不履行生效判决，出借人也只是可以申请拍卖买卖合同标的物，以偿还债务，而不是取得房屋所有权，故 AC 正确。《民法典》第 680 条第 1 款规定，禁止高利放贷，借款的利率不得违反国家有关规定。根据《民间借贷规定》第 24 条和第 25 条，借贷双方约定的利率未超过合同成立时一年期贷款市场报价利率 4 倍的，出借人可以请求借款人按照约定的利率支付利息的。由此可知本题 B 错误。此外，本题中双方当事人的借款合同是有效的，借款人到期不履行还款义务，出借人当然可以要求借款人承担违约责任。故 D 正确。

**47. BCD**。一方当事人故意告知对方虚假情况，或者故意隐瞒真实情况，诱使对方当事人作出错误意思表示的，可以认定为欺诈行为。《民法典》第 148 条规定，一方以欺诈手段，使对方在违背真实意思的情况下实施的民事法律行为，受欺诈方有权请求人民法院或者仲裁机构予以撤销。本题中，真正的“秦始皇兵马俑”属于法律规定不能买卖的禁止流通物，甲乙都应明知或者应当知道，所以即使甲未标明“复制品”，乙也应当知道出售的不是真正的“秦始皇兵马俑”。故 A 正确，C 错误。行为人因对行为的性质、对方当事人、标的物的品种、质量、规格和数量等的错误认识，使行为的后果与自己的意思相悖，并造成较大损失的，可以认定为重大误解。《民法典》第 147 条规定，基于重大误解实施的民事法律行为，行为人有权请求人民法院或者仲裁机构予以撤销。本题中，乙应当知道 2800 元不可能购买真正的“秦始皇兵马俑”，不能认定为对标的物的性质有错误认识，不构成重大误解。据此，B 错误。本题中，王某不具备撤销合同的条件，故 D 错误。因本题为选非题，故 BCD 当选。

**48. AC**。《民法典》第 395 条和第 402 条规定，以房屋抵押，应办理抵押登记，抵押权自登记时设立。本题中，乙与银行未办理房屋抵押登记，依《民法典》第 215 条和第 402 条规定，抵押合同生效，但抵押权未设定。依此，乙应向银行承担未办理抵押登记的违约责任，但银行未能取得抵押权。故 A 正确，D 错误。乙将房屋所有权转让于丙，丙虽然知情，但根据题目所给信息也不能认定丙与乙恶意串通，所以丙与乙的买卖合同有效，双方办理过户登记后，丙取得房屋所有权。借款合同发生在乙和银行之间，丙没有义务代银行还款。如果丙愿意代乙偿还，可以向乙主张无因管理的相应费用返还，由此本题的 B 错误，C 正确。

**49. BD**。《民法典》第 420 条第 1 款规定，为担保债务的履行，债务人或者第三人对一定期间内将要连续发生的债权提供担保财产的，债务人不履行到期债务或者发生当事人约定的实现抵押权的情形，抵押权人有权在最高债权额限度内就该担保财产优先受偿。本题中最高债权额限度为 400 万元，债权确定期间内抵押人和债权人之间发生的债权额也是 400 万元，故抵押担保的债权额应为 400 万元，A 错误，B 正确。《民法典》第 419 条规定，抵押权人应当在主债权诉讼时效期间行使抵押权；未行使的，人民法院不予保护。据此，D 正确，C 错误。

**50. CD**。《民法典》第 447 条第 1 款规定，债务人不履行到期债务，债权人可以留置已经合法占有的债务人的动产，并有权就该动产优先受偿。本题 A 中的债务未到期，张某不得留置。B 中不符合留置权的客体须为“已经合法占有的债务人的动产”的要件，刘某不得留置。《民法典》第 903 条规定，寄存人未按照约定支付保管费或者其他费用的，保管人对保管物享有留置权，但是当事人另有约定的除外。据此，C 符合留置权的构成要件，寄存处可以行使留置权。《民法典》第 783 条规定，定作人未向承揽人支付报酬或者材料费等价款的，承揽人对完成的工作成果享有留置权或者有权拒绝交付，但是当事人另有约定的除外。依此可知 D 正确。

**51. ABCD**。直接占有是指直接对物进行事实上的管领和控制；间接占有是指基于一定法律关系，对于事实上占有物的人具有返还请求权，因而间接对物管领的占有。无权占有是指占有人无本权的对物的占有；有权占有是指占有人基于本权而对物的占有。自主占有是指以所有人之意思而对物进行的占有；他主占有是指以非所有之意思而对物进行的占有。本题中，甲拾得乙的手机，甲成为直接占有人，自主占有人，也是无权占有人；乙仍然未丧失其对手机的所有权，可以请求甲返还，故乙对手机的占有由直接占有变为间接占有；题目给定信息不能认定丙取得了手机的所有权，故丙为无权占有，但因为其不知情，所以为善意占有；丁可以行使留置权，为有权占有，但丁无所有人的意思而占有，为他主占有。综上，本题应选 ABCD。

**52. BC**。《民法典》第 681 条规定，保证合同是为保障债权的实现，保证人和债权人约定，当债务人不履行到期债务或者发生当事人约定的情形时，保证人履行债务或者承担责任的合同。本题中，B 中甲公司的承诺明确，在乙公司未履行义务时，甲公司应承担保证责任，B 当选。本题中，AD 中的承诺均无当债务人乙公司不履行债务时，甲公司按照约定履行债务或者承担责任之意思，不构成保证，甲公司无需承担保证责任，故 AD 不选。保证人对债务人的注册资金提供保证的，债务人的实际投资与注册资金不符，或者抽逃转移注册资金的，保证人在注册资金不足或者抽逃转移注册资金的范围内承担连带保证责任，所以甲公司应在债务人乙公司不履行债务时，为 C 中的承诺承担保证责任，当选。

**53. ABCD**。《民法典》第 1203 条规定，因产品存在缺陷造成他人损害的，被侵权人可以向产品的生产者请求赔偿，也可以向产品的销售者请求赔偿。产品缺陷由生产者造成的，销售者赔偿后，有权向生产者追偿。因销售者的过错使产品存在缺陷的，生产者赔偿后，有权向销售者追偿。本题中，赵某和甲公司没有合同关系，所以可以要求甲公司承担侵权损害赔偿责任。鉴于赵某和商店有合同关系，所以赵某可以要求商店承担违约责任，据此，ABC 正确。本题中，叶轮飞出造成严重人身损害，属于侵权造成严重后果的情形，法院对精神损害的诉讼请求应予支持。故 D 当选。

**54. AB**。《城镇房屋租赁合同解释》第 2 条规定，出租人就未取得建设工程规划许可证或者未按照建设工程规划许可证的规定建设的房屋，与承租人订立的租赁合同无效。但在一审法庭辩论终结前取得建设工程规划许可证或者经主管部门批准建设的，人民法院应当认定有效。由此可知本题中，租赁合同无效，既然合同无效，乙也无须解除合同，也不能向甲主张违约责任，故 A 正确，CD 错误。《城镇房屋租赁合同解释》第 12 条规定，承租人经出租人同意扩建，但双方对扩建费用的处理没有约定的，人民法院按照下列情形分别处理：（1）办理合法建设手续的，扩建造价费用由出租人负担；（2）未办理合法建设手续的，扩建造价费用由双方按照过错分担。本题中，甲、乙对于扩建房屋都有过错，应分担扩建房屋的费用，故 B 正确。

**55. BC**。《民法典》第 16 条规定，涉及遗产继承、接受赠与等胎儿利益保护的，胎儿视为具有民事权利能力。但是，胎儿娩出时为死体的，其民事权利能力自始不存在。郭某的父亲乙与甲在协议中约定，将金条送给孩子，因此孩子是赠与合同的受赠人。孩子顺利出生，故胎儿在接受赠与时，视为具有民事权利能力，由其法定代理人即甲代为接受，合同有效。故 A 错误。《民法典》第 658 条规定，赠与人在赠与财产的权利转移之前可以撤销赠与。经过公证的赠与合同或者依法不得撤销的具有救灾、扶贫、助残等公益、道德义务性质的赠与合同，不适用前款规定。本题中乙与胎儿之间的赠与合同生效，具有道德义务，乙不享有任意撤销权，且无《民法典》第 663 条法定撤销权的情形存在，故乙不得拒绝履行自己的义务，已经交付的八根金条不得请求返还，剩余的两根也要履行，故 BC 正确，D 错误。

**56. AD**。本题中，甲窃取丙的美茄手表，以偿还乙，该手表为盗赃物，目前我国立法和实务不认可这种情形下乙可以取得该手表的所有权，所以在乙将美茄手表赠与丁后，丁也不能取得该手表的所有权，该手表仍属于丙所有，所以丙可以请求现占有人丁返还手表。故 A 正确。货币具有持有即认定所有的特殊性，所以乙从甲手中受领 1000 元后，其用一半支付某自来水公司水费，另一半购得某商场一件衬衣，自来水公司和商场相应取得 500 元的所有权，均无须返还 500 元，故 B 错误。在整个过程中，乙是基于甲清偿债务而受领的手表和现金，得利有合法根据，不构成不当得利，故 C 错误。《民法典》第 985 条规定，得利人没有法律根据取得不当利益的，受损失的人可以请求得利人返还取得的利益。甲窃取丙的 4000 元现金，获利，丙却因此而受到损失，甲构成不当得利，所以丙可请求甲返还 4000 元不当得利，由此 D 正确。

**57. ABC**。修改权是指著作权人修改或者授权他人修改作品的权利。出版社对内容的修改必须征得作者的同意，而本题中出版社擅自将狗熊改写成四只腿的动物，侵犯了作者的修改权。故 A 正确。保护作品完整权是指著作权人保护作品不受歪曲、篡改的权利。歪曲含有贬义，一般是指故意改变事物的本来面目或对事物作不正确的反映；篡改是指用作伪的手段对经典、理论、政策等进行改动或曲解。在司法认定中，侵害保护作品完整权一般要求行为人基于主观故意而曲解作品，使作品所表达之意与作者所想表达之意大相径庭，凡未引起作者社会评价降低的改动作品的行为，通常不认定为侵害保护作品完整权。本题中出版社对作品所作的改动限于局部，尚未达到歪曲、篡改原作品的程度，也不会造成读者对作品以及作者思想观点的误认、误读以及作者社会评价的降低，不宜认定侵害保护作品完整权。本题中出版社对作品所作的改动会造成读者对作品以及作者思想观点的误认、误读以及作者社会评价的降低，B 当选。署名权是指著作权人表明作者身份，在作品上署名的权利。本题中直接将“吹雪”改为“崔雪”，擅自改变作者署名的方式，侵犯了作者的署名权。故 C 正确。发行权适用“一次用尽”理论，故书店不可能再侵犯著作权人的发行权，故 D 不选。

**58. ABCD**。本题中，甲公司将智能手机显示屏的发明专利权在中国大陆以独占许可方式许可给乙公司实施，依我国《专利法》和《专利法实施细则》的规定，不同类型的许可合同中被许可人享有本题的诉讼地位，独占被许可人可以作为当事人单独起诉，故 A 错误。《专利法》第 47 条规定，宣告无效的专利权视为自始即不存在。宣告专利权无效的决定，对在宣告专利权无效前人民法院作出并已执行的专利侵权的判决、调解书，已经履行或者强制执行的专利侵权纠纷处理决定，以及已经履行的专利实施许可合同和专利权转让合同，不具有追溯力。但是因专利权人的恶意给他人造成的损失，应当给予赔偿。依照前款规定不返还专利侵权赔偿金、专利使用费、专利权转让费，明显违反公平原则的，应当全部或者部分返还。据此，C 错误。对于法律未予以明确规定，但在实务中有不同做法，新近的做法多倾向于驳回原告的诉讼请求，即在专利无效宣告前，不认为丙公司侵犯了专利实施权中的销售权，故 B 错误。《最高人民法院关于审理专利纠纷案件适用法律问题的若干规定》第 7 条规定，人民法院受理的侵犯发明专利权纠纷案件或者经国务院专利行政部门审查维持专利权的侵犯实用新型、外观设计专利权纠纷案件，被告在答辩期间内请求宣告该项专利权无效的，人民法院可以不中止诉讼。故 D 错误。本题为选非题，故 ABCD 均当选。

**59. AD**。集体商标是指以团体、协会或者其他组织名义注册，供该组织成员在商事活动中使用，以表明使用者在该组织中的成员资格的标志。证明商标，又称保证商标，是指由对某种商品或者服务具有监督能力的组织所控制，而由该组织以外的单位或者个人使用于其商品或者服务，用以证明该商品或者服务的原产地、原料、制造方法、质量或者其他特定品质的标志。本题中“河川”符合上面集体商标的含义，但不符合证明商标的含义。此外，虽然“河川”商标使用了县级以上行政区划名称，但因为属于集体商标，立法作为例外许可。故 A 正确；BC 错误。超市在销售该批荔枝时，在荔枝包装上还加贴了自己的注册商标“盛联”，这属于服务商标，不构成侵权。故 D 正确。

**60. ABC**。《民法典》第 1082 条规定，女方在怀孕期间、分娩后 1 年内或者终止妊娠后 6 个月内，男方不得提出离婚；但是，女方提出离婚或者人民法院认为确有必要受理男方离婚请求的除外。故 A 正确。《民法典》第 1079 条第 1、2 款规定，夫妻一方要求离婚的，可以由有关组织进行调解或者直接向人民法院提起离婚诉讼。人民法院审理离婚案件，应当进行调解；如果感情确已破裂，调解无效的，应当准予离婚。故 B 正确。《爱你一千年》属于夫妻二人共同创作的油画作品，属于合作作品，该油画属于著作权的载体，两人也属于油画的共有人。董楠未经申蓓同意变卖《爱你一千年》，依《著作权法》和《民法典》的规定，董楠不仅侵犯了申蓓对于油画的物权，而且侵犯了申蓓对油画的著作权中的使用权。故 C 正确。《民法典》第 1091 条规定，有下列情形之一，导致离婚的，无过错方有权请求损害赔偿：(1) 重婚；(2) 与他人同居；(3) 实施家庭暴力；(4) 虐待、遗弃家庭成员；(5) 有其他重大过错。据此，对董楠吸毒恶习，申蓓无权请求离婚损害赔偿。故 D 错误。

**61. AC**。隐私权是指自然人享有的对其与社会公共利益无关的个人信息、私人活动和私有领域进行支配的一种人格权。本题中，甲公司工作人员李某未经许可翻看张某箱内物品，构成对张某隐私权的侵犯，故 A 正确。《最高人民法院关于确定民事侵权精神损害赔偿责任若干问题的解释》第 1 条规定，因人身权益或者具有人身意义的特定物受到侵害，自然人或者其近亲属向人民法院提起诉讼请求精神损害赔偿的，人民法院应当依法予以受理。甲公司工作人员李某翻看箱内物品包括贴身生活用品以及私密照片，致平板电脑损害，张某有权要求赔偿损失，但不足以造成精神损害，故 C 正确，B 错误。《民法典》第 1191 条规定，用人单位的工作人员因执行工作任务造成他人损害的，由用人单位承担侵权责任。用人单位承担侵权责任后，可以向有故意或者重大过失的工作人员追偿。劳务派遣期间，被派遣的工作人员因执行工作任务造成他人损害的，由接受劳务派遣的用工单位承担侵权责任；劳务派遣单位有过错的，承担相应的责任。李某作为甲公司工作人员，在工作过程中致害，法人应当承担责任。故 D 错误。

**62. ACD**。《民法典》第 1247 条规定，禁止饲养的烈性犬等危险动物造成他人损害的，动物饲养人或者管理人应当承担侵权责任。故本题 A 中，邻居应承担侵权责任，A 正确。《民法典》第 1250 条规定，因第三人的过错致使动物造成他人损害的，被侵权人可以向动物饲养人或者管理人请求赔偿，也可以向第三人请求赔偿。动物饲养人或者管理人赔偿后，有权向第三人追偿。故本题 B 说法因过于绝对而错误。《民法典》第 1245 条规定，饲养的动物造成他人损害的，动物饲养人或者管理人应当承担侵权责任；但是，能够证明损害是因被侵权人故意或者重大过失造成的，可以不承担或者减轻责任。本题 C 中，丁非故意，也不应认定为重大过失，邻居应承担侵权责任，故 C 正确。《民法典》第 1248 条规定，动物园的动物造成他人损害的，动物园应当承担侵权责任；但是，能够证明尽到管理职责的，不承担侵权责任。本题 D 中，动物园明显有过错，应承担侵权责任，故 D 正确。

**63. AD**。《公司法》第 66 条第 3 款规定：“股东会作出修改公司章程、增加或者减少注册资本的决议，以及公司合并、分立、解散或者变更公司形式的决议，应当经代表三分之二以上表决权的股东通过。”张某只持有甲公司65%的股权，未达到2/3以上的多数，故甲公司作出公司合并的决议时，必须有李某的同意方可，故A正确。《公司法》第220条第2句规定：“公司应当自作出合并决议之日起十日内通知债权人，并于三十日内在报纸上或者国家企业信用信息公示系统公告。”据此，甲公司应当在合并决议作出之日起10日内通知其债权人，故B错误。《公司法》第220条第3句规定：“债权人自接到通知之日起三十日内，未接到通知的自公告之日起四十五日内，可以要求公司清偿债务或者提供相应的担保。”据此，债权人有权要求甲公司清偿债务或者提供担保，但无权对甲公司的合并行为提出异议，故C错误。《公司法》第221条规定：“公司合并时，合并各方的债权、债务，应当由合并后存续的公司或者新设的公司承继。”在甲公司吸收合并乙公司的情形，甲公司继续存在，而乙公司解散，故原乙公司的债务应当由合并后的甲公司承担，故D正确。

**64. AB**。《合伙企业法》第42条第1款规定：“合伙人的自有财产不足清偿其与合伙企业无关的债务的，该合伙人可以以其从合伙企业中分取的收益用于清偿；债权人也可以依法请求人民法院强制执行该合伙人在合伙企业中的财产份额用于清偿。”据此，AB两项都正确。《合伙企业法》第42条第2款规定：“人民法院强制执行合伙人的财产份额时，应当通知全体合伙人，其他合伙人有优先购买权；其他合伙人未购买，又不同意将该财产份额转让给他人的，依照本法第五十一条的规定为该合伙人办理退伙结算，或者办理削减该合伙人相应财产份额的结算。”据此，对刘璋的合伙份额进行强制执行时，其他合伙人享有优先购买权，故C错误。相比合伙份额转让，合伙人退伙会给合伙企业造成更大的不良影响，《合伙企业法》第42条第2款规定，只有在合伙人的合伙份额无法转让给其他人时，才能办理退伙结算，故D错误。

**65. AB**。《合伙企业法》第57条第1款规定：“一个合伙人或者数个合伙人在执业活动中因故意或者重大过失造成合伙企业债务的，应当承担无限责任或者无限连带责任，其他合伙人以其在合伙企业中的财产份额为限承担责任。”本题中，因为曾君、郭昌的重大过失致人损害，应当由曾君、郭昌对客户的损失承担无限连带责任，而其他合伙人仅以其在合伙企业中的财产份额为限承担责任。据此，B正确，CD两项错误。《合伙企业法》第58条规定：“合伙人执业活动中因故意或者重大过失造成的合伙企业债务，以合伙企业财产对外承担责任后，该合伙人应当按照合伙协议的约定对给合伙企业造成的损失承担赔偿责任。”就君平昌成律师事务所而言，其应当以律所的全部财产对合伙人给客户造成的损失承担责任，所以客户可以要求该所承担全部赔偿责任，故A正确。

**66. AC**。《企业破产法》第46条规定：“未到期的债权，在破产申请受理时视为到期。附利息的债权自破产申请受理时起停止计息。”据此，甲对A公司的未到期债权可以申报，A正确。《企业破产法》第47条规定：“附条件、附期限的债权和诉讼、仲裁未决的债权，债权人可以申报。”据此，B错误，C正确。《企业破产法》第48条第2款规定：“债务人所欠职工的工资和医疗、伤残补助、抚恤费用，所欠的应当划入职工个人账户的基本养老保险、基本医疗保险费用，以及法律、行政法规规定应当支付给职工的补偿金，不必申报，由管理人调查后列出清单并予以公示。职工对清单记载有异议的，可以要求管理人更正；管理人不予更正的，职工可以向人民法院提起诉讼。”据此，职工丁对A公司的伤残补助请求权不必申报，故D错误。

**67. BC**。《票据法》第83条第1款规定：“支票可以支取现金，也可以转账，用于转账时，应当在支票正面注明。”据此，一般支票既可以支取现金，也可以转让。《票据法》第83条第2款规定：“支票中专门用于支取现金的，可以另行制作现金支票，现金支票只能用于支取现金。”据此，专门用于支取现金的现金支票不得用于转账，故A错误。《票据法》第87条第1款规定：“支票的出票人所签发的支票金额不得超过其付款时在付款人处实有的存款金额。”据此，B正确。要求票据基础关系的真实性是我国《票据法》的基本理念，禁止签发“空头支票”，此之谓也。《票据法》第90条规定：“支票限于见票即付，不得另行记载付款日期。另行记载付款日期的，该记载无效。”据此，C正确。《票据法》第84条规定：“支票必须记载下列事项：（一）表明‘支票’的字样；（二）无条件支付的委托；（三）确定的金额；（四）付款人名称；（五）出票日期；（六）出票人签章。支票上未记载前款规定事项之一的，支票无效。”据此，收款人名称并非支票的必要记载事项，支票上未记载收款人名称的并不会导致支票无效。《票据法》第86条第1款规定：“支票上未记载收款人名称的，经出票人授权，可以补记。”据此，D错误。

**68. ABD**。《证券投资基金法》第46条第1款规定：“基金份额持有人享有下列权利：（一）分享基金财产收益；（二）参与分配清算后的剩余基金财产；（三）依法转让或者申请赎回其持有的基金份额；（四）按照规定要求召开基金份额持有人大会或者召集基金份额持有人大会；（五）对基金份额持有人大会审议事项行使表决权；（六）对基金管理人、基金托管人、基金服务机构损害其合法权益的行为依法提起诉讼；（七）基金合同约定的其他权利。”据此，AB两项正确，分别对应上述法条中的第1项与第 2 项。C 显然错误，转让基金份额属于基金份额持有人的基本权利，C 表述与上述条文第 3 项不符。《证券投资基金法》第 46 条第 1 款第 4 项规定，基金份额持有人可以召开基金份额持有人大会。《证券投资基金法》第 47 条规定：“基金份额持有人大会由全体基金份额持有人组成，行使下列职权：……（三）决定更换基金管理人、基金托管人；……”据此，基金份额持有人可以通过基金份额持有人大会来更换基金管理人，D 正确。

**69. BD。**《保险法》第 55 条第 4 款规定：“保险金额低于保险价值的，除合同另有约定外，保险人按照保险金额与保险价值的比例承担赔偿保险金的责任。”本题中，潘某就自己的古玩所投保险为不足额保险，甲保险公司只需按照保险金额与保险价值的比例赔偿潘某的部分损失，而不需要赔偿潘某的全部损失，故 A 错误。《保险法》第 60 条第 2 款规定：“前款规定的保险事故发生后，被保险人已经从第三者取得损害赔偿的，保险人赔偿保险金时，可以相应扣减被保险人从第三者已取得的赔偿金额。”据此，如果刘某已经对潘某进行了全部赔偿，则保险公司可以拒绝向潘某支付保险金，故 B 正确。《保险法》第 60 条第 1 款规定：“因第三者对保险标的的损害而造成保险事故的，保险人自向被保险人赔偿保险金之日起，在赔偿金额范围内代位行使被保险人对第三者请求赔偿的权利。”《最高人民法院关于适用〈中华人民共和国保险法〉若干问题的解释（二）》［以下简称《保险法解释（二）》］第 16 条第 1 款规定：“保险人应以自己的名义行使保险代位求偿权。”据此，C 错误。《保险法》第 60 条第 3 款规定：“保险人依照本条第一款规定行使代位请求赔偿的权利，不影响被保险人就未取得赔偿的部分向第三者请求赔偿的权利。”据此，D 正确。

**70. ABCD。**《民诉解释》第 117 条第 1 款规定，当事人申请证人出庭作证的，应当在举证期限届满前提出。因此，A 的做法合法。《民诉解释》第 119 条规定，人民法院在证人出庭作证前应当告知其如实作证的义务以及作伪证的法律后果，并责令其签署保证书，但无民事行为能力人和限制民事行为能力人除外。因此，B 的做法合法。《民诉解释》第 120 条规定，证人拒绝签署保证书的，不得作证。因此，CD 的做法合法。

**71. ABC。**《民诉解释》第 157 条规定，人民法院对抵押物、质押物、留置物可以采取财产保全措施，但不影响抵押权人、质权人、留置权人的优先受偿权。因此，BC 错误，而 D 正确。《民诉解释》第 154 条规定，查封、扣押、冻结担保物权人占有的担保财产，一般由担保物权人保管。因此，A 错误。

**72. ABC。**《民事诉讼法》第 104 条规定，利害关系人因情况紧急，不立即申请保全将会使其合法权益受到难以弥补的损害的，可以在提起诉讼或者申请仲裁前向被保全财产所在地、被申请人住所地或者对案件有管辖权的人民法院申请采取保全措施。申请人应当提供担保，不提供担保的，裁定驳回申请。人民法院接受申请后，必须在 48 小时内作出裁定；裁定采取保全措施的，应当立即开始执行。申请人在人民法院采取保全措施后 30 日内不依法提起诉讼或者申请仲裁的，人民法院应当解除保全。因此，ABC 正确，而 D 错误。

**73. BC。**《民诉解释》第 257 条第 2 项规定，发回重审的案件不适用简易程序。因此，A 错误。《民诉解释》第 39 条第 2 款规定，人民法院发回重审或者按第一审程序再审的案件，当事人提出管辖异议的，人民法院不予审查。因此，B 正确。《民诉解释》第 251 条规定，二审裁定撤销一审判决发回重审的案件，当事人申请变更、增加诉讼请求或者提出反诉，第三人提出与本案有关的诉讼请求的，依照《民事诉讼法》第 143 条规定可以合并审理。因此，C 正确，D 错误。

**74. CD。**《民事诉讼法》第 160 条规定，基层人民法院和它派出的法庭审理事实清楚、权利义务关系明确、争议不大的简单的民事案件，适用简易程序。基层人民法院和它派出的法庭审理前款规定以外的民事案件，当事人双方也可以约定适用简易程序。因此，A 是合法的。《民诉解释》第 261 条规定，适用简易程序审理案件，人民法院可以采取捎口信、电话、短信、传真、电子邮件等简便方式传唤双方当事人、通知证人和送达诉讼文书。以简便方式送达的开庭通知，未经当事人确认或者没有其他证据证明当事人已经收到的，人民法院不得缺席判决。因此，B 是合法的，而 C 是违法的。《民诉解释》第 140 条规定，适用简易程序的案件，不适用公告送达。因此，D 是违法的。

**75. AD。**《民事诉讼法》第 231 条规定，支付人收到人民法院停止支付的通知，应当停止支付，至公示催告程序终结。公示催告期间，转让票据权利的行为无效。因此，A 正确，而 B 错误。《民事诉讼法》第 233 条规定，没有人申报的，人民法院应当根据申请人的申请，作出判决，宣告票据无效。因此，C 错误。《民诉解释》第 452 条规定，适用公示催告程序审理案件，可由审判员一人独任审理；判决宣告票据无效的，应当组成合议庭审理。因此，D 正确。

**76. AD。**《民法典》第 919 条规定，委托合同是委托人和受托人约定，由受托人处理委托人事务的合同。本题中，乙公司与丙公司签订《委托书》，委托丙公司对外销售房屋，故乙公司是委托人，A 正确。王某作为乙公司的法定代表人，其行为视同法人的行为，其并非委托合同的主体，故 BC 错误。《承诺函》虽由王某出具，但《承诺函》之内容“将协调甲公司卖房给张某”而非直接承诺甲公司将房卖给张某可推知王某并未以甲公司名义从事活动。因此王某虽系甲公司法定代表人，但其出具《承诺函》的行为并非代表行为，《承诺函》并不产生使甲公司卖房给张某的约束力，故 D 正确。

**77. B**。本题中，张某查看《合作开发协议》和《委托书》后与丙公司签订《房屋预订合同》，而甲公司和乙公司签订的《合作开发协议》约定，合作开发的 A 区房屋归甲公司、B 区房屋归乙公司，乙公司与丙公司签订的《委托书》中是乙公司委托丙公司对外销售房屋。据此，丙公司有权代理销售的是 B 区房屋，但《房屋预订合同》中销售的却是 A 区房屋，且丙公司是以自己的名义签订的《房屋预订合同》。《民法典》第 161 条第 1 款规定，民事主体可以通过代理人实施民事法律行为。另外，《民法典》第 172 条规定，行为人没有代理权、超越代理权或者代理权终止后，仍然实施代理行为，相对人有理由相信行为人有代理权的，代理行为有效。丙公司的行为不属于代理，也不构成表见代理。相反，丙公司销售 A 区房屋是以丙公司自己的名义，而甲公司又没有授权，所以丙公司以自己的名义销售 A 区房屋的行为构成无权处分，处分行为效力待定，但不能因此就认定《房屋预订合同》无效。综上，本题 B 正确。

**78. A**。本题容易引发异议。张某查看《合作开发协议》和《委托书》后，与丙公司签订《房屋预订合同》，约定：“张某向丙公司预付房款 30 万元，购买 A 区房屋一套。待取得房屋预售许可证后，双方签订正式合同。”丙公司将房款用于项目投资，全部亏损。后王某向张某出具《承诺函》：如张某不闹事，将协调甲公司卖房给张某。但甲公司取得房屋预售许可后，将 A 区房屋全部卖与他人。张某要求甲公司、乙公司和丙公司退回房款。本题中，张某与李某签订《债权转让协议》，将该债权转让给李某，通知了甲、乙、丙三公司。后又将该债权转让给方某，也通知了甲、乙、丙三公司。对于债权多重让与的效力，我国现行法未规定，理论上有争议。本解析倾向于由先得通知者享有受让债权的观点，即本题中李某获得返还 30 万元的请求权。《民法典》第 985 条规定，得利人没有法律根据取得不当利益的，受损失的人可以请求得利人返还取得的利益。丙公司收到预付房款 30 万元，继续保留该房款属于不当得利，应返还李某，故 A 正确。

**79. BCD**。《民法典》第 597 条第 1 款规定，因出卖人未取得处分权致使标的物所有权不能转移的，买受人可以解除合同并请求出卖人承担违约责任。该规定应理解为，因无权处分订立的买卖合同，买卖合同有效，不因买受人善意或恶意而受影响，但物权变动的效果效力待定（善意取得的除外）。故 A 错误，BD 正确。《民法典》第 311 条第 1 款规定，无处分权人将不动产或者动产转让给受让人的，所有权人有权追回；除法律另有规定外，符合下列情形的，受让人取得该不动产或者动产的所有权：（1）受让人受让该不动产或者动产时是善意；（2）以合理的价格转让；（3）转让的不动产或者动产依照法律规定应当登记的已经登记，不需要登记的已经交付给受让人。故 C 正确。

**80. BCD**。本题中，李某拾得电脑后因暂时找不到失主而将电脑出租给王某获得很高收益。《民法典》第 985 条规定，得利人没有法律根据取得不当利益的，受损失的人可以请求得利人返还取得的利益。李某应将所获利益作为不当得利返还乙。《民法典》第 314 条规定，拾得遗失物，应当返还权利人。拾得人应当及时通知权利人领取，或者送交公安等有关部门。《民法典》第 317 条规定，权利人领取遗失物时，应当向拾得人或者有关部门支付保管遗失物等支出的必要费用。《民法典》第 460 条规定，不动产或者动产被占有人占有的，权利人可以请求返还原物及其孳息；但是，应当支付善意占有人因维护该不动产或者动产支出的必要费用。据此，A 错误，B 正确。原物电脑仍然存在，而乙仍为电脑的所有权人，故乙应以所有权人身份而非不当得利债权人身份请求李某返还电脑，故 C 正确。根据相关司法解释的规定，拾得物灭失、毁损，拾得人没有故意的，不承担民事责任。拾得人将拾得物据为己有，拒不返还而引起诉讼的，按照侵权之诉处理。据此，D 正确。

**81. BC**。《民法典》第 447 条规定，债务人不履行到期债务，债权人可以留置已经合法占有的债务人的动产，并有权就该动产优先受偿。本题中，王某作为电脑的承租人，将电脑交给康成电脑维修公司维修且拒付维修费，康成公司有权请求王某支付电脑维修费，也可以将电脑留置，但《民法典》第 453 条规定，留置权人与债务人应当约定留置财产后的债务履行期限；没有约定或者约定不明确的，留置权人应当给债务人 60 日以上履行债务的期限。所以在王某在 7 日内未交费的情形下，康成公司还不能即时变卖电脑抵债，也不可以自己买下电脑。据此，AD 错误。当电脑被偷走后，留置权人一旦脱离对于留置物的占有就丧失留置权，B 可选。《民法典》第 462 条规定，占有的不动产或者动产被侵占的，占有人有权请求返还原物。所以康成公司可请求李某返还电脑，即回复占有，C 正确。

**82. C**。《合伙企业法》第 31 条规定：“除合伙协议另有约定外，合伙企业的下列事项应当经全体合伙人一致同意：（一）改变合伙企业的名称；（二）改变合伙企业的经营范围、主要经营场所的地点；（三）处分合伙企业的不动产；（四）转让或者处分合伙企业的知识产权和其他财产权利；（五）以合伙企业名义为他人提供担保；（六）聘任合伙人以外的人担任合伙企业的经营管理人员。”本题中，甲、乙决定将合伙企业的400万元现金用于股市投资，不属于应当由全体合伙人一致同意的情形，按照合伙企业事务执行的一般决议程序办理即可。《合伙企业法》第30条第1款规定：“合伙人对合伙企业有关事项作出决议，按照合伙协议约定的表决办法办理。合伙协议未约定或者约定不明确的，实行合伙人一人一票并经全体合伙人过半数通过的表决办法。”本题中，甲、乙决定将合伙企业的400万元现金用于股市投资，因为表决人数已经超过了全体合伙人的半数，故甲、乙有权决定将400万元现金用于股市投资，所以，甲、乙的行为属于有权处分。尽管甲、乙在丙不知情的情况下将400万元现金用于股市投资，不太符合规范的表决程序，但纵然甲、乙通知了丙，甲、乙依然有权在丙反对的情况下决议将400万元现金用于股市投资。而且，合伙企业形式灵活，《合伙企业法》对合伙人的决议程序和形式并无特别要求，甲、乙将400万元现金用于股市投资的表决纵然有程序瑕疵，也不会影响表决的效力。综上，应当认定甲、乙将400万元资金委托投资股市的行为属于有权处分，故A错误。B属于定性错误，甲、乙二人只是临时动用合伙企业资金炒股，并不涉及改变合伙企业经营范围的问题，故B错误。甲、乙二人违反合伙企业表决程序，擅自动用合伙企业财产炒股，给合伙企业造成损失，就委托投资失败应当承担连带责任，故C正确。就委托投资失败，题目中并未说明受托的投资机构存在过错或者违反委托合同约定，故该受托的投资机构不需承担责任，D错误。

**83. BD**。《合伙企业法》第21条规定：“合伙人在合伙企业清算前，不得请求分割合伙企业的财产；但是，本法另有规定的除外。合伙人在合伙企业清算前私自转移或者处分合伙企业财产的，合伙企业不得以此对抗善意第三人。”乙以其房屋使用权作为出资，并未将房屋所有权转移给合伙企业，其对房屋仍然享有处分权，故乙将房屋卖给丁属于有权处分，A错误。但对合伙企业而言，乙按照合伙协议约定将房屋使用权作为对合伙企业的出资，其擅自转卖房屋给丁违反了合伙协议，应当对合伙企业承担违约责任，故D正确。乙将房屋出卖给丁，并且办理了过户登记，丁获得房屋所有权，有权要求合伙企业搬出该房屋，故B正确，C错误。

**84. ABCD**。《合伙企业法》第50条第1款规定：“合伙人死亡或者被依法宣告死亡的，对该合伙人在合伙企业中的财产份额享有合法继承权的继承人，按照合伙协议的约定或者经全体合伙人一致同意，从继承开始之日起，取得该合伙企业的合伙人资格。”据此，戊要成为继承人，需要符合合伙协议约定或者经全体合伙人一致同意，并不能当然取得合伙人资格，故A错误。《合伙企业法》第85条规定：“合伙企业有下列情形之一的，应当解散：（一）合伙期限届满，合伙人决定不再经营；（二）合伙协议约定的解散事由出现；（三）全体合伙人决定解散；（四）合伙人已不具备法定人数满三十天；（五）合伙协议约定的合伙目的已经实现或者无法实现；（六）依法被吊销营业执照、责令关闭或者被撤销；（七）法律、行政法规规定的其他原因。”合伙企业亏损并非合伙企业解散的法定事由，而戊作为丙的继承人根本没有权利要求解散合伙企业，故B错误。《合伙企业法》第97条规定：“合伙人对本法规定或者合伙协议约定必须经全体合伙人一致同意始得执行的事务擅自处理，给合伙企业或者其他合伙人造成损失的，依法承担赔偿责任。”甲、乙擅自将合伙企业的400万元资金用于炒股，虽然在表决权限上属于有权处分，但这种行为显然违反了合伙人对合伙企业的忠实勤勉义务，并且给合伙企业造成损失，应当对合伙企业或者其他合伙人承担责任。但戊作为丙的继承人，并不能当然成为合伙人，所以不能直接向甲主张赔偿，故C错误。《合伙企业法》第96条规定：“合伙人执行合伙事务，或者合伙企业从业人员利用职务上的便利，将应当归合伙企业的利益据为己有的，或者采取其他手段侵占合伙企业财产的，应当将该利益和财产退还合伙企业；给合伙企业或者其他合伙人造成损失的，依法承担赔偿责任。”乙擅自转卖房屋，给合伙企业造成损失，应当对合伙企业或者其他合伙人承担责任。但戊作为丙的继承人，并不能当然成为合伙人，所以不能直接向乙主张赔偿，故D错误。

**85. AC**。《民事诉讼法》第35条规定，合同或者其他财产权益纠纷的当事人可以书面协议选择被告住所地、合同履行地、合同签订地、原告住所地、标的物所在地等与争议有实际联系的地点的人民法院管辖，但不得违反本法对级别管辖和专属管辖的规定。此外，《民诉解释》第30条第2款规定，管辖协议约定两个以上与争议有实际联系的地点的人民法院管辖，原告可以向其中一个人民法院起诉。因此，A县法院作为原告住所地法院有管辖权，C县法院作为合同签订地法院有管辖权，故AC正确。

**86. AC**。《民诉解释》第91条规定，人民法院应当依照下列原则确定举证证明责任的承担，但法律另有规定的除外：第一，主张法律关系存在的当事人，应当对产生该法律关系的基本事实承担举证证明责任；第二，主张法律关系变更、消灭或者权利受到妨害的当事人，应当对该法律关系变更、消灭或者权利受到妨害的基本事实承担举证证明责任。在本案中，被告四海公司应当就消火原告的权利，即自己已经履行付款义务承担举证责任，因此，ABC的事实构成被告四海公司合理履行付款义务的事实。但是，在本案诉讼中，五环公司承认付某是其业务员，因此，《民诉解释》第92条关于“一方当事人在法庭审理中，或者在起诉状、答辩状、代理词等书面材料中，对于己不利的事实明确表示承认的，另一方当事人无需举证证明”的规定，四海公司就该事实无需承担举证责任，因此，AC 的事实应当由被告四海公司承担证明责任。

**87. D**。在本案中，付某作为五环公司的业务员，根据五环公司的授权代为接受四海公司支付的货款，付某与本案不存在法律上的民事权利义务关系，其只是了解案件的情况，因此，付某应当是本案的证人。D 是本题的答案。

**88. AC**。《民事诉讼法》第 238 条规定，执行过程中，案外人对执行标的提出书面异议的，人民法院应当自收到书面异议之日起 15 日内审查，理由成立的，裁定中止对该标的的执行；理由不成立的，裁定驳回。因此，AC 正确，BD 错误。

**89. D**。《民诉解释》第 306 条规定，申请执行人提起执行异议之诉的，以案外人为被告。被执行人反对申请执行人主张的，以案外人和被执行人为共同被告；被执行人不反对申请执行人主张的，可以列被执行人为第三人。因此，D 是本题的答案。

**90. BC**。《民诉解释》第 302 条规定，根据《民事诉讼法》第 238 条规定，案外人、当事人对执行异议裁定不服，自裁定送达之日起 15 日内向人民法院提起执行异议之诉的，由执行法院管辖。因此，林海应向乙法院提起执行异议之诉。A 是不成立的。《民诉解释》第 308 条规定，人民法院审理执行异议之诉案件，适用普通程序。因此，B 是成立的。《民诉解释》第 309 条规定，案外人或者申请执行人提起执行异议之诉的，案外人应当就其对执行标的享有足以排除强制执行的民事权益承担举证证明责任。因此，C 是成立的。《民诉解释》第 307 条规定，申请执行人对中止执行裁定未提起执行异议之诉，被执行人提起执行异议之诉的，人民法院告知其另行起诉。因此，D 是不成立的。

# 第10天

*鹏翼垂空，笑人世，苍然无物。*

## 试 题

**1.** 某省政府向社会公布了政府在行政审批领域中的权力清单。关于该举措，下列哪一说法是错误的？

A. 旨在通过政务公开约束政府权力

B. 有利于保障行政相对人权利

C. 体现了比例原则

D. 符合法治原则

**2.** 实施依法治国方略，要求各级领导干部善于运用法治思维思考问题，处理每项工作都要依法依规进行。下列哪一做法违反了上述要求？

A. 某市环保部门及时发布大型化工项目的环评信息，回应社会舆论质疑

B. 某市法院为平息来访被害人家属及群众情绪签订保证书，根据案情承诺加重处罚被告人

C. 某市人大常委会就是否在地方性法规中规定“禁止地铁内进食”举行立法听证

D. 某省推动建立涉法涉诉信访依法终结制度

**3.** 依法行政是依法治国的一个关键环节，是法治国家对政府行政活动的基本要求。依法行政要求行政机关必须诚实守信。下列哪一行为违反了诚实守信原则？

A. 某县发生煤矿重大安全事故，政府部门通报了相关情况，防止了现场矛盾激化

B. 某市政府在招商引资过程中承诺给予优惠，因国家政策变化推迟兑现

C. 某县政府因县内其他民生投资导致资金紧张，未按合同及时支付相关企业的市政工程建设款项

D. 某区政府经过法定程序对已经公布的城建规划予以变更

**4.** 执法为民要求立法、行政、司法等机关的工作要反映群众的愿望和根本利益。下列哪一做法没有准确体现执法为民的基本要求？

A. 某市公安局借助网络开展执法满意度调查并将调查结果作为评判执法公正的唯一标准

B. 某市法院通过优化人民法庭区域布置、开展巡回审判等方式，减少当事人讼累

C. 某市政府出台《市政管理检查行为规范》，规范城管队员执法行为

D. 某县检察院设立未成年人案件办公室，探索完善未成年人所在社区、学校、家庭、派出所与检察院五位一体的跟踪帮教机制

**5.** 社会主义法治把公平正义作为一切法治实践活动的价值追求。下列哪一说法正确体现了公平正义理念的基本要求？

A. 在法律实施中为维护法律的权威性和严肃性，应依据法理而不是考虑情理

B. 在法治实践活动中，仅仅保证程序公正

C. 迟到的正义是非正义，法治活动应同时兼顾公正与效率

D. 法律是全社会平等适用的普遍性规范，为维护法制统一，对特殊地域和特殊群体应一视同仁，不作任何区别化对待

**6.** 坚持党对法治事业的领导，是我国社会主义法治的主要特色，也是我国社会主义法治的根本保证。关于党的领导的理念，下列哪一理解是错误的？

A. 坚持党对社会主义法治事业的领导是当代中国社会发展的必然结果

B. 我国法治事业，从总体部署到决策的具体实施，都是在党的大力推动下实现的

C. 只要抓住立法环节，把党的各项政治主张和要求上升为法律，就能全面实现党对社会主义法治事业的政治领导

D. 党带头遵守宪法和法律与坚持党对法治事业的领导是不矛盾的

**7.** 法律格言说：“法律不能使人人平等，但在法律面前人人是平等的。”关于该法律格言，下列哪一说法是正确的？

A. 每个人在法律面前事实上是平等的

B. 在任何时代和社会，法律面前人人平等都是一项基本法律原则

C. 法律可以解决现实中的一切不平等问题

D. 法律面前人人平等原则并不禁止在立法上作出合理区别的规定

**8.** 关于法的规范作用，下列哪一说法是正确的？

A. 陈法官依据诉讼法规定主动申请回避，体现了法的教育作用

B. 法院判决王某行为构成盗窃罪，体现了法的指引作用

C. 林某参加法律培训后开始重视所经营企业的法律风险防控，反映了法的保护自由价值的作用

D. 王某因散布谣言被罚款300元，体现了法的强制作用

**9.** 尹老汉因女儿很少前来看望，诉至法院要求判决女儿每周前来看望1次。法院认为，根据《老年人权益保障法》的规定，家庭成员应当关心老年人的精神需求，不得忽视、冷落老年人；与老年人分开居住的家庭成员，应当经常看望或问候老年人。而且，关爱老人也是中华传统美德。法院遂判决被告每月看望老人1次。关于此案，下列哪一说法是错误的？

A. 被告看望老人次数因法律没有明确规定，由法官自由裁量

B. 《老年人权益保障法》第十八条中没有规定法律后果

C. 法院判决所依据的法条中规定了积极义务和消极义务

D. 法院判决主要是依据道德作出的

**10.** 原告与被告系亲兄弟，父母退休后与被告共同居住并由其赡养。父亲去世时被告独自料理后事，未通知原告参加。原告以被告侵犯其悼念权为由诉至法院。法院认为，按照我国民间习惯，原告有权对死者进行悼念，但现行法律对此没有规定，该诉讼请求于法无据，判决原告败诉。关于此案，下列哪一说法是错误的？

A. 本案中的被告侵犯了原告的经济、社会、文化权利

B. 习惯在我国是一种非正式的法的渊源

C. 法院之所以未支持原告诉讼请求，理由在于被告侵犯的权利并非法定权利

D. 在本案中法官对判决进行了法律证成

**11.** 张林遗嘱中载明：我去世后，家中三间平房归我妻王珍所有，如我妻今后嫁人，则归我侄子张超所有。张林去世后王珍再婚，张超诉至法院主张平房所有权。法院审理后认为，婚姻自由是宪法基本权利，该遗嘱所附条件侵犯了王珍的婚姻自由，违反《民法典》规定，因此无效，判决张超败诉。对于此案，下列哪一说法是错误的？

A. 婚姻自由作为基本权利，其行使不受任何法律限制

B. 本案反映了遗嘱自由与婚姻自由之间的冲突

C. 法官运用了合宪性解释方法

D. 张林遗嘱处分的是其财产权利而非其妻的婚姻自由权利

**12.** 《最高人民法院、最高人民检察院关于办理赌博刑事案件具体应用法律若干问题的解释》第二条规定："以营利为目的，在计算机网络上建立赌博网站，或者为赌博网站担任代理，接受投注的，属于刑法第三百零三条规定的'开设赌场'"。关于该解释，下列哪一说法是不正确的？

A. 属于法定解释

B. 对刑法条文做了扩大解释

C. 应当自公布之日起30日内报全国人大常委会备案

D. 运用了历史解释方法

**13.** 关于法与人权的关系，下列哪一说法是错误的？

A. 人权不能同时作为道德权利和法律权利而存在

B. 按照马克思主义法学的观点，人权不是天赋的，也不是理性的产物

C. 人权指出了立法和执法所应坚持的最低的人道主义标准和要求

D. 人权被法律化的程度会受到一国民族传统、经济和文化发展水平等因素的影响

**14.** 秦律明确规定了司法官渎职犯罪的内容。关于秦朝司法官渎职的说法，下列哪一选项是不正确的？

A. 故意使罪犯未受到惩罚，属于"纵囚"

B. 对已经发生的犯罪，由于过失未能揭发、检举，属于"见知不举"

C. 对犯罪行为由于过失而轻判者，属于"失刑"

D. 对犯罪行为故意重判者，属于"不直"

**15.** 《唐律·名例律》规定："诸断罪而无正条，其应出罪者，则举重以明轻；其应入罪者，则举轻以明重"。关于唐代类推原则，下列哪一说法是正确的？

A. 类推是适用法律的一般形式，有明文规定也可"比附援引"

B. 被类推定罪的行为，处罚应重于同类案件

C. 被类推定罪的行为，处罚应轻于同类案件

D. 唐代类推原则反映了当时立法技术的发达

**16.** 根据清朝的会审制度，案件经过秋审或朝审程序之后，分四种情况予以处理：情实、缓决、可矜、留养承嗣。对此，下列哪一说法是正确的？

A. 情实指案情属实、罪名恰当者，奏请执行绞监候或斩监候

B. 缓决指案情虽属实，但危害性不能确定者，可继续调查，待危害性确定后进行判决

C. 可矜指案情属实，但有可矜或可疑之处，免于死刑，一般减为徒、流刑罚

D. 留养承嗣指案情属实、罪名恰当，但被害人有亲老丁单情形，奏请皇帝裁决

**17.** 武昌起义爆发后，清王朝于1911年11月3日公布了《宪法重大信条十九条》。关于该宪法性文件，下列哪一说法是错误的？

A. 缩小了皇帝的权力

B. 扩大了人民的权利

C. 扩大了议会的权力

D. 扩大了总理的权力

**18.** 依法治国是社会主义法治理念的核心内容，也是宪法确定的治国方略。关于实施依法治国的要求，下列哪一选项是不正确的？

A. 在具体的社会治理实践中将法治与德治紧密结合，共同发挥其规范社会成员思想和行为的作用

B. 坚持以宪法和法律为社会关系调控手段，限制并约束各种社会组织的规章制度、民规、民约的调节功能

C. 尊重宪法和法律的权威，保证司法机关依法独立行使审判权和检察权，尊重和服从司法机关作出的生效判决

D. 构建"以权力制约权力"的监督体系，科学配置权力，合理界定权限，形成既相互制约与监督，又顺畅有效运行的权力格局

**19.** 关于我国宪法修改，下列哪一选项是正确的？

A. 我国修宪实践中既有对宪法的部分修改，也有对宪法的全面修改

B. 经十分之一以上的全国人大代表提议，可以启动宪法修改程序

C. 全国人大常委会是法定的修宪主体

D. 宪法修正案是我国宪法规定的宪法修改方式

**20.** 根据《宪法》和法律的规定，关于特别行政区，下列哪一选项是正确的？

A. 澳门特别行政区财政收入全部由其自行支配，不上缴中央人民政府

B. 澳门特别行政区立法会举行会议的法定人数为不少于全体议员的三分之二

C. 非中国籍的香港特别行政区永久性居民不得当选为香港特别行政区立法会议员

D. 香港特别行政区廉政公署独立工作，对香港特别行政区立法会负责

**21.** 王某为某普通高校应届毕业生，23岁，尚未就业。根据《宪法》和法律的规定，关于王某的权利义务，下列哪一选项是正确的？

A. 无需承担纳税义务

B. 不得被征集服现役

C. 有选举权和被选举权

D. 有休息的权利

**22.** 根据《宪法》和法律的规定，关于基层群众自治，下列哪一选项是正确的？

A. 村民委员会的设立、撤销，由乡镇政府提出，经村民会议讨论同意，报县级政府批准

B. 有关征地补偿费用的使用和分配方案，经村民会议讨论通过后，报乡镇政府批准

C. 居民公约由居民会议讨论通过后，报不设区的市、市辖区或者它的派出机关批准

D. 居民委员会的设立、撤销，由不设区的市、市辖区政府提出，报市政府批准

**23.** 根据《监督法》的规定，关于监督程序，下列哪一选项是不正确的？

A. 政府可委托有关部门负责人向本级人大常委会作专项工作报告

B. 以口头答复的质询案，由受质询机关的负责人到会答复

C. 特定问题调查委员会在调查过程中，应当公布调查的情况和材料

D. 撤职案的表决采用无记名投票的方式，由常委会全体组成人员的过半数通过

**24.** 红心地板公司在某市电视台投放广告，称"红心牌原装进口实木地板为你分忧"，并称"强化木地板甲醛高、不耐用"。此后，本地市场上的强化木地板销量锐减。经查明，该公司生产的实木地板是用进口木材在国内加工而成。关于该广告行为，下列哪一选项是正确的？

A. 属于正当竞争行为

B. 仅属于诋毁商誉行为

C. 仅属于虚假宣传行为

D. 既属于诋毁商誉行为，又属于虚假宣传行为

**25.** 某商业银行通过同业拆借获得一笔资金。关于该拆入资金的用途，下列哪一选项是违法的？

A. 弥补票据结算的不足

B. 弥补联行汇差头寸的不足

C. 发放有担保的短期固定资产贷款

D. 解决临时性周转资金的需要

**26.** 某企业流动资金匮乏，一直拖欠缴纳税款。为恢复生产，该企业将办公楼抵押给某银行获得贷款。此后，该企业因排污超标被环保部门罚款。现银行、税务部门和环保部门均要求拍卖该办公楼以偿还欠款。关于拍卖办公楼所得价款的清偿顺序，下列哪一选项是正确的？

A. 银行贷款优先于税款

B. 税款优先于银行贷款

C. 罚款优先于税款

D. 三种欠款同等受偿，拍卖所得不足时按比例清偿

**27.** 某房地产公司开发一幢大楼，实际占用土地的面积超出其依法获得的出让土地使用权面积，实际建筑面积也超出了建设工程规划许可证规定的面积。关于对该公司的处罚，下列哪一选项是正确的？

A. 只能由土地行政主管部门按非法占用土地予以处罚

B. 只能由城乡规划主管部门按违章建筑予以处罚

C. 根据一事不再罚原则，由当地政府确定其中一种予以处罚

D. 由土地行政主管部门、城乡规划主管部门分别予以处罚

**28.** 某省A市和B市分别位于同一河流的上下游。A市欲建农药厂。在环境影响评价书报批时，B市环境保护行政主管部门认为该厂对本市影响很大，对该环境影响评价结论提出异议。在此情况下，该环境影响评价书应当由下列哪一部门审批？

A. 省政府发改委

B. 省人大常委会

C. 省农药生产行政监管部门

D. 省环境保护行政主管部门

**29.** 甲国分立为“东甲”和“西甲”，甲国在联合国的席位由“东甲”继承，“西甲”决定加入联合国。“西甲”与乙国（联合国成员）交界处时有冲突发生。根据相关国际法规则，下列哪一选项是正确的？

A. 乙国在联大投赞成票支持“西甲”入联，一般构成对“西甲”的承认

B. “西甲”认为甲国与乙国的划界条约对其不产生效力

C. “西甲”入联后，其所签订的国际条约必须在秘书处登记方能生效

D. 经安理会9个理事国同意后，“西甲”即可成为联合国的会员国

**30.** 甲国是群岛国，乙国是甲国的隔海邻国，两国均为《联合国海洋法公约》的缔约国。根据相关国际法规则，下列哪一选项是正确的？

A. 他国船舶通过甲国的群岛水域均须经过甲国的许可

B. 甲国为连接其相距较远的两岛屿，其群岛基线可隔断乙国的专属经济区

C. 甲国因已划定了群岛水域，则不能再划定专属经济区

D. 甲国对其群岛水域包括上空和底土拥有主权

**31.** 王某是定居美国的中国公民，2013年10月回国为父母购房。根据我国相关法律规定，下列哪一选项是正确的？

A. 王某应向中国驻美签证机关申请办理赴中国的签证

B. 王某办理所购房产登记需提供身份证明的，可凭其护照证明其身份

C. 因王某是中国公民，故需持身份证办理房产登记

D. 王某回中国后，只要其有未了结的民事案件，就不准出境

**32.** 德国甲公司与中国乙公司在中国共同设立了某合资有限责任公司，后甲公司以确认其在合资公司的股东权利为由向中国某法院提起诉讼。关于本案的法律适用，下列哪一选项是正确的？

A. 因合资公司登记地在中国，故应适用中国法

B. 因侵权行为地在中国，故应适用中国法

C. 因争议与中国的联系更密切，故应适用中国法

D. 当事人可协议选择纠纷应适用的法律

**33.** 经常居住于中国的英国公民迈克，乘坐甲国某航空公司航班从甲国出发，前往中国，途经乙国领空时，飞机失去联系。若干年后，迈克的亲属向中国法院申请宣告其死亡。关于该案件应适用的法律，下列哪一选项是正确的？

A. 中国法　　B. 英国法

C. 甲国法　　D. 乙国法

**34.** 经常居住于英国的法国籍夫妇甲和乙，想来华共同收养某儿童。对此，下列哪一说法是正确的？

A. 甲、乙必须共同来华办理收养手续

B. 甲、乙应与送养人订立书面收养协议

C. 收养的条件应重叠适用中国法和法国法

D. 若发生收养效力纠纷，应适用中国法

**35.** 甲国公民大卫被乙国某公司雇佣，该公司主营业地在丙国，大卫工作内容为巡回于东亚地区进行产品售后服务，后双方因劳动合同纠纷诉诸中国某法院。关于该纠纷应适用的法律，下列哪一选项是正确的？

A. 中国法　　B. 甲国法

C. 乙国法　　D. 丙国法

**36.** 中国甲公司与法国乙公司商谈进口特种钢材，乙公司提供了买卖该种钢材的格式合同，两国均为1980年《联合国国际货物销售合同公约》缔约国。根据相关规则，下列哪一选项是正确的？

A. 因两国均为公约缔约国，双方不能在合同中再选择适用其他法律

B. 格式合同为该领域的习惯法，对双方具有约束力

C. 双方可对格式合同的内容进行修改和补充

D. 如双方在合同中选择了贸易术语，则不再适用公约

**37.** 中国甲公司向加拿大乙公司出口一批农产品，CFR价格条件。货装船后，乙公司因始终未收到甲公司的通知，未办理保险。部分货物在途中因海上风暴毁损。根据相关规则，下列哪一选项是正确的？

A. 甲公司在装船后未给乙公司以充分的通知，造成乙公司漏保，因此损失应由甲公司承担

B. 该批农产品的风险在装港船舷转移给乙公司

C. 乙公司有办理保险的义务，因此损失应由乙公司承担

D. 海上风暴属不可抗力，乙公司只能自行承担损失

**38.** 甲乙丙三国企业均向中国出口某化工产品，2010年中国生产同类化工产品的企业认为进口的这一化工产品价格过低，向商务部提出了反倾销调查申请。根据相关规则，下列哪一选项是正确的？

A. 反倾销税税额不应超过终裁决定确定的倾销幅度

B. 反倾销税的纳税人为倾销进口产品的甲乙丙三国企业

C. 商务部可要求甲乙丙三国企业作出价格承诺，否则不能进口

D. 倾销进口产品来自两个以上国家，即可就倾销进口产品对国内产业造成的影响进行累积评估

**39.** 甲国人柯里在甲国出版的小说流传到乙国后出现了利用其作品的情形，柯里认为侵犯了其版权，并诉诸乙国法院。尽管甲乙两国均为《伯尔尼公约》的缔约国，但依甲国法，此种利用作品不构成侵权，另外，甲国法要求作品要履行一定的手续才能获得保护。根据相关规则，下列哪一选项是正确的？

A. 柯里须履行甲国法要求的手续才能在乙国得到版权保护

B. 乙国法院可不受理该案，因作品来源国的法律不认为该行为是侵权

C. 如该小说在甲国因宗教原因被封杀，乙国仍可予以保护

D. 依国民待遇原则，乙国只能给予该作品与甲国相同水平的版权保护

**40.** 甲国人李某长期居住在乙国，并在乙国经营一家公司，在甲国则只有房屋出租。在确定纳税居民的身份上，甲国以国籍为标准，乙国以住所和居留时间为标准。根据相关规则，下列哪一选项是正确的？

A. 甲国只能对李某在甲国的房租收入行使征税权，而不能对其在乙国的收入行使征税权

B. 甲乙两国可通过双边税收协定协调居民税收管辖权的冲突

C. 如甲国和乙国对李某在乙国的收入同时征税，属于国际重叠征税

D. 甲国对李某在乙国经营公司的收入行使的是所得来源地税收管辖权

**41.** 司法公正体现在司法活动各个方面和对司法人员的要求上。下列哪一做法体现的不是司法公正的内涵？

A. 甲法院对社会关注的重大案件通过微博直播庭审过程

B. 乙法院将本院公开审理后作出的判决书在网上公布

C. 丙检察院为辩护人查阅、摘抄、复制案卷材料提供便利

D. 丁检察院为暴力犯罪的被害人提供医疗和物质救助

**42.** 关于法官在司法活动中如何理解司法效率，下列哪一说法是不正确的？

A. 司法效率包括司法的时间效率、资源利用效率和司法活动的成本效率

B. 在遵守审理期限义务上，对法官职业道德上的要求更加严格，应力求在审限内尽快完成职责

C. 法官采取程序性措施时，应严格依法并考虑效率方面的代价

D. 法官应恪守中立，不主动督促当事人或其代理人完成诉讼活动

**43.** 关于检察官职业道德和纪律，下列哪一做法是正确的？

A. 甲检察官出于个人对某类案件研究的需要，私下要求邻县检察官为其提供正在办理的某案情况

B. 乙检察官与其承办案件的被害人系来往密切的邻居，因此提出回避申请

C. 丙检察官发现所办案件存在应当排除的证据而未排除，仍将其作为起诉意见的依据

D. 丁检察官为提高效率，在家里会见本人所承办案件的被告方律师

**44.** 某律师事务所一审代理了原告张某的案件。一年后，该案再审。该所的下列哪一做法与律师执业规范相冲突？

A. 在代理原告案件时，拒绝与该案被告李某建立委托代理关系

B. 在拒绝与被告李某建立委托代理关系时，承诺可在其他案件中为其代理

C. 得知该案再审后，主动与原告张某联系

D. 张某表示再审不委托该所，该所遂与被告李某建立委托代理关系

**45.** 关于法律职业人员职业道德，下列哪一说法是不正确的？

A. 法官职业道德更强调法官独立性、中立地位

B. 检察官职业道德是检察官职业义务、职业责任及职业行为上道德准则的体现

C. 律师职业道德只规范律师的执业行为，不规范律师事务所的行为

D. 公证员职业道德应得到重视，原因在于公证证明活动最大的特点是公信力

**46.** 某法律援助机构实施法律援助的下列做法，哪一项是正确的？

A. 经审查后指派律师担任甲的代理人，并根据甲的经济情况免除其80%的律师服务费

B. 指派律师担任乙的辩护人以后，乙自行另外委托辩护人，故决定终止对乙的法律援助

C. 为未成年人丙指派熟悉未成年人身心特点但无律师执业证的本机构工作人员担任辩护人

D. 经审查后认为丁的经济状况较好，不符合法律援助的经济条件，故拒绝向其提供法律咨询

**47.** 新郎经过紧张筹备准备迎娶新娘。婚礼当天迎亲车队到达时，新娘却已飞往国外，由其家人转告将另嫁他人，离婚手续随后办理。此事对新郎造成严重伤害。法院认为，新娘违背诚实信用和公序良俗原则，侮辱了新郎人格尊严，判决新娘赔偿新郎财产损失和精神抚慰金。关于本案，下列哪些说法可以成立？

A. 由于缺乏可供适用的法律规则，法官可依民法基本原则裁判案件

B. 本案法官运用了演绎推理

C. 确认案件事实是法官进行推理的前提条件

D. 只有依据法律原则裁判的情形，法官才需提供裁判理由

**48.** 王某恋爱期间承担了男友刘某的开销计 20 万元。后刘某提出分手，王某要求刘某返还开销费用。经过协商，刘某自愿将该费用转为借款并出具了借条，不久刘某反悔，以不存在真实有效借款关系为由拒绝还款，王某诉至法院。法院认为，“刘某出具该借条系本人自愿，且并未违反法律强制性规定”，遂判决刘某还款。对此，下列哪些说法是正确的？

A. “刘某出具该借条系本人自愿，且并未违反法律强制性规定”是对案件事实的认定

B. 出具借条是导致王某与刘某产生借款合同法律关系的法律事实之一

C. 因王某起诉产生的民事诉讼法律关系是第二性法律关系

D. 本案的裁判是以法律事件的发生为根据作出的

**49.** 关于我国司法解释，下列哪些说法是错误的？

A. 林某认为某司法解释违背相关法律，遂向全国人大常委会提出审查建议，这属于社会监督的一种形式

B. 司法解释的对象是法律、行政法规和地方性法规

C. 司法解释仅指最高法院对审判工作中具体应用法律、法令问题的解释

D. 全国人大宪法和法律委员会和有关专门委员会经审查认为司法解释同法律规定相抵触的，可以直接撤销

**50.** 甲骑车经过乙公司在小区内的某施工场地时，由于施工场地湿滑摔倒致骨折，遂诉至法院请求赔偿。由于《民法典》对“公共场所”没有界定，审理过程中双方对施工场地是否属于《民法典》中的“公共场所”产生争议。法官参考《刑法》《集会游行示威法》等法律和多个地方性法规对“公共场所”的规定后，对“公共场所”作出解释，并据此判定乙公司承担赔偿责任。关于此案，下列哪些选项是正确的？

A. 法官对“公共场所”的具体含义的证成属于外部证成

B. 法官运用了历史解释方法

C. 法官运用了体系解释方法

D. 该案表明，同一个术语在所有法律条文中的含义均应作相同解释

**51.** 中国古代关于德与刑的关系理论，经历了一个长期的演变和发展过程。下列哪些说法是正确的？

A. 西周时期确立了“以德配天，明德慎罚”的思想，以此为指导，道德教化与刑罚处罚结合，形成了当时“礼”“刑”结合的宏观法制特色

B. 秦朝推行法家主张，但并不排斥礼，也强调“德主刑辅，礼刑并用”

C. 唐律“一准乎礼，而得古今之平”，实现了礼与律的有机统一，成为了中华法系的代表

D. 宋朝以后，理学强调礼和律对治理国家具有同等重要的地位，二者“不可偏废”

**52.** 明太祖朱元璋在洪武十八年（公元 1385 年）至洪武二十年（公元 1387 年）间，手订四编《大诰》，共 236 条。关于明《大诰》，下列哪些说法是正确的？

A. 《大明律》中原有的罪名，《大诰》一般都加重了刑罚

B. 《大诰》的内容也列入科举考试中

C. “重典治吏”是《大诰》的特点之一

D. 朱元璋死后《大诰》被明文废除

**53.** 根据《宪法》和法律的规定，关于国家机构，下列哪些选项是正确的？

A. 全国人民代表大会代表受原选举单位的监督

B. 中央军事委员会实行主席负责制

C. 地方各级审计机关依法独立行使审计监督权，对上一级审计机关负责

D. 市辖区的政府经本级人大批准可设立若干街道办事处，作为派出机关

**54.** 根据《立法法》的规定，下列哪些选项是不正确的？

A. 国务院和地方各级政府可以向全国人大常委会提出法律解释的要求

B. 经授权，行政法规可设定限制公民人身自由的强制措施

C. 专门委员会审议法律案的时候，应邀请提案人列席会议，听取其意见

D. 地方各级人大有权撤销本级政府制定的不适当的规章

**55.** 根据《选举法》的规定，关于选举制度，下列哪些选项是正确的？

A. 全国人大和地方人大的选举经费，列入财政预算，由中央财政统一开支

B. 全国人大常委会主持香港特别行政区全国人大代表选举会议第一次会议，选举主席团，之后由主席团主持选举

C. 县级以上地方各级人民代表大会举行会议的时候，三分之一以上代表联名，可以提出对由该级人民代表大会选出的上一级人大代表的罢免案

D. 选民或者代表 10 人以上联名，可以推荐代表候选人

**56.** 根据《宪法》和法律的规定，关于民族区域自治制度，下列哪些选项是正确的？

A. 民族自治地方法院的审判工作，受最高法院和上级法院监督

B. 民族自治地方的政府首长由实行区域自治的民族的公民担任，实行首长负责制

C. 民族自治区的自治条例和单行条例报全国人大批准后生效

D. 民族自治地方自主决定本地区人口政策，不实行计划生育

**57.** 某省 L 市旅游协会为防止零团费等恶性竞争，召集当地旅行社商定对游客统一报价，并根据各旅行社所占市场份额，统一分配景点返佣、古城维护费返佣等收入。此计划实施前，甲旅行社主动向反垄断执法机构报告了这一情况并提供了相关证据。关于本案，下列哪些判断是错误的？

A. 旅游协会的行为属于正当的行业自律行为

B. 由于尚未实施，旅游协会的行为不构成垄断行为

C. 如构成垄断行为，L 市发改委可对其处以 50 万元以下的罚款

D. 如构成垄断行为，对甲旅行社可酌情减轻或免除处罚

**58.** 甲酒厂为扩大销量，精心摹仿乙酒厂知名白酒的包装、装潢。关于甲厂摹仿行为，下列哪些判断是错误的？

A. 如果乙厂的包装、装潢未获得外观设计专利，则甲厂摹仿行为合法

B. 如果甲厂在包装、装潢上标明了自己的厂名、厂址、商标，则不构成混淆行为

C. 如果甲厂白酒的包装、装潢不足以使消费者误认为是乙厂白酒，则不构成混淆行为

D. 如果乙厂白酒的长期消费者留意之下能够辨别出二者差异，则不构成混淆行为

**59.** 张某从某网店购买一套汽车坐垫。货到拆封后，张某因不喜欢其花色款式，多次与网店交涉要求退货。网店的下列哪些回答是违法的？

A. 客户下单时网店曾提示“一经拆封，概不退货”，故对已拆封商品不予退货

B. 该商品无质量问题，花色款式也是客户自选，故退货理由不成立，不予退货

C. 如网店同意退货，客户应承担退货的运费

D. 如网店同意退货，货款只能在一个月后退还

**60.** 曾某在某超市以 80 元购买酸奶数盒，食用后全家上吐下泻，为此支付医疗费 800 元。事后发现，其所购的酸奶在出售时已超过保质期，曾某遂要求超市赔偿。对此，下列哪些判断是正确的？

A. 销售超过保质期的食品属于违反法律禁止性规定的行为

B. 曾某在购买时未仔细查看商品上的生产日期，应当自负其责

C. 曾某有权要求该超市退还其购买酸奶所付的价款

D. 曾某有权要求该超市赔偿 800 元医疗费，并增加赔偿 800 元

**61.** 彦某将一套住房分别委托甲、乙两家中介公司出售。钱某通过甲公司看中该房，但觉得房价太高。双方在看房前所签协议中约定了防“跳单”条款：钱某对甲公司的房源信息负保密义务，不得利用其信息撇开甲公司直接与房主签约，否则支付违约金。事后钱某又在乙公司发现同一房源，而房价比甲公司低得多。钱某通过乙公司买得该房，甲公司得知后提出异议。关于本案，下列哪些判断是错误的？

A. 防“跳单”条款限制了消费者的自主选择权

B. 甲公司抬高房价侵害了消费者的公平交易权

C. 乙公司的行为属于不正当竞争行为

D. 钱某侵犯了甲公司的商业秘密

**62.** 某市商业银行 2010 年通过实现抵押权取得某大楼的所有权，2013 年卖出该楼获利颇丰。2014 年该银行决定修建自用办公楼，并决定入股某知名房地产企业。该银行的下列哪些做法是合法的？

A. 2010 年实现抵押权取得该楼所有权

B. 2013 年出售该楼

C. 2014 年修建自用办公楼

D. 2014 年入股某房地产企业

**63.** 某企业因计算错误，未缴税款累计达 50 万元。关于该税款的征收，下列哪些选项是正确的？

A. 税务机关可追征未缴的税款

B. 税务机关可追征滞纳金

C. 追征期可延长到 5 年

D. 追征时不受追征期的限制

**64.** 2012 年外国人约翰来到中国，成为某合资企业经理，迄今一直居住在北京。根据《个人所得税法》，约翰获得的下列哪些收入应在我国缴纳个人所得税？

A. 从该合资企业领取的薪金

B. 出租其在华期间购买的房屋获得的租金

C. 在中国某大学开设讲座获得的酬金

D. 在美国杂志上发表文章获得的稿酬

**65.** 某公司取得出让土地使用权后，超过出让合同约定的动工开发日期满两年仍未动工，市政府决定收回该土地使用权。该公司认为，当年交付的土地一直未完成征地拆迁，未达到出让合同约定的条件，导致项目迟迟不能动工。为此，该公司提出两项请求，一是撤销收回土地使用权的决定，二是赔偿公司因工程延误所受的损失。对这两项请求，下列哪些判断是正确的？

A. 第一项请求属于行政争议

B. 第二项请求属于民事争议

C. 第一项请求须先由县级以上政府处理，当事人不服的才可向法院起诉

D. 第二项请求须先由县级以上政府处理，当事人不服的才可向法院起诉

**66.** 关于环境质量标准和污染物排放标准，下列哪些说法是正确的？

A. 国家环境质量标准是制定国家污染物排放标准的根据之一

B. 国家污染物排放标准由国务院环境保护行政主管部门制定

C. 国家环境质量标准中未作规定的项目，省级政府可制定地方环境质量标准，并报国务院环境保护行政主管部门备案

D. 地方污染物排放标准由省级环境保护行政主管部门制定，报省级政府备案

**67.** 甲乙丙三国因历史原因，冲突不断，甲国单方面暂时关闭了驻乙国使馆。艾诺是甲国派驻丙国使馆的二秘，近日被丙国宣布为不受欢迎的人。根据相关国际法规则，下列哪些选项是正确的？

A. 甲国关闭使馆应经乙国同意后方可实现

B. 乙国驻甲国使馆可用合法手段调查甲国情况，并及时向乙国作出报告

C. 丙国宣布艾诺为不受欢迎的人，须向甲国说明理由

D. 在丙国宣布艾诺为不受欢迎的人后，如甲国不将其召回或终止其职务，则丙国可拒绝承认艾诺为甲国驻丙国使馆人员

**68.** 甲国某公司与乙国驻甲国使馆因办公设备合同产生纠纷，并诉诸甲国法院。根据相关国际法规则，下列哪些选项是正确的？

A. 如合同中有适用甲国法律的条款，则表明乙国放弃了其管辖的豁免

B. 如乙国派代表出庭主张豁免，不意味着其默示接受了甲国的管辖

C. 如乙国在本案中提起了反诉，则是对管辖豁免的默示放弃

D. 如乙国曾接受过甲国法院的管辖，甲国法院即可管辖本案

**69.** 甲乙丙三国为某投资公约的缔约国，甲国在参加该公约时提出了保留，乙国接受该保留，丙国反对该保留，后乙丙丁三国又签订了涉及同样事宜的新投资公约。根据《维也纳条约法公约》，下列哪些选项是正确的？

A. 因乙丙丁三国签订了新公约，导致甲乙丙三国原公约失效

B. 乙丙两国之间应适用新公约

C. 甲乙两国之间应适用保留修改后的原公约

D. 尽管丙国反对甲国在原公约中的保留，甲丙两国之间并不因此而不发生条约关系

**70.** 中国甲公司与巴西乙公司因合同争议在中国法院提起诉讼。关于该案的法律适用，下列哪些选项是正确的？

A. 双方可协议选择合同争议适用的法律

B. 双方应在一审开庭前通过协商一致，选择合同争议适用的法律

C. 因法院地在中国，本案的时效问题应适用中国法

D. 如案件涉及中国环境安全问题，该问题应适用中国法

**71.** 德国甲公司与中国乙公司签订许可使用合同，授权乙公司在英国使用甲公司在英国获批的某项专利。后因相关纠纷诉诸中国法院。关于该案的法律适用，下列哪些选项是正确的？

A. 关于本案的定性，应适用中国法

B. 关于专利权归属的争议，应适用德国法

C. 关于专利权内容的争议，应适用英国法

D. 关于专利权侵权的争议，双方可以协议选择法律，不能达成协议，应适用与纠纷有最密切联系的法律

**72.** 中国甲公司与德国乙公司签订了出口红枣的合同，约定品质为二级，信用证方式支付。后因库存二级红枣缺货，甲公司自行改装一级红枣，虽发票注明品质为一级，货价仍以二级计收。但在银行办理结汇时遭拒付。根据相关公约和惯例，下列哪些选项是正确的？

A. 甲公司应承担交货不符的责任

B. 银行应在审查货物的真实等级后再决定是否收单付款

C. 银行可以发票与信用证不符为由拒绝收单付款

D. 银行应对单据记载的发货人甲公司的诚信负责

**73.** 两批化妆品从韩国由大洋公司“清田”号货轮运到中国，适用《海牙规则》，货物投保了平安险。第一批货物因“清田”号过失与他船相碰致部分货物受损，第二批货物收货人在持正本提单提货时，发现已被他人提走。争议诉至中国某法院。根据

相关规则及司法解释，下列哪些选项是正确的？

A. 第一批货物受损虽由“清田”号过失碰撞所致，但承运人仍可免责

B. 碰撞导致第一批货物的损失属于保险公司赔偿的范围

C. 大洋公司应承担第二批货物无正本提单放货的责任，但可限制责任

D. 大洋公司对第二批货物的赔偿范围限于货物的价值加运费

**74.** 根据《中华人民共和国反补贴条例》，下列哪些选项属于补贴？

A. 出口国政府出资兴建通向口岸的高速公路

B. 出口国政府给予企业的免税优惠

C. 出口国政府提供的贷款

D. 出口国政府通过向筹资机构付款，转而向企业提供资金

**75.** 根据有关规定，我国法律职业人员因其职业的特殊性，业外活动也要受到约束。下列哪些说法是正确的？

A. 法律职业人员在本职工作和业外活动中均应严格要求自己，维护法律职业形象和司法公信力

B. 业外活动是法官、检察官行为的重要组成部分，在一定程度上也是司法职责的延伸

C.《律师执业行为规范》规定了律师在业外活动中不得为的行为

D.《公证员职业道德基本准则》要求公证员应当具有良好的个人修养和品行，妥善处理个人事务

**李某原在甲公司就职，适用不定时工作制。2012年1月，因甲公司被乙公司兼并，李某成为乙公司职工，继续适用不定时工作制。2012年12月，由于李某在年度绩效考核中得分最低，乙公司根据公司绩效考核制度中“末位淘汰”的规定，决定终止与李某的劳动关系。李某于2013年11月提出劳动争议仲裁申请，主张：原劳动合同于2012年3月到期后，乙公司一直未与本人签订新的书面劳动合同，应从4月起每月支付二倍的工资；公司终止合同违法，应恢复本人的工作。**

**请回答第76—80题。**

**76.** 关于李某申请仲裁的有关问题，下列选项正确的是：

A. 因劳动合同履行地与乙公司所在地不一致，李某只能向劳动合同履行地的劳动争议仲裁委员会申请仲裁

B. 申请时应提交仲裁申请书，确有困难的也可口头申请

C. 乙公司对终止劳动合同的主张负举证责任

D. 对劳动争议仲裁委员会逾期未作出是否受理决定的，李某可就该劳动争议事项向法院起诉

**77.** 关于乙公司兼并甲公司时李某的劳动合同及工作年限，下列选项正确的是：

A. 甲公司与李某的原劳动合同继续有效，由乙公司继续履行

B. 如原劳动合同继续履行，在甲公司的工作年限合并计算为乙公司的工作年限

C. 甲公司还可与李某经协商一致解除其劳动合同，由乙公司新签劳动合同替代原劳动合同

D. 如解除原劳动合同时甲公司已支付经济补偿，乙公司在依法解除或终止劳动合同计算支付经济补偿金的工作年限时，不再计算在甲公司的工作年限

**78.** 关于未签订书面劳动合同期间支付二倍工资的仲裁请求，下列选项正确的是：

A. 劳动合同到期后未签订新的劳动合同，李某仍继续在公司工作，应视为原劳动合同继续有效，故李某无权请求支付二倍工资

B. 劳动合同到期后应签订新的劳动合同，否则属于未与劳动者订立书面劳动合同的情形，故李某有权请求支付二倍工资

C. 李某的该项仲裁请求已经超过时效期间

D. 李某的该项仲裁请求没有超过时效期间

**79.** 关于恢复用工的仲裁请求，下列选项正确的是：

A. 李某是不定时工作制的劳动者，该公司有权对其随时终止用工

B. 李某不是非全日制用工的劳动者，该公司无权对其随时终止用工

C. 根据该公司末位淘汰的规定，劳动合同应当终止

D. 该公司末位淘汰的规定违法，劳动合同终止违法

**80.** 如李某放弃请求恢复工作而要求其他补救，下列选项正确的是：

A. 李某可主张公司违法终止劳动合同，要求支付赔偿金

B. 李某可主张公司规章制度违法损害劳动者权益，要求即时辞职及支付经济补偿金

C. 李某可同时获得违法终止劳动合同的赔偿金和即时辞职的经济补偿金

D. 违法终止劳动合同的赔偿金的数额多于即时辞职的经济补偿金

**81.** 下列构成法律责任竞合的情形是：

A. 方某因无医师资格开设诊所被卫健委没收非法所得，并被法院以非法行医罪判处3年有期徒刑

B. 王某通话时，其手机爆炸导致右耳失聪，可选择以侵权或违约为由追究手机制造商法律责任

C. 林某因故意伤害罪被追究刑事责任和民事责任

D. 戴某用10万元假币购买一块劳力士手表，其行为同时触犯诈骗罪与使用假币罪

**82.** “法律人适用法律的最直接目标就是要获得一个合理的决定。在法治社会，所谓合理的法律决定就是指法律决定具有可预测性和正当性。”对于这一段话，下列说法正确的是：

A. 正当性是实质法治的要求

B. 可预测性要求法律人必须将法律决定建立在既存的一般性的法律规范的基础上

C. 在历史上，法律人通常借助法律解释方法缓解可预测性与正当性之间的紧张关系

D. 在法治国家，法律决定的可预测性是理当崇尚的一个价值目标

**83.** 关于法的发展、法的传统与法的现代化，下列说法正确的是：

A. 中国的法的现代化是自发的、自下而上的、渐进变革的过程

B. 法律意识是一国法律传统中相对比较稳定的部分

C. 外源型法的现代化进程带有明显的工具色彩，一般被要求服务于政治、经济变革

D. 清末修律标志着中国法的现代化在制度层面上的正式启动

**84.** 关于宪法效力的说法，下列选项正确的是：

A. 宪法修正案与宪法具有同等效力

B. 宪法不适用于定居国外的公民

C. 在一定条件下，外国人和法人也能成为某些基本权利的主体

D. 宪法作为整体的效力及于该国所有领域

**85.** 根据《宪法》规定，关于我国基本经济制度的说法，下列选项正确的是：

A. 国家实行社会主义市场经济

B. 国有企业在法律规定范围内和政府统一安排下，开展管理经营

C. 集体经济组织实行家庭承包经营为基础、统分结合的双层经营体制

D. 土地的使用权可以依照法律的规定转让

**86.** 根据《宪法》规定，关于行政建置和行政区划，下列选项正确的是：

A. 全国人大批准省、自治区、直辖市的建置

B. 全国人大常委会批准省、自治区、直辖市的区域划分

C. 国务院批准自治州、自治县的建置和区域划分

D. 省、直辖市、地级市的人民政府决定乡、民族乡、镇的建置和区域划分

**87.** 甲乙两国就海洋的划界一直存在争端，甲国在签署《联合国海洋法公约》时以书面声明选择了海洋法法庭的管辖权，乙国在加入公约时没有此项选择管辖的声明，但希望争端通过多种途径解决。根据相关国际法规则，下列选项正确的是：

A. 海洋法法庭的设立不排除国际法院对海洋活动争端的管辖

B. 海洋法法庭因甲国单方选择管辖的声明而对该争端具有管辖权

C. 如甲乙两国选择以协商解决争端，除特别约定，两国一般没有达成有拘束力的协议的义务

D. 如丙国成为双方争端的调停国，则应对调停的失败承担法律后果

**88.** 根据我国法律和司法解释，关于涉外民事关系适用的外国法律，下列说法正确的是：

A. 不能查明外国法律，适用中国法律

B. 如果中国法有强制性规定，直接适用该强制性规定

C. 外国法律的适用将损害中方当事人利益的，适用中国法

D. 外国法包括该国法律适用法

**89.** 甲国公司在乙国投资建成地热公司，并向多边投资担保机构投了保。1993年，乙国因外汇大量外流采取了一系列的措施，使地热公司虽取得了收入汇出批准书，但仍无法进行货币汇兑并汇出，甲公司认为已发生了禁兑风险，并向投资担保机构要求赔偿。根据相关规则，下列选项正确的是：

A. 乙国中央银行已批准了货币汇兑，不能认为发生了禁兑风险

B. 消极限制货币汇兑也属于货币汇兑险的范畴

C. 乙国应为发展中国家

D. 担保机构一经向甲公司赔付，即代位取得向东道国的索赔权

**90.** 甲乙丙三国为世界贸易组织成员，丁国不是该组织成员。关于甲国对进口立式空调和中央空调的进口关税问题，根据《关税与贸易总协定》，下列违反最惠国待遇的做法是：

A. 甲国给予来自乙国的立式空调和丙国的中央空调以不同的关税

B. 甲国给予来自乙国和丁国的立式空调以不同的进口关税

C. 因实施反倾销措施，导致从乙国进口的立式空调的关税高于从丙国进口的

D. 甲国给予来自乙丙两国的立式空调以不同的关税

## 参考答案与解析

**1. C**。比例原则是行政法上控制自由裁量权的一项重要原则，指的是行政权力所采取的手段与其所达到的目的之间必须合比例或相称。该原则强调法益的均衡、手段与目的的相称，强调行政权力的行使必须以对相对人侵害最小的方式进行。权力清单与此无关，C 错误，ABD 正确。

**2. B**。B 违反了法治思维。法治思维要求被告人的处罚应当以事实为根据，以法律为准绳，而不能为了平息被害人家属及群众情绪，以领导个人意志代替事实和法律。ACD 体现了法治思维的要求。

**3. C**。诚实守信原则指的是行政机关公布的信息应当全面、准确、真实；非因法定事由并经法定程序，行政机关不得撤销、变更已经生效的行政决定。A 体现了行政信息真实原则，符合诚实守信原则。B 国家政策变化属于变更行政决定的法定理由，因此推迟兑现不违反诚实守信原则，D 经过法定程序变更城建规划也不违反诚实守信原则。C 县政府违约，违反诚实守信原则，资金紧张不能作为不及时支付款项的理由。

**4. A**。执法为民要求以人为本，但不是西方法治理论中的“个人权利至上”，而应当坚持国家利益、社会利益和个人利益的高度统一。将网络调查结果作为评判执法公正的唯一标准，不能准确体现执法为民的基本要求，因为网络调查不一定能代表全部甚至大多数的民意。要尊重民意但不能“唯民意”。故选 A。

**5. C**。A 错，公平正义必须注重法理与情理的统一。B 错，法治实践要实现程序公正与实体公正的合理均衡。D 错，公平正义要求正确处理普遍与特殊的关系，一方面，必须强调法制的统一性，坚持法律面前人人平等；另一方面，又要从现实出发，对特殊地域以及特殊群体或个体作出必要的区别化对待，特别是为不发达地区、困难群体或个体提供更多的发展机遇，给予更为完善的法律保护。C 正确。

**6. C**。党对法治事业的政治领导，就是要把党的各项政治主张和要求及时地反映到立法之中，把法治实践活动自觉地纳入党的中心工作和党的总体战略部署之中，同时，法治机关及其工作人员要善于运用党的路线、方针、政策去指导法治的具体运用，把法律的实施和适用与党的路线、方针、政策的贯彻和落实结合起来，实现法律效果与政治效果、社会效果的高度统一。可见，党对社会主义法治事业的政治领导不仅包括立法环节，也包括法律实施环节，还包括法治机关及其工作人员在法律活动中的政治自觉，故 C 错，ABD 正确。

**7. D**。法律面前人人平等作为一项基本的法律原则得以确立，是反对封建特权的结果。奴隶制、封建制社会通行的是特权和等级原则，故 B 错。法律面前人人平等主要针对的是特权，但并不禁止合理区别，故 D 正确。法律平等不等于事实平等，现实中不平等问题的解决依赖于经济、社会等多方面的条件，仅仅依靠法律无法全部解决，故 AC 错误。

**8. D**。法的作用包括规范作用和社会作用。法的规范作用可以分为指引、评价、教育、预测和强制五种。A 体现的是法的指引作用，即法对本人（陈法官）行为的引导作用。B 体现的是法的评价作用，即判断、衡量他人（王某）行为合法与否的评判作用，法院判决实际上就是对行为人行为的评价。C 体现的是指引作用，“法的保护自由价值的作用”说的是法的社会作用而不是规范作用。D 正确，强制作用即制裁违法犯罪行为，针对的是违法者的行为（散布谣言）。

**9. D**。该法条属于法律规则的内容，法院据此判决，依据的是法律规则而不是道德。当然，该规则本身也是道德规则，是道德内容的法律化，故 D 错误。该法条规定了家庭成员关心老人的义务，包括“关心老年人的精神需求”“经常看望或问候老年人”的积极义务，以及“不得忽视、冷落老年人”的消极义务，但是没有规定法律后果，故 BC 正确。易知，A 正确。

**10. A**。原告有权对死者进行悼念，这是一种习惯权利，属于非正式的法的渊源，不具有明文规定的法律效力，BC 正确。该权利不属于经济、社会、文化权利，而应归入人身权的范畴，故 A 错误。法律适用过程就是一个法律证成的过程，即给一个决定提供充足理由的过程，D 正确。

**11. A**。婚姻自由是基本权利，但基本权利也有它的边界，其行使不能超出这个边界，比如不能侵犯其他基本权利或他人的合法权利，故 A 错误。合宪性解释，简单说就是依据宪法作出解释，故 C 正确。易知 BD 正确。

**12. D**。A 正确，该解释为司法解释，司法解释属于法定解释。B 正确，一般理解“开设赌场”是开设实体赌场，该解释将虚拟世界的赌场也包括了进来，“建立赌博网站或者为赌博网站担任代理，接受投注”以“开设赌场”论，显然较之“开设赌场”字面含义要广。C 正确，《监督法》第 41 条规定，最高人民法院、最高人民检察院作出的属于审判、检察工作中具体应用法律的解释，应当自公布之日起 30 日内报全国人民代表大会常务委员会备案。D 错误，历史解释是依据历史事实进行解释，题中运用的显然不是历史解释。

**13. A**。从根本上说，人权是一种道德权利。为了保障人权的实现，人权必须被法律化。据此，被法律化的人权（法律权利）都是道德权利，故 A 错误，但是，并不是所有的人权都实际上被法律化。易知 BCD 正确。

**14. B**。“不直”指的是罪应重而故意轻判，应轻而故意重判，故 D 正确。“纵囚”指应当论罪而故意不论罪以及设法减轻案情，故意使案犯达不到定罪标准，从而判其无罪，故 A 正确。“失刑”指因过失而量刑不当（若系故意，则构成“不直”罪），故 C 正确。“见知不举”指官吏发现犯罪而不揭发、举报，该罪的适用以官吏发现或知道犯罪为前提，而不是所有“已经发生的犯罪”，故 B 表述有误。

**15. D**。类推适用于对律文无明文规定的同类案件，法律有明文规定不可“比附援引”，A 错误。被类推定罪（即入罪）的行为，表示该行为比律文规定的行为违法性或社会危害性更大，但是处罚是否重于或轻于同类案件，不可一概而论，比如同类案件被处以斩刑，被类推入罪的行为则不可能处罚更重，故 BC 错误。D 正确。

**16. C**。情实指罪情属实、罪名恰当者，奏请执行死刑，故 A 错误。缓决指案情虽属实，但危害性不大者，可减为流三千里，或发烟瘴极边充军，或再押监候，B 错误。可矜指案情属实，但有可矜或可疑之处，可免于死刑，一般减为徒、流刑罚，C 正确。留养承嗣指案情属实、罪名恰当，但有亲老丁单情形，合乎申请留养条件者，按留养奏请皇帝裁决，故 D 错误，留养承嗣针对的是犯罪人而不是被害人有亲老丁单情形。

**17. B**。《宪法重大信条十九条》（“十九信条”）形式上被迫缩小了皇帝的权力，相对扩大了议会和总理的权力，但仍强调皇权至上，且对人民权利只字未提。故 B 错误。

**18. B**。依法治国，就是广大人民群众在党的领导下，依照宪法和法律的规定，通过各种途径和形式管理国家事务、经济文化事业和社会事务，保证国家各项工作都依法进行，逐步实现社会主义民主的制度化、法律化，使这种制度和法律不因领导人的改变而改变，不因领导人看法和注意力的改变而改变。《宪法》第 5 条第 1 款规定，中华人民共和国实行依法治国，建设社会主义法治国家。在建设法治国家进程中，要坚持依法治国与以德治国有机统一：社会主义法律与社会主义道德同属于上层建筑，共同体现我国社会主义国家的根本性质，共同反映着广大人民的社会理想与社会要求，共同体现社会主义核心价值；法治和德治相辅相成，互为补充，共同发挥着维护社会秩序，规范社会成员的思想和行为的作用，所以 A 表述是正确的。在我国社会的规范体系中，除了宪法和法律等规范性法律文件外，还有党的方针政策、党纪党规、社会主义道德准则、各种社会组织合法的规章制度以及为人民群众所广泛认同的民规、民俗、民约等。所有这些规范，都对我国社会关系具有调整作用，都对社会成员的行为具有约束或导向功能。《宪法》第 24 条规定，国家通过普及理想教育、道德教育、文化教育、纪律和法制教育，通过在城乡不同范围的群众中制定和执行各种守则、公约，加强社会主义精神文明的建设。由此可见，依法治国要求全面发挥各种社会规范的调整作用，综合协调地运用多元化的手段和方式来实现对国家的治理和管理，所以 B 错误，本题应选 B。依法治国也要求树立司法权威，司法机关和司法人员要切实做到公正、高效、廉洁司法，提高司法的公信力；全社会要依照宪法的规定，尊重司法机关依法独立行使审判权和检察权，尊重司法机关作出的生效裁决，所以 C 正确。依法治国需要强化监督制约，构建权力制约监督体系与机制。要从法律上构建起“以权力制约权力、以权利制约权力、以道德制约权力”的权力制约监督体系与机制，以保证执政党的权力和立法、执法、司法等各种权力的设置和行使始终不偏离我国民主政治的正确轨道，所以 D 正确。

**19. A**。就宪法的修改方式而言，包括了全面修改与部分修改两种方式。全面修改是指以新法取代旧法，对宪法整体进行变动；部分修改是指在保持原宪法基本内容与结构不变的同时，对宪法有关条款加以变动。我国宪法共经过了三次全面修改、七次部分修改；现行宪法经过了五次部分修改。故 A 正确。《宪法》第 64 条规定，宪法的修改，由全国人民代表大会常务委员会或者 1/5 以上的全国人民代表大会代表提议，并由全国人民代表大会以全体代表的 2/3 以上的多数通过。故 B 错误。《宪法》第 62 条规定，修宪主体只能是全国人民代表大会，其他任何主体都不具有修改宪法的权力。全国人民代表大会常务委员会仅具有解释宪法与监督宪法实施的权力。故 C 错误。我国宪法并未明确规定宪法的修改方式，直至 1982 年宪法修改均是采用“直接修改”的方式，在 1988 年后宪法修改开始采用“宪法修正案”的方式，并且“宪法修正案”的方式由于有利于保持宪法的稳定性和权威性而延续下来，并被认为是中国重要的宪法惯例，所以 D 错误。

**20. A**。根据“一国两制”的原则，特别行政区享有包括“财税自治”在内的高度自治权。特别行政区保持财政独立，其财政收入全部用于自身需要，不上缴中央人民政府。中央人民政府不在特别行政区征税。特别行政区实行独立的税收制度，也是单独的关税地区。特别行政区有权发行自己的货币并自行制定货币金融制度等。故 A 正确。《澳门特别行政区基本法》第77条第1款规定，澳门特别行政区立法会举行会议的法定人数为不少于全体议员的1/2。除本法另有规定外，立法会的法案、议案由全体议员过半数通过。故B错误。《香港特别行政区基本法》第67条规定，香港特别行政区立法会由在外国无居留权的香港特别行政区永久性居民中的中国公民组成。但非中国籍的香港特别行政区永久性居民和在外国有居留权的香港特别行政区永久性居民也可以当选为香港特别行政区立法会议员，其所占比例不得超过立法会全体议员的20%。故C错误，香港立法会可以有外籍议员的存在，但是应该符合基本法规定的比例限制。《香港特别行政区基本法》第57条规定，香港特别行政区设立廉政公署，独立工作，对行政长官负责。所以，D的表述也是错误的，廉政公署并非对立法会负责，而是对行政长官负责。

**21. C**。《宪法》规定，公民有纳税的义务。在本题中，作为待业人员的王某不具有收入来源，不缴纳个人所得税，但是其仍需要缴纳其他税种，所以A错误。《宪法》第55条规定，保卫祖国、抵抗侵略是中华人民共和国每一个公民的神圣职责。依照法律服兵役和参加民兵组织是中华人民共和国公民的光荣义务。《兵役法》规定，我国公民不分民族、种族、职业、家庭出身、宗教信仰和教育程度，都有义务依法服兵役。同时，针对全日制学校就学的学生可以缓征兵役，但毕业后，凡符合服现役条件的，仍可征集服现役。所以，B错误。根据《宪法》第34条“中华人民共和国年满十八周岁的公民，不分民族、种族、性别、职业、家庭出身、宗教信仰、教育制度、财产状况、居住期限，都有选举权和被选举权”的规定，在我国，选举权与被选举权一般是统一的，且除国籍、年龄、是否被剥夺政治权利三项条件外，其他不作任何限制。在本题中，王某符合上述条件，因此具有选举权和被选举权，C正确。我国《宪法》第43条第1款规定，中华人民共和国劳动者有休息的权利。休息权的主体仅限于“劳动者”，在本题中王某作为待业人员，并不属于劳动者的范畴，所以不享有宪法意义上的休息权。因此，D错误。

**22. A**。按照《村民委员会组织法》第3条的规定，村民委员会根据村民居住状况、人口多少，按照便于群众自治，有利于经济发展和社会管理的原则设立。村民委员会的设立、撤销、范围调整，由乡、民族乡、镇的人民政府提出，经村民会议讨论同意后，报县级人民政府批准。故A正确。《宪法》第111条第2款和《村民委员会组织法》第2条第2款明确规定了村民自治的事务范围，即办理本村的公共事务和公益事业，调解民间纠纷，协助维护社会治安，向人民政府反映村民的意见、要求和提出建议。按照最为广泛的理解，任何涉及村民共同体的事务、涉及其公共利益的事业，都是村民群众“自己的事情”，属于自治事务。然而，村民委员会并不属于政权组织，特别是不直接隶属于基层政权，它们之间的职权是相互独立的，乡镇人民政府不得干预属于村民自治范围内的事项。有关征地补偿费用的使用和分配方案属于村民的公共事务，应当经村民会议讨论通过，但不需要报乡镇政府批准，否则就违背了村民自治的立法初衷，所以B错误。《城市居民委员会组织法》第15条规定，居民公约由居民会议讨论制定，报不设区的市、市辖区的人民政府或者它的派出机关备案，由居民委员会监督执行。居民应当遵守居民会议的决议和居民公约。居民公约的内容不得与宪法、法律、法规和国家的政策相抵触。事实上，作为基层群众自治组织，基层政府对居民委员会的工作仅是给予指导、支持和帮助，而非领导居委会的工作，所以居民公约属于居委会的自治事项，仅需向基层政府备案即可，而不需要批准，所以C错误。《城市居民委员会组织法》第6条规定，居民委员会根据居民居住状况，按照便于居民自治的原则，一般在100户至700户的范围内设立。居民委员会的设立、撤销、规模调整，由不设区的市、市辖区的人民政府决定。所以，D错误，不设区的市、市辖区政府可以直接决定居委会的设置和变更。

**23. C**。《监督法》第11条规定，各级人民代表大会常务委员会每年选择若干关系改革发展稳定大局和群众切身利益、社会普遍关注的重大问题，有计划地安排听取和审议本级人民政府、监察委员会、人民法院和人民检察院的专项工作报告。《监督法》第16条规定，专项工作报告由人民政府、监察委员会、人民法院或者人民检察院的负责人向本级人民代表大会常务委员会报告，人民政府也可以委托有关部门负责人向本级人民代表大会常务委员会报告。委员长会议或者主任会议可以决定将报告交有关专门委员会审议。故A正确。《监督法》第54条规定，质询案以口头答复的，由受质询机关的负责人到会答复。质询案以书面答复的，由受质询机关的负责人签署。所以，B正确。关于特定问题调查，《监督法》第58条规定，调查委员会进行调查时，有关的国家机关、社会团体、企业事业组织和公民都有义务向其提供必要的材料。提供材料的公民要求对材料来源保密的，调查委员会应当予以保密。调查委员会在调查过程中，可以不公布调查的情况和材料。故C错误。《监督法》第62条第3款规定，撤职案的表决采用无记名投票的方式，由常务委员会全体组成人员的过半数通过。故D正确。

**24. D**。本题的关键点有两个方面：第一个方面是，红心地板公司宣传自己的地板是“原装进口实木地板”，而实际情况是“该公司生产的实木地板是用进口木材在国内加工而成”，其宣传行为容易让消费者产生该地板是国外生产的，因而属于违反《反不正当竞争法》第8条规定，是对商品的产地、生产者作引人误解的虚假宣传的行为；第二个方面是，该公司在广告中宣称“强化木地板甲醛高、不耐用”，并且造成了当地市场上强化木地板销量锐减的情况，该行为为当地所有生产“强化木地板”的生产企业的商业信用带来了不利影响，违反《反不正当竞争法》第11条规定。故本题的正确答案为其行为既构成虚假宣传行为，又构成诋毁商誉行为。

**25. C**。《商业银行法》第46条规定，同业拆借，应当遵守中国人民银行的规定。禁止利用拆入资金发放固定资产贷款或者用于投资。拆出资金限于交足存款准备金、留足备付金和归还中国人民银行到期贷款之后的闲置资金。拆入资金用于弥补票据结算、联行汇差头寸的不足和解决临时性周转资金的需要。C错误。

**【陷阱提示】** 出题人试图通过“有担保”以及“短期”等字眼，让考生产生该类资金用途风险小、安全的感觉，使得记忆不清晰的考生产生错误。考生需要牢牢掌握同业拆借资金所禁止用途的关键字眼“固定资产”，不受其他限定用词的干扰，才能作出正确选择。

**26. B**。《税收征收管理法》第45条规定，税务机关征收税款，税收优先于无担保债权，法律另有规定的除外；纳税人欠缴的税款发生在纳税人以其财产设定抵押、质押或者纳税人的财产被留置之前的，税收应当先于抵押权、质权、留置权执行。纳税人欠缴税款，同时又被行政机关决定处以罚款、没收违法所得的，税收优先于罚款、没收违法所得。根据该条规定，税款与银行贷款、罚款的清偿顺序应当是：发生在抵押权、质权、留置权之前的欠缴税款——抵押权、质权、留置权——发生在抵押权、质权、留置权之后的欠缴税款——一般民事赔偿及债权——行政罚款。由于本题开头就说明了该企业由于流动资金匮乏，一直拖欠缴纳税款，因而可以推论其欠缴税款发生于抵押贷款之前，故B正确。

**27. D**。《土地管理法》第77条第2款规定，超过批准的数量占用土地，多占的土地以非法占用土地论处。也就是说，题中的房地产公司实际占用土地的面积超出其依法获得的出让土地使用权面积的行为属于非法占用土地的行为，土地行政主管部门可以对其进行行政处罚。《城乡规划法》第64条规定，未取得建设工程规划许可证或者未按照建设工程规划许可证的规定进行建设的，由县级以上地方人民政府城乡规划主管部门责令停止建设；尚可采取改正措施消除对规划实施的影响的，限期改正，处建设工程造价5%以上10%以下的罚款；无法采取改正措施消除影响的，限期拆除，不能拆除的，没收实物或者违法收入，可以并处建设工程造价10%以下的罚款。可见，题中房地产公司实际建筑面积超过建设工程规划许可证规定的面积的行为属于“未按照建设工程规划许可证的规定进行建设的行为”。在实践中，多占土地与实际建筑面积超标并不是两种有必然联系的行为，房地产公司完全可以在不多占土地的情况下实现实际建筑面积超标的行为，这实际上是两种不同的违法行为，不适用“一事不再罚原则”。故本题的正确答案为D。

**28. D**。《环境影响评价法》第23条第3款规定，建设项目可能造成跨行政区域的不良环境影响，有关生态环境主管部门对该项目的环境影响评价结论有争议的，其环境影响评价文件由共同的上一级生态环境主管部门审批。在本题中，A市和B市处于同一河流的上下游，使得农药厂可能存在跨区域的环境影响问题，而B市生态环境主管部门对A市建农药厂的环境影响评价结论有异议，则该项目环境影响评价文件应当由A市、B市共同的上一级生态环境主管部门审批，即由省生态环境主管部门审批。故本题的正确答案为D。

**29. A**。国际法上的承认主要被视为一种政治行为。但同时，承认一经作出，将产生一定的法律效果，直接影响承认者和被承认者间的权利义务关系，从这个意义上讲，它又是一种法律行为。国际法中并没有对承认的形式作出明确规定，国际实践中有明示和默示两种：（1）明示承认形式是指承认者以明白的语言文字直接表达承认的意思。包括通过正式通知、函电、照会、声明等单方面表述，也包括在缔结的条约或其他正式国际文件中进行明确表述。（2）默示承认形式是指承认者不是通过明白的语言文字，而是通过与承认对象有关的行为表现出承认的意思。主要包括：与承认对象建立正式外交关系；与承认对象缔结正式的政治性条约；正式接受领事或正式投票支持参加政府间国际组织的行为一般也被认为是一种默示承认。但是，除非明确表示，下列行为一般不认为构成默示承认：共同参加多边国际会议或国际条约；建立非官方或非完全外交性质的某种机构；某些级别和范围的官员接触等。故A正确。乙国在联大投赞成票支持“西甲”入联，就是正式投票支持其参加政府间国际组织的行为，是一种默示的承认。国际法上的继承是指国际法上的权利和义务由一个承受者转移给另一个承受者所发生的法律关系。国家继承是国际法上继承的一种。发生国家继承的前提是领土的变更，领土因五种情形而变更：合并、分立、分离、独立、部分领土转移。国家继承的对象分为以下两大类：（1）处理与所涉领土有关事务的“非人身条约”的继承，如有关边界制度的条约，有关河流利用、水利灌溉、道路交通等方面的条约的继承，一般继承。（2）有关中立化和非军事区的条约，一般继承。所以，甲国与乙国的划界条约对“西甲”有效力，B错误。《维也纳条约法公约》《联合国宪章》和其他相关规则：（1）联合国任何会员国所缔结的一切条约及国际协定应尽速在秘书处登记，并由秘书处公布。（2）在联合国秘书处登记的条约必须是已生效的条约，条约和国际协定尚未在缔约国之间生效之前，不得进行登记。（3）此类登记可由任何一缔约国或联合国依职权进行。一缔约国已进行登记，则免除其他缔约国的登记义务。条约或国际协定由联合国依职权进行登记后，免除其他所有缔约国的登记义务。（4）条约登记后应发给由秘书长或其代表签署的登记证明。未在联合国秘书处登记的条约或国际协定，不得在联合国任何机关援引。据此，签订的国际条约效力与是否在秘书处登记没有关系，只是生效的条约必须在联合国秘书处登记。所以 C 错误。《联合国宪章》第 4 条规定，凡其他爱好和平之国家，接受本宪章所载之义务，经本组织认为确能并愿意履行该项义务者，得为联合国会员国。准许上述国家为联合国会员国，将由大会经安全理事会之推荐以决议行之。据此，成为联合国会员国，不仅仅需要 9 个理事国的同意。所以 D 错误。

**30. D**。群岛水域是指群岛国按照《联合国海洋法公约》规定的方法划定的群岛基线所包围的水域，是一种具有特殊法律地位的海域。群岛国是全部领陆由一个或多个群岛或岛屿组成的国家。群岛国可以连接群岛最外缘各岛和各干礁的最外缘各点构成直线群岛基线。群岛基线的确定需要满足《联合国海洋法公约》规定的条件。群岛水域的划定不妨碍群岛国可以按照《联合国海洋法公约》划定内水，及在基线之外划定领海、毗连区、专属经济区和大陆架。故 C 错误。所有国家的船舶均享有通过群岛水域的无害通过权。所有国家的船舶和飞机均享有在群岛国指定的海道和其上的空中航道，专为在公海或专属经济区的一部分和公海或专属经济区的另一部分之间继续不停、迅速和无障碍的过境的目的，以正常方式航行和飞越的权利。行使这种权利的外国船舶和飞机不得对群岛国使用武力威胁或武力，并应遵守有关的海上安全国际规章和航空规则。所有船舶和飞机均享有在群岛国指定的海道和其上的空中航道内的群岛海道通过权。故 A 错误。群岛国可以按照连接群岛最外缘各岛和各环礁的最外缘各点的方式划定直线群岛基线，直线基线不得明显偏离海岸的一般方向，也不得将另一国的领海与专属经济区或公海阻断。故 B 错误。群岛国的主权及于群岛基线所包围的水域及其上空、海床和底土及其中的资源。故 D 正确。

**31. B**。签证是一个国家的主权机关在本国或外国公民所持的护照或其他旅行证件上的签注、盖印，以表示允许其出入本国国境或者经过国境的手续，也可以说是颁发给他们的一项签注式的证明。概括地说，签证是一个国家的出入境管理机构（例如移民局或其驻外使领馆），对外国公民表示批准入境所签发的一种文件，是主权国家准许外国公民或者本国公民出入境或者经过国境的许可证明。由于王某还是中国公民，所以回国是回到自己的国家，不需要签证。故 A 错误。护照是持有者的国籍和身份证明，故 B 正确。身份证是用于证明持有人身份的证件，多由各国或地区政府发行于公民。《居民身份证法》第 2 条规定，居住在中华人民共和国境内的年满 16 周岁的中国公民，应当申请领取居民身份证；未满 16 周岁的中国公民，可以依照本法的规定申请领取居民身份证。根据《不动产登记暂行条例》第 16 条的规定，申请不动产登记应提交申请人、代理人身份证明材料、授权委托书。所以，只要是身份证明即可，不一定非要是身份证。故 C 错误。《出境入境管理法》第 28 条规定，外国人有下列情形之一的，不准出境：（1）被判处刑罚尚未执行完毕或者属于刑事案件被告人、犯罪嫌疑人的，但是按照中国与外国签订的有关协议，移管被判刑人的除外；（2）有未了结的民事案件，人民法院决定不准出境的；（3）拖欠劳动者的劳动报酬，经国务院有关部门或者省、自治区、直辖市人民政府决定不准出境的；（4）法律、行政法规规定不准出境的其他情形。故 D 错误，必须是人民法院决定不准王某出境才可以。

**32. A**。《涉外民事关系法律适用法》第 14 条规定，法人及其分支机构的民事权利能力、民事行为能力、组织机构、股东权利义务等事项，适用登记地法律。法人的主营业地与登记地不一致的，可以适用主营业地法律。法人的经常居所地，为其主营业地。由于合资公司是在中国登记设立的，所以，有关合资公司的股东权利事项问题，适用登记地法律，即中国法。故 A 正确。BCD 错误。

**33. A**。《涉外民事关系法律适用法》第 13 条规定，宣告失踪或者宣告死亡，适用自然人经常居所地法律。由于英国公民迈克的经常居所地在中国，所以，宣告死亡的问题应该适用中国法。故 A 正确。BCD 错误。

**34. B**。《外国人在中华人民共和国收养子女登记办法》第 8 条第 1 款规定，外国人来华收养子女，应当亲自来华办理登记手续。夫妻共同收养的，应当共同来华办理收养手续；一方因故不能来华的，应当书面委托另一方。委托书应当经所在国公证和认证。中华人民共和国缔结或者参加的国际条约另有规定的，按照国际条约规定的证明手续办理。故 A 错误。《外国人在中华人民共和国收养子女登记办法》第 9 条规定，外国人来华收养子女，应当与送养人订立书面收养协议。协议一式三份，收养人、送养人各执一份，办理收养登记手续时收养登记机关收存一份。书面协议订立后，收养关系当事人应当共同到被收养人常住户口所在地的省、自治区、直辖市人民政府民政部门办理收养登记。故 B 正确。《涉外民事关系法律适用法》第28条规定，收养的条件和手续，适用收养人和被收养人经常居所地法律。收养的效力，适用收养时收养人经常居所地法律。收养关系的解除，适用收养时被收养人经常居所地法律或者法院地法律。甲和乙的经常居所地在英国，被收养人的经常居所地在中国，所以收养的条件应重叠适用中国法和英国法。故C错误。涉外收养的效力，是指涉外收养有效成立后被收养人与送养人或收养人之间具有什么样的身份及权利义务关系。《外国人在中华人民共和国收养子女登记办法》第3条规定，外国人在华收养子女，应当符合中国有关收养法律的规定，并应当符合收养人所在国有关收养法律的规定；因收养人所在国法律的规定与中国法律的规定不一致而产生的问题，由两国政府有关部门协商处理。故D错误。

**35. D**。《涉外民事关系法律适用法》第43条规定，劳动合同，适用劳动者工作地法律；难以确定劳动者工作地的，适用用人单位主营业地法律。大卫的工作地难以确认，在东亚地区巡回进行售后服务，所以要适用用人单位主营业地法，即丙国法。所以，D为正确选项，ABC为错误选项。

**36. C**。《联合国国际货物销售合同公约》第6条规定，双方当事人可以不适用本公约，或在第12条的条件下，减损本公约的任何规定或改变其效力。第12条规定，本公约第11条、第29条或第二部分准许销售合同或其更改或根据协议终止，或者任何发价、接受或其他意旨表示得以书面以外任何形式做出的任何规定不适用，如果任何一方当事人的营业地是在已按照本公约第96条做出了声明的一个缔约国内，各当事人不得减损本条或改变其效力。故A错误。在国际贸易中常常使用某个国际民间组织或国际行业性协会拟定的空白的标准合同，这种空白合同并不是合同，它只是根据买卖合同应具备的基本内容所拟定的详细而固定的条文，印成固定的格式，所以称为格式合同。格式合同具有针对性和简化性的特点。格式合同可以起到简化谈判过程的作用。它可以向谈判的当事人提供建议性的条文，作为合同条件的基础，这样可以缩短当事人之间协商的时间，为争取商业机会创造条件。从性质上讲，格式合同既不是法律，在双方签字以前也不是真正的合同。格式合同只是贸易谈判的一方给另一方提供的建议性的文本，在当事人签字前不具有约束力。经双方当事人协商，可以对格式合同中的条文内容进行修改、删节或补充，只有经过双方当事人同意，填写了空白的项目并签字，才能成为当事人之间订立的一个有效的合同。故B错误，C正确。国际贸易术语，又称价格术语。在国际贸易中，买卖双方所承担的义务，会影响到商品的价格。在长期的国际贸易实践中，逐渐形成了把某些和价格密切相关的贸易条件与价格直接联系在一起，形成了若干种报价的模式。每一模式都规定了买卖双方在某些贸易条件中所承担的义务。用来说明这种义务的术语，称为贸易术语。如双方在合同中选择了贸易术语，可以再适用公约，故D错误。

**37. A**。CFR，指在装运港船上交货，卖方需支付将货物运至指定目的地港所需的费用。但货物的风险是在装运港船上交货时转移。卖方义务主要是：(1) 自负风险和费用，取得出口许可证或其他官方批准的证件，在需要办理海关手续时，办理货物出口所需的一切海关手续。(2) 签订从指定装运港承运货物运往指定目的港的运输合同；在买卖合同规定的时间和港口，将货物装上船并支付至目的港的运费；装船后及时通知买方。(3) 承担货物在装运港装上船为止的一切风险。(4) 向买方提供通常的运输单据，如买卖双方约定采用电子通讯，则所有单据均可被同等效力的电子数据交换（EDI）信息所代替。买方义务主要是：(1) 自负风险和费用，取得进口许可证或其他官方批准的证件，在需要办理海关手续时，办理货物进口以及必要时经由另一国过境的一切海关手续，并支付有关费用及过境费。(2) 承担货物在装运港装上船以后的一切风险。(3) 接受卖方提供的有关单据，受领货物，并按合同规定支付货款。(4) 支付除通常运费以外的有关货物在运输途中所产生的各项费用以及包括驳运费和码头费在内的卸货费。在CFR术语下，卖方负责安排运输，而买方自行办理保险，因此，在货物装上船前，即风险转移至买方前，买方及时向保险公司办妥保险，是CFR中一个至关重要的问题。因此，《国际贸易术语解释通则》强调卖方必须毫不迟延地通知买方货物已装上船。否则，卖方要承担违约责任。故A正确，B错误。CFR术语中，买方乙公司并没有办理保险，原因之一是卖方未对其进行通知。所以，甲公司应该承担违约责任，C错误。D也错误。

**38. A**。《反倾销条例》第42条规定，反倾销税税额不超过终裁决定确定的倾销幅度。故A正确。《反倾销条例》第40条规定，反倾销税的纳税人为倾销进口产品的进口经营者。故B错误。《反倾销条例》第31条规定，倾销进口产品的出口经营者在反倾销调查期间，可以向商务部作出改变价格或者停止以倾销价格出口的价格承诺。商务部可以向出口经营者提出价格承诺的建议。商务部不得强迫出口经营者作出价格承诺。故C错误。《反倾销条例》第9条规定，倾销进口产品来自两个以上国家（地区），并且同时满足下列条件的，可以就倾销进口产品对国内产业造成的影响进行累积评估：(1) 来自每一国家（地区）的倾销进口产品的倾销幅度不小于2%，并且其进口量不属于可忽略不计的；(2) 根据倾销进口产品之间以及倾销进口产品与国内同类产品之间的竞争条件，进行累积评估是适当的。可忽略不计，是指来自一个国家（地区）的倾销进口产品的数量占同类产品总进口量的比例低于 3%；但是，低于 3% 的若干国家（地区）的总进口量超过同类产品总进口量 7%的除外。故 D 错误。

**39. C**。《保护文学艺术作品伯尔尼公约》第 5 条规定，1. 根据本公约得到保护作品的作者，在除作品起源国外的本联盟各成员国，就其作品享受各该国法律现今给予或今后将给予其国民的权利，以及本公约特别授予的权利。2. 享受和行使这类权利不需履行任何手续，也不管作品起源国是否存在有关保护的规定。因此，除本公约条款外，只有向之提出保护要求的国家的法律方得规定保护范围及向作者提供的保护其权利的补救方法。3. 起源国的保护由该国本国法律作出规定。即使作者并非作品起源国的国民，但他就其作品根据本公约受到保护，他在该国仍享有同该国公民作者相同的权利。所以，AB 错误。《保护文学艺术作品伯尔尼公约》第 10 条之二规定，1. 对在报纸或期刊上已发表的经济、政治和宗教问题的时事性文章，或无线电已转播的同样性质的作品，本联盟成员国法律有权准许在报刊上转载，或向公众作无线或有线广播，如果对这种转载、广播或转播的权利未作直接保留的话。但任何时候均应明确指出出处；不履行该项义务的后果由向之提出保护要求的国家以法律规定。2. 本联盟成员国法律也有权规定，在何种条件下，对在时事事件过程中出现或公开的文学和艺术作品，在为报导目的正当需要范围内，可予以复制，或者以摄影或电影手段或通过无线电或有线广播向公众作时事新闻报道。故 C 正确。《保护文学艺术作品伯尔尼公约》第 19 条规定，本公约的规定不妨碍要求本联盟某一成员国法律可能提供的更广泛的保护。第 20 条规定，本联盟各成员国政府有权在它们之间签订特别协议，以给予作者比本公约所规定的更多的权利，或者包括不违反本公约的其他条款。凡符合上述条件的现有协议的条款仍然适用。故 D 错误。

**40. B**。居民税收管辖权是以国家主权国籍原则为依据行使的一种税收管辖权。这一管辖权确认：纳税人的所得不论其来源于境内还是境外，只要他是本国居民，他的所在国有权对其征税。故 A 错误。各国在解决彼此间居民税收管辖权冲突问题时，一般采取在双边协定中确定某种所能共同接受的冲突规范。故 B 正确。国际重叠征税又称"国际双层征税"，是指两个以上的国家对不同的纳税人就同一课税对象或同一税源在同一期间内课征相同或类似性质的税收。故 C 错误。所得来源地税收管辖权，是征税国基于有关收益或所得来源于境内的法律事实，针对非居民行使的征税权，是按照属地原则确立的税收管辖权。故 D 错误。

**41. D**。司法公正包含程序公正以及实体公正两大组成部分，本题中通过微博直播庭审、判决书网上公布以及为辩护人查阅、摘抄、复制案卷材料提供便利都属于保证司法程序公正的重要措施，体现了司法公正的内涵。D 为被害人提供医疗和物质救助并不体现司法公正的内容，而是体现了人道主义的精神。

**42. D**。法官恪守中立，不主动督促当事人或其代理人完成诉讼活动，属于司法公正的体现，不属于司法效率的体现，故 D 说法不正确。ABC 都体现了法官在司法活动中司法效率的要求。

**43. B**。《司法机关内部人员过问案件的记录和责任追究规定》第 2 条规定，司法机关内部人员应当依法履行职责，严格遵守纪律，不得违反规定过问和干预其他人员正在办理的案件，不得违反规定为案件当事人转递涉案材料或者打探案情，不得以任何方式为案件当事人说情打招呼。据此，甲检察官的做法不正确。检察官应当坚持公正理念，因此应当自觉遵守法定回避制度，对法定回避事由以外可能引起公众对办案公正产生合理怀疑的，应当主动请求回避。故乙检察官的做法正确。《刑事诉讼法》第 56 条第 2 款规定，在侦查、审查起诉、审判时发现有应当排除的证据的，应当依法予以排除，不得作为起诉意见、起诉决定和判决的依据。C 做法违反规定。检察官应当坚持公正理念，因此不得私下接触案件当事人、诉讼代理人、辩护人及其他与案件有利害关系的人员。丁检察官在家里会见，显然是私自会见，D 不正确。

**44. D**。A 做法符合律师不得在同一个案件中同时代理双方当事人的要求。B 做法遵循了不在同一案件中为双方代理的要求，承诺其他案件中可为当事人代理并不违反执业规范。C 行为并不违反律师执业规范。即使再审中，不再接受张某的委托，该所也不应当与被告李某建立委托代理关系，D 行为不符合律师执业规范。

**45. C**。律师职业道德的主体包括律师和律师事务所，因而 C 说法明显错误。

**46. B**。《法律援助法》第 2 条规定，本法所称法律援助，是国家建立的为经济困难公民和符合法定条件的其他当事人无偿提供法律咨询、代理、刑事辩护等法律服务的制度，是公共法律服务体系的组成部分。据此，法律援助属于无偿法律服务，不能收取任何费用，故 A 错误。根据《法律援助法》第 48 条第 6 项，受援人自行委托律师或者其他代理人，法律援助机构应当作出终止法律援助的决定。故 B 正确。《法律援助法》第 19 条规定，法律援助人员应当依法履行职责，及时为受援人提供符合标准的法律援助服务，维护受援人的合法权益。故 C 错误。《刑事诉讼法》第 278 条规定，未成年犯罪嫌疑人、被告人没有委托辩护人的，人民法院、人民检察院、公安机关应当通知法律援助机构指派律师为其提供辩护。开展简易的法律咨询往往是法律援助机构接受援助申请的渠道之一，不需要审查经济条件，故 D 错误。

**47. ABC**。A 正确，一般来说，法官裁判"有规则依规则，没有规则依原则”，即法律规则优先，没有法律规则可适用法律原则。B 正确，本案运用了演绎推理，大前提是诚实信用和公序良俗原则。C 正确，案件事实是法官推理的小前提。D 错误，法律适用过程是为法律决定提供充足理由的过程，无论依据法律规则还是法律原则裁判，都需提供裁判理由。

**48. ABC**。法律事实，就是法律规范所规定的，能够引起法律关系产生、变更和消灭的客观情况或现象。刘某出具借条导致了借款合同法律关系的产生，该行为属于法律事实，B 正确。“刘某出具该借条系本人自愿，且并未违反法律强制性规定”就是对这一法律事实的认定，也就是对案件事实的认定，故 A 正确。本案裁判的作出所根据的是出具借条的行为，该行为属于法律行为，而不是法律事件，D 错误。因出具借条的行为而产生的借款合同法律关系属于第一性法律关系（主法律关系），即刘某与王某之间依法建立的不依赖其他法律关系而独立存在的法律关系，因王某起诉产生的民事诉讼法律关系是第二性法律关系（从法律关系），该法律关系以前者合同关系的存在为前提，故 C 正确。

**【陷阱提示】**A 容易有误解，有的认为 A 是法律事实，不是案件事实；有的认为 A 已涉及法律定性，既是案件事实也是法律事实。关键要弄清楚案件事实、法律事实与生活事实三者之间的关系。法律人适用法律解决个案纠纷的过程，首先要查明和确认案件事实，作为小前提；其次要选择和确定与上述案件事实相符合的法律规范，作为大前提；最后以整个法律体系的目的为标准，从两个前提中推导出法律决定或法律裁决。但是，查明和确认案件事实的过程不是一个纯粹的事实归结过程，而是一个在法律规范与事实之间的循环过程。若想将一定的法律规范适用在特定的案件中，就必须要把生活事实转化为法律事实，作为法律决定的小前提的案件事实即法律事实。据此，“刘某出具该借条系个人自愿，且并未违反法律强制性规定”是对案件事实的认定，该案件事实也就是作为本案裁判小前提的法律事实。

**49. BCD**。法律监督包括国家监督和社会监督，国家监督包括国家权力机关、行政机关和司法机关的监督，社会监督即非国家机关的监督，包括政党监督、社会组织监督、公民监督等，林某的监督属于公民监督，故 A 正确。全国人大常委会 1981 年《关于加强法律解释工作的决议》明确，凡属于法院审判工作中具体应用法律、法令的问题，由最高人民法院进行解释。凡属于检察院检察工作中具体应用法律、法令的问题，由最高人民检察院进行解释。可知，司法解释的对象是法律、法令，不包括行政法规和地方性法规，B 错误；司法解释不仅包括最高人民法院的解释，也包括最高人民检察院的解释，C 错误。《监督法》第 43 条规定，全国人民代表大会宪法和法律委员会、有关专门委员会、常务委员会工作机构经审查认为最高人民法院或者最高人民检察院作出的具体应用法律的解释同宪法或者法律相抵触，或者存在合宪性、合法性问题需要修改或者废止，而最高人民法院或者最高人民检察院不予修改或者废止的，应当提出撤销或者要求最高人民法院或者最高人民检察院予以修改、废止的议案、建议，或者提出由全国人民代表大会常务委员会作出法律解释的议案、建议，由委员长会议决定提请常务委员会审议。可知，全国人大宪法和法律委员会和有关专门委员会无权直接撤销司法解释，D 错误。

**50. AC**。法律证成可分为内部证成和外部证成，即法律决定必须按照一定的推理规则从相关前提中逻辑地推导出来，属于内部证成；对法律决定所依赖的前提的证成属于外部证成。内部证成关涉的是从前提到结论之间推论是否是有效的，外部证成关涉的是对内部证成所使用的前提本身的合理性，即对前提的证成。本案中，法官对“公共场所”含义的证成是对前提（法律规定）的证成，属于外部证成，故 A 正确。法官对“公共场所”的解释，运用的是体系解释方法，即将被解释的对象（“公共场所”）放在整个法律体系中，联系不同法律法规之间的关系加以解释，故 C 正确，B 错误。D 错误，同一个法律术语在整个法律体系中应当具有一致性，不同的法律条文之间不能相互矛盾，但是未必在所有法律条文中的含义都应作相同解释，比如刑法中的“政治权利”与宪法中的“政治权利”就不能作完全相同的解释。

**51. ACD**。中国古代关于德与刑的关系理论，经历了德主刑辅——礼律合一——明刑弼教的发展轨道。西周时期确立了“以德配天，明德慎罚”的思想，以此为指导，西周统治者把道德教化即“礼治”与刑罚处罚结合，形成了“礼”“刑”结合的宏观法制特色。汉代中期以后，“以德配天，明德慎罚”的主张被儒家发挥成“德主刑辅，礼刑并用”的基本策略，从而为以“礼律结合”为特征的中国传统法制奠定了理论基础。唐代承袭和发展礼法并用的统治方法，使得法律统治“一准乎礼”，真正实现了礼与法的统一。宋代以降，在处理德、刑关系上始有突破。著名理学家朱熹首先对“明刑弼教”作了新的阐释。他有意提高礼、刑关系中刑的地位，认为礼律二者对治国同等重要，“不可偏废”。经此一说，刑与德的关系不再是“德主刑辅”中的“从属”“主次”关系，故 ACD 均正确。秦朝全面推行法家“以法治国”和“明法重刑”的主张，而不是儒家所主张的“德主刑辅，礼刑并用”，故 B 错误。

**52. ABC**。《大诰》是明初的一种特别刑事法规。《大诰》的特点有：其一，对于大明律中原有的罪名，一般都加重处罚；其二，滥用法外之刑；其三，“重典治吏”，大多数条文专为惩治贪官污吏而定，故 AC

正确。《大诰》也是中国法制史上空前普及的法规，每户人家必须有一本，科举考试中也列入《大诰》的内容，故B正确。明太祖朱元璋死后，《大诰》被束之高阁，不具法律效力，但不是被明文废除，故D错误。

**53. AB**。《选举法》第49条规定，全国和地方各级人民代表大会的代表，受选民和原选举单位的监督。选民或者选举单位都有权罢免自己选出的代表。据此，不设区的市、市辖区、县、自治县、乡、民族乡、镇的人大代表受原选区选民的监督；全国人大代表，省、自治区、直辖市人大代表，设区的市、自治州人大代表受原选举单位的监督。故A正确。《宪法》第93条规定，中央军事委员会实行主席负责制。故B正确。《审计法》第5条规定，审计机关依照法律规定独立行使审计监督权，不受其他行政机关、社会团体和个人的干涉。《审计法》第9条规定，地方各级审计机关对本级人民政府和上一级审计机关负责并报告工作，审计业务以上级审计机关领导为主。因此，地方审计机关为双重领导体制，C错误。《地方各级人民代表大会和地方各级人民政府组织法》第85条规定，省、自治区的人民政府在必要的时候，经国务院批准，可以设立若干派出机关。县、自治县的人民政府在必要的时候，经省、自治区、直辖市的人民政府批准，可以设立若干区公所，作为它的派出机关。市辖区、不设区的市的人民政府，经上一级人民政府批准，可以设立若干街道办事处，作为它的派出机关。故D错误，市辖区的政府设立街道办事处，应该经上一级人民政府批准，而非本级人大的批准。

**54. ABCD**。《立法法》第48、49条规定，法律解释权属于全国人民代表大会常务委员会。国务院、中央军事委员会、国家监察委员会、最高人民法院、最高人民检察院、全国人民代表大会各专门委员会，可以向全国人民代表大会常务委员会提出法律解释要求或者提出相关法律案。由此可见，有权提出法律解释要求的主体是特定的，在地方国家机关层面上，仅是省、自治区、直辖市的人民代表大会常务委员会可以提出，而非地方各级政府均可以向全国人大常委会提出法律解释的要求。故A错误。《立法法》第11条规定的法律保留事项包括“对公民政治权利的剥夺、限制人身自由的强制措施和处罚”，第9条进一步规定了“有关犯罪和刑罚、对公民政治权利的剥夺和限制人身自由的强制措施和处罚、司法制度”属于绝对法律保留的事项，全国人大及其常委会不得授权国务院制定行政法规。故B错误。《立法法》第18条规定，一个代表团或者30名以上的代表联名，可以向全国人民代表大会提出法律案，由主席团决定是否列入会议议程，或者先交有关的专门委员会审议、提出是否列入会议议程的意见，再决定是否列入会议议程。专门委员会审议的时候，可以邀请提案人列席会议，发表意见。故C错误，邀请提案人参与议案审议是“可以”而非“应当”。《立法法》第108条第5项规定，地方人民代表大会常务委员会有权撤销本级人民政府制定的不适当的规章。所以对人民政府制定的不适当规章的撤销权在本级人大常委会，而非本级人民代表大会，所以D错误。

**55. BD**。《选举法》第8条规定，全国人民代表大会和地方各级人民代表大会的选举经费，列入财政预算，由国库开支。据此，全国人民代表大会和地方各级人民代表大会因选举而发生的各项费用，均由国家财政开支。《解放军选举人大代表办法》第39条规定，人民解放军的选举经费，由军费开支。A的表述错误，选举经费由国库开支，并不意味着由中央财政统一开支。香港特别行政区全国人大代表的选举与一般省级地方人大的选举不同，采用选举会议的方式进行。香港特别行政区全国人大代表选举会议第一次会议由全国人民代表大会常务委员会召集，根据全国人民代表大会常务委员会委员长会议的提名，推选选举会议成员组成主席团。主席团从其成员中推选常务主席一人。主席团主持选举会议。主席团常务主席主持主席团会议。故B正确。《选举法》第51条第1款规定，县级以上的地方各级人民代表大会举行会议的时候，主席团或者1/10以上代表联名，可以提出对由该级人民代表大会选出的上一级人民代表大会代表的罢免案。在人民代表大会闭会期间，县级以上的地方各级人民代表大会常务委员会主任会议或者常务委员会1/5以上组成人员联名，可以向常务委员会提出对由该级人民代表大会选出的上一级人民代表大会代表的罢免案。罢免案应当写明罢免理由。故C错误。《选举法》第30条第2款规定，各政党、各人民团体，可以联合或者单独推荐代表候选人。选民或者代表，10人以上联名，也可以推荐代表候选人。故D正确。

**56. AB**。《民族区域自治法》规定，民族自治地方的人民法院和人民检察院对本级人民代表大会及其常务委员会负责。民族自治地方人民法院的审判工作，受最高人民法院和上级人民法院监督。故A正确。《宪法》第113条、第114条规定，自治区、自治州、自治县的人民代表大会中，除实行区域自治的民族的代表外，其他居住在本行政区域内的民族也应当有适当名额的代表。自治区、自治州、自治县的人民代表大会常务委员会中应当有实行区域自治的民族的公民担任主任或者副主任。自治区主席、自治州州长、自治县县长由实行区域自治的民族的公民担任。我国包括民族自治地方政府在内的地方各级人民政府均实行行政首长负责制。故B正确。《宪法》第116条规定，民族自治地方的人民代表大会有权依照当地民族的政治、经济和文化的特点，制定自治条例和单行条例。自治区的自治条例和单行条例，报全国人民代表大会常务委员会批准后生效。自治州、自治县的自治条例和单行条例，报省或者自治区的人民代表大会常务委员会批准后生效，并报全国人民代表大会常务委员会备案。故C错误，民族自治区的自治条例和单行条例由全国人民代表大会常务委员会批准后生效，而非由全国人大批准。《民族区域自治法》第44条规定，民族自治地方实行计划生育和优生优育，提高各民族人口素质。民族自治地方的自治机关根据法律规定，结合本地方的实际情况，制定实行计划生育的办法。故D错误。

**57. ABC**。《反垄断法》第56条规定，经营者违反本法规定，达成并实施垄断协议的，由反垄断执法机构责令停止违法行为，没收违法所得，并处上一年度销售额1%以上10%以下的罚款，上一年度没有销售额的，处500万元以下的罚款；尚未实施所达成的垄断协议的，可以处300万元以下的罚款。经营者的法定代表人、主要负责人和直接责任人员对达成垄断协议负有个人责任的，可以处100万元以下的罚款。经营者组织其他经营者达成垄断协议或者为其他经营者达成垄断协议提供实质性帮助的，适用前款规定。经营者主动向反垄断执法机构报告达成垄断协议的有关情况并提供重要证据的，反垄断执法机构可以酌情减轻或者免除对该经营者的处罚。行业协会违反本法规定，组织本行业的经营者达成垄断协议的，由反垄断执法机构责令改正，可以处300万元以下的罚款；情节严重的，社会团体登记管理机关可以依法撤销登记。本题中提到旅游协会只是"召集当地旅行社商定"，经营者之间尚未达成且未实施相关垄断协议，故不满足处罚旅游协会的法定条件，故C错误。易知AB错误。由于甲旅行社主动向反垄断执法机构报告达成垄断协议的有关情况并提供重要证据，故D正确。

**58. ABD**。《反不正当竞争法》第6条规定，经营者不得实施下列混淆行为，引人误认为是他人商品或者与他人存在特定联系：（1）擅自使用与他人有一定影响的商品名称、包装、装潢等相同或者近似的标识；（2）擅自使用他人有一定影响的企业名称（包括简称、字号等）、社会组织名称（包括简称等）、姓名（包括笔名、艺名、译名等）；（3）擅自使用他人有一定影响的域名主体部分、网站名称、网页等；（4）其他足以引人误认为是他人商品或者与他人存在特定联系的混淆行为。由此可以看出，混淆行为并不要求被仿冒的知名商品取得外观设计专利，A判断错误；混淆的要素不仅限于厂名、厂址和商标，图案、色彩等因素也可能成为混淆的对象，故B判断错误；一般的消费者能够分辨二者的区别，不会导致"混淆"的结果，就不会构成混淆行为，因而C判断正确，D判断错误。

**59. ABD**。根据本题的案例描述，可以确认张某从某网店购买的汽车坐垫并不存在质量问题，因而不适用《消费者权益保护法》第24条有关质量问题引起的退换货的规定。《消费者权益保护法》第25条规定，经营者采用网络、电视、电话、邮购等方式销售商品，消费者有权自收到商品之日起7日内退货，且无需说明理由，但下列商品除外：（1）消费者定作的；（2）鲜活易腐的；（3）在线下载或者消费者拆封的音像制品、计算机软件等数字化商品；（4）交付的报纸、期刊。除前款所列商品外，其他根据商品性质并经消费者在购买时确认不宜退货的商品，不适用无理由退货。消费者退货的商品应当完好。经营者应当自收到退回商品之日起7日内返还消费者支付的商品价款。退回商品的运费由消费者承担；经营者和消费者另有约定的，按照约定。故A错误，汽车坐垫不属于音像制品、计算机软件等数字化商品，不能以拆封作为拒绝退换的理由；B错误，网店7日内退货不需要理由。C正确。D错误，经营者应当自收到退回商品之日起7日内返还消费者支付的商品价款。

**60. ACD**。《食品安全法》第54条规定，食品经营者应当按照保证食品安全的要求贮存食品，定期检查库存食品，及时清理变质或者超过保质期的食品。故A正确，B错误。《消费者权益保护法》第49条规定，经营者提供商品或者服务，造成消费者或者其他受害人人身伤害的，应当赔偿医疗费、护理费、交通费等为治疗和康复支出的合理费用，以及因误工减少的收入。造成残疾的，还应当赔偿残疾生活辅助具费和残疾赔偿金。造成死亡的，还应当赔偿丧葬费和死亡赔偿金。《消费者权益保护法》第55条第2款规定，经营者明知商品或者服务存在缺陷，仍然向消费者提供，造成消费者或者其他受害人死亡或者健康严重损害的，受害人有权要求经营者依照本法第49条、第51条等法律规定赔偿损失，并有权要求所受损失2倍以下的惩罚性赔偿。《消费者权益保护法》第52条规定，经营者提供商品或者服务，造成消费者财产损害的，应当依照法律规定或者当事人约定承担修理、重作、更换、退货、补足商品数量、退还货款和服务费用或者赔偿损失等民事责任。故CD正确。

**61. ABCD**。彦某已经委托甲、乙两家中介公司出售，该信息并不属于甲公司的商业秘密，钱某通过正当途径在不同的中介公司了解到房源信息，并自主选择价格低、服务好的中介公司属于合法行为，因而CD说法均是错误的。单纯地来看防"跳单"条款本身并不是违法的，并不属于限制消费者自主选择权的行为，而甲公司根据彦某的委托发布房源的价格信息本身也并未侵害消费者的公平交易权，故AB说法也是错误的。

**62. AC**。《商业银行法》第42条第2款规定，借款人到期不归还担保贷款的，商业银行依法享有要求保证人归还贷款本金和利息或者就该担保物优先受偿的权利。商业银行因行使抵押权、质权而取得的不动产或者股权，应当自取得之日起 2 年内予以处分。故 A 做法合法，B 做法超过了 2 年内予以处分的规定，不合法。《商业银行法》第 43 条规定，商业银行在中华人民共和国境内不得从事信托投资和证券经营业务，不得向非自用不动产投资或者向非银行金融机构和企业投资，但国家另有规定的除外。故 C 做法合法，D 做法不合法。

**63. ABC**。《税收征收管理法》第 52 条第 2 款规定，因纳税人、扣缴义务人计算错误等失误，未缴或者少缴税款的，税务机关在 3 年内可以追征税款、滞纳金；有特殊情况的，追征期可以延长到 5 年。故正确选项为 ABC。

**64. ABCD**。首先，约翰 2012 年来到中国，迄今为止一直居住在北京，其在中国境内居住已经满 183 天，《个人所得税法》第 1 条规定，在中国境内有住所，或者无住所而一个纳税年度内在中国境内居住累计满 183 天的个人，为居民个人。居民个人从中国境内和境外取得的所得，依照本法规定缴纳个人所得税。在中国境内无住所又不居住，或者无住所而一个纳税年度内在中国境内居住累计不满 183 天的个人，为非居民个人。非居民个人从中国境内取得的所得，依照本法规定缴纳个人所得税。纳税年度，自公历一月一日起至十二月三十一日止。其次，约翰从合资企业领取的薪金属于个人所得税“工资、薪金所得”，出租其在华期间购买的房屋获得的租金属于个人所得税“财产租赁所得”，属于个人所得税“劳务报酬所得”，在美国杂志上发表文章获得的稿酬属于个人所得税“稿酬所得”。故本题正确答案为 ABCD。

**【陷阱提示】** *本题涉及的纳税主体为外国人，因而考生很容易将其境外所得作为不用在中国缴纳个人所得税的收入，从而漏选 D。但是考生应当注意题目中有关该外国人在中国居住时间的条件，从而判断其是否为“居民个人”。*

**65. ABC**。《城市房地产管理法》第 26 条规定，以出让方式取得土地使用权进行房地产开发的，必须按照土地使用权出让合同约定的土地用途、动工开发期限开发土地。超过出让合同约定的动工开发日期满 1 年未动工开发的，可以征收相当于土地使用权出让金 20%以下的土地闲置费；满 2 年未动工开发的，可以无偿收回土地使用权；但是，因不可抗力或者政府、政府有关部门的行为或者动工开发必需的前期工作造成动工开发迟延的除外。《土地管理法》第 14 条规定，土地所有权和使用权争议，由当事人协商解决；协商不成的，由人民政府处理。单位之间的争议，由县级以上人民政府处理；个人之间、个人与单位之间的争议，由乡级人民政府或者县级以上人民政府处理。当事人对有关人民政府的处理决定不服的，可以自接到处理决定通知之日起 30 日内，向人民法院起诉。本题中市政府决定收回该土地使用权的行为属于行政行为，因而相关的争议属于行政争议，而政府迟迟不依照“国有土地出让合同”的约定交付土地，则属于违约的民事争议。对于土地使用权类型的行政争议应当首先由县级以上政府处理，对政府处理决定不服才能提起诉讼，而对于违反土地出让合同的违约行为，则没有政府处理的前置要求，可以直接提起诉讼。本题的正确答案为 ABC。

**66. ABC**。《环境保护法》第 16 条规定，国务院环境保护主管部门根据国家环境质量标准和国家经济、技术条件，制定国家污染物排放标准。省、自治区、直辖市人民政府对国家污染物排放标准中未作规定的项目，可以制定地方污染物排放标准；对国家污染物排放标准中已作规定的项目，可以制定严于国家污染物排放标准的地方污染物排放标准。地方污染物排放标准应当报国务院环境保护主管部门备案。故 ABC 正确，D 错误。

**67. BD**。大使馆是一国在建交国首都派驻的常设外交代表机关。大使馆代表整个国家的利益，全面负责两国关系，馆长一般是大使，也可以是公使或者其他等级的由派遣国委派的外交人员，由国家元首任命并作为国家元首的代表履行职责。大使馆的首要职责是代表派遣国，促进两国的政治关系，其次是促进经济、文化、教育、科技、军事等方面的关系，使馆同时具有领事职能。促进两国关系和人民间的往来是领事馆的重要职责，但其最主要的职责是领事工作，比如：维护本国公民在外国的合法权益，向本国公民颁发或延期护照、向外国公民颁发签证。大使馆的关闭是派出国的自主选择，无需经过派驻国的同意。故 A 错误。《维也纳外交关系公约》第 3 条规定，除其他事项外，使馆之职务如下：（甲）在接受国中代表派遣国；（乙）于国际法许可之限度内，在接受国中保护派遣国及其国民之利益；（丙）与接受国政府办理交涉；（丁）以一切合法手段调查接受国之状况及发展情形，向派遣国政府具报；（戊）促进派遣国与接受国之友好关系，及发展两国间之经济、文化与科学关系。故 B 正确。不受欢迎的人，原意为“不能接受的人”，指一国拒绝接受或要求派遣国召回的外交人员。各国按照国法选定它派驻别国的外交代表，但无权使别国必须接受其派去充任外交代表的某一个人，每个国家都可拒绝接受或要求召回任何一个它所认为不能接受的外交官。一名外交官可在未到任前被宣布为“不受欢迎的人”，这时就不需给其签证或在到达边境时不让其入境，从而使其无法到任履职。为避免这种情形，实践中形成了外交代表人选事先征求接受国同意的规则。接受国也可随时通知派遣国宣告使馆馆长或任何外交职员为不受欢迎人员并要求召回。遇此情形，派遣国应斟酌情况召回该员或终止其在使馆中的职务。如派遣国拒绝或不在相当期间内履行这种义务，接受国得拒绝承认该人为使馆人员。在拒绝接受或要求召回某一个人时，接受国无需说明其理由或为其行为辩解，派遣国也无权要求听取和审查接受国的理由。宣布“不受欢迎的人”的理由通常有：外交官被指控犯有严重刑事罪；其行为被指责为干涉接受国内政或违犯该国法律；从事间谍和敌对性质等活动；或者仅因其个人举止、态度或行为冒犯了接受国政府或个人。外交实践中，宣布“不受欢迎的人”的做法，常被用作对对方实行报复或反报复的方式，并不时被一些国家滥用，从而引起派遣国与接受国间的龃龉和纠纷，甚至导致一方暂时中止派遣外交代表。《维也纳外交关系公约》第9条规定，1. 接受国得随时不具解释通知派遣国宣告使馆馆长或使馆任何外交职员为不受欢迎人员或使馆任何其他职员为不能接受。遇此情形，派遣国应斟酌情况召回该员或终止其在使馆中之职务。任何人员得于其到达接受国国境前，被宣告为不受欢迎或不能接受。2. 如派遣国拒绝或不在相当期间内履行其依本条第1项规定所负义务，接受国得拒绝承认该员为使馆人员。故C错误，D正确。

**68. BC**。国家主权豁免是指国家的行为及其财产不受或免受他国管辖。实践中，国家主权豁免主要表现在司法豁免方面：（1）一国不对他国的国家行为和财产进行管辖；（2）一国的国内法院非经外国同意，不受理以外国国家作为被告或外国国家行为作为诉由的诉讼；（3）不对外国国家的代表或国家财产采取司法执行措施。因此，在这个意义上，主权豁免又经常被称为国家的司法豁免权。国家豁免权的放弃，是指国家可以自愿地就其某种特定的行为或不行为接受外国法院的管辖，即对其某个方面或某种行为，放弃在外国法院的管辖豁免。这种放弃是国家的一种主权行为，必须是自愿、特定和明确的。豁免的放弃可以分为明示放弃和默示放弃两种形式：前者是指国家或其授权的代表通过条约、合同、其他正式文件或声明，事先或事后以明白的语言文字表达就某种行为或事项上豁免的放弃。后者是国家通过在外国法院的与特定诉讼直接有关的积极的行为，表示其放弃豁免而接受法院管辖，包括国家作为原告在外国法院提起诉讼、正式出庭应诉、提起反诉，或作为诉讼利害关系人介入特定诉讼等。故A错误，C正确。国家在外国领土范围内从事商业行为本身不意味着豁免的放弃。国家或其授权的代表为主张或重申国家的豁免权，对外国法院的管辖作出反应，出庭阐述立场或作证，或要求法院宣布判决或裁决无效，都不构成豁免的默示放弃。故B正确。一国不能通过本国立法来改变别国的豁免立场，也不能将一国对某一特定事项上的豁免放弃推移到其他事项上，或将一国的豁免放弃推移到另一国家上。国家豁免的放弃必须是特定的、自愿的、明确的。以往接受过管辖，并不代表现在会接受管辖。故D错误。

**69. BCD**。另订新条约，旧条约被代替而失效，遇此情形，一般都在新条约中明文规定旧条约的处理办法。根据《维也纳条约法公约》第59条第1款的规定，全体当事国就同一事项缔结后订条约，如果自后订条约中可见或另经确定当事国有终止前约的意思，或后订条约与前订条约的规定不合之程度使得两者不可能同时适用时，前订条约应视为业已终止。故A错误，B正确。条约保留是一个国家主权的一部分，其他任何国家不得对其干涉、阻挠。条约缔约国可以根据需要作出条约保留的决定。但不能作出条约禁止、条约未准许可以保留或者与条约目的、宗旨不符合的保留。条约保留的法律效果：（1）在保留国与接受保留国之间，按保留的范围，改变该保留所涉及的一些条约规定。（2）在保留国与反对保留国之间，若反对保留国并不反对该条约在保留国与反对保留国之间生效，则保留所涉及的规定，在保留的范围内，不适用于该两国之间。（3）在未提出保留的国家之间，按照原来条约的规定，无论未提出保留的国家是否接受另一缔约国的保留。故CD正确。

**70. AD**。《涉外民事关系法律适用法》第41条规定，当事人可以协议选择合同适用的法律。当事人没有选择的，适用履行义务最能体现该合同特征的一方当事人经常居所地法律或者其他与该合同有最密切联系的法律。故A正确。《涉外民事关系法律适用法解释（一）》第6条第1款规定，当事人在一审法庭辩论终结前协议选择或者变更选择适用的法律的，人民法院应予准许。故B错误。《涉外民事关系法律适用法》第7条规定，诉讼时效，适用相关涉外民事关系应当适用的法律。故C错误。《涉外民事关系法律适用法解释（一）》第8条规定，有下列情形之一，涉及中华人民共和国社会公共利益、当事人不能通过约定排除适用、无需通过冲突规范指引而直接适用于涉外民事关系的法律、行政法规的规定，人民法院应当认定为《涉外民事关系法律适用法》第4条规定的强制性规定：（1）涉及劳动者权益保护的；（2）涉及食品或公共卫生安全的；（3）涉及环境安全的；（4）涉及外汇管制等金融安全的；（5）涉及反垄断、反倾销的；（6）应当认定为强制性规定的其他情形。故D正确。

**71. AC**。《涉外民事关系法律适用法》第8条规定，涉外民事关系的定性，适用法院地法律。故A正确。《涉外民事关系法律适用法》第48条规定，知识产权的归属和内容，适用被请求保护地法律。即专利权的取得以及专利权的内容和效力，适用专利申请地的法律，专利申请地在英国，被请求保护地是英国，所以C正确，B错误。《涉外民事关系法律适用法》第50条规定，知识产权的侵权责任，适用被请求保护地法律，当事人也可以在侵权行为发生后协议选择适用法院地法律。故 D 错误。

**72. AC**。《联合国国际销售合同公约》规定，货物买卖中，卖方的基本义务是按照合同和公约的规定交付货物，移交一切与货物有关的单据，并移转货物的所有权。在甲公司自行改装一级红枣后，应及时通知乙公司，否则，要承担交货不符责任。故 A 正确。要做到单证一致，银行必须合理小心地审核一切单据，保证受益人提交的单据的种类、内容和份数，甚至文字措辞等都必须与信用证的规定完全一致，即使实际装运的货物或者合同和确认函电内容与信用证规定矛盾，也必须以信用证为准，因此，如果银行议付的单据表面上与信用证相符而货物不符，因银行无从知悉故不承担任何责任；反之，实际货物无误而单据表面上与信用证规定不符，银行就需承担责任，开证申请人即可据此拒绝赎单付款。在通过信用证方式付款时，银行仅审查单据，并不看货物的真实等级，故 B 错误。单证一致出口方所提供的所有单据要严格符合进口方开证银行所开信用证的要求，或者说出口方制作和提供的所有与本项货物买卖有关的单据，与进口方申请开立的信用证对单据的要求完全吻合，没有矛盾。如果发票跟信用证不符，银行可以拒绝收单付款。故 C 正确。银行本身对单据记载的发货人并不负有责任，故 D 错误。

**73. AB**。《海商法》第 51 条规定，在责任期间货物发生的灭失或者损坏是由于下列原因之一造成的，承运人不负赔偿责任：（1）船长、船员、引航员或者承运人的其他受雇人在驾驶船舶或者管理船舶中的过失；（2）火灾，但是由于承运人本人的过失所造成的除外；（3）天灾，海上或者其他可航水域的危险或者意外事故；（4）战争或者武装冲突；（5）政府或者主管部门的行为、检疫限制或者司法扣押；（6）罢工、停工或者劳动受到限制；（7）在海上救助或者企图救助人命或者财产；（8）托运人、货物所有人或者他们的代理人的行为；（9）货物的自然特性或者固有缺陷；（10）货物包装不良或者标志欠缺、不清；（11）经谨慎处理仍未发现的船舶潜在缺陷；（12）非由于承运人或者承运人的受雇人、代理人的过失造成的其他原因。从这 12 项免责可看出，承运人对货物在责任期间所发生的灭失或损坏是否负责，依其本人、船长、船员、其他受雇人或代理人有无过失而定，有过失便应负责，无过失便可免责；但作为例外，如果货物的灭失或损坏系船长、船员、其他受雇人或代理人在驾驶船舶或管理船舶中的过失所致，或者由于他们的过失所引起的火灾所致，承运人仍可免责。故 A 正确。平安险是指单独海损不负责赔偿。根据国际保险界对单独海损的解释，它是指保险标的物在海上运输途中遭受保险范围内的风险直接造成的船舶或货物的灭失或损害。由于运输工具遭搁浅、触礁、沉没、互撞，与流域一其他物体碰撞以及失火、爆炸等意外事故造成被保险货物的全部或部分损失。故 B 正确。《无正本提单交付货物规定》第 2 条规定，承运人违反法律规定，无正本提单交付货物，损害正本提单持有人提单权利的，正本提单持有人可以要求承运人承担由此造成损失的民事责任。《无正本提单交付货物规定》第 3 条规定，承运人因无正本提单交付货物造成正本提单持有人损失的，正本提单持有人可以要求承运人承担违约责任，或者承担侵权责任。正本提单持有人要求承运人承担无正本提单交付货物民事责任的，适用海商法规定；海商法没有规定的，适用其他法律规定。《无正本提单交付货物规定》第 4 条规定，承运人因无正本提单交付货物承担民事责任的，不适用《海商法》第 56 条关于限制赔偿责任的规定。故 C 错误。《无正本提单交付货物规定》第 6 条规定，承运人因无正本提单交付货物造成正本提单持有人损失的赔偿额，按照货物装船时的价值加运费和保险费计算。故 D 错误。

**74. BCD**。《反补贴条例》第 3 条规定，补贴，是指出口国（地区）政府或者其任何公共机构提供的并为接受者带来利益的财政资助以及任何形式的收入或者价格支持。出口国（地区）政府或者其任何公共机构，以下统称出口国（地区）政府。本条第 1 款所称财政资助，包括：（1）出口国（地区）政府以拨款、贷款、资本注入等形式直接提供资金，或者以贷款担保等形式潜在地直接转让资金或者债务；（2）出口国（地区）政府放弃或者不收缴应收收入；（3）出口国（地区）政府提供除一般基础设施以外的货物、服务，或者由出口国（地区）政府购买货物；（4）出口国（地区）政府通过向筹资机构付款，或者委托、指令私营机构履行上述职能。故 A 错误，BCD 正确。

**75. ABCD**。AB 说法符合法律职业道德的一般要求，是正确的。《律师执业行为规范（试行）》第 15 条规定，律师不得有以下行为：（1）产生不良社会影响，有损律师行业声誉的行为；（2）妨碍国家司法、行政机关依法行使职权的行为；（3）参加法律所禁止的机构、组织或者社会团体；（4）其他违反法律、法规、律师协会行业规范及职业道德的行为；（5）其他违反社会公德，严重损害律师职业形象的行为。故 C 正确。《公证员职业道德基本准则》第 15 条规定了公证员应当道德高尚、诚实信用、谦虚谨慎，具有良好的个人修养和品行。故 D 正确。

**76. BCD**。《劳动争议调解仲裁法》第 21 条规定，劳动争议仲裁委员会负责管辖本区域内发生的劳动争议。劳动争议由劳动合同履行地或者用人单位所在地的劳动争议仲裁委员会管辖。双方当事人分别向劳动合同履行地和用人单位所在地的劳动争议仲裁委员会申请仲裁的，由劳动合同履行地的劳动争议仲裁委员会管辖。故 A 错误。根据《劳动争议调解仲裁法》第28条的规定，申请人申请仲裁应当提交书面仲裁申请，书写仲裁申请确有困难的，可以口头申请，由劳动争议仲裁委员会记入笔录，并告知对方当事人。故B正确。《劳动争议调解仲裁法》第6条规定，发生劳动争议，当事人对自己提出的主张，有责任提供证据。与争议事项有关的证据属于用人单位掌握管理的，用人单位应当提供；用人单位不提供的，应当承担不利后果。本题中乙公司是根据公司绩效考核制度中"末位淘汰"的规定与李某解除劳动合同的，因而乙公司掌握了公司绩效考核制度及其考核情况，负有对终止劳动合同主张的举证责任，C正确。《劳动争议调解仲裁法》第29条规定，劳动争议仲裁委员会收到仲裁申请之日起5日内，认为符合受理条件的，应当受理，并通知申请人；认为不符合受理条件的，应当书面通知申请人不予受理，并说明理由。对劳动争议仲裁委员会不予受理或者逾期未作出决定的，申请人可以就该劳动争议事项向人民法院提起诉讼。故D正确。

**77. ABCD**。《劳动合同法》第34条规定，用人单位发生合并或者分立等情况，原劳动合同继续有效，劳动合同由承继其权利和义务的用人单位继续履行，故A正确。《劳动合同法实施条例》第10条规定，劳动者非因本人原因从原用人单位被安排到新用人单位工作的，劳动者在原用人单位的工作年限合并计算为新用人单位的工作年限。原用人单位已经向劳动者支付经济补偿的，新用人单位在依法解除、终止劳动合同计算支付经济补偿的工作年限时，不再计算劳动者在原用人单位的工作年限。故BD正确。根据《劳动合同法》第18条的规定，劳动合同可以由双方协商一致解除，因而C正确。

**78. BD**。《劳动合同法》第82条第1款规定，用人单位自用工之日起超过1个月不满1年未与劳动者订立书面劳动合同的，应当向劳动者每月支付2倍的工资。劳动合同到期后应当尽快签订新的劳动合同，不签订的应当适用前述规定，李某有权请求支付2倍工资，故A错误，B正确。《劳动争议调解仲裁法》第27条规定，劳动争议申请仲裁的时效期间为1年。仲裁时效期间从当事人知道或者应当知道其权利被侵害之日起计算。前款规定的仲裁时效，因当事人一方向对方当事人主张权利，或者向有关部门请求权利救济，或者对方当事人同意履行义务而中断。从中断时起，仲裁时效期间重新计算。因不可抗力或者有其他正当理由，当事人不能在本条第1款规定的仲裁时效期间申请仲裁的，仲裁时效中止。从中止时效的原因消除之日起，仲裁时效期间继续计算。劳动关系存续期间因拖欠劳动报酬发生争议的，劳动者申请仲裁不受本条第1款规定的仲裁时效期间的限制；但是，劳动关系终止的，应当自劳动关系终止之日起1年内提出。李某的请求属于拖欠劳动报酬的争议，且在劳动关系终止之日起1年内提出，因而没有超过诉讼时效，D正确。

**79. BD**。李某属于全日制的不定时工作制，公司无权对其随时终止用工，故A错误，B正确；公司绩效考核制度中"末位淘汰"的规定并不属于《劳动合同法》中有关单位可以单方面解除劳动合同的情形，如果李某经绩效考核被认定为不能胜任工作，则只有在公司对其经过培训或者调整工作岗位，仍不能胜任工作的，才能主张解除劳动合同。故C错误，D正确。

**80. ABD**。《劳动合同法》第38条规定，用人单位的规章制度违反法律、法规的规定，损害劳动者权益的，劳动者可以解除劳动合同。而《劳动合同法》第46条则规定了若干用人单位、劳动者依法主张终止劳动合同的情况下，劳动者可以要求经济补偿，其中包括因用人单位的规章制度违反法律、法规的规定，损害劳动者权益的，劳动者主张解除合同的情形。因而AB正确。《劳动合同法》第87条规定，用人单位违反本法规定解除或者终止劳动合同的，应当依照本法第47条规定的经济补偿标准的2倍向劳动者支付赔偿金。因而D正确。C错误，因为违法终止劳动合同的赔偿金和即时辞职的经济补偿金不能兼得。故ABD正确。

**【陷阱提示】**从《劳动合同法》第46条有关经济补偿的情形界定，可以看出来该条是针对劳动者、用人单位"依法"解除劳动合同的情形下，用人单位向劳动者支付经济补偿的情形。而第87条规定的则是"违法"终止劳动合同时，用人单位向劳动者支付的赔偿，劳动者不能同时获得经济补偿和经济赔偿，只能主张其一。

**81. BD**。法律责任的竞合，是指由于某种法律事实的出现，导致两种或两种以上的法律责任产生，而这些责任之间相互冲突的现象。B是民法上侵权责任和违约责任的竞合，属于典型的法律责任竞合。A行政责任和刑事责任可以并存，C刑事责任和民事责任可以并存，均不构成法律责任竞合。D行为人一个犯罪行为触犯两个罪名/法条，但处理时只能按照一个罪名/法条定罪，属于刑法上的责任竞合。

**【陷阱提示】**法律责任的竞合的特点为：(1)数个法律责任的主体为同一法律主体；(2)责任主体实施了一个行为；(3)该行为符合两个或两个以上的法律责任构成要件；(4)数个法律责任之间相互冲突。如果数个法律责任可以被其中之一所吸收，如某犯罪行为的刑事责任吸收了其行政责任；或可以并存，如某犯罪行为的刑事责任与附带民事赔偿责任被同时追究，则不存在责任竞合的问题。故AC不选。

**82. ABCD**。法律决定的可预测性是形式法治的要求，正当性是实质法治的要求。两者都是法治国家理当崇尚的价值目标，但是两者之间存在一定的紧张关系。缓解这种紧张关系通常借助法律解释的方法，ACD 正确。可预测性意味着作法律决定的人在作决定的过程中应该尽可能地避免武断和恣意。这就要求他们必须将法律决定建立在既存的一般性的法律规范的基础上，而且他们必须要按照一定的方法适用法律规范，如推理规则和解释方法，故 B 正确。

**83. BCD**。中国的法的现代化属于外源型法的现代化，而不是自发的、自下而上的、缓慢的、渐进变革的内发型法的现代化，故 A 错误。外源型法的现代化具有被动性和依附性，带有明显的工具色彩，一般被要求服务于政治、经济变革，故 C 正确。BD 正确。

**84. ACD**。宪法修正案是对宪法的完善和补充，它体现了宪法灵活性与稳定性的统一，是宪法的当然组成部分，与宪法其他条文具有同等的效力。所以 A 正确。宪法适用于所有本国公民，无论公民生活在国内还是国外。由于宪法效力适用于所有公民，定居国外的公民也应受宪法的保护。故 B 错误。外国人和法人在一定的条件下可以成为行使某些基本权利的主体，在享有基本权利的范围内，宪法效力适用于外国人和法人的活动。由此，C 正确。宪法的空间效力及于国家行使主权的全部空间，即国家领土。领土包括一个国家的陆地、河流、湖泊、内海、领海以及它们的底床、底土和领空，是主权国家管辖的国家全部疆域。任何一个主权国家的宪法空间效力都及于国土的所有领域，也及于这一主权国家的所有公民，这是由主权的唯一性和不可分割性决定的，也是由宪法的根本法地位决定的。故 D 正确。

**85. AD**。《宪法》第 15 条第 1 款规定，国家实行社会主义市场经济。故 A 正确。《宪法》第 16 条规定，国有企业在法律规定的范围内有权自主经营。国有企业依照法律规定，通过职工代表大会和其他形式，实行民主管理。因此，B 错误。《宪法》第 8 条第 1 款规定，农村集体经济组织实行家庭承包经营为基础、统分结合的双层经营体制。农村中的生产、供销、信用、消费等各种形式的合作经济，是社会主义劳动群众集体所有制经济。参加农村集体经济组织的劳动者，有权在法律规定的范围内经营自留地、自留山、家庭副业和饲养自留畜。所以，C 错误。《宪法》第 10 条规定，土地的使用权可以依照法律的规定转让。所以 D 正确。

**86. AC**。行政区域的设立及其变更必须严格地依法进行，它是国家实现其职能的保障。《宪法》第 62 条规定，全国人大批准省、自治区和直辖市的建置。A 正确。《宪法》第 89 条规定，国务院批准省、自治区、直辖市的区域划分，批准自治州、县、自治县、市的建置和区域划分。因此，B 错误，C 正确。《宪法》第 107 条第 3 款规定，省、直辖市的人民政府决定乡、民族乡、镇的建置和区域划分。因此，D 错误。

**87. AC**。《联合国海洋法公约》（以下简称《公约》）规定，法庭的管辖权及于下列案件：（1）有关《公约》的解释或适用的任何争端；（2）关于与《公约》的目的有关的其他国际协定的解释或适用的任何争端；（3）如果同《公约》主题事项有关的现行有效条约或公约的所有缔约国同意，有关这种条约或公约的解释或适用的争端，也可提交法庭。但法庭只是《公约》规定的导致有拘束力裁判的众多强制程序之一。缔约国可在任何时间以书面方式选择法庭或《公约》规定的其他争端解决程序，如国际法院、仲裁法庭等解决争端。同时，《公约》也对适用争端强制解决程序设定了一些限制或例外。例如，关于行使主权权利或管辖权的法律执行活动方面的争端；有关划定海洋边界的《公约》条款的解释或适用的争端；关于军事活动的争端；以及正由联合国安理会执行《联合国宪章》所赋予的职务的争端等。对于上类争端，缔约国可在任何时候作出书面声明，表示不接受《公约》规定的强制解决程序。故 A 正确。国际海洋法法庭是专门受理海洋权益纠纷的专门法庭，海洋法法庭管辖权具有强制管辖性质，一国可以自由地以书面声明的方式选择海洋法法庭的管辖。但是，只有争端各方都选择了法庭程序，法庭才有管辖权。故 B 错误。《公约》第 280 条规定，用争端各方选择的任何和平方法解决争端。本公约的任何规定均不损害任何缔约国于任何时候协议用自行选择的任何和平方法解决它们之间有关本公约的解释或适用的争端的权利。故 C 正确。调停是指第三方以调停人的身份，就争端的解决提出方案，并直接参加或主持谈判，以协助争端解决。有三个特点：（1）第三方可以是主动进行的，也可以是应邀请进行的。争端当事方和调停方可以对有关活动加以拒绝，并不承担相应的义务；（2）调停者提出的意见只具有建议或劝告的性质，没有法律的强制性，各方当事国对此保留完全的自由；（3）斡旋或调停不论成功与失败，第三方的任务均告终止，不承担监督和担保争端解决方案实施的法律责任。故 D 错误。

**88. AB**。《涉外民事关系法律适用法》第 10 条规定，涉外民事关系适用的外国法律，由人民法院、仲裁机构或者行政机关查明。当事人选择适用外国法律的，应当提供该国法律。不能查明外国法律或者该国法律没有规定的，适用中华人民共和国法律。故 A 正确。《涉外民事关系法律适用法》第 4 条规定，中华人民共和国法律对涉外民事关系有强制性规定的，直接适用该强制性规定。故 B 正确。《涉外民事关系法律适用法》第 5 条规定，外国法律的适用将损害中华人民共和国社会公共利益的，适用中华人民共和国法律。故 C 错误。《涉外民事关系法律适用法》第 9 条规定，涉外民事关系适用的外国法律，不包括该国的法律适用法。故 D 错误。

**89. BCD**。根据《多边投资担保机构公约》第11条关于货币汇兑的规定，东道国政府采取新的措施，限制其货币兑换成可自由使用货币或被保险人可接受的另一种货币及汇出东道国境外，包括东道国政府未能在合理的时间内对该被保险人提出的此类汇兑申请作出行动。故A错误，B正确。根据《多边投资担保机构公约》第14条关于合格的东道国的规定，机构只对在发展中国家会员国境内所作的投资予以担保。故C正确。机构享有代位求偿权，即一经投保人支付或同意支付赔偿，便可代位取得投保人对东道国或其他债务人所拥有的有关已投保投资的各种权力或索赔权。故D正确。

**90. D**。《关税及贸易总协定》要求适用最惠国待遇，缔约国之间对于进出口货物及有关的关税规费征收方法、规章制度、销售和运输等方面，一律适用无条件最惠国待遇原则。但关税同盟、自由贸易区以及对发展中国家的优惠安排都作为最惠国待遇的例外。WTO体制的最惠国待遇原则规定于GATT文本的第1条中，其中表述"……每一成员对来自或运往其他国家的产品所给予的利益、优待、特权或豁免，应当立即无条件地给予来自或运往其他成员的相同产品"。所以，A在不同产品间适用不同的关税，没有违反最惠国待遇，是错误选项。BC未违反最惠国待遇，是错误选项。D违反了最惠国待遇，是正确选项。

# 第 11 天

弃燕雀之小志，慕鸿鹄以高翔。

## 试 题

1. 关于公平正义理念与罪刑相适应原则的关系，下列哪一选项是错误的？

A. 公平正义是人类社会的共同理想，罪刑相适应原则与公平正义相吻合

B. 公平正义与罪刑相适应原则都要求在法律实施中坚持以事实为根据、以法律为准绳

C. 根据案件特殊情况，为做到罪刑相适应，促进公平正义，可由最高法院授权下级法院，在法定刑以下判处刑罚

D. 公平正义的实现需要正确处理法理与情理的关系，罪刑相适应原则要求做到罪刑均衡与刑罚个别化，二者并不矛盾

2. 甲怀疑医院救治不力致其母死亡，遂在医院设灵堂、烧纸钱，向医院讨说法。结合社会主义法治理念和刑法规定，下列哪一看法是错误的？

A. 执法为民与服务大局的理念要求严厉打击涉医违法犯罪，对社会影响恶劣的涉医犯罪行为，要依法从严惩处

B. 甲属于起哄闹事，只有造成医院的秩序严重混乱的，才构成寻衅滋事罪

C. 如甲母的死亡确系医院救治不力所致，则不能轻易将甲的行为认定为寻衅滋事罪

D. 如以寻衅滋事罪判处甲有期徒刑 3 年、缓刑 3 年，为有效维护医疗秩序，法院可同时发布禁止令，禁止甲 1 年内出入医疗机构

3. 关于刑法用语的解释，下列哪一选项是正确的？

A. 按照体系解释，刑法分则中的“买卖”一词，均指购买并卖出；单纯的购买或者出售，不属于“买卖”

B. 按照同类解释规则，对于刑法分则条文在列举具体要素后使用的“等”“其他”用语，应按照所列举的内容、性质进行同类解释

C. 将明知是捏造的损害他人名誉的事实，在信息网络上散布的行为，认定为“捏造事实诽谤他人”，属于当然解释

D. 将盗窃骨灰的行为认定为盗窃“尸体”，属于扩大解释

4. 关于不作为犯罪的判断，下列哪一选项是错误的？

A. 小偷翻墙入院行窃，被护院的藏獒围攻。主人甲认为小偷活该，任凭藏獒撕咬，小偷被咬死。甲成立不作为犯罪

B. 乙杀丙，见丙痛苦不堪，心生悔意，欲将丙送医。路人甲劝阻乙救助丙，乙遂离开，丙死亡。甲成立不作为犯罪的教唆犯

C. 甲看见儿子乙（8 周岁）正掐住丙（3 周岁）的脖子，因忙于炒菜，便未理会。等炒完菜，甲发现丙已窒息死亡。甲不成立不作为犯罪

D. 甲见有人掉入偏僻之地的深井，找来绳子救人，将绳子的一头扔至井底后，发现井下的是仇人乙，便放弃拉绳子，乙因无人救助死亡。甲不成立不作为犯罪

5. 关于因果关系的判断，下列哪一选项是正确的？

A. 甲伤害乙后，警察赶到。在警察将乙送医途中，车辆出现故障，致乙长时间得不到救助而亡。甲的行为与乙的死亡具有因果关系

B. 甲违规将行人丙撞成轻伤，丙昏倒在路中央，甲驾车逃窜。1 分钟后，超速驾驶的乙发现丙时已来不及刹车，将丙轧死。甲的行为与丙的死亡没有因果关系

C. 甲以杀人故意向乙开枪，但由于不可预见的原因导致丙中弹身亡。甲的行为与丙的死亡没有因果关系

D. 甲向乙的茶水投毒，重病的乙喝了茶水后感觉更加难受，自杀身亡。甲的行为与乙的死亡没有因果关系

6. 关于事实认识错误，下列哪一选项是正确的？

A. 甲本欲电话诈骗乙，但拨错了号码，对接听电话的丙实施了诈骗，骗取丙大量财物。甲的行为属于对象错误，成立诈骗既遂

B. 甲本欲枪杀乙，但由于未能瞄准，将乙身旁的丙杀死。无论根据什么学说，甲的行为都成立故意杀人既遂

C. 事前的故意属于抽象的事实认识错误，按照法定符合说，应按犯罪既遂处理

D. 甲将吴某的照片交给乙，让乙杀吴，但乙误将王某当成吴某予以杀害。乙是对象错误，按照教唆犯从属于实行犯的原理，甲也是对象错误

**7.** 甲深夜盗窃5万元财物，在离现场1公里的偏僻路段遇到乙。乙见甲形迹可疑，紧拽住甲，要甲给5000元才能走，否则就报警。甲见无法脱身，顺手一拳打中乙左眼，致其眼部受到轻伤，甲乘机离去。关于甲伤害乙的行为定性，下列哪一选项是正确的？

A. 构成转化型抢劫罪

B. 构成故意伤害罪

C. 属于正当防卫，不构成犯罪

D. 系过失致人轻伤，不构成犯罪

**8.** 甲架好枪支准备杀乙，见已患绝症的乙踉跄走来，顿觉可怜，认为已无杀害必要。甲收起枪支，但不小心触动扳机，乙中弹死亡。关于甲的行为定性，下列哪一选项是正确的？

A. 仅构成故意杀人罪（既遂）

B. 仅构成过失致人死亡罪

C. 构成故意杀人罪（中止）、过失致人死亡罪

D. 构成故意杀人罪（未遂）、过失致人死亡罪

**9.** 关于共同犯罪的论述，下列哪一选项是正确的？

A. 无责任能力者与有责任能力者共同实施危害行为的，有责任能力者均为间接正犯

B. 持不同犯罪故意的人共同实施危害行为的，不可能成立共同犯罪

C. 在片面的对向犯中，双方都成立共同犯罪

D. 共同犯罪是指二人以上共同故意犯罪，但不能据此否认片面的共犯

**10.** 甲因在学校饭堂投毒被判处8年有期徒刑。服刑期间，甲认真遵守监规，接受教育改造，确有悔改表现。关于甲的假释，下列哪一说法是正确的？

A. 可否假释，由检察机关决定

B. 可否假释，由执行机关决定

C. 服刑4年以上才可假释

D. 不得假释

**11.** 甲（民营企业销售经理）因合同诈骗罪被捕。在侦查期间，甲主动供述曾向国家工作人员乙行贿9万元，司法机关遂对乙进行追诉。后查明，甲的行为属于单位行贿，行贿数额尚未达到单位行贿罪的定罪标准。甲的主动供述构成下列哪一量刑情节？

A. 坦白　　B. 立功

C. 自首　　D. 准自首

**12.** 乙（15周岁）在乡村公路驾驶机动车时过失将吴某撞成重伤。乙正要下车救人，坐在车上的甲（乙父）说："别下车！前面来了许多村民，下车会有麻烦。"乙便驾车逃走，吴某因流血过多而亡。关于本案，下列哪一选项是正确的？

A. 因乙不成立交通肇事罪，甲也不成立交通肇事罪

B. 对甲应按交通肇事罪的间接正犯论处

C. 根据司法实践，对甲应以交通肇事罪论处

D. 根据刑法规定，甲、乙均不成立犯罪

**13.** 关于破坏社会主义市场经济秩序罪的认定，下列哪一选项是错误的？

A. 采用运输方式将大量假币运到国外的，应以走私假币罪定罪量刑

B. 以暴力、胁迫手段强迫他人借贷，情节严重的，触犯强迫交易罪

C. 未经批准，擅自发行、销售彩票的，应以非法经营罪定罪处罚

D. 为项目筹集资金，向亲戚宣称有高息理财产品，以委托理财方式吸收10名亲戚300万元资金的，构成非法吸收公众存款罪

**14.** 关于故意杀人罪、故意伤害罪的判断，下列哪一选项是正确的？

A. 甲的父亲乙身患绝症，痛苦不堪。甲根据乙的请求，给乙注射过量镇定剂致乙死亡。乙的同意是真实的，对甲的行为不应以故意杀人罪论处

B. 甲因口角，捅乙数刀，乙死亡。如甲不顾乙的死伤，则应按实际造成的死亡结果认定甲构成故意杀人罪，因为死亡与伤害结果都在甲的犯意之内

C. 甲谎称乙的女儿丙需要移植肾脏，让乙捐肾给丙。乙同意，但甲将乙的肾脏摘出后移植给丁。因乙同意捐献肾脏，甲的行为不成立故意伤害罪

D. 甲征得乙（17周岁）的同意，将乙的左肾摘出，移植给乙崇拜的歌星。乙的同意有效，甲的行为不成立故意伤害罪

**15.** 甲男（15周岁）与乙女（16周岁）因缺钱，共同绑架富商之子丙，成功索得50万元赎金。甲担心丙将来可能认出他们，提议杀丙，乙同意。乙给甲一根绳子，甲用绳子勒死丙。关于本案的分析，下列哪一选项是错误的？

A. 甲、乙均触犯故意杀人罪，因而对故意杀人罪成立共同犯罪

B. 甲、乙均触犯故意杀人罪，对甲以故意杀人罪论处，但对乙应以绑架罪论处

C. 丙系死于甲之手，乙未杀害丙，故对乙虽以绑架罪定罪，但对乙不能适用"杀害被绑架人"的规定

D. 对甲以故意杀人罪论处，对乙以绑架罪论处，与二人成立故意杀人罪的共同犯罪并不矛盾

**16.** 公司保安甲在休假期内，以“第二天晚上要去医院看望病人”为由，欺骗保安乙，成功和乙换岗。当晚，甲将其看管的公司仓库内价值 5 万元的财物运走变卖。甲的行为构成下列哪一犯罪？

A. 盗窃罪　　　　B. 诈骗罪

C. 职务侵占罪　　D. 侵占罪

**17.** 乙（16 周岁）进城打工，用人单位要求乙提供银行卡号以便发放工资。乙忘带身份证，借用老乡甲的身份证以甲的名义办理了银行卡。乙将银行卡号提供给用人单位后，请甲保管银行卡。数月后，甲持该卡到银行柜台办理密码挂失，取出 1 万余元现金，拒不退还。甲的行为构成下列哪一犯罪？

A. 信用卡诈骗罪

B. 诈骗罪

C. 盗窃罪（间接正犯）

D. 侵占罪

**18.** 乙购物后，将购物小票随手扔在超市门口。甲捡到小票，立即拦住乙说：“你怎么把我购买的东西拿走？”乙莫名其妙，甲便向乙出示小票，两人发生争执。适逢交警丙路过，乙请丙判断是非，丙让乙将商品还给甲，有口难辩的乙只好照办。关于本案的分析（不考虑数额），下列哪一选项是错误的？

A. 如认为交警丙没有处分权限，则甲的行为不成立诈骗罪

B. 如认为盗窃必须表现为秘密窃取，则甲的行为不成立盗窃罪

C. 如认为抢夺必须表现为乘人不备公然夺取，则甲的行为不成立抢夺罪

D. 甲虽未实施恐吓行为，但如乙心生恐惧而交出商品的，甲的行为构成敲诈勒索罪

**19.** 首要分子甲通过手机指令所有参与者“和对方打斗时，下手重一点”。在聚众斗殴过程中，被害人被谁的行为重伤致死这一关键事实已无法查明。关于本案的分析，下列哪一选项是正确的？

A. 对甲应以故意杀人罪定罪量刑

B. 甲是教唆犯，未参与打斗，应认定为从犯

C. 所有在现场斗殴者都构成故意杀人罪

D. 对积极参加者按故意杀人罪定罪，对其他参加者按聚众斗殴罪定罪

**20.** 交警甲和无业人员乙勾结，让乙告知超载司机“只交罚款一半的钱，即可优先通行”；司机交钱后，乙将交钱司机的车号报给甲，由在高速路口执勤的甲放行。二人利用此法共得 32 万元，乙留下 10 万元，余款归甲。关于本案的分析，下列哪一选项是错误的？

A. 甲、乙构成受贿罪共犯

B. 甲、乙构成贪污罪共犯

C. 甲、乙构成滥用职权罪共犯

D. 乙的受贿数额是 32 万元

**21.** 社会主义法治公平正义的实现，应当高度重视程序的约束作用，避免法治活动的任意性和随意化。据此，下列哪一说法是正确的？

A. 程序公正是实体公正的保障，只要程序公正就能实现实体公正

B. 刑事程序的公开与透明有助于发挥程序的约束作用

C. 为实现程序的约束作用，违反法定程序收集的证据均应予以排除

D. 对复杂程度不同的案件进行程序上的繁简分流会限制程序的约束作用

**22.** 社会主义法治要通过法治的一系列原则加以体现。具有法定情形不予追究刑事责任是《刑事诉讼法》确立的一项基本原则，下列哪一案件的处理体现了这一原则？

A. 甲涉嫌盗窃，立案后发现涉案金额 400 余元，公安机关决定撤销案件

B. 乙涉嫌抢夺，检察院审查起诉后认为犯罪情节轻微，不需要判处刑罚，决定不起诉

C. 丙涉嫌诈骗，法院审理后认为其主观上不具有非法占有他人财物的目的，作出无罪判决

D. 丁涉嫌抢劫，检察院审查起诉后认为证据不足，决定不起诉

**23.** 关于刑事诉讼构造，下列哪一选项是正确的？

A. 刑事诉讼价值观决定了刑事诉讼构造

B. 混合式诉讼构造是当事人主义吸收职权主义的因素形成的

C. 职权主义诉讼构造适用于实体真实的诉讼目的

D. 当事人主义诉讼构造与控制犯罪是矛盾的

**24.** 关于被害人在刑事诉讼中的权利，下列哪一选项是正确的？

A. 自公诉案件立案之日起有权委托诉讼代理人

B. 对因作证而支出的交通、住宿、就餐等费用，有权获得补助

C. 对法院作出的强制医疗决定不服的，可向作出决定的法院申请复议一次

D. 对检察院作出的附条件不起诉决定不服的，可向上一级检察院申诉

**25.** 钱某涉嫌纵火罪被提起公诉，在法庭审理过程中被诊断患严重疾病，法院判处其有期徒刑 8 年，同时决定予以监外执行。下列哪一选项是错误的？

A. 决定监外执行时应当将暂予监外执行决定抄送检察院

B. 钱某监外执行期间，应当对其实行社区矫正

C. 如钱某拒不报告行踪、脱离监管，应当予以收监

D. 如法院作出收监决定，钱某不服，可向上一级法院申请复议

**26.** 关于证据的关联性，下列哪一选项是正确的？

A. 关联性仅指证据事实与案件事实之间具有因果关系

B. 具有关联性的证据即具有可采性

C. 证据与待证事实的关联度决定证据证明力的大小

D. 类似行为一般具有关联性

**27.** 下列哪一选项所列举的证据属于补强证据？

A. 证明讯问过程合法的同步录像材料

B. 证明获取被告人口供过程合法，经侦查人员签名并加盖公章的书面说明材料

C. 根据被告人供述提取到的隐蔽性极强、并能与被告人供述和其他证据相印证的物证

D. 对与被告人有利害冲突的证人所作的不利被告人的证言的真实性进行佐证的书证

**28.** 关于鉴定人与鉴定意见，下列哪一选项是正确的？

A. 经法院通知，鉴定人无正当理由拒不出庭的，可由院长签发强制令强制其出庭

B. 鉴定人有正当理由无法出庭的，法院可中止审理，另行聘请鉴定人重新鉴定

C. 经辩护人申请而出庭的具有专门知识的人，可向鉴定人发问

D. 对鉴定意见的审查和认定，受到意见证据规则的规制

**29.** 未成年人郭某涉嫌犯罪被检察院批准逮捕。在审查起诉中，经羁押必要性审查，拟变更为取保候审并适用保证人保证。关于保证人，下列哪一选项是正确的？

A. 可由郭某的父亲担任保证人，并由其交纳1000元保证金

B. 可要求郭某的父亲和母亲同时担任保证人

C. 如果保证人协助郭某逃匿，应当依法追究保证人的刑事责任，并要求其承担相应的民事连带赔偿责任

D. 保证人未履行保证义务应处罚款的，由检察院决定

**30.** 关于犯罪嫌疑人的审前羁押，下列哪一选项是错误的？

A. 基于强制措施适用的必要性原则，应当尽量减少审前羁押

B. 审前羁押是临时性的状态，可根据案件进展和犯罪嫌疑人的个人情况予以变更

C. 经羁押必要性审查认为不需要继续羁押的，检察院应及时释放或变更为其他非羁押强制措施

D. 案件不能在法定办案期限内办结的，应当解除羁押

**31.** 韩某和苏某共同殴打他人，致被害人李某死亡、吴某轻伤，韩某还抢走吴某的手机。后韩某被抓获，苏某在逃。关于本案的附带民事诉讼，下列哪一选项是正确的？

A. 李某的父母和祖父母都有权提起附带民事诉讼

B. 韩某和苏某应一并列为附带民事诉讼的被告人

C. 吴某可通过附带民事诉讼要求韩某赔偿手机

D. 吴某在侦查阶段与韩某就民事赔偿达成调解协议并全部履行后又提起附带民事诉讼，法院不予受理

**32.** 关于期间的计算，下列哪一选项是正确的？

A. 重新计算期限包括公检法的办案期限和当事人行使诉讼权利的期限两种情况

B. 上诉状或其他法律文书在期满前已交邮的不算过期，已交邮是指在期间届满前将上诉状或其他法律文书递交邮局或投入邮筒内

C. 法定期间不包括路途上的时间，比如有关诉讼文书材料在公检法之间传递的时间应当从法定期间内扣除

D. 犯罪嫌疑人、被告人在押的案件，在羁押场所以外对患有严重疾病的犯罪嫌疑人、被告人进行医治的时间，应当从法定羁押期间内扣除

**33.** 关于勘验、检查，下列哪一选项是正确的？

A. 为保证侦查活动的规范性与合法性，只有侦查人员可进行勘验、检查

B. 侦查人员进行勘验、检查，必须持有侦查机关的证明文件

C. 检查妇女的身体，应当由女工作人员或者女医师进行

D. 勘验、检查应当有见证人在场，勘验、检查笔录上没有见证人签名的，不得作为定案的根据

**34.** 检察院对孙某敲诈勒索案审查起诉后认为，作为此案关键证据的孙某口供系刑讯所获，依法应予排除。在排除该口供后，其他证据显然不足以支持起诉，因而作出不起诉决定。关于该案处理，下列哪一选项是错误的？

A. 检察院的不起诉属于存疑不起诉

B. 检察院未经退回补充侦查即作出不起诉决定违反《刑事诉讼法》的规定

C. 检察院排除刑讯获得的口供，体现了法律监督机关的属性

D. 检察院不起诉后，又发现新的证据，符合起诉条件时，可提起公诉

**35.** 刑事审判具有亲历性特征。下列哪一选项不符合亲历性要求？

A. 证人因路途遥远无法出庭，采用远程作证方式在庭审过程中作证

B. 首次开庭并对出庭证人的证言质证后，某合议庭成员因病无法参与审理，由另一人民陪审员担任合议庭成员继续审理并作出判决
C. 某案件独任审判员在公诉人和辩护人共同参与下对部分证据进行庭外调查核实
D. 第二审法院对决定不开庭审理的案件，通过讯问被告人，听取被害人、辩护人和诉讼代理人的意见进行审理

**36.** 关于自诉案件的程序，下列哪一选项是正确的？
A. 不论被告人是否羁押，自诉案件与普通公诉案件的审理期限都相同
B. 不论在第一审程序还是第二审程序中，在宣告判决前，当事人都可和解
C. 不论当事人在第一审还是第二审审理中提出反诉的，法院都应当受理
D. 在第二审程序中调解结案的，应当裁定撤销第一审裁判

**37.** 甲乙丙三人共同实施故意杀人，一审法院判处甲死刑立即执行、乙无期徒刑、丙有期徒刑 10 年。丙以量刑过重为由上诉，甲和乙未上诉，检察院未抗诉。关于本案的第二审程序，下列哪一选项是正确的？
A. 可不开庭审理
B. 认为没有必要的，甲可不再到庭
C. 由于乙没有上诉，其不得另行委托辩护人为其辩护
D. 审理后认为原判事实不清且对丙的量刑过轻，发回一审法院重审，一审法院重审后可加重丙的刑罚

**38.** 甲和乙共同实施拐卖妇女、儿童罪，均被判处死刑立即执行。最高法院复核后认为全案判决认定事实正确，甲系主犯应当判处死刑立即执行，但对乙可不立即执行。关于最高法院对此案的处理，下列哪一选项是正确的？
A. 将乙改判为死缓，并裁定核准甲死刑
B. 对乙作出改判，并判决核准甲死刑
C. 对全案裁定不予核准，撤销原判，发回重审
D. 裁定核准甲死刑，撤销对乙的判决，发回重审

**39.** 甲因邻里纠纷失手致乙死亡，甲被批准逮捕。案件起诉后，双方拟通过协商达成和解。对于此案的和解，下列哪一选项是正确的？
A. 由于甲在押，其近亲属可自行与被害方进行和解
B. 由于乙已经死亡，可由其近亲属代为和解
C. 甲的辩护人和乙近亲属的诉讼代理人可参与和解协商
D. 由于甲在押，和解协议中约定的赔礼道歉可由其近亲属代为履行

**40.** A 市原副市长马某，涉嫌收受贿赂 2000 余万元。为保证公正审判，上级法院指令与本案无关的 B 市中级法院一审。B 市中级法院受理此案后，马某突发心脏病不治身亡。关于此案处理，下列哪一选项是错误的？
A. 应当由法院作出终止审理的裁定，再由检察院提出没收违法所得的申请
B. 应当由 B 市中级法院的同一审判组织对是否没收违法所得继续进行审理
C. 如裁定没收违法所得，而马某妻子不服的，可在 5 日内提出上诉
D. 如裁定没收违法所得，而其他利害关系人不服的，有权上诉

**41.** 下列哪一选项不属于犯罪嫌疑人、被告人逃匿、死亡案件违法所得没收程序中的“违法所得及其他涉案财产”？
A. 刘某恐怖活动犯罪案件中从其住处搜出的管制刀具
B. 赵某贪污案赃款存入银行所得的利息
C. 王某恐怖活动犯罪案件中制造爆炸装置使用的所在单位的仪器和设备
D. 周某贿赂案受贿所得的古玩

**42.** 国家税务总局为国务院直属机构。就其设置及编制，下列哪一说法是正确的？
A. 设立由全国人大及其常委会最终决定
B. 合并由国务院最终决定
C. 编制的增加由国务院机构编制管理机关最终决定
D. 依法履行国务院基本的行政管理职能

**43.** 王某经过考试成为某县财政局新录用的公务员，但因试用期满不合格被取消录用。下列哪一说法是正确的？
A. 对王某的试用期限，由某县财政局确定
B. 对王某的取消录用，应当适用辞退公务员的规定
C. 王某不服取消录用向法院提起行政诉讼的，法院应当不予受理
D. 对王某的取消录用，在性质上属于对王某的不予录用

**44.** 某县公安局开展整治非法改装机动车的专项行动，向社会发布通知：禁止改装机动车，发现非法改装机动车的，除依法暂扣行驶证、驾驶证 6 个月外，机动车所有人须到指定场所学习交通法规 5 日并出具自行恢复原貌的书面保证，不自行恢复的予以强制恢复。某县公安局依此通知查处 10 辆机动车，要求其所有人到指定场所学习交通法规 5 日并出具自行恢复原貌的书面保证。下列哪一说法是正确的？
A. 通知为具体行政行为
B. 要求 10 名机动车所有人学习交通法规 5 日的行为为行政指导

C. 通知所指的暂扣行驶证、驾驶证6个月为行政处罚

D. 通知所指的强制恢复为行政强制措施

**45.** 某区公安分局以非经许可运输烟花爆竹为由，当场扣押孙某杂货店的烟花爆竹100件。关于此扣押，下列哪一说法是错误的？

A. 执法人员应当在返回该分局后立即向该分局负责人报告并补办批准手续

B. 扣押时应当制作现场笔录

C. 扣押时应当制作并当场交付扣押决定书和清单

D. 扣押应当由某区公安分局具备资格的行政执法人员实施

**46.** 某区生态环境局因某新建水电站未报批环境影响评价文件，且已投入生产使用，给予其罚款10万元的处罚。水电站不服，申请复议，复议机关作出维持处罚的复议决定书。下列哪一说法是正确的？

A. 复议机构应当为某区政府

B. 如复议期间案件涉及法律适用问题，需要有权机关作出解释，行政复议终止

C. 复议决定书一经送达，即发生法律效力

D. 水电站对复议决定不服向法院起诉，应由复议机关所在地的法院管辖

**47.** 下列哪些选项不违反罪刑法定原则？

A. 将明知是痴呆女而与之发生性关系导致被害人怀孕的情形，认定为强奸"造成其他严重后果"

B. 将卡拉OK厅未经著作权人许可大量播放其音像制品的行为，认定为侵犯著作权罪中的"发行"

C. 将重度醉酒后在高速公路超速驾驶机动车的行为，认定为以危险方法危害公共安全罪

D.《刑法》规定了盗窃武装部队印章罪，未规定毁灭武装部队印章罪。为弥补处罚漏洞，将毁灭武装部队印章的行为认定为毁灭"国家机关"印章

**48.** 严重精神病患者乙正在对多名儿童实施重大暴力侵害，甲明知乙是严重精神病患者，仍使用暴力制止了乙的侵害行为，虽然造成乙重伤，但保护了多名儿童的生命。

观点：

①正当防卫针对的"不法侵害"不以侵害者具有责任能力为前提

②正当防卫针对的"不法侵害"以侵害者具有责任能力为前提

③正当防卫针对的"不法侵害"不以防卫人是否明知侵害者具有责任能力为前提

④正当防卫针对的"不法侵害"以防卫人明知侵害者具有责任能力为前提

结论：

a. 甲成立正当防卫

b. 甲不成立正当防卫

就上述案情，观点与结论对应错误的是下列哪些选项？

A. 观点①②与a结论对应；观点③④与b结论对应

B. 观点①③与a结论对应；观点②④与b结论对应

C. 观点②③与a结论对应；观点①④与b结论对应

D. 观点①④与a结论对应；观点②③与b结论对应

**49.** 甲为杀乙，对乙下毒。甲见乙中毒后极度痛苦，顿生怜意，开车带乙前往医院。但因车速过快，车右侧撞上电线杆，坐在副驾驶位的乙被撞死。关于本案的分析，下列哪些选项是正确的？

A. 如认为乙的死亡结果应归责于驾车行为，则甲的行为成立故意杀人中止

B. 如认为乙的死亡结果应归责于投毒行为，则甲的行为成立故意杀人既遂

C. 只要发生了构成要件的结果，无论如何都不可能成立中止犯，故甲不成立中止犯

D. 只要行为人真挚地防止结果发生，即使未能防止犯罪结果发生的，也应认定为中止犯，故甲成立中止犯

**50.** 下列哪些选项中的甲属于犯罪未遂？

A. 甲让行贿人乙以乙的名义办理银行卡，存入50万元，乙将银行卡及密码交给甲。甲用该卡时，忘记密码，不好意思再问乙。后乙得知甲被免职，将该卡挂失取回50万元

B. 甲、乙共谋傍晚杀丙，甲向乙讲解了杀害丙的具体方法。傍晚乙如约到达现场，但甲却未去。乙按照甲的方法杀死丙

C. 乙欲盗窃汽车，让甲将用于盗窃汽车的钥匙放在乙的信箱。甲同意，但错将钥匙放入丙的信箱，后乙用其他方法将车盗走

D. 甲、乙共同杀害丙，以为丙已死，甲随即离开现场。一个小时后，乙在清理现场时发现丙未死，持刀杀死丙

**51.** 关于刑罚的具体运用，下列哪些选项是错误的？

A. 甲1998年因间谍罪被判处有期徒刑4年。2010年，甲因参加恐怖组织罪被判处有期徒刑8年。甲构成累犯

B. 乙因倒卖文物罪被判处有期徒刑1年，罚金5000元；因假冒专利罪被判处有期徒刑2年，罚金5000元。对乙数罪并罚，决定执行有期徒刑2年6个月，罚金1万元。此时，即使乙符合缓刑的其他条件，也不可对乙适用缓刑

C. 丙因无钱在网吧玩游戏而抢劫，被判处有期徒刑1年缓刑1年，并处罚金2000元，同时禁止丙在12个月内进入网吧。若在考验期限内，丙仍常进网吧，情节严重，则应对丙撤销缓刑

D. 丁系特殊领域专家，因贪污罪被判处有期徒刑8年。丁遵守监规，接受教育改造，有悔改表现，无再犯危险。1年后，因国家科研需要，经最高法院核准，可假释丁

**52.** 1999年11月，甲（17周岁）因邻里纠纷，将邻居杀害后逃往外地。2004年7月，甲诈骗他人5000元现金。2014年8月，甲因扒窃3000元现金，被公安机关抓获。在讯问阶段，甲主动供述了杀人、诈骗罪行。关于本案的分析，下列哪些选项是错误的？

A. 前罪的追诉期限从犯后罪之日起计算，甲所犯三罪均在追诉期限内

B. 对甲所犯的故意杀人罪、诈骗罪与盗窃罪应分别定罪量刑后，实行数罪并罚

C. 甲如实供述了公安机关尚未掌握的罪行，成立自首，故对盗窃罪可从轻或者减轻处罚

D. 甲审判时已满18周岁，虽可适用死刑，但鉴于其有自首表现，不应判处死刑

**53.** 关于危害公共安全罪的论述，下列哪些选项是正确的？

A. 甲持有大量毒害性物质，乙持有大量放射性物质，甲用部分毒害性物质与乙交换了部分放射性物质。甲、乙的行为属于非法买卖危险物质

B. 吸毒者甲用毒害性物质与贩毒者乙交换毒品。甲、乙的行为属于非法买卖危险物质，乙的行为另触犯贩卖毒品罪

C. 依法配备公务用枪的甲，将枪赠与他人。甲的行为构成非法出借枪支罪

D. 甲父去世前告诉甲“咱家院墙内埋着5支枪”，甲说“知道了”，但此后甲什么也没做。甲的行为构成非法持有枪支罪

**54.** 关于生产、销售伪劣商品罪，下列哪些判决是正确的？

A. 甲销售的假药无批准文号，但颇有疗效，销售金额达500万元，如按销售假药罪处理会导致处罚较轻，法院以销售伪劣产品罪定罪处罚

B. 甲明知病死猪肉有害，仍将大量收购的病死猪肉，冒充合格猪肉在市场上销售。法院以销售有毒、有害食品罪定罪处罚

C. 甲明知贮存的苹果上使用了禁用农药，仍将苹果批发给零售商。法院以销售有毒、有害食品罪定罪处罚

D. 甲以为是劣药而销售，但实际上销售了假药，且对人体健康造成严重危害。法院以销售劣药罪定罪处罚

**55.** 甲为要回30万元赌债，将乙扣押，但2天后乙仍无还款意思。甲等5人将乙押到一处山崖上，对乙说：“3天内让你家人送钱来，如今天不答应，就摔死你。”乙勉强说只有能力还5万元。甲刚说完“一分都不能少”，乙便跳崖。众人慌忙下山找乙，发现乙已坠亡。关于甲的行为定性，下列哪些选项是错误的？

A. 属于绑架致使被绑架人死亡

B. 属于抢劫致人死亡

C. 属于不作为的故意杀人

D. 成立非法拘禁，但不属于非法拘禁致人死亡

**56.** 甲的下列哪些行为属于盗窃（不考虑数额）？

A. 某大学的学生进食堂吃饭时习惯于用手机、钱包等物占座后，再去购买饭菜。甲将学生乙用于占座的钱包拿走

B. 乙进入面馆，将手机放在大厅6号桌的空位上，表示占座，然后到靠近窗户的地方看看有没有更合适的座位。在7号桌吃面的甲将手机拿走

C. 乙将手提箱忘在出租车的后备厢。后甲搭乘该出租车时，将自己的手提箱也放进后备厢，并在下车时将乙的手提箱一并拿走

D. 乙全家外出打工，委托邻居甲照看房屋。有人来村里购树，甲将乙家山头上的树谎称为自家的树，卖给购树人，得款3万元

**57.** 甲的下列哪些行为成立帮助毁灭证据罪（不考虑情节）？

A. 甲、乙共同盗窃了丙的财物。为防止公安人员提取指纹，甲在丙报案前擦掉了两人留在现场的指纹

B. 甲、乙是好友。乙的重大贪污罪行被丙发现。甲是丙的上司，为防止丙作证，将丙派往境外工作

C. 甲得知乙放火致人死亡后未清理现场痕迹，便劝说乙回到现场毁灭证据

D. 甲经过犯罪嫌疑人乙的同意，毁灭了对乙有利的无罪证据

**58.** 根据《刑法》与司法解释的规定，国家工作人员挪用公款进行营利活动、数额达到1万元或者挪用公款进行非法活动、数额达到5000元的，以挪用公款罪论处。国家工作人员甲利用职务便利挪用公款1.2万元，将8000元用于购买股票，4000元用于赌博，在1个月内归还1.2万元。关于本案的分析，下列哪些选项是错误的？

A. 对挪用公款的行为，应按用途区分行为的性质与罪数；甲实施了两个挪用行为，对两个行为不能综合评价，甲的行为不成立挪用公款罪

B. 甲虽只实施了一个挪用公款行为，但由于既未达到挪用公款进行营利活动的数额要求，也未达到挪用公款进行非法活动的数额要求，故不构成挪用公款罪

C. 国家工作人员购买股票属于非法活动，故应认定甲属于挪用公款1.2万元进行非法活动，甲的行为成立挪用公款罪

D. 可将赌博行为评价为营利活动，认定甲属于挪用公款1.2万元进行营利活动，故甲的行为成立挪用公款罪

**59.** 丙实施抢劫犯罪后，分管公安工作的副县长甲滥用职权，让侦办此案的警察乙想办法使丙无罪。乙明知丙有罪，但为徇私情，采取毁灭证据的手段使丙未受追诉。关于本案的分析，下列哪些选项是正确的？

A. 因甲是国家机关工作人员，故甲是滥用职权罪的实行犯

B. 因甲居于领导地位，故甲是徇私枉法罪的间接正犯

C. 因甲实施了两个实行行为，故应实行数罪并罚

D. 乙的行为同时触犯徇私枉法罪与帮助毁灭证据罪、滥用职权罪，但因只有一个行为，应以徇私枉法罪论处

**60.** 关于"宪法是静态的刑事诉讼法、刑事诉讼法是动态的宪法"，下列哪些选项是正确的？

A. 有关刑事诉讼的程序性条款，构成各国宪法中关于人权保障条款的核心

B. 刑事诉讼法关于强制措施的适用权限、条件、程序与辩护等规定，都直接体现了宪法关于公民人身、住宅、财产不受非法逮捕、搜查、扣押以及被告人有权获得辩护等规定的精神

C. 刑事诉讼法规范和限制了国家权力，保障了公民享有宪法规定的基本人权和自由

D. 宪法关于人权保障的条款，都要通过刑事诉讼法保证刑法的实施来实现

**61.** 某县破获一抢劫团伙，涉嫌多次入户抢劫，该县法院审理后认为，该团伙中只有主犯赵某可能被判处无期徒刑。关于该案的移送管辖，下列哪些选项是正确的？

A. 应当将赵某移送中级法院审理，其余被告人继续在县法院审理

B. 团伙中的未成年被告人应当一并移送中级法院审理

C. 中级法院审查后认为赵某不可能被判处无期徒刑，可不同意移送

D. 中级法院同意移送的，应当书面通知其同级检察院

**62.** 林某盗版销售著名作家黄某的小说涉嫌侵犯著作权罪，经一审和二审后，二审法院裁定撤销原判，发回原审法院重新审判。关于该案的回避，下列哪些选项是正确的？

A. 一审法院审判委员会委员甲系林某辩护人妻子的弟弟，黄某的代理律师可申请其回避

B. 一审书记员乙系林某的表弟而未回避，二审法院可以此为由裁定发回原审法院重审

C. 一审合议庭审判长丙系黄某的忠实读者，应当回避

D. 丁系二审合议庭成员，如果林某对一审法院重新审判作出的裁判不服再次上诉至二审法院，丁应当自行回避

**63.** 刘某涉嫌特别重大贿赂犯罪被指定居所监视居住，律师洪某担任其辩护人。关于洪某在侦查阶段参与刑事诉讼，下列哪些选项是正确的？

A. 会见刘某应当经公安机关许可

B. 可申请将监视居住的地点变更为刘某的住处

C. 可向刘某核实有关证据

D. 会见刘某不受监听

**64.** 某地法院审理齐某组织、领导、参加黑社会性质组织罪，关于对作证人员的保护，下列哪些选项是正确的？

A. 可指派专人对被害人甲的人身和住宅进行保护

B. 证人乙可申请不公开真实姓名、住址等个人信息

C. 法院通知侦查人员丙出庭说明讯问的合法性，为防止黑社会组织报复，对其采取不向被告人暴露外貌、真实声音的措施

D. 为保护警方卧底丁的人身安全，丁可不出庭作证，由审判人员在庭外核实丁的证言

**65.** 关于讯问犯罪嫌疑人，下列哪些选项是正确的？

A. 在拘留犯罪嫌疑人之前，一律不得对其进行讯问

B. 在拘留犯罪嫌疑人之后，可在送看守所羁押前进行讯问

C. 犯罪嫌疑人被拘留送看守所之后，讯问应当在看守所内进行

D. 对于被指定居所监视居住的犯罪嫌疑人，应当在指定的居所进行讯问

**66.** 关于庭前会议，下列哪些选项是正确的？

A. 被告人有参加庭前会议的权利

B. 被害人提起附带民事诉讼的，审判人员可在庭前会议中进行调解

C. 辩护人申请排除非法证据的，可在庭前会议中就是否排除作出决定

D. 控辩双方可在庭前会议中就出庭作证的证人名单进行讨论

**67.** 方某涉嫌在公众场合侮辱高某和任某，高某向法院提起自诉。关于本案的审理，下列哪些选项是正确的？

A. 如果任某担心影响不好不愿起诉，任某的父亲可代为起诉

B. 法院通知任某参加诉讼并告知其不参加的法律后果，任某仍未到庭，视为放弃告诉，该案宣判后，任某不得再行自诉

C. 方某的弟弟系该案关键目击证人，经法院通知其无正当理由不出庭作证的，法院可强制其到庭

D. 本案应当适用简易程序审理

**68.** 关于简易程序，下列哪些选项是正确的？

A. 甲涉嫌持枪抢劫，法院决定适用简易程序，并由两名审判员和一名人民陪审员组成合议庭进行审理

B. 乙涉嫌盗窃，未满 16 周岁，法院只有在征得乙的法定代理人和辩护人同意后，才能适用简易程序

C. 丙涉嫌诈骗并对罪行供认不讳，但辩护人为其做无罪辩护，法院决定适用简易程序

D. 丁涉嫌故意伤害，经审理认为可能不构成犯罪，遂转为普通程序审理

**69.** 关于有期徒刑缓刑、拘役缓刑的执行，下列哪些选项是正确的？

A. 对宣告缓刑的罪犯，法院应当核实其居住地

B. 法院应当向罪犯及原所在单位或居住地群众宣布犯罪事实、期限及应遵守的规定

C. 罪犯在缓刑考验期内犯新罪应当撤销缓刑的，由原审法院作出裁定

D. 法院撤销缓刑的裁定，一经作出立即生效

**70.** 关于审判监督程序，下列哪些选项是正确的？

A. 只有当事人及其法定代理人、近亲属才能对已经发生法律效力的裁判提出申诉

B. 原审法院依照审判监督程序重新审判的案件，应当另行组成合议庭

C. 对于依照审判监督程序重新审判后可能改判无罪的案件，可中止原判决、裁定的执行

D. 上级法院指令下级法院再审的，一般应当指令原审法院以外的下级法院审理

**71.** 高效便民是行政管理的基本要求，是服务型政府的具体体现。下列哪些选项体现了这一要求？

A. 简化行政机关内部办理行政许可流程

B. 非因法定事由并经法定程序，行政机关不得撤回和变更已生效的行政许可

C. 对办理行政许可的当事人提出的问题给予及时、耐心的答复

D. 对违法实施行政许可给当事人造成侵害的执法人员予以责任追究

**72.** 程序正当是当代行政法的基本原则，遵守程序是行政行为合法的要求之一。下列哪些做法违背了这一要求？

A. 某生态环境局对当事人的处罚听证，由本案的调查人员担任听证主持人

B. 某县政府自行决定征收基本农田 35 公顷

C. 某公安局拟给予甲拘留 10 日的治安处罚，告知其可以申请听证

D. 乙违反治安管理的事实清楚，某公安派出所当场对其作出罚款 500 元的处罚决定

**73.** 廖某在某镇沿街路边搭建小棚经营杂货，县建设局下发限期拆除通知后强制拆除，并对廖某作出罚款 2 万元的处罚。廖某起诉，法院审理认为廖某所建小棚未占用主干道，其违法行为没有严重到既需要拆除又需要实施顶格处罚的程度，判决将罚款改为 1000 元。法院判决适用了下列哪些原则？

A. 行政公开　　B. 比例原则

C. 合理行政　　D. 诚实守信

**74.** 某公安局以刘某引诱他人吸食毒品为由对其处以 15 日拘留，并处 3000 元罚款的处罚。刘某不服，向法院提起行政诉讼。下列哪些说法是正确的？

A. 公安局在作出处罚决定前传唤刘某询问查证，询问查证时间最长不得超过 24 小时

B. 对刘某的处罚不应当适用听证程序

C. 如刘某为外国人，可以附加适用限期出境

D. 刘某向法院起诉的期限为 3 个月

**75.** 代履行是行政机关强制执行的方式之一。有关代履行，下列哪些说法是错误的？

A. 行政机关只能委托没有利害关系的第三人代履行

B. 代履行的费用均应当由负有义务的当事人承担

C. 代履行不得采用暴力、胁迫以及其他非法方式

D. 代履行 3 日前应送达决定书

**76.** 在行政诉讼中，针对下列哪些情形，法院应当判决驳回原告的诉讼请求？

A. 起诉被告不作为理由不能成立的

B. 受理案件后发现起诉不符合起诉条件的

C. 被诉具体行政行为合法，但因法律变化需要变更或者废止的

D. 被告在一审期间改变被诉具体行政行为，原告不撤诉的

**77.** 王某认为社保局提供的社会保障信息有误，要求该局予以更正。该局以无权更正为由拒绝更正。王某向法院起诉，法院受理。下列哪些说法是正确的？

A. 王某应当提供其向该局提出过更正申请以及政府信息与其自身相关且记录不准确的事实根据

B. 该局应当对拒绝的理由进行举证和说明

C. 如涉案信息有误但该局无权更正的，法院即应判决驳回王某的诉讼请求

D. 如涉案信息有误且该局有权更正的，法院即应判决在15日内更正

**郑某等人多次预谋通过爆炸抢劫银行运钞车。为方便跟踪运钞车，郑某等人于2012年4月6日杀害一车主，将其面包车开走（事实一）。后郑某等人制作了爆炸装置，并多次开面包车跟踪某银行运钞车，了解运钞车到某储蓄所收款的情况。郑某等人摸清运钞车情况后，于同年6月8日将面包车推下山崖（事实二）。同年6月11日，郑某等人将放有爆炸装置的自行车停于储蓄所门前。当运钞车停在该所门前押款人员下车提押款时（当时附近没有行人），郑某遥控引爆爆炸装置，致2人死亡4人重伤（均为运钞人员），运钞车中的230万元人民币被劫走（事实三）。**

请回答第78—80题。

**78.** 关于事实一（假定具有非法占有目的），下列选项正确的是：

A. 抢劫致人死亡包括以非法占有为目的故意杀害他人后立即劫取财物的情形

B. 如认为抢劫致人死亡仅限于过失致人死亡，则对事实一只能认定为故意杀人罪与盗窃罪（如否认死者占有，则成立侵占罪），实行并罚

C. 事实一同时触犯故意杀人罪与抢劫罪

D. 事实一虽是为抢劫运钞车服务的，但依然成立独立的犯罪，应适用“抢劫致人死亡”的规定

**79.** 关于事实二的判断，下列选项正确的是：

A. 非法占有目的包括排除意思与利用意思

B. 对抢劫罪中的非法占有目的应与盗窃罪中的非法占有目的作相同理解

C. 郑某等人在利用面包车后毁坏面包车的行为，不影响非法占有目的的认定

D. 郑某等人事后毁坏面包车的行为属于不可罚的事后行为

**80.** 关于事实三的判断，下列选项正确的是：

A. 虽然当时附近没有行人，郑某等人的行为仍触犯爆炸罪

B. 触犯爆炸罪与故意杀人罪的行为只有一个，属于想象竞合

C. 爆炸行为亦可成为抢劫罪的手段行为

D. 对事实三应适用“抢劫致人重伤、死亡”的规定

**甲在强制戒毒所戒毒时，无法抗拒毒瘾，设法逃出戒毒所。甲径直到毒贩陈某家，以赊账方式买了少量毒品过瘾。后甲逃往乡下，告知朋友乙详情，请乙收留。乙让甲住下（事实一）。甲对陈某的毒品动起了歪脑筋，探知陈某将毒品藏在厨房灶膛内。某夜，甲先用毒包子毒死陈某的2条看门狗（价值6000元），然后翻进陈某院墙，从厨房灶膛拿走陈某50克纯冰毒（事实二）。甲拿出40克冰毒，让乙将40克冰毒和80克其他物质混合，冒充120克纯冰毒卖出（事实三）。**

请回答第81—83题。

**81.** 关于事实一，下列选项正确的是：

A. 甲是依法被关押的人员，其逃出戒毒所的行为构成脱逃罪

B. 甲购买少量毒品是为了自吸，购买毒品的行为不构成犯罪

C. 陈某出卖毒品给甲，虽未收款，仍属于贩卖毒品既遂

D. 乙收留甲的行为构成窝藏罪

**82.** 关于事实二的判断，下列选项正确的是：

A. 甲翻墙入院从厨房取走毒品的行为，属于入户盗窃

B. 甲进入陈某厨房的行为触犯非法侵入住宅罪

C. 甲毒死陈某看门狗的行为是盗窃预备与故意毁坏财物罪的想象竞合

D. 对甲盗窃50克冰毒的行为，应以盗窃罪论处，根据盗窃情节轻重量刑

**83.** 关于事实三的判断，下列选项正确的是：

A. 甲让乙卖出冰毒应定性为甲事后处理所盗赃物，对此不应追究甲的刑事责任

B. 乙将40克冰毒掺杂、冒充120克纯冰毒卖出的行为，符合诈骗罪的构成要件

C. 甲、乙既成立诈骗罪的共犯，又成立贩卖毒品罪的共犯

D. 乙在冰毒中掺杂使假，不构成制造毒品罪

**赵某、石某抢劫杀害李某，被路过的王某、张某看见并报案。赵某、石某被抓获后，2名侦查人员负责组织辨认。**

请回答第84—85题。

**84.** 关于辨认的程序，下列选项正确的是：

A. 在辨认尸体时，只将李某尸体与另一尸体作为辨认对象

B. 在2名侦查人员的主持下，将赵某混杂在9名具有类似特征的人员中，由王某、张某个别进行辨认

C. 在对石某进行辨认时，9名被辨认人员中的4名民警因紧急任务离开，在2名侦查人员的主持下，将石某混杂在5名人员中，由王某、张某个别进行辨认

D. 根据王某、张某的要求，辨认在不暴露他们身份的情况下进行

**85.** 关于辨认笔录的审查与认定，下列选项正确的是：

A. 如对尸体的辨认过程没有录像，则辨认结果不得作为定案证据

B. 如侦查人员组织辨认时没有见证人在场，则辨认结果不得作为定案的根据

C. 如在辨认前没有详细向辨认人询问被辨认对象的具体特征，则辨认结果不得作为定案证据

D. 如对赵某的辨认只有笔录，没有赵某的照片，无法获悉辨认真实情况的，也可补正或进行合理解释

**黄某（17 周岁，某汽车修理店职工）与吴某（16 周岁，高中学生）在餐馆就餐时因琐事与赵某（16 周岁，高中学生）发生争吵，并殴打赵某致其轻伤。检察院审查后，综合案件情况，拟对黄某作出附条件不起诉决定，对吴某作出不起诉决定。**

**请回答第 86—88 题。**

**86.** 关于本案审查起诉的程序，下列选项正确的是：

A. 应当对黄某、吴某的成长经历、犯罪原因和监护教育等情况进行社会调查

B. 在讯问黄某、吴某和询问赵某时，应当分别通知他们的法定代理人到场

C. 应当分别听取黄某、吴某的辩护人的意见

D. 拟对黄某作出附条件不起诉决定，应当听取赵某及其法定代理人与诉讼代理人的意见

**87.** 关于对黄某的考验期，下列选项正确的是：

A. 从宣告附条件不起诉决定之日起计算

B. 不计入检察院审查起诉的期限

C. 可根据黄某在考验期间的表现，在法定范围内适当缩短或延长

D. 如黄某违反规定被撤销附条件不起诉决定而提起公诉，已经过的考验期可折抵刑期

**88.** 关于本案的办理，下列选项正确的是：

A. 在对黄某作出附条件不起诉决定、对吴某作出不起诉决定时，必须达成刑事和解

B. 检察院对黄某作出附条件不起诉决定、对吴某作出不起诉决定时，可要求他们向赵某赔礼道歉、赔偿损失

C. 在附条件不起诉考验期内，检察院可将黄某移交有关机构监督考察

D. 检察院对黄某作出附条件不起诉决定，对吴某作出不起诉决定后，均应将相关材料装订成册，予以封存

**89.** 经夏某申请，某县社保局作出认定，夏某晚上下班途中驾驶摩托车与行人发生交通事故受重伤，属于工伤。夏某供职的公司认为其发生交通事故系醉酒所致，向法院起诉要求撤销认定。某县社保局向法院提交了公安局交警大队交通事故认定书、夏某住院的病案和夏某同事孙某的证言。下列说法正确的是：

A. 夏某为本案的第三人

B. 某县社保局提供的证据均系书证

C. 法院对夏某住院的病案是否为原件的审查，系对证据真实性的审查

D. 如有证据证明交通事故确系夏某醉酒所致，法院应判决撤销某县社保局的认定

**90.** 某县公安局以沈某涉嫌销售伪劣商品罪为由将其刑事拘留，并经县检察院批准逮捕。后检察院决定不起诉。沈某申请国家赔偿，赔偿义务机关拒绝。下列说法正确的是：

A. 县公安局为赔偿义务机关

B. 赔偿义务机关拒绝赔偿，应当书面通知沈某

C. 国家应当给予沈某赔偿

D. 对拒绝赔偿，沈某可以向县检察院的上一级检察院申请复议

## 参考答案与解析

**1. C**。罪刑相适应原则是刑法的基本原则之一。其具体要求是，刑罚既要与犯罪性质相适应，又要与犯罪情节相适应，还要与犯罪人的人身危险性相适应。罪刑相适应原则是公平正义理念在刑法领域的具体体现，公平正义需要兼顾法理与情理，罪刑相适应原则同样需要兼顾罪刑均衡与刑罚个别化，二者相互吻合并不矛盾。故 ABD 正确。《刑法》第 63 条第 2 款规定，犯罪分子虽然不具有《刑法》规定的减轻处罚情节，但是根据案件的特殊情况，经最高人民法院核准，也可以在法定刑以下判处刑罚。由此可见，如果没有减轻处罚情节，也可报经最高人民法院核准，在法定刑以下判处刑罚。但报最高人民法院核准并不等于由最高人民法院授权下级人民法院。故 C 错误。本题应选 C。

**2. D**。对于社会影响恶劣的涉医违法犯罪行为，确应依法从严惩处。A 正确。《刑法》第 293 条第 1 款规定，有下列寻衅滋事行为之一，破坏社会秩序的，处 5 年以下有期徒刑、拘役或者管制：（1）随意殴打他人，情节恶劣的；（2）追逐、拦截、辱骂、恐吓他人，情节恶劣的；（3）强拿硬要或者任意损毁、占用公私财物，情节严重的；（4）在公共场所起哄闹事，造成公共场所秩序严重混乱的。可见，在公共场所起哄闹事的，需要“造成公共场所秩序严重混乱”才构成寻衅滋事罪。B 正确。如甲母的死亡确系医院救治不力所致，则甲的行为属于事出有因，确实不宜轻易认定为寻衅滋事罪。C 正确。《刑法》

第72条第2款规定，宣告缓刑，可以根据犯罪情况，同时禁止犯罪分子在缓刑考验期限内从事特定活动，进入特定区域、场所，接触特定的人。《最高人民法院、最高人民检察院、公安部、司法部关于对判处管制、宣告缓刑的犯罪分子适用禁止令有关问题的规定（试行）》第4条规定，人民法院可以根据犯罪情况，禁止判处管制、宣告缓刑的犯罪分子在管制执行期间、缓刑考验期限内进入以下一类或者几类区域、场所：（1）禁止进入夜总会、酒吧、迪厅、网吧等娱乐场所；（2）未经执行机关批准，禁止进入举办大型群众性活动的场所；（3）禁止进入中小学校区、幼儿园园区及周边地区，确因本人就学、居住等原因，经执行机关批准的除外；（4）其他确有必要禁止进入的区域、场所。显然医疗场所并不属于此处所规定的几类区域、场所，且从题干分析并无必要禁止甲出入医疗机构。故D错误，当选。

**3. B**。扩大解释，即《刑法》条文字面的通常含义比真实含义窄，于是扩张字面含义，使其符合真实含义。《刑法》分则中的"买卖"一词，既包括购买并卖出，也包括为出售而购买。A将"买卖"解释为"购买并卖出"，错误地将"为卖而买"的行为排除在外，并不符合《刑法》本意。A错误。将明知是捏造的损害他人名誉的事实，在信息网络上散布的行为，认定为"捏造事实诽谤他人"，属于扩大解释而非当然解释。C错误。将盗窃骨灰解释为盗窃尸体，属于罪刑法定原则所禁止的类推解释。D错误。同类解释规则，也叫只含同类规则，即当刑法语词含义不清时，对附随于确定性语词之后的总括性语词的含义，应当根据确定性语词所涉及的同类或者同级事项予以确定。因此，对于《刑法》分则中的兜底性条文，即在列举具体要素后使用的"等""其他"用语，应按照所列举的内容、性质进行同类解释。B正确。

**4. C**。不作为，是指行为人在能够履行自己应尽义务的情况下不履行该义务。行为人有作为义务是成立不作为犯罪的前提条件。具体来讲，作为义务包括以下几种：（1）法律、法规明文规定的义务。（2）职务或业务要求的义务。（3）法律行为引起的义务。（4）先行行为引起的义务。A中，甲是藏獒的主人，在法律上有管理藏獒的义务。在藏獒咬人的情况下未制止，已构成不作为的故意杀人罪。A正确。B中，乙实施杀人行为在先，实施救助行为在后，因未坚持救助最终致使丙死亡。乙实施的犯罪行为并不属于"先行行为"，不能产生作为义务，因此乙构成作为犯罪而非不作为犯罪。但从甲的行为看，其劝阻乙救助丙的行为使乙放弃了对丙的救助，并导致丙死亡，乙是否有《刑法》上的作为义务并不影响其行为的性质和社会危害性，其行为已构成不作为犯罪的教唆犯。B正确。C中，甲看见儿子乙掐住丙的脖子但未予理会，甲在法律上有监护儿子的义务，其未及时阻止乙导致丙死亡结果的发生，甲已构成不作为犯罪。C错误。D中，甲对于乙没有《刑法》上的作为义务，其找来绳子救人的行为也未剥夺其他人救助乙的机会，因此甲后来放弃救助的行为不构成犯罪。D正确。故选C。

**5. D**。按照我国通行的因果关系理论，在行为人的行为介入了第三者或被害人的行为而导致结果发生的场合，要判断某种结果是否是行为人的行为所造成时，应当考察行为人的行为导致结果发生的可能性的大小、介入情况的异常性大小以及介入情况对结果发生作用的大小。A中，警察将乙送医途中，因车辆故障致使乙长时间得不到救助，最终造成死亡结果，这一异常因素的介入已导致甲的伤害行为与乙死亡之间因果关系的中断，甲的行为与乙的死亡之间没有因果关系。A错误。B中，甲的行为致使丙昏倒在路中央，乙即便没有超速行驶也很可能将丙轧死，因此乙的行为不属于异常因素，不能中断甲行为与丙死亡之间的因果关系。B错误。因果关系是一种客观联系，不以人的意志为转移，行为人是否认识到自己的行为可能发生危害结果，不影响对因果关系的认定；因果关系又是一种特定条件下的客观联系，行为人是否认识到了特定条件，不能左右对因果关系的认定。因此C中甲的行为与丙的死亡之间存在因果关系。C错误。D中，乙的自杀行为属于异常因素，中断了甲的投毒行为与乙死亡结果之间的因果关系。故D正确。

**6. A**。事实认识错误分为具体的事实认识错误与抽象的事实认识错误。具体的事实认识错误主要包括对象错误、打击错误与因果关系的错误。对象错误是指误把甲对象当成乙对象侵害，打击错误是指由于行为本身差误导致欲攻击甲实际攻击乙。二者区别在于：对象错误的行为人主观上产生了认识错误，打击错误的行为人主观上没有认识错误，错误结果的发生是因为外在的客观原因。A因拨错号码导致将接听电话的丙错误认成计划中的诈骗对象乙，属于对象错误，成立诈骗既遂。A正确。B中，甲属于打击错误。根据具体符合说，由于客观事实与行为人的主观认识没有形成具体的符合，构成故意杀人罪未遂与过失致人死亡罪的想象竞合犯，从一重罪论处。而根据法定符合说，则构成故意杀人罪既遂。故B错误。事前的故意，是指行为人误认为第一个行为已经造成结果，出于其他目的实施第二个行为，实际上是第二个行为才导致预期结果的情况。事前的故意属于因果关系错误，属于具体的事实认识错误而非抽象的事实认识错误。按照法定符合说，第一行为与死亡结果之间的因果关系并未中断，而且现实所发生的结果与行为人意欲实现的结果完全一致，应按照犯罪既遂论处。C错误。D中，乙主观上发生了认识错误，属于典型的对象错误。但对于甲来说，其认识上并未发生错误，按照共犯理论可将乙的行为理解为甲的行为的延伸，甲属于打击错误而非对象错误。D 错误。

**7. C**。《刑法》第 269 条规定，犯盗窃、诈骗、抢夺罪，为窝藏赃物、抗拒抓捕或者毁灭罪证而当场使用暴力或者以暴力相威胁的，以抢劫罪定罪处罚。根据《最高人民法院关于审理抢劫刑事案件适用法律若干问题的指导意见》，“当场”是指在盗窃、诈骗、抢夺的现场以及行为人刚离开现场即被他人发现并抓捕的情形。本案中，甲盗窃财物后已离开现场 1 公里，其使用暴力的地点也不属于“当场”，因此不构成转化型抢劫罪。乙在深夜、偏僻路段向甲索要财物，已构成《刑法》上的“不法侵害”，甲的伤害行为也未超出必要限度、未造成不必要的伤害，属于正当防卫，不构成犯罪。故 C 正确，ABD 错误。

**【陷阱提示】** *本案的难点在于对正当防卫的理解和把握，以及对转化型抢劫罪“当场”要求的掌握。正当防卫的前提条件是存在“正在进行的不法侵害”，即便是犯罪人实施的行为也可能成立正当防卫。题干中强调“深夜”“偏僻路段”都是在暗示考生，甲已经实实在在地面临不法侵害。其“顺手一拳”打中乙，目的只是反抗，最终也只造成轻伤，因此成立正当防卫。考生在审题时需要尽量细致，尤其要关注出题人提供的各种细节。*

**8. C**。在犯罪过程中，自动放弃犯罪或者自动有效地防止犯罪结果发生的，属于犯罪中止。构成犯罪中止需同时满足以下条件：一是中止的时间性，即发生在“犯罪过程中”；二是中止的自动性，即行为人认为客观上可能继续实施行为或可能既遂，但自愿放弃原来的犯罪意图；三是中止的客观性，即客观上有中止行为；四是中止的有效性，即没有发生作为既遂标志的犯罪结果。本案中，甲在主观上已经放弃了杀害乙，客观上也实施了收起枪支的行为，其行为已经构成故意杀人罪（中止）。但其不小心触动枪支，主观上有疏忽大意的过失，客观上造成了乙死亡的结果，其行为另行构成过失致人死亡罪。C 正确，ABD 均错误。

**9. D**。共同犯罪是指二人以上共同故意犯罪。达到刑事责任年龄、具有刑事责任能力的人支配没有达到刑事责任年龄、不具备刑事责任能力的人实施犯罪行为的，不构成共同犯罪。利用者被称为间接正犯。但是，如果被利用者在事实上具有一定的辨认控制能力，利用者并没有支配被利用者时，二者能够成立共同犯罪。故 A 错误。根据部分犯罪共同说，如果二人以上持不同的故意共同实施了某种行为，则只就他们所实施的性质相同的部分或重合部分成立共同犯罪。故 B 错误。对向犯是指以存在二人以上相互对向的行为为要件的犯罪。其中片面的对向犯是指只处罚一方的行为。对于片面的对向犯，立法者仅将其中一方的行为作为犯罪类型予以规定，说明立法者认为另一方的行为不可罚。因此，一般情况下不可运用共同犯罪理论将另一方认定为共犯进行处罚。故 C 错误。片面共犯是指参与同一犯罪的人中，一方认识到自己是在和他人共同犯罪，而另一方没有认识到有他人和自己共同犯罪。目前刑法理论通说承认片面的帮助犯。因此 D 正确。

**10. C**。《刑法》第 81 条规定，被判处有期徒刑的犯罪分子，执行原判刑期 1/2 以上，被判处无期徒刑的犯罪分子，实际执行 13 年以上，如果认真遵守监规，接受教育改造，确有悔改表现，没有再犯罪的危险的，可以假释。如果有特殊情况，经最高人民法院核准，可以不受上述执行刑期的限制。对累犯以及因故意杀人、强奸、抢劫、绑架、放火、爆炸、投放危险物质或者有组织的暴力性犯罪被判处 10 年以上有期徒刑、无期徒刑的犯罪分子，不得假释。甲的行为构成投放危险物质罪，但并未因此被判处 10 年以上有期徒刑，因此不属于禁止假释的范围。由于其被判 8 年有期徒刑，按照该条文规定须执行 1/2 刑期即 4 年以上才能假释。按照法律规定，犯罪分子能否假释应由人民法院裁定。故 C 正确，ABD 错误。

**11. B**。自首是指犯罪以后自动投案，如实供述自己的罪行。准自首是指被采取强制措施的犯罪嫌疑人、被告人和正在服刑的罪犯，如实供述司法机关还未掌握的本人其他罪行。坦白，是指犯罪嫌疑人虽不具有自首情节，但是如实供述自己罪行的行为。无论是构成自首、准自首还是坦白，都要求供述的内容构成犯罪。题干中甲供述的行为因行贿数额未达法定标准不构成犯罪，因此甲不构成自首、准自首或坦白。故 ACD 错误。犯罪分子揭发他人犯罪行为，查证属实，或者提供重要线索，从而得以侦破其他案件的，构成立功。题干中甲陈述的向乙行贿的事实同时也是乙受贿的事实，虽然甲所在单位的行贿行为不构成犯罪，但乙的受贿行为已达到数额标准，构成受贿罪。甲揭发乙受贿的行为构成立功。故 B 正确。

**12. C**。交通肇事罪，是指违反交通运输管理法规，因而发生重大事故，致人重伤、死亡或者使公私财产遭受重大损失的行为。《最高人民法院关于审理交通肇事刑事案件具体应用法律若干问题的解释》第 5 条第 2 款规定，交通肇事后，单位主管人员、机动车辆所有人、承包人或者乘车人指使肇事人逃逸，致使被害人因得不到救助而死亡的，以交通肇事罪的共犯论处。本案中甲的行为就属于这一情形。依照该司法解释规定应当认定甲构成交通肇事罪的共犯。按照刑法理论，交通肇事罪作为一种过失犯罪，不能成立共同犯罪。这一司法解释一般被视为对刑法理论的突破。故 C 正确，ABD 错误。

**13. D**。走私假币罪是指走私伪造的货币的行为，将大量假币运到国外即可构成本罪，至于采取运输方式或是其他方式不影响本罪构成。A 正确。《最高人民检察院关于强迫借贷行为适用法律问题的批复》规定，以暴力、胁迫手段强迫他人借贷，属于《刑法》第226条第2项规定的“强迫他人提供或者接受服务”，情节严重的，以强迫交易罪追究刑事责任；同时构成故意伤害罪等其他犯罪的，依照处罚较重的规定定罪处罚。故B正确。《最高人民法院、最高人民检察院关于办理赌博刑事案件具体应用法律若干问题的解释》第6条规定，未经国家批准擅自发行、销售彩票，构成犯罪的，依照《刑法》第225条第4项规定，以非法经营罪定罪处罚。故C正确。《最高人民法院关于审理非法集资刑事案件具体应用法律若干问题的解释》第1条第2款规定，未向社会公开宣传，在亲友或者单位内部针对特定对象吸收资金的，不属于非法吸收或者变相吸收公众存款。D中，为项目筹集资金，以委托理财方式吸收10名亲戚300万元资金的，不构成非法吸收公众存款罪。D错误。

**14. B**。被害人承诺属于犯罪排除事由的一种。被害人请求或者许可行为人侵害其法益，表明其放弃了该法益，放弃了对该法益的保护，既然如此，法律就没有必要予以保护，损害被放弃的法益的行为没有违法性。但是，经被害人承诺的行为，需要符合下列条件才能排除犯罪的成立：（1）承诺者对被侵害的法益有处分权；（2）承诺者必须对所承诺事项的意义、范围有理解能力；（3）承诺必须出于被害人的真实意志；（4）必须存在现实的承诺；（5）承诺至迟必须存在于结果发生时；（6）经承诺所实施的行为不得超过承诺的范围。A中，由于人对自己的生命权没有处分权限，因此乙的承诺无效，甲的行为仍然构成故意杀人罪。A错误。B中，很难界定甲的犯罪故意是杀人故意还是伤害故意，可以认定为一种涵盖故意杀人和故意伤害的概括的故意，应当按照实际造成的结果认定甲所触犯的罪名。B正确。C中，乙因为受骗而作出放弃法益的承诺，并非出于真实意志，其承诺无效。甲的行为构成故意伤害罪。C错误。D中，乙是未成年人，对所承诺事项的意义和范围缺乏足够的理解能力，其承诺无效。D错误。

**15. C**。《刑法》第17条第1、2款规定，已满16周岁的人犯罪，应当负刑事责任。已满14周岁不满16周岁的人，犯故意杀人、故意伤害致人重伤或者死亡、强奸、抢劫、贩卖毒品、放火、爆炸、投放危险物质罪的，应当负刑事责任。甲和乙基于共同的犯罪故意相互配合，共同实施了绑架并杀害丙的犯罪行为，构成共同犯罪。其中乙已满16周岁，其绑架并杀害丙的行为应以绑架罪论处。甲已满14周岁未满16周岁，其绑架并杀害丙的行为不能以绑架罪论处，而只能认定为故意杀人罪。甲和乙在故意杀人罪的范围内成立共同犯罪。乙虽未直接实施杀害丙的行为，但根据共同犯罪的理论，部分行为全部责任，乙应当对共犯甲的共同犯罪行为负责，应当对其适用“杀害被绑架人”的规定。故C错误，ABD均正确。

**16. C**。在区分相近的侵财罪名时，应当抓住行为人犯罪行为中的关键环节，并据此为犯罪行为定性。本案中，甲首先通过欺骗乙与乙换了岗，之后利用看管公司仓库的便利条件监守自盗，将公司价值5万元的财物运走变卖。尽管有欺骗因素，但甲之所以能够成功窃得财物，主要是依靠其作为公司保安的职务便利。如果其没有公司保安的身份，乙也不可能答应与其换岗。且甲欺骗乙的行为并未为其直接带来财物。因此，甲的行为构成职务侵占罪，而并不构成诈骗罪、盗窃罪或者侵占罪。C正确。ABD错误。

**17. D**。《刑法》第196条第1款规定，有下列情形之一，进行信用卡诈骗活动，数额较大的，构成信用卡诈骗罪：（1）使用伪造的信用卡，或者使用以虚假的身份证明骗领的信用卡的；（2）使用作废的信用卡的；（3）冒用他人信用卡的；（4）恶意透支的。本案中，乙以甲的名义办理了银行卡，甲持该卡去银行挂失、取款，并不属于“冒用他人信用卡”，因为从形式上看这张银行卡本来就是甲的。故甲的行为不构成信用卡诈骗罪。A错误。甲在挂失和取款过程中，并未欺骗银行工作人员，其办理程序完全合法合规，故其行为也不构成诈骗罪。B错误。乙将银行卡交给甲保管，甲利用这一便利条件将卡内钱款据为己有，甲实施的行为属于侵占而非盗窃。故C错误，D正确。

**18. D**。诈骗罪的成立要求被害人陷入错误认识，并基于错误认识交付财物。本案中，乙之所以将商品交给甲，是因为交警丙要求他这样做。尽管乙未被骗，但交警丙由于被骗陷入了错误认识，并基于这一错误认识要求乙处分财产。如果交警丙并无处分乙财物的权限，则难以认定甲的行为成立诈骗罪。A正确。甲并未实施秘密窃取商品或乘人不备公然夺取商品的行为，如果认为盗窃只能表现为秘密窃取，抢夺只能表现为乘人不备公然夺取，自然不能认定甲成立盗窃罪或者抢夺罪。BC正确。敲诈勒索罪的成立要求行为人实施威胁。从题干中看，如乙因心生恐惧交出商品，但甲并未实施恐吓行为，应当遵循主客观相统一的原则，不以敲诈勒索罪认定甲的行为。D错误。

**19. A**。《刑法》第292条第2款规定，聚众斗殴，致人重伤、死亡的，分别认定为故意伤害罪和故意杀人罪。从本案情况看，甲指令所有参与者“下手重一点”，说明其对于致人死亡的结果并不排斥，其思想上具备杀人的主观故意。因此要求甲对死亡结果负责符合主客观相一致的原则，应当以故意杀人罪定罪量刑。至于其他参与者，由于不能查明被害人被谁的行为重伤致死，根据存疑有利于犯罪嫌疑人、被告人的原则，对于所有参与者都不能以故意杀人罪定罪。故A正确，CD错误。甲虽然不是实行犯，未参与打斗，但其作为首要分子，对聚众斗殴行为的实施起决定作用，属于共同犯罪中的主犯而非从犯。B 错误。

**20. B**。贪污罪是指国家工作人员利用职务上的便利，侵吞、窃取、骗取或者以其他手段非法占有公共财物的行为。受贿罪是指国家工作人员利用职务上的便利，索取他人财物或者非法收受他人财物为他人谋取利益的行为。本案中，甲和乙向超载司机索取钱财，并为其谋取不正当利益，已经构成受贿罪的共同犯罪。这些钱财并不属于交警队所有，也不属于国家所有，甲和乙占有这些钱财的行为并不构成贪污罪。A 正确，B 错误。国家机关工作人员滥用职权，致使公共财产、国家和人民利益遭受重大损失的行为构成滥用职权罪。本案中，甲和乙利用甲的工作便利，私自放行超载车辆，给国家造成了重大损失，二人构成滥用职权罪的共犯。C 正确。按照共同犯罪“部分行为共同责任”的理论，计算共同犯罪的犯罪数额时应以总犯罪金额为准，而不应考虑分赃情况。故乙的受贿金额是 32 万元而非 10 万元。D 正确。

**21. B**。诉讼公正，包括实体公正和程序公正两个方面。实体公正，即结果公正，指案件实体的结局处理所体现的公正。程序公正，指诉讼程序方面体现的公正。实体公正和程序公正各自有独立的内涵和标准，不能互相代替，而应当并重。一方面程序公正保障实体公正的实现，另一方面程序公正具有独立的价值。A 前半句话是正确的。但是，程序公正不一定就能够实现实体公正，因此，A 后半句话错误。刑事程序的公开和透明，可以使当事人以及社会监督刑事程序得以运行，因而有助于发挥程序的约束作用。故 B 正确。C 错误在于，依据我国《刑事诉讼法》和司法解释的规定，违反法定程序收集的证据并非都应予以排除，有的瑕疵证据经过合理解释或者补正后，可以作为定案根据。D 错误在于，对复杂程度不同的案件进行程序上的繁简分流，有利于提高诉讼效率，将司法资源进行有效的配置，进而发挥程序的约束作用。

**22. A**。《刑事诉讼法》第 16 条规定，有下列情形之一的，不追究刑事责任，已经追究的，应当撤销案件，或者不起诉，或者终止审理，或者宣告无罪：(1) 情节显著轻微、危害不大，不认为是犯罪的；(2) 犯罪已过追诉时效期限的；(3) 经特赦令免除刑罚的；(4) 依照刑法告诉才处理的犯罪，没有告诉或者撤回告诉的；(5) 犯罪嫌疑人、被告人死亡的；(6) 其他法律规定免予追究刑事责任的。这一规定确立了具有法定情形不予追究刑事责任原则。本题中，盗窃 400 余元，未达到定罪的数额标准，故属于“情节显著轻微、危害不大，不认为是犯罪的”这一情形，公安机关决定撤销案件。该项体现了具有法定情形不予追究刑事责任原则。A 当选。《刑事诉讼法》第 177 条第 2 款规定，对于犯罪情节轻微，依照刑法规定不需要判处刑罚或者免除刑罚的，人民检察院可以作出不起诉决定。B 处理方式正确，但是，该不起诉属于酌定不起诉，未体现具有法定情形不予追究刑事责任原则。法院是因为丙的行为未满足犯罪构成要件而作出的无罪判决，不是因为具备《刑事诉讼法》第 16 条规定的情形而作出的无罪判决，也未体现具有法定情形不予追究刑事责任原则。D 不起诉属于证据不足不起诉，不是《刑事诉讼法》第 16 条规定的情形作出的法定不起诉，所以，也未体现具有法定情形不予追究刑事责任原则。

**23. C**。一个国家特定时期的刑事诉讼目的与构造具有内在的一致性，它们都受到当时占主导地位的关于刑事诉讼的法律价值观的深刻影响。故 A 错误。混合式诉讼构造可能是当事人主义吸收职权主义的因素形成的，也可能是职权主义吸收当事人主义的因素形成的，故 B 错误。职权主义诉讼构造将诉讼的主动权委于国家专门机关，适用于实体真实的诉讼目的。故 C 正确。当事人主义将开始和推动诉讼的主动权委于当事人，控诉、辩护双方当事人在诉讼中居于主导地位，适用于程序上保障人权的诉讼目的。但是，保障人权和控制犯罪二者既对立又统一，所以 D 错误。

**24. D**。《刑事诉讼法》第 46 条第 1 款规定，公诉案件的被害人及其法定代理人或者近亲属，附带民事诉讼的当事人及其法定代理人，自案件移送审查起诉之日起，有权委托诉讼代理人。自诉案件的自诉人及其法定代理人，附带民事诉讼的当事人及其法定代理人，有权随时委托诉讼代理人。故 A 错误。《刑事诉讼法》第 65 条第 1 款规定，证人因履行作证义务而支出的交通、住宿、就餐等费用，应当给予补助。证人作证的补助列入司法机关业务经费，由同级政府财政予以保障。故 B 的错误在于，只需要补助证人，不需要补助被害人。《刑事诉讼法》第 305 条第 2 款规定，被决定强制医疗的人、被害人及其法定代理人、近亲属对强制医疗决定不服的，可以向上一级人民法院申请复议。故 C 的错误在于，不是向作出决定的法院申请复议一次，而是向上一级法院申请复议。《刑事诉讼法》第 282 条第 2 款规定，对附条件不起诉的决定，公安机关要求复议、提请复核或者被害人申诉的，适用本法第 179 条、第 180 条的规定。《刑事诉讼法》第 180 条规定，对于有被害人的案件，决定不起诉的，人民检察院应当将不起诉决定书送达被害人。被害人如果不服，可以自收到决定书后 7 日以内向上一级人民检察院申诉，请求提起公诉。《全国人民代表大会常务委员会关于〈中华人民共和国刑事诉讼法〉第二百七十一条第二款的解释》规定，人民检察院办理未成年人刑事案件，在作出附条件不起诉的决定以及考验期满作出不起诉的决定以前，应当听取被害人的意见。被害人对人民检察院对未成年犯罪嫌疑人作出的附条件不起诉的决定和不起诉的决定，可以向上一级人民检察院申诉，不适用《刑事诉讼法》第180条关于被害人可以向人民法院起诉的规定。故D正确。

**25. D**。《刑事诉讼法》第267条规定，决定或者批准暂予监外执行的机关应当将暂予监外执行决定抄送人民检察院。故A正确。《刑事诉讼法》第269条规定，对被判处管制、宣告缓刑、假释或者暂予监外执行的罪犯，依法实行社区矫正，由社区矫正机构负责执行。故B正确。《刑事诉讼法》第268条第1款规定，对暂予监外执行的罪犯，有下列情形之一的，应当及时收监：（1）发现不符合暂予监外执行条件的；（2）严重违反有关暂予监外执行监督管理规定的；（3）暂予监外执行的情形消失后，罪犯刑期未满的。C中“钱某拒不报告行踪、脱离监管”，属于上述第（2）项情形，故C正确。D错误在于，钱某对法院作出的收监决定没有申请复议的权利，当选。

**26. C**。证据的关联性，是指证据必须与案件事实有客观联系，对证明刑事案件事实具有某种实际意义；反之，与本案无关的事实或者材料，都不能成为刑事证据。故A错误。证据的关联性是证据证明力的原因。所谓证明力，也就是证据对证明案件事实的证明作用，也就是证据对证明案件事实的价值。证据对案件事实有无证明力以及证明力的大小，取决于证据本身与案件事实有无联系以及联系的紧密、强弱程度。一般来说，如果证据与案件事实之间的联系紧密，则该证据的证明力较强，在诉讼中所起的作用也较大。故C正确。没有关联性的证据不具有可采性，但具有关联性的证据未必都具有可采性，仍有可能出于利益考虑，或者由于某种特殊规则，而不具有可采性。故B错误。一般而言，英美证据法认为下列几种证据不具有关联性，不得作为认定案件事实的依据：（1）品格证据；（2）类似行为；（3）特定的诉讼行为；（4）特定的事实行为；（5）被害人过去的行为。故D错误。

**27. D**。补强证据规则是指为了防止误认事实或发生其他危险性，而在运用某些证明力显然薄弱的证据认定案情时，必须有其他证据补强其证明力，才能被法庭采信为定案根据。一般来说，在刑事诉讼中需要补强的不仅包括被追诉人的供述，而且包括证人证言、被害人陈述等特定证据。补强证据必须满足以下条件：（1）补强证据必须具有证据能力；（2）补强证据本身必须具有担保补强对象真实的能力；（3）补强证据必须具有独立的来源。本题中AB两项均是证明证据的合法性，即证据能力，而非补强证据的证明力。C与补强对象之间重叠，不具有独立来源，因此不属于补强证据。D属于补强证据。本题正确答案为D。

**28. C**。《刑事诉讼法》第192条第3款规定，公诉人、当事人或者辩护人、诉讼代理人对鉴定意见有异议，人民法院认为鉴定人有必要出庭的，鉴定人应当出庭作证。经人民法院通知，鉴定人拒不出庭作证的，鉴定意见不得作为定案的根据。《刑事诉讼法》第193条第1款规定，经人民法院通知，证人没有正当理由不出庭作证的，人民法院可以强制其到庭，但是被告人的配偶、父母、子女除外。据此，不能强制鉴定人出庭，只能强制证人出庭作证。故A错误。《刑诉解释》第99条第1、2款规定，经人民法院通知，鉴定人拒不出庭作证的，鉴定意见不得作为定案的根据。鉴定人由于不能抗拒的原因或者有其他正当理由无法出庭的，人民法院可以根据情况决定延期审理或者重新鉴定。故B的错误在于，不是“中止审理”，而是“延期审理”。《刑事诉讼法》第197条第2款规定，公诉人、当事人和辩护人、诉讼代理人可以申请法庭通知有专门知识的人出庭，就鉴定人作出的鉴定意见提出意见。故C正确。意见证据规则，是指证人只能陈述自己亲自感受和经历的事实，而不得陈述对该事实的意见或者结论。对鉴定意见的审查和认定，不受到意见证据规则的规制。故D错误。本题正确答案为C。

**29. B**。《关于取保候审若干问题的规定》第4条第2款规定，对同一犯罪嫌疑人、被告人决定取保候审的，不得同时使用保证人保证和保证金保证。对未成年人取保候审的，应当优先适用保证人保证。故A中，让保证人交纳保证金，就是同时使用保证人保证和保证金保证。A错误。对于保证人没有人数要求，而且，郭某的父亲和母亲都可以担任郭某的保证人。故B正确。《刑事诉讼法》第70条第2款规定，被保证人有违反本法第71条规定的行为，保证人未履行保证义务的，对保证人处以罚款，构成犯罪的，依法追究刑事责任。《高检规则》第99条规定，人民检察院发现保证人没有履行《刑事诉讼法》第70条规定的义务，应当通知公安机关，要求公安机关对保证人作出罚款决定。构成犯罪的，依法追究保证人的刑事责任。《刑事诉讼法》和司法解释已经删除了“要求保证人承担相应的民事连带赔偿责任”的规定。故C错误。《六机关规定》第14条规定，对取保候审保证人是否履行了保证义务，由公安机关认定，对保证人的罚款决定，也由公安机关作出。故D错误。本题正确答案为B。

**30. C**。适用强制措施应当遵循必要性原则和相当性原则。必要性原则是指只有在为保证刑事诉讼的顺利进行而有必要时方能采取，若无必要，不得随意适用强制措施。相当性原则，又称为比例原则，是指适用何种强制措施，应当与犯罪嫌疑人、被告人的人身危险性程度和涉嫌犯罪的轻重程度相适应。故AB表述均正确。《刑事诉讼法》第95条规定，犯罪嫌疑人、被告人被逮捕后，人民检察院仍应当对羁押的必要性进行审查。对不需要继续羁押的，应当建议予以释放或者变更强制措施。有关机关应当在 10 日以内将处理情况通知人民检察院。因此，C 错误在于，检察院经羁押必要性审查认为不需要继续羁押的，无权直接决定释放或变更为其他非羁押强制措施，而应当建议予以释放或者变更强制措施。《刑诉解释》第 170 条规定：被逮捕的被告人具有下列情形之一的，人民法院应当立即释放；必要时，可以依法变更强制措施：（1）第一审人民法院判决被告人无罪、不负刑事责任或者免予刑事处罚的；（2）第一审人民法院判处管制、宣告缓刑、单独适用附加刑，判决尚未发生法律效力的；（3）被告人被羁押的时间已到第一审人民法院对其判处的刑期期限的；（4）案件不能在法律规定的期限内审结的。故 D 正确。本题符合题意的选项为 C。

**31. D**。《刑事诉讼法》第 101 条第 1 款规定，被害人由于被告人的犯罪行为而遭受物质损失的，在刑事诉讼过程中，有权提起附带民事诉讼。被害人死亡或者丧失行为能力的，被害人的法定代理人、近亲属有权提起附带民事诉讼。《刑事诉讼法》第 108 条第 6 项规定，“近亲属”是指夫、妻、父、母、子、女、同胞兄弟姊妹。A 中，被害人李某的父母作为李某的近亲属有权提起附带民事诉讼，李某的祖父母不是李某的近亲属，不能提起附带民事诉讼。故 A 错误。《刑诉解释》第 183 条规定，共同犯罪案件，同案犯在逃的，不应列为附带民事诉讼被告人。逃跑的同案犯到案后，被害人或者其法定代理人、近亲属可以对其提起附带民事诉讼，但已经从其他共同犯罪人处获得足额赔偿的除外。本案中，苏某在逃，不应把苏某列为附带民事诉讼被告人。故 B 错误。《刑诉解释》第 176 条规定，被告人非法占有、处置被害人财产的，应当依法予以追缴或者责令退赔。被害人提起附带民事诉讼的，人民法院不予受理。追缴、退赔的情况，可以作为量刑情节考虑。故 C 错误。《刑诉解释》第 185 条规定，侦查、审查起诉期间，有权提起附带民事诉讼的人提出赔偿要求，经公安机关、人民检察院调解，当事人双方已经达成协议并全部履行，被害人或者其法定代理人、近亲属又提起附带民事诉讼的，人民法院不予受理，但有证据证明调解违反自愿、合法原则的除外。故 D 正确。本题正确答案为 D。

**32. C**。期间的重新计算，是指由于发生了法定的情况，原来已进行的期间归于无效，而从新发生情况之时起计算期间。重新计算期间仅适用于公安司法机关的办案期限，不适用于当事人行使诉讼权利的期限。故 A 错误。《刑事诉讼法》第 105 条第 3 款规定，法定期间不包括路途上的时间。上诉状或者其他文件在期满前已经交邮的，不算过期。已交邮以当地邮局所盖邮戳为准。故 B 错在后半句话，C 正确。D 中，犯罪嫌疑人、被告人在押的案件，在羁押场所以外对患有严重疾病的犯罪嫌疑人、被告人进行医治的时间，应当计入法定羁押期间。故 D 错误。本题的正确答案为 C。

**33. B**。《刑事诉讼法》第 128 条规定，侦查人员对于与犯罪有关的场所、物品、人身、尸体应当进行勘验或者检查。在必要的时候，可以指派或者聘请具有专门知识的人，在侦查人员的主持下进行勘验、检查。故 A 的错误在于，具有专门知识的人也可以进行勘验、检查。《刑事诉讼法》第 130 条规定，侦查人员执行勘验、检查，必须持有人民检察院或者公安机关的证明文件。故 B 正确。《刑事诉讼法》第 132 条第 3 款规定，检查妇女的身体，应当由女工作人员或者医师进行。故 C 的错误在于，不是“女医师”，而是“医师”。《刑诉解释》第 86 条第 1、2 款规定：“在勘验、检查、搜查过程中提取、扣押的物证、书证，未附笔录或者清单，不能证明物证、书证来源的，不得作为定案的根据。物证、书证的收集程序、方式有下列瑕疵，经补正或者作出合理解释的，可以采用：（一）勘验、检查、搜查、提取笔录或者扣押清单上没有调查人员或者侦查人员、物品持有人、见证人签名，或者对物品的名称、特征、数量、质量等注明不详的；（二）物证的照片、录像、复制品，书证的副本、复制件未注明与原件核对无异，无复制时间，或者无被收集、调取人签名的；（三）物证的照片、录像、复制品，书证的副本、复制件没有制作人关于制作过程和原物、原件存放地点的说明，或者说明中无签名的；（四）有其他瑕疵的。”故 D 错误。本题的正确答案为 B。

**34. B**。存疑不起诉，又称证据不足的不起诉。存疑不起诉是指人民检察院对于经过补充侦查的案件，仍然认为证据不足，不符合起诉条件的，经检察长或者检察委员会决定，可以作出不起诉决定。故 A 正确。《刑事诉讼法》第 175 条第 4 款规定，对于 2 次补充侦查的案件，人民检察院仍然认为证据不足，不符合起诉条件的，应当作出不起诉的决定。这一条文仅表述了一个最低限度的要求。据此，检察院未经退回补充侦查即作出不起诉决定，未违反《刑事诉讼法》的规定。故 B 错误。检察院是我国的法律监督机关。检察院在审查起诉时，发现侦查机关以刑讯获取的供述，应当予以排除，这体现了检察院法律监督机关的属性。故 C 正确。检察院在作出存疑不起诉之后，如果发现了新的证据，符合起诉条件时，可以提起公诉。故 D 正确。本题符合题意的选项为 B。

**35. B**。刑事审判的亲历性，是指案件的裁判者必须自始至终参与审理，审查所有证据，对案件作出判决须以充分听取控辩双方的意见为前提。本题中，ACD 三项均体现了刑事审判的亲历性特征，但是，B

未体现刑事审判的亲历性特征。本题的正确答案为B。

**36. B**。《刑事诉讼法》第212条第2款规定，人民法院审理自诉案件的期限，被告人被羁押的，适用本法第208条第1款、第2款的规定（即公诉案件的审理期限）；未被羁押的，应当在受理后6个月以内宣判。故A错误。《刑事诉讼法》第212条第1款规定，人民法院对自诉案件，可以进行调解；自诉人在宣告判决前，可以同被告人自行和解或者撤回自诉。《刑事诉讼法》第210条第3项规定的案件不适用调解。《刑诉解释》第411条规定："对第二审自诉案件，必要时可以调解，当事人也可以自行和解。调解结案的，应当制作调解书，第一审判决、裁定视为自动撤销。当事人自行和解的，依照本解释第三百二十九条的规定处理；裁定准许撤回自诉的，应当撤销第一审判决、裁定。"故B正确、D错误。《刑诉解释》第412条规定："第二审期间，自诉案件的当事人提出反诉的，应当告知其另行起诉。"故C错误。本题符合题意的选项是B。

**37. B**。《刑诉解释》第393条第2款规定，被判处死刑的被告人没有上诉，同案的其他被告人上诉的案件，第二审人民法院应当开庭审理。故A错误。《刑诉解释》第399条第1款规定，开庭审理上诉、抗诉案件，可以重点围绕对第一审判决、裁定有争议的问题或者有疑问的部分进行。根据案件情况，可以按照下列方式审理：……（3）对同案审理案件中未上诉的被告人，未被申请出庭或者人民法院认为没有必要到庭的，可以不再传唤到庭；……故B正确。《刑诉解释》第392条规定，第二审期间，被告人除自行辩护外，还可以继续委托第一审辩护人或者另行委托辩护人辩护。共同犯罪案件，只有部分被告人提出上诉，或者自诉人只对部分被告人的判决提出上诉，或者人民检察院只对部分被告人的判决提出抗诉的，其他同案被告人也可以委托辩护人辩护。故C错误。《刑事诉讼法》第237条规定，第二审人民法院审理被告人或者他的法定代理人、辩护人、近亲属上诉的案件，不得加重被告人的刑罚。第二审人民法院发回原审人民法院重新审判的案件，除有新的犯罪事实，人民检察院补充起诉的以外，原审人民法院也不得加重被告人的刑罚。人民检察院提出抗诉或者自诉人提出上诉的，不受前款规定的限制。故D表述不正确。本题的正确答案为B。

**38. B**。《刑诉解释》第429条规定，最高人民法院复核死刑案件，应当按照下列情形分别处理：（1）原判认定事实和适用法律正确、量刑适当、诉讼程序合法的，应当裁定核准；（2）原判认定的某一具体事实或者引用的法律条款等存在瑕疵，但判处被告人死刑并无不当的，可以在纠正后作出核准的判决、裁定；（3）原判事实不清、证据不足的，应当裁定不予核准，并撤销原判，发回重新审判；（4）复核期间出现新的影响定罪量刑的事实、证据的，应当裁定不予核准，并撤销原判，发回重新审判；（5）原判认定事实正确、证据充分，但依法不应当判处死刑的，应当裁定不予核准，并撤销原判，发回重新审判；根据案件情况，必要时，也可以依法改判；（6）原审违反法定诉讼程序，可能影响公正审判的，应当裁定不予核准，并撤销原判，发回重新审判。本案属于事实证据没问题，单纯的量刑有问题，可以改判，故B正确。A错误在于，不是"裁定"核准甲死刑，而是"判决"核准甲死刑。CD均错误。

**39. C**。《刑诉解释》第589条第1、2款规定，被告人的近亲属经被告人同意，可以代为和解。被告人系限制行为能力人的，其法定代理人可以代为和解。甲在押的，其近亲属应经甲同意，才能与被害方进行和解。故A错误。《刑诉解释》第588条规定，符合《刑事诉讼法》第288条规定的公诉案件，被害人死亡的，其近亲属可以与被告人和解。近亲属有多人的，达成和解协议，应当经处于最先继承顺序的所有近亲属同意。被害人系无行为能力或者限制行为能力人的，其法定代理人、近亲属可以代为和解。故B错误在于，乙的近亲属是与被告人和解，而不是"代为和解"，此处表述不准确。C正确，因为辩护人、诉讼代理人均可以协助被告人、被害人参与和解协商。《刑诉解释》第589条第3款规定，被告人的法定代理人、近亲属依照前两款规定代为和解的，和解协议约定的赔礼道歉等事项，应当由被告人本人履行。故D错误。本题符合题意的选项是C。

**40. B**。《高检规则》第528条第2款规定，在人民法院审理案件过程中，被告人死亡而裁定终止审理，或者被告人脱逃而裁定中止审理，人民检察院可以依法另行向人民法院提出没收违法所得的申请。《刑诉解释》第626条规定，在审理案件过程中，被告人脱逃或者死亡，符合刑事诉讼法第298条第1款规定的，人民检察院可以向人民法院提出没收违法所得的申请；符合刑事诉讼法第291条第1款规定的，人民检察院可以按照缺席审判程序向人民法院提起公诉。人民检察院向原受理案件的人民法院提出没收违法所得申请的，可以由同一审判组织审理。本题中，A正确，B的错误在于，不是"应当"而是"可以"由B市中级法院的同一审判组织对是否没收违法所得继续进行审理。《刑诉解释》第622条规定，对没收违法所得或者驳回申请的裁定，犯罪嫌疑人、被告人的近亲属和其他利害关系人或者人民检察院可以在五日以内提出上诉、抗诉。故CD两项正确。本题符合题意的答案为B。

**41. C**。《高检规则》第515条规定，犯罪嫌疑人、被告人通过实施犯罪直接或者间接产生、获得的任何财产，应当认定为"违法所得"。违法所得已经部分或者全部转变、转化为其他财产的，转变、转化后的财产应当视为前款规定的“违法所得”。来自违法所得转变、转化后的财产收益，或者来自已经与违法所得相混合财产中违法所得相应部分的收益，也应当视为第 1 款规定的违法所得。《高检规则》第 516 条规定，犯罪嫌疑人、被告人非法持有的违禁品、供犯罪所用的本人财物，应当认定为“其他涉案财产”。本题中，A 属于被告人非法持有的“违禁品”，B 属于实施犯罪行为所取得的孳息，D 属于实施犯罪行为所取得的财物，以上均属于“违法所得及其他涉案财产”。C 属于供犯罪所用的单位的财物，而非其本人财物，所以不属于“违法所得及其他涉案财产”。本题符合题意的选项是 C。

**42. B**。《国务院行政机构设置和编制管理条例》第 8 条规定，国务院直属机构的设立、撤销或者合并由国务院机构编制管理机关提出方案，报国务院决定。因此 A 错误，B 正确。《国务院行政机构设置和编制管理条例》第 19 条规定，国务院行政机构增加或者减少编制，由国务院机构编制管理机关审核方案，报国务院批准。故 C 错误。《国务院行政机构设置和编制管理条例》第 6 条规定，国务院组成部门依法分别履行国务院基本的行政管理职能。国务院直属机构主管国务院的某项专门业务，具有独立的行政管理职能。因此，D 错误。

**43. C**。《公务员法》第 34 条规定，新录用的公务员试用期为 1 年。试用期满合格的，予以任职；不合格的，取消录用。因此，新录用的公务员试用期由《公务员法》统一规定，而不是由县财政局确定。A 错误。B 不符合《公务员法》第 88 条中规定的应当予以辞退的任何一项法定情形。该条规定，公务员有下列情形之一的，予以辞退：(1) 在年度考核中，连续 2 年被确定为不称职的；(2) 不胜任现职工作，又不接受其他安排的；(3) 因所在机关调整、撤销、合并或者缩减编制员额需要调整工作，本人拒绝合理安排的；(4) 不履行公务员义务，不遵守法律和公务员纪律，经教育仍无转变，不适合继续在机关工作，又不宜给予开除处分的；(5) 旷工或者因公外出、请假期满无正当理由逾期不归连续超过 15 天，或者 1 年内累计超过 30 天的。故而取消录用不属于辞退，B 错误。关于王某经过考试成为某县财政局新录用的公务员，已经取得公务员身份，但由于试用期不合格，被取消录用，属于《行政诉讼法》第 13 条规定的行政机关对行政机关工作人员的奖惩、任免等决定，对此不服提起行政诉讼的，人民法院不受理的情形。因此，C 正确，当选。关于取消录用的前提是符合录用条件并已经录用——取得了公务员身份后的“丧失”，而不予录用是因为不符合录用条件、资格的“门槛”，一直没有被录用，从未取得公务员身份，两者具有“质”的差别。因此，D 错误。

**44. C**。县公安局的通知是一种抽象行政行为，因为其一，该通知面向的是潜在的、所有的、不特定的对象的行政相对人，数量无法确定，或处于一种不断变化的动态之中；其二，在该通知没有被依法废止、撤销前一直发生法律效力且能反复适用，具备抽象行政行为的一切特征。应当强调的是，某县公安机关级别较低——副县（处）级，对这类“规定”，相对人在对具体行政行为不服而申请复议时——《行政复议法》第 13 条规定——有权向复议机关一并提出合法性审查申请。行政指导是指行政机关在其职责范围内为实现一定行政目的而采取的符合法律精神、原则、规则或政策的指导、劝告、建议等行为，不具有强制性，而此处的“要求”，具有命令性、强制性，故 B 错误。C 是在发现确定非法改装机动车之后作出的行政行为，不是在未查明事实情况下为防止危害发生作出的暂时性控制的行政强制措施。因此，C 正确。《行政强制法》第 12 条规定，行政强制执行的方式：(1) 加处罚款或者滞纳金；(2) 划拨存款、汇款；(3) 拍卖或者依法处理查封、扣押的场所、设施或者财物；(4) 排除妨碍、恢复原状；(5) 代履行；(6) 其他强制执行方式。强制恢复原状应为行政强制执行方式之一，因为直接在物理形态上实现了行政决定所确定的义务状态。故 D 错误。

**45. A**。《行政强制法》第 19 条规定，情况紧急，需要当场实施行政强制措施的，行政执法人员应当在 24 小时内向行政机关负责人报告，并补办批准手续。“立即”的表述不应理解为 24 小时，故而 A 错误。《行政强制法》第 18 条规定，实施行政强制措施应当遵守下列规定：(1) 实施前须向行政机关负责人报告并经批准；(2) 由两名以上行政执法人员实施；(3) 出示执法身份证件；(4) 通知当事人到场；(5) 当场告知当事人采取行政强制措施的理由、依据以及当事人依法享有的权利、救济途径；(6) 听取当事人的陈述和申辩；(7) 制作现场笔录；(8) 现场笔录由当事人和行政执法人员签名或者盖章，当事人拒绝的，在笔录中予以注明；(9) 当事人不到场的，邀请见证人到场，由见证人和行政执法人员在现场笔录上签名或者盖章；(10) 法律、法规规定的其他程序。其中第 7 项规定了应当制作现场笔录，故 B 正确。《行政强制法》第 24 条第 1 款规定，行政机关决定实施查封、扣押的，应当履行本法第 18 条规定的程序，制作并当场交付查封、扣押决定书和清单。故而 C 正确。《行政强制法》第 17 条第 3 款规定，行政强制措施应当由行政机关具备资格的行政执法人员实施，其他人员不得实施。与行政处罚不同的是，行政强制措施不发生行政委托（由其他不具备行政执法资格的人员去实施），行政机关——行政主体必须亲自行使。所以 D 正确。

**46. C**。《行政复议法》第 24 条第 1 款规定，县级以上地方各级人民政府管辖下列行政复议案件：(1) 对本级人民政府工作部门作出的行政行为不服的；(2) 对下一级人民政府作出的行政行为不服的；(3) 对本级人民政府依法设立的派出机关作出的行政行为不服的；(4) 对本级人民政府或者其工作部门管理的法律、法规、规章授权的组织作出的行政行为不服的。据此，复议机构——即复议管辖可以是某区生态环境局的上一级业务主管——市生态环境(局) 部门，也可以是该区人民政府。因为生态环境局并非属于垂直领导而属于双重领导机关，水电站既可以向上级生态环境局提出复议申请，也可以向区政府提出复议申请，A 中用“应当”错误。《行政复议法》第 57 条规定，行政复议机关在对被申请人作出的行政行为进行审查时，认为其依据不合法，本机关有权处理的，应当在 30 日内依法处理；无权处理的，应当在 7 日内转送有权处理的国家机关依法处理。《行政复议法》第 58 条第 1 款规定，行政复议机关依照本法第 56 条、第 57 条的规定有权处理有关规范性文件或者依据的，行政复议机构应当自行政复议中止之日起 3 日内，书面通知规范性文件或者依据的制定机关就相关条款的合法性提出书面答复。制定机关应当自收到书面通知之日起 10 日内提交书面答复及相关材料。B 应是“中止”而非“终止”，此时，作为衡量具体行政行为依据的抽象行政行为或人大及其常委会的地方性法规的合法性尚处于不确定状态，对该案无从作出判断，只能先行中止该案的审理。故 B 错误。《行政复议法》第 75 条第 2 款规定，行政复议决定书一经送达，即发生法律效力。故 C 正确。送达生效是行政法上具体行政行为生效的最常见方式，送达是从行政主体的角度表述，而从行政相对人的角度则称为“受领”。《行政诉讼法》第 18 条规定，行政案件由最初作出行政行为的行政机关所在地人民法院管辖。经复议的案件，也可以由复议机关所在地人民法院管辖。对该复议决定不服，还可以向某区生态环境局所在的人民法院提起行政诉讼，D 中“应由”不当，故 D 错误。

**47. ACD**。罪刑法定原则的经典表述是：“法无明文规定不为罪”，“法无明文规定不处罚”。我国《刑法》第 3 条明文规定了这一原则。罪刑法定原则的具体要求是：(1) 禁止溯及既往；(2) 排斥习惯法；(3) 禁止类推解释；(4) 刑罚法规的适当，包括刑罚明确性、禁止不确定刑和禁止处罚不当罚的行为。在刑事司法中贯彻罪刑法定原则，最为关键的问题是对《刑法》的解释要合理。不利于被告人的类推解释在方法上就与罪刑法定原则相抵触，故属禁止之列。采取其他解释方法时，其解释结论也必须符合罪刑法定主义，符合刑法目的。A 中，“明知是痴呆女而与之发生性关系导致被害人怀孕”的情形，与强奸致使被害人重伤、死亡后果的严重性相当，可以认定为强奸“造成其他严重后果”。A 不违背罪刑法定原则。B 中，《关于办理侵犯知识产权刑事案件适用法律若干问题的意见》第 12 条规定，“发行”，包括总发行、批发、零售、通过信息网络传播以及出租、展销等活动。未经著作权人许可在卡拉 OK 厅大量播放其音像制品的行为并不能包含在“发行”之内。B 违背了罪刑法定原则。C 中，“重度醉酒后在高速公路超速驾驶机动车”的行为，同时包含“重度醉酒”、“高速公路”和“超速驾驶”三个危险要素，其严重性与放火、爆炸、投放危险物质等行为相当，已经对不特定多数人的生命财产安全造成现实威胁，应当认定为以危险方法危害公共安全罪。C 不违背罪刑法定原则。D 中，武装部队属于国家军事机关，是国家机关的组成部分。所以将毁灭武装部队印章的行为认定为毁灭“国家机关”印章并无不妥，未超出“国家机关”的字面含义。D 不违背罪刑法定原则。应选 ACD。

**48. ACD**。不法侵害是正当防卫的起因，没有不法侵害就谈不上正当防卫。作为防卫起因的不法侵害必须同时具备社会危害性和侵害紧迫性两个基本特征。如果认为“不法侵害”还需要以侵害者具有责任能力为前提，则“严重精神病患者乙正在对多名儿童实施重大暴力侵害”的行为不属于作为正当防卫起因的“不法侵害”，甲的行为不成立正当防卫。反之，如果认为“不法侵害”不以侵害者具有责任能力为前提，则甲的行为可能成立正当防卫。如果认为“不法侵害”需要以防卫人明知侵害者具有责任能力为前提，甲明知乙是严重精神病患者，不具备责任能力，仍使用暴力制止了乙的侵害行为，甲的行为不能成立正当防卫。如果认为“不法侵害”不以防卫人是否明知侵害者具有责任能力为前提，则甲的行为可能成立正当防卫。因此，①和③的结论均为甲成立正当防卫，②和④的结论均为甲不成立正当防卫。B 对应正确，ACD 对应错误。应选 ACD。

**49. AB**。在犯罪过程中，自动放弃犯罪或者自动有效地防止犯罪结果发生的，属于犯罪中止。不管是哪一种中止，都必须是其犯罪行为没有导致发生作为既遂标志的犯罪结果。这并不意味着只要发生了构成要件的结果，行为人无论做出多少努力都不能成立犯罪中止。如果最终犯罪结果的发生是由于一些异常因素介入，则行为人犯罪行为与犯罪结果之间的因果关系已经中断，应当认定其行为构成了犯罪中止。本案中，甲先下毒杀乙，之后又开车带乙去医院，说明甲为防止乙死亡结果的发生作出了积极努力，最终乙因撞车死亡。如果乙死亡主要是因为撞车，则交通事故的发生已经中断了甲的投毒行为与乙死亡结果之间的因果关系，甲构成故意杀人中止。如果乙死亡主要是因为甲的投毒行为，则该因果关系并未中断，甲仍然构成故意杀人既遂。AB 正确，CD 错误。应选 AB。

【陷阱提示】本题的难点在于对犯罪中止的理解。犯罪中止包括两种：一种是自动放弃犯罪行为，一种是采取积极的行为防止结果发生。后者典型的情况是最终避免了犯罪结果的发生。但还必须考虑一些非典型的情况。例如在救助过程中介入异常因素的情况。本题其实同时考查了犯罪中止和刑法上的因果关系。如果救助行为最终未能避免死亡结果发生，其原因在于介入了异常因素，则并不会彻底排斥成立犯罪中止的可能。因此，考生在备考过程中要将各种知识点融会贯通，避免割裂。只有这样才能应对一些复杂的高难度的题目。

**50. CD**。犯罪是否得逞，是犯罪既遂与犯罪未遂的界限所在。犯罪得逞时，表现为法益受到侵害，发生了行为人所希望或者放任的、行为性质所决定的犯罪结果。A 中，乙将银行卡和密码交给甲时，甲已经实际控制了卡内的 50 万元钱款。此时受贿行为已经既遂。乙事后挂失并取回钱款的行为并不影响甲所犯受贿罪的犯罪停止形态。A 不属于犯罪未遂。按照共同犯罪的相关理论，如果共犯中一人的行为既遂，根据“部分实行全部责任”的原则，则其他共犯人原则上均成立既遂。B 中，尽管甲未到达现场，但其事先与乙有共谋，且向乙讲解了犯罪方法，乙的行为既遂则导致甲乙的共同犯罪行为既遂。B 不属于犯罪未遂。C 中，甲虽然与乙有共同的犯罪故意，但其行为对最终乙盗窃汽车的结果客观上没有原因力。C 属于犯罪未遂。D 中，甲与乙共同杀害丙，甲误以为丙死亡而离开现场，甲乙的共同犯罪行为已经结束，构成犯罪未遂。之后乙发现丙未死又持刀杀害丙的行为超出了共同犯罪故意，不影响甲的行为已经构成犯罪未遂。D 属于犯罪未遂。应选 CD。

**51. AB**。《刑法》第 65 条第 1 款规定，被判处有期徒刑以上刑罚的犯罪分子，刑罚执行完毕或者赦免以后，在 5 年以内再犯应当判处有期徒刑以上刑罚之罪的，是累犯，应当从重处罚，但是过失犯罪除外。第 66 条规定，危害国家安全犯罪、恐怖活动犯罪、黑社会性质的组织犯罪的犯罪分子，在刑罚执行完毕或者赦免以后，在任何时候再犯上述任一类罪的，都以累犯论处。虽然甲所犯前罪间谍罪属于危害国家安全罪，但所犯后罪参加恐怖组织罪属于危害公共安全罪，故不能成立特别累犯。此外，甲在 8 年以后又犯罪，也不构成一般累犯。A 错误。B 中，乙虽然犯数罪，但法律并不禁止对数罪并罚的犯罪人适用缓刑。B 错误。《刑法》第 77 条规定，被宣告缓刑的犯罪分子，在缓刑考验期限内，违反人民法院判决中的禁止令，情节严重的，应当撤销缓刑，执行原判刑罚。因此 C 中对丙撤销缓刑是正确的。《刑法》第 81 条规定，被判处有期徒刑的犯罪分子，执行原判刑期 1/2 以上，被判处无期徒刑的犯罪分子，实际执行 13 年以上，如果认真遵守监规，接受教育改造，确有悔改表现，没有再犯罪的危险的，可以假释。如果有特殊情况，经最高人民法院核准，可以不受上述执行刑期的限制。因此 D 正确。应选 AB。

**52. ABCD**。《刑法》第 232 条规定，故意杀人的，处死刑、无期徒刑或者 10 年以上有期徒刑；情节较轻的，处 3 年以上 10 年以下有期徒刑。从本案情况看，甲犯罪时系未成年人，且因邻里纠纷杀人，属于情节较轻的故意杀人，应判处 10 年以下有期徒刑。《刑法》第 87 条规定，法定最高刑为 10 年的，经过 15 年，不再追诉。本案中，自 2004 年 7 月甲犯诈骗罪起其所犯故意杀人罪的追诉时效重新计算。而甲所犯诈骗罪的法定最高刑为 3 年，经过 5 年即不再追诉。至 2014 年 8 月时，又经过了 11 年，甲所犯故意杀人罪的时效未过，而所犯诈骗罪的时效已超过。因此对甲应以盗窃罪和故意杀人罪数罪并罚。AB 错误。《最高人民法院关于处理自首和立功具体应用法律若干问题的解释》第 1 条规定，犯有数罪的犯罪嫌疑人仅如实供述所犯数罪中部分犯罪的，只对如实供述部分犯罪的行为，认定为自首。因此，本案中只对甲所犯故意杀人罪和诈骗罪成立自首，对于盗窃罪部分不可从轻或减轻处罚。C 错误。对未成年人不适用死刑，这里指的是犯罪时而非审判时未满 18 周岁，因此 D 错误。本题应选 ABCD。

**53. ABCD**。《刑法》第 125 条规定，非法制造、买卖、运输、储存毒害性、放射性、传染病病原体等物质，危害公共安全的行为，构成非法制造、买卖、运输、储存危险物质罪。这里的“买卖”，既包括以金钱为交换条件的买卖，也包括以物品为交换条件的买卖，以危险物质交换危险物质的行为也不例外。A 正确。B 中，用毒害性物质交换毒品的行为同样构成买卖，其中甲将毒害性物质贩卖给乙，二人均构成非法买卖危险物质罪；乙将毒品卖给吸毒者甲，乙构成贩卖毒品罪，甲不构成此罪。B 正确。依法配备公务用枪的人员，非法出租、出借枪支的，构成非法出租、出借枪支罪。《最高人民检察院关于将公务用枪用作借债质押的行为如何适用法律问题的批复》规定，依法配备公务用枪的人员，违反法律规定，将公务用枪用作借债质押物，使枪支处于非依法持枪人的控制、使用之下，严重危害公共安全，是非法出借枪支行为的一种形式，应以非法出借枪支罪追究刑事责任。将枪赠予他人的行为与此并无实质不同，同样属于非法出借枪支行为的一种形式，构成非法出借枪支罪。C 正确。D 中，甲知道家里埋着枪，说明其事实上已经支配了这些枪支，其是否使用枪支并不影响非法持有枪支罪的认定。D 正确。应选 ABCD。

**54. CD**。2019 年《药品管理法》删除了“以假药论处”的情形。据此，销售具有真实疗效的药物不再以销售假药罪论处。A 错误。生产、销售有毒、有害食品罪，是指在生产、销售的食品中掺入有毒、有害的非食品原料的，或者销售明知掺有有毒、有害的非食品原料的食品的行为。生产、销售不符合安全标准的食品罪，是指生产、销售不符合食品安全标准的食品，足以造成严重食物中毒事故或者其他严重食源性疾病的行为。B中，甲并未在食品中掺入有毒、有害非食品原料，也未销售此类食品，因此不构成销售有毒、有害食品罪，而应认定为销售不符合安全标准的食品罪。B错误。C中，甲明知在苹果上使用了禁用农药，属于销售明知在食品中掺入有毒、有害非食品原料的食品，构成销售有毒、有害食品罪。C正确。D中，甲的主观故意是销售劣药，客观上实施了销售假药的行为，根据主客观相一致的原则，应当认定为销售劣药罪。D正确。应选CD。

**55. ABC**。《刑法》第238条规定，非法拘禁他人或者以其他方法非法剥夺他人人身自由的，构成非法拘禁罪。犯非法拘禁罪，又使用暴力致人伤残、死亡的，转化为故意伤害罪和故意杀人罪。为索取债务非法扣押、拘禁他人的，构成非法拘禁罪而非绑架罪。《最高人民法院关于对为索取法律不予保护的债务非法拘禁他人行为如何定罪问题的解释》规定，行为人为索取高利贷、赌债等法律不予保护的债务，非法扣押、拘禁他人的，依照非法拘禁罪定罪处罚。本案中，甲为索取赌债扣押乙，构成非法拘禁罪，甲威胁乙的行为不属于“使用暴力”，乙的跳崖行为并不会导致甲所触犯的罪名发生转化。此外，甲非法拘禁的行为属于犯罪行为，不会产生《刑法》上的作为义务，甲不构成不作为的故意杀人罪。因此D正确，ABC错误。应选ABC。

**56. ABCD**。盗窃罪，是指以非法占有为目的，窃取公私财物数额较大，或者多次盗窃、入户盗窃、携带凶器盗窃、扒窃的行为。盗窃罪的对象必须是他人占有的财物。首先，只要是在他人的事实支配领域内的财物，即便他人没有现实地握有或监视，也属于他人占有。其次，虽然处于他人支配领域之外，但存在可以推知由他人事实上支配的状态时，也属于他人占有的财物。再次，主人饲养的、具有回到原处能力或习性的宠物，不管宠物处于何处，都应认定为饲主占有。最后，即便原占有者丧失了占有，但当该财物转移为建筑物的管理者或者第三者占有时，也应认定为他人占有的财物。某大学的学生习惯于用手机、钱包等物占座，因此甲能够推知桌上的钱包系他人用于占座的事实，其据为己有的行为构成盗窃罪。A正确。乙在面馆用手机占座的行为属于比较特殊的情况，甲很可能认为桌上的手机是他人遗忘的手机。但即便是乙遗忘的手机，此时其占有也会转移至面馆，甲的行为仍构成盗窃罪。B正确。乘客乙遗忘在出租车后备厢的行李已转由出租车司机占有，甲的行为构成盗窃罪。C正确。乙委托甲照看房屋，其代为保管的财物应仅限于房屋及院内的树木，乙家山头上的树木并不属于代为保管的范围。甲偷偷将他人财物予以变卖并将钱款据为己有，构成盗窃罪而非侵占罪。D正确。应选ABCD。

**57. CD**。帮助当事人毁灭、伪造证据，情节严重的，构成帮助毁灭、伪造证据罪。下列行为均属于帮助毁灭证据：第一，行为人单独为当事人毁灭证据；第二，行为人与当事人共同毁灭证据，这种情况下，行为人与当事人并不成立共犯；第三，行为人为当事人毁灭证据提供各种便利条件，这种情况下行为人不是帮助犯而是正犯；第四，行为人唆使当事人毁灭证据，这种情况下行为人不是教唆犯而是正犯。甲本人属于当事人，其毁灭证据的行为不构成帮助毁灭证据罪。甲实施的是阻止作证的行为，构成妨害作证罪而非帮助毁灭证据罪。甲劝说乙毁灭证据，构成帮助毁灭证据罪。帮助毁灭证据罪侵害的法益是国家的刑事诉讼秩序，当事人对此并无处分权限，乙的同意并不影响甲毁灭无罪证据的定性，其行为仍构成帮助毁灭证据罪。故应选CD。

**58. ABC**。根据法律和司法解释规定，国家工作人员如果挪用公款进行营利活动，则数额达到1万元即可构成挪用公款罪；如果挪用公款进行非法活动，则数额达到5000元即可构成挪用公款罪。可见，挪用公款进行非法活动的入罪门槛更低。这是因为挪用公款进行非法活动比挪用公款进行营利活动性质更恶劣。甲购买股票的行为属于营利活动而不是非法活动，赌博的行为则属于非法活动，对于甲这次挪用的行为应当综合评价。如果将非法活动评价为营利活动，并将数额相累加，不会对行为人的行为造成不利评价，也未超出国民的预测可能性，是符合法律精神的。因此，可将赌博行为评价为营利活动，认定甲挪用公款1.2万元进行营利活动，进而认定挪用公款罪。D正确，ABC错误。故应选ABC。

**59. AD**。滥用职权罪是指国家机关工作人员不法行使职务上的权限，致使公共财产、国家和人民利益遭受重大损失的行为。甲和乙的行为均构成滥用职权罪，均为滥用职权罪的实行犯。徇私枉法罪是指司法工作人员徇私枉法、徇情枉法，对明知是无罪的人而使他受追诉、对明知是有罪的人而故意包庇不使他受追诉，或者在刑事审判活动中故意违背事实和法律作枉法裁判的行为。乙的行为除构成滥用职权罪外，同时还满足帮助毁灭证据罪、徇私枉法罪的构成要件，属于一行为触犯数罪名，应当从一重罪即以徇私枉法罪论处。甲只实施了一个行为，该行为同时触犯滥用职权罪与徇私枉法罪，应当从一重罪论处，不应数罪并罚。因此，AD正确，BC错误。

**60. ABC**。有关刑事诉讼的程序性条款在宪法条文中具有重要地位。这些体现法治主义的有关刑事诉讼的程序性条款，构成了各国宪法或者宪法性文件中关于人权保障条款的核心。故A正确。各国刑事诉讼法律规范中有关强制措施的适用权限、条件、程序，羁押期限，辩护，侦查、审判的原则和程序等规定，都直接体现了宪法或者宪法性文件关于公民人身、住宅、财产不受非法搜查、逮捕、扣押以及犯罪嫌疑人、被告人有权获得辩护等规定的精神。故B正确。由于刑事诉讼法规范和限制了国家权力，因而成为保障公民基本人权和自由的基石。故C正确。宪法的许多规定，一方面要通过刑事诉讼法保证刑法的实施来实现；另一方面要通过刑事诉讼法本身的实施来实现。故D错误。本题的正确答案为ABC三项。

**61. CD**。《刑诉解释》第17条第1款规定，基层人民法院对可能判处无期徒刑、死刑的第一审刑事案件，应当移送中级人民法院审判。《刑诉解释》第15条规定，一人犯数罪、共同犯罪或者其他需要并案审理的案件，其中一人或者一罪属于上级人民法院管辖的，全案由上级人民法院管辖。但是，本题题干是未成年人和成年人共同犯罪。《刑诉解释》第551条第1款规定："对分案起诉至同一人民法院的未成年人与成年人共同犯罪案件，可以由同一个审判组织审理；不宜由同一个审判组织审理的，可以分别审理。"所以，可以将赵某移送中级法院审理，其余被告人继续在县法院审理，也可以将全案一并移送中级法院审理。故AB两项的错误在于，不是"应当"，而是"可以"。《刑诉解释》第17条第3款规定："需要将案件移送中级人民法院审判的，应当在报请院长决定后，至迟于案件审理期限届满十五日以前书面请求移送。中级人民法院应当在接到申请后十日以内作出决定。不同意移送的，应当下达不同意移送决定书，由请求移送的人民法院依法审判；同意移送的，应当下达同意移送决定书，并书面通知同级人民检察院。"故CD两项正确。本题的正确答案为CD两项。

**62. AB**。《刑诉解释》第27条规定，审判人员具有下列情形之一的，应当自行回避，当事人及其法定代理人有权申请其回避：（1）是本案的当事人或者是当事人的近亲属的；（2）本人或者其近亲属与本案有利害关系的；（3）担任过本案的证人、鉴定人、辩护人、诉讼代理人、翻译人员的；（4）与本案的辩护人、诉讼代理人有近亲属关系的；（5）与本案当事人有其他利害关系，可能影响公正审判的。《最高人民法院关于审判人员在诉讼活动中执行回避制度若干问题的规定》第1条规定，审判人员具有下列情形之一的，应当自行回避，当事人及其法定代理人有权以口头或者书面形式申请其回避：（1）是本案的当事人或者与当事人有近亲属关系的；（2）本人或者其近亲属与本案有利害关系的；（3）担任过本案的证人、翻译人员、鉴定人、勘验人、诉讼代理人、辩护人的；（4）与本案的诉讼代理人、辩护人有夫妻、父母、子女或者兄弟姐妹关系的；（5）与本案当事人之间存在其他利害关系，可能影响案件公正审理的。本规定所称近亲属，包括与审判人员有夫妻、直系血亲、三代以内旁系血亲及近姻亲关系的亲属。通过这两个规定可以发现，A属于"与本案的辩护人、诉讼代理人有近亲属关系的"情形，故A正确。C中审判长丙尽管与当事人黄某有其他利害关系，但是没有达到可能影响公正审判的程度，故C错误。B中"一审书记员乙系林某的表弟"属于法定回避理由，乙应当回避，但是其没有回避，《刑事诉讼法》第238条规定，第二审人民法院发现第一审人民法院的审理有下列违反法律规定的诉讼程序的情形之一的，应当裁定撤销原判，发回原审人民法院重新审判：（1）违反本法有关公开审判的规定的；（2）违反回避制度的；（3）剥夺或者限制了当事人的法定诉讼权利，可能影响公正审判的；（4）审判组织的组成不合法的；（5）其他违反法律规定的诉讼程序，可能影响公正审判的。所以，二审法院可以此为由裁定发回原审法院重审。故B正确。《刑诉解释》第29条规定，参与过本案调查、侦查、审查起诉工作的监察、侦查、检察人员，调至人民法院工作的，不得担任本案的审判人员。在一个审判程序中参与过本案审判工作的合议庭组成人员或者独任审判员，不得再参与本案其他程序的审判。但是，发回重新审判的案件，在第一审人民法院作出裁判后又进入第二审程序、在法定刑以下判处刑罚的复核程序或者死刑复核程序的，原第二审程序、在法定刑以下判处刑罚的复核程序或者死刑复核程序中的合议庭组成人员不受本款规定的限制。故D错误。本题的正确答案为AB两项。

**63. BD**。《刑事诉讼法》第38条规定，辩护律师在侦查期间可以为犯罪嫌疑人提供法律帮助；代理申诉、控告；申请变更强制措施；向侦查机关了解犯罪嫌疑人涉嫌的罪名和案件有关情况，提出意见。《刑事诉讼法》第39条第3~5款规定，危害国家安全犯罪、恐怖活动犯罪案件，在侦查期间辩护律师会见在押的犯罪嫌疑人，应当经侦查机关许可。上述案件，侦查机关应当事先通知看守所。辩护律师会见在押的犯罪嫌疑人、被告人，可以了解案件有关情况，提供法律咨询等；自案件移送审查起诉之日起，可以向犯罪嫌疑人、被告人核实有关证据。辩护律师会见犯罪嫌疑人、被告人时不被监听。辩护律师同被监视居住的犯罪嫌疑人、被告人会见、通信，适用第1款、第3款、第4款的规定。本题中，A的错误在于，贿赂犯罪由监察机关立案调查，而不是公安机关侦查，所以，会见刘某无需公安机关许可。B属于申请变更强制措施。C的错误在于，在调查阶段，律师会见被监视居住的犯罪嫌疑人，不能向其核实有关证据。D正确。本题的正确答案为BD两项。

**64. ABD**。《刑事诉讼法》第64条规定，对于危害国家安全犯罪、恐怖活动犯罪、黑社会性质的组织犯罪、毒品犯罪等案件，证人、鉴定人、被害人因在诉讼中作证，本人或者其近亲属的人身安全面临危险的，人民法院、人民检察院和公安机关应当采取以下一项或者多项保护措施：(1) 不公开真实姓名、住址和工作单位等个人信息；(2) 采取不暴露外貌、真实声音等出庭作证措施；(3) 禁止特定的人员接触证人、鉴定人、被害人及其近亲属；(4) 对人身和住宅采取专门性保护措施；(5) 其他必要的保护措施。故本题中的 AB 两项均正确。C 中的侦查人员是“出庭说明情况”，而并非作为证人“出庭作证”，所以，不受证人保护法律规范的约束。故 C 错误。《刑事诉讼法》第 154 条规定，依照本节规定采取侦查措施收集的材料在刑事诉讼中可以作为证据使用。如果使用该证据可能危及有关人员的人身安全，或者可能产生其他严重后果的，应当采取不暴露有关人员身份、技术方法等保护措施，必要的时候，可以由审判人员在庭外对证据进行核实。故 D 正确。本题的正确答案为 ABD 三项。

**65. BC**。《刑事诉讼法》第 86 条规定，公安机关对被拘留的人，应当在拘留后的 24 小时以内进行讯问。在发现不应当拘留的时候，必须立即释放，发给释放证明。《刑事诉讼法》第 118 条第 2 款规定，犯罪嫌疑人被送交看守所羁押以后，侦查人员对其进行讯问，应当在看守所内进行。所以，BC 均正确。《刑事诉讼法》第 119 条第 1 款规定，对不需要逮捕、拘留的犯罪嫌疑人，可以传唤到犯罪嫌疑人所在市、县内的指定地点或者到他的住处进行讯问，但是应当出示人民检察院或者公安机关的证明文件。对在现场发现的犯罪嫌疑人，经出示工作证件，可以口头传唤，但应当在讯问笔录中注明。由此可见，在拘留犯罪嫌疑人之前，可以对其进行传唤并讯问，故 A 错误。对于被指定居所监视居住的犯罪嫌疑人，是“可以”而不是“应当”在指定的居所进行讯问。故 D 错误。本题的正确答案为 BC 两项。

**66. BD**。《刑诉解释》第 227 条规定，控辩双方可以申请人民法院召开庭前会议，提出申请应当说明理由。人民法院经审查认为有必要的，应当召开庭前会议；决定不召开的，应当告知申请人。所以，参加庭前会议并非被告人的权利，故 A 错误。《刑诉解释》第 228 条规定，庭前会议可以就下列事项向控辩双方了解情况，听取意见：(1) 是否对案件管辖有异议；(2) 是否申请有关人员回避；(3) 是否申请不公开审理；(4) 是否申请排除非法证据；(5) 是否提供新的证据材料；(6) 是否申请重新鉴定或者勘验；(7) 是否申请收集、调取证明被告人无罪或者罪轻的证据材料；(8) 是否申请证人、鉴定人、有专门知识的人、调查人员、侦查人员或者其他人员出庭，是否对出庭人员名单有异议；(9) 是否对涉案财物的权属情况和人民检察院的处理建议有异议；(10) 与审判相关的其他问题。庭前会议中，人民法院可以开展附带民事调解。对第一款规定中可能导致庭审中断的程序性事项，人民法院可以在庭前会议后依法作出处理，并在庭审中说明处理决定和理由。控辩双方没有新的理由，在庭审中再次提出有关申请或者异议的，法庭可以在说明庭前会议情况和处理决定理由后，依法予以驳回。庭前会议情况应当制作笔录，由参会人员核对后签名。由此条文可知，BD 两项正确。庭前会议只是对是否申请排除非法证据了解情况、听取意见，而不是要对是否排除非法证据作出决定。故 C 错误。本题的正确答案为 BD 两项。

**67. BC**。《刑诉解释》第 317 条第 1 款规定，本解释第 1 条规定的案件，如果被害人死亡、丧失行为能力或者因受强制、威吓等无法告诉，或者是限制行为能力人以及因年老、患病、盲、聋、哑等不能亲自告诉，其法定代理人、近亲属告诉或者代为告诉的，人民法院应当依法受理。A 的错误在于，不能因“任某担心影响不好不愿起诉”，由任某的父亲代为起诉。《刑诉解释》第 323 条第 2 款规定，共同被害人中只有部分人告诉的，人民法院应当通知其他被害人参加诉讼，并告知其不参加诉讼的法律后果。被通知人接到通知后表示不参加诉讼或者不出庭的，视为放弃告诉。第一审宣判后，被通知人就同一事实又提起自诉的，人民法院不予受理。但是，当事人另行提起民事诉讼的，不受本解释限制。故 B 正确。《刑事诉讼法》第 193 条第 1 款规定，经人民法院通知，证人没有正当理由不出庭作证的，人民法院可以强制其到庭，但是被告人的配偶、父母、子女除外。此款只是不能强制被告人的配偶、父母、子女到庭作证，但是，可以强制方某的弟弟到庭作证。故 C 正确。《刑事诉讼法》第 214 条第 1 款规定，基层人民法院管辖的案件，符合下列条件的，可以适用简易程序审判：(1) 案件事实清楚、证据充分的；(2) 被告人承认自己所犯罪行，对指控的犯罪事实没有异议的；(3) 被告人对适用简易程序没有异议的。本案是侮辱案，属于告诉才处理的案件，可以适用简易程序，而不是应当适用简易程序。因此，D 错误。本题的正确答案为 BC 两项。

**68. ABD**。《刑法》第 263 条规定，以暴力、胁迫或者其他方法抢劫公私财物的，处 3 年以上 10 年以下有期徒刑，并处罚金；有下列情形之一的，处 10 年以上有期徒刑、无期徒刑或者死刑，并处罚金或者没收财产：……(7) 持枪抢劫的；……《刑事诉讼法》第 214 条规定，A 中的案件是可以适用简易程序审理的。《刑事诉讼法》第 216 条第 1 款规定，适用简易程序审理案件，对可能判处 3 年有期徒刑以下刑罚的，可以组成合议庭进行审判，也可以由审判员 1 人独任审判；对可能判处的有期徒刑超过 3 年的，应当组成合议庭进行审判。A 中的情节，可能判处 10 年以上有期徒刑甚至更重的刑罚。所以，由 2 名审判员和 1 名人民陪审员组成合议庭进行审理，也是正确的。《刑诉解释》第 566 条规定，对未成年人刑事案件，人民法院决定适用简易程序审理的，应当征求未成年被告人及其法定代理人、辩护人的意见。上述人员提出异议的，不适用简易程序。故 B 正确。《刑诉解释》第 360 条规定，具有下列情形之一的，不适用简易程序：(1) 被告人是盲、聋、哑人的；(2) 被告人是尚未完全丧失辨认或者控制自己行为能力的精神病人的；(3) 案件有重大社会影响的；(4) 共同犯罪案件中部分被告人不认罪或者对适用简易程序有异议的；(5) 辩护人作无罪辩护的；(6) 被告人认罪但经审查认为可能不构成犯罪的；(7) 不宜适用简易程序审理的其他情形。故 C 中的案件不得适用简易程序，该项不正确。《刑诉解释》第 368 条第 1 款规定，适用简易程序审理案件，在法庭审理过程中，具有下列情形之一的，应当转为普通程序审理：(1) 被告人的行为可能不构成犯罪的；(2) 被告人可能不负刑事责任的；(3) 被告人当庭对起诉指控的犯罪事实予以否认的；(4) 案件事实不清、证据不足的；(5) 不应当或者不宜适用简易程序的其他情形。故 D 正确。本题的正确答案为 ABD 三项。

**69. AD**。《刑诉解释》第 519 条规定，对被判处管制、宣告缓刑的罪犯，人民法院应当依法确定社区矫正执行地。社区矫正执行地为罪犯的居住地；罪犯在多个地方居住的，可以确定其经常居住地为执行地；罪犯的居住地、经常居住地无法确定或者不适宜执行社区矫正的，应当根据有利于罪犯接受矫正、更好地融入社会的原则，确定执行地。宣判时，应当告知罪犯自判决、裁定生效之日起 10 日以内到执行地社区矫正机构报到，以及不按期报到的后果。人民法院应当自判决、裁定生效之日起 5 日以内通知执行地社区矫正机构，并在 10 日以内将判决书、裁定书、执行通知书等法律文书送达执行地社区矫正机构，同时抄送人民检察院和执行地公安机关。人民法院与社区矫正执行地不在同一地方的，由执行地社区矫正机构将法律文书转送所在地的人民检察院和公安机关。故 A 正确。《刑诉解释》第 542 条规定，罪犯在缓刑、假释考验期限内犯新罪或者被发现在判决宣告前还有其他罪没有判决，应当撤销缓刑、假释的，由审判新罪的人民法院撤销原判决、裁定宣告的缓刑、假释，并书面通知原审人民法院和执行机关。故 C 错误。《刑诉解释》第 543 条规定，人民法院收到社区矫正机构的撤销缓刑建议书后，经审查，确认罪犯在缓刑考验期限内具有下列情形之一的，应当作出撤销缓刑的裁定：(1) 违反禁止令，情节严重的；(2) 无正当理由不按规定时间报到或者接受社区矫正期间脱离监管，超过一个月的；(3) 因违反监督管理规定受到治安管理处罚，仍不改正的；(4) 受到执行机关二次警告，仍不改正的；(5) 违反法律、行政法规和监督管理规定，情节严重的其他情形。人民法院收到社区矫正机构的撤销假释建议书后，经审查，确认罪犯在假释考验期限内具有前款第二项、第四项规定情形之一，或者有其他违反监督管理规定的行为，尚未构成新的犯罪的，应当作出撤销假释的裁定。故 D 正确。B 的错误在于，不是法院，而是社区矫正机构应当按照法院的判决，向罪犯及其原所在单位或者居住地群众宣布犯罪事实、期限及应遵守的规定。本题的正确答案为 AD 两项。

**70. BCD**。《刑诉解释》第 451 条规定，当事人及其法定代理人、近亲属对已经发生法律效力的判决、裁定提出申诉的，人民法院应当审查处理。案外人认为已经发生法律效力的判决、裁定侵害其合法权益，提出申诉的，人民法院应当审查处理。申诉可以委托律师代为进行。故 A 错误。《刑诉解释》第 466 条第 1 款规定，原审人民法院审理依照审判监督程序重新审判的案件，应当另行组成合议庭。故 B 正确。《刑诉解释》第 464 条规定，对决定依照审判监督程序重新审判的案件，人民法院应当制作再审决定书。再审期间不停止原判决、裁定的执行，但被告人可能经再审改判无罪，或者可能经再审减轻原判刑罚而致刑期届满的，可以决定中止原判决、裁定的执行，必要时，可以对被告人采取取保候审、监视居住措施。故 C 正确。《刑诉解释》第 461 条第 2 款规定，上级人民法院指令下级人民法院再审的，一般应当指令原审人民法院以外的下级人民法院审理；由原审人民法院审理更有利于查明案件事实、纠正裁判错误的，可以指令原审人民法院审理。故 D 正确。本题的正确答案为 BCD 三项。

**71. AC**。高效便民原则体现在：(1) 行政效率原则。(2) 便利当事人原则。A 简化行政机关办理行政许可流程，同样的单位时间内输出的公务服务多了，当然体现的是行政效率原则。C“对办理行政许可的当事人提出的问题给予及时、耐心的答复”体现了方便申请人、处处替行政相对人着想，便利其到行政机关办理政务的精神，故而 C 当选。B 体现的是正当程序原则，D 则体现的是行政法上的权责统一原则。

**72. AD**。程序正当原则包括以下三方面的子原则：第一，行政公开原则，即除涉及国家秘密和依法受到保护的商业秘密、个人隐私外，行政机关实施行政管理应当公开，以实现公民的知情权、了解权。第二，公众参与原则，即行政机关作出重要规定或决定，应当听取公民、法人和其他组织的意见，特别是作出对行政相对人不利的决定，要听取他们的陈述和申辩——听证。第三，回避原则，行政机关工作人员履行职责，与行政相对人存在利害关系的，应当回避。关于A听证主持人应当由法制部门工作人员担任，由调查人员担任主持人违反了回避原则的内在要求。所以A符合题意当选。《土地管理法》第46条规定，征收永久基本农田须经国务院批准。故某县政府自行决定征收基本农田，构成超越职权，违反了依法行政的要求，属于实体方面存在瑕疵。根据题干无法得知程序方面是否存在瑕疵，故B错误。关于行政拘留是不适用听证程序的，这种告知缺乏法律依据，且是违反依法行政原则的，C不符合题意不当选。关于虽然D符合《治安管理处罚法》第91条“治安管理处罚由县级以上人民政府公安机关决定；其中警告、五百元以下的罚款可以由公安派出所决定”的规定，但是，依照《治安管理处罚法》第100条规定，可当场作出治安处罚决定的应当是警告和200元以下罚款。当场罚款500元违反了正当程序的基本要求。D符合题意当选。

**73. BC**。行政公开原则，是程序正当原则下的子原则，即除涉及国家秘密和依法受到保护的商业秘密、个人隐私外，行政机关实施行政管理应当公开，以实现公民的知情权、了解权。通过题干案情可知，本题未涉及该原则，A不当选。比例原则是合理行政原则下的子原则，即行政机关采取的措施和手段应当是必要、适当的；有多种手段可选择时应当避免采用损害行政相对人权益的方式，如果为达到行政目的必须对相对人的权益造成不利影响，那么这种不利影响应当被限制在尽可能小的范围和限度内，并且使失去利益与得到保护的利益之间处于适当的比例之中。违反此子原则就表现为行政机关采取的措施和手段与针对的对象不相称。法院的判决适用了比例原则。故而B当选。合理行政原则的主要含义是行政行为应当具有理性基础，禁止行政主体的武断专横和随意。最低限度的理性，是行政行为应当具有一个有正常理智的普通人所能达到的合理与适当，并且能够符合科学公理和社会公德。本案中，廖某所建小棚未占用主干道，其违法行为没有严重到既需要拆除又需要实施顶格处罚的程度，因此，法院适用合理行政原则，判决改为对其进行罚款1000元。所以C当选。诚实守信原则有三个子原则：第一是行政信息真实原则，行政机关公布的信息应当真实、准确、可信，不能提供虚假信息和材料。第二是信赖保护原则，非因法定事由并经法定程序，行政机关不得撤销、变更已经生效的行政（许可）决定。行政许可所依据的法律、法规、规章修改或者废止，或者准予行政许可所依据的客观情况发生重大变化的，为了公共利益的需要，行政机关可以依法变更或者撤回已经生效的行政许可。为此给公民、法人或者其他组织造成财产损失的，行政机关应当依法给予补偿。第三是行政允诺应予兑现，行政机关应做其诺言的“奴隶”。法院的判决未适用诚实守信原则，D不当选。

**74. AC**。A考查关于询问查证的时间，《治安管理处罚法》第83条第1款规定，对违反治安管理行为人，公安机关传唤后应当及时询问查证，询问查证的时间不得超过8小时；情况复杂，依照本法规定可能适用行政拘留处罚的，询问查证的时间不得超过24小时。本案中，某公安局以刘某引诱他人吸食毒品为由对其处以15日拘留，A表述符合要求，当选。B考查听证程序的适用，《行政处罚法》第63条第1款规定，行政机关拟作出下列行政处罚决定，应当告知当事人有要求听证的权利，当事人要求听证的，行政机关应当组织听证：（1）较大数额罚款；（2）没收较大数额违法所得、没收较大价值非法财物；（3）降低资质等级、吊销许可证件；（4）责令停产停业、责令关闭、限制从业；（5）其他较重的行政处罚；（6）法律、法规、规章规定的其他情形。《治安管理处罚法》第98条规定，公安机关作出吊销许可证以及处2000元以上罚款的治安管理处罚决定前，应当告知违反治安管理行为人有权要求举行听证；违反治安管理行为人要求听证的，公安机关应当及时依法举行听证。行政拘留虽然不适用听证程序，可是，本案中刘某被并处3000元罚款，超过了可以组织听证的2000元罚款的数额，刘某有权仅就罚款的数额、事项提出听证请求。B错误，不当选。C考查对外国人可否独立适用行政处罚，《治安管理处罚法》第10条规定，限期出境或者驱逐出境属于附加处罚，可以在处以罚款、拘留的同时附加适用，但不可以独立适用。C正确，当选。D考查起诉期限，《行政诉讼法》第46条第1款规定，公民、法人或者其他组织直接向人民法院提起诉讼的，应当自知道或者应当知道作出行政行为之日起6个月内提出。法律另有规定的除外。D错误，不当选。

【陷阱提示】B中既有符合听证适用范围的行政罚款3000元，也有不适用听证适用范围的行政拘留，注意区分。

**75. ABD**。《行政强制法》第50条规定，行政机关依法作出要求当事人履行排除妨碍、恢复原状等义务的行政决定，当事人逾期不履行，经催告仍不履行，其后果已经或者将危害交通安全、造成环境污染或者破坏自然资源的，行政机关可以代履行，或者委托没有利害关系的第三人代履行。因此A错误。《行政强制法》第51条第2款规定，代履行的费用按照成本合理确定，由当事人承担。但是，法律另有规定的除外。因此，代履行的费用均应当由负有义务的当事人承担说法不准确。故B当选。C符合《行政强制法》第51条第3款“代履行不得采用暴力、胁迫以及其他非法方式”的要求，正确，不选。《行政强制法》第51条第1款规定，代履行应当遵守下列规定：（1）代履行前送达决定书，代履行决定书应当载明当事人的姓名或者名称、地址，代履行的理由和依据、方式和时间、标的、费用预算以及代履行人；（2）代履行 3 日前，催告当事人履行，当事人履行的，停止代履行；（3）代履行时，作出决定的行政机关应当派员到场监督；（4）代履行完毕，行政机关到场监督的工作人员、代履行人和当事人或者见证人应当在执行文书上签名或者盖章。D 混淆前两项规定，错误，当选。

**76. AC**。《行政诉讼法》第 69 条规定，行政行为证据确凿，适用法律、法规正确，符合法定程序的，或者原告申请被告履行法定职责或者给付义务理由不成立的，人民法院判决驳回原告的诉讼请求。据此，不管被诉行政行为是作为，还是不作为，只要该行为是合法的，法院就应当判决驳回原告的诉讼请求。故 AC 正确。《行诉法解释》第 69 条第 1 款第 1 项规定，受理案件后发现起诉不符合起诉条件的，应当裁定驳回起诉，而非判决驳回诉讼请求，故 B 错误。根据不告不理原则，被告在一审期间改变被诉行政行为，原告不撤诉而仍要求继续审理原行政行为的，人民法院才继续审理原行政行为。在此情形下，人民法院认为原行政行为合法的，才判决驳回原告针对原行政行为的诉讼请求，故 D 错误。

**77. AB**。在行政诉讼中，一般由被告承担主要的举证责任，但是对于行政不作为案件，《行诉证据规定》第 4 条第 2 款规定，在起诉被告不作为的案件中，原告应当提供其在行政程序中曾经提出申请的证据材料。《政府信息公开案件规定》第 5 条第 1 款规定，被告拒绝向原告提供政府信息的，应当对拒绝的根据以及履行法定告知和说明理由义务的情况举证。故 AB 两选项正确，当选。根据《政府信息公开案件规定》第 9 条第 4 款的规定，正确的做法为法院应当判决其转送给有权更正的机关处理，而不是判决驳回原告诉讼请求。所以 C 错误，不选。《政府信息公开案件规定》第 9 条第 1 款规定，被告对依法应当公开的政府信息拒绝或者部分拒绝公开的，人民法院应当撤销或者部分撤销被诉不予公开决定，并判决被告在一定期限内公开。这里的“一定期限”属于指定期间，并非像选项中表述的“即应”在 15 日内更正。故 D 错误，不选。

**78. ABCD**。“抢劫致人死亡”，既包括行为人的暴力等行为过失致人死亡，也包括行为人为劫取财物而预谋故意杀人，或者在劫取财物过程中，为制服被害人反抗而故意杀人。“以非法占有为目的故意杀害他人后立即劫取财物”的情形属于“抢劫致人死亡”。郑某的行为同时符合故意杀人罪和抢劫罪的犯罪构成，但属于结果加重犯，应以抢劫罪定罪论处。ACD 正确。如果认为“抢劫致人死亡”仅限于过失致人死亡，由于郑某先实施故意杀害车主的行为，又将其面包车据为己有，两个行为分别构成故意杀人罪与盗窃罪，应当数罪并罚。如果否认死者占有，则该面包车属于遗忘物，将其据为己有的行为成立侵占罪而非盗窃罪。B 正确。应选 ABCD。

**79. ABCD**。非法占有目的，是指排除权利人，将他人的财物作为自己的所有物进行支配，并遵从财物可能具有的用途进行利用、处分的意思。非法占有目的由“排除意思”与“利用意思”构成。在非法占有目的这一要素的理解上，盗窃罪与抢劫罪并无区别。故 AB 正确。认定是否具有非法占有目的应以抢劫面包车当时的主观心态为准，郑某等人抢劫面包车是为了跟踪银行运钞车，待目的实现后将面包车毁坏，并不影响其非法占有目的的认定。C 正确。不可罚的事后行为，是指在状态犯的场合，利用该犯罪行为的结果的行为，虽然孤立地看符合其他犯罪的犯罪构成，具有可罚性，但由于综合评价在该状态犯中，没有必要另行认定为其他犯罪。盗窃罪就属于状态犯，郑某等人盗窃面包车之后，面包车便由其占有，其处置面包车的行为可涵盖在盗窃罪之内进行评价，没有必要另行定罪。D 正确。

**80. ABCD**。爆炸罪的成立要求对不特定多数人的生命财产安全造成现实威胁。虽然爆炸地点附近没有行人，但郑某等人的行为客观上对押款人员的生命安全以及周边的财产安全都造成了现实威胁，已经满足爆炸罪的构成要件。同时，郑某等人明知该行为可能导致押款人员死亡结果发生而持放任态度，其行为同时符合故意杀人罪的构成要件，系一行为触犯数罪名，属于想象竞合。其爆炸的目的在于抢劫财物，爆炸行为与抢劫行为构成牵连犯，爆炸行为为手段行为，抢劫行为为目的行为，应当从一重罪即以抢劫罪论处。郑某等人的行为客观上造成押运人员死亡和重伤结果的发生，属于“抢劫致人重伤、死亡”。因此，ABCD 均正确。

**81. BC**。脱逃罪是指依法被关押的罪犯、被告人、犯罪嫌疑人脱逃的行为。其主体仅限于被关押的罪犯、被告人和犯罪嫌疑人。甲属于强制戒毒人员，其逃离戒毒所的行为不构成脱逃罪。A 错误。为出售而购买毒品的行为构成贩卖毒品罪，甲为了自己吸食，购买毒品的行为不构成犯罪。B 正确。贩卖毒品罪以毒品交付为既遂标志。陈某出卖毒品给甲，甲采取赊账方式，陈某未及时获取钱款并不影响贩卖毒品罪成立犯罪既遂。C 正确。由于甲不构成犯罪，所以乙收留甲的行为也并不构成窝藏罪。D 错误。

**82. ABCD**。甲翻墙入院并进入陈某厨房窃取毒品，属于典型的“入户盗窃”。该行为同时也符合非法侵入住宅罪的犯罪构成，属于一行为触犯数罪名，应当以盗窃罪定罪处罚。AB 正确。甲毒死陈某家看门狗的行为同时符合盗窃罪犯罪预备的犯罪构成和故意毁坏财物罪的犯罪构成，属于一行为触犯数罪名，构成想象竞合。C 正确。盗窃毒品等违禁品的行为同样属于盗窃公私财物，构成盗窃罪。D 正确。

**83. BCD**。甲让乙卖出冰毒的行为构成贩卖毒品罪的共同犯罪。甲盗窃毒品后如果用于吸食，不另行构成犯罪。但其将盗窃的毒品贩卖给他人，又侵害了新的法益，应当另行定罪。A错误。乙将掺入其他杂质的冰毒冒充纯冰毒贩卖，属于虚构事实、隐瞒真相，并使他人基于错误认识支付与产品不相称的钱款，其行为已构成诈骗罪。甲向乙提供毒品并对此知情，已构成诈骗罪的共同犯罪。同时甲乙的行为还构成贩卖毒品罪的共同犯罪。BC正确。乙只是在冰毒中掺杂使假，与《刑法》意义上制造毒品的行为相去甚远，不构成制造毒品罪。D正确。应选BCD。

**84. ABD**。《公安规定》第259条规定，辨认应当在侦查人员的主持下进行。主持辨认的侦查人员不得少于2人。几名辨认人对同一辨认对象进行辨认时，应当由辨认人个别进行。《公安规定》第260条规定，辨认时，应当将辨认对象混杂在特征相类似的其他对象中，不得在辨认前向辨认人展示辨认对象及其影像资料，不得给辨认人任何暗示。辨认犯罪嫌疑人时，被辨认的人数不得少于7人；对犯罪嫌疑人照片进行辨认的，不得少于10人的照片。辨认物品时，混杂的同类物品不得少于5件；对物品的照片进行辨认的，不得少于10个物品的照片。对场所、尸体等特定辨认对象进行辨认，或者辨认人能够准确描述物品独有特征的，陪衬物不受数量的限制。本题A中，在辨认尸体时，只将李某尸体与另一尸体作为辨认对象，这种做法是合法的，故A正确。B表述也正确。C的错误在于，"将石某混杂在5名人员中"，被辨认对象的数量不符合规定。《公安规定》第261条规定，对犯罪嫌疑人的辨认，辨认人不愿意公开进行时，可以在不暴露辨认人的情况下进行，并应当为其保守秘密。故D正确。本题的正确答案为ABD三项。

**85. D**。《刑诉解释》第105条规定，辨认笔录具有下列情形之一的，不得作为定案的根据：(1)辨认不是在调查人员、侦查人员主持下进行的；(2)辨认前使辨认人见到辨认对象的；(3)辨认活动没有个别进行的；(4)辨认对象没有混杂在具有类似特征的其他对象中，或者供辨认的对象数量不符合规定的；(5)辨认中给辨认人明显暗示或者明显有指认嫌疑的；(6)违反有关规定，不能确定辨认笔录真实性的其他情形。《关于办理死刑案件审查判断证据若干问题的规定》第30条规定，侦查机关组织的辨认，存在下列情形之一的，应当严格审查，不能确定其真实性的，辨认结果不能作为定案的根据：(1)辨认不是在侦查人员主持下进行的；(2)辨认前使辨认人见到辨认对象的；(3)辨认人的辨认活动没有个别进行的；(4)辨认对象没有混杂在具有类似特征的其他对象中，或者供辨认的对象数量不符合规定的；尸体、场所等特定辨认对象除外。(5)辨认中给辨认人明显暗示或者明显有指认嫌疑的。有下列情形之一的，通过有关办案人员的补正或者作出合理解释的，辨认结果可以作为证据使用：(1)主持辨认的侦查人员少于2人的；(2)没有向辨认人详细询问辨认对象的具体特征的；(3)对辨认经过和结果没有制作专门的规范的辨认笔录，或者辨认笔录没有侦查人员、辨认人、见证人的签名或者盖章的；(4)辨认记录过于简单，只有结果没有过程的；(5)案卷中只有辨认笔录，没有被辨认对象的照片、录像等资料，无法获悉辨认的真实情况的。故ABC三项均错误。D正确。

**86. BCD**。《刑事诉讼法》第279条规定，公安机关、人民检察院、人民法院办理未成年人刑事案件，根据情况可以对未成年犯罪嫌疑人、被告人的成长经历、犯罪原因、监护教育等情况进行调查。《人民检察院办理未成年人刑事案件的规定》第9条第1款规定，人民检察院根据情况可以对未成年犯罪嫌疑人的成长经历、犯罪原因、监护教育等情况进行调查，并制作社会调查报告，作为办案和教育的参考。故A的错误在于，不是"应当"而是"可以"对黄某、吴某的成长经历、犯罪原因和监护教育等情况进行社会调查。《人民检察院办理未成年人刑事案件的规定》第22条第4款规定，审查起诉未成年犯罪嫌疑人，应当听取其父母或者其他法定代理人、辩护人、被害人及其法定代理人的意见。故C正确。《刑事诉讼法》第281条第1款、第5款规定，对于未成年人刑事案件，在讯问和审判的时候，应当通知未成年犯罪嫌疑人、被告人的法定代理人到场。询问未成年被害人、证人，也适用此规定。故B正确。《人民检察院办理未成年人刑事案件的规定》第30条规定，人民检察院在作出附条件不起诉的决定以前，应当听取公安机关、被害人、未成年犯罪嫌疑人的法定代理人、辩护人的意见，并制作笔录附卷。被害人是未成年人的，还应当听取被害人的法定代理人、诉讼代理人的意见。故D正确。本题中，赵某是未成年人，所以，应当听取赵某及其法定代理人与诉讼代理人的意见。故本题的正确答案为BCD三项。

**87. BC**。《人民检察院办理未成年人刑事案件的规定》第40条第1款规定，人民检察院决定附条件不起诉的，应当确定考验期。考验期为6个月以上1年以下，从人民检察院作出附条件不起诉的决定之日起计算。考验期不计入案件审查起诉期限。故A错误，B正确。《人民检察院办理未成年人刑事案件的规定》第40条第2款规定，考验期的长短应当与未成年犯罪嫌疑人所犯罪行的轻重、主观恶性的大小和人身危险性的大小、一贯表现及帮教条件等相适应，根据未成年犯罪嫌疑人在考验期的表现，可以在法定期限范围内适当缩短或者延长。故C正确，D的错误在于，附条件不起诉考验期不能折抵刑期。本题的正确答案为BC两项。

**88. B**。和解不是不起诉的必备条件，故A错误。

《人民检察院办理未成年人刑事案件的规定》第 42 条规定，人民检察院可以要求被附条件不起诉的未成年犯罪嫌疑人接受下列矫治和教育：……（4）向被害人赔偿损失、赔礼道歉等……可知，检察院对黄某作出附条件不起诉决定时，可要求黄某向被害人赵某赔礼道歉、赔偿损失。《高检规则》第 373 条第 1 款规定，人民检察院决定不起诉的案件，可以根据案件的不同情况，对被不起诉人予以训诫或者责令具结悔过、赔礼道歉、赔偿损失。故检察院对吴某作出不起诉决定时，可要求吴某向被害人赵某赔礼道歉、赔偿损失。故 B 正确。《刑事诉讼法》第 283 条第 1 款规定，在附条件不起诉的考验期内，由人民检察院对被附条件不起诉的未成年犯罪嫌疑人进行监督考察。未成年犯罪嫌疑人的监护人，应当对未成年犯罪嫌疑人加强管教，配合人民检察院做好监督考察工作。故 C 错误。《高检规则》第 483 条规定，人民检察院应当将拟封存的未成年人犯罪记录、卷宗等相关材料装订成册，加密保存，不予公开，并建立专门的未成年人犯罪档案库，执行严格的保管制度。故检察院对吴某作出不起诉决定后，应将相关材料装订成册，予以封存。但是，检察院对黄某作出附条件不起诉决定，不需要予以封存。故 D 错误。

**89. ACD**。夏某与本案具有利害关系，如果不参加诉讼，对自己有利的工伤认定有可能被撤销，夏某一定要参加诉讼陈述事实、提供证据。因此，夏某为本案第三人。A 正确，当选。B 中夏某同事孙某的证言不属于书证，错误不选。《行诉证据规定》第 56 条规定，法庭应当根据案件的具体情况，从以下方面审查证据的真实性：（1）证据形成的原因；（2）发现证据时的客观环境；（3）证据是否为原件、原物，复制件、复制品与原件、原物是否相符；（4）提供证据的人或者证人与当事人是否具有利害关系；（5）影响证据真实性的其他因素。依据上述（3），C 正确，当选。“如有证据证明交通事故确系夏某醉酒所致”，某县社保局的工伤认定则是建立在虚假证据基础上的，法院以没有相应事实根据为由判决撤销就是正确的，故而 D 正确，当选。

**90. BCD**。A 错误。县公安局不是赔偿义务机关，赔偿义务机关应为县检察院。《国家赔偿法》第 21 条第 3 款规定，对公民采取逮捕措施后决定撤销案件、不起诉或者判决宣告无罪的，作出逮捕决定的机关为赔偿义务机关。B 正确。《国家赔偿法》第 13 条规定，赔偿义务机关应当自收到申请之日起 2 个月内，作出是否赔偿的决定。赔偿义务机关作出赔偿决定，应当充分听取赔偿请求人的意见，并可以与赔偿请求人就赔偿方式、赔偿项目和赔偿数额依照本法第四章的规定进行协商。赔偿义务机关决定赔偿的，应当制作赔偿决定书，并自作出决定之日起 10 日内送达赔偿请求人。赔偿义务机关决定不予赔偿的，应当自作出决定之日起 10 日内书面通知赔偿请求人，并说明不予赔偿的理由。C 正确。《国家赔偿法》第 17 条第 2 项规定，行使侦查、检察、审判职权的机关以及看守所、监狱管理机关及其工作人员对公民采取逮捕措施后，决定撤销案件、不起诉或者判决宣告无罪终止追究刑事责任的，受害人有取得赔偿的权利。D 正确。对拒绝赔偿，沈某可以向县检察院的上一级检察院申请复议。《国家赔偿法》第 24 条第 2 款规定，赔偿请求人对赔偿的方式、项目、数额有异议的，或者赔偿义务机关作出不予赔偿决定的，赔偿请求人可以自赔偿义务机关作出赔偿或者不予赔偿决定之日起 30 日内，向赔偿义务机关的上一级机关申请复议。

# 第12天

少年负壮气，奋烈自有时。

## 试 题

**1.** 薛某驾车撞死一行人，交警大队确定薛某负全责。鉴于找不到死者亲属，交警大队调处后代权利人向薛某预收了6万元赔偿费，商定待找到权利人后再行转交。因一直未找到权利人，薛某诉请交警大队返还6万元。根据社会主义法治理念公平正义要求和相关法律规定，下列哪一表述是正确的？

A. 薛某是义务人，但无对应权利人，让薛某承担赔偿义务，违反了权利义务相一致的原则

B. 交警大队未受损失而保有6万元，形成不当得利，应予退还

C. 交警大队代收6万元，依法行使行政职权，与薛某形成合法有效的行政法律关系，无须退还

D. 如确实未找到权利人，交警大队代收的6万元为无主财产，应收归国库

**2.** 张某和李某达成收养协议，约定由李某收养张某6岁的孩子小张；任何一方违反约定，应承担违约责任。双方办理了登记手续，张某依约向李某支付了10万元。李某收养小张1年后，因小张殴打他人赔偿了1万元，李某要求解除收养协议并要求张某赔偿该1万元。张某同意解除但要求李某返还10万元。下列哪一表述是正确的？

A. 李某、张某不得解除收养关系

B. 李某应对张某承担违约责任

C. 张某应赔偿李某1万元

D. 李某应返还不当得利

**3.** 甲公司和乙公司在前者印制的标准格式《货运代理合同》上盖章。《货运代理合同》第四条约定："乙公司法定代表人对乙公司支付货运代理费承担连带责任。"乙公司法定代表人李红在合同尾部签字。后双方发生纠纷，甲公司起诉乙公司，并要求此时乙公司的法定代表人李蓝承担连带责任。关于李蓝拒绝承担连带责任的抗辩事由，下列哪一表述能够成立？

A. 第四条为无效格式条款

B. 乙公司法定代表人未在第四条处签字

C. 乙公司法定代表人的签字仅代表乙公司的行为

D. 李蓝并未在合同上签字

**4.** 宗某患尿毒症，其所在单位甲公司组织员工捐款20万元用于救治宗某。此20万元存放于专门设立的账户中。宗某医治无效死亡，花了15万元医疗费。关于余下5万元，下列哪一表述是正确的？

A. 应归甲公司所有

B. 应归宗某继承人所有

C. 应按比例退还员工

D. 应用于同类公益事业

**5.** 甲公司向乙公司催讨一笔已过诉讼时效期限的10万元货款。乙公司书面答复称："该笔债务已过时效期限，本公司本无义务偿还，但鉴于双方的长期合作关系，可偿还3万元。"甲公司遂向法院起诉，要求偿还10万元。乙公司接到应诉通知后书面回函甲公司称："既然你公司起诉，则不再偿还任何货款。"下列哪一选项是正确的？

A. 乙公司的书面答复意味着乙公司需偿还甲公司3万元

B. 乙公司的书面答复构成要约

C. 乙公司的书面回函对甲公司有效

D. 乙公司的书面答复表明其丧失了10万元的时效利益

**6.** 张某与李某共有一台机器，各占50%份额。双方共同将机器转卖获得10万元，约定张某和李某分别享有6万元和4万元。同时约定该10万元暂存李某账户，由其在3个月后返还给张某6万元。后该账户全部款项均被李某债权人王某申请法院查封并执行，致李某不能按期返还张某款项。下列哪一表述是正确的？

A. 李某构成违约，张某可请求李某返还5万元

B. 李某构成违约，张某可请求李某返还6万元

C. 李某构成侵权，张某可请求李某返还5万元

D. 李某构成侵权，张某可请求李某返还6万元

**7.** 甲公司通知乙公司将其对乙公司的10万元债权出质给了丙银行，担保其9万元贷款。出质前，乙公司对甲公司享有2万元到期债权。如乙公司提出抗辩，关于丙银行可向乙公司行使质权的最大数额，下列哪一选项是正确的？

A. 10万元　　B. 9万元

C. 8万元　　D. 7万元

**8.** 甲公司欠乙公司货款 100 万元，先由甲公司提供机器设备设定抵押权、丙公司担任保证人，后由丁公司提供房屋设定抵押权并办理了抵押登记。甲公司届期不支付货款，下列哪一表述是正确的？

A. 乙公司应先行使机器设备抵押权

B. 乙公司应先行使房屋抵押权

C. 乙公司应先行请求丙公司承担保证责任

D. 丙公司和丁公司可相互追偿

**9.** 张某拾得王某的一只小羊拒不归还，李某将小羊从张某羊圈中抱走交给王某。下列哪一表述是正确的？

A. 张某拾得小羊后因占有而取得所有权

B. 张某有权要求王某返还占有

C. 张某有权要求李某返还占有

D. 李某侵犯了张某的占有

**10.** 甲公司与乙公司达成还款计划书，约定在 2012 年 7 月 30 日归还 100 万元，8 月 30 日归还 200 万元，9 月 30 日归还 300 万元。丙公司对三笔还款提供保证，未约定保证方式和保证期间。后甲公司同意乙公司将三笔还款均顺延 3 个月，丙公司对此不知情。乙公司一直未还款，甲公司仅于 2013 年 3 月 15 日要求丙公司承担保证责任。关于丙公司保证责任，下列哪一表述是正确的？

A. 丙公司保证担保的主债权为 300 万元

B. 丙公司保证担保的主债权为 500 万元

C. 丙公司保证担保的主债权为 600 万元

D. 因延长还款期限未经保证人同意，丙公司不再承担保证责任

**11.** 方某为送汤某生日礼物，特向余某定做一件玉器。订货单上，方某指示余某将玉器交给汤某，并将订货情况告知汤某。玉器制好后，余某委托朱某将玉器交给汤某，朱某不慎将玉器碰坏。下列哪一表述是正确的？

A. 汤某有权要求余某承担违约责任

B. 汤某有权要求朱某承担侵权责任

C. 方某有权要求朱某承担侵权责任

D. 方某有权要求余某承担违约责任

**12.** 甲公司向乙公司购买小轿车，约定 7 月 1 日预付 10 万元，10 月 1 日预付 20 万元，12 月 1 日乙公司交车时付清尾款。甲公司按时预付第一笔款。乙公司于 9 月 30 日发函称因原材料价格上涨，需提高小轿车价格。甲公司于 10 月 1 日拒绝，等待乙公司答复未果后于 10 月 3 日向乙公司汇去 20 万元。乙公司当即拒收，并称甲公司迟延付款构成违约，要求解除合同，甲公司则要求乙公司继续履行。下列哪一表述是正确的？

A. 甲公司不构成违约

B. 乙公司有权解除合同

C. 乙公司可行使先履行抗辩权

D. 乙公司可要求提高合同价格

**13.** 胡某于 2006 年 3 月 10 日向李某借款 100 万元，期限 3 年。2009 年 3 月 30 日，双方商议再借 100 万元，期限 3 年。两笔借款均先后由王某保证，未约定保证方式和保证期间。李某未向胡某和王某催讨。胡某仅于 2010 年 2 月归还借款 100 万元。关于胡某归还的 100 万元，下列哪一表述是正确的？

A. 因 2006 年的借款已到期，故归还的是该笔借款

B. 因 2006 年的借款无担保，故归还的是该笔借款

C. 因 2006 年和 2009 年的借款数额相同，故按比例归还该两笔借款

D. 因 2006 年和 2009 年的借款均有担保，故按比例归还该两笔借款

**14.** 孙某与李某签订房屋租赁合同，李某承租后与陈某签订了转租合同，孙某表示同意。但是，孙某在与李某签订租赁合同之前，已经把该房租给了王某并已交付。李某、陈某、王某均要求继续租赁该房屋。下列哪一表述是正确的？

A. 李某有权要求王某搬离房屋

B. 陈某有权要求王某搬离房屋

C. 李某有权解除合同，要求孙某承担赔偿责任

D. 陈某有权解除合同，要求孙某承担赔偿责任

**15.** 张某从甲银行分支机构乙支行借款 20 万元，李某提供保证担保。李某和甲银行又特别约定，如保证人不履行保证责任，债权人有权直接从保证人在甲银行及其支行处开立的任何账户内扣收。届期，张某、李某均未还款，甲银行直接从李某在甲银行下属的丙支行账户内扣划了 18 万元存款用于偿还张某的借款。下列哪一表述是正确的？

A. 李某与甲银行关于直接在账户内扣划款项的约定无效

B. 李某无须承担保证责任

C. 乙支行收回 20 万元全部借款本金和利息之前，李某不得向张某追偿

D. 乙支行应以自己的名义向张某行使追索权

**16.** 甲研究院研制出一种新药技术，向我国有关部门申请专利后，与乙制药公司签订了专利申请权转让合同，并依法向国务院专利行政主管部门办理了登记手续。下列哪一表述是正确的？

A. 乙公司依法获得药品生产许可证之前，专利申请权转让合同未生效

B. 专利申请权的转让合同自向国务院专利行政主管部门登记之日起生效

C. 专利申请权的转让自向国务院专利行政主管部门登记之日起生效

D. 如该专利申请因缺乏新颖性被驳回，乙公司可以不能实现合同目的为由请求解除专利申请权转让合同

**17.** 甲展览馆委托雕塑家叶某创作了一座巨型雕塑，将其放置在公园入口，委托创作合同中未约定版权归属。下列行为中，哪一项不属于侵犯著作权的行为？

A. 甲展览馆许可乙博物馆异地重建完全相同的雕塑

B. 甲展览馆仿照雕塑制作小型纪念品向游客出售

C. 个体户冯某仿照雕塑制作小型纪念品向游客出售

D. 游客陈某未经著作权人同意对雕塑拍照纪念

**18.** 甲电视台经过主办方的专有授权，对篮球俱乐部联赛进行了现场直播，包括在比赛休息时舞蹈演员跳舞助兴的场面。乙电视台未经许可截取电视信号进行同步转播。关于乙电视台的行为，下列哪一表述是正确的？

A. 侵犯了主办方对篮球比赛的著作权

B. 侵犯了篮球运动员的表演者权

C. 侵犯了舞蹈演员的表演者权

D. 侵犯了主办方的广播组织权

**19.** 甲公司在汽车产品上注册了“山叶”商标，乙公司未经许可在自己生产的小轿车上也使用“山叶”商标。丙公司不知乙公司使用的商标不合法，与乙公司签订书面合同，以合理价格大量购买“山叶”小轿车后售出，获利100万元以上。下列哪一说法是正确的？

A. 乙公司的行为属于仿冒注册商标

B. 丙公司可继续销售“山叶”小轿车

C. 丙公司应赔偿甲公司损失100万元

D. 市场监督管理部门不能对丙公司进行罚款处罚

**20.** 甲的房屋与乙的房屋相邻。乙把房屋出租给丙居住，并为该房屋在A公司买了火灾保险。某日甲见乙的房屋起火，唯恐大火蔓延自家受损，遂率家人救火，火势得到及时控制，但甲被烧伤住院治疗。下列哪一表述是正确的？

A. 甲主观上为避免自家房屋受损，不构成无因管理，应自行承担医疗费用

B. 甲依据无因管理只能向乙主张医疗费赔偿，因乙是房屋所有人

C. 甲依据无因管理只能向丙主张医疗费赔偿，因丙是房屋实际使用人

D. 甲依据无因管理不能向A公司主张医疗费赔偿，因甲欠缺为A公司的利益实施管理的主观意思

**21.** 甲电器销售公司的安装工人李某在为消费者黄某安装空调的过程中，不慎从高处掉落安装工具，将路人王某砸成重伤。李某是乙公司的劳务派遣人员，此前曾多次发生类似小事故，甲公司曾要求乙公司另派他人，但乙公司未予换人。下列哪一选项是正确的？

A. 对王某的赔偿责任应由李某承担，黄某承担补充责任

B. 对王某的赔偿责任应由甲公司承担，乙公司承担补充责任

C. 甲公司与乙公司应对王某承担连带赔偿责任

D. 对王某的赔偿责任承担应采用过错责任原则

**22.** 欣欣美容医院在为青年女演员欢欢实施隆鼻手术过程中，因未严格消毒导致欢欢面部感染，经治愈后面部仍留下较大疤痕。欢欢因此诉诸法院，要求欣欣医院赔偿医疗费并主张精神损害赔偿。该案受理后不久，欢欢因心脏病急性发作猝死。网络名人洋洋在其博客上杜撰欢欢吸毒过量致死。下列哪一表述是错误的？

A. 欣欣医院构成违约行为和侵权行为

B. 欢欢的继承人可继承欣欣医院对欢欢支付的精神损害赔偿金

C. 洋洋的行为侵犯了欢欢的名誉权

D. 欢欢的母亲可以欢欢的名义对洋洋提起侵权之诉

**23.** 甲（男）、乙（女）结婚后，甲承诺，在子女出生后，将其婚前所有的一间门面房，变更登记为夫妻共同财产。后女儿丙出生，但甲不愿兑现承诺，导致夫妻感情破裂离婚，女儿丙随乙一起生活。后甲又与丁（女）结婚。未成年的丙因生重病住院急需医疗费20万元，甲与丁签订借款协议从夫妻共同财产中支取该20万元。下列哪一表述是错误的？

A. 甲与乙离婚时，乙无权请求将门面房作为夫妻共同财产分割

B. 甲与丁的协议应视为双方约定处分共同财产

C. 如甲、丁离婚，有关医疗费按借款协议约定处理

D. 如丁不同意甲支付医疗费，甲无权要求分割共有财产

**24.** 甲有乙、丙和丁三个女儿。甲于2013年1月1日亲笔书写一份遗嘱，写明其全部遗产由乙继承，并签名和注明年月日。同年3月2日，甲又请张律师代书一份遗嘱，写明其全部遗产由丙继承。同年5月3日，甲因病被丁送至医院急救，甲又立口头遗嘱一份，内容是其全部遗产由丁继承，在场的赵医生和李护士见证。甲病好转后出院休养，未立新遗嘱。如甲死亡，下列哪一选项是甲遗产的继承权人？

A. 乙　　B. 丙

C. 丁　　D. 乙、丙、丁

**25.** 玮平公司是一家从事家具贸易的有限责任公司，注册地在北京，股东为张某、刘某、姜某、方某四人。公司成立两年后，拟设立分公司或子公司以开拓市场。对此，下列哪一表述是正确的？

A. 在北京市设立分公司，不必申领分公司营业执照

B. 在北京市以外设立分公司，须经登记并领取营业执照，且须独立承担民事责任

C. 在北京市以外设立分公司，其负责人只能由张某、刘某、姜某、方某中的一人担任

D. 在北京市以外设立子公司，即使是全资子公司，亦须独立承担民事责任

**26.** 甲与乙为一有限责任公司股东，甲为董事长。2014年4月，一次出差途中遭遇车祸，甲与乙同时遇难。关于甲、乙股东资格的继承，下列哪一表述是错误的？

A. 在公司章程未特别规定时，甲、乙的继承人均可主张股东资格继承

B. 在公司章程未特别规定时，甲的继承人可以主张继承股东资格与董事长职位

C. 公司章程可以规定甲、乙的继承人继承股东资格的条件

D. 公司章程可以规定甲、乙的继承人不得继承股东资格

**27.** 严某为鑫佳有限责任公司股东。关于公司对严某签发出资证明书，下列哪一选项是正确的？

A. 在严某认缴公司章程所规定的出资后，公司即须签发出资证明书

B. 若严某遗失出资证明书，其股东资格并不因此丧失

C. 出资证明书须载明严某以及其他股东的姓名、各自所缴纳的出资额

D. 出资证明书在法律性质上属于有价证券

**28.** 某经营高档餐饮的有限责任公司，成立于2004年。最近四年来，因受市场影响，公司业绩逐年下滑，各董事间又长期不和，公司经营管理几近瘫痪。股东张某提起解散公司诉讼。对此，下列哪一表述是正确的？

A. 可同时提起清算公司的诉讼

B. 可向法院申请财产保全

C. 可将其他股东列为共同被告

D. 如法院就解散公司诉讼作出判决，仅对公司具有法律拘束力

**29.** 2014年5月，甲、乙、丙三人共同出资设立一家有限责任公司。甲的下列哪一行为不属于抽逃出资行为？

A. 将出资款项转入公司账户验资后又转出去

B. 虚构债权债务关系将其出资转出去

C. 利用关联交易将其出资转出去

D. 制作虚假财务会计报表虚增利润进行分配

**30.** 2010年5月，贾某以一套房屋作为投资，与几位朋友设立一家普通合伙企业，从事软件开发。2014年6月，贾某举家移民海外，故打算自合伙企业中退出。对此，下列哪一选项是正确的？

A. 在合伙协议未约定合伙期限时，贾某向其他合伙人发出退伙通知后，即发生退伙效力

B. 因贾某的退伙，合伙企业须进行清算

C. 退伙后贾某可向合伙企业要求返还该房屋

D. 贾某对退伙前合伙企业的债务仍须承担无限连带责任

**31.** 2014年6月经法院受理，甲公司进入破产程序。现查明，甲公司所占有的一台精密仪器，实为乙公司委托甲公司承运而交付给甲公司的。关于乙公司的取回权，下列哪一表述是错误的？

A. 取回权的行使，应在破产财产变价方案或和解协议、重整计划草案提交债权人会议表决之前

B. 乙公司未在规定期限内行使取回权，则其取回权即归于消灭

C. 管理人否认乙公司的取回权时，乙公司可以诉讼方式主张其权利

D. 乙公司未支付相关运输、保管等费用时，保管人可拒绝其取回该仪器

**32.** 依票据法原理，票据具有无因性、设权性、流通性、文义性、要式性等特征。关于票据特征的表述，下列哪一选项是错误的？

A. 没有票据，就没有票据权利

B. 任何类型的票据都必须能够进行转让

C. 票据的效力不受票据赖以发生的原因行为的影响

D. 票据行为的方式若存在瑕疵，不影响票据的效力

**33.** 依据我国《海商法》和《民法典》的相关规定，关于船舶所有权，下列哪一表述是正确的？

A. 船舶买卖时，船舶所有权自船舶交付给买受人时移转

B. 船舶建造完成后，须办理船舶所有权的登记才能确定其所有权的归属

C. 船舶不能成为共同共有的客体

D. 船舶所有权不能由自然人继承

**34.** 甲公司代理人谢某代投保人何某签字，签订了保险合同，何某也依约交纳了保险费。在保险期间内发生保险事故，何某要求甲公司承担保险责任。下列哪一表述是正确的？

A. 谢某代签字，应由谢某承担保险责任

B. 甲公司承保错误，无须承担保险责任

C. 何某已经交纳了保险费，应由甲公司承担保险责任

D. 何某默认谢某代签字有过错，应由何某和甲公司按过错比例承担责任

**35.** 依法治国要求树立法律权威，依法办事，因此在民事纠纷解决的过程中，各方主体都须遵守法律的规定。下列哪一行为违背了相关法律？

A. 法院主动对确有错误的生效调解书启动再审
B. 派出所民警对民事纠纷进行调解
C. 法院为下落不明的被告指定代理人参加调解
D. 人民调解委员会主动调解当事人之间的民间纠纷

**36.** 根据《民事诉讼法》规定的诚信原则的基本精神，下列哪一选项符合诚信原则？
A. 当事人以欺骗的方法形成不正当诉讼状态
B. 证人故意提供虚假证言
C. 法院根据案件审理情况对当事人提供的证据不予采信
D. 法院对当事人提出的证据任意进行取舍或否定

**37.** 在一起侵权诉讼中，原告申请由其弟袁某（某大学计算机系教授）作为专家辅助人出庭对专业技术问题予以说明。下列哪些表述是正确的？
A. 被告以袁某是原告的近亲属为由申请其回避，法院应批准
B. 袁某在庭上的陈述是一种法定证据
C. 被告可对袁某进行询问
D. 袁某出庭的费用，由败诉方当事人承担

**38.** 关于管辖，下列哪一表述是正确的？
A. 军人与非军人之间的民事诉讼，都应由军事法院管辖，体现了专门管辖的原则
B. 中外合资企业与外国公司之间的合同纠纷，应由中国法院管辖，体现了维护司法主权的原则
C. 最高法院通过司法解释授予部分基层法院专利纠纷案件初审管辖权，体现了平衡法院案件负担的原则
D. 不动产纠纷由不动产所在地法院管辖，体现了管辖恒定的原则

**39.** 关于第三人撤销之诉，下列哪一说法是正确的？
A. 法院受理第三人撤销之诉后，应中止原裁判的执行
B. 第三人撤销之诉是确认原审裁判错误的确认之诉
C. 第三人撤销之诉由原审法院的上一级法院管辖，但当事人一方人数众多或者双方当事人为公民的案件，应由原审法院管辖
D. 第三人撤销之诉的客体包括生效的民事判决、裁定和调解书

**40.** 刘某与曹某签订房屋租赁合同，后刘某向法院起诉，要求曹某依约支付租金。曹某向法院提出的下列哪一主张可能构成反诉？
A. 刘某的支付租金请求权已经超过诉讼时效
B. 租赁合同无效
C. 自己无支付能力
D. 自己已经支付了租金

**41.** 甲公司与银行订立了标的额为8000万元的贷款合同，甲公司董事长美国人汤姆用自己位于W市的三套别墅为甲公司提供抵押担保。贷款到期后甲公司无力归还，银行向法院申请适用特别程序实现对别墅的抵押权。关于本案的分析，下列哪一选项是正确的？
A. 由于本案标的金额巨大，且具有涉外因素，银行应向W市中院提交书面申请
B. 本案的被申请人只应是债务人甲公司
C. 如果法院经过审查，作出拍卖裁定，可直接移交执行庭进行拍卖
D. 如果法院经过审查，驳回银行申请，银行可就该抵押权益向法院起诉

**42.** 下列关于证明的哪一表述是正确的？
A. 经过公证的书证，其证明力一般大于传来证据和间接证据
B. 经验法则可验证的事实都不需要当事人证明
C. 在法国居住的雷诺委托赵律师代理在我国的民事诉讼，其授权委托书需要经法国公证机关证明，并经我国驻法国使领馆认证后，方发生效力
D. 证明责任是一种不利的后果，会随着诉讼的进行，在当事人之间来回移转

**43.** 黄某向法院申请支付令，督促陈某返还借款。送达支付令时，陈某拒绝签收，法官遂进行留置送达。12天后，陈某以已经归还借款为由向法院提起书面异议。黄某表示希望法院彻底解决自己与陈某的借款问题。下列哪一说法是正确的？
A. 支付令不能留置送达，法官的送达无效
B. 提出支付令异议的期间是10天，陈某的异议不发生效力
C. 陈某的异议并未否认二人之间存在借贷法律关系，因而不影响支付令的效力
D. 法院应将本案转为诉讼程序审理

**44.** 甲诉乙人身损害赔偿一案，一审法院根据甲的申请，冻结了乙的银行账户，并由李法官独任审理。后甲胜诉，乙提出上诉。二审法院认为一审事实不清，裁定撤销原判，发回重审。关于重审，下列哪一表述是正确的？
A. 由于原判已被撤销，一审中的审判行为无效，保全措施也应解除
B. 由于原判已被撤销，一审中的诉讼行为无效，法院必须重新指定举证时限
C. 重审时不能再适用简易程序，应组成合议庭，李法官可作为合议庭成员参加重审
D. 若重审法院判决甲胜诉，乙再次上诉，二审法院认为重审认定的事实依然错误，则只能在查清事实后改判

**45.** 对于甲和乙的借款纠纷，法院判决乙应归还甲借款。进入执行程序后，由于乙无现金，法院扣押了乙住所处的一架钢琴准备拍卖。乙提出钢琴是其父亲的遗物，申请用一台价值与钢琴相当的相机替换钢琴。法院认为相机不足以抵偿乙的债务，未予同意。乙认为扣押行为错误，提出异议。法院经过审查，驳回该异议。关于乙的救济渠道，下列哪一表述是正确的？

A. 向执行法院申请复议

B. 向执行法院的上一级法院申请复议

C. 向执行法院提起异议之诉

D. 向原审法院申请再审

**46.** 万某起诉吴某人身损害赔偿一案，经过两级法院审理，均判决支持万某的诉讼请求，吴某不服，申请再审。再审中万某未出席开庭审理，也未向法院说明理由。对此，法院的下列哪一做法是正确的？

A. 裁定撤诉，视为撤回起诉

B. 裁定撤诉，视为撤回再审申请

C. 裁定诉讼中止

D. 缺席判决

**47.** 甲房产开发公司在交给购房人张某的某小区平面图和项目说明书中都标明有一个健身馆。张某看中小区健身方便，决定购买一套商品房并与甲公司签订了购房合同。张某收房时发现小区没有健身馆。下列哪些表述是正确的？

A. 甲公司不守诚信，构成根本违约，张某有权退房

B. 甲公司构成欺诈，张某有权请求甲公司承担缔约过失责任

C. 甲公司恶意误导，张某有权请求甲公司双倍返还购房款

D. 张某不能滥用权利，在退房和要求甲公司承担违约责任之间只能选择一种

**48.** 吴某是甲公司员工，持有甲公司授权委托书。吴某与温某签订了借款合同，该合同由温某签字、吴某用甲公司合同专用章盖章。后温某要求甲公司还款。下列哪些情形有助于甲公司否定吴某的行为构成表见代理？

A. 温某明知借款合同上的盖章是甲公司合同专用章而非甲公司公章，未表示反对

B. 温某未与甲公司核实，即将借款交给吴某

C. 吴某出示的甲公司授权委托书载明甲公司仅授权吴某参加投标活动

D. 吴某出示的甲公司空白授权委托书已届期

**49.** 下列哪些请求不适用诉讼时效？

A. 当事人请求撤销合同

B. 当事人请求确认合同无效

C. 业主大会请求业主缴付公共维修基金

D. 按份共有人请求分割共有物

**50.** 杜某拖欠谢某100万元。谢某请求杜某以登记在其名下的房屋抵债时，杜某称其已把房屋作价90万元卖给赖某，房屋钥匙已交，但产权尚未过户。该房屋市值为120万元。关于谢某权利的保护，下列哪些表述是错误的？

A. 谢某可请求法院撤销杜某、赖某的买卖合同

B. 因房屋尚未过户，杜某、赖某买卖合同无效

C. 如谢某能举证杜某、赖某构成恶意串通，则杜某、赖某买卖合同无效

D. 因房屋尚未过户，房屋仍属杜某所有，谢某有权直接取得房屋的所有权以实现其债权

**51.** 刘某借用张某的名义购买房屋后，将房屋登记在张某名下。双方约定该房屋归刘某所有，房屋由刘某使用，产权证由刘某保存。后刘某、张某因房屋所有权归属发生争议。关于刘某的权利主张，下列哪些表述是正确的？

A. 可直接向登记机构申请更正登记

B. 可向登记机构申请异议登记

C. 可向法院请求确认其为所有权人

D. 可依据法院确认其为所有权人的判决请求登记机关变更登记

**52.** 季大与季小兄弟二人，成年后各自立户，季大一直未婚。季大从所在村集体经济组织承包耕地若干。关于季大的土地承包经营权，下列哪些表述是正确的？

A. 自土地承包经营权合同生效时设立

B. 如季大转让其土地承包经营权，则未经变更登记不发生转让的效力

C. 如季大死亡，则季小可以继承该土地承包经营权

D. 如季大死亡，则季小可以继承该耕地上未收割的农作物

**53.** 2013年2月1日，王某以一套房屋为张某设定了抵押，办理了抵押登记。同年3月1日，王某将该房屋无偿租给李某1年，以此抵王某欠李某的借款。房屋交付后，李某向王某出具了借款还清的收据。同年4月1日，李某得知房屋上设有抵押后，与王某修订租赁合同，把起租日改为2013年1月1日。张某实现抵押权时，要求李某搬离房屋。下列哪些表述是正确的？

A. 王某、李某的借款之债消灭

B. 李某的租赁权可对抗张某的抵押权

C. 王某、李某修订租赁合同行为无效

D. 李某可向王某主张违约责任

**54.** 某小区徐某未获得规划许可证和施工许可证便在自住房前扩建一个门面房，挤占小区人行通道。小区其他业主多次要求徐某拆除未果后，将该门面房强行拆除，毁坏了徐某自住房屋的墙砖。关于拆除行为，下列哪些表述是正确的？

A. 侵犯了徐某门面房的所有权
B. 侵犯了徐某的占有
C. 其他业主应恢复原状
D. 其他业主应赔偿徐某自住房屋墙砖毁坏的损失

**55.** 刘某欠何某100万元货款届期未还且刘某不知所踪。刘某之子小刘为替父还债，与何某签订书面房屋租赁合同，未约定租期，仅约定："月租金1万元，用租金抵货款，如刘某出现并还清货款，本合同终止，双方再行结算。"下列哪些表述是错误的？

A. 小刘有权随时解除合同
B. 何某有权随时解除合同
C. 房屋租赁合同是附条件的合同
D. 房屋租赁合同是附期限的合同

**56.** 甲公司与小区业主吴某订立了供热合同。因吴某要出国进修半年，向甲公司申请暂停供热未果，遂拒交上一期供热费。下列哪些表述是正确的？

A. 甲公司可以直接解除供热合同
B. 经催告吴某在合理期限内未交费，甲公司可以解除供热合同
C. 经催告吴某在合理期限内未交费，甲公司可以中止供热
D. 甲公司可以要求吴某承担违约责任

**57.** 甲公司员工魏某在公司年会抽奖活动中中奖，依据活动规则，公司资助中奖员工子女次年的教育费用，如员工离职，则资助失效。下列哪些表述是正确的？

A. 甲公司与魏某成立附条件赠与
B. 甲公司与魏某成立附义务赠与
C. 如魏某次年离职，甲公司无给付义务
D. 如魏某次年未离职，甲公司在给付前可撤销资助

**58.** 甲创作了一首歌曲《红苹果》，乙唱片公司与甲签订了专有许可合同，在聘请歌星丙演唱了这首歌曲后，制作成录音制品（CD）出版发行。下列哪些行为属于侵权行为？

A. 某公司未经许可翻录该CD后销售，向甲、乙、丙寄送了报酬
B. 某公司未经许可自聘歌手在录音棚中演唱了《红苹果》并制作成DVD销售，向甲寄送了报酬
C. 某商场购买CD后在营业时间作为背景音乐播放，经过甲许可并向其支付了报酬
D. 某电影公司将CD中的声音作为电影的插曲使用，只经过了甲许可

**59.** 中国甲公司的一项发明在中国和A国均获得了专利权。中国的乙公司与甲公司签订了中国地域内的专利独占实施合同。A国的丙公司与甲公司签订了在A国地域内的专利普通实施合同并制造专利产品，A国的丁公司与乙公司签订了在A国地域内的专利普通实施合同并制造专利产品。中国的戊公司、庚公司分别从丙公司和丁公司进口这些产品到中国使用。下列哪些说法是正确的？

A. 甲公司应向乙公司承担违约责任
B. 乙公司应向甲公司承担违约责任
C. 戊公司的行为侵犯了乙公司的专利独占实施权
D. 庚公司的行为侵犯了甲公司的专利权

**60.** 甲公司是《保护工业产权巴黎公约》成员国A国的企业，于2012年8月1日向A国在牛奶产品上申请注册"白雪"商标被受理后，又于2013年5月30日向我国商标局申请注册"白雪"商标，核定使用在牛奶、糕点和食品容器这三类商品上。下列哪些说法是错误的？

A. 甲公司应委托依法设立的商标代理机构代理申请商标注册
B. 甲公司必须提出三份注册申请，分别在三类商品上申请注册同一商标
C. 甲公司可依法享有优先权
D. 如商标局在异议程序中认定"白雪"商标为驰名商标，甲公司可在其牛奶包装上使用"驰名商标"字样

**61.** 甲（男）与乙（女）结婚，其子小明20周岁时，甲与乙离婚。后甲与丙（女）再婚，丙子小亮8周岁，随甲、丙共同生活。小亮成年成家后，甲与丙甚感孤寂，收养孤儿小光为养子，视同己出，未办理收养手续。丙去世，其遗产的第一顺序继承人有哪些？

A. 小明　　B. 小亮
C. 甲　　D. 小光

**62.** 甲家盖房，邻居乙、丙前来帮忙。施工中，丙因失误从高处摔下受伤，乙不小心撞伤小孩丁。下列哪些表述是正确的？

A. 对丙的损害，甲应承担赔偿责任，但可减轻其责任
B. 对丙的损害，甲不承担赔偿责任，但可在受益范围内予以适当补偿
C. 对丁的损害，甲应承担赔偿责任
D. 对丁的损害，甲应承担补充赔偿责任

**63.** 甲参加乙旅行社组织的旅游活动。未经甲和其他旅游者同意，乙旅行社将本次业务转让给当地的丙旅行社。丙旅行社聘请丁公司提供大巴运输服务。途中，由于丁公司司机黄某酒后驾驶与迎面违章变道的个体运输户刘某货车相撞，造成甲受伤。甲的下列哪些请求能够获得法院的支持？

A. 请求丁公司和黄某承担连带赔偿责任
B. 请求黄某与刘某承担连带赔偿责任
C. 请求乙旅行社和丙旅行社承担连带赔偿责任
D. 请求刘某承担赔偿责任

**64.** 2014 年 5 月，甲乙丙丁四人拟设立一家有限责任公司。关于该公司的注册资本与出资，下列哪些表述是正确的？

A. 公司注册资本可以登记为 1 元人民币

B. 公司章程应载明其注册资本

C. 公司营业执照不必载明其注册资本

D. 公司章程可以要求股东出资须经验资机构验资

**65.** 关于有限责任公司股东名册制度，下列哪些表述是正确的？

A. 公司负有置备股东名册的法定义务

B. 股东名册须提交于公司登记机关

C. 股东可依据股东名册的记载，向公司主张行使股东权利

D. 就股东事项，股东名册记载与公司登记之间不一致时，以公司登记为准

**66.** 因公司章程所规定的营业期限届满，蒙玛有限公司进入清算程序。关于该公司的清算，下列哪些选项是错误的？

A. 在公司逾期不成立清算组时，公司股东可直接申请法院指定组成清算组

B. 公司在清算期间，由清算组代表公司参加诉讼

C. 债权人未在规定期限内申报债权的，则不得补充申报

D. 法院组织清算的，清算方案报法院备案后，清算组即可执行

**67.** 关于公司的财务行为，下列哪些选项是正确的？

A. 在会计年度终了时，公司须编制财务会计报告，并自行审计

B. 公司的法定公积金不足以弥补以前年度亏损时，则在提取本年度法定公积金之前，应先用当年利润弥补亏损

C. 公司可用其资本公积金来弥补公司的亏损

D. 公司可将法定公积金转为公司资本，但所留存的该项公积金不得少于转增前公司注册资本的百分之二十五

**68.** 顺昌有限公司等五家公司作为发起人，拟以募集方式设立一家股份有限公司。关于公开募集程序，下列哪些表述是正确的？

A. 发起人应与依法设立的证券公司签订承销协议，由其承销公开募集的股份

B. 证券公司应与银行签订协议，由该银行代收所发行股份的股款

C. 发行股份的股款缴足后，须经依法设立的验资机构验资并出具证明

D. 由发起人主持召开公司创立大会，选举董事会成员、监事会成员与公司总经理

**69.** 通源商务中心为一家普通合伙企业，合伙人为赵某、钱某、孙某、李某、周某。就合伙事务的执行，合伙协议约定由赵某、钱某二人负责。下列哪些表述是正确的？

A. 孙某仍有权以合伙企业的名义对外签订合同

B. 对赵某、钱某的业务执行行为，李某享有监督权

C. 对赵某、钱某的业务执行行为，周某享有异议权

D. 赵某以合伙企业名义对外签订合同时，钱某享有异议权

**70.** 甲公司因不能清偿到期债务且明显缺乏清偿能力，遂于 2014 年 3 月申请破产，且法院已受理。经查，在此前半年内，甲公司针对若干债务进行了个别清偿。关于管理人的撤销权，下列哪些表述是正确的？

A. 甲公司清偿对乙银行所负的且以自有房产设定抵押担保的贷款债务的，管理人可以主张撤销

B. 甲公司清偿对丙公司所负的且经法院判决所确定的货款债务的，管理人可以主张撤销

C. 甲公司清偿对丁公司所负的为维系基本生产所需的水电费债务的，管理人不得主张撤销

D. 甲公司清偿对戊所负的劳动报酬债务的，管理人不得主张撤销

**71.** 甲向乙购买原材料，为支付货款，甲向乙出具金额为 50 万元的商业汇票一张，丙银行对该汇票进行了承兑。后乙不慎将该汇票丢失，被丁拾到。乙立即向付款人丙银行办理了挂失止付手续。下列哪些选项是正确的？

A. 乙因丢失票据而确定性地丧失了票据权利

B. 乙在遗失汇票后，可直接提起诉讼要求丙银行付款

C. 如果丙银行向丁支付了票据上的款项，则丙应向乙承担赔偿责任

D. 乙在通知挂失止付后十五日内，应向法院申请公示催告

**72.** 关于投保人在订立保险合同时的告知义务，下列哪些表述是正确的？

A. 投保人的告知义务，限于保险人询问的范围和内容

B. 当事人对询问范围及内容有争议的，投保人负举证责任

C. 投保人未如实告知投保单询问表中概括性条款时，则保险人可以此为由解除合同

D. 在保险合同成立后，保险人获悉投保人未履行如实告知义务，但仍然收取保险费，则保险人不得解除合同

**73.** 甲县的佳华公司与乙县的亿龙公司订立的烟叶买卖合同中约定，如果因为合同履行发生争议，应提交 A 仲裁委员会仲裁。佳华公司交货后，亿龙公司认为烟叶质量与约定不符，且正在霉变，遂准备提

起仲裁，并对烟叶进行证据保全。关于本案的证据保全，下列哪些表述是正确的？

A. 在仲裁程序启动前，亿龙公司可直接向甲县法院申请证据保全

B. 在仲裁程序启动后，亿龙公司既可直接向甲县法院申请证据保全，也可向A仲裁委员会申请证据保全

C. 法院根据亿龙公司申请采取证据保全措施时，可要求其提供担保

D. A仲裁委员会收到保全申请后，应提交给烟叶所在地的中级法院

**74.** 根据《民事诉讼法》和相关司法解释的规定，法院的下列哪些做法是违法的？

A. 在一起借款纠纷中，原告张海起诉被告李河时，李河居住在甲市A区。A区法院受理案件后，李河搬到甲市D区居住，该法院知悉后将案件移送D区法院

B. 王丹在乙市B区被黄玫打伤，以为黄玫居住乙市B区，而向该区法院提起侵权诉讼。乙市B区法院受理后，查明黄玫的居住地是乙市C区，遂将案件移送乙市C区法院

C. 丙省高院规定，本省中院受理诉讼标的额1000万元至5000万元的财产案件。丙省E市中院受理一起标的额为5005万元的案件后，向丙省高院报请审理该案

D. 居住地为丁市H区的孙溪要求居住地为丁市G区的赵山依约在丁市K区履行合同。后因赵山下落不明，孙溪以赵山为被告向丁市H区法院提起违约诉讼，该法院以本院无管辖权为由裁定不予受理

**75.** 当事人可对某些诉讼事项进行约定，法院应尊重合法有效的约定。关于当事人的约定及其效力，下列哪些表述是错误的？

A. 当事人约定“合同是否履行无法证明时，应以甲方主张的事实为准”，法院应根据该约定分配证明责任

B. 当事人在诉讼和解中约定“原告撤诉后不得以相同的事由再次提起诉讼”，法院根据该约定不能再受理原告的起诉

C. 当事人约定“如果起诉，只能适用普通程序”，法院根据该约定不能适用简易程序审理

D. 当事人约定“双方必须亲自参加开庭审理，不得无故缺席”，如果被告委托了代理人参加开庭，自己不参加开庭，法院应根据该约定在对被告两次传唤后对其拘传

**76.** 就瑞成公司与建华公司的合同纠纷，某省甲市中院作出了终审裁判。建华公司不服，打算启动再审程序。后其向甲市检察院申请检察建议，甲市检察院经过审查，作出驳回申请的决定。关于检察监督，下列哪些表述是正确的？

A. 建华公司可在向该省高院申请再审的同时，申请检察建议

B. 在甲市检察院驳回检察建议申请后，建华公司可向该省检察院申请抗诉

C. 甲市检察院在审查检察建议申请过程中，可向建华公司调查核实案情

D. 甲市检察院在审查检察建议申请过程中，可向瑞成公司调查核实案情

**77.** 根据民事诉讼理论和相关法律法规，关于当事人的表述，下列哪些选项是正确的？

A. 依法解散、依法被撤销的法人可以自己的名义作为当事人进行诉讼

B. 被宣告为无行为能力的成年人可以自己的名义作为当事人进行诉讼

C. 不是民事主体的非法人组织依法可以自己的名义作为当事人进行诉讼

D. 中国消费者协会可以自己的名义作为当事人，对侵害众多消费者权益的企业提起公益诉讼

**78.** 关于民事诉讼程序中的裁判，下列哪些表述是正确的？

A. 判决解决民事实体问题，而裁定主要处理案件的程序问题，少数涉及实体问题

B. 判决都必须以书面形式作出，某些裁定可以口头方式作出

C. 一审判决都允许上诉，一审裁定有的允许上诉，有的不能上诉

D. 财产案件的生效判决都有执行力，大多数裁定都没有执行力

**79.** 关于民事诉讼二审程序的表述，下列哪些选项是正确的？

A. 二审既可能因为当事人上诉而发生，也可能因为检察院的抗诉而发生

B. 二审既是事实审，又是法律审

C. 二审调解书应写明撤销原判

D. 二审原则上应开庭审理，特殊情况下可不开庭审理

**80.** 2012年1月，中国甲市公民李虹（女）与美国留学生琼斯（男）在中国甲市登记结婚，婚后两人一直居住在甲市B区。2014年2月，李虹提起离婚诉讼，甲市B区法院受理了该案件，适用普通程序审理。关于本案，下列哪些表述是正确的？

A. 本案的一审审理期限为6个月

B. 法院送达诉讼文书时，对李虹与琼斯可采取同样的方式

C. 不服一审判决，李虹的上诉期为15天，琼斯的上诉期为30天

D. 美国驻华使馆法律参赞可以个人名义作为琼斯的诉讼代理人参加诉讼

**81.** 甲诉乙返还 10 万元借款。胜诉后进入执行程序，乙表示自己没有现金，只有一枚祖传玉石可抵债。法院经过调解，说服甲接受玉石抵债，双方达成和解协议并当即交付了玉石。后甲发现此玉石为赝品，价值不足千元，遂申请法院恢复执行。关于执行和解，下列哪些说法是正确的？

A. 法院不应在执行中劝说甲接受玉石抵债

B. 由于和解协议已经即时履行，法院无须再将和解协议记入笔录

C. 由于和解协议已经即时履行，法院可裁定执行中止

D. 法院应恢复执行

**张某、方某共同出资，分别设立甲公司和丙公司。2013 年 3 月 1 日，甲公司与乙公司签订了开发某房地产项目的《合作协议一》，约定如下："甲公司将丙公司 10%的股权转让给乙公司，乙公司在协议签订之日起三日内向甲公司支付首付款 4000 万元，尾款 1000 万元在次年 3 月 1 日之前付清。首付款用于支付丙公司从某国土部门购买 A 地块土地使用权。如协议签订之日起三个月内丙公司未能获得 A 地块土地使用权致双方合作失败，乙公司有权终止协议。"**

**《合作协议一》签订后，乙公司经甲公司指示向张某、方某支付了 4000 万元首付款。张某、方某配合甲公司将丙公司的 10%的股权过户给了乙公司。**

**2013 年 5 月 1 日，因张某、方某未将前述 4000 万元支付给丙公司致其未能向某国土部门及时付款，A 地块土地使用权被收回挂牌卖掉。**

**2013 年 6 月 4 日，乙公司向甲公司发函："鉴于土地使用权已被国土部门收回，故我公司终止协议，请贵公司返还 4000 万元。"甲公司当即回函："我公司已把股权过户到贵公司名下，贵公司无权终止协议，请贵公司依约支付 1000 万元尾款。"**

**2013 年 6 月 8 日，张某、方某与乙公司签订了《合作协议二》，对继续合作开发房地产项目做了新的安排，并约定："本协议签订之日，《合作协议一》自动作废。"丁公司经甲公司指示，向乙公司送达了《承诺函》："本公司代替甲公司承担 4000 万元的返还义务。"乙公司对此未置可否。**

**请回答第 82—87 题。**

**82.** 关于《合作协议一》，下列表述正确的是：

A. 是无名合同

B. 对股权转让的约定构成无权处分

C. 效力待定

D. 有效

**83.** 关于 2013 年 6 月 4 日乙公司向甲公司发函，下列表述正确的是：

A. 行使的是约定解除权

B. 行使的是法定解除权

C. 有权要求返还 4000 万元

D. 无权要求返还 4000 万元

**84.** 关于 2013 年 5 月 1 日张某、方某未将 4000 万元支付给丙公司，应承担的责任，下列表述错误的是：

A. 向乙公司承担违约责任

B. 与甲公司一起向乙公司承担连带责任

C. 向丙公司承担违约责任

D. 向某国土部门承担违约责任

**85.** 关于甲公司的回函，下列表述正确的是：

A. 甲公司对乙公司解除合同提出了异议

B. 甲公司对乙公司提出的异议理由成立

C. 乙公司不向甲公司支付尾款构成违约

D. 乙公司可向甲公司主张不安抗辩权拒不向甲公司支付尾款

**86.** 关于张某、方某与乙公司签订的《合作协议二》，下列表述正确的是：

A. 有效

B. 无效

C. 可变更

D. 《合作协议一》被《合作协议二》取代

**87.** 关于丁公司的《承诺函》，下列表述正确的是：

A. 构成单方允诺

B. 构成保证

C. 构成并存的债务承担

D. 构成免责的债务承担

**王某、张某、田某、朱某共同出资 180 万元，于 2012 年 8 月成立绿园商贸中心（普通合伙）。其中王某、张某各出资 40 万元，田某、朱某各出资 50 万元；就合伙事务的执行，合伙协议未特别约定。**

**请回答第 88—90 题。**

**88.** 2013 年 9 月，鉴于王某、张某业务能力不足，经合伙人会议决定，王某不再享有对外签约权，而张某的对外签约权仅限于每笔交易额 3 万元以下。关于该合伙人决议，下列选项正确的是：

A. 因违反合伙人平等原则，剥夺王某对外签约权的决议应为无效

B. 王某可以此为由向其他合伙人主张赔偿其损失

C. 张某此后对外签约的标的额超过 3 万元时，须事先征得王某、田某、朱某的同意

D. 对张某的签约权限制，不得对抗善意相对人

**89.** 2014 年 1 月，田某以合伙企业的名义，自京顺公司订购价值 80 万元的节日礼品，准备在春节前转销给某单位。但对这一礼品订购合同的签订，朱某提出异议。就此，下列选项正确的是：

A. 因对合伙企业来说，该合同标的额较大，故田某在签约前应取得朱某的同意

B. 朱某的异议不影响该合同的效力

C. 就田某的签约行为所产生的债务，王某无须承担无限连带责任

D. 就田某的签约行为所产生的债务，朱某须承担无限连带责任

**90.** 2014 年 4 月，朱某因抄底买房，向刘某借款 50 万元，约定借期四个月。四个月后，因房地产市场不景气，朱某亏损不能还债。关于刘某对朱某实现债权，下列选项正确的是：

A. 可代位行使朱某在合伙企业中的权利

B. 可就朱某在合伙企业中分得的收益主张清偿

C. 可申请对朱某的合伙财产份额进行强制执行

D. 就朱某的合伙份额享有优先受偿权

## 参考答案与解析

**1. D**。本题中的 6 万元赔偿费的权利人应该是死者的继承人，因为本案中虽然未找到权利人，但并不意味着没有权利人；同时，权利义务相一致原则指的是权利人在享有权利的同时应承担相应的义务，题目所述的情况与本原则不符。因此 A 错误。《民法典》第 122 条规定，因他人没有法律根据，取得不当利益，受损失的人有权请求其返还不当利益。据此，不当得利的构成要件有四：（1）一方取得财产利益；（2）一方受有损失；（3）取得利益与所受损失之间有因果关系；（4）没有法律根据。本题中，交警大队只是代收 6 万元，并未取得财产利益，因此不构成不当得利，故 B 错误。行政法律关系，是指受行政法律规范调整的因行政行为而形成或产生的各种权利义务关系。行政法律关系的产生往往以行政主体通过行政程序所作出的单方面的行政行为为根据，具有不平等性。本题中，交警大队实际上有两个行为，一是确定交通事故责任的归属，这是行政行为无疑，也看得出明显的不平等性；但是第二个行为，预收赔偿费并商定转交，这并不是行政行为，否则不会“商定”，因此后一行为并不会产生行政法律关系，故 C 错误。《民法典》第 1160 条规定，无人继承又无人受遗赠的遗产，归国家所有，用于公益事业；死者生前是集体所有制组织成员的，归所在集体所有制组织所有。据此 D 正确。

**2. D**。《民法典》第 1114 条第 1 款规定，收养人在被收养人成年以前，不得解除收养关系，但是收养人、送养人双方协议解除的除外。养子女 8 周岁以上的，应当征得本人同意。据此 A 错误。本题中，由于李某解除收养协议经过了张某的同意，因此无须承担违约责任，故 B 错误。C 缺乏法律依据，错误。收养协议解除后，李某收取的 10 万元丧失了法律根据，因此构成不当得利，应予返还，故 D 正确。

**3. D**。《民法典》第 490 条第 1 款规定，当事人采用合同书形式订立合同的，自当事人均签名、盖章或者按指印时合同成立。本题中，在甲公司和乙公司的货运合同关系上，因两家公司的盖章，合同关系成立。而在甲公司和乙公司法定代表人李红之间，这是一个保证合同关系，因甲公司的盖章和李红的签字而在双方当事人之间产生保证合同关系。此时，李红的签字系代表其个人，不是代表乙公司，乙公司是以盖章作出意思表示的。《民法典》第 497 条规定，有下列情形之一的，该格式条款无效：（1）具有本法第一编第六章第三节和本法第 506 条规定的无效情形；（2）提供格式条款一方不合理地免除或者减轻其责任、加重对方责任、限制对方主要权利；（3）提供格式条款一方排除对方主要权利。AC 均与此不符，因此错误。B 的错误是十分明显的，合同的签字不必签在条款处。争议的焦点在于《货运代理合同》第 4 条中的“法定代表人”究竟是指的签字时的法定代表人还是包括签字后的任何法定代表人？《民法典》第 61 条第 2 款规定，法定代表人以法人名义从事的民事活动，其法律后果由法人承受。合同的解释在文义解释无法解决时可以通过体系解释（即上下文解释）进一步进行，纵观合同的上下文，如前所述，在保证合同关系中，保证人是以其个人身份参与到法律关系中并以其个人财产承担保证责任的，因此保证人的签字只能代表其个人，不能对第三人产生效力，除非该第三人签字同意。故 D 正确。

**4. D**。宗某患尿毒症，其所在单位甲公司组织员工捐款 20 万元用于救治宗某。《公益事业捐赠法》第 3 条规定，救助灾害、救济贫困、扶助残疾人等困难的社会群体和个人的活动属于公益事业。因此，这种捐款活动应该属于公益募捐行为，其中，甲公司是募捐人，宗某是受益人，甲公司的员工是捐款人。甲公司是募捐人，起到了中介作用，可以监管和使用捐款，但不能获得募捐款的所有权，因此 A 错误。《民法典》第 6 条规定，民事主体从事民事活动，应当遵循公平原则，合理确定各方的权利和义务。《民法典》第 8 条规定，民事主体从事民事活动，不得违反法律，不得违背公序良俗。甲公司的员工为宗某捐款的目的在于治疗宗某的疾病，募捐款具有特定的用途，宗某因医治无效而死亡，将剩余的募捐款作为遗产由宗某的继承人继承，违反了民法上的公平原则和公序良俗原则，同时也不符合捐款人的真实意思，因此 B 错误。捐款人将财产捐出，意味着捐款人自动放弃了财产的所有权，因此，余下的 5 万元不应归还给员工，C 错误。《公益事业捐赠法》第 5 条规定，捐赠财产的使用应当尊重捐赠人的意愿，符合公益目

的，不得将捐赠财产挪作他用。该笔募捐款的用途已经特定化，故应将剩余的 5 万元捐款用于同类的公益事业，因此，D 正确。

**5. A**。诉讼时效期间届满的债权，它的性质是自然债权，不受法律强制力保护。它所对应的债务也是自然债务。传统上，债权具有给付请求权、给付受领权和债权保护请求权三项权能，在效力上分别体现为债的请求力、保有力和强制执行力。作为法律规定的债务具有上述权能与效力，是一种完全之债，而自然债务系因其欠缺债的部分权能和效力，故有学者称自然债务为不完全债务，并将自然债务定义为“失去法律强制力保护，不得请求强制执行的债务”。因此，就自然债务方面而论，乙公司需要向甲公司清偿 10 万元债务，只是在乙公司提出时效抗辩的情形下，这 10 万元债务甲公司不能请求法院保护而已。《民法典》第 192 条规定，诉讼时效期间届满的，义务人可以提出不履行义务的抗辩。诉讼时效期间届满后，义务人同意履行的，不得以诉讼时效期间届满为由抗辩；义务人已自愿履行的，不得请求返还。因此，乙公司书面答复的效力在于其同意履行 3 万元的意思表示使对方的债权具有了法律强制力，甲公司的债权在 3 万元范围内恢复了强制执行力。因此仅从强制执行力方面论，本题 A 正确。由于乙公司仅放弃了 10 万元中 3 万元的时效利益，因此 D 错误。本题中，乙公司的书面回函中“既然你公司起诉，则不再偿还任何货款”的表述在法律上对甲公司是无效的。因为作为自然债务，它仍然是债务，债务既然存在，就有义务偿还。自然债权这个债权，只是在权能上缺乏了一项，而不是债权整体上不存在了。既然债权仍然存在，那么其所对应的义务当然也存在，并没有完全丧失，只是权利人不能请求强制执行这个债务而已。因此，C 错误。本题中，乙公司的书面答复并非为了与甲公司订立合同，而要约是欲与他人订立合同的意思表示，乙公司的书面答复因不具有缔约意图而不构成要约，因此 B 错误。

**6. B**。《民法典》第 577 条规定，当事人一方不履行合同义务或者履行合同义务不符合约定的，应当承担继续履行、采取补救措施或者赔偿损失等违约责任。违约责任的归责原则是严格责任原则或无过错责任原则，而一般侵权责任的归责原则是过错责任原则。本题中，张某和李某之间就 10 万元暂存在李某处以及到期返还 6 万元是有约定的，因此构成合同关系。但李某未能返还 6 万元并非李某的过错，因此不符合侵权责任的归责原则，不可能构成侵权，但符合违约责任的归责原则，构成违约。因此本题选 B。至于数额问题，是 6 万元还是 5 万元，这在当事人的意思自治范围内，其约定有效，按 6∶4 分割并无问题，AC 两项属于干扰项。

**7. C**。本题中，甲公司对乙公司拥有 10 万元债权，丙银行对甲公司拥有债权质权，乙公司对甲公司拥有 2 万元债权。如果乙公司提出抗辩，鉴于其行使抵销权的条件已经具备，必然会对甲公司提出行使抵销权。尽管乙公司行使抵销权会使丙银行的债权质权有所贬损，但是目前的法律并未规定债权人行使抵销权时受此限制，且《民法典》第 433 条规定，因不可归责于质权人的事由可能使质押财产毁损或者价值明显减少，足以危害质权人权利的，质权人有权请求出质人提供相应的担保；出质人不提供的，质权人可以拍卖、变卖质押财产，并与出质人协议将拍卖、变卖所得的价款提前清偿债务或者提存。《民法典》第 568 条第 1 款规定，当事人互负债务，该债务的标的物种类、品质相同的，任何一方可以将自己的债务与对方的到期债务抵销；但是，根据债务性质、按照当事人约定或者依照法律规定不得抵销的除外。由此可见，乙公司可以行使抵销权。据此，丙银行的债权质权为 8 万元，C 正确。

**8. A**。《民法典》第 392 条规定，被担保的债权既有物的担保又有人的担保的，债务人不履行到期债务或者发生当事人约定的实现担保物权的情形，债权人应当按照约定实现债权；没有约定或者约定不明确，债务人自己提供物的担保的，债权人应当先就该物的担保实现债权；第三人提供物的担保的，债权人可以就物的担保实现债权，也可以请求保证人承担保证责任。提供担保的第三人承担担保责任后，有权向债务人追偿。依此条规定，本题 A 正确，其他选项均错误。

**9. D**。《民法典》第 314 条规定，拾得遗失物，应当返还权利人。拾得人应当及时通知权利人领取，或者送交公安等有关部门。据此 A 错误。《民法典》第 462 条第 1 款规定，占有的不动产或者动产被侵占的，占有人有权请求返还原物；对妨害占有的行为，占有人有权请求排除妨害或者消除危险；因侵占或者妨害造成损害的，占有人有权依法请求损害赔偿。但本题中李某已经将小羊交给了王某，无从返还，而王某是小羊的所有权人，李某不得要求王某返还。因此 BC 错误，D 正确。

**10. A**。《民法典》第 692 条第 1、2 款规定，保证期间是确定保证人承担保证责任的期间，不发生中止、中断和延长。债权人与保证人可以约定保证期间，但是约定的保证期间早于主债务履行期限或者与主债务履行期限同时届满的，视为没有约定；没有约定或者约定不明确的，保证期间为主债务履行期限届满之日起 6 个月。《民法典》第 695 条第 2 款规定，债权人和债务人变更主债权债务合同的履行期限，未经保证人书面同意的，保证期间不受影响。本题中，保证合同未约定保证方式和保证期间，故保证期间应为主债务履行期限届满之日起 6 个月。由于甲公司同意乙公司将三笔还款均顺延 3 个月的约定，未经保证人丙公司书面同意，故丙公司对甲公司与乙公司之间三笔借款的保证期间的截止日期，仍分别为2013年1月31日、2013年2月28日、2013年3月31日。《民法典》第693条规定，一般保证的债权人未在保证期间内对债务人提起诉讼或者申请仲裁的，保证人不再承担保证责任。连带责任保证的债权人未在保证期间请求保证人承担保证责任的，保证人不再承担保证责任。甲公司要求丙公司承担保证责任的时间为2013年3月15日，根据上述分析，只有应于2012年9月30日归还的300万元债权尚在保证期间内。据此，A正确，BCD错误。

**11. D**。《民法典》第593条规定，当事人一方因第三人的原因造成违约的，应当依法向对方承担违约责任。当事人一方和第三人之间的纠纷，依照法律规定或者按照约定处理。本题中，方某与余某存在合同关系，余某与朱某存在合同关系。因此汤某无权要求余某承担违约责任，但方某有权要求余某承担违约责任，A错误、D正确。《民法典》第227条规定，动产物权设立和转让前，第三人占有该动产的，负有交付义务的人可以通过转让请求第三人返还原物的权利代替交付。因此，玉器在被朱某碰坏之前其所有权已经归汤某所有，方某无权请求他人承担侵权责任；而作为所有权人，汤某若追究侵权责任，只能要求余某承担侵权责任，其法律依据在于《民法典》第1192条第1款规定，个人之间形成劳务关系，提供劳务一方因劳务造成他人损害的，由接受劳务一方承担侵权责任。接受劳务一方承担侵权责任后，可以向有故意或者重大过失的提供劳务一方追偿。提供劳务一方因劳务受到损害的，根据双方各自的过错承担相应的责任。提供劳务期间，因第三人的行为造成提供劳务一方损害的，提供劳务一方有权请求第三人承担侵权责任，也有权请求接受劳务一方给予补偿。接受劳务一方补偿后，可以向第三人追偿。因此BC皆错误。

**12. A**。《民法典》第563条第1款规定，有下列情形之一的，当事人可以解除合同：（1）因不可抗力致使不能实现合同目的；（2）在履行期限届满前，当事人一方明确表示或者以自己的行为表明不履行主要债务；（3）当事人一方迟延履行主要债务，经催告后在合理期限内仍未履行；（4）当事人一方迟延履行债务或者有其他违约行为致使不能实现合同目的；（5）法律规定的其他情形。据此，乙公司无权解除合同，B错误。《民法典》第526条规定，当事人互负债务，有先后履行顺序，应当先履行债务一方未履行的，后履行一方有权拒绝其履行请求。先履行一方履行债务不符合约定的，后履行一方有权拒绝其相应的履行请求。本题中，甲公司的迟延付款是由于乙公司的原因造成的，乙公司不享有先履行抗辩权，因此C错误。提高合同价格，实际上是变更合同。根据《民法典》的规定，在以下情况下可以变更合同，即协议变更合同，根据情事变更制度变更合同。本题中，乙公司均不具备这些条件，因此D错误。《民法典》第577条规定，当事人一方不履行合同义务或者履行合同义务不符合约定的，应当承担继续履行、采取补救措施或者赔偿损失等违约责任。本题中，由于甲公司的迟延付款是由于乙公司的原因造成的，因此不能认定甲公司违约，A正确。

**13. A**。《民法典》第560条规定，债务人对同一债权人负担的数项债务种类相同，债务人的给付不足以清偿全部债务的，除当事人另有约定外，由债务人在清偿时指定其履行的债务。债务人未作指定的，应当优先履行已经到期的债务；数项债务均到期的，优先履行对债权人缺乏担保或者担保最少的债务；均无担保或者担保相等的，优先履行债务人负担较重的债务；负担相同的，按照债务到期的先后顺序履行；到期时间相同的，按照债务比例履行。由题意可见，2006年的借款已经到期，而2009年的借款尚未到期，据此本题选A。

**14. C**。《城镇房屋租赁合同解释》第5条规定，出租人就同一房屋订立数份租赁合同，在合同均有效的情况下，承租人均主张履行合同的，人民法院按照下列顺序确定履行合同的承租人：（1）已经合法占有租赁房屋的；（2）已经办理登记备案手续的；（3）合同成立在先的。不能取得租赁房屋的承租人请求解除合同、赔偿损失的，依照《民法典》的有关规定处理。据此，AB错误。此外，陈某与孙某没有合同关系，D错误。孙某将房屋事先出租给王某并已交付，导致李某无法实现合同目的，李某有权依据《民法典》第563条解除合同，并可基于孙某违约而要求其承担赔偿的违约责任。

**15. D**。民事主体从事民事活动，应当遵循自愿原则，按照自己的意思设立、变更、终止民事法律关系。李某和甲银行的特别约定是自愿原则的具体体现，应当认为合法有效。故A错误。本题中，李某不存在法定免责事由，应当承担保证责任。故B错误。《民法典》第700条规定，保证人承担保证责任后，除当事人另有约定外，有权在其承担保证责任的范围内向债务人追偿，享有债权人对债务人的权利，但是不得损害债权人的利益。据此，只要保证人李某向乙支行承担了保证责任，就有权向债务人张某追偿，不必非要等到乙支行收回20万元的全部借款本息之后才能行使追偿权。故C错误。根据《民事诉讼法》第51条和《民诉解释》第52条第6项的规定，依法设立并领取营业执照的商业银行、政策性银行和非银行金融机构的分支机构可作为民事诉讼的当事人，由其主要负责人进行诉讼。由此可见，银行的分支机构是以自己的名义行使诉讼权利的，自然应以自己的名义进行追索，D正确。

**16. C**。《专利法》第 10 条规定，专利申请权和专利权可以转让。中国单位或者个人向外国人、外国企业或者外国其他组织转让专利申请权或者专利权的，应当依照有关法律、行政法规的规定办理手续。转让专利申请权或者专利权的，当事人应当订立书面合同，并向国务院专利行政部门登记，由国务院专利行政部门予以公告。专利申请权或者专利权的转让自登记之日起生效。因此 C 正确，B 错误。实际上，一般情况下，专利权和专利申请权转让的合同在转让方与受让方订立书面合同后就生效了，这与一般的合同的生效并无不同。但权利的转移则非如此，权利的转移就如物权上的不动产所有权转移一样需要登记，这是因为专利权或者专利申请权的客体是技术方案，具有无形性，并且可复制，非经登记无法公示其权利的转移，也不足以对权利进行保护，因此 A 错误。专利申请权的转让不是专利权的转让，转让的专利申请权并不保证必然能够申请到专利权，因此 D 错误。

**17. D**。《著作权法》第 53 条规定，有下列侵权行为的，应当根据情况，承担本法第 52 条规定的民事责任；侵权行为同时损害公共利益的，由主管著作权的部门责令停止侵权行为，予以警告，没收违法所得，没收、无害化销毁处理侵权复制品以及主要用于制作侵权复制品的材料、工具、设备等，违法经营额 5 万元以上的，可以并处违法经营额 1 倍以上 5 倍以下的罚款；没有违法经营额、违法经营额难以计算或者不足 5 万元的，可以并处 25 万元以下的罚款；构成犯罪的，依法追究刑事责任：（1）未经著作权人许可，复制、发行、表演、放映、广播、汇编、通过信息网络向公众传播其作品的，本法另有规定的除外；……题目中 ABC 三项的行为均为未经许可复制著作权人的作品，符合前述法条中的第（1）项，侵犯了著作权人的著作权，不选。《著作权法》第 24 条规定，在下列情况下使用作品，可以不经著作权人许可，不向其支付报酬，但应当指明作者姓名或者名称、作品名称，并且不得影响该作品的正常使用，也不得不合理地损害著作权人的合法权益：……（10）对设置或者陈列在公共场所的艺术作品进行临摹、绘画、摄影、录像；……据此，D 行为不属于侵犯著作权的行为，因此当选。

**18. C**。《著作权法》第 3 条规定，本法所称的作品，是指文学、艺术和科学领域内具有独创性并能以一定形式表现的智力成果，包括：（1）文字作品；（2）口述作品；（3）音乐、戏剧、曲艺、舞蹈、杂技艺术作品；（4）美术、建筑作品；（5）摄影作品；（6）视听作品；（7）工程设计图、产品设计图、地图、示意图等图形作品和模型作品；（8）计算机软件；（9）符合作品特征的其他智力成果。故篮球比赛本身不是作品，不能成为著作权的客体，因此也就无所谓侵犯了哪一主体的著作权，A 错误。《著作权法》第 38 条规定，使用他人作品演出，表演者应当取得著作权人许可，并支付报酬。演出组织者组织演出，由该组织者取得著作权人许可，并支付报酬。由此可见，表演应该是表演者以自己的表演活动将他人的作品再现的过程，篮球比赛并没有事先编好的剧本，也不是将事先编好的作品进行再现，因此篮球比赛的运动员不是著作权法中规定的表演者，B 错误。《著作权法》第 39 条规定，表演者对其表演享有下列权利：（1）表明表演者身份；（2）保护表演形象不受歪曲；（3）许可他人从现场直播和公开传送其现场表演，并获得报酬；（4）许可他人录音录像，并获得报酬；（5）许可他人复制、发行、出租录有其表演的录音录像制品，并获得报酬；（6）许可他人通过信息网络向公众传播其表演，并获得报酬。被许可人以前款第 3 项至第 6 项规定的方式使用作品，还应当取得著作权人许可，并支付报酬。由本法条第 3 项可以看出，表演者有许可他人从现场直播和公开传送其现场表演，并获得报酬的权利，因此乙电视台侵犯了舞蹈演员的表演者权，C 正确。《著作权法》第 47 条规定，广播电台、电视台有权禁止未经其许可的下列行为：（1）将其播放的广播、电视以有线或者无线方式转播；（2）将其播放的广播、电视录制以及复制；（3）将其播放的广播、电视通过信息网络向公众传播。广播电台、电视台行使前款规定的权利，不得影响、限制或者侵害他人行使著作权或者与著作权有关的权利。本条第 1 款规定的权利的保护期为 50 年，截止于该广播、电视首次播放后第 50 年的 12 月 31 日。由此可见，乙电视台的行为侵犯了甲电视台的广播组织权，主办方没有广播组织权，故 D 错误。

**19. D**。本案中乙公司的行为显然是侵犯他人商标权的行为。《商标法》第 57 条规定，有下列行为之一的，均属侵犯注册商标专用权：（1）未经商标注册人的许可，在同一种商品上使用与其注册商标相同的商标的；（2）未经商标注册人的许可，在同一种商品上使用与其注册商标近似的商标，或者在类似商品上使用与其注册商标相同或者近似的商标，容易导致混淆的；（3）销售侵犯注册商标专用权的商品的；（4）伪造、擅自制造他人注册商标标识或者销售伪造、擅自制造的注册商标标识的；（5）未经商标注册人同意，更换其注册商标并将该更换商标的商品又投入市场的；（6）故意为侵犯他人商标专用权行为提供便利条件，帮助他人实施侵犯商标专用权行为的；（7）给他人的注册商标专用权造成其他损害的。因此，乙公司的行为符合本条第（1）项或者第（2）项规定，而丙公司符合本条第（3）项规定。这种行为称为假冒他人注册商标的行为。而 A 中的仿冒注册商标是指行为人将自己没有注册的商标冒称为经过注册的商标的行为，此种行为并没有侵犯他人的注册商标，它损害的是国家的商标管理制度，因此A不选。本题的真正考点在于，在不知情的情况下销售侵犯注册商标专用权的商品，此种行为应该如何处理。首先，上述法条已经将此种行为定性为商标侵权行为，因此在性质上已经不存在争议。其次，在对其进行处理，或者说，这类侵权者承担法律责任（例如行政责任、民事责任）方面是否会有所不同?《商标法》第60条第2款规定，市场监督管理部门处理时，认定侵权行为成立的，责令立即停止侵权行为，没收、销毁侵权商品和主要用于制造侵权商品、伪造注册商标标识的工具，违法经营额5万元以上的，可以处违法经营额5倍以下的罚款，没有违法经营额或者违法经营额不足5万元的，可以处25万元以下的罚款。对5年内实施2次以上商标侵权行为或者有其他严重情节的，应当从重处罚。销售不知道是侵犯注册商标专用权的商品，能证明该商品是自己合法取得并说明提供者的，由市场监督管理部门责令停止销售。由此可见，在承担行政责任方面，其主要的责任承担方式是停止销售，但是不会被罚款，因此B错误，D正确。又因为《商标法》第64条第2款规定，销售不知道是侵犯注册商标专用权的商品，能证明该商品是自己合法取得并说明提供者的，不承担赔偿责任。因此D正确。

**20. D**。《民法典》第979条规定，管理人没有法定的或者约定的义务，为避免他人利益受损失而管理他人事务的，可以请求受益人偿还因管理事务而支出的必要费用；管理人因管理事务受到损失的，可以请求受益人给予适当补偿。管理事务不符合受益人真实意思的，管理人不享有前款规定的权利；但是，受益人的真实意思违反法律或者违背公序良俗的除外。由此可知，无因管理的构成要件有三：（1）管理他人事务；（2）有为他人管理的意思；（3）没有法定的或者约定的义务。本题中，甲的救火行为虽然主观上最终是为自己，但也有为他人管理的意思，只要有为他人管理的意思，即使同时有为自己管理的意思，在构成无因管理方面不受影响，因此，甲的救火行为构成无因管理。而乙是房屋的所有人；丙是房屋的使用人，有财产在房屋中，因此，二人均因甲的救火行为而受益，甲均可要求他们就自己救火时受到的损失进行赔偿。据此，ABC三项均错误。再者，甲的救火行为虽然在客观上使保险公司减少了理赔数额，但甲救火时并无为A公司管理的意思，甚至，他可能根本不知道A公司承保的事情，因此D正确。

**21. B**。《民法典》第1191条规定，用人单位的工作人员因执行工作任务造成他人损害的，由用人单位承担侵权责任。用人单位承担侵权责任后，可以向有故意或者重大过失的工作人员追偿。劳务派遣期间，被派遣的工作人员因执行工作任务造成他人损害的，由接受劳务派遣的用工单位承担侵权责任；劳务派遣单位有过错的，承担相应的责任。本题中，用人单位的工作人员执行职务时对他人侵权的，由用人单位承担无过错的侵权责任。本题选其他三项存在明显错误。

**22. D**。欣欣医院与欢欢就手术行为构成医疗服务的合同关系，从事实的描述看明显地构成违约。《民法典》第1218条规定，患者在诊疗活动中受到损害，医疗机构或者其医务人员有过错的，由医疗机构承担赔偿责任。欣欣医院亦构成侵权。据此A正确，不选。欢欢的精神损害赔偿金是欢欢的遗产，其继承人当然可以继承，因此B正确，不选。《民法典》第1024条规定，民事主体享有名誉权。任何组织或者个人不得以侮辱、诽谤等方式侵害他人的名誉权。名誉是对民事主体的品德、声望、才能、信用等的社会评价。欢欢去世后，其民事权利能力随之消灭，不再具有民事主体资格，但是自然人死亡后，其姓名、肖像、名誉、荣誉和隐私仍受法律保护，这是一种对人格利益的保护。因此洋洋的杜撰行为侵犯的是欢欢的名誉权，因此C正确，不选。《民法典》第994条规定，死者的姓名、肖像、名誉、荣誉、隐私、遗体等受到侵害的，其配偶、子女、父母有权依法请求行为人承担民事责任；死者没有配偶、子女且父母已经死亡的，其他近亲属有权依法请求行为人承担民事责任。可见，被侵权人死亡，其民事权利能力随之消灭，不再具有民事主体资格。因此，即便其配偶、子女、父母可以向侵权人追究侵权责任，只能以配偶、子女、父母自己的名义进行追索，而不能冠以死者的名义。据此，D错误，当选。

**23. D**。《民法典》第1065条第1款规定，男女双方可以约定婚姻关系存续期间所得的财产以及婚前财产归各自所有、共同所有或者部分各自所有、部分共同所有。约定应当采用书面形式。没有约定或者约定不明确的，适用本法第1062条、第1063条的规定。《民法典》第209条第1款规定，不动产物权的设立、变更、转让和消灭，经依法登记，发生效力；未经登记，不发生效力，但是法律另有规定的除外。本题中，甲乙间并未对门面房进行物权变动登记，因此该财产的所有权还是属于甲，二人离婚时，不能对不属于共同财产的房屋进行财产分割。因此A正确，不选。根据题意，甲系与丁经协商从夫妻共同财产中支取20万元，因此是在处分共同财产。但是，20万元中，有甲和丁两人的财产份额，因此，就丁的份额，应按双方签订的借款协议处理，因此BC正确，不选。《民法典》第303条规定，共有人约定不得分割共有的不动产或者动产，以维持共有关系的，应当按照约定，但是共有人有重大理由需要分割的，可以请求分割；没有约定或者约定不明确的，按份共有人可以随时请求分割，共同共有人在共有的基础丧失或者有重大理由需要分割时可以请求分割。因分割造成其他共有人损害的，应当给予赔偿。由此，D 错误，当选。

**24. A**。《民法典》第 1142 条规定，遗嘱人可以撤回、变更自己所立的遗嘱。立遗嘱后，遗嘱人实施与遗嘱内容相反的民事法律行为的，视为对遗嘱相关内容的撤回。立有数份遗嘱，内容相抵触的，以最后的遗嘱为准。《民法典》第 1136 条规定，打印遗嘱应当有两个以上见证人在场见证。遗嘱人和见证人应当在遗嘱每一页签名，注明年、月、日。《民法典》第 1137 条规定，以录音录像形式立的遗嘱，应当有两个以上见证人在场见证。遗嘱人和见证人应当在录音录像中记录其姓名或者肖像，以及年、月、日。《民法典》第 1138 条规定，遗嘱人在危急情况下，可以立口头遗嘱。口头遗嘱应当有两个以上见证人在场见证。危急情况消除后，遗嘱人能够以书面或者录音录像形式立遗嘱的，所立的口头遗嘱无效。由此可见，第二份、第三份遗嘱均未符合法律规定的遗嘱的形式要件，系无效遗嘱，唯有第一份遗嘱有效，故本题选 A。

**25. D**。《公司法》第 13 条第 2 款规定，公司可以设立分公司。分公司不具有法人资格，其民事责任由公司承担。无论是在北京还是在外地设立分公司，都必须进行工商登记，领取营业执照，故 A 错误。分公司不具备法人资格，不能独立承担民事责任，故 B 错误。关于分公司的负责人，现行法律并无特别的规制。自事理而言，公司投资者（股东）与公司经营层可以分开，股东之外的人担任公司经理并非罕见，股东之外的人担任公司分支机构负责人更是常态。所以，无论在北京还是外地设立分公司，其负责人均可以是股东之外的人，故 C 错误。《公司法》第 13 条第 1 款规定，公司可以设立子公司。子公司具有法人资格，依法独立承担民事责任。无论在北京还是外地，子公司均具备独立法人资格，独立承担责任，故 D 正确。

**26. B**。《公司法》第 90 条规定，自然人股东死亡后，其合法继承人可以继承股东资格；但是，公司章程另有规定的除外。据此，公司章程可以对股东资格的继承作出特别规定，若无特别规定，则由已故股东的继承人继承股东资格。据此，ACD 三项正确。需要说明的是，股东资格的继承不是普通的继承问题，而是公司法问题，而且属于公司自治的范畴，可以由公司章程对此进行特别的规范。因为股权不仅包含财产权内容，而且包含非财产权内容如表决权等，事关公司治理，股东资格的变动对股东人数不多的有限责任公司影响尤其重大，所以《公司法》特别对有限责任公司的股权转让作出特别规范，并授权公司章程对股东资格的继承进行规范。鉴于有限责任公司的人合性质，公司章程可以规定在自然人股东死亡之后，公司其他股东可以出资购买已故股东的股权份额或者通过减资程序返还已故股东的出资现值。即便公司章程认可股东资格的继承，已故股东的继承人也不能当然取得股东资格，还需要公司重新签发出资证明书、修改公司章程与股东名册，并且要变更工商登记。所以，股权的继承与一般财产权的继承不同，类似于合伙企业份额的继承。《公司法》第 68 条第 2 款规定，董事会设董事长一人，可以设副董事长。董事长、副董事长的产生办法由公司章程规定。因为董事长是公司机关中的重要职位，并非财产权，不产生继承问题，故 B 错误，当选。

**27. B**。《公司法》第 55 条第 1 款规定，有限责任公司成立后，应当向股东签发出资证明书，记载下列事项：(1) 公司名称；(2) 公司成立日期；(3) 公司注册资本；(4) 股东的姓名或者名称、认缴和实缴的出资额、出资方式和出资日期；(5) 出资证明书的编号和核发日期。可见，公司在成立之后才能向股东签发出资证明书，不可能在个别股东认缴出资之后当即向其签发出资证明书，故 A 错误。严某的出资证明书上只需要记载严某的姓名与出资额，不需要记载其他股东的姓名与出资额，股东名册上才需要记载所有股东的姓名与出资额，故 C 错误。《公司法》第 56 条第 2 款规定，记载于股东名册的股东，可以依股东名册主张行使股东权利。据此，公司股东名册是股东资格的法定证明文件。相比之下，出资证明书只是认定股东资格的证明文件之一，并非法定证明文件，更非唯一文件，所以出资证明书遗失通常不影响股东资格的认定，更不会导致股东资格丧失，故 B 正确。关于有价证券，我国现行法律并未给出法律上的定义，通说认为有价证券包括票据、股票、债券、证券投资基金券，其中并不包括有限责任公司的股东出资证明书。有价证券自身代表着一定的财产权利，可以自由流通。而有限责任公司的股东出资证明书仅仅是证明股东资格的众多文件之一，自身并无财产价值，也无法通过转让出资证明书来转让相应的股权。就此，《公司法》第 87 条规定，依照本法转让股权后，公司应当及时注销原股东的出资证明书，向新股东签发出资证明书，并相应修改公司章程和股东名册中有关股东及其出资额的记载。对公司章程的该项修改不需再由股东会表决。可见，股东的出资证明书并无有价证券表彰权利、交易流通的功能，因而并非有价证券，故 D 错误。

**28. B**。关于申请公司强制司法解散的条件，《公司法》第 231 条规定，公司经营管理发生严重困难，继续存续会使股东利益受到重大损失，通过其他途径不能解决的，持有公司百分之十以上表决权的股东，可以请求人民法院解散公司。《公司法解释（二）》第 1 条第 1 款进一步规定，单独或者合计持有公司全部股东表决权 10%以上的股东，以下列事由之一提起解散公司诉讼，并符合《公司法》第 231 条规定的，人民法院应予受理：（1）公司持续2年以上无法召开股东会或者股东大会，公司经营管理发生严重困难的；（2）股东表决时无法达到法定或者公司章程规定的比例，持续2年以上不能做出有效的股东会或者股东大会决议，公司经营管理发生严重困难的；（3）公司董事长期冲突，且无法通过股东会或者股东大会解决，公司经营管理发生严重困难的；（4）经营管理发生其他严重困难，公司继续存续会使股东利益受到重大损失的情形。本题情形符合上述第3项情形，故股东张某可以提起解散公司诉讼。《公司法解释（二）》第2条规定，股东提起解散公司诉讼，同时又申请人民法院对公司进行清算的，人民法院对其提出的清算申请不予受理。人民法院可以告知原告，在人民法院判决解散公司后，依据《民法典》第70条、《公司法》第231条和本规定第7条的规定，自行组织清算或者另行申请人民法院对公司进行清算。据此，A错误。《公司法解释（二）》第3条规定，股东提起解散公司诉讼时，向人民法院申请财产保全或者证据保全的，在股东提供担保且不影响公司正常经营的情形下，人民法院可予以保全。据此，B正确。《公司法解释（二）》第4条第1、2款规定，股东提起解散公司诉讼应当以公司为被告。原告以其他股东为被告一并提起诉讼的，人民法院应当告知原告将其他股东变更为第三人；原告坚持不予变更的，人民法院应当驳回原告对其他股东的起诉。据此，C错误。《公司法解释（二）》第6条第1款规定，人民法院关于解散公司诉讼作出的判决，对公司全体股东具有法律约束力。据此，D错误。

**29. A**。关于抽逃出资的认定，《公司法解释（三）》第12条规定，公司成立后，公司、股东或者公司债权人以相关股东的行为符合下列情形之一且损害公司权益为由，请求认定该股东抽逃出资的，人民法院应予支持：（1）制作虚假财务会计报表虚增利润进行分配；（2）通过虚构债权债务关系将其出资转出；（3）利用关联交易将出资转出；（4）其他未经法定程序将出资抽回的行为。据此，将出资款项转入公司账户验资后又转出不属于抽逃出资的行为，故A当选。

**30. D**。《合伙企业法》第46条规定，合伙协议未约定合伙期限的，合伙人在不给合伙企业事务执行造成不利影响的情况下，可以退伙，但应当提前30日通知其他合伙人。据此，合伙人退伙的，应当提前30日通知其他合伙人而不能随意退伙，故A错误。《合伙企业法》第51条规定，合伙人退伙，其他合伙人应当与该退伙人按照退伙时的合伙企业财产状况进行结算，退还退伙人的财产份额。退伙人对给合伙企业造成的损失负有赔偿责任的，相应扣减其应当赔偿的数额。退伙时有未了结的合伙企业事务的，待该事务了结后进行结算。据此，合伙人退伙的，其他合伙人应当与退伙人结算而不是对合伙企业进行清算。《合伙企业法》第86条第1款规定，合伙企业解散，应当由清算人进行清算。个别合伙人退伙不会导致合伙企业解散，从而也不需要进行清算，故B错误。《合伙企业法》第52条规定，退伙人在合伙企业中财产份额的退还办法，由合伙协议约定或者由全体合伙人决定，可以退还货币，也可以退还实物。据此，合伙企业可以将贾某的房屋退还给贾某，也可以退还相应货币，其具体方法由合伙协议或者全体合伙人决定，并非一定要退还给贾某房屋不可。所以，贾某并不享有要求合伙企业退还房屋的权利，故C错误。《合伙企业法》第53条规定，退伙人对基于其退伙前的原因发生的合伙企业债务，承担无限连带责任。据此，D正确。

**31. B**。关于取回权，《企业破产法》第38条规定，人民法院受理破产申请后，债务人占有的不属于债务人的财产，该财产的权利人可以通过管理人取回。但是，本法另有规定的除外。《最高人民法院关于适用〈中华人民共和国企业破产法〉若干问题的规定（二）》［以下简称《企业破产法解释（二）》］第26条进一步规定，权利人依据《企业破产法》第38条规定行使取回权，应当在破产财产变价方案或者和解协议、重整计划草案提交债权人会议表决前向管理人提出。权利人在上述期限后主张取回相关财产的，应当承担延迟行使取回权增加的相关费用。据此，A正确。根据上述规定，如果乙公司未在规定期限内行使取回权，其取回权并不会灭失，但由此增加的费用需要由乙公司承担，故B错误，当选。《企业破产法解释（二）》第27条第1款规定，权利人依据《企业破产法》第38条的规定向管理人主张取回相关财产，管理人不予认可，权利人以债务人为被告向人民法院提起诉讼请求行使取回权的，人民法院应予受理。据此，C正确。《企业破产法解释（二）》第28条规定，权利人行使取回权时未依法向管理人支付相关的加工费、保管费、托运费、委托费、代销费等费用，管理人拒绝其取回相关财产的，人民法院应予支持。据此，D正确。

**32. D**。票据具有设权性，票据属于设权证券。票据权利的产生，必须先做成证券。没有票据，就没有票据权利，A正确。票据具有流通性，票据通常能够转让，本票、汇票、支票都是如此。就此而言，可以说“任何类型的票据”都能够进行转让，故B正确。但需要注意的是，并非所有的票据都能够转让，《票据法》第27条第2款规定，出票人在汇票上记载“不得转让”字样的，汇票不得转让。从这个角度来看，B表述过于绝对，有欠妥当。票据是无因证券。票据法律关系是一种单纯的金钱支付关系，不受基础关系是否存在及其效力的影响。即便票据行为的原因行为不成立、无效或者被撤销，票据效力也不受影响，故C正确。票据是要式证券，各种票据行为如出票、背书、承兑、保证都必须严格按照《票据法》规定的程序与方式进行，否则会导致票据行为无效，甚至导致票据无效。如《票据法》第9条第2款规定，票据金额、日期、收款人名称不得更改，更改的票据无效。《票据法》第22条规定，汇票必须记载下列事项：（1）表明“汇票”的字样；（2）无条件支付的委托；（3）确定的金额；（4）付款人名称；（5）收款人名称；（6）出票日期；（7）出票人签章。汇票上未记载前款规定事项之一的，汇票无效。据此，D错误，当选。

**33. A**。《海商法》第9条第1款规定，船舶所有权的取得、转让和消灭，应当向船舶登记机关登记；未经登记的，不得对抗第三人。在此，法律确认船舶所有权的变动采登记对抗主义，其所有权转移应按照《民法典》的一般规则，采取交付转移所有权主义。就此，《民法典》第224条规定，动产物权的设立和转让，自交付时发生效力，但法律另有规定的除外。故A正确。基于建造的事实行为取得船舶所有权，无需登记即可以取得所有权，B表述缺乏法律依据和法理依据，故B错误。《海商法》第10条规定，船舶由两个以上的法人或者个人共有的，应当向船舶登记机关登记；未经登记的，不得对抗第三人。据此，船舶与其他物一样，都能成为共同共有的客体，故C错误。船舶作为物，当然也可以按照《民法典》规定进行继承，故D错误。

**34. C**。《保险法解释（二）》第3条第1款规定，投保人或者投保人的代理人订立保险合同时没有亲自签字或者盖章，而由保险人或者保险人的代理人代为签字或者盖章的，一开始对投保人不生效；但投保人已经交纳保险费的，视为其对代签字或者盖章行为的追认。本题中，甲公司代理人谢某代替投保人何某签字，一开始对投保人不生效；但投保人何某交纳了保险费，说明其认可保险合同，故保险合同成立并且生效。《保险法》第14条规定，保险合同成立后，投保人按照约定交付保险费，保险人按照约定的时间开始承担保险责任。据此，保险事故发生后，应当由甲公司承担责任，C正确。本题中，保险合同有效成立，谢某及甲公司都无缔约过失，不存在缔约过失责任问题，故ABD均错误。

**35. C**。《民事诉讼法》第209条规定，各级人民法院院长对本院已经发生法律效力的判决、裁定、调解书，发现确有错误，认为需要再审的，应当提交审判委员会讨论决定。最高人民法院对地方各级人民法院已经发生法律效力的判决、裁定、调解书，上级人民法院对下级人民法院已经发生法律效力的判决、裁定、调解书，发现确有错误的，有权提审或者指令下级人民法院再审。因此，A不违反法律规定。民商事纠纷实行多元化纠纷解决制度，民事诉讼、仲裁、人民调解、行政调解、和解均可以解决民商事纠纷，因此，BD不违反法律规定。根据民事诉讼法的规定，民事诉讼代理人只有法定代理人与委托代理人两种，无指定代理人，因此，C违反法律规定，当选。

**36. C**。《民事诉讼法》第13条第1款规定，民事诉讼应当遵循诚信原则。这就意味着参与民事诉讼的各种主体均应当本着诚实善意的理念行使诉讼权利，实施民事诉讼行为，而不得滥用其诉讼权利。具体而言，诚信原则禁止当事人以欺骗性的方法形成不正当诉讼状态，禁止证人提供虚假证言，因此，AB违反诚信原则。此外，诚信原则要求法院依法决定证据的取舍，而不得任意进行证据的取舍与否定，因此，D违反诚信原则。《民事诉讼法》第67条规定，法院可以根据案件审理情况决定对当事人提供的证据是否采信，因此，C符合诚信原则，当选。

**37. BC**。《民事诉讼法》第47条规定，回避适用于审判人员、法官助理、书记员、司法技术人员、翻译人员、鉴定人、勘验人，而专家辅助人不适用回避制度，因此A错误。《民诉解释》第122条第2款规定，具有专门知识的人在法庭上就专业问题提出的意见，视为当事人的陈述。当事人陈述属于法定的证据种类。所以，B正确。《民事诉讼法》第82条规定，当事人可以申请人民法院通知有专门知识的人出庭，就鉴定人作出的鉴定意见或者专业问题提出意见。因此，其他当事人有权对专家辅助人提问，C正确。此外，根据民事诉讼理论，专家辅助人是当事人为维护其自身利益而聘请的专业人士，因此专家辅助人出庭的费用应当由当事人自行承担，故D错误。

**38. C**。《民诉解释》第11条规定，双方当事人均为军人或者军队单位的民事案件由军事法院管辖。因此，A错误。《民事诉讼法》第279条第3项规定，在中国领域内履行的中外合资经营企业合同纠纷专属于中国法院管辖，而B是中外合资企业与外国公司之间的合同纠纷，不属于专属管辖的案件，因此B错误。根据民事诉讼理论，确定级别管辖应考虑各级人民法院之间的职能分工，因此C正确。根据民事诉讼理论，管辖恒定制度是指人民法院的管辖权不受确定管辖因素变化的影响，D属于专属管辖制度，而不是管辖恒定制度，因此D错误。

**39. D**。《民诉解释》第297条规定，受理第三人撤销之诉案件后，原告提供相应担保，请求中止执行的，人民法院可以准许。本条中，“可以”二字，表明第三人撤销之诉引起的第一审程序，不必然产生中止原判决执行的法律效力，故A错误。根据民事诉讼理论，第三人撤销之诉是通过撤销生效法律文书从而改变被生效法律文书所确定的权利义务关系，因此属于变更之诉，而不是确认之诉，故B错误。《民事诉讼法》第59条规定，第三人撤销之诉应向作出生效判决、裁定、调解书的人民法院提起，因此C错误。第三人撤销之诉是第三人认为生效的民事判决、裁定、调解书的内容错误，损害其民事权益，从而起诉主张改变或撤销原判决、裁定、调解书的诉讼，故 D 正确。

**40. B**。根据民事诉讼理论，反诉是指在本诉的进行过程中，本诉的被告针对本诉的原告提出的与本诉具有牵连性、目的在于抵销或者吞并本诉请求的独立的反请求。可见，反诉就其性质是一种独立的诉，因此 B 符合本题要求。A 与 D 是被告曹某提出的一种对原告主张的反驳，其目的在于使原告的主张不成立。而 C 只是被告曹某陈述的一种事实，既不是反诉，也不是反驳。

**41. D**。《民事诉讼法》第 207 条规定，申请实现担保物权，由担保物权人以及其他有权请求实现担保物权的人依照《民法典》等法律，向担保财产所在地或者担保物权登记地基层人民法院提出。因此，A 错误。根据民事诉讼理论，适用特别程序实现担保物权无需被申请人。因此，B 错误。《民事诉讼法》第 208 条规定，人民法院受理申请后，经审查，符合法律规定的，裁定拍卖、变卖担保财产，当事人依据该裁定可以向人民法院申请执行；不符合法律规定的，裁定驳回申请，当事人可以向人民法院提起诉讼。因此，C 错误，D 正确。

**42. C**。证明力的比较只能适用于证据的不同立法种类之间，或者适用于证据不同理论分类之间，而在证据立法种类与理论分类之间是无法进行证明力比较的。因此，A 错误。根据民事诉讼理论，经验法则是进行事实推定应遵循的原则，根据经验法则推定出来的事实无需当事人证明，而并不是说，经过经验法则可验证的事实无需证明。因此，B 错误。《民事诉讼法》第 275 条规定，在中华人民共和国领域内没有住所的外国人、无国籍人、外国企业和组织委托中华人民共和国律师或者其他人代理诉讼，从中华人民共和国领域外寄交或者托交的授权委托书，应当经所在国公证机关证明，并经中华人民共和国驻该国使领馆认证，或者履行中华人民共和国与该所在国订立的有关条约中规定的证明手续后，才具有效力。因此，C 正确。根据民事诉讼理论，证明责任的结果责任在当事人之间是不发生转移的。因此，D 错误。

**43. D**。《民诉解释》第 429 条规定，向债务人本人送达支付令，债务人拒绝接收的，人民法院可以留置送达。因此，A 错误。《民事诉讼法》第 227 条第 2 款规定，债务人应当自收到支付令之日起 15 日内清偿债务，或者向人民法院提出书面异议。因此，B 错误。《民诉解释》第 436 条第 1 款规定，债务人对债务本身没有异议，只是提出缺乏清偿能力、延缓债务清偿期限、变更债务清偿方式等异议的，不影响支付令的效力。而本题中，陈某提出已经归还借款，意味着债务已经消灭，因此陈某的主张构成异议，故 C 错误。《民事诉讼法》第 228 条规定，人民法院收到债务人提出的书面异议后，经审查，异议成立的，应当裁定终结督促程序，支付令自行失效。支付令失效的，转入诉讼程序，但申请支付令的一方当事人不同意提起诉讼的除外。因此，D 正确。

**44. D**。《民诉解释》第 162 条第 1 款规定，第二审人民法院裁定对第一审人民法院采取的保全措施予以续保或者采取新的保全措施的，可以自行实施，也可以委托第一审人民法院实施。因为二审发回重审时，尚未作出新的生效裁判，所以一审中采取的保全措施不应随意解除。A 错误。《最高人民法院关于适用〈关于民事诉讼证据的若干规定〉中有关举证时限规定的通知》第 9 条规定，发回重审的案件，第一审人民法院在重新审理时，可以结合案件的具体情况和发回重审的原因等情况，酌情确定举证期限。如果案件是因违反法定程序被发回重审的，人民法院在征求当事人的意见后，可以不再指定举证期限或者酌情指定举证期限。但案件因遗漏当事人被发回重审的，按照本通知第 5 条处理。如果案件是因认定事实不清、证据不足发回重审的，人民法院可以要求当事人协商确定举证期限，或者酌情指定举证期限。B 说“必须重新指定举证时限”显然是错误的。《民事诉讼法》第 41 条第 3 款规定，发回重审的案件，原审人民法院应当按照第一审程序另行组成合议庭。因此，C 错误。《民事诉讼法》第 177 条第 2 款规定，原审人民法院对发回重审的案件作出判决后，当事人提起上诉的，第二审人民法院不得再次发回重审。因此，D 正确。

**45. B**。本题中，乙作为被执行人，认为法院的扣押行为错误而提出异议，属于当事人对执行行为的异议。《民事诉讼法》第 236 条规定，当事人、利害关系人认为执行行为违反法律规定的，可以向负责执行的人民法院提出书面异议。当事人、利害关系人提出书面异议的，人民法院应当自收到书面异议之日起 15 日内审查，理由成立的，裁定撤销或者改正；理由不成立的，裁定驳回。当事人、利害关系人对裁定不服的，可以自裁定送达之日起 10 日内向上一级人民法院申请复议。因此，B 正确。

**46. D**。根据《民事诉讼法》第 218 条，如果发生法律效力的判决、裁定是由第二审法院作出的，就按照第二审程序进行再审。因此，本题中的再审应该适用二审程序。《民诉解释》第 408 条规定，一审原告在再审审理程序中申请撤回起诉，经其他当事人同意，且不损害国家利益、社会公共利益、他人合法权益的，人民法院可以准许。裁定准许撤诉的，应当一并撤销原判决。一审原告在再审审理程序中撤回起诉后重复起诉的，人民法院不予受理。据此，按照一审程序进行再审时，原告可以撤回起诉；按照二审程序进行再审时，原告不得撤回起诉。故 A 错误。撤回再审申请的主体只能是再审申请人，被申请人不可撤回再审申请，吴某并未撤回申请，因此B错误。《民事诉讼法》第153条第1款第4项规定，一方当事人因不可抗拒的事由，不能参加诉讼的，适用诉讼中止。本题中，万某未出庭并未说明理由，法院不应裁定诉讼中止，故C错误。万某属于原诉中的原告，此时按照二审进行再审，如前所述，不能适用撤诉。《民事诉讼法》第148条第2款规定，人民法院裁定不准许撤诉的，原告经传票传唤，无正当理由拒不到庭的，可以缺席判决。因此，法院可以适用缺席判决，D正确。

**47. AB**。《商品房买卖合同解释》第3条规定，商品房的销售广告和宣传资料为要约邀请，但是出卖人就商品房开发规划范围内的房屋及相关设施所作的说明和允诺具体确定，并对商品房买卖合同的订立以及房屋价格的确定有重大影响的，构成要约。该说明和允诺即使未载入商品房买卖合同，亦应当为合同内容，当事人违反的，应当承担违约责任。本题中，张某为了健身方便而购买了某小区的商品房，收房时却发现小区的建设与小区的平面图和项目说明书不相符，导致其购房的目的无法实现。《民法典》第563条规定，当事人一方迟延履行债务或者有其他违约行为致使不能实现合同目的，当事人可以解除合同。由于甲公司的虚假宣传导致张某不能实现合同目的，张某有权解除合同退房，故A正确。《民法典》第500条规定，当事人在订立合同过程中有下列情形之一，造成对方损失的，应当承担赔偿责任：(1) 假借订立合同，恶意进行磋商；(2) 故意隐瞒与订立合同有关的重要事实或者提供虚假情况；(3) 有其他违背诚信原则的行为。甲公司违背诚实信用原则，构成欺诈，应承担缔约过失责任，故B正确。C的请求无法律依据，故C错误。《民法典》第566条第1款规定，合同解除后，尚未履行的，终止履行；已经履行的，根据履行情况和合同性质，当事人可以请求恢复原状或者采取其他补救措施，并有权请求赔偿损失。据此，合同解除与承担违约责任之间并不冲突，可以并用，故D错误。

**48. CD**。《民法典》第172条规定，行为人没有代理权、超越代理权或者代理权终止后，仍然实施代理行为，相对人有理由相信行为人有代理权的，代理行为有效。本题考查的是什么叫作“有理由相信”。实践中，公司在合同上盖章，可以盖公章，也可以盖合同专用章，均为有效，因此这一点足以令温某“有理由相信”。由于授权委托书系加盖合同专用章，因此温某并不需要向甲公司核实即构成“有理由相信”。但是，如果如C所述，那么吴某显然是超越了代理权；如D所言，则吴某代理权已经终止。这两种情形不可能构成温某的“有理由相信”，因此本题答案为CD。

**49. ABCD**。《民法典》第196条规定，下列请求权不适用诉讼时效的规定：（1）请求停止侵害、排除妨碍、消除危险；（2）不动产物权和登记的动产物权的权利人请求返还财产；（3）请求支付抚养费、赡养费或者扶养费；（4）依法不适用诉讼时效的其他请求权。据此，适用诉讼时效的权利大多是债权请求权、继承请求权。本题中，A是形成权；B是诉权；C中，公共维修基金为业主共有，业主大会对该项基金的使用拥有决策权，其请求业主缴付维修基金是业主赋予业主大会的权利，是一种业主自治性的权利，具有社员权的属性；D则是支配权。因此均不适用诉讼时效。

【陷阱提示】本题的陷阱就在于四个选项都不能适用诉讼时效，但是每个选项都有“请求”二字。这样的题目要求考生提高自己的功力，对各种民事权利的类型和子类型充分理解。这样的知识用死记硬背的办法是行不通的，而如果能够做到深入理解，根本就不用一个个地背下来。

**50. ABD**。《民法典》第538条规定，债务人以放弃其债权、放弃债权担保、无偿转让财产等方式无偿处分财产权益，或者恶意延长其到期债权的履行期限，影响债权人的债权实现的，债权人可以请求人民法院撤销债务人的行为。《民法典》第539条规定，债务人以明显不合理的低价转让财产、以明显不合理的高价受让他人财产或者为他人的债务提供担保，影响债权人的债权实现，债务人的相对人知道或者应当知道该情形的，债权人可以请求人民法院撤销债务人的行为。本题中，杜某转让房屋的价格为市值的75%，尚不构成明显不合理的低价，据此A错误，当选。《民法典》第215条规定，当事人之间订立有关设立、变更、转让和消灭不动产物权的合同，除法律另有规定或者当事人另有约定外，自合同成立时生效；未办理物权登记的，不影响合同效力。据此B错误，当选。《民法典》第154条规定，行为人与相对人恶意串通，损害他人合法权益的民事法律行为无效。据此C正确，不当选。D错误比较明显，债权的核心是请求权，其行使尚需债务人的配合，因此不能像物权等支配权那样行使。据此D错误，当选。

**51. ABCD**。《民法典》第220条第1款规定，权利人、利害关系人认为不动产登记簿记载的事项错误的，可以申请更正登记。不动产登记簿记载的权利人书面同意更正或者有证据证明登记确有错误的，登记机构应当予以更正。据此，刘某可以申请更正登记，至于最终是否予以更正登记，则属于登记机构的审查事项，不影响刘某申请的权利。故A正确，当选。《民法典》第220条第2款规定，不动产登记簿记载的权利人不同意更正的，利害关系人可以申请异议登记。登记机构予以异议登记，申请人自异议登记之日起15日内不提起诉讼的，异议登记失效。异议登记不当，造成权利人损害的，权利人可以向申请人请求损害赔偿。故 B 正确，当选。《民法典》第 234 条规定，因物权的归属、内容发生争议的，利害关系人可以请求确认权利。刘某在申请异议登记之后，可向法院请求确认自己为房屋的权利人。故 C 正确，当选。《民法典》第 229 条规定，因人民法院、仲裁机构的法律文书或者人民政府的征收决定等，导致物权设立、变更、转让或者消灭的，自法律文书或者征收决定等生效时发生效力。可见，如果确权之诉成功，刘某即被确认为房屋的所有权人，同时，可以依据法院判决，请求房管部门将房屋变更登记到自己的名下，故 D 正确，当选。

**52. AD**。《民法典》第 333 条第 1 款规定，土地承包经营权自土地承包经营权合同生效时设立。据此 A 正确。《民法典》第 335 条规定，土地承包经营权互换、转让的，当事人可以向登记机构申请登记；未经登记，不得对抗善意第三人。据此 B 错误。《农村土地承包法》第 32 条规定，承包人应得的承包收益，依照继承法（《民法典》继承编）的规定继承。林地承包的承包人死亡，其继承人可以在承包期内继续承包。据此 D 正确。耕地的承包系家庭承包，《民法典》与《农村土地承包法》均未规定可以继承，因此 C 错误。

**53. ACD**。本题中，王某与李某之间，通过协议将无偿租住房屋代替支付借款。这种情况在法律上被称为以物抵债。以物抵债的构成要件及其法律效果在我国法律中并无规定，实务中当事人之间的约定按照无名合同来处理。就本题而言，双方均有以无偿租住房屋代替原来借款之债的意思，因此 A 正确。李某的租赁权在张某的抵押权之后产生，《民法典》第 405 条规定，抵押权设立前，抵押财产已经出租并转移占有的，原租赁关系不受该抵押权的影响。据此 B 错误。C 明显正确，不再赘述。王某将房屋无偿给李某租住 1 年，理应能够正常居住，其租赁权不应有无法实现的障碍。因此，D 正确。

**54. BD**。本题中，徐某未经许可而扩建房屋，该房屋系违章建筑，不可能因此而取得房屋的所有权，A 的错误十分明显。《民法典》第 462 条第 1 款规定，占有的不动产或者动产被侵占的，占有人有权请求返还原物；对妨害占有的行为，占有人有权请求排除妨害或者消除危险；因侵占或者妨害造成损害的，占有人有权依法请求损害赔偿。因此 B 正确，C 错误。徐某自住房的墙砖被毁坏，《民法典》第 238 条规定，侵害物权，造成权利人损害的，权利人可以依法请求损害赔偿，也可以依法请求承担其他民事责任。据此 D 正确。

**55. ABD**。《民法典》第 730 条规定，当事人对租赁期限没有约定或者约定不明确，依据本法第 510 条规定仍不能确定的，视为不定期租赁；当事人可以随时解除合同，但是应当在合理期限之前通知对方。但本题中的租赁并不是不定期租赁，不定期租赁不在于无法计算期限长度，而是根本就没有约定期限或者视为没有约定期限。而本题中约定了租赁的期限，期限的终期为“刘某出现并还清货款”，尽管这个期限目前还无法计算它的长度。因此，合同的双方当事人都不能像不定期租赁那样可以随时解除合同。据此 AB 错误。《民法典》第 158 条规定，民事法律行为可以附条件，但是根据其性质不得附条件的除外。附生效条件的民事法律行为，自条件成就时生效。附解除条件的民事法律行为，自条件成就时失效。《民法典》第 160 条规定，民事法律行为可以附期限，但是根据其性质不得附期限的除外。附生效期限的民事法律行为，自期限届至时生效。附终止期限的民事法律行为，自期限届满时失效。附条件合同和附期限合同的重要区别就在于附条件是无法肯定条件是否会发生，而附期限则是一定会届至的。本题中刘某的出现是无法肯定能否发生的，因此小刘与何某所签订的是一份附解除条件的合同，据此 C 正确，D 错误。根据题意，本题答案为 ABD。

**56. CD**。《民法典》第 654 条规定，用电人应当按照国家有关规定和当事人的约定及时支付电费。用电人逾期不支付电费的，应当按照约定支付违约金。经催告用电人在合理期限内仍不支付电费和违约金的，供电人可以按照国家规定的程序中止供电。供电人依照前款规定中止供电的，应当事先通知用电人。《民法典》第 656 条规定，供用水、供用气、供用热力合同，参照适用供用电合同的有关规定。由此可见，本题应选 CD。

**57. AC**。从题目的表述来看，本题中的赠与构成附条件的赠与。如果是附义务的赠与，应该表述为“公司资助中奖员工子女次年的教育费用，但员工不得离职”。因此 A 正确，B 错误。既然是附条件的赠与，由题意可见，这是一个附解除条件的赠与，员工离职，则所附解除条件生效，甲公司的给付义务也就解除了，因此 C 正确。《民法典》第 658 条规定，赠与人在赠与财产的权利转移之前可以撤销赠与。经过公证的赠与合同或者依法不得撤销的具有救灾、扶贫、助残等公益、道德义务性质的赠与合同，不适用前款规定。据此，D 错误。

**58. AD**。《著作权法》第 53 条规定，有下列侵权行为的，应当根据情况，承担本法第 52 条规定的民事责任；侵权行为同时损害公共利益的，由主管著作权的部门责令停止侵权行为，予以警告，没收违法所得，没收、无害化销毁处理侵权复制品以及主要用于制作侵权复制品的材料、工具、设备等，违法经营额 5 万元以上的，可以并处违法经营额 1 倍以上 5 倍以下的罚款；没有违法经营额、违法经营额难以计算或者不足 5 万元的，可以并处 25 万元以下的罚款；

构成犯罪的，依法追究刑事责任：(1) 未经著作权人许可，复制、发行、表演、放映、广播、汇编、通过信息网络向公众传播其作品的，本法另有规定的除外；(2) 出版他人享有专有出版权的图书的；(3) 未经表演者许可，复制、发行录有其表演的录音录像制品，或者通过信息网络向公众传播其表演的，本法另有规定的除外；(4) 未经录音录像制作者许可，复制、发行、通过信息网络向公众传播其制作的录音录像制品的，本法另有规定的除外；(5) 未经许可，播放、复制或者通过信息网络向公众传播广播、电视的，本法另有规定的除外；(6) 未经著作权人或者与著作权有关的权利人许可，故意避开或者破坏技术措施的，故意制造、进口或者向他人提供主要用于避开、破坏技术措施的装置或者部件的，或者故意为他人避开或者破坏技术措施提供技术服务的，法律、行政法规另有规定的除外；(7) 未经著作权人或者与著作权有关的权利人许可，故意删除或者改变作品、版式设计、表演、录音录像制品或者广播、电视上的权利管理信息的，知道或者应当知道作品、版式设计、表演、录音录像制品或者广播、电视上的权利管理信息未经许可被删除或者改变，仍然向公众提供的，法律、行政法规另有规定的除外；(8) 制作、出售假冒他人署名的作品的。《著作权法》第42条规定，录音录像制作者使用他人作品制作录音录像制品，应当取得著作权人许可，并支付报酬。录音制作者使用他人已经合法录制为录音制品的音乐作品制作录音制品，可以不经著作权人许可，但应当按照规定支付报酬；著作权人声明不许使用的不得使用。《著作权法》第44条规定，录音录像制作者对其制作的录音录像制品，享有许可他人复制、发行、出租、通过信息网络向公众传播并获得报酬的权利；权利的保护期为50年，截止于该制品首次制作完成后第50年的12月31日。被许可人复制、发行、通过信息网络向公众传播录音录像制品，应当同时取得著作权人、表演者许可，并支付报酬；被许可人出租录音录像制品，还应当取得表演者许可，并支付报酬。由此可见，除了《著作权法》第24条规定的合理使用以及第42条规定的录音制作者使用他人已经合法录制为录音制品的音乐作品制作录音制品外，他人使用著作权人的作品均需经过许可且支付报酬，未经许可且未支付报酬的为侵犯著作权人的著作权的行为。A中某公司的行为系复制行为，未经许可，侵犯了甲的著作权。《著作权法》第39条第1款规定，表演者对其表演享有下列权利：(1) 表明表演者身份；(2) 保护表演形象不受歪曲；(3) 许可他人从现场直播和公开传送其现场表演，并获得报酬；(4) 许可他人录音录像，并获得报酬；(5) 许可他人复制、发行、出租录有其表演的录音录像制品，并获得报酬；(6) 许可他人通过信息网络向公众传播其表演，并获得报酬。由此可见，A中某公司的行为也侵犯了表演者丙的表演者权。又由上述所引《著作权法》第44条可知，A中某公司的行为也侵犯了乙公司的录音录像制作者权。因此，A当选。通过前述第42条规定可知，B中的某公司未侵犯甲的著作权。因此，B不当选。C中的某商场没有侵犯甲的著作权，C不当选。而D中的某电影公司违反了前述第44条规定，构成侵权行为。因此，D当选。

**59. BD**。《专利法》第12条规定，任何单位或者个人实施他人专利的，应当与专利权人订立实施许可合同，向专利权人支付专利使用费。被许可人无权允许合同规定以外的任何单位或者个人实施该专利。由此可见，本题中乙的行为构成违约，应向甲承担违约责任，A错误，B正确。《专利法》第11条第1款规定，发明和实用新型专利权被授予后，除本法另有规定的以外，任何单位或者个人未经专利权人许可，都不得实施其专利，即不得为生产经营目的制造、使用、许诺销售、销售、进口其专利产品，或者使用其专利方法以及使用、许诺销售、销售、进口依照该专利方法直接获得的产品。因此D正确。基于合同的相对性，乙公司的专利独占实施权是针对专利权人甲公司而言的，是一种相对权。所以，戊公司的行为侵犯了甲公司的专利权，但是没有侵犯乙公司的专利独占实施权，C错误。

**60. BCD**。《商标法》第18条第2款规定，外国人或者外国企业在中国申请商标注册和办理其他商标事宜的，应当委托依法设立的商标代理机构办理。因此A正确，不选。《商标法》第22条规定，商标注册申请人应当按规定的商品分类表填报使用商标的商品类别和商品名称，提出注册申请。商标注册申请人可以通过一份申请就多个类别的商品申请注册同一商标。商标注册申请等有关文件，可以以书面方式或者数据电文方式提出。因此B错误，当选。《商标法》第25条第1款规定，商标注册申请人自其商标在外国第一次提出商标注册申请之日起6个月内，又在中国就相同商品以同一商标提出商标注册申请的，依照该外国同中国签订的协议或者共同参加的国际条约，或者按照相互承认优先权的原则，可以享有优先权。据此C错误，当选。《商标法》第14条第5款规定，生产、经营者不得将“驰名商标”字样用于商品、商品包装或者容器上，或者用于广告宣传、展览以及其他商业活动中。据此D错误，当选。

**61. BC**。《民法典》第1127条规定，遗产按照下列顺序继承：(1) 第一顺序：配偶、子女、父母；(2) 第二顺序：兄弟姐妹、祖父母、外祖父母。继承开始后，由第一顺序继承人继承，第二顺序继承人不继承；没有第一顺序继承人继承的，由第二顺序继承人继承。本编所称子女，包括婚生子女、非婚生子女、养子女和有扶养关系的继子女。本编所称父母，包括生父母、养父母和有扶养关系的继父母。本编所称兄弟姐妹，包括同父母的兄弟姐妹、同父异母或者同母异父的兄弟姐妹、养兄弟姐妹、有扶养关系的继兄弟姐妹。《民法典》第1105条第1款规定，收养应当向县级以上人民政府民政部门登记。收养关系自登记之日起成立。据此，本题正确答案为BC。

**62. AC**。《民法典》第1192条规定，个人之间形成劳务关系，提供劳务一方因劳务造成他人损害的，由接受劳务一方承担侵权责任。接受劳务一方承担侵权责任后，可以向有故意或者重大过失的提供劳务一方追偿。提供劳务一方因劳务受到损害的，根据双方各自的过错承担相应的责任。提供劳务期间，因第三人的行为造成提供劳务一方损害的，提供劳务一方有权请求第三人承担侵权责任，也有权请求接受劳务一方承担侵权责任。接受劳务一方承担侵权责任后，可以向第三人追偿。本题中，乙、丙与甲构成劳务关系，尽管这种劳务关系可能是无偿的，但并不影响构成劳务关系。因此，根据上述规定，正确答案为AC。

**63. CD**。《民法典》第823条规定，承运人应当对运输过程中旅客的伤亡承担赔偿责任；但是，伤亡是旅客自身健康原因造成的或者承运人证明伤亡是旅客故意、重大过失造成的除外。前款规定适用于按照规定免票、持优待票或者经承运人许可搭乘的无票旅客。《旅游纠纷案件规定》第10条第2款规定，旅游经营者擅自将其旅游业务转让给其他旅游经营者，旅游者在旅游过程中遭受损害，请求与其签订旅游合同的旅游经营者和实际提供旅游服务的旅游经营者承担连带责任的，人民法院应予支持。本案中，黄某是丁公司的司机，其驾车是执行职务行为，因此对旅客的赔偿责任应由丁公司承担，而不是黄某。《道路交通安全法》第76条第1款规定，机动车发生交通事故造成人身伤亡、财产损失的，由保险公司在机动车第三者责任强制保险责任限额范围内予以赔偿；不足的部分，按照下列规定承担赔偿责任：（1）机动车之间发生交通事故的，由有过错的一方承担赔偿责任；双方都有过错的，按照各自过错的比例分担责任。（2）机动车与非机动车驾驶人、行人之间发生交通事故，非机动车驾驶人、行人没有过错的，由机动车一方承担赔偿责任；有证据证明非机动车驾驶人、行人有过错的，根据过错程度适当减轻机动车一方的赔偿责任；机动车一方没有过错的，承担不超过10%的赔偿责任。因此，就本题所述案件而言，甲可以要求乙旅行社、丙旅行社、丁公司、刘某承担损害赔偿责任，其中，乙旅行社、丙旅行社须承担连带责任，丁公司和刘某按照他们的过错承担相应的责任。据此，本题CD为正确答案。

**64. ABD**。《公司法》第47条规定，有限责任公司的注册资本为在公司登记机关登记的全体股东认缴的出资额。全体股东认缴的出资额由股东按照公司章程的规定自公司成立之日起5年内缴足。法律、行政法规以及国务院决定对有限责任公司注册资本实缴、注册资本最低限额、股东出资期限另有规定的，从其规定。2013年《公司法》对公司资本制度改革之后，对于普通公司取消了最低注册资本的限制，理论上公司的注册资本可以是1元，实践中也出现了一些1元公司，故A正确。《公司法》第46条第1款规定，有限责任公司章程应当载明下列事项：（1）公司名称和住所；（2）公司经营范围；（3）公司注册资本；（4）股东的姓名或者名称；（5）股东的出资额、出资方式和出资日期；（6）公司的机构及其产生办法、职权、议事规则；（7）公司法定代表人的产生、变更办法；（8）股东会认为需要规定的其他事项。据此，公司注册资本属于公司章程的绝对记载事项，故B正确。《公司法》第33条第2款规定，公司营业执照应当载明公司的名称、住所、注册资本、经营范围、法定代表人姓名等事项。据此，公司注册资本属于公司营业执照的法定记载事项，故C错误。2013年《公司法》对公司资本制度改革之后，取消了对有限责任公司股东出资时的验资要求，但公司章程可以规定股东出资必须经过验资，这属于公司自治的范畴，故D正确。

**65. AC**。《公司法》第56条第1款规定，有限责任公司应当置备股东名册，记载下列事项：（1）股东的姓名或者名称及住所；（2）股东认缴和实缴的出资额、出资方式和出资日期；（3）出资证明书编号；（4）取得和丧失股东资格的日期。据此，置备股东名册属于公司的法定义务，故A正确。《公司法》第32条第1款规定，公司登记事项包括：（1）名称；（2）住所；（3）注册资本；（4）经营范围；（5）法定代表人的姓名；（6）有限责任公司股东、股份有限公司发起人的姓名或者名称。据此，前述规定仅要求公司向公司登记机关提交股东的姓名或者名称，并未要求提交股东名册，故B错误。《公司法》第56条第2款规定，记载于股东名册的股东，可以依股东名册主张行使股东权利。据此，C正确。关于股东名册与公司登记的效力问题，应当区分情况考虑。就股东事项，如果股东与公司、其他股东之外的第三人发生纠纷，为了维护交易安全，应当以公司登记为准；如果股东与公司或者其他股东发生纠纷，则应当以股东名册为准，毕竟股东名册属于股东资格的法定证明文件。故D错误。

**66. ABCD**。《公司法》第232条第1款规定，公司因本法第229条第1款第1项、第2项、第4项、第5项规定而解散的，应当清算。董事为公司清算义务人，应当在解散事由出现之日起15日内组成清算组进行清算。《公司法》第233条第1款规定，公司依照前条第1款的规定应当清算，逾期不成立清算组进行清算或者成立清算组后不清算的，利害关系人可以申请人民法院指定有关人员组成清算组进行清算。人民法院应当受理该申请，并及时组织清算组进行清算。据此，在公司逾期不成立清算组时，债权人可以申请法院指定有关人员组成清算组进行清算，公司股东无此权利，故 A 错误，当选。《公司法》第 234 条规定，清算组在清算期间行使下列职权：……（7）代表公司参与民事诉讼活动。但清算组本身是一个多人组成的组合，不太方便代表公司，所以《公司法解释（二）》第 10 条第 2 款进一步规定，公司成立清算组的，由清算组负责人代表公司参加诉讼；尚未成立清算组的，由原法定代表人代表公司参加诉讼。据此，应当由清算组负责人而不是由清算组代表公司参加诉讼，故 B 错误。《公司法》第 235 条第 1 款规定，清算组应当自成立之日起 10 日内通知债权人，并于 60 日内在报纸上或者国家企业信用信息公示系统公告。债权人应当自接到通知之日起 30 日内，未接到通知的自公告之日起 45 日内，向清算组申报其债权。《公司法解释（二）》第 13 条规定，债权人在规定的期限内未申报债权，在公司清算程序终结前补充申报的，清算组应予登记。公司清算程序终结，是指清算报告经股东会、股东大会或者人民法院确认完毕。据此，债权人可以在公司清算程序终结前补充申报，故 C 错误，当选。《公司法》第 236 第 1 款规定，清算组在清理公司财产、编制资产负债表和财产清单后，应当制订清算方案，并报股东会或者人民法院确认。《公司法解释（二）》第 15 条第 1 款规定，公司自行清算的，清算方案应当报股东会或者股东大会决议确认；人民法院组织清算的，清算方案应当报人民法院确认。未经确认的清算方案，清算组不得执行。据此，法院组织清算时，清算方案应当报法院确认而不是备案，故 D 错误，当选。

**67. BCD**。《公司法》第 208 条第 1 款规定，公司应当在每一会计年度终了时编制财务会计报告，并依法经会计师事务所审计。据此，公司对自身的年度财务会计报告不能自我审计，而必须聘请会计师事务所进行外审，以保证审计的客观、真实，故 A 错误。《公司法》第 210 条第 2 款规定，公司的法定公积金不足以弥补以前年度亏损的，在依照前款规定提取法定公积金之前，应当先用当年利润弥补亏损。公司资本维持是公司资本制度的核心要求，只有弥补亏损之后，才能提取法定公积金；只有提取法定公积金之后，才能向股东分配利润。据此，B 正确。关于资本公积金的范围，《公司法》第 213 条规定，公司以超过股票票面金额的发行价格发行股份所得的溢价款、发行无面额股所得股款未计入注册资本的金额以及国务院财政部门规定列入资本公积金的其他项目，应当列为公司资本公积金。关于资本公积金的用途，《公司法》第 214 条第 2 款规定，公积金弥补公司亏损，应当先使用任意公积金和法定公积金；仍不能弥补的，可以按照规定使用资本公积金。据此，根据 2023 年《公司法》，资本公积金在特定情形下可以用于弥补亏损，C 正确。《公司法》第 214 条第 3 款规定，法定公积金转为增加注册资本时，所留存的该项公积金不得少于转增前公司注册资本的 25%。据此，D 正确。

**68. AC**。《公司法》第 155 条规定："公司向社会公开募集股份，应当由依法设立的证券公司承销，签订承销协议。"据此，A 正确。《公司法》第 156 条第 1 款规定："公司向社会公开募集股份，应当同银行签订代收股款协议。"据此，应当由公司而不是证券公司与银行签订代收股款协议，故 B 错误。《公司法》第 101 条规定："向社会公开募集股份的股款缴足后，应当经依法设立的验资机构验资并出具证明。"据此，C 正确。《公司法》第 104 条第 1 款规定："公司成立大会行使下列职权：（一）审议发起人关于公司筹办情况的报告；（二）通过公司章程；（三）选举董事、监事；（四）对公司的设立费用进行审核；（五）对发起人非货币财产出资的作价进行审核；（六）发生不可抗力或者经营条件发生重大变化直接影响公司设立的，可以作出不设立公司的决议。"据此，公司成立大会可以选举董事、监事，但公司总经理并非由选举产生，而是由董事会决定聘任或者解聘，D 错误。

**69. BD**。《合伙企业法》第 27 条规定，依照本法第 26 条第 2 款规定委托一个或者数个合伙人执行合伙事务的，其他合伙人不再执行合伙事务。不执行合伙事务的合伙人有权监督执行事务合伙人执行合伙事务的情况。据此，并不执行合伙企业事务的孙某、李某、周某三人不能执行合伙企业事务，对外签订合同，但可以对合伙企业负责人进行监督，故 A 错误，B 正确。《合伙企业法》第 29 条第 1 款规定，合伙人分别执行合伙事务的，执行事务合伙人可以对其他合伙人执行的事务提出异议。提出异议时，应当暂停该项事务的执行。如果发生争议，依照本法第 30 条规定作出决定。据此，只有执行合伙事务的合伙人才享有异议权，故周某没有异议权，钱某享有异议权，C 错误，D 正确。

**70. CD**。《企业破产法》第 32 条规定，人民法院受理破产申请前 6 个月内，债务人有本法第 2 条第 1 款规定的情形，仍对个别债权人进行清偿的，管理人有权请求人民法院予以撤销。但是，个别清偿使债务人财产受益的除外。《企业破产法解释（二）》第 14 条进一步规定，债务人对以自有财产设定担保物权的债权进行的个别清偿，管理人依据《企业破产法》第 32 条的规定请求撤销的，人民法院不予支持。但是，债务清偿时担保财产的价值低于债权额的除外。据此，A 错误。《企业破产法解释（二）》第 15 条规定，债务人经诉讼、仲裁、执行程序对债权人进行的个别清偿，管理人依据《企业破产法》第 32 条的规定请求撤销的，人民法院不予支持。但是，债务人与债权人恶意串通损害其他债权人利益的除外。据此，B 错误。《企业破产法解释（二）》第 16 条规定，债务人对债权人进行的以下个别清偿，管理人依据《企业破产法》第 32 条的规定请求撤销的，人民法院不予支持：（1）债务人为维系基本生产需要而支付水费、电费等的；（2）债务人支付劳动报酬、人身损害赔偿金的；（3）使债务人财产受益的其他个别清偿。据此，CD 两项正确。

**71. BC**。《票据法》第 15 条第 1 款规定，票据丧失，失票人可以及时通知票据的付款人挂失止付，但是，未记载付款人或者无法确定付款人及其代理付款人的票据除外。据此，票据丢失之后，失票人可以通过挂失止付并申请公示催告来救济自己的票据权利，故 A 错误。本题中，丙银行已经对汇票进行了承兑，确定地负有票据义务，故乙可以起诉要求丙银行付款，B 正确。《票据法》第 15 条第 2 款规定，收到挂失止付通知的付款人，应当暂停支付。本题中，乙在丢失票据后立即办理了挂失止付，如果丙银行向丁支付票款，则应当向乙承担责任，故 C 正确。《票据法》第 15 条第 3 款规定，失票人应当在通知挂失止付后 3 日内，也可以在票据丧失后，依法向人民法院申请公示催告，或者向人民法院提起诉讼。据此，乙应当在挂失止付后 3 日内申请公示催告，故 D 错误。

**72. AD**。《保险法解释（二）》第 6 条第 1 款规定，投保人的告知义务限于保险人询问的范围和内容。当事人对询问范围及内容有争议的，保险人负举证责任。据此，A 正确，B 错误。《保险法解释（二）》第 6 条第 2 款规定，保险人以投保人违反了对投保单询问表中所列概括性条款的如实告知义务为由请求解除合同的，人民法院不予支持。但该概括性条款有具体内容的除外。据此，C 错误。《保险法解释（二）》第 7 条规定，保险人在保险合同成立后知道或者应当知道投保人未履行如实告知义务，仍然收取保险费，又依照《保险法》第 16 条第 2 款的规定主张解除合同的，人民法院不予支持。据此，D 正确。

**73. AC**。《民事诉讼法》第 84 条第 2 款规定，因情况紧急，在证据可能灭失或者以后难以取得的情况下，利害关系人可以在提起诉讼或者申请仲裁前向证据所在地、被申请人住所地或者对案件有管辖权的人民法院申请保全证据。本题中的甲县是被申请人住所地，因此，A 正确。《仲裁法》第 46 条规定，在证据可能灭失或者以后难以取得的情况下，当事人可以申请证据保全。当事人申请证据保全的，仲裁委员会应当将当事人的申请提交证据所在地的基层人民法院。可见，仲裁中的证据保全，当事人只能向仲裁委员会提出申请，因此，BD 均错误。此外，《民事诉讼法》第 84 条第 3 款规定，证据保全的其他程序，参照适用本法第九章保全的有关规定。此外，《民事诉讼法》第 103 条第 2 款规定，人民法院采取保全措施，可以责令申请人提供担保，申请人不提供担保的，裁定驳回申请。因此，C 正确。

**74. ABC**。《民诉解释》第 37 条规定，案件受理后，受诉人民法院的管辖权不受当事人住所地、经常居住地变更的影响。此外，《民事诉讼法》第 37 条规定，人民法院发现受理的案件不属于本院管辖的，应当移送有管辖权的人民法院，受移送的人民法院应当受理。因此，A 的做法是违法的。B 中，虽然被告黄玫的住所地不在乙市 B 区，而在乙市 C 区，但是，本题是侵权纠纷案件，《民事诉讼法》第 29 条规定，因侵权行为提起的诉讼，由侵权行为地或者被告住所地人民法院管辖。乙市 B 区法院作为侵权行为地法院有管辖权，因此，B 的做法是违法的。根据 C 的信息，丙省 E 市中院对一起标的额为 5005 万元的案件是没有一审管辖权的，其受理后向丙省高院报请审理该案，根据《民事诉讼法》第 37 条关于移送管辖的规定，C 的做法是违法的。《民诉解释》第 18 条第 3 款规定，合同没有实际履行，当事人双方住所地都不在合同约定的履行地的，由被告住所地人民法院管辖。因此，D 中的案件应由被告赵山的居住地丁市 G 区管辖，故 D 的做法不违法。根据题干要求，本题当选 ABC。

**75. ABCD**。A 中当事人的约定违反了法律的强制性规定，约定无效，法院应按法律规定分配证明责任。A 错误。《民诉解释》第 214 条第 1 款规定，原告撤诉或者人民法院按撤诉处理后，原告以同一诉讼请求再次起诉的，人民法院应予受理。B 约定违反法律规定，无效，法院可以再次受理原告的起诉。B 错误。《民事诉讼法》第 136 条规定，人民法院对受理的案件，分别情形，予以处理：……（3）根据案件情况，确定适用简易程序或者普通程序……《民事诉讼法》第 160 条规定，基层人民法院和它派出的法庭审理事实清楚、权利义务关系明确、争议不大的简单的民事案件，适用本章规定。基层人民法院和它派出的法庭审理前款规定以外的民事案件，当事人双方也可以约定适用简易程序。根据上述规定，对于普通程序的适用，只能由法院决定，对于简易程序的适用，法院可以确定，当事人也可以约定。当事人只能约定简易程序的适用，不能约定普通程序的适用。因此，法院可以根据情况确定适用普通程序或简易程序。C 错误。《民诉解释》第 174 条规定，《民事诉讼法》第 112 条规定的必须到庭的被告，是指负有赡养、抚育、扶养义务和不到庭就无法查清案情的被告。人民法院对必须到庭才能查清案件基本事实的原告，经两次传票传唤，无正当理由拒不到庭的，可以拘传。必须到庭的被告范围由法律规定，只有对必须到庭的被告才能适用限制其人身自由的强制措施——拘传。D 中当事人约定违反法律规定，无效，被告不到庭，如其属于法定应当到庭的被告范围，法院可以拘传，不属于必须到庭的被告则可以缺席判决。D 错误。

**76. CD**。《民事诉讼法》第 220 条规定，有下列情形之一的，当事人可以向人民检察院申请检察建议或者抗诉：（1）人民法院驳回再审申请的；（2）人民法院逾期未对再审申请作出裁定的；（3）再审判决、裁定有明显错误的。人民检察院对当事人的申请应当在 3 个月内进行审查，作出提出或者不予提出检察建议或者抗诉的决定。当事人不得再次向人民检察院申请检察建议或者抗诉。因此，AB 错误。《民事诉讼法》第 221 条规定，人民检察院因履行法律监督职责提出检察建议或者抗诉的需要，可以向当事人或者案外人调查核实有关情况。因此，CD 正确。

**77. BCD**。《民诉解释》第 64 条规定，企业法人解散的，依法清算并注销前，以该企业法人为当事人；未依法清算即被注销的，以该企业法人的股东、发起人或者出资人为当事人。从中可知，A 错误。公民的诉讼权利能力始于出生，终于死亡，因此，B 正确。《民事诉讼法》第 51 条第 1 款规定，公民、法人和其他组织可以作为民事诉讼的当事人。因此，C 正确。《消费者权益保护法》第 47 条规定，对侵害众多消费者合法权益的行为，中国消费者协会以及在省、自治区、直辖市设立的消费者协会，可以向人民法院提起诉讼。因此，D 正确。

**78. AB**。根据民事诉讼理论，判决是人民法院行使审判权对于实体性问题进行审理后作出的职务判断，而裁定则是人民法院对于程序性问题进行处理所作出的，但少数裁定，如先予执行的裁定则涉及实体义务的履行。因此，A 正确。判决应当采用书面判决书的形式作出，而裁定则可以采取书面形式，也可以采取口头形式，因此，B 正确。《民事诉讼法》第 21 条和第 171 条规定，最高人民法院可以管辖第一审民事案件，其作出的判决不得上诉。此外，《民事诉讼法》第 157 条规定，只有部分裁定可以上诉。因此，C 错误。根据民事诉讼理论，具有给付内容的生效判决具有执行力，而财产案件的生效判决不一定都具有给付内容；而裁定只有少数涉及给付内容的才具有执行力，因此，D 错误。

**79. BD**。《民事诉讼法》第 171 条规定，当事人不服地方人民法院第一审判决的，有权在判决书送达之日起 15 日内向上一级人民法院提起上诉。当事人不服地方人民法院第一审裁定的，有权在裁定书送达之日起 10 日内向上一级人民法院提起上诉。可见，民事诉讼第二审程序只能基于当事人的上诉而发生。因此，A 错误。《民事诉讼法》第 175 条规定，第二审人民法院应当对上诉请求的有关事实和适用法律进行审查。因此，B 正确。《民事诉讼法》第 179 条规定，调解书送达后，原审人民法院的判决即视为撤销。因此，C 错误。《民事诉讼法》第 176 条规定，第二审人民法院对上诉案件应当开庭审理。经过阅卷、调查和询问当事人，对没有提出新的事实、证据或者理由，人民法院认为不需要开庭审理的，可以不开庭审理。第二审人民法院审理上诉案件，可以在本院进行，也可以到案件发生地或者原审人民法院所在地进行。因此，D 正确。

**80. BD**。《民事诉讼法》第 287 条规定，人民法院审理涉外民事案件的期间，不受《民事诉讼法》第 152 条、第 183 条规定的限制。因此，A 错误。根据《民事诉讼法》第 283 条，涉外民事诉讼中的特殊送达方式适用于在中国领域内没有住所的当事人，琼斯与李虹结婚后住在甲市 B 区，不属于在中国领域内没有住所的当事人，所以不适用第 283 条规定，采取的送达方式应和李虹的相同。因此，B 正确。《民事诉讼法》第 171 条第 1 款规定，当事人不服地方人民法院第一审判决的，有权在判决书送达之日起 15 日内向上一级人民法院提起上诉。《民事诉讼法》第 286 条规定，在中华人民共和国领域内没有住所的当事人，不服第一审人民法院判决、裁定的，有权在判决书、裁定书送达之日起 30 日内提起上诉。同上，因琼斯不属于在中国领域内没有住所的当事人，不适用第 276 条涉外民事诉讼中关于上诉期的规定，因此，C 错误。《民事诉讼法》第 274 条规定，外国人、无国籍人、外国企业和组织在人民法院起诉、应诉，需要委托律师代理诉讼的，必须委托中华人民共和国的律师。其他人需要接受委托的，只能以个人名义接受委托。《民诉解释》第 526 条规定，涉外民事诉讼中的外籍当事人，可以委托本国人为诉讼代理人，也可以委托本国律师以非律师身份担任诉讼代理人；外国驻华使领馆官员，受本国公民的委托，可以以个人名义担任诉讼代理人，但在诉讼中不享有外交或者领事特权和豁免。因此，D 正确。

**【陷阱提示】** 本题的陷阱在于美国人琼斯住在中国甲市 B 区，不属于在中国领域内没有住所的当事人，而《民事诉讼法》关于涉外民事诉讼送达方式以及上诉期的特别规定均适用于在中国领域内没有住所的当事人，而不是适用于外国人。如果考生忽略了琼斯住在中国这一事实，就会将 B 作为错误选项，而将 C 作为正确选项。

**81. AD**。根据民事诉讼理论，法院调解是法院行使审判权解决纠纷的一种方式，法院调解不得适用于执行程序。因此，A 正确。《民事诉讼法》第 241 条第 1 款规定，在执行中，双方当事人自行和解达成协议的，执行员应当将协议内容记入笔录，由双方当事人签名或者盖章。因此，B 错误。《最高人民法院关于执行和解若干问题的规定》第 8 条规定，执行和解协议履行完毕的，人民法院作执行结案处理。因此，C 错误。本案中，甲发现此玉石为赝品，价值不足千元，因此，该案中的执行和解协议是甲在被欺诈的情况下达成的。《民事诉讼法》第 241 条第 2 款规定，申请执行人因受欺诈、胁迫与被执行人达成和解协议，或者当事人不履行和解协议的，人民法院可以根据当事人的申请，恢复对原生效法律文书的执行。因此，D 正确。

**82. ABD**。无名合同，是指我国法律没有规定其类型和内容的合同。《民法典》第 467 条第 1 款规定，本法或者其他法律没有明文规定的合同，适用本编通则的规定，并可以参照适用本编或者其他法律最相类似合同的规定。本题中所述合同我国法律中没有规定，因此是无名合同，A 正确。丙公司的股权属于张某和方某，因此甲公司处分丙公司 10% 的股权构成无权处分，B 正确。《民法典》第 597 条第 1 款规定，因出卖人未取得处分权致使标的物所有权不能转移的，买受人可以解除合同并请求出卖人承担违约责任。即无权处分合同有效，故 C 错误，D 正确。

**83. AC**。《民法典》第 562 条规定，当事人协商一致，可以解除合同。当事人可以约定一方解除合同的事由。解除合同的事由发生时，解除权人可以解除合同。因此，A 正确，B 错误。《民法典》第 566 条第 1 款规定，合同解除后，尚未履行的，终止履行；已经履行的，根据履行情况和合同性质，当事人可以请求恢复原状或者采取其他补救措施，并有权请求赔偿损失。本题中的合同是可以恢复原状的，因此 C 正确，D 错误。

**84. ABCD**。《民法典》第 577 条规定，当事人一方不履行合同义务或者履行合同义务不符合约定的，应当承担继续履行、采取补救措施或者赔偿损失等违约责任。本题中，2013 年 5 月 1 日张某、方某与乙公司并无合同关系，因此 A 错误。B 无法律依据，因此错误。张某、方某与丙公司亦无合同关系，因此 C 错误。向国土部门购买土地使用权的是丙公司，并非张某、方某，故 D 表述也不正确。

**85. A**。A 显然正确。甲公司对乙公司提出的异议理由有两点，一是认为已经转让了股权，因此对方不能终止合同；二是要求支付 1000 万元尾款。这两点均不成立，因为 4000 万元对应的甲公司的义务是取得土地使用权，而非股权。对应股权的是 1000 万元，但是甲公司提出异议时履行期限尚未届至。因此，B 错误，C 错误。《民法典》第 527 条规定，应当先履行债务的当事人，有确切证据证明对方有下列情形之一的，可以中止履行：（1）经营状况严重恶化；（2）转移财产、抽逃资金，以逃避债务；（3）丧失商业信誉；（4）有丧失或者可能丧失履行债务能力的其他情形。当事人没有确切证据中止履行的，应当承担违约责任。乙公司支付尾款的义务是在甲公司转让股权之后，是后履行义务的一方，而不安抗辩权是先履行义务的一方行使的权利，因此，D 错误。

**86. A**。《合作协议二》是双方的真实意思表示，又没有违反法律、行政法规的效力性强制性规定，因此是有效的，A 正确，BC 错误。《民法典》第 543 条规定，当事人协商一致，可以变更合同。《合作协议一》是甲公司与乙公司之间签订的，而《合作协议二》是张某、方某与乙公司签订的，由于合同当事人不同，因此不属于合同的变更，《合作协议一》不能被《合作协议二》取代，D 错误。

**87. AC**。《民法典》第 134 条规定，民事法律行为可以基于双方或者多方的意思表示一致成立，也可以基于单方的意思表示成立。法人、非法人组织依照法律或者章程规定的议事方式和表决程序作出决议的，该决议行为成立。单方允诺是指表意人向相对人作出的为自己设定某种义务，使相对人取得某种权利的意思表示，本题中丁公司的《承诺函》符合单方允诺的构成，因此，A 正确。保证，是一种合同关系，它需要当事人双方的要约和承诺来形成保证合同。本题中乙公司未作出任何意思表示，因此不可能产生合同关系，B 错误。债务承担是指在不改变合同的前提下，债权人、债务人通过与第三人订立转让债务的协议，将债务全部或者部分转移给第三人承担的法律现象。债务承担，按照承担后债务人是否免责为标准，可分为免责的债务承担和并存的债务承担。其中，免责的债务承担是指第三人代原债务人的地位而承担全部合同债务，使债务人脱离合同关系的债务承担方式。并存的债务承担是指债务人并不脱离合同关系，而由第三人加入合同关系当中，与债务人共同承担合同义务的债务承担方式。并存的债务承担我国法律并没有规定，理论上认为，由于第三人参与到现在的法律关系当中，对债权人只会有利不会有害，因此，原则上并存的债务承担不需要债权人同意即可构成。因此，C 正确，D 错误。

**88. CD**。《合伙企业法》第 26 条规定，合伙人对执行合伙事务享有同等的权利。按照合伙协议的约定或者经全体合伙人决定，可以委托一个或者数个合伙人对外代表合伙企业，执行合伙事务。作为合伙人的法人、其他组织执行合伙事务的，由其委派的代表执行。第 27 条第 1 款规定，依照本法第 26 条第 2 款规定委托一个或者数个合伙人执行合伙事务的，其他合伙人不再执行合伙事务。据此，合伙人会议有权决定王某不享有对外签约的权利，而且这样的决定不会给王某造成经济损失，故 AB 两项错误。《合伙企业法》第 37 条规定，合伙企业对合伙人执行合伙事务以及对外代表合伙企业权利的限制，不得对抗善意第三人。据此，D 正确。同时需要注意，合伙企业对合伙人的代表权限限制在合伙企业内部具有拘束力，张某必须遵从合伙人会议决定，故 C 正确。

**89. BD**。合伙企业对田某的对外代表权限并无特别规定，不因数额较大而需要征得朱某同意，故 A 错误。《合伙企业法》第 29 条第 1 款规定，合伙人分别执行合伙事务的，执行事务合伙人可以对其他合伙人执行的事务提出异议。提出异议时，应当暂停该项事务的执行。如果发生争议，依照本法第 30 条规定作出决定。从合伙企业事务的执行来看，事务执行人提出异议，相关事务应当暂停执行。但田某对外签约是以合伙企业的名义，完全合法有效，故异议不影响合同的效力，B 正确。《合伙企业法》第 38 条规定，合伙企业对其债务，应先以其全部财产进行清偿。第 39 条规定，合伙企业不能清偿到期债务的，合伙人承担无限连带责任。本题中的合伙企业属于普通合伙企业，所有的合伙人对外都要承担无限连带责任，而不论是否承担合伙企业事务，故 C 错误，D 正确。

**90. BC**。《合伙企业法》第 42 条第 1 款规定，合伙人的自有财产不足清偿其与合伙企业无关的债务的，该合伙人可以以其从合伙企业中分取的收益用于清偿；债权人也可以依法请求人民法院强制执行该合伙人在合伙企业中的财产份额用于清偿。据此，BC 两项正确。根据我国《民法典》规定，只有金钱债务才能够被代位，合伙人在合伙企业中的权利不能被代位，故 A 错误。《合伙企业法》第 25 条规定，合伙人以其在合伙企业中的财产份额出质的，须经其他合伙人一致同意；未经其他合伙人一致同意，其行为无效，由此给善意第三人造成损失的，由行为人依法承担赔偿责任。本题中，朱某并未将其在合伙企业中的财产份额依法出质给刘某，故刘某不享有优先受偿权，D 错误。

# 第13天

虽复尘埋无所用，犹能夜夜气冲天。

## 试题

**1.** 执法为民是社会主义法治的本质要求。下列哪一做法不符合执法为民的理念？

A. 某市公安局为派出所民警制作“民警联系牌”，悬挂在社区居民楼入口处，以方便居民联系

B. 某省为及时化解社会矛盾，积极推进建立人民调解、行政调解、司法调解联动的多元化解矛盾纠纷机制

C. 某县政府通过中介机构以有偿方式提供政府信息

D. 某区法院为减少当事人的诉讼成本，推行“网上立案”“社区开庭”等措施

**2.** 某市检察院运用电子设备双路监控，同步录音录像，监督检察官办案过程，推动理性文明执法。关于理性文明执法，下列哪一说法是不正确的？

A. 体现了以人为本的原则和精神

B. 有助于树立法治的权威

C. 有助于实现保障人权与打击犯罪的双重目标

D. 要求执法机关从有利于群众的实际利益出发，讲究执法方法。为此，可突破法律规则和程序的要求办案

**3.** 公平正义理念是社会主义法治的价值追求。下列哪一选项体现了公平正义理念？

A. 某市公安局对年纳税过亿的企业家的人身安全进行重点保护

B. 某法官审理一起医疗纠纷案件，主动到医院咨询相关的医学知识，调查纠纷的事实情况，确保案件及时审结

C. 某法院审理某官员受贿案件时，考虑到其在工作上有重大贡献，给予从轻处罚

D. 某县李法官因家具质量问题与县城商场争执并起诉商场，法院审理后认为无质量问题，判决李法官败诉

**4.** 服务大局是社会主义法治的重要使命。下列哪一做法符合服务大局的理念？

A. 某市规定只有本地企业生产的汽车才可申请出租车牌照

B. 某省市场监督管理局开展为本省旅游岛建设保驾护航的执法大检查活动

C. 某县生态环境局为避免工人失业，未关停污染企业

D. 某县法院拒绝受理外地居民起诉本地企业的案件

**5.** 关于党对法治事业的领导，下列哪一说法是不正确的？

A. 党的领导理念可以追溯到列宁关于无产阶级专政与社会主义法治的思想

B. 应将党所倡导的政治文明充分体现在对法治实践活动的领导之中

C. 党对法治事业的领导，集中体现在思想领导、政治领导和组织领导三个方面

D. 党对法治事业的组织领导，主要是指党在宏观上把握好法治发展和运行的方向，而不是通过组织建设对法治实践活动进行监督

**6.** 法律谚语：“平等者之间不存在支配权。”关于这句话，下列哪一选项是正确的？

A. 平等的社会只存在平等主体的权利，不存在义务；不平等的社会只存在不平等的义务，不存在权利

B. 在古代法律中，支配权仅指财产上的权利

C. 平等的社会不承认绝对的人身依附关系，法律禁止一个人对另一个人的奴役

D. 从法理上讲，平等的主体之间不存在相互的支配，他们的自由也不受法律限制

**7.** 韩某与刘某婚后购买住房一套，并签订协议：“刘某应忠诚于韩某，如因其婚外情离婚，该住房归韩某所有。”后韩某以刘某与第三者的QQ聊天记录为证据，诉其违反忠诚协议。法官认为，该协议系双方自愿签订，不违反法律禁止性规定，故合法有效。经调解，两人离婚，住房归韩某。关于此案，下列哪一说法是不正确的？

A. 该协议仅具有道德上的约束力

B. 当事人的意思表示不能仅被看做是一种内心活动，而应首先被视为可能在法律上产生后果的行为

C. 法律禁止的行为或不禁止的行为，均可导致法律关系的产生

D. 法官对协议的解释符合“法伦理性的原则”

**8.** 李某在某餐馆就餐时，被邻桌互殴的陌生人误伤。李某认为，依据《消费者权益保护法》第 7 条第 1 款中“消费者在购买、使用商品和接受服务时享有人身、财产安全不受损害的权利”的规定，餐馆应负赔偿责任，据此起诉。法官结合该法第 7 条第 2 款中“消费者有权要求经营者提供的商品和服务，符合保障人身、财产安全的要求”的规定来解释第 7 条第 1 款，认为餐馆对商品和服务之外的因素导致伤害不应承担责任，遂判决李某败诉。对此，下列哪一说法是不正确的?

A. 李某的解释为非正式解释

B. 李某运用的是文义解释方法

C. 法官运用的是体系解释方法

D. 就不同解释方法之间的优先性而言，存在固定的位阶关系

**9.** 2012 年，潘桂花、李大响老夫妇处置房产时，发现房产证产权人由潘桂花变成其子李能。原来，早在七年前李能就利用其母不识字骗其母签订合同，将房屋作价过户到自己名下。二老怒将李能诉至法院。法院查明，潘桂花因精神障碍，被鉴定为限制民事行为能力人。据此，法院认定该合同无效。对此，下列哪一说法是不正确的?

A. 李能的行为违反了物权的取得应当遵守法律、尊重公德、不损害他人合法权益的法律规定

B. 从法理上看，法院主要根据“法律家长主义”原则（即，法律对于当事人“不真实反映其意志的危险选择”应进行限制，使之免于自我伤害）对李能的意志行为进行判断，从而否定了他的做法

C. 潘桂花被鉴定为限制民事行为能力人是对法律关系主体构成资格的一种认定

D. 从诉讼“争点”理论看，本案争执的焦点不在李能是否利用其母不识字骗其母签订合同，而在于合同转让的效力如何认定

**10.** 范某参加单位委托某拓展训练中心组织的拔河赛时，由于比赛用绳断裂导致范某骨折致残。范某起诉该中心，认为事故主要是该中心未尽到注意义务引起，要求赔偿 10 万余元。法院认定，拔河人数过多导致事故的发生，范某本人也有过错，判决该中心按 40%的比例承担责任，赔偿 4 万元。关于该案，下列哪一说法是正确的?

A. 范某对案件仅做了事实描述，未进行法律判断

B. “拔河人数过多导致了事故的发生”这一语句所表达的是一种裁判事实，可作为演绎推理的大前提

C. “该中心按 40%的比例承担责任，赔偿 4 万元”是从逻辑前提中推导而来的

D. 法院主要根据法律责任的效益原则作出判决

**11.** 关于西周法制的表述，下列哪一选项是正确的?

A. 周初统治者为修补以往神权政治学说的缺陷，提出了“德主刑辅，明德慎罚”的政治法律主张

B. 《汉书 · 陈宠传》称西周时期的礼刑关系为“礼之所去，刑之所取，失礼则入刑，相为表里”

C. 西周的借贷契约称为“书约”，法律规定重要的借贷行为都须订立书面契约

D. 西周时期在宗法制度下已形成子女平均继承制

**12.** 清末修律时，修订法律大臣俞廉三在“奏进民律前三编草案折”中表示：“此次编辑之旨，约分四端：（一）注重世界最普通之法则。（二）原本后出最精确之法理。（三）求最适于中国民情之法则。（四）期于改进上最有利益之法则。”关于清末修订民律的基本思路，下列哪一表述是最合适的?

A. 西学为体、中学为用

B. 中学为体、西学为用

C. 坚持德治、排斥法治

D. 抛弃传统、尽采西说

**13.** “名例律”作为中国古代律典的“总则”篇，经历了发展、变化的过程。下列哪一表述是不正确的?

A. 《法经》六篇中有“具法”篇，置于末尾，为关于定罪量刑中从轻从重法律原则的规定

B. 《晋律》共 20 篇，在刑名律后增加了法例律，丰富了刑法总则的内容

C. 《北齐律》共 12 篇，将刑名与法例律合并为名例律一篇，充实了刑法总则，并对其进行逐条逐句的疏议

D. 《大清律例》的结构、体例、篇目与《大明律》基本相同，名例律置首，后为吏律、户律、礼律、兵律、刑律、工律

**14.** 中国历史上曾进行多次法制变革以适应社会的发展。关于这些法制变革的表述，下列哪一选项是错误的?

A. 秦国商鞅实施变法改革，全面贯彻法家“明法重刑”的主张，加大量刑幅度，对轻罪也施以重刑，以实现富国强兵目标

B. 西汉文帝为齐太仓令之女缇萦请求将自己没官为奴、替父赎罪的行为所动，下令废除肉刑

C. 唐代废除了宫刑制度，创设了鞭刑和杖刑，以宽减刑罚，缓解社会矛盾

D. 《大清新刑律》抛弃了旧律诸法合体的编纂形式，采用了罪刑法定原则，规定刑罚分为主刑、从刑

**15.** 公平正义是社会主义法治的价值追求。关于我国宪法与公平正义的关系，下列哪一选项是不正确的？

A. 树立与强化宪法权威，必然要求坚定地守持和维护公平正义

B. 法律面前人人平等原则是公平正义在宪法中的重要体现

C. 宪法对妇女、老人、儿童等特殊主体权利的特别保护是实现公平正义的需要

D. 禁止一切差别是宪法和公平正义的要求

**16.** 根据《宪法》的规定，关于宪法文本的内容，下列哪一选项是正确的？

A.《宪法》明确规定了宪法与国际条约的关系

B.《宪法》明确规定了宪法的制定、修改制度

C. 作为《宪法》的《附则》，《宪法修正案》是我国宪法的组成部分

D.《宪法》规定了居民委员会、村民委员会的性质和产生，两者同基层政权的相互关系由法律规定

**17.** 关于宪法规范，下列哪一说法是不正确的？

A. 具有最高法律效力

B. 在我国的表现形式主要有宪法典、宪法性法律、宪法惯例和宪法判例

C. 是国家制定或认可的、宪法主体参与国家和社会生活最基本社会关系的行为规范

D. 权利性规范与义务性规范相互结合为一体，是我国宪法规范的鲜明特色

**18.** 近代意义宪法产生以来，文化制度便是宪法的内容。关于两者的关系，下列哪一选项是不正确的？

A. 1787年美国宪法规定了公民广泛的文化权利和国家的文化政策

B. 1919年德国魏玛宪法规定了公民的文化权利

C. 我国现行宪法对文化制度的原则、内容等做了比较全面的规定

D. 公民的文化教育权、国家机关的文化教育管理职权和文化政策，是宪法文化制度的主要内容

**19.** 根据《宪法》的规定，关于国家结构形式，下列哪一选项是正确的？

A. 从中央与地方的关系上看，我国有民族区域自治和特别行政区两种地方制度

B. 县、市、市辖区部分行政区域界线的变更由省、自治区、直辖市政府审批

C. 经济特区是我国一种新的地方制度

D. 行政区划纠纷或争议的解决是行政区划制度内容的组成部分

**20.** 关于《宪法》对人身自由的规定，下列哪一选项是不正确的？

A. 禁止用任何方法对公民进行侮辱、诽谤和诬告陷害

B. 生命权是《宪法》明确规定的公民基本权利，属于广义的人身自由权

C. 禁止非法搜查公民身体

D. 禁止非法搜查或非法侵入公民住宅

**21.** 根据《宪法》规定，关于全国人大的专门委员会，下列哪一选项是正确的？

A. 各专门委员会在其职权范围内所作决议，具有全国人大及其常委会所作决定的效力

B. 各专门委员会的主任委员、副主任委员由全国人大及其常委会任命

C. 关于特定问题的调查委员会的任期与全国人大及其常委会的任期相同

D. 全国人大及其常委会领导专门委员会的工作

**22.** 某品牌白酒市场份额较大且知名度较高，因销量急剧下滑，生产商召集经销商开会，令其不得低于限价进行销售，对违反者将扣除保证金、减少销售配额直至取消销售资格。关于该行为的性质，下列哪一判断是正确的？

A. 维护品牌形象的正当行为

B. 滥用市场支配地位的行为

C. 价格同盟行为

D. 纵向垄断协议行为

**23.** 红星超市发现其经营的“荷叶牌”速冻水饺不符合食品安全标准，拟采取的下列哪一措施是错误的？

A. 立即停止经营该品牌水饺

B. 通知该品牌水饺生产商和消费者

C. 召回已销售的该品牌水饺

D. 记录停止经营和通知情况

**24.** 根据现行银行贷款制度，关于商业银行贷款，下列哪一说法是正确的？

A. 商业银行与借款人订立贷款合同，可采取口头、书面或其他形式

B. 借款合同到期未偿还，经展期后到期仍未偿还的贷款，为呆账贷款

C. 政府部门强令商业银行向市政建设项目发放贷款的，商业银行有权拒绝

D. 商业银行对关系人提出的贷款申请，无论是信用贷款还是担保贷款，均应予拒绝

**25.** 某建设项目在市中心依法使用临时用地，并修建了临时建筑物，超过批准期限后仍未拆除。对此，下列哪一机关有权责令限期拆除？

A. 市环保行政主管部门

B. 市土地行政主管部门

C. 市城乡规划行政主管部门

D. 市建设行政主管部门

**26.** 甲乙两国均为《维也纳领事关系公约》缔约国，阮某为甲国派驻乙国的领事官员。关于阮某的领事特权与豁免，下列哪一表述是正确的？

A. 如犯有严重罪行，乙国可将其羁押

B. 不受乙国的司法和行政管辖

C. 在乙国免除作证义务

D. 在乙国免除缴纳遗产税的义务

**27.** 甲国某航空公司国际航班在乙国领空被乙国某公民劫持，后乙国将该公民控制，并拒绝了甲国的引渡请求。两国均为1971年《关于制止危害民用航空安全的非法行为的公约》等三个国际民航安全公约缔约国。对此，下列哪一说法是正确的？

A. 劫持未发生在甲国领空，甲国对此没有管辖权

B. 乙国有义务将其引渡到甲国

C. 乙国可不引渡，但应由本国进行刑事审判

D. 本案属国际犯罪，国际刑事法院可对其行使管辖权

**28.** 关于联合国国际法院的表述，下列哪一选项是正确的？

A. 联合国常任理事国对国际法院法官的选举不具有否决权

B. 国际法院法官对涉及其国籍国的案件，不适用回避制度，即使其就任法官前曾参与该案件

C. 国际法院判决对案件当事国具有法律拘束力，构成国际法的渊源

D. 国际法院作出的咨询意见具有法律拘束力

**29.** 中国甲公司与德国乙公司进行一项商事交易，约定适用英国法律。后双方发生争议，甲公司在中国法院提起诉讼。关于该案的法律适用问题，下列哪一选项是错误的？

A. 如案件涉及食品安全问题，该问题应适用中国法

B. 如案件涉及外汇管制问题，该问题应适用中国法

C. 应直接适用的法律限于民事性质的实体法

D. 法院在确定应当直接适用的中国法律时，无需再通过冲突规范的指引

**30.** 根据《涉外民事关系法律适用法》和司法解释，关于外国法律的查明问题，下列哪一表述是正确的？

A. 行政机关无查明外国法律的义务

B. 查明过程中，法院应当听取各方当事人对应当适用的外国法律的内容及其理解与适用的意见

C. 无法通过中外法律专家提供的方式获得外国法律的，法院应认定为不能查明

D. 不能查明的，应视为相关当事人的诉讼请求无法律依据

**31.** 张某居住在深圳，2008年3月被深圳某公司劳务派遣到马来西亚工作，2010年6月回深圳，转而受雇于香港某公司，其间每周一到周五在香港上班，周五晚上回深圳与家人团聚。2012年1月，张某离职到北京治病，2013年6月回深圳，现居该地。依《涉外民事关系法律适用法》（不考虑该法生效日期的因素）和司法解释，关于张某经常居所地的认定，下列哪一表述是正确的？

A. 2010年5月，在马来西亚

B. 2011年12月，在香港

C. 2013年4月，在北京

D. 2008年3月至今，一直在深圳

**32.** 法国某公司依1958年联合国《承认及执行外国仲裁裁决公约》，请求中国法院承认与执行一项国际商会国际仲裁院的裁决。依据该公约及中国相关司法解释，下列哪一表述是正确的？

A. 法院应依职权主动审查该仲裁过程中是否存在仲裁程序与仲裁协议不符的情况

B. 该公约第5条规定的拒绝承认与执行外国仲裁裁决的理由是穷尽性的

C. 如该裁决内含有对仲裁协议范围以外事项的决定，法院应拒绝承认执行该裁决

D. 如该裁决所解决的争议属于侵权性质，法院应拒绝承认执行该裁决

**33.** 中国某法院审理一起涉外民事纠纷，需要向作为被告的外国某公司进行送达。根据《关于向国外送达民事或商事司法文书和司法外文书公约》（海牙《送达公约》）、中国法律和司法解释，关于该案件的涉外送达，法院的下列哪一做法是正确的？

A. 应首先按照海牙《送达公约》规定的方式进行送达

B. 不得对被告采用邮寄送达方式

C. 可通过中国驻被告所在国使领馆向被告进行送达

D. 可通过电子邮件方式向被告送达

**34.** 某国甲公司向中国乙公司出售一批设备，约定贸易术语为“FOB（Incoterms 2010）”，后设备运至中国。依《国际贸易术语解释通则》和《联合国国际货物销售合同公约》，下列哪一选项是正确的？

A. 甲公司负责签订货物运输合同并支付运费

B. 甲、乙公司的风险承担以货物在装运港越过船舷为界

C. 如该批设备因未按照同类货物通用方式包装造成损失，应由甲公司承担责任

D. 如该批设备侵犯了第三方在中国的专利权，甲公司对乙公司不承担责任

**35.** 2011年4月6日，张某在广交会上展示了其新发明的产品，4月15日，张某在中国就其产品申请发明专利（后获得批准）。6月8日，张某在向

《巴黎公约》成员国甲国申请专利时，得知甲国公民已在6月6日向甲国就同样产品申请专利。下列哪一说法是正确的？

A. 如张某提出优先权申请并加以证明，其在甲国的申请日至少可以提前至2011年4月15日

B. 2011年4月6日这一时间点对张某在甲国以及《巴黎公约》其他成员国申请专利没有任何影响

C. 张某在中国申请专利已获得批准，甲国也应当批准他的专利申请

D. 甲国不得要求张某必须委派甲国本地代理人代为申请专利

**36.** 根据世界贸易组织《服务贸易总协定》，下列哪一选项是正确的？

A. 协定适用于成员方的政府服务采购

B. 中国公民接受国外某银行在中国分支机构的服务属于协定中的境外消费

C. 协定中的最惠国待遇只适用于服务产品而不适用于服务提供者

D. 协定中的国民待遇义务，仅限于列入承诺表的部门

**37.** 关于世界贸易组织争端解决机制的表述，下列哪一选项是不正确的？

A. 磋商是争端双方解决争议的必经程序

B. 上诉机构为世界贸易组织争端解决机制中的常设机构

C. 如败诉方不遵守争端解决机构的裁决，申诉方可自行采取中止减让或中止其他义务的措施

D. 申诉方在实施报复时，中止减让或中止其他义务的程度和范围应与其所受到损害相等

**38.** 根据《中华人民共和国保障措施条例》，下列哪一说法是不正确的？

A. 保障措施中“国内产业受到损害”，是指某种进口产品数量增加，并对生产同类产品或直接竞争产品的国内产业造成严重损害或严重损害威胁

B. 进口产品数量增加指进口数量的绝对增加或与国内生产相比的相对增加

C. 终裁决定确定不采取保障措施的，已征收的临时关税应当予以退还

D. 保障措施只应针对终裁决定作出后进口的产品实施

**39.** 关于法律职业道德，下列哪一表述是不正确的？

A. 基于法律和法律职业的特殊性，法律职业人员被要求承担更多的社会义务，具有高于其他职业的职业道德品行

B. 互相尊重、相互配合为法律职业道德的基本原则，这就要求检察官、律师尊重法官的领导地位，在法庭上听从法官的指挥

C. 选择合适的内化途径和适当的内化方法，才能使法律职业人员将法律职业道德规范融进法律职业精神中

D. 法律职业道德教育的途径和方法，包括提高法律职业人员道德认识、陶冶法律职业人员道德情感、养成法律职业人员道德习惯等

**40.** 关于法官任免和法官行为，下列哪一说法是正确的？

A. 唐某系某省高院副院长，其子系该省某县法院院长。对唐某父子应适用任职回避规定

B. 楼法官以交通肇事罪被判处有期徒刑一年、缓刑一年。对其无须免除法官职务

C. 白法官将多年办案体会整理为《典型案件法庭审理要点》，被所在中级法院推广到基层法院，收效显著。对其应予以奖励

D. 陆法官在判决书送达后，发现误将上诉期15日写成了15月，立即将判决收回，做出新判决书次日即交给当事人。其行为不违反法官职业规范规定

**41.** 下列哪一情形下律师不得与当事人建立或维持委托关系？

A. 律师与委托当事人系多年好友

B. 接受民事诉讼一方当事人委托，同一律师事务所其他律师系该案件对方当事人的近亲属，但委托人知悉且同意

C. 同一律师事务所不同律师同时担任同一民事案件争议双方当事人代理人

D. 委托关系停止后二年，律师就同一法律业务接受与原委托人有利害关系的对方当事人委托

**42.** 盘叔系某山村农民，为人正派，热心公益，几十年来为村邻调解了许多纠纷，也无偿代理了不少案件，受到普遍肯定。下列哪一说法是正确的？

A. 法官老林说盘叔是个“土法官”，为充分发挥作用，可临时聘请其以人民陪审员身份参与审判活动

B. 检察官小张说盘叔见多识广，检察院可以聘请其为检察监督员

C. 律师小李说盘叔扰乱了法律服务秩序，应该对其进行批评教育，并禁止其继续代理案件

D. 公证员老万说盘叔熟悉法律法规，有几十年处理纠纷经验，经考核合格，可以担任公证员

**43.** 根据《法律援助条例》等规定，下列关于法律援助的哪一说法是不能成立的？

A. 在共同犯罪案件中，其他犯罪嫌疑人、被告人已委托辩护人的，本人及其近亲属可向法律援助机构提出法律援助申请，法律援助机构无须进行经济状况审查

B. 律师事务所拒绝法律援助机构的指派，不安排本所律师办理法律援助案件的，由司法行政部门给予警告，责令改正

C. 我国的法律援助实行部分无偿服务、部分为“缓交费”或“减费”形式有偿服务的制度

D. 检察院审查批准逮捕时，认为公安机关对犯罪嫌疑人应当通知辩护而没有通知的，应当通知公安机关予以纠正，公安机关应当将纠正情况通知检察院

**44.** “近现代法治的实质和精义在于控权，即对权力在形式和实质上的合法性的强调，包括权力制约权力、权利制约权力和法律的制约。法律的制约是一种权限、程序和责任的制约。”关于这段话的理解，下列哪些选项是正确的？

A. 法律既可以强化权力，也可以弱化权力

B. 近现代法治只控制公权，而不限制私权

C. 在法治国家，权力若不加限制，将失去在形式和实质上的合法性

D. 从法理学角度看，权力制约权力、权利制约权力实际上也应当是在法律范围内的制约和法律程序上的制约

**45.** 公元前399年，在古雅典城内，来自社会各阶层的501人组成的法庭审理了一起特别案件。被告人是著名哲学家苏格拉底，其因在公共场所喜好与人辩论、传授哲学而被以“不敬神”和“败坏青年”的罪名判处死刑。在监禁期间，探视友人欲帮其逃亡，但被拒绝。苏格拉底说，虽然判决不公正，但逃亡是毁坏法律，不能以错还错。最后，他服从判决，喝下毒药而亡。对此，下列哪些说法是正确的？

A. 人的良知、道德感与法律之间有时可能发生抵牾

B. 苏格拉底服从判决的决定表明，一个人可以被不公正地处罚，但不应放弃探究真理的权利

C. 就本案的事实看，苏格拉底承认判决是不公正的，但并未从哲学上明确得出“恶法非法”这一结论

D. 从本案的法官、苏格拉底和他的朋友各自的行为看，不同的人对于“正义”概念可能会有不同的理解

**46.** 一外国电影故事描写道：五名探险者受困山洞，水尽粮绝，五人中的摩尔提议抽签吃掉一人，救活他人，大家同意。在抽签前摩尔反悔，但其他四人仍执意抽签，恰好抽中摩尔并将其吃掉。获救后，四人被以杀人罪起诉并被判处绞刑。关于上述故事情节，下列哪些说法是不正确的？

A. 其他四人侵犯了摩尔的生命权

B. 按照功利主义“最大多数人之福祉”的思想，“一命换多命”是符合法理的

C. 五人之间不存在利益上的冲突

D. 从不同法学派的立场看，此案的判决存在“唯一正确的答案”

**47.** 《老年人权益保障法》第18条第1款规定：“家庭成员应当关心老年人的精神需求，不得忽视、冷落老年人。”关于该条款，下列哪些说法是正确的？

A. 规定的是确定性规则，也是义务性规则

B. 是用“规范语句”表述的

C. 规定了否定式的法律后果

D. 规定了家庭成员对待老年人之行为的“应为模式”和“勿为模式”

**48.** 法是以国家强制力为后盾，通过法律程序保证实现的社会规范。关于法的这一特征，下列哪些说法是正确的？

A. 法律具有保证自己得以实现的力量

B. 法律具有程序性，这是区别于其他社会规范的重要特征

C. 按照马克思主义法学的观点，法律主要依靠国家暴力作为外在强制的力量

D. 自然力本质上属于法的强制力之组成部分

**49.** 《唐律疏议·贼盗》载“祖父母为人杀私和”疏：“若杀祖父母、父母应偿死者，虽会赦，仍移乡避仇。以其与子孙为仇，故令移配。”下列哪些理解是正确的？

A. 杀害同乡人的祖父母、父母依律应处死刑者，若遇赦虽能免罪，但须移居外乡

B. 该条文规定的移乡避仇制体现了情法并列、相互避让的精神

C. 该条文将法律与社会生活相结合统一考虑，表现出唐律较为高超的立法技术

D. 该条文侧面反映了唐律“礼律合一”的特点，为法律确立了解决亲情与法律相冲突的特殊模式

**50.** 董仲舒解说“春秋决狱”：“春秋之听狱也，必本其事而原其志；志邪者不待成，首恶者罪特重，本直者其论轻。”关于该解说之要旨和倡导，下列哪些表述是正确的？

A. 断案必须根据事实，要追究犯罪人的动机，动机邪恶者即使犯罪未遂也不免刑责

B. 在着重考察动机的同时，还要依据事实，分别首犯、从犯和已遂、未遂

C. 如犯罪人主观动机符合儒家“忠”“孝”精神，即使行为构成社会危害，也不给予刑事处罚

D. 以《春秋》经义决狱为司法原则，对当时传统司法审判有积极意义，但某种程度上为司法擅断提供了依据

**51.** 根据《宪法》和法律的规定，关于选举程序，下列哪些选项是正确的？

A. 乡级人大接受代表辞职，须经本级人民代表大会过半数的代表通过

B. 经原选区选民30人以上联名，可以向县级的人民代表大会常务委员会书面提出罢免乡级人大代表的要求

C. 罢免县级人民代表大会代表，须经原选区三分之二以上的选民通过

D. 补选出缺的代表时，代表候选人的名额必须多于应选代表的名额

**52.** 根据《香港特别行政区基本法》和《澳门特别行政区基本法》的规定，下列哪些选项是正确的？

A. 对世界各国或各地区的人入境、逗留和离境，特别行政区政府可以实行入境管制

B. 特别行政区行政长官依照法定程序任免各级法院法官、任免检察官

C. 香港特别行政区立法会议员因行为不检或违反誓言而经出席会议的议员三分之二通过谴责，由立法会主席宣告其丧失立法会议员资格

D. 基本法的解释权属于全国人大常委会

**53.** 根据《宪法》，关于中国人民政治协商会议，下列哪些选项是正确的？

A. 中国人民政治协商会议是具有广泛代表性的统一战线组织

B. 中国人民政治协商会议是重要的国家机关

C. 中国共产党领导的多党合作和政治协商制度将长期存在和发展

D. 中国共产党领导的爱国统一战线将继续巩固和发展

**54.** 根据《宪法》和法律的规定，关于自治和自治权，下列哪些选项是正确的？

A. 特别行政区依照法律规定实行高度自治，享有行政管理权、立法权、独立的司法权和终审权

B. 民族区域自治地方的法院依法行使自治权

C. 民族乡依法享有一定的自治权

D. 村民委员会是基层群众性自治组织

**55.** 某县政府规定：施工现场不得搅拌混凝土，只能使用预拌的商品混凝土。2012年，县建材协会组织协调县内6家生产企业达成协议，各自按划分的区域销售商品混凝土。因货少价高，一些施工单位要求县市场监督管理局处理这些企业的垄断行为。根据《反垄断法》，下列哪些选项是错误的？

A. 县政府的规定属于行政垄断行为

B. 县建材协会的行为违反了《反垄断法》

C. 县市场监督管理局有权对6家企业涉嫌垄断的行为进行调查和处理

D. 被调查企业承诺在反垄断执法机构认可的期限内采取具体措施消除该行为后果的，该机构可决定终止调查

**56.** 甲厂与工程师江某签订了保密协议。江某在劳动合同终止后应聘至同行业的乙厂，并帮助乙厂生产出与甲厂相同技术的发动机。甲厂认为保密义务理应包括竞业限制义务，江某不得到乙厂工作，乙厂和江某共同侵犯其商业秘密。关于此案，下列哪些选项是正确的？

A. 如保密协议只约定保密义务，未约定支付保密费，则保密义务无约束力

B. 如双方未明确约定江某负有竞业限制义务，则江某有权到乙厂工作

C. 如江某违反保密协议的要求，向乙厂披露甲厂的保密技术，则构成侵犯商业秘密

D. 如乙厂能证明其未利诱江某披露甲厂的保密技术，则不构成侵犯商业秘密

**57.** 孙某从某超市买回的跑步机在使用中出现故障并致其受伤。经查询得知，该型号跑步机数年前已被认定为不合格产品，超市从总经销商煌煌商贸公司依正规渠道进货。下列哪些选项是正确的？

A. 孙某有权向该跑步机生产商索赔

B. 孙某有权向煌煌商贸公司、超市索赔

C. 超市向孙某赔偿后，有权向该跑步机生产商索赔

D. 超市向孙某赔偿后，有权向煌煌商贸公司索赔

**58.** 某省发现有大米被镉污染的情况，立即部署各地成立联合执法组，彻查市场中的大米及米制品。对此，下列哪些说法是正确的？

A. 大米、米制品的质量安全管理须以《食品安全法》为依据

B. 应依照《食品安全法》有关规定公布大米、米制品安全有关信息

C. 县有关部门进入某米粉加工厂检查时，该厂不得以商业秘密为由予以拒绝

D. 虽已构成重大食品安全事故，但影响仅限于该省，可由省卫生行政部门公布有关食品安全信息

**59.** 某商业银行违反审慎经营规则，造成资本和资产状况恶化，严重危及稳健运行，损害存款人和其他客户合法权益。对此，银行业监督管理机构对该银行依法可采取下列哪些措施？

A. 限制分配红利和其他收入

B. 限制工资总额

C. 责令调整高级管理人员

D. 责令减员增效

**60.** 甲公司欠税40万元，税务局要查封其相应价值产品。甲公司经理说：“乙公司欠我公司60万元

货款，贵局不如行使代位权直接去乙公司收取现金。”该局遂通知乙公司缴纳甲公司的欠税，乙公司不配合；该局责令其限期缴纳，乙公司逾期未缴纳；该局随即采取了税收强制执行措施。关于税务局的行为，下列哪些选项是错误的？

A. 只要甲公司欠税，乙公司又欠甲公司货款，该局就有权行使代位权

B. 如代位权成立，即使乙公司不配合，该局也有权直接向乙公司行使

C. 本案中，该局有权责令乙公司限期缴纳

D. 本案中，该局有权向乙公司采取税收强制执行措施

**61.** 甲公司与梁某签订劳动合同后，与乙公司签订劳务派遣协议，派梁某到乙公司做车间主任，派遣期 3 个月。2012 年 1 月至 2013 年 7 月，双方已连续 6 次续签协议，梁某一直在乙公司工作。2013 年 6 月，梁某因追索上一年加班费与乙公司发生争议，申请劳动仲裁。下列哪些选项是正确的？

A. 乙公司是在辅助性工作岗位上使用梁某，符合法律规定

B. 乙公司是在临时性工作岗位上使用梁某，符合法律规定

C. 梁某申请仲裁不受仲裁时效期间的限制

D. 梁某申请仲裁时应将甲公司和乙公司作为共同当事人

**62.** 甲公司以出让方式取得某地块 50 年土地使用权，用于建造写字楼。土地使用权满 3 年时，甲公司将该地块的使用权转让给乙公司，但将该地块上已建成的一幢楼房留作自用。对此，下列哪些选项是正确的？

A. 如该楼房已取得房屋所有权证，则甲公司可只转让整幅地块的使用权而不转让该楼房

B. 甲公司在土地使用权出让合同中载明的权利、义务应由乙公司整体承受

C. 乙公司若要改变原土地使用权出让合同约定的土地用途，取得原出让方的同意即可

D. 乙公司受让后，可以在其土地使用权的使用年限满 46 年之前申请续期

**63.** 因连降大雨，某厂设计流量较小的排污渠之污水溢出，流入张某承包的鱼塘，致鱼大量死亡。张某诉至法院，要求该厂赔偿。该厂提出的下列哪些抗辩事由是依法不能成立的？

A. 本市环保主管部门证明，我厂排污从未超过国家及地方排污标准

B. 天降大雨属于不可抗力，依法应予免责

C. 经有关机构鉴定，死鱼是全市最近大规模爆发的水生动物疫病所致

D. 张某鱼塘地势低洼，未对污水流入采取防范措施，其损失咎由自取

**64.** 根据《维也纳条约法公约》和《中华人民共和国缔结条约程序法》，关于中国缔约程序问题，下列哪些表述是正确的？

A. 中国外交部长参加条约谈判，无需出具全权证书

B. 中国谈判代表对某条约作出待核准的签署，即表明中国表示同意受条约约束

C. 有关引渡的条约由全国人大常委会决定批准，批准书由国家主席签署

D. 接受多边条约和协定，由国务院决定，接受书由外交部长签署

**65.** 关于国际法基本原则，下列哪些选项是正确的？

A. 国际法基本原则具有强行法性质

B. 不得使用威胁或武力原则是指禁止除国家对侵略行为进行的自卫行动以外的一切武力的使用

C. 对于一国国内的民族分离主义活动，民族自决原则没有为其提供任何国际法根据

D. 和平解决国际争端原则是指国家间在发生争端时，各国都必须采取和平方式予以解决

**66.** 甲国公民杰克申请来中国旅游，关于其在中国出入境和居留期间的管理，下列哪些选项是正确的？

A. 如杰克患有严重精神障碍，中国签证机关不予签发其签证

B. 如杰克入境后可能危害中国国家安全和利益，中国出入境边防检查机关可不准许其入境

C. 杰克入境后，在旅馆以外的其他住所居住或者住宿的，应当在入住后 48 小时内由本人或者留宿人，向居住地的公安机关办理登记

D. 如杰克在中国境内有未了结的民事案件，法院决定不准出境的，中国出入境边防检查机关有权阻止其出境

**67.** 中国人李某（女）与甲国人金某（男）2011 年在乙国依照乙国法律登记结婚，婚后二人定居在北京。依《涉外民事关系法律适用法》，关于其夫妻关系的法律适用，下列哪些表述是正确的？

A. 婚后李某是否应改从其丈夫姓氏的问题，适用甲国法

B. 双方是否应当同居的问题，适用中国法

C. 婚姻对他们婚前财产的效力问题，适用乙国法

D. 婚姻存续期间双方取得的财产的处分问题，双方可选择适用甲国法

**68.** 甲国某航空公司在中国设有代表处，其一架飞机从中国境内出发，经停甲国后前往乙国，在乙国发生空难。关于乘客向航空公司索赔的诉讼管辖和法律适用，根据中国相关法律，下列哪些表述是正确的？

A. 中国法院对该纠纷具有管辖权

B. 中国法律并不限制乙国法院对该纠纷行使管辖

C. 即使甲国法院受理了该纠纷，中国法院仍有权就同一诉讼行使管辖权

D. 如中国法院受理该纠纷，应适用受害人本国法确定损害赔偿数额

**69.** 内地某中级法院审理一起涉及澳门特别行政区企业的商事案件，需委托澳门特别行政区法院进行司法协助。关于该司法协助事项，下列哪些表述是正确的？

A. 该案件司法文书送达的委托，应通过该中级法院所属高级法院转交澳门特别行政区终审法院

B. 澳门特别行政区终审法院有权要求该中级法院就其中文委托书提供葡萄牙语译本

C. 该中级法院可以请求澳门特别行政区法院协助调取与该案件有关的证据

D. 在受委托方法院执行委托调取证据时，该中级法院司法人员经过受委托方允许可以出席并直接向证人提问

**70.** 关于国际投资法相关条约，下列哪些表述是正确的？

A. 依《关于解决国家和他国国民之间投资争端公约》，投资争端应由双方书面同意提交给投资争端国际中心，当双方表示同意后，任何一方不得单方面撤销

B. 依《多边投资担保机构公约》，多边投资担保机构只对向发展中国家领土内的投资予以担保

C. 依《与贸易有关的投资措施协议》，要求企业购买或使用最低比例的当地产品属于协议禁止使用的措施

D. 依《与贸易有关的投资措施协议》，限制外国投资者投资国内公司的投资比例属于协议禁止使用的措施

**71.** 中国甲公司从国外购货，取得了代表货物的单据，其中提单上记载“凭指示”字样，交货地点为某国远东港，承运人为中国乙公司。当甲公司凭正本提单到远东港提货时，被乙公司告知货物已不在其手中。后甲公司在中国法院对乙公司提起索赔诉讼。乙公司在下列哪些情形下可免除交货责任？

A. 在甲公司提货前，货物已被同样持有正本提单的某公司提走

B. 乙公司按照提单托运人的要求返还了货物

C. 根据某国法律要求，货物交给了远东港管理当局

D. 货物超过法定期限无人向某国海关申报，被海关提取并变卖

**72.** 甲公司向乙公司出口一批货物，由丙公司承运，投保了中国人民保险公司的平安险。在装运港装卸时，一包货物落入海中。海运途中，因船长过失触礁造成货物部分损失。货物最后延迟到达目的港。依《海牙规则》及国际海洋运输保险实践，关于相关损失的赔偿，下列哪些选项是正确的？

A. 对装卸过程中的货物损失，保险人应承担赔偿责任

B. 对船长驾船过失导致的货物损失，保险人应承担赔偿责任

C. 对运输延迟造成的损失，保险人应承担赔偿责任

D. 对船长驾船过失导致的货物损失，承运人可以免责

**73.** 我国司法承担着实现公平正义的使命，据此，下列哪些说法能够成立？

A. 中国特色社会主义司法制度是我国实现公平正义的重要保障

B. 司法通过解决纠纷这一主要功能，维持社会秩序和正义

C. 没有司法效率，谈不上司法公正，公平正义也将难以实现，因此应当选择“公正优先，兼顾效率”的价值目标

D. 在符合法律基本原则的前提下，司法兼顾法理和情理更利于公平正义的实现

**74.** 法官的下列哪些做法体现了执法为民的要求？

A. 民庭段法官加班加点，春节前及时审结拖欠农民工工资案件

B. 刑庭范法官拒绝承办案件辩护律师的宴请

C. 立案庭刘法官将收案材料细化分类整理，方便群众查询

D. 执行庭肖法官多方调查被执行人财产，成功执行赡养费支付判决

**75.** 下列哪些行为违反了相关法律职业规范规定？

A. 某律师事务所明知李律师的伯父是甲市中院领导，仍指派其到该院代理诉讼

B. 检察官高某在办理一起盗车并杀害车内行动不便的老人案件时，发现网上民愤极大，即以公诉人身份跟帖向法院建议判处被告死刑立即执行

C. 在法庭上，公诉人车某发现李律师发微博，当庭予以训诫，审判长怀法官未表明态度

D. 公证员张某根据甲公司董事长申请，办理了公司章程公证，张某与该董事长系大学同学

**76.** 关于适用法律过程中的内部证成，下列选项正确的是：

A. 内部证成是给一个法律决定提供充足理由的活动

B. 内部证成是按照一定的推理规则从相关前提中逻辑地推导出法律决定的过程

C. 内部证成是对法律决定所依赖的前提的证成

D. 内部证成和外部证成相互关联

**77.** 关于我国立法和法的渊源的表述，下列选项不正确的是：

A. 从法的正式渊源上看，“法律”仅指全国人大及其常委会制定的规范性文件

B. 公布后的所有法律、法规均以在《国务院公报》上刊登的文本为标准文本

C. 行政法规和地方性法规均可采取“条例”“规定”“办法”等名称

D. 所有法律议案（法律案）都须交由全国人大常委会审议、表决和通过

**78.** 关于实证主义法学和非实证主义法学，下列说法不正确的是：

A. 实证主义法学认为，在“实际上是怎样的法”与“应该是怎样的法”之间不存在概念上的必然联系

B. 非实证主义法学在定义法的概念时并不必然排除社会实效性要素和权威性制定要素

C. 所有的非实证主义法学都可以被看作是古典自然法学

D. 仅根据社会实效性要素，并不能将实证主义法学派、非实证主义法学派和其他法学派（比如社会法学派）在法定义上的观点区别开来

**79.** 根据《宪法》和法律的规定，关于立法权权限和立法程序，下列选项正确的是：

A. 全国人大常委会在人大闭会期间，可以对全国人大制定的法律进行部分补充和修改，但不得同该法律的基本原则相抵触

B. 全国人大通过的法律由全国人民代表大会主席团予以公布

C. 全国人大和宪法法律委员会审议法律案时，应邀请有关专门委员会的成员列席会议，发表意见

D. 列入全国人大常委会会议议程的法律案，除特殊情况外，应当在举行会议七日前将草案发给常委会组成人员

**80.** 根据《宪法》和法律的规定，关于国家机关组织和职权，下列选项正确的是：

A. 全国人民代表大会修改宪法、解释宪法、监督宪法的实施

B. 国务院依照法律规定决定省、自治区、直辖市的范围内部分地区进入紧急状态

C. 省、自治区、直辖市政府在必要的时候，经国务院批准，可以设立若干派出机构

D. 地方各级检察院对产生它的国家权力机关和上级检察院负责

**81.** 根据《宪法》和《监督法》的规定，关于各级人大常委会依法行使监督权，下列选项正确的是：

A. 各级人大常委会行使监督权的情况，应当向本级人大报告，接受监督

B. 全国人大常委会可以委托下级人大常委会对有关法律、法规在本行政区域内的实施情况进行检查

C. 质询案以书面答复的，由受质询的机关的负责人签署

D. 依法设立的特定问题调查委员会在调查过程中，可以不公布调查的情况和材料

**2012 年 12 月，某公司对县税务局确定的企业所得税的应纳税所得额、应纳税额及在 12 月 30 日前缴清税款的要求极为不满，决定撤离该县，且不缴纳税款。县税务局得知后，责令该公司在 12 月 15 日前纳税。当该公司有转移生产设备的明显迹象时，县税务局责成其提供纳税担保。**

**请回答第 82—83 题。**

**82.** 该公司取得的下列收入中，属于《企业所得税法》规定的应纳税收入的是：

A. 财政拨款　　B. 销售产品收入

C. 专利转让收入　　D. 国债利息收入

**83.** 就该公司与税务局的纳税争议，下列说法正确的是：

A. 如该公司不提供纳税担保，经批准，税务局有权书面通知该公司开户银行从其存款中扣缴税款

B. 如该公司不提供纳税担保，经批准，税务局有权扣押、查封该公司价值相当于应纳税款的产品

C. 如该公司对应纳税额发生争议，应先依税务局的纳税决定缴纳税款，然后可申请行政复议，对复议决定不服的，可向法院起诉

D. 如该公司对税务局的税收保全措施不服，可申请行政复议，也可直接向法院起诉

**某公司聘用首次就业的王某，口头约定劳动合同期限 2 年，试用期 3 个月，月工资 1200 元，试用期满后 1500 元。**

**2012 年 7 月 1 日起，王某上班，不久即与同事李某确立恋爱关系。9 月，由经理办公会讨论决定并征得工会主席同意，公司公布施行《工作纪律规定》，要求同事不得有恋爱或婚姻关系，否则一方必须离开公司。公司据此解除王某的劳动合同。**

**经查明，当地月最低工资标准为 1000 元，公司与王某一直未签订书面劳动合同，但为王某买了失业保险。**

请回答第84—86题。

**84.** 关于双方约定的劳动合同内容，下列符合法律规定的说法是：

A. 试用期超过法定期限

B. 试用期工资符合法律规定

C. 8月1日起，公司未与王某订立书面劳动合同，应每月付其两倍的工资

D. 8月1日起，如王某拒不与公司订立书面劳动合同，公司有权终止其劳动关系，且无需支付经济补偿

**85.** 关于该《工作纪律规定》，下列说法正确的是：

A. 制定程序违法

B. 有关婚恋的规定违法

C. 依据该规定解除王某的劳动合同违法

D. 该公司执行该规定给王某造成损害的，应承担赔偿责任

**86.** 关于王某离开该公司后申请领取失业保险金的问题，下列说法正确的是：

A. 王某及该公司累计缴纳失业保险费尚未满1年，无权领取失业保险金

B. 王某被解除劳动合同的原因与其能否领取失业保险金无关

C. 若王某依法能领取失业保险金，在此期间还想参加职工基本医疗保险，则其应缴纳的基本医疗保险费从失业保险基金中支付

D. 若王某选择跨统筹地区就业，可申请退还其个人缴纳的失业保险费

**87.** 甲国公民库克被甲国刑事追诉，现在中国居留，甲国向中国请求引渡库克，中国和甲国间无引渡条约。关于引渡事项，下列选项正确的是：

A. 甲国引渡请求所指的行为依照中国法律和甲国法律均构成犯罪，是中国准予引渡的条件之一

B. 由于库克健康原因，根据人道主义原则不宜引渡，中国可以拒绝引渡

C. 根据中国法律，引渡请求所指的犯罪纯属军事犯罪的，中国应当拒绝引渡

D. 根据甲国法律，引渡请求所指的犯罪纯属军事犯罪的，中国应当拒绝引渡

**88.** 在涉外民事关系中，依《涉外民事关系法律适用法》和司法解释，关于当事人意思自治原则，下列表述中正确的是：

A. 当事人选择的法律应与所争议的民事关系有实际联系

B. 当事人仅可在具有合同性质的涉外民事关系中选择法律

C. 在一审法庭辩论终结前，当事人有权协议选择或变更选择适用的法律

D. 各方当事人援引相同国家的法律且未提出法律适用异议的，法院可以认定当事人已经就涉外民事关系适用的法律作出了选择

**89.** 甲公司从国外进口一批货物，根据《联合国国际货物销售合同公约》，关于货物检验和交货不符合同约定的问题，下列说法正确的是：

A. 甲公司有权依自己习惯的时间安排货物的检验

B. 如甲公司须再发运货物，没有合理机会在货到后加以检验，而卖方在订立合同时已知道再发运的安排，则检验可推迟到货物到达新目的地后进行

C. 甲公司在任何时间发现货物不符合同均可要求卖方赔偿

D. 货物不符合同情形在风险转移时已经存在，在风险转移后才显现的，卖方应当承担责任

**90.** 中国甲公司从某国乙公司进口一批货物，委托中国丙银行出具一份不可撤销信用证。乙公司发货后持单据向丙银行指定的丁银行请求付款，银行审单时发现单据上记载内容和信用证不完全一致。乙公司称甲公司接受此不符点，丙银行经与甲公司沟通，证实了该说法，即指示丁银行付款。后甲公司得知乙公司所发货物无价值，遂向有管辖权的中国法院申请中止支付信用证项下的款项。下列说法正确的是：

A. 甲公司已接受不符点，丙银行必须承担付款责任

B. 乙公司行为构成信用证欺诈

C. 即使丁银行已付款，法院仍应裁定丙银行中止支付

D. 丙银行发现单证存在不符点，有义务联系甲公司征询是否接受不符点

## 参考答案与解析

**1. C**。执法为民理念要求便民利民。要在不损害实质性法律利益和不违反法定程序的前提下，尽可能为人民群众行使权利和履行义务提供各种便利，不断改革和完善各种执法程序和执法手续，科学合理地设置执法流程，减少当事人的成本和诉累。C以有偿方式提供政府公共信息，显然与此相悖。

**2. D**。理性文明执法是人民群众对于执法活动的强烈要求。其要求执法机关从有利于群众的实际利益出发，讲究执法方法。但是，不能突破法律规则和程序。故D错误，ABC正确。

**3. D**。A违背了法律面前人人平等原则；B违背了程序公正原则；C违背了法律面前人人平等原则，混淆了法理和情理的关系。D判决坚持以事实为根据，以法律为准绳的原则，符合公平正义理念。故选D。

**4. B**。服务大局的法治理念，就是要把各项法治实践活动自觉地纳入到党和国家的总体战略部署之中，使法治实践活动成为实现党和国家总体战略部署的有机组成部分。与此同时，要排除和克服一切形式的地方保护主义或部门和行业保护主义，警惕各种利益集团对于立法、执法和司法活动的影响，消除法律实施中的"禁区"。易知，ACD不符合服务大局的理念，B正确。

**5. D**。D错误，党对法治事业的组织领导，指的是要加强法治机关党的组织建设，在法治机关中发挥党组织的领导核心作用、战斗堡垒作用和广大党员的先锋模范作用；要坚持党管干部原则；要不断完善和加强党对法治实践活动的监督，把党组织的监督与各级人大的监督、法律机关的监督以及人民群众和舆论的监督等有机结合，建立科学、合理的监督体系与机制，保证我国法治事业健康、有序地发展。党对法治事业的思想领导，在于牢牢把握我国法治发展的方向，有效地抵制各种错误思潮和错误理论的影响和干扰，保证我国法治的发展始终不偏离社会主义的轨道，坚定不移地走社会主义法治道路。

**6. C**。A表述明显错误。古代法律中，支配权不仅指财产权，更是指身份权。平等主体之间不存在人身依附和相互支配，但他们的自由不能超越法律的界限。故ABD错误，C正确。

**7. A**。法官正是基于该协议，判决住房归韩某。可见，该协议不仅具有道德上的约束力，也具有法律上的约束力。故A错误，BCD正确。

**8. D**。A正确，李某的解释不具有法律约束力，不被作为执行法律的依据，故为非正式解释。从方法上看，李某使用的是文义解释，即按照日常的、一般的或法律的语言使用方式清晰地描述制定法的某个条款的内容；而法官结合该法第7条第2款来解释第7条第1款，属于体系解释，即将被解释的法律条文放在整部法律乃至整个法律体系中，联系此法条与其他法条的相互关系来解释法律。BC正确。就不同解释方法之间的优先性而言，现今大部分法学家都认可下列位阶：(1)语义学解释→(2)体系解释→(3)立法者意图或目的解释→(4)历史解释→(5)比较解释→(6)客观目的解释。但是，这种位阶关系不是固定的，也就是说，依此不能得以终局地确定个别解释方法的重要性，重要性如何很大部分取决于其将造成如何的结果。即存在更强的理由的情况下，这种优先性关系是可以被推翻的。故D错误。

**9. B**。A正确。"法律家长主义"原则主要是为了保护潘桂花，因其精神障碍不能真实反映其意志，而不是针对李能的行为，故B错误，当选。法律关系主体构成资格，包括权利能力和行为能力。限制民事行为能力人的认定是对潘桂花行为能力即主体构成资格的认定，故C正确。D正确。

**10. C**。范某"认为事故主要是由该中心未尽到注意义务引起"，即对该中心违约行为的法律判断。演绎推理是从大前提和小前提中必然推导出结论或结论必然蕴含在前提之中的推论。大前提通常是法律规定，小前提是裁判事实，因此，题中裁判事实应作为演绎推理的小前提。"该中心按40%的比例承担责任，赔偿4万元"，就是从大前提（法律规定）和小前提（裁判事实）中推出的结论（判决）。法院主要根据法律责任的公正、合理原则作出判决。故ABD错误，C正确。

**11. B**。西周初期统治者提出的政治法律主张是"以德配天，明德慎罚"，汉代以后该主张被儒家发挥成"德主刑辅，礼刑并用"，从而为以"礼法结合"为特征的中国传统法制奠定了基础。西周的借贷契约称为"傅别"，为了保证债的履行，要求当事人订立书面契约"傅别"。"傅"，是把债的标的和双方的权利义务等写在契券上；"别"，是在简札中间写字，然后一分为二，双方各执一半，札上的字为半文。西周时期在宗法制度下已形成嫡长子继承制。故ACD均错误，应选B。

**12. B**。清末变法修律自始至终贯穿着"仿效外国资本主义法律形式，固守中国法制传统"的方针。因此，借用西方近现代法律制度的形式，坚持中国固有的专制制度内容，即成为统治者变法修律的基本宗旨。由题意可知，修订民律的基本思路，仍然没有超出"中学为体、西学为用"的思想格局。故B正确。

**13. C**。C前半段正确，"《北齐律》共12篇，将刑名与法例律合并为名例律一篇，充实了刑法总则"。但是最后一句错误，《北齐律》并没有"对其进行逐条逐句的疏议"。疏议是唐代继承汉晋以来，特别是晋代张斐、杜预注释律文的已有成果，对《永徽律》进行逐字逐句的解释，从而形成《唐律疏议》，标志着中国古代立法达到了最高水平。

**14. C**。废除宫刑制度、创设鞭刑和杖刑，均在三国两晋南北朝时期完成。当时刑罚制度改革的主要内容有：一是规定绞、斩等死刑制度。二是规定流刑。把流刑作为死刑的一种宽贷措施。三是规定鞭刑与杖刑。北魏时期开始改革以往的五刑制度，增加鞭刑与杖刑，后北齐、北周相继采用。四是废除宫刑制度，北朝与南朝相继宣布废除宫刑，自此结束了使用宫刑的历史。故C错误。

**15. D**。本题考查宪法中的平等权，重点在于理解平等权和合理差别的关系。平等权是公民的基本权利，也是公平正义的直接体现；树立和强化宪法的权威，必然要求坚定地守持和维护公平正义。《宪法》第 33 条第 2 款规定，中华人民共和国公民在法律面前一律平等。这是宪法中关于平等权的直接规定，但需要注意的是，宪法中的平等不仅包括了形式上的平等，也包括了实质上的平等，即通过合理差别对待保证弱势者的实质平等。比如，《宪法》第 45 条规定的物质帮助权、第 49 条规定的婚姻家庭制度、第 50 条规定的对于华侨和归侨的权益保护，这些特殊群体的权利保护体现了宪法中的实质平等的要求。合理差别是实现宪法中实质平等的必要方式，判定一项差别对待的政策是否属于合理差别的范畴，主要是通过判断差别对待的目的是否正当、是否符合比例原则，并且政府需要对合理差别承担举证责任。在本题中，A 正确表述了宪法权威与公平正义的关系；B 正确，其恰当说明了宪法中平等权的内涵；C 正确，对于弱势者的保护是实现实质公平的必要手段；D 错误，其将平等与合理差别对立起来，事实上，平等和合理差别是相辅相成、并行不悖的。

**16. D**。在中国宪法中并没有明确规定宪法与国际条约的关系，而事实上关于宪法与国际条约的效力位阶以及国际条约在国内的适用问题，在理论上也是存在争论的。故 A 错误。在中国宪法中明确规定了宪法的修改，即规定全国人民代表大会的职权包括了“修改宪法”的权力，并且详细规定了宪法修改的程序“由全国人民代表大会常务委员会或者五分之一以上的全国人民代表大会代表提议，并由全国人民代表大会以全体代表的三分之二以上的多数通过”；但是在宪法文本中并没有明确规定“宪法的制定”，宪法序言对宪法制定的历史背景进行了叙述，而宪法制定的程序和过程并没有涉及。故 B 错误。我国宪法并不包括“附则”的内容，《宪法修正案》是宪法的组成部分，但并不是附则。故 C 错误。《宪法》第 111 条第 1 款规定，城市和农村按居民居住地区设立的居民委员会或者村民委员会是基层群众性自治组织。居民委员会、村民委员会的主任、副主任和委员由居民选举。居民委员会、村民委员会同基层政权的相互关系由法律规定。故 D 正确。

**17. B**。在我国法律体系中，宪法处于最高位阶，具有最高法律效力。故 A 正确。我国的宪法渊源（表现形式）包括了多个方面，其中重要的有宪法典、宪法性法律以及宪法惯例。宪法性法律包括中央国家机关的组织法、选举法等，其从形式上不是宪法典，但内容上的规定具有宪法的实质特征。宪法惯例是指在国家长期政治生活实践中形成的，涉及有关国家根本问题，并为社会普遍承认有约束力的习惯和传统。在我国采用宪法修正案的方式修改宪法、人民代表大会和政治协商会议同时召开等被认为是中国的宪法惯例。但需要注意的是，中国并不存在宪法判例。故 B 错误。宪法规范是由民主制国家制定或认可的、宪法主体参与国家和社会生活最基本社会关系的行为规范。故 C 正确。从我国宪法的规定看，权利性规范与义务性规范具体有下列三种形式：一是权利性规范。宪法赋予特定主体权利，使之具有权利主体资格。如《宪法》第 35 条规定，中华人民共和国公民有言论、出版、集会、结社、游行、示威的自由。二是义务性规范，集中表现在公民应履行的基本义务。如《宪法》第 52 条规定，中华人民共和国公民有维护国家统一和全国各民族团结的义务。三是宪法中的权利规范性与义务性规范相互结合为一体。如《宪法》规定，中华人民共和国公民有劳动的权利和义务；中华人民共和国公民有受教育的权利和义务。在这类规范中，权利与义务互为一体，表现其特殊的调整方式。故 D 正确。

**18. A**。文化制度是指一国通过宪法和法律调整以社会意识形态为核心的各种基本关系的规则、原则和政策的综合。本题 A 中 1787 年美国宪法是早期资产阶级宪法典型代表，其中仅就联邦国家机构以及联邦和州的权力界限问题进行了规定，而没有涉及公民文化权利和国家文化政策的内容，所以 A 错误。B 正确，作为“现代宪法”开端的魏玛宪法中规定了广泛的积极性权利，其中就包括了公民的文化权利。C 正确，我国现行宪法对文化制度的原则、内容等作了比较全面的规定，我国《宪法》第 19 条、第 20 条、第 21 条和第 22 条分别对教育科学文化建设作出了具体规定，第 24 条对思想道德建设作出了明确规定。而宪法中的文化制度实际上又可以分为两个方面：一方面是从公民权利的角度，文化制度体现为公民的文化教育权；另一方面是从国家权力的角度，文化制度体现为国家机关的文化教育管理职权和文化政策，所以 D 正确。

**19. D**。国家结构形式是指特定国家的统治阶级根据一定原则采取的调整国家整体与部分、中央与地方相互关系的形式。我国实行单一制国家结构形式，但是在我国单一制国家结构形式建立和运转过程中，由于存在特定国情，因而使我国的单一制表现出自己的特点。具体而言，即在一般的地方行政区划外，通过建立民族区域自治制度解决单一制下的民族问题，通过建立特别行政区制度解决单一制下的历史遗留问题。故 A 错误，在我国中央与地方的关系上，存在一般行政区划、民族区域自治和特别行政区三种地方制度，而后两者是比较特殊的地方制度。行政区域的变更包括行政区域的设立、调整、撤销和更名。这些都必须根据一定的法律程序进行。根据我国现行法律的规定，县、市、市辖区部分行政区域界线的变更，由国务院授权省、自治区、直辖市人民政府审批。所以，B 错误。经济特区是在国内划定一定范围，在对外经济活动中采取较国内其他地区更加开放和灵活的特殊政策的特定地区。经济特区并不是我国一种新的地方制度，其仅仅是为了促进经济发展而设立的特殊地区。所以C错误。行政区划制度不仅包括行政区划的分级、划分，以及行政区域的变更，也包括行政区划争议或纠纷的解决，对此国务院制定了专门的行政法规。因此，D正确。

**20. B**。宪法中的人身自由包括广义和狭义两方面：狭义的人身自由主要指公民的身体不受非法侵犯，广义的人身自由则还包括与狭义的人身自由相联系的人格尊严、住宅不受侵犯、通信自由和通信秘密等与公民个人生活相关的权利和自由。人身自由是公民参加各种社会活动和实际享受其他权利的前提。其中人格尊严包括姓名权、肖像权、名誉权、荣誉权、隐私权等。我国《宪法》第38条规定，中华人民共和国公民的人格尊严不受侵犯。禁止用任何方法对公民进行侮辱、诽谤和诬告陷害。故A正确。在宪法学理论上，生命权是重要的公民人身自由的范畴，但需要注意的是，在我国宪法中并没有明确规定生命权，仅是就人身自由、人格尊严、住宅权、通信自由和通信秘密进行了规定。因此，生命权确属于广义的人身自由权，但并不是《宪法》明确规定的公民基本权利，B错误。在狭义的人身自由的概念中，又包括了三个方面的内容：（1）人身自由不受侵犯。（2）任何公民，非经人民检察院批准或者决定或者人民法院决定，并由公安机关执行，不受逮捕。（3）禁止非法拘禁和以其他方法非法剥夺或者限制公民的人身自由，禁止非法搜查公民的身体。故C正确。广义上的人身自由包括了住宅权，住宅权包括两个方面的内容：（1）中华人民共和国公民的住宅不受侵犯。（2）禁止非法搜查或者非法侵入公民的住宅。故D正确。

**【陷阱提示】** *本题的重点是对于“宪法学”和《宪法》区别的把握，有些权利是宪法学中的重要概念，比如生命权、环境权、迁徙自由等，但是在现行《宪法》文本中并没有规定这些权利。所以命题陷阱就设置在这里，具有较强的迷惑性，这要求考生对宪法知识和条文准确把握。*

**21. D**。全国人大各专门委员会是由全国人民代表大会产生，受全国人民代表大会领导，闭会期间受全国人大常委会领导的常设性工作机构。其主要职责是在全国人大及其常委会的领导下，研究、审议和拟定有关议案。全国人大各专门委员会由主任委员、副主任委员、委员组成。它们都是全国人大主席团从代表中提名，由大会通过。据此，A错误，各专门委员会主要职责是对相关问题的提案进行研究、提出意见，其作为受全国人大及其常委会领导的工作机构，其决议的效力低于全国人大及其常委会所作决定。B错误，各专门委员会主任委员、副主任委员人选由主席团在代表中提名，大会通过；在大会闭会期间，全国人民代表大会常务委员会可以补充任命专门委员会的个别副主任委员和部分委员，由委员长会议提名，常务委员会会议通过，所以并非由全国人大及其常委会任命的。C错误，特定问题调查委员会是全国人大及其常委会为查证某个重大问题而依照法定程序成立的临时性调查组织，其任期是由问题的查证情况决定的，而不是与全国人大及其常委会的任期相同。D正确，全国人大各专门委员会受全国人民代表大会领导，闭会期间受全国人大常委会领导。

**22. D**。《反垄断法》第18条规定，禁止经营者与交易相对人达成下列垄断协议：（1）固定向第三人转售商品的价格；（2）限定向第三人转售商品的最低价格；（3）国务院反垄断执法机构认定的其他垄断协议。本题某品牌生产商的行为属于纵向垄断协议行为。

**23. C**。《食品安全法》第63条第1、2款规定，国家建立食品召回制度。食品生产者发现其生产的食品不符合食品安全标准或者有证据证明可能危害人体健康的，应当立即停止生产，召回已经上市销售的食品，通知相关生产经营者和消费者，并记录召回和通知情况。食品经营者发现其经营的食品有前款规定情形的，应当立即停止经营，通知相关生产经营者和消费者，并记录停止经营和通知情况。食品生产者认为应当召回的，应当立即召回。由于食品经营者的原因造成其经营的食品有前款规定情形的，食品经营者应当召回。故ABD正确。C错误。

**24. C**。商业银行与借款人的贷款合同必须采用书面的形式，故A错误。借款合同到期未偿还，经展期后到期仍未偿还的贷款是逾期贷款。故B错误。事实上，银行从20世纪90年代末期就学习国外银行的先进经验，对于不良贷款的分类已经不再使用《贷款通则》的呆账贷款、呆滞贷款、逾期贷款的划分方式，而是划分为正常、关注、次级、可疑、损失五类。C正确，《商业银行法》第41条规定，任何单位和个人不得强令商业银行发放贷款或者提供担保。商业银行有权拒绝任何单位和个人强令要求其发放贷款或者提供担保。D错误，商业银行不应当给关系人发放信用贷款，但可以发放担保贷款，只是发放担保贷款的条件不得优于其他借款人同类贷款的条件。

**25. C**。《城乡规划法》第66条规定，建设单位或者个人有下列行为之一的，由所在地城市、县人民政府城乡规划主管部门责令限期拆除，可以并处临时建设工程造价一倍以下的罚款：（1）未经批准进行临时建设的；（2）未按照批准内容进行临时建设的；（3）临时建筑物、构筑物超过批准期限不拆除的。故C正确。

**26. A**。《维也纳领事关系公约》第41条规定，领事官员不得予以逮捕候审或羁押候审，但遇犯严重罪行之情形，依主管司法机关之裁判执行者不在此列。所以A正确。《维也纳领事关系公约》第43条规定，领事官员及领馆雇员对其为执行领事职务而实施之行为不受接受国司法或行政机关之管辖。但如果不是执行领事职务的行为，则要受接受国的司法和行政管辖，所以B错误。《维也纳领事关系公约》第44条规定，领馆人员得被请在司法或行政程序中到场作证。所以C错误。《维也纳领事关系公约》第51条规定，遇领馆人员或与其构成同一户口之家属死亡时，接受国对于动产之在接受国境内纯系因亡故者为领馆人员或领馆人员之家属而在接受国境内所致者，应不课征国家、区域或地方性遗产、遗产取得税或继承税及让与税。所以D错误。

**27. C**。《关于制止危害民用航空安全的非法行为的公约》第5条规定，在下列情况下，各缔约国应采取必要措施，对罪行实施管辖权：（1）罪行是在该国领土内发生的；（2）罪行是针对在该国登记的航空器，或在该航空器内发生的；（3）在其内发生犯罪行为的航空器在该国降落时被指称的罪犯仍在航空器内；（4）罪行是针对租来时不带机组的航空器，或是在该航空器内发生的，而承租人的主要营业地，或如承租人没有这种营业地，则其永久居所是在该国。劫持发生在甲国航空公司国际航班上，所以甲国有管辖权，所以A错误。《关于制止危害民用航空安全的非法行为的公约》第7条规定，在其境内发现被指称的罪犯的缔约国，如不将此人引渡，则不论罪行是否在其境内发生，应无例外地将此案件提交其主管当局以便起诉。该当局应按照本国法律，以对待任何严重性质的普通罪行案件的同样方式作出决定。由此乙国并没有引渡的义务，但如果不引渡，必须在乙国境内进行审判，所以B错误，C正确。根据2002年7月1日开始生效的《罗马国际刑事法院规约》，国际刑事法院对犯有灭绝种族罪、危害人类罪、战争罪、侵略罪的个人进行起诉和审判。因此，国际刑事法院对劫机犯罪不具有管辖权。所以D错误。

**28. A**。《国际法院规约》第2条规定，法院以独立法官若干人组织之。此项法官应不论国籍，就品格高尚并在各本国具有最高司法职位之任命资格或公认为国际法之法学家中选举之。联合国常任理事国对其选举不具有否决权。所以A正确。《国际法院规约》第31条规定，（1）属于诉讼当事国国籍之法官，于法院受理该诉讼案件时，保有其参与之权。（2）法院受理案件，如法官中有属于一造当事国之国籍者，任何他造当事国得选派人为法官，参与该案。此项人员尤以就第4条及第5条规定所提之候选人中选充为宜。（3）法院受理案件，如当事国均无本国国籍法官时，各当事国均得依本条第二项之规定选派法官一人。国际法院法官对涉及其国籍国的案件，不适用回避制度。根据规约第17条规定，法官曾以当事国一造之代理人、律师、或辅佐人、或以国内法院或国际法院或调查委员会委员、或以其他资格参加任何案件者，不得参与该案件之裁决。所以，在其就任法官前曾参与的案件，不得担任法官裁决。所以B错误。国际法院的判决对案件当事国具有法律拘束力，但并不构成国际法的渊源。《国际法院规约》第38条规定，法院对于陈诉各项争端，应依国际法裁判之，裁判时应适用：（1）不论普通或特别国际协约，确立当事国明白承认之规条者。（2）国际习惯，作为通例之证明而经接受为法律者。（3）一般法律原则为文明各国所承认者。（4）在第59条规定之下，司法判例及各国权威最高之公法学家学说，作为确定法律原则之补助资料者。所以C错误。《国际法院规约》第65条规定，法院对于任何法律问题如经任何团体由联合国宪章授权而请求或依照联合国宪章而请求时，得发表咨询意见。凡向法院请求咨询意见之问题，应以声请书送交法院。此项声请书对于咨询意见之问题，应有确切之叙述，并应附送足以释明该问题之一切文件。国际法院应联合国大会、安理会和经大会授权的联合国其他机构与各种专门机构的请求，就他们提出的法律问题发表咨询意见。但这种咨询意见并不具有法律效力，仅在道义和舆论上有着相当重要的影响，并且对有关国际争端的解决也产生过决定性的作用。所以D错误。

**29. C**。《涉外民事关系法律适用法解释（一）》第8条规定，有下列情形之一，涉及中华人民共和国社会公共利益、当事人不能通过约定排除适用、无需通过冲突规范指引而直接适用于涉外民事关系的法律、行政法规的规定，人民法院应当认定为《涉外民事关系法律适用法》第4条规定的强制性规定：（1）涉及劳动者权益保护的；（2）涉及食品或公共卫生安全的；（3）涉及环境安全的；（4）涉及外汇管制等金融安全的；（5）涉及反垄断、反倾销的；（6）应当认定为强制性规定的其他情形。所以AB正确。应直接适用的法律，可能是反垄断法、价格法、消费者权益保护法等，不限于民事性质的实体法。所以C错误。法院在确定应当直接适用的中国法律时，不需要再通过冲突规范指引。所以D正确。

**30. B**。《涉外民事关系法律适用法》第10条规定，涉外民事关系适用的外国法律，由人民法院、仲裁机构或者行政机关查明。当事人选择适用外国法律的，应当提供该国法律。不能查明外国法律或者该国法律没有规定的，适用中华人民共和国法律。所以A错误，行政机关有查明外国法的义务。D错误，不能查明的，适用中华人民共和国法律。《涉外民事关系法律适用法解释（一）》第16条规定，人民法院应当听取各方当事人对应当适用的外国法律的内容及其理解与适用的意见，当事人对该外国法律的内容及其理解与适用均无异议的，人民法院可以予以确认；当事人有异议的，由人民法院审查认定。所以B正确。《涉外民事关系法律适用法解释（一）》第15条规定，人民法院通过由当事人提供、已对中华人民共和国生效的国际条约规定的途径、中外法律专家提供等合理途径仍不能获得外国法律的，可以认定为不能查明外国法律。根据《涉外民事关系法律适用法》第10条第1款规定，当事人应当提供外国法律，其在人民法院指定的合理期限内无正当理由未提供该外国法律的，可以认定为不能查明外国法律。据此，无法通过中外法律专家提供的方式获得外国法律的，还可以通过对中华人民共和国生效的国际条约规定的其他合理途径获得外国法，法院不能轻易认定为不能查明。所以 C 错误。

**31. D**。《涉外民事关系法律适用法解释（一）》第13条规定，自然人在涉外民事关系产生或者变更、终止时已经连续居住一年以上且作为其生活中心的地方，人民法院可以认定为《涉外民事关系法律适用法》规定的自然人的经常居所地，但就医、劳务派遣、公务等情形除外。由于张某是被劳务派遣至马来西亚的，所以马来西亚不是他的经常居住地，所以 A 错误。张某受雇于香港某公司也是劳务关系，所以香港也不是他的经常居住地。所以 B 错误。他去北京是因为就医，所以也不是经常居住地，所以 C 错误。张某在深圳一直居住，生活中心也在那里，所以深圳是张某的经常居住地，D 正确。

**32. B**。《承认及执行外国仲裁裁决公约》第5条规定："一、裁决唯有于受裁决援用之一造向声请承认及执行地之主管机关提具证据证明有下列情形之一时，始得依该造之请求，拒予承认及执行：（甲）第二条所称协定之当事人依对其适用之法律有某种无行为能力情形者，或该项协定依当事人作为协定准据之法律系属无效，或未指明以何法律为准时，依裁决地所在国法律系属无效者；（乙）受裁决援用之一造未接获关于指派仲裁员或仲裁程序之适当通知，或因他故，致未能申辩者；（丙）裁决所处理之争议非为交付仲裁之标的或不在其条款之列，或裁决载有关于交付仲裁范围以外事项之决定者，但交付仲裁事项之决定可与未交付仲裁之事项划分时，裁决中关于交付仲裁事项之决定部分得予承认及执行；（丁）仲裁机关之组成或仲裁程序与各造间之协议不符，或无协议而与仲裁地所在国法律不符者；（戊）裁决对各造尚无拘束力，或业经裁决地所在国或裁决所依据法律之国家之主管机关撤销或停止执行者。二、倘声请承认及执行地所在国之主管机关认定有下列情形之一，亦得拒不承认及执行仲裁裁决：（甲）依该国法律，争议事项系不能以仲裁解决者；（乙）承认或执行裁决有违该国公共政策者。"第6条规定："倘裁决业经向第五条第一项（戊）款所称之主管机关声请撤销或停止执行，受理援引裁决案件之机关得于其认为适当时延缓关于执行裁决之决定，并得依请求执行一造之声请，命他造提供妥适之担保。"所以，法院是依照当事人的请求审查该仲裁过程中是否存在仲裁程序与仲裁协议不符的情况，A 错误。

《承认及执行外国仲裁裁决公约》第5条规定的拒绝承认与执行外国仲裁裁决的理由是穷尽性的。所以 B 正确。

如该裁决涉及仲裁协议所没有提到的，或者不包括仲裁协议规定之内的争执；或者裁决内含有对仲裁协议范围以外事项的决定；但是，对于仲裁协议范围以内的事项的决定，如果可以和对于仲裁协议范围以外的事项的决定分开，那么，这一部分的决定仍然可予以承认和执行，所以不是所有裁决内含有对仲裁协议范围以外事项的决定，法院都要拒绝承认执行该裁决，C 错误。

《仲裁法》第3条规定："下列纠纷不能仲裁：(一）婚姻、收养、监护、扶养、继承纠纷；(二）依法应当由行政机关处理的行政争议。"侵权性质的争议，依照我国法律规定，也可以以仲裁方式解决，所以我国法院不能拒绝承认执行该裁决。所以 D 错误。

**33. D**。《民事诉讼法》第283条规定："人民法院对在中华人民共和国领域内没有住所的当事人送达诉讼文书，可以采用下列方式：（一）依照受送达人所在国与中华人民共和国缔结或者共同参加的国际条约中规定的方式送达；（二）通过外交途径送达；（三）对具有中华人民共和国国籍的受送达人，可以委托中华人民共和国驻受送达人所在国的使领馆代为送达；（四）向受送达人在本案中委托的诉讼代理人送达；（五）向受送达人在中华人民共和国领域内设立的独资企业、代表机构、分支机构或者有权接受送达的业务代办人送达；（六）受送达人为外国人、无国籍人，其在中华人民共和国领域内设立的法人或者其他组织担任法定代表人或者主要负责人，且与该法人或者其他组织为共同被告的，向该法人或者其他组织送达；（七）受送达人为外国法人或者其他组织，其法定代表人或者主要负责人在中华人民共和国领域内的，向其法定代表人或者主要负责人送达；（八）受送达人所在国的法律允许邮寄送达的，可以邮寄送达，自邮寄之日起满三个月，送达回证没有退回，但根据各种情况足以认定已经送达的，期间届满之日视为送达；（九）采用能够确认受送达人收悉的电子方式送达，但是受送达人所在国法律禁止的除外；（十）以受送达人同意的其他方式送达，但是受送达人所在国法律禁止的除外。不能用上述方式送达的，公告送达，自发出公告之日起，经过六十日，即视为送达。"A 错误，因为这些域外送达方式没有先后的次序之分。B 错误，可以采用邮寄送达的方式。C 错误，被告是外国某公司，不是具有中国国籍的受送达人，所以不能委托中国驻受送达人所在国的使领馆代为送达。D 正确，可以通过电子邮件方式向被告送达。

**34. C**。FOB 术语中，卖方承担的基本义务是在合同规定的装运港和规定的期限内，将货物装上买方指派的船只，并及时通知买方。货物装上船后，风险即由卖方转移至买方。买方要负责租船订舱，支付运费，并将船期、船名及时通知卖方。货物在装上船后的其他责任、费用也都由买方负担，包括取得进口许可证或其他官方证件，以及办理货物入境手续和费用。甲公司作为卖方，不需要支付运费。所以 A 错误。

2010 年《国际贸易术语解释通则》的 FOB 术语要求卖方将货物装到船上，增加了卖方装运港义务，风险也在货物装船后转移。所以 B 错误。

《联合国国际货物销售合同公约》第 35 条规定，(1) 卖方交付的货物必须与合同所规定的数量、质量和规格相符，并须按照合同所规定的方式装箱或包装。(2) 除双方当事人业已另有协议外，货物除非符合以下规定，否则即为与合同不符：(a) 货物适用于同一规格货物通常使用的目的；(b) 货物适用于订立合同时曾明示或默示地通知卖方的任何特定目的，除非情况表明买方并不依赖卖方的技能和判断力，或者这种依赖对他是不合理的；(c) 货物的质量与卖方向买方提供的货物样品或样式相同；(d) 货物按照同类货物通用的方式装箱或包装，如果没有此种通用方式，则按照足以保全和保护货物的方式装箱或包装。(3) 如果买方在订立合同时知道或者不可能不知道货物不符合同，卖方就无须按上一款 (a) 项至 (d) 项负有此种不符合同的责任。所以，如该批设备因未按照同类货物通用方式包装造成损失，应由甲公司承担责任，C 正确。

《联合国国际货物销售合同公约》第 41 条规定，卖方所交付的货物，必须是第三方不能提出任何权利或要求的货物，除非买方同意在这种权利或要求的条件下，收取货物。但是，如果这种权利或要求是以工业产权或其他知识产权为基础的，卖方的义务应依照第 42 条的规定。第 42 条规定，(1) 卖方所交付的货物，必须是第三方不能根据工业产权或其它知识产权主张任何权利或要求的货物，但以卖方在订立合同时已知道或不可能不知道的权利或要求为限，而且这种权利或要求根据以下国家的法律规定是以工业产权或其它知识产权为基础的：(a) 如果双方当事人在订立合同时预期货物将在某一国境内转售或做其他使用，则根据货物将在其境内转售或做其它使用的国家的法律；或者 (b) 在任何其他情况下，根据买方营业地所在国家的法律。(2) 卖方在上一款中的义务不适用于以下情况：(a) 买方在订立合同时已知道或不可能不知道此项权利或要求；或者 (b) 此项权利或要求的发生，是由于卖方要遵照买方所提供的技术图样、图案、程式或其他规格。所以，如该批设备侵犯了第三方在中国的专利权，甲公司也要对乙公司承担责任，D 错误。

**35. A**。《保护工业产权巴黎公约》规定，凡在一个缔约国申请注册的商标，可以享受自初次申请之日起为期 6 个月的优先权，即在这 6 个月的优先权期限内，如申请人再向其他成员国提出同样的申请，其后来申请的日期可视同首次申请的日期。优先权的作用在于保护首次申请人，使他在向其他成员国提出同样的注册申请时，不致由于两次申请日期的差异而被第三者钻空子抢先申请注册。发明、实用新型和工业品外观设计的专利申请人从首次向成员国之一提出申请之日起，可以在一定期限内（发明和实用新型为 12 个月，工业品外观设计为 6 个月）以同一发明向其他成员国提出申请，而以第一次申请的日期为以后提出申请的日期。其条件是，申请人必须在成员国之一完成了第一次合格的申请，而且第一次申请的内容与日后向其他成员国所提出的专利申请的内容必须完全相同。所以，张某提出优先权申请并加以证明，其在甲国的申请日至少可以提前至 2011 年 4 月 15 日，A 正确。

《专利法》第 24 条规定："申请专利的发明创造在申请日以前六个月内，有下列情形之一的，不丧失新颖性：（一）在国家出现紧急状态或者非常情况时，为公共利益目的首次公开的；（二）在中国政府主办或者承认的国际展览会上首次展出的；（三）在规定的学术会议或者技术会议上首次发表的；（四）他人未经申请人同意而泄露其内容的。"所以，张某在广交会上的展示，可能会因为甲国和《巴黎公约》其他成员国对申请专利新颖性的要求不同，而受到影响。故 B 错误。

即使甲国也是《巴黎公约》成员国，但专利的申请与批准还是各国主权内部事项，中国批准，不代表甲国一定会批准。所以 C 错误。

对外国人的专利申请，通常要由本国的专利代理人进行，所以 D 错误。

**36. D**。《服务贸易总协定》第 1 条规定，协定适用于各成员影响服务贸易的措施，包括：(a) 从一成员领土向任何其他成员领土提供服务；(b) 在一成员领土内向任何其他成员的服务消费者提供服务；(c) 一成员的服务提供者在任何其他成员领土内的商业存在提供服务；(d) 一成员的服务提供者在任何其他成员领土内的自然的存在提供服务。其中"服务"包括任何部门的任何服务，但在行使政府权限时提供的服务除外。所以 A 错误。

境外消费是指服务的提供者在一成员的领土内向来自另一成员的消费者提供服务。这种服务提供方式的主要特点是，消费者到境外去享用境外服务提供者提供的服务。所以，中国公民接受国外某银行在中国分支机构的服务不属于协定中的境外消费，B 错误。

《服务贸易总协定》第 2 条规定，最惠国待遇是指，关于本协定涵盖的任何措施，每一成员对于任何其他成员的服务和服务提供者，应立即和无条件地给予不低于其给予任何其他国家同类服务和服务提供者的待遇。所以，无论是服务产品还是服务提供者，都享有最惠国待遇，所以C错误。

《服务贸易总协定》第17条规定，国民待遇是指，对于列入减让表的部门，在遵守其中所列任何条件和资格的前提下，每一成员在影响服务提供的所有措施方面给予任何其他成员的服务和服务提供者的待遇，不得低于其给予本国同类服务和服务提供者的待遇。此外，本协定的规定不得解释为阻止任何成员赋予或给予其毗邻国家优惠，以便利毗邻的边境地区进行当地生产和消费的服务的交换。故D正确。

**37. C**。WTO争端解决机制鼓励争议双方采取友好协商的办法解决问题。争端解决机制存在的目的不是争司法管辖权或推动法学的发展进步，而是切实解决纠纷。每个成员国保证对另一成员国提出的问题给予考虑，并提供充分的磋商机会。对于成员之间的问题，鼓励寻求与WTO规定相一致的、各方都接受的解决办法。《关于争端解决规则与程序的谅解》（DSU）规定，争端当事方的双边磋商是WTO争端解决的第一步，也是必经的一步。即使是争端进入专家组程序后，双方仍然可以通过双边磋商达成相互满意的解决方案。只有在当事双方磋商无法解决争端的情况下才作出裁决。故A正确。

DSU第17条规定，DSB（争端解决机构）应设立一个受理上诉的常设机构，处理争端当事方对专家小组决定不服提出的上诉请求。B正确。

在败诉方（被诉方）应该履行专家小组和上诉机构的建议和裁决的合理期限之后的20天内，仍然未达成令人满意的补偿办法，申诉方可以请求争端解决机制授权其中止适用对有关成员方进行的减让或其他义务。故C错误，不是自行采取，而是要经过请求授权采取中止减让或中止其他义务的措施。

在中止减让或其他义务时，世贸组织规定了所谓的“交叉报复”机制，即起诉方应该首先设法中止已经由专家小组和上诉机构确认存在违规、利益丧失与损害的相同部门的减让或其他义务；如果该当事方认为中止相同部门的减让或其他义务不可行或者无效，则可寻求中止对同一协定项下其他部门的减让或其他义务；如果该当事方认为中止同一协议下其他部门的减让或其他义务仍然不可行或者无效，而且情况十分严重，则他可以设法中止另一有关协议项下的减让或其他各项义务。但申诉方在实施报复时，中止减让或中止其他义务的程度和范围应与其所受到损害相等。故D正确。

**38. D**。《保障措施条例》第2条规定，进口产品数量增加，并对生产同类产品或者直接竞争产品的国内产业造成严重损害或者严重损害威胁的，依照本条例的规定进行调查，采取保障措施。故A正确。

《保障措施条例》第7条规定，进口产品数量增加，是指进口产品数量的绝对增加或者与国内生产相比的相对增加。故B正确。

《保障措施条例》第25条规定，终裁决定确定不采取保障措施的，已征收的临时关税应当予以退还。故C正确。

《保障措施条例》第22条规定，保障措施应当针对正在进口的产品实施，不区分产品来源国（地区）。故D错误。

**39. B**。互相尊重、相互配合作为法律职业道德的基本原则，强调法律职业人员在人格和依法履行职责上是平等的，因而不存在法官的“领导地位”的说法，故B错误。

**【陷阱提示】** 对于判断选项之陈述是否正确的考题，出题人总喜欢用“半句对”来误导考生。考生不仅要对选项之中的前提和结论进行整体的逻辑推理判断，还需要单独对选项陈述中的前提和结论的正确性分别进行判断，以避免被误导。

**40. C**。《法官法》第23条规定，法官之间有夫妻关系、直系血亲关系、三代以内旁系血亲以及近姻亲关系的，不得同时担任下列职务：（1）同一人民法院的院长、副院长、审判委员会委员、庭长、副庭长；（2）同一人民法院的院长、副院长和审判员；（3）同一审判庭的庭长、副庭长、审判员；（4）上下相邻两级人民法院的院长、副院长。A中省高院与县法院（基层法院）不属于上下相邻两级人民法院的院长、副院长，故A错误。《法官法》第13条规定，下列人员不得担任法官：（1）因犯罪受过刑事处罚的；（2）被开除公职的；（3）被吊销律师、公证员执业证书或者被仲裁委员会除名的；（4）有法律规定的其他情形的。故B错误。《法官法》第45条第1款第2项规定，法官总结审判实践经验成果突出，对审判工作有指导作用的，应当给予奖励。故C正确。送达是法院依法定方式，将诉讼文书或法律文书送交给当事人或者其他诉讼参加人的一种法律行为。裁判文书一经法院送达，便产生相应的法律效果，对法院和当事人都具有法律约束力，随意收回不利于维护裁判文书的严肃性。故D错误。

**41. C**。根据《律师法》《律师执业行为规范（试行）》的规定，A不属于禁止建立或维持委托关系的情形。《律师执业行为规范（试行）》第52条规定，有下列情形之一的，律师应当告知委托人并主动提出回避，但委托人同意其代理或者继续承办的除外：（1）接受民事诉讼、仲裁案件一方当事人的委托，而同所的其他律师是该案件中对方当事人的近亲属的；（2）担任刑事案件犯罪嫌疑人、被告人的辩护人，而同所的其他律师是该案件被害人的近亲属的；（3）同一律师事务所接受正在代理的诉讼案件或者非诉讼业务当事人的对方当事人所委托的其他法律业务的；（4）律师事务所与委托人存在法律服务关系，在某一诉讼或仲裁案件中该委托人未要求该律师事务所律师担任其代理人，而该律师事务所律师担任该委托人对方当事人的代理人的；（5）在委托关系终止后1年内，律师又就同一法律事务接受与原委托人有利害关系的对方当事人的委托的；（6）其他与本条第1至第5项情况相似，且依据律师执业经验和行业常识能够判断的其他情形。故BD的情况是允许的。《律师执业行为规范（试行）》第51条规定，有下列情形之一的，律师及律师事务所不得与当事人建立或维持委托关系：（1）律师在同一案件中为双方当事人担任代理人，或代理与本人或者其近亲属有利益冲突的法律事务的；（2）律师办理诉讼或者非诉讼业务，其近亲属是对方当事人的法定代表人或者代理人的；（3）曾经亲自处理或者审理过某一事项或者案件的行政机关工作人员、审判人员、检察人员、仲裁员，成为律师后又办理该事项或者案件的；（4）同一律师事务所的不同律师同时担任同一刑事案件的被害人的代理人和犯罪嫌疑人、被告人的辩护人，但在该县区域内只有一家律师事务所且事先征得当事人同意的除外；（5）在民事诉讼、行政诉讼、仲裁案件中，同一律师事务所的不同律师同时担任争议双方当事人的代理人，或者本所或其工作人员为一方当事人，本所其他律师担任对方当事人的代理人的；（6）在非诉讼业务中，除各方当事人共同委托外，同一律师事务所的律师同时担任彼此有利害关系的各方当事人的代理人的；（7）在委托关系终止后，同一律师事务所或同一律师在同一案件后续审理或者处理中又接受对方当事人委托的；（8）其他与本条第1至第7项情形相似，且依据律师执业经验和行业常识能够判断为应当主动回避且不得办理的利益冲突情形。C则违反了上述“不得双方代理”的规定。

**42. B**。《人民陪审员法》第9条规定，司法行政机关会同基层人民法院、公安机关，从辖区内的常住居民名单中随机抽选拟任命人民陪审员数五倍以上的人员作为人民陪审员候选人，对人民陪审员候选人进行资格审查，征求候选人意见。据此，人民陪审员需依法产生，故A错误。《人民检察院办案活动接受人民监督员监督的规定》第5条规定，人民监督员的选任和培训、考核等管理工作，依照相关规定由司法行政机关负责，人民检察院予以配合协助。据此，盘叔只要符合人民监督员的条件，就可以被聘为检察监督员。故B正确。盘叔可以依法代理案件，C错误。《公证法》第18条规定：“担任公证员，应当具备下列条件：（一）具有中华人民共和国国籍；（二）年龄二十五周岁以上六十五周岁以下；（三）公道正派，遵纪守法，品行良好；（四）通过国家统一法律职业资格考试取得法律职业资格；（五）在公证机构实习二年以上或者具有三年以上其他法律职业经历并在公证机构实习一年以上，经考核合格。”盘叔要担任公证员需要全部具备以上条件，而不仅是“考核合格”，D错误。

**43. C**。《关于刑事诉讼法律援助工作的规定》第2条第2款规定，具有下列情形之一，犯罪嫌疑人、被告人没有委托辩护人的，可以依照前款规定申请法律援助：……（2）共同犯罪案件中，其他犯罪嫌疑人、被告人已委托辩护人的……故A正确。《法律援助条例》第27条规定，律师事务所拒绝法律援助机构的指派，不安排本所律师办理法律援助案件的，由司法行政部门给予警告、责令改正；情节严重的，给予1个月以上3个月以下停业整顿的处罚。《法律援助法》第62条规定，律师事务所、基层法律服务所有下列情形之一的，由司法行政部门依法给予处罚：……（2）接受指派后，不及时安排本所律师、基层法律服务工作者办理法律援助事项或者拒绝为本所律师、基层法律服务工作者办理法律援助事项提供支持和保障……故B正确。《关于刑事诉讼法律援助工作的规定》第16条规定，人民检察院审查批准逮捕时，认为犯罪嫌疑人具有应当通知辩护的情形，公安机关未通知法律援助机构指派律师的，应当通知公安机关予以纠正，公安机关应当将纠正情况通知人民检察院。故D正确。我国法律援助是“无偿”的，不存在“缓交费”或“减费”形式的有偿服务，故C说法不成立，当选。

**44. ACD**。A正确，法律强调权力的合法性，既可以通过增加权力的合法性从而强化权力，也可以通过权限、程序和责任的制约（同样是对合法性的强调）弱化权力。B不合题意，题中没有“不限制私权”的论述，与我们的常识也不合。CD正确。

**45. ABCD**。苏格拉底服从不公正的判决，其理由在于该判决虽然不公，但也是法律的判决，应当服从，不能以错还错，以毁坏法律的方式（逃亡）对抗这种不公。这表明其坚持的是“恶法亦法”。故C正确。而他的朋友认为既然判决不公，就不应当服从，而应选择“逃亡”以免受不公，这表明他对正义的理解是“恶法非法”。故D正确。A易知正确。B存有争议。单从B表述来看，不能算错，但是与题意不完全吻合。如前所述，苏格拉底服从判决表明其主张不能以错还错，而应服从法律，哪怕服从的是不公的法律。“探究真理的权利”的说法有点牵强。

**46. CD**。显然，五人之间存在激烈的利益上的冲突，为了保全自己必须牺牲另外一个人，故C错误。不同法学派对该案可能作出不一样的判决，如有的法学派认为，谨遵法律条文，故意杀人者死，应判有罪；有的认为，道德而言应无罪，法律而言有罪，司法机关应当将法律与道德区别开来，不能寻求法律之外的正义，应判有罪；边沁的功利主义主张，一命换多命值得，为了救多人牺牲一人值得，应判无罪；

有的则认为，司法部门应考虑民意，依据常识判案，无罪。可见，此案的判决不存在“唯一正确的答案”。故 D 错误。AB 正确。

**47. ABD**。A 正确，该条款内容具体明确，属于确定性规则；规定了人们的法律义务，包括积极义务（命令性规则，“应当关心老年人的精神需求”）和消极义务（禁止性规则，“不得忽视、冷落老年人”），属于义务性规则。而该义务性规则又是使用“规范语句”来表述的，“应当”“不得”均为命令句。故 B 正确。C 错误，该条款未涉及法律后果，只有行为模式。涉及的行为模式包括“应为模式”（“应当关心老年人的精神需求”）和“勿为模式”（“不得忽视、冷落老年人”），故 D 正确。

**48. ABC**。规范都具有保证自己实现的力量。法是以国家强制力为后盾，通过法律程序保证实现的社会规范。因此，法律强制是一种国家强制，法的国家性（正式性）反映了法的强制性特征，是法的本质的表现。而法的程序性是法区别于其他社会规范的重要特征。故 ABC 正确，D 错误。

**49. ABCD**。A 解释了“移乡避仇”的含义，BCD 表述均正确。

**50. ABD**。C 表述不完全准确，如犯罪人主观动机符合儒家“忠”“孝”精神，即使行为构成社会危害，也可以减免刑事处罚（“本直者其论轻”），但并非绝对“不给予刑事处罚”。

**51. AB**。《选举法》第 55 条规定，乡级的人民代表大会代表可以向本级人民代表大会书面提出辞职。乡级的人民代表大会接受辞职，须经人民代表大会过半数的代表通过。所以，A 正确。《选举法》第 50 条第 1 款规定，对于县级的人民代表大会代表，原选区选民 50 人以上联名，对于乡级的人民代表大会代表，原选区选民 30 人以上联名，可以向县级的人民代表大会常务委员会书面提出罢免要求。《选举法》第 53 条第 1 款规定，罢免县级和乡级的人民代表大会代表，须经原选区过半数的选民通过。故 B 正确；C 错误，罢免县级人民代表大会代表，须经原选区过半数的选民通过即可，而非 2/3 以上的选民通过。《选举法》第 57 条规定，代表在任期内，因故出缺，由原选区或者原选举单位补选。补选出缺的代表时，代表候选人的名额可以多于应选代表的名额，也可以同应选代表的名额相等。故 D 错误。

**52. ACD**。《香港特别行政区基本法》第 154 条和《澳门特别行政区基本法》第 139 条规定，对世界各国或各地区的人入境、逗留和离境，特别行政区政府可实行出入境管制。这事实上是特别行政区行使的管理职权的具体体现，所以 A 正确。

《香港特别行政区基本法》第 48 条规定的香港特别行政区行政长官行使的职权，包括了“依照法定程序任免各级法院法官”的权力，但需要特别注意的是，我国香港的司法体制中并不存在检察院，所以 B 错误。

《香港特别行政区基本法》第 79 条规定了香港特别行政区立法会议员丧失资格的情况，其中包括了“行为不检或违反誓言而经立法会出席会议的议员三分之二通过谴责”，此时由立法会主席宣告其丧失立法会议员的资格。故 C 正确。

《香港特别行政区基本法》第 158 条和《澳门特别行政区基本法》第 143 条规定，基本法的解释权属于全国人民代表大会常务委员会。所以，D 正确。

**【陷阱提示】**本题的陷阱在于对香港司法体制和澳门司法体制的比较考察：在香港，司法机关仅是指特别行政区各级法院，具体包括了终审法院、高等法院、区域法院、裁判署法庭和其他专门法庭，香港并没有“检察院”的机构设置；而在澳门，司法机关既包括了法院，也有检察院，法院独立进行审判，包括了初级法院、中级法院和终审法院，检察院独立行使法律赋予的检察职能。

**53. ACD**。中国人民政治协商会议是中国爱国统一战线的组织形式，是实现中国共产党领导的多党合作和政治协商制度的重要机构。它既不是国家机关，又不是一般的社会团体。因此 A 正确，B 错误，中国人民政治协商会议不是国家机关，其行使政治协商的职能不能代替国家权力机关和行政机关的决策和管理国家事务，而是参与和介入国家事务；C 正确，《宪法》序言中规定，中国共产党领导的多党合作和政治协商制度将长期存在和发展；D 正确，《宪法》序言中规定，在长期的革命、建设、改革过程中，已经结成由中国共产党领导的，有各民主党派和各人民团体参加的，包括全体社会主义劳动者、社会主义事业的建设者、拥护社会主义的爱国者、拥护祖国统一和致力于中华民族伟大复兴的爱国者的广泛的爱国统一战线，这个统一战线将继续巩固和发展。

**54. AD**。A 正确。特别行政区的自治权主要指行政管理权、立法权、独立的司法权和终审权。B 错误。民族自治机关是指在我国少数民族自治地方设立的行使同级相应地方国家机关职权并同时行使自治权的国家机关，是我国的一级地方国家机关，包括自治区、自治州、自治县的人民代表大会和人民政府，不仅仅包括司法机关，因此民族自治地方的司法机关（包括了法院和检察院）并不行使自治权。《宪法》第 112 条规定，民族自治地方包括了自治区、自治州、自治县三种，并不包括民族乡。因此，民族乡并不具有“自治权”，但是在某些方面具有一些“自主权”，即在法律地位方面，宪法和法律赋予民族乡以特殊的权利。如《宪法》第 99 条第 3 款规定：“民族乡的人民代表大会可以依照法律规定的权限采取适合民族特点的具体措施。”所以 C 错误。D 正确。《宪法》第 111 条规定，城市和农村按居民居住地区设立的居民委员会或者村民委员会是基层群众性自治组织。

**55. ACD**。某县政府的规定并不是滥用行政权力限制市场竞争的行为，而是正常的对项目施工建设的管理要求，不是行政垄断行为。如果某县政府规定必须使用该地区某生产商的混凝土就属于行政垄断行为，故A错误。B正确，《反垄断法》第21条规定，行业协会不得组织本行业的经营者从事本章禁止的垄断行为。县建材协会组织协调县内6家生产企业达成协议划分销售区域的行为违反了《反垄断法》，故B正确。C错误，但所含知识点超纲，国家市场监督管理总局《禁止垄断协议暂行规定》第2条规定："国家市场监督管理总局（以下简称市场监管总局）负责垄断协议的反垄断执法工作。市场监管总局根据反垄断法第十条第二款规定，授权各省、自治区、直辖市市场监督管理部门（以下简称省级市场监管部门）负责本行政区域内垄断协议的反垄断执法工作。本规定所称反垄断执法机构包括市场监管总局和省级市场监管部门。"也就是说，查处垄断协议至少要省一级的市场监督管理局。D错误，《反垄断法》第53条规定，对反垄断执法机构调查的涉嫌垄断行为，被调查的经营者承诺在反垄断执法机构认可的期限内采取具体措施消除该行为后果的，反垄断执法机构可以决定中止调查。中止调查的决定应当载明被调查的经营者承诺的具体内容。反垄断执法机构决定中止调查的，应当对经营者履行承诺的情况进行监督。经营者履行承诺的，反垄断执法机构可以决定终止调查。故相应的承诺只能导致调查的"中止"，只有后续实际履行承诺后才会导致"终止"。

**56. BC**。《劳动合同法》第23条规定，用人单位与劳动者可以在劳动合同中约定保守用人单位的商业秘密和与知识产权相关的保密事项。对负有保密义务的劳动者，用人单位可以在劳动合同或者保密协议中与劳动者约定竞业限制条款，并约定在解除或者终止劳动合同后，在竞业限制期限内按月给予劳动者经济补偿。劳动者违反竞业限制约定的，应当按照约定向用人单位支付违约金。故单纯的保密义务本身并不需要支付保密费用，只有在约定了竞业限制的情况下才需要支付补偿，而竞业限制的义务只有在双方约定的情况下才存在。故A错误，B正确。C正确，江某违反保密协议披露的行为构成侵犯商业秘密。根据《反不正当竞争法》第9条的规定，就算乙厂没有采取利诱等手段从江某处获取保密技术，但它明知或者应知江某的披露行为是违法的，那么它还是获取、使用了该商业秘密的话，也视为侵犯商业秘密。故D错误。

**57. ABCD**。《产品质量法》第46条规定，本法所称缺陷，是指产品存在危及人身、他人财产安全的不合理的危险；产品有保障人体健康和人身、财产安全的国家标准、行业标准的，是指不符合该标准。题中的不合格产品一般是指不符合国家标准或行业标准，因而属于产品缺陷。《产品质量法》第42、43条规定，由于销售者的过错使产品存在缺陷，造成人身、他人财产损害的，销售者应当承担赔偿责任。销售者不能指明缺陷产品的生产者也不能指明缺陷产品的供货者的，销售者应当承担赔偿责任。因产品存在缺陷造成人身、他人财产损害的，受害人可以向产品的生产者要求赔偿，也可以向产品的销售者要求赔偿。属于产品的生产者的责任，产品的销售者赔偿的，产品的销售者有权向产品的生产者追偿。属于产品的销售者的责任，产品的生产者赔偿的，产品的生产者有权向产品的销售者追偿。本题属于产品缺陷责任，故孙某既可以向生产者也可以向销售者要求赔偿，故AB正确。由于缺陷不是超市造成的，故超市赔偿后可以向其供货者或直接向生产者索赔，CD正确。

**58. BCD**。《食品安全法》第2条第2款规定，供食用的源于农业的初级产品的质量安全管理，遵守《农产品质量安全法》的规定。但是，食用农产品的市场销售、有关质量安全标准的制定、有关安全信息的公布和本法对农业投入品作出规定的，应当遵守本法的规定。大米属于供食用的源于农业的初级产品，故A错误，B正确。《食品安全法》第110条规定，县级以上人民政府食品安全监督管理部门履行食品安全监督管理职责，有权采取下列措施，对生产经营者遵守本法的情况进行监督检查：进入生产经营场所实施现场检查。故C正确。《食品安全法》第118条规定，国家建立统一的食品安全信息平台，实行食品安全信息统一公布制度。国家食品安全总体情况、食品安全风险警示信息、重大食品安全事故及其调查处理信息和国务院确定需要统一公布的其他信息由国务院食品安全监督管理部门统一公布。食品安全风险警示信息和重大食品安全事故及其调查处理信息的影响限于特定区域的，也可以由有关省、自治区、直辖市人民政府食品安全监督管理部门公布。未经授权不得发布上述信息。县级以上人民政府食品安全监督管理、农业行政部门依据各自职责公布食品安全日常监督管理信息。公布食品安全信息，应当做到准确、及时，并进行必要的解释说明，避免误导消费者和社会舆论。故D正确。

**59. AC**。《银行业监督管理法》第37条规定，银行业金融机构违反审慎经营规则的，国务院银行业监督管理机构或者其省一级派出机构应当责令限期改正；逾期未改正的，或者其行为严重危及该银行业金融机构的稳健运行、损害存款人和其他客户合法权益的，经国务院银行业监督管理机构或者其省一级派出机构负责人批准，可以区别情形，采取下列措施：（1）责令暂停部分业务、停止批准开办新业务；（2）限制分配红利和其他收入；(3) 限制资产转让；(4) 责令控股股东转让股权或者限制有关股东的权利；(5) 责令调整董事、高级管理人员或者限制其权利；(6) 停止批准增设分支机构。故AC为正确答案。

**60. ABCD**。根据《税收征收管理法》第50条，欠缴税款的纳税人因怠于行使到期债权，或者放弃到期债权，或者无偿转让财产，或者以明显不合理的低价转让财产而受让人知道该情形，对国家税收造成损害的，税务机关可以依照《合同法》第73条、第74条（现为《民法典》第535、538~540条）的规定行使代位权、撤销权。税务机关依照前款规定行使代位权、撤销权的，不免除欠缴税款的纳税人尚未履行的纳税义务和应承担的法律责任。只有在甲公司有怠于行使或放弃到期债权的行为，且对债权人（税务局）造成损害的情况下，才会构成代位权，故A说法不正确。根据《民法典》的规定，代位权需要通过法院诉讼的方式行使，故税务局不能直接向乙公司行使，更不能责令乙公司缴纳，故BCD错误。

**61. CD**。《劳动合同法》第66条规定，劳动合同用工是我国的企业基本用工形式。劳务派遣用工是补充形式，只能在临时性、辅助性或者替代性的工作岗位上实施。前款规定的临时性工作岗位是指存续时间不超过6个月的岗位；辅助性工作岗位是指为主营业务岗位提供服务的非主营业务岗位。显然梁某持续工作了1年半，而车间主任也绝不会是辅助性、临时性的工作岗位，故AB错误。《劳动争议调解仲裁法》第27条第4款规定，劳动关系存续期间因拖欠劳动报酬发生争议的，劳动者申请仲裁不受本条第1款规定的仲裁时效期间（1年）的限制；但是，劳动关系终止的，应当自劳动关系终止之日起1年内提出。故C正确。《劳动争议调解仲裁法》第22条第2款规定，劳务派遣单位或者用工单位与劳动者发生劳动争议的，劳务派遣单位和用工单位为共同当事人。故D正确。

**62. BD**。《城市房地产管理法》第32条规定，房地产转让、抵押时，房屋的所有权和该房屋占用范围内的土地使用权同时转让、抵押。故A错误。《城市房地产管理法》第42条规定，房地产转让时，土地使用权出让合同载明的权利、义务随之转移。故B正确。C错误，《城市房地产管理法》第44条规定，以出让方式取得土地使用权的，转让房地产后，受让人改变原土地使用权出让合同约定的土地用途的，必须取得原出让方和市、县人民政府城市规划行政主管部门的同意，签订土地使用权出让合同变更协议或者重新签订土地使用权出让合同，相应调整土地使用权出让金。D正确，《城市房地产管理法》第43、22条规定，以出让方式取得土地使用权的，转让房地产后，其土地使用权的使用年限为原土地使用权出让合同约定的使用年限减去原土地使用者已经使用年限后的剩余年限。土地使用权出让合同约定的使用年限届满，土地使用者需要继续使用土地的，应当至迟于届满前1年申请续期，除根据社会公共利益需要收回该幅土地的，应当予以批准。

**63. ABD**。根据《环境保护法》第64条规定，因污染环境和破坏生态造成损害的，应当依照《民法典》侵权责任编的有关规定承担侵权责任。《民法典》第1173条规定，被侵权人对同一损害的发生或者扩大有过错的，可以减轻侵权人的责任。《民法典》第180条第1款规定，因不可抗力不能履行民事义务的，不承担民事责任。法律另有规定的，依照其规定。排污不达标等违法行为并不是环境污染损害赔偿的构成要件，故A抗辩不成立；单纯的连降大雨，但没有配合采取合理措施，不能免责，故B抗辩不成立。C抗辩可以成立，因为证明了污染与损害后果没有因果关系，不属于“直接受到损害”。D抗辩不成立，只有受害人自我致害的行为才能作为抗辩理由。

**64. ACD**。《缔结条约程序法》第6条第2款规定，下列人员谈判、签署条约、协定，无须出具全权证书：(1) 国务院总理、外交部长；(2) 谈判、签署与驻在国缔结条约、协定的中华人民共和国驻该国使馆馆长，但是各方另有约定的除外；(3) 谈判、签署以本部门名义缔结协定的中华人民共和国政府部门首长，但是各方另有约定的除外；(4) 中华人民共和国派往国际会议或者派驻国际组织，并在该会议或者该组织内参加条约、协定谈判的代表，但是该会议另有约定或者该组织章程另有规定的除外。故A正确。

《维也纳条约法公约》第8条规定，未经授权所实施行为之事后确认。关于缔结条约之行为系依第7条不能视为经授权为此事代表一国之人员所实施者，非经该国事后确认，不发生法律效果。故B错误。

《缔结条约程序法》第7条规定，条约和重要协定的批准由全国人民代表大会常务委员会决定。条约和重要协定签署后，由外交部或者国务院有关部门会同外交部，报请国务院审核；由国务院提请全国人民代表大会常务委员会决定批准；中华人民共和国主席根据全国人民代表大会常务委员会的决定予以批准。双边条约和重要协定经批准后，由外交部办理与缔约另一方互换批准书的手续；多边条约和重要协定经批准后，由外交部办理向条约、协定的保存国或者国际组织交存批准书的手续。批准书由中华人民共和国主席签署，外交部长副署。故C正确。

《缔结条约程序法》第12条规定，接受多边条约和协定，由国务院决定。经中国代表签署的或者无须签署的载有接受条款的多边条约、协定，由外交部或者国务院有关部门会同外交部审查后，提出建议，报请国务院作出接受的决定。接受书由外交部长签署，具体手续由外交部办理。故D正确。

**65. ACD**。国际法基本原则是指被各国公认的、具有普遍意义的、适用于国际法一切效力范围的、构成国际法基础和核心并具有强行法性质的国际法原则。故A正确。

不得使用武力原则是指禁止侵略行为、禁止武力威胁和进行侵略战争宣传，但在自卫和联合国集体安全制度下的武力使用是允许的。故B错误。

民族自决原则，是在非殖民化运动中形成和发展起来的，只适用于殖民地、托管地、非自治领地，以及被其他民族和国家兼并而原本就是独立的民族和国家，也可以适用由于种种原因存有归属争议的领土。但不适用于历史遗留问题，也不适用于一国内部的民族问题和地区问题。民族自决权不包括分离权，更不等于分离权。国际法反对一切借口民族自决权而从事分裂国家统一的活动，因为分离与国际法所维护的国家主权和领土完整是根本冲突的。国际法也不支持把民族自决权解释为国内一个民族或一个部分对抗中央政府的权利。国际法和国际实践都表明，一国的一部分从该国分裂出去的所谓“分离权”在国际法上是根本不存在的。只要主权国家是国际法主要制定者的事实不改变，国际法将来也不会承认导致破坏国家领土完整和政治统一的分离权。故C正确。

和平解决国际争端原则是指国家之间在发生纠纷或争端时，应通过和平方法予以解决，任何使用或企图使用武力或武力威胁的办法来解决争端，都是违反国际法的。故D正确。

**66. ABD**。《出境入境管理法》第21条规定，外国人有下列情形之一的，不予签发签证：（1）被处驱逐出境或者被决定遣送出境，未满不准入境规定年限的；（2）患有严重精神障碍、传染性肺结核病或者有可能对公共卫生造成重大危害的其他传染病的；（3）可能危害中国国家安全和利益、破坏社会公共秩序或者从事其他违法犯罪活动的；（4）在申请签证过程中弄虚作假或者不能保障在中国境内期间所需费用的；（5）不能提交签证机关要求提交的相关材料的；（6）签证机关认为不宜签发签证的其他情形。对不予签发签证的，签证机关可以不说明理由。故A正确。

《出境入境管理法》第25条规定，外国人有下列情形之一的，不准入境：（1）未持有效出境入境证件或者拒绝、逃避接受边防检查的；（2）具有本法第21条第1款第1项至第4项规定情形的；（3）入境后可能从事与签证种类不符的活动的；（4）法律、行政法规规定不准入境的其他情形。对不准入境的，出入境边防检查机关可以不说明理由。故B正确。

《出境入境管理法》第39条规定，外国人在中国境内旅馆住宿的，旅馆应当按照旅馆业治安管理的有关规定为其办理住宿登记，并向所在地公安机关报送外国人住宿登记信息。外国人在旅馆以外的其他住所居住或者住宿的，应当在入住后24小时内由本人或者留宿人，向居住地的公安机关办理登记。故C错误。

《出境入境管理法》第28条规定，外国人有下列情形之一的，不准出境：（1）被判处刑罚尚未执行完毕或者属于刑事案件被告人、犯罪嫌疑人的，但是按照中国与外国签订的有关协议，移管被判刑人的除外；（2）有未了结的民事案件，人民法院决定不准出境的；（3）拖欠劳动者的劳动报酬，经国务院有关部门或者省、自治区、直辖市人民政府决定不准出境的；（4）法律、行政法规规定不准出境的其他情形。故D正确。

**67. BD**。《涉外民事关系法律适用法》第15条规定，人格权的内容，适用权利人经常居所地法律。人格权就是作为一个人不能被剥夺与生俱来的权利，我国《民法典》所规定的人格权包括：生命权，身体权，健康权，姓名权（名称权），肖像权，名誉权，荣誉权，隐私权等。中国人李某婚后定居北京，经常居住地还在北京，姓名权属于人格权，适用中国法，而不是甲国法。故A错误。

《涉外民事关系法律适用法》第23条规定，夫妻人身关系，适用共同经常居所地法律；没有共同经常居所地的，适用共同国籍国法律。婚后两人定居北京，是否应当同居的问题，适用共同经常居所地法——中国法。故B正确。

《涉外民事关系法律适用法》第24条规定，夫妻财产关系，当事人可以协议选择适用一方当事人经常居所地法律、国籍国法律或者主要财产所在地法律。当事人没有选择的，适用共同经常居所地法律；没有共同经常居所地的，适用共同国籍国法律。因此，应适用共同经常居所地法——中国法。故C错误。

婚姻存续期间双方取得的财产的处分问题，可以协议选择适用一方当事人经常居所地法律、国籍国法律或者主要财产所在地法律。所以D正确。

**68. ABC**。《民事诉讼法》第276条第1款规定，因涉外民事纠纷，对在中华人民共和国领域内没有住所的被告提起除身份关系以外的诉讼，如果合同签订地、合同履行地、诉讼标的物所在地、可供扣押财产所在地、侵权行为地、代表机构住所地位于中华人民共和国领域内的，可以由合同签订地、合同履行地、诉讼标的物所在地、可供扣押财产所在地、侵权行为地、代表机构住所地人民法院管辖。A正确。

《涉外民事关系法律适用法》第44条规定，侵权责任，适用侵权行为地法律，但当事人有共同经常居所地的，适用共同经常居所地法律。侵权行为发生后，当事人协议选择适用法律的，按照其协议。空难在乙国发生，乙国法院也可以行使管辖权。故B正确。

《民诉解释》第531条规定，中华人民共和国法院和外国法院都有管辖权的案件，一方当事人向外国法院起诉，而另一方当事人向中华人民共和国法院起诉的，人民法院可予受理。判决后，外国法院申请或者当事人请求人民法院承认和执行外国法院对本案作出的判决、裁定的，不予准许；但双方共同缔结或者参加的国际条约另有规定的除外。外国法院判决、裁定已经被人民法院承认，当事人就同一争议向人民法院起诉的，人民法院不予受理。故C正确。

损害赔偿数额，可以按照《涉外民事关系法律适用法》第44条规定，适用侵权行为地法律，但当事人有共同经常居所地的，适用共同经常居所地法律。侵权行为发生后，当事人协议选择适用的法律不限于受害人本国法。故D错误。

**69. CD。**《最高人民法院关于内地与澳门特别行政区法院就民商事案件相互委托送达司法文书和调取证据的安排》(以下简称《安排》）第2条规定，双方相互委托送达司法文书和调取证据，通过各高级人民法院和澳门特别行政区终审法院进行。最高人民法院与澳门特别行政区终审法院可以直接相互委托送达和调取证据。经与澳门特别行政区终审法院协商，最高人民法院可以授权部分中级人民法院、基层人民法院与澳门特别行政区终审法院相互委托送达和调取证据。故A错误、C正确。

《安排》第5条规定，委托书应当以中文文本提出。所附司法文书及其他相关文件没有中文文本的，应当提供中文译本。故B错误。

《安排》第20条规定，受委托方法院在执行委托调取证据时，根据委托方法院的请求，可以允许委托方法院派司法人员出席。必要时，经受委托方允许，委托方法院的司法人员可以向证人、鉴定人等发问。故D正确。

**70. ABC。**《关于解决国家和他国国民之间投资争端公约》第25条规定，中心的管辖适用于缔约国(或缔约国向中心指定的该国的任何组成部分或机构）和另一缔约国国民之间直接因投资而产生并经双方书面同意提交给中心的任何法律争端。当双方表示同意后，任何一方不得单方面撤销其同意。故A正确。

《多边投资担保机构公约》规定，机构的目标应该是鼓励在其会员国之间、尤其是向发展中国家会员国融通生产性投资，以补充国际复兴开发银行（以下简称银行)、国际金融公司和其他国际开发金融机构的活动。为达到这些目标，机构应：(1）在一会员国从其他会员国得到投资时，对投资的非商业性风险予以担保，包括再保和分保；（2）开展合适的辅助性活动，以促进向发展中国家会员国和在发展中国家会员国间的投资流动；并且（3）为推进其目标，行使其他必要和适宜的附带权力。所以，多边投资担保机构是针对发展中国家领土内的投资。B正确。

《与贸易有关的投资措施协定》第2条规定，成员不得实施与GATT第3条国民待遇或第11条数量限制的一般取消不一致的投资措施。为此，各成员专门就禁止的投资措施制定了一份“解释性清单”，表明了被禁止的投资措施的多种表现形式，这些措施可表现为法律和法规形式，也可表现为政府的行政指令或裁决，还可表现为某种优惠政策。其中，包括违反国民待遇规定的投资措施——“当地成分要求”或“国产化要求”，即要求企业，无论是本国投资企业，还是外商投资企业，在生产过程中必须购买或使用一定数量、金额或最低比例的当地产品。这种投资措施对贸易的扭曲作用主要是阻止或限制进口产品的使用。如规定购买与使用当地产品的数量或价值的比重等。故C正确。

《与贸易有关的投资措施协定》规定，属于禁止使用的投资措施主要有4项，即当地成分要求、贸易平衡要求、进口用汇限制和国内销售要求。但协议并未要求成员不得实施出口实绩、技术转让和外资比例等投资措施。故D错误。

**71. ACD。**指示提单，是指提单上收货人一栏内载明“凭指示”或“凭某人指示”字样的提单。前者称为不记名指示提单，承运人应按记名的指示人的指示交付货物；后者称为记名指示提单，承运人按托运人的指示交付货物。指示提单背书交付后产生两个效力，对内，除非另有约定，背书人（提单出让人）背书交付提单的行为是转让提单所证明的运输合同项下的权利义务（包括对承运人的提单项下货损索赔权）的初步证据；对外，承运人此后只需也只能向提单受让人履行提单项下的合同义务并承担义务不履行的责任包括货损赔偿责任，而不再向提单出让人履行义务或承担责任。如果同样持有正本提单，可以提货。故A正确。

指示提单中，承运人按照托运人的指示形式交货，不是按照托运人的要求交货，所以乙公司按照提单托运人的要求返还货物，需要承担责任。B错误。

《海商法》第51条规定：“在责任期间货物发生的灭失或者损坏是由于下列原因之一造成的，承运人不负赔偿责任：（一）船长、船员、引航员或者承运人的其他受雇人在驾驶船舶或者管理船舶中的过失；（二）火灾，但是由于承运人本人的过失所造成的除外；（三）天灾，海上或者其他可航水域的危险或者意外事故；（四）战争或者武装冲突；（五）政府或者主管部门的行为、检疫限制或者司法扣押；（六）罢工、停工或者劳动受到限制；（七）在海上救助或者企图救助人命或者财产；（八）托运人、货物所有人或者他们的代理人的行为；（九）货物的自然特性或者固有缺陷；（十）货物包装不良或者标志欠缺、不清；（十一）经谨慎处理仍未发现的船舶潜在缺陷；

（十二）非由于承运人或者承运人的受雇人、代理人的过失造成的其他原因……”所以，CD 正确。

**72. ABD**。平安险是指单独海损不负责赔偿。根据国际保险界对单独海损的解释，它是指保险标的物在海上运输途中遭受保险范围内的风险直接造成的船舶或货物的灭失或损害。平安险的承保责任范围是：（1）被保险货物在运输途中由于恶劣气候、雷电、海风、地震、洪水等自然灾害造成整批货物的全部损失或推定全损。（2）由于运输工具遭遇搁浅、触礁、沉没、互撞、与流水或其他物体碰撞以及失火、爆炸等意外事故造成的被保险货物的全部或部分损失。（3）运输工具已经发生搁浅、触礁、沉没、焚毁等意外事故的情况下，货物在此前后又在海上遭受恶劣气候、雷电、海风等自然灾害所造成的部分损失。（4）在装卸或转运时由于一件或数件整件货物落海造成的全部或部分损失。（5）被保险人对遭受承保责任内危险的货物采取抢救、防止或减少货损的措施而支付的合理费用，但以不超过该批货物的保险金额为限。（6）运输工具遭遇海难后，在避难港由于卸货所引起的损失，以及在中途港、避难港由于卸货、存仓以及运送货物所产生的特别费用。（7）共同海损的牺牲、分摊和救助费用。（8）运输合同订有船舶互撞责任条款，根据该条款规定，应由货方偿还船方的费用。所以，对装卸过程中的货物损失，保险人应承担赔偿责任，A 正确，C 错误。

不论是平安险、水渍险或一切险，对下列各项损失和费用，概不负赔偿责任：（1）被保险人的故意行为或过失所造成的损失；（2）属于发货人责任所引起的损失；（3）在保险责任开始前，被保险货物已存在的品质不良或数量减差所造成的损失；（4）被保险货物的自然损耗、本质缺陷、特性以及市价跌落、运输延迟所引起的损失或费用；（5）海洋运输货物战争险条款和罢工险条款规定的责任范围和除外责任。所以对船长驾船过失导致的货物损失，保险人应承担赔偿责任，B 正确。

《海牙规则》第 4 条第 2 款第 1 项规定，由于船长、船员、引航员或承运人的雇用人在航行或管理船舶中的行为、疏忽或不履行义务所引起的货物灭失或损坏，承运人可以免除赔偿责任。故 D 正确。

**73. ABCD**。“司法制度是社会公平正义的重要保障”，A 正确；B 说法符合司法功能的相关论述；C 说法符合司法效率与司法公正关系的论述；D 说法符合司法实现公平正义功能的论述。

**74. ACD**。《法官职业道德基本准则》第五章对“坚持司法为民”的要求，ACD 都是体现了“司法为民”的情况。B 是“确保司法廉洁”的体现。

**75. BC**。A 不属于《律师执业行为规范（试行）》第 51、52 条规定的回避事项。B 违反了检察官职业道德规范的要求；李律师当庭发微博的行为不符合法律职业规范，公诉人在法庭上没有训诫律师的权力，应当由法官来维持法庭秩序，故 C 违反了法律职业规范。《公证法》第 23 条第 3 项规定，公证员不得为本人及近亲属办理公证或者办理与本人及近亲属有利害关系的公证，因而 D 符合规定。

**76. ABD**。法律适用过程是一个法律证成的过程。法律证成可分为内部证成和外部证成，即法律决定必须按照一定的推理规则从相关前提中逻辑地推导出来，属于内部证成；对法律决定所依赖的前提的证成属于外部证成。前者关涉的只是从前提到结论之间推论是否是有效的，而推论的有效性或真值依赖于是否符合推理规则或规律。后者关涉的是对内部证成中所使用的前提本身的合理性，即对前提的证立。故 AB 正确，C 错误。在法律适用中，内部证成和外部证成是相互关联的。D 正确。

**【陷阱提示】**当我们讨论（法律）证成时，往往将（法律）证成定义为给一个（法律）决定提供充足理由的活动或过程。因此，A 容易给我们造成困惑，误以为这是（法律）证成的定义，而不能说是内部证成的含义。但是，当我们在区分内部证成和外部证成时，也常常表述为，内部证成是对法律决定的证成，即给一个法律决定提供充足理由；外部证成是对法律决定所依赖的前提的证成，即对前提的证成。因此，虽然法律证成与内部证成区别明显（两者属于种属关系），但两者具有内涵上的一致性，均是为法律决定提供充足理由。因此，A 当选。

**77. BD**。当代中国法的正式渊源是以宪法为核心的各种制定法，包括宪法、法律、行政法规、地方性法规、民族自治法规、经济特区的规范性文件、特别行政区的法律法规、规章、国际条约、国际惯例等。这里的“法律”是狭义的概念，仅指全国人大及其常委会制定的规范性文件。故 A 正确。B 错误，我国公布法律的报刊是全国人大常委会公报以及“在全国范围内发行的报纸”，在全国人大常委会公报上刊登的法律文本为标准文本。行政法规以国务院公报上刊登的文本为标准文本。地方性法规、自治条例和单行条例以本级常务委员会公报上刊登的文本为标准文本。规章以国务院公报或者部门公报和地方人民政府公报上刊登的文本为标准文本。C 正确，我国行政法规的名称，按照国务院发布的《行政法规制定程序条例》第 5 条规定为“条例”“规定”“办法”。我国的地方性法规，一般采用“条例”“规则”“规定”“办法”等名称。D 错误，并非所有法律案都交由全国人大常委会审议、表决和通过，比如宪法的修改、基本法律的表决和通过等须交全国人大审议、表决和通过。

**78. C**。实证主义法学认为，在法与道德之间，在法律命令什么与正义要求什么之间，在“实际上是怎样的法”与“应该是怎样的法”之间，不存在概念上的必然联系。与此相反，所有的非实证主义理论都主张，在定义法的概念时，道德因素被包括在内，即法与道德是相互联结的。故 A 正确。非实证主义法学以内容的正确性作为法的概念的一个必要的定义要素。这就意味着这类法的概念中不排除社会实效性要素和权威性制定要素。故 B 正确。据此，可以将非实证主义法学分为两类：以内容的正确性作为法的概念的唯一定义要素，以内容的正确性与权威性制定或社会实效性要素同时作为法的概念的定义要素。前者是以传统的自然法学为代表，后者的代表是超越自然法与法实证主义之争的所谓第三条道路的那些法学理论，例如阿列克西。故 C 错误。综上，D 正确。

**79. ACD**。A 正确，《宪法》中有关全国人大与全国人大常委会在立法权限上的分工是：全国人大制定和修改刑事、民事、国家机构的和其他的基本法律；全国人大常委会制定和修改除应当由全国人民代表大会制定的法律以外的其他法律。同时，《宪法》第 67 条规定，全国人大常委会的职权包括：在全国人民代表大会闭会期间，对全国人民代表大会制定的法律进行部分补充和修改，但是不得同该法律的基本原则相抵触。

B 错误。《宪法》第 80 条规定，全国人大通过的法律应由国家主席予以公布，而不是由全国人民代表大会主席团公布。

C 正确。《立法法》第 36 条第 2 款规定，宪法和法律委员会审议法律案时，应当邀请有关的专门委员会的成员列席会议，发表意见。所以，必须邀请有关的专门委员会的成员列席会议。

D 正确。《立法法》第 31 条第 1 款规定，列入常务委员会会议议程的法律案，除特殊情况外，应当在会议举行的 7 日前将法律草案发给常务委员会组成人员。

【陷阱提示】本题的陷阱在于对宪法修正案、法律、法律修改以及法律解释公布主体的对比辨析和掌握。(1)《宪法》第 80 条规定的国家主席的职权包括：根据全国人民代表大会的决定和全国人民代表大会常务委员会的决定，公布法律。所以，全国人大及其常委会制定的法律，均由国家主席予以公布。(2) 在我国，《宪法》并未明确规定宪法修正案的公布机关。但是，数次修宪过程中已经形成了公布修正案的宪法惯例，即由全国人大主席团公布宪法修正案。1982 年宪法的五次修正案都是历届全国人大主席团公布的。(3) 而对于法律的修改（包括了修订、修改决定和修正案三种形式），一般也是由国家主席进行公布。(4) 法律解释是由全国人大常委会予以公布，《立法法》第 52 条规定，法律解释草案表决稿由常务委员会全体组成人员的过半数通过，由常务委员会发布公告予以公布。

**80. BD**。A 的表述不准确，《宪法》第 62 条规定，全国人大的职权包括了修改宪法和监督宪法的实施。第 67 条规定，全国人大常委会的职权包括解释宪法，监督宪法的实施。所以，一般认为解释宪法是全国人大常委会的职权，全国人大不进行宪法解释。

B 正确。《宪法》第 67 条规定，全国人大常委会决定全国或者个别省、自治区、直辖市进入紧急状态。第 89 条规定，国务院依照法律规定决定省、自治区、直辖市的范围内部分地区进入紧急状态。

C 错误。省、自治区的政府在必要的时候，经国务院批准，可以设立若干派出机关。所设立的派出机关一般被称为“行政公署”（行署）。“派出机关”与“派出机构”的含义是不一致的。派出机关是由有权地方人民政府在一定行政区域内设立，代表设立机关管理该行政区域内各项行政事务的行政机构。派出机构是由有权地方人民政府的职能部门在一定行政区域内设立，代表该设立机构管理该行政区域内某一方面行政事务的行政机构。派出机关和派出机构最大的区别在于，派出机关是独立的行政主体，能够独立承担责任，而派出机构则不是独立的行政主体，不能以自己的名义行使权力，除非它有法律法规的明确授权。

D 正确。《宪法》第 138 条规定，最高人民检察院对全国人民代表大会和全国人民代表大会常务委员会负责。地方各级人民检察院对产生它的国家权力机关和上级人民检察院负责。

**81. ACD**。《监督法》第 9 条规定，各级人民代表大会常务委员会行使监督职权的情况，应当向本级人民代表大会报告，接受监督。故 A 正确。《监督法》第 34 条第 1 款规定，全国人民代表大会常务委员会和省、自治区、直辖市的人民代表大会常务委员会根据需要，可以委托下一级人民代表大会常务委员会对有关法律、法规或者相关法律制度在本行政区域内的实施情况进行检查。受委托的人民代表大会常务委员会应当将检查情况书面报送上一级人民代表大会常务委员会。需要注意此处正确的表述是“下一级”而不是“下级”，这意味着不能“隔级委托”，只能委托给下一级。故 B 错误。《监督法》第 54 条规定，质询案以口头答复的，由受质询机关的负责人到会答复。质询案以书面答复的，由受质询机关的负责人签署。故 C 正确。《监督法》第 58 条第 3 款规定，调查委员会在调查过程中，可以不公布调查的情况和材料。故 D 正确。

**82. BC**。《企业所得税法》第 7 条规定，财政拨款、依法收取并纳入财政管理的行政事业性收费、政府性基金属于不征税收入。故 A 不属于应税收入。《企业所得税法》第 26 条规定，国债利息收入属于免税收入。销售产品和专利转让（属于转让财产的一种）都是典型的应税收入。故正确答案为 BC。

**83. BCD**。根据《税收征收管理法》第38条的规定，如该公司不提供纳税担保，经批准，税务局可以书面通知纳税人开户银行或者其他金融机构冻结纳税人的金额相当于应纳税款的存款，扣押、查封纳税人的价值相当于应纳税款的商品、货物或者其他财产。A的用词是“扣缴”，故A错误。B正确。《税收征收管理法》第88条规定，纳税人、扣缴义务人、纳税担保人同税务机关在纳税上发生争议时，必须先依照税务机关的纳税决定缴纳或者解缴税款及滞纳金或者提供相应的担保，然后可以依法申请行政复议；对行政复议决定不服的，可以依法向人民法院起诉。当事人对税务机关的处罚决定、强制执行措施或者税收保全措施不服的，可以依法申请行政复议，也可以依法向人民法院起诉。故CD正确。

**84. ABC**。《劳动合同法》第19条规定，劳动合同期限3个月以上不满1年的，试用期不得超过1个月；劳动合同期限1年以上不满3年的，试用期不得超过2个月；3年以上固定期限和无固定期限的劳动合同，试用期不得超过6个月。故A正确。《劳动合同法》第20条规定，劳动者在试用期的工资不得低于本单位相同岗位最低档工资或者劳动合同约定工资的80%，并不得低于用人单位所在地的最低工资标准。故B正确。《劳动合同法》第82条第1款规定，用人单位自用工之日起超过1个月不满1年未与劳动者订立书面劳动合同的，应当向劳动者每月支付2倍的工资。故C正确。《劳动合同法实施条例》第5条规定，自用工之日起1个月内，经用人单位书面通知后，劳动者不与用人单位订立书面劳动合同的，用人单位应当书面通知劳动者终止劳动关系，无需向劳动者支付经济补偿，但是应当依法向劳动者支付其实际工作时间的劳动报酬。本题中，8月1日起已经用人超过1个月，法律要求必须是1个月内书面通知劳动者，用人单位才可以终止劳动关系。故D错误。

**85. ABCD**。《劳动合同法》第4条第2款规定，用人单位在制定、修改或者决定有关劳动报酬、工作时间、休息休假、劳动安全卫生、保险福利、职工培训、劳动纪律以及劳动定额管理等直接涉及劳动者切身利益的规章制度或者重大事项时，应当经职工代表大会或者全体职工讨论，提出方案和意见，与工会或者职工代表平等协商确定。故A正确。B正确，该规定限制了《民法典》婚姻家庭编赋予公民的婚姻自由权利。CD正确，《劳动合同法》第80条规定，用人单位直接涉及劳动者切身利益的规章制度违反法律、法规规定的，由劳动行政部门责令改正，给予警告；给劳动者造成损害的，应当承担赔偿责任。

**86. ABC**。《社会保险法》第45条规定，失业人员符合下列条件的，从失业保险基金中领取失业保险金：（1）失业前用人单位和本人已经缴纳失业保险费满1年的；（2）非因本人意愿中断就业的；（3）已经进行失业登记，并有求职要求的。故AB正确。《社会保险法》第48条规定，失业人员在领取失业保险金期间，参加职工基本医疗保险，享受基本医疗保险待遇。失业人员应当缴纳的基本医疗保险费从失业保险基金中支付，个人不缴纳基本医疗保险费。故C正确。《社会保险法》第52条规定，职工跨统筹地区就业的，其失业保险关系随本人转移，缴费年限累计计算。故D错误。

**87. ABCD**。《引渡法》第7条规定，外国向中华人民共和国提出的引渡请求必须同时符合下列条件，才能准予引渡：（1）引渡请求所指的行为，依照中华人民共和国法律和请求国法律均构成犯罪；（2）为了提起刑事诉讼而请求引渡的，根据中华人民共和国法律和请求国法律，对于引渡请求所指的犯罪均可判处1年以上有期徒刑或者其他更重的刑罚；为了执行刑罚而请求引渡的，在提出引渡请求时，被请求引渡人尚未服完的刑期至少为6个月。对于引渡请求中符合前款第1项规定的多种犯罪，只要其中有一种犯罪符合前款第2项的规定，就可以对上述各种犯罪准予引渡。故A正确。《引渡法》第8条规定，外国向中华人民共和国提出的引渡请求，有下列情形之一的，应当拒绝引渡：（1）根据中华人民共和国法律，被请求引渡人具有中华人民共和国国籍的；（2）在收到引渡请求时，中华人民共和国的司法机关对于引渡请求所指的犯罪已经作出生效判决，或者已经终止刑事诉讼程序的；（3）因政治犯罪而请求引渡的，或者中华人民共和国已经给予被请求引渡人受庇护权利的；（4）被请求引渡人可能因其种族、宗教、国籍、性别、政治见解或者身份等方面的原因而被提起刑事诉讼或者执行刑罚，或者被请求引渡人在司法程序中可能由于上述原因受到不公正待遇的；（5）根据中华人民共和国或者请求国法律，引渡请求所指的犯罪纯属军事犯罪的；（6）根据中华人民共和国或者请求国法律，在收到引渡请求时，由于犯罪已过追诉时效期限或者被请求引渡人已被赦免等原因，不应当追究被请求引渡人的刑事责任的；（7）被请求引渡人在请求国曾经遭受或者可能遭受酷刑或者其他残忍、不人道或者有辱人格的待遇或者处罚的；（8）请求国根据缺席判决提出引渡请求的。但请求国承诺在引渡后对被请求引渡人给予在其出庭的情况下进行重新审判机会的除外。CD正确。《引渡法》第9条规定，外国向中华人民共和国提出的引渡请求，有下列情形之一的，可以拒绝引渡：（1）中华人民共和国对于引渡请求所指的犯罪具有刑事管辖权，并且对被请求引渡人正在进行刑事诉讼或者准备提起刑事诉讼的；（2）由于被请求引渡人的年龄、健康等原因，根据人道主义原则不宜引渡的。B正确。

**88. CD**。《涉外民事关系法律适用法》第3条规定：“当事人依照法律规定可以明示选择涉外民事关系适用的法律。"根据该条规定，当事人可以"依照法律规定"通过"明示"方式选择法律。在《涉外民事关系法律适用法》中有 15 个条文涉及意思自治，可由当事人自由选择的民事关系：委托代理、信托、仲裁协议、动产物权、运输中的动产物权发生变更、合同、侵权责任、不当得利和无因管理、知识产权的转让和许可使用。只能在一定范围内选择的民事关系：(1) 夫妻财产关系：当事人可以协议选择适用一方当事人经常居所地法律、国籍国法律或者主要财产所在地法律。(2) 协议离婚：当事人可以协议选择适用一方当事人经常居所地法律或者国籍国法律。(3) 知识产权的侵权责任：当事人可以在侵权行为发生后协议选择适用法院地法律。只能由一方当事人在一定范围内选择的民事关系：(1) 消费者合同：消费者选择适用商品、服务提供地法律，适用商品、服务提供地法律。(2) 产品责任：被侵权人选择侵权人主营业地法律、损害发生地法律，适用侵权人主营业地法律或者损害发生地法律。故 B 错误。《涉外民事关系法律适用法解释（一）》第 5 条规定，一方当事人以双方协议选择的法律与系争的涉外民事关系没有实际联系为由主张选择无效的，人民法院不予支持。故 A 错误。《涉外民事关系法律适用法解释（一）》第 6 条规定，当事人在一审法庭辩论终结前协议选择或者变更选择适用的法律的，人民法院应予准许。各方当事人援引相同国家的法律且未提出法律适用异议的，人民法院可以认定当事人已经就涉外民事关系适用的法律做出了选择。故 CD 正确。

**89. BD。**《联合国国际货物销售合同公约》第 38 条规定，(1) 买方必须在按情况实际可行的最短时间内检验货物或由他人检验货物。(2) 如果合同涉及货物的运输，检验可推迟到货物到达目的地后进行。(3) 如果货物在运输途中改运或买方须再发运货物，没有合理机会加以检验，而卖方在订立合同时已知道或理应知道这种改运或再发运的可能性，检验可推迟到货物到达新目的地后进行。故 A 错误。B 正确。《联合国国际货物销售合同公约》第 39 条规定，(1) 买方对货物不符合同，必须在发现或理应发现不符情形后一段合理时间内通知卖方，说明不符合同情形的性质，否则就丧失声称货物不符合同的权利。(2) 无论如何，如果买方不在实际收到货物之日起 2 年内将货物不符合同情形通知卖方，他就丧失声称货物不符合同的权利，除非这一时限与合同规定的保证期限不符。故 C 错误。《联合国国际货物销售合同公约》第 36 条规定，(1) 卖方应按照合同和本公约的规定，对风险移转到买方时所存在的任何不符合同情形，负有责任，即使这种不符合同情形在该时间后方始明显。(2) 卖方对在上一款所述时间后发生的任何不符合同情形，也应负有责任，如果这种不符合同情形是由于卖方违反他的某项义务所致，包括违反关于在一段时间内货物将继续适用于其通常使用的目的或某种特定目的，或将保持某种特定质量或性质的任何保证。故 D 正确。

**90. B。**不可撤销信用证有如下特征：第一，有开证行确定的付款承诺。对于不可撤销跟单信用证而言，在其规定的单据全部提交给指定银行或开证行，符合信用证条款和条件时，即构成开证行按照信用证固定的时间付款的确定承诺。第二，具有不可撤销性。这是指自开立信用证之日起，开证行就受到其条款和承诺的约束。如遇要撤销或修改，在受益人向通知修改的银行表示接受该修改之前，原信用证的条款对受益人依然有效。当然，在征得开证行、保兑行和信用证受益人同意的情况下，即使是不可撤销信用证也是可以撤销和修改的。所以，丙银行只需根据不可撤销信用证进行付款，无需考虑甲公司是否接受不符点，也不是必须承担付款责任，A 错误。信用证欺诈中的一种情况是受益人欺诈，指受益人或他人以受益人身份，用伪造的单据或具有欺骗性陈述的单据欺骗开证行和开证申请人，以获取信用证项下的银行付款。乙公司就是利用欺骗性陈述欺骗丙银行和甲公司，构成信用证欺诈，故 B 正确。C 错误。丙银行发现单证不符，可以拒绝付款，不需联系甲公司征询其是否接受不符点，故 D 错误。

# 第14天

*乾坤由我在，安用他求为？*

## 试 题

**1.** 甲给机场打电话谎称“3架飞机上有炸弹”，机场立即紧急疏散乘客，对飞机进行地毯式安检，3小时后才恢复正常航班秩序。关于本案，下列哪一选项是正确的？

A. 为维护社会稳定，无论甲的行为是否严重扰乱社会秩序，都应追究甲的刑事责任

B. 为防范危害航空安全行为的发生，保护人民群众，应以危害公共安全相关犯罪判处甲死刑

C. 从事实和法律出发，甲的行为符合编造、故意传播虚假恐怖信息罪的犯罪构成，应追究其刑事责任

D. 对于散布虚假信息，危及航空安全，造成国内国际重大影响的案件，可突破司法程序规定，以高效办案取信社会

**2.** 关于刑法解释，下列哪一选项是错误的？

A. 学理解释中的类推解释结论，纳入司法解释后不属于类推解释

B. 将大型拖拉机解释为《刑法》第116条破坏交通工具罪的“汽车”，至少是扩大解释乃至是类推解释

C. 《刑法》分则有不少条文并列规定了“伪造”与“变造”，但不排除在其他一些条文中将“变造”解释为“伪造”的一种表现形式

D. 《刑法》第65条规定，不满18周岁的人不成立累犯；《刑法》第356条规定，因走私、贩卖、运输、制造、非法持有毒品罪被判过刑，又犯本节规定之罪的，从重处罚。根据当然解释的原理，对不满18周岁的人不适用《刑法》第356条

**3.** 甲女得知男友乙移情，怨恨中送其一双滚轴旱冰鞋，企盼其运动时摔伤。乙穿此鞋运动时，果真摔成重伤。关于本案的分析，下列哪一选项是正确的？

A. 甲的行为属于作为的危害行为

B. 甲的行为与乙的重伤之间存在刑法上的因果关系

C. 甲具有伤害乙的故意，但不构成故意伤害罪

D. 甲的行为构成过失致人重伤罪

**4.** 2010年某日，甲到乙家，发现乙家徒四壁。见桌上一块玉坠，断定是不值钱的仿制品，甲便顺手拿走。后甲对丙谎称玉坠乃秦代文物，值5万元，丙以3万元买下。经鉴定乃清代玉坠，市值5000元。关于本案的分析，下列哪一选项是错误的？

A. 甲断定玉坠为不值钱的仿制品具有一定根据，对“数额较大”没有认识，缺乏盗窃犯罪故意，不构成盗窃罪

B. 甲将所盗玉坠卖给丙，具有可罚性，不属于不可罚的事后行为

C. 不应追究甲盗窃玉坠的刑事责任，但应追究甲诈骗丙的刑事责任

D. 甲诈骗丙的诈骗数额为5万元，其中3万元既遂，2万元未遂

**5.** 甲对正在实施一般伤害的乙进行正当防卫，致乙重伤（仍在防卫限度之内）。乙已无侵害能力，求甲将其送往医院，但甲不理会而离去。乙因流血过多死亡。关于本案，下列哪一选项是正确的？

A. 甲的不救助行为独立构成不作为的故意杀人罪

B. 甲的不救助行为独立构成不作为的过失致人死亡罪

C. 甲的行为属于防卫过当

D. 甲的行为仅成立正当防卫

**6.** 甲深夜进入小超市，持枪胁迫正在椅子上睡觉的店员乙交出现金，乙说“钱在收款机里，只有购买商品才能打开收款机”。甲掏出100元钱给乙说“给你，随便买什么”。乙打开收款机，交出所有现金，甲一把抓跑。事实上，乙给甲的现金只有88元，甲“亏了”12元。关于本案，下列哪一说法是正确的？

A. 甲进入的虽是小超市，但乙已在椅子上睡觉，甲属于入户抢劫

B. 只要持枪抢劫，即使分文未取，也构成抢劫既遂

C. 对于持枪抢劫，不需要区分既遂与未遂，直接依照分则条文规定的法定刑量刑即可

D. 甲虽“亏了”12元，未能获利，但不属于因意志以外的原因未得逞，构成抢劫罪既遂

**7.**《刑法》第 29 条第 1 款规定："教唆他人犯罪的，应当按照他在共同犯罪中所起的作用处罚。教唆不满十八周岁的人犯罪的，应当从重处罚。"对于本规定的理解，下列哪一选项是错误的？

A. 无论是被教唆人接受教唆实施了犯罪，还是二人以上共同故意教唆他人犯罪，都能适用该款前段的规定

B. 该款规定意味着教唆犯也可能是从犯

C. 唆使不满 14 周岁的人犯罪因而属于间接正犯的情形时，也应适用该款后段的规定

D. 该款中的"犯罪"并无限定，既包括一般犯罪，也包括特殊身份的犯罪，既包括故意犯罪，也包括过失犯罪

**8.** 关于罪数判断，下列哪一选项是正确的？

A. 冒充警察招摇撞骗，骗取他人财物的，适用特别法条以招摇撞骗罪论处

B. 冒充警察实施抢劫，同时构成抢劫罪与招摇撞骗罪，属于想象竞合犯，从一重罪论处

C. 冒充军人进行诈骗，同时构成诈骗罪与冒充军人招摇撞骗罪的，从一重罪论处

D. 冒充军人劫持航空器的，成立冒充军人招摇撞骗罪与劫持航空器罪，实行数罪并罚

**9.** 甲在建筑工地开翻斗车。某夜，甲开车时未注意路况，当场将工友乙撞死、丙撞伤。甲背丙去医院，想到会坐牢，遂将丙弃至路沟后逃跑。丙不得救治而亡。关于本案，下列哪一选项是错误的？

A. 甲违反交通运输管理法规，因而发生重大事故，致人死伤，触犯交通肇事罪

B. 甲在作业中违反安全管理规定，发生重大伤亡事故，触犯重大责任事故罪

C. 甲不构成交通肇事罪与重大责任事故罪的想象竞合犯

D. 甲为逃避法律责任，将丙带离事故现场后遗弃，致丙不得救治而亡，还触犯故意杀人罪

**10.** 关于货币犯罪，下列哪一选项是错误的？

A. 伪造货币罪中的"货币"，包括在国内流通的人民币、在国内可兑换的境外货币，以及正在流通的境外货币

B. 根据《刑法》规定，伪造货币并出售或者运输伪造的货币的，依照伪造货币罪从重处罚。据此，行为人伪造美元，并运输他人伪造的欧元的，应按伪造货币罪从重处罚

C. 将低额美元的纸币加工成高额英镑的纸币的，属于伪造货币

D. 对人民币真币加工处理，使 100 元面额变为 50 元面额的，属于变造货币

**11.** 甲、乙为朋友。乙出国前，将自己的借记卡（背面写有密码）交甲保管。后甲持卡购物，将卡中 1.3 万元用完。乙回国后发现卡里没钱，便问甲是否用过此卡，甲否认。关于甲的行为性质，下列哪一选项是正确的？

A. 侵占罪　　　　B. 信用卡诈骗罪

C. 诈骗罪　　　　D. 盗窃罪

**12.** 关于侮辱罪与诽谤罪的论述，下列哪一选项是正确的？

A. 为寻求刺激在车站扒光妇女衣服，引起他人围观的，触犯强制猥亵、侮辱妇女罪，未触犯侮辱罪

B. 为报复妇女，在大街上边打妇女边骂"狐狸精"，情节严重的，应以侮辱罪论处，不以诽谤罪论处

C. 捏造他人强奸妇女的犯罪事实，向公安局和媒体告发，意图使他人受刑事追究，情节严重的，触犯诬告陷害罪，未触犯诽谤罪

D. 侮辱罪、诽谤罪属于亲告罪，未经当事人告诉，一律不得追究被告人的刑事责任

**13.** 乙驾车带甲去海边游玩。到达后，乙欲游泳。甲骗乙说："我在车里休息，把车钥匙给我。"趁乙游泳，甲将该车开往外地卖给他人。甲构成何罪？

A. 侵占罪　　　　B. 盗窃罪

C. 诈骗罪　　　　D. 盗窃罪与诈骗罪的竞合

**14.** 医生甲退休后，擅自为人看病 2 年多。某日，甲为乙治疗，需注射青霉素。乙自述以前曾注射过青霉素，甲便未做皮试就给乙注射青霉素，乙因青霉素过敏而死亡。关于本案，下列哪一选项是正确的？

A. 以非法行医罪的结果加重犯论处

B. 以非法行医罪的基本犯论处

C. 以过失致人死亡罪论处

D. 以医疗事故罪论处

**15.** 甲公司竖立的广告牌被路边树枝遮挡，甲公司在未取得采伐许可的情况下，将遮挡广告牌的部分树枝砍掉，所砍树枝共计 6 立方米。关于本案，下列哪一选项是正确的？

A. 盗伐林木包括砍伐树枝，甲公司的行为成立盗伐林木罪

B. 盗伐林木罪是行为犯，不以破坏林木资源为要件，甲公司的行为成立盗伐林木罪

C. 甲公司不以非法占有为目的，只成立滥伐林木罪

D. 不能以盗伐林木罪判处甲公司罚金

**16.** 国有 A 公司总经理甲发现 A 公司将从 B 公司购进的货物转手卖给某公司时，A 公司即可赚取 300 万元。甲便让其妻乙注册成立 C 公司，并利用其特殊身份，让 B 公司与 A 公司解除合同后，再将货物卖给 C 公司。C 公司由此获得 300 万元利润。关于甲的行为定性，下列哪一选项是正确的？

A. 贪污罪　　　　B. 为亲友非法牟利罪

C. 诈骗罪　　　　D. 非法经营同类营业罪

**17.** 乙的孙子丙因涉嫌抢劫被刑拘。乙托甲设法使丙脱罪，并承诺事成后付其 10 万元。甲与公安局副局长丁早年认识，但多年未见面。甲托丁对丙作无罪处理，丁不同意，甲便以揭发隐私要挟，丁被迫按甲的要求处理案件。后甲收到乙 10 万元现金。关于本案，下列哪一选项是错误的？

A. 对于“关系密切”应根据利用影响力受贿罪的实质进行解释，不能仅从形式上限定为亲朋好友

B. 根据 A 选项的观点，“关系密切”包括具有制约关系的情形，甲构成利用影响力受贿罪

C. 丁构成徇私枉法罪，甲构成徇私枉法罪的教唆犯

D. 甲的行为同时触犯利用影响力受贿罪与徇私枉法罪，应从一重罪论处

**18.** 赵某因绑架罪被甲省 A 市中级法院判处死刑缓期两年执行，后交付甲省 B 市监狱执行。死刑缓期执行期间，赵某脱逃至乙省 C 市实施抢劫被抓获，C 市中级法院一审以抢劫罪判处无期徒刑。赵某不服判决，向乙省高级法院上诉。乙省高级法院二审维持一审判决。此案最终经最高法院核准死刑立即执行。关于执行赵某死刑的法院，下列哪一选项是正确的？

A. A 市中级法院　　B. B 市中级法院

C. C 市中级法院　　D. 乙省高级法院

**19.** 高某涉嫌抢劫犯罪，公安机关经二次补充侦查后将案件移送检察机关，检察机关审查发现高某可能还实施了另一起盗窃犯罪。检察机关关于此案的处理，下列哪一选项是正确的？

A. 再次退回公安机关补充侦查，并要求在一个月内补充侦查完毕

B. 要求公安机关收集并提供新发现的盗窃犯罪的证据材料

C. 对新发现的盗窃犯罪自行侦查，并要求公安机关提供协助

D. 将新发现的盗窃犯罪移送公安机关另行立案侦查，对已经查清的抢劫犯罪提起公诉

**20.** 关于我国人民陪审员制度与一些国家的陪审团制度存在的差异，下列哪一选项是正确的？

A. 人民陪审员制度目的在于协助法院完成审判任务，陪审团制度目的在于制约法官

B. 人民陪审员与法官行使相同职权，陪审团与法官存在职权分工

C. 人民陪审员在成年公民中随机选任，陪审团从有选民资格的人员中聘任

D. 是否适用人民陪审员制度取决于当事人的意愿，陪审团适用于所有案件

**21.** 法院审理过程中，被告人赵某在最后陈述时，以审判长数次打断其发言为理由申请更换审判长。对于这一申请，下列哪一说法是正确的？

A. 赵某的申请理由不符合法律规定，法院院长应当驳回申请

B. 赵某在法庭调查前没有申请回避，法院院长应当驳回申请

C. 如法院作出驳回申请的决定，赵某可以在决定作出后五日内向上级法院提出上诉

D. 如法院作出驳回申请的决定，赵某可以向上级法院申请复议一次

**22.** 鲁某与洪某共同犯罪，洪某在逃。沈律师为鲁某担任辩护人。案件判决生效三年后，洪某被抓获并被起诉。关于沈律师可否担任洪某辩护人，下列哪一说法是正确的？

A. 沈律师不得担任洪某辩护人

B. 如果洪某系法律援助对象，沈律师可以担任洪某辩护人

C. 如果被告人洪某同意，沈律师可以担任洪某辩护人

D. 如果公诉人未提出异议，沈律师可以担任洪某辩护人

**23.** 在一起聚众斗殴案件发生时，证人甲乙丙丁四人在现场目睹事实经过，侦查人员对上述四名证人进行询问。关于询问证人的程序和方式，下列哪一选项是错误的？

A. 在现场立即询问证人甲

B. 传唤证人乙到公安机关提供证言

C. 到证人丙租住的房屋询问证人丙

D. 到证人丁提出的其工作单位附近的快餐厅询问证人丁

**24.** 关于取保候审的程序限制，下列哪一选项是正确的？

A. 保证金应当由决定机关统一收取，存入指定银行的专门账户

B. 对于可能判处徒刑以上刑罚的，不得采取取保候审措施

C. 对同一犯罪嫌疑人不得同时使用保证金担保和保证人担保两种方式

D. 对违反取保候审规定，需要予以逮捕的，不得对犯罪嫌疑人、被告人先行拘留

**25.** 王某被姜某打伤致残，在开庭审判前向法院提起附带民事诉讼，并提出财产保全的申请。法院对于该申请的处理，下列哪一选项是正确的？

A. 不予受理

B. 可以采取查封、扣押或者冻结被告人财产的措施

C. 只有在王某提供担保后，法院才予以财产保全

D. 移送财产所在地的法院采取保全措施

**26.** 关于刑期计算，下列哪一说法是不正确的？

A. 甲被判处拘役六个月，其被指定居所监视居住 154 天的期间折抵刑期 154 天

B. 乙通过贿赂手段被暂予监外执行，其在监外执行的267天不计入执行刑期

C. 丙在暂予监外执行期间脱逃，脱逃的78天不计入执行刑期

D. 丁被判处管制，其判决生效前被逮捕羁押208天的期间折抵刑期416天

**27.** 卢某坠楼身亡，公安机关排除他杀，不予立案。但卢某的父母坚称他杀可能性大，应当立案，请求检察院监督。检察院的下列哪一做法是正确的？

A. 要求公安机关说明不立案理由

B. 拒绝受理并向卢某的父母解释不立案原因

C. 认为符合立案条件的，可以立案并交由公安机关侦查

D. 认为公安机关不立案理由不能成立的，应当建议公安机关立案

**28.** 对侦查所实施的司法控制，包括对某些侦查行为进行事后审查。下列哪一选项是正确的？

A. 事后审查的对象主要包括逮捕、羁押、搜查等

B. 事后审查主要针对的是强行性侦查措施

C. 采取这类侦查行为不可以由侦查机关独立作出决定

D. 对于这类行为，公民认为侦查机关侵犯其合法权益的，可以寻求司法途径进行救济

**29.** 只要有足够证据证明犯罪嫌疑人构成犯罪，检察机关就必须提起公诉。关于这一制度的法理基础，下列哪一选项是正确的？

A. 起诉便宜主义　　B. 起诉法定主义

C. 公诉垄断主义　　D. 私人诉追主义

**30.** 开庭审判过程中，一名陪审员离开法庭处理个人事务，辩护律师提出异议并要求休庭，审判长予以拒绝，四十分钟后陪审员返回法庭继续参与审理。陪审员长时间离开法庭的行为违背下列哪一审判原则？

A. 职权主义原则　　B. 证据裁判规则

C. 直接言词原则　　D. 集中审理原则

**31.** 在法庭审判中，被告人翻供，否认犯罪，并当庭拒绝律师为其进行有罪辩护。合议庭对此问题的处理，下列哪一选项是正确的？

A. 被告人有权拒绝辩护人辩护，合议庭应当准许

B. 辩护律师独立辩护，不受当事人意思表示的约束，合议庭不应当准许拒绝辩护

C. 属于应当提供法律援助的情形的，合议庭不应当准许拒绝辩护

D. 有多名被告人的案件，部分被告人拒绝辩护人辩护的，合议庭不应当准许

**32.** 检察院以抢夺罪向法院提起公诉，法院经审理后查明被告人构成抢劫罪。关于法院的做法，下列哪一选项是正确的？

A. 应当建议检察院改变起诉罪名，不能直接以抢劫罪定罪

B. 可以直接以抢劫罪定罪，不必建议检察院改变起诉罪名

C. 只能判决无罪，检察院应以抢劫罪另行起诉

D. 应当驳回起诉，检察院应以抢劫罪另行起诉

**33.** 法院就被告人“钱某”盗窃案作出一审判决，判决生效后检察院发现“钱某”并不姓钱，于是在确认其真实身份后向法院提出其冒用他人身份，但该案认定事实和适用法律正确。关于法院对此案的处理，下列哪一选项是正确的？

A. 可以建议检察院提出抗诉，通过审判监督程序加以改判

B. 可以自行启动审判监督程序加以改判

C. 可以撤销原判并建议检察机关重新起诉

D. 可以用裁定对判决书加以更正

**34.** 公安机关在案件侦查中，发现打砸多辆机动车的犯罪嫌疑人何某神情呆滞，精神恍惚。经鉴定，何某属于依法不负刑事责任的精神病人。关于公安机关对此案的处理，下列哪一选项是正确的？

A. 写出强制医疗意见书，移送检察院向法院提出强制医疗申请

B. 撤销案件，将何某交付其亲属并要求其积极治疗

C. 移送强制医疗机构对何某进行诊断评估

D. 何某的亲属没有能力承担监护责任的，可以采取临时的保护性约束措施

**35.** 法院受理叶某涉嫌故意杀害郭某案后，发现其可能符合强制医疗条件。经鉴定，叶某属于依法不负刑事责任的精神病人，法院审理后判决宣告叶某不负刑事责任，同时作出对叶某强制医疗的决定。关于此案的救济程序，下列哪一选项是错误的？

A. 对叶某强制医疗的决定，检察院可以提出纠正意见

B. 叶某的法定代理人可以向上一级法院申请复议

C. 叶某对强制医疗决定可以向上一级法院提出上诉

D. 郭某的近亲属可以向上一级法院申请复议

**36.** 李某长期吸毒，多次自费戒毒均未成功。某公安局在一次检查中发现后，将李某送至强制隔离戒毒所进行强制隔离戒毒。强制隔离戒毒属于下列哪一性质的行为？

A. 行政处罚　　B. 行政强制措施

C. 行政强制执行　　D. 行政许可

**37.** 国家海洋局为国务院组成部门管理的国家局。关于国家海洋局，下列哪一说法是正确的？

A. 有权制定规章

B. 主管国务院的某项专门业务，具有独立的行政管理职能

C. 该局的设立由国务院编制管理机关提出方案，报国务院决定

D. 该局增设司级内设机构，由国务院编制管理机关审核批准

**38.** 因关某以刻划方式损坏国家保护的文物，公安分局决定对其作出拘留10日，罚款500元的处罚。关某申请复议，并向该局提出申请、交纳保证金后，该局决定暂缓执行拘留决定。下列哪一说法是正确的？

A. 关某的行为属于妨害公共安全的行为

B. 公安分局应告知关某有权要求举行听证

C. 复议机关只能是公安分局的上一级公安机关

D. 如复议机关撤销对关某的处罚，公安分局应当及时将收取的保证金退还关某

**39.** 某公司向规划局交纳了一定费用后获得了该局发放的建设用地规划许可证。刘某的房屋紧邻该许可规划用地，刘某认为建筑工程完成后将遮挡其房屋采光，向法院起诉请求撤销该许可决定。下列哪一说法是正确的？

A. 规划局发放许可证不得向某公司收取任何费用

B. 因刘某不是该许可的利害关系人，规划局审查和决定发放许可证无需听取其意见

C. 因刘某不是该许可的相对人，不具有原告资格

D. 因建筑工程尚未建设，刘某权益受侵犯不具有现实性，不具有原告资格

**40.** 关于部门规章的权限，下列哪一说法是正确的？

A. 尚未制定法律、行政法规，对违反管理秩序的行为，可以设定暂扣许可证的行政处罚

B. 尚未制定法律、行政法规，且属于规章制定部门职权的，可以设定扣押财物的行政强制措施

C. 可以在上位法设定的行政许可事项范围内，对实施该许可作出具体规定

D. 可以设定除限制人身自由以外的行政处罚

**41.** 某法院以杜某逾期未履行偿债判决为由，先将其房屋查封，后裁定将房屋过户以抵债。杜某认为强制执行超过申请数额而申请国家赔偿，要求赔偿房屋过户损失30万元，查封造成屋内财产毁损和丢失5000元，误工损失2000元，以及精神损失费1万元。下列哪一事项属于国家赔偿范围？

A. 2000元　　B. 5000元

C. 1万元　　D. 30万元

**42.** 甲市乙区政府决定征收某村集体土地100亩。该村50户村民不服，申请行政复议。下列哪一说法是错误的？

A. 申请复议的期限为30日

B. 村民应推选1至5名代表参加复议

C. 甲市政府为复议机关

D. 如要求申请人补正申请材料，应在收到复议申请之日起5日内书面通知申请人

**43.** 关于不作为犯罪，下列哪些选项是正确的？

A. 船工甲见乙落水，救其上船后发现其是仇人，又将其推到水中，致其溺亡。甲的行为成立不作为犯罪

B. 甲为县公安局长，妻子乙为县税务局副局长。乙在家收受贿赂时，甲知情却不予制止。甲的行为不属于不作为的帮助，不成立受贿罪共犯

C. 甲意外将6岁幼童撞入河中。甲欲施救，乙劝阻，甲便未救助，致幼童溺亡。因只有甲有救助义务，乙的行为不成立犯罪

D. 甲将弃婴乙抱回家中，抚养多日后感觉麻烦，便于夜间将乙放到菜市场门口，期待次日晨被人抱走抚养，但乙被冻死。甲成立不作为犯罪

**44.** 关于因果关系的认定，下列哪些选项是正确的？

A. 甲、乙无意思联络，同时分别向丙开枪，均未击中要害，因两个伤口同时出血，丙失血过多死亡。甲、乙的行为与丙的死亡之间具有因果关系

B. 甲等多人深夜追杀乙，乙被迫跑到高速公路上时被汽车撞死。甲等多人的行为与乙的死亡间具有因果关系

C. 甲将妇女乙强拉上车，在高速公路上欲猥亵乙，乙在挣扎中被甩出车外，后车躲闪不及将乙轧死。甲的行为与乙的死亡之间具有因果关系

D. 甲对乙的住宅放火，乙为救出婴儿冲入住宅被烧死。乙的死亡由其冒险行为造成，与甲的放火行为之间没有因果关系

**45.** 关于犯罪故意、过失与认识错误的认定，下列哪些选项是错误的？

A. 甲、乙是马戏团演员，甲表演飞刀精准，从未出错。某日甲表演时，乙突然移动身体位置，飞刀掷进乙胸部致其死亡。甲的行为属于意外事件

B. 甲、乙在路边争执，甲推乙一掌，致其被路过车辆轧死。甲的行为构成故意伤害（致死）罪

C. 甲见楼下没人，将家中一块木板扔下，不料砸死躲在楼下玩耍的小孩乙。甲的行为属于意外事件

D. 甲本欲用斧子砍死乙，事实上却拿了铁锤砸死乙。甲的错误属于方法错误，根据法定符合说，应认定为故意杀人既遂

**46.** 关于故意犯罪形态的认定，下列哪些选项是正确的？

A. 甲绑架幼女乙后，向其父勒索财物。乙父佯装不管乙安危，甲只好将乙送回。甲虽未能成功勒索财物，但仍成立绑架罪既遂

B. 甲抢夺乙价值 1 万元项链时，乙紧抓不放，甲只抢得半条项链。甲逃走 60 余米后，觉得半条项链无用而扔掉。甲的行为未得逞，成立抢夺罪未遂

C. 乙欲盗汽车，向甲借得盗车钥匙。乙盗车时发现该钥匙不管用，遂用其他工具盗得汽车。乙属于盗窃罪既遂，甲属于盗窃罪未遂

D. 甲在珠宝柜台偷拿一枚钻戒后迅速逃离，慌乱中在商场内摔倒。保安扶起甲后发现其盗窃行为并将其控制。甲未能离开商场，属于盗窃罪未遂

**47.** 关于共同犯罪，下列哪些选项是正确的？

A. 乙因妻丙外遇而决意杀之。甲对此不知晓，出于其他原因怂恿乙杀丙。后乙杀害丙。甲不构成故意杀人罪的教唆犯

B. 乙基于敲诈勒索的故意恐吓丙，在丙交付财物时，知情的甲中途加入帮乙取得财物。甲构成敲诈勒索罪的共犯

C. 乙、丙在五金店门前互殴，店员甲旁观。乙边打边掏钱向甲买一羊角锤。甲递锤时对乙说“你打伤人可与我无关”。乙用该锤将丙打成重伤。卖羊角锤是甲的正常经营行为，甲不构成故意伤害罪的共犯

D. 甲极力劝说丈夫乙（国家工作人员）接受丙的贿赂，乙坚决反对，甲自作主张接受该笔贿赂。甲构成受贿罪的间接正犯

**48.** 关于想象竞合犯的认定，下列哪些选项是错误的？

A. 甲向乙购买危险物质，商定 4000 元成交。甲先后将 2000 元现金和 4 克海洛因（折抵现金 2000 元）交乙后收货。甲的行为成立非法买卖危险物质罪与贩卖毒品罪的想象竞合犯，从一重罪论处

B. 甲女、乙男分手后，甲向乙索要青春补偿费未果，将其骗至别墅，让人看住乙。甲给乙母打电话，声称如不给 30 万元就准备收尸。甲成立非法拘禁罪和绑架罪的想象竞合犯，应以绑架罪论处

C. 甲为劫财在乙的茶水中投放 2 小时后起作用的麻醉药，随后离开乙家。2 小时后甲回来，见乙不在（乙喝下该茶水后因事外出），便取走乙 2 万元现金。甲的行为成立抢劫罪与盗窃罪的想象竞合犯

D. 国家工作人员甲收受境外组织的 3 万美元后，将国家秘密非法提供给该组织。甲的行为成立受贿罪与为境外非法提供国家秘密罪的想象竞合犯

**49.** 关于减刑、假释的适用，下列哪些选项是错误的？

A. 对所有未被判处死刑的犯罪分子，如认真遵守监规，接受教育改造，确有悔改表现，或者有立功表现的，均可减刑

B. 无期徒刑减为有期徒刑的刑期，从裁定被执行之日起计算

C. 被宣告缓刑的犯罪分子，不符合“认真遵守监规，接受教育改造”的减刑要件，不能减刑

D. 在假释考验期限内犯新罪，假释考验期满后才发现的，不得撤销假释

**50.** 关于侵犯人身权利罪，下列哪些选项是错误的？

A. 医生甲征得乙（15 周岁）同意，将其肾脏摘出后移植给乙的叔叔丙。甲的行为不成立故意伤害罪

B. 丈夫甲拒绝扶养因吸毒而缺乏生活能力的妻子乙，致乙死亡。因吸毒行为违法，乙的死亡只能由其本人负责，甲的行为不成立遗弃罪

C. 乙盗窃甲价值 4000 余元财物，甲向派出所报案被拒后，向县公安局告发乙抢劫价值 4000 余元财物。公安局立案后查明了乙的盗窃事实。对甲的行为不应以诬告陷害罪论处

D. 成年妇女甲与 13 周岁男孩乙性交，因性交不属于猥亵行为，甲的行为不成立猥亵儿童罪

**51.** 甲潜入他人房间欲盗窃，忽见床上坐起一老妪，哀求其不要拿她的东西。甲不理睬而继续翻找，拿走一条银项链（价值 400 元）。关于本案的分析，下列哪些选项是正确的？

A. 甲并未采取足以压制老妪反抗的方法取得财物，不构成抢劫罪

B. 如认为区分盗窃罪与抢夺罪的关键在于是秘密取得财物还是公然取得财物，则甲的行为属于抢夺行为；如甲作案时携带了凶器，则对甲应以抢劫罪论处

C. 如采取 B 选项的观点，因甲作案时未携带凶器，也未秘密窃取财物，又不符合抢夺罪“数额较大”的要件，无法以侵犯财产罪追究甲的刑事责任

D. 如认为盗窃行为并不限于秘密窃取，则甲的行为属于入户盗窃，可按盗窃罪追究甲的刑事责任

**52.** 关于诈骗罪的理解和认定，下列哪些选项是错误的？

A. 甲曾借给好友乙1万元。乙还款时未要回借条。一年后，甲故意拿借条要乙还款。乙明知但碍于情面，又给甲1万元。甲虽获得1万元，但不能认定为诈骗既遂

B. 甲发现乙出国后其房屋无人居住，便伪造房产证，将该房租给丙住了一年，收取租金2万元。甲的行为构成诈骗罪

C. 甲请客（餐费1万元）后，发现未带钱，便向餐厅经理谎称送走客人后再付款。经理信以为真，甲趁机逃走。不管怎样理解处分意识，对甲的行为都应以诈骗罪论处

D. 乙花2万元向甲购买假币，后发现是一堆白纸。由于购买假币的行为是违法的，乙不是诈骗罪的受害人，甲不成立诈骗罪

**53.** 甲、乙两村因水源发生纠纷。甲村20名村民手持铁锹等农具，在两村交界处强行修建引水设施。乙村18名村民随即赶到，手持木棍、铁锹等与甲村村民互相谩骂、互扔石块，甲村3人被砸成重伤。因警察及时疏导，两村村民才逐渐散去。关于本案，下列哪些选项是正确的？

A. 村民为争水源而斗殴，符合聚众斗殴罪的主观要件

B. 不分一般参加斗殴还是积极参加斗殴，甲、乙两村村民均触犯聚众斗殴罪

C. 因警察及时疏导，两村未发生持械斗殴，属于聚众斗殴未遂

D. 对扔石块将甲村3人砸成重伤的乙村村民，应以故意伤害罪论处

**54.** 关于受贿相关犯罪的认定，下列哪些选项是正确的？

A. 甲知道城建局长张某吸毒，以提供海洛因为条件请其关照工程招标，张某同意。甲中标后，送给张某50克海洛因。张某构成受贿罪

B. 乙系人社局副局长，乙父让乙将不符合社保条件的几名亲戚纳入社保范围后，收受亲戚送来的3万元。乙父构成利用影响力受贿罪

C. 国企退休厂长王某（正处级）利用其影响，让现任厂长帮忙，在本厂推销保险产品后，王某收受保险公司3万元。王某不构成受贿罪

D. 法院院长告知某企业经理赵某“如给法院捐赠500万元办公经费，你们那个案件可以胜诉”。该企业胜诉后，给法院单位账户打入500万元。应认定法院构成单位受贿罪

**55.** 社会主义法治的公平正义，要通过法治的一系列基本原则加以体现。“未经法院依法判决，对任何人都不得确定有罪”是《刑事诉讼法》确立的一项基本原则。关于这一原则，下列哪些说法是正确的？

A. 明确了定罪权的专属性，法院以外任何机关、团体和个人都无权行使这一权力

B. 确定被告人有罪需要严格依照法定程序进行

C. 表明我国刑事诉讼法已经全面认同和确立无罪推定原则

D. 按照该规定，可以得出疑罪从无的结论

**56.** 周某采用向计算机植入木马程序的方法窃取齐某的网络游戏账号、密码等信息，将窃取到的相关数据存放在其租用的服务器中，并利用这些数据将齐某游戏账户内的金币、点券等虚拟商品放在第三方网络交易平台上进行售卖，获利5000元。下列哪些地区的法院对本案具有管辖权？

A. 周某计算机所在地

B. 齐某计算机所在地

C. 周某租用的服务器所在地

D. 经营该网络游戏的公司所在地

**57.** 法院审理郑某涉嫌滥用职权犯罪案件，在宣告判决前，检察院发现郑某和张某接受秦某巨款，涉嫌贿赂犯罪。对于新发现犯罪嫌疑人和遗漏罪行的处理，下列哪些做法是正确的？

A. 法院可以主动将张某、秦某追加为被告人一并审理

B. 检察院可以补充起诉郑某、张某和秦某的贿赂犯罪

C. 检察院可以将张某、秦某追加为被告人，要求法院一并审理

D. 检察院应当撤回起诉，将三名犯罪嫌疑人以两个罪名重新起诉

**58.** 检察机关审查批准逮捕，下列哪些情形存在时应当讯问犯罪嫌疑人？

A. 犯罪嫌疑人的供述前后反复且与其他证据矛盾

B. 犯罪嫌疑人要求向检察机关当面陈述

C. 侦查机关拘留犯罪嫌疑人36小时以后将其送交看守所羁押

D. 犯罪嫌疑人是聋哑人

**59.** 在法庭审理过程中，被告人屠某、沈某和证人朱某提出在侦查期间遭到非法取证，要求确认其审前供述或证言不具备证据能力。下列哪些情形下应当根据法律规定排除上述证据？

A. 将屠某“大”字型吊铐在窗户的铁栏杆上，双脚离地

B. 对沈某进行引诱，说“讲了就可以回去”

C. 对沈某进行威胁，说“不讲就把你老婆一起抓进来”

D. 对朱某进行威胁，说“不配合我们的工作就把你关进来”

**60.** 在侦查过程中，下列哪些行为违反我国刑事诉讼法的规定？

A. 侦查人员拒绝律师讯问时在场的要求
B. 公安机关变更逮捕措施，没有通知原批准的检察院
C. 公安机关认为检察院不批准逮捕的决定有错误，提出复议前继续拘留犯罪嫌疑人
D. 侦查机关未告知犯罪嫌疑人家属指定居所监视居住的理由和处所

**61.** 被告人徐某为未成年人，法院书记员到其住处送达起诉书副本，徐某及其父母拒绝签收。关于该书记员处理这一问题的做法，下列哪些选项是正确的？
A. 邀请见证人到场
B. 在起诉书副本上注明拒收的事由和日期，该书记员和见证人签名或盖章
C. 采取拍照、录像等方式记录送达过程
D. 将起诉书副本留在徐某住处

**62.** 李某因琐事将邻居王某打成轻伤。案发后，李家积极赔偿，赔礼道歉，得到王家谅解。如检察院根据双方和解对李某作出不起诉决定，需要同时具备下列哪些条件？
A. 双方和解具有自愿性、合法性
B. 李某实施伤害的犯罪情节轻微，不需要判处刑罚
C. 李某五年以内未曾故意犯罪
D. 公安机关向检察院提出从宽处理的建议

**63.** 检察机关对未成年人童某涉嫌犯罪的案件进行审查后决定附条件不起诉。在考验期间，下列哪些情况下可以对童某撤销不起诉的决定、提起公诉？
A. 根据新的证据确认童某更改过年龄，在实施涉嫌犯罪行为时已满十八周岁的
B. 发现决定附条件不起诉以前还有其他犯罪需要追诉的
C. 违反考察机关有关附条件不起诉的监管规定，情节严重的
D. 违反治安管理规定，情节严重的

**64.** 下列哪些情形下，合议庭成员不承担责任？
A. 发现了新的无罪证据，合议庭作出的判决被改判的
B. 合议庭认为审前供述虽非自愿，但能够与其他证据相印证，因此予以采纳，该供述后来被上级法院排除后而改判的
C. 辩护方提出被告人不在犯罪现场的线索和证据材料，合议庭不予调查，作出有罪判决而被改判无罪的
D. 合议庭对某一事实的认定以生效的民事判决为依据，后来该民事判决被撤销，导致刑事判决发回重审的

**65.** 被告人刘某在案件审理期间死亡，法院作出终止审理的裁定。其亲属坚称刘某清白，要求法院作出无罪判决。对于本案的处理，下列哪些选项是正确的？
A. 应当裁定终止审理
B. 根据已查明的案件事实和认定的证据，能够确认无罪的，应当判决宣告刘某无罪
C. 根据刘某亲属要求，应当撤销终止审理的裁定，改判无罪
D. 根据刘某亲属要求，应当以审判监督程序重新审理该案

**66.** 张某因犯故意杀人罪和爆炸罪，一审均被判处死刑立即执行，张某未上诉，检察机关也未抗诉。最高法院经复核后认为，爆炸罪的死刑判决事实不清、证据不足，但故意杀人罪死刑判决认定事实和适用法律正确、量刑适当。关于此案的处理，下列哪些选项是错误的？
A. 对全案裁定核准死刑
B. 裁定核准故意杀人罪死刑判决，并对爆炸罪死刑判决予以改判
C. 裁定核准故意杀人罪死刑判决，并撤销爆炸罪的死刑判决，发回重审
D. 对全案裁定不予核准，并撤销原判，发回重审

**67.** 合法行政是行政法的重要原则。下列哪些做法违反了合法行政要求？
A. 某规章规定行政机关对行政许可事项进行监督时，不得妨碍被许可人正常的生产经营活动
B. 行政机关要求行政处罚听证申请人承担组织听证的费用
C. 行政机关将行政强制措施权委托给另一行政机关行使
D. 行政机关对行政许可事项进行监督时发现直接关系公共安全、人身健康的重要设备存在安全隐患，责令停止使用和立即改正

**68.** 权责一致是行政法的基本要求。下列哪些选项符合权责一致的要求？
A. 行政机关有权力必有责任
B. 行政机关作出决定时不得考虑不相关因素
C. 行政机关行使权力应当依法接受监督
D. 行政机关依法履行职责，法律、法规应赋予其相应的执法手段

**69.** 某县政府发布通知，对直接介绍外地企业到本县投资的单位和个人按照投资项目实际到位资金金额的千分之一奖励。经张某引荐，某外地企业到该县投资 500 万元，但县政府拒绝支付奖励金。县政府的行为不违反下列哪些原则或要求？
A. 比例原则　　B. 行政公开
C. 程序正当　　D. 权责一致

**70.** 孙某为某行政机关的聘任制公务员，双方签订聘任合同。下列哪些说法是正确的？
A. 对孙某的聘任须按照公务员考试录用程序进行公开招聘

B. 该机关应按照《公务员法》和聘任合同对孙某进行管理

C. 对孙某的工资可以按照国家规定实行协议工资

D. 如孙某与该机关因履行聘任合同发生争议，可以向人事争议仲裁委员会申请仲裁

**71.** 某市场监督管理局接举报称肖某超范围经营，经现场调查取证初步认定举报属实，遂扣押与其经营相关物品，制作扣押财物决定及财物清单。关于扣押程序，下列哪些说法是正确的？

A. 扣押时应当通知肖某到场

B. 扣押清单一式二份，由肖某和该市场监督管理局分别保存

C. 对扣押物品发生的合理保管费用，由肖某承担

D. 该市场监督管理局应当妥善保管扣押的物品

**72.** 一公司为股份制企业，认为行政机关作出的决定侵犯企业经营自主权，下列哪些主体有权以该公司的名义提起行政诉讼？

A. 股东　　B. 股东大会

C. 股东代表大会　　D. 董事会

**73.** 当事人对下列哪些事项既可以申请行政复议也可以提起行政诉讼？

A. 行政机关对民事纠纷的调解

B. 出入境边防检查机关对外国人采取的遣送出境措施

C. 是否征收反倾销税的决定

D. 税务机关作出的处罚决定

**74.** 某区规划局以一公司未经批准擅自搭建地面工棚为由，限期自行拆除。该公司逾期未拆除。根据规划局的请求，区政府组织人员将违法建筑拆除，并将拆下的钢板作为建筑垃圾运走。如该公司申请国家赔偿，下列哪些说法是正确的？

A. 可以向区规划局提出赔偿请求

B. 区政府为赔偿义务机关

C. 申请国家赔偿之前应先申请确认运走钢板的行为违法

D. 应当对自己的主张提供证据

**75.** 关于具体行政行为的合法性与效力，下列哪些说法是正确的？

A. 遵守法定程序是具体行政行为合法的必要条件

B. 无效行政行为可能有多种表现形式，无法完全列举

C. 因具体行政行为废止致使当事人的合法权益受到损失的，应给予赔偿

D. 申请行政复议会导致具体行政行为丧失拘束力

**甲于某晚9时驾驶货车在县城主干道超车时，逆行进入对向车道，撞上乙驾驶的小轿车，乙被卡在车内无法动弹，乙车内黄某当场死亡、胡某受重伤。后查明，乙无驾驶资格，事发时略有超速，且未采取有效制动措施。(事实一)**

**甲驾车逃逸。急救人员5分钟后赶到现场，胡某因伤势过重被送医院后死亡。(事实二)**

**交警对乙车进行切割，试图将乙救出。此时，醉酒后的丙（血液中的酒精含量为152mg/100ml）与丁各自驾驶摩托车“飙车”经过此路段。(事实三)**

**丙发现乙车时紧急刹车，摩托车侧翻，猛烈撞向乙车左前门一侧，丙受重伤。20分钟后，交警将乙抬出车时，发现其已死亡。现无法查明乙被丙撞击前是否已死亡，也无法查明乙被丙撞击前所受创伤是否为致命伤。(事实四)**

**丁离开现场后，找到无业人员王某，要其假冒飙车者去公安机关投案。(事实五)**

**王某虽无替丁顶罪的意思，但仍要丁给其5万元酬劳，否则不答应丁的要求，丁只好付钱。王某第二天用该款购买100克海洛因藏在家中，用于自己吸食。5天后，丁被司法机关抓获。(事实六)**

请回答第76—81题。

**76.** 关于事实一的分析，下列选项错误的是：

A. 甲违章驾驶，致黄某死亡、胡某重伤，构成交通肇事罪

B. 甲构成以危险方法危害公共安全罪和交通肇事罪的想象竞合犯

C. 甲对乙车内人员的死伤，具有概括故意

D. 乙违反交通运输管理法规，致同车人黄某当场死亡、胡某重伤，构成交通肇事罪

**77.** 关于事实二的分析，下列选项正确的是：

A. 胡某的死亡应归责于甲的肇事行为

B. 胡某的死亡应归责于甲的逃逸行为

C. 对甲应适用交通肇事“因逃逸致人死亡”的法定刑

D. 甲交通肇事后逃逸，如数日后向警方投案如实交待罪行的，成立自首

**78.** 关于事实三的定性，下列选项正确的是：

A. 丙、丁均触犯危险驾驶罪，属于共同犯罪

B. 丙构成以危险方法危害公共安全罪，丁构成危险驾驶罪

C. 丙、丁虽构成共同犯罪，但对丙结合事实四应按交通肇事罪定罪处罚，对丁应按危险驾驶罪定罪处罚

D. 丙、丁未能完成预定的飙车行为，但仍成立犯罪既遂

**79.** 关于事实四乙死亡的因果关系的判断，下列选项错误的是：

A. 甲的行为与乙死亡之间，存在因果关系

B. 丙的行为与乙死亡之间，存在因果关系

C. 处置现场的警察的行为与乙死亡之间，存在因果关系

D. 乙自身的过失行为与本人死亡之间，存在因果关系

80. 关于事实五的定性，下列选项错误的是：

A. 丁指使王某作伪证，构成妨害作证罪的教唆犯

B. 丁构成包庇罪的教唆犯

C. 丁的教唆行为属于教唆未遂，应以未遂犯追究刑事责任

D. 对丁的妨害作证行为与包庇行为应从一重罪处罚

81. 关于事实六的定性，下列选项错误的是：

A. 王某乘人之危索要财物，构成敲诈勒索罪

B. 丁基于不法原因给付 5 万元，故王某不构成诈骗罪

C. 王某购买毒品的数量大，为对方贩卖毒品起到了帮助作用，构成贩卖毒品罪的共犯

D. 王某将毒品藏在家中的行为，不构成窝藏毒品罪

**迅辉制药股份公司主要生产健骨消痛丸，公司法定代表人陆某指令保管员韩某采用不登记入库、销售人员打白条领取产品的方法销售，逃避缴税 65 万元。迅辉公司及陆某以逃税罪被起诉到法院。**

**请回答第 82—84 题。**

82. 可以作为迅辉公司单位犯罪的诉讼代表人的是：

A. 公司法定代表人陆某

B. 被告单位委托的职工王某

C. 保管员韩某

D. 公司副经理李某

83. 对迅辉公司财产的处置，下列选项正确的是：

A. 涉及违法所得及其孳息，尚未被追缴的，法院应当追缴

B. 涉及违法所得及其孳息，尚未被查封、扣押、冻结的，法院应当查封、扣押、冻结

C. 为了保证判决的执行，对迅辉公司财产，法院应当先行查封、扣押、冻结

D. 如果迅辉公司能够提供担保，对其财产也可以不采取查封、扣押、冻结

84. 如迅辉公司在案件审理期间发生下列变故，法院的做法正确的是：

A. 公司被撤销，不能免除单位和单位主管人员的刑事责任

B. 公司被注销，对单位不再追诉，对主管人员继续审理

C. 公司被合并，仍应将迅辉公司列为被告单位，并以其在新单位的财产范围承担责任

D. 公司被分立，应将分立后的单位列为被告单位，并以迅辉公司在新单位的财产范围承担责任

**张一、李二、王三因口角与赵四发生斗殴，赵四因伤势过重死亡。其中张一系未成年刑事被告人，王三情节轻微未被起诉，李二在一审开庭前意外死亡。**

**请回答第 85—86 题。**

85. 本案依法负有民事赔偿责任的人是：

A. 张一、李二

B. 张一父母、李二父母

C. 张一父母、王三

D. 张一父母、李二父母、王三

86. 在一审过程中，如果发生附带民事诉讼原、被告当事人不到庭情形，法院的下列做法正确的是：

A. 赵四父母经传唤，无正当理由不到庭，法庭应当择期审理

B. 赵四父母到庭后未经法庭许可中途退庭，法庭应当按撤诉处理

C. 王三经传唤，无正当理由不到庭，法庭应当采取强制手段强制其到庭

D. 李二父母未经法庭许可中途退庭，就附带民事诉讼部分，法庭应当缺席判决

**市林业和草原局接到关于孙某毁林采矿的举报，遂致函当地县政府，要求调查。县政府召开专题会议形成会议纪要：由县林业和草原局、自然资源局与应急管理局负责调查处理。经调查并与孙某沟通，三部门形成处理意见：要求孙某合法开采，如发现有毁林或安全事故，将依法查处。再次接到举报后，三部门共同发出责令孙某立即停止违法开采，对被破坏的生态进行整治的通知。**

**请回答第 87—88 题。**

87. 责令孙某立即停止违法开采的性质是：

A. 行政处罚　　B. 行政强制措施

C. 行政征收　　D. 行政强制执行

88. 就上述事件中的行为的属性及是否属于行政诉讼受案范围，下列说法正确的是：

A. 市林业和草原局的致函不具有可诉性

B. 县政府的会议纪要具有可诉性

C. 三部门的处理意见是行政合同行为

D. 三部门的通知具有可诉性

89. 甲市某县公安局以李某涉嫌盗窃罪为由将其刑事拘留，经县检察院批准逮捕，县法院判处李某有期徒刑 6 年，李某上诉，甲市中级法院改判无罪。李某被释放后申请国家赔偿，赔偿义务机关拒绝赔偿，李某向甲市中级法院赔偿委员会申请作出赔偿决定。下列选项正确的是：

A. 赔偿义务机关拒绝赔偿的，应书面通知李某并说明不予赔偿的理由

B. 李某向甲市中级法院赔偿委员会申请作出赔偿决定前，应当先向甲市检察院申请复议

C. 对李某申请赔偿案件，甲市中级法院赔偿委员会可指定一名审判员审理和作出决定

D. 如甲市中级法院赔偿委员会作出赔偿决定，赔偿义务机关认为确有错误的，可以向该省高级法院赔偿委员会提出申诉

**90.** 村民甲、乙因自留地使用权发生争议，乡政府作出处理决定，认定使用权归属甲。乙不服向县政府申请复议，县政府以甲乙二人争议属于农村土地承包经营纠纷，乡政府无权作出处理决定为由，撤销乡政府的决定。甲不服向法院起诉。下列说法正确的是：

A. 县政府撤销乡政府决定的同时应当确定系争土地权属

B. 甲的代理人的授权委托书应当载明委托事项和具体权限

C. 本案被告为县政府

D. 乙与乡政府为本案的第三人

## 参考答案与解析

**1. C**。根据《刑法》第 13 条的规定，行为具有一定的社会危害性是犯罪的基本特征，没有社会危害性就没有犯罪；社会危害性没有达到一定程度，也不构成犯罪。因此，甲的行为必须具有社会危害性，才能追究其刑事责任。A 错误。甲编造“3 架飞机上有炸弹”的恐怖信息并故意传播，严重扰乱了社会秩序，其行为符合编造、故意传播虚假恐怖信息罪的犯罪构成，而编造、故意传播虚假恐怖信息罪属于“扰乱公共秩序罪”。因此，B 错误，C 正确。D 的说法违背了程序正义的基本原则，因此是错误的。

**2. A**。根据罪刑法定原则，《刑法》不允许类推解释，因此，无论是学理解释，还是司法解释、立法解释都不得违背这一解释规则。因此，A 错误。扩大解释是刑法解释的一种方法，是指《刑法》条文的解释含义大于条文字面的含义。《刑法》第 116 条规定，破坏交通工具罪的对象是“火车、汽车、电车、船只、航空器”，解释该条的“汽车”包括大型拖拉机，对该条“汽车”的含义有所扩大，属于扩大解释。因为生活中一般不认为“汽车”包括拖拉机。因此，B 正确。我国《刑法》明确区分了伪造和变造，分别规定为伪造货币罪和变造货币罪，但并不能以此否定其他假币犯罪中“伪造的货币”可能包括“变造的货币”。《最高人民法院关于对变造、倒卖变造邮票行为如何适用法律问题的解释》规定，对变造或者倒卖变造的邮票数额较大的，以伪造、倒卖伪造的有价票证罪定罪处罚。虽然伪造、倒卖伪造的有价票证罪仅规定了“伪造”和倒卖“伪造”的邮票等有价票证的行为，但上述司法解释肯定了伪造含义的相对性，所以 C 正确。当然解释是指《刑法》规范虽然没有明示某一事项，但依形式逻辑、规范目的及事物的当然道理，将该事项解释为包括在该规定的适用范围之内。比较《刑法》第 65 条和第 356 条分析可以看出，两者是《刑法》总则与分则的关系，《刑法》第 65 条的“但书”规定同样适用于《刑法》第 356 条。因此，D 正确。本题的正确答案为 A。

**3. C**。作为的危害行为，是指行为人在自己意识和意志的支配下以积极的身体举动所实施的危害社会并为《刑法》所禁止的行为。甲女送给男友乙一双滚轴旱冰鞋的行为不会危害社会，也不是《刑法》所禁止的行为，因此不属于作为的危害行为，所以 A 错误。刑法上的因果关系要求危害行为与危害结果存在“没有前者就没有后者”的关系，作为条件的行为必须是有导致结果发生可能性的行为，否则不能承认有条件关系，而甲送旱冰鞋的行为不具有导致乙重伤结果发生的可能性，因此甲的行为与乙的重伤之间不存在刑法上的因果关系，所以 B 错误。根据主客观相一致的原则，甲在主观上希望乙在运动时重伤，因此，甲具有伤害乙的故意，但是在客观上并没有实施伤害乙的行为，因此不构成故意伤害罪，同时也不构成过失致人重伤罪。所以 C 正确，D 错误。本题的正确答案为 C。

**4. D**。犯罪故意要求行为人认识到行为和结果具有社会危害性仍予以实施。本案中，甲发现乙家徒四壁，并以此为基础断定玉坠属于不值钱的仿制品，具有一定的合理性，因此不应认定甲具有盗窃的故意，甲不构成盗窃罪，所以 A 正确。不可罚的事后行为，是指当一种行为达到既遂之后，不法状态仍继续存在，因这种不法状态的持续已经被前罪的犯罪构成所评价，故不予独立处罚。典型的如盗窃他人财物之后，予以窝藏、转移、销售的行为。但如果事后的销赃行为侵犯了新的法益，因后行为已经不能被包含在前罪中，故只能独立处罚。甲隐瞒真相，虚构玉坠乃秦代文物、价值 5 万元的事实，骗取丙 3 万元的行为，构成诈骗罪，因此 BC 的说法都是正确的。甲诈骗丙的数额为 3 万元，系犯罪既遂。甲谎称玉坠价值 5 万元系其诈骗手段，不是诈骗数额，因此 D 错误，当选。

**5. C**。甲对乙的一般伤害行为进行防卫，如果仅仅造成重伤后果，且根据题中的“仍在防卫限度之内”，则甲的行为构成正当防卫。但本题中甲的行为最终造成的结果是乙因流血过多死亡，乙的死亡与甲的防卫行为具有刑法上的因果关系，甲针对乙一般伤害行为的防卫行为超出了防卫限度，造成了死亡后果，甲的行为构成刑法上的防卫过当。因此，C 正

确。本题的关键在于，应当从整体上评价甲的行为，甲自始至终只实施了一个刑法意义上的行为，即针对乙的伤害行为进行防卫。如果认为甲的正当防卫行为也会带来刑法上的作为义务，进而认定甲构成不作为的故意杀人罪或者过失致人死亡罪，则实际上是从主观上割裂了甲的行为，并分别进行评价。ABD 的错误之处都在于此。故，本题的正确答案为 C。

**【陷阱提示】** 本题的题干描述很容易对考生造成误导。从题干描述看，甲的行为被清晰地区分为两个阶段：首先是正当防卫行为，其次是不作为行为。考生思考的重点很容易被锁定在甲是否有作为义务上。实际上，这种分析方式将甲本来连续的行为人为割裂成了两个阶段。如果从整体评价甲的防卫行为，则会发现其属于比较典型的防卫过当。

**6. D**。《关于审理抢劫、抢夺刑事案件适用法律若干问题的意见》第 1 条规定，“户”是指住所，其特征表现为供他人家庭生活和与外界相对隔离两个方面，前者为功能特征，后者为场所特征。甲闯入的地点是小超市，虽然店员乙正在睡觉，但是超市的主要功能是出售货物，并非供他人家庭生活之用，不具有户的功能特征。因此，A 错误。上述解释第 10 条同时规定：抢劫罪侵犯的是复杂客体，既侵犯财产权利又侵犯人身权利，具备劫取财物或者造成他人轻伤以上后果两者之一的，均属抢劫既遂；既未劫取财物，又未造成他人人身伤害后果的，属抢劫未遂。《刑法》第 263 条规定的 8 种处罚情节中除“抢劫致人重伤、死亡的”这一结果加重情节之外，其余 7 种处罚情节同样存在既遂、未遂问题。因此，“持枪抢劫”需要区分既遂和未遂，如果没有抢劫到财物，也未造成他人人身伤害后果的，属于抢劫未遂。因此，BC 错误。虽然从总体上看甲“亏了”12 元，但是甲为了劫取收款机的所有现金而实施了抢劫行为，并且已经将所有现金据为己有，成立抢劫罪的既遂，所以 D 正确，当选。

**7. D**。教唆犯，是指以劝说、利诱、授意、怂恿、收买、威胁等方法唆使他人犯罪的人。教唆犯可以是一人，也可以是两人以上唆使他人犯罪。如果被教唆人实施了犯罪，则根据教唆人和被教唆人在共同犯罪中所起的作用予以处罚。由于教唆犯一般在共同犯罪的犯意形成过程中起了很大的作用，实践当中多按主犯处理，但若是两人以上实施教唆的，也可以存在起次要作用的教唆犯，亦即教唆犯的从犯。因此，AB 正确。根据刑法的理论，被教唆的对象必须是达到刑事责任年龄、具有刑事责任能力的人，否则不成立教唆犯，而成立间接正犯。虽然教唆不满 14 周岁的未成年人实施犯罪的，教唆人成立间接正犯，但并不影响对教唆人依法进行从重处罚。因此，C 正确。共同犯罪是指两人以上共同故意犯罪。两人以上共同过失犯罪，不以共同犯罪论处，应当负刑事责任的，按照他们所犯的罪分别处罚。因此，教唆他人犯罪不包括过失犯罪，所以 D 错误。本题正确答案为 D。

**8. C**。招摇撞骗罪、冒充军人招摇撞骗罪与诈骗罪在侵害的客体、行为手段、主观目的、构成犯罪有无数额限制等方面有所不同，但在行为人冒充国家机关工作人员或军人去骗取财物的情况下，一个行为就同时触犯了两个罪名，属于想象竞合犯，按照《刑法》处罚原则应从一重罪处断。结合前述 3 个罪名的法定刑及本案的实际情况，在骗取财物数额未达到巨大的情况下，招摇撞骗罪、冒充军人招摇撞骗罪重于诈骗罪；在骗取财物数额达到巨大的情况下，诈骗罪重于招摇撞骗罪、冒充军人招摇撞骗罪。因此，A 错误，C 正确。冒充警察实施抢劫，同时构成抢劫罪与招摇撞骗罪，属于牵连犯，而不是想象竞合犯，从一重罪论处。因此，B 错误。冒充军人劫持航空器的，同时成立冒充军人招摇撞骗罪与劫持航空器罪，属于牵连犯，应当从一重论处，而不是数罪并罚。因此，D 错误。综上，C 当选。

**9. A**。交通肇事罪，是指违反交通运输管理法规，因而发生重大交通事故，致人重伤、死亡或者使公私财产遭受重大损失的行为。重大责任事故罪，是指在生产、作业中违反有关安全管理的规定，因而发生重大伤亡事故或者造成其他严重后果的行为。题干中，甲在建筑工地开翻斗车，系直接从事生产、作业的人员，其未注意路况，当场将工友乙撞死、丙撞伤，违反的是建筑工地有关安全管理的规定，而非交通运输管理法规，因此甲不构成交通肇事罪，而构成重大责任事故罪。同时，甲也不能成立交通肇事罪与重大责任事故罪的想象竞合犯。因此，A 错误，BC 正确。甲将丙撞伤后具有积极救治的义务，但是甲为逃避法律责任，将丙带离事故现场后遗弃，甲明知这一行为会导致丙死亡的后果，仍放任这一结果的发生，最终导致丙不得救治而亡，甲的行为还触犯故意杀人罪。因此，D 正确。综上，A 当选。

**10. B**。《关于审理伪造货币等案件具体应用法律若干问题的解释》第 7 条规定，本解释所称“货币”是指可在国内市场流通或者兑换的人民币和境外货币。因此，A 正确。“伪造货币”是仿照真货币的图案、形状、色彩等特征非法制造假币，冒充真币的行为；“变造货币”是对真货币采用剪贴、挖补、揭层、涂改、移位等方法加工处理，改变真币形态、价值的行为。如果对真货币加工的程度导致其与真货币丧失同一性，则认定为伪造货币。C 中将美元的纸币加工成高额英镑的纸币，已经使真货币丧失同一性，应属于伪造货币，所以 C 正确。D 中对真币进行处理，虽然面额变小，但是仍属于变造货币，因此 D 正确。《刑法》第 171 条第 3 款规定，伪造货币并出售或者运输伪造的货币的，依照伪造货币罪从重处罚。但该规定是指本人伪造货币后出售或运输本人伪造的货币，按照伪造货币罪从重处罚，而 B 中是本人伪造美元，运输他人伪造的欧元，触犯两个罪名，应当数罪并罚，不适用于该款规定，因此B错误。综上，本题的正确答案为B。

**11. B**。根据《关于办理妨害信用卡管理刑事案件具体应用法律若干问题的解释》第5条第2款的规定，信用卡诈骗罪中所称的“冒用他人信用卡”，包括以下情形：(1) 拾得他人信用卡并使用的；(2) 骗取他人信用卡并使用的；(3) 窃取、收买、骗取或者以其他非法方式获取他人信用卡信息资料，并通过互联网、通讯终端等使用的；(4) 其他冒用他人信用卡的情形。本案中，甲用乙的借记卡购物，即属于冒用他人信用卡的行为，构成信用卡诈骗罪。因此，B正确。乙将借记卡交给甲保管，而且背面还写有密码，但甲代为保管的并非借记卡名下的钱财，而只是借记卡本身，因此甲的行为不构成侵占罪。根据相关司法解释，如果甲冒用他人信用卡对人使用则构成信用卡诈骗罪，对机器使用则构成盗窃罪。甲用借记卡购物，属于对人使用，不构成盗窃罪。诈骗罪和信用卡诈骗罪是一般法和特别法的关系，特别法优于一般法，故甲的行为不构成诈骗罪。因此，ACD错误。故，本题的答案为B。

**12. B**。侮辱罪是指使用暴力或者其他方法，公然贬低他人人格，破坏他人名誉，情节严重的行为。诽谤罪是指故意捏造并散布某种虚构的事实足以损害他人人格和名誉，情节严重的行为。A中，在公共场所通过暴力手段扒光妇女衣服，贬低了妇女的人格，破坏了其名誉，已经触犯了侮辱罪。因此，A错误。B中，在街上殴打妇女系使用暴力方法，辱骂其为“狐狸精”系公然贬低人格、破坏他人名誉的行为，因此构成侮辱罪，所以B正确。C中，捏造他人强奸妇女的犯罪事实，足以损害他人人格和名誉，因此构成诽谤罪，所以C错误。根据我国《刑法》第246条的规定，侮辱罪和诽谤罪都是告诉才处理的犯罪，但严重危害社会秩序和国家利益的除外。因此，D的说法过于绝对，没有考虑例外情形，是错误的。故，本题的正确答案为B。

**13. B**。盗窃、诈骗、侵占的相同之处主要在于都是以非法占有为目的，都有主观上的故意。三者区别的关键是：犯罪手段不同。盗窃是对他人持有和控制的公私财物，采用秘密窃取的方法，使其脱离所有人从而实现非法占有。诈骗是使用虚构事实或者隐瞒真相的欺骗方法，使财物所有人、管理人产生错觉，信以为真，从而似乎“心甘情愿”地交出财物，以实现非法占有。侵占是对已持有和控制的他人托管物、遗忘物或者埋藏物拒不退还或者拒不交出，从而实现非法占有。本案中，甲从表面上看既有欺诈的事实，也有秘密窃取的行为，但是诈骗罪与盗窃罪区别的关键在于：受骗人是否基于认识错误处分或者交付财产。本案中，乙将车钥匙给甲只是因为方便甲在车里休息，而并不是将车借给甲随意使用，乙的这一行为并不构成交付行为。甲趁乙游泳时将车开走卖给他人，构成《刑法》意义上的秘密窃取，应当认定为盗窃罪。因此，ACD错误，B正确。故，本题的正确答案为B。

**14. A**。非法行医罪是故意犯，行为人在明知自己无医师执业资格的情况下仍实施非法行医行为的才构成犯罪。根据相关司法解释，个人未取得《医疗机构执业许可证》开办医疗机构的，属于非法行医罪所规定的“未取得医生执业资格的人非法行医”。本案中，甲已经办理了退休手续，根本不可能按照任何一个合法程序办理医师资格认证和医师执业注册，但其擅自为他人看病2年多，构成了非法行医罪。甲在非法行医的过程中违背技术操作规范，未做皮试就给乙注射青霉素，造成乙死亡，应以非法行医罪的结果加重犯论处，所以A正确，BC错误。医疗事故罪是指医务人员在合法的诊疗护理过程中，违反规章制度，严重不负责任，造成就诊人死亡或者严重损害就诊人身体健康的行为。甲不符合医疗事故罪的主体身份，不构成医疗事故罪，所以D错误。故，本题的正确答案为A。

**15. D**。盗伐林木罪、滥伐林木罪都严重地破坏了我国的森林资源，都侵犯了国家对林木采伐的管理制度。盗伐林木罪和滥伐林木罪的犯罪对象相同，包括防护林、用材林、经济林、薪炭林、特种用途林等。《森林法》调整范围之外的个人房前屋后种植的零星树木不属于该两罪的犯罪对象。本案中，甲公司因广告牌被路边树枝遮挡而将部分树枝砍掉，无非法占有的目的，也无采伐许可，因此既不构成盗伐林木罪，也不构成滥伐林木罪。因此，ABC都是错误的，D正确，当选。

**16. A**。甲并未实施骗取他人财物的行为，不构成诈骗罪，因此C错误。本案中，C公司并未真正经营同类业务，因此D错误。考生容易混淆的是为亲友非法牟利罪和贪污罪。《刑法》第166条规定，为亲友非法牟利罪，是指国有公司、企业、事业单位的工作人员，利用职务便利，将本单位的盈利业务交由自己的亲友进行经营，或者以明显高于市场的价格向自己的亲友经营管理的单位采购商品或者以明显低于市场的价格向自己的亲友经营管理的单位销售商品，或者向自己的亲友经营管理的单位采购不合格商品，使国家利益遭受重大损失的行为。本案中，甲让其妻乙注册成立C公司并非为了经营，C公司也不存在经营行为，而是通过这种方式将300万元的利润据为己有，实际上甲实施的是利用自己的职务便利，将本属于公司的300万元利润通过开设虚假C公司等方式非法占为己有，由于甲是国家工作人员，因此，甲的行为成立贪污罪，所以B错误，A正确。故本题正确答案为A。

**17. D**。根据《刑法》第 388 条之一的规定，利用影响力受贿罪的主体包括两类：一是国家工作人员的近亲属或者其他与该国家工作人员关系密切的人；二是离职的国家工作人员或者其近亲属以及其他与其关系密切的人。由此可见，“关系密切的人”强调的是与国家工作人员的密切关系。对于关系密切的理解不能局限于亲朋好友，这种密切关系既可以是经济上的交往密切，也可以是因血缘、地缘、姻亲等原因而关系密切。本案中，甲与丁早年就认识，虽多年未见，但甲与丁多年的交往使甲掌握着丁的隐私，由此对丁具有一定的制约作用，因此应认定为关系密切。因此，AB 正确。甲唆使丁利用自己的职权实施了徇私枉法行为，丁作为公安局副局长，对明知有罪的丙作无罪处理，丁的行为构成徇私枉法罪，甲构成教唆犯。因此，C 正确。甲的行为同时触犯利用影响力受贿罪与徇私枉法罪，这两罪系独立的犯罪，不存在牵连关系等情形，依法应当数罪并罚，所以 D 错误。故，本题的正确答案为 D。

**18. B**。《刑诉解释》第 499 条第 2 款规定：“在死刑缓期执行期间故意犯罪，最高人民法院核准执行死刑的，由罪犯服刑地的中级人民法院执行。”赵某犯绑架罪被 A 市中级人民法院判处死刑缓期 2 年执行，在甲省 B 市监狱执行，犯罪服刑地为 B 地。赵某在死刑缓期执行期间于乙省 C 市犯抢劫罪，被判无期徒刑并经过乙省高院二审维持原判，经过最高院核准死刑后，应当在最初服刑地 B 市中级人民法院执行死刑。故本题选 B。

**19. D**。《高检规则》第 349 条规定，人民检察院对已经退回监察机关二次补充调查或者退回公安机关二次补充侦查的案件，在审查起诉中又发现新的犯罪事实，应当将线索移送监察机关或者公安机关。对已经查清的犯罪事实，应当依法提起公诉。高某涉嫌抢劫罪的案件已经经过了公安机关 2 次补充侦查，检察机关在审查时又发现了高某可能还实施了盗窃罪这一新的犯罪事实，应将新发现的盗窃犯罪移送公安机关另行立案侦查，并将已经查清的抢劫犯罪事实提起公诉，故本题选 D。

**20. B**。《人民陪审员法》第 2 条第 2 款规定，人民陪审员依照本法产生，依法参加人民法院的审判活动，除法律另有规定外，同法官有同等权利。据此，我国人民陪审员与法官行使相同职责。一些国家的陪审团职责分离，法官主要负责案件法律适用部分，而陪审团主要负责案件事实部分的裁定，两者是有分工的，因此，B 正确。我国人民陪审员制度的目的不仅在于协助法官完成审判，同样还具有保障公民依法参加审判活动，促进司法公正的目的，因此 A 表述不全面。《人民陪审员法》第 5、6、7 条分别规定了公民担任人民陪审员的条件以及不得担任人民陪审员的情形，同时第 9、10、11 条规定了人民陪审员产生和任命的具体程序。可见，我国人民陪审员的选任有一套完整严格的标准和程序，而不仅仅是在成年公民中随机选任。因此，C 错误。另外，一些国家陪审团制度有其特定的适用范围，并非适用所有案件，D 错误。本题选 B。

**21. A**。《刑事诉讼法》第 29 条规定，审判人员、检察人员、侦查人员有下列情形之一的，应当自行回避，当事人及其法定代理人也有权要求他们回避：（1）是本案的当事人或者是当事人的近亲属的；（2）本人或者他的近亲属和本案有利害关系的；（3）担任过本案的证人、鉴定人、辩护人、诉讼代理人的；（4）与本案当事人有其他关系，可能影响公正处理案件的。第 30 条规定，审判人员、检察人员、侦查人员不得接受当事人及其委托的人的请客送礼，不得违反规定会见当事人及其委托的人。审判人员、检察人员、侦查人员违反前款规定的，应当依法追究法律责任。当事人及其法定代理人有权要求他们回避。《刑诉解释》第 35 条第 2 款规定：“当事人及其法定代理人申请回避被驳回的，可以在接到决定时申请复议一次。不属于刑事诉讼法第二十九条、第三十条规定情形的回避申请，由法庭当庭驳回，并不得申请复议。”审判长数次打断赵某的发言，并不能构成上述回避理由，法庭应当当庭驳回，并不得申请复议。因此本题选 A。

**22. A**。《六机关规定》第 4 条第 2 款规定，1 名辩护人不得为 2 名以上的同案犯罪嫌疑人、被告人辩护，不得为 2 名以上的未同案处理但实施的犯罪存在关联的犯罪嫌疑人、被告人辩护。本题中，鲁某与洪某系同案犯。虽然因洪某在逃未能将其与鲁某同案处理，但是 2 人作为共同犯罪人，实施的犯罪存在关联性，沈律师仍不得担任洪某的辩护人。本题选 A。

**23. B**。《刑事诉讼法》第 124 条第 1 款规定，侦查人员询问证人，可以在现场进行，也可以到证人所在单位、住处或者证人提出的地点进行，在必要的时候，可以通知证人到人民检察院或者公安机关提供证言。在现场询问证人，应当出示工作证件，到证人所在单位、住处或者证人提出的地点询问证人，应当出示人民检察院或者公安机关的证明文件。因此，A 在现场询问、C 到丙的住所询问以及 D 到证人丁提出的地点询问都是正确的。B“传唤”证人到公安机关提供证言错误，因为传唤的适用对象是犯罪嫌疑人和被告人。综上，本题选 B。

**24. C**。《刑事诉讼法》第 72 条第 2 款规定，提供保证金的人应当将保证金存入执行机关指定银行的专门账户。据此，A 中由决定机关统一收取的说法错误，应当自行存入专门账户。《刑事诉讼法》第 67 条第 1 款第 2 项规定，可能判处有期徒刑以上刑罚，采取取保候审不致发生社会危险性的，可以取保候审。因此，B 过于绝对，错误。根据最高人民法院、最高人民检察院、公安部、国家安全部《关于取保候审若干问题的规定》第4条第2款规定，对同一犯罪嫌疑人、被告人决定取保候审的，不得同时使用保证人保证和保证金保证。因此，C正确。《刑事诉讼法》第71条第4款规定，对违反取保候审规定，需要予以逮捕的，可以对犯罪嫌疑人、被告人先行拘留。因此，D错误。综上，本题选C。

**25. B**。《刑事诉讼法》第102条规定，人民法院在必要的时候，可以采取保全措施，查封、扣押或者冻结被告人的财产。附带民事诉讼原告人或者人民检察院可以申请人民法院采取保全措施。人民法院采取保全措施，适用民事诉讼法的有关规定。据此，本题中王某在提起附带民事诉讼时，向人民法院申请采取保全措施，人民法院应当受理，并且可以裁定采取查封、扣押或者冻结被告人的财产等保全措施，故A错误，B正确。申请采取保全措施并非一定要求附带民事诉讼原告人提供担保，C错误。《刑诉解释》第189条第2款规定："有权提起附带民事诉讼的人因情况紧急，不立即申请保全将会使其合法权益受到难以弥补的损害的，可以在提起附带民事诉讼前，向被保全财产所在地、被申请人居住地或者对案件有管辖权的人民法院申请采取保全措施。申请人在人民法院受理刑事案件后十五日以内未提起附带民事诉讼的，人民法院应当解除保全措施。"本题中，法院对案件有管辖权，故无需再移送财产所在地法院。因此，D错误。综上，本题选B。

**26. A**。《刑事诉讼法》第76条规定，指定居所监视居住的期限应当折抵刑期。被判处管制的，监视居住1日折抵刑期1日；被判处拘役、有期徒刑的，监视居住2日折抵刑期1日。A中，甲被判处拘役6个月，其被指定监视居住的154天应当折抵77天拘役刑期，所以A错误。《刑事诉讼法》第268条第3款规定，不符合暂予监外执行条件的罪犯通过贿赂等非法手段被暂予监外执行的，在监外执行的期间不计入执行刑期。罪犯在暂予监外执行期间脱逃的，脱逃的期间不计入执行刑期。据此，B中乙通过贿赂手段被暂予监外执行，其在监外执行的时间不计入刑期，B正确；C中，丙在暂予监外执行期间脱逃，脱逃时间不计入刑期，C正确。《刑法》第41条规定，管制的刑期，从判决执行之日起计算；判决执行以前先行羁押的，羁押1日折抵刑期2日。据此，D中，丁被判处管制，其判决生效前被逮捕羁押的208天可以折抵416天的刑期，D正确。综上，本题选A。

**27. A**。《刑事诉讼法》第113条规定，人民检察院认为公安机关对应当立案侦查的案件而不立案侦查的，或者被害人认为公安机关对应当立案侦查的案件而不立案侦查，向人民检察院提出的，人民检察院应当要求公安机关说明不立案的理由。人民检察院认为公安机关不立案理由不能成立的，应当通知公安机关立案，公安机关接到通知后应当立案。本题中，卢某坠楼身亡，公安机关排除他杀未予立案，其父母认为他杀可能性大应当立案，向人民检察院提出，人民检察院应当要求公安机关说明不立案的理由。本案选A。

**28. D**。《刑事诉讼法》第117条规定，当事人和辩护人、诉讼代理人、利害关系人对于司法机关及其工作人员有下列行为之一的，有权向该机关申诉或者控告：（1）采取强制措施法定期限届满，不予以释放、解除或者变更的；（2）应当退还取保候审保证金不退还的；（3）对与案件无关的财物采取查封、扣押、冻结措施的；（4）应当解除查封、扣押、冻结不解除的；（5）贪污、挪用、私分、调换、违反规定使用查封、扣押、冻结的财物的。受理申诉或者控告的机关应当及时处理。对处理不服的，可以向同级人民检察院申诉；人民检察院直接受理的案件，可以向上一级人民检察院申诉。人民检察院对申诉应当及时进行审查，情况属实的，通知有关机关予以纠正。因此，对于侦查机关的行为，如果当事人和辩护人、诉讼代理人、利害关系人认为侵犯其合法权益的，可以通过申诉或者控告等司法程序解决。综上，本题选D。

**29. B**。所谓起诉便宜主义又称起诉合理主义、起诉裁量主义，是指检察官对于存有足够的犯罪嫌疑并具备起诉条件的案件，可以斟酌决定是否起诉的原则。根据此原则，公诉方可以依据法律的授权，基于刑事惩戒的目的和权衡各种利益，对其所审查起诉的刑事案件，选择是否作出控诉以继续或停止刑事程序。所谓起诉法定主义是指凡是认为有足够的证据证明确有犯罪事实，且具备起诉条件，公诉机关就必须起诉。题干中"只要有足够证据证明犯罪嫌疑人构成犯罪，检察机关就必须提起公诉"符合起诉法定主义的要求，因此本题选择B。

**30. C**。职权主义原则是指法官在审判过程中居于主导地位，拥有主导权的审判原则。证据裁判原则是指对于诉讼中事实的认定，应依据有关的证据作出，没有证据，不得认定事实。直接言词原则是直接原则和言词原则的合称，是指法官必须在法庭上亲自听取被告人、证人及其他诉讼参与人的陈述，案件事实和证据必须以口头方式向法庭提出，调查证据以口头辩论、质证、辨认方式进行。集中审理原则是指刑事案件的审判，原则上应是持续不间断地进行，提高效率，避免拖延。本题中，陪审员在案件审理过程中长时间无正当理由离开法庭处理个人事务，而没有在法庭上亲自听取被告人、证人及其他诉讼参与人的陈述，违背了直接言词原则，故本题选C。

**31. A**。《刑诉解释》第311条第2、3款规定："被告人当庭拒绝辩护人辩护，要求另行委托辩护人或者指派律师的，合议庭应当准许。被告人拒绝辩护人辩护后，没有辩护人的，应当宣布休庭；仍有辩护人的，庭审可以继续进行。有多名被告人的案件，部分被告人拒绝辩护人辩护后，没有辩护人的，根据案件情况，可以对该部分被告人另案处理，对其他被告人的庭审继续进行。”据此，A 正确，BD 错误。另外，《刑诉解释》第 50 条第 2 款规定：“属于应当提供法律援助的情形，被告人拒绝指派的律师为其辩护的，人民法院应当查明原因。理由正当的，应当准许，但被告人应当在五日以内另行委托辩护人；被告人未另行委托辩护人的，人民法院应当在三日以内通知法律援助机构另行指派律师为其提供辩护。”据此，C 中属于法律援助情形的，在查明原因、理由正当的情况下，法院仍然应当准许被告人拒绝辩护，故 C 错误。本题选 A。

**32. B**。《刑诉解释》第 295 条规定：“对第一审公诉案件，人民法院审理后，应当按照下列情形分别作出判决、裁定：……（二）起诉指控的事实清楚，证据确实、充分，但指控的罪名不当的，应当依据法律和审理认定的事实作出有罪判决……”本题中，法院审理后查明被告人构成抢劫罪，而非起诉的抢夺罪，可以直接以抢劫罪定罪，不必建议检察院改变起诉罪名。本题选 B。

**33. D**。《刑诉解释》第 473 条规定：“原判决、裁定认定被告人姓名等身份信息有误，但认定事实和适用法律正确、量刑适当的，作出生效判决、裁定的人民法院可以通过裁定对有关信息予以更正。”本题中，被告人“钱某”系冒用他人姓名，属于被告人姓名等身份信息有误的情形，而且本案认定事实和适用法律正确，因此，作出生效判决的人民法院可以通过裁定对有关信息予以更正。故本题选 D。

**34. B**。《刑法》第 18 条第 1 款规定，精神病人在不能辨认或者不能控制自己行为的时候造成危害结果，经法定程序鉴定确认的，不负刑事责任，但是应当责令他的家属或者监护人严加看管和医疗；在必要的时候，由政府强制医疗。《刑事诉讼法》第 302 条规定，实施暴力行为，危害公共安全或者严重危害公民人身安全，经法定程序鉴定依法不负刑事责任的精神病人，有继续危害社会可能的，可以予以强制医疗。根据《刑事诉讼法》第 16 条和《公安规定》第 186 条第 1 款的规定，公安机关经过侦查，发现有依法不追究刑事责任情形的，应当撤销案件。本题中，何某实施的打砸多辆机动车的行为，涉嫌故意毁坏财物罪，并不属于危害公共安全或者严重危害公民人身安全的行为，不符合强制医疗程序的适用条件。由于何某经鉴定属于依法不负刑事责任的精神病人，因此，公安机关应当撤销案件，将何某交付其亲属并要求其积极治疗。本题选择 B。

【陷阱提示】本题的陷阱在于，何某打砸多辆机动车的行为并不是危害公共安全或者严重危害人身安全的行为，其虽实施了暴力行为，但是并不符合强制医疗的条件。

**35. C**。《刑事诉讼法》第 305 条第 2 款规定，被决定强制医疗的人、被害人及其法定代理人、近亲属对强制医疗决定不服的，可以向上一级人民法院申请复议。本案中，叶某、叶某的法定代理人、郭某的近亲属都可以向上一级人民法院申请复议，故 BD 正确，C 错误。《刑事诉讼法》第 307 条规定，人民检察院对强制医疗的决定和执行实行监督。《高检规则》第 547 条规定，人民检察院认为人民法院作出的强制医疗决定或者驳回强制医疗申请的决定不当，应当在收到决定书副本后 20 日以内向人民法院提出纠正意见。故 A 正确。综上，本题为选非题，答案为 C。

**36. B**。行政处罚是指行政机关或其他行政主体依法定职权和程序对违反法律、行政法规、规章，尚未构成犯罪的相对人给予行政制裁的具体行政行为。行政强制措施是指行政机关在行政管理过程中，为制止违法行为、防止证据损毁、避免危害发生、控制危险扩大等情形，依法对公民的人身自由实施暂时性限制，或者对公民、法人或者其他组织的财物实施暂时性控制的行为。行政强制措施强调“暂时性控制”，根据《行政强制法》第 2 条第 2 款规定的精神及行政法原理，强制隔离戒毒属于行政强制措施的一种。行政强制执行是指在行政相对人拒不履行行政主体所作出并且已经生效的具体行政行为所确定的义务，有关国家机关依法强制该相对人履行该义务，或者由国家机关本身或第三人直接履行或代为履行该义务，然后向义务人征收费用的法律制度。行政许可是指在法律一般禁止的情况下，行政主体根据行政相对方的申请，经依法审查，通过颁发许可证、执照等形式，赋予或确认行政相对方从事某种活动的法律资格或法律权利的一种具体行政行为。综上，本题应选 B。

**37. C**。国务院组成部门有权制定规章，国务院组成部门管理的国家海洋局无权制定规章。所以 A 错误。《国务院行政机构设置和编制管理条例》第 6 条第 4 款规定，国务院直属机构主管国务院的某项专门业务，具有独立的行政管理职能。《国务院行政机构设置和编制管理条例》第 6 条第 6 款规定，国务院组成部门管理的国家行政机构由国务院组成部门管理，主管特定业务，行使行政管理职能。B 准确描述的是国务院直属机构的职能，所以 B 错误。《国务院行政机构设置和编制管理条例》第 8 条规定，国务院直属机构、国务院办事机构和国务院组成部门管理的国家行政机构的设立、撤销或者合并由国务院机构编制管理机关提出方案，报国务院决定。故 C 正确。《国务院行政机构设置和编制管理条例》第 14 条第 1 款规定，国务院行政机构的司级内设机构的增设、撤销或者合并，经国务院机构编制管理机关审核方案，报国务院批准。所以 D 错误。综上，本题应选 C。

**38. D**。题目中关某的行为符合《治安管理处罚法》第63条第1项规定，即刻划、涂污或者以其他方式故意损坏国家保护的文物、名胜古迹。可知，关某的行为属于妨害社会管理，而非妨害公共安全，因此A错误。

《行政处罚法》第63条第1款规定："行政机关拟作出下列行政处罚决定，应当告知当事人有要求听证的权利，当事人要求听证的，行政机关应当组织听证：（一）较大数额罚款；（二）没收较大数额违法所得、没收较大价值非法财物；（三）降低资质等级、吊销许可证件；（四）责令停产停业、责令关闭、限制从业；（五）其他较重的行政处罚；（六）法律、法规、规章规定的其他情形。"《治安管理处罚法》第98条规定，公安机关作出吊销许可证以及处2000元以上罚款的治安管理处罚决定前，应当告知违反治安管理行为人有权要求举行听证；违反治安管理行为人要求听证的，公安机关应当及时依法举行听证。所以行政机关作出的上述处罚行为不属于应当告知听证权利的范围，B错误。

复议机关只能为上一级主管部门的是实行垂直领导体制的机关，公安机关属于双重领导体制，而非垂直领导体制。《行政复议法》第24条第1款规定，县级以上地方各级人民政府管辖下列行政复议案件：（1）对本级人民政府工作部门作出的行政行为不服的；（2）对下一级人民政府作出的行政行为不服的；（3）对本级人民政府依法设立的派出机关作出的行政行为不服的；（4）对本级人民政府或者其工作部门管理的法律、法规、规章授权的组织作出的行政行为不服的。故C错误。

《治安管理处罚法》第111条规定，行政拘留的处罚决定被撤销，或者行政拘留处罚开始执行的，公安机关收取的保证金应当及时退还交纳人。所以D正确。

**39. A**。根据《行政许可法》第58、59条的规定可知，原则上行政许可不收取任何费用，但法律、行政法规另有规定的，依照其规定。而本案建设用地规划许可证的申请不属于法律、行政法规规定的应收取费用的行政许可，所以A正确。根据《行政许可法》第47、48条的规定，刘某作为利害关系人，有被告知听证权利并在听证中提供证据、进行申辩和质证的权利，B错误。尽管刘某非该具体行政行为的相对人，但该行政行为的作出对其有直接影响，该影响不以是否具有现实侵害为前提，因此作为该行政行为的利害关系人，刘某具有诉讼原告资格。CD错误。综上，本题选A。

**40. C**。AD错误，不选。《行政处罚法》第13条规定，国务院部门规章可以在法律、行政法规规定的给予行政处罚的行为、种类和幅度的范围内作出具体规定。尚未制定法律、行政法规的，国务院部门规章对违反行政管理秩序的行为，可以设定警告、通报批评或者一定数额罚款的行政处罚。罚款的限额由国务院规定。综上，部门规章仅可以设定警告、通报批评或者一定数额罚款，故而AD错误。B错误不选。《行政强制法》第9、10条规定，行政强制措施由法律设定。尚未制定法律，且属于国务院行政管理职权事项的，行政法规可以设定除限制公民人身自由、冻结存款、汇款和应当由法律规定的行政强制措施以外的其他行政强制措施。尚未制定法律、行政法规，且属于地方性事务的，地方性法规可以设定查封场所、设施或财物以及扣押财物的行政强制措施。法律、法规以外的其他规范性文件不得设定行政强制措施。综上，部门规章无权设定行政强制措施。C正确，应选。《行政许可法》第16条第3款规定，规章可以在上位法设定的行政许可事项范围内，对实施该行政许可作出具体规定。C的表述符合上述规定。

**41. B**。根据《国家赔偿法》第36条，国家赔偿只赔偿法定条件下的直接损失。A中的2000元误工费属于间接损失。D中的30万元属于民事偿债判决应当履行的义务，不属于法院违法执行查封造成的直接损失，这30万元即便有问题，最多需要执行回转。至于C中的精神损害赔偿问题，《国家赔偿法》第35条只对人身自由权、生命健康权造成侵害且有严重后果的精神赔偿予以支持，本案中的情形不属于对人身自由权、生命健康权造成侵害，故C不属于赔偿范围。可知，本案赔偿数额仅限查封造成屋内财产毁损和丢失的5000元。综上，本题选B。

**42. A**。《行政复议法》第20条第1款规定，公民、法人或者其他组织认为行政行为侵犯其合法权益的，可以自知道或者应当知道该行政行为之日起60日内提出行政复议申请；但是法律规定的申请期限超过60日的除外。可知，复议期限至少为60日，A错误，应选。《行政复议法实施条例》第8条规定，同一行政复议案件申请人超过5人的，推选1至5名代表参加行政复议。B正确，不选。《行政复议法》第24条第1款规定，县级以上地方各级人民政府管辖下列行政复议案件：（1）对本级人民政府工作部门作出的行政行为不服的；（2）对下一级人民政府作出的行政行为不服的；（3）对本级人民政府依法设立的派出机关作出的行政行为不服的；（4）对本级人民政府或者其工作部门管理的法律、法规、规章授权的组织作出的行政行为不服的。C正确，不选。《行政复议法》第31条第1款规定，行政复议申请材料不齐全或者表述不清楚，无法判断行政复议申请是否符合本法第30条第1款规定的，行政复议机关应当自收到申请之日起5日内书面通知申请人补正。补正通知应当一次性载明需要补正的事项。D正确，不选。

**43. BD**。不作为是相对于作为而言的，指行为人负有实施某种积极行为的特定的法律义务，并且能够实行而不实行的行为。可以概括为六个字：应为、能为、不为。所谓应为主要是指不作为犯罪的义务来源。不作为犯罪的义务来源主要有以下几个方面：(1) 法律明文规定的积极作为义务；(2) 职业或者业务要求的作为义务；(3) 法律行为引起的积极作为义务；(4) 先行行为引起的积极作为义务。需要注意的是，仅仅是道义道德上的义务不能作为不作为犯罪的义务来源。A 中，船工甲将人救起后，又将人推入水中，致人溺亡，是作为的杀人行为，而不是不作为犯罪，所以 A 错误。B 中，甲不具备法律规定的作为义务来源，即其没有制止其妻接受贿赂的义务，因此不成立受贿罪共犯，所以 B 正确。由于甲意外将 6 岁幼童撞入河中，这一先行行为使甲具有积极救助的义务，乙虽然不具有救助的义务，但乙明知是甲将幼童撞入河中，仍加以劝阻，在明知这种做法极有可能导致幼童死亡的结果，仍对于幼童的死亡结果持放任的态度，其行为已经构成犯罪，所以 C 错误。D 中，由于甲已经将弃婴抱走抚养，这一先行行为使甲负有抚养义务，并且甲有能力对其抚养，但是甲却选择在深夜将乙放到菜市场门口，致使乙被冻死，甲构成不作为犯罪。因此，D 正确。故，本题的正确答案为 BD。

**44. ABC**。刑法中的因果关系所要说明的是危害行为与危害结果之间的引起与被引起的关系。刑法上因果关系的判断标准是条件说，即没有前者就没有后者，前者是后者的原因。A 中，甲、乙同时分别实施了向丙开枪的危害行为，虽然均未击中要害，但是二人行为合力的后果导致了丙死亡，缺少甲或者乙的行为，丙可能就不会死亡，因此，甲、乙的行为与丙的死亡均存在因果关系，A 正确。在认定因果关系时，需要注意行为人的行为介入第三者的行为而导致结果发生的场合，要判断某种结果是否与行为人的行为存在因果关系，应当考查行为人的行为导致结果发生的可能性的大小、介入情况的异常性大小以及介入情况对结果发生作用的大小。B 中，乙之所以跑到高速公路上，是由于甲等多人对其实施追杀行为，又发生在深夜，乙被迫作出的选择，虽然乙被汽车撞死，但是甲等多人深夜的追杀行为起到最为重要的作用，因此，甲等多人的行为与乙的死亡间具有因果关系，B 正确。C 中，甲在高速公路上欲猥亵乙是极其危险的行为，乙必然会反抗挣扎，最终导致乙被甩出窗外，由于在高速公路上车速高、车辆多，虽然是后车躲闪不及将乙轧死，但甲的行为与乙的死亡之间具有因果关系，所以 C 正确。D 中，甲对乙的住宅实施了放火行为，乙冲进房中救婴儿属于人之常情，不能导致因果关系中断，因此，乙的死亡结果与甲的放火行为之间存在因果关系，D 错误。故，本题的正确答案为 ABC。

**45. BCD**。A 中，虽然造成了乙死亡的后果，但是由于甲、乙长期合作，因此二人之间已经形成默契，甲表演失误主要是由于乙突然移动身体位置，这是甲无法预见到的，因此属于意外事件，A 正确。B 中，甲、乙二人争执，互相推搡在所难免，但是甲并没有伤害乙的故意。甲应当意识到在路边推搡的行为极有可能造成乙受伤，但是由于疏忽大意没有认识到，实施了伤害行为，属于疏忽大意的过失。因此，B 错误。C 中，甲作为理智的成年人，应当认识到将木板从楼上扔下的行为可能会伤害到他人，并且木板掉落的位置具有很大的随意性，无法确定，甲为此还专门确定楼下是否有人，因此在确定无人，轻信不会发生伤害行为的情况下实施了该行为，甲属于过于自信的过失，构成过失致人死亡罪，所以 C 错误。方法错误是指由于行为本身的误差，导致行为人所欲攻击的对象与实际受害的对象不一致。D 中，甲欲攻击的对象和实际受害的对象都是乙，不存在方法错误的问题。因此，D 错误。故，本题的正确答案为 BCD。

**46. AC**。评判既遂、未遂不能简单地从犯罪行为的客观表现形式上机械地分析，绑架罪客观行为应当视为单一行为而不是双重行为，应当以绑架行为是否已实际控制了被害人质，并将其置于自己实际支配之下为标准，那种以是否实际取得钱财或其他非法利益为客观评判标准是简单的结果论。A 中，绑架行为已经实施完毕，甲已经实际控制了被害人质，因此构成绑架罪的既遂，所以 A 正确。从抢夺罪的客观方面来看，该罪的客观方面表现为乘人不备，公然夺取他人财物的行为。这里的关键词应是夺取，而“夺取”是由“夺”和“取”这两方面组成的，因此应以行为人是否实际控制所夺取的财物来作为抢夺罪既遂与未遂的区分标准。B 中，甲实施了抢夺行为，并抢得半条项链，其事后认为无用将项链扔掉的行为并不影响抢夺罪既遂的成立，因此 B 错误。C 中，甲明知乙实施盗窃行为，仍为其提供钥匙，因此二人达成了实施盗窃行为的共通意思联络，但乙最终成功盗得汽车与甲提供钥匙的行为没有关系，即甲的行为对犯罪结果的发生并未实际产生原因力，故应认定甲构成盗窃罪未遂，C 正确。D 中，甲实施秘密窃取钻戒的行为，并立即逃离柜台，此时犯罪构成既遂。后甲在商场摔倒，保安扶起甲后偶然发现其有盗窃行为并将其控制，这并不会导致其行为性质由既遂转为未遂。如果甲逃离柜台时即被发现，保安追逐过程中将甲控制，则属于犯罪未遂。因此 D 错误。故，本题的正确答案为 AC。

**47. AB**。A 中，虽然甲实施了教唆行为，但在此之前乙已有杀害其妻的故意，甲的行为并未使他人产生犯罪意图，因此不构成故意杀人罪的教唆犯。A 正确。如果先行为人已实施一部分实行行为后，后行为人以共同犯罪的意思参与实行或者提供帮助，则为承继的共同犯罪。B 中，乙基于敲诈勒索的故意实施了恐吓丙的行为，在丙交付财物时，甲在知情的情况下中途加入帮助乙取得财物，甲、乙是承继的共犯，即甲构成敲诈勒索罪的共犯，所以 B 正确。C 中，乙、丙斗殴的地点在五金店门口，乙花钱买锤子，甲目击乙、丙斗殴，且已充分意识到乙购买锤子的目的在于伤害他人，在此情况下仍将锤子卖给乙，已构成故意伤害罪的帮助犯。所以 C 错误。间接正犯通过操纵他人实施犯罪，本人并不亲自实施危害行为。但是 D 中甲并无成立贿赂罪的主体身份，而且甲要求乙接受贿赂而被拒绝，是由甲擅自做主接受贿赂，乙并非甲操纵实施犯罪的工具，因此甲不成立受贿罪的间接正犯，所以 D 错误。故，本题的正确答案为 AB。

**48. ABCD**。想象竞合犯是指基于一个罪过，实施一个犯罪行为，同时侵犯数个犯罪客体，触犯数个罪名的情况。A 中，甲实施了两个犯罪行为：一是购买危险物质；二是将毒品出售给他人，因此，不能成立非法买卖危险物质罪与贩卖毒品罪的想象竞合犯，A 错误。绑架罪的主观动机是勒索钱财或其他非法利益，绑架扣押人质只是实现主观目的的手段。B 中，甲虽然有非法拘禁乙的行为，但这只是其勒索财物的手段，因此甲构成绑架罪和非法拘禁罪的牵连犯，所以 B 错误。C 中，根据主客观相一致的原则，甲实施了两个行为：一是意图劫财而使用麻醉药准备抢劫的行为，但是由于乙不在家中，甲构成抢劫罪未遂；二是甲在乙不在家的情况下，秘密窃取现金的行为，因此构成两罪，应当数罪并罚，所以 C 错误。D 中，甲存在两个犯罪行为，构成受贿罪与为境外非法提供国家秘密罪两罪，应数罪并罚。故，本题的答案是 ABCD。

**49. ABCD**。《刑法》第 78 条规定，被判处管制、拘役、有期徒刑、无期徒刑的犯罪分子，在执行期间，如果认真遵守监规，接受教育改造，确有悔改表现的，或者有立功表现的，可以减刑。可见减刑针对的是被判处管制、拘役、有期徒刑、无期徒刑的罪犯，尚未涉及权利刑、财产刑、生命刑的减免。因此，A 错误。《刑法》第 80 条规定，无期徒刑减为有期徒刑的刑期，从裁定减刑之日起计算。因此，B 错误。《关于办理减刑、假释案件具体应用法律的规定》第 18 条规定："被判处拘役或者三年以下有期徒刑，并宣告缓刑的罪犯，一般不适用减刑。前款规定的罪犯在缓刑考验期限内有重大立功表现的，可以参照刑法第七十八条规定予以减刑，同时应依法缩减其缓刑考验期。缩减后，拘役的缓刑考验期限不能少于二个月，有期徒刑的缓刑考验期限不能少于一年。"因此，C 错误。假释是附条件的提前释放，因此，如果被假释的犯罪人在考验期内没有遵守一定的条件或者出现了不符合条件的事实，就应当撤销假释。根据《刑法》第 86 条的规定，被假释的犯罪分子，在假释考验期限内犯新罪，应当撤销假释，依照《刑法》第 71 条的规定实行数罪并罚；如果有漏罪的，应当撤销假释，依照《刑法》第 70 条的规定实行数罪并罚；如果违反相关监督管理规定，尚未构成新的犯罪的，应当撤销假释，收监执行尚未执行完毕的刑罚。因此，不管是何时发现，只要是在假释考验期内犯新罪的，都应撤销假释。故 D 错误。综上，ABCD 当选。

**50. ABD**。被害人承诺，符合一定条件，方可排除损害被害人法益行为的违法性。承诺者对所承诺的事项的意义、范围具有理解能力是成立被害人承诺的一项重要的条件。A 中，被害人乙仅 15 周岁，尚未成年，其对所承诺的事项并没有完全的理解能力，因此，不能排除甲行为的违法性，成立故意伤害罪。因此，A 错误。根据我国《刑法》第 261 条的规定，遗弃罪是指对于年老、年幼、患病或者其他没有独立生活能力的人，负有扶养义务而拒绝扶养，情节恶劣的行为。B 中，乙缺乏生活能力，而且甲乙是夫妻关系，因此甲对乙负有扶养的义务，虽然乙吸毒，但是并不能免除甲扶养乙的义务，故甲拒绝扶养乙并致乙死亡的行为构成遗弃罪，B 错误。根据我国《刑法》第 243 条的规定，诬告陷害罪，是指捏造事实诬告陷害他人，意图使他人受刑事追究，情节严重的行为。"捏造"，是指无中生有，虚构犯罪事实，意图使被诬告者受到错误侦查、起诉、审判等。C 中，乙盗窃价值 4000 余元财物的行为真实存在，甲并未虚构犯罪事实，只是将盗窃财物谎称成抢劫财物，因此不符合诬告陷害罪的条件，C 正确。猥亵行为具有相对性，在不同的猥亵犯罪中，猥亵行为的范围并不相同。强制猥亵妇女与强制猥亵幼女，只能是性交以外的行为，因为法律对性交行为有专门的罪名予以处罚。但是猥亵幼男的行为则包括性交行为，根据"举轻以明重"的原则，其他的一般猥亵方法认定为猥亵儿童罪，那么作为更重的性交行为应当包含在内，因此 D 错误。故，ABD 当选。

**51. ABCD**。虽然老妪坐在床上，但是甲并未采取暴力手段或其他威胁方法，而是公然取得财物，因此不构成抢劫罪，A 正确。甲并未秘密窃取，而是在老妪的注视下取得财物，因此构成抢夺罪，根据我国《刑法》第 267 条第 2 款的规定，携带凶器抢夺的，以抢劫罪定罪处罚，因此 B 正确。按照 B 的观点，如果甲作案时未携带凶器，也未秘密窃取财物，那么甲的行为不构成抢劫罪、盗窃罪，同时又不符合抢夺罪的"数额较大"的要件，我国《刑法》又未将入户抢夺作为犯罪成立的条件，因此甲也不成立抢夺罪，甲的行为也不构成其他侵犯财产犯罪，C 正确。如果按照 D 的标准，甲的行为能够认定为入户盗窃，根据我国《刑法》的规定，入户盗窃成立盗窃罪没有盗窃数额或者盗窃次数的限定，因此甲的行为构成盗窃罪，所以 D 正确。故，ABCD 当选。

**52. BCD**。A 中，乙给付甲 1 万元，并非相信甲隐瞒真相虚构的事实，而是碍于情面，将 1 万元交给甲，因此，甲的行为成立诈骗未遂，A 正确。B 属于特殊类型的诈骗，虽然甲伪造了房产证，骗取丙交付了租金 2 万元，但是丙在出租屋中也住了一年，丙与甲形成了租赁关系，丙并不是受害者，真正的被害人是乙，但是甲并未对乙实施诈骗行为，因此，甲的行为不应认定为诈骗罪。因此 B 错误。C 中甲原本具有支付餐费的意思，但是由于没带钱，所以采取欺骗手段不支付费用，虽然甲向餐厅经理谎称送走客人后再付款，甲趁机逃走，但是被害人并没有因此免除甲的债务，即没有处分行为，故甲的行为不应认定为诈骗罪，所以 C 错误。乙购买假币的行为已经扰乱了货币管理制度以及金融管理秩序，其行为本身已是犯罪，其是在犯罪过程中上当受骗，而甲采取虚构事实、隐瞒真相的方式，骗取乙财物的行为同样构成诈骗罪。因此 D 错误。故，本题的答案为 BCD。

**53. AD**。根据我国《刑法》第 292 条的规定，聚众斗殴罪，是指为了报复他人、争霸一方或者其他不正当目的，纠集众人成帮结伙地互相进行殴斗，破坏公共秩序的行为。村民为争水源而斗殴，符合聚众斗殴罪的主观要件，因此 A 正确。聚众斗殴的一般参加者，是相对于聚众斗殴罪中“积极参加者”而言的。《刑法》第 292 条规定，首要分子和积极参加者才构成聚众斗殴罪，一般参加者不构成。因此 B 错误。两村未发生持械斗殴，但是双方互相谩骂、互扔石块，造成甲村 3 人被砸成重伤的后果，已经成立聚众斗殴罪既遂，所以 C 错误。根据我国《刑法》第 292 条第 2 款的规定，聚众斗殴，致人重伤、死亡的，依照故意伤害罪、故意杀人罪定罪处罚。对扔石块将甲村 3 人砸成重伤的乙村村民，应以故意伤害罪论处，因此 D 正确。故，本题的正确答案为 AD。

**54. ABCD**。受贿罪是指国家工作人员利用职务上的便利，索取他人财物或者非法收受他人财物，为他人谋取利益的行为。A 中，张某作为城建局长，甲以提供海洛因为条件请张某关照工程招标，张某同意，并且利用自己职务便利让甲中标，并收受甲提供的 50 克海洛因，符合受贿罪的犯罪构成，因此 A 正确。根据我国《刑法》第 388 条之一的规定，利用影响力受贿罪是指国家工作人员的近亲属或者其他与该国家工作人员关系密切的人，通过该国家工作人员职务上的行为，或者利用该国家工作人员职权或者地位形成的便利条件，通过其他国家工作人员职务上的行为，为请托人谋取不正当利益，索取请托人财物或者收受请托人财物，数额较大或者有其他较重情节的行为。乙父利用乙系人社局副局长的职权，将不符合条件的亲戚纳入社保，并收受现金的行为，符合利用影响力受贿罪的犯罪构成，因此 B 正确。C 中，王某已经退休，不再属于国家工作人员，由于主体不适格，其通过现任厂长为他人谋取利益并接受财物的行为不构成受贿罪，而可能构成利用影响力受贿罪。因此 C 正确。单位受贿罪是指国家机关、国有公司、企业、事业单位、人民团体，索取、非法收受他人财物，为他人谋取利益，情节严重的行为。由于法院院长是法院的直接负责人，因此院长向某企业经理索要贿赂，最终钱款 500 万元打入法院单位账户，符合单位受贿罪的犯罪构成，因此 D 正确。故，本题正确答案为 ABCD。

**55. AB**。“未经法院依法判决，对任何人都不得确定有罪”原则（以下简称题干所述原则）明确规定了确定被告人有罪的权力由人民法院统一行使，其他任何机关、团体和个人都无权行使。定罪权是刑事审判权的核心，人民法院作为我国唯一的审判机关，代表国家统一独立行使刑事审判权。人民法院判决被告人有罪，必须严格依照法定程序，在保障被告人享有充分的辩护权的基础上，依法组成审判庭进行公正、公开的审理。故 AB 两项正确。题干所述原则在一定程度上吸收了无罪推定原则的精神。故 C 错误。我国刑事诉讼法只是在审查起诉和第一审程序中体现了疑罪从无的精神，从题干所述原则中无法得出疑罪从无的结论。故 D 错误。综上，本题答案为 AB。

**56. ABCD**。《刑事诉讼法》第 25 条规定，刑事案件由犯罪地的人民法院管辖。如果由被告人居住地的人民法院审判更为适宜的，可以由被告人居住地的人民法院管辖。《刑诉解释》第 2 条第 2 款规定：“针对或者主要利用计算机网络实施的犯罪，犯罪地包括用于实施犯罪行为的网络服务使用的服务器所在地，网络服务提供者所在地，被侵害的信息网络系统及其管理者所在地，犯罪过程中被告人、被害人使用的信息网络系统所在地，以及被害人被侵害时所在地和被害人财产遭受损失地等。”本题中，周某计算机所在地作为被告人使用的计算机系统所在地、齐某的计算机所在地作为被害人使用的计算机系统所在地、周某租用的服务器所在地作为犯罪行为发生地的网站服务器所在地、经营该网络游戏的公司所在地作为网站建立者和管理者所在地，上述地区的法院均有管辖权。本题选 ABCD。

**57. BC**。《高检规则》第 423 条规定，人民法院宣告判决前，人民检察院发现被告人的真实身份或者犯罪事实与起诉书中叙述的身份或者指控犯罪事实不符的，或者事实、证据没有变化，但罪名、适用法律与起诉书不一致的，可以变更起诉。发现遗漏同案犯罪嫌疑人或者罪行的，应当要求公安机关补充移送起诉或者补充侦查；对于犯罪事实清楚，证据确实、充分的，可以直接追加、补充起诉。据此，判决宣告前检察院发现张某和郑某涉嫌贿赂犯罪，对这一新的犯罪事实及同案犯罪嫌疑人，在申请延期审理的情况下，进行补充侦查；对于无需补充侦查的，可由检察院直接补充、追加或者变更起诉。本题选择BC。

**57. ABCD**。《高检规则》第280条第1款规定，人民检察院办理审查逮捕案件，可以讯问犯罪嫌疑人；具有下列情形之一的，应当讯问犯罪嫌疑人：(1)对是否符合逮捕条件有疑问的；(2)犯罪嫌疑人要求向检察人员当面陈述的；(3)侦查活动可能有重大违法行为的；(4)案情重大、疑难、复杂的；(5)犯罪嫌疑人认罪认罚的；(6)犯罪嫌疑人系未成年人的；(7)犯罪嫌疑人是盲、聋、哑人或者是尚未完全丧失辨认或者控制自己行为能力的精神病人的。A中，犯罪嫌疑人的供述前后反复且与其他证据矛盾，是否符合逮捕条件尚有疑问，应当讯问犯罪嫌疑人，A正确。B符合前述第2项规定，正确。C中，侦查机关拘留犯罪嫌疑人36小时以后将其送交看守所羁押，属于侦查活动可能有重大违法行为的情形，C正确。D符合前述第7项规定，正确。综上，本题选ABCD。

**59. AD**。《刑事诉讼法》第56条规定，采用刑讯逼供等非法方法收集的犯罪嫌疑人、被告人供述和采用暴力、威胁等非法方法收集的证人证言、被害人陈述，应当予以排除。收集物证、书证不符合法定程序，可能严重影响司法公正的，应当予以补正或者作出合理解释；不能补正或者作出合理解释的，对该证据应当予以排除。在侦查、审查起诉、审判时发现有应当排除的证据的，应当依法予以排除，不得作为起诉意见、起诉决定和判决的依据。《刑诉解释》第123条规定："采用下列非法方法收集的被告人供述，应当予以排除：(一)采用殴打、违法使用戒具等暴力方法或者变相肉刑的恶劣手段，使被告人遭受难以忍受的痛苦而违背意愿作出的供述；(二)采用以暴力或者严重损害本人及其近亲属合法权益等相威胁的方法，使被告人遭受难以忍受的痛苦而违背意愿作出的供述；(三)采用非法拘禁等非法限制人身自由的方法收集的被告人供述。"据此，本题A中获得的供述应当排除。D中对朱某采用了威胁的方式取证，由此获得的证人证言属于非法证据应当排除。B中对被告人使用的引诱手段和C中对被告人的威胁并不属于前述"刑讯逼供等非法方法"的情形，故由此获得的供述不能作为非法证据加以排除。本题选AD。

**60. BC**。《刑事诉讼法》第38条规定，辩护律师在侦查期间可以为犯罪嫌疑人提供法律帮助；代理申诉、控告；申请变更强制措施；向侦查机关了解犯罪嫌疑人涉嫌的罪名和案件有关情况，提出意见。据此，辩护律师并没有在侦查人员讯问犯罪嫌疑人时在场的权利，侦查人员可以拒绝律师的该项请求，A没有违反《刑事诉讼法》的规定。《刑事诉讼法》第96条规定，人民法院、人民检察院和公安机关如果发现对犯罪嫌疑人、被告人采取强制措施不当的，应当及时撤销或者变更。公安机关释放被逮捕的人或者变更逮捕措施的，应当通知原批准的人民检察院。因此，B违反了该规定。《刑事诉讼法》第92条规定，公安机关对人民检察院不批准逮捕的决定，认为有错误的时候，可以要求复议，但是必须将被拘留的人立即释放。C在复议前继续拘留犯罪嫌疑人的做法是错误的。《刑事诉讼法》第75条第2款规定，指定居所监视居住的，除无法通知的以外，应当在执行监视居住后24小时以内，通知被监视居住人的家属。D中如果是在无法通知的情况下未告知犯罪嫌疑人的家属，并不违反法律规定。此外，《高检规则》第117条第1款和《公安规定》第113条规定，侦查阶段并不要求将被指定居所监视居住的处所告知犯罪嫌疑人的家属，而只要求告知原因。本题选BC。

**61. ACD**。《刑诉解释》第204条规定："送达诉讼文书，应当由收件人签收。收件人不在的，可以由其成年家属或者所在单位负责收件的人员代收。收件人或者代收人在送达回证上签收的日期为送达日期。收件人或者代收人拒绝签收的，送达人可以邀请见证人到场，说明情况，在送达回证上注明拒收的事由和日期，由送达人、见证人签名或者盖章，将诉讼文书留在收件人、代收人的住处或者单位；也可以把诉讼文书留在受送达人的住处，并采用拍照、录像等方式记录送达过程，即视为送达。"本题中，徐某的父母作为起诉书副本的代收人拒绝签收，书记员可以邀请见证人到场，该书记员和见证人签名或盖章，采取拍照、录像等方式记录送达过程，并将起诉书副本留在徐某住处的方式进行送达。但是根据上述规定，B中书记员和见证人应当在送达回证而不是起诉书副本上签字或者盖章，B错误。本题选ACD。

**62. ABC**。《刑事诉讼法》第288条规定，下列公诉案件，犯罪嫌疑人、被告人真诚悔罪，通过向被害人赔偿损失、赔礼道歉等方式获得被害人谅解，被害人自愿和解的，双方当事人可以和解：(1)因民间纠纷引起，涉嫌《刑法》分则第4章、第5章规定的犯罪案件，可能判处3年有期徒刑以下刑罚的；(2)除渎职犯罪以外的可能判处7年有期徒刑以下刑罚的过失犯罪案件。犯罪嫌疑人、被告人在5年以内曾经故意犯罪的，不适用本章规定的程序。根据该规定，和解必须建立在自愿合法原则之上，A正确。犯罪嫌疑人、被告人在5年以内曾经故意犯罪的，不适用本章规定的程序，C正确。《刑事诉讼法》第290条规定，对于达成和解协议的案件，公安机关可以向人民检察院提出从宽处理的建议。人民检察院可以向人民法院提出从宽处罚的建议；对于犯罪情节轻微，不需要判处刑罚的，可以作出不起诉的决定。人民法院可以依法对被告人从宽处罚。从该条可以看出，公安机关向检察院提出从宽处理建议并不是作出不起诉决定的必备条件，只是可以从宽处理的条件；

而犯罪情节轻微，不需要判处刑罚才是检察院可以作出不起诉决定的条件。据此，B 正确、D 错误。综上，本题选 ABC。

**63. ABCD**。《刑事诉讼法》第 284 条规定，被附条件不起诉的未成年犯罪嫌疑人，在考验期内有下列情形之一的，人民检察院应当撤销附条件不起诉的决定，提起公诉：（1）实施新的犯罪或者发现决定附条件不起诉以前还有其他犯罪需要追诉的；（2）违反治安管理规定或者考察机关有关附条件不起诉的监督管理规定，情节严重的。被附条件不起诉的未成年犯罪嫌疑人，在考验期内没有上述情形，考验期满的，人民检察院应当作出不起诉的决定。根据该规定，BCD 均符合撤销不起诉决定、提起公诉的法定情形。附条件不起诉是规定在《刑事诉讼法》未成年人刑事案件诉讼程序中的一项制度。《高检规则》第 489 条第 1 款规定，未成年人刑事案件，是指犯罪嫌疑人实施涉嫌犯罪行为时已满 14 周岁、未满 18 周岁的刑事案件。据此，A 中发现有新的证据确认童某更改过年龄，本身就违反了附条件不起诉的对象应当是未成年人的规定，故应当撤销不起诉决定，提起公诉。A 正确。本题选 ABCD。

**64. ABD**。《最高人民法院关于进一步加强合议庭职责的若干规定》第 10 条规定，合议庭审理案件有下列情形之一的，合议庭成员不承担责任：（1）因对法律理解和认识上的偏差而导致案件被改判或者发回重审的；（2）因对案件事实和证据认识上的偏差而导致案件被改判或者发回重审的；（3）因新的证据而导致案件被改判或者发回重审的；（4）因法律修订或者政策调整而导致案件被改判或者发回重审的；（5）因裁判所依据的其他法律文书被撤销或变更而导致案件被改判或者发回重审的；（6）其他依法履行审判职责不应当承担责任的情形。因此，A 属于上述第 3 项情形；B 属于上述第 2 项情形；D 属于上述第 5 项情形，合议庭成员对此均不承担责任。《人民法院审判人员违法审判责任追究办法（试行）》第 8 条规定，当事人及其诉讼代理人因客观原因不能自行收集影响案件主要事实认定的证据，请求人民法院调查收集，有关审判人员故意不予收集，导致裁判错误的，属于人民法院审判人员违法审判责任追究范围，相关人员应当承担责任。据此，C 错误。综上，本题选 ABD。

**65. AB**。《刑诉解释》第 295 条规定："对第一审公诉案件，人民法院审理后，应当按照下列情形分别作出判决、裁定：……（十）被告人死亡的，应当裁定终止审理；但有证据证明被告人无罪，经缺席审理确认无罪的，应当判决宣告被告人无罪……"本题中，刘某在法庭审理期间死亡，法院应当裁定终止审理，如果根据已查明的案件事实和认定的证据，能够确认刘某无罪的，应当判决宣告刘某无罪。本题选择 AB。

**66. ABC**。《刑诉解释》第 429 条规定："最高人民法院复核死刑案件，应当按照下列情形分别处理：……（三）原判事实不清、证据不足的，应当裁定不予核准，并撤销原判，发回重新审判……"据此，对于本案正确的做法是对全案裁定不予核准，并撤销原判，发回重审，即 D 是正确做法。本题是选非题，故本题选 ABC。

**67. BC**。合法行政原则是行政法的首要原则和灵魂，其具体要求行政机关实施管理活动时，依照法律、法规、规章的明确授权行事。没有相关明确条文规定，不得作出影响相对人权益或增加其义务的决定。A 符合合法行政要求，《行政许可法》第 63 条规定，行政机关实施监督检查，不得妨碍被许可人正常的生产经营活动，不得索取或者收受被许可人的财物，不得谋取其他利益。B 违反合法行政要求，《行政处罚法》第 63 条第 2 款规定，当事人不承担行政机关组织听证的费用。C 违反合法行政要求，行政强制措施的实施组织为国家有权机关和法律、行政法规授权的组织。《行政强制法》第 17 条明文规定行政强制措施的实施不得委托。D 符合合法行政要求，《行政许可法》第 68 条第 2 款规定，行政机关在监督检查时，发现直接关系公共安全、人身健康、生命财产安全的重要设备、设施存在安全隐患的，应当责令停止建造、安装和使用，并责令设计、建造、安装和使用单位立即改正。综上，本题选 BC。

**68. ACD**。权责一致要求行政机关在行政管理中有权必有责，用权受监督，违法受追究。行政机关在进行行政管理时，由法律、法规赋予其行政手段，体现了行政机关行政职权与职责的统一。行政机关违法或不当行使职权时，应当依法承担责任，体现了职权和责任的统一。据此，ACD 符合权责一致的要求，当选。B 中行政机关作出决定时不得考虑不相关因素是合理行政原则的体现，不当选。

**69. ABCD**。比例原则属于合理行政原则的内容，它要求行政机关在行政活动中所采用的手段必须能达到其行政目的或者至少有利于目的的达成，且在有多种手段可供选择时，采用必要且对相对人侵害最小（保护最大）的手段，最终手段侵害的利益要小于目的所追求的利益。县政府的行为不违反比例原则。行政公开要求行政机关对政府信息和行政行为的过程、结果等进行公开。县政府的行为不违反行政公开的要求。程序正当原则即行政程序合理原则，其内容包括程序公正、程序公开和程序参与。县政府的行为并不违反程序公正、公开和参与的要求。权责一致要求行政机关在行政活动中有权必有责，用权受监督，违法受追究。行政机关在进行行政管理时，由法律、法规赋予其行政手段，行政机关违法或不当行使职权时，应当依法承担责任。县政府的行为并不违反权责一致的要求。信赖保护原则是行政法的另一项基本原则，是指行政管理相对人对行政权力的正当合理信赖应当予以保护，行政机关不得擅自改变已生效的行政行为，确需改变行政行为的，对于由此给相对人造成的损失应当给予补偿。综上，本题中张某因信赖县政府的奖励通知从而做出了引荐的行为，事后县政府否认奖励通知，违反了信赖保护原则。综上，本题应选ABCD。

**70. BCD**。A错误，《公务员法》第101条第1款规定，机关聘任公务员可以参照公务员考试录用的程序进行公开招聘，也可以从符合条件的人员中直接选聘。据此，公开招聘并非必需。B正确，《公务员法》第104条规定，机关根据本法和聘任合同对所聘公务员进行管理。C正确，《公务员法》第103条第3款规定，聘任制公务员实行协议工资制，具体办法由中央公务员主管部门规定。D正确，《公务员法》第105条第1、2款规定，聘任制公务员与所在机关之间因履行聘任合同发生争议的，可以自争议发生之日起60日内申请仲裁。省级以上公务员主管部门根据需要设立人事争议仲裁委员会，受理仲裁申请。人事争议仲裁委员会由公务员主管部门的代表、聘用机关的代表、聘任制公务员的代表以及法律专家组成。综上，本题选BCD。

**71. ABD**。A正确，《行政强制法》第24条规定，查封、扣押的实施应当遵守《行政强制法》第18条规定。《行政强制法》第18条规定了行政强制措施实施的一般程序，其中规定了应当通知当事人到场。B正确，《行政强制法》第24条第3款规定，查封、扣押清单一式二份，由当事人和行政机关分别保存。C错误，《行政强制法》第26条第3款规定，因查封、扣押发生的保管费用由行政机关承担。D正确，《行政强制法》第26条第1款规定，对查封、扣押的场所、设施或者财物，行政机关应当妥善保管，不得使用或毁损；造成损失的，应当承担赔偿责任。综上，本题选ABD。

**72. BCD**。《行诉法解释》第16条第1款规定，股份制企业的股东大会、股东会、董事会等认为行政机关作出的具体行政行为侵犯企业经营自主权的，可以企业名义提起诉讼。BCD应选。

**73. CD**。处理行政复议和行政诉讼的衔接关系时，以当事人选择为主、行政复议前置和行政终局裁决为例外，即除非法律、法规明确规定，一般情况下，相对人都可以选择向法院起诉，也可以选择申请复议。

《行诉法解释》第1条第2款第2项规定，行政机关对民事纠纷的调解不属于行政诉讼受案范围，因此不可以提起行政诉讼，A错误，不选。

《出境入境管理法》第64条第1款规定，外国人对依照本法规定对其实施的继续盘问、拘留审查、限制活动范围、遣送出境措施不服的，可以依法申请行政复议，该行政复议决定为最终决定。所以B是行政终局裁决行为，不可以向法院起诉，B错误，不选。

对于是否征收反倾销税的决定，法律、法规并没有规定其为复议前置，因此当事人可以自由选择复议或者起诉，C正确，当选。

《税收征收管理法》第88条第1、2款规定，纳税人、扣缴义务人、纳税担保人同税务机关在纳税上发生争议时，必须先依照税务机关的纳税决定缴纳或者解缴税款及滞纳金或者提供相应的担保，然后可以依法申请行政复议；对行政复议决定不服的，可以依法向人民法院起诉。当事人对税务机关的处罚决定、强制执行措施或者税收保全措施不服的，可以依法申请行政复议，也可以依法向人民法院起诉。根据该条规定，税务机关的征收行为属于复议前置情形，而税务机关作出的处罚决定并非行政复议前置情形，因此，当事人可以自由选择复议或者诉讼，D正确，当选。综上，本题选CD。

**74. BD**。本题中，区政府根据规划局的请求，组织人员将违法建筑拆除，是行政强制执行的实际实施者，其违法赔偿责任当然由其承担，因此，区规划局不是适格的赔偿义务机关，故A错误，不选，B正确，当选。其实，这一考点为《城乡规划法》第68条规定，作出拆除决定的规划局没有强制执行权，而其所在地的县级以上地方人民政府（本题中的区政府）具有对违法建设工程的强制执行权。《国家赔偿法》第9条规定，赔偿请求人请求赔偿，不需要经过确认程序，而是可以直接向赔偿义务机关提出，也可以在申请行政复议或者提起行政诉讼时一并提出。对不予赔偿（含不作为的）可以提起行政赔偿之诉。故C错误，不选。《国家赔偿法》第15条第1款规定，人民法院审理行政赔偿案件，赔偿请求人和赔偿义务机关对自己提出的主张，应当提供证据。因此该公司作为赔偿请求人应当对自己的主张提供证据，D正确，当选。

**75. AB**。行政行为合法的必要条件有5个：(1) 有事实依据（证据确凿）；(2) 有法律依据（适用法律、法规正确）；(3) 遵守法定程序；(4) 未超越职权；(5) 未滥用职权。五者缺一不可。A正确，应选。行政行为无效是指行政行为因明显、重大违法，导致该行为自始至终不产生法律效力。重大的违法情形必须根据各个具体行政行为的情况以及相关法律的规定是否严格或者宽松来判断。如《行政处罚法》第4条规定，公民、法人或者其他组织违反行政管理秩序的行为，应当给予行政处罚的，依照本法由法律、法规、规章规定，并由行政机关依照本法规定的程序实施。另外，包括明显超越职权、滥用职权等情形都会导致行政行为无效，所以无效行政行为的表现方式多种多样，无法完全列举。B正确，应选。具体行政行为的废止主要有3种情形：(1) 行政行为所依据的法律、法规、规章、政策经有权机关修改、废止或者撤销，相应行为如果继续存在，则与新的法律、法规、规章、政策相抵触；(2) 客观形势发生重大变化，原行为继续存在将有碍于社会政治、经济、文化的发展，甚至给国家和社会利益造成重大损失；(3) 行政行为已经完成原定的目标、任务，实现了其历史使命，从而没有继续存在的必要。如果说行政行为的废止是由前两个原因引起的，且给相对人的合法权益造成比较大的损失，则应当给予行政相对人适当的补偿。因此，行政行为的废止引发的后果应当是补偿而不是赔偿。C 错误，不选。《行政复议法》第 42 条规定，行政复议期间具体行政行为不停止执行。也就是说，在复议期间，行政行为仍然被推定为有效，需要行政相对人（申请人）予以全面履行，只要推定行政行为有效，则行政行为就具有拘束力。D 错误，不选。

**76. BCD**。甲违反交通运输管理法规，逆行进入对向车道，导致交通事故的发生，造成一人死亡，一人重伤的严重后果，符合交通肇事罪的犯罪构成，不符合以危险方法危害公共安全罪的犯罪构成，因此 A 正确，B 错误。交通肇事罪属于过失犯，因此 C 错误。乙虽然违反交通运输管理法规，无驾驶资格，事发时略有超速，且未采取有效制动措施，对事故的发生亦负有责任，但主要责任系甲的行为导致的，因此，乙不构成交通肇事罪，D 错误。故，BCD 当选。

**77. AD**。甲违反交通运输管理法规，逆向行驶，撞到乙驾驶的车辆，致使胡某重伤，虽然急救人员在 5 分钟之内赶到，但是胡某因伤势过重被送医院后死亡，因此，胡某的死亡与甲的肇事行为存在因果关系，与逃逸行为不存在因果关系，所以 A 正确，B 错误。《关于审理交通肇事刑事案件具体应用法律若干问题的解释》第 5 条规定，“因逃逸致人死亡”，是指行为人在交通肇事后为逃避法律追究而逃跑，致使被害人因得不到救助而死亡的情形。事实二中甲逃逸后，胡某得到了救助，急救人员在 5 分钟之内赶到了现场，胡某系因伤势过重被送医院后死亡，因此，甲不属于“因逃逸致人死亡”，不适用该法定刑，C 错误。自首是指犯罪后自动投案，向公安、司法机关或其他有关机关如实供述自己的罪行的行为。自首成立的条件有二：自动投案和如实供述。只要甲主动向警方投案并如实交代罪行，应认定为自首，与是否逃逸没有关系，因此 D 正确。所以正确答案是 AD。

**78. AD**。丙和丁以竞赛为目的危险驾驶显然满足了违反交通法规，危险驾驶危害公共安全的故意，并且在共同故意支配下实施统一行为，应该构成危险驾驶罪，属于共同犯罪。因此 A 正确，B 错误。结合事实四，由于无法查明乙被丙撞击前是否已死亡，也无法查明乙被丙撞击前所受创伤是否为致命伤，故不能认定丙的行为与乙的死亡之间有因果关系，因此无法认定丙构成交通肇事罪。因此 C 错误。丙和丁驾驶车辆追逐竞驶，并且情节恶劣，构成危险驾驶罪，犯罪既遂并不以完成预定的飙车行为为条件，因此 D 正确。综上，本题选 AD。

**79. ABCD**。从题干来看，甲和丙的行为都有可能是导致乙死亡的原因，也都有可能不是。在此情形下，按照刑法规定的证据标准以及推定应当有利于被告人的原则，无法认定甲和丙的行为与乙的死亡之间存在因果关系。因此 A 和 B 均错误。处置现场的警察对乙进行了积极救助，与乙的死亡之间不存在因果关系，因此 C 错误。虽然乙没有驾驶资格，事发时略有超速，且未采取有效制动措施，但甲逆行，根据题干描述无法判定如果没有乙的违章行为是否还会发生交通事故以及是否还会造成乙的死亡，因此也无法认定乙的过失行为与其死亡结果之间存在因果关系。D 错误。因此，ABCD 当选。

**【陷阱提示】**刑法上的因果关系与民法上的因果关系有非常大的区别。在民法上，如果甲和乙的行为都与结果有关，但无法认定是谁的行为具体造成了损害结果，则甲乙都要承担责任。但在刑法上，则只能认定甲乙都不用承担责任。这是由刑法与民法的性质和目的所决定的。

**80. ABCD**。根据我国《刑法》第 307 条第 1 款的规定，妨害作证罪，是指采用暴力、威胁、贿买等方法阻止证人作证或者指使他人作伪证的行为。妨害作证行为必须发生在诉讼过程中。因此，丁指使王某顶包的行为不构成妨害作证罪。丁让王某为自己顶罪，属于指使他人为自己作假证明，不能成立包庇罪的共犯。因为一旦认定丁构成包庇罪，则成了丁自己包庇自己，这显然不符合常理。由于王某根本没有替丁顶罪的意思，也没有实际实施假冒飙车者去投案的行为，因此，王某本人也不构成包庇罪。丁的教唆行为没有使他人产生犯罪意图，因此不构成犯罪。所以 ABCD 当选。

**81. ABC**。虽然王某是利用被骗者丁的非法行为来骗取财物，但是如果没有王某虚构事实、隐瞒真相的行为，丁就不会交付财物，王某的行为完全符合诈骗罪的犯罪构成，应认定为诈骗罪。因此 AB 都是错误的。如果行为人购买毒品的目的是贩卖，或者有证据证明行为人是为了贩卖而去购买毒品的，则构成贩卖毒品罪；如果行为人是因为沾染吸毒恶习后，为满足其吸毒需要，非法购买较大以上数量毒品的，或者有证据证明行为人不是以营利为目的，为他人代买仅用于吸食的毒品，数量达到较大以上数量的，则构成非法持有毒品罪。因此 C 错误。王某将毒品藏在家中的行为，构成非法持有毒品罪，不构成窝藏毒品罪，因此 D 正确。所以 ABC 当选。

**82. B**。《刑诉解释》第 336 条第 1 款规定：“被告单位的诉讼代表人，应当是法定代表人、实际控制人或者主要负责人；法定代表人、实际控制人或者主要负责人被指控为单位犯罪直接责任人员或者因客观原因无法出庭的，应当由被告单位委托其他负责人或者职工作为诉讼代表人。但是，有关人员被指控为单位犯罪直接责任人员或者知道案件情况、负有作证义务的除外。”本题中，公司法定代表人陆某属于被指控单位犯罪的直接责任人员，无法作为诉讼代表人，A 错误。被告单位委托的职工王某可以作为诉讼代表人，B 正确。保管员韩某作为案件知情人，负有作证的义务，无法作为诉讼代表人，C 错误。公司副经理李某并不是被告单位委托的其他负责人，不能作为诉讼代表人，D 错误。综上，本题选 B。

**83. ABD。**《刑诉解释》第 341 条规定：“被告单位的违法所得及其他涉案财物，尚未被依法追缴或者查封、扣押、冻结的，人民法院应当决定追缴或者查封、扣押、冻结。”据此，AB 正确。《刑诉解释》第 342 条规定：“为保证判决的执行，人民法院可以先行查封、扣押、冻结被告单位的财产，或者由被告单位提出担保。”据此，C 错误，D 正确。综上，本题选 ABD。

**84. BC。**《刑法》第 31 条规定，单位犯罪的，对单位判处罚金，并对其直接负责的主管人员和其他直接责任人员判处刑罚。《最高人民检察院关于涉嫌犯罪单位被撤销、注销、吊销营业执照或者宣告破产的应如何进行追诉问题的批复》规定，涉嫌犯罪的单位被撤销、注销、吊销营业执照或者宣告破产的，应当根据刑法关于单位犯罪的相关规定，对实施犯罪行为的该单位直接负责的主管人员和其他直接责任人员追究刑事责任，对该单位不再追诉。《刑诉解释》第 344 条规定：“审判期间，被告单位被吊销营业执照、宣告破产但尚未完成清算、注销登记的，应当继续审理；被告单位被撤销、注销的，对单位犯罪直接负责的主管人员和其他直接责任人员应当继续审理。”据此，A 错误，B 正确。《刑诉解释》第 345 条规定：“审判期间，被告单位合并、分立的，应当将原单位列为被告单位，并注明合并、分立情况。对被告单位所判处的罚金以其在新单位的财产及收益为限。”据此，C 正确，D 错误。本题选择 BC。

**85. D。**《刑诉解释》第 180 条规定：“附带民事诉讼中依法负有赔偿责任的人包括：（一）刑事被告人以及未被追究刑事责任的其他共同侵害人；（二）刑事被告人的监护人；（三）死刑罪犯的遗产继承人；（四）共同犯罪案件中，案件审结前死亡的被告人的遗产继承人；（五）对被害人的物质损失依法应当承担赔偿责任的其他单位和个人。附带民事诉讼被告人的亲友自愿代为赔偿的，可以准许。”本题中，张一作为未成年刑事被告人，其父母作为监护人应当承担赔偿责任，王三作为未被追究刑事责任的其他共同侵害人也应当承担赔偿责任；李二死亡后，案件审结前，其父母作为其遗产继承人，也应当承担赔偿责任。本题选择 D。

**86. B。**《刑诉解释》第 195 条规定：“附带民事诉讼原告人经传唤，无正当理由拒不到庭，或者未经法庭许可中途退庭的，应当按撤诉处理。刑事被告人以外的附带民事诉讼被告人经传唤，无正当理由拒不到庭，或者未经法庭许可中途退庭的，附带民事部分可以缺席判决。刑事被告人以外的附带民事诉讼被告人下落不明，或者用公告送达以外的其他方式无法送达，可能导致刑事案件审判过分迟延的，可以不将其列为附带民事诉讼被告人，告知附带民事诉讼原告人另行提起民事诉讼。”本题中，赵四父母作为附带民事诉讼原告人，无正当理由不到庭或者到庭后未经法庭许可中途退庭，均应当按照撤诉处理，故 A 错误，B 正确。王三、李二父母作为刑事被告人以外的附带民事诉讼被告人，经传唤，无正当理由拒不到庭，或者未经法庭许可中途退庭的，附带民事部分可以而非应当缺席判决。CD 均错误，本题选 B。

**87. B。**行政处罚是指行政机关或其他行政主体依法定职权和程序对违反法律、行政法规、规章，尚未构成犯罪的相对人给予行政制裁的具体行政行为。行政强制措施是指行政机关在行政管理过程中，为制止违法行为、防止证据损毁、避免危害发生、控制危险扩大等情形，依法对公民的人身自由实施暂时性限制，或者对公民、法人或者其他组织的财物实施暂时性控制的行为。行政征收是指行政机关或者法定授权的组织根据法律、法规的规定，向公民、法人或者其他组织无偿收取一定财物的行政行为。行政征收须以公民、法人或者其他组织负有行政法上的缴纳义务为前提，其实质是国家以强制方式无偿取得管理相对人一定的财产所有权。行政强制执行是指在行政相对人拒不履行行政主体所作出的，并且已经生效的具体行政行为所确定的义务，有关国家机关依法强制该相对人履行该义务，或者由国家机关本身或第三人直接履行或代为履行该义务，然后向义务人征收费用的法律制度。由上可知，本题中三部门共同实施的责令孙某立即停止违法开采的行为非行政处罚，也非行政征收，且此具体行政行为的作出更非在相对人拒不履行义务的前提下进行的强制执行，而是对其行为具有责令改正性质的行政强制措施。综上，本题选 B。

**88. AD。**根据《行政诉讼法》第 12、13 条关于行政诉讼受案范围的规定，市林业和草原局的致函仅是行政机关之间一种业务上的沟通需要，不具有强制力且尚未对相对人产生实际影响，因此不具有可诉性，A 正确。同样，县政府的会议纪要仅是行政机关的工作安排，是过程性行为，尚未对相对人产生实际影响，因此也不具有可诉性，B 错误。行政合同也叫行政契约，指行政机关为达到维护与增进公共利益、实现行政管理目标的目的，与相对人之间经过协商一致达成的协议。因此，三部门之间达成的处理意见，不是与行政相对人达成的，只是一般的共同行政行为，而非订立行政合同，内容上也不涉及相对人民事权利、义务的得丧变更，故而 C 错误。三部门的通知行为属于行政强制措施，对相对人孙某产生了实际影响，具有可诉性，故 D 正确。综上，本题选 AD。

**89. AD**。《国家赔偿法》第 23 条第 3 款规定，赔偿义务机关决定不予赔偿的，应当自作出决定之日起 10 日内书面通知赔偿请求人，并说明不予赔偿的理由。A 正确。《国家赔偿法》第 24 条第 3 款规定，赔偿义务机关是人民法院的，赔偿请求人可以依照本条规定向其上一级人民法院赔偿委员会申请作出赔偿决定。本案的适格赔偿义务机关是作出一审判决的县人民法院，无须经过司法复议程序，可直接进入赔偿委员会的决定程序，B 错误。《国家赔偿法》第 29 条第 1 款规定，中级以上的人民法院设立赔偿委员会，由人民法院 3 名以上审判员组成，组成人员的人数应当为单数。C 错误。《国家赔偿法》第 30 条第 1 款规定，赔偿请求人或者赔偿义务机关对赔偿委员会作出的决定，认为确有错误的，可以向上一级人民法院赔偿委员会提出申诉。题目中已经作出假设，如果中级法院赔偿委员会作出赔偿决定，赔偿义务机关不服的，应向其上一级法院即省高级人民法院赔偿委员会提出申诉，所以 D 正确。综上，本题选 AD。

**90. BC**。根据行政行为的有限性原则以及司法制度中的“不告不理”传统，复议机关须根据行政复议申请人的复议请求作出复议决定，相对人未提出的复议请求事项（除《行政复议法》第 72 条规定的行政赔偿外），原则上行政复议机关不得自行作出决定，故 A 错误。《行诉法解释》第 31 条规定，当事人委托诉讼代理人，应当向人民法院提交由委托人签名或者盖章的授权委托书。委托书应当载明委托事项和具体权限。B 正确。《行政诉讼法》第 26 条第 2 款规定，经复议的案件，复议机关决定维持原行政行为的，作出原行政行为的行政机关和复议机关是共同被告；复议机关改变原行政行为的，复议机关是被告。由于县政府的复议决定改变了原来乡政府的处理意见，因此复议机关县政府为本案的被告。C 正确。根据《行政诉讼法》第 29 条第 1 款的规定，第三人必须同被诉行政行为或案件处理结果有利害关系。本题中，县政府决定以及案件事实认定等案件处理结果不实际影响乡政府的权利义务，故乡政府不是本案利害关系人，乡政府不得为本案第三人，D 错误。综上，本题选 BC。

# 第15天

*痛饮狂歌空度日，飞扬跋扈为谁雄？*

## 试题

**1.** 兹有四个事例：①张某驾车违章发生交通事故致搭车的李某残疾；②唐某参加王某组织的自助登山活动因雪崩死亡；③吴某与人打赌举重物因用力过猛致残；④何某心情不好邀好友郑某喝酒，郑某畅饮后驾车撞树致死。根据公平正义的法治理念和民法有关规定，下列哪一观点可以成立？

A. ①张某与李某未形成民事法律关系合意，如让张某承担赔偿责任，是惩善扬恶，显属不当

B. ②唐某应自担风险，如让王某承担赔偿责任，有违公平

C. ③吴某有完整意思能力，其自担损失，是非清楚

D. ④何某虽有召集但未劝酒，无需承担责任，方能兼顾法理与情理

**2.** 关于监护，下列哪一表述是正确的？

A. 甲委托医院照料其患精神病的配偶乙，医院是委托监护人

B. 甲的幼子乙在寄宿制幼儿园期间，甲的监护职责全部转移给幼儿园

C. 甲丧夫后携幼子乙改嫁，乙的爷爷有权要求法院确定自己为乙的法定监护人

D. 市民甲、乙之子丙5周岁，甲乙离婚后对谁担任丙的监护人发生争议，丙住所地的居民委员会有权指定

**3.** 下列哪一情形下，甲对乙不构成胁迫？

A. 甲说，如不出借1万元，则举报乙犯罪。乙照办，后查实乙构成犯罪

B. 甲说，如不将藏獒卖给甲，则举报乙犯罪。乙照办，后查实乙不构成犯罪

C. 甲说，如不购甲即将报废的汽车，将公开乙的个人隐私。乙照办

D. 甲说，如不赔偿乙撞伤甲的医疗费，则举报乙醉酒驾车。乙照办，甲取得医疗费和慰问金

**4.** 甲用伪造的乙公司公章，以乙公司名义与不知情的丙公司签订食用油买卖合同，以次充好，将劣质食用油卖给丙公司。合同没有约定仲裁条款。关于该合同，下列哪一表述是正确的？

A. 如乙公司追认，则丙公司有权通知乙公司撤销

B. 如乙公司追认，则丙公司有权请求法院撤销

C. 无论乙公司是否追认，丙公司均有权通知乙公司撤销

D. 无论乙公司是否追认，丙公司均有权要求乙公司履行

**5.** 甲公司与乙银行签订借款合同，约定借款期限自2010年3月25日起至2011年3月24日止。乙银行未向甲公司主张过债权，直至2013年4月15日，乙银行将该笔债权转让给丙公司并通知了甲公司。2013年5月16日，丁公司通过公开竞拍购买并接管了甲公司。下列哪一选项是正确的？

A. 因乙银行转让债权通知了甲公司，故甲公司不得对丙公司主张诉讼时效的抗辩

B. 甲公司债务的诉讼时效从2013年4月15日起中断

C. 丁公司债务的诉讼时效从2013年5月16日起中断

D. 丁公司有权向丙公司主张诉讼时效的抗辩

**6.** 甲、乙和丙于2012年3月签订了散伙协议，约定登记在丙名下的合伙房屋归甲、乙共有。后丙未履行协议。同年8月，法院判决丙办理该房屋过户手续，丙仍未办理。9月，丙死亡，丁为其唯一继承人。12月，丁将房屋赠给女友戊，并对赠与合同作了公证。下列哪一表述是正确的？

A. 2012年3月，甲、乙按份共有房屋

B. 2012年8月，甲、乙按份共有房屋

C. 2012年9月，丁为房屋所有人

D. 2012年12月，戊为房屋所有人

**7.** 甲公司为乙公司向银行贷款100万元提供保证，乙公司将其基于与丙公司签订的供货合同而对丙公司享有的100万元债权出质给甲公司作反担保。下列哪一表述是正确的？

A. 如乙公司依约向银行清偿了贷款，甲公司的债权质权仍未消灭

B. 如甲公司、乙公司将出质债权转让给丁公司但未通知丙公司，则丁公司可向丙公司主张该债权

C. 甲公司在设立债权质权时可与乙公司约定，如乙公司届期不清偿银行贷款，则出质债权归甲公司所有

D. 如乙公司将债权出质的事实通知了丙公司，则丙公司可向甲公司主张其基于供货合同而对乙公司享有的抗辩

**8.** 甲公司以其机器设备为乙公司设立了质权。10 日后，丙公司向银行贷款 100 万元，甲公司将机器设备又抵押给银行，担保其中 40 万元贷款，但未办理抵押登记。同时，丙公司将自有房产抵押给银行，担保其余 60 万元贷款，办理了抵押登记。20 日后，甲将机器设备再抵押给丁公司，办理了抵押登记。丙公司届期不能清偿银行贷款。下列哪一表述是正确的？

A. 如银行主张全部债权，应先拍卖房产实现抵押权

B. 如银行主张全部债权，可选择拍卖房产或者机器设备实现抵押权

C. 乙公司的质权优先于银行对机器设备的抵押权

D. 丁公司对机器设备的抵押权优先于乙公司的质权

**9.** 张某遗失的名表被李某拾得。1 年后，李某将该表卖给了王某。再过 1 年，王某将该表卖给了郑某。郑某将该表交给不知情的朱某维修，因郑某不付维修费与朱某发生争执，张某方知原委。下列哪一表述是正确的？

A. 张某可请求李某返还手表

B. 张某可请求王某返还手表

C. 张某可请求郑某返还手表

D. 张某可请求朱某返还手表

**10.** 甲与乙订立房屋租赁合同，约定租期 5 年。半年后，甲将该出租房屋出售给丙，但未通知乙。不久，乙以其房屋优先购买权受侵害为由，请求法院判决甲丙之间的房屋买卖合同无效。下列哪一表述是正确的？

A. 甲出售房屋无须通知乙

B. 丙有权根据善意取得规则取得房屋所有权

C. 甲侵害了乙的优先购买权，但甲丙之间的合同有效

D. 甲出售房屋应当征得乙的同意

**11.** 甲有件玉器，欲转让，与乙签订合同，约好 10 日后交货付款；第二天，丙见该玉器，愿以更高的价格购买，甲遂与丙签订合同，丙当即支付了 80% 的价款，约好 3 天后交货；第三天，甲又与丁订立合同，将该玉器卖给丁，并当场交付，但丁仅支付了 30% 的价款。后乙、丙均要求甲履行合同，诉至法院。下列哪一表述是正确的？

A. 应认定丁取得了玉器的所有权

B. 应支持丙要求甲交付玉器的请求

C. 应支持乙要求甲交付玉器的请求

D. 第一份合同有效，第二、三份合同均无效

**12.** 甲、乙与丙就交通事故在交管部门的主持下达成《调解协议书》，由甲、乙分别赔偿丙 5 万元，甲当即履行。乙赔了 1 万元，余下 4 万元给丙打了欠条。乙到期后未履行，丙多次催讨未果，遂持《调解协议书》与欠条向法院起诉。下列哪一表述是正确的？

A. 本案属侵权之债

B. 本案属合同之债

C. 如丙获得工伤补偿，乙可主张相应免责

D. 丙可要求甲继续赔偿 4 万元

**13.** 方某将一行李遗忘在出租车上，立即发布寻物启事，言明愿以 2000 元现金酬谢返还行李者。出租车司机李某发现该行李及获悉寻物启事后即与方某联系。现方某拒绝支付 2000 元给李某。下列哪一表述是正确的？

A. 方某享有所有物返还请求权，李某有义务返还该行李，故方某可不支付 2000 元酬金

B. 如果方某不支付 2000 元酬金，李某可行使留置权拒绝返还该行李

C. 如果方某未曾发布寻物启事，则其可不支付任何报酬或费用

D. 既然方某发布了寻物启事，则其必须支付酬金

**14.** 甲乙签订一份买卖合同，约定违约方应向对方支付 18 万元违约金。后甲违约，给乙造成损失 15 万元。下列哪一表述是正确的？

A. 甲应向乙支付违约金 18 万元，不再支付其他费用或者赔偿损失

B. 甲应向乙赔偿损失 15 万元，不再支付其他费用或者赔偿损失

C. 甲应向乙赔偿损失 15 万元并支付违约金 18 万元，共计 33 万元

D. 甲应向乙赔偿损失 15 万元及其利息

**15.** 李某用 100 元从甲商场购买一只电热壶，使用时因漏电致李某手臂灼伤，花去医药费 500 元。经查该电热壶是乙厂生产的。下列哪一表述是正确的？

A. 李某可直接起诉乙厂要求其赔偿 500 元损失

B. 根据合同相对性原理，李某只能要求甲商场赔偿 500 元损失

C. 如李某起诉甲商场，则甲商场的赔偿范围以 100 元为限

D. 李某只能要求甲商场更换电热壶，500 元损失则只能要求乙厂承担

**16.** 甲公司向乙公司转让了一项技术秘密。技术转让合同履行完毕后，经查该技术秘密是甲公司通过不正当手段从丙公司获得的，但乙公司对此并不知情，且支付了合理对价。下列哪一表述是正确的？

A. 技术转让合同有效，但甲公司应向丙公司承担侵权责任

B. 技术转让合同无效，甲公司和乙公司应向丙公司承担连带责任

C. 乙公司可在其取得时的范围内继续使用该技术秘密，但应向丙公司支付合理的使用费

D. 乙公司有权要求甲公司返还其支付的对价，但不能要求甲公司赔偿其因此受到的损失

**17.** 甲的画作《梦》于1960年发表。1961年3月4日甲去世。甲的唯一继承人乙于2009年10月发现丙网站长期传播作品《梦》，且未署甲名。2012年9月1日，乙向法院起诉。下列哪一表述是正确的？

A.《梦》的创作和发表均产生于我国《著作权法》生效之前，不受该法保护

B. 乙的起诉已超过诉讼时效，其胜诉权不受保护

C. 乙无权要求丙网站停止实施侵害甲署名权的行为

D. 乙无权要求丙网站停止实施侵害甲对该作品的信息网络传播权的行为

**18.** 甲公司开发了一种汽车节能环保技术，并依法获得了实用新型专利证书。乙公司拟与甲公司签订独占实施许可合同引进该技术，但在与甲公司协商谈判过程中，发现该技术在专利申请日前已经属于现有技术。乙公司的下列哪一做法不合法？

A. 在该专利技术基础上继续开发新技术

B. 诉请法院判决该专利无效

C. 请求专利复审委员会宣告该专利无效

D. 无偿使用该技术

**19.** 甲公司为其生产的啤酒申请注册了“冬雨之恋”商标，但在使用商标时没有在商标标识上加注“注册商标”字样或注册标记。下列哪一行为未侵犯甲公司的商标权？

A. 乙公司误认为该商标属于未注册商标，故在自己生产的啤酒产品上也使用“冬雨之恋”商标

B. 丙公司不知某公司假冒“冬雨之恋”啤酒而予以运输

C. 丁饭店将购买的甲公司“冬雨之恋”啤酒倒入自制啤酒桶，自制“侠客”牌散装啤酒出售

D. 戊公司明知某企业生产假冒“冬雨之恋”啤酒而向其出租仓库

**20.** 下列哪一情形产生了不当得利之债？

A. 甲欠乙款超过诉讼时效后，甲向乙还款

B. 甲欠乙款，提前支付全部利息后又在借期届满前提前还款

C. 甲向乙支付因前晚打麻将输掉的2000元现金

D. 甲在乙银行的存款账户因银行电脑故障多出1万元

**21.** 下列哪一情形会引起无因管理之债？

A. 甲向乙借款，丙在明知诉讼时效已过后擅自代甲向乙还本付息

B. 甲在自家门口扫雪，顺便将邻居乙的小轿车上的积雪清扫干净

C. 甲与乙结婚后，乙生育一子丙，甲抚养丙5年后才得知丙是乙和丁所生

D. 甲拾得乙遗失的牛，寻找失主未果后牵回暂养。因地震致屋塌牛死，甲出卖牛皮、牛肉获价款若干

**22.** 甲用其拾得的乙的身份证在丙银行办理了信用卡，并恶意透支，致使乙的姓名被列入银行不良信用记录名单。经查，丙银行在办理发放信用卡之前，曾通过甲在该行留下的乙的电话（实为甲的电话）核实乙是否申请办理了信用卡。根据我国现行法律规定，下列哪一表述是正确的？

A. 甲侵犯了乙的姓名权

B. 甲侵犯了乙的名誉权

C. 甲侵犯了乙的信用权

D. 丙银行不应承担责任

**23.** 甲乙夫妻的下列哪一项婚后增值或所得，属于夫妻共同财产？

A. 甲婚前承包果园，婚后果树上结的果实

B. 乙婚前购买的1套房屋升值了50万元

C. 甲用婚前的10万元婚后投资股市，得利5万元

D. 乙婚前收藏的玉石升值了10万元

**24.** 甲与乙结婚，女儿丙三岁时，甲因医疗事故死亡，获得60万元赔款。甲生前留有遗书，载明其死亡后的全部财产由其母丁继承。经查，甲与乙婚后除共同购买了一套住房外，另有20万元存款。下列哪一说法是正确的？

A. 60万元赔款属于遗产

B. 甲的遗嘱未保留丙的遗产份额，遗嘱全部无效

C. 住房和存款的各一半属于遗产

D. 乙有权继承甲的遗产

**25.** 新余有限公司共有股东4人，股东刘某为公司执行董事。在公司章程无特别规定的情形下，刘某可以行使下列哪些职权？

A. 决定公司的投资计划

B. 否决其他股东对外转让股权行为的效力

C. 决定聘任公司经理

D. 决定公司的利润分配方案

**26.** 泰昌有限公司共有6个股东，公司成立两年后，决定增加注册资本500万元。下列哪一表述是正确的？

A. 股东会关于新增注册资本的决议，须经三分之二以上股东同意

B. 股东认缴的新增出资额可分期缴纳

C. 股东有权要求按照认缴出资比例来认缴新增注册资本的出资

D. 一股东未履行其新增注册资本出资义务时，公司董事长须承担连带责任

**27.** 关于股东或合伙人知情权的表述，下列哪些选项是正确的？

A. 有限公司股东有权查阅并复制公司会计账簿

B. 股份公司股东有权查阅并复制董事会会议记录

C. 有限公司股东可以知情权受到侵害为由提起解散公司之诉

D. 普通合伙人有权查阅合伙企业会计账簿等财务资料

**28.** 香根餐饮有限公司有股东甲、乙、丙三人，分别持股51%、14%与35%。经营数年后，公司又开设一家分店，由丙任其负责人。后因公司业绩不佳，甲召集股东会，决议将公司的分店转让。对该决议，丙不同意。下列哪一表述是正确的？

A. 丙可以该决议程序违法为由，主张撤销

B. 丙可以该决议损害其利益为由，提起解散公司之诉

C. 丙可以要求公司按照合理的价格收购其股权

D. 公司可以丙不履行股东义务为由，以股东会决议解除其股东资格

**29.** 甲公司于2012年12月申请破产。法院受理后查明：在2012年9月，因甲公司无法清偿欠乙公司100万元的货款，而甲公司董事长汪某却有150万元的出资未缴纳，乙公司要求汪某承担偿还责任，汪某随后确实支付给乙公司100万元。下列哪一表述是正确的？

A. 就汪某对乙公司的支付行为，管理人不得主张撤销

B. 汪某目前尚未缴纳的出资额应为150万元

C. 管理人有义务要求汪某履行出资义务

D. 汪某就其未履行的出资义务，可主张诉讼时效抗辩

**30.** 关于合伙企业与个人独资企业的表述，下列哪一选项是正确的？

A. 二者的投资人都只能是自然人

B. 二者的投资人都一律承担无限责任

C. 个人独资企业可申请变更登记为普通合伙企业

D. 合伙企业不能申请变更登记为个人独资企业

**31.** 甲未经乙同意而以乙的名义签发一张商业汇票，汇票上记载的付款人为丙银行。丁取得该汇票后将其背书转让给戊。下列哪一说法是正确的？

A. 乙可以无权代理为由拒绝承担该汇票上的责任

B. 丙银行可以该汇票是无权代理为由而拒绝付款

C. 丁对甲的无权代理行为不知情时，丁对戊不承担责任

D. 甲未在该汇票上签章，故甲不承担责任

**32.** 依据我国《证券法》的相关规定，关于证券发行的表述，下列哪一选项是正确的？

A. 所有证券必须公开发行，而不得采用非公开发行的方式

B. 发行人可通过证券承销方式发行，也可由发行人直接向投资者发行

C. 只有依法正式成立的股份公司才可发行股票

D. 国有独资公司均可申请发行公司债券

**33.** 依据我国《海商法》和《民法典》的相关规定，关于船舶物权的表述，下列哪一选项是正确的？

A. 甲的船舶撞坏乙的船舶，则乙就其损害赔偿对甲的船舶享有留置权

B. 甲以其船舶为乙设定抵押担保，则一经签订抵押合同，乙即享有抵押权

C. 以建造中的船舶设定抵押权的，抵押权仅在办理登记后才能产生效力

D. 同一船舶上设立数个抵押权时，其顺序以抵押合同签订的先后为准

**34.** 甲公司将其财产向乙保险公司投保。因甲公司要向银行申请贷款，乙公司依甲公司指示将保险单直接交给银行。下列哪一表述是正确的？

A. 因保险单未送达甲公司，保险合同不成立

B. 如保险单与投保单内容不一致，则应以投保单为准

C. 乙公司同意承保时，保险合同成立

D. 如甲公司未缴纳保险费，则保险合同不成立

**35.** 执法为民是社会主义法治的本质要求，据此，法院和法官应在民事审判中遵守诉讼程序，履行释明义务。下列哪一审判行为符合执法为民的要求？

A. 在李某诉赵某的欠款纠纷中，法官向赵某释明诉讼时效，建议赵某提出诉讼时效抗辩

B. 在张某追索赡养费的案件中，法官依职权作出先予执行裁定

C. 在杜某诉阎某的离婚案件中，法官向当事人释明可以同时提出离婚损害赔偿

D. 在罗某诉华兴公司房屋买卖合同纠纷中，法官主动走访现场，进行勘察，并据此支持了罗某的请求

**36.** 关于诉的分类的表述，下列哪一选项是正确的？

A. 孙某向法院申请确认其妻无民事行为能力，属于确认之诉

B. 周某向法院申请宣告自己与吴某的婚姻无效，属于变更之诉

C. 张某在与王某协议离婚后，又向法院起诉，主张离婚损害赔偿，属于给付之诉

D. 赵某代理女儿向法院诉请前妻将抚养费从每月1000元增加为2000元，属于给付之诉

**37.** 关于当事人能力和正当当事人的表述，下列哪些选项是正确的？

A. 一般而言，应以当事人是否对诉讼标的有确认利益，作为判断当事人适格与否的标准

B. 一般而言，诉讼标的的主体即是本案的正当当事人

C. 未成年人均不具有诉讼行为能力

D. 破产企业清算组对破产企业财产享有管理权，可以该企业的名义起诉或应诉

**38.** 关于法院的送达行为，下列哪一选项是正确的？

A. 陈某以马某不具有选民资格向法院提起诉讼，由于马某拒不签收判决书，法院向其留置送达

B. 法院通过邮寄方式向葛某送达开庭传票，葛某未寄回送达回证，送达无效，应当重新送达

C. 法院在审理张某和赵某借款纠纷时，委托赵某所在学校代为送达起诉状副本和应诉通知

D. 经许某同意，法院用电子邮件方式向其送达证据保全裁定书

**39.** 大皮公司因买卖纠纷起诉小华公司，双方商定了25天的举证时限，法院认可。时限届满后，小华公司提出还有一份发货单没有提供，申请延长举证时限，被法院驳回。庭审时小华公司向法庭提交该发货单。尽管大皮公司反对，但法院在对小华公司予以罚款后仍对该证据进行质证。下列哪一诉讼行为不符合举证时限的相关规定？

A. 双方当事人协议确定举证时限

B. 双方确定了25天的举证时限

C. 小华公司在举证时限届满后申请延长举证时限

D. 法院不顾大皮公司反对，依然组织质证

**40.** 某市法院受理了中国人郭某与外国人珍妮的离婚诉讼，郭某委托黄律师作为代理人，授权委托书中仅写明代理范围为“全权代理”。关于委托代理的表述，下列哪一选项是正确的？

A. 郭某已经委托了代理人，可以不出庭参加诉讼

B. 法院可以向黄律师送达诉讼文书，其签收行为有效

C. 黄律师可以代为放弃诉讼请求

D. 如果珍妮要委托代理人代为诉讼，必须委托中国公民

**41.** 下列哪一选项中法院的审判行为，只能发生在开庭审理阶段？

A. 送达法律文书

B. 组织当事人进行质证

C. 调解纠纷，促进当事人达成和解

D. 追加必须参加诉讼的当事人

**42.** 何某因被田某打伤，向甲县法院提起人身损害赔偿之诉，法院予以受理。关于何某起诉行为将产生的法律后果，下列哪一选项是正确的？

A. 何某的诉讼时效中断

B. 田某的答辩期开始起算

C. 甲县法院取得排他的管辖权

D. 田某成为适格被告

**43.** 甲县吴某与乙县宝丰公司在丙县签订了甜橙的买卖合同，货到后发现甜橙开始腐烂，未达到合同约定的质量标准。吴某退货无果，拟向法院起诉，为了证明甜橙的损坏状况，向法院申请诉前证据保全。关于诉前保全，下列哪一表述是正确的？

A. 吴某可以向甲、乙、丙县法院申请诉前证据保全

B. 法院应当在收到申请15日内裁定是否保全

C. 法院在保全证据时，可以主动采取行为保全措施，减少吴某的损失

D. 如果法院采取了证据保全措施，可以免除吴某对甜橙损坏状况提供证据的责任

**44.** 甲对乙享有10万元到期债权，乙无力清偿，且怠于行使对丙的15万元债权，甲遂对丙提起代位权诉讼，法院依法追加乙为第三人。一审判决甲胜诉，丙应向甲给付10万元。乙、丙均提起上诉，乙请求法院判令丙向其支付剩余5万元债务，丙请求法院判令甲对乙的债权不成立。关于二审当事人地位的表述，下列哪一选项是正确的？

A. 丙是上诉人，甲是被上诉人

B. 乙、丙是上诉人，甲是被上诉人

C. 乙是上诉人，甲、丙是被上诉人

D. 丙是上诉人，甲、乙是被上诉人

**45.** 关于检察监督，下列哪一选项是正确的？

A. 甲县检察院认为乙县法院的生效判决适用法律错误，对其提出检察建议

B. 丙市检察院就合同纠纷向仲裁委员会提出检察建议，要求重新仲裁

C. 丁县检察院认为丁县法院某法官在制作除权判决时收受贿赂，向该法院提出检察建议

D. 戊县检察院认为戊县法院认定某公民为无民事行为能力人的判决存在程序错误，报请上级检察院提起抗诉

**46.** 甲公司诉乙公司专利侵权，乙公司是否侵权成为焦点。经法院委托，丙鉴定中心出具了鉴定意见书，认定侵权。乙公司提出异议，并申请某大学燕教

授出庭说明专业意见。关于鉴定的说法，下列哪一选项是正确的？

A. 丙鉴定中心在鉴定过程中可以询问当事人

B. 丙鉴定中心应当派员出庭，但有正当理由不能出庭的除外

C. 如果燕教授出庭，其诉讼地位是鉴定人

D. 燕教授出庭费用由乙公司垫付，最终由败诉方承担

**47.** 甲以 20 万元从乙公司购得某小区地下停车位。乙公司经规划部门批准在该小区以 200 万元建设观光电梯。该梯入梯口占用了甲的停车位，乙公司同意为甲置换更好的车位。甲则要求拆除电梯，并赔偿损失。下列哪些表述是错误的？

A. 建电梯获得规划部门批准，符合小区业主利益，未侵犯甲的权利

B. 即使建电梯符合业主整体利益，也不能以损害个人权利为代价，故应将电梯拆除

C. 甲车位使用权固然应予保护，但置换车位更能兼顾个人利益与整体利益

D. 电梯建成后，小区尾房更加畅销，为平衡双方利益，乙公司应适当让利于甲

**48.** 下列哪些情形下，甲公司应承担民事责任？

A. 甲公司董事乙与丙公司签订保证合同，乙擅自在合同上加盖甲公司公章和法定代表人丁的印章

B. 甲公司与乙公司签订借款合同，甲公司未盖公章，但乙公司已付款，且该款用于甲公司项目建设

C. 甲公司法定代表人乙委托员工丙与丁签订合同，借用丁的存款单办理质押贷款用于经营

D. 甲公司与乙约定，乙向甲公司交纳保证金，甲公司为乙贷款购买设备提供担保。甲公司法定代表人丙以个人名义收取该保证金并转交甲公司出纳员入账

**49.** 甲、乙之间的下列哪些合同属于有效合同？

A. 甲与丙离婚期间，用夫妻共同存款向乙公司购买保险，指定自己为受益人

B. 甲将其宅基地抵押给同村外嫁他村的乙用于借款

C. 甲将房屋卖给精神病人乙，合同履行后房价上涨

D. 甲驾车将流浪精神病人撞死，因查找不到死者亲属，乙民政部门代其与甲达成赔偿协议

**50.** 甲为自己的车向乙公司投保第三者责任险，保险期间内甲车与丙车追尾，甲负全责。丙在事故后不断索赔未果，直至事故后第 3 年，甲同意赔款，甲友丁为此提供保证。再过 1 年，因甲、丁拒绝履行，丙要求乙公司承担保险责任。关于诉讼时效的抗辩，下列哪些表述是错误的？

A. 甲有权以侵权之债诉讼时效已过为由不向丙支付赔款

B. 丁有权以侵权之债诉讼时效已过为由不承担保证责任

C. 乙公司有权以侵权之债诉讼时效已过为由不承担保险责任

D. 乙公司有权以保险合同之债诉讼时效已过为由不承担保险责任

**51.** 叶某将自有房屋卖给沈某，在交房和过户之前，沈某擅自撬门装修，施工导致邻居赵某经常失眠。下列哪些表述是正确的？

A. 赵某有权要求叶某排除妨碍

B. 赵某有权要求沈某排除妨碍

C. 赵某请求排除妨碍不受诉讼时效的限制

D. 赵某可主张精神损害赔偿

**52.** 2013 年 2 月，A 地块使用权人甲公司与 B 地块使用权人乙公司约定，由乙公司在 B 地块上修路。同年 4 月，甲公司将 A 地块过户给丙公司，6 月，乙公司将 B 地块过户给不知上述情形的丁公司。下列哪些表述是正确的？

A. 2013 年 2 月，甲公司对乙公司的 B 地块享有地役权

B. 2013 年 4 月，丙公司对乙公司的 B 地块享有地役权

C. 2013 年 6 月，甲公司对丁公司的 B 地块享有地役权

D. 2013 年 6 月，丙公司对丁公司的 B 地块享有地役权

**53.** 甲向乙借款，丙与乙约定以自有房屋担保该笔借款。丙仅将房本交给乙，未按约定办理抵押登记。借款到期后甲无力清偿，丙的房屋被法院另行查封。下列哪些表述是正确的？

A. 乙有权要求丙继续履行担保合同，办理房屋抵押登记

B. 乙有权要求丙以自身全部财产承担担保义务

C. 乙有权要求丙以房屋价值为限承担担保义务

D. 乙有权要求丙承担损害赔偿责任

**54.** 债的法定移转指依法使债权债务由原债权债务人转移给新的债权债务人。下列哪些选项属于债的法定移转的情形？

A. 保险人对第三人的代位求偿权

B. 企业发生合并或者分立时对原债权债务的承担

C. 继承人在继承遗产范围内对被继承人生前债务的清偿

D. 根据买卖不破租赁规则，租赁物的受让人对原租赁合同的承受

**55.** 某律师事务所指派吴律师担任某案件的一、二审委托代理人。第一次开庭后，吴律师感觉案件复

杂，本人和该事务所均难以胜任，建议不再继续代理。但该事务所坚持代理。一审判决委托人败诉。下列哪些表述是正确的？

A. 律师事务所有权单方解除委托合同，但须承担赔偿责任

B. 律师事务所在委托人一审败诉后不能单方解除合同

C. 即使一审胜诉，委托人也可解除委托合同，但须承担赔偿责任

D. 只有存在故意或者重大过失时，该律师事务所才对败诉承担赔偿责任

**56.** 甲乙约定卖方甲负责将所卖货物运送至买方乙指定的仓库。甲如约交货，乙验收收货，但甲未将产品合格证和原产地证明文件交给乙。乙已经支付80%的货款。交货当晚，因山洪暴发，乙仓库内的货物全部毁损。下列哪些表述是正确的？

A. 乙应当支付剩余20%的货款

B. 甲未交付产品合格证与原产地证明，构成违约，但货物损失由乙承担

C. 乙有权要求解除合同，并要求甲返还已支付的80%货款

D. 甲有权要求乙支付剩余的20%货款，但应补交已经毁损的货物

**57.** 王琪琪在某网站中注册了昵称为“小玉儿”的博客账户，长期以“小玉儿”名义发博文。其中，署名“小玉儿”的《法内情》短文被该网站以写作水平不高为由删除；署名“小玉儿”的《法外情》短文被该网站添加了“作者：王琪琪”字样。关于该网站的行为，下列哪些表述是正确的？

A. 删除《法内情》的行为没有侵犯王琪琪的发表权

B. 删除《法内情》的行为没有侵犯王琪琪的信息网络传播权

C. 添加字样的行为侵犯了王琪琪的署名权

D. 添加字样的行为侵犯了王琪琪的保护作品完整权

**58.** 甲公司委托乙公司开发印刷排版系统软件，付费20万元，没有明确约定著作权的归属。后甲公司以高价向善意的丙公司出售了该软件的复制品。丙公司安装使用5年后，乙公司诉求丙公司停止使用并销毁该软件。下列哪些表述是正确的？

A. 该软件的著作权属于甲公司

B. 乙公司的起诉已超过诉讼时效

C. 丙公司可不承担赔偿责任

D. 丙公司应停止使用并销毁该软件

**59.** 范某的下列有关骨科病预防与治疗方面研究成果中，哪些可在我国申请专利？

A. 发现了导致骨癌的特殊遗传基因

B. 发明了一套帮助骨折病人尽快康复的理疗器械

C. 发明了如何精确诊断股骨头坏死的方法

D. 发明了一种高效治疗软骨病的中药制品

**60.** 甲公司生产“美多”牌薰衣草保健枕，“美多”为注册商标，薰衣草为该枕头的主要原料之一。其产品广告和包装上均突出宣传“薰衣草”，致使“薰衣草”保健枕被消费者熟知，其他厂商也推出“薰衣草”保健枕。后“薰衣草”被法院认定为驰名商标。下列哪些表述是正确的？

A. 甲公司可在一种商品上同时使用两件商标

B. 甲公司对“美多”享有商标专用权，对“薰衣草”不享有商标专用权

C. 法院对驰名商标的认定可写入判决主文

D. “薰衣草”叙述了该商品的主要原料，不能申请注册

**61.** 甲自书遗嘱将所有遗产全部留给长子乙，并明确次子丙不能继承。乙与丁婚后育有一女戊、一子己。后乙、丁遇车祸，死亡先后时间不能确定。甲悲痛成疾，不久去世。丁母健在。下列哪些表述是正确的？

A. 甲、戊、己有权继承乙的遗产

B. 丁母有权转继承乙的遗产

C. 戊、己、丁母有权继承丁的遗产

D. 丙有权继承、戊和己有权代位继承甲的遗产

**62.** 甲赴宴饮酒，遂由有驾照的乙代驾其车，乙违章撞伤丙。交管部门认定乙负全责。以下假定情形中对丙的赔偿责任，哪些表述是正确的？

A. 如乙是与甲一同赴宴的好友，乙不承担赔偿责任

B. 如乙是代驾公司派出的驾驶员，该公司应承担赔偿责任

C. 如乙是酒店雇佣的为饮酒客人提供代驾服务的驾驶员，乙不承担赔偿责任

D. 如乙是出租车公司驾驶员，公司明文禁止代驾，乙为获高额报酬而代驾，乙应承担赔偿责任

**63.** 甲、乙、丙设立一有限公司，制定了公司章程。下列哪些约定是合法的？

A. 甲、乙、丙不按照出资比例分配红利

B. 由董事会直接决定公司的对外投资事宜

C. 甲、乙、丙不按照出资比例行使表决权

D. 由董事会直接决定其他人经投资而成为公司股东

**64.** 李方为平昌公司董事长。债务人姜呈向平昌公司偿还40万元时，李方要其将该款打到自己指定的个人账户。随即李方又将该款借给刘黎，借期一年，年息12%。下列哪些表述是正确的？

A. 该40万元的所有权，应归属于平昌公司

B. 李方因其行为已不再具有担任董事长的资格

C. 在姜呈为善意时，其履行行为有效

D. 平昌公司可要求李方返还利息

**65.** 甲、乙、丙于 2010 年成立一家普通合伙企业，三人均享有合伙事务执行权。2013 年 3 月 1 日，甲被法院宣告为无民事行为能力人。3 月 5 日，丁因不知情找到甲商谈一笔生意，甲以合伙人身份与丁签订合同。下列哪些选项是错误的？

A. 因丁不知情，故该合同有效，对合伙企业具有约束力

B. 乙与丙可以甲丧失行为能力为由，一致决议将其除名

C. 乙与丙可以甲丧失行为能力为由，一致决议将其转为有限合伙人

D. 如甲因丧失行为能力而退伙，其退伙时间为其无行为能力判决的生效时间

**66.** 甲、乙、丙、丁以合伙企业形式开了一家餐馆。就该合伙企业事务的执行，下列哪些表述是正确的？

A. 如合伙协议未约定，则甲等四人均享有对外签约权

B. 甲等四人可决定任命丙为该企业的对外签约权人

C. 不享有合伙事务执行权的合伙人，以企业名义对外签订的合同一律无效

D. 不享有合伙事务执行权的合伙人，经其他合伙人一致同意，可担任企业的经营管理人

**67.** 2013 年 3 月，债权人甲公司对债务人乙公司提出破产申请。下列哪些选项是正确的？

A. 甲公司应提交乙公司不能清偿到期债务的证据

B. 甲公司应提交乙公司资产不足以清偿全部债务的证据

C. 乙公司就甲公司的破产申请，在收到法院通知之日起七日内可向法院提出异议

D. 如乙公司对甲公司所负债务存在连带保证人，则其可以该保证人具有清偿能力为由，主张其不具备破产原因

**68.** 尚友有限公司因经营管理不善，决定依照《企业破产法》进行重整。关于重整计划草案，下列哪些选项是正确的？

A. 在尚友公司自行管理财产与营业事务时，由其自己制作重整计划草案

B. 债权人参加讨论重整计划草案的债权人会议时，应按法定的债权分类，分组对该草案进行表决

C. 出席会议的同一表决组的债权人过半数同意重整计划草案，即为该组通过重整计划草案

D. 三分之二以上表决组通过重整计划草案，重整计划即为通过

**69.** 关于汇票的表述，下列哪些选项是正确的？

A. 汇票可以质押，当持票人将汇票交付给债权人时质押生效

B. 如汇票上记载的付款人在承兑之前即已破产，出票人仍须承担付款责任

C. 汇票的出票人既可以是银行、公司，也可以是自然人

D. 如汇票上未记载出票日期，该汇票无效

**70.** 甲公司交纳保险费为其员工张某投保人身保险，投保单由保险公司业务员代为填写和签字。保险期间内，张某找到租用甲公司槽罐车的李某催要租金。李某与张某发生争执，张某打碎车窗玻璃，并挡在槽罐车前。李某怒将张某撞死。关于保险受益人针对保险公司的索赔理由的表述，下列哪些选项是正确的？

A. 投保单虽是保险公司业务员代为填写和签字，但甲公司交纳了保险费，因此保险合同成立

B. 张某的行为不构成犯罪，保险公司不得以此为由主张免责

C. 张某的行为属于合法的自助行为，保险公司应予理赔

D. 张某的死亡与张某的行为并无直接因果关系，保险公司应予理赔

**71.** 甲向大恒银行借款 100 万元，乙承担连带保证责任，甲到期未能归还借款，大恒银行向法院起诉甲乙二人，要求其履行债务。关于诉的合并和共同诉讼的判断，下列哪些选项是正确的？

A. 本案属于诉的主体的合并

B. 本案属于诉的客体的合并

C. 本案属于必要共同诉讼

D. 本案属于普通共同诉讼

**72.** 下列哪些情况下，法院不应受理当事人的上诉请求？

A. 宋某和卢某借款纠纷一案，卢某终审败诉，宋某向区法院申请执行，卢某提出执行管辖异议，区法院裁定驳回卢某异议。卢某提起上诉

B. 曹某向市中院诉刘某侵犯其专利权，要求赔偿损失 1 元钱，中院驳回其请求。曹某提起上诉

C. 孙某将朱某打伤，经当地人民调解委员会调解达成协议，并申请法院进行了司法确认。后朱某反悔提起上诉

D. 尹某诉与林某离婚，法院审查中发现二人系禁婚的近亲属，遂判决二人婚姻无效。尹某提起上诉

**73.** 关于管辖制度的表述，下列哪些选项是不正确的？

A. 对下落不明或者宣告失踪的人提起的民事诉讼，均应由原告住所地法院管辖

B. 因共同海损或者其他海损事故请求损害赔偿提起的诉讼，被告住所地法院享有管辖权

C. 甲区法院受理某技术转让合同纠纷案后，发现自己没有级别管辖权，将案件移送至甲市中院审理，这属于管辖权的转移

D. 当事人可以书面约定纠纷的管辖法院，这属于选择管辖

**74.** 周某因合同纠纷起诉，甲省乙市的两级法院均驳回其诉讼请求。周某申请再审，但被驳回。周某又向检察院申请抗诉，检察院以原审主要证据系伪造为由提出抗诉，法院裁定再审。关于启动再审的表述，下列哪些说法是不正确的？

A. 周某只应向甲省高院申请再审

B. 检察院抗诉后，应当由接受抗诉的法院审查后，作出是否再审的裁定

C. 法院应当在裁定再审的同时，裁定撤销原判

D. 法院应当在裁定再审的同时，裁定中止执行

**75.** 韩某起诉翔鹭公司要求其依约交付电脑，并支付迟延履行违约金5万元。经县市两级法院审理，韩某均胜诉。后翔鹭公司以原审适用法律错误为由申请再审，省高院裁定再审后，韩某变更诉讼请求为解除合同，支付迟延履行违约金10万元。再审法院最终维持原判。关于再审程序的表述，下列哪些选项是正确的？

A. 省高院可以亲自提审，提审应当适用二审程序

B. 省高院可以指令原审法院再审，原审法院再审时应当适用一审程序

C. 再审法院对韩某变更后的请求应当不予审查

D. 对于维持原判的再审裁判，韩某认为有错误的，可以向检察院申请抗诉

**76.** 胡某向法院申请支付令，督促彗星公司缴纳房租。彗星公司收到后立即提出书面异议称，根据租赁合同，彗星公司的装修款可以抵销租金，因而自己并不拖欠租金。对于法院收到该异议后的做法，下列哪些选项是正确的？

A. 对双方进行调解，促进纠纷的解决

B. 终结督促程序

C. 将案件转为诉讼程序审理，但彗星公司不同意的除外

D. 将案件转为诉讼程序审理，但胡某不同意的除外

**77.** 高某诉张某合同纠纷案，终审高某败诉。高某向检察院反映，其在一审中提交了偷录双方谈判过程的录音带，其中有张某承认货物存在严重质量问题的陈述，足以推翻原判，但法院从未组织质证。对此，检察院提起抗诉。关于再审程序中证据的表述，下列哪些选项是正确的？

A. 再审质证应当由高某、张某和检察院共同进行

B. 该录音带属于电子数据，高某应当提交证据原件进行质证

C. 虽然该录音带系高某偷录，但仍可作为质证对象

D. 如再审法院认定该录音带涉及商业秘密，应当依职权决定不公开质证

**材料①：2012年2月，甲公司与其全资子公司乙公司签订了《协议一》，约定甲公司将其建设用地使用权用于抵偿其欠乙公司的2000万元债务，并约定了仲裁条款。但甲公司未依约将该用地使用权过户到乙公司名下，而是将之抵押给不知情的银行以获贷款，办理了抵押登记。**

**材料②：同年4月，甲公司、丙公司与丁公司签订了《协议二》，约定甲公司欠丁公司的5000万元债务由丙公司承担，且甲公司法定代表人张某为该笔债务提供保证，但未约定保证方式和期间。曾为该5000万元负债提供房产抵押担保的李某对《协议二》并不知情。同年5月，丁公司债权到期。**

**材料③：同年6月，丙公司丧失偿债能力。丁公司查知乙公司作为丙公司的股东（非发起人），对丙公司出资不实，尚有3000万元未注入丙公司。同年8月，乙公司既不承担出资不实的赔偿责任，又怠于向甲公司主张权利。**

**材料④：同年10月，甲公司股东戊公司与已公司签订了《协议三》，约定戊公司将其对甲公司享有的60%股权低价转让给已公司，戊公司承担甲公司此前的所有负债。**

请回答第78—82题。

**78.** 根据材料①，关于甲公司、乙公司与银行的法律关系，下列表述正确的是：

A. 甲公司欠乙公司2000万元债务没有消灭

B. 甲公司抵押建设用地使用权的行为属于无权处分

C. 银行因善意取得而享有抵押权

D. 甲公司用建设用地使用权抵偿债务的行为属于代为清偿

**79.** 根据材料②，如丁公司主张债权，下列表述正确的是：

A. 丁公司有权向张某主张

B. 丁公司有权向李某主张

C. 丁公司有权向甲公司主张

D. 丁公司有权向丙公司主张

**80.** 关于《协议二》中张某的保证期间和保证债务诉讼时效，下列表述正确的是：

A. 保证期间为2012年5月起6个月

B. 保证期间为2012年5月起2年

C. 保证债务诉讼时效从2012年5月起算

D. 保证债务诉讼时效从2012年11月起算

**81.** 根据材料②和材料③，关于乙公司、丙公司与丁公司的法律关系，下列表述正确的是：

A. 乙公司应对丙公司对丁公司的债务承担无限责任
B. 乙公司应对丙公司对丁公司的债务承担连带责任
C. 乙公司应对丙公司对丁公司的债务承担全部责任
D. 乙公司应对丙公司对丁公司的债务在未出资本息范围内承担补充责任

**82.** 根据材料④，关于《协议三》中债务承担的法律效力，下列表述正确的是：
A. 如未通知甲公司债权人，对甲公司债权人不发生效力
B. 如未经甲公司债权人同意，对甲公司债权人不发生效力
C. 因戊公司、己公司恶意串通而无效
D. 对戊公司、己公司有效

**高崎、田一、丁福三人共同出资200万元，于2011年4月设立“高田丁科技投资中心（普通合伙）”，从事软件科技的开发与投资。其中高崎出资160万元，田、丁分别出资20万元，由高崎担任合伙事务执行人。**

**请回答第83—85题。**

**83.** 2012年6月，丁福为向钟冉借钱，作为担保方式，而将自己的合伙财产份额出质给钟冉。下列说法正确的是：
A. 就该出质行为，高、田二人均享有一票否决权
B. 该合伙财产份额质权，须经合伙协议记载与工商登记才能生效
C. 在丁福伪称已获高、田二人同意，而钟冉又是善意时，钟冉善意取得该质权
D. 在丁福未履行还款义务，如钟冉享有质权并主张以拍卖方式实现时，高、田二人享有优先购买权

**84.** 2013年2月，高崎为减少自己的风险，向田、丁二人提出转变为有限合伙人的要求。对此，下列说法正确的是：
A. 须经田、丁二人的一致同意
B. 未经合伙企业登记机关登记，不得对抗第三人
C. 转变后，高崎可以出资最多为由，要求继续担任合伙事务执行人
D. 转变后，对于2013年2月以前的合伙企业债务，经各合伙人决议，高崎可不承担无限连带责任

**85.** 2013年5月，有限合伙人高崎将其一半合伙财产份额转让给贾骏。同年6月，高崎的债权人李耕向法院申请强制执行其另一半合伙财产份额。对此，下列选项正确的是：
A. 高崎向贾骏转让合伙财产份额，不必经田、丁的同意
B. 就高崎向贾骏转让的合伙财产份额，田、丁可主张优先购买权
C. 李耕申请法院强制执行高崎的合伙财产份额，不必经田、丁的同意
D. 就李耕申请法院强制执行高崎的合伙财产份额，田、丁可主张优先购买权

**兴源公司与郭某签订钢材买卖合同，并书面约定本合同一切争议由中国国际经济贸易仲裁委员会仲裁。兴源公司支付100万元预付款后，因郭某未履约依法解除了合同。郭某一直未将预付款返还，兴源公司遂提出返还货款的仲裁请求，仲裁庭适用简易程序审理，并作出裁决，支持该请求。**

**由于郭某拒不履行裁决，兴源公司申请执行。郭某无力归还100万元现金，但可以收藏的多幅字画提供执行担保。担保期满后郭某仍无力还款，法院在准备执行该批字画时，朱某向法院提出异议，主张自己才是这些字画的所有权人，郭某只是代为保管。**

**请回答第86—90题。**

**86.** 关于仲裁协议的表述，下列选项正确的是：
A. 买卖合同虽已解除，但仲裁条款具有独立性，兴源公司可以据此申请仲裁
B. 兴源公司返还货款的请求是基于不当得利请求权，与买卖合同无关，不应据此申请仲裁
C. 仲裁协议未约定适用简易程序，仲裁庭不应适用简易程序审理
D. 双方选择的中国国际经济贸易仲裁委员会是涉外仲裁机构，本案不具有涉外因素，应当重新选择

**87.** 本案适用简易程序审理后，关于仲裁委员会和仲裁庭可以自行决定的事项，下列选项正确的是：
A. 指定某法院的王法官担任本案仲裁员
B. 由一名仲裁员组成仲裁庭独任审理
C. 依据当事人的材料和证据书面审理
D. 简化裁决书，未写明争议事实

**88.** 假设在执行过程中，郭某向法院提出异议，认为本案并非合同纠纷，不属于仲裁协议约定的纠纷范围。法院对该异议正确的处理方式是：
A. 裁定执行中止
B. 经过审理，裁定不予执行仲裁裁决的，同时裁定终结执行
C. 经过审理，可以通知仲裁委员会重新仲裁
D. 不予支持该异议

**89.** 如果法院批准了郭某的执行担保申请，驳回了朱某的异议，关于执行担保的效力和救济，下列选项正确的是：
A. 批准执行担保后，应当裁定终结执行
B. 担保期满后郭某仍无力偿债，法院根据兴源公司申请方可恢复执行

C. 恢复执行后，可以执行作为担保财产的字画

D. 恢复执行后，既可以执行字画，也可以执行郭某的其他财产

**90.** 关于朱某的异议和处理，下列选项正确的是：

A. 朱某应当以书面方式提出异议

B. 法院在审查异议期间，不停止执行活动，可以对字画采取保全措施和处分措施

C. 如果朱某对驳回异议的裁定不服，可以提出执行标的异议之诉

D. 如果朱某对驳回异议的裁定不服，可以申请再审

## 参考答案与解析

**1. B**。第①事例中，《民法典》第134条第1款规定，民事法律行为可以基于双方或者多方的意思表示一致成立，也可以基于单方的意思表示成立。李某搭车，张某驾车，虽无民事法律关系合意，不成立合同关系，但张某负有对李某的安全保护义务，如违背此义务，成立侵权责任，因此A观点不成立。第②事例中，雪崩属于不可抗力事件，无论唐某与王某及登山组织中的其他人构成何种法律关系，一般情况下均可因不可抗力而免责。《民法典》第590条规定，当事人一方因不可抗力不能履行合同的，根据不可抗力的影响，部分或者全部免除责任，但是法律另有规定的除外。因不可抗力不能履行合同的，应当及时通知对方，以减轻可能给对方造成的损失，并应当在合理期限内提供证明。当事人迟延履行后发生不可抗力的，不免除其违约责任。《民法典》第1176条规定，自愿参加具有一定风险的文体活动，因其他参加者的行为受到损害的，受害人不得请求其他参加者承担侵权责任；但是，其他参加者对损害的发生有故意或者重大过失的除外。活动组织者的责任适用本法第1198条至第1201条的规定。第③事例中，吴某虽有完全意识能力，但打赌行为系民法上的戏谑行为，不成立合同关系，打赌人之间亦负有相互间的安全保护义务，违背此义务者，成立侵权责任。第④事例中，何某召集饮酒，其对开车来的郑某负有安全保护义务，令其不得喝酒或者醉酒后不得驾车。③④两个事例其实不能完全排除义务人承担义务的可能性，因而B最为妥当，当选。

**2. A**。AB涉及的是委托监护的认定。委托监护须有监护人委托与受委托人接受委托的意思表示一致才能成立。而且，在委托监护下，监护人并不失去监护资格，而受托人也不会取得监护人资格。A中，甲与医院明确地达成了委托意思，医院即成为委托监护人，故A正确。B中，由于题面没有明确的委托监护协议，根据我国现行法律规定，幼儿园和幼儿之间是教育管理关系，而非监护关系。而且，即便在委托监护的情况下，由于监护人并不失去监护资格，因此甲不能将监护职责转出，故B错误。《民法典》第27条规定，父母是未成年子女的监护人。未成年人的父母已经死亡或者没有监护能力的，由下列有监护能力的人按顺序担任监护人：（1）祖父母、外祖父母；（2）兄、姐；（3）其他愿意担任监护人的个人或者组织，但是须经未成年人住所地的居民委员会、村民委员会或者民政部门同意。据此，C错误。由于甲、乙系未成年人丙的父母，他们是法定监护人，不能因为离婚而失去监护人资格，因此D错误。

**3. D**。《民法典》第150条规定，一方或者第三人以胁迫手段，使对方在违背真实意思的情况下实施的民事法律行为，受胁迫方有权请求人民法院或者仲裁机构予以撤销。所谓胁迫，是指胁迫人以给对方或其亲友等的人身或财产造成损害为威胁内容，迫使对方违背真实意思，作出胁迫人所希望的意思表示的行为。民法对胁迫的认定，其目的是保障表意人能够自由地表意，不受干扰地作出真实的意思表示从而为自己设定约定的义务。故无论胁迫内容是否合法，只要其与表意人违背真意的意思表示结果形成因果关系，继而为表意人设下其本不会接受的约定义务便构成胁迫。本题中，ABC三个选项中，无论胁迫的理由为何，均使乙违背了自己的真意，作出了不真实的意思表示，从而为自己设定了义务，故均构成胁迫。而乙赔偿因撞伤甲应支付的医疗费，本就是乙应当履行的法定义务，并非基于甲的胁迫而产生，故其与甲的威胁行为没有因果关系，不构成胁迫。

**4. B**。本题中，甲以乙公司名义对外订立合同，显然是无权代理。《民法典》第171条第1、2款规定，行为人没有代理权、超越代理权或者代理权终止后，仍然实施代理行为，未经被代理人追认的，对被代理人不发生效力。相对人可以催告被代理人自收到通知之日起30日内予以追认。被代理人未作表示的，视为拒绝追认。行为人实施的行为被追认前，善意相对人有撤销的权利。撤销应当以通知的方式作出。据此，如果乙公司追认，则合同在乙公司与丙公司之间成立。在合同成立的情况下，基于存在以次充好的欺诈行为，丙公司有权撤销合同。关于合同撤销权行使的方式，《民法典》第148条规定，一方以欺诈手段，使对方在违背真实意思的情况下实施的民事法律行为，受欺诈方有权请求人民法院或者仲裁机构予以撤销。故A错误，B正确。而在乙公司不追认的情况下，合同对乙公司不发生效力，因此CD错误。

**5. B**。《民法典》第 188 条第 1 款规定，向人民法院请求保护民事权利的诉讼时效期间为 3 年。法律另有规定的，依照其规定。依该规定，本题中，借款期限的截止时间为 2011 年 3 月 24 日，即甲公司的还款时间从 2011 年 3 月 25 日开始，也由这一天开始计算诉讼时效期间，至 2014 年 3 月 25 日止。《诉讼时效规定》第 17 条规定，债权转让的，应当认定诉讼时效从债权转让通知到达债务人之日起中断。债务承担情形下，构成原债务人对债务承认的，应当认定诉讼时效从债务承担意思表示到达债权人之日起中断。在乙银行 2013 年 4 月 15 日将该笔债权转让给丙公司并通知了甲公司时，诉讼时效并未届满，乙的行为导致甲公司债务的诉讼时效发生中断，故 B 正确，A 错误。2013 年 5 月 16 日，丁公司通过公开竞拍购买并接管了甲公司，该行为并不会导致诉讼时效中断，故 C 错误。因为诉讼时效并未届满，故接管了甲公司的丁也无权向丙公司主张诉讼时效的抗辩，据此，D 错误。

**6. C**。《民法典》第 209 条第 1 款规定，不动产物权的设立、变更、转让和消灭，经依法登记，发生效力；未经登记，不发生效力，但是法律另有规定的除外。据此 A 错误。《民法典》第 229 条规定，因人民法院、仲裁机构的法律文书或者人民政府的征收决定等，导致物权设立、变更、转让或者消灭的，自法律文书或者征收决定等生效时发生效力。但是，2012 年 8 月，法院仅判决丙办理房屋过户手续，并非因判决导致房屋物权变更的情形，导致物权变更的是 2012 年 3 月甲、乙和丙之间的协议，因此本题中的情形不适用《民法典》第 229 条规定，据此 B 错误。《民法典》第 230 条规定，因继承取得物权的，自继承开始时发生效力。虽然甲、乙、丙三方达成协议，且法院也判决丙办理房屋过户手续，但丙一直没有办理，即是说房屋仍登记在丙名下，所有权仍归属于丙，丙死亡后，丁法定继承该房屋所有权。因此 C 正确。2012 年 12 月，丁将房屋赠给戊，仅对赠与合同作了公证，未先将房屋登记于自己名下再办理转让登记至戊的名下，因此戊并未取得所有权，D 错误。

**7. D**。《民法典》第 393 条规定，有下列情形之一的，担保物权消灭：（1）主债权消灭；（2）担保物权实现；（3）债权人放弃担保物权；（4）法律规定担保物权消灭的其他情形。本题中，如乙公司依约向银行清偿了贷款，则基于此项主债权存在的银行的保证权和甲公司的债权质权均将消灭，据此 A 错误。《民法典》第 546 条规定，债权人转让债权，未通知债务人的，该转让对债务人不发生效力。债权转让的通知不得撤销，但是经受让人同意的除外。据此，B 错误。《民法典》第 428 条规定，质权人在债务履行期限届满前，与出质人约定债务人不履行到期债务时质押财产归债权人所有的，只能依法就质押财产优先受偿。据此 C 错误。乙公司将对丙公司的债权出质给甲公司，由于甲公司行使的这个应收账款质权本质上是个债权，因此并不能因为甲公司是质权人而切断丙公司基于债权而拥有的抗辩，据此 D 正确。

**8. C**。本题中，银行有两个抵押权，一个为针对甲公司的担保 40 万元债权的动产抵押权，未登记；另一个为针对债务人丙公司的担保 60 万元的不动产抵押权，经过了登记。银行如果主张全部债权，应该就两个抵押权一并行使权利，据此 AB 错误。就甲公司的机器设备，乙公司享有质权，银行享有未登记的动产抵押权，两个权利出现竞合，《民法典》第 415 条规定，同一财产既设立抵押权又设立质权的，拍卖、变卖该财产所得的价款按照登记、交付的时间先后确定清偿顺序。因此，质权人乙公司的权利优先，C 正确。就甲公司的机器设备，乙公司享有质权，丁公司享有经过登记的抵押权，二者出现竞合，虽无法律明文规定何者优先，但由于动产抵押权不是法定登记的抵押权，而且乙公司作为质权人占有质物，乙公司的质权应更优先，据此 D 错误。

**9. D**。《民法典》第 312 条规定，所有权人或者其他权利人有权追回遗失物。该遗失物通过转让被他人占有的，权利人有权向无处分权人请求损害赔偿，或者自知道或者应当知道受让人之日起 2 年内向受让人请求返还原物；但是，受让人通过拍卖或者向具有经营资格的经营者购得该遗失物的，权利人请求返还原物时应当支付受让人所付的费用。权利人向受让人支付所付费用后，有权向无处分权人追偿。由此可见，就所有权的追回而言，手表无论在李某、王某还是郑某手中，由于手表系遗失物，只要不违反上述法条规定的两项条件（自知道或者应当知道受让人之日起 2 年内；给付通过拍卖或者向具有经营资格的经营者购得该遗失物的所付费用），所有权人张某均有权要求受让人返还。本题中的情形并没有违反上述条件，因此张某有权要求受让人返还手表。但是，所有权人基于所有权请求返还原物，必须向所有物的直接占有人要求返还，上述的李某、王某、郑某均非直接占有人，故张某无从要求上述三人返还，因此 ABC 三项均非正确答案；朱某系手表的直接占有人，题目中也没有说明其行使留置权进行抗辩，因此 D 正确。

**【陷阱提示】**本题陷阱较深。看起来，本题就是一道简单考查《民法典》第 312 条的题目，但实则不然，在此法条的基础上，本题进一步考查了所有权人行使返还原物请求权的针对主体。此外，其陷阱还在于：首先设置了一个 2 年的时间问题，考查考生对《民法典》第 312 条中 2 年的含义的理解；其次，由于考生的思维惯性，一遇到维修不给维修费立刻会想到留置权，因此许多考生就会轻易地排除，但答案偏偏就是 D。

**10. C**。《民法典》第 726 条规定，出租人出卖租赁房屋的，应当在出卖之前的合理期限内通知承租人，承租人享有以同等条件优先购买的权利；但是，房屋按份共有人行使优先购买权或者出租人将房屋出卖给近亲属的除外。出租人履行通知义务后，承租人在15日内未明确表示购买的，视为承租人放弃优先购买权。据此AD错误。善意取得的前提是无权处分，甲出卖房屋并非无权处分，因此B错误。甲虽侵害了乙的优先购买权，但是甲丙之间的合同并无法律明文规定为无效，只是如果因此给乙造成损失，甲有义务予以赔偿，因此C正确。

**11. A。**《最高人民法院关于审理买卖合同纠纷案件适用法律问题的解释》第6条规定，出卖人就同一普通动产订立多重买卖合同，在买卖合同均有效的情况下，买受人均要求实际履行合同的，应当按照以下情形分别处理：（1）先行受领交付的买受人请求确认所有权已经转移的，人民法院应予支持；（2）均未受领交付，先行支付价款的买受人请求出卖人履行交付标的物等合同义务的，人民法院应予支持；（3）均未受领交付，也未支付价款，依法成立在先合同的买受人请求出卖人履行交付标的物等合同义务的，人民法院应予支持。据此，本题中丁因为交付而取得了动产玉器的所有权，A正确，BC错误。本题中三份合同均没有法律规定的无效情形，因此均为有效，D错误。

**12. B。**《民法典》第464条第1款规定，合同是民事主体之间设立、变更、终止民事法律关系的协议。合同是最常见的债的发生原因。本题中，丙持《调解协议书》与欠条向法院起诉，说明其是依据合同关系提起诉讼，诉的标的为合同关系，而非侵权关系，据此A错误，B正确。C所述毫无法律依据，获得工伤补偿不是违约的免责事由，因此C错误。《调解协议书》约定由甲、乙分别赔偿丙5万元，说明甲、乙二人并非连带债务人，因此丙只能要求乙继续赔偿4万元，不能向甲追索，故D错误。

**13. D。**本题中，方某以2000元现金酬谢为内容发布寻物启事的悬赏广告行为在民法上构成单方允诺，如有人交还遗失物，方某基于单方允诺必须支付酬金，这就是单方允诺的法律效果。另外，《民法典》第317条规定，权利人领取遗失物时，应当向拾得人或者有关部门支付保管遗失物等支出的必要费用。权利人悬赏寻找遗失物的，领取遗失物时应当按照承诺履行义务。拾得人侵占遗失物的，无权请求保管遗失物等支出的费用，也无权请求权利人按照承诺履行义务。据此本题D正确，AC错误。《民法典》第314条规定，拾得遗失物，应当返还权利人。拾得人应当及时通知权利人领取，或者送交公安等有关部门。因此，拾得人返还遗失物是他的法定义务，是基于《民法典》物权编而非《民法典》合同编的规定进行返还，因此拾得人不能像债权人那样行使留置权，B错误。

**14. A。**《民法典》第585条规定，当事人可以约定一方违约时应当根据违约情况向对方支付一定数额的违约金，也可以约定因违约产生的损失赔偿额的计算方法。约定的违约金低于造成的损失的，人民法院或者仲裁机构可以根据当事人的请求予以增加；约定的违约金过分高于造成的损失的，人民法院或者仲裁机构可以根据当事人的请求予以适当减少。当事人就迟延履行约定违约金的，违约方支付违约金后，还应当履行债务。就本题来看，约定的违约金尚未过分高于违约方造成的损失，因此，甲应向乙支付违约金18万元，不再支付其他费用或者赔偿损失，A正确。

**15. A。**本题情形显然构成产品责任。《民法典》第1203条规定，因产品存在缺陷造成他人损害的，被侵权人可以向产品的生产者请求赔偿，也可以向产品的销售者请求赔偿。产品缺陷由生产者造成的，销售者赔偿后，有权向生产者追偿。因销售者的过错使产品存在缺陷的，生产者赔偿后，有权向销售者追偿。据此A正确，BD错误。《民法典》第1182条规定，侵害他人人身权益造成财产损失的，按照被侵权人因此受到的损失或者侵权人因此获得的利益赔偿；被侵权人因此受到的损失以及侵权人因此获得的利益难以确定，被侵权人和侵权人就赔偿数额协商不一致，向人民法院提起诉讼的，由人民法院根据实际情况确定赔偿数额。据此可见，应以被侵害人实际受到的损失赔偿，C错误。

**16. C。**《民法典》第850条规定，非法垄断技术或者侵害他人技术成果的技术合同无效。据此，本题中的技术转让合同是无效的，故A错误。甲公司侵犯了丙公司的技术秘密，而乙公司对此并不知情，乙公司没有过错，不符合侵权责任的构成要件，不必承担侵权责任，故B错误。《最高人民法院关于审理技术合同纠纷案件适用法律若干问题的解释》第12条第1款规定："根据民法典第八百五十条的规定，侵害他人技术秘密的技术合同被确认无效后，除法律、行政法规另有规定的以外，善意取得该技术秘密的一方当事人可以在其取得时的范围内继续使用该技术秘密，但应当向权利人支付合理的使用费并承担保密义务。"故C正确。在合同无效的情况下，《民法典》第157条规定，民事法律行为无效、被撤销或者确定不发生效力后，行为人因该行为取得的财产，应当予以返还；不能返还或者没有必要返还的，应当折价补偿。有过错的一方应当赔偿对方由此所受到的损失；各方都有过错的，应当各自承担相应的责任。法律另有规定的，依照其规定。据此，乙公司有权要求甲公司赔偿其因此受到的损失，D错误。

**17. D。**《著作权法》第66条第1款规定："本法规定的著作权人和出版者、表演者、录音录像制作者、广播电台、电视台的权利，在本法施行之日尚未超过本法规定的保护期的，依照本法予以保护。”因此 A 错误。《著作权法》第 23 条第 1 款规定：“自然人的作品，其发表权、本法第十条第一款第五项至第十七项规定的权利的保护期为作者终生及其死亡后五十年，截止于作者死亡后第五十年的 12 月 31 日；如果是合作作品，截止于最后死亡的作者死亡后第五十年的 12 月 31 日。”《著作权法》第 10 条第 1 款规定：“著作权包括下列人身权和财产权：……（十二）信息网络传播权，即以有线或者无线方式向公众提供，使公众可以在其选定的时间和地点获得作品的权利……”《著作权法》第 22 条规定：“作者的署名权、修改权、保护作品完整权的保护期不受限制。”本题中，甲于 1961 年 3 月 4 日去世，其发表权及《著作权法》第 10 条第 1 款第 7 项至第 17 项规定的权利，也就是著作权人的发表权和著作权中的财产权，保护期至 2011 年 12 月 31 日届满，而甲的署名权、修改权、保护作品完整权的保护期不受限制。《著作权法实施条例》第 15 条第 1 款规定：“作者死亡后，其著作权中的署名权、修改权和保护作品完整权由作者的继承人或者受遗赠人保护。”故 C 错误。《著作权法》第 21 条第 1 款规定：“著作权属于自然人的，自然人死亡后，其本法第十条第一款第五项至第十七项规定的权利在本法规定的保护期内，依法转移。”《最高人民法院关于审理著作权民事纠纷案件适用法律若干问题的解释》第 27 条规定：“侵害著作权的诉讼时效为三年，自著作权人知道或者应当知道权利受到损害以及义务人之日起计算。权利人超过三年起诉的，如果侵权行为在起诉时仍在持续，在该著作权保护期内，人民法院应当判决被告停止侵权行为；侵权损害赔偿数额应当自权利人向人民法院起诉之日起向前推算三年计算。”本题中，甲的著作权中的署名权由于保护期不受限制，因此，任何时候对署名权都有可能造成侵犯。本题中可以肯定的是，截至 2009 年 10 月，丙网站在此前长期侵犯了甲的署名权。2012 年 9 月 1 日，乙起诉时，如果丙网站的侵犯署名权的行为尚在持续，那么乙的诉讼时效就未超过。题目中并未说明丙网站在 2009 年 10 月乙发现其传播作品时已经停止了侵犯甲的署名权的行为，因此 B 错误。关于信息网络传播权，由于已经超过死亡后 50 年的保护期限，且根据上述司法解释第 27 条规定，也已经超过了诉讼时效期间，故 D 正确。

**18. B。**《专利法》第 67 条规定：“在专利侵权纠纷中，被控侵权人有证据证明其实施的技术或者设计属于现有技术或者现有设计的，不构成侵犯专利权。”据此，本题中的乙公司可以无偿使用该技术而不构成侵犯专利权，D 表述合法；而既然可以使用该技术，那么便意味着当然可以在该技术基础上继续开发新技术，A 表述亦合法。《专利法》第 45 条规定：“自国务院专利行政部门公告授予专利权之日起，任何单位或者个人认为该专利权的授予不符合本法有关规定的，可以请求国务院专利行政部门宣告该专利权无效。”《专利法》第 46 条第 2 款规定：“对国务院专利行政部门宣告专利权无效或者维持专利权的决定不服的，可以自收到通知之日起三个月内向人民法院起诉。人民法院应当通知无效宣告请求程序的对方当事人作为第三人参加诉讼。”由此可见，如果欲宣告专利权无效，不能直接诉请法院解决，而是必须先请求专利复审委员会宣告该专利无效；对专利复审委员会宣告专利权无效或者维持专利权的决定不服的，才可以诉请法院。据此，B 表述不合法，C 表述合法。

**19. B。**《商标法实施条例》第 63 条第 1 款规定：“使用注册商标，可以在商品、商品包装、说明书或者其他附着物上标明‘注册商标’或者注册标记。”由此可见，标明“注册商标”字样或注册标记并非商标专用权人的强制性义务，因此，未进行标明并不影响商标专用权人的商标专用权。《商标法》第 57 条规定：“有下列行为之一的，均属侵犯注册商标专用权：（一）未经商标注册人的许可，在同一种商品上使用与其注册商标相同的商标的；（二）未经商标注册人的许可，在同一种商品上使用与其注册商标近似的商标，或者在类似商品上使用与其注册商标相同或者近似的商标，容易导致混淆的；（三）销售侵犯注册商标专用权的商品的；（四）伪造、擅自制造他人注册商标标识或者销售伪造、擅自制造的注册商标标识的；（五）未经商标注册人同意，更换其注册商标并将该更换商标的商品又投入市场的；（六）故意为侵犯他人商标专用权行为提供便利条件，帮助他人实施侵犯商标专用权行为的；（七）给他人的注册商标专用权造成其他损害的。”《商标法实施条例》第 75 条规定：“为侵犯他人商标专用权提供仓储、运输、邮寄、印制、隐匿、经营场所、网络商品交易平台等，属于商标法第五十七条第六项规定的提供便利条件。”据此，本题 A 符合《商标法》第 57 条第 1 项规定，C 符合该条第 5 项规定，D 符合该条第 6 项以及《商标法实施条例》第 75 条规定，均构成商标侵权行为。B 中，丙公司的做法不符合《商标法》第 57 条第 6 项以及《商标法实施条例》第 75 条规定，不构成侵犯商标权。因此答案为 B。

**20. D。**《民法典》第 985 条规定，得利人没有法律根据取得不当利益的，受损失的人可以请求得利人返还获得的利益。不当得利的成立条件为：(1) 一方获利；(2) 另一方受损；(3) 获利没有法律根据；(4) 一方获利与另一方受损有因果关系。本题中，A 中甲超过诉讼时效还款，乙受领欠款是基于债权，有合法根据，不构成不当得利；B 中的甲提前支付利息和提前还款是基于自愿，也具有合法根据，不构成不当得利；赌债不仅不受法律保护，而且因其非法性将予以收缴，而不是返还给“债务人”，因此不构成不当得利；甲的存款账户因电脑故障多出1万元，满足上述构成要件，因此构成不当得利。综上，D当选。

**21. D**。《民法典》第979条规定，管理人没有法定的或者约定的义务，为避免他人利益受损失而管理他人事务的，可以请求受益人偿还因管理事务而支出的必要费用；管理人因管理事务受到损失的，可以请求受益人给予适当补偿。管理事务不符合受益人真实意思的，管理人不享有前款规定的权利；但是，受益人的真实意思违反法律或者违背公序良俗的除外。因此，构成无因管理需要三个条件：（1）有为他人管理的行为；（2）有为他人管理的意思；（3）没有法定或约定义务。本题中，A中丙在明知诉讼时效已过后擅自代甲向乙还本付息，违背了甲的意思，很难说具有为他人谋利益的意思，不构成无因管理；B情形属于好意施惠性质，这种邻里间的互助行为不宜成立法律关系，因此不构成无因管理；C没有为他人谋利益的意思，不构成无因管理；D中甲拾得乙遗失的牛，因其寻找失主可看出有为他人谋利益的意思，同时也满足了无因管理的其他构成要件，因此构成无因管理。

**22. A**。《民法典》第1012条规定，自然人享有姓名权，有权依法决定、使用、变更或者许可他人使用自己的姓名，但是不得违背公序良俗。《民法典》第1014条规定，任何组织或者个人不得以干涉、盗用、假冒等方式侵害他人的姓名权或者名称权。冒用他人姓名是典型的侵犯姓名权的行为，因此A正确。名誉权的侵犯必须造成被侵权人名誉的社会评价降低，本题中没有这种情形，因此B不当选；C中的信用权法律没有规定；银行在办理信用卡过程中显然存在过失，应该承担相应的责任。据此本题A当选。

**23. C**。《民法典》第1063条规定，下列财产为夫妻一方的个人财产：（1）一方的婚前财产；（2）一方因受到人身损害获得的赔偿和补偿；（3）遗嘱或者赠与合同中确定只归一方的财产；（4）一方专用的生活用品；（5）其他应当归一方的财产。据此，A的果实系甲婚前财产，不属夫妻共同财产。《婚姻家庭编解释（一）》第26条规定，夫妻一方个人财产在婚后产生的收益，除孳息和自然增值外，应认定为夫妻共同财产。BD均属自然增值，不属夫妻共同财产。C虽以婚前财产投资，但所获利益属夫妻共同财产。

**24. C**。《民法典》第1179条规定，侵害他人造成人身损害的，应当赔偿医疗费、护理费、交通费、营养费、住院伙食补助费等为治疗和康复支出的合理费用，以及因误工减少的收入。造成残疾的，还应当赔偿辅助器具费和残疾赔偿金；造成死亡的，还应当赔偿丧葬费和死亡赔偿金。由此可见，甲死亡所获赔款成分复杂，其中的丧葬费和死亡赔偿金均不属于遗产，A错误。由于有遗嘱，本题中的继承应按遗嘱继承处理，由于遗嘱未指定乙能够继承遗产，因此乙无权继承甲的遗产，D错误。《民法典》第1141条规定，遗嘱应当为缺乏劳动能力又没有生活来源的继承人保留必要的遗产份额。由于本题中的遗嘱未给丙保留必要的遗产份额，因此这一部分无效，但不影响这部分之外的遗嘱的效力，B错误。《民法典》第1153条规定，夫妻共同所有的财产，除有约定的外，遗产分割时，应当先将共同所有的财产的一半分出为配偶所有，其余的为被继承人的遗产。遗产在家庭共有财产之中的，遗产分割时，应当先分出他人的财产。据此，C正确。

**25. AC**。《公司法》第75条规定："规模较小或者股东人数较少的有限责任公司，可以不设董事会，设一名董事，行使本法规定的董事会的职权。该董事可以兼任公司经理。"据此，刘某行使董事会职权。《公司法》第67条第2款规定："董事会行使下列职权：（一）召集股东会会议，并向股东会报告工作；（二）执行股东会的决议；（三）决定公司的经营计划和投资方案；（四）制订公司的利润分配方案和弥补亏损方案；（五）制订公司增加或者减少注册资本以及发行公司债券的方案；（六）制订公司合并、分立、解散或者变更公司形式的方案；（七）决定公司内部管理机构的设置；（八）决定聘任或者解聘公司经理及其报酬事项，并根据经理的提名决定聘任或者解聘公司副经理、财务负责人及其报酬事项；（九）制定公司的基本管理制度；（十）公司章程规定或者股东会授予的其他职权。"据此，AC正确。《公司法》第84条第2款规定，股东向股东以外的人转让股权的，应当将股权转让的数量、价格、支付方式和期限等事项书面通知其他股东，其他股东在同等条件下有优先购买权。刘某没有权利否决其他股东对外转让股权行为的效力，B错误。《公司法》第59条第1款规定："股东会行使下列职权：（一）选举和更换董事、监事，决定有关董事、监事的报酬事项；（二）审议批准董事会的报告；（三）审议批准监事会的报告；（四）审议批准公司的利润分配方案和弥补亏损方案；（五）对公司增加或者减少注册资本作出决议；（六）对发行公司债券作出决议；（七）对公司合并、分立、解散、清算或者变更公司形式作出决议；（八）修改公司章程；（九）公司章程规定的其他职权。"D属于股东会职权。

**26. B**。《公司法》第66条第3款规定，股东会作出修改公司章程、增加或者减少注册资本的决议，以及公司合并、分立、解散或者变更公司形式的决议，应当经代表2/3以上表决权的股东通过。据此，应为经代表2/3以上表决权的股东同意，而不是2/3以上股东同意，因此，A错误。《公司法》第228条第1款规定，有限责任公司增加注册资本时，股东认缴新增资本的出资，依照本法设立有限责任公司缴纳出资的有关规定执行。《公司法》2013 年修正时取消了对股东出资额的缴付比例和期限的限制，对于是否分期缴纳出资法律不作强制性规定，B 正确。《公司法》第 227 条第 1 款规定，有限责任公司增加注册资本时，股东在同等条件下有权优先按照实缴的出资比例认缴出资。但是，全体股东约定不按照出资比例优先认缴出资的除外。据此，股东有权要求按照“实缴”的出资比例认缴出资，而不是“认缴”，故 C 错误。《公司法》第 50 条规定，有限责任公司设立时，股东未按照公司章程规定实际缴纳出资，或者实际出资的非货币财产的实际价额显著低于所认缴的出资额的，设立时的其他股东与该股东在出资不足的范围内承担连带责任。所以，应当是由设立时的其他股东承担连带责任，而非董事长，D 错误。

**27. BD**。《公司法》第 57 条第 2 款规定，股东可以要求查阅公司会计账簿、会计凭证。股东要求查阅公司会计账簿、会计凭证的，应当向公司提出书面请求，说明目的。公司有合理根据认为股东查阅会计账簿、会计凭证有不正当目的，可能损害公司合法利益的，可以拒绝提供查阅，并应当自股东提出书面请求之日起 15 日内书面答复股东并说明理由。公司拒绝提供查阅的，股东可以向人民法院提起诉讼。据此，股东可以查阅但不能复制，故 A 错误。《公司法》第 110 条第 1 款规定，股东有权查阅、复制公司章程、股东名册、股东会会议记录、董事会会议决议、监事会会议决议、财务会计报告，对公司的经营提出建议或者质询。故 B 正确。《公司法解释（二）》第 1 条第 2 款规定，股东以知情权、利润分配请求权等权益受到损害，或者公司亏损、财产不足以偿还全部债务，以及公司被吊销企业法人营业执照未进行清算等为由，提起解散公司诉讼的，人民法院不予受理。因此，股东不能以知情权受到损害为由，提起解散公司诉讼。C 错误。《合伙企业法》第 28 条第 2 款规定，合伙人为了解合伙企业的经营状况和财务状况，有权查阅合伙企业会计账簿等财务资料。因此，D 正确。

**28. C**。《公司法》第 26 条第 1 款规定：“公司股东会、董事会的会议召集程序、表决方式违反法律、行政法规或者公司章程，或者决议内容违反公司章程的，股东自决议作出之日起六十日内，可以请求人民法院撤销。但是，股东会、董事会的会议召集程序或者表决方式仅有轻微瑕疵，对决议未产生实质影响的除外。”结合本题，没有信息透露股东会召集程序、表决方式违反法律、行政法规或者公司章程，或者决议内容违反公司章程，不能想当然地认为决议违法，所以 A 错误。《公司法》第 231 条规定：“公司经营管理发生严重困难，继续存续会使股东利益受到重大损失，通过其他途径不能解决的，持有公司百分之十以上表决权的股东，可以请求人民法院解散公司。”香根餐饮有限公司仅业绩不佳，没有出现经营管理发生严重困难的情形，因此，B 错误。《公司法》第 89 条规定：“有下列情形之一的，对股东会该项决议投反对票的股东可以请求公司按照合理的价格收购其股权：……（二）公司合并、分立、转让主要财产……”转让分店属于转让主要财产，丙可要求公司收购其股权，C 正确。D 错误，丙并没有不履行股东义务。

**29. C**。《企业破产法》第 32 条规定：“人民法院受理破产申请前六个月内，债务人有本法第二条第一款规定的情形，仍对个别债权人进行清偿的，管理人有权请求人民法院予以撤销。但是，个别清偿使债务人财产受益的除外。”《企业破产法》第 2 条第 1 款规定：“企业法人不能清偿到期债务，并且资产不足以清偿全部债务或者明显缺乏清偿能力的，依照本法规定清理债务。”本题中汪某的支付行为即属于对个别债权人清偿的行为，管理人得主张撤销。因此，A 错误。《企业破产法》第 35 条规定：“人民法院受理破产申请后，债务人的出资人尚未完全履行出资义务的，管理人应当要求该出资人缴纳所认缴的出资，而不受出资期限的限制。”所以 D 错误，C 正确。汪某已替公司还款 100 万元，尚未缴纳的出资额应为 50 万元。故 B 错误。

**30. C**。《合伙企业法》第 2 条第 1 款规定：“本法所称合伙企业，是指自然人、法人和其他组织依照本法在中国境内设立的普通合伙企业和有限合伙企业。”所以合伙企业的投资人可以是法人和其他组织，A 错误。我国合伙企业有普通合伙与有限合伙之分，有限合伙不承担无限责任，B 错误。《合伙企业法》第 85 条第 4 项规定，合伙人已不具备法定人数满 30 天的应当解散。个人独资企业发生继承，继承人为多人，不符合个人独资企业的主体条件的时候，应当允许个人独资企业变更为普通合伙企业，合伙企业不能具备法定人数满 30 天可变更为个人独资企业。因此，C 正确，D 错误。

**31. A**。《票据法》第 5 条规定，票据当事人可以委托其代理人在票据上签章，并应当在票据上表明其代理关系。没有代理权而以代理人名义在票据上签章的，应当由签章人承担票据责任；代理人超越代理权限的，应当就其超越权限的部分承担票据责任。结合本题，甲无权签章，却以乙的名义签章，所以签章人实际上为甲，甲应该承担责任，乙可以以无权代理为由拒绝承担票据责任。因此，A 正确，D 错误。《票据法》第 32 条规定，以背书转让的汇票，后手应当对其直接前手背书的真实性负责。后手是指在票据签章人之后签章的其他票据债务人。因此，丁应就其前手背书的真实性向戊负责，C 错误。《票据法》第 14 条第 2 款规定，票据上有伪造、变造的签章的，不影响票据上其他真实签章的效力。因此，丙银行在审查付款时，主要审查背书的连续性等问题，不可以以无权代理为由拒付，所以B错误。

**32. D**。根据《证券法》第9条的规定，公开发行证券，必须符合法律、行政法规规定的条件。非公开发行证券，不得采用广告、公开劝诱和变相公开方式。据此，证券可公开发行，也可非公开发行。故A错误。《证券法》第26条规定，发行人向不特定对象公开发行的证券，法律、行政法规规定应当由证券公司承销的，发行人应当同证券公司签订承销协议。所以尽管发行人可以选择承销方式发行，也可以选择自己发行，但是在法律规定必须承销发行的场合下，必须采取承销发行，因此B错误。《公司法》规定，公开募集设立的股份有限公司，亦可发行股票，因此C错误。国有独资公司作为有限责任公司的一种特殊类型，具备申请发行公司债券的主体资格，因此D正确。

**33. B**。留置权是指债权人按照合同的约定占有债务人的动产，债务人不按照合同约定的期限履行债务的，债权人有权依照法律规定留置财产，以该财产折价或者以拍卖、变卖该财产的价款优先受偿。甲撞坏乙的船舶，属于侵权行为，不是不按照合同约定不履行到期债务，所以，乙不享有留置权，A错误。《海商法》第12条规定，船舶所有人或者船舶所有人授权的人可以设定船舶抵押权。船舶抵押权的设定，应当签订书面合同。船舶抵押权设定只要求签订书面合同，不要求登记，只不过不登记不得对抗第三人，所以C错误，B正确。《海商法》第19条第1款规定，同一船舶可以设定两个以上抵押权，其顺序以登记的先后为准。D错误。

**34. C**。《保险法》第13条第1款规定："投保人提出保险要求，经保险人同意承保，保险合同成立。保险人应当及时向投保人签发保险单或者其他保险凭证。"可见，经保险人承保合同即成立，保险单未送达不影响合同的成立，因此，AD错误，C正确。从该条也可看出，保险单为保险合同凭证，所以，B也错误。

**35. C**。释明权在现代民事诉讼理论上的含义较为广泛，它是指在民事诉讼中，当事人的主张或陈述的意思不明确、不充分，或有不当的诉讼主张和陈述，或者他所举的证据材料不够而误认为足够了，在这些情形下，法院对当事人进行发问，提醒、启发当事人把不明确的予以澄清，把不充足的予以补充，把不当的予以排除、修正。但是，由于实务中对哪些问题需要释明、如何释明、释明到何种程度较难掌握，操作不当就易出现纠问式的庭审、职权的探知或诉讼辅导等有悖于法官中立的情形，加之行使释明权往往意味着对一方当事人进行援助，对方当事人容易产生误解，所以法官在行使释明权时应格外慎重。根据《诉讼时效规定》第2条规定，当事人未提出诉讼时效抗辩，人民法院不应对诉讼时效问题进行释明。据此，A错误，不应选。根据《民事诉讼法》第109条的规定，只有在当事人提出申请的情况下，人民法院才能裁定先予执行。因此，B不应选。C中，当事人因为对法律的不了解而没有提出离婚损害赔偿请求，此时法官有权对该方当事人进行释明，提醒其可以提出离婚损害赔偿，故C正确。法院调查收集证据包括依职权收集和依当事人申请收集两个方面。《民诉解释》第96条规定，法院依职权调取证据的范围包括：（1）涉及可能损害国家利益、社会公共利益的；（2）涉及身份关系的；（3）涉及《民事诉讼法》第58条规定诉讼（即公益诉讼）的；（4）当事人有恶意串通损害他人合法权益可能的；（5）涉及依职权追加当事人、中止诉讼、终结诉讼、回避等程序性事项的。可见，D并不属于上述依职权调取证据的法定情形，因此D错误。

**36. C**。民事诉讼可分为确认之诉、变更之诉和给付之诉三种类型。其中确认之诉指的是原告请求法院确认他与被告之间存在（积极确认之诉）或不存在（消极确认之诉）某种法律关系的诉讼。给付之诉指的是原告请求法院判决被告履行一定义务的诉讼。而变更之诉则是指原告要求变更或消灭他与被告之间一定法律关系的诉讼。A中，孙某向法院申请确认其妻无民事行为能力，该案件为特别程序案件，并不属于民事诉讼案件，其中并不涉及原被告的法律关系，因此A错误。B中，周某向法院申请宣告自己与吴某的婚姻无效，该诉应属于确认之诉，而非变更之诉，故B错误。D中，赵某代理女儿向法院诉请前妻将抚养费从每月1000元增加为2000元，应属于变更之诉，而非给付之诉，故D错误。综上，本题正确答案为C。

**37. BD**。正当当事人，又称为当事人适格，是指对于具体的诉讼，有作为本案当事人起诉或应诉的资格。当事人适格与当事人能力不同。当事人能力又称诉讼权利能力，是作为抽象的诉讼当事人的资格，它与具体的诉讼无关，通常取决于有无民事权利能力。当事人适格是作为具体的诉讼当事人的资格，是针对具体的诉讼而言的。当事人适格与否，只能将当事人与具体的诉讼联系起来，看当事人与特定的诉讼标的有无直接联系。当事人是否适格需要根据争议的实体法律关系来判断，但当事人适格又与实际上的实体法律关系主体不同。一般认为，诉讼实施权的基础为管理权和处分权。按照处分权原则，当事人就诉讼标的可以进行放弃、认诺、和解等诉讼行为，并受既判力拘束。如果无处分权或管理权的人为这些诉讼行为就毫无法律意义。一般而言，争议法律关系的主体，通常就该法律关系具有诉讼实施权，即是适格的当事人。如果对合同无任何关系的第三人要求合同当事人履行合同而提起诉讼，则是不适格的原告。但对他人的权利或法律关系有管理权或处分权的第三人，就该权利或法律关系，也具有实施诉讼的权能，是适格的当事人。如，破产管理人就涉及破产企业的诉讼具有当事人适格，可以作为原告起诉或者被告应诉。无诉讼实施权，则当事人不适格，例如母亲以自己的名义替女儿主张肖像权或者替女儿主张与丈夫离婚，就是不适格的当事人。再如，合同当事人因履行合同发生争议，发生争议的合同双方当事人就该合同提起的诉讼是适格的原被告。基于以上分析，B 正确，应选，A 错误，不应选。一般而言，未成年人为无诉讼行为能力人，但若是年满 16 周岁不满 18 周岁以自己的劳动收入为主要生活来源的公民，在民法上被视为具有完全民事行为能力的人，而在诉讼法上也相应地被视为具有民事诉讼行为能力的人。因此 C 错误，不应选。《民诉解释》第 64 条规定，企业法人解散的，依法清算并注销前，以该企业法人为当事人；未依法清算即被注销的，以该企业法人的股东、发起人或者出资人为当事人。从中可知，法人解散涉诉时，清算组不能成为诉讼主体。《公司法解释（二）》第 10 条规定，公司依法清算结束并办理注销登记前，有关公司的民事诉讼，应当以公司的名义进行。公司成立清算组的，由清算组负责人代表公司参加诉讼；尚未成立清算组的，由原法定代表人代表公司参加诉讼。据此，公司成立清算组的，由清算组负责人代表公司参加诉讼。本题中，D 表述不太严谨，但从整体思路来看是正确的。

**38. A**。《民事诉讼法》第 89 条规定，受送达人或者他的同住成年家属拒绝接收诉讼文书的，送达人可以邀请有关基层组织或者所在单位的代表到场，说明情况，在送达回证上记明拒收事由和日期，由送达人、见证人签名或者盖章，把诉讼文书留在受送达人的住所；也可以把诉讼文书留在受送达人的住所，并采用拍照、录像等方式记录送达过程，即视为送达。因此 A 正确。《民事诉讼法》第 91 条规定，直接送达诉讼文书有困难的，可以委托其他人民法院代为送达，或者邮寄送达。邮寄送达的，以回执上注明的收件日期为送达日期。据此，委托送达只能委托法院，而不能委托其他单位，C 错误。邮寄送达的，以回执确认是否送达而不是寄回送达回证，B 错误。《民事诉讼法》第 90 条第 1 款规定，经受送达人同意，人民法院可以采用能够确认其收悉的电子方式送达诉讼文书。通过电子方式送达的判决书、裁定书、调解书，受送达人提出需要纸质文书的，人民法院应当提供。因此，D 错误，不选。本题正确答案为 A。

**39. C**。《民诉解释》第 99 条规定，人民法院应当在审理前的准备阶段确定当事人的举证期限。举证期限可以由当事人协商，并经人民法院准许。人民法院确定举证期限，第一审普通程序案件不得少于 15 日，当事人提供新的证据的第二审案件不得少于 10 日。举证期限届满后，当事人对已经提供的证据，申请提供反驳证据或者对证据来源、形式等方面的瑕疵进行补正的，人民法院可以酌情再次确定举证期限，该期限不受前款规定的限制。根据上述规定，双方当事人可以协商确定举证期限，A 正确，不选。B 中双方当事人约定 25 日的举证期限，符合“不得少于 15 日”的规定，不选。一审举证期限届满后提出新的证据，不属于可以延长举证期限的情形，C 错误，应选。《民事诉讼法》第 68 条规定，当事人逾期提供证据的，人民法院应当责令其说明理由；拒不说明理由或者理由不成立的，人民法院根据不同情形可以不予采纳该证据，或者采纳该证据但予以训诫、罚款。因此，对于逾期提供的证据是否采纳，由法院根据不同情况决定。D 正确。

**40. B**。《民事诉讼法》第 65 条规定，离婚案件有诉讼代理人的，本人除不能表达意思的以外，仍应出庭；确因特殊情况无法出庭的，必须向人民法院提交书面意见。故 A 错误。《民诉解释》第 132 条规定，受送达人有诉讼代理人的，人民法院既可以向受送达人送达，也可以向其诉讼代理人送达。因此，B 正确。《民事诉讼法》第 62 条第 2 款规定，授权委托书必须记明委托事项和权限。诉讼代理人代为承认、放弃、变更诉讼请求，进行和解，提起反诉或者上诉，必须有委托人的特别授权。《民诉解释》第 89 条第 1 款规定，当事人向人民法院提交的授权委托书，应在开庭审理前送交人民法院。授权委托书仅写“全权代理”而无具体授权的，诉讼代理人无权代为承认、放弃、变更诉讼请求，进行和解，提起反诉或者上诉。故 C 错误。《民事诉讼法》第 274 条规定，外国人、无国籍人、外国企业和组织在人民法院起诉、应诉，需要委托律师代理诉讼的，必须委托中华人民共和国的律师。据此，若外国人在我国人民法院参加诉讼需要委托律师作为诉讼代理人，必须委托我国的律师；但若该外国人委托律师之外的其他人作为诉讼代理人，则也可委托该外国人本国的公民。因此，D 错误，不应选。本题正确答案应为 B。

**41. B**。开庭审理，指的是人民法院于确定的日期在当事人和其他诉讼参与人的参加下，依照法定的程序和形式，在法庭上对案件进行实体审理的诉讼活动。一审民事案件必须开庭审理。本题中，送达法律文书，调解纠纷、促进当事人和解，追加必须参加诉讼的当事人，都是既可以发生在开庭审理阶段，也可以发生在开庭审理前或者审理后，故 ACD 三选项不应选。《民事诉讼法》第 71 条规定，证据应当在法庭上出示，并由当事人互相质证。据此，组织当事人进行质证只能发生在开庭审理阶段，故 B 应选。本题正确答案为 B。

**42. A**。《民法典》第 195 条规定，中断诉讼时效的事由包括提起诉讼（起诉）或者申请仲裁、当事人一方提出要求（请求）或者同意履行义务（承诺）。因此，A 正确，应选。《民事诉讼法》第 128 条规定，人民法院应当在立案之日起 5 日内将起诉状副本发送被告，被告应当在收到之日起 15 日内提出答辩状。因此，被告的答辩期应当始于收到起诉状副本之日，故 B 错误，不应选。《民事诉讼法》第 37 条规定，人民法院发现受理的案件不属于本院管辖的，应当移送有管辖权的人民法院，受移送的人民法院应当受理。受移送的人民法院认为受移送的案件依照规定不属于本院管辖的，应当报请上级人民法院指定管辖，不得再自行移送。因此，甲县法院受理该案并不意味着其当然地取得了排他的管辖权，若根据法律规定不该由其管辖，则其应将该案进行移送管辖，故 C 错误，不应选。当事人适格，又称为正当当事人，是指对于具体的诉讼，有作为本案当事人起诉或应诉的资格。某人获得适格当事人的资格，从时间上来说应当始于纠纷发生之时，而不是在诉讼发生之后，因此，D 错误，不应选。本题正确答案应为 A。

**43. D**。《民事诉讼法》第 84 条第 2 款规定，因情况紧急，在证据可能灭失或者以后难以取得的情况下，利害关系人可以在提起诉讼或者申请仲裁前向证据所在地、被申请人住所地或者对案件有管辖权的人民法院申请保全证据。《民事诉讼法》第 24 条规定，因合同纠纷提起的诉讼，由被告住所地或者合同履行地人民法院管辖。据此，本案的管辖法院应为甲县和乙县法院，丙县法院不具有管辖权。吴某可以向甲县和乙县法院申请诉前证据保全，A 错误，不选。《民事诉讼法》第 84 条第 3 款规定，证据保全的其他程序，参照适用保全的有关规定。《民事诉讼法》第 104 条第 1 款规定，利害关系人因情况紧急，不立即申请保全将会使其合法权益受到难以弥补的损害的，可以在提起诉讼或者申请仲裁前向被保全财产所在地、被申请人住所地或者对案件有管辖权的人民法院申请采取保全措施。申请人应当提供担保，不提供担保的，裁定驳回申请。《民事诉讼法》第 104 条第 2 款规定，人民法院接受申请后，必须在 48 小时内作出裁定；裁定采取保全措施的，应当立即开始执行。因此，B 错误，不选。《民事诉讼法》第 9 章规定，诉前行为保全应当根据当事人的申请才能采取，故 C 错误，不选。被人民法院保全的证据，属于法院按法律程序调查收集的证据，与法院收集的其他证据有同等效力。已为法院保全的证据，可免除当事人相应的举证责任。故 D 正确，应选。本题正确答案应为 D。

**44. A**。代位权诉讼中，债权人以次债务人为被告向法院提起代位权诉讼，未将债务人列为第三人的，法院可以追加债务人为第三人。但是，对债务人属于有独立请求权的第三人或属无独立请求权的第三人仍存在争议。本书认为，债务人应作为无独立请求权的第三人参加诉讼，理由是债务人与债权人、第三人三者不存在共同的利害关系，只是案件的处理结果与他有利害关系，即判决后债权人、债务人之间的债权债务可能解除或抵销一部分，如债务人对第三人的债权小于债权人对他的债权，则可能抵销一部分，相反则可能是债权债务的消灭，故债务人应作为无独立请求权的第三人。根据《民诉解释》第 82 条，在一审诉讼中，被法院判决承担民事责任的无独立请求权的第三人才有权提出上诉。因此，本案中乙不能成为上诉人。本案的上诉人应当是丙，而甲应当作为被上诉人，故本题正确答案应为 A。

**45. C**。《民事诉讼法》第 219 条第 2 款规定，地方各级人民检察院对同级人民法院已经发生法律效力的判决、裁定，发现有本法第 211 条规定情形之一的，或者发现调解书损害国家利益、社会公共利益的，可以向同级人民法院提出检察建议，并报上级人民检察院备案；也可以提请上级人民检察院向同级人民法院提出抗诉。《民事诉讼法》第 211 条第 13 项规定，审判人员审理该案件时有贪污受贿，徇私舞弊，枉法裁判行为的，属于当事人提出申请，人民法院应当再审的法定情形。据此，C 正确。A 中，甲县检察院只能向其同级的甲县人民法院提出检察建议，而不是乙县法院，A 错误。而且根据该条规定，检察院只能向人民法院提出检察建议，其无权向仲裁委员会提出检察建议，所以 B 错误。根据《民事诉讼法》第 185 条的规定，依照特别程序审理的案件实行一审终审，且由于特别程序自身的规则而不能适用再审程序，所以 D 错误。本题的正确答案为 C。

**46. A**。《民事诉讼法》第 80 条第 1 款规定，鉴定人有权了解进行鉴定所需要的案件材料，必要时可以询问当事人、证人。因此，A 正确，应选。《民事诉讼法》第 81 条规定，当事人对鉴定意见有异议或者人民法院认为鉴定人有必要出庭的，鉴定人应当出庭作证。经人民法院通知，鉴定人拒不出庭作证的，鉴定意见不得作为认定事实的根据；支付鉴定费用的当事人可以要求返还鉴定费用。因此，鉴定人并不一定非得出庭，故 B 错误，不应选。《民事诉讼法》第 82 条规定，当事人可以申请人民法院通知有专门知识的人出庭，就鉴定人作出的鉴定意见或者专业问题提出意见。本案中，燕教授的地位应当是有专门知识的人，而不是鉴定人，故 C 错误，不应选。证人的出庭费用由申请其出庭的当事人垫付，最终由败诉方负担。燕教授是有专门知识的人，既不是鉴定人，也不是证人，其费用由聘请其出庭的当事人负担，并不是由败诉方负担。故 D 错误，不应选。本题正确答案应为 A。

**47. ABD**。《民法典》第 267 条规定，私人的合法财产受法律保护，禁止任何组织或者个人侵占、哄抢、破坏。《民法典》第 323 条规定，用益物权人对他人所有的不动产或者动产，依法享有占有、使用和收益的权利。本题中的甲对停车位拥有用益物权，尽管建电梯获得规划部门批准，符合小区业主利益，但占用甲的停车位侵犯了甲的用益物权是不争的事实。因此 A 当选。《民法典》第 132 条规定，民事主体不得滥用民事权利损害国家利益、社会公共利益或者他人合法权益。此即民法上禁止权利滥用原则，据此，甲不能要求将电梯拆除。B 当选。甲虽不能要求拆除电梯，但可以要求乙公司赔偿损失。而置换车位属于代物清偿，是债的履行的一种方式。因此 C 正确，不当选。《民法典》第 1184 条规定，侵害他人财产的，财产损失按照损失发生时的市场价格或者其他合理方式计算。由此可见，民事责任的承担以补偿被侵权人的损失为原则，甲无权要求获取更多利益。因此 D 错误，当选。

**48. ABCD**。《民法典》第 172 条规定，行为人没有代理权、超越代理权或者代理权终止后，仍然实施代理行为，相对人有理由相信行为人有代理权的，代理行为有效。乙以董事的身份出面签订合同，并在合同上加盖甲公司公章和法定代表人丁的印章，说明甲公司印章管理混乱，构成丙公司合理相信的理由，符合表见代理的构成要件，甲公司应对此承担责任，A 当选。《民法典》第 490 条第 1 款规定，当事人采用合同书形式订立合同的，自当事人均签名、盖章或者按指印时合同成立。在签名、盖章或者按指印之前，当事人一方已经履行主要义务，对方接受时，该合同成立。《民间借贷规定》第 10 条规定："法人之间、非法人组织之间以及它们相互之间为生产、经营需要订立的民间借贷合同，除存在民法典第一百四十六条、第一百五十三条、第一百五十四条以及本规定第十三条规定的情形外，当事人主张民间借贷合同有效的，人民法院应予支持。"甲乙两公司的借款合同符合法律规定，即有效。甲公司虽未在合同上盖公章，但乙公司已经履行了合同的主要义务，且甲公司也接受了，故甲乙两公司之间的借款合同成立。B 当选。甲公司应承担相关的民事责任。这是个有权代理行为，合同成立，甲公司应承担民事责任。C 当选。《民法典》第 61 条第 2 款规定，法定代表人以法人名义从事的民事活动，其法律后果由法人承受。甲公司的法定代表人虽以个人名义收取保证金，但仍以甲公司名义入账，甲公司承担责任。D 当选。

**49. AD**。《民法典》第 143 条规定，具备下列条件的民事法律行为有效：（1）行为人具有相应的民事行为能力；（2）意思表示真实；（3）不违反法律、行政法规的强制性规定，不违背公序良俗。由于对于金钱占有即所有，因此甲用共同存款购买保险属于有权处分，其与乙公司之间订立的合同是有效的，A 当选。宅基地使用权如果抵押，债权人行使抵押权，将会给集体利益造成损害，《民法典》第 399 条规定，下列财产不得抵押：（1）土地所有权；（2）宅基地、自留地、自留山等集体所有土地的使用权，但是法律规定可以抵押的除外；（3）学校、幼儿园、医疗机构等为公益目的成立的非营利法人的教育设施、医疗卫生设施和其他公益设施；（4）所有权、使用权不明或者有争议的财产；（5）依法被查封、扣押、监管的财产；（6）法律、行政法规规定不得抵押的其他财产。故此种合同应为无效，B 不当选。由于合同的一方当事人是精神病人，如果该精神病人是无民事行为能力人，则合同无效，如果该精神病人是限制民事行为能力人，则合同效力待定，因此 C 不当选。《民法典》第 28 条规定，无民事行为能力或者限制民事行为能力的成年人，由下列有监护能力的人按顺序担任监护人：（1）配偶；（2）父母、子女；（3）其他近亲属；（4）其他愿意担任监护人的个人或者组织，但是须经被监护人住所地的居民委员会、村民委员会或者民政部门同意。本题中，由于查找不到精神病人的近亲属，民政部门可以监护人的身份与甲达成赔偿协议。故 D 当选。

**50. ABCD**。《民法典》第 188 条第 1 款规定，向人民法院请求保护民事权利的诉讼时效期间为 3 年。法律另有规定的，依照其规定。《保险法》第 26 条第 1 款规定，人寿保险以外的其他保险的被保险人或者受益人，向保险人请求赔偿或者给付保险金的诉讼时效期间为 2 年，自其知道或者应当知道保险事故发生之日起计算。而第三者责任险属于财产保险，不属于人寿保险，故丙对乙公司请求支付保险金的合同之债的诉讼时效期间也为 2 年。《民法典》第 195 条规定，权利人向义务人提出履行请求的，诉讼时效中断，从中断、有关程序终结时起，诉讼时效期间重新计算。本题中，由于丙不断索赔，诉讼时效始终处于中断并重新计算的状态，因此诉讼时效期间并未经过，故 ABCD 均错误，当选。虽然《民法典》已经将一般诉讼时效规定为 3 年，不过，本题中的法律关系是保险法律关系，应该适用特别法的规定。因为《保险法》没有修改，所以本题答案不随着《民法典》的实施而发生变化。

**51. ABC**。《民法典》第 236 条规定，妨害物权或者可能妨害物权的，权利人可以请求排除妨害或者消除危险。据此，B 正确。由于排除妨碍是基于物权产生的请求权，《民法典》第 196 条明确规定其不受诉讼时效的限制，故 C 正确。《民法典》第 996 条规定，因当事人一方的违约行为，损害对方人格权并造成严重精神损害，受损害方选择请求其承担违约责任的，不影响受损害方请求精神损害赔偿。故 D 错误。关于妨碍分为行为妨碍与状态妨碍两种：通过行为造成妨碍状态的人是行为妨碍人；妨碍状态的出现虽然与某人的行为无关，但是有责任排除这种妨碍的人是状态妨碍人。本题中，叶某仍是房屋所有权人，在他所控制的物权上发生妨碍他人物权的状态，叶某即是状态妨碍人，赵某有权要求叶某排除妨碍，故 A 正确。

**52. AB**。本题题干信息量少，乙公司在自己的B地块上修路本与甲公司无关，但由于系因甲公司与乙公司约定修路，再结合题目选项的表述，可推知乙公司为甲公司设定了地役权，A地块为需役地，B地块为供役地。《民法典》第382条规定，需役地以及需役地上的土地承包经营权、建设用地使用权等部分转让时，转让部分涉及地役权的，受让人同时享有地役权。《民法典》第374条规定，地役权自地役权合同生效时设立。当事人要求登记的，可以向登记机构申请地役权登记；未经登记，不得对抗善意第三人。题目中未说明该项地役权的设立办理了登记，因此不能对抗善意的第三人丁。综上，AB正确，CD错误。

**53. CD**。《民法典》第215条规定，当事人之间订立有关设立、变更、转让和消灭不动产物权的合同，除法律另有规定或者当事人另有约定外，自合同成立时生效；未办理物权登记的，不影响合同效力。《民法典》第402条规定，以本法第395条第1款第1项至第3项规定的财产或者第5项规定的正在建造的建筑物抵押的，应当办理抵押登记。抵押权自登记时设立。据此，丙以自己房屋为乙设立抵押权时，未办理抵押登记，故房屋抵押权未设立；但不因此影响乙丙之间房屋抵押合同的成立与生效。现丙的房屋被查封，抵押合同不可能继续履行，这属于法律上的履行不能，故A错误。由于乙丙之间的抵押合同是有效的，只是合同约定的标的物被查封，乙可以标的物（房屋）的价值为限向丙主张担保权利。故C正确。丙和乙之间仅约定了抵押，并未约定由丙承担保证责任，因此B错误。由于丙仅将房本交给乙，未按约定办理抵押登记，丙的行为属违约行为。现在丙的房屋被法院另行查封，若丙的房屋被执行，则抵押权的标的将不存在，很可能给乙造成损失，故D正确。

**54. ABCD**。债的转移通常依约定而进行。但是，在某些特别场合，法律为保护相关人的利益，亦承认债可依法律的特别规定而发生转移。《保险法》第60条第1款规定：“因第三者对保险标的的损害而造成保险事故的，保险人自向被保险人赔偿保险金之日起，在赔偿金额范围内代位行使被保险人对第三者请求赔偿的权利。”通说认为，代位求偿权在性质上属债的法定转移。此外，《民法典》第67条规定，法人合并的，其权利和义务由合并后的法人享有和承担。法人分立的，其权利和义务由分立后的法人享有连带债权，承担连带债务，但是债权人和债务人另有约定的除外。《民法典》第1161条规定，继承人以所得遗产实际价值为限清偿被继承人依法应当缴纳的税款和债务。超过遗产实际价值部分，继承人自愿偿还的不在此限。继承人放弃继承的，对被继承人依法应当缴纳的税款和债务可以不负清偿责任。《民法典》第725条规定，租赁物在承租人按照租赁合同占有期限发生所有权变动的，不影响租赁合同的效力。均为法律的明文规定，属于债的法定转移。故本题答案为ABCD。

**55. AC**。《民法典》第933条规定，委托人或者受托人可以随时解除委托合同。因解除合同造成对方损失的，除不可归责于该当事人的事由外，无偿委托合同的解除方应当赔偿因解除时间不当造成的直接损失，有偿委托合同的解除方应当赔偿对方的直接损失和合同履行后可以获得的利益。基于委托合同的人身性，本条规定了委托人和受托人对合同的任意解除权，故AC正确，B错误。《民法典》第929条第1款规定，有偿的委托合同，因受托人的过错造成委托人损失的，委托人可以请求赔偿损失。无偿的委托合同，因受托人的故意或者重大过失造成委托人损失的，委托人可以请求赔偿损失。律师事务所的委托代理合同一般为有偿合同，因此D错误。

**56. AB**。《民法典》第604条规定，标的物毁损、灭失的风险，在标的物交付之前由出卖人承担，交付之后由买受人承担，但是法律另有规定或者当事人另有约定的除外。因甲已交付货物，故本题中标的物风险转归乙负担，乙应依约支付剩余货款。故A正确。《民法典》第599条规定，出卖人应当按照约定或者交易习惯向买受人交付提取标的物单证以外的有关单证和资料。因此，甲未交付有关单证的行为构成违约，B正确。甲未将产品合格证和原产地证明文件交给乙，对乙而言，如果甲拒不交付，将难以证明货物符合质量标准及由原产地生产，根据《民法典》第563条的规定，甲构成根本违约，乙有权要求解除合同，但是题目中并没有说明甲将拒不交付前列单证。而且，即便乙真的有权解除合同，由于货物已经毁损，已经难以恢复原状，因此，乙不能要求甲返还已交付的80%货款，故C错误。甲已完成交货义务，无须补交货物，故D错误。

**57. ABC**。《著作权法》第10条规定：“著作权包括下列人身权和财产权：（一）发表权，即决定作品是否公之于众的权利；（二）署名权，即表明作者身份，在作品上署名的权利……（四）保护作品完整权，即保护作品不受歪曲、篡改的权利……（十二）信息网络传播权，即以有线或者无线方式向公众提供，使公众可以在其选定的时间和地点获得作品的权利……”由题意可知，网站并没有代王琪琪决定是否公之于众，也没有行使专属于王琪琪的以有线或者无线方式向公众提供作品的权利，因此AB正确；作者的署名权由其自己决定，网站代其决定署名，侵犯了王琪琪的署名权，C正确；题目中作品未受歪曲篡改，D错误。

**58. CD**。《著作权法》第19条规定：“受委托创作的作品，著作权的归属由委托人和受托人通过合同约定。合同未作明确约定或者没有订立合同的，著作权属于受托人。”据此，A错误。《最高人民法院关于审理著作权民事纠纷案件适用法律若干问题的解释》第 27 条规定："侵害著作权的诉讼时效为三年，自著作权人知道或者应当知道权利受到损害以及义务人之日起计算。权利人超过三年起诉的，如果侵权行为在起诉时仍在持续，在该著作权保护期内，人民法院应当判决被告停止侵权行为；侵权损害赔偿数额应当自权利人向人民法院起诉之日起向前推算三年计算。"据此，乙向丙要求其停止侵权的请求权，不存在诉讼时效期间超过的问题，B 错误。《计算机软件保护条例》第 30 条规定："软件的复制品持有人不知道也没有合理理由应当知道该软件是侵权复制品的，不承担赔偿责任；但是，应当停止使用、销毁该侵权复制品。如果停止使用并销毁该侵权复制品将给复制品使用人造成重大损失的，复制品使用人可以在向软件著作权人支付合理费用后继续使用。"据此，CD 两选项均正确。

**59. BD**。《专利法》第 25 条规定："对下列各项，不授予专利权：（一）科学发现……（三）疾病的诊断和治疗方法……"本题中，A 属于科学发现，不授予专利权，故不当选。C 属于疾病的诊断和治疗方法，不当选；而 BD 不是方法，可授予专利。

**60. AB**。商标法并未禁止在一种商品上使用多件商标，据此 A 正确。《商标法》第 3 条第 1 款规定："经商标局核准注册的商标为注册商标，包括商品商标、服务商标和集体商标、证明商标；商标注册人享有商标专用权，受法律保护。"也就是说，商标必须经过注册，才享有注册商标专用权。甲公司拥有"美多"注册商标，因此对其享有商标专用权，但"薰衣草"未经注册，甲公司对其不享有商标专用权，故 B 正确。《最高人民法院关于审理涉及驰名商标保护的民事纠纷案件应用法律若干问题的解释》第 13 条规定："在涉及驰名商标保护的民事纠纷案件中，人民法院对于商标驰名的认定，仅作为案件事实和判决理由，不写入判决主文；以调解方式审结的，在调解书中对商标驰名的事实不予认定。"故 C 错误。《商标法》第 11 条规定："下列标志不得作为商标注册：（一）仅有本商品的通用名称、图形、型号的；（二）仅直接表示商品的质量、主要原料、功能、用途、重量、数量及其他特点的；（三）其他缺乏显著特征的。前款所列标志经过使用取得显著特征，并便于识别的，可以作为商标注册。"本题中，"薰衣草"已经被消费者所熟知，取得显著特征，因此 D 错误。

**61. ACD**。《民法典》第 1127 条规定，遗产按照下列顺序继承：（1）第一顺序：配偶、子女、父母；（2）第二顺序：兄弟姐妹、祖父母、外祖父母。继承开始后，由第一顺序继承人继承，第二顺序继承人不继承；没有第一顺序继承人继承的，由第二顺序继承人继承。本编所称子女，包括婚生子女、非婚生子女、养子女和有扶养关系的继子女。本编所称父母，包括生父母、养父母和有扶养关系的继父母。本编所称兄弟姐妹，包括同父母的兄弟姐妹、同父异母或者同母异父的兄弟姐妹、养兄弟姐妹、有扶养关系的继兄弟姐妹。据此，甲、戊、己作为乙的第一顺序遗产继承人，有权继承乙的遗产，A 正确；戊、己、丁母作为丁的第一顺序遗产继承人，有权继承丁的遗产，C 正确。《民法典》第 1121 条规定，继承从被继承人死亡时开始。相互有继承关系的数人在同一事件中死亡，难以确定死亡时间的，推定没有其他继承人的人先死亡。都有其他继承人，辈份不同的，推定长辈先死亡；辈份相同的，推定同时死亡，相互不发生继承。据此，乙、丁虽彼此为第一顺序法定继承人，但彼此之间不发生继承，故丁母无从转继承乙的遗产，B 错误。《民法典》第 1154 条规定，有下列情形之一的，遗产中的有关部分按照法定继承办理：（1）遗嘱继承人放弃继承或者受遗赠人放弃受遗赠；（2）遗嘱继承人丧失继承权或者受遗赠人丧失受遗赠权；（3）遗嘱继承人、受遗赠人先于遗嘱人死亡或者终止；（4）遗嘱无效部分所涉及的遗产；（5）遗嘱未处分的遗产。《民法典》第 1128 条规定，被继承人的子女先于被继承人死亡的，由被继承人的子女的直系晚辈血亲代位继承。被继承人的兄弟姐妹先于被继承人死亡的，由被继承人的兄弟姐妹的子女代位继承。代位继承人一般只能继承被代位继承人有权继承的遗产份额。因此本题中甲的遗产按照法定继承办理，而不是按照遗嘱继承办理，这样丙作为第一顺序法定继承人有权继承甲的遗产。又因为甲的长子乙先于被继承人甲死亡，戊和己有权代位乙继承甲的遗产。故 D 正确。

**62. BC**。《民法典》第 1213 条规定，机动车发生交通事故造成损害，属于该机动车一方责任的，先由承保机动车强制保险的保险人在强制保险责任限额范围内予以赔偿；不足部分，由承保机动车商业保险的保险人按照保险合同的约定予以赔偿；仍然不足或者没有投保机动车商业保险的，由侵权人赔偿。《道路交通安全法》第 76 条第 1 款规定，机动车发生交通事故造成人身伤亡、财产损失的，由保险公司在机动车第三者责任强制保险责任限额范围内予以赔偿；不足的部分，按照下列规定承担赔偿责任：（1）机动车之间发生交通事故的，由有过错的一方承担赔偿责任；双方都有过错的，按照各自过错的比例分担责任。（2）机动车与非机动车驾驶人、行人之间发生交通事故，非机动车驾驶人、行人没有过错的，由机动车一方承担赔偿责任；有证据证明非机动车驾驶人、行人有过错的，根据过错程度适当减轻机动车一方的赔偿责任；机动车一方没有过错的，承担不超过 10%的赔偿责任。由此可见，本题中乙撞伤丙，应由机动车一方承担责任。但甲和乙之间的责任承担，从

《民法典》第1209条、第1210条以及《最高人民法院关于审理道路交通事故损害赔偿案件适用法律若干问题的解释》的精神看，原则上由机动车驾驶人一方承担责任，他人只在有过错的情况下才承担相应的责任。据此，本题中的四个选项均由乙一方承担责任，故A错误。《民法典》第1191条第1款规定，用人单位的工作人员因执行工作任务造成他人损害的，由用人单位承担侵权责任。用人单位承担侵权责任后，可以向有故意或者重大过失的工作人员追偿。BC中的乙均为执行职务行为，其给丙造成的损失应由其用人单位承担，因此BC正确。D中，虽然公司明文禁止代驾，且乙是为获高额报酬而代驾，但这属于公司内部事务，且甲并不知道公司有此规定，对外仍应由出租车公司对丙承担赔偿责任，由于乙严重违反公司的规章制度，具有过错，出租车公司对丙赔偿之后可向乙追偿。故D错误。

**63. ABC**。公司的利润分配属于公司自治范畴，甲、乙、丙可以在公司章程约定不按照出资比例分配红利，A正确。《公司法》第67条第2款第3项规定，董事会行使决定公司的经营计划和投资方案的职权。故B正确。《公司法》第65条规定，股东会会议由股东按照出资比例行使表决权；但是，公司章程另有规定的除外。据此，章程可以约定股东不按出资比例行使表决权，故C正确。其他人投资成为股东，属于增加公司资本的事项，根据《公司法》第59条的规定，增资决议只能由股东会作出，董事会只能制订增资方案，不能直接决定增资，则也不能直接决定他人经投资成为股东。故D错误。

**64. CD**。货币以实际占有和持有为获得所有权的条件，不能等同于物权上的所有权归属。该40万元已由李方借给刘黎，刘黎基于对40万元的实际占有（并且是善意的）而获得所有权，所以A错误。《公司法》第178条规定了不得担任公司的董事、监事、高级管理人员的情形，李方不存在该条规定的情况，B错误。姜呈履约属于善意，履行行为有效，C正确。《公司法》第181条第1项规定，董事、监事、高级管理人员不得侵占公司财产、挪用公司资金。《公司法》第186条规定，董事、监事、高级管理人员违反本法第181条至第184条规定所得的收入应当归公司所有。李方将本应属于公司的钱借出，属于无权处分行为，其利息为不当获利，平昌公司有权要求返还，D正确。

**65. ABD**。《合伙企业法》第37条规定，合伙企业对合伙人执行合伙事务以及对外代表合伙企业权利的限制，不得对抗善意第三人。但是本案中，合伙人甲已经被法院宣告为无民事行为能力人，其不具有代表合伙企业签订合同的行为能力，因此，该合同无效，A错误，应选。《合伙企业法》第48条第2款规定，合伙人被依法认定为无民事行为能力人或者限制民事行为能力人的，经其他合伙人一致同意，可以依法转为有限合伙人，普通合伙企业依法转为有限合伙企业。其他合伙人未能一致同意的，该无民事行为能力或者限制民事行为能力的合伙人退伙。退伙事由实际发生之日为退伙生效日。因此，B错误，应选；C正确，不应选。退伙事由的实际发生之日为退伙生效日，因此甲退伙生效日是其丧失行为能力实际发生日而非法院宣告之日，因此D错误，应选。

**66. ABD**。《合伙企业法》第26条规定："合伙人对执行合伙事务享有同等的权利。按照合伙协议的约定或者经全体合伙人决定，可以委托一个或者数个合伙人对外代表合伙企业，执行合伙事务。作为合伙人的法人、其他组织执行合伙事务的，由其委派的代表执行。"因此，ABD正确。《合伙企业法》第37条规定："合伙企业对合伙人执行合伙事务以及对外代表合伙企业权利的限制，不得对抗善意第三人。"因此，当合同相对人为善意时，合同有效，C错误。

**67. AC**。《企业破产法》第8条规定，向人民法院提出破产申请，应当提交破产申请书和有关证据。这中间包括证明债务人资产状况的证据。根据《企业破产法》第2条和第7条，企业法人不能清偿到期债务，并且资产不足以清偿全部债务或者明显缺乏偿债能力的，可以提出破产申请。债务人不能清偿到期债务时，债权人可以向人民法院提出对债务人进行重整或者破产清算的申请。综上，甲公司作为债权人，提交证据仅满足证明债务人乙公司不能清偿到期债务即可，不需要证明乙公司资产不足以清偿全部债务，作为债权人他也无法证明乙公司资产不足以清偿全部债务。所以A正确，B错误。《企业破产法》第10条规定，债权人提出破产申请的，人民法院应当自收到申请之日起5日内通知债务人。债务人对申请有异议的，应当自收到人民法院的通知之日起7日内向人民法院提出。C正确。《最高人民法院关于适用〈中华人民共和国企业破产法〉若干问题的规定（一）》［以下简称《企业破产法解释（一）》］第1条第2款规定，相关当事人以对债务人的债务负有连带责任的人未丧失清偿能力为由，主张债务人不具备破产原因的，人民法院应不予支持。因此，D错误。

**68. AB**。《企业破产法》第80条规定，债务人自行管理财产和营业事务的，由债务人制作重整计划草案。管理人负责管理财产和营业事务的，由管理人制作重整计划草案。因此，A正确。《企业破产法》第82条规定，债权人参加讨论重整计划草案的债权人会议，应按照债权分类，分组对重整计划草案进行表决。因此，B正确。《企业破产法》第84条第2款规定，出席会议的同一表决组的债权人过半数同意重整计划草案，并且其所代表的债权额占该组债权总额的2/3以上的，即为该组通过重整计划草案。C为过半数同意通过，错误。《企业破产法》第86条规定，各表决组均通过重整计划草案时，重整计划即为通过。D 中“2/3 通过”表述错误，应为全部通过。

**69. BCD**。《票据法》第 35 条第 2 款规定，汇票可以设定质押；质押时应当以背书记载“质押”字样。被背书人依法实现其质权时，可以行使汇票权利。质押时应当背书“质押”字样，并非交付给债权人即生效，因此，A 错误。《票据法》第 61 条规定：“汇票到期被拒绝付款的，持票人可以对背书人、出票人以及汇票的其他债务人行使追索权。汇票到期日前，有下列情形之一的，持票人也可以行使追索权：……（三）承兑人或者付款人被依法宣告破产的或者因违法被责令终止业务活动的。”B 属于该规定的情形，因此，B 正确。《票据法》第 22 条规定：“汇票必须记载下列事项：（一）表明‘汇票’的字样；（二）无条件支付的委托；（三）确定的金额；（四）付款人名称；（五）收款人名称；（六）出票日期；（七）出票人签章。汇票上未记载前款规定事项之一的，汇票无效。”因此，D 正确。汇票分为银行汇票和商业汇票，法律不禁止自然人作为出票人，自然人具备一定条件的也可以开具汇票，所以 C 正确。

**70. ABD**。《保险法》第 13 条规定，投保人提出保险要求，经保险人同意承保，保险合同成立。虽然投保单是保险公司业务员代为签字和填写，但甲公司成功缴纳了保险费，应视为保险公司已同意承保，所以保险合同成立。A 正确。《保险法》第 43 条至第 45 条规定，保险公司仅于以下情形下免责：（1）投保人或者受益人故意造成被保险人死亡、伤残或者疾病的。（2）被保险人自杀的，但被保险人自杀时为无民事行为能力人的除外。（3）被保险人故意犯罪或者抗拒依法采取的刑事强制措施导致其伤残或者死亡的。张某打碎车窗玻璃的行为不构成故意犯罪，张某的死亡也并非投保人或者受益人的行为造成，因此保险公司不得因此免责，BD 正确。张某的行为不属于合法的自助行为，且与保险理赔并无关系，所以不是针对保险公司索赔的理由，C 错误，不选。

**71. AC**。诉的合并，是指人民法院把几个独立的诉，合并在一个案件中进行审理和裁判。诉的合并分为诉的主体合并和诉的客体合并，其中诉的主体合并，是将数个当事人合并到同一诉讼程序中审理和裁判。在一个原告对数个被告或数原告对一个或数个被告提起诉讼时，均会产生诉的主体的合并。引起诉的主体合并的原因有：（1）必要共同诉讼或普通共同诉讼；（2）原告或被告于诉讼进行中死亡，数个继承人承受诉讼。诉的客体合并，指的是在同一诉讼程序中，同一方当事人向对方当事人提出了两个或两个以上的诉或者反诉与本诉合并到同一诉讼程序中审理。本案是因保证合同纠纷提起的诉讼，根据《民诉解释》第 66 条，属于诉的主体合并，不属于诉的客体合并，故 A 应选，B 不应选。必要共同诉讼是指当事人一方或双方为两人以上，参加诉讼的同一方当事人之间的诉讼标的是共同的，人民法院必须合并审理的诉讼。必要共同诉讼的诉讼标的必须是同一法律关系，各诉之间具有不可分割的联系，人民法院不能分案审理，必须合并审理，对于原告遗漏被告的，人民法院则应当告知。普通共同诉讼，是指当事人一方或者双方为两人以上，共同诉讼标的是同一种类，法院认为可以合并审理，当事人也同意合并审理的诉讼。本案中甲、乙承担连带责任，因此应属于必要共同诉讼，C 正确，D 错误。本题正确答案应为 AC。

**72. ACD**。《民事诉讼法》第 157 条规定，管辖权异议裁定可以上诉，但因其发生在终审程序之后，故 A 中卢某提起上诉，法院不当受理，应选。B 中中院作出的驳回原告诉讼请求的判决，当事人不服可以上诉，故 B 不应选。经过司法确认的人民调解协议，其效力等同于法院调解，而法院调解是不能上诉的，故 C 中朱某提起上诉，法院依法不应受理，C 应选。婚姻关系的确认案件实行一审终审，因此法院判决尹某与林某的婚姻无效，判决一经作出即生效，不得上诉，D 应选。本题正确答案为 ACD。

**73. ABCD**。《民事诉讼法》第 23 条规定，下列民事诉讼，由原告住所地人民法院管辖；原告住所地与经常居住地不一致的，由原告经常居住地人民法院管辖：……（2）对下落不明或者宣告失踪的人提起的有关身份关系的诉讼……因此，A 说法不正确，应选。《民事诉讼法》第 33 条规定，因共同海损提起的诉讼，由船舶最先到达地、共同海损理算地或者航程终止地的人民法院管辖。故 B 错误，应选。管辖权转移，是指经上级人民法院决定或者同意，将某个案件的管辖权由上级人民法院转交给下级人民法院，或者由下级人民法院转交给上级人民法院。管辖权转移的前提是受诉法院对该案本来就享有管辖权。移送管辖，是指地方人民法院受理某一案件后，发现对该案无管辖权，为保证该案件的审理，依照法律相关规定，将该案件移送给有管辖权的人民法院。移送管辖的前提是受诉法院对该案本来不享有管辖权。因此，C 中的这种情形应当属于移送管辖，而不是管辖权转移，C 应选。选择管辖，是指某一案件发生后，由于法律的直接规定或者由于案件主体或客体的牵连关系，两个或者两个以上的法院对该案件都享有管辖权时，由当事人选择向其中一个法院提起诉讼。而当事人书面约定纠纷的管辖法院，属于协议管辖。因此，D 错误，应选。本题正确答案应为 ABCD。

**74. ABC**。《民事诉讼法》第 210 条规定，当事人对已经发生法律效力的判决、裁定，认为有错误的，可以向上一级人民法院申请再审；当事人一方人数众多或者当事人双方为公民的案件，也可以向原审人民法院申请再审。当事人申请再审的，不停止判决、裁定的执行。根据这一规定，若该案被告也为公民，则原告也可以向原审法院申请再审，故A错误，应选。根据《民事诉讼法》第220条，检察院提出抗诉的，法院都应当立案再审，无权进行审查，故B错误，应选。《民事诉讼法》第217条规定，按照审判监督程序决定再审的案件，裁定中止原判决、裁定、调解书的执行，但追索赡养费、扶养费、抚养费、抚恤金、医疗费用、劳动报酬等案件，可以不中止执行。因此，D正确，不应选，C错误，应选。

**75. ACD**。提审是指因为案情重大或其他原因，上级法院把下级法院尚未判决或已经判决的案件提来自行审判。最高人民法院对各级人民法院、上级人民法院对下级人民法院已经发生法律效力的判决、裁定发现确有错误，或者接受同级人民检察院的再审抗诉后，直接调取原审案卷和材料，并组成合议庭对案件进行审判的程序。当上级人民法院对下级人民法院的生效判决，最高人民法院对各级人民法院的生效判决发现确有错误时，可以采取两个措施：一是指令再审，即指令下级法院重新审理；二是提审，即上级人民法院或最高人民法院亲自派出法官审理案件。A正确，应选。因为本案已经经过了二审程序，因此在省高院指令再审时，应当指令市中级法院再审，且再审应当适用二审程序。B错误，不应选。《民诉解释》第403条第1款规定，人民法院审理再审案件应当围绕再审请求进行。当事人的再审请求超出原审诉讼请求的，不予审理；符合另案诉讼条件的，告知当事人可以另行起诉。根据这一规定，C正确，应选。《民事诉讼法》第220条规定，有下列情形之一的，当事人可以向人民检察院申请检察建议或者抗诉：（1）人民法院驳回再审申请的；（2）人民法院逾期未对再审申请作出裁定的；（3）再审判决、裁定有明显错误的。人民检察院对当事人的申请应当在3个月内进行审查，作出提出或者不予提出检察建议或者抗诉的决定。当事人不得再次向人民检察院申请检察建议或者抗诉。故D正确，应选。本题正确答案应为ACD。

**76. BD**。《民事诉讼法》第228条规定，人民法院收到债务人提出的书面异议后，经审查，异议成立的，应当裁定终结督促程序，支付令自行失效。支付令失效的，转入诉讼程序，但申请支付令的一方当事人不同意提起诉讼的除外。根据这一规定，AC错误，不应选。BD正确，应选。本题正确答案应为BD。

**77. CD**。质证是指当事人、诉讼代理人及第三人在法庭的主持下，对当事人及第三人提出的证据就其真实性、合法性、关联性以及证明力的有无、大小予以说明和质辩的活动或过程。在抗诉案件中，检察机关不属于当事人，因此不能参加质证，A错误，不应选。电子数据，是指基于计算机应用、通信和现代管理技术等电子化技术手段形成的包括文字、图形符号、数字、字母等的客观资料。该案中的录音带不属于电子数据，而应当属于视听资料，B错误，不应选。《民诉解释》第106条规定，对以严重侵害他人合法权益、违反法律禁止性规定或者严重违背公序良俗的方法形成或者获取的证据，不得作为认定案件事实的根据。在谈判过程中偷录的录音带，并未侵害他人合法权益、违反法律禁止性规定或者严重违背公序良俗，可以作为质证对象，故C正确。《民诉解释》第103条第3款规定，涉及国家秘密、商业秘密、个人隐私或者法律规定应当保密的证据，不得公开质证。故D正确。本题正确答案应为CD。

**78. A**。代物清偿目前在我国并无法条依据。所谓代物清偿，就是指债权人与债务人约定，以他种给付代替原种给付进行清偿，以消灭债权债务关系。由于代物清偿须以他种给付替代原有给付，因此必须有债权人与债务人的双方合意，代物清偿具有合同性质；又由于代物清偿具有清偿性质，因此债务人必须转移他种给付给债权人才能发生清偿的效力，从而消灭原来的债权债务关系，因此代物清偿必须给付。这样代物清偿的性质就是前述两者之和，即实践合同，或称要物契约。本题中，甲公司虽与乙公司订立了代物清偿合同，但由于没有转让他种给付即建设用地使用权，因此代物清偿尚未发生法律效力。既然未能清偿，原来的欠款债权债务关系并没有消灭，故A正确；甲公司是将自己的建设用地使用权进行抵押，没有无权处分可言，故B错误；善意取得须以无权处分为前提，甲公司将自有的建设用地使用权抵押给银行系有权处分，不存在善意取得，故C错误；而所谓代为清偿，则指债务人以外的第三人替债务人向债权人清偿债务，本题中甲公司的行为是代物清偿，二者虽一字之差，法律性质却大异其趣，故D错误。

**79. AD**。《民法典》第688条规定，当事人在保证合同中约定保证人和债务人对债务承担连带责任的，为连带责任保证。连带责任保证的债务人不履行到期债务或者发生当事人约定的情形时，债权人可以请求债务人履行债务，也可以请求保证人在其保证范围内承担保证责任。据此，张某是连带责任保证人，丁公司作为债权人有权要求其承担保证责任，A正确。《民法典》第391条规定，第三人提供担保，未经其书面同意，债权人允许债务人转移全部或者部分债务的，担保人不再承担相应的担保责任。据此B错误。《民法典》第551条第1款规定，债务人将债务的全部或者部分转移给第三人的，应当经债权人同意。本题中，债权人丁公司对债务的转移通过三方协议的方式进行了同意，因此发生债务转移的法律效果，故C错误，D正确。

**80. A**。《民法典》第692条规定，保证期间是确定保证人承担保证责任的期间，不发生中止、中断和延长。债权人与保证人可以约定保证期间，但是约定的保证期间早于主债务履行期限或者与主债务履行期限同时届满的，视为没有约定；没有约定或者约定不明确的，保证期间为主债务履行期限届满之日起 6 个月。债权人与债务人对主债务履行期限没有约定或者约定不明确的，保证期间自债权人请求债务人履行债务的宽限期届满之日起计算。故 A 正确、B 错误。《民法典》第 694 条规定，一般保证的债权人在保证期间届满前对债务人提起诉讼或者申请仲裁的，从保证人拒绝承担保证责任的权利消灭之日起，开始计算保证债务的诉讼时效。连带责任保证的债权人在保证期间届满前请求保证人承担保证责任的，从债权人请求保证人承担保证责任之日起，开始计算保证债务的诉讼时效。据此，保证债务诉讼时效的起算时间要看债权人何时要求保证人承担保证责任，从题目中并不知悉，故 CD 均错误。

**81. D**。《公司法解释（三）》第 13 条规定：“股东未履行或者未全面履行出资义务，公司或者其他股东请求其向公司依法全面履行出资义务的，人民法院应予支持。公司债权人请求未履行或者未全面履行出资义务的股东在未出资本息范围内对公司债务不能清偿的部分承担补充赔偿责任的，人民法院应予支持；未履行或者未全面履行出资义务的股东已经承担上述责任，其他债权人提出相同请求的，人民法院不予支持。股东在公司设立时未履行或者未全面履行出资义务，依照本条第一款或者第二款提起诉讼的原告，请求公司的发起人与被告股东承担连带责任的，人民法院应予支持；公司的发起人承担责任后，可以向被告股东追偿。股东在公司增资时未履行或者未全面履行出资义务，依照本条第一款或者第二款提起诉讼的原告，请求未尽公司法第一百四十七条第一款规定的义务而使出资未缴足的董事、高级管理人员承担相应责任的，人民法院应予支持；董事、高级管理人员承担责任后，可以向被告股东追偿。”另外，由于乙公司不是发起人股东，无须为丙对丁的债务承担连带责任。综上，本题 D 当选。

**82. BD**。《民法典》第 551 条第 1 款规定，债务人将债权的全部或者部分转移给第三人的，应当经债权人同意。据此 A 错误，B 正确。题干中并不能看出戊公司、己公司有恶意串通的行为，C 错误。依意思自治原则，戊公司、己公司二公司的约定自然在他们之间有效，D 正确。

**83. AD**。《合伙企业法》第 25 条规定，合伙人以其在合伙企业中的财产份额出质的，须经其他合伙人一致同意；未经其他合伙人一致同意，其行为无效，由此给善意第三人造成损失的，由行为人依法承担赔偿责任。由于合伙人丁福的出质行为实际上未取得其他合伙人一致同意，其行为无效，因此即使钟冉是善意的，也不能取得质权，只能获得赔偿。因此，A 正确，C 错误。权利出质仅满足合伙人一致同意即生效，所以 B 错误。《合伙企业法》第 23 条规定，（普通合伙的）合伙人向合伙人以外的人转让其在合伙企业中的财产份额的，在同等条件下，其他合伙人有优先购买权；但是，合伙协议另有约定的除外。D 正确。

**84. AB**。《合伙企业法》第 82 条规定，除合伙协议另有约定外，普通合伙人转变为有限合伙人，或者有限合伙人转变为普通合伙人，应当经全体合伙人一致同意。所以 A 正确。《合伙企业法》第 37 条规定，合伙企业对合伙人执行合伙事务以及对外代表合伙企业权利的限制，不得对抗善意第三人。所以 B 正确。《合伙企业法》第 67 条规定，有限合伙企业由普通合伙人执行合伙事务。高崎已经要求转变为有限合伙人，不能执行合伙事务，这与出资多少没有关系，所以 C 错误。《合伙企业法》第 84 条规定，普通合伙人转变为有限合伙人的，对其作为普通合伙人期间合伙企业发生的债务承担无限连带责任。因此，D 错误。

**85. ACD**。《合伙企业法》第 73 条规定：“有限合伙人可以按照合伙协议的约定向合伙人以外的人转让其在有限合伙企业中的财产份额，但应当提前三十日通知其他合伙人。”据此，转让合伙财产份额时不必经其他合伙人同意，但应当提前通知其他合伙人。A 正确。《合伙企业法》第 74 条规定：“有限合伙人的自有财产不足清偿其与合伙企业无关的债务的，该合伙人可以以其从有限合伙企业中分取的收益用于清偿；债权人也可以依法请求人民法院强制执行该合伙人在有限合伙企业中的财产份额用于清偿。人民法院强制执行有限合伙人的财产份额时，应当通知全体合伙人。在同等条件下，其他合伙人有优先购买权。”故 C、D 正确。

**【陷阱提示】**《合伙企业法》第 73、74 条对有限合伙人财产份额的转让规定了不同的处理。有限合伙人在对外正常转让财产份额时，只要履行了通知义务，在同等条件下，可自由选择出售对象，而不仅限于其他合伙人。但当人民法院在强制执行有限合伙人的财产份额时，同等条件下其他合伙人享有优先购买权。前者其他合伙人不享有优先购买权是为了充分体现有限合伙人的意思自治，保障其自由行使其合法权益；而后者，由于在强制执行财产份额中，强制力是无视当事人意思表示的，可能破坏有限合伙企业的正常经营，损害其他合伙人的合法权益，故出于保障有限合伙企业的稳定，规定了其他合伙人的优先购买权。

**86. A**。《仲裁法》第 19 条第 1 款规定，仲裁协议独立存在，合同的变更、解除、终止或者无效，不影响仲裁协议的效力。故 A 正确，应选。B 错误，不应选。我国《仲裁法》中并没有明确规定简易程序，但仲裁所具有的快捷性、灵活性和经济性的特点，仲裁所体现出的充分尊重当事人意愿的仲裁原则，以及《仲裁法》对独任仲裁员仲裁和书面审理的肯定，实质上都包含了简化仲裁程序的精神。因此，各仲裁委员会在制定仲裁规则时往往规定有简易程序。就仲裁协议而言，即使当事人未约定适用简易程序，仲裁庭也可以适用简易程序审理，故C错误，不应选。双方当事人可以在仲裁协议中选择双方认为合适的仲裁机构，并不受案件本身是否具有涉外因素的限制，故D错误，不应选。本题正确答案应为A。

**87. BC**。仲裁中的简易程序与仲裁的普通程序相比，体现了如下特点：(1) 仲裁庭的组成方式简便。在仲裁程序中适用简易程序时，是由独任仲裁员组成仲裁庭进行仲裁，即由双方当事人共同选定或者共同委托仲裁委员会主任指定1名仲裁员成立仲裁庭对纠纷案件进行审理。现职公务人员不能担任仲裁员。故A错误，不应选；B正确，应选。(2) 审理方式灵活。适用简易程序审理仲裁案件，仲裁庭可以根据案件的实际情况，按照其认为适当的方式进行仲裁，既可以决定只依据当事人提交的书面材料和证据进行书面审理，也可以决定开庭审理。故C正确，应选。(3) 各种期限的规定相对较短。适用简易程序时，程序中各种期限的规定相对较短。不论是提交答辩书和其他材料的期限，还是提出反请求的期限；不论是指定仲裁员的期限，还是将开庭日期通知当事人的期限，抑或作出仲裁裁决的期限，较之普通仲裁程序中的期限来说都有所缩短。(4) 在简易程序中未作规定的事项，应适用仲裁规则的相关规定。《仲裁法》第54条规定，裁决书应当写明仲裁请求、争议事实、裁决理由、裁决结果、仲裁费用的负担和裁决日期。当事人协议不愿写明争议事实和裁决理由的，可以不写。裁决书由仲裁员签名，加盖仲裁委员会印章。对裁决持不同意见的仲裁员，可以签名，也可以不签名。因此，D内容不属于仲裁庭可以自行决定的事项，不应选。本题正确答案应为BC。

**88. D**。《仲裁法解释》第27条第1款规定，当事人在仲裁程序中未对仲裁协议的效力提出异议，在仲裁裁决作出后以仲裁协议无效为由主张撤销仲裁裁决或者提出不予执行抗辩的，人民法院不予支持。故本题正确答案应为D。

**89. BCD**。执行担保是指在执行中，被执行人或第三人以财产向人民法院提供担保，并经申请执行人同意的，人民法院可以决定暂缓执行及暂缓执行的期限。被执行人逾期仍不履行的，人民法院有权执行被执行人的担保财产或者担保人的财产。执行担保被批准后，不能裁定终结执行，A错误，不应选。《最高人民法院关于执行担保若干问题的规定》第11条第1款规定："暂缓执行期限届满后被执行人仍不履行义务，或者暂缓执行期间担保人有转移、隐藏、变卖、毁损担保财产等行为的，人民法院可以依申请执行人的申请恢复执行，并直接裁定执行担保财产或者保证人的财产，不得将担保人变更、追加为被执行人。"据此，法院恢复执行需要申请执行人申请恢复执行。B正确，应选。恢复执行后，法院可以执行担保财产，C正确，应选。恢复执行后，可以执行担保财产，也可以执行担保人的财产。本题中郭某提供了担保财产，因此属于自己为自己提供担保，在这种情况下，恢复执行后，既可以执行字画，也可以执行郭某的其他财产，故D正确，应选。本题正确答案应为BCD。

**90. AC**。执行异议指人民法院在民事案件执行过程中，当事人、利害关系人认为执行行为违反法律规定并要求人民法院撤销或者改正执行的请求，或案外人对被执行的财产的全部或一部分主张权利并要求人民法院停止并变更执行的请求。前种异议为执行行为异议，后种异议为案外人执行异议。《民事诉讼法》第238条规定，执行过程中，案外人对执行标的提出书面异议的，人民法院应当自收到书面异议之日起15日内审查，理由成立的，裁定中止对该标的的执行；理由不成立的，裁定驳回。案外人、当事人对裁定不服，认为原判决、裁定错误的，依照审判监督程序办理；与原判决、裁定无关的，可以自裁定送达之日起15日内向人民法院提起诉讼。根据这一规定，A正确，应选。B错误，不应选。朱某提出的异议理由与原判决、裁定无关，因此，其可以提出执行标的异议之诉，但无权申请再审，C正确，应选，D错误，不应选。本题正确答案应为AC。

# 第16天

我欲乘风去，击楫誓中流。

## 试 题

**1.** 关于公平正义，下列哪一说法是正确的？

A. 人类一切法律都维护公平正义

B. 不同的时代秉持相同的正义观

C. 公平正义是一个特定的历史范畴

D. 严格执法等于实现了公平正义

**2.** 作为创新社会管理的方式之一，社区网格化管理是根据各社区实际居住户数、区域面积大小、管理难度等情况，将社区划分数个网格区域，把党建、民政、劳动和社会保障等社会管理工作落实到网格，形成了“网中有格、格中定人、人负其责、专群结合、各方联动、无缝覆盖”的工作格局，以此建立社情民意收集反馈机制和社会矛盾多元调解机制。关于充分运用法律手段创新社会管理，下列哪一说法是不准确的？

A. 社会管理创新主要针对社会管理领域的重点人群、重点区域和重点行业

B. 大调解格局是一种社会矛盾多元调解机制

C. 社会管理创新要求建立以法律手段为主体，多种手段协调配合的管理和控制体系

D. 社区网格与村民委员会、居民委员会的法律地位一样，属于基层群众性自治组织

**3.** 法谚云：“语言是法律精神的体现。”对此，下列说法正确的是：

A. 若语言相通，则法律必然相通

B. 若语言有歧义，则法律无效力

C. 若语言可被翻译，则法律可被移植

D. 若语言表达规范，则规范就是法律

**4.** 法谚云：“一切规则皆有例外，例外也明示规则。”对此，下列说法正确的是：

A. “规则有漏洞，原则无歧义”

B. “规则乃原则之例外”

C. “规则乃共通原则，原则系特别规则”

D. “规则具化原则，原则证成规则”

**5.** 关于法的概念与本质，下列说法正确的是：

A. 是否承认法律是最低限度的道德，是区分实证主义与非实证主义的主要标准

B. 是否承认社会实效是法的构成要素，是区分分析法学派与社会法学派的主要标准

C. 按照马克思主义法学的观点，法律是社会共同体意志的体现

D. 每一条法律的存在和内容完全是由社会渊源决定的，是排他性法律实证主义的观点

**6.** 关于法律规则、法律原则和法律条文，下列说法错误的是：

A. 法律规则在逻辑上由假定条件、行为模式和法律后果三部分组成，上述任何一个部分，在具体条文的表述中，均可能被省略

B. 在诉讼过程中，与当事人有利害关系的，应当回避，这是一个法律原则，其行为模式为应为模式

C. 法律条文既可以表达法律规则，也可以表达法律原则，还可以表达规则或原则以外的内容，而规范性条文就是直接表达法律规则的条文

D. 法律规则与法律条文的关系为内容与形式的关系，因此，法律规则既可以通过法律条文来表达，也可以通过法律条文以外的形式来表达，典型如判例和习惯

**7.** 某地公安、检察机关通过传统媒体和新兴网络平台“微博”、短信和QQ，提醒“微信”用户尤其是女性用户提高警惕，切勿轻信陌生“微友”，以免遭受不必要的伤害。关于执法机关的上述做法，下列哪一说法是准确的？

A. 执法机关通过网络对妇女和网民的合法权益给予特殊保护，目的在于保证社会成员均衡发展

B. 执法机关利用网络平台自觉接受社会监督，切实减轻了群众负担

C. 执法机关采取利民措施，寓管理于主动服务之中，体现了执法为民的理念

D. 执法机关从实际出发，主要是为了引导群众理性表达自己的社会主张和利益诉求

**8.** 卡尔·马克思说：“在民主的国家里，法律就是国王；在专制的国家里，国王就是法律。”关于马克思这段话的理解，下列哪一选项是错误的？

A. 从性质上看，有民主的法律，也有专制的法律

B. 在实行民主的国家，君主或者国王不可以参与立法

C. 在实行专制的国家，国王的意志可以上升为法律

D. 实行民主的国家，也是实行法律至上原则的国家

**9.** 2003 年 7 月，年过七旬的王某过世，之前立下一份“打油诗”遗嘱：“本人已年过七旬，一旦病危莫抢救；人老病死本常事，古今无人寿长久；老伴子女莫悲愁，安乐停药助我休；不搞哀悼不奏乐，免得干扰邻和友；遗体器官若能用，解剖赠送我原求；病体器官无处要，育树肥花环境秀；我的一半财产权，交由老伴可拥有；上述遗愿能实现，我在地下乐悠悠。”

对于王某遗嘱中“我的一半财产权”所涉及的住房，指的是“整个房子的一半”，还是“属于父亲份额的一半”，家人之间有不同的理解。儿子认为，父亲所述应理解为母亲应该继承属于父亲那部分房产的一半，而不是整个房产的一半。王某老伴坚持认为，这套房子是其与丈夫的共同财产，自己应拥有整个房产（包括属于丈夫的另一半房产）。关于该案，下列哪一说法是正确的？

A. 王某老伴与子女间的争议在于他们均享有正式的法律解释权

B. 王某老伴与子女对遗嘱的理解属于主观目的解释

C. 王某遗嘱符合意思表示真实、合法的要求

D. 遗嘱中的“我的一半财产权”首先应当进行历史解释

**10.** 中学生小张课间打篮球时被同学小黄撞断锁骨，小张诉请中学和小黄赔偿 1.4 万余元。法院审理后认为，虽然 2 被告对原告受伤均没有过错，不应承担赔偿责任，但原告毕竟为小黄所撞伤，该校的不当行为也是伤害事故发生的诱因，且原告花费 1.3 万余元治疗后尚未完全康复，依据公平原则，法院酌定被告各补偿 3000 元。关于本案，下列哪一判断是正确的？

A. 法院对被告实施了法律制裁

B. 法院对被告采取了不诉免责和协议免责的措施

C. 法院做出对被告有利的判决，在于对案件事实与规范间关系进行了证成

D. 被告承担法律责任主要不是因为行为与损害间存在因果关系

**11.** 张老太介绍其孙与马先生之女相识，经张老太之手曾给付女方“认大小”钱 10100 元，后双方分手。张老太作为媒人，去马家商量退还“认大小”钱时发生争执。因张老太犯病，马先生将其送医，并垫付医疗费 1251.43 元。后张老太以马家未返还“认大小”钱为由，拒绝偿付医药费。马先生以不当得利为由诉至法院。法院考虑此次纠纷起因及张老太疾病的诱因，判决张老太返还马先生医疗费 1000 元。关于本案，下列哪一理解是正确的？

A. 我国男女双方订婚前由男方付“认大小”钱是通行的习惯法

B. 张老太犯病直接构成与马先生之医药费返还法律关系的法律事实

C. 法院判决时将保护当事人的自由和效益原则作为主要的判断标准

D. 本案的争议焦点不在于事实确认而在于法律认定

**12.** 某商场促销活动时宣称：“凡购买 100 元商品均送 80 元购物券。对因促销活动产生的纠纷，本商场有最终解释权。”刘女士在该商场购买了 1000 元商品，返回 800 元购物券。刘女士持券买鞋时，被告知鞋类商品 2 天前已退出促销活动，必须现金购买。刘女士遂找商场理论，协商未果便将商场告上法庭。关于本案，下列哪一认识是正确的？

A. 从法律的角度看，“本商场有最终解释权”是一种学理解释权的宣称

B. 本案的争议表明，需要以公平正义去解释合同填补漏洞

C. 当事人对合同进行解释，等同于对合同享有法定的解释权

D. 商场的做法符合“权利和义务相一致”的原则

**13.** 苏某和熊某毗邻而居。熊某在其居住楼顶为 50 只鸽子搭建了一座鸽舍。苏某以养鸽行为严重影响居住环境为由，将熊某诉至法院，要求熊某拆除鸽棚，赔礼道歉。法院判定原告诉求不成立。关于本案，下列哪一判断是错误的？

A. 本案涉及的是安居权与养鸽权之间的冲突

B. 从案情看，苏某的安居权属于宪法所规定的文化生活权利

C. 从判决看，解决权利冲突首先看一个人在行使权利的同时是否造成对他人权利的实际侵害

D. 本案表明，权利的行使与义务的承担相关联

**14.** 宋承唐律，仍实行唐制“七出”“三不去”的离婚制度，但在离婚或改嫁方面也有变通。下列哪一选项不属于变通规定？

A. “夫外出三年不归，六年不通问”的，准妻改嫁或离婚

B. “妻擅走者徒三年，因而改嫁者流三千里，妾各减一等”

C. 夫亡，妻“若改适（嫁），其见在部曲、奴婢、田宅不得费用”

D. 凡“夫亡而妻在”，立继从妻

**15.** 《折狱龟鉴》载一案例：张泳尚书镇蜀日，因出过委巷，闻人哭，惧而不哀，遂使讯之。云："夫暴卒。"乃付吏穷治。吏往熟视，略不见其要害。而妻教吏搜顶发，当有验。乃往视之，果有大钉陷其脑中。吏喜，辄矜妻能，悉以告泳。泳使呼出，厚加赏方，问所知之由，并令鞫其事，盖尝害夫，亦用此谋。发棺视尸，其钉尚在，遂与哭妇俱刑于市。关于本案，张泳运用了下列哪一断案方法？

A.《春秋》决狱　B. "听讼""断狱"

C. "据状断之"　D. 九卿会审

**16.** 关于中国古代法律历史地位的表述，下列哪一选项是正确的？

A.《法经》是中国历史上第一部比较系统的成文法典

B.《北魏律》在中国古代法律史上起着承前启后的作用

C.《宋刑统》是中国历史上第一部刊印颁行的仅含刑事内容的法典

D.《大明会典》以《元典章》为渊源，为《大清会典》所承继

**17.** 关于宪法实施，下列哪一选项是不正确的？

A. 宪法的遵守是宪法实施最基本的形式

B. 制度保障是宪法实施的主要方式

C. 宪法解释是宪法实施的一种方式

D. 宪法适用是宪法实施的重要途径

**18.** 关于宪法与文化制度的关系，下列哪一选项是不正确的？

A. 宪法规定的文化制度是基本文化制度

B.《魏玛宪法》第一次比较全面系统规定了文化制度

C. 宪法规定的公民文化教育权利是文化制度的重要内容

D. 保护知识产权是我国宪法规定的基本文化权利

**19.** 关于各少数民族人大代表的选举，下列哪一选项是不正确的？

A. 有少数民族聚居的地方，每一聚居的少数民族都应有代表参加当地的人民代表大会

B. 散居少数民族应选代表，每一代表所代表的人口数可少于当地人民代表大会每一代表所代表的人口数

C. 聚居境内同一少数民族的总人口占境内总人口数30%以上的，每一代表所代表的人口数应相当于当地人民代表大会每一代表所代表的人口数

D. 实行区域自治人口特少的自治县，每一代表所代表的人口数可以少于当地人民代表大会每一代表所代表的人口数的1/2

**20.** 根据省政府制定的地方规章，省质监部门对生产销售不合格产品的某公司予以行政处罚。被处罚人认为，该省政府规章违反《产品质量法》规定，不能作为处罚依据，遂向法院起诉，请求撤销该行政处罚。关于对该省政府规章是否违法的认定及其处理，下列哪一选项是正确的？

A. 由审理案件的法院进行审查并宣告其是否有效

B. 由该省人大审查是否违法并作出是否改变或者撤销的决定

C. 由国务院将其提交全国人大常委会进行审查并作出是否撤销的决定

D. 由该省人大常委会审查其是否违法并作出是否撤销的决定

**21.** 根据《村民委员会组织法》的规定，下列哪一选项是正确的？

A. 村民委员会每届任期 3 年，村民委员会成员连续任职不得超过 2 届

B. 罢免村民委员会成员，须经投票的村民过半数通过

C. 村民委员会选举由乡镇政府主持

D. 村民委员会成员丧失行为能力的，其职务自行终止

**22.** 某县"大队长酒楼"自创品牌后声名渐隆，妇孺皆知。同县的"牛记酒楼"经暗访发现，"大队长酒楼"经营特色是，服务员统一着上世纪 60 年代服装，播放该年代歌曲，店堂装修、菜名等也具有时代印记。"牛记酒楼"遂改名为"老社长酒楼"，服装、歌曲、装修、菜名等一应照搬。根据《反不正当竞争法》的规定，"牛记酒楼"的行为属于下列哪一种行为？

A. 正当的竞争行为　B. 侵犯商业秘密行为

C. 混淆行为　D. 虚假宣传行为

**23.** 赵某从某商场购买了某厂生产的高压锅，烹饪时邻居钱某到其厨房聊天，高压锅爆炸致 2 人受伤。下列哪一选项是错误的？

A. 钱某不得依据《消费者权益保护法》请求赔偿

B. 如高压锅被认定为缺陷产品，赵某可向该厂也可向该商场请求赔偿

C. 如高压锅未被认定为缺陷产品则该厂不承担赔偿责任

D. 如该商场证明目前科技水平尚不能发现缺陷存在则不承担赔偿责任

**24.** 根据《银行业监督管理法》，国务院银行业监督管理机构有权对银行业金融机构的信用危机依法进行处置。关于处置规则，下列哪一说法是错误的？

A. 该信用危机必须已经发生

B. 该信用危机必须达到严重影响存款人和其他客户合法权益的程度

C. 国务院银行业监督管理机构可以依法对该银行业金融机构实行接管

D. 国务院银行业监督管理机构也可以促成其机构重组

**25.** 根据税收征收管理法规，关于税务登记，下列哪一说法是错误的？

A. 从事生产、经营的纳税人，应在领取营业执照后，在规定时间内办理税务登记，领取税务登记证件

B. 从事生产、经营的纳税人在银行开立账户，应出具税务登记证件，其账号应当向税务机关报告

C. 纳税人税务登记内容发生变化，不需到市场监督管理机关或其他机关办理变更登记的，可不向原税务登记机关申报办理变更税务登记

D. 从事生产、经营的纳税人外出经营，在同一地累计超过180天的，应在营业地办理税务登记手续

**26.** 甲乙丙3国均为《维也纳外交关系公约》缔约国。甲国汤姆长期旅居乙国，结识甲国驻乙国大使馆参赞杰克，2人在乙国与丙国汉斯发生争执并互殴，汉斯被打成重伤。后，杰克将汤姆秘匿于使馆休息室。关于事件的处理，下列哪一选项是正确的？

A. 杰克行为已超出职务范围，乙国可对其进行逮捕

B. 该使馆休息室并非使馆工作专用部分，乙国警察有权进入逮捕汤姆

C. 如该案件在乙国涉及刑事诉讼，杰克无作证义务

D. 因该案发生在乙国，丙国法院无权对此进行管辖

**27.** 甲、乙是联合国会员国。甲作出了接受联合国国际法院强制管辖的声明，乙未作出接受联合国国际法院强制管辖的声明。甲、乙也是《联合国海洋法公约》的当事国，现对相邻海域中某岛屿归属产生争议。关于该争议的处理，下列哪一选项是不符合国际法的？

A. 甲、乙可达成协议将争议提交联合国国际法院

B. 甲、乙可自愿选择将争议提交联合国国际法院或国际海洋法庭

C. 甲可单方将争议提交联合国国际法院

D. 甲、乙可自行协商解决争议

**28.** 甲、乙国发生战争，丙国发表声明表示恪守战时中立义务。对此，下列哪一做法不符合战争法？

A. 甲、乙战争开始后，除条约另有规定外，二国间商务条约停止效力

B. 甲、乙不得对其境内敌国人民的私产予以没收

C. 甲、乙交战期间，丙可与其任一方保持正常外交和商务关系

D. 甲、乙交战期间，丙同意甲通过自己的领土过境运输军用装备

**29.** 甲国公民琼斯的经常居住地在乙国，其在中国居留期间，因合同纠纷在中国法院参与民事诉讼。关于琼斯的民事能力的法律适用，下列哪一选项是正确的？

A. 民事权利能力适用甲国法

B. 民事权利能力适用中国法

C. 民事行为能力应重叠适用甲国法和中国法

D. 依照乙国法琼斯为无民事行为能力，依照中国法为有民事行为能力的，其民事行为能力适用中国法

**30.** 某甲国公民经常居住地在甲国，在中国收养了长期居住于北京的中国儿童，并将其带回甲国生活。根据中国关于收养关系法律适用的规定，下列哪一选项是正确的？

A. 收养的条件和手续应同时符合甲国法和中国法

B. 收养的条件和手续符合中国法即可

C. 收养效力纠纷诉至中国法院的，应适用中国法

D. 收养关系解除的纠纷诉至中国法院的，应适用甲国法

**31.** 居住于我国台湾地区的当事人张某在大陆某法院参与民事诉讼。关于该案，下列哪一选项是不正确的？

A. 张某与大陆当事人有同等诉讼权利和义务

B. 确定应适用台湾地区民事法律的，受案的法院予以适用

C. 如张某在大陆，民事诉讼文书可以直接送达

D. 如张某在台湾地区地址明确，可以邮寄送达，但必须在送达回证上签收

**32.** 某外国公民阮某因合同纠纷在中国法院起诉中国公民张某。关于该民事诉讼，下列哪一选项是正确的？

A. 阮某可以委托本国律师以非律师身份担任诉讼代理人

B. 受阮某委托，某该国驻华使馆官员可以以个人名义担任诉讼代理人，并在诉讼中享有外交特权和豁免权

C. 阮某和张某可用明示方式选择与争议有实际联系的地点的法院管辖

D. 中国法院和外国法院对该案都有管辖权的，如张某向外国法院起诉，阮某向中国法院起诉，中国法院不能受理

**33.** 当事人欲将某外国法院作出的民事判决申请中国法院承认和执行。根据中国法律，下列哪一选项是错误的？

A. 该判决应向中国有管辖权的法院申请承认和执行

B. 该判决应是外国法院作出的发生法律效力的判决

C. 承认和执行该判决的请求须由该外国法院向中国法院提出，不能由当事人向中国法院提出

D. 如该判决违反中国的公共利益，中国法院不予承认和执行

**34.**《服务贸易总协定》规定了服务贸易的方式，下列哪一选项不属于协定规定的服务贸易？

A. 中国某运动员应聘到美国担任体育教练

B. 中国某旅行公司组团到泰国旅游

C. 加拿大某银行在中国设立分支机构

D. 中国政府援助非洲某国一笔资金

**35.** 部分中国企业向商务部提出反倾销调查申请，要求对原产于某国的某化工原材料进口产品进行相关调查。经查，商务部终局裁定确定倾销成立，决定征收反倾销税。根据我国相关法律规定，下列哪一说法是正确的？

A. 构成倾销的前提是进口产品对我国化工原材料产业造成了实质损害，或者产生实质损害威胁

B. 对不同出口经营者应该征收同一标准的反倾销税税额

C. 征收反倾销税，由国务院关税税则委员会做出决定，商务部予以执行

D. 与反倾销调查有关的对外磋商、通知和争端事宜由外交部负责

**36.** 甲、乙均为世界贸易组织成员国。乙称甲关于影像制品的进口管制违反国民待遇原则，为此向世界贸易组织提出申诉，并经专家组和上诉机构审理。对此，下列哪一选项是正确的？

A. 甲、乙磋商阶段达成的谅解协议，可被用于后续争端解决审理

B. 专家组可对未在申请书中指明的诉求予以审查

C. 上诉机构可将案件发回专家组重审

D. 上诉案件由上诉机构 7 名成员中 3 人组成上诉庭审理

**37.** 甲、乙均为《解决国家和他国公民间投资争端公约》缔约国。甲国 A 公司拟将与乙的争端提交根据该公约成立的解决国际投资争端中心。对此，下列哪一选项是不正确的？

A. 该中心可根据 A 公司的单方申请对该争端行使管辖权

B. 该中心对该争端行使管辖权，须以 A 公司和乙书面同意为条件

C. 如乙没有特别规定，该中心对争端享有管辖权不以用尽当地救济为条件

D. 该中心对该争端行使管辖权后，可依争端双方同意的法律规则作出裁决

**38.** 关于中国与世界贸易组织的相关表述，下列哪一选项是不正确的？

A. 世界贸易组织成员包括加入世界贸易组织的各国政府和单独关税区政府，中国香港、澳门和台湾是世界贸易组织的成员

B.《政府采购协议》属于世界贸易组织法律体系中诸边贸易协议，该协议对于中国在内的所有成员均有约束力

C.《中国加入世界贸易组织议定书》中特别规定了针对中国产品的特定产品的过渡性保障措施机制

D.《关于争端解决规则与程序的谅解》在世界贸易组织框架下建立了统一的多边贸易争端解决机制

**39.** 律师事务所应当建立健全执业管理和各项内部管理制度，履行监管职责，规范本所律师执业行为。关于律师事务所的设立的人员及资格，下列说法错误的是：

A. 设立普通合伙律师事务所，需要有至少 3 名具有 3 年以上执业经历并能够专职执业的律师作为设立人

B. 设立特殊的普通合伙律师事务所，需要有至少 20 名具有 3 年以上执业经历并能够专职执业的律师作为设立人

C. 设立个人律师事务所，需要具有 5 年以上执业经历并能够专职执业的律师作为设立人

D. 成立 3 年以上，具有 20 名以上执业律师的律师事务所方可设立分所

**40.** 关于法律职业道德的理解，下列哪一说法不能成立？

A. 法律职业道德与其他职业道德相比，具有更强的公平正义象征和社会感召作用

B. 法律职业道德与一般社会道德相比，具有更强的约束性

C. 法律职业道德的内容多以纪律规范形式体现，具有更强的操作性

D. 法律职业道德通过严格程序实现，具有更强的外在强制性

**41.** 法官、检察官、律师等法律职业主管机关就 3 个职业在诉讼活动中的相互关系，出台了一系列规定。下列哪一说法是正确的？

A. 这些规定的目的是加强职业纪律约束，促进维护司法公正

B. 这些规定具有弥补履行职责上地位不平等，利于发挥各自作用的意义

C. 这些规定允许必要时适度突破职权限制、提高司法效率

D. 这些规定主要强调配合，不涉及互相制约关系的内容

**42.** 根据《法官法》及《人民法院工作人员处分条例》对法官奖惩的有关规定，下列哪一选项不能成立？

A. 高法官在审判中既严格程序，又为群众行使权利提供便利；既秉公执法，又考虑情理，案结事了成绩显著。法院给予其嘉奖奖励

B. 黄法官就民间借贷提出司法建议被采纳，对当地政府完善金融管理、改善服务秩序发挥了显著作用。法院给予其记功奖励

C. 许法官违反规定会见案件当事人及代理人，此事被对方当事人上网披露，造成不良影响。法院给予其撤职处分

D. 孙法官顺带某同学（律师）参与本院法官聚会，半年后该同学为承揽案件向聚会时认识的某法官行贿。法院领导严告孙法官今后注意

**43.** 关于检察官的行为，下列哪一观点是正确的？

A. 房检察官在同乡聚会时向许法官打听其在办案件审理情况，并让其估计判处结果。根据我国国情，房检察官的行为可以被理解

B. 关检察长以暂停工作要挟江检察官放弃个人意见，按照陈科长的判断处理某案。关检察长的行为与依法独立行使检察权的要求相一致

C. 容检察官在本地香蕉滞销，蕉农面临重大损失时，多方奔走将 10 万斤香蕉销往外地，为蕉农挽回了损失，本人获辛苦费 5000 元。容检察官没有违反有关经商办企业、违法违规营利活动的规定

D. 成检察官从检察院离任 5 年后，以律师身份担任各类案件的诉讼代理人或者辩护人，受到当事人及其家属的一致肯定。成检察官的行为符合《检察官法》的有关规定

**44.** 下列哪一选项属于违反律师或公证有关制度及执业规范规定的情形？

A. 刘律师受当事人甲委托为其追索 1 万元欠款，因该事项与另一委托事项时间冲突，经甲同意后另交本所律师办理，但未告其支出增加

B. 李律师承办当事人乙的继承纠纷案，表示乙依法可以继承 2 间房屋，并作为代理意见提交法庭，未被采纳，乙仅分得万元存款

C. 林公证员对丙以贵重金饰用于抵押的事项，办理了抵押登记

D. 王公证员对丁代理他人申办合同和公司章程公证的事项，出具了公证书

**45.**“社会的发展是法产生的社会根源。社会的发展，文明的进步，需要新的社会规范来解决社会资源有限与人的欲求无限之间的矛盾，解决社会冲突，分配社会资源，维持社会秩序。适应这种社会结构和社会需要，国家和法这一新的社会组织和社会规范就出现了。”关于这段话的理解，下列哪些选项是正确的？

A. 社会不是以法律为基础，相反，法律应以社会为基础

B. 法律的起源与社会发展的进程相一致

C. 马克思主义的法律观认为，法律产生的根本原因在于社会资源有限与人的欲求无限之间的矛盾

D. 解决社会冲突，分配社会资源，维持社会秩序属于法的规范作用

**46.**《中华人民共和国刑法》第 8 条规定：“外国人在中华人民共和国领域外对中华人民共和国国家或者公民犯罪，而按本法规定的最低刑为三年以上有期徒刑的，可以适用本法，但是按照犯罪地的法律不受处罚的除外。”关于该条文，下列哪些判断是正确的？

A. 规定的是法的溯及力

B. 规定的是法对人的效力

C. 体现的是保护主义原则

D. 体现的是属人主义原则

**47.** 下列有关“国法”的理解，哪些是不正确的？

A. “国法”是国家法的另一种说法

B. “国法”仅指国家立法机关创制的法律

C. 只有“国法”才有强制性

D. 无论自然法学派，还是实证主义法学派，都可能把“国法”看作实在法

**48.** 杨某与刘某存有积怨，后刘某服毒自杀。杨某因患风湿病全身疼痛，怀疑是刘某阴魂纠缠，遂先后 3 次到刘某墓地掘坟撬棺，挑出刘某头骨，并将头骨和棺材板移埋于自家责任田。事发后，检察院对杨某提起公诉。一审法院根据《中华人民共和国刑法》第 302 条的规定，认定杨某的行为构成侮辱尸体罪。杨某不服，认为坟内刘某已成白骨并非尸体，随后上诉。杨某对“尸体”的解释，属于下列哪些解释？

A. 任意解释　　B. 比较解释

C. 文义解释　　D. 法定解释

**49.** 秦汉时期的刑罚主要包括笞刑、徒刑、流放刑、肉刑、死刑、羞辱刑等，下列哪些选项属于徒刑？

A. 候　　B. 隶臣妾

C. 弃市　　D. 鬼薪白粲

**50.** 清乾隆年间，甲在京城天安门附近打伤乙被判笞刑，甲不服判决，要求复审。关于案件的复审，下列哪些选项是正确的？

A. 应由九卿、詹事、科道及军机大臣、内阁大学士等重要官员会同审理

B. 应在霜降后 10 日举行

C. 应由大理寺官员会同各道御史及刑部承办司会同审理

D. 应在小满后 10 日至立秋前 1 日举行

**51.** 关于如何根据社会主义法治理念完善我国宪法的权力制约原则，下列哪些选项是正确的？

A. 从法律上构建起权力制约监督体系与机制

B. 从制度上为各种监督的实施提供条件和保障

C. 完善权力配置，恰当地建构各种权力关系

D. 限制和缩小国家权力范围，扩大公民权利

**52.** 根据《宪法》的规定，下列哪些选项是正确的？

A. 社会主义的公共财产神圣不可侵犯

B. 社会主义的公共财产包括国家的和集体的财产

C. 国家可以对公民的私有财产实行无偿征收或征用

D. 土地的使用权可以依照法律的规定转让

**53.** 根据我国宪法规定，关于公民住宅不受侵犯，下列哪些选项是正确的？

A. 该规定要求国家保障每个公民获得住宅的权利

B. 《治安管理处罚法》第 40 条规定，非法侵入他人住宅的，视情节给予不同时日的行政拘留和罚款。该条规定体现了宪法保障住宅不受侵犯的精神

C. 《刑事诉讼法》第 69 条规定，被取保候审的犯罪嫌疑人、被告人未经执行机关批准不得离开所居住的市、县。该条规定是对《宪法》规定的公民住宅不受侵犯的合理限制

D. 住宅自由不是绝对的，公安机关、检察机关为了收集犯罪证据、查获犯罪嫌疑人，严格依法对公民住宅进行搜查并不违宪

**54.** 根据《宪法》的规定，关于公民纳税义务，下列哪些选项是正确的？

A. 国家在确定公民纳税义务时，要保证税制科学合理和税收负担公平

B. 要坚持税收法定原则，税收基本制度实行法律保留

C. 纳税义务直接涉及公民个人财产权，宪法纳税义务具有防止国家权力侵犯其财产权的属性

D. 履行纳税义务是公民享有其他权利的前提条件

**55.** 根据《宪法》和法律的规定，下列哪些选项是不正确的？

A. 生命权是我国宪法明确规定的公民基本权利

B. 监督权包括批评建议权、控告检举权和申诉权

C. 《宪法》第 43 条第 1 款规定，中华人民共和国公民有休息的权利

D. 受教育既是公民的权利也是公民的义务

**56.** 下列哪些选项属于不正当竞争行为？

A. 甲灯具厂捏造乙灯具厂偷工减料的事实，私下告诉乙厂的几家重要客户

B. 甲公司发布高薪招聘广告，乙公司数名高管集体辞职前往应聘，甲公司予以聘用

C. 甲电器厂产品具有严重瑕疵，媒体误报道为乙电器厂产品，甲厂未主动澄清

D. 甲厂使用与乙厂知名商品近似的名称、包装和装潢，消费者经仔细辨别方可区别二者差异

**57.** D 市 S 县发生重大食品安全事故。根据《食品安全法》的规定，关于有关部门采取的措施，下列哪一选项是正确的？

A. 接收病人的 S 县医院立即向 S 县卫健委报告

B. 接到报告的 S 县卫健委及时向 S 县政府和 D 市卫健委报告

C. S 县卫健委立即成立食品安全事故处置指挥部

D. S 县卫健委在必要时可直接向国家卫健委报告事故及其处理信息

**58.** 根据《商业银行法》，关于商业银行分支机构，下列哪些说法是错误的？

A. 在中国境内应当按行政区划设立

B. 经地方政府批准即可设立

C. 分支机构不具有法人资格

D. 拨付各分支机构营运资金额的总和，不得超过总行资本金总额的 70%

**59.** 根据《商业银行法》，关于商业银行的设立和变更，下列哪些说法是正确的？

A. 国务院银行业监督管理机构可以根据审慎监管的要求，在法定标准的基础上提高商业银行设立的注册资本最低限额

B. 商业银行的组织形式、组织机构适用《公司法》

C. 商业银行的分立、合并不适用《公司法》

D. 任何单位和个人购买商业银行股份总额 5% 以上的，应事先经国务院银行业监督管理机构批准

**60.** 根据税收征收管理法规，关于从事生产、经营的纳税人账簿，下列哪些说法是正确的？

A. 纳税人生产、经营规模小又确无建账能力的，可聘请经税务机关认可的财会人员代为建账和办理账务

B. 纳税人使用计算机记账的，应在使用前将会计电算化系统的会计核算软件、使用说明书及有关资料报送主管税务机关备案

C. 纳税人会计制度健全，能够通过计算机正确、完整计算其收入和所得情况的，其计算机输出的完整的书面会计记录，可视同会计账簿

D. 纳税人的账簿、记账凭证、报表、完税凭证、发票、出口凭证以及其他有关涉税资料，除另有规定外，应当保存10年

**61.** 关于基本养老保险的个人账户，下列哪些选项是正确的？

A. 职工个人缴纳的基本养老保险费全部记入个人账户

B. 用人单位缴纳的基本养老保险费按规定比例记入个人账户

C. 个人死亡的，个人账户余额可以继承

D. 个人账户不得提前支取

**62.** 李某因追索工资与所在公司发生争议，遂向律师咨询。该律师提供的下列哪些意见是合法的？

A. 解决该争议既可与公司协商，也可申请调解，还可直接申请仲裁

B. 应向劳动者工资关系所在地的劳动争议仲裁委提出仲裁请求

C. 如追索工资的金额未超过当地月最低工资标准12个月金额，则仲裁裁决为终局裁决，用人单位不得再起诉

D. 即使追索工资的金额未超过当地月最低工资标准12个月金额，只要李某对仲裁裁决不服，仍可向法院起诉

**63.** 农户甲外出打工，将自己房屋及宅基地使用权一并转让给同村农户乙，5年后甲返回该村。关于甲返村后的住宅问题，下列哪些说法是错误的？

A. 由于甲无一技之长，在外找不到工作，只能返乡务农。政府应再批给甲一处宅基地建房

B. 根据"一户一宅"的原则，甲作为本村村民应拥有自己的住房。政府应再批给甲一处宅基地建房

C. 由于农村土地具有保障功能，宅基地不得买卖，甲乙之间的转让合同无效。乙应返还房屋及宅基地使用权

D. 由于与乙的转让合同未经有关政府批准，转让合同无效。乙应返还房屋及宅基地使用权

**64.** 甲化工厂和乙造纸厂排放污水，造成某村农作物减产。当地环境主管部门检测认定，甲排污中的有机物超标3倍，是农作物减产的原因，乙排污未超标，但其中的悬浮物仍对农作物减产有一定影响。关于甲、乙厂应承担的法律责任，下列哪些选项是正确的？

A. 甲厂应对该村损失承担赔偿责任

B. 乙厂应对该村损失承担赔偿责任

C. 环境主管部门有权追究甲厂的行政责任

D. 环境主管部门有权追究乙厂的行政责任

**65.** 中国参与某项民商事司法协助多边条约的谈判并签署了该条约，下列哪些表述是正确的？

A. 中国签署该条约后有义务批准该条约

B. 该条约须由全国人大常委会决定批准

C. 对该条约规定禁止保留的条款，中国在批准时不得保留

D. 如该条约获得批准，对于该条约与国内法有不同规定的部分，在中国国内可以直接适用，但中国声明保留的条款除外

**66.** 外国公民雅力克持旅游签证来到中国，我国公安机关查验证件时发现，其在签证已经过期的情况下，涂改证照，居留中国并临时工作。关于雅力克的出入境和居留，下列哪些表述符合中国法律规定？

A. 在雅力克旅游签证有效期内，其前往不对外国人开放的地区旅行，不再需要向当地公安机关申请旅行证件

B. 对雅力克的行为县级以上公安机关可拘留审查

C. 对雅力克的行为县级以上公安机关可依法予以处罚

D. 如雅力克持涂改的出境证件出境，中国边防检查机关有权阻止其出境

**67.** 甲国公民彼得，在中国境内杀害一中国公民和一乙国在华留学生，被中国警方控制。乙国以彼得杀害本国公民为由，向中国申请引渡，中国和乙国间无引渡条约。关于引渡事项，下列哪些选项是正确的？

A. 中国对乙国无引渡义务

B. 乙国的引渡请求应通过外交途径联系，联系机关为外交部

C. 应由中国最高法院对乙国的引渡请求进行审查，并作出裁定

D. 在收到引渡请求时，中国司法机关正在对引渡所指的犯罪进行刑事诉讼，故应当拒绝引渡

**68.** 甲国公民玛丽与中国公民王某经常居住地均在中国，2人在乙国结婚。关于双方婚姻关系的法律适用，下列哪些选项是正确的？

A. 结婚手续只能适用中国法

B. 结婚手续符合甲国法、中国法和乙国法中的任何一个，即为有效

C. 结婚条件应适用乙国法

D. 结婚条件应适用中国法

**69.** 中国A公司与甲国B公司签订货物买卖合同，约定合同争议提交中国C仲裁委员会仲裁，仲裁地在中国，但对仲裁条款应适用的法律未作约定。后因货物质量问题双方发生纠纷，中国A公司依仲裁条款向C仲裁委提起仲裁，但B公司主张仲裁条款无效。根据我国相关法律规定，关于本案仲裁条款的效力审查问题，下列哪些判断是正确的？

A. 对本案仲裁条款的效力，C仲裁委无权认定，只有中国法院有权审查

B. 对本案仲裁条款的效力，如A公司请求C仲裁委作出决定，B公司请求中国法院作出裁定的，由中国法院裁定

C. 对本案仲裁条款效力的审查，应适用中国法
D. 对本案仲裁条款效力的审查，应适用甲国法

**70.** 甲国公民A与乙国公民B的经常居住地均在中国，双方就在丙国境内发生的侵权纠纷在中国法院提起诉讼。关于该案的法律适用，下列哪些选项是正确的？

A. 如侵权行为发生后双方达成口头协议，就纠纷的法律适用做出了选择，应适用协议选择的法律
B. 如侵权行为发生后双方达成书面协议，就纠纷的法律适用做出了选择，应适用协议选择的法律
C. 如侵权行为发生后双方未选择纠纷适用的法律，应适用丙国法
D. 如侵权行为发生后双方未选择纠纷适用的法律，应适用中国法

**71.** 甲公司的营业所在甲国，乙公司的营业所在中国，甲国和中国均为《联合国国际货物销售合同公约》的当事国。甲公司将一批货物卖给乙公司，该批货物通过海运运输。货物运输途中，乙公司将货物转卖给了中国丙公司。根据该公约，下列哪些选项是正确的？

A. 甲公司出售的货物，必须是第三方依中国知识产权不能主张任何权利的货物
B. 甲公司出售的货物，必须是第三方依中国或者甲国知识产权均不能主张任何权利的货物
C. 乙公司转售的货物，自双方合同成立时风险转移
D. 乙公司转售的货物，自乙公司向丙公司交付时风险转移

**72.** 根据《最高人民法院关于审理信用证纠纷案件若干问题的规定》，中国法院认定存在信用证欺诈的，应当裁定中止支付或者判决终止支付信用证项下款项，但存在除外情形。关于除外情形，下列哪些表述是正确的？

A. 开证行的指定人、授权人已按照开证行的指令善意地进行了付款
B. 开证行或者其指定人、授权人已对信用证项下票据善意地作出了承兑
C. 保兑行善意地履行了付款义务
D. 议付行善意地进行了议付

**73.** 李伍为惯常居所地在甲国的公民，满成为惯常居所地在乙国的公民。甲国不是《保护文学艺术作品伯尔尼公约》缔约国，乙国和中国是该公约的缔约国。关于作品在中国的国民待遇，下列哪些选项是正确的？

A. 李伍的文章在乙国首次发表，其作品在中国享有国民待遇
B. 李伍的文章无论发表与否，其作品在中国享有国民待遇
C. 满成的文章无论在任何国家首次发表，其作品在中国享有国民待遇
D. 满成的文章无论发表与否，其作品在中国享有国民待遇

**74.** 法院领导在本院初任法官任职仪式上，就落实法官职业道德准则中的“文明司法”和践行执法为民理念的“理性文明执法”提出要求。下列哪些选项属于“文明执法”范围？

A. 提高素质和修养，遵守执法程序，注重执法艺术
B. 仪容整洁、举止得当、言行文明
C. 杜绝与法官职业形象不相称的行为
D. 严守办案时限，禁止拖延办案

**75.** 某非法吸收公众存款刑事案件，因涉及人数众多，影响面广，当地领导私下曾有“必须重判”的说法。①主审李法官听此说法即向院长汇报。②开庭时，李法官对律师提出的非法证据排除的请求不予理睬。③李法官对刘检察官当庭反驳律师无罪辩护意见、严斥该律师立场有问题的做法不予制止。④李法官几次打断律师用方言发言，让其慢速并重复。⑤律师对法庭上述做法提出异议，遭拒后当即退庭抗议。⑥刘检察官大声对律师说：“你太不成熟，本地没你的饭吃了。”⑦律师担心报复，向当事人提出解除委托关系。⑧李法官、刘检察官应邀参加该律师所在律所的十周年所庆，该律师向李、刘赠送礼品。关于法律职业人员的不当行为，下列哪些选项是正确的？

A. ①④⑤　　B. ②③④
C. ②⑥⑦　　D. ③⑦⑧

**76.** 关于法律援助，下列说法错误的是：

A. 法律援助机构须对人民检察院抗诉的案件进行经济状况审查
B. 律师事务所拒绝法律援助机构的指派，不安排本所律师办理法律援助案件的，情节严重的给予停业整顿的处罚
C. 我国的法律援助实行无偿服务
D. 检察院审查批准逮捕时，认为公安机关对犯罪嫌疑人应当通知辩护而没有通知的，应当通知公安机关予以纠正，公安机关应当将纠正情况通知检察院

**1995年颁布的《保险法》第91条规定：“保险公司的设立、变更、解散和清算事项，本法未作规定的，适用公司法和其他有关法律、行政法规的规定。”2009年修订的《保险法》第94条规定：“保险公司，除本法另有规定外，适用《中华人民共和国公司法》的规定。”**

**请回答第77—78题。**

**77.** 根据法的渊源的知识，关于《保险法》上述二条规定之间的关系，下列理解正确的是：

A. “前法”与“后法”之间的关系
B. “一般法”与“特别法”之间的关系
C. “上位法”与“下位法”之间的关系
D. 法的正式渊源与法的非正式渊源之间的关系

**78.** 关于二条文规定的内容，下列理解正确的是：

A. 均属委任性规则　B. 均属任意性规则
C. 均属准用性规则　D. 均属禁止性规则

**维护国家主权和领土完整，维护国家统一是我国宪法的重要内容，体现在《宪法》和法律一系列规定中。**

**请回答第79—81题。**

**79.** 关于我国宪法对领土的效力，下列表述正确的是：

A. 领土包括一个国家的陆地、河流、湖泊、内海、领海以及它们的底床、底土和上空（领空）
B. 领土是国家的构成要素之一，是国家行使主权的空间，也是国家行使主权的对象
C. 《宪法》在国土所有领域的适用上无任何差异
D. 《宪法》的空间效力及于国土全部领域，是由主权的唯一性和不可分割性决定的

**80.** 关于我国的国家结构形式，下列选项正确的是：

A. 我国实行单一制国家结构形式
B. 维护宪法权威和法制统一是国家的基本国策
C. 在全国范围内实行统一的政治、经济、社会制度
D. 中华人民共和国是一个统一的国际法主体

**81.** 关于我国的行政区域划分，下列说法不成立的是：

A. 是国家主权的体现
B. 属于国家内政
C. 任何国家不得干涉
D. 只能由《宪法》授权机关进行

**甲房地产公司与乙国有工业公司签订《合作协议》，在乙公司原有的仓库用地上开发商品房。双方约定，共同成立“玫园置业有限公司”（以下简称“玫园公司”）。甲公司投入开发资金，乙公司负责将该土地上原有的划拨土地使用权转变为出让土地使用权，然后将出让土地使用权作为出资投入玫园公司。**

**玫园公司与丙劳务派遣公司签订协议，由其派遣王某到玫园公司担任保洁员。不久，甲、乙产生纠纷，经营停顿。玫园公司以签订派遣协议时所依据的客观情况发生重大变化为由，将王某退回丙公司，丙公司遂以此为由解除王某的劳动合同。**

**请回答第82—86题。**

**82.** 关于该土地使用权由划拨转为出让，下列说法正确的是：

A. 将划拨土地使用权转为出让土地使用权后再行转让属于土地投机，为法律所禁止
B. 乙公司应当先将划拨土地使用权转让给玫园公司，然后由后者向政府申请办理土地使用权出让合同
C. 该土地使用权由划拨转为出让，应当报有批准权的政府审批，经批准后方可办理土地使用权出让手续
D. 如乙公司取得该地块的出让土地使用权，则只能自己进行开发，不能与他人合作开发

**83.** 关于甲、乙双方签订的《合作协议》的性质，下列选项正确的是：

A. 房地产开发合同
B. 房地产转让合同
C. 土地使用权转让合同
D. 国有资产合作经营合同

**84.** 开发期间，由于政府实施商品房限购政策，甲公司因其已开发项目滞销而陷于财务困境，致玫园公司经营陷于停顿，甲乙双方发生纠纷，乙公司主张合同无效。下列理由依法不能成立的是：

A. 该合同为乙公司前任经理所签订，现该经理已被撤换
B. 签订合同时，该土地还是划拨土地使用权
C. 根据《合作协议》，乙公司仅享有玫园公司40%的股份，现在因该地段新建地铁导致地价上涨，乙公司所占股份偏低，属于国有资产流失
D. 乙公司无房地产开发资格，无权参与房地产开发

**85.** 根据《劳动合同法》，王某的用人单位是：

A. 甲公司　B. 乙企业
C. 丙公司　D. 玫园公司

**86.** 关于王某劳动关系解除问题，下列选项正确的是：

A. 玫园公司有权将王某退回丙公司
B. 丙公司有权解除与王某的劳动合同
C. 王某有权要求丙公司继续履行劳动合同
D. 王某如不愿回到丙公司，有权要求其支付赔偿金

**甲国A公司向乙国B公司出口一批货物，双方约定适用2010年《国际贸易术语解释通则》中CIF术语。该批货物由丙国C公司“乐安”号商船承运，运输途中船舶搁浅，为起浮抛弃了部分货物。船舶起浮后继续航行中又因恶劣天气，部分货物被海浪打入海中。到目的港后发现还有部分货物因固有缺陷而损失。**

**请回答第87—90题。**

**87.** “乐安”号运送该货物的航行路线要经过丁国的领海和毗连区。根据《联合国海洋法公约》，下列选项正确的是：

A. “乐安”号可不经批准穿行丁国领海，并在其间停泊转运货物

B. “乐安”号在丁国毗连区走私货物，丁国海上执法船可行使紧追权

C. “乐安”号在丁国毗连区走私货物，丁国海上执法机关可出动飞机行使紧追权

D. 丁国海上执法机关对“乐安”号的紧追权在其进入公海时立即终止

**88.** A 公司与 B 公司就该批货物在中国境内的商标权产生争议，双方诉至中国某法院。关于该商标权有关争议的法律适用，下列选项正确的是：

A. 归属争议应适用中国法

B. 归属争议应适用甲国法

C. 转让争议应适用甲国法

D. 转让争议当事人可以协议选择法律

**89.** 关于 CIF 贸易术语的适用，下列选项正确的是：

A. 货物的风险在装运港完成交货时由 A 公司转移给 B 公司

B. 货物的风险在装运港越过船舷时由 A 公司转移给 B 公司

C. 应由 A 公司负责海运运输

D. 应由 A 公司购买货物海运保险

**90.** 该批货物投保了平安险，关于运输中的相关损失的认定及赔偿，依《海牙规则》，下列选项正确的是：

A. 为起浮抛弃货物造成的损失属于共同海损

B. 因恶劣天气部分货物被打入海中的损失属于单独海损

C. 保险人应赔偿共同海损和因恶劣天气造成的单独海损

D. 承运人对因固有缺陷损失的货物免责，保险人应承担赔偿责任

## 参考答案与解析

**1. C**。公平正义是一个特定的历史范畴，因此，不同社会条件下，公平正义观、公平正义的实际内容及其实现方式和手段具有重要差别。故 C 正确，B 错误。坚持公平正义，要求坚持法律面前人人平等，坚持以事实为根据以法律为准绳，坚持不偏不倚、不枉不纵、秉公执法原则，但是并非简单的严格执法就等于实现了公平正义，实际情况中，还要正确处理好法理与情理、普遍与特殊等关系。故 D 表示不准确。A 明显错误。综上，本题的正确答案为 C。

**2. D**。社区网格与村民委员会、居民委员会的法律地位不同，村民委员会、居民委员会属于基层群众性自治组织，社区网格不是。因此，D 错误。

**3. C**。不同的语言可以通过学习掌握，但每个国家的法律都是基于本国国情和社会物质条件所制定的，并不相通，故 A 错误。语言是模糊且不清晰的，因而会导致语言有歧义，但语言有歧义并不必然导致法律无效，故 B 错误。法的移植反映一个国家对同时代其他国家法律制度的吸收和借鉴。吸收借鉴其他国家的法律制度以语言文字能够被翻译为前提，故 C 正确。法律规范需要语言来表达，但规范未必就是法律。规范包括自然规范、技术规范和社会规范。社会规范又包括法律规范、道德规范、宗教规范等。因此，法律只是社会规范之一，故 D 错误。

**4. D**。“一切规则皆有例外，例外也明示规则”的基本含义是，法律有其局限性，法律规则不可能事先对一切社会现象予以规范，因此一切法律规则都会存在例外。法律具有局限性，法律漏洞必然存在。语言是不精确的，法律原则因其内容抽象模糊，更容易产生歧义。A 错误。原则是规则的前提和基础，规则是原则在不同限定条件下细化的结果。BC 错误，D 正确。

**5. D**。是否承认法与道德之间存在本质的、必然的联系，是区分实证主义与非实证主义的主要标准。所有实证主义都认为法与道德是分离的；相反，非实证主义认为法与道德是相互联系的。A 错误。分析法学派与社会法学派都是实证主义法学派，社会法学派以社会实效作为法的首要构成要素，而分析法学派以权威性制定作为法的首要构成要素。“首要”意味着一类法的概念的构成要素并不绝对地排除另一类法的概念的构成要素，更多的法实证主义者是以社会实效和权威性制定这两个要素的相互结合来定义法的概念的，B 漏掉了“首要”二字，B 错误。按照马克思主义法学的观点，法律是统治阶级意志而非社会共同体意志的体现。C 错误。经过德沃金对哈特承认规则理论的批评和解构，分析法实证主义分裂为包容性法律实证主义与排他性法律实证主义。前者接受德沃金对法律实证主义的批评，认为一个特定的法律体系有可能依据承认规则使道德标准成为该体系的效力的必要或充分条件。后者不接受德沃金的批评，认为道德标准对一个规范的法律身份而言既不是充分条件也不是必要条件，法律是什么、不是什么，是社会事实问题；这种观点的主要代表是拉兹，他认为每一条法律的存在和内容完全是由社会渊源决定的。D 正确。

**6. BC**。法律规则的逻辑结构三要素，在表述中均可以被省略，但在逻辑上缺一不可。A 正确。B 前半句正确，假定条件、行为模式和法律后果是规则的

逻辑结构，即这些只用来描述规则，对于原则不适用。B错误。规范性条文指的是直接表达法律规范的条文。C错误。规则和条文的关系为内容与形式的关系，二者可以随意对应，规则可以通过条文来表述，也可以通过条文以外的其他形式，如判例和习惯来表述。条文既可以表达规则这一内容，也可以表达规则以外的其他内容，如法律概念，法律原则等。D正确。

**7. C**。执法为民理念要求坚持以人为本，把人民群众的重要关切转化为执法工作的具体目标；切实做到便民利民；执法人员要牢固树立服务意识，寓管理于服务之中，用主动、热情和高效的服务，赢得人民群众的配合和尊重。本题中公安、检察机关的善意提醒主要体现了执法为民的理念，ABD与题意不合。综上，本题的正确答案为C。

**8. B**。马克思的话表明，民主、法治意味着法律在社会生活中的最高权威（D正确），但并不意味着君主或者国王不可以参与立法（B错误），只是跟专制、人治不同。专制、人治指的是统治者的个人意志可以上升为法律，甚至高于国家法律（C正确）。A正确。

**9. C**。A错误，所谓正式解释，通常也叫法定解释、有权解释，是指由特定的国家机关、官员或其他有解释权的人对法律作出的具有法律上约束力的解释。王某老伴和子女不符合正式解释权的主体要求，都是非正式解释。B错误，主观目的解释，指的是立法者的目的解释，即根据立法者的意志或立法资料揭示某个法律规定的含义。本案中，王某老伴和子女都不是根据王某的意志或相关资料来解释遗嘱的含义。D错误，各种不同法律解释方法中，文义解释是首先考虑的解释方法，相较于其他解释方法具有优先性。C正确，尽管遗嘱引起争议，但是仍符合意思表示真实、合法的要求。

**10. C**。依据现有法律规范，被告没有过错，不应承担法律责任；法院之所以判决其补偿原告，依据的是公平原则。所以，被告实际承担了一定的法律责任，不属于免责，更不属于不诉免责（当事人未向法院起诉）和协议免责（受害人与加害人协商同意）。故B错误。但是，被告承担的不是法律制裁，因为没有强制性惩罚的内容（不是“赔偿”，是“补偿”），故A错误。公平原则之所以能适用，主要是因为被告行为与原告损害之间存在因果关系（“原告毕竟为小黄所撞伤，该校的不当行为也是伤害事故发生的诱因”）。正是因为行为与损害之间存在因果关系，在被告没有过错的情况下，判决被告作出一定的补偿而不是承担全部责任，才能说是对双方公平的。故D错误。法律适用过程就是一个证成过程，即给一个决定提供充足理由的过程。法院作出对被告有利的判决（决定），在于对案件事实与规范间关系的证成（提供充足理由）。C正确。

**11. D**。A错误，男方付“认大小”钱是通行的习惯（非正式渊源，不具有明文规定的法律效力，但具有法律说服力），而不是习惯法（未经国家认可）。B错误，张老太犯病并不是直接构成医药费返还法律关系的法律事实，而是与马先生的垫付行为共同构成了这一返还法律关系的法律事实。C错误，法院判决以个案平衡原则为主要的判断标准，即综合考虑主体之间的特定情形、需求和利益，以使个案的解决能够适当兼顾双方的利益。同时，正因为要兼顾双方利益，所以如何在法律上给该笔垫付的钱定性（即如何适用法律）成为本案的焦点。故D正确。

**12. B**。学理解释，又称非正式解释，一般是指学者或者其他组织或个人所做的不具有法律约束力的解释。本案中，商场宣称“最终解释权”的本意是具有强制力和法律约束力的解释权，而非学理解释。法定解释权，又称正式解释权，是指特定的国家机关、官员或其他有解释权的人作出的具有法律约束力的解释，当事人对合同的解释不属于法定解释权。商场的做法属于限制对方权利，免除自己义务，违背“权利和义务相一致”的原则，D错误。据此，需要用公平正义来解释合同、填补漏洞，B正确。综上，本题的正确答案为B。

**13. B**。B错误，宪法规定的文化生活权利，指的是科学研究、文学艺术创作和其他文化活动的自由，苏某的安居权不在此列。D正确，苏某享有和行使安居权的同时，也负有尊重他人权利（养鸽权）的义务，在必要的范围内负有容忍的义务。AC正确。综上，本题的正确答案为B。

**14. D**。D本身正确，但属于继承制度，不是离婚或改嫁方面的变通，与题意不合，故当选。

**15. C**。《折狱龟鉴》又名《决狱龟鉴》，是中国古代一部著名的案例汇编，南宋郑克所著。该书提出了著名的“情迹论”，情指案情真相，迹指痕迹、物证，主张“据状断之”，通过物证来推断案情真相。本案就是通过尸体上的钉子来断案的，依据不是“口供至上”，而是物证，故C正确。汉代《春秋》决狱指的是，以《春秋》等著作中提倡的精神原则审判案件，而不仅仅依据汉律审案。其要旨是“论（原）心定罪”，即根据行为人的主观动机审断。该案不是以动机而是以杀夫的行为定罪，故A错误。西周时期审理民事案件称为“听讼”，审理刑事案件称为“断狱”。“听讼”“断狱”讲的不是断案方法，且该案为刑案，不涉及“听讼”，故B错误。明清时期的九卿会审指的是对某些特别重大的案件由中央机关九个部门的官员集议审理的一种制度。本案仅由张泳审理，显然不是九卿会审。D错误。

**16. A**。《北魏律》“取精用宏”，是当时著名的法典。但在魏晋南北朝时期，在中国封建法律史上起着承先启后作用的是《北齐律》。《宋刑统》是中国历史上第一部刊印颁行的法典，但是它不仅包含刑事内容，也包含契约、婚姻继承等民事内容。《大明会典》属行政法典，调整国家行政法律关系。它基本仿照《唐六典》，以六部官制为纲，分述各行政机关执掌和事例，为《大清会典》所承继。需要注意的是，《大清会典》是康熙、雍正、乾隆、嘉庆、光绪五部会典的统称，也称“五朝会典”。

**17. B**。宪法的实施是指宪法规范在现实生活中的贯彻落实，使宪法规范的内容转化为具体社会关系中的人的行为。宪法的实施主要包括：宪法的执行、宪法的适用、宪法的遵守。宪法的遵守既是宪法实施最基本的要求，也是宪法实施最基本的方式。A 正确。宪法适用不仅是宪法实施的重要途径，也是法治国家树立宪法权威的重要内容。D 正确。宪法解释是宪法适用的必然环节和内在要素，因为有权机关必须先解释宪法规范的意义才能将之适用于具体事件，因此，宪法解释是宪法实施的一种方式。C 正确。对于制度保障是宪法实施保障机制的重要方面，而非宪法实施的方式，更不能说是主要方式，B 错误。综上，本题答案为 B。

**18. D**。D 错误。知识产权属于财产权范畴，财产权是我国宪法所确认的基本权利，但不属于宪法所确立的文化制度范畴。因此，将“保护知识产权”确定为我国宪法规定的基本文化权利的观点，或者说将知识产权归于文化权利范畴是错误的。

**19. D**。《选举法》第 19 条第 1 款规定，有少数民族聚居的地方，每一聚居的少数民族都应有代表参加当地的人民代表大会。故 A 正确，不当选。《选举法》第 21 条第 1 款规定，散居的少数民族应选当地人民代表大会的代表，每一代表所代表的人口数可以少于当地人民代表大会每一代表所代表的人口数。故 B 正确，不当选。《选举法》第 19 条第 3 款规定，聚居境内同一少数民族的总人口数不足境内总人口数 15%的，每一代表所代表的人口数可以适当少于当地人民代表大会每一代表所代表的人口数，但不得少于 1/2；实行区域自治的民族人口特少的自治县，经省、自治区的人民代表大会常务委员会决定，可以少于 1/2。人口特少的其他聚居民族，至少应有代表一人。故 C 正确，不当选。《选举法》第 97 条第 3 款规定，实行区域自治的民族人口特少的自治县，必须“经省、自治区的人民代表大会常务委员会决定”，每一代表所代表的人口数才可以少于 1/2，该选项少了“经省、自治区的人民代表大会常务委员会决定”这一条件，所以 D 错误。

**20. D**。A 错误。我国法院并无宪法监督的权力，不能自行审查法律、法规或规章，并宣告其无效。B 错误。《立法法》第 108 条第 5 项规定，地方人大常委会仅有权撤销本级人民政府制定的不适当的规章，而无权改变之。从法理上说，我国宪法确立了国家机关之间的分工和制约原则，这意味着立法机关只能对行政机关进行监督，而无权取代行政机关去履行行政机关的职能，因此，地方人大只能撤销而不能改变地方政府的规章。C 错误。《立法法》第 108 条第 2、3、5 项规定，全国人大常委会无权审查并撤销地方规章，地方规章的撤销权归属于国务院和同级地方人大常委会。D 正确，为应选项。

**21. D**。A 错误。《村民委员会组织法》第 11 条第 2 款规定，村民委员会每届任期 5 年，村民委员会成员可以连选连任，并无任期限制。B 错误。《村民委员会组织法》第 16 条第 2 款规定，罢免村民委员会成员，须有登记参加选举的村民过半数投票，并须经投票的村民过半数通过。而仅仅“经投票的村民过半数通过”，不能确保该罢免符合村民民主意志。C 错误。《村民委员会组织法》第 12 条第 1 款规定，村民委员会的选举，由村民选举委员会主持。从村民自治的原理上理解，村民委员会选举是村民自治行为，不能由乡镇政府主持，否则其自治性无从体现。D 正确。《村民委员会组织法》第 18 条规定，村民委员会成员丧失行为能力或者被判处刑罚的，其职务自行终止。

**22. C**。侵犯商业秘密行为是以商业秘密的存在为前提的，该案例的描述中不存在已经采取了保密措施的商业秘密，因而不可能构成侵犯商业秘密行为，B 错误；虚假宣传行为是对商品的性能、功能、质量、销售状况、用户评价、曾获荣誉等作虚假或引人误解的商业宣传，该案例中也不存在对上述内容引人误解的虚假宣传，D 错误。混淆行为包括“擅自使用他人有一定影响的企业名称、社会组织名称、姓名”。混淆行为是《反不正当竞争法》第 6 条所明确规定的不正当竞争手段。该案例就属于此种情况，故 C 正确。

**【陷阱提示】** *考生对混淆行为和虚假宣传行为比较容易记混，关键掌握混淆行为往往让消费者将商品或经营者误认为是“其他知名的商品或经营者”，虚假宣传不会导致这种效果，只不过消费者会对该产品的质量、性能、用途等产生错误认识。*

**23. D**。钱某不属于购买和使用高压锅的“消费者”，因而不能依据《消费者权益保护法》请求赔偿，故 A 正确。《消费者权益保护法》第 40 条第 2 款规定，消费者或者其他受害人因商品缺陷造成人身、财产损害的，可以向销售者要求赔偿，也可以向生产者要求赔偿。故 B 正确。如果高压锅不是缺陷产品，系赵某操作不当导致的损害，则生产者没有承担赔偿的法律责任，故 C 正确。《产品质量法》第 41 条规定，因产品存在缺陷造成人身、缺陷产品以外的其他财产损害的，生产者应当承担赔偿责任。生产者能够证明有下列情形的，不承担赔偿责任：将产品投入流通时的科学技术水平尚不能发现缺陷的存在的。该条规定并不是销售者——商场的免责事由，故D错误。

**24. A**。《银行业监督管理法》第38条规定，银行业金融机构已经或者可能发生信用危机，严重影响存款人和其他客户合法权益的，国务院银行业监督管理机构可以依法对该银行业金融机构实行接管或者促成机构重组，接管和机构重组依照有关法律和国务院的规定执行。也就是说，"可能"发生信用危机时也可以采取监管措施，故A错误。

**25. C**。《税收征收管理法》第15条第1款规定，企业，企业在外地设立的分支机构和从事生产、经营的场所，个体工商户和从事生产、经营的事业单位自领取营业执照之日起30日内，持有关证件，向税务机关申报办理税务登记。故A正确。《税收征收管理法》第17条第1款规定，从事生产、经营的纳税人应当按照国家有关规定，持税务登记证件，在银行或者其他金融机构开立基本存款帐户和其他存款帐户，并将其全部帐号向税务机关报告。故B正确。《税收征收管理法实施细则》第14条第2款规定，纳税人税务登记内容发生变化，不需要到市场监督管理机关或者其他机关办理变更登记的，应当自发生变化之日起30日内，持有关证件向原税务登记机关申报办理变更税务登记。故C错误。《税收征收管理法实施细则》第21条第2款规定，从事生产、经营的纳税人外出经营，在同一地累计超过180天的，应当在营业地办理税务登记手续。故D正确。

**26. C**。杰克为甲国大使馆参赞，属一般外交人员。根据外交人员的人身不可侵犯的原则，作为接受国的乙国对外交人员的尊严应予以尊重，不得对外交人员的人身实施搜查、逮捕或拘留，故A错误。使馆馆舍是指供使馆使用及使馆馆长寓所之用的建筑物或建筑物的各部分，使馆休息室自然属于使馆的一部分。根据使馆馆舍不得侵犯原则，乙国警察无权进入甲国驻乙国的大使馆，B错误。根据保护管辖原则，由于受害人为丙国公民，丙国可依法实施管辖，故D错误。杰克作为外交人员，可免除作证义务，故C正确。

**27. C**。根据国家主权平等原则，国际法院不是凌驾于主权国家之上的司法机构。国际法院的诉讼管辖权是建立在国家同意的基础之上的。只有在国家明确表示同意接受法院管辖权的情况下，国际法院才能行使诉讼管辖权。由于乙国未作出接受联合国国际法院管辖的声明，甲方无权将争议提交至联合国国际法院，C不符合国际法规定。根据主权平等原则，经双方达成协议，可提交联合国国际法院。A符合国际法规定。《联合国海洋法公约》第15部分规定，国际法院、国际海洋法庭、仲裁法庭以及特别仲裁法庭为争端解决机构，故B正确。《联合国海洋法公约》规定，缔约国有用和平方法解决有关海洋法的争端的义务和选择争端各方同意的任何和平方法解决其争端的权利，D符合国际法规定。

**28. D**。战争开始后，一般的政治和经济类条约，如商务条约，除条约另有规定外，停止效力。故A符合战争法规定。战争开始后，交战国对于国境内的敌产处理应区分公产和私产，对于敌国国家财产，除属于使馆的财产档案等外，可予以没收；对于境内的敌国人民的私产可予以限制，如禁止转移、冻结或征用，但不得没收。故B符合战争法规定。战时中立是指一国对其他国家间的争端或对立所采取的一种超脱的政治态度，包括不参加军事联盟，拒绝在本国领土上设置外国军事基地或驻扎外国军队，以及不偏袒任何国家等。中立国在战时享有与交战国保持正常外交和商务关系的权利。C符合战争法规定。中立国对交战国承担防止的义务，中立国有义务采取一切可能的措施，防止交战国在其领土或其管辖范围内的区域从事战争，或利用其资源准备从事战争敌对行动以及与战争相关的行动，如不得允许交战国通过本国领土运输军用装备。D不符合战争法规定。

**29. D**。《涉外民事关系法律适用法》第11条规定，自然人的民事权利能力，适用经常居所地法律。乙国为琼斯的经常居住地，故其民事权利能力应适用乙国法。AB错误。《涉外民事关系法律适用法》第12条规定，自然人的民事行为能力，适用经常居所地法律。自然人从事民事活动，依照经常居所地法律为无民事行为能力，依照行为地法律为有民事行为能力的，适用行为地法律，但涉及婚姻家庭、继承的除外。故C错误，D正确。

**30. A**。《涉外民事关系法律适用法》第28条规定，收养的条件和手续，适用收养人和被收养人经常居所地法律。由于甲国公民的经常居住地为甲国，被收养人经常居住地为中国，因此，收养的条件和手续应同时适用甲国法和中国法，A正确，B错误。《涉外民事关系法律适用法》第28条规定，收养的效力，适用收养时收养人经常居所地法律。因此，收养的效力应适用甲国法，而不是中国法，C错误。《涉外民事关系法律适用法》第28条规定，收养关系的解除，适用收养时被收养人经常居所地法律或者法院地法律。关于收养关系的解除属于选择适用的冲突规范，在本题中被收养人经常居住地和法院地为中国，不应适用甲国法，D错误。

**31. D**。《最高人民法院关于审理涉台民商事案件法律适用问题的规定》第2条规定，台湾地区当事人在人民法院参与民事诉讼，与大陆当事人有同等的诉讼权利和义务，其合法权益受法律平等保护。故A正确。《最高人民法院关于审理涉台民商事案件法律适用问题的规定》第1条规定，人民法院审理涉台民商事案件，应当适用法律和司法解释的有关规定。根据法律和司法解释中选择适用法律的规则，确定适用台湾地区民事法律的，人民法院予以适用。B 正确。《最高人民法院关于涉台民事诉讼文书送达的若干规定》第 3 条规定，人民法院向住所地在台湾地区的当事人送达民事诉讼文书，可以采用多种送达方式。受送达人居住在大陆的，直接送达。受送达人不在大陆居住，但送达时在大陆的，可以直接送达。故 C 正确。《最高人民法院关于涉台民事诉讼文书送达的若干规定》第 3 条第 5 项、第 5 条规定，受送达人在台湾地区的地址明确的，可以邮寄送达。采用邮寄方式送达的，应当附有送达回证。受送达人未在送达回证上签收但在邮件回执上签收的，视为送达。D 错误。

**32. A**。《民诉解释》第 526 条规定，涉外民事诉讼中的外籍当事人，可以委托本国人为诉讼代理人，也可以委托本国律师以非律师身份担任诉讼代理人；外国驻华使领馆官员，受本国公民的委托，可以以个人名义担任诉讼代理人，但在诉讼中不享有外交或者领事特权和豁免。故 A 正确，B 错误。《民事诉讼法》第 276 条第 1 款规定，因涉外民事纠纷，对在中华人民共和国领域内没有住所的被告提起除身份关系以外的诉讼，如果合同签订地、合同履行地、诉讼标的物所在地、可供扣押财产所在地、侵权行为地、代表机构住所地位于中华人民共和国领域内的，可以由合同签订地、合同履行地、诉讼标的物所在地、可供扣押财产所在地、侵权行为地、代表机构住所地人民法院管辖。故 C 错误。平行管辖原则是确定国际民事案件管辖权的原则之一。平行管辖原则又称为选择管辖原则，是指一个国家在主张自己对某些案件有管辖权的同时，并不否认其他国家法院对这些案件行使管辖权。因此，当中国法院和外国法院对某一案件都有管辖权时，外国法院和中国法院都可以受理。D 错误。

**33. C**。《民事诉讼法》第 298 条规定，外国法院作出的发生法律效力的判决、裁定，需要人民法院承认和执行的，可以由当事人直接向有管辖权的中级人民法院申请承认和执行，也可以由外国法院依照该国与中华人民共和国缔结或者参加的国际条约的规定，或者按照互惠原则，请求人民法院承认和执行。当事人和外国法院都可向中国法院提出执行申请，C 错误。AB 符合该条规定，为正确选项。《民事诉讼法》第 299 条规定，人民法院对申请或者请求承认和执行的外国法院作出的发生法律效力的判决、裁定，依照中华人民共和国缔结或者参加的国际条约，或者按照互惠原则进行审查后，认为不违反中华人民共和国法律的基本原则且不损害国家主权、安全、社会公共利益的，裁定承认其效力；需要执行的，发出执行令，依照本法的有关规定执行。因此，D 正确。

**34. D**。《服务贸易总协定》通过四种服务贸易方式来调整服务贸易。一是跨境供应。从一国境内直接向其他国境内提供服务——服务产品的流动。B 为此类。二是境外消费。在一国境内向其他国的服务消费者提供服务——消费者的流动。三是商业存在。外国实体在另一国境内设立附属公司或分支机构，提供服务——设立当地机构，如银行、保险。C 为此类。四是自然人的存在。一国的服务提供商通过自然人到其他国境内提供服务——自然人流动。A 属于此类。服务贸易总协定不适用于为履行政府职能而提供的服务，因此 D 中国政府援助非洲某国一笔资金，不属于该协定调整的范围。

**35. A**。《反倾销条例》第 2 条规定，进口产品以倾销方式进入中华人民共和国市场，并对已经建立的国内产业造成实质损害或者产生实质损害威胁，或者对建立国内产业造成实质阻碍的，依照本条例的规定进行调查，采取反倾销措施。A 正确。《反倾销条例》第 41 条规定，反倾销税应当根据不同出口经营者的倾销幅度，分别确定。B 错误。《反倾销条例》第 38 条规定，征收反倾销税，由商务部提出建议，国务院关税税则委员会根据商务部的建议作出决定，由商务部予以公告。海关自公告规定实施之日起执行。故 C 错误。《反倾销条例》第 57 条规定，商务部负责与反倾销有关的对外磋商、通知和争端解决事宜。D 错误。

**36. D**。磋商是申请设立专家组的前提条件，仅仅是程序要求，达成的谅解协议不能被用于后续争端解决审理，A 错误。对于争端方没有提出的主张，专家组不能作出裁定，B 错误。上诉机构没有将案件发回专家组重新审理的权力，C 错误。上诉机构是争端解决机构中的常设机构，上诉案件由上诉机构 7 名成员中的 3 人组成上诉庭审理，D 正确。

**37. A**。《关于解决国家和他国国民之间投资争端公约》第 25 条规定，中心的管辖适用于缔约国（或缔约国向中心指定的该国的任何组成部分或机构）和另一缔约国国民之间直接因投资而产生并经双方书面同意提交给中心的任何法律争端。当双方表示同意后，任何一方不得单方面撤销其同意。因此，B 正确，A 错误。《关于解决国家和他国国民之间投资争端公约》第 26 条规定，除非另有规定，双方同意根据本公约交付仲裁，应视为同意排除任何其他救济方法而交付上述仲裁。C 正确。在提交仲裁的场合，仲裁庭应当依据当事人双方协议的法律规范处断争端。D 正确。

**38. B**。世界贸易组织的成员是加入世界贸易组织的各国政府和单独关税区政府。单独关税区是指不具有独立的完整的国家主权但却在处理对外贸易关系及世界贸易组织协定规定的其他事项方面拥有完全自主权的地区。如中国香港等属于完全自主权的地区，A 正确。《中国加入世界贸易组织议定书》特别规定了针对中国产品的特定产品的过渡性保障措施机制，C 正确。乌拉圭回合谈判达成的构成世界贸易组织多边贸易制度一部分的《关于争端解决规则与程序的谅解》（DSU）在世界贸易框架下，建立了统一的多边贸易争端解决制度，故 D 正确。世界贸易组织法律体系中诸边贸易协议主要由 4 个附件组成，包括《民用航空器贸易协议》《政府采购协议》《奶制品协议》《牛肉协议》（后两个协议已于 1997 年失效）。《政府采购协议》只对参加诸边协议的成员国具有约束力，并不对包括我国在内的所有国家适用，B 错误。

**39. D**。《律师事务所管理办法》第 9 条规定："设立普通合伙律师事务所，除应当符合本办法第八条规定的条件外，还应当具备下列条件：（一）有书面合伙协议；（二）有三名以上合伙人作为设立人；（三）设立人应当是具有三年以上执业经历并能够专职执业的律师；（四）有人民币三十万元以上的资产。" 故 A 正确。《律师事务所管理办法》第 10 条规定："设立特殊的普通合伙律师事务所，除应当符合本办法第八条规定的条件外，还应当具备下列条件：（一）有书面合伙协议；（二）有二十名以上合伙人作为设立人；（三）设立人应当是具有三年以上执业经历并能够专职执业的律师；（四）有人民币一千万元以上的资产。" 故 B 正确。《律师事务所管理办法》第 11 条规定："设立个人律师事务所，除应当符合本办法第八条规定的条件外，还应当具备下列条件：（一）设立人应当是具有五年以上执业经历并能够专职执业的律师；（二）有人民币十万元以上的资产。" 故 C 正确。《律师事务所管理办法》第 33 条第 1 款规定："成立三年以上并具有二十名以上执业律师的合伙律师事务所，根据业务发展需要，可以在本所所在地的市、县以外的地方设立分所。设在直辖市、设区的市的合伙律师事务所也可以在本所所在城区以外的区、县设立分所。" 据此，设立分所的必须是合伙律师事务所，故 D 错误。

**40. D**。法律职业道德与其他职业道德相比，具有更强的公平正义象征和社会感召作用，因为法律在人们心目中是公平与正义的体现，因而 A 正确。与一般的社会道德相比，法律职业道德具有主体特定性、职业的特殊性和更强的约束性特征，实践中约束性特征往往通过纪律规范的形式体现出来，因而 BC 正确。D 说法不成立。

**41. A**。法律职业道德的基本原则要求法律职业人员互相尊重、相互配合，虽然法官、检察官、律师各自担任着不同的职责，但在维护司法公正方面是一致的，在人格和依法履行职责上是平等的，因而 A 正确，BCD 错误。

**42. C**。《人民法院工作人员处分条例》第 31 条规定，违反规定会见案件当事人及其辩护人、代理人、请托人的，给予警告处分；造成不良后果的，给予记过或者记大过处分。因而 C 给予的撤职处分不能成立。

**43. D**。《司法机关内部人员过问案件的记录和责任追究规定》第 2 条规定，司法机关内部人员应当依法履行职责，严格遵守纪律，不得违反规定过问和干预其他人员正在办理的案件，不得违反规定为案件当事人转递涉案材料或者打探案情，不得以任何方式为案件当事人说情打招呼。据此，房检察官的做法不正确，A 错误。检察官在履行职责时应当服从检察长的领导，但是检察长应当按照规定程序作出决定，要求检察官执行，而不应"以暂停工作要挟"。而且，检察官执行检察长明显违法的决定的，应当承担相应的司法责任，即检察官对明显违法的决定有拒绝执行的义务。总之，关检察长的做法不正确，B 错误。容检察官收取辛苦费和其参与香蕉销售是结合起来的，显然属于违反有关规定从事营利活动，故 C 观点错误。成检察官已经从检察院离任 5 年，符合《检察官法》规定，其具备资格从事律师业务，因而 D 正确。

**44. A**。律师接受当事人委托后，如果由于精力有限或特殊紧急情况不能及时完成当事人的委托事项，可以在征得当事人同意的情况下交由其他适当人选来办理，但是应当与委托人通报和沟通相关情况，故 A 中未告知支出增加的情况不适当。B 中的律师根据对法律和事实的理解提交了代理意见，但未得到支持不属于违反执业规范的情形；《公证机构办理抵押登记办法》规定，金银珠宝是可以向公证机关办理抵押登记的，C 中林公证员的行为不存在违规的情况。代理他人申办合同和公司章程也属于可以办理公证的事项，D 中王公证员的行为无不妥之处。

**45. AB**。马克思主义的法律观认为，法律产生的根本原因是社会的发展：私有制和商品经济的产生是法产生的经济根源；阶级的产生是法产生的阶级根源；社会的发展是法产生的社会根源。解决社会冲突，分配社会资源，维持社会秩序属于法的社会作用。AB 正确。

**46. BC**。法的溯及力，属于法的时间效力，即法对其生效以前的事件和行为是否适用。而该条文中涉及的是法对人的效力，即法律对谁有效力，适用于哪些人。故 A 错误，B 正确。对人效力原则主要包括：属人主义；属地主义；保护主义；以属地主义为主，与属人主义、保护主义相结合。属人主义，讲的是法律只适用于本国公民，不论其身在国内还是国外，该条文针对的是外国人，显然不是属人主义，D 错误。保护主义以维护本国利益作为是否适用本国法律的依据，任何侵害了本国利益的人，不论其国籍或地域，都要受到法律的追究。故 C 正确。综上，本题正确答案为 BC。

**47. ABC**。特定国家现行有效的法，笼统地讲，就是"国法"。"国法"不同于国家法，国家法在多种意义上被使用，有的与民间法相对，有的与地方法相对，有的指宪法相关法。故 A 错误。“国法”外延包括：国家立法机关创制的法律（成文法），法院或法官创制的规则（判例法），国家通过一定方式认可的习惯法（不成文法），其他（如教会法）。故 B 错误。“国法”和其他社会规范（如道德、习惯等）都具有强制力，但只有“国法”具有国家强制力。故 C 错误。D 正确。

**48. AC**。杨某非法定的解释主体，其解释不具有法律约束力，故属于任意解释（或者说非正式解释），故 A 正确，D 错误。B 错误，比较解释是依据外国的立法例和判例学说对某个法律规定所作的解释，杨某的解释尽管也有比较（白骨和尸体），但是不属于法律解释学上所讲的比较解释。C 正确，文义解释的特点是将解释的关注点集中在语言上，按照语言使用方式描述法律的内容，杨某认为尸体的含义不包括白骨，正是从文义上进行解释的。因此，本题的正确答案为 AC。提醒考生注意，本题题干提及《刑法》第 302 条已被刑法修正案（九）修改。

**49. ABD**。徒刑即剥夺罪犯人身自由，强制其服劳役的刑罚。秦代主要包括城旦舂、鬼薪白粲、隶臣妾、司寇、候等。弃市属于死刑。

**50. CD**。对发生在京师的笞杖刑案件进行复审的制度，称为热审，于每年小满后 10 日至立秋前一日，由大理寺官员会同各道御史及刑部承办司共同进行，快速决放在监笞杖刑案犯。故 CD 正确，AB 错误。

**51. ABC**。D 错误。我国是社会主义国家，我国的国家权力与公民权利并不构成二元对立的关系，并不形成一种权力多权利就少、权利多权力就少的关系。实际上，完备而有效的权力，对保障公民权利与自由来说是必要的。因此，通过扩大公民权利来限制和缩小国家权力的理论，并不符合我国社会主义宪法理论。而且，在法学逻辑上，权力和权利也并不构成矛盾对立关系。因此，完善权力配置，明确权力的边界，在法律上构建起各种监督权力运用的机制，并将其整合为有效体系，进而为这一体系化权力监督机制提供各种实施条件和保障，才是完善我国宪法的权力制约机制的根本。ABC 均正确，应选。

**52. ABD**。根据《宪法》第 12 条第 1 款、第 2 款，第 10 条第 4 款的规定，ABD 正确。《宪法》第 13 条第 3 款规定，国家为了公共利益的需要，可以依照法律规定对公民的私有财产实行征收或者征用并给予补偿。此条规定了征收或征用是有偿而非无偿，所以 C 错误。

**53. BD**。公民住宅不受侵犯的权利属于消极权利的范畴，属于第一代人权，即防御权，其要义在于排除国家对基于人身自由而拥有的公民住宅不受侵犯的权利的非法侵犯。“国家保障每个公民获得住宅的权利”就其权利内容而言，是公民要求国家履行积极给付义务给公民提供住宅，属于受益权，这种权利属于第二代人权，与公民住宅不受侵犯的权利并不相同，目前尚不受宪法保障。所以 A 错误。《宪法》第 39 条规定：“中华人民共和国公民的住宅不受侵犯。禁止非法搜查或者非法侵入公民的住宅。”B 体现了国家对侵犯公民住宅行为的惩罚，是对公民住宅权的保护，所以 B 正确。公民住宅不受侵犯的权利是指不得非法侵入、破坏公民住宅，在这一点上，它与公民人身自由不受侵犯的权利有所区别。C 所指的情形是对公民人身自由进行限制的情形，不是限制公民住宅不受侵犯的权利的情形。所以 C 错误。D 体现了对公民住宅不受侵犯的合理限制，所以 D 说法正确。

**54. ABC**。A 正确。公民纳税义务意味着公民要将自己的部分财产转交给国家，因此纳税义务的本质是国家拥有的要求公民交税的权利，是对公民财产的合法剥夺，因此必须遵循比例原则，为了公益的需要而进行征收。同时，征收也要符合平等原则。B 正确。《宪法》第 56 条规定，中华人民共和国公民有依照法律纳税的义务。另《立法法》第 11 条第 6 项规定，税种的设立、税率的确定和税收征收管理等税收基本制度，只能制定法律。由此可见，基本税收制度须实行法律保留。C 正确。纳税义务与国家的征税权利紧密相依，公民纳税义务的边界也同时限定着国家征税权力的边界，因此，公民只在其法定范围内纳税的义务也就同时意味着国家只能在法定范围内征税，这样，宪法纳税义务具有防止国家权力侵犯公民财产权的属性。D 错误。不履行纳税义务，只是意味着公民要承担违反此义务带来的法律责任，但这不能否定公民依然享有人身权、财产权等基本权利。

**55. AC**。A 错误。生命权是我国宪法要保护的公民基本权利，但不是我国宪法明确规定的基本权利，其归属于人身自由权范畴。B 正确，符合《宪法》第 41 条规定。C 错误。《宪法》第 43 条第 1 款规定，中华人民共和国劳动者有休息的权利。D 正确，符合《宪法》第 46 条规定。休息权是多次考到的一个考点，只有劳动者才有休息的权利。

**56. AD**。《反不正当竞争法》第 11 条规定，经营者不得编造、传播虚假信息或者误导性信息，损害竞争对手的商业信誉、商品声誉。A 符合上述诋毁商誉行为的构成要件。B 行为属于正当的市场竞争行为，选项中也未提及侵犯商业秘密等行为，故不属于不正当竞争行为。C 中甲电器厂产品具有严重瑕疵，但误报道为乙电器厂，甲电器厂并没有故意捏造或散布关于乙电器厂产品的虚伪事实，故不属于不正当竞争行为。《反不正当竞争法》第 6 条规定，擅自使用与他人有一定影响的商品名称、包装、装潢等相同或者近似的标识的属于混淆行为。D 中甲厂产品与乙厂相似，并使消费者仔细辨别才能区别，因而构成了不正当竞争行为。

**57. A**。《食品安全法》第103条第1款规定，发生食品安全事故的单位应当立即采取措施，防止事故扩大。事故单位和接收病人进行治疗的单位应当及时向事故发生地县级人民政府食品安全监督管理、卫生行政部门报告。故A准确。《食品安全法》第103条第3款规定，发生食品安全事故，接到报告的县级人民政府食品安全监督管理部门应当按照应急预案的规定向本级人民政府和上级人民政府食品安全监督管理部门报告。县级人民政府和上级人民政府食品安全监督管理部门应当按照应急预案的规定上报。可见，接到报告的应为S县食品安全监督管理局。故B错误。《食品安全法》第105条第2款规定，发生食品安全事故需要启动应急预案的，县级以上人民政府应当立即成立事故处置指挥机构，启动应急预案，依照前款和应急预案的规定进行处置。因而不是由卫健委来成立食品安全事故处置指挥机构，而是当地政府，故C错误。《食品安全法》第119条规定，县级以上地方人民政府食品安全监督管理、卫生行政、农业行政部门获知本法规定需要统一公布的信息，应当向上级主管部门报告，由上级主管部门立即报告国务院食品安全监督管理部门；必要时，可以直接向国务院食品安全监督管理部门报告。故D错误。

**58. ABD**。《商业银行法》第19条规定，商业银行根据业务需要可以在中华人民共和国境内外设立分支机构。设立分支机构必须经国务院银行业监督管理机构审查批准。在中华人民共和国境内的分支机构，不按行政区划设立。商业银行在中华人民共和国境内设立分支机构，应当按照规定拨付与其经营规模相适应的营运资金额。拨付各分支机构营运资金额的总和，不得超过总行资本金总额的60%。故A错误，分支机构不按行政区划设立；B错误，分支机构的设立需要得到银监机构的批准，不是当地政府；D错误，不得超过总行资本金总额的60%，不是70%。《商业银行法》第22条第2款规定，商业银行分支机构不具有法人资格，在总行授权范围内依法开展业务，其民事责任由总行承担。故C正确。

**59. ABD**。《商业银行法》第13条第2款规定，国务院银行业监督管理机构根据审慎监管的要求可以调整注册资本最低限额，但不得少于前款规定的限额。故A正确。《商业银行法》第17条第1款规定，商业银行的组织形式、组织机构适用《公司法》的规定。故B正确。《商业银行法》第25条第1款规定，商业银行的分立、合并，适用《公司法》的规定。故C错误。《商业银行法》第24条规定，商业银行有下列变更事项之一的，应当经国务院银行业监督管理机构批准……变更持有资本总额或者股份总额5%以上的股东……故D正确。

**60. ABCD**。《税收征收管理法实施细则》第23条规定，生产、经营规模小又确无建账能力的纳税人，可以聘请经批准从事会计代理记账业务的专业机构或者经税务机关认可的财会人员代为建账和办理账务。故A正确。《税收征收管理法实施细则》第24条第2款规定，纳税人使用计算机记账的，应当在使用前将会计电算化系统的会计核算软件、使用说明书及有关资料报送主管税务机关备案。故B正确。《税收征收管理法实施细则》第26条第1款规定，纳税人、扣缴义务人会计制度健全，能够通过计算机正确、完整计算其收入和所得或者代扣代缴、代收代缴税款情况的，其计算机输出的完整的书面会计记录，可视同会计账簿。故C正确。《税收征收管理法实施细则》第29条第2款规定，账簿、记账凭证、报表、完税凭证、发票、出口凭证以及其他有关涉税资料应当保存10年；但是，法律、行政法规另有规定的除外。故D正确。

**61. ACD**。《社会保险法》第12条规定，用人单位应当按照国家规定的本单位职工工资总额的比例缴纳基本养老保险费，记入基本养老保险统筹基金。职工应当按照国家规定的本人工资的比例缴纳基本养老保险费，记入个人账户。故A正确，B错误。《社会保险法》第14条规定，个人账户不得提前支取，记账利率不得低于银行定期存款利率，免征利息税。个人死亡的，个人账户余额可以继承。故CD正确。

**62. ACD**。根据《劳动法》《劳动合同法》及《劳动争议调解仲裁法》的规定，劳动争议纠纷既可以协商解决，也可以通过调解和仲裁解决。故A正确。《劳动争议调解仲裁法》第21条第2款规定，劳动争议由劳动合同履行地或者用人单位所在地的劳动争议仲裁委员会管辖。双方当事人分别向劳动合同履行地和用人单位所在地的劳动争议仲裁委员会申请仲裁的，由劳动合同履行地的劳动争议仲裁委员会管辖。故B说法不正确。《劳动争议调解仲裁法》第47条规定，下列劳动争议，除本法另有规定的外，仲裁裁决为终局裁决，裁决书自作出之日起发生法律效力：追索劳动报酬、工伤医疗费、经济补偿或者赔偿金，不超过当地月最低工资标准12个月金额的争议。《劳动争议调解仲裁法》第48、49条规定，对于终局裁决，劳动者只要不服就可以提起诉讼，用人单位只有在特定的情况下可以申请撤销该裁决，裁决被撤销后才可以提起诉讼。故CD正确。

【陷阱提示】考生要特别注意法条的措辞，终局裁决立即生效，劳动者依然可以提起诉讼；用人单位则在某些特定情况下可以提起申请撤销该仲裁裁决，裁决被撤销后才可以提起诉讼，并不是可以直接提起诉讼。

**63. ABCD**。《土地管理法》第62条规定，农村村民一户只能拥有一处宅基地，其宅基地的面积不得超过省、自治区、直辖市规定的标准。人均土地少、不能保障一户拥有一处宅基地的地区，县级人民政府在充分尊重农村村民意愿的基础上，可以采取措施，按照省、自治区、直辖市规定的标准保障农村村民实现户有所居。农村村民建住宅，应当符合乡（镇）土地利用总体规划、村庄规划，不得占用永久基本农田，并尽量使用原有的宅基地和村内空闲地。编制乡（镇）土地利用总体规划、村庄规划应当统筹并合理安排宅基地用地，改善农村村民居住环境和条件。农村村民住宅用地，由乡（镇）人民政府审核批准；其中，涉及占用农用地的，依照本法第44条的规定办理审批手续。农村村民出卖、出租、赠与住宅后，再申请宅基地的，不予批准。故AB说法均错误，甲出卖住房后不再给予宅基地；宅基地可以在本村村民之间进行转让，并非完全禁止买卖，故C错误；现行法律法规并未对宅基地转让合同规定经过政府批准的要件，故D错误（但部分地方政府出台的《农村宅基地管理办法》有相关规定）。

**64. ABC**。我国环境民事责任的构成要件包括：(1) 实施了致害行为；(2) 发生了损害结果；(3) 致害行为与损害结果之间具有因果关系。并不以行为的违法性作为构成要件，因而乙厂的赔偿责任不得以达标排放为抗辩，故AB正确。环境行政责任的构成要件则需要有“行为违法”，故乙厂达标排放的行为不属于违法行为，故C正确，D错误。

**65. BCD**。《维也纳条约法公约》规定，是否批准及何时批准一项条约，由各国自行决定。国家没有必须批准其所签署的条约的义务，故A错误。条约国内法上的批准是一国的权力机构依据该国国内法对条约的认可。《宪法》第67条第15项规定，全国人大常委会决定同外国缔结的条约和重要协定的批准和废除。故B正确。《维也纳条约法公约》规定，条约规定禁止保留的情况下不得提出保留。故C正确。《维也纳条约法公约》规定，凡有效的条约对其各当事国有拘束力，必须善意履行。D正确。

**66. BCD**。《出境入境管理法》第44条第2款规定，未经批准，外国人不得进入限制外国人进入的区域。故A错误。《出境入境管理法》第70条规定，本章规定的行政处罚，除本章另有规定外，由县级以上地方人民政府公安机关或者出入境边防检查机关决定；其中警告或者5000元以下罚款，可以由县级以上地方人民政府公安机关出入境管理机构决定。《出境入境管理法》第71条规定，有下列行为之一的，处1000元以上5000元以下罚款；情节严重的，处5日以上10日以下拘留，可以并处2000元以上10000元以下罚款：(1) 持用伪造、变造、骗取的出境入境证件出境入境的；(2) 冒用他人出境入境证件出境入境的；(3) 逃避出境入境边防检查的；(4) 以其他方式非法出境入境的。故BC正确。《出境入境管理法》第27条规定，外国人出境，应当向出入境边防检查机关交验本人的护照或者其他国际旅行证件等出境入境证件，履行规定的手续，经查验准许，方可出境。故D正确。

**67. AB**。在国际法中，国家之间没有达成引渡条约时，一国对另一国家没有一般的引渡义务。A正确。《引渡法》第10条规定，请求国的引渡请求应当向中华人民共和国外交部提出。B正确。《引渡法》第16条第2款规定，最高人民法院指定的高级人民法院对请求国提出的引渡请求是否符合本法和引渡条约关于引渡条件等规定进行审查并作出裁定。最高人民法院对高级人民法院作出的裁定进行复核。故C错误。《引渡法》第9条规定，中华人民共和国对于引渡请求所指的犯罪具有刑事管辖权，并且对被请求引渡人正在进行刑事诉讼或者准备提起刑事诉讼的，可以拒绝引渡。根据属地管辖原则，中国对甲国公民彼得有管辖权，而且正在进行刑事诉讼，可以拒绝引渡，“应当拒绝引渡”的说法过于绝对，D错误。

**68. BD**。《涉外民事关系法律适用法》第22条规定，结婚手续，符合婚姻缔结地法律、一方当事人经常居所地法律或者国籍国法律的，均为有效。玛丽的国籍国为甲国，王某的国籍国为中国，双方的经常居住地为中国，乙国为婚姻缔结国。因此，结婚手续可适用中国法、乙国法和甲国法。A错误，B正确。《涉外民事关系法律适用法》第21条规定，结婚条件，适用当事人共同经常居所地法律；没有共同经常居所地的，适用共同国籍国法律；没有共同国籍，在一方当事人经常居所地或者国籍国缔结婚姻的，适用婚姻缔结地法律。二人共同居住地为中国，因此结婚条件应适用中国法。C错误，D正确。

**69. BC**。《仲裁法》第20条第1款规定，当事人对仲裁协议的效力有异议的，可以请求仲裁委员会作出决定或者请求人民法院作出裁定。一方请求仲裁委员会作出决定，另一方请求人民法院作出裁定的，由人民法院裁定。故A错误，B正确。《涉外民事关系法律适用法》第18条规定，当事人可以协议选择仲裁协议适用的法律。当事人没有选择的，适用仲裁机构所在地法律或者仲裁地法律。本题中，仲裁机构、仲裁地均为中国，故对本案仲裁条款效力的审查，应适用中国法。故C正确，D错误。

**70. ABD**。《涉外民事关系法律适用法》第44条规定，侵权责任，适用侵权行为地法律，但当事人有共同经常居所地的，适用共同经常居所地法律。侵权行为发生后，当事人协议选择适用法律的，按照其协议。可见，侵权责任关系法律适用的先后顺序为：当事人协议确定法律——共同经常居所地法律——侵权行为地（实施地或结果地）。《涉外民事关系法律适用法》第3条规定，当事人依照法律规定可以明示选择涉外民事关系适用的法律。由于未对明示的形式作出特殊要求，口头、书面均可，故AB正确。由于甲国公民A与乙国公民B的共同经常居住地为中国，故D正确，C错误。

**71. AC**。知识产权担保指卖方所交付的货物，必须是第三方不能依工业产权或其他知识产权主张权利或要求的货物。《联合国国际货物销售合同公约》第42条规定了对知识产权担保义务的限制标准：第一，依货物销售目的国的法律；第二，依买方营业地所在国法律。本题中，作为买方的乙公司营业场所在中国，甲公司出售的货物需要对中国知识产权的担保。因此，A正确，B错误。《联合国国际货物销售合同公约》第68条规定，对于在运输途中销售的货物的风险转移，自合同成立时起转移给买方。故C正确，D错误。

**72. ABCD**。《最高人民法院关于审理信用证纠纷案件若干问题的规定》第10条规定："人民法院认定存在信用证欺诈的，应当裁定中止支付或者判决终止支付信用证项下款项，但有下列情形之一的除外：(一）开证行的指定人、授权人已按照开证行的指令善意地进行了付款；（二）开证行或者其指定人、授权人已对信用证项下票据善意地作出了承兑；（三）保兑行善意地履行了付款义务；（四）议付行善意地进行了议付。"故ABCD正确。

**73. ACD**。《保护文学艺术作品伯尔尼公约》的国民待遇又称为"双国籍国民待遇"，有权享有国民待遇的包括以下两种情况：（1）公约成员国国民和在成员国有惯常居所的非成员国国民，其作品无论是否出版，均应在一切成员国中享有国民待遇，这称为"作者国籍标准"或者"人身标准"；（2）非公约成员国国民，其作品只要是在任何一个成员国出版，或者在一个成员国和非成员国同时出版，也应在一切成员国中享有国民待遇，这称为"作品国籍标准"或者"地理标准"。李伍的惯常居所地为甲国，由于甲国不是公约缔约国，属于第（2）种情况，其作品只要在作为缔约国的乙国发表，就在一切成员国中享有国民待遇，中国是该公约的会员国，故A正确。如果李伍的文章未发表，则不能在中国享有国民待遇，故B错误。满成惯常居所地在乙国，属于第（1）种情况，其作品无论是否出版，均享有在一切成员国中的国民待遇，故CD正确。

**74. ABC**。《法官职业道德基本准则》第24条规定，坚持文明司法，遵守司法礼仪，在履行职责过程中行为规范、着装得体、语言文明、态度平和，保持良好的职业修养和司法作风。选项中ABC均与文明执法有关。

**75. CD**。对此类题可以采取排除法答题，①④的做法正确，因而AB不适当，CD包含的②③⑥⑦⑧都属于不当行为。故正确答案为CD。

**76. A**。《法律援助法》第42条规定："法律援助申请人有材料证明属于下列人员之一的，免予核查经济困难状况：（一）无固定生活来源的未成年人、老年人、残疾人等特定群体；（二）社会救助、司法救助或者优抚对象；（三）申请支付劳动报酬或者请求工伤事故人身损害赔偿的进城务工人员；（四）法律、法规、规章规定的其他人员。"人民检察院抗诉案件涉及上述人员的，免予核查经济困难状况。A错误。《法律援助法》第62条规定："律师事务所、基层法律服务所有下列情形之一的，由司法行政部门依法给予处罚：(一）无正当理由拒绝接受法律援助机构指派；（二）接受指派后，不及时安排本所律师、基层法律服务工作者办理法律援助事项或者拒绝为本所律师、基层法律服务工作者办理法律援助事项提供支持和保障；（三）纵容或者放任本所律师、基层法律服务工作者怠于履行法律援助义务或者擅自终止提供法律援助；（四）法律法规规定的其他情形。"根据《律师法》第50条的规定，律师事务所拒绝履行法律援助义务的，由设区的市级或者直辖市的区人民政府司法行政部门视其情节给予警告、停业整顿1个月以上6个月以下的处罚，可以处10万元以下的罚款；有违法所得的，没收违法所得；情节特别严重的，由省、自治区、直辖市人民政府司法行政部门吊销律师事务所执业证书。B正确。我国的法律援助是免费的。C正确。《关于刑事诉讼法律援助工作的规定》第16条规定，人民检察院审查批准逮捕时，认为犯罪嫌疑人具有应当通知辩护的情形，公安机关未通知法律援助机构指派律师的，应当通知公安机关予以纠正，公安机关应当将纠正情况通知人民检察院。D正确。

**77. A**。两个规定都是《保险法》的内容，不存在"一般法"与"特别法"的关系，也不存在"上位法"与"下位法"的关系。两者都是法的正式渊源，只是创制于不同的时间，属于新法（2009年，后法）与旧法（1995年，前法）的关系。故A正确。

**78. C**。按照内容的确定性程度，可以把法律规则分为确定性规则、委任性规则和准用性规则。确定性规则是指内容本已明确肯定，无须再援引或参照其他规则来确定其内容的法律规则。委任性规则和准用性规则都是内容尚未确定的法律规则，两者的区别在于内容确定的方式不同，前者规定某种概括性指示，由相应国家机关通过相应途径或程序加以确定；后者则援引或参照其他相应内容加以确定。题中条文规定援引《公司法》等加以确定，属于准用性规则。故C正确，A错误。任意性规则主要是权利性规则，是指规定在一定范围内，允许人们自行选择或协商确定为与不为、为的方式以及法律关系中的权利义务内容。题中条文要求在一定条件下适用《公司法》等规定，人们不能选择适用或是不适用，而是必须适用，从这个角度看，当属于强制性规则。故B错。同时，该条文并非禁止人们做出一定行为（禁止性规则），而是规定人们应当做出某种行为（即适用《公司法》等规定），当为命令性规则。故D错误。综上，本题的正确答案是C。

**79. ABD**。由于宪法本身的综合性和价值多元性，宪法在不同领域的使用是有差异的。例如，在不同经济形态之间、特别行政区、民族自治地方之间当然会有所差异，但这种差异并不否认宪法在中华人民共和国领土范围内的整体效力。举例来讲，《香港特别行政区基本法》序言规定："香港自古以来就是中国的领土，……根据中华人民共和国宪法第三十一条的规定，设立香港特别行政区，并按照'一个国家，两种制度'的方针，不在香港实行社会主义的制度和政策……"《澳门特别行政区基本法》也有类似的规定。所以，虽然香港、澳门是中国领土，但是宪法不是直接在香港和澳门适用，在特别行政区实施的制度和政策，由基本法以及通过特别行政区当地不违反基本法的立法来规定。从这个意义上讲，宪法的效力在特别行政区的适用方式是有差异的。ABD均强调了国家主权以及宪法在领土范围内的效力，是正确的。

**80. ABD**。A正确。单一制对应的是复合制（主要体现为联邦制），是指由若干不享有独立主权的一般行政区域单位组成的统一主权国家的制度。我国《宪法》序言宣称，中华人民共和国是全国各族人民共同缔造的统一的多民族国家。《宪法》第3条第1款也规定，中华人民共和国的国家机构实行民主集中制的原则。因此，根据宪法，我国的国家结构形式采单一制。B正确。我国是单一制国家，只有一部宪法，只有一套以宪法为基础的法律体系，因此维护宪法的权威和法制的统一是国家的基本国策。C错误。香港和澳门特别行政区根据宪法的授权，实行与内地不同的资本主义政治、经济与社会制度。D正确。单一制国家意味着主权的统一，因此在对外方面只能由一个主体来代表国家。

**81. D**。行政区域划分包括行政区域划分的机关、原则、程序以及行政区域边界处理等内容，而这些不仅仅是由《宪法》来规定，或者说《宪法》只规定了一部分。行政区域划分的机关，可以由宪法和法律以及有关法规授权。从立法实例上来说，《行政区划管理条例》《行政区域边界争议处理条例》作为行政法规，都具体授权有关机关进行行政区域划分。所以D错误。ABC表述均正确。

**82. C**。《城市房地产管理法》第40条第1款规定，以划拨方式取得土地使用权的，转让房地产时，应当按照国务院规定，报有批准权的人民政府审批。有批准权的人民政府准予转让的，应当由受让方办理土地使用权出让手续，并依照国家有关规定缴纳土地使用权出让金。故A错误，划拨土地转为出让土地再行转让符合现行法律规定。B错误，在有批准权的人民政府批准的情况下，才由受让方办理手续，何况乙公司将该土地作为出资，其有义务出资并办理手续。C正确。划拨土地使用权转为出让地后，可以依法再行转让作为出资与他人合作开发，故D错误。

**83. A**。选项中的合同均不属于《民法典》中的有名合同，因而在判断归属的时候应当结合合同的实际内容来判断合同的实质。在《合作协议》中涉及房地产的投资、开发和建设的相关安排，因而属于房地产开发合同，不是单纯的有关房地产或土地使用权的转让。故A正确，BC错误。《合作协议》涉及的是房地产公司与乙国有工业公司共同出资设立企业从事房地产开发的问题，不属于国有资产合作经营合同。故D错误。

**84. ABCD**。《合作协议》只要符合生效要件即为有效合同，不因双方主体的签字人员的任免而影响其效力。故A说法不能成立。签订合同时，双方均了解土地为划拨性质，同时也约定了由乙方负责办理相关手续，该情形不导致合同无效，故B说法不能成立；C说法不能成立，事后发生的事项不能影响之前对房地产价值的判断，只要乙公司在将该土地作为出资投入玫园公司时，履行了合法的评估手续，则属于合法情形，不存在损害国家利益的情况。D说法不成立，作为合作设立房地产开发企业玫园公司的股东，乙公司不需要具备房地产开发资格。

**85. C**。根据《劳动合同法》第58条第1款的规定，用人单位特指与劳动者签订劳动合同的单位。在劳务派遣的法律关系中，劳务派遣单位即是用人单位，而实际使用劳动者的单位是用工单位。故丙劳务派遣公司为用人单位，承担《劳动合同法》中有关用人单位的义务。故C正确。

**86. CD**。《劳动合同法》第65条规定，被派遣劳动者有本法第39条（过错性辞退）和第40条第1项、第2项规定（非过错性辞退的第一、二种情形）情形的，用工单位可以将劳动者退回劳务派遣单位，劳务派遣单位依照本法有关规定，可以与劳动者解除劳动合同。本案例中发生的情况是《劳动合同法》第40条第3项规定的情形——劳动合同订立时所依据的客观情况发生重大变化，致使劳动合同无法履行，经用人单位与劳动者协商，未能就变更劳动合同内容达成协议的。故在劳务派遣中，不能以该条理由退回，且不能解除劳动合同。故AB错误。《劳动合同法》第48条规定，用人单位违反本法规定解除或者终止劳动合同，劳动者要求继续履行劳动合同的，用人单位应当继续履行；劳动者不要求继续履行劳动合同或者劳动合同已经不能继续履行的，用人单位应当依照本法第87条规定支付赔偿金。故CD正确。王某既可以要求继续履行劳动合同，也可以不要求继续履行劳动合同而要求支付赔偿。

**87. BC**。《联合国海洋法公约》规定，外国船舶在他国领海享有无害通过权。无害通过要求连续不停地迅速通过，不得停泊和下锚，除非不可抗力、遇难和救助。“乐安”号可不经批准穿行丁国领海，但不能停泊转运货物，A 错误。《联合国海洋法公约》规定，国家可以在毗连区内行使必要的管制：一是防止在其领土或领海内违反其海关、财政、移民或卫生的法律和规章；二是惩处在其领土或领海内违反上述法规和规章的行为。紧追权是沿海国拥有对违反其法规并从该国管辖范围内的海域向公海行驶的外国船舶进行追逐的权力。紧追行为可以为军舰、军用飞机或得到正式授权且有清楚可识别标志的政府船舶或飞机从事。对于“乐安”号在丁国毗连区走私货物，丁国可出动海上执法船、飞机行使紧追权，故 BC 正确。紧追权可以追入公海中继续进行，直至追上并依法采取措施，但必须是连续不断的。但紧追权在被紧追船舶进入其本国或第三国领海时立即终止，故 D 错误。

**88. AD**。《涉外民事关系法律适用法》第 48 条规定，知识产权的归属和内容，适用被请求保护地法律。由于双方诉至中国某法院，归属争议应适用中国法，A 正确，B 错误。《涉外民事关系法律适用法》第 49 条规定，当事人可以协议选择知识产权转让和许可使用适用的法律。当事人没有选择的，适用本法对合同的有关规定。在转让争议中，当事人可以协议选择，故 D 正确。《涉外民事关系法律适用法》第 41 条规定，当事人可以协议选择合同适用的法律。当事人没有选择的，适用履行义务最能体现该合同特征的一方当事人经常居所地法律或者其他与该合同有最密切联系的法律。甲国是卖方 A 公司所在地，如双方未达成选择法律协议时，可以适用甲国法。C 表述过于绝对，故 C 错误。

**89. ACD**。2010 年《国际贸易术语解释通则》删除了 FOB、CFR 和 CIF 项下的船舷界限，改为风险在“交货”时转移，故 A 正确，B 错误。CIF 的核心内容为卖方办理运输手续、投保手续，负责海运运输，承担运费和保险费。A 公司只承担运费和海运保险费，CD 正确。

**90. AB**。共同海损是指在同一海上航程中，船舶、货物和其他财产遭遇共同危险，为了共同安全，有意地和合理地采取措施所直接造成的特殊牺牲，支付的特殊费用。“乐安”号商船承运，运输途中船舶搁浅，为起浮抛弃了部分货物，属于共同海损，A 正确。单独海损是指货物由于意外造成的部分损失。船舶起浮后继续航行中又因恶劣天气，部分货物被海浪打入海中，这属于单独海损，B 正确。平安险的责任范围不包括天灾造成的单独海损，保险人对保险货物在途中由于自然灾害造成的部分损失不承担责任；而共同海损的牺牲、分摊和救助费用为平安险的责任范围，保险人承担责任，故 C 错误。《海牙规则》第 4 条第 2 款第 13 项规定，由于货物的固有缺点、性质或缺陷所造成的体积或重量亏损，或任何其他灭失或损坏，承运人免责。由于固有缺点损失的货物不在平安险的责任范围内，保险人也无需承担赔偿责任，故 D 错误。

# 第 17 天

一丈夫兮一丈夫，千生气志是良图。

## 试　题

**1.** 甲与乙女恋爱。乙因甲伤残提出分手，甲不同意，拉住乙不许离开，遭乙痛骂拒绝。甲绝望大喊："我得不到你，别人也休想"，连捅十几刀，致乙当场惨死。甲逃跑数日后，投案自首，有悔罪表现。关于本案的死刑适用，下列哪一说法符合法律实施中的公平正义理念？

A. 根据《刑法》规定，当甲的杀人行为被评价为"罪行极其严重"时，可判处甲死刑

B. 从维护《刑法》权威考虑，无论甲是否存在从轻情节，均应判处甲死刑

C. 甲轻率杀人，为严防效尤，即使甲自首悔罪，也应判处死刑立即执行

D. 应当充分考虑并尊重网民呼声，以此决定是否判处甲死刑立即执行

**2.** 关于罪刑法定原则有以下观点：

①罪刑法定只约束立法者，不约束司法者

②罪刑法定只约束法官，不约束侦查人员

③罪刑法定只禁止类推适用刑法，不禁止适用习惯法

④罪刑法定只禁止不利于被告人的事后法，不禁止有利于被告人的事后法

下列哪一选项是正确的？

A. 第①句正确，第②③④句错误

B. 第①②句正确，第③④句错误

C. 第④句正确，第①②③句错误

D. 第①③句正确，第②④句错误

**3.** 下列哪一选项构成不作为犯罪？

A. 甲到湖中游泳，见武某也在游泳。武某突然腿抽筋，向唯一在场的甲呼救。甲未予理睬，武某溺亡

B. 乙女拒绝周某求爱，周某说"如不答应，我就跳河自杀"。乙明知周某可能跳河，仍不同意。周某跳河后，乙未呼救，周某溺亡

C. 丙与贺某到水库游泳。丙为显示泳技，将不善游泳的贺某拉到深水区教其游泳。贺某忽然沉没，丙有点害怕，忙游上岸，贺某溺亡

D. 丁邀秦某到风景区漂流，在漂流筏转弯时，秦某的安全带突然松开致其摔落河中。丁未下河救人，秦某溺亡

**4.** 下列哪一行为构成故意犯罪？

A. 他人欲跳楼自杀，围观者大喊"怎么还不跳"，他人跳楼而亡

B. 司机急于回家，行驶时闯红灯，把马路上的行人撞死

C. 误将熟睡的孪生妻妹当成妻子，与其发生性关系

D. 作客的朋友在家中吸毒，主人装作没看见

**5.** 甲与素不相识的崔某发生口角，推了他肩部一下，踢了他屁股一脚。崔某忽觉胸部不适继而倒地，在医院就医时死亡。经鉴定，崔某因患冠状粥样硬化性心脏病，致急性心力衰竭死亡。关于本案，下列哪一选项是正确的？

A. 甲成立故意伤害罪，属于故意伤害致人死亡

B. 甲的行为既不能认定为故意犯罪，也不能认定为意外事件

C. 甲的行为与崔某死亡结果之间有因果关系，这是客观事实

D. 甲主观上对崔某死亡具有预见可能性，成立过失致人死亡罪

**6.** 关于正当防卫的论述，下列哪一选项是正确的？

A. 甲将罪犯顾某扭送派出所途中，在汽车后座上死死摁住激烈反抗的顾某头部，到派出所时发现其已窒息死亡。甲成立正当防卫

B. 乙发现齐某驾驶摩托车抢劫财物即驾车追赶，2 车并行时摩托车撞到护栏，弹回与乙车碰撞后侧翻，齐某死亡。乙不成立正当防卫

C. 丙发现邻居刘某（女）正在家中卖淫，即将刘家价值 6000 元的防盗门砸坏，阻止其卖淫。丙成立正当防卫

D. 丁开枪将正在偷越国（边）境的何某打成重伤。丁成立正当防卫

**7.** 甲欲杀乙，将乙打倒在地，掐住脖子致乙深度昏迷。30 分钟后，甲发现乙未死，便举刀刺乙，第一

刀刺中乙腹，第二刀扎在乙的皮带上，刺第三刀时刀柄折断。甲长叹“你命太大，整不死你，我服气了”，遂将乙送医，乙得以保命。经查，第一刀已致乙重伤。关于甲犯罪形态的认定，下列哪一选项是正确的？

A. 故意杀人罪的未遂犯

B. 故意杀人罪的中止犯

C. 故意伤害罪的既遂犯

D. 故意杀人罪的不能犯

**8.** 甲（15周岁）求乙（16周岁）为其抢夺作接应，乙同意。某夜，甲抢夺被害人的手提包（内有1万元现金），将包扔给乙，然后吸引被害人跑开。乙害怕坐牢，将包扔在草丛中，独自离去。关于本案，下列哪一选项是错误的？

A. 甲不满16周岁，不构成抢夺罪

B. 甲与乙构成抢夺罪的共犯

C. 乙不构成抢夺罪的间接正犯

D. 乙成立抢夺罪的中止犯

**9.** 关于共同犯罪的论述，下列哪一选项是正确的？

A. 甲为劫财将陶某打成重伤，陶某拼死反抗。张某路过，帮甲掏出陶某随身财物。2人构成共犯，均须对陶某的重伤结果负责

B. 乙明知黄某非法种植毒品原植物，仍按黄某要求为其收取毒品原植物的种子。2人构成非法种植毒品原植物罪的共犯

C. 丙明知李某低价销售的汽车系盗窃所得，仍向李某购买该汽车。2人之间存在共犯关系

D. 丁系国家机关负责人，召集领导层开会，决定以单位名义将国有资产私分给全体职工。丁和职工之间存在共犯关系

**10.** 甲因走私武器被判处15年有期徒刑，剥夺政治权利5年；因组织他人偷越国境被判处14年有期徒刑，并处没收财产5万元，剥夺政治权利3年；因骗取出口退税被判处10年有期徒刑，并处罚金20万元。关于数罪并罚，下列哪一选项符合《刑法》规定？

A. 决定判处甲有期徒刑35年，没收财产25万元，剥夺政治权利8年

B. 决定判处甲有期徒刑20年，罚金25万元，剥夺政治权利8年

C. 决定判处甲有期徒刑25年，没收财产5万元，罚金20万元，剥夺政治权利6年

D. 决定判处甲有期徒刑23年，没收财产5万元，罚金20万元，剥夺政治权利8年

**11.** 甲系海关工作人员，被派往某国考察。甲担心自己放纵走私被查处，拒不归国。为获得庇护，甲向某国难民署提供我国从未对外公布且影响我国经济安全的海关数据。关于本案，下列哪一选项是错误的？

A. 甲构成叛逃罪

B. 甲构成为境外非法提供国家秘密、情报罪

C. 对甲不应数罪并罚

D. 即使《刑法》分则对叛逃罪未规定剥夺政治权利，也应对甲附加剥夺1年以上5年以下政治权利

**12.** 下列哪一行为成立以危险方法危害公共安全罪？

A. 甲驾车在公路转弯处高速行驶，撞翻相向行驶车辆，致2人死亡

B. 乙驾驶越野车在道路上横冲直撞，撞翻数辆他人所驾汽车，致2人死亡

C. 丙醉酒后驾车，刚开出10米就撞死2人

D. 丁在繁华路段飙车，2名老妇受到惊吓致心脏病发作死亡

**13.** 下列哪一行为不应以故意伤害罪论处？

A. 监狱监管人员吊打被监管人，致其骨折

B. 非法拘禁被害人，大力反扭被害人胳膊，致其胳膊折断

C. 经本人同意，摘取17周岁少年的肾脏1只，支付少年5万元补偿费

D. 黑社会成员因违反帮规，在其同意之下，被截断1截小指头

**14.** 关于侵犯人身权利罪的论述，下列哪一选项是错误的？

A. 强行与卖淫幼女发生性关系，事后给幼女500元的，构成强奸罪

B. 使用暴力强迫单位职工以外的其他人员在采石场劳动的，构成强迫劳动罪

C. 雇用16周岁未成年人从事高空、井下作业的，构成雇用童工从事危重劳动罪

D. 收留流浪儿童后，因儿童不听话将其出卖的，构成拐卖儿童罪

**15.** 不计数额，下列哪一选项构成侵占罪？

A. 甲是个体干洗店老板，洗衣时发现衣袋内有钱，将钱藏匿

B. 乙受公司委托外出收取货款，隐匿收取的部分货款

C. 丙下飞机时发现乘客钱包掉在座位底下，捡起钱包离去

D. 丁是宾馆前台服务员，客人将礼品存于前台让朋友自取。丁见久无人取，私吞礼品

**16.** 甲路过偏僻路段，看到其友乙强奸丙的犯罪事实。甲的下列哪一行为构成包庇罪？

A. 用手机向乙通报公安机关抓捕乙的消息

B. 对侦查人员的询问沉默不语

C. 对侦查人员声称乙、丙系恋人，因乙另有新欢遭丙报案诬陷

D. 经法院通知，无正当理由，拒绝出庭作证

**17.** 甲恳求国有公司财务主管乙，从单位挪用10万元供他炒股，并将一块名表送给乙。乙做假账将10万元交与甲，甲表示尽快归还。20日后，乙用个人财产归还单位10万元。关于本案，下列哪一选项是错误的？

A. 甲、乙勾结私自动用公款，构成挪用公款罪的共犯

B. 乙虽20日后主动归还10万元，甲、乙仍属于挪用公款罪既遂

C. 乙非法收受名表，构成受贿罪

D. 对乙不能以挪用公款罪与受贿罪进行数罪并罚

**18.** 下列哪一行为应以玩忽职守罪论处？

A. 法官执行判决时严重不负责任，因未履行法定执行职责，致当事人利益遭受重大损失

B. 检察官讯问犯罪嫌疑人甲，甲要求上厕所，因检察官违规打开械具后未跟随，致甲在厕所翻窗逃跑

C. 值班警察与女友电话聊天时接到杀人报警，又闲聊10分钟后才赶往现场，因延迟出警，致被害人被杀、歹徒逃走

D. 市政府基建负责人因听信朋友介绍，未经审查便与对方签订建楼合同，致被骗300万元

**19.** 关于《刑事诉讼法》“尊重和保障人权，保护公民的人身权利、财产权利、民主权利和其他权利”的规定，下列哪一选项是正确的？

A. 体现了以人为本、保障和维护公民基本权利和自由的理念

B. 体现了犯罪嫌疑人、被告人权利至上的理念

C. 体现了实体公正与程序公正并重的理念

D. 体现了公正优先、兼顾效率的理念

**20.** 甲发现自家优质甜瓜常被人夜里偷走，怀疑乙所为。某夜，甲带上荧光恐怖面具，在乙偷瓜时突然怪叫，乙受到惊吓精神失常。甲后悔不已，主动承担乙的治疗费用。公安机关以涉嫌过失致人重伤将甲拘留，乙父母向公安机关表示已谅解甲，希望不追究甲的责任。在公安机关主持下，乙父母与甲签订和解协议，公安机关将案件移送检察院并提出从宽处理建议。下列说法，哪一选项与本案处理相一致？

A. 既要充分发挥司法功能，又要构建多元化的矛盾纠纷化解机制

B. 既要坚持法律面前人人平等，又要考虑对特殊群体区别对待

C. 既要追求公平正义，又要兼顾诉讼效率

D. 既要高度重视程序的约束作用，又不应忽略实体公正

**21.** 关于诉讼代理人参加刑事诉讼，下列哪一说法是正确的？

A. 诉讼代理人的权限依据法律规定而设定

B. 除非法律有明文规定，诉讼代理人也享有被代理人享有的诉讼权利

C. 诉讼代理人应当承担被代理人依法负有的义务

D. 诉讼代理人的职责是帮助被代理人行使诉讼权利

**22.** 关于辩护律师在刑事诉讼中享有的权利和承担的义务，下列哪一说法是正确的？

A. 在侦查期间可以向犯罪嫌疑人核实证据

B. 会见在押的犯罪嫌疑人、被告人，可以了解案件有关情况

C. 收集到的有利于犯罪嫌疑人的证据，均应及时告知公安机关、检察院

D. 在执业活动中知悉犯罪嫌疑人、被告人曾经实施犯罪的，应及时告知司法机关

**23.** 检察院审查批准逮捕时，遇有下列哪一情形依法应当讯问犯罪嫌疑人？

A. 辩护律师提出要求的

B. 犯罪嫌疑人要求向检察人员当面陈述的

C. 犯罪嫌疑人要求会见律师的

D. 共同犯罪的

**24.** 关于辨认程序不符合有关规定，经补正或者作出合理解释后，辨认笔录可以作为证据使用的情形，下列哪一选项是正确的？

A. 辨认前使辨认人见到辨认对象的

B. 供辨认的对象数量不符合规定的

C. 案卷中只有辨认笔录，没有被辨认对象的照片、录像等资料，无法获悉辨认的真实情况的

D. 辨认活动没有个别进行的

**25.** 下列哪一选项表明我国基本确立了自白任意性规则？

A. 侦查人员在讯问犯罪嫌疑人的时候，可以对讯问过程进行录音或者录像

B. 不得强迫任何人证实自己有罪

C. 逮捕后应当立即将被逮捕人送交看守所羁押

D. 不得以连续拘传的方式变相拘禁犯罪嫌疑人、被告人

**26.** 甲涉嫌黑社会性质组织犯罪，10月5日上午10时被刑事拘留。下列哪一处置是违法的？

A. 甲于当月6日上午10时前被送至看守所羁押

B. 甲涉嫌黑社会性质组织犯罪，因考虑通知家属有碍进一步侦查，决定暂不通知

C. 甲在当月6日被送至看守所之前，公安机关对其进行了讯问

D. 讯问后，发现甲依法需要逮捕，当月8日提请检察院审批

**27.** 关于附带民事诉讼案件诉讼程序中的保全措施，下列哪一说法是正确的？

A. 法院应当采取保全措施

B. 附带民事诉讼原告人和检察院都可以申请法院采取保全措施

C. 采取保全措施，不受《民事诉讼法》规定的限制

D. 财产保全的范围不限于犯罪嫌疑人、被告人的财产或与本案有关的财产

**28.** 下列哪一选项属于刑事诉讼中适用中止审理的情形？

A. 由于申请回避而不能进行审判的

B. 需要重新鉴定的

C. 被告人患有严重疾病，长时间无法出庭的

D. 检察人员发现提起公诉的案件需要补充侦查，提出建议的

**29.** 下列哪一情形不得适用简易程序？

A. 未成年人案件

B. 共同犯罪案件

C. 有重大社会影响的案件

D. 被告人没有辩护人的案件

**30.** 关于死刑复核程序，下列哪一选项是正确的？

A. 最高法院复核死刑案件，可以不讯问被告人

B. 最高法院复核死刑案件，应当听取辩护律师的意见

C. 在复核死刑案件过程中，最高检察院应当向最高法院提出意见

D. 最高法院应当将死刑复核结果通报最高检察院

**31.** 关于审判监督程序，下列哪一选项是正确的？

A. 对于原判决事实不清楚或者证据不足的，应当指令下级法院再审

B. 上级法院指令下级法院再审的，应当指令原审法院以外的下级法院审理；由原审法院审理更为适宜的，也可以指令原审法院审理

C. 不论是否属于由检察院提起抗诉的再审案件，逮捕由检察院决定

D. 法院按照审判监督程序审判的案件，应当决定中止原判决、裁定的执行

**32.** 关于附条件不起诉，下列哪一说法是错误的？

A. 只适用于未成年人案件

B. 应当征得公安机关、被害人的同意

C. 未成年犯罪嫌疑人及其法定代理人对附条件不起诉有异议的应当起诉

D. 有悔罪表现时，才可以附条件不起诉

**33.** 对于适用当事人和解的公诉案件诉讼程序而达成和解协议的案件，下列哪一做法是错误的？

A. 公安机关可以撤销案件

B. 检察院可以向法院提出从宽处罚的建议

C. 对于犯罪情节轻微，不需要判处刑罚的，检察院可以不起诉

D. 法院可以依法对被告人从宽处罚

**34.** 关于犯罪嫌疑人、被告人逃匿、死亡案件违法所得的没收程序，下列哪一说法是正确的？

A. 贪污贿赂犯罪案件的犯罪嫌疑人潜逃，通缉1年后不能到案的，依照《刑法》规定应当追缴其违法所得及其他涉案财产的，公安机关可以向法院提出没收违法所得的申请

B. 在A选项所列情形下，检察院可以向法院提出没收违法所得的申请

C. 没收违法所得及其他涉案财产的申请，由犯罪地的基层法院组成合议庭进行审理

D. 没收违法所得案件审理中，在逃犯罪嫌疑人被抓获的，法院应当中止审理

**35.** 关于侦查程序中的辩护权保障和情况告知，下列哪一选项是正确的？

A. 辩护律师提出要求的，侦查机关可以听取辩护律师的意见，并记录在案

B. 辩护律师提出书面意见的，可以附卷

C. 侦查终结移送审查起诉时，将案件移送情况告知犯罪嫌疑人或者其辩护律师

D. 侦查终结移送审查起诉时，将案件移送情况告知犯罪嫌疑人及其辩护律师

**36.** 关于补强证据，下列哪一说法是正确的？

A. 应当具有证据能力

B. 可以和被补强证据来源相同

C. 对整个待证事实有证明作用

D. 应当是物证或者书证

**37.** 关于证人证言的收集程序和方式存在瑕疵，经补正或者作出合理解释后，可以作为证据使用的情形，下列哪一选项是正确的？

A. 询问证人时没有个别进行的

B. 询问笔录反映出在同一时间内，同一询问人员询问不同证人的

C. 询问聋哑人时应当提供翻译而未提供的

D. 没有经证人核对确认并签名（盖章）、捺指印的

**38.** 关于公务员录用的做法，下列哪一选项是正确的？

A. 县公安局经市公安局批准，简化程序录用一名特殊职位的公务员

B. 区财政局录用一名曾被开除过公职但业务和能力优秀的人为公务员

C. 市生态环境局以新录用的公务员李某试用期满不合格为由，决定取消录用

D. 国务院卫生行政部门规定公务员录用体检项目和标准，报中央公务员主管部门备案

**39.** 根据行政法规规定，县级以上地方各级政府机构编制管理机关应当评估行政机构和编制的执行情况。关于此评估，下列哪一说法是正确的？

A. 评估应当定期进行

B. 评估具体办法由国务院制定

C. 评估结果是调整机构编制的直接依据

D. 评估同样适用于国务院行政机构和编制的调整

**40.** 经王某请求，国家专利复审机构宣告授予李某的专利权无效，并于 2011 年 5 月 20 日向李某送达决定书。6 月 10 日李某因交通意外死亡。李某妻子不服决定，向法院提起行政诉讼。下列哪一说法是正确的？

A. 李某妻子应以李某代理人身份起诉

B. 法院应当通知王某作为第三人参加诉讼

C. 本案原告的起诉期限为 60 日

D. 本案原告应先申请行政复议再起诉

**41.** 经传唤调查，某区公安分局以散布谣言，谎报险情为由，决定对孙某处以 10 日行政拘留，并处 500 元罚款。下列哪一选项是正确的？

A. 传唤孙某时，某区公安分局应当将传唤的原因和依据告知孙某

B. 传唤后对孙某的询问查证时间不得超过 48 小时

C. 孙某对处罚决定不服申请行政复议，应向市公安局申请

D. 如孙某对处罚决定不服直接起诉的，应暂缓执行行政拘留的处罚决定

**42.** 某市市场监督管理局发现一公司生产劣质产品，查封了公司的生产厂房和设备，之后决定没收全部劣质产品、罚款 10 万元。该公司逾期不缴纳罚款。下列哪一选项是错误的？

A. 实施查封时应制作现场笔录

B. 对公司的处罚不能适用简易程序

C. 对公司逾期缴纳罚款，市场监督管理局可以每日按罚款数额的 3%加处罚款

D. 市场监督管理局可以通知该公司的开户银行划拨其存款

**43.** 国务院某部对一企业作出罚款 50 万元的处罚。该企业不服，向该部申请行政复议。下列哪一说法是正确的？

A. 在行政复议中，不应对罚款决定的适当性进行审查

B. 企业委托代理人参加行政复议的，可以口头委托

C. 如在复议过程中企业撤回复议的，即不得再以同一事实和理由提出复议申请

D. 如企业对复议决定不服向国务院申请裁决，企业对国务院的裁决不服向法院起诉的，法院不予受理

**44.** 县公安局以李某涉嫌盗窃为由将其刑事拘留，并经县检察院批准逮捕。县法院判处李某有期徒刑 5 年。李某上诉，市中级法院改判李某无罪。李某向赔偿义务机关申请国家赔偿。下列哪一说法是正确的？

A. 县检察院为赔偿义务机关

B. 李某申请国家赔偿前应先申请确认刑事拘留和逮捕行为违法

C. 李某请求国家赔偿的时效自羁押行为被确认为违法之日起计算

D. 赔偿义务机关可以与李某就赔偿方式进行协商

**45.** 《刑法》第 246 条规定："以暴力或者其他方法公然侮辱他人或者捏造事实诽谤他人，情节严重的，处三年以下有期徒刑、拘役、管制或者剥夺政治权利。"关于本条的理解，下列哪些选项是正确的？

A. "以暴力或者其他方法"属于客观的构成要件要素

B. "他人"属于记述的构成要件要素

C. "侮辱""诽谤"属于规范的构成要件要素

D. "三年以下有期徒刑、拘役、管制或者剥夺政治权利"属于相对确定的法定刑

**46.** 下列哪些案件不构成过失犯罪？

A. 老师因学生不守课堂纪律，将其赶出教室，学生跳楼自杀

B. 汽车修理工恶作剧，将高压气泵塞入同事肛门充气，致其肠道、内脏严重破损

C. 路人见义勇为追赶小偷，小偷跳河游往对岸，路人见状离去，小偷突然抽筋溺毙

D. 邻居看见 6 楼儿童马上要从阳台摔下，遂伸手去接，因未能接牢，儿童摔成重伤

**47.** 因乙移情别恋，甲将硫酸倒入水杯带到学校欲报复乙。课间，甲、乙激烈争吵，甲欲以硫酸泼乙，但情急之下未能拧开杯盖，后甲因追乙离开教室。丙到教室，误将甲的水杯当作自己的杯子，拧开杯盖时硫酸淋洒一身，灼成重伤。关于本案，下列哪些选项是错误的？

A. 甲未能拧开杯盖，其行为属于不可罚的不能犯

B. 对丙的重伤，甲构成过失致人重伤罪

C. 甲的行为和丙的重伤之间没有因果关系

D. 甲对丙的重伤没有故意、过失，不需要承担刑事责任

**48.** 关于犯罪停止形态的论述，下列哪些选项是正确的？

A. 甲（总经理）召开公司会议，商定逃税。甲指使财务人员黄某将 1 笔 500 万元的收入在申报时予以隐瞒，但后来黄某又向税务机关如实申报，缴纳应缴税款。单位属于犯罪未遂，黄某属于犯罪中止

B. 乙抢夺邹某现金20万元，后发现全部是假币。乙构成抢夺罪既遂

C. 丙以出卖为目的，偷盗婴儿后，惧怕承担刑事责任，又将婴儿送回原处。丙构成拐卖儿童罪既遂，不构成犯罪中止

D. 丁对仇人胡某连开数枪均未打中，胡某受惊心脏病突发死亡。丁成立故意杀人罪既遂

**49.** 下列哪些选项中的双方行为人构成共同犯罪？

A. 甲见卖淫秽影碟的小贩可怜，给小贩1000元，买下200张淫秽影碟

B. 乙明知赵某已结婚，仍与其领取结婚证

C. 丙送给国家工作人员10万元钱，托其将儿子录用为公务员

D. 丁帮助组织卖淫的王某招募、运送卖淫女

**50.** 关于禁止令，下列哪些选项是错误的？

A. 甲因盗掘古墓葬罪被判刑7年，在执行5年后被假释，法院裁定假释时，可对甲宣告禁止令

B. 乙犯合同诈骗罪被判处缓刑，因附带民事赔偿义务尚未履行，法院可在禁止令中禁止其进入高档饭店消费

C. 丙因在公共厕所猥亵儿童被判处缓刑，法院可同时宣告禁止其进入公共厕所

D. 丁被判处管制，同时被禁止接触同案犯，禁止令的期限应从管制执行完毕之日起计算

**51.** 下列哪些选项不构成立功？

A. 甲是唯一知晓同案犯裴某手机号的人，其主动供述裴某手机号，侦查机关据此采用技术侦查手段将裴某抓获

B. 乙因购买境外人士赵某的海洛因被抓获后，按司法机关要求向赵某发短信“报平安”，并表示还要购买毒品，赵某因此未离境，等待乙时被抓获

C. 丙被抓获后，通过律师转告其父想办法协助司法机关抓捕同案犯，丙父最终找到同案犯藏匿地点，协助侦查机关将其抓获

D. 丁被抓获后，向侦查机关提供同案犯的体貌特征，同案犯由此被抓获

**52.** 警察甲为讨好妻弟乙，将公务用枪私自送乙把玩，丙乘乙在人前炫耀枪支时，偷取枪支送交派出所，揭发乙持枪的犯罪事实。关于本案，下列哪些选项是正确的？

A. 甲私自出借枪支，构成非法出借枪支罪

B. 乙非法持有枪支，构成非法持有枪支罪

C. 丙构成盗窃枪支罪

D. 丙揭发乙持枪的犯罪事实，构成刑法上的立功

**53.** 甲、乙等人佯装乘客登上长途车。甲用枪控制司机，令司机将车开到偏僻路段；乙等人用刀控制乘客，命乘客交出随身财物。一乘客反抗，被乙捅成重伤。财物到手下车时，甲打死司机。关于本案，下列哪些选项是正确的？

A. 甲等人劫持汽车，构成劫持汽车罪

B. 甲等人构成抢劫罪，属于在公共交通工具上抢劫

C. 乙重伤乘客，无需以故意伤害罪另行追究刑事责任

D. 甲开枪打死司机，需以故意杀人罪另行追究刑事责任

**54.** 关于刑讯逼供罪的认定，下列哪些选项是错误的？

A. 甲系机关保卫处长，采用多日不让小偷睡觉的方式，迫其承认偷盗事实。甲构成刑讯逼供罪

B. 乙系教师，受聘为法院人民陪审员，因庭审时被告人刘某气焰嚣张，乙气愤不过，一拳致其轻伤。乙不构成刑讯逼供罪

C. 丙系检察官，为逼取口供殴打犯罪嫌疑人郭某，致其重伤。对丙应以刑讯逼供罪论处

D. 丁系警察，讯问时佯装要实施酷刑，犯罪嫌疑人因害怕承认犯罪事实。丁构成刑讯逼供罪

**55.** ①纳税人逃税，经税务机关依法下达追缴通知后，补缴应纳税款，缴纳滞纳金，已受行政处罚的，一律不予追究刑事责任

②纳税人逃避追缴欠税，经税务机关依法下达追缴通知后，补缴应纳税款，缴纳滞纳金，已受行政处罚的，应减轻或者免除处罚

③纳税人以暴力方法拒不缴纳税款，后主动补缴应纳税款，缴纳滞纳金，已受行政处罚的，不予追究刑事责任

④扣缴义务人逃税，经税务机关依法下达追缴通知后，补缴应纳税款，缴纳滞纳金，已受行政处罚的，不予追究刑事责任

关于上述观点的正误判断，下列哪些选项是错误的？

A. 第①句正确，第②③④句错误

B. 第①②句正确，第③④句错误

C. 第①③句正确，第②④句错误

D. 第①②③句正确，第④句错误

**56.** 关于毒品犯罪的论述，下列哪些选项是错误的？

A. 非法买卖制毒物品的，无论数量多少，都应追究刑事责任

B. 缉毒警察掩护、包庇走私毒品的犯罪分子的，构成放纵走私罪

C. 强行给他人注射毒品，使人形成毒瘾的，应以故意伤害罪论处

D. 窝藏毒品犯罪所得的财物的，属于窝藏毒赃罪与掩饰、隐瞒犯罪所得罪的法条竞合，应以窝藏毒赃罪定罪处刑

**57.** 国家工作人员甲与民办小学教师乙是夫妻。甲、乙支出明显超过合法收入，差额达300万元。甲、乙拒绝说明财产来源。一审中，甲交代300万元系受贿所得，经查证属实。关于本案，下列哪些选项是正确的？

A. 甲构成受贿罪

B. 甲不构成巨额财产来源不明罪

C. 乙不构成巨额财产来源不明罪

D. 乙构成掩饰、隐瞒犯罪所得罪

**58.** 关于刑事诉讼的秩序价值的表述，下列哪些选项是正确的？

A. 通过惩罚犯罪维护社会秩序

B. 追究犯罪的活动必须是有序的

C. 刑事司法权的行使，必须受到刑事程序的规范

D. 效率越高，越有利于秩序的实现

**59.** 二审法院发现一审法院的审理违反《刑事诉讼法》关于公开审判、回避等规定的，应当裁定撤销原判、发回原审法院重新审判。关于该规定，下列哪些说法是正确的？

A. 体现了分工负责、互相配合、互相制约的原则

B. 体现了严格遵守法定程序原则的要求

C. 表明违反法定程序严重的，应当承担相应法律后果

D. 表明程序公正具有独立的价值

**60.** 关于拘传，下列哪些说法是正确的？

A. 对在现场发现的犯罪嫌疑人，经出示工作证件可以口头拘传，并在笔录中注明

B. 拘传持续的时间不得超过12小时

C. 案情特别重大、复杂，需要采取拘留、逮捕措施的，拘传持续的时间不得超过24小时

D. 对于被拘传的犯罪嫌疑人，可以连续讯问24小时

**61.** 在符合逮捕条件时，对下列哪些人员可以适用监视居住措施？

A. 甲患有严重疾病、生活不能自理

B. 乙正在哺乳自己婴儿

C. 丙系生活不能自理的人的唯一扶养人

D. 丁系聋哑人

**62.** 审理一起团伙犯罪案时，因涉及多个罪名和多名被告人、被害人，审判长为保障庭审秩序，提高效率，在法庭调查前告知控辩双方注意事项。下列哪些做法是错误的？

A. 公诉人和被告人仅就刑事部分进行辩论，被害人和被告人仅就附带民事部分进行辩论

B. 控辩双方仅在法庭辩论环节就证据的合法性、相关性问题进行辩论

C. 控辩双方可就证据问题、事实问题、程序问题以及法律适用问题进行辩论

D. 为保证控方和每名辩护人都有发言时间，控方和辩方发表辩论意见时间不超过30分钟

**63.** 关于对法庭审理中违反法庭秩序的人员可采取的措施，下列哪些选项是正确的？

A. 警告制止

B. 强行带出法庭

C. 只能在1000元以下处以罚款

D. 只能在10日以下处以拘留

**64.** 关于技术侦查，下列哪些说法是正确的？

A. 适用于严重危害社会的犯罪案件

B. 必须在立案后实施

C. 公安机关和检察院都有权决定并实施

D. 获得的材料需要经过转化才能在法庭上使用

**65.** 关于证人出庭作证，下列哪些说法是正确的？

A. 需要出庭作证的警察就其执行职务时目击的犯罪情况出庭作证，适用证人作证的规定

B. 警察就其非执行职务时目击的犯罪情况出庭作证，不适用证人作证的规定

C. 对了解案件情况的人，确有必要时，可以强制到庭作证

D. 证人没有正当理由拒绝出庭作证的，只有情节严重，才可以处以拘留，且拘留不可以超过10日

**66.** 《刑事诉讼法》规定，审判的时候被告人不满18周岁的案件，不公开审理。但是，经未成年被告人及其法定代理人同意，未成年被告人所在学校和未成年人保护组织可以派代表到场。关于该规定的理解，下列哪些说法是错误的？

A. 该规定意味着经未成年被告人及其法定代理人同意，可以公开审理

B. 未成年被告人所在学校和未成年人保护组织派代表到场是公开审理的特殊形式

C. 未成年被告人所在学校和未成年人保护组织经同意派代表到场是为了维护未成年被告人合法权益和对其进行教育

D. 未成年被告人所在学校和未成年人保护组织经同意派代表到场与审判的时候被告人不满18周岁的案件不公开审理并不矛盾

**67.** 关于犯罪记录封存的适用条件，下列哪些选项是正确的？

A. 犯罪的时候不满18周岁

B. 被判处5年有期徒刑以下刑罚

C. 初次犯罪

D. 没有受过其他处罚

**68.** 关于可以适用当事人和解的公诉案件诉讼程序的案件范围，下列哪些选项是正确的？

A. 交通肇事罪

B. 暴力干涉婚姻自由罪

C. 过失致人死亡罪

D. 刑讯逼供罪

**69.** 程序正当是行政法的基本原则。下列哪些选项是程序正当要求的体现？

A. 实施行政管理活动，注意听取公民、法人或其他组织的意见

B. 对因违法行政给当事人造成的损失主动进行赔偿

C. 严格在法律授权的范围内实施行政管理活动

D. 行政执法中要求与其管理事项有利害关系的公务员回避

**70.** 合理行政是依法行政的基本要求之一。下列哪些做法体现了合理行政的要求？

A. 行政机关在作出重要决定时充分听取公众的意见

B. 行政机关要平等对待行政管理相对人

C. 行政机关行使裁量权所采取的措施符合法律目的

D. 非因法定事由并经法定程序，行政机关不得撤销已生效的行政决定

**71.** 甲县宋某到乙县访亲，因醉酒被乙县公安局扣留 24 小时。宋某认为乙县公安局的行为违法，提起行政诉讼。下列哪些说法是正确的？

A. 扣留宋某的行为为行政处罚

B. 甲县法院对此案有管辖权

C. 乙县法院对此案有管辖权

D. 宋某的亲戚为本案的第三人

**72.** 某市场监督管理局以涉嫌非法销售汽车为由扣押某公司 5 辆汽车。下列哪些说法是错误的？

A. 市场监督管理局可以委托城管执法局实施扣押

B. 市场监督管理局扣押汽车的最长期限为 90 日

C. 对扣押车辆，市场监督管理局可以委托第三人保管

D. 对扣押车辆进行检测的费用，由某公司承担

**73.** 田某认为区人社局记载有关他的社会保障信息有误，要求更正，该局拒绝。田某向法院起诉。下列哪些说法是正确的？

A. 田某应先申请行政复议再向法院起诉

B. 区人社局应对拒绝更正的理由进行举证和说明

C. 田某应提供区人社局记载有关他的社会保障信息有误的事实根据

D. 法院应判决区人社局在一定期限内更正

**74.** 村民甲带领乙、丙等人，与造纸厂协商污染赔偿问题。因对提出的赔偿方案不满，甲、乙、丙等人阻止生产，将工人李某打伤。公安局接该厂厂长举报，经调查后决定对甲拘留 15 日、乙拘留 5 日，对其他人未作处罚。甲向法院提起行政诉讼，法院受理。下列哪些人员不能成为本案的第三人？

A. 丙　　　　B. 乙

C. 李某　　　　D. 造纸厂厂长

**75.** 区公安分局以涉嫌故意伤害罪为由将方某刑事拘留，区检察院批准对方某的逮捕。区法院判处方某有期徒刑 3 年，方某上诉。市中级法院以事实不清为由发回区法院重审。区法院重审后，判决方某无罪。判决生效后，方某请求国家赔偿。下列哪些说法是错误的？

A. 区检察院和区法院为共同赔偿义务机关

B. 区公安分局为赔偿义务机关

C. 方某应当先向区法院提出赔偿请求

D. 如区检察院在审查起诉阶段决定撤销案件，方某请求国家赔偿的，区检察院为赔偿义务机关

**76.** 规划局认定一公司所建房屋违反规划，向该公司发出《拆除所建房屋通知》，要求公司在 15 日内拆除房屋。到期后，该公司未拆除所建房屋，该局发出《关于限期拆除所建房屋的通知》，要求公司在 10 日内自动拆除，否则将依法强制执行。下列哪些说法是正确的？

A.《拆除所建房屋通知》与《关于限期拆除所建房屋的通知》性质不同

B.《关于限期拆除所建房屋的通知》系行政处罚

C. 公司可以对《拆除所建房屋通知》提起行政诉讼

D. 在作出《拆除所建房屋通知》时，规划局可以适用简易程序

**77.** 法院应当受理下列哪些对政府信息公开行为提起的诉讼？

A. 黄某要求市政府提供公开发行的 2010 年市政府公报，遭拒绝后向法院起诉

B. 某公司认为市场监督管理局向李某公开的政府信息侵犯其商业秘密向法院起诉

C. 村民申请乡政府公开财政收支信息，因乡政府拒绝公开向法院起诉

D. 甲市居民高某向乙市政府申请公开该市副市长的兼职情况，乙市政府以其不具有申请人资格为由拒绝公开，高某向法院起诉

**甲在国外旅游，见有人兜售高仿真人民币，用 1 万元换取 10 万元假币，将假币夹在书中寄回国内。（事实一）**

**赵氏调味品公司欲设加盟店，销售具有注册商标的赵氏调味品，派员工赵某物色合作者。甲知道自己不符加盟条件，仍找到赵某送其 2 万元真币和 10 万元假币，请其帮忙加盟事宜。赵某与甲签订开设加盟店的合作协议。（事实二）**

**甲加盟后，明知伪劣的“一滴香”调味品含有害非法添加剂，但因该产品畅销，便在“一滴香”上贴上赵氏调味品的注册商标私自出卖，前后共卖出5万多元“一滴香”。（事实三）**

**张某到加盟店欲批发1万元调味品，见甲态度不好表示不买了。甲对张某拳打脚踢，并说“涨价2000元，不付款休想走”。张某无奈付款1.2万元买下调味品。（事实四）**

**甲以银行定期存款4倍的高息放贷，很快赚了钱。随后，四处散发宣传单，声称为加盟店筹资，承诺3个月后还款并支付银行定期存款2倍的利息。甲从社会上筹得资金1000万，高利贷出，赚取息差。（事实五）**

**甲资金链断裂无法归还借款，但仍继续扩大宣传，又吸纳社会资金2000万，以后期借款归还前期借款。后因亏空巨大，甲将余款500万元交给其子，跳楼自杀。（事实六）**

**请回答第78—83题。**

**78.** 关于事实一的分析，下列选项正确的是：

A. 用1万元真币换取10万元假币，构成购买假币罪

B. 扣除甲的成本1万元，甲购买假币的数额为9万元

C. 在境外购买人民币假币，危害我国货币管理制度，应适用保护管辖原则审理本案

D. 将假币寄回国内，属于走私假币，构成走私假币罪

**79.** 关于事实二的定性，下列选项正确的是：

A. 甲将2万元真币送给赵某，构成行贿罪

B. 甲将10万假币冒充真币送给赵某，不构成诈骗罪

C. 赵某收受甲的财物，构成非国家工作人员受贿罪

D. 赵某被甲欺骗而订立合同，构成签订合同失职被骗罪

**80.** 关于事实三的定性，下列选项正确的是：

A. 在“一滴香”上擅自贴上赵氏调味品注册商标，构成假冒注册商标罪

B. 因“一滴香”含有害人体的添加剂，甲构成销售有毒、有害食品罪

C. 卖出5万多元“一滴香”，甲触犯销售伪劣产品罪

D. 对假冒注册商标行为与出售“一滴香”行为，应数罪并罚

**81.** 关于事实四甲的定性，下列选项正确的是：

A. 应以抢劫罪论处

B. 应以寻衅滋事罪论处

C. 应以敲诈勒索罪论处

D. 应以强迫交易罪论处

**82.** 关于事实五的定性，下列选项正确的是：

A. 以同期银行定期存款4倍的高息放贷，构成非法经营罪

B. 甲虽然虚构事实吸纳巨额资金，但不构成诈骗罪

C. 甲非法吸纳资金，构成非法吸收公众存款罪

D. 对甲应以非法经营罪和非法吸收公众存款罪进行数罪并罚

**83.** 关于事实六的定性，下列选项正确的是：

A. 甲以非法占有为目的，非法吸纳资金，构成集资诈骗罪

B. 甲集资诈骗的数额为2000万元

C. 根据《刑法》规定，集资诈骗数额特别巨大的，可判处死刑

D. 甲已死亡，导致刑罚消灭，法院对余款500万元不能进行追缴

**侦查措施是查明案件事实的手段，与公民的权利保障密切相关。**

**请回答第84—86题。**

**84.** 关于讯问犯罪嫌疑人的地点，下列选项正确的是：

A. 对不需要逮捕、拘留的犯罪嫌疑人，可以传唤到犯罪嫌疑人所在市、县的公安局进行讯问

B. 对不需要逮捕、拘留的犯罪嫌疑人，可以传唤到犯罪嫌疑人所在市、县的公司内进行讯问

C. 对于已经被逮捕羁押的犯罪嫌疑人，应当在看守所内进行讯问

D. 犯罪现场发现的犯罪嫌疑人，可以当场口头传唤，但须出示工作证并在讯问笔录中注明

**85.** 关于询问被害人，下列选项正确的是：

A. 侦查人员可以在现场进行询问

B. 侦查人员可以在指定的地点进行询问

C. 侦查人员可以通知被害人到侦查机关接受询问

D. 询问笔录应当交被害人核对，如记载有遗漏或者差错，被害人可以提出补充或者改正

**86.** 关于查封、扣押措施，下列选项正确的是：

A. 查封、扣押犯罪嫌疑人与案件有关的各种财物、文件只能在勘验、搜查中实施

B. 根据侦查犯罪的需要，可以依照规定扣押犯罪嫌疑人的存款、汇款、债券、股票、基金份额等财产

C. 侦查人员认为需要扣押犯罪嫌疑人的邮件、电报的时候，可通知邮电机关将有关的邮件、电报检交扣押

D. 对于查封、扣押的财物、文件、邮件、电报，经查明确实与案件无关的，应当在3日以内解除查封、扣押，予以退还

**犯罪嫌疑人刘某涉嫌故意杀人被公安机关立案侦查。在侦查过程中，侦查人员发现刘某行为异常。经鉴定，刘某属于依法不负刑事责任的精神病人，需要对其实施强制医疗。**

**请回答第87—88题。**

**87.** 关于有权启动强制医疗程序的主体，下列选项正确的是：

A. 公安机关

B. 检察院

C. 法院

D. 刘某的监护人、法定代理人以及受害人

**88.** 法院审理刘某强制医疗一案，下列做法不符合法律规定的是：

A. 由审判员和人民陪审员共3人组成合议庭

B. 鉴于刘某自愿放弃委托诉讼代理人，法院只通知了刘某的法定代理人到场

C. 法院认为刘某符合强制医疗的条件，依法对刘某作出强制医疗的裁定

D. 本案受害人不服法院对刘某强制医疗裁定，可申请检察院依法提起抗诉

**89.** 某交通局在检查中发现张某所驾驶货车无道路运输证，遂扣留了张某驾驶证和车载货物，要求张某缴纳罚款1万元。张某拒绝缴纳，交通局将车载货物拍卖抵缴罚款。下列说法正确的有：

A. 扣留驾驶证的行为为行政强制措施

B. 扣留车载货物的行为为行政强制措施

C. 拍卖车载货物的行为为行政强制措施

D. 拍卖车载货物的行为为行政强制执行

**90.** 廖某在监狱服刑，因监狱管理人员放纵被同室服刑人员殴打，致一条腿伤残。廖某经6个月治疗，部分丧失劳动能力，申请国家赔偿。下列属于国家赔偿范围的有：

A. 医疗费

B. 残疾生活辅助具费

C. 残疾赔偿金

D. 廖某扶养的无劳动能力人的生活费

## 参考答案与解析

**1. A。**《刑法》第48条第1款的规定："死刑只适用于罪行极其严重的犯罪分子。对于应当判处死刑的犯罪分子，如果不是必须立即执行的，可以判处死刑同时宣告缓期二年执行。"由此可见，《刑法》对死刑的适用条件作出了明确的限制，即"罪行极其严重"。因此，A正确。我国《刑法》贯彻保留死刑、坚决少杀、防止错杀的政策，适用死刑必须非常慎重，把判处死刑立即执行的范围缩小到最低限度，不能仅仅为了法律的权威、威慑力或者纯粹依赖民意判处死刑。因此BCD错误。综上，本题正确答案为A。

**2. C。**《刑法》第3条规定："法律明文规定为犯罪行为的，依照法律定罪处刑；法律没有明文规定为犯罪行为的，不得定罪处刑。"罪刑法定原则有以下派生原则：成文法主义、禁止类推、禁止绝对不定期刑、禁止重法溯及既往、刑法的明确性。禁止类推是严格的罪刑法定原则所要求的，排斥习惯法是成文法主义所要求的。因此，③的说法是错误的。罪刑法定原则是立法者、法官、司法者和侦查人员都必须遵守的，因此①②的说法是错误的。虽然罪刑法定原则禁止重法溯及既往，但是并不禁止有利于被告人的事后法，所以④的说法是正确的。综上，本题正确答案为C。

**3. C。**不作为是相对于作为而言的，指行为人负有实施某种积极行为的特定的法律义务，并且能够实行而不实行的行为。不作为可以概括为六个字：应为、能为、不为。所谓"应为"主要是指不作为犯罪的义务来源，主要包括以下四个方面：(1) 法律明文规定的积极作为义务；(2) 职业或者业务要求的作为义务；(3) 法律行为引起的积极作为义务；(4) 先行行为引起的积极作为义务。需要注意的是，仅仅是道德上的义务不能作为不作为犯罪的义务来源。A中，甲没有积极救助武某的作为义务，B中乙亦不存在作为义务，因此A和B均不构成不作为犯罪，不选。我国刑法界的通说认为先行行为只要足以产生某种危险，就可以成为不作为犯罪的义务来源。D中，虽然丁邀秦某到风景区漂流，但是这一行为本身并不会产生足够的危险，丁不存在作为义务，因此不构成不作为犯罪，D错误。C中，丙的泳技良好，贺某不善游泳，但是丙出于炫耀的目的，擅自将贺某拉到深水区教其游泳，这一先行行为足以使贺某的生命遭受危险。因此，当贺某溺水，丙在有能力救助的情况下而不救助的行为构成不作为犯罪，C正确。

**4. D。**故意与过失是我国《刑法》规定的两种罪过形式，这也是历年考试的重点之一。《刑法》第14条规定，犯罪故意，是指行为人明知自己的行为会发生危害社会的结果，并且希望或者放任这种结果发生的主观心理态度。需要注意的是，应当严格区分犯罪故意与一般生活意义上的"故意"，后者只是表明行为人有意识地实施某种行为，但不具有上述犯罪故意的内容。A中围观者单纯大喊"怎么还不跳"的做法即属于一般生活意义上的"故意"，不具有犯罪故意的内容，A错误。《刑法》第15条规定，犯罪过失，是指行为人应当预见自己的行为可能发生危害

社会的结果，因为疏忽大意而没有预见，或者已经预见而轻信能够避免，以致发生了危害社会的结果的主观心理态度。B 的司机并非故意想把行人撞死，而是急于回家，认为闯红灯不会产生危害社会的后果，从而导致结果的发生，属于过失犯罪，B 错误。C 中，行为人之所以与被害人发生性关系，是因为被害人与行为人的妻子是孪生姐妹，而且被害人处于熟睡之中，行为人并不知道自己所实施的行为不合法，会产生危害后果，因此也不能构成故意犯罪，C 错误。D 中，明知他人在自己家中吸毒，而采取放任的态度，构成容留他人吸毒罪，属于故意犯罪，D 正确。综上，本题正确答案为 D。

**5. C**。刑法中的因果关系是指危害行为与危害结果之间的引起与被引起的关系。因果关系属于犯罪构成中客观构成要件要素，属于客观事实。目前关于因果关系的通说是“条件说”，根据“条件说”，如果甲没有与崔某发生争吵，没有攻击其肩部及屁股，则崔某的死亡结果就不会发生，二者之间形成了“没有前者，就没有后者”的条件关系，因此，二者之间存在因果关系。C 正确。但是有因果关系不等同于构成犯罪或需要追究刑事责任。甲并没有伤害崔某的故意，因此不构成故意伤害罪，A 错误。由于甲与崔某素不相识，甲对崔某本身的特殊体质不可能知悉，因此也无法预见自己的行为会导致崔某死亡的结果，D 的说法也是错误的。甲的行为在客观上造成了崔某死亡的结果，但不是出于故意或者过失，而是由于不能预见的原因所引起的，所以甲的行为应认定为意外事件，B 错误。

**6. B**。《刑法》第 20 条第 1 款规定，为了使国家、公共利益、本人或者他人的人身、财产和其他权利免受正在进行的不法侵害，而采取的制止不法侵害的行为，对不法侵害人造成损害的，属于正当防卫，不负刑事责任。由此可见，成立正当防卫必须满足如下条件：（1）起因条件：正当防卫的起因必须是具有客观存在的不法侵害；（2）时间条件：不法侵害正在进行；（3）主观条件：具有防卫意识；（4）对象条件：针对不法侵害人本人实施；（5）限度条件：没有明显超过必要限度。A 中罪犯顾某的不法侵害行为已经结束，顾某之所以激烈反抗是出于自保的本能，因此不存在防卫的前提条件，甲的行为不成立正当防卫，A 错误。B 中齐某已经取得财物，犯罪行为已经结束，因此不成立正当防卫，B 正确。C 中不法侵害并未对合法权益造成紧迫性的侵害，因此不具备正当防卫的时间条件，C 错误。D 中丁虽然是为了保护国家利益，但是不存在时间的紧迫性，同时超过了防卫的限度，因此丁也不成立正当防卫，D 错误。

**7. B**。《刑法》第 24 条规定，犯罪中止是指犯罪分子在实施犯罪过程中，自动放弃犯罪或者自动有效地防止犯罪结果的发生。本案中，甲在主观上是出于杀死乙的故意，并且已经着手实施杀乙的行为，在拿刀刺死乙的过程中，虽然刺第三刀时刀柄折断，但此时乙已经受伤，如果甲想继续杀乙的话，完全可以继续实施其他杀死乙的行为。但是甲选择了放弃，因此，甲不成立故意杀人未遂。A 错误。甲主观上放弃了继续杀乙的想法，并将乙送往医院，经过治疗，乙的生命得以保全，即甲有效地防止了危害结果的发生。因此，甲的行为构成故意杀人罪的中止犯。故 B 正确。

**8. D**。本题涉及共同犯罪的认定是坚持共犯的极端从属性理论还是限制从属性理论问题。对于这一问题，各方争议较大。通说认为，利用未达到刑事责任年龄的人实施犯罪，并非一概认定为间接正犯，当被利用者有一定辨认能力时为共犯，否则为间接正犯。具体到本案，16 周岁的乙应 15 周岁的甲的要求参与抢夺作接应，在这种情形下，应认为乙与甲成立共同犯罪。由于甲没有达到刑事责任年龄，不符合犯罪的主体条件，对甲不能以抢夺罪定罪量刑。因此 ABC 正确。甲、乙通过抢夺的方式已经将被害人的手提包据为己有，犯罪过程已经结束，已构成抢夺罪既遂。乙虽然由于害怕将手提包扔在草丛中，但这是对赃物的处理行为，不是犯罪过程中的主动放弃行为，因此不能成立抢夺罪的中止犯。所以 D 错误。综上，本题为选非题，正确答案为 D。

**9. B**。承继的共同犯罪，指先行为人已实施一部分实行行为后，后行为人以共同犯罪的意思参与实行或提供帮助。此时，后行为人就参与后的行为与先行为人构成共同犯罪，但对参与之前的先行为人的行为及其结果是否应承担责任，存在争议。目前学界通说是肯定说，即根据“部分实行全部承担”的原则后行为人要对犯罪的全部后果承担责任，即不能只承担自己实行行为部分所造成的后果。但是对于加重结果的承担，目前学界通说认为后加入的人对于先行为的加重结果不负责。具体到 A 所述情形，甲已经将陶某打成重伤，张某是临时加入抢劫的，所以重伤属于加重结果，张某无须对陶某的重伤结果负责，所以 A 错误。乙明知道黄某实施犯罪行为，仍为其提供帮助，帮助其完成犯罪行为，因此二人成立共同犯罪。所以 B 正确。丙购买他人盗窃得来的汽车，系明知是犯罪所得的赃物而予以购买，符合《刑法》第 312 条规定，构成掩饰、隐瞒犯罪所得罪。因此，丙与李某不存在共犯关系，C 错误。《刑法》第 396 条第 1 款规定，国家机关、国有公司、企业、事业单位、人民团体，违反国家规定，以单位名义将国有资产集体私分给个人，数额较大的，构成私分国有资产罪。因此丁和职工之间不存在共犯关系，D 错误。

**10. D**。《刑法》第 69 条第 1 款规定：“判决宣告以前一人犯数罪的，除判处死刑和无期徒刑的以外，应当在总和刑期以下、数刑中最高刑期以上，酌情决定执行的刑期，但是管制最高不能超过三年，拘役最高不能超过一年，有期徒刑总和刑期不满三十五年的，最高不能超过二十年，总和刑期在三十五年以上的，最高不能超过二十五年。”根据该条规定，本案中，甲犯三种罪，有期徒刑总和刑期为39年（超过了35年），数刑中最高刑期为15年，因此决定执行的刑期应当在15年以上25年以下。因此，A错误。同时，该条第3款规定：“数罪中有判处附加刑的，附加刑仍须执行，其中附加刑种类相同的，合并执行，种类不同的，分别执行。”本案中，甲因走私武器被剥夺政治权利5年；因组织他人偷越国境被并处没收财产5万元，剥夺政治权利3年；因骗取出口退税被并处罚金20万元，共涉及没收财产、罚金、剥夺政治权利三种附加刑。这些附加刑应当执行，剥夺政治权利应当合并执行，因此，除了主刑之外，甲还应被判处没收财产5万元，罚金20万元，剥夺政治权利8年。因此D正确，C错误。没收财产和罚金是不同种类的附加刑，应分别执行。因此，B错误。综上，本题正确答案为D。

**11. C**。甲作为海关工作人员，在境外履行公务期间叛逃，拒不回国，符合《刑法》第109条规定，构成叛逃罪。同时，甲为了寻求庇护，将自己所掌握的国家秘密擅自提供给某国难民署，而这些秘密是我国从未对外公布且影响我国经济安全的海关数据，严重危及我国的国家安全，符合《刑法》第111条规定，构成为境外非法提供国家秘密、情报罪。因此，AB正确。由于甲实施的两个行为是独立的行为，并没有牵连关系，因此应当数罪并罚，因此C的说法是错误。《刑法》第56条第1款规定：“对于危害国家安全的犯罪分子应当附加剥夺政治权利；对于故意杀人、强奸、放火、爆炸、投毒、抢劫等严重破坏社会秩序的犯罪分子，可以附加剥夺政治权利。”因此，即使《刑法》分则对叛逃罪未规定剥夺政治权利，也应对甲附加剥夺政治权利。所以D正确。综上，本题为选非题，正确答案为C。

**12. B**。A中，甲的行为构成交通肇事罪，A错误。B中，乙驾驶越野车在道路上横冲直撞，从主观上乙是出于故意的心态，而该行为已经危及不特定多数人的生命安全，属于以驾驶机动车辆撞人的危险方法，撞翻他人汽车并致2人死亡的重大伤亡事故，构成以危险方法危害公共安全罪，B正确。C中，根据《刑法》第133条之一的规定，在道路上驾驶机动车追逐竞驶，情节恶劣，或者在道路上醉酒驾驶机动车的行为，构成危险驾驶罪。丙醉酒后驾车，构成危险驾驶罪。但是由于丙违反交通法规，酒后驾车，致使发生重大交通事故，又构成交通肇事罪，属于想象竞合犯，择一重罪论处，应以交通肇事罪定罪处罚，C错误。D中，丁在繁华路段飙车，致使2名老妇受到惊吓致心脏病发作而死，属于在道路上驾驶机动车追逐竞驶的行为，构成危险驾驶罪，D错误。综上，本题正确答案为B。

**13. D**。AB均涉及转化犯的问题，即某一较轻的罪行因具有特定情形而转化为较重之罪，既不以原行为性质定罪也不实行数罪并罚。《刑法》第248条规定，监狱监管人员对被监管人进行殴打或者体罚虐待，情节严重的，构成虐待被监管人罪；致人伤残、死亡的，依照故意伤害罪或故意杀人罪从重处罚。A中监管人员的殴打行为，已经导致被监管人骨折，因此应依照故意伤害罪从重处罚。因此，A错误。《刑法》第238条第2款规定，非法拘禁他人，使用暴力致人伤残、死亡的，以故意伤害罪或故意杀人罪定罪处罚。非法拘禁罪转化为故意伤害罪的前提是在非法拘禁的过程中对被害人使用暴力并导致被害人伤残的结果。B中的行为即符合转化的条件，应以故意伤害罪论处，B错误。《刑法》第234条之一第2款规定，未经本人同意摘取其器官，或者摘取不满18周岁的人的器官，或者强迫、欺骗他人捐献器官的，依照故意伤害罪、故意杀人罪定罪处罚。C中被摘除器官的人是不满18周岁的人，因此应以故意伤害罪论处，C错误。D中，因违帮规，黑社会成员承诺并同意截断自己的1截小指头，由于其对被侵害的权益有处分权，因此排除犯罪成立，不成立故意伤害罪，D正确。综上，本题正确答案为D。

【陷阱提示】本题看似简单，却存在诸多陷阱。AB两项都应成立故意伤害罪，因为都存在致被害人骨折的情形，符合法律规定的转化情形。C中涉及组织出卖人体器官罪的问题，如果是未经同意或者被摘除器官的人不满18周岁或者强迫、欺骗他人捐献器官的，则构成故意伤害罪。该题考核的内容比较细化，需要考生在平时复习的时候，更加用心和仔细。

**14. C**。强奸罪是指违背妇女意志，以暴力、胁迫或者其他手段强行与妇女发生性关系的行为。卖淫女属于妇女的范畴，其有权决定是否发生性关系。如果违背其意志，与之强行发生关系，则成立强奸罪。因此A正确。强迫劳动罪是指以暴力、威胁或者限制人身自由的方法强迫他人劳动的行为。因此，B中强迫他人在采石场劳动的行为构成强迫劳动罪，该选项是正确的。《刑法》第244条之一规定，雇用童工从事危重劳动罪是指违反劳动管理法规，雇用未满16周岁的未成年人从事超强度体力劳动的，或者从事高空、井下作业的，或者在爆炸性、易燃性、放射性、毒害性等危险环境下从事劳动，情节严重的行为。因此C错误，当选。拐卖妇女、儿童罪是指以出卖为目的，有拐骗、绑架、收买、贩卖、接送、中转妇女、儿童的行为之一的。捡拾流浪儿童后又出卖的，符合拐卖儿童罪的犯罪构成，应成立拐卖儿童罪，所以D正确。综上，本题为选非题，正确答案为C。

**15. A**。区分盗窃罪与侵占罪的关键，在于判断作为犯罪对象的财物是否脱离占有以及由谁占有。侵占罪的特点是将自己占有的财产不法转变为所有，因此，只要某种占有具有被处分的可能性，便属于侵占罪中的代为保管，即占有。从客观上说，占有是指事实上的支配，不仅包括物理支配范围内的支配，而且包括社会观念上可以推知财物的支配人的状态。A 中顾客送到干洗店的衣服，对于放在衣服中的钱财，甲作为老板处于代为保管的状态。甲将钱款据为己有的行为构成侵占罪，A 正确。B 中乙利用职务便利，将公司应收货款据为己有的行为，构成职务侵占罪，而非侵占罪，因此 B 错误。C 中掉在飞机座位底下的钱包是乘客遗忘的，应当推定为由航空公司的机组成员保管，等待乘客认领，因此丙的行为构成盗窃罪，所以 C 错误。D 中客人将礼品寄存在前台让朋友自取，实际上和宾馆形成了保管关系，宾馆是礼品的实际占有者，而丁作为前台的服务员，是宾馆的工作人员，利用职务之便将该礼品据为己有，成立职务侵占罪。因此 D 错误。综上，本题正确答案为 A。

**16. C**。《刑法》第 310 条第 1 款规定："明知是犯罪的人而为其提供隐藏处所、财物，帮助其逃匿或者作假证明包庇的，处三年以下有期徒刑、拘役或者管制；情节严重的，处三年以上十年以下有期徒刑。"本罪为选择性罪名，所谓窝藏，是指为犯罪的人提供隐藏处所、财物，帮助其逃匿的行为。这种行为的特点是使司法机关不能或者难以发现犯罪的人，因此，除提供隐藏处所、财物外，向犯罪的人通报侦查或追捕的动静、向犯罪的人提供化装的用具等，也属于帮助其逃匿的行为。A 中甲的行为即构成窝藏罪，因此是错误的。所谓包庇，限于向司法机关提供虚假证明掩盖真正的犯罪事实，帮助犯罪的人逃避法律追究，比如作假证明表示犯罪人不在犯罪现场等。C 中，甲为了使乙逃避法律追究，编造乙、丙是恋人，因乙另有新欢遭丙报案诬陷的事实，意在帮助乙逃避法律追究，符合包庇罪的构成要件，因此 C 正确。BD 均不符合包庇罪的构成要件，是错误的。综上，本题正确答案为 C。

**17. D**。《最高人民法院关于审理挪用公款案件具体应用法律若干问题的解释》第 8 条规定："挪用公款给他人使用，使用人与挪用人共谋，指使或者参与策划取得挪用款的，以挪用公款罪的共犯定罪处罚。"显然，该解释中的"使用人"既可以是国家工作人员，也可以是非国家工作人员。在挪用公款给非国家工作人员使用的情况下，应成立挪用公款罪的共犯。因此，A 正确。同时该解释第 7 条第 1 款规定，因挪用公款索取、收受贿赂构成犯罪的，依照数罪并罚的规定处罚。因此 D 错误，当选。乙虽 20 日后主动归还 10 万元，但是挪用公款的行为已经完成，构成既遂。乙主动归还的行为仅是积极退赃的行为。所以 B 正确。乙作为国家工作人员，非法收受他人钱财，为他人谋取利益的行为，成立受贿罪，因此 C 正确。综上，本题为选非题，正确答案为 D。

**18. C**。根据《刑法》第 399 条第 3 款的规定，法官在执行判决、裁定活动中，严重不负责任，不履行法定执行职责，致使当事人利益遭受重大损失的，构成执行判决、裁定失职罪。因此，A 错误。《刑法》第 400 条第 2 款规定，司法工作人员由于严重不负责任，致使在押的犯罪嫌疑人、被告人或者罪犯脱逃，造成严重后果的，构成失职致使在押人员脱逃罪。因此，B 错误。值班警察严重不负责任，延迟出警，致使被害人被杀、歹徒逃走，使人民利益遭受重大损失，构成玩忽职守罪。因此，C 正确。《刑法》第 406 条规定，国家机关工作人员在签订、履行合同过程中，因严重不负责任被诈骗，致使国家利益遭受重大损失的，构成国家机关工作人员签订、履行合同失职被骗罪。因此，D 中的市政府基建负责人构成该罪，而不是玩忽职守罪。综上，本题正确答案为 C。

**19. A**。本题主要考查对刑事诉讼的基本理念的理解。我国刑事诉讼主要有三大基本理念：（1）惩罚犯罪与保障人权；（2）实体公正与程序公正；（3）诉讼效率和司法公正。《刑事诉讼法》将"尊重和保障人权"写入了刑事诉讼法的任务中，体现了立法者对刑事诉讼中保障人权的重视。题干中内容为《刑事诉讼法》的任务之一，即保障公民的各项合法权益，体现出国家坚持以人为本，充分尊重和保障人权的理念。A 正确。犯罪嫌疑人、被告人权利至上错误，其权利与义务应为对等关系。实体公正和程序公正主要是指结果和过程的公正，与题意不符。公正与效率理念也与题意不符。综上，本题正确答案为 A。

**20. A**。本题主要考查对社会主义法治理念和刑事诉讼基本理念的理解。我国社会主义法治理念的基本内涵，集中概括为"依法治国、执法为民、公平正义、服务大局、党的领导"五个方面。刑事诉讼三大基本理念为：（1）惩罚犯罪与保障人权；（2）实体公正与程序公正；（3）诉讼效率和司法公正。其中公平与正义是两大理念所共同追求的价值，我国司法和其他社会纠纷解决手段都担负着实现公平正义的责任，但司法是解决社会纠纷、保证公平正义的最后一道防线。题中公安机关主持和解并建议检察院从宽处理，在发挥司法功能的基础上，克服了过度依赖司法，过多依靠裁判的偏向，构建多元化的社会矛盾纠纷化解机制，运用多方面社会资源解决矛盾和纠纷。综上，本题正确答案为 A。

**21. D**。刑事诉讼代理，是指代理人接受公诉案件的被害人及其法定代理人或近亲属、自诉案件的自诉人及其法定代理人以及附带民事诉讼的当事人及其法定代理人的委托，以被代理人的名义参加诉讼，进行活动，由被代理人承担代理行为法律后果的一项法律制度。诉讼代理人参与刑事诉讼是基于被代理人的委托，在双方签订的委托协议授权范围内进行代理，而不是依据法律的规定。据此，AB均错误。但是，诉讼代理人不能代替被代理人作陈述，也不能代替被代理人承担与人身自由相关联的义务。据此，C错误。诉讼代理人只能在被代理人授权范围内进行诉讼活动，既不得超越代理范围，也不能违背被代理人的意志。诉讼代理人的职责是帮助被其代理的公诉案件被害人及其法定代理人或者近亲属、自诉案件自诉人及其法定代理人、附带民事诉讼案件当事人及其法定代理人等行使诉讼权利。D正确。综上，本题正确答案为D。

**22. B**。《刑事诉讼法》第38条规定："辩护律师在侦查期间可以为犯罪嫌疑人提供法律帮助；代理申诉、控告；申请变更强制措施；向侦查机关了解犯罪嫌疑人涉嫌的罪名和案件有关情况，提出意见。"《刑事诉讼法》第39条第1款规定："辩护律师可以同在押的犯罪嫌疑人、被告人会见和通信。……"《刑事诉讼法》第39条第4款规定："辩护律师……自案件移送审查起诉之日起，可以向犯罪嫌疑人、被告人核实有关证据。……"可见，我国法律并未规定侦查期间辩护律师核实证据的权利，所以A错误，B正确。《刑事诉讼法》第42条规定："辩护人收集的有关犯罪嫌疑人不在犯罪现场、未达到刑事责任年龄、属于依法不负刑事责任的精神病人的证据，应当及时告知公安机关、人民检察院。"据此，并非辩护人收集的所有证据都必须告知公安机关和检察院，故C错误。《刑事诉讼法》第48条规定："辩护律师对在执业活动中知悉的委托人的有关情况和信息，有权予以保密。但是，辩护律师在执业活动中知悉委托人或者其他人，准备或者正在实施危害国家安全、公共安全以及严重危害他人人身安全的犯罪的，应当及时告知司法机关。"据此，D错误。综上，本题正确答案为B。

**23. B**。《刑事诉讼法》第88条规定："人民检察院审查批准逮捕，可以讯问犯罪嫌疑人；有下列情形之一的，应当讯问犯罪嫌疑人：（一）对是否符合逮捕条件有疑问的；（二）犯罪嫌疑人要求向检察人员当面陈述的；（三）侦查活动可能有重大违法行为的。人民检察院审查批准逮捕，可以询问证人等诉讼参与人，听取辩护律师的意见；辩护律师提出要求的，应当听取辩护律师的意见。"《刑事诉讼法》第280条第1款规定："对未成年犯罪嫌疑人、被告人应当严格限制适用逮捕措施。人民检察院审查批准逮捕和人民法院决定逮捕，应当讯问未成年犯罪嫌疑人、被告人，听取辩护律师的意见。"故本题正确答案为B。

**24. C**。最高人民法院、最高人民检察院、公安部、国家安全部、司法部《关于办理死刑案件审查判断证据若干问题的规定》第30条第2款规定："有下列情形之一的，通过有关办案人员的补正或者作出合理解释的，辨认结果可以作为证据使用：（一）主持辨认的侦查人员少于二人的；（二）没有向辨认人详细询问辨认对象的具体特征的；（三）对辨认经过和结果没有制作专门的规范的辨认笔录，或者辨认笔录没有侦查人员、辨认人、见证人的签名或者盖章的；（四）辨认记录过于简单，只有结果没有过程的；（五）案卷中只有辨认笔录，没有被辨认对象的照片、录像等资料，无法获悉辨认的真实情况的。"《刑诉解释》第105条规定："辨认笔录具有下列情形之一的，不得作为定案的根据：（一）辨认不是在调查人员、侦查人员主持下进行的；（二）辨认前使辨认人见到辨认对象的；（三）辨认活动没有个别进行的；（四）辨认对象没有混杂在具有类似特征的其他对象中，或者供辨认的对象数量不符合规定的；（五）辨认中给辨认人明显暗示或者明显有指认嫌疑的；（六）违反有关规定，不能确定辨认笔录真实性的其他情形。"综上，从法条直接可知C为正确答案。

**25. B**。自白任意规则又称非任意自白排除规则，是指在刑事诉讼中，只有基于被追诉人自由意志而作出的自白（即承认有罪的供述），才具有可采性；违背当事人意愿或违反法定程序而强制作出的供述不是自白，而是逼供，不具有可采性，必须予以排除。《刑事诉讼法》规定"不得强迫任何人证实自己有罪"。《刑事诉讼法》第56~60条以及《刑诉解释》也明确规定了排除非法证据的具体程序。这些表明我国已经基本确立了自白任意规则。综上，本题正确答案为B。

**26. B**。《刑事诉讼法》第85规定："公安机关拘留人的时候，必须出示拘留证。拘留后，应当立即将被拘留人送看守所羁押，至迟不得超过二十四小时。除无法通知或者涉嫌危害国家安全犯罪、恐怖活动犯罪通知可能有碍侦查的情形以外，应当在拘留后二十四小时以内，通知被拘留人的家属。有碍侦查的情形消失以后，应当立即通知被拘留人的家属。"《刑事诉讼法》第86条规定："公安机关对被拘留的人，应当在拘留后的二十四小时以内进行讯问……"《刑事诉讼法》第91条规定："公安机关对被拘留的人，认为需要逮捕的，应当在拘留后的三日以内，提请人民检察院审查批准……"题中ACD皆符合《刑事诉讼法》的相关规定。需要注意的是，根据《刑事诉讼法》第85条的规定，B中黑社会性质组织犯罪不属于不予通知的情形，故"决定暂不通知"违法，综上，本题为选非题，正确答案为B。

**27. B**。《刑事诉讼法》第102条规定："人民法院在必要的时候，可以采取保全措施，查封、扣押或者冻结被告人的财产。附带民事诉讼原告人或者人民检察院可以申请人民法院采取保全措施。人民法院采取保全措施，适用民事诉讼法的有关规定。”《刑诉解释》第 189 条第 1 款规定：“人民法院对可能因被告人的行为或者其他原因，使附带民事判决难以执行的案件，根据附带民事诉讼原告人的申请，可以裁定采取保全措施，查封、扣押或者冻结被告人的财产；附带民事诉讼原告人未提出申请的，必要时，人民法院也可以采取保全措施。”据此，B 正确。法院“可以”采取保全措施而非“应当”，故 A 错误。采取保全措施适用《民事诉讼法》的规定，故 C 错误。被保全财产只能是被告人的财产，故 D 错误。综上，本题正确答案为 B。

**28. C**。《刑事诉讼法》第 204 条规定：“在法庭审判过程中，遇有下列情形之一，影响审判进行的，可以延期审理：(一) 需要通知新的证人到庭，调取新的物证，重新鉴定或者勘验的；(二) 检察人员发现提起公诉的案件需要补充侦查，提出建议的；(三) 由于申请回避而不能进行审判的。”故 ABD 为延期审理的情形。《刑事诉讼法》第 206 条第 1 款规定：“在审判过程中，有下列情形之一，致使案件在较长时间内无法继续审理的，可以中止审理：(一) 被告人患有严重疾病，无法出庭的；(二) 被告人脱逃的；(三) 自诉人患有严重疾病，无法出庭，未委托诉讼代理人出庭的；(四) 由于不能抗拒的原因。”据此，C 符合中止审理的法定情形。综上，本题正确答案为 C。

**29. C**。《刑事诉讼法》第 214 条第 1 款规定：“基层人民法院管辖的案件，符合下列条件的，可以适用简易程序审判：(一) 案件事实清楚、证据充分的；(二) 被告人承认自己所犯罪行，对指控的犯罪事实没有异议的；(三) 被告人对适用简易程序没有异议的。”《刑事诉讼法》第 215 条规定：“有下列情形之一的，不适用简易程序：(一) 被告人是盲、聋、哑人，或者是尚未完全丧失辨认或者控制自己行为能力的精神病人的；(二) 有重大社会影响的；(三) 共同犯罪案件中部分被告人不认罪或者对适用简易程序有异议的；(四) 其他不宜适用简易程序审理的。”《刑诉解释》第 360 条规定：“具有下列情形之一的，不适用简易程序：(一) 被告人是盲、聋、哑人的；(二) 被告人是尚未完全丧失辨认或者控制自己行为能力的精神病人的；(三) 案件有重大社会影响的；(四) 共同犯罪案件中部分被告人不认罪或者对适用简易程序有异议的；(五) 辩护人作无罪辩护的；(六) 被告人认罪但经审查认为可能不构成犯罪的；(七) 不宜适用简易程序审理的其他情形。”ABD 涉及的案件只要符合《刑事诉讼法》第 214 条第 1 款的相关规定即可适用简易程序，C 属于《刑事诉讼法》第 215 条和《刑诉解释》第 360 条明确规定的不适用简易程序的情形。综上，本题正确答案为 C。

**30. D**。《刑事诉讼法》第 251 条规定：“最高人民法院复核死刑案件，应当讯问被告人，辩护律师提出要求的，应当听取辩护律师的意见。在复核死刑案件过程中，最高人民检察院可以向最高人民法院提出意见。最高人民法院应当将死刑复核结果通报最高人民检察院。”据此，D 正确。A“可以”不讯问被告人错误。《最高人民法院关于办理死刑复核案件听取辩护律师意见的办法》第 5 条第 1 款规定，辩护律师要求当面反映意见的，案件承办法官应当及时安排。B 辩护律师提出要求的，才“应当”听取其意见；C 中“应当”应改为“可以”。综上，本题正确答案为 D。

**31. B**。《刑事诉讼法》第 254 条第 4 款规定：“人民检察院抗诉的案件，接受抗诉的人民法院应当组成合议庭重新审理，对于原判决事实不清楚或者证据不足的，可以指令下级人民法院再审。”A 中“应当”错误。《刑事诉讼法》第 255 条规定：“上级人民法院指令下级人民法院再审的，应当指令原审人民法院以外的下级人民法院审理；由原审人民法院审理更为适宜的，也可以指令原审人民法院审理。”故 B 正确。《刑事诉讼法》第 257 条规定：“人民法院决定再审的案件，需要对被告人采取强制措施的，由人民法院依法决定；人民检察院提出抗诉的再审案件，需要对被告人采取强制措施的，由人民检察院依法决定。人民法院按照审判监督程序审判的案件，可以决定中止原判决、裁定的执行。”故 CD 错误。综上，本题正确答案为 B。

**32. B**。附条件不起诉又称暂缓起诉，《刑事诉讼法》专章规定了“未成年人刑事案件诉讼程序”，其中确立了“附条件不起诉”制度。《刑事诉讼法》第 282 条第 1 款规定：“对于未成年人涉嫌刑法分则第四章、第五章、第六章规定的犯罪，可能判处一年有期徒刑以下刑罚，符合起诉条件，但有悔罪表现的，人民检察院可以作出附条件不起诉的决定。人民检察院在作出附条件不起诉的决定以前，应当听取公安机关、被害人的意见。”故 AD 正确，B“应征得同意”错误，应为听取相关意见。《刑事诉讼法》第 282 条第 3 款规定：“未成年犯罪嫌疑人及其法定代理人对人民检察院决定附条件不起诉有异议的，人民检察院应当作出起诉的决定。”故 C 正确。综上，本题为选非题，正确答案为 B。

**33. A**。《刑事诉讼法》第五编第二章专章规定了“当事人和解的公诉案件诉讼程序”，确定了和解的案件范围、条件以及方式等基本问题。《刑事诉讼法》第 290 条规定：“对于达成和解协议的案件，公安机关可以向人民检察院提出从宽处理的建议。人民检察院可以向人民法院提出从宽处罚的建议；对于犯罪情节轻微，不需要判处刑罚的，可以作出不起诉的决定。人民法院可以依法对被告人从宽处罚。”据此，BCD正确。在当事人和解的公诉案件诉讼程序中，对达成和解的案件，公安机关可以向检察院提出从宽处理的建议，而不是撤销案件，A错误。综上，由于本题为选非题，正确答案为A。

**34. B**。《刑事诉讼法》第五编第四章规定了“犯罪嫌疑人、被告人逃匿、死亡案件违法所得的没收程序”。《刑事诉讼法》第298条第1款规定：“对于贪污贿赂犯罪、恐怖活动犯罪等重大犯罪案件，犯罪嫌疑人、被告人逃匿，在通缉一年后不能到案，或者犯罪嫌疑人、被告人死亡，依照刑法规定应当追缴其违法所得及其他涉案财产的，人民检察院可以向人民法院提出没收违法所得的申请。”故A错误，申请主体应为人民检察院，B正确。《刑事诉讼法》第299条第1款规定：“没收违法所得的申请，由犯罪地或者犯罪嫌疑人、被告人居住地的中级人民法院组成合议庭进行审理。”故C错误。《刑事诉讼法》第301条第1款规定：“在审理过程中，在逃的犯罪嫌疑人、被告人自动投案或者被抓获的，人民法院应当终止审理。”故D错误。综上，本题正确答案为B。

**35. D**。《刑事诉讼法》第161条规定：“在案件侦查终结前，辩护律师提出要求的，侦查机关应当听取辩护律师的意见，并记录在案。辩护律师提出书面意见的，应当附卷。”A中应为“应当”听取而非“可以”听取；B中应为“应当”附卷而非“可以”附卷，故排除AB。《刑事诉讼法》第162条第1款规定：“公安机关侦查终结的案件，应当做到犯罪事实清楚，证据确实、充分，并且写出起诉意见书，连同案卷材料、证据一并移送同级人民检察院审查决定；同时将案件移送情况告知犯罪嫌疑人及其辩护律师。”故C错误，D正确。综上，本题正确答案为D。

**36. A**。所谓“补强证据”是指用以增强另一证据证明力的证据。最初收集到的对证实案情有重要意义的证据，称为“主证据”，而用以印证该证据真实性的其他证据，就称为“补强证据”。补强证据主要用以印证主证据，增强主证据的证明力，无需对整个待证事实有证明作用。故C错误。一般而言，补强证据不仅包括被追诉人的供述，而且包括证人证言、被害人陈述等特定证据。故D错误。补强证据必须满足以下条件：(1)补强证据必须具有证据能力；(2)补强证据本身必须具有担保补强对象真实的能力；(3)补强证据必须具有独立的来源。故A正确，B错误。综上，本题正确答案为A。

**37. B**。《刑诉解释》第89条规定：“证人证言具有下列情形之一的，不得作为定案的根据：(一)询问证人没有个别进行的；(二)书面证言没有经证人核对确认的；(三)询问聋、哑人，应当提供通晓聋、哑手势的人员而未提供的；(四)询问不通晓当地通用语言、文字的证人，应当提供翻译人员而未提供的。”《刑诉解释》第90条规定：“证人证言的收集程序、方式有下列瑕疵，经补正或者作出合理解释的，可以采用；不能补正或者作出合理解释的，不得作为定案的根据：(一)询问笔录没有填写询问人、记录人、法定代理人姓名以及询问的起止时间、地点的；(二)询问地点不符合规定的；(三)询问笔录没有记录告知证人有关权利义务和法律责任的；(四)询问笔录反映出在同一时段，同一询问人员询问不同证人的；(五)询问未成年人，其法定代理人或者合适成年人不在场的。”据此，ACD皆为不能作为定案根据的情形，B符合司法解释中关于补正或作出合理解释后可以采用的规定。综上，本题正确答案为B。

**38. C**。《公务员法》第33条规定，录用特殊职位的公务员，经省级以上公务员主管部门批准，可以简化程序或者采用其他测评办法。故A错误。《公务员法》第26条第3项规定，被开除公职的人员不得录用为公务员。故B错误。《公务员法》第34条规定，新录用的公务员试用期为1年。试用期满合格的，予以任职；不合格的，取消录用。故C正确。《公务员法》第31条规定，招录机关根据考试成绩确定考察人选，并进行报考资格复审、考察和体检。体检的项目和标准根据职位要求确定。具体办法由中央公务员主管部门会同国务院卫生健康行政部门规定。故D错误。综上，本题正确答案为C。

**39. A**。《地方各级人民政府机构设置和编制管理条例》第24条规定，县级以上各级人民政府机构编制管理机关应当定期评估机构和编制的执行情况，并将评估结果作为调整机构编制的参考依据。评估的具体办法，由国务院机构编制管理机关制定。故A正确，BC错误。国务院行政机构和编制的调整适用《国务院行政机构设置和编制管理条例》的有关规定，故D错误。综上，本题正确答案为A。

**【陷阱提示】**评估结果是调整机构编制的参考依据而非直接依据。答题要注意细节。

**40. B**。《行政诉讼法》第25条第2款规定，有权提起诉讼的公民死亡，其近亲属可以提起诉讼。这里的近亲属包括配偶、父母、子女、兄弟姐妹、祖父母、外祖父母、孙子女、外孙子女和其他具有扶养、赡养关系的亲属。公民因被限制人身自由而不能提起诉讼的，其近亲属可以依其口头或者书面委托以该公民的名义提起诉讼。本案中，李某死亡，李某的妻子可以作为原告提起诉讼，而不是以李某代理人的身份起诉。故A错误。《行诉法解释》第30条第1款规定，行政机关的同一行政行为涉及两个以上利害关系人，其中一部分利害关系人对行政行为不服提起诉讼，人民法院应当通知没有起诉的其他利害关系人作为第三人参加诉讼。故B正确。《行政诉讼法》第46条第1款规定，公民、法人或者其他组织直接向人民法院提起诉讼的，应当自知道或者应当知道作出行政行为之日起 6 个月内提出。法律另有规定的除外。故 C 错误。《专利法》第 46 条第 2 款规定，对国务院专利行政部门宣告专利权无效或者维持专利权的决定不服的，可以自收到通知之日起 3 个月内向人民法院起诉。人民法院应当通知无效宣告请求程序的对方当事人作为第三人参加诉讼。故 D 错误。综上，本题正确答案为 B。

【陷阱提示】对专利行政部门宣告专利权无效或者维持专利权的决定不服的，可以直接向人民法院起诉而并非行政复议前置的情形。

**41. A**。《治安管理处罚法》第 82 条第 2 款规定，公安机关应当将传唤的原因和依据告知被传唤人。故 A 正确。《治安管理处罚法》第 83 条第 1 款规定，对违反治安管理行为人，公安机关传唤后应当及时询问查证，询问查证的时间不得超过 8 小时；情况复杂，依照本法规定可能适用行政拘留处罚的，询问查证的时间不得超过 24 小时。故 B 错误。《行政复议法》第 24 条第 1 款规定，县级以上地方各级人民政府管辖下列行政复议案件：（1）对本级人民政府工作部门作出的行政行为不服的；（2）对下一级人民政府作出的行政行为不服的；（3）对本级人民政府依法设立的派出机关作出的行政行为不服的；（4）对本级人民政府或者其工作部门管理的法律、法规、规章授权的组织作出的行政行为不服的。公安机关并非垂直领导体制，相对人既可以向上一级业务主管部门申请复议，也可以向本级人民政府申请复议，所以 C 错误。《行政诉讼法》第 56 条规定，诉讼期间，不停止行政行为的执行。《行政处罚法》第 73 条第 1 款规定，当事人对行政处罚决定不服，申请行政复议或者提起行政诉讼的，行政处罚不停止执行，法律另有规定的除外。本案的行政处罚属于治安处罚，还必须满足《治安管理处罚法》规定的条件。暂缓执行行政拘留，需要被处罚人提出明确申请，并满足《治安管理处罚法》第 107 条规定的法定条件："被处罚人不服行政拘留处罚决定，申请行政复议、提起行政诉讼的，可以向公安机关提出暂缓执行行政拘留的申请。公安机关认为暂缓执行行政拘留不致发生社会危险的，由被处罚人或者其近亲属提出符合本法第一百零八条规定条件的担保人，或者按每日行政拘留二百元的标准交纳保证金，行政拘留的处罚决定暂缓执行。"D 只是表述为"孙某对处罚决定不服直接起诉的，应暂缓执行行政拘留的处罚决定"，缺少上述限定性条件，是错误的。可否暂缓执行治安处罚是一个多次考查的考点。综上，本题正确答案为 A。

**42. D**。《行政强制法》第 18 条规定："行政机关实施行政强制措施应当遵守下列规定：（一）实施前须向行政机关负责人报告并经批准；（二）由两名以上行政执法人员实施；（三）出示执法身份证件；（四）通知当事人到场；（五）当场告知当事人采取行政强制措施的理由、依据以及当事人依法享有的权利、救济途径；（六）听取当事人的陈述和申辩；（七）制作现场笔录；（八）现场笔录由当事人和行政执法人员签名或者盖章，当事人拒绝的，在笔录中予以注明；（九）当事人不到场的，邀请见证人到场，由见证人和行政执法人员在现场笔录上签名或者盖章；（十）法律、法规规定的其他程序。"该条第 7 项规定行政机关实施行政强制措施时，应制作现场笔录。而查封是一种经典的最常用的限制财产流通的行政强制措施，故 A 正确。《行政处罚法》第 51 条规定："违法事实确凿并有法定依据，对公民处以二百元以下、对法人或者其他组织处以三千元以下罚款或者警告的行政处罚的，可以当场作出行政处罚决定。法律另有规定的，从其规定。"题干中的处罚措施显然超出了可以当场作出处罚决定的范围，故 B 正确。《行政处罚法》第 72 条规定："当事人逾期不履行行政处罚决定的，作出行政处罚决定的行政机关可以采取下列措施：（一）到期不缴纳罚款的，每日按罚款数额的百分之三加处罚款，加处罚款的数额不得超出罚款的数额；（二）根据法律规定，将查封、扣押的财物拍卖、依法处理或者将冻结的存款、汇款划拨抵缴罚款……"同时，《行政强制法》第 45 条第 1 款规定："行政机关依法作出金钱给付义务的行政决定，当事人逾期不履行的，行政机关可以依法加处罚款或者滞纳金。加处罚款或者滞纳金的标准应当告知当事人。"公司逾期不缴纳罚款，市场监督管理局对其以每日按罚款数额的 3% 加处罚款，属于间接强制执行罚。市场监督管理局无权强制划拨相对人账户内的存款、汇款。故 C 正确，D 错误。综上，本题为选非题，正确答案为 D。

**43. D**。行政复议中，行政复议机关可以对具体行政行为的适当性进行审查。故 A 错误。《行政复议法》第 17 条规定，申请人、第三人可以委托 1 至 2 名律师、基层法律服务工作者或者其他代理人代为参加行政复议。申请人、第三人委托代理人的，应当向行政复议机构提交授权委托书、委托人及被委托人的身份证明文件。授权委托书应当载明委托事项、权限和期限。申请人、第三人变更或者解除代理人权限的，应当书面告知行政复议机构。据此，故 B 错误。《行政复议法实施条例》第 38 条第 2 款规定，申请人撤回行政复议申请的，不得再以同一事实和理由提出行政复议申请。但是，申请人能够证明撤回行政复议申请违背其真实意思表示的除外。C 忽略了但书规定，故错误。《行政复议法》第 26 条规定，对省、自治区、直辖市人民政府依照本法第 24 条第 2 款的规定、国务院部门依照本法第 25 条第 1 项的规定作出的行政复议决定不服的，可以向人民法院提起行政诉讼；也可以向国务院申请裁决，国务院依照本法的规定作出最终裁决。故 D 正确。

【陷阱提示】说对一半不能算对，一定不能忽视法条中的但书条款。

**44. D**。《国家赔偿法》第21条第4款规定，二审改判无罪，以及二审发回重审后作无罪处理的，作出一审有罪判决的人民法院为赔偿义务机关。故本案中赔偿义务机关应为县法院，A错误。《国家赔偿法》第9条第2款规定，赔偿请求人要求赔偿，应当先向赔偿义务机关提出，也可以在申请行政复议或者提起行政诉讼时一并提出。2010年修改《国家赔偿法》的亮点之一是取消了刑事赔偿“与虎谋皮”的确认程序。申请赔偿不必再以申请确认行为违法为前提，故B错误。《国家赔偿法》第39条第1款规定，赔偿请求人请求国家赔偿的时效为2年，自其知道或应当知道国家机关及其工作人员行使职权时的行为侵犯其人身权、财产权之日起计算，但被羁押等限制人身自由期间不计算在内。C的表述是2010年修改前的《国家赔偿法》所持的观点，仔细想，也不可能说只要行使职权行为还没有被确认违法就永远不超过请求时效。故C错误。《国家赔偿法》第13条规定，赔偿义务机关应当自收到申请之日起2个月内，作出是否赔偿的决定。赔偿义务机关作出赔偿决定，应当充分听取赔偿请求人的意见，并可以与赔偿请求人就赔偿方式、赔偿项目和赔偿数额依照《国家赔偿法》第四章的规定进行协商。赔偿义务机关决定赔偿的，应当制作赔偿决定书，并自作出决定之日起10日内送达赔偿请求人。赔偿义务机关决定不予赔偿的，应当自作出决定之日起10日内书面通知赔偿请求人，并说明不予赔偿的理由。故D正确。综上，本题正确答案为D。

**45. ABCD**。犯罪构成由客观要件、主体要件与主观要件组成，同样，各个要件也是由不同要素所组成，组成要件的要素，就是犯罪构成要件要素。客观的构成要件要素是指说明行为外部的、客观方面的要素，如行为主体、身份、行为、结果。以暴力或者其他方法即是对行为的描述，属于客观的构成要件要素，因此A正确。按照刑法理论的通说，在解释构成要件要素和认定是否存在符合构成要件要素的事实时，如果只需要法官的认识活动即可确定，这种构成要件要素便是记述的构成要件要素；如果需要法官规范的、评价的价值判断才能认定，这种构成要件要素就是规范的构成要件要素。关于“他人”如何理解，显而易见，并不需要法官进行规范的、评价的价值判断，因此属于记述的构成要件要素，因此B正确。而“侮辱、诽谤”则需要司法者规范的、评价的行为才能认定，属于规范的构成要件要素，因此C正确。相对确定的法定刑，是指条文对某种犯罪规定了相对具体的刑种和刑度。因此，“三年以下有期徒刑、拘役、管制或者剥夺政治权利”属于相对确定的法定刑，D正确。综上，本题正确答案为ABCD。

**46. ABCD**。《刑法》第15条规定，过失犯罪是指应当预见自己的行为可能发生危害社会的结果，因为疏忽大意而没有预见，或者已经预见而轻信能够避免，以致发生这种结果，而构成的犯罪。同时，《刑法》第16条还规定：“行为在客观上虽然造成了损害结果，但是不是出于故意或者过失，而是由于不能抗拒或者不能预见的原因所引起的，不是犯罪。”因此，A中，老师将不遵守纪律的学生赶出教室，没有也根本不可能预见到该行为会导致学生跳楼自杀，因此该行为不构成犯罪。C中，路人见义勇为追赶小偷，小偷跳河游往对岸，小偷突然抽筋溺毙，这是路人不可能预料的，因此也不构成犯罪。B中，汽车修理工明知道高压气泵塞入同事肛门充气极有可能造成严重的后果，仍实施危害行为，放任结果的发生，构成故意犯罪。D中，儿童摔成重伤的行为与邻居伸手去接的行为不存在因果关系，邻居所实施的行为属于没有危害的行为，不存在成立犯罪的前提要件。因此，ABCD均不构成过失犯罪。综上，本题正确答案为ABCD。

**47. ACD**。本题中，甲主观上具有伤害乙的故意，并且已经着手实施犯罪，即试图拧开放有硫酸的水杯的盖子，只是情急之下未能拧开，其行为具有侵害法益的紧迫危险，因此，甲的行为构成故意伤害罪未遂，而不是不可罚的不能犯，A错误。甲任由放有硫酸的水杯放在教室，应当预见到该水杯有可能伤害到其他同学，但是并未采取有效手段避免该种伤害结果的发生，最终导致丙误拿水杯，致其重伤，甲构成过失致人重伤罪。因此，B正确，CD错误。综上，本题为选非题，正确答案为ACD。

**48. ABCD**。A中，甲作为公司总经理召开公司大会商定逃税，并指使黄某具体实施逃税的行为，甲公司与黄某成立逃税罪的共同犯罪。甲是教唆犯，黄某是实行犯。黄某在犯罪的实行阶段主动中止犯罪行为，并且阻止了犯罪结果的发生，成立犯罪中止。但是对于单位而言，其已经着手实施犯罪，黄某未按照决定逃税属于其意志之外的原因，因此单位构成犯罪未遂。所以A正确。B具有一定的迷惑性，虽然法律禁止假币的流通，但是从某种意义上讲，假币也是一种商品，犯罪分子在抢夺假币后通过出售、使用，可以获得一定的非法利益。因此，假币仍然是一种财物，具有一定的经济价值。因此，乙的行为构成抢夺罪既遂。所以B正确。C中丙出于出卖的目的，已经实施了偷盗婴幼儿的行为，犯罪过程实施完毕后，丙才将婴儿放回原处，拐卖儿童罪已经既遂，不能成立犯罪中止，因此C正确，当选。D中，丁具有杀死胡某的故意，并且实施了具体杀死胡某的行为，虽然打数枪均未打中，但是胡某之所以心脏病发，和胡某开枪的行为存在因果关系，因此胡某的死亡后果与丁某的行为存在因果关系，应当认定丁某的行为构成故意杀人罪既遂。所以 D 当选。综上，本题正确答案为 ABCD。

【陷阱提示】该题考查的内容比较综合和广泛，具有一定的难度。A 涉及共同犯罪的犯罪形态问题，根据共同犯罪的理论及宽严相济的刑事政策，对共犯必须区别对待。具体到这一选项，在共同犯罪中，实行犯如果自动中止犯罪，对于教唆犯、帮助犯来说是属于意志以外的原因，在这种情形下，实行犯成立犯罪中止，教唆犯、帮助犯成立犯罪未遂。B 涉及对象认识错误的问题，误将假币作为真币实施抢夺的，应当如何定性。事实上，关于盗窃罪的司法解释明确了盗窃假币构成盗窃罪，实际上假币也具有一定的经济价值。D 实际上考查的是因果关系认定的问题。考生一定要系统复习，多联系、多思考，才能更好地应对考试。

**49. BCD**。对向犯，是指以存在二人以上相互对向的行为为要件的犯罪。《刑法》规定的对向犯分三种情况：一是双方的罪名与法定刑相同，如重婚罪；二是双方的罪名与法定刑都不同，如贿赂犯罪中的行贿与受贿；三是只处罚一方的行为，如贩卖淫秽物品牟利罪，只处罚贩卖者，不处罚购买者。前两种都构成共同犯罪，第三种不构成共同犯罪。因此 A 错误，BC 正确。《刑法》第 358 条第 1 款规定，组织卖淫罪是指以招募、雇佣、强迫、引诱、容留等手段，控制他人从事卖淫活动的行为。D 中，王某构成组织卖淫罪。丁帮助其招募、运送卖淫女，是对王某组织卖淫行为的帮助，构成帮助犯，按照刑法理论应认定为共同犯罪。因此 D 正确。但需要注意的是，《刑法》第 358 条第 4 款明确规定，为组织卖淫的人招募、运送人员或者有其他协助组织他人卖淫行为的，按照协助组织卖淫罪追究刑事责任。综上，本题的正确答案为 BCD。

【陷阱提示】需要注意的是，虽然刑法明确将某些帮助犯规定为独立的犯罪，但是从刑法理论上，仍成立共同犯罪，只是不按共同犯罪处罚。

**50. ACD**。根据《刑法》规定，对于判处管制和宣告缓刑的罪犯，根据犯罪情况，人民法院可以“同时禁止罪犯在执行期间从事特定活动，进入特定区域、场所，接触特定的人”。A 中甲是被假释，不符合适用禁止令的条件，因此 A 做法错误。B 中乙被判处缓刑，法院依据其尚未履行民事赔偿义务禁止其进入特定场所，符合法律规定，B 做法正确。《关于对判处管制、宣告缓刑的犯罪分子适用禁止令有关问题的规定（试行）》第 6 条第 3 款规定，禁止令的执行期限，从管制、缓刑执行之日起计算。因此，D 做法错误。禁止令的内容要合法，不得侵犯犯罪分子依法享有的合法权益，不能禁止犯罪分子进入公共场所，因此 C 做法错误。综上，本题为选非题，正确答案为 ACD。

**51. ACD**。《关于处理自首和立功若干具体问题的意见》第 4 条规定，犯罪分子亲友为使犯罪分子“立功”，向司法机关提供他人犯罪线索、协助抓捕犯罪嫌疑人的，不能认定为犯罪分子有立功表现。因此，C 中，丙父找到丙的同案犯，并协助司法机关抓捕的行为，不能认定丙构成立功，C 正确。《关于处理自首和立功若干具体问题的意见》第 5 条规定，犯罪分子提供同案犯姓名、住址、体貌特征等基本情况，或者提供犯罪前、犯罪中掌握、使用的同案犯联络方式、藏匿地址，司法机关据此抓捕同案犯的，不能认定为协助司法机关抓捕同案犯。A 中，甲提供的是犯罪中掌握的同案犯的联络方式，因此不能认定为立功，A 正确。D 中，丁仅仅提供给侦查机关同案犯的体貌特征，因此不能认定为立功，D 正确。《关于处理自首和立功若干具体问题的意见》第 5 条规定，按照司法机关的安排，以打电话、发信息等方式将其他犯罪嫌疑人（包括同案犯）约至指定地点，使司法机关抓获其他犯罪嫌疑人的，属于“协助司法机关抓捕其他犯罪嫌疑人”，应认定立功。因此，B 中乙的行为构成立功，B 错误。综上，本题正确答案为 ACD。

**52. AB**。《刑法》第 128 条第 2 款和第 3 款规定，非法出借枪支罪，是指依法配备公务用枪的人员，非法出借枪支或依法配置枪支的人员，非法出借枪支，造成严重后果的行为。甲作为依法配备公务用枪的警察，将枪支非法送给乙使用，已经构成非法出借枪支罪。乙违反枪支管理规定，非法持有枪支，并在人前炫耀的行为，根据《刑法》第 128 条第 1 款的规定，已经构成非法持有枪支罪。因此 AB 正确，当选。《刑法》第 127 条第 1 款规定，盗窃枪支罪，是指采取秘密窃取的方式，将枪支据为己有的行为。丙将枪支偷出的目的不是据为己有，而是揭发乙非法持有枪支的事实，并将枪支交给了派出所。因此丙的行为不构成盗窃枪支罪。丙不构成犯罪，不是犯罪嫌疑人，就不存在《刑法》规定的立功的前提。因此 CD 错误。综上，本题正确答案为 AB。

**53. ABCD**。根据《刑法》第 122 条的规定，劫持汽车罪，是指以暴力、胁迫或者其他方法劫持汽车的行为。甲用枪控制司机，迫使其将车开到偏僻路段的行为符合劫持汽车罪的犯罪构成。因此，A 正确。甲控制司机后，乙等人在交通工具上用刀控制乘客，命乘客交出随身财物，成立抢劫罪，并且具有在公共交通工具上抢劫的加重情节，因此，B 正确。乙重伤乘客属于在抢劫过程中致人重伤的行为，该行为属于抢劫罪的加重情节，不需另行以故意伤害罪追究刑事责任。因此，C 正确。甲是财物到手，抢劫行为实施完毕后，用枪将司机打死，属于杀人灭口的行为，该行为属于甲个人实施的行为，应当构成故意杀人罪。所以，D 正确。综上，本题正确答案为 ABCD。

**54. ACD**。所谓刑讯逼供罪是指司法工作人员对犯罪嫌疑人、被告人使用肉刑或者变相肉刑，逼取口供的行为。《刑法》第94条规定，本法所称司法工作人员，是指有侦查、检察、审判、监管职责的工作人员。A中，甲系机关保卫处长，不符合刑讯逼供罪的主体要件，因此不构成刑讯逼供罪，A错误。B中，乙并非为获取口供而实施伤害行为，不符合刑讯逼供的要件，不能成立刑讯逼供罪。因此，B正确。《刑法》第247条规定，司法工作人员对犯罪嫌疑人、被告人实行刑讯逼供致人伤残、死亡的，依照故意伤害罪、故意杀人罪定罪从重处罚。因此，C中，丙的行为转化为故意伤害罪，应以故意伤害罪定罪量刑，不构成刑讯逼供罪，C错误。D中丁并未使用酷刑，犯罪嫌疑人主动供认犯罪事实，系出于害怕的心理，因此不构成刑讯逼供罪，D错误。综上，本题为选非题，正确答案为ACD。

**55. ABCD**。《刑法》第201条第4款规定，纳税人逃税，经税务机关依法下达追缴通知后，补缴应纳税款，缴纳滞纳金，已受行政处罚的，不予追究刑事责任；但是，5年内因逃避缴纳税款受过刑事处罚或者被税务机关给予2次以上行政处罚的除外。因此，①认为一律不追究刑事责任过于绝对，因为存在例外情形，存在追究刑事责任的可能性，因此是错误的。②认为应当减轻或免除处罚是错误的，因为应当是不予追究刑事责任。③的行为构成抗税罪，即使主动补缴应纳税款，缴纳滞纳金，也不能不予追究刑事责任，因此也是错误的。④的主体是扣缴义务人，不属于纳税人，因此不适用《刑法》第201条第4款规定，所以也是错误的。所以，①②③④的说法都是错误的。因此，ABCD的说法也都是错误的，本题正确答案为ABCD。

**56. ABC**。《关于公安机关管辖的刑事案件立案追诉标准的规定（三）》第5、6条对非法买卖制毒物品的数量标准作了明确规定，所以A错误。《刑法》第349条第2款规定，缉毒人员或者其他国家机关工作人员掩护、包庇走私、贩卖、运输、制造毒品的犯罪分子的，按照包庇毒品犯罪分子罪从重处罚。因此，B认为构成放纵走私罪，是错误的。根据《刑法》第353条的规定，强迫他人吸毒罪，是指违背他人意志，使用暴力、胁迫或者其他强制手段迫使他人吸食、注射毒品的行为。因此，C的行为构成强迫他人吸毒罪，而不是故意伤害罪，因此C错误。《刑法》第349条第1款规定，窝藏、转移、隐瞒毒品、毒赃罪，指明知是毒品或者毒品犯罪所得的财物而为犯罪分子窝藏、转移、隐瞒的行为。本罪的对象是特定的，仅限于毒品和毒赃。掩饰、隐瞒犯罪所得罪的对象的范围广泛，包括除毒品犯罪以外的所有的刑事犯罪所得的赃款、赃物。因此，D中的行为构成法条竞合，应以窝藏毒赃罪定罪处刑，D正确。综上，本题为选非题，正确答案为ABC。

**57. ABC**。巨额财产来源不明罪，是指国家工作人员的财产或者支出明显超过合法收入，差额巨大，本人不能说明其来源是合法的行为。非国家工作人员不能成为本罪主体。乙是民办小学的教师，是非国家工作人员，因此不构成巨额财产来源不明罪，因此C正确。《刑法》第395条规定，国家工作人员的财产、支出明显超过合法收入，差额巨大的，可以责令该国家工作人员说明来源，不能说明来源的，差额部分以非法所得论。其中，"非法所得"，一般是指行为人的全部财产与能够认定的所有支出的总和减去能够证实的有真实来源的所得。即巨额财产来源不明罪中计算非法所得数额的公式应为：非法所得数额=财产+支出-合法收入及非法收入。本案中，在一审中甲明确说明来源系受贿所得，且经查证属实。因此，对该钱款应以受贿论处，而不能以巨额财产来源不明罪论处。因此，AB正确。根据《刑法》第312条的规定，掩饰、隐瞒犯罪所得罪客观方面包括"窝藏、转移、收购、代为销售或者以其他方法掩饰、隐瞒"的行为，本案中乙仅仅是拒绝说明财产来源，并没有采取具体的方法掩饰、隐瞒犯罪所得，不符合该罪的构成要件，因此，D错误。综上，本题正确答案为ABC。

**58. ABC**。刑事诉讼的价值是指，刑事诉讼立法及实施对国家、社会及其一般成员具有的效用和意义，包括秩序、公正、效益等内容。其中，秩序价值包括两方面含义：其一，是指通过惩治犯罪，维护社会秩序，即恢复被犯罪破坏的社会秩序以及预防社会秩序被犯罪所破坏；其二，是指追究犯罪活动是有序的。维护社会秩序不仅需要控制社会暴力冲突，还需要防止政府及其官员滥用权力而使社会成员没有安全保障。所以，国家刑事司法权的行使必须受到刑事程序的规范。刑事诉讼效益价值包括效率，效益价值与秩序价值相互依存、相互作用、相互制约、不可偏废，如果不适当地追求高效率的处罚，忽视了程序的有序性，反而会损害秩序，也不可能真正实现效益。故本题正确答案为ABC。

**59. BCD**。本题主要考查程序公正的独立价值。程序公正是指过程的公正，指诉讼参与人对诉讼能充分有效地参与，程序得到遵守，程序违法得到救济。程序公正的内容包括程序公开、程序中立、程序参与、程序平等、程序安定、程序保障。具体要求为：（1）严格遵守《刑事诉讼法》的规定；（2）切实保障当事人和其他诉讼参与人，特别是犯罪嫌疑人、被告人和被害人的诉讼权利；（3）严禁刑讯逼供和以威胁、引诱、欺骗以及其他非法方法收集证据；（4）人民法院、人民检察院依法独立行使审判权、检察权；（5）保障诉讼程序的公开性和透明度；（6）按法定期限办案、结案。据此，BD符合题意，C撤销原判、发回重审本身就是对程序违法的一种救济措施，当选。A 为公检法三机关的关系，不符合题意。综上，本题正确答案为 BCD。

**60. BC**。《刑事诉讼法》第 119 条规定："对不需要逮捕、拘留的犯罪嫌疑人，可以传唤到犯罪嫌疑人所在市、县内的指定地点或者到他的住处进行讯问，但是应当出示人民检察院或者公安机关的证明文件。对在现场发现的犯罪嫌疑人，经出示工作证件，可以口头传唤，但应当在讯问笔录中注明。传唤、拘传持续的时间最长不得超过十二小时；案情特别重大、复杂，需要采取拘留、逮捕措施的，传唤、拘传持续的时间不得超过二十四小时。不得以连续传唤、拘传的形式变相拘禁犯罪嫌疑人。传唤、拘传犯罪嫌疑人，应当保证犯罪嫌疑人的饮食和必要的休息时间。"据此，A 应为口头"传唤"而不是口头"拘传"，D 连续讯问 24 小时违反法律规定，BC 符合法律规定。综上，本题正确答案为 BC。

**61. ABC**。《刑事诉讼法》第 74 条第 1 款规定："人民法院、人民检察院和公安机关对符合逮捕条件，有下列情形之一的犯罪嫌疑人、被告人，可以监视居住：(一) 患有严重疾病、生活不能自理的；(二) 怀孕或者正在哺乳自己婴儿的妇女；(三) 系生活不能自理的人的唯一扶养人；(四) 因为案件的特殊情况或者办理案件的需要，采取监视居住措施更为适宜的；(五) 羁押期限届满，案件尚未办结，需要采取监视居住措施的。"据此，ABC 符合法律规定，D 中聋哑人不属于法定监视居住的对象。综上，本题正确答案为 ABC。

**62. ABD**。《刑事诉讼法》第 198 条第 1 款、第 2 款规定："法庭审理过程中，对与定罪、量刑有关的事实、证据都应当进行调查、辩论。经审判长许可，公诉人、当事人和辩护人、诉讼代理人可以对证据和案件情况发表意见并且可以互相辩论。"据此，AB 错误，C 正确。《刑事诉讼法》中并没有对控方和辩方发表辩论意见时间作出明确规定，所以 D 错误。综上，由于本题为选非题，本题正确答案为 ABD。

**63. ABC**。法庭秩序，是指《人民法院法庭规则》所规定的，为保证法庭审理的正常进行，诉讼参与人、旁听人员应当遵守的纪律和规定。《刑事诉讼法》第 199 条规定："在法庭审判过程中，如果诉讼参与人或者旁听人员违反法庭秩序，审判长应当警告制止。对不听制止的，可以强行带出法庭；情节严重的，处以一千元以下的罚款或者十五日以下的拘留。罚款、拘留必须经院长批准。被处罚人对罚款、拘留的决定不服的，可以向上一级人民法院申请复议。复议期间不停止执行。对聚众哄闹、冲击法庭或者侮辱、诽谤、威胁、殴打司法工作人员或者诉讼参与人，严重扰乱法庭秩序，构成犯罪的，依法追究刑事责任。"《刑诉解释》第 307 条第 1 款规定："有关人员危害法庭安全或者扰乱法庭秩序的，审判长应当按照下列情形分别处理：(一) 情节较轻的，应当警告制止；根据具体情况，也可以进行训诫；(二) 训诫无效的，责令退出法庭；拒不退出的，指令法警强行带出法庭；(三) 情节严重的，报经院长批准后，可以对行为人处一千元以下的罚款或者十五日以下的拘留。"故 ABC 符合法律规定，D 错误。综上，本题正确答案为 ABC。

**64. AB**。《刑事诉讼法》第 150 条规定："公安机关在立案后，对于危害国家安全犯罪、恐怖活动犯罪、黑社会性质的组织犯罪、重大毒品犯罪或者其他严重危害社会的犯罪案件，根据侦查犯罪的需要，经过严格的批准手续，可以采取技术侦查措施。人民检察院在立案后，对于利用职权实施的严重侵犯公民人身权利的重大犯罪案件，根据侦查犯罪的需要，经过严格的批准手续，可以采取技术侦查措施，按照规定交有关机关执行。追捕被通缉或者批准、决定逮捕的在逃的犯罪嫌疑人、被告人，经过批准，可以采取追捕所必需的技术侦查措施。"故 AB 符合相关法律规定。人民检察院有决定权，但没有执行权，故 C 错误。《刑事诉讼法》第 154 条规定："依照本节规定采取侦查措施收集的材料在刑事诉讼中可以作为证据使用。如果使用该证据可能危及有关人员的人身安全，或者可能产生其他严重后果的，应当采取不暴露有关人员身份、技术方法等保护措施，必要的时候，可以由审判人员在庭外对证据进行核实。"D 不符合法律规定。综上，本题正确答案为 AB。

**65. AD**。《刑事诉讼法》第 192 条第 1 款、第 2 款规定："公诉人、当事人或者辩护人、诉讼代理人对证人证言有异议，且该证人证言对案件定罪量刑有重大影响，人民法院认为证人有必要出庭作证的，证人应当出庭作证。人民警察就其执行职务时目击的犯罪情况作为证人出庭作证，适用前款规定。"故 A 正确，B 明显错误。《刑事诉讼法》第 193 条规定："经人民法院通知，证人没有正当理由不出庭作证的，人民法院可以强制其到庭，但是被告人的配偶、父母、子女除外。证人没有正当理由拒绝出庭或者出庭后拒绝作证的，予以训诫，情节严重的，经院长批准，处以十日以下的拘留。被处罚人对拘留决定不服的，可以向上一级人民法院申请复议。复议期间不停止执行。"据此，D 正确。C 中，强制了解案件情况的人出庭作证应当排除被告人的配偶、父母、子女，故 C 错误。综上，本题正确答案为 AD。

**66. AB**。《刑事诉讼法》第 285 条规定："审判的时候被告人不满十八周岁的案件，不公开审理。但是，经未成年被告人及其法定代理人同意，未成年被告人所在学校和未成年人保护组织可以派代表到场。"据此，经未成年被告人及其法定代理人同意，未成年被告人所在学校和未成年人保护组织派代表到场与不公开审理并不矛盾，仍然属于不公开审理。AB错误，CD正确。综上，由于本题是选非题，本题正确答案为AB。

**67. AB**。《刑事诉讼法》第286条规定："犯罪的时候不满十八周岁，被判处五年有期徒刑以下刑罚的，应当对相关犯罪记录予以封存。犯罪记录被封存的，不得向任何单位和个人提供，但司法机关为办案需要或者有关单位根据国家规定进行查询的除外。依法进行查询的单位，应当对被封存的犯罪记录的情况予以保密。"据此，AB正确，CD错误。综上，本题正确答案为AB。

**68. AC**。《刑事诉讼法》第288条规定："下列公诉案件，犯罪嫌疑人、被告人真诚悔罪，通过向被害人赔偿损失、赔礼道歉等方式获得被害人谅解，被害人自愿和解的，双方当事人可以和解：(一)因民间纠纷引起，涉嫌刑法分则第四章、第五章规定的犯罪案件，可能判处三年有期徒刑以下刑罚的；(二)除渎职犯罪以外的可能判处七年有期徒刑以下刑罚的过失犯罪案件。犯罪嫌疑人、被告人在五年以内曾经故意犯罪的，不适用本章规定的程序。"根据《刑法》第133条的规定，交通肇事罪属于过失犯罪，除因逃逸致人死亡的外，法定刑为7年以下有期徒刑，A正确。《刑法》第233条规定，过失致人死亡的，处3年以上7年以下有期徒刑；情节较轻的，处3年以下有期徒刑。故C正确。根据《刑法》第247条的规定，刑讯逼供罪的犯罪主体为司法工作人员，法定刑为3年以下有期徒刑或者拘役，致人伤残、死亡的，依照故意伤害罪和故意杀人罪的规定从重处罚。因此，该罪虽然属于《刑法》第四章规定的犯罪，但是并非因"民间纠纷"引起，因此D错误。B错误，因为暴力干涉婚姻自由罪一般为自诉案件，致使被害人死亡的才属于公诉案件，故一般不适用当事人和解的公诉案件诉讼程序。

**69. AD**。目前我国的国家赔偿程序因赔偿请求人提出赔偿要求而启动，故B错误。C是合法行政原则的体现，故不当选。AD正确，均体现了正当法律程序的要求。综上，本题正确答案为AD。

**70. BC**。合理行政原则体现为以下三个原则：第一，公平公正原则。要平等对待所有行政相对人，不偏私、不歧视。相同情况、相同对待，不同情况，差别对待。第二，考虑相关因素原则。作出行政决定和进行行政裁量，只能考虑符合立法授权目的的各种因素，不得考虑不相关因素。第三，比例原则。行政机关采取的措施和手段应当必要、适当。有多种手段可选择时，应当尽量避免选择采用损害行政相对人权益的方式，如果为达至行政目的必须对相对人的权益形成不利影响，那么这种不利影响应当被限制在尽可能小的范围和限度内，并且两者应当处于适当的比例之中。A是程序正当原则的体现，故不选。D则是诚实守信原则中信赖保护原则的具体要求，BC属于合理行政原则的要求。综上，本题正确答案为BC。

**71. BC**。对醉酒的人进行约束属于行政强制措施，而非行政处罚。《治安管理处罚法》第15条第2款规定，醉酒的人在醉酒状态中，对本人有危险或者对他人的人身、财产或者公共安全有威胁的，应当对其采取保护性措施约束至酒醒。故A错误。其实这里的"扣留"一词是不确定的法律表述，《海关法》第6条规定了经海关关长批准可以对走私嫌疑人采取"扣留"24~48小时的行政强制措施，本条语境下的"扣留"即为上述《治安管理处罚法》第15条的约束至酒醒。《行政诉讼法》第29条第1款规定，公民、法人或者其他组织同被诉行政行为有利害关系但没有提起诉讼，或者同案件处理结果有利害关系的，可以作为第三人申请参加诉讼，或者由人民法院通知参加诉讼。本案中，宋某的亲戚与本案并无利害关系，不能作为第三人参加诉讼，故D错误。《行政诉讼法》第19条规定，对限制人身自由的行政强制措施不服提起的诉讼，由被告所在地或者原告所在地人民法院管辖。B是原告所在地，C是被告所在地，两者都有管辖权。综上，本题正确答案为BC。

**72. ABD**。《行政强制法》第17条第1款规定，行政强制措施由法律、法规规定的行政机关在法定职权范围内实施。行政强制措施权不得委托。故A错误。《行政强制法》第25条规定，查封、扣押的期限不得超过30日；情况复杂的，经行政机关负责人批准，可以延长，但是延长期限不得超过30日。法律、行政法规另有规定的除外。延长查封、扣押的决定应当及时书面告知当事人，并说明理由。对物品需要进行检测、检验、检疫或者技术鉴定的，查封、扣押的期间不包括检测、检验、检疫或者技术鉴定的期间。检测、检验、检疫或者技术鉴定的期间应当明确，并书面告知当事人。检测、检验、检疫或者技术鉴定的费用由行政机关承担。根据该条规定，扣押的期限最长不超过60日，B错误；检测费用由行政机关承担，D错误。司法部公布答案为ABD。《行政强制法》第26条规定，对查封、扣押的场所、设施或者财物，行政机关应当妥善保管，不得使用或者损毁；造成损失的，应当承担赔偿责任。对查封的场所、设施或者财物，行政机关可以委托第三人保管，第三人不得损毁或者擅自转移、处置。因第三人的原因造成的损失，行政机关先行赔付后，有权向第三人追偿。因查封、扣押发生的保管费用由行政机关承担。分析该条规定，对被查封、扣押的场所、设施或者财物，《行政强制法》规定了不同的保管主体。被扣押的财物一律由行政机关自行保管，不得交由当事人或者委托第三人保管。而对于被查封的场所、设施或者财物，行政机关既可以自行保管，也可以委托第三人保管。《行政强制法》对查封与扣押可否委托第三人保管所持态度是不同的，按照依法行政原则，从职权法定的原理上说，如果对扣押没有单行法的特别授权，行政机关便将扣押的财物交由第三人保管，属于违法的“法外行政”。所以，本书认为 C 说法也错误，为应选项。

**73. BC**。本案不属于行政复议前置的情形，故 A 错误。根据《行政诉讼法》第 34 条、《行诉证据规定》第 1 条关于举证责任的规定，被告对作出的行政行为负有举证责任，应当提供作出该行政行为的证据和所依据的规范性文件。同时，《政府信息公开案件规定》第 5 条第 1 款规定，被告拒绝向原告提供政府信息的，应当对拒绝的根据以及履行法定告知和说明理由义务的情况举证。故 B 正确。根据《行政诉讼法》第 49 条关于起诉条件的规定：“提起诉讼应当符合下列条件：（一）原告是符合本法第二十五条规定的公民、法人或者其他组织；（二）有明确的被告；（三）有具体的诉讼请求和事实根据；（四）属于人民法院受案范围和受诉人民法院管辖。”同时，《政府信息公开案件规定》第 5 条第 7 款规定，原告起诉被告拒绝更正政府信息记录的，应当提供其向被告提出过更正申请以及政府信息与其自身相关且记录不准确的事实根据。故 C 正确。《政府信息公开案件规定》第 9 条第 4 款规定，被告依法应当更正而不更正与原告相关的政府信息记录的，人民法院应当判决被告在一定期限内更正。尚需被告调查、裁量的，判决其在一定期限内重新答复。被告无权更正的，判决其转送有权更正的行政机关处理。本题中并未给足法院应作何判决的条件，所以 D 笼统地说“应判决在一定期限内更正”是不严谨的，也有可能“判决重新答复”，也有可能“判决转送有权机关处理”。所以，D 错误。综上，本题正确答案为 BC。

**74. AD**。行政诉讼第三人是同提起诉讼的行政行为有利害关系但没有提起诉讼或者同案件处理结果有利害关系的公民、法人或者其他组织。丙虽然与被处罚的甲和乙共同实施了违反治安管理的行为，但处罚必须“一人一罚”，对每个被处罚人必须独立打印一份一个单独编号的行政处罚决定书，丙没有受到处罚，在案件中最多可以作为证人出庭。造纸厂厂长与协商污染赔偿问题有利害关系，但与本案诉讼的治安案件没有法律上的利害关系，厂长虽为举报人，但仍然不能作为本案的第三人，故 AD 正确。本案情形可以适用《行诉法解释》第 30 条第 1 款规定，行政机关的同一行政行为涉及两个以上利害关系人，其中一部分利害关系人对行政行为不服提起诉讼，人民法院应当通知没有起诉的其他利害关系人作为第三人参加诉讼。乙虽然受到独立编号的行政处罚决定，但其被处罚的事实与甲是基于同一个违反治安管理行为，乙不起诉即表明对行政处罚“满意”，在甲提起的行政诉讼中不能被追加为共同原告，而只能作第三人，所以 B 错误。在行政处罚案件中，被侵害人不服处罚决定有权提起行政诉讼，如果未提起诉讼，被侵害人可以作为第三人参加诉讼。故 C 错误。综上，本题为选非题，正确答案为 AD。

**75. AB**。《国家赔偿法》第 21 条规定，行使侦查、检察、审判职权的机关以及看守所、监狱管理机关及其工作人员在行使职权时侵犯公民、法人和其他组织的合法权益造成损害的，该机关为赔偿义务机关。对公民采取拘留措施，依照本法的规定应当给予国家赔偿的，作出拘留决定的机关为赔偿义务机关。对公民采取逮捕措施后决定撤销案件、不起诉或者判决宣告无罪的，作出逮捕决定的机关为赔偿义务机关。再审改判无罪的，作出原生效判决的人民法院为赔偿义务机关。二审改判无罪，以及二审发回重审后作无罪处理的，作出一审有罪判决的人民法院为赔偿义务机关。这里的“二审重审后作无罪处理的”包括：（1）一审法院重审改判无罪的；（2）二审发回重审，一审法院要求检察院补充侦查，检察院补充侦查后撤回起诉、作出不起诉的决定或撤销案件的；（3）检察院在发回重审过程中主动要求撤回起诉、作出不起诉决定或撤销案件的。所以，本案的赔偿义务机关应为区法院，AB 错误。2010 年修改《国家赔偿法》的亮点之一即取消了法院、检察院的共同赔偿机制，完全贯彻了刑事赔偿义务机关后置确定规则。此案中的区公安分局不会成为赔偿义务机关，因为被批准逮捕后的拘留就不能称为错误拘留。既然区法院是本案的赔偿义务机关，则赔偿请求人应先向赔偿义务机关区法院提出赔偿请求，C 正确。D“区检察院在审查起诉阶段决定撤销案件，方某请求国家赔偿的，区检察院为赔偿义务机关”正确，根据刑事赔偿义务机关后置确定规则，此时的区公安分局不承担赔偿责任。综上，本题为选非题，正确答案为 AB。

**76. AC**。本案中，规划局作出的静态的《拆除所建房屋通知》通常理解为行政处罚，否则题目设置 B 的干扰项、D 的适用简易程序就没有价值了。而这个静态的《拆除所建房屋通知》决定付诸实施时则将其理解为行政强制执行。其实，《行政处罚法》第 28 条第 1 款规定，行政机关实施行政处罚时，应当责令当事人改正或者限期改正违法行为。本案中，《拆除所建房屋通知》如果伴随着行政处罚的典型行政罚款，则责令拆除就具有责令限期改正的性质了。在这种观点下，责令拆除应当理解为一种责令相对人履行作为义务的行政命令。至于《关于限期拆除所建房屋的通知》，《行政强制法》第 35 条规定：“行政机关作出强制执行决定前，应当事先催告当事人履行义务。催告应当以书面形式作出，并载明下列事项：（一）履行义务的期限；（二）履行义务的方式；（三）涉及金钱给付的，应当有明确的金额和给付方式；（四）当事人依法享有的陈述权和申辩权。”所以《关于限期拆除所建房屋的通知》不属于行政处罚，而是《行政强制法》规定的“催告”。由上述分析可知，《拆除所建房屋通知》和《关于限期拆除所建房屋的通知》二者性质不同，A正确；《关于限期拆除所建房屋的通知》是行政强制执行措施，B错误。《拆除所建房屋通知》属于具体行政行为，故公司不服可以对其提起行政诉讼，C正确。《行政处罚法》第51条规定，违法事实确凿并有法定依据，对公民处以200元以下、对法人或者其他组织处以3000元以下罚款或者警告的行政处罚的，可以当场作出行政处罚决定。法律另有规定的，从其规定。本案不属于上述可以适用简易程序的情形。故D错误。综上，本题正确答案为AC。

**77. BCD**。《政府信息公开案件规定》第2条规定：“公民、法人或者其他组织对下列行为不服提起行政诉讼的，人民法院不予受理：……（二）要求行政机关提供政府公报、报纸、杂志、书籍等公开出版物，行政机关予以拒绝的……”据此，法院不应当受理黄某的诉讼请求，A错误。《政府信息公开案件规定》第1条：“公民、法人或者其他组织认为下列政府信息公开工作中的具体行政行为侵犯其合法权益，依法提起行政诉讼的，人民法院应当受理：（一）向行政机关申请获取政府信息，行政机关拒绝提供或者逾期不予答复的；（二）认为行政机关提供的政府信息不符合其在申请中要求的内容或者法律、法规规定的适当形式的；（三）认为行政机关主动公开或者依他人申请公开政府信息侵犯其商业秘密、个人隐私的；（四）认为行政机关提供的与其自身相关的政府信息记录不准确，要求该行政机关予以更正，该行政机关拒绝更正、逾期不予答复或者不予转送有权机关处理的；（五）认为行政机关在政府信息公开工作中的其他具体行政行为侵犯其合法权益的。公民、法人或者其他组织认为政府信息公开行政行为侵犯其合法权益造成损害的，可以一并或单独提起行政赔偿诉讼。”故BC正确。关于副市长的兼职情况属于政府信息范畴，应当公开。高某也有权提起行政诉讼，法院应当受理，故D正确。综上，本题正确答案为BCD。

**78. AD**。甲用真币1万元购买假币10万元的行为，构成购买假币罪。因此A正确。《最高人民法院关于审理伪造货币等案件具体应用法律若干问题的解释》第3条规定，出售、购买假币或者明知是假币而运输，总面额在4000元以上不满50000元的，属于“数额较大”。因此，购买假币的数额是以假币的总面值计算的，而不是扣除成本，B错误。甲是中国人，按照属人管辖的原则，我国有权审理本案，而不是保护管辖原则，因此，C错误。走私假币罪的客观表现为违反海关法律、法规，逃避海关监督管理，非法运输、携带、邮寄假币进出境的行为。因此，D正确。综上，本题正确答案为AD。

**79. BC**。赵某是赵氏调味品公司的员工，不是国家工作人员，不符合受贿罪的主体要件，甲将2万元真币送给赵某，请求其帮忙加盟的行为，构成对非国家工作人员行贿罪，因此，A错误。甲将10万元假币冒充真币送给赵某，不构成诈骗罪。所以，B正确。根据《刑法》第163条，非国家工作人员受贿罪，是指公司、企业或者其他单位的工作人员利用职务上的便利，索取他人财物或者非法收受他人财物，为他人谋取利益，数额较大的行为。赵某收受甲的财物，明知甲不符合加盟条件，仍为其办理加盟事宜的行为，构成非国家工作人员受贿罪，因此，C正确。《刑法》第167条规定，签订合同失职被骗罪，是指国有公司、企业、事业单位直接负责的主管人员，在签订合同过程中，因严重不负责任而被诈骗，致使国家利益遭受重大损失的行为。该罪的犯罪主体是特殊主体，即国有公司、企业、事业单位直接负责的主管人员，赵某不具备该主体条件，因此不能成立该罪。所以D错误。综上，本题正确答案为BC。

**80. ABC**。根据《刑法》第213条，假冒注册商标罪，是指违反国家商标管理法规，未经注册商标所有人许可，在同一种商品、服务上使用与其注册商标相同的商标，情节严重的行为。甲未经赵氏调味品注册商标所有人许可，即在“一滴香”上擅自贴上赵氏调味品注册商标，构成假冒注册商标罪。因此A正确。根据《刑法》第144条，销售有毒、有害食品罪是指销售者销售明知掺有有毒、有害的非食品原料的食品的行为。甲明知“一滴香”调味品含有害人体的添加剂仍予以销售的行为，构成销售有毒、有害食品罪。因此B正确。根据《刑法》第140条，销售伪劣产品罪，是指销售者在产品中掺杂、掺假，以假充真，以次充好或者以不合格产品冒充合格产品，销售金额达5万元以上的行为。甲销售含有害人体的添加剂的不合格调味品，且销售金额达到5万元，构成生产、销售伪劣产品罪。因此C正确。假冒注册商标行为与出售“一滴香”行为属于想象竞合犯，应择一重罪处罚，不实行数罪并罚。因此D错误。综上，本题正确答案为ABC。

**81. D**。对于以暴力、胁迫手段索取超出正常交易价钱、费用的钱财的行为，《关于审理抢劫、抢夺刑事案件适用法律若干问题的意见》第9条明确规定，从事正常商品买卖、交易或者劳动服务的人，以暴力、胁迫手段迫使他人交出与合理价钱、费用相差不大钱物，情节严重的，以强迫交易罪定罪处罚；以非法占有为目的，以买卖、交易、服务为幌子采用暴力、胁迫手段迫使他人交出与合理价钱、费用相差悬殊的钱物的，以抢劫罪定罪处刑。因此，需要根据案件事实及支付钱款的情况综合判断。本案中，张某到加盟店的目的是批发1万元调味品，只是因甲的态度不好打算离开，因此，甲从事的是正常商品买卖。虽然甲迫使乙多交 2000 元，但是与合理价钱相比，二者相差并不是很大，因此，应认定甲的行为构成强迫交易罪。所以 D 当选。综上，本题的正确答案为 D。

**82. BC**。超过银行同期最高贷款利率 4 倍的贷款利息，超过部分是不受法律保护的。至于刑事方面的责任，如果只是普通的民间借贷，一般来说不构成刑事犯罪，但若是扰乱了市场秩序则构成犯罪。题干显示甲以银行定期存款 4 倍的高息放贷，很快赚了钱，并未提及该行为扰乱市场秩序，因此不应认定其构成非法经营罪。因此 AD 错误。我国《刑法》第 176 条所规定的非法吸收公众存款罪是指违反国家金融管理法规，非法吸收公众存款或变相吸收公众存款，扰乱金融秩序的行为。甲虚构事实，以非法提高存款利率的方式吸收存款，从社会上筹得资金 1000 万元，严重扰乱金融秩序，构成非法吸收公众存款罪，不构成诈骗罪，因此 BC 正确。综上，本题正确答案为 BC。

**83. AB**。依照《刑法》第 192 条，集资诈骗罪是指以非法占有为目的，违反有关金融法律、法规的规定，使用诈骗方法进行非法集资，扰乱国家正常金融秩序，侵犯公私财产所有权，且数额较大的行为。所谓使用诈骗方法，是指行为人以非法占有为目的，编造谎言，捏造或者隐瞒事实真相，骗取他人的资金的行为。甲资金链断裂无法归还借款，但仍继续扩大宣传，又吸纳社会资金 2000 万元，以后期借款归还前期借款的行为，已经构成集资诈骗罪。集资诈骗金额为 2000 万元。因此 AB 正确。《刑法修正案（九）》删除了《刑法》第 199 条，即删除了集资诈骗罪可以判处死刑的相关规定。因此 C 错误。《刑法》第 64 条规定，犯罪分子违法所得的一切财物，应当予以追缴或者责令退赔。因此 D 错误。综上，本题正确答案为 AB。

**84. ABCD**。《刑事诉讼法》第 119 条第 1 款规定："对不需要逮捕、拘留的犯罪嫌疑人，可以传唤到犯罪嫌疑人所在市、县内的指定地点或者到他的住处进行讯问，但是应当出示人民检察院或者公安机关的证明文件。对在现场发现的犯罪嫌疑人，经出示工作证件，可以口头传唤，但应当在讯问笔录中注明。"故 ABD 正确。《刑事诉讼法》第 118 条规定："讯问犯罪嫌疑人必须由人民检察院或者公安机关的侦查人员负责进行。讯问的时候，侦查人员不得少于二人。犯罪嫌疑人被送交看守所羁押以后，侦查人员对其进行讯问，应当在看守所内进行。"故 C 正确。综上，本题的正确答案为 ABCD。

**85. ACD**。《刑事诉讼法》第 127 条规定："询问被害人，适用本节各条规定。"故询问被害人适用询问证人的规定。《刑事诉讼法》第 124 条规定："侦查人员询问证人，可以在现场进行，也可以到证人所在单位、住处或者证人提出的地点进行，在必要的时候，可以通知证人到人民检察院或者公安机关提供证言。在现场询问证人，应当出示工作证件，到证人所在单位、住处或者证人提出的地点询问证人，应当出示人民检察院或者公安机关的证明文件。询问证人应当个别进行。"故 AC 正确，B 错误。《刑事诉讼法》第 126 条规定："本法第一百二十二条的规定，也适用于询问证人。"《刑事诉讼法》第 122 条规定："讯问笔录应当交犯罪嫌疑人核对，对于没有阅读能力的，应当向他宣读。如果记载有遗漏或者差错，犯罪嫌疑人可以提出补充或者改正。犯罪嫌疑人承认笔录没有错误后，应当签名或者盖章。侦查人员也应当在笔录上签名。犯罪嫌疑人请求自行书写供述的，应当准许。必要的时候，侦查人员也可以要犯罪嫌疑人亲笔书写供词。"依照《刑事诉讼法》第 127 条，以上条款同样适用于询问被害人，故 D 正确。综上，本题的正确答案为 ACD。

**86. D**。《刑事诉讼法》第 141 条第 1 款规定："在侦查活动中发现的可用以证明犯罪嫌疑人有罪或者无罪的各种财物、文件，应当查封、扣押；与案件无关的财物、文件，不得查封、扣押。"《刑事诉讼法》第 143 条规定："侦查人员认为需要扣押犯罪嫌疑人的邮件、电报的时候，经公安机关或者人民检察院批准，即可通知邮电机关将有关的邮件、电报检交扣押。不需要继续扣押的时候，应即通知邮电机关。"据此，在侦查活动中均可视情形实施查封、扣押，而不仅限于勘验、搜查中，A 错误。侦查人员须经批准方可扣押邮件、电报，C 错误。《刑事诉讼法》第 144 条规定："人民检察院、公安机关根据侦查犯罪的需要，可以依照规定查询、冻结犯罪嫌疑人的存款、汇款、债券、股票、基金份额等财产。有关单位和个人应当配合。犯罪嫌疑人的存款、汇款、债券、股票、基金份额等财产已被冻结的，不得重复冻结。"故 B 中"扣押"犯罪嫌疑人的相关财产错误，应为"查询、冻结"。《刑事诉讼法》第 145 条规定："对查封、扣押的财物、文件、邮件、电报或者冻结的存款、汇款、债券、股票、基金份额等财产，经查明确实与案件无关的，应当在三日以内解除查封、扣押、冻结，予以退还。"故 D 正确。综上，本题的正确选项为 D。

**87. BC**。《刑事诉讼法》第 303 条第 1 款、第 2 款规定："根据本章规定对精神病人强制医疗的，由人民法院决定。公安机关发现精神病人符合强制医疗条件的，应当写出强制医疗意见书，移送人民检察院。对于公安机关移送的或者在审查起诉过程中发现的精神病人符合强制医疗条件的，人民检察院应当向人民法院提出强制医疗的申请。人民法院在审理案件过程中发现被告人符合强制医疗条件的，可以作出强制医疗的决定。"由此，法律只规定了检察院和法院可以启动强制医疗程序。从法条直接可知，本题正确答案为BC。

【陷阱提示】此处陷阱为公安机关，细读法条我们可以发现，公安机关只能就强制医疗问题向检察院提出意见，并不能直接向决定机关申请，检察院应当对公安机关提出的意见进行审查，符合强制医疗条件的，才会向人民法院申请，故启动权在检察院而非公安机关。

**88. BCD**。《刑事诉讼法》第304条规定："人民法院受理强制医疗的申请后，应当组成合议庭进行审理。人民法院审理强制医疗案件，应当通知被申请人或者被告人的法定代理人到场。被申请人或者被告人没有委托诉讼代理人的，人民法院应当通知法律援助机构指派律师为其提供法律帮助。"据此，A正确。本题中，法院应当通知法律援助机构指派律师为刘某提供法律帮助，故B错误。《刑事诉讼法》第305条规定："人民法院经审理，对于被申请人或者被告人符合强制医疗条件的，应当在一个月以内作出强制医疗的决定。被决定强制医疗的人、被害人及其法定代理人、近亲属对强制医疗决定不服的，可以向上一级人民法院申请复议。"据此，法院作出的是"决定"而不是"裁定"，C错误。受害人不服的，可以向上一级人民法院申请"复议"，而不是申请检察院提起"抗诉"，D错误。综上，本题为选非题，正确答案为BCD。

**89. ABD**。《行政强制法》第9条规定："行政强制措施的种类：（一）限制公民人身自由；（二）查封场所、设施或者财物；（三）扣押财物；（四）冻结存款、汇款；（五）其他行政强制措施。"题干中的扣留是暂扣、扣押财物的行政强制措施。其中，A的扣留驾驶证的行为并非《道路交通安全法》中规定的作为行政处罚的吊扣驾照行为（3个月）。最高院在有关批复中也确认暂扣驾驶证和车辆的行为属于可诉的行政强制措施。因此AB正确。《行政强制法》第12条规定："行政强制执行的方式：（一）加处罚款或者滞纳金；（二）划拨存款、汇款；（三）拍卖或者依法处理查封、扣押的场所、设施或者财物；（四）排除妨碍、恢复原状；（五）代履行；（六）其他强制执行方式。"D正确，C错误。综上。本题正确答案为ABD。

**90. ABC**。《国家赔偿法》第34条规定："侵犯公民生命健康权的，赔偿金按照下列规定计算：（一）造成身体伤害的，应当支付医疗费、护理费，以及赔偿因误工减少的收入。减少的收入每日的赔偿金按照国家上年度职工日平均工资计算，最高额为国家上年度职工年平均工资的五倍；（二）造成部分或者全部丧失劳动能力的，应当支付医疗费、护理费、残疾生活辅助具费、康复费等因残疾而增加的必要支出和继续治疗所必需的费用，以及残疾赔偿金。残疾赔偿金根据丧失劳动能力的程度，按照国家规定的伤残等级确定，最高不超过国家上年度职工年平均工资的二十倍。造成全部丧失劳动能力的，对其扶养的无劳动能力的人，还应当支付生活费；（三）造成死亡的，应当支付死亡赔偿金、丧葬费，总额为国家上年度职工年平均工资的二十倍。对死者生前扶养的无劳动能力的人，还应当支付生活费。前款第二项、第三项规定的生活费的发放标准，参照当地最低生活保障标准执行。被扶养的人是未成年人的，生活费给付至十八周岁止；其他无劳动能力的人，生活费给付至死亡时止。"国家赔偿中的生活费仅在死亡及"全残"——全部丧失劳动能力时存在，本题中的廖某属于部分丧失劳动能力，赔偿标准中不包括生活费。故D错误。综上，本题正确答案为ABC。

# 第 18 天

*手中电曳倚天剑，直斩长鲸海水开。*

## 试 题

**1.** 张某从银行贷得 80 万元用于购买房屋，并以该房屋设定了抵押。在借款期间房屋被洪水冲毁。张某尽管生活艰难，仍想方设法还清了银行贷款。对此，周围多有议论。下列哪一观点可以成立？

A. 甲认为，房屋被洪水冲毁属于不可抗力，张某无须履行还款义务。坚持还贷是多此一举

B. 乙认为，张某已不具备还贷能力，无须履行还款义务。坚持还贷是为难自己

C. 丙认为，张某对房屋的毁损没有过错，且此情况不止一家，银行应将贷款作坏账处理。坚持还贷是一厢情愿

D. 丁认为，张某与银行的贷款合同并未因房屋被冲毁而消灭。坚持还贷是严守合约、诚实信用

**2.** 关于法人，下列哪一表述是正确的？

A. 社团法人均属营利法人

B. 基金会法人均属公益法人

C. 社团法人均属公益法人

D. 民办非企业单位法人均属营利法人

**3.** 下列哪一情形构成重大误解，属于可变更、可撤销的民事行为？

A. 甲立下遗嘱，误将乙的字画分配给继承人

B. 甲装修房屋，误以为乙的地砖为自家所有，并予以使用

C. 甲入住乙宾馆，误以为乙宾馆提供的茶叶是无偿的，并予以使用

D. 甲要购买电动车，误以为精神病人乙是完全民事行为能力人，并与之签订买卖合同

**4.** 甲与同学打赌，故意将一台旧电脑遗留在某出租车上，看是否有人送还。与此同时，甲通过电台广播悬赏，称捡到电脑并归还者，付给奖金 500 元。该出租汽车司机乙很快将该电脑送回，主张奖金时遭拒。下列哪一表述是正确的？

A. 甲的悬赏属于要约

B. 甲的悬赏属于单方允诺

C. 乙归还电脑的行为是承诺

D. 乙送还电脑是义务，不能获得奖金

**5.** 关于诉讼时效，下列哪一选项是正确的？

A. 甲借乙 5 万元，向乙出具借条，约定 1 周之内归还。乙债权的诉讼时效期间从借条出具日起计算

B. 甲对乙享有 10 万元货款债权，丙是连带保证人，甲对丙主张权利，会导致 10 万元货款债权诉讼时效中断

C. 甲向银行借款 100 万元，乙提供价值 80 万元房产作抵押，银行实现对乙的抵押权后，会导致剩余的 20 万元主债务诉讼时效中断

D. 甲为乙欠银行的 50 万元债务提供一般保证。甲不知 50 万元主债务诉讼时效期间届满，放弃先诉抗辩权，承担保证责任后不得向乙追偿

**6.** 甲、乙、丙、丁共有 1 套房屋，各占 1/4，对共有房屋的管理没有进行约定。甲、乙、丙未经丁同意，以全体共有人的名义将该房屋出租给戊。关于甲、乙、丙上述行为对丁的效力的依据，下列哪一表述是正确的？

A. 有效，出租属于对共有物的管理，各共有人都有管理的权利

B. 有效，对共有物的处分应当经占共有份额 2/3 以上的共有人的同意，出租行为较处分为轻，当然可以为之

C. 无效，对共有物的出租属于处分，应当经全体共有人的同意

D. 有效，出租是以利用的方法增加物的收益，可以视为改良行为，经占共有份额 2/3 以上的共有人的同意即可

**7.** 甲对乙享有 10 万元的债权，甲将该债权向丙出质，借款 5 万元。下列哪一表述是错误的？

A. 将债权出质的事实通知乙不是债权质权生效的要件

B. 如未将债权出质的事实通知乙，丙即不得向乙主张权利

C. 如将债权出质的事实通知了乙，即使乙向甲履行了债务，乙不得对丙主张债已消灭

D. 乙在得到债权出质的通知后，向甲还款 3 万元，因还有 7 万元的债权额作为担保，乙的部分履行行为对丙有效

**8.** 甲、乙是邻居。乙出国 2 年，甲将乙的停车位占为己用。期间，甲将该停车位出租给丙，租期 1 年。期满后丙表示不再续租，但仍继续使用该停车位。下列哪一表述是错误的？

A. 甲将乙的停车位占为己用，甲属于恶意、无权占有人

B. 丙的租期届满前，甲不能对丙主张占有返还请求权

C. 乙可以请求甲返还原物。在甲为间接占有人时，可以对甲请求让与其对丙的占有返还请求权

D. 无论丙是善意或恶意的占有人，乙都可以对其行使占有返还请求权

**9.** 甲将其 1 辆汽车出卖给乙，约定价款 30 万元。乙先付 20 万元，余款在 6 个月内分期支付。在分期付款期间，甲先将汽车交付给乙，但明确约定付清全款后甲才将汽车的所有权移转给乙。嗣后，甲又将该汽车以 20 万元的价格卖给不知情的丙，并以指示交付的方式完成交付。下列哪一表述是正确的？

A. 在乙分期付款期间，汽车已经交付给乙，乙即取得汽车的所有权

B. 在乙分期付款期间，汽车虽然已经交付给乙，但甲保留了汽车的所有权，故乙不能取得汽车的所有权

C. 丙对甲、乙之间的交易不知情，可以依据善意取得制度取得汽车所有权

D. 丙不能依甲的指示交付取得汽车所有权

**10.** 甲公司未取得商铺预售许可证，便与李某签订了《商铺认购书》，约定李某支付认购金即可取得商铺优先认购权，商铺正式认购时甲公司应优先通知李某选购。双方还约定了认购面积和房价，但对楼号、房型未作约定。李某依约支付了认购金。甲公司取得预售许可后，未通知李某前来认购，将商铺售罄。关于《商铺认购书》，下列哪一表述是正确的？

A. 无效，因甲公司未取得预售许可证即对外销售

B. 不成立，因合同内容不完整

C. 甲公司未履行通知义务，构成根本违约

D. 甲公司须承担继续履行的违约责任

**11.** 甲与乙教育培训机构就课外辅导达成协议，约定甲交费 5 万元，乙保证甲在接受乙的辅导后，高考分数能达到二本线。若未达到该目标，全额退费。结果甲高考成绩仅达去年二本线，与今年高考二本线尚差 20 分。关于乙的承诺，下列哪一表述是正确的？

A. 属于无效格式条款

B. 因显失公平而可变更

C. 因情势变更而可变更

D. 虽违背教育规律但属有效

**12.** 甲公司对乙公司负有交付葡萄酒的合同义务。丙公司和乙公司约定，由丙公司代甲公司履行，甲公司对此全不知情。下列哪一表述是正确的？

A. 虽然甲公司不知情，丙公司的履行仍然有法律效力

B. 因甲公司不知情，故丙公司代为履行后对甲公司不得追偿代为履行的必要费用

C. 虽然甲公司不知情，但如丙公司履行有瑕疵的，甲公司需就此对乙公司承担违约责任

D. 虽然甲公司不知情，但如丙公司履行有瑕疵从而承担违约责任的，丙公司可就该违约赔偿金向甲公司追偿

**13.** 甲将其对乙享有的 10 万元货款债权转让给丙，丙再转让给丁，乙均不知情。乙将债务转让给戊，得到了甲的同意。丁要求乙履行债务，乙以其不知情为由抗辩。下列哪一表述是正确的？

A. 甲将债权转让给丙的行为无效

B. 丙将债权转让给丁的行为无效

C. 乙将债务转让给戊的行为无效

D. 如乙清偿 10 万元债务，则享有对戊的求偿权

**14.** 乙在甲提存机构办好提存手续并通知债权人丙后，将 2 台专业相机、2 台天文望远镜交甲提存。后乙另行向丙履行了提存之债，要求取回提存物。但甲机构工作人员在检修自来水管道时因操作不当引起大水，致乙交存的物品严重毁损。下列哪一选项是错误的？

A. 甲机构构成违约行为

B. 甲机构应承担赔偿责任

C. 乙有权主张赔偿财产损失

D. 丙有权主张赔偿财产损失

**15.** 甲公司在 2011 年 6 月 1 日欠乙公司货款 500 万元，届期无力清偿。2010 年 12 月 1 日，甲公司向丙公司赠送一套价值 50 万元的机器设备。2011 年 3 月 1 日，甲公司向丁基金会捐赠 50 万元现金。2011 年 12 月 1 日，甲公司向戊希望学校捐赠价值 100 万元的电脑。甲公司的 3 项赠与行为均尚未履行。下列哪一选项是正确的？

A. 乙公司有权撤销甲公司对丙公司的赠与

B. 乙公司有权撤销甲公司对丁基金会的捐赠

C. 乙公司有权撤销甲公司对戊学校的捐赠

D. 甲公司有权撤销对戊学校的捐赠

**16.** 甲公司与乙公司签订一份专利实施许可合同，约定乙公司在专利有效期限内独占实施甲公司的专利技术，并特别约定乙公司不得擅自改进该专利技术。后乙公司根据消费者的反馈意见，在未经甲公司许可的情形下对专利技术做了改进，并对改进技术采取了保密措施。下列哪一说法是正确的？

A. 甲公司有权自己实施该专利技术
B. 甲公司无权要求分享改进技术
C. 乙公司改进技术侵犯了甲公司的专利权
D. 乙公司改进技术属于违约行为

**17.** 某出版社出版了一本学术论文集，专门收集国内学者公开发表的关于如何认定和处理侵犯知识产权行为的有关论文或论文摘要。该论文集收录的论文受我国著作权法保护，其内容选择和编排具有独创性。下列哪一说法是正确的?

A. 被选编入论文集的论文已经发表，故出版社不需征得论文著作权人的同意
B. 该论文集属于学术著作，具有公益性，故出版社不需向论文著作权人支付报酬
C. 他人复制该论文集只需征得出版社同意并支付报酬
D. 如出版社未经论文著作权人同意而将有关论文收录，出版社对该论文集仍享有著作权

**18.** 下列哪一选项不属于侵犯专利权的行为?

A. 甲公司与专利权人签订独占实施许可合同后，许可其子公司乙公司实施该专利技术
B. 获得强制许可实施权的甲公司许可他人实施该专利技术
C. 甲公司销售不知道是侵犯他人专利的产品并能证明该产品来源合法
D. 为提供行政审批所需要的信息，甲公司未经专利权人的同意而制造其专利药品

**19.** 如外国企业在我国申请注册商标，下列哪一说法是正确的?

A. 应当委托在我国依法成立的律师事务所代理
B. 所属国必须已加入《保护工业产权巴黎公约》
C. 所属国必须已加入世界贸易组织
D. 如所属国商标注册主管机关曾驳回了其商标注册申请，该申请在我国仍有可能获准注册

**20.** 甲将某物出售于乙，乙转售于丙，甲应乙的要求，将该物直接交付于丙。下列哪一说法是错误的?

A. 如仅甲、乙间买卖合同无效，则甲有权向乙主张不当得利返还请求权
B. 如仅乙、丙间买卖合同无效，则乙有权向丙主张不当得利返还请求权
C. 如甲、乙间以及乙、丙间买卖合同均无效，甲无权向丙主张不当得利返还请求权
D. 如甲、乙间以及乙、丙间买卖合同均无效，甲有权向乙、乙有权向丙主张不当得利返还请求权

**21.** 甲聘请乙负责照看小孩，丙聘请丁做家务。甲和丙为邻居，乙和丁为好友。一日，甲突生急病昏迷不醒，乙联系不上甲的亲属，急将甲送往医院，并将甲的小孩委托给丁临时照看。丁疏于照看，致甲的小孩在玩耍中受伤。下列哪一说法是正确的?

A. 乙将甲送往医院的行为属于无因管理
B. 丁照看小孩的行为属于无因管理，不构成侵权行为
C. 丙应当承担甲小孩的医疗费
D. 乙和丁对甲小孩的医疗费承担连带责任

**22.** 甲在乙寺院出家修行，立下遗嘱，将下列财产分配给女儿丙：乙寺院出资购买并登记在甲名下的房产；甲以僧人身份注册的微博账号；甲撰写《金刚经解说》的发表权；甲的个人存款。甲死后，在遗产分割上乙寺院与丙之间发生争议。下列哪一说法是正确的?

A. 房产虽然登记在甲名下，但甲并非事实上所有权人，其房产应归寺院所有
B. 甲以僧人身份注册的微博账号，目的是为推广佛法理念，其微博账号应归寺院所有
C. 甲撰写的《金刚经解说》属于职务作品，为保护寺院的利益，其发表权应归寺院所有
D. 甲既已出家，四大皆空，个人存款应属寺院财产，为维护宗教事业发展，其个人存款应归寺院所有

**23.** 甲与乙结婚多年后，乙患重大疾病需要医治，甲保管夫妻共同财产但拒绝向乙提供治疗费，致乙疾病得不到及时治疗而恶化。下列哪一说法是错误的?

A. 乙在婚姻关系存续期间，有权起诉请求分割夫妻共同财产
B. 乙有权提出离婚诉讼并请求甲损害赔偿
C. 乙在离婚诉讼中有权请求多分夫妻共同财产
D. 乙有权请求公安机关依照《治安管理处罚法》对甲予以行政处罚

**24.** 甲与保姆乙约定：甲生前由乙照料，死后遗产全部归乙。乙一直细心照料甲。后甲女儿丙回国，与乙一起照料甲，半年后甲去世。丙认为自己是第一顺序继承人，且尽了义务，主张甲、乙约定无效。下列哪一表述是正确的?

A. 遗赠扶养协议有效
B. 协议部分无效，丙可以继承甲的一半遗产
C. 协议无效，应按法定继承处理
D. 协议有效，应按遗嘱继承处理

**25.** 甲、乙、丙拟共同出资 50 万元设立一有限公司。公司成立后，在其设置的股东名册中记载了甲乙丙 3 人的姓名与出资额等事项，但在办理公司登记时遗漏了丙，使得公司登记的文件中股东只有甲乙 2 人。下列哪一说法是正确的?

A. 丙不能取得股东资格
B. 丙取得股东资格，但不能参与当年的分红
C. 丙取得股东资格，但不能对抗第三人
D. 丙不能取得股东资格，但可以参与当年的分红

**26.** 郑贺为甲有限公司的经理，利用职务之便为其妻吴悠经营的乙公司谋取本来属于甲公司的商业机会，致甲公司损失50万元。甲公司小股东付冰欲通过诉讼维护公司利益。关于付冰的做法，下列哪一选项是正确的？

A. 必须先书面请求甲公司董事会对郑贺提起诉讼

B. 必须先书面请求甲公司监事会对郑贺提起诉讼

C. 只有在董事会拒绝起诉情况下，才能请求监事会对郑贺提起诉讼

D. 只有在其股权达到1%时，才能请求甲公司有关部门对郑贺提起诉讼

**27.** 2012年5月，东湖有限公司股东申请法院对公司进行司法清算，法院为其指定相关人员组成清算组。关于该清算组成员，下列哪一选项是错误的？

A. 公司债权人唐某

B. 公司董事长程某

C. 公司财务总监钱某

D. 公司聘请的某律师事务所

**28.** 为开拓市场需要，个人独资企业主曾水决定在某市设立一个分支机构，委托朋友霍火为分支机构负责人。关于霍火的权利和义务，下列哪一表述是正确的？

A. 应承担该分支机构的民事责任

B. 可以从事与企业总部相竞争的业务

C. 可以将自己的货物直接出卖给分支机构

D. 经曾水同意可以分支机构财产为其弟提供抵押担保

**29.** 某公司经营不善，现进行破产清算。关于本案的诉讼费用，下列哪一说法是错误的？

A. 在破产申请人未预先交纳诉讼费用时，法院应裁定不予受理破产申请

B. 该诉讼费用可由债务人财产随时清偿

C. 债务人财产不足时，诉讼费用应先于共益费用受清偿

D. 债务人财产不足以清偿诉讼费用等破产费用的，破产管理人应提请法院终结破产程序

**30.** 在某公司破产案件中，债权人会议经出席会议的有表决权的债权人过半数通过，并且其所代表的债权额占无财产担保债权总额的60%，就若干事项形成决议。该决议所涉下列哪一事项不符合《企业破产法》的规定？

A. 选举8名债权人代表与1名职工代表组成债权人委员会

B. 通过债务人财产的管理方案

C. 申请法院更换管理人

D. 通过和解协议

**31.** 关于票据丧失时的法律救济方式，下列哪一说法是错误的？

A. 通知票据付款人挂失止付

B. 申请法院公示催告

C. 向法院提起诉讼

D. 不经挂失止付不能申请公示催告或者提起诉讼

**32.** 甲向某保险公司投保人寿保险，指定其秘书乙为受益人。保险期间内，甲、乙因交通事故意外身亡，且不能确定死亡时间的先后。该起交通事故由事故责任人丙承担全部责任。现甲的继承人和乙的继承人均要求保险公司支付保险金。下列哪一选项是正确的？

A. 保险金应全部交给甲的继承人

B. 保险金应全部交给乙的继承人

C. 保险金应由甲和乙的继承人平均分配

D. 某保险公司承担保险责任后有权向丙追偿

**33.** 为扩大生产规模，筹集公司发展所需资金，鄂神股份有限公司拟发行总值为1亿元的股票。下列哪一说法符合《证券法》的规定？

A. 根据需要可向特定对象公开发行股票

B. 董事会决定后即可径自发行

C. 可采取溢价发行方式

D. 不必将股票发行情况上报证券监管机构备案

**34.** 村民甲、乙因相邻关系发生纠纷，甲诉至法院，要求判决乙准许其从乙承包的土地上通过。审理中，法院主动了解和分析甲通过乙土地的合理性，听取其他村民的意见，并请村委会主任做双方工作，最终促成双方同意调解。调解时邀请了村中有声望的老人及当事人的共同朋友参加，双方互相让步达成协议，恢复和睦关系。关于法院的做法，下列哪一说法是正确的？

A. 法院突破审判程序，违反了依法裁判原则

B. 他人参与调解，影响当事人意思表达，违反了辩论原则

C. 双方让步放弃诉求和权益，违反了处分原则

D. 体现了司法运用法律手段，发挥调解功能，能动履职的要求

**35.** 唐某作为技术人员参与了甲公司一项新产品研发，并与该公司签订了为期2年的服务与保密合同。合同履行1年后，唐某被甲公司的竞争对手乙公司高薪挖走，负责开发类似的产品。甲公司起诉至法院，要求唐某承担违约责任并保守其原知晓的产品。关于该案的审判，下列哪一说法是正确的？

A. 只有在唐某与甲公司共同提出申请不公开审理此案的情况下，法院才可以不公开审理

B. 根据法律的规定，该案不应当公开审理，但应当公开宣判

C. 法院可以根据当事人的申请不公开审理此案，但应当公开宣判

D. 法院应当公开审理此案并公开宣判

**36.** 甲路过乙家门口，被乙叠放在门口的砖头砸伤，甲起诉要求乙赔偿。关于本案的证明责任分配，下列哪一说法是错误的？

A. 乙叠放砖头倒塌的事实，由原告甲承担证明责任

B. 甲受损害的事实，由原告甲承担证明责任

C. 甲所受损害是由于乙叠放砖头倒塌砸伤的事实，由原告甲承担证明责任

D. 乙有主观过错的事实，由原告甲承担证明责任

**37.** 关于《民事诉讼法》规定的期间制度，下列哪一选项是正确的？

A. 法定期间都属于绝对不可变期间

B. 涉外案件的审理不受案件审结期限的限制

C. 当事人从外地到法院参加诉讼的在途期间不包括在期间内

D. 当事人有正当理由耽误了期间，法院应当依职权为其延展期间

**38.** 甲诉乙损害赔偿一案，双方在诉讼中达成和解协议。关于本案，下列哪一说法是正确的？

A. 当事人无权向法院申请撤诉

B. 因当事人已达成和解协议，法院应当裁定终结诉讼程序

C. 当事人可以申请法院依和解协议内容制作调解书

D. 当事人可以申请法院依和解协议内容制作判决书

**39.** 关于民事案件的开庭审理，下列哪一选项是正确的？

A. 开庭时由书记员核对当事人身份和宣布案由

B. 法院收集的证据是否需要进行质证，由法院决定

C. 合议庭评议实行少数服从多数，形成不了多数意见时，以审判长意见为准

D. 法院定期宣判的，法院应当在宣判后立即将判决书发给当事人

**40.** 甲公司诉乙公司货款纠纷一案，A 市 B 区法院在审理中查明甲公司的权利主张已超过诉讼时效（乙公司并未提出时效抗辩），遂判决驳回甲公司的诉讼请求。判决作出后上诉期间届满之前，B 区法院发现其依职权适用诉讼时效规则是错误的。关于本案的处理，下列哪一说法是正确的？

A. 因判决尚未发生效力，B 区法院可以将判决书予以收回，重新作出新的判决

B. B 区法院可以将判决书予以收回，恢复庭审并向当事人释明时效问题，视具体情况重新作出判决

C. B 区法院可以作出裁定，纠正原判决中的错误

D. 如上诉期间届满当事人未上诉的，B 区法院可以决定再审，纠正原判决中的错误

**41.** 经审理，一审法院判决被告王某支付原告刘某欠款本息共计 22 万元，王某不服提起上诉。二审中，双方当事人达成和解协议，约定：王某在 3 个月内向刘某分期偿付 20 万元，刘某放弃利息请求。案件经王某申请撤回上诉而终结。约定的期限届满后，王某只支付了 15 万元。刘某欲寻求法律救济。下列哪一说法是正确的？

A. 只能向一审法院重新起诉

B. 只能向一审法院申请执行一审判决

C. 可向一审法院申请执行和解协议

D. 可向二审法院提出上诉

**42.** 关于民事诉讼二审程序的表述，下列哪一选项是错误的？

A. 二审案件的审理，遇有二审程序没有规定的情形，应当适用一审普通程序的相关规定

B. 二审案件的审理，以开庭审理为原则

C. 二审案件调解的结果变更了一审判决内容的，应当在调解书中写明“撤销原判”

D. 二审案件的审理，应当由法官组成的合议庭进行审理

**43.** 关于《民事诉讼法》规定的特别程序的表述，下列哪一选项是正确的？

A. 适用特别程序审理的案件都是非讼案件

B. 起诉人或申请人与案件都有直接的利害关系

C. 适用特别程序审理的案件都是一审终审

D. 陪审员通常不参加适用特别程序案件的审理

**44.** 2010 年 7 月，甲公司不服 A 市 B 区法院对其与乙公司买卖合同纠纷的判决，上诉至 A 市中级法院，A 市中级法院经审理维持原判决。2011 年 3 月，甲公司与丙公司合并为丁公司。之后，丁公司法律顾问在复查原甲公司的相关材料时，发现上述案件具备申请再审的法定事由。关于该案件的再审，下列哪一说法是正确的？

A. 应由甲公司向法院申请再审

B. 应由甲公司与丙公司共同向法院申请再审

C. 应由丁公司向法院申请再审

D. 应由丁公司以案外人身份向法院申请再审

**45.** 甲公司因票据遗失向法院申请公示催告。在公示催告期间届满的第 3 天，乙向法院申报权利。下列哪一说法是正确的？

A. 因公示催告期间已经届满，法院应当驳回乙的权利申报

B. 法院应当开庭，就失票的权属进行调查，组织当事人进行辩论

C. 法院应当对乙的申报进行形式审查，并通知甲到场查验票据

D. 法院应当审查乙迟延申报权利是否具有正当事由，并分别情况作出处理

**46.** 关于民事诉讼的裁定，下列哪一选项是正确的？

A. 裁定可以适用于不予受理、管辖权异议和驳回诉讼请求

B. 当事人有正当理由没有到庭的，法院应当裁定延期审理

C. 裁定的拘束力通常只及于当事人、诉讼参与人和审判人员

D. 当事人不服一审法院作出的裁定，可以向上一级法院提出上诉

**47.** 武当公司与洪湖公司签订了一份钢材购销合同，同时约定，因合同效力或合同的履行发生纠纷提交A仲裁委员会或B仲裁委员会仲裁解决。合同签订后，洪湖公司以本公司具体承办人超越权限签订合同为由，主张合同无效。关于本案，下列哪一说法是正确的？

A. 因当事人约定了2个仲裁委员会，仲裁协议当然无效

B. 因洪湖公司承办人员超越权限签订合同导致合同无效，仲裁协议当然无效

C. 洪湖公司如向法院起诉，法院应当受理

D. 洪湖公司如向法院起诉，法院应当裁定不予受理

**48.** 某仲裁委员会在开庭审理甲公司与乙公司合同纠纷一案时，乙公司对仲裁庭中的一名仲裁员提出了回避申请。经审查后，该仲裁员依法应予回避，仲裁委员会重新确定了仲裁员。关于仲裁程序如何进行，下列哪一选项是正确的？

A. 已进行的仲裁程序应当重新进行

B. 已进行的仲裁程序有效，仲裁程序应当继续进行

C. 当事人请求已进行的仲裁程序重新进行的，仲裁程序应当重新进行

D. 已进行的仲裁程序是否重新进行，仲裁庭有权决定

**49.** 甲公司因与乙公司的合同纠纷向某仲裁委员会申请仲裁，甲公司的仲裁请求得到仲裁庭的支持。裁决作出后，乙公司向法院申请撤销仲裁裁决。法院在审查过程中，甲公司向法院申请强制执行仲裁裁决。关于本案，下列哪一说法是正确的？

A. 法院对撤销仲裁裁决申请的审查，不影响法院对该裁决的强制执行

B. 法院不应当受理甲公司的执行申请

C. 法院应当受理甲公司的执行申请，同时应当告知乙公司向法院申请裁定不予执行仲裁裁决

D. 法院应当受理甲公司的执行申请，受理后应当裁定中止执行

**50.** 根据公平正义理念的内涵，关于《民法典》第243条就“征收集体土地和单位、个人房屋及其他不动产”所作的规定，下列哪些说法可以成立？

A. 有公共利益的需要，方可进行征收，实现国家、集体和个人利益的统一

B. 征收须依照法定权限和程序进行，保证程序公正

C. 对失地农民须全面补偿，对失房市民可予拆迁补偿，合理考虑不同诉求

D. 明确保障住宅被征收人的居住条件，保护正当利益和民生

**51.** 下列哪些情形属于无效合同？

A. 甲医院以国产假肢冒充进口假肢，高价卖给乙

B. 甲乙双方为了在办理房屋过户登记时避税，将实际成交价为100万元的房屋买卖合同价格写为60万元

C. 有妇之夫甲委托未婚女乙代孕，约定事成后甲补偿乙50万元

D. 甲父患癌症急需用钱，乙趁机以低价收购甲收藏的1幅名画，甲无奈与乙签订了买卖合同

**52.** 下列哪些情形属于代理？

A. 甲请乙从国外代购1套名牌饮具，乙自己要买2套，故乙共买3套一并结账

B. 甲请乙代购茶叶，乙将甲写好茶叶名称的纸条交给销售员，告知其是为自己朋友买茶叶

C. 甲律师接受法院指定担任被告人乙的辩护人

D. 甲介绍歌星乙参加某演唱会，并与主办方签订了三方协议

**53.** 甲委托乙采购一批电脑，乙受丙诱骗高价采购了一批劣质手机。丙一直以销售劣质手机为业，甲对此知情。关于手机买卖合同，下列哪些表述是正确的？

A. 甲有权追认

B. 甲有权撤销

C. 乙有权以甲的名义撤销

D. 丙有权撤销

**54.** 甲公司向乙银行借款100万元，丙、丁以各自房产分别向乙银行设定抵押，戊、己分别向乙银行出具承担全部责任的担保函，承担保证责任。下列哪些表述是正确的？

A. 乙银行可以就丙或者丁的房产行使抵押权

B. 丙承担担保责任后，可向甲公司追偿，也可要求丁清偿其应承担的份额

C. 乙银行可以要求戊或者己承担全部保证责任

D. 戊承担保证责任后，可向甲公司追偿，也可要求己清偿其应承担的份额

**55.** 甲将1套房屋出卖给乙，已经移转占有，没有办理房屋所有权移转登记。现甲死亡，该房屋由其

子丙继承。丙在继承房屋后又将该房屋出卖给丁，并办理了房屋所有权移转登记。下列哪些表述是正确的？

A. 乙虽然没有取得房屋所有权，但是基于甲的意思取得占有，乙为有权占有

B. 乙可以对甲的继承人丙主张有权占有

C. 在丁取得房屋所有权后，乙可以以占有有正当权利来源对丁主张有权占有

D. 在丁取得房屋所有权后，丁可以基于其所有权请求乙返还房屋

**56.** 甲以自有房屋向乙银行抵押借款，办理了抵押登记。丙因甲欠钱不还，强行进入该房屋居住。借款到期后，甲无力偿还债务。该房屋由于丙的非法居住，难以拍卖，甲怠于行使对丙的返还请求权。乙银行可以行使下列哪些权利？

A. 请求甲行使对丙的返还请求权，防止抵押财产价值的减少

B. 请求甲将对丙的返还请求权转让给自己

C. 可以代位行使对丙的返还请求权

D. 可以依据抵押权直接对丙行使返还请求权

**57.** 丙找甲借自行车，甲的自行车与乙的很相像，均放于楼下车棚。丙错认乙车为甲车，遂把乙车骑走。甲告知丙骑错车，丙未理睬。某日，丙骑车购物，将车放在商店楼下，因墙体倒塌将车砸坏。下列哪些表述是正确的？

A. 丙错认乙车为甲车而占有，属于无权占有人

B. 甲告知丙骑错车前，丙修车的必要费用，乙应当偿还

C. 无论丙是否知道骑错车，乙均有权对其行使占有返还请求权

D. 对于乙车的毁损，丙应当承担赔偿责任

**58.** 甲公司对乙公司享有 5 万元债权，乙公司对丙公司享有 10 万元债权。如甲公司对丙公司提起代位权诉讼，则针对甲公司，丙公司的下列哪些主张具有法律依据？

A. 有权主张乙公司对甲公司的抗辩

B. 有权主张丙公司对乙公司的抗辩

C. 有权主张代位权行使中对甲公司的抗辩

D. 有权要求法院追加乙公司为共同被告

**59.** 甲公司与乙公司签订商品房包销合同，约定甲公司将其开发的 10 套房屋交由乙公司包销。甲公司将其中 1 套房屋卖给丙，丙向甲公司支付了首付款 20 万元。后因国家出台房地产调控政策，丙不具备购房资格，甲公司与丙之间的房屋买卖合同不能继续履行。下列哪些表述是正确的？

A. 甲公司将房屋出卖给丙的行为属于无权处分

B. 乙公司有权请求甲公司承担违约责任

C. 丙有权请求解除合同

D. 甲公司只需将 20 万元本金返还给丙

**60.** 王某创作歌曲《唱来唱去》，张某经王某许可后演唱该歌曲并由花园公司合法制作成录音制品后发行。下列哪些未经权利人许可的行为属于侵权行为？

A. 甲航空公司购买该正版录音制品后在飞机上播放供乘客欣赏

B. 乙公司购买该正版录音制品后进行出租

C. 丙学生购买正版的录音制品后用于个人欣赏

D. 丁学生购买正版录音制品试听后将其上传到网络上传播

**61.** 居住在 A 国的我国公民甲创作一部英文小说，乙经许可将该小说翻译成中文小说，丙经许可将该翻译的中文小说改编成电影文学剧本，并向丁杂志社投稿。下列哪些说法是错误的？

A. 甲的小说必须在我国或 A 国发表才能受我国著作权法保护

B. 乙翻译的小说和丙改编的电影文学剧本均属于演绎作品

C. 丙只需征得乙的同意并向其支付报酬

D. 丁杂志社如要使用丙的作品还应当分别征得甲、乙的同意，但只需向丙支付报酬

**62.** 工程师王某在甲公司的职责是研发电脑鼠标。下列哪些说法是错误的？

A. 王某利用业余时间研发的新鼠标的专利申请权属于甲公司

B. 如王某没有利用甲公司物质技术条件研发出新鼠标，其专利申请权属于王某

C. 王某主要利用了单位物质技术条件研发出新型手机，其专利申请权属于王某

D. 如王某辞职后到乙公司研发出新鼠标，其专利申请权均属于乙公司

**63.** 甲公司将其生产的白酒独创性地取名为“逍遥乐”，并在该酒的包装、装潢和广告中突出宣传酒名，致“逍遥乐”被消费者熟知，声誉良好。乙公司知道甲公司没有注册“逍遥乐”后，将其作为自己所产白酒的商标使用并抢先注册。该商标注册申请经商标局初步审定并公告。下列哪些说法是错误的？

A. 甲公司有权在异议期内向商标局提出异议，反对核准乙公司的注册申请

B. 如“逍遥乐”被核准注册，甲公司有权主张先用权

C. 如“逍遥乐”被核准注册，甲公司有权向商标局请求撤销该商标

D. 甲公司有权向法院起诉请求乙公司停止使用并赔偿损失

**64.** 甲育有二子乙和丙。甲生前立下遗嘱，其个人所有的房屋死后由乙继承。乙与丁结婚，并有一女戊。乙因病先于甲死亡后，丁接替乙赡养甲。丙未婚。甲死亡后遗有房屋和现金。下列哪些表述是正确的？

A. 戊可代位继承
B. 戊、丁无权继承现金
C. 丙、丁为第一顺序继承人
D. 丙无权继承房屋

**65.** 小偷甲在某商场窃得乙的钱包后逃跑，乙发现后急追。甲逃跑中撞上欲借用商场厕所的丙，因商场地板湿滑，丙摔成重伤。下列哪些说法是错误的？

A. 小偷甲应当赔偿丙的损失
B. 商场须对丙的损失承担补充赔偿责任
C. 乙应适当补偿丙的损失
D. 甲和商场对丙的损失承担连带责任

**66.** 方圆公司与富春机械厂均为国有企业，合资设立富圆公司，出资比例为30%与70%。关于富圆公司董事会的组成，下列哪些说法是正确的？

A. 董事会成员中应当有公司职工代表
B. 董事张某任期内辞职，在新选出董事就任前，张某仍应履行董事职责
C. 富圆公司董事长可由小股东方圆公司派人担任
D. 方圆公司和富春机械厂可通过公司章程约定不按出资比例分红

**67.** 下列有关一人公司的哪一表述是正确的？

A. 国有企业不能设立一人公司
B. 一人公司发生人格或财产混同时，股东应当对公司债务承担连带责任
C. 一人公司的注册资本必须一次足额缴纳
D. 一个法人只能设立一个一人公司

**68.** 甲公司依据买卖合同，在买受人乙公司尚未付清全部货款的情况下，将货物发运给乙公司。乙公司尚未收到该批货物时，向法院提出破产申请，且法院已裁定受理。对此，下列哪些选项是正确的？

A. 乙公司已经取得该批货物的所有权
B. 甲公司可以取回在运货物
C. 乙公司破产管理人在支付全部价款情况下，可以请求甲公司交付货物
D. 货物运到后，甲公司对乙公司的价款债权构成破产债权

**69.** 中南公司不能清偿到期债务，债权人天一公司向法院提出对其进行破产清算的申请，但中南公司以其账面资产大于负债为由表示异议。天一公司遂提出各种事由，以证明中南公司属于明显缺乏清偿能力的情形。下列哪些选项符合法律规定的关于债务人明显缺乏清偿能力、无法清偿债务的情形？

A. 因房地产市场萎缩，构成中南公司核心资产的房地产无法变现
B. 中南公司陷入管理混乱，法定代表人已潜至海外
C. 天一公司已申请法院强制执行中南公司财产，仍无法获得清偿
D. 中南公司已出售房屋质量纠纷多，市场信誉差

**70.** 周橘、郑桃、吴柚设立一家普通合伙企业，从事服装贸易经营。郑桃因炒股欠下王椰巨额债务。下列哪些表述是正确的？

A. 王椰可以郑桃从合伙企业中分取的利益来受偿
B. 郑桃不必经其他人同意，即可将其合伙财产份额直接抵偿给王椰
C. 王椰可申请强制执行郑桃的合伙财产份额
D. 对郑桃的合伙财产份额的强制执行，周橘和吴柚享有优先购买权

**71.** 华新基金管理公司是信泰证券投资基金（信泰基金）的基金管理人。华新公司的下列哪些行为是不符合法律规定的？

A. 从事证券投资时，将信泰基金的财产独立于自己固有的财产
B. 以信泰基金的财产为公司大股东鑫鑫公司提供担保
C. 就其管理的信泰基金与其他基金的财产，规定不同的基金收益条款
D. 向信泰基金份额持有人承诺年收益率不低于12%

**72.** 甲公司签发一张汇票给乙，票面记载金额为10万元，乙取得汇票后背书转让给丙，丙取得该汇票后又背书转让给丁，但将汇票的记载金额由10万元变更为20万元。之后，丁又将汇票最终背书转让给戊。其中，乙的背书签章已不能辨别是在记载金额变更之前，还是在变更之后。下列哪些选项是正确的？

A. 甲应对戊承担10万元的票据责任
B. 乙应对戊承担20万元的票据责任
C. 丙应对戊承担20万元的票据责任
D. 丁应对戊承担10万元的票据责任

**73.** 甲参加乙旅行社组织的沙漠一日游，乙旅行社为此向红星保险公司购买了旅行社责任保险。丙客运公司受乙旅行社之托，将甲运送至沙漠，丙公司为此向白云保险公司购买了承运人责任保险。丙公司在运送过程中发生交通事故，致甲死亡，丙公司负事故全责。甲的继承人为丁。在通常情形下，下列哪些表述是正确的？

A. 乙旅行社有权要求红星保险公司直接对丁支付保险金
B. 丙公司有权要求白云保险公司直接对丁支付保险金
C. 丁有权直接要求红星保险公司支付保险金
D. 丁有权直接要求白云保险公司支付保险金

**74.** 关于船舶担保物权及针对船舶的请求权的表述，下列哪些选项是正确的？

A. 海难救助的救助款项给付请求，先于在船舶营运中发生的人身伤亡赔偿请求而受偿
B. 船舶在营运中因侵权行为产生的财产赔偿请求，先于船舶吨税、引航费等的缴付请求而受偿
C. 因保存、拍卖船舶和分配船舶价款产生的费用，应从船舶拍卖所得价款中先行拨付
D. 船舶优先权先于船舶留置权与船舶抵押权受偿

**75.** 根据《民事诉讼法》和司法解释的相关规定，关于级别管辖，下列哪些表述是正确的？

A. 级别管辖不适用管辖权异议制度
B. 案件被移送管辖有可能是因为受诉法院违反了级别管辖的规定而发生的
C. 管辖权转移制度是对级别管辖制度的变通和个别的调整
D. 当事人可以通过协议变更案件的级别管辖

**76.** 关于起诉与受理的表述，下列哪些选项是正确的？

A. 法院裁定驳回起诉的，原告再次起诉符合条件的，法院应当受理
B. 法院按撤诉处理后，当事人以同一诉讼请求再次起诉的，法院应当受理
C. 判决不准离婚的案件，当事人没有新事实和新理由再次起诉的，法院一律不予受理
D. 当事人超过诉讼时效起诉的，法院应当受理

**77.** 关于反诉，下列哪些表述是正确的？

A. 反诉应当向受理本诉的法院提出，且该法院对反诉所涉及的案件也享有管辖权
B. 反诉中的诉讼请求是独立的，它不会因为本诉的撤销而撤销
C. 反诉如果成立，将产生本诉的诉讼请求被依法驳回的法律后果
D. 本诉与反诉的当事人具有同一性，因此，当事人在本诉与反诉中诉讼地位是相同的

**78.** 关于当事人能力与当事人适格的概念，下列哪些表述是正确的？

A. 当事人能力又称当事人诉讼权利能力，当事人适格又称正当当事人
B. 有当事人能力的人一定是适格当事人
C. 适格当事人一定具有当事人能力
D. 当事人能力与当事人适格均由法律明确加以规定

**79.** 关于财产保全和先予执行，下列哪些选项是正确的？

A. 二者的裁定都可以根据当事人的申请或法院依职权作出
B. 二者适用的案件范围相同
C. 当事人提出财产保全或先予执行的申请时，法院可以责令其提供担保，当事人拒绝提供担保的，驳回申请
D. 对财产保全和先予执行的裁定，当事人不可以上诉，但可以申请复议一次

**80.** 关于法院依职权调查事项的范围，下列哪些选项是正确的？

A. 本院是否享有对起诉至本院案件的管辖权
B. 委托诉讼代理人的代理权限范围
C. 当事人是否具有诉讼权利能力
D. 合议庭成员是否存在回避的法定事由

**81.** 关于法院与仲裁庭在审理案件有关权限的比较，下列哪些选项是正确的？

A. 在一定情况下，法院可以依职权收集证据，仲裁庭也可以自行收集证据
B. 对专门性问题需要鉴定的，法院可以指定鉴定部门鉴定，仲裁庭也可以指定鉴定部门鉴定
C. 当事人在诉讼中或仲裁中达成和解协议的，法院可以根据当事人的申请制作判决书，仲裁庭也可以根据当事人的申请制作裁决书
D. 当事人协议不愿写明争议事实和判（裁）决理由的，法院可以在判决书中不予写明，仲裁庭也可以在裁决书中不予写明

**甲公司将1台挖掘机出租给乙公司，为担保乙公司依约支付租金，丙公司担任保证人，丁公司以机器设备设置抵押。乙公司欠付10万元租金时，经甲公司、丙公司和丁公司口头同意，将6万元租金债务转让给戊公司。之后，乙公司为现金周转将挖掘机分别以45万元和50万元的价格先后出卖给丙公司和丁公司，丙公司和丁公司均已付款，但乙公司没有依约交付挖掘机。**

**因乙公司一直未向甲公司支付租金，甲公司便将挖掘机以48万元的价格出卖给王某，约定由乙公司直接将挖掘机交付给王某，王某首期付款20万元，尾款28万元待收到挖掘机后支付。此事，甲公司通知了乙公司。**

**王某未及取得挖掘机便死亡。王某临终立遗嘱，其遗产由其子大王和小王继承，遗嘱还指定小王为遗嘱执行人。因大王一直在外地工作，同意王某遗产由小王保管，没有进行遗产分割。在此期间，小王将挖掘机出卖给方某，没有征得大王的同意。**

**请回答第82—87题。**

**82.** 关于乙公司与丙公司、丁公司签订挖掘机买卖合同的效力，下列表述错误的是：

A. 乙公司可以主张其与丙公司的买卖合同无效
B. 丙公司可以主张其与乙公司的买卖合同无效
C. 乙公司可以主张其与丁公司的买卖合同无效
D. 丁公司可以主张其与乙公司的买卖合同无效

**83.** 在乙公司将6万元租金债务转让给戊公司之前，关于丙公司和丁公司的担保责任，甲公司下列做法正确的是：

A. 可以要求丙公司承担保证责任
B. 可以要求丁公司承担抵押担保责任
C. 须先要求丙公司承担保证责任，后要求丁公司承担抵押担保责任
D. 须先要求丁公司承担抵押担保责任，后要求丙公司承担保证责任

**84.** 在乙公司将6万元租金债务转让给戊公司之后，关于丙公司和丁公司的担保责任，下列表述正确的是：

A. 丙公司仅需对乙公司剩余租金债务承担担保责任
B. 丁公司仅需对乙公司剩余租金债务承担担保责任
C. 丙公司仍应承担全部担保责任
D. 丁公司仍应承担全部担保责任

**85.** 甲公司与王某签订买卖合同之后，王某死亡之前，关于挖掘机所有权人，下列选项正确的是：

A. 甲公司　B. 丙公司
C. 丁公司　D. 王某

**86.** 王某死后，关于甲公司与王某的买卖合同，下列表述错误的是：

A. 甲公司有权解除该买卖合同
B. 大王和小王有权解除该买卖合同
C. 大王和小王对该买卖合同原王某承担的债务负连带责任
D. 大王和小王对该买卖合同原王某承担的债务按其继承份额负按份责任

**87.** 关于小王将挖掘机卖给方某的行为，下列表述正确的是：

A. 小王尚未取得对挖掘机的占有，不得将其出卖给方某
B. 小王出卖挖掘机应当取得大王的同意
C. 大王对小王出卖挖掘机的行为可以追认
D. 小王是王某遗嘱的执行人，出卖挖掘机不需要大王的同意

**高才、李一、曾平各出资40万元，拟设立“鄂汉食品有限公司”。高才手头只有30万元的现金，就让朋友艾瑟为其垫付10万元，并许诺一旦公司成立，就将该10万元从公司中抽回偿还给艾瑟。而李一与其妻闻菲正在闹离婚，为避免可能的纠纷，遂与其弟李三商定，由李三出面与高、曾设立公司，但出资与相应的投资权益均归李一。公司于2012年5月成立，在公司登记机关登记的股东为高才、李三、曾平，高才为董事长兼法定代表人，曾平为总经理。**

**请回答第88—90题。**

**88.** 公司成立后，高才以公司名义，与艾瑟签订一份买卖合同，约定公司向艾瑟购买10万元的食材。合同订立后第2天，高才就指示公司财务转账付款，而实际上艾瑟从未经营过食材，也未打算履行该合同。对此，下列表述正确的是：

A. 高才与艾瑟间垫付出资的约定，属于抽逃出资行为，应为无效
B. 该食材买卖合同属于恶意串通行为，应为无效
C. 高才通过该食材买卖合同而转移10万元的行为构成抽逃出资行为
D. 在公司不能偿还债务时，公司债权人可以在10万元的本息范围内，要求高才承担补充赔偿责任

**89.** 关于李一与李三的约定以及股东资格，下列表述正确的是：

A. 二人间的约定有效
B. 对公司来说，李三具有股东资格
C. 在与李一的离婚诉讼中，闻菲可以要求分割李一实际享有的股权
D. 李一可以实际履行出资义务为由，要求公司变更自己为股东

**90.** 2012年7月，李三买房缺钱，遂在征得其他股东同意后将其名下的公司股权以42万元的价格，出卖给王二，并在公司登记机关办理了变更登记等手续。下列表述正确的是：

A. 李三的股权转让行为属于无权处分行为
B. 李三与王二之间的股权买卖合同为有效合同
C. 王二可以取得该股权
D. 就因股权转让所导致的李一投资权益损失，李一可以要求李三承担赔偿责任

## 参考答案与解析

**1. D**。在本案中，张某与银行之间有两种民事法律关系，张某向银行贷款，两者构成借贷合同关系。以房屋设立抵押，两者形成抵押关系。房屋为抵押物，房屋被洪水冲毁属于不可抗力，其仅使抵押物消灭，使银行的抵押权消灭。但是并不影响当事人间的借贷合同关系。银行仍然享有债权。《民法典》第7条规定，民事主体从事民事活动，应当遵循诚信原则，秉持诚实，恪守承诺。《民法典》第509条规定，当事人应当按照约定全面履行自己的义务。当事人应当遵循诚信原则，根据合同的性质、目的和交易习惯履行通知、协助、保密等义务。当事人在履行合同过程中，应当避免浪费资源、污染环境和破坏生态。张某应该按约履行还款义务，所以D正确，ABC错误。综上，本题正确答案为D。

**2. B**。《民法典》第 76 条规定，以取得利润并分配给股东等出资人为目的成立的法人，为营利法人。《民法典》第 87 条规定，为公益目的或者其他非营利目的成立，不向出资人、设立人或者会员分配所取得利润的法人，为非营利法人。社团法人是大陆法系民法传统的法人分类类型，是以人的集合为基础成立的法人，其特征是有自己的成员、财产来源于成员的出资、有意思机关，但可以是营利性的，如公司；亦可以是公益性的，如中国民法学研究会。故 AC 均错误。《民法典》第 92 条第 1 款规定，具备法人条件，为公益目的以捐助财产设立的基金会、社会服务机构等，经依法登记成立，取得捐助法人资格。基金法人是典型的公益法人，B 正确。民办非企业单位法人，是指企业事业单位、社会团体和其他社会力量以及公民个人利用非国有资产举办的，从事非营利性社会服务活动的具有法人资格的社会组织，其可以是营利性的，亦可以是公益性的。故 D 错误。综上，本题正确答案为 B。

**3. C**。《民法典》第 147 条规定，基于重大误解实施的民事法律行为，行为人有权请求人民法院或者仲裁机构予以撤销。至于何谓重大误解，行为人因对行为的性质、对方当事人、标的物的品种、质量、规格和数量等的错误认识，使行为的后果与自己的意思相悖，并造成较大损失的，可以认定为重大误解。AB 中，甲误将乙的字画分配给继承人、甲误以为乙的地砖为自家所有而予以装修使用，虽对标的认识错误，但是对标的物权属认识错误，并非对标的自身的性质认识错误，如误将赝品当成真品。A 属于无权处分，B 属于过失侵权及不当得利，均非可撤销的民事法律行为，所以，AB 错误。C 中，甲误以为乙宾馆提供的茶叶是无偿的，并予以使用，系对行为的性质认识错误，将有偿交易行为误以为是无偿赠与，属于重大误解，属于可撤销的民事法律行为。故 C 正确。D 中，甲误以为精神病人乙是完全民事行为能力人，并与之签订买卖合同，系对对方当事人行为能力的认识错误，并非对当事人自身身份的误解，如误以为双胞胎姐姐甲为妹妹乙。因精神病人欠缺民事行为能力，该买卖合同是效力待定的合同，其效力取决于法定代理人的追认或者善意相对人的撤销，故 D 错误。综上，本题正确答案为 C。

**4. B**。《民法典》第 134 条第 1 款规定，民事法律行为可以基于双方或者多方的意思表示一致成立，也可以基于单方的意思表示成立。《民法典》第 317 条第 2 款规定，权利人悬赏寻找遗失物的，领取遗失物时应当按照承诺履行义务。在本题中，甲通过电台广播公开悬赏，向捡到电脑并归还者支付 500 元奖金，在乙归还后，甲应当承担支付奖金义务，故 D 错误。就悬赏广告的性质而言，若将悬赏定性为要约，那么只有拾得人在明知广告内容时方才构成承诺，双方意思表示一致成立合同。从法律规定来看，悬赏为单方允诺行为，即一方作出允诺，对方符合条件的，即应支付。按照前述两条规定，无论拾得人是否知晓该广告的内容，只要完成该行为，悬赏人都应当承担支付义务，故 AC 错误，B 正确。综上，本题正确答案为 B。

**5. C**。《民法典》第 188 条第 2 款规定，诉讼时效期间自权利人知道或者应当知道权利受到损害以及义务人之日起计算。A 中，甲借乙 5 万元，约定 1 周之内归还，所以，乙债权的诉讼时效期间从借款 1 周后开始起算，A 错误。《民法典》第 692 条第 1 款规定，保证期间是确定保证人承担保证责任的期间，不发生中止、中断和延长。据此，连带保证中主债务与保证债务诉讼时效期间的中断并不相互关联，所以，B 中，甲对连带保证人丙主张权利，并不会导致货款债权诉讼时效的中断，B 错误。《诉讼时效规定》第 9 条规定，权利人对同一债权中的部分债权主张权利，诉讼时效中断的效力及于剩余债权，但权利人明确表示放弃剩余债权的情形除外。所以，在 C 中，银行实现对乙的抵押权后，会导致剩余的 20 万元主债务诉讼时效中断，C 正确。《诉讼时效规定》第 18 条规定，主债务诉讼时效期间届满，保证人享有主债务人的诉讼时效抗辩权。保证人未主张前述诉讼时效抗辩权，承担保证责任后向主债务人行使追偿权的，人民法院不予支持，但主债务人同意给付的情形除外。据此，D 中，甲作为一般保证人，在不知乙的主债务诉讼时效期间届满时向银行清偿后，仍可向债务人乙追偿，只是不受强制保护。所以，D 错误。

**6. B**。管理，是指对共有物自身进行日常的照看、维护；处分，是指导致物权效果的行为，包括改变共有物权属的出卖及设立物权负担的行为，如设立抵押等；改良，是指通过对标的物进行物质性的实质改造以使其增值的行为。甲、乙、丙，以全体共有人的名义将该房屋出租给戊，显然不属于改良行为；由于甲、乙、丙的行为并不会对物权有任何影响，故亦不属于处分行为；同时，甲、乙、丙的行为亦超出了管理的范畴，属介于管理与处分之间的行为。因此，ACD 错误。《民法典》第 300 条规定，共有人按照约定管理共有的不动产或者动产；没有约定或者约定不明确的，各共有人都有管理的权利和义务。《民法典》第 301 条规定，处分共有的不动产或者动产以及对共有的不动产或者动产作重大修缮、变更性质或者用途的，应当经占份额 2/3 以上的按份共有人或者全体共同共有人同意，但是共有人之间另有约定的除外。按照举重以明轻规则，对共有物的处分应当经占共有份额 2/3 以上的按份共有人的同意，出租行为较处分为轻，现经占共有份额 3/4 以上的按份共有人的同意，当然可以出租，故 B 正确。综上，本题正确答案为 B。

**7. D**。《民法典》第445条第1款规定，以应收账款出质的，质权自办理出质登记时设立。故A正确。此外，《民法典》第546条第1款规定，债权人转让债权，未通知债务人的，该转让对债务人不发生效力。类比该规定，若须使质权对债务人丙发生效力，必须通知债务人丙，故B正确。在将出质事实通知债务人丙之后，其不得自行向甲清偿债务，须经质权人同意方可清偿或将清偿款提存，故C正确，D错误。综上，由于本题是选非题，本题正确答案为D。

**8. D**。停车位归乙所有，甲未经权利人乙的同意而擅自占为己用，属于无权占有，甲明知自己无权占有而继续占有，为恶意占有，故A正确，不选。《民法典》第462条规定，占有的不动产或者动产被侵占的，占有人有权请求返还原物。占有人主张占有返还请求权的前提是占有物被侵占，而丙基于其与甲签订的租赁合同占有使用，不构成侵占，甲在租赁期间内不得主张占有返还请求权，故B正确，不选。《民法典》第235条规定，无权占有不动产或者动产的，权利人可以请求返还原物。乙为停车位所有权人，甲为无权占有人，乙可以请求甲返还原物。但此时停车位实际被丙占有，在租赁期限届满后，丙仍然继续使用停车位，按照前述《民法典》第462条规定，甲对其享有占有返还请求权，故乙可以请求甲返还原物，甲向其让与其对丙的占有返还请求权，故C正确，不选。乙作为所有权人，对间接侵占其占有的丙，只可基于所有权而要求其返还原物，故D错误。综上，由于本题是选非题，本题答案为D。

**9. B**。甲与乙约定，乙先付20万元，余款10万元在6个月内分期支付，两者之间的买卖合同为分期付款买卖合同；甲与乙约定，甲先将汽车交付给乙，但明确约定付清全款后甲才将汽车的所有权移转给乙，两者之间的买卖合同又为保留所有权买卖合同。《民法典》第641条规定，当事人可以在买卖合同中约定买受人未履行支付价款或者其他义务的，标的物的所有权属于出卖人。出卖人对标的物保留的所有权，未经登记，不得对抗善意第三人。所以，在乙分期付款期间，甲虽然已将汽车交付给乙，但乙尚未取得所有权，汽车仍归甲所有。故A错误，B正确。《民法典》第311条第1款规定，无处分权人将不动产或者动产转让给受让人的，所有权人有权追回；除法律另有规定外，符合下列情形的，受让人取得该不动产或者动产的所有权：(1) 受让人受让该不动产或者动产时是善意；(2) 以合理的价格转让；(3) 转让的不动产或者动产依照法律规定应当登记的已经登记，不需要登记的已经交付给受让人。善意取得制度适用的情形是无权处分，本题中，甲享有汽车所有权，不属于无权处分，不适用善意取得，所以C错误。《民法典》第227条规定，动产物权设立和转让前，第三人占有该动产的，负有交付义务的人可以通过转让请求第三人返还原物的权利代替交付。据此，所有权人甲可以将汽车指示交付给丙，丙依此取得所有权。所以D错误。综上，本题正确答案为B。

**10. C**。《商品房买卖合同解释》第2条规定，出卖人未取得商品房预售许可证明，与买受人订立的商品房预售合同，应当认定无效，但是在起诉前取得商品房预售许可证明的，可以认定有效。据此，甲公司嗣后取得预售许可后，其之前签订协议效力不受影响，故A错误。《民法典》第495条规定，当事人约定在将来一定期限内订立合同的认购书、订购书、预订书等，构成预约合同。当事人一方不履行预约合同约定的订立合同义务的，对方可以请求其承担预约合同的违约责任。本题中，《商铺认购书》对楼号、房型未作具体约定，但依据约定面积和房价，满足当事人、标的及数量要件，该合同成立，故B错误。《民法典》第580条第1款规定，当事人一方不履行非金钱债务或者履行非金钱债务不符合约定的，对方可以请求履行，但是有下列情形之一的除外：(1) 法律上或者事实上不能履行；(2) 债务的标的不适于强制履行或者履行费用过高；(3) 债权人在合理期限内未请求履行。在本题中，因为尚未约定楼号、房型，所以，其不足以构成买卖合同，仅构成预约合同，而未通知李某前来认购，将商铺售罄，导致买卖合同将无法成立，构成根本违约，因商铺售罄，李某无法要求甲公司继续履行合同，故C正确，D错误。

**11. D**。对于格式条款，除法律规定的一般无效情形外，《民法典》第497条规定，有下列情形之一的，该格式条款无效：(1) 具有本法第一编第六章第三节和本法第506条规定的无效情形；(2) 提供格式条款一方不合理地免除或者减轻其责任、加重对方责任、限制对方主要权利；(3) 提供格式条款一方排除对方主要权利。此外，《民法典》第506条规定，合同中的下列免责条款无效：(1) 造成对方人身损害的；(2) 因故意或者重大过失造成对方财产损失的。本题中，甲乙之间的约定，若由甲提供，因非重复性使用不构成格式条款；若由乙提供，虽构成格式条款，但并未排除甲的权利，只是附加一定条件，并非无效，故A错误。一方当事人利用优势或者利用对方没有经验，致使双方的权利与义务明显违反公平、等价有偿原则的，可以认定为显失公平。本题中，甲较之专业性的乙，并无优势，更谈不上利用乙没有经验，不构成显失公平，故B错误。《民法典》第533条规定，合同成立后，合同的基础条件发生了当事人在订立合同时无法预见的、不属于商业风险的重大变化，继续履行合同对于当事人一方明显不公平的，受不利影响的当事人可以与对方重新协商；在合理期限内协商不成的，当事人可以请求人民法院或者仲裁机构变更或者解除合同。人民法院或者仲裁机构应当结合案件的实际情况，根据公平原则变更或者解除合同。本题中，高考分数线每年不同，乃一般生活常识，并不构成当事人在订立合同时无法预见的、非不可抗力的重大变化，故 C 错误。该合同虽违背教育规律，但系当事人对权利义务的自主意思表示真实的约定，并不具有《民法典》所规定的无效、可变更、可撤销的情形，依法有效。所以 D 正确。综上，本题正确答案为 D。

**12. A**。《民法典》第 523 条规定，当事人约定由第三人向债权人履行债务的，第三人不履行债务或者履行债务不符合约定的，债务人应当向债权人承担违约责任。该条并未规定第三人与债权人达成代为履行协议的问题。就本题中第三人丙公司与债权人乙公司达成协议，可按照《民法典》合同编一般原理及不当得利、无因管理的相关规则予以解答。乙、丙公司签订代为履行协议，系两者真实意思表示，对乙、丙公司有效，但甲公司完全不知情，对甲公司不发生拘束力。在 A 中，甲公司不知情，不影响乙、丙公司间协议对乙、丙公司的效力，所以，丙代为履行后，仍然有法律效力，该选项正确。在 B 中，虽然甲公司不知情，乙、丙公司的协议对其不发生效力，但是丙在代为履行义务后，甲的义务消灭。《民法典》第 122 条规定，因他人没有法律根据，取得不当利益，受损失的人有权请求其返还不当利益。据此，甲构成不当得利。《民法典》第 121 条规定，没有法定的或者约定的义务，为避免他人利益受损失而进行管理的人，有权请求受益人偿还由此支出的必要费用。按照这两条规定，丙仍可要求甲公司支付代为履行的必要费用，该选项错误。在 C 中，因为甲公司不知情，乙、丙公司的协议对甲不发生效力，若丙公司履行有瑕疵，乙公司不得要求甲承担违约责任，该选项错误。在 D 中，若丙公司代为履行合同消灭甲的义务，则甲构成不当得利，但本题中丙的履行行为并未给甲带来利益，故丙不可对甲主张权利；丙公司代为履行合同义务，构成无因管理，只可要求支付代为履行的必要费用，就其违约行为的责任不可要求甲承担，该选项错误。综上，本题正确答案为 A。

**13. D**。《民法典》第 546 条规定，债权人转让债权，未通知债务人的，该转让对债务人不发生效力。债权转让的通知不得撤销，但是经受让人同意的除外。据此，债权让与无需经债务人的同意。此外，通知债务人，亦非债权让与的生效要件，而仅是对债务人发生效力的要件。所以，甲未通知乙，将债权转让给丙，转让行为有效，只是对乙不发生效力，A 错误。同理，丙在取得对乙的债权后，虽未经乙同意而将其转让给丁，转让行为有效，只是对乙不发生效力，B 错误。《民法典》第 551 条规定，债务人将债务的全部或者部分转移给第三人的，应当经债权人同意。债务人或者第三人可以催告债权人在合理期限内予以同意，债权人未作表示的，视为不同意。本题中，因为甲、丙、丁在转让债权时，均未通知乙，所以对乙不发生效力，乙仍可将甲视为债权人，向甲清偿。乙经甲同意将债务转移给戊，该行为有效，C 错误。在债务转移后，戊成为丁的债务人，若乙清偿 10 万元债务，则消灭戊的债务。《民法典》第 122 条规定，因他人没有法律根据，取得不当利益，受损失的人有权请求其返还不当利益。据此，本题中戊构成不当得利，所以乙可以向戊求偿，D 正确。综上，本题正确答案为 D。

**14. D**。《民法典》第 570 条规定，债务人在债权人无正当理由拒绝受领等难以履行债务的情形下，可以将标的物提存。《民法典》第 573 条规定，标的物提存后，毁损、灭失的风险由债权人承担。提存期间，标的物的孳息归债权人所有。提存费用由债权人负担。《民法典》第 574 条第 1 款规定，债权人可以随时领取提存物。但是，债权人对债务人负有到期债务的，在债权人未履行债务或者提供担保之前，提存部门根据债务人的要求应当拒绝其领取提存物。据此，在债务人为消灭合同债务而提存时，债务人、提存机构、债权人之间形成保管合同关系，风险由债权人承担，但从“提存部门根据债务人的要求应当拒绝其领取提存物”的规定来看，在债权人领取提存物之前，所有权尚未转移，而在债权人领取提存物后，所有权方才发生转移。在本题中，在乙向债务人丙履行了提存之债，要求取回提存物后，其实质撤回了提存的意思，所有权仍然归乙所有。而甲机构工作人员在检修自来水管道时因操作不当引起大水，致乙交存的物品严重毁损，并非属于意外风险，而属于违约行为，故 A 正确。同时，这一行为又构成过错侵权行为，甲机构应承担赔偿责任，故 B 正确。在提存后，乙已经向债务人丙履行了债务，其撤回提存的意思后，标的物所有权仍然归其所有。因此，C 正确，D 错误。综上，由于本题为选非题，本题正确答案为 D。

**15. C**。《民法典》第 538 条规定，债务人以放弃其债权、放弃债权担保、无偿转让财产等方式无偿处分财产权益，或者恶意延长其到期债权的履行期限，影响债权人的债权实现的，债权人可以请求人民法院撤销债务人的行为。《民法典》第 539 条规定，债务人以明显不合理的低价转让财产、以明显不合理的高价受让他人财产或者为他人的债务提供担保，影响债权人的债权实现，债务人的相对人知道或者应当知道该情形的，债权人可以请求人民法院撤销债务人的行为。《民法典》第 540 条规定，撤销权的行使范围以债权人的债权为限。债权人行使撤销权的必要费用，由债务人负担。本题中，甲公司在 2011 年 6 月 1 日欠乙公司货款 500 万元，甲公司在 2010 年 12 月 1 日向丙公司赠送机器设备，甲公司在 2011 年 3 月 1

日向丁基金会捐赠 50 万元现金，两项无偿赠与行为都发生在债权成立之前，不可能危害将来成立的债权，所以，债权人乙公司不可撤销甲公司对丙公司、丁基金会的捐赠，AB 错误。甲公司在对乙的债务成立而届期无力清偿时，仍于 2011 年 12 月 1 日向戊希望学校捐赠价值 100 万元的电脑，其危害了债权人乙的利益，乙可以撤销该行为，故 C 正确。《民法典》第 658 条规定，赠与人在赠与财产的权利转移之前可以撤销赠与。经过公证的赠与合同或者依法不得撤销的具有救灾、扶贫、助残等公益、道德义务性质的赠与合同，不适用前款规定。本题中，甲对戊学校的捐赠是社会公益性捐赠，甲不得撤销。D 错误。综上，本题正确答案为 C。

**16. B**。《民法典》第 864 条规定，技术转让合同和技术许可合同可以约定实施专利或者使用技术秘密的范围，但是不得限制技术竞争和技术发展。据此，甲公司与乙公司的约定无效，乙公司有权改进技术，所以，CD 错误。《民法典》第 875 条规定，当事人可以按照互利的原则，在合同中约定实施专利、使用技术秘密后续改进的技术成果的分享办法；没有约定或者约定不明确，依据本法第 510 条规定仍不能确定的，一方后续改进的技术成果，其他各方无权分享。本题中，甲公司与乙公司对改进的技术成果的分享办法未作约定，甲公司无权分享乙公司改进的技术。故 A 错误，B 正确。综上，本题正确答案为 B。

**17. D**。《著作权法》第 11 条第 1 款规定："著作权属于作者，本法另有规定的除外。"所以，作者的论文被投稿刊登后，其仍然享有著作权。《著作权法》第 10 条规定："著作权包括下列人身权和财产权：……（十六）汇编权，即将作品或者作品的片段通过选择或者编排，汇集成新作品的权利……"《著作权法》第 35 条规定："著作权人向报社、期刊社投稿的……作品刊登后，除著作权人声明不得转载、摘编的外，其他报刊可以转载或者作为文摘、资料刊登，但应当按照规定向著作权人支付报酬。"按该规定，出版社出版或者他人复制该论文集，仍需征得作者的同意，所以，AC 错误。《著作权法》第 24 条规定："在下列情况下使用作品，可以不经著作权人许可，不向其支付报酬，但应当指明作者姓名或者名称、作品名称，并且不得影响该作品的正常使用，也不得不合理地损害著作权人的合法权益：（一）为个人学习、研究或者欣赏，使用他人已经发表的作品……（六）为学校课堂教学或者科学研究，翻译、改编、汇编、播放或者少量复制已经发表的作品，供教学或者科研人员使用，但不得出版发行……"本题中，出版社将学术论文集进行公开出版，需支付报酬，故 B 错误。《著作权法》第 15 条规定："汇编若干作品、作品的片段或者不构成作品的数据或者其他材料，对其内容的选择或者编排体现独创性的作品，为汇编作品，其著作权由汇编人享有，但行使著作权时，不得侵犯原作品的著作权。"出版社出版的学术论文集，在内容选择和编排方面具有独创性，所以，尽管其未经论文著作权人同意而将有关论文收录，构成侵权，但其对该学术论文集享有著作权，D 正确。综上，本题正确答案为 D。

**18. D**。《民法典》第 867 条规定："专利实施许可合同的被许可人应当按照约定实施专利，不得许可约定以外的第三人实施该专利，并按照约定支付使用费。"按照该规定，甲公司不得许可其子公司乙公司实施该专利技术。故 A 错误。《专利法》第 61 条规定："取得实施强制许可的单位或者个人不享有独占的实施权，并且无权允许他人实施。"按照该规定，获得强制许可实施权的甲公司许可他人实施该专利技术，构成侵权。故 B 错误。《专利法》第 77 条规定："为生产经营目的使用、许诺销售或者销售不知道是未经专利权人许可而制造并售出的专利侵权产品，能证明该产品合法来源的，不承担赔偿责任。"按照该规定，甲公司销售不知道是侵犯他人专利的产品并能证明该产品来源合法，无需承担赔偿责任，但是其仍构成侵权，应当承担停止侵害即停止销售的侵权责任。故 C 错误。《专利法》第 75 条规定："有下列情形之一的，不视为侵犯专利权：……（五）为提供行政审批所需要的信息，制造、使用、进口专利药品或者专利医疗器械的，以及专门为其制造、进口专利药品或者专利医疗器械的。"故 D 正确。综上，本题正确答案为 D。

**19. D**。《商标法》第 18 条第 2 款规定："外国人或者外国企业在中国申请商标注册和办理其他商标事宜的，应当委托依法设立的商标代理机构办理。"据此，外国企业在我国申请注册商标，委托国家认可的具有商标代理资格的组织代理即可，并非必须委托在我国依法成立的律师事务所代理，故 A 错误。《商标法》第 17 条规定："外国人或者外国企业在中国申请商标注册的，应当按其所属国和中华人民共和国签订的协议或者共同参加的国际条约办理，或者按对等原则办理。"按照该规定，外国企业在我国申请注册商标，可以按照其所属国与我国签订的协议办理，或按照对等原则办理，所以，BC 错误。在我国申请注册商标，只要符合授予注册商标的标准，即可获准注册，故 D 正确。综上，本题正确答案为 D。

**20. C**。《民法典》第 985 条规定，得利人没有法律根据取得不当利益的，受损失的人可以请求得利人返还获得的利益。本题中，如仅甲、乙间的买卖合同无效，则甲向丙交付时，丙基于其与乙之间的买卖合同，对取得标的物所有权有正当性依据，而乙要求甲向丙交付，没有正当性依据，乙因甲的交付而获益，乙构成不当得利，甲有权向乙主张不当得利返还请求权，故 A 正确。如仅乙、丙间买卖合同无效，丙取得标的物所有权没有正当性，乙有权向丙主张不当得利返还请求权，而乙要求甲交付，乃是履行甲、乙间的买卖合同，具有正当性依据，不构成不当得利，故 B 正确。如甲、乙间以及乙、丙间的买卖合同均无效，丙受领甲的给付没有正当性依据，丙对甲构成不当得利，同理，乙对甲，丙对乙亦构成不当得利，故 C 错误、D 正确。综上，由于本题是选非题，本题正确答案为 C。

**21. A**。《民法典》第 979 条规定，管理人没有法定的或者约定的义务，为避免他人利益受损失而管理他人事务的，可以请求受益人偿还因管理事务而支出的必要费用；管理人因管理事务受到损失的，可以请求受益人给予适当补偿。管理事务不符合受益人真实意思的，管理人不享有前款规定的权利；但是，受益人的真实意思违反法律或者违背公序良俗的除外。本题中，乙仅负担照看小孩的义务，对甲突生急病昏迷不醒，并无照顾义务，乙将甲送往医院的行为，属于无因管理，故 A 正确。乙将甲的小孩委托给丁临时照看，丁此时基于接受乙的委托，有约定的义务照看甲的小孩，不构成无因管理。同时，丁疏于照看，致甲的小孩在玩耍中受伤，亦构成侵权，故 B 错误。《民法典》第 1192 条规定，个人之间形成劳务关系，提供劳务一方因劳务造成他人损害的，由接受劳务一方承担侵权责任。接受劳务一方承担侵权责任后，可以向有故意或者重大过失的提供劳务一方追偿。提供劳务一方因劳务受到损害的，根据双方各自的过错承担相应的责任。提供劳务期间，因第三人的行为造成提供劳务一方损害的，提供劳务一方有权请求第三人承担侵权责任，也有权请求接受劳务一方给予补偿。接受劳务一方补偿后，可以向第三人追偿。但是，本题中，丁造成甲的小孩受伤的行为，并非丁为完成其应向丙提供的劳务，就甲的小孩的医疗费，不可要求丙承担，故 C 错误。乙为甲的利益，在紧急情况下将照看小孩的事务委托于丁，没有过错，不应当与丁承担连带责任，故 D 错误。综上，本题正确答案为 A。

**22. A**。《民法典》第 208 条规定，不动产物权的设立、变更、转让和消灭，应当依照法律规定登记。动产物权的设立和转让，应当依照法律规定交付。据此，不动产所有权归属于登记名义人，但事实所有权的归属与登记名义人有可能不一致。本题中，房产虽登记在甲名下，但事实上由寺院出资购买，归寺院所有，故 A 正确。甲以僧人身份注册的微博账号以及甲撰写的《金刚经解说》，并非为履行寺院所安排的任务，而属于其个人行为、非职务作品，微博账号、《金刚经解说》的发表权属于甲个人，所以，BC 错误。《民法典》第 1133 条规定，自然人可以依照本法规定立遗嘱处分个人财产，并可以指定遗嘱执行人。自然人可以立遗嘱将个人财产指定由法定继承人中的一人或者数人继承。自然人可以立遗嘱将个人财产赠与国家、集体或者法定继承人以外的组织、个人。甲虽已出家，但属于享有民事权利能力的自然人，仍依法享有民事权利，故 D 错误。综上，本题正确答案为 A。

**23. C**。《民法典》第 1066 条规定，婚姻关系存续期间，有下列情形之一的，夫妻一方可以向人民法院请求分割共同财产：（1）一方有隐藏、转移、变卖、毁损、挥霍夫妻共同财产或者伪造夫妻共同债务等严重损害夫妻共同财产利益的行为；（2）一方负有法定扶养义务的人患重大疾病需要医治，另一方不同意支付相关医疗费用。按举轻以明重的规则，现乙本人患重大疾病需要医治，其有权起诉请求分割夫妻共同财产，故 A 正确。《民法典》第 1091 条规定，有下列情形之一，导致离婚的，无过错方有权请求损害赔偿：（1）重婚；（2）与他人同居；（3）实施家庭暴力；（4）虐待、遗弃家庭成员；（5）有其他重大过错。甲的行为构成虐待，并导致乙的病情恶化，乙有权在提出离婚诉讼时请求甲损害赔偿，故 B 正确。但是乙在离婚诉讼中并没有理由请求多分夫妻共同财产，故 C 错误，当选。乙有权请求公安机关依照《治安管理处罚法》对甲予以行政处罚，D 正确。

**24. A**。《民法典》第 1158 条规定，自然人可以与继承人以外的组织或者个人签订遗赠扶养协议。按照协议，该组织或者个人承担该自然人生养死葬的义务，享有受遗赠的权利。据此，甲与保姆乙的约定合法有效，构成遗赠扶养协议，故 A 正确。

**25. C**。《公司法》第 56 条第 2 款规定，记载于股东名册的股东，可以依股东名册主张行使股东权利。《公司法》第 34 条第 2 款规定，公司登记事项未经登记或者未经变更登记，不得对抗善意相对人。股东名册具有证明股东资格的推定效力，本题中，公司设置的股东名册中记载了甲乙丙 3 人的姓名与出资额等事项，故应确认丙的股东资格。但不能以此对抗第三人，因为公司登记具有对抗第三人的效力，而该公司登记文件中遗漏了丙，因此，丙作为公司股东的事实只在公司内部有效，不能对抗第三人。C 正确。

**26. B**。《公司法》第 189 条第 1 款规定："董事、高级管理人员有前条规定的情形的，有限责任公司的股东、股份有限公司连续一百八十日以上单独或者合计持有公司百分之一以上股份的股东，可以书面请求监事会向人民法院提起诉讼；监事有前条规定的情形的，前述股东可以书面请求董事会向人民法院提起诉讼。"本题中，郑贺作为甲有限公司的经理，利用职务之便为其妻吴悠经营的乙公司谋取本来属于甲公司的商业机会，致甲公司损失 50 万元，其行为违反了董事对公司的忠实义务，符合股东代表诉讼的实体要件。因郑贺是公司经理，故股东在提起诉讼时，需书面请求监事会而不是董事会提起诉讼。AC 错误，B

正确。另外，《公司法》对有限责任公司股东提起代表诉讼并没有最低持股比例的要求，1%持股的要求是针对股份有限公司，故D错误。

**27. A。**《公司法解释（二）》第8条规定，人民法院受理公司清算案件，应当及时指定有关人员组成清算组。清算组成员可以从下列人员或者机构中产生：（1）公司股东、董事、监事、高级管理人员；（2）依法设立的律师事务所、会计师事务所、破产清算事务所等社会中介机构；（3）依法设立的律师事务所、会计师事务所、破产清算事务所等社会中介机构中具备相关专业知识并取得执业资格的人员。另外《公司法》第265条第1项规定，高级管理人员，是指公司的经理、副经理、财务负责人，上市公司董事会秘书和公司章程规定的其他人员。因此，A错误。

**28. D。**《个人独资企业法》第14条第3款规定，分支机构的民事责任由设立该分支机构的个人独资企业承担。A错误。《个人独资企业法》第20条规定，投资人委托或者聘用的管理个人独资企业事务的人员不得有下列行为：……（5）擅自以企业财产提供担保；（6）未经投资人同意，从事与本企业相竞争的业务；（7）未经投资人同意，同本企业订立合同或者进行交易……因此，霍火从事与企业总部相竞争的业务以及将自己的货物直接出卖给分支机构时，必须经投资人曾水同意，BC错误。霍火不得擅自以企业财产为他人提供担保，但经投资人曾水同意除外，故D正确。综上，本题应选D。

**【陷阱提示】**在个人独资企业投资人委托或者聘用的管理人员禁止从事的行为中，有些是完全禁止的，有些是有条件允许的，即经投资人同意，要区分记忆，不能混淆。

**29. A。**《企业破产法》第41条规定，人民法院受理破产申请后发生的下列费用，为破产费用：（1）破产案件的诉讼费用……据此，破产案件的诉讼费用是人民法院受理破产申请后发生的费用，诉讼费用无须预先缴纳。A错误。另《企业破产法》第43条规定，破产费用和共益债务由债务人财产随时清偿。债务人财产不足以清偿所有破产费用和共益债务的，先行清偿破产费用。债务人财产不足以清偿所有破产费用或者共益债务的，按照比例清偿。债务人财产不足以清偿破产费用的，管理人应当提请人民法院终结破产程序。人民法院应当自收到请求之日起15日内裁定终结破产程序，并予以公告。BCD均正确。综上，本题应选A。

**30. D。**《企业破产法》第67条规定，债权人会议可以决定设立债权人委员会。债权人委员会由债权人会议选任的债权人代表和1名债务人的职工代表或者工会代表组成。债权人委员会成员不得超过9人。债权人委员会成员应当经人民法院书面决定认可。由此可见，债权人会议可以选举债权人委员会的成员，但没有决定权。故A正确。《企业破产法》第61条规定，债权人会议行使下列职权：……（2）申请人民法院更换管理人，审查管理人的费用和报酬……（7）通过和解协议；（8）通过债务人财产的管理方案……BC符合法律规定。另《企业破产法》第100条第1款规定，经人民法院裁定认可的和解协议，对债务人和全体和解债权人均有约束力。因此，和解协议经人民法院认可才能产生法律效力。D错误。综上，本题应选D。

**【陷阱提示】**本题的陷阱在D。在《企业破产法》第61条中，债权人会议的职权包括通过和解协议，如果单看这一条，D似乎是正确的。但如果结合第100条规定，就会发现，和解协议是否通过，其最终的决定权在法院，而不是债权人会议。在破产程序中，有很多事项都需要经人民法院认可或需要人民法院参与，要尤其注意。

**31. D。**《票据法》第15条规定，票据丧失，失票人可以及时通知票据的付款人挂失止付，但是，未记载付款人或者无法确定付款人及其代理付款人的票据除外。收到挂失止付通知的付款人，应当暂停支付。失票人应当在通知挂失止付后3日内，也可以在票据丧失后，依法向人民法院申请公示催告，或者向人民法院提起诉讼。据此，ABC正确。至于申请公示催告或者提起诉讼的条件，除通知挂失止付外，也可以在票据丧失后立即申请，挂失止付并不是必要条件。故D错误。本题应选D。

**【陷阱提示】**票据丧失后，失票人有两种选择：一种是，通知票据的付款人挂失止付，然后依法向人民法院申请公示催告，或者向人民法院提起诉讼；另一种是，在票据丧失后，直接向人民法院申请公示催告，或者向人民法院提起诉讼。因此，挂失止付并不是申请公示催告或提起诉讼的前提条件。

**32. A。**《保险法》第42条规定，被保险人死亡后，有下列情形之一的，保险金作为被保险人的遗产，由保险人依照《继承法》（现为《民法典》继承编）的规定履行给付保险金的义务：（1）没有指定受益人，或者受益人指定不明无法确定的；（2）受益人先于被保险人死亡，没有其他受益人的；（3）受益人依法丧失受益权或者放弃受益权，没有其他受益人的。受益人与被保险人在同一事件中死亡，且不能确定死亡先后顺序的，推定受益人死亡在先。本题中，受益人乙与被保险人甲因交通事故意外身亡，且不能确定死亡时间的先后，应推定乙死亡在先，保险金作为被保险人甲的遗产继承，故A正确，BC错误。《保险法》第46条规定，被保险人因第三者的行为而发生死亡、伤残或者疾病等保险事故的，保险人向被保险人或者受益人给付保险金后，不享有向第三者追偿的权利，但被保险人或者受益人仍有权向第三者请求赔偿。故D错误。

【陷阱提示】在人身保险中，如果受益人与被保险人在同一事件中死亡，且不能确定死亡先后顺序的，应推定受益人死亡在先，从而由被保险人的继承人取得保险金。另外，人身保险与财产保险不同的是，保险人向被保险人或者受益人给付保险金后，不享有向第三者追偿的权利，这点必须谨记。

**33. C**。《证券法》第 9 条第 1 款规定，公开发行证券，必须符合法律、行政法规规定的条件，并依法报经国务院证券监督管理机构或者国务院授权的部门注册。未经依法注册，任何单位和个人不得公开发行证券。B 错误。《证券法》第 9 条第 2 款规定，有下列情形之一的，为公开发行：（1）向不特定对象发行证券；（2）向特定对象发行证券累计超过 200 人，但依法实施员工持股计划的员工人数不计算在内；（3）法律、行政法规规定的其他发行行为。因此，A 错误。《证券法》第 32 条规定，股票发行采取溢价发行的，其发行价格由发行人与承销的证券公司协商确定。C 正确。《证券法》第 34 条规定，公开发行股票，代销、包销期限届满，发行人应当在规定的期限内将股票发行情况报国务院证券监督管理机构备案。D 错误。综上，本题应选 C。

【陷阱提示】公开发行股票必须符合法律、行政法规规定的条件，并依法报经国务院证券监督管理机构或者国务院授权的部门核准。《证券法》第 9 条第 2 款规定的情形是在不符合前述条件的情况下，推定为公开发行的，其并不能作为股份公司公开发行股票的一般标准。

**34. D**。面对日益增大的受案量，不少地方法院积极探索办案新思路，充分利用大调解工作机制，力求及时有效地化解纠纷，以免矛盾进一步激化。实践中，“联动调解”这一新型调解机制，在有效化解民事纠纷方面发挥了重要作用。这一调解机制指的是，在诉讼过程中要及时启动大调解工作机制，邀请有关群众、人民调解员等参与案件的调解工作，积极协调各方当事人之间的利益，促使各方尽量达成一致意见。在调解不成的情况下，及时判决，待判决生效后，督促各方及时履行；对有执行和解可能的案件，力促各方和解，以便各方能更加及时有效地履行各项赔付义务，以充分保护受害者的权利。另外，《法院民事调解规定》第 1 条规定，根据《民事诉讼法》第 95 条（现为第 98 条）的规定，人民法院可以邀请与当事人有特定关系或者与案件有一定联系的企业事业单位、社会团体或者其他组织，和具有专门知识、特定社会经验、与当事人有特定关系并有利于促成调解的个人协助调解工作。本案中法院的做法即是对联动调解和大调解机制的有效运用，充分发挥了调解的功能，能动地履行了法院的调解职责，应当加以肯定。因此，D 正确。

**35. C**。《民事诉讼法》第 137 条规定，人民法院审理民事案件，除涉及国家秘密、个人隐私或者法律另有规定的以外，应当公开进行。离婚案件，涉及商业秘密的案件，当事人申请不公开审理的，可以不公开审理。本案涉及商业秘密，因此，法院可以根据当事人的申请不公开审理此案。《民事诉讼法》第 151 条第 1 款规定，人民法院对公开审理或者不公开审理的案件，一律公开宣告判决。因此，法院对不公开审理的案件，同样应当公开宣判。本题正确答案为 C。A 中，只有一方当事人提出申请不公开审理此案的情况下，法院也可以不公开审理，故 A 错误。本案不属于法定不公开审理的范畴，而属于酌定不公开审理的范畴，故 BD 错误。

**36. D**。《民法典》第 1255 条规定，堆放物倒塌、滚落或者滑落造成他人损害，堆放人不能证明自己没有过错的，应当承担侵权责任。可见，堆放物倒塌致人损害的侵权案件采取的是过错推定原则，由被告承担证明自己没有过错的责任，而侵权责任的其他构成要件，包括主体、侵权行为、损害后果及因果关系仍然由原告举证。据此，ABC 正确，D 错误。

**37. B**。法定期间包括绝对不可变期间和相对不可变期间。绝对不可变期间，是指该期间经法律确定，任何机构和人员都不得改变，如上诉期间、申请再审期间、申请执行期间等。相对不可变期间，是指该期间经法律确定后，在通常情况下不可改变，但遇有有关法定事由，法院可对其依法予以变更，如一审的案件审理期间，涉外案件中境外当事人的答辩期间、上诉期间等。因此，A 错误，不应选。《民事诉讼法》第 287 条规定，人民法院审理涉外民事案件的期间，不受本法第 152 条、第 183 条规定的限制。这一规定明确了人民法院适用普通程序审理涉外民事案件，没有审限的限制。B 正确，应选。《民事诉讼法》第 85 条第 4 款规定，期间不包括在途时间，诉讼文书在期满前交邮的，不算过期。因此，法律规定的在途期间不计算在内的期间，只是指诉讼文书的在途期间，而不包括当事人为进行诉讼行为而产生的在途期间。因此，C 错误，不应选。《民事诉讼法》第 86 条规定，当事人因不可抗拒的事由或者其他正当理由耽误期限的，在障碍消除后的 10 日内，可以申请顺延期限，是否准许，由人民法院决定。因此，当事人有正当理由耽误了期间，可以申请顺延期限，而不能由法院依职权主动延展期间，D 错误，不应选。

**38. C**。《法院民事调解规定》第 2 条第 1 款规定，当事人在诉讼过程中自行达成和解协议的，人民法院可以根据当事人的申请依法确认和解协议制作调解书。双方当事人申请庭外和解的期间，不计入审限。因此，C 正确，应选；D 错误，不应选。当事人在诉讼中达成和解协议后，可以向法院申请撤诉，故 A 错误，不应选。诉讼终结是指法院在审理案件的过程中，出现了特定的情况，案件没有必要再审理下去，法院将案件终止审理，案件由此结束。《民事诉讼法》第154条规定，有下列情形之一的，终结诉讼：（1）原告死亡，没有继承人，或者继承人放弃诉讼权利的；（2）被告死亡，没有遗产，也没有应当承担义务的人的；（3）离婚案件一方当事人死亡的；（4）追索赡养费、扶养费、抚养费以及解除收养关系案件的一方当事人死亡的。当事人达成和解协议，并不属于诉讼终结的法定情形，因此，B错误，不应选。

**39. D**。《民事诉讼法》第140条第2款规定，开庭审理时，由审判长或者独任审判员核对当事人，宣布案由，宣布审判人员、法官助理、书记员等的名单，告知当事人有关的诉讼权利义务，询问当事人是否提出回避申请。故A错误，不应选。《民事诉讼法》第71条规定，证据应当在法庭上出示，并由当事人互相质证。因此，由法院调查收集的证据也需要在法庭上出示，并由当事人相互质证，法院不享有裁量权，故B错误，不应选。合议庭评议实行少数服从多数的原则，当形成不了多数意见时，应当提请院长报审判委员会讨论决定，不能以审判长意见为准，因此C错误，不应选。《民事诉讼法》第151条第2款规定，当庭宣判的，应当在10日内发送判决书；定期宣判的，宣判后立即发给判决书。因此，D正确，应选。本题正确答案为D。

**40. D**。《民诉解释》第242条规定，一审宣判后，原审人民法院发现判决有错误，当事人在上诉期内提出上诉的，原审人民法院可以提出原判决有错误的意见，报送第二审人民法院，由第二审人民法院按照第二审程序进行审理；当事人不上诉的，按照审判监督程序处理。本案中，一审法院作出判决后，发现判决确有错误，若上诉期间届满当事人未上诉的，则B区法院可以决定再审，以纠正原判决中的错误，D正确，ABC三选项错误，不应选。

**41. B**。一审判决后，二审中双方当事人达成和解协议，上诉人申请撤诉，经法院审查后裁定准许，但该和解协议并未得到履行或未得到完全履行。此时该上诉人该如何获得救济，对于这一问题法律没有明确规定。在笔者看来，此时该上诉人只能向一审法院申请执行一审判决。理由在于，上诉人撤回上诉之后，一审判决即发生法律效力，根据“一事不再理”原则，当事人不能再向一审法院重新起诉，因此，A错误，不应选。双方当事人之间所达成的和解协议并不属于民事诉讼法所规定的可执行的依据，因此，当事人不能向法院申请强制执行该和解协议，C错误，不应选。此时一审判决已经发生效力，因此当事人不能再向二审法院提出上诉，故D错误，不应选。本题正确答案应为B。

**42. C**。《民事诉讼法》第181条规定，第二审人民法院审理上诉案件，除依照本章规定外，适用第一审普通程序。故A正确，不应选。《民事诉讼法》第176条第1款规定，第二审人民法院对上诉案件应当开庭审理。经过阅卷、调查和询问当事人，对没有提出新的事实、证据或者理由，人民法院认为不需要开庭审理的，可以不开庭审理。因此，二审案件的审理，以开庭审理为原则，故B正确，不应选。《民事诉讼法》第41条第1款规定，人民法院审理第二审民事案件，由审判员组成合议庭。合议庭的成员人数，必须是单数。故D正确，不应选。《民事诉讼法》第179条规定，第二审人民法院审理上诉案件，可以进行调解。调解达成协议，应当制作调解书，由审判人员、书记员署名，加盖人民法院印章。调解书送达后，原审人民法院的判决即视为撤销。因此，二审案件调解的结果变更了一审判决内容的，不需要在调解书中写明“撤销原判”，故C错误，应选。

**43. C**。《民事诉讼法》第185条规定，依照本章程序审理的案件，实行一审终审。选民资格案件或者重大、疑难的案件，由审判员组成合议庭审理；其他案件由审判员一人独任审理。因此，C正确，应选；D错误，陪审员不能参加适用特别程序审理的案件，而不是通常不参加。特别程序的开始，是因申请人的申请或起诉人的起诉而开始，申请人或起诉人不一定与本案有直接的利害关系，如选民资格案件。故B错误，不应选。特别程序所适用的案件有两类，一类是选民资格案件，另一类是非讼案件。因此，A错误，不应选。本题正确答案为C。

**44. C**。《民诉解释》第63条规定，企业法人合并的，因合并前的民事活动发生的纠纷，以合并后的企业为当事人；企业法人分立的，因分立前的民事活动发生的纠纷，以分立后的企业为共同诉讼人。本案中，甲公司与丙公司合并为丁公司之后，就由丁公司代替了甲公司的当事人身份，因此，应由丁公司向法院申请再审。本题正确答案应为C。

**45. C**。公示催告程序中，利害关系人应当在公告期届满前向人民法院主张票据权利。如利害关系人在公示催告期间因故未申报权利，而在申报期间届满后，人民法院作出除权判决前申报权利的，同公示催告期间申报权利具有同等效力。《民诉解释》第449条规定，利害关系人申报权利，人民法院应通知其向法院出示票据，并通知公示催告申请人在指定的期间查看该票据。公示催告申请人申请公示催告的票据与利害关系人出示的票据不一致的，应当裁定驳回利害关系人的申报。因此，本题的正确答案应为C。

**46. C**。驳回当事人诉讼请求的，只能用判决方式作出，因此A错误，不应选。《民事诉讼法》第149条规定，有下列情形之一的，可以延期开庭审理：（1）必须到庭的当事人和其他诉讼参与人有正当理由没有到庭的；（2）当事人临时提出回避申请的；（3）需要通知新的证人到庭，调取新的证据，重新鉴定、勘验，或者需要补充调查的；（4）其他应当延期的情形。因此，若当事人有正当理由没有到庭，则法院可以决定延期审理，而不是应当裁定，B 错误，不应选。民事裁定的效力一般只涉及诉讼领域之内，就主体来说，其效力通常只及于当事人、诉讼参与人和审判人员，因此，C 正确，应选。在民事诉讼中，只有不予受理、驳回起诉和管辖权异议的裁定可以上诉，其他类型的裁定不能上诉，因此，D 说法过于绝对，不应选。本题正确答案为 C。

**47. C**。《仲裁法解释》第 5 条规定，仲裁协议约定两个以上仲裁机构的，当事人可以协议选择其中的一个仲裁机构申请仲裁；当事人不能就仲裁机构选择达成一致的，仲裁协议无效。因此，当事人约定了两个仲裁委员会，仲裁协议并非当然无效，A 错误，不应选。《仲裁法》第 19 条第 1 款规定，仲裁协议独立存在，合同的变更、解除、终止或者无效，不影响仲裁协议的效力。因此，合同无效并不导致仲裁协议当然无效，B 错误，不应选。《仲裁法》第 5 条规定，当事人达成仲裁协议，一方向人民法院起诉的，人民法院不予受理，但仲裁协议无效的除外。本案中，洪湖公司如向法院起诉，则意味着双方当事人不能就仲裁机构选择达成一致。此时，仲裁协议无效，法院应当受理其起诉。C 正确，D 错误。本题正确答案为 C。

**48. D**。《仲裁法》第 37 条第 2 款规定，因回避而重新选定或者指定仲裁员后，当事人可以请求已进行的仲裁程序重新进行，是否准许，由仲裁庭决定；仲裁庭也可以自行决定已进行的仲裁程序是否重新进行。因此，对于已进行的仲裁程序是否重新进行，仲裁庭有权决定，D 正确，应选。ABC 三选项错误，不应选。本题正确答案应为 D。

**49. D**。《仲裁法》第 64 条第 1 款规定，一方当事人申请执行裁决，另一方当事人申请撤销裁决的，人民法院应当裁定中止执行。本案中，法院应当受理甲公司的执行申请，但受理之后应当裁定中止执行，故 D 正确，应选。ABC 三选项错误，不应选。本题正确答案为 D。

**50. ABD**。《民法典》第 243 条规定，为了公共利益的需要，依照法律规定的权限和程序可以征收集体所有的土地和组织、个人的房屋以及其他不动产。征收集体所有的土地，应当依法及时足额支付土地补偿费、安置补助费以及农村村民住宅、其他地上附着物和青苗等的补偿费用，并安排被征地农民的社会保障费用，保障被征地农民的生活，维护被征地农民的合法权益。征收组织、个人的房屋以及其他不动产，应当依法给予征收补偿，维护被征收人的合法权益；征收个人住宅的，还应当保障被征收人的居住条件。任何组织或者个人不得贪污、挪用、私分、截留、拖欠征收补偿费等费用。其限定仅在为公共利益需要时，方可进行征收，体现了对私权的尊重及满足公共建设的需求，实现国家、集体和个人利益的统一，故 A 正确。征收关涉对私权的剥夺，必须依照法定权限和程序进行，保证程序公正，不可任意为之，故 B 正确。征收集体所有的土地，应对失地农民进行全面补偿，征收组织、个人的房屋及其他不动产，应当依法给予征收补偿，C 中“可予拆迁补偿”的错误。该条明确规定，“应当”保障住宅被征收人的居住条件，其既体现对私权利益的保护，又体现了对民生的保障，故 D 正确。综上，本题应选 ABD。

**51. BC**。《民法典》第 148 条规定，一方以欺诈手段，使对方在违背真实意思的情况下实施的民事法律行为，受欺诈方有权请求人民法院或者仲裁机构予以撤销。在 A 中，甲医院以国产假肢冒充进口假肢，高价卖给乙，构成欺诈，属于可撤销的合同，并非无效合同，故 A 错误。《民法典》第 146 条规定，行为人与相对人以虚假的意思表示实施的民事法律行为无效。以虚假的意思表示隐藏的民事法律行为的效力，依照有关法律规定处理。在 B 中，甲乙双方为了在办理房屋过户登记时避税，将实际成交价为 100 万元的房屋买卖合同价格写为 60 万元，属于以虚假的意思表示实施的民事法律行为，合同无效，故 B 正确。《民法典》第 153 条规定，违反法律、行政法规的强制性规定的民事法律行为无效。但是，该强制性规定不导致该民事法律行为无效的除外。违背公序良俗的民事法律行为无效。C 中，有妇之夫甲委托未婚女乙代孕的行为，违背公序良俗，属于无效合同，故 C 正确。《民法典》第 151 条规定，一方利用对方处于危困状态、缺乏判断能力等情形，致使民事法律行为成立时显失公平的，受损害方有权请求人民法院或者仲裁机构予以撤销。D 中，乙乘甲处于父患癌症急需用钱的窘迫境地，与之签订低价买卖合同，显失公平，该合同属于可撤销的合同，故 D 错误。

**52. ABC**。《民法典》第 161 条第 1 款规定，民事主体可以通过代理人实施民事法律行为。《民法典》第 162 条规定，代理人在代理权限内，以被代理人名义实施的民事法律行为，对被代理人发生效力。按照这两条规定，代理须满足三项要件：第一，代理人有代理权；第二，代理人以被代理人名义从事行为；第三，代理人有为被代理人为民事行为的意思。同时，《民法典》第 925 条规定，受托人以自己的名义，在委托人的授权范围内与第三人订立的合同，第三人在订立合同时知道受托人与委托人之间的代理关系的，该合同直接约束委托人和第三人；但是，有确切证据证明该合同只约束受托人和第三人的除外。即，亦承认不以被代理人名义从事民事法律行为的隐名代理。A 中，乙共买 3 套名牌饮具，其中 1 套系由为被代理人购买的意思，构成隐名代理，故 A 正确。B 中，乙将甲写好茶叶名称的纸条交给销售员，告知其是为自己朋友买茶叶，虽未明确具体的被代理人，但有为他人从事法律行为的意思，亦构成代理，故B正确。C中，甲律师接受法院指定担任被告人乙的辩护人，以乙的名义从事民事法律行为，该行为后果由乙承担，构成代理，故C正确。D中，甲没有以乙的名义从事法律行为，亦没有为乙从事民事法律行为的意思，不构成代理，其签订三方协议的行为，使三方达成居间合同，故D错误。综上，本题答案为ABC。

**53. ABC**。《民法典》第171条第1款规定，行为人没有代理权、超越代理权或者代理权终止后，仍然实施代理行为，未经被代理人追认的，对被代理人不发生效力。甲委托乙采购电脑，乙却购买手机，其构成无权代理，甲有权追认，故A正确。《民法典》第148条规定，一方以欺诈手段，使对方在违背真实意思的情况下实施的民事法律行为，受欺诈方有权请求人民法院或者仲裁机构予以撤销。乙受丙诱骗高价采购了一批劣质手机，虽然甲对丙销售劣质手机知情，但是不妨碍丙对乙构成欺诈，该买卖合同的受损害方甲有权撤销手机买卖合同，代理人乙也可以被代理人甲的名义撤销该手机买卖合同，所以，BC正确。在欺诈而订立的合同中，只有受损害方有权请求人民法院或者仲裁机构撤销，所以，欺诈方丙无权撤销。同时，《民法典》第171条第2款规定，相对人可以催告被代理人自收到通知之日起30日内予以追认。被代理人未作表示的，视为拒绝追认。行为人实施的行为被追认前，善意相对人有撤销的权利。撤销应当以通知的方式作出。依该款规定，无权代理的相对人，仅在善意时，可在被代理人追认前撤销，所以，恶意的丙亦无撤销权。故D错误。综上，本题答案为ABC。

**【陷阱提示】** *在本题中，虽然被代理人甲知晓丙实施欺诈行为，但实质与丙为意思表示磋商、订立买卖合同的代理人乙并不知情，丙仍然构成欺诈。*

**54. ABC**。同一债权有两个以上抵押人的，当事人对其提供的抵押财产所担保的债权份额或者顺序没有约定或者约定不明的，抵押权人可以就其中任一或者各个财产行使抵押权。抵押人承担担保责任后，可以向债务人追偿，也可以要求其他抵押人清偿其应当承担的份额。丙、丁以各自房产分别向乙银行设定抵押，未约定担保的债权份额或顺序，乙银行可以就丙或者丁的房产行使抵押权，故A正确。抵押人丙承担担保责任后，可向债务人甲公司追偿，也可要求其他抵押人丁清偿其应承担的份额，故B正确。戊、己分别向乙银行出具承担全部责任的担保函，没有约定保证份额，对甲公司欠乙银行的债务承担连带共同保证责任，债权人乙银行可以要求任何一个保证人承担全部保证责任，故C正确。戊承担保证责任后，必须先向债务人甲公司追偿，仅向甲公司不能追偿的部分，可要求己平均分担，故D错误。

**55. ABCD**。《民法典》第209条规定，不动产物权的设立、变更、转让和消灭，经依法登记，发生效力；未经登记，不发生效力，但是法律另有规定的除外。按该规定，不动产物权的变动以办理登记为要件，乙虽然取得房屋的占有，但未办理过户登记，房屋所有权仍然归甲所有，但是乙基于所有权人甲的交付行为取得占有，为合法、有权占有，故A正确。《民法典》第458条规定，基于合同关系等产生的占有，有关不动产或者动产的使用、收益、违约责任等，按照合同约定；合同没有约定或者约定不明确的，依照有关法律规定。《民法典》第230条规定，因继承取得物权的，自继承开始时发生效力。甲死亡，丙即继承取得房屋所有权，但丙继承的是甲的权利，其权利范围不可能超越于甲，其在继受甲的权利之时，亦继受了甲的义务，所以乙可以对丙主张有权占有，并可要求其办理过户登记手续，故B正确。丙在继承房屋后又将该房屋出卖给丁，属于有权处分，同时，丙与丁又办理了房屋所有权移转登记，丁即取得房屋所有权。在丁取得房屋所有权后，因乙的占有有正当权利来源，其可以对丁主张有权占有；但同时丁也可以基于所有权请求乙返还房屋，故CD正确。

**56. AB**。《民法典》第402条规定，以本法第395条第1款第1项至第3项规定的财产或者第5项规定的正在建造的建筑物抵押的，应当办理抵押登记，抵押权自登记时设立。在办理了抵押登记后，乙银行取得对甲房屋的抵押权。丙强行进入该房屋居住，属于无权占有。《民法典》第235条规定，无权占有不动产或者动产的，权利人可以请求返还原物。所以，甲可以请求丙返还房屋。丙的非法居住导致难以拍卖，而甲怠于行使对丙的返还请求权，已经构成对抵押权的危害。《民法典》第408条规定，抵押人的行为足以使抵押财产价值减少的，抵押权人有权请求抵押人停止其行为。所以，乙银行有权请求甲停止其怠于行使返还请求权的行为，要求其行使对丙的返还请求权，防止抵押财产价值的减少，A正确。同时，乙银行亦可以请求甲将对丙的返还请求权转让给自己，B正确。《民法典》第535条第1款规定，因债务人怠于行使其债权或者与该债权有关的从权利，影响债权人的到期债权实现的，债权人可以向人民法院请求以自己的名义代位行使债务人对相对人的权利，但是该权利专属于债务人自身的除外。按该款规定，债权人只能代位行使债务人的债权，而不可代位行使其物权请求权，故C错误。乙银行只享有抵押权，只可就抵押物优先受偿，并不享有抵押物所有权，其不可以依据抵押权直接对丙行使返还请求权，故D错误。

**57. ABCD**。丙只有基于借用关系有权占有甲的自行车，其占有乙的自行车，构成无权占有，故A正确。丙虽属于无权占有，但在甲告知其骑错车之前，其误认为自己骑的是甲的自行车，不知自己无权占有，属于善意的无权占有人。《民法典》第 460 条规定，不动产或者动产被占有人占有的，权利人可以请求返还原物及其孳息；但是，应当支付善意占有人因维护该不动产或者动产支出的必要费用。所以，对于甲告知丙骑错车前丙修车的必要费用，乙应当偿还。B 正确。《民法典》第 462 条规定，占有的不动产或者动产被侵占的，占有人有权请求返还原物。所以，无论丙是否知道骑错车，都属于无权占有，原合法的有权占有人乙，有权对其行使占有返还请求权。C 正确。《民法典》第 459 条规定，占有人因使用占有的不动产或者动产，致使该不动产或者动产受到损害的，恶意占有人应当承担赔偿责任。甲告知丙骑错车，丙未理睬，构成恶意占有，对自行车的毁损，丙应承担赔偿责任。故 D 正确。

**【陷阱提示】** *在本题中，一定要正确适用《民法典》物权编与《民法典》侵权责任编规则。《民法典》第 1165 条第 1 款规定，行为人因过错侵害他人民事权益造成损害的，应当承担侵权责任。《民法典》第 1175 条规定，损害是因第三人造成的，第三人应当承担侵权责任。按该规定，丙将车放在商店楼下，自行车系因墙体倒塌而毁损，丙并无过错，表面看无需承担赔偿责任，但按《民法典》第 459 条规定，丙因恶意占有而应承担赔偿责任。*

**58. ABC**。《民法典》第 535 条规定，因债务人怠于行使其债权或者与该债权有关的从权利，影响债权人的到期债权实现的，债权人可以向人民法院请求以自己的名义代位行使债务人对相对人的权利，但是该权利专属于债务人自身的除外。代位权的行使范围以债权人的到期债权为限。债权人行使代位权的必要费用，由债务人负担。相对人对债务人的抗辩，可以向债权人主张。根据该规定，甲公司对丙公司行使代位权的前提，是其对乙享有合法的受法律强制保护的债权，丙有权主张乙公司对甲公司的抗辩，A 正确。在代位权诉讼中，次债务人对债务人的抗辩，可以向债权人主张。所以，丙公司有权主张其对乙公司的抗辩，B 正确。债权人行使代位权应符合实体法、程序法的要求，所以，丙公司有权主张代位权行使中对甲公司的抗辩，C 正确。债权人以次债务人为被告向人民法院提起代位权诉讼，未将债务人列为第三人的，法院可以追加债务人为第三人。丙公司无权要求法院追加乙公司为共同被告，D 错误。

**59. BC**。甲公司与乙公司签订商品房包销合同，并不影响房屋的归属，甲公司仍然享有房屋所有权，其将 1 套房屋出卖给丙的行为不属于无权处分，故 A 错误。但是，《民法典》第 577 条规定，当事人一方不履行合同义务或者履行合同义务不符合约定的，应当承担继续履行、采取补救措施或者赔偿损失等违约责任。甲将 1 套房屋出卖给丙，与丙签订买卖合同，违反其与乙包销合同的约定，乙公司有权请求甲公司承担违约责任，故 B 正确。《民法典》第 533 条规定，合同成立后，合同的基础条件发生了当事人在订立合同时无法预见的、不属于商业风险的重大变化，继续履行合同对于当事人一方明显不公平的，受不利影响的当事人可以与对方重新协商；在合理期限内协商不成的，当事人可以请求人民法院或者仲裁机构变更或者解除合同。人民法院或者仲裁机构应当结合案件的实际情况，根据公平原则变更或者解除合同。因国家出台房地产调控政策，导致丙不具备购房资格，丙有权请求解除合同，所以 C 正确。非因违约行为导致解除合同时，双方只需返还已交付的标的及孳息，所以甲公司需将 20 万元本金及利息返还给丙，故 D 错误。

**60. ABD**。《著作权法》第 10 条规定："著作权包括下列人身权和财产权：……（七）出租权，即有偿许可他人临时使用视听作品、计算机软件的原件或者复制件的权利，计算机软件不是出租的主要标的的除外……（十一）广播权，即以有线或者无线方式公开传播或者转播作品，以及通过扩音器或者其他传送符号、声音、图像的类似工具向公众传播广播的作品的权利，但不包括本款第十二项规定的权利；（十二）信息网络传播权，即以有线或者无线方式向公众提供，使公众可以在其选定的时间和地点获得作品的权利……"《著作权法》第 44 条规定，录音录像制作者对其制作的录音录像制品，享有许可他人复制、发行、出租、通过信息网络向公众传播并获得报酬的权利。《著作权法》第 52 条规定："有下列侵权行为的，应当根据情况，承担停止侵害、消除影响、赔礼道歉、赔偿损失等民事责任：……（八）未经视听作品、计算机软件、录音录像制品的著作权人、表演者或者录音录像制作者许可，出租其作品或者录音录像制品的原件或者复制件的，本法另有规定的除外……"《著作权法》第 53 条规定："有下列侵权行为的，应当根据情况，承担本法第五十二条规定的民事责任；侵权行为同时损害公共利益的，由主管著作权的部门责令停止侵权行为，予以警告，没收违法所得，没收、无害化销毁处理侵权复制品以及主要用于制作侵权复制品的材料、工具、设备等，违法经营额五万元以上的，可以并处违法经营额一倍以上五倍以下的罚款；没有违法经营额、违法经营额难以计算或者不足五万元的，可以并处二十五万元以下的罚款；构成犯罪的，依法追究刑事责任：（一）未经著作权人许可，复制、发行、表演、放映、广播、汇编、通过信息网络向公众传播其作品的，本法另有规定的除外……（三）未经表演者许可，复制、发行录有其表演的录音录像制品，或者通过信息网络向公众传播其表演的，本法另有规定的除外；（四）未经录音录像制作者许可，复制、发行、通过信息网络向公众传播其制作的录音录像制品的，本法另有规定的除外……”在A中，甲航空公司购买正版录音制品后在飞机上播放供乘客欣赏，侵害了著作权人王某、表演者张某及录音录像制作者花园公司的广播权，构成侵权。所以，A应选。在B中，乙公司购买该正版录音制品后进行出租，侵害了著作权人王某、表演者张某及录音录像制作者花园公司的出租权，构成侵权。所以，B应选。在C中，丙学生购买正版的录音制品后用于个人欣赏，不构成侵权。所以，C不选。丁学生购买正版录音制品试听后将其上传到网络上传播，侵害了著作权人王某、表演者张某及录音录像制作者花园公司的信息网络传播权，构成侵权。所以，D应选。综上，本题答案为ABD。

**61. ACD。**《著作权法》第2条第1款规定：“中国公民、法人或者非法人组织的作品，不论是否发表，依照本法享有著作权。”故A错误。《著作权法》第13条规定：“改编、翻译、注释、整理已有作品而产生的作品，其著作权由改编、翻译、注释、整理人享有，但行使著作权时不得侵犯原作品的著作权。”乙翻译的小说和丙改编的电影文学剧本均属于演绎作品，乙、丙分别享有著作权。故B正确。《著作权法》第10条规定：“著作权包括下列人身权和财产权：……（十四）改编权，即改变作品，创作出具有独创性的新作品的权利……”因为甲对原版小说享有著作权，乙对翻译的中文小说有著作权，均享有改编权，丙改编中文小说，需征得甲、乙的同意并向其支付报酬。故C错误。《著作权法》第16条规定：“使用改编、翻译、注释、整理、汇编已有作品而产生的作品进行出版、演出和制作录音录像制品，应当取得该作品的著作权人和原作品的著作权人许可，并支付报酬。”按照该规定，丁不仅应取得甲、乙的同意，还需向其支付报酬，所以D错误。综上，本题答案为ACD。

**62. BCD。**《专利法》第6条规定：“执行本单位的任务或者主要是利用本单位的物质技术条件所完成的发明创造为职务发明创造。职务发明创造申请专利的权利属于该单位，申请被批准后，该单位为专利权人。该单位可以依法处置其职务发明创造申请专利的权利和专利权，促进相关发明创造的实施和运用。非职务发明创造，申请专利的权利属于发明人或者设计人；申请被批准后，该发明人或者设计人为专利权人。利用本单位的物质技术条件所完成的发明创造，单位与发明人或者设计人订有合同，对申请专利的权利和专利权的归属作出约定的，从其约定。”《专利法实施细则》第12条规定：“专利法第六条所称执行本单位的任务所完成的职务发明创造，是指：（一）在本职工作中作出的发明创造；（二）履行本单位交付的本职工作之外的任务所作出的发明创造；（三）退休、调离原单位后或者劳动、人事关系终止后1年内作出的，与其在原单位承担的本职工作或者原单位分配的任务有关的发明创造。专利法第六条所称本单位，包括临时工作单位；专利法第六条所称本单位的物质技术条件，是指本单位的资金、设备、零部件、原材料或者不对外公开的技术资料等。”在A中，王某虽利用业余时间研发新鼠标，但王某在公司的职责就是研发鼠标，属于在本职工作中作出的发明创造，应为职务发明创造，专利申请权属于甲公司。故A正确，不选。B的道理同上，虽然王某没有利用甲公司物质技术条件研发出新鼠标，但研发鼠标仍是其职责，是执行甲公司的任务，在本职工作中完成研发，因此专利申请权仍属于甲公司。所以B错误。在C中，只要主要是利用本单位的物质技术条件所完成的发明创造，均为职务发明创造，该新型手机的专利申请权也属于甲公司。故C错误。在D中，若王某在辞职后的1年内研发出新鼠标，其专利申请权仍属于甲公司，选项中并未交代时间界限，故D错误。综上，本题答案为BCD。

【陷阱提示】本题区分是否是职务发明的两个关键：一是是否属于职责范围内，二是是否利用了单位的物质技术条件。虽然A是业余时间，但仍属于其职责范围内，C虽然是职责范围外，但是主要利用了单位的物质技术条件。所以二者都属于职务发明。

**63. BCD。**《商标法》第32条规定：“申请商标注册不得损害他人现有的在先权利，也不得以不正当手段抢先注册他人已经使用并有一定影响的商标。”《商标法》第33条规定：“对初步审定公告的商标，自公告之日起三个月内，在先权利人、利害关系人认为违反本法第十三条第二款和第三款、第十五条、第十六条第一款、第三十条、第三十一条、第三十二条规定的，或者任何人认为违反本法第四条、第十条、第十一条、第十二条、第十九条第四款规定的，可以向商标局提出异议。公告期满无异议的，予以核准注册，发给商标注册证，并予公告。”本题中，乙公司的行为违反了《商标法》第32条的规定，甲公司可以依据第33条向商标局提出异议，故A正确。《商标法》第45条第1款规定：“已经注册的商标，违反本法第十三条第二款和第三款、第十五条、第十六条第一款、第三十条、第三十一条、第三十二条规定的，自商标注册之日起五年内，在先权利人或者利害关系人可以请求商标评审委员会宣告该注册商标无效。对恶意注册的，驰名商标所有人不受五年的时间限制。”故甲公司有权请求商标评审委员会（非商标局）宣告该注册商标无效（非撤销），故C错误。甲公司的救济手段要么异议，要么申请宣告无效，主张先用权于法无据，故B错误。D也没有法律依据，故错误。综上，本题答案为BCD。

**64. AC。**《民法典》第1154条规定，有下列情形之一的，遗产中的有关部分按照法定继承办理：

(1) 遗嘱继承人放弃继承或者受遗赠人放弃受遗赠；(2) 遗嘱继承人丧失继承权或者受遗赠人丧失受遗赠权；(3) 遗嘱继承人、受遗赠人先于遗嘱人死亡或者终止；(4) 遗嘱无效部分所涉及的遗产；(5) 遗嘱未处分的遗产。所以在乙先于甲死亡时，就甲遗留的房屋和现金，按法定继承的规定予以继承。《民法典》第 1128 条规定，被继承人的子女先于被继承人死亡的，由被继承人的子女的直系晚辈血亲代位继承。被继承人的兄弟姐妹先于被继承人死亡的，由被继承人的兄弟姐妹的子女代位继承。代位继承人一般只能继承被代位继承人有权继承的遗产份额。《民法典》第 1129 条规定，丧偶儿媳对公婆，丧偶女婿对岳父母，尽了主要赡养义务的，作为第一顺序继承人。所以，就甲遗留的房屋和现金，丙为第一顺位继承人，戊作为第一顺位继承人代位继承，丁因尽了主要赡养义务而为第一顺位继承人。所以，AC 正确，BD 错误。

**65. CD。**丙被小偷甲撞倒而摔成重伤，小偷甲应承担赔偿责任，A 正确。《民法典》第 1198 条规定，宾馆、商场、银行、车站、机场、体育场馆、娱乐场所等经营场所、公共场所的经营者、管理者或者群众性活动的组织者，未尽到安全保障义务，造成他人损害的，应当承担侵权责任。因第三人的行为造成他人损害的，由第三人承担侵权责任；经营者、管理者或者组织者未尽到安全保障义务的，承担相应的补充责任。经营者、管理者或者组织者承担补充责任后，可以向第三人追偿。本题中，商场有义务保障顾客的人身安全，商场地面湿滑，说明商场并未尽到安全保障义务，商场应对丙的损失承担补充赔偿责任，B 正确，D 错误。乙对丙的损害不存在过错，也不属于法律规定应当承担责任的情形，所以乙不需要补偿丙的损失，C 错误。综上，本题答案为 CD。

**【陷阱提示】**本案不适用《民法典》第 1168 条和第 1171 条规定。甲和商场非共同实施侵权行为，不适用《民法典》第 1168 条规定。《民法典》第 1171 条规定，二人以上分别实施侵权行为造成同一损害，每个人的侵权行为都足以造成全部损害的，行为人承担连带责任。显然甲和商场的侵权行为都不足以造成全部损害，丙的损失是二者侵权行为的共同结果，所以本案也不适用《民法典》第 1171 条规定，甲和商场不承担连带责任。

**66. ACD。**《公司法》第 173 条第 2 款规定，国有独资公司的董事会成员中，应当过半数为外部董事，并应当有公司职工代表。本题中，富圆公司是由两个国有企业设立的，故其董事会中应当有职工代表。A 正确。《公司法》第 70 条第 2 款规定，董事任期届满未及时改选，或者董事在任期内辞任导致董事会成员低于法定人数的，在改选出的董事就任前，原董事仍应当依照法律、行政法规和公司章程的规定，履行董事职务。因此，在改选出的董事就任前，辞职的董事是否应继续履行董事职责，这取决于其辞职后董事会成员是否低于法定人数，并不具有必然性。故 B 错误。《公司法》第 68 条第 3 款规定，董事会设董事长一人，可以设副董事长。董事长、副董事长的产生办法由公司章程规定。因此，富圆公司的章程中可以规定董事长由方圆公司派人担任，C 正确。利润分配属于公司自治事项，D 正确。

**67. B。**《公司法》并没有禁止国有企业设立一人公司，A 错误。《公司法》第 23 条第 3 款规定，只有一个股东的公司，股东不能证明公司财产独立于股东自己的财产的，应当对公司债务承担连带责任。故 B 正确。现行《公司法》取消了对一人有限责任公司股东“应当一次足额缴纳公司章程规定的出资额”的限制。故 C 错误。《公司法》并没有规定一个法人只能设立一个一人公司。D 错误。综上，本题应选 B。

**68. BCD。**《企业破产法》第 39 条规定，人民法院受理破产申请时，出卖人已将买卖标的物向作为买受人的债务人发运，债务人尚未收到且未付清全部价款的，出卖人可以取回在运途中的标的物。但是，管理人可以支付全部价款，请求出卖人交付标的物。BC 正确，A 错误。《企业破产法》第 107 条第 2 款规定，债务人被宣告破产后，债务人称为破产人，债务人财产称为破产财产，人民法院受理破产申请时对债务人享有的债权称为破产债权。D 正确。综上，本题应选 BCD。

**【陷阱提示】**本题的关键是确定在途货物在公司破产中的处理，要区分不同情况确定其所有权归属以及由此产生的债权债务关系。

**69. ABC。**《企业破产法解释（一）》第 4 条规定，债务人账面资产虽大于负债，但存在下列情形之一的，人民法院应当认定其明显缺乏清偿能力：(1) 因资金严重不足或者财产不能变现等原因，无法清偿债务；(2) 法定代表人下落不明且无其他人员负责管理财产，无法清偿债务；(3) 经人民法院强制执行，无法清偿债务；(4) 长期亏损且经营扭亏困难，无法清偿债务；(5) 导致债务人丧失清偿能力的其他情形。ABC 符合规定，正确。

**70. ACD。**《合伙企业法》第 42 条规定，合伙人的自有财产不足清偿其与合伙企业无关的债务的，该合伙人可以以其从合伙企业中分取的收益用于清偿；债权人也可以依法请求人民法院强制执行该合伙人在合伙企业中的财产份额用于清偿。人民法院强制执行合伙人的财产份额时，应当通知全体合伙人，其他合伙人有优先购买权；其他合伙人未购买，又不同意将该财产份额转让给他人的，依照本法第 51 条的规定为该合伙人办理退伙结算，或者办理削减该合伙人相应财产份额的结算。ACD 正确，B 错误。

【陷阱提示】本题要注意两点：一是，合伙企业的债务与合伙人个人的债务要区分开，不能用合伙企业的财产清偿合伙人个人的债务，但可以用合伙人从合伙企业中分取的利益来清偿；二是，在人民法院强制执行合伙人的财产份额时，应当通知全体合伙人，并且其他合伙人有优先购买权。

**71. BCD**。《证券投资基金法》第20条规定："公开募集基金的基金管理人及其董事、监事、高级管理人员和其他从业人员不得有下列行为：(一) 将其固有财产或者他人财产混同于基金财产从事证券投资；(二) 不公平地对待其管理的不同基金财产；(三) 利用基金财产或者职务之便为基金份额持有人以外的人牟取利益；(四) 向基金份额持有人违规承诺收益或者承担损失；(五) 侵占、挪用基金财产；(六) 泄露因职务便利获取的未公开信息、利用该信息从事或者明示、暗示他人从事相关的交易活动；(七) 玩忽职守，不按照规定履行职责；(八) 法律、行政法规和国务院证券监督管理机构规定禁止的其他行为。" A做法正确，B属第3项规定的行为，C属于第2项规定的行为，D属于第4项规定的行为。因此BCD应选。

**72. AC**。《票据法》第14条第2款和第3款规定，票据上有伪造、变造的签章的，不影响票据上其他真实签章的效力。票据上其他记载事项被变造的，在变造之前签章的人，对原记载事项负责；在变造之后签章的人，对变造之后的记载事项负责；不能辨别是在票据被变造之前或者之后签章的，视同在变造之前签章。因此，甲和乙应对戊承担10万元的票据责任，丙和丁应对戊承担20万元的票据责任，AC正确，BD错误。

【陷阱提示】本题的陷阱有两个：一是，以票据变造的时点为标准，变造之前和变造之后签章的人，票据责任是不同的；二是，对于不能辨别是在票据被变造之前或者之后签章的情形，应当视同在变造之前签章，从而按照变造之前的票据金额承担票据责任。

**73. AB**。《保险法》第65条第1、2款规定，保险人对责任保险的被保险人给第三者造成的损害，可以依照法律的规定或者合同的约定，直接向该第三者赔偿保险金。责任保险的被保险人给第三者造成损害，被保险人对第三者应负的赔偿责任确定的，根据被保险人的请求，保险人应当直接向该第三者赔偿保险金。被保险人怠于请求的，第三者有权就其应获赔偿部分直接向保险人请求赔偿保险金。因此，作为被保险人的旅行社和丙公司有权要求保险公司直接向丁支付保险金，AB正确。只有在旅行社和丙公司怠于向保险公司提出请求的，丁才能直接要求保险公司支付保险金，CD错误。

【陷阱提示】在第三者责任险中，被保险人给第三者造成损害后，第三者是否有权直接请求保险人支付保险金？《保险法》仅规定，被保险人怠于请求的，第三人有权就其应获赔偿部分直接向保险人请求赔偿保险金。因此，第三者直接请求保险人赔偿保险金是建立在被保险人怠于请求基础上的，《保险法》并未赋予第三者无条件的直接请求权。

**74. ACD**。《海商法》第22条第1款规定，下列各项海事请求具有船舶优先权：(1) 船长、船员和在船上工作的其他在编人员根据劳动法律、行政法规或者劳动合同所产生的工资、其他劳动报酬、船员遣返费用和社会保险费用的给付请求；(2) 在船舶营运中发生的人身伤亡的赔偿请求；(3) 船舶吨税、引航费、港务费和其他港口规费的缴付请求；(4) 海难救助的救助款项的给付请求；(5) 船舶在营运中因侵权行为产生的财产赔偿请求。《海商法》第23条第1款规定，本法第22条第1款所列各项海事请求，依照顺序受偿。但是，第4项海事请求，后于第1项至第3项发生的，应当先于第1项至第3项受偿。因此，A正确，B错误。《海商法》第24条规定，因行使船舶优先权产生的诉讼费用，保存、拍卖船舶和分配船舶价款产生的费用，以及为海事请求人的共同利益而支付的其他费用，应当从船舶拍卖所得价款中先行拨付。C正确。《海商法》第25条第1款规定，船舶优先权先于船舶留置权受偿，船舶抵押权后于船舶留置权受偿。D正确。本题选择ACD。

【陷阱提示】船舶优先权一直是法考的重要考点。各项船舶优先权之间的受偿次序有明确规定，要注意区分。此外，船舶优先权与船舶留置权、抵押权之间也有一定的次序。

**75. BC**。《民事诉讼法》第130条规定，人民法院受理案件后，当事人对管辖权有异议的，应当在提交答辩状期间提出。人民法院对当事人提出的异议，应当审查。异议成立的，裁定将案件移送有管辖权的人民法院；异议不成立的，裁定驳回。当事人未提出管辖异议，并应诉答辩或者提出反诉的，视为受诉人民法院有管辖权，但违反级别管辖和专属管辖规定的除外。根据这一规定，级别管辖仍然适用管辖权异议制度，因此，A错误，不应选。移送管辖，是指人民法院受理案件后，发现本法院对该案无管辖权，依照法律规定将案件移送给有管辖权的人民法院审理。移送管辖就其实质而言，是对案件的移送，而不是对案件管辖权的移送。它是对管辖发生错误所采用的一种纠正措施。移送管辖通常发生在同级人民法院之间，但也不排除在上、下级人民法院之间适用。因此，案件被移送管辖有可能是因为受诉法院违反了级别管辖的规定而发生的，B正确，应选。管辖权转移，是指经上级人民法院决定或者同意，将某个案件的管辖权由上级人民法院转交给下级人民法院，或者由下级人民法院转交给上级人民法院。就管辖权转移的实质而言，是对级别管辖的一种变通和补充。因此，C正确，应选。《民事诉讼法》第35条规定，合同或者其他财产权益纠纷的当事人可以书面中协议选择被告住所地、合同履行地、合同签订地、原告住所地、标的物所在地等与争议有实际联系的地点的人民法院管辖，但不得违反本法对级别管辖和专属管辖的规定。因此，当事人不可以通过协议变更案件的级别管辖，D 错误，不应选。本题正确答案应为 BC。

**76. ABD**。《民诉解释》第 212 条规定，裁定不予受理、驳回起诉的案件，原告再次起诉，符合起诉条件且不属于《民事诉讼法》第 127 条规定情形的，人民法院应予受理。因此，A 正确，应选。《民诉解释》第 214 条第 1 款规定，原告撤诉或人民法院按撤诉处理后，原告以同一诉讼请求再次起诉的，人民法院应予受理。因此，B 正确，应选。《民事诉讼法》第 127 条第 7 项规定，对于判决不准离婚和调解和好的离婚案件，判决、调解维持收养关系的案件，没有新情况、新理由，原告在 6 个月内又起诉的，不予受理。根据这一规定，原告虽然没有新情况、新理由，但是在 6 个月之后起诉的，或者是被告起诉的，法院都应当予以受理。因此，C 错误，不应选。当事人超过诉讼时效起诉的，只要符合起诉条件，法院都应当受理。因此，D 正确，应选。本题正确答案为 ABD。

**77. AB**。反诉必须向审理本诉的人民法院提出，受诉人民法院对反诉有管辖权，属于本诉人民法院受理案件的范围。因此，A 正确，应选。反诉与本诉是两个相互独立的诉，它们的诉讼请求也是相互独立的，因此，反诉中的诉讼请求不会因为本诉的撤销而撤销，B 正确，应选。反诉的起诉可能使本诉失去意义，吞并或抵销原告的诉讼请求，但反诉的成立并非一定会产生本诉的诉讼请求被依法驳回的法律后果，因此 C 错误，不应选。本诉与反诉的当事人具有同一性，但当事人在本诉与反诉中的诉讼地位是不相同的，本诉的原告是反诉的被告，本诉的被告是反诉的原告，因此 D 错误，不应选。本题正确答案为 AB。

**78. AC**。诉讼权利能力，也被称为当事人诉讼权利能力或者当事人能力，是指成为民事诉讼当事人，享有民事诉讼权利和承担民事诉讼义务所必需的诉讼法上的资格。当事人适格，又称为正当当事人，是指对于具体的诉讼，有作为本案当事人起诉或应诉的资格。因此，A 正确，应选。当事人能力是对所有潜在的民事诉讼当事人而言的，而适格当事人是对某一具体的民事诉讼而言的，有当事人能力的人，不一定是某一具体民事案件的适格当事人，因此，B 错误，不应选。是某一具体民事案件的适格当事人，则意味着其一定具有当事人能力，因此 C 正确，应选。法律对当事人能力作出了明确规定，但对当事人适格却无法加以明确规定，因此，D 错误，不选。本题正确答案为 AC。

**79. CD**。《民事诉讼法》第 104 条第 1 款规定，利害关系人因情况紧急，不立即申请保全将会使其合法权益受到难以弥补的损害的，可以在提起诉讼或者申请仲裁前向被保全财产所在地、被申请人住所地或者对案件有管辖权的人民法院申请采取保全措施。申请人应当提供担保，不提供担保的，裁定驳回申请。因此，诉前保全的裁定应当根据当事人的申请作出，法院不能依职权作出。先予执行裁定的作出，也必须根据当事人的申请作出，法院不能依职权作出，故 A 错误，不应选。《民事诉讼法》第 109 条规定，人民法院对下列案件，根据当事人的申请，可以裁定先予执行：(1) 追索赡养费、扶养费、抚养费、抚恤金、医疗费用的；(2) 追索劳动报酬的；(3) 因情况紧急需要先予执行的。因此，先予执行适用的案件范围是特定的，且其范围小于保全适用的案件范围，B 错误，不应选。当事人提出保全或先予执行的申请时，法院都可以责令申请人提供担保，若申请人拒绝提供担保的，驳回申请，因此 C 正确，应选。《民事诉讼法》第 111 条规定，当事人对保全或者先予执行的裁定不服的，可以申请复议一次。复议期间不停止裁定的执行。因此，D 正确，应选。本题正确答案为 CD。

**80. ABCD**。民事诉讼中的法院依职权调查事项，是指在民事诉讼中存在的，不必等当事人提出要求和申请，法院必须依职权进行调查并作出判断的特定案件事实。法院应当依职权调查的事项包括：管辖权的确定，诉讼要件，诉讼中止、终结，诉的合并与变更，既判力问题，非讼案件和公益诉讼中公益性的需要法院依职权调查的事项以及法院依职权对于涉及案件实体问题的证据调查。这些法院依职权进行调查的事实，主要涉及民事诉讼是否能够成立或者诉讼进程是否可以继续的程序性事项，并且往往涉及国家利益或者第三人利益，具有较强的公益性，因而法院对这些特定事项进行调查和作出判断属于法院的职权活动，当事人双方对于这些事项并不享有处分权。本题中，本院是否享有对起诉至本院案件的管辖权、委托诉讼代理人的代理权限范围、当事人是否具有诉讼权利能力、合议庭成员是否存在回避的法定事由等，都属于法院依职权调查事项的范围，因此，ABCD 均正确。

**81. AB**。《仲裁法》第 43 条规定，当事人应当对自己的主张提供证据。仲裁庭认为有必要收集的证据，可以自行收集。因此，A 正确，应选。《民事诉讼法》第 79 条第 1 款规定，当事人可以就查明事实的专门性问题向人民法院申请鉴定。当事人申请鉴定的，由双方当事人协商确定具备资格的鉴定人；协商不成的，由人民法院指定。《仲裁法》第 44 条第 1 款规定，仲裁庭对专门性问题认为需要鉴定的，可以交由当事人约定的鉴定部门鉴定，也可以由仲裁庭指定的鉴定部门鉴定。因此，B 正确，应选。《法院民事调解规定》第 2 条第 1 款规定，当事人在诉讼过程中自行达成和解协议的，人民法院可以根据当事人的申请依法确认和解协议制作调解书。双方当事人申请庭外和解的期间，不计入审限。据此，不能根据当事人的申请制作判决书。《仲裁法》第 51 条第 2 款规定，调解达成协议的，仲裁庭应当制作调解书或者根据协议的结果制作裁决书。调解书与裁决书具有同等法律效力。因此，C 错误，不应选。《仲裁法》第 54 条规定，裁决书应当写明仲裁请求、争议事实、裁决理由、裁决结果、仲裁费用的负担和裁决日期。当事人协议不愿写明争议事实和裁决理由的，可以不写。裁决书由仲裁员签名，加盖仲裁委员会印章。对裁决持不同意见的仲裁员，可以签名，也可以不签名。《民事诉讼法》第 155 条规定，判决书应当写明判决结果和作出该判决的理由。因此，判决理由应当在判决中加以写明，D 错误，不应选。

**82. ABCD**。《民法典》第 597 条规定，因出卖人未取得处分权致使标的物所有权不能转移的，买受人可以解除合同并请求出卖人承担违约责任。法律、行政法规禁止或者限制转让的标的物，依照其规定。据此，无权处分合同有效。尽管乙公司与丙公司、丁公司签订挖掘机买卖合同，均属于无权处分，但买卖合同对乙公司与丙公司，乙公司与丁公司均有效。故 ABCD 均错误。

**83. AB**。《民法典》第 392 条规定，被担保的债权既有物的担保又有人的担保的，债务人不履行到期债务或者发生当事人约定的实现担保物权的情形，债权人应当按照约定实现债权；没有约定或者约定不明确，债务人自己提供物的担保的，债权人应当先就该物的担保实现债权；第三人提供物的担保的，债权人可以就物的担保实现债权，也可以请求保证人承担保证责任。提供担保的第三人承担担保责任后，有权向债务人追偿。丙公司和丁公司的担保责任顺位未作明确约定时，债权人甲公司可以要求丙公司承担保证责任，亦可以要求丁公司承担抵押担保责任。所以，AB 正确，CD 错误。

**84. AB**。《民法典》第 697 条规定："债权人未经保证人书面同意，允许债务人转移全部或者部分债务，保证人对未经其同意转移的债务不再承担保证责任，但是债权人和保证人另有约定的除外。第三人加入债务的，保证人的保证责任不受影响。"因为乙公司将 6 万元租金债务转让给戊公司，未经保证人丙公司的书面同意，所以，丙公司仅需对乙公司剩余租金债务承担担保责任。故 A 正确，C 错误。《民法典》第 391 条规定："第三人提供担保，未经其书面同意，债权人允许债务人转移全部或者部分债务的，担保人不再承担相应的担保责任。"本题中，丁公司仅口头同意债务转让，未形成书面同意，因此对转让的债务不再承担担保责任。故 B 正确，D 错误。

**85. D**。《民法典》第 224 条规定，动产物权的设立和转让，自交付时发生效力，但是法律另有规定的除外。《民法典》第 227 条规定，动产物权设立和转让前，第三人占有该动产的，负有交付义务的人可以通过转让请求第三人返还原物的权利代替交付。在本案中，甲公司已经通过指示交付的方式将机器交付给王某，所以，在甲公司与王某签订买卖合同之后，王某死亡之前，挖掘机归王某所有。D 正确。

**86. ABD**。《民法典》第 1159 条规定，分割遗产，应当清偿被继承人依法应当缴纳的税款和债务。王某的死亡，并不影响甲公司与王某的买卖合同的效力，挖掘机已经交付，王某尚欠价款，作为王某的继承人大王和小王继承了挖掘机所有权的同时，亦继承了该债务，两者应对该买卖合同原王某承担的债务负连带责任，故 C 正确，ABD 错误。

**87. BC**。《民法典》第 230 条规定，因继承取得物权的，自继承开始时发生效力。《民法典》第 232 条规定，处分依照本节规定享有的不动产物权，依照法律规定需要办理登记的，未经登记，不发生物权效力。其仅限定，处分不动产必须办理登记，否则不发生效力。而机器设备为动产，所以，在王某死后，挖掘机的所有权归大王与小王共同共有，即有处分权。A 错误。《民法典》第 301 条规定，处分共有的不动产或者动产以及对共有的不动产或者动产作重大修缮、变更性质或者用途的，应当经占份额 2/3 以上的按份共有人或者全体共同共有人同意，但是共有人之间另有约定的除外。按该规定，小王出卖挖掘机应当取得大王的同意，大王对小王出卖挖掘机的行为可以追认，所以，BC 正确。遗嘱的执行人并不能侵害继承人的利益，故 D 错误。

**88. BCD**。《公司法解释（三）》第 12 条规定，公司成立后，公司、股东或者公司债权人以相关股东的行为符合下列情形之一且损害公司权益为由，请求认定该股东抽逃出资的，人民法院应予支持：……（2）通过虚构债权债务关系将其出资转出……本题中，高才以公司名义，与艾瑟签订一份购买 10 万元食材的合同，但艾瑟从未经营过食材，也未打算履行该合同，因此，属于虚构的债权债务关系，其行为构成抽逃出资行为。C 正确，A 错误。另《公司法解释（三）》第 13 条第 2 款规定，公司债权人请求未履行或者未全面履行出资义务的股东在未出资本息范围内对公司债务不能清偿的部分承担补充赔偿责任的，人民法院应予支持；未履行或者未全面履行出资义务的股东已经承担上述责任，其他债权人提出相同请求的，人民法院不予支持。D 正确。《民法典》第 154 条规定，行为人与相对人恶意串通，损害他人合法权益的民事法律行为无效。B 正确。本题正确选项为 BCD。

**89. AB**。《公司法解释（三）》第 24 条规定，有限责任公司的实际出资人与名义出资人订立合同，约定由实际出资人出资并享有投资权益，以名义出资人为名义股东，实际出资人与名义股东对该合同效力发生争议的，如无法律规定的无效情形，人民法院应当认定该合同有效。前款规定的实际出资人与名义股东因投资权益的归属发生争议，实际出资人以其实际履行了出资义务为由向名义股东主张权利的，人民法院应予支持。名义股东以公司股东名册记载、公司登记机关登记为由否认实际出资人权利的，人民法院不予支持。实际出资人未经公司其他股东半数以上同意，请求公司变更股东、签发出资证明书、记载于股东名册、记载于公司章程并办理公司登记机关登记的，人民法院不予支持。因此，李一与李三的约定有效，A 正确。但该约定只在李一与李三之间有效，不能对抗公司，因为公司登记机关登记的股东为李三，故对公司来说，李三具有股东资格，B 正确，C 错误。李一如想变更自己为公司股东，必须经公司其他股东半数以上同意，故 D 错误。综上，本题应选 AB。

**【陷阱提示】** 在隐名投资的情况下，要区分两类关系来确定股东身份和处理相关纠纷：一类是名义股东与实际股东之间的关系，这取决于双方的约定，并以此为依据处理双方的纠纷；另一类是名义股东、实际股东与公司、第三人之间的关系，其处理一般要依赖于公司登记的记载，从而可能出现与前者完全不同的处理结果。

**90. BCD**。《公司法解释（三）》第 25 条规定，名义股东将登记于其名下的股权转让、质押或者以其他方式处分，实际出资人以其对于股权享有实际权利为由，请求认定处分股权行为无效的，人民法院可以参照《民法典》第 311 条的规定处理。名义股东处分股权造成实际出资人损失，实际出资人请求名义股东承担赔偿责任的，人民法院应予支持。《民法典》第 311 条规定，无处分权人将不动产或者动产转让给受让人的，所有权人有权追回；除法律另有规定外，符合下列情形的，受让人取得该不动产或者动产的所有权：（1）受让人受让该不动产或者动产时是善意；（2）以合理的价格转让；（3）转让的不动产或者动产依照法律规定应当登记的已经登记，不需要登记的已经交付给受让人。受让人依照前款规定取得不动产或者动产的所有权的，原所有权人有权向无处分权人请求损害赔偿。当事人善意取得其他物权的，参照适用前两款规定。本题中，李三与王二之间的股权买卖合同符合《民法典》第 311 条关于善意取得的规定，故为有效合同，王二可以取得该股权，李一可以要求李三对其因股权转让所导致的权益损失进行赔偿。但李三作为公司名义上的股东，有权将其股权进行转让，故其行为不属于无权处分行为，只是参照《民法典》关于无权处分的规定进行处理。本题选择 BCD。

# 第19天

欲穷千里目，更上一层楼。

## 试　题

**1.** 法律面前人人平等是公平正义的首要内涵。关于它的具体内容，下列哪一选项是不准确的？

A. 社会成员享有相同的立法表决权

B. 法律以同样的标准对待所有社会成员

C. 反对任何在宪法和法律之外的特殊权利

D. 禁止歧视任何在社会关系中处于弱势的社会成员

**2.** 某高校司法研究中心的一项研究成果表明：处于大城市"陌生人社会"的人群会更多地强调程序公正，选择诉诸法律解决纠纷；处于乡村"熟人社会"的人群则会更看重实体公正，倾向以调解、和解等中国传统方式解决纠纷。据此，关于人们对"公平正义"的理解与接受方式，下列哪一说法是不准确的？

A. 对公平正义的理解具有一定的文化相对性、社会差异性

B. 实现公平正义的方式既应符合法律规定，又要合于情理

C. 程序公正只适用于"陌生人社会"，实体公正只适用于"熟人社会"

D. 程序公正以实体公正为目标，实体公正以程序公正为基础

**3.** 马克思主义关于"人民主权"的论述是社会主义法治理念的理论渊源之一。下列哪一宪法原则准确体现了人民主权思想？

A. 国家尊重和保障人权

B. 中华人民共和国的一切权力属于人民

C. 中华人民共和国公民在法律面前一律平等

D. 中华人民共和国实行依法治国，建设社会主义法治国家

**4.** 1943年，马锡五任陕甘宁边区高等法院陇东分庭庭长，他深入基层，依靠群众，就地办案，形式灵活，手续简便，被总结为"马锡五审判方式"。关于"马锡五审判方式"体现的法治意义，下列哪一说法是准确的？

A. 是不断提高依法行政能力和职业道德水平的典范

B. 是努力树立司法权威及司法为民的典范

C. 是从我国国情出发，借鉴国外法治经验的典范

D. 是立足我国国情，坚持科学立法、维护法制统一的典范

**5.** 2011年7月，某市公安机关模仿诗歌《见与不见》的语言和风格，在官方网站上发布信息，敦促在逃人员投案自首："你逃，或者不逃，事就在那，不改不变。你跑，或者不跑，网就在那，不撤不去。你想，或者不想，法就在那，不偏不倚。你自首，或者不自首，警察就在那，不舍不弃。早日去投案，或者，惶惶终日，潜逃无聊，了结真好。"关于某市公安机关的做法，下列哪一说法是恰当的？

A. 公安机关有权减轻或免除对自首人员的处罚

B. 公安机关应以社会管理职能代替政治统治职能

C. 公安机关可以从实际工作出发，对法律予以行政解释

D. 公安机关可以创新工作手段、利用有效宣传形式，促进全面充分履职

**6.** 某市政府为缓解拥堵，经充分征求广大市民意见，做出车辆限号行驶的规定。但同时明确，接送高考考生、急病送医等特殊情况未按号行驶的，可不予处罚。关于该免责规定体现的立法基本原则，下列哪一选项是不准确的？

A. 实事求是，从实际出发

B. 民主立法

C. 注重效率

D. 原则性与灵活性相结合

**7.** 甲、乙分别为某有限责任公司的自然人股东，后甲在乙知情但不同意的情况下，为帮助妹妹获取贷款，将自有股份质押给银行，乙以甲侵犯其股东权利为由向法院提起诉讼。关于本案，下列哪一判断是正确的？

A. 担保关系是债权关系的保护性法律关系

B. 债权关系是质押关系的第一性法律关系

C. 诉讼关系是股权关系的隶属性法律关系

D. 债权关系是质押关系的调整性法律关系

**8.** 宽严相济是我国的基本刑事政策，要求法院对于危害国家安全、恐怖组织犯罪、“黑恶”势力犯罪等严重危害社会秩序和人民生命财产安全的犯罪分子，尤其对于极端仇视国家和社会，以不特定人为侵害对象，所犯罪行特别严重的犯罪分子，该依法重判的坚决重判，该依法判处死刑立即执行的绝不手软。对于解决公共秩序、社会安全、犯罪分子生命之间存在的法律价值冲突，该政策遵循下列哪一原则？

A. 个案平衡原则　　B. 比例原则

C. 价值位阶原则　　D. 自由裁量原则

**9.** 甲法官处理一起伤害赔偿案件，耐心向被告乙解释计算赔偿数额的法律依据，并将最高法院公报发布的已生效同类判决提供乙参考。乙接受甲法官建议，在民事调解书上签字赔偿了原告损失。关于本案，下列哪一判断是正确的？

A. 法院已生效同类判决具有普遍约束力

B. 甲法官在该案调解时适用了判例法

C. 甲法官提供的指导性案例具有说服力

D. 民事调解书经乙签署后即具有行政强制执行力

**10.** 据史书载，以下均为秦朝刑事罪名。下列哪一选项最不具有秦朝法律文化的专制特色？

A. “偶语诗书”　　B. “以古非今”

C. “非所宜言”　　D. “失刑”

**11.** 关于明代法律制度，下列哪一选项是错误的？

A. 明朱元璋认为，“夫法度者，朝廷所以治天下也”

B. 明律确立“重其所重，轻其所轻”刑罚原则

C. 《大明会典》仿《元六典》，以六部官制为纲

D. 明会审制度为九卿会审、朝审、大审

**12.** 清乾隆律学家、名幕王又槐对谋杀和故杀的有关论述：

①“谋杀者，蓄念于未杀之先；故杀者，起意于殴杀之时。”

②“谋杀则定计而行，死者猝不及防、势不能敌，或以金刃，或以毒药，或以他物，或驱赴水火，或伺于隐蔽处所，即时致死，并无争斗情形，方为谋杀。”

③“故杀乃因斗殴、谋殴而起，或因忆及夙嫌，或因畏其报复，或虑其控官难制，或恶其无耻滋事，或恐其遗祸受害。在兄弟，或利其赀财肥己；在夫妻，或恨其妒悍不逊。临时起意，故打重伤、多伤，伤多及致死处所而死者是也。”

据此，下列最可能被认定为谋杀者的是哪一选项？

A. 张某将浦某拖倒在地，骑于身将其打伤。浦某胞弟见状，情急之下用木耙击中张某顶心，张某立时毙命

B. 洪某因父为赵某所杀，立志复仇。后，洪某趁赵某独自上山之机，将其杀死

C. 卢某欲拉林某入伙盗窃，林某不允并声称将其送官。卢某恐其败露欲杀之，当即将林某推倒在地，搯伤其咽喉并用腰带套其脖颈，林某窒息而死

D. 雇主李朱氏责骂刘某干活不勤，刘某愧忿不甘，拿起菜刀将李朱氏砍倒。刘某逃跑之际，被李朱氏 4 岁的外孙韩某拉住衣服并大声呼救，刘某将其推倒在地并连砍数刀，致其立时毙命

**13.** 关于中外法律制度的发展演变，下列哪一表述是错误的？

A. 西周“七出”“三不去”“六礼”等婚姻法律的原则和制度，多为后世法律所继承和采用

B. 汉代“秋冬行刑”的死刑执行制度，对唐、明、清的法律制度有着深远影响

C. 清末规定的法官和检察官考试任用制度、监狱及狱政管理的改良制度，是清末司法体制上的重大变化

D. 法国国民会议于 1787 年 8 月 26 日通过《独立宣言》，这一划时代的历史性文件第一次明确而系统地提出了资产阶级民主和法制的基本原则

**14.** 坚持党的事业至上、人民利益至上、宪法法律至上是社会主义法治的必然要求。根据《宪法》规定，对于“宪法法律至上”中“法律”的理解，下列哪一选项是正确的？

A. 是指具有法的一般特征的规范性文件

B. 是指全国人大制定的基本法律

C. 是指全国人大常委会制定的法律

D. 是指全国人大及其常委会制定的法律

**15.** 关于《中华民国临时约法》，下列哪一选项是正确的？

A. 《临时约法》是辛亥革命后正式颁行的宪法

B. 《临时约法》设立临时大总统，采行总统制

C. 《临时约法》是中国历史上唯一一部具有资产阶级共和国性质的宪法性文件

D. 《临时约法》确立了五权分离的原则

**16.** 宪法结构指宪法内容的组织和排列形式。关于我国宪法结构，下列哪一选项是不正确的？

A. 宪法序言规定了宪法的根本法地位和最高法律效力

B. 现行宪法正文的排列顺序是：总纲、公民的基本权利和义务、国家机构以及国旗、国歌、国徽、首都

C. 宪法附则没有法律效力

D. 宪法没有附则

**17.** 宪法效力是指宪法作为法律规范所具有的约束力与强制性。关于我国宪法效力，下列哪一选项是不正确的？

A. 侨居国外的华侨受中国宪法保护
B. 宪法的效力及于中华人民共和国的所有领域
C. 宪法的最高法律效力首先源于宪法的正当性
D. 宪法对法院的审判活动没有约束力

**18.** 根据《宪法》和法律规定，关于人民代表大会制度，下列哪一选项是不正确的？
A. 人民代表大会制度体现了一切权力属于人民的原则
B. 地方各级人民代表大会是地方各级国家权力机关
C. 全国人民代表大会是最高国家权力机关
D. 地方各级国家权力机关对最高国家权力机关负责，并接受其监督

**19.** 根据《选举法》的规定，关于选举机构，下列哪一选项是不正确的？
A. 特别行政区全国人大代表的选举由全国人大常委会主持
B. 省、自治区、直辖市、设区的市、自治州的人大常委会领导本行政区域内县级以下人大代表的选举工作
C. 乡、民族乡、镇的选举委员会受不设区的市、市辖区、县、自治县人大常委会的领导
D. 选举委员会对依法提出的有关选民名单的申诉意见，应在3日内作出处理决定

**20.** 根据我国宪法和港、澳基本法规定，关于港、澳基本法的修改，下列哪一选项是不正确的？
A. 在不同港、澳基本法基本原则相抵触的前提下，全国人大常委会在全国人大闭会期间有权修改港、澳基本法
B. 港、澳基本法的修改提案权属于全国人大常委会、国务院和港、澳特别行政区
C. 港、澳特别行政区对基本法的修改议案，由港、澳特别行政区出席全国人大会议的代表团向全国人大会议提出
D. 港、澳基本法的任何修改，不得同我国对港、澳既定的基本方针政策相抵触

**21.** 下列哪一选项属于《反不正当竞争法》和《反垄断法》均明文禁止的行为？
A. 甲省政府规定，凡外省生产的汽车，必须经过本省交管部门的技术安全认证，领取省内销售许可证以后，方可在本省市场销售
B. 乙省政府决定，在进出本省的交通要道设置关卡，阻止本省生产的猪肉运往外省
C. 丙省政府规定，省内各机关和事业单位在公务接待等活动时需要消费香烟的，只能选用本省生产的“金丝雀”牌香烟，否则财政不予报销
D. 丁省政府规定，外省生产的化肥和农药在本省销售的，一律按销售额加收15%的环保附加费

**22.** 关于食品添加剂管制，下列哪一说法符合《食品安全法》的规定？
A. 向食品生产者供应新型食品添加剂的，必须持有省级卫生行政部门发放的特别许可证
B. 未获得食品添加剂销售许可的企业，不得销售含有食品添加剂的食品
C. 生产含有食品添加剂的食品的，必须给产品包装加上载有“食品添加剂”字样的标签
D. 销售含有食品添加剂的食品的，必须在销售场所设置载明“食品添加剂”字样的专柜

**23.** 关于《银行业监督管理法》的适用范围，下列哪一说法是正确的？
A. 信托投资公司适用本法
B. 金融租赁公司不适用本法
C. 金融资产管理公司不适用本法
D. 财务公司不适用本法

**24.** 关于扣缴义务人，下列哪一说法是错误的？
A. 是依法负有代扣代缴、代收代缴税款义务的单位和个人
B. 应当按时向税务机关报送代扣代缴、代收代缴税款报告表和其他有关资料
C. 可以向税务机关申请延期报送代扣代缴、代收代缴税款报告表和其他有关资料
D. 应当直接到税务机关报送代扣代缴、代收代缴税款报告表和其他有关资料

**25.** 甲国某核电站因极强地震引发爆炸后，甲国政府依国内法批准将核电站含低浓度放射性物质的大量污水排入大海。乙国海域与甲国毗邻，均为《关于核损害的民事责任的维也纳公约》缔约国。下列哪一说法是正确的？
A. 甲国领土范围发生的事情属于甲国内政
B. 甲国排污应当得到国际海事组织同意
C. 甲国对排污的行为负有国际法律责任，乙国可通过协商与甲国共同解决排污问题
D. 根据“污染者付费”原则，只能由致害方，即该核电站所属电力公司承担全部责任

**26.** 甲国人张某侵吞中国某国企驻甲国办事处的大量财产。根据中国和甲国的法律，张某的行为均认定为犯罪。中国与甲国没有司法协助协定。根据国际法相关规则，下列哪一选项是正确的？
A. 张某进入中国境内时，中国有关机关可依法将其拘捕
B. 中国对张某侵吞财产案没有管辖权
C. 张某乘甲国商船逃至公海时，中国有权派员在公海将其缉拿
D. 甲国有义务将张某引渡给中国

**27.** 甲乙两国协议将其边界领土争端提交联合国国际法院。国际法院作出判决后，甲国拒不履行判决确定的义务。根据《国际法院规约》，关于乙国，下

列哪一说法是正确的？

A. 可申请国际法院指令甲国国内法院强制执行

B. 可申请由国际法院强制执行

C. 可向联合国安理会提出申诉，请求由安理会作出建议或决定采取措施执行判决

D. 可向联大法律委员会提出申诉，由法律委员会决定采取行动执行判决

**28.** 在某涉外合同纠纷案件审判中，中国法院确定应当适用甲国法律。关于甲国法的查明和适用，下列哪一说法是正确的？

A. 当事人选择适用甲国法律的，法院应当协助当事人查明该国法律

B. 该案适用的甲国法包括该国的法律适用法

C. 不能查明甲国法的，适用中华人民共和国法律

D. 不能查明甲国法的，驳回当事人的诉讼请求

**29.** 甲国 A 公司和乙国 B 公司共同出资组建了 C 公司，C 公司注册地和主营业地均在乙国，同时在甲国、乙国和中国设有分支机构，现涉及中国某项业务诉诸中国某法院。根据我国相关法律规定，该公司的民事行为能力应当适用哪国法律？

A. 甲国法　　B. 乙国法

C. 中国法　　D. 乙国法或者中国法

**30.** 台湾地区甲公司因合同纠纷起诉大陆乙公司，台湾地区法院判决乙公司败诉。乙公司在上海和北京均有财产，但未执行该判决。关于该判决的执行，下列哪一选项是正确的？

A. 甲公司向上海和北京的中级人民法院申请认可该判决的，由最先立案的中级人民法院管辖

B. 该判决效力低于人民法院作出的生效判决

C. 甲公司申请财产保全的，人民法院可以要求其提供有效的担保；不提供担保的，视情况决定是否准予财产保全

D. 甲公司申请认可该判决的，应当在判决效力确定后 1 年内提出

**31.**《涉外民事关系法律适用法》规定：结婚条件，适用当事人共同经常居所地法律；没有共同经常居所地的，适用共同国籍国法律；没有共同国籍，在一方当事人经常居所地或者国籍国缔结婚姻的，适用婚姻缔结地法律。该规定属于下列哪一种冲突规范？

A. 单边冲突规范

B. 重叠适用的冲突规范

C. 无条件选择适用的冲突规范

D. 有条件选择适用的冲突规范

**32.** 中国某法院受理一涉外民事案件后，依案情确定应当适用甲国法。但在查找甲国法时发现甲国不同州实施不同的法律。关于本案，法院应当采取下列哪一做法？

A. 根据意思自治原则，由当事人协议决定适用甲国哪个州的法律

B. 直接适用甲国与该涉外民事关系有最密切联系的州法律

C. 首先适用甲国区际冲突法确定准据法，如甲国没有区际冲突法，适用中国法律

D. 首先适用甲国区际冲突法确定准据法，如甲国没有区际冲突法，适用与案件有最密切联系的州法律

**33.** 中国甲公司通过海运从某国进口一批服装，承运人为乙公司，提单收货人一栏写明“凭指示”。甲公司持正本提单到目的港提货时，发现货物已由丙公司以副本提单加保函提取。甲公司与丙公司达成了货款支付协议，但随后丙公司破产。甲公司无法获赔，转而向乙公司索赔。根据我国相关法律规定，关于本案，下列哪一选项是正确的？

A. 本案中正本提单的转让无需背书

B. 货物是由丙公司提走的，故甲公司不能向乙公司索赔

C. 甲公司与丙公司虽已达成货款支付协议，但未得到赔付，不影响甲公司要求乙公司承担责任

D. 乙公司应当在责任限制的范围内承担因无单放货造成的损失

**34.** 进口到中国的某种化工材料数量激增，其中来自甲国的该种化工材料数量最多，导致中国同类材料的生产企业遭受实质损害。根据我国相关法律规定，下列哪一选项是正确的？

A. 中国有关部门启动保障措施调查，应以国内有关生产者申请为条件

B. 中国有关部门可仅对已经进口的甲国材料采取保障措施

C. 如甲国企业同意进行价格承诺，则可避免被中国采取保障措施

D. 如采取保障措施，措施针对的材料范围应当与调查范围相一致

**35.** 甲、乙、丙中国企业代表国内某食品原料产业向商务部提出反倾销调查申请，要求对原产于 A 国、B 国、C 国的该原料进行相关调查。经查，商务部终局裁定确定倾销成立，对国内产业造成损害，决定征收反倾销税。根据我国相关法律规定，下列哪一说法是正确的？

A. 反倾销税的纳税人是该原料的出口经营者

B. 在反倾销调查期间，商务部可以建议进口经营者作出价格承诺

C. 终裁决定确定的反倾销税额高于已付或应付临时反倾销税或担保金额的，差额部分不予征收

D. 终裁决定确定的反倾销税额低于已付或应付临时反倾销税或担保金额的，差额部分不予退还

**36.** 关于中国在世贸组织中的权利义务，下列哪一表述是正确的?

A. 承诺入世后所有中国企业都有权进行货物进出口，包括国家专营商品

B. 对中国产品的出口，进口成员在进行反倾销调查时选择替代国价格的做法，在《中国加入世界贸易组织议定书》生效15年后终止

C. 非专向补贴不受世界贸易组织多边贸易体制的约束，包括中国对所有国有企业的补贴

D. 针对中国产品的过渡性保障措施，在实施条件上与保障措施的要求基本相同，在实施程序上相对简便

**37.** 根据《多边投资担保机构公约》，关于多边投资担保机构（MIGA）的下列哪一说法是正确的?

A. MIGA承保的险别包括征收和类似措施险、战争和内乱险、货币汇兑险和投资方违约险

B. 作为MIGA合格投资者（投保人）的法人，只能是具有东道国以外任何一个缔约国国籍的法人

C. 不管是发展中国家的投资者，还是发达国家的投资者，都可向MIGA申请投保

D. MIGA承保的前提条件是投资者母国和东道国之间有双边投资保护协定

**38.** 关于司法和司法制度，下列哪一表述不成立?

A. 司法历来以解决社会冲突为己任，与社会冲突相伴相随。从古至今，司法一直为一种独立的解纷形态和制度

B. 司法和司法权曾是反对专制、对抗王权的一道屏障，负责监督政府、保护人民，同时也能有效地保护法官

C. 晋刘颂上疏惠帝，论及司法制度时说：“君臣之分，各有所司。法欲人奉，故令主者守之；理有穷，故使大臣释滞；事有时立，故人主权断”

D. 美国法学家亨利·米斯认为，“在法官做出判断的瞬间被别的观点或者被任何形式的外部权势或压力所控制和影响，法官就不复存在……法官必须摆脱不受任何的控制和影响，否则便不再是法官了”

**39.** 关于我国司法制度，下列哪一选项是错误的?

A. 我国实行两审终审、人民陪审员、审判公开等审判制度，促进实现审判活动科学化、规范化

B. 基层法院除审判案件外，还处理不需要开庭审判的民事纠纷和轻微的刑事案件，但不能指导人民调解委员会的工作

C. 我国实行立案监督、侦查监督、审判监督等检察制度，实现对诉讼活动的法律监督

D. 检察官独立不同于“除了法律没有上司”的法官独立，要受到“检察一体化”的限制

**40.** 下列哪一选项属于违反法官职业道德规范的情形?

A. 甲市中级法院陈法官的妹妹接到乙县法院开庭传票，晚上到哥哥家咨询开庭注意事项。陈法官只叮嘱其妹庭上发言要有针对性，不要滔滔不绝

B. 乙市某法学院针对甲市中级法院在审案件组织模拟法庭，乙市中级法院钱法官应邀担任审判长。庭审后，钱法官就该案件审理和判决向同学们谈了看法

C. 林法官担任某法学院兼职博士生导师，每年招收法学博士研究生1名

D. 某省高级法院朱院长担任法学会法律文书学研究会副会长

**41.** 王检察官的下列哪一行为符合检察官职业道德的要求?

A. 穿着检察正装、佩戴检察标识参加单位组织的慰问孤寡老人的公益活动

B. 承办一起两村械斗引起的伤害案，受害人系密切近邻，但为早日结案未主动申请回避

C. 参加朋友聚会，谈及在办案件犯罪嫌疑人梁某交代包养了4个情人，但嘱咐朋友不要外传

D. 业余时间在某酒吧任萨克斯管主奏，对其检察官身份不予否认，收取适当报酬

**42.** 我国法律援助制度因其保障人权而体现司法正义，因其救助贫困而体现社会公平。关于该制度，下列哪一表述是不正确的?

A. 我国法律援助是政府的一项重要职责，在性质上是一种社会保障制度

B. 实施法律援助的既有律师、法援机构，也有社会组织，形式上包括诉讼法律援助、非诉讼法律援助及公证、法律咨询

C. 对公民的法律援助申请和法院指派的法律援助案件，由法援机构统一受理、审查、指派、监督，必要时可以委托慈善机构协助受理事宜

D. 法援对象包括符合法定受援条件的经济困难者、残疾者、弱者，及符合规定的外国公民及无国籍人

**43.** 甲病危，欲将部分财产留给保姆，咨询如何处理。下列哪一意见是正确的?

A. 甲行走不便，可由身为公证员的侄子办理公证遗嘱

B. 甲提出申请，可由公证机构到医院办理公证遗嘱

C. 公证机构无权办理甲的遗嘱文书及财产保管事务

D. 甲如对该财产曾有其他形式遗嘱，以后公证的遗嘱无效

**44.** 关于法的渊源和法律部门，下列哪些判断是正确的？

A. 自治条例和单行条例是地方国家权力机关制定的规范性文件

B. 行政法部门就是由国务院制定的行政法规构成的

C. 国际公法是中国特色社会主义法律体系的组成部分

D. 划分法律部门的主要标准是法律规范所调整的社会关系

**45.** 1983年3月1日，全国人大常委会通过的《商标法》生效；2002年9月15日，国务院制定的《商标法实施条例》生效；2002年10月16日，最高法院制定的《关于审理商标民事纠纷案件适用法律若干问题的解释》施行。对此，下列哪些说法是正确的？

A.《商标法实施条例》是部门规章

B.《关于审理商标民事纠纷案件适用法律若干问题的解释》是司法解释

C.《商标法实施条例》的效力要低于《商标法》

D.《商标法实施条例》是《关于审理商标民事纠纷案件适用法律若干问题的解释》的母法

**46.** 近年来，我国部分地区基层法院在民事审判中试点“小额速裁”，对法律关系单一、事实清楚、争议标的额不足1万元的民事案件，实行一审终审制度。关于该审判方式改革体现出的价值取向，下列哪些说法是正确的？

A. 节约司法成本　B. 促进司法民主

C. 提高司法效率　D. 推行司法公开

**47.** 下列哪些选项属于积极义务的范畴？

A. 子女赡养父母　B. 严禁刑讯逼供

C. 公民依法纳税　D. 紧急避险

**48.** 中国古代社会一些启蒙作品多涉及当世的法律观念和司法制度，这在下列的哪些表述中有所体现？

A.《幼学琼林》：“世人惟不平则鸣，圣人以无讼为贵”

B.《弟子规》：“财物轻，怨何生，言语忍，忿自泯”

C.《增广贤文》：“礼义生于富足、盗出于贫穷”

D.《女儿经》：“遵三从，行四德，习礼义，看古人，多贤德，为法则”

**49.** 关于清末变法修律，下列哪些选项是正确的？

A. 在指导思想上，清末修律自始至终贯穿着“仿效外国资本主义法律形式，固守中国封建法制传统”的原则

B. 在立法内容上，清末修律一方面坚行君主专制体制和封建伦理纲常“不可率行改变”，一方面标榜“吸引世界大同各国之良规，兼采近世最新之学说”

C. 在编纂形式上，清末修律改变了传统的“诸法合体”形式，明确了实体法之间、实体法与程序法之间的差别，形成了近代法律体系的雏形

D. 在法系承袭上，清末修律标志着延续几千年的中华法系开始解体，为中国法律的近代化奠定了初步基础

**50.** 权力制约是依法治国的关键环节。下列哪些选项体现了我国宪法规定的权力制约原则？

A. 全国人大和地方各级人大由民主选举产生，对人民负责，受人民监督

B. 法院、检察院和公安机关办理刑事案件，应当分工负责，互相配合，互相制约

C. 地方各级人大及其常委会依法对“一府两院”监督

D. 法院对法律合宪性审查

**51.** 我国宪法第六至十八条对经济制度作了专门规定。关于《宪法修正案》就我国经济制度规定所作的修改，下列哪些选项是正确的？

A. 中华人民共和国实行依法治国，建设社会主义法治国家

B. 国家实行社会主义市场经济

C. 除第九、十二、十八条外，其他各条都进行过修改

D. 农村中的生产、供销、信用、消费等各种形式的合作经济，是社会主义劳动群众集体所有制经济

**52.** 根据《宪法》和《立法法》规定，关于全国人大常委会委员长会议，下列哪些选项是正确的？

A. 委员长会议可以向常委会提出法律案

B. 列入常委会会议议程的法律案，一般应当经3次委员长会议审议后再交付常委会表决

C. 经委员长会议决定，可以将列入常委会会议议程的法律案草案公布，征求意见

D. 专门委员会之间对法律草案的重要问题意见不一致时，应当向委员长会议报告

**53.** 公民基本权利也称宪法权利。关于公民基本权利，下列哪些选项是正确的？

A. 人权是基本权利的来源，基本权利是人权入宪的具体表现

B. 基本权利的主体主要是公民，在我国法人也可以作为基本权利的主体

C. 我国公民在行使自由和权利的时候，不得损害国家的、社会的、集体的利益和其他公民的合法的自由和权利

D. 权利和义务的平等性是我国公民基本权利和义务的重要特点

**54.** 根据《宪法》和《村民委员会组织法》的规定，下列哪些选项是正确的？

A. 村民会议由本村18周岁以上，没有被剥夺政治权利的村民组成

B. 乡、民族乡、镇的人民政府不得干预依法属于村民自治范围内的事项

C. 罢免村民委员会成员，须经参加投票的村民过半数通过

D. 村民委员会成员实行任期和离任经济责任审计

**55.** 关于市场支配地位，下列哪些说法是正确的？

A. 有市场支配地位而无滥用该地位的行为者，不为《反垄断法》所禁止

B. 市场支配地位的认定，只考虑经营者在相关市场的市场份额

C. 其他经营者进入相关市场的难易程度，不影响市场支配地位的认定

D. 一个经营者在相关市场的市场份额达到二分之一的，推定为有市场支配地位

**56.** F公司是一家专营进口高档家具的企业。媒体曝光该公司有部分家具是在国内生产后，以"先出口，再进口"的方式取得进口报关凭证，在销售时标注为外国原产，以高于出厂价数倍的价格销售。此时，已经在F公司购买家具的顾客，可以行使下列哪些权利？

A. 顾客有权要求F公司提供所售商品的产地、制造商、采购价格、材料等真实信息并提供充分证明

B. 如F公司不能提供所售商品的真实信息和充分证明，顾客有权要求退货

C. 如能够确认F公司对所售商品的产地、材质等有虚假陈述，顾客有权要求双倍返还价款

D. 即使F公司提供了所售商品的真实信息和充分证明，顾客仍有权以"对公司失去信任"为由要求退货

**57.** 下列哪些法律渊源是地方政府开征、停征某种税收的依据？

A. 全国人大及其常委会制定的法律

B. 国务院依据法律授权制定的行政法规

C. 国务院有关部委制定的部门规章

D. 地方人大、地方政府发布的地方法规

**58.** 关于纳税人享有的权利，下列哪些选项是正确的？

A. 向税务机关了解税收法律规定和纳税程序

B. 申请减税、免税、退税

C. 对税务机关的决定不服时，提出申辩，申请行政复议

D. 合法权益因税务机关违法行政而受侵害时，请求国家赔偿

**59.** 某公司从事出口加工，有职工500人。因国际金融危机影响，订单锐减陷入困境，拟裁减职工25人。公司决定公布后，职工提出异议。下列哪些说法缺乏法律依据？

A. 职工甲：公司裁减决定没有经过职工代表大会批准，无效

B. 职工乙：公司没有进入破产程序，不能裁员

C. 职工丙：我一家4口，有70岁老母10岁女儿，全家就我有工作，公司不能裁减我

D. 职工丁：我在公司销售部门曾连续3年评为优秀，对公司贡献大，公司不能裁减我

**60.** 关于社会保险制度，下列哪些说法是正确的？

A. 国家建立社会保险制度，是为了使劳动者在年老、患病、工伤、失业、生育等情况下获得帮助和补偿

B. 国家设立社会保险基金，按照保险类型确定资金来源，实行社会统筹

C. 用人单位和职工都有缴纳社会保险费的义务

D. 劳动者死亡后，其社会保险待遇由遗属继承

**61.** 某市政府在土地管理中的下列哪些行为违反了《土地管理法》的规定？

A. 甲公司在市郊申请使用一片国有土地修建经营性墓地，市政府批准其以划拨方式取得土地使用权

B. 乙公司投标取得一块商品房开发用地的出让土地使用权，市政府同意其在房屋建成销售后缴纳土地出让金

C. 丙公司以出让方式在本市规划区取得一块工业用地，市自然资源局在未征得市规划局同意的情况下，将该土地的用途变更为住宅建设用地

D. 丁公司在城市规划区取得一块临时用地，使用已达6年，并在该处修建了永久性建筑，市政府未收回土地，还为该建筑发放了房屋产权证

**62.** 某镇政府正在编制本镇规划。根据《城乡规划法》，下列哪些建设项目应当在规划时予以优先安排？

A. 镇政府办公楼、招待所

B. 供水、供电、道路、通信设施

C. 商业街、工业园、公园

D. 学校、幼儿园、卫生院、文化站

**63.** 下列哪些机构属于房地产中介服务机构？

A. 房地产咨询机构

B. 房地产经纪机构

C. 房地产职业培训机构

D. 房地产价格评估机构

**64.** 甲河是多国河流，乙河是国际河流。根据国际法相关规则，下列哪些选项是正确的？

A. 甲河沿岸国对甲河流经本国的河段拥有主权

B. 甲河上游国家可对自己享有主权的河段进行改道工程，以解决自身缺水问题

C. 乙河对非沿岸国商船也开放

D. 乙河的国际河流性质决定了其属于人类共同的财产

**65.** 甲国发生内战，乙国拟派民航包机将其侨民接回，飞机需要飞越丙国领空。根据国际法相关规则，下列哪些选项是正确的？

A. 乙国飞机因接其侨民，得自行飞越丙国领空

B. 乙国飞机未经甲国许可，不得飞入甲国领空

C. 乙国飞机未经允许飞越丙国领空，丙国有权要求其在指定地点降落

D. 丙国军机有权在警告后将未经许可飞越丙国领空的乙国飞机击落

**66.** 根据国际法相关规则，关于国际争端解决方式，下列哪些表述是正确的？

A. 甲乙两国就界河使用发生纠纷，丙国为支持甲国可出面进行武装干涉

B. 甲乙两国发生边界争端，丙国总统可出面进行调停

C. 甲乙两国可书面协议将两国的专属经济区争端提交联合国国际法院，国际法院对此争端拥有管辖权

D. 国际法院可就国际争端解决提出咨询意见，该意见具有法律拘束力

**67.** 根据我国有关法律规定，关于涉外民事关系的法律适用，下列哪些领域采用当事人意思自治原则？

A. 合同　　B. 侵权

C. 不动产物权　　D. 诉讼离婚

**68.** 甲国人特里长期居于乙国，丙国人王某长期居于中国，两人在北京经营相互竞争的同种产品。特里不时在互联网上发布不利于王某的消息，王某在中国法院起诉特里侵犯其名誉权、肖像权和姓名权。关于该案的法律适用，根据我国相关法律规定，下列哪些选项是错误的？

A. 名誉权的内容应适用中国法律，因为权利人的经常居住地在中国

B. 肖像权的侵害适用甲国法律，因为侵权人是甲国人

C. 姓名权的侵害适用乙国法律，因为侵权人的经常居所地在乙国

D. 网络侵权应当适用丙国法律，因为被侵权人是丙国人

**69.** 香港地区甲公司与内地乙公司发生投资纠纷，乙公司诉诸某中级人民法院。陈某是甲公司法定代表人，张某是甲公司的诉讼代理人。关于该案的文书送达及法律适用，下列哪些选项是正确的？

A. 如陈某在内地，受案法院必须通过上一级人民法院向其送达

B. 如甲公司在授权委托书中明确表明张某无权代为接收有关司法文书，则不能向其送达

C. 如甲公司在内地设有代表机构的，受案人民法院可直接向该代表机构送达

D. 同时采用公告送达和其他多种方式送达的，应当根据最先实现送达的方式确定送达日期

**70.** 中国甲公司与某国乙公司签订茶叶出口合同，并投保水渍险，议定由丙公司“天然”号货轮承运。下列哪些选项属于保险公司应赔偿范围？

A. 运输中因茶叶串味等外来原因造成货损

B. 运输中因“天然”号过失与另一轮船相撞造成货损

C. 运输延迟造成货损

D. 运输中因遭遇台风造成部分货损

**71.** 关于《解决国家和他国国民间投资争端公约》和依其设立的解决国际投资争端中心，下列哪些说法是正确的？

A. 中心管辖直接因投资引起的法律争端

B. 中心管辖的争端必须是关于法律权利或义务的存在或其范围，或是关于因违反法律义务而实行赔偿的性质或限度的

C. 批准或加入公约本身并不等于缔约国承担了将某一特定投资争端提交中心调解或仲裁的义务

D. 中心的裁决对争端各方均具有约束力

**72.** 甲国公司承担乙国某工程，与其签定工程建设合同。丙银行为该工程出具见索即付的保函。后乙国发生内战，工程无法如期完工。对此，下列哪些选项是正确的？

A. 丙银行对该合同因战乱而违约的事实进行实质审查后，方履行保函义务

B. 因该合同违约原因是乙国内战，丙银行可以此为由不履行保函义务

C. 丙银行出具的见索即付保函独立于该合同，只要违约事实出现即须履行保函义务

D. 保函被担保人无须对甲国公司采取各种救济方法，便可直接要求丙银行履行保函义务

**73.** 72岁村民甲以其子乙长期不提供衣食、不送医院治病为由，诉请法院判令乙履行赡养义务。为宣传法律，教育群众，法院决定将该案在当事人所在村庄公开审理，村民均可旁听。乙提出法院侵犯其隐私，剥夺其司法民主方面的有关权利。下列哪些说法是正确的？

A. 司法民主要求所有案件均应无例外公开审理，以促进人民当家作主权利的实现

B. 法院就地审理体现了司法目的民主，体现司法为民理念

C. 法院公开审判遵循了司法公开制度的规定，符合司法程序民主要求

D. 法院就地审理未经乙同意，违反司法主体民主和司法体制民主

**74.** 关于司法公正及实体公正、程序公正问题的理解，下列哪些表述是正确的？

A. 司法公正是法治的组成部分和基本内容，是民众对法制的必然要求，司法公正包括实体公正和程序公正两个方面

B. 追求实体公正，是我国司法制度和法律职业道德的基本准则，主要指努力发现案件事实真相和正确适用实体法律

C. 程序公正包括当事人平等地参与、严格遵循法定程序及法官的居中裁判等，保证当事人受到公平对待

D. 根据形势及效率需要，可在有关司法过程中将“类推”和“自由心证”作为司法公正的补充手段

**75.** 法学院同学就我国法律职业道德规范进行讨论。

甲认为：①法律职业道德一般包括职业道德意识、职业道德行为和职业道德规范3个层次；

②法官职业道德的核心是公正、廉洁、为民。

乙认为：①如果缺乏无私奉献、敬业献身的精神，法律职业人员很容易进行“权力寻租”；

②加强公证员职业道德建设是维护和增强公证公信力的保障。

丙认为：①法律职业人员的社会义务和道德要求不应高于一般社会成员；

②直接影响律师职业形象的执业外行为受到律师职业道德的约束。

对此，下列哪些选项是不能成立的？

A. 甲①和乙②的说法均正确

B. 甲②和丙②的说法均错误

C. 甲①、乙①和丙①的说法均正确

D. 甲②、乙①和丙①的说法均错误

**76.** 根据《宪法》和《组织法》的规定，下列选项正确的是：

A. 地方各级人大代表非经本级人大主席团许可，在大会闭会期间非经本级人大常委会许可，不受逮捕或刑事审判

B. 乡、民族乡、镇的人大主席、副主席不得担任国家行政机关的职务

C. 审计机关依照法律独立行使审计权，不受行政机关、社会团体和个人的干涉

D. 中华人民共和国主席根据全国人大常委会的决定，进行国事活动

**77.** 根据《宪法》和《民族区域自治法》的规定，下列选项不正确的是：

A. 民族区域自治以少数民族聚居区为基础，是民族自治与区域自治的结合

B. 民族自治地方的国家机关既是地方国家机关，又是自治机关

C. 上级国家机关应该在收到自治机关变通执行或者停止有关决议、决定执行的报告之日起60日内给予答复

D. 自治地方的自治机关依照国家规定，可以和外国进行教育、科技、文化等方面的交流

**78.** 根据《宪法》和《监督法》的规定，下列选项正确的是：

A. 县级以上地方各级政府应当在每年6月至9月期间，将上一年度的本级决算草案提请本级人大常委会审查和批准

B. 人大常委会认为必要时，可以对审计工作报告作出决议；本级政府应在决议规定的期限内，将执行决议的情况向常委会报告

C. 最高法院作出的属于审判工作中具体应用法律的解释，应当在公布之日起30日内报全国人大常委会备案

D. 撤职案的表决采取记名投票的方式，由常委会全体组成人员的过半数通过

**2011年7月5日，某公司高经理与员工在饭店喝酒聚餐后表示：别开车了，“酒驾”已入刑，咱把车推回去。随后，高经理在车内掌控方向盘，其他人推车缓行。记者从交警部门了解到，如机动车未发动，只操纵方向盘，由人力或其他车辆牵引，不属于酒后驾车。但交警部门指出，路上推车既会造成后方车辆行驶障碍，也会构成对推车人的安全威胁，建议酒后将车置于安全地点，或找人代驾。鉴于我国对“酒后代驾”缺乏明确规定，高经理起草了一份《酒后代驾服务规则》，包括总则、代驾人、被代驾人、权利与义务、代为驾驶服务合同、法律责任等共六章二十一条邮寄给国家立法机关。请回答第79—81题。**

**79.** 关于高经理和公司员工拒绝“酒驾”所体现的法的作用，下列说法正确的是：

A. 法的指引作用　　B. 法的评价作用

C. 法的预测作用　　D. 法的强制作用

**80.** 关于交警部门的推车前行不属于“酒驾”的解释，下列判断不正确的是：

A. 属于司法解释　　B. 属于行政解释

C. 直接运用了类比推理　D. 运用了演绎推理

**81.** 关于高经理起草的《酒后代驾服务规则》，下列说法不正确的是：

A. 属于民法商法规则　B. 是立法议案

C. 是法的正式渊源　　D. 是规范性法律文件

**李大伟是M城市商业银行的董事，其妻张霞为S公司的总经理，其子李小武为L公司的董事长。2009年9月，L公司向M银行的下属分行申请贷款1000万元。其间，李大伟对分行负责人谢二宝施加压力，令其按低于同类贷款的优惠利息发放此笔贷款。L公司提供了由保证人陈富提供的一张面额为2000万元的个人储蓄存单作为贷款质押。贷款到期后，L公司无力偿还，双方发生纠纷。根据《商业银行法》的规定，请回答第82—84题。**

**82.** 关于M银行向L公司发放贷款的行为，下列判断正确的是：

A. L公司为M银行的关系人，依照法律规定，M银行不得向L公司发放任何贷款

B. L公司为M银行的关系人，依照法律规定，M银行可以向L公司发放担保贷款，但不得提供优于其他借款人同类贷款的条件

C. 该贷款合同无效

D. 该贷款合同有效

**83.** 关于李大伟在此项贷款交易中的行为，下列判断正确的是：

A. 李大伟强令下属机构发放贷款，是《商业银行法》禁止的行为

B. 该贷款合同无效，李大伟应当承担由合同无效引起的一切损失

C. 该贷款合同有效，李大伟应当承担因不正当优惠条件给银行造成的包括利息差额在内的损失

D. 分行负责人谢二宝也应当承担相应的赔偿责任

**84.** 现查明，保证人陈富为S公司财务总监，其用于质押的存单是以S公司的资金办理的存储。并查明，L公司取得贷款后，曾向S公司管理层支付50万元报酬。对此，下列判断正确的是：

A. S公司公款私存，是我国银行法禁止的行为

B. S公司公款私存，只是一般的财务违纪行为

C. S公司管理层获取的50万元报酬应当由国家金融监督管理总局予以收缴

D. S公司管理层获取的50万元报酬应当归S公司所有

**邓某系K制药公司技术主管。2008年2月，邓某私自接受Y制药公司聘请担任其技术顾问。5月，K公司得知后质问邓某。邓某表示自愿退出K公司，并承诺5年内不以任何直接或间接方式在任何一家制药公司任职或提供服务，否则将向K公司支付50万元违约金。2009年，K公司发现邓某已担任Y公司的副总经理，并持有Y公司20%股份，而且Y公司新产品已采用K公司研发的配方。K公司以Y公司和邓某为被告提起侵犯商业秘密的诉讼。请回答第85—86题。**

**85.** 关于Y公司和邓某的行为，下列说法正确的是：

A. Y公司的行为构成侵犯他人商业秘密

B. 邓某的行为构成侵犯他人商业秘密

C. Y公司的行为构成违反竞业禁止义务

D. 邓某的行为构成违反竞业禁止义务

**86.** 案件审理期间邓某提出，本案纠纷起因于自己与K公司的劳动关系，应属劳动争议案件，故K公司应向劳动争议仲裁机构提起仲裁申请，遂请求法院裁定驳回起诉。关于该主张，下列说法正确的是：

A. 侵犯商业秘密本质上属于侵权，违反竞业禁止本质上属于违约

B. 本案存在法律关系竞合，K公司有选择权

C. 劳动关系优先于商事关系

D. 邓某的主张应予支持

**A公司和B公司于2011年5月20日签订合同，由A公司将一批平板电脑售卖给B公司。A公司和B公司营业地分别位于甲国和乙国，两国均为《联合国国际货物销售合同公约》缔约国。合同项下的货物由丙国C公司的“潇湘”号商船承运，装运港是甲国某港口，目的港是乙国某港口。在运输途中，B公司与中国D公司就货物转卖达成协议。请回答第87—90题。**

**87.** “潇湘”号运送该批平板电脑的航行路线要经过丁国的毗连区。根据《联合国海洋法公约》，下列选项正确的是：

A. “潇湘”号在丁国毗连区通过时的权利和义务与在丁国领海的无害通过相同

B. 丁国可在“潇湘”号通过时对毗连区上空进行管制

C. 丁国可根据其毗连区领土主权对“潇湘”号等船舶规定分道航行

D. “潇湘”号应遵守丁国在海关、财政、移民和卫生等方面的法律规定

**88.** B公司与D公司就运输途中平板电脑的所有权产生了争议，D公司将争议诉诸中国某法院。根据我国有关法律适用的规定，关于平板电脑所有权的法律适用，下列选项正确的是：

A. 当事人有约定的，可以适用当事人选择的法律，也可以适用乙国法

B. 当事人有约定的，应当适用当事人选择的法律

C. 当事人没有约定的，应当适用甲国法

D. 当事人没有约定的，应当适用乙国法

**89.** 在贸易术语适用上，A、B公司在双方的买卖合同中仅约定适用FOB术语。对此，下列选项正确的是：

A. 该合同应当适用2010年《国际贸易术语解释通则》

B. 货物的风险应自货交C公司时由A公司转移给B公司

C. B公司必须自付费用订立从指定装运港运输货物的合同

D. 因当事人选择了贸易术语，故不再适用《联合国国际货物买卖公约》

**90.** 如货物运抵乙国后，乙国的E公司指控该批平板电脑侵犯其在乙国取得的专利权，致使货物遭乙国海关扣押，B公司向A公司索赔。在下列选项中，A公司无须承担责任的情形是：

A. A公司在订立合同时不知道这批货物可能依乙国法属侵权

B. B公司在订立合同时知道这批货物存在第三者权利

C. A公司是遵照B公司提供的技术图样和款式进行生产的

D. B公司在订立合同后知道这批货物侵权但未在合理时间内及时通知A公司

## 参考答案与解析

**1. A**。法律面前人人平等，是社会主义法治的基本原则，是公平正义的首要内涵，也是实现公平正义的前提和基础。具体内容为：（1）平等对待，就是指法律对所有社会成员一视同仁，以同样的标准对待；（2）反对特权，是法律面前人人平等的必然要求；（3）禁止歧视，不允许任何在社会关系中处于弱势地位的公民受到歧视待遇。故BCD正确。法律面前人人平等并不意味着社会成员享有相同的立法表决权，故A错误。

**2. C**。公平正义是人类追求的共同理想，但人们对公平正义的理解具有一定的相对性、差异性和多样性。故A正确。合法合理是公平正义的内在品质，实现公平正义的方式应既合法又合理。故B正确。公平正义既有程序上的，也有实体上的，程序公正以实体公正为目标，实体公正以程序公正为基础。故D正确。“陌生人社会”更加偏好程序公正，“熟人社会”更加看重实体公正，但并不意味着程序公正只适用于“陌生人社会”，实体公正只适用于“熟人社会”。故C错误。

**3. B**。国家尊重和保障人权体现的是人权思想，一切权力属于人民体现的是人民主权思想，公民在法律面前一律平等体现的是平等思想，依法治国，建设社会主义法治国家体现的是法治思想。

**4. B**。“马锡五审判方式”是群众路线在司法领域的贯彻，是司法民主的典范，是努力树立司法权威及司法为民的典范。故B正确。“马锡五审判方式”，顾名思义指的是办案方法（司法），而不是指依法行政，与立法也没有关系，故AD错误。“马锡五审判方式”是中国扎根国情的自己的独创，而非借鉴国外经验的结果。故C错误。

**5. D**。行政机关实施行政管理，必须要有法律、法规、规章的明确依据，必须要在法律、法规、规章规定的范围内进行。没有法定依据或者超越法定范围，都是对合法行政的违背。具体到公安机关，它的职权和职能都是法定的，法律没有授权的不能行使（如A），法律没有改变的自己不能加以改变（如B），法律有授权的也必须在授权范围内按照法定的程序行使（如行政解释仅限不属于审判和检察工作中的其他法律、法令如何具体应用的问题），但是可以创新工作方法和工作手段，促进全面充分履职。故ABC错误，D正确。

**6. C**。该市政府做出车辆限号行驶的规定，是根据社会实际情况和客观需要（“为缓解拥堵”）做出的，体现了实事求是、从实际出发原则；“充分征求广大市民意见”体现了民主立法原则；做出车辆限号行驶的一般规定的同时，也列举了特殊情况免责的情形，体现了原则性与灵活性相结合原则。故ABD正确。题中免责规定没有体现注重效率原则，C错误。

**7. B**。保护性法律关系是由于违法行为而产生的、旨在恢复被破坏的权利和秩序的法律关系，它执行的是法的保护职能，所实现的是法律规范（规则）的保护规则（否定性法律后果）的内容，是法的实现的非正常形式。它的典型特征是一方主体（主体）适用法律制裁，另一方主体（通常是违法者）必须接受这种法律制裁，如刑事法律关系。A担保关系显然不符合保护性法律关系的特征。第一性法律关系（主法律关系）是人们之间依法建立的不依赖其他法律关系而独立存在的或在多向法律关系中居于支配地位的法律关系。由此而产生的、居于从属地位的法律关系，就是第二性法律关系（从法律关系）。易知，债权关系是第一性法律关系，质押关系是第二性法律关系。故B正确。隶属性（纵向）法律关系是指法律关系主体在法律关系中处于不平等的地位，有管理与被管理、命令与服从、监督与被监督诸方面的差异。诉讼关系中，法院和原被告之间是隶属法律关系，但是原告和被告之间属于横向法律关系。故C错误。调整性法律关系是基于人们的合法行为而产生的、执行法的调整职能的法律关系，它所实现的是法律规范（规则）的行为规则的内容。调整性法律关系不需要适用法律制裁，法律主体之间即能够依法行使权利、履行义务。本案债权关系和质押关系非基于合法行为产生，故不能说是调整性法律关系，D错误。

**8. C**。严重危害社会秩序和人民生命财产安全的犯罪分子，该依法重判的坚决重判，该依法判处死刑立即执行的绝不手软。可见，该政策优先考虑公共秩序、社会安全，犯罪分子生命退居其次。据此，该政策遵循的是价值位阶原则。故C正确。

**9. C**。中国不是判例法国家，法院已生效同类判决不具有普遍约束力。最高人民法院发布的裁判文书具有最高的司法效力，但是作为法的非正式渊源，其不具有明文规定的法律效力，只具有法律说服力。故C正确，AB错误。人民法院进行调解，达成协议的，人民法院应当制作调解书。调解书经双方当事人签收后，即具有法律效力。但是这里的法律效力，主要是指申请人民法院强制执行，而不是行政强制执行力。故D错误。

**10. D**。秦代奉行法家思想，轻罪重罚。特别是“偶语诗书”“以古非今”“非所宜言”等危害皇权的行为，不区分故意和过失，处罚极重，秦朝专制文化色彩浓厚。“失刑”是渎职罪，指司法官因过失而量刑不当，若系故意，则构成“不直”罪。该罪区分故意和过失，最不具有专制色彩。故D正确。

**11. C**。《大明会典》属行政法典，调整国家行政法律关系。它基本仿照《唐六典》，以六部官制为纲，分述各行政机关执掌和事例。故C错误。

**12. B**。谋杀和故杀都是故意杀人，但两者又有不同，区分的根本标准是看有无事先预谋。谋杀是有预谋的故意杀人，而故杀是没有预谋、突然起意的故意杀人。故B正确。需要指出的是，如果故意杀人的主体是二人以上，因为二人以上的主体本身就是事先预谋的标志，所以二人以上故意杀人毋庸置疑为谋杀。这时，需要进行区分的主要是单独谋杀与故杀，而区分单独谋杀与故杀的唯一标准则是事先预谋的存在与否，当然这一点有时很难认定。

**13. D**。法国《人权宣言》第一次明确而系统地提出了资产阶级民主和法制的基本原则，是建立资产阶级政治的纲领性文件。《独立宣言》是美国独立战争后发表的，1787年美国制宪会议制定了《联邦宪法》是世界历史上第一部成文宪法。故D错误。

**14. D**。《宪法》第5条规定，一切法律、行政法规和地方性法规都不得同宪法相抵触。一切国家机关和武装力量、各政党和各社会团体、各企业事业组织都必须遵守宪法和法律。一切违反宪法和法律的行为，必须予以追究。任何组织或者个人都不得有超越宪法和法律的特权。这里的“法律”专指狭义的法律，不包括行政法规、地方性法规等具有法的一般特征的规范性文件，A错误。《宪法》第62条规定，全国人民代表大会制定和修改刑事、民事、国家机构的和其他的基本法律。《宪法》第67条规定，全国人民代表大会常务委员会制定除应当由全国人民代表大会制定的法律以外的其他法律。据此，“法律”是指全国人大及其常委会制定的法律，D正确。

**15. C**。《中华民国临时约法》是中国历史上唯一一部具有资产阶级共和国性质的宪法性文件，C正确。《临时约法》具有临时宪法性质，并非正式颁行的宪法，中国近代史上首部正式颁行的宪法为北洋政府于1923年10月10日公布的《中华民国宪法》，A错误。为了限制和制约袁世凯的权力，《临时约法》改总统制为责任内阁制，B错误。确立五权分离原则的是南京国民政府于1947年公布施行的《中华民国宪法》，D错误。

**16. C**。我国现行宪法序言最后自然段规定，“本宪法以法律的形式确认了中国各族人民奋斗的成果，规定了国家的根本制度和根本任务，是国家的根本法，具有最高的法律效力”，故A正确。我国现行宪法正文的排列顺序是：第一章“总纲”、第二章“公民的基本权利和义务”、第三章“国家机构”、第四章“国旗、国歌、国徽、首都”，故B正确。我国现行宪法没有附则，故D正确。由于附则是宪法的一部分，因而其法律效力当然应该与一般条文相同，其法律效力还有特定性和临时性，故C错误，当选。

**17. D**。《宪法》第50条规定，中华人民共和国保护华侨的正当的权利和利益。中国宪法适用于所有中国公民，不管公民生活在国内还是国外，侨居国外的华侨也受中国宪法保护，故A正确。我国《宪法》明确台湾是中国领土的一部分，宪法效力涉及包括台湾在内的所有中国领土。由于宪法本身的综合性和价值多元性，宪法在不同领域的适用上有所差异，但宪法是一个整体，任何组成部分的特殊性并不意味着对整体的否定，宪法作为整体的效力是及于中华人民共和国所有领域的，故B正确。宪法之所以具有最高法律效力首先是宪法具有正当性基础，即宪法是社会共同体基本规则，是社会多数人共同意志的最高体现。其基础在于宪法制定权来源的正当性、宪法规定内容的合理性和宪法程序的正当性，故C正确。《宪法》第5条规定，一切国家机关都必须遵守宪法和法律，法院作为国家审判机关，开展审判活动必须遵守宪法。故D错误，当选。

**【陷阱提示】**在法院的审判活动中，宪法一般不直接适用来作裁判的法律依据，但并不能说宪法对法院的审判活动没有约束力。法院的组织、法院审判活动的基本原则等根本制度都是由宪法来规定的，比如法院依法独立行使审判权等。

**18. D**。《宪法》第2条规定，国家的一切权力属于人民。人民行使国家权力的机关是全国人民代表大会和地方各级人民代表大会。《宪法》第3条规定，全国人民代表大会和地方各级人民代表大会都由民主选举产生，对人民负责，受人民监督。国家行政机关、监察机关、审判机关、检察机关都由人民代表大会产生，对它负责，受它监督。故 A 正确。《宪法》第 96 条规定，地方各级人民代表大会是地方国家权力机关，故 B 正确。《宪法》第 57 条规定，全国人民代表大会是最高国家权力机关，故 C 正确。全国人大与地方各级人大之间没有隶属关系，上级人大有权监督下级人大的工作，故 D 错误，当选。

**19. B**。《选举法》第 9 条第 1 款规定，全国人民代表大会常务委员会主持全国人民代表大会代表的选举。省、自治区、直辖市、设区的市、自治州的人民代表大会常务委员会主持本级人民代表大会代表的选举。《选举法》第 16 条第 3 款规定，香港特别行政区、澳门特别行政区应选全国人民代表大会代表的名额和代表产生办法，由全国人民代表大会另行规定。从惯例来讲，历届全国人大都会公布特别行政区选举下一届全国人民代表大会代表的办法，如《中华人民共和国香港特别行政区选举第十三届全国人民代表大会代表的办法》《中华人民共和国澳门特别行政区选举第十三届全国人民代表大会代表的办法》，这两个办法的第 2 条都明确规定了特别行政区选举全国人民代表大会代表由全国人民代表大会常务委员会主持。从上述规定可以得出，凡全国人大代表的选举，都由全国人大常委会主持，A 正确。《选举法》第 9 条第 3 款规定，省、自治区、直辖市、设区的市、自治州的人民代表大会常务委员会指导本行政区域内县级以下人民代表大会代表的选举工作，是“指导”而不是“领导”，B 错误，当选。《选举法》第 9 条第 2 款规定，乡、民族乡、镇的选举委员会受不设区的市、市辖区、县、自治县的人民代表大会常务委员会的领导，C 正确。《选举法》第 29 条规定，对于公布的选民名单有不同意见的，可以在选民名单公布之日起 5 日内向选举委员会提出申诉。选举委员会对申诉意见，应在 3 日内作出处理决定，D 正确。

**20. A**。《香港特别行政区基本法》第 159 条规定，香港特别行政区基本法的修改权属于全国人民代表大会。香港特别行政区基本法的修改提案权属于全国人民代表大会常务委员会、国务院和香港特别行政区。香港特别行政区的修改议案，由香港特别行政区出席全国人民代表大会的代表团向全国人民代表大会提出。香港特别行政区基本法的任何修改，均不得同中华人民共和国对香港既定的基本方针政策相抵触。《澳门特别行政区基本法》第 144 条作了基本相同的规定。据此，BCD 正确，A 认为“全国人大常委会有权修改基本法”是错误的，A 当选。

**21. B**。《反垄断法》第 39 条规定，行政机关和法律、法规授权的具有管理公共事务职能的组织不得滥用行政权力，限定或者变相限定单位或者个人经营、购买、使用其指定的经营者提供的商品。《反垄断法》第 41 条规定，行政机关和法律、法规授权的具有管理公共事务职能的组织不得滥用行政权力，实施下列行为，妨碍商品在地区之间的自由流通：（1）对外地商品设定歧视性收费项目、实行歧视性收费标准，或者规定歧视性价格；（2）对外地商品规定与本地同类商品不同的技术要求、检验标准，或者对外地商品采取重复检验、重复认证等歧视性技术措施，限制外地商品进入本地市场；（3）采取专门针对外地商品的行政许可，限制外地商品进入本地市场；（4）设置关卡或者采取其他手段，阻碍外地商品进入或者本地商品运出；（5）妨碍商品在地区之间自由流通的其他行为。故 B 符合题意。

**22. C**。《食品安全法》第 37 条规定，利用新的食品原料生产食品，或者生产食品添加剂新品种、食品相关产品新品种，应当向国务院卫生行政部门提交相关产品的安全性评估材料。故 A 错误，应当取得国务院卫生行政部门的许可。《食品安全法》第 39 条第 1 款规定，国家对食品添加剂生产实行许可制度。从事食品添加剂生产，应当具有与所生产食品添加剂品种相适应的场所、生产设备或者设施、专业技术人员和管理制度，并依照本法第 35 条第 2 款规定的程序，取得食品添加剂生产许可。据此，食品添加剂的生产实行许可制度，食品添加剂的销售并未要求实行许可制度，故 B 错误。《食品安全法》第 70 条规定，食品添加剂应当有标签、说明书和包装。标签、说明书应当载明本法第 67 条第 1 款第 1 项至第 6 项、第 8 项、第 9 项规定的事项，以及食品添加剂的使用范围、用量、使用方法，并在标签上载明“食品添加剂”字样。故 C 正确。《食品安全法》并未要求销售含有食品添加剂的食品的，必须在销售场所设置载明“食品添加剂”字样的专柜。故 D 错误，

**【陷阱提示】**该题考查的知识点对于平时看法条不认真，以及喜欢“想当然”的考生具有杀伤力。主要难点在于许可制度只针对生产环节，并不针对销售环节。

**23. A**。《银行业监督管理法》第 2 条规定，国务院银行业监督管理机构负责对全国银行业金融机构及其业务活动监督管理的工作。本法所称银行业金融机构，是指在中华人民共和国境内设立的商业银行、城市信用合作社、农村信用合作社等吸收公众存款的金融机构以及政策性银行。对在中华人民共和国境内设立的金融资产管理公司、信托投资公司、财务公司、金融租赁公司以及经国务院银行业监督管理机构批准设立的其他金融机构的监督管理，适用本法对银行业金融机构监督管理的规定。故 A 正确，BCD 错误。

**24. D**。《税收征收管理法》第 4 条第 2 款规定，法律、行政法规规定负有代扣代缴、代收代缴税款义务的单位和个人为扣缴义务人。故 A 正确。《税收征收管理法》第 25 条第 2 款规定，扣缴义务人必须依

照法律、行政法规规定或者税务机关依照法律、行政法规的规定确定的申报期限、申报内容如实报送代扣代缴、代收代缴税款报告表以及税务机关根据实际需要要求扣缴义务人报送的其他有关资料。故 B 正确。《税收征收管理法》第 27 条第 1 款规定，纳税人、扣缴义务人不能按期办理纳税申报或者报送代扣代缴、代收代缴税款报告表的，经税务机关核准，可以延期申报。故 C 正确。《税收征收管理法》第 26 条规定，纳税人、扣缴义务人可以直接到税务机关办理纳税申报或者报送代扣代缴、代收代缴税款报告表，也可以按照规定采取邮寄、数据电文或者其他方式办理上述申报、报送事项。故 D 错误。

**25. C**。由于核废水被排入大海，造成了与甲国相邻的乙国海域的污染，就不再是单纯的内政问题了。故 A 错误。国际海事组织不负责国家此类事件的处理，甲国排污，无需经过国际海事组织的同意。故 B 错误。根据《关于核损害的民事责任的维也纳公约》，对核损害的应赔总额如果超过经营者的最高赔偿额，国家应提供有限的财政补偿。故 D 错误。运用排除法，C 正确。另外，甲国污染他国环境的行为，可通过协商手段加以解决。

**26. A**。对外国人犯罪的管辖。张某进入中国境内，中国可行使属地管辖权，将其拘捕。所以 A 正确。

**27. C**。依照《国际法院规约》的规定，国际法院的管辖不像国内法院那样具有强制管辖权。为了尊重各国主权，国家可对国际法院的管辖提出保留。而世界各国在接受国际法院管辖权的问题上尚未呈现积极的姿态，到目前为止，只有 60 多个国家声明接受国际法院的强制管辖，且基本都有保留。这就大大削弱了国际法院的管辖权，限制了其功能的充分发挥。《国际法院规约》第 41 条规定："一、法院如认为情形有必要时，有权指示当事国应行遵守以保全彼此权利之临时办法。二、在终局判决前，应将此项指示办法立即通知各当事国及安全理事会。"所以在当事国不执行国际法院判决时，可申请联合国安理会通过集体安全保障机制加以解决。所以 C 正确。

**28. C**。《涉外民事关系法律适用法》第 10 条第 1 款规定，涉外民事关系适用的外国法律，由人民法院、仲裁机构或者行政机关查明。当事人选择适用外国法律的，应当提供该国法律。故 A 错误。《涉外民事关系法律适用法》第 9 条规定，涉外民事关系适用的外国法律，不包括该国的法律适用法。故 B 错误。《涉外民事关系法律适用法》第 10 条第 2 款规定，不能查明外国法律或者该国法律没有规定的，适用中华人民共和国法律。故 C 正确，D 错误。

**29. B**。《涉外民事关系法律适用法》第 14 条规定，法人及其分支机构的民事权利能力、民事行为能力、组织机构、股东权利义务等事项，适用登记地法律。法人的主营业地与登记地不一致的，可以适用主营业地法律。法人的经常居所地，为其主营业地。故 B 正确。

**30. A**。《最高人民法院关于认可和执行台湾地区法院民事判决的规定》第 4 条第 2 款规定，申请人向两个以上有管辖权的人民法院申请认可的，由最先立案的人民法院管辖。故 A 正确。《最高人民法院关于认可和执行台湾地区法院民事判决的规定》第 18 条规定，经人民法院裁定认可的台湾地区法院民事判决，与人民法院作出的生效判决具有同等效力。故 B 错误。《最高人民法院关于认可和执行台湾地区法院民事判决的规定》第 13 条规定，人民法院受理认可台湾地区法院民事判决的申请之前或者之后，可以依据《民事诉讼法》及相关司法解释的规定，根据申请人的申请，裁定采取保全措施。《民事诉讼法》第 103 条第 2 款规定，人民法院采取保全措施，可以责令申请人提供担保，申请人不提供担保的，裁定驳回申请。故 C 错误。《最高人民法院关于认可和执行台湾地区法院民事判决的规定》第 24 条第 1 款规定，申请人申请认可和执行台湾地区法院民事判决的期间，适用《民事诉讼法》第 250 条的规定，但申请认可台湾地区法院有关身份关系的判决除外。故 D 错误。

**31. D**。单边冲突规范，是指直接规定某些涉外民事关系只适用内国法或只适用外国法的冲突规范。重叠适用的冲突规范，是指其系属有两个或两个以上，并且同时适用于某种民商事法律关系的冲突规范。选择适用的冲突规范，是指含有两个或两个以上的系属，规定了两种或两种以上可以适用的法律，但在实际适用时只能选择其中之一为准据法的冲突规范，分为无条件选择适用的冲突规范和有条件选择适用的冲突规范。有条件的选择性冲突规范是指对系属中指出的几种法律进行选择时有主次之分，选择适用后一法律必须以前一法律不能适用为前提的法律适用规范。无条件的选择性冲突规范是指对系属中指出的几种法律进行选择时没有主次之分，法院、仲裁机构或有关当事人可以任选其中一个法律而适用。故 D 正确。

**32. B**。《涉外民事关系法律适用法》第 6 条规定，涉外民事关系适用外国法律，该国不同区域实施不同法律的，适用与该涉外民事关系有最密切联系区域的法律。所以 B 正确。

**33. C**。根据是否可以流通，即根据提单"收货人"栏内的书写内容可将提单分为"记名提单"、"指示提单"和"不记名提单"。"记名提单"是在提单的抬头上注明指定的收货人，这种提单是不能转让的，只能由提单上注明的收货人提货；指示提单，又分为不记名指示提单和记名指示提单：不记名指示提单仅填写"To order（凭指定）"，必须由托运人背书后才能转让，又称“空白抬头”。所以 A 错误。《无正本提单交付货物规定》第 3 条第 1 款规定，承运人因无正本提单交付货物造成正本提单持有人损失的，正本提单持有人可以要求承运人承担违约责任，或者承担侵权责任。故 B 错误。《无正本提单交付货物规定》第 11 条规定，正本提单持有人可以要求无正本提单交付货物的承运人与无正本提单提取货物的人承担连带赔偿责任。故 C 正确。《无正本提单交付货物规定》第 4 条规定，承运人因无正本提单交付货物承担民事责任的，不适用《海商法》第 56 条关于限制赔偿责任的规定。《无正本提单交付货物规定》第 6 条规定，承运人因无正本提单交付货物造成正本提单持有人损失的赔偿额，按照货物装船时的价值加运费和保险费计算。故 D 错误。

**34. D**。保障措施是 WTO《保障措施协议》所允许的保护国内产业免受进口损害的贸易救济手段。即在进口增加，国内产业受到严重损害或严重损害威胁的情况下，进口国可采取提高关税或实施数量限制等手段，对国内产业进行一段时间的保护。保障措施在性质上完全不同于反倾销措施和反补贴措施。《保障措施条例》第 3 条规定，与国内产业有关的自然人、法人或者其他组织（以下统称申请人），可以依照本条例的规定，向商务部提出采取保障措施的书面申请。商务部应当及时对申请人的申请进行审查，决定立案调查或者不立案调查。《保障措施条例》第 4 条规定，商务部没有收到采取保障措施的书面申请，但有充分证据认为国内产业因进口产品数量增加而受到损害的，可以决定立案调查。所以 A 错误。《保障措施条例》第 22 条规定，保障措施应当针对正在进口的产品实施，不区分产品来源国（地区）。所以 B 错误。价格承诺是针对反倾销采取的一项措施。所以 C 错误。

**35. C**。《反倾销条例》第 40 条规定，反倾销税的纳税人为倾销进口产品的进口经营者。所以 A 错误。《反倾销条例》第 31 条规定，倾销进口产品的出口经营者在反倾销调查期间，可以向商务部作出改变价格或者停止以倾销价格出口的价格承诺。商务部可以向出口经营者提出价格承诺的建议。商务部不得强迫出口经营者作出价格承诺。所以 B 错误。《反倾销条例》第 43 条第 3 款规定，终裁决定确定的反倾销税，高于已付或者应付的临时反倾销税或者为担保目的而估计的金额的，差额部分不予收取；低于已付或者应付的临时反倾销税或者为担保目的而估计的金额的，差额部分应当根据具体情况予以退还或者重新计算税额。所以 C 正确，D 错误。

**【陷阱提示】** *终裁决定确定的反倾销税与临时反倾销税之间的差额退还问题，非常容易混淆，需认真区别。*

**36. B**。《中国加入世贸组织议定书》第 5 条“贸易权”规定，在不损害中国以与符合《WTO 协定》的方式管理贸易的权利的情况下，中国应逐步放宽贸易权的获得及其范围，以便在加入后 3 年内，使所有在中国的企业均有权在中国的全部关税领土内从事所有货物的贸易，但附件 2A 所列依照本议定书继续实行国营贸易的货物除外。此种贸易权应为进口或出口货物的权利。对于所有此类货物，均应根据 GATT1994 第 3 条，特别是其中第 4 款的规定，在国内销售、许诺销售、购买、运输、分销或使用方面，包括直接接触最终用户方面，给予国民待遇。对于附件 2B 所列货物，中国应根据该附件中所列时间表逐步取消在给予贸易权方面的限制。中国应在过渡期内完成执行这些规定所必需的立法程序。所以 A 错误。《中国加入世贸组织议定书》第 15 条“确定补贴和倾销时的价格可比性”规定，（a）在根据 GATT1994 第 6 条和《反倾销协定》确定价格可比性时，该 WTO 进口成员应依据下列规则，使用接受调查产业的中国价格或成本，或者使用不依据与中国国内价格或成本进行严格比较的方法：……（ii）如受调查的生产者不能明确证明生产该同类产品的产业在制造、生产和销售该产品方面具备市场经济条件，则该 WTO 进口成员可使用不依据与中国国内价格或成本进行严格比较的方法。……（d）一旦中国根据该 WTO 进口成员的国内法证实其是一个市场经济体，则（a）项的规定即应终止，但截至加入之日，该 WTO 进口成员的国内法中须包含有关市场经济的标准。无论如何，此项规定应在加入之日后 15 年终止。此外，如中国根据该 WTO 进口成员的国内法证实一特定产业或部门具备市场经济条件，则（a）项中的非市场经济条款不得再对该产业或部门适用。所以 B 正确。反补贴措施连同反倾销、保障措施一起，被视为世贸组织允许的对本国产业实行保护的合法贸易救济措施之一。《中国加入世贸组织议定书》第 10 条“补贴”规定，（1）中国应通知 WTO 在其领土内给予或维持的、属《补贴与反补贴措施协定》（《SCM 协定》）第 1 条含义内的、按具体产品划分的任何补贴，包括《SCM 协定》第 3 条界定的补贴。所提供的信息应尽可能具体，并遵循《SCM 协定》第 25 条所提及的关于补贴问卷的要求。（2）就实施《SCM 协定》第 1 条第 2 款和第 2 条而言，对国有企业提供的补贴将被视为专向性补贴，特别是在国有企业是此类补贴的主要接受者或国有企业接受此类补贴的数量异常之大的情况下。（3）中国应自加入时起取消属《SCM 协定》第 3 条范围内的所有补贴。所以 C 错误。《中国加入世贸组织议定书》第 16 条“特定产品过渡性保障机制”规定，如原产于中国的产品在进口至任何 WTO 成员领土时，其增长的数量或所依据的条件对生产同类产品或直接竞争产品的国内生产者造成或威胁造成市场扰乱，则受此影响的 WTO 成员可请求与中国进行磋商，以期寻求双方满意的解决办法，包括受影响的成员是否应根据《保障措施协定》采取措施。任何此种请求应立即通知保障措施委员会。如在这些双边磋商过程中，双方同意原产于中国的进口产品是造成此种情况的原因并有必要采取行动，则中国应采取行动以防止或补救此种市场扰乱。任何此类行动应立即通知保障措施委员会。如磋商未能使中国与有关WTO成员在收到磋商请求后60天内达成协议，则受影响的WTO成员有权在防止或补救此种市场扰乱所必需的限度内，对此类产品撤销减让或限制进口。任何此类行动应立即通知保障措施委员会。过渡性保障措施，在实施条件上与保障措施的要求有所差别，在实施程序上也不简便。所以D错误。

**37. C**。多边投资担保机构承保四种政治风险：货币汇兑险、征收和类似措施险、战争内乱险和政府违约险。没有投资方违约险，所以A错误。对于前来投保的跨国投资者，多边投资担保机构要求必须是具备东道国以外的会员国国籍的自然人；或在东道国以外一会员国注册并设有主要营业点的法人，或其多数股本为东道国以外一个或几个会员国所有或其国民所有的法人。但只要东道国同意，且用于投资的资本来自东道国境外，则根据投资者和东道国的联合申请，经多边投资担保机构董事会特别多数票通过，还可将合格投资者扩大到东道国的自然人、在东道国注册的法人以及其多数资本为东道国国民所有的法人。所以B错误。多边投资担保机构的目标应该是鼓励在其会员国之间，尤其是向发展中国家会员国融通生产性投资，以补充国际复兴开发银行、国际金融公司和其他国际开发金融机构的活动；其会员国资格应向国际复兴开发银行所有会员国和瑞士开放，所以C正确。投资者母国和东道国之间是否有双边投资保护协定，并不影响多边投资担保机构的承保。所以D错误。

**38. A**。A中“司法历来以解决社会冲突为己任，与社会冲突相伴相随”是正确的，但是“从古至今，司法一直为一种独立的解纷形态和制度”是错误的，司法是近代才从行政中分离出来的。BCD正确。

**39. B**。《人民法院组织法》第25条第2款规定，基层人民法院对人民调解委员会的调解工作进行业务指导。故B错误。ACD符合法律规定，正确。

**40. B**。《法官职业道德基本准则》第18条规定，妥善处理个人和家庭事务，不利用法官身份寻求特殊利益。按规定如实报告个人有关事项，教育督促家庭成员不利用法官的职权、地位谋取不正当利益。A不违反法官职业道德规范。《法官职业道德基本准则》第14条规定，尊重其他法官对审判职权的依法行使，除履行工作职责或者通过正当程序外，不过问、不干预、不评论其他法官正在审理的案件。故B违反了法官职业道德规范，当选。《法官职业道德基本准则》第17条规定，不从事或者参与营利性的经营活动，不在企业及其他营利性组织中兼任法律顾问等职务，不就未决案件或者再审案件给当事人及其他诉讼参与人提供咨询意见。CD从事的兼职都不违反法官职业道德规范。

**41. A**。《检察官职业道德基本准则》第1条规定，坚持忠诚品格，永葆政治本色。第2条规定，坚持为民宗旨，保障人民权益。第3条规定，坚持担当精神，强化法律监督。第4条规定，坚持公正理念，维护法制统一。第5条规定，坚持廉洁操守，自觉接受监督。BCD均不符合检察官的职业道德要求。

**42. C**。法律援助制度坚持“四统一”原则，由法律援助机构统一受理（接受）、统一审查、统一指派、统一监督，故C错误。

**43. B**。《公证法》第26条规定，自然人、法人或者其他组织可以委托他人办理公证，但遗嘱、生存、收养关系等应当由本人办理公证的除外。故A错误。《公证法》没有限定办理遗嘱的地点，故B正确。《公证法》第12条规定，根据自然人、法人或者其他组织的申请，公证机构可以办理下列事务：保管遗嘱、遗产或者其他与公证事项有关的财产、物品、文书。故C错误。公证的遗嘱可以变更之前其他形式的遗嘱。故D错误。

**44. AD**。中国特色社会主义法律体系主要由七个法律部门和三个不同层级的法律规范构成。七个法律部门是：宪法及宪法相关法，民法商法，行政法，经济法，社会法，刑法，诉讼与非诉讼程序法。三个不同层级的法律规范是：法律，行政法规，地方性法规、自治条例和单行条例，不包括国际公法。故C错误。行政法部门是调整行政法律关系的法律规范的总和，包括法律，行政法规，地方性法规等，故B错误。划分法律部门的主要标准是法律规范所调整的社会关系，即调整对象，其次是法律调整方法。D正确。自治条例和单行条例是民族自治地方的人大制定的规范性文件，A正确。

**45. BC**。《商标法实施条例》由国务院制定，是行政法规，效力低于《商标法》，故A错误，C正确。B正确，但该司法解释的母法是《商标法》而不是《商标法实施条例》，D错误。

**46. AC**。“小额速裁”程序处理的民事案件体现的价值取向主要是节约司法成本，提高司法效率，跟司法民主、司法公开没有什么关联。故选AC。

**47. AC**。积极义务是指行为人必须根据权利的内容作出一定的行为，也叫作为义务，如赡养父母、抚养子女、纳税、服兵役等。消极义务是指义务人不得作出一定行为的义务，也叫不作为义务，如不得破坏公共财产，禁止非法拘禁，严禁刑讯逼供等。故AC正确，B错误。D属于权利的范畴，不选。

**48. ABCD**。“世人惟不平则鸣，圣人以无讼为贵”，即普通人受到不公平的待遇就要抗争，但圣人追求的却是没有诉讼和纠纷的发生，反映出无讼是求的法律观，法律的最高境界是无讼。“财物轻，怨何生，言语忍，忿自泯”，即把财物看轻了，相互间的怨恨就无处产生；说话相互忍让了，愤恨自然就消除了。反映的观念是，个人的道德、观念、品格是纠纷控制的关键，提高个人境界和修为，是消除纠纷的根源。“礼义生于富足、盗出于贫穷”，说的是物质富足才知道讲究礼义，生活贫穷则滋生违法犯罪，反映出带有唯物主义色彩的法律观。法律秩序根源于客观的物质条件，良好的法律秩序要以一定的物质基础做前提。“遵三从，行四德，习礼义，看古人，多贤德，为法则”出自古代规范女性道德行为的教材《女儿经》，虽然是道德教化的内容，但由于古代礼法合一，道德和法律相互渗透，道德要求同时也是制度要求，其反映的实际上也是当时的法律观念和法律内容，即女性要效法古人，修习礼义，遵行三从四德。故ABCD均正确。

**49. ABCD**。清末变法修律的主要特点：（1）在立法指导思想上，清末修律自始至终贯穿着“仿效外国资本主义法律形式，固守中国封建法制传统”的原则。（2）在立法内容上，清末修律表现出封建专制主义传统与西方资本主义法学最新成果的奇怪混合：一方面，坚行君主专制体制和封建伦理纲常“不可率行改变”；另一方面，标榜“吸引世界大同各国之良规，兼采近世最新之学说”。（3）在法典编纂形式上，清末修律改变了传统的“诸法合体”形式，明确了实体法之间、实体法与程序法之间的差别，形成了近代法律体系的雏形。（4）它是统治者为维护其摇摇欲坠的反动统治，在保持君主专制政体的前提下进行的，因而既不能反映人民群众的要求和愿望，也没有真正的民主形式。清末变法修律的主要影响：（1）清末修律标志着延续几千年的中华法系开始解体。（2）清末变法修律为中国法律的近代化奠定了初步基础。（3）清末变法修律是中国历史上第一次全面系统地向国内介绍和传播西方法律学说和资本主义法律制度，使得近现代法律知识在中国得到一定程度的普及，促进了部分中国人的法治观念的形成。（4）清末变法修律在客观上有助于推动中国资本主义经济的发展和教育制度的近代化。综上，ABCD均正确。

**50. ABC**。我国宪法规定了人民对国家权力活动进行监督的制度，AC分别规定在《宪法》第3条第2、3款中，B是《宪法》第135条规定的内容。而我国《宪法》未规定法院拥有对法律进行合宪性审查的权力，D错误。

**51. BCD**。依法治国、建设社会主义法治国家虽然是1999年《宪法修正案》第13条的内容，但不属于经济制度，A错误。1993年《宪法修正案》第7条规定，国家实行社会主义市场经济，B正确。《宪法》第6~18条中，1988年《宪法修正案》对第10、11条进行了修改，1993年《宪法修正案》对第7、8、15、16、17条进行了修改，1999年《宪法修正案》对第6、8、11条进行了修改，2004年《宪法修正案》对第10、11、13、14条进行了修改，除第9、12、18条外，其他各条都进行过修改，C正确。1999年《宪法修正案》第15条规定，农村中的生产、供销、信用、消费等各种形式的合作经济，是社会主义劳动群众集体所有制经济，D正确。

**52. AD**。《立法法》第29条规定，委员长会议可以向常务委员会提出法律案，由常务委员会会议审议。A正确。《立法法》第32条规定，列入常务委员会会议议程的法律案，一般应当经三次常务委员会会议审议后再交付表决。注意，是“常委会审议”而不是“委员长会议审议”，B错误。《立法法》第40条规定，列入常务委员会会议议程的法律案，应当在常委会会议后将法律草案向社会公布，征求意见，但经委员长会议决定不公布的除外。修改后，公布是前提，不公布是例外，C错误。《立法法》第38条规定，专门委员会之间对法律草案的重要问题意见不一致时，应当向委员长会议报告。D正确。

**53. ACD**。关于人权和基本权利的关系，人权是基本权利的来源，基本权利是人权入宪的具体表现，A正确。基本权利的主体主要是公民，有些国家宪法规定法人也可以成为基本权利主体，我国宪法仅规定了公民享有基本权利，B错误。《宪法》第51条规定，中华人民共和国公民在行使自由和权利的时候，不得损害国家的、社会的、集体的利益和其他公民的合法的自由和权利，C正确。《宪法》第33条规定，中华人民共和国公民在法律面前一律平等。权利和义务的平等性是我国公民基本权利和义务的重要特点，D正确。

**54. BD**。《村民委员会组织法》第21条规定，村民会议由本村18周岁以上的村民组成。这里并未对村民是否被剥夺政治权利作出限定，A错误。《村民委员会组织法》第5条规定，乡、民族乡、镇的人民政府对村民委员会的工作给予指导、支持和帮助，但是不得干预依法属于村民自治范围内的事项，B正确。《村民委员会组织法》第16条规定，罢免村民委员会成员，须有登记参加选举的村民过半数投票，并须经投票的村民过半数通过。注意必须有两个条件都满足才能罢免，C忽略了“须有登记参加选举的村民过半数投票”这个条件，因此错误。《村民委员会组织法》第35条规定，村民委员会成员实行任期和离任经济责任审计，D正确。

**55. AD**。市场支配地位往往是企业在长期的市场竞争过程中形成的，并不是《反垄断法》所一概禁止的，《反垄断法》禁止的是“滥用”市场支配地位的行为，故A正确。《反垄断法》第23条规定，认定经营者具有市场支配地位，应当依据下列因素：（1）该经营者在相关市场的市场份额，以及相关市场的竞争状况；（2）该经营者控制销售市场或者原材料采购市场的能力；（3）该经营者的财力和技术条件；（4）其他经营者对该经营者在交易上的依赖程度；（5）其他经营者进入相关市场的难易程度；（6）与认定该经营者市场支配地位有关的其他因素。故B错误，市场支配地位的认定需要考虑多种因素。C错误，其他经营者进入相关市场的难易程度也是考虑因素之一。《反垄断法》第24条规定，有下列情形之一的，可以推定经营者具有市场支配地位：（1）一个经营者在相关市场的市场份额达到1/2的；（2）两个经营者在相关市场的市场份额合计达到2/3的；（3）三个经营者在相关市场的市场份额合计达到3/4的。故D正确。

**56. ABC**。《消费者权益保护法》第8条规定，消费者享有知悉其购买、使用的商品或者接受的服务的真实情况的权利。消费者有权根据商品或者服务的不同情况，要求经营者提供商品的价格、产地、生产者、用途、性能、规格、等级、主要成份、生产日期、有效期限、检验合格证明、使用方法说明书、售后服务，或者服务的内容、规格、费用等有关情况。故AB正确。《消费者权益保护法》第55条第1款规定，经营者提供商品或者服务有欺诈行为的，应当按照消费者的要求增加赔偿其受到的损失，增加赔偿的金额为消费者购买商品的价款或者接受服务的费用的3倍；增加赔偿的金额不足500元的，为500元。法律另有规定的，依照其规定。虽然法律规定的是3倍，但消费者仅要求2倍，消费者的这一权利主张应得到支持。故C正确。《消费者权益保护法》并未赋予消费者以“对公司失去信任”为由要求退货的权利。故D项错误。

**57. AB**。《税收征收管理法》第3条规定，税收的开征、停征以及减税、免税、退税、补税，依照法律的规定执行；法律授权国务院规定的，依照国务院制定的行政法规的规定执行。任何机关、单位和个人不得违反法律、行政法规的规定，擅自作出税收开征、停征以及减税、免税、退税、补税和其他同税收法律、行政法规相抵触的决定。上述规定中的“法律”指严格意义上由全国人大及其常委会制定的法律，故AB正确，CD错误。

**58. ABCD**。《税收征收管理法》第8条第1款规定，纳税人、扣缴义务人有权向税务机关了解国家税收法律、行政法规的规定以及与纳税程序有关的情况。故A正确。《税收征收管理法》第8条第3款规定，纳税人依法享有申请减税、免税、退税的权利。故B正确。《税收征收管理法》第8条第4款规定，纳税人、扣缴义务人对税务机关所作出的决定，享有陈述权、申辩权；依法享有申请行政复议、提起行政诉讼、请求国家赔偿等权利。故CD正确。

**59. ABD**。《劳动合同法》第41条第1款规定，有下列情形之一，需要裁减人员20人以上或者裁减不足20人但占企业职工总数10%以上的，用人单位提前30日向工会或者全体职工说明情况，听取工会或者职工的意见后，裁减人员方案经向劳动行政部门报告，可以裁减人员：（1）依照企业破产法规定进行重整的；（2）生产经营发生严重困难的；（3）企业转产、重大技术革新或者经营方式调整，经变更劳动合同后，仍需裁减人员的；（4）其他因劳动合同订立时所依据的客观经济情况发生重大变化，致使劳动合同无法履行的。故A错误，并不需要职工代表大会批准，只需要提前向工会或者全体职工说明。B错误，进入破产程序并不是经济性裁员的唯一情形。D错误，职工丁虽评为优秀但不是法定不能予以裁减的理由。

【陷阱提示】经济性裁员根据规定要向工会或者全体职工说明情况，听取工会或职工意见，但并不意味着需要经过工会或职工代表大会的同意。考生要注意关键字眼“批准、同意、备案、许可”。

**60. ABC**。《社会保险法》第2条规定，国家建立基本养老保险、基本医疗保险、工伤保险、失业保险、生育保险等社会保险制度，保障公民在年老、疾病、工伤、失业、生育等情况下依法从国家和社会获得物质帮助的权利。故A正确。《社会保险法》第64条第3款规定，基本养老保险基金逐步实行全国统筹，其他社会保险基金逐步实行省级统筹，具体时间、步骤由国务院规定。不管是全国统筹，还是省级统筹，都属于社会统筹的范围。故B正确。《社会保险法》第4条第1款规定，中华人民共和国境内的用人单位和个人依法缴纳社会保险费，有权查询缴费记录、个人权益记录，要求社会保险经办机构提供社会保险咨询等相关服务。故C正确，但事实上，有一些种类的社会保险不需要个人缴费，比如工伤保险、生育保险。《社会保险法》第14条规定，（基本养老保险）个人账户不得提前支取，记账利率不得低于银行定期存款利率，免征利息税。个人死亡的，个人账户余额可以继承。故D错误，并不能笼统地断定“劳动者死亡后，其社会保险待遇由遗属继承”，绝大多数的社会保险待遇应当由劳动者本人享有，其死亡后归于消灭。

**61. ABCD**。《土地管理法》第54条规定，建设单位使用国有土地，应当以出让等有偿使用方式取得；但是，下列建设用地，经县级以上人民政府依法批准，可以以划拨方式取得：（1）国家机关用地和军事用地；（2）城市基础设施用地和公益事业用地；（3）国家重点扶持的能源、交通、水利等基础设施用地；（4）法律、行政法规规定的其他用地。“经营性”墓地不属于公益事业用地，故 A 行为违反了法律规定。《土地管理法》第 55 条第 1 款规定，以出让等有偿使用方式取得国有土地使用权的建设单位，按照国务院规定的标准和办法，缴纳土地使用权出让金等土地有偿使用费和其他费用后，方可使用土地。故 B 违反法律规定。《土地管理法》第 56 条规定，建设单位使用国有土地的，应当按照土地使用权出让等有偿使用合同的约定或者土地使用权划拨批准文件的规定使用土地；确需改变该幅土地建设用途的，应当经有关人民政府土地行政主管部门同意，报原批准用地的人民政府批准。其中，在城市规划区内改变土地用途的，在报批前，应当先经有关城市规划行政主管部门同意。故 C 违反法律规定。《土地管理法》第 57 条规定，建设项目施工和地质勘查需要临时使用国有土地或者农民集体所有的土地的，由县级以上人民政府土地行政主管部门批准。其中，在城市规划区内的临时用地，在报批前，应当先经有关城市规划行政主管部门同意。土地使用者应当根据土地权属，与有关土地行政主管部门或者农村集体经济组织、村民委员会签订临时使用土地合同，并按照合同的约定支付临时使用土地补偿费。临时使用土地的使用者应当按照临时使用土地合同约定的用途使用土地，并不得修建永久性建筑物。临时使用土地期限一般不超过 2 年。故 D 违反多项法律规定。

**62. BD**。《城乡规划法》第 29 条第 2 款规定，镇的建设和发展，应当结合农村经济社会发展和产业结构调整，优先安排供水、排水、供电、供气、道路、通信、广播电视等基础设施和学校、卫生院、文化站、幼儿园、福利院等公共服务设施的建设，为周边农村提供服务。故 BD 为优先安排项目。

**63. ABD**。《城市房地产管理法》第 57 条规定，房地产中介服务机构包括房地产咨询机构、房地产价格评估机构、房地产经纪机构等。故 ABD 正确。

**64. AC**。多国河流是流经两个或两个以上国家领土的河流。多国河流流经各国的河段分别属于各国领土，各国分别对流经本国的河段拥有主权。所以 A 正确。但多国河流的使用一般涉及流经各国的利益，因此，对多国河流的航行、使用、清理等事项，一般都应由有关国家协议解决。每一沿岸国在对该河流行使权利时，都应顾及其他沿岸国的利益。各国不得有害地利用该河流，不得使河流改道或堵塞河流。所以 B 错误。国际实践中，多国河流一般地对所有沿岸国开放，而非沿岸国船舶未经许可不得航行。通过条约规定对所有国家开放航行的多国河流被称为国际河流。通常，国际河流的法律地位和制度是由国际条约规定的，不同的国际河流可能有所不同。国际河流流经各国领土的河段仍然是该国主权下的领土。国际河流一般允许所有国家的船舶特别是商船无害航行。所以 C 正确，D 错误。

**65. BC**。国家对其领空拥有完全的和排他的主权。外国航空器进入国家领空需经该国许可并遵守领空国的有关法律。对于非法入境的外国民用航空器，国家可以行使主权，采取符合国际法有关规则的任何适当手段，包括要求其终止此类侵犯立即离境或要求其在指定地点降落等，但不得危及航空器内人员的生命和航空器的安全，避免使用武器。故 BC 正确。

**66. BC**。和平解决国际争端的方法分为政治解决方法和法律解决方法。政治方法包括谈判、协商、斡旋、调停、调查、和解等。法律方法包括仲裁和法院解决。所以 B 正确。国际法院管辖案件的范围有三个方面，第一种是自愿管辖。对于任何争端，当事国都可以在争端发生后，达成协议，将争端提交国际法院。法院根据当事国各方的同意进行管辖。第二种是协定管辖。在现行条约或协定中，规定各方同意将有关的争端提交国际法院解决。提交法院的争端及范围等可以通过在条约中设立专门条款，也可以在订立条约的同时，再订立专门的协定加以规定。第三种是任择强制管辖。《国际法院规约》的当事国，可以通过发表声明，就具有下列性质之一的争端，对于接受同样义务的任何其他当事国，接受法院的管辖为当然具有强制性，而不需要再有特别的协定。这些争端是：对于条约的解释、违反国际义务的任何事实、违反国际义务而产生的赔偿的性质和范围等。所以 C 正确。

**67. AB**。《涉外民事关系法律适用法》第 41 条规定，当事人可以协议选择合同适用的法律。当事人没有选择的，适用履行义务最能体现该合同特征的一方当事人经常居所地法律或者其他与该合同有最密切联系的法律。故 A 正确。《涉外民事关系法律适用法》第 44 条规定，侵权责任，适用侵权行为地法律，但当事人有共同经常居所地的，适用共同经常居所地法律。侵权行为发生后，当事人协议选择适用法律的，按照其协议。故 B 正确。《涉外民事关系法律适用法》第 36 条规定，不动产物权，适用不动产所在地法律。故 C 错误。《涉外民事关系法律适用法》第 27 条规定，诉讼离婚，适用法院地法律。故 D 错误。

**68. BCD**。《涉外民事关系法律适用法》第 15 条规定，人格权的内容，适用权利人经常居所地法律。故 A 正确。《涉外民事关系法律适用法》第 46 条规定，通过网络或者采用其他方式侵害姓名权、肖像权、名誉权、隐私权等人格权的，适用被侵权人经常居所地法律。故 BCD 错误。

**69. BC**。《最高人民法院关于涉港澳民商事案件司法文书送达问题若干规定》第 4 条规定，除受送达人在授权委托书中明确表明其诉讼代理人无权代为接收有关司法文书外，其委托的诉讼代理人为有权代其接受送达的诉讼代理人，人民法院可以向该诉讼代理人送达。所以 B 正确。《最高人民法院关于涉港澳民商事案件司法文书送达问题若干规定》第 5 条规定，受送达人在内地设立有代表机构的，人民法院可以直接向该代表机构送达。受送达人在内地设立有分支机构或者业务代办人并授权其接受送达的，人民法院可以直接向该分支机构或者业务代办人送达。所以 C 正确。

**70. BD**。平安险的英文意思为“单独海损不赔”，其责任范围主要包括：（1）在运输过程中，由于自然灾害和运输工具发生意外事故造成整批货物的实物的实际全损或推定全损。（2）由于运输工具发生意外事故而造成的货物全部损失或部分损失。（3）只要运输工具曾经发生搁浅、触礁、沉没、焚毁等意外事故，不论这个事故发生之前或者以后曾在海上遭恶劣气候、雷电、海啸等自然灾害所造成的被保险货物的部分损失。（4）在装卸转船过程中，被保险货物一件或数件落海所造成的全部损失或部分损失。（5）运输工具遭自然灾害或意外事故，在避难港卸货所引起被保险货物的全部损失或部分损失。（6）运输工具遭受自然灾害或意外事故，需要在中途的港口或者在避难港口停靠，因而引起的卸货、装货、存仓以及运送货物所产生的特别费用。（7）发生共同海损所引起的牺牲、公摊费和救助费用。（8）运输合同中订有“船舶互撞责任”条款，根据该条款规定应由货方偿还船方的损失。故 B 正确。水渍险的责任范围除了包括“平安险”的各项责任外，还负责被保险货物由于恶劣气候、雷电、海啸、地震、洪水等自然灾害所造成的部分损失。也就是说水渍险包含自然灾害与意外事故导致货物被水淹没引起的货物损失。故 D 正确。

**71. ABCD**。《解决国家和他国国民间投资争端公约》第 25 条规定，中心的管辖适用于缔约国（或缔约国指派到中心的该国的任何组成部分或机构）和另一缔约国国民之间直接因投资而产生的任何法律争端，而该项争端经双方书面同意提交给中心。当双方表示同意后，不得单方面撤销其同意。所以 AB 正确。《解决国家和他国国民之间投资争端公约》第 25 条规定，任何缔约国可以在批准、接受或认可本公约时，或在此后任何时候，把它将考虑或不考虑提交给中心管辖的一类或几类争端通知中心，秘书长应立即将此项通知转送给所有缔约国。此项通知不构成第一款所要求的同意。公约的前言部分明确指出，任何缔约国不因仅仅批准、接受、核准公约就被视为接受特定案件的管辖。所以 C 正确。《解决国家和他国国民之间投资争端公约》第 53 条规定，裁决对双方具有约束力。不得进行任何上诉或采取除本公约规定外的任何其他补救办法。除依照本公约有关规定予以停止执行的情况外，每一方应遵守和履行裁决的规定。所以 D 正确。

**72. CD**。见索即付保函是指一旦主债务人违约，贷款人无须先向主债务人追索，即可无条件要求保证人承担第一偿付责任的保证。担保人仅凭受益人提出的要求即应付款，只需符合担保合同规定的手续即可，而不问付款要求是否有合理依据，一旦借款人不履约，贷款人事先无须对借款人采取各种救济方法，便可直接要求保证人承担还款责任。故 D 正确。见索即付保证是独立的，即担保人所承担的义务独立于基础合同，担保人不能以基础合同的履行、修改或无效等对抗受益人。故 C 正确。

**73. BC**。公开审理是司法民主的要求，但是并不是没有例外的，《民事诉讼法》第 137 条规定，人民法院审理民事案件，除涉及国家秘密、个人隐私或者法律另有规定的以外，应当公开进行。离婚案件，涉及商业秘密的案件，当事人申请不公开审理的，可以不公开审理。故 A 错误。法院可以对案件是否涉及个人隐私作出判断，从而决定是否公开审理，不需要征得乙的同意。故 D 错误。BC 正确。

**74. ABC**。虽然很多国家的法律确立了“自由心证”制度，并作为体现程序公正的要求，但是我国并没有明确根据形势及效率的需要，可以在有关司法过程中适用“自由心证”，故 D 错误。

**75. BCD**。甲①②、乙①②、丙②说法均正确，丙①错误。作为法律的实施者、执行者、裁判者的专业法律人员所应该具有的道德品行必然要高于其他职业的道德要求，这是法律职业的特殊性所决定的，法律职业人员的社会义务和道德要求更应高于一般社会成员。故正确答案为 BCD。

**76. B**。《地方组织法》第 40 条规定，县级以上的地方各级人民代表大会代表，非经本级人民代表大会主席团许可，在大会闭会期间，非经本级人民代表大会常务委员会许可，不受逮捕或者刑事审判。A 错误。《宪法》第 91 条第 2 款规定，审计机关在国务院总理领导下，依照法律规定独立行使审计监督权，不受其他行政机关、社会团体和个人的干涉。《宪法》第 109 条规定，地方各级审计机关依照法律规定独立行使审计监督权，对本级人民政府和上一级审计机关负责。据此，中央审计机关要接受国务院总理领导，地方审计机关要向同级政府和上一级审计机关负责，C 错误。《宪法》第 81 条规定，中华人民共和国主席代表中华人民共和国，进行国事活动。这一职权的行使无须根据全国人大常委会的决定，D 错误。

**77. BD**。《宪法》第 4 条规定，各少数民族聚居的地方实行区域自治。民族区域自治必须以少数民族聚居区为基础，是民族自治与区域自治的结合，A 正确。《宪法》第 112 条规定，民族自治地方的自治机关是自治区、自治州、自治县的人民代表大会和人民政府。《民族区域自治法》第 3 条规定，自治机关是国家的一级地方政权机关。据此，民族自治地方的人大和政府既是地方国家机关又是自治机关，监督机关、审判机关和检察机关只是地方国家机关并非自治机关，B错误。《民族区域自治法》第20条规定，上级国家机关的决议、决定、命令和指示，如有不适合民族自治地方实际情况的，自治机关可以报经该上级国家机关批准，变通执行或者停止执行；该上级国家机关应当在收到报告之日起60日内给予答复，C正确。《民族区域自治法》第42条规定，自治区、自治州的自治机关依照国家规定，可以和国外进行教育、科学技术、文化艺术、卫生、体育等方面的交流。据此，自治县的自治机关没有这项自治权，D错误。

**78. ABC**。《监督法》第19条第2款规定，县级以上地方各级人民政府应当在每年6月至9月期间，将上一年度的本级决算草案提请本级人民代表大会常务委员会审查和批准。A正确。《监督法》第29条第1款规定，常务委员会组成人员对本章规定的有关报告的审议意见交由本级人民政府研究处理。人民政府应当将研究处理情况由其办事机构送交本级人民代表大会有关专门委员会或者常务委员会有关工作机构征求意见后，向常务委员会提出书面报告。常务委员会认为必要时，可以对有关报告作出决议；本级人民政府应当在决议规定的期限内，将执行决议的情况向常务委员会报告。B正确。《监督法》第41条规定，最高人民法院、最高人民检察院作出的属于审判、检察工作中具体应用法律的解释，应当自公布之日起30日内报全国人民代表大会常务委员会备案。C正确。《监督法》第62条第3款规定，撤职案的表决采用无记名投票的方式，由常务委员会全体组成人员的过半数通过。D错误。

**79. A**。高经理和公司员工拒绝“酒驾”，是自己根据法律规定作出选择，指向的是自己的行为，体现了法的指引作用，故A正确。

**80. ABC**。根据1981年《全国人民代表大会常务委员会关于加强法律解释工作的决议》，司法解释的主体是最高人民法院或最高人民检察院，行政解释的主体是国务院及主管部门。所以，交警部门的解释不属于司法解释，也不属于行政解释。AB错误。推车前行不属于“酒驾”的解释，从推理角度看，运用了演绎推理。“酒驾”的成立要求发动机动车，发动机动车是“酒驾”的必要条件，而推车前行没有发动机动车，所以不属于“酒驾”。D正确。本题没有运用类比推理，类比推理是从个别到个别的推理，是根据两个或两类事物在某些属性上是相似的，从而推导出它们在另一个或另一些属性上也是相似的。C错误。

**81. ABCD**。《酒后代驾服务规则》是高经理作为公民个人向国家立法机关提出的立法建议，还没有获得国家机关的通过，还没有成为法律，因此谈不上法律规则（民法商法规则）；不具有法律效力，自然也谈不上规范性法律文件或法的正式渊源。因为是普通公民提出的立法建议，因此也不能称之为立法议案。ABCD表述均错误。

**82. BD**。《商业银行法》第40条规定：“商业银行不得向关系人发放信用贷款；向关系人发放担保贷款的条件不得优于其他借款人同类贷款的条件。前款所称关系人是指：（一）商业银行的董事、监事、管理人员、信贷业务人员及其近亲属；（二）前项所列人员投资或者担任高级管理职务的公司、企业和其他经济组织。”L公司系商业银行董事近亲属投资的公司，故属于M银行的关系人范围。B正确，M银行可以向L公司发放担保贷款，但不得提供优于其他借款人同类贷款的条件。《商业银行法》第74条规定：“商业银行有下列情形之一，由国务院银行业监督管理机构责令改正，有违法所得的，没收违法所得，违法所得五十万元以上的，并处违法所得一倍以上五倍以下罚款；没有违法所得或者违法所得不足五十万元的，处五十万元以上二百万元以下罚款；情节特别严重或者逾期不改正的，可以责令停业整顿或者吊销其经营许可证；构成犯罪的，依法追究刑事责任：……（八）向关系人发放信用贷款或者发放担保贷款的条件优于其他借款人同类贷款的条件的。”故违规向关系人发放贷款并不会导致贷款合同无效。D正确。

**83. ACD**。《商业银行法》第4条第2款规定，商业银行依法开展业务，不受任何单位和个人的干涉。李大伟的行为干涉了银行业务的正常开展，故是《商业银行法》禁止的行为。A正确。《商业银行法》第88条规定，单位或者个人强令商业银行发放贷款或者提供担保的，应当对直接负责的主管人员和其他直接责任人员或者个人给予纪律处分；造成损失的，应当承担全部或者部分赔偿责任。商业银行的工作人员对单位或者个人强令其发放贷款或者提供担保未予拒绝的，应当给予纪律处分；造成损失的，应当承担相应的赔偿责任。故CD正确。

**84. AC**。《商业银行法》第48条第2款规定，任何单位和个人不得将单位的资金以个人名义开立账户存储。故A正确，B错误。《商业银行法》第79条规定，有下列情形之一，由国务院银行业监督管理机构责令改正，有违法所得的，没收违法所得，违法所得5万元以上的，并处违法所得1倍以上5倍以下罚款；没有违法所得或者违法所得不足5万元的，处5万元以上50万元以下罚款：……（3）将单位的资金以个人名义开立账户存储的。故C正确。

**85. ABD**。Y公司通过不正当的方法获取并使用K公司的研发配方侵犯了他人商业秘密，邓某的行为同样属于侵犯他人商业秘密的行为。故AB正确。竞业禁止义务是劳动者与用人单位之间通过劳动合同或单独的竞业禁止协议的约定形成的，因而邓某的行为构成违反竞业禁止义务，而Y公司并不构成。

**86. AB**。侵犯商业秘密是由《反不正当竞争法》

所规定的侵权行为，而违反竞业禁止则属于违反劳动者与用人单位之间约定义务的行为，故A正确。邓某的行为既属于《反不正当竞争法》规定的侵犯商业秘密的行为，又属于劳动法领域违反竞业禁止约定的行为，故K公司可以选择，B正确。

**87. D**。《联合国海洋法公约》规定，毗连区是指在领海外而又与领海毗连，由沿海国对海关、财政、移民和卫生等特定事项行使管辖权的一个海域。它不是国家领土，国家对毗连区不享有主权，只是在毗连区范围行使上述方面的管制，而且国家对于毗连区的管制不包括其上空。毗连区的其他性质取决于其所依附的海域，或为专属经济区或为公海。所以ABC错误，D正确。

**88. BD**。《涉外民事关系法律适用法》第37条规定，当事人可以协议选择动产物权适用的法律。当事人没有选择的，适用法律事实发生时动产所在地法律。所以BD正确。

**89. C**。FOB交货术语法运输合同，买方必须自付费用订立从指定的装运港运输货物的合同。所以C正确。贸易术语与《联合国国际货物销售合同公约》可以共同适用，所以D错误。

**90. BCD**。《联合国国际货物销售合同公约》第42条规定，(1) 卖方所交付的货物，必须是第三方不能根据工业产权或其他知识产权主张任何权利或要求的货物，但以卖方在订立合同时已知道或不可能不知道的权利或要求为限，而且这种权利或要求根据以下国家的法律规定是以工业产权或其他知识产权为基础的：(a) 如果双方当事人在订立合同时预期货物将在某一国境内转售或做其他使用，则根据货物将在其境内转售或做其他使用的国家的法律；或者 (b) 在任何其他情况下，根据买方营业地所在国家的法律。(2) 卖方在上一款中的义务不适用于以下情况：(a) 买方在订立合同时已知道或不可能不知道此项权利或要求；或者 (b) 此项权利或要求的发生，是由于卖方要遵照买方所提供的技术图样、图案、款式或其他规格。所以A错误，BC正确。《联合国国际货物销售合同公约》第39条规定，(1) 买方对货物不符合同，必须在发现或理应发现不符情形后一段合理时间内通知卖方，说明不符合同情形的性质，否则就丧失声称货物不符合同的权利。(2) 无论如何，如果买方不在实际收到货物之日起两年内将货物不符合同情形通知卖方，他就丧失声称货物不符合同的权利，除非这一时限与合同规定的保证期限不符。所以D正确。

# 第20天

*非淡泊无以明志，非宁静无以致远。*

## 试 题

**1.** 关于刑法解释，下列说法正确的是：

A. 将虐待罪的对象"家庭成员"解释为包括保姆在内，属于类推解释

B. 根据体系解释，传播淫秽物品罪与传播性病罪中"传播"的含义一致

C. 将副乡长冒充市长招摇撞骗解释为冒充国家机关工作人员招摇撞骗，违反文理解释

D. 根据论理解释，倒卖文物罪中倒卖是指以牟利为目的，买入或者卖出国家禁止经营的文物

**2.** 某孤儿院为谋取单位福利，分两次将38名孤儿交给国外从事孤儿收养的中介组织，共收取30余万美元的"中介费""劳务费"。关于本案，下列哪一选项符合依法治国的要求？

A. 因《刑法》未将此行为规定为犯罪，便不能由于本案社会影响重大，就以刑事案件查处

B. 本案可追究孤儿院及其主管人员、直接责任人的刑事责任，以利于促进政治效果与社会效果的统一

C. 报请全国人大常委会核准后，本案可作为单位拐卖儿童犯罪处理，以利于进一步发挥法律维护社会稳定的作用

D. 可追究主管人员与其他直接责任人的刑事责任，以利于促进法律效果、政治效果与社会效果的统一

**3.** 关于因果关系，下列哪一选项是错误的？

A. 甲将被害人衣服点燃，被害人跳河灭火而溺亡。甲行为与被害人死亡具有因果关系

B. 乙在被害人住宅放火，被害人为救婴儿冲入宅内被烧死。乙行为与被害人死亡具有因果关系

C. 丙在高速路将被害人推下车，被害人被后面车辆轧死。丙行为与被害人死亡具有因果关系

D. 丁毁坏被害人面容，被害人感觉无法见人而自杀。丁行为与被害人死亡具有因果关系

**4.** 甲患抑郁症欲自杀，但无自杀勇气。某晚，甲用事前准备的刀猛刺路人乙胸部，致乙当场死亡。随后，甲向司法机关自首，要求司法机关判处其死刑立即执行。对于甲责任能力的认定，下列哪一选项是正确的？

A. 抑郁症属于严重精神病，甲没有责任能力，不承担故意杀人罪的责任

B. 抑郁症不是严重精神病，但甲的想法表明其没有责任能力，不承担故意杀人罪的责任

C. 甲虽患有抑郁症，但具有责任能力，应当承担故意杀人罪的责任

D. 甲具有责任能力，但患有抑郁症，应当对其从轻或者减轻处罚

**5.** 关于故意的认识内容，下列哪一选项是错误的？

A. 成立故意犯罪，不要求行为人认识到自己行为的违法性

B. 成立贩卖淫秽物品牟利罪，要求行为人认识到物品的淫秽性

C. 成立嫖宿幼女罪，要求行为人认识到卖淫的是幼女

D. 成立为境外非法提供国家秘密罪，要求行为人认识到对方是境外的机构、组织或者个人，没有认识到而非法提供国家秘密的，不成立任何犯罪

**6.** 关于过失犯的论述，下列哪一选项是错误的？

A. 只有实际发生危害结果时，才成立过失犯

B. 认识到可能发生危害结果，但结果的发生违背行为人意志的，成立过失犯

C. 过失犯罪，法律有规定的才负刑事责任。这里的"法律"不限于刑事法律

D. 过失犯的刑事责任一般轻于与之对应的故意犯的刑事责任

**7.** 乙基于强奸故意正在对妇女实施暴力，甲出于义愤对乙进行攻击，客观上阻止了乙的强奸行为。

观点：

①正当防卫不需要有防卫认识

②正当防卫只需要防卫认识，即只要求防卫人认识到不法侵害正在进行

③正当防卫只需要防卫意志，即只要求防卫人具有保护合法权益的意图

④正当防卫既需要有防卫认识，也需要有防卫意志

结论：

a. 甲成立正当防卫

b. 甲不成立正当防卫

就上述案情，观点与结论对应正确的是哪一选项？

A. 观点①观点②与a结论对应；观点③观点④与b结论对应

B. 观点①观点③与a结论对应；观点②观点④与b结论对应

C. 观点②观点③与a结论对应；观点①观点④与b结论对应

D. 观点①观点④与a结论对应；观点②观点③与b结论对应

**8.** 关于缓刑的适用，下列哪一选项是错误的？

A. 被宣告缓刑的犯罪分子，在考验期内再犯罪的，应当数罪并罚，且不得再次宣告缓刑

B. 对于被宣告缓刑的犯罪分子，可以同时禁止其从事特定活动，进入特定区域、场所，接触特定的人

C. 对于黑社会性质组织的首要分子，不得适用缓刑

D. 被宣告缓刑的犯罪分子，在考验期内由公安机关考察，所在单位或者基层组织予以配合

**9.** 关于走私犯罪，下列哪一选项是正确的？

A. 甲误将淫秽光盘当作普通光盘走私入境。虽不构成走私淫秽物品罪，但如按照普通光盘计算，其偷逃应缴税额较大时，应认定为走私普通货物、物品罪

B. 乙走私大量弹头、弹壳。由于弹头、弹壳不等于弹药，故乙不成立走私弹药罪

C. 丙走私枪支入境后非法出卖。此情形属于吸收犯，按重罪吸收轻罪的原则论处

D. 丁走私武器时以暴力抗拒缉私。此情形属于牵连犯，从一重罪论处

**10.** 关于洗钱罪的认定，下列哪一选项是错误的？

A. 《刑法》第一百九十一条虽未明文规定侵犯财产罪是洗钱罪的上游犯罪，但是，黑社会性质组织实施的侵犯财产罪，依然是洗钱罪的上游犯罪

B. 将上游的毒品犯罪所得误认为是贪污犯罪所得而实施洗钱行为的，不影响洗钱罪的成立

C. 上游犯罪事实上可以确认，因上游犯罪人死亡依法不能追究刑事责任的，不影响洗钱罪的认定

D. 单位贷款诈骗应以合同诈骗罪论处，合同诈骗罪不是洗钱罪的上游犯罪。为单位贷款诈骗所得实施洗钱行为的，不成立洗钱罪

**11.** 关于自伤，下列哪一选项是错误的？

A. 军人在战时自伤身体、逃避军事义务的，成立战时自伤罪

B. 帮助有责任能力成年人自伤的，不成立故意伤害罪

C. 受益人唆使60周岁的被保险人自伤、骗取保险金的，成立故意伤害罪与保险诈骗罪

D. 父母故意不救助自伤的12周岁儿子而致其死亡的，视具体情形成立故意杀人罪或者遗弃罪

**12.** 关于故意伤害罪与组织出卖人体器官罪，下列哪一选项是正确的？

A. 非法经营尸体器官买卖的，成立组织出卖人体器官罪

B. 医生明知是未成年人，虽征得其同意而摘取其器官的，成立故意伤害罪

C. 组织他人出卖人体器官并不从中牟利的，不成立组织出卖人体器官罪

D. 组织者出卖一个肾脏获15万元，欺骗提供者说只卖了5万元的，应认定为故意伤害罪

**13.** 甲预谋拍摄乙与卖淫女的裸照，迫使乙交付财物。一日，甲请乙吃饭，叫卖淫女丙相陪。饭后，甲将乙、丙送上车。乙、丙刚到乙宅，乙便被老板电话叫走，丙亦离开。半小时后，甲持相机闯入乙宅发现无人，遂拿走了乙的3万元现金。关于甲的行为性质，下列哪一选项是正确的？

A. 抢劫未遂与盗窃既遂

B. 抢劫既遂与盗窃既遂的想象竞合

C. 敲诈勒索预备与盗窃既遂

D. 敲诈勒索未遂与盗窃既遂的想象竞合

**14.** 关于盗窃罪的理解，下列哪一选项是正确的？

A. 扒窃成立盗窃罪的，以携带凶器为前提

B. 扒窃仅限于窃取他人衣服口袋内体积较小的财物

C. 扒窃时无论窃取数额大小，即使窃得一张白纸，也成立盗窃罪既遂

D. 入户盗窃成立盗窃罪的，既不要求数额较大，也不要求多次盗窃

**15.** 下列哪一选项的行为应以掩饰、隐瞒犯罪所得罪论处？

A. 甲用受贿所得1000万元购买了一处别墅

B. 乙明知是他人用于抢劫的汽车而更改车身颜色

C. 丙与抢劫犯事前通谋后代为销售抢劫财物

D. 丁明知是他人盗窃的汽车而为其提供伪造的机动车来历凭证

**16.** 关于非法持有毒品罪，下列哪一选项是正确的？

A. 非法持有毒品的，无论数量多少都应当追究刑事责任
B. 持有毒品不限于本人持有，包括通过他人持有
C. 持有毒品者而非所有者时，必须知道谁是所有者
D. 因贩卖而持有毒品的，应当实行数罪并罚

**17.** 大学生甲为获得公务员面试高分，送给面试官乙（某机关领导）2瓶高档白酒，乙拒绝。次日，甲再次到乙家，偷偷将一块价值1万元的金币放在茶几上离开。乙不知情。保姆以为乙知道此事，将金币放入乙的柜子。对于本案，下列哪一选项是错误的？

A. 甲的行为成立行贿罪
B. 乙的行为不构成受贿罪
C. 认定甲构成行贿罪与乙不构成受贿罪不矛盾
D. 保姆的行为成立利用影响力受贿罪

**18.** 刘某以赵某对其犯故意伤害罪，向法院提起刑事附带民事诉讼。因赵某妹妹曾拒绝本案主审法官王某的求爱，故王某在明知证据不足、指控犯罪不能成立的情况下，毁灭赵某无罪证据，认定赵某构成故意伤害罪，并宣告免予刑罚处罚。对王某的定罪，下列哪一选项是正确的？

A. 徇私枉法罪　　B. 滥用职权罪
C. 玩忽职守罪　　D. 帮助毁灭证据罪

**19.** 李某系富家子弟，王某系下岗职工子女，二人共同伤害（轻伤）被害人张某。在侦查过程中，公安机关鉴于二人犯罪情节较轻且认罪态度较好，决定取保候审，对李某采取了保证金的保证方式，由于王某经济困难，对其采取了保证人的保证方式。公安机关的做法，体现了社会主义法治理念的下列哪一要求？

A. 实体公正　　B. 追求效率
C. 执法为民　　D. 公平正义

**20.** 关于法定代理人对法院一审判决、裁定的上诉权，下列哪一说法是错误的？

A. 自诉人高某的法定代理人有独立上诉权
B. 被告人李某的法定代理人有独立上诉权
C. 被害人方某的法定代理人有独立上诉权
D. 附带民事诉讼当事人吴某的法定代理人对附带民事部分有独立上诉权

**21.** 美国人杰克与香港居民赵某在内地私藏枪支、弹药，公安人员查缉枪支、弹药时，赵某以暴力方法阻碍公安人员依法执行职务。下列哪一说法是正确的？

A. 全案由犯罪地的基层法院审判，因为私藏枪支、弹药罪和妨碍公务罪都不属于可能判处无期徒刑以上刑罚的案件
B. 杰克由犯罪地中级法院审判，赵某由犯罪地的基层法院审判
C. 杰克由犯罪地中级法院审判，赵某由中级法院根据具体案件情况而决定是否交由基层法院审判
D. 全案由犯罪地的中级法院审判

**22.** 张某伪造、变造国家机关公文、证件、印章案的下列哪一证据既属于言词证据，又属于间接证据？

A. 用于伪造、变造国家机关公文、证件、印章的设备、工具
B. 伪造、变造的国家机关公文、证件、印章
C. 张某关于实施伪造、变造行为的供述
D. 判别国家机关公文、证件、印章真伪的鉴定结论

**23.** “证人猜测性、评论性、推断性的证言，不能作为证据使用”，系下列哪一证据规则的要求？

A. 传闻证据规则　　B. 意见证据规则
C. 补强证据规则　　D. 最佳证据规则

**24.** 关于证据的审查判断，下列哪一说法是正确的？

A. 被害人有生理缺陷，对案件事实的认知和表达存在一定困难，故其陈述在任何情况下都不得采信
B. 与被告人有利害冲突的证人提供的对被告人不利的证言，在任何情况下都不得采信
C. 公安机关制作的放火案的勘验、检查笔录没有见证人签名，一律不得采信
D. 搜查获得的杀人案凶器，未附搜查笔录，不能证明该凶器来源，一律不得采信

**25.** 在罗某放火案中，钱某、孙某和吴某3家房屋均被烧毁。一审时，钱某和孙某提起要求罗某赔偿损失的附带民事诉讼，吴某未主张。一审判决宣告后，吴某欲让罗某赔偿财产损失。下列哪一说法是正确的？

A. 吴某可另行提起附带民事诉讼
B. 吴某不得再提起附带民事诉讼，可在刑事判决生效后另行提起民事诉讼
C. 吴某可提出上诉，请求法院在二审程序中判令罗某予以赔偿
D. 吴某既可另行提起附带民事诉讼，也可单独提起民事诉讼

**26.** 被害人对于检察院作出不起诉决定不服而在7日内提出申诉时，下列哪一说法是正确的？

A. 由作出决定的检察院受理被害人的申诉
B. 由与作出决定的检察院相对应的法院受理被害人的申诉
C. 被害人提出申诉同时又向法院起诉的，法院应裁定驳回起诉
D. 被害人提出申诉后又撤回的，仍可向法院起诉

**27.** 审判长在法庭审理过程中突发心脏病，无法继续参与审判，需在庭外另行指派其他审判人员参加

审判。法院院长的下列哪一做法是正确的?

A. 指派一名陪审员担任审判长重新审理

B. 指派一名审判员担任审判长继续审理

C. 指派一名陪审员并指定原合议庭一名审判员担任审判长继续审理

D. 指定一名审判员担任审判长重新审理

**28.** 某市法院审理本市第一起醉酒驾车刑事案件。下列哪一说法是正确的?

A. 审判长可以提请庭长组织相关审判人员共同讨论

B. 法院院长可以主动组织相关审判人员共同讨论并作出决定

C. 庭长按照规定组织相关审判人员共同讨论形成的意见对合议庭有约束力

D. 法院院长可以指令庭长组织相关审判人员共同讨论

**29.** 陪审员王某参加一起案件审判。被告辩护人当庭提出被告有正当防卫和自首情节,公诉人予以否定,提请合议庭不予采信,审判长没有就此进行调查。王某对审判长没有征询合议庭其他成员意见就决定不予调查,在评议时提出异议,但审判长不同意。对此,关于王某可以行使的权力,下列哪一选项是正确的?

A. 要求合议庭将案件提请院长决定是否展开调查

B. 要求合议庭将案件提交审判委员会讨论决定

C. 提请院长决定是否提交审判委员会讨论决定

D. 要求合议庭提请院长决定是否提交审判委员会讨论决定

**30.** 关于死刑缓期执行限制减刑案件的审理程序,下列哪一说法是正确的?

A. 对一审法院作出的限制减刑的判决,被告人的辩护人、近亲属可以独立提起上诉

B. 高级法院认为原判对被告人判处死刑缓期执行适当但限制减刑不当的,应当改判,撤销限制减刑

C. 最高法院复核死刑案件,认为可以判处死刑缓期执行并限制减刑的,可以裁定不予核准,发回重新审判

D. 最高法院复核死刑案件,认为对部分被告人应当适用死刑缓期执行的,如符合《刑法》限制减刑规定,应当裁定不予核准,发回重新审判

**31.** 关于发回重审,下列哪一说法是不正确的?

A. 发回重审原则上不能超过二次

B. 在发回重审裁定书中应详细阐明发回重审的理由及法律根据

C. 一审剥夺或者限制了当事人的法定诉讼权利,可能影响公正审判的,应当发回重审

D. 发回重审应当撤销原判

**32.** 邢某因涉嫌强奸罪被判处有期徒刑。刑罚执行期间,邢某父母找到证人金某,证明案发时邢某正与金某在外开会,邢某父母提出申诉。法院对该案启动再审。关于原判决的执行,下列哪一说法是正确的?

A. 继续执行原判决

B. 由再审法院裁定中止执行原判决

C. 由再审法院决定中止执行原判决

D. 报省级法院决定中止原判决

**33.** 对具有职位特殊性的公务员需要单独管理的,可以增设《公务员法》明确规定的职位之外的职位类别。下列哪一机关享有此增设权?

A. 全国人大常委会

B. 国务院

C. 中央公务员主管部门

D. 省级公务员主管部门

**34.** 国家禁毒委员会为国务院议事协调机构。关于该机构,下列哪一说法是正确的?

A. 撤销由国务院机构编制管理机关决定

B. 可以规定行政措施

C. 议定事项经国务院同意,由有关的行政机构按各自的职责负责办理

D. 可以设立司、处两级内设机构

**35.** 关于规章,下列哪一说法是正确的?

A. 较大的市的人民政府制定的规章可以在上位法设定的行政许可事项范围内,对实施该行政许可作出具体规定

B. 行政机关实施许可不得收取任何费用,但规章另有规定的,依照其规定

C. 规章可以授权具有管理公共事务职能的组织实施行政处罚

D. 违法行为在二年内未被发现的,不再给予行政处罚,但规章另有规定的除外

**36.** 某市应急管理局向甲公司发放《烟花爆竹生产企业安全生产许可证》后,发现甲公司所提交的申请材料系伪造。对于该许可证的处理,下列哪一选项是正确的?

A. 吊销　　B. 撤销

C. 撤回　　D. 注销

**37.** 刘某系某工厂职工,该厂经区政府批准后改制。刘某向区政府申请公开该厂进行改制的全部档案、拖欠原职工工资如何处理等信息。区政府作出拒绝公开的答复,刘某向法院起诉。下列哪一说法是正确的?

A. 区政府在作出拒绝答复时,应告知刘某并说明理由

B. 刘某向法院起诉的期限为二个月

C. 此案应由区政府所在地的区法院管辖

D. 因刘某与所申请的信息无利害关系,区政府拒绝公开答复是合法的

**38.** 市场监督管理局发现王某生产的饼干涉嫌违法使用添加剂，遂将饼干先行登记保存，期限为 1 个月。有关市场监督管理局的先行登记保存行为，下列哪一说法是正确的？

A. 系对王某的权利义务不产生实质影响的行为

B. 可以由 2 名执法人员在现场直接作出

C. 采取该行为的前提是证据可能灭失或以后难以取得

D. 登记保存的期限合法

**39.** 李某被县公安局以涉嫌盗窃为由刑事拘留，后被释放。李某向县公安局申请国家赔偿，遭到拒绝，经复议后，向市中级法院赔偿委员会申请作出赔偿决定。下列哪一说法是正确的？

A. 李某应向赔偿委员会递交赔偿申请书一式 4 份

B. 县公安局可以委托律师作为代理人

C. 县公安局应对李某的损失与刑事拘留行为之间是否存在因果关系提供证据

D. 李某不服中级法院赔偿委员会作出的赔偿决定的，可以向上一级法院赔偿委员会申请复议一次

**40.** 市政府决定，将牛某所在村的集体土地征收转为建设用地。因对补偿款数额不满，牛某对现场施工进行阻挠。市公安局接警后派警察到现场处理。经口头传唤和调查后，该局对牛某处以 10 日拘留。牛某不服处罚起诉，法院受理。下列哪一说法是正确的？

A. 市公安局警察口头传唤牛某构成违法

B. 牛某在接受询问时要求就被询问事项自行提供书面材料，不予准许

C. 市政府征收土地决定的合法性不属于本案的审查范围

D. 本案不适用变更判决

**41.** 关于行政复议，下列哪些说法是正确的？

A.《行政复议法》规定，被申请人应自收到复议申请书或笔录复印件之日起 10 日提出书面答复，此处的 10 日指工作日

B. 行政复议期间，被申请人不得改变被申请复议的具体行政行为

C. 行政复议期间，复议机关发现被申请人的相关行政行为违法，可以制作行政复议意见书

D. 行政复议实行对具体行政行为进行合法性审查原则

**42.** 某自然资源局以陈某违反《土地管理法》为由，向陈某送达决定书，责令其在 10 日内拆除擅自在集体土地上建造的房屋 3 间，恢复土地原状。陈某未履行决定。下列哪一说法是错误的？

A. 自然资源局的决定书应载明，不服该决定申请行政复议或提起行政诉讼的途径和期限

B. 自然资源局的决定为负担性具体行政行为

C. 因《土地管理法》对起诉期限有特别规定，陈某对决定不服提起诉讼的，应依该期限规定

D. 如陈某不履行决定又未在法定期限内申请复议或起诉的，自然资源局可以自行拆除陈某所建房屋

**43.** 关于具体行政行为，下列哪一说法是正确的？

A. 行政许可为依职权的行政行为

B. 具体行政行为皆为要式行政行为

C. 法律效力是具体行政行为法律制度中的核心因素

D. 当事人不履行具体行政行为确定的义务，行政机关予以执行是具体行政行为确定力的表现

**44.** 县生态环境局以一企业逾期未完成限期治理任务为由，决定对其加收超标准排污费并处以罚款 1 万元。该企业认为决定违法诉至法院，提出赔偿请求。一审法院经审理维持县生态环境局的决定。该企业提出上诉。下列哪一说法是正确的？

A. 加收超标准排污费和罚款均为行政处罚

B. 一审法院开庭审理时，如该企业未经法庭许可中途退庭，法院应予训诫

C. 二审法院认为需要改变一审判决的，应同时对县生态环境局的决定作出判决

D. 一审法院如遗漏了该企业的赔偿请求，二审法院应裁定撤销一审判决，发回重审

**45.** ①对于同一刑法条文中的同一概念，既可以进行文理解释也可以进行论理解释

②一个解释者对于同一刑法条文的同一概念，不可能同时既作扩大解释又作缩小解释

③刑法中类推解释被禁止，扩大解释被允许，但扩大解释的结论也可能是错误的

④当然解释追求结论的合理性，但并不必然符合罪刑法定原则

关于上述 4 句话的判断，下列哪些选项是错误的？

A. 第①句正确，第②③④句错误

B. 第①②句正确，第③④句错误

C. 第①③句正确，第②④句错误

D. 第①③④句正确，第②句错误

**46.** 关于不作为犯罪，下列哪些选项是正确的？

A. 宠物饲养人在宠物撕咬儿童时故意不制止，导致儿童被咬死的，成立不作为的故意杀人罪

B. 一般公民发现他人建筑物发生火灾故意不报警的，成立不作为的放火罪

C. 父母能制止而故意不制止未成年子女侵害行为的，可能成立不作为犯罪

D. 荒山狩猎人发现弃婴后不救助的，不成立不作为犯罪

**47.** 关于认识错误的判断，下列哪些选项是错误的？

A. 甲为使被害人溺死而将被害人推入井中，但井中没有水，被害人被摔死。这是方法错误，甲行为成立故意杀人既遂

B. 乙准备使被害人吃安眠药熟睡后将其勒死，但未待实施勒杀行为，被害人因吃了乙投放的安眠药死亡。这是构成要件提前实现，乙行为成立故意杀人既遂

C. 丙打算将含有毒药的巧克力寄给王某，但因写错地址而寄给了汪某，汪某吃后死亡。这既不是对象错误，也不是方法错误，丙的行为成立过失致人死亡罪

D. 丁误将生父当作仇人杀害。具体符合说与法定符合说都认为丁的行为成立故意杀人既遂

**48.** 下列哪些选项不构成犯罪中止？

A. 甲收买1名儿童打算日后卖出。次日，看到拐卖儿童犯罪分子被判处死刑的新闻，偷偷将儿童送回家

B. 乙使用暴力绑架被害人后，被害人反复向乙求情，乙释放了被害人

C. 丙加入某恐怖组织并参与了一次恐怖活动，后经家人规劝退出该组织

D. 丁为国家工作人员，挪用公款3万元用于孩子学费，4个月后主动归还

**49.** 关于共同犯罪的判断，下列哪些选项是正确的？

A. 甲教唆赵某入户抢劫，但赵某接受教唆后实施拦路抢劫。甲是抢劫罪的共犯

B. 乙为吴某入户盗窃望风，但吴某入户后实施抢劫行为。乙是盗窃罪的共犯

C. 丙以为钱某要杀害他人为其提供了杀人凶器，但钱某仅欲伤害他人而使用了丙提供的凶器。丙对钱某造成的伤害结果不承担责任

D. 丁知道孙某想偷车，便将盗车钥匙给孙某，后又在孙某盗车前要回钥匙，但孙某用其他方法盗窃了轿车。丁对孙某的盗车结果不承担责任

**50.** 关于罪数的认定，下列哪些选项是错误的？

A. 引诱幼女卖淫后，又容留该幼女卖淫的，应认定为引诱、容留卖淫罪

B. 既然对绑架他人后故意杀害他人的不实行数罪并罚，那么对绑架他人后伤害他人的就更不能实行数罪并罚

C. 发现盗得的汽车质量有问题而将汽车推下山崖的，成立盗窃罪与故意毁坏财物罪，应当实行并罚

D. 明知在押犯脱逃后去杀害证人而私放，该犯果真将证人杀害的，成立私放在押人员罪与故意杀人罪，应当实行并罚

**51.** 关于数罪并罚，下列哪些选项是符合《刑法》规定的？

A. 甲在判决宣告以前犯抢劫罪、盗窃罪与贩卖毒品罪，分别被判处13年、8年、15年有期徒刑。法院数罪并罚决定执行18年有期徒刑

B. 乙犯抢劫罪、盗窃罪分别被判处13年、6年有期徒刑，数罪并罚决定执行18年有期徒刑。在执行5年后，发现乙在判决宣告前还犯有贩卖毒品罪，应当判处15年有期徒刑。法院数罪并罚决定应当执行19年有期徒刑，已经执行的刑期，计算在新判决决定的刑期之内

C. 丙犯抢劫罪、盗窃罪分别被判处13年、8年有期徒刑，数罪并罚决定执行18年有期徒刑。在执行5年后，丙又犯故意伤害罪，被判处15年有期徒刑。法院在15年以上20年以下决定应当判处16年有期徒刑，已经执行的刑期，不计算在新判决决定的刑期之内

D. 丁在判决宣告前犯有3罪，被分别并处罚金3万元、7万元和没收全部财产。法院不仅要合并执行罚金10万元，而且要没收全部财产

**52.** 关于《刑法》分则条文的理解，下列哪些选项是错误的？

A. 即使没有《刑法》第二百六十九条的规定，对于犯盗窃罪，为毁灭罪证而当场使用暴力的行为，也要认定为抢劫罪

B. 即使没有《刑法》第二百六十七条第二款的规定，对于携带凶器抢夺的行为也应认定为抢劫罪

C. 即使没有《刑法》第一百九十六条第三款的规定，对于盗窃信用卡并在ATM取款的行为，也能认定为盗窃罪

D. 即使没有《刑法》第一百九十八条第四款的规定，对于保险事故的鉴定人故意提供虚假的证明文件为他人实施保险诈骗提供条件的，也应当认定为保险诈骗罪的共犯

**53.** 关于货币犯罪的认定，下列哪些选项是正确的？

A. 以使用为目的，大量印制停止流通的第三版人民币的，不成立伪造货币罪

B. 伪造正在流通但在我国尚无法兑换的境外货币的，成立伪造货币罪

C. 将白纸冒充假币卖给他人的，构成诈骗罪，不成立出售假币罪

D. 将一半真币与一半假币拼接，制造大量半真半假面额100元纸币的，成立变造货币罪

**54.**《刑法》第二百三十八条第一款与第二款分别规定："非法拘禁他人或者以其他方法非法剥夺他人人身自由的，处三年以下有期徒刑、拘役、管制或者剥夺政治权利。具有殴打、侮辱情节的，从重处罚。""犯前款罪，致人重伤的，处三年以上十年以下有期徒刑；致人死亡的，处十年以上有期徒刑。使用暴力致人伤残、死亡的，依照本法第二百三十四条、第二百三十二条的规定定罪处罚。"关于该条款的理解，下列哪些选项是正确的？

A. 第一款所称"殴打、侮辱"属于法定量刑情节

B. 第二款所称"犯前款罪，致人重伤"属于结果加重犯

C. 非法拘禁致人重伤并具有侮辱情节的，适用第二款的规定，侮辱情节不再是法定的从重处罚情节

D. 第二款规定的"使用暴力致人伤残、死亡"，是指非法拘禁行为之外的暴力致人伤残、死亡

**55.** 下列哪些选项的行为人具有非法占有目的？

A. 男性基于癖好入户窃取女士内衣

B. 为了燃柴取暖而窃取他人木质家具

C. 骗取他人钢材后作为废品卖给废品回收公司

D. 杀人后为避免公安机关识别被害人身份，将被害人钱包等物丢弃

**56.** 关于侵占罪的认定（不考虑数额），下列哪些选项是错误的？

A. 甲将他人停放在车棚内未上锁的自行车骑走卖掉。甲行为构成侵占罪

B. 乙下车取自己行李时将后备厢内乘客遗忘的行李箱一并拿走变卖。乙行为构成侵占罪

C. 丙在某大学食堂将学生用于占座的手机拿走卖掉。丙行为成立侵占罪

D. 丁受托为外出邻居看房，将邻居锁在柜里的手提电脑拿走变卖。丁行为成立侵占罪

**57.** 关于贪污罪的认定，下列哪些选项是正确的？

A. 国有公司中从事公务的甲，利用职务便利将本单位收受的回扣据为已有，数额较大。甲行为构成贪污罪

B. 土地管理部门的工作人员乙，为农民多报青苗数，使其从房地产开发商处多领取20万元补偿款，自己分得10万元。乙行为构成贪污罪

C. 村民委员会主任丙，在协助政府管理土地征用补偿费时，利用职务便利将其中数额较大款项据为已有。丙行为构成贪污罪

D. 国有保险公司工作人员丁，利用职务便利编造未发生的保险事故进行虚假理赔，将骗取的5万元保险金据为已有。丁行为构成贪污罪

**58.** 关于犯罪嫌疑人、被告人有权获得辩护原则，下列哪些说法是正确的？

A. 在任何情况下，对任何犯罪嫌疑人、被告人都不得以任何理由限制或者剥夺其辩护权

B. 辩护权是犯罪嫌疑人、被告人最基本的诉讼权利，有关机关应当为每个犯罪嫌疑人、被告人免费提供律师帮助

C. 为保障辩护权，任何机关都有为犯罪嫌疑人、被告人提供辩护帮助的义务

D. 辩护不应当仅是形式上的，而且应当是实质意义上的

**59.** 诉讼文书一般由首部、正文（事实与理由部分）、尾部组成，下列哪些选项属于法院刑事判决书中的理由部分？

A. 辩护人的辩护意见

B. 经法庭审理查明的事实和据以定案的证据

C. 依法确定首要分子、主犯、从犯的罪名

D. 对控辩双方适用法律方面的意见是否采纳的理由分析

**60.** 具有特定情形的下列哪些证据不能作为定案的根据？

A. 视听资料的制作时间、地点存有异议，不能作出合理解释，也没有提供必要证明的

B. 在做DNA检测时送检材料与比对样本属于同一个来源的

C. 证人在犯罪现场听到被告人喊"给他点厉害瞧瞧"的陈述

D. 犯罪嫌疑人拒绝签名、盖章而由侦查人员在笔录上注明情况的讯问笔录

**61.** 逮捕条件中"有证据证明有犯罪事实"是指同时具备下列哪些情形？

A. 有证据证明犯罪事实已经发生

B. 有证据证明的犯罪事实应当是主要犯罪事实

C. 有证据证明犯罪事实是犯罪嫌疑人实施的

D. 证明犯罪嫌疑人实施犯罪的证据已有查证属实的

**62.** 被害人向检察院投诉，公安机关对于他遭受犯罪侵害的线索应当立案侦查而未立案侦查。检察院的下列哪些做法是正确的？

A. 公安机关尚未作出不立案决定的，移送公安机关处理

B. 不属于被投诉的公安机关管辖的，应当告知投诉人有管辖权的机关并建议向该机关控告

C. 公安机关应当立案而作出不立案决定的，经检察长批准，应当要求公安机关书面说明不立案的理由

D. 认为犯罪情节显著轻微不需追究刑事责任的，应当要求公安机关向被害人说明不立案的理由

**63.** 公安机关抓获一起抢夺案犯罪嫌疑人黄某、王某。王某声称被错抓，公安机关决定组织对王某进行辨认。关于公安机关的做法，下列哪一选项是正确的?

A. 让 2 名被害人一同对王某进行辨认

B. 让黄某单独对王某进行辨认

C. 在辨认时没有安排见证人在场

D. 将王某混在其他 5 名被辨认人当中

**64.** 关于量刑程序，下列哪些说法是正确的?

A. 检察院可以在公诉意见书中提出量刑建议

B. 合议庭在评议前应向到庭旁听的人发放调查问卷了解他们对量刑的意见

C. 简易程序审理的案件，被告人自愿承认指控的犯罪事实和罪名且知悉认罪法律后果的，法庭审理可以直接围绕量刑问题进行

D. 辩护人无权委托有关方面制作涉及未成年人的社会调查报告

**65.** 关于适用简易程序审理刑事案件变更为适用普通程序，下列哪些说法是正确的?

A. 法院可以决定直接变更为普通程序审理，不需要将案件退回检察院

B. 对于自诉案件变更为普通程序的，按照自诉案件程序审理

C. 自诉案件由简易程序转化为普通程序时原起诉仍然有效，自诉人不必另行起诉

D. 在适用普通程序后又发现可适用简易程序时，可以再次变更为简易程序

**66.** 关于自诉案件的和解和调解，下列哪些说法是正确的?

A. 和解和调解适用于自诉案件

B. 和解和调解都适用于告诉才处理和被害人有证据证明的轻微案件

C. 和解和调解应当制作调解书、和解协议，由审判人员和书记员署名并加盖法院印章

D. 对于当事人已经签收调解书或法院裁定准许自诉人撤诉的案件，被告人被羁押的，应当予以解除

**67.** 关于检察院办理死刑上诉、抗诉案件的开庭前审查程序，下列哪些说法是正确的?

A. 应当讯问被告人，听取被告人的上诉理由或者辩解

B. 应当听取辩护人的意见

C. 应当询问证人

D. 可以听取被害人的意见

**68.** 关于死刑案件的证明对象的表述，下列哪些选项是正确的?

A. 被指控的犯罪事实的发生

B. 被告人实施犯罪的时间、地点、手段、后果以及其他情节

C. 被害人有无过错及过错程度

D. 被告人的近亲属是否协助抓获被告人

**69.** 依法行政是法治国家对政府行政活动提出的基本要求，而合法行政则是依法行政的根本。下列哪些做法违反合法行政的要求?

A. 因蔬菜价格上涨销路看好，某镇政府要求村民拔掉麦子改种蔬菜

B. 为解决残疾人就业难，某市政府发布《促进残疾人就业指导意见》，对录用残疾人达一定数量的企业予以奖励

C. 孙某受他人胁迫而殴打他人致轻微伤，某公安局决定对孙某从轻处罚

D. 某市政府发布文件规定，外地物流公司到本地运输货物，应事前得到当地交通管理部门的准许，并缴纳道路特别通行费

**70.** 某镇政府主动公开一胎生育证发放情况的信息。下列哪些说法是正确的?

A. 该信息属于镇政府重点公开的信息

B. 镇政府可以通过设立的信息公告栏公开该信息

C. 在无法律、法规或者规章特别规定的情况下，镇政府应当在该信息形成之日起 3 个月内予以公开

D. 镇政府应当及时向公共图书馆提供该信息

**71.** 下列当事人提起的诉讼，哪些属于行政诉讼受案范围?

A. 某造纸厂向市水利局申请发放取水许可证，市水利局作出不予许可决定，该厂不服而起诉

B. 市场监督管理局向申请餐饮服务许可证的李某告知补正申请材料的通知，李某认为通知内容违法而起诉

C. 化肥厂附近居民要求生态环境局提供对该厂排污许可证监督检查记录，遭到拒绝后起诉

D. 某自然资源局以建城市绿化带为由撤回向一公司发放的国有土地使用权证，该公司不服而起诉

**72.** 某区公安分局以沈某收购赃物为由，拟对沈某处以 1000 元罚款。该分局向沈某送达了听证告知书，告知其可以在 3 日内提出听证申请，沈某遂提出听证要求。次日，该分局在未进行听证的情况下向沈某送达 1000 元罚款决定。沈某申请复议。下列哪些说法是正确的?

A. 该分局在作出决定前，应告知沈某处罚的事实、理由和依据

B. 沈某申请复议的期限为 60 日

C. 该分局不进行听证并不违法

D. 该罚款决定违法

**73.** 余某拟大修房屋，向县规划局提出申请，该局作出不予批准答复。余某向市规划局申请复议，在后者作出维持决定后，向法院起诉。县规划局向法院

提交县政府批准和保存的余某房屋所在中心村规划布局图的复印件一张，余某提交了其房屋现状的录像，证明其房屋已破旧不堪。下列哪些说法是正确的？

A. 县规划局提交的该复印件，应加盖县政府的印章

B. 余某提交的录像应注明制作方法和制作时间

C. 如法院认定余某的请求不成立，可以判决驳回余某的诉讼请求

D. 如法院认定余某的请求成立，在对县规划局的行为作出裁判的同时，应对市规划局的复议决定作出裁判

**74.** 2006 年 9 月 7 日，县法院以销售伪劣产品罪判处杨某有期徒刑 8 年，并处罚金 45 万元，没收其推土机一台。杨某不服上诉，12 月 6 日，市中级法院维持原判交付执行。杨某仍不服，向省高级法院提出申诉。2010 年 9 月 9 日，省高级法院宣告杨某无罪释放。2011 年 4 月，杨某申请国家赔偿。关于本案的赔偿范围和标准，下列哪些说法是正确的？

A. 对杨某被羁押，每日赔偿金按国家上年度职工日平均工资计算

B. 返还 45 万罚金并支付银行同期存款利息

C. 如被没收推土机已被拍卖的，应给付拍卖所得的价款及相应的赔偿金

D. 本案不存在支付精神损害抚慰金的问题

**75.** 甲市乙区公安分局所辖派出所以李某制造噪声干扰他人正常生活为由，处以 500 元罚款。李某不服申请复议。下列哪些机关可以成为本案的复议机关？

A. 乙区公安分局　　B. 乙区政府

C. 甲市公安局　　D. 甲市政府

**76.** 国务院法制机构在审查起草部门报送的行政法规送审稿时认为，该送审稿规定的主要制度存在较大争议，且未与有关部门协商。对此，可以采取下列哪些处理措施？

A. 缓办

B. 移交其他部门起草

C. 退回起草部门

D. 向社会公布，公开征求意见

**甲将一只壶的壶底落款“民國叁年”磨去，放在自己的古玩店里出卖。某日，钱某看到这只壶，误以为是明代文物。甲见钱某询问，谎称此壶确为明代古董，钱某信以为真，按明代文物交款买走。又一日，顾客李某看上一幅标价很高的赝品，以为名家亲笔，但又心存怀疑。甲遂拿出虚假证据，证明该画为名家亲笔。李某以高价买走赝品。请回答第 77—78 题。**

**77.** 关于甲对钱某是否成立诈骗罪，下列选项错误的是：

A. 甲的行为完全符合诈骗罪的犯罪构成，成立诈骗罪

B. 钱某自己有过错，甲不成立诈骗罪

C. 钱某已误以为是明代古董，甲没有诈骗钱某

D. 古玩投资有风险，古玩买卖无诈骗，甲不成立诈骗罪

**78.** 关于甲对李某是否成立诈骗罪，下列选项正确的是：

A. 甲的行为完全符合诈骗罪的犯罪构成，成立诈骗罪

B. 标价高不是诈骗行为，虚假证据证明该画为名家亲笔则是诈骗行为

C. 李某已有认识错误，甲强化其认识错误的行为不是诈骗行为

D. 甲拿出虚假证据的行为与结果之间没有因果关系，甲仅成立诈骗未遂

**甲花 4 万元收买被拐卖妇女周某做智障儿子的妻子，周某不从，伺机逃走。甲为避免人财两空，以 3 万元将周某出卖。（事实一）**

**乙收买周某，欲与周某成为夫妻，周某不从，乙多次暴力强行与周某发生性关系。（事实二）**

**不久，周某谎称怀孕要去医院检查，乙信以为真，周某乘机逃走向公安机关报案。警察丙带人先后抓获了甲、乙。讯问中，乙仅承认收买周某，拒不承认强行与周某发生性关系。丙恼羞成怒，当场将乙的一只胳膊打成重伤。乙大声呻吟，丙以为其佯装受伤不予理睬。（事实三）**

**深夜，丙上厕所，让门卫丁（临时工）帮忙看管乙。乙发现丁是老乡，请求丁放人。丁说：“行，但你以后如被抓住，一定要说是自己逃走的。”乙答应后逃走，丁未阻拦。（事实四）**

**请回答第 79—82 题。**

**79.** 关于事实一的定性，下列选项正确的是：

A. 甲行为应以收买被拐卖的妇女罪与拐卖妇女罪实行并罚

B. 甲虽然实施了收买与拐卖二个行为，但由于二个行为具有牵连关系，对甲仅以拐卖妇女罪论处

C. 甲虽然实施了收买与拐卖二个行为，但根据《刑法》的特别规定，对甲仅以拐卖妇女罪论处

D. 由于收买与拐卖行为侵犯的客体相同，而且拐卖妇女罪的法定刑较重，对甲行为仅以拐卖妇女罪论处，也能做到罪刑相适应

**80.** 关于事实二的定性，下列选项错误的是：

A. 乙行为成立收买被拐卖的妇女罪与强奸罪，应当实行并罚

B. 乙行为仅成立收买被拐卖的妇女罪，因乙将周某当作妻子，故周某不能成为乙的强奸对象

C. 乙行为仅成立收买被拐卖的妇女罪，因乙将周某当作妻子，故缺乏强奸罪的故意

D. 乙行为仅成立强奸罪，因乙收买周某就是为了使周某成为妻子，故收买行为是强奸罪的预备行为

**81.** 关于事实三的定性，下列选项正确的是：

A. 丙行为是刑讯逼供的结果加重犯

B. 对丙行为应以故意伤害罪从重处罚

C. 对丙行为应以刑讯逼供罪与过失致人重伤罪实行并罚

D. 对丙行为应以刑讯逼供罪和故意伤害罪实行并罚

**82.** 关于事实四，下列选项错误的是：

A. 乙构成脱逃罪，丁不构成犯罪

B. 乙构成脱逃罪，丁构成私放在押人员罪

C. 乙离开讯问室征得了丁的同意，不构成脱逃罪，丁构成私放在押人员罪

D. 乙与丁均不构成犯罪

**根据有关立法及司法解释的规定，对被判处死刑缓期执行的被告人可以同时决定对其限制减刑，因而涉及相关诉讼程序方面的问题。请回答第 83—84 题。**

**83.** 关于犯罪分子可以适用死刑缓期执行限制减刑的案件，下列选项正确的是：

A. 绑架案件　　B. 抢劫案件

C. 爆炸案件　　D. 有组织的暴力性案件

**84.** 高级法院审理判处死刑缓期执行没有限制减刑的上诉案件，认为原判事实清楚、证据充分，但确有必要限制减刑的，下列处理程序正确的是：

A. 直接改判

B. 发回重新审判

C. 维持原判不再纠正

D. 二审判决、裁定生效后，按照审判监督程序重新审判

**李某、阮某持某外国护照，涉嫌贩卖毒品罪被检察机关起诉至某市中级法院。请回答第 85—86 题。**

**85.** 关于李某、阮某的诉讼权利及本案诉讼程序，下列说法正确的是：

A. 即使李某、阮某能够使用中文交流，也应当允许其使用本国语言进行诉讼

B. 向李某、阮某送达中文本诉讼文书时，可以附有李某、阮某通晓的外文译本

C. 李某、阮某只能委托具有中华人民共和国律师资格并依法取得执业证书的律师作为辩护人

D. 如我国缔结或参加的国际条约中有关于刑事诉讼程序具体规定的，审理该案均适用该条约的规定

**86.** 如李某、阮某被判处刑罚同时附加判处罚金，下列说法正确的是：

A. 李某、阮某在判决确定期限内未足额缴纳的，法院应当在期满后强制缴纳

B. 李某、阮某未全部缴纳罚金的，在其后发现有可供执行财产，法院可以追缴

C. 李某、阮某在判处罚金之前所负正当债务应偿还的，经债权人提出请求，先行予以偿还

D. 法院发现李某、阮某有可供执行的财产需要查封、扣押、冻结的，可以采取查封、扣押、冻结措施

**87.** 当事人不服下列行为提起的诉讼，属于行政诉讼受案范围的是：

A. 某人保局以李某体检不合格为由取消其公务员录用资格

B. 某公安局以新录用的公务员孙某试用期不合格为由取消录用

C. 某人保局给予工作人员田某记过处分

D. 某财政局对工作人员黄某提出的辞职申请不予批准

**88.** 甲市为乙省政府所在地的市。关于甲市政府行政机构设置和编制管理，下列说法正确的是：

A. 在一届政府任期内，甲市政府的工作部门应保持相对稳定

B. 乙省机构编制管理机关与甲市机构编制管理机关为上下级领导关系

C. 甲市政府的行政编制总额，由甲市政府提出，报乙省政府批准

D. 甲市政府根据调整职责的需要，可以在行政编制总额内调整市政府有关部门的行政编制

**89.** 关于行政许可实施程序的听证规定，下列说法正确的是：

A. 行政机关应在举行听证 7 日前将时间、地点通知申请人、利害关系人

B. 行政机关可视情况决定是否公开举行听证

C. 申请人、利害关系人对听证主持人可以依照规定提出回避申请

D. 举办听证的行政机关应当制作笔录，听证笔录应当交听证参与人确认无误后签字或者盖章

**90.** 甲县政府设立的临时机构基础设施建设指挥部，认定有 10 户居民的小区自建的围墙及附属房系违法建筑，指令乙镇政府具体负责强制拆除。10 户居民对此决定不服起诉。下列说法正确的是：

A. 本案被告为乙镇政府

B. 本案应由中级法院管辖

C. 如 10 户居民在指定期限内未选定诉讼代表人的，法院可以依职权指定

D. 如 10 户居民对此决定申请复议，复议机关为甲县政府

## 参考答案与解析

**1. D**。A错误。“家庭成员”应作扩大解释，包括常年共同生活的管家、保姆、事实婚姻关系的“夫妻”等，其更强调家庭生活的居住性和亲密性。B错误。前者的传播是指通过播放、陈列，在互联网上建立淫秽网站、网页等方式使淫秽物品让不特定多数人感知以及通过出借、赠送等方式散布、流传淫秽物品的行为；后者的传播是指明知自己患有严重性病而卖淫、嫖娼的行为。C错误。文理解释是指按照法律规范的文字的字面含义进行的一种解释，包括对条文中字词、概念等文字字义的解释。副乡长冒充市长招摇撞骗，按照文理解释，当然也属于“冒充”的含义。招摇撞骗罪的“冒充”行为包括低级别官员冒充高级别官员。D正确。倒卖文物罪中“倒卖”的含义之前仅限于低价买进高价卖出，之后司法解释规定的“倒卖”是指出售或者为出售而收购、运输、储存的行为。该解释扩大了“倒卖”的含义，更有利于打击文物犯罪。

**2. D**。根据依法治国的基本要求，法律的实施还要考虑到其社会影响与社会效应，本题中某孤儿院为谋取单位不正当福利而危害孤儿的利益，从中赚取巨额的“中介费”“劳务费”，其影响特别恶劣，社会危害性相当大，因此，在处理此类案件的时候，应当考虑案件的社会影响，可追究主管人员与其他直接责任人的刑事责任，以利于促进法律效果、政治效果与社会效果的统一，D正确。

**3. D**。甲将被害人的衣服点燃，被害人必然会采取灭火措施，由此导致的伤亡结果，是与甲的行为存在因果关系的，故A正确。被害人进房间去救婴儿，是乙的放火行为必然会导致的行为，因此造成的伤亡与乙的放火行为有因果关系，故B正确。在高速公路上，车速都比较快，将人推下车的行为将会导致被害人被轧死，因此丙的行为与被害人的死亡存在因果关系，故C正确。丁毁坏被害人的面容的行为并不必然会导致被害人的自杀，这种情形属于被害人自己的行为导致的死亡结果的发生，D认为被害人的死亡与丁的行为有因果关系，故错误。

**4. C**。抑郁症不属于精神病。本题中甲知道自己行为的后果，知道采取何种方式能够杀死被害人，因此具备辨认自己行为的社会性质和控制自己行为的能力，应当对自己的行为负刑事责任，因此，AB错误，C正确。甲在实施犯罪行为的时候具有刑事责任能力，即使患有抑郁症，也不是必然从轻或者减轻处罚的量刑情节，D认为应当对甲从轻或者减轻处罚的说法错误。

**5. D**。《刑法》第14条规定，明知自己的行为会发生危害社会的结果，并且希望或者放任这种结果发生，因而构成犯罪的，是故意犯罪。从法条的表述可以看出，成立故意犯罪只要求行为人认识到自己行为的社会危害性即可，并不要求行为人认识到行为的违法性，因此，A正确，不当选。贩卖淫秽物品牟利罪的主观方面是故意，且有牟利的目的，B正确，不当选。《刑法修正案（九）》删除了嫖宿幼女罪，但根据考试当时的《刑法》规定，C正确，不当选。D认为成立为境外非法提供国家秘密罪，要求行为人认识到对方是境外的机构、组织或者个人的说法是对的，但是如果没有意识到对方是境外的机构、组织或者个人的，则成立非法获取国家秘密罪，而非不成立犯罪，这也是为境外非法提供国家秘密罪与非法获取国家秘密罪的区别之所在。D错误，当选。

**6. C**。AB正确。根据《刑法》规定，过失犯罪，法律有规定的才负刑事责任，这里的“法律”应当限定为刑法，C错误；过失犯罪的主观恶性要低于故意犯罪，刑事责任一般也轻于与之对应的故意犯的刑事责任，D正确。

**7. A**。防卫认识是指防卫人认识到不法侵害正在进行，而防卫意志是指防卫人为了保护国家、公共利益、本人或者他人的人身、财产和其他权利免受正在进行的不法侵害。防卫人有防卫认识才能考虑防卫意志的问题，没有防卫认识就无所谓防卫意志。从本题的题干来看，甲认识到了不法侵害正在进行，具有防卫认识；但是出于义愤而对不法侵害人乙进行攻击，不具有防卫意志。观点①正当防卫不需要有防卫认识，那就不需要防卫意志，根据这个说法，题干中甲的行为就完全成立正当防卫，因此①与结论a相对应，排除C；观点②正当防卫只需要防卫认识，题干中甲的行为成立正当防卫，因此②与结论a相对应；观点③、④都要求有防卫意志，而题干中的甲并没有防卫意志，不成立正当防卫，因此③和④对应结论b。正确答案为A。

**8. D**。对于被宣告缓刑的犯罪人，在缓刑考验期内犯新罪的，应当撤销缓刑，将新犯的罪作出判决，把前罪和后罪所判的处刑罚，依照《刑法》第69条的规定，决定执行的刑罚，因此，A选项前半部分的说法是正确的。《刑法》第72条规定，被判处拘役、3年以下有期徒刑的犯罪分子，如果犯罪情节较轻、有悔罪表现、没有再犯罪的危险、宣告缓刑对所居住社区没有重大不良影响的可以宣告缓刑。在缓刑期间再犯罪的，说明其并没有真诚的悔罪且具有再次危害社会的可能性，主观恶性较大，不得再次宣告缓刑。A选项的后半句也是正确的，因此A正确。《刑法》

第 72 条第 2 款规定，宣告缓刑，可以根据犯罪情况，同时禁止犯罪分子在缓刑考验期限内从事特定活动，进入特定区域、场所，接触特定的人，因此 B 正确。《刑法》第 74 条规定，对于累犯和犯罪集团的首要分子，不适用缓刑，因此 C 正确。《刑法》第 76 条规定："被宣告缓刑的犯罪分子，在缓刑考验期限内，依法实行社区矫正，如果没有本法第七十七条规定的情形，缓刑考验期满，原判的刑罚就不再执行，并公开予以宣告。"因此，D 错误。

**9. A**。根据《刑法》第 152 条的规定，走私淫秽物品罪是目的犯，必须以牟利或者传播为目的，甲在走私的时候并不知道是淫秽光盘，因此也就没有以此牟利或者传播的目的，不符合走私淫秽物品罪的犯罪构成，偷逃税款数额较大时，可以认定为走私普通货物、物品罪，A 正确。《最高人民法院、最高人民检察院关于办理走私刑事案件适用法律若干问题的解释》第 4 条规定，走私各种弹药的弹头、弹壳，构成犯罪的，依照《刑法》第 151 条第 1 款的规定，以走私弹药罪定罪处罚。具体的定罪量刑标准，按照本解释第 1 条规定的数量标准的 5 倍执行。走私报废或者无法组装并使用的各种弹药的弹头、弹壳，构成犯罪的，依照《刑法》第 153 条的规定，以走私普通货物、物品罪定罪处罚；属于废物的，依照《刑法》第 152 第 2 款的规定，以走私废物罪定罪处罚。弹头、弹壳是否属于前款规定的"报废或者无法组装并使用"或者"废物"，由国家有关技术部门进行鉴定。据此，B 错误。走私行为并不能够必然包含入境后的出售行为，因此，走私武器、弹药入境后又出卖的，不属于吸收犯，出售行为另成立非法买卖枪支、弹药罪，数罪并罚，C 错误；根据《刑法》第 157 条第 2 款规定，以暴力、威胁方法抗拒缉私的，以走私罪和本法第 277 条规定的阻碍国家机关工作人员依法执行职务罪，依照数罪并罚的规定处罚。D 错误。

**10. D**。黑社会性质组织犯罪通常会以黑社会性质组织为依托实施侵犯财产的犯罪，并以此作为经济来源，刑法将黑社会性质组织犯罪规定为洗钱犯罪的上游犯罪，也是为了达到遏制黑社会性质组织犯罪进行侵犯财产犯罪的目的，因此黑社会性质组织实施的侵犯财产罪，依然是洗钱罪的上游犯罪的说法是成立的，故 A 正确。根据《刑法》第 191 条的规定，毒品犯罪以及贪污贿赂犯罪都是洗钱罪的上游犯罪，故 B 正确。洗钱罪的行为主体是上游犯罪人以外的人，只要明知是上游犯罪的所得及其产生的收益并实施了洗钱行为即可，只要是上游犯罪事实可以确定，即使没有判决宣判也不影响洗钱罪的成立，故 C 正确；刑法没有规定单位可以成为贷款诈骗罪的行为主体，但是单位也是可以实施贷款诈骗行为的，在这种情形下，虽然不能够直接处罚单位，但是对于其中就贷款诈骗负有责任的自然人应当以贷款诈骗罪论处，因此为单位贷款诈骗所得实施洗钱行为的，应当以洗钱罪定罪处罚。故 D 错误。

**11. C**。《刑法》第 434 条规定，战时自伤身体，逃避军事义务的，处 3 年以下有期徒刑；情节严重的，处 3 年以上 7 年以下有期徒刑。A 正确。B 中由于有责任能力成年人的自伤行为不构成犯罪，因此也就不存在所谓的帮助犯，帮助者不成立故意伤害罪，B 正确。唆使 60 周岁的被保险人自伤的不构成故意伤害罪，因此对此受益人应以保险诈骗罪一罪定罪处罚，C 错误。父母对于未成年子女有监护义务，对于子女的自伤行为应当予以制止，没有制止导致子女死亡的，是不作为形式的故意杀人。遗弃罪是纯正不作为犯罪，视情况认定为遗弃罪的说法也是正确的，因此 D 正确。

**12. B**。《刑法》第 234 条之一第 3 款规定，违背本人生前意愿摘取其尸体器官，或者本人生前未表示同意，违反国家规定，违背其近亲属意愿摘取其尸体器官的，依照《刑法》第 302 条的规定定罪处罚。因此 A 中非法经营尸体器官买卖的，成立组织出卖人体器官罪的说法错误。《刑法》第 234 条之一第 2 款规定，未经本人同意摘取其器官，或者摘取不满 18 周岁的人的器官，或者强迫、欺骗他人捐献器官的，以故意杀人罪、故意伤害罪定罪处罚。医生摘取未成年人器官的行为构成故意伤害罪，而不论是否征得未成年人同意，B 正确。出卖人体器官罪不是目的犯，即使没有牟利的目的，也不影响犯罪的成立，因此，C 错误。只要实施了组织他人出卖人体器官的行为，不论价款如何分配，都不影响组织出卖人体器官罪的成立，D 错误。

**13. C**。甲是意欲通过拍裸照来勒索乙的钱财，是以对被害人实施威胁或者要挟的方式强索乙的个人财物，并非使用暴力或者是以暴力相威胁，符合敲诈勒索罪的构成要件，可以排除 AB。敲诈勒索罪以行为人实施敲诈行为为实行着手，本题中，甲并未来得及实施敲诈行为，只是为拍裸照做了一些准备工作，属于敲诈勒索罪的预备行为，可以排除 D，正确答案应为 C。

**14. D**。《最高人民法院、最高人民检察院关于办理盗窃刑事案件适用法律若干问题的解释》第 1 条第 1 款规定，盗窃公私财物价值 1000 元至 3000 元以上、3 万元至 10 万元以上、30 万元至 50 万元以上的，应当分别认定为刑法第二百六十四条规定的"数额较大""数额巨大""数额特别巨大"。《最高人民法院、最高人民检察院关于办理盗窃刑事案件适用法律若干问题的解释》第 3 条规定，二年内盗窃三次以上的，应当认定为"多次盗窃"。非法进入供他人家庭生活，与外界相对隔离的住所盗窃的，应当认定为"入户盗窃"。携带枪支、爆炸物、管制刀具等国家禁止个人携带的器械盗窃，或者为了实施违法犯罪携带其他足以危害他人人身安全的器械盗窃的，应当认定为“携带凶器盗窃”。在公共场所或者公共交通工具上盗窃他人随身携带的财物的，应当认定为“扒窃”。综上，故 ABC 错误，D 正确。

**15. D**。甲用受贿的钱财购买别墅的行为属于受贿罪的事后不可罚行为，不应当认定为掩饰、隐瞒犯罪所得罪，故 A 错误。B 中提到的汽车是犯罪工具而非赃物，乙明知是用来抢劫的汽车而修改其颜色的行为成立抢劫罪的帮助犯，故 B 错误。C 中丙与抢劫犯事前通谋后代为销售抢劫财物的，属于抢劫罪的共犯，而掩饰、隐瞒犯罪所得罪的行为主体限于本犯以外的第三人，因此不构成掩饰、隐瞒犯罪所得罪，故 C 错误。掩饰、隐瞒犯罪所得罪的行为方式有窝藏、转移、收购、代为销售等，其中窝藏是指采用隐藏、保管的方式使司法机关不能或者难以发现赃物的行为，丁为盗窃来的汽车提供伪造的机动车来历凭证的行为可以认定为是一种隐藏行为，构成掩饰、隐瞒犯罪所得罪，D 正确。

**16. B**。根据《刑法》第 347 条第 1 款、《刑法》第 348 条的规定，B 正确，ACD 错误。

**17. D**。甲为了谋取不正当利益而两次给面试官乙送财物，符合行贿罪的构成要件，因此 A 正确；受贿罪要求行为人主观上具有接受或者索取贿赂的意思，从本题的题干中可以看出，面试官乙并不知道甲放置金币的行为，因此也就不具有接受贿赂的意思，不成立受贿罪，B 正确；行贿罪的成立并不要求受贿方是否接受、实际上是否取得不正当利益，因此，认定甲构成行贿罪与乙不构成受贿罪并不矛盾，C 正确；《刑法》规定了利用影响力受贿罪，此罪需要行为人主观上有认识，在本题中，保姆显然没有受贿的意识，所以 D 错误。

**18. A**。徇私枉法罪是指司法工作人员徇私枉法、徇情枉法，对明知是无罪的人而使他受追诉、对明知是有罪的人而故意包庇不使他受追诉，或者在刑事审判活动中故意违背事实和法律作枉法裁判的行为。本题中，司法工作人员王某利用其法官身份的便利，将无罪的赵某认定构成故意伤害罪，符合徇私枉法罪的构成要件，故 A 正确。

**19. D**。实体公正，即结果公正，是诉讼公正的一个方面，指案件实体的结局处理所体现的公正。由于本题中并不涉及诉讼公正的内容，并且本题所问为社会主义法治理念的要求有哪些，所以 A 错误。刑事诉讼中的效率是指诉讼中所投入的司法资源与案件处理数量的比例，讲求诉讼效率要求投入一定司法资源处理尽可能多的案件，而本题所述内容与效率无关，并且如上所述追求效率不属于社会主义法治理念的内容之一，因此，B 错误。执法为民的内涵有以下三个方面：以人为本是执法为民的根本出发点，保障人权是执法为民的基本要求，文明执法是执法为民的客观需要，也与所述内容无关，因此，C 错误。社会主义法治理念中的公平正义，是指社会全体成员能够按照宪法和法律规定的方式公平地实现权利和义务，并受到法律的保护，在本题中，公安机关根据王某与李某实际的经济情况不同而采用不同的保证方式，正是公平正义的体现，符合社会主义法治理念中公平正义的基本要求。D 正确。

**20. C**。《刑事诉讼法》第 227 条规定，被告人、自诉人和他们的法定代理人，不服地方各级人民法院第一审的判决、裁定，有权用书状或者口头向上一级人民法院上诉。被告人的辩护人和近亲属，经被告人同意，可以提出上诉。附带民事诉讼的当事人和他们的法定代理人，可以对地方各级人民法院第一审的判决、裁定中的附带民事诉讼部分，提出上诉。对被告人的上诉权，不得以任何借口加以剥夺。据此，ABD 正确，三者均为独立的上诉主体。《刑事诉讼法》第 229 条规定，被害人及其法定代理人不服地方各级人民法院第一审的判决的，自收到判决书后 5 日以内，有权请求人民检察院提出抗诉。人民检察院自收到被害人及其法定代理人的请求后 5 日以内，应当作出是否抗诉的决定并且答复请求人。据此，被害人及其法定代理人不是独立的上诉主体不能提起上诉，而只能在规定的时限内请求人民检察院提起抗诉。C 错误，当选。

**21. A**。《刑事诉讼法》第 21 条规定：“中级人民法院管辖下列第一审刑事案件：（一）危害国家安全、恐怖活动案件；（二）可能判处无期徒刑、死刑的案件。”本案中尽管被告人之一是外国人，属于外国人犯罪的刑事案件，但是按照 2012 年修改后的规定，该种犯罪也不属于中级人民法院管辖。而且，私藏枪支、弹药罪和妨碍公务罪都不属于可能判处无期徒刑以上刑罚的案件，所以 A 正确，BCD 均错误。

**22. D**。言词证据，是指凡是表现为人的陈述，即以言词作为表现形式的证据。实物证据，是指凡是表现为物品、痕迹和以其内容具有证据价值的书面文件，即以实物作为表现形式的证据。直接证据，是指能够单独、直接证明案件主要事实的证据。间接证据，是指不能单独、直接证明刑事案件的主要事实，需要与其他证据相结合才能证明的证据。由于 A 是物品，因此属于实物证据，故而 A 错误。而 B 同样属于实物的范畴，仍然属于实物证据，故 B 错误。而对于 C，由于是犯罪嫌疑人的供述，能够直接证明案件的主要事实，因此属于直接证据，故而 C 错误。对于 D，由于其不能单独证明案件的主要事实，因此属于间接证据。同时，由于鉴定意见仍然是以鉴定人的言词为其表现形式，因此鉴定意见归属于言词证据。综上，本题的正确答案为 D。

**23. B**。传闻证据规则，也称传闻证据排除规则，即法律排除传闻证据作为认定犯罪事实的根据的规则。根据这一规则，如无法定理由，任何人在庭审期间以外及庭审准备期间以外的陈述，不得作为认定被告人有罪的证据。意见证据规则，是指证人只能陈述自己亲身感受和经历的事实，而不得陈述对该事实的意见或者结论。补强证据规则，是指为了防止误认事实或发生其他危险性，而在运用某些证明力显然薄弱的证据认定案情时，必须有其他证据补强其证明力，才能被法庭采信为定案根据。最佳证据规则，又称原始证据规则，是指以文字、符号、图形等方式记载的内容来证明案情时，其原件才是最佳证据。而根据本题的叙述，证人猜测性、评论性、推断性的证言属于证人的意见的范畴，因此其不能作为证据使用，应当是属于意见证据规则规范的范围。故 ACD 错误，本题正确答案为 B。

**24. D**。《刑诉解释》第 143 条规定："下列证据应当慎重使用，有其他证据印证的，可以采信：（一）生理上、精神上有缺陷，对案件事实的认知和表达存在一定困难，但尚未丧失正确认知、表达能力的被害人、证人和被告人所作的陈述、证言和供述；（二）与被告人有亲属关系或者其他密切关系的证人所作的有利于被告人的证言，或者与被告人有利害冲突的证人所作的不利于被告人的证言。" AB 错误。《刑诉解释》第 103 条规定："勘验、检查笔录存在明显不符合法律、有关规定的情形，不能作出合理解释的，不得作为定案的根据。" C 中的情况，并非一律不得采信，故 C 错误。《刑诉解释》第 86 条第 1 款规定："在勘验、检查、搜查过程中提取、扣押的物证、书证，未附笔录或者清单，不能证明物证、书证来源的，不得作为定案的根据。" 故 D 正确。

**25. B**。《刑诉解释》第 184 条第 1 款规定："附带民事诉讼应当在刑事案件立案后及时提起。"《刑诉解释》第 198 条规定："第一审期间未提起附带民事诉讼，在第二审期间提起的，第二审人民法院可以依法进行调解；调解不成的，告知当事人可以在刑事判决、裁定生效后另行提起民事诉讼。" 故 ACD 错误，B 正确。

**26. D**。《刑事诉讼法》第 180 条规定，对于有被害人的案件，决定不起诉的，人民检察院应当将不起诉决定书送达被害人。被害人如果不服，可以自收到决定书后 7 日以内向上一级人民检察院申诉，请求提起公诉。人民检察院应当将复查决定告知被害人。对人民检察院维持不起诉决定的，被害人可以向人民法院起诉。被害人也可以不经申诉，直接向人民法院起诉。人民法院受理案件后，人民检察院应当将有关案件材料移送人民法院。《高检规则》第 381 条规定，被害人不服不起诉决定，在收到不起诉决定书后 7 日以内提出申诉的，由作出不起诉决定的人民检察院的上一级人民检察院负责捕诉的部门进行复查。被害人向作出不起诉决定的人民检察院提出申诉的，作出决定的人民检察院应当将申诉材料连同案卷一并报送上一级人民检察院。据此，被害人对于人民检察院的不起诉决定应当由上一级人民检察院受理，故 AB 错误。被害人也可以不经过申诉，直接向人民法院起诉，故 C 错误。D 正确。

**27. D**。《刑诉解释》第 210 条规定，合议庭由审判员担任审判长。院长或者庭长参加审判案件的时候，由其本人担任审判长。据此，审判长只能由审判员担任，A 错误。所谓集中审理原则，又称不中断审理原则，是指法院开庭审理案件，应在不更换审判人员的条件下连续进行，不得中断审理的诉讼原则。具体到本题看，可以说是法庭成员不得更换。法庭成员（包括法官和陪审员）必须始终在场参加审理。对于法庭成员因故不能参加审理的，应由始终在场的候补法官、候补陪审员替换之。如果没有足够的法官、陪审员可以替换，则应重新审判。这也是直接原则的要求。因为参与裁判制作的法官、陪审员必须参与案件的全部审理活动，接触所有的证据，全面听取法庭辩论，否则无以对案件形成全面的认知并作出公正的裁判。而在本案中需要在庭外另外指派其他审判人员参与审判，与集中审理原则相违，因此要重新审理案件。故而 BC 错误，D 正确。

**28. A**。《最高人民法院关于进一步加强合议庭职责的若干规定》第 7 条规定："除提交审判委员会讨论的案件外，合议庭对评议意见一致或者形成多数意见的案件，依法作出判决或者裁定。下列案件可以由审判长提请院长或者庭长决定组织相关审判人员共同讨论，合议庭成员应当参加：（一）重大、疑难、复杂或者新类型的案件；（二）合议庭在事实认定或法律适用上有重大分歧的案件；（三）合议庭意见与本院或上级法院以往同类型案件的裁判有可能不一致的案件；（四）当事人反映强烈的群体性纠纷案件；（五）经审判长提请且院长或者庭长认为确有必要讨论的其他案件。上述案件的讨论意见供合议庭参考，不影响合议庭依法作出裁判。" 由于本案是本市第一起醉酒驾车刑事案件，属于新类型的案件，所以可以由审判长提请院长或者庭长决定组织相关审判人员共同讨论，故 A 正确，BC 错误。由于讨论意见只能供合议庭参考，故 D 错误。

**29. D**。《人民陪审员法》第 23 条规定，合议庭评议案件，实行少数服从多数的原则。人民陪审员同合议庭其他组成人员意见分歧的，应当将其意见写入笔录。合议庭组成人员意见有重大分歧的，人民陪审员或者法官可以要求合议庭将案件提请院长决定是否提交审判委员会讨论决定。据此，ABC 错误，D 正确。

**30. B**。《最高人民法院关于死刑缓期执行限制减刑案件审理程序若干问题的规定》第 2 条规定，被告人对第一审人民法院作出的限制减刑判决不服的，可以提出上诉。被告人的辩护人和近亲属，经被告人同意，也可以提出上诉。据此，被告人的辩护人、近亲属只能经过被告人的同意才能提出上诉，故A错误。《最高人民法院关于死刑缓期执行限制减刑案件审理程序若干问题的规定》第3条规定，高级人民法院审理或者复核判处死刑缓期执行并限制减刑的案件，认为原判对被告人判处死刑缓期执行适当，但判决限制减刑不当的，应当改判，撤销限制减刑。故B正确。《最高人民法院关于死刑缓期执行限制减刑案件审理程序若干问题的规定》第6条第1款规定，最高人民法院复核死刑案件，认为对被告人可以判处死刑缓期执行并限制减刑的，应当裁定不予核准，并撤销原判，发回重新审判。据此，C错误，不是"可以"裁定不予核准，发回重新审判，而是"应当"裁定不予核准，发回重新审判。《最高人民法院关于死刑缓期执行限制减刑案件审理程序若干问题的规定》第6条第2款规定，一案中两名以上被告人被判处死刑，最高人民法院复核后，对其中部分被告人改判死刑缓期执行的，如果符合《刑法》第50条第2款的规定，可以同时决定对其限制减刑。故D错误。

**31. A**。根据《最高人民法院关于规范上下级人民法院审判业务关系的若干意见》第7条的规定，第二审人民法院因原审判决事实不清、证据不足将案件发回重审的，原则上只能发回重审一次。《刑事诉讼法》第236条规定："……原审人民法院对于依照前款第三项规定发回重新审判的案件作出判决后，被告人提出上诉或者人民检察院提出抗诉的，第二审人民法院应当依法作出判决或者裁定，不得再发回原审人民法院重新审判。"据此，A错误，当选。根据《最高人民法院关于规范上下级人民法院审判业务关系的若干意见》第6条的规定，第一审人民法院已经查清事实的案件，第二审人民法院原则上不得以事实不清、证据不足为由发回重审。第二审人民法院作出发回重审裁定时，应当在裁定书中详细阐明发回重审的理由及法律依据。据此，B正确。根据《刑事诉讼法》的规定，属于裁定撤销原判、发回重审的有两种情形：第一种情形是指《刑事诉讼法》第236条规定的情形，即对事实不清楚或者证据不足的第一审判决，除第二审人民法院通过自行调查核实或者通知原审人民法院补充材料即可将事实查清，直接改判外，第二审人民法院一般应裁定撤销原判，发回原审人民法院重新审理。第二种情形是指《刑事诉讼法》第238条的规定，即第二审人民法院发现第一审人民法院的审理有下列违反法律规定的诉讼程序的情形之一的，应当裁定撤销原判，发回原审人民法院重新审判：（1）违反有关公开审判的规定的；（2）违反回避制度的；（3）剥夺或者限制了当事人的法定诉讼权利，可能影响公正审判的；（4）审判组织的组成不合法的；（5）其他违反法律规定的诉讼程序，可能影响公正审判的。据此，CD正确。

**32. C**。《刑事诉讼法》第257条规定："人民法院决定再审的案件，需要对被告人采取强制措施的，由人民法院依法决定；人民检察院提出抗诉的再审案件，需要对被告人采取强制措施的，由人民检察院依法决定。人民法院按照审判监督程序审判的案件，可以决定中止原判决、裁定的执行。"《刑诉解释》第464条规定："对决定依照审判监督程序重新审判的案件，人民法院应当制作再审决定书。再审期间不停止原判决、裁定的执行，但被告人可能经再审改判无罪，或者可能经再审减轻原判刑罚而致刑期届满的，可以决定中止原判决、裁定的执行，必要时，可以对被告人采取取保候审、监视居住措施。"故C正确。

**33. B**。《公务员法》第16条规定，国务院根据本法，对于具有职位特殊性，需要单独管理的，可以增设其他职位类别。故B正确。

**34. C**。国务院议事协调机构的设立、撤销或者合并，由国务院机构编制管理机关提出方案，报国务院决定。A错误。国务院议事协调机构议定的事项，经国务院同意，由有关的行政机构按照各自的职责负责办理。在特殊或者紧急的情况下，经国务院同意，国务院议事机构可以规定临时性的行政管理措施。B错误、C正确。"可以设立司、处两级内设机构"的为国务院组成部门管理的国家行政机构，也称"部管局"或"归口局"，不包括议事协调机构。D错误。

**35. A**。《行政许可法》没有授权规章对实施行政许可监督检查可以规定收费，只有中央一级的、在全国范围内生效的法律、行政法规才有权规定实施行政许可监督检查收费。B错误。《行政处罚法》只授权法律、法规对具有管理公共事务职能的组织有资格实施行政处罚，没有授权规章。C错误。只有法律才有资格规定不是两年的行政处罚特别追溯期限。D错误。

**36. B**。《行政许可法》第69条第2款规定，被许可人以欺骗、贿赂等不正当手段取得行政许可的，应当予以撤销。故B正确。

**37. A**。《政府信息公开条例》第36条规定，对政府信息公开申请，行政机关根据下列情况分别作出答复：……（3）行政机关依据本条例的规定决定不予公开的，告知申请人不予公开并说明理由……故A正确。《行政诉讼法》第46条规定，6个月的诉讼时效是未经复议的一般诉讼期限，故B错误。区政府为被告的行政诉讼案件是应当而不是可以由中级法院管辖。C错误。刘某向区政府申请公开该厂进行改制的全部档案、拖欠原职工工资如何处理等信息与其自身生产、生活息息相关，应认定为与其自身存在利害关系，因此具有申请查阅的申请人资格，区政府拒绝公开答复即具有违法性。D错误。

**38. C**。对王某生产的饼干涉嫌违法使用添加剂，而将其饼干先行登记保存，对王某的权利、义务产生了实质影响。A 错误。注意，依照《行政处罚法》的立法精神，先行登记保存为对保全的产品登记之后就地存放，由原物品的所有权人看管，不是搬到异地存放，否则就属于行政强制措施的扣押行为了。《行政处罚法》第 56 条规定："行政机关在收集证据时，可以采取抽样取证的方法；在证据可能灭失或者以后难以取得的情况下，经行政机关负责人批准，可以先行登记保存，并应当在七日内及时作出处理决定，在此期间，当事人或者有关人员不得销毁或者转移证据。"B 错在登记保存必须由行政机关负责人批准，而不能当场作出。D 错在登记保存的期限是 7 日而非 1 个月。C 正确。

**39. A**。赔偿义务机关不得委托律师作为代理人，而只能委托本机关工作人员作为代理人。B 错误。只有在"被羁押人在羁押期间死亡或者丧失行为能力的"，赔偿义务机关才应对因果关系提供证据，所以 C 错误。赔偿请求人或者赔偿义务机关对赔偿委员会作出的决定，认为确有错误的，可以向上一级人民法院赔偿委员会提出申诉。提出的是申诉，不是申请复议，D 错误。

**40. C**。《治安管理处罚法》第 82 条规定，需要传唤违反治安管理行为人接受调查的，经公安机关办案部门负责人批准，使用传唤证传唤。对现场发现的违反治安管理行为人，人民警察经出示工作证件，可以口头传唤，但应当在询问笔录中注明。所以，市公安局警察口头传唤牛某不构成违法。A 错误。《治安管理处罚法》第 84 条规定，被询问人要求就被询问事项自行提供书面材料的，应当准许；必要时，人民警察也可以要求被询问人自行书写。B 错误。本案的审查对象是市公安局的行政处罚——行政拘留 10 日行为的合法性，与市政府征收土地的决定无关。牛某的行为属于妨碍执行公务的违反治安管理的行为，尚未构成犯罪，予以行政拘留是合法的。C 正确。《行政诉讼法》第 77 条规定，人民法院对行政处罚明显不当的，可以判决变更。本案的诉讼标的是行政拘留 10 日的行政处罚，若人民法院认为该行政处罚明显不当，是可以判决变更的，D 错误。

**41. AC**。《行政复议法》第 88 条规定："行政复议期间的计算和行政复议文书的送达，本法没有规定的，依照《中华人民共和国民事诉讼法》关于期间、送达的规定执行。本法关于行政复议期间有关"三日"、"五日"、"七日"、"十日"的规定是指工作日，不含法定休假日。"故 A 正确。《行政复议法实施条例》第 39 条规定，行政复议期间被申请人改变原具体行政行为的，不影响行政复议案件的审理。《行政复议法》及其实施条例均未禁止行政复议期间被申请人改变原具体行政行为。B 说法没有法律根据，错误。《行政复议法实施条例》第 57 条第 1 款规定，行政复议期间行政复议机关发现被申请人或者其他下级行政机关的相关行政行为违法或者需要做好善后工作的，可以制作行政复议意见书。有关机关应当自收到行政复议意见书之日起 60 日内将纠正相关行政违法行为或者做好善后工作的情况通报行政复议机构。C 正确。《行政复议法》第 1 条规定，行政复议法的立法目的之一是"防止和纠正违法的或者不当的行政行为"，因此行政复议可以对具体行政行为的合法性和合理性进行审查，行政诉讼一般只审查具体行政行为的合法性，只有在特定情况下（行政处罚明显不当或行政行为涉及对款额的确定、认定确有错误）才审查合理性。D 错误。

**42. D**。《行政处罚法》第 59 条规定，行政机关依照本法第 57 条的规定给予行政处罚，应当制作行政处罚决定书。行政处罚决定书应当载明下列事项：（1）当事人的姓名或者名称、地址；（2）违反法律、法规、规章的事实和证据；（3）行政处罚的种类和依据；（4）行政处罚的履行方式和期限；（5）申请行政复议、提起行政诉讼的途径和期限；（6）作出行政处罚决定的行政机关名称和作出决定的日期。行政处罚决定书必须盖有作出行政处罚决定的行政机关的印章。行政处罚决定书应当载明：不服行政处罚决定，申请行政复议或者提起行政诉讼的途径和期限。A 符合法律要求，同时也符合行政法的一般原理和基本原则。A 正确。行政行为可以分为授益行政行为和负担行政行为。前者是为当事人授予权利或者免除负担义务的行为；后者是为当事人设定义务或者剥夺权益的行为。二者的区分关键在于行政行为对当事人权益的影响不同。本题，自然资源局的决定剥夺、限制陈某的财产权，属于负担行政行为。B 正确。公民、法人或者其他组织直接向人民法院提起诉讼的，应当自知道或者应当知道作出行政行为之日起 6 个月内提出。法律另有规定的除外。既然《行政诉讼法》用但书的形式规定了除外条款，那么应当优先适用特别规定。C 正确。如前所述，《行政强制法》本身并未赋予行政机关有执行拆除违法占用土地的行政决定的权力。因此，自然资源局是否有强制执行该决定的权力，需要看《土地管理法》是否有特别的授权。《土地管理法》第 83 条规定："依照本法规定，责令限期拆除在非法占用的土地上新建的建筑物和其他设施的，建设单位或者个人必须立即停止施工，自行拆除；对继续施工的，作出处罚决定的机关有权制止。建设单位或者个人对责令限期拆除的行政处罚决定不服的，可以在接到责令限期拆除决定之日起 15 日内，向人民法院起诉；期满不起诉又不自行拆除的，由作出处罚决定的机关依法申请人民法院强制执行，费用由违法者承担。"据此可见，自然资源局无权自己强制执行，须申请人民法院执行。D 错误。

**43. C**。行政许可是依申请的行政行为，是需要等待行政相对人——申请人来许可机关填写申请书表格主动发动的。行政许可是最典型的依申请的行政行为。故A错误。具体行政行为可以分为要式的具体行政行为与不要式的具体行政行为。划分标准是具体行政行为是否需要具备法定的形式。需要具备书面文字等其他特定意义符号为生效必要条件的，是要式的具体行政行为；不需要具备书面文字或者其他特定意义符号就可以生效的，是不要式的具体行政行为。故B错误。法律效力尤其是其约束力当然是整个具体行政行为法律制度中的核心因素、核心内容。故C正确。当事人不履行具体行政行为确定的义务，行政机关予以执行是具体行政行为执行力的表现。故D错误。

**44. C**。加收超标排污费应是与行政处罚并列的具体行政行为，不是行政处罚，A错误。《行政诉讼法》第58条规定，经人民法院传票传唤，原告无正当理由拒不到庭，或者未经法庭许可中途退庭的，可以按照撤诉处理；被告无正当理由拒不到庭，或者未经法庭许可中途退庭的，可以缺席判决。B错误。《行诉法解释》第109条第5款规定，原审判决遗漏行政赔偿请求，第二审人民法院经审理认为依法应当予以赔偿的，在确认被诉行政行为违法的同时，可以就行政赔偿问题进行调解；调解不成的，应当就行政赔偿部分发回重审。D错误。

**45. ABCD**。根据刑法解释理论，①④的说法是错误的，②③的说法是正确的。故ABCD均错误。

**46. ACD**。宠物饲养人负有防止宠物危害他人的义务，有阻止的能力而故意没有阻止导致死亡结果发生的，属于不作为的故意杀人罪，A正确。一般公民由于火灾非他引起，因此没有报警的义务，也就不能够成立不作为的放火罪，B错误。父母对于未成年子女负有抚养义务，父母能制止而故意不制止未成年子女侵害行为的，可能成立不作为犯罪，C正确。荒山狩猎人对于其发现的弃婴并没有实施救助的义务，没有救助只是道德问题，不属于刑法上的不作为犯罪，D正确。

【陷阱提示】判断不作为犯罪首先要判断行为人是否负有实施某种积极行为的义务，没有该义务则即使其能够作为而不作为从而造成了很大的危害后果，都不成立不作为犯罪。行为人实施某种积极行为的义务的来源主要有以下四种：一是法律、法规明文规定的义务，如C选项中的父母对于未成年子女的抚养义务；二是职务上或者是业务上要求履行的义务，如果B选项中的一般公民换成是消防员的话，则成立不作为犯罪；三是法律行为引起的义务；四是先前行为所引起的义务。

**47. AC**。A属于狭义的因果关系错误，而非方法错误，狭义的因果关系错误是指结果的发生并不是按照行为人所预期的那样，此种情形并不影响故意的成立，A错误，当选。B属于结果的提前发生，提前实现了行为人所预想的结果，题目认为此种情形是构成要件提前实现，乙行为成立故意杀人既遂的说法是正确的，故B正确，不当选。C属于方法错误，即由于丙自身行为的误差导致其欲攻击的对象与实际受害的对象不一致，但是并没有超出同一犯罪构成，根据法定符合说，该情形成立故意杀人罪既遂，故C错误，当选。丁误将生父当作仇人杀害，法定符合说与具体符合说对于这一问题的结论是完全相同的，D正确，不当选。

**48. ABCD**。拐卖妇女、儿童罪客观上表现为拐骗、绑架、收买、贩卖、接送、中转妇女、儿童的行为，是选择罪名，只要具有上述行为中的一项即可构成此罪，甲以出卖为目的收买1名儿童就已经完成了犯罪，不存在中止问题，其是否出卖不影响既遂的成立，因此A不是犯罪中止。乙已经用暴力控制了被害人，行为已经既遂，不存在犯罪中止的问题，因此B不成立犯罪中止。组织、领导、参加黑社会性质组织罪只要是参加了且该组织又实施过犯罪活动即已经构成此罪，不存在中止的问题，C不应当认定为犯罪中止。挪用公款归个人使用，数额较大，超过3个月未还的，构成挪用公款罪，丁已经挪用公款4个月，即犯罪已经完成了，就不存在中止的问题了，D不成立犯罪中止。本题正确选项是ABCD。

**49. ABD**。不论是入户抢劫还是拦路抢劫，赵某的行为都构成抢劫罪，甲构成抢劫罪的教唆犯，因此，A正确；根据部分犯罪共同说理论，乙与吴某在盗窃罪的范围内成立共犯，B的说法也是正确的；丙存在杀人的故意为钱某提供帮助，杀人的故意包含着伤害的故意，因此丙与钱某成立故意伤害罪的共犯，而非对钱某造成的伤害结果不承担责任，C错误；丁将盗车钥匙给了要偷车的孙某就成立了盗窃罪的帮助犯，但其后又要回钥匙，孙某用其他方法盗窃了轿车，丁某成立犯罪中止，无需对孙某盗窃既遂的结果承担责任，D正确。

**50. ACD**。《刑法》第359条规定，引诱幼女卖淫，同时有容留、介绍卖淫的，应当分别认定为引诱幼女卖淫罪和容留、介绍卖淫罪，数罪并罚。A认为只定引诱、容留卖淫罪的说法是错误的。《刑法修正案（九）》对《刑法》第239条第2款进行了修改。修改后条文为："犯前款罪，杀害被绑架人的，或者故意伤害被绑架人，致人重伤、死亡的，处无期徒刑或者死刑，并处没收财产。"因此，B正确。发现盗得的汽车质量有问题而将汽车推下山崖的，属于盗窃罪的事后不可罚行为，不能再以毁坏财物罪数罪并罚，C错误。《刑法》第400条规定，私放在押人员罪是司法工作人员私放在押的犯罪嫌疑人、被告人或者罪犯的行为，而不论被私放的在押人员出去之后干什么，因此，D错误。

**51. ABCD**。A中对甲的判刑应当是在总和刑期以下、数刑中最高刑期以上，酌情决定执行的，有期徒刑总和刑期不满35年的，最高不能超过20年，总和刑期在35年以上的，最高不能超过25年，甲的总和刑期为36年，即对甲的量刑幅度为15年到25年，A正确。判决宣告后发现漏罪先并后减，前一个判决的18年与后一个判决的15年并罚，由于总和刑期未超过35年，幅度应为18年到20年，B中的19年是正确的，再减去已经执行的5年，B正确。判决宣告后又犯新罪先减后并，C应先将18年减去5年，得出13年，然后和新犯的故意伤害罪所判的15年并罚，幅度为15年到20年，C正确。《刑法修正案（八）》将《刑法》第69条第2款修改为："……其中附加刑种类相同的，合并执行，种类不同的，分别执行。"没收财产、罚金的种类不同，应分别执行。因此，D正确。

**52. AB**。《刑法》第269条和第267条第2款属于法律拟制。如果没有法律的特别规定，对于犯盗窃罪，为毁灭罪证而当场使用暴力的行为，对其暴力行为要单独评价，例如可能以盗窃罪与故意伤害罪数罪并罚；对于携带凶器抢夺的行为，也只认定为抢夺罪而非抢劫罪。AB项错误。C属于"秘密窃取"他人财物，符合盗窃罪的特征，认定为盗窃罪，C正确。D中的规定属于法律注意规法定。对犯罪提供帮助的，成立共同犯罪。即使没有《刑法》第198条第4款的特别规定，对于保险事故的鉴定人故意提供虚假的证明文件为他人实施保险诈骗提供条件的，也应当认定为保险诈骗的共犯，D正确。

**53. ABC**。《刑法》第170条规定，成立伪造货币罪所伪造的货币必须是正在流通中的货币，如果伪造的是已经停止流通的古钱、废钞，不成立伪造货币罪，A以使用为目的，大量印制停止流通的第三版人民币的不构成伪造货币罪，A正确。伪造的外币不要求能否在我国使用，因此，伪造正在流通但在我国尚无法兑换的境外货币的，成立伪造货币罪，B正确。将白纸冒充假币卖给他人的，不符合伪造货币罪的构成要件，而符合诈骗罪的构成要件，因此构成诈骗罪，C正确。根据《最高人民法院关于审理伪造货币等案件具体应用法律若干问题的解释（二）》第2条，将一半真币与一半假币拼接，制造大量半真半假面额100元纸币的，成立伪造货币罪。D错误。

**54. ABD**。"具有殴打、侮辱情节的，从重处罚"是刑法明文规定的量刑情节，属于法定量刑情节。A正确，当选。结果加重犯，又称"加重结果犯"，是指法律上规定的一个犯罪行为，由于行为人能够预见而没有预见，发生了严重的结果而加重其法定刑的情况。《刑法》第238条第1款所称具有殴打情节的，从重处罚。这里所说的"殴打"，应当以故意致人轻伤为限。如果行为人的非法拘禁行为过失造成被害人重伤、死亡的，就属于非法拘禁罪的结果加重犯。B项正确，当选。非法拘禁行为如果符合结果加重犯的构成要件，影响的是定罪，同时具有法定从重处罚的量刑情节，影响的是量刑，侮辱情节不因为构成结果加重犯而失去作为从重处罚情节的意义。"具有殴打、侮辱情节的，从重处罚"，适用于基本犯，也适用所有非法拘禁罪的结果加重犯、转化犯。C错误，不当选。"使用暴力致人伤残、死亡"，转化为故意伤害罪、故意杀人罪。致人重伤、死亡，但使用超出拘禁行为所需范围的暴力的，构成故意伤害罪、故意杀人罪。D正确，当选。

**55. ABC**。根据刑法理论，非法占有目的是指行为人将他人的财物作为自己的所有物进行支配，排除权利人的权利，遵从财物的用途进行利用和处分。男性基于癖好入户窃取女士内衣，存在非法占有的目的，A正确。为了燃柴取暖而窃取他人木质家具，显然具有非法占有的目的，B正确。骗取他人钢材后作为废品卖给废品回收公司也具有非法占有的目的，C正确。杀人后为避免公安机关识别被害人身份，将被害人的钱包予以丢弃，说明行为人没有将他人的财物作为自己的所有物进行支配的意图，也就不具有非法占有的目的，D错误。

**56. ABCD**。A中的甲将他人停放在车棚内未上锁的自行车骑走卖掉构成盗窃罪，而不是侵占罪，A错误。乙偷偷取走后备厢内其他乘客遗忘的行李箱属于盗窃行为，应当以盗窃罪定罪处罚，B错误。大学食堂里学生用来占座的手机既不是代为保管物也不是他人的遗忘物，丙将手机拿走的行为成立盗窃罪，而不是侵占罪，C错误。D中丁是代为保管的是邻居的房子，撬开锁拿走笔记本电脑的行为构成盗窃罪，D错误。

**57. ACD**。A中的甲属于国有公司中从事公务的人员，利用职务便利将本单位收受的回扣据为己有的，成立贪污罪，因此A正确；B中的乙虽然是国家工作人员，不过是从房地产开发商处多领取20万元补偿款，自己分得10万元，而非公共财产，因此不能以贪污罪论处，B错误；D中丙作为村民委员会主任在协助政府管理土地征用补偿费时，利用职务上的便利贪污公共财产的，以贪污罪论处，C正确；保险公司工作人员编造未发生的保险事故进行虚假理赔，骗取保险金的构成职务侵占罪，如果该保险公司是国有公司，那么该行为就应当以贪污罪论处，D正确。

**58. AD**。犯罪嫌疑人、被告人有权获得辩护是一项宪法性权利，我国《宪法》第130条对此作出了规定，这一权利在任何情况下都不得以任何理由加以限制或者剥夺。据此，A正确。《刑事诉讼法》第35条规定，犯罪嫌疑人、被告人因经济困难或者其他原因没有委托辩护人的，本人及其近亲属可以向法律援助机构提出申请。对符合法律援助条件的，法律援助机构应当指派律师为其提供辩护。犯罪嫌疑人、被告人是盲、聋、哑人，或者是尚未完全丧失辨认或者控制自己行为能力的精神病人，没有委托辩护人的，人民法院、人民检察院和公安机关应当通知法律援助机构指派律师为其提供辩护。犯罪嫌疑人、被告人可能被判处无期徒刑、死刑，没有委托辩护人的，人民法院、人民检察院和公安机关应当通知法律援助机构指派律师为其提供辩护。据此，B错误。《刑事诉讼法》第11条规定，被告人有权获得辩护，人民法院有义务保证被告人获得辩护。《刑事诉讼法》第34条规定，侦查机关在第一次讯问犯罪嫌疑人或者对犯罪嫌疑人采取强制措施的时候，应当告知犯罪嫌疑人有权委托辩护人。人民检察院自收到移送审查起诉的案件材料之日起3日以内，应当告知犯罪嫌疑人有权委托辩护人。人民法院自受理案件之日起3日以内，应当告知被告人有权委托辩护人。犯罪嫌疑人、被告人在押期间要求委托辩护人的，人民法院、人民检察院和公安机关应当及时转达其要求。据此，在我国，有关的司法机关有为犯罪嫌疑人、被告人提供辩护帮助的义务，而不是所有机关都有此义务。据此，C错误。犯罪嫌疑人、辩护人在刑事诉讼中获得辩护是为了保障其合法的诉讼权利能够得到实现，因此不能仅仅在形式上为犯罪嫌疑人获得辩护提供机会，更应当从实质上实现对其诉讼权利的保障。据此，D正确。

**59. CD**。《法院刑事诉讼文书样式（样本）》规定，判决书的事实部分包括：检察院指控被告人犯罪的事实和证据、被告人的供述、辩护和辩护人的辩护意见；经法庭审理查明的事实和据以定案的证据。理由部分是判决的灵魂，其核心内容是针对具体案件的特点，运用法律规定、犯罪构成和刑事诉讼理论，阐述控方的指控是否成立，被告人的行为是否构成犯罪，犯什么罪，情节轻重与否，依法应当如何处理。故AB中的内容属于判决书的事实部分，CD中的内容属于判决书的理由部分。

**60. AB**。《刑诉解释》第109条规定："视听资料具有下列情形之一的，不得作为定案的根据：（一）系篡改、伪造或者无法确定真伪的；（二）制作、取得的时间、地点、方式等有疑问，不能作出合理解释的。"故A当选。视听资料的审查与认定标准是比较低的，原则上出问题都可以补正及合理解释，除非是真实性有问题的，才不得作为定案的根据。鉴定意见在八大证据种类中，审查与认定的标准是最高的，任何一个环节出问题，全都不得作为定案根据。故B当选。《刑诉解释》第140条规定："没有直接证据，但间接证据同时符合下列条件的，可以认定被告人有罪：（一）证据已经查证属实；（二）证据之间相互印证，不存在无法排除的矛盾和无法解释的疑问；（三）全案证据形成完整的证据链；（四）根据证据认定案件事实足以排除合理怀疑，结论具有唯一性；（五）运用证据进行的推理符合逻辑和经验。"即间接证据不是不能作为定案根据，只是不能单独作为定案根据，需要与其他证据相互印证才可以。C属于间接证据，不得作为定案根据说法过于绝对，不当选。《公安规定》第206条规定，拒绝签名、捺指印的，侦查人员应当在笔录上注明。可见，如果只是犯罪嫌疑人拒绝签名、盖章，而由侦查人员在笔录上注明情况的讯问笔录是可以作为定案的根据的。所以犯罪嫌疑人本身拒绝签名盖章并不会影响笔录的效力，只有当无法核对确认其内容的真实性时才不得作为定案根据。故D不当选。

**61. ACD**。《高检规则》第128条第2款规定："有证据证明有犯罪事实是指同时具备下列情形：（一）有证据证明发生了犯罪事实；（二）有证据证明该犯罪事实是犯罪嫌疑人实施的；（三）证明犯罪嫌疑人实施犯罪行为的证据已经查证属实。"综上所述，ACD正确。此处的事实指的是实体法的事实，即与定罪量刑直接相关的事实。B属于干扰选项，指的是证据事实本身。

**62. ABC**。《最高人民检察院、公安部关于刑事立案监督有关问题的规定（试行）》第5条规定："人民检察院对于公安机关应当立案侦查而不立案侦查的线索进行审查后，应当根据不同情况分别作出处理：（一）没有犯罪事实发生，或者犯罪情节显著轻微不需要追究刑事责任，或者具有其他依法不追究刑事责任情形的，及时答复投诉人或者行政执法机关；（二）不属于被投诉的公安机关管辖的，应当将有管辖权的机关告知投诉人或者行政执法机关，并建议向该机关控告或者移送；（三）公安机关尚未作出不予立案决定的，移送公安机关处理；（四）有犯罪事实需要追究刑事责任，属于被投诉的公安机关管辖，且公安机关已作出不立案决定的，经检察长批准，应当要求公安机关书面说明不立案理由。"根据第2、3、4项规定，ABC正确；根据第1项规定，人民检察院应当及时答复投诉人或者行政执法机关，故D错误。综上，本题答案为ABC。

**63. B**。《公安规定》第259条第2款规定，几名辨认人对同一辨认对象进行辨认时，应当由辨认人个别进行。可知，应该让黄某单独对王某进行辨认。故B正确，A错误。《公安规定》第194条第1款规定，公安机关开展勘验、检查、搜查、辨认、查封、扣押等侦查活动，应当邀请有关公民作为见证人。故C违反了法律规定，错误。《公安规定》第260条第2款规定，辨认犯罪嫌疑人时，被辨认的人数不得少于7人；对犯罪嫌疑人照片进行辨认的，不得少于10人的照片。据此，将王某混在其他5人中不符合要求，不符合大于等于7的规定。故D表述错误。

**64. AC**。《最高人民法院、最高人民检察院、公安部、国家安全部、司法部关于规范量刑程序若干问题的意见》（以下简称《规范量刑意见》）第 3 条规定："对于可能判处管制、缓刑的案件，侦查机关、人民检察院、人民法院可以委托社区矫正机构或者有关社会组织进行调查评估，提出意见，供判处管制、缓刑时参考。社区矫正机构或者有关社会组织收到侦查机关、人民检察院或者人民法院调查评估的委托后，应当根据委托机关的要求依法进行调查，形成评估意见，并及时提交委托机关。对于没有委托进行调查评估或者判决前没有收到调查评估报告的，人民法院经审理认为被告人符合管制、缓刑适用条件的，可以依法判处管制、宣告缓刑。"据此，检察院既可以单独制作量刑建议书，也可以在公诉意见书中提出量刑建议，故 A 正确。《规范量刑意见》第 1 条规定："人民法院审理刑事案件，在法庭审理中应当保障量刑程序的相对独立性。人民检察院在审查起诉中应当规范量刑建议。"故不可以公开发放调查问卷。且根据《规范量刑意见》第 10 条可知，只有自诉人、被告人及其辩护人、被害人及其诉讼代理人可以提出量刑意见，故 B 错误。《规范量刑意见》第 13 条规定："适用简易程序审理的案件，在确认被告人对起诉书指控的犯罪事实和罪名没有异议，自愿认罪且知悉认罪的法律后果后，法庭审理可以直接围绕量刑进行，不再区分法庭调查、法庭辩论，但在判决宣告前应当听取被告人的最后陈述意见。适用简易程序审理的案件，一般应当当庭宣判。"故 C 正确。《规范量刑意见》第 18 条规定："人民法院、人民检察院、侦查机关或者辩护人委托有关方面制作涉及未成年人的社会调查报告的，调查报告应当在法庭上宣读，并进行质证。"对于未成年人案件，首先，公检法三机关都可以做社会调查，辩护人也可以做社会调查；其次，他们既可以自己做社会调查报告，也可以委托有关单位制作调查报告。故 D 错误。

**65. ABC**。《刑事诉讼法》第 176 条第 1 款规定，人民检察院认为犯罪嫌疑人的犯罪事实已经查清，证据确实、充分，依法应当追究刑事责任的，应当作出起诉决定，按照审判管辖的规定，向人民法院提起公诉，并将案卷材料、证据移送人民法院。据此，不论按照普通程序还是简易程序提起公诉，检察院都应向法院移送案卷材料、证据。法院可以决定直接变更为普通程序审理，无需将案件退回检察院。所以 A 正确。《刑事诉讼法》第 221 条规定，人民法院在审理过程中，发现不宜适用简易程序的，应当按照本章第一节或者第二节的规定重新审理。故 BC 正确。我国只规定了简易程序可以转为普通程序，并未规定普通程序可转为简易程序，所以 D 没有法律根据，错误。综上，本题正确答案为 ABC。

**66. BD**。《刑事诉讼法》第 210 条规定，自诉案件包括下列案件：（1）告诉才处理的案件；（2）被害人有证据证明的轻微刑事案件；（3）被害人有证据证明对被告人侵犯自己人身、财产权利的行为应当依法追究刑事责任，而公安机关或者人民检察院不予追究被告人刑事责任的案件。《刑事诉讼法》第 212 条规定，人民法院对自诉案件，可以进行调解；自诉人在宣告判决前，可以同被告人自行和解或者撤回自诉。本法第 210 条第 3 项规定的案件不适用调解。由此可知，并非所有的自诉案件都可以调解。因此 A 错误，不当选。B 正确，当选。《刑诉解释》第 328 条规定："人民法院审理自诉案件，可以在查明事实、分清是非的基础上，根据自愿、合法的原则进行调解。调解达成协议的，应当制作刑事调解书，由审判人员、法官助理、书记员署名，并加盖人民法院印章。调解书经双方当事人签收后，即具有法律效力。调解没有达成协议，或者调解书签收前当事人反悔的，应当及时作出判决。刑事诉讼法第二百一十条第三项规定的案件不适用调解。"而和解是当事人双方自行和解，审判人员和书记员没有参与，由审判人员和书记员署名并加盖法院印章没有法律依据，所以 C 错误，不当选。《刑诉解释》第 330 条规定："裁定准许撤诉的自诉案件，被告人被采取强制措施的，人民法院应当立即解除。"由此可知，在当事人已经签收调解书的情况下，调解书发生法律效力，案件调解成功应当结案，自然应当解除强制措施。因此，D 正确，当选。

**67. ABD**。《高检规则》第 450 条规定："人民检察院办理死刑上诉、抗诉案件，应当进行下列工作：（一）讯问原审被告人，听取原审被告人的上诉理由或者辩解；（二）听取辩护人的意见；（三）复核主要证据，必要时询问证人；（四）必要时补充收集证据；（五）对鉴定意见有疑问的，可以重新鉴定或者补充鉴定；（六）根据案件情况，可以听取被害人的意见。"据此，C 不符合第 3 项规定，错误不当选，ABD 分别符合第 1、2、6 项规定，正确。

**68. ABCD**。《最高人民法院、最高人民检察院、公安部、国家安全部、司法部关于办理死刑案件审查判断证据若干问题的规定》第 5 条第 2 款规定："办理死刑案件，对于以下事实的证明必须达到证据确实、充分：（一）被指控的犯罪事实的发生；（二）被告人实施了犯罪行为与被告人实施犯罪行为的时间、地点、手段、后果以及其他情节；（三）影响被告人定罪的身份情况；（四）被告人有刑事责任能力；（五）被告人的罪过；（六）是否共同犯罪及被告人在共同犯罪中的地位、作用；（七）对被告人从重处罚的事实。"由此可知，AB 正确。前述规定第 36 条规定："在对被告人作出有罪认定后，人民法院认定被告人的量刑事实，除审查法定情节外，还应审查以下影响量刑的情节：（一）案件起因；（二）被害人有无过错及过错程度，是否对矛盾激化负有责任及责任大小；（三）被告人的近亲属是否协助抓获被告人；（四）被告人平时表现及有无悔罪态度；（五）被害人附带民事诉讼赔偿情况，被告人是否取得被害人或者被害人近亲属谅解；（六）其他影响量刑的情节。”因此，CD正确。提醒考生注意，该规定已不在大纲考查范围内。

**69. ACD**。A违反合法行政原则中的“行政机关应当依照法律授权活动”。B符合合法行政原则的内容。C有待商榷，按照司法部公布的答案，C违反合法行政原则，但根据《行政处罚法》第32条规定，本案孙某的违法行为是受“他人胁迫”，符合《行政处罚法》规定的应当从轻处罚的情节。D违反《反垄断法》第33条的规定。故ACD当选。

**70. ABD**。《政府信息公开条例》第19条规定，对涉及公众利益调整、需要公众广泛知晓或者需要公众参与决策的政府信息，行政机关应当主动公开。《政府信息公开条例》第20条规定，行政机关应当依照本条例第19条的规定，主动公开本行政机关的下列政府信息：……（11）扶贫、教育、医疗、社会保障、促进就业等方面的政策、措施及其实施情况……故A正确。《政府信息公开条例》第25条第2、3款规定，行政机关可以根据需要设立公共查阅室、资料索取点、信息公告栏、电子信息屏等场所、设施，公开政府信息。行政机关应当及时向国家档案馆、公共图书馆提供主动公开的政府信息。故BD正确。《政府信息公开条例》第26条规定，属于主动公开范围的政府信息，应当自该政府信息形成或者变更之日起20个工作日内及时公开。法律、法规对政府信息公开的期限另有规定的，从其规定。故C错误。

**71. ACD**。《行政诉讼法》第12条规定：“人民法院受理公民、法人或者其他组织提起的下列诉讼：（一）对行政拘留、暂扣或者吊销许可证和执照、责令停产停业、没收违法所得、没收非法财物、罚款、警告等行政处罚不服的；（二）对限制人身自由或者对财产的查封、扣押、冻结等行政强制措施和行政强制执行不服的；（三）申请行政许可，行政机关拒绝或者在法定期限内不予答复，或者对行政机关作出的有关行政许可的其他决定不服的；（四）对行政机关作出的关于确认土地、矿藏、水流、森林、山岭、草原、荒地、滩涂、海域等自然资源的所有权或者使用权的决定不服的；（五）对征收、征用决定及其补偿决定不服的；（六）申请行政机关履行保护人身权、财产权等合法权益的法定职责，行政机关拒绝履行或者不予答复的；（七）认为行政机关侵犯其经营自主权或者农村土地承包经营权、农村土地经营权的；（八）认为行政机关滥用行政权力排除或者限制竞争的；（九）认为行政机关违法集资、摊派费用或者违法要求履行其他义务的；（十）认为行政机关没有依法支付抚恤金、最低生活保障待遇或者社会保险待遇的；（十一）认为行政机关不依法履行、未按照约定履行或者违法变更、解除政府特许经营协议、土地房屋征收补偿协议等协议的；（十二）认为行政机关侵犯其他人身权、财产权等合法权益的。除前款规定外，人民法院受理法律、法规规定可以提起诉讼的其他行政案件。”据此，ACD正确。B不具有可诉性，故B错误。

**72. ABD**。《行政处罚法》第44条规定，行政机关在作出行政处罚决定之前，应当告知当事人拟作出的行政处罚内容及事实、理由、依据，并告知当事人依法享有的陈述、申辩、要求听证等权利。故A正确。《行政复议法》第20条第1款规定，公民、法人或者其他组织认为行政行为侵犯其合法权益的，可以自知道或者应当知道该行政行为之日起60日内提出行政复议申请；但是法律规定的申请期限超过60日的除外。故B正确。《行政处罚法》第63条规定：“行政机关拟作出下列行政处罚决定，应当告知当事人有要求听证的权利，当事人要求听证的，行政机关应当组织听证：（一）较大数额罚款；（二）没收较大数额违法所得、没收较大价值非法财物；（三）降低资质等级、吊销许可证件；（四）责令停产停业、责令关闭、限制从业；（五）其他较重的行政处罚；（六）法律、法规、规章规定的其他情形。当事人不承担行政机关组织听证的费用。”故C错误，D正确。

**73. ABCD**。《行诉证据规定》第10条规定，当事人向人民法院提供书证的，应当符合下列要求：（1）提供书证的原件，原本、正本和副本均属于书证的原件。提供原件确有困难的，可以提供与原件核对无误的复印件、照片、节录本；（2）提供由有关部门保管的书证原件的复制件、影印件或者抄录件的，应当注明出处，经该部门核对无异后加盖其印章。A选项正确。第12条规定，当事人向人民法院提供计算机数据或者录音、录像等视听资料的，应当符合下列要求：……（2）注明制作方法、制作时间、制作人和证明对象等。B选项正确。《行政诉讼法》第49条规定了提起诉讼应当符合的条件，《行诉法解释》第69条规定，不符合《行政诉讼法》第49条规定的，应当驳回起诉，C正确。《行诉法解释》第136条第1款规定，人民法院对原行政行为作出判决的同时，应当对复议决定一并作出判决。故D正确。

**74. AB**。《国家赔偿法》第33条规定，侵犯公民人身自由的，每日赔偿金按照国家上年度职工日平均工资计算。上一年度职工日平均工资由全国年职工平均工资除以法定工作日（约254天）得出。A正确。《国家赔偿法》第36条规定，侵犯公民、法人和其他组织的财产权造成损害的，按照下列规定处理：……（5）财产已经拍卖或者变卖的，给付拍卖或者变卖所得的价款；变卖的价款明显低于财产价值的，应当支付相应的赔偿金……（7）返还执行的罚款或者罚金、追缴或者没收的金钱，解除冻结的存款或者汇款的，应当支付银行同期存款利息……B 正确。而 C 的表述缺乏“变卖的价款明显低于财产价值的”法定条件，所以，支付赔偿金没有法律依据。C 错误。《国家赔偿法》第 35 条规定，有本法第 3 条或者第 17 条规定情形之一，致人精神损害的，应当在侵权行为影响的范围内，为受害人消除影响，恢复名誉，赔礼道歉；造成严重后果的，应当支付相应的精神损害抚慰金。D 所述的情形属于《国家赔偿法》第 17 条规定的“依照审判监督程序再审改判无罪，原判刑罚已经执行的”。所以 D 错误。

**75. AB**。《治安管理处罚法》第 91 条规定，治安管理处罚由县级以上人民政府公安机关决定；其中警告、500 元以下的罚款可以由公安派出所决定。本案中派出所实施有授权的 500 元以下罚款，所以，派出所是被申请人，那么设立该派出所的乙区公安分局是复议机关。A 正确。《行政复议法》第 24 条第 3 款规定，对县级以上地方各级人民政府工作部门依法设立的派出机构依照法律、法规、规章规定，以派出机构的名义作出的行政行为不服的行政复议案件，由本级人民政府管辖。据此，乙区人民政府也是有管辖权的复议机关。B 正确。C 的甲市公安局太“高”了，当乙区公安分局是被申请人时，可以由甲市公安局作复议机关。D“更高”了。此题考查复议管辖，即复议机关，这类题目的答题首先要确定谁是适格的被申请人，本案中的被申请人为派出所本身。

**76. AC**。《行政法规制定程序条例》第 19 条规定：“行政法规送审稿有下列情形之一的，国务院法制机构可以缓办或者退回起草部门：（一）制定行政法规的基本条件尚不成熟或者发生重大变化的；（二）有关部门对送审稿规定的主要制度存在较大争议，起草部门未征得机构编制、财政、税务等相关部门同意的；（三）未按照本条例有关规定公开征求意见的；（四）上报送审稿不符合本条例第十五条、第十六条、第十七条规定的。”故 AC 正确。

**77. BCD**。甲将一只壶的壶底落款“民國叁年”磨去，目的就是让买主产生错误认识，钱某也因此受骗买下此壶，因此，甲的行为符合诈骗罪的构成要件，成立诈骗罪，A 正确；钱某有无过错不影响甲诈骗罪的成立，B 错误；钱某误以为是明代文物，是甲将一只壶的壶底落款“民國叁年”磨去这一行为所导致的，甲掩盖事实的行为才导致了钱某的误判，不影响甲诈骗罪的成立，C 错误；古玩买卖也应当遵循法律的基本规定，违反法律的，也应当受到法律的规制，D 错误。因此，BCD 当选。

**78. AB**。A 正确。行为人如果对其出卖的商品标高价，或者对商品夸大宣传，不具有使他人产生处分财产的具体危险行为的时候，不是诈骗罪的欺骗行为，所以 B 中前半句“标价高不是诈骗行为”的说法是正确的，后半句虚假证据证明该画为名家亲笔则属于使被害人产生处分财产的具体危险行为，应当认定是欺骗行为，B 正确。被害人已有错误认识，行为人强化其错误认识的，也是欺骗行为，C 错误。甲拿出虚假证据解除了李某的疑虑，强化了其错误认识，使李某基于此错误认识而处分财产，甲的行为与危害结果的发生具有因果关系，D 错误。

**79. CD**。《刑法》第 241 条第 5 款规定，收买被拐卖的妇女、儿童又出卖的，以拐卖妇女、儿童罪定罪处罚，因此 A 错误。收买与拐卖两个行为并不具有牵连关系，因此 B 错误。将收买后又出卖的行为认定为拐卖妇女、儿童罪是刑法的明文规定，因此 C 正确。拐卖妇女、儿童罪与收买被拐卖的妇女、儿童罪的客体都是妇女、儿童的人身不受买卖的权利，拐卖妇女、儿童罪的法定刑要高于收买被拐卖的妇女、儿童罪，因此对甲行为仅以拐卖妇女罪论处，也能做到罪刑相适应，D 正确。

**80. BCD**。《刑法》第 241 条第 2 款与第 4 款规定，收买被拐卖的妇女、儿童后，又有强奸行为的，以收买被拐卖的妇女、儿童罪与强奸罪数罪并罚，A 正确。虽然乙收买被拐卖妇女是为了做妻子，但是这一行为是违法行为，其所认为的夫妻关系不为法律所承认，周某可以成为乙的强奸对象，B 错误。根据《刑法》的规定，行为人收买被拐卖的妇女时，不论是出于什么样的意图都不影响收买被拐卖的妇女罪的成立，有强奸行为的，也不影响强奸罪的成立，C 错误。收买被拐卖的妇女罪是一个单独的犯罪行为，不能作为强奸罪的预备行为，D 错误。

**81. B**。丙作为一名司法工作人员，在讯问中，因为犯罪嫌疑人乙不承认某些犯罪事实而将其胳膊打成重伤，属于使用肉刑逼取口供的行为。《刑法》第 247 条规定，刑讯逼供致人伤残、死亡的，依照故意伤害罪或者故意杀人罪从重处罚。丙致乙重伤的行为构成故意伤害罪，从重处罚，而不是刑讯逼供的结果加重犯，A 错误，B 正确。丙在打乙的时候，显然是基于故意，而非过失，因此，C 错误。如果丙是先实施刑讯逼供行为构成犯罪，后又产生杀人或者伤害的故意的，应当以刑讯逼供罪与故意伤人罪或者故意伤害罪数罪并罚，但是在本题中，丙显然是在刑讯逼供的过程中导致乙胳膊重伤的，根据刑法规定，只以故意伤害罪从重处罚即可，不构成数罪，D 错误。

**82. ABCD**。《刑法》第 316 条规定，乙的行为符合脱逃罪的构成要件，构成脱逃罪，因此，CD 错误。《刑法》第 400 条规定，私放在押人员罪的犯罪主体是司法工作人员，而丁只是一个门卫（临时工），不是司法工作人员，因此不构成私放在押人员罪。B 错误。但这并不意味着丁不构成犯罪，对丁应以脱逃罪的共犯论处。A 错误。

**83. ABCD**。《最高人民法院关于死刑缓期执行限制减刑案件审理程序若干问题的规定》第1条规定，根据《刑法》第50条第2款的规定，对被判处死刑缓期执行的累犯以及因故意杀人、强奸、抢劫、绑架、放火、爆炸、投放危险物质或者有组织的暴力性犯罪被判处死刑缓期执行的犯罪分子，人民法院根据犯罪情节、人身危险性等情况，可以在作出裁判的同时决定对其限制减刑。ABCD均为正确答案。

**84. D**。《最高人民法院关于死刑缓期执行限制减刑案件审理程序若干问题的规定》第4条规定，高级人民法院审理判处死刑缓期执行没有限制减刑的上诉案件，认为原判事实清楚、证据充分，但应当限制减刑的，不得直接改判，也不得发回重新审判。确有必要限制减刑的，应当在第二审判决、裁定生效后，按照审判监督程序重新审判。高级人民法院复核判处死刑缓期执行没有限制减刑的案件，认为应当限制减刑的，不得以提高审级等方式对被告人限制减刑。故D正确。

**85. A**。《刑诉解释》第484条规定："人民法院审判涉外刑事案件，使用中华人民共和国通用的语言、文字，应当为外国籍当事人提供翻译。翻译人员应当在翻译文件上签名。人民法院的诉讼文书为中文本。外国籍当事人不通晓中文的，应当附有外文译本，译本不加盖人民法院印章，以中文本为准。外国籍当事人通晓中国语言、文字，拒绝他人翻译，或者不需要诉讼文书外文译本的，应当由其本人出具书面声明。拒绝出具书面声明的，应当记录在案；必要时，应当录音录像。"据此，故A正确。根据上述规定，诉讼文书"应当"而不是"可以"附有被告人通晓的外文译本，故B错误。《刑诉解释》第485条规定："外国籍被告人委托律师辩护，或者外国籍附带民事诉讼原告人、自诉人委托律师代理诉讼的，应当委托具有中华人民共和国律师资格并依法取得执业证书的律师。外国籍被告人在押的，其监护人、近亲属或者其国籍国驻华使领馆可以代为委托辩护人。其监护人、近亲属代为委托的，应当提供与被告人关系的有效证明。外国籍当事人委托其监护人、近亲属担任辩护人、诉讼代理人的，被委托人应当提供与当事人关系的有效证明。经审查，符合刑事诉讼法、有关司法解释规定的，人民法院应当准许。外国籍被告人没有委托辩护人的，人民法院可以通知法律援助机构为其指派律师提供辩护。被告人拒绝辩护人辩护的，应当由其出具书面声明，或者将其口头声明记录在案；必要时，应当录音录像。被告人属于应当提供法律援助情形的，依照本解释第五十条规定处理。"据此，被告人也可以委托非律师作为辩护人，故C错误。对于D，《刑诉解释》虽未规定，但是，从理论上来讲，中华人民共和国缔结或者参加的国际条约中有关于刑事诉讼程序具体规定的，适用该国际条约的规定。但是，我国声明保留的条款除外。据此，在审理该案的过程当中并非全部适用国际条约的规定，D错误。

**86. A**。《刑诉解释》第523条第1款规定："罚金在判决规定的期限内一次或者分期缴纳。期满无故不缴纳或者未足额缴纳的，人民法院应当强制缴纳。经强制缴纳仍不能全部缴纳的，在任何时候，包括主刑执行完毕，发现被执行人有可供执行的财产的，应当追缴。"故A正确，B错误。2021年《刑诉解释》删除了原第441条第2款的规定，C的请求于法无据，C错误。根据《最高人民法院关于刑事裁判涉财产部分执行的若干规定》第4条规定，发现可能隐匿、转移财产的，应当及时查封、扣押、冻结其相应财产。据此，人民法院应当而不是可以对此采取强制执行措施，D错误。

**87. A**。A属于行政诉讼受案范围。此时，李某还未完全取得公务员的身份，属于外部行政法律争议，因此属于人民法院行政诉讼受案范围。B属于不利人事处理，不可提起行政诉讼。其依据是《公务员法》第95条第1款第2项的规定，公务员对涉及本人的辞退或者取消录用的人事处理不服的，可以自知道该人事处理之日起30日内向原处理机关申请复核；对复核结果不服的，可以自接到复核决定之日起15日内，按照规定向同级公务员主管部门或者作出该人事处理的机关的上一级机关提出申诉；也可以不经复核，自知道该人事处理之日起30日内直接提出申诉。《行政诉讼法》第13条规定，人民法院不受理公民、法人或者其他组织对下列事项提起的诉讼：……（3）行政机关对行政机关工作人员的奖惩、任免等决定……CD错误。

**88. AD**。《地方各级人民政府机构设置和编制管理条例》第8条规定，地方各级人民政府行政机构应当以职责的科学配置为基础，综合设置，做到职责明确、分工合理、机构精简、权责一致，决策和执行相协调。地方各级人民政府行政机构应当根据履行职责的需要，适时调整。但是，在一届政府任期内，地方各级人民政府的工作部门应当保持相对稳定。A正确。《地方各级人民政府机构设置和编制管理条例》第5条规定，县级以上各级人民政府机构编制管理机关应当按照管理权限履行管理职责，并对下级机构编制工作进行业务指导和监督。是"指导和监督"而非"领导"，B错误。《地方各级人民政府机构设置和编制管理条例》第16条规定，地方各级人民政府的行政编制总额，由省、自治区、直辖市人民政府提出，经国务院机构编制管理机关审核后，报国务院批准。批准权在国务院而非省政府，C错误。《地方各级人民政府机构设置和编制管理条例》第18条规定，地方各级人民政府根据调整职责的需要，可以在行政编制总额内调整本级人民政府有关部门的行政编制。但是，在同一个行政区域不同层级之间调配使用行政编制的，应当由省、自治区、直辖市人民政府机构编制管理机关报国务院机构编制管理机关审批。D 正确。

**89. ACD**。《行政许可法》第 48 条第 1 款规定："听证按照下列程序进行：（一）行政机关应当于举行听证的七日前将举行听证的时间、地点通知申请人、利害关系人，必要时予以公告；（二）听证应当公开举行；（三）行政机关应当指定审查该行政许可申请的工作人员以外的人员为听证主持人，申请人、利害关系人认为主持人与该行政许可事项有直接利害关系的，有权申请回避；（四）举行听证时，审查该行政许可申请的工作人员应当提供审查意见的证据、理由，申请人、利害关系人可以提出证据，并进行申辩和质证；（五）听证应当制作笔录，听证笔录应当交听证参加人确认无误后签字或者盖章。" B 的公开与否，不能由"行政机关可视情况决定是否公开举行听证"，而是属于法定的原则上应当予以公开的。所以 B 错误。

**90. BC**。《行诉法解释》第 20 条第 1 款规定，行政机关组建并赋予行政管理职能但不具有独立承担法律责任能力的机构，以自己的名义作出行政行为，当事人不服提起诉讼的，应当以组建该机构的行政机关为被告。本案中甲县政府设立的临时机构——基础设施建设指挥部不具备主体资格，其又委托乙镇政府具体负责强制拆除，所以，最终责任的承担者为甲县政府，被告不能为乙镇政府。A 错误。《行政复议法》第 24 条第 1 款规定："县级以上地方各级人民政府管辖下列行政复议案件：（一）对本级人民政府工作部门作出的行政行为不服的；（二）对下一级人民政府作出的行政行为不服的；（三）对本级人民政府依法设立的派出机关作出的行政行为不服的；（四）对本级人民政府或者其工作部门管理的法律、法规、规章授权的组织作出的行政行为不服的。" 本案中的具体行政行为是甲县政府作出的，因而其复议机关就是甲县政府的上一级地市级政府。D 错误。

# 第21天

锲而舍之，朽木不折；锲而不舍，金石可镂。

## 试　题

**1.** 甲公司在城市公园旁开发预售期房，乙、丙等近百人一次性支付了购房款，总额近8000万元。但甲公司迟迟未开工，按期交房无望。乙、丙等购房人多次集体去甲公司交涉无果，险些引发群体性事件。面对疯涨房价，乙、丙等购房人为另行购房，无奈与甲公司签订《退款协议书》，承诺放弃数额巨大利息、违约金的支付要求，领回原购房款。经咨询，乙、丙等购房人起诉甲公司。下列哪一说法准确体现了公平正义的有关要求？

A.《退款协议书》虽是当事人真实意思表示，但为兼顾情理，法院应当依据购房人的要求变更该协议，由甲公司支付利息和违约金

B.《退款协议书》是甲公司胁迫乙、丙等人订立的，为确保合法合理，法院应当依据购房人的要求宣告该协议无效，由甲公司支付利息和违约金

C.《退款协议书》的订立显失公平，为保护购房人的利益，法院应当依据购房人的要求撤销该协议，由甲公司支付利息和违约金

D.《退款协议书》损害社会公共利益，为确保利益均衡，法院应当依据购房人的要求撤销该协议，由甲公司支付利息和违约金

**2.** 乙因病需要换肾，其兄甲的肾脏刚好配型成功，甲乙父母和甲均同意由甲捐肾。因甲是精神病人，医院拒绝办理。后甲意外死亡，甲乙父母决定将甲的肾脏捐献给乙。下列哪一表述是正确的？

A. 甲决定将其肾脏捐献给乙的行为有效

B. 甲生前，其父母决定将甲的肾脏捐献给乙的行为有效

C. 甲死后，其父母决定将甲的肾脏捐献给乙的行为有效

D. 甲死后，其父母决定将甲的肾脏捐献给乙的行为无效

**3.** 王某是甲公司的法定代表人，以甲公司名义向乙公司发出书面要约，愿以10万元价格出售甲公司的一块清代翡翠。王某在函件发出后2小时意外死亡，乙公司回函表示愿意以该价格购买。甲公司新任法定代表人以王某死亡，且未经董事会同意为由拒绝。关于该要约，下列哪一表述是正确的？

A. 无效　　B. 效力待定

C. 可撤销　　D. 有效

**4.** 甲委托乙销售一批首饰并交付，乙经甲同意转委托给丙。丙以其名义与丁签订买卖合同，约定将这批首饰以高于市场价10%的价格卖给丁，并赠其一批箱包。丙因此与戊签订箱包买卖合同。丙依约向丁交付首饰，但因戊不能向丙交付箱包，导致丙无法向丁交付箱包。丁拒绝向丙支付首饰款。下列哪一表述是正确的？

A. 乙的转委托行为无效

B. 丙与丁签订的买卖合同直接约束甲和丁

C. 丙应向甲披露丁，甲可以行使丙对丁的权利

D. 丙应向丁披露戊，丁可以行使丙对戊的权利

**5.** 关于诉讼时效中断的表述，下列哪一选项是正确的？

A. 甲欠乙10万元到期未还，乙要求甲先清偿8万元。乙的行为，仅导致8万元债务诉讼时效中断

B. 甲和乙对丙因共同侵权而需承担连带赔偿责任计10万元，丙要求甲承担8万元。丙的行为，导致甲和乙对丙负担的连带债务诉讼时效均中断

C. 乙欠甲8万元，丙欠乙10万元，甲对丙提起代位权诉讼。甲的行为，不会导致丙对乙的债务诉讼时效中断

D. 乙欠甲10万元，甲将该债权转让给丙。自甲与丙签订债权转让协议之日起，乙的10万元债务诉讼时效中断

**6.** 周某从迅达汽车贸易公司购买了1辆车，约定周某试用10天，试用期满后3天内办理登记过户手续。试用期间，周某违反交通规则将李某撞成重伤。现周某困难，无力赔偿。关于李某受到的损害，下列哪一表述是正确的？

A. 因在试用期间该车未交付，李某有权请求迅达公司赔偿

B. 因该汽车未过户，不知该汽车已经出卖，李某有权请求迅达公司赔偿

C. 李某有权请求周某赔偿，因周某是该汽车的使用人

D. 李某有权请求周某和迅达公司承担连带赔偿责任，因周某和迅达公司是共同侵权人

**7.** 同升公司以一套价值100万元的设备作为抵押，向甲借款10万元，未办理抵押登记手续。同升公司又向乙借款80万元，以该套设备作为抵押，并办理了抵押登记手续。同升公司欠丙货款20万元，将该套设备出质给丙。丙不小心损坏了该套设备送丁修理，因欠丁5万元修理费，该套设备被丁留置。关于甲、乙、丙、丁对该套设备享有的担保物权的清偿顺序，下列哪一排列是正确的？

A. 甲乙丙丁　　B. 乙丙丁甲

C. 丙丁甲乙　　D. 丁乙丙甲

**8.** 物权人在其权利的实现上遇有某种妨害时，有权请求造成妨害事由发生的人排除此等妨害，称为物权请求权。关于物权请求权，下列哪一表述是错误的？

A. 是独立于物权的一种行为请求权

B. 可以适用债权的有关规定

C. 不能与物权分离而单独存在

D. 须依诉讼的方式进行

**9.** 潘某与刘某相约出游，潘某在长江边拾得一块奇石，爱不释手，拟带回家。刘某说，《民法典》规定河流属于国家所有，这一行为可能属于侵占国家财产。关于潘某能否取得奇石的所有权，下列哪一说法是正确的？

A. 不能，因为石头是河流的成分，长江属于国家所有，石头从河流中分离后仍然属于国家财产

B. 可以，因为即使长江属于国家所有，但石头是独立物，经有关部门许可即可以取得其所有权

C. 不能，因为即使石头是独立物，但长江属于国家所有，石头也属于国家财产

D. 可以，因为即使长江属于国家所有，但石头是独立物、无主物，依先占的习惯可以取得其所有权

**10.** 甲公司向银行贷款1000万元，乙公司和丙公司向银行分别出具担保函："在甲公司不按时偿还1000万元本息时，本公司承担保证责任。"关于乙公司和丙公司对银行的保证债务，下列哪一表述是正确的？

A. 属于选择之债　　B. 属于连带之债

C. 属于按份之债　　D. 属于多数人之债

**11.** 甲乙双方拟订的借款合同约定：甲向乙借款11万元，借款期限为1年。乙在签字之前，要求甲为借款合同提供担保。丙应甲要求同意担保，并在借款合同保证人一栏签字，保证期间为1年。甲将有担保签字的借款合同交给乙。乙要求从11万元中预先扣除1万元利息，同时将借款期限和保证期间均延长为2年。甲应允，双方签字，乙依约将10万元交付给甲。下列哪一表述是正确的？

A. 丙的保证期间为1年

B. 丙无须承担保证责任

C. 丙应承担连带保证责任

D. 丙应对10万元本息承担保证责任

**12.** 甲公司对乙公司享有10万元债权，乙公司对丙公司享有20万元债权。甲公司将其债权转让给丁公司并通知了乙公司，丙公司未经乙公司同意，将其债务转移给戊公司。如丁公司对戊公司提起代位权诉讼，戊公司下列哪一抗辩理由能够成立？

A. 甲公司转让债权未获乙公司同意

B. 丙公司转移债务未经乙公司同意

C. 乙公司已经要求戊公司偿还债务

D. 乙公司、丙公司之间的债务纠纷有仲裁条款约束

**13.** 甲公司与乙公司签订并购协议："甲公司以1亿元收购乙公司在丙公司中51%的股权。若股权过户后，甲公司未支付收购款，则乙公司有权解除并购协议。"后乙公司依约履行，甲公司却分文未付。乙公司向甲公司发送一份经过公证的《通知》："鉴于你公司严重违约，建议双方终止协议，贵方向我方支付违约金；或者由贵方提出解决方案。"3日后，乙公司又向甲公司发送《通报》："鉴于你公司严重违约，我方现终止协议，要求你方依约支付违约金。"下列哪一选项是正确的？

A. 《通知》送达后，并购协议解除

B. 《通报》送达后，并购协议解除

C. 甲公司对乙公司解除并购协议的权利不得提出异议

D. 乙公司不能既要求终止协议，又要求甲公司支付违约金

**14.** 2011年5月6日，甲公司与乙公司签约，约定甲公司于6月1日付款，乙公司6月15日交付"连升"牌自动扶梯。合同签订后10日，乙公司销售他人的"连升"牌自动扶梯发生重大安全事故，市场监督管理局介入调查。合同签订后20日，甲、乙、丙公司三方合意，由丙公司承担付款义务。丙公司6月1日未付款。下列哪一表述是正确的？

A. 甲公司有权要求乙公司交付自动扶梯

B. 丙公司有权要求乙公司交付自动扶梯

C. 丙公司有权行使不安抗辩权

D. 乙公司有权要求甲公司和丙公司承担连带债务

**15.** 甲公司与乙公司签订一份技术开发合同，未约定技术秘密成果的归属。甲公司按约支付了研究开发经费和报酬后，乙公司交付了全部技术成果资料。

后甲公司在未告知乙公司的情况下，以普通使用许可的方式许可丙公司使用该技术，乙公司在未告知甲公司的情况下，以独占使用许可的方式许可丁公司使用该技术。下列哪一说法是正确的？

A. 该技术成果的使用权仅属于甲公司

B. 该技术成果的转让权仅属于乙公司

C. 甲公司与丙公司签订的许可使用合同无效

D. 乙公司与丁公司签订的许可使用合同无效

**16.** 某诗人署名“漫动的音符”，在甲网站发表题为“天堂向左”的诗作，乙出版社的《现代诗集》收录该诗，丙教材编写单位将该诗作为范文编入《语文》教材，丁文学网站转载了该诗。下列哪一说法是正确的？

A. 该诗人在甲网站署名方式不合法

B. “天堂向左”在《现代诗集》中被正式发表

C. 丙可以不经该诗人同意使用“天堂向左”，但应当按照规定支付报酬

D. 丁网站未经该诗人和甲网站同意而转载，构成侵权行为

**17.** 甲公司开发出一项发动机关键部件的技术，大大减少了汽车尾气排放。乙公司与甲公司签订书面合同受让该技术的专利申请权后不久，将该技术方案向国家知识产权局同时申请了发明专利和实用新型专利。下列哪一说法是正确的？

A. 因该技术转让合同未生效，乙公司无权申请专利

B. 因尚未依据该技术方案制造出产品，乙公司无权申请专利

C. 乙公司获得专利申请权后，无权就同一技术方案同时申请发明专利和实用新型专利

D. 乙公司无权就该技术方案获得发明专利和实用新型专利

**18.** 刘某承包西瓜园，收获季节突然病故。好友刁某因联系不上刘某家人，便主动为刘某办理后事和照看西瓜园，并将西瓜卖出，获益5万元。其中，办理后事花费1万元、摘卖西瓜雇工费以及其他必要费用共5000元。刁某认为自己应得劳务费5000元。关于刁某的行为，下列哪一说法是正确的？

A. 5万元属于不当得利

B. 应向刘某家人给付3万元

C. 应向刘某家人给付4万元

D. 应向刘某家人给付3.5万元

**19.** 黄某与唐某自愿达成离婚协议并约定财产平均分配，婚姻关系存续期间的债务全部由唐某偿还。经查，黄某以个人名义在婚姻存续期间向刘某借款10万元用于购买婚房。下列哪一表述是正确的？

A. 刘某只能要求唐某偿还10万元

B. 刘某只能要求黄某偿还10万元

C. 如黄某偿还了10万元，则有权向唐某追偿10万元

D. 如唐某偿还了10万元，则有权向黄某追偿5万元

**20.** 甲与乙登记结婚3年后，乙向法院请求确认该婚姻无效。乙提出的下列哪一理由可以成立？

A. 乙登记结婚的实际年龄离法定婚龄相差2年

B. 甲婚前谎称是海归博士且有车有房，乙婚后发现上当受骗

C. 甲与乙是表兄妹关系

D. 甲以揭发乙父受贿为由胁迫乙结婚

**21.** 甲到乙医院做隆鼻手术效果很好。乙为了宣传，分别在美容前后对甲的鼻子进行拍照（仅见鼻子和嘴部），未经甲同意将照片发布到丙网站的广告中，介绍该照片时使用甲的真实姓名。丙网站在收到甲的异议后立即作了删除。下列哪一说法是正确的？

A. 乙医院和丙网站侵犯了甲的姓名权，应承担连带赔偿责任

B. 乙医院和丙网站侵犯了甲的姓名权，应承担按份赔偿责任

C. 乙医院侵犯了甲的姓名权

D. 乙医院和丙网站侵犯了甲的姓名权和肖像权，但丙网站可免于承担赔偿责任

**22.** 白阳有限公司分立为阳春有限公司与白雪有限公司时，在对原债权人甲的关系上，下列哪一说法是错误的？

A. 白阳公司应在作出分立决议之日起10日内通知甲

B. 甲在接到分立通知书后30日内，可要求白阳公司清偿债务或提供相应的担保

C. 甲可向分立后的阳春公司与白雪公司主张连带清偿责任

D. 白阳公司在分立前可与甲就债务偿还问题签订书面协议

**23.** 某市房地产主管部门领导王大伟退休后，与其友张三、李四共同出资设立一家房地产中介公司。王大伟不想让自己的名字出现在公司股东名册上，在未告知其弟王小伟的情况下，直接持王小伟的身份证等证件，将王小伟登记为公司股东。下列哪一表述是正确的？

A. 公司股东应是王大伟

B. 公司股东应是王小伟

C. 王大伟和王小伟均为公司股东

D. 公司债权人有权请求王小伟对公司债务承担相应的责任

**24.** 2009年，甲、乙、丙、丁共同设立A有限责任公司。丙以下列哪一理由提起解散公司的诉讼法院应予受理？

A. 以公司董事长甲严重侵害其股东知情权，其无法与甲合作为由

B. 以公司管理层严重侵害其利润分配请求权，其股东利益受重大损失为由

C. 以公司被吊销企业法人营业执照而未进行清算为由

D. 以公司经营管理发生严重困难，继续存续会使股东利益受到重大损失为由

**25.** 甲、乙、丙、丁打算设立一家普通合伙企业。对此，下列哪一表述是正确的？

A. 各合伙人不得以劳务作为出资

B. 如乙仅以其房屋使用权作为出资，则不必办理房屋产权过户登记

C. 该合伙企业名称中不得以任何一个合伙人的名字作为商号或字号

D. 合伙协议经全体合伙人签名、盖章并经登记后生效

**26.** 赵、钱、孙、李设立一家普通合伙企业。经全体合伙人会议决定，委托赵与钱执行合伙事务，对外代表合伙企业。对此，下列哪一表述是错误的？

A. 孙、李仍享有执行合伙事务的权限

B. 孙、李有权监督赵、钱执行合伙事务的情况

C. 如赵单独执行某一合伙事务，钱可以对赵执行的事务提出异议

D. 如赵执行事务违反合伙协议，孙、李有权决定撤销对赵的委托

**27.** 2010年8月1日，某公司申请破产。8月10日，法院受理并指定了管理人。该公司出现的下列哪一行为属于《企业破产法》中的欺诈破产行为，管理人有权请求法院予以撤销？

A. 2009年7月5日，将市场价格100万元的仓库以30万元出售给母公司

B. 2009年10月15日，将公司一辆价值30万元的汽车赠与甲

C. 2010年5月5日，向乙银行偿还欠款50万元及利息4万元

D. 2010年6月10日，以协议方式与债务人丙相互抵销20万元债务

**28.** 甲公司开具一张金额50万元的汇票，收款人为乙公司，付款人为丙银行。乙公司收到后将该汇票背书转让给丁公司。下列哪一说法是正确的？

A. 乙公司将票据背书转让给丁公司后即退出票据关系

B. 丁公司的票据债务人包括乙公司和丙银行，但不包括甲公司

C. 乙公司背书转让时不得附加任何条件

D. 如甲公司在出票时于汇票上记载有“不得转让”字样，则乙公司的背书转让行为依然有效，但持票人不得向甲行使追索权

**29.** 股票和债券是我国《证券法》规定的主要证券类型。关于股票与债券的比较，下列哪一表述是正确的？

A. 有限责任公司和股份有限公司都可以成为股票和债券的发行主体

B. 股票和债券具有相同的风险性

C. 债券的流通性强于股票的流通性

D. 股票代表股权，债券代表债权

**30.** 张三向保险公司投保了汽车损失险。某日，张三的汽车被李四撞坏，花去修理费5000元。张三向李四索赔，双方达成如下书面协议：张三免除李四修理费1000元，李四将为张三提供3次免费咨询服务，剩余的4000元由张三向保险公司索赔。后张三请求保险公司按保险合同支付保险金5000元。下列哪一说法是正确的？

A. 保险公司应当按保险合同全额支付保险金5000元，且不得向李四求偿

B. 保险公司仅应当承担4000元保险金的赔付责任，且有权向李四求偿

C. 因张三免除了李四1000元的债务，保险公司不再承担保险金给付责任

D. 保险公司应当全额支付5000元保险金，再向李四求偿

**31.** 关于民事仲裁与民事诉讼的区别，下列哪一选项是正确的？

A. 具有给付内容的生效判决书都具有执行力，具有给付内容的生效裁决书没有执行力

B. 诉讼中当事人可以申请财产保全，在仲裁中不可以申请财产保全

C. 仲裁不需对案件进行开庭审理，诉讼原则上要对案件进行开庭审理

D. 仲裁机构是民间组织，法院是国家机关

**32.** 甲因乙久拖房租不付，向法院起诉，要求乙支付半年房租6000元。在案件开庭审理前，甲提出书面材料，表示时间已过去1个月，乙应将房租增至7000元。关于法院对甲增加房租的要求的处理，下列哪一选项是正确的？

A. 作为新的诉讼受理，合并审理

B. 作为诉讼标的变更，另案审理

C. 作为诉讼请求增加，继续审理

D. 不予受理，告知甲可以另行起诉

**33.** 关于民事诉讼法基本原则在民事诉讼中的具体体现，下列哪一说法是正确的？

A. 当事人有权决定是否委托代理人代为进行诉讼，是诉讼权利平等原则的体现

B. 当事人均有权委托代理人代为进行诉讼，是处分原则的体现

C. 原告与被告在诉讼中有一些不同但相对等的权利，是同等原则的体现

D. 当事人达成调解协议不仅要自愿，内容也不得违法，是法院调解自愿和合法原则的体现

**34.** 根据《民事诉讼法》和相关司法解释，关于中级法院，下列哪一表述是正确的？

A. 既可受理一审涉外案件，也可受理一审非涉外案件

B. 审理案件组成合议庭时，均不可邀请陪审员参加

C. 审理案件均须以开庭审理的方式进行

D. 对案件所作出的判决均为生效判决

**35.** 吴某被王某打伤后诉至法院，王某败诉。一审判决书送达王某时，其当即向送达人郑某表示上诉，但因其不识字，未提交上诉状。关于王某行为的法律效力，下列哪一选项是正确的？

A. 王某已经表明上诉，产生上诉效力

B. 郑某将王某的上诉要求告知法院后，产生上诉效力

C. 王某未提交上诉状，不产生上诉效力

D. 王某口头上诉经二审法院同意后，产生上诉效力

**36.** 根据《民事诉讼法》和民事诉讼理论，关于期间，下列哪一选项是正确的？

A. 法定期间都是不可变期间，指定期间都是可变期间

B. 法定期间的开始日及期间中遇有节假日的，应当在计算期间时予以扣除

C. 当事人参加诉讼的在途期间不包括在期间内

D. 遇有特殊情况，法院可依职权变更原确定的指定期间

**37.** 根据《民事诉讼法》及相关司法解释，关于法院调解，下列哪一选项是错误的？

A. 法院可以委托与当事人有特定关系的个人进行调解，达成协议的，法院应当依法予以确认

B. 当事人在诉讼中自行达成和解协议的，可以申请法院依法确认和解协议并制作调解书

C. 法院制作的调解书生效后都具有执行力

D. 法院调解书确定的担保条款的条件成就时，当事人申请执行的，法院应当依法执行

**38.** 下列哪一选项属于《民事诉讼法》直接规定、具有简易程序特点的内容？

A. 原告起诉或被告答辩时要向法院提供明确的送达地址

B. 适用简易程序审理的劳动合同纠纷在开庭审理时应先行调解

C. 在简易程序中，法院指定举证期限可以少于30天

D. 适用简易程序审理民事案件时，审判组织一律采用独任制

**39.** 二审法院根据当事人上诉和案件审理情况，对上诉案件作出相应裁判。下列哪一选项是正确的？

A. 二审法院认为原判对上诉请求的有关事实认定清楚、适用法律正确，裁定驳回上诉，维持原判

B. 二审法院认为原判对上诉请求的有关事实认定清楚，但适用法律有错误，裁定发回重审

C. 二审法院认为一审判决是在案件未经开庭审理而作出的，裁定撤销原判，发回重审

D. 原审原告增加独立的诉讼请求，二审法院合并审理，一并作出判决

**40.** 三合公司诉两江公司合同纠纷一案，经法院审理后判决两江公司败诉。此后，两江公司与海大公司合并成立了大江公司。在对两江公司财务进行审核时，发现了一份对前述案件事实认定极为重要的证据。关于该案的再审，下列哪一说法是正确的？

A. 应当由两江公司申请再审并参加诉讼

B. 应当由海大公司申请再审并参加诉讼

C. 应当由大江公司申请再审并参加诉讼

D. 应当由两江公司申请再审，但必须由大江公司参加诉讼

**41.** 执行程序的参与分配制度对适用条件作了规定。下列哪一选项不属于参与分配适用的条件？

A. 被执行人的财产无法清偿所有的债权

B. 被执行人为法人或其他组织而非自然人

C. 有多个申请人对同一被申请人享有债权

D. 参与分配的债权只限于金钱债权

**42.** 某企业使用霉变面粉加工馒头，潜在受害人不可确定。甲、乙、丙、丁等20多名受害者提起损害赔偿诉讼，但未能推选出诉讼代表人。法院建议由甲、乙作为诉讼代表人，但丙、丁等人反对。关于本案，下列哪一选项是正确的？

A. 丙、丁等人作为诉讼代表人参加诉讼

B. 丙、丁等人推选代表人参加诉讼

C. 诉讼代表人由法院指定

D. 在丙、丁等人不认可诉讼代表人情况下，本案裁判对丙、丁等人没有约束力

**43.** 甲不履行仲裁裁决，乙向法院申请执行。甲拟提出不予执行的申请并提出下列证据证明仲裁裁决应不予执行。针对下列哪一选项，法院可裁定驳回甲的申请？

A. 甲、乙没有订立仲裁条款或达成仲裁协议

B. 仲裁庭组成违反法定程序

C. 裁决事项超出仲裁机构权限范围

D. 仲裁裁决没有根据经当事人质证的证据认定事实

**44.** 甲公司将建筑工程发包给乙公司，乙公司将其转包给丙公司，丙公司将部分工程包给由121个农

民工组成的施工队。施工期间，丙公司拖欠施工队工程款达 500 万元之多，农民工因此踏上维权之路。丙公司以乙公司拖欠其工程款 800 万元为由、乙公司以甲公司拖欠其工程款 1000 万元为由均拒付欠款。施工队将甲公司诉至法院，要求甲公司支付 500 万元。根据社会主义法治理念，关于本案的处理，下列哪些说法是正确的？

A. 法院应驳回施工队的诉讼请求，因甲公司与施工队无合同关系。法院不应以破坏合同相对性为代价，片面实现社会效果

B. 法院应支持施工队的诉讼请求。法院不能简单以坚持合同的相对性为由否定甲公司的责任，从而造成农民工不断申诉，案结事不了

C. 法院应当追加乙公司和丙公司为本案当事人。法院一并解决乙公司和丙公司的欠款纠纷，以避免机械执法，就案办案

D. 法院可以追加乙公司和丙公司为本案当事人。法院加强保护农民工权益的力度，有利于推进法律效果和社会效果的有机统一

**45.** 甲与乙离婚，甲乙的子女均已成年，与乙一起生活。甲与丙再婚后购买了一套房屋，登记在甲的名下。后甲因中风不能自理，常年卧床。丙见状离家出走达 3 年之久。甲乙的子女和乙想要回房屋，进行法律咨询。下列哪些意见是错误的？

A. 因房屋登记在甲的名下，故属于甲个人房产

B. 丙在甲中风后未尽妻子责任和义务，不能主张房产份额

C. 甲乙的子女可以申请宣告丙失踪

D. 甲本人向法院提交书面意见后，甲乙的子女可代理甲参与甲与丙的离婚诉讼

**46.** 关于意思表示法律效力的判断，下列哪些选项是正确的？

A. 甲在商场购买了一台液晶电视机，回家后发现其妻乙已在另一商场以更低折扣订了一台液晶电视机。甲认为其构成重大误解，有权撤销买卖

B. 甲向乙承诺，以其外籍华人身份在婚后为乙办外国绿卡。婚后，乙发现甲是在逃通缉犯。乙有权以甲欺诈为由撤销婚姻

C. 甲向乙银行借款，乙银行要求甲提供担保。丙为帮助甲借款，以举报丁偷税漏税相要挟，迫使其为甲借款提供保证，乙银行对此不知情。丁有权以其受到胁迫为由撤销保证

D. 甲患癌症，其妻乙和医院均对甲隐瞒其病情。经与乙协商，甲投保人身保险，指定身故受益人为乙。保险公司有权以乙欺诈为由撤销合同

**47.** 甲公司从乙公司采购 10 袋菊花茶，约定："在乙公司交付菊花茶后，甲公司应付货款 10 万元。"丙公司提供担保函："若甲公司不依约付款，则由丙公司代为支付。"乙公司交付的菊花茶中有 2 袋经过硫磺熏蒸，无法饮用，价值 2 万元。乙公司要求甲公司付款未果，便要求丙公司付款 10 万元。下列哪些表述是正确的？

A. 如丙公司知情并向乙公司付款 10 万元，则丙公司只能向甲公司追偿 8 万元

B. 如丙公司不知情并向乙公司付款 10 万元，则乙公司会构成不当得利

C. 如甲公司付款债务诉讼时效已过，丙公司仍向乙公司付款 8 万元，则丙公司不得向甲公司追偿

D. 如丙公司放弃对乙公司享有的先诉抗辩权，仍向乙公司付款 8 万元，则丙公司不得向甲公司追偿

**48.** 吴某和李某共有一套房屋，所有权登记在吴某名下。2010 年 2 月 1 日，法院判决吴某和李某离婚，并且判决房屋归李某所有，但是并未办理房屋所有权变更登记。3 月 1 日，李某将该房屋出卖给张某，张某基于对判决书的信赖支付了 50 万元价款，并入住了该房屋。4 月 1 日，吴某又就该房屋和王某签订了买卖合同，王某在查阅了房屋登记簿确认房屋仍归吴某所有后，支付了 50 万元价款，并于 5 月 10 日办理了所有权变更登记手续。下列哪些选项是正确的？

A. 5 月 10 日前，吴某是房屋所有权人

B. 2 月 1 日至 5 月 10 日，李某是房屋所有权人

C. 3 月 1 日至 5 月 10 日，张某是房屋所有权人

D. 5 月 10 日后，王某是房屋所有权人

**49.** 关于共有，下列哪些表述是正确的？

A. 对于共有财产，部分共有人主张按份共有，部分共有人主张共同共有，如不能证明财产是按份共有的，应当认定为共同共有

B. 按份共有人对共有不动产或者动产享有的份额，没有约定或者约定不明确的，按照出资额确定；不能确定出资额的，视为等额享有

C. 夫或妻在处理夫妻共同财产上权利平等，因日常生活需要而处理夫妻共同财产的，任何一方均有权决定

D. 对共有物的分割，当事人没有约定或者约定不明确的，按份共有人可以随时请求分割，共同共有人在共有的基础丧失或者有重大理由需要分割时可以请求分割

**50.** 丁某将其所有的房屋出租给方某，方某将该房屋转租给唐某。下列哪些表述是正确的？

A. 丁某在租期内基于房屋所有权可以对方某主张返还请求权，方某可以基于其与丁某的合法的租赁关系主张抗辩权

B. 方某未经丁某同意将房屋转租，并已实际交付给唐某租用，则丁某无权请求唐某返还房屋

C. 如丁某与方某的租赁合同约定，方某未经丁某同意将房屋转租，丁某有权解除租赁合同，则在合同解除后，其有权请求唐某返还房屋

D. 如丁某与方某的租赁合同约定，方某未经丁某同意将房屋转租，丁某有权解除租赁合同，则在合同解除后，在丁某向唐某请求返还房屋时，唐某可以基于与方某的租赁关系进行有效的抗辩

**51.** 下列甲与乙签订的哪些合同有效？

A. 甲与乙签订商铺租赁合同，约定待办理公证后合同生效。双方未办理合同公证，甲交付商铺后，乙支付了第1个月的租金

B. 甲与乙签署股权转让协议，约定甲将其对丙公司享有的90%股权转让给乙，乙支付1亿元股权受让款。但此前甲已将该股权转让给丁

C. 甲与乙签订相机买卖合同，相机尚未交付，也未付款。后甲又就出卖该相机与丙签订买卖合同

D. 甲将商铺出租给丙后，将该商铺出卖给乙，但未通知丙

**52.** 甲公司与乙公司签订10万元建材买卖合同后，乙交付建材，甲公司未付建材款。甲公司将该建材用于丙公司办公楼装修，丙公司需向甲公司支付15万元装修款，其中5万元已经支付完毕。丙公司给乙公司出具《担保函》："本公司同意以欠甲公司的10万元装修款担保甲公司欠乙公司的10万元建材款。"乙公司对此并无异议。后，甲公司对乙公司的债务、丙公司对甲公司的债务均届期未偿，且甲公司怠于向丙公司主张债权。下列哪些表述是正确的？

A. 乙公司对丙公司享有应收账款质权

B. 丙公司应对乙公司承担保证责任

C. 乙公司可以对丙公司提起代位权诉讼

D. 乙公司可以要求并存债务承担人丙公司清偿债务

**53.** 梁某与甲旅游公司签订合同，约定梁某参加甲公司组织的旅游团赴某地旅游。旅游出发前15日，梁某因出差通知甲公司，由韩某替代跟团旅游。旅游行程一半，甲公司不顾韩某反对，将其旅游业务转给乙公司。乙公司组织游客参观某森林公园，该公园所属观光小火车司机操作失误致火车脱轨，韩某遭受重大损害。下列哪些表述是正确的？

A. 即使甲公司不同意，梁某仍有权将旅游合同转让给韩某

B. 韩某有权请求甲公司和乙公司承担连带责任

C. 韩某有权请求某森林公园承担赔偿责任

D. 韩某有权请求小火车司机承担赔偿责任

**54.** 我国《著作权法》不适用于下列哪些选项？

A. 法院判决书

B. 《与贸易有关的知识产权协定》的官方中文译文

C. 《伯尔尼公约》成员国国民的未发表且未经我国有关部门审批的境外影视作品

D. 奥运会开幕式火炬点燃仪式的创意

**55.** 甲电视台模仿某境外电视节目创作并录制了一档新娱乐节目，尚未播放。乙闭路电视台贿赂甲电视台工作人员贺某复制了该节目，并将获得的复制品抢先播放。下列哪些说法是正确的？

A. 乙电视台侵犯了甲电视台的播放权

B. 乙电视台侵犯了甲电视台的复制权

C. 贺某应当与乙电视台承担连带责任

D. 贺某应承担补充责任

**56.** 甲公司获得一项用于自行车雨伞装置的实用新型专利，发现乙公司生产的自行车使用了该技术，遂向法院起诉，要求乙公司停止侵害并赔偿损失10万元。甲公司的下列哪些做法是正确的？

A. 向乙公司所在地的基层法院起诉

B. 起诉时未向受理法院提交国家知识产权局出具的该专利书面评价报告

C. 将仅在说明书中表述而未在权利要求中记载的技术方案纳入专利权的保护范围

D. 举证期届满后法庭辩论终结前变更其主张的权利要求

**57.** 甲公司通过签订商标普通许可使用合同许可乙公司使用其注册商标"童声"，核定使用的商品为儿童服装。合同约定发现侵权行为后乙公司可以其名义起诉。后乙公司发现个体户萧某销售假冒"童声"商标的儿童服装，萧某不能举证证明该批服装的合法来源。下列哪些说法是正确的？

A. 乙公司必须在"童声"儿童服装上标明乙公司的名称和产地

B. 该商标使用许可合同自备案后生效

C. 乙公司不能以其名义起诉，因为诉权不得约定转移

D. 萧某应当承担停止销售和赔偿损失的法律责任

**58.** 张某李某系夫妻，生有一子张甲和一女张乙。张甲于2007年意外去世，有一女丙。张某在2010年死亡，生前拥有个人房产一套，遗嘱将该房产处分给李某。关于该房产的继承，下列哪些表述是正确的？

A. 李某可以通过张某的遗嘱继承该房产

B. 丙可以通过代位继承要求对该房产进行遗产分割

C. 继承人自张某死亡时取得该房产所有权

D. 继承人自该房产变更登记后取得所有权

**59.** 甲女委托乙公司为其拍摄一套艺术照。不久，甲女发现丙网站有其多张半裸照片，受到众人嘲讽和指责。经查，乙公司未经甲女同意将其照片上传到公司网站做宣传，丁男下载后将甲女头部移植至他人半裸照片，上传到丙网站。下列哪些说法是正确的？

A. 乙公司侵犯了甲女的肖像权

B. 丁男侵犯了乙公司的著作权

C. 丁男侵犯了甲女的名誉权

D. 甲女有权主张精神损害赔偿

**60.** 甲系某品牌汽车制造商，发现已投入流通的某款车型刹车系统存在技术缺陷，即通过媒体和销售商发布召回该款车进行技术处理的通知。乙购买该车，看到通知后立即驱车前往丙销售公司，途中因刹车系统失灵撞上大树，造成伤害。下列哪些说法是正确的？

A. 乙有权请求甲承担赔偿责任

B. 乙有权请求丙承担赔偿责任

C. 乙有权请求惩罚性赔偿

D. 甲的责任是无过错责任

**61.** 甲、乙、丙、丁计划设立一家从事技术开发的天际有限责任公司，按照公司设立协议，甲以其持有的君则房地产开发有限公司20%的股权作为其出资。下列哪些情形会导致甲无法全面履行其出资义务？

A. 君则公司章程中对该公司股权是否可用作对其他公司的出资形式没有明确规定

B. 甲对君则公司尚未履行完毕其出资义务

C. 甲已将其股权出质给其债权人戊

D. 甲以其股权作为出资转让给天际公司时，君则公司的另一股东已主张行使优先购买权

**62.** 张三、李四、王五成立天问投资咨询有限公司，张三、李四各以现金50万元出资，王五以价值20万元的办公设备出资。张三任公司董事长，李四任公司总经理。公司成立后，股东的下列哪些行为可构成股东抽逃出资的行为？

A. 张三与自己所代表的公司签订一份虚假购货合同，以支付货款的名义，由天问公司支付给自己50万元

B. 李四以公司总经理身份，与自己所控制的另一公司签订设备购置合同，将15万元的设备款虚报成65万元，并已由天问公司实际转账支付

C. 王五擅自将天问公司若干贵重设备拿回家

D. 3人决议制作虚假财务会计报表虚增利润，并进行分配

**63.** 2009年3月，周、吴、郑、王以普通合伙企业形式开办一家湘菜馆。2010年7月，吴某因车祸死亡，其妻欧某为唯一继承人。在下列哪些情形中，欧某不能通过继承的方式取得该合伙企业的普通合伙人资格？

A. 吴某之父对欧某取得合伙人资格表示异议

B. 合伙协议规定合伙人须具有国家一级厨师资格证，欧某不具有

C. 郑某不愿意接纳欧某为合伙人

D. 欧某因夫亡突遭打击，精神失常，经法院宣告为无民事行为能力人

**64.** 2011年9月1日，某法院受理了湘江服装公司的破产申请并指定了管理人，管理人开始受理债权申报。下列哪些请求权属于可以申报的债权？

A. 甲公司的设备余款给付请求权，但根据约定该余款的支付时间为2011年10月30日

B. 乙公司请求湘江公司加工一批服装的合同履行请求权

C. 丙银行的借款偿还请求权，但该借款已经设定财产抵押担保

D. 当地税务机关对湘江公司作出的8万元行政处罚决定

**65.** 潇湘公司为支付货款向楚天公司开具一张金额为20万元的银行承兑汇票，付款银行为甲银行。潇湘公司收到楚天公司货物后发现有质量问题，立即通知甲银行停止付款。另外，楚天公司尚欠甲银行贷款30万元未清偿。下列哪些说法是错误的？

A. 该汇票须经甲银行承兑后才发生付款效力

B. 根据票据的无因性原理，甲银行不得以楚天公司尚欠其贷款未还为由拒绝付款

C. 如甲银行在接到潇湘公司通知后仍向楚天公司付款，由此造成的损失甲银行应承担责任

D. 潇湘公司有权以货物质量瑕疵为由请求甲银行停止付款

**66.** 依据《保险法》规定，保险合同成立后，保险人原则上不得解除合同。下列哪些情形下保险人可以解除合同？

A. 人身保险中投保人在交纳首期保险费后未按期交纳后续保费

B. 投保人虚报被保险人年龄，保险合同成立已1年6个月

C. 投保人在投保时故意未告知投保汽车曾遇严重交通事故致发动机受损的事实

D. 投保人未履行对保险标的安全维护之责任

**67.** 南岳公司委托江北造船公司建造船舶一艘。船舶交付使用时南岳公司尚欠江北公司费用200万元。南岳公司以该船舶抵押向银行贷款500万元。后该船舶不慎触礁，需修理费50万元，有多名船员受伤，需医药费等40万元。如以该船舶的价值清偿上述债务，下列哪些表述是正确的？

A. 修船厂的留置权优先于银行的抵押权

B. 船员的赔偿请求权优先于修船厂的留置权

C. 造船公司的造船费用请求权优先于银行的抵押权

D. 银行的抵押权优先于修船厂的留置权

**68.** 根据《民事诉讼法》以及相关司法解释，关于离婚诉讼，下列哪些选项是正确的？

A. 被告下落不明的，案件由原告住所地法院管辖

B. 一方当事人死亡的，诉讼终结

C. 判决生效后，不允许当事人申请再审

D. 原则上不公开审理，因其属于法定不公开审理案件范围

**69.** 关于普通程序的重要性，下列哪些选项是正确的？

A. 普通程序是一审诉讼案件的审理程序

B. 民事诉讼法的基本原则和基本制度在普通程序中有集中体现

C. 普通程序是民事审判程序中体系最完整、内容最丰富的程序

D. 其他审判程序审理案件时遇有本程序没有特别规定的，应当适用普通程序的相关规定进行审理

**70.** 关于无独立请求权第三人，下列哪些说法是错误的？

A. 无独立请求权第三人在诉讼中有自己独立的诉讼地位

B. 无独立请求权第三人有权提出管辖异议

C. 一审判决没有判决无独立请求权第三人承担民事责任的，无独立请求权的第三人不可以作为上诉人或被上诉人

D. 无独立请求权第三人有权申请参加诉讼和参加案件的调解活动，与案件原、被告达成调解协议

**71.** 法院开庭审理时一方当事人未到庭，关于可能出现的法律后果，下列哪些选项是正确的？

A. 延期审理

B. 按原告撤诉处理

C. 缺席判决

D. 采取强制措施拘传未到庭的当事人到庭

**72.** 关于法定诉讼代理人，下列哪些认识是正确的？

A. 代理权的取得不是根据其所代理的当事人的委托授权

B. 在诉讼中可以按照自己的意志代理被代理人实施所有诉讼行为

C. 在诉讼中死亡的，产生与当事人死亡同样的法律后果

D. 所代理的当事人在诉讼中取得行为能力的，法定诉讼代理人则自动转化为委托代理人

**73.** 根据证据理论和《民事诉讼法》以及相关司法解释，关于证人证言，下列哪些选项是正确的？

A. 限制行为能力的未成年人可以附条件地作为证人

B. 证人因出庭作证而支出的合理费用，由提供证人的一方当事人承担

C. 证人在法院组织双方当事人交换证据时出席陈述证言的，可视为出庭作证

D. “未成年人所作的与其年龄和智力状况不相当的证言不能单独作为认定案件事实的依据”，是关于证人证言证明力的规定

**74.** 关于证明责任，下列哪些说法是正确的？

A. 只有在待证事实处于真伪不明情况下，证明责任的后果才会出现

B. 对案件中的同一事实，只有一方当事人负有证明责任

C. 当事人对其主张的某一事实没有提供证据证明，必将承担败诉的后果

D. 证明责任的结果责任不会在原、被告间相互转移

**75.** 甲公司因乙公司拖欠货款向A县法院申请支付令，经审查甲公司的申请符合法律规定，A县法院向乙公司发出支付令。乙公司收到支付令后在法定期间没有履行给付货款的义务，而是向A县法院提起诉讼，要求甲公司承担因其提供的产品存在质量问题的违约责任。关于本案，下列哪些选项是正确的？

A. 支付令失效

B. 甲公司可以持支付令申请强制执行

C. A县法院应当受理乙公司的起诉

D. A县法院不应受理乙公司的起诉

**甲公司与乙公司约定，由甲公司向乙公司交付1吨药材，乙公司付款100万元。乙公司将药材转卖给丙公司，并约定由甲公司向丙公司交付，丙公司收货后3日内应向乙支付价款120万元。**

**张某以自有汽车为乙公司的债权提供抵押担保，未办理抵押登记。抵押合同约定：“在丙公司不付款时，乙公司有权就出卖该汽车的价款清偿自己的债权。”李某为这笔货款出具担保函：“在丙公司不付款时，由李某承担保证责任”。丙公司收到药材后未依约向乙公司支付120万元，乙公司向张某主张实现抵押权，同时要求李某承担保证责任。**

**张某见状，便将其汽车赠与刘某。刘某将该汽车作为出资，与钱某设立丁酒店有限责任公司，并办理完出资手续。**

**丁公司员工方某驾驶该车接送酒店客人时，为躲避一辆逆行摩托车，将行人赵某撞伤。方某自行决定以丁公司名义将该车放在戊公司维修，为获得维修费的八折优惠，方某以其名义在与戊公司相关的庚公司为该车购买一套全新座垫。汽车修好后，方某将车取走交丁公司投入运营。戊公司要求丁公司支付维修费，否则对汽车行使留置权，丁公司回函请宽限一**

**周。庚公司要求丁公司支付座垫费，丁公司拒绝。请回答第76—81题。**

**76.** 关于乙公司与丙公司签订合同的效力，下列表述正确的是：

A. 效力待定

B. 为甲公司设定义务的约定无效

C. 有效

D. 无效

**77.** 关于乙公司要求担保人承担责任，下列表述正确的是：

A. 乙公司不得向丙公司和李某一并提起诉讼

B. 李某对乙公司享有先诉抗辩权

C. 乙公司应先向张某主张实现抵押权

D. 乙公司可以选择向张某主张实现抵押权或者向李某主张保证责任

**78.** 在刘某办理出资手续后，关于汽车所有权人，下列选项正确的是：

A. 乙公司　　B. 张某

C. 刘某　　D. 丁公司

**79.** 关于对赵某的损害应承担侵权责任的主体，下列选项正确的是：

A. 方某　　B. 钱某和刘某

C. 丁公司　　D. 摩托车主

**80.** 关于汽车维修合同，下列表述正确的是：

A. 方某构成无因管理

B. 方某构成无权代理

C. 方某构成无权处分

D. 方某构成表见代理

**81.** 关于座垫费和维修费，下列表述正确的是：

A. 方某应向庚公司支付座垫费

B. 丁公司应向庚公司支付座垫费

C. 丁公司应向戊公司支付维修费

D. 戊公司有权将汽车留置

**张、王、李、赵各出资四分之一，设立通程酒吧（普通合伙企业）。合伙协议未约定合伙期限。现围绕合伙份额转让、酒吧管理等事项，回答第82—84题。**

**82.** 酒吧开业半年后，张某在经营理念上与其他合伙人冲突，遂产生退出想法。下列说法正确的是：

A. 可将其份额转让给王某，且不必事先告知赵某、李某

B. 可经王某、赵某同意后，将其份额转让给李某的朋友刘某

C. 可主张发生其难以继续参加合伙的事由，向其他人要求立即退伙

D. 可在不给合伙事务造成不利影响的前提下，提前30日通知其他合伙人要求退伙

**83.** 酒吧开业1年后，经营环境急剧变化，全体合伙人开会，协商对策。按照《合伙企业法》规定，下列事项的表决属于有效表决的是：

A. 张某认为“通程”二字没有吸引力，提议改为“同升酒吧”。王某、赵某同意，但李某反对

B. 鉴于生意清淡，王某提议暂停业1个月，装修整顿。张某、赵某同意，但李某反对

C. 鉴于酒吧之急需，赵某提议将其一批咖啡机卖给酒吧。张某、王某同意，但李某反对

D. 鉴于4人缺乏酒吧经营之道，李某提议聘任其友汪某为合伙经营管理人。张某、王某同意，但赵某反对

**84.** 经全体合伙人同意，林某被聘任为酒吧经营管理人，在其受聘期间自主决定采取的下列管理措施符合《合伙企业法》规定的是：

A. 为改变经营结构扩大影响力，将经营范围扩展至法国红酒代理销售业务

B. 为改变资金流量不足情况，以酒吧不动产为抵押，向某银行借款50万元

C. 为营造气氛，以酒吧名义与某音乐师签约，约定音乐师每晚在酒吧表演2小时

D. 为整顿员工工作纪律，开除2名经常被顾客投诉的员工，招聘3名新员工

**2011年7月11日，A市升湖区法院受理了黎明丽（女）诉张成功（男）离婚案。7月13日，升湖区法院向张成功送达了起诉状副本。7月18日，张成功向升湖区法院提交了答辩状，未对案件的管辖权提出异议。8月2日，张成功向升湖区法院提出管辖权异议申请，称其与黎明丽已分居2年，分别居住于A市安平区各自父母家中。A市升湖区法院以申请管辖权异议超过申请期限为由，裁定驳回张成功管辖权异议申请。后，升湖区法院查明情况，遂裁定将案件移送安平区法院。安平区法院接受移送，确定适用简易程序审理此案。**

**安平区法院在案件开庭审理时组织调解。**

**黎明丽声称：2005年12月，其与张成功结婚，后因张成功有第三者陈佳，感情已破裂，现要求离婚。黎明丽提出，离婚后儿子张好帅由其行使监护权，张成功每月支付抚养费1500元。现双方存款36万元（存折在张成功手中），由2人平分，生活用品归各自所有，不存在其他共有财产分割争议。**

**张成功承认：2005年12月，其与黎明丽结婚，自己现在有了第三者，36万元存款在自己手中，同意离婚，同意生活用品归各自所有，同意不存在其他共有财产分割争议。不同意支付张好帅抚养费，因其是黎明丽与前男友所生。**

**黎明丽承认：张好帅是其与前男友所生，但在户籍登记上，张成功与张好帅为父子关系，多年来父子相称，形成事实上的父子关系，故要求张成功支付抚养费。**

**调解未能达成协议。在随后的庭审中，黎明丽坚**

**持提出的请求；张成功对调解中承认的多数事实和同意的请求予以认可，但否认了有第三者一事，仍不同意支付张好帅抚养费。黎明丽要求法院通知第三者陈佳以无独立请求权的第三人身份参加诉讼。**

**安平区法院作出判决：解除黎明丽、张成功婚姻关系；张好帅由黎明丽行使监护权，张成功每月支付抚养费 700 元；存款双方平分，生活用品归个人所有，不存在其他共有财产分割争议。法院根据调解中被告承认自己有第三者的事实，认定双方感情破裂，张成功存在过失。请回答第 85—90 题。**

**85.** 关于本案管辖，下列选项正确的是：

A. 张成功行使管辖异议权符合法律的规定

B. 张成功主张管辖异议的理由符合法律规定

C. 升湖区法院驳回张成功的管辖异议符合法律规定

D. 升湖区法院对案件进行移送符合法律规定

**86.** 关于本案调解，下列选项正确的是：

A. 法院在开庭审理时先行调解的做法符合法律或司法解释规定

B. 法院在开庭审理时如不先行组织调解，将违反法律或司法解释规定

C. 当事人未达成调解协议，法院在当事人同意情况下可以再次组织调解

D. 当事人未达成调解协议，法院未再次组织调解违法

**87.** 对黎明丽要求陈佳以无独立请求权第三人参加诉讼的请求，下列选项正确的是：

A. 法院可以根据黎明丽的请求，裁定追加陈佳为无独立请求权第三人

B. 如张成功同意，法院可通知陈佳以无独立请求权第三人名义参加诉讼

C. 无论张成功是否同意，法院通知陈佳以无独立请求权第三人名义参加诉讼都是错误的

D. 如陈佳同意，法院可通知陈佳以无独立请求权第三人名义参加诉讼

**88.** 下列双方当事人的承认，不构成证据制度中自认的是：

A. 张成功承认与黎明丽存在婚姻关系

B. 张成功承认家中存款 36 万在自己手中

C. 张成功同意生活用品归各自所有

D. 黎明丽承认张成功不是张好帅的亲生父亲

**89.** 下列可以作为法院判决根据的选项是：

A. 张成功承认与黎明丽没有其他财产分割争议

B. 张成功承认家中 36 万存款在自己手中

C. 黎明丽提出张成功每月应当支付张好帅抚养费 1500 元的主张

D. 张成功在调解中承认自己有第三者

**90.** 关于法院宣判时应当向双方当事人告知的内容，下列选项正确的是：

A. 上诉权利

B. 上诉期限

C. 上诉法院

D. 判决生效前不得另行结婚

## 参考答案与解析

**1. C**。在本案中，甲公司存在违约行为，且利用房价上涨的优势及乙、丙等人缺乏基本的经验与之签订《退款协议书》，致使乙丙等人放弃 8000 万元本金的利息及违约金，使双方权利与义务明显违反公平原则，乙、丙等人可以主张撤销该协议书，C 正确。

**2. D**。《民法典》第 21 条规定："不能辨认自己行为的成年人为无民事行为能力人，由其法定代理人代理实施民事法律行为。八周岁以上的未成年人不能辨认自己行为的，适用前款规定。"《民法典》第 22 条规定："不能完全辨认自己行为的成年人为限制民事行为能力人，实施民事法律行为由其法定代理人代理或者经其法定代理人同意、追认；但是，可以独立实施纯获利益的民事法律行为或者与其智力、精神健康状况相适应的民事法律行为。"《民法典》第 1006 条第 1 款规定："完全民事行为能力人有权依法自主决定无偿捐献其人体细胞、人体组织、人体器官、遗体。任何组织或者个人不得强迫、欺骗、利诱其捐献。"本题中，甲是精神病人，为无民事行为能力人，不具有完全民事行为能力，其身体上的器官不能被捐献。甲决定捐献其器官主体不适格。甲生前其父母也无权决定捐献其器官，因此，AB 错误。由上述规定可知，只有完全民事行为能力人才能够自主决定捐献自己的器官、遗体等。甲是精神病人，为无民事行为行为能力人，其无法作出是否捐献自己器官的决定，所以不能适用《民法典》第 1006 条第 3 款"自然人生前未表示不同意捐献的，该自然人死亡后，其配偶、成年子女、父母可以共同决定捐献，决定捐献应当采用书面形式"的规定。故甲死后，其父母决定将甲的肾脏捐献给乙的行为是无效的。因此，C 错误，D 正确。

**3. D**。在本案中，王某作为法定代表人以甲公司名义发出要约，该要约符合《民法典》第 472 条规定，属于有效要约，对甲公司发生效力，王某死亡并不影响其生前合法行为的效力，且新任的法定代表人并未及时通知乙公司撤销该要约，其仍然有效，故 D 正确。

**4. C**。在本案中，甲与乙之间有委托合同，并基于委托合同形成代理关系，后乙经甲同意转委托于丙，丙以自己的名义与丁、戊签订合同。《民法典》第 169 条第 1 款规定：“代理人需要转委托第三人代理的，应当取得被代理人的同意或者追认。”所以 A 错误。《民法典》第 925 条规定：“受托人以自己的名义，在委托人的授权范围内与第三人订立的合同，第三人在订立合同时知道受托人与委托人之间的代理关系的，该合同直接约束委托人和第三人；但是，有确切证据证明该合同只约束受托人和第三人的除外。”《民法典》第 926 条规定：“受托人以自己的名义与第三人订立合同时，第三人不知道受托人与委托人之间的代理关系的，受托人因第三人的原因对委托人不履行义务，受托人应当向委托人披露第三人，委托人因此可以行使受托人对第三人的权利。但是，第三人与受托人订立合同时如果知道该委托人就不会订立合同的除外。受托人因委托人的原因对第三人不履行义务，受托人应当向第三人披露委托人，第三人因此可以选择受托人或者委托人作为相对人主张其权利，但是第三人不得变更选定的相对人。委托人行使受托人对第三人的权利的，第三人可以向委托人主张其对受托人的抗辩。第三人选定委托人作为其相对人的，委托人可以向第三人主张其对受托人的抗辩以及受托人对第三人的抗辩。”丙以自己的名义而非甲的名义与丁签订合同，丁并不知道丙与甲之间的代理关系，丙与丁签订的合同不能直接约束甲，但是丙可以向甲披露丁，甲可行使介入权而行使丙对丁的权利，所以 B 错误，C 正确。丙与丁之间并不存在委托、代理关系，《民法典》第 593 条规定：“当事人一方因第三人的原因造成违约的，应当依法向对方承担违约责任。当事人一方和第三人之间的纠纷，依照法律规定或者按照约定处理。”按照合同相对性，丁不可以行使丙对戊的权利，所以 D 错误。

**5. B**。《诉讼时效规定》第 9 条规定，权利人对同一债权中的部分债权主张权利，诉讼时效中断的效力及于剩余债权，但权利人明确表示放弃剩余债权的情形除外。故 A 错误。《诉讼时效规定》第 15 条规定，对于连带债权人中的一人发生诉讼时效中断效力的事由，应当认定对其他连带债权人也发生诉讼时效中断的效力。对于连带债务人中的一人发生诉讼时效中断效力的事由，应当认定对其他连带债务人也发生诉讼时效中断的效力。故 B 正确。《诉讼时效规定》第 16 条规定，债权人提起代位权诉讼的，应当认定对债权人的债权和债务人的债权均发生诉讼时效中断的效力。故 C 错误。《诉讼时效规定》第 17 条规定，债权转让的，应当认定诉讼时效从债权转让通知到达债务人之日起中断。债务承担情形下，构成原债务人对债务承认的，应当认定诉讼时效从债务承担意思表示到达债权人之日起中断。故 D 错误。

**6. C**。《民法典》第 638 条第 1 款规定：“试用买卖的买受人在试用期内可以购买标的物，也可以拒绝购买。试用期限届满，买受人对是否购买标的物未作表示的，视为购买。”试用期间，车辆并未进行交付，其在买受人作出同意购买的意思之时方才交付，车辆的所有权仍然归迅达公司所有。《民法典》第 1210 条规定：“当事人之间已经以买卖或者其他方式转让并交付机动车但是未办理登记，发生交通事故造成损害，属于该机动车一方责任的，由受让人承担赔偿责任。”根据该条，在机动车买卖、分期付款保留所有权买卖、试用买卖等合同中，交付机动车后，办理过户登记手续前，若该机动车发生道路交通事故，且根据《道路交通安全法》第 76 条，该机动车应承担责任的，不论该机动车的所有权是否已经转移，均由已经受让机动车占有的一方承担侵权责任。因此 C 正确，ABD 项错误。

**7. D**。(1) 甲、乙之间：《民法典》第 414 条第 1 款第 2 项规定：“同一财产向两个以上债权人抵押的，拍卖、变卖抵押财产所得的价款依照下列规定清偿：……（二）抵押权已登记的先于未登记的受偿；……”乙登记的抵押权优先于甲未登记的抵押权。(2) 甲、乙、丙之间：甲、乙的抵押权先成立，丙的质权后成立。《民法典》第 415 条规定：“同一财产既设立抵押权又设立质权的，拍卖、变卖该财产所得的价款按照登记、交付的时间先后确定清偿顺序。”乙的抵押权登记先于丙的质权交付时间，故乙的抵押权优先于丙的质权。《民法典》第 403 条规定：“以动产抵押的，抵押权自抵押合同生效时设立；未经登记，不得对抗善意第三人。”甲的抵押权未登记，不得对抗善意第三人丙，所以，丙的质权优先于甲的抵押权。综上，乙优先于丙，丙优先于甲。(3) 甲、乙、丙、丁之间：《民法典》第 456 条规定：“同一动产上已设立抵押权或者质权，该动产又被留置的，留置权人优先受偿。”据此，丁的留置权最优先，排在第一位。乙为第二位，丙为第三位，甲为第四位。因此，D 项正确，ABC 项错误。

**8. D**。物权请求权既可以由当事人自力行使，亦可寻求公力救济，以诉讼的方式行使，所以 D 错误。

**9. D**。《民法典》第 247 条规定，矿藏、水流、海域属于国家所有。河流归国家所有，但河石从河流中分离出来以后，成为独立物，先占者可以按照先占取得的习惯取得所有权。所以，D 正确。

**10. B**。《民法典》第 699 条规定，同一债务有两个以上保证人的，保证人应当按照保证合同约定的保证份额，承担保证责任；没有约定保证份额的，债权人可以请求任何一个保证人在其保证范围内承担保证责任。所以乙、丙公司对甲公司承担连带保证责任，B 正确，C 错误。选择之债指同一当事人约定可以对债的标的给付行为进行选择的债，而本案中乙、丙公司对银行的保证债务都是确定的，所以A错误。多数人之债，指债权债务关系的一方或双方当事人为两个或两个以上的主体。本案中，乙、丙公司分别向银行出具保函，分别成立两个保证债权债务关系，两个债权债务关系的当事人均为一人，所以D错误。

**【陷阱提示】**D是陷阱项，考生一定要仔细阅读题干，本案中乙、丙公司分别出具保函，分别成立保证关系，各自为单一之债，非为多数人之债。倘若乙、丙公司在同一保函上签字或与银行签订同一合同，则为多数人之债。

**11. B**。在该题目中，因保证人丙与债权人乙就保证期间并未达成一致意见，双方意思表示不一致，保证合同不成立，所以丙无需承担保证责任。本题正确答案为B。

**12. B**。行使代位权的条件为：(1) 债权人对债务人享有到期债权；(2) 债务人对次债务人享有到期债权；(3) 债务人怠于行使对次债务人的债权；(4) 次债务人的债权非专属于债务人。丁公司欲对戊公司提起代位权诉讼，需满足前述要件。《民法典》第546条规定："债权人转让债权，未通知债务人的，该转让对债务人不发生效力。债权转让的通知不得撤销，但是经受让人同意的除外。"所以A错误。《民法典》第551条第1款规定："债务人将债务的全部或者部分转移给第三人的，应当经债权人同意。"未经债权人同意，丙戊之间私下的债务转移无效。所以，戊公司可以以债务转移无效抗辩代位权诉讼，B正确。乙公司虽然已经要求戊公司偿还债务，但《民法典》第535条第1款规定："因债务人怠于行使其债权或者与该债权有关的从权利，影响债权人的到期债权实现的，债权人可以向人民法院请求以自己的名义代位行使债务人对相对人的权利，但是该权利专属于债务人自身的除外。"所以，只有以诉讼方式主张权利才能成为代位权诉讼的有效抗辩理由。所以C错误。仲裁协议只约束双方当事人，即只对涉及乙丙之间债权债务的纠纷才使用仲裁协议的约定，所以D错误。

**13. B**。甲乙公司在并购协议中约定了解除权，乙公司在满足条件时可以解除合同，自解除的意思表示到达对方时合同解除，所以B正确，A错误。《民法典》第565条规定，对方对解除合同有异议的，任何一方当事人均可以请求人民法院或者仲裁机构确认解除行为的效力。故合同相对人可以对合同解除有异议，C错误。《民法典》第567条规定，合同的权利义务终止，不影响合同中结算和清理条款的效力。故D错误。

**14. C**。甲、乙、丙达成三方合意，由丙公司承担付款义务，实质是甲、丙达成债务承担协议，并经过债权人乙的同意，电梯买卖合同双方当事人仍然是甲与乙。因为丙未能按约付款，乙可以对甲行使先履行抗辩权，所以A错误。因为丙非买卖合同当事人，其无权要求乙向自己交付电梯，所以B错误。《民法典》第553条规定："债务人转移债务的，新债务人可以主张原债务人对债权人的抗辩；原债务人对债权人享有债权的，新债务人不得向债权人主张抵销。"而丙公司因为电梯发生严重事故，有不能履行合同的情形，合同当事人甲根据《民法典》第527条对乙可以行使不安抗辩权，所以债务承受人丙可以主张不安抗辩权，所以C正确。债务转移后由新的债务人承担清偿义务，乙公司只能要求丙公司清偿债务，不能要求甲公司承担连带责任，所以D错误。

**15. D**。《民法典》第861条规定："委托开发或者合作开发完成的技术秘密成果的使用权、转让权以及收益的分配办法，由当事人约定；没有约定或者约定不明确，依据本法第五百一十条的规定仍不能确定的，在没有相同技术方案被授予专利权前，当事人均有使用和转让的权利。但是，委托开发的研究开发人不得在向委托人交付研究开发成果之前，将研究开发成果转让给第三人。"在本案中，甲、乙公司未明确约定技术秘密成果的归属，所有二者都可以使用和转让该技术秘密成果。所以，A、B错误。甲、乙公司并不享有独占使用技术秘密成果的权利，所以其仅能以普通许可的方式许可他人使用，不能以独占许可的方式许可他人使用。所以，C错误，D正确。

**16. C**。著作权人有署名权，其可以自由署名，所以A错误。在著作权人通过网络发表之际，"天堂向左"已被正式发表，所以B错误。《著作权法》规定，为实施九年制义务教育和国家教育规划而编写出版教科书，除作者事先声明不许使用的外，可以不经著作权人许可，在教科书中汇编已经发表的作品片段或者短小的文字作品、音乐作品或者单幅的美术作品、摄影作品，但应当按照规定支付报酬，指明作者姓名、作品名称，并且不得侵犯著作权人依照本法享有的其他权利。所以C正确。丁网站未经著作权人诗人同意而转载，侵害了其信息网络传播权，构成侵权行为。但是，仅诗人是著作权人，甲网站不享有相应权利，丁网站转载并不需要甲网站的同意，所以D错误。

**17. D**。乙公司在与甲公司签订书面的专利申请权转让合同之后，即可以按照《专利法》的规定提供相关材料，申请专利，所以AB错误。《专利法》第9条第1款规定："同样的发明创造只能授予一项专利权。但是，同一申请人同日对同样的发明创造既申请实用新型专利又申请发明专利，先获得的实用新型专利权尚未终止，且申请人声明放弃该实用新型专利权的，可以授予发明专利权。"所以，乙公司无权就该技术方案同时获得发明专利和实用新型专利，但是可以提出申请。所以，C错误，D正确。

**18. D**。刁某为刘某办理后事及照看西瓜园，构成无因管理。无因管理人刁某可以要求刘某家人支付为刘某办理后事的1万元费用、摘卖西瓜雇工费以及其他必要费用共5000元。所以，刁某应向刘某家人给付3.5万元。本题正确答案为D。

**19. C**。《民法典》第1064条规定："夫妻双方共同签名或者夫妻一方事后追认等共同意思表示所负的债务，以及夫妻一方在婚姻关系存续期间以个人名义为家庭日常生活需要所负的债务，属于夫妻共同债务。夫妻一方在婚姻关系存续期间以个人名义超出家庭日常生活需要所负的债务，不属于夫妻共同债务；但是，债权人能够证明该债务用于夫妻共同生活、共同生产经营或者基于夫妻双方共同意思表示的除外。"尽管黄某以个人名义在婚姻存续期间向刘某借款10万元，但该借款用于购买婚房，属于用于夫妻共同生活，故该债务应按夫妻共同债务处理。因此刘某既可以向唐某，也可以向黄某主张权利，AB错误。刘某可以向黄某、唐某主张权利，若黄某偿还了债务，则有权按照离婚协议相关规定向唐某追偿。所以，C正确，D错误。

**20. C**。A中乙在登记结婚时未达法定婚龄，但是在乙起诉之时已达到法定婚龄，该婚姻有效，A错误。B中甲虽有欺诈行为，但是欺诈不是婚姻无效的法定原因，所以不成立，B错误。C中甲与乙是三代以内的旁系血亲，婚姻无效，理由成立，C正确。D中甲有胁迫行为，但胁迫并不是婚姻无效的理由，并不成立，D错误。

**21. C**。《民法典》第1195条第1、2款规定："网络用户利用网络服务实施侵权行为的，权利人有权通知网络服务提供者采取删除、屏蔽、断开链接等必要措施。通知应当包括构成侵权的初步证据及权利人的真实身份信息。网络服务提供者接到通知后，应当及时将该通知转送相关网络用户，并根据构成侵权的初步证据和服务类型采取必要措施；未及时采取必要措施的，对损害的扩大部分与该网络用户承担连带责任。"《民法典》第110条规定："自然人享有生命权、身体权、健康权、姓名权、肖像权、名誉权、荣誉权、隐私权、婚姻自主权等权利。法人、非法人组织享有名称权、名誉权和荣誉权。"《民法典》第1019条规定："任何组织或者个人不得以丑化、污损，或者利用信息技术手段伪造等方式侵害他人的肖像权。未经肖像权人同意，不得制作、使用、公开肖像权人的肖像，但是法律另有规定的除外。未经肖像权人同意，肖像作品权利人不得以发表、复制、发行、出租、展览等方式使用或者公开肖像权人的肖像。"肖像具有面部性，指自然人面部特征及其再现。乙医院使用的照片仅见甲的鼻子和嘴部，没有再现肖像，并未侵犯肖像权。乙医院未经甲的同意使用甲的姓名为其进行广告宣传，侵犯了甲的姓名权。丙网站作为网络服务提供者，收到异议后立即删除，故丙无需承担侵权责任。因此，C正确，ABD错误。

**22. B**。《公司法》第222条第2款规定，公司分立，应当编制资产负债表及财产清单。公司应当自作出分立决议之日起10日内通知债权人，并于30日内在报纸上或者国家企业信用信息公示系统公告。A正确，不当选。《公司法》第220条规定，公司合并，应当由合并各方签订合并协议，并编制资产负债表及财产清单。公司应当自作出合并决议之日起10日内通知债权人，并于30日内在报纸上或者国家企业信用信息公示系统公告。债权人自接到通知之日起30日内，未接到通知的自公告之日起45日内，可以要求公司清偿债务或者提供相应的担保。而在公司分立的情况下，并没有此类规定，故B错误，当选。《公司法》第223条规定，公司分立前的债务由分立后的公司承担连带责任。但是，公司在分立前与债权人就债务清偿达成的书面协议另有约定的除外。故债权人甲可以要求分立后的阳春公司与白雪公司承担连带清偿责任，或者就债务偿还问题与甲签订书面协议，CD正确，不当选。

**23. A**。《公司法解释（三）》第24条第1款、第2款规定，有限责任公司的实际出资人与名义出资人订立合同，约定由实际出资人出资并享有投资权益，以名义出资人为名义股东，实际出资人与名义股东对该合同效力发生争议的，如无法律规定的无效情形，人民法院应当认定该合同有效。前款规定的实际出资人与名义股东因投资权益的归属发生争议，实际出资人以其实际履行了出资义务为由向名义股东主张权利的，人民法院应予支持。名义股东以公司股东名册记载、公司登记机关登记为由否认实际出资人权利的，人民法院不予支持。故A正确，BC错误。《公司法解释（三）》第28条规定，冒用他人名义出资并将该他人作为股东在公司登记机关登记的，冒名登记行为人应当承担相应责任；公司、其他股东或者公司债权人以未履行出资义务为由，请求被冒名登记为股东的承担补足出资责任或者对公司债务不能清偿部分的赔偿责任的，人民法院不予支持。故D错误。

**24. D**。《公司法解释（二）》第1条第2款规定，股东以知情权、利润分配请求权等权益受到损害，或者公司亏损、财产不足以偿还全部债务，以及公司被吊销企业法人营业执照未进行清算等为由，提起解散公司诉讼的，人民法院不予受理。本题中ABC均属于法院不予受理的情形，故均错误。《公司法解释（二）》第1条第1款规定，单独或者合计持有公司全部股东表决权10%以上的股东，以下列事由之一提起解散公司诉讼，并符合《公司法》第231条规定的，人民法院应予受理：……（4）经营管理发生其他严重困难，公司继续存续会使股东利益受到重大损失的情形。故D正确。

**25. B**。本题中是以房屋使用权作为出资，而房屋产权过户登记是房屋所有权过户登记，二者不相匹配，B当选。

**26. A**。《合伙企业法》第27条规定，依照本法第26条第2款规定委托一个或者数个合伙人执行合伙事务的，其他合伙人不再执行合伙事务。不执行合伙事务的合伙人有权监督执行事务合伙人执行合伙事务的情况。因此，在委托赵与钱执行合伙事务的情况下，孙、李不再享有执行合伙事务的权限，但有权监督赵、钱执行合伙事务的情况。A错误，当选，B正确，不当选。《合伙企业法》第29条第1款规定，合伙人分别执行合伙事务的，执行事务合伙人可以对其他合伙人执行的事务提出异议。因此，如赵单独执行某一合伙事务，钱可以对赵执行的事务提出异议。C正确，不当选。《合伙企业法》第29条第2款规定，受委托执行合伙事务的合伙人不按照合伙协议或者全体合伙人的决定执行事务的，其他合伙人可以决定撤销该委托。如果赵执行事务违反合伙协议，孙、李有权决定撤销对赵的委托。D正确，不当选。

**27. B**。《企业破产法》第31条规定，人民法院受理破产申请前1年内，涉及债务人财产的下列行为，管理人有权请求人民法院予以撤销：(1) 无偿转让财产的；(2) 以明显不合理的价格进行交易的；(3) 对没有财产担保的债务提供财产担保的；(4) 对未到期的债务提前清偿的；(5) 放弃债权的。A虽然是低价转让财产，但不是法院受理破产申请前1年内实施的行为，A错误。B符合时间要求，并且属于无偿转让财产，应该撤销。B正确。《企业破产法》第32条规定，人民法院受理破产申请前6个月内，债务人有本法第2条第1款规定的情形，仍对个别债权人进行清偿的，管理人有权请求人民法院予以撤销。但是，个别清偿使债务人财产受益的除外。C、D是人民法院受理破产申请前6个月内实施的行为。C中的行为虽然是对个别债权人进行清偿，但未设定“企业法人不能清偿到期债务，并且资产不足以清偿全部债务或者明显缺乏清偿能力的”条件，因此不能撤销。D中的债务抵销行为是使债务人财产受益的行为，也不属于可撤销的范围。故CD错误。

**【陷阱提示】** 在破产程序中，管理人对债务人在破产申请受理前的法定期间内，与他人进行的欺诈债权人利益的行为或者损害对全体债权人公平清偿的行为，有权请求法院予以撤销。但这些破产欺诈行为或者损害全体债权公平清偿利益的行为是有时间限制的，大致分为两类：一类是人民法院受理破产申请前1年内；另一类是人民法院受理破产申请前6个月内。要注意区分不同时间段的具体行为类型，不能混淆。

**28. C**。《票据法》第37条规定，背书人以背书转让汇票后，即承担保证其后手所持汇票承兑和付款的责任。背书人在汇票得不到承兑或者付款时，应当向持票人清偿本法第70条、第71条规定的金额和费用。因此，乙公司将票据背书转让给丁公司后，并不退出票据关系。A错误。《票据法》第26条规定，出票人签发汇票后，即承担保证该汇票承兑和付款的责任。出票人在汇票得不到承兑或者付款时，应当向持票人清偿本法第70条、第71条规定的金额和费用。因此，出票人甲公司仍是丁公司的票据债务人。B错误。《票据法》第33条第1款规定，背书不得附有条件。背书时附有条件的，所附条件不具有汇票上的效力。C正确。《票据法》第27条第2款规定，出票人在汇票上记载“不得转让”字样的，汇票不得转让。D错误。

**【陷阱提示】** 汇票背书转让是收款人以转让票据权利为目的在汇票上签章并作必要记载的一种附属票据行为。背书转让后，转让人并不退出票据关系，而是由先前的票据权利人转变为票据义务人，并承担担保承兑和担保付款的责任。汇票的背书转让有很多限制，如须完整转让、不得附有条件、出票人在汇票上记载“不得转让”字样后票据转让的效力等。

**29. D**。股票是股份有限公司股份证券化的形式，是股份有限公司签发的证明股东所持股份的凭证。公司债券是由股份有限公司和有限责任公司发行的债券。故A错误。股票和债券都是有风险的，但二者的风险来源和表现形式都是不同的，也不能得出二者的风险性相同的结论。B错误。《公司法》第201条规定，公司债券由债券持有人以背书方式或者法律、行政法规规定的其他方式转让；转让后由公司将受让人的姓名或者名称及住所记载于公司债券持有人名册。《公司法》第159条第1款规定，股票的转让，由股东以背书方式或者法律、行政法规规定的其他方式进行；转让后由公司将受让人的姓名或者名称及住所记载于股东名册。因此，股票和债券的转让方式在法律上是没有区别的，C错误。《公司法》第194条第1款规定，本法所称公司债券，是指公司发行的约定按期还本付息的有价证券。因此，股票代表股权，债券代表债权。D正确。

**30. B**。《保险法》第61条第1款规定，保险事故发生后，保险人未赔偿保险金之前，被保险人放弃对第三者请求赔偿的权利的，保险人不承担赔偿保险金的责任。此条规定是为保证保险人在承担赔偿保险金责任后能够向第三人进行追偿。但本题中，张三虽然免除了李四修理费1000元，但李四要为张三提供3次免费咨询服务，因此并非放弃损害赔偿请求权，保险公司仍应承担保险金给付责任。AC错误。根据张三和李四之间达成的书面协议，保险公司对1000元修理费部分已经无法行使代位求偿权，因此，保险公司仅应当承担4000元保险金的赔付责任，且仍可向李四求偿。故B正确。

**31. D**。《民事诉讼法》第290条规定，经中华人民共和国涉外仲裁机构裁决的，当事人不得向人民法院起诉。一方当事人不履行仲裁裁决的，对方当事人可以向被申请人住所地或者财产所在地的中级人民法院申请执行。因此，具有给付内容的生效仲裁裁决具有执行力，A 错误。《仲裁法》第 28 条第 1 款规定，一方当事人因另一方当事人的行为或者其他原因，可能使裁决不能执行或者难以执行的，可以申请财产保全。因此，B 错误。《仲裁法》第 39 条规定，仲裁应当开庭进行，当事人协议不开庭的，仲裁庭可以根据仲裁申请书、答辩书以及其他材料作出裁决。因此，C 错误。仲裁委员会是民间组织，不是官方机构，D 正确。

**32. C**。诉讼标的是诉讼构成的要素之一，是指当事人之间因发生争议，而要求人民法院作出裁判的法律关系。诉讼请求则指的是原告向被告主张的法律上的利益。在一个诉讼标的中，当事人可以提出若干个诉讼请求。本题中，甲将房租从 6000 元增至 7000 元，并没有改变其与乙之间所形成的法律关系，本案的诉讼标的仍然是甲与乙之间的房屋租赁关系。因此，对于甲增加房租的行为不能视为新的诉讼，也不能视为诉讼标的的变更，而应当视为诉讼请求的增加。《民诉解释》第 232 条规定，在案件受理后，法庭辩论结束前，原告增加诉讼请求，被告提出反诉，第三人提出与本案有关的诉讼请求，可以合并审理的，人民法院应当合并审理。因此，本题中法院应当合并并继续审理。因此，ABD 错误，C 正确。

**33. D**。当事人诉讼权利平等原则指的是民事诉讼法赋予当事人双方同等的诉讼手段，以保护他们各自的实体权益；法院依法为当事人双方提供同等的机会，以保障他们行使自己的诉讼权利。处分原则指的是当事人有权在法律规定的范围内处分自己的民事权利和诉讼权利。同等原则指的是在民事诉讼中，外国人或无国籍当事人与中国当事人具有同等的诉讼地位和诉讼权利义务，不因当事人是外国人或无国籍人而限制或扩大其诉讼权利，或者减少或加重其诉讼义务。法院调解自愿原则指的是在民事诉讼过程中，人民法院对民事案件进行调解的前提必须是双方当事人自愿。法院调解合法原则指的是人民法院和双方当事人的调解活动及其协议内容，必须符合法律的规定。A 中，当事人有权决定是否委托代理人代为进行诉讼，是处分原则的表现，故 A 错误。B 中，当事人均有权委托代理人代为进行诉讼，是当事人诉讼权利平等原则的体现，故 B 错误。C 中，同等原则针对的是外国人在我国民事诉讼中的相应地位，因此 C 错误。本题正确答案应为 D。

**34. A**。《民事诉讼法》第 19 条规定，中级人民法院管辖下列第一审民事案件：（1）重大涉外案件；……据此，中级法院既可受理一审涉外案件，也可受理一审非涉外案件，A 正确。中级法院审理案件组成合议庭时，可邀请陪审员参加，故 B 错误。《民事诉讼法》第 176 条第 1 款规定，第二审人民法院对上诉案件应当开庭审理。经过阅卷、调查和询问当事人，对没有提出新的事实、证据或者理由，人民法院认为不需要开庭审理的，可以不开庭审理。因此，中级法院在审理上诉案件的时候，若合议庭认为不需要开庭审理的，也可以不开庭审理。故 C 错误。中级法院作为一审法院时，其所作出的判决当事人有提起上诉的权利，因此，不能绝对地认为中级法院的判决为生效判决，故 D 错误。

**35. C**。《民诉解释》第 318 条规定，一审宣判时或者判决书、裁定书送达时，当事人口头表示上诉的，人民法院应告知其必须在法定上诉期间内递交上诉状。未在法定上诉期间内递交上诉状的，视为未提起上诉。虽递交上诉状，但未在指定的期限内交纳上诉费的，按自动撤回上诉处理。本题中，王某在一审判决书送达时，虽然口头表示了上诉意向，但因没有在法定上诉期间内递交上诉状，因此，其上诉不产生上诉效力。ABD 错误，C 正确。

**36. D**。诉讼期间分法定期间和人民法院指定的期间两种。法定期间有不变期间与可变期间之分。人民法院不得变更不变期间。属于可变期间的，人民法院可以根据当事人申请或者依职权予以变更。如《民事诉讼法》第 286 条规定，在我国领域内没有住所的当事人，提起上诉的期间为 30 日，不能在法定期间内上诉的，可以申请延期，是否准许，由人民法院决定。涉外民事诉讼的上诉期间 30 日，就是法律明确规定的可变期间。指定期间可以变更，法院可以根据实际情况延长或缩短。如果在指定期间内，出现了新情况，完成某种诉讼行为确有困难，法院可依当事人申请对原定期间予以变更。指定期间虽然属于可变期间，但一般而言，指定期间一经确定，不宜随意变动。因此，A 错误，D 正确。《民事诉讼法》第 85 条规定，期间包括法定期间和人民法院指定的期间。期间以时、日、月、年计算。期间开始的时和日，不计算在期间内。期间届满的最后一日是法定休假日的，以法定休假日后的第一日为期间届满的日期。期间不包括在途时间，诉讼文书在期满前交邮的，不算过期。因此，只有在期间届满的最后一日是法定休假日的，此法定休假日才不会计算在内，故 B 错误。在途期间指的是人民法院通过邮寄送达的诉讼文书，或者是当事人通过邮寄递交的诉讼文书，在途中所用去的时间，而不是指当事人参加诉讼的在途时间，故 C 错误。

**37. C**。《最高人民法院关于人民法院民事调解工作若干问题的规定》第 1 条第 2 款规定，经各方当事人同意，人民法院可以委托前款规定的单位或者个人对案件进行调解，达成调解协议后，人民法院应当依法予以确认。A 正确。《最高人民法院关于人民法院民事调解工作若干问题的规定》第 2 条第 1 款规定，当事人在诉讼过程中自行达成和解协议的，人民法院可以根据当事人的申请依法确认和解协议制作调解书。双方当事人申请庭外和解的期间，不计入审限。B正确。法院制作的生效调解书若不具有强制执行内容，则不具有执行力，C错误。《最高人民法院关于人民法院民事调解工作若干问题的规定》第15条第1款规定，调解书确定的担保条款条件或者承担民事责任的条件成就时，当事人申请执行的，人民法院应当依法执行。D正确。

**38. D**。《最高人民法院关于适用简易程序审理民事案件的若干规定》第5条第1款规定："当事人应当在起诉或者答辩时向人民法院提供自己准确的送达地址、收件人、电话号码等其他联系方式，并签名或者按指印确认。"A表述正确，属于具有简易程序特点的内容，但不是《民事诉讼法》直接规定的内容，不当选。《最高人民法院关于适用简易程序审理民事案件的若干规定》第14条第1款规定："下列民事案件，人民法院在开庭审理时应当先行调解：（一）婚姻家庭纠纷和继承纠纷；（二）劳务合同纠纷；（三）交通事故和工伤事故引起的权利义务关系较为明确的损害赔偿纠纷；（四）宅基地和相邻关系纠纷；（五）合伙合同纠纷；（六）诉讼标的额较小的纠纷。"B表述正确，属于具有简易程序特点的内容，但不是《民事诉讼法》直接规定的内容，不当选。《民诉解释》第266条第1款规定："适用简易程序案件的举证期限由人民法院确定，也可以由当事人协商一致并经人民法院准许，但不得超过十五日。被告要求书面答辩的，人民法院可在征得其同意的基础上，合理确定答辩期间。"C表述正确，但不是《民事诉讼法》直接规定的内容，不当选。《民事诉讼法》第40条第2款规定："适用简易程序审理的民事案件，由审判员一人独任审理。基层人民法院审理的基本事实清楚、权利义务关系明确的第一审民事案件，可以由审判员一人适用普通程序独任审理。"D正确。

**39. C**。《民事诉讼法》第177条规定："第二审人民法院对上诉案件，经过审理，按照下列情形，分别处理：（一）原判决、裁定认定事实清楚，适用法律正确的，以判决、裁定方式驳回上诉，维持原判决、裁定；（二）原判决、裁定认定事实错误或者适用法律错误的，以判决、裁定方式依法改判、撤销或者变更；（三）原判决认定基本事实不清的，裁定撤销原判决，发回原审人民法院重审，或者查清事实后改判；（四）原判决遗漏当事人或者违法缺席判决等严重违反法定程序的，裁定撤销原判决，发回原审人民法院重审。原审人民法院对发回重审的案件作出判决后，当事人提起上诉的，第二审人民法院不得再次发回重审。"因此，根据第177条第1款第1项的规定，二审法院认为原判对上诉请求的有关事实认定清楚、适用法律正确，应当适用判决驳回上诉，维持原判，而不是适用裁定。A错在适用的法律文书不当。根据上述第177条第1款第2项的规定，原判决、裁定认定事实错误或者适用法律错误的，以判决、裁定方式依法改判、撤销或者变更，而不能裁定发回重审。B错误。《民诉解释》第323条规定，下列情形，可以认定为民事诉讼法第177条第1款第4项规定的严重违反法定程序：（1）审判组织的组成不合法的；（2）应当回避的审判人员未回避的；（3）无诉讼行为能力人未经法定代理人代为诉讼的；（4）违法剥夺当事人辩论权利的。因此，二审法院认为一审判决是在案件未经开庭审理而作出的，属于《民事诉讼法》第177条第1款第4项规定的发回重审的情形，应当裁定撤销原判，发回重审。C正确。《民诉解释》第326条规定，在第二审程序中，原审原告增加独立的诉讼请求或者原审被告提出反诉的，第二审人民法院可以根据当事人自愿的原则就新增加的诉讼请求或者反诉进行调解；调解不成的，告知当事人另行起诉。D错误。

**40. C**。《民诉解释》第63条规定，企业法人合并的，因合并前的民事活动发生的纠纷，以合并后的企业为当事人；企业法人分立的，因分立前的民事活动发生的纠纷，以分立后的企业为共同诉讼人。两江公司和海大公司合并后，因合并前的合同发生的民事纠纷，应以合并后的大江公司为当事人，申请再审。两江公司和海大公司合并后，其民事主体地位丧失，不能以其名义再进行诉讼，故ABD错误，C正确。

**41. B**。被执行人为公民或其他组织，其全部或主要财产已被一个人民法院因执行确定金钱给付的生效法律文书而查封、扣押或冻结，无其他财产可供执行或其他财产不足清偿全部债务的，在被执行的财产被执行完毕前，对该被执行人已经取得金钱债权执行依据的其他债权人可以申请对被执行人的财产参与分配。因此，参与分配中的被执行人应为公民或其他组织，而不应是法人。故B当选。

**42. C**。题中，"20多名受害者提起损害赔偿诉讼"，没有指明提起诉讼的确切人数，可以推出本案为人数不确定的代表人诉讼，同时，当事人未能推选出诉讼代表人，法院提出的建议人选与当事人协商，又未达成共识，此时可以由法院在当事人中指定代表人，故C正确。在人数确定的代表人诉讼中，可以由部分当事人推选自己的代表人，因此B适用于人数确定的代表人诉讼，不应选。本案为普通共同诉讼，在丙、丁等人不认可诉讼代表人情况下可以另行起诉，但若其没有另行起诉，而参加了本案的审理，则本案裁判对丙、丁等人具有约束力，AD错误，不应选。

**43. D**。仲裁裁决经人民法院组成合议庭审查核实，裁定不予执行：（1）当事人在合同中没有订有仲裁条款或者事后没有达成书面仲裁协议的；（2）裁决的事项不属于仲裁协议的范围或者仲裁机构无权仲裁的；（3）仲裁庭的组成或者仲裁的程序违反法定程序的；（4）裁决所根据的证据是伪造的；（5）对方当事人向仲裁机构隐瞒了足以影响公正裁决的证据的；（6）仲裁员在仲裁该案时有贪污受贿，徇私舞弊，枉法裁决行为的。人民法院认定执行该裁决违背社会公共利益的，裁定不予执行。故D当选。

**44. BD**。《最高人民法院关于审理建设工程施工合同纠纷案件适用法律问题的解释（一）》第43条规定，实际施工人以转包人、违法分包人为被告起诉的，人民法院应当依法受理。实际施工人以发包人为被告主张权利的，人民法院应当追加转包人或者违法分包人为本案第三人，在查明发包人欠付转包人或者违法分包人建设工程价款的数额后，判决发包人在欠付建设工程价款范围内对实际施工人承担责任。A错误，B正确。法院可以追加转包人、违法分包人，而非应当追加，且其仅需解决施工人的工程款纠纷问题，无需解决转包人、违法分包人之间的欠款问题，所以C错误，D正确。

**45. ABC**。《民法典》明确规定婚后取得的财产，为夫妻共有财产，所以A错误，当选。因为房屋属于甲丙的共有财产，丙可以主张房产份额，所以B错误，当选。《民法典》第40条规定："自然人下落不明满二年的，利害关系人可以向人民法院申请宣告该自然人为失踪人。"甲乙的子女均已成年，与乙一起生活，与丙之间不构成继父母子女关系，无权申请宣告丙失踪，所以C错误，当选。《民事诉讼法》第68条规定："当事人对自己提出的主张应当及时提供证据。人民法院根据当事人的主张和案件审理情况，确定当事人应当提供的证据及其期限。当事人在该期限内提供证据确有困难的，可以向人民法院申请延长期限，人民法院根据当事人的申请适当延长。当事人逾期提供证据的，人民法院应当责令其说明理由；拒不说明理由或者理由不成立的，人民法院根据不同情形可以不予采纳该证据，或者采纳该证据但予以训诫、罚款。"D正确，不选。

**46. CD**。通说认为行为人因对行为的性质、对方当事人、标的物的品种、质量、规格和数量等的错误认识，使行为的后果与自己的意思相悖，并造成较大损失的，可以认定为重大误解。但狭义的动机错误不构成重大误解。甲属于狭义的动机误解，不得主张撤销买卖。故A错误。《民法典》第1052条第1款规定："因胁迫结婚的，受胁迫的一方可以向人民法院请求撤销婚姻。"《民法典》第1053条规定："一方患有重大疾病的，应当在结婚登记前如实告知另一方；不如实告知的，另一方可以向人民法院请求撤销婚姻。请求撤销婚姻的，应当自知道或者应当知道撤销事由之日起一年内提出。"据此，只有胁迫以及一方隐瞒患有重大疾病的事实才是可撤销婚姻事由，欺诈不是法定的可撤销婚姻事由。故B错误。《民法典》第150条规定："一方或者第三人以胁迫手段，使对方在违背真实意思的情况下实施的民事法律行为，受胁迫方有权请求人民法院或者仲裁机构予以撤销。"保证人丁受到丙的胁迫，在违背自己真实意志的情况下为甲的借款提供保证，因而其可以受胁迫为由请求撤销。故C正确。《民法典》第149条规定："第三人实施欺诈行为，使一方在违背真实意思的情况下实施的民事法律行为，对方知道或者应当知道该欺诈行为的，受欺诈方有权请求人民法院或者仲裁机构予以撤销。"本题中，虽然甲在合同成立时对乙和医院的欺诈不知情，但是此合同属于利益第三人合同，在利益第三人合同的情况下，合同相对人和利益第三人在订立合同时知道或者应当知道第三人欺诈的，受欺诈方有撤销权，乙作为受益人，明知甲患癌症即明知存在欺诈，因而保险公司可以欺诈为由撤销合同。故D正确。

**【陷阱提示】**本题有两个陷阱：A项设置了动机错误的陷阱，意思表示人动机错误并不构成误解，只有对行为本身认识错误才构成误解；C项设置了胁迫主体的陷阱，不仅行为当事人胁迫构成撤销的事由，行为当事人之外的主体胁迫亦构成撤销事由。

**47. ABC**。《民法典》第701条规定："保证人可以主张债务人对债权人的抗辩。债务人放弃抗辩的，保证人仍有权向债权人主张抗辩。"《担保制度解释》第3条规定："当事人对担保责任的承担约定专门的违约责任，或者约定的担保责任范围超出债务人应当承担的责任范围，担保人主张仅在债务人应当承担的责任范围内承担责任的，人民法院应予支持。担保人承担的责任超出债务人应当承担的责任范围，担保人向债务人追偿，债务人主张仅在其应当承担的责任范围内承担责任的，人民法院应予支持；担保人请求债权人返还超出部分的，人民法院依法予以支持。"本题中，由于乙公司交付的菊花茶中有2袋经过硫磺熏蒸，无法饮用，价值2万元，故甲公司可主张减少2万元价款的抗辩权，甲公司对乙公司的债务缩减为8万元，丙公司对乙公司的保证债务也缩减为8万元。但丙公司知情并向乙公司付款10万元，清偿范围超过主债权范围，只能在8万元的范围内向甲公司追偿。故A正确。若丙不知债权人债权的瑕疵，但是乙公司的瑕疵履行已经构成违约。则乙公司获得2万元的对价不具有法律上的原因，构成不当得利，故B正确。主债务已过诉讼时效，保证人放弃时效抗辩，清偿债务后，不得向债务人追偿，故C正确。丙公司放弃的是自己的先诉抗辩权未放弃自己的追偿权，其仍可向甲公司追偿，故D错误。

**48. BD**。在判决离婚之前，李某与吴某共有房屋，均属于房屋所有人。待判决发生效力后，房屋属于李某一人所有，因此，A错误，B正确。张某虽支付了价款，但没有办理变更登记，不能取得房屋所有权，而王某在5月10日与李某办理的房屋所有权变更登记，根据《民法典》第209条规定，自登记之日起享有房屋所有权，故C错误，D正确。

**49. BCD**。《民法典》第308条规定，共有人对共有的不动产或者动产没有约定为按份共有或者共同共有，或者约定不明确的，除共有人具有家庭关系等外，视为按份共有。故A错误。《民法典》第309条规定，按份共有人对共有的不动产或者动产享有的份额，没有约定或者约定不明确的，按照出资额确定；不能确定出资额的，视为等额享有。故B正确。《民法典》第1060条第1款规定，夫妻一方因家庭日常生活需要而实施的民事法律行为，对夫妻双方发生效力，但是夫妻一方与相对人另有约定的除外。故C正确。《民法典》第303条规定，共有人约定不得分割共有的不动产或者动产，以维持共有关系的，应当按照约定，但是共有人有重大理由需要分割的，可以请求分割；没有约定或者约定不明确的，按份共有人可以随时请求分割，共同共有人在共有的基础丧失或者有重大理由需要分割时可以请求分割。因分割造成其他共有人损害的，应当给予赔偿。故D正确。

**50. AC**。在租赁期内，出租人丁某虽然拥有房屋所有权，但是承租人可以基于租赁权而占有房屋。故A正确。在《民法典》第716条第2款规定，承租人未经出租人同意转租的，出租人可以解除合同。据此，方某未经丁某同意转租，丁某可以解除租赁合同，并基于所有权请求唐某返还，次承租人唐某不得以其与承租人方某的租赁关系进行抗辩，只能要求承租人承担违约责任。故C正确，BD错误。

**51. ABCD**。《民法典》第490条第2款规定，法律、行政法规规定或者当事人约定合同应当采用书面形式订立，当事人未采用书面形式但是一方已经履行主要义务，对方接受时，该合同成立。故A正确。《民法典》第597条规定，因出卖人未取得处分权致使标的物所有权不能转移的，买受人可以解除合同并请求出卖人承担违约责任。《公司法解释（三）》第7条规定，出资人以不享有处分权的财产出资，当事人之间对于出资行为效力产生争议的，人民法院可以参照《民法典》第311条的规定予以认定。故无权处分合同有效，B正确。甲分别与乙、丙就相机签订买卖合同，构成多重买卖合同，因不存在无效事由，故多重买卖合同均有效。故C正确。《民法典》第728条规定，出租人未通知承租人或者有其他妨害承租人行使优先购买权情形的，承租人可以请求出租人承担赔偿责任。但是，出租人与第三人订立的房屋买卖合同的效力不受影响。故D正确。

**52. BC**。对于丙公司给乙公司出具《担保函》的行为可以做不同的理解。《民法典》第445条第1款规定，以应收账款出质的，质权自办理出质登记时设立。乙、丙公司并未办理应收账款质押的登记，故A错误。丙公司出具《担保函》的行为可以理解为丙公司在10万元范围内承担连带保证责任，丙公司应对乙公司承担保证责任，故B正确。乙公司对甲公司拥有到期债权、甲公司对丙公司拥有到期债权、甲公司怠于行使债权且该债权非专属于甲公司，乙公司可以行使代位权，故C正确。丙公司出具《担保函》的行为不能认定为债务承担，丙非债务人，乙公司不能直接要求丙清偿债务，故D错误。

**53. ABC**。《旅游纠纷规定》第10条规定："旅游经营者将旅游业务转让给其他旅游经营者，旅游者不同意转让，请求解除旅游合同、追究旅游经营者违约责任的，人民法院应予支持。旅游经营者擅自将其旅游业务转让给其他旅游经营者，旅游者在旅游过程中遭受损害，请求与其签订旅游合同的旅游经营者和实际提供旅游服务的旅游经营者承担连带责任的，人民法院应予支持。"《旅游纠纷规定》第11条规定："除合同性质不宜转让或者合同另有约定之外，在旅游行程开始前的合理期间内，旅游者将其在旅游合同中的权利义务转让给第三人，请求确认转让合同效力的，人民法院应予支持。因前款所述原因，旅游经营者请求旅游者、第三人给付增加的费用或者旅游者请求旅游经营者退还减少的费用的，人民法院应予支持。"故AB正确。《民法典》第1191条第1款规定："用人单位的工作人员因执行工作任务造成他人损害的，由用人单位承担侵权责任。用人单位承担侵权责任后，可以向有故意或者重大过失的工作人员追偿。"因此，韩某有权要求森林公园承担赔偿责任，但不能要求小火车司机承担赔偿责任，故C正确，D错误。

**54. ABD**。《著作权法》第5条规定："本法不适用于：（一）法律、法规，国家机关的决议、决定、命令和其他具有立法、行政、司法性质的文件，及其官方正式译文；（二）单纯事实消息；（三）历法、通用数表、通用表格和公式。"所以，AB不受《著作权法》保护，当选。《著作权法》第2条第2款规定："外国人、无国籍人的作品根据其作者所属国或者经常居住地国同中国签订的协议或者共同参加的国际条约享有的著作权，受本法保护。"我国是《伯尔尼公约》的成员国之一，又根据《著作权法》第2条第1款规定，中国公民、法人或者非法人组织的作品，不论是否发表，依照本法享有著作权。所以《伯尔尼公约》的成员国国民的未发表且未经我国有关部门审批的境外影视作品，也依法享有著作权，所以C受《著作权法》保护，不当选。《著作权法》的保护客体是作品，该法第3条规定："本法所称的作品，是指文学、艺术和科学领域内具有独创性并能以一定形式表现的智力成果，包括：（一）文字作品；（二）口述作品；（三）音乐、戏剧、曲艺、舞蹈、杂技艺术作品；（四）美术、建筑作品；（五）摄影作品；（六）视听作品；（七）工程设计图、产品设计图、地图、示意图等图形作品和模型作品；（八）计算机软件；（九）符合作品特征的其他智力成果。”D的创意不是“作品”，不受《著作权法》的保护，当选。

**55. BC。**甲电视台模仿某境外电视节目创作并录制了一档新娱乐节目，尚未播放，其因未播放不能取得邻接权，但其创作及录制的节目构成以类似电影方式制作的作品，其享有狭义的著作权。乙电视台未经甲电视台同意而复制其节目，侵害了甲电视台的复制权；乙电视台未经甲电视台播放其非法的复制品，侵害了甲电视台的广播权，而非播放权，故A说法不确切；贺某与乙电视台共同故意侵权，应承担连带责任。

**56. BD。**《民诉解释》第2条规定，专利纠纷案件由知识产权法院、最高人民法院确定的中级人民法院和基层人民法院管辖。海事、海商案件由海事法院管辖。故A错误。人民法院可以要求提供证据，但在起诉时并非当然应该提供。故B正确。《专利法》第59条第1款规定，发明或者实用新型专利权的保护范围以其权利要求的内容为准，说明书及附图可以用于解释权利要求的内容。故C错误。当事人在法庭辩论终结前可变更其权利主张，所以D正确。

**57. AD。**《商标法》第43条第2款规定，经许可使用他人注册商标的，必须在使用该注册商标的商品上标明被许可人的名称和商品产地。A正确。《最高人民法院关于审理商标民事纠纷案件适用法律若干问题的解释》第19条规定，商标使用许可合同未经备案的，不影响该许可合同的效力，但当事人另有约定的除外。B错误。《最高人民法院关于审理商标民事纠纷案件适用法律若干问题的解释》第4条第2款规定，在发生注册商标专用权被侵害时，独占使用许可合同的被许可人可以向人民法院提起诉讼；排他使用许可合同的被许可人可以和商标注册人共同起诉，也可以在商标注册人不起诉的情况下，自行提起诉讼；普通使用许可合同的被许可人经商标注册人明确授权，可以提起诉讼。C错误。《商标法》第64条第2款规定，销售不知道是侵犯注册商标专用权的商品，能证明该商品是自己合法取得并说明提供者的，不承担赔偿责任。D正确。

**58. AC。**《民法典》第1133条第1款规定：“自然人可以依照本法规定立遗嘱处分个人财产，并可以指定遗嘱执行人。”《民法典》第1128条第1款规定：“被继承人的子女先于被继承人死亡的，由被继承人的子女的直系晚辈血亲代位继承。”代位继承人只能继承其父母有权继承的遗产份额。张某的遗嘱没有无效事由，故遗嘱有效，房产归李某，丙不能代位继承张某的房产。所以，本题应当执行遗嘱继承，由李某继承房产，故A正确，B错误。《民法典》第1121条第1款规定：“继承从被继承人死亡时开始。”《民法典》第230条规定：“因继承取得物权的，自继承开始时发生效力。”故C正确，D错误。

**59. ABCD。**《民法典》第1019条规定：“任何组织或者个人不得以丑化、污损，或者利用信息技术手段伪造等方式侵害他人的肖像权。未经肖像权人同意，不得制作、使用、公开肖像权人的肖像，但是法律另有规定的除外。未经肖像权人同意，肖像作品权利人不得以发表、复制、发行、出租、展览等方式使用或者公开肖像权人的肖像。”乙公司未经甲女同意上传照片至其公司网站做宣传，侵犯了甲女的肖像权，故A正确。《著作权法》第19条规定：“受委托创作的作品，著作权的归属由委托人和受托人通过合同约定。合同未作明确约定或者没有订立合同的，著作权属于受托人。”该照片的著作权属于乙公司。丁男将照片中的甲女头部移植至他人半裸照片，侵犯了乙公司保护作品完整权，故B正确。《民法典》第1024条规定：“民事主体享有名誉权。任何组织或者个人不得以侮辱、诽谤等方式侵害他人的名誉权。名誉是对民事主体的品德、声望、才能、信用等的社会评价。”丁男将甲女头部移植至他人半裸照片，使甲女受到众人的批评和指责，名誉受损，其行为侵犯了甲女的名誉权，故C正确。《民法典》第1183条第1款规定：“侵害自然人人身权益造成严重精神损害的，被侵权人有权请求精神损害赔偿。”甲女发现丙网站有其多张半裸照片，受到众人嘲讽和指责，名誉权被侵害而且按照通常情况来看会造成严重后果，故可主张精神损害赔偿，D正确。

**60. ABD。**《民法典》第1203条第1款规定：“因产品存在缺陷造成他人损害的，被侵权人可以向产品的生产者请求赔偿，也可以向产品的销售者请求赔偿。”所以AB正确。《民法典》第1207条规定：“明知产品存在缺陷仍然生产、销售，或者没有依据前条规定采取有效补救措施，造成他人死亡或者健康严重损害的，被侵权人有权请求相应的惩罚性赔偿。”所以C错误。《民法典》第1202条规定生产者承担无过错赔偿责任，所以D正确。

**61. BCD。**股权就是可以用货币估价并可以依法转让的非货币财产，可以作为出资标的，无须公司章程做出明确规定。故A错误。《公司法解释（三）》第11条第1款规定，出资人以其他公司股权出资，符合下列条件的，人民法院应当认定出资人已履行出资义务：（1）出资的股权由出资人合法持有并依法可以转让；（2）出资的股权无权利瑕疵或者权利负担；（3）出资人已履行关于股权转让的法定手续；（4）出资的股权已依法进行了价值评估。本题中，BCD三项不符合出资的股权无权利瑕疵或者权利负担的要求，将会导致甲无法全面履行其出资义务。

**62. ABD。**《公司法解释（三）》第12条规定，公司成立后，公司、股东或者公司债权人以相关股东的行为符合下列情形之一且损害公司权益为由，请求认定该股东抽逃出资的，人民法院应予支持：(1) 制作虚假财务会计报表虚增利润进行分配；(2) 通过虚构债权债务关系将其出资转出；(3) 利用关联交易将出资转出；(4) 其他未经法定程序将出资抽回的行为。本题中，A属于通过虚构债权债务关系将其出资转出的行为，B属于利用关联交易将出资转出的行为，D属于制作虚假财务会计报表虚增利润进行分配的行为，都可以被认定为抽逃出资。ABD正确。王五擅自将天问公司若干贵重设备拿回家，这属于侵犯公司财产权的行为，不是抽逃出资，故C错误。

**【陷阱提示】** 股东的抽逃出资行为可以有多种表现形式，有的是在公司成立后直接将出资撤回，而有的是通过交易或者利润分配等间接的形式，因此要对此类交易或利润分配进行核查，尤其是是否有不公平或者欺诈等情形的出现。要注意，并不是公司成立后股东与公司的所有交易或者利润分配都构成抽逃出资。

**63. BCD。**《合伙企业法》第50条第1款规定，合伙人死亡或者被依法宣告死亡的，对该合伙人在合伙企业中的财产份额享有合法继承权的继承人，按照合伙协议的约定或者经全体合伙人一致同意，从继承开始之日起，取得该合伙企业的合伙人资格。B中，合伙协议规定合伙人须具有国家一级厨师资格证，这是合伙协议对合伙人资格的限制，欧某不具有该资格，则不能成为合伙人。而如果合伙人之一的郑某不愿意接纳欧某为合伙人，则说明合伙人没有一致同意，则欧某也不能成为合伙人。《合伙企业法》第50条第3款规定，合伙人的继承人为无民事行为能力人或者限制民事行为能力人的，经全体合伙人一致同意，可以依法成为有限合伙人，普通合伙企业依法转为有限合伙企业。全体合伙人未能一致同意的，合伙企业应当将被继承合伙人的财产份额退还该继承人。在D设定的条件下，欧某可经其他合伙人一致同意而成为有限合伙人，但不能作为普通合伙人。另外，欧某能否取得合伙人资格，这取决于合伙协议的约定或者其他合伙人的意见，吴某之父对此并没有否决权。综上，本题答案为BCD。

**【陷阱提示】** 本题的陷阱在于题干中“合伙企业的普通合伙人资格”的限制。根据《合伙企业法》的规定，即使合伙人的继承人为无民事行为能力人或者限制民事行为能力人，只要经全体合伙人一致同意，也可以依法成为合伙人，但只能作为有限合伙人，且原来的普通合伙企业必须依法转为有限合伙企业。如果忽略了题干中的这一限制，D选项有可能被遗漏。

**64. AC。**《企业破产法》第46条第1款规定，未到期的债权，在破产申请受理时视为到期。甲公司的设备余款给付请求权在破产申请受理时虽然尚未到期，但视为到期，故A正确。《最高人民法院关于审理企业破产案件若干问题的规定》第55条第1款第5项规定：“下列债权属于破产债权：……（五）清算组解除合同，对方当事人依法或者依照合同约定产生的对债务人可以用货币计算的债权……”据此，乙公司请求湘江公司加工一批服装的合同履行请求权，不能申报债权，故B错误。《最高人民法院关于审理企业破产案件若干问题的规定》第55条第1款第3项的规定：“下列债权属于破产债权：……（三）破产宣告前发生的虽有财产担保但是债权数额超过担保物价值部分的债权……”C中丙银行的借款偿还请求权虽然已经设定财产抵押担保，但仍可就债权数额超过担保物价值的部分申报破产债权，故C正确。《最高人民法院关于审理企业破产案件若干问题的规定》第61条第1款第1项的规定：“下列债权不属于破产债权：（一）行政、司法机关对破产企业的罚款、罚金以及其他有关费用……”故当地税务机关对湘江公司作出的8万元行政处罚决定不属于破产债权，故D错误。

**【陷阱提示】** 关于破产债权的认定，虽然《企业破产法》规定人民法院受理破产申请时对债务人享有债权的债权人都可以依照规定的程序行使权利。但在此之外还有很多特殊的规定，如已获抵押的债权或者未到期的债权等，要特别注意。另外，对破产申请受理前成立而债务人和对方当事人均未履行完毕的合同，管理人有权决定解除或者继续履行，而继续履行的债权请求权不是可以用货币计算的债权，但如果管理人决定解除合同，对方当事人由此产生的债权就可以申报，要注意区分不同情况。

**65. BCD。**《票据法》第13条第1款规定，票据债务人不得以自己与出票人或者与持票人的前手之间的抗辩事由，对抗持票人。但是，持票人明知存在抗辩事由而取得票据的除外。因此，票据债务人可以基于与持票人之间的抗辩事由而拒绝付款。本题中，甲银行可以持票人楚天公司尚欠其贷款未还为由拒绝付款。故B错误。《票据法》第39条规定，定日付款或者出票后定期付款的汇票，持票人应当在汇票到期日前向付款人提示承兑。提示承兑是指持票人向付款人出示汇票，并要求付款人承诺付款的行为。对于本题中的银行承兑汇票，须经甲银行承兑后才发生付款效力。故A正确。另根据票据的无因性原理，票据原因关系的无效或瑕疵，并不影响持票人行使票据权利，票据债务人也不得以此抗辩。故选项CD错误。本题为选非题，故应选BCD。

**【陷阱提示】** 票据抗辩分为对物抗辩和对人抗辩。对物抗辩是指票据债务人可以对抗一切票据债权人的抗辩，如票据欠缺绝对记载事项、票据债务人无民事行为能力、背书不连续、票据权利时效届满而消灭等。对人抗辩是指票据债务人对抗特定票据债权人的抗辩，如票据原因关系不合法，原因关系不存在或消灭，欠缺对价等。

**66. BCD**。《保险法》第36条第1款规定，合同约定分期支付保险费，投保人支付首期保险费后，除合同另有约定外，投保人自保险人催告之日起超过30日未支付当期保险费，或者超过约定的期限60日未支付当期保险费的，合同效力中止，或者由保险人按照合同约定的条件减少保险金额。而不是解除合同，故A错误。根据《保险法》第32条第1款的规定，投保人申报的被保险人年龄不真实，并且其真实年龄不符合合同约定的年龄限制的，保险人可以解除合同，并按照合同约定退还保险单的现金价值。保险人行使合同解除权，适用本法第16条第3款、第6款的规定。即合同解除权，自保险人知道有解除事由之日起，超过30日不行使而消灭。自合同成立之日起超过2年的，保险人不得解除合同；发生保险事故的，保险人应当承担赔偿或者给付保险金的责任。B中，保险合同成立已1年6个月，并未超过2年，故B正确。《保险法》第16条第1、2款规定，订立保险合同，保险人就保险标的或者被保险人的有关情况提出询问的，投保人应当如实告知。投保人故意或者因重大过失未履行前款规定的如实告知义务，足以影响保险人决定是否同意承保或者提高保险费率的，保险人有权解除合同。故C正确。《保险法》第51条第3款规定，投保人、被保险人未按照约定履行其对保险标的的安全应尽责任的，保险人有权要求增加保险费或者解除合同。故D正确。

**【陷阱提示】**在保险合同中，保险人承担着保险合同约定的风险以及危险发生时的赔偿责任，如果保险人为自身利益解除保险合同，被保险人利益将无法保障。因此，保险法对保险人的合同解除权进行了严格限制，除明确规定法定的可以行使解除权的情形外，还对各种情形设定了严格的限制，其中最重要的就是时间限制。

**67. AB**。《海商法》第25条第1款规定，船舶优先权先于船舶留置权受偿，船舶抵押权后于船舶留置权受偿。故A正确，D错误。《海商法》第22条第1款规定："下列各项海事请求具有船舶优先权：……（二）在船舶营运中发生的人身伤亡的赔偿请求……"且船舶优先权先于船舶留置权受偿。故B正确。造船公司的造船费用请求权属于一般债权，而银行的抵押权属于有担保债权，后者优先于前者。故C错误。

**【陷阱提示】**船舶优先权是一种特殊的担保物权，是指海事请求人依照《海商法》第22条的规定，向船舶所有人、光船承租人、船舶经营人提出海事请求，对产生该海事请求的船舶具有优先受偿的权利。受船舶优先权担保的海事请求的受偿顺序必须依法进行。受偿顺序包括两方面的内容：一是船舶优先权担保的海事请求与其他的担保物权所担保的海事请求之间的效力优劣问题；二是船舶优先权担保的各项海事请求之间的受偿顺序问题。

**68. AB**。《民事诉讼法》第23条规定："下列民事诉讼，由原告住所地人民法院管辖；原告住所地与经常居住地不一致的，由原告经常居住地人民法院管辖：……（二）对下落不明或者宣告失踪的人提起的有关身份关系的诉讼……"离婚案件属于身份关系的诉讼，因此，被告下落不明的，由原告住所地人民法院管辖。A正确。《民事诉讼法》第154条规定："有下列情形之一的，终结诉讼：……（三）离婚案件一方当事人死亡的……"据此，B正确。《民诉解释》第380条规定，当事人就离婚案件中的财产分割问题申请再审，如涉及判决中已分割的财产，人民法院应当依照《民事诉讼法》第211条的规定进行审查，符合再审条件的，应当裁定再审；如涉及判决中未作处理的夫妻共同财产，应当告知当事人另行起诉。所以，离婚诉讼中身份关系的部分，当事人不能申请再审，但对财产分割问题，可以申请再审。故C错误。《民事诉讼法》第137条规定："人民法院审理民事案件，除涉及国家秘密、个人隐私或者法律另有规定的以外，应当公开进行。离婚案件，涉及商业秘密的案件，当事人申请不公开审理的，可以不公开审理。"法定不公开的案件是涉及国家秘密、个人隐私的案件。离婚案件，不属于法定不公开审理的案件，是相对不公开，由当事人申请，法院有权裁量。故D错误。

**69. BCD**。普通程序是指人民法院审理诉讼案件通常所适用的程序，是法院审理民事案件的最基本的程序，在整个民事诉讼程序中占有十分重要的地位。从立法上看，它被规定在众多程序之首，这部分条文最多，内容最复杂，集中体现了民事诉讼的结构性、完整性和层次性，因此是其他诉讼程序的基础。与简易程序、二审程序相比，普通程序具有以下特点：一是具有程序的基础性和独立性；二是具有程序的完整性；三是具有广泛的适用性。因此BCD正确。普通程序之所以重要，并不是因为其是一审诉讼案件的审理程序，而是因为它是其他程序的基础，因此A错误。

**70. BC**。无独立请求权第三人是指在民事诉讼中，对原被告双方争议的诉讼标的没有独立的请求权，但案件处理的结果可能同他有法律上的利害关系，而参加到已经开始的诉讼中进行诉讼的人。《民诉解释》第82条规定，在一审诉讼中，无独立请求权的第三人无权提出管辖异议，无权放弃、变更诉讼请求或者申请撤诉，被判决承担民事责任的，有权提起上诉。因此，无独立请求权第三人在诉讼中有自己的诉讼权利义务，A说法正确，不应选。无独立请求权第三人无权提出管辖异议，B说法错误，当选。一审判决没有判决无独立请求权第三人承担民事责任的，无独立请求权的第三人不可以作为上诉人，但可以作为被上诉人，故 C 说法错误，应选。《民诉解释》第 150 条规定，人民法院调解民事案件，需由无独立请求权的第三人承担责任的，应当经其同意。该第三人在调解书送达前反悔的，人民法院应当及时裁判。由此可推出，无独立请求权第三人有权参与到案件的调解中去，并与原、被告达成调解协议，因此 D 说法正确，不应选。

**71. ABCD**。根据《民事诉讼法》第 149 条的规定，有下列情形之一的，可以延期审理：(1) 必须到庭的当事人和其他诉讼参与人有正当理由没有到庭的；……《民事诉讼法》第 146 条规定，原告经传票传唤，无正当理由拒不到庭的，或者未经法庭许可中途退庭的，可以按撤诉处理；被告反诉的，可以缺席判决。《民事诉讼法》第 112 条规定，人民法院对必须到庭的被告，经两次传票传唤，无正当理由拒不到庭的，可以拘传。根据前述规定，法院开庭审理时一方当事人未到庭时，ABCD 四项所列法律后果都可能出现，故本题正确答案为 ABCD。

**72. AB**。法定诉讼代理人，是指根据法律规定，代理无诉讼行为能力的当事人进行民事活动的人。法定代理人最基本的特征在于其代理权的取得不是基于当事人的委托，而是根据法律的直接规定。在我国，法定诉讼代理人是为补充无民事行为能力的人或限制民事行为能力的人在诉讼行为能力上的欠缺而设置的，因此法定诉讼代理是一种全权代理。这就决定了法定诉讼代理人在代理权限和诉讼地位上，与委托诉讼代理人有很大的不同。法定诉讼代理人可以按照自己的意志代理被代理人实施所有诉讼行为，如起诉、应诉、放弃或变更诉讼请求、进行调解、提起反诉等。同时，法定诉讼代理人也应履行当事人所应承担的诉讼义务。然而，尽管法定诉讼代理是全权代理，法定诉讼代理人具有类似当事人的诉讼权利，但他们与当事人仍然存在区别：法定诉讼代理人只能以当事人的名义起诉或应诉；裁判所针对的是当事人，而不是法定诉讼代理人；在诉讼中，如果法定诉讼代理人死亡，法院可以另行指定监护人作为法定诉讼代理人继续诉讼，而不必终结诉讼。另外，所代理的当事人在诉讼中取得行为能力的，则法定诉讼代理人的代理权消灭，并不会自动转化为委托代理。因此，AB 两项是正确的，应选；CD 两项不正确，不应选。本题正确答案为 AB。

**73. ACD**。《民事诉讼法》第 75 条第 2 款规定，不能正确表达意思的人，不能作证。《最高人民法院关于民事诉讼证据的若干规定》第 67 条第 2 款规定，待证事实与其年龄、智力状况或者精神健康状况相适应的无民事行为能力人和限制民事行为能力人，可以作为证人。故 A 正确。《民事诉讼法》第 77 条规定，证人因履行出庭作证义务而支出的交通、住宿、就餐等必要费用以及误工损失，由败诉一方当事人负担。当事人申请证人作证的，由该当事人先行垫付；当事人没有申请，人民法院通知证人作证的，由人民法院先行垫付。故 B 错误。《最高人民法院关于民事诉讼证据的若干规定》第 68 条第 1 款规定，人民法院应当要求证人出庭作证，接受审判人员和当事人的询问。证人在审理前的准备阶段或者人民法院调查、询问等双方当事人在场时陈述证言的，视为出庭作证。故 C 正确。证明力，也称证据价值、证据力，它指的是证据对于案件事实有无证明作用及证明作用的大小。与其相对应的概念是证明能力，指的是证据资料可以被采用为证据的资格。"未成年人所作的与其年龄和智力状况不相当的证言不能单独作为认定案件事实的依据"，是关于证人证言证明力的规定，故 D 正确。

**74. ABD**。证明责任的基本含义是，在民事诉讼中，应当由当事人对其主张的事实提供证据并予以证明，若诉讼终结时根据全案证据仍不能判明当事人主张的事实真伪，则由该当事人承担不利的诉讼后果。因此，只有在待证事实处于真伪不明的情况下，证明责任的后果才会出现，故 A 正确。对案件中的同一事实，只有一方当事人负有证明责任，故 B 正确。《民诉解释》第 93 条规定："下列事实，当事人无须举证证明：(一) 自然规律以及定理、定律；(二) 众所周知的事实；(三) 根据法律规定推定的事实；(四) 根据已知的事实和日常生活经验法则推定出的另一事实；(五) 已为人民法院发生法律效力的裁判所确认的事实；(六) 已为仲裁机构生效裁决所确认的事实；(七) 已为有效公证文书所证明的事实。前款第二项至第四项规定的事实，当事人有相反证据足以反驳的除外；第五项至第七项规定的事实，当事人有相反证据足以推翻的除外。"因此，对于法律规定的免证事实，当事人不需要提供证据证明，因此也不承担败诉的后果，故 C 错误。证明责任包含了双重含义，即其不仅包括行为意义上的证明责任，也包括结果意义上的证明责任。所谓结果意义上的证明责任，是指在事实真伪不明时，主张该事实的当事人承担不利的诉讼后果的责任。证明责任的行为责任会在原、被告间相互转移，但证明责任的结果责任不会在原、被告间相互转移，故 D 正确。

**75. AC**。债务人在收到支付令后，未在法定期间内提出书面异议，而向其他人民法院起诉的，不影响支付令的效力。但是，若债务人在法定期间内向本院就该债权债务关系起诉的，支付令失效。因此本题正确答案为 AC。

**76. C**。乙、丙所签订买卖合同满足合同生效要件，有效。当事人可以约定由第三人代为履行合同义务，只是该约定并不当然拘束第三人，该条款本身并不无效，其更不影响合同效力。

**77. BD**。《民法典》第 403 条规定，动产抵押采取登记对抗主义，所以汽车抵押即使未登记亦成立。

乙就丙公司的债权享有第三人设定的抵押权及保证债权。《民法典》第392条规定，被担保的债权既有物的担保又有人的担保的，债务人不履行到期债务或者发生当事人约定的实现担保物权的情形，债权人应当按照约定实现债权；没有约定或者约定不明确，债务人自己提供物的担保的，债权人应当先就该物的担保实现债权；第三人提供物的担保的，债权人可以就物的担保实现债权，也可以请求保证人承担保证责任。提供担保的第三人承担担保责任后，有权向债务人追偿。故C错误，D正确。当事人在合同中约定，当债务人不能履行债务时，由保证人承担保证责任，为一般保证。一般保证具有补充性，保证人有先诉抗辩权。故A错误，B正确。

**78. D**。张某以逃避被实现抵押权的目的将汽车赠与刘某，该行为可以被撤销。刘某以汽车出资，同钱某设立丁公司，属于合法有效行为，丁公司作为善意第三人，根据《民法典》第269条第1款规定，营利法人对其不动产和动产依照法律、行政法规以及章程享有占有、使用、收益和处分的权利。故丁公司享有汽车的所有权。

**79. D**。第三人造成侵权行为发生的，应由第三人承担侵权责任。所以，应当由摩托车车主承担对赵某的损害赔偿责任。

**80. AB**。方某作为公司驾驶员，没有法定或约定的义务为公司维修汽车，其委托丁公司修车的行为构成无因管理。《民法典》第171条第1款规定："行为人没有代理权、超越代理权或者代理权终止后，仍然实施代理行为，未经被代理人追认的，对被代理人不发生效力。"但方某并没有持有授权委托书等表见事由，不构成表见代理，构成无权代理。其未处分丁公司的财产权益，不构成无权处分，故AB正确。

**81. AC**。方某以自己的名义与庚公司签订坐垫买卖合同，应当由其自行向庚公司支付坐垫费。方某的汽车委托戊公司维修的行为，构成无因管理，被管理人丁公司应当支付因管理行为产生的债务。根据《民法典》的规定，留置权的成立以占有标的物为前提，现方某已取走汽车并交付丁公司运营，戊公司不得留置，故AC正确。

**82. D**。《合伙企业法》第22条规定，除合伙协议另有约定外，合伙人向合伙人以外的人转让其在合伙企业中的全部或者部分财产份额时，须经其他合伙人一致同意。合伙人之间转让在合伙企业中的全部或者部分财产份额时，应当通知其他合伙人。故AB错误。《合伙企业法》第45条规定，合伙协议约定合伙期限的，在合伙企业存续期间，有下列情形之一的，合伙人可以退伙：……（3）发生合伙人难以继续参加合伙的事由。而本题中的合伙协议未约定合伙期限，故不适用该规定。故C错误。《合伙企业法》第46条规定，合伙协议未约定合伙期限的，合伙人在不给合伙企业事务执行造成不利影响的情况下，可以退伙，但应当提前30日通知其他合伙人。故D正确。

**83. B**。《合伙企业法》第30条规定，合伙人对合伙企业有关事项作出决议，按照合伙协议约定的表决办法办理。合伙协议未约定或者约定不明确的，实行合伙人一人一票并经全体合伙人过半数通过的表决办法。本法对合伙企业的表决办法另有规定的，从其规定。《合伙企业法》第31条规定，除合伙协议另有约定外，合伙企业的下列事项应当经全体合伙人一致同意：（1）改变合伙企业的名称；（2）改变合伙企业的经营范围、主要经营场所的地点；（3）处分合伙企业的不动产；（4）转让或者处分合伙企业的知识产权和其他财产权利；（5）以合伙企业名义为他人提供担保；（6）聘任合伙人以外的人担任合伙企业的经营管理人员。B不属于须经全体合伙人一致同意的事项，只需要全体合伙人过半数通过即可，B正确。AD属于须经全体合伙人一致同意的事项，故AD错误。《合伙企业法》第32条第2款规定，除合伙协议另有约定或经合作合伙人一致同意外，合伙人不得同本合伙企业进行交易。本题中，赵某提议将其一批咖啡机卖给酒吧，这属于合伙人与合伙企业之间的交易，因合伙协议没有约定，故应当经全体合伙人一致同意。故C错误。

**84. CD**。根据《合伙企业法》第35条的规定，被聘任的合伙企业的经营管理人员应当在合伙企业授权范围内履行职务。被聘任的合伙企业的经营管理人员，超越合伙企业授权范围履行职务，或者在履行职务过程中因故意或者重大过失给合伙企业造成损失的，依法承担赔偿责任。根据《合伙企业法》第31条的规定，除合伙协议另有约定外，合伙企业的下列事项应当经全体合伙人一致同意：(1）改变合伙企业的名称；(2）改变合伙企业的经营范围、主要经营场所的地点；(3）处分合伙企业的不动产；(4）转让或者处分合伙企业的知识产权和其他财产权利；(5）以合伙企业名义为他人提供担保；(6）聘任合伙人以外的人担任合伙企业的经营管理人员。因此，将经营范围扩展至法国红酒代理销售业务以及以酒吧不动产抵押贷款的行为属于须经全体合伙人一致同意的事项，林某无权自主决定。故AB错误，CD正确。

**【陷阱提示】**被聘任的合伙企业的经营管理人员应当在合伙企业授权范围内履行职务。虽然合伙企业法没有对这种授权作出明确规定，但被聘任的经营管理人员应当遵循合伙事务执行的一般规定，尤其是《合伙企业法》规定的或者合伙协议约定的须经全体合伙人一致同意的事项，不属于其授权范围。

**85. BCD**。《民事诉讼法》第130条第1款规定，人民法院受理案件后，当事人对管辖权有异议的，应当在提交答辩状期间提出。人民法院对当事人提出的异议，应当审查。异议成立的，裁定将案件移送有管辖权的人民法院；异议不成立的，裁定驳回。本题中，张成功未在提交答辩状期间提出异议，因此其行使管辖权异议不符合法律规定，A 错误。升湖区法院驳回张成功的管辖异议符合法律规定，C 正确。《民诉解释》第 12 条规定，夫妻一方离开住所地超过 1 年，另一方起诉离婚的案件，可以由原告住所地人民法院管辖。夫妻双方离开住所地超过 1 年，一方起诉离婚的案件，由被告经常居住地人民法院管辖；没有经常居住地的，由原告起诉时被告居住地的人民法院管辖。因此，本案应由安平区法院管辖，张成功主张管辖权异议的理由符合法律规定，B 正确。《民事诉讼法》第 37 条规定，人民法院发现受理的案件不属于本院管辖的，应当移送有管辖权的人民法院，受移送的人民法院应当受理。因此，升湖区法院对案件进行移送符合法律规定，D 正确。本题正确答案为 BCD。

**86. ABC**。《最高人民法院关于适用简易程序审理民事案件的若干规定》第 14 条规定，下列民事案件，人民法院在开庭审理时应当先行调解：（1）婚姻家庭纠纷和继承纠纷；……因此，AB 正确。《最高人民法院关于人民法院民事调解工作若干问题的规定》第 4 条规定，在答辩期满前人民法院对案件进行调解，适用普通程序的案件在当事人同意调解之日起 15 天内，适用简易程序的案件在当事人同意调解之日起 7 天内未达成调解协议的，经各方当事人同意，可以继续调解。延长的调解期间不计入审限。根据这一规定，当事人未达成调解协议，法院在当事人同意情况下可以再次组织调解，C 正确。当事人未达成调解协议，法院未再次组织调解并不违法，D 错误。

**87. C**。《婚姻家庭编解释（一）》第 16 条规定，人民法院审理重婚导致的无效婚姻案件时，涉及财产处理的，应当准许合法婚姻当事人作为有独立请求权的第三人参加诉讼。除此之外，我国一直坚持婚姻关系案件审理不允许第三人参加的原则。之所以如此规定，是因为离婚诉讼的主体具有特殊性，原则上即只有夫妻两人，离婚诉讼是对夫妻双方身份关系的确认。因此，本案中无论张成功是否同意，法院通知陈佳以无独立请求权第三人名义参加诉讼都是错误的，C 正确。

**88. ACD**。证据制度中的自认是指当事人一方承认对方当事人所主张的不利于自己的事实为真实明确表明其真实性的陈述。根据现行法律和司法解释的规定，要构成自认，必须具备以下条件：一是自认的主体只能是当事人；二是自认的内容是承认对方当事人所主张的不利于己的事实为真实；三是自认必须为明确的意思表示；四是自认适用范围为那些与社会公共利益无关的民事案件，主要适用于涉及财产问题的案件。涉及身份关系的案件不适用自认。之所以在身份关系案件中不适用自认，是因为身份关系案件不但涉及当事人双方的私人利益，更涉及多数关系人的利益，甚至影响社会秩序和国家利益。因此，身份关系的案件必须采取绝对客观真实主义，如允许以自认的事实作为法院裁判的依据，尽管能达到法律真实的要求，但不符合身份诉讼的客观真实要求。本题中，张成功承认与黎明丽存在婚姻关系，黎明丽承认张成功不是张好帅的亲生父亲，都涉及当事人的身份关系，因此不适用自认，AD 当选。C 不符合自认的构成要件，当选。张成功承认家中存款 36 万元在自己手中，只涉及财产关系，不涉及身份关系，因此可以视为自认，B 不当选。

**【陷阱提示】** 自认的适用范围。自认只适用于那些与社会公共利益无关的民事案件，主要适用于涉及财产问题的案件。涉及身份关系的案件不适用自认。

**89. AB**。张成功对该事实的认可并不会在其后的诉讼中对其不利，可以作为法院判决依据，A 正确。张成功对该事实的认可虽然是在调解过程中作出的，但在其后的庭审中，张成功对该事实再次予以承认，对该事实法院可将其作为判决根据，B 正确。黎明丽提出张成功每月应当支付张好帅抚养费 1500 元的主张，张成功对该主张自始至终予以否认，该主张不能作为法院判决根据，C 错误。张成功在调解中承认自己有第三者，对其在其后的诉讼不利，不得成为法院的判决根据，D 错误。

**90. ABCD**。《民事诉讼法》第 151 条第 3、4 款规定，宣告判决时，必须告知当事人上诉权利、上诉期限和上诉的法院。宣告离婚判决，必须告知当事人在判决发生法律效力前不得另行结婚。因此，本题正确答案为 ABCD。

# 第22天

*天生我材必有用，千金散尽还复来。*

## 试题

**1.** 法律格言说："不知自己之权利，即不知法律。"关于这句法律格言涵义的阐释，下列哪一选项是正确的？

A. 不知道法律的人不享有权利

B. 任何人只要知道自己的权利，就等于知道整个法律体系

C. 权利人所拥有的权利，既是事实问题也是法律问题

D. 权利构成法律上所规定的一切内容，在此意义上，权利即法律，法律亦权利

**2.** 张女穿行马路时遇车祸，致两颗门牙缺失。交警出具的责任认定书认定司机负全责。张女因无法与肇事司机达成赔偿协议，遂提起民事诉讼，认为司机虽赔偿3,000元安装假牙，但假牙影响接吻，故司机还应就她的"接吻权"受到损害予以赔偿。关于本案，下列哪一选项是正确的？

A. 张女与司机不存在产生法律关系的法律事实

B. 张女主张的"接吻权"属于法定权利

C. 交警出具的责任认定书是非规范性法律文件，具有法律效力

D. 司机赔偿3,000元是绝对义务的承担方式

**3.** 我国某省人大常委会制定了该省的《食品安全条例》，关于该地方性法规，下列哪一选项是不正确的？

A. 该法规所规定的内容主要属于行政法部门

B. 该法规属于我国法律的正式渊源，法院审理相关案件时可直接适用

C. 该法规的具体应用问题，应由该省人大常委会进行解释

D. 该法规虽仅在该省范围适用，但从效力上看具有普遍性

**4.** 谢某、阮某与曾某在曾某经营的"皇太极"酒吧喝酒，离开时谢某从楼梯摔下，被扶起后要求在酒吧休息，第二天被发现已死亡。经鉴定，谢某系"醉酒后猝死"。该案审理中，合议庭对"餐饮经营者对醉酒者是否负有义务"产生争议。刘法官认为，我国相关法律对此没有明确规定，但根据德国、奥地利、芬兰等国判例，餐饮经营者负有确保醉酒顾客安全的义务，认定曾某负赔偿责任符合法律保护弱者的立法潮流。依据法学原理，下列哪一说法是正确的？

A. 刘法官的解释属于我国正式法律解释体制中的司法解释

B. 刘法官在该案的论证中运用了有关法的非正式渊源的知识

C. 从法律推理角度看，"经鉴定，谢某系'醉酒后猝死'"是推理的大前提

D. 从德国、奥地利、芬兰等国家存在判例的情形看，这些国家的法律属于判例法系

**5.** 法律解释是法律适用中的必经环节。关于法律解释及其方法，下列哪一说法是错误的？

A. "欲寻词句义，应观上下文"，描述的是体系解释方法

B. 文义解释是首先考虑的解释方法，相对于其他解释方法具有优先性

C. 历史解释的对象主要是法律问题中的历史事实，与特定解决方案中的法律后果无关

D. 客观目的解释中，一些法伦理性的原则可以作为解释的根据

**6.** 2000年6月，最高法院决定定期向社会公布部分裁判文书，在汇编前言中指出："最高人民法院的裁判文书，由于具有最高的司法效力，因而对各级人民法院的审判工作具有重要的指导作用，同时还可以为法律、法规的制定和修改提供参考，也是法律专家和学者开展法律教学和研究的宝贵素材。"对于此段文字的理解，下列哪一选项是正确的？

A. 最高法院的裁判文书可以构成法的渊源之一

B. 最高法院的裁判文书对各级法院审判工作具有重要指导作用，属于规范性法律文件

C. 最高法院的裁判文书具有最高的普遍法律效力

D. 最高法院的裁判文书属于司法解释范畴

**7.** 甲、乙签订一份二手房房屋买卖合同，约定："本合同一式三份，经双方签字后生效。甲、乙各执一份，留见证律师一份，均具有同等法律效力。"关于该条款，下列哪一选项是正确的？

A. 是有关法律原则之适用条件的规定

B. 属于案件事实的表述

C. 是甲乙双方所确立的授权性规则

D. 关涉甲乙双方的行为效力及后果

**8.** 汉宣帝地节四年下诏曰："自今子首匿父母、妻匿夫、孙匿大父母，皆勿坐。其父母匿子、夫匿妻、大父母匿孙，罪殊死，皆上请廷尉以闻"，"亲亲得相首匿"正式成为中国封建法律原则和制度。对此，下列哪一选项是错误的？

A. 近亲属之间相互首谋隐匿一般犯罪行为，不负刑事责任

B. 近亲属之间相互首谋隐匿所有犯罪行为，不负刑事责任

C. "亲亲得相首匿"的本意在于尊崇伦理亲情

D. "亲亲得相首匿"的法旨在于宽宥缘自亲情发生的隐匿犯罪亲属的行为

**9.** 中国法制近代化经历了曲折的渐进过程，贯穿着西方法律精神与中国法律传统的交汇与碰撞。关于中国法制近代化在修律中的特点，下列哪一选项是不正确的？

A. 1910年《大清民律草案》完成后，修律大臣俞廉三上陈"奏进民律前三编草案折"，认为民律修订仍然没有超出"中学为体、西学为用"的思想格局

B. 1911年《大清新刑律》作为中国第一部近代意义的专门刑法典，在吸纳近代资产阶级罪刑法定等原则的同时，仍然保留了部分不必科刑的民事条款

C. 1910年颁行的《法院编制法》规定，国家司法审判实行四级三审制

D. 1947年颁行的《中华民国宪法》，所列各项民主自由权利比以往任何宪法性文件都充分

**10.** 关于中国古代刑罚制度的说法，下列哪一选项是错误的？

A. "八议"制度自曹魏《魏律》正式入律，其思想渊源为《周礼·秋官》的"八辟丽邦法"之说

B. "秋冬行刑"制度自唐代始，其理论渊源为《礼记·月令》关于秋冬季节"戮有罪，严断刑"之述

C. "大诰"是明初的一种特别刑事法规，其法律形式源自《尚书·大诰》周公对臣民之训诫

D. "明刑弼教"作为明清推行重典治国政策的思想基础，其理论依据源自《尚书·大禹谟》"明于五刑，以弼五教"之语

**11.** 根据我国宪法关于公民基本权利的规定，下列哪一说法是正确的？

A. 我国公民在年老、疾病或者遭受自然灾害时有获得物质帮助的权利

B. 我国公民被剥夺政治权利的，其出版自由也被剥夺

C. 我国公民有信仰宗教与公开传教的自由

D. 我国公民有任意休息的权利

**12.** 关于宪法在立法中的作用，下列哪一说法是不正确的？

A. 宪法确立了法律体系的基本目标

B. 宪法确立了立法的统一基础

C. 宪法规定了完善的立法体制与具体规划

D. 宪法规定了解决法律体系内部冲突的基本机制

**13.** 关于村民委员会，下列哪一说法是正确的？

A. 村民委员会实行村务公开制度，涉及财务的事项至少每年公布一次

B. 村民委员会决定问题，采取村民委员会主任负责制

C. 村民委员会根据需要设人民调解、治安保卫、公共卫生委员会

D. 村民委员会由主任、副主任和村民小组长若干人组成

**14.** 根据《宪法》和《地方组织法》规定，下列哪一选项是正确的？

A. 县级以上的地方各级人民代表大会常务委员会由主任、副主任若干人，秘书长、委员若干人组成

B. 县级以上的地方各级人民代表大会常务委员会根据需要，可以设法制（政法）委员会等专门委员会

C. 县级以上的地方各级人民代表大会可以组织关于特定问题的调查委员会

D. 县级以上的地方各级人民代表大会会议由本级人民代表大会常务委员会召集并主持

**15.** 关于我国宪法的修改，下列哪一说法是错误的？

A.《宪法》没有专章规定修改程序

B.《宪法》规定的修宪机关是全国人民代表大会

C.《立法法》规定，宪法修正案由国家主席令公布

D.《全国人大议事规则》规定，宪法修改以投票方式表决

**16.** 根据《产品质量法》规定，下列哪一说法是正确的？

A.《产品质量法》对生产者、销售者的产品缺陷责任均实行严格责任

B.《产品质量法》对生产者产品缺陷实行严格责任，对销售者实行过错责任

C. 产品缺陷造成损害要求赔偿的诉讼时效期间为二年，从产品售出之日起计算

D. 产品缺陷造成损害要求赔偿的请求权在缺陷产品生产日期满十年后丧失

**17.** 某企业明知其产品不符合食品安全标准，仍予以销售，造成消费者损害。关于该企业应承担的法律责任，下列哪一说法是错误的？

A. 除按消费者请求赔偿实际损失外，并按消费者要求支付所购食品价款十倍的赔偿金

B. 应当承担民事赔偿责任和缴纳罚款、罚金的，优先支付罚款、罚金

C. 可能被采取的强制措施种类有责令改正、警告、停产停业、没收、罚款、吊销许可证

D. 如该企业被吊销食品生产许可证，其直接负责的主管人员五年内不得从事食品生产经营管理工作

**18.** 下列哪一选项不属于国务院银行业监督管理机构职责范围？

A. 审查批准银行业金融机构的设立、变更、终止以及业务范围

B. 受理银行业金融机构设立申请或者资本变更申请时，审查其股东的资金来源、财务状况、诚信状况等

C. 审查批准或者备案银行业金融机构业务范围内的业务品种

D. 接收商业银行交存的存款准备金和存款保险金

**19.** 关于非全日制用工的说法，下列哪一选项不符合《劳动合同法》规定？

A. 从事非全日制用工的劳动者与多个用人单位订立劳动合同的，后订立的合同不得影响先订立合同的履行

B. 非全日制用工合同不得约定试用期

C. 非全日制用工终止时，用人单位应当向劳动者支付经济补偿

D. 非全日制用工劳动报酬结算支付周期最长不得超过十五日

**20.** 甲乙二国建立正式外交关系数年后，因两国多次发生边境冲突，甲国宣布终止与乙国的外交关系。根据国际法相关规则，下列哪一选项是正确的？

A. 甲国终止与乙国的外交关系，并不影响乙国对甲国的承认

B. 甲国终止与乙国的外交关系，表明甲国不再承认乙国作为一个国家

C. 甲国主动与乙国断交，则乙国可以撤回其对甲国作为国家的承认

D. 乙国从未正式承认甲国为国家，建立外交关系属于事实上的承认

**21.** 甲国政府与乙国 A 公司在乙国签订一份资源开发合同后，A 公司称甲国政府未按合同及时支付有关款项。纠纷发生后，甲国明确表示放弃关于该案的诉讼管辖豁免权。根据国际法规则，下列哪一选项是正确的？

A. 乙国法院可对甲国财产进行查封

B. 乙国法院原则上不能对甲国强制执行判决，除非甲国明示放弃在该案上的执行豁免

C. 如第三国法院曾对甲国强制执行判决，则乙国法院可对甲国强制执行判决

D. 如乙国主张限制豁免，则可对甲国强制执行判决

**22.** 甲国在其宣布的专属经济区水域某暗礁上修建了一座人工岛屿。乙国拟铺设一条通过甲国专属经济区的海底电缆。根据《联合国海洋法公约》，下列哪一选项是正确的？

A. 甲国不能在该暗礁上修建人工岛屿

B. 甲国对建造和使用该人工岛屿拥有管辖权

C. 甲国对该人工岛屿拥有领土主权

D. 乙国不可在甲国专属经济区内铺设海底电缆

**23.** 中国拟与甲国就有关贸易条约进行谈判。根据我国相关法律规定，下列哪一选项是正确的？

A. 除另有约定，中国驻甲国大使参加该条约谈判，无须出具全权证书

B. 中国驻甲国大使必须有外交部长签署的全权证书方可参与谈判

C. 该条约在任何条件下均只能以中国和甲国两国的官方文字作准

D. 该条约在缔结后应由中国驻甲国大使向联合国秘书处登记

**24.** 关于冲突规范和准据法，下列哪一判断是错误的？

A. 冲突规范与实体规范相似

B. 当事人的属人法包括当事人的本国法和住所地法

C. 当事人的本国法指的是当事人国籍所属国的法律

D. 准据法是经冲突规范指引、能够具体确定国际民事法律关系当事人权利义务的实体法

**25.** 甲国公司与乙国航运公司订立海上运输合同，由丙国籍船舶“德洋”号运输一批货物，有关“德洋”号的争议现在中国法院审理。根据我国相关法律规定，下列哪一选项是正确的？

A. 该海上运输合同应适用船旗国法律

B. 有关“德洋”号抵押权的受偿顺序应适用法院地法律

C. 有关“德洋”号船舶优先权的争议应适用丙国法律

D. 除法律另有规定外，甲国公司与乙国航运公司可选择适用于海上运输合同的法律

**26.** 中国和甲国均为《关于从国外调取民事或商事证据的公约》的缔约国。关于两国之间的域外证据调取，下列哪一选项是正确的？

A. 委托方向另一缔约方请求调取的证据不限于用于司法程序的证据

B. 中国可以相关诉讼属于中国法院专属管辖为由拒绝甲国调取证据的请求

C. 甲国可以相关事项在甲国不能提起诉讼为由拒绝中国调取证据的请求

D. 甲国外交代表在其驻华执行职务的区域内，在不采取强制措施的情况下，可向甲国公民调取证据

**27.** 关于内地与香港民商事案件判决的认可与执行，根据内地与香港的相关安排，下列哪一选项是正确的？

A. 申请人向内地和香港法院提交的文件没有中文文本的，均应提交证明无误的中文译本

B. 当事人通过协议选择内地或香港法院管辖的，经选择的法院作出的判决均可获得认可与执行

C. 当事人之间的合同无效，其中选择管辖法院的条款亦无效

D. 当事人对认可和执行与否的裁定不服的，在内地可向上一级法院申请复议，在香港可依其法律规定提出上诉

**28.** 在中国法院审理的某票据纠纷中，与该票据相关的法律行为发生在中国，该票据付款人为甲国某州居民里斯。关于里斯行为能力的法律适用，根据我国相关法律规定，下列哪一判断是正确的？

A. 应适用与该票据纠纷有最密切联系的法律

B. 应适用里斯住所地的法律

C. 如依据中国法里斯具有完全行为能力，则应认定其具有完全行为能力

D. 如关于里斯行为能力的准据法无法查明，则应驳回起诉

**29.** 中国和甲国均为《承认与执行外国仲裁裁决公约》缔约国。现甲国某申请人向中国法院申请承认和执行在甲国作出的一项仲裁裁决。对此，下列哪一选项是正确的？

A. 我国应对该裁决的承认与执行适用公约，因为该申请人具有公约缔约国国籍

B. 有关中国投资者与甲国政府间投资争端的仲裁裁决不适用公约

C. 中国有义务承认公约缔约国所有仲裁裁决的效力

D. 被执行人为中国法人的，应由该法人营业所所在地法院管辖

**30.** 甲公司（卖方）与乙公司于2007年10月签订了两份同一种农产品的国际贸易合同，约定交货期分别为2008年1月底和3月中旬，采用付款交单方式。甲公司依约将第一份合同项下的货物发运后，乙公司以资金周转困难为由，要求变更付款方式为货到后30天付款。甲公司无奈同意该变更。乙公司未依约付款，并以资金紧张为由再次要求延期付款。甲公司未再发运第二个合同项下的货物并提起仲裁。根据《联合国国际货物销售合同公约》，下列哪一选项是正确的？

A. 乙公司应以付款交单的方式支付货款

B. 甲公司不发运第二份合同项下货物的行为构成违约

C. 甲公司可以停止发运第二份合同项下的货物，但应及时通知乙公司

D. 如乙公司提供了付款的充分保证，甲公司仍可拒绝发货

**31.** 关于版权保护，下列哪一选项体现了《与贸易有关的知识产权协议》对《伯尔尼公约》的补充？

A. 明确了摄影作品的最低保护期限

B. 将计算机程序和有独创性的数据汇编列为版权保护的对象

C. 增加了对作者精神权利方面的保护

D. 无例外地实行国民待遇原则

**32.** 关于海洋运输货物保险，下列哪一选项是正确的？

A. 平安险项下赔偿的因自然灾害造成的全部损失只包括实际全损

B. 保险人的责任期间自保险合同订立时开始

C. 与平安险相比，水渍险的保险范围还包括因自然灾害造成的保险标的的部分损失

D. 附加险别可独立承保

**33.** 国内某产品生产商向我国商务部申请对从甲国进口的该产品进行反倾销调查。该产品的国内生产商共有100多家。根据我国相关法律规定，下列哪一选项是正确的？

A. 任何一家该产品的国内生产商均可启动反倾销调查

B. 商务部可强迫甲国出口商作出价格承诺

C. 如终裁决定确定的反倾销税高于临时反倾销税，甲国出口商应当补足

D. 反倾销税税额不应超过终裁决定确定的倾销幅度

**34.** 一批货物由甲公司运往中国青岛港，运输合同适用《海牙规则》。运输途中因雷击烧毁部分货物，其余货物在目的港被乙公司以副本提单加保函提走。丙公司为该批货物正本提单持有人。根据《海牙规则》和我国相关法律规定，下列哪一选项是正确的？

A. 甲公司应对雷击造成的货损承担赔偿责任，因损失在其责任期间发生

B. 甲公司可限制因无正本提单交货的赔偿责任

C. 丙公司可要求甲公司和乙公司承担连带赔偿责任

D. 甲公司应以货物成本加利润赔偿因无正本提单交货造成的损失

**35.** 甲乙二国均为世贸组织成员国，乙国称甲国实施的保障措施违反非歧视原则，并将争端提交世贸组织争端解决机构。对此，下列哪一选项是正确的?

A. 对于乙国没有提出的主张，专家组仍可因其相关性而作出裁定

B. 甲乙二国在解决争端时必须经过磋商、仲裁和调解程序

C. 争端解决机构在通过争端解决报告上采用的是“反向一致”原则

D. 如甲国拒绝履行上诉机构的裁决，乙国可向争端解决机构上诉

**36.** 关于司法功能的表述，下列哪一选项是错误的?

A. 司法具有解决纠纷、调整社会关系的直接功能和解释、补充法律及形成公共政策、秩序维持、文化支持等间接功能

B. 司法要求司法活动的公开性、裁判人员的中立性、当事人地位的平等性、司法过程的参与性、司法活动的合法性、案件处理的正确性

C. 我国晋代刘颂认为应该严格区分君臣在实现司法公正方面的职责

D. 英国哲学家培根强调司法公正的重要性：“一次不公的判断比多次不平的举动为祸尤烈。因为这些不平的举动不过弄脏了水流，而不公的判断则把水源败坏了”

**37.** 关于司法制度与法律职业的表述，下列哪一选项不能成立?

A. 为了客观、中立、公正地进行事实判断、解决纷争，在组织技术上，司法机关只服从法律，不受上级机关、行政机关的干涉

B. 根据检察权统一行使原则，我国各级检察机关构成不可分割的统一整体，其特点是在行使职权、执行职务时实行“上命下从”；每个检察机关和检察官的活动是检察机关全部活动的有机组成部分，均需依照法律赋予的权力进行

C. 法律职业以法官、检察官、律师为代表，法律职业之间具备同质性而无行业属性，因此多数国家规定担任法官、检察官、律师须通过专门培养和训练

D. 法律职业道德的基本原则是指法律职业道德的基本尺度、基本纲领和基本要求。法律职业道德的基本原则主要包括忠实执行宪法和法律、互相尊重互相配合、清正廉洁遵纪守法等方面

**38.** 关于法律职业人员权利的表述，下列哪些选项不能成立?

A. 王法官在办理案件时，脸部被当事人泼洒硫酸致伤，要求享受工伤待遇。因所在法院不予批准，王法官向上一级法院提出申诉

B. 刘检察官工作不负责任，在生效的起诉意见书中出现了文字表述错误，后果严重。为此，刘检察官当年考核结果为不称职。刘检察官对考核结果有异议，申请复议

C. 皮法官作为妻子的代理人向另一法院起诉，要求妻子就职的公司给付被拖欠的十四个月工资

D. 毛律师在接待一起离婚案咨询时，以没时间为由拒绝当事人希望其担任代理人的委托要求

**39.** 关于法律规则、法律条文与语言的表述，下列哪些选项是正确的?

A. 法律规则以“规范语句”的形式表达

B. 所有法律规则都具语言依赖性，在此意义上，法律规则就是法律条文

C. 所有表述法律规则的语句都可以带有道义助动词

D. 《民法典》第二十五条规定:“自然人以户籍登记或者其他有效身份登记记载的居所为住所；经常居所与住所不一致的，经常居所视为住所。”从语式上看，该条文表达的并非一个法律规则

**40.** 司法审判中，当处于同一位阶的规范性法律文件在某个问题上有不同规定时，法官可以依据下列哪些法的适用原则进行审判?

A. 特别法优于一般法　　B. 上位法优于下位法

C. 新法优于旧法　　D. 法溯及既往

**41.** 2007年，张某请风水先生选了块墓地安葬亡父，下葬时却挖到十年前安葬的刘某父亲的棺木，张某将该棺木锯下一角，紧贴着安葬了自己父亲。后刘某发觉，以故意损害他人财物为由起诉张某，要求赔偿损失以及精神损害赔偿。对于此案，合议庭意见不一。法官甲认为，下葬棺木不属于民法上的物，本案不存在精神损害。法官乙认为，张某不仅要承担损毁他人财物的侵权责任，还要因其行为违背公序良俗而向刘某支付精神损害赔偿金。对此，下列哪些说法是正确的?

A. 下葬棺木是否属于民法上的物，可以通过“解释学循环”进行判断

B. “入土为安，死者不受打扰”是中国大部分地区的传统，在一定程度上可以成为法律推理的前提之一

C. “公序良俗”属伦理范畴，非法律规范，故法官乙推理不成立

D. 当地群众对该事件的一般看法，可成为判断刘某是否受到精神损害的因素之一

42. 关于法律论证中外部证成的说法，下列哪些选项是错误的？

A. 外部证成是对内部证成中所使用的前提本身之合理性的证成

B. 外部证成是法官在审判中根据法条直接推导出判决结论的过程

C. 外部证成与案件事实的法律认定无关

D. 外部证成本身也是一个推理过程

43. 贾律师在一起未成年人盗窃案件辩护意见中写到："首先，被告人刘某只是为了满足其上网玩耍的欲望，实施了秘密窃取少量财物的行为，主观恶性不大；其次，本省盗窃罪的追诉限额为800元，而被告所窃财产评估价值仅为1,050元，社会危害性较小；再次，被告人刘某仅从这次盗窃中分得200元，收益较少。故被告人刘某的犯罪情节轻微，社会危害性不大，主观恶性小，依法应当减轻或免除处罚。"关于该意见，下列哪些选项是不正确的？

A. 辩护意见既运用了价值判断，也运用了事实判断

B. "被告人刘某的犯罪情节轻微，社会危害性不大，主观恶性小，依法应当减轻或免除处罚"，属于事实判断

C. "本省盗窃罪的追诉限额为800元，而被告人所窃取财产评估价值仅为1,050元"，属于价值判断

D. 辩护意见中的"只是""仅为""仅从"这类词汇，属于法律概念

44.《中华人民共和国畜禽遗传资源进出境和对外合作研究利用审批办法》第三条规定："本办法所称畜禽，是指列入依照《中华人民共和国畜牧法》第十一条规定公布的畜禽遗传资源目录的畜禽。本办法所称畜禽遗传资源，是指畜禽及其卵子（蛋）、胚胎、精液、基因物质等遗传材料。"对此，下列哪些表述是错误的？

A.《中华人民共和国畜牧法》是《中华人民共和国畜禽遗传资源进出境和对外合作研究利用审批办法》的上位法

B.《中华人民共和国畜牧法》和《中华人民共和国畜禽遗传资源进出境和对外合作研究利用审批办法》均属于行政法规

C. 该条款内容属于技术规范

D. 该条款规定属于任意性规则

45. 乾隆五十一年，四川发生一起杀人案：唐达根与宋万田本不相识，因赴集市买苞谷遂结伴同行。途中山洞避雨，宋万田提议二人赌钱。后宋万田得赢，唐达根将钱如数送上。归途，宋万田再次提议赌钱，唐达根得赢。宋万田声称唐达根要骗不肯给钱，唐达根与之争吵进而双方互殴，争斗中唐达根将宋万田打死。依据《大清律例》及《大清律辑注》，你认为唐达根有可能被官府认定犯下列哪些罪行？

A. 唐达根系没有预谋、临时起意将宋万田打死，应定"故杀"

B. 唐达根系恼羞成怒，欲夺赌钱故意将宋万田打死，应定"谋杀"

C. 唐达根系无心之下，斗殴中不期将宋万田打死，应定"斗殴杀"

D. 唐达根系无怨恨杀人动机，"以力共戏"将宋万田打死，应定"戏杀"

46. 关于现代宪法的发展趋势，下列哪些说法是正确的？

A. 重视保障人权是宪法发展的共识

B. 重视宪法实施保障，专门宪法监督成为宪法发展的潮流

C. 通过加强司法审查弱化行政权力逐步成为宪法发展的方向

D. 寻求与国际法相结合成为宪法发展的趋势

47. 根据《宪法》规定，关于国务院的说法，下列哪些选项是正确的？

A. 国务院由总理、副总理、国务委员、秘书长组成

B. 国务院常务会议由总理、副总理、国务委员、秘书长组成

C. 国务院有权改变或者撤销地方各级国家行政机关的不适当的决定和命令

D. 国务院依法决定省、自治区、直辖市的范围内部分地区进入紧急状态

48. 关于民族自治地方的自治权，下列哪些说法是正确的？

A. 民族自治地方有权自主管理地方财政

B. 自治州人大有权制定自治条例和单行条例

C. 自治县政府有权自主安排本县经济建设事业

D. 自治区政府有权保护和整理民族的文化遗产

49. 关于全国人大职权，下列哪些说法是正确的？

A. 选举国家主席、副主席

B. 选举国务院总理、副总理

C. 选举最高人民法院院长、最高人民检察院检察长

D. 决定特别行政区的设立与建置

50. 关于特别行政区制度，下列哪些说法是不正确的？

A. 香港特别行政区行政长官任职须年满四十五周岁

B. 香港特别行政区司法机关由其法院和检察院组成

C. 香港和澳门特别行政区的各级法院都有权解释本特别行政区基本法

D. 国务院有权对香港和澳门特别行政区的部分地区宣布进入紧急状态

**51.** 根据《反垄断法》规定，关于经营者集中的说法，下列哪些选项是正确的？

A. 经营者集中就是指企业合并

B. 经营者集中实行事前申报制，但允许在实施集中后补充申报

C. 经营者集中被审查时，参与集中者的市场份额及其市场控制力是一个重要的考虑因素

D. 经营者集中如被确定为可能具有限制竞争的效果，将会被禁止

**52.** 根据《反不正当竞争法》规定，下列哪些行为属于不正当竞争行为？

A. 甲企业将所产袋装牛奶标注的生产日期延后了两天

B. 乙企业举办抽奖式有奖销售，最高奖为5,000元购物券，并规定用购物券购物满1,000元的可再获一次抽奖机会

C. 丙企业规定，销售一台电脑给中间人5%佣金，可不入账

D. 丁企业为清偿债务，按低于成本的价格销售商品

**53.** 甲公司租赁乙公司大楼举办展销会，向众商户出租展台，消费者李某在其中丙公司的展台购买了一台丁公司生产的家用电暖器，使用中出现质量问题并造成伤害，李某索赔时遇上述公司互相推诿。上述公司的下列哪些主张是错误的？

A. 丙公司认为属于产品质量问题，应找丁公司解决

B. 乙公司称自己与产品质量问题无关，不应承担责任

C. 丁公司认为产品已交丙公司包销，自己不再负责

D. 甲公司称展销会结束后，丙公司已撤离，自己无法负责

**54.** 商业银行出现下列哪些行为时，中国人民银行有权建议银行业监督管理机构责令停业整顿或吊销经营许可证？

A. 未经批准分立、合并的

B. 未经批准发行、买卖金融债券的

C. 提供虚假财务报告、报表和统计报表的

D. 违反规定同业拆借的

**55.** 银行业监督管理机构依法对银行业金融机构进行检查时，经设区的市一级以上银行业监督管理机构负责人批准，可以对与涉嫌违法事项有关的单位和个人采取下列哪些措施？

A. 询问有关单位或者个人，要求其对有关情况作出说明

B. 查阅、复制有关财务会计、财产权登记等文件与资料

C. 对涉嫌转移或者隐匿违法资金的账户予以冻结

D. 对可能被转移、隐匿、毁损或者伪造的文件与资料予以先行登记保存

**56.** 根据《企业所得税法》规定，下列哪些表述是正确的？

A. 国家对鼓励发展的产业和项目给予企业所得税优惠

B. 国家对需要重点扶持的高新技术企业可以适当提高其企业所得税税率

C. 企业从事农、林、牧、渔业项目的所得可以免征、减征企业所得税

D. 企业安置残疾人员所支付的工资可以在计算应纳税所得额时加计扣除

**57.** 纳税义务人具有下列哪些情形的，应当按规定办理个人所得税纳税申报？

A. 个人所得超过国务院规定数额的

B. 在两处以上取得工资、薪金所得的

C. 从中国境外取得所得的

D. 取得应纳税所得没有扣缴义务人的

**58.** 下列哪些说法违反劳动法的规定？

A. 我国公民未满十六岁的，用人单位一律不得招用

B. 双方当事人不可以约定周六加班

C. 劳动合同期限约定为二年的，试用期应在半年以上

D. 双方当事人可就全部合同条款做出违约金约定

**59.** 关于工资保障制度，下列哪些表述符合劳动法的规定？

A. 按照最低工资保障制度，用人单位支付劳动者的工资不得低于当地最低工资标准

B. 乡镇企业不适用最低工资保障制度

C. 加班工资不包括在最低工资之内

D. 劳动者在婚丧假以及依法参加社会活动期间，用人单位应当依法支付工资

**60.** 关于国有土地，下列哪些说法是正确的？

A. 国有土地可以是建设用地，也可以是农用地

B. 国有土地可以确定给单位使用，也可以确定给个人使用

C. 国有土地可以有偿使用，也可以无偿使用

D. 国有土地使用权可以有期限，也可以无期限

**61.** 村民王某创办的乡镇企业打算在村庄规划区内建设一间农产品加工厂，就有关审批手续向镇政府咨询。关于镇政府的答复，下列哪些选项符合《城乡规划法》规定？

A. “你应当向镇政府提出申请，由镇政府报县政府城乡规划局核发乡村建设规划许可证。”

B. “你的加工厂使用的土地不能是农地。如确实需要占用农地，必须依照土地管理法的有关规定办理农地转用审批手续。”

C. “你必须先办理用地审批手续，然后才能办理乡村建设规划许可证。”

D. “你必须在规划批准后，严格按照规划条件进行建设，绝对不允许作任何变更。”

**62.** 我国对建设项目的环境影响评价实行分类管理制度。根据《环境影响评价法》的规定，下列哪些说法是正确的？

A. 可能造成重大环境影响的建设项目，应当编制环境影响报告书，对产生的环境影响进行全面评价

B. 可能造成轻度环境影响的建设项目，应当编制环境影响报告表，对产生的环境影响进行分析或者专项评价

C. 环境影响很小的建设项目，不需要进行环境影响评价，无需填报环境影响评价文件

D. 环境影响报告书和环境影响报告表，应当由具有相应资质的机构编制

**63.** 甲乙丙三国均为南极地区相关条约缔约国。甲国在加入条约前，曾对南极地区的某区域提出过领土要求。乙国在成为条约缔约国后，在南极建立了常年考察站。丙国利用自己靠近南极的地理优势，准备在南极大规模开发旅游。根据《南极条约》和相关制度，下列哪些判断是正确的？

A. 甲国加入条约意味着其放弃或否定了对南极的领土要求

B. 甲国成为条约缔约国，表明其他缔约国对甲国主张南极领土权利的确认

C. 乙国上述在南极地区的活动，并不构成对南极地区提出领土主张的支持和证据

D. 丙国旅游开发不得对南极环境系统造成破坏

**64.** 甲乙二国建有外交及领事关系，均为《维也纳外交关系公约》和《维也纳领事关系公约》缔约国。乙国为举办世界杯足球赛进行城市改建，将甲国使馆区域、大使官邸、领馆区域均纳入征用规划范围。对此，乙国作出了保障外国使馆、领馆执行职务的合理安排，并对搬迁使领馆给予及时、有效、充分的补偿。根据国际法相关规则，下列哪些判断是正确的？

A. 如甲国使馆拒不搬迁，乙国可采取强制的征用搬迁措施

B. 即使大使官邸不在使馆办公区域内，乙国也不可采取强制征用搬迁措施

C. 在作出上述安排和补偿的情况下，乙国可征用甲国总领馆办公区域

D. 甲国总领馆馆舍在任何情况下均应免受任何方式的征用

**65.** 中国人王某定居美国多年，后自愿加入美国国籍，但没有办理退出中国国籍的手续。根据我国相关法律规定，下列哪些选项是正确的？

A. 由于王某在中国境外，故须向在国外的中国外交代表机关或领事机关办理退出中国国籍的手续

B. 王某无需办理退出中国国籍的手续

C. 王某具有双重国籍

D. 王某已自动退出了中国国籍

**66.** 根据我国相关法律规定，关于合同法律适用问题上的法律规避，下列哪些选项是正确的？

A. 当事人规避中国法律强制性规定的，应当驳回起诉

B. 当事人规避中国法律强制性规定的，不发生适用外国法律的效力

C. 如果当事人采用明示约定的方式，则其规避中国法律强制性规定的行为将为法院所认可

D. 当事人在合同关系中规避中国法律强制性规定的行为无效，该合同应适用中国法

**67.** 澳门甲公司与内地乙公司的合同争议由内地一仲裁机构审理，甲公司最终胜诉。乙公司在广东、上海和澳门均有财产。基于这些事实，下列哪些选项是正确的？

A. 甲公司可分别向广东和上海有管辖权的法院申请执行

B. 只有国务院港澳办提供的名单内的仲裁机构作出的裁决才能被澳门法院认可与执行

C. 甲公司分别向内地和澳门法院申请执行的，内地法院应先行执行清偿

D. 两地法院执行财产总额不得超过依裁决和法律规定所确定的数额

**68.** 中国人李某定居甲国，后移居乙国，数年后死于癌症，未留遗嘱。李某在中国、乙国分别有住房和存款，李某养子和李某妻子的遗产之争在中国法院审理。关于该遗产继承案的法律适用，下列哪些选项是正确的？

A. 李某动产的继承应适用甲国法

B. 李某动产的继承应适用乙国法

C. 李某动产的继承应适用中国法

D. 李某所购房屋的继承应适用房屋所在国的法律

**69.** 目前各国对非居民营业所得的纳税普遍采用常设机构原则。关于该原则，下列哪些表述是正确的？

A. 仅对非居民纳税人通过在境内的常设机构获得的工商营业利润实行征税

B. 常设机构原则同样适用于有关居民的税收

C. 管理场所、分支机构、办事处、工厂、油井、采石场等属于常设机构

D. 常设机构必须满足公司实体的要求

**70.** 根据我国相关法律规定，满足下列哪些条件，商务部才可决定采取保障措施？

A. 进口产品数量增加
B. 进口产品数量增加是出口方倾销或补贴的结果
C. 进口产品数量增加并对生产同类产品的国内产业造成严重损害
D. 进口产品数量增加并对国内直接竞争产品的产业造成严重损害威胁

**71.** 甲公司（卖方）与乙公司订立了国际货物买卖合同。由于甲公司在履约中出现违反合同的情形，乙公司决定宣告合同无效，解除合同。依据《联合国国际货物销售合同公约》，下列哪些选项是正确的？

A. 宣告合同无效意味着解除了甲乙二公司在合同中的义务
B. 宣告合同无效意味着解除了甲公司损害赔偿的责任
C. 双方在合同中约定的争议解决条款也因宣告合同无效而归于无效
D. 如甲公司应归还价款，它应同时支付相应的利息

**72.** 甲公司（买方）与乙公司订立了一份国际货物买卖合同。后因遇到无法预见与不能克服的障碍，乙公司未能按照合同履行交货义务，但未在合理时间内将此情况通知甲公司。甲公司直到交货期过后才得知此事。乙公司的行为使甲公司遭受了损失。依《联合国国际货物销售合同公约》，下列哪些表述是正确的？

A. 乙公司可以解除合同，但应把障碍及其影响及时通知甲公司
B. 乙公司解除合同后，不再对甲公司的损失承担赔偿责任
C. 乙公司不交货，无论何种原因均属违约
D. 甲公司有权就乙公司未通知有关情况而遭受的损失请求赔偿

**73.** 关于不同法律职业责任，下列哪些表述是正确的？

A. 法官职业责任包括执行职务中违纪行为的纪律责任、执行职务中犯罪的刑事责任
B. 检察官职业责任包括执行职务中违纪行为的纪律责任、赔偿责任和执行职务中犯罪的刑事责任
C. 律师职业责任包括执业活动中违反有关律师法律、法规及执业纪律的民事、行政、刑事责任和纪律处分
D. 公证职业责任包括公证活动中违反有关公证法律、法规及职业道德规范的民事、行政、刑事责任和惩戒处分

**74.** 法官李某的下列哪些行为违反了法官职业道德规范？

A. 庭审时，发现当事人高某聘请的律师赵某明显不负责任，提醒高某可另行委托律师钱某
B. 办案时，发现原告律师程某系自己高中同学，主动提出回避申请
C. 庭审前，向所办案件当事人委托的张律师指出某一证据效力不足
D. 讲座时，提出司法腐败主要是当事人行贿所致

**75.** 根据司法制度的有关规定，下列哪些选项是正确的？

A. 沈律师从2003年至今专职从事律师业务，未受过停止执业处罚，可成为律师事务所的设立人
B. 孙检察官工作勤奋，业务水平高，是检察院公认的业务骨干，虽然曾经为办案而违反有关警车、警械、警具管理规定，年终考核仍可得到优秀的考核结果
C. 郭法官认真总结审判经验，成果突出，对审判工作有指导作用，根据《法官法》的规定他应受到奖励
D. 曾某为刑事被告人，四十六岁且有身孕，因经济困难未聘请辩护律师，可通过申请获得法律援助

**76.** “一般来说，近代以前的法在内容上与道德的重合程度极高，有时浑然一体。……近现代法在确认和体现道德时大多注意二者重合的限度，倾向于只将最低限度的道德要求转化为法律义务，注意明确法与道德的调整界限。”据此引文及相关法学知识，下列判断正确的是：

A. 在历史上，法与道德之间要么是浑然一体的，要么是绝然分离的
B. 道德义务和法律义务是可以转化的
C. 古代立法者倾向于将法律标准和道德标准分开
D. 近现代立法者均持“恶法亦法”的分析实证主义法学派立场

**77.**《中华人民共和国残疾人保障法》第五十条规定：“县级以上人民政府对残疾人搭乘公共交通工具，应当根据实际情况给予便利和优惠。残疾人可以免费携带随身必备的辅助器具。盲人持有效证件免费乘坐市内公共汽车、电车、地铁、渡船等公共交通工具。盲人读物邮件免费寄递。国家鼓励和支持提供电信、广播电视服务的单位对盲人、听力残疾人、言语残疾人给予优惠。各级人民政府应当逐步增加对残疾人的其他照顾和扶助。”对此，下列说法错误的是：

A. 该规定体现了立法者在残疾人搭乘公共交通工具问题上的价值判断和价值取向
B. 从法的价值的角度分析，该规定的主要目的在于实现法的自由价值
C. 该规定对于有关企业、政府及残疾人均具有指引作用

D. 该规定在交通、邮政、电信方面给予残疾人的优待有悖于法律面前人人平等原则

**78.** 关于全国人大及其常委会的质询权，下列说法正确的是：

A. 全国人大会议期间，一个代表团可书面提出对国务院的质询案

B. 全国人大会议期间，三十名以上代表联名可书面提出对国务院各部的质询案

C. 全国人大常委会会议期间，常委会组成人员十人以上可书面提出对国务院各委员会的质询案

D. 全国人大常委会会议期间，委员长会议可书面提出对国务院的质询案

**79.** 关于地方人大代表名额，下列说法正确的是：

A. 省、自治区、直辖市的代表总名额不超过一千名

B. 设区的市、自治州的代表总名额不得超过六百五十名

C. 不设区的市、县、自治县人口不足五万的，代表总名额可以少于一百二十名

D. 乡、镇、民族乡人口不足二千的，代表总名额可以少于四十名

**2010年1月，高某与某房地产开发公司签订了一份《预售商品房认购书》。《认购书》约定，公司为高某预留所选房号，双方于公司取得商品房预售许可证时正式签订商品房预售合同。《认购书》还约定，认购人于签订认购书时缴纳“保证金”一万元，该款于双方签订商品房预售合同时自动转为合同定金，如认购人接到公司通知后七日内不签订商品房预售合同，则该款不予退还。同年2月，高某接到公司已经取得商品房预售许可证的通知，立即前往公司签订了商品房预售合同，并当场缴纳了首期购房款80万元。同年5月，高某接到公司通知：房屋预售合同解除。经了解，该套房屋已经被公司以更高价格出售给第三人。双方发生争议。请回答第80—82题。**

**80.** 公司主张，双方在签订《预售商品房认购书》时，公司尚未取得商品房预售许可证，故该《认购书》无效，以此为基础订立的商品房预售合同也应无效。对此，下列判断正确的是：

A. 法律规定，取得商品房预售许可证是商品房预售的必备条件之一

B. 《预售商品房认购书》不是商品房预售合同，不以取得商品房销售许可证为条件

C. 双方签订商品房预售合同时，公司已具备商品房预售的法定条件，该合同有效

D. 因施工进度及竣工交付日期变化的，房屋可另售他人

**81.** 公司还主张，公司在解除商品房预售合同时，该合同尚未报区政府房地产管理局备案，故不受法律保护。对此，下列判断正确的是：

A. 登记备案是商品房预售合同的法定生效要件，该合同未经登记备案不受法律保护

B. 登记备案是商品房预售人的法定义务，但不是合同的生效条件，该合同应受法律保护

C. 登记备案是商品房预售合同当事人的权利，未登记备案不影响该合同的效力

D. 商品房预售合同无需登记备案，当事人在房屋交付时办理产权登记即可

**82.** 经双方协商，高某同意解除商品房预售合同。但在款项支付问题上，双方发生分歧。高某要求返还80万元首期房款本息并双倍返还定金。公司主张只退还80万元首期房款和一万元“保证金”。对此，下列判断正确的是：

A. 商品房预售合同无约束力，只能按公司的意见办理退款

B. 商品房预售合同有效，但《预售商品房认购书》无效，故应按公司的意见办理退款

C. 《预售商品房认购书》和商品房预售合同均有效，应该支持高某的主张

D. 开发商违约，高某有权请求赔偿损失

**83.** 甲国公民大卫到乙国办理商务，购买了联程客票搭乘甲国的国际航班，经北京首都国际机场转机到乙国。甲国与我国没有专门协定。根据我国有关出入境法律，下列判断正确的是：

A. 大卫必须提前办理中国过境签证

B. 如大卫在北京机场的停留时间不超过24小时且不出机场，可免办中国入境签证

C. 如大卫不出北京机场，无论其停留时间长短都可免办中国入境签证

D. 如大卫在北京转机临时离开机场，需经边防检查机关批准

**84.** 某批中国货物由甲国货轮“盛京”号运送，提单中写明有关运输争议适用中国《海商法》。“盛京”号在公海航行时与乙国货轮“万寿”号相撞。两轮先后到达中国某港口后，“盛京”号船舶所有人在中国海事法院申请扣押了“万寿”号，并向法院起诉要求“万寿”号赔偿依其过失比例造成的撞碰损失。根据中国相关法律规定，下列选项正确的是：

A. 碰撞损害赔偿应重叠适用两个船旗国的法律

B. “万寿”号与“盛京”号的碰撞争议应适用甲国法律

C. “万寿”号与“盛京”号的碰撞争议应适用中国法律

D. “盛京”号运输货物的合同应适用中国《海商法》

**85.** 中国甲公司（卖方）与某国乙公司签订了国际货物买卖合同，规定采用信用证方式付款，由设在中国境内的丙银行通知并保兑。信用证开立之后，甲公司在货物已经装运，并准备将有关单据交银行议付时，接到丙银行通知，称开证行已宣告破产，丙银行将不承担对该信用证的议付或付款责任。据此，下列选项正确的是：

A. 乙公司应为信用证项下汇票上的付款人

B. 丙银行的保兑义务并不因开证行的破产而免除

C. 因开证行已破产，甲公司应直接向乙公司收取货款

D. 虽然开证行破产，甲公司仍可依信用证向丙银行交单并要求付款

**86.** 艺术大师甲欲将自己的传奇人生记录下来，遂聘请作家乙执笔，由甲口述，创作完成了20万字的小说《我这一辈子》，二人未约定著作权归属。后甲和乙在一次旅游途中因车祸去世，乙的儿子丙在整理遗物时发现了原著手稿。丙欲将其出版，甲的儿子丁反对。对此，下列说法正确的是：

A. 丙有权向丁主张支付报酬

B. 因手稿在丙手中，该自传的著作权归丙享有

C. 原著手稿的所有权归丙所有

D. 丁主张其享有自传出版著作权，能够得到法院支持

**87.** 甲公司通过新方法培育出A级对虾，并将养殖方法申请了专利。乙公司未经允许私自使用甲公司的专利方法培育出了该品种对虾。丙公司购买了乙公司培育的对虾并制成了虾酱。丁超市从丙公司处购买并出售该虾酱。戊研究所使用甲公司的养殖方法培养对虾，研究发现培育出来的虾成活率不高，后在此基础上研究出了新型培育对虾的养殖方法。据此，下列说法正确的是：

A. 乙公司侵犯了甲公司专利

B. 丙公司侵犯了甲公司专利

C. 丁超市侵犯了甲公司专利

D. 戊研究所侵犯了甲公司专利

**88.** 甲公司从M图片网站购买了一张徽标图片，以该徽标作为公司产品的商标，并于2015年8月获得商标注册。乙公司与甲公司签订了该商标使用许可合同，在销售具有该商标标识的产品2年后，于2018年7月停止使用该商标。2019年10月11日，丙在超市中发现乙公司产品使用的商标是自己的画作，遂请求商标评审委员会宣告该注册商标无效。在审理过程中，M图片网站辩称，该商标是自己创作的并办理了版权登记，并向法院提起诉讼，请求确认该徽标著作权归自己所有。对此，下列选项正确的是：

A. 如该注册商标被宣告无效，乙公司无权请求甲公司返还商标使用许可费

B. 因已过诉讼时效，丙无权请求宣告该注册商标无效

C. 商标评审委员会应中止审查程序

D. 因M图片网站办理了版权登记，丙无权请求宣告该注册商标无效

**89.** 某舞蹈团拟参加某电视台联欢晚会，委托甲设计了一支舞蹈。晚会上由舞蹈团的乙领舞表演了该舞蹈。丙在晚会现场录制了乙的舞蹈表演，并上传到短视频平台供用户观看下载。对此，下列说法正确的是：

A. 丙侵犯了甲的著作权

B. 丙侵犯了乙的著作权

C. 丙侵犯了乙的表演者权

D. 丙侵犯了舞蹈团的表演者权

**90.** 佳嘉咖啡店经营状况良好，开设多家分店。“佳嘉”商标虽未注册，但2020年“佳嘉”被认定为驰名商标（第43类餐饮住宿430024咖啡馆）。佳嘉咖啡店员工乙离职后经营一家餐饮店，店铺装潢与员工服装均与佳嘉咖啡店一致。佳嘉咖啡店计划发展餐饮业务时，发现“佳嘉”已经被乙开设的餐饮店注册，且超过5年。对此，下列说法错误的是：

A. 佳嘉咖啡店有权向法院申请宣告餐饮店的注册商标无效，能够获得人民法院的支持

B. 佳嘉咖啡店有权要求餐饮店赔偿损失能够得到人民法院的支持

C. 佳嘉咖啡店有权要求餐饮店停止使用“佳嘉”商标，能够得到人民法院的支持

D. 乙的行为属于恶意注册，任何主体均可向国家知识产权局申请宣告其注册商标无效

## 参考答案与解析

**1. C**。“不知自己之权利，即不知法律。”这一格言表明权利与法律具有密切联系，权利具有法定性，权利是法律规定的权利，同时表明法定的权利要落实到现实生活中才算是权利，即法律又具有现实性，要看一个人事实上是否拥有权利。与此意思最接近的是C。A明显与常识不符，且背离原意。B属于字面理解，未及要害，失之狭隘和生硬。D表述最具迷惑性，对该格言做“权利即法律，法律亦权利”的理解也不能算错，但理解还不够全面，且D前提是虚构的，该格言没有“权利是法律上所规定的一切内容”的意思，与事实和常识也不合。

**2. C**。法律事实的存在是法律关系产生、变更和

消灭的前提，引起张女与司机之间民事诉讼法律关系的法律事实就是司机肇事致张女门牙缺失。故A错误。“接吻权”法律没有规定，不属于法定权利。故B错误。规范性法律文件即通常所说的法律本身，非规范性法律文件是适用法律的结果而不是法律本身，如判决书、裁定书、逮捕证、许可证、合同、责任认定书等，这些文件是经过法定程序之后形成的，对特定的当事人具有法律约束力。故C正确。绝对义务，又称对世义务，对应不特定的权利人，而本案中，司机的赔偿义务对应的权利人是特定的（即张女），属于相对义务。故D错误。

**3. C**。地方性法规属于我国《立法法》明确规定的正式的法的渊源。既然是正式的法的渊源，在效力上就具有普遍性，即在国家权力所及的范围内（这里是该省范围内），具有普遍的约束力，故D正确。《食品卫生条例》从调整的社会关系和规定的主要内容看，主要属于行政法部门，故A正确。《行政诉讼法》第63条第1款规定：“人民法院审理行政案件，以法律和行政法规、地方性法规为依据。地方性法规适用于本行政区域内发生的行政案件。”即地方性法规是法院审理相关案件的“依据”而不仅仅是“参照”，故B正确。地方性法规的解释一般是制定主体，但是具体应用中的问题，一般是由执行机关解释。《全国人民代表大会常务委员会关于加强法律解释工作的决议》规定：“凡属于地方性法规条文本身需要进一步明确界限或作补充规定的，由制定法规的省、自治区、直辖市的人民代表大会常务委员会进行解释或作出规定。凡属于地方性法规如何具体应用的问题，由省、自治区、直辖市人民政府主管部门进行解释。”故C错误。

**4. B**。我国正式法律解释体制中，司法解释指的是最高人民法院、最高人民检察院对具体应用法律、法令问题的解释，其主体限于最高人民法院和最高人民检察院，法官个人不能作出司法解释。故A错误。非正式的法的渊源指的是不具有明文规定的法律效力，但具有法律说服力并能够构成法律人的法律决定的大前提的准则来源的资料，如正义标准、道德信念、社会思潮、外国法等。刘法官利用外国法对本案加以论证，显然是运用非正式法的渊源。故B正确。“经鉴定，谢某系‘醉酒后猝死’”是关于事实的认定，属于推理的小前提，推理的大前提是法律规定，故C错误。存在判例的国家不一定属于判例法系，德国、奥地利、芬兰均属大陆法系国家，故D错误。

**5. C**。法律解释的对象是法律规定和它的附随情况，对于不同的法律解释方法如文义解释、立法者的目的解释、历史解释、比较解释、体系解释、客观目的解释等均如此。故C项前半句表述错误。历史解释是指依据正在讨论的法律问题的历史事实对某个法律规定进行解释。它要求解释者对历史事实及其与现实情形的差异进行证成，而且要对特定解决方案的法律后果进行证成。故C项后半句亦错误。客观目的解释与主观目的解释（立法者的目的解释）相对，前者是指根据“理性的目的”即法的客观目的，而不是根据过去和目前事实上存在的任何个人的目的，对某个法律规定进行解释，后者指的是根据参与立法的人的意志或立法资料揭示某个法律规定的含义。故D正确。AB表述也正确。

**6. A**。在当代中国，虽然正式的法的渊源是以宪法为核心的各种制定法，但最高法院的裁判文书是一种重要的非正式的法的渊源。故A正确。虽然对各级法院审判工作具有重要指导作用，但是只对特定当事人具有法律约束力，属于非规范性法律文件。故B错误。最高法院的裁判文书具有最高的司法效力，但是不具有最高的普遍的法律效力。故C错误。裁判文书或者说任何判例都是法官针对具体案件事实将具有模糊性和歧义性的制定法进行解释而得到的一种结果，都是一种法律解释，但在当代中国的法律解释体制中，司法解释不包括最高法院的裁判文书（判例）。故D错误。

**7. D**。该条款是一个技术性规定，属于非规范性法律条文。非规范性法律条文并不直接规定法律规则或者法律原则，而是规定某些法律技术内容（如专门法律术语的界定、公布机关和时间、法律生效日期和生效方式等），并且总是附属于规范性法律条文，非规范性法律条文不可能独立存在。故AC错误，D正确。该条款尚无涉案件事实，B错误。

**8. B**。亲亲得相首匿原则来源于儒家“父为子隐，子为父隐，直在其中”的理论，是汉律儒家化的表现，确立于汉宣帝时期，并一直影响后世封建立法。该原则主张亲属间首谋藏匿犯罪可以不负刑事责任，但并非首谋隐匿所有犯罪行为，都当然地不负刑事责任。对卑幼亲属首匿尊长亲属的犯罪行为，不追究刑事责任；但是尊长亲属首匿卑幼亲属，罪应处死的，可以上请皇帝宽贷。故B错误，当选，ACD正确。

**9. B**。1911年《大清新刑律》是中国历史上第一部近代意义的专门刑法典。尽管仍保持着维护专制制度和封建伦理的传统，但是抛弃了旧律诸法合体的编纂形式，以罪名和刑罚等专属刑法范畴的条文作为法典的唯一内容；体例上采用总则和分则的法典结构形式；确立了主刑和从刑的新刑罚制度；并吸纳了罪刑法定原则和缓刑制度等。《大清新刑律》完成前的过渡性法典《大清现行刑律》中，保留了部分不必科刑的民事条款。故B错误，ACD正确。D项需要说明，1947年《中华民国宪法》罗列人民各项民主自由权利，比以往任何宪法性文件都充分，但依据该宪法第23条颁布的《维持社会秩序临时办法》《戒严法》《紧急治罪法》等特别法，把宪法抽象的民主自由条款加以具体切实的否定。

**10. B**。“秋冬行刑”是关于死刑执行的制度，始于汉代，源于《礼记 · 月令》。汉统治者根据“天人感应”理论，规定春、夏不得执行死刑。除谋反大逆等“绝不待时”者外，一般死刑须在秋天霜降以后、冬至以前执行。秋冬行刑制度对后世有着深远影响，唐律规定“立春后不决死刑”，明清律中“秋审”制度溯源于此。故 B 错，ACD 均正确。

**11. B**。《宪法》没有规定在“遭受自然灾害”时有获得物质帮助的权利，故 A 错误。《刑法》第 54 条规定，剥夺政治权利是指剥夺：(1) 选举权和被选举权；(2) 言论、出版、集会、结社、游行、示威自由的权利；(3) 担任国家机关职务的权利；(4) 担任国有公司、企业、事业单位和人民团体领导职务的权利。因此 B 正确。《宪法》中没有规定公民有公开传教的自由，故 C 错误。休息权利的主体是“劳动者”，并非全体公民，并且须按相关的“制度”休息，并不能“任意休息”。故 D 错误。

**12. C**。宪法是母法，一般在其中都对国家要实现的总体目标有大致反映，如我国宪法规定的“依法治国”“社会主义法治”“社会主义市场经济”等，都是为我国立法提供了一个基本的目标，据此 A 正确，不当选。宪法是根本法，规定的是最根本性的制度和最基本的权利，如我国宪法规定我国的国体是工人阶级领导的、以工农联盟为基础的人民民主专政的社会主义国家，政体是人民代表大会制度，同时规定了我国的经济基础和公民的基本权利义务，这些正是一国立法的统一基础，据此 B 正确，不当选。宪法具有最高的法律效力，规定了解决法律体系内部冲突的基本机制，如我国宪法规定了全国人大、全国人大常委会、国务院、地方人大及其常委会的立法权限和职权，并规定全国人大有权改变或者撤销全国人大常委会不适当的决定等。据此 D 正确，不当选。宪法作为母法、根本法，具有最高的法律效力，一般不可能在其中规定完善的立法体制与具体规划，因为一国的立法体制需要在不断的探索中完善，一国的具体立法规划则需要根据该国的社会经济发展情况、立法机关的工作情况等详加考虑后才能做出，这样的工作一般由国家的立法机关担任，如我国全国人大每年都会有一个比较详细的立法规划。据此 C 错误，当选。

**13. C**。《村民委员会组织法》第 30 条规定，村民委员会实行村务公开制度，对法律规定的事项应及时公布。一般事项至少每季度公布一次；集体财务往来较多的，财务收支情况应当每月公布一次；涉及村民利益的重大事项应当随时公布。故 A 错误。《村民委员会组织法》第 29 条规定：“村民委员会应当实行少数服从多数的民主决策机制……”故 B 错误。《村民委员会组织法》第 7 条规定，村民委员会根据需要设人民调解、治安保卫、公共卫生与计划生育等委员会。故 C 正确。当然，人口少的村的村民委员会可以不设下属委员会，由村民委员会成员分工负责人民调解、治安保卫、公共卫生与计划生育等工作。《村民委员会组织法》第 6 条第 1 款规定：“村民委员会由主任、副主任和委员共三至七人组成。”故 D 错误。

**14. C**。《地方组织法》第 47 条第 1、2 款规定：“省、自治区、直辖市、自治州、设区的市的人民代表大会常务委员会由本级人民代表大会在代表中选举主任、副主任若干人、秘书长、委员若干人组成。县、自治县、不设区的市、市辖区的人民代表大会常务委员会由本级人民代表大会在代表中选举主任、副主任若干人和委员若干人组成。”据此，地方人大常委会中秘书长的设置只到设区的市一级，县级人大常委会的组成人员中不包括秘书长。故 A 错误。《地方组织法》第 33 条第 1 款规定：“省、自治区、直辖市、自治州、设区的市的人民代表大会根据需要，可以设法制委员会、财政经济委员会、教育科学文化卫生委员会、环境与资源保护委员会、社会建设委员会和其他需要设立的专门委员会；县、自治县、不设区的市、市辖区的人民代表大会根据需要，可以设法制委员会、财政经济委员会等专门委员会。”据此，可设专门委员会的是县级以上人大，而非人大常委会。故 B 错误。《地方组织法》第 36 条第 1 款规定：“县级以上的地方各级人民代表大会可以组织关于特定问题的调查委员会。”故 C 正确。《地方组织法》第 15 条规定：“县级以上的地方各级人民代表大会会议由本级人民代表大会常务委员会召集。”《地方组织法》第 17 条第 3 款规定：“县级以上的地方各级人民代表大会举行会议的时候，由主席团主持会议。”据此，县级以上地方各级人大常委会只负责召集会议，不负责主持会议。故 D 错误。

**15. C**。《宪法》由五部分组成：序言；第一章总纲；第二章公民的基本权利和义务；第三章国家机构；第四章国旗、国歌、国徽、首都，没有专章规定修改程序。故 A 正确，不当选。根据《宪法》第 62 条，全国人大有权修改宪法，故 B 正确，不当选。《立法法》中并没有关于宪法修正案的规定，故 C 错误，当选。《全国人民代表大会议事规则》第 60 条第 2 款规定：“宪法的修改，采用无记名投票方式表决。”故 D 项正确，不当选。

**16. B**。《产品质量法》第 41 条规定，因产品存在缺陷造成人身、缺陷产品以外的其他财产损害的，生产者应当承担赔偿责任。法条所规定的构成要件中没有“过错、故意、过失”等主观要求，故对生产者是严格责任。《产品质量法》第 42 条规定，由于销售者的过错使产品存在缺陷，造成人身、他人财产损害的，销售者应当承担赔偿责任。对销售者的责任追求要求有“过错”，故不属于严格责任。A 错误，B 正确。《产品质量法》第 45 条规定，因产品缺陷造成损害要求赔偿的请求权，在造成损害的缺陷产品交付最初消费者满10年丧失。故C错误。产品缺陷造成损害要求赔偿的请求权不是从缺陷产品的生产日期开始计算，而是从缺陷产品交付最初消费者开始计算，同时还有“但书”规定，“尚未超过明示的安全使用期的除外”。故D错误。

【陷阱提示】现在考试已经摆脱了光记住“时间”“期限”就能答对题的阶段，这道题真正容易迷惑考生的就是时间的起算点让人觉得似是而非，考生记忆有关时间的知识点时一定要全面记忆，不能光记一个数字。

**17. B**。《食品安全法》第148条规定，生产不符合食品安全标准的食品或者经营明知是不符合食品安全标准的食品，消费者除要求赔偿损失外，还可以向生产者或者经营者要求支付价款10倍或者损失3倍的赔偿金；增加赔偿的金额不足1000元的，为1000元。但是，食品的标签、说明书存在不影响食品安全且不会对消费者造成误导的瑕疵的除外。故A正确。《食品安全法》第147条规定，违反本法规定，造成人身、财产或者其他损害的，依法承担赔偿责任。生产经营者财产不足以同时承担民事赔偿责任和缴纳罚款、罚金时，先承担民事赔偿责任。故B错误。这些强制措施在《食品安全法》有关法律责任的部分都有涉及。故C正确。《食品安全法》第135条规定，被吊销许可证的食品生产经营者及其法定代表人、直接负责的主管人员和其他直接责任人员自处罚决定作出之日起5年内不得申请食品生产经营许可，或者从事食品生产经营管理工作、担任食品生产经营企业食品安全管理人员。故D正确。

**18. D**。《银行业监督管理法》第16条规定，国务院银行业监督管理机构依照法律、行政法规规定的条件和程序，审查批准银行业金融机构的设立、变更、终止以及业务范围。故A属于，不当选。《银行业监督管理法》第17条规定，申请设立银行业金融机构，或者银行业金融机构变更持有资本总额或者股份总额达到规定比例以上的股东的，国务院银行业监督管理机构应当对股东的资金来源、财务状况、资本补充能力和诚信状况进行审查。故B属于，不当选。《银行业监督管理法》第18条规定，银行业金融机构业务范围内的业务品种，应当按照规定经国务院银行业监督管理机构审查批准或者备案。需要审查批准或者备案的业务品种，由国务院银行业监督管理机构依照法律、行政法规作出规定并公布。故C属于，不当选。存款准备金是中国人民银行进行宏观调控的工具，《中国人民银行法》第23条规定，中国人民银行为执行货币政策，可以要求银行业金融机构按照规定的比例交存存款准备金。故D不属于，当选。

**19. C**。《劳动合同法》第69条规定，非全日制用工双方当事人可以订立口头协议。从事非全日制用工的劳动者可以与一个或者一个以上用人单位订立劳动合同；但是，后订立的劳动合同不得影响先订立的劳动合同的履行。A正确。《劳动合同法》第70条规定，非全日制用工双方当事人不得约定试用期。B正确。《劳动合同法》第71条规定，非全日制用工双方当事人任何一方都可以随时通知对方终止用工。终止用工，用人单位不向劳动者支付经济补偿。C错误。《劳动合同法》第72条规定，非全日制用工小时计酬标准不得低于用人单位所在地人民政府规定的最低小时工资标准。非全日制用工劳动报酬结算支付周期最长不得超过15日。D正确。

**20. A**。国家的承认是指现存国家对新国家产生的事实给予确认并接受由此而产生的法律效果，与新国家进行正常交往的行为。新国家可以由于殖民地独立、现存国家的合并、分离或解体等原因而产生。只要新国家符合国家构成的四要素的要求，并且是符合国际法原则而产生，而不是外国侵略等非法行为造成的。现存国就可以予以承认。所以A正确。国家承认是一种事实认可，不存在撤回问题，所以BC错误。现存国家是否承认新国家是它政策的选择，一旦承认了新国家，它就要接受由此而产生的法律效果，所以不存在事实上承认一说，D错误。

**21. B**。国家主权豁免是指国家的行为和财产不受或免受他国管辖，在实践中主要表现为国家的司法豁免，一般包含三项内容：（1）一国不对他国的国家行为和财产进行管辖，一国的国内法院非经外国同意，不得受理以外国国家为被告或外国国家行为为诉由的诉讼。（2）一国法院不能对外国国家代表或国家财产采取任何程序上的强制措施。（3）不能对国家财产强制执行。该制度是国际法上的一项原则。三项内容相互联系又彼此独立，放弃一个不等于对其他的放弃。所以虽然甲国明确表示放弃该案的诉讼管辖豁免权，但不代表放弃执行豁免。国家豁免权的放弃包括：（1）豁免的放弃可以分为明示放弃和默示放弃两种形式：前者是指国家或经其授权的代表通过条约、合同或声明，表达就某种行为或事项上豁免的放弃。后者是国家作为原告在外国法院提起诉讼、正式出庭应诉、提起反诉或作为诉讼利害关系人介入特定诉讼等。（2）国家在外国领土范围内从事商业行为本身不意味着对豁免的放弃。（3）国家或其授权的代表为主张或重申国家的豁免权，出庭阐述立场或作证，或要求法院宣布判决或裁决无效，都不构成豁免的默示放弃。（4）国家对于管辖豁免的放弃，不等于对执行豁免的放弃。所以ACD错误。

**22. B**。沿海国的权利主要体现在对该区域内以开发自然资源为目的的活动拥有排他性的主权权利和与此相关的某些管辖权，由此对其他国家在该区域的活动构成一定的限制。专属经济区不是本身自然存在权利，需要国家以某种形式宣布建立并说明其宽度。

专属经济区的制度不影响其上空和底土本身的法律地位。沿海国和其他国家在该区域的权利义务构成专属经济区的法律制度。所以 D 错误。其主要内容为：(1) 沿海国拥有以勘探、开发、养护和管理海床和底土及其上覆水域自然资源（不论为生物或非生物资源）为目的的主权权利，以及关于在该区域内从事经济性开发和勘探，如海水、风力利用等其他活动的主权权利。(2) 沿海国对建造和使用人工岛屿和设施、海洋科学研究、海洋环境保护事项拥有管辖权。所以 AC 错误，B 正确。

**23. A**。国家元首、政府首脑和外交部长在对外交往中当然地代表其国家，除非有特别约定或例外，他们不需出示和提交全权证书，其作出的有法律意义的行为视为其国家的证书。大使和公使由派遣国元首向接受国元首派出，代表本国国家和元首。《缔结条约程序法》第 6 条规定："谈判和签署条约、协定的代表按照下列程序委派：(一) 以中华人民共和国名义或者中华人民共和国政府名义缔结条约、协定，由外交部或者国务院有关部门报请国务院委派代表。代表的全权证书由国务院总理签署，也可以由外交部长签署；(二) 以中华人民共和国政府部门名义缔结协定，由部门首长委派代表。代表的授权证书由部门首长签署。部门首长签署以本部门名义缔结的协定，各方约定出具全权证书的，全权证书由国务院总理签署，也可以由外交部长签署。下列人员谈判、签署条约、协定，无须出具全权证书：(一) 国务院总理、外交部长；(二) 谈判、签署与驻在国缔结条约、协定的中华人民共和国驻该国使馆馆长，但是各方另有约定的除外；(三) 谈判、签署以本部门名义缔结协定的中华人民共和国政府部门首长，但是各方另有约定的除外；(四) 中华人民共和国派往国际会议或者派驻国际组织，并在该会议或者该组织内参加条约、协定谈判的代表，但是该会议另有约定或者该组织章程另有规定的除外。"所以中国驻甲国大使参加条约谈判，无须出具全权证书。A 正确。

**24. A**。冲突规范是指明某种国际民商事法律关系应适用何种法律的规范，是一种法律适用规范、间接规范，结构上包括范围、系属等因素。不同于一般的实体规范。所以 A 错误。自然人属人法的确定属人法是解决与人的能力和身份有关的问题。大陆法系通常以国籍为属人法的连接点，英美法通常以住所为属人法的连接点。所以 B 正确。当事人的本国法就是国籍国法。所以 C 正确。准据法是指经冲突规范指定援用来具体确定民商事法律关系当事人的权利与义务的特定的实体法律。所以 D 正确。

**25. D**。海上货物运输合同是指承运人与托运人之间订立的旨在明确海上货物运输权利义务关系的协议。主要包括：(1) 承运人、托运人的名称、地址、邮政编码、联系电话；(2) 货物名称、数量、重量、包装等基本情况；(3) 装船港、到达港、中转港名称；(4) 运费及其支付方式；(5) 违约责任。签订海上货物运输合同，应当按照海商法的规定，明确各自的权利义务。涉外海上货物运输，可以依照当事人的选择，适用第三国法律或有最密切联系国家的法律。所以 A 错误，D 正确。船舶所有权的取得、转让和消灭以及船舶抵押权，适用船旗国法律；但船舶在光船租赁以前或者光船租赁期间，设立船舶抵押权的，适用原船舶登记国的法律。所以 B 错误。船舶优先权，适用受理案件的法院所在地的法律。所以 C 错误。

**26. D**。《关于从国外调取民事或商事证据的公约》第 1 条规定，在民事或商事案件中，每一缔约国的司法机关可以根据该国的法律规定，通过请求书的方式，请求另一缔约国主管机关调取证据或履行某些其他司法行为。请求书不得用来调取不打算用于已经开始或即将开始的司法程序的证据。"其他司法行为"一词不包括司法文书的送达或颁发执行判决或裁定的任何决定，或采取临时措施或保全措施的命令。所以 A 错误。《关于从国外调取民事或商事证据的公约》第 11 条规定，在请求书的执行过程中，在下列情况下有拒绝作证的特权或义务的有关人员，可以拒绝提供证据：(1) 根据执行国法律，或 (2) 根据请求国法律，并且该项特权或义务已在请求书中列明，或应被请求机关的要求，已经请求机关另行确认。此外，缔约国可以声明在声明指定的范围内，尊重请求国和执行国以外的其他国家法律规定的特权或义务。《关于从国外调取民事或商事证据的公约》第 12 条规定，只有在下列情况下，才能拒绝执行请求书：(1) 在执行国，该请求书的执行不属于司法机关的职权范围；或 (2) 被请求国认为，请求书的执行将会损害其主权和安全。执行国不能仅因其国内法已对该项诉讼标的规定专属管辖权或不承认对该事项提起诉讼的权利为理由，拒绝执行请求。所以 BC 错误。《关于从国外调取民事或商事证据的公约》第 15 条规定，在民事或商事案件中，每一缔约国的外交官员或领事代表在另一缔约国境内其执行职务的区域内，可以向他所代表的国家的国民在不采取强制措施的情况下调取证据，以协助在其代表的国家的法院中进行的诉讼。所以 D 正确。

**27. D**。《最高人民法院关于内地与香港特别行政区法院相互认可和执行当事人协议管辖的民商事案件判决的安排》第 8 条第 3 款规定，向内地人民法院提交的文件没有中文文本的，应当提交准确的中文译本。所以 A 错误。第 12 条规定："申请认可和执行的判决，被申请人提供证据证明有下列情形之一的，被请求方法院审查核实后，应当不予认可和执行：(一) 原审法院对有关诉讼的管辖不符合本安排第十一条规定的；(二) 依据原审法院地法律，被申请人未经合法传唤，或者虽经合法传唤但未获得合理的陈述、辩论机会的；（三）判决是以欺诈方法取得的；（四）被请求方法院受理相关诉讼后，原审法院又受理就同一争议提起的诉讼并作出判决的；（五）被请求方法院已经就同一争议作出判决，或者已经认可其他国家和地区就同一争议作出的判决的；（六）被请求方已经就同一争议作出仲裁裁决，或者已经认可其他国家和地区就同一争议作出的仲裁裁决的。内地人民法院认为认可和执行香港特别行政区法院判决明显违反内地法律的基本原则或者社会公共利益，香港特别行政区法院认为认可和执行内地人民法院判决明显违反香港特别行政区法律的基本原则或者公共政策的，应当不予认可和执行。”所以B错误。除非合同另有规定，合同中的管辖协议条款独立存在，合同的变更、解除、终止或者无效，不影响管辖协议条款的效力。所以C错误。第26条规定，被请求方法院就认可和执行的申请作出裁定或者命令后，当事人不服的，在内地可以于裁定送达之日起10日内向上一级人民法院申请复议，在香港特别行政区可以依据其法律规定提出上诉。所以D正确。

**28. C**。《票据法》第96条规定，票据债务人的民事行为能力，适用其本国法律。票据债务人的民事行为能力，依照其本国法律为无民事行为能力或者为限制民事行为能力而依照行为地法律为完全民事行为能力的，适用行为地法律。所以AB错误。C正确。《涉外民事关系法律适用法》第10条规定，涉外民事关系适用的外国法律，由人民法院、仲裁机构或者行政机关查明。当事人选择适用外国法律的，应当提供该国法律。不能查明外国法律或者该国法律没有规定的，适用中华人民共和国法律。所以D错误。

**29. B**。根据《最高人民法院关于执行我国加入的〈承认及执行外国仲裁裁决公约〉的通知》第1条的规定，根据我国加入该公约时所作的互惠保留声明，我国对在另一缔约国领土内作出的仲裁裁决的承认和执行适用该公约。该公约与我国民事诉讼法（试行）有不同规定的，按该公约的规定办理。对于在非缔约国领土内作出的仲裁裁决，需要我国法院承认和执行的，应按民事诉讼法（试行）第204条（现为《民事诉讼法》第304条）的规定办理。所以A错误。《最高人民法院关于执行我国加入的〈承认及执行外国仲裁裁决公约〉的通知》第2条规定，根据我国加入该公约时所作的商事保留声明，我国仅对按照我国法律属于契约性和非契约性商事法律关系所引起的争议适用该公约。……但不包括外国投资者与东道国政府之间的争端。所以B正确。《承认及执行外国仲裁裁决公约》第5条规定，……倘申请承认及执行地所在国之主管机关认定有下列情形之一，亦得拒不承认及执行仲裁裁决：（甲）依该国法律，争议事项系不能以仲裁解决者；（乙）承认或执行裁决有违该国公共政策者。所以C错误。《最高人民法院关于执行我国加入的〈承认及执行外国仲裁裁决公约〉的通知》第3条规定，根据《承认及执行外国仲裁裁决公约》第4条的规定，申请我国法院承认和执行在另一缔约国领土内作出的仲裁裁决，是由仲裁的一方当事人提出的，对于当事人的申请应由我国下列地点的中级人民法院管辖：……（2）被执行人为法人的，为其主要办事机构所在地；……所以D错误。

**30. C**。《联合国国际货物销售合同公约》第71条规定，（1）如果订立合同后，另一方当事人由于下列原因显然将不履行其大部分重要义务，一方当事人可以中止履行义务：（a）他履行义务的能力或他的信用有严重缺陷；或（b）他在准备履行合同或履行合同中的行为。（2）如果卖方在上一款所述的理由明显化以前已将货物发运，他可以阻止将货物交付给买方，即使买方持有其有权获得货物的单据。本款规定只与买方和卖方间对货物的权利有关。（3）中止履行义务的一方当事人不论是在货物发运前还是发运后，都必须立即通知另一方当事人，如经另一方当事人对履行义务提供充分保证，则他必须继续履行义务。《联合国国际货物销售合同公约》第73条规定，（1）对于分批交付货物的合同，如果一方当事人不履行对任何一批货物的义务，便对该批货物构成根本违反合同，则另一方当事人可以宣告合同对该批货物无效。（2）如果一方当事人不履行对任何一批货物的义务，使另一方当事人有充分理由断定对今后各批货物将会发生根本违反合同，该另一方当事人可以在一段合理时间内宣告合同今后无效。（3）买方宣告合同对任何一批货物的交付为无效时，可以同时宣告合同对已交付的或今后交付的各批货物均为无效，如果各批货物是互相依存的，不能单独用于双方当事人在订立合同时所设想的目的。所以BD错误。C正确。

**31. B**。《与贸易有关的知识产权协议》对《伯尔尼公约》的补充表现在两个方面：在保护客体方面，将计算机程序和有独创性的数据汇编列为版权保护的对象；在权利内容方面，增加了计算机程序和电影作品的出租权。所以B正确。

**32. C**。平安险承保海上风险造成的全部损失和部分损失，但单纯由于自然灾害造成的货物单独海损（即共同海损以外的部分损失）不属于平安险的承保范围。所以A错误。海上货物运输保险的基本险别（平安险、水渍险、一切险）在国际上通常都按“仓至仓”条款办理。根据国际上通行的做法，“仓至仓”保险的责任期限是被保险货物远离保险单所载明的启运地仓库或储存处开始运输时起，至该货物到达保险单所载明的目的地收货人的最后仓库或储存处，被保险人用作分配、分派或非正常运输的其他储存处所为止。所以B错误。水渍险：除平安险的各项责任外，还负责被保险货物由于恶劣气候、雷电、海啸、地震、洪水等自然灾害所造成的部分损失。所以C正确。附加险别是投保人在投保主要险别时，为补偿因主要险别范围以外可能发生的某些危险造成的损失所附加的保险。附加险别不能单独承保，它必须附于主要险项下。所以D错误。

**33. D**。《反倾销条例》第42条规定，反倾销税税额不应超过终裁决定确定的倾销幅度。D正确。

**34. C**。《海商法》第51条第3项规定，因天灾，海上或者其他可航水域的危险或者意外事故致货物发生灭失或者损坏的，承运人不负赔偿责任。“天灾”属不可抗力范畴，不可抗力是指不能预见、不能避免且不能克服的自然现象，诸如海啸、地震、雷击和冰冻等，不包含人为因素，如战争。“海上或者其他可航水域的危险或者意外事故”，即通常所说的“海上风险”。实践中，经常发生的海上风险是指海上大风浪袭击以及其他航行中的危险和意外，如浓雾、暗礁、浅滩或航行障碍物，目前通常理解的“天灾”包括“海上风险”。所以A错误。按照《第二次全国涉外商事海事审判工作会议纪要》的规定，承运人承担无正本提单放货责任，不得援引《海商法》第56条限制赔偿责任的规定。所以B错误。承运人承担的无正本提单放货违约赔偿责任，应相当于承运人本人违反运输合同所造成的损失。无正本提单放货后，正本提单持有人虽然占有货物，但仍有损失的，承运人应当予以赔偿。提货人因无正本提单提货或者其他责任人因无正本提单放货承担的侵权赔偿责任，应当相当于权利人因此所遭受的实际损失。有下列情况之一的，承运人不承担无正本提单放货的赔偿责任：（1）承运人有充分证据证明正本提单持有人认可无正本提单放货；（2）提单载明的卸货港所在地法律强制性规定到港的货物必须交付给当地海关或港口当局；（3）目的港无人提货，承运人按照托运人的指示交付货物。无正本提单放货后，正本提单持有人已经占有货物但没有发生损失的，或者虽有损失但已经挽回，正本提单持有人向人民法院提起诉讼，请求承运人承担赔偿责任的，人民法院不予支持。所以D错误。

**35. C**。根据世界贸易组织《关于争端解决规则与程序的谅解》（DSU）规定，对争端方没有提出的主张，专家组不能作出裁定，即使相关专家提出了这样的主张。专家组可以向其视为适当的任何个人或机构寻求信息和技术建议。所以A错误。争端解决机制中有磋商、专家组裁断与上诉机制，没有仲裁和调解机制。所以B错误。上诉机构是争端解决机构中的常设机构，它负责对被提起上诉的专家组报告中的法律问题和专家组进行的法律解释进行审查。上诉案件由上诉机构7名成员中的3人组成合议庭审理。但上诉庭的最后报告由上诉机构集体审查、讨论。被裁定违反了有关协议的一方，应在合理时间内履行争端解决机构的裁定和建议。如果被诉方在合理期限内，没有履行裁定和建议，原申诉方可以经争端解决机构授权报复，对被诉方中止减让或中止其他义务。但中止减让或其他义务的水平和范围，应与受到的损害相当。如果被诉方认为申诉方拟采取的报复措施与其受损的程度不一致，可以根据DSU第22条第6款诉诸仲裁。所以D错误。

**36. A**。A说法错误，调整社会关系是司法的间接功能。BCD均正确。

**37. C**。C说法不能成立，法律职业之间具备同质性而无行业属性的说法不正确，法官、检察官、律师具有各自不同的行业属性，在职业规范和道德方面有各自的特色，C当选。ABD正确。

**38. AB**。《公务员法》第95条规定，公务员对涉及本人的下列人事处理不服的，可以自知道该人事处理之日起30日内向原处理机关申请复核；对复核结果不服的，可以自接到复核决定之日起15日内，按照规定向同级公务员主管部门或者作出该人事处理的机关的上一级机关提出申诉；也可以不经复核，自知道该人事处理之日起30日内直接提出申诉：……（7）不按照规定确定或者扣减工资、福利、保险待遇……据此，王法官应当先申请复核。故A错误。《法官法》第43条规定，考核结果以书面形式通知法官本人。法官对考核结果如果有异议，可以申请复核。故B错误。CD正确。

**39. AC**。一切法律规则都具有语言的依赖性，都必须通过特定语句表达出来，但是语句不等于法律条文。法律规则与法律条文是内容与形式的关系，但是，并不是所有的法律条文都直接规定法律规则，也不是所有的法律规则都通过法律条文表现出来（如判例法）。B项前后两句话没有必然的因果关系，错误。表达法律规则的特定语句往往是一种规范语句。根据规范语句所运用的助动词的不同，规范语句可以分为命令句和允许句。命令句主要使用“必须”（must）、“应该”（ought to、should）、“禁止”（must not）等这样一些道义助动词；允许句则是指使用了“可以”（may）这类道义助动词的语句。但是，并非所有法律规则的表达都是以规范语句的形式表达，而是可以用陈述语气或陈述句表达。如D的规定实际上就是以陈述语气在表达一个命令式的规范语句（法律规则），因为这句话可以改写为“公民应当以他的户籍所在地的居住地为住所，经常居住地与住所不一致的，经常居住地应该视为住所。”故D错误，C正确。

**40. ABC**。不同位阶的法的渊源之间发生冲突时，解决原则是特别法优于一般法、上位法优于下位法、新法优于旧法，故ABC正确。法溯及既往，指的是法适用于其生效以前的事件和行为。只涉及某一个法的效力，而不是不同法的渊源之间的冲突，不属于不同法的渊源的冲突处理规则。故D不选。

**41. ABD**。法律解释受解释学循环的制约，所谓解释学循环，是指"整体只有通过理解它的部分才能得到理解，而对部分的理解又只能通过对整体的理解。"A项正确。传统、习惯、伦理道德等作为非正式的法的渊源，一定程度上可以成为法律推理的大前提，故B正确，C错误。D项正确，刘某是否受到精神损害，可以采用类比推理，从当地群众的一般看法中推导。

**42. BC**。外部证成与内部证成一样都是一个推理过程，都是适用三段论的推理方法，外部证成是对内部证成中所使用的前提本身之合理性的证成。AD正确。内部证成而非外部证成，是法官在审判中根据法条直接推导出判决结论的过程。B错误。外部证成是为了证明内部证成的前提是否成立，包括三项内容：大前提即法律规范是否成立；小前提即法律事实是否成立；大前提是否能够涵摄小前提，即事实是否符合规范。C错误。

**43. BCD**。价值判断是作为主体的人所进行的有无价值、有什么价值、有多大价值等相关判断，以主体为价值取向，随主体不同而呈现出差异，具有较强的主观性，是典型的"应然"判断（法律应该是什么）。事实判断是一种描述性判断，尽可能地排除主体的情绪、情感、态度等主观性因素对认识问题的介入，客观地确定事实的本来面目，是典型的"实然"判断（法律是什么）。事实判断具有唯一性，真伪取决于跟客体的真实情况是否相符。A正确，辩护意见既有价值判断，也有事实判断。通常，事实判断是包含于价值判断之中。B"犯罪情节轻微，社会危害性不大，主观恶性小"等均是主观性较强的价值判断。C属于事实判断。"只是""仅为""仅从"等词汇，不属于法律概念。法律概念是对各种法律现象或法律事实加以描述、概括的概念，前述词汇并不具有法律意义。

**44. BCD**。《畜牧法》是法律，《审批办法》是行政法规，前者是上位法，效力高于后者。故A正确，B错误。该条款内容是对"畜禽""畜禽遗传资源"等用语的界定，属于法律概念的范畴，而不属于法律规范（法律规则和法律原则）的范畴，故CD错误。

**45. AC**。有无事先预谋是区分谋杀和故杀的根本标准。A"没有预谋、临时起意"，符合"故杀"要件；B虽有"故意"，但无"预谋"，不符合"谋杀"要件，故A正确，B错误。"斗殴杀"（"斗杀"）指在斗殴中出于激愤失手将人杀死，故C正确。"戏杀"指"以力共戏"而导致杀人，与题中争吵、互殴等情形不合，故D错误。

**46. ABD**。第二次世界大战以后，各国宪法越来越强调对人权的保障，不断扩大公民权利范围，重视保障人权已经成为各国宪法发展的共识，A正确。而人权的保障需要宪法的有效实施，世界各国实践表明，设立专门的宪法监督机构对保障宪法实施意义重大，如最高法院、宪法法院、宪法委员会等，专门宪法监督成为宪法发展的潮流，B正确。在当今社会发展过程中，政府权力尤其是行政权力的扩大是趋势，各国宪法一方面确认和授予政府更多的权力，另一方也更加注重通过设定多种监督机制对行政权力加以限制，以防止行政权力的滥用，而不是简单地通过司法审查弱化行政权力，因此C错误。第二次世界大战以后，许多国家的宪法出现同国际法相结合的内容，这在宪法的人权保障方面尤为突出，寻求与国际法相结合成为宪法发展的趋势，D正确。

**47. BCD**。《宪法》第86条第1款规定，国务院由下列人员组成：总理，副总理若干人，国务委员若干人，各部部长，各委员会主任，审计长，秘书长。《宪法》第88条第2款规定，总理、副总理、国务委员、秘书长组成国务院常务会议。故A错误，B正确。《宪法》第89条规定，国务院有权"改变或者撤销地方各级国家行政机关的不适当的决定和命令"，"依照法律规定决定省、自治区、直辖市的范围内部分地区进入紧急状态"。故CD正确。

**48. ABCD**。《民族区域自治法》第2条第2款规定："民族自治地方分为自治区、自治州、自治县。"《民族区域自治法》第32条规定："民族自治地方的财政是一级财政，是国家财政的组成部分。""民族自治地方的自治机关有管理地方财政的自治权。"故A正确。《民族区域自治法》第19条规定："民族自治地方的人民代表大会有权依照当地民族的政治、经济和文化的特点，制定自治条例和单行条例。"故B正确。《民族区域自治法》第25条规定："民族自治地方的自治机关在国家计划的指导下，根据本地方的特点和需要，制定经济建设的方针、政策和计划，自主地安排和管理地方性的经济建设事业。"故C正确。《民族区域自治法》第38条第2款规定："民族自治地方的自治机关组织、支持有关单位和部门收集、整理、翻译和出版民族历史文化书籍，保护民族的名胜古迹、珍贵文物和其他重要历史文化遗产，继承和发展优秀的民族传统文化。"故D正确。

**49. AC**。全国人大根据中华人民共和国主席的提名，决定国务院总理的人选；根据国务院总理的提名，决定国务院副总理、国务委员、各部部长、各委员会主任、审计长、秘书长的人选。故总理、副总理是分别由主席、总理提名后由全国人大"决定"产生，而非"选举"产生，B错误。全国人大决定特别行政区的设立及其制度，而不包括决定其"建置"，故 D 错误。

**50. ABD**。《香港特别行政区基本法》第 44 条规定："香港特别行政区行政长官由年满四十周岁，在香港通常居住连续满二十年并在外国无居留权的香港特别行政区永久性居民中的中国公民担任。" 故 A 错误，当选。《香港特别行政区基本法》第 80 条规定："香港特别行政区各级法院是香港特别行政区的司法机关，行使香港特别行政区的审判权。"《香港特别行政区基本法》第 63 条规定："香港特别行政区律政司主管刑事检察工作，不受任何干涉。" 据此，香港特别行政区的司法机关只限于其法院，律政司主管刑事检察工作，隶属行政机关。故 B 错误，当选。《香港特别行政区基本法》第 158 条规定了特区基本法的解释主体包括全国人大常委会和香港各级法院，《澳门特别行政区基本法》第 143 条作了同样规定。据此，C 正确，不当选。根据《香港特别行政区基本法》第 18 条第 4 款规定，全国人大常委会宣布特区进入紧急状态后，中央人民政府可发布命令将有关全国性法律在香港特别行政区实施。《澳门特别行政区基本法》第 18 条第 4 款作了同样的规定。据此，D 错误，当选。

**51. CD**。《反垄断法》第 25 条规定，经营者集中是指下列情形：（1）经营者合并；（2）经营者通过取得股权或者资产的方式取得对其他经营者的控制权；（3）经营者通过合同等方式取得对其他经营者的控制权或者能够对其他经营者施加决定性影响。A 错误。《反垄断法》第 26 条第 1 款规定，经营者集中达到国务院规定的申报标准的，经营者应当事先向国务院反垄断执法机构申报，未申报的不得实施集中。B 错误。《反垄断法》第 33 条规定，审查经营者集中，应当考虑下列因素：（1）参与集中的经营者在相关市场的市场份额及其对市场的控制力；（2）相关市场的市场集中度；（3）经营者集中对市场进入、技术进步的影响；（4）经营者集中对消费者和其他有关经营者的影响；（5）经营者集中对国民经济发展的影响；（6）国务院反垄断执法机构认为应当考虑的影响市场竞争的其他因素。C 正确。《反垄断法》第 34 条规定，经营者集中具有或者可能具有排除、限制竞争效果的，国务院反垄断执法机构应当作出禁止经营者集中的决定。但是，经营者能够证明该集中对竞争产生的有利影响明显大于不利影响，或者符合社会公共利益的，国务院反垄断执法机构可以作出对经营者集中不予禁止的决定。D 正确。

**52. AC**。A 虚假标识行为属于不正当竞争行为，由《反不正当竞争法》调整。C 行为属于不正当竞争行为，《反不正当竞争法》第 7 条规定，经营者不得采用财物或者其他手段贿赂下列单位或者个人，以谋取交易机会或者竞争优势：（1）交易相对方的工作人员；（2）受交易相对方委托办理相关事务的单位或者个人；（3）利用职权或者影响力影响交易的单位或者个人。经营者在交易活动中，可以以明示方式向交易相对方支付折扣，或者向中间人支付佣金。经营者向交易相对方支付折扣、向中间人支付佣金的，应当如实入账。接受折扣、佣金的经营者也应当如实入账。经营者的工作人员进行贿赂的，应当认定为经营者的行为；但是，经营者有证据证明该工作人员的行为与为经营者谋取交易机会或者竞争优势无关的除外。BD 不属于不正当竞争行为。

**53. ACD**。《消费者权益保护法》第 43 条规定，消费者在展销会、租赁柜台购买商品或者接受服务，其合法权益受到损害的，可以向销售者或者服务者要求赔偿。展销会结束或者柜台租赁期满后，也可以向展销会的举办者、柜台的出租者要求赔偿。展销会的举办者、柜台的出租者赔偿后，有权向销售者或者服务者追偿。故本题中甲公司作为展销会举办者和展台出租者、丙公司作为销售者、丁公司作为生产者都不能推诿责任。故 ACD 正确，当选。乙公司仅是大楼的所有者，并未直接将展台出租给商户，其不应当承担责任。B 正确，不当选。

**54. CD**。AB 属于银监机构的职权，中国人民银行对此没有建议权，故 AB 错误。《商业银行法》第 77 条规定："商业银行有下列情形之一，……情节特别严重或者逾期不改正的，中国人民银行可以建议国务院银行业监督管理机构责令停业整顿或者吊销其经营许可证；构成犯罪的，依法追究刑事责任：……（二）提供虚假的或者隐瞒重要事实的财务会计报告、报表和统计报表的……" 故 C 正确。《商业银行法》第 76 条规定："商业银行有下列情形之一，……中国人民银行可以建议国务院银行业监督管理机构责令停业整顿或者吊销其经营许可证；构成犯罪的，依法追究刑事责任：……（三）违反规定同业拆借的。" 故 D 正确。

**55. ABD**。《银行业监督管理法》第 42 条规定："银行业监督管理机构依法对银行业金融机构进行检查时，经设区的市一级以上银行业监督管理机构负责人批准，可以对与涉嫌违法事项有关的单位和个人采取下列措施：（一）询问有关单位或者个人，要求其对有关情况作出说明；（二）查阅、复制有关财务会计、财产权登记等文件、资料；（三）对可能被转移、隐匿、毁损或者伪造的文件、资料，予以先行登记保存。" 故本题正确答案为 ABD。

**56. ACD**。《企业所得税法》第 25 条规定，国家对重点扶持和鼓励发展的产业和项目，给予企业所得税优惠。故 A 正确。《企业所得税法》第 28 条第 2 款规定，国家需要重点扶持的高新技术企业，减按 15% 的税率征收企业所得税。故 B 错误。《企业所得税法》第 27 条规定，企业的下列所得，可以免征、减征企业所得税：（1）从事农、林、牧、渔业项目的所得；（2）从事国家重点扶持的公共基础设施项目投资经营的所得；（3）从事符合条件的环境保护、节能节水项目的所得；（4）符合条件的技术转让所得；（5）本法第3条第3款规定的所得。故C正确。《企业所得税法》第30条规定，企业的下列支出，可以在计算应纳税所得额时加计扣除：（1）开发新技术、新产品、新工艺发生的研究开发费用；（2）安置残疾人员及国家鼓励安置的其他就业人员所支付的工资。故D正确。

**57. ABCD**。《个人所得税法》第9条第1款规定，个人所得税以所得人为纳税义务人，以支付所得的单位或者个人为扣缴义务人。《个人所得税法》第10条规定："有下列情形之一的，纳税人应当依法办理纳税申报：（一）取得综合所得需要办理汇算清缴；（二）取得应税所得没有扣缴义务人；（三）取得应税所得，扣缴义务人未扣缴税款；（四）取得境外所得；（五）因移居境外注销中国户籍；（六）非居民个人在中国境内从两处以上取得工资、薪金所得；（七）国务院规定的其他情形。扣缴义务人应当按照国家规定办理全员全额扣缴申报，并向纳税人提供其个人所得和已扣缴税款等信息。"《个人所得税法》第7条规定，居民个人从中国境外取得的所得，可以从其应纳税额中抵免已在境外缴纳的个人所得税税额，但抵免额不得超过该纳税人境外所得依照本法规定计算的应纳税额。综上，ABCD正确。

**58. ABCD**。《劳动法》第15条规定，禁止用人单位招用未满16周岁的未成年人。文艺、体育和特种工艺单位招用未满16周岁的未成年人，必须依照国家有关规定，履行审批手续，并保障其接受义务教育的权利。A错误。《劳动法》第38条规定，用人单位应当保证劳动者每周至少休息1日。《劳动法》第41条规定，用人单位由于生产经营需要，经与工会和劳动者协商后可以延长工作时间，一般每日不得超过1小时；因特殊原因需要延长工作时间的，在保障劳动者身体健康的条件下延长工作时间每日不得超过3小时，但是每月不得超过36小时。由此可以推出，《劳动法》并没有否认双方可以约定周六加班。因此，"双方不可以约定周六加班"不符合《劳动法》的规定。B错误。《劳动法》第21条规定，劳动合同可以约定试用期。试用期最长不得超过6个月。C错误。《劳动合同法》第19条规定，劳动合同期限3个月以上不满1年的，试用期不得超过1个月；劳动合同期限1年以上不满3年的，试用期不得超过2个月；3年以上固定期限和无固定期限的劳动合同，试用期不得超过6个月。《劳动合同法》第25条规定，除本法第22条（关于服务期的规定）和第23条（保守商业秘密的规定）规定的情形外，用人单位不得与劳动者约定由劳动者承担违约金。并不是全部合同条款都可以做出违约金约定。D错误。

**59. ACD**。《劳动法》第48条规定，国家实行最低工资保障制度。最低工资的具体标准由省、自治区、直辖市人民政府规定，报国务院备案。用人单位支付劳动者的工资不得低于当地最低工资标准。A正确，B错误。加班加点的工资应当是额外支付的，最低工资对应的是劳动者提供的正常劳动的对价，如果劳动者只有通过加班才能获得最低工资水平的工资那显然是不公平的。C正确。《劳动法》第51条规定，劳动者在法定休假日和婚丧假期间以及依法参加社会活动期间，用人单位应当依法支付工资。D正确。

**60. ABCD**。国有土地既可以是建设用地也可以是农用地，既可以确定给单位使用也可以确定给个人使用，《土地管理法》第13条第2款规定，国家所有依法用于农业的土地可以由单位或者个人承包经营，从事种植业、林业、畜牧业、渔业生产。故AB正确。划拨用地是无偿的，土地出让方式等是有偿的。《土地管理法》第54条规定，建设单位使用国有土地，应当以出让等有偿使用方式取得；但是，下列建设用地，经县级以上人民政府依法批准，可以以划拨方式取得：（1）国家机关用地和军事用地；（2）城市基础设施用地和公益事业用地；（3）国家重点扶持的能源、交通、水利等基础设施用地；（4）法律、行政法规规定的其他用地。故C正确。以出让等方式取得的土地使用权根据用途不同，期限不同（《城镇国有土地使用权出让和转让暂行条例》第12条），但是以划拨方式取得土地使用权则没有期限的规定（《城市房地产管理法》第22条第2款），可以是无期限的。故D正确。

**61. AB**。《城乡规划法》第41条第1款规定，在乡、村庄规划区内进行乡镇企业、乡村公共设施和公益事业建设的，建设单位或者个人应当向乡、镇人民政府提出申请，由乡、镇人民政府报城市、县人民政府城乡规划主管部门核发乡村建设规划许可证。故A正确。《城乡规划法》第41条第3款规定，在乡、村庄规划区内进行乡镇企业、乡村公共设施和公益事业建设以及农村村民住宅建设，不得占用农用地；确需占用农用地的，应当依照《土地管理法》有关规定办理农用地转用审批手续后，由城市、县人民政府城乡规划主管部门核发乡村建设规划许可证。故B正确；C错误，题干并未说明王某拟占用农用地。《城乡规划法》第43条第1款规定，建设单位应当按照规划条件进行建设；确需变更的，必须向城市、县人民政府城乡规划主管部门提出申请。变更内容不符合控制性详细规划的，城乡规划主管部门不得批准。城市、县人民政府城乡规划主管部门应当及时将依法变更后的规划条件通报同级土地主管部门并公示。故D错误，可以变更。

**62. AB**。《环境影响评价法》第16条第2款规定："建设单位应当按照下列规定组织编制环境影响报告书、环境影响报告表或者填报环境影响登记表(以下统称环境影响评价文件)：(一) 可能造成重大环境影响的，应当编制环境影响报告书，对产生的环境影响进行全面评价；(二) 可能造成轻度环境影响的，应当编制环境影响报告表，对产生的环境影响进行分析或者专项评价；(三) 对环境影响很小、不需要进行环境影响评价的，应当填报环境影响登记表。”故 AB 正确，C 错误。《环境影响评价法》第 19 条第 1 款规定：“建设单位可以委托技术单位对其建设项目开展环境影响评价，编制建设项目环境影响报告书、环境影响报告表；建设单位具备环境影响评价技术能力的，可以自行对其建设项目开展环境影响评价，编制建设项目环境影响报告书、环境影响报告表。”D 错误。

**63. CD**。《南极条约》第 4 条规定：1. 本条约中的任何规定不得解释为：(a) 任何缔约国放弃它前已提出过的对在南极洲的领土主权的权利或要求；(b) 任何缔约国放弃或缩小它可能得到的对在南极洲的领土主权的要求的任何根据，不论该缔约国提出这种要求是由于它本身或它的国民在南极洲活动的结果，或是由于其他原因；(c) 损害任何缔约国关于承认或不承认任何其他国家对在南极洲的领土主权的权利、要求或要求根据的立场。2. 在本条约有效期间发生的任何行动或活动不得成为提出、支持或否认对在南极洲的领土主权的要求的根据，或创立在南极洲的任何主权权利。在本条约有效期间，不得提出对在南极洲的领土主权的任何新要求或扩大现有的要求。所以 AB 错误，CD 正确。

**64. BC**。根据《维也纳外交关系公约》的规定，使馆的特权与豁免主要有以下几方面：使馆馆舍是专供使馆使用和供使馆馆长寓居之用的建筑物或建筑物之各部分。使馆馆舍不受侵犯包括下列三方面的意义：第一，接受国官员非经使馆馆长许可，不得进入使馆馆舍。第二，接受国负有特殊责任，采取一切适当步骤保护使馆馆舍免受入侵或损害，并防止一切扰乱使馆安宁或有损尊严之事情。第三，使馆馆舍及设备，以及馆舍内其他财产与使馆交通工具免受搜查、征用、扣押或强制执行。《维也纳领事关系公约》同时规定，领馆馆舍是专供领馆使用之建筑物或建筑物之各部分，及其所附属之土地。领馆馆舍的不得侵犯在一定限度内，具有以下三点：(1) 接受国官员未经同意不得进入领馆馆舍专供领馆工作之用的部分，领馆如果遇火灾或其灾害须迅速采取保护行动时，才推定领馆馆长已表示同意。(2) 接受国负有特殊责任，采取一切适当步骤保护领馆馆舍免侵入或损害。(3) 领馆馆舍、设备以及领馆的财产或交通工具应免受为国防或公用目的而实施的任何方式的征用。如确有必要时，应采取一切可能的步骤以免妨碍领馆执行职务，并应向派遣国作出迅速充分及有效的补偿。所以 AD 错误，BC 正确。

**65. BD**。《国籍法》第 9 条规定，定居外国的中国公民，自愿加入或取得外国国籍的，即自动丧失中国国籍。所以 AC 错误，BD 正确。

**66. BD**。法律规避又称“法律欺诈”，是指涉外民事法律关系当事人为了实现利己的目的，故意改变构成法院地国冲突规范连结点的具体事实，以避开本应适用的对其不利的准据法，从而使对其有利的法律得以适用的行为。主要构成要件是：(1) 主观上需故意；(2) 行为方式上要通过人为制造或改变一个或几个连结点来实现；(3) 规避的对象是本来应该适用的法律，常是强行性禁止性规定；(4) 结果是已经完成规避行为。当事人规避我国强制性或者禁止性法律规范的行为，不发生适用外国法律的效力。所以 AC 错误，BD 正确。

**67. CD**。《关于内地与澳门特别行政区相互认可和执行仲裁裁决的安排》的规定，内地法院有权受理认可和执行仲裁裁决申请的法院为中院。两个或者两个以上中院均有管辖权的，当事人应当选择向其中一个中院提出申请。诉讼竞合时，(1) 被申请人的住所地、经常居住地或者财产所在地分别在内地和澳门的，申请人可以向一地法院提出认可和执行申请，也可以分别向两地法院提出申请；(2) 当事人分别向两地法院提出申请的，两地法院都应当依法进行审查。仲裁地法院应先执行清偿；另一地法院在收到仲裁地法院关于经执行债权未获清偿情况的证明后，可对申请人未获清偿的部分进行执行清偿；(3) 两地法院执行财产的总额，不得超过依据裁决和法律规定所确定的数额。所以 CD 正确，AB 错误。

**68. BD**。《涉外民事关系法律适用法》第 31 条规定，法定继承，适用被继承人死亡时经常居所地法律，但不动产法定继承，适用不动产所在地法律。所以 BD 正确，AC 错误。

**69. AC**。对非居民纳税人的跨国营业所得的征税，目前各国通常是采用常设机构原则。常设机构原则是指仅对非居民纳税人设在征税国境内的常设机构而获取的工商营业利润实行征税的原则。常设机构包括管理场所、分支机构、办事处、工厂、车间、作业场所、矿场、油井、采石场等。所以 AC 正确，BD 错误。

**70. CD**。《保障措施条例》第 2 条规定：“进口产品数量增加，并对生产同类产品或者直接竞争产品的国内产业造成严重损害或者严重损害威胁（以下除特别指明外，统称损害）的，依照本条例的规定进行调查，采取保障措施。”故 CD 正确。

**71. AD**。《联合国国际货物销售合同公约》第 81 条规定，(1) 宣告合同无效解除了双方在合同中的义务，但应负责的任何损害赔偿仍应负责。宣告合同无效不影响合同关于解决争端的任何规定，也不影响合同中关于双方在宣告合同无效后权利和义务的任何其他规定。(2) 已全部或局部履行合同的一方，可以要求另一方归还他按照合同供应的货物或支付的价款，如果双方都须归还，他们必须同时这样做。所以 A 正确，BC 错误。《联合国国际货物销售合同公约》第 84 条规定，如果卖方有义务归还价款，他必须同时从支付价款之日起支付价款利息。所以 D 正确。

**72. AD**。《联合国国际货物销售合同公约》规定，买卖双方违约责任的免责内容包括以下：(1) 免责的条件：①不履行必须是由于当事人不能控制的障碍所致。例如，战争、禁运、风暴、洪水等。②这种障碍是不履行一方在订立合同时不能预见的。③这种障碍是当事人不能避免或不能克服的。(2) 免责的通知：依公约第 79 条第 (4) 款规定，不履行义务的一方必须将障碍及其对他履行义务能力的影响通知另一方。如果对方在不履行义务的一方已知道或理应知道此一障碍后一段合理时间仍未收到通知，则不履行义务的一方对由于对方未收到通知而造成的损害应负赔偿责任。(3) 免责的后果：依公约第 79 条第 (5) 款规定，免责一方所免除的是对另一方损害赔偿的责任，但受损方依公约采取其他补救措施的权利不受影响。所以 AD 正确、BC 错误。

**73. ACD**。B 错误，检察官职业责任不包括执行职务中违纪行为的赔偿责任。ACD 均正确。

**74. ACD**。ACD 行为均违反了法官职业道德规范，法官不应当向当事人推荐律师、不应当在庭外向一方当事人或代理人泄露办案信息，日常言行不当。B 符合回避原则。

**75. ACD**。根据《律师法》第 14 条，设立人应当是具有一定的执业经历，且 3 年内未受过停止执业处罚的律师。A 正确。履行职责的过程中存在违法行为不应当评定为优秀，B 错误。根据《法官法》第 45 条第 2 项，法官总结审判实践经验成果突出，对审判工作有指导作用的，应当给予奖励。C 正确。《法律援助法》第 24 条规定，刑事案件的犯罪嫌疑人、被告人因经济困难或者其他原因没有委托辩护人的，本人及其近亲属可以向法律援助机构申请法律援助。D 正确。

**76. B**。引文表明，近代以前的法与道德在内容上相互渗透，重合程度极高，近现代立法者倾向于将法与道德适度分离，注意两者的调整界限，一般只将最低限度的道德要求转化为法律义务。B 正确。历史上的法没有“绝然分离”的说法，故 A 错误。古代立法者对法律标准和道德标准并不严格区分，C 错误。“法律是最低限度的道德”在近现代几成通说，但并不表明近现代立法者均持“恶法亦法”的分析实证主义法学派立场。D 错误。

**77. BD**。该规定对残疾人的优待，体现了立法者在公共资源分配上的价值取向，即弱势群体权利保障。故 A 正确。该规定对于有关企业、政府及残疾人均具有指引作用，故 C 正确。该规定主要目的在于实现法的正义价值，尽管表面上的优待看起来不平等，但这种形式上的不平等正是为了实现实质上的平等和无歧视，让残疾人和健全人可以平等地分享公共资源、参与社会生活。故 BD 错误，应选。

**78. ABC**。《全国人民代表大会组织法》第 21 条规定：“全国人民代表大会会议期间，一个代表团或者三十名以上的代表联名，可以书面提出对国务院以及国务院各部门、国家监察委员会、最高人民法院、最高人民检察院的质询案。”故 AB 正确。《全国人民代表大会组织法》第 30 条规定：“常务委员会会议期间，常务委员会组成人员十人以上联名，可以向常务委员会书面提出对国务院以及国务院各部门、国家监察委员会、最高人民法院、最高人民检察院的质询案。”故 C 正确，D 错误。

**79. AB**。《选举法》第 12 条第 1 款规定：“地方各级人民代表大会的代表名额，按照下列规定确定：(一) 省、自治区、直辖市的代表名额基数为三百五十名，省、自治区每十五万人可以增加一名代表，直辖市每二万五千人可以增加一名代表；但是，代表总名额不得超过一千名；(二) 设区的市、自治州的代表名额基数为二百四十名，每二万五千人可以增加一名代表；人口超过一千万的，代表总名额不得超过六百五十名；(三) 不设区的市、市辖区、县、自治县的代表名额基数为一百四十名，每五千人可以增加一名代表；人口超过一百五十五万的，代表总名额不得超过四百五十名；人口不足五万的，代表总名额可以少于一百四十名；(四) 乡、民族乡、镇的代表名额基数为四十五名，每一千五百人可以增加一名代表；但是，代表总名额不得超过一百六十名；人口不足二千的，代表总名额可以少于四十五名。”根据上述第 1 项，A 正确。根据上述第 2 项，B 正确。根据上述第 3 项，现为 140 名，故 C 错误。根据上述第 4 项，现为 45 名，故 D 错误。

**80. ABC**。根据《城市房地产管理法》第 45 条第 1 款第 4 项，向县级以上人民政府房产管理部门办理预售登记，取得商品房预售许可证明是进行商品房预售的必要条件。双方签订商品房预售合同时，公司已经取得了商品房预售许可证，故预售合同合法有效，故 AC 正确。《预售商品房认购书》并不是商品房预售合同，在性质上属于预约合同，即预约签订商品房预售合同，认购人并不需要按照《预售商品房认购书》来缴纳购房款。签订《预售商品房认购书》不以取得商品房销售许可证为必要条件。故 B 正确。D 于法无据，错误。

**81. B**。《城市商品房预售管理办法》第 10 条第 1 款规定，商品房预售，开发企业应当与承购人签订商品房预售合同。开发企业应当自签约之日起 30 日内，向房地产管理部门和市、县人民政府土地管理部门办理商品房预售合同登记备案手续。故登记备案并不是商品房预售合同的法定生效要件，是商品房预售人的法定义务。ACD错误，B正确。

**82. CD**。A说法显然是错误的，商品房预售合同对双方都有约束力。B错误，1万元“保证金”实为定金，应当适用定金罚则双倍返还。C正确，《预售商品房认购书》是预约合同，是合法有效的。商品房预售合同也合法有效。D正确，由于商品房预售合同是合法有效的，高某有权根据实际损失要求开发商赔偿损失。

**83. BD**。《出境入境管理法》第22条第3项规定，外国人持联程客票搭乘国际航行的航空器、船舶、列车从中国过境前往第三国或地区，在中国境内停留不超过24小时且不离开口岸，或者在国务院批准的特定区域内停留不超过规定时限的，可以免办签证。《出境入境管理法》第23条第1款第2项规定，本法第22条第3项规定的人员需要离开口岸，需要临时入境的，应当向出入境边防检查机关申请办理临时入境手续。故BD正确。

**84. CD**。《海商法》第273条规定，船舶碰撞的损害赔偿，适用侵权行为地法律。船舶在公海上发生碰撞的损害赔偿，适用受理案件的法院所在地法律。同一国籍的船舶，不论碰撞发生于何地，碰撞船舶之间的损害赔偿适用船旗国法律。我国《海商法》第269条规定，合同当事人可以选择合同适用的法律，法律另有规定的除外。合同当事人没有选择的，适用与合同有最密切联系的国家的法律。我国《海商法》是允许运输合同的当事人意思自治选择法律的，本题中提单中写明有关运输争议适用中国《海商法》，所以运输合同应适用中国《海商法》。综上，AB错误，CD正确。

**85. BD**。A错误，国际商会《跟单信用证统一惯例》（UCP600）第6条C规定，信用证不得开成凭以申请人为付款人的汇票兑用。在信用证项下，汇票上的付款人只能是银行，一般是开证行或开证行指定的银行。保兑行自对信用证加具保兑时起，即不可撤销地承担承付或议付的责任，其承担的责任就相当于本身开证，不论开证行发生什么变化，保兑行都不得片面撤销其保兑。因此，保兑行的保兑义务不因开证行的破产而免除，相反，保兑行的出现原因之一就是在开证行破产时，受益人信用证项下的利益能得到保证。所以，BD正确，C错误。

**86. ACD**。题涉作品为自传体作品。自传体作品的著作权归属，有约定的从其约定，无约定的，著作权归该特定人物享有，执笔人或者整理人可以要求获得适当报酬。自然人死亡后，著作权属于自然人的，著作权中的人身权由作者的继承人或者受遗赠人享有；著作权中的财产权在《著作权法》规定的保护期内依法转移。因乙是执笔人，有权要求获得适当报酬，乙去世后，其子仍可主张该项权利。A正确。由于该书是以甲口述的人生经历为素材创作的自传体小说，甲享有著作权。出版属于著作权中的财产权，甲死亡后，该权利在保护期内依法转移至其合法继承人丁。B错误，D正确。原著手稿系动产，丙实际占有该手稿，在无相反证据证明丙为非法持有人的情况下，丙应认定为涉案手稿的合法所有人。C正确。

**87. AB**。《专利法》第11条规定：“发明和实用新型专利权被授予后，除本法另有规定的以外，任何单位或者个人未经专利权人许可，都不得实施其专利，即不得为生产经营目的制造、使用、许诺销售、销售、进口其专利产品，或者使用其专利方法以及使用、许诺销售、销售、进口依照该专利方法直接获得的产品。外观设计专利权被授予后，任何单位或者个人未经专利权人许可，都不得实施其专利，即不得为生产经营目的制造、许诺销售、销售、进口其外观设计专利产品。”乙公司未经允许使用甲公司的专利方法生产对虾，构成侵权。丙公司使用了该种虾制作虾酱，丙公司的行为属于使用直接品（对虾）获得虾酱，丙公司构成侵犯甲公司专利方法。丁超市从丙公司处购买并出售该虾酱，丁超市不构成侵权。专为科学研究和实验而使用有关专利的，不视为侵犯专利权。戊研究所不构成侵权。故AB正确，CD错误。

**88. AC**。《商标法》第47条第2款规定：“宣告注册商标无效的决定或者裁定，对宣告无效前人民法院做出并已执行的商标侵权案件的判决、裁定、调解书和市场监督管理部门做出并已执行的商标侵权案件的处理决定以及已经履行的商标转让或者使用许可合同不具有追溯力。但是，因商标注册人的恶意给他人造成的损失，应当给予赔偿。”故A正确。《商标法》第45条第1款规定：“已经注册的商标，违反本法第十三条第二款和第三款、第十五条、第十六条第一款、第三十条、第三十一条、第三十二条规定的，自商标注册之日起五年内，在先权利人或者利害关系人可以请求商标评审委员会宣告该注册商标无效。对恶意注册的，驰名商标所有人不受五年的时间限制。”故尚未过时效，B错误。《商标法》第45条第3款规定：“商标评审委员会在依照前款规定对无效宣告请求进行审查的过程中，所涉及的在先权利的确定必须以人民法院正在审理或者行政机关正在处理的另一案件的结果为依据的，可以中止审查。中止原因消除后，应当恢复审查程序。”故C正确。自创作完成之日起，作者即享有著作权，版权登记仅具有对抗效力，不得以此否认实际权利人的权利，所以D错误。

**89. AD**。《著作权法》第19条规定：“受委托创作的作品，著作权的归属由委托人和受托人通过合同约定。合同未作明确约定或者没有订立合同的，著作权属于受托人。”据此，舞蹈团委托甲设计了一支舞蹈，由于双方并未约定著作权的归属，该舞蹈作品的著作权归属于受托人甲。《著作权法》第10条规定，信息网络传播权是指以有线或者无线方式向公众提供，使公众可以在其选定的时间和地点获得作品的权利。本题中，丙在晚会现场录制了乙的舞蹈表演并上传到短视频平台供用户观看下载，侵犯了甲的信息网络传播权。故A正确，B错误。《著作权法》第40条规定："演员为完成本演出单位的演出任务进行的表演为职务表演，演员享有表明身份和保护表演形象不受歪曲的权利，其他权利归属由当事人约定。当事人没有约定或者约定不明确的，职务表演的权利由演出单位享有。职务表演的权利由演员享有的，演出单位可以在其业务范围内免费使用该表演。"据此，乙属于舞蹈团的成员，其在晚会上领舞并表演甲设计的舞蹈，属于职务表演。对该舞蹈表演，乙享有表明身份和保护表演形象不受歪曲的权利，其他表演者权由舞蹈团享有。《著作权法》第39条第1款规定："表演者对其表演享有下列权利：（一）表明表演者身份；（二）保护表演形象不受歪曲；（三）许可他人从现场直播和公开传送其现场表演，并获得报酬；（四）许可他人录音录像，并获得报酬；（五）许可他人复制、发行、出租录有其表演的录音录像制品，并获得报酬；（六）许可他人通过信息网络向公众传播其表演，并获得报酬。"丙在晚会现场录制了乙的舞蹈表演并上传到短视频平台供用户观看下载，侵犯了舞蹈团的首次录制权与信息网络传播权。故C错误，D正确。

**90. ABD**。申请宣告注册商标无效的路径为：先向国家知识产权局申请宣告无效，对国家知识产权局的决定不服的，再向法院起诉。A错误。《商标法》第63条规定的民事赔偿责任是针对侵犯商标专用权的行为。而本题中，佳嘉咖啡店并未就"佳嘉"获得注册，不享有商标专用权，其有权禁止他人在相同或类似商标上使用，但无权要求乙开设的餐饮店赔偿。B错误，C正确。申请宣告注册商标无效包括两种情形：（1）注册商标存在不予注册的绝对理由，任何单位和个人均可申请；（2）注册商标存在不予注册的相对理由，在先权利人或利害关系人申请宣告无效。本题中，乙开设的餐饮店在餐饮注册类别上注册并使用"佳嘉"商标，侵犯了佳嘉咖啡店的在先权利，只有佳嘉咖啡店才有权向国家知识产权局申请宣告无效。D错误。

# 第 23 天

*不畏浮云遮望眼，自缘身在最高层。*

## 试题

1. “罪刑法定原则的要求是：（1）禁止溯及既往（____的罪刑法定）；（2）排斥习惯法（____的罪刑法定）；（3）禁止类推解释（____的罪刑法定）；（4）刑罚法规的适当（____的罪刑法定）。”下列哪一选项与题干空格内容相匹配？

A. 事前——成文——确定——严格

B. 事前——确定——成文——严格

C. 事前——严格——成文——确定

D. 事前——成文——严格——确定

2. 看守所值班武警甲擅离职守，在押的犯罪嫌疑人乙趁机逃走，但刚跑到监狱外的树林即被抓回。关于本案，下列哪一选项是正确的？

A. 甲主观上是过失，乙是故意

B. 甲、乙是事前无通谋的共犯

C. 甲构成私放在押人员罪

D. 乙不构成脱逃罪

3. 关于刑法上的因果关系，下列哪一判断是正确的？

A. 甲开枪射击乙，乙迅速躲闪，子弹击中乙身后的丙。甲的行为与丙的死亡之间不具有因果关系

B. 甲追赶小偷乙，乙慌忙中撞上疾驶汽车身亡。甲的行为与乙的死亡之间具有因果关系

C. 甲、乙没有意思联络，碰巧同时向丙开枪，且均打中了丙的心脏。甲、乙的行为与丙的死亡之间不具有因果关系

D. 甲以杀人故意向乙的食物中投放了足以致死的毒药，但在该毒药起作用前，丙开枪杀死了乙。甲的行为与乙的死亡之间不具有因果关系

4. 甲（十五周岁）的下列哪一行为成立犯罪？

A. 春节期间放鞭炮，导致邻居失火，造成十多万元财产损失

B. 骗取他人数额巨大财物，为抗拒抓捕，当场使用暴力将他人打成重伤

C. 受意图骗取保险金的张某指使，将张某的汽车推到悬崖下毁坏

D. 因偷拿苹果遭摊主喝骂，遂掏出水果刀将其刺成轻伤

5. 甲与一女子有染，其妻乙生怨。某日，乙将毒药拌入菜中意图杀甲。因久等未归且又惧怕法律制裁，乙遂打消杀人恶念，将菜倒掉。关于乙的行为，下列哪一选项是正确的？

A. 犯罪预备

B. 犯罪预备阶段的犯罪中止

C. 犯罪未遂

D. 犯罪实行阶段的犯罪中止

6. 关于共同犯罪，下列哪一选项是正确的？

A. 甲、乙应当预见但没有预见山下有人，共同推下山上一块石头砸死丙。只有认定甲、乙成立共同过失犯罪，才能对甲、乙以过失致人死亡罪论处

B. 甲明知乙犯故意杀人罪而为乙提供隐藏处和财物。甲、乙构成共同犯罪

C. 交警甲故意为乙实施保险诈骗提供虚假鉴定结论。甲、乙构成共同犯罪

D. 公安人员甲向犯罪分子乙通风报信助其逃避处罚。甲、乙成立共同犯罪

7. 甲乙两家有仇。某晚，两拨人在歌厅发生斗殴，甲、乙恰巧在场并各属一方。打斗中乙持刀砍伤甲小臂，甲用木棒击中乙头部，致乙死亡。关于甲的行为，下列哪一选项是正确的？

A. 属于正当防卫　　B. 属于紧急避险

C. 属于防卫过当　　D. 属于故意杀人

8. 关于累犯，下列哪一判断是正确的？

A. 甲因抢劫罪被判处有期徒刑十年，并被附加剥夺政治权利三年。甲在附加刑执行完毕之日起五年之内又犯罪。甲成立累犯

B. 甲犯抢夺罪于 2005 年 3 月假释出狱，考验期为剩余的二年刑期。甲从假释考验期满之日起五年内再故意犯重罪。甲成立累犯

C. 甲犯危害国家安全罪五年徒刑期满，六年后又犯杀人罪。甲成立累犯

D. 对累犯可以从重处罚

9. 甲女因抢劫杀人被逮捕，羁押期间不慎摔伤流产。一月后，甲被提起公诉。对甲的处理，下列哪一选项是正确的？

A. 应当视为"审判时怀孕的妇女"，不适用死刑
B. 应当视为"审判时怀孕的妇女"，可适用死刑缓期二年执行
C. 不应当视为"审判时怀孕的妇女"，因甲并非被强制流产
D. 不应当视为"审判时怀孕的妇女"，因甲并非在审判时摔伤流产

**10.** 关于减刑，下列哪一选项是正确的？
A. 减刑只适用于被判处拘役、有期徒刑、无期徒刑和死缓的犯罪分子
B. 对一名服刑犯人的减刑不得超过三次，否则有损原判决的权威性
C. 被判处无期徒刑的罪犯减刑后，实际执行时间可能超过十五年
D. 对被判处无期徒刑、死缓的罪犯的减刑，需要报请高级法院核准

**11.** 甲将邻居交售粮站的稻米淋洒农药，取出部分作饵料，毒死麻雀后售与饭馆，非法获利 5,000 元。关于甲行为的定性，下列哪一选项是正确的？
A. 构成故意毁坏财物罪
B. 构成以危险方法危害公共安全罪和盗窃罪
C. 仅构成以危险方法危害公共安全罪
D. 构成投放危险物质罪和销售有毒、有害食品罪

**12.** 某施工工地升降机操作工刘某未注意下方有人即按启动按钮，造成维修工张某当场被挤压身亡。刘某报告事故时隐瞒了自己按下启动按钮的事实。关于刘某行为的定性，下列哪一选项是正确的？
A. （间接）故意杀人罪
B. 过失致人死亡罪
C. 谎报安全事故罪
D. 重大责任事故罪

**13.** 关于货币犯罪，下列哪一选项是正确的？
A. 以货币碎片为材料，加入其他纸张，制作成假币的，属于变造货币
B. 将金属货币熔化后，制作成较薄的、更多的金属货币的，属于变造货币
C. 将伪造的货币赠与他人的，属于使用假币
D. 运输假币并使用假币的，按运输假币罪从重处罚

**14.** 张某窃得同事一张银行借记卡及身份证，向丈夫何某谎称路上所拾。张某与何某根据身份证号码试出了借记卡密码，持卡消费 5,000 元。关于本案，下列哪一说法是正确的？
A. 张某与何某均构成盗窃罪
B. 张某与何某均构成信用卡诈骗罪
C. 张某构成盗窃罪，何某构成信用卡诈骗罪
D. 张某构成信用卡诈骗罪，何某不构成犯罪

**15.** 杨某生产假冒避孕药品，其成份为面粉和白糖的混合物，货值金额达 15 万多元，尚未销售即被查获。关于杨某的行为，下列哪一选项是正确的？
A. 不构成犯罪
B. 以生产、销售伪劣产品罪（未遂）定罪处罚
C. 以生产、销售伪劣产品罪（既遂）定罪处罚
D. 触犯生产假药罪与生产、销售伪劣产品罪（未遂），依照处罚较重的规定定罪处罚

**16.** 甲持刀将乙逼入山中，让乙通知其母送钱赎人。乙担心其母心脏病发作，遂谎称开车撞人，需付五万元治疗费，其母信以为真。关于甲的行为性质，下列哪一选项是正确的？
A. 非法拘禁罪　　B. 绑架罪
C. 抢劫罪　　D. 诈骗罪

**17.** 甲欠乙十万元久不归还，乙反复催讨。某日，甲持凶器闯入乙家，殴打乙致其重伤，迫乙交出十万元欠条并在已备好的还款收条上签字。关于甲的行为性质，下列哪一选项是正确的？
A. 故意伤害罪　　B. 抢劫罪
C. 非法侵入住宅罪　　D. 抢夺罪

**18.** 甲任邮政中心信函分拣组长期间，先后三次将各地退回信函数万封（约 500 公斤），以每公斤 0.4 元的价格卖给废品收购站，所得款项占为己有。关于本案，下列哪一选项是正确的？
A. 退回的信函不属于信件，甲的行为不成立侵犯通信自由罪
B. 退回的信函虽属于信件，但甲没有实施隐匿、毁弃与开拆行为，故不成立侵犯通信自由罪
C. 退回的信函处于邮政中心的管理过程中，属于公共财物，甲的行为成立贪污罪
D. 退回的信函被当作废品出卖也属于毁弃邮件，甲的行为成立私自毁弃邮件罪

**19.** 甲承租乙的房屋后，伪造身份证与房产证交与中介公司，中介公司不知有假，为其售房给不知情的丙，甲获款 300 万元。关于本案，下列哪一选项是错误的？
A. 甲的行为触犯了伪造居民身份证罪与伪造国家机关证件罪，同时是诈骗罪的教唆犯
B. 甲是诈骗罪、伪造居民身份证罪与伪造国家机关证件罪的正犯
C. 伪造居民身份证罪、伪造国家机关证件罪与诈骗罪之间具有牵连关系
D. 由于存在牵连关系，对甲的行为应以诈骗罪从重处罚

**20.** 下列哪一情形不属于"挪用公款归个人使用"？
A. 国家工作人员甲，将公款借给其弟炒股
B. 国家机关工作人员甲，以个人名义将公款借给原工作过的国有企业使用
C. 某县市场监督管理局局长甲，以单位名义将公款借给某公司使用

D. 某国有公司总经理甲，擅自决定以本公司名义将公款借给某国有事业单位使用，以安排其子在该单位就业

**21.** 甲涉嫌刑讯逼供罪被立案侦查。甲以该案侦查人员王某与被害人存在近亲属关系为由，提出回避申请。对此，下列哪一选项是错误的？

A. 王某可以口头提出自行回避的申请

B. 作出回避决定以前，王某不能停止案件的侦查工作

C. 王某的回避由公安机关负责人决定

D. 如甲的回避申请被驳回，甲有权申请复议一次

**22.** 在张某故意毁坏李某汽车案中，张某聘请赵律师为辩护人，李某聘请孙律师为诉讼代理人。关于该案辩护人和诉讼代理人，下列哪一选项是正确的？

A. 赵律师、孙律师均自案件移送审查起诉之日起方可接受委托担任辩护人、诉讼代理人

B. 赵律师、孙律师均有权申请该案的审判人员和公诉人员回避

C. 赵律师可在审判中向张某发问，孙律师无权向张某发问

D. 赵律师应以张某的意见作为辩护意见，孙律师应以李某的意见为代理意见

**23.** 法院审理一起受贿案时，被告人石某称因侦查人员刑讯不得已承认犯罪事实，并讲述受到刑讯的具体时间。检察机关为证明侦查讯问程序合法，当庭播放了有关讯问的录音录像，并提交了书面说明。关于该录音录像的证据种类，下列哪一选项是正确的？

A. 犯罪嫌疑人供述和辩解

B. 视听资料

C. 书证

D. 物证

**24.** 下列哪一选项既属于原始证据，又属于间接证据？

A. 被告人丁某承认伤害被害人的供述

B. 证人王某陈述看到被告人丁某在案发现场擦拭手上血迹的证言

C. 证人李某陈述被害人向他讲过被告人丁某伤害她的经过

D. 被告人丁某精神病鉴定结论的抄本

**25.** 甲乙两家曾因宅基地纠纷诉至法院，尽管有法院生效裁判，但甲乙两家关于宅基地的争议未得到根本解决。一日，甲、乙因各自车辆谁先过桥引发争执继而扭打，甲拿起车上的柴刀砍中乙颈部，乙当场死亡。对此，下列哪一选项是不需要用证据证明的免证事实？

A. 甲的身份状况

B. 甲用柴刀砍乙颈部的时间、地点、手段、后果

C. 甲用柴刀砍乙颈部时精神失常

D. 法院就甲乙两家宅基地纠纷所作出的裁判事项

**26.** 甲省乙市检察院决定逮捕受贿案的犯罪嫌疑人田某，但田某已潜逃至甲省丙市。关于对田某的通缉，下列哪一选项是正确的？

A. 甲省乙市检察院可以决定通缉

B. 甲省丙市检察院可以发布通缉令

C. 甲省检察院可以决定通缉

D. 甲省检察院可以发布通缉令

**27.** 关于辨认规则，下列哪一说法是正确的？

A. 检察院侦查的案件，对犯罪嫌疑人辨认由侦查部门负责人决定

B. 为了辨认需要，可以让辨认人在辨认前见到被辨认对象

C. 有多个辨认人时，根据需要可以集体进行辨认

D. 为了进行辨认，必要时证人可以在场

**28.** 《刑事诉讼法》规定，未成年人犯罪的案件一律或一般不公开审理。关于该规定中未成年人"年龄"的理解，下列哪一选项是正确的？

A. 张某被采取强制措施时十七岁，不应当公开审理

B. 李某在审理时十五岁，不应当公开审理

C. 钱某犯罪时十六岁，不应当公开审理

D. 赵某被立案时十八岁，不应当公开审理

**29.** 某法院在审理张某自诉伤害案中，发现被告人还实施过抢劫。对此，下列哪一做法是正确的？

A. 继续审理伤害案，将抢劫案移送有管辖权的公安机关

B. 鉴于伤害案属于可以公诉的案件，将伤害案与抢劫案一并移送有管辖权的公安机关

C. 继续审理伤害案，建议检察院对抢劫案予以起诉

D. 对伤害案延期审理，待检察院对抢劫案起诉后一并予以审理

**30.** 关于刑事判决与裁定的区别，下列哪一选项是正确的？

A. 判决解决案件的实体问题，裁定解决案件的程序问题

B. 一案中只能有一个判决，裁定可以有若干个

C. 判决只能以书面的形式表现，裁定只以口头作出

D. 不服判决与不服裁定的上诉、抗诉期限不同

**31.** 某法院判决赵某犯诈骗罪处有期徒刑四年，犯盗窃罪处有期徒刑九年，合并执行有期徒刑十一年。赵某提出上诉。中级法院经审理认为，判处刑罚不当，犯诈骗罪应处有期徒刑五年，犯盗窃罪应处有期徒刑八年。根据上诉不加刑原则，下列哪一做法是正确的？

A. 以事实不清、证据不足为由发回原审法院重新审理

B. 直接改判两罪刑罚，分别为五年和八年，合并执行十二年

C. 直接改判两罪刑罚，分别为五年和八年，合并执行仍为十一年

D. 维持一审判决

**32.** 被告人甲犯数罪被判死刑，甲向辩护人咨询死刑复核程序的有关情况，辩护人对此作出的下列哪一答复符合法律及司法解释的规定？

A. 应当调查甲的人际关系

B. 应当为甲指定辩护人

C. 应当审查甲犯罪的情节、后果及危害程度

D. 应当开庭审理并通知检察院派员出庭

**33.** 甲因犯抢劫罪被市检察院提起公诉，经一审法院审理，判处死刑缓期二年执行。甲上诉，省高级法院核准死缓判决。根据审判监督程序规定，下列哪一做法是错误的？

A. 最高法院自行对该案重新审理，依法改判

B. 最高法院指令省高级法院再审

C. 最高检察院对该案向最高法院提出抗诉

D. 省检察院对该案向省高院提出抗诉

**34.** 关于行政法的比例原则，下列哪一说法是正确的？

A. 是权责统一原则的基本内容之一

B. 主要适用于羁束行政行为

C. 是合法行政的必然要求

D. 属于实质行政法治范畴

**35.** 国务院某部拟合并处级内设机构。关于机构合并，下列哪一说法是正确的？

A. 该部决定，报国务院机构编制管理机关备案

B. 该部提出方案，报国务院机构编制管理机关批准

C. 国务院机构编制管理机关决定，报国务院备案

D. 国务院机构编制管理机关提出方案，报国务院决定

**36.** 根据《公务员法》的规定，聘任制公务员实行协议工资制。关于协议工资制具体办法的制定，下列选项正确的是：

A. 由中央公务员主管部门制定

B. 由省级以上公务员主管部门制定

C. 由国务院人力资源和社会保障主管部门制定

D. 由省级人力资源和社会保障主管部门制定

**37.** 关于行政法规的决定与公布，下列哪一说法是正确的？

A. 行政法规均应由国务院常务会议审议通过

B. 行政法规草案在国务院常务会议审议时，可由起草部门作说明

C. 行政法规草案经国务院审议报国务院总理签署前，不得再作修改

D. 行政法规公布后由国务院法制办报全国人大常委会备案

**38.** 刘某向卫健委申请在小区设立个体诊所，卫健委受理申请。小区居民陈某等人提出，诊所的医疗废物会造成环境污染，要求卫健委不予批准。对此，下列哪一选项符合《行政许可法》规定？

A. 刘某既可以书面也可以口头申请设立个体诊所

B. 卫健委受理刘某申请后，应当向其出具加盖本机关专用印章和注明日期的书面凭证

C. 如陈某等人提出听证要求，卫健委同意并听证的，组织听证的费用应由陈某承担

D. 如卫健委拒绝刘某申请，原则上应作出书面决定，必要时口头告知即可

**39.** 下列哪一行为属于行政处罚？

A. 公安交管局暂扣违章驾车张某的驾驶执照六个月

B. 市场监督管理局对一企业有效期届满未申请延续的营业执照予以注销

C. 卫健委对流行性传染病患者强制隔离

D. 市场监督管理局责令某食品生产者召回其已上市销售的不符合食品安全标准的食品

**40.** 某区城管局以甲摆摊卖"麻辣烫"影响环境为由，将其从事经营的小推车等物品扣押。在实施扣押过程中，城管执法人员李某将甲打伤。对此，下列哪一说法是正确的？

A. 扣押甲物品的行为，属于行政强制执行措施

B. 李某殴打甲的行为，属于事实行为

C. 因甲被打伤，扣押甲物品的行为违法

D. 甲被打伤的损失，应由李某个人赔偿

**41.** 陈某申请领取最低生活保障费，遭民政局拒绝。陈某诉至法院，要求判令民政局履行法定职责，同时申请法院先予执行。对此，下列哪一说法是正确的？

A. 陈某提出先予执行申请时，应提供相应担保

B. 陈某的先予执行申请，不属于《行政诉讼法》规定的先予执行范围

C. 如法院作出先予执行裁定，民政局不服可以申请复议

D. 如法院作出先予执行裁定，情况特殊的可以采用口头方式

**42.** 关于在行政诉讼中法庭对证据的审查，下列哪一说法是正确的？

A. 从证据形成的原因方面审查证据的合法性

B. 从证人与当事人是否具有利害关系方面审查证据的关联性

C. 从发现证据时的客观环境审查证据的真实性

D. 从复制件与原件是否相符审查证据的合法性

**43.** 2009 年 2 月 10 日，王某因涉嫌诈骗被县公安局刑事拘留，2 月 24 日，县检察院批准逮捕王某。4 月 10 日，县法院以诈骗罪判处王某三年有期徒刑，缓期二年执行。5 月 10 日，县公安局根据县法院变更强制措施的决定，对王某采取取保候审措施。王某上诉，6 月 1 日，市中级法院维持原判。王某申诉，12 月 10 日，市中级法院再审认定王某行为不构成诈骗，撤销原判。对此，下列哪一说法是正确的？

A. 因王某被判无罪，国家应当对王某在 2009 年 2 月 10 日至 12 月 10 日期间的损失承担赔偿责任

B. 因王某被判处有期徒刑缓期执行，国家不承担赔偿责任

C. 因王某被判无罪，国家应当对王某在 2009 年 6 月 1 日至 12 月 10 日期间的损失承担赔偿责任

D. 因王某被判无罪，国家应当对王某在 2009 年 2 月 10 日至 5 月 10 日期间的损失承担赔偿责任

**44.** 关于罪过，下列哪些选项是错误的？

A. 甲的玩忽职守行为虽然造成了公共财产损失，但在甲未认识到自己是国家机关工作人员时，就不存在罪过

B. 甲故意举枪射击仇人乙，但因为没有瞄准，将乙的名车毁坏。甲构成故意杀人未遂

C. 甲翻墙入院欲毒杀乙的名犬以泄愤，不料该犬对甲扔出的含毒肉块不予理会，直扑甲身，情急之下甲拔刀刺杀该犬。甲不构成故意毁坏财物罪，而属于意外事件

D. 甲因疏忽大意而致人死亡，甲应当预见而没有预见的危害结果，既可能是发生他人死亡的危害结果，也可能只是发生他人重伤的危害结果

**45.** 关于不作为犯罪，下列哪些选项是正确的？

A. 甲在车间工作时，不小心使一根铁钻刺入乙的心脏，甲没有立即将乙送往医院而是逃往外地。医院证明，即使将乙送往医院，乙也不可能得到救治。甲不送乙就医的行为构成不作为犯罪

B. 甲盗伐树木时砸中他人，明知不立即救治将致人死亡，仍有意不救。甲不救助伤者的行为构成不作为犯罪

C. 甲带邻居小孩出门，小孩失足跌入粪塘，甲嫌脏不愿施救，就大声呼救，待乙闻声赶来救出小孩时，小孩死亡。甲不及时救助的行为构成不作为犯罪

D. 甲乱扔烟头导致所看仓库起火，能够扑救而不救，迅速逃离现场，导致火势蔓延财产损失巨大。甲不扑救的行为构成不作为犯罪

**46.** 关于单位犯罪，下列哪些选项是错误的？

A. 单位只能成为故意犯罪的主体，不能成为过失犯罪的主体

B. 单位犯罪时，单位本身与直接负责的主管人员、直接责任人员构成共同犯罪

C. 对单位犯罪一般实行双罚制，但在实行单罚制时，只对单位处以罚金，不处罚直接负责的主管人员与直接责任人员

D. 对单位犯罪只能适用财产刑，既可能判处罚金，也可能判处没收财产

**47.** 甲与乙因情生仇。一日黄昏，甲持锄头路过乙家院子，见甲妻正在院内与一男子说话，以为是乙举锄就打，对方重伤倒地后遂发现是乙哥哥。甲心想，打伤乙哥哥也算解恨。关于甲的行为，下列哪些选项是错误的？

A. 甲的行为属于对象错误，成立过失致人重伤罪

B. 甲的行为属于方法错误，成立故意伤害罪

C. 根据法定符合说，甲对乙成立故意伤害（未遂）罪，对乙哥哥成立过失致人重伤罪

D. 甲的行为不存在任何认识错误，理所当然成立故意伤害罪

**48.** 下列哪些情形属于吸收犯？

A. 制造枪支、弹药后又持有、私藏所制造的枪支、弹药的

B. 盗窃他人汽车后，谎称所盗汽车为自己的汽车出卖他人的

C. 套取金融机构信贷资金后又高利转贷他人的

D. 制造毒品后又持有该毒品的

**49.** 关于没收财产，下列哪些选项是错误的？

A. 甲受贿 100 万元，巨额财产来源不明 200 万元，甲被判处死刑并处没收财产。甲被没收财产的总额至少应为 300 万元

B. 甲抢劫他人汽车被判处死刑并处没收财产。该汽车应上缴国库

C. 甲因走私罪被判处无期徒刑并处没收财产。此前所负赌债，经债权人请求应予偿还

D. 甲因受贿罪被判有期徒刑十年并处没收财产 30 万元，因妨害清算罪被判有期徒刑三年并处罚金二万元。没收财产和罚金应当合并执行

**50.** 关于犯罪中止，下列哪些选项是正确的？

A. 甲欲杀乙，埋伏在路旁开枪射击但未打中乙。甲枪内尚有子弹，但担心杀人后被判处死刑，遂停止射击。甲成立犯罪中止

B. 甲入户抢劫时，看到客厅电视正在播放庭审纪实片，意识到犯罪要受刑罚处罚，于是向被害人赔礼道歉后离开。甲成立犯罪中止

C. 甲潜入乙家原打算盗窃巨额现金，入室后发现大量珠宝，便放弃盗窃现金的意思，仅窃取了珠宝。对于盗窃现金，甲成立犯罪中止

D. 甲向乙的饮食投放毒药后，乙呕吐不止，甲顿生悔意急忙开车送乙去医院，但由于交通事故耽误一小时，乙被送往医院时死亡。医生证明，早半小时送到医院乙就不会死亡。甲的行为仍然成立犯罪中止

**51.** 下列哪些情形不能数罪并罚？

A. 投保人甲，为了骗取保险金杀害被保险人

B. 十五周岁的甲，盗窃时拒捕杀死被害人

C. 司法工作人员甲，刑讯逼供致被害人死亡

D. 运送他人偷越边境的甲，遇到检查将被运送人推进大海溺死

**52.** 关于抢夺罪，下列哪些判断是错误的？

A. 甲驾驶汽车抢夺乙的提包，汽车能致人死亡属于凶器。甲的行为应认定为携带凶器抢夺罪

B. 甲与乙女因琐事相互厮打时，乙的耳环（价值8,000元）掉在地上。甲假装摔倒在地迅速将耳环握在手中，乙见甲摔倒便离开了现场。甲的行为成立抢夺罪

C. 甲骑着摩托车抢夺乙的背包，乙使劲抓住背包带，甲见状便加速行驶，乙被拖行十多米后松手。甲的行为属于情节特别严重的抢夺罪

D. 甲明知行人乙的提包中装有毒品而抢夺，毒品虽然是违禁品，但也是财物。甲的行为成立抢夺罪

**53.** 关于毒品犯罪，下列哪些选项是正确的？

A. 明知他人实施毒品犯罪而为其居间介绍，代购代卖的，即使没有牟利目的，也成立贩卖毒品罪

B. 为便于隐蔽运输，对毒品掺杂使假的行为，或者为了销售，去除毒品中的非毒品物质的行为，不成立制造毒品罪

C. 甲认为自己管理毒品不安全，将数量较大毒品委托给乙保管时，甲、乙均成立非法持有毒品罪

D. 行为人对同一宗毒品既走私又贩卖的，量刑时不应重复计算毒品数量

**54.** 甲欲绑架女大学生乙卖往外地，乙强烈反抗，甲将乙打成重伤，并多次对乙实施强制猥亵行为。甲尚未将乙卖出便被公安人员抓获。关于甲行为的定性和处罚，下列哪些判断是错误的？

A. 构成绑架罪、故意伤害罪与强制猥亵妇女罪，实行并罚

B. 构成拐卖妇女罪、故意伤害罪、强制猥亵妇女罪，实行并罚

C. 构成拐卖妇女罪、强制猥亵妇女罪，实行并罚

D. 构成拐卖妇女罪、强制猥亵妇女罪，实行并罚，但由于尚未出卖，对拐卖妇女罪应适用未遂犯的规定

**55.** 下列哪些行为属于盗窃？

A. 甲穿过铁丝网从高尔夫球场内“拾得”大量高尔夫球

B. 甲在夜间翻入公园内，从公园水池中“捞得”旅客投掷的大量硬币

C. 甲在宾馆房间“拾得”前一顾客遗忘的笔记本电脑一台

D. 甲从一辆没有关好门的小轿车内“拿走”他人公文包

**56.** 甲盗掘国家重点保护的古墓葬，窃取大量珍贵文物，并将部分文物偷偷运往境外出售牟利。司法机关发现后，甲为毁灭罪证将剩余珍贵文物损毁。关于本案，下列哪些选项是错误的？

A. 运往境外出售与损毁文物，属于不可罚的事后行为，对甲应以盗掘古墓葬罪、盗窃罪论处

B. 损毁文物是为自己毁灭证据的行为，不成立犯罪，对甲应以盗掘古墓葬罪、盗窃罪、走私文物罪论处

C. 盗窃文物是盗掘古墓葬罪的法定刑升格条件，对甲应以盗掘古墓葬罪、走私文物罪、故意损毁文物罪论处

D. 盗掘古墓葬罪的成立不以盗窃文物为前提，对甲应以盗掘古墓葬罪、盗窃罪、走私文物罪、故意损毁文物罪论处

**57.** 关于利用互联网传播淫秽物品牟利的犯罪，可以由哪些主体构成？

A. 网站建立者

B. 网站直接管理者

C. 电信业务经营者

D. 互联网信息服务提供者

**58.** 关于贿赂犯罪，下列哪些选项是错误的？

A. 国家工作人员利用职务便利，为请托人谋取利益并收受其财物而构成受贿罪的，请托人当然构成行贿罪

B. 因被勒索给予国家工作人员以财物的，当然不构成行贿罪

C. 行贿人在被追诉前主动交待行贿行为的，可以从轻或者减轻处罚

D. 某国家机关利用其职权或地位形成的便利条件，通过其他国家机关的职务行为，为请托人谋取利益，索取请托人财物的，构成单位受贿罪

**59.** 关于司法鉴定，下列哪些选项是正确的？

A. 某鉴定机构的三名鉴定人共同对某杀人案进行法医类鉴定，这三名鉴定人依照诉讼法律规定实行回避

B. 某鉴定机构的鉴定人钱某对某盗窃案进行了声像资料鉴定，该司法鉴定应由钱某负责

C. 当事人对鉴定人胡某的鉴定意见有异议，经法院通知，胡某应当出庭作证

D. 鉴定人刘某、廖某、徐某共同对被告人的精神状况进行了鉴定，刘某和廖某意见一致，但徐某有不同意见，应当按照刘某和廖某的意见作出结论

**60.** 关于被法院决定取保候审的被告人在取保候审期间应当遵守的法定义务，下列哪些选项是正确的？

A. 未经法院批准不得离开所居住的市、县

B. 未经公安机关批准不得会见他人

C. 在传讯的时候及时到案

D. 不得以任何形式干扰证人作证

**61.** 关于检察院侦查监督，下列哪些选项是正确的？

A. 发现侦查人员杨某和耿某以欺骗的方法收集犯罪嫌疑人供述，立即提出纠正意见，同时要求侦查机关另行指派除杨某和耿某以外的侦查人员重新调查取证

B. 发现侦查人员伍某等人以引诱的方法收集犯罪嫌疑人供述，只能要求侦查机关重新取证，不能自行取证

C. 发现侦查人员邵某有刑讯逼供行为，且导致犯罪嫌疑人重伤，应当立案侦查

D. 甲县检察院可派员参加甲县公安局对于重大案件的讨论，无权参与甲县公安局的其他侦查活动

**62.** 关于我国刑事起诉制度，下列哪些选项是正确的？

A. 实行公诉为主、自诉为辅的犯罪追诉机制

B. 公诉为主表明公诉机关可主动干预自诉

C. 实行的起诉原则为起诉法定主义为主，兼采起诉便宜主义

D. 起诉法定为主要求凡构成犯罪的必须起诉

**63.** 法院对检察院提起公诉的案件进行庭前审查，下列哪些做法是正确的？

A. 发现被告人张某在起诉前已从看守所脱逃的，退回检察院

B. 法院裁定准许撤诉的抢劫案，检察院因被害人范某不断上访重新起诉的，不予受理

C. 起诉时提供的一名外地证人石某没有列明住址和通讯处的，通知检察院补送

D. 某被告人被抓获后始终一言不发，也没有任何有关姓名、年龄、住址、单位等方面的信息或线索的，不予受理

**64.** 根据《最高人民法院关于进一步加强合议庭职责的若干规定》，关于合议庭，下列哪些说法是正确的？

A. 合议庭是法院的基本审判组织，由审判员和人民陪审员随机组成

B. 合议庭成员因对案件事实和证据认识上的偏差而导致案件被改判或者发回重审的不承担责任

C. 合议庭成员因法律修订或者政策调整而导致案件被改判或者发回重审的不承担责任

D. 开庭审理时，合议庭成员从事与该庭审无关的活动，当事人提出异议合议庭不纠正的，当事人可以要求延期审理，并将有关情况记入庭审笔录

**65.** 下列哪些选项体现了集中审理原则的要求？

A. 案件一旦开始审理即不得更换法官

B. 法庭审理应不中断地进行

C. 更换法官或者庭审中断时间较长的，应当重新进行审理

D. 法庭审理应当公开进行

**66.** 下列哪些案件法院审理时可以调解？

A. 《刑法》规定告诉才处理的案件

B. 被害人有证据证明的轻微刑事案件

C. 检察院决定不起诉后被害人提起自诉的案件

D. 刑事诉讼中的附带民事诉讼案件

**67.** 某县检察院以涉嫌故意伤害罪对十六岁的马某提起公诉，被害人刘某提起附带民事诉讼。对此，下列哪一选项是正确的？

A. 在审理该案时，法院只能适用《刑法》、《刑事诉讼法》等有关的刑事法律

B. 在审查起诉阶段，马某、刘某已就赔偿达成协议且马某按照协议给付了刘某五万元，法院仍可以受理刘某提起的附带民事诉讼

C. 法院受理附带民事诉讼后，应当将附带民事起诉状副本送达马某，或者将口头起诉的内容通知马某

D. 法院可以决定查封或者扣押被告人马某的财产

**68.** 朱某自诉陈某犯诽谤罪，法院审理后，陈某反诉朱某侮辱罪。法院审查认为，符合反诉条件，合并审理此案，判处陈某有期徒刑一年，判处朱某有期徒刑一年。两人不服，均以对对方量刑过轻、己方量刑过重为由提出上诉。关于二审法院的判决，下列哪些选项是正确的？

A. 如认为对两人量刑均过轻，可同时加重朱某和陈某的刑罚

B. 如认为对某一人的量刑过轻，可加重该人的刑罚

C. 即使认为对两人量刑均过轻，也不得同时加重朱某和陈某的刑罚

D. 如认为一审量刑过轻，只能通过审判监督程序纠正

**69.** 根据《人民检察院办理未成年人刑事案件的规定》，关于检察院审查批捕未成年犯罪嫌疑人，下列哪些做法是正确的？

A. 讯问未成年犯罪嫌疑人，应当通知法定代理人到场

B. 讯问女性未成年犯罪嫌疑人，应当有女检察人员参加

C. 讯问未成年犯罪嫌疑人一般不得使用戒具

D. 对难以判断犯罪嫌疑人实际年龄，影响案件认定的，应当作出不批准逮捕的决定

**70.** 下列哪些案件适用涉外刑事诉讼程序？

A. 在公海航行的我国货轮被索马里海盗抢劫的案件

B. 我国国内一起贩毒案件的关键目击证人在诉讼时身在国外

C. 陈某经营的煤矿发生重大安全事故后携款潜逃国外的案件

D. 我驻某国大使馆内中方工作人员甲、乙因看世界杯而发生斗殴的故意伤害案件

**71.** 某企业认为，甲省政府所在地的市政府制定的规章同某一行政法规相抵触，可以向下列哪些机关书面提出审查建议？

A. 国务院　　B. 国务院法制办

C. 甲省政府　　D. 全国人大常委会

**72.** 关于具体行政行为的效力，下列哪些说法是正确的？

A. 可撤销的具体行政行为在被撤销之前，当事人应受其约束

B. 具体行政行为废止前给予当事人的利益，在该行为废止后应收回

C. 为某人设定专属权益的行政行为，如此人死亡其效力应终止

D. 对无效具体行政行为，任何人都可以向法院起诉主张其无效

**73.** 下列哪些地方性法规的规定违反《行政许可法》？

A. 申请餐饮服务许可证，须到当地餐饮行业协会办理认证手续

B. 申请娱乐场所表演许可证，文化主管部门收取的费用由财政部门按一定比例返还

C. 外地人员到本地经营网吧，应当到本地电信管理部门注册并缴纳特别管理费

D. 申请建设工程规划许可证，需安装建设主管部门指定的节能设施

**74.** 公安局认定朱某嫖娼，对其拘留十五日并处罚款5,000元。关于此案，下列哪些说法是正确的？

A. 对朱某的处罚决定书应载明处罚的执行方式和期限

B. 如朱某要求听证，公安局应当及时依法举行听证

C. 朱某有权陈述和申辩，公安局必须充分听取朱某的意见

D. 如朱某对拘留和罚款处罚不服起诉，该案应由公安局所在地的法院管辖

**75.** 关于行政复议有关事项的处理，下列哪些说法是正确的？

A. 申请人因不可抗力不能参加行政复议致行政复议中止满六十日的，行政复议终止

B. 复议进行现场勘验的，现场勘验所用时间不计入复议审理期限

C. 申请人对行政拘留不服申请复议，复议期间因申请人同一违法行为涉嫌犯罪，该行政拘留变更为刑事拘留的，行政复议中止

D. 行政复议期间涉及专门事项需要鉴定的，当事人可以自行委托鉴定机构进行鉴定

**76.** 某县市场监督管理局认定王某经营加油站系无照经营，予以取缔。王某不服，向市市场监督管理局申请复议，在该局作出维持决定后向法院提起诉讼，要求撤销取缔决定。关于此案，下列哪些说法是正确的？

A. 市市场监督管理局审理王某的复议案件，应由二名以上行政复议人员参加

B. 此案的被告应为某县市场监督管理局

C. 市市场监督管理局所在地的法院对此案有管辖权

D. 如法院认定取缔决定违法予以撤销，市市场监督管理局的复议决定自然无效

**77.** 某公司向区教委申请《办学许可证》，遭拒后向法院提起诉讼，法院判决区教委在判决生效后三十日内对该公司申请进行重新处理。判决生效后，区教委逾期拒不履行，某公司申请强制执行。关于法院可采取的执行措施，下列哪些选项是正确的？

A. 对区教委按日处一百元的罚款

B. 对区教委的主要负责人处以罚款

C. 经法院院长批准，对区教委直接责任人予以司法拘留

D. 责令由市教委对该公司的申请予以处理

**78.** 关于行政赔偿诉讼，下列哪些选项是正确的？

A. 当事人在提起行政诉讼的同时一并提出行政赔偿请求，法院应分别立案

B. 除特殊情形外，法院单独受理的一审行政赔偿案件的审理期限为三个月

C. 如复议决定加重损害，赔偿请求人只对复议机关提出行政赔偿诉讼的，复议机关为被告

D. 提起行政诉讼时一并提出行政赔偿请求的，可以在提起诉讼后至法院一审判决前提出

**79.** 市城管执法局委托镇政府负责对一风景区域进行城管执法。镇政府接到举报并经现场勘验，认定刘某擅自建房并组织强制拆除。刘某父亲和嫂子称房屋系二人共建，拆除行为侵犯合法权益，向法院起诉，法院予以受理。关于此案，下列哪些说法是正确的？

A. 此案的被告是镇政府

B. 刘某父亲和嫂子应当提供证据证明房屋为二人共建或与拆除行为有利害关系

C. 如法院对拆除房屋进行现场勘验，应当邀请当地基层组织或当事人所在单位派人参加

D. 被告应当提供证据和依据证明有拆除房屋的决定权和强制执行的权力

**80.** 关于行政诉讼，下列哪些情形法院可以认定下位法不符合上位法？

A. 下位法延长上位法规定的履行法定职责的期限

B. 下位法以参照方式限缩上位法规定的义务主体的范围

C. 下位法限制上位法规定的权利范围

D. 下位法超出上位法规定的强制措施的适用范围

**甲、乙预谋修车后以假币骗付。某日，甲、乙在某汽修厂修车后应付款 4,850 元，按照预谋甲将 4,900 元假币递给乙清点后交给修理厂职工丙，乙说："修得不错，零钱不用找了"，甲、乙随即上车。丙发现货币有假大叫"别走"，甲迅即启动驶向厂门，丙扑向甲车前风挡，抓住雨刮器。乙对甲说："太危险，快停车"，甲仍然加速，致丙摔成重伤。请回答 81—84 题。**

**81.** 甲、乙用假币支付修车费被识破后开车逃跑的行为应定的罪名是：

A. 持有、使用假币罪　B. 诈骗罪

C. 抢夺罪　D. 抢劫罪

**82.** 对于丙的重伤，甲的罪过形式是：

A. 故意　B. 有目的的故意

C. 过失　D. 无认识的过失

**83.** 关于致丙重伤的行为，下列选项错误的是：

A. 乙明确叫甲停车，可以成立犯罪中止

B. 甲、乙构成故意伤害的共同犯罪

C. 甲的行为超出了共同犯罪故意，对于丙的重伤后果，乙不应当负责

D. 乙没有实施共同伤害行为，不构成犯罪

**84.** 对甲的定罪，下列选项错误的是：

A. 抢夺罪、故意伤害罪

B. 诈骗罪、以危险方法危害公共安全罪

C. 持有、使用假币罪，交通肇事罪

D. 抢劫罪、故意伤害罪

**被告人王某故意杀人案经某市中级法院审理，认为案件事实清楚，证据确实、充分。请根据下列条件，回答 85—87 题。**

**85.** 如王某被判处死刑立即执行，下列选项正确的是：

A. 核准死刑立即执行的机关是最高法院

B. 签发死刑立即执行命令的是最高法院审判委员会

C. 王某由作出一审判决的法院执行

D. 王某由法院交由监狱或指定的羁押场所执行

**86.** 如王某被判处无期徒刑，附加剥夺政治权利，下列选项正确的是：

A. 无期徒刑的执行机关是监狱

B. 剥夺政治权利的执行机关是公安机关

C. 对王某应当剥夺政治权利终身

D. 如王某减刑为有期徒刑，剥夺政治权利的期限应改为十五年

**87.** 如王某被并处没收个人财产，关于本案财产刑的执行及赔偿、债务偿还，下列说法正确的是：

A. 财产刑由公安机关执行

B. 王某应先履行对提起附带民事诉讼的被害人的民事赔偿责任

C. 案外人对执行标的物提出异议的，法院应当裁定中止执行

D. 王某在案发前所负所有债务，经债权人请求先行予以偿还

**88.** 关于聘任制公务员，下列做法正确的是：

A. 某县保密局聘任两名负责保密工作的计算机程序员

B. 某县财政局与所聘任的一名精算师实行协议工资制

C. 某市林业和草原局聘任公务员的合同期限为十年

D. 某县公安局聘任网络管理员的合同需经上级公安机关批准

**89.** 张某通过房产经纪公司购买王某一套住房并办理了转让登记手续，后王某以房屋买卖合同无效为由，向法院起诉要求撤销登记行为。行政诉讼过程中，王某又以张某为被告就房屋买卖合同的效力提起民事诉讼。下列选项正确的是：

A. 本案行政诉讼中止，等待民事诉讼的判决结果

B. 法院可以决定民事与行政案件合并审理

C. 如法院判决房屋买卖合同无效，应当判决驳回王某的行政诉讼请求

D. 如法院判决房屋买卖合同有效，应当判决确认转让登记行为合法

**90.** 2006 年 5 月 9 日，县公安局以甲偷开乙的轿车为由，向其送达 1000 元罚款的处罚决定书。甲不服，于同月 19 日向市公安局申请行政复议。6 月 8 日，复议机关同意甲撤回复议申请。6 月 20 日，甲就该处罚决定向法院提起行政诉讼。下列说法正确的是：

A. 对甲偷开的轿车县公安局可以扣押

B. 如甲能够证明撤回复议申请违背其真实意思表示，可以同一事实和理由再次对该处罚决定提出复议申请

C. 甲逾期不缴纳 1000 元罚款，县公安局可以每日按罚款数额的 3%加处罚款

D. 法院不应当受理甲的起诉

## 参考答案与解析

**1. D**。禁止溯及既往，是指犯罪及刑罚必须在行为前预先规定，刑法不得对在其公布、施行前的行为进行追溯适用，因此也称为“事前的罪刑法定”。排斥习惯法，是指犯罪与刑罚必须由立法者通过特定程序以文字的形式记载下来，刑事司法应该以成文法为准，因此也称为“成文的罪刑法定”。类推解释，是指对于法律没有明文规定的行为，适用有最相类似规定的法律条文予以处罚。禁止类推解释，即要求对条文的解释应当严格限制在其可能的含义的范围内，因此也被称为“严格的罪刑法定”。刑罚法规的适当包括刑法明确性、禁止处罚不当罚的行为、禁止不确定刑三方面的内容，因此也被称为“确定的罪刑法定”。综上，D 正确。

**2. A**。根据《刑法》第 316 条，脱逃罪是指依法被关押的罪犯、被告人、犯罪嫌疑人脱逃的行为。本案中，乙的行为构成脱逃罪，D 错误；同时很明显，乙的主观罪过是故意。根据《刑法》第 400 条，私放在押人员罪是指司法工作人员私放在押的犯罪嫌疑人、被告人或者罪犯的行为。失职致使在押人员脱逃罪是指司法工作人员由于严重不负责任，致使在押的犯罪嫌疑人、被告人或者罪犯脱逃，造成严重后果的行为。本案中，甲擅离职守，属于“严重不负责任”，其主观上并没有私放乙的故意，所以甲的行为不构成私放在押人员罪而构成失职致使在押人员脱逃罪，因此 C 错误。《刑法》第 25 条规定，共同犯罪是指二人以上共同故意犯罪，因为甲的行为属于过失犯罪，甲乙不属于共同犯罪，B 错误。综上，A 正确。

**3. D**。A 中，由于因果关系是一种客观联系，甲主观上对其行为与丙的死亡间的因果关系有无认识并不影响因果关系的成立，因此 A 错误。B 中，由于没有甲的追赶行为，就没有乙逃跑进而死亡的结果，甲的追赶行为与乙的死亡之间存在条件关系；但由于汽车介入了被害人乙自己的行为——“慌忙中撞上疾驶汽车”，而这一行为的异常性较大，且该行为对乙死亡结果发生的作用较大，故甲的行为与乙的死亡之间不存在因果关系，B 错误。行为是结果发生的条件之一时便可认定条件关系，并非唯一条件时才肯定条件关系；在数个行为共同导致一个结果的情况下，如果除去一个行为结果将发生，除去全部行为结果将不发生，则全部行为都是结果发生的原因。因此，C 中，甲、乙的行为与丙的死亡之间具有因果关系，C 错误。在因果关系的发展过程中，如果由于第三人的行为或者特殊的自然事实导致了结果发生，那么，前行为与结果之间的因果关系便中断。D 中，虽然本来甲的投毒行为足以造成乙的死亡，但是由于在这个过程中，介入了丙的枪杀行为且该行为独立造成乙死亡的结果，从而使甲的投毒行为与乙死亡之间的因果关系中断，因此 D 正确。

**4. B**。根据《刑法》第 17 条第 2 款的规定，已满 14 周岁不满 16 周岁的人，犯故意杀人、故意伤害致人重伤或者死亡、强奸、抢劫、贩卖毒品、放火、爆炸、投放危险物质罪的，应当负刑事责任。A 中，甲的行为符合失火罪的构成要件，C 中，甲的行为符合故意毁坏财物罪的构成要件，D 中，甲的行为符合故意伤害罪（致人轻伤），根据上述规定，甲实施的以上三个行为都不负刑事责任。B 中，虽然甲对其实施的骗取他人数额巨大财物的诈骗行为不负刑事责任，但是，其当场使用暴力将他人打成重伤的行为属于故意伤害致人重伤的行为，根据上述规定，甲要对该行为负刑事责任，因此 B 正确。

**5. B**。根据《刑法》第 24 条的规定，在犯罪过程中，自动放弃犯罪或者自动有效地防止犯罪结果发生的，是犯罪中止。本案中，乙在其可以继续实施犯罪的情况下自动放弃犯罪，因而乙的行为属于犯罪中止。据此，AC 错误。区别乙的行为是犯罪预备阶段的犯罪中止还是犯罪实行阶段的中止的关键在于本案中乙是否已经着手实施故意杀人的实行行为。从形式上看，着手是指开始实施刑法分则所规定的某一犯罪构成客观要件的行为；从实质上看，只有当行为产生了侵害法益的具体危险时，才是实行行为的着手。本案中，乙虽然已经将毒药拌入菜中，但这只是准备工具的行为，而并没有对甲的生命法益造成具体的危险，因此乙的行为并没有构成着手即仍处于犯罪的预备阶段。据此，B 正确，D 错误。

**6. C**。《刑法》第 25 条第 2 款规定，二人以上共同过失犯罪，不以共同犯罪论处；应当负刑事责任的，按照他们所犯的罪分别处罚。A 中，只能根据甲、乙各自的情况分别定罪量刑，而不能以共同犯罪论处，因此 A 错误。《刑法》第 310 条规定，事前无通谋、事后实施窝藏、包庇、掩饰、隐瞒犯罪所得或者犯罪所得利益的行为，不构成共同犯罪。B 中，甲事前并没与乙有故意杀人的通谋而只是事后提供隐藏处和财物，故甲和乙不构成共同犯罪，甲单独构成《刑法》第 310 条的窝藏罪。《刑法》第 417 条规定，有查禁犯罪活动职责的国家机关工作人员，向犯罪分子通风报信、提供便利，帮助犯罪分子逃避处罚的，构成帮助犯罪分子逃避处罚罪。因此 D 中，甲的行为构成帮助犯罪分子逃避处罚罪，但与乙不成立共同犯罪，因此 D 错误。《刑法》第 198 条第 4 款规定，保险事故的鉴定人、证明人、财产评估人故意提供虚假的证明文件，为他人诈骗提供条件的，以保险诈骗的共犯论处。交警甲作为保险事故的鉴定人，故意提供虚假鉴定结论，为乙实施保险诈骗提供了条件，因此甲乙构成共同犯罪，C正确。

**7. D**。《刑法》第20条第1款规定，正当防卫是指为了使国家、公共利益、本人或者他人的人身、财产和其他权利免受正在进行的不法侵害，而采取的制止不法侵害的行为。正当防卫以具备防卫意图为前提。防卫意图是指防卫人意识到不法侵害正在进行，为了保护国家、公共利益、本人或者他人的人身、财产等合法权利，而决意制止正在进行的不法侵害的心理状态。而在互相斗殴的情况下，由于行为人主观上没有防卫意图，因此其行为不构成正当防卫。本案中，甲乙的行为属于互相斗殴，甲的行为不构成正当防卫，而构成故意杀人罪。故D正确。

**8. B**。《刑法》第65条规定的刑罚执行完毕是指主刑执行完毕，而不是附加刑。故A错误。在假释考验期满后，即认为甲的前罪刑罚已经执行完毕，甲在此之后5年内再故意犯重罪的，应当成立累犯，故B正确。《刑法》第66条规定："危害国家安全犯罪、恐怖活动犯罪、黑社会性质的组织犯罪的犯罪分子，在刑罚执行完毕或者赦免以后，在任何时候再犯上述任一类罪的，都以累犯论处。"虽然甲所犯前罪为危害国家安全罪，但其所犯后罪为故意杀人罪，不符合特殊累犯的构成要件，且后罪发生在前罪刑罚执行完毕后的第6年，因此甲也不成立一般累犯，C错误。对于累犯应当从重处罚而非"可以"从重处罚，故D错误。

**9. A**。《刑法》第49条规定，审判的时候怀孕的妇女，不适用死刑；同时根据《最高人民法院关于对怀孕妇女在羁押期间自然流产审判时是否可以适用死刑问题的批复》，怀孕妇女因涉嫌犯罪在羁押期间自然流产后，又因同一事实被起诉、交付审判的，应当视为"审判的时候怀孕的妇女"，依法不适用死刑。根据前述批复，本案中的甲女应当视为"审判时怀孕的妇女"，不适用死刑，因此CD错误，A正确。不适用死刑，包括不适用死刑立即执行与死刑缓期2年执行。所以B错误。

**10. C**。《刑法》第78条规定，被判处管制、拘役、有期徒刑、无期徒刑的犯罪分子，在执行期间，如果认真遵守监规，接受教育改造，确有悔改表现的，或者有立功表现的，可以减刑。因此，减刑也适用于被判处管制的犯罪分子，A错误。对于同一名服刑人，法律和司法解释并没有限制减刑的次数，因此B错误。根据《刑法》第78条，减刑以后实际执行的刑期，被判处无期徒刑的，不能少于13年；《最高人民法院关于办理减刑、假释案件具体应用法律的规定》第8条规定，被判处无期徒刑的罪犯在刑罚执行期间，符合减刑条件的，执行二年以上，可以减刑。减刑幅度为：确有悔改表现或者有立功表现的，可以减为22年有期徒刑；确有悔改表现并有立功表现的，可以减为21年以上22年以下有期徒刑；有重大立功表现的，可以减为20年以上21年以下有期徒刑；确有悔改表现并有重大立功表现的，可以减为19年以上20年以下有期徒刑。因此，被判处无期徒刑的罪犯减刑后，实际执行时间可能超过15年，因此C正确。《刑事诉讼法》第261条规定，被判处死刑缓期二年执行的罪犯，在死刑缓期执行期间，如果没有故意犯罪，死刑缓期执行期满，应当予以减刑，由执行机关提出书面意见，报请高级人民法院裁定，而不是"报请高级法院核准"，因此D错误。

**11. D**。《刑法》第114条规定，放火、决水、爆炸以及投放毒害性、放射性、传染病病原体等物质或者以其他危险方法危害公共安全，尚未造成严重后果的，处3年以上10年以下有期徒刑。《刑法》第144条规定，在生产、销售的食品中掺入有毒、有害的非食品原料的，或者销售明知掺有有毒、有害的非食品原料的食品的，处5年以下有期徒刑，并处罚金；对人体健康造成严重危害或者有其他严重情节的，处5年以上10年以下有期徒刑，并处罚金；致人死亡或者有其他特别严重情节的，依照本法第141条的规定处罚。据此，甲的行为构成投放危险物质罪和销售有毒、有害食品罪。D正确。

**12. D**。《刑法》第134条规定，重大责任事故罪是指在生产、作业中违反有关安全管理的规定，因而发生重大伤亡事故或者造成其他严重后果。本案中，刘某未注意下方有人即按启动按钮，属于违反安全管理规定的行为，维修工张某当场被挤压身亡属于重大伤亡事故。因此，刘某的行为构成重大责任事故罪。D正确。本案中，刘某是因为没有注意下方有人才造成张某的死亡，可见其主观上并没有认为其行为可能会造成张某的死亡，也就无从说起放任，其主观罪过应当是过失而非故意，因此A错误。虽然刘某的行为也构成过失致人死亡罪，但是由于过失致人死亡罪与重大责任事故罪是法条竞合的关系，根据特别法条（重大责任事故罪）优于普通法条（过失致人死亡罪）的原则，刘某的行为应当以重大责任事故罪论处，因此B错误。根据《刑法》第139条之一规定，谎报安全事故罪是指在安全事故发生后，负有报告职责的人员不报或者谎报事故情况，贻误事故抢救，情节严重的行为。本案中，刘某报告事故时虽然隐瞒了自己按下启动按钮的事实，但是这一谎报行为并没有贻误事故抢救，该隐瞒行为与张某的死亡间也不存在因果关系，因此，刘某的行为不构成谎报安全事故罪，C错误。

**13. C**。变造货币，是对真货币的加工行为，因此变造后的货币与变造前的货币具有同一性。例如减少金属货币的金属含量就属于变造货币的行为。但如果加工的程度导致变造后的货币与变造前的货币丧失同一性，则属于伪造货币。AB 中，加工后的纸币或金属货币与加工前的货币都已经丧失同一性，所以属于伪造货币，因此 AB 错误。《最高人民法院关于审理伪造货币等案件具体应用法律若干问题的解释》第 2 条第 2 款规定，行为人运输假币构成犯罪又有使用假币行为的，构成运输假币罪与使用假币罪，应当实行数罪并罚，因此 D 错误。使用假币，是指将假币作为真币使用，包括用假币购买商品、存入银行以及赠与他人等，即使用并不等于交易，将伪造的货币赠与他人的，也属于使用假币的一种方式，因此 C 正确。

**14. C**。根据《刑法》第 196 条第 1 款，信用卡诈骗罪是指有下列情形之一，进行信用卡诈骗活动，数额较大的行为：（1）使用伪造的信用卡，或者使用以虚假的身份证明骗领的信用卡的；（2）使用作废的信用卡的；（3）冒用他人信用卡的；（4）恶意透支的。但根据该条第 3 款，盗窃信用卡并使用的，依照《刑法》第 264 条（盗窃罪）的规定定罪处罚。因此本案中，张某窃得同事一张银行借记卡并使用的行为，构成盗窃罪。但是，由于何某并不知道张某盗窃借记卡的事实，其主观上只有与张某一起冒用他人信用卡的故意，因此何某的行为构成信用卡诈骗罪。故 C 正确。

**15. D**。《刑法》第 140 条规定，生产、销售伪劣产品罪是指生产者、销售者在产品中掺杂、掺假，以假充真，以次充好或者以不合格产品冒充合格产品，销售金额达 5 万元以上的行为。《最高人民法院、最高人民检察院关于办理生产、销售伪劣商品刑事案件具体应用法律若干问题的解释》第 2 条第 2 款规定，伪劣产品尚未销售，货值金额达到《刑法》第 140 条规定的销售金额 3 倍以上的，以生产、销售伪劣产品罪（未遂）定罪处罚。本案中，杨某生产、销售假冒避孕药品，货值金额达 15 万元，根据上述规定已经构成了生产、销售伪劣产品罪（未遂）。因此 AC 错误。《刑法》第 141 条规定，生产假药罪，是指生产假药的行为；因此杨某的行为也构成了生产假药罪。综上，杨某触犯生产假药罪与生产、销售伪劣产品罪（未遂），但根据《刑法》第 149 条第 2 款，应当依照处罚较重的规定定罪处罚，因此 D 正确。

**16. B**。绑架罪和抢劫罪都可以表现为行为人劫持、控制了被害人而最终获取财物。但是二者的本质区别在于：行为人在行为时想让谁担心害怕。绑架罪是行为人控制被害人后，以恶害相通告的方式让被害人的近亲属等第三人担心害怕；而抢劫罪是行为人控制被害人后，以恶害相通告的方式让被害人本人产生担心害怕。本案中，行为人甲持刀将乙逼入山中，让乙通知其母送钱赎人，这表明行为人在行为时想让被害人的近亲属担心害怕，所以甲成立绑架罪而非抢劫罪。绑架罪中本身就包含了非法拘禁的行为，不需要再单独定罪。综上，B 当选。

**17. B**。《刑法》第 263 条规定，抢劫罪，是指以非法占有为目的，以暴力、胁迫或者其他方法，强取公私财物的行为。本案中，甲殴打乙致其重伤，迫乙交出 10 万元欠条并在已备好的还款收条上签字的行为，即以暴力手段迫使他人免除自己债务的行为，应当解释为强取他人财物的行为。其中的关键在于如何理解“财物”。在我国刑法中，财物，不仅仅指有体物，还包括无体物、财产性利益；在本案中，财物是指乙对甲拥有的债权，是一种财产性利益；甲用暴力手段使乙免除甲的债务的行为，就属于强取他人财物的行为，因此构成抢劫罪，B 正确。

**18. D**。《刑法》第 253 条第 1 款规定，邮政工作人员私自开拆或者隐匿、毁弃邮件、电报的，处二年以下有期徒刑或者拘役。甲是邮政中心信函分拣组长，属于邮政工作人员，因此甲的行为成立私自毁弃邮件罪。D 正确。

**19. A**。理论上，正犯有直接正犯与间接正犯之分。直接正犯是指亲手实施犯罪，实现了犯罪主、客观构成要件的人。本案中，甲伪造身份证与房产证，构成伪造居民身份证罪与伪造国家机关证件罪，而且是这两个罪的直接正犯。间接正犯，是指将他人作为工具，以实现自己犯罪目的的人。本案中，甲利用不知情的中介公司对丙实施诈骗，是一种利用他人缺乏故意的行为，属于诈骗罪的间接正犯，而非教唆犯，因此 A 错误，B 正确。刑法理论上，牵连关系一般是指前后两个行为之间存在的手段与目的、原因与结果的关系。本案中，甲伪造身份证与房产证的行为与诈骗行为之间存在手段与目的的牵连关系，因此 C 正确。由于存在牵连关系，按照我们通行理论及司法实践，伪造居民身份证罪、伪造国家机关证件罪与诈骗罪成立牵连犯，应当按照一重罪从重处罚，在本案中就应当是以诈骗罪从重处罚，因此 D 正确。

**20. C**。根据《全国人民代表大会常务委员会关于〈中华人民共和国刑法〉第三百八十四条第一款的解释》，有下列情形之一的，属于挪用公款“归个人使用”：（1）将公款供本人、亲友或者其他自然人使用的；（2）以个人名义将公款供其他单位使用的；（3）个人决定以单位名义将公款供其他单位使用，谋取个人利益的。A 中甲的行为属于“将公款供亲友使用”。B 中甲的行为属于“以个人名义将公款供其他单位使用”。D 中甲的行为属于“个人决定以单位名义将公款供其他单位使用，谋取个人利益”，因此以上三个选项是正确的。C 中甲的行为不符合上述解释的规定，因此不属于“挪用公款归个人使用”，C 当选。

**21. C**。《高检规则》第25条规定："检察人员自行回避的，应当书面或者口头提出，并说明理由。口头提出的，应当记录在案。"据此，检察人员自行回避的，只能通过书面或者口头方式提出，因此王某可以口头提出自行回避的申请，A正确。《刑事诉讼法》第31条第2款规定："对侦查人员的回避作出决定前，侦查人员不能停止对案件的侦查。"据此，作出回避决定以前，侦查人员王某不能停止案件的侦查工作，B正确。《刑事诉讼法》第31条第1款规定："审判人员、检察人员、侦查人员的回避，应当分别由院长、检察长、公安机关负责人决定……"本案中的甲涉嫌刑讯逼供罪，所以，该案的侦查人员是检察院的侦查人员，据此，王某的回避应由检察长决定，而非公安机关负责人决定。C错误，当选。《刑事诉讼法》第31条第3款规定："对驳回申请回避的决定，当事人及其法定代理人可以申请复议一次。"故甲在回避申请被驳回后，有权申请复议一次，D正确。

**22. B**。《刑事诉讼法》第34条规定："犯罪嫌疑人自被侦查机关第一次讯问或者采取强制措施之日起，有权委托辩护人……"《刑事诉讼法》第46条第1款规定："公诉案件的被害人及其法定代理人或者近亲属，附带民事诉讼的当事人及其法定代理人，自案件移送审查起诉之日起，有权委托诉讼代理人……"可知，张某在被侦查机关第一次讯问或者采取强制措施之日起就有权委托辩护人，只不过侦查阶段只能委托律师作为其辩护人，审查起诉之日起可以委托非律师辩护人及诉讼代理人提供法律帮助。故A错误。《刑事诉讼法》第32条第2款规定："辩护人、诉讼代理人可以依照本章的规定要求回避、申请复议。"可知，赵律师、孙律师均有权申请回避。故B正确。《刑事诉讼法》第191条第2款规定："被害人、附带民事诉讼的原告人和辩护人、诉讼代理人，经审判长许可，可以向被告人发问。"可知，题中赵律师、孙律师均有权向被告人张某发问。故C错误。《刑事诉讼法》第37条规定："辩护人的责任是根据事实和法律，提出犯罪嫌疑人、被告人无罪、罪轻或者减轻、免除其刑事责任的材料和意见，维护犯罪嫌疑人、被告人的诉讼权利和其他合法权益。"《刑诉解释》第64条规定："诉讼代理人有权根据事实和法律，维护被害人、自诉人或者附带民事诉讼当事人的诉讼权利和其他合法权益。"可知，辩护人或诉讼代理人提出辩护意见或代理意见的依据均是事实和法律而不是当事人的意见，当然在具体的案件处理中，诉讼代理人受被代理人的意志影响，必须在被代理人的授权范围内行使代理权，而辩护人具有独立的诉讼地位，不受委托人的意志左右，可以独立地发表意见。综上所述，D错误。

**23. B**。犯罪嫌疑人的供述和辩解是指犯罪嫌疑人就有关案件的情况向侦查、检察、审判人员所作的陈述，内容包括犯罪嫌疑人承认自己有罪的供述和说明自己无罪、罪轻的辩解。视听资料是指以录音、录像、电子计算机或其他高科技设备所存储的信息证明案件真实情况的资料。书证是指以其记载的内容和反映的思想来证明案件真实情况的书面材料或其他物质材料。物证是指证明案件真实情况的一切物品和痕迹。判断一项证据是何证据种类，既要考察证据的形式，证据形成的时间，更要考察证明的目的和方式。当录音录像是用于证明犯罪嫌疑人的讯问过程和讯问内容时，属于犯罪嫌疑人供述与辩解的记录，是一项传来证据，在证据种类上应属于犯罪嫌疑人的供述和辩解。但在本题中，证明的内容并非犯罪嫌疑人的犯罪事实，而是证明讯问过程的合法性，即证明讯问中不存在刑讯逼供，该项证据以其记载的内容来证明案件真实情况，并且具有录音录像的形式，因而应属于视听资料。故B正确。

**24. B**。原始证据与传来证据的划分标准与运用；直接证据与间接证据的划分标准。原始证据是指直接来源案件真实情况的证据材料，是传来证据的对应概念；间接证据是指不能单独证明案件主要事实的证据材料，是直接证据的对应概念。区分原始证据和传来证据的关键是证据是否来自原始出处，区分直接证据和间接证据的关键是证据能否单独证明案件的主要事实，这里的"主要事实"是指"谁实施了犯罪行为"。被告人丁某承认伤害被害人的供述，能够单独证明丁某实施了犯罪，因而是直接证据，丁某是案件亲历者，其供述来源于原始出处，因而是原始证据，A错误。证人王某陈述看到被告人丁某在案发现场擦拭手上血迹的证言，直接来源于证人的亲眼所见，是原始证据，但是该证据并不能单独证明丁某实施了犯罪行为，因而是间接证据，B正确。证人李某陈述被害人向他讲过被告人丁某伤害她的经过，该证据是经转述得来的，属于传来证据，而且该证据能够单独证明丁某伤害被害人的事实，属于直接证据，因而C错误。被告人丁某精神病鉴定结论的抄本，是由原始证据复制而来，属于传来证据，并且精神病鉴定应区分不同情况来判断是否直接证据，如确认丁某在行为过程中无辨认控制能力的鉴定结论，属于能单独否认"犯罪性"的直接证据，因而D错误。

**25. D**。就证明对象而言，从最大程度上分类可以分为程序法的事实与实体法的事实，两类都需要运用证据加以证明，而实体法的事实又包括所有定罪加量刑的事实。《刑诉解释》第72条规定："应当运用证据证明的案件事实包括：（一）被告人、被害人的身份；（二）被指控的犯罪是否存在；（三）被指控的犯罪是否为被告人所实施；（四）被告人有无刑事责任能力，有无罪过，实施犯罪的动机、目的；（五）实施犯罪的时间、地点、手段、后果以及案件起因等；(六）是否系共同犯罪或者犯罪事实存在关联，以及被告人在犯罪中的地位、作用；(七）被告人有无从重、从轻、减轻、免除处罚情节；(八）有关涉案财物处理的事实；(九）有关附带民事诉讼的事实；(十）有关管辖、回避、延期审理等的程序事实；(十一）与定罪量刑有关的其他事实。认定被告人有罪和对被告人从重处罚，适用证据确实、充分的证明标准。”《高检规则》第401条规定：“在法庭审理中，下列事实不必提出证据进行证明：(一）为一般人共同知晓的常识性事实；(二）人民法院生效裁判所确认的并且未依审判监督程序重新审理的事实；(三）法律、法规的内容以及适用等属于审判人员履行职务所应当知晓的事实；(四）在法庭审理中不存在异议的程序事实；(五）法律规定的推定事实；(六）自然规律或者定律。”简单记忆为：需要证明的内容为实体法及程序法的事实，而实体法的事实包括所有影响定罪加量刑的事实。综上所述，ABC均属于需要证明的事实，其中尤其要注意的是A，并非被告人有特殊身份时才需要运用证据加以证明；而法院生效裁判所确认的宅基地纠纷事项，属于免证事实。故本题答案是D。

**26. C**。《高检规则》第232条规定：“人民检察院办理直接受理侦查的案件，应当逮捕的犯罪嫌疑人在逃，或者已被逮捕的犯罪嫌疑人脱逃的，经检察长批准，可以通缉。”《高检规则》第233条规定：“各级人民检察院需要在本辖区内通缉犯罪嫌疑人的，可以直接决定通缉；需要在本辖区外通缉犯罪嫌疑人的，由有决定权的上级人民检察院决定。”本题中，甲省乙市检察院决定逮捕受贿案的犯罪嫌疑人田某，但田某已潜逃至甲省丙市，超出乙市检察院辖区，应由有决定权的省检察院决定是否通缉。据此，C正确，A错误。《高检规则》第234条规定：“人民检察院应当将通缉通知书和通缉对象的照片、身份、特征、案情简况送达公安机关，由公安机关发布通缉令，追捕归案。”据此，通缉令的发布主体只能是公安机关，BD错误。

**27. D**。《高检规则》第223条规定，为了查明案情，必要时，检察人员可以让被害人、证人和犯罪嫌疑人对与犯罪有关的物品、文件、尸体或场所进行辨认；也可以让被害人、证人对犯罪嫌疑人进行辨认，或者让犯罪嫌疑人对其他犯罪嫌疑人进行辨认。故A错误。《高检规则》第224条规定，辨认应当在检察人员的主持下进行，执行辨认的人员不得少于2人。在辨认前，应当向辨认人详细询问被辨认对象的具体特征，避免辨认人见到被辨认对象，并应当告知辨认人有意作虚假辨认应负的法律责任。故B错误。《高检规则》第225条规定，几名辨认人对同一被辨认对象进行辨认时，应当由每名辨认人单独进行。必要时，可以有见证人在场。故C错误，D正确。

**28. B**。《刑事诉讼法》第285条规定：“审判的时候被告人不满十八周岁的案件，不公开审理。但是，经未成年被告人及其法定代理人同意，未成年被告人所在学校和未成年人保护组织可以派代表到场。”据此，是否公开审理，其“年龄”判断应以审判的时候为准。张某被采取强制措施时17岁，钱某犯罪时16岁，无法判断二人在审判时是否年满18周岁，故AC错误。李某在审理时15岁，符合前述规定，不应当公开审理，故B正确。赵某被立案时18岁，开庭审理时如无其他符合不公开审理的情形，应公开审理，故D错误。

**29. A**。抢劫案件由公安机关立案管辖，法院没有侦查权，因此，法院在审理自诉案件时发现有的不属于法院直接受理的犯罪事实的，应移送有管辖权的公安机关，故选项C不正确。伤害案是自诉案件，由法院直接受理，不能随同抢劫案一并移送公安机关，故选项B不正确。《刑诉解释》第324条规定：“被告人实施两个以上犯罪行为，分别属于公诉案件和自诉案件，人民法院可以一并审理。对自诉部分的审理，适用本章的规定。”但这一规定并非强制性要求已经提起自诉的案件必须延期审理。为了避免诉讼的过分拖延，法院应继续审理伤害案，抢劫案可以待公安机关侦查并移送起诉后再另案处理。故A正确。

**30. D**。判决是法院就案件实体问题所作的决定，用于解决案件的实体问题。裁定是法院在审理案件或者判决执行过程中对有关诉讼程序和部分实体问题所作的一种处理，如减刑裁定、假释裁定等是针对实体问题做出的，故A错误。一个案件中可以有若干个裁定，因可能有二审或再审，判决也可能有多个，但发生法律效力并用于执行的只有一个，故B错误。判决只能以书面形式表现出来，裁定既可以是书面，也可以用口头形式表达，口头裁定作出后，记入笔录即可，故C错误。不服第一审判决的上诉、抗诉期限是10日，不服第一审裁定的上诉、抗诉期限为5日，故D正确。

**31. D**。《刑诉解释》第401条第1款规定：“审理被告人或者其法定代理人、辩护人、近亲属提出上诉的案件，不得对被告人的刑罚作出实质不利的改判，并应当执行下列规定：(一）同案审理的案件，只有部分被告人上诉的，既不得加重上诉人的刑罚，也不得加重其他同案被告人的刑罚；(二）原判认定的罪名不当的，可以改变罪名，但不得加重刑罚或者对刑罚执行产生不利影响；(三）原判认定的罪数不当的，可以改变罪数，并调整刑罚，但不得加重决定执行的刑罚或者对刑罚执行产生不利影响；(四）原判对被告人宣告缓刑的，不得撤销缓刑或者延长缓刑考验期；(五）原判没有宣告职业禁止、禁止令的，不得增加宣告；原判宣告职业禁止、禁止令的，不得增加内容、延长期限；(六）原判对被告人判处死刑缓期执行没有限制减刑、决定终身监禁的，不得限制减刑、决定终身监禁；（七）原判判处的刑罚不当、应当适用附加刑而没有适用的，不得直接加重刑罚、适用附加刑。原判判处的刑罚畸轻，必须依法改判的，应当在第二审判决、裁定生效后，依照审判监督程序重新审判。”A 不符合前述第 7 项之规定，故不正确。BC 均加重了诈骗罪的刑罚，不符合第 3 项之规定，故不正确。虽然 D 维持一审判决的做法并不恰当（对盗窃罪的处理不当），但就上诉不加刑原则并无违背，故正确。

**32. C**。《刑诉解释》第 427 条规定：“复核死刑、死刑缓期执行案件，应当全面审查以下内容：（一）被告人的年龄，被告人有无刑事责任能力、是否系怀孕的妇女；（二）原判认定的事实是否清楚，证据是否确实、充分；（三）犯罪情节、后果及危害程度；（四）原判适用法律是否正确，是否必须判处死刑，是否必须立即执行；（五）有无法定、酌定从重、从轻或者减轻处罚情节；（六）诉讼程序是否合法；（七）应当审查的其他情况。复核死刑、死刑缓期执行案件，应当重视审查被告人及其辩护人的辩解、辩护意见。”究其根本，死刑复核程序的目的在于审查死刑判决是否正确，故审查内容均应与定罪量刑有关，包括犯罪构成、量刑情节和诉讼程序是否合法等。甲的人际关系与其定罪量刑无关，故 A 错误。因为被告人甲已经委托辩护人，法院就无需通知法律援助机构为其指派律师提供辩护。故 B 错误。死刑复核程序实行不开庭审理，因此，法院无需通知检察院派员出庭，D 错误。C 符合前述第 3 项规定，故正确。

**33. D**。本题中的生效裁判由省高级人民法院作出。《刑事诉讼法》第 254 条规定：“各级人民法院院长对本院已经发生法律效力的判决和裁定，如果发现在认定事实上或者在适用法律上确有错误，必须提交审判委员会处理。最高人民法院对各级人民法院已经发生法律效力的判决和裁定，上级人民法院对下级人民法院已经发生法律效力的判决和裁定，如果发现确有错误，有权提审或者指令下级人民法院再审。最高人民检察院对各级人民法院已经发生法律效力的判决和裁定，上级人民检察院对下级人民法院已经发生法律效力的判决和裁定，如果发现确有错误，有权按照审判监督程序向同级人民法院提出抗诉。”据此，最高人民法院可以对省高院的生效裁判进行提审并依法改判，A 做法正确，不选。根据前条规定，最高人民法院可以指令省高级人民法院再审，故 B 做法正确，不选。最高人民检察院有权对省高级人民法院的生效判决向最高人民法院提出抗诉，故 C 做法正确，不选。根据前条规定，同级人民检察院不能对同级人民法院的生效裁判直接提出抗诉，故 D 做法错误，应选。

**34. D**。合法性原则和合理性原则是行政法最重要的基本原则。这两个原则是有层次性的，即行政行为只有在合法的前提下，才能讨论其合理性。合理性原则中的一个重要原则便是比例原则，因此行政法的比例原则是合理行政的必然要求，而非合法行政的必然要求，C 错误。所谓行政法的比例原则，是指行政主体实施行政行为应兼顾行政目标的实现和保护相对人的权益，如果行政目标的实现可能对相对人的权益造成不利影响，则这种不利影响应被限制在尽可能小的范围和限度之内，二者有适当的比例。学界通说认为，比例原则包含适当性原则、必要性原则和狭义比例原则三个子原则。行政法的权责统一原则基本内涵是“有权必有责”，是与合理性原则并列的行政法基本原则之一，即谓行政权力必须伴随着行政责任，也可以理解为：法律赋予行政机关的职权，实际上是赋予行政机关的义务和责任，行政机关必须采取积极的措施和行动依法履行其职责，擅自放弃、不履行其法定职责或者违法、不当行使其职权，要承担相应的法律责任。据此，A 错误。一般认为，行政法的比例原则主要适用于裁量行政行为，在少数羁束行政行为也存在适用比例原则的需要。据此，B 错误。一般认为，合法行政是一种形式行政法治，而合理行政是实质行政法治，因此行政法的比例原则属于实质行政法治范畴，D 正确。

**35. A**。国务院行政机构的处级内设机构的设立、撤销或者合并，由国务院行政机构根据国家有关规定决定，按年度报国务院机构编制管理机关备案。

**36. A**。聘任制是公职的取得方式之一，国家机关聘任公务员，应当签订书面的聘任合同，报同级公务员主管部门备案。聘任制公务员实行协议工资制，协议工资制度的具体办法由中央公务员主管部门规定。A 正确，BCD 错误。

**37. B**。行政法规草案由国务院常务会议审议，或者由国务院审批。A 错误。国务院法制机构应当根据国务院对行政法规草案的审议意见，对行政法规草案进行修改，形成草案修改稿，报请总理签署国务院令公布施行。C 错误。行政法规在公布后的 30 日内由国务院办公厅报全国人民代表大会常务委员会备案。D 错误。

**38. B**。《行政许可法》第 29 条中所列举的方式虽然都是书面形式，但是《行政许可法》中并没有明确规定许可的申请必须采用书面形式，也就是说原则上刘某可以口头申请。但是根据《医疗机构管理条例》第 10 条规定，申请设置医疗机构，应当提交下列文件：（1）设置申请书；（2）设置可行性研究报告；（3）选址报告和建筑设计平面图。据此，刘某只能书面申请，故 A 错误。《行政许可法》第 32 条第 2 款规定：“行政机关受理或者不予受理行政许可申请，应当出具加盖本行政机关专用印章和注明日期的书面凭证。”据此 B 正确。《行政许可法》第 47

条第2款规定："申请人、利害关系人不承担行政机关组织听证的费用。"据此陈某不承担听证费用，C错误。《行政许可法》第38条第2款规定："行政机关依法作出不予行政许可的书面决定的，应当说明理由，并告知申请人享有依法申请行政复议或者提起行政诉讼的权利。"可见无论是准予行政许可还是不准予行政许可，都应作出书面决定，不能口头告知。D错误。

**39. A**。A中张某违章驾车属违法行为，暂扣执照属于《行政处罚法》中法定的处罚种类，据此A正确。B中该企业没有违法行为，注销营业执照也不属于法定行政处罚的种类。C中传染病患者同样不存在违法行为，卫健委出于公共安全的考虑对其强制隔离应归属于行政强制。D中该食品生产者虽有违法行为，但是责令召回不属于法定的处罚种类。

**40. B**。本题中，扣押物品的行为之前不存在一个具体的行政行为，因此只能认定为一个具体的行政行为，而不是行政强制执行措施。故A错误。李某殴打甲的行为，属于事实行为，也属于职务行为，B正确。对于违法违规经营的小摊贩，城管局在法律法规规定范围内对相关物品进行扣押，属于合法行为。该扣押行为必须与李某打伤甲的行为予以分开，所以尽管甲被打伤，但是扣押甲物品的行为并不违法。C错误。本题中，李某在执法过程中打伤甲，属于在行使行政职权过程中致人伤害，按照《国家赔偿法》规定应由李某所在城管局对甲予以赔偿，城管局赔偿后可按《国家赔偿法》相关规定对李某予以追偿。据此，D错误。

**41. C**。《行政诉讼法》第57条规定："人民法院对起诉行政机关没有依法支付抚恤金、最低生活保障金和工伤、医疗社会保险金的案件，权利义务关系明确、不先予执行将严重影响原告生活的，可以根据原告的申请，裁定先予执行。当事人对先予执行裁定不服的，可以申请复议一次。复议期间不停止裁定的执行。"据此，法律并未要求申请人提供担保，故A错误。支付最低生活保障金属于先予执行范围，故B错误。民政局对先予执行裁定不服的，可以申请复议一次，故C正确。先予执行裁定只能以书面形式作出，故D错误。

**42. C**。《行诉证据规定》第55条规定："法庭应当根据案件的具体情况，从以下方面审查证据的合法性：（一）证据是否符合法定形式；（二）证据的取得是否符合法律、法规、司法解释和规章的要求；（三）是否有影响证据效力的其他违法情形。法庭应当根据案件的具体情况，从以下方面审查证据的真实性：（一）证据形成的原因；（二）发现证据时的客观环境；（三）证据是否为原件、原物，复制件、复制品与原件、原物是否相符；（四）提供证据的人或者证人与当事人是否具有利害关系；（五）影响证据真实性的其他因素。"据此C正确，ABD错误。

**43. D**。刑事赔偿采取"实际羁押"原则，即只对申请人被错误羁押并实际执行，才给予赔偿。本案中，王某于2009年2月10日被拘留，至2009年5月10日被取保候审，在此期间是被"实际羁押"，国家应该给予赔偿。王某在2009年5月10日被取保候审后及从2009年6月1日至2009年12月10日期间的缓刑执行都不处于被实际羁押的状态，因此对于从2009年5月10日开始至其被宣判无罪的2009年12月10日止的损失，王某无权要求国家赔偿。据此，D正确。

**44. ACD**。A中，玩忽职守罪的主观罪过是过失，因此，甲未认识到自己是国家机关工作人员时，并不影响过失的成立，因此A错误。B中，根据认识错误理论，甲构成故意杀人未遂。因此，B正确。C中，甲的行为属于紧急避险，C错误。D中，在疏忽大意过失中，行为人应当预见的内容是构成要件的结果，因此，过失致人死亡时，行为人所应当预见的是自己的行为可能发生致人死亡的结果。当行为人只能预见"会发生他人重伤的危害结果"时，行为人不对死亡负责。因此，D错误。

**45. BCD**。ABCD中，甲都因为其先行行为而具有相应的作为义务，而且都有作为的可能性。A中由于"即使将乙送往医院，乙也不可能得到救治"，即本案中并没有结果回避可能性，因此甲不构成不作为犯罪。但BCD中，都具有结果避免的可能性，都构成不作为犯罪，因此BCD正确。

**46. ABCD**。单位既可能是故意犯罪的主体，也可能是过失犯罪的主体；单位犯罪不同于共同犯罪，单位本身与直接负责的主管人员等无法形成共同故意，因此不能归入共同犯罪的范畴；根据《刑法》第31条，对单位犯罪一般实行双罚制，但根据刑法分则有关条文，实行单罚制时，只处罚直接负责的主管人员和其他直接责任人员，对单位不处罚；《刑法》第31条规定，对单位应当判处罚金，而不判处没收财产；同时刑法分则中也没有作出对单位判处没收财产刑的例外规定。因此，ABCD错误。

**47. ABCD**。刑法理论上，将事实认识错误分为具体的事实认识错误与抽象的事实认识错误。具体的事实认识错误，是指虽然行为人认为的事实与实际发生的事实不一致，但这"两个事实"都符合同一犯罪构成，即行为人在同一犯罪构成的范围内对事实产生了认识错误。具体的事实认识错误包括对象错误和打击错误。对象错误是指行为人误把A对象当作B对象加以侵害的情形。而打击错误，也称方法错误，则是指由于行为本身的偏差，导致行为人想攻击的对象与实际受侵害的对象不一致。本案中，由于甲误以为乙的哥哥是乙而杀之，虽然存在认识错误，但没有超出其故意伤害罪的构成要件的范围，因此属于具体的事实认识错误。具体而言，根据前述定义，甲误把乙哥哥当作乙加以侵害的情形属于对象认识错误，因此BD错误。对于本案中的对象错误的处理，无论是具体符合说还是法定符合说，均认为成立故意杀人罪既遂，只是这两种学说的理由不一样，因此AC错误。法定符合说认为，刑法规定故意杀人罪是为了保护人的生命，而不只是保护特定的乙或乙的哥哥；只要行为人主观上想杀人，客观上又杀了人，那么就构成故意杀人罪。根据具体符合说，对象错误并不重要；甲在行为当时想杀的是“那个人”，而事实上也杀了“那个人”，因而属于具体的符合，成立故意杀人罪既遂。

**48. AD**。吸收犯，是指事实上存在数个不同的行为，其中一行为吸收其他行为，仅成立吸收行为一个罪名的犯罪。成立吸收犯，需要数行为之间具有吸收关系，即前行为是后行为发展的所经阶段，后行为是前行为发展的当然结果。行为人制造枪支、弹药后当然会持有或私藏所制造的枪支、弹药，因此前后两个行为存在吸收关系，A正确。前一盗窃行为与后一诈骗行为并不存在前述的吸收关系，后一诈骗行为又侵害了其他人的法益，因此也不属于不可罚的事后行为（共罚的事后行为），因此这两个行为不成立吸收犯，对此应该数罪并罚，B错误。骗取贷款行为与高利转贷行为也不具备吸收关系，而应该属于牵连关系，即骗取贷款是手段行为，高利转贷是目的行为，C错误。制造毒品后也必然会持有该毒品，因此成立吸收犯，D正确。

**49. ABCD**。《刑法》第59条规定，没收财产刑没有关于没收金额的具体要求，因此A错误。汽车属于被害人的财产，应当返还给被害人，而不是上缴国库，因此B错误。《刑法》第60条规定，没收财产以前犯罪分子所负的正当债务，需要以没收的财产偿还的，经债权人请求，应当偿还。赌债属于不正当债务，因此不应予以偿还，C错误。《刑法》第69条规定，数罪并罚中，如果数罪中有判处附加刑的，附加刑仍须执行，其中附加刑种类相同的，合并执行，种类不同的，分别执行。没收财产与罚金是不同种类的附加刑，因此应当分开执行，D错误。

**50. AB**。《刑法》第24条规定，在犯罪过程中，自动放弃犯罪或者自动有效地防止犯罪结果发生的，是犯罪中止。犯罪中止的条件包括中止的时间性、自动性、客观性与有效性。因此，AB正确。在实行行为尚未终了的情况下，中止的客观性表现为放弃继续实施犯罪。C中，甲并没有放弃犯罪，而只是更改了犯罪对象，因此缺乏中止的客观性，故不能认为其对盗窃现金成立犯罪中止，因此C错误。中止的有效性，是指没有发生作为既遂标志的犯罪结果。D中，由于犯罪结果最终发生，而且交通事故并没有中断甲的投毒行为与乙死亡结果之间的因果关系，故甲的行为已经构成既遂而不成立犯罪中止，D错误。

**51. BC**。根据《刑法》第198条，对A中的甲应当以保险诈骗罪和故意杀人罪论，数罪并罚。根据《刑法》第17条第2款，B中的甲只构成故意杀人罪，不能对其行为进行数罪并罚，B当选。根据《刑法》第247条，D中的甲可能构成故意杀人罪或者故意伤害罪，但不构成刑讯逼供罪，对甲不能数罪并罚，D当选。根据《刑法》第321条第3款，对D中的甲当以运输他人偷越国（边）境罪和故意杀人罪论，数罪并罚。

**52. ABC**。根据《刑法》第267条，抢夺罪，是指以非法占有为目的，直接夺取他人紧密占有的数额较大的公私财物或者多次抢夺的行为。但是，如果携带凶器抢夺的，以抢劫罪定罪处罚。根据《最高人民法院关于审理抢劫、抢夺刑事案件适用法律若干问题的意见》，“携带凶器抢夺”，是指行为人随身携带枪支、爆炸物、管制刀具等国家禁止个人携带的器械进行抢夺或者为了实施犯罪而携带其他器械进行抢夺的行为，A中，虽然汽车也能致人死亡，但并非“凶器”，A错误，当选。B中，甲是以秘密窃取的方式取得耳环的占有，属于盗窃罪而非抢夺罪，B错误，当选。《关于办理抢夺刑事案件适用法律若干问题的解释》第6条规定，驾驶机动车、非机动车夺取他人财物，具有下列情形之一的，应当以抢劫罪定罪处罚：（1）夺取他人财物时因被害人不放手而强行夺取的；（2）驾驶车辆逼挤、撞击或者强行逼倒他人夺取财物的；（3）明知会致人伤亡仍然强行夺取并放任造成财物持有人轻伤以上后果的。C中，甲的行为符合上述的第（1）项规定，应该以抢劫罪论处，因此C错误，当选。根据《全国部分法院审理毒品犯罪案件工作座谈会纪要》的规定，盗窃、抢夺、抢劫毒品的，应当分别以盗窃罪、抢夺罪或者抢劫罪定罪，因此D正确，不当选。

**53. ABCD**。贩卖毒品的方式可能是直接交付给对方，也可能是间接交付给对方，在间接交付的情形，如果中间人认识到是毒品而帮助转交给买方的，此中间人也成立贩卖毒品罪，A正确。《全国部分法院审理毒品犯罪案件工作座谈会纪要》规定，为便于隐蔽运输、销售、使用、欺骗购买者，或者为了增重，对毒品掺杂使假，添加或者去除其他非毒品物质，不属于制造毒品的行为。B正确。非法持有毒品罪中的持有，并不需要行为人将毒品放在自己身上，只要能够对之进行管理或支配，就是持有；同时，持有者并不一定就是所有者，因此C中甲、乙均成立非法持有毒品罪，C正确。《全国部分法院审理毒品犯罪案件工作座谈会纪要》指出，《刑法》第347条规定的走私、贩卖、运输、制造毒品罪是选择性罪名，对同一宗毒品实施了两种以上犯罪行为并有相应确凿证据的，应当按照所实施的犯罪行为的性质并列确定罪名，毒品数量不重复计算，不实行数罪并罚，因此 D 正确。

**54. ABD**。《刑法》第 240 条规定，甲的行为构成拐卖妇女罪，而且是既遂。因此 D 错误。同时，根据第 240 条规定，奸淫被拐卖的妇女以及造成被拐卖妇女重伤的，是拐卖妇女罪的加重情节，但是强制猥亵妇女则不是加重情节，因此甲的行为也构成强制猥亵妇女罪但不构成故意伤害罪。此外，由于甲绑架乙的目的在于出卖而非勒索财物，因此不构成绑架罪。综上，只有 C 正确，ABD 错误，当选。

**55. ABCD**。根据《刑法》第 264 条，盗窃罪，是指以非法占有为目的，窃取他人占有的数额较大的财物，或者多次窃取、入户盗窃、携带凶器盗窃、扒窃的行为。根据《刑法》第 270 条，侵占罪，是指将代为保管的他人财物非法占为己有，数额较大，拒不退还的，或者将他人的遗忘物或者埋藏物非法占为己有，数额较大，拒不交出的行为。本题的关键在于区分盗窃行为与侵占罪中侵占脱离占有物行为的对象。盗窃罪只能是盗窃他人占有的财物，而侵占脱离物行为的对象只能是侵占遗忘物或者埋藏物。题目四个选项中，虽然所涉及财物表面上看起来是无人占有，但事实上，按照一般社会观念，都属于他人占有之下，因此，ABCD 中的行为都构成盗窃而非侵占。ABCD 均当选。

**56. ABD**。根据《刑法》第 328 条的规定，盗窃珍贵文物是盗掘古墓葬罪法定刑升格条件，因此，本案中盗窃文物的行为不构成盗窃罪。ABD 错误，当选。不可罚的事后行为，也称为共罚的事后行为，是指在状态犯的场合，利用该犯罪行为的结果的行为，如果孤立地看，符合其他犯罪的构成要件，但是由于被综合评价在该状态犯中，故没有必要另认定为其他犯罪。但是如果事后行为侵犯新的法益，则后一行为构成其他犯罪。与属于种类物的一般财物不同，文物是特定物，将文物运往境外出售与损毁文物的行为，都已经侵害了新的法益，因此不能将其视为不可罚的事后行为，而是构成走私文物罪与故意损毁文物罪。因此 C 正确。

**57. ABCD**。网站建立者与直接管理者通过互联网传播淫秽物品牟利的，可以构成相关的犯罪，AB 正确。而电信业务经营者与互联网信息服务提供者，《最高人民法院、最高人民检察院关于办理利用互联网、移动通讯终端、声讯台制作、复制、出版、贩卖、传播淫秽电子信息刑事案件具体应用法律若干问题的解释（一）》第 7 条规定，如果明知他人实施制作、复制、出版、贩卖、传播淫秽电子信息犯罪，为其提供互联网接入、服务器托管、网络存储空间、通讯传输通道、费用结算等帮助的，以共同犯罪论处，因此 CD 也是正确的。

**58. ABCD**。《刑法》第 389 条规定，行贿罪是指为谋取不正当利益，给予国家工作人员以财物的行为。因被勒索给予国家工作人员以财物的，没有获得不正当利益的，不是行贿。A 中，国家工作人员如果为请托人谋取的是正当利益的，请托人不构成行贿罪，因此 A 错误。B 中，行为人虽然是因被勒索给予国家工作人员以财物，但如果行为人获得了不正当利益，也构成行贿罪，因此 B 错误。《刑法》第 390 条第 3 款规定，行贿人在被追诉前主动交待行贿行为的，可以从轻或者减轻处罚。其中，犯罪较轻的，对调查突破、侦破重大案件起关键作用的，或者有重大立功表现的，可以减轻或者免除处罚。C 错误。《刑法》第 387 条第 1 款规定，国家机关、国有公司、企业、事业单位、人民团体，索取、非法收受他人财物，为他人谋取利益，情节严重的，对单位判处罚金，并对其直接负责的主管人员和其他直接责任人员，处 3 年以下有期徒刑或者拘役；情节特别严重的，处 3 年以上 10 年以下有期徒刑。《刑法》第 388 条规定，国家工作人员利用本人职权或者地位形成的便利条件，通过其他国家工作人员职务上的行为，为请托人谋取不正当利益，索取请托人财物或者收受请托人财物的，以受贿论处。D 说法混淆了两个罪名，D 错误。

**59. AB**。《全国人民代表大会常务委员会关于司法鉴定管理问题的决定》（以下简称《决定》）第 9 条第 3 款规定："鉴定人应当依照诉讼法律规定实行回避。"故 A 正确。《决定》第 10 条规定："司法鉴定实行鉴定人负责制度。鉴定人应当独立进行鉴定，对鉴定意见负责并在鉴定书上签名或者盖章。多人参加的鉴定，对鉴定意见有不同意见的，应当注明。"据此，鉴定人应对其鉴定意见负责，B 正确。鉴定意见不实行少数服从多数原则，故鉴定人之间意见不一致的，应注明不同意见，D 错误。《刑事诉讼法》第 192 条第 3 款规定："公诉人、当事人或者辩护人、诉讼代理人对鉴定意见有异议，人民法院认为鉴定人有必要出庭的，鉴定人应当出庭作证。经人民法院通知，鉴定人拒不出庭作证的，鉴定意见不得作为定案的根据。"故 C 表述不准确。正确答案是 AB。

**60. CD**。《刑事诉讼法》第 71 条第 1、2 款规定："被取保候审的犯罪嫌疑人、被告人应当遵守以下规定：（一）未经执行机关批准不得离开所居住的市、县；（二）住址、工作单位和联系方式发生变动的，在二十四小时以内向执行机关报告；（三）在传讯的时候及时到案；（四）不得以任何形式干扰证人作证；（五）不得毁灭、伪造证据或者串供。人民法院、人民检察院和公安机关可以根据案件情况，责令被取保候审的犯罪嫌疑人、被告人遵守以下一项或者多项规定：（一）不得进入特定的场所；（二）不得与特定的人员会见或者通信；（三）不得从事特定的活动；（四）将护照等出入境证件、驾驶证件交执行机关保存。”据此，法院决定取保候审应由公安机关执行，被告人在取保候审期间未经公安机关批准不得离开所居住的市、县，故A错误。“不得与特定的人员会见”是可选择附加的义务，不是所有被取保候审人都应遵守的规定，故B错误。CD分别符合第69条第1款第3、4项的规定，正确。

**61. AC**。《高检规则》第567条规定：“人民检察院应当对侦查活动中是否存在以下违法行为进行监督：（一）采用刑讯逼供以及其他非法方法收集犯罪嫌疑人供述的；……”《高检规则》第552条规定：“人民检察院发现刑事诉讼活动中的违法行为，对于情节较轻的，由检察人员以口头方式提出纠正意见；对于情节较重的，经检察长决定，发出纠正违法通知书。……”AB欺骗、引诱都属于违法手段，因为《刑事诉讼法》第52条规定，严禁刑讯逼供和以威胁、引诱、欺骗以及其他非法方法收集证据，不得强迫任何人证实自己有罪。可知，当检察院作为监督机关发现此种情形时可以发纠正意见，并且《高检规则》第341条规定，对于非法证据，检察院既可以要求侦查机关另行指定侦查人员重新取证，也可以自行调查取证。所以A正确，B错误。《刑事诉讼法》第19条第2款规定：“人民检察院在对诉讼活动实行法律监督中发现的司法工作人员利用职权实施的非法拘禁、刑讯逼供、非法搜查等侵犯公民权利、损害司法公正的犯罪，可以由人民检察院立案侦查。……”《高检规则》第568条规定：“人民检察院发现侦查活动中的违法情形已涉嫌犯罪，属于人民检察院管辖的，依法立案侦查；不属于人民检察院管辖的，依照有关规定移送有管辖权的机关。”本题中刑讯逼供致人重伤已经构成犯罪，而此罪名检察院又有管辖权，所以其应当立案管辖。故C正确。《高检规则》第256条规定，检察院根据需要可以派员参加公安机关对于重大案件的讨论和其他侦查活动。可知，甲县检察院不仅可派员参加甲县公安局对于重大案件的讨论，而且可以参与甲县公安局的其他侦查活动。故D错误。

**62. AC**。我国实行以公诉为主、自诉为辅的犯罪追诉机制，在对刑事犯罪进行国家追诉的同时，兼采被害人追诉主义，允许被害人及其法定代理人、近亲属对“告诉才处理”的案件等几类自诉案件直接向法院起诉。A正确。但是，公诉为主不代表公诉机关可以主动干预自诉，自诉人对其起诉的案件享有处分权，有权撤诉、和解，公诉机关不得随意干涉。B错误。在起诉原则上，我国采用以起诉法定主义为主，兼采起诉便宜主义，即在一般情况下，只要被告人的行为符合法定条件，公诉机关即不享有自由裁量权而必须起诉，但在例外情形下，可以根据被告人的具体行为等因素自由裁量，决定是否起诉。我国存在酌定不起诉制度，即是兼采起诉便宜主义的例子。C正确。起诉法定为主只是要求绝大多数情形下，只要符合法定条件就必须起诉，排斥检察院的自由裁量权，但并不意味着凡是构成犯罪就必须追诉，对于犯罪情节轻微，依照刑法规定不需要判处刑罚或免除刑罚的，可以做出不起诉决定。D错误。正确答案是AC。

**63. ABC**。《刑诉解释》第219条规定：“人民法院对提起公诉的案件审查后，应当按照下列情形分别处理：（一）不属于本院管辖的，应当退回人民检察院；（二）属于刑事诉讼法第十六条第二项至第六项规定情形的，应当退回人民检察院；属于告诉才处理的案件，应当同时告知被害人有权提起自诉；（三）被告人不在案的，应当退回人民检察院；但是，对人民检察院按照缺席审判程序提起公诉的，应当依照本解释第二十四章的规定作出处理；（四）不符合前条第二项至第九项规定之一，需要补充材料的，应当通知人民检察院在三日以内补送；（五）依照刑事诉讼法第二百条第三项规定宣告被告人无罪后，人民检察院根据新的事实、证据重新起诉的，应当依法受理；（六）依照本解释第二百九十六条规定裁定准许撤诉的案件，没有新的影响定罪量刑的事实、证据，重新起诉的，应当退回人民检察院；（七）被告人真实身份不明，但符合刑事诉讼法第一百六十条第二款规定的，应当依法受理。对公诉案件是否受理，应当在七日以内审查完毕。”被告人张某在起诉前已从看守所脱逃的，属于庭前审查时被告人不在案的情形，符合前述规定第3项，故A正确。法院裁定准许撤诉的抢劫案，检察院因被害人范某不断上访重新起诉的，由于没有新的事实、证据，应依照第6项规定，不予受理，B正确。C符合第4项规定，正确。被告人被抓获后始终一言不发，也没有任何有关姓名、年龄、住址、单位等方面的信息或线索的，根据前述第7项规定，只要“犯罪事实清楚，证据确实、充分”，法院应当受理，故D错误。

**64. BC**。《最高人民法院关于进一步加强合议庭职责的若干规定》第2条规定，合议庭由审判员、助理审判员或者人民陪审员随机组成。合议庭成员相对固定的，应当定期交流。人民陪审员参加合议庭的，应当从人民陪审员名单中随机抽取确定。据此，合议庭并不总是由审判员和人民陪审员组成，A错误。《最高人民法院关于进一步加强合议庭职责的若干规定》第10条规定，合议庭组成人员存在违法审判行为的，应当按照《人民法院审判人员违法审判责任追究办法（试行）》等规定追究相应责任。合议庭审理案件有下列情形之一的，合议庭成员不承担责任：（1）因对法律理解和认识上的偏差而导致案件被改判或者发回重审的；（2）因对案件事实和证据认识上的偏差而导致案件被改判或者发回重审的；（3）因新的证据而导致案件被改判或者发回重审的；（4）因法律修订或者政策调整而导致案件被改判或者发回重审的；（5）因裁判所依据的其他法律文书被撤销或变更而导致案件被改判或者发回重审的；（6）其他依法履行审判职责不应当承担责任的情形。BC分别符合前述第2项和第4项之规定，是正确的。《最高人民法院关于进一步加强合议庭职责的若干规定》第5条规定，开庭审理时，合议庭全体成员应当共同参加，不得缺席、中途退庭或者从事与该庭审无关的活动。合议庭成员未参加庭审、中途退庭或者从事与该庭审无关的活动，当事人提出异议的，应当纠正。合议庭仍不纠正的，当事人可以要求休庭，并将有关情况记入庭审笔录。据此，当事人只能要求休庭而不能要求延期审理。D错误。

**65. ABC**。《最高人民法院关于人民法院合议庭工作的若干规定》第3条规定："合议庭组成人员确定后，除因回避或者其他特殊情况，不能继续参加案件审理的之外，不得在案件审理过程中更换。更换合议庭成员，应当报请院长或者庭长决定。合议庭成员的更换情况应当及时通知诉讼当事人。"本条是对集中审理原则的原则性规定。在学理上，集中审理原则的内容主要包括：一是一个案件组成一个审判庭进行审判，每个案件自始至终应由同一法庭审判，而且在案件已经开始审理至结束前不允许该法庭审理其他案件；二是法庭成员不可更换，法庭成员必须始终在场参加审理；三是证据调查和法庭辩论应当在法庭内集中完成；四是庭审不中断并迅速作出裁判。如果法庭因故延期审理较长时间的，应当重新进行审理。据此，ABC正确。D体现的是审判公开原则的要求，故不选。

**66. ABD**。自诉案件第一审程序的特点；司法解释中有关附带民事审判程序的规定。《刑诉解释》第328条规定："人民法院审理自诉案件，可以在查明事实、分清是非的基础上，根据自愿、合法的原则进行调解。调解达成协议的，应当制作刑事调解书，由审判人员、法官助理、书记员署名，并加盖人民法院印章。调解书经双方当事人签收后，即具有法律效力。调解没有达成协议，或者调解书签收前当事人反悔的，应当及时作出判决。刑事诉讼法第二百一十条第三项规定的案件不适用调解。"AB正确。C属于公诉转自诉案件，不适用调解，故C不选。《刑诉解释》第190条第1款规定，人民法院审理附带民事诉讼案件，可以根据自愿、合法的原则进行调解。经调解达成协议的，应当制作调解书。调解书经双方当事人签收后即具有法律效力。D正确。

**67. D**。《刑诉解释》第201条规定："人民法院审理附带民事诉讼案件，除刑法、刑事诉讼法以及刑事司法解释已有规定的以外，适用民事法律的有关规定。"据此，A错误。《刑诉解释》第185条规定："侦查、审查起诉期间，有权提起附带民事诉讼的人提出赔偿要求，经公安机关、人民检察院调解，当事人双方已经达成协议并全部履行，被害人或者其法定代理人、近亲属又提起附带民事诉讼的，人民法院不予受理，但有证据证明调解违反自愿、合法原则的除外。"据此，B错误。《刑诉解释》第187条第1款规定："人民法院受理附带民事诉讼后，应当在五日以内将附带民事起诉状副本送达附带民事诉讼被告人及其法定代理人，或者将口头起诉的内容及时通知附带民事诉讼被告人及其法定代理人，并制作笔录。"马某是未成年人，民事起诉状副本应送达给马某及其法定代理人，据此，C错误。依据《刑事诉讼法》第102条规定："人民法院在必要的时候，可以采取保全措施，查封、扣押或者冻结被告人的财产。附带民事诉讼原告人或者人民检察院可以申请人民法院采取保全措施。人民法院采取保全措施，适用民事诉讼法的有关规定。"据此，D正确。

**68. AB**。《刑诉解释》第401条规定："审理被告人或者其法定代理人、辩护人、近亲属提出上诉的案件，不得对被告人的刑罚作出实质不利的改判……人民检察院抗诉或者自诉人上诉的案件，不受前款规定的限制。"据此，上诉不加刑原则的适用仅限于只有被告人一方上诉，而无其他方上诉或抗诉的情形。本题中，朱某和陈某均提起了上诉，故不应适用上诉不加刑原则。据此，二审法院认为两人量刑过轻，可同时加重朱某和陈某的刑罚，如认为对某一人的量刑过轻，可加重该人的刑罚，故AB正确，CD错误。

**69. ABCD**。《人民检察院办理未成年人刑事案件的规定》第17条第4款规定："讯问未成年犯罪嫌疑人，应当通知法定代理人到场，告知法定代理人依法享有的诉讼权利和应当履行的义务。……"故A正确。《人民检察院办理未成年人刑事案件的规定》第17条第7款规定："讯问女性未成年犯罪嫌疑人，应当有女性检察人员参加。"据此，B正确。《人民检察院办理未成年人刑事案件的规定》第18条规定："讯问未成年犯罪嫌疑人一般不得使用械具。对于确有人身危险性，必须使用械具的，在现实危险消除后，应当立即停止使用。"据此，C正确。《人民检察院办理未成年人刑事案件的规定》第14条要求："审查逮捕未成年犯罪嫌疑人，应当重点审查其是否已满十四、十六、十八周岁。对犯罪嫌疑人实际年龄难以判断，影响对该犯罪嫌疑人是否应当负刑事责任认定的，应当不批准逮捕。需要补充侦查的，同时通知公安机关。"据此，D正确。

**70. ABC**。《刑诉解释》第475条规定："本解释所称的涉外刑事案件是指：（一）在中华人民共和国领域内，外国人犯罪或者我国公民对外国、外国人犯罪的案件；（二）符合刑法第七条、第十条规定情形的我国公民在中华人民共和国领域外犯罪的案件；（三）符合刑法第八条、第十条规定情形的外国人犯罪的案件；（四）符合刑法第九条规定情形的中华人民共和国在所承担国际条约义务范围内行使管辖权的案件。”A符合第4项规定，应适用涉外刑事诉讼程序。BC中所涉及的境外取证、送达和嫌疑人引渡等事项需要在国外进行，也应当按照国际条约或者互惠原则等规定，请求外国司法机关的协助，应适用涉外刑事诉讼程序。驻外使馆中方工作人员在使馆内犯罪的，视为中国公民在中国领域内对中国公民犯罪，应《刑事诉讼法》的规定适用普通诉讼程序，故D错误。正确答案是ABC。

**71. AC**。国家机关、社会团体、企业事业组织、公民认为较大的市的人民政府规章同法律、行政法规相抵触或者违反其他上位法的规定的，可以向国务院书面提出审查的建议，由国务院法制机构研究处理，也可以向本省、自治区人民政府书面提出审查的建议，由省、自治区人民政府法制机构研究处理。故AC正确。

**72. AC**。具体行政行为的撤销是指对违法或不当但已生效的具体行政行为依法使其失去法律效力，恢复具体行政行为作出前的状态。一般情况下，具体行政行为一经撤销，自始无效；特殊情况下，自撤销或确认违法之日起失效。但具体行政行为一经做出生效，即具备拘束力，当事人在其被撤销之前应受其约束，A正确。具体行政行为的废止是指因客观条件的变化，没有必要继续保持其效力；被废止的具体行政行为自废止之日起无效。具体行政行为废止的原因都是当事人所能控制之外的客观原因，当事人没有过错，因此具体行政行为废止前给予当事人的利益，在该行为废止后也不能收回，B错误。专属权益的行为的效力具有专属性，则特定人死亡之后其效力自然也应该终止，C正确。无效的具体行政行为不存在公定力问题，自始、确定无效，但是并非任何人都可以向法律起诉主张其无效，因为向法院起诉的一个条件是“与该具体行政行为有利害关系”，据此D错误。

**【陷阱提示】** *具体行政行为具有公定力、确定力、拘束力和执行力。公定力是指具体行政行为一旦作出，假定该行为合法；具体行政行为不因复议或诉讼而停止执行；但是无效的具体行政行为没有公定力，自始无效。具体行政行为的确定力是指具体行政行为一旦作出，不得随意更改：行政行为自成立开始，即具有不可变更力，行政机关不得随意撤销或者废止；当事人若超越期限未提起对违法行政行为的救济，则之后不得再行提起。具体行政行为的拘束力是指具体行政行为一经生效，则具有拘束行政机关、当事人、其他国家机关和社会成员的效力。具体行政行为的执行力是指国家强制力迫使当事人履行义务或者以其他方式实现具体行政行为权利义务安排的效力。*

**73. ABCD**。《行政许可法》第15条第2款规定：“地方性法规和省、自治区、直辖市人民政府规章，不得设定应当由国家统一确定的公民、法人或者其他组织的资格、资质的行政许可；不得设定企业或者其他组织的设立登记及其前置性行政许可。其设定的行政许可，不得限制其他地区的个人或者企业到本地区从事生产经营和提供服务，不得限制其他地区的商品进入本地区市场。”据此AC违反行政许可法。《行政许可法》第59条规定：“行政机关实施行政许可，……所收取的费用必须全部上缴国库，任何机关或者个人不得以任何形式截留、挪用、私分或者变相私分。财政部门不得以任何形式向行政机关返还或者变相返还实施行政许可所收取的费用。”故B违反了行政许可法。《行政许可法》第16条第4款规定：“对行政许可条件作出的具体规定，不得增设违反上位法的其他条件。”D中地方性法规规定申请建设工程规划许可证，需安装建设主管部门指定的节能设施，实际上是增设了违反上位法规定的其他条件，D当选。

**74. ABCD**。《治安管理处罚法》第96条第1款规定：“公安机关作出治安管理处罚决定的，应当制作治安管理处罚决定书。决定书应当载明下列内容：（一）被处罚人的姓名、性别、年龄、身份证件的名称和号码、住址；（二）违法事实和证据；（三）处罚的种类和依据；（四）处罚的执行方式和期限；（五）对处罚决定不服，申请行政复议、提起行政诉讼的途径和期限；（六）作出处罚决定的公安机关的名称和作出决定的日期。”据此，A正确。《治安管理处罚法》第98条规定：“公安机关作出吊销许可证以及处二千元以上罚款的治安管理处罚决定前，应当告知违反治安管理行为人有权要求举行听证；违反治安管理行为人要求听证的，公安机关应当及时依法举行听证。”本题中，虽然公安机关对朱某作出了拘留的处罚，对拘留不能要求举行听证，只能申请暂缓执行；但是朱某仍然可以对罚款5000元这一行为要求举行听证，据此，B正确。《治安管理处罚法》第94条规定，公安机关必须充分听取违反治安管理行为人的意见，据此，C正确。《行政诉讼法》第18条规定，行政案件由最初作出行政行为的行政机关所在地人民法院管辖。经复议的案件，也可以由复议机关所在地人民法院管辖。据此，D正确。需要注意的是，《行政诉讼法》第19条规定：“对限制人身自由的行政强制措施不服提起的诉讼，由被告所在地或者原告所在地人民法院管辖。”但本案拘留15日是行政处罚，显然不属于行政强制措施，因此不能适用本条规定。

**75. BD**。《行政复议法实施条例》第41、42条规定，只有在3种中止复议的情况下，中止满60日的复议才终止：（1）作为申请人的自然人死亡，其近亲属尚未确定是否参加行政复议的；（2）作为申请人的自然人丧失参加行政复议的能力，尚未确定法定代理人参加行政复议的；（3）作为申请人的法人或者其他组织终止，尚未确定权利义务承受人的。不可抗力中止满60日的不能终止复议，A错误。《行政复议法实施条例》第34条第3款规定："需要现场勘验的，现场勘验所用时间不计入行政复议审理期限。"据此，B正确。《行政复议法实施条例》第42条第1款第5项规定，申请人对行政拘留或者限制人身自由的行政强制措施不服申请行政复议后，因申请人同一违法行为涉嫌犯罪，该行政拘留或者限制人身自由的行政强制措施变更为刑事拘留的，行政复议终止，而非中止。据此，C错误。《行政复议法实施条例》第37条规定，行政复议期间涉及专门事项需要鉴定的，当事人可以自行委托鉴定机构进行鉴定，也可以申请行政复议机构委托鉴定机构进行鉴定。据此，D正确。

**76. ACD**。《行政诉讼法》第26条第2款规定，经复议的案件，复议机关决定维持原行政行为的，作出原行政行为的行政机关和复议机关是共同被告；复议机关改变原行政行为的，复议机关是被告。据此，市市场监督管理局维持取缔决定，故县市场监督管理局和市市场监督管理局应当作为共同被告，B错误。《行政诉讼法》第18条第1款规定，行政案件由最初作出行政行为的行政机关所在地人民法院管辖。经复议的案件，也可以由复议机关所在地人民法院管辖。本案件既可以由县市场监督管理局所在地法院管辖，也可以由市市场监督管理局所在地法院管辖，故C正确。AD正确。

**77. BC**。《行政诉讼法》第96条规定："行政机关拒绝履行判决、裁定、调解书的，第一审人民法院可以采取下列措施：（一）对应当归还的罚款或者应当给付的款额，通知银行从该行政机关的账户内划拨；（二）在规定期限内不履行的，从期满之日起，对该行政机关负责人按日处五十元至一百元的罚款；（三）将行政机关拒绝履行的情况予以公告；（四）向监察机关或者该行政机关的上一级行政机关提出司法建议。接受司法建议的机关，根据有关规定进行处理，并将处理情况告知人民法院；（五）拒不履行判决、裁定、调解书，社会影响恶劣的，可以对该行政机关直接负责的主管人员和其他直接责任人员予以拘留；情节严重，构成犯罪的，依法追究刑事责任。"根据该条第2项，A错误，B正确。需要特别说明的是，2014年修订前的《行政诉讼法》原本规定的是，在规定期限内不履行的，从期满之日起，对该"行政机关"按日处50元至100元的罚款，而2014年修订后改为了对"行政机关负责人"进行罚款。根据该条第5项，C正确。根据该条第4项，法院可以向上一级行政机关即市教委提出司法建议，但无权责令市教委对该公司的申请予以处理，故D错误。

**78. CD**。《最高人民法院关于审理行政赔偿案件若干问题的规定》第28条被新最高人民法院《关于审理行政赔偿案件若干问题的规定》（2021年12月6日通过，2022年5月1日施行）删除。因此，A错误。《最高人民法院关于审理行政赔偿案件若干问题的规定》第15条规定，公民、法人或者其他组织应当自知道或者应当知道行政行为侵犯其合法权益之日起两年内，向赔偿义务机关申请行政赔偿。赔偿义务机关在收到赔偿申请之日起两个月内未作出赔偿决定的，公民、法人或者其他组织可以依照行政诉讼法有关规定提起行政赔偿诉讼。该条明确了行政赔偿案件的请求时效为两年。因此，B错误。《国家赔偿法》第8条规定："经复议机关复议的，最初造成侵权行为的行政机关为赔偿义务机关，但复议机关的复议决定加重损害的，复议机关对加重的部分履行赔偿义务。"因此，C正确。《最高人民法院关于审理行政赔偿案件若干问题的规定》第14条规定，原告提起行政诉讼时未一并提起行政赔偿诉讼，人民法院审查认为可能存在行政赔偿的，应当告知原告可以一并提起行政赔偿诉讼。原告在第一审庭审终结前提起行政赔偿诉讼，符合起诉条件的，人民法院应当依法受理；原告在第一审庭审终结后、宣判前提起行政赔偿诉讼的，是否准许由人民法院决定。原告在第二审程序或者再审程序中提出行政赔偿请求的，人民法院可以组织各方调解；调解不成的，告知其另行起诉。根据该条规定，D正确。

【陷阱提示】*此处"庭审终结后、宣判前"是可以提出，只是明确是否准许由法院决定。*

**79. BCD**。《行政诉讼法》第26条第5款规定，行政机关委托的组织所作的具体行政行为，委托的行政机关是被告。该案中委托机关市城管执法局为被告，A错误。《行诉证据规定》第4条第1款规定："公民、法人或者其他组织向人民法院起诉时，应当提供其符合起诉条件的相应的证据材料。"因此刘某父亲和嫂子应当提供相应证据证明房屋为二人共建或与拆除有利害关系，B正确。《行诉证据规定》第33条第2款规定，法院进行现场勘验，勘验人必须出示人民法院的证件，并邀请当地基层组织或者当事人所在单位派人参加，据此C正确。《行诉证据规定》第1条规定，被告行政机关应当对作出具体行政行为的合法性提供全部证据和所依据的规范性文件，本案中即表现为应提供证据证明被告有拆除房屋的决定权和强制执行的权力，D正确。

**80. ABCD**。下位法不符合上位法的常见情形有：下位法缩小上位法规定的权利主体范围，或者违反上位法立法目的扩大上位法规定的权利主体范围；下位法限制或者剥夺上位法规定的权利，或者违反上位法立法目的扩大上位法规定的权利范围；下位法扩大行政主体或其职权范围；下位法延长上位法规定的履行法定职责期限；下位法以参照、准用等方式扩大或者限缩上位法规定的义务或者义务主体的范围、性质或者条件；下位法增设或者限缩违反上位法规定的适用条件；下位法扩大或者限缩上位法规定的给予行政处罚的行为、种类和幅度的范围；下位法改变上位法已规定的违法行为的性质；下位法超出上位法规定的强制措施的适用范围、种类和方式，以及增设或者限缩其适用条件；法规、规章或者其他规范文件设定不符合行政许可法规定的行政许可，或者增设违反上位法的行政许可条件；其他相抵触的情形。故 ABCD 正确。

**81. A**。根据《刑法》第 172 条，持有、使用假币罪，是指明知是伪造的货币而持有、使用，数额较大的行为。本案中，甲将假币递给乙清点后交给修理厂职工丙，明显符合持有、使用假币罪的构成要件。本案的主要问题在于甲乙两人的行为是否符合诈骗罪的构成要件。诈骗罪，是指以非法占有为目的，使用欺骗方法，骗取数额较大的公私财物的行为。如果甲乙原本没有支付费用的意思，而伪装具有支付费用的意思而欺骗丙为之修车，则构成诈骗罪。但是本案中，虽然假币具有欺骗性，但甲乙在开始时并没有修车不付钱的意图，故不能认定甲乙实施了欺骗行为，因此甲乙的行为不构成诈骗罪。同时，二人的行为明显也不构成抢夺罪与抢劫罪。综上，甲乙的行为只构成持有、使用假币罪，A 正确。

**82. A**。根据《刑法》第 14 条第 1 款，犯罪故意是指明知自己的行为会发生危害社会的结果，并且希望或者放任这种结果发生的一种心理态度。根据《刑法》第 15 条第 1 款，过失是指行为人应当预见自己的行为可能发生危害社会的结果，因为疏忽大意而没有预见，或者已经预见而轻信能避免，以致发生这种结果的心理态度。本案中，甲在乙作出提醒的情况下仍然加速，可见其对丙重伤的结果持一种放任的态度，即主观心态为间接故意，因此只有选项 A 是正确的。

**83. AB**。《刑法》第 25 条第 1 款规定，共同犯罪是指二人以上共同故意犯罪。在本案中，甲、乙只是共同预谋修车后以假币骗付，但对于甲致丙重伤的行为，二人事前并无共同故意，因此乙对此行为不负刑事责任，B 错误。既然乙对此行为不负刑事责任，自然也不存在犯罪中止的问题，A 也是错误的。故 CD 正确。

**84. ABCD**。基于上述几题的分析可知，甲修车后以假币骗付的行为构成持有、使用假币罪；而致丙重伤的行为构成故意伤害罪。因此，ABCD 都是错误的。

**85. AC**。《刑事诉讼法》第 246 条规定："死刑由最高人民法院核准。"据此，核准死刑立即执行判决的机关是最高人民法院，A 正确。《刑事诉讼法》第 261 条第 1 款规定："最高人民法院判处和核准的死刑立即执行的判决，应当由最高人民法院院长签发执行死刑的命令。"据此，本案死刑立即执行命令应由最高人民法院院长签发，故 B 错误。《刑诉解释》第 499 条第 1 款规定："最高人民法院的执行死刑命令，由高级人民法院交付第一审人民法院执行。第一审人民法院接到执行死刑命令后，应当在七日以内执行。"据此，王某应由作出一审判决的法院执行，C 正确。根据前述规定，死刑的执行主体是人民法院，虽然《刑事诉讼法》第 263 条第 3 款规定了"死刑可以在刑场或者指定的羁押场所内执行"，但执行主体并未发生变化，故 D 错误。

**86. ABC**。《刑事诉讼法》第 264 条第 2 款规定："对被判处死刑缓期二年执行、无期徒刑、有期徒刑的罪犯，由公安机关依法将该罪犯送交监狱执行刑罚。……"故无期徒刑的执行机关是监狱，A 正确。《刑事诉讼法》第 270 条规定："对被判处剥夺政治权利的罪犯，由公安机关执行。……"故剥夺政治权利的执行机关是公安机关，B 正确。《刑法》第 57 条第 1 款规定："对于被判处死刑、无期徒刑的犯罪分子，应当剥夺政治权利终身。"王某被判处无期徒刑，应根据这一规定判处剥夺政治权利终身，选项 C 正确。《刑法》第 57 条第 2 款规定："在死刑缓期执行减为有期徒刑或者无期徒刑减为有期徒刑的时候，应当把附加剥夺政治权利的期限改为三年以上十年以下。"D 的做法不正确。

**87. B**。《刑诉解释》第 522 条规定："刑事裁判涉财产部分和附带民事裁判应当由人民法院执行的，由第一审人民法院负责裁判执行的机构执行。"据此，A 错误。《刑诉解释》第 527 条规定："被判处财产刑，同时又承担附带民事赔偿责任的被执行人，应当先履行民事赔偿责任。"据此，B 正确。《最高人民法院关于刑事裁判涉财产部分执行的若干规定》第 14 条第 1 款规定："执行过程中，当事人、利害关系人认为执行行为违反法律规定，或者案外人对执行标的主张足以阻止执行的实体权利，向执行法院提出书面异议的，执行法院应当依照民事诉讼法第二百二十五条的规定处理。"《民事诉讼法》第 236 条规定："当事人、利害关系人认为执行行为违反法律规定的，可以向负责执行的人民法院提出书面异议。当事人、利害关系人提出书面异议的，人民法院应当自收到书面异议之日起十五日内审查，理由成立的，裁定撤销或者改正；理由不成立的，裁定驳回。当事人、利害关系人对裁定不服的，可以自裁定送达之日起十日内向上一级人民法院申请复议。"故案外人的书面异议不能产生中止执行的法律效果，C 错误。2021 年《刑诉解释》删除了原第 441 条第 2 款的规定，选项 D 的请求于法无据，选项 D 错误。

**88. B**。《公务员法》第 100 条规定，机关根据工作需要，经省级以上公务员主管部门批准，可以对专业性较强的职位和辅助性职位实行聘任制，但是职位涉及国家秘密的，不实行聘任制。据此保密局不能聘任负责保密工作的计算机程序员，A 错误。《公务员法》第 103 条第 3 款规定，聘任制公务员按照国家规定实行协议工资制，B 正确。《公务员法》第 103 条第 2 款规定，聘任合同期限为 1 年至 5 年，据此 C 错误。《公务员法》中没有规定聘任公务员的合同须经上级机关批准，D 错误。

**89. A**。《行政诉讼法》第 61 条第 2 款规定："在行政诉讼中，人民法院认为行政案件的审理需以民事诉讼的裁判为依据的，可以裁定中止行政诉讼。"题中行政诉讼需要认定的登记行为是否合法，需要以民事诉讼确定的房屋买卖合同效力为依据，故可以裁定中止行政诉讼，A 正确。《行政诉讼法》第 61 条第 1 款规定："在涉及行政许可、登记、征收、征用和行政机关对民事争议所作的裁决的行政诉讼中，当事人申请一并解决相关民事争议的，人民法院可以一并审理。"据此，行政诉讼与民事诉讼一并审理必须是涉及行政许可、登记、征收、征用和行政机关对民事争议所作的行政裁决的案件。本案中王某以张某为被告就买卖合同的效力提起了民事诉讼，该案件性质不属于上述任何一种情形，故法院不可以合并审理，B 错误。根据《行政诉讼法》第 70 条，如法院判决房屋买卖合同无效，则行政机关的转让登记所依据的事实不存在，法院应判决撤销登记行为；根据《行政诉讼法》第 69 条，若法院判决房屋买卖合同有效，则转让登记合法，法院应判决驳回原告诉讼请求。据此，CD 错误。需要特别说明的是，《行政诉讼法》取消了一审中的维持判决，改为适用判决驳回原告诉讼请求。

**90. BC**。《行政强制法》第 23 条第 1 款规定："查封、扣押限于涉案的场所、设施或者财物，不得查封、扣押与违法行为无关的场所、设施或者财物；不得查封、扣押公民个人及其所扶养家属的生活必需品。"本题中，甲偷开乙的轿车，轿车属于乙的合法财产，并不是违法财物，公安局不可以对乙的轿车予以扣押，A 错误。《行政复议法实施条例》第 38 条规定，经行政复议机构同意撤回行政复议后，不得再以同一事实和理由提出行政复议申请。但是，申请人能够证明撤回行政复议申请违背其真实意思表示的除外。据此，如甲能够证明撤回复议申请违背其真实意思表示，可以同一事实和理由再次对该处罚决定提出复议申请，B 正确。《行政处罚法》第 72 条规定，到期不缴纳罚款的，行政机关可每日按罚款数额的 3% 加处罚款，据此 C 正确。《行诉法解释》第 58 条规定，法律、法规未规定行政复议为提起行政诉讼必经程序，公民、法人或者其他组织向复议机关申请行政复议后，又经复议机关同意撤回复议申请，在法定起诉期限内对原具体行政行为提起诉讼的，人民法院应当依法受理。据此，法院应当受理甲的起诉，D 错误。

# 第24天

时人不识凌云木，直待凌云始道高。

## 试题

1. 下列哪一情形下，乙的请求依法应得到支持？

A. 甲应允乙同看演出，但迟到半小时。乙要求甲赔偿损失

B. 甲听说某公司股票可能大涨，便告诉乙，乙信以为真大量购进，事后该支股票大跌。乙要求甲赔偿损失

C. 甲与其妻乙约定，如因甲出轨导致离婚，甲应补偿乙50万元，后二人果然因此离婚。乙要求甲依约赔偿

D. 甲对乙承诺，如乙比赛夺冠，乙出国旅游时甲将陪同，后乙果然夺冠，甲失约。乙要求甲承担赔偿责任

2. 甲十七岁，以个人积蓄1,000元在慈善拍卖会拍得明星乙表演用过的道具，市价约100元。事后，甲觉得道具价值与其价格很不相称，颇为后悔。关于这一买卖，下列哪一说法是正确的？

A. 买卖显失公平，甲有权要求撤销

B. 买卖存在重大误解，甲有权要求撤销

C. 买卖无效，甲为限制行为能力人

D. 买卖有效

3. 甲十五岁，精神病人。关于其监护问题，下列哪一表述是正确的？

A. 监护人只能是甲的近亲属或关系密切的其他亲属、朋友

B. 监护人可是同一顺序中的数人

C. 对担任监护人有争议的，可直接请求法院裁决

D. 为甲设定监护人，适用关于精神病人监护的规定

4. 根据我国法律规定，关于法人，下列哪一表述是正确的？

A. 成立社团法人均须登记

B. 银行均是企业法人

C. 法人之间可形成合伙型联营

D. 一人公司均不是法人

5. 某校长甲欲将一套住房以50万元出售。某报记者乙找到甲，出价40万元，甲拒绝。乙对甲说："我有你贪污的材料，不答应我就举报你。"甲信以为真，以40万元将该房卖与乙。乙实际并无甲贪污的材料。关于该房屋买卖合同的效力，下列哪一说法是正确的？

A. 存在欺诈行为，属可撤销合同

B. 存在胁迫行为，属可撤销合同

C. 存在乘人之危的行为，属可撤销合同

D. 存在重大误解，属可撤销合同

6. 甲将一辆汽车以15万元卖给乙，乙付清全款，双方约定七日后交付该车并办理过户手续。丙知道此交易后，向甲表示愿以18万元购买，甲当即答应并与丙办理了过户手续。乙起诉甲、丙，要求判令汽车归己所有，并赔偿因不能及时使用汽车而发生的损失。关于该汽车的归属，下列哪一说法是正确的？

A. 归乙所有，甲、丙应赔偿乙的损失

B. 归乙所有，乙只能请求甲承担赔偿责任

C. 归丙所有，但甲、丙应赔偿乙的损失

D. 归丙所有，但丙应赔偿乙的损失

7. 红光、金辉、绿叶和彩虹公司分别出资50万元、20万元、20万元、10万元建造一栋楼房，约定建成后按投资比例使用，但对楼房管理和所有权归属未作约定。对此，下列哪一说法是错误的？

A. 该楼发生的管理费用应按投资比例承担

B. 该楼所有权为按份共有

C. 红光公司投资占50%，有权决定该楼的重大修缮事宜

D. 彩虹公司对其享有的份额有权转让

8. 北林公司是某小区业主选聘的物业服务企业。关于业主与北林公司的权利义务，下列哪一选项是正确的？

A. 北林公司公开作出的服务承诺及制定的服务细则，不是物业服务合同的组成部分

B. 业主甲将房屋租给他人使用，约定由承租人交纳物业费，北林公司有权请求业主甲对该物业费的交纳承担连带责任

C. 业主乙拖欠半年物业服务费，北林公司要求业主委员会支付欠款，业主委员会无权拒绝

D. 业主丙出国进修两年返家，北林公司要求其补交两年的物业管理费，丙有权以两年未接受物业服务为由予以拒绝

**9.** 某郊区小学校为方便乘坐地铁，与相邻研究院约定，学校人员有权借研究院道路通行，每年支付一万元。据此，学校享有的是下列哪一项权利？

A. 相邻权　　B. 地役权

C. 建设用地使用权　　D. 宅基地使用权

**10.** 辽东公司欠辽西公司货款200万元，辽西公司与辽中公司签订了一份价款为150万元的电脑买卖合同，合同签订后，辽中公司指示辽西公司将该合同项下的电脑交付给辽东公司。因辽东公司届期未清偿所欠货款，故辽西公司将该批电脑扣留。关于辽西公司的行为，下列哪一选项是正确的？

A. 属于行使抵押权　　B. 属于行使动产质权

C. 属于行使留置权　　D. 属于自助行为

**11.** 张某和李某采用书面形式签订一份买卖合同，双方在甲地谈妥合同的主要条款，张某于乙地在合同上签字，李某于丙地在合同上摁了手印，合同在丁地履行。关于该合同签订地，下列哪一选项是正确的？

A. 甲地　　B. 乙地

C. 丙地　　D. 丁地

**12.** 甲、乙同为儿童玩具生产商。六一节前夕，丙与甲商谈进货事宜。乙知道后向丙提出更优惠条件，并指使丁假借订货与甲接洽，报价高于丙以阻止甲与丙签约。丙经比较与乙签约，丁随即终止与甲的谈判，甲因此遭受损失。对此，下列哪一说法是正确的？

A. 乙应对甲承担缔约过失责任

B. 丙应对甲承担缔约过失责任

C. 丁应对甲承担缔约过失责任

D. 乙、丙、丁无须对甲承担缔约过失责任

**13.** 甲、乙订立一份价款为十万元的图书买卖合同，约定甲先支付书款，乙两个月后交付图书。甲由于资金周转困难只交付五万元，答应余款尽快支付，但乙不同意。两个月后甲要求乙交付图书，遭乙拒绝。对此，下列哪一表述是正确的？

A. 乙对甲享有同时履行抗辩权

B. 乙对甲享有不安抗辩权

C. 乙有权拒绝交付全部图书

D. 乙有权拒绝交付与五万元书款价值相当的部分图书

**14.** 甲、乙约定：甲将100吨汽油卖给乙，合同签订后三天交货，交货后十天内付货款。还约定，合同签订后乙应向甲支付十万元定金，合同在支付定金时生效。合同订立后，乙未交付定金，甲按期向乙交付了货物，乙到期未付款。对此，下列哪一表述是正确的？

A. 甲可请求乙支付定金

B. 乙未支付定金不影响买卖合同的效力

C. 甲交付汽油使得定金合同生效

D. 甲无权请求乙支付价款

**15.** 甲无国籍，经常居住地为乙国，甲创作的小说《黑客》在丙国首次出版。我国公民丁在丙国购买了该小说，未经甲同意将其翻译并在我国境内某网站传播。《黑客》要受我国著作权法保护，应当具备下列哪一条件？

A. 《黑客》不应当属于我国禁止出版或传播的作品

B. 甲对丁翻译《黑客》并在我国境内网站传播的行为予以追认

C. 乙和丙国均加入了《保护文学艺术作品伯尔尼公约》

D. 乙或丙国加入了《保护文学艺术作品伯尔尼公约》

**16.** 甲、乙合作完成一部剧本，丙影视公司欲将该剧本拍摄成电视剧。甲以丙公司没有名气为由拒绝，乙独自与丙公司签订合同，以十万元价格将该剧本摄制权许可给丙公司。对此，下列哪一说法是错误的？

A. 该剧本版权由甲乙共同享有

B. 该剧本版权中的人身权不可转让

C. 乙与丙公司签订的许可合同无效

D. 乙获得的十万元报酬应当合理分配给甲

**17.** 甲公司注册了商标"霞露"，使用于日用化妆品等商品上，下列哪一选项是正确的？

A. 甲公司要将该商标改成"露霞"，应向商标局提出变更申请

B. 乙公司在化妆品上擅自使用"露霞"为商标，甲公司有权禁止

C. 甲公司因经营不善连续三年停止使用该商标，该商标可能被注销

D. 甲公司签订该商标转让合同后，应单独向商标局提出转让申请

**18.** 甲是某产品的专利权人，乙于2008年3月1日开始制造和销售该专利产品。甲于2009年3月1日对乙提起侵权之诉。经查，甲和乙销售每件专利产品分别获利为二万元和一万元，甲因乙的侵权行为少销售100台，乙共销售侵权产品300台。关于乙应对甲赔偿的额度，下列哪一选项是正确的？

A. 200万元　　B. 250万元

C. 300万元　　D. 500万元

**19.** 甲妻病故，膝下无子女，养子乙成年后常年在外地工作。甲与村委会签订遗赠扶养协议，约定甲的生养死葬由村委会负责，死后遗产归村委会所有。后甲又自书一份遗嘱，将其全部财产赠与侄子丙。甲死后，乙就甲的遗产与村委会以及丙发生争议。对此，下列哪一选项是正确的？

A. 甲的遗产应归村委会所有

B. 甲所立遗嘱应予撤销

C. 村委会、乙和丙共同分割遗产，村委会可适当多分

D. 村委会和丙平分遗产，乙无权分得任何遗产

**20.** 甲晚10点30分酒后驾车回家，车速每小时80公里，该路段限速60公里。为躲避乙逆向行驶的摩托车，将行人丙撞伤，丙因住院治疗花去10万元。关于丙的损害责任承担，下列哪一说法是正确的？

A. 甲应承担全部责任
B. 乙应承担全部责任
C. 甲、乙应承担按份责任
D. 甲、乙应承担连带责任

**21.** 大学生甲在寝室复习功课，隔壁寝室的学生乙、丙到甲寝室强烈要求甲打开电视观看足球比赛，甲只好照办。由于质量问题，电视机突然爆炸，甲乙丙三人均受重伤。关于三人遭受的损害，下列哪一选项是正确的？

A. 甲可要求电视机的销售者承担赔偿责任
B. 甲可要求乙、丙承担损害赔偿责任
C. 乙、丙无权要求电视机的销售者承担赔偿责任
D. 乙、丙有权要求甲承担损害赔偿责任

**22.** 某"二人转"明星请某摄影爱好者为其拍摄个人写真，摄影爱好者未经该明星同意将其照片卖给崇拜该明星的广告商，广告商未经该明星、摄影爱好者同意将该明星照片刊印在广告单上。对此，下列哪一选项是正确的？

A. 照片的著作权属于该明星，但由摄影爱好者行使
B. 广告商侵犯了该明星的肖像权
C. 广告商侵犯了该明星的名誉权
D. 摄影爱好者卖照片给广告商，不构成侵权

**23.** 甲、乙是同事，因工作争执甲对乙不满，写了一份丑化乙的短文发布在丙网站。乙发现后要求丙删除，丙不予理会，致使乙遭受的损害扩大。关于扩大损害部分的责任承担，下列哪一说法是正确的？

A. 甲承担全部责任
B. 丙承担全部责任
C. 甲和丙承担连带责任
D. 甲和丙承担按份责任

**24.** 甲为父亲祝寿宴请亲友，请乙帮忙买酒，乙骑摩托车回村途中被货车撞成重伤，公安部门认定货车司机丙承担全部责任。经查：丙无赔偿能力。丁为货车车主，该货车一年前被盗，未买任何保险。关于乙人身损害的赔偿责任承担，下列哪一选项是正确的？

A. 甲承担全部赔偿责任　B. 甲予以适当补偿
C. 丁承担全部赔偿责任　D. 丁予以适当补偿

**25.** 甲乙丙丁戊五人共同组建一有限公司。出资协议约定甲以现金十万元出资，甲已缴纳六万元出资，尚有四万元未缴纳。某次公司股东会上，甲请求免除其四万元的出资义务。股东会五名股东，其中四名表示同意，投反对票的股东丙向法院起诉，请求确认该股东会决议无效。对此，下列哪一表述是正确的？

A. 该决议无效，甲的债务未免除
B. 该决议有效，甲的债务已经免除
C. 该决议需经全体股东同意才能有效
D. 该决议属于可撤销，除甲以外的任一股东均享有撤销权

**26.** 甲乙丙三人拟成立一家小规模商贸有限责任公司，注册资本为八万元，甲以一辆面包车出资，乙以货币出资，丙以实用新型专利出资。对此，下列哪一表述是正确的？

A. 甲出资的面包车无需移转所有权，但须交公司管理和使用
B. 乙的货币出资不能少于二万元
C. 丙的专利出资作价可达到四万元
D. 公司首期出资不得低于注册资本的30%

**27.** 某上市公司因披露虚假年度财务报告，导致投资者在证券交易中蒙受重大损失。关于对此承担民事赔偿责任的主体，下列哪一选项是错误的？

A. 该上市公司的监事
B. 该上市公司的实际控制人
C. 该上市公司财务报告的刊登媒体
D. 该上市公司的证券承销商

**28.** 根据《保险法》规定，人身保险投保人对下列哪一类人员具有保险利益？

A. 与投保人关系密切的邻居
B. 与投保人已经离婚但仍一起生活的前妻
C. 与投保人有劳动关系的劳动者
D. 与投保人合伙经营的合伙人

**29.** 辽沈公司因不能清偿到期债务而申请破产清算。法院受理后，管理人开始受理债权人的债权申报。对此，下列哪一债权人申报的债权属于应当受偿的破产债权？

A. 债权人甲的保证人，以其对辽沈公司的将来求偿权进行的债权申报
B. 债权人乙，以其已超过诉讼时效的债权进行的债权申报
C. 债权人丙，要求辽沈公司作为承揽人继续履行承揽合同进行的债权申报
D. 某海关，以其对辽沈公司进行处罚尚未收取的罚款进行的债权申报

**30.** 根据《合伙企业法》规定，第三人有理由相信有限合伙人为普通合伙人并与其交易的，该有限合伙人对该笔交易承担与普通合伙人同样的责任。关于此规定在合伙法原理上的称谓，下列哪一选项是正确的？

A. 事实合伙　B. 表见普通合伙
C. 特殊普通合伙　D. 隐名合伙

**31.** 关于合伙企业的利润分配，如合伙协议未作约定且合伙人协商不成，下列哪一选项是正确的？

A. 应当由全体合伙人平均分配

B. 应当由全体合伙人按实缴出资比例分配

C. 应当由全体合伙人按合伙协议约定的出资比例分配

D. 应当按合伙人的贡献决定如何分配

**32.** 张某与李某产生邻里纠纷，张某将李某打伤。为解决赔偿问题，双方同意由人民调解委员会进行调解。经调解员黄某调解，双方达成赔偿协议。关于该纠纷的处理，下列哪一说法是正确的？

A. 张某如反悔不履行协议，李某可就协议向法院提起诉讼

B. 张某如反悔不履行协议，李某可向法院提起人身损害赔偿诉讼

C. 张某如反悔不履行协议，李某可向法院申请强制执行调解协议

D. 张某可以调解委员会未组成合议庭调解为由，向法院申请撤销调解协议

**33.** 王某以借款纠纷为由起诉吴某。经审理，法院认为该借款关系不存在，王某交付吴某的款项为应支付的货款，王某与吴某之间存在买卖关系而非借用关系。法院向王某作出说明，但王某坚持己见，不予变更诉讼请求和理由。法院遂作出裁定，驳回王某的诉讼请求。关于本案，下列哪一说法是正确的？

A. 法院违反了不告不理原则

B. 法院适用裁判形式错误

C. 法院违反了辩论原则

D. 法院违反了处分原则

**34.** 关于回避，下列哪一说法是正确的？

A. 当事人申请担任审判长的审判人员回避的，应由审委会决定

B. 当事人申请陪审员回避的，应由审判长决定

C. 法院驳回当事人的回避申请，当事人不服而申请复议，复议期间被申请回避人不停止参与本案的审理工作

D. 如当事人申请法院翻译人员回避，可由合议庭决定

**35.** 关于合议庭评议案件，下列哪一表述是正确的？

A. 审判长意见与多数意见不同的，以其意见为准判决

B. 陪审员意见得到支持、形成多数的，可按该意见判决

C. 合议庭意见存在分歧的，也可提交院长审查决定

D. 审判人员的不同意见均须写入笔录

**36.** 某省甲市A区法院受理一起保管合同纠纷案件，根据被告管辖权异议，A区法院将案件移送该省乙市B区法院审理。乙市B区法院经审查认为，A区法院移送错误，本案应归甲市A区法院管辖，发生争议。关于乙市B区法院的做法，下列哪一选项是正确的？

A. 将案件退回甲市A区法院

B. 将案件移送同级第三方法院管辖

C. 报请乙市中级法院指定管辖

D. 与甲市A区法院协商不成，报请该省高级法院指定管辖

**37.** 甲乙丙三人合伙开办电脑修理店，店名为"一通电脑行"，依法登记。甲负责对外执行合伙事务。顾客丁进店送修电脑时，被该店修理人员戊的工具碰伤。丁拟向法院起诉。关于本案被告的确定，下列哪一选项是正确的？

A. "一通电脑行"为被告

B. 甲为被告

C. 甲乙丙三人为共同被告，并注明"一通电脑行"字号

D. 甲乙丙戊四人为共同被告

**38.** 甲为有独立请求权第三人，乙为无独立请求权第三人，关于甲、乙诉讼权利和义务，下列哪一说法是正确的？

A. 甲只能以起诉的方式参加诉讼，乙以申请或经法院通知的方式参加诉讼

B. 甲具有当事人的诉讼地位，乙不具有当事人的诉讼地位

C. 甲的诉讼行为可对本诉的当事人发生效力，乙的诉讼行为对本诉的当事人不发生效力

D. 任何情况下，甲有上诉权，而乙无上诉权

**39.** 李某向A公司追索劳动报酬。诉讼中，李某向法院申请先予执行部分劳动报酬，法院经查驳回李某申请。李某不服，申请复议。法院审查后再次驳回李某申请。李某对复议结果仍不服，遂向上一级法院申请再审。关于上一级法院对该再审申请的处理，下列哪一选项是正确的？

A. 裁定再审　　B. 决定再审

C. 裁定不予受理　　D. 裁定驳回申请

**40.** 甲、乙因遗产继承发生纠纷，双方书面约定由某仲裁委员会仲裁。后甲反悔，向遗产所在地法院起诉。法院受理后，乙向法院声明双方签订了仲裁协议。关于法院的做法，下列哪一选项是正确的？

A. 裁定驳回起诉

B. 裁定驳回诉讼请求

C. 裁定将案件移送某仲裁委员会审理

D. 法院裁定仲裁协议无效，对案件继续审理

**41.** 关于法院对仲裁的司法监督的说法，下列哪一选项是错误的？

A. 仲裁当事人申请财产保全，应当向仲裁机构申请，由仲裁机构将该申请移交给相关法院

B. 仲裁当事人申请撤销仲裁裁决被法院驳回，此后以相同理由申请不予执行，法院不予支持

C. 仲裁当事人在仲裁程序中没有提出对仲裁协议效力的异议，此后以仲裁协议无效为由申请撤销或不予执行，法院不予支持

D. 申请撤销仲裁裁决或申请不予执行仲裁裁决程序中，法院可通知仲裁机构在一定期限内重新仲裁

**42.** 法院受理甲出版社、乙报社著作权纠纷案，判决乙赔偿甲10万元，并登报赔礼道歉。判决生效后，乙交付10万元，但未按期赔礼道歉，甲申请强制执行。执行中，甲、乙自行达成口头协议，约定乙免于赔礼道歉，但另付甲一万元。关于法院的做法，下列哪一选项是正确的？

A. 不允许，因协议内容超出判决范围，应当继续执行生效判决

B. 允许，法院视为申请人撤销执行申请

C. 允许，将当事人协议内容记入笔录，由甲、乙签字或盖章

D. 允许，根据当事人协议内容制作调解书

**43.** 甲在丽都酒店就餐，顾客乙因地板湿滑不慎滑倒，将热汤洒到甲身上，甲被烫伤。甲拟向法院提起诉讼。关于本案当事人的确定，下列哪一说法是正确的？

A. 甲起诉丽都酒店，乙是第三人

B. 甲起诉乙，丽都酒店是第三人

C. 甲起诉，只能以乙或丽都酒店为单一被告

D. 甲起诉丽都酒店，乙是共同被告

**44.** 张某诉季某人身损害赔偿一案判决生效后，张某以法院剥夺其辩论权为由申请再审，在法院审查张某再审申请期间，检察院对该案提出抗诉。关于法院的处理方式，下列哪一选项是正确的？

A. 法院继续对当事人的再审申请进行审查，并裁定是否再审

B. 法院应当审查检察院的抗诉是否成立，并裁定是否再审

C. 法院应当审查检察院的抗诉是否成立，如不成立，再继续审查当事人的再审申请

D. 法院直接裁定再审

**45.** 郭某诉张某财产损害一案，法院进行了庭前调解，张某承认对郭某财产造成损害，但在赔偿数额上双方无法达成协议。关于本案，下列哪一选项是正确的？

A. 张某承认对郭某财产造成损害，已构成自认

B. 张某承认对郭某财产造成损害，可作为对张某不利的证据使用

C. 郭某仍需对张某造成财产损害的事实举证证明

D. 法院无需开庭审理，本案事实清楚可直接作出判决

**46.** 甲公司申请强制执行乙公司的财产，法院将乙公司的一处房产列为执行标的。执行中，丙银行向法院主张，乙公司已将该房产抵押贷款，并以自己享有抵押权为由提出异议。乙公司否认将房产抵押给丙银行。经审查，法院驳回丙银行的异议。丙银行拟向法院起诉，关于本案被告的确定，下列哪一选项是正确的？

A. 丙银行只能以乙公司为被告起诉

B. 丙银行只能以甲公司为被告起诉

C. 丙银行可选择甲公司为被告起诉，也可选择乙公司为被告起诉

D. 丙银行应当以甲公司和乙公司为共同被告起诉

**47.** 红光公司起诉蓝光公司合同纠纷一案，A市B区法院受理后，蓝光公司提出管辖权异议，认为本案应当由A市中级法院管辖。B区法院裁定驳回蓝光公司异议，蓝光公司提起上诉。此时，红光公司向B区法院申请撤诉，获准。关于本案，下列哪一选项是正确的？

A. B区法院裁定准予撤诉是错误的，因为蓝光公司已经提起上诉

B. 红光公司应当向A市中级法院申请撤诉，并由其裁定是否准予撤诉

C. B区法院应当待A市中级法院就蓝光公司的上诉作出裁定后，再裁定是否准予撤诉

D. B区法院裁定准予撤诉后，二审法院不再对管辖权异议的上诉进行审查

**48.** 张某到王某家聊天，王某去厕所时张某帮其接听了刘某打来的电话。刘某欲向王某订购一批货物，请张某转告，张某应允。随后张某感到有利可图，没有向王某转告订购之事，而是自己低价购进了刘某所需货物，以王某名义交货并收取了刘某货款。关于张某将货物出卖给刘某的行为的性质，下列哪些说法是正确的？

A. 无权代理　　B. 无因管理

C. 不当得利　　D. 效力待定

**49.** 某公司因合同纠纷的诉讼时效问题咨询律师。关于律师的答复，下列哪些选项是正确的？

A. 当事人不得违反法律规定，约定延长或者缩短诉讼时效期间、预先放弃诉讼时效利益

B. 当事人约定同一债务分期履行的，诉讼时效期间从最后一期履行期限届满之日起计算

C. 当事人在一审期间未提出诉讼时效抗辩的，二审期间不能提出该抗辩

D. 诉讼时效届满，当事人一方向对方当事人作出同意履行义务意思表示的，不得再以时效届满为由进行抗辩

**50.** 某房屋登记簿上所有权人为甲，但乙认为该房屋应当归己所有，遂申请仲裁。仲裁裁决争议房屋归乙所有，但裁决书生效后甲、乙未办理变更登记手续。一月后，乙将该房屋抵押给丙银行，签订了书面

合同，但未办理抵押登记。对此，下列哪些说法是正确的？

A. 房屋应归甲所有　B. 房屋应归乙所有

C. 抵押合同有效　D. 抵押权未成立

**51.** 小贝购得一只世界杯指定用球后兴奋不已，一脚踢出，恰好落入邻居老马家门前的水井中，正在井边清洗花瓶的老马受到惊吓，手中花瓶落地摔碎。老马从井中捞出足球后，小贝央求老马归还，老马则要求小贝赔偿花瓶损失。对此，下列哪些选项是正确的？

A. 小贝对老马享有物权请求权

B. 老马对小贝享有物权请求权

C. 老马对小贝享有债权请求权

D. 如小贝拒绝赔偿，老马可对足球行使留置权

**52.** 关于土地承包经营权的设立，下列哪些表述是正确的？

A. 自土地承包经营合同成立时设立

B. 自土地承包经营权合同生效时设立

C. 县级以上地方政府在土地承包经营权设立时应当发放土地承包经营权证

D. 县级以上地方政府应当对土地承包经营权登记造册，未经登记造册的，不得对抗善意第三人

**53.** 某农村养殖户为扩大规模向银行借款，欲以其财产设立浮动抵押。对此，下列哪些表述是正确的？

A. 该养殖户可将存栏的养殖物作为抵押财产

B. 抵押登记机关为抵押财产所在地的工商部门

C. 抵押登记可对抗任何善意第三人

D. 如借款到期未还，抵押财产自借款到期时确定

**54.** 甲向乙借款 300 万元于 2008 年 12 月 30 日到期，丁提供保证担保，丁仅对乙承担保证责任。后乙从甲处购买价值 50 万元的货物，双方约定 2009 年 1 月 1 日付款。2008 年 10 月 1 日，乙将债权让与丙，并于同月 15 日通知甲，但未告知丁。对此，下列哪些选项是正确的？

A. 2008 年 10 月 1 日债权让与在乙丙之间生效

B. 2008 年 10 月 15 日债权让与对甲生效

C. 2008 年 10 月 15 日甲可向丙主张抵销 50 万元

D. 2008 年 10 月 15 日后丁的保证债务继续有效

**55.** 甲对乙享有 2006 年 8 月 10 日到期的六万元债权，到期后乙无力清偿。乙对丙享有五万元债权，清偿期已届满七个月，但乙未对丙采取法律措施。乙对丁还享有五万元人身损害赔偿请求权。后乙去世，无其他遗产，遗嘱中将上述十万元的债权赠与戊。对此，下列哪些选项是正确的？

A. 甲可向法院请求撤销乙的遗赠

B. 在乙去世前，甲可直接向法院请求丙向自己清偿

C. 在乙去世前，甲可直接向法院请求丁向自己清偿

D. 如甲行使代位权胜诉，行使代位权的诉讼费用和其他费用都应该从乙财产中支付

**56.** 甲公司将一工程发包给乙建筑公司，经甲公司同意，乙公司将部分非主体工程分包给丙建筑公司，丙公司又将其中一部分分包给丁建筑公司。后丁公司因工作失误致使工程不合格，甲公司欲索赔。对此，下列哪些说法是正确的？

A. 上述工程承包合同均无效

B. 丙公司在向乙公司赔偿损失后，有权向丁公司追偿

C. 甲公司有权要求丁公司承担民事责任

D. 法院可收缴丙公司由于分包已经取得的非法所得

**57.** 甲委托乙寄售行以该行名义将甲的一台仪器以 3,000 元出售，除酬金外双方对其他事项未作约定。其后，乙将该仪器以 3,500 元卖给了丙，为此乙多支付费用 100 元。对此，下列哪些选项是正确的？

A. 甲与乙订立的是居间合同

B. 高于约定价格卖得的 500 元属于甲

C. 如仪器出现质量问题，丙应向乙主张违约责任

D. 乙无权要求甲承担 100 元费用

**58.** 关于保管合同和仓储合同，下列哪些说法是错误的？

A. 二者都是有偿合同

B. 二者都是实践性合同

C. 寄存人和存货人均有权随时提取保管物或仓储物而无须承担责任

D. 因保管人保管不善造成保管物或仓储物毁损、灭失的，保管人承担严格责任

**59.** 甲乙丙三人合作开发一项技术，合同中未约定权利归属。该项技术开发完成后，甲、丙想要申请专利，而乙主张通过商业秘密来保护。对此，下列哪些选项是错误的？

A. 甲、丙不得申请专利

B. 甲、丙可申请专利，申请批准后专利权归甲、乙、丙共有

C. 甲、丙可申请专利，申请批准后专利权归甲、丙所有，乙有免费实施的权利

D. 甲、丙不得申请专利，但乙应向甲、丙支付补偿费

**60.** 甲影视公司将其摄制的电影《愿者上钩》的信息网络传播权转让给乙网站，乙网站采取技术措施防范未经许可免费播放或下载该影片。丙网站开发出专门规避乙网站技术防范软件，供网民在丙网站免费下载使用，学生丁利用该软件免费下载了《愿者上钩》供个人观看。对此，下列哪些说法是正确的？

A. 丙网站的行为侵犯了著作权
B. 丁的行为侵犯了著作权
C. 甲公司已经丧失著作权人主体资格
D. 乙网站可不经甲公司同意以自己名义起诉侵权行为人

**61.** 商标注册申请人自其在某外国第一次提出商标注册申请之日起六个月内，又在中国就相同商品以同一商标提出注册申请的，依据下列哪些情形可享有优先权？

A. 该外国同中国签订的协议
B. 该外国同中国共同参加的国际条约
C. 该外国同中国相互承认优先权
D. 该外国同中国有外交关系

**62.** 甲公司聘请乙专职从事汽车发动机节油技术开发。因开发进度没有达到甲公司的要求，甲公司减少了给乙的开发经费。乙于 2007 年 3 月辞职到丙公司，获得了更高的薪酬和更多的开发经费。2008 年 1 月，乙成功开发了一种新型汽车节油装置技术。关于该技术专利申请权的归属，下列哪些选项是错误的？

A. 甲公司　　B. 乙
C. 丙公司　　D. 甲公司和丙公司共有

**63.** 甲、乙因离婚诉至法院，要求分割实为共同财产而以甲的名义对丙合伙企业的投资。诉讼中，甲、乙经协商，甲同意将其在丙合伙企业中的财产份额转让给乙。法院对此作出处理，下列哪些选项是正确的？

A. 其他三分之二以上合伙人同意转让的，乙取得合伙人地位
B. 其他合伙人不同意转让，在同等条件下行使优先受让权的，可对转让所得的财产进行分割
C. 其他合伙人不同意转让，也不行使优先受让权，但同意甲退伙或退还其财产份额的，可对退伙财产进行分割
D. 其他合伙人对转让、退伙、退还财产均不同意，也不行使优先受让权的，视为全体合伙人同意转让，乙依法取得合伙人地位

**64.** 郭大爷女儿五年前病故，留下一子甲。女婿乙一直与郭大爷共同生活，尽了主要赡养义务。郭大爷继子丙虽然与其无扶养关系，但也不时从外地回来探望。郭大爷还有一丧失劳动能力的养子丁。郭大爷病故，关于其遗产的继承，下列哪些选项是正确的？

A. 甲为第一顺序继承人
B. 乙在分配财产时，可多分
C. 丙无权继承遗产
D. 分配遗产时应该对丁予以照顾

**65.** 女青年牛某因在一档电视相亲节目中言词犀利而受到观众关注，一时应者如云。有网民对其发动“人肉搜索”，在相关网站首次披露牛某的曾用名、儿时相片、家庭背景、恋爱史等信息，并有人在网站上捏造牛某曾与某明星有染的情节。关于网民的行为，下列哪些说法是正确的？

A. 侵害牛某的姓名权
B. 侵害牛某的肖像权
C. 侵害牛某的隐私权
D. 侵害牛某的名誉权

**66.** 张某因病住院，医生手术时误将一肾脏摘除。张某向法院起诉，要求医院赔偿治疗费用和精神损害抚慰金。法院审理期间，张某术后感染医治无效死亡。关于此案，下列哪些说法是正确的？

A. 医院侵犯了张某的健康权和生命权
B. 张某继承人有权继承张某的医疗费赔偿请求权
C. 张某继承人有权继承张某的精神损害抚慰金请求权
D. 张某死后其配偶、父母和子女有权另行起诉，请求医院赔偿自己的精神损害

**67.** 甲公司为劳务派遣单位，根据合同约定向乙公司派遣搬运工。搬运工丙脾气暴躁常与人争吵，乙公司要求甲公司更换丙或对其教育管理，甲公司不予理会。一天，乙公司安排丙为顾客丁免费搬运电视机，丙与丁发生激烈争吵故意摔坏电视机。对此，下列哪些说法是错误的？

A. 甲公司和乙公司承担连带赔偿责任
B. 甲公司承担赔偿责任，乙公司承担补充责任
C. 甲公司和丙承担连带赔偿责任
D. 丙承担赔偿责任，甲公司承担补充责任

**68.** 甲乙等六位股东各出资 30 万元于 2004 年 2 月设立一有限责任公司，五年来公司效益一直不错，但为了扩大再生产一直未向股东分配利润。2009 年股东会上，乙提议进行利润分配，但股东会仍然作出不分配利润的决议。对此，下列哪些表述是错误的？

A. 该股东会决议无效
B. 乙可请求法院撤销该股东会决议
C. 乙有权请求公司以合理价格收购其股权
D. 乙可不经其他股东同意而将其股份转让给第三人

**69.** 甲乙丙三人共同组建一有限责任公司。公司成立后，甲将其 20% 股权中的 5% 转让给第三人丁，丁通过受让股权成为公司股东。甲、乙均按期足额缴纳出资，但发现由丙出资的机器设备的实际价值明显低于公司章程所确定的数额。对此，下列哪些表述是错误的？

A. 由丙补交其差额，甲、乙和丁对其承担连带责任
B. 丙应当向甲、乙和丁承担违约责任
C. 由丙补交其差额，甲、乙对其承担连带责任
D. 丙应当向甲、乙承担违约责任

**70.** 张某向陈某借款 50 万作为出资，与李某、王某成立一家普通合伙企业。二年后借款到期，张某无力还款。对此，下列哪些说法是正确的？

A. 经李某和王某同意，张某可将自己的财产份额作价转让给陈某，以抵销部分债务

B. 张某可不经李某和王某同意，将其在合伙中的份额进行出质，用获得的贷款偿还债务

C. 陈某可直接要求法院强制执行张某在合伙企业中的财产以实现自己的债权

D. 陈某可要求李某和王某对张某的债务承担连带责任

**71.** 2005 年 10 月 5 日，甲、乙签订房屋买卖合同，约定年底前办理房屋过户登记。乙签发一张面额 80 万元的转账支票给甲以支付房款。一星期后，甲提示银行付款。2006 年 1 月中旬，甲到银行要求支付支票金额，但此时甲尚未将房屋登记过户给乙。对此，下列哪些说法是正确的？

A. 尽管甲尚未履行房屋过户登记义务，但银行无权拒绝支付票据金额

B. 如甲向乙主张票据权利，因甲尚未办理房屋的过户登记，乙可拒付票据金额

C. 如被银行拒付，甲可根据房屋买卖合同要求乙支付房款

D. 如该支票遗失，甲即丧失票据权利

**72.** 2007 年 7 月，陈某为其母投保人身保险时，为不超过保险公司规定的承保年龄，在申报被保险人年龄时故意少报了二岁。2009 年 9 月保险公司发现了此情形。对此，下列哪些选项是正确的？

A. 保险公司有权解除保险合同，但需退还投保人已交的保险费

B. 保险公司无权解除保险合同

C. 如此时发生保险事故，保险公司不承担给付保险金的责任

D. 保险人有权要求投保人补交少交的保险费，但不能免除其保险责任

**73.** 甲为其妻乙投保意外伤害保险，指定其子丙为受益人。对此，下列哪些选项是正确的？

A. 甲指定受益人时须经乙同意

B. 如因第三人导致乙死亡，保险公司承担保险金赔付责任后有权向该第三人代位求偿

C. 如乙变更受益人无须甲同意

D. 如丙先于乙死亡，则出现保险事故时保险金作为乙的遗产由甲继承

**74.** 关于破产清算、重整与和解的表述，下列哪些选项是正确的？

A. 债务人一旦被宣告破产，则不可能再进入重整或者和解程序

B. 破产案件受理后，只有债务人才能提出和解申请

C. 即使债务人未出现现实的资不抵债情形，也可申请重整程序

D. 重整是破产案件的必经程序

**75.** 二审法院审理继承纠纷上诉案时，发现一审判决遗漏另一继承人甲。关于本案，下列哪一说法是正确的？

A. 为避免诉讼拖延，二审法院可依职权直接改判

B. 二审法院可根据自愿原则进行调解，调解不成的裁定撤销原判决发回重审

C. 甲应列为本案的有独立请求权第三人

D. 甲应是本案的共同原告

**76.** 关于仲裁调解，下列哪些表述是正确的？

A. 仲裁调解达成协议的，仲裁庭应当根据协议制作调解书或根据协议结果制作裁决书

B. 对于事实清楚的案件，仲裁庭可依职权进行调解

C. 仲裁调解达成协议的，经当事人、仲裁员在协议上签字后即发生效力

D. 仲裁庭在作出裁决前可先行调解

**77.** 关于再审程序的说法，下列哪些选项是正确的？

A. 在再审中，当事人提出新的诉讼请求的，原则上法院应根据自愿原则进行调解，调解不成的告知另行起诉

B. 在再审中，当事人增加诉讼请求的，原则上法院应根据自愿原则进行调解，调解不成的裁定发回重审

C. 按照第一审程序再审案件时，经法院许可原审原告可撤回起诉

D. 在一定条件下，案外人可申请再审

**78.** 周某与某书店因十几本工具书损毁发生纠纷，书店向法院起诉，并向法院提交了被损毁图书以证明遭受的损失。关于本案被损毁图书，属于下列哪些类型的证据？

A. 直接证据　　B. 间接证据

C. 书证　　D. 物证

**79.** 甲公司与乙公司签订了一份钢材购销合同，约定因该合同发生纠纷双方可向 A 仲裁委员会申请仲裁，也可向合同履行地 B 法院起诉。关于本案，下列哪些选项是正确的？

A. 双方达成的仲裁协议无效

B. 双方达成的管辖协议有效

C. 如甲公司向 A 仲裁委员会申请仲裁，乙公司在仲裁庭首次开庭前未提出异议，A 仲裁委员会可对该案进行仲裁

D. 如甲公司向 B 法院起诉，乙公司在法院首次开庭时对法院管辖提出异议，法院应当驳回甲公司的起诉

**80.** 住所位于我国 A 市 B 区的甲公司与美国乙公司在我国 M 市 N 区签定了一份买卖合同，美国乙公司在我国 C 市 D 区设有代表处。甲公司因乙公司提供的产品质量问题诉至法院。关于本案，下列哪些选项是正确的？

A. M 市 N 区法院对本案有管辖权

B. C 市 D 区法院对本案有管辖权

C. 法院向乙公司送达时，可向乙公司设在 C 市 D 区的代表处送达

D. 如甲公司不服一审判决，应当在一审判决书送达之日起十五日内提起上诉

**81.** 甲公司因与乙公司合同纠纷申请仲裁，要求解除合同。某仲裁委员会经审理裁决解除双方合同，还裁决乙公司赔偿甲公司损失六万元。关于本案的仲裁裁决，下列哪些表述是正确的？

A. 因仲裁裁决超出了当事人请求范围，乙公司可申请撤销超出甲公司请求部分的裁决

B. 因仲裁裁决超出了当事人请求范围，乙公司可向法院提起诉讼

C. 因仲裁裁决超出了当事人请求范围，乙公司可向法院申请再审

D. 乙公司可申请不予执行超出甲公司请求部分的仲裁裁决

**82.** 关于适用简易程序的表述，下列哪些选项是正确的？

A. 基层法院适用普通程序审理的民事案件，当事人双方可协议并经法院同意适用简易程序审理

B. 经双方当事人一致同意，法院制作判决书时可对认定事实或者判决理由部分适当简化

C. 法院可口头方式传唤当事人出庭

D. 当事人对案件事实无争议的，法院可不开庭迳行判决

**83.** 王某与钱某系夫妻，因感情不和王某提起离婚诉讼，一审法院经审理判决不准予离婚。王某不服提出上诉，二审法院经审理认为应当判决离婚，并对财产分割与子女抚养一并作出判决。关于二审法院的判决，下列哪些选项违反了《民事诉讼法》的原则或制度？

A. 处分原则　　　　B. 辩论原则

C. 两审终审制度　　D. 回避制度

**84.** 根据《民事诉讼法》和相关司法解释规定，关于执行程序中的当事人，对下列哪些事项可享有异议权？

A. 法院对某案件的执行管辖权

B. 执行法院的执行行为的合法性

C. 执行标的的所有权归属

D. 执行法院作出的执行中止的裁定

**甲公司与乙公司签订了一份手机买卖合同，约定：甲公司供给乙公司某型号手机 1,000 部，每部单价 1,000 元，乙公司支付定金 30 万元，任何一方违约应向对方支付合同总价款 30% 的违约金。合同签订后，乙公司向甲公司支付了 30 万元定金，并将该批手机转售给丙公司，每部单价 1,100 元，指明由甲公司直接交付给丙公司。但甲公司未按约定期间交货。请回答 85—87 题。**

**85.** 关于返还定金和支付违约金，乙公司向甲公司提出请求，下列表述正确的是：

A. 请求甲公司双倍返还定金 60 万元并支付违约金 30 万元

B. 请求甲公司双倍返还定金 40 万元并支付违约金 30 万元

C. 请求甲公司双倍返还定金 60 万元或者支付违约金 30 万元

D. 请求甲公司双倍返还定金 40 万元或者支付违约金 30 万元

**86.** 关于甲公司违约时继续履行债务，下列表述错误的是：

A. 乙公司在请求甲公司支付违约金以后，就不能请求其继续履行债务

B. 乙公司在请求甲公司支付违约金的同时，还可请求其继续履行债务

C. 乙公司在请求甲公司继续履行债务以后，就不能请求其支付违约金

D. 乙公司可选择请求甲公司支付违约金，或请求其继续履行债务

**87.** 关于甲、乙、丙公司间违约责任的承担，下列表述正确的是：

A. 如乙公司未向丙公司承担违约责任，则丙公司有权请求甲公司向自己承担违约责任

B. 如乙公司未向丙公司承担违约责任，则丙公司无权请求甲公司向自己承担违约责任

C. 如甲公司迟延向丙公司交货，则丙公司有权请求乙公司承担迟延交货的违约责任

D. 如甲公司迟延向丙公司交货，则丙公司无权请求乙公司承担迟延交货的违约责任

**甲公司欲单独出资设立一家子公司。甲公司的法律顾问就此向公司管理层提供了一份法律意见书，涉及子公司的设立、组织机构、经营管理、法律责任等方面的问题。请回答 88—90 题。**

**88.** 关于子公司设立问题，下列说法正确的是：

A. 子公司的名称中应当体现甲公司的名称字样

B. 子公司的营业地可不同于甲公司的营业地

C. 甲公司对子公司的注册资本必须在子公司成立时一次足额缴清

D. 子公司的组织形式只能是有限责任公司

**89.** 关于子公司的组织机构与经营管理，下列说法正确的是：

A. 子公司不设董事会，可任命一名执行董事

B. 子公司可自己单独出资再设立一家全资子公司

C. 子公司的法定代表人应当由甲公司的法定代表人担任

D. 子公司的经营范围不能超过甲公司的经营范围

**90.** 关于子公司的财产性质、法律地位、法律责任等问题，下列说法正确的是：

A. 子公司的财产所有权属于甲公司，但由子公司独立使用

B. 当子公司财产不足清偿债务时，甲公司仅对子公司的债务承担补充清偿责任

C. 子公司具有独立法人资格

D. 子公司进行诉讼活动时以自己的名义进行

## 参考答案与解析

**1. C**。民事法律行为是按当事人意思产生变动权利义务关系效果的合法行为，民事法律行为的核心是意思表示，并以追求一定的私法效果为目的。A中，甲应允乙同看演出，只是以娱乐为目的，不属于民事法律行为，乙无权要求赔偿。B中，甲虽然告诉乙某公司股票可能大涨，但并无要求乙购进的意思表示，乙购进是基于自己的判断做出的行为，甲乙之间并不存在民事法律行为。C中，甲乙约定事项以发生补偿责任为效果，且不违反现行法律规定，属于民事法律行为。D中，甲承诺出国旅游陪同并不属于追求发生私法效果的意思表示，并非民事法律行为。综上，C正确。

**2. D**。《民法典》第19条规定，8周岁以上的未成年人是限制民事行为能力人，可以独立实施纯获利益的民事法律行为或者与其年龄、智力相适应的民事法律行为。一方当事人利用优势或者利用对方没有经验，致使双方的权利义务明显违反公平、等价有偿原则的，可以认定为显失公平。行为人因对行为的性质、对方当事人、标的物的品种、质量、规格和数量等的错误认识，使行为的后果与自己的意思相悖，并造成较大损失的，可以认定为重大误解。本题中，甲应该理解其参与拍卖行为的法律后果，且其属自愿参与拍卖活动，不属于显失公平和重大误解的情形。故D正确。

**3. B**。本题中，甲15岁为未成年人，其监护人首先应为其父母，故AD错误。《最高人民法院关于适用〈中华人民共和国民法典〉总则编若干问题的解释》第9条第2款规定，人民法院依法指定的监护人一般应当是一人，由数人共同担任监护人更有利于保护被监护人利益的，也可以是数人。B正确。《民法典》第31条第1款规定，对监护人的确定有争议的，由被监护人住所地的居民委员会、村民委员会或者民政部门指定监护人，有关当事人对指定不服的，可以向人民法院申请指定监护人；有关当事人也可以直接向人民法院申请指定监护人。C错误。

**4. C**。《民法典》第88条规定，具备法人条件，为适应经济社会发展需要，提供公益服务设立的事业单位，经依法登记成立，取得事业单位法人资格；依法不需要办理法人登记的，从成立之日起，具有事业单位法人资格。A错误。根据我国现行法律规定，中国人民银行和政策性银行不以营利为目的，并非企业法人，故B错误。一人有限责任公司为具有法人资格的公司，D错误。

**5. B**。本题中，乙并没有欺诈的故意，故A错误。乙以举报相要挟，具有胁迫的故意，举报材料是否不正当和属实，不影响胁迫的认定，故B正确。甲并不存在危难情形，并无乘人之危，故C错误。甲不存在重大误解的情形，故D错误。

**6. A**。《民法典》第224条规定："动产物权的设立和转让，自交付时发生效力，但是法律另有规定的除外。"《民法典》第225条规定："船舶、航空器和机动车等物权的设立、变更、转让和消灭，未经登记，不得对抗善意第三人。"《民法典》第228条规定："动产物权转让时，当事人又约定由出让人继续占有该动产的，物权自该约定生效时发生效力。"由此可以看出，对于机动车的物权变动以交付为准；但双方约定出让人继续占有该动产的，物权自该约定生效时发生转让的效力；登记发生对抗善意第三人的效力。本题中，乙已付全款，虽然尚未实际交付，但双方已约定实际交付和过户的时间，应认定该车物权已经转移，只是暂时由出让人继续占有。且丙明知乙已购买此车，因此丙并非善意，第三人不能获得车的所有权，CD错误。《民法典》第238条规定："侵害物权，造成权利人损害的，权利人可以依法请求损害赔偿，也可以依法请求承担其他民事责任。"本题中，在乙取得汽车所有权后，甲丙在明知甲乙之间交易的情况下，将该车出卖与丙的行为，侵害了乙对该车享有的所有权，对于乙因此造成的损失，应由侵权人甲丙承担，因此，A正确，B错误。

**7. C**。《民法典》第309条规定："按份共有人对共有的不动产或者动产享有的份额，没有约定或者约定不明确的，按照出资额确定；不能确定出资额的，视为等额享有。"据此，四家公司按投资比例确定按份共有份额。《民法典》第302条规定："共有人对共有物的管理费用以及其他负担，有约定的，按照其约定；没有约定或者约定不明确的，按份共有人按照其份额负担，共同共有人共同负担。"本题中，四家公司均有明确出资份额，对共有物的管理费用没

有约定时，应按照其投资比例也即按份共有的份额承担，A 正确。《民法典》第 308 条规定：“共有人对共有的不动产或者动产没有约定为按份共有或者共同共有，或者约定不明确的，除共有人具有家庭关系等外，视为按份共有。”本题中，四家公司对楼房所有权没有约定，根据该条规定应为按份共有，B 正确。《民法典》第 301 条规定，处分共有的不动产或者动产以及对共有的不动产或者动产作重大修缮、变更性质或者用途的，应当经占份额 2/3 以上的按份共有人或者全体共同共有人同意，但是共有人之间另有约定的除外。据此，红光公司虽然占有 50%的份额，但还没有达到 2/3 以上的份额，无权决定该楼的重大修缮事宜，C 错误，当选。《民法典》第 305 条规定，按份共有人可以转让其享有的共有的不动产或者动产份额。其他共有人在同等条件下享有优先购买的权利。据此，彩虹公司有权转让其份额。D 正确。

**8. B**。《民法典》第 938 条第 2 款规定：“物业服务人公开作出的有利于业主的服务承诺，为物业服务合同的组成部分。”据此，A 错误。业主与物业的承租人、借用人或者其他物业使用人约定由物业使用人交纳物业费，物业服务企业请求业主承担连带责任的，该约定合法有效。据此，B 正确，当选。《民法典》第 944 条第 2 款规定：“业主违反约定逾期不支付物业费的，物业服务人可以催告其在合理期限内支付；合理期限届满仍不支付的，物业服务人可以提起诉讼或者申请仲裁。”据此，物业服务企业仅得向拖欠物业费的业主主张权利，向业主委员会提出物业费主张于法无据。C 错误。《民法典》第 944 条第 1 款规定：“业主应当按照约定向物业服务人支付物业费。物业服务人已经按照约定和有关规定提供服务的，业主不得以未接受或者无需接受相关物业服务为由拒绝支付物业费。”据此，D 错误。

**9. B**。某郊区小学并非必须利用研究院道路才能通行，而且，相邻关系为法定关系，无需签订合同，一般也无需支付费用。因此本题中某郊区小学享有的并非相邻权，A 错误。本题中某郊区小学为方便乘坐地铁，按照合同享有的权利为地役权，B 正确。

**10. C**。《民法典》第 394 条第 1 款规定：“为担保债务的履行，债务人或者第三人不转移财产的占有，将该财产抵押给债权人的，债务人不履行到期债务或者发生当事人约定的实现抵押权的情形，债权人有权就该财产优先受偿。”《民法典》第 400 条第 1 款规定：“设立抵押权，当事人应当采用书面形式订立抵押合同。”据此，抵押权的成立需要抵押人与抵押权人之间达成书面的抵押合同，本题中，辽西公司与辽东公司和辽中公司之间并没有达成设定抵押权的协议，故 A 错误。《民法典》第 425 条第 1 款规定：“为担保债务的履行，债务人或者第三人将其动产出质给债权人占有的，债务人不履行到期债务或者发生当事人约定的实现质权的情形，债权人有权就该动产优先受偿。”《民法典》第 427 条第 1 款规定：“设立质权，当事人应当采用书面形式订立质押合同。”据此，动产质权的成立需要出质人与质权人之间达成书面的质押合同，本题中，辽西公司与辽东公司和辽中公司之间并没有达成设定动产质权的协议，故 B 错误。《民法典》第 447 条第 1 款规定：“债务人不履行到期债务，债权人可以留置已经合法占有的债务人的动产，并有权就该动产优先受偿。”《民法典》第 448 条规定：“债权人留置的动产，应当与债权属于同一法律关系，但是企业之间留置的除外。”据此，辽西公司和辽东公司作为企业，其留置权的成立不受应属“同一法律关系”的限制，辽西公司有权留置辽东公司的电脑，C 正确，当选。自助行为是指权利人受到不法侵害之后，为保全或者恢复自己的权利，在情势紧迫而不能及时请求国家机关予以救助的情况下，依靠自己的力量，对他人的财产或自由施加扣押、拘束或其他相应措施的行为。本题中，辽西公司债权的实现并不存在情势紧迫的情形，故不属于自助行为，D 错误。

**11. C**。《民法典》第 493 条规定：“当事人采用合同书形式订立合同的，最后签名、盖章或者按指印的地点为合同成立的地点，但是当事人另有约定的除外。”由于双方当事人并没有约定合同签订地，题干中未明确张某与李某的签字、摁手印的先后顺序，按照一般命题的规律，题干的行文先后即为时间的先后顺序，因此推定张某签字在前，而李某摁手印在后，即李某摁手印的地点即丙地为合同签订地。因此，C 正确，ABD 错误。

**12. C**。本题中，乙为阻止甲与丙订立合同，指使丁与甲恶意进行磋商，《民法典》第 500 条规定：“当事人在订立合同过程中有下列情形之一，造成对方损失的，应当承担赔偿责任：（一）假借订立合同，恶意进行磋商；（二）故意隐瞒与订立合同有关的重要事实或者提供虚假情况；（三）有其他违背诚信原则的行为。”据此，对由此给甲造成的损失应由作为当事人一方的丁承担缔约过失责任。据此，ABD 错误，本题正确答案为 C。

**13. D**。甲负有先支付书款的义务，乙享有顺序履行抗辩权而非同时履行抗辩权，A 错误。甲不存在可能丧失履行能力的情形，乙不享有不安抗辩权，B 错误。《民法典》第 526 条规定：“当事人互负债务，有先后履行顺序，应当先履行债务一方未履行的，后履行一方有权拒绝其履行请求。先履行一方履行债务不符合约定的，后履行一方有权拒绝其相应的履行请求。”乙虽然享有顺序抗辩权，但其只能拒绝其相应的履行要求而不能拒绝任何履行要求，因此 C 错误，D 正确。

**14. B**。定金合同为实践合同，以实际交付为合同生效要件，本题中，乙未交付定金，表明定金合同未生效，甲不能请求乙支付定金，A错误。尽管乙未交付定金，但甲已按期履行主合同，买卖合同的效力不受定金合同的影响，B正确。定金合同从实际交付定金之日起生效，本题中甲交付汽油并不能使定金合同生效，C错误。在主合同已经履行的情况下，主合同效力不受定金合同效力的影响，因此，甲已经按主合同约定履行交付货物的义务，其有权要求乙支付价款，D错误。

**15. D**。甲作为无国籍人，其作品要受我国著作权法的保护，要求其经常居住地国同中国签订协议或者共同参加国际条约；或者，无国籍人的作品首次在中国参加的国际条约的成员国出版的，或者在成员国和非成员国同时出版的，也受我国著作权法保护。本题中，乙国作为甲的经常居住地国，丙国作为甲作品首次出版的国家，任何一个国家加入《保护文学艺术作品伯尔尼公约》，其作品均可获得我国著作权法保护。故D正确。

**16. C**。《著作权法》第14条第1款规定："两人以上合作创作的作品，著作权由合作作者共同享有。没有参加创作的人，不能成为合作作者。"本题中，甲、乙合作完成剧本，该剧本的版权应由甲乙共同享有，A正确。《著作权法》第10条规定，著作权人可以全部或者部分转让本条著作权中的财产权利，并依照约定或者著作权法有关规定获得报酬，但其人身权不得转让，据此B正确。《著作权法》第14条第2款规定："合作作品的著作权由合作作者通过协商一致行使；不能协商一致，又无正当理由的，任何一方不得阻止他方行使除转让、许可他人专有使用、出质以外的其他权利，但是所得收益应当合理分配给所有合作作者。"据此，D正确。本题中，甲以丙公司没有名气为由拒绝，不属于"正当理由"，乙有权独自与丙签订合同。C错误，当选。

**17. B**。《商标法》第24条规定："注册商标需要改变其标志的，应当重新提出注册申请。"据此，甲公司要将该商标改成"露霞"，应向商标局重新提出注册申请而非变更申请，A错误。《商标法》第57条规定："有下列行为之一的，均属侵犯注册商标专用权：（一）未经商标注册人的许可，在同一种商品上使用与其注册商标相同的商标的；……"据此，甲公司作为商标权人，对于乙公司未经其许可，在同一种商品上使用与其注册商标相同的商标的行为，其有权予以禁止，B正确。《商标法》第49条第2款规定："注册商标成为其核定使用的商品的通用名称或者没有正当理由连续三年不使用的，任何单位或者个人可以向商标局申请撤销该注册商标。商标局应当自收到申请之日起九个月内做出决定。有特殊情况需要延长的，经国务院市场监督管理部门批准，可以延长三个月。"据此，甲公司连续三年停止使用的，可能会被商标局撤销而不是注销，C错误。《商标法》第42条第1款规定："转让注册商标的，转让人和受让人应当签订转让协议，并共同向商标局提出申请。受让人应当保证使用该注册商标的商品质量。"据此，甲公司转让该商标的，应由转让双方共同向商标局提出申请，D错误。

**18. A**。《专利法》第71条规定："侵犯专利权的赔偿数额按照权利人因被侵权所受到的实际损失或者侵权人因侵权所获得的利益确定；权利人的损失或者侵权人获得的利益难以确定的，参照该专利许可使用费的倍数合理确定。对故意侵犯专利权，情节严重的，可以在按照上述方法确定数额的一倍以上五倍以下确定赔偿数额。权利人的损失、侵权人获得的利益和专利许可使用费均难以确定的，人民法院可以根据专利权的类型、侵权行为的性质和情节等因素，确定给予三万元以上五百万元以下的赔偿。赔偿数额还应当包括权利人为制止侵权行为所支付的合理开支。人民法院为确定赔偿数额，在权利人已经尽力举证，而与侵权行为相关的账簿、资料主要由侵权人掌握的情况下，可以责令侵权人提供与侵权行为相关的账簿、资料；侵权人不提供或者提供虚假的账簿、资料的，人民法院可以参考权利人的主张和提供的证据判定赔偿数额。"本题中，甲因侵权行为受到的损失可以确定，因此甲因侵权行为受到的损失为乙应对甲赔偿的额度，具体计算为：甲因乙的侵权行为少销售100台，甲销售每件专利产品获利2万元，共损失200万元。综上，A正确，BCD错误。

**19. A**。《民法典》第1123条规定："继承开始后，按照法定继承办理；有遗嘱的，按照遗嘱继承或者遗赠办理；有遗赠扶养协议的，按照协议办理。"据此，遗赠扶养协议的效力要优于法定继承和遗嘱，本题中甲与村委会签订的遗赠扶养协议效力要优于养子乙享有的法定继承和其侄子丙享有的遗嘱继承。因此，A正确。

**20. C**。甲乙二人分别实施加害行为，无共同故意或共同过失，不构成共同侵权。《民法典》第1172条规定："二人以上分别实施侵权行为造成同一损害，能够确定责任大小的，各自承担相应的责任；难以确定责任大小的，平均承担责任。"甲的酒后驾车行为与乙的逆向行驶行为不属于单独造成全部损害的发生的情况，而是结合在一起才共同导致全部损害发生，属于分别侵权中的共同因果关系，应承担按份责任。故C正确，ABD错误。

**21. A**。《民法典》第1203条规定，因产品存在缺陷造成他人损害的，被侵权人可以向产品的生产者请求赔偿，也可以向产品的销售者请求赔偿。产品缺陷由生产者造成的，销售者赔偿后，有权向生产者追偿。因销售者的过错使产品存在缺陷的，生产者赔偿后，有权向销售者追偿。据此，对于因电视机质量问题造成的损害，甲有权要求电视机的销售者承担损害赔偿责任，A 正确。本题中，给甲造成损害的原因是电视机的缺陷，与乙、丙要求看电视的行为没有直接的因果关系，甲无权要求乙、丙承担损害赔偿责任，B 错误。根据前述条款规定，因缺陷产品给他人造成损害的，“他人”并不局限于购买者，凡是给他人造成损害的，均应予以赔偿，C 错误。乙、丙所受损害乃是电视机缺陷所致，与甲没有因果关系，其无权要求甲承担损害赔偿责任，D 错误。综上，A 正确。

**22. B**。照片的著作权应归属于摄影爱好者，A 错误。某“二人转”明星对其照片享有肖像权，广告商未经该明星、摄影爱好者同意将该明星照片刊印在广告单上的行为，属于侵犯肖像权的行为，B 正确，C 错误。摄影爱好者将其照片卖给崇拜该明星的广告商的行为也属于以营利为目的侵犯肖像权的行为，D 错误。

**23. C**。《民法典》第 1024 条规定：“民事主体享有名誉权。任何组织或者个人不得以侮辱、诽谤等方式侵害他人的名誉权。名誉是对民事主体的品德、声望、才能、信用等的社会评价。”据此，乙享有名誉权，甲以书面形式公然丑化乙已构成侵权，应承担侵权民事责任。《民法典》第 1195 条规定：“网络用户利用网络服务实施侵权行为的，权利人有权通知网络服务提供者采取删除、屏蔽、断开链接等必要措施。通知应当包括构成侵权的初步证据及权利人的真实身份信息。网络服务提供者接到通知后，应当及时将该通知转送相关网络用户，并根据构成侵权的初步证据和服务类型采取必要措施；未及时采取必要措施的，对损害的扩大部分与该网络用户承担连带责任。权利人因错误通知造成网络用户或者网络服务提供者损害的，应当承担侵权责任。法律另有规定的，依照其规定。”本题中，甲利用网络发表侵权文章，丙作为网络服务提供者在权利人乙通知后未采取措施防止损害进一步扩大，应对扩大损害与侵权人甲承担连带责任。因此，C 正确。

**24. B**。帮工是为他人无偿提供劳务的人，甲乙之间属于帮工与被帮工的关系。《最高人民法院关于审理人身损害赔偿案件适用法律若干问题的解释》第 5 条第 2 款规定：“帮工人在帮工活动中因第三人的行为遭受人身损害的，有权请求第三人承担赔偿责任，也有权请求被帮工人予以适当补偿。被帮工人补偿后，可以向第三人追偿。”帮工人乙遭受的人身损害是由第三人丙的行为造成的，有权请求丙承担赔偿责任，由于丙没有赔偿能力，也可以请求被帮工人甲予以适当补偿。因此，A 错误，B 正确。《民法典》第 1215 条规定：“盗窃、抢劫或者抢夺的机动车发生交通事故造成损害的，由盗窃人、抢劫人或者抢夺人承担赔偿责任。盗窃人、抢劫人或者抢夺人与机动车使用人不是同一人，发生交通事故造成损害，属于该机动车一方责任的，由盗窃人、抢劫人或者抢夺人与机动车使用人承担连带责任。保险人在机动车强制保险责任限额范围内垫付抢救费用的，有权向交通事故责任人追偿。”被盗的车发生交通事故，由盗窃人与使用人承担责任，车主丁不应当承担责任。故 CD 错误。

**25. A**。《公司法》第 49 条第 3 款规定，股东未按期足额缴纳出资的，除应当向公司足额缴纳外，还应当对给公司造成的损失承担赔偿责任。《公司法》第 26 条规定，公司股东会、董事会的会议召集程序、表决方式违反法律、行政法规或者公司章程，或者决议内容违反公司章程的，股东自决议作出之日起 60 日内，可以请求人民法院撤销。但是，股东会、董事会的会议召集程序或者表决方式仅有轻微瑕疵，对决议未产生实质影响的除外。据此，股东按期足额缴纳出资是《公司法》规定的股东的义务，因此，召开股东会免除甲的出资义务属于股东会决议内容违反法律规定，该决议是无效的。故 A 正确。

**26. C**。《公司法》第 49 条第 2 款规定，股东以货币出资的，应当将货币出资足额存入有限责任公司在银行开设的账户；以非货币财产出资的，应当依法办理其财产权的转移手续。本题中甲以一辆面包车出资，应当转移面包车的所有权于公司，而并非仅交公司管理和使用，故 A 错误。2013 年修正的《公司法》取消了对公司注册资本最低限额、股东首次出资比例、货币出资比例等限制，故 BD 错误。对于货币以外的出资形式，《公司法》对其出资比例没有限制，因此丙的专利出资作价可以达到 4 万元。故 C 正确。

**27. C**。上市公司的监事以及证券承销商只有在能够证明自己没有过错的情况下才免予承担连带责任，而上市公司的实际控制人在有过错的情况下也要承担连带责任，故本题中只有 C 错误，当选。

**28. C**。根据《保险法》第 31 条第 1、2 款的规定，投保人对下列人员具有保险利益：（1）本人；（2）配偶、子女、父母；（3）前项以外与投保人有抚养、赡养或者扶养关系的家庭其他成员、近亲属；（4）与投保人有劳动关系的劳动者。除前款规定外，被保险人同意投保人为其订立合同的，视为投保人对被保险人具有保险利益。本题题干中没有提及被保险人是否同意的问题，故选项判断只限于第 1 款所列 4 项。在本题 4 个选项中，只有与投保人有劳动关系的劳动者符合题意，故 C 正确。

**29. A**。《最高人民法院关于审理企业破产案件若干问题的规定》第 55 条第 1 款第 8 项规定，债务人的保证人代替债务人清偿债务后依法可以向债务人追偿的债权属于破产债权，A 正确，当选。《最高人民法院关于审理企业破产案件若干问题的规定》第 61 条规定，下列债权不属于破产债权：（1）行政、司法机关对破产企业的罚款、罚金以及其他有关费用；……（7）超过诉讼时效的债权……因此，B中超过诉讼时效的债权以及D中海关对辽沈公司进行处罚尚未收取的罚款都不属于破产债权。债权人丙将要求辽沈公司作为承揽人继续履行承揽合同的债权进行申报，这种债权不符合破产债权具有财产给付内容的性质，因此也不能进行破产债权申报。C错误。

**30. B**。表见普通合伙，又称表见合伙，是指相对于特定的第三人而言，在非合伙人之间或者非普通合伙人之间产生的一种类似于普通合伙人的责任承担关系。故B正确。

**31. B**。本题题干将合伙企业的利润分配限定为“合伙协议未作约定且合伙人协商不成”，故选项C错误。《合伙企业法》第33条第1款规定，合伙企业的利润分配、亏损分担，按照合伙协议的约定办理；合伙协议未约定或者约定不明确的，由合伙人协商决定；协商不成的，由合伙人按照实缴出资比例分配、分担；无法确定出资比例的，由合伙人平均分配、分担。因此，B正确。

**32. A**。当事人一方向人民法院起诉，请求对方当事人履行调解协议的，人民法院应当受理。A正确。经人民调解委员会调解达成的、有民事权利义务内容，并由双方当事人签字或者盖章的调解协议，具有民事合同性质。若张某不履行合同，李某只能就该民事合同向法院提起诉讼，而不是以原纠纷向法院提起诉讼。B错误。调解协议只有先向法院申请调解协议效力确定后，才能向法院申请强制执行该协议。C错误。人民调解委员会根据调解纠纷的需要，可以指定一名或者数名人民调解员进行调解，也可以由当事人选择一名或者数名人民调解员进行调解。D错误。

**33. B**。判决是指人民法院根据查明和认定的案件事实，正确适用法律，以国家审判机关的名义，对案件中民事实体权利义务争议，作出权威性的判定；而裁定则是指人民法院在审理民事案件的时候，对所发生的程序上应解决的事项，所做的审判职务上的判定。因此，裁定解决的是诉讼过程中的程序性问题，而判决解决的则是当事人双方争执的权利义务问题，即实体法律关系。本案中，法院驳回王某的诉讼请求应当采用判决的形式，而不能采用裁定，故B正确。不告不理原则是民事诉讼法的基本原则，表现为法院审理民事纠纷的范围由当事人确定，法院无权变更、撤销当事人的诉讼请求。根据这一原则，案件在审理中，法院只能按照当事人提出的诉讼事实和主张进行审理，对超过当事人诉讼主张的部分不得主动审理。本题中，法院向王某作出说明后，并没有对超过王某的诉讼主张的部分进行主动审理，因此法院并没有违反不告不理原则，A错误。辩论原则是民事诉讼法的一项基本原则，指的是双方当事人在人民法院主持下，有权就案件事实和适用法律等有争议的问题，陈述各自的主张和意见，相互进行反驳和答辩，以维护自己的合法民事权益。本题中，法院并没有限制当事人辩论的权利，因此不违反辩论原则，C错误。处分原则也是民事诉讼法的一项基本原则，指的是民事诉讼当事人在诉讼进行中，在法律许可的范围内，有权处置自己的民事实体权利和民事诉讼权利。本题中，法院并没有限制当事人处分自己的权利，因此并不违反处分原则，D错误。

**34. C**。《民事诉讼法》第49条规定，院长担任审判长或者独任审判员时的回避，由审判委员会决定；审判人员的回避，由院长决定；其他人员的回避，由审判长或者独任审判员决定。《民事诉讼法》第47条第4款规定，关于回避的规定，适用于法官助理、书记员、司法技术人员、翻译人员、鉴定人、勘验人。《民事诉讼法》第50条规定，人民法院对当事人提出的回避申请，应当在申请提出的3日内，以口头或者书面形式作出决定。申请人对决定不服的，可以在接到决定时申请复议一次。复议期间，被申请回避的人员，不停止参与本案的工作。人民法院对复议申请，应当在3日内作出复议决定，并通知复议申请人。A中，只有在院长担任审判长的情形下，其回避才由审委会决定，若由其他审判人员担任审判长，其回避应由院长决定，故A错误。B中，陪审员属于审判人员，其回避应由院长决定，故B错误。C中，复议期间被申请回避人不停止参与本案的审理工作，故C正确。D中，翻译人员的回避应由审判长决定，故D错误。

**35. D**。《民事诉讼法》第45条规定，合议庭评议案件，实行少数服从多数的原则。评议应当制作笔录，由合议庭成员签名。评议中的不同意见，必须如实记入笔录。《最高人民法院关于人民法院合议庭工作的若干规定》第11条第1款规定，合议庭进行评议的时候，如果意见分歧，应当按多数人的意见作出决定，但是少数人的意见应当写入笔录。《最高人民法院关于人民法院合议庭工作的若干规定》第12条规定，合议庭应当依照规定的权限，及时对评议意见一致或者形成多数意见的案件直接作出判决或者裁定。但是对于合议庭在适用法律方面有重大意见分歧的案件，合议庭应当提请院长决定提交审判委员会讨论决定。A中，审判长意见与多数意见不同的，应当以多数意见为准判决，故A错误。B中，陪审员作为审判人员，享有同审判员一样的权利，若其意见成为多数意见，是应当按照该意见判决，而不是可以按照该意见判决，故B错误。C中，合议庭意见存在分歧的，应当提请院长决定提交审判委员会讨论决定，故C错误。D中，审判人员的不同意见均须写入笔录，正确。

**36. D**。《民事诉讼法》第37条规定，人民法院发现受理的案件不属于本院管辖的，应当移送有管辖权的人民法院，受移送的人民法院应当受理。受移送的人民法院认为受移送的案件依照规定不属于本院管辖的，应当报请上级人民法院指定管辖，不得再自行移送。《民事诉讼法》第 38 条第 2 款规定，人民法院之间因管辖权发生争议，由争议双方协商解决；协商解决不了的，报请它们的共同上级人民法院指定管辖。本题中，乙市 B 区法院正确的做法是先同甲市 A 区法院协商确定管辖法院，协商不成的，报请二者共同的上级人民法院即该省高院指定管辖。故 D 正确，ABC 错误。

**37. C**。《民诉解释》第 60 条规定，在诉讼中，未依法登记领取营业执照的个人合伙的全体合伙人为共同诉讼人。个人合伙有依法核准登记的字号的，应在法律文书中注明登记的字号。全体合伙人可以推选代表人；被推选的代表人，应由全体合伙人出具推选书。《民法典》第 1191 条规定，用人单位的工作人员因执行工作任务造成他人损害的，由用人单位承担侵权责任。用人单位承担侵权责任后，可以向有故意或者重大过失的工作人员追偿。劳务派遣期间，被派遣的工作人员因执行工作任务造成他人损害的，由接受劳务派遣的用工单位承担侵权责任；劳务派遣单位有过错的，承担相应的责任。本题中，应将甲乙丙三人列为共同被告，并在法律文书中注明所登记的字号“一通电脑行”。戊作为合伙组织的雇员，其在进行雇佣合同所规定的生产经营活动中致他人损害，应将其雇主列为当事人，而不应将其作为当事人，故戊不能作为共同被告。故 C 正确，ABD 错误。

**38. A**。甲作为有独立请求权第三人，只能以起诉的方式参加诉讼；乙作为无独立请求权第三人，可以申请或者经法院通知的方式参加诉讼，故 A 正确。乙同样享有当事人的诉讼权利和义务，故 B 错误。乙作为无独立请求权第三人，其诉讼行为对本诉的当事人仍然发生效力，故 C 错误。若乙被判决承担民事责任，则乙就有上诉权，故 D 错误。

**39. D**。《民事诉讼法》第 111 条规定，当事人对保全或者先予执行的裁定不服的，可以申请复议一次。复议期间不停止裁定的执行。《民事诉讼法》第 215 条第 1 款规定，人民法院应当自收到再审申请书之日起 3 个月内审查，符合本法规定的，裁定再审；不符合本法规定的，裁定驳回申请。有特殊情况需要延长的，由本院院长批准。本题中，李某对法院驳回先予执行申请的裁定不服，可以申请复议一次，且法院在复议过程中并不存在违法现象，因此，上一级法院应当驳回当事人的再审申请。需要注意的是，上一级法院应当用裁定驳回当事人的申请，而不能用通知驳回。故 D 正确。ABC 错误。

**40. D**。下列纠纷不能仲裁：（1）婚姻、收养、监护、扶养、继承纠纷；（2）依法应当由行政机关处理的行政争议。本题中，遗产继承纠纷不属于仲裁的范围，故甲乙所签订的仲裁协议无效，法院可以对案件继续审理。本题正确答案为 D。

**41. D**。只有在申请撤销仲裁裁决的程序中，法院才可以通知仲裁机构在一定期限内重新仲裁；而在申请不予执行仲裁裁决程序中，法院无权通知仲裁机构在一定期限内重新仲裁，仲裁裁决若被人民法院裁定不予执行，当事人可以根据双方达成的书面仲裁协议重新申请仲裁，也可以向人民法院起诉。故 D 说法错误，应选。ABC 三项说法正确，不应选。

**42. C**。在执行中，双方当事人自行和解达成协议的，执行员应当将协议内容记入笔录，由双方当事人签名或者盖章。申请执行人因受欺诈、胁迫与被执行人达成和解协议，或者当事人不履行和解协议的，人民法院可以根据当事人的申请，恢复对原生效法律文书的执行。根据这一规定，C 正确，AB 错误。执行程序中不适用调解，D 错误。

**43. D**。本题中，甲所受到的损害虽然由乙直接造成，但丽都酒店并没有尽到安全保障义务，因此其对甲所遭受的损害亦负有责任，其与乙构成了对甲的共同侵权。若甲起诉丽都酒店，则应将乙作为共同被告，而非第三人，故本题正确选项为 D。

**44. D**。人民检察院提出抗诉的案件，接受抗诉的人民法院应当自收到抗诉书之日起 30 日内作出再审的裁定。本题中，对于当事人提出的再审申请，人民法院应当进行审查，并裁定是否再审，而对于检察院的抗诉，法院则无权进行审查，应当直接裁定再审。本题正确答案为 D。

**45. C**。在诉讼中，当事人为达成调解协议或者和解的目的作出妥协所涉及的对案件事实的认可，不得在其后的诉讼中作为对其不利的证据。因此本题正确选项应为 C。

**46. D**。《民诉解释》第 305 条规定，案外人提起执行异议之诉的，以申请执行人为被告。被执行人反对案外人异议的，被执行人为共同被告；被执行人不反对案外人异议的，可以列被执行人为第三人。本题正确答案为 D。

**47. D**。在管辖权异议裁定作出前，原告申请撤回起诉，受诉人民法院作出准予撤回起诉裁定的，对管辖权异议不再审查，并在裁定书中一并写明。本题中，蓝光公司对于 B 区法院驳回异议的裁定提起上诉，而红光公司向 B 区法院撤回起诉，因此 B 区法院裁定准予撤诉后，二审法院即不再对管辖权异议的上诉进行审查。本题应当选 D。

**48. AD**。《民法典》第 171 条第 1 款规定：“行为人没有代理权、超越代理权或者代理权终止后，仍然实施代理行为，未经被代理人追认的，对被代理人不发生效力。”张某以王某名义交货并收取货款，属于无权代理，该行为对王某而言属于效力待定的合同，故 AD 正确。《民法典》第 121 条规定：“没有法定的或者约定的义务，为避免他人利益受损失而进行管理的人，有权请求受益人偿还由此支出的必要费用。”张某并没有为王某管理事务的意思，不成立无因管理，B错误。《民法典》第122条规定：“因他人没有法律根据，取得不当利益，受损失的人有权请求其返还不当利益。”若王某不追认该合同，张某应承担向刘某供货的责任，此时，张某收取、占有刘某的货款是有依据的，不属于不当得利。如果王某追认，则张某变为代理人，不直接承担权利义务，此时为王某与刘某之间的买卖合同，张某不构成不当得利。C错误。

**49. ABD**。《民法典》第197条规定：“诉讼时效的期间、计算方法以及中止、中断的事由由法律规定，当事人约定无效。当事人对诉讼时效利益的预先放弃无效。”据此，A正确。《民法典》第189条规定：“当事人约定同一债务分期履行的，诉讼时效期间自最后一期履行期限届满之日起计算。”据此，B正确。《诉讼时效规定》第3条规定：“当事人在一审期间未提出诉讼时效抗辩，在二审期间提出的，人民法院不予支持，但其基于新的证据能够证明对方当事人的请求权已过诉讼时效期间的情形除外。当事人未按照前款规定提出诉讼时效抗辩，以诉讼时效期间届满为由申请再审或者提出再审抗辩的，人民法院不予支持。”据此，C错误。《民法典》第192条规定：“诉讼时效期间届满的，义务人可以提出不履行义务的抗辩。诉讼时效期间届满后，义务人同意履行的，不得以诉讼时效期间届满为由抗辩；义务人已经自愿履行的，不得请求返还。”据此，D正确。

**50. BCD**。《民法典》第229条规定，因人民法院、仲裁机构的法律文书或者人民政府的征收决定等，导致物权设立、变更、转让或者消灭的，自法律文书或者征收决定等生效时发生效力。本案中裁决争议房屋归乙所有的裁决书已经生效，房屋应归乙所有，A错误，B正确。抵押合同并不以登记为生效要件，因此C正确。本题中，尚未办理抵押登记，抵押权尚未设立，D正确。

**51. AC**。本题中，老马占有本属于小贝的足球，小贝对老马享有返还原物的物权请求权，A正确。享有物权请求权以所有物存在为前提，本题中老马所有的花瓶已被损坏，老马不能行使物权请求权，只能对小贝行使损害赔偿的债权请求权，因此B错误，C正确。小贝虽然造成老马的损失，但老马只能通过合法途径解决而不能非法占有小贝的足球，因此老马不能取得留置权，D错误。

**52. BC**。《民法典》第333条第1款规定：“土地承包经营权自土地承包经营权合同生效时设立。”据此，A错误，B正确。《民法典》第333条第2款规定：“登记机构应当向土地承包经营权人发放土地承包经营权证、林权证等证书，并登记造册，确认土地承包经营权。”据此，C正确。《民法典》第335条规定：“土地承包经营权互换、转让的，当事人可以向登记机构申请登记；未经登记，不得对抗善意第三人。”据此，只有在土地承包经营权人将土地承包经营权互换、转让，当事人要求登记的，县级以上地方政府才对此进行登记，因此D错误。

**53. AD**。《民法典》第396条规定：“企业、个体工商户、农业生产经营者可以将现有的以及将有的生产设备、原材料、半成品、产品抵押，债务人不履行到期债务或者发生当事人约定的实现抵押权的情形，债权人有权就抵押财产确定时的动产优先受偿。”据此，该养殖户可将存栏的养殖物作为抵押财产，A正确。B无法律依据，错误。《民法典》第404条规定：“以动产抵押的，不得对抗正常经营活动中已经支付合理价款并取得抵押财产的买受人。”浮动抵押登记不得对抗正常经营活动中已支付合理价款并取得抵押财产的买受人，而非任何善意第三人，所以，C错误。《民法典》第411条规定：“依据本法第三百九十六条规定设定抵押的，抵押财产自下列情形之一发生时确定：（一）债务履行期限届满，债权未实现；……”因此，如果养殖户借款到期未还，抵押财产自借款到期时确定，D正确。

**54. AB**。《民法典》第546条规定：“债权人转让债权，未通知债务人的，该转让对债务人不发生效力。债权转让的通知不得撤销，但是经受让人同意的除外。”本题中，2008年10月1日，乙将债权让与丙，债权让与在乙丙之间生效，同月15日通知甲时对甲发生效力。故AB正确。《民法典》第549条规定：“有下列情形之一的，债务人可以向受让人主张抵销：（一）债务人接到债权转让通知时，债务人对让与人享有债权，且债务人的债权先于转让的债权到期或者同时到期；（二）债务人的债权与转让的债权是基于同一合同产生。”本题中，乙将债权转让给丙之后，甲原可向乙主张的抵销同样可以向丙主张，但其前提是，提出抵销的债权必须“先于转让的债权到期或者同时到期”。因此，甲以乙欠自己的50万元向丙主张抵销，在时间上有两个要求：（1）乙对甲所负50万元债务成立于债权人转让通知到达债务人甲之前；（2）乙对甲所负债务的履行期限截止的时间早于或者等于甲对丙所负债务的履行期限截止的时间。乙对甲所负50万元债务于2009年1月1日到期，而甲对丙的300万元债务于2008年12月30日到期，不符合第二个要求，故甲无权对丙主张抵销。故C错误。《民法典》第696条第2款规定：“保证人与债权人约定禁止债权转让，债权人未经保证人书面同意转让债权的，保证人对受让人不再承担保证责任。”本题中，由于丁提供保证担保时约定“丁仅对乙承担保证责任”，即约定了禁止债权转让，但乙未经保证人丁书面同意而转让债权，因此丁不再承担保证债务。故D错误。

**55. AB**。《民法典》第 538 条规定：“债务人以放弃其债权、放弃债权担保、无偿转让财产等方式无偿处分财产权益，或者恶意延长其到期债权的履行期限，影响债权人的债权实现的，债权人可以请求人民法院撤销债务人的行为。”本题中，乙在遗嘱中将 10 万元的债权赠与戊，属于无偿处分财产权益的行为，影响到债权人甲的债权，故甲可行使债权人撤销权，向法院请求撤销乙的遗赠。因此，A 正确。《民法典》第 535 条规定：“因债务人怠于行使其债权或者与该债权有关的从权利，影响债权人的到期债权实现的，债权人可以向人民法院请求以自己的名义代位行使债务人对相对人的权利，但是该权利专属于债务人自身的除外。代位权的行使范围以债权人的到期债权为限。债权人行使代位权的必要费用，由债务人负担。相对人对债务人的抗辩，可以向债权人主张。”本题中，乙对丙享有有效债权，甲可以对丙行使代位权。由于乙对丁享有的人身损害赔偿请求权专属于乙自身，故甲对丁不能行使代位权。同时，《民法典》第 537 条规定：“人民法院认定代位权成立的，由债务人的相对人向债权人履行义务，债权人接受履行后，债权人与债务人、债务人与相对人之间相应的权利义务终止。债务人对相对人的债权或者与该债权有关的从权利被采取保全、执行措施，或者债务人破产的，依照相关法律的规定处理。”因此，C 错误，B 正确。由上述《民法典》第 535 条可知，债权人行使代位权的其他必要费用应由债务人乙承担，诉讼费用由次债务人丙（被告人）承担。因此，D 错误。

**56. BCD**。《民法典》第 791 条第 2、3 款规定：“总承包人或者勘察、设计、施工承包人经发包人同意，可以将自己承包的部分工作交由第三人完成。第三人就其完成的工作成果与总承包人或者勘察、设计、施工承包人向发包人承担连带责任。承包人不得将其承包的全部建设工程转包给第三人或者将其承包的全部建设工程支解以后以分包的名义分别转包给第三人。禁止承包人将工程分包给不具备相应资质条件的单位。禁止分包单位将其承包的工程再分包。建设工程主体结构的施工必须由承包人自行完成。”甲乙间工程承包合同有效。乙公司经甲公司同意将部分非主体工程分包，乙丙的分包合同是有效的，而丙丁之间的再分包合同是无效的，故 A 错误。《民法典》第 593 条规定：“当事人一方因第三人的原因造成违约的，应当依法向对方承担违约责任。当事人一方和第三人之间的纠纷，依照法律规定或者按照约定处理。”丙公司因第三人丁的原因对乙构成违约，应向乙公司承担违约责任，承担责任后有权向丁公司追偿，B 正确。《最高人民法院关于审理建设工程施工合同纠纷案件适用法律问题的解释（一）》第 15 条规定：“因建设工程质量发生争议的，发包人可以以总承包人、分包人和实际施工人为共同被告提起诉讼。”C 正确。《民法典》第 793 条第 2 款第 2 项规定：“建设工程施工合同无效，且建设工程经验收不合格的，按照以下情形处理：……（二）修复后的建设工程经验收不合格的，承包人无权请求参照合同关于工程价款的约定折价补偿。”丁公司因工作失误致使工程不合格，经过修复后验收不合格的，无权请求参照合同关于工程价款的约定折价补偿，D 正确。

**57. BCD**。甲委托乙寄售行以该行名义出售仪器，应属行纪合同，A 错误。《民法典》第 955 条第 2 款规定，行纪人高于委托人指定的价格卖出或者低于委托人指定的价格买入的，可以按照约定增加报酬；没有约定或者约定不明确，依据本法第 510 条的规定仍不能确定的，该利益属于委托人。故 B 正确。《民法典》第 958 条规定，行纪人与第三人订立合同的，行纪人对该合同直接享有权利、承担义务。第三人不履行义务致使委托人受到损害的，行纪人应当承担赔偿责任，但是行纪人与委托人另有约定的除外。故 C 正确。行纪人乙处理委托事务多支出的 100 元费用，在当事人没有约定的情况下，应由行纪人自己负担，D 正确。

**58. ABCD**。《民法典》第 889 条规定：“寄存人应当按照约定向保管人支付保管费。当事人对保管费没有约定或者约定不明确，依据本法第五百一十条的规定仍不能确定的，视为无偿保管。”因此，保管合同既可以是有偿的，也可以是无偿的。《民法典》第 904 条规定：“仓储合同是保管人储存存货人交付的仓储物，存货人支付仓储费的合同。”因此，仓储合同都是有偿的。A 错误。《民法典》第 890 条规定：“保管合同自保管物交付时成立，但是当事人另有约定的除外。”交付为保管合同的生效要件，当事人可以约定诺成性的保管合同，无约定时，保管合同为实践性合同。《民法典》第 905 条规定：“仓储合同自保管人和存货人意思表示一致时成立。”仓储合同为诺成性合同。因此，B 错误。《民法典》第 899 条第 1 款规定：“寄存人可以随时领取保管物。”寄存人行使任意解除权给保管人造成损失的，应当承担责任。《民法典》第 914 条规定：“当事人对储存期限没有约定或者约定不明确的，存货人或者仓单持有人可以随时提取仓储物，保管人也可以随时请求存货人或者仓单持有人提取仓储物，但是应当给予必要的准备时间。”在仓储合同中，只有在当事人对储存期间没有约定或者约定不明确的情况下，存货人才可以随时提取仓储物。因此，C 错误。《民法典》第 897 条规定：“保管期内，因保管人保管不善造成保管物毁损、灭失的，保管人应当承担赔偿责任。但是，无偿保管人证明自己没有故意或者重大过失的，不承担赔偿责任。”《民法典》第 917 条规定：“储存期内，因保管不善造成仓储物毁损、灭失的，保管人应当承担赔偿责任。因仓储物本身的自然性质、包装不符合约定或者超过有效储存期造成仓储物变质、损坏的，保管人不承担赔偿责任。”“保管不善”表明，保管物或仓储物毁损、灭失的，采用过错责任原则，D错误。

**59. BCD。**《民法典》第860条规定，合作开发完成的发明创造，申请专利的权利属于合作开发的当事人共有；当事人一方转让其共有的专利申请权的，其他各方享有以同等条件优先受让的权利。但是，当事人另有约定的除外。合作开发的当事人一方声明放弃其共有的专利申请权的，除当事人另有约定外，可以由另一方单独申请或者由其他各方共同申请。申请人取得专利权的，放弃专利申请权的一方可以免费实施该专利。合作开发的当事人一方不同意申请专利的，另一方或者其他各方不得申请专利。故A正确，BCD错误。

**60. BD。**甲公司享有包括信息网络传播权在内的多项权利，甲转让信息网络传播权后，仍为著作权人，C错误。乙网站已经因转让取得信息网络传播权，其有权不经甲公司同意以自己的名义起诉侵权行为人，D正确。

**61. ABC。**《商标法》第25条规定：“商标注册申请人自其商标在外国第一次提出商标注册申请之日起六个月内，又在中国就相同商品以同一商标提出商标注册申请的，依照该外国同中国签订的协议或者共同参加的国际条约，或者按照相互承认优先权的原则，可以享有优先权。依照前款要求优先权的，应当在提出商标注册申请的时候提出书面声明，并且在三个月内提交第一次提出的商标注册申请文件的副本；未提出书面声明或者逾期未提交商标注册申请文件副本的，视为未要求优先权。”故ABC正确。

**62. BCD。**本题中乙开发的技术属于职务发明创造，该发明创造的专利申请权应属于原单位即甲公司。故A正确，不当选；BCD错误，当选。

**63. BCD。**《婚姻家庭编解释（一）》第74条规定：“人民法院审理离婚案件，涉及分割夫妻共同财产中以一方名义在合伙企业中的出资，另一方不是该企业合伙人的，当夫妻双方协商一致，将其合伙企业中的财产份额全部或者部分转让给对方时，按以下情形分别处理：（一）其他合伙人一致同意的，该配偶依法取得合伙人地位；（二）其他合伙人不同意转让，在同等条件下行使优先受让权的，可以对转让所得的财产进行分割；（三）其他合伙人不同意转让，也不行使优先受让权，但同意该合伙人退伙或者退还部分财产份额的，可以对退还的财产进行分割；（四）其他合伙人既不同意转让，也不行使优先受让权，又不同意该合伙人退伙或者退还部分财产份额的，视为全体合伙人同意转让，该配偶依法取得合伙人地位。”据此，须经其他合伙人一致同意的，该配偶乙才能依法取得合伙人地位，A错误。根据前述条款，BCD正确。

**64. ABCD。**《民法典》第1128条第1款规定：“被继承人的子女先于被继承人死亡的，由被继承人的子女的直系晚辈血亲代位继承。”郭大爷的女儿先于郭大爷死亡，郭大爷女儿的儿子甲作为其晚辈直系血亲，可以代位继承其母亲即郭大爷女儿的份额，属于第一顺序继承人。因此，A正确。《民法典》第1129条规定：“丧偶儿媳对公婆，丧偶女婿对岳父母，尽了主要赡养义务的，作为第一顺序继承人。”《民法典》第1130条第3款规定：“对被继承人尽了主要扶养义务或者与被继承人共同生活的继承人，分配遗产时，可以多分。”女婿乙作为丧偶女婿，对郭大爷尽了主要赡养义务，因此可以作为第一顺序继承人且在分配遗产时可以多分。因此，B正确。《民法典》第1127条第3款规定：“本编所称子女，包括婚生子女、非婚生子女、养子女和有扶养关系的继子女。”继子丙与郭大爷没有形成扶养关系，不属于继承人。因此，C正确。郭大爷的养子丁具有继承人的资格。《民法典》第1130条第2款规定：“对生活有特殊困难又缺乏劳动能力的继承人，分配遗产时，应当予以照顾。”因此，D正确。

**65. BCD。**《民法典》第1012条规定：“自然人享有姓名权，有权依法决定、使用、变更或者许可他人使用自己的姓名，但是不得违背公序良俗。”《民法典》第1014条规定：“任何组织或者个人不得以干涉、盗用、假冒等方式侵害他人的姓名权或者名称权。”本题中，网民并没有干涉、盗用、假冒牛某的姓名，不存在侵害牛某姓名权的行为。因此，A错误。《民法典》第1019条规定：“任何组织或者个人不得以丑化、污损，或者利用信息技术手段伪造等方式侵害他人的肖像权。未经肖像权人同意，不得制作、使用、公开肖像权人的肖像，但是法律另有规定的除外。未经肖像权人同意，肖像作品权利人不得以发表、复制、发行、出租、展览等方式使用或者公开肖像权人的肖像。”本题中，网民在网站披露牛某的儿时照片未经牛某同意，侵害了牛某的肖像权。因此，B错误。《民法典》第1032条规定：“自然人享有隐私权。任何组织或者个人不得以刺探、侵扰、泄露、公开等方式侵害他人的隐私权。隐私是自然人的私人生活安宁和不愿为他人知晓的私密空间、私密活动、私密信息。”隐私权是自然人享有的对其个人的与公共利益无关的个人信息、私人活动和私有领域进行支配的一种人格权。本题中，网民收集和擅自公开私人信息，构成了对牛某隐私权的侵害。因此，C正确。《民法典》第1024条规定：“民事主体享有名誉权。任何组织或者个人不得以侮辱、诽谤等方式侵害他人的名誉权。名誉是对民事主体的品德、声望、才能、信用等的社会评价。”本题中，有人在网站上捏造牛某曾与某明星有染的情节，构成诽谤，降低了社会对牛某名誉的评价，应当认定为侵害名誉权的行为。因此，D 正确。

**66. ABCD**。公民张某享有健康权，医生手术时误将其一肾脏摘除，影响了张某身体完整和健康，侵犯了张某的健康权，且因术后感染死亡则侵犯其生命权，因此 A 正确。《最高人民法院关于审理人身损害赔偿案件适用法律若干问题的解释》第 1 条规定，因生命、身体、健康遭受侵害，赔偿权利人起诉请求赔偿义务人赔偿物质损害和精神损害的，人民法院应予受理。本条所称“赔偿权利人”，是指因侵权行为或者其他致害原因直接遭受人身损害的受害人以及死亡受害人的近亲属。本条所称“赔偿义务人”，是指因自己或者他人的侵权行为以及其他致害原因依法应当承担民事责任的自然人、法人或者非法人组织。故 BCD 正确。

**67. ABCD**。《民法典》第 1191 条第 2 款规定：“劳务派遣期间，被派遣的工作人员因执行工作任务造成他人损害的，由接受劳务派遣的用工单位承担侵权责任；劳务派遣单位有过错的，承担相应的责任。”本题中，对被派遣工作人员丙造成第三人的损害，应由接受劳务派遣的用工单位乙公司承担侵权责任，但劳务派遣单位甲公司也有过错，应承担补充责任。因此，ABCD 错误。

**68. AB**。根据《公司法》第 59 条第 1 款第 4 项，公司的利润分配方案由股东会审议批准，因此股东会有权作出不分配利润的决议，该决议合法有效，AB 错误。《公司法》第 161 条规定：“有下列情形之一的，对股东会该项决议投反对票的股东可以请求公司按照合理的价格收购其股份，公开发行股份的公司除外：（一）公司连续五年不向股东分配利润，而公司该五年连续盈利，并且符合本法规定的分配利润条件……”C 正确。《公司法》第 84 条第 2 款规定，股东向股东以外的人转让股权的，应当将股权转让的数量、价格、支付方式和期限等事项书面通知其他股东，其他股东在同等条件下有优先购买权。据此，仅需书面通知即可，无须其他股东同意。D 正确。

**69. ABD**。《公司法》第 50 条规定，有限责任公司设立时，股东未按照公司章程规定实际缴纳出资，或者实际出资的非货币财产的实际价额显著低于所认缴的出资额的，设立时的其他股东与该股东在出资不足的范围内承担连带责任。本题中，公司成立后发现由丙出资的机器设备的实际价值明显低于公司章程所确定的数额，丙应当补足差额，公司设立时的其他股东——甲和乙承担连带责任，而丁是有限责任公司成立后通过受让股权成为股东的，因而无须承担连带责任。故 A 错误、C 正确。至于丙是否要对其他股东承担违约责任，《公司法》第 49 条规定，股东应当按期足额缴纳公司章程规定的各自所认缴的出资额。股东以货币出资的，应当将货币出资足额存入有限责任公司在银行开设的账户；以非货币财产出资的，应当依法办理其财产权的转移手续。股东未按期足额缴纳出资的，除应当向公司足额缴纳外，还应当对给公司造成的损失承担赔偿责任。但该条规定的违约责任仅限于“股东未按期足额缴纳出资”的情形，与本题题干中所述情况不符。因此，丙无须对其他股东承担违约责任，BD 错误。

**70. AC**。《合伙企业法》第 22 条第 1 款规定，除合伙协议另有约定外，合伙人向合伙人以外的人转让其在合伙企业中的全部或者部分财产份额时，须经其他合伙人一致同意。因此，张某经其他两个合伙人——李某和王某同意后，可将自己的财产份额作价转让给陈某，以抵销部分债务，A 正确。《合伙企业法》第 25 条规定，合伙人以其在合伙企业中的财产份额出质的，须经其他合伙人一致同意。B 认为张某可不经李某和王某同意，将其在合伙中的份额进行出质，用获得的贷款偿还债务，因而 B 错误。《合伙企业法》第 42 条第 1 款规定，合伙人的自有财产不足清偿其与合伙企业无关的债务的，该合伙人可以以其从合伙企业中分取的收益用于清偿；债权人也可以依法请求人民法院强制执行该合伙人在合伙企业中的财产份额用于清偿。故 C 正确。D 混淆了合伙企业的债务与合伙人个人债务之间的关系，李某和王某对张某个人的债务不承担任何责任，因此 D 错误。

**71. AC**。票据的无因性，是指产生票据关系、引起票据行为的实质原因从票据行为中抽离，票据债务人不得以基础关系所生之抗辩事由对抗票据债权的行使。在本题中，甲、乙签订的房屋买卖合同就是产生票据关系的原因，甲是否履行房屋过户登记义务是票据原因关系履行与否的问题，其不得作为银行拒绝支付票据金额的理由，故 A 正确。《票据法》第 61 条第 1 款规定，汇票到期被拒绝付款的，持票人可以对背书人、出票人以及汇票的其他债务人行使追索权。《票据法》第 93 条规定，支票的背书、付款行为和追索权的行使，除本章规定外，适用本法第二章有关汇票的规定。因此，如果银行拒付，甲可以向支票的出票人乙行使追索权。另外，甲和乙是房屋买卖合同的当事人，甲当然有权利根据房屋买卖合同要求乙支付房款。无论是根据票据关系还是根据票据原因关系，甲都可以有选择地行使相应的权利。故 C 正确。在支票遗失的情况下，《票据法》第 15 条规定，失票人可以及时通知票据的付款人挂失止付。收到挂失止付通知的付款人，应当暂停支付。失票人应当在通知挂失止付后 3 日内，也可以在票据丧失后，依法向人民法院申请公示催告，或者向人民法院提起诉讼。因此，票据遗失并不导致票据权利消灭，只是需要采取保全程序，D 错误。《票据法》第 13 条第 2 款规定，票据债务人可以对不履行约定义务的与自己有直接债权债务关系的持票人，进行抗辩。本题中的甲和乙有直接的债权债务关系，甲、乙签订的房屋买卖合同中约定年底前办理房屋过户登记，甲、乙之间是有直接债权债务关系的人。同时，乙作为出票人也是票据债务人，而甲是持票人，故作为票据债务人的乙可以甲尚未办理房屋的过户登记为由拒付票据金额。因此，B应当是正确的。只是实践中，能否办理房屋过户登记并不完全取决于房屋买卖的当事人，官方答案认为B错误，也是以此为依据。

**72. BD**。《保险法》第32条第1、2款规定，投保人申报的被保险人年龄不真实，并且其真实年龄不符合合同约定的年龄限制的，保险人可以解除合同，并按照合同约定退还保险单的现金价值。保险人行使合同解除权，适用本法第16条第3款、第6款的规定。投保人申报的被保险人年龄不真实，致使投保人支付的保险费少于应付保险费的，保险人有权更正并要求投保人补交保险费，或者在给付保险金时按照实付保险费与应付保险费的比例支付。《保险法》第16条第3款规定，前款规定的合同解除权，自保险人知道有解除事由之日起，超过30日不行使而消灭。自合同成立之日起超过2年的，保险人不得解除合同；发生保险事故的，保险人应当承担赔偿或者给付保险金的责任。本题中，投保人陈某为其母投保人身保险时，为不超过保险公司规定的承保年龄，在申报被保险人年龄时故意少报了2岁，但保险公司2年后才发现此情形。因此，保险公司无权解除保险合同，并应在保险事故发生时给付保险金，但其可以要求投保人补交少交的保险费。综上，本题应选BD。

**73. ACD**。保险代位求偿权仅限于财产保险合同，本题中的意外伤害保险并不适用，故B错误。

**74. ABC**。破产宣告是破产和解或重整失败之后的程序，一旦债务人被宣告破产，管理人就开始拟订破产财产变价方案，并启动破产清偿程序。因此，A正确。《企业破产法》第7条规定，债务人有本法第2条规定的情形，可以向人民法院提出重整、和解或者破产清算申请。债务人不能清偿到期债务，债权人可以向人民法院提出对债务人进行重整或者破产清算的申请。两款规定对比可以发现，申请和解的权利仅有债务人才享有，故B正确。《企业破产法》第2条规定，企业法人不能清偿到期债务，并且资产不足以清偿全部债务或者明显缺乏清偿能力的，依照本法规定清理债务。企业法人有前款规定情形，或者有明显丧失清偿能力可能的，可以依照本法规定进行重整。因此，即使债务人未出现现实的资不抵债情形，也可申请重整程序，C正确。根据《企业破产法》第71条的规定，人民法院经审查认为重整申请符合本法规定的，应当裁定债务人重整，并予以公告。由此可见，重整的最终决定权在法院，重整并非破产案件的必经程序，D错误。

**75. BD**。《民诉解释》第325条规定，必须参加诉讼的当事人或者有独立请求权的第三人，在第一审程序中未参加诉讼，第二审人民法院可以根据当事人自愿的原则予以调解；调解不成的，发回重审。《民诉解释》第70条规定，在继承遗产的诉讼中，部分继承人起诉的，人民法院应通知其他继承人作为共同原告参加诉讼；被通知的继承人不愿意参加诉讼又未明确表示放弃实体权利的，人民法院仍应把其列为共同原告。本题中，二审法院在发现一审判决遗漏另一继承人甲之后，可以根据自愿原则对双方当事人进行调解，调解不成的裁定撤销原判决发回重审，而不能依职权直接改判。故A错误，B正确。甲作为继承人之一，其在诉讼中应当作为本案的共同原告，而不是有独立请求权的第三人，故C错误，D正确。

**76. AD**。《仲裁法》第51条规定，仲裁庭在作出裁决前，可以先行调解。当事人自愿调解的，仲裁庭应当调解。调解不成的，应当及时作出裁决。调解达成协议的，仲裁庭应当制作调解书或者根据协议的结果制作裁决书。调解书与裁决书具有同等法律效力。A正确，应选。仲裁庭可以对事实清楚的案件进行调解，但前提是需要获得当事人的同意，仲裁庭不得依职权进行调解，故B错误，不应选。仲裁庭在作出裁决前可以先行调解，D正确，应选。《仲裁法》第52条第1款、第2款规定，调解书应当写明仲裁请求和当事人协议的结果。调解书由仲裁员签名，加盖仲裁委员会印章，送达双方当事人。调解书经双方当事人签收后，即发生法律效力。因此，仲裁调解达成协议的，仲裁庭应当制作调解书或者根据协议的结果制作裁决书。调解书由仲裁员签名，加盖仲裁委员会印章，并经当事人签收后，即发生法律效力；而裁决书自作出之日起即发生法律效力。因此，C错误，不应选。

**77. CD**。《民诉解释》第403条规定："人民法院审理再审案件应当围绕再审请求进行。当事人的再审请求超出原审诉讼请求的，不予审理；符合另案诉讼条件的，告知当事人可以另行起诉。被申请人及原审其他当事人在庭审辩论结束前提出的再审请求，符合民事诉讼法第二百一十二条规定的，人民法院应当一并审理。人民法院经再审，发现已经发生法律效力的判决、裁定损害国家利益、社会公共利益、他人合法权益的，应当一并审理。"因此，在再审中，当事人提出新的诉讼请求，增加诉讼请求，都不属于再审案件的审理范围。法院不应当对其进行调解，AB错误。《民诉解释》第408条规定："一审原告在再审审理程序中申请撤回起诉，经其他当事人同意，且不损害国家利益、社会公共利益、他人合法权益的，人民法院可以准许。裁定准许撤诉的，应当一并撤销原判决。一审原告在再审审理程序中撤回起诉后重复起诉的，人民法院不予受理。"C正确。《民诉解释》第421条规定："根据民事诉讼法第二百三十四条规定，案外人对驳回其执行异议的裁定不服，认为原判决、裁定、调解书内容错误损害其民事权益的，可以自执行异议裁定送达之日起六个月内，向作出原判决、裁定、调解书的人民法院申请再审。”D 正确。

**78. AD**。直接证据是指能够单独、直接证明案件主要事实的证据。直接证据与案件主要事实的证明关系是直接的，单独一个直接证据可以不依赖于其他证据，以直接证明的方式对案件的主要事实起到证明作用。间接证据，是指那些本身不能单独直接证明，而需要与其他证据结合才能证明案件主要事实的证据。间接证据对案件主要事实的证明，必须与其他证据结合起来，以推论的方式即间接证明的方式起证明作用。本题中，被损毁的图书本身即可直接证明书店所遭受的损失，而不需要与其他证据相结合加以证明，因此，被损毁的图书在本题中属于直接证据，A 正确，B 错误。书证和物证在形式上都表现为物体，但在本质上却不相同：书证是记载和反映具有某种思想或者行为内容的物体；物证是以其外部特征、形状、大小、规格、质量等证明案件的物体，它并不具有思想内容。本题中，被损毁的图书是以其受损的外部形状，而不是以其思想内容来实现证明功能的，因此，本题中，被损毁的图书应当是物证，而非书证，D 正确，C 错误。

**79. ABC**。《仲裁法解释》第 7 条规定，当事人约定争议可以向仲裁机构申请仲裁也可以向人民法院起诉的，仲裁协议无效。但一方向仲裁机构申请仲裁，另一方未在《仲裁法》第 20 条第 2 款规定期间内提出异议的除外。《仲裁法》第 20 条第 2 款规定，当事人对仲裁协议的效力有异议，应当在仲裁庭首次开庭前提出。《民事诉讼法》第 35 条规定，合同或者其他财产权益纠纷的当事人可以书面协议选择被告住所地、合同履行地、合同签订地、原告住所地、标的物所在地等与争议有实际联系的地点的人民法院管辖，但不得违反本法对级别管辖和专属管辖的规定。本题中，甲公司与乙公司约定争议既可以向仲裁机构申请仲裁，也可以向人民法院起诉，该仲裁协议是无效的，因此，该争议可以直接向法院起诉，法院享有管辖权。故 AB 正确，应选，D 错误，不应选。如甲公司向 A 仲裁委员会申请仲裁，乙公司在仲裁庭首次开庭前未提出异议，则根据《仲裁法解释》第 7 条的规定，A 仲裁委员会可以对该案进行仲裁，故 C 正确，应选。

**80. ABCD**。《民事诉讼法》第 276 条第 1 款规定，因涉外民事纠纷，对在中华人民共和国领域内没有住所的被告提起除身份关系以外的诉讼，如果合同签订地、合同履行地、诉讼标的物所在地、可供扣押财产所在地、侵权行为地、代表机构住所地位于中华人民共和国领域内的，可以由合同签订地、合同履行地、诉讼标的物所在地、可供扣押财产所在地、侵权行为地、代表机构住所地人民法院管辖。M 市 N 区作为合同签订地，其法院对本案有管辖权，A 正确，应选。C 市 D 区作为美国乙公司的代表机构住所地，其法院对本案也享有管辖权，B 正确，应选。《民事诉讼法》第 283 条规定：“人民法院对在中华人民共和国领域内没有住所的当事人送达诉讼文书，可以采用下列方式……（五）向受送达人在中华人民共和国领域内设立的独资企业、代表机构、分支机构或者有权接受送达的业务代办人送达……”因此，法院向乙公司送达时，可向乙公司设在 C 市 D 区的代表处送达，C 正确，应选。《民事诉讼法》第 286 条规定，在中华人民共和国领域内没有住所的当事人，不服第一审人民法院判决、裁定的，有权在判决书、裁定书送达之日起 30 日内提起上诉。被上诉人在收到上诉状副本后，应当在 30 日内提出答辩状。当事人不能在法定期间提起上诉或者提出答辩状，申请延期的，是否准许，由人民法院决定。但甲公司住所地在我国 A 市 B 区，不适用上述规定，应适用《民事诉讼法》第 171 条规定的 15 日上诉期，故 D 正确。

**81. AD**。《仲裁法解释》第 19 条规定，当事人以仲裁裁决事项超出仲裁协议范围为由申请撤销仲裁裁决，经审查属实的，人民法院应当撤销仲裁裁决中的超裁部分。但超裁部分与其他裁决事项不可分的，人民法院应当撤销仲裁裁决。本题中，仲裁委员会的仲裁裁决超出了当事人的请求范围，乙公司可申请撤销超出甲公司请求部分的裁决，A 正确，应选。根据《民事诉讼法》第 248 条第 2 款规定，乙公司还可以向法院申请不予执行超出甲公司请求部分的仲裁裁决，D 正确，应选。但在超出当事人请求范围的裁决未被撤销或不予执行之前，乙公司不可以就该超出事项向法院提起诉讼，故 BC 错误，不应选。

**82. ABC**。《最高人民法院关于适用简易程序审理民事案件的若干规定》第 2 条第 1 款规定：“基层人民法院适用第一审普通程序审理的民事案件，当事人各方自愿选择适用简易程序，经人民法院审查同意的，可以适用简易程序进行审理。”A 正确。《民诉解释》第 270 条规定：“适用简易程序审理的案件，有下列情形之一的，人民法院在制作判决书、裁定书、调解书时，对认定事实或者裁判理由部分可以适当简化：（一）当事人达成调解协议并需要制作民事调解书的；（二）一方当事人明确表示承认对方全部或者部分诉讼请求的；（三）涉及商业秘密、个人隐私的案件，当事人一方要求简化裁判文书中的相关内容，人民法院认为理由正当的；（四）当事人双方同意简化的。”B 正确。《最高人民法院关于适用简易程序审理民事案件的若干规定》第 6 条规定：“原告起诉后，人民法院可以采取捎口信、电话、传真、电子邮件等简便方式随时传唤双方当事人、证人。”C 中，“法院可口头方式传唤当事人出庭”表述正确。对于适用简易程序审理的案件，《民事诉讼法》第 40 条规定了简易程序审理案件的审理方式为由审判员一人独任审理，法条并没有规定适用简易程序审理的案件可以不开庭径行判决，作为一审程序，普通程序和简易程序的审理方式均为开庭审理。因此，D中"法院可不开庭径行判决"，于法无据，D错误。

**83. ABC**。《民诉解释》第327条规定："一审判决不准离婚的案件，上诉后，第二审人民法院认为应当判决离婚的，可以根据当事人自愿的原则，与子女抚养、财产问题一并调解；调解不成的，发回重审。双方当事人同意由第二审人民法院一并审理的，第二审人民法院可以一并裁判。"而本题中，二审法院直接作出了判决，该行为违反了民事诉讼法的多项基本原则和基本制度。（1）处分原则。《民事诉讼法》第13条第2款规定："当事人有权在法律规定的范围内处分自己的民事权利和诉讼权利。"结合题干，对于"财产分割与子女抚养问题"，当事人具有处分权，而二审法院却将其判决，侵犯了当事人的处分权。A正确。（2）两审终审制度。两审终审是指一个案件最多经过两次审判就宣告终结的制度。本题中，对于"财产分割与子女抚养问题"一审因判不离婚未作处理，二审直接对这两个问题作出判决，剥夺了"财产分割与子女抚养问题"这两个问题上当事人的上诉权，损害当事人的审级利益，违反了两审终审制度。C正确。（3）辩论原则。《民事诉讼法》第12条规定："人民法院审理民事案件时，当事人有权进行辩论。"辩论原则是指在人民法院主持下，当事人有权就案件事实和争议问题，各自陈述自己的主张和根据，互相进行反驳和答辩，以维护自己的合法权益。辩论权之行使贯穿于诉讼的整个过程。原告起诉后，被告即可答辩，起诉与答辩构成一种辩论。在诉讼的各个阶段和各个过程中，当事人双方均可通过法定的形式，开展辩论。本题中，二审法院直接在二审判决中对财产分割与子女抚养问题作出判决，剥夺了王某对财产与子女抚养问题发表看法，陈述自己的主张和根据，进行反驳和答辩的权利，由此产生的判决结果自然违反了当事人的辩论权。因此B违反辩论原则，正确。本题中并没有违反回避制度，D错误。

**84. AB**。人民法院受理执行申请后，当事人对管辖权有异议的，应当自收到执行通知书之日起10日内提出。A应选。当事人、利害关系人认为执行行为违反法律规定的，可以向负责执行的人民法院提出书面异议。B应选。执行标的的所有权归属的异议权只属于案外人，执行程序中的当事人并不享有此项权利，故C不应选。法律并未赋予当事人对于执行法院作出的执行中止裁定提出异议的权利，故D不应选。

**85. D**。《民法典》第588条第1款规定："当事人既约定违约金，又约定定金的，一方违约时，对方可以选择适用违约金或者定金条款。"据此，定金条款和违约金条款只能选择使用，AB错误。《民法典》第587条规定："债务人履行债务的，定金应当抵作价款或者收回。给付定金的一方不履行债务或者履行债务不符合约定，致使不能实现合同目的的，无权请求返还定金；收受定金的一方不履行债务或者履行债务不符合约定，致使不能实现合同目的的，应当双倍返还定金。"《民法典》第586条第2款规定："定金的数额由当事人约定；但是，不得超过主合同标的额的百分之二十，超过部分不产生定金的效力。实际交付的定金数额多于或者少于约定数额的，视为变更约定的定金数额。"本题中合同总价为100万元，其定金应为20万元，C错误，D正确。

**86. AC**。《民法典》第585条第3款规定："当事人就迟延履行约定违约金的，违约方支付违约金后，还应当履行债务。"据此，AC错误，当选，B正确。乙公司对自己的权利有选择权，D正确。

**87. BC**。《民法典》第522条第1款规定："当事人约定由债务人向第三人履行债务，债务人未向第三人履行债务或者履行债务不符合约定的，应当向债权人承担违约责任。"本题中，甲乙公司约定由债务人甲公司向第三人丙公司履行债务，甲公司与丙公司之间并不存在直接的债权债务关系，因此，如乙公司未向丙公司承担违约责任，则丙公司无权请求甲公司向自己承担违约责任，A错误，B正确。《民法典》第523条规定："当事人约定由第三人向债权人履行债务，第三人不履行债务或者履行债务不符合约定的，债务人应当向债权人承担违约责任。"如甲公司迟延向丙公司交货，则丙公司无权请求甲公司承担迟延交货的违约责任，但乙丙之间存在债权债务关系，如甲公司迟延向丙公司交货，则丙公司有权请求乙公司承担迟延交货的违约责任，C正确，D错误。

**88. BD**。《公司法》第13条第1款规定，公司可以设立子公司。子公司具有法人资格，依法独立承担民事责任。A不符合子公司的独立性特征，错误，B正确。2013年修正的《公司法》取消了对一人有限责任公司股东"应当一次足额缴纳公司章程规定的出资额"的限制。故C错误。甲公司欲单独出资设立一家子公司，作为子公司的一人公司只能是有限责任公司。D正确。

**89. AB**。子公司属于股东人数较少的有限责任公司，《公司法》第128条规定，规模较小或者股东人数较少的股份有限公司，可以不设董事会，设一名董事，行使本法规定的董事会的职权。该董事可以兼任公司经理。故A正确。子公司自己单独出资再设立一家全资子公司不违反法律规定，故B正确。《公司法》第13条第1款规定，公司可以设立子公司。子公司具有法人资格，依法独立承担民事责任。C中子公司的法定代表人应当由甲公司的法定代表人担任，以及D中子公司的经营范围不能超过甲公司的经营范围，这两项规定都是违反子公司的独立性特征的，因此 CD 错误。

**90. CD**。《公司法》第 13 条第 1 款规定，公司可以设立子公司。子公司具有法人资格，依法独立承担民事责任。因此，子公司的财产所有权属于子公司所有，当子公司财产不足清偿债务时，作为唯一股东的甲公司仅在出资范围内对子公司的债务承担责任（这是股东有限责任的内涵），而不是承担补充清偿责任，并且，子公司有权以自己的名义独立进行诉讼活动。CD 正确。

# 第25天

千淘万漉虽辛苦，吹尽狂沙始到金。

## 试 题

**1.** 法律格言说："紧急时无法律。"关于这句格言涵义的阐释，下列哪一选项是正确的？

A. 在紧急状态下是不存在法律的

B. 人们在紧急状态下采取紧急避险行为可以不受法律处罚

C. 有法律，就不会有紧急状态

D. 任何时候，法律都以紧急状态作为产生和发展的根本条件

**2.** 奥地利法学家埃利希在《法社会学原理》中指出："在当代以及任何其他的时代，法的发展的重心既不在立法，也不在法学或司法判决，而在于社会本身。"关于这句话涵义的阐释，下列哪一选项是错误的？

A. 法是社会的产物，也是时代的产物

B. 国家的法以社会的法为基础

C. 法的变迁受社会发展进程的影响

D. 任何时代，法只要以社会为基础，就可以脱离立法、法学和司法判决而独立发展

**3.** 关于法律解释和法律推理，下列哪一说法可以成立？

A. 作为一种法律思维活动，法律推理的根本目的在于发现绝对事实和真相

B. 法律解释和法律推理属于完全不同的两种思维活动，法律推理完全独立于法律解释

C. 法官在进行法律推理时，既要遵守和服从法律规则又要在不同利益冲突间进行价值平衡和选择

D. 法律推理是严格的形式推理，不受人的价值观影响

**4.**《劳动争议调解仲裁法》第5条规定："发生劳动争议，当事人不愿协商、协商不成或者达成和解协议后不履行的，可以向调解组织申请调解；不愿调解、调解不成或者达成调解协议后不履行的，可以向劳动争议仲裁委员会申请仲裁；对仲裁裁决不服的，除本法另有规定的外，可以向人民法院提起诉讼。"关于这一规定，下列哪一说法是错误的？

A. 从法的要素角度看，该规定属于任意性规则

B. 从法的适用角度看，该规定在适用时不需要法官进行推理

C. 从法的特征角度看，该规定体现了法的可诉性特点

D. 从法的作用角度看，该规定为行为人提供了不确定的指引

**5.**《民法典》第321条规定："天然孳息，由所有权人取得；既有所有权人又有用益物权人的，由用益物权人取得。当事人另有约定的，按照其约定。法定孳息，当事人有约定的，按照约定取得；没有约定或者约定不明确的，按照交易习惯取得。"关于这一规定，下列哪一说法是错误的？

A. 该规定属于法律要素中的确定性法律规则

B. 该规定对于具有物权孳息关系的当事人可以起到很明确的指引作用和预测作用

C. 该规定事实上允许法官可以在一定条件下以习惯作为司法审判的依据

D. 对"天然孳息"和"法定孳息"重要法律概念含义的解释应该首先采用客观目的解释的方法

**6.**《集会游行示威法》第4条规定："公民在行使集会、游行、示威的权利的时候，必须遵守宪法和法律，不得反对宪法所确定的基本原则，不得损害国家的、社会的、集体的利益和其他公民的合法的自由和权利。"关于这一规定，下列哪一说法是正确的？

A. 该条是关于权利的规定，因此属于授权性规则

B. 该规定表明法律保护人的自由，但自由也应受到法律的限制

C. 公民在行使集会、游行、示威的权利的时候，不得损害国家的、社会的、集体的利益，因此国家利益是我国法律的最高价值

D. 该规定的内容比较模糊，因而对公民不具有指导意义

**7.** 杜甫有诗云："朝回日日典春衣，每日江头尽醉归。酒债寻常行处有，人生七十古来稀。"对诗歌涉及的典当制度，下列哪一选项可以成立？

A. 唐代的典当形成了明确的债权债务关系

B. 唐代的典当契约称为"质剂"

C. 唐代的典当称为"活卖"

D. 唐代法律规定开典当行者构成"坐赃"

8. 关于宋代法律和法制，下列哪一选项是错误的？

A. 《宋刑统》为我国历史上第一部刊印颁行的法典

B. 宋代法律因袭唐制，对借与贷作了区分

C. 宋仁宗朝敕、例地位提高，“凡律所不载者，一断于敕、例”

D. 宋建隆四年颁行“折杖法”

9. 1903年5月1日，在上海英租界发行的《苏报》刊载邹容的《革命军》自序和章炳麟的《客帝篇》，公开倡导革命，排斥满人。5月14日，《苏报》又指出：《革命军》宗旨专在驱除满族，光复中国。清廷谕令两江总督照会租界当局严加查办，于6月底逮捕章炳麟，不久，邹容自动投案。由谳员孙建臣、上海知县汪瑶庭、英国副领事三人组成的审判庭对邹容等人进行审理，最后判处章炳麟徒刑三年，邹容徒刑两年。对这一案件的说法，下列哪一选项是正确的？

A. 这表明清廷实行公开审判原则

B. 这表明外国人在租界内对中国司法裁判权的直接干涉

C. 这表明外国人在租界内的领事裁判权受到了限制

D. 这表明清廷变法修律得到了国际社会的承认

10. 关于专门人民法院，下列哪一选项是正确的？

A. 专门人民法院是设在特定部门或针对特定案件而设立，受理与设立部门相关的专业性案件的法院

B. 军事法院负责审判军事人员犯罪的刑事案件，军事法院的基层法院设在师级

C. 海事法院判决和裁定的上诉案件，由最高法院管辖

D. 铁路运输法院、森林法院只设基层法院

11. 关于全国人大代表和省、自治区人大代表的名额，按照农村每一代表所代表的人口数四倍于城市每一代表所代表的人口数的原则分配的规定，下列哪一说法是错误的？

A. 我国选举权的平等原则既着重于机会平等，也重视实质平等

B. 我国选举法自颁布以来进行了四次修改，每一次都依据当时城乡人口变化情况对城乡代表名额的分配比例进行了调整

C. “实行城乡按相同人口比例选举人大代表”是我国选举制度发展的方向

D. 我国选举法的修改反映了城镇化发展的客观趋势

12. 根据《全国人大组织法》规定，下列关于全国人大代表团的哪一说法是正确的？

A. 代表团团长、副团长由各代表团全体成员选举产生

B. 两个代表团以上可以向全国人大提出属于全国人大职权范围内的议案

C. 三个以上的代表团可以提出对于全国人大常委会的组成人员，国家主席、副主席，国务院和中央军事委员会的组成人员，最高人民法院院长和最高人民检察院检察长的罢免案

D. 一个代表团和三十名以上的代表可以联合提出对国务院及其各部、各委员会的质询案

13. 根据《宪法》和《选举法》规定，下列哪一选项是正确的？

A. 选民登记按选区进行，每次选举前选民资格都要进行重新登记

B. 选民名单应在选举日的十五日以前公布

C. 对于公布的选民名单有不同意见的，可以向选举委员会申诉或者直接向法院起诉

D. 法院对于选民名单意见的起诉应在选举日以前作出判决

14. 关于经济制度与宪法关系，下列哪一选项是错误的？

A. 自德国魏玛宪法以来，经济制度便成为现代宪法的重要内容之一

B. 宪法对经济关系特别是生产关系的确认与调整构成一国的基本经济制度

C. 我国宪法修正案第十六条规定，法律范围内的非公有制经济是社会主义市场经济的重要组成部分

D. 私有财产神圣不可侵犯是我国宪法的一项基本原则

15. 关于文化教育权利是公民在教育和文化领域享有的权利和自由的说法，下列哪一选项是错误的？

A. 受教育既是公民的权利，又是公民的义务

B. 宪法规定的文化教育权利是公民的基本权利

C. 我国公民有进行科学研究、文学艺术创作和其他文化活动的自由

D. 同社会经济权利一样，文化教育权利属于公民的积极收益权

16. 对于国务院反垄断委员会的机构定位和工作职责，下列哪一选项是正确的？

A. 是承担反垄断执法职责的法定机构

B. 应当履行协调反垄断行政执法工作的职责

C. 可以授权国务院相关部门负责反垄断执法工作

D. 可以授权省、自治区、直辖市人民政府的相应机构负责反垄断执法工作

17. 郭某与10岁的儿子到饭馆用餐，入厕时将手提包留在座位上嘱儿子看管，回来后发现手提包丢

失。郭某要求饭馆赔偿被拒绝，遂提起民事诉讼。根据消费者安全保障权，下列哪一说法是正确的？

A. 饭馆应保障顾客在接受服务时的财产安全，并承担顾客随身物品遗失的风险

B. 饭馆应保证其提供的饮食服务符合保障人身、财产安全的要求，但并不承担对顾客随身物品的保管义务，也不承担顾客随身物品遗失的风险

C. 饭馆应对顾客妥善保管随身物品作出明显提示，否则应当对顾客的物品丢失承担赔偿责任

D. 饭馆应确保其服务环境绝对安全，应当对顾客在饭馆内遭受的一切损失承担赔偿责任

**18.** 关于增值税的说法，下列哪一选项是正确的？

A. 增值税的税基是销售货物或者提供加工、修理修配劳务以及进口货物的增值额

B. 增值税起征点的范围只限于个人

C. 农业生产者销售自产农业产品的，免征增值税

D. 进口图书、报纸、杂志的，免征增值税

**19.** 关于企业所得税的说法，下列哪一选项是错误的？

A. 在我国境内，企业和其他取得收入的组织为企业所得税的纳税人

B. 个人独资企业、合伙企业不是企业所得税的纳税人

C. 企业所得税的纳税人分为居民企业和非居民企业，二者的适用税率完全不同

D. 企业所得税的税收优惠，居民企业和非居民企业都有权享受

**20.** 关于承包经营集体土地可以从事的生产活动，下列哪一选项符合《土地管理法》规定？

A. 种植业、林业

B. 种植业、林业、畜牧业

C. 种植业、林业、畜牧业、渔业

D. 种植业、林业、畜牧业、渔业、农产品加工业

**21.** 甲、乙、丙国同为一开放性多边条约缔约国，现丁国要求加入该条约。四国均为《维也纳条约法公约》缔约国。丁国对该条约中的一些条款提出保留，下列哪一判断是正确的？

A. 对于丁国提出的保留，甲、乙、丙国必须接受

B. 丁国只能在该条约尚未生效时提出保留

C. 该条约对丁国生效后，丁国仍然可以提出保留

D. 丁国的加入可以在该条约生效之前或生效之后进行

**22.** 乙国军舰A发现甲国渔船在乙国领海走私，立即发出信号开始紧追，渔船随即逃跑。当A舰因机械故障被迫返航时，令乙国另一艘军舰B在渔船逃跑必经的某公海海域埋伏。A舰返航半小时后，渔船出现在B舰埋伏的海域。依《联合国海洋法公约》及相关国际法规则，下列哪一选项是正确的？

A. B舰不能继续A舰的紧追

B. A舰应从毗连区开始紧追，而不应从领海开始紧追

C. 为了紧追成功，B舰不必发出信号即可对渔船实施紧追

D. 只要B舰发出信号，即可在公海继续对渔船紧追

**23.** 由于甲国海盗严重危及国际海运要道的运输安全，在甲国请求下，联合国安理会通过决议，授权他国军舰在经甲国同意的情况下，在规定期限可以进入甲国领海打击海盗。据此决议，乙国军舰进入甲国领海解救被海盗追赶的丙国商船。对此，下列哪一选项是正确的？

A. 安理会无权作出授权外国军舰进入甲国领海打击海盗的决议

B. 外国军舰可以根据安理会决议进入任何国家的领海打击海盗

C. 安理会的决议不能使军舰进入领海打击海盗成为国际习惯法

D. 乙国军舰为解救丙国商船而进入甲国领海属于保护性管辖

**24.** 中国人高某在甲国探亲期间加入甲国国籍，回中国后健康不佳，也未申请退出中国国籍。后甲国因高某在该国的犯罪行为，向中国提出了引渡高某的请求，乙国针对高某在乙国实施的伤害乙国公民的行为，也向中国提出了引渡请求。依我国相关法律规定，下列哪一选项是正确的？

A. 如依中国法律和甲国法律均构成犯罪，即可准予引渡

B. 中国应按照收到引渡请求的先后确定引渡的优先顺序

C. 由于高某健康不佳，中国可以拒绝引渡

D. 中国应当拒绝引渡

**25.** 中国某航空公司从甲国公司融资租赁一架飞机。双方合同约定适用甲国法律，由乙国银行提供贷款，由住所位于丙国的丙国公司担保。合同以英文作成，但贷款合同和保证合同对法律适用均没有约定。履行中发生争议，诉诸中国法院。依我国相关法律规定，下列哪一选项是正确的？

A. 飞机融资租赁合同应适用甲国法律

B. 飞机融资租赁合同应适用承租人住所地法律

C. 贷款合同应认为当事人默示选择适用英国法

D. 保证合同应适用中国某航空公司的住所地法

**26.** 甲国人罗得向希姆借了一笔款。罗得在乙国给希姆开具一张五万美元的支票，其记载的付款人是罗得开立账户的丙国银行。后丙国银行拒绝向持有支

票的希姆付款。因甲国战乱，希姆和罗得移居中国经商并有了住所，希姆遂在中国某法院起诉罗得，要求其支付五万美元。关于此案的法律适用，下列哪一选项是正确的？

A. 该支票的追索应适用当事人选择的法律

B. 该支票追索权的行使期限应适用甲国法律

C. 该支票的记载事项适用乙国法律

D. 该支票记载的付款人是丙国银行，罗得的行为能力应适用丙国法

**27.** 中国籍人李某 2008 年随父母定居甲国，甲国法律规定自然人具有完全民事行为能力的年龄为 21 周岁。2009 年 7 月李某 19 周岁，在其回国期间与国内某电脑软件公司签订了购买电脑软件的合同，合同分批履行。李某在部分履行合同后，以不符合甲国有关完全民事行为能力年龄法律规定为由，主张合同无效，某电脑软件公司即向我国法院起诉。依我国相关法律规定，下列哪一说法是正确的？

A. 应适用甲国法律认定李某不具有完全行为能力

B. 应适用中国法律认定李某在中国的行为具有完全行为能力

C. 李某已在甲国定居，在中国所为行为应适用定居国法律

D. 李某在甲国履行该合同的行为应适用甲国法律

**28.** 甲国人格里为中国境内某中外合资企业的控股股东。2009 年因金融危机该企业出现财务困难，格里于 6 月回国后再未返回，尚欠企业员工工资及厂房租金和其他债务数万元。中国与甲国均为《海牙取证公约》缔约国，依我国相关法律规定，下列哪一选项是正确的？

A. 因格里已离开中国，上述债务只应由合资企业的中方承担清偿责任

B. 中国有关主管部门在立案后可向甲国提出引渡格里的请求

C. 中方当事人可在中国有管辖权的法院对格里申请立案

D. 中方当事人的诉讼代理人可请求甲国主管机关代为调取有关格里的证据

**29.** 某国甲公司与中国乙公司订立买卖合同，概括性地约定有关争议由“中国贸仲”仲裁，也可以向法院起诉。后双方因违约责任产生争议。关于该争议的解决，依我国相关法律规定，下列哪一选项是正确的？

A. 违约责任不属于可仲裁的范围

B. 应认定合同已确定了仲裁机构

C. 仲裁协议因约定不明而在任何情况下无效

D. 如某国甲公司不服仲裁机构对仲裁协议效力作出的决定，向我国法院申请确认协议效力，我国法院可以受理

**30.** 香港甲公司与内地乙公司订立供货合同，约定由香港法院管辖。后双方因是否解除该合同及赔偿问题诉诸香港法院，法院判乙公司败诉。依相关规定，下列哪一选项是正确的？

A. 如该合同被解除，则香港法院管辖的协议也随之无效

B. 如乙公司在内地两省均有财产，甲公司可向两省的有关法院申请认可和执行

C. 如甲公司向内地法院申请认可和执行判决，免除执行费用

D. 如甲公司向内地法院提交的文件无中文文本，应当提交证明无误的中文译本

**31.** 甲国公司（卖方）与乙国公司订立了国际货物买卖合同，FOB 价格条件，采用海上运输方式。甲乙两国均为《联合国国际货物销售合同公约》（简称《公约》）缔约国，下列哪一选项是正确的？

A. 货物的风险应自货物交第一承运人时转移

B. 因当事人已选择了贸易术语，《公约》整体不再适用该合同

C. 甲国公司应在装运港于约定日期或期限内将货物交至船上

D. 甲国公司在订立运输合同并装船后应及时通知乙国公司办理保险

**32.** 甲公司依运输合同承运一批从某国进口中国的食品，当正本提单持有人乙公司持正本提单提货时，发现货物已由丙公司以副本提单加保函提走。依我国相关法律规定，下列哪一选项是正确的？

A. 无正本提单交付货物的民事责任应适用交货地法律

B. 乙公司可以要求甲公司承担违约责任或侵权责任

C. 甲公司对因无正本提单交货造成的损失按货物的成本赔偿

D. 丙公司提走了货物，不能要求甲公司承担责任

**33.** 根据《保护工业产权的巴黎公约》，关于优先权，下列哪一选项是正确的？

A. 优先权的获得需要申请人于“在后申请”中提出优先权申请并提供有关证明文件

B. 所有的工业产权均享有相同期间的优先权

C. “在先申请”撤回，“在后申请”的优先权地位随之丧失

D. “在先申请”被驳回，“在后申请”的优先权地位随之丧失

**34.** 中国甲公司以 CIF 价向某国乙公司出口一批服装，信用证方式付款，有关运输合同明确约定适用《海牙规则》。甲公司在装船并取得提单后，办理了议付。两天后，甲公司接乙公司来电，称装船的海轮在海上因雷击失火，该批服装全部烧毁。对于上述情

况，下列哪一选项是正确的？

A. 乙公司应向保险公司提出索赔

B. 甲公司应向保险公司提出索赔

C. 甲公司应将全部货款退还给乙公司

D. 乙公司应向承运人提出索赔

**35.** 甲乙两国均为世界贸易组织成员，甲国对乙国出口商向甲国出口轮胎征收高额反倾销税，使乙国轮胎出口企业损失严重。乙国政府为此向世界贸易组织提出申诉，经专家组和上诉机构审理胜诉。下列哪一选项是正确的？

A. 如甲国不履行世贸组织的裁决，乙国可申请强制执行

B. 如甲国不履行世贸组织的裁决，乙国只可在轮胎的范围内实施报复

C. 如甲国不履行世贸组织的裁决，乙国可向争端解决机构申请授权报复

D. 上诉机构只有在对该案的法律和事实问题进行全面审查后才能作出裁决

**36.** 中国某化工产品的国内生产商向中国商务部提起对从甲国进口的该类化工产品的反补贴调查申请。依我国相关法律规定，下列哪一选项是正确的？

A. 商务部认为必要时可以强制出口经营者作出价格承诺

B. 商务部认为有必要出境调查时，必须通过司法协助途径

C. 反补贴税税额不得超过终裁决定确定的补贴金额

D. 甲国该类化工产品的出口商是反补贴税的纳税人

**37.** 中国甲公司（买方）与某国乙公司签订仪器买卖合同，付款方式为信用证，中国丙银行为开证行，中国丁银行为甲公司申请开证的保证人，担保合同未约定法律适用。乙公司向信用证指定行提交单据后，指定行善意支付了信用证项下的款项。后甲公司以乙公司伪造单据为由，向中国某法院申请禁止支付令。依我国相关法律规定，下列哪一选项是正确的？

A. 中国法院可以诈欺为由禁止开证行对外支付

B. 因指定行已善意支付了信用证项下的款项，中国法院不应禁止中国丙银行对外付款

C. 如确有证据证明单据为乙公司伪造，中国法院可判决终止支付

D. 丁银行与甲公司之间的担保关系应适用《跟单信用证统一惯例》规定

**38.** 关于司法和司法制度，下列哪一选项是错误的？

A. 现代社会，司法构成社会纠纷解决体系中最具普适性的方式，法院已成为最主要的纠纷解决主体

B. 法官自由裁量应力求达到合法与合理高度统一，尽可能地减少法律适用过程中的不确定性，防止司法擅断与专横

C. 通过对不同的案件采用不同的诉讼费用分担机制，能够影响诉讼各方的行为方式，实现诉讼费用的“配置效率”

D. 司法机关特别是最高法院参与公共政策的制定，表现出司法权在国家权力配置与运作中的越位

**39.** 效率与公正都是理想型司法追求的目标，同时也是理想型司法应具备的两个基本要素。关于两者的关系，下列哪一说法是错误的？

A. 司法效率和司法公正是相辅相成的

B. 根据我国司法现状应当作出“公正优先、兼顾效率”的价值选择

C. 细化诉讼程序通常导致效率低下，效率和公正难以兼得

D. 司法工作人员提高业务水平，勤勉敬业，有利于促进司法公正和效率

**40.** 关于检察官的行为，下列哪一选项是正确的？

A. 甲检察官业余时间担任某中学法制辅导员，在推辞无效的情况下收下学校付给的每年1,000元的酬金

B. 乙检察官办理余某涉嫌贪污案时，针对余某所在单位财务管理方面的问题以个人名义向该单位领导提出了改进建议

C. 丙检察官下班后未及换下检察官制服即赶往饭店宴请来访的外地检察院同学

D. 丁检察官办理一起交通肇事案件时，对不配合调查的目击证人周某实施了拘传

**41.** 下列哪一法律职业人员的行为不违背相应职业纪律要求？

A. 金法官向自己审理案件中受尽屈辱的原告推荐社会知名律师为其代理诉讼

B. 闻律师在办理无偿的法律援助案件后，收取受援人交通费

C. 公证员黄某在派发的名片上印有“法学硕士、法学副教授”的头衔

D. 曾律师发起举办了“金融危机下律师业的挑战”研讨会并邀请一些教授、法官、检察官、公证员朋友出席

**42.** 2004年《全国人民代表大会常务委员会关于〈中华人民共和国刑法〉有关信用卡规定的解释》规定：“刑法规定的‘信用卡’，是指由商业银行或者其他金融机构发行的具有消费支付、信用贷款、转账结算、存取现金等全部功能或者部分功能的电子支付卡。”对此，下列哪些说法是正确的？

A. 该解释是学理解释

B. 该解释属于有权解释

C. 该解释和刑法本身具有同等效力

D. 该解释所采用的是文理解释

**43.** “法的继承体现时间上的先后关系，法的移植则反映一个国家对同时代其他国家法律制度的吸收和借鉴，法的移植的范围除了外国的法律外，还包括国际法律和惯例。”据此，下列哪些说法是正确的？

A. 1804 年《法国民法典》是对罗马法制度、原则的继承

B. 国内法不可以继承国际法

C. 法的移植不反映时间关系，仅体现空间关系

D. 法的移植的范围除了制定法，还包括习惯法

**44.** 2007 年，某国政府批准在实验室培育人兽混合胚胎，以用于攻克帕金森症等疑难疾病的医学研究。该决定引发了社会各界的广泛关注和激烈争议。对此，下列哪些评论是正确的？

A. 目前人兽混合胚胎研究在法律上尚未有规定，这是成文法律局限性的具体体现

B. 人兽混合胚胎研究有可能引发严重的社会问题，因此需要及时立法给予规范和调整

C. 如因该研究成果发生了民事纠纷而法律对此没有规定，则法院可以依据道德、习惯或正义标准等非正式法律渊源进行审理

D. 如该国立法机关为此制定法律，则制定出的法律必然是该国全体公民意志的体现

**45.** 关于我国制定的《反垄断法》，下列说法哪些可以成立？

A.《反垄断法》的制定是以我国当前的市场经济为基础的，没有市场经济，就不会出现市场垄断，也就不需要《反垄断法》，因此可以说，社会是法律的母体，法律是社会的产物

B. 法对经济有积极的反作用，《反垄断法》的出台及实施将会对我国市场经济发展产生重要影响

C. 我国市场经济的发展客观上需要《反垄断法》的出台，这个事实说明，唯有经济才是法律产生和发展的决定性因素，除经济之外法律不受其他社会因素的影响

D. 为了有效地管理社会，法律还需要和其他社会规范（道德、政策等）积极配合，《反垄断法》在管理市场经济时也是如此

**46.** 关于法与道德的论述，下列哪些说法是正确的？

A. 法律规范与道德规范的区别之一就在于道德规范不具有国家强制性

B. 按照分析实证主义法学的观点，法与道德在概念上没有必然联系

C. 法和道德都是程序选择的产物，均具有建构性

D. 违反法律程序的行为并不一定违反道德

**47.** 关于法的适用与法律论证，下列哪些说法是错误的？

A. 法的适用所处理的问题，既包括法律事实问题也包括法律规范问题，还包括法律语言问题

B. 法的适用通常采用逻辑中的三段论推理

C. 法的适用只要有外部证成即可，毋需内部证成

D. 法律论证是一个独立的过程，与法律推理、法律解释没有关系

**48.** 关于中国法律制度发展和演进，下列哪些表述是正确的？

A. 商鞅“改法为律”扩充了法律内容，强调了法律规范的普遍性

B. 汉武帝顺应历史发展废除肉刑进行刑制改革，为建立封建刑罚制度奠定了重要基础

C. 三国两晋南北朝时期更广泛、更直接地把儒家的伦理规范上升为法律规范，使礼、法更大程度上实现融合

D. 清末变法修律基本上是仿效外国资本主义的法律形式，固守中国的封建法制传统

**49.** 关于中国古代诉讼、审判制度的说法，下列哪些选项是正确的？

A. 西周时期“听讼”为审理民事案件，“断狱”为审理刑事案件

B. 唐代县以下乡官、里正对犯罪案件具有纠举责任，对轻微犯罪与民事案件具有调解处理的权力

C. 明代的大审是一种会审制度，每三年举行一次

D. 清末改大理寺为大理院，为全国最高审判机关

**50.** 关于我国《宪法》的修改，下列哪一选项是正确的？

A. 1954 年《宪法》明确规定了宪法修改的提案主体

B. 1982 年《宪法》是对 1954 年《宪法》的全面修改

C. 我国现行宪法共进行了四次修改，通过了 31 条宪法修正案

D. “国家尊重和保障人权”是 2004 年《宪法修正案》规定的内容

**51.** 关于撤职案的审议和决定，下列哪些选项符合《监督法》规定？

A. 县长可以向县人大常委会提出撤销个别副县长职务的撤职案

B. 县级以上地方各级人大常委会主任会议可以依法向本级人大常委会提出撤职案

C. 撤职案应当写明撤职的对象和理由并提供有关材料

D. 撤职案由人大常委会全体组成人员的三分之二以上的多数通过

**52.** 关于法律、行政法规、地方性法规、自治条例和单行条例、规章的适用，下列哪些选项符合《立法法》规定？

A. 同一机关制定的特别规定与一般规定不一致时，适用特别规定

B. 法律、行政法规、地方性法规原则上不溯及既往

C. 地方性法规与部门规章之间对同一事项的规定不一致不能确定如何适用时，由国务院裁决

D. 根据授权制定的法规与法律规定不一致不能确定如何适用时，由全国人大常委会裁决

**53.** 关于民族自治地方财政的说法，下列哪些选项符合《民族区域自治法》规定？

A. 国家财政体制下属于民族自治地方的财政收入，由自治机关自主地安排使用

B. 民族自治地方的财政预算支出，按国家规定设机动资金，但预备费在预算中不得高于一般地区

C. 自治机关对本地方的各项开支标准、定员、定额，按照国家规定的原则，结合本地方的实际情况，可以制定补充规定和具体办法，并须分别报国务院、省、自治区、直辖市批准

D. 民族自治地方在全国统一的财政体制下，通过国家实行的规范的财政转移支付制度，享受上级财政的照顾

**54.** 根据《宪法》规定，下列哪些权利是公民享有的监督权？

A. 罢免权

B. 集会、游行、示威自由

C. 批评和建议的权利

D. 申诉、控告或者检举的权利

**55.** 根据《宪法》和法律规定，下列哪些选项是正确的？

A. 中华人民共和国主席对全国人大及其常委会负责

B. 国务院对全国人大负责并报告工作，在全国人大闭会期间对全国人大常委会负责并报告工作

C. 最高人民法院、最高人民检察院对全国人大及其常委会负责

D. 中央军事委员会对全国人大负责并报告工作，在全国人大闭会期间对全国人大常委会负责并报告工作

**56.** 根据《反垄断法》规定，下列哪些选项不构成垄断协议？

A. 某行业协会组织本行业的企业就防止进口原料时的恶性竞争达成保护性协议

B. 三家大型房地产公司的代表聚会，就商品房价格达成共识，随后一致采取涨价行动

C. 某品牌的奶粉含有毒物质的事实被公布后，数家大型零售公司联合声明拒绝销售该产品

D. 数家大型煤炭企业就采用一种新型矿山安全生产技术达成一致意见

**57.** 关于国家食品安全风险监测制度，下列哪些表述是正确的？

A. 食品安全风险监测制度以食源性疾病、食品污染以及食品中的有害因素为监测对象

B. 食品安全风险监测计划由国务院卫生行政部门会同有关部门制定、实施

C. 通过食品安全风险监测发现食品安全隐患时，国务院卫生行政部门应当立即进行检验和食品安全风险评估

D. 食品安全风险监测信息是制定、修订食品安全标准和对食品安全实施监督管理的科学依据

**58.** 下列哪些情形符合纳税人权利的规定？

A. 张某要求查询丈夫的个人所得税申报信息，税务机关以保护纳税人秘密权为由予以拒绝

B. 甲公司对税务机关征收的一笔增值税计算方法有疑问，要求予以解释

C. 乙公司不服税收机关对其采取冻结银行存款的税收保全措施，申请行政复议

D. 个体工商户陈某认为税务所长在征税过程中对自己滥用职权故意刁难，向上级税务机关提出控告

**59.** 下列哪些属于审计机关的审计监督范围？

A. 国家的事业组织和使用财政资金的其他事业组织的财务支出

B. 国有金融机构和国有企业的资产、负债、损益

C. 政府投资的建设项目的财务收支

D. 国际组织贷款项目的财务收支

**60.** 关于劳动关系的表述，下列哪些选项是正确的？

A. 劳动关系是特定当事人之间的法律关系

B. 劳动关系既包括劳动者与用人单位之间的关系也包括劳动行政部门与劳动者、用人单位之间的关系

C. 劳动关系既包括财产关系也包括人身关系

D. 劳动关系既具有平等关系的属性也具有从属关系的属性

**61.** 2009年2月，下列人员向所在单位提出订立无固定期限劳动合同，哪些人具备法定条件？

A. 赵女士于1995年1月到某公司工作，1999年2月辞职，2002年1月回到该公司工作

B. 钱先生于1985年进入某国有企业工作。2006年3月，该企业改制成为私人控股的有限责任公司，年满50岁的钱先生与公司签定了三年期的劳动合同

C. 孙女士于2000年2月进入某公司担任技术开发工作，签定了为期三年、到期自动续期三年且续期次数不限的劳动合同。2009年1月，公司将孙女士提升为技术部副经理

D. 李先生原为甲公司的资深业务员，于2008年2月被乙公司聘请担任市场开发经理，约定：先签定一年期合同，如果李先生于期满时提出请求，可以与公司签定无固定期限劳动合同

**62.** 东星公司新建的化工生产线在投入生产过程中，下列哪些行为违反《劳动法》规定？

A. 安排女技术员参加公司技术攻关小组并到位于地下的设备室进行检测

B. 在防止有毒气体泄漏的预警装置调试完成之前，开始生产线的试运行

C. 试运行期间，从事特种作业的操作员已经接受了专门培训，但未取得相应的资格证书

D. 试运行开始前，未对生产线上的员工进行健康检查

**63.** 下列哪些情形不属于《劳动争议调解仲裁法》规定的劳动争议范围？

A. 张某自动离职一年后，回原单位要求复职被拒绝

B. 郑某辞职后，不同意公司按存款本息购回其持有的职工股，要求做市场价评估

C. 秦某退休后，因社会保险经办机构未及时发放社会保险金，要求公司协助解决

D. 刘某因工伤致残后，对劳动能力鉴定委员会评定的伤残等级不服，要求重新鉴定

**64.** 根据《土地管理法》规定，在下列哪些情况下使用集体土地从事建设不需要经过国家征收？

A. 兴办乡镇企业　　B. 村民建设住宅

C. 乡村公共设施建设　D. 乡村公益事业建设

**65.** 根据《城乡规划法》规定，下列哪些选项属于城乡规划的种类？

A. 城乡规划包括城镇体系规划、城市规划、镇规划、乡规划和村庄规划

B. 城市规划、镇规划分为总体规划和详细规划

C. 详细规划分为控制性详细规划和修建性详细规划

D. 修建性详细规划分为建设用地规划和建设工程规划

**66.** 关于以划拨方式取得土地使用权的房地产转让时适用的《城市房地产管理法》特殊规定，下列哪些表述是正确的？

A. 应当按照国务院规定，报有批准权的人民政府审批

B. 有批准权的人民政府准予转让的，可以决定由受让方办理土地使用权出让手续，也可以允许其不办理土地使用权出让手续

C. 办理土地使用权出让手续的，受让方应缴纳土地使用权出让金

D. 不办理土地使用权出让手续的，受让方应缴纳土地使用权转让费，转让方应当按规定将转让房地产所获收益中的土地收益上缴国家

**67.** 根据《环境保护法》规定，下列哪些选项属于农业环境保护的措施？

A. 防治土地沙化、盐渍化、贫瘠化、沼泽化

B. 防治植被破坏、水土流失、水源枯竭

C. 推广植物病虫害的综合防治

D. 合理使用化肥、农药及植物生长激素

**68.** 甲乙两国因边境冲突引发战争，甲国军队俘获数十名乙国战俘。依《日内瓦公约》，关于战俘待遇，下列哪些选项是正确的？

A. 乙国战俘应保有其被俘时所享有的民事权利

B. 战事停止后甲国可依乙国战俘的情形决定遣返或关押

C. 甲国不得将乙国战俘扣为人质

D. 甲国为使本国某地区免受乙国军事攻击可在该地区安置乙国战俘

**69.** 经乙国同意，甲国派特别使团与乙国进行特定外交任务谈判，甲国国民贝登和丙国国民奥马均为使团成员，下列哪些选项是正确的？

A. 甲国对奥马的任命需征得乙国同意，乙国一经同意则不可撤销此项同意

B. 甲国特别使团下榻的房舍遇到火灾而无法获得使团团长明确答复时，乙国可以推定获得同意进入房舍救火

C. 贝登在公务之外开车肇事被诉诸乙国法院，因贝登有豁免权乙国法院无权管辖

D. 特别使团也适用对使馆人员的“不受欢迎的人”的制度

**70.** 甲国人彼得拟申请赴中国旅游。依我国相关法律规定，下列哪一选项是正确的？

A. 甲国人彼得应向中国公安部门提出入境申请

B. 受理彼得入境申请的中国有关机关没有义务必须批准入境

C. 如彼得获准入境后发现适合他的工作，可以留在中国工作

D. 如彼得获准入境后前往不对外国人开放的地区旅行，必须向当地公安机关申请旅行证件

**71.** 李某与王某在台湾地区因民事纠纷涉诉，被告王某败诉，李某向王某在福建的财产所在地的中级

法院申请认可台湾地区的民事判决。下列哪些选项可以成为中级法院拒绝认可的理由?

A. 案件为人民法院专属管辖

B. 人民法院已承认了某外国法院就相同案件作出的判决

C. 双方没有关于司法管辖的协议

D. 王某在本案中缺席且未给予合法传唤

**72.** 大陆甲公司与台湾地区乙公司签订了出口家具合同，双方在合同履行中产生纠纷，乙公司拒绝向甲公司付款。甲公司在大陆将争议诉诸法院。关于向台湾当事人送达文书，下列哪些选项是正确的?

A. 可向乙公司在大陆的任何业务代办人送达

B. 如乙公司的相关当事人在台湾下落不明的，可采用公告送达

C. 邮寄送达的，如乙公司未在送达回证上签收而只是在邮件回执上签收，可视为送达

D. 邮寄送达未能收到送达与否证明文件的，满三个月即可视为已送达

**73.** 甲国贸易公司航次承租乙国籍货轮“锦绣”号将一批货物从甲国运往中国，运输合同载有适用甲国法律的条款。“锦绣”号停靠丙国某港时与丁国籍轮“金象”号相撞，有关货损和碰撞案在中国法院审理。关于该案的法律适用，下列哪些选项是正确的?

A. 有关航次租船运输合同的争议应适用与合同有最密切联系的法律

B. 有关航次租船运输合同的争议应适用甲国法律

C. 因为“锦绣”号与“金象”号的国籍不同，两轮的碰撞纠纷应适用法院地法解决

D. “锦绣”号与“金象”号的碰撞应适用丙国法律

**74.** 针对甲国一系列影响汽车工业的措施，乙、丙、丁等国向甲国提出了磋商请求。四国均为世界贸易组织成员。关于甲国采取的措施，下列哪些是《与贸易有关的投资措施协议》禁止使用的?

A. 要求汽车生产企业在生产过程中必须购买一定比例的当地产品

B. 依国产化率对汽车中使用的进口汽车部件减税

C. 规定汽车生产企业的外资股权比例不应超过60%

D. 要求企业购买进口产品的数量不能大于其出口产品的数量

**75.** 关于特别提款权，下列哪些选项是正确的?

A. 甲国可以用特别提款权偿还国际货币基金组织为其渡过金融危机提供的贷款

B. 甲乙两国的贸易公司可将特别提款权用于两公司间国际货物买卖的支付

C. 甲乙两国可将特别提款权用于两国政府间结算

D. 甲国可以将特别提款权用于国际储备

**76.** 中国甲公司发现有假冒“麒麟”商标的货物通过海关进口。依我国相关法律规定，甲公司可以采取下列哪些措施?

A. 甲公司可向海关提出采取知识产权保护措施的备案申请

B. 甲公司可要求海关将涉嫌侵犯“麒麟”商标权的标记移除后再进口

C. 甲公司可向货物进出境地海关提出扣留涉嫌侵权货物的申请

D. 甲公司在向海关提出采取保护措施的申请后，可在起诉前就被扣留的涉嫌侵权货物向法院申请采取责令停止侵权行为的措施

**77.** 在国际税法中，对于法人居民身份的认定各国有不同标准。下列哪些属于判断法人纳税居民身份的标准?

A. 依法人的注册成立地判断

B. 依法人的股东在征税国境内停留的时间判断

C. 依法人的总机构所在地判断

D. 依法人的实际控制与管理中心所在地判断

**78.** 刘律师出身建筑世家并曾就读建筑专业，现主要从事施工纠纷法律服务。开发商李某因开发的楼房倒塌被诉至法院，欲委托刘律师代理诉讼。关于接受委托和代理案件，刘律师的下列哪些做法符合律师职业有关规定?

A. 接受委托，了解并运用建筑和房地产知识分析案件，寻求对李某有利的理由

B. 接受委托，告知李某楼房倒塌系建筑风水原因，使其接受败诉结果

C. 明知不懂房地产开发业务会影响代理效果，但为经济效益极力宣扬建筑世家背景并接受委托

D. 考虑到不懂房地产业务会影响代理效果，决定不接受委托

**79.** 2009年1月8日，最高法院向社会公布了“五个严禁”的规定，法官的下列哪些行为属于该规定严禁之列?

A. 北方某省高级法院田法官给承办自己老家小学工程质量纠纷案的某基层法院孔法官打电话，希望尽快审理该案以不影响学校按时开学

B. 中部某法庭许法官在下乡巡回审理纠纷案件时与代理人、双方当事人、村委会主任等人一起在原告家边喝酒边调解，并在返回时收下被告赠送的5斤土豆

C. 西北某基层法院包法官隐瞒正在办理的伤害案被告人是其同父异母兄弟的实情继续审案

D. 东部某中级法院周法官指定由环球拍卖公司主持拍卖涉案的五套房屋

**80.** 关于司法制度与法律职业的表述，下列哪些选项是正确的?

A. 关于从事法律职业的条件：①曾因犯罪受过刑事处罚者不能担任公证员；②年龄二十三周岁者可以担任检察官。①正确、②不正确

B. 关于律师承办业务：①律师承办业务，应告知委托人可能出现的法律风险；②律师承办业务，可根据情况决定是否向委托人通报委托事项办理进展情况。①正确、②不正确

C. 关于检察制度的发展和特征：①资本主义国家的检察机关多隶属于行政机关的司法行政部门；②我国实行的是检察长负责和检察委员会集体领导相结合的检察院负责制。①正确、②不正确

D. 关于我国的法官制度：①法官之间有夫妻关系、直系血亲关系、三代以内旁系血亲以及近姻亲关系的，不得同时担任同一法院的院长、副院长和审判员、助理审判员；②法官的考核内容包括审判工作实绩、思想品德、审判业务和法学理论水平、工作态度和审判作风，重点考核工作态度和审判作风。①正确、②不正确

**81.** “在法学家们以及各个法典看来，各个个人之间的关系，例如缔结契约这类事情，一般是纯粹偶然的现象，这些关系被他们看作是可以随意建立或不建立的关系，它们的内容完全取决于缔约双方的个人意愿。每当工业和商业的发展创造出新的交往形式，例如保险公司等的时候，法便不得不承认它们是获得财产的新方式。”据此，下列表述正确的是：

A. 契约关系是人们有意识、有目的地建立的社会关系

B. 各个时期的法都不得不规定保险公司等新的交往形式和它们获得财产的新方式

C. 法律关系作为一种特殊的社会关系，既有以人的意志为转移的思想关系的属性，又有物质关系制约的属性

D. 法律关系体现的是当事人的意志，而不可能是国家的意志

**82.** 周某半夜驾车出游时发生交通事故致行人鲁某重伤残疾，检察院以交通肇事罪起诉周某。法院开庭，公诉人和辩护人就案件事实和证据进行质证，就法的适用展开辩论。法庭经过庭审查实，交通事故致鲁某重伤残疾并非因周某行为引起，宣判其无罪释放。依据法学原理，下列判断正确的是：

A. 法院审理案件目的在于获得正确的法律判决，该判决应当在形式上符合法律规定，具有可预测性，还应当在内容上符合法律的精神和价值，具有正当性

B. 在本案中，检察院使用了归纳推理的方法

C. 法院在庭审中认定交通事故致鲁某重伤残疾并非因周某行为引起，这主要解决的是事实问题

D. 法庭主持的调查和法庭辩论活动，从法律推理的角度讲，是在为演绎推理确定大小前提

**83.** 根据《地方组织法》规定，关于乡镇人大主席，下列选项正确的是：

A. 乡镇人大主席、副主席由乡镇人大从本级人大代表中选出

B. 乡镇人大主席、副主席主持乡镇人大会议

C. 乡镇人大主席在乡镇人大闭会期间，可以担任国家行政机关的职务

D. 乡镇人大主席、副主席为乡镇人大会议主席团成员

**84.** 根据《地方组织法》规定，关于地方各级人民政府工作部门的设立，下列选项正确的是：

A. 县人民政府设立审计机关

B. 县人民政府工作部门的设立、增加、减少或者合并由县人大批准，并报上一级人民政府备案

C. 县人民政府在必要时，经上级人民政府批准，可以设立若干区公所作为派出机关

D. 县人民政府的工作部门受县人民政府统一领导，并且依照法律或者行政法规的规定受上级人民政府主管部门的业务指导或者领导

**某城市商业银行在合并多家城市信用社的基础上设立，其资产质量差，经营队伍弱，长期以来资本充足率、资产流动性、存贷款比例等指标均不能达到监管标准。请根据有关法律规定，回答第85—87题。**

**85.** 某日，该银行行长卷款潜逃。事发后，大量存款户和票据持有人前来提款。该银行现有资金不能应付这些提款请求，又不能由同行获得拆借资金。根据相关法律，下列判断正确的是：

A. 该银行即将发生信用危机

B. 该银行可以由国家金融监督管理总局实行接管

C. 该银行可以由中国人民银行实施托管

D. 该银行可以由当地人民政府实施机构重组

**86.** 在作出对该银行的行政处置决定后，负责处置的机构对该银行的人员采取了以下措施，其中符合法律规定的是：

A. 对该行全体人员发出通知，要求各自坚守岗位，认真履行职责

B. 该行副行长邱某、薛某持有出境旅行证件却拒不交出。对此，通知出境管理机关阻止其出境

C. 该行董事范某欲抛售其持有的一批股票。对此，申请司法机关禁止其转让股票

D. 该行会计师佘某欲将自己的一处房屋转让给他人。对此，通知房产管理部门停止办理该房屋的过户登记

**87.** 经采取处置措施，该银行仍不能在规定期限内恢复正常经营能力，且资产情况进一步恶化，各方人士均认为可适用破产程序。如该银行申请破产，应

当遵守的规定是：

A. 该银行应当证明自己已经不能支付到期债务，且资产不足以清偿全部债务

B. 该银行在提出破产申请前应当成立清算组

C. 该银行在向法院提交破产申请前应当得到国家金融监督管理总局的同意

D. 该银行在向法院提交破产申请时应当提交债务清偿方案和职工安置方案

**88.** 乙国与甲国航天企业达成协议，由甲国发射乙国研制的"星球一号"卫星。因发射失败卫星碎片降落到甲国境内，造成人员和财物损失。甲乙两国均为《空间物体造成损害的国际责任公约》缔约国。下列选项正确的是：

A. 如"星球一号"发射成功，发射国为技术保密可不向联合国办理登记

B. 因"星球一号"由甲国的非政府实体发射，甲国不承担国际责任

C. "星球一号"对甲国国民的损害不适用《责任公约》

D. 甲国和乙国对"星球一号"碎片造成的飞机损失承担绝对责任

**89.** 甲国籍人罗伯逊与家人久居乙国，其原始住所在甲国。罗伯逊在乙国和丙国均有生意和住所，不时去丙国照看生意，并与在丙国居住的父母小住。近年来，由于罗伯逊在中国的生意越来越好，因而长期居住于在北京某饭店包租的578号房间。现涉及丙国的纠纷在中国法院审理，关于罗伯逊住所的认定，下列选项正确的是：

A. 应以长期居住地北京某饭店578号房间为其住所

B. 应以乙国的住所为其住所

C. 因涉及丙国的纠纷，应以丙国的住所为其住所

D. 应以甲国的原始住所为其住所

**90.** 甲乙两国均为《多边投资担保机构公约》缔约国，甲国公民帕克在乙国投资时向多边投资担保机构进行了投资保险。对此，下列说法正确的是：

A. 如乙国并未拒绝帕克的汇兑申请，而只是消极拖延则不属于货币汇兑险的范围

B. 乙国应当是发展中国家

C. 如发生在乙国邻国的战争影响了帕克在乙国投资的正常营运，也属于战争内乱险承保的范畴

D. 乙国政府对帕克的违约属于政府违约险承保的范畴

## 参考答案与解析

**1. B。**"紧急时无法律"的准确含义指的是人们在紧急状态下采取的紧急避险行为原则上不受法律处罚。故B正确。ACD不合常理，解释不通，不应选。

**2. D。**本题考查的是对法律语言（埃利希的话）的理解，也可以根据法与社会的一般关系的基本原理来作答。两者都承认法以社会为基础，法是社会的产物。法律的性质与功能决定于社会，法的变迁也受社会发展进程的最终制约。不能仅从法律本身（包括立法、司法、法学理论等）来理解法律。故ABC正确。D不合原意，原文没有D的含义，应选。

**3. C。**自然科学研究中的推理是一种寻找和发现真相和真理的推理，而在法学领域，法律推理是一种寻求正当性证明的推理。法律推理的核心主要是为行为规范或人的行为是否正确或妥当提供正当理由。故A错误。法律解释和法律推理往往相互交织，法律推理的过程中要涉及法律解释，法律解释也包含着一定的法律推理，两者并不是完全独立的。故B错误。法律推理不仅包括严格的形式推理，也包括辩证推理，后者具有明显的价值取向性，要受到人的价值观影响。故D错误。综上，C正确。

**4. B。**法律适用的过程，即从大前提和小前提中推导出法律决定或者法律结论，实质上就是法律推理过程。要适用法律，得到一个法律结论，必然需要进行法律推理。因此B项错误。任意性规则，是指规定在一定范围内，允许人们自行选择或协商确定为与不为、为的方式以及法律关系中的权利义务内容的法律规则。任意性规则通常都属于不确定的指引。所谓不确定的指引，又称选择的指引，是指通过宣告法律权利，给人们一定的选择范围。法条中规定当事人"可以"如何如何，表明人们享有一定的权利和选择范围，发挥作用的方式是不确定的指引，该规定属于任意性规则，故AD正确。本法条是关于当事人权利救济的规定，显然反映了法的可诉性，故C正确。

**5. D。**按照规则内容的确定性程度不同，可以把法律规则分为确定性规则、委任性规则和准用性规则。所谓确定性规则，是指内容本已明确肯定，无须再援引或参照其他规则来确定其内容的法律规则。所谓委任性规则，是指内容尚未确定，而只规定某种概括性指示，由相应国家机关通过相应途径或程序加以确定的法律规则。所谓准用性规则，是指内容本身没有规定人们具体的行为模式，而是可以援引或参照其他相应内容规定的规则。题中规定内容明确肯定，属于确定性规则，AB正确。同时它也赋予交易习惯一定条件下的法律效力，故C正确。需要对法律概念的

含义加以解释时，应遵循一定的解释位次。具体应遵循下列位阶：语义学解释→体系解释→立法者意图或目的解释→历史解释→比较解释→客观目的解释。一般来说，文义解释优先，即首先应当按照概念本身的语义加以解释；只有使用其他解释方法不能得到满意的结论时，才使用客观目的解释。故D错误。

**6. B**。条文中“必须”“不得”等字眼表明该条属于义务性规则，其中“必须”属于命令性规则，“不得”属于禁止性规则。故A错误。C不能得出国家利益是我国法律的最高价值，推理不充分，故C错误。D虽然该规定具有一定的模糊性（比如没有规定什么是国家利益、社会利益），但对公民仍具有指导意义，D错误。B项是对法与自由关系的准确理解，B正确，应选。

**7. A**。西周的买卖契约称为“质剂”。“质”，是买卖奴隶、牛马所使用的较长的契券；“剂”，是买卖兵器、珍异之物所使用的较短的契券。“质”“剂”由官府制作，并由“质人”专门管理。故B错误。宋代典卖又称“活卖”，即通过让渡物的使用权收取部分利益而保留回赎权的一种交易方式。故C错误。“坐赃”是“六赃”犯罪中的一种，指官吏或常人非因职权之便非法收受财物的行为。《唐律》杂律篇规定，官吏因事接受他人财物的即构成“坐赃”，同时禁止监临主守官在辖区内役使百姓，借贷财物，违者以坐赃论处。故D错误。

**8. C**。《宋刑统》全称《宋建隆重详定刑统》，是历史上第一部刊印颁行的法典。A正确。宋代法律因袭唐制，对借与贷作了区分。借指使用借贷，而贷则指消费借贷。当时把不付息的使用借贷称为负债，把付息的消费借贷称为出举。并规定不得超过规定实行高利贷盘剥。B正确。编敕是宋代一项重要和频繁的立法活动，敕主要是关于犯罪与刑罚方面的规定，所谓“丽刑名轻重者，皆为敕”。宋仁宗前基本是“敕律并行”，编敕一般依律的体例分类，但独立于《宋刑统》之外。宋神宗朝敕地位提高，“凡律所不载者，一断于敕”，敕已到足以破律、代律的地步。宋神宗时还设有专门编敕的机构“编敕所”。C错误。折杖法于宋建隆四年颁行，对缓和社会矛盾曾有一定作用，但对反逆、强盗等重罪不予适用，具体执行当中也存在流弊。D正确。

**9. B**。领事裁判权又称“治外法权”，是外国侵略者在强迫中国订立的不平等条约中所规定的一种司法特权。凡在中国享有领事裁判权的国家，其在中国的侨民不受中国法律管辖，只由该国的领事或设在中国的司法机构依其本国法律裁判。其后，观审制度进一步扩充领事裁判权，即外国人是原告的案件，其所属国领事官员也有权前往观审，如认为审判、判决有不妥之处，可以提出新证据等。1864年清廷与英、美、法三国驻上海领事协议在租界内设立特殊审判机关。凡涉及外国人案件，必须有领事官员参加会审；凡中国人与外国人之间诉讼案，由本国领事裁判或陪审，甚至租界内纯属中国人之间的诉讼也由外国领事观审并操纵判决。它的确立，是外国在华领事裁判权的扩充和延伸。故B正确。

**10. A**。军事法院是基于军队的体制和作战任务的特殊性而设立的，其具体任务是通过审判危害国家与损害国防力量的犯罪分子，保卫国家安全，维护国家法制和军队秩序，巩固部队战斗力，维护军人和其他公民的合法权利。打击敌人，惩治犯罪和保护人民，宣传社会主义法制是军事法院的基本职能。军事法院分设三级：中国人民解放军军事法院；各大军区、军兵种级单位的军事法院；兵团和军级单位的军事法院。故B错误。海事法院管辖第一审海事案件和海商案件，不受理刑事案件和其他民事案件。各海事法院判决或裁定的上诉案件，由所在地高级人民法院受理。故C错误。铁路运输法院分设两级，即铁路管理局中级铁路运输法院和铁路管理分局基层铁路运输法院。中级铁路运输法院的审判活动受所在地高级人民法院监督。森林法院的任务是保护森林，审理破坏森林资源案件、严重责任事故案件及涉外案件。基层森林法院一般设置在某些特定林区的一些林业和草原局（包括木材水运局）的所在地；在地区（盟）林业管理局所在地或国有森林集中连片地区设立森林中级法院。故D错误。

**11. B**。城镇化发展的客观趋势导致我国《选举法》进行了七次修改，在1995年第三次修改的时候改为4∶1，2010年第五次修改改为1∶1，故ACD正确，B错误。

**12. C**。《全国人民代表大会组织法》第10条第1款规定：“全国人民代表大会代表按照选举单位组成代表团。各代表团分别推选代表团团长、副团长。”故A错误。《全国人民代表大会组织法》第17条规定：“一个代表团或者三十名以上的代表联名，可以向全国人民代表大会提出属于全国人民代表大会职权范围内的议案。”故B错误。《全国人民代表大会组织法》第20条规定：“全国人民代表大会主席团、三个以上的代表团或者十分之一以上的代表，可以提出对全国人民代表大会常务委员会的组成人员，中华人民共和国主席、副主席，国务院和中央军事委员会的组成人员，国家监察委员会主任，最高人民法院院长和最高人民检察院检察长的罢免案，由主席团提请大会审议。”故C正确。《全国人民代表大会组织法》第21条规定：“全国人民代表大会会议期间，一个代表团或者三十名以上的代表联名，可以书面提出对国务院以及国务院各部门、国家监察委员会、最高人民法院、最高人民检察院的质询案。”据此，应为“或者”而非“和”，故D错误。

**13. D**。《选举法》第27条第1款规定，选民登记按选区进行，经登记确认的选民资格长期有效。每次选举前对上次选民登记以后新满18周岁的、被剥夺政治权利期满后恢复政治权利的选民，予以登记。对选民经登记后迁出原选区的，列入新迁入的选区的选民名单；对死亡的和依照法律被剥夺政治权利的人，从选民名单上除名。故A错误。《选举法》第28条规定，选民名单应在选举日的20日以前公布，实行凭选民证参加投票选举的，并应当发给选民证。故B错误。《选举法》第29条规定，对于公布的选民名单有不同意见的，可以在选民名单公布之日起五日内向选举委员会提出申诉。选举委员会对申诉意见，应在三日内作出处理决定。申诉人如果对处理决定不服，可以在选举日的五日以前向人民法院起诉，人民法院应在选举日以前作出判决。人民法院的判决为最后决定。故C错误，D正确。

**14. D**。AB属于宪法基础理论的内容，均正确。我国《宪法》规定，公共财产神圣不可侵犯。故C正确，D错误。

**15. D**。同社会经济权利一样，文化教育权利属于公民的"积极收益权"是错误的，正确的表述是"积极受益权"，积极要求国家保障其权利。可见D错误。

**16. B**。《反垄断法》第12条第1款规定，国务院设立反垄断委员会，负责组织、协调、指导反垄断工作，履行下列职责：（1）研究拟订有关竞争政策；（2）组织调查、评估市场总体竞争状况，发布评估报告；（3）制定、发布反垄断指南；（4）协调反垄断行政执法工作；（5）国务院规定的其他职责。据此，反垄断委员会从事的工作主要是指导性的工作，不从事实际的执法工作，故正确答案为B。

**17. B**。《消费者权益保护法》第7条第1款规定，消费者在购买、使用商品和接受服务时享有人身、财产安全不受损害的权利。《消费者权益保护法》第18条第1款规定，经营者应当保证其提供的商品或者服务符合保障人身、财产安全的要求。对可能危及人身、财产安全的商品和服务，应当向消费者作出真实的说明和明确的警示，并说明和标明正确使用商品或者接受服务的方法以及防止危害发生的方法。可见，《消费者权益保护法》对于经营者保障消费者人身财产安全仅限于其"提供的商品或服务"不会造成消费者人身和财产损失，而不能扩展至其他方面。故B正确。

**18. C**。《增值税法》第3条第1款规定，在中华人民共和国境内（以下简称境内）销售货物、服务、无形资产、不动产（以下称应税交易），以及进口货物的单位和个人（包括个体工商户），为增值税的纳税人，应当依照本法规定缴纳增值税。故AB错误。《增值税法》第24条第1款第1项规定，农业生产者销售的自产农产品免征增值税。故C正确。《增值税法》第10条第2项第3目规定，图书、报纸、杂志、音像制品、电子出版物的税率为9%。D错误。

**19. C**。《企业所得税法》第1条规定，在中华人民共和国境内，企业和其他取得收入的组织（以下统称企业）为企业所得税的纳税人，依照本法的规定缴纳企业所得税。故AB正确。《企业所得税法》第3、4条规定，企业所得税的税率为25%。但非居民企业在中国境内未设立机构、场所的，或者虽设立机构、场所但取得的所得与其所设机构、场所没有实际联系的，应当就其来源于中国境内的所得缴纳企业所得税，该税率为20%，故C不准确，错误，当选。《企业所得税法》有关税收优惠的规定并没有刻意区分居民企业和非居民企业。D正确。

**20. C**。《土地管理法》第13条第1款规定，农民集体所有和国家所有依法由农民集体使用的耕地、林地、草地，以及其他依法用于农业的土地，采取农村集体经济组织内部的家庭承包方式承包，不宜采取家庭承包方式的荒山、荒沟、荒丘、荒滩等，可以采取招标、拍卖、公开协商等方式承包，从事种植业、林业、畜牧业、渔业生产。家庭承包的耕地的承包期为30年，草地的承包期为30年至50年，林地的承包期为30年至70年；耕地承包期届满后再延长30年，草地、林地承包期届满后依法相应延长。故C正确。

**21. D**。加入是指未对条约进行签署的国家表示同意受条约的拘束，成为条约当事方的一种方式。加入一般没有期限的限制，加入可以在条约生效之前或生效之后进行，故D正确。

**22. A**。紧追权是沿海国拥有对违反其法规并从该国管辖范围内的海域向公海行驶的外国船舶进行追逐的权利。紧追可以追入公海中继续进行，直至追上并依法采取措施，但必须是连续不断的。题干中A舰由于机械故障返航，B舰在公海埋伏，并未对甲国渔船实施连续不断的紧追，故A正确，D错误。紧追可以开始于一国内水、领海、毗连区或专属经济区，故B错误。紧追应在被紧追船舶的视听范围内发出视觉或听觉的停止信号后，才可开始，C错误。

**23. C**。国际习惯是指在国际交往中由各国前后一致地不断重复所形成，并被广泛接受为有法律拘束力的行为规则或制度。国际习惯的构成要素有两个：一是物质要素或客观要素，即存在各国反复一致地从事某种行为的实践；二是心理要素或主观要素，它要求上述的重复一致的行为模式被各国认为具有法律拘束力，即存在所谓法律确信。安理会关于授权某些国家进入他国领海打击海盗的行为不具备国际习惯的构成要素，不能成为习惯法，故C正确。安理会是联合国在维持国际和平与安全方面负主要责任的机关，也是联合国中唯一有权采取行动的机关。一国向安理会提出申请，安理会可以授权外国军舰进入该国领海打击海盗行为。故A错误。安理会授权只是进入特定国家领海打击海盗，B错误。普遍性管辖权是指根据国际法的规定，对于危害国际安全与和平及全人类利益的某些国际犯罪行为，不论行为人国籍及行为发生地，各国都有进行管辖的权利。乙国军舰为解救丙国商船而进入甲国领海应属于普遍性管辖，故D错误。

**24. D**。《国籍法》第9条规定，定居外国的中国公民，自愿加入或取得外国国籍的，即自动丧失中国国籍。题干中高某回国并未定居国外，且未提出退出中国国籍的申请，故高某仍应具有中国国籍。引渡的对象是被请求国指控为犯罪或被其判刑的人，可能是请求国人、被请求国人和第三国人。在国际实践中，除非有关引渡条约或国内法有特殊规定，各国有权拒绝引渡本国公民，故D正确，ABC错误。

**25. A**。《涉外民事关系法律适用法》第41条规定，当事人可以协议选择合同适用的法律。当事人没有选择的，适用履行义务最能体现该合同特征的一方当事人经常居所地法律或者其他与该合同有最密切联系的法律。据此，A正确，B错误。CD根据题目无法判断，故错误。

**26. C**。《票据法》第97条规定，汇票、本票出票时的记载事项，适用出票地法律。支票出票时的记载事项，适用出票地法律，经当事人协议，也可以适用付款地法律。罗得在乙国给希姆所开支票的记载事项应适用乙国法律，故C正确。

**27. B**。《涉外民事关系法律适用法》第12条规定，自然人的民事行为能力，适用经常居所地法律。自然人从事民事活动，依照经常居所地法律为无民事行为能力，依照行为地法律为有民事行为能力的，适用行为地法律，但涉及婚姻家庭、继承的除外。据此，李某购买电脑软件时，依照甲国法律为无民事行为能力，依照中国法律为有民事行为能力，应适用中国法律，故B正确，ACD错误。

**28. C**。2008年11月19日，商务部、外交部、公安部、司法部联合印发《外资非正常撤离中国相关利益方跨国追究与诉讼工作指引》第2条规定，外资非正常撤离事件发生后，中方当事人要及时向有关司法主管部门（法院或侦查机关）申请民商事或刑事案件立案。故C正确。

**29. B**。《仲裁法解释》第7条规定，当事人约定争议可以向仲裁机构申请仲裁也可以向人民法院起诉的，仲裁协议无效。但一方向仲裁机构申请仲裁，另一方未在仲裁法第20条第2款规定期间内提出异议的除外。《仲裁法》第20条第2款规定，当事人对仲裁协议的效力有异议，应当在仲裁庭首次开庭前提出。本题中甲、乙两公司虽同时约定“中国贸仲”仲裁和法院诉讼两种方式解决纠纷，该协议一般情况下无效。但如果一方向仲裁机构提起仲裁，另一方未在规定的时间内表示异议，仲裁协议仍然有效，推定其合同已确定了仲裁机构。故B正确，C错误。

**30. D**。管辖协议具有独立性，合同解除不影响管辖协议的效力，A错误。《最高人民法院关于内地与香港特别行政区法院相互认可和执行民商事案件判决的安排》第7条规定：“申请认可和执行本安排规定的判决：（一）在内地，向申请人住所地或者被申请人住所地、财产所在地的中级人民法院提出；（二）在香港特别行政区，向高等法院提出。申请人应当向符合前款第一项规定的其中一个人民法院提出申请。向两个以上有管辖权的人民法院提出申请的，由最先立案的人民法院管辖。”故B错误。第27条规定：“申请认可和执行判决的，应当依据被请求方有关诉讼收费的法律和规定交纳费用。”故C错误。第8条第3款规定：“向内地人民法院提交的文件没有中文文本的，应当提交准确的中文译本。”故D正确。

**31. C**。FOB术语是指卖方以在指定装运港将货物装上买方指定的船舶或通过取得已交付至船上货物的方式交货，货物的灭失或损坏的风险在货物交到船上时转移。卖方必须在指定日期或期限内，在指定的装运港，按照该港习惯方式，将货物交至买方指定的船只上，C正确。

**32. B**。在目的港，承运人应当依正本提单向收货人交货，而在近港运输的情况下，往往货物比提单先到目的港，结果出现了大量副本提单加保函提货的情况。《无正本提单交付货物规定》第3条规定，承运人因无正本提单交付货物造成正本提单持有人损失的，正本提单持有人可以要求承运人承担违约责任，或者承担侵权责任。正本提单持有人要求承运人承担无正本提单交付货物民事责任的，适用海商法规定；海商法没有规定的，适用其他法律规定。由此可见，B正确，AD错误。《无正本提单交付货物规定》第6条规定，承运人因无正本提单交付货物造成正本提单持有人损失的赔偿额，按照货物装船时的价值加运费和保险费计算。可见，承运人承担的责任范围并非成本赔偿的范围。故C错误。

**33. A**。《保护工业产权巴黎公约》第4条D款（3）本联盟成员国可要求任何专用声明具有优先权的人提出以前申请书（说明书和附图等）的副本。该副本经原受理申请机关证实无误后，不需要任何其他证明，并且可以在此次申请提出3个月内随时免费进行备案。本联盟成员国可要求该副本附有原受理申请机关出具的证明申请日期的证明书和译本。A正确。优先权原则是指已在巴黎联盟一成员国提出专利、实用新型、外观设计或商标注册申请的人或其权利合法继承人，在规定的期限（专利和实用新型为12个月，外观设计和商标为6个月）内，享有在其他成员国提出申请的优先权。可见，优先权原则并不是对一切工业产权均适用，只适用于发明专利、实用新型、外观设计和商品商标，而且期限也不尽相同，故 B 错误。在先申请的撤回、放弃或驳回不影响该申请的优先权地位，故 CD 错误。

**34. A**。CIF 术语指在装运港当货物越过船舷时卖方即完成交货。货物的风险在装运港船舷由卖方转移给买方，海上货物损失的风险应由乙公司承担，乙公司作为利益的损失者应向保险公司提出索赔。A 正确，B 错误。由于风险由乙公司承担，甲公司无须将货款退还给乙公司，故 C 错误。《海牙规则》规定的承运人的免责共有 17 项，依第 4 条第 2 款的规定，由于火灾（承运人实际过失或私谋所造成者除外）引起或造成的货物的灭失或损害，承运人不负责任。故 D 错误。

**35. C**。被裁定违反了有关协议的一方，应在合理时间内履行争端解决机构的裁定和建议。如果被诉方在合理期限内没有使被裁定违反相关协议的措施符合相关协议的要求，或未能实施裁决和建议，经申诉方请求，争端双方应就双方均可接受的补偿进行谈判。如未能达成令人满意的补偿，原申诉方可以向争端解决机构申请授权报复，对被诉方中止减让或中止其他义务，而没有申请强制执行的权利。故 C 正确，A 错误。中止减让或其他义务，首先应在被认定为违反义务或造成利益丧失或受损的部门的相同部门实施；对相同部门中止减让或其他义务不可行或没有效时，可以对同一协议项下的其他部门实施；如对同一协议项下的其他部门中止减让或其他义务不可行或没有效时，可寻求中止另一协议项下的减让或其他义务。可见，如甲国不履行世贸组织的裁决，乙国不仅可在轮胎的范围内实施报复，B 错误。上诉机构是争端解决机构中的常设机构，它负责对被提起上诉的专家组报告中的法律问题和专家组进行的法律解释进行审查，可以维持、变更或撤销专家组的法律裁决和结论，D 错误。

**36. C**。《反补贴条例》第 43 条规定，反补贴税税额不超过终裁决定确定的补贴金额，故 C 正确。《反补贴条例》第 20 条规定，商务部认为必要时，可以派出工作人员赴有关国家（地区）进行调查，但是，有关国家（地区）提出异议的除外。所以，并不是必须通过司法协助途径，B 错误。《反补贴条例》第 32 条规定，商务部可以向出口经营者提出价格承诺的建议，不得强迫出口经营者作出承诺，A 错误。《反补贴条例》第 41 条规定，反补贴税的纳税人为补贴进口产品的进口经营者。可见，D 错误。

**37. B**。《最高人民法院关于审理信用证纠纷案件若干问题的规定》第 10 条规定了排除“信用证欺诈例外的例外”情形，规定即使存在信用证欺诈，但由于开证行或者其指定人、授权人已经对外付款或者基于票据上的法律关系将来必须对外付款，这种情形下，就不能再遵循“信用证欺诈例外”的原则，不能再通过司法手段干预信用证项下的付款行为。这些例外情形包括：（1）开证行的指定人、授权人已按照开证行的指令善意地进行了付款；（2）开证行或者其指定人、授权人已对信用证项下票据善意地作出了承兑；（3）保兑行善意地履行了付款义务；（4）议付行善意地进行了议付。由于乙公司向信用证指定行提交单据后，指定行已善意支付了信用证项下的款项，法院已无权禁止开证行对外支付，故 B 正确，AC 错误。丁银行为甲公司申请开证的保证人，二者关系为一般的担保合同关系，《涉外民事关系法律适用法》第 41 条规定，当事人可以协议选择合同适用的法律。当事人没有选择的，适用履行义务最能体现该合同特征的一方当事人经常居所地法律或者其他与该合同有最密切联系的法律，D 错误。

**38. D**。司法权并不应当是完全保守的，在适当的时机和在适当的问题上参与公共政策的制定是与其地位相称的，事实上应当给予司法机关在订立规则和制定政策方面的参与权力，此外司法权本来就要对行政机关形成公共政策的活动有所监督。

**39. C**。细化诉讼程序并不一定导致效率低下，细化往往可以起到明确的作用，反而减少由于程序规定不明确带来的障碍，从而提高效率。

**40. B**。检察官不应当收受酬金，故 A 错误。B 符合检察官的职业道德要求，正确。《关于最高人民检察院机关实行〈廉洁从检十项纪律〉的决定》第 1 条规定，检察官不准在工作日饮酒或者着检察制服（警服）在公共场所饮酒。故 C 错误。《最高人民检察院九条“卡死”的硬性规定》第 2 条规定，严禁对证人采取任何强制措施。故 D 错误。综上，B 正确。

**41. D**。A 违背职业纪律，《最高人民法院、司法部关于规范法官和律师相互关系维护司法公正的若干规定》第 6 条规定，法官不得为当事人推荐、介绍律师作为其代理人、辩护人，或者暗示更换承办律师，或者为律师介绍代理、辩护等法律服务业务，并且不得违反规定向当事人及其委托的律师提供咨询意见或者法律意见。《法律援助法》第 20 条规定，法律援助人员应当恪守职业道德和执业纪律，不得向受援人收取任何财物。故 B 违背职业道德。C 违背，公证员为专职，已经离开原工作岗位，不能从事有报酬的其他职业。D 不违背，根据《律师执业行为规范（试行）》第 18 条规定，律师和律师事务所可以依法以广告方式宣传律师和律师事务所以及自己的业务领域和专业特长。

**42. BCD**。全国人大常委会是我国法定的法律解释机关（立法解释），因此，其关于刑法信用卡的解释属于有权解释（也叫正式解释、法定解释），故 B 正确，A 错误。法律解释具有与法律同等的效力，故 C 正确。文理解释，也叫文义解释、语法解释、文法解释，这是指按照日常的、一般的或法律的语言使用方式清晰地描述制定法的某个条款的内容。D 正确。

**43. ABD。**“法的移植则反映一个国家对同时代其他国家法律制度的吸收和借鉴”，表明法的移植不仅体现空间关系（其他国家），也反映时间关系（同时代）。故 C 错误。

**44. ABC。**成文法总是具有一定的滞后性，不一定能涵盖不断发展变化的社会生活。故 A 正确。法律已成为当今主要的社会调整手段之一，如可能引发严重社会问题，则需要及时立法予以规范和调整，故 B 正确。非正式渊源不具有明文规定的法律效力，但是具有法律说服力并能够构成法律人的法律决定的大前提的准则来源。当正式的法的渊源缺位或可能导致明显不正义时，非正式的法的渊源可能成为法院判决的依据。故 C 正确。D 违背马克思主义关于法的本质的基本观点，法的本质表现为国家性（国家意志）、阶级性（统治阶级意志）、物质制约性三个层次，最本质的在于它反映的是统治阶级的意志。全民意志论是资产阶级学者的论调，鼓吹法律的超阶级性。故 D 错误。

**45. ABD。**从法与社会的一般原理上看，社会是法律的基础，法律是社会的产物。故 A 正确。在构成社会基础的各种因素中，影响法律产生和发展的决定性因素是经济因素，但是经济之外的其他社会因素也会对法律产生影响，因此，法律在受到经济因素最终决定并对经济起到反作用的同时，也要受到其他因素的影响。故 BD 正确，C 错误。本题中，有一个答题技巧需要注意，CD 互相矛盾，二者必有一对一错，不能同时选择，一般也不能同时不选。

**46. ABD。**法与道德的区别表现在生成方式上的建构性与非建构性、行为标准上的确定性与模糊性、存在形态上的一元性与多元性、调整方式上的外在侧重与内在关注、运作机制上的程序性与非程序性、强制方式上的外在强制与内在约束、解决方式上的可诉性与不可诉性。故 A 正确。法律具有建构性，而道德具有非建构性。C 错误。BD 说法显然也是正确的。

**47. CD。**法的适用就是通过确认事实、寻找法律规范，推导出合理的法律决定的过程，因此，法的适用需要处理法律事实问题和法律规范问题，而法律规范又是通过语言来表达的，所以法的适用也要处理法律语言问题。故 A 正确。法的适用过程通常采用的推理方式是三段论推理，即大前提、小前提和结论。具体来说，首先要查明和确认案件事实，作为小前提；其次要选择和确定相应的法律规范，作为大前提；最后从两个前提中推导出法律决定后或法律裁决。故 B 正确。法律适用过程就是一个证成过程，分为内部证成和外部证成，前者指的是法律决定按照一定的推理规则从相关前提中逻辑地推导出来；后者指的是对法律决定所依赖的前提的证成。因此法的适用必须有内部证成，并通常也有外部证成。故 C 错误。法律论证就是一个法律推理过程，与法律推理、法律解释密不可分，D 错误。

**48. ACD。**废除肉刑的是汉文帝和汉景帝，而不是汉武帝，B 错误。

**49. ABD。**西周时期，民事案件称为“讼”，刑事案件称为“狱”，审理民事案件称为“听讼”，审理刑事案件叫作“断狱”。故 A 正确。唐代地方司法机关仍由行政长官兼理。州县长官在进行司法审判时，均设佐史协助处理。州一级设法曹参军或司法参军，县一级设司法佐、史等。县以下乡官、里正对犯罪案件具有纠举责任，对轻微犯罪与民事案件具有调解处理的权力，结果须呈报上级。故 B 正确。大审是明朝一种会审制度，始于明成化十七年，由司礼监会同三法司在大理寺共审囚徒，每五年举行一次。故 C 错误。清末司法机关的变化主要有：改刑部为法部，掌管全国司法行政事务；改大理寺为大理院，为全国最高审判机关；实行审检合署。故 D 正确。

**50. D。**根据 1954 年《宪法》第 27 条的规定，全国人民代表大会行使的职权包括修改宪法。第 29 条规定，宪法的修改由全国人民代表大会以全体代表的 2/3 的多数通过。法律和其他议案由全国人民代表大会以全体代表的过半数通过。1954 年《宪法》并未明确规定宪法修改的提案主体。故 A 错误。我国现行宪法是 1982 年《宪法》，新中国的第一个宪法性文件是《中国人民政治协商会议共同纲领》，是 1949 年 9 月制定的。第一部宪法是 1954 年制定的，后来的 1975 年、1978 年、1982 年宪法，其中 1978 年宪法在 1979 年、1980 年做过两次部分修改。1982 年 12 月 4 日产生了新中国第四部宪法，即 1982 年宪法，是对 1978 年宪法的全面修改。故 B 错误。考试当年 C 是正确的，根据最新规定，我国现行宪法共进行了五次修改，故 C 错误。D 说法均正确，当选。

**51. BC。**《监督法》第 61 条第 1 款规定，县级以上地方各级人民政府、监察委员会、人民法院和人民检察院，可以向本级人民代表大会常务委员会提出对本法第 60 条所列国家机关工作人员的撤职案。据此，县长没有资格提出撤职案。故 A 错误。《监督法》第 61 条第 2 款规定，县级以上地方各级人民代表大会常务委员会主任会议，可以向常务委员会提出对本法第 60 条所列国家机关工作人员的撤职案。故 B 正确。《监督法》第 62 条第 1 款规定，撤职案应当写明撤职的对象和理由，并提供有关的材料。故 C 正确。《监督法》第 62 条第 3 款规定，撤职案的表决采用无记名投票的方式，由常务委员会全体组成人员的过半数通过。故 D 错误。

**52. ABD。**《立法法》第 103 条规定，同一机关制定的法律、行政法规、地方性法规、自治条例和单行条例、规章，特别规定与一般规定不一致的，适用特别规定；新的规定与旧的规定不一致的，适用新的规定。A 正确。《立法法》第 104 条规定，法律、行政法规、地方性法规、自治条例和单行条例、规章不溯及既往，但为了更好地保护公民、法人和其他组织的权利和利益而作的特别规定除外。B 正确。《立法法》第 106 条第 1 款第 2 项规定，地方性法规与部门规章之间对同一事项的规定不一致，不能确定如何适用时，由国务院提出意见，国务院认为应当适用地方性法规的，应当决定在该地方适用地方性法规的规定；认为应当适用部门规章的，应当提请全国人民代表大会常务委员会裁决。C 错误。《立法法》第 106 条第 2 款规定，根据授权制定的法规与法律规定不一致，不能确定如何适用时，由全国人民代表大会常务委员会裁决。D 正确。

**53. AD**。《民族区域自治法》第 32 条第 4 款规定，民族自治地方的财政预算支出，按照国家规定，设机动资金，预备费在预算中所占比例高于一般地区。B 错误。《民族区域自治法》第 33 条规定，民族自治地方的自治机关对本地方的各项开支标准、定员、定额，根据国家规定的原则，结合本地方的实际情况，可以制定补充规定和具体办法。自治区制定的补充规定和具体办法，报国务院备案；自治州、自治县制定的补充规定和具体办法，须报省、自治区、直辖市人民政府批准。C 错误。

**54. CD**。监督权，是指宪法赋予公民监督国家机关和国家工作人员活动的权利，是公民作为国家管理活动的相对人对抗国家机关和国家工作人员违法失职行为的权利，其具体包括批评、建议、申诉、控告、检举权。监督权不仅是公民监督国家机关和国家工作人员履行职责的“监督性权利”，而且是公民受到国家机关和国家工作人员不公正对待时的“防御权”。监督权受到宪法的绝对保障，即使被判处刑罚的人也享有监督权，不得因公民行使监督权而带来不利后果。《宪法》第 41 条规定，中华人民共和国公民对于任何国家机关和国家工作人员，有提出批评和建议的权利；对于任何国家机关和国家工作人员的违法失职行为，有向有关国家机关提出申诉、控告或者检举的权利，但是不得捏造或者歪曲事实进行诬告陷害。因此，本题的正确答案应当是 CD。

**55. BC**。《宪法》没有规定国家主席对全国人大及其常委会负责，A 错误。《宪法》第 92 条规定，国务院对全国人民代表大会负责并报告工作；在全国人民代表大会闭会期间，对全国人民代表大会常务委员会负责并报告工作。B 正确。《宪法》第 133 条规定，最高人民法院对全国人民代表大会和全国人民代表大会常务委员会负责。地方各级人民法院对产生它的国家权力机关负责。《宪法》第 138 条规定，最高人民检察院对全国人民代表大会和全国人民代表大会常务委员会负责。地方各级人民检察院对产生它的国家权力机关和上级人民检察院负责。C 正确。《宪法》第 94 条规定，中央军事委员会主席对全国人民代表大会和全国人民代表大会常务委员会负责。D 错误。

**56. ACD**。《反垄断法》第 20 条规定，经营者能够证明所达成的协议属于下列情形之一的，不适用本法第 17 条、第 18 条第 1 款、第 19 条的规定：（1）为改进技术、研究开发新产品的；（2）为提高产品质量、降低成本、增进效率，统一产品规格、标准或者实行专业化分工的；（3）为提高中小经营者经营效率，增强中小经营者竞争力的；（4）为实现节约能源、保护环境、救灾救助等社会公共利益的；（5）因经济不景气，为缓解销售量严重下降或者生产明显过剩的；（6）为保障对外贸易和对外经济合作中的正当利益的；（7）法律和国务院规定的其他情形。属于前款第 1 项至第 5 项情形，不适用本法第 17 条、第 18 条第 1 款、第 19 条规定的，经营者还应当证明所达成的协议不会严重限制相关市场的竞争，并且能够使消费者分享由此产生的利益。A 符合上述第 6 项的要求，B 不符合上述规定任何一项规定，C 符合上述第 4 项的要求，D 符合上述第 2 项的要求，故 ACD 正确。

**57. ABC**。《食品安全法》第 14 条第 1 款规定，国家建立食品安全风险监测制度，对食源性疾病、食品污染以及食品中的有害因素进行监测。故 A 正确。《食品安全法》第 14 条第 2 款规定，国务院卫生行政部门会同国务院食品药品监督管理、质量监督等部门，制定、实施国家食品安全风险监测计划。故 B 正确。《食品安全法》第 17 条第 2 款规定，国务院卫生行政部门负责组织食品安全风险评估工作，成立由医学、农业、食品、营养、生物、环境等方面的专家组成的食品安全风险评估专家委员会进行食品安全风险评估。食品安全风险评估结果由国务院卫生行政部门公布。《食品安全法》第 18 条规定，通过食品安全风险监测或者接到举报发现食品、食品添加剂、食品相关产品可能存在安全隐患的，应当进行食品安全风险评估。故 C 正确。《食品安全法》第 21 条第 1 款规定，食品安全风险评估结果是制定、修订食品安全标准和对食品安全实施监督管理的科学依据。故 D 错误。

**58. ABCD**。《税收征收管理法》第 8 条第 2 款规定，纳税人、扣缴义务人有权要求税务机关为纳税人、扣缴义务人的情况保密。税务机关应当依法为纳税人、扣缴义务人的情况保密。故 A 正确。《税收征收管理法》第 7 条规定，税务机关应当广泛宣传税收法律、行政法规，普及纳税知识，无偿地为纳税人提供纳税咨询服务。故 B 正确。《税收征收管理法》第 8 条第 4、5 款规定，纳税人、扣缴义务人对税务机关所作出的决定，享有陈述权、申辩权；依法享有申请行政复议、提起行政诉讼、请求国家赔偿等权利。

纳税人、扣缴义务人有权控告和检举税务机关、税务人员的违法违纪行为。CD 正确。

**59. ABD**。《审计法》第 21 条规定："审计机关对国家的事业组织和使用财政资金的其他事业组织的财务收支，进行审计监督。"故 A 正确。《审计法》第 22 条第 1 款规定："审计机关对国有企业、国有金融机构和国有资本占控股地位或者主导地位的企业、金融机构的资产、负债、损益以及其他财务收支情况，进行审计监督。"故 B 正确。《审计法》第 25 条规定："审计机关对国际组织和外国政府援助、贷款项目的财务收支，进行审计监督。"故 D 正确。《审计法》第 23 条规定："审计机关对政府投资和以政府投资为主的建设项目的预算执行情况和决算，对其他关系国家利益和公共利益的重大公共工程项目的资金管理使用和建设运营情况，进行审计监督。"据此，政府投资的建设项目的财务收支不属于审计监督范围，故 C 不符合题意，错误。

**60. ACD**。劳动法的主要调整对象是劳动关系，但并非所有社会劳动关系均由劳动法调整，劳动法调整的劳动关系是狭义的，一般是指劳动者与用人单位之间在实现劳动过程中发生的社会关系。其特征是：(1) 劳动关系的当事人是特定的，一方是劳动者，另一方是用人单位；(2) 劳动关系是在实现劳动过程中发生的社会关系，是职业劳动、集体劳动、工业劳动过程中发生的社会关系，非个人劳动、农业劳动和家庭劳动关系；(3) 劳动关系具有人身、财产关系的属性；(4) 劳动关系具有平等、从属关系的属性。

**61. BCD**。《劳动合同法》第 14 条第 2 款规定："用人单位与劳动者协商一致，可以订立无固定期限劳动合同。有下列情形之一，劳动者提出或者同意续订、订立劳动合同的，除劳动者提出订立固定期限劳动合同外，应当订立无固定期限劳动合同：（一）劳动者在该用人单位连续工作满十年的；（二）用人单位初次实行劳动合同制度或者国有企业改制重新订立劳动合同时，劳动者在该用人单位连续工作满十年且距法定退休年龄不足十年的；（三）连续订立二次固定期限劳动合同，且劳动者没有本法第三十九条和第四十条第一项、第二项规定的情形，续订劳动合同的。"A 中赵女士曾辞职，此后又未能连续满 10 年，故不能订立无固定期限劳动合同；B 中钱先生在该国企连续工作超过了 10 年且距法定退休年龄不足 10 年的，故可以订立无固定期限劳动合同；C 中孙女士签订固定期限劳动合同已经 2 次以上，可以订立无固定期限劳动合同；D 中双方经协商确定了订立无固定期限劳动合同的条件，条件成就即可订立。综上，BCD 正确。

**62. BC**。《劳动法》第 59 条规定，禁止安排女职工从事矿山井下、国家规定的第四级体力劳动强度的劳动和其他禁忌从事的劳动。A 不属于矿山井下作业，故不违反法律。B 行为违反《劳动法》第 53 条 2 款的规定，新建、改建、扩建工程的劳动安全卫生设施必须与主体工程同时设计、同时施工、同时投入生产和使用。B 当选。C 行为违反《劳动法》第 55 条的规定，从事特种作业的劳动者必须经过专门培训并取得特种作业资格。C 当选。《劳动法》第 54 条规定，用人单位必须为劳动者提供符合国家规定的劳动安全卫生条件和必要的劳动防护用品，对从事有职业危害作业的劳动者应当定期进行健康检查。可见法律并不强制要求在试运行之前就要对相关生产人员进行体检，而是要求进行定期体检，故 D 不违反法律。

**63. BCD**。《劳动争议调解仲裁法》第 2 条规定："中华人民共和国境内的用人单位与劳动者发生的下列劳动争议，适用本法：（一）因确认劳动关系发生的争议；（二）因订立、履行、变更、解除和终止劳动合同发生的争议；（三）因除名、辞退和辞职、离职发生的争议；（四）因工作时间、休息休假、社会保险、福利、培训以及劳动保护发生的争议；（五）因劳动报酬、工伤医疗费、经济补偿或者赔偿金等发生的争议；（六）法律、法规规定的其他劳动争议。"郑某是以股东身份与公司之间发生的争议；秦某与社会保险经办机构之间的争议，并不是秦某与公司的争议，公司只是协助处理；刘某是对劳动能力鉴定委员会的评定结果不服，并不是与公司之间有关劳动报酬、工伤医疗费、经济补偿或者赔偿金等发生的争议，故 BCD 不属于《劳动争议调解仲裁法》中劳动争议的范围。

**64. ABCD**。《土地管理法》第 59 条规定，乡镇企业、乡（镇）村公共设施、公益事业、农村村民住宅等乡（镇）村建设，应当按照村庄和集镇规划，合理布局，综合开发，配套建设。故 ABCD 均不需要经过国家征收。

**65. ABC**。《城乡规划法》第 2 条第 2 款规定，本法所称城乡规划，包括城镇体系规划、城市规划、镇规划、乡规划和村庄规划。城市规划、镇规划分为总体规划和详细规划。详细规划分为控制性详细规划和修建性详细规划。故 ABC 均正确。D 错误。

**66. ABC**。《城市房地产管理法》第 40 条规定，以划拨方式取得土地使用权的，转让房地产时，应当按照国务院规定，报有批准权的人民政府审批。有批准权的人民政府准予转让的，应当由受让方办理土地使用权出让手续，并依照国家有关规定缴纳土地使用权出让金。以划拨方式取得土地使用权的，转让房地产报批时，有批准权的人民政府按照国务院规定决定可以不办理土地使用权出让手续的，转让方应当按照国务院规定将转让房地产所获收益中的土地收益上缴国家或者作其他处理。故 ABC 正确。

**67. BC**。《环境保护法》第 33 条规定，各级人民政府应当加强对农业环境的保护，促进农业环境保护新技术的使用，加强对农业污染源的监测预警，统筹有关部门采取措施，防治土壤污染和土地沙化、盐渍化、贫瘠化、石漠化、地面沉降以及防治植被破坏、水土流失、水体富营养化、水源枯竭、种源灭绝等生态失调现象，推广植物病虫害的综合防治。县级、乡级人民政府应当提高农村环境保护公共服务水平，推动农村环境综合整治。故AD不属于农业环境保护措施。

**68. AC**。《日内瓦公约》规定，战俘应保有其被俘时所享有的民事权利，战俘的个人财物除武器、马匹、军事装备和军事文件以外的自用物品一律归其个人所有；战俘的金钱和贵重物品可由拘留国保存，但不得没收。A正确。《日内瓦公约》规定，不得将战俘扣为人质，故C正确。《日内瓦公约》规定，战事停止后，战俘应即予以释放并遣返，不得迟延，B错误。交战方应将战俘拘留所设在比较安全的地带，无论何时都不得把战俘送往或拘留在战斗地带或炮火所及的地方，也不得为使某地点或某地区免受军事攻击而在这些地区安置战俘，D错误。

**69. BD**。特别使团是一国经另一国的同意或邀请，派往该另一国，代表派遣国进行谈判或完成某项特定外交任务的临时机构。特别使团及其各类人员大体上分别享有《维也纳外交关系公约》中规定的使馆及其相应的各类人员的外交特权与豁免，如特别使团也适用对使馆人员的“不受欢迎的人”的制度，故D正确。但与《维也纳外交关系公约》中规定的使馆及其相应的各类人员的外交特权与豁免也有些不同。特别使团的房舍不可侵犯，但在遇到火灾或其他严重的灾难而无法获得使团团长明确答复的情况下，接受国可以推定获得同意而进入房舍，故B正确。

**70. B**。《出境入境管理法》第15条规定，外国人入境，应当向驻外签证机关申请办理签证，但是本法另有规定的除外。故A错误。根据一般国际法，国家没有允许外国人入境的义务，故B正确。《出境入境管理法》第41条规定，外国人在中国境内工作，应当按照规定取得工作许可和工作类居留证件。任何单位和个人不得聘用未取得工作许可和工作类居留证件的外国人。外国人在中国境内工作管理办法由国务院规定。故C错误。《出境入境管理法》第44条规定，根据维护国家安全、公共安全的需要，公安机关、国家安全机关可以限制外国人、外国机构在某些地区设立居住或者办公场所；对已经设立的，可以限期迁离。未经批准，外国人不得进入限制外国人进入的区域。故D错误。

**71. ABD**。《最高人民法院关于认可和执行台湾地区法院民事判决的规定》第16条规定：“台湾地区法院民事判决具有下列情形之一的，裁定不予认可：（一）申请认可的民事判决，是在被申请人缺席且未经合法传唤，或者在被申请人无诉讼行为能力且未得到适当代理的情况下作出的；（二）案件系人民法院专属管辖的；（三）案件双方当事人订有有效仲裁协议，且无放弃仲裁管辖情形的；（四）判决是通过欺诈方式取得的；（五）人民法院已经就同一纠纷作出裁判，或者已经承认或认可其他国家或地区就同一纠纷作出的裁判的；（六）仲裁庭在中国大陆已经就同一纠纷作出仲裁裁决，或者人民法院已经承认或认可仲裁庭在其他国家或地区就同一纠纷作出的仲裁裁决的。认可该民事判决将违反一个中国原则等国家法律的基本原则或者损害国家主权、安全、社会公共利益的，人民法院应当裁定不予认可。”据此，ABD正确。

**72. BC**。根据《最高人民法院关于涉台民事诉讼文书送达的若干规定》的规定，人民法院向住所地在我国台湾地区的当事人送达民事诉讼文书，可以采用下列方式：（1）受送达人居住在大陆的，直接送达。受送达人是自然人，本人不在的，可以交其同住成年家属签收；受送达人是法人或其他组织的，应由法人的法定代表人、其他组织的主要负责人或者该法人、组织负责收件人签收；受送达人不在大陆居住，但送达时在大陆的，可以直接送达；（2）受送达人在大陆有诉讼代理人的，向诉讼代理人送达。受送达人在授权委托书中明确表明其诉讼代理人无权代为接收的除外；（3）受送达人有指定代收人的，向代收人送达；（4）受送达人在大陆有代表机构、分支机构、业务代办人的，向其代表机构或者经受送达人明确授权接受送达的分支机构、业务代办人送达；（5）受送达人在台湾地区的地址明确的，可以邮寄送达；邮寄时，应当附有送达回证。受送达人未在送达回证上签收单签收但在邮件回执上签收的，视为送达，签收日期为送达日期。自邮寄之日起满三个月，如果未能收到送达与否的证明文件，且根据各种情况不足以认定已经送达的，视为未送达；（6）有明确的传真号码、电子信箱地址的，可以通过传真、电子邮件方式向受送达人送达；此种方式下，应当注明人民法院的传真号码或者电子信箱地址，并要求受送达人在收到传真件或者电子邮件后及时回复。以能够确认送达人收悉的日期为送达日期；（7）按照两岸认可的其他途径送达（如委托函方式，要在收到委托函之日起2个月内完成送达）；（8）采用上述方式不能送达或者台湾地区的当事人下落不明的，公告送达。采用公告方式送达的，公告内容应当在境内外公开发行的报刊或者权威网站上刊登。公告送达的，自公告之日起满三个月，即视为送达。据此，BC正确。A中送达的对象是乙公司在大陆的任何业务代办人范围过大，只有向经受送达人明确授权接受送达的业务代办人送达才可，故A错误。D的内容与送达方式的第（5）项内容明显相悖，故错误。

**73. BD**。《涉外民事关系法律适用法》第 3 条规定，当事人依照法律规定可以明示选择涉外民事关系适用的法律。运输合同明确载有适用甲国法律的条款，关于航次租船运输合同的争议应适用甲国法，B 正确，A 错误。《海商法》第 273 条规定，船舶碰撞的损害赔偿，适用侵权行为地法律。船舶在公海上发生碰撞的损害赔偿，适用受理案件的法院所在地法律。乙国籍货轮“锦绣”号与丁国籍轮“金象”号相撞的地点是丙国，侵权行为地则为丙国，故应适用丙国法，D 正确，C 错误。

**74. ABD**。《与贸易有关的投资措施协议》规定，违反国民待遇的措施包括：要求企业购买或使用本国产品或自任何国内来源的产品；要求企业购买或使用的进口产品限制在与其出口的当地产品的数量或价值相关的水平。可见，要求购买一定比例的当地产品属于 TRIMs 的禁止性规定，故 A 正确。违反数量限制规则的与贸易有关的投资措施包括：普遍限制企业用于当地生产或与当地生产相关的产品进口；限制企业使用外汇，从而限制进口产品；限制企业产品出口或供出口产品的销售。依国产化率对汽车中使用的进口汽车减税，属限制企业进口产品的一种间接措施，B 正确。D 属于违反数量限制的直接措施，正确。投资措施是一国调整外国在其境内投资活动的所有法律、法规、政策和措施的统称。通过投资措施改变企业的采购方向和产品的出口方向，从而间接对国际贸易的自由产生扭曲作用。C 属于当地股权要求，是各国调整外商投资的常用手段，尽管属于投资措施，但对国际贸易的流向没有直接的或间接的扭曲作用，不属于 TRIMs 禁止的与贸易有关的投资措施，故 C 错误。

**75. ACD**。特别提款权是国际货币基金组织按各国认缴份额的比例分给会员国的一种使用资金的特别权利。各会员国可以凭借特别提款权向基金组织提用资金，因此特别提款权可与黄金、外汇一起作为国际储备，成员国在基金开设特别提款权账户，作为一种账面资产或记账货币，可用于办理政府间结算。据此，ACD 正确。特别提款权主要用作成员国及基金之间的国际支付工具，但不能直接用于国际贸易支付，B 错误。

**76. ACD**。《知识产权海关保护条例》规定，知识产权权利人可以依照本条例的规定，将其知识产权向海关总署申请备案，A 正确。知识产权权利人发现侵权嫌疑货物即将进出口的，可以向货物进出境地海关提出扣留侵权嫌疑货物的申请，提出申请时，需提交申请书及相关证明文件，并提供足以证明侵权事实明显存在的证据，C 正确。权利人在向海关提出采取保护措施的申请后，可以依照我国《商标法》《著作权法》《专利法》，在起诉前就被扣留的侵权嫌疑货物向人民法院申请采取责令停止侵权行为或者财产保全的措施，D 正确。甲公司无权要求海关将涉嫌侵犯“麒麟”商标权的标记移除，故 B 错误。

**77. ACD**。法人居民身份的认定主要依据法人实际管理机构所在地标准、法人注册成立地标准和法人总机构所在地标准，故 ACD 正确。

**78. AD**。《律师执业行为规范（试行）》第 36 条规定，律师应当充分运用专业知识，依照法律和委托协议完成委托事项，维护委托人或者当事人的合法权益。故 A 正确。《律师执业行为规范（试行）》第 33 条规定，律师和律师事务所可以宣传所从事的某一专业法律服务领域，但不得自我声明或者暗示其被公认或者证明为某一专业领域的权威或专家。而且，B 中告知接受败诉结果的原因是建筑风水原因，与诉讼无关。所以，B 不符合。C 不符合，盲目追求经济利益不符合律师的专业精神。D 正确。

**79. ABD**。2009 年 1 月 8 日，最高法院向社会公布了“五个严禁”规定：即严禁接受案件当事人及相关人员的请客送礼，严禁违反规定与律师进行不正当交往，严禁插手过问他人办理的案件，严禁在委托评估拍卖等活动中徇私舞弊，严禁泄露审判工作秘密。人民法院工作人员凡违反上述规定，依纪依法追究法律责任直至刑事责任。从事审判、执行工作的，一律调离审判、执行岗位。A 属于第三个严禁、B 属于第一个严禁、C 不属于上述严禁的内容、D 属于第四个严禁，故正确答案为 ABD。

**80. BD**。A 中①错误，不能担任公证员的消极条件是因故意犯罪或过失职务犯罪，不是一切犯罪受过刑事处罚都不能担任公证员；②不正确，《检察官法》删除了需年满 23 岁的规定。BD 正确。C 中①②说法都正确。

**81. AC**。法律关系是在法律规范调整社会关系的过程中所形成的人们之间的权利和义务关系，既具有思想关系的属性，又具有物质关系制约的属性。法律关系的意志性（思想关系属性）表现在两个方面，既体现特定法律主体的意志（法律关系是人们有意识、有目的地建成的社会关系，如契约关系的建立），也体现国家的意志。故 AC 正确，D 错误。法律关系的物质制约性指的是法律关系又是建立在不以人的意志为转移的客观规律的基础之上，但 B 表述过于绝对，且不符合实际，并非各个时期都有保险公司之类的交往形式，因此也并非各个时期的法都有关于保险公司之类的内容。

**82. AD**。法适用的目标就是要获得一个合理的法律决定。在法治社会中，所谓合理的法律决定就是指法律决定具有可预测性和正当性，前者是形式要求，后者是实质要求。故 A 正确。法律人适用法律解决个案纠纷的过程，首先要查明和确认案件事实，作为小前提；其次要选择和确定相应的法律规范，作为大前提；最后从两个前提中推导出法律决定。故 D

正确。但在法律人适用有效的法律规范解决具体个案纠纷的活动中，这三个步骤“绝不是各自独立且严格区分的单个行为，它们之间界限模糊并且可以相互转换”。查明和确认案件事实的过程就不是一个纯粹的事实归结过程，而是一个在法律规范和事实之间的循环过程，即目光在事实与规范之间来回穿梭。法院认定鲁某重伤残疾并非因周某行为引起，实际上不仅解决了事实认定问题，也解决了法律适用问题，应当适用什么法律规范已经非常明确了。故C表述不够准确，错误。从本题题干尚无法判断检察机关是否使用了归纳推理的方法，即从个别到一般的推理方法。故B错误。

**83. AD**。《地方组织法》第18条第1款规定，乡、民族乡、镇的人民代表大会设主席，并可以设副主席一人至二人。主席、副主席由本级人民代表大会从代表中选出，任期同本级人民代表大会每届任期相同。故A正确。《地方组织法》第18条第2款规定，乡、民族乡、镇的人民代表大会主席、副主席不得担任国家行政机关的职务；如果担任国家行政机关的职务，必须向本级人民代表大会辞去主席、副主席的职务。故C错误。《地方组织法》第19条第1款规定，乡、民族乡、镇的人民代表大会举行会议的时候，选举主席团。由主席团主持会议，并负责召集下一次的本级人民代表大会会议。乡、民族乡、镇的人民代表大会主席、副主席为主席团的成员。故B错误，D正确。

**84. AD**。《地方组织法》第79条第2款规定，县级以上的地方各级人民政府设立审计机关。地方各级审计机关依照法律规定独立行使审计监督权，对本级人民政府和上一级审计机关负责。故A正确。《地方组织法》第79条第3款规定，省、自治区、直辖市的人民政府的厅、局、委员会等工作部门和自治州、县、自治县、市、市辖区的人民政府的局、科等工作部门的设立、增加、减少或者合并，按照规定程序报请批准，并报本级人民代表大会常务委员会备案。故B错误。《地方组织法》第85条第2款规定，县、自治县的人民政府在必要的时候，经省、自治区、直辖市的人民政府批准，可以设立若干区公所，作为它的派出机关。故C错误。《地方组织法》第83条第2款规定，自治州、县、自治县、市、市辖区的人民政府的各工作部门受人民政府统一领导，并且依照法律或者行政法规的规定受上级人民政府主管部门的业务指导或者领导。故D正确。

**85. B**。显然该银行已经难以应付提款请求，已经陷入了信用危机，而不是“即将发生”，故A错误。《商业银行法》第64条规定，商业银行已经或者可能发生信用危机，严重影响存款人的利益时，国务院银行业监督管理机构可以对该银行实行接管。故B正确。

**86. ABC**。《银行业监督管理法》第40条规定，银行业金融机构被接管、重组或者被撤销的，国务院银行业监督管理机构有权要求该银行业金融机构的董事、高级管理人员和其他工作人员，按照国务院银行业监督管理机构的要求履行职责。在接管、机构重组或者撤销清算期间，经国务院银行业监督管理机构负责人批准，对直接负责的董事、高级管理人员和其他直接责任人员，可以采取下列措施：(1)直接负责的董事、高级管理人员和其他直接责任人员出境将对国家利益造成重大损失的，通知出境管理机关依法阻止其出境；(2)申请司法机关禁止其转移、转让财产或者对其财产设定其他权利。故ABC说法均正确。

**87. C**。《商业银行法》第71条第1款规定，商业银行不能支付到期债务，经国务院银行业监督管理机构同意，由人民法院依法宣告其破产。商业银行被宣告破产的，由人民法院组织国务院银行业监督管理机构等有关部门和有关人员成立清算组，进行清算。故A错误，上述规定并不要求银行证明其“资产不足以清偿全部债务”。C正确。

**88. CD**。发射国空间物体对于下面两种人员造成的损害不适用《空间物体造成损害的国际责任公约》：该国的国民以及在空间物体从发射至降落的任何阶段内参加操作的或者应发射国的邀请而留在紧接预定发射或回收区的外国公民。甲国属于发射国，故对于“星球一号”对甲国国民的损害不适用《空间物体造成损害的国际责任公约》，C正确。《空间物体造成损害的国际责任公约》规定，发射国对其空间物体在地球表面或给飞行中的飞机造成的损害，应负有赔偿的绝对责任。甲国和乙国作为共同发射国，对碎片造成飞机的损害，应承担绝对责任，D正确。

**89. C**。住所是指一个人以久住的意思而居住的某一处所。这个定义反映了住所的主观和客观两方面的内容：从主观上讲，当事人在某一地有久住的意思；从客观上讲，当事人在某一地有居住的事实。只有这两方面的内容结合起来，才能构成当事人的住所。在此题中，罗伯逊的原始住所是甲国，乙国、丙国和北京某饭店578号房间也都是其住所。由于其有多个住所，产生了住所的积极冲突。对自然人住所的积极冲突的解决，当事人有几个住所的，以与产生纠纷的民事关系有最密切联系的住所为住所。因涉及丙国的纠纷，丙国的住所与产生纠纷的民事关系有最密切联系，故应确定丙国的住所为其住所，C正确，ABD错误。

**90. BCD**。《多边投资担保机构公约》第11条规定，多边投资担保机构的承保范围只限于非商业风险，包括货币汇兑险、征收和类似措施险、战争内乱险和政府违约险。多边投资担保机制的宗旨是促进外国资本流向发展中国家，因此只有向发展中国家会员国的跨国投资才有资格向多边投资担保机构申请投保，因此乙国必然是发展中国家，B 正确。战争内乱险承保影响投资项目的战争或内乱而导致的风险。军事行动或内乱如果毁灭、损害或破坏位于东道国境内的投资项目的有形资产或干扰了投资项目的营运，即使其主要发生在东道国境外，仍可视其在东道国境内发生而具有被担保的资格。C 正确。东道国的违约行为包括东道国作为主权者的违约行为和作为一般商业伙伴的违约行为。乙国政府违约也应属政府违约险承保的范围，D 正确。

# 第26天

*雄关漫道真如铁，而今迈步从头越。*

## 试　题

**1.** 关于刑法解释的说法，下列哪一选项是正确的？

A. 将盗窃罪对象的“公私财物”解释为“他人的财物”，属于缩小解释

B. 将《刑法》第一百七十一条出售假币罪中的“出售”解释为“购买和销售”，属于当然解释

C. 对随身携带枪支等国家禁止个人携带的器械以外的其他器械进行抢夺的，解释为以抢劫罪定罪，属于扩张解释

D. 将信用卡诈骗罪中的“信用卡”解释为“具有消费支付、信用贷款、转账结算、存取现金等全部功能或者部分功能的电子支付卡”，属于类推解释

**2.** 关于犯罪主体，下列哪一选项是正确的？

A. 甲（女，43岁）吸毒后强制猥亵、侮辱孙某（智障女，19岁），因强制猥亵、侮辱妇女罪的主体只能是男性，故甲无罪

B. 乙（15岁）携带自制火药枪夺取妇女张某的挎包，因乙未使用该火药枪，故应当构成抢夺罪

C. 丙（15岁）在帮助李某扣押被害人王某索取债务时致王某死亡，丙不应当负刑事责任

D. 丁是司法工作人员，也可构成放纵走私罪

**3.** 关于正当防卫，下列哪一选项是错误的？

A. 制服不法侵害人后，又对其实施加害行为，成立故意犯罪

B. 抢劫犯使用暴力取得财物后，对抢劫犯立即进行追击的，由于不法侵害尚未结束，属于合法行为

C. 动物被饲主唆使侵害他人的，其侵害属于不法侵害；但动物对人的自发侵害，不是不法侵害

D. 基于过失而实施的侵害行为，不是不法侵害

**4.** 甲遭乙追杀，情急之下夺过丙的摩托车骑上就跑，丙被摔骨折。乙开车继续追杀，甲为逃命飞身跳下疾驶的摩托车奔入树林，丙一万元的摩托车被毁。关于甲行为的说法，下列哪一选项是正确的？

A. 属于正当防卫

B. 属于紧急避险

C. 构成抢夺罪

D. 构成故意伤害罪、故意毁坏财物罪

**5.** 甲因父仇欲重伤乙，将乙推倒在地举刀便砍，乙慌忙抵挡喊着说：“是丙逼我把你家老汉推下粪池的，不信去问丁。”甲信以为真，遂松开乙，乙趁机逃走。关于本案，下列哪一选项是正确的？

A. 甲不成立故意伤害罪

B. 甲成立故意伤害罪中止

C. 甲的行为具有正当性

D. 甲成立故意伤害罪未遂（不能犯）

**6.** 关于教唆犯，下列哪一选项是正确的？

A. 甲唆使不满16周岁的乙强奸妇女丙，但乙只是抢夺了丙的财物一万元后即离开现场，甲应成立强奸罪、抢夺罪的教唆犯

B. 教唆犯不可能是实行犯，但可能是帮助犯

C. 教唆他人吸食、注射毒品的，成立吸食、注射毒品罪的教唆犯

D. 有的教唆犯是主犯，但所有的帮助犯都是从犯

**7.** 甲、乙共谋行抢。甲在偏僻巷道的出口望风，乙将路人丙的书包（内有现金一万元）一把夺下转身奔逃，丙随后追赶，欲夺回书包。甲在丙跑过巷道口时突然伸腿将丙绊倒，丙倒地后摔成轻伤，甲、乙乘机逃脱。甲、乙的行为构成何罪？

A. 甲、乙均构成抢夺罪

B. 甲、乙均构成抢劫罪

C. 甲构成抢劫罪，乙构成抢夺罪

D. 甲构成故意伤害罪，乙构成抢夺罪

**8.** 关于累犯，下列哪一选项是正确的？

A. 甲因故意伤害罪被判七年有期徒刑，刑期自1990年8月30日至1997年8月29日止。甲于1995年5月20日被假释，于1996年8月25日犯交通肇事罪。甲构成累犯

B. 乙因盗窃罪被判三年有期徒刑，2002年3月25日刑满释放，2007年3月20日因犯盗窃罪被判有期徒刑四年。乙构成累犯

C. 丙因危害国家安全罪被判处五年有期徒刑，1996 年 4 月 21 日刑满释放，2006 年 4 月 20 日再犯同罪。丙不构成累犯

D. 丁因失火罪被判处三年有期徒刑，刑期自 1995 年 5 月 15 日至 1998 年 5 月 14 日。丁于 1998 年 5 月 15 日在出狱回家途中犯故意伤害罪。丁构成累犯

**9.** 关于犯罪数额的计算，下列哪一选项是正确的？

A. 甲 15 周岁时携带凶器抢夺他人财物价值 3 万元；17 周岁时抢劫他人财物价值 2 万元。甲的犯罪数额是 5 万元

B. 乙收受贿赂 15 万元，将其中 3 万元作为单位招待费使用。乙的犯罪数额是 12 万元

C. 丙第一次诈骗 6 万元，第二次诈骗 12 万元，但用其中 6 万元补偿第一次诈骗行为被害人的全部损失。丙的犯罪数额是 6 万元

D. 丁盗窃他人价值 6,000 元的手机，在销赃时夸大手机功能将其以 1 万元卖出。丁除成立盗窃罪外，还成立诈骗罪，诈骗数额是 1 万元

**10.** 关于假释，下列哪一选项是错误的？

A. 甲系被假释的犯罪分子，即便其在假释考验期内再犯新罪，也不构成累犯

B. 乙系危害国家安全的犯罪分子，对乙不能假释

C. 丙因犯罪被判处有期徒刑二年，缓刑三年。缓刑考验期满后，发现丙在缓刑考验期内的第七个月犯有抢劫罪，应当判处有期徒刑八年，数罪并罚决定执行九年。丙服刑六年时，因有悔罪表现而被裁定假释

D. 丁犯抢劫罪被判有期徒刑九年，犯寻衅滋事罪被判有期徒刑五年，数罪并罚后，决定执行有期徒刑十三年，对丁可以假释

**11.** 某国间谍戴某，结识了我某国家机关机要员黄某。戴某谎称来华投资建厂需了解政策动向，让黄某借工作之便为其搞到密级为“机密”的《内参报告》四份。戴某拿到文件后送给黄某一部手机，并为其子前往某国留学提供了六万元资金。对黄某的行为如何定罪处罚？

A. 资助危害国家安全犯罪活动罪、非法获取国家秘密罪，数罪并罚

B. 为境外窃取、刺探、收买、非法提供国家秘密、情报罪与受贿罪，数罪并罚

C. 非法获取国家秘密罪、受贿罪，数罪并罚

D. 故意泄露国家秘密罪、受贿罪，从一重罪处断

**12.** 赵某多次临摹某著名国画大师的一幅名画，然后署上该国画大师姓名并加盖伪造印鉴，谎称真迹售得收入六万元。对赵某的行为如何定罪处罚？

A. 按诈骗罪和侵犯著作权罪，数罪并罚

B. 按侵犯著作权罪处罚

C. 按生产、销售伪劣产品罪处罚

D. 按非法经营罪处罚

**13.** 甲将自己的汽车藏匿，以汽车被盗为由向保险公司索赔。保险公司认为该案存有疑点，随即报警。在掌握充分证据后，侦查机关安排保险公司向甲“理赔”。甲到保险公司二楼财务室领取 20 万元赔偿金后，刚走到一楼即被守候的多名侦查人员抓获。关于甲的行为，下列哪一选项是正确的？

A. 保险诈骗罪未遂　　B. 保险诈骗罪既遂

C. 保险诈骗罪预备　　D. 合同诈骗罪

**14.** 甲长期以赌博所得为主要生活来源。某日，甲在抢劫赌徒乙的赌资得逞后，为防止乙日后报案，将其杀死。对甲的处理，下列哪一选项是正确的？

A. 应以故意杀人罪、抢劫罪并罚

B. 应以抢劫罪从重处罚

C. 应以赌博罪、抢劫罪并罚

D. 应以赌博罪、抢劫罪、故意杀人罪并罚

**15.** 甲对乙使用暴力，欲将其打残。乙慌忙掏出手机准备报警，甲一把夺过手机装进裤袋并将乙打成重伤。甲在离开现场五公里后，把乙价值 7,000 元的手机扔进水沟。甲的行为构成何罪？

A. 故意伤害罪、盗窃罪

B. 故意伤害罪、抢劫罪

C. 故意伤害罪、抢夺罪

D. 故意伤害罪、故意毁坏财物罪

**16.** 甲系私营速递公司卸货员，主要任务是将公司收取的货物从汽车上卸下，再按送达地重新装车。某晚，乘公司监督人员上厕所之机，甲将客户托运的一台价值一万元的摄像机夹带出公司大院，藏在门外沟渠里，并伪造被盗现场。关于甲的行为，下列哪一选项是正确的？

A. 诈骗罪　　B. 职务侵占罪

C. 盗窃罪　　D. 侵占罪

**17.** 甲、乙、丙、丁共谋诱骗黄某参赌。四人先约黄某到酒店吃饭，甲借机将安眠药放入黄某酒中，想在打牌时趁黄某不清醒合伙赢黄某的钱。但因甲投放的药品剂量偏大，饭后刚开牌局黄某就沉沉睡去，四人趁机将黄某的钱包掏空后离去。上述四人的行为构成何罪？

A. 赌博罪　　B. 抢劫罪

C. 盗窃罪　　D. 诈骗罪

**18.** 何经理为了销售本公司经营的医疗器械，安排公司监事刘某在与某市立医院联系销售业务过程中，按销售金额 25% 的比例给医院四位正、副院长回扣共计 25 万余元。本案中，该公司提供回扣的行为构成何罪？

A. 行贿罪

B. 对非国家工作人员行贿罪

C. 单位行贿罪

D. 对单位行贿罪

**19.** 国家机关工作人员高某与某军事部门有业务往来。一日，高某到该部门洽谈工作，趁有关人员临时离开将一部照相机窃走。该照相机中有涉及军事机密的照片。关于本案，负责立案侦查的是下列哪一机关？

A. 公安机关　　B. 检察机关

C. 国家安全机关　　D. 军队保卫部门

**20.** 下列哪一案件应由公安机关直接受理立案侦查？

A. 林业和草原局副局长王某违法发放林木采伐许可证案

B. 吴某破坏乡长选举案

C. 负有解救被拐卖儿童职责的李某利用职务阻碍解救案

D. 某地从事实验、保藏传染病菌种的钟某，违反国务院卫生行政部门的有关规定，造成传染病菌种扩散构成犯罪的案件

**21.** 郭某涉嫌招摇撞骗罪。在检察机关审查起诉时，郭某希望委托辩护人。下列哪一人员可以被委托担任郭某的辩护人？

A. 郭某的爷爷，美籍华人

B. 郭某的儿子，16岁

C. 郭某的朋友甲，曾为郭某招摇撞骗伪造国家机关证件

D. 郭某的朋友乙，司法行政部门负责人

**22.** 张某、李某共同抢劫被抓获。张某下列哪一陈述属于证人证言？

A. 我确实参加了抢劫银行

B. 李某逼我去抢的

C. 李某策划了整个抢劫，抢的钱他拿走了一大半

D. 李某在这次抢劫前还杀了赵某

**23.** 下列哪一选项体现直接言词原则的要求？

A. 法官亲自收集证据

B. 法官亲自在法庭上听取当事人、证人及其他诉讼参与人的口头陈述

C. 法庭审理尽可能不中断地进行

D. 法庭审理应当公开进行证据调查与辩论

**24.** 国家机关工作人员李某多次利用职务之便向境外间谍机构提供涉及国家机密的情报，同事赵某发现其行迹后决定写信揭发李某。关于赵某行为的性质，下列哪一选项是正确的？

A. 控告　　B. 告诉

C. 举报　　D. 报案

**25.** 关于侦查中的检查与搜查，下列哪一说法是正确的？

A. 搜查的对象可以是活人的身体，检查只能对现场、物品、尸体进行

B. 搜查只能由侦查人员进行，检查可以由具有专门知识的人在侦查人员主持下进行

C. 搜查应当出示搜查证，检查不需要任何证件

D. 搜查和检查对任何对象都可以强制进行

**26.** 关于检察院审查起诉，下列哪一选项是正确的？

A. 认为需要对公安机关的勘验、检查进行复验、复查的，可以自行复验、复查

B. 发现侦查人员以非法方法收集证据的，应当自行调查取证

C. 对已经退回公安机关二次补充侦查的案件，在审查起诉中又发现新的犯罪事实的，应当将已侦查的案件和新发现的犯罪一并移送公安机关立案侦查

D. 共同犯罪中部分犯罪嫌疑人潜逃的，应当中止对全案的审查，待潜逃犯罪嫌疑人归案后重新开始审查起诉

**27.** 检察院立案侦查甲刑讯逼供案。被害人父亲要求甲赔偿丧葬费等经济损失。侦查中，甲因病猝死。对于此案，检察院下列哪一做法是正确的？

A. 移送法院以便审理附带民事诉讼部分

B. 撤销案件

C. 决定不起诉

D. 决定不起诉并对民事部分一并作出处理

**28.** 在单位犯罪案件的审理程序中，如被告单位的诉讼代表人与被指控为单位犯罪直接负责的主管人员是同一人，应当由下列哪一主体另行确定被告单位诉讼代表人？

A. 被告单位

B. 被告单位的直接主管机关

C. 检察院

D. 法院

**29.** 关于两审终审制度，下列哪一选项是正确的？

A. 一个案件只有经过两级法院审理裁判才能生效

B. 经过两级法院审判所作的裁判都是生效裁判

C. 一个案件经过两级法院审判后对所作的裁判不能上诉

D. 一个案件经过两级法院审判后当事人就不能对判决、裁定提出异议

**30.** 关于自诉案件，下列哪一选项是正确的？

A. 法院都可以进行调解

B. 当事人在宣告判决前，可以自行和解

C. 被告人在诉讼过程中可以提起反诉

D. 只能由被害人亲自告诉

**31.** 检察院以涉嫌盗窃罪对赵某提起公诉。经审理，法院认为证明指控事实的证据间存在矛盾且无法排除，同时查明赵某年龄认定有误，该案发生时赵某未满16周岁。关于本案，法院应当采取下列哪一做法？

A. 将案件退回检察院

B. 终止审理

C. 作证据不足、指控的犯罪不能成立的无罪判决

D. 判决宣告赵某不负刑事责任

**32.** 下列哪一选项违反上诉不加刑原则？

A. 一审法院认定马某犯伤害罪判处有期徒刑三年，马某上诉，检察院没有抗诉，二审法院认为一审判决认定事实不清，发回原审法院重新审判

B. 一审法院认定赵某犯抢夺罪判处有期徒刑五年，赵某上诉，检察院没有抗诉，二审法院在没有改变刑期的情况下将罪名改判为抢劫罪

C. 一审法院以盗窃罪判处金某有期徒刑二年、王某有期徒刑一年，金某、王某以没有实施犯罪为由提起上诉，检察院认为对金某量刑畸轻提出抗诉，二审法院经审理认为一审对金某、王某量刑均偏轻，但仅对金某改判为五年

D. 一审法院认定石某犯杀人罪判处死刑立即执行，犯抢劫罪判处无期徒刑，数罪并罚决定执行死刑立即执行。石某上诉后，二审法院认为石某在抢劫现场杀人只构成抢劫罪一个罪，遂撤销一审对杀人罪的认定，以抢劫罪判处死刑立即执行

**33.** 关于停止执行死刑的程序，下列哪一选项是正确的？

A. 下级法院接到最高法院执行死刑的命令后，执行前发现具有法定停止执行情形的，应当暂停执行并直接将请求停止执行报告及相关材料报最高法院

B. 最高法院审查下级法院报送的停止执行死刑报告后，应当作出下级法院停止或继续执行死刑的裁定

C. 下级法院停止执行后，可以自行调查核实，也可以与有关部门一同对相关情况进行调查核实

D. 下级法院停止执行并会同有关部门调查或自行调查后，应当迅速将调查结果直接报最高法院

**34.** 关于生效裁判申诉的审查处理，下列哪一选项是正确的？

A. 赵某强奸案的申诉，由上级法院转交下级法院审查处理，不立申诉卷

B. 二审法院将不服本院裁判的刘某抢劫案的申诉交一审法院审查，一审法院审查后直接作出处理

C. 李某对最高法院核准死刑的案件的申诉，最高法院可以直接处理，也可以交原审法院审查。交原审法院审查的，原审法院应当写出审查报告，提出处理意见，逐级报最高法院审定

D. 高某受贿案的申诉，经两级法院处理后不服又申诉，法院不再受理

**35.** 根据我国涉外刑事案件审理程序规定，下列哪一选项是正确的？

A. 国籍不明又无法查清的，以中国国籍对待，不适用涉外刑事案件审理程序

B. 法院审判涉外刑事案件，不公开审理

C. 对居住在国外的中国籍当事人，可以委托我国使、领馆代为送达

D. 外国法院通过外交途径请求我国法院向外国驻华使、领馆商务参赞送达法律文书的，应由我国有关高级法院送达

**36.** 下列哪一选项符合规章制定的要求？

A. 某省政府所在地的市政府将其制定的规章定名为“条例”

B. 某省政府在规章公布后60日向省人大常委会备案

C. 基于简化行政管理手续考虑，对涉及国务院甲乙两部委职权范围的事项，甲部单独制定规章加以规范

D. 某省政府制定的规章既规定行政机关必要的职权，又规定行使该职权应承担的责任

**37.** 经甲公司申请，市建设局给其颁发建设工程规划许可证。后该局在复核中发现甲公司在申请时报送的企业法人营业执照已经超过有效期，遂依据《行政许可法》规定，撤销该公司的规划许可证，并予以注销。甲公司不服，向法院提起诉讼。市建设局撤销甲公司规划许可证的行为属于下列哪一类别？

A. 行政处罚 B. 行政强制措施

C. 行政行为的撤销 D. 行政检查

**38.** 下列哪一做法不属于公务员交流制度？

A. 沈某系某高校副校长，调入国务院某部任副司长

B. 刘某系某高校行政人员，被聘为某区法院书记员

C. 吴某系某国有企业经理，调入市国有资产管理委员会任处长

D. 郑某系某部人事司副处长，到某市挂职担任市委组织部副部长

**39.** 村民陈某在本村建一住宅。镇政府认定其非法占用土地，违反《土地管理法》，作出拆除房屋、

退还土地的决定，随后将房屋强制拆除。陈某向法院提起诉讼，请求撤销镇政府的决定、确认拆除行为违法。关于镇政府的权力，下列哪一选项是正确的？

A. 有权作出拆除决定，但无权强制执行

B. 有权作出拆除决定，也有权强制执行

C. 无权作出拆除决定，也无权强制执行

D. 无权作出拆除决定，但可以强制执行

**40.** 关于行政复议第三人，下列哪一选项是错误的？

A. 第三人可以委托一至二名代理人参加复议

B. 第三人不参加行政复议，不影响复议案件的审理

C. 复议机关应为第三人查阅有关材料提供必要条件

D. 第三人与申请人逾期不起诉又不履行复议决定的强制执行制度不同

**41.** 某市市场监督管理局发现，某中外合资游戏软件开发公司生产的一种软件带有暴力和色情内容，决定没收该软件，并对该公司处以三万元罚款。中方投资者接受处罚，但外方投资者认为处罚决定既损害了公司的利益也侵害自己的权益，向法院提起行政诉讼。下列哪一选项是正确的？

A. 外方投资者只能以合资公司的名义起诉

B. 外方投资者可以自己的名义起诉

C. 法院受理外方投资者起诉后，应追加未起诉的中方投资者为共同原告

D. 外方投资者只能以保护自己的权益为由提起诉讼

**42.** 某区公安分局以蔡某殴打孙某为由对蔡某拘留十日并处罚款 500 元。蔡某向法院起诉，要求撤销处罚决定和赔偿损失。一审法院经审理认定处罚决定违法。下列哪一选项是正确的？

A. 蔡某所在地的法院对本案无管辖权

B. 一审法院应判决撤销拘留决定，返还罚款 500 元、按照国家上年度职工日平均工资赔偿拘留十日的损失和一定的精神抚慰金

C. 如一审法院的判决遗漏了蔡某的赔偿请求，二审法院应当裁定撤销一审判决，发回重审

D. 如蔡某在二审期间提出赔偿请求，二审法院可以进行调解，调解不成的，应告知蔡某另行起诉

**43.** 2001 年 5 月李某被某县公安局刑事拘留，后某县检察院以证据不足退回该局补充侦查，2002 年 11 月李某被取保候审。2004 年，县公安局撤销案件。次年 3 月，李某提出国家赔偿申请。县公安局于 2005 年 12 月作出给予李某赔偿的决定书。李某以赔偿数额过低为由，于 2006 年先后向市公安局和市法院赔偿委员会提出复议和申请，二者均作出维持决定。对李某被限制人身自由的赔偿金，应按照下列哪个年度的国家职工日平均工资计算？

A. 2002 年度　　B. 2003 年度

C. 2004 年度　　D. 2005 年度

**44.** 关于地方政府机构设置和编制管理，下列哪一选项是正确的？

A. 政府机构编制管理机关实行省以下垂直管理体制

B. 地方政府在设置机构时应当充分考虑财政的供养能力

C. 县级以上政府的行政机构可以要求下级政府设立与其业务对口的行政机构

D. 地方事业单位机构设置和编制管理办法，由国务院机构编制管理机关审核发布

**45.** 甲欲去乙的别墅盗窃，担心乙别墅结构复杂难以找到贵重财物，就请熟悉乙家的丙为其标图。甲入室后未使用丙提供的图纸就找到乙价值 100 万元的珠宝，即携珠宝逃离现场。关于本案，下列哪些说法是正确的？

A. 甲构成盗窃罪，入户盗窃是法定的从重处罚情节

B. 丙不构成犯罪，因为客观上没能为甲提供实质的帮助

C. 即便甲未使用丙提供的图纸，丙也构成盗窃罪的共犯

D. 甲、丙构成盗窃罪的共犯，甲是主犯，丙是帮助犯

**46.** 甲欲枪杀仇人乙，但早有防备的乙当天穿着防弹背心，甲的子弹刚好打在防弹背心上，乙毫发无损。甲见状一边逃离现场，一边气呼呼地大声说：“我就不信你天天穿防弹背心，看我改天不收拾你！”关于本案，下列哪些选项是正确的？

A. 甲构成故意杀人中止

B. 甲构成故意杀人未遂

C. 甲的行为具有导致乙死亡的危险，应当成立犯罪

D. 甲不构成犯罪

**47.** 关于自首中的“如实供述”，下列哪些选项是错误的？

A. 甲自动投案后，如实交代自己的杀人行为，但拒绝说明凶器藏匿地点的，不成立自首

B. 乙犯有故意伤害罪、抢夺罪，自动投案后，仅如实供述抢夺行为，对伤害行为一直主张自己是正当防卫的，仍然可以成立自首

C. 丙虽未自动投案，但办案机关所掌握线索针对的贪污事实不成立，在此范围外丙交代贪污罪行的，应当成立自首

D. 丁自动投案并如实供述自己的罪行后又翻供，但在二审判决前又如实供述的，应当认定为自首

**48.** 关于刑事责任的追究，下列哪些选项是正确的？

A. 甲非法从事资金支付结算业务，构成非法吸收公众存款罪

B. 乙采取欺骗手段进行虚假纳税申报，逃避缴纳税款1,000万元，但经税务机关依法下达追缴通知后，补缴了应纳税款。即便乙拒绝缴纳滞纳金，也不应当再对其追究刑事责任

C. 丙明知赵某实施高利转贷行为获利200万元，而为其提供资金账户的，构成洗钱罪

D. 丁组织多名男性卖淫，由于《刑法》第三百五十八条并未限定组织卖淫罪中的被组织者是妇女，对丁应当追究刑事责任

**49.** 1980年初，张某强奸某妇女并将其杀害。1996年末，张某因酒后驾车致人重伤。两案在2007年初被发现。关于张某的犯罪行为，下列哪些选项是错误的？

A. 应当以强奸罪、故意杀人罪和交通肇事罪追究其刑事责任，数罪并罚

B. 应当以强奸罪追究其刑事责任

C. 应当以故意杀人罪追究其刑事责任

D. 不应当追究任何刑事责任

**50.** 刘某专营散酒收售，农村小卖部为其供应对象。刘某从他人处得知某村办酒厂生产的散酒价格低廉，虽掺有少量有毒物质，但不会致命，遂大量购进并转销给多家小卖部出售，结果致许多饮者中毒甚至双眼失明。下列哪些选项是正确的？

A. 造成饮用者中毒的直接责任人是某村办酒厂，应以生产和销售有毒、有害食品罪追究其刑事责任；刘某不清楚酒的有毒成份，可不负刑事责任

B. 对刘某应当以生产和销售有毒、有害食品罪追究刑事责任

C. 应当对构成犯罪者并处罚金或没收财产

D. 村办酒厂和刘某构成共同犯罪

**51.** 下列哪些行为构成非法经营罪？

A. 甲违反国家规定，擅自经营国际电信业务，扰乱电信市场秩序，情节严重

B. 乙非法组织传销活动，扰乱市场秩序，情节严重

C. 丙买卖国家机关颁发的野生动物进出口许可证

D. 丁复制、发行盗版的《国家计算机考试大纲》

**52.** 下列哪些情形可以成立抢劫致人死亡？

A. 甲冬日深夜抢劫王某财物，为压制王某的反抗将其刺成重伤并取财后离去。三小时后，王某被冻死

B. 乙抢劫妇女高某财物，路人曾某上前制止，乙用自制火药枪将曾某打死

C. 丙和贺某共同抢劫严某财物，严某边呼救边激烈反抗。丙拔刀刺向严某，严某躲闪，丙将同伙贺某刺死

D. 丁盗窃邱某家财物准备驾车离开时被邱某发现，邱某站在车前阻止丁离开，丁开车将邱某撞死后逃跑

**53.** 欣欣在高某的金店选购了一条项链，高某趁欣欣接电话之际，将为其进行礼品包装的项链调换成款式相同的劣等品（两条项链差价约3,000元）。欣欣回家后很快发现项链被“调包”，即返回该店要求退还，高某以发票与实物不符为由拒不退换。关于高某的行为，下列哪些说法是错误的？

A. 构成盗窃罪

B. 构成诈骗罪

C. 构成侵占罪

D. 不构成犯罪，属民事纠纷

**54.** 甲向乙行贿五万元，乙收下后顺手藏于自家沙发垫下，匆忙外出办事。当晚，丙潜入乙家盗走该五万元。事后查明，该现金全部为假币。下列哪些选项是正确的？

A. 甲用假币行贿，其行为成立行贿罪未遂，是实行终了的未遂

B. 丙的行为没有侵犯任何人的合法财产，不构成盗窃罪

C. 乙虽然收受假币，但其行为仍构成受贿罪

D. 丙的行为侵犯了乙的占有权，构成盗窃罪

**55.** 甲发现某银行的ATM机能够存入编号以“HD”开头的假币，于是窃取了三张借记卡，先后两次采取存入假币取出真币的方法，共从ATM机内获取6,000元人民币。甲的行为构成何罪？

A. 使用假币罪　　B. 信用卡诈骗罪

C. 盗窃罪　　D. 以假币换取货币罪

**56.** 下列哪些行为构成包庇罪？

A. 甲帮助强奸罪犯毁灭证据

B. 乙（乘车人）在交通肇事后指使肇事人逃逸，致使被害人因得不到救助而死亡

C. 丙明知实施杀人、放火犯罪行为是恐怖组织所为，而作假证明予以包庇

D. 丁系歌舞厅老板，在公安机关查处卖淫嫖娼违法行为时为违法者通风报信，情节严重

**57.** 甲抢劫出租车，将被害司机尸体藏入后备箱后打电话给堂兄乙，请其帮忙。乙帮助甲把尸体埋掉，并把被害司机的证件、衣物等烧掉。两天后，甲把抢来的出租车送给乙。乙的行为构成何罪？

A. 抢劫罪

B. 包庇罪

C. 掩饰、隐瞒犯罪所得罪

D. 帮助毁灭证据罪

**58.** 根据《刑法》有关规定，下列哪些说法是正确的？

A. 甲系某国企总经理之妻，甲让其夫借故辞退企业财务主管，而以好友陈某取而代之，陈某赠甲一辆价值12万元的轿车。甲构成犯罪

B. 乙系已离职的国家工作人员，请接任处长为缺少资质条件的李某办理了公司登记，收取李某10万元。乙构成犯罪

C. 丙系某国家机关官员之子，利用其父管理之便，请其父下属将不合条件的某企业列入政府采购范围，收受该企业5万元。丙构成犯罪

D. 丁系国家工作人员，在主管土地拍卖工作时向一家房地产公司通报了重要情况，使其如愿获得黄金地块。丁退休后，该公司为表示感谢，自作主张送与丁价值5万元的按摩床。丁构成犯罪

**59.** 关于徇私枉法罪，下列哪些选项是正确的？

A. 甲（警察）与犯罪嫌疑人陈某曾是好友，在对陈某采取监视居住期间，故意对其放任不管，导致陈某逃匿，司法机关无法对其追诉。甲成立徇私枉法罪

B. 乙（法官）为报复被告人赵某对自己的出言不逊，故意在刑事附带民事判决中加大赵某对被害人的赔偿数额，致使赵某多付10万元。乙不成立徇私枉法罪

C. 丙（鉴定人）在收取犯罪嫌疑人盛某的钱财后，将被害人的伤情由重伤改为轻伤，导致盛某轻判。丙不成立徇私枉法罪

D. 丁（法官）为打击被告人程某，将对程某不起诉的理由从“证据不足，指控犯罪不能成立”擅自改为“可以免除刑罚”。丁成立徇私枉法罪

**60.** 高某系一抢劫案的被害人。关于高某的诉讼权利，下列哪些选项是正确的？

A. 有权要求不公开自己的姓名和报案行为

B. 如公安机关不立案，有权要求告知不立案的原因

C. 作为证据使用的鉴定结论，经申请可以补充或者重新鉴定

D. 如检察院作出不起诉决定，也可以直接向法院提起自诉

**61.** 关于刑事诉讼法定代理人与诉讼代理人的区别，下列哪些选项是正确的？

A. 法定代理人基于法律规定或法定程序产生，诉讼代理人基于被代理人委托产生

B. 法定代理人的权利源于法律授权，诉讼代理人的权利源于委托协议授权

C. 法定代理人可以违背被代理人的意志进行诉讼活动，诉讼代理人的代理活动不得违背被代理人的意志

D. 法定代理人可以代替被代理人陈述案情，诉讼代理人不能代替被代理人陈述案情

**62.** 关于扣押物证、书证，下列哪些做法是正确的？

A. 侦查人员在搜查钱某住宅时，发现一份能够证明钱某无罪的证据，对此证据予以扣押

B. 在杜某故意杀人案中，侦查机关依法扣押杜某一些物品和文件。对与案件无关的物品和文件，侦查机关应当在五日内解除扣押、冻结，退还杜某

C. 公安机关在侦查刘某盗窃案中，可以依照规定查询、冻结刘某的存款、汇款

D. 在对周某盗窃罪审查起诉中，周某死亡，检察院决定将依法冻结的周某赃款的一部分上缴国库，其余部分返还给被害人

**63.** 关于证人与鉴定人的共同特征，下列哪些选项是正确的？

A. 是当事人以外的人

B. 与案件或案件当事人没有利害关系

C. 具有不可替代性

D. 有义务出席法庭接受控辩双方询问

**64.** 关于刑事诉讼中的证明责任，下列哪些选项是正确的？

A. 总是与一定的积极诉讼主张相联系，否认一方不负证明责任

B. 总是与一定的不利诉讼后果相联系，受到不利裁判的不一定承担证明责任

C. 是提出证据责任与说服责任的统一，提出证据并非完全履行了证明责任

D. 是专属于控诉方独自承担的责任，具有一定的责任排他性

**65.** 关于吴某涉嫌故意泄露国家秘密罪，下列哪些选项属于需要运用证据加以证明的事实？

A. 吴某是否为国家机关工作人员

B. 是否存在为吴某所实施的被指控事实

C. 被指控事实是否情节严重

D. 是否具有法定或酌定从重、从轻、减轻及免除处罚的情节

**66.** 甲涉嫌盗窃罪被逮捕。甲父为其申请取保候审，公安机关要求甲父交纳10万元保证金。甲父请求减少保证金的数额。公安机关在确定保证金数额时应当考虑下列哪些情况？

A. 当地经济水平落后

B. 甲和甲父靠种地为生且无其他收入，生活贫困

C. 甲只偷他人一头牛，可能判处的刑罚不重

D. 甲无前科，社会危险性小，妨碍诉讼可能性小

**67.** 法院对提起公诉的案件进行审查后，下列哪些情形下应当通知检察院补充材料？

A. 犯罪事实清楚、证据确实充分，但被告人真实身份不明的

B. 起诉时未移送证据目录的

C. 证人名单未列明出庭作证和拟不出庭作证的证人的住处和通讯处的

D. 移送材料中辩护人通讯地址不明确的

**68.** 张某系某基层法院陪审员，可以参与审判下列哪些案件？

A. 所在区基层法院适用简易程序审理的案件

B. 所在市中级法院审理的一审案件

C. 所在市中级法院审理的二审案件

D. 所在省高级法院审理的一审案件

**69.** 关于合议庭的组成及活动原则，下列哪些选项是正确的？

A. 在审判员不能参加合议庭时，经院长指定，助理审判员可以临时代行审判员职务担任审判长

B. 开庭审理和评议案件，必须由同一合议庭进行

C. 合议庭成员如有意见分歧，应当按照三分之二以上多数作出决定

D. 经审判委员会讨论决定的案件，合议庭有不同意见时，可以建议院长提交审判委员会复议

**70.** 关于简易程序，下列哪些选项是正确的？

A. 自诉案件都可以适用简易程序

B. 即使适用简易程序，被告人最后陈述也不能取消

C. 被告人委托辩护人的，辩护人应当出庭

D. 经审判员准许，被告人可以同公诉人进行辩论

**71.** 关于审理未成年人刑事案件，下列哪些选项是正确的？

A. 不能适用简易程序

B. 在法庭上，必要时才对未成年被告人使用戒具

C. 休庭时，可以允许法定代理人或者其他成年近亲属、教师会见未成年被告人

D. 对未成年人案件，宣告判决应当公开进行

**72.** 下列哪些二审案件依法应当开庭审理？

A. 甲犯贪污罪被一审判处有期徒刑五年，检察院认为量刑畸轻而抗诉的

B. 乙犯伤害罪被一审判处无期徒刑，乙上诉的

C. 丙犯抢劫罪被一审判处死刑缓期二年执行，丙对事实、证据无异议，以量刑过重为由上诉的

D. 丁犯杀人罪被一审判处死刑立即执行，丁上诉的

**73.** 关于具体行政行为的成立和效力，下列哪些选项是错误的？

A. 与抽象行政行为不同，具体行政行为一经成立即生效

B. 行政强制执行是实现具体行政行为执行力的制度保障

C. 未经送达领受程序的具体行政行为也具有法律约束力

D. 因废止具体行政行为给当事人造成损失的，国家应当给予赔偿

**74.** 2002 年，甲乙两村发生用地争议，某县政府召开协调会并形成会议纪要。2008 年 12 月，甲村一村民向某县政府申请查阅该会议纪要。下列哪一选项是正确的？

A. 该村民可以口头提出申请

B. 因会议纪要形成于《政府信息公开条例》实施前，故不受《条例》规范

C. 因会议纪要不属于政府信息，某县政府可以不予公开

D. 如某县政府提供有关信息，可以向该村民收取检索、复制、邮寄等费用

**75.** 下列哪些选项属于对公务员的处分？

A. 降级　　B. 免职

C. 撤职　　D. 责令辞职

**76.** 下列哪些事项属于国务院行政机构编制管理的内容？

A. 机构的名称

B. 机构的职能

C. 机构人员的数量定额

D. 机构的领导职数

**77.** 甲公司将承建的建筑工程承包给无特种作业操作资格证书的邓某，邓某在操作时引发事故。某省建设厅作出暂扣甲公司安全生产许可证三个月的决定，市安全监督管理局对甲公司罚款三万元。甲公司对市安全监督管理局罚款不服，向法院起诉。下列哪些选项是正确的？

A. 如甲公司对某省建设厅的决定也不服，向同一法院起诉的，法院可以决定合并审理

B. 市安全监督管理局不能适用简易程序作出罚款三万元的决定

C. 某省建设厅作出暂扣安全生产许可证决定前，应为甲公司组织听证

D. 因市安全监督管理局的罚款决定违反一事不再罚要求，法院应判决撤销

**78.** 黄某与张某之妻发生口角，被张某打成轻微伤。某区公安分局决定对张某拘留五日。黄某认为处罚过轻遂向法院起诉，法院予以受理。下列哪些选项是正确的？

A. 某区公安分局在给予张某拘留处罚后，应及时通知其家属

B. 张某之妻为本案的第三人

C. 本案既可以由某区公安分局所在地的法院管辖，也可以由黄某所在地的法院管辖

D. 张某不符合申请暂缓执行拘留的条件

**79.** 许某与汤某系夫妻，婚后许某精神失常。二人提出离婚，某县民政局准予离婚。许某之兄认为许某为无民事行为能力人，县民政局准予离婚行为违法，遂提起行政诉讼。县民政局向法院提交了县医院对许某作出的间歇性精神病的鉴定结论。许某之兄申请法院重新进行鉴定。下列哪些选项是正确的？

A. 原告需对县民政局准予离婚行为违法承担举证责任

B. 鉴定结论应有鉴定人的签名和鉴定部门的盖章

C. 当事人申请法院重新鉴定可以口头提出

D. 当事人申请法院重新鉴定应当在举证期限内提出

**80.** 某县公安局接到有人在薛某住所嫖娼的电话举报，遂派员前往检查。警察到达举报现场，敲门未开破门入室，只见薛某一人。薛某拒绝在检查笔录上签字，警察在笔录上注明这一情况。薛某认为检查行为违法，提起行政诉讼。下列哪些选项是正确的？

A. 某县公安局应当对电话举报进行登记

B. 警察对薛某住所进行检查时不得少于二人

C. 警察对薛某住所进行检查时应当出示工作证件和县级以上政府公安机关开具的检查证明文件

D. 因薛某未在警察制作的检查笔录上签字，该笔录在行政诉讼中不具有证据效力

**81.** 2006年12月5日，王某因涉嫌盗窃被某县公安局刑事拘留，同月11日被县检察院批准逮捕。2008年3月4日王某被一审法院判处有期徒刑二年，王某不服提出上诉。2008年6月5日，二审法院维持原判，判决交付执行。2009年3月2日，法院经再审以王某犯罪时不满16周岁为由撤销生效判决，改判其无罪并当庭释放。王某申请国家赔偿，下列哪些选项是错误的？

A. 国家应当对王某从2008年6月5日到2009年3月2日被羁押的损失承担赔偿责任

B. 国家应当对王某从2006年12月11日到2008年3月4日被羁押的损失承担赔偿责任

C. 国家应当对王某从2006年12月5日到2008年3月4日被羁押的损失承担赔偿责任

D. 国家应当对王某从2008年3月4日到2009年3月2日被羁押的损失承担赔偿责任

**82.** 关于公告，下列哪些选项是正确的？

A. 行政机关认为需要听证的涉及公共利益的重大许可事项应当向社会公告

B. 行政许可直接涉及申请人与他人之间重大利益关系的，申请人、利害关系人提出听证申请的，行政机关应当予以公告

C. 行政机关在其法定权限范围内，依据法律委托其他行政机关实施行政许可，对受委托行政机关和受委托实施许可的内容应予以公告

D. 被许可人以欺骗、贿赂等不正当手段取得行政许可，行政机关予以撤销的，应当向社会公告

**甲为某国有企业出纳，为竞争公司财务部主任职位欲向公司副总经理乙行贿。甲通过涂改账目等手段从公司提走20万元，委托总经理办公室秘书丙将15万元交给乙，并要丙在转交该款时一定为自己提升一事向乙“美言几句”。乙收下该款。八天后，乙将收受钱款一事报告了公司总经理，并将15万元交到公司纪检部门。**

**一个月后，甲得知公司委任其他人担任财务部主任，恼羞成怒找到乙说：“还我15万，我去把公司钱款补上。你还必须付我10万元精神损害赔偿，否则我就将你告到检察院。”乙反复向甲说明钱已上交不能退还，但甲并不相信。数日后，甲携带一桶汽油闯入乙办公室纵火，导致室内空调等财物被烧毁。请回答83—86题。**

**83.** 关于甲从公司提出公款20万元并将其中一部分行贿给乙的行为，下列选项错误的是：

A. 甲构成贪污罪，数额是20万元；行贿罪与贪污罪之间是牵连关系，不再单独定罪

B. 甲构成贪污罪、行贿罪，数罪并罚，贪污数额是5万元，行贿15万元

C. 甲构成贪污罪、行贿罪，数罪并罚，贪污数额是20万元，行贿15万元

D. 甲对乙说过要“去把公司钱款补上”，应当构成挪用公款罪，数额是20万元，再与行贿罪并罚

**84.** 关于乙的行为，下列选项错误的是：

A. 乙构成受贿罪既遂

B. 乙构成受贿罪中止

C. 乙犯罪以后上交赃物的行为，属于酌定从轻处罚情节

D. 乙不构成犯罪

**85.** 关于丙的行为，下列选项正确的是：

A. 丙构成受贿罪共犯

B. 丙构成介绍贿赂罪

C. 丙构成行贿罪共犯

D. 丙没有实行行为，不构成犯罪

**86.** 关于甲得知财务部主任由他人担任后实施的行为，下列选项错误的是：

A. 甲的行为只构成放火罪

B. 甲索要10万元“精神损害赔偿”的行为不构成敲诈勒索罪

C. 甲的行为是敲诈勒索罪与放火罪的想象竞合犯

D. 甲的行为是敲诈勒索罪与放火罪的吸收犯

**法院在刑事案件的审理过程中，根据对案件的不同处理需要使用判决、裁定和决定。请根据有关法律规定及刑事诉讼原理，回答第 87—89 题。**

**87.** 关于判决、裁定、决定的适用对象，下列选项正确的是：

A. 判决不适用于解决案件的程序问题

B. 裁定不适用于解决案件的实体问题

C. 决定只适用于解决案件的程序问题

D. 解决案件的程序问题只能用决定

**88.** 关于一个案件中适用判决、裁定、决定的数量，下列选项正确的是：

A. 在一个案件中，可以有多个判决

B. 在一个案件中，可以有多个裁定

C. 在一个案件中，可以有多个决定

D. 在一个案件中，可以只有决定，而没有判决或裁定

**89.** 关于判决、裁定、决定的效力，下列选项正确的是：

A. 判决只有经过法定上诉、抗诉期限才能发生法律效力

B. 裁定一经作出立即发生法律效力

C. 有些决定可以申请复议，复议期间不影响决定的效力

D. 法院减刑、假释裁定的法律效力并不最终确定，检察院认为不当而提出纠正意见的，法院应当重新组成合议庭进行审理，作出最终裁定

**90.** 下列情况属于或可以视为行政诉讼中被告改变被诉具体行政行为的是：

A. 被诉公安局把拘留三日的处罚决定改为罚款 500 元

B. 被诉自然资源局更正被诉处罚决定中不影响决定性质和内容的文字错误

C. 被诉市场监管局未在法定期限答复原告的请求，在二审期间作出书面答复

D. 县政府针对甲乙两村土地使用权争议作出的处理决定被诉后，甲乙两村达成和解，县政府书面予以认可

## 参考答案与解析

**1. C**。刑法解释是指对刑法规定的真实意义的说明。刑法解释方法分为两大类，即文理解释与论理解释。论理解释又包括扩大解释（也称扩张解释）、缩小解释、当然解释等，但不包含类推解释。其中扩大解释即刑法条文字面的通常含义比刑法的真实含义窄，于是扩张字面含义，使其符合刑法的真实含义。与类推解释不同，扩大解释是对用语通常含义的扩张，不能超出用语可能具有的含义。缩小解释，即刑法条文的字面通常含义比刑法的真实含义广，于是限制字面含义，使其符合刑法的真实含义。当然解释，即刑法规定虽未明示某一事项，但依形式逻辑、规范目的及事物属性的当然道理，将该事项解释为包括在该规定的适用范围之内。A 将“公私财物”解释为“他人的财物”，而将自己的财物等排除在外，是因为自己的财物当然无法盗窃，故属于当然解释。B 将“出售”解释为“购买和销售”，较之其字面的通常含义已经被扩张，故属于扩大解释。C 是我国刑法条文中的规定，将“携带凶器抢夺的行为”解释为以抢劫罪定罪，并未超出“抢劫”可能具有的最大含义，属于扩大解释而非类推解释。C 正确，当选。D 中的刑法解释并未超出“信用卡”可能具有的语义范围，故属于扩大解释。D 错误。

**2. C**。根据《刑法》第 237 条，强制猥亵、侮辱妇女罪是指以暴力、胁迫或者其他方法强制猥亵妇女或者侮辱妇女的行为。刑法条文并未限定男性为本罪的犯罪主体，女性完全可能构成本罪。[注意：《刑法修正案（九）》对《刑法》第 237 条第 1 款进行了修改，将猥亵妇女改成了猥亵他人，扩大了猥亵的对象范围] 故甲构成本罪，A 错误。根据《刑法》第 267 条，携带凶器抢夺应以抢劫罪认定。由此可见，只要行为人实施了抢夺行为，且在抢夺过程中身上携带有凶器，就具备了认定的条件，而不考虑凶器是否使用。因此尽管乙并未使用自制的火药枪，但仍然属于“携带凶器抢夺”，构成转化型抢劫罪。又根据《刑法》第 17 条，已满 14 周岁未满 16 周岁的未成年人需要对抢劫罪等八种罪行承担刑事责任，所以乙应当构成抢劫罪。B 错误。根据《刑法》第 238 条第 3 款，为索取债务非法扣押、拘禁他人的行为应当以非法拘禁罪定罪处罚。另根据《刑法》第 238 条第 1、2 款，非法拘禁他人或者以其他方法非法剥夺他人人身自由，致人重伤的，处 3 年以上 10 年以下有期徒刑；致人死亡的，处 10 年以上有期徒刑。使用暴力致人伤残、死亡的，依照故意伤害罪、故意杀人罪定罪处罚。由此可见，只有非法拘禁“使用暴力致人伤残、死亡”时，本罪才能转化为故意伤害罪或故意杀人罪。本选项中丙并未使用暴力，因此即使致人死亡，也不影响罪名的变化，因此丙不能构成故意杀人罪。由于 14 周岁以上 16 周岁以下的人只对

故意杀人罪等八种罪行承担刑事责任，而无需对非法拘禁罪负责，故丙不构成犯罪。C正确，当选。根据《刑法》第411条，放纵走私罪是指海关工作人员徇私舞弊，放纵走私，情节严重的行为。由此可见本罪的犯罪主体仅限于海关工作人员，而不包含司法工作人员。故D错误。

**3. D**。根据《刑法》第20条，正当防卫，是指为了保护国家、公共利益、本人或者他人的人身、财产和其他合法权利免受正在进行的不法侵害，采取对不法侵害人造成损害的方法，制止不法侵害的行为。成立正当防卫需要同时满足以下条件：(1) 存在现实的不法侵害；(2) 不法侵害正在进行；(3) 具有防卫意识；(4) 针对不法侵害人本人进行防卫；(5) 没有明显超过必要限度造成重大损害。所谓"不法侵害正在进行"，是指不法侵害已经开始并且尚未结束。关于不法侵害的结束时间，从实质上而言是指合法权益不再处于紧迫、现实的侵害、威胁之中，或者说不法侵害已经不可能（继续）侵害或者威胁合法权益。制服不法侵害人也就意味着不法侵害已经结束，因此已经不属于"不法侵害正在进行"，在这种情况下又对不法侵害人实施加害行为，当然不能构成正当防卫，而应当被认定为故意犯罪。故A正确。在财产性违法犯罪的情况下，行为虽然已经既遂，但在现场还来得及挽回损失的，应当认为不法侵害尚未结束，可以实行正当防卫。因此本项中在抢劫犯使用暴力取得财物后，对抢劫犯立即进行追击的行为，仍然满足正当防卫的时间要件，属于合法行为。故B正确。不法侵害应是人实施的不法侵害。在饲养人唆使其饲养的动物侵害他人的情况下，动物是饲养人进行不法侵害的工具，将该动物打死打伤的，事实上属于使用给不法侵害人的财产造成损害的方法进行正当防卫。而在动物对人自发侵害的情形下，自然不属于不法侵害，不能对其正当防卫。但可将其视为一种危险源，进而对其实施紧急避险。故C正确。不法侵害行为既可以出于故意，也可以出于过失，甚至可以是无刑事责任能力人所实施的行为。故D错误。

**4. B**。根据《刑法》第21条，紧急避险，是指为了使国家、公共利益、本人或者他人的人身、财产和其他权利免受正在发生的危险，不得已给另一较小合法权益造成损害的行为。成立紧急避险需要同时满足以下条件：(1) 合法权益面临现实危险；(2) 危险正在发生；(3) 出于不得已而损害另一合法权益；(4) 具有避险意识；(5) 没有超过必要限度造成不应有的损害。本案中，甲并没有直接对不法侵害人乙采取措施，因而不构成正当防卫，A项错误。本案中，甲夺过丙的摩托车是迫不得已，因为在当时的情况下，甲遭到乙"追杀"，情势危急，不侵害他人的合法权益就无法求得生路，为避免自己生命所遭受的紧急危险，仓皇出逃，即使致使丙骨折，也是属于"不得已"的情形，依照刑法的有关规定，属于紧急避险行为。之后甲从疾驰的摩托车上跳下，致使摩托车被毁，同样是在乙的"继续追杀"情形下实施的，应当认定为"不得已"的情形，也属于紧急避险行为。因此，尽管丙被摔骨折，其摩托车也被毁，但较之因其得以保全的甲的生命具有更低的价值，甲的避险行为并没有超过限度，构成紧急避险，B正确。

**5. B**。根据《刑法》第24条，所谓犯罪中止是指在犯罪过程中，自动中止犯罪或自动有效地防止犯罪发生。犯罪中止存在两种情况：一是在犯罪预备阶段或者在实行行为还没有实行终了的情况下，自动放弃犯罪；二是在实行行为实行终了的情况下，自动有效地防止犯罪结果的发生。构成犯罪中止，必须同时具备以下条件：(1) 中止的时间性。即中止必须发生在"犯罪过程中"。(2) 中止的自动性。即必须自动地中止犯罪或自动地防止犯罪结果的发生。中止的自动性，是指行为人认识到客观上可能继续实施犯罪或者可能既遂，但自愿放弃原来的犯罪意图。行为人中止犯罪的原因多种多样，有的出于真诚悔悟，有的因为对被害人产生同情心，有的由于惧怕刑罚处罚，有的为了争取宽大处理，如此等等。(3) 中止的客观性。在犯罪预备阶段以及实行行为尚未实行终了，只要不继续实施行为就不会发生犯罪结果的情况下，中止行为表现为放弃继续实施犯罪，即不再继续实施犯罪行为。在这种情况下，行为人必须是真实地放弃犯罪行为，而不是等待时机继续实施该行为。(4) 中止的有效性。即没有发生作为既遂标志的犯罪结果。本案中，甲将乙推倒举刀就砍，可见已经着手实施犯罪；甲在听到乙的辩解之后信以为真，松开乙，可见甲已经自动地中止犯罪，并彻底放弃了伤害乙的意图；乙趁机逃走，可见没有发生伤害后果。由此可见，本案中甲的故意伤害行为满足犯罪中止的所有要件，因此应被认定为故意伤害罪中止。故B正确。

**6. D**。教唆犯，是指以授意、怂恿、劝说、利诱或者其他方法故意唆使他人犯罪的人。成立教唆犯需要具备以下条件：(1) 教唆犯所教唆的对象必须是达到刑事责任年龄、具有刑事责任能力的人。否则不成立教唆犯，而成立间接正犯。(2) 必须有教唆行为。教唆行为的实质是引起他人的犯罪故意。(3) 必须有教唆故意。过失不可能成立教唆犯。甲唆使不满16周岁的乙强奸丙，由于乙可以对强奸罪承担刑事责任，故甲构成强奸罪的教唆犯。乙未实施强奸行为，却实施了抢夺行为，该抢夺行为的实施与甲的教唆无关，甲无需对其承担刑事责任，乙也因未满刑事责任年龄而不构成犯罪。故甲仅成立强奸罪的教唆犯。A错误。帮助犯、教唆犯、实行犯是根据罪犯在共同犯罪中的分工所形成的分类，三者相互独立。若教唆犯除却实施教唆行为，又亲自实施了符合刑法分则所规定犯罪构成的实行行为，构成教唆与实行的竞合，这种情况下就不再成立教唆犯，而成立实行犯。若教唆犯实施教唆行为之余，又实施帮助行为，这就是教唆、帮助行为竞合的情况，对此只需要按教唆犯对待。因此教唆犯不可能是实行犯，也不可能是帮助犯。B 错误。根据《刑法》第 353 条，违反国家毒品管理法规，故意引诱、教唆、欺骗他人吸食、注射毒品的行为构成引诱、教唆、欺骗他人吸毒罪。由此可见，教唆他人吸食、注射毒品的，并不成立教唆犯，而成立实行犯。故 C 错误。我国刑法对共同犯罪人的分类基本上是以犯罪分子在共同犯罪中的作用为标准的，但教唆犯却是以犯罪分子在共同犯罪中的分工为标准对共同犯罪人进行分类的结果。根据《刑法》第 29 条第 1 款，教唆他人犯罪的，应按照他在共同犯罪中所起的作用处罚。由此可见，如果教唆犯在共同犯罪中起主要作用，则为主犯，若起次要作用，则为从犯，所以教唆犯未必一定是主犯。根据《刑法》第 27 条第 1 款，在共同犯罪中起次要或者辅助作用的，是从犯。这里所谓在共同犯罪中“起辅助作用”的犯罪分子，就是指帮助犯。而所谓“起次要作用”的犯罪分子，就是指次要的实行犯。因此，帮助犯属于从犯的一种，所有的帮助犯都是从犯。D 正确。

**7. C**。根据《刑法》第 269 条，犯盗窃、诈骗、抢夺罪，为窝藏赃物、抗拒抓捕或者毁灭罪证而当场使用暴力或者以暴力相威胁的，依照抢劫罪处罚。理论界称之为转化型抢劫罪。构成转化型抢劫罪需要同时满足以下条件：（1）行为人必须首先实施了盗窃、诈骗、抢夺行为，这是适用《刑法》第 269 条的前提条件；（2）行为人必须是当场使用暴力或者以暴力相威胁，这是适用《刑法》第 269 条的时间和手段条件；（3）行为人使用暴力或者以暴力相威胁是为了窝藏赃物、抗拒抓捕或者毁灭罪证，这是适用《刑法》第 269 条的目的条件。其中的“抗拒抓捕”，是指抗拒公安机关、失主或者其他公民的抓捕或者扭送。本案中乙实施了抢夺行为，甲主观上有抗拒丙抓捕自己和乙的意图，客观上在丙跑过巷道口时突然伸腿将丙绊倒，致其轻伤。考虑到甲实施这一行为的突然性和丙抓捕乙时较快的速度，从一般人的角度可以将其认定为“暴力”。另外，根据共同犯罪的相关理论，只有两个以上行为人，主观上有共同犯罪故意，客观上有共同犯罪行为，才应当适用部分实行全部责任的原则。而所谓实行过限行为，是指在共同犯罪中，其中一个共同犯罪人所实施的犯罪行为，超出其他共同犯罪人的故意而造成其他犯罪结果的情形。对于个别共同犯罪人的实行过限行为，其他共同犯罪人无需承担刑事责任。而共同犯罪中某人的行为是否属于过限行为，就取决于某人实施的犯罪行为是否超出其他共同犯罪人的共同故意。本案中，甲、乙两人虽然共谋抢夺他人财物，乙客观上也利用了丙被绊倒的状态得以顺利逃跑，但乙对于抓捕自己的丙未使用暴力或以暴力相威胁，其行为自始至终都只符合抢夺罪的犯罪构成要件，根据罪责自负的原则，乙自然不应对甲的临时起意行为负责，甲绊倒丙的行为属于共同犯罪中的实行过限，乙无需对这一行为承担刑事责任。因此甲成立转化型抢劫罪，乙成立抢夺罪。故 C 正确。

**8. B**。所谓累犯，是指受过一定的刑罚处罚，刑罚执行完毕或者赦免以后，在法定期限内又犯被判处一定的刑罚之罪的罪犯。累犯分为一般累犯和特殊累犯两种。《刑法》第 65 条第 1 款规定：“被判处有期徒刑以上刑罚的犯罪分子，刑罚执行完毕或者赦免以后，在五年以内再犯应当判处有期徒刑以上刑罚之罪的，是累犯，应当从重处罚，但是过失犯罪和不满十八周岁的人犯罪的除外。”这就是关于一般累犯的规定。据此，一般累犯的成立条件是：（1）前罪与后罪都必须是故意犯罪，如果前后两罪或者其中一罪是过失犯罪，或者犯罪人是未成年人，就不成立累犯。（2）前罪被判处有期徒刑以上刑罚，后罪应当判处有期徒刑以上刑罚。（3）后罪发生的时间，必须在前罪所判处的刑罚执行完毕或者赦免以后的 5 年之内。A 中甲 1996 年所犯之交通肇事罪属于过失犯罪，不符合累犯的条件，因而 A 错误。B 中乙前后所犯之罪均是故意犯罪，前罪和后罪所判刑罚均是有期徒刑，而且是 5 年内再次犯罪，成立累犯，因而 B 正确。D 中丁所犯前罪是失火罪，属于过失犯罪，不符合一般累犯的条件，故 D 错误。《刑法》第 66 条规定：“危害国家安全犯罪、恐怖活动犯罪、黑社会性质的组织犯罪的犯罪分子，在刑罚执行完毕或者赦免以后，在任何时候再犯上述任一类罪的，都以累犯论处。”据此，特殊累犯的成立条件是：（1）前罪和后罪必须是危害国家安全犯罪、恐怖活动犯罪、黑社会性质的组织犯罪中任一类罪。（2）必须是在刑罚执行完毕或者赦免以后再犯罪。C 中丙前后所实施犯罪均是危害国家安全的犯罪，并且是在刑满释放后再犯同样的犯罪，符合特殊累犯的条件，构成累犯。因而 C 错误。

**9. A**。《刑法》第 267 条规定，携带凶器抢夺的行为应被认定为抢劫罪。因此甲 15 周岁时的行为已经构成抢劫罪。既然同为抢劫罪，就应将两次犯罪的犯罪数额进行叠加，甲的犯罪数额为 5 万元。A 正确。乙的犯罪数额应为 15 万元。B 错误。行为人使用后一次诈骗所得钱款补偿第一次诈骗给被害人造成的损失，尽管其在形式上实施数次诈骗行为，而且每次行为都单独构成了犯罪，但它事实上是一个整体的犯罪过程，行为人在实质上可被视为仅实施了一个诈骗行为。这种形式下的诈骗犯罪，从主观上看，行为人并非意图将全部诈骗所得据为已有，而是只想占有其中的一部分；从客观上看，受骗人财物被骗，失去的并非全部被骗财物，而只是其中的一部分。因此在计算此类案件的犯罪数额时应当除去已归还的犯罪数额。丙的诈骗数额应被认定为6+12-6=12万元。故C错误。丁销赃时夸大手机功能，构成诈骗罪。但是在计算诈骗罪的犯罪数额时，应当刨去手机本身的价值，因为对于丁窃取手机的行为不能重复评价，丁销售赃物的行为属于事后不可罚行为，并不另行构成犯罪。故丁的诈骗数额不是1万元，而是4000元。D错误。

**10. B**。《刑法》第65条第1款规定："被判处有期徒刑以上刑罚的犯罪分子，刑罚执行完毕或者赦免以后，在五年以内再犯应当判处有期徒刑以上刑罚之罪的，是累犯，应当从重处罚，但是过失犯罪和不满十八周岁的人犯罪的除外。"因而后罪发生的时间，必须在前罪所判处的刑罚执行完毕或者赦免以后的5年之内。上述5年的期限，对于被假释的犯罪人，应从假释期满之日起计算。由于累犯的成立以前罪"刑罚执行完毕或者赦免以后"5年内再犯罪为条件，故被假释的犯罪人在假释考验期内再犯新罪的，被判处缓刑的犯罪人在缓刑考验期内再犯新罪的，不成立累犯。故A正确。假释，是指对于被判处有期徒刑、无期徒刑的部分犯罪人，在执行一定刑罚之后，确有悔改表现，没有再犯罪的危险，附条件地予以提前释放的制度。根据《刑法》第81条，对累犯以及因故意杀人、强奸、抢劫、绑架、放火、爆炸、投放危险物质或者有组织的暴力性犯罪被判处10年以上有期徒刑、无期徒刑的犯罪分子，不得假释。如果犯罪人所实施的不是暴力性犯罪，或者虽然是暴力性犯罪但所判处的刑罚低于10年有期徒刑的，仍然可以假释。所以B中乙虽然犯危害国家安全罪，但如果不是暴力性犯罪或者虽是暴力性犯罪但刑罚低于10年有期徒刑，仍可适用假释，故B错误。C中丙是在缓刑考验期内犯抢劫罪，因而不构成累犯。虽然丙实施的是抢劫罪，属于暴力性犯罪，但是丙仅被判处8年有期徒刑，低于10年有期徒刑，可以适用假释。故C正确。D中尽管对丁判处10年以上的有期徒刑，丁所犯之抢劫罪也属于暴力性犯罪，但是丁因抢劫罪被判处的刑罚却低于10年，而丁所犯之寻衅滋事罪又不属于暴力性犯罪，因此并不违背假释的适用条件，对丁仍可适用假释。故D正确。

**11. B**。为境外窃取、刺探、收买、非法提供国家秘密、情报罪，是指行为人为境外机构、组织、人员窃取、刺探、收买、非法提供国家秘密或者情报的行为。非法获取国家秘密罪，是指以窃取、刺探、收买方法，非法获取国家秘密的行为。区别两罪的关键在于是否为境外的机构、组织、个人实施非法获取国家秘密或者是否将非法获取的国家秘密故意向境外的机构、组织、个人非法提供。故意泄露国家秘密罪，是指国家机关工作人员违反保守国家秘密法的规定，故意泄露国家秘密，情节严重的行为。本罪与为境外窃取、刺探、收买、非法提供国家秘密、情报罪的区别在于：（1）本罪的犯罪特征是将秘密泄露给不应当知道的人，主要是一种职务犯罪，其犯罪主体主要是国家机关工作人员。而为境外窃取、刺探、收买、非法提供国家秘密、情报罪的提供对象是境外的机构、组织、人员，性质是危害国家安全犯罪而非职务犯罪。（2）后者的行为方式包括窃取、刺探、收买和非法提供，对象包括所有密级的国家秘密、情报；前者的行为方式仅限于泄露，且对象只包括绝密、机密两个密级的国家秘密。（3）后者具有为境外的组织、机构或个人窃取、刺探、收买和非法提供国家秘密、情报的故意；前者则是故意向不该知悉国家秘密的境内人员泄露国家秘密。行为人在确实不知也不可能知道对方身份的情况下，将国家秘密泄露给境外组织、机构或个人的，只能定故意泄露国家秘密罪。在本案中，戴某谎称来华投资建厂需了解政策动向，但是黄某明知戴某系境外人员而为其非法提供国家秘密，构成为境外窃取、刺探、收买、非法提供国家秘密、情报罪，而不构成非法获取国家秘密罪或故意泄露国家秘密罪。由于黄某并不知戴某的间谍身份，也不知其意欲用自己提供的情报实施危害国家安全的犯罪，因此不构成资助危害国家安全犯罪活动罪。另外，黄某收受手机，并接受戴某为其子提供的6万元留学资金，利用职务便利为其谋取利益，已经构成受贿罪，应当实行数罪并罚。故答案为B。

**12. B**。根据《刑法》第217条，侵犯著作权罪，是指以营利为目的，违反著作权管理法规，未经著作权人许可，侵犯他人的著作权，违法所得数额较大或者有其他严重情节的行为。其中，制作、出售假冒他人署名的美术作品属于构成本罪的一种典型客观行为。犯侵犯著作权罪，违法所得数额较大或者有其他严重情节的，处3年以下有期徒刑，并处或者单处罚金。其中"违法所得数额较大"是指违法所得数额在3万元以上。本案中赵某以临摹作品冒充真迹售得收入达6万元，由此可见已经构成本罪。诈骗罪，是指以非法占有为目的，用虚构事实或者隐瞒真相的方法，骗取数额较大的公私财物的行为。本案中赵某有虚构事实、隐瞒真相的行为，购买者也陷入了错误认识，并基于错误认识购买了该赝品，由此可见赵某的行为已经满足了诈骗罪的犯罪构成。但是，侵犯著作权罪与诈骗罪的犯罪构成之间存在法条竞合关系，应当适用特别法优于一般法的处断原则，即按照更为特殊、更为具体的侵犯著作权罪定罪量刑。故A错误，B正确。生产、销售伪劣产品罪包括可以用于流通的工业、农业、日常生活等方面的动产，以及军转民产品、可流通的高科技产品等，但是刑法理论一般认为本罪的犯罪对象并不包含文物等限制流通物。本案中既然所涉物品为"名画"，自然应当排除在本罪的犯罪对象之外。故C错误。非法经营罪，是指违反国家规定，进行非法经营活动，扰乱市场秩序，情节严重的行为。具体包括下述四种情形：（1）未经许可经营法律、行政法规规定的专营、专卖物品或者其他限制买卖的物品的；（2）买卖进出口许可证、进出口原产地证明以及其他法律、行政法规规定的经营许可证或者批准文件的；（3）未经国家有关主管部门批准非法经营证券、期货或者保险业务的，或者非法从事资金支付结算业务的；（4）其他严重扰乱市场秩序的非法经营行为。由此可见，非法经营罪客观上表现为缺乏相关资格而违法从事某项经营业务。本案中赵某画画本身并不违法，故不能构成非法经营罪。D 错误。

**13. A**。保险诈骗罪，是指投保人、被保险人或者受益人故意虚构保险标的，或者对发生的保险事故编造虚假的原因或者夸大损失程度，或者编造未曾发生的保险事故，或者故意造成被保险人死亡、伤残或者疾病，骗取保险金，数额较大的行为。由此可见，保险诈骗罪为结果犯，其犯罪既遂应当以骗得数额较大的保险金为标志。本案从表面上看，甲已经实施完毕保险诈骗行为，也已经领取了 20 万元赔偿金，即已将本罪构成客观要件的行为全部实施完毕，似乎已经构成保险诈骗罪的犯罪既遂。但需要注意的是：犯罪是否得逞是区分犯罪既遂与犯罪未遂的决定性因素。所谓“犯罪未得逞”，是指行为人所追求的、行为性质所决定的危害结果没有发生。在本案中，甲之所以得以顺利领取 20 万元赔偿金，并非因为其保险诈骗行为使保险公司陷入错误认识而处分财产，而是因为侦查机关的巧妙安排，因此甲的保险诈骗行为最终也并未“得逞”，因此其构成保险诈骗罪的犯罪未遂而非犯罪既遂。故 A 正确，B 错误。犯罪预备与犯罪未遂的区别就在于行为人是否已经着手实施犯罪，在本案中甲前有藏匿汽车并谎称被盗而索赔的保险诈骗行为，之后又有接受保险公司赔偿金的目的行为，显然已经着手实施保险诈骗罪，故不构成保险诈骗罪的犯罪预备。故 C 错误。合同诈骗罪与保险诈骗罪之间存在典型的法条竞合关系，保险诈骗罪是特殊法，合同诈骗罪是一般法。依照特殊法优于一般法的处断原则，本案只能以保险诈骗罪而非合同诈骗罪定罪处罚。故 D 错误。

**14. D**。根据《最高人民法院关于抢劫过程中故意杀人案件如何定罪问题的批复》，甲抢劫赌资以后，因担心乙日后报案而将其杀死，属于“为灭口而故意杀人”，应以抢劫罪与故意杀人罪数罪并罚。又因甲触犯赌博罪的相关规定，故应以三罪数罪并罚。故答案为 D。

**15. D**。甲对乙实施暴力并最终致其重伤，该行为已经构成故意伤害罪的犯罪既遂。抢劫罪是指以非法占有为目的，以暴力、胁迫或者其他方法使他人不能抗拒，强行将公私财物抢走的行为。抢劫罪的成立要求行为人为了非法占有他人的财物而当场使用暴力、胁迫或其他方法。在本案中，虽然甲从头至尾一直对乙实施暴力，但从全案看甲实施暴力的原因却并非为取得财物，其夺过乙的手机也并非为了据为己有。因此甲的行为并不构成抢劫罪。另外，抢夺罪是指以非法占有为目的，公开夺取数额较大的公私财物或者多次抢夺的行为。由此可见抢夺罪的成立同样要求以非法占有为目的，本案中甲的行为也不构成抢夺罪。故意毁坏财物罪，是指故意毁灭或者损坏公私财物，数额较大或者情节严重的行为。本案中甲先是将手机从乙的手中夺下，又在随后将其扔进水沟，其主观上有毁坏财物的故意，客观上有毁坏财物的行为，故构成本罪。故 D 正确。

**16. C**。本案中，甲系私营公司卸货员，其主要职务就是卸货和装车，而并不涵盖管理和经手摄像机的职能，其之所以得以夹带摄像机，是趁公司的监督人员不在，其性质属于“秘密窃取”，而非“监守自盗”。故甲的行为构成盗窃罪而非职务侵占罪。B 错误，C 正确。侵占罪，是指以非法占有他人财物为目的，将代为保管的他人财物或者他人的遗忘物、埋藏物非法占为己有，数额较大，拒不交还的行为。本案中摄像机既不属于甲代为保管的财物，也不属于遗忘物、埋藏物，故不构成本罪。D 错误。

**17. B**。根据《刑法》第 303 条，赌博罪，是指以营利为目的，聚众赌博或者以赌博为业的行为。其中“以赌博为业的”行为，属于营业犯。以赌博为业意味着行为人以营利为目的，反复实施赌博行为。每次赌博行为本身并不构成独立的赌博罪。本案中的四人并未聚众赌博，也不能判定其是否“以赌博为业”，故不能认定其构成赌博罪。故 A 错误。甲在投放安眠药时，主观上是想使黄某不清醒以致输钱，但是考虑到其投放安眠药的客观手段和谋取钱财的主观目的，可以认为其主观上包容了抢劫罪的犯罪故意，因此综合全案来看，四人投放安眠药的行为和将钱包掏空的行为在刑法意义上应当视为一个统一的行为。四人主观上有抢劫故意，客观上投放安眠药的行为也足以使他人不能反抗，属于抢劫罪构成要件中的“其他方法”，构成抢劫罪而非盗窃罪。故 B 正确，C 错误。诈骗罪，是指以非法占有为目的，用虚构事实或者隐瞒真相的方法，骗取数额较大的公私财物的行为。本案中四人并无虚构事实或隐瞒真相的行为，也并未期待黄某陷入错误认识并基于错误认识而处分财产，故不构成诈骗罪。故 D 错误。

**18. C**。根据《刑法》第 93 条，所谓“国家工作人员”，是指国家机关中从事公务的人员。国有公司、企业、事业单位、人民团体中从事公务的人员和国家机关、国有公司、企业、事业单位委派到非国有公司、企业、事业单位、社会团体从事公务的人员，以及其他依照法律从事公务的人员，以国家工作人员论。市立医院属于国有事业单位，因此市立医院的正、副院长都属于国家工作人员。故B错误。对单位行贿罪，是指为谋取不正当利益，给予国家机关、国有公司、企业、事业单位、人民团体以财物的，或者在经济往来中，违反国家规定，给予上述单位各种名义的回扣、手续费的行为。本案中行贿的对象是市立医院的正、副院长，而并非市立医院本身，行贿款也并未用于提高医院员工的福利等，故不能构成本罪。D错误。单位行贿罪，是指公司、企业、事业单位、机关、团体为谋取不正当利益而行贿，或者违反国家规定，给予国家工作人员以回扣、手续费，情节严重的行为。单位行贿罪与行贿罪的区别在于主体不同：单位行贿罪的主体是单位，行贿罪的主体是自然人。个人为了谋取不正当利益，用单位的财物或者以单位的名义给国家工作人员等个人行贿，因行贿取得的违法所得归个人所有的，应当以行贿罪论处。在本案中，何某的行贿行为是何经理安排的，而且何经理安排刘某为市立医院正副院长提供回扣的目的在于销售本公司经营的医疗器械，由此可见行贿主体应视为单位。故本案构成单位行贿罪而非行贿罪。故A错误，C正确。

**19. D**。本题犯罪嫌疑人高某虽然是地方人员，但其所实施的犯罪涉及军事秘密，侵害军事利益，因此应当由军队内部侦查机关进行侦查，AC应予排除。高某虽然是国家机关工作人员，但其所实施的盗窃军事秘密的行为并非职务犯罪，不应当由军事检察机关侦查，B错误。高某的行为属于军队保卫部门管辖范围，本题正确答案是D。

**20. D**。根据《刑事诉讼法》第19条和《监察法》，A中林业和草原局副局长王某违法发放林木采伐许可证案属于国家工作人员的渎职犯罪，B中吴某破坏选举案属于侵犯公民民主权利的犯罪，C中李某利用职务阻碍解救被拐卖儿童属于国家工作人员的渎职犯罪，依法均不属于公安机关立案侦查的范围。D中钟某涉嫌传染病菌种扩散罪，应当由公安机关直接受理立案侦查。因此D正确。

**21. D**。《刑事诉讼法》第33条第1、2款规定：“下列的人可以被委托为辩护人：（一）律师；（二）人民团体或者犯罪嫌疑人、被告人所在单位推荐的人；（三）犯罪嫌疑人、被告人的监护人、亲友。正在被执行刑罚或者依法被剥夺、限制人身自由的人，不得担任辩护人。”《刑诉解释》第40条规定：“人民法院审判案件，应当充分保障被告人依法享有的辩护权利。被告人除自己行使辩护权以外，还可以委托辩护人辩护。下列人员不得担任辩护人：（一）正在被执行刑罚或者处于缓刑、假释考验期间的人；（二）依法被剥夺、限制人身自由的人；（三）被开除公职或者被吊销律师、公证员执业证书的人；（四）人民法院、人民检察院、监察机关、公安机关、国家安全机关、监狱的现职人员；（五）人民陪审员；（六）与本案审理结果有利害关系的人；（七）外国人或者无国籍人；（八）无行为能力或者限制行为能力的人。前款第三项至第七项规定的人员，如果是被告人的监护人、近亲属，由被告人委托担任辩护人的，可以准许。”郭某的爷爷是外国人，又不是郭某的近亲属或监护人，按照前述第7项规定，不能担任郭某的辩护人，A错误。郭某的儿子尚未成年，属于限制行为能力人，按照前述第8项规定，不能担任辩护人，B错误。郭某的朋友甲与本案有牵连，与本案审理结果有利害关系，C错误。乙是郭某的朋友，也不属于前述不能担任辩护人的人员，D正确。

**22. D**。犯罪嫌疑人、被告人的供述是犯罪嫌疑人、被告人就有关案件的情况向侦查、检察和审判人员所作的陈述。证人证言是证人就其了解的案件情况向公安司法机关所作的陈述。A是张某所作的有罪供述，属于犯罪嫌疑人、被告人的供述。犯罪嫌疑人、被告人检举揭发同案共犯犯罪事实的，应当具体问题具体分析。BC都是张某对同案共犯李某的共同犯罪的情况所作的检举，与本人罪责有关，属于犯罪嫌疑人、被告人的辩解，不是证人证言。李某在抢劫前还杀害赵某的事实与两人共同犯罪无关，不涉及张某的罪责，就该故意杀人案而言，张某处于证人地位，张某的检举属于证人证言，D正确。

**23. B**。直接言词原则是指法官必须在法庭上亲自听取当事人、证人及其他诉讼参与人的口头陈述，案件事实和证据必须由控辩双方当庭口头提出并以口头辩论和质证的方式进行调查。A体现了职权原则的要求，C体现了集中审理原则的要求，D体现了审判公开原则的要求。只有B明确表达了直接言词原则的含义，故B正确。

**24. C**。控告、报案、举报都是立案的重要材料来源。控告是指被害人就其人身权利、财产权利遭受不法侵害的事实及犯罪嫌疑人的有关情况，向公安司法机关揭露和告发，要求依法追究其刑事责任的诉讼行为。报案是指单位和个人以及被害人发现有犯罪事实发生，但不知犯罪嫌疑人为何人时，向公安司法机关告发的行为。举报是指单位和个人对其发现的犯罪事实或者犯罪嫌疑人向公安司法机关进行告发、揭露的行为。举报与报案相比，揭发的案件事实以及证据材料要详细、具体，一般应有明确的犯罪嫌疑人。举报和控告相比，举报人一般都不是被害人，而控告人就是被害人。根据《刑事诉讼法》第211条第1项，告诉在我国刑事诉讼法中特指自诉案件范围中的一个类别。本题中，赵某并非被害人，他对同事李某的告发，有明确的指控对象和指控事实，是一种举报行为，故C正确。

**25. B**。《刑事诉讼法》第128条规定：“侦查人员对于与犯罪有关的场所、物品、人身、尸体应当进行勘验或者检查。……”据此规定，检查也可以针对活人身体进行，A 错误。《刑事诉讼法》第 130 条规定：“侦查人员执行勘验、检查，必须持有人民检察院或者公安机关的证明文件。”因此，检查时也需要出示相关证件，C 错误。《刑事诉讼法》第 132 条第 2 款规定：“犯罪嫌疑人如果拒绝检查，侦查人员认为必要的时候，可以强制检查。”但未规定对被害人可以强制检查，D 错误。《刑事诉讼法》第 136 条规定：“为了收集犯罪证据、查获犯罪人，侦查人员可以对犯罪嫌疑人以及可能隐藏罪犯或者犯罪证据的人的身体、物品、住处和其他有关的地方进行搜查。”由于法律未对搜查主体作出补充规定，而我国宪法亦明确规定禁止非法搜查公民的身体和住宅，据此搜查的主体只能由侦查人员进行。《刑事诉讼法》第 128 条还规定：“……在必要的时候，可以指派或者聘请具有专门知识的人，在侦查人员的主持下进行勘验、检查。”据此，检查可以由具有专门知识的人在侦查人员主持下进行。B 正确。

**26. A**。《高检规则》第 335 条规定：“人民检察院审查案件时，对监察机关或者公安机关的勘验、检查，认为需要复验、复查的，应当要求其复验、复查，人民检察院可以派员参加；也可以自行复验、复查，商请监察机关或者公安机关派员参加，必要时也可以指派检察技术人员或者聘请其他有专门知识的人参加。”A 正确。《高检规则》第 341 条规定：“人民检察院在审查起诉中发现有应当排除的非法证据，应当依法排除，同时可以要求监察机关或者公安机关另行指派调查人员或者侦查人员重新取证。必要时，人民检察院也可以自行调查取证。”B 错误。《高检规则》第 349 条规定：“人民检察院对已经退回监察机关二次补充调查或者退回公安机关二次补充侦查的案件，在审查起诉中又发现新的犯罪事实，应当将线索移送监察机关或者公安机关。对已经查清的犯罪事实，应当依法提起公诉。”C 错误。从理论上来讲，共同犯罪中的部分犯罪嫌疑人潜逃的，对潜逃犯罪嫌疑人可以中止审查；对其他犯罪嫌疑人的审查起诉应当照常进行。D 错误。

**27. B**。根据《刑事诉讼法》第 16 条和《高检规则》第 242 条，本题中犯罪嫌疑人甲在侦查阶段死亡，检察院应当作出撤销案件决定，B 正确，C 错误。在刑事诉讼中，民事部分对于刑事诉讼而言具有附带性，犯罪嫌疑人死亡意味着刑事诉讼的终结，因此刑事诉讼的终结意味着民事部分不可能再经由刑事诉讼的专门机关得到处理。《刑事诉讼法》和《高检规则》均未规定在犯罪嫌疑人死亡情形下对附带民事部分的处理方式。依据法律和相关法规，本题情形下的民事部分只能由被害人根据民事诉讼法的有关规定向人民法院提起民事诉讼，AD 错误。正确答案是 B。

**28. C**。《刑诉解释》第 336 条第 1 款规定：“被告单位的诉讼代表人，应当是法定代表人、实际控制人或者主要负责人；法定代表人、实际控制人或者主要负责人被指控为单位犯罪直接责任人员或者因客观原因无法出庭的，应当由被告单位委托其他负责人或者职工作为诉讼代表人。但是，有关人员被指控为单位犯罪直接责任人员或者知道案件情况、负有作证义务的除外。”《刑诉解释》第 337 条规定：“开庭审理单位犯罪案件，应当通知被告单位的诉讼代表人出庭；诉讼代表人不符合前条规定的，应当要求人民检察院另行确定。被告单位的诉讼代表人不出庭的，应当按照下列情形分别处理：（一）诉讼代表人系被告单位的法定代表人、实际控制人或者主要负责人，无正当理由拒不出庭的，可以拘传其到庭；因客观原因无法出庭，或者下落不明的，应当要求人民检察院另行确定诉讼代表人；（二）诉讼代表人系其他人员的，应当要求人民检察院另行确定诉讼代表人。”据此，正确答案是 C。

**29. C**。《刑事诉讼法》第 10 条规定：“人民法院审判案件，实行两审终审制。”两审终审制是指一个案件至多经过两级人民法院审判即告终结的制度。根据两审终审制的要求，人民法院按照第一审程序审理后所作的裁判，只有在法定上诉期限内，没有提出上诉或抗诉，其所作出的裁判才发生法律效力。但是，两审终审制也存在例外：一是最高人民法院审理的第一审案件为一审终审，其裁判一经作出即生效，不存在提起二审的问题。故 A 错误。对于其他法院作出的一审裁判没有上诉或抗诉的，上诉期满后其裁判也将发生法律效力。二是判处死刑的案件，必须依法经过死刑复核程序核准后，该裁判才能发生法律效力。三是地方各级法院依法在法定刑以下判处刑罚的案件，必须经过最高人民法院的核准，其裁判才能发生法律效力。故 B 错误。上诉只能针对第一审裁判提出，故一个案件经过两级法院审判后对所作的裁判不能上诉，C 正确。一个案件经过两级法院审判后，当事人虽然不能对该案提出上诉，但是《刑事诉讼法》第 252 条规定，当事人可以对经过两级法院审判后的判决、裁定提出异议，D 错误。

**30. B**。《刑事诉讼法》第 212 条规定，人民法院对自诉案件，可以进行调解；自诉人在宣告判决前，可以同被告人自行和解或者撤回自诉。本法第 210 条第 3 项规定的案件不适用调解。人民法院审理自诉案件的期限，被告人被羁押的，适用本法第 208 条第 1 款、第 2 款的规定；未被羁押的，应当在受理后 6 个月以内宣判。据此，A 错误，B 正确。《刑事诉讼法》第 213 条规定，自诉案件的被告人在诉讼过程中，可以对自诉人提起反诉。反诉适用自诉的规定。《刑诉解释》第 334 条第 1 款规定，告诉才处理和被害人有证据证明的轻微刑事案件的被告人或者其法定代理人在诉讼过程中，可以对自诉人提起反诉。反诉必须符合下列条件：（1）反诉的对象必须是本案自诉人；（2）反诉的内容必须是与本案有关的行为；（3）反诉的案件必须符合本解释第1条第1项、第2项的规定。C错误。《刑诉解释》第316条规定，人民法院受理自诉案件必须符合下列条件：（1）符合《刑事诉讼法》第210条、本解释第1条的规定；（2）属于本院管辖；（3）被害人告诉；（4）有明确的被告人、具体的诉讼请求和证明被告人犯罪事实的证据。《刑诉解释》第317条规定，本解释第1条规定的案件，如果被害人死亡、丧失行为能力或者因受强制、威吓等无法告诉，或者是限制行为能力人以及因年老、患病、盲、聋、哑等不能亲自告诉，其法定代理人、近亲属告诉或者代为告诉的，人民法院应当依法受理。被害人的法定代理人、近亲属告诉或者代为告诉的，应当提供与被害人关系的证明和被害人不能亲自告诉的原因的证明。据此，在特殊情况下，被害人的法定代理人、近亲属亦可代为告诉，D错误。

**31. C**。《刑诉解释》第295条第1款规定："对第一审公诉案件，人民法院审理后，应当按照下列情形分别作出判决、裁定：(一) 起诉指控的事实清楚，证据确实、充分，依据法律认定指控被告人的罪名成立的，应当作出有罪判决；(二) 起诉指控的事实清楚，证据确实、充分，但指控的罪名不当的，应当依据法律和审理认定的事实作出有罪判决；(三) 案件事实清楚，证据确实、充分，依据法律认定被告人无罪的，应当判决宣告被告人无罪；（四）证据不足，不能认定被告人有罪的，应当以证据不足、指控的犯罪不能成立，判决宣告被告人无罪；（五）案件部分事实清楚，证据确实、充分的，应当作出有罪或者无罪的判决；对事实不清、证据不足部分，不予认定；（六）被告人因未达到刑事责任年龄，不予刑事处罚的，应当判决宣告被告人不负刑事责任；（七）被告人是精神病人，在不能辨认或者不能控制自己行为时造成危害结果，不予刑事处罚的，应当判决宣告被告人不负刑事责任；被告人符合强制医疗条件的，应当依照本解释第二十六章的规定进行审理并作出判决；（八）犯罪已过追诉时效期限且不是必须追诉，或者经特赦令免除刑罚的，应当裁定终止审理；（九）属于告诉才处理的案件，应当裁定终止审理，并告知被害人有权提起自诉；（十）被告人死亡的，应当裁定终止审理；但有证据证明被告人无罪，经缺席审理确认无罪的，应当判决宣告被告人无罪。"AB均于法无据，因而错误。本案指控事实的证据间存在矛盾且无法排除，法院应当作证据不足、指控的犯罪不能成立的无罪判决，C正确。

**32. D**。《刑事诉讼法》第236条第1款规定："第二审人民法院对不服第一审判决的上诉、抗诉案件，经过审理后，应当按照下列情形分别处理：……（三）原判决事实不清楚或者证据不足的，可以在查清事实后改判；也可以裁定撤销原判，发回原审人民法院重新审判。"据此，A并不违反上诉不加刑原则，不当选。《刑诉解释》第401条规定："审理被告人或者其法定代理人、辩护人、近亲属提出上诉的案件，不得对被告人的刑罚作出实质不利的改判，并应当执行下列规定：……（二）原判认定的罪名不当的，可以改变罪名，但不得加重刑罚或者对刑罚执行产生不利影响；（三）原判认定的罪数不当的，可以改变罪数，并调整刑罚，但不得加重决定执行的刑罚或者对刑罚执行产生不利影响……"根据第2项，B中第二审法院在没有改变刑期的情况下将罪名改判为抢劫罪的做法，C中第二审法院不加重王某刑罚的做法都符合上诉不加刑原则的要求，至于对金某的改判，因检察院已对金某提出抗诉，故对金某不适用上诉不加刑原则。根据第3项，D中法院在只有石某上诉而检察院没有抗诉的情形下，尽管总的刑罚未变，但加重了数罪中一罪的刑罚，违背了上诉不加刑原则。D当选。

**33. B**。《刑诉解释》第500条规定："下级人民法院在接到执行死刑命令后、执行前，发现有下列情形之一的，应当暂停执行，并立即将请求停止执行死刑的报告和相关材料层报最高人民法院：（一）罪犯可能有其他犯罪的；（二）共同犯罪的其他犯罪嫌疑人到案，可能影响罪犯量刑的；（三）共同犯罪的其他罪犯被暂停或者停止执行死刑，可能影响罪犯量刑的；（四）罪犯揭发重大犯罪事实或者有其他重大立功表现，可能需要改判的；（五）罪犯怀孕的；（六）判决、裁定可能有影响定罪量刑的其他错误的。最高人民法院经审查，认为可能影响罪犯定罪量刑的，应当裁定停止执行死刑；认为不影响的，应当决定继续执行死刑。"据此，下级法院上报有关材料应当采取层报形式，而不得越级上报，A错误。最高法院审查后的处理结果只有两种，即作出下级法院停止或继续执行死刑的裁定，B正确。《刑诉解释》第502条规定："下级人民法院接到最高人民法院停止执行死刑的裁定后，应当会同有关部门调查核实停止执行死刑的事由，并及时将调查结果和意见层报最高人民法院审核。"据此，下级法院停止执行后应当会同有关部门调查核实，而不得自行调查核实，C错误，下级法院上报调查结果应当采取层报形式，不得越级上报，D错误。

**34. C**。从实践角度讲，原审人民法院审查处理的申诉、上级人民法院直接处理的申诉和转交下级人民法院审查处理的申诉，应当立申诉卷。据此A中不立申诉卷的做法不正确。《刑诉解释》第453条规定，申诉由终审人民法院审查处理。但是，第二审人民法院裁定准许撤回上诉的案件，申诉人对第一审判决提出申诉的，可以由第一审人民法院审查处理。上一级人民法院对未经终审人民法院审查处理的申诉，可以告知申诉人向终审人民法院提出申诉，或者直接交终审人民法院审查处理，并告知申诉人；案件疑难、复杂、重大的，也可以直接审查处理。对未经终审人民法院及其上一级人民法院审查处理，直接向上级人民法院申诉的，上级人民法院应当告知申诉人向下级人民法院提出。故B中一审法院直接作出处理的做法不正确。《刑诉解释》第455条规定，对死刑案件的申诉，可以由原核准的人民法院直接审查处理，也可以交由原审人民法院审查。原审人民法院应当制作审查报告，提出处理意见，层报原核准的人民法院审查处理。C正确。《刑诉解释》第459条规定，申诉人对驳回申诉不服的，可以向上一级人民法院申诉。上一级人民法院经审查认为申诉不符合《刑事诉讼法》第253条和本解释第457条第2款规定的，应当说服申诉人撤回申诉；对仍然坚持申诉的，应当驳回或者通知不予重新审判。D处理方式不正确。

**35. C**。《刑诉解释》第477条规定，外国人的国籍，根据其入境时持用的有效证件确认；国籍不明的，根据公安机关或者有关国家驻华使领馆出具的证明确认。国籍无法查明的，以无国籍人对待，适用本章有关规定，在裁判文书中写明“国籍不明”。据此，A错误。《刑诉解释》第483条规定：“人民法院审理涉外刑事案件，应当公开进行，但依法不应公开审理的除外。公开审理的涉外刑事案件，外国籍当事人国籍国驻华使领馆官员要求旁听的，可以向受理案件的人民法院所在地的高级人民法院提出申请，人民法院应当安排。”据此，B错误。《刑诉解释》第495条规定：“人民法院向在中华人民共和国领域外居住的当事人送达刑事诉讼文书，可以采用下列方式：……（三）对中国籍当事人，所在国法律允许或者经所在国同意的，可以委托我国驻受送达人所在国的使领馆代为送达；……”据此，C正确。《刑诉解释》第496条第2款规定：“外国法院通过外交途径请求人民法院送达刑事诉讼文书的，由该国驻华使馆将法律文书交我国外交部主管部门转最高人民法院。最高人民法院审核后认为属于人民法院职权范围，且可以代为送达的，应当转有关人民法院办理。”据此，D错误。

**36. D**。根据《行政法规制定程序条例》第5条和《规章制定程序条例》第7条，行政法规的名称一般称“条例”，也可以称“规定”“办法”等。国务院根据全国人民代表大会及其常务委员会的授权决定制定的行政法规，称“暂行条例”或者“暂行规定”。国务院各部门和地方人民政府制定的规章一般称“规定”“办法”，但不得称“条例”。故A错误。根据《规章制定程序条例》第34条、《法规规章备案条例》第3条第3项的规定，规章应当自公布之日起30日内，由法制机构向国务院和本省人大常委会备案。故B错误。关于规章的备案可以总结为：(1) 备案时间是公布之后30日内；(2) 由部门和政府法制机构报备；(3) 部门规章报国务院备案，省政府规章报国务院、本省人大常委会备案，设区的市政府规章报国务院、本级及省级人大常委会、省级人民政府备案。C项考查联合制定规章。根据《规章制定程序条例》第9条规定，涉及国务院两个以上部门职权范围的事项而制定行政法规条件尚不成熟的，且需要制定规章的，应当由有关部门联合制定，有关部门单独制定的规章无效。故C错误，根据“权责统一”原则，有权必有责，规章在规定行政机关的职权的时候应当同时规定其责任。D正确。

**37. C**。行政处罚，是指国家行政机关对构成行政违法行为的公民、法人或者其他组织实施的行政法上的制裁。而行政违法，是指公民、法人或者其他组织违反国家管理秩序，依照法律应当由国家行政机关给予行政处罚的危害社会的行为。在该题中，市建设局撤销规划许可证是因为该企业营业执照超过有效期限，不符合许可条件，而并不是因为该企业的行政违法行为。据此，A错误。所谓行政强制措施，是指行政机关对公民、法人或者其他组织的人身和财产直接使用国家强制手段采取的处置措施。一般包括行政监管中采取的强制检查措施、防止和制止危害社会行为的强制控制措施、应对突发公共事件的强制措施、行政强制执行中的强制执行措施。国家机关采取强制措施以当事人必须或者应当履行法律义务为重要前提，而本题中建设局既不是对甲公司的财产采取措施，也不是因为甲公司未履行特定义务而撤销许可证，据此，B错误。行政检查是指行政机关对公民、法人和其他组织履行法律义务的监督检查，其主要目的是获得公民、法人和其他组织履行法律义务的情况和信息，以作为行政机关作出某种行政行为的前提。很明显，该题中撤销规划许可证的行为本身是行政监督检查的结果，而非行政检查。据此，D错误。具体行政行为具有违法情形及明显不适当的时候，可以撤销。撤销可以是本机关自行撤销，也可以是其他有权机关撤销。据此，建设局依据《行政许可法》第69条的规定对不具备许可条件的人准许许可后而予以撤销的行为是行政行为的撤销。C项正确。

**38. B**。刘某从高校行政人员到法院书记员的过程不属于调任，因为调任是把被调任者调入机关担任领导或相当级别的非领导职务；也不属于转任，因为转任只在公务员队伍之间进行，而刘某作为高校行政人员不属于公务员范畴；也不属于挂职锻炼，因为挂职锻炼者的身份也必须是公务员。据此，刘某的职务变动不属于公务员交流制度。B当选。

**39. C**。《土地管理法》第78条第1款规定，农村村民未经批准或者采取欺骗手段骗取批准，非法占用土地建住宅的，由县级以上人民政府农业农村主管部门责令退还非法占用的土地，限期拆除在非法占用的土地上新建的房屋。据此，陈某非法占用土地建住宅，应由县农业农村主管部门作出限期拆除决定，镇政府无权作出拆除决定。同时《土地管理法》第83条规定，责令限期拆除在非法占用的土地上新建的建筑物和其他设施的，建设单位或者个人必须立即停止施工，自行拆除；对继续施工的，作出处罚决定的机关有权制止。建设单位或者个人对责令限期拆除的行政处罚决定不服的，可以在接到责令限期拆除决定之日起15日内，向人民法院起诉；期满不起诉又不自行拆除的，由作出处罚决定的机关依法申请人民法院强制执行，费用由违法者承担。可见，县农业农村主管部门作出限期拆除决定之后，陈某既不履行又不起诉的，应由县农业农村主管部门申请人民法院强制执行，而无权自行强制执行，镇政府更无权强制执行。综上，C正确。

**40. D**。《行政复议法实施条例》第52条规定，第三人逾期不起诉又不履行行政复议决定的，依照《行政复议法》第78条规定处理，即依照处理申请人的制度处理。据此，D当选。

**41. B**。根据《行诉法解释》第16条第2款规定，联营企业、中外合资或者合作企业的联营、合资、合作各方，认为联营、合资、合作企业权益或者自己一方合法权益受行政行为侵害的，可以自己的名义提起诉讼。据此，该外方投资者可以自己的名义起诉，B正确；而A错误，该条规定的本意是，合资合作方既可以合资合作企业的名义起诉，也可以自己的名义起诉。另根据该条规定，外方投资者可以以保护中外合资企业的权益为由提起诉讼，也可以以保护自己的权益为由提起诉讼。据此，D错误。行政诉讼法中只有对被告的主动追加，对于同一具体行政行为涉及两个以上利害关系人，其中一部分人起诉而另一部分人没有起诉的，人民法院应当根据《行诉法解释》第26条第2款的规定通知没有起诉的利害关系人作为第三人参加诉讼，而不能主动追加为原告。据此，本案中，外方投资者起诉而中方投资者未起诉，人民法院应当通知中方投资者作为第三人参加诉讼，而非追加其为原告。C错误。

**42. D**。蔡某既被实施人身罚，又被实施财产罚，因此可以向本人所在地人民法院起诉。据此，A错误。B中蔡某有权要求赔偿。但是2009年当时有效的《国家赔偿法》中并未规定精神损害抚慰金，故B在当时是明显错误的选项。一审法院遗漏蔡某的赔偿请求，二审法院应当视情况驳回赔偿请求或者调解、发回重审。故C错误。

**43. C**。《国家赔偿法》第33条规定，侵犯公民人身自由的，每日的赔偿金按照国家上年度职工日平均工资计算。该条中的“上年度”，依据1996年《关于人民法院执行〈中华人民共和国国家赔偿法〉几个问题的解释》第6条规定，是指赔偿义务机关、复议机关或者人民法院赔偿委员会作出赔偿决定时的“上年度”；复议机关或者人民法院赔偿委员会决定维持原赔偿决定的，按作出原赔偿决定时的上年度执行。本案中，县公安局作为赔偿义务机关于2005年作出赔偿决定，虽然李某于2006年提出复议和申请，但因为二者均维持原赔偿决定，因此，仍应以原赔偿决定作出的上一年度为准计算赔偿金，即2004年。C正确。

**44. B**。《地方各级人民政府机构设置和编制管理条例》第4条规定，地方各级人民政府的机构编制工作，实行中央统一领导、地方分级管理的体制。据此，A错误。《地方各级人民政府机构设置和编制管理条例》第7条规定，县级以上各级人民政府行政机构不得干预下级人民政府行政机构的设置和编制管理工作，不得要求下级人民政府设立与其业务对口的行政机构。据此，C错误。《地方各级人民政府机构设置和编制管理条例》第29条规定，地方的事业单位机构和编制管理办法，由省、自治区、直辖市人民政府机构编制管理机关拟定，报国务院机构编制管理机关审核后，由省、自治区、直辖市人民政府发布。据此，D错误。

**45. CD**。根据《刑法》第264条，“入户盗窃”属于盗窃罪客观方面行为的表现形式之一，并不是从重处罚情节。A错误。根据刑法理论，构成共同犯罪需要具备共同犯罪故意和共同犯罪行为。其中，共同犯罪故意的认识因素是指共同犯罪人对本人行为的社会危害性认识以及对自己和他人共同实施犯罪的认识，共同犯罪的意志因素是指共同犯罪人在认识本人的行为和他人的行为的基础上，对于本人行为和他人行为会造成的危害社会的结果的希望或者放任的心理态度。本案中丙明知甲意图盗窃而为其标示乙的别墅结构，主观上至少是放任危害结果的发生，两人存在共同盗窃的犯罪故意。另外，从帮助行为的方式来分，可以分为物质性的帮助行为与精神性的帮助行为。物质性的帮助行为是指物质上与体力上的帮助，这种帮助是有形的，其在司法实践中常见的方式就是提供犯罪工具。精神性的帮助行为是指精神上与心理上的帮助，这种帮助是无形的。在本案中尽管丙所绘制的图纸并未派上用场，即未能提供物质性的帮助。但丙标示图纸的行为强化了甲盗窃的犯意，起到了精神性的帮助作用，因此二人仍旧应被认定为实施了共同犯罪行为。因此即便甲没有使用丙提供的图纸，二人仍旧构成盗窃罪的共同犯罪。其中甲亲自实施盗窃行为，发挥主要作用，是主犯。丙提供精神上的帮助，是帮助犯。故CD正确，B错误。

**46. BC**。《刑法》第23条第1款规定，已经着手实行犯罪，由于犯罪分子意志以外的原因而未得逞的，是犯罪未遂。《刑法》第24条规定，在犯罪过程中，自动放弃犯罪或者自动有效地防止犯罪结果发生的，是犯罪中止。根据刑法理论的通说，行为人自动放弃重复侵害行为的，是犯罪中止，即行为人实施了足以导致犯罪结果发生的行为后，犯罪结果并没有发生，行为人也认识到结果还没有发生，认识到还可以继续实施犯罪，但基于某种动机自动放弃继续侵害的，成立犯罪中止，而不是犯罪未遂。本案似乎属于这种情形，实则不然。放弃重复侵害行为的成立要求行为人"认识到还可以继续实施犯罪"，由此可见，这种情形下犯罪中止的成立仍然要求中止的自动性和中止的彻底性。犯罪中止与犯罪未遂的根本区别就在于："能达目的而不欲"时是中止，"欲达目的而不能"时是未遂。对于其中的"能"与"不能"，一般应以行为人的认识为标准进行判断。一方面，在犯罪预备阶段以及实行行为尚未实行终了，只要不继续实施行为就不会发生犯罪结果的情况下，中止行为表现为放弃继续实施犯罪，即不再继续实施犯罪行为。在这种情况下，行为人必须是真实地放弃犯罪行为，而不是等待时机继续实施该行为。另一方面，犯罪分子意志以外的原因，是指始终违背犯罪分子意志的，客观上使犯罪不可能既遂，或者使犯罪人认为不可能既遂因而被迫停止犯罪的原因。在犯罪未遂的情况下，行为人希望得逞的意志并没有改变与放弃，故未得逞是与其犯罪意志相冲突的。在本案中，甲打了乙一枪之后，发现其身着防弹背心，遂逃离现场。但从甲当时的言语中可清晰地认定：甲并未彻底放弃杀害乙的意图，一有机会其仍会杀害乙；另外，阻止甲继续实施犯罪的主要原因在于乙身上的防弹背心，也就是说甲放弃犯罪是出于意志以外的原因。由此可见，甲不构成犯罪中止，却构成犯罪未遂。故 A 错误，B 正确。甲的行为尽管没有造成乙死亡的实际后果，但他事先并不知道乙身着防弹背心，其射击乙的行为完全可能造成乙死亡的危害后果，故已构成故意杀人罪。C 正确，D 错误。

**47. AD**。A 中甲已经如实交代了自己的杀人行为，对于自己的主要犯罪事实已经作出了交代，虽然甲拒绝说明凶器的藏匿地点，但由于这一点并不是其主要犯罪事实的组成部分，所以并不影响自首的成立。因而应视为甲如实供述自己的罪行，成立自首。故 A 错误。犯罪人自动投案如实供述自己的罪行后，为自己进行辩护，提出上诉，或者更正、补充某些事实的，应当允许，不能将这些行为视为没有如实供述自己的罪行。因而，B 中乙自动投案后如实交代抢夺行为，虽然乙主张伤害行为属于正当防卫，但是该行为属于自我辩护行为，应当视为如实供述自己的罪行，可以成立自首。故 B 正确。根据《最高人民法院、最高人民检察院关于办理职务犯罪案件认定自首、立功等量刑情节若干问题的意见》，C 正确。根据《最高人民法院关于处理自首和立功具体应用法律若干问题的解释》第 1 条，D 错误。

**48. CD**。《刑法》第 225 条第 3 项规定，未经国家有关主管部门批准非法经营证券、期货、保险业务的，或者非法从事资金支付结算业务的，可见非法从事资金支付结算业务也被明文规定为非法经营罪的行为方式，A 中甲非法从事资金支付结算业务，构成非法经营罪，而非非法吸收公众存款罪。所以 A 错误。《刑法》第 201 条第 1 款规定："纳税人采取欺骗、隐瞒手段进行虚假纳税申报或者不申报，逃避缴纳税款数额较大并且占应纳税额百分之十以上的，处三年以下有期徒刑或者拘役，并处罚金；数额巨大并且占应纳税额百分之三十以上的，处三年以上七年以下有期徒刑，并处罚金。"另外，《刑法》第 201 条第 4 款规定："有第一款行为，经税务机关依法下达追缴通知后，补缴应纳税款，缴纳滞纳金，已受行政处罚的，不予追究刑事责任；但是，五年内因逃避缴纳税款受过刑事处罚或者被税务机关给予二次以上行政处罚的除外。"因而，对于逃避缴纳税款后，经税务机关指出后必须同时满足如下条件才能不再作为犯罪追究刑事责任：（1）积极补缴税款和滞纳金；（2）履行了纳税义务；（3）已受到行政处罚。B 中乙采取欺骗手段进行虚假纳税申报，逃避缴纳税款 1000 万元，数额巨大，已经构成逃税罪。虽然经税务机关依法下达追缴通知后，补缴了应纳税款，但是如果乙拒绝缴纳滞纳金的话，仍可追究其刑事责任。因此 B 错误。根据《刑法》第 191 条，为掩饰、隐瞒毒品犯罪、黑社会性质的组织犯罪、恐怖活动犯罪、走私犯罪、贪污贿赂犯罪、破坏金融管理秩序犯罪、金融诈骗犯罪的所得及其产生的收益的来源和性质，提供资金账户，或者将财产转换为现金、金融票据、有价证券，或者通过转账或者其他支付结算方式转移资金，或者跨境转移资产，或者以其他方法掩饰、隐瞒犯罪所得及其收益的来源和性质的行为。以转贷为目的，套取金融机构信贷资金高利转贷他人，违法所得数额较大的行为，构成高利转贷罪，属于破坏金融管理秩序犯罪。因而 C 中丙明知赵某实施高利转贷行为，数额较大，构成高利转贷罪，仍为其提供资金账户，构成洗钱罪。C 正确。根据《刑法》第 358 条，组织卖淫罪，是指以招募、雇用、纠集、强迫、引诱、容留等手段，控制多人从事卖淫的行为。刑法并未限制被组织卖淫者的性别，因而男性可以成为被组织者。所以 D 正确。

**49. ABD**。《刑法》第 87 条规定："犯罪经过下列期限不再追诉：（一）法定最高刑为不满五年有期徒刑的，经过五年；（二）法定最高刑为五年以上不满十年有期徒刑的，经过十年；（三）法定最高刑为十年以上有期徒刑的，经过十五年；（四）法定最高刑为无期徒刑、死刑的，经过二十年。如果二十年以后认为必须追诉的，须报请最高人民检察院核准。"张某于 1980 年实施了故意杀人罪和强奸罪，但张某在 1996 年又犯了交通肇事罪。这时，强奸罪的追诉时效（15 年）已经届满，但故意杀人罪的追诉时效（20 年）尚未届满，因此故意杀人罪的追诉时效中断，即先前的追诉期限从 1996 年重新开始计算，故意杀人罪再经过 20 年才不被追诉。到 2007 年，后罪（交通肇事罪）已超过 5 年的追诉期限，但前罪（故意杀人罪）没有超过追诉期限。在这种情况下，只能追究故意杀人罪的刑事责任，不能再追究交通肇事罪的刑事责任。因而 C 正确，ABD 错误。

**50. BC**。本案中刘某明知某村办酒厂生产的掺少量有毒物质，仍然购进并销售，已经构成生产、销售有毒、有害食品罪。本罪的成立不要求刘某明确知悉酒的有毒成分，故 A 错误，B 正确。根据《刑法》第 144 条、第 150 条，刘某从某村办酒厂大量购进有毒的酒并转销给多家小卖部出售，结果致许多饮者中毒甚至双眼失明，属于严重残疾，应认定为“对人体健康造成特别严重危害”，属于“有其他特别严重情节”，因而对于犯罪者应当并处罚金或者没收财产。因而 C 正确。根据共同犯罪理论，村办酒厂和刘某不成立共同犯罪。D 错误。所以答案是 BC。

**51. AC**。非法经营罪，是指违反国家规定，进行非法经营活动，扰乱市场秩序，情节严重的行为。具体包括下述四种情形：（1）未经许可经营法律、行政法规规定的专营、专卖物品或者其他限制买卖的物品的；（2）买卖进出口许可证、进出口原产地证明以及其他法律、行政法规规定的经营许可证或者批准文件的；（3）未经国家有关主管部门批准，非法经营证券、期货或者保险业务的或者非法从事资金支付结算业务的；（4）其他严重扰乱市场秩序的非法经营行为。A 中国际电信业务属于国家许可经营的业务，不得擅自经营，因而甲的行为构成非法经营罪。A 正确。B 中乙非法传销的行为在司法实践中，主要是根据实施传销行为的不同情况，分别按照非法经营罪、诈骗罪、集资诈骗等犯罪追究刑事责任。但是《刑法修正案（七）》明确规定，组织、领导以推销商品、提供服务等经营活动为名，要求参加者以缴纳费用或者购买商品、服务等方式获得加入资格，并按照一定顺序组成层级，直接或者间接以发展人员的数量作为计酬或者返利依据，引诱、胁迫参加者继续发展他人参加，骗取财物，扰乱经济社会秩序的传销活动的，处 5 年以下有期徒刑或者拘役，并处罚金；情节严重的，处 5 年以上有期徒刑，并处罚金，因而关于非法传销行为从非法经营罪中分解出来的，组织、领导传销的犯罪行为以后不构成非法经营罪，而构成单独的罪名，故 B 错误。C 中丙的行为属于买卖进出口许可证的行为，构成非法经营罪。C 正确。D 中复制、发行《国家计算机考试大纲》，不属于国家明令禁止经营的范畴，因而不成立非法经营罪，但是该行为有可能构成侵犯著作权罪。D 错误。

**52. ABCD**。首先，对于“抢劫致人死亡”这一结果加重犯的认定，应以行为人“应当和可能预见被害人死亡的结果”为限，对于没有预见可能性而发生被害人死亡的加重结果的，不能将加重结果的罪责归于行为人，只能将其作为一种量刑情节加以考虑。例如抢劫后被害人因财产损失而自杀、被害人因行为人的威吓、殴打导致疾病发作或失足掉下悬崖、被害人因抢劫受轻伤后因医护人员的疏忽而死亡等等。其次，刑法理论的通说认为，“抢劫致人死亡”包括过失与故意致人死亡。而且根据《最高人民法院关于抢劫过程中故意杀人案件如何定罪问题的批复》，行为人为劫取财物而预谋故意杀人，或者在劫取财物的过程中，为制服被害人反抗而故意杀人的，以抢劫罪定罪处罚。由此可见，“抢劫致人死亡”既包括暴力等行为过失致人死亡，也包括行为人为劫取财物而预谋故意杀人，或者在劫取财物过程中，为制服被害人反抗而故意杀人。但是如果是抢劫财物后，为了灭口而杀害他人的，则不属于“致人死亡”的范畴，而应成立抢劫罪与故意杀人罪，实行数罪并罚。再次，刑法虽然对抢劫致人死亡中的“人”没有明确规定，也没有指出必须是“他人”，换言之，此处的“人”并不限于财产的所有人、占有人或者保管人，可以是第三人，甚至是同案犯。最后，犯盗窃罪，为逃避抓捕使用暴力的，构成转化型抢劫罪。ABCD 的情形都属于为制服反抗而故意杀人，A 中尽管甲的暴力行为仅造成王某重伤，但是甲明知冬日深夜天气寒冷，可以预料到王某被冻死的结果，其对于王某的死亡抱有间接故意的主观心态，王某被冻死和甲实施的暴力行为存在因果关系，因此应认定为“抢劫致人死亡”，A 正确。B 中抢劫过程中致第三人死亡同样属于抢劫致人死亡，B 正确。C 属于致同案犯死亡的情形，同样属于抢劫致人死亡，C 正确。D 属于转化型抢劫罪，且其暴力行为致使被害人死亡，属于抢劫致人死亡，D 正确。

**53. BCD**。盗窃罪，是指以非法占有为目的，秘密窃取数额较大的公私财物或者多次盗窃、入户盗窃、携带凶器盗窃、扒窃的行为。诈骗罪，是指以非法占有为目的，用虚构事实或者隐瞒真相的方法，骗取数额较大的公私财物的行为。侵占罪，是指以非法占有他人财物为目的，将代为保管的他人财物或者他人的遗忘物、埋藏物非法占为己有，数额较大，拒不交还的行为。在本案中，高某是在欣欣已经选购项链之后，趁为其进行礼品包装的时候进行“调包”，根据商业惯例和民法相关理论，此时正品项链的所有权已经转移给欣欣。高某包装项链之时欣欣就在旁边，由此可见该正品项链并非高某代顾客保管的他人财物，也不是顾客的遗忘物或埋藏物，故不构成侵占罪。C 错误。本案中高某以劣等品调换正品项链后交给欣欣，即隐瞒了所递交项链为劣等品的真相，而欣欣也误以为该项链系自己挑选的正品项链，即已经陷入错误认识，但欣欣并未在该错误认识的支配下实施任何交付行为，因此不构成诈骗罪。B错误。本案中高某得以用劣等品替换正品项链，是趁欣欣接电话之机，由此可见其行为方式的实质属于“秘密窃取”。另外，两条项链价值相差3000元，根据相关司法解释，已经满足盗窃罪的数额要求。由此可见高某的行为完全符合盗窃罪的犯罪构成，故A正确，D错误。

**【陷阱提示】**本题的难点在于盗窃罪、诈骗罪与侵占罪的区分。三种财产性犯罪的主要区别在于行为方式不同：盗窃罪的成立要求行为人秘密窃取他人占有的财物；诈骗罪的成立要求行为人虚构事实或隐瞒真相，并致使被害人或第三人在陷入错误认识的基础上“自愿”处分财物；侵占罪的成立要求行为人将代为保管的他人财物或他人的埋藏物、遗忘物据为己有。行为当时财物由谁占有、行为之后有无交付行为、行为是否属于“代为保管”等问题的判断会直接影响案件的定性。本案中的“选购”二字至关重要，由于顾客已经选购完毕，按照日常的交易习惯即已经支付过相应的价款，因此在售货员“调包”之后顾客就不会再有交付行为，故不成立诈骗罪。若本案是在选购过程中发生，则售货员的行为就成立诈骗罪而非盗窃罪了。

**54. CD**。如果行贿人使用假币进行“行贿”，当受贿人在对假币不知情的时候进行收受，并不影响受贿罪的成立，但对其应当以受贿罪的犯罪未遂论处，因为假币虽属于“物”的范畴，但却没有使用价值，受贿人基于认识错误而收受，属于对象不能犯的未遂。本案中乙并不知所收钱款为假币，故其行为仍构成受贿罪。C正确。不过，对于行贿人而言，使用假币行贿却未必成立行贿罪未遂。若行贿人明知所用钱款为假币，则其主观上并无行贿的故意。因为假币并不具有使用价值，行贿人实际上是在利用欺骗的手段来谋取不正当利益，对于这种情形应对行贿人以使用假币罪定罪处罚。故A错误。丙窃取假币的行为侵犯了乙的占有权，应当认定为盗窃罪。故B错误，D正确。

**55. AC**。使用假币罪，是指违反货币管理法规，明知是伪造的货币而使用，数额较大的行为。这里所谓的“使用”，是指将伪造的货币冒充真币而予以流通的行为。一般来说，接受货币的对方并不知该货币属于伪造的货币，因此这种使用带有欺骗的性质。至于使用的具体方法，可以多种多样。如有的用以购买商品，有的用之偿还债务，有的借予他人，甚至有的充当赌资等。本案中甲将假币存入银行的ATM机，同样属于使用的范畴，构成使用假币罪。A正确。根据《刑法》第196条第3款，盗窃信用卡并使用的，依照盗窃罪的规定定罪处罚。而根据《全国人民代表大会常务委员会关于〈中华人民共和国刑法〉有关信用卡规定的解释》，刑法规定的“信用卡”，是指由商业银行或者其他金融机构发行的具有消费支付、信用贷款、转账结算、存取现金等全部功能或者部分功能的电子支付卡。由此可见，借记卡同样属于刑法意义上的“信用卡”。故C正确。尽管甲冒用他人的信用卡提取钱款，但由于刑法对“窃取他人信用卡并使用”的行为予以明确定性，即按照盗窃罪论处。故不再另行构成信用卡诈骗罪。B错误。D的罪名并非法定罪名，故错误。

**56. CD**。A中甲帮助毁灭证据的行为不构成包庇罪。所以A错误。《最高人民法院关于审理交通肇事刑事案件具体应用法律若干问题的解释》第5条规定，“因逃逸致人死亡”，是指行为人在交通肇事后为逃避法律追究而逃跑，致使被害人因得不到救助而死亡的情形。交通肇事后，单位主管人员、机动车辆所有人、承包人或者乘车人指使肇事人逃逸，致使被害人因得不到救助而死亡的，以交通肇事罪的共犯论处。B中的乙作为乘车人指使肇事人逃逸的，构成交通肇事罪的共犯，而非包庇罪。因而B错误。C中丙明知恐怖组织实施了杀人、放火的犯罪行为仍然作假证明，符合包庇罪的构成要件，成立该罪，因而C正确。根据《刑法》第362条，D中丁作为歌舞厅的老板，属于文化娱乐业的人员，为违法犯罪分子通风报信，构成窝藏、包庇罪。D正确。

**57. CD**。共同犯罪必须是“共同故意”犯罪。“故意”当然是犯罪的故意；“共同”不仅具有“相同”的含义，而且具有“合意”的含义。“共同故意”包括两个内容：一是各共犯人均有相同的犯罪故意，二是各共犯人之间具有意思联络。但是甲实施抢劫出租车的行为，乙并不知情，甲与乙之间缺乏意思联络，不存在事前通谋行为，乙只是在甲独自实施完抢劫行为后，帮助甲掩埋尸体，毁灭相关证件、衣物。因此，乙与甲不能成立抢劫罪的共犯。所以A错误。根据《刑法》第310条，包庇罪，是指明知是犯罪的人而为其作假证明包庇的，本案中，乙并未存在作假证明包庇甲的行为，因而不成立包庇罪。B错误。根据《刑法》第312条，明知是犯罪所得及其产生的收益而予以窝藏、转移、收购、代为销售或者以其他方法掩饰、隐瞒的，构成掩饰、隐瞒犯罪所得、犯罪所得收益罪。乙明知出租车是甲抢劫所得，仍然予以接受，帮助甲予以掩饰、隐瞒。因而乙的行为构成掩饰、隐瞒犯罪所得罪。所以C正确。根据《刑法》第307条，帮助毁灭证据罪，是指其他人帮助当事人毁灭证据，情节严重的行为。本罪主观方面是故意，即明知是证据而毁灭。乙明知尸体、衣物等是认定甲犯罪的重要证据，却帮助甲把尸体埋掉，并把被害司机的证件、衣物等烧掉，符合帮助毁灭证据罪的构成要件，成立毁灭证据罪。因而D正确。

**58. ABC**。A中甲作为某国企总经理的妻子，属于国家工作人员的近亲属，收取他人财物，利用其丈夫职务之便为请托人谋利益的，甲构成受贿罪的共犯。因而A正确。《刑法》第388条之一规定，国家工作人员利用本人职权或者地位形成的便利条件，通过其他国家工作人员职务上的行为，为请托人谋取不正当利益，索取请托人财物或者收受请托人财物的，以受贿论处。BC正确。《最高人民法院、最高人民检察院关于办理受贿刑事案件适用法律若干问题的意见》第10条规定，国家工作人员利用职务上的便利为请托人谋取利益之前或者之后，约定在其离职后收受请托人财物，并在离职后收受的，以受贿论。D中丁在向房地产公司通报了重要情况之前或者之后均未约定在其离职后该房地产公司应向其支付财物，而是在丁离职后，该房地产公司自作主张送与丁价值5万元的按摩床，该行为不符合法律规定的要件，不构成犯罪。因而D错误。

**59. ACD**。徇私枉法罪，是指司法工作人员徇私枉法、徇情枉法，对明知是无罪的人而使他受追诉，对明知是有罪的人而故意包庇使他不受追诉，或者在刑事审判活动中故意违背事实和法律作枉法裁判的行为。A中甲作为警察，负有对犯罪嫌疑人陈某的监管职责，属于司法工作人员。甲明知案件的真实情况，却屈从私情的动机，故意对陈某不闻不问，致使陈某得以逃匿，司法机关无法追诉，符合徇私枉法罪的构成要件，构成徇私枉法罪。因而A正确。B中乙作为法官故意在刑事附带民事判决中加大赵某对被害人的赔偿数额，而刑事附带民事诉讼的性质属于刑事审判活动，刑事附带民事判决同样属于针对刑事审判活动作出的判决，因而乙的行为构成徇私枉法罪。所以B错误。徇私枉法罪的主体是司法工作人员，所谓司法工作人员，是指有侦查、检察、审判、监管职责的工作人员。但是C中丙的身份是鉴定人，并不负有侦查、检察、审判、监管职责，因而丙不符合徇私枉法罪的主体要求，不能成立徇私枉法罪。因而C正确。D中程某不起诉的理由是证据不足，指控犯罪不能成立，应当判决程某无罪。但是丁出于私利，对程某打击报复，擅自将不起诉的理由改为“可以免除刑罚”，即程某的行为仍然构成犯罪，只是免除处罚。丁作为法官故意违背事实和法律，明知被告人程某无罪而判决其有罪的行为符合徇私枉法罪的构成要件，成立该罪。D正确。

**60. ABCD**。《刑事诉讼法》第111条第3款规定，公安机关、人民检察院或者人民法院应当保障报案人、控告人、举报人及其近亲属的安全。报案人、控告人、举报人如果不愿公开自己的姓名和报案、控告、举报的行为，应当为他保守秘密。A正确。《刑事诉讼法》第112条规定，人民法院、人民检察院或者公安机关对于报案、控告、举报和自首的材料，应当按照管辖范围，迅速进行审查，认为有犯罪事实需要追究刑事责任的时候，应当立案；认为没有犯罪事实，或者犯罪事实显著轻微，不需要追究刑事责任的时候，不予立案，并且将不立案的原因通知控告人。控告人如果不服，可以申请复议。B正确。《刑事诉讼法》第148条规定，侦查机关应当将用作证据的鉴定意见告知犯罪嫌疑人、被害人。如果犯罪嫌疑人、被害人提出申请，可以补充鉴定或者重新鉴定。C正确。《刑事诉讼法》第180条规定，对于有被害人的案件，决定不起诉的，人民检察院应当将不起诉决定书送达被害人。被害人如果不服，可以自收到决定书后7日以内向上一级人民检察院申诉，请求提起公诉。人民检察院应当将复查决定告知被害人。对人民检察院维持不起诉决定的，被害人可以向人民法院起诉。被害人也可以不经申诉，直接向人民法院起诉。人民法院受理案件后，人民检察院应当将有关案件材料移送人民法院。D正确。

**61. ABC**。《刑事诉讼法》第108条规定：“……（三）‘法定代理人’是指被代理人的父母、养父母、监护人和负有保护责任的机关、团体的代表；……（五）‘诉讼代理人’是指公诉案件的被害人及其法定代理人或者近亲属、自诉案件的自诉人及其法定代理人委托代为参加诉讼的人和附带民事诉讼的当事人及其法定代理人委托代为参加诉讼的人；……”据此，法定代理人是基于法律规定或法定程序产生，其权利来源于法律授权，诉讼代理人的基于被代理人委托产生，其权利源于委托协议授权。AB正确。同样根据前述规定，诉讼代理人只能在被代理人授权范围内进行诉讼活动，既不能超越代理范围，也不能违背被代理人意志。《刑事诉讼法》第227条规定：“被告人、自诉人和他们的法定代理人，不服地方各级人民法院第一审的判决、裁定，有权用书状或者口头向上一级人民法院上诉。”据此，法定代理人享有独立上诉权，即便被告人不同意，法定代理人也可以提起上诉，可以违背被代理人意志进行诉讼活动，C正确。根据刑事诉讼法的有关规定，法定代理人享有广泛的与被代理人大致相同的诉讼权利，但是法定代理人不能代替被告人作陈述，例如《刑事诉讼法》第198条规定的被告人的最后陈述权，因此D错误。

**62. AC**。《刑事诉讼法》第141条规定：“在侦查活动中发现的可用以证明犯罪嫌疑人有罪或者无罪的各种财物、文件，应当查封、扣押；……”据此，证明犯罪嫌疑人无罪的证据也应予以扣押，A正确。《刑事诉讼法》第145条规定：“对查封、扣押的财物、文件、邮件、电报或者冻结的存款、汇款、债券、股票、基金份额等财产，经查明确实与案件无关的，应当在三日以内解除查封、扣押、冻结，予以退还。”故B错误。《刑事诉讼法》第144条第1款规定，人民检察院、公安机关根据侦查犯罪的需要，可以依照规定查询、冻结犯罪嫌疑人的存款、汇款、债券、股票、基金份额等财产。故C正确。《刑事诉讼法》第177条规定："犯罪嫌疑人没有犯罪事实，或者有本法第十六条规定的情形之一的，人民检察院应当作出不起诉决定。……人民检察院决定不起诉的案件，应当同时对侦查中查封、扣押、冻结的财物解除查封、扣押、冻结。对被不起诉人需要给予行政处罚、行政处分或者需要没收其违法所得的，人民检察院应当提出检察意见，移送有关主管机关处理。有关主管机关应当将处理结果及时通知人民检察院。"D中周某死亡的，检察院应当作出不起诉决定，但无权对冻结的赃款直接作出处理，故D错误。

**63. AD**。《刑事诉讼法》第108条第4项规定，"诉讼参与人"是指当事人、法定代理人、诉讼代理人、辩护人、证人、鉴定人和翻译人员。A正确。《刑事诉讼法》第62条第1款规定，凡是知道案件情况的人，都有作证的义务。故担任证人的前提是知悉案情，至于是否与案件或案件当事人有利害关系则在所不问。《刑事诉讼法》第29条规定，审判人员、检察人员、侦查人员有下列情形之一的，应当自行回避，当事人及其法定代理人也有权要求他们回避：（1）是本案的当事人或者是当事人的近亲属的；（2）本人或者他的近亲属和本案有利害关系的；（3）担任过本案的证人、鉴定人、辩护人、诉讼代理人的；（4）与本案当事人有其他关系，可能影响公正处理案件的。《刑事诉讼法》第32条规定，本章关于回避的规定适用于书记员、翻译人员和鉴定人。辩护人、诉讼代理人可以依照本章的规定要求回避、申请复议。B错误。根据前述证人的规定，证人的地位是在诉讼开始前形成的，具有不可替代性，《刑事诉讼法》第146条规定，为了查明案情，需要解决案件中某些专门性问题的时候，应当指派、聘请有专门知识的人进行鉴定。故鉴定人是在诉讼之后由办案机关指派或聘请的，具有可选择性，C错误。《刑事诉讼法》第192条规定，证人、鉴定人均有义务出席法庭接受控辩双方询问，D正确。

**64. BC**。《刑事诉讼法》第51条规定，公诉案件中被告人有罪的举证责任由人民检察院承担，自诉案件中被告人有罪的举证责任由自诉人承担。证明责任是指控方或某些当事人应当收集或提供证据证明应予认定的案件事实或有利于自己的诉讼主张，否则将承担不利于自己的诉讼后果的责任。证明责任总是和一定的诉讼主张相联系，原则上由控方举证，但是否认诉讼主张的一方并非必然不承担证明责任，在例外情况下，犯罪嫌疑人、被告人应当承担一定的证明责任，例如巨额财产来源不明罪，被告人亦负有一定证明责任，证明责任并非专属于控方独立承担的责任，AD错误。证明责任总是和一定的不利诉讼后果相联系的，在多数情况下均由控方举证，即便裁判对被告不利，被告也不承担证明自己有罪或无罪的责任，B正确。证明责任是提供证据责任与说服责任的统一，仅仅提出证据不等于提供了良好的证明，还必须尽可能说服裁判者相信其主张的事实存在或不存在，C正确。

**65. ABC**。《刑诉解释》第72条规定："应当运用证据证明的案件事实包括：（一）被告人、被害人的身份；（二）被指控的犯罪是否存在；（三）被指控的犯罪是否为被告人所实施；（四）被告人有无刑事责任能力，有无罪过，实施犯罪的动机、目的；（五）实施犯罪的时间、地点、手段、后果以及案件起因等；（六）是否系共同犯罪或者犯罪事实存在关联，以及被告人在犯罪中的地位、作用；（七）被告人有无从重、从轻、减轻、免除处罚情节；（八）有关涉案财物处理的事实；（九）有关附带民事诉讼的事实；（十）有关管辖、回避、延期审理等的程序事实；（十一）与定罪量刑有关的其他事实。认定被告人有罪和对被告人从重处罚，适用证据确实、充分的证明标准。"与对吴某定罪量刑有关的事实都是证明对象。ABC均为构成要件事实，分别符合前述司法解释规定的第1、2、5项，D是量刑事实，虽然符合前述规定的第7项，但本题要求说明的是对于吴某是否构成泄露国家秘密罪所需要证明的事项，也即犯罪构成事实，故D错误。本题正确答案是ABC。

**66. BCD**。《刑事诉讼法》第72条规定，取保候审的决定机关应当综合考虑保证诉讼活动正常进行的需要，被取保候审人的社会危险性，案件的性质、情节，可能判处刑罚的轻重，被取保候审人的经济状况等情况，确定保证金的数额。提供保证金的人应当将保证金存入执行机关指定银行的专门账户。正确答案是BCD。

**67. CD**。《刑诉解释》第218条规定："对提起公诉的案件，人民法院应当在收到起诉书（一式八份，每增加一名被告人，增加起诉书五份）和案卷、证据后，审查以下内容：（一）是否属于本院管辖；（二）起诉书是否写明被告人的身份，是否受过或者正在接受刑事处罚、行政处罚、处分，被采取留置措施的情况，被采取强制措施的时间、种类、羁押地点，犯罪的时间、地点、手段、后果以及其他可能影响定罪量刑的情节；有多起犯罪事实的，是否在起诉书中将事实分别列明；（三）是否移送证明指控犯罪事实及影响量刑的证据材料，包括采取技术调查、侦查措施的法律文书和所收集的证据材料；（四）是否查封、扣押、冻结被告人的违法所得或者其他涉案财物，查封、扣押、冻结是否逾期；是否随案移送涉案财物、附涉案财物清单；是否列明涉案财物权属情况；是否就涉案财物处理提供相关证据材料；（五）是否列明被害人的姓名、住址、联系方式；是否附有证人、鉴定人名单；是否申请法庭通知证人、鉴定人、有专门知识的人出庭，并列明有关人员的姓名、性别、年龄、职业、住址、联系方式；是否附有需要保护的证人、鉴定人、被害人名单；（六）当事人已委托辩护人、诉讼代理人或者已接受法律援助的，是否列明辩护人、诉讼代理人的姓名、住址、联系方式；（七）是否提起附带民事诉讼；提起附带民事诉讼的，是否列明附带民事诉讼当事人的姓名、住址、联系方式等，是否附有相关证据材料；（八）监察调查、侦查、审查起诉程序的各种法律手续和诉讼文书是否齐全；（九）被告人认罪认罚的，是否提出量刑建议、移送认罪认罚具结书等材料；（十）有无刑事诉讼法第十六条第二项至第六项规定的不追究刑事责任的情形。”《刑诉解释》第219条第1款规定：“人民法院对提起公诉的案件审查后，应当按照下列情形分别处理：（一）不属于本院管辖的，应当退回人民检察院；（二）属于刑事诉讼法第十六条第二项至第六项规定情形的，应当退回人民检察院；属于告诉才处理的案件，应当同时告知被害人有权提起自诉；（三）被告人不在案的，应当退回人民检察院；但是，对人民检察院按照缺席审判程序提起公诉的，应当依照本解释第二十四章的规定作出处理；（四）不符合前条第二项至第九项规定之一，需要补充材料的，应当通知人民检察院在三日以内补送；（五）依照刑事诉讼法第二百条第三项规定宣告被告人无罪后，人民检察院根据新的事实、证据重新起诉的，应当依法受理；（六）依照本解释第二百九十六条规定裁定准许撤诉的案件，没有新的影响定罪量刑的事实、证据，重新起诉的，应当退回人民检察院；（七）被告人真实身份不明，但符合刑事诉讼法第一百六十条第二款规定的，应当依法受理。”据此，犯罪事实清楚、证据确实充分的，即便被告人真实身份不明，法院也应当受理，A错误。而且，该司法解释要求移送的是证据材料而不是证据目录，故B错误。证人名单未列明出庭作证和拟不出庭作证的证人的住处和通讯处，移送材料中辩护人通讯地址不明确的，需要补送材料的，应当通知检察院补送，CD正确。

**68. ABD**。《刑事诉讼法》第216条第1款规定，适用简易程序审理案件，对可能判处3年有期徒刑以下刑罚的，可以组成合议庭进行审判，也可以由审判员一人独任审判；对可能判处的有期徒刑超过3年的，应当组成合议庭进行审判。A正确。《刑事诉讼法》第183条第4款规定，人民法院审判上诉和抗诉案件，由审判员3人或者5人组成合议庭进行。人民陪审员不是审判员，不能参加二审审理，C错误。《人民陪审员法》第19条第2款规定，中级人民法院、高级人民法院审判案件需要由人民陪审员参加合议庭审判的，在其辖区内的基层人民法院的人民陪审员名单中随机抽取确定。张某可以参与审理所在市中级法院的一审案件，BD正确。

**69. BD**。《刑诉解释》第212条规定：“合议庭由审判员担任审判长。院长或者庭长参加审理案件时，由其本人担任审判长。审判员依法独任审判时，行使与审判长相同的职权。”据此，A错误。《刑诉解释》第214条规定：“开庭审理和评议案件，应当由同一合议庭进行。合议庭成员在评议案件时，应当独立发表意见并说明理由。意见分歧的，应当按多数意见作出决定，但少数意见应当记入笔录。评议笔录由合议庭的组成人员在审阅确认无误后签名。评议情况应当保密。”B正确。《刑事诉讼法》第184条规定：“合议庭进行评议的时候，如果意见分歧，应当按多数人的意见作出决定，……”该条并未对多数意见规定比例，C错误。《刑诉解释》第217条规定：“审判委员会的决定，合议庭、独任审判员应当执行；有不同意见的，可以建议院长提交审判委员会复议。”D正确。

**70. BD**。《刑诉解释》第327条规定：“自诉案件符合简易程序适用条件的，可以适用简易程序审理。不适用简易程序审理的自诉案件，参照适用公诉案件第一审普通程序的有关规定。”因此，自诉案件并不是都可以适用简易程序。故A错误。《刑事诉讼法》第219条规定：“适用简易程序审理案件，不受本章第一节关于送达期限、讯问被告人、询问证人、鉴定人、出示证据、法庭辩论程序规定的限制。但在判决宣告前应当听取被告人的最后陈述意见。”因此，即使适用简易程序，被告人最后陈述也不能取消。故B正确。《刑诉解释》第363条规定：“适用简易程序审理案件，被告人有辩护人的，应当通知其出庭。”因此，本题中是应当“通知其出庭”，而非应当“出庭”，因为辩护人也可以选择不出庭。故C错误。《刑事诉讼法》第218条规定：“适用简易程序审理案件，经审判人员许可，被告人及其辩护人可以同公诉人、自诉人及其诉讼代理人互相辩论。”故D正确。

**71. CD**。《刑诉解释》第566条规定：“对未成年人刑事案件，人民法院决定适用简易程序审理的，应当征求未成年被告人及其法定代理人、辩护人的意见。上述人员提出异议的，不适用简易程序。”因此，人民法院在征求未成年被告人及其法定代理人、辩护人的意见后，对于未成年人刑事案件也可以适用简易程序。故A错误。《刑诉解释》第556条规定：“询问未成年被害人、证人，适用前条规定。审理未成年人遭受性侵害或者暴力伤害案件，在询问未成年被害人、证人时，应当采取同步录音录像等措施，尽量一次完成；未成年被害人、证人是女性的，应当由女性工作人员进行。”据此，并非所有刑事案件，对未成年被害人、证人询问时，都要采取同步录音录像措施，故B错误。《刑诉解释》第570条规定：“开庭前和休庭时，法庭根据情况，可以安排未成年被告人与其法定代理人或者合适成年人会见。”故C正确。《刑诉解释》第 578 条第 1 款规定："对未成年人刑事案件，宣告判决应当公开进行。"故 D 正确。

**72. AD。**《刑事诉讼法》第 234 条第 1 款规定："第二审人民法院对于下列案件，应当组成合议庭，开庭审理：（一）被告人、自诉人及其法定代理人对第一审认定的事实、证据提出异议，可能影响定罪量刑的上诉案件；（二）被告人被判处死刑的上诉案件；（三）人民检察院抗诉的案件；（四）其他应当开庭审理的案件。"《刑诉解释》第 393 条规定："下列案件，根据刑事诉讼法第二百三十四条的规定，应当开庭审理：（一）被告人、自诉人及其法定代理人对第一审认定的事实、证据提出异议，可能影响定罪量刑的上诉案件；（二）被告人被判处死刑的上诉案件；（三）人民检察院抗诉的案件；（四）应当开庭审理的其他案件。被判处死刑的被告人没有上诉，同案的其他被告人上诉的案件，第二审人民法院应当开庭审理。"A 中因抗诉引发第二审，应当开庭审理。D 系"被告人被判处死刑的上诉案件"，也应当开庭审理。故 AD 正确。

**73. ACD。**未经送达则具体行政行为不成立，遑论其法律约束力。C 错误，当选。一般来说，具体行政行为一经成立就可以立即生效。但是行政机关也可以安排某一行为发生后或者经过一段时间后才发生效力，这即是所谓的附条件、附期限的具体行政行为。据此，A 错误，当选。具体行政行为的废止条件中没有违法或者明显不适当的原因，故因具体行政行为的废止给当事人造成损失的，不应给予国家赔偿，应视情况给予补偿。据此 D 错误，当选。

**74. A。**《政府信息公开条例》（以下简称《条例》）第 29 条第 1 款规定："公民、法人或者其他组织申请获取政府信息的，应当向行政机关的政府信息公开工作机构提出，并采用包括信件、数据电文在内的书面形式；采用书面形式确有困难的，申请人可以口头提出，由受理该申请的政府信息公开工作机构代为填写政府信息公开申请。"据此，该村民可以以口头提出申请，由县政府工作人员代为填写公开申请。据此，A 正确。根据《条例》规定，政府信息公开的范围并没有根据时间划分，不管是在《条例》实施前的信息还是《条例》实施后的信息，只要在《条例》实施后依照《条例》规定应当公开的信息，都应当公开。另外，法律规范的是"行为"，虽然该纪要是在《条例》实施前形成，但是申请公开的时间却是在《条例》实施以后，因此，该村民申请公开会议纪要的行为仍然受《条例》规范。据此，B 错误。《条例》第 2 条规定，政府信息，是指行政机关在履行行政管理职责过程中制作或者获取的，以一定形式记录、保存的信息。该会议纪要是该县政府履行其职责过程中制定的文件，属于政府信息，应当依法公开。据此，C 错误。《条例》第 42 条规定："行政机关依申请提供政府信息，不收取费用。但是，申请人申请公开政府信息的数量、频次明显超过合理范围的，行政机关可以收取信息处理费。行政机关收取信息处理费的具体办法由国务院价格主管部门会同国务院财政部门、全国政府信息公开工作主管部门制定。"D 错误。

**75. AC。**《公务员法》第 62 条规定，处分分为：警告、记过、记大过、降级、撤职、开除。据此，AC 正确。

**76. CD。**根据《国务院行政机构设置和编制管理条例》第 9 条，机构名称、职能的规定属于机构设置管理的内容。故 AB 不当选。

**77. AB。**《行政处罚法》第 63 条规定，行政机关拟作出下列行政处罚决定，应当告知当事人有要求听证的权利，当事人要求听证的，行政机关应当组织听证：（1）较大数额罚款；（2）没收较大数额违法所得、没收较大价值非法财物；（3）降低资质等级、吊销许可证件；（4）责令停产停业、责令关闭、限制从业；（5）其他较重的行政处罚；（6）法律、法规、规章规定的其他情形。当事人不承担行政机关组织听证的费用。据此，暂扣许可证不属于该条规定的行政机关应当告知当事人有权要求听证的事项范围内。而且，行政机关也只有主动告知听证的义务和依申请组织听证的义务，而没有主动组织听证的义务。据此，C 错误。《行政处罚法》第 29 条规定，对当事人的同一个违法行为，不得给予两次以上罚款的行政处罚。本案中，省建设厅的处罚是暂扣安全生产许可证 3 个月，市安全监督管理局的处罚是罚款 3 万元，没有违反《行政处罚法》中"一事不二罚"的规定。据此，D 错误。

**78. AD。**张某是本案的第三人，而张某之妻同某区公安局对张某的行政拘留并没有利害关系，不能作为第三人。B 错误。本案中黄某不是被处罚人，而是受害人，因此只能适用一般管辖，即由某区公安分局所在地的法院管辖。据此，C 错误。

**79. BD。**《行诉证据规定》第 1、6 条规定，某县民政局对准予离婚行为的合法性承担举证责任，原告有提供证据证明民政局的行为违法的权利，但是不承担证明其违法的举证责任。故 A 错误。《行诉证据规定》第 29 条规定，原告或者第三人有证据或者有正当理由表明被告据以认定案件事实的鉴定结论可能有错误，在举证期限内书面申请重新鉴定的，人民法院应予准许。据此，C 错误，D 正确。

**80. ABC。**《治安管理处罚法》第 77 条规定，公安机关对报案、控告、举报或者违反治安管理行为人主动投案，以及其他行政主管部门、司法机关移送的违反治安管理案件，应当及时受理，并进行登记。据此，A 正确。《治安管理处罚法》第 87 条规定，公安机关对与违反治安管理行为有关的场所、物品、人身进行检查时，人民警察不得少于2人，并应当出示工作证件和县级以上人民政府公安机关开具的检查证明文件。对确有必要立即进行检查的，人民警察经出示工作证件，可以当场检查，但检查公民住所应当出示县级以上人民政府公安机关开具的检查证明文件。据此，警察对薛某住所进行检查时不得少于2人；同时，因为是对住所进行检查，不能当场进行，必须出示工作证件和县级以上政府公安机关开具的检查证明文件。故BC正确。《治安管理处罚法》第88条规定，检查的情况应当制作检查笔录，由检查人、被检查人和见证人签名或者盖章；被检查人拒绝签名的，人民警察应当在笔录上注明。据此，薛某未签字但警察注明情况的笔录是符合法律规定的，具有合法性，具有证据效力。故D错误。

**81. BCD**。因为盗窃罪的刑事责任年龄是16岁，王某在未满16岁的时候盗窃，不负刑事责任。根据1996年最高人民法院《关于人民法院执行〈中华人民共和国国家赔偿法〉几个问题的解释》第1条规定，依照《刑法》第14、15条（修订后为第17、18条）规定不负刑事责任的人和依照《刑事诉讼法》第15条（修订后为第16条）规定不追究刑事责任的人被羁押的，国家不承担赔偿责任。但是对起诉后经人民法院判处拘役、有期徒刑、无期徒刑和死刑并已执行的，有权依法取得赔偿。判决确定前被羁押的日期依法不予赔偿。王某在未满16岁的时候盗窃，依照现行《刑法》第17条规定不负刑事责任。则国家对其判决确定前被羁押的日期——从2006年12月5日至2008年6月5日——不予赔偿。对判决确定后已经执行的羁押，即从2008年6月5日至2009年3月2日期间给王某造成的损失，国家应予赔偿。据此，A正确，BCD错误，当选。

**82. AC**。《行政许可法》第47条第1款规定，行政许可直接涉及申请人与他人之间重大利益关系的，行政机关在作出行政许可决定前，应当告知申请人、利害关系人享有要求听证的权利；申请人、利害关系人在被告知听证权利之日起5日内提出听证申请的，行政机关应当在20日内组织听证。《行政许可法》没有就该种情况对行政机关设定公告的义务。《行政许可法》第69条第2款规定，被许可人以欺骗、贿赂等不正当手段取得行政许可的，应当予以撤销。据此，但行政机关无向社会公告的义务，D错误。

**83. ABD**。贪污罪，是指国家工作人员利用职务上的便利，侵吞、窃取、骗取或者以其他手段非法占有公共财物的行为。挪用公款罪，是指国家工作人员利用职务上的便利，挪用公款归个人使用，进行非法活动的，或者挪用公款数额较大、进行营利活动的，或者挪用公款数额较大、超过3个月未还的行为。两罪区别的关键在于：挪用公款罪以非法占用为目的，贪污罪以非法占有为目的，即意图永远地非法占有公共财物。本案中甲通过涂改账目等手段从公司提走20万元，由此可见甲已经具有非法占有公司公款的主观目的，故甲的行为构成贪污罪而非挪用公款罪，贪污数额为20万元。至于甲之后所谓“去把公司钱款补上”的说法并不能影响行为当时的主观故意。故D错误。甲为竞争财务部主任职位，通过采用向国家机关工作人员乙行贿15万元的方法，意图谋取不正当的利益，其行为还构成行贿罪，行贿数额为15万元。对于甲所犯贪污罪与行贿罪应当数罪并罚。故C正确，AB错误。

**84. ABC**。《最高人民法院、最高人民检察院关于办理受贿刑事案件适用法律若干问题的意见》第9条规定，国家工作人员收受请托人的财物后及时退还或上交的，不是受贿罪。本案中，尽管乙收受了甲15万元的钱款，但并未给甲或丙任何许诺，并在八天后将收受钱款一事报告了公司总经理，将15万元交到公司纪检部门。按照日常生活中的标准，乙的行为应当被认定为“及时上交”，不构成受贿罪。D正确，ABC错误。

**85. C**。根据《刑法》第392条，介绍贿赂罪，是指向国家工作人员介绍贿赂，情节严重的行为。所谓“介绍贿赂”系指在行贿人与受贿人之间进行沟通、撮合，使行贿与受贿得以实现，情节严重的行为，即为行贿受贿双方“牵线搭桥”，创造条件让双方互相认识、联系，或者代为作中间联络，甚至传递贿赂物品，起媒介作用，帮助双方完成行贿受贿的交易。至于行贿人与受贿人所追求的目的是否实现，不影响该罪的成立。本案中丙并未在甲与乙之间进行沟通、撮合，促使行贿与受贿的实现，只是按照甲的委托将钱款交付给乙，因而丙的行为不构成介绍贿赂罪。故B错误。丙接受甲的委托答应将15万元转交给乙，至此丙明知其所实施的行为系行贿行为，也明知甲与其存在行贿的意思联络，二人已经形成行贿的主观故意，而客观上丙将15万元转交给乙，丙答应甲“美言几句”，其行为已经成为共同行贿行为中极为重要的一部分。由此可见丙与甲已经构成行贿罪的共同犯罪。C正确，D错误。本案中，丙与乙并无事先通谋，主观上没有共同的受贿故意，客观上丙接受的是请托人甲的委托，为甲谋取利益，因此二人也没有共同受贿的客观行为。因而丙与乙不成立受贿罪的共犯，故A错误。

**86. ABCD**。根据《刑法》第114条，放火罪，是指故意放火焚烧公私财物，危害公共安全的行为。甲携带一桶汽油闯入乙办公室纵火，导致室内空调等财物被烧毁，构成放火罪。根据《刑法》第274条，敲诈勒索罪，是指以非法占有为目的，以对被害人实施威胁或者要挟的方法，强索公私财物，数额较大或多次敲诈勒索的行为。从本罪的客观方面来看，应当主要把握以下特征：行为人对被害人采取了威胁或者要挟的方法。威胁或者要挟的方法，是指对财物的所有人、保管人给予精神上的强制，造成其心理上的恐惧，使其不敢反抗。威胁或者要挟的方法通常包括以对被害人及其亲属的人身实施暴力相威胁；以毁坏被害人的人格、名誉相威胁；以毁坏财物相威胁；以揭发被害人的隐私相威胁；以栽赃陷害相威胁；等等。本案中甲是在行贿目的未达到的情形下要求乙返还已经给予的 15 万元，并给付 10 万元的精神赔偿，声称如若不然则要告到检察院。需要注意的是，诚然乙在此时已经将收受赃款上交，即使甲将乙受贿一事告到检察院也并不会对乙构成伤害，但甲自始至终并不相信乙已将赃款上交，因此在甲看来“告到检察院”足以对乙造成心理上的恐惧，因此对甲的行为应当认定为敲诈勒索罪。故 AB 错误。另外，想象竞合犯与牵连犯的区别在于：前者为一行为触犯数罪名，后者为数行为触犯数罪名。吸收犯与牵连犯的区别在于：前者为数行为之间具有吸收关系，即前行为是后行为发展的所经阶段，后行为是前行为发展的当然结果；后者为数行为之间存在手段行为与目的行为、原因行为与结果行为的牵连关系。本案中，甲在数日后携带汽油桶闯入乙办公室纵火，从案情来看，甲之所以放火烧毁乙的办公室，主要是因为其不相信乙已将钱款上交，希望通过继续给乙的精神造成压力，让乙返还钱款，并支付给其精神损失费 10 万元。本案中，甲的放火行为与敲诈勒索行为是两个相对独立的行为，但是二者之间存在手段行为和目的行为的关系，因此构成牵连犯，而不是吸收犯或想象竞合犯。故 CD 错误。

**87. AC**。我国刑事案件的判决是法院就被告人是否犯罪、犯何罪、应否处以刑罚以及处以何种刑罚等实体问题所作的一种结论。判决只能用于解决实体问题，A 正确。裁定是法院在审理案件中对有关诉讼程序和部分实体问题所作的一种结论，法院在刑罚执行期间就减刑、假释等作出的裁定，就是对实体问题的处理，B 错误。决定专门用于解决诉讼程序问题，例如对回避申请的决定，同意调取新证据的决定等，C 正确。裁定可以用于解决案件程序问题，如裁定驳回起诉，D 错误。

**88. ABCD**。一个案件中，发生法律效力并被执行的判决只有一个，即终审判决，但由于实行两审终审制，经历过两级审理的案件可以存在两个判决，即一审判决和二审判决，A 正确。一个案件可能存在需要用裁定处理的多个程序问题或实体问题，如中止审理、核准死刑等，因此，一个案件可以有多个裁定，B 正确。一个案件可能存在需要用决定处理的多个程序问题，如回避申请、重新勘验等，因此，一个案件可以有多个决定，C 正确。有的决定具有终结诉讼的效力，例如人民法院不予受理的决定，如在终结诉讼之前没有出现过裁定或判决，则在一个案件中，可以只有决定，而没有判决或裁定，D 正确。

**89. CD**。无需经过死刑复核程序的第二审判决一经作出即发生法律效力，A 错误。《刑事诉讼法》第 227 条第 1 款规定：“被告人、自诉人和他们的法定代理人，不服地方各级人民法院第一审的判决、裁定，有权用书状或者口头向上一级人民法院上诉……”据此，第一审裁定并不立即发生法律效力，B 错误。《刑事诉讼法》第 199 条第 1 款规定：“在法庭审判过程中，如果诉讼参与人或者旁听人员违反法庭秩序，审判长应当警告制止。对不听制止的，可以强行带出法庭；情节严重的，处以一千元以下的罚款或者十五日以下的拘留。罚款、拘留必须经院长批准。被处罚人对罚款、拘留的决定不服的，可以向上一级人民法院申请复议。复议期间不停止执行。”据此，C 正确。《刑事诉讼法》第 273 条第 2 款规定：“被判处管制、拘役、有期徒刑或者无期徒刑的罪犯，在执行期间确有悔改或者立功表现，应当依法予以减刑、假释的时候，由执行机关提出建议书，报请人民法院审核裁定，并将建议书副本抄送人民检察院。”《刑事诉讼法》第 274 条规定：“人民检察院认为人民法院减刑、假释的裁定不当，应当在收到裁定书副本后二十日以内，向人民法院提出书面纠正意见。人民法院应当在收到纠正意见后一个月以内重新组成合议庭进行审理，作出最终裁定。”据此，法院减刑、假释裁定的法律效力并非最终确定，检察院认为不当而提出纠正意见的，法院应当重新组成合议庭进行审理，作出最终裁定，D 正确。

**90. ACD**。《最高人民法院关于行政诉讼撤诉若干问题的规定》第 3 条规定，下列 3 种情况属于行政诉讼中“被告改变其所作的具体行政行为”：(1) 改变被诉具体行政行为所认定的主要事实和证据；(2) 改变被诉具体行政行为所适用的规范依据且对定性产生影响；(3) 撤销、部分撤销或者变更被诉具体行政行为处理结果。根据该规定第 4 条，下列 3 种情形可以视为行政诉讼中“被告改变其所作的具体行政行为”：(1) 根据原告的请求依法履行法定职责；(2) 采取相应的补救、补偿等措施；(3) 在行政裁决案件中，书面认可原告与第三人达成的和解。据此，A 项中公安局把拘留改为罚款，变更了具体行政行为的处理结果。故 A 当选。B 中，自然资源局虽然更正了处罚决定的文字错误，但是没有影响该处罚决定的性质和内容，故不属于具体行政行为的改变。故 B 不当选。C 中，被诉市场监管局在诉讼期间作出书面答复，属于“根据原告的请求依法履行法定职责”的情形，故可以被视为改变被诉具体行政行为。据此，C 项当选。D 项中，县政府在作出处理决定后书面认可甲乙的和解，属于可以被视为“被告改变所作的具体行政行为”的情形。据此，D 项当选。

# 第27天

十年磨一剑，霜刃未曾试。

## 试 题

**1.** 甲被乙家的狗咬伤，要求乙赔偿医药费，乙认为甲被狗咬与自己无关拒绝赔偿。下列哪一选项是正确的？

A. 甲乙之间的赔偿关系属于民法所调整的人身关系

B. 甲请求乙赔偿的权利属于绝对权

C. 甲请求乙赔偿的权利适用诉讼时效

D. 乙拒绝赔偿是行使抗辩权

**2.** 王东、李南、张西约定共同开办一家餐馆，王东出资20万元并负责日常经营，李南出资10万元，张西提供家传菜肴配方，但李南和张西均只参与盈余分配而不参与经营劳动。开业两年后，餐馆亏损严重，李南撤回了出资，并要求王东和张西出具了“餐馆经营亏损与李南无关”的字据。下列哪一选项是正确的？

A. 王东、李南为合伙人，张西不是合伙人

B. 王东、张西为合伙人，李南不是合伙人

C. 王东、李南、张西均为合伙人

D. 王东和张西所出具的字据无效

**3.** 甲公司分立为乙丙两公司，约定由乙公司承担甲公司全部债务的清偿责任，丙公司继受甲公司全部债权。关于该协议的效力，下列哪一选项是正确的？

A. 该协议仅对乙丙两公司具有约束力，对甲公司的债权人并非当然有效

B. 该协议无效，应当由乙丙两公司对甲公司的债务承担连带清偿责任

C. 该协议有效，甲公司的债权人只能请求乙公司对甲公司的债务承担清偿责任

D. 该协议效力待定，应当由甲公司的债权人选择分立后的公司清偿债务

**4.** 下列哪一情形构成无权代理？

A. 甲冒用乙的姓名从某杂志社领取乙的论文稿酬据为己有

B. 某公司董事长超越权限以本公司名义为他人提供担保

C. 刘某受同学周某之托冒充丁某参加求职面试

D. 关某代收某推销员谎称关某的邻居李某订购的保健品并代为付款

**5.** 诉讼时效因当事人一方提出要求而中断，下列哪一情形不能产生诉讼时效中断的效力？

A. 对方当事人在当事人主张权利的文书上签字、盖章的

B. 当事人一方以发送信件或数据电文方式主张权利，该信件或数据电文应当到达对方当事人的

C. 当事人一方为金融机构，依照法律规定或当事人约定从对方当事人账户中扣收欠款本息的

D. 当事人一方下落不明，对方当事人在下落不明当事人一方住所地的县（市）级有影响的媒体上刊登具有主张权利内容的公告的

**6.** 甲将300册藏书送给乙，并约定乙不得转让给第三人，否则甲有权收回藏书。其后甲向乙交付了300册藏书。下列哪一说法是正确的？

A. 甲与乙的赠与合同无效，乙不能取得藏书的所有权

B. 甲与乙的赠与合同无效，乙取得了藏书的所有权

C. 甲与乙的赠与合同为附条件的合同，乙不能取得藏书的所有权

D. 甲与乙的赠与合同有效，乙取得了藏书的所有权

**7.** 根据《民法典》的规定，下列哪一类权利不能设定权利质权？

A. 专利权 B. 应收账款债权

C. 可以转让的股权 D. 房屋所有权

**8.** 甲公司开发写字楼一幢，于2008年5月5日将其中一层卖给乙公司，约定半年后交房，乙公司于2008年5月6日申请办理了预告登记。2008年6月2日甲公司因资金周转困难，在乙公司不知情的情况下，以该层楼向银行抵押借款并登记。现因甲公司不能清偿欠款，银行要求实现抵押权。下列哪一判断是正确的？

A. 抵押合同有效，抵押权设立

B. 抵押合同无效，但抵押权设立

C. 抵押合同有效，但抵押权不设立

D. 抵押合同无效，抵押权不设立

**9.** 甲对乙说：如果你在三年内考上公务员，我愿将自己的一套住房或者一辆宝马轿车相赠。乙同意。两年后，乙考取某国家机关职位。关于甲与乙的约定，下列哪一说法是正确的？

A. 属于种类之债　　B. 属于选择之债

C. 属于连带之债　　D. 属于劳务之债

**10.** 甲公司与乙公司签订服装加工合同，约定乙公司支付预付款一万元，甲公司加工服装1,000套，3月10日交货，乙公司3月15日支付余款九万元。3月10日，甲公司仅加工服装900套，乙公司此时因濒临破产致函甲公司表示无力履行合同。下列哪一说法是正确的？

A. 因乙公司已支付预付款，甲公司无权中止履行合同

B. 乙公司有权以甲公司仅交付900套服装为由，拒绝支付任何货款

C. 甲公司有权以乙公司已不可能履行合同为由，请求乙公司承担违约责任

D. 因乙公司丧失履行能力，甲公司可行使顺序履行抗辩权

**11.** 张某外出，台风将至。邻居李某担心张某年久失修的房子被风刮倒，祸及自家，就雇人用几根木料支撑住张某的房子，但张某的房子仍然不敌台风，倒塌之际压死了李某养的数只鸡。下列哪一说法是正确的？

A. 李某初衷是为自己，故不构成无因管理

B. 房屋最终倒塌，未达管理效果，故无因管理不成立

C. 李某的行为构成无因管理

D. 张某不需支付李某固房费用，但应赔偿房屋倒塌给李某造成的损失

**12.** 一日清晨，甲发现一头牛趴在自家门前，便将其拴在自家院内，打探失主未果。时值春耕，甲用该牛耕种自家田地。期间该牛因劳累过度得病，甲花费300元将其治好。两年后，牛的主人乙寻牛来到甲处，要求甲返还，甲拒绝返还。下列哪一说法是正确的？

A. 甲应返还牛，但有权要求乙支付300元

B. 甲应返还牛，但无权要求乙支付300元

C. 甲不应返还牛，但乙有权要求甲赔偿损失

D. 甲不应返还牛，无权要求乙支付300元

**13.** 小刘从小就显示出很高的文学天赋，九岁时写了小说《隐形翅膀》，并将该小说的网络传播权转让给某网站。小刘的父母反对该转让行为。下列哪一说法是正确的？

A. 小刘父母享有该小说的著作权，因为小刘是无民事行为能力人

B. 小刘及其父母均不享有著作权，因为该小说未发表

C. 小刘对该小说享有著作权，但网络传播权转让合同无效

D. 小刘对该小说享有著作权，网络传播权转让合同有效

**14.** 甲创作的一篇杂文，发表后引起较大轰动。该杂文被多家报刊、网站无偿转载。乙将该杂文译成法文，丙将之译成维文，均在国内出版，未征得甲的同意，也未支付报酬。下列哪一观点是正确的？

A. 报刊和网站转载该杂文的行为不构成侵权

B. 乙和丙的行为均不构成侵权

C. 乙的行为不构成侵权，丙的行为构成侵权

D. 乙的行为构成侵权，丙的行为不构成侵权

**15.** 下列哪一行为构成对知识产权的侵犯？

A. 刘某明知是盗版书籍而购买并阅读

B. 李某明知是盗版软件而购买并安装使用

C. 五湖公司明知是假冒注册商标的商品而购买并经营性使用

D. 四海公司明知是侵犯外观设计专利权的商品而购买并经营性使用

**16.** 甲创作并出版的经典童话《大灰狼》超过著作财产权保护期后，乙将“大灰狼”文字及图形申请注册在“书籍”等商品类别上并获准注册。丙出版社随后未经甲和乙同意出版了甲的《大灰狼》童话，并使用了“大灰狼”文字及图形，但署名为另一著名歌星丁，丁对此并不知情。关于丙出版社的行为，下列哪一说法是错误的？

A. 侵犯了甲的复制权

B. 侵犯了甲的署名权

C. 侵犯了丁的姓名权

D. 侵犯了乙的商标权

**17.** 甲男与乙女通过网聊恋爱，后乙提出分手遭甲威胁，乙无奈遂与甲办理了结婚登记。婚后乙得知，甲婚前就患有医学上不应当结婚的疾病且久治不愈，乙向法院起诉离婚。下列哪一说法是正确的？

A. 法院应判决撤销该婚姻

B. 法院应判决宣告该婚姻无效

C. 对该案的审理应当进行调解

D. 当事人可以对法院的处理结果依法提起上诉

**18.** 甲生前曾多次表示要将自己尚未发表的书稿赠送给乙，但一直未交付。后甲立遗嘱由丙继承全部遗产，但甲临终前又将该书稿赠与丁并立即交付。该书稿的发表权应由谁行使？

A. 乙　　B. 丙

C. 丁　　D. 丙和丁

**19.** 甲在乙承包的水库游泳，乙的雇工丙、丁误以为甲在偷鱼苗将甲打伤。下列哪一说法是正确的？

A. 乙、丙、丁应承担连带责任

B. 丙、丁应先赔偿甲的损失，再向乙追偿

C. 只能由丙、丁承担连带责任

D. 只能由乙承担赔偿责任

**20.** 某小学组织春游，队伍行进中某班班主任张某和其他教师闲谈，未跟进照顾本班学生。该班学生李某私自离队购买食物，与小贩刘某发生争执被打伤。对李某的人身损害，下列哪一说法是正确的？

A. 刘某应承担赔偿责任

B. 某小学应承担赔偿责任

C. 某小学应与刘某承担连带赔偿责任

D. 刘某应承担赔偿责任，某小学应承担相应的补充赔偿责任

**21.** 朴某系知名美容专家。某医院未经朴某同意，将其作为医院美容专家在医院网站上使用了朴某照片和简介，且将朴某名字和简介错误地安在了其他专家的照片旁。下列哪一说法是正确的？

A. 医院未侵犯朴某的姓名权

B. 医院未侵犯朴某的肖像权

C. 医院侵犯了朴某的肖像权和姓名权

D. 医院侵犯了朴某的荣誉权

**22.** 关于股东的表述，下列哪一选项是正确的？

A. 股东应当具有完全民事行为能力

B. 股东资格可以作为遗产继承

C. 非法人组织不能成为公司的股东

D. 外国自然人不能成为我国公司的股东

**23.** 甲是某有限合伙企业的有限合伙人，持有该企业15%的份额。在合伙协议无特别约定的情况下，甲在合伙期间未经其他合伙人同意实施了下列行为，其中哪一项违反《合伙企业法》规定？

A. 将自购的机器设备出租给合伙企业使用

B. 以合伙企业的名义购买汽车一辆归合伙企业使用

C. 以自己在合伙企业中的财产份额向银行提供质押担保

D. 提前一个月通知其他合伙人将其部分合伙份额转让给合伙人以外的人

**24.** 普通合伙企业合伙人李某因车祸遇难，生前遗嘱指定16岁的儿子李明为其全部财产继承人。下列哪一表述是错误的？

A. 李明有权继承其父在合伙企业中的财产份额

B. 如其他合伙人均同意，李明可以取得有限合伙人资格

C. 如合伙协议约定合伙人必须是完全行为能力人，则李明不能成为合伙人

D. 应当待李明成年后由其本人作出其是否愿意成为合伙人的意思表示

**25.** 甲公司严重资不抵债，因不能清偿到期债务向法院申请破产。下列哪一财产属于债务人财产？

A. 甲公司购买的一批在途货物，但尚未支付货款

B. 甲公司从乙公司租用的一台设备

C. 属于甲公司但已抵押给银行的一处厂房

D. 甲公司根据代管协议合法占有的委托人丙公司的两处房产

**26.** 关于破产案件受理后、破产宣告前的程序转换，下列哪一表述是正确的？

A. 如为债务人申请破产清算的案件，债权人可以申请和解

B. 如为债权人申请债务人破产清算的案件，债务人可以申请重整

C. 如为债权人申请债务人重整的案件，债务人可以申请破产清算

D. 如为债权人申请债务人破产清算的案件，债务人的出资人可以申请和解

**27.** 甲公司购买乙公司电脑20台，向乙公司签发金额为10万元的商业承兑汇票一张，丁公司在汇票上签章承诺："本汇票已经本单位承兑，到期日无条件付款"。当该汇票的持票人行使付款请求权时，下列哪一说法是正确的？

A. 如该汇票已背书转让给丙公司，丙公司恰好欠汇票付款人某银行10万元到期贷款，则银行可以提出抗辩而拒绝付款

B. 如该汇票已背书转让给丙公司，则甲公司可以乙公司交付的电脑质量存在瑕疵为抗辩理由拒绝向丙公司付款

C. 因该汇票已经丁公司无条件承兑，故丁公司不可能再以任何理由对持票人提出抗辩

D. 甲公司在签发汇票时可以签注"以收到货物为付款条件"

**28.** 丁某于2005年5月为其九周岁的儿子丁海购买一份人身保险。至2008年9月，丁某已支付了三年多的保险费。当年10月，丁海患病住院，因医院误诊误治致残。关于本案，下列哪一表述是正确的？

A. 丁某可以在向保险公司索赔的同时要求医院承担赔偿责任

B. 应当先由保险公司支付保险金，再由保险公司向医院追偿

C. 丁某应先向医院索赔，若医院拒绝赔偿或无法足额赔偿，再要求保险公司支付保险金

D. 丁某不能用诉讼方式要求保险公司支付保险金

**29.** 潘某向保险公司投保了一年期的家庭财产保险。保险期间内，潘某一家外出，嘱托保姆看家。某日，保姆外出忘记锁门，窃贼乘虚而入，潘某家被盗财物价值近5,000元。下列哪一表述是正确的？

A. 应由保险公司赔偿，保险公司赔偿后无权向保姆追偿

B. 损失系因保姆过错所致，保险公司不承担赔偿责任

C. 潘某应当向保险公司索赔，不能要求保姆承担赔偿责任

D. 潘某只能要求保姆赔偿，不能向保险公司索赔

**30.** 关于证券交易所，下列哪一表述是正确的？

A. 会员制证券交易所从事业务的盈余和积累的财产可按比例分配给会员

B. 证券交易所总经理由理事会选举产生并报国务院证券监督管理机构批准

C. 证券交易所制定和修改章程应报国务院证券监督管理机构备案

D. 证券交易所的设立和解散必须由国务院决定

**31.** 关于民事案件的级别管辖，下列哪一选项是正确的？

A. 第一审民事案件原则上由基层法院管辖

B. 涉外案件的管辖权全部属于中级法院

C. 高级法院管辖的一审民事案件包括在本辖区内有重大影响的民事案件和它认为应当由自己审理的案件

D. 最高法院仅管辖在全国有重大影响的民事案件

**32.** 甲公司起诉要求乙公司交付货物。被告乙公司向法院主张合同无效，应由原告甲公司承担合同无效的法律责任。关于本案被告乙公司主张的性质，下列哪一说法是正确的？

A. 该主张构成了反诉

B. 该主张是一种反驳

C. 该主张仅仅是一种事实主张

D. 该主张是一种证据

**33.** 刘某习惯每晚将垃圾袋放在家门口，邻居王某认为会招引苍蝇并影响自己出入家门。王某为此与刘某多次交涉未果，遂向法院提起诉讼，要求刘某不得将垃圾袋放在家门口，以保证自家的正常通行和维护环境卫生。关于本案的诉讼标的，下列哪一选项是正确的？

A. 王某要求刘某不得将垃圾袋放在家门口的请求

B. 王某要求法院保障自家正常通行权的请求

C. 王某要求刘某维护环境卫生的请求

D. 王某和刘某之间的相邻关系

**34.** 王甲两岁，在幼儿园入托。一天，为幼儿园送货的刘某因王甲将其衣服弄湿，便打了王甲一记耳光，造成王甲左耳失聪。王甲的父亲拟代儿子向法院起诉。关于本案被告的确定，下列哪一选项是正确的？

A. 刘某是本案唯一的被告

B. 幼儿园是本案唯一的被告

C. 刘某和幼儿园是本案共同被告

D. 刘某是本案被告，幼儿园是本案无独立请求权第三人

**35.** 甲与乙对一古董所有权发生争议诉至法院。诉讼过程中，丙声称古董属自己所有，主张对古董的所有权。下列哪一说法是正确的？

A. 如丙没有起诉，法院可以依职权主动追加其作为有独立请求权第三人

B. 如丙起诉后认为受案法院无管辖权，可以提出管辖权异议

C. 如丙起诉后经法院传票传唤，无正当理由拒不到庭，应当视为撤诉

D. 如丙起诉后，甲与乙达成协议经法院同意而撤诉，应当驳回丙的起诉

**36.** 关于证据理论分类的表述，下列哪一选项是正确的？

A. 传来证据有可能是直接证据

B. 诉讼中原告提出的证据都是本证，被告提出的证据都是反证

C. 证人转述他人所见的案件事实都属于间接证据

D. 一个客观与合法的间接证据可以单独作为认定案件事实的依据

**37.** 关于举证时限和证据交换的表述，下列哪一选项是正确的？

A. 证据交换可以依当事人的申请而进行，也可以由法院依职权决定而实施

B. 民事诉讼案件在开庭审理前，法院必须组织进行证据交换

C. 当事人在举证期限内提交证据确有困难的，可以在举证期限届满之后申请延长，但只能申请延长一次

D. 当事人在举证期限内未向法院提交证据材料的，在法庭审理过程中无权再提交证据

**38.** 关于自认的说法，下列哪一选项是错误的？

A. 自认的事实允许用相反的证据加以推翻

B. 身份关系诉讼中不涉及身份关系的案件事实可以适用自认

C. 调解中的让步不构成诉讼上的自认

D. 当事人一般授权的委托代理人一律不得进行自认

**39.** 甲起诉要求与妻子乙离婚，法院经审理判决不予准许。书记员两次到甲住所送达判决书，甲均拒绝签收。书记员的下列哪一做法是正确的？

A. 将判决书交给甲的妻子乙转交

B. 将判决书交给甲住所地居委会转交

C. 请甲住所地居委会主任到场见证并将判决书留在甲住所

D. 将判决书交给甲住所地派出所转交

**40.** 下列哪一选项不是民事起诉状的法定内容？

A. 双方当事人的基本情况

B. 案由

C. 诉讼请求和所依据的事实与理由

D. 证据和证据来源，证人姓名与住所

**41.** 某借款纠纷案二审中，双方达成调解协议，被上诉人当场将欠款付清。关于被上诉人请求二审法

院制作调解书，下列哪一选项是正确的？

A. 可以不制作调解书，因为当事人之间的权利义务已经实现

B. 可以不制作调解书，因为本案属于法律规定可以不制作调解书的情形

C. 应当制作调解书，因为二审法院的调解结果除解决纠纷外，还具有对一审法院的判决效力发生影响的功能

D. 应当制作调解书，因为被上诉人已经提出请求，法院应当予以尊重

**42.** 齐某起诉宋某要求返还借款八万元，法院适用普通程序审理并向双方当事人送达出庭传票，因被告宋某不在家，宋某的妻子代其签收了传票。开庭时，被告宋某未到庭。经查，宋某已离家出走，下落不明。关于法院对本案的处理，下列哪一选项是正确的？

A. 法院对本案可以进行缺席判决

B. 法院应当对被告宋某重新适用公告方式送达传票

C. 法院应当通知宋某的妻子以诉讼代理人的身份参加诉讼

D. 法院应当裁定中止诉讼

**43.** 甲起诉与乙离婚，一审法院判决不予准许。甲不服一审判决提起上诉，在甲将上诉状递交原审法院后第三天，乙遇车祸死亡。此时，原审法院尚未及将上诉状转交给二审法院。关于本案的处理，下列哪一选项是正确的？

A. 终结诉讼　　B. 驳回上诉

C. 不予受理上诉　　D. 中止诉讼

**44.** 张某诉江某财产所有权纠纷案经判决进入执行程序，案外人李某向法院主张对该项财产享有部分权利。关于本案，下列哪一说法是错误的？

A. 李某有权向法院申请再审

B. 李某有权向法院起诉

C. 如法院启动了再审程序，应当追加李某为当事人

D. 李某有权向法院提出执行异议

**45.** 在基层人大代表换届选举中，村民刘某发现选举委员会公布的选民名单中遗漏了同村村民张某的名字，遂向选举委员会提出申诉。选举委员会认为，刘某不是本案的利害关系人无权提起申诉，故驳回了刘某的申诉，刘某不服诉至法院。下列哪一选项是错误的？

A. 张某、刘某和选举委员会的代表都必须参加诉讼

B. 法院应该驳回刘某的起诉，因刘某与案件没有直接利害关系

C. 选民资格案件关系到公民的重要政治权利，只能由审判员组成合议庭进行审理

D. 法院对选民资格案件做出的判决是终审判决，当事人不得对此提起上诉

**46.** 在民事执行中，被执行人朱某申请暂缓执行，提出由吴某以自有房屋为其提供担保，申请执行人刘某同意。法院作出暂缓执行裁定，期限为六个月。对于暂缓执行期限届满后朱某仍不履行义务的情形，下列哪一选项是正确的？

A. 刘某应起诉吴某，取得执行依据可申请执行吴某的担保房产

B. 朱某财产不能清偿全部债务时刘某方能起诉吴某，取得执行依据可申请执行吴某的担保房产

C. 朱某财产不能清偿刘某债权时法院方能执行吴某的担保房产

D. 法院可以直接裁定执行吴某的担保房产

**47.** 关于宣告死亡，下列哪一选项是正确的？

A. 宣告死亡的申请人有顺序先后的限制

B. 有民事行为能力人在被宣告死亡期间实施的民事行为有效

C. 被宣告死亡的人与其配偶的婚姻关系因死亡宣告的撤销而自行恢复

D. 被撤销死亡宣告的人有权请求依《民法典》取得其财产者返还原物或给予适当补偿

**48.** 关于诉讼时效的表述，下列哪些选项是正确的？

A. 当事人可以对债权请求权提出诉讼时效抗辩，但法律规定的有些债权请求权不适用诉讼时效的规定

B. 当事人不能约定延长或缩短诉讼时效期间，也不能预先放弃诉讼时效利益

C. 当事人未提出诉讼时效抗辩的，法院不应对诉讼时效问题进行阐明及主动适用诉讼时效的规定进行裁判

D. 当事人在一审、二审期间都可以提出诉讼时效抗辩

**49.** 甲发现去年丢失的电动自行车被路人乙推行，便上前询问，乙称从朋友丙处购买，并出示了丙出具的付款收条。如甲想追回该自行车，可以提出下列哪些理由支持请求？

A. 甲丢失该自行车被丙拾得

B. 丙从甲处偷了该自行车

C. 乙明知道该自行车是丙从甲处偷来的仍然购买

D. 乙向丙支付的价格远远低于市场价

**50.** 甲、乙、丙按不同的比例共有一套房屋，约定轮流使用。在甲居住期间，房屋廊檐脱落砸伤行人丁。下列哪些选项是正确的？

A. 甲、乙、丙如不能证明自己没有过错，应对丁承担连带赔偿责任

B. 丁有权请求甲承担侵权责任

C. 如甲承担了侵权责任，则乙、丙应按各自份额分担损失

D. 本案侵权责任适用过错责任原则

**51.** 甲公司向某银行贷款 100 万元，乙公司以其所有的一栋房屋作抵押担保，并完成了抵押登记。现乙公司拟将房屋出售给丙公司，通知了银行并向丙公司告知了该房屋已经抵押的事实。乙、丙订立书面买卖合同后到房屋管理部门办理过户手续。下列哪些说法是正确的？

A. 不论银行是否同意转让，房屋管理部门应当准予过户，但银行仍然对该房屋享有抵押权

B. 如丙公司代为清偿了甲公司的银行债务，则不论银行是否同意转让，房屋管理部门均应当准予过户

C. 如丙公司向银行承诺代为清偿甲公司的银行债务，则不论银行是否同意转让，房屋管理部门均应当准予过户

D. 如甲公司清偿了银行债务，则不论银行是否同意，房屋管理部门均应当准予过户

**52.** 乙公司以国产牛肉为样品，伪称某国进口牛肉，与甲公司签订了买卖合同，后甲公司得知这一事实。此时恰逢某国流行疯牛病，某国进口牛肉滞销，国产牛肉价格上涨。下列哪些说法是正确的？

A. 甲公司有权自知道样品为国产牛肉之日起一年内主张撤销该合同

B. 乙公司有权自合同订立之日起一年内主张撤销该合同

C. 甲公司有权决定履行该合同，乙公司无权拒绝履行

D. 在甲公司决定撤销该合同前，乙公司有权按约定向甲公司要求支付货款

**53.** 孙女士于 2004 年 5 月 1 日从某商场购买一套化妆品，使用后皮肤红肿出疹，就医不愈花费巨大。2005 年 4 月，孙女士多次交涉无果将商场诉至法院。下列哪些说法是正确的？

A. 孙女士可以要求商场承担违约责任

B. 孙女士可以要求商场承担侵权责任

C. 孙女士可以要求商场承担缔约过失责任

D. 孙女士可以要求撤销合同

**54.** 曾某购买某汽车销售公司的轿车一辆，总价款 20 万元，约定分 10 次付清，每次两万元，每月的第一天支付。曾某按期支付六次共计 12 万元后，因该款汽车大幅降价，曾某遂停止付款。下列哪些表述是正确的？

A. 汽车销售公司有权要求曾某一次性付清余下的八万元价款

B. 汽车销售公司有权通知曾某解除合同

C. 汽车销售公司有权收回汽车，并且收取曾某汽车使用费

D. 汽车销售公司有权收回汽车，但不退还曾某已经支付的 12 万元价款

**55.** 甲将自己的一套房屋租给乙住，乙又擅自将房屋租给丙住。丙是个飞镖爱好者，因练飞镖将房屋的墙面损坏。下列哪些选项是正确的？

A. 甲有权要求解除与乙的租赁合同

B. 甲有权要求乙赔偿墙面损坏造成的损失

C. 甲有权要求丙搬出房屋

D. 甲有权要求丙支付租金

**56.** 甲将 10 吨大米委托乙商行出售。双方只约定，乙商行以自己名义对外销售，每公斤售价两元，乙商行的报酬为价款的 5%。下列哪些说法是正确的？

A. 甲与乙商行之间成立行纪合同关系

B. 乙商行为销售大米支出的费用应由自己负担

C. 如乙商行以每公斤 2.5 元的价格将大米售出，双方对多出价款的分配无法达成协议，则应平均分配

D. 如乙商行与丙食品厂订立买卖大米的合同，则乙商行对该合同直接享有权利、承担义务

**57.** 甲公司非法窃取竞争对手乙公司最新开发的一项技术秘密成果，与丙公司签订转让合同，约定丙公司向甲公司支付一笔转让费后拥有并使用该技术秘密。乙公司得知后，主张甲丙间的合同无效，并要求赔偿损失。下列哪些说法是正确的？

A. 如丙公司不知道或不应当知道甲公司窃取技术秘密的事实，则甲丙间的合同有效

B. 如丙公司为善意，有权继续使用该技术秘密，乙公司不得要求丙公司支付费用，只能要求甲公司承担责任

C. 如丙公司明知甲公司窃取技术秘密的事实仍与其订立合同，不得继续使用该技术秘密，并应当与甲公司承担连带赔偿责任

D. 不论丙公司取得该技术秘密权时是否为善意，该技术转让合同均无效

**58.** 叶某创作《星光灿烂》词曲并发表于音乐杂志，郝某在个人举办的赈灾义演中演唱该歌曲，南极熊唱片公司录制并发行郝某的演唱会唱片，星星电台购买该唱片并播放了该歌曲。下列哪些说法是正确的？

A. 郝某演唱《星光灿烂》应征得叶某同意并支付报酬

B. 南极熊唱片公司录制该歌曲应当征得郝某同意并支付报酬

C. 星星电台播放该歌曲应征得郝某同意

D. 星星电台播放该歌曲应征得南极熊唱片公司同意

**59.** 下列哪些出租行为构成对知识产权的侵犯？

A. 甲购买正版畅销图书用于出租

B. 乙购买正版杀毒软件用于出租

C. 丙购买正版唱片用于出租

D. 丁购买正宗专利产品用于出租

**60.** 甲公司在食品上注册“乡巴佬”商标后，与乙公司签订转让合同，获五万元转让费。合同履行后，乙公司起诉丙公司在食品上使用“乡巴佬”商标的侵权行为。法院作出侵权认定的判决书刚生效，“乡巴佬”注册商标就因有“不良影响”被依法撤销。下列哪些说法是错误的？

A. “乡巴佬”商标权视为自始不存在

B. 甲公司应当向乙公司返还五万元

C. 撤销“乡巴佬”商标的裁定对侵权判决不具有追溯力

D. 丙公司可以将“乡巴佬”商标作为未注册商标继续使用

**61.** 2003年5月王某（男）与赵某结婚，双方书面约定婚后各自收入归个人所有。2005年10月王某用自己的收入购置一套房屋。2005年11月赵某下岗，负责照料女儿及王某的生活。2008年8月王某提出离婚，赵某得知王某与张某已同居多年。法院应支持赵某的下列哪些主张？

A. 赵某因抚育女儿、照顾王某生活付出较多义务，王某应予以补偿

B. 离婚后赵某没有住房，应根据公平原则判决王某购买的住房属于夫妻共同财产

C. 王某与张某同居导致离婚，应对赵某进行赔偿

D. 张某与王某同居破坏其家庭，应向赵某赔礼道歉

**62.** 何某死后留下一间价值六万元的房屋和四万元现金。何某立有遗嘱，四万元现金由四个子女平分，房屋的归属未作处理。何某女儿主动提出放弃对房屋的继承权，于是三个儿子将房屋变卖，每人分得两万元。现债权人主张何某生前曾向其借款12万元，并有借据为证。下列哪些说法是错误的？

A. 何某已死，债权债务关系消灭

B. 四个子女平均分担，每人偿还三万元

C. 四个子女各自以继承所得用于清偿债务，剩下两万元由四人平均分担

D. 四个子女各自以继承所得用于清偿债务，剩下两万元四人可以不予清偿

**63.** 钱某与胡某婚后生有子女甲和乙，后钱某与胡某离婚，甲、乙归胡某抚养。胡某与吴某结婚，当时甲已参加工作而乙尚未成年，乙跟随胡某与吴某居住，后胡某与吴某生下一女丙，吴某与前妻生有一子丁。钱某和吴某先后去世，下列哪些说法是正确的？

A. 胡某、甲、乙可以继承钱某的遗产

B. 甲和乙可以继承吴某的遗产

C. 胡某和丙可以继承吴某的遗产

D. 乙和丁可以继承吴某的遗产

**64.** 某机关法定代表人甲安排驾驶员乙开车执行公务，乙以身体不适为由拒绝。甲遂临时安排丙出车，丙在途中将行人丁撞成重伤。有关部门认定丙和丁对事故的发生承担同等责任。关于丁人身损害赔偿责任的承担，下列哪些表述是错误的？

A. 甲用人不当应当承担部分赔偿责任

B. 乙不服从领导安排应当承担部分赔偿责任

C. 丙有过错应当承担部分赔偿责任

D. 该机关应当承担全部赔偿责任

**65.** 甲饲养的一只狗在乙公司施工的道路上追咬丙饲养的一只狗，行人丁避让中失足掉入施工形成的坑里，受伤严重。下列哪些说法是错误的？

A. 如甲能证明自己没有过错，不应承担对丁的赔偿责任

B. 如乙能证明自己没有过错，不应承担对丁的赔偿责任

C. 如丙能证明自己没有过错，不应承担对丁的赔偿责任

D. 此属意外事件，甲、乙、丙均不应承担对丁的赔偿责任

**66.** 关于有限责任公司和股份有限公司，下列哪些表述是正确的？

A. 有限责任公司体现更多的人合性，股份有限公司体现更多的资合性

B. 有限责任公司具有更多的强制性规范，股份有限公司通过公司章程享有更多的意思自治

C. 有限责任公司和股份有限公司的注册资本都可以在公司成立后分期缴纳，但发起设立的股份有限公司除外

D. 有限责任公司和股份有限公司的股东在例外情况下都有可能对公司债务承担连带责任

**67.** 甲公司欠乙公司货款100万元、丙公司货款50万元。2009年9月，甲公司与丁公司达成意向，拟由丁公司兼并甲公司。乙公司原欠丁公司租金80万元。下列哪些表述是正确的？

A. 甲公司与丁公司合并后，两个公司的法人主体资格同时归于消灭

B. 甲公司与丁公司合并后，丁公司可以向乙公司主张债务抵销

C. 甲公司与丁公司合并时，丙公司可以要求甲公司或丁公司提供履行债务的担保

D. 甲公司与丁公司合并时，应当分别由甲公司和丁公司的董事会作出合并决议

**68.** 甲为某有限公司股东，持有该公司15%的表决权股。甲与公司的另外两个股东长期意见不合，已两年未开成公司股东会，公司经营管理出现困难，甲与其他股东多次协商未果。在此情况下，甲可以采取下列哪些措施解决问题？

A. 请求法院解散公司
B. 请求公司以合理的价格收购其股权
C. 将股权转让给另外两个股东退出公司
D. 经另外两个股东同意撤回出资以退出公司

**69.** 甲乙丙三人拟共同设立一个有限合伙企业，下列哪些表述是错误的？

A. 该有限合伙企业至少应当有一个普通合伙人
B. 经合伙协议约定，有限合伙人可以货币、实物、劳务、知识产权或其他财产作价出资
C. 经合伙协议约定，有限合伙人可以执行部分合伙事务
D. 如有限合伙人转为普通合伙人，则对其作为有限合伙人期间企业的债务不承担连带责任

**70.** 某破产案件中，债权人向法院提出更换管理人的申请。申请书中指出了如下事实，其中哪些属于主张更换管理人的正当事由？

A. 管理人列席债权人会议时，未如实报告债务人财产接管情况，并拒绝回答部分债权人询问
B. 管理人将债务人的一处房产转让给第三人，未报告债权人委员会
C. 债权人对债务人在破产申请前曾以还债为名向关联企业划转大笔资金的情况多次要求调查，但管理人一再拖延
D. 管理人将对外追收债款的诉讼业务交给其所在律师事务所办理，并单独计收代理费

**71.** 甲公司在与乙公司交易中获得由乙公司签发的面额50万元的汇票一张，付款人为丙银行。甲公司向丁某购买了一批货物，将汇票背书转让给丁某以支付货款，并记载“不得转让”字样。后丁某又将此汇票背书给戊某。如戊某在向丙银行提示承兑时遭拒绝，戊某可向谁行使追索权？

A. 丁某　　B. 乙公司
C. 甲公司　　D. 丙银行

**72.** 某证券公司在业务活动中实施了下列行为，其中哪些违反《证券法》规定？

A. 经股东会决议为公司股东提供担保
B. 为其客户买卖证券提供融资服务
C. 对其客户证券买卖的收益作出不低于一定比例的承诺
D. 接受客户的全权委托，代理客户决定证券买卖的种类与数量

**73.** 关于保险利益，下列哪些表述是错误的？

A. 保险利益本质上是一种经济上的利益，即可以用金钱衡量的利益
B. 人身保险的投保人在保险事故发生时，对保险标的应当具有保险利益
C. 财产保险的被保险人在保险合同订立时，对保险标的应当具有保险利益
D. 责任保险的投保人在保险合同订立时，对保险标的应当具有保险利益

**74.** 2008年7月，家住A省的陈大因赡养费纠纷，将家住B省甲县的儿子陈小诉至甲县法院，该法院受理了此案。2008年8月，经政府正式批准，陈小居住的甲县所属区域划归乙县管辖。甲县法院以管辖区域变化对该案不再具有管辖权为由，将该案移送至乙县法院。乙县法院则根据管辖恒定原则，将案件送还至甲县法院。下列哪些说法是正确的？

A. 乙县法院对该案没有管辖权
B. 甲县法院的移送管辖是错误的
C. 乙县法院不得将该案送还甲县法院
D. 甲县法院对该案没有管辖权

**75.** 关于辩论原则的表述，下列哪些选项是正确的？

A. 当事人辩论权的行使仅局限于一审程序中开庭审理的法庭调查和法庭辩论阶段
B. 当事人向法院提出起诉状和答辩状是其行使辩论权的一种表现
C. 证人出庭陈述证言是证人行使辩论权的一种表现
D. 督促程序不适用辩论原则

**76.** 关于《民事诉讼法》对期间的规定，下列哪些选项是正确的？

A. 当事人申请再审的期间不适用中止、中断和延长的规定
B. 当事人提出证据的期间不适用中止、中断和延长的规定
C. 当事人申请执行的期间适用中止、中断和延长的规定
D. 当事人提起上诉的期间适用中止、中断和延长的规定

**77.** 关于民事诉讼中的法院调解与诉讼和解的区别，下列哪些选项是正确的？

A. 法院调解是法院行使审判权的一种方式，诉讼和解是当事人对自己的实体权利和诉讼权利进行处分的一种方式
B. 法院调解的主体包括双方当事人和审理该案件的审判人员，诉讼和解的主体只有双方当事人
C. 法院调解以《民事诉讼法》为依据，具有程序上的要求，诉讼和解没有严格的程序要求
D. 经过法院调解达成的调解协议生效后如有给付内容则具有强制执行力，经过诉讼和解达成的和解协议即使有给付内容也不具有强制执行力

**78.** 法院对于诉讼中有关情况的处理，下列哪些做法是正确的？

A. 甲起诉其子乙请求给付赡养费。开庭审理前，法院依法对甲、乙进行了传唤，但开庭时乙未到庭，也未向法院说明理由。法院裁定延期审理

B. 甲、乙人身损害赔偿一案，甲在前往法院的路上，胃病发作住院治疗。法院决定延期审理

C. 甲诉乙离婚案件，在案件审理中甲死亡。法院裁定按甲撤诉处理

D. 原告在诉讼中因车祸成为植物人，在原告法定代理人没有确定的期间，法院裁定中止诉讼

**79.** 关于民事审判程序与民事执行程序的关系，下列哪些说法是错误的？

A. 民事审判程序是确认民事权利义务的程序，民事执行程序是实现民事权利义务关系的程序

B. 法院对案件裁定进行再审时，应当裁定终结执行

C. 民事审判程序是民事执行程序的前提

D. 民事执行程序是民事审判程序的继续

**80.** 甲公司诉乙公司合同纠纷案，南山市 S 县法院进行了审理并作出驳回甲公司诉讼请求的判决，甲公司未提出上诉。判决生效后，甲公司因收集到新的证据申请再审。下列哪些选项是正确的？

A. 甲公司应当向 S 县法院申请再审

B. 甲公司应当向南山市中级法院申请再审

C. 法院应当适用一审程序再审本案

D. 法院应当适用二审程序再审本案

**81.** 林某诉张某房屋纠纷案，经某中级法院一审判决后，林某没有上诉，而是于收到判决书 20 日后，向省高级法院申请再审。期间，张某向中级法院申请执行判决。省高级法院经审查，认为一审判决确有错误，遂指令作出判决的中级法院再审。下列哪些说法是正确的？

A. 高级法院指令再审的同时，应作出撤销原判决的裁定

B. 中级法院再审时应作出撤销原判决的裁定

C. 中级法院应裁定中止原裁判的执行

D. 中级法院应适用一审程序再审该案

**82.** 甲公司因遗失汇票，向 A 市 B 区法院申请公示催告。在公示催告期间，乙公司向 B 区法院申报权利。关于本案，下列哪些说法是正确的？

A. 对乙公司的申报，法院只就申报的汇票与甲公司申请公示催告的汇票是否一致进行形式审查，不进行权利归属的实质审查

B. 乙公司申报权利时，法院应当组织双方当事人进行法庭调查与辩论

C. 乙公司申报权利时，法院应当组成合议庭审理

D. 乙公司申报权利成立时，法院应当裁定终结公示催告程序

**83.** 中国公民甲与外国公民乙因合同纠纷诉至某市中级法院，法院判决乙败诉。判决生效后，甲欲请求乙所在国家的法院承认和执行该判决。关于甲可以利用的途径，下列哪些说法是正确的？

A. 可以直接向有管辖权的外国法院申请承认和执行

B. 可以向中国法院申请，由法院根据我国缔结或者参加的国际条约，或者按照互惠原则，请求外国法院承认和执行

C. 可以向司法行政部门申请，由司法行政部门根据我国缔结或者参加的国际条约，或者按照互惠原则，请求外国法院承认和执行

D. 可以向外交部门申请，由外交部门向外国中央司法机关请求协助

**甲有一块价值一万元的玉石。甲与乙订立了买卖该玉石的合同，约定价金 11,000 元。由于乙没有带钱，甲未将该玉石交付与乙，约定三日后乙到甲的住处付钱取玉石。随后甲又向乙提出，再借用玉石把玩几天，乙表示同意。隔天，知情的丙找到甲，提出愿以 12,000 元购买该玉石，甲同意并当场将玉石交给丙。丙在回家路上遇到债主丁，向丙催要 9,000 元欠款甚急，丙无奈，将玉石交付与丁抵偿债务。后丁将玉石丢失被戊拾得，戊将其转卖给己。根据上述事实，请回答 84—86 题。**

**84.** 关于乙对该玉石所有权的取得和交付的表述，下列选项正确的是：

A. 甲、乙的买卖合同生效时，乙直接取得该玉石的所有权

B. 甲、乙的借用约定生效时，乙取得该玉石的所有权

C. 由于甲未将玉石交付给乙，所以乙一直未取得该玉石的所有权

D. 甲通过占有改定的方式将玉石交付给了乙

**85.** 关于丙、丁对该玉石所有权的取得问题，下列说法正确的是：

A. 甲将玉石交付给丙时，丙取得该玉石的所有权

B. 甲、丙的买卖合同成立时，丙取得该玉石的所有权

C. 丙将玉石交给丁时，丁取得该玉石的所有权

D. 丁不能取得该玉石的所有权

**86.** 关于该玉石的返还问题，下列说法正确的是：

A. 戊已取得了该玉石的所有权，原所有权人无权请求返还该玉石

B. 该玉石的真正所有权人请求己返还该玉石不受时间限制

C. 该玉石的真正所有权人可以在戊与己的转让行为生效之日起两年内请求己返还该玉石

D. 该玉石的真正所有权人可以在知道或者应当知道该玉石的受让人己之日起两年内请求己返还该玉石

**常年居住在Y省A县的王某早年丧妻，独自一人将两个儿子和一个女儿养大成人。大儿子王甲居住在Y省B县，二儿子王乙居住在Y省C县，女儿王丙居住在W省D县。2000年以来，王某的日常生活费用主要来自大儿子王甲每月给的800元生活费。2003年12月，由于物价上涨，王某要求二儿子王乙每月也给一些生活费，但王乙以自己没有固定的工作、收入不稳定为由拒绝。于是，王某将王乙告到法院，要求王乙每月支付给自己赡养费500元。根据上述事实，请回答87—90题。**

**87.** 关于本案当事人的确定，下列选项正确的是：

A. 王某是本案的唯一原告

B. 王乙是本案的唯一被告

C. 王乙与王丙应当是本案的被告，王甲不是本案的被告

D. 王乙、王丙和王甲应当是本案的被告

**88.** 关于对本案享有管辖权的法院，下列选项正确的是：

A. Y省A县法院　　B. Y省B县法院

C. Y省C县法院　　D. W省D县法院

**89.** 诉讼过程中，Y省适逢十年不遇的冰雪天气，王某急需生煤炉取暖，但已无钱买煤。王某听说王乙准备把自己存折上3,000多元钱转到一个朋友的账户上。对此，王某可以向法院申请采取的措施是：

A. 对妨害民事诉讼的强制措施

B. 诉讼保全措施

C. 证据保全措施

D. 先予执行措施

**90.** 本案于2004年6月调解结案，王某生活费有了增加。但2008年3月后，由于王某经常要看病，原调解书确定王乙所给的赡养费用及王甲所给费用已经不足以维持王某的日常开支，王某欲增加赡养费。对此，王某可以采取的法律措施是：

A. 增加诉讼请求，要求法院对原来的案件继续审理

B. 申请对原来的案件进行再审

C. 另行提起诉讼

D. 根据一事不再理的原则，王某不可以要求继续审理或申请再审，也不可以另行起诉，只可以协商解决

## 参考答案与解析

**1. C**。A中，甲乙之间的赔偿关系属于财产关系。因此，A错误。B中，绝对权是指无须通过义务人实施一定的行为即可实现并可对抗不特定人的权利。甲请求乙赔偿的权利显然不属于绝对权，而属于相对权，即通过义务人实施一定的行为才能实现并只能对抗特定人的权利。因此，B错误。C中，甲因遭乙饲养的狗咬伤而取得对乙的赔偿请求权，甲乙双方形成侵权损害赔偿之债，甲的请求权适用诉讼时效，C正确。D中，抗辩权的作用在于对抗而非否认对方的权利，乙拒绝赔偿在性质上为行使否认权。因此D错误。

**2. C**。公民按照协议提供资金或者实物，并约定参与合伙盈余分配，但不参与合伙经营、劳动的，或者提供技术性劳务而不提供资金、实物，但约定参与盈余分配的，视为合伙人。因此，李南和张西为合伙人。

**3. A**。《民法典》第67条第2款规定："法人分立的，其权利和义务由分立后的法人享有连带债权，承担连带债务，但是债权人和债务人另有约定的除外。"因此，甲公司分别与乙公司和丙公司之间的约定仅在其内部有约束力，对外乙丙应承担连带责任，因此，A正确。

**4. D**。无权代理是指在没有代理权的情况下以他人名义实施的民事行为。《民法典》第171条第1款规定："行为人没有代理权、超越代理权或者代理权终止后，仍然实施代理行为，未经被代理人追认的，对被代理人不发生效力。"A中，甲冒用乙的名义将稿酬据为己有，并没有直接归属本人乙所有，故甲的行为是侵权而非无权代理，因此A错误。C中刘某并没有以委托人周某的名义行事，也不符合无权代理要件，故C错误。《民法典》第170条规定："执行法人或者非法人组织工作任务的人员，就其职权范围内的事项，以法人或者非法人组织的名义实施的民事法律行为，对法人或者非法人组织发生效力。法人或者非法人组织对执行其工作任务的人员职权范围的限制，不得对抗善意相对人。"故B的情形可能属于表见代理，其代理行为有效，也可能属于表见代表，因此B错误。关某以李某名义代收物品、代为支付货款，但未得到李某的授权，构成无权代理。D正确。

**5. D**。《诉讼时效规定》第11条规定："下列事项之一，人民法院应当认定与提起诉讼具有同等诉讼时效中断的效力：（一）申请支付令；（二）申请破

产、申报破产债权；（三）为主张权利而申请宣告义务人失踪或死亡；（四）申请诉前财产保全、诉前临时禁令等诉前措施；（五）申请强制执行；（六）申请追加当事人或者被通知参加诉讼；（七）在诉讼中主张抵销；（八）其他与提起诉讼具有同等诉讼时效中断效力的事项。”故D不能产生诉讼时效中断的效力，当选。

**6. D**。甲与乙的赠与合同可以附条件，但所附条件为解除条件，合同生效时乙已取得藏书的所有权。故D正确。

**7. D**。权利质押制度是指债务人或第三人为担保债务的清偿，将其除财产所有权以外的可让与的财产权利设定担保，当债务人不履行债务时，债权人有权就该权利以拍卖、变卖、转让、兑现、使用等方式实现其债权的法律制度。《民法典》第440条规定：“债务人或者第三人有权处分的下列权利可以出质：（一）汇票、本票、支票；（二）债券、存款单；（三）仓单、提单；（四）可以转让的基金份额、股权；（五）可以转让的注册商标专用权、专利权、著作权等知识产权中的财产权；（六）现有的以及将有的应收账款；（七）法律、行政法规规定可以出质的其他财产权利。”据此，ABC均为权利质权的标的，D应为抵押权而非权利质权的标的。故D正确。

**8. C**。《民法典》第400条第1款规定：“设立抵押权，当事人应当采用书面形式订立抵押合同。”双方设立抵押的意思表示达成一致后，抵押合同即有效。故BD错误。《民法典》第221条第1款规定：“当事人签订买卖房屋的协议或者签订其他不动产物权的协议，为保障将来实现物权，按照约定可以向登记机构申请预告登记。预告登记后，未经预告登记的权利人同意，处分该不动产的，不发生物权效力。”据此，甲公司未经预告登记人乙公司的同意不得办理抵押，故A错误。综上，C正确。

**9. B**。种类之债是指以不特定而可特定的物为标的的债。本题中一套住房或者是一辆宝马轿车都是已经确定下来的标的物，故A错误。选择之债是指债的关系成立时有数个标的，享有选择权的当事人有权从数个标的中选择其一而为给付的债。本题中甲乙间债之标的由乙选择确定。故B正确。《民法典》第518条规定：“债权人为二人以上，部分或者全部债权人均可以请求债务人履行债务的，为连带债权；债务人为二人以上，债权人可以请求部分或者全部债务人履行全部债务的，为连带债务。连带债权或者连带债务，由法律规定或者当事人约定。”本题中债权人、债务人均为一人，甲乙间债之关系并非连带之债。故C错误。劳务之债属于债的一种，是以劳务人提供的劳务为标的的债。本题中甲乙债之关系的标的为物，故D错误。

**10. C**。《民法典》第527条规定，应当先履行债务的当事人，有确切证据证明对方经营状况严重恶化的，可以中止履行。据此，在乙公司已濒临破产的情况下，甲公司有权中止履行合同。故A错误。《民法典》第526条规定，当事人互负债务，有先后履行顺序，应当先履行债务一方未履行的，后履行一方有权拒绝其履行请求。先履行一方履行债务不符合约定的，后履行一方有权拒绝其相应的履行请求。本题中，甲公司已经履行了大部分义务，据此乙公司只能拒绝相应履行而不能完全拒绝履行，故B错误。《民法典》第578条规定，当事人一方明确表示或者以自己的行为表明不履行合同义务的，对方可以在履行期限届满之前请求其承担违约责任。本题中，乙公司在其履行期限届满之前表示已无力履行合同，根据前述规定，甲公司有权要求乙公司承担违约责任，故C正确。根据《民法典》第526条，本题中，甲公司负有先履行义务，其无权行使顺序抗辩权，故D错误。

**11. C**。《民法典》第121条规定：“没有法定的或者约定的义务，为避免他人利益受损失而进行管理的人，有权请求受益人偿还由此支出的必要费用。”本题中，李某虽有为自己的初衷，但其行为的直接目的在于为张某修缮房屋，故有为他人利益的主观目的，故A错误。无因管理重在为他人利益管理他人事务，至于管理的效果不影响无因管理的成立，故B错误。本题中，李某的行为构成无因管理，根据前述规定，李某有权要求张某支付管理费用，故D错误。综上，C正确。

**12. B**。《民法典》第314条规定：“拾得遗失物，应当返还权利人。拾得人应当及时通知权利人领取，或者送交公安等有关部门。”据此，本题中，甲应将其拾得的牛返还给失主乙。故CD错误。《民法典》第316条规定：“拾得人在遗失物送交有关部门前，有关部门在遗失物被领取前，应当妥善保管遗失物。因故意或者重大过失致使遗失物毁损、灭失的，应当承担民事责任。”《民法典》第317条第3款规定：“拾得人侵占遗失物的，无权请求保管遗失物等支出的费用，也无权请求权利人按照承诺履行义务。”本题中，甲本应妥善照顾拾得的牛，但甲却使用该牛致其劳累过度生病，甲的行为违反了《民法典》第316条关于妥善保管遗失物的规定。甲拒绝返还该牛，已构成对遗失物的侵占，据此甲无权要求乙支付保管费用，A错误。综上B正确。

**13. C**。《著作权法》第11条规定，著作权属于作者。创作作品的自然人是作者。本题中的作品《隐形翅膀》由小刘创作，著作权人应为小刘，故AB错误。《民法典》第19条规定：“八周岁以上的未成年人为限制民事行为能力人，实施民事法律行为由其法定代理人代理或者经其法定代理人同意、追认；但是，可以独立实施纯获利益的民事法律行为或者与其年龄、智力相适应的民事法律行为。”根据前述规定，小刘作为限制民事行为能力人，除纯获利益的民事法律行为或者与其年龄、智力相适应的民事法律行为可以独立实施外，应由其父母作为法定代理人代为处理其小说网络传播权转让事务。故D错误。综上，C正确。

**14. D**。《著作权法》第22条规定，作者的署名权、修改权、保护作品完整权的保护期不受限制。故丙的行为不构成侵权。

**15. B**。ACD中，刘某、五湖公司和四海公司均非侵权产品的制造者和销售者，只是侵权产品的使用者，根据《著作权法》《商标法》和《专利法》，前述主体不构成侵权。

**16. A**。《著作权法》第10条规定，复制权属于著作权人的财产权。第23条规定，复制权超过保护期后不再予以保护。故A错误。《著作权法》第10条规定，署名权属于著作权人的人身权。第22条规定，作品署名权的保护期不受限制。故丙出版社侵犯了甲的署名权，故B正确。《民法典》第1012条规定："自然人享有姓名权，有权依法决定、使用、变更或者许可他人使用自己的姓名，但是不得违背公序良俗。"《民法典》第1014条规定："任何组织或者个人不得以干涉、盗用、假冒等方式侵害他人的姓名权或者名称权。"本题中，丙公司未经丁的许可、盗用了丁的姓名，侵犯了丁的姓名权，故C正确。《商标法》第57条规定："有下列行为之一的，均属侵犯注册商标专用权：（一）未经商标注册人的许可，在同一种商品上使用与其注册商标相同的商标的；……"本题中，丙出版社擅自使用乙的注册商标构成了对乙商标权的侵犯，故D正确。

**17. A**。《民法典》第1052条第1、2款规定："因胁迫结婚的，受胁迫的一方可以向人民法院请求撤销婚姻。请求撤销婚姻的，应当自胁迫行为终止之日起一年内提出。"《民法典》第1051条规定："有下列情形之一的，婚姻无效：（一）重婚；（二）有禁止结婚的亲属关系；（三）未到法定婚龄。"本题中，乙受甲胁迫与之结婚，符合可撤销婚姻的要件。乙作为受胁迫的一方可以自胁迫行为终止之日起1年内向人民法院请求撤销婚姻。但是，乙未在甲的胁迫行为终止之后的1年内请求撤销婚姻，不能再以受胁迫结婚这一事由请求撤销婚姻。此外，《民法典》将原《婚姻法》规定的"婚前患有医学上认为不应当结婚的疾病，婚后尚未治愈的"这一导致婚姻无效的情形删去，至此目前无效婚姻的情形仅剩3种。《民法典》第1053条规定："一方患有重大疾病的，应当在结婚登记前如实告知另一方；不如实告知的，另一方可以向人民法院请求撤销婚姻。请求撤销婚姻的，应当自知道或者应当知道撤销事由之日起一年内提出。"本题中，甲婚前患有重大疾病而未告知乙，符合可撤销婚姻的事由，乙在得知后随即请求法院撤销也符合撤销权除斥期间的规定。因此，A正确，B错误。《婚姻家庭编解释（一）》第11条规定："人民法院受理请求确认婚姻无效案件后，原告申请撤诉的，不予准许。对婚姻效力的审理不适用调解，应当依法作出判决。涉及财产分割和子女抚养的，可以调解。调解达成协议的，另行制作调解书；未达成调解协议的，应当一并作出判决。"该条是对婚姻无效案件的规定，但本题属于婚姻撤销的案件，法律并未有特殊规定，应适用一般规则。因此对该案的审理可以进行调解，当事人对处理结果也可以提起上诉。因此，CD错误。

**18. B**。《著作权法实施条例》第17条规定，作者生前未发表的作品，如果作者未明确表示不发表，作者死亡后50年内，其发表权可由继承人或者受遗赠人行使；没有继承人又无人受遗赠的，由作品原件的所有人行使。据此，只有继承人和受遗赠人才能行使发表权。本题中，乙和丁均非继承人和受遗赠人，因此乙和丁不能行使发表权，故B正确，ACD错误。

**19. D**。《民法典》第1192条第1款规定，个人之间形成劳务关系，提供劳务一方因劳务造成他人损害的，由接受劳务一方承担侵权责任。接受劳务一方承担侵权责任后，可以向有故意或者重大过失的提供劳务一方追偿。提供劳务一方因劳务受到损害的，根据双方各自的过错承担相应的责任。据此，D正确。

**20. D**。《民法典》第1201条规定，无民事行为能力人或者限制民事行为能力人在幼儿园、学校或者其他教育机构学习、生活期间，受到幼儿园、学校或者其他教育机构以外的第三人人身损害的，由第三人承担侵权责任；幼儿园、学校或者其他教育机构未尽到管理职责的，承担相应的补充责任。幼儿园、学校或者其他教育机构承担补充责任后，可以向第三人追偿。据此，小贩刘某将李某打伤，系直接侵权人，应承担损害赔偿责任；作为班主任的张某未跟进照顾学生也有过错，故学校应承担补充赔偿责任。

**21. C**。《民法典》第1014条规定："任何组织或者个人不得以干涉、盗用、假冒等方式侵害他人的姓名权或者名称权。"《民法典》第1019条第1款规定："任何组织或者个人不得以丑化、污损，或者利用信息技术手段伪造等方式侵害他人的肖像权。未经肖像权人同意，不得制作、使用、公开肖像权人的肖像，但是法律另有规定的除外。"本题中，某医院在未经朴某同意的情况下即商业性地使用其照片，侵犯了朴某的肖像权；未经朴某同意将其名字使用在广告中，侵犯了姓名权，故C正确。

**22. B**。《公司法》对未成年人能否成为公司股东没有作出限制性规定，按照"法无禁止即自由"的原则，未成年人可以成为公司股东，其股东权利可以由法定代理人代为行使。故A错误。《公司法》第90条规定，自然人股东死亡后，其合法继承人可以继承股东资格；但是，公司章程另有规定的除外。因此，股东资格原则上可以继承，但允许公司章程作出限制，故B正确。我国《公司法》对非法人组织以及外国人的股东资格均未作出限制，且关于“股东名称”以及外商投资的有限责任公司和股份有限公司的法律适用都说明，非法人组织和外国自然人是可以成为我国公司股东的，故CD错误。

**23. B**。B忽略了有限合伙人的行为限制，即不执行合伙事务，不得对外代表有限合伙企业，甲以合伙企业的名义购买汽车一辆归合伙企业使用就是执行合伙事务，违反《合伙企业法》的规定。故B错误。

**24. D**。《合伙企业法》第50条第1款规定，继承人继承合伙人资格必须满足两个条件：一是继承人对该合伙人在合伙企业中的财产份额享有合法继承权；二是按照合伙协议的约定或者经全体合伙人一致同意。故D错误。

**25. C**。《企业破产法》第30条规定，债务人财产包括两部分：破产申请受理时属于债务人的全部财产，以及破产申请受理后至破产程序终结前债务人取得的财产。本题中，甲公司从乙公司租用的一台设备以及甲公司根据代管协议合法占有的委托人丙公司的两处房产，均不属于甲公司的财产，且其负有返还的义务，故BD错误。至于甲公司购买的一批尚未支付货款的在途货物，《企业破产法》第39条规定，人民法院受理破产申请时，出卖人已将买卖标的物向作为买受人的债务人发运，债务人尚未收到且未付清全部价款的，出卖人可以取回在运途中的标的物。但是，管理人可以支付全部价款，请求出卖人交付标的物。因此，该类财产是否属于债务人财产不具有确定性，取决于出卖人是否取回以及管理人是否支付全部价款，故A错误。C中的一处厂房虽然被设定了抵押，但抵押权是否实现以及实现的程度都具有不确定性，将其列入破产财产有利于债务人财产的妥善保管以及破产程序的顺利进行。故C正确。

**26. B**。《企业破产法》第95条第1款规定，债务人可以依照本法规定，直接向人民法院申请和解；也可以在人民法院受理破产申请后、宣告债务人破产前，向人民法院申请和解。因此，和解的申请权在债务人，无论谁申请破产清算，债权人、债务人的出资人都无权申请和解，AD错误。但重整与此不同，《企业破产法》第70条规定，债务人或者债权人可以依照本法规定，直接向人民法院申请对债务人进行重整。债权人申请对债务人进行破产清算的，在人民法院受理破产申请后、宣告债务人破产前，债务人或者出资额占债务人注册资本1/10以上的出资人可以向人民法院申请重整。故B正确。至于破产清算的申请权，《企业破产法》第7条规定，债权人和债务人均有权提出，并不受重整申请权主体的限制。C错误。

**27. A**。《票据法》第13条规定，票据债务人不得以自己与出票人或者与持票人的前手之间的抗辩事由，对抗持票人。但是，持票人明知存在抗辩事由而取得票据的除外。票据债务人可以对不履行约定义务的与自己有直接债权债务关系的持票人，进行抗辩。A中丙公司与汇票付款人某银行因10万元到期贷款未偿还而存在直接的债权债务关系，故银行可以拒绝付款，A正确。B中票据债务人（甲公司）以持票人（丙公司）的前手（乙公司）交付的电脑质量存在瑕疵为抗辩理由，因选项中未出现“持票人明知”的提示，故应认为此抗辩不成立。C完全忽略了票据抗辩的存在，C错误。D中甲公司在签发汇票时签注“以收到货物为付款条件”，违背了票据的无因性，D错误。

**28. A**。本题涉及人身保险合同中被保险人因第三人的行为而发生保险事故时的赔偿问题的处理。《保险法》第46条规定，被保险人因第三者的行为而发生死亡、伤残或者疾病等保险事故的，保险人向被保险人或者受益人给付保险金后，不得享有向第三者追偿的权利。但被保险人或者受益人仍有权向第三者请求赔偿。首先，第三人的法律责任只能由被保险人或者受益人主张，保险公司无权主张，故B错误。其次，被保险人或者受益人的保险金支付请求以及损害赔偿请求之间没有先后顺序，A正确，C错误。保险金支付请求是被保险人和受益人的权利，当然可以通过诉讼手段获得救济，D错误。

**29. A**。本题涉及财产保险合同代位赔偿的适用问题。《保险法》第62条规定，除被保险人的家庭成员或者其组成人员故意损害保险标的而造成保险事故以外，保险人不得对被保险人的家庭成员或者其组成人员行使代位请求赔偿的权利。所谓代位求偿，是指保险人自向被保险人赔偿保险金之日起，在赔偿金额范围内代位行使被保险人对第三者请求赔偿的权利。从本题所述案情来看：保姆为被保险人潘某的家庭成员；保姆外出忘记锁门，窃贼乘虚而入，并非因故意造成保险标的损害，主观要件不符。因此，保险公司应当赔偿潘某的损失，且在赔偿之后不得向保姆追偿。故A正确。

**30. D**。《证券法》第101条第2款规定，实行会员制的证券交易所的财产积累归会员所有，其权益由会员共同享有，在其存续期间，不得将其财产积累分配给会员。故A错误。《证券法》第102条第2款规定，证券交易所设总经理一人，由国务院证券监督管理机构任免。据此，理事会没有选举权，故B错误。《证券法》第99条第2款规定，设立证券交易所必须制定章程。证券交易所章程的制定和修改，必须经国务院证券监督管理机构批准。故C错误。《证券法》第96条第2款规定，证券交易所、国务院批准的其他全国性证券交易场所的设立、变更和解散由国务院决定。故 D 正确。

**31. A**。《民事诉讼法》第 19 条第 1 项规定，重大涉外案件由中级人民法院管辖。《民诉解释》第 1 条规定，《民事诉讼法》第 19 条第 1 项规定的重大涉外案件，包括争议标的额大的案件、案情复杂的案件，或者一方当事人人数众多等具有重大影响的案件。对于普通的涉外案件，则一般由基层人民法院管辖，故 B 错误，不应选。《民事诉讼法》第 20 条规定，高级人民法院管辖在本辖区内有重大影响的案件。《民事诉讼法》第 21 条规定，最高人民法院管辖下列第一审民事案件：（1）在全国有重大影响的案件；（2）认为应当由本院审理的案件。因此，高级人民法院无权管辖其认为应当由其管辖的第一审案件，这属于最高人民法院的权限。故 CD 错误，不应选。民事诉讼第一审民事案件原则上由基层人民法院管辖，故 A 正确，应选。

**32. A**。反诉是指在诉讼进行过程中，本诉的被告以原告为被告，向受理本诉的人民法院提出与本诉具有牵连关系的、目的在于抵消或者吞并本诉原告诉讼请求的独立的反请求。而反驳则是指被告列举事实和理由来否定原告主张的事实和理由，以拒绝接受原告提出的诉讼请求。本题中被告乙公司的主张形成了一个新的诉讼请求，构成了反诉，而不是反驳，故 A 正确。

**33. D**。诉讼标的是指双方当事人发生争议而请求法院作出裁判的民事法律关系；诉讼请求指当事人向法院提出的具体请求。每一起民事诉讼只能有一个诉讼标的，但当事人根据这一标的可提出若干诉讼请求。本题中，王某要求刘某不得将垃圾袋放在家门口，以保证自家的正常通行和维护环境卫生，其诉讼标的只有一个，即原被告之间的相邻关系，D 正确，当选。而 ABC 三项内容为原告王某所提出的诉讼请求，不当选。

**34. C**。《民法典》第 1201 条规定："无民事行为能力人或者限制民事行为能力人在幼儿园、学校或者其他教育机构学习、生活期间，受到幼儿园、学校或者其他教育机构以外的第三人人身损害的，由第三人承担侵权责任；幼儿园、学校或者其他教育机构未尽到管理职责的，承担相应的补充责任。幼儿园、学校或者其他教育机构承担补充责任后，可以向第三人追偿。"刘某致伤王甲，应该承担侵权责任。幼儿园未尽职责范围内的相关义务致使未成年人遭受人身损害，也应当承担与其过错相应的赔偿责任。故本案中刘某和幼儿园皆应当作为被告，C 应选。

**35. C**。有独立请求权的第三人是指对原告和被告争议的诉讼标的有独立的请求权，而参加诉讼的人。其应该符合以下条件：第一，对本诉中的原告和被告争议的诉讼标的，主张独立的请求权；第二，所参加的诉讼正在进行中；第三，以起诉的方式参加。本题中丙主张对甲、乙之间的争议的古董享有所有权，故丙在甲、乙之间的诉讼中为有独立请求权第三人。有独立请求权第三人只能以起诉的方式参加诉讼，法院不能依职权主动追加，故 A 错误。有独立请求权第三人是参加诉讼的当事人，不是本诉的当事人，无权对本诉的管辖权提出异议。如果是有独立请求权第三人主动参加他人已开始的诉讼，应视为承认和接受受诉法院的管辖。如果是受诉法院通知有独立请求权的第三人参加诉讼，该第三人如认为受诉法院对他的诉讼无管辖权，可以拒绝参加诉讼，以原告身份另行向有管辖权的法院提起诉讼，而不必提出管辖权异议。故 B 错误。《民诉解释》第 236 条规定，有独立请求权的第三人经人民法院传票传唤，无正当理由拒不到庭的，或者未经法庭许可中途退庭的，比照《民事诉讼法》的规定，按撤诉处理。故 C 正确。《民诉解释》第 237 条规定，有独立请求权的第三人参加诉讼后，原告申请撤诉，人民法院在准许原告撤诉后，有独立请求权的第三人作为另案原告，原案原告、被告作为另案被告，诉讼继续进行。有独立请求权第三人的参加之诉与本诉为两个相互独立的诉讼，当事人撤回本诉并不影响参加之诉的继续进行，故 D 错误。

**36. A**。根据证据与案件主要事实的证明关系的不同，可以将证据分为直接证据和间接证据。直接证据是能够单独、直接证明待证事实的全部或者部分的证据。间接证据是通过与其他证据结合在一起才能证明待证事实的证据。根据证据来源的不同，可以将证据分为原始证据和传来证据。原始证据是直接来源于案件事实，未经复制或转抄的证据，也被称为案件的第一手材料。传来证据是指不是直接来源于案件事实，而是经过复制、转述的证据。根据证据与证明责任承担者的关系，可以将证据分为本证和反证。所谓本证，是对主张事实负有举证责任的当事人所提出的支持其主张的证据。反证是对该事实不负有举证责任的当事人所提出的反驳对方主张的证据。在理解前述分类时要注意，原始证据不等于直接证据，传来证据也不等于间接证据。原始证据既有可能是直接证据，也可能是间接证据；传来证据同样如此。故 A 正确。证人转述他人所见的案件事实为传来证据，并非一定属于间接证据，故 C 错误。本证与反证的划分并非以原被告的身份为根据，原告提出的证据有可能是反证，被告提出的证据也有可能是本证，故 B 错误。间接证据应当与其他证据结合在一起才能证明待证事实，其不可以单独作为认定案件事实的依据，故 D 错误。

**37. B**。《民事诉讼法》第 136 条第 4 项规定，需要开庭审理的，通过要求当事人交换证据等方式，明确争议焦点。因此，民事案件在开庭审理前，证据交换由法院依职权决定，而不取决于当事人是否申请。

A错误，B正确。《民事诉讼法》第68条第2款规定，人民法院根据当事人的主张和案件审理情况，确定当事人应当提供的证据及其期限。当事人在该期限内提供证据确有困难的，可以向人民法院申请延长期限，人民法院根据当事人的申请适当延长。当事人逾期提供证据的，人民法院应当责令其说明理由；拒不说明理由或者理由不成立的，人民法院根据不同情形可以不予采纳该证据，或者采纳该证据但予以训诫、罚款。故CD错误。

**38. D**。《最高人民法院关于民事诉讼证据的若干规定》第10条规定："下列事实，当事人无须举证证明：……（六）已为人民法院发生法律效力的裁判所确认的基本事实；（七）已为有效公证文书所证明的事实。……第六项、第七项事实，当事人有相反证据足以推翻的除外。"故A正确。诉讼过程中，一方当事人对另一方当事人陈述的案件事实明确表示承认的，另一方当事人无需举证。但涉及身份关系的案件除外。故B正确。在诉讼中，当事人为达成调解协议或者和解的目的作出妥协所涉及的对案件事实的认可，不得在其后的诉讼中作为对其不利的证据。故C正确。《最高人民法院关于民事诉讼证据的若干规定》第5条规定，当事人委托代理人参加诉讼的，代理人的承认视为当事人的承认。但未经特别授权的代理人对事实的承认直接导致承认对方诉讼请求的除外；当事人在场但对其代理人的承认不作否认表示的，视为当事人的承认。故D错误，当选。

**39. C**。《民事诉讼法》第89条规定，受送达人或者他的同住成年家属拒绝接收诉讼文书的，送达人可以邀请有关基层组织或者所在单位的代表到场，说明情况，在送达回证上记明拒收事由和日期，由送达人、见证人签名或者盖章，把诉讼文书留在受送达人的住所；也可以把诉讼文书留在受送达人的住所，并采用拍照、录像等方式记录送达过程，即视为送达。根据这一规定，只有C做法正确，应选，ABD做法错误，不应选。

**40. B**。《民事诉讼法》第124条规定，起诉状应当记明下列事项：（1）原告的姓名、性别、年龄、民族、职业、工作单位、住所、联系方式，法人或者其他组织的名称、住所和法定代表人或者主要负责人的姓名、职务、联系方式；（2）被告的姓名、性别、工作单位、住所等信息，法人或者其他组织的名称、住所等信息；（3）诉讼请求和所根据的事实与理由；（4）证据和证据来源，证人姓名和住所。据此，民事起诉状的法定内容并不包括案由，故B正确。

**41. C**。本题中双方达成调解协议后被上诉人虽然当场将钱款付清，似乎属于《民事诉讼法》第101条第1款第3项所规定的可以不制作调解书的情形，但还应注意本题中被上诉人提出了制作调解书的请求，并且二审法院的调解结果除终结纠纷外，还具有对一审法院的判决效力产生影响的功能，在二审法院作出调解书之后，一审判决即视为撤销，故法院应制作调解书。本题正确答案应为C。

**42. A**。本案中，被告经过传票传唤后离家出走，无正当理由拒不到庭，对其可以缺席判决，其离家出走的行为不构成法律所规定的中止诉讼的情形，故A正确，应选，D错误，不应选。本案中被告并非在原告起诉时即下落不明，而是在起诉后并被送达传票之后才离家出走下落不明的，故不得再对其重新适用公告送达，B错误，不选。委托诉讼代理人的选任须经过被代理人的授权，未经被代理人的授权，法院不得为当事人指定诉讼代理人，故C错误。

**43. A**。《民事诉讼法》第154条第3项规定，离婚案件一方当事人死亡的，终结诉讼。据此，对于离婚案件，不论处于一审中，还是处于二审中，只要出现了一方当事人死亡的情况，即应裁定终结诉讼，而不能作其他处理。故本题正确答案应为A。

**44. B**。执行过程中，案外人对执行标的提出书面异议的，人民法院应当自收到书面异议之日起15日内审查。案外人对原判决、裁定、调解书确定的执行标的物主张权利，且无法提起新的诉讼解决争议的，可以在判决、裁定、调解书发生法律效力后2年内，或者自知道或应当知道利益被损害之日起3个月内，向作出原判决、裁定、调解书的人民法院的上一级人民法院申请再审。故AD两项说法都是正确的，不选。李某对裁定不服，其所提出的主张与原判决有关，故不能向法院起诉，B说法是错误的，应选。若法院启动了再审程序，则李某在该再审程序中为必要共同诉讼人，故应当追加李某为当事人，C说法是正确的，不应选。本题正确答案为B。

**45. B**。选民资格案件的起诉人的范围非常广泛，并不一定是选民名单所涉及的公民本人，其他任何公民认为选民名单有错误的，也可以对选民名单进行申诉，对申诉处理决定不服的，可以向人民法院提起诉讼。因此，起诉人并不一定与本案有直接利害关系，B错误，应选。审理时，起诉人、选举委员会的代表和有关公民必须参加。故A正确，不应选。依照本章程序审理的案件，实行一审终审。选民资格案件或者重大、疑难的案件，由审判员组成合议庭审理；其他案件由审判员一人独任审理。根据这一规定，CD两项说法都是正确的，不应选。

**46. D**。被执行人在人民法院决定暂缓执行的期限届满后仍不履行义务的，人民法院可以直接执行担保财产，或者裁定执行担保人的财产，但执行担保人的财产以担保人应当履行义务部分的财产为限。据此，本题的正确答案为D。

**47. D**。根据《民法典》的规定，申请宣告死亡没有顺序限制。A错误。《民法典》第49条规定："自然人被宣告死亡但是并未死亡的，不影响该自然人在被宣告死亡期间实施的民事法律行为的效力。”在宣告死亡期间实施的民事法律行为不一定是有效的，例如被宣告死亡人在宣告死亡期间进行的买卖毒品的行为，该民事法律行为就是无效的。B 错误。《民法典》第 51 条规定：“被宣告死亡的人的婚姻关系，自死亡宣告之日起消除。死亡宣告被撤销的，婚姻关系自撤销死亡宣告之日起自行恢复。但是，其配偶再婚或者向婚姻登记机关书面声明不愿意恢复的除外。”据此，C 错误。《民法典》第 53 条第 1 款规定：“被撤销死亡宣告的人有权请求依照本法第六编取得其财产的民事主体返还财产；无法返还的，应当给予适当补偿。”据此，D 正确。

**48. ABC**。《诉讼时效规定》第 1 条规定：“当事人可以对债权请求权提出诉讼时效抗辩，但对下列债权请求权提出诉讼时效抗辩的，人民法院不予支持：（一）支付存款本金及利息请求权；（二）兑付国债、金融债券以及向不特定对象发行的企业债券本息请求权；（三）基于投资关系产生的缴付出资请求权；（四）其他依法不适用诉讼时效规定的债权请求权。”据此，A 正确。《民法典》第 197 条规定，诉讼时效的期间、计算方法以及中止、中断的事由由法律规定，当事人约定无效。当事人对诉讼时效利益的预先放弃无效。据此，B 正确。《诉讼时效规定》第 2 条规定，当事人未提出诉讼时效抗辩，人民法院不应对诉讼时效问题进行释明。据此，C 正确。《诉讼时效规定》第 3 条第 1 款规定，当事人在一审期间未提出诉讼时效抗辩，在二审期间提出的，人民法院不予支持，但其基于新的证据能够证明对方当事人的请求权已过诉讼时效期间的情形除外。据此，D 错误。

**49. ABCD**。《民法典》第 312 条规定：“所有权人或者其他权利人有权追回遗失物。该遗失物通过转让被他人占有的，权利人有权向无处分权人请求损害赔偿，或者自知道或者应当知道受让人之日起二年内向受让人请求返还原物；但是，受让人通过拍卖或者向具有经营资格的经营者购得该遗失物的，权利人请求返还原物时应当支付受让人所付的费用。权利人向受让人支付所付费用后，有权向无处分权人追偿。”据此，甲如果想追回其自行车，首先，应证明丙拾得其遗失的自行车，A 正确。如甲能证明丙偷其自行车，也可通过《刑法》《治安管理处罚法》等规定追缴后追回。因此 B 正确。其次，甲证明乙在受让该自行车时并非善意时，乙不能适用善意取得，甲可以追回该自行车，据此 C 正确。最后，根据《民法典》第 311 条，甲证明乙没有以合理价格受让，乙不能适用善意取得，甲也可追回该自行车，据此 D 正确。

**50. ABCD**。建筑物脱落造成他人伤害的侵权行为应适用推定过错的举证责任倒置方法，其归责原则仍为过错推定原则，AD 正确。甲、乙、丙作为共有人因共有物对丁产生的侵权债务应承担连带责任，据此丁有权请求共有人甲承担侵权责任，B 正确。甲作为共有人承担共有债务后，对超过其应承担份额的部分，有权向乙、丙追偿，C 正确。

**51. ABD**。《民法典》第 406 条规定：“抵押期间，抵押人可以转让抵押财产。当事人另有约定的，按照其约定。抵押财产转让的，抵押权不受影响。抵押人转让抵押财产的，应当及时通知抵押权人。抵押权人能够证明抵押财产转让可能损害抵押权的，可以请求抵押人将转让所得的价款向抵押权人提前清偿债务或者提存。转让的价款超过债权数额的部分归抵押人所有，不足部分由债务人清偿。”抵押权不以抵押物的占有为必要，亦无限制抵押物的所有人（抵押人）处分抵押物的权利。抵押人转让抵押物的，抵押物取得人将承受抵押物上包括抵押权在内的负担。此所谓“抵押权追及效力主义”。本题中，抵押期间内，乙公司作为抵押人，可以转让抵押财产。无论抵押权人银行是否同意，房屋管理部门都可以为其办理过户手续。因此，A 正确。《民法典》第 524 条规定，对债务的清偿拥有法律上利害关系的第三人，享有代为清偿请求权；代为清偿后，享有代位求偿权。抵押期间，抵押物转让的，抵押物的受让人是否享有“涤除权”（代为清偿请求权的一种），《民法典》第 406 条未作规定。但是，由于抵押物的受让人对抵押物担保的债务之清偿拥有法律上的利害关系，根据《民法典》第 524 条，抵押物的受让人享有“涤除权”。这是通过体系解释得出的结论。由此可见，《民法典》问世后，我国民法的体系性有所增强。本题中，丙公司作为受让人代为清偿债务后，抵押权便告消灭，原抵押财产的转让与原抵押权人银行不再有关，更不需其同意。因此，B 正确。即使银行证明房屋转让可能损害其抵押权，也不能阻止该转让生效，但可以请求乙公司将转让所得的价款向其提前清偿债务或者提存。因此，C 错误。如果甲公司作为债务人清偿了债务，银行的债权消灭，其抵押权也随之消灭。因此，D 正确。

**52. ACD**。《民法典》第 148 条规定：“一方以欺诈手段，使对方在违背真实意思的情况下实施的民事法律行为，受欺诈方有权请求人民法院或者仲裁机构予以撤销。”《民法典》第 152 条规定：“有下列情形之一的，撤销权消灭：（一）当事人自知道或者应当知道撤销事由之日起一年内、重大误解的当事人自知道或者应当知道撤销事由之日起九十日内没有行使撤销权；……”据此，享有撤销权的当事人为受损害方，本题中甲公司为受欺诈一方，甲公司有权自知道或应当知道撤销事由之日起 1 年内行使撤销权，因此 A 正确，B 错误。根据可撤销合同效力的规定，可撤销合同在被撤销前推定为有效合同，据此甲公司有权不行使撤销权，使可撤销合同继续生效并履行该合同，因此 C 正确。在甲公司决定撤销该合同前，该合同依然有效，乙公司有权按合同约定要求甲公司支付货款，因此D正确。

**53. AB**。《民法典》第186条规定："因当事人一方的违约行为，损害对方人身权益、财产权益的，受损害方有权选择请求其承担违约责任或者侵权责任。"本题中，对于商场出售化妆品导致孙女士身体受到的伤害和由此造成的经济损失，孙女士有权要求商场承担商品质量不合格的违约责任，也可以选择要求商场承担侵犯身体健康权的侵权责任。因此，AB正确。《民法典》第500条规定："当事人在订立合同过程中有下列情形之一，造成对方损失的，应当承担赔偿责任：（一）假借订立合同，恶意进行磋商；（二）故意隐瞒与订立合同有关的重要事实或者提供虚假情况；（三）有其他违背诚信原则的行为。"本题中，根据题干信息不能确定商场存在上述情况。《民法典》第502条第1款规定："依法成立的合同，自成立时生效，但是法律另有规定或者当事人另有约定的除外。"本题中，孙女士与某商城之间的化妆品买卖合同已成立生效并履行完毕。孙女士不能要求商场承担缔约过失责任。因此，C错误。《民法典》第147~151条规定几种受损害方有权请求人民法院或者仲裁机构予以撤销的情形，包括重大误解、受欺诈、受胁迫、成立时显失公平几种类型。本题中，孙女士与商场签订合同过程中不存在法定的可撤销事由，不能要求撤销合同。因此，D错误。

**54. ABC**。《民法典》第634条规定："分期付款的买受人未支付到期价款的数额达到全部价款的五分之一，经催告后在合理期限内仍未支付到期价款的，出卖人可以请求买受人支付全部价款或者解除合同。出卖人解除合同的，可以向买受人请求支付该标的物的使用费。"本题中曾某到期未支付价款的金额为8万元，已超过买卖合同全部总价款的1/5，因此出卖人汽车销售公司可以要求曾某一次性支付剩余全部货款，也有权解除合同，因此AB正确。如果汽车销售公司解除合同，根据《民法典》第634条的规定，汽车销售公司有权向曾某收取汽车的使用费，因此C正确。但根据《民法典》第566条第1款规定："合同解除后，尚未履行的，终止履行；已经履行的，根据履行情况和合同性质，当事人可以请求恢复原状或者采取其他补救措施，并有权请求赔偿损失。"据此，汽车销售公司有权要求曾某赔偿损失，但应退还曾某已支付的12万元价款，据此D错误。

**55. ABC**。由于甲与丙之间不存在租赁合同关系，也未同意转租，故甲不能要求丙支付租金，因此D错误。

**56. ABD**。《民法典》第951条规定："行纪合同是行纪人以自己的名义为委托人从事贸易活动，委托人支付报酬的合同。"本题中乙商行以自己名义为甲销售大米并收取报酬，故甲与乙商行之间成立行纪合同关系，A正确。《民法典》第952条规定："行纪人处理委托事务支出的费用，由行纪人负担，但是当事人另有约定的除外。"本题中乙商行作为行纪人为销售大米支出的费用应由自己承担，B正确。《民法典》第955条第2款规定："行纪人高于委托人指定的价格卖出或者低于委托人指定的价格买入的，可以按照约定增加报酬；没有约定或者约定不明确，依据本法第五百一十条的规定仍不能确定的，该利益属于委托人。"本题中，如果乙商行与甲不能就多出价款达成协议，则按前述规定应归属于委托人甲，故C错误。《民法典》第958条第1款规定："行纪人与第三人订立合同的，行纪人对该合同直接享有权利、承担义务。"乙商行与丙食品厂订立买卖大米的合同，应由行纪人乙商行直接享有合同权利、承担合同义务，故D正确。

**57. CD**。《民法典》第850条规定："非法垄断技术或者侵害他人技术成果的技术合同无效。"故A错误，D正确。《最高人民法院关于审理技术合同纠纷案件适用法律若干问题的解释》第12条规定，根据《民法典》第850条的规定，侵害他人技术秘密的技术合同被确认无效后，除法律、行政法规另有规定的以外，善意取得该技术秘密的一方当事人可以在其取得时的范围内继续使用该技术秘密，但应当向权利人支付合理的使用费并承担保密义务。本题中，丙公司如为善意，则丙公司有权继续使用该技术成果，但应当向权利人支付合理的使用费，乙公司有权要求丙公司支付合理的使用费，故B错误。如丙公司为恶意，根据前述规定，丙公司为共同侵权人，不仅不得继续使用该技术秘密，还应承担连带责任，故C正确。

**58. AB**。"义演"并非《著作权法》第24条第1款第9项规定的"免费表演"，因此郝某表演《星光灿烂》应经过著作权人叶某的同意并支付报酬，A正确。《著作权法》第39条第1款第4项规定，表演者有权许可他人录音录像，并获得报酬，因此南极熊唱片公司录制郝某的表演应经过郝某同意并支付报酬，B正确。《著作权法》第46条第2款规定，广播电台、电视台播放他人已发表的作品，可以不经著作权人许可，但应当按照规定支付报酬。星星电台购买已经出版的歌曲并播放，无须经过著作权人的许可，故CD错误。

**59. BC**。《著作权法》第10条规定，著作权人享有出租权，即有偿许可他人临时使用电影作品和以类似摄制电影的方法创作的作品、计算机软件的权利，计算机软件不是出租的主要标的的除外。

**60. BCD**。甲公司与乙公司签订转让合同在"乡巴佬"商标权被撤销前已经履行完毕，商标权的撤销对该合同不具有溯及力，故甲公司无须返还乙公司转让费，故B错误。法院作出的侵权判决在"乡巴佬”商标权撤销前已经生效但还未执行，依据前述规定，撤销裁定对侵权判决有溯及力，故 D 错误。根据《商标法》第 52 条，本题中“乡巴佬”商标权被撤销（现应为宣告无效）的理由即在于其违反了《商标法》第 10 条规定被撤销，因此该商标被撤销后也不能作为未注册商标使用，故 D 错误。

**61. AC**。《民法典》第 1088 条规定：“夫妻一方因抚育子女、照料老年人、协助另一方工作等负担较多义务的，离婚时有权向另一方请求补偿，另一方应当给予补偿。具体办法由双方协议；协议不成的，由人民法院判决。”本题中，赵某因抚育女儿等付出较多义务，根据前述规定，王某应给予补偿，故 A 正确。《民法典》第 1065 条规定，男女双方可以约定婚姻关系存续期间所得的财产以及婚前财产归各自所有、共同所有或部分各自所有、部分共同所有。夫妻对婚姻关系存续期间所得的财产以及婚前财产的约定，对双方具有法律约束力。本题中，夫妻双方已经约定婚后各自收入归各自所有，王某以婚后自己收入购买的住房应属其个人财产，法院不能判决该住房为夫妻共同财产，故 B 错误。《民法典》第 1091 条第 2 项规定，与他人同居，因此导致离婚的，无过错方有权请求损害赔偿。本题中王某与张某同居导致离婚，赵某作为受害方有权请求王某赔偿，故 C 正确。本题中，张某并非该离婚诉讼的适格被告，法院无法支持张某应向赵某赔礼道歉的主张，故 D 错误。

**62. ABC**。被继承人的死亡并不导致其生前债权债务关系的消灭，《民法典》第 1161 条规定：“继承人以所得遗产实际价值为限清偿被继承人依法应当缴纳的税款和债务。超过遗产实际价值部分，继承人自愿偿还的不在此限。继承人放弃继承的，对被继承人依法应当缴纳的税款和债务可以不负清偿责任。”因此本题中何某作为被继承人，其生前的债权债务关系并不因其死亡而消灭，故 A 错误。《民法典》第 1161 条规定，缴纳税款和清偿债务以他的遗产实际价值为限。超过遗产实际价值部分，继承人自愿偿还的不在此限。故对于何某生前的债务，四个子女作为继承人应以其继承所得为限承担清偿债务的责任，因此 BC 错误，D 正确。

**63. CD**。对于钱某的遗产，胡某由于已经与钱某离婚，不再具有配偶的身份，故胡某不能继承钱某的遗产，因此 A 错误。继父母与继子女之间继承关系的存在必须以扶养关系的存在为前提，本题中，胡某与吴某结婚时，甲已参加工作，并未与吴某形成扶养关系，故甲不能继承吴某的遗产，因此 B 错误。胡某作为吴某的配偶，丙作为吴某的亲生子女，两者均有权继承吴某的遗产，故 C 正确。胡某与吴某结婚时，乙尚未成年并与吴某共同居住，已形成扶养关系，故乙作为与吴某有扶养关系的继子女，其有权继承吴某的遗产；丁作为吴某的亲生子女，其与吴某之间的父女关系并不因吴某的离婚而消灭，丁仍然有权继承吴某遗产，故 D 正确。

**64. ABCD**。用人单位的工作人员因执行工作任务造成他人损害的，由用人单位承担赔偿责任。因此 ABC 错误。同时，受害人丁对事故发生承担同等责任，故该机关不应承担全部责任。D 错误。

**65. ACD**。《民法典》第 1172 条规定：“二人以上分别实施侵权行为造成同一损害，能够确定责任大小的，各自承担相应的责任；难以确定责任大小的，平均承担责任。”甲乙丙结合在一起共同导致丁的损害，承担按份责任。《民法典》第 1245 条规定：“饲养的动物造成他人损害的，动物饲养人或者管理人应当承担侵权责任；但是，能够证明损害是因被侵权人故意或者重大过失造成的，可以不承担或者减轻责任。”由上述规定可知，动物饲养人或者管理人应当承担无过错责任。甲、丙作为两只狗的饲养人，应当承担无过错责任，仅证明自己没有过错仍不能免责，所以，AC 错误，当选。《民法典》第 1258 条第 1 款规定：“在公共场所或者道路上挖掘、修缮安装地下设施等造成他人损害，施工人不能证明已经设置明显标志和采取安全措施的，应当承担侵权责任。”可知施工人承担过错推定责任，乙作为施工者，如果能证明自己无过错，则不承担责任。所以，B 正确，不当选。意外事件，是指致害人虽尽合理注意，也难以预见的加害事实。本题中造成损失的原因是行为人在主观上能够预见到的，所以，本题的情形不属于意外事件。D 错误，当选。

**66. AD**。有限责任公司的股东以出资为限，享有权利，承担义务，具有资合的性质，与无限公司不同；另一方面，因其不公开招股，股东之间关系较密切，具有一定的人合性质，因而与股份有限公司又有区别。故 A 正确。《公司法》注重发挥公司章程自治，允许公司股东对公司章程进行个性化的设计，并未针对有限责任公司和股份有限公司有所区分，B 错误。《公司法》没有对有限责任公司和发起设立的股份有限公司的分期缴纳出资额作出限制性规定，因此 C 错误。根据法人人格否认等制度规定，有限责任公司和股份有限公司的股东在例外情况下都有可能对公司债务承担连带责任，D 正确。

**67. BC**。《公司法》第 218 条规定，公司合并可以采取吸收合并或者新设合并。一个公司吸收其他公司为吸收合并，被吸收的公司解散。两个以上公司合并设立一个新的公司为新设合并，合并各方解散。本题中的表述是“由丁公司兼并甲公司”，故应为吸收合并，仅有甲公司法人主体资格消灭。A 对本题中合并类型的界定有误，故其结论也是错误的。《公司法》第 221 条规定，公司合并时，合并各方的债权、债务，应当由合并后存续的公司或者新设的公司承继。本题属于吸收合并，被吸收合并方甲公司的债权、债务应当由合并后存续的公司（丁公司）承继。既然如此，本案中即由丁公司承继甲公司欠乙公司的100万元货款债务，而乙公司欠丁公司租金80万元，故丁公司与乙公司之间的债权债务可以相互抵销。故B正确。《公司法》第220条规定，公司合并，应当由合并各方签订合并协议，并编制资产负债表及财产清单。公司应当自作出合并决议之日起10日内通知债权人，并于30日内在报纸上或者国家企业信用信息公示系统公告。债权人自接到通知之日起30日内，未接到通知的自公告之日起45日内，可以要求公司清偿债务或者提供相应的担保。故C正确。根据《公司法》第59条第1款第7项的规定，公司合并事项属于股东会的职权，董事会无权决定，故D错误。

**68. AC**。《公司法》第231条规定，公司经营管理发生严重困难，继续存续会使股东利益受到重大损失，通过其他途径不能解决的，持有公司10%以上表决权的股东，可以请求人民法院解散公司。本题中，公司三个股东长期意见不合，已两年未开成股东会，公司经营管理出现困难，且甲（持有15%的表决权股）与其他股东多次协商未果，则甲有权请求司法解散，A正确。B涉及反对股东股份回购请求权，根据《公司法》第89条，该权利以股东对股东会决议投反对票为条件，而本题中已两年未开成公司股东会，故不符合该权利的行使要件，B错误。《公司法》第84条第1款规定，有限责任公司的股东之间可以相互转让其全部或者部分股权。而转让股权也是实现股东退出的一种方式，甲可以采用，C正确。至于撤回出资，《公司法》第49条第1、2款规定，股东应当按期足额缴纳公司章程规定的各自所认缴的出资额。股东以货币出资的，应当将货币出资足额存入有限责任公司在银行开设的账户；以非货币财产出资的，应当依法办理其财产权的转移手续。因此，股东出资的财产权已经转移给公司，股东不得再撤回。D错误。

**69. BCD**。有限合伙企业至少应当有一个普通合伙人，否则就应当解散，A正确。关于有限合伙人的出资，《合伙企业法》第64条规定，有限合伙人可以用货币、实物、知识产权、土地使用权或者其他财产权利作价出资。有限合伙人不得以劳务出资。B将劳务包括在内，故B错误。《合伙企业法》第68条规定，有限合伙人不执行合伙事务，不得对外代表有限合伙企业。这是强制性规定，合伙协议也不得做出例外规定，故C错误。有限合伙人转变为普通合伙人的，对其作为有限合伙人期间有限合伙企业发生的债务承担无限连带责任。《合伙企业法》第83条规定，有限合伙人转变为普通合伙人的，对其作为有限合伙人期间有限合伙企业发生的债务承担无限连带责任。D错误。

**70. ABC**。《企业破产法》第23条第2款规定，管理人应当列席债权人会议，向债权人会议报告职务执行情况，并回答询问。A中，管理人未如实报告债务人财产接管情况，并拒绝回答部分债权人询问，这构成了管理人义务的违反，债权人可申请更换管理人。故A正确。《企业破产法》第69条规定，涉及土地、房屋等不动产权益的转让时，管理人应当及时报告债权人委员会，否则也是未履行义务。B项即是此种情形。故B正确。《企业破产法》第68条规定，债权人委员会有权监督债务人财产的管理和处分，并有权要求管理人对其职权范围内的事务作出说明或者提供有关文件。C中，对于债权人的合理调查请求，管理人一再拖延，这也是更换管理人的正当事由。《企业破产法》第24条规定，与企业破产案件利害关系者不得担任管理人。故C正确。《最高人民法院关于审理企业破产案件指定管理人的规定》第23条和第24条对利害关系进行了界定，D中，管理人将破产企业对外追收债款的诉讼业务交给其所在的律师事务所办理，并单独计收代理费，这并不属于与该破产案件产生利害关系，并不使管理人丧失资格。

**71. AB**。根据《票据法》第61条和第68条，汇票被拒绝承兑的，持票人可以对背书人、出票人以及汇票的其他债务人行使追索权。而且，汇票的出票人、背书人、承兑人和保证人对持票人承担连带责任。单就这两条规定来看，丁某（背书人）、甲公司（背书人）、乙公司（出票人）、丙银行（承兑人）都可以作为追索权的行使对象。但本题中还有一个情况，即甲公司在将汇票背书转让给丁某时已经记载“不得转让”字样，后丁某又将此汇票背书给戊某。根据《票据法》第34条，背书人在汇票上记载“不得转让”字样，其后手再背书转让的，原背书人对后手的被背书人不承担保证责任。故本题中的原背书人甲公司在此情况不再承担被追索责任，C错误。汇票追索权是指持票人在提示承兑或提示付款而未获承兑或未获付款时，依法向其前手请求偿还票据金额及其他金额的权利。因此，汇票追索权的对象不包括付款人，戊某不能向丙银行行使追索权，D错误。

**72. ACD**。《证券法》第123条第2款规定，证券公司除依照规定为其客户提供融资融券外，不得为其股东或者股东的关联人提供融资或者担保。故A做法违法，当选。《证券法》第120条规定，经国务院证券监督管理机构核准，取得经营证券业务许可证，证券公司可以经营下列部分或者全部证券业务：……（5）证券融资融券……故B做法合法，不当选。《证券法》第135条规定，证券公司不得对客户证券买卖的收益或者赔偿证券买卖的损失作出承诺。故C做法违法，当选。《证券法》第134条第1款规定，证券公司办理经纪业务，不得接受客户的全权委托而决定证券买卖、选择证券种类、决定买卖数量或者买卖价格。故D做法违法，当选。

**73. BCD**。由于保险是以补偿损失为目的，如果损失不是经济上的利益，不能用货币形式来计算，则损失无法补偿，故保险利益是一种经济利益，选项 A 正确。关于保险利益的存在时间，在人身保险合同，应当是订立保险合同时，这是基于被保险人生命安全的需要；在财产保险合同，应当是保险合同订立时或者损失发生时，否则就不可能有损失，也就没有必要补偿；在责任保险时，应当是保险事故发生时，否则也无责任的产生。根据《保险法》第 12 条，人身保险的投保人在保险合同订立时，对被保险人应当具有保险利益。财产保险的被保险人在保险事故发生时，对保险标的应当具有保险利益。人身保险是以人的寿命和身体为保险标的的保险。财产保险是以财产及其有关利益为保险标的的保险。被保险人是指其财产或者人身受保险合同保障，享有保险金请求权的人。投保人可以为被保险人。保险利益是指投保人或者被保险人对保险标的具有的法律上承认的利益。本题是选非题，BCD 三项的内容都违反了保险利益存在时间的规定，故错误，当选。

**74. ABC**。《民事诉讼法》第 37 条规定，人民法院发现受理的案件不属于本院管辖的，应当移送有管辖权的人民法院，受移送的人民法院应当受理。受移送的人民法院认为受移送的案件依照规定不属于本院管辖的，应当报请上级人民法院指定管辖，不得再自行移送。《民诉解释》第 37 条规定，案件受理后，受诉人民法院的管辖权不受当事人住所地、经常居住地变更的影响。《民诉解释》第 38 条规定，有管辖权的人民法院受理案件后，不得以行政区域变更为由，将案件移送给变更后有管辖权的人民法院。判决后的上诉案件和依审判监督程序提审的案件，由原审人民法院的上级人民法院进行审判；上级人民法院指令再审、发回重审的案件，由原审人民法院再审或者重审。本题中，甲县法院作为对案件享有管辖权的法院，不得以管辖区域变化为由将案件移送给变更后有管辖权的乙县法院，否则即违反了管辖恒定原则。故甲县法院对本案享有管辖权，乙县法院则没有管辖权，A 正确，D 错误。甲县法院依管辖恒定原则不应将案件移送给乙县法院，B 正确。乙县法院在接受移送之后，认为不属于本院管辖，应当报请上级法院指定管辖，而不能再将其送还至甲县法院，故 C 正确。

**75. BD**。民事诉讼辩论原则，是指当事人在民事诉讼活动中，有权就案件所争议的事实和法律问题，在人民法院的主持下进行辩论、各自陈述自己的主张和根据，互相进行反驳与答辩，从而查明案件事实，以维护自己的合法权益。辩论原则贯穿诉讼程序的始终，其主要内容包括以下几个方面：（1）当事人辩论的范围既可以是程序方面的内容，也可以是实体方面的内容。（2）辩论权是当事人进行辩论的基本权能。（3）当事人行使辩论权的形式可以是书面形式，也可以是口头形式。（4）经当事人辩论所形成的材料应当是法院作出判决的依据。据此，辩论原则贯穿于民事诉讼的始终，A 错误。当事人提出起诉状和答辩状都是行使辩论权的表现，B 正确。辩论原则只适用于当事人，不适用于证人，C 错误。督促程序为非讼程序，不存在对立的双方当事人，故不适用辩论原则，D 正确。

**76. ABC**。《最高人民法院关于适用〈中华人民共和国民事诉讼法〉审判监督程序若干问题的解释》第 2 条规定，《民事诉讼法》第 216 条规定的申请再审期间不适用中止、中断和延长的规定。故 A 正确。《最高人民法院关于民事诉讼证据的若干规定》第 54 条规定，当事人申请延长举证期限的，应当在举证期限届满前向人民法院提出书面申请。申请理由成立的，人民法院应当准许，适当延长举证期限，并通知其他当事人。延长的举证期限适用于其他当事人。申请理由不成立的，人民法院不予准许，并通知申请人。B 说法是不全面的，虽然当事人提出证据的期间不适用中止和中断的规定，但可以适用延长的规定，本书认为 B 表述不全面，原公布答案为 ABC，其中 B 项是否应选值得商榷。《民事诉讼法》第 250 条第 1 款规定，申请执行的期间为 2 年。申请执行时效的中止、中断，适用法律有关诉讼时效中止、中断的规定。故 C 项说法正确，应选。当事人提起上诉的期间是除斥期间，不适用中止、中断、延长的规定，故 D 项说法错误，不应选。

**77. ABCD**。法院调解是指在法院的主持下，对当事人之间的纠纷进行裁决的活动。法院调解的特征包括：（1）发生在诉讼过程中；（2）在法院主持下进行；（3）当事人达成协议并签收了送达的调解书的，诉讼结束；（4）调解书具有执行力。诉讼和解的特征有：（1）只有双方当事人自己参加，是当事人在诉讼中对自己诉讼权利和实体权利的处分；（2）当事人在诉讼中和解的，应由原告申请撤诉，经法院裁定撤诉后结束诉讼；（3）和解协议不具有执行力。据此，ABD 正确。法院调解发生在诉讼过程中，应当依照《民事诉讼法》的相关规定进行，具有程序上的要求；而当事人的和解则并没有严格的程序要求。故 C 正确。

**78. BD**。《民事诉讼法》第 149 条规定，有下列情形之一的，可以延期开庭审理：（1）必须到庭的当事人和其他诉讼参与人有正当理由没有到庭的；（2）当事人临时提出回避申请的；（3）需要通知新的证人到庭，调取新的证据，重新鉴定、勘验，或者需要补充调查的；（4）其他应当延期的情形。根据《民诉解释》第 174 条第 1 款，必须到庭的被告，是指负有赡养、抚育、扶养义务和不到庭就无法查清案情的被告。A 中乙属于必须到庭的当事人，其经过传唤无正当理由未到庭，不适用延期审理，并且延期审理应适用决定，而非裁定，故 A 错误，不选。B 中甲因胃病发作住院治疗，符合延期审理的条件，故 B 正确，应选。《民事诉讼法》第 154 条第 3 项规定，离婚案件一方当事人死亡的，应当终结诉讼，故 C 错误，不应选。《民事诉讼法》第 153 条规定，有下列情形之一的，中止诉讼：（1）一方当事人死亡，需要等待继承人表明是否参加诉讼的；（2）一方当事人丧失诉讼行为能力，尚未确定法定代理人的；（3）作为一方当事人的法人或者其他组织终止，尚未确定权利义务承受人的；（4）一方当事人因不可抗拒的事由，不能参加诉讼的；（5）本案必须以另一案的审理结果为依据，而另一案尚未审结的；（6）其他应当中止诉讼的情形。中止诉讼的原因消除后，恢复诉讼。D 项符合其中第 2 项的规定，正确，应选。

**79. BCD**。民事诉讼是人民法院通过司法程序解决民事争议的活动，其解决民事争议可以分为两个阶段，第一阶段是通过受理当事人的起诉，进行审理，从而确认民事权利，这是审判程序；第二阶段是实现民事权利的程序，也就是说当事人之间的民事权利义务确定以后，再由法院作为国家执行机关对拒绝履行义务的一方当事人采取执行措施，进而使债权人的权利能够得到实现。因此，虽然立法与理论研究以及实践都把民事诉讼审判程序作为重点，但执行程序对于保证解决民事争议，保证当事人的权利义务等方面的实现有着不可替代的作用，其有自己独有的诉讼价值和诉讼地位。民事执行程序与民事审判程序既有共同点，也有区别。民事执行程序与民事审判程序的区别在于，它是相对独立于民事审判程序中的一种诉讼程序，表现为：（1）二者的宗旨不同，审判程序着重通过精密、周全的审理和判决确认当事人的权利存在与否，强调司法公正的实现。而执行程序是实现已确定的当事人的权利，重点是强调迅速实现结果，以实现诉讼效率和效益。（2）二者在诉讼程序中的地位不同，审判程序是诉讼程序中的必经程序。在现实生活中，每一个民事案件都要经过民事审判这一程序，而民事执行程序并不是民事诉讼的必经程序，也只有当诉讼当事人不自动履行具有给付内容的裁判的时候才会发生执行问题，才有可能启动执行程序。（3）二者适用的根据不同，民事执行的根据主要是民事审判程序产生的判决、裁决、调解书和支付令，但其他生效法律文书也可以成为民事执行程序中的执行根据，主要有没收财产的刑事判决、罚金、刑事附带民事诉讼的裁决；公证机关依法赋予强制执行力的债权文书；行政机关依法可以申请法院强制执行的行政处罚决定和仲裁机构的仲裁裁决等。（4）二者的实施机构不同。在我国民事审判权和民事执行权由人民法院行使，但审判权由人民法院的审判部门进行，而执行权由人民法院的专门执行部门行使。据此可知，A 正确，不应选。民事审判程序并非一定是民事执行程序的前提，如公证机关依法赋予强制执行力的债权文书就没有经过审判程序，但其可以进入执行程序，故 C 错误，应选。同理，民事执行程序并非民事审判程序的继续，其是一个独立的程序，与审判程序有诸多不同，故 D 错误，应选。《民事诉讼法》第 217 条规定，按照审判监督程序决定再审的案件，裁定中止原判决、裁定、调解书的执行，但追索赡养费、扶养费、抚养费、抚恤金、医疗费用、劳动报酬等案件，可以不中止执行。故法院对案件裁定进行再审时，应当裁定中止原判决的执行，而不是裁定终结执行，故 B 错误，应选。

**80. BD**。《民事诉讼法》第 210 条规定，当事人对已经发生法律效力的判决、裁定，认为有错误的，可以向上一级人民法院申请再审；当事人一方人数众多或者当事人双方为公民的案件，也可以向原审人民法院申请再审。当事人申请再审的，不停止判决、裁定的执行。据此，A 错误，不应选；B 正确，应选。《民事诉讼法》第 218 条第 1 款规定，人民法院按照审判监督程序再审的案件，发生法律效力的判决、裁定是由第一审法院作出的，按照第一审程序审理，所作的判决、裁定，当事人可以上诉；发生法律效力的判决、裁定是由第二审法院作出的，按照第二审程序审理，所作的判决、裁定，是发生法律效力的判决、裁定；上级人民法院按照审判监督程序提审的，按照第二审程序审理，所作的判决、裁定是发生法律效力的判决、裁定。本题中再审由中级以上人民法院审理，是原一审法院的上级法院按照审判监督程序审理的情况，应该按照第二审程序审理。因此，C 错误，D 正确。

**81. CD**。《民事诉讼法》第 217 条规定，按照审判监督程序决定再审的案件，裁定中止原判决、裁定、调解书的执行，但追索赡养费、扶养费、抚养费、抚恤金、医疗费用、劳动报酬等案件，可以不中止执行。根据这一规定，决定再审的案件，应当中止原判决的执行，而不是撤销原判决，A、B 错误，不应选，C 正确，应选。《民事诉讼法》第 218 条第 1 款规定，人民法院按照审判监督程序再审的案件，发生法律效力的判决、裁定是由第一审法院作出的，按照第一审程序审理，所作的判决、裁定，当事人可以上诉；发生法律效力的判决、裁定是由第二审法院作出的，按照第二审程序审理，所作的判决、裁定，是发生法律效力的判决、裁定；上级人民法院按照审判监督程序提审的，按照第二审程序审理，所作的判决、裁定是发生法律效力的判决、裁定。本题中生效判决由作为第一审人民法院的中级法院作出，故应当由该中级法院适用第一审程序再审本案，D 正确，应选。

**82. AD**。《民诉解释》第 449 条规定，利害关系人申报权利，人民法院应当通知其向法院出示票据，并通知公示催告申请人在指定的期间查看该票据。公示催告申请人申请公示催告的票据与利害关系人出示的票据不一致的，应当裁定驳回利害关系人的申报。故法院对于利害关系人的申报只进行形式审查，而不进行实质审查，A 正确。公示催告程序为非讼程序，并不存在对立的双方当事人，更谈不上双方当事人之间的辩论，故 B 错误。《民诉解释》第 452 条规定，适用公示催告程序审理案件，可由审判员一人独任审理；判决宣告票据无效的，应当组成合议庭审理。故 C 错误。《民事诉讼法》第 232 条第 2 款规定，人民法院收到利害关系人的申报后，应当裁定终结公示催告程序，并通知申请人和支付人。故 D 正确。

**83. AB**。《民事诉讼法》第 297 条第 1 款规定，人民法院作出的发生法律效力的判决、裁定，如果被执行人或者其财产不在中华人民共和国领域内，当事人请求执行的，可以由当事人直接向有管辖权的外国法院申请承认和执行，也可以由人民法院依照中华人民共和国缔结或者参加的国际条约的规定，或者按照互惠原则，请求外国法院承认和执行。据此，本题的正确答案为 AB。

**84. BD**。《民法典》第 224 条规定："动产物权的设立和转让，自交付时发生效力，但是法律另有规定的除外。"据此，动产所有权的转让取得应以交付为准，因此，甲、乙的买卖合同生效时，甲还未将玉石交付于乙，乙此时尚未取得玉石的所有权，故 A 错误。《民法典》第 228 条规定："动产物权转让时，当事人又约定由出让人继续占有该动产的，物权自该约定生效时发生效力。"甲与乙后来的借用约定实际上为《民法典》第 228 条规定的占有改定，玉石所有权自甲乙达成此约定时即发生转移，即由乙所有。故 BD 正确，C 错误。

**85. C**。《民法典》第 311 条第 1 款规定："无处分权人将不动产或者动产转让给受让人的，所有权人有权追回；除法律另有规定外，符合下列情形的，受让人取得该不动产或者动产的所有权：（一）受让人受让该不动产或者动产时是善意；（二）以合理的价格转让；（三）转让的不动产或者动产依照法律规定应当登记的已经登记，不需要登记的已经交付给受让人。"本题中甲以占有改定的方式将玉石的所有权转移至乙，此时甲再将玉石转让与丙属无权处分，丙已知甲将玉石的所有权转让给乙仍与甲达成该玉石的买卖协议，不符合善意取得的构成要件，故丙无权取得该玉石的所有权。故 AB 错误。本题中，丙为抵债将玉石交付于丁，丁对丙并无玉石所有权的事实不知情，为善意第三人，丁取得玉石所有权，故 C 正确，D 错误。

**86. D**。本题中，玉石为遗失物被戊拾得，戊将其转卖给己。《民法典》第 314 条规定："拾得遗失物，应当返还权利人。拾得人应当及时通知权利人领取，或者送交公安等有关部门。"故戊作为玉石的拾得人并不能取得玉石的所有权，负有返还权利人的义务，故 A 错误。《民法典》第 312 条规定："所有权人或者其他权利人有权追回遗失物。该遗失物通过转让被他人占有的，权利人有权向无处分权人请求损害赔偿，或者自知道或者应当知道受让人之日起二年内向受让人请求返还原物；但是，受让人通过拍卖或者向具有经营资格的经营者购得该遗失物的，权利人请求返还原物时应当支付受让人所付的费用。权利人向受让人支付所付费用后，有权向无处分权人追偿。"据此，该玉石的真正所有权人应在知道或者应当知道该玉石的受让人己之日起 2 年内要求返还该玉石，故 BC 错误，D 正确。

**87. AD**。本题主要考查追索赡养费案件的诉讼中如何确定被告方当事人。《民事诉讼法》第 55 条规定，当事人一方或者双方为二人以上，其诉讼标的是共同的，或者诉讼标的是同一种类、人民法院认为可以合并审理并经当事人同意的，为共同诉讼。共同诉讼的一方当事人对诉讼标的有共同权利义务的，其中一人的诉讼行为经其他共同诉讼人承认，对其他共同诉讼人发生效力；对诉讼标的没有共同权利义务的，其中一人的诉讼行为对其他共同诉讼人不发生效力。《民诉解释》第 74 条规定，人民法院追加共同诉讼的当事人时，应当通知其他当事人。应当追加的原告，已明确表示放弃实体权利的，可不予追加；既不愿意参加诉讼，又不放弃实体权利的，仍应追加为共同原告，其不参加诉讼，不影响人民法院对案件的审理和依法作出判决。本题为追索赡养费的案件，属于前述规定的必要共同诉讼，若原告只对其中一个或两个子女提起诉讼，而未对其他子女提起诉讼，则应当将其他应当支付赡养费的子女追加为共同被告，一同解决对原告的赡养问题。故本题的正确答案为 AD。

**88. ABCD**。《民事诉讼法》第 22 条规定，对公民提起的民事诉讼，由被告住所地人民法院管辖；被告住所地与经常居住地不一致的，由经常居住地人民法院管辖。对法人或者其他组织提起的民事诉讼，由被告住所地人民法院管辖。同一诉讼的几个被告住所地、经常居住地在两个以上人民法院辖区的，各该人民法院都有管辖权。《民诉解释》第 9 条规定，追索赡养费、抚育费、扶养费案件的几个被告住所地不在同一辖区的，可以由原告住所地人民法院管辖。本案为追索赡养费案件，王某应作为原告，其子女王甲、王乙、王丙应作为共同被告，根据前述规定，王某、王甲、王乙、王丙四人的住所地法院都享有管辖权，故 ABCD 均正确。

**89. BD**。《民事诉讼法》第 103 条第 1 款规定，人民法院对于可能因当事人一方的行为或者其他原因，使判决难以执行或者造成当事人其他损害的案件，根据对方当事人的申请，可以裁定对其财产进行保全、责令其作出一定行为或者禁止其作出一定行为；当事人没有提出申请的，人民法院在必要时也可以裁定采取保全措施。本案中王乙准备将存折上的3000多元钱转至他人账户，有可能导致判决不能执行或者难以执行，故王某可以向法院申请诉讼中的财产保全措施，B 应选。《民事诉讼法》第 109 条规定，人民法院对下列案件，根据当事人的申请，可以裁定先予执行：（1）追索赡养费、扶养费、抚养费、抚恤金、医疗费用的；（2）追索劳动报酬的；（3）因情况紧急需要先予执行的。本案属于追索赡养费的案件，故可以采取先予执行措施，D 应选。妨害民事诉讼的行为是指在民事诉讼过程中，行为主体故意破坏和扰乱正常的诉讼秩序，妨碍民事诉讼活动正常进行的行为。本案中王乙转移财产的行为并不属于妨害民事诉讼的行为，故 A 错误，不选。证据保全是指在证据可能灭失或以后难以取得的情况下，法院根据申请人的申请或依职权，对证据加以固定和保护的制度。证据保全应当符合两个条件：一是证据可能灭失或以后难以取得。这是法院决定采取证据保全措施的原因。二是证据保全应在开庭审理前提出。本案并不符合采取证据保全措施的条件，故 C 错误，不应选。

**90. C**。《民诉解释》第 218 条规定，赡养费、扶养费、抚育费案件，裁判发生法律效力后，因新情况、新理由，一方当事人再行起诉要求增加或者减少费用的，人民法院应作为新案受理。本题中因王某经常要看病，原来所确定的赡养费已经不敷王某的开支，故王某可以向法院起诉要求增加赡养费，法院应当作为新案受理。故 C 正确。

# 第28天

*非学无以广才，非志无以成学。*

## 试 题

**1.** 西方法律格言说：“法律不强人所难”。关于这句格言涵义的阐释，下列哪一选项是正确的？

A. 凡是人能够做到的，都是法律所要求的

B. 对人所不知晓的事项，法律不得规定为义务

C. 根据法律规定，人对不能预见的事项，不承担过错责任

D. 天灾是人所不能控制的，也不是法律加以调整的事项

**2.** 关于法律与自由，下列哪一选项是正确的？

A. 自由是至上和神圣的，限制自由的法律就不是真正的法律

B. 自由对人至关重要，因此，自由是衡量法律善恶的唯一标准

C. 从实证的角度看，一切法律都是自由的法律

D. 自由是神圣的，也是有限度的，这个限度应由法律来规定

**3.** 我国《刑法》第二十一条规定，为了使国家、公共利益、本人或者他人的人身、财产和其他权利免受正在发生的危险，不得已采取的紧急避险行为，造成损害的，不负刑事责任。紧急避险超过必要限度造成不应有的损害的，应当负刑事责任，但是应当减轻或者免除处罚。该条文中的价值平衡，适用的是下列哪一项原则？

A. 价值位阶原则

B. 个案平衡原则

C. 比例原则

D. 功利原则

**4.** 市民张某在城市街道上无照销售食品，在被城市综合管理执法人员查处过程中暴力抗法，导致一名城市综合管理执法人员受伤。经媒体报道，人们议论纷纷。关于此事，下列哪一说法是错误的？

A. 王某指出，城市综合管理执法人员的活动属于执法行为，具有权威性

B. 刘某认为，城市综合管理机构执法，不仅要合法，还要强调公平合理，其执法方式应让一般社会公众能够接受

C. 赵某认为，如果老百姓认为执法不公，就有奋起反抗的权利

D. 陈某说，守法是公民的义务，如果认为城市综合管理机构执法不当，可以采用行政复议、行政诉讼的方式寻求救济，暴力抗法显然是不对的

**5.** 张某过马路闯红灯，司机李某开车躲闪不及将张某撞伤，法院查明李某没有违章，依据《道路交通安全法》的规定判李某承担10%的赔偿责任。关于本案，下列哪一选项是错误的？

A.《道路交通安全法》属于正式的法的渊源

B. 违法行为并非是承担法律责任的唯一根源

C. 如果李某自愿支付超过10%的赔偿金，法院以民事调解书加以确认，则李某不能反悔

D. 李某所承担的是一种竞合的责任

**6.** 在一起案件中，主审法官认为，生产假化肥案件中的“假化肥”不属于《刑法》第一百四十条规定的“生产者、销售者在产品中掺杂、掺假，以假充真，以次充好或者以不合格产品冒充合格产品”中的“产品”范畴，因为《刑法》第一百四十七条对“生产假农药、假兽药、假化肥”有专门规定。关于该案，法官采用的法律解释方法属于下列哪一种？

A. 比较解释　　B. 历史解释

C. 体系解释　　D. 目的解释

**7.** 孙某的狗曾咬伤过邻居钱某的小孙子，钱某为此一直耿耿于怀。一天，钱某趁孙某不备，将孙某的狗毒死。孙某掌握了钱某投毒的证据之后，起诉到法院，法院判决钱某赔偿孙某600元钱。对此，下列哪一选项是正确的？

A. 孙某因对其狗享有所有权而形成的法律关系属于保护性法律关系

B. 由于孙某起诉而形成的诉讼法律关系属于第二性的法律关系

C. 因钱某毒死孙某的狗而形成的损害赔偿关系属于纵向的法律关系

D. 因钱某毒死孙某的狗而形成的损害赔偿关系中，孙某不得放弃自己的权利

**8.** 西周时，格伯以良马四匹折价，购买倗生三十田。双方签订买卖契约，刻写竹简之上，中破为两

半，双方各执一半。依西周礼法，该契约的称谓是下列哪一种？

A. 傅别　　B. 质剂

C. 券书　　D. 书券

**9.** 关于中国古代社会几部法典的结构体例，下列哪一选项是错误的？

A.《法经》中相当于近代刑法典总则部分的"具法"被置于六篇中的最后一篇

B.《魏律》对秦汉旧律有较大改革，如将"具律"改为"刑名"，并将其置于律首

C.《晋律》将刑名与法例律合为"名例律"一篇，并将法典篇章数定为二十篇

D.《永徽律疏》将疏议分附于律文之后颁行，分为十二篇三十卷

**10.** 郑国执政子产于公元前536年"铸刑书"，这是中国历史上第一次公布成文法的活动。对此，晋国大夫叔向曾写信痛斥子产："昔先王议事以制，不为刑辟，惧民之有争心也……民知有辟，则不忌于上，并有争心，以征于书，而徼幸以成之，弗可为矣。"关于"不为刑辟"的含意，下列哪一选项是正确的？

A. 不制定法律　　B. 不规定刑罚种类

C. 不需要判例法　　D. 不公布成文法

**11.** 下列哪一个法律文件是中国近现代历史上第一部宪法性文件？

A.《重大信条十九条》

B.《钦定宪法大纲》

C.《中华民国约法》

D.《中华苏维埃共和国宪法大纲》

**12.** 关于改变或者撤销法律、法规、自治条例和单行条例、规章的权限，下列哪一选项符合《立法法》的规定？

A. 全国人民代表大会有权改变或者撤销全国人民代表大会常务委员会批准的违背《宪法》和《立法法》相关规定的自治条例和单行条例

B. 省、自治区、直辖市的人民代表大会有权改变或者撤销其常务委员会制定的和批准的不适当的地方性法规

C. 地方人民代表大会常务委员会有权改变或者撤销本级人民政府制定的不适当的规章

D. 授权机关有权改变被授权机关制定的超越授权范围或者违背授权目的的法规

**13.** 根据我国《村民委员会组织法》的规定，关于村民委员会的范围调整，下列哪一选项是正确的？

A. 由村民委员会主任提出，经村民会议讨论同意后，报乡级人民政府批准

B. 由村民委员会主任提出，经村民会议讨论同意后，报乡级人民代表大会批准

C. 由乡级人民政府提出，经村民会议讨论同意后，报县级人民政府批准

D. 由乡级人民政府提出，经村民会议讨论同意后，报县级人民代表大会批准

**14.** 香港特别行政区的下列哪一项职务可由特区非永久性居民担任？

A. 行政长官　　B. 政府主要官员

C. 立法会议员　　D. 法院法官

**15.** 根据现行《宪法》规定，关于公民权利和自由，下列哪一选项是正确的？

A. 劳动、受教育和依法服兵役既是公民的基本权利又是公民的基本义务

B. 休息权的主体是全体公民

C. 公民在年老、疾病或者未丧失劳动能力的情况下，有从国家和社会获得物质帮助的权利

D. 2004年《宪法修正案》规定，国家尊重和保障人权

**16.** 根据《各级人民代表大会常务委员会监督法》的规定，各级人大常务委员会对属于其职权范围内的事项，需要作出决议、决定，但对有关重大事实不清的，可以组织特定问题的调查委员会。关于特定问题的调查委员会，下列哪一选项是正确的？

A. 经五分之一以上常务委员会组成人员书面联名提议或有关专门委员会提议，可以组织关于特定问题的调查委员会

B. 经调查委员会聘请，有关专家可以作为调查委员会的委员参加调查工作

C. 调查委员会在调查过程中，可以不公布调查的情况和材料

D. 调查委员会应当向有关专门委员会提出调查报告

**17.** 我国《企业所得税法》不适用于下列哪一种企业？

A. 内资企业　　B. 外国企业

C. 合伙企业　　D. 外商投资企业

**18.** 在计算企业应纳税所得额时，下列哪一项支出可以加计扣除？

A. 新技术、新产品、新工艺的研究开发费用

B. 为安置残疾人员所购置的专门设施

C. 赞助支出

D. 职工教育经费

**19.** 李某是个人独资企业的业主。该企业因资金周转困难，到期不能缴纳税款。经申请，税务局批准其延期三个月缴纳。在此期间，税务局得知李某申请出国探亲，办理了签证并预定了机票。对此，税务局应采取下列哪一种处理方式？

A. 责令李某在出境前提供担保

B. 李某是在延期期间出境，无须采取任何措施

C. 告知李某：欠税人在延期期间一律不得出境

D. 直接通知出境管理机关阻止其出境

**20.** 某省银行业监督管理局依法对某城市商业银行进行现场检查时，发现该行有巨额非法票据承兑，可能引发系统性银行业风险。根据《银行业监督管理法》的规定，应当立即向下列何人报告？

A. 该省人民政府主管金融工作的负责人

B. 国务院主管金融工作的负责人

C. 中国人民银行负责人

D. 国务院银行业监督管理机构负责人

**21.** 关于商业银行贷款法律制度，下列哪一选项是错误的？

A. 商业银行贷款应当实行审贷分离、分级审批的制度

B. 商业银行可以根据贷款数额以及贷款期限，自行确定贷款利率

C. 商业银行贷款，应当遵守资本充足率不得低于百分之八的规定

D. 商业银行贷款，应当对借款人的借款用途、偿还能力、还款方式等情况进行严格审查

**22.** 某美容店向王某推荐一种“雅兰牌”护肤产品。王某对该品牌产品如此便宜表示疑惑，店家解释为店庆优惠。王某买回使用后，面部出现红肿、瘙痒，苦不堪言。质检部门认定系假冒劣质产品。王某遂向美容店索赔。对此，下列哪一选项是正确的？

A. 美容店不知道该产品为假名牌，不应承担责任

B. 美容店不是假名牌的生产者，不应承担责任

C. 王某对该产品有怀疑仍接受了服务，应承担部分责任

D. 美容店违反了保证商品和服务安全的义务，应当承担全部责任

**23.** 关于产品缺陷责任，下列哪一选项符合《产品质量法》的规定？

A. 基于产品缺陷的更换、退货等义务属于合同责任，因产品缺陷致人损害的赔偿义务属于侵权责任

B. 产品缺陷责任的主体应当与受害者有合同关系

C. 产品缺陷责任一律适用过错责任原则

D. 产品质量缺陷责任一律适用举证责任倒置

**24.** 根据《土地管理法》的规定，关于土地权益的纠纷，下列哪一选项是错误的？

A. 村民甲与村卫生所发生土地使用权争议，协商不成可找乡政府处理，对乡政府处理决定不服还可向法院起诉

B. 村民乙与邻居发生宅基地纠纷，应先向县土地主管部门申请行政调处，对调处决定不服的，可以土地主管部门为被告向法院提起行政诉讼

C. 村民丙因土地承包经营权与村委会发生纠纷，协商调解不成可向农村土地承包仲裁机构申请仲裁，对仲裁裁决不服还可以向法院起诉

D. 村民丁因擅自占地建房被县土地主管部门处罚，如对行政处罚决定不服可以向法院提起行政诉讼

**25.** 关于城市规划区内以出让方式提供国有土地使用权，根据《城乡规划法》的规定，下列哪一选项是错误的？

A. 出让前，城市人民政府城乡规划主管部门应当依据控制性详细规划，提出出让地块的位置、使用性质、开发强度等规划条件

B. 出让地块的规划条件，应当作为国有土地使用权出让合同的组成部分

C. 未确定规划条件的地块，不得出让国有土地使用权

D. 在签订国有土地使用权出让合同前，建设单位应当持建设项目的批准、核准、备案文件，向城市人民政府城乡规划主管部门领取建设用地规划许可证

**26.** 由于某化工厂长期排污，该厂周边方圆一公里内的庄稼蔬菜生长不良、有害物质含量超标，河塘鱼类无法繁衍，该地域内三个村庄几年来多人患有罕见的严重疾病。根据《环境保护法》的规定，下列哪一选项是错误的？

A. 受害的三个村的村委会和受害村民有权对该厂提起民事诉讼

B. 因环境污染引起的民事诉讼的时效为3年

C. 环境污染民事责任的归责原则实行公平责任原则

D. 环境污染致害的因果关系证明，受害方不负举证责任

**27.** 甲国是联合国的会员国。2006年，联合国驻甲国的某机构以联合国的名义，与甲国政府签订协议，购买了一批办公用品。由于甲国交付延期，双方产生纠纷。根据《联合国宪章》和有关国际法规则，下列哪一选项是正确的？

A. 作为政治性国际组织，联合国组织的上述购买行为自始无效

B. 上述以联合国名义进行的行为，应视为联合国所有会员国的共同行为

C. 联合国大会有权就该项纠纷向国际法院提起针对甲国的诉讼，不论甲国是否同意

D. 联合国大会有权就该项纠纷请求国际法院发表咨询意见，不论甲国是否同意

**28.** 甲乙两国1990年建立大使级外交关系，并缔结了双边的《外交特权豁免议定书》。2007年两国交恶，甲国先宣布将其驻乙国的外交代表机构由大使馆降为代办处，乙国遂宣布断绝与甲国的外交关系。

之后，双方分别撤走了各自驻对方的使馆人员。对此，下列哪一选项是正确的？

A. 甲国的行为违反国际法，应承担国家责任

B. 乙国的行为违反国际法，应承担国家责任

C. 上述《外交特权豁免议定书》终止执行

D. 甲国可以查封没收乙国使馆在甲国的财产

**29.** 为促进对人权的尊重和保护，联合国大会2006年通过决议，设立了一个专门负责联合国人权领域工作的大会附属机构。下列哪一个选项是正确的？

A. 联合国人权委员会

B. 联合国人权事务委员会

C. 联合国人权理事会

D. 联合国人权法院

**30.** 克森公司是甲国的一家国有物资公司。去年，该公司与乙国驻丙国的使馆就向该使馆提供馆舍修缮材料事宜，签订了一项供货协议。后来，由于使馆认为克森公司交货存在质量瑕疵，双方产生纠纷。根据国际法的有关规则，下列哪一选项是正确的？

A. 乙国使馆无权在丙国法院就上述事项提起诉讼

B. 克森公司在丙国应享有司法管辖豁免

C. 乙国使馆可以就该事项向甲国法院提起诉讼

D. 甲国须对克森公司的上述行为承担国家责任

**31.** 甲国与乙国1992年合并为一个新国家丙国。此时，丁国政府发现，原甲国中央政府、甲国南方省，分别从丁国政府借债3000万美元和2000万美元。同时，乙国元首以个人名义从丁国的商业银行借款100万美元，用于乙国1991年救灾。上述债务均未偿还。甲乙丙丁四国没有关于甲乙两国合并之后所涉债务事项的任何双边或多边协议。根据国际法中有关原则和规则，下列哪一选项是正确的？

A. 随着一个新的国际法主体丙国的出现，上述债务均已自然消除

B. 甲国中央政府所借债务转属丙国政府承担

C. 甲国南方省所借债务转属丙国政府承担

D. 乙国元首所借债务转属丙国政府承担

**32.** 甲乙两国是温室气体的排放大国，甲国为发达国家，乙国为发展中国家。根据国际环境法原则和规则，下列哪一选项是正确的？

A. 甲国必须停止排放，乙国可以继续排放，因为温室气体效应主要是由发达国家多年排放积累造成的

B. 甲国可以继续排放，乙国必须停止排放，因为乙国生产效率较低，并且对于环境治理的措施和水平远远低于甲国

C. 甲乙两国的排放必须同等地被限制，包括排放量、排放成份标准、停止排放时间等各方面

D. 甲乙两国在此问题上都承担责任，包括进行合作，但在具体排量标准，停止排放时间等方面承担的义务应有所区别

**33.** 我国"协航"号轮与甲国"瑟皇"号轮在乙国领海发生碰撞。"协航"号轮返回中国后，"瑟皇"号轮的所有人在我国法院对"协航"号轮所属的船公司提起侵权损害赔偿之诉。在庭审过程中，双方均依据乙国法律提出请求或进行抗辩。根据这一事实，下列哪一选项是正确的？

A. 因双方均依据乙国法律提出请求或进行抗辩，故应由当事人负责证明乙国法律，法院无须查明

B. 法院应依职权查明乙国法律，双方当事人无须证明

C. 法院应依职权查明乙国法律，也可要求当事人证明乙国法律的内容

D. 应由双方当事人负责证明乙国法律，在其无法证明时，才由法院依职权查明

**34.** 朗文与戴某缔结了一个在甲国和中国履行的合同。履约过程中发生争议，朗文向甲国法院起诉戴某并获得胜诉判决。戴某败诉后就同一案件向我国法院提起诉讼。朗文以该案件已经甲国法院判决生效为由对中国法院提出管辖权异议。依据我国法律、司法解释以及我国缔结的相关条约，下列哪一选项是正确的？

A. 朗文的主张构成对我国法院就同一案件实体问题行使管辖权的有效异议

B. 我国法院对戴某的起诉没有管辖权

C. 我国法院对涉外民事诉讼案件的管辖权不受任何限制

D. 我国法院可以受理戴某的起诉

**35.** 中国豫达公司向甲国来科公司出售一批成套设备，该设备将安装在乙国。合同约定有关的纠纷将由被告一方法院管辖但未约定合同的准据法。后双方因履约发生争议，来科公司在中国法院起诉豫达公司。关于我国法院在该案中应推定适用的法律，下列哪一选项是正确的？

A. 中国法，因豫达公司为设备供应方

B. 甲国法，因来科公司为该批设备的买方

C. 乙国法，因乙国为该批设备的安装地

D.《国际商事合同通则》，因该通则确定的规则具有更广泛的国际性

**36.** 关于仲裁裁决的撤销，根据我国现行法律，下列哪一选项是正确的？

A. 我国法院可根据我国法律撤销一项外国仲裁裁决

B. 我国法院撤销涉外仲裁裁决的法定理由之一是裁决事项超出仲裁协议范围

C. 撤销涉外仲裁裁决的法定理由和撤销国内仲裁裁决的法定理由相同

D. 对法院作出的不予执行仲裁裁决的裁定，当事人无权上诉

**37.** 普拉克是外国公民，在一起由中国法院审理的涉外侵权案件中为原告。普拉克请求使用其本国语言进行诉讼。关于中国法院对该请求的处理，下列哪一选项是正确的？

A. 尊重普拉克的这一请求，使用其本国的语言进行案件的审理

B. 驳回普拉克的这一请求，使用中文进行案件的审理，告知由其自行解决翻译问题

C. 驳回普拉克的这一请求，以中文进行案件的审理，但在其要求并承担费用的情况下，应为其提供翻译

D. 驳回普拉克的这一请求，使用中文进行案件的审理，但可为其提供免费翻译

**38.** 外国公民张女士与旅居该国的华侨王先生结婚，后因感情疏离，张女士向该国法院起诉离婚并获得对其有利的判决，包括解除夫妻关系，以及夫妻财产分割和子女抚养等内容。该外国与中国之间没有司法协助协定。张女士向中国法院申请承认该离婚判决，王先生随后在同一中国法院起诉与张女士离婚。根据我国法律和司法解释，下列哪一选项是错误的？

A. 中国法院应依《最高人民法院关于中国公民申请承认外国法院离婚判决程序问题的规定》决定是否承认该判决中解除夫妻身份关系的内容

B. 中国法院应依前项司法解释决定是否执行该判决中解除夫妻身份关系之外的内容

C. 若张女士的申请被驳回，她就无权再提出承认该判决的申请，但可另行向中国法院起诉离婚

D. 中国法院不应受理王先生的离婚起诉

**39.** 2008年8月11日，中国甲公司接到法国乙公司出售某种设备的发盘，有效期至9月1日。甲公司于8月12日电复："如能将每件设备价格降低50美元，即可接受"。对此，乙公司没有答复。甲公司于8月29日再次致电乙公司表示接受其8月11日发盘中包括价格在内的全部条件。根据1980年《联合国国际货物销售合同公约》，下列哪一选项是正确的？

A. 乙公司的沉默表明其已接受甲公司的降价要求

B. 甲公司8月29日的去电为承诺，因此合同已成立

C. 甲公司8月29日的去电是迟到的承诺，因此合同没有成立

D. 甲公司8月29日的去电是新要约，此时合同还没有成立

**40.** 根据《与贸易有关的知识产权协定》，关于商标所有人转让商标，下列哪一选项是正确的？

A. 必须将该商标与所属业务同时转让

B. 可以将该商标与所属业务同时转让

C. 不能将该商标与所属业务同时转让

D. 可以通过强制许可形式转让

**41.** 修帕公司与维塞公司签订了出口200吨农产品的合同，付款采用托收方式。船长签发了清洁提单。货到目的港后经检验发现货物质量与合同规定不符，维塞公司拒绝付款提货，并要求减价。后该批农产品全部变质。根据国际商会《托收统一规则》，下列哪一选项是正确的？

A. 如代收行未执行托收行的指示，托收行应对因此造成的损失对修帕公司承担责任

B. 当维塞公司拒付时，代收行应当主动制作拒绝证书，以便收款人追索

C. 代收行应无延误地向托收行通知维塞公司拒绝付款的情况

D. 当维塞公司拒绝提货时，代收行应当主动提货以减少损失

**42.** 多边投资担保机构是依据1988年生效的《多边投资担保机构公约》设立的国际金融机构。关于该机构，下列哪一选项是正确的？

A. 该机构只承保货币汇兑险、征收险、战争内乱险和政府违约险

B. 任何投资均可列入该机构的投保范围，但间接投资除外

C. 该机构具有完全法律人格，有权缔结契约，取得并处理不动产和动产

D. 在任何情况下，该机构都不得接受东道国自然人、法人的投保

**43.** 关于司法和司法制度，下列哪一选项是正确的？

A. 效率是司法的内在要求和本质反映，是法治的灵魂和核心，强调的是尽可能地快速解决纠纷、多解决纠纷，尽可能地节省和充分利用各种司法资源

B. 从总体上看，司法具有解决纠纷的直接功能和调整社会关系、解释和补充法律、形成公共政策、秩序维持、文化支持等间接功能

C. 根据现代司法的独立性特点，一切案件或纠纷，一旦进入司法程序，由司法机关依法作出生效的判决、裁定或决定，任何机关和个人都不应再作处理

D. 德国和法国虽然政治制度相同，但德国建立了联邦和州两套法院机构，法国则建立了全国统一的法院机构

**44.** 根据我国《律师法》的规定，下列哪一选项是正确的？

A. 律师事务所变更名称、负责人、章程、合伙协议的，应当报原审核部门备案

B. 律师服务机构一般采用公司形式，但在经济社会发展欠发达地区仍可保留少数合作制律师事务所

C. 个人律师事务所实行无限责任，因此在成立条件上比合伙律师事务所要宽松

D. 律师事务所采用特殊的普通合伙形式的，当个别合伙人因故意或重大过失造成对外债务时，其他合伙人不承担对外责任

**45.** 根据我国《公证法》规定，对下列哪一事项公证机关可予办理公证？

A. 马某拿着一份合同复印件到公证机关要求公证，经公证人员审查发现该合同有多处涂改痕迹

B. 女青年李某 29 岁，至今未婚，到公证机关办理处女公证

C. 张某与王某大学毕业工作多年，各自都有些积蓄，为避免婚后因财产问题发生纠纷，双方决定到公证机关办理婚前财产公证

D. 杨父因正在读初中的儿子整天沉迷于网络游戏，多次劝说无效，遂决定与儿子解除父子关系，到公证机关申请公证

**46.** 邱法官在出席会议期间，参加会议组织的联欢活动，发现会务组安排她与自己正在审理的案件的被告代理律师同桌相邻而坐。此时全体代表已就座，除了给邱法官安排的座位之外已无空位。在这种情况下，邱法官的下列哪一做法最符合法官职业道德规范？

A. 按号就座，但装作与律师不认识，与其不说一句话

B. 按号就座，可以与律师寒暄，但是不交谈案件事务

C. 仅与同桌的人调换座位，但桌号不变

D. 马上与会务人员联系调换座位，不与律师同坐一桌

**47.** 关于法律原则的适用，下列哪些选项是错误的？

A. 案件审判中，先适用法律原则，后适用法律规则

B. 案件审判中，法律原则都必须无条件地适用

C. 法律原则的适用可以弥补法律规则的漏洞

D. 法律原则的适用采取“全有或全无”的方式

**48.** 关于法律论证中的内部证成和外部证成，下列哪些选项是错误的？

A. 法律论证中的内部证成和外部证成之间的区别表现为，内部证成是针对案件事实问题进行的论证，外部证成是针对法律规范问题进行的论证

B. 无论内部证成还是外部证成都不解决法律决定的前提是否正确的问题

C. 内部证成主要使用演绎方法，外部证成主要使用归纳方法

D. 无论内部证成还是外部证成都离不开支持性理由和推理规则

**49.** 青年男女在去结婚登记的路上被迎面驶来的卡车撞伤，未能登记即被送往医院抢救。女方伤势过重成为植物人，男方遂悔婚约。女方父母把男方告到法院，要求男方对女方承担照顾抚养的责任。法院以法无明文规定为由，裁定不予受理。关于本案，下列哪些评论是错误的？

A. 支持不受理，因为法官面对的是法律不调整的“法外空间”事项

B. 支持不受理，因为法官正确运用了类比推理而没有采用设证推理

C. 反对不受理，因为法官违反了“禁止拒绝裁判原则”

D. 反对不受理，因为法官没有发挥法律在社会中的创造作用

**50.** 关于法律规则的逻辑结构与法律条文，下列哪些选项是正确的？

A. 假定部分在法律条文中不能省略

B. 行为模式在法律条文中可以省略

C. 法律后果在法律条文中不能省略

D. 法律规则三要素在逻辑上缺一不可

**51.** 法系是法学上的一个重要概念。关于法系，下列哪些选项是正确的？

A. 法系是一个比较法学上的概念，是根据法的历史传统和外部特征的不同对法所作的分类

B. 历史上曾经存在很多个法系，但大多都已经消亡，目前世界上仅存的法系只有民法法系和普通法系

C. 民法法系有编纂成文法典的传统，因此，有成文法典的国家都属于民法法系

D. 法律移植是一国对外国法的借鉴、吸收和摄取，因此，法律移植是法系形成和发展的重要途径

**52.** 根据我国《立法法》的规定，关于不同的法律渊源之间出现冲突时的法律适用，下列哪些选项是错误的？

A. 自治条例、单行条例与地方性法规不一致的，适用地方性法规

B. 地方性法规和部门规章之间的效力没有高下之分，发生冲突时由国务院决定如何适用

C. 公安部的部门规章与民政部的部门规章不一致时，按照新法优于旧法的原则处理，直接选择后颁布的部门规章加以适用

D. 某市经授权制定的劳动法规与我国《劳动法》的规定不一致，不能确定如何适用时，由全国人大常委会裁决

**53.** 中国古代社会的死刑复奏制度是指奏请皇帝批准执行死刑判决的制度。关于这一制度，下列哪些选项是正确的？

A. 北魏太武帝时正式确立了死刑复奏制度

B. 唐朝的死刑案件在地方实行“三复奏”，在京师实行“五复奏”

C. 明清时期的朝审制度取代了死刑复奏制度

D. 死刑复奏制度的建立和完善既加强了皇帝对司法、审判的控制，又体现了皇帝对民众的体恤

**54.** 关于《永徽律疏》，下列哪些选项是错误的？

A. 《永徽律疏》又称《唐律疏议》，是唐太宗在位时制定的

B. 《永徽律疏》首次确立了“十恶”即“重罪十条”制度

C. 《永徽律疏》对主要的法律原则和制度做了精确的解释，而且尽可能以儒家经典为根据

D. 《永徽律疏》是对《贞观律》的解释，在中国立法史上的地位不如《贞观律》

**55.** 我国《宪法》规定公民的住宅不受侵犯。下列哪些选项属于侵犯公民住宅的行为？

A. 非法侵入公民住宅　B. 非法搜查公民住宅

C. 非法买卖公民住宅　D. 非法出租公民住宅

**56.** 根据我国《宪法》和《选举法》的规定，下列哪些选项是正确的？

A. 全国人民代表大会常务委员会主持全国人民代表大会代表的选举工作

B. 县级以上地方各级人民代表大会常务委员会主持本级人民代表大会代表的选举工作

C. 乡、民族乡、镇设立选举委员会，主持本级人民代表大会代表的选举工作

D. 乡、民族乡、镇设立的选举委员会受不设区的市、市辖区、县、自治县的人民代表大会常务委员会的领导

**57.** 根据我国《宪法》的规定，关于动员和紧急状态的决定权，下列哪些选项是正确的？

A. 全国人民代表大会常务委员会有权决定全国总动员

B. 全国人民代表大会常务委员会有权决定全国进入紧急状态

C. 国务院有权决定个别省、自治区、直辖市进入紧急状态

D. 国务院有权决定局部动员

**58.** 根据我国《立法法》的规定，下列哪些主体既可以向全国人民代表大会，也可以向全国人民代表大会常务委员会提出法律案？

A. 国务院

B. 中央军事委员会

C. 全国人民代表大会各专门委员会

D. 三十名以上全国人民代表大会代表联名

**59.** 全国人民代表大会宪法和法律委员会和其他有关专门委员会经审查认为报宪法和全国人大常委会备案的司法解释与法律相抵触，而有关解释机关不予修改或废止的，宪法和法律委员会和其他有关专门委员会可依法采取下列哪些措施？

A. 可以决定撤销该司法解释

B. 可以提出要求作出司法解释的机关予以修改、废止的议案

C. 可以提出由全国人大常委会作出立法解释的议案

D. 将该司法解释发回，发回后立即失效，但失效不具有溯及力

**60.** 根据我国《宪法》和法律的规定，下列哪些人员是国务院组成人员？

A. 外交部副部长

B. 国家发展和改革委员会主任

C. 国有资产监督管理委员会主任

D. 审计署审计长

**61.** 关于证券投资基金运用基金财产进行投资的范围，下列哪些选项是正确的？

A. 可以买卖该基金管理人发行的债券

B. 可以买卖上市交易的股票、债券

C. 不得从事承担无限责任的投资

D. 不得用于承销证券

**62.** 某上市公司招股说明书中列明的募集资金用途是环保新技术研发。现公司董事会决议将募集资金用于购置办公大楼。对此，下列哪些选项是正确的？

A. 未经股东大会决议批准，公司董事会不得实施此项购置计划

B. 如果股东大会决议不批准，公司董事会坚持此项购置计划，证券监督管理机构有权责令该公司改正

C. 证券监督管理机构有权对擅自改变募集资金用途的该公司责任人员处以罚款

D. 在未经股东大会批准而实施了此项购置计划的情况下，该公司可以通过发行新股来解决环保新技术研发的资金需求

**63.** 某上市公司董事吴某，持有该公司 6% 的股份。吴某将其持有的该公司股票在买入后的第 5 个月卖出，获利 600 万元。关于此收益，下列哪些选项是正确的？

A. 该收益应当全部归公司所有

B. 该收益应由公司董事会负责收回

C. 董事会不收回该收益的，股东有权要求董事会限期收回

D. 董事会未在规定期限内执行股东关于收回吴某收益的要求的，股东有权代替董事会以公司名义直接向法院提起收回该收益的诉讼

**64.** 证券公司的下列行为，哪些是《证券法》所禁止的？

A. 为客户买卖证券提供融资融券服务

B. 有偿使用客户的交易结算资金

C. 将自营账户借给他人使用

D. 接受客户的全权委托

**65.** 关于当事人订立无固定期限劳动合同，下列哪些选项是符合法律规定的？

A. 赵某到某公司应聘，提议在双方协商一致的基础上订立无固定期限劳动合同

B. 王某在某公司连续工作满十年，要求与该公司签订无固定期限劳动合同

C. 李某在某国有企业连续工作满十年，距法定退休年龄还有十二年，在该企业改制重新订立劳动合同时，主张企业有义务与自己订立无固定期限劳动合同

D. 杨某在与某公司连续订立的第二次固定期限劳动合同到期，公司提出续订时，杨某要求与该公司签订无固定期限劳动合同

**66.** 关于市场支配地位推定制度，下列哪些选项是符合我国《反垄断法》规定的？

A. 经营者在相关市场的市场份额达到二分之一的，推定为具有市场支配地位

B. 两个经营者在相关市场的市场份额合计达到三分之二，其中有的经营者市场份额不足十分之一的，不应当推定该经营者具有市场支配地位

C. 三个经营者在相关市场的市场份额合计达到四分之三，其中有两个经营者市场份额合计不足五分之一的，不应当推定该两个经营者具有市场支配地位

D. 被推定具有市场支配地位的经营者，有证据证明不具有市场支配地位的，不应当认定其具有市场支配地位

**67.** 滥用行政权力排除、限制竞争的行为，是我国《反垄断法》规制的垄断行为之一。关于这种行为，下列哪些选项是正确的？

A. 实施这种行为的主体，不限于行政机关

B. 实施这种行为的主体，不包括中央政府部门

C. 《反垄断法》对这种行为的规制，限定在商品流通和招投标领域

D. 《反垄断法》对这种行为的规制，主要采用行政责任的方式

**68.** 欣欣公司为了宣传其新开发的保健品，虚构保健品功效，并委托某广告公司设计了“谁吃谁明白”的广告，聘请大腕明星作代言人，邀请某社会团体向消费者推荐，在报刊和电视上高频率地发布引人误解的不实广告。根据《反不正当竞争法》的规定，下列哪些选项是正确的？

A. 欣欣公司不论其主观状态如何，都必须对虚假广告承担法律责任

B. 广告公司只有在明知保健品功效虚假的情况下才承担法律责任

C. 明星代言人即使对厂商造假不知情，只要蒙骗了消费者，就应承担民事责任

D. 社会团体在虚假广告中向消费者推荐商品，应承担民事连带责任

**69.** 甲公司为宣传其“股神”股票交易分析软件，高价聘请记者发表文章，称“股神”软件是“股民心中的神灵”，贬称过去的同类软件“让多少股民欲哭无泪”，并称乙公司的软件“简直是垃圾”。根据《反不正当竞争法》的规定，下列哪些选项是正确的？

A. 只有乙公司才能起诉甲公司的诋毁商誉行为

B. 甲公司的行为只有出于故意才能构成诋毁商誉行为

C. 只有证明记者拿了甲公司的钱财，才能认定其参与诋毁商誉行为

D. 只有证明甲公司捏造和散布了虚假事实，才能认定其构成不正当竞争

**70.** 关于环境民事责任的免责，下列哪些选项是错误的？

A. 凡不可抗拒的自然灾害造成环境污染的，均应免责

B. 第三者责任造成污染损失的，排污单位免责

C. 污染损失由受害者自身责任引起，排污单位也要承担责任

D. 排污单位积极采取减排措施，虽减少了污染损失，仍不可以免责

**71.** 甲国注册的渔船“踏浪号”应乙国注册的渔船“风行号”之邀，在乙国专属经济区进行捕鱼作业时，乙国海上执法船赶来制止，随后将“踏浪号”带回乙国港口。甲乙两国都是《联合国海洋法公约》的缔约国，且两国之间没有其他相关的协议。据此，根据海洋法的有关规则，下列哪些选项是正确的？

A. 只要“踏浪号”向乙国有关部门提交适当保证书和担保，乙国必须迅速释放该船

B. 只要“踏浪号”向乙国有关部门提交适当保证书和担保，乙国必须迅速释放该船船员

C. 如果“踏浪号”未能向乙国有关部门及时提交适当担保，乙国有权对该船船长和船员处以3个月以下的监禁

D. 乙国有义务将该事项迅速通知甲国

**72.** 甲乙两国由于边界纠纷引发武装冲突，进而彼此宣布对方为敌国。目前乙国军队已突入甲国境

内，占领了甲国边境的桑诺地区。根据与武装冲突相关的国际法规则，下列哪些选项符合国际法？

A. 甲国对位于其境内的乙国国家财产，包括属于乙国驻甲国使馆的财产，不可予以没收

B. 甲国对位于其境内的乙国国民的私有财产，予以没收

C. 乙国对桑诺地区的甲国公民的私有财产，予以没收

D. 乙国强令位于其境内的甲国公民在规定时间内进行敌侨登记

**73.** 甲国秋叶公司在该国法院获得一项胜诉的判决，并准备向中国法院申请执行。根据我国现行法律，下列哪些选项是正确的？

A. 该判决可以由当事人直接向我国有管辖权的法院申请执行

B. 该判决可以由甲国法院依照该国与我国缔结或共同参加的国际条约的规定向我国有管辖权的法院申请执行

C. 对外国法院判决效力的承认，我国采取裁定方式

D. 对与我国缔结司法协助条约的国家的法院判决，我国法院均应予以执行

**74.** 上海甲公司作为卖方和澳门乙公司订立了一项钢材购销合同，约定有关合同的争议在中国内地仲裁。乙公司在内地和澳门均有营业机构。双方发生争议后，仲裁庭裁决乙公司对甲公司进行赔偿。乙公司未在规定的期限内履行仲裁裁决。关于甲公司对此采取的做法，下列哪些选项是正确的？

A. 向内地有管辖权的中级人民法院申请执行该仲裁裁决

B. 向澳门特别行政区中级法院申请执行该仲裁裁决

C. 分别向内地有管辖权的中级人民法院和澳门特别行政区中级法院申请执行仲裁裁决

D. 向澳门特别行政区初级法院申请执行该仲裁裁决

**75.** 在我国法院审理的一个涉外诉讼案件中，需要从甲国调取某些证据。甲国是《关于从国外调取民事或商事证据公约》的缔约国。根据该公约，下列哪些选项是正确的？

A. 赵律师作为中方当事人的诉讼代理人，可以依照上述公约请求甲国法院调取所需的证据

B. 调取证据的请求，应以请求书的方式提出

C. 请求书应通过我国外交部转交甲国的中央机关

D. 中国驻甲国的领事代表在其执行职务的区域内，可以在不采取强制措施的情况下向华侨取证

**76.** 在进口倾销对国内产业造成实质损害的情况下，反倾销税可以追溯征收。该反倾销税可适用于下列哪些产品？

A. 采取临时反倾销措施期间进口的产品

B. 发起反倾销调查前90天内进口的产品

C. 提起反倾销调查前90天进口的产品

D. 实施临时反倾销措施之日前90天内进口的产品

**77.** 根据国际公约有关规定，在卖方有义务移交与货物有关的单据的情况下，关于卖方的此项义务，下列哪些选项是正确的？

A. 卖方必须在规定的时间移交

B. 如卖方在规定的时间前移交，可以在该时间到达前纠正其中不符合同规定的情形

C. 卖方行使纠正单据的权利使买方承担不合理开支的，买方有权要求赔偿

D. 卖方在不使买方承担不合理开支的情况下，可以改变移交单据的地点和方式

**78.** 实践中，国际融资担保存在多种不同的形式，如银行保函、备用信用证、浮动担保等，中国法律对其中一些担保形式没有相应的规定。根据国际惯例，关于各类融资担保，下列哪些选项是正确的？

A. 备用信用证项下的付款义务只有在开证行对借款人的违约事实进行实质审查后才产生

B. 大公司出具的担保意愿书具有很强的法律效力

C. 见索即付保函独立于基础合同

D. 浮动担保中用于担保的财产的价值是变化的

**79.** 根据国际商会《跟单信用证统一惯例》(UCP600)的规定，如果受益人按照信用证的要求完成对指定银行的交单义务，出现下列哪些情形时，开证行应予承付？

A. 信用证规定指定银行议付但其未议付

B. 信用证规定指定银行延期付款但其未承诺延期付款

C. 信用证规定指定银行承兑，指定行承兑但到期不付款

D. 信用证规定指定银行即期付款但其未付款

**80.** 依据法官职业道德规范，关于法官行为，下列哪些评论是正确的？

A. 徐法官在接待当事人的过程中，针对当事人对判决书提出的质疑，以不屑的口吻说："你一个文盲加法盲，有什么资格来质问我？"评论：徐法官的行为不符合司法礼仪

B. 蓝法官在开庭调解时，为营造轻松和谐的气氛，身着便装，谈笑风生。评论：蓝法官的行为违反法庭规则

C. 周法官在当地出席大学同学私人投资的公司开业典礼，并在被公开介绍法官身份后登台致贺辞。评论：周法官的此行为违反了不得以职业、身份、声誉谋取利益的义务

D. 谢法官正在承办一宗合同纠纷案件。该案被告向谢法官的配偶林某任职的A公司表示，愿将一个工程项目发包给该公司，条件是让林某任该项目的主管。林某将此事告诉了谢法官，并提及发包人是该案的被告。谢法官听后未置一词。评论：谢法官的行为违反了约束家庭成员的义务

**81.** 关于法律职业的有关表述，下列哪些选项可以成立？

A. 两名法学院的学生讨论从事法律职业的条件。左同学认为：曾因犯罪受过刑事处罚者不能担任检察官。孔同学认为：年龄二十三周岁以上六十五周岁以下者可以担任公证员。左同学的说法正确而孔同学的说法不正确

B. 甲市中级法院审判委员会讨论曾某强奸案。田法官认为：市中级法院李院长因病不能参加会议，委托不是常务副院长的孙副院长主持会议，委托无效。林检察官认为：市检察院王检察长在审判委员会讨论此案时可以列席，但不能发表意见，也不能参加表决。田法官的说法正确而林检察官的说法不正确

C. 乙县法院孙法官在审理某承揽合同纠纷案件时，遗漏主要证据、重要情节导致裁判错误，造成了严重后果，受到警告处分。乙县检察院检察官张某在办理案件中非法拘禁当事人，受到记过处分。对这二人违反工作纪律行为的处罚正确

D. 丙律师事务所是一家有60名执业律师的合伙所，为扩展业务决定到某沿海城市设立分支结构，并委派专人办理有关审核事宜。法律援助对象鄂某要求丙律师事务所的法律援助服务人员尊重和保护自己的隐私权。这两个行为均符合法律的规定

**82.** 某国跨国甲公司发现中国乙公司申请注册的域名侵犯了甲公司的商标权，遂起诉要求乙公司撤销该域名注册。乙公司称，商标和域名是两个领域的完全不同的概念，网络域名的注册和使用均不属中国《商标法》的调整范围。法院认为，两国均为《巴黎公约》成员国，应当根据中国法律和该公约处理注册纠纷。法院同时认为，对驰名商标的权利保障应当扩展到网络空间，故乙公司的行为侵犯了甲公司的商标专用权。据此，下列表述正确的是：

A. 法律应该以社会为基础，随着社会的发展而变化

B. 科技的发展影响法律的调整范围，而法律可以保障科技的发展

C. 国际条约可以作为我国法的渊源

D. 乙公司的辩称和法院的判断表明：法律决定的可预测性与可接受性之间存在着一定的紧张关系

**83.** 各级人民代表大会常务委员会有权审查和批准决算、听取预算的执行情况报告。根据《宪法》和《监督法》的规定，下列表述正确的是：

A. 县级以上地方各级人民政府应当在每年六月至九月期间，将上一年度的本级决算草案提请本级人大常委会审查和批准

B. 国务院应当在每年六月至九月期间向全国人大常委会报告本年度上一阶段预算的执行情况

C. 预算安排的农业、教育、科技、文化、卫生、社会保障等资金需要调减的，国务院和县级以上地方各级人民政府应当提请本级人大常委会审查和批准

D. 上级财政补助资金的安排和使用情况，是地方各级人大常委会对决算草案和预算执行情况重点审查的内容之一

**84.** 根据《宪法》和法律的规定，下列表述错误的是：

A. 全国人大代表在全国人大各种会议上的活动不受法律追究

B. 在全国人大闭会期间，全国人大代表未经选举单位人大常委会批准，不受逮捕和刑事审判

C. 全国人大代表受原选举单位的监督

D. 全国人大代表在全国人民代表大会开会期间，有权提出对国务院或者国务院各部、各委员会的质询案

**2008年5月，松园劳务派遣有限责任公司（简称“松园公司”）与天利房地产开发有限责任公司（简称“天利公司”）签订劳务派遣协议，将李某派遣到天利公司工作。根据有关法律规定，请回答第85—87题。**

**85.** 松园公司与天利公司协商劳务派遣协议的下列条款中，不符合法律规定的有：

A. 李某在天利公司的工作岗位，可不在劳务派遣协议中约定，由天利公司根据需要灵活决定

B. 李某在天利公司的工作期限，可以在劳务派遣协议中约定为四个周期，每个周期为半年，每个周期结束前订立新的劳务派遣协议

C. 李某在天利公司的劳动报酬，应当在劳务派遣协议中约定

D. 双方对劳务派遣协议的内容负保密义务，不得向包括李某在内的任何人披露

**86.** 松园公司和天利公司对李某的下列做法中，不符合法律规定的有：

A. 松园公司与李某签订到期可续签的一年期劳动合同

B. 松园公司从李某每月工资中提取5%作为员工集体福利费

C. 天利公司要求李某缴纳5000元岗位责任保证金

D. 天利公司告知李某无权参加本公司工会

**87.** 天利公司将李某再派遣到自己的子公司，被李某拒绝。天利公司遂以李某不服从工作安排为由将其退回松园公司。随后，松园公司以李某已无工作为由解除劳动合同。对此，下列表述错误的是：

A. 天利公司可以对李某进行再派遣，但不能因李某拒绝而将其退回

B. 松园公司不得因李某已无工作而解除劳动合同

C. 李某可以将天利公司或者松园公司作为被申请人，申请劳动争议仲裁

D. 李某可以就其因劳动合同解除而受到的损失，请求天利公司和松园公司共同承担赔偿责任

**88.** 菲德罗河是一条依次流经甲乙丙丁四国的多国河流。1966年，甲乙丙丁四国就该河流的航行事项缔结条约，规定缔约国船舶可以在四国境内的该河流中通航。2005年底，甲国新当选的政府宣布：因乙国政府未能按照条约的规定按时维修其境内航道标志，所以甲国不再受上述条约的拘束，任何外国船舶进入甲国境内的菲德罗河段，均须得到甲国政府的专门批准。自2006年起，甲国开始拦截和驱逐未经其批准而驶入甲国河段的乙丙丁国船舶，并发生多起扣船事件。对此，根据国际法的有关规则，下列表述正确的是：

A. 由于乙国未能履行条约义务，因此，甲国有权终止该条约

B. 若乙丙丁三国一致同意，可以终止该三国与甲国间的该条约关系

C. 若乙丙丁三国一致同意，可以终止该条约

D. 甲乙两国应分别就其上述未履行义务的行为，承担同等的国家责任

**89.** 依据现行的司法解释，我国法院受理对在我国享有特权与豁免的主体起诉的民事案件，须按法院内部报告制度，报请最高人民法院批准。为此，下列表述正确的是：

A. 在我国享有特权与豁免的主体若为民事案件中的第三人，该报告制度不适用

B. 若在我国享有特权与豁免的主体在我国从事商业活动，则对其作为被告的民事案件的受理无需适用上述报告制度

C. 对外国驻华使馆的外交官作为原告的民事案件，其受理不适用上述报告制度

D. 若被告是临时来华的联合国官员，则对其作为被告的有关的民事案件的受理不适用上述报告制度

**90.** 根据1980年《联合国国际货物销售合同公约》的规定，在合同一方不履行合同义务构成根本违约的情况下，关于守约方请求损害赔偿的权利，下列表述错误的是：

A. 守约方可以根据实际情况请求赔偿原合同价与转卖合同价之间的价差

B. 守约方可以根据实际情况请求赔偿合同价与市价之间的价差以及其他因对方违约造成的损失

C. 守约方可获得的损害赔偿不得超过违约方在订立合同时，依照他当时已知道或理应知道的事实和情况，对违反合同预料到或理应预料到的可能损失

D. 守约方有权对其实际遭受的、违约方缔约时理应预料到的所有损失获得赔偿

## 参考答案与解析

**1. C**。法律规制和调整社会关系的范围和深度是有限的，有些社会关系（如人们的情感关系、友谊关系）不适宜由法律来调整。因此，在某些人们活动的领域，法律不应涉足其间。故A错误。本题从法律的调整范围出发，在考查法的局限性的同时，也间接考查了法律事件，因为BCD三项实质上是在考查法律能否调整由法律事件引发的法律关系。法律事件是法律规范规定的、不以当事人的意志为转移而引起法律关系形成、变更或消灭的客观事实。天灾属于法律事件，但却要受到法律的调整。在发生法律事件时，尽管在当事人的意志范围之外，但有时法律还是会对人们施以义务，如紧急避险的情形。所以，这种义务是无过错责任，不是过错责任。故C正确。

**2. D**。从价值上讲，法律是自由的保障。就法的本质来说，它以“自由”为最高的价值目标。但是，为了协调、平衡各种法的价值之间所可能会有的矛盾，有时法律又必须对自由作出限制，只要这种限制是正当的，那法律就依然具有自由意蕴，是真正意义上的法律。作为法的价值的一种，自由与秩序、正义共同构成了衡量法律善恶的标准。如果一部法律本质上违背了自由的要求，因而只能是一种徒具形式的“恶法”。在这种情况下，在自然法学派看来——恶法非法；而在法实证主义看来，恶法亦法。所以，从实证的角度看，未必一切法律都是自由的法律。故D正确。

**3. C**。价值冲突中的“比例原则”，是指“为保护某种较为优越的法价值须侵及一种法益时，不得逾越此目的所必要的程度”。紧急避险条款非常典型地

体现了这一点，即如果紧急避险保持在必要限度之内，由此造成的损害较之于所要保护的利益为小，则避险人不负刑事责任；但如果超过必要限度造成了不应有的损害，则应负一定的刑事责任。该条款不涉及在自由、秩序与正义之间衡量优先性的问题；同时，它作为一条普遍性的法律规范，也不涉及在个案中予以平衡的问题。此外，功利原则不是解决法的价值冲突的原则。故 C 正确。

**4. C**。本题中所考查的执法是狭义意义上的执法，它指国家行政机关及其公职人员依法行使管理职权、履行职责、实施法律的活动。执法是以国家的名义对社会进行全面管理，具有国家权威性。城市综合管理执法人员查处无照销售食品的行为系执法行为，在执法过程中，要坚持公平合理的原则，权衡多方面的利益因素和情境因素，执法方式让一般社会公众所接受。执法具有国家强制性，面对国家行政机关及其公职人员的执法行为，公民应当服从，这是公民履行守法义务的体现。如果公民认为执法不当，应当申请行政复议或提起行政诉讼，而非暴力抗法。故 C 当选。

**5. D**。《道路交通安全法》作为全国人大常委会制定的法律，属于我国法的正式渊源。在本案中，李某并未违章，其依法承担的法律责任并非违法行为所致，而是来自法律的规定；民事调解书确认李某自愿支付超过 10%的赔偿金后，李某即不能反悔；其承担的责任既不是侵权责任，也不是违约责任，而是无过错责任，所以不存在责任竞合问题。故 D 当选。

**6. C**。体系解释指将解释的法律条文放在整部法律中乃至整个法律体系中，联系此法条与其他法条的相互关系来解释法律。本案中法官将《刑法》第 140 条中的"产品"与第 147 条联系起来理解，是将第 140 条纳入整个刑法规范体系中来进行解释的体现，运用了体系解释方法。比较解释指根据外国的立法例或判例学说对某个法律规定进行解释。历史解释指依据正在讨论的法律问题的历史事实对某个法律规定进行解释。目的解释则包含立法者的目的解释和客观目的解释的情形。在本案中，法官对后几种解释方法均未使用。故 C 正确。

**7. B**。孙某对其狗享有所有权，这是受法律保护的，因此而形成的法律关系属于调整性法律关系。保护性法律关系则是在违法行为基础上产生的。钱某毒死孙某的狗的行为属侵权行为，由此形成的法律关系是保护性法律关系，而由于孙某起诉而形成的诉讼法律关系是由该保护性法律关系而产生的、居于从属地位的第二性法律关系。因钱某毒死孙某的狗而形成的损害赔偿关系属于横向的法律关系，故孙某可以放弃自己的权利。故 B 正确。

**8. B**。西周的借贷契约称为"傅别"，《周礼》载："听称责（责同债）以傅别"，即处理债权债务关系要凭傅别。故 A 错误。"质剂"是西周的买卖契约形式。这种契约写在简牍上，一分为二，双方各执一份。《周礼》载："所卖买以质剂"，有"质""剂"之别，其中"大市以质"，"小市以剂"。质是较长的券，用于买卖牛马、奴隶等大型贸易。剂是较短的券，用于买卖兵器、珍奇等小型贸易。质剂由官府制作，并由质人专门管理。故 B 正确。券书与书券同义，即指汉代的买卖契约。东汉郑玄最早将质剂释为"券书"："质剂，谓两书一札，同而别之，长曰质，短曰剂。质剂傅别皆今之书券也。"故 CD 错误。

**9. C**。《法经》共 6 篇：（1）《盗法》；（2）《贼法》；（3）《网法》；（4）《捕法》；（5）《杂法》；（6）《具法》。其中《具法》类似于现代刑法总则的部分内容。故 A 正确。《魏律》即曹魏《新律》，其对旧律作出了重大改革，其中重要一项就是改"具律"为"刑名"，并冠于全律篇首，突出了"刑名"作为律典总则的地位和统括全律的作用，是封建法典篇章体例结构方面的重大突破。故 B 正确。《晋律》即《泰始律》，其在保留沿用曹魏《新律》之"刑名"第一的基础上，新增了"法例律"篇目，共同构成了法典总则性质。而将"刑名""法例律"合为一篇，首创"名例律"篇目的则是《北齐律》。故 C 错误，当选。《永徽律疏》分为《永徽律》和"疏议"两部分。《永徽律》是以《贞观律》为蓝本删改的律典，共 12 篇 30 卷，而对律文进行的解释和阐述称为"疏议"。"疏议"附于律文之后，具有与律文同等的法律效力，并颁行于天下，称《永徽律疏》。故 D 正确。

**10. D**。郑国公元前 536 年，郑国的执政子产"铸刑书于鼎，以为国之常法"，第一次正式公布成文法典，叔向强烈反对公布成文法。《左传·昭公六年》载，晋国大夫叔向在追述西周法律制度时说："昔先王议事以制，不为刑辟。"故 D 正确。

**11. B**。《重大信条十九条》是清朝政府于辛亥革命武昌起义爆发以后抛出的应付时局的宪法文件，形式上被迫缩小了皇帝的权力，相对扩大了议会和总理的权力，但仍强调皇权至上，且对人民权利只字未提，更暴露其虚伪性。故 A 错误。《钦定宪法大纲》是我国第一部近代意义的资本主义性质的宪法性文件，初步具备了宪制功能、法治功能、保障人民的权利和自由功能等宪法的基本要素，在中国法制史上有其进步意义。故 B 正确。《中华民国约法》是 1914 年袁世凯炮制的一部宪法性文件，它从根本上动摇了民主共和制度政体，确立了大总统集权制，是中国近代史上一部十分反动的宪法性文件。故 C 错误。《中华苏维埃共和国宪法大纲》是我党对第二次国内革命战争以来各工农民主政府实施纲领的总结，是在中国共产党领导下，以马克思列宁主义的国家观、法律观为指导而制定的第一部人民民主政权的宪法性文件。故D错误。

**12. B**。《立法法》第108条第1项规定，全国人民代表大会有权改变或者撤销它的常务委员会制定的不适当的法律，有权撤销全国人民代表大会常务委员会批准的违背宪法和本法第85条第2款规定的自治条例和单行条例。可见，A错在“有权改变”。《立法法》第108条第5项规定，地方人民代表大会常务委员会有权撤销本级人民政府制定的不适当的规章。C错在“有权改变”。《立法法》第108条第7项规定，授权机关有权撤销被授权机关制定的超越授权范围或者违背授权目的的法规，必要时可以撤销授权。可见D错在“有权改变”。《立法法》第108条第4项规定，省、自治区、直辖市的人民代表大会有权改变或者撤销其常务委员会制定的和批准的不适当的地方性法规。B正确。

**13. C**。《村民委员会组织法》第3条第1、2款规定：“村民委员会根据村民居住状况、人口多少，按照便于群众自治，有利于经济发展和社会管理的原则设立。村民委员会的设立、撤销、范围调整，由乡、民族乡、镇的人民政府提出，经村民会议讨论同意，报县级人民政府批准。”村委会的设立、撤销、范围调整的具体程序：第一，乡镇人民政府提出方案。乡镇人民政府可以先让村民提出意见，在按照便于群众自治的原则进行研究后，再正式提出，交村民会议讨论同意；也可以由乡镇人民政府在征求各方面意见的基础上，按照便于群众自治的原则提出，交村民会议讨论同意。第二，乡镇人民政府提出意见后，要经过村民会议同意。要尊重村民的意愿，认真听取各种不同意见，真正按多数村民的意见办。第三，为了统筹全局，做好协调工作，村委会的设立、撤销、范围调整的意见在经村民会议讨论同意后，要报县人民政府批准。故C正确。

**14. D**。《香港特别行政区基本法》第44条规定，香港特别行政区行政长官由年满40周岁，在香港通常居住连续满20年并在外国无居留权的香港特别行政区永久性居民中的中国公民担任。可见，A错误。《香港特别行政区基本法》第61条规定，香港特别行政区的主要官员由在香港通常居住连续满15年并在外国无居留权的香港特别行政区永久性居民中的中国公民担任。可见，B错误。《香港特别行政区基本法》第67条规定，香港特别行政区立法会由在外国无居留权的香港特别行政区永久性居民中的中国公民组成。但非中国籍的香港特别行政区永久性居民和在外国有居留权的香港特别行政区永久性居民也可以当选为香港特别行政区立法会议员，其所占比例不得超过立法会全体议员的20%。可见，C错误。《香港特别行政区基本法》第90条第1款规定，香港特别行政区终审法院和高等法院的首席法官，应由在外国无居留权的香港特别行政区永久性居民中的中国公民担任。由于“法院法官”的内涵和外延明显宽于“终审法院和高等法院的首席法官”，而且本题考查的是“可由特区非永久性居民担任”而不是“应由特区非永久性居民担任”，所以D正确。

**15. D**。《宪法》第42条第1款规定，中华人民共和国公民有劳动的权利和义务。《宪法》第46条第1款规定，中华人民共和国公民有受教育的权利和义务。《宪法》第55条规定，保卫祖国、抵抗侵略是中华人民共和国每一个公民的神圣职责。依照法律服兵役和参加民兵组织是中华人民共和国公民的光荣义务。可见，A错误。《宪法》第43条第1款规定，中华人民共和国劳动者有休息的权利。由于“劳动者”的内涵和外延不同于“全体公民”，所以B错误。《宪法》第45条第1款规定，中华人民共和国公民在年老、疾病或者丧失劳动能力的情况下，有从国家和社会获得物质帮助的权利。国家发展为公民享受这些权利所需要的社会保险、社会救济和医疗卫生事业。可见，C错误。根据2004年《宪法修正案》第24条的规定，《宪法》第33条增加1款，作为第3款：“国家尊重和保障人权。”第3款相应地改为第4款。可见，D正确。

**16. C**。《监督法》第56条规定，委员长会议或者主任会议可以向本级人民代表大会常务委员会提议组织关于特定问题的调查委员会，提请常务委员会审议。1/5以上常务委员会组成人员书面联名，可以向本级人民代表大会常务委员会提议组织关于特定问题的调查委员会，由委员长会议或者主任会议决定提请常务委员会审议，或者先交有关的专门委员会审议、提出报告，再决定提请常务委员会审议。故A错误。《监督法》第57条第1款规定，调查委员会由主任委员、副主任委员和委员组成，由委员长会议或者主任会议在本级人民代表大会常务委员会组成人员和本级人民代表大会代表中提名，提请常务委员会审议通过。调查委员会可以聘请有关专家参加调查工作。故B错误。《监督法》第58条规定，调查委员会进行调查时，有关的国家机关、社会团体、企业事业组织和公民都有义务向其提供必要的材料。提供材料的公民要求对材料来源保密的，调查委员会应当予以保密。调查委员会在调查过程中，可以不公布调查的情况和材料。故C正确。《监督法》第59条规定，调查委员会应当向产生它的常务委员会提出调查报告。常务委员会根据报告，可以作出相应的决议、决定。故D错误。

**17. C**。《企业所得税法》第1条规定，在中华人民共和国境内，企业和其他取得收入的组织为企业所得税的纳税人，依照本法的规定缴纳企业所得税。个人独资企业、合伙企业不适用本法。据此，一般而言只有具有独立的主体资格（主要是法人资格）的企业或组织才会是企业所得税的纳税主体，合伙企业和个人独资企业不具有独立于投资者的人格，对投资者征收个人所得税即可。故 C 当选。

**18. A**。《企业所得税法》第 30 条规定，企业的下列支出，可以在计算应纳税所得额时加计扣除：(1) 开发新技术、新产品、新工艺发生的研究开发费用；(2) 安置残疾人员及国家鼓励安置的其他就业人员所支付的工资。故 A 正确。

**19. A**。《税收征收管理法》第 44 条规定，欠缴税款的纳税人或者他的法定代表人需要出境的，应当在出境前向税务机关结清应纳税款、滞纳金或者提供担保。未结清税款、滞纳金，又不提供担保的，税务机关可以通知出境管理机关阻止其出境。首先，李某未按期缴纳而申请延期缴纳，依然属于欠缴税款。故 B 错误。欠税人只有在不结清税款、滞纳金或者提供担保的前提下，税务机关才能通知出境管理机关阻止其出境。故 CD 错误。又由于税务机关已经批准李某延期缴纳，所以只能要求其出境前提供担保。故 A 正确。

**20. D**。《银行业监督管理法》第 28 条规定，国务院银行业监督管理机构应当建立银行业突发事件的发现、报告岗位责任制度。银行业监督管理机构发现可能引发系统性银行业风险、严重影响社会稳定的突发事件的，应当立即向国务院银行业监督管理机构负责人报告；国务院银行业监督管理机构负责人认为需要向国务院报告的，应当立即向国务院报告，并告知中国人民银行、国务院财政部门等有关部门。故 D 正确。

**21. B**。《商业银行法》第 35 条规定，商业银行贷款，应当对借款人的借款用途、偿还能力、还款方式等情况进行严格审查。商业银行贷款，应当实行审贷分离、分级审批的制度。故 AD 正确，不当选。《商业银行法》第 38 条规定，商业银行应当按照中国人民银行规定的贷款利率的上下限，确定贷款利率。故 B 错误，当选。《商业银行法》第 39 条规定，商业银行贷款，应当遵守下列资产负债比例管理的规定：(1) 资本充足率不得低于 8%；……故 C 正确，不当选。

**22. D**。《消费者权益保护法》第 7 条规定，消费者在购买、使用商品和接受服务时享有人身、财产安全不受损害的权利。消费者有权要求经营者提供的商品和服务，符合保障人身、财产安全的要求。美容店对其提供的商品和服务负有保证安全的义务，因而不论该美容店是否知道该产品为假名牌，都应当承担全部责任。故 D 正确。

**23. A**。更换、退货属于对合同义务的违反，而缺陷致人损害的赔偿则属于特殊侵权行为的法律后果。故 A 正确。

**24. B**。B 属于侵权纠纷，不属于权属纠纷，可以申请行政调处，但对调处决定不服，不是以土地主管部门为被告提起行政诉讼，而是以另一方当事人为被告提起民事诉讼。故 B 错误，当选。

**25. D**。《城乡规划法》第 38 条第 1、2 款规定，在城市、镇规划区内以出让方式提供国有土地使用权的，在国有土地使用权出让前，城市、县人民政府城乡规划主管部门应当依据控制性详细规划，提出出让地块的位置、使用性质、开发强度等规划条件，作为国有土地使用权出让合同的组成部分。未确定规划条件的地块，不得出让国有土地使用权。以出让方式取得国有土地使用权的建设项目，建设单位在取得建设项目的批准、核准、备案文件和签订国有土地使用权出让合同后，向城市、县人民政府城乡规划主管部门领取建设用地规划许可证。因而 ABC 都符合上述规定。D 错在应当是“在签订国有土地使用权出让合同后”。故本题应当选 D。

**26. C**。《环境保护法》第 66 条规定，提起环境损害赔偿诉讼的时效期间为 3 年，从当事人知道或者应当知道其受到损害时起计算。故 B 正确。《民法典》第 1230 条规定，因污染环境、破坏生态发生纠纷，行为人应当就法律规定的不承担责任或者减轻责任的情形及其行为与损害之间不存在因果关系承担举证责任。故 D 正确。A 在理论和实践上都存在争议，即村委会是否有权作为民事诉讼的主体参与环境污染损害赔偿诉讼。一般认为，村委会作为村民自治组织只能管理组织内部事务，但是在司法实践中村委会经常作为诉讼主体出现。故 A 正确。我国《环境保护法》对环境民事责任确立的原则应当归类为严格责任原则，即侵权方是否有过错不影响侵权行为的构成。故 C 错误，当选。

**27. D**。联合国作为国际法主体，除能独立地参与国际关系，享有和承担国际法上的权利和义务，也拥有类似于国家所具备的其他的权利能力和行为能力，如能够以自己的名义对外进行民事行为。故 A 错误。以联合国名义进行的行为不能代表是所有会员国的行为。故 B 错误。根据《国际法院规约》第 34 条第 1 款的规定，国际法院的诉讼当事方仅限于国家，C 中联合国大会有权提起诉讼的观点错误。《联合国宪章》第 96 条规定，大会或安理会对于任何法律问题得请国际法院发表咨询意见；联合国其他机关及各种专门机关，对于其工作范围之内任何法律问题，得随时以大会之授权，请求国际法院发表咨询意见。可见联合国大会有权就任何法律问题向国际法院咨询，而无论甲国是否同意。故 D 正确。

**28. C**。国家责任是指国家就其国际不法行为所承担的法律后果。国际不法行为是指国家所作出的违背国际义务的行为。与何国建交、确定外交关系的采取何种形式是国家主权的内容之一，甲国宣布将乙国驻甲国的大使馆降为代办处及乙国宣布断绝与甲国的外交关系不属于违反国际法的行为，无需承担国家责任。AB 错误。《维也纳外交关系公约》第 45 条规定，当两国断绝关系时，接受国应尊重并保护使馆馆舍以及使馆财产与档案，纵有武装冲突情事，亦应如此办理。D 错误。《维也纳条约法公约》第 63 条规定，条约当事国间断绝外交或领事关系不影响彼此间由条约确定之法律关系，但外交或领事关系之存在为适用条约所必不可少者不在此限。即断绝外交关系或领事关系使建立在此种关系上的条约终止，其他条约不受断绝外交关系或领事关系的影响。《外交特权豁免议定书》应属于以外交关系或领事关系为存在基础的条约，因此外交关系的断绝应导致该议定书终止执行。C 正确。

**29. C**。2006 年 3 月 15 日，第 60 届联合国大会以 170 票赞成、4 票反对、3 票弃权的表决结果通过一项决议，决定设立共有 47 个席位的人权理事会，以取代总部设在瑞士日内瓦的人权委员会。人权理事会是根据 2005 年联合国首脑会议《成果文件》的要求设立的，目的是取代不断遭到批评的人权委员会。人权理事会是联大的下属机构。C 正确。

**30. C**。属人管辖是指对于本国国籍的人、法人，无论位于国家领土范围内还是本国领土范围外，本国对其都具有管辖的权利。乙国使馆可以就该事项向克森公司的国籍国甲国法院提起诉讼。C 正确。

**31. B**。国家债务的继承是指被继承国对另一国家、某一国际组织或其他国际法主体所负担的任何财政义务。实践中，国家债务可具体化为国债和地方化债务，即前者为国家整体所负的债务，后者是指以国家名义承担而事实上仅用于国内某个地方的债务。判断债务是否为国家债务，关键在于确定该债务是不是以国家名义实施的借款，否则都不能予以继承。题中只有甲国中央政府所借债务属于国家债务，合并成立的丙国应继承。故 B 正确。

**32. D**。D 的内容充分体现了共同而有区别的责任原则，故正确。

**33. C**。我国法院在审理案件时，一贯实行“以事实为根据，以法律为准绳”的原则，当依据我国冲突规范的制定，应当适用的法律为外国法时，人民法院有责任查明外国法的内容，当事人也有举证的责任。为此，《涉外民事关系法律适用法》第 10 条规定，涉外民事关系适用的外国法律，由人民法院、仲裁机构或者行政机关查明。当事人选择适用外国法律的，应当提供该国法律。不能查明外国法律或者该国法律没有规定的，适用中华人民共和国法律。C 与我国现行法律规定一致，故正确。D 认为当事人必须先查证外国法，法院查证补充的观点与我国立法相悖，D 错误。

**34. D**。《民事诉讼法》第 276 条规定：“因涉外民事纠纷，对在中华人民共和国领域内没有住所的被告提起除身份关系以外的诉讼，如果合同签订地、合同履行地、诉讼标的物所在地、可供扣押财产所在地、侵权行为地、代表机构住所地位于中华人民共和国领域内的，可以由合同签订地、合同履行地、诉讼标的物所在地、可供扣押财产所在地、侵权行为地、代表机构住所地人民法院管辖。除前款规定外，涉外民事纠纷与中华人民共和国存在其他适当联系的，可以由人民法院管辖。”由于合同的履行地之一在中国，我国法院对戴某的起诉有管辖权。故 B 错误。在一般情况下，当事人选择仲裁方式可以排除我国对涉外案件的管辖权。C 中观点过于绝对，故错误。一事再审是指由一国法院审判过的案件又被另一国法院受理加以审判。朗文的主张对我国法院就同一案件实体问题行使管辖权不能构成有效异议，我国法院可以受理戴某的起诉。因此，A 错误，D 正确。

**35. C**。《涉外民事关系法律适用法》第 41 条规定，当事人可以协议选择合同适用的法律。当事人没有选择的，适用履行义务最能体现该合同特征的一方当事人经常居所地法律或者其他与该合同有最密切联系的法律。人民法院根据最密切联系原则确定合同争议应适用的法律时，应根据合同的特殊性质及某一方当事人履行的义务最能体现合同的本质特性等因素，确定与合同有最密切联系的国家或者地区的法律作为合同的准据法。结合中国的司法实践，一般来说，成套设备供应合同，适用设备安装地法。乙国为该批设备的安装地，所以适用乙国法。故 C 正确。

**36. B**。《民事诉讼法》第 248 条第 5 款规定，仲裁裁决被人民法院裁定不予执行的，当事人可以根据双方达成的书面仲裁协议重新申请仲裁，也可以向人民法院起诉。《仲裁法》第 58 条第 1、2 款规定，法院撤销国内仲裁裁决的法定理由如下：（1）没有仲裁协议的；（2）裁决的事项不属于仲裁协议的范围或者仲裁委员会无权仲裁的；（3）仲裁庭的组成或者仲裁的程序违反法定程序的；（4）裁决所根据的证据是伪造的；（5）对方当事人隐瞒了足以影响公正裁决的证据的；（6）仲裁员在仲裁该案时有索贿受贿，徇私舞弊，枉法裁决行为的。人民法院经组成合议庭审查核实裁决有前述情形之一的，应当裁定撤销。《民事诉讼法》第 291 条第 1 款规定，对中华人民共和国涉外仲裁机构作出的裁决，被申请人提出证据证明仲裁裁决有下列情形之一的，经人民法院组成合议庭审查核实，裁定不予执行：（1）当事人在合同中没有订有仲裁条款或者事后没有达成书面仲裁协议的；（2）被申请人没有得到指定仲裁员或者进行仲裁程序的通知，或者由于其他不属于被申请人负责的原因未能陈述意见的；（3）仲裁庭的组成或者仲裁的程序与仲裁规则不符的；（4）裁决的事项不属于仲裁协议的范围或者仲裁机构无权仲裁的。通过对比可以看出，撤销涉外仲裁裁决的法定理由和撤销国内仲裁裁决的法定理由是存在差异的。故 AC 错误，B 正确。D 属于不予执行仲裁裁决的内容，而非仲裁裁决的撤销，故错误。

**37. C**。《民事诉讼法》第 273 条规定，人民法院审理涉外民事案件，应当使用中华人民共和国通用的语言、文字。当事人要求提供翻译的，可以提供，费用由当事人承担。故 C 正确。

**38. B**。《最高人民法院关于中国公民申请承认外国法院离婚判决程序问题的规定》第 2 条规定，外国法院离婚判决中的财产分割、生活费负担、子女抚养方面判决的承认执行，不适用本规定。中国法院依据前述规定对解除身份关系的内容予以承认的观点是正确的。故 A 正确；B 错误，当选。前述规定第 22 条规定，申请人的申请被驳回后，不得再提出申请，但可以另行向人民法院起诉离婚。故 C 正确。前述规定第 20 条规定，当事人之间的婚姻虽经外国法院判决，但未向人民法院申请承认的，不妨碍当事人一方另向人民法院提出离婚诉讼。即在一方已向法院提出申请后，另一方则不能提出离婚诉讼。故 D 正确。

**39. D**。《联合国国际货物销售合同公约》第 18 条第 1 款规定，被发价人声明或作出其他行为表示同意发价，即是接受，缄默或不行动本身不等于接受。乙公司的沉默表明其拒绝甲公司的要求。故 A 错误。前述公约第 19 条第 1 款规定，对发价表示接受但载有添加、限制或不同条件的答复，即为拒绝该项发价，并构成还价。因此甲公司于 8 月 12 日的电复是对乙公司要约的变更，构成新要约，而非承诺。故 B 错误。选项 C 中提到的迟到承诺不存在，故错误。前述公约第 17 条规定，一项发价，即使是不可撤销的，于拒绝通知送达发价人终止。即要约因受要约人的拒绝而失效。在要约失效后，无论是要约人还是受要约人都不再受要约的拘束。甲公司于 8 月 11 日作出的复电属于拒绝要约行为，导致乙公司发出的要约失效。甲公司 8 月 29 日的去电是新要约，合同自然没有成立。故 D 正确。

**40. B**。《与贸易有关的知识产权协议》规定，成员可以确定商标许可与转让的条件的同时，强调对商标的强制许可应不予准许，注册商标所有人有权将商标连同或者不连同其所属的营业一起进行转让。故 B 正确。

**41. C**。根据《托收统一规则》的规定，银行必须依托收指示书中的规定和依本规则习惯行事，如由于某种原因，某一银行不能执行其所收到的托收指示书的规定时，必须立即通知发出托收指示书的一方。在选项 A 中，无论何种情况，只要代收行未执行托收行的指示即承担损失，未考虑到例外情况。代收行与委托方无委托关系，也不存在合同关系，代收行只有收款义务以及在特殊条件下的通知义务。遭到拒付时，银行应不延误地履行托收义务。故 C 正确。除非托收指示书上有明确指示，在遭到拒付时，银行没有制作拒绝证书的义务。故 B 错误。银行没有义务对跟单托收有关的货物采取任何措施，包括货物的存仓和保险——即使对此有专门的指示。银行只有在事先同意时，在其同意范围内才采取这些措施，并且由此发生的相关费用由指示方负担。故 D 错误。

**42. C**。《多边投资担保机构公约》规定多边投资担保机构承保货币汇兑险、征收和类似措施险、战争内乱险和政府违约险，经投资者与东道国的联合申请，董事会特别多数票通过，可将担保范围扩大到上述四种风险以外的其他特定的非商业性风险。A 将承保范围仅局限于四种政治险，而忽略了例外情况，故错误。前述公约对合格投资的具体形式未作严格限定，但是出口信贷不列入多边投资担保的范围之内。B 中认为任何直接投资都应列入投保范围，过于绝对。前述公约规定，投资者必须是具备东道国以外的会员国国籍的自然人；在东道国以外一个会员国注册并设有主要营业点的法人；其多数股本为东道国以外一个或几个会员国所有或国民所有的法人；只要东道国同意，且用于投资的资本来自东道国境外，则根据投资者和东道国的联合申请，经多边担保机构董事会特别多数票通过，合格投资者也可以是东道国的自然人、在东道国注册的法人以及多数资本为东道国国民所有的法人。可见，东道国的自然人和法人可以在特定条件下成为投保人。故 D 错误。多边投资担保机构拥有完全的法律人格，有权缔结契约、取得并处理不动产和动产，有权进行法律诉讼。故 C 正确。

**43. B**。我国司法的价值选择是“公正优先，兼顾效率”。故 A 错误。B 正确。《宪法》第 131 条规定，人民法院依照法律规定独立行使审判权，不受行政机关、社会团体和个人的干涉。但是并不意味着任何机关都不能依法“干涉”案件的处理，如我国的人民代表大会就可以依法对案件审判进行监督。故 C 错误。D 错误，德国和法国的政治制度并不相同。

**44. D**。《律师法》第 21 条规定，律师事务所变更名称、负责人、章程、合伙协议的，应当报原审核部门批准。律师事务所变更住所、合伙人的，应当自变更之日起 15 日内报原审核部门备案。故 A 错误。B 错误，律师事务所可以是合伙形式或个人律师事务所。C 错误，设立个人律师事务所除满足一般律师事务所的条件外，设立人还应当是具有 5 年以上执业经历的律师。D 正确。

**45. C**。根据《公证法》第 11 条至第 13 条的规定，C 属于公证的范围，BD 显然不属于公证的范围。A 虽然属于公证的范围，但对于提供虚假材料的，不应办理公证。故 C 正确。

**46. D**。法律禁止法官与任何一方当事人单方接触，为了避免引起公众的误解，D 的做法是最好的。故 D 正确。

**47. ABD**。案件审判中，穷尽法律规则，方得适用法律原则。此外，法律原则的适用还有两个严格的条件：除非为了实现个案正义，否则不得舍弃法律规则而直接适用法律原则；没有更强理由，不得径行适用法律原则。法律原则的适用方式不同于法律规则，它不是像后者那样采取“全有或全无”的方式，而是取决于法官根据个案的具体情况及有关背景在不同强度的原则间作出权衡：被认为强度较强的原则对该案件的裁决具有指导性的作用，比其他原则的适用更有分量。但另一原则并不因此而无效，也并不因此被排除在法律制度之外，因为在另一个案中，这两个原则的强度关系可能会改变。故选 ABD。

**48. ABC**。内部证成指按照一定的推理规则将法律决定从相关前提中逻辑地推导出来的过程，它只保证了结论从前提中逻辑地推导出来，而对前提是否是正当的、合理的没有任何的保障。尽管它不涉及前提的正确性问题，但因为它处理的是从前提到推论的推导过程，因此不能说内部证成是针对案件事实问题进行的论证，它毋宁是从规范经由事实到法律决定的论证。外部证成指对法律决定所依赖的前提的证成，它关涉到内部证成中所使用的前提本身的合理性，解决的就是法律决定的前提的正确性问题。在外部证成中，也有一个内部证成的问题，因此也和内部证成一样要使用演绎方法，并且离不开支持性理由和推理规则。故 ABC 错误，当选。

**49. ABD**。本案法院应当受理，这是保障当事人诉权的要求，也是“禁止拒绝裁判原则”的要求。但是，法律也不能超出社会的发展需要去创造社会。故 ABD 错误，当选。

**50. BD**。法律规则由假定条件、行为模式和法律后果三个部分构成，在逻辑上缺一不可。但是，本题没有区分规范性法律条文与非规范性法律条文。如果是规范性法律条文，假定部分和法律后果可以省略；如果是非规范性法律条文，则三个要素都不存在。故 BD 正确。

**51. AD**。法系是比较法学上的基本概念，指根据法的历史传统和外部特征的不同，对法所作的分类。当今世界上除民法法系和普通法系外，还有中华法系、伊斯兰法系等。近代以来，普通法系国家也出现了少量法典。故 AD 正确。

**52. ABC**。《立法法》第 101 条第 1 款规定，自治条例和单行条例依法对地方性法规作变通规定的，在本自治地方适用自治条例和单行条例的规定。《立法法》第 106 条第 1 款第 2、3 项规定，地方性法规与部门规章之间对同一事项的规定不一致，不能确定如何适用时，由国务院提出意见，国务院认为应当适用地方性法规的，应当决定在该地方适用地方性法规的规定；认为应当适用部门规章的，应当提请全国人民代表大会常务委员会裁决。部门规章之间对同一事项的规定不一致时，由国务院裁决。《立法法》第 106 条第 2 款规定，根据授权制定的法规与法律规定不一致，不能确定如何适用时，由全国人民代表大会常务委员会裁决。综上，D 正确，故选 ABC。

**53. ABD**。朝审是明朝对死刑案件进行复核的重要制度，令每岁霜降后，但有该决重囚，三法司会同公、侯、伯从实审录。清朝的朝审、秋审制度皆源于此。清朝朝审复核的案件，是刑部判决的重案及京师附近绞监候、斩监候的案件。据此，朝审是明清时期死刑案件的复核制度，并不是复奏制度，在明清时期朝审这一死刑复核制度和复奏制度是并存的，朝审并没有替代死刑复奏制度。故 ABD 正确，C 错误。

**54. ABD**。《永徽律疏》又称《唐律疏议》，是唐高宗在位时制定并颁行天下的。其中《永徽律》在唐高宗李治永徽二年完成，而“疏议”部分在永徽四年完成。故 A 错误。“重罪十条”正式确立于《北齐律》，包括反逆、大逆、叛、降、恶逆、不道、不敬、不孝、不义、内乱，在隋朝《开皇律》中将其加以损益，确定为谋反、谋大逆、谋叛、恶逆、不道、大不敬、不孝、不睦、不义、内乱，自此“十恶”制度正式确立。《永徽律疏》中的“十恶”只是因袭隋律，非其首创。故 B 错误。《永徽律疏》中对律文的解释分为“注”“疏”“议”和“问答”几个层次，引用大量的儒家经典令、格、式，协调律文间的关系，《永徽律疏》总结了汉魏晋以来立法和注律的经验，不仅对主要的法律原则和制度作了精确的解释与说明，而且尽可能引用儒家经典作为律文的理论依据。故 C 正确。《永徽律》是在《贞观律》的基础上修订的律典，“疏议”是对律文作出的详细的解释，二者合为《永徽律疏》，故不能说《永徽律疏》是对《贞观律》的解释。《永徽律疏》是我国迄今为止完整保存下来的一部最早、最完备、影响最大的封建成文法典。它总结了中国历代统治者立法和注律的经验，继承了汉代以来德主刑辅的思想和礼律结合的传统，使中国封建法律至此发展到最成熟、最完备的阶段，标志着中国封建立法技术达到最高水平。故 D 错误。

**55. AB**。人身自由是以人身保障为核心而构成的权利体系，是公民参加国家生活、社会生活和享受其他权利的前提条件。人身自由的主要内容，包括人身自由不受侵犯、人格尊严不受侵犯、住宅不受侵犯、通信自由和通信秘密受法律保护。根据《宪法》第 39 条的规定，中华人民共和国公民的住宅不受侵犯。禁止非法搜查或者非法侵入公民的住宅。公民的住宅不受侵犯是指任何机关、团体或者个人，非经法律许可，不得随意侵入、搜查或者查封公民的住宅。公安机关、检察机关为了收集犯罪证据、查获犯罪嫌疑人，需要对犯罪嫌疑人及有关场所进行搜查时，必须严格依照法律规定的程序进行。我国《刑法》规定，非法搜查他人住宅，或者非法侵入他人住宅的，处 3 年以下有期徒刑或者拘役。故 AB 正确。

**56. ACD**。《选举法》第9条第1款规定，全国人民代表大会常务委员会主持全国人民代表大会代表的选举。省、自治区、直辖市、设区的市、自治州的人民代表大会常务委员会主持本级人民代表大会代表的选举。可见，A项正确。《全国人民代表大会和地方各级人民代表大会选举法》第9条第2款规定，不设区的市、市辖区、县、自治县、乡、民族乡、镇设立选举委员会，主持本级人民代表大会代表的选举。不设区的市、市辖区、县、自治县的选举委员会受本级人民代表大会常务委员会的领导。乡、民族乡、镇的选举委员会受不设区的市、市辖区、县、自治县的人民代表大会常务委员会的领导。可见，B错误，而CD正确。

**57. AB**。《宪法》第67条第20项规定，全国人民代表大会常务委员会有权决定全国总动员或者局部动员。故A正确，D错误。《宪法》第67条第21项规定，全国人民代表大会常务委员会有权决定全国或者个别省、自治区、直辖市进入紧急状态。故B正确，C错误。另外，《宪法》第89条第16项规定，国务院有权依照法律规定决定省、自治区、直辖市的范围内部分地区进入紧急状态。由此也能推出C项错误。

**58. ABC**。《立法法》第17条规定，全国人民代表大会主席团可以向全国人民代表大会提出法律案，由全国人民代表大会会议审议。全国人民代表大会常务委员会、国务院、中央军事委员会、国家监察委员会、最高人民法院、最高人民检察院、全国人民代表大会各专门委员会，可以向全国人民代表大会提出法律案，由主席团决定列入会议议程。《立法法》第18条第1款规定，一个代表团或者30名以上的代表联名，可以向全国人民代表大会提出法律案，由主席团决定是否列入会议议程，或者先交有关的专门委员会审议、提出是否列入会议议程的意见，再决定是否列入会议议程。《立法法》第29条规定，委员长会议可以向常务委员会提出法律案，由常务委员会会议审议。国务院、中央军事委员会、国家监察委员会、最高人民法院、最高人民检察院、全国人民代表大会各专门委员会，可以向常务委员会提出法律案，由委员长会议决定列入常务委员会会议议程，或者先交有关的专门委员会审议、提出报告，再决定列入常务委员会会议议程。《立法法》第30条第1款规定，常务委员会组成人员10人以上联名，可以向常务委员会提出法律案，由委员长会议决定是否列入常务委员会会议议程，或者先交有关的专门委员会审议、提出是否列入会议议程的意见，再决定是否列入常务委员会会议议程。由此可见，本题正确答案为ABC。

**59. ABC**。《监督法》第43条规定，全国人民代表大会宪法和法律委员会、有关专门委员会、常务委员会工作机构经审查认为最高人民法院或者最高人民检察院作出的具体应用法律的解释同宪法或者法律相抵触，或者存在合宪性、合法性问题需要修改或者废止，而最高人民法院或者最高人民检察院不予修改或者废止的，应当提出撤销或者要求最高人民法院或者最高人民检察院予以修改、废止的议案、建议，或者提出由全国人民代表大会常务委员会作出法律解释的议案、建议，由委员长会议决定提请常务委员会审议。据此，ABC正确。

**60. BD**。《宪法》第86条第1、2款规定，国务院由下列人员组成：总理，副总理若干人，国务委员若干人，各部部长，各委员会主任，审计长，秘书长。国务院实行总理负责制。各部、各委员会实行部长、主任负责制。所以，B中的国家发展和改革委员会主任和D中的审计署审计长都毫无疑问属于正确答案。外交部部长属于国务院组成人员，外交部副部长显然不属于国务院组成人员，所以A错误。容易有疑问的是C项国有资产监督管理委员会主任是否属于国务院组成人员。国务院国有资产监督管理委员会是根据2003年第十届全国人民代表大会第一次会议批准的国务院机构改革方案和《国务院关于机构设置的通知》设置的，为国务院直属正部级特设机构。国务院授权国有资产监督管理委员会代表国家履行出资人职责。可见，国有资产监督管理委员会虽然也是正部级，但属于直属特设机构，国有资产监督管理委员会主任并不属于国务院组成人员。因此，C错误。

**61. ABCD**。《证券投资基金法》第73条第1款规定："基金财产不得用于下列投资或者活动：（一）承销证券；（二）违反规定向他人贷款或者提供担保；（三）从事承担无限责任的投资；（四）买卖其他基金份额，但是国务院证券监督管理机构另有规定的除外；（五）向基金管理人、基金托管人出资；（六）从事内幕交易、操纵证券交易价格及其他不正当的证券交易活动；（七）法律、行政法规和国务院证券监督管理机构规定禁止的其他活动。"BCD正确。A属于2012年《证券投资基金法》第一次修订前第59条第5项规定禁止的行为。但2012年修订后的《证券投资基金法》对原第5项规定的基金财产不得用于"买卖其基金管理人、基金托管人发行的股票或者债券"以及第6项基金财产不得用于"买卖与其基金管理人、基金托管人有控股关系的股东或者与其基金管理人、基金托管人有其他重大利害关系的公司发行的证券或者承销期内承销的证券"进行了适当放宽，增加规定在"遵循基金份额持有人利益优先的原则，防范利益冲突，符合国务院证券监督管理机构的规定，并履行信息披露义务"的前提下，基金财产可以用于上述投资。所以，按照现行规定，A也正确。

**62. ABC**。《证券法》第14条规定，公司对公开发行股票所募集资金，必须按照招股说明书或者其他公开发行募集文件所列资金用途使用；改变资金用途，必须经股东大会作出决议。擅自改变用途，未作纠正的，或者未经股东大会认可的，不得公开发行新股。故 A 正确，D 错误。《证券法》第 185 条第 1 款规定，发行人违反本法第 14 条、第 15 条的规定擅自改变公开发行证券所募集资金的用途的，责令改正，处以 50 万元以上 500 万元以下的罚款；对直接负责的主管人员和其他直接责任人员给予警告，并处以 10 万元以上 100 万元以下的罚款。故 BC 正确。故本题正确答案为 ABC。

**63. ABC**。《证券法》第 44 条规定："上市公司、股票在国务院批准的其他全国性证券交易场所交易的公司持有百分之五以上股份的股东、董事、监事、高级管理人员，将其持有的该公司的股票或者其他具有股权性质的证券在买入后六个月内卖出，或者在卖出后六个月内又买入，由此所得收益归该公司所有，公司董事会应当收回其所得收益。但是，证券公司因购入包销售后剩余股票而持有百分之五以上股份，以及有国务院证券监督管理机构规定的其他情形的除外。前款所称董事、监事、高级管理人员、自然人股东持有的股票或者其他具有股权性质的证券，包括其配偶、父母、子女持有的及利用他人账户持有的股票或者其他具有股权性质的证券。公司董事会不按照第一款规定执行的，股东有权要求董事会在三十日内执行。公司董事会未在上述期限内执行的，股东有权为了公司的利益以自己的名义直接向人民法院提起诉讼。公司董事会不按照第一款的规定执行的，负有责任的董事依法承担连带责任。"故 ABC 正确。

**64. BCD**。《证券法》第 131 条规定，证券公司客户的交易结算资金应当存放在商业银行，以每个客户的名义单独立户管理。证券公司不得将客户的交易结算资金和证券归入其自有财产。禁止任何单位或者个人以任何形式挪用客户的交易结算资金和证券。证券公司破产或者清算时，客户的交易结算资金和证券不属于其破产财产或者清算财产。非因客户本身的债务或者法律规定的其他情形，不得查封、冻结、扣划或者强制执行客户的交易结算资金和证券。故 B 是被禁止的。《证券法》第 129 条规定，证券公司的自营业务必须以自己的名义进行，不得假借他人名义或者以个人名义进行。证券公司的自营业务必须使用自有资金和依法筹集的资金。证券公司不得将其自营账户借给他人使用。故 C 是被禁止的。《证券法》第 134 条第 1 款规定，证券公司办理经纪业务，不得接受客户的全权委托而决定证券买卖、选择证券种类、决定买卖数量或者买卖价格。故 D 是被禁止的。故本题答案为 BCD。

**65. ABD**。《劳动合同法》第 14 条规定，无固定期限劳动合同，是指用人单位与劳动者约定无确定终止时间的劳动合同。用人单位与劳动者协商一致，可以订立无固定期限劳动合同。有下列情形之一，劳动者提出或者同意续订、订立劳动合同的，除劳动者提出订立固定期限劳动合同外，应当订立无固定期限劳动合同：(1) 劳动者在该用人单位连续工作满 10 年的；(2) 用人单位初次实行劳动合同制度或者国有企业改制重新订立劳动合同时，劳动者在该用人单位连续工作满 10 年且距法定退休年龄不足 10 年的；(3) 连续订立二次固定期限劳动合同，且劳动者没有《劳动合同法》第 39 条和第 40 条第 1 项、第 2 项规定的情形（用人单位单方解除劳动合同的情形），续订劳动合同的。用人单位自用工之日起满 1 年不与劳动者订立书面劳动合同的，视为用人单位与劳动者已订立无固定期限劳动合同。根据上述规定，A 属于双方协商一致订立无固定期限劳动合同的情形，符合法律规定；B 属于上述第 1 项，故符合法律规定；C 情形不属于上述第 2 项有关距法定退休年龄不足 10 年的要求，故不符合法律规定；D 说法符合上述第 3 项的规定。故 ABD 正确。

**66. ABD**。《反垄断法》第 24 条规定，有下列情形之一的，可以推定经营者具有市场支配地位：(1) 一个经营者在相关市场的市场份额达到 1/2 的；(2) 两个经营者在相关市场的市场份额合计达到 2/3 的；(3) 三个经营者在相关市场的市场份额合计达到 3/4 的。有前述第 2 项、第 3 项规定的情形，其中有的经营者市场份额不足 1/10 的，不应当推定该经营者具有市场支配地位。被推定具有市场支配地位的经营者，有证据证明不具有市场支配地位的，不应当认定其具有市场支配地位。故 ABD 符合该条规定，正确；C 不符合，错误。

**67. AD**。《反垄断法》第 39 条规定，行政机关和法律、法规授权的具有管理公共事务职能的组织不得滥用行政权力，限定或者变相限定单位或者个人经营、购买、使用其指定的经营者提供的商品。故该行为的主体不限于行政机关，还包括法律、法规授权的具有管理公共事务职能的组织。故 A 正确。《反垄断法》未对行政机关的范围进行限定。故 B 错误。根据《反垄断法》的规定，滥用行政权力排除、限制竞争的表现形式不仅限于商品流通和招投标领域。故 C 错误。《反垄断法》第 61 条第 1 款规定，行政机关和法律、法规授权的具有管理公共事务职能的组织滥用行政权力，实施排除、限制竞争行为的，由上级机关责令改正；对直接负责的主管人员和其他直接责任人员依法给予处分。反垄断执法机构可以向有关上级机关提出依法处理的建议。行政机关和法律、法规授权的具有管理公共事务职能的组织应当将有关改正情况书面报告上级机关和反垄断执法机构。故 D 正确。

**68. ACD**。《反不正当竞争法》第 8 条规定，经营者不得对其商品的性能、功能、质量、销售状况、用户评价、曾获荣誉等作虚假或者引人误解的商业宣传，欺骗、误导消费者。经营者不得通过组织虚假交易等方式，帮助其他经营者进行虚假或者引人误解的商业宣传。故A正确，B错误。《消费者权益保护法》第45条第3款规定，社会团体或者其他组织、个人在关系消费者生命健康商品或者服务的虚假广告或者其他虚假宣传中向消费者推荐商品或者服务，造成消费者损害的，应当与提供该商品或者服务的经营者承担连带责任。故C正确。《产品质量法》第58条规定，社会团体、社会中介机构对产品质量作出承诺、保证，而该产品又不符合其承诺、保证的质量要求，给消费者造成损失的，与产品的生产者、销售者承担连带责任。故D正确。

**69. BD**。《反不正当竞争法》第11条规定，经营者不得编造、传播虚假信息或者误导性信息，损害竞争对手的商业信誉、商品声誉。诋毁行为是针对一个或多个特定竞争对手的行为，由于甲公司在宣传中不仅诋毁了乙公司，还诋毁了其他公司的同类软件，因而不仅乙公司可以起诉。故A错误。因为诋毁商誉必须捏造并散布虚伪信息，故主观状态必然是故意。故B正确。不正当竞争行为的主体是市场经营活动中的经营者，新闻单位被利用和被唆使的，仅构成一般的侵害他人名誉权行为，而非不正当竞争行为。故C错误。捏造和散布虚假事实是该行为的构成要件。故D正确。

**70. ABC**。A未强调采取合理措施避免损失，故错误。环境污染责任为严格责任，不论加害人是否存在过错，均不能免责。《民法典》第1233条规定，因第三人的过错污染环境、破坏生态的，被侵权人可以向侵权人请求赔偿，也可以向第三人请求赔偿。侵权人赔偿后，有权向第三人追偿。故B错误。受害者自我致害，排污单位可主张免责。故C错误。

**71. ABD**。《联合国海洋法公约》第73条规定，在专属经济区对外国船舶违法行为采取措施时，应遵行以下规则：对于被捕的船只及其船员，在其提出适当的保证书或担保书后，应迅速予以释放；沿海国对于在专属经济区内仅违反渔业法规定的处罚，如有关国家间无相反的协议，不得包括监禁或任何形式的体罚；在逮捕或扣留外国船只时，沿海国应通过适当途径将所采取措施和随后进行的处罚迅速通知船旗国。可见，ABD正确。

**72. AD**。交战国在战争中对敌产的处理应区分公产和私产：交战国对于其境内的敌国国家财产，除属于使领馆的财产和档案等外，可予没收。交战国对于其境内的敌国人民的私产予以限制，如禁止转移、冻结或征用，但不得没收。故B错误。对占领区内的敌国人民之私产不应以任何方式干涉或没收，但对可供军事需要的财产可征用。故C错误。交战国对敌方在其境内的国家财产除使馆财产外可以没收，也可以不予以没收，因此A观点正确。交战国对其境内的敌国公民可实行敌侨登记。故D正确。

**73. ABC**。《民事诉讼法》第298条规定，外国法院作出的发生法律效力的判决、裁定，需要人民法院承认和执行的，可以由当事人直接向有管辖权的中级人民法院申请承认和执行，也可以由外国法院依照该国与中华人民共和国缔结或者参加的国际条约的规定，或者按照互惠原则，请求人民法院承认和执行。可见，对于外国法院作出的判决或裁定，当事人和外国法院都可以提出申请。故AB正确。《民事诉讼法》第299条规定，人民法院对申请或者请求承认和执行的外国法院作出的发生法律效力的判决、裁定，依照中华人民共和国缔结或者参加的国际条约，或者按照互惠原则进行审查后，认为不违反中华人民共和国法律的基本原则且不损害国家主权、安全、社会公共利益的，裁定承认其效力；需要执行的，发出执行令，依照本法的有关规定执行。故C正确。对与我国缔结司法协助条约的国家的法院判决，应对其进行审查，符合条件的，才予以执行，否则不执行。故D错误。

**74. ABC**。《关于内地与澳门特别行政区相互认可和执行仲裁裁决的安排》第2条第1款规定，在内地或者澳门特别行政区作出的仲裁裁决，一方当事人不履行仲裁裁决的，另一方当事人可以向被申请人住所地、经常居住地或者财产所在地的有关法院申请认可和执行。由于乙公司在澳门和内地都有营业机构，故甲可以向内地和澳门的法院申请执行。前述安排第2条第2、3款规定，内地有权受理认可和执行仲裁裁决申请的法院为中级人民法院。澳门特别行政区有权受理认可仲裁裁决申请的法院为中级法院，有权执行的为初级法院。可见，申请人可以向内地的中级人民法院和澳门的中级法院申请认可执行。前述安排第3条第1款规定，被申请人的住所地、经常居住地或者财产所在地分别在内地和澳门特别行政区的，申请人可以向一地法院提出认可和执行申请，也可以分别向两地法院提出申请。因此，甲可以分别向内地中级人民法院和澳门中级法院申请执行，也可向两地法院同时申请执行。故ABC正确。

**75. BD**。请求书方式，请求另一缔约国主管机关调取证据或履行某些其他司法行为。调取证据可以通过请求书的方式提出。故B正确。缔约国的外交官员或领事代表在另一缔约国境内在其执行职务的区域内，可以向他所代表的国家的国民在不采取强制措施的情况下调取证据，以协助在其代表的国家的法院中进行的诉讼。故D正确。

**76. AD**。《反倾销条例》第36条规定，出口经营者违反其价格承诺的，商务部依照本条例的规定，可以立即决定恢复反倾销调查；根据可获得的最佳信息，可以决定采取临时反倾销的措施，并可以对实施临时反倾销措施前90天内进口的产品追溯征收反倾销税，但违反价格承诺前进口的产品除外。可见，实施临时反倾销措施之日为追溯征反倾销税的起算点。故BC错误，D正确。《反倾销条例》第43条1、2款规定，终裁决定确定存在实质损害，并在此前已经采取临时反倾销措施的，反倾销税可以对已经实施临时反倾销措施的期间追溯征收。终裁决定确定存在实质损害威胁，在先前不采取临时反倾销措施将会导致后来作出实质损害裁定的情况下已经采取临时反倾销措施的，反倾销税可以对已经实施临时反倾销措施的期间追溯征收。因此，采取临时反倾销措施期间进口的产品在一定条件下也可以征收反倾销税。故A正确。

**77. ABC**。《联合国国际货物销售合同公约》第34条规定，卖方有义务移交与货物有关的单据，他必须按照合同所规定的时间、地点和方式移交这些单据。如果卖方在那个时间以前已移交这些单据，他可以在那个时间到达前纠正单据中任何不符合合同规定的情形，但是，此一权利的行使不得使买方遭受不合理的不便或承担不合理的开支。但是，买方保留本公约所规定的要求损害赔偿的任何权利。故ABC正确。卖方无权更改移交单据的地点和方式。故D错误。

**78. CD**。见索即付又称独立保证，在这种保证形式下，一旦主债务人违约，债权人无须向主债务人追款，即可无条件要求保证人承担第一偿付责任。见索即付具有不可撤销性，保证人不能以基础合同产生的抗辩权对抗贷款人。可见，见索即付的保函独立于基础合同。故C正确。浮动抵押是借款人以其现在的或将来取得的全部或某一类财产作为贷款人设定的一种担保物权。一旦借款人违约、破产、进行清算，债务人的资产便“固定化”，成为贷款人可接管或处分担保物。浮动抵押的资产始终是不确定的，其数量和价值是变化的。故D正确。

**79. ABCD**。《跟单信用证统一惯例》（UCP600）规定，开证行在两种情况下有兑付义务：（1）信用证直接规定开证行有兑付责任的；（2）信用证规定其他被指定银行（如议付行、保兑行等）有兑付或议付义务，但其他被指定银行不履行该义务。兑付是新引进的概念，简单地说是除议付以外的付款行为，包括三种行为：（1）对于即期付款信用证即期付款；（2）对于延期付款信用证发出延期付款承诺并到期付款；（3）对于承兑信用证承兑受益人出具的汇票到期付款。故ABCD正确。

**80. ABD**。C的评论错误，因为周法官并未以职业、身份、声誉谋取利益，而是从事不合适的业外活动。ABD正确。

**81. AD**。《检察官法》第13条规定，因犯罪受过刑事处罚的或是被开除公职的，不能担任检察官。《公证法》第18条规定，年龄25周岁以上65周岁以下是担任公务员的条件。故A正确。根据《关于改革和完善人民法院审判委员会制度的实施意见》的规定，审判委员会会议由院长主持。院长因故不能主持会议时，可以委托副院长主持。田法官的说法错误。故B错误。《人民法院工作人员处分条例》第83条规定，因过失导致错误裁判，造成严重后果的，给予降级、撤职或开除处分；《检察人员纪律处分条例》第81条规定，违反有关规定限制、剥夺诉讼参与人人身自由、诉讼权利的，给予警告、记过或者记大过处分；情节较重的，给予降级或者撤职处分；情节严重的，给予开除处分。故C错误。D说法显然正确。

**82. ABCD**。在本案中，法院根据中国法律和《巴黎公约》的规定，结合社会发展的现状，认定对驰名商标的权利保障应当扩展到网络空间，这是法律与社会尤其是法律与科技关系的体现。同时，法院的这种做法也与包括乙公司在内的大众的普遍认知有出入，反映出法律决定的可预测性与可接受性之间存在一定的紧张关系。故ABCD正确。

**83. ABCD**。《监督法》第19条第1、2款规定，国务院应当在每年六月，将上一年度的中央决算草案提请全国人民代表大会常务委员会审查和批准。县级以上地方各级人民政府应当在每年6月至9月期间，将上一年度的本级决算草案提请本级人民代表大会常务委员会审查和批准。据此，A正确。《监督法》第20条规定，国务院和县级以上地方各级人民政府应当在每年6月至9月期间，向本级人民代表大会常务委员会报告本年度上一阶段国民经济和社会发展计划、预算的执行情况。据此，B正确。《监督法》第22条规定，国民经济和社会发展计划、预算经人民代表大会批准后，在执行过程中需要作部分调整的，国务院和县级以上地方各级人民政府应当将调整方案提请本级人民代表大会常务委员会审查和批准。据此，C正确。《监督法》第21条规定，常务委员会根据《中华人民共和国预算法》和全国人民代表大会常务委员会的有关决定，确定对决算草案和预算执行情况报告的重点审查内容。据此，D正确。

**84. AB**。《宪法》第75条规定，全国人民代表大会代表在全国人民代表大会各种会议上的发言和表决，不受法律追究。但是，“活动”的内涵和外延远远大于“发言和表决”。可见A错误，当选。《宪法》第74条规定，全国人民代表大会代表，非经全国人民代表大会会议主席团许可，在全国人民代表大会闭会期间非经全国人民代表大会常务委员会许可，不受逮捕或者刑事审判。可见，B错误，当选。《宪法》第77条规定，全国人民代表大会代表受原选举单位的监督。原选举单位有权依照法律规定的程序罢免本单位选出的代表。可见，C正确，不当选。《宪法》第73条规定，全国人民代表大会代表在全国人民代表大会开会期间，全国人民代表大会常务委员会组成人员在常务委员会开会期间，有权依照法律规定的程序提出对国务院或者国务院各部、各委员会的质询案。受质询的机关必须负责答复。可见，D正确，不当选。

**85. ABD**。《劳动合同法》第59条第1款规定，劳务派遣单位派遣劳动者应当与接受以劳务派遣形式用工的单位订立劳务派遣协议。劳务派遣协议应当约定派遣岗位和人员数量、派遣期限、劳动报酬和社会保险费的数额与支付方式以及违反协议的责任。故A不明确岗位的说法不符合法律规定，C符合法律规定。《劳动合同法》第59条第2款规定，用工单位应当根据工作岗位的实际需要与劳务派遣单位确定派遣期限，不得将连续用工期限分割订立数个短期劳务派遣协议。故B分割用工期限的做法不符合法律规定。《劳动合同法》第60条第1款规定，劳务派遣单位应当将劳务派遣协议的内容告知被派遣劳动者。故D有关保密的说法是错误的。

**86. ABCD**。《劳动合同法》第58条第2款规定，劳务派遣单位应当与被派遣劳动者订立2年以上的固定期限劳动合同，按月支付劳动报酬。故A不符合法律规定。《劳动合同法》第60条第2、3款规定，劳务派遣单位不得克扣用工单位按照劳务派遣协议支付给被派遣劳动者的劳动报酬。劳务派遣单位和用工单位不得向被派遣劳动者收取费用。BC不符合法律规定。《劳动合同法》第64条规定，被派遣劳动者有权在劳务派遣单位或者用工单位依法参加或者组织工会，维护自身的合法权益。D不符合法律规定。故本题正确答案为ABCD。

**87. A**。《劳动合同法》第62条第2款规定，用工单位不得将被派遣劳动者再派遣到其他用人单位。故A错误。

**88. BC**。在条约有效期内，各缔约国负有忠实履行条约的义务。《维也纳条约法公约》第60条第2款规定，在多边条约当事国一方重大违约时，其他当事方有权一致同意，在这些当事方与违约方的关系上或在全体条约当事方之间，全部或部分停止实行或终止该约。甲国的行为属于重大违约行为，如果其他国家一致同意，可以终止甲国与这些国家的条约关系，或者是终止该条约。BC正确。

**89. C**。《最高人民法院关于人民法院受理涉及特权与豁免的民事案件有关问题的通知》规定，凡以下列在中国享有特权与豁免的主体为被告、第三人向人民法院起诉的民事案件，人民法院在决定受理之前，报请本辖区高级人民法院审查；高级人民法院同意受理的，应当将其审查意见报最高人民法院。在最高人民法院答复前，一律暂不受理。(1)外国国家；(2)外国驻中国使馆和使馆人员；(3)外国驻中国领馆和领馆成员；(4)途经中国的外国驻第三国的外交代表和与其共同生活的配偶及未成年子女；(5)途经中国的外国驻第三国的领事官员和与其共同生活的配偶及未成年子女；(6)持有中国外交签证或者持有外交护照（仅限互免签证的国家）来中国的外国官员；(7)持有中国外交签证或者持有与中国互免签证国家外交护照的领事官员；(8)来中国访问的外国国家元首、政府首脑、外交部长及其他具有同等身份的官员；(9)来中国参加联合国及其专门机构召开的国际会议的外国代表；(10)临时来中国联合国及其专门机构的官员和专家；(11)联合国系统组织驻中国的代表机构和人员；(12)其他在中国享有特权与豁免的主体。若享有特权与豁免的主体作为原告不适用上述通知中的报告制度。故D正确。

**90. D**。一方根本违约构成宣告合同无效的理由。《联合国国际货物销售合同公约》第74条规定，一方当事人违反合同应负的损害赔偿额，应与另一当事人因他违反合同而遭受的包括利润在内的损失额相等。这种损害赔偿不得超过违反合同一方在订立合同时，依照违约方当时已知道或理应知道的事实和情况，对违反合同预料到或理应预料到的可能损失。依据上述规定，可以看出计算损害赔偿额的目的是要使受损害一方当事人获得合同被履行后所应有的经济地位，补偿其实际损失。故C正确。前述公约第75条规定，如果合同被宣告无效，而在宣告无效后一段合理时间内，买方已以合理方式购买替代货物，或者卖方已以合理方式把货物转卖，则要求损害赔偿的一方可以取得合同价格和替代货物交易价格之间的差额以及按照第74条规定可以取得的任何其他损害赔偿。故A正确。前述公约第76条第1款的规定，如果合同被宣告无效，而货物又有时价，要求损害赔偿的一方，如果没有根据第75条规定进行购买或转卖，则可以取得合同规定的价格和宣告合同无效时的时价之间的差额以及按照第74条规定可以取得的任何其他损害赔偿。但是，如果要求损害赔偿的一方在接收货物之后宣告合同无效，则应适用接收货物时的时价，而不适用宣告合同无效时的时价。故B正确。赔偿数额应有所限制，不应超过违约方在订立合同时所预见的范围。故D因缺少这一限定条件而错误。

# 第29天

志不强者智不达，言不信者行不果。

## 试题

**1.** 关于危害结果的相关说法，下列哪一选项是错误的？

A. 甲男（25岁）明知孙某（女）只有13岁而追求她，在征得孙某同意后，与其发生性行为。甲的行为没有造成危害后果

B. 警察乙丢失枪支后未及时报告，清洁工王某捡拾该枪支后立即上交。乙的行为没有造成严重后果

C. 丙诱骗5岁的孤儿离开福利院后，将其作为养子，使之过上了丰衣足食的生活。丙的行为造成了危害后果

D. 丁恶意透支3万元，但经发卡银行催收后立即归还。丁的行为没有造成危害后果

**2.** 关于故意的认识内容，下列哪一选项是正确的？

A. 甲明知自己的财物处于国家机关管理之中，但不知此时的个人财物应以公共财产论而窃回。甲缺乏成立盗窃罪所必须的对客观事实的认识，故不成立盗窃罪

B. 乙以非法占有财物的目的窃取军人的手提包时，明知手提包内可能有枪支仍然窃取，该手提包中果然有一支手枪。乙没有非法占有枪支的目的，故不成立盗窃枪支罪

C. 成立猥亵儿童罪，要求行为人知道被害人是或者可能是不满14周岁的儿童

D. 成立贩卖毒品罪，不仅要求行为人认识到自己贩卖的是毒品，而且要求行为人认识到所贩卖的毒品种类

**3.** 甲想杀害身材高大的乙，打算先用安眠药使乙昏迷，然后勒乙的脖子，致其窒息死亡。由于甲投放的安眠药较多，乙吞服安眠药后死亡。对此，下列哪一选项是正确的？

A. 甲的预备行为导致了乙死亡，仅成立故意杀人预备

B. 甲虽已着手实行杀人行为，但所预定的实行行为（勒乙的脖子）并未实施完毕，故只能认定为未实行终了的未遂

C. 甲已着手实行杀人行为，应认定为故意杀人既遂

D. 甲的行为是故意杀人预备与过失致人死亡罪的想象竞合犯，应从一重罪论处

**4.** 甲在从事生产经营的过程中，不知道某种行为是否违法，于是以书面形式向法院咨询，法院正式书面答复该行为合法。于是，甲实施该行为，但该行为实际上违反刑法。关于本案，下列哪一选项是正确的？

A. 由于违法性认识不是故意的认识内容，所以，甲仍然构成故意犯罪

B. 甲没有违法性认识的可能性，所以不成立犯罪

C. 甲虽然不成立故意犯罪，但成立过失犯罪

D. 甲既可能成立故意犯罪，也可能成立过失犯罪

**5.** 关于被害人承诺，下列哪一选项是正确的？

A. 儿童赵某生活在贫困家庭，甲征得赵某父母的同意，将赵某卖至富贵人家。甲的行为得到了赵某父母的有效承诺，并有利于儿童的成长，故不构成拐卖儿童罪

B. 在钱某家发生火灾之际，乙独自闯入钱某的住宅搬出贵重物品。由于乙的行为事后并未得到钱某的认可，故应当成立非法侵入住宅罪

C. 孙某为戒掉网瘾，让其妻子丙将其反锁在没有电脑的房间一星期。孙某对放弃自己人身自由的承诺是无效的，丙的行为依然成立非法拘禁罪

D. 李某同意丁砍掉自己的一个小手指，而丁却砍掉了李某的大拇指。丁的行为成立故意伤害罪

**6.** 甲潜入乙的住宅盗窃，将乙的皮箱（内有现金3万元）扔到院墙外，准备一会儿翻墙出去再捡。偶尔经过此处的丙发现皮箱无人看管，遂将其拿走，据为己有。15分钟后，甲来到院墙外，发现皮箱已无踪影。对于甲、丙行为的定性，下列哪一选项是正确的？

A. 甲成立盗窃罪（既遂），丙无罪

B. 甲成立盗窃罪（未遂），丙成立盗窃罪（既遂）

C. 甲成立盗窃罪（既遂），丙成立侵占罪

D. 甲成立盗窃罪（未遂），丙成立侵占罪

**7.** 甲、乙夫妇因8岁的儿子严重残疾，生活完全不能自理而非常痛苦。一天，甲往儿子要喝的牛奶里放入“毒鼠强”时被乙看到，乙说：“这是毒药吧，你给他喝呀？”见甲不说话，乙叹了口气后就走开了。毒死儿子后，甲、乙二人一起掩埋尸体并对外人说儿子因病而死。关于甲、乙行为的定性，下列哪一选项是正确的？

A. 甲与乙构成故意杀人的共同犯罪

B. 甲构成故意杀人罪，乙构成包庇罪

C. 甲构成故意杀人罪，乙构成遗弃罪

D. 甲构成故意杀人罪，乙无罪

**8.** 关于罪数的说法，下列哪一选项是错误的？

A. 甲在车站行窃时盗得一提包，回家一看才发现提包内仅有一支手枪。因为担心被人发现，甲便将手枪藏在浴缸下。甲非法持有枪支的行为，不属于不可罚的事后行为

B. 乙抢夺他人手机，并将该手机变卖，乙的行为构成抢夺罪和掩饰、隐瞒犯罪所得罪，应当数罪并罚

C. 丙非法行医3年多，导致1人死亡、1人身体残疾。丙的行为既是职业犯，也是结果加重犯

D. 丁在绑架过程中，因被害人反抗而将其杀死，对丁不应当以绑架罪和故意杀人罪实行并罚

**9.** 徐某因犯故意伤害罪，于2007年11月21日被法院判处有期徒刑1年，缓期2年执行。在缓刑考验期限内，徐某伙同他人无故殴打学生傅某，致傅某轻微伤。当地公安局于2008年4月3日决定对徐某行政拘留15日，并于当日开始执行该行政拘留决定。行政拘留结束后，法院撤销对徐某的缓刑，决定收监执行。关于本案，下列哪一选项是正确的？

A. 徐某被行政拘留的15天可以折抵刑期

B. 徐某被行政拘留的15天不应当折抵刑期

C. 应当将1年有期徒刑与15天的拘留按照限制加重原则实行并罚

D. 15天的行政拘留应当被1年有期徒刑吸收

**10.** 甲到本村乙家买柴油时，因屋内光线昏暗，甲欲点燃打火机看油量。乙担心引起火灾，上前阻止。但甲坚持说柴油见火不会燃烧，仍然点燃了打火机，结果引起油桶燃烧，造成火灾，导致甲、乙及一旁观看的丙被火烧伤，乙、丙经抢救无效死亡。后经检测，乙储存的柴油闪点不符合标准。甲的行为构成何罪？

A. 危险物品肇事罪　　B. 失火罪

C. 放火罪　　D. 重大责任事故罪

**11.** X公司系甲、乙二人合伙依法注册成立的公司，以钢材批发零售为营业范围。丙因自己的公司急需资金，便找到甲、乙借款，承诺向X公司支付高于银行利息五个百分点的利息，并另给甲、乙个人好处费。甲、乙见有利可图，即以购买钢材为由，以X公司的名义向某银行贷款1000万元，贷期半年。甲、乙将贷款按约定的利息标准借与丙，丙给甲、乙各10万元的好处费。半年后，丙将借款及利息还给X公司，甲、乙即向银行归还本息。关于甲、乙、丙行为的定性，下列哪一选项是正确的？

A. 甲、乙构成高利转贷罪，丙无罪

B. 甲、乙构成骗取贷款罪，丙无罪

C. 甲、乙构成高利转贷罪、非国家工作人员受贿罪，丙构成对非国家工作人员行贿罪

D. 甲、乙构成骗取贷款罪、非国家工作人员受贿罪，丙构成对非国家工作人员行贿罪

**12.** 甲持西瓜刀冲入某银行储蓄所，将刀架在储蓄所保安乙的脖子上，喝令储蓄所职员丙交出现金1万元。见丙故意拖延时间，甲便在乙的脖子上划了一刀。刚取出5万元现金的储户丁看见乙血流不止，于心不忍，就拿出1万元扔给甲，甲得款后迅速逃离。对甲的犯罪行为，下列哪一选项是正确的？

A. 抢劫罪（未遂）　　B. 抢劫罪（既遂）

C. 绑架罪　　D. 敲诈勒索罪

**13.** 甲得知乙一直在拐卖妇女，便对乙说：“我的表弟丙没有老婆，你有合适的就告诉我一下”。不久，乙将拐骗的两名妇女带到甲家，甲与丙将其中一名妇女买下给丙做妻。关于本案，下列哪一选项是错误的？

A. 乙构成拐卖妇女罪

B. 甲构成拐卖妇女罪的共犯

C. 甲构成收买被拐卖的妇女罪

D. 丙构成收买被拐卖的妇女罪

**14.** 甲在某银行的存折上有4万元存款。某日，甲将存款全部取出，但由于银行职员乙工作失误，未将存折底卡销毁。半年后，甲又去该银行办理存储业务，乙对甲说：“你的4万元存款已到期。”甲听后，灵机一动，对乙谎称存折丢失。乙为甲办理了挂失手续，甲取走4万元。甲的行为构成何罪？

A. 侵占罪　　B. 盗窃罪（间接正犯）

C. 诈骗罪　　D. 金融凭证诈骗罪

**15.** 甲乘在路上行走的妇女乙不注意之际，将乙价值12000元的项链一把抓走，然后逃跑。跑了50米之后，甲以为乙的项链根本不值钱，就转身回来，跑到乙跟前，打了乙两耳光，并说：“出来混，也不知道戴条好项链”，然后将项链扔给乙。对甲的行为，应当如何定性？

A. 抢夺罪（未遂）　　B. 抢夺罪（中止）

C. 抢夺罪（既遂）　　D. 抢劫罪（转化型抢劫）

**16.** 某地突发百年未遇的冰雪灾害，乙离开自己的住宅躲避自然灾害。两天后，大雪压垮了乙的房屋，家中财物散落一地。灾后最先返回的邻居甲路过乙家时，将乙垮塌房屋中的2万元现金拿走。关于甲行为的定性，下列哪一选项是正确的？

A. 构成盗窃罪

B. 构成侵占罪

C. 构成抢夺罪

D. 仅成立民法上的不当得利，不构成犯罪

**17.** 甲欠乙10万元久拖不还，乙向法院起诉并胜诉后，甲在履行期限内仍不归还。于是，乙向法院申请强制执行。当法院的执行人员持强制执行裁定书到甲家执行时，甲率领家人手持棍棒在门口守候，并将试图进入室内的执行人员打成重伤。甲的行为构成何罪？

A. 拒不执行判决、裁定罪

B. 聚众扰乱社会秩序罪

C. 妨害公务罪

D. 故意伤害罪

**18.** 某国有公司出纳甲意图非法占有本人保管的公共财物，但不使用自己手中的钥匙和所知道的密码，而是使用铁棍将自己保管的保险柜打开并取走现金3万元。之后，甲伪造作案现场，声称失窃。关于本案，下列哪一选项是正确的？

A. 甲虽然是国家工作人员，但没有利用职务上的便利，故应认定为盗窃罪

B. 甲虽然没有利用职务上的便利，但也不属于将他人占有的财物转移为自己占有，故应认定为侵占罪

C. 甲将自己基于职务保管的财物据为已有，应成立贪污罪

D. 甲实际上是通过欺骗手段获得财物的，应认定为诈骗罪

**19.** 甲与乙共谋盗窃汽车，甲将盗车所需的钥匙交给乙。但甲后来向乙表明放弃犯罪之意，让乙还回钥匙。乙对甲说："你等几分钟，我用你的钥匙配制一把钥匙后再还给你"，甲要回了自己原来提供的钥匙。后乙利用自己配制的钥匙盗窃了汽车（价值5万元）。关于本案，下列哪一选项是正确的？

A. 甲的行为属于盗窃中止

B. 甲的行为属于盗窃预备

C. 甲的行为属于盗窃未遂

D. 甲与乙构成盗窃罪（既遂）的共犯

**20.** ①立法解释是由立法机关作出的解释，既然立法机关在制定法律时可以规定"携带凶器抢夺的"以抢劫罪论处，那么，立法解释也可以规定"携带凶器盗窃的，以抢劫罪论处"。②当然，立法解释毕竟是解释，所以，立法解释不得进行类推解释。③司法解释也具有法律效力，当司法解释与立法解释相抵触时，应适用新解释优于旧解释的原则。④不过，司法解释的效力低于立法解释的效力，所以，立法解释可以进行扩大解释，司法解释不得进行扩大解释。关于上述四句话正误的判断，下列哪一选项是正确的？

A. 第①句正确，其他错误

B. 第②句正确，其他错误

C. 第③句正确，其他错误

D. 第④句正确，其他错误

**21.** 张某，甲市人，中国乙市远洋运输公司"黎明号"货轮船员。"黎明号"航行在公海时，张某因与另一船员李某发生口角将其打成重伤。货轮返回中国首泊丙市港口时，张某趁机潜逃，后在丁市被抓获。该案应当由下列哪一法院行使管辖权？

A. 甲市法院　　B. 乙市法院

C. 丙市法院　　D. 丁市法院

**22.** 根据《刑事诉讼法》及有关司法解释的规定，下列哪一项办案期限是不能重新计算的？

A. 补充侦查完毕后的审查起诉期限

B. 发现犯罪嫌疑人另有重要罪行后的侦查羁押期限

C. 处理当事人回避申请后的法庭审理期限

D. 检察院补充侦查完毕移送法院继续审理的审理期限

**23.** 关于"告诉才处理"的案件与自诉案件，下列哪一选项是正确的？

A. 自诉案件是告诉才处理的案件

B. 告诉才处理的案件是自诉案件

C. 告诉才处理的案件与自诉案件，只是说法不同，含义相同

D. 告诉才处理的案件与自诉案件二者之间没有关系

**24.** 某看守所干警甲，因涉嫌虐待被监管人乙被立案侦查。在审查起诉期间，A地基层检察院认为甲情节显著轻微，不构成犯罪，遂作不起诉处理。关于该决定，下列哪一选项是正确的？

A. 公安机关有权申请复议复核

B. 某甲有权向原决定检察院申诉

C. 某乙有权向上一级检察院申诉

D. 申诉后，上级检察院维持不起诉决定的，某乙可以向该地的中级法院提起自诉

**25.** 关于辩护，下列哪一选项是正确的？

A. 被告人王某在犯罪时17周岁，在审判时已满18周岁，法院应当为其指定辩护人

B. 被告人李某可能被判处死刑，在审判时法院为其指定辩护人。在法庭审理过程中，李某当庭拒绝指定的辩护人为其辩护，法院另行为其指定辩护人。在重新开庭审理后，李某再次拒绝法庭为其指定的辩护人，合议庭不予准许

C. 法院为外籍被告人汤姆（25周岁）指定了辩护人，在法庭审理过程中，汤姆拒绝法院为其指定的辩护人，提出自行委托辩护人，法庭准许后，汤姆自行委托了辩护人。再次开庭审理后，汤姆再次拒绝辩护人为其辩护，要求另行委托辩护人，合议庭不予准许

D. 被告人当庭拒绝辩护人为其辩护的，法庭应当允许，宣布延期审理。延期审理的期限为十日，准备辩护时间计入审限

**26.** 根据《刑事诉讼法》的规定，下列何人有权委托诉讼代理人？

A. 涉嫌强奸罪被告人的父亲

B. 抢劫案被害人的胞妹

C. 伤害案中附带民事被告人的胞弟

D. 虐待案自诉人的胞妹

**27.** 关于法院可以决定对什么人采取拘传这一刑事强制措施，下列哪一选项是正确的？

A. 某公司涉嫌生产、销售伪劣产品罪，作为该公司诉讼代表人而拒不出庭的高某

B. 抢夺案中非在押的被告人陈某

C. 盗窃案中非在押的犯罪嫌疑人卢某

D. 贿赂案中拒不出庭的证人李某

**28.** 某电子科技有限公司因涉嫌虚开增值税专用发票罪被提起公诉，公司董事长、总经理、会计等5人被认定为该单位犯罪的直接责任人员。在法院审理中，该公司被注销。关于法院的处理，下列哪一选项是正确的？

A. 继续审理

B. 终止审理

C. 终止审理，建议检察机关对公司董事长、总经理、会计等另行起诉

D. 退回检察机关，建议检察机关对公司董事长、总经理、会计等另行起诉

**29.** 某银行被盗，侦查机关将沈某确定为犯罪嫌疑人。在进行警犬辨认时，一“功勋警犬”在发案银行四处闻了闻后，猛地扑向沈某。随后，侦查人员又对沈某进行心理测试，测试结论显示，只要犯罪嫌疑人说没偷，测谎仪就显示其撒谎。关于可否作为认定案件事实的根据，下列哪一选项是正确的？

A. 警犬辨认和心理测试结论均可以

B. 警犬辨认可以，心理测试结论不可以

C. 警犬辨认不可以，心理测试结论可以

D. 警犬辨认和心理测试结论均不可以

**30.** 下列案件能够作出有罪认定的是哪一选项？

A. 甲供认自己强奸了乙，乙否认，该案没有其他证据

B. 甲指认乙强奸了自己，乙坚决否认，该案没有其他证据

C. 某单位资金30万元去向不明，会计说局长用了，局长说会计用了，该案没有其他证据

D. 甲乙二人没有通谋，各自埋伏，几乎同时向丙开枪，后查明丙身中一弹，甲乙对各自犯罪行为供认不讳，但收集到的证据无法查明这一枪到底是谁打中的

**31.** 甲将潜艇的部署情况非法提供给一外国著名军事杂志。在审判过程中，法院决定对其取保候审。关于对甲取保候审的执行机关，下列哪一选项是正确的？

A. 法院　　B. 公安机关

C. 军队保卫部门　　D. 国家安全机关

**32.** 甲致乙重伤，收集到下列证据，其中既属于直接证据，又属于原始证据的是哪一项？

A. 有被害人血迹的匕首

B. 证人看到甲身上有血迹，从现场走出的证言

C. 匕首上留下的指印与甲的指纹同一的鉴定结论

D. 乙对甲伤害自己过程的陈述

**33.** 关于在审查起诉阶段，犯罪嫌疑人死亡，但对犯罪嫌疑人的存款、汇款应当依法没收的，下列哪一选项是正确的？

A. 由检察院依法作出不起诉的决定，并没收犯罪嫌疑人存款上缴国库，或返还被害人

B. 由检察院作出撤销案件的决定，并没收犯罪嫌疑人的存款上缴国库，或返还被害人

C. 由检察院作出不起诉的决定，并申请法院裁定通知冻结犯罪嫌疑人的存款、汇款的金融机构上缴国库或返还被害人

D. 由检察院作出撤销案件的决定，并申请法院裁定通知冻结犯罪嫌疑人的存款、汇款的金融机构上缴国库或者返还被害人

**34.** 某县人社局副局长甲在2020年度考核中被确定为不称职等次，对此，下列选项错误的是：

A. 对甲按照规定降低一个职务层次任职

B. 甲的考核等次确定不属于人事处理

C. 甲可以按照国家规定享受2020年的年终奖金

D. 甲的考核等次由县人社局局长或其授权的考核委员会确定

**35.** 关于行政法规制定程序的说法，下列哪一选项是正确的？

A. 行政法规的制定程序包括起草、审查、决定和公布，立项不属于行政法规制定程序

B. 几个部门共同起草的行政法规送审稿报送国务院，应当由牵头部门主要负责人签署

C. 对重要的行政法规送审稿，国务院法制办经国务院同意后向社会公布

D. 行政法规应当在公布后30日内由国务院法制办报全国人大常委会备案

**36.** 下列哪一项信息是县级和乡（镇）人民政府均应重点主动公开的政府信息？

A. 征收或征用土地、房屋拆迁及其补偿、补助费用的发放、使用情况

B. 社会公益事项建设情况

C. 政府集中采购项目的目录、标准及实施情况

D. 执行计划生育政策的情况

**37.** 某银行以某公司未偿还贷款为由向法院起诉，法院终审判决认定其请求已过诉讼时效，予以驳回。某银行向某县政府发函，要求某县政府落实某公司的还款责任。某县政府复函："请贵行继续依法主张债权，我们将配合做好有关工作。"尔后，某银行向法院起诉，请求某县政府履行职责。法院经审理认为，某县政府已履行相应职责，某银行的债权不能实现的原因在于其主张债权时已超过诉讼时效。下列哪一选项是错误的？

A. 本案应由中级法院管辖

B. 因法院的生效判决已对某银行与某公司的民事关系予以确认，某县政府不能重新进行确定

C. 法院应当判决确认某县政府的复函合法

D. 法院应当判决驳回某银行的诉讼请求

**38.** 下列哪一选项不属于行政诉讼的受案范围？

A. 因某企业排污影响李某的鱼塘，李某要求某生态环境局履行监督职责，遭拒绝后向法院起诉

B. 某市政府发出通知，要求非本地生产乳制品须经本市技术监督部门检验合格方可在本地销售，违者予以处罚。某外地乳制品企业对通知提起诉讼

C. 刘某与某公司签订房屋预售合同，某区房管局对此进行预售预购登记。后刘某了解到某公司向其销售的房屋系超出规划面积和预售面积房屋，遂以某区房管局违法办理登记为由提起诉讼

D.《公司登记管理条例》规定，设立公司应当先向工商登记管理机关申请名称预先核准。张某对名称预先核准决定不服提起诉讼

**39.** 某县政府依田某申请作出复议决定，撤销某县公安局对田某车辆的错误登记，责令在 30 日内重新登记，但某县公安局拒绝进行重新登记。田某可以采取下列哪一项措施？

A. 申请法院强制执行

B. 对某县公安局的行为申请行政复议

C. 向法院提起行政诉讼

D. 请求某县政府责令某县公安局登记

**40.** 关于合理行政原则，下列哪一选项是正确的？

A. 遵循合理行政原则是行政活动区别于民事活动的主要标志

B. 合理行政原则属实质行政法治范畴

C. 合理行政原则是一项独立的原则，与合法行政原则无关

D. 行政机关发布的信息应准确是合理行政原则的要求之一

**41.** 某市建设委员会以某公司的房屋占压输油、输气管道线为由，作出限期拆除决定，要求某公司自收到决定之日起 10 日内自行拆除。但某公司逾期未拆除，亦未在法定期限内提起诉讼，某市建设委员会申请法院强制执行。下列哪一选项是正确的？

A. 若法律、法规赋予某市建设委员会有自行强制执行权，法院即应不受理其申请

B. 某市建设委员会应当向其所在地的法院申请强制执行

C. 接受申请的法院应当在受理申请之日起 30 日内作出是否准予强制执行的裁定

D. 若在某市建设委员会申请强制执行前，某公司已对限期拆除决定提起诉讼，法院无权在诉讼期间执行拆除决定

**42.** 某县政府与甲开发公司签定《某地区改造项目协议书》，对某地区旧城改造范围、拆迁补偿费及支付方式和期限等事宜加以约定。乙公司持有经某市政府批准取得的国有土地使用证的第 15 号地块，位于某地区改造范围。甲开发公司获得改造范围内新建的房屋预售许可证，并向社会公开预售。乙公司认为某县政府以协议形式规划、管理和利用项目改造的行为违法，向法院起诉，法院受理。下列哪一选项是正确的？

A. 某县政府与甲开发公司签定的《某地区改造项目协议书》属内部协议

B. 某县政府应当依职权先行收回乙公司持有的第 15 号地块国有土地使用证

C. 因乙公司不是《某地区改造项目协议书》的当事人，法院应驳回起诉

D. 若法院经审理查明，某县政府以协议形式规划、管理和利用项目改造的行为违法，应当判决确认某县政府的行为违法，并责令采取补救措施

**43.** 某区公安局派出所突击检查孔某经营的娱乐城，孔某向正在赌博的人员通风报信，派出所突击检查一无所获。派出所工作人员将孔某带回调查，孔某因受到逼供而说出实情。派出所据此决定对孔某拘留 10 日，孔某不服提起诉讼。下列哪一选项是正确的？

A. 在作出拘留决定前，孔某有权要求举行听证

B. 对孔某的拘留决定违法

C. 某区公安分局派出所是本案被告

D. 因孔某起诉，公安机关应暂缓执行拘留决定

**44.** 某区城管执法局以甲工厂的房屋建筑违法为由强行拆除，拆除行为被认定违法后，甲工厂要求某

区城管执法局予以赔偿，遭到拒绝后向法院起诉。甲工厂除提供证据证明房屋损失外，还提供了甲工厂工人刘某与当地居民谢某的证言，以证明房屋被拆除时，房屋有办公用品、机械设备未搬出，应予赔偿。某区城管执法局提交了甲工厂工人李某和执法人员张某的证言，以证明房屋内没有物品。下列哪一选项是正确的？

A. 法院不能因李某为甲工厂工人而不采信其证言

B. 法院收到甲工厂提交的证据材料，应当出具收据，由经办人员签名并加盖法院印章

C. 张某的证言优于谢某的证言

D. 在庭审过程中，甲工厂要求刘某出庭作证，法院应不予准许

**45.** 关于构成要件要素的分类，下列哪些选项是正确的？

A. 贩卖淫秽物品牟利罪中的“贩卖”是记述的构成要件要素，“淫秽物品”是规范的构成要件要素

B. 贩卖毒品罪中的“贩卖”是记述的构成要件要素，“毒品”是规范的构成要件要素

C. 强制猥亵妇女罪中的“妇女”是记述的构成要件要素，“猥亵”是规范的构成要件要素

D. 抢劫罪的客观构成要件要素是成文的构成要件要素，“非法占有目的”是不成文的构成要件要素

**46.** 关于因果关系，下列哪些选项是错误的？

A. 甲乘坐公交车时和司机章某发生争吵，狠狠踹了章某后背一脚。章某返身打甲时，公交车失控，冲向自行车道，撞死了骑车人程某。甲的行为与程某的死亡之间存在因果关系

B. 乙以杀人故意瞄准李某的头部开枪，但打中了李某的胸部（未打中心脏）。由于李某是血友病患者，最后流血不止而死亡。乙的行为与李某的死亡之间没有因果关系

C. 丙与同伙经预谋后同时向王某开枪，同伙射击的子弹打中王某的心脏，致王某死亡。由于丙射击的子弹没有打中王某，故丙的行为与王某的死亡之间没有因果关系

D. 丁以杀人故意对赵某实施暴力，导致赵某遭受濒临死亡的重伤。赵某在医院接受治疗时，医生存在一定过失，未能挽救赵某的生命。丁的行为与赵某的死亡之间没有因果关系

**47.**《刑法》规定，在拐卖妇女、儿童过程中奸淫被拐卖的妇女的，仅定拐卖妇女、儿童罪。15周岁的甲在拐卖幼女的过程中，强行奸淫幼女。对此，下列哪些选项是错误的？

A.《刑法》第十七条第二款没有规定15周岁的人对拐卖妇女、儿童罪负刑事责任，所以，甲不负刑事责任

B. 拐卖妇女、儿童罪包含了强奸罪，15周岁的人应对强奸罪承担刑事责任，所以，对甲应认定为拐卖妇女、儿童罪

C. 15周岁的人犯强奸罪的应当负刑事责任，所以，对甲应认定为强奸罪

D. 拐卖妇女、儿童罪重于强奸罪，既然15周岁的人应对强奸罪承担刑事责任，就应对拐卖妇女、儿童罪承担刑事责任，所以，对甲应以拐卖妇女、儿童罪与强奸罪实行并罚

**48.** 甲欲杀乙，便向乙开枪，但开枪的结果是将乙和丙都打死。关于本案，下列哪些选项是正确的？

A. 根据具体符合说，甲对乙成立故意杀人既遂，对丙成立过失致人死亡罪

B. 根据法定符合说，甲对乙与丙均成立故意杀人既遂

C. 不管是根据具体符合说，还是根据法定符合说，甲对乙与丙均成立故意杀人既遂

D. 不管是根据具体符合说，还是根据法定符合说，甲对乙成立故意杀人既遂，对丙成立过失致人死亡罪

**49.** 甲雇凶手乙杀丙，言明不要造成其他后果。乙几次杀丙均未成功，后来采取爆炸方法，对丙的住宅（周边没有其他人与物）进行爆炸，结果将丙的妻子丁炸死，但丙安然无恙。关于本案，下列哪些说法是错误的？

A. 甲与乙构成共同犯罪

B. 甲成立故意杀人罪（未遂）

C. 乙对丙成立故意杀人未遂，对丁成立过失致人死亡罪

D. 乙对丙成立爆炸罪，对丁成立过失致人死亡罪

**50.** 某国有银行行长甲指使负责贷款业务的科长乙向申请贷款的丙单位索要财物。乙将索要所获15万元中的9万元交给甲，其余6万元自己留下。后来，甲、乙均明知丙单位不具备贷款条件，仍然向丙单位贷款1000万元，使银行遭受800万元损失。对于本案，下列哪些选项是正确的？

A. 甲的受贿数额是9万元

B. 乙的受贿数额是15万元

C. 甲、乙均构成违法发放贷款罪

D. 对于甲、乙的违法发放贷款罪和受贿罪，应当数罪并罚

**51.** 关于假释，下列哪些选项是错误的？

A. 被判处有期徒刑的犯罪分子，执行原判刑期的二分之一，如果符合假释条件的，可以假释；如果有特殊情况，经高级人民法院核准，可以不受上述执行刑期的限制

B. 被假释的犯罪分子，在假释考验期内，遵守了各种相关规定，没有再犯新罪，也没有发现以前还有其他罪没有判决的，假释考验期满，剩余刑罚就不再执行

C. 被假释的犯罪分子，在假释考验期限内犯新罪的，应当撤销假释，按照先并后减的方法实行数罪并罚

D. 对于因杀人、绑架等暴力性犯罪判处 10 年以上有期徒刑的犯罪分子，不得假释；即使他们被减刑后，剩余刑期低于 10 年有期徒刑，也不得假释

**52.** 某日，甲醉酒驾车将行人乙撞死，急忙将尸体运到 X 地掩埋。10 天后，甲得知某单位要在 X 地施工，因担心乙的尸体被人发现，便将乙的尸体从 X 地转移至 Y 地。在转移尸体时，甲无意中发现了乙的身份证和信用卡。此后，甲持乙的身份证和信用卡，从银行柜台将乙的信用卡中的 5 万元转入自己的信用卡，并以乙的身份证办理入网手续并使用移动电话，造成电信资费损失 8000 余元。甲的行为构成何罪？

A. 交通肇事罪　　B. 侵占罪

C. 信用卡诈骗罪　　D. 诈骗罪

**53.** 关于骗取出口退税罪和虚开增值税发票罪的说法，下列哪些选项是正确的？

A. 甲公司具有进出口经营权，明知他人意欲骗取国家出口退税款，仍违反国家规定允许他人自带客户、自带货源、自带汇票并自行报关，骗取国家出口退税款。对甲公司应以骗取出口退税罪论处

B. 乙公司虚开用于骗取出口退税的发票，并利用该虚开的发票骗取数额巨大的出口退税，其行为构成虚开用于骗取出口退税发票罪与骗取出口退税罪，实行数罪并罚

C. 丙公司缴纳 200 万元税款后，以假报出口的手段，一次性骗取国家出口退税款 400 万元，丙公司的行为分别构成偷税罪与骗取出口退税罪，实行数罪并罚

D. 丁公司虚开增值税专用发票并骗取国家税款，数额特别巨大，情节特别严重，给国家利益造成特别重大损失。对丁公司应当以虚开增值税专用发票罪论处

**54.** 甲曾向乙借款 9000 元，后不想归还借款，便预谋毒死乙。甲将注射了“毒鼠强”的白条鸡挂在乙家门上，乙怀疑白条鸡有毒未食用。随后，甲又乘去乙家串门之机，将“毒鼠强”投放到乙家米袋内。后乙和其妻子、女儿喝过米汤中毒，乙死亡，其他人经抢救脱险。关于甲的行为，下列哪些选项是错误的？

A. 构成投放危险物质罪

B. 构成投放危险物质罪与抢劫罪的想象竞合犯

C. 构成投放危险物质罪与故意杀人罪的想象竞合犯

D. 构成抢劫罪与故意杀人罪的吸收犯

**55.** 关于侵犯人身权利犯罪的说法，下列哪些选项是错误的？

A. 私营矿主甲以限制人身自由的方法强迫农民工从事危重矿井作业，并雇用打手对农民工进行殴打，致多人伤残。甲的行为构成非法拘禁罪与故意伤害罪，应当实行并罚

B. 砖窑主乙长期非法雇佣多名不满 16 周岁的未成年人从事超强度体力劳动，并严重忽视生产作业安全，致使一名未成年人因堆砌的成品砖倒塌而被砸死。对乙的行为应以雇用童工从事危重劳动罪从重处罚

C. 丙以介绍高薪工作的名义从外地将多名成年男性农民工骗至砖窑主王某的砖窑场，以每人 1000 元的价格卖给王某从事强迫劳动。由于《刑法》仅规定了拐卖妇女、儿童罪，所以，对于丙的行为，无法以犯罪论处

D. 拘留所的监管人员对被监管人进行体罚虐待，致人死亡的，以故意杀人罪论处，不实行数罪并罚

**56.** 《刑法》第二百六十九条对转化型抢劫作出了规定，下列哪些选项不能适用该规定？

A. 甲入室盗窃，被主人李某发现并追赶，甲进入李某厨房，拿出菜刀护在自己胸前，对李某说：“你千万别过来，我胆子很小。”然后，翻窗逃跑

B. 乙抢夺王某的财物，王某让狼狗追赶乙。乙为脱身，打死了狼狗

C. 丙骗取他人财物后，刚准备离开现场，骗局就被识破。被害人追赶丙。走投无路的丙从身上摸出短刀，扎在自己手臂上，并对被害人说：“你们再追，我就死在你们面前。”被害人见丙鲜血直流，一下愣住了。丙迅速逃离现场

D. 丁在一网吧里盗窃财物并往外逃跑时，被管理人员顾某发现。丁为阻止顾某的追赶，提起网吧门边的开水壶，将开水泼在顾某身上，然后逃离现场

**57.** 下列哪些行为应以职务侵占罪论处？

A. 甲系某村民小组的组长，利用职务上的便利，将村民小组集体财产非法据为己有，数额达到 5 万元

B. 乙为村委会主任，利用协助乡政府管理和发放救灾款物之机，将 5 万元救灾款非法据为己有

C. 丙是某国有控股公司部门经理，利用职务上的便利，将本单位的 5 万元公款非法据为己有

D. 丁与某私营企业的部门经理李某内外勾结，利用李某职务上的便利，共同将该单位的 5 万元资金非法据为己有

**58.** 关于盗窃行为的定性，下列哪些选项是正确的？

A. 盗窃伪造的货币的行为，不成立盗窃罪

B. 盗窃伪造的国家机关印章的行为，不成立盗窃国家机关印章罪

C. 盗窃伪造的信用卡并使用的行为，不适用《刑法》第一百九十六条关于“盗窃信用卡并使用”的规定

D. 盗窃企业违规制造的枪支的行为，不成立盗窃枪支罪

**59.** 甲、乙均为吸毒人员，且关系密切。乙因买不到毒品，多次让甲将自己吸食的毒品转让几克给乙，甲每次均以购买价转让毒品给乙，未从中牟利。关于本案，下列哪些选项是错误的？

A. 贩卖毒品罪必须以营利为目的，故甲的行为不成立贩卖毒品罪

B. 贩卖毒品罪以获利为要件，故甲的行为不成立贩卖毒品罪

C. 甲属于无偿转让毒品，不属于贩卖毒品，故不成立贩卖毒品罪

D. 甲只是帮助乙吸食毒品，《刑法》没有将吸食毒品规定为犯罪，故甲不成立犯罪

**60.** 关于依法不追究刑事责任的情形，下列哪些选项是正确的？

A. 犯罪嫌疑人甲和被害人乙在审查起诉阶段就赔偿达成协议，被害人乙要求不追究甲刑事责任

B. 甲侵占案，被害人乙没有起诉

C. 高某犯罪情节轻微，对社会危害不大

D. 犯罪嫌疑人白某在被抓获前自杀身亡

**61.** 甲杀人案，犯罪手段残忍，影响恶劣，第一审法院为防止被害人家属和旁听群众在法庭上过于激愤影响顺利审判，决定作为特例不公开审理。经审理，第一审法院判处甲死刑立即执行，甲上诉。对于本案，第二审法院下列哪些做法是正确的？

A. 组成合议庭

B. 把案件作为第一审案件审理

C. 审理后改判

D. 撤销原判，发回重审

**62.** 《刑事诉讼法》规定，下级法院接到最高法院执行死刑的命令后，发现有关情形时，应当停止执行，并且立即报告最高法院，由最高法院作出裁定。下列哪些情形应当适用该规定？

A. 发现关键定罪证据可能是刑讯逼供所得

B. 判决书认定的年龄错误，实际年龄未满18周岁

C. 提供一重大银行抢劫案线索，经查证属实

D. 罪犯正在怀孕

**63.** 石某杀人后弃尸河中。在法庭审理中，对下列哪些事实不必提出证据证明？

A. 被弃尸的河流从案发村镇穿过的事实

B. 刑法关于杀人罪的法律规定

C. 检察机关和石某都没有异议的案件基本事实

D. 石某的精神状态

**64.** 关于刑事案件的延期审理和中止审理，下列哪些说法是正确的？

A. 延期审理适用于法庭审理过程中，中止审理适用于法院受理案件后至作出判决前

B. 导致延期审理的原因是庭审自身出现障碍，因而不停止法庭审理以外的诉讼活动，导致中止审理的原因是出现了不能抗拒的情况，使诉讼活动无法正常进行，因而暂停诉讼活动

C. 延期审理的案件再行开庭的时间具有可预见性，中止审理的案件再行开庭的时间往往无法预见

D. 不论延期审理还是中止审理，其时间都计入审理期限

**65.** 某县法院在对杨某绑架案进行庭前审查中，发现下列哪些情形时，应当将案件退回检察机关？

A. 杨某在绑架的过程中杀害了人质

B. 杨某在审查起诉期间从看守所逃脱

C. 检察机关移送起诉材料未附证据目录

D. 检察机关移送起诉材料欠缺已经委托辩护人的住址、通讯处

**66.** 关于自诉案件的审理，下列哪些做法是正确的？

A. 甲、乙系一起伤害案件的自诉人，案件审理中甲撤回起诉，法院继续案件审理

B. 某伤害案，因检察院作出不起诉决定，被害人提起自诉，审理中自诉人与被告人和解而撤回自诉，法院经审查准许

C. 某遗弃案，被告人在第二审程序中提出反诉，法院予以受理并与原自诉合并审理

D. 某侵犯知识产权案，第二审中当事人和解，法院裁定准许撤回自诉并撤销一审判决

**67.** 对于犯罪情节轻微，且具有规定情形，依照《刑法》不需要判处刑罚或者免除刑罚的未成年犯罪嫌疑人，一般应当依法作出不起诉决定。下列哪些情形适用该规定？

A. 被胁迫参与犯罪的

B. 是又聋又哑的人的

C. 因紧急避险过当构成犯罪的

D. 有自首或者重大立功表现的

**68.** 下列哪些选项属于实物证据？

A. 杀人案中现场勘验笔录

B. 贪污案中证明贪污数额的账册

C. 强奸案中证明被害人精神状态的鉴定结论

D. 伤害案中证明伤害发生过程情况的监控录像

**69.** 下列再审案件，哪些可以不开庭审理？

A. 李某抢劫案，原判事实清楚、证据确实充分，但适用法律错误，量刑畸重

B. 葛某受贿案，葛某已死亡

C. 张某、卞某为同案原审被告人，张某在交通十分不便的边远地区监狱服刑，提审到庭确有困难，但未经抗诉的检察院同意

D. 陈某强奸案，原生效裁判于 1979 年之前作出

**70.** 对下列哪些重大犯罪嫌疑分子，公安机关可以执行先行拘留？

A. 为投毒而买毒药的甲

B. 在其住处发现被盗金项链的乙

C. 被举报挪用公款企图逃跑的丙

D. 不讲真实姓名、住址，身份不明的丁

**71.** 在下列何种情形下，经公诉人建议法庭延期审理的时间一次不得超过一个月？

A. 发现事实不清、证据不足的

B. 发现遗漏罪行、遗漏同案犯罪嫌疑人，需要补充侦查或者补充提供证据的

C. 发现遗漏罪行或者遗漏同案犯罪嫌疑人，虽不需要补充侦查和补充提供证据，但需要提出追加或者变更起诉的

D. 需要通知开庭前未向人民法院提供名单的证人、鉴定人或者经人民法院通知而未到庭的证人出庭陈述的

**72.** 在法庭审理中，控方向法庭出示被告人实施抢劫时所持的匕首。关于该匕首，应当履行的法庭调查程序，下列哪些选项是正确的？

A. 让被害人辨认　　B. 让被告人辨认

C. 听取辩护人意见　　D. 听取诉讼代理人意见

**73.** 关于死刑复核程序，下列哪些选项是正确的？

A. 赵某因故意杀人罪和贩毒罪分别被判处死刑，最高法院对案件进行复核时，认为赵某贩毒罪的死刑判决认定事实和适用法律正确、量刑适当、程序合法，但故意杀人罪的死刑判决事实不清、证据不足，遂对全案裁定不予核准，撤销原判，发回重审

B. 钱某因绑架罪和抢劫罪分别被判处死刑，最高法院在对案件进行复核时，发现钱某绑架罪的死刑判决认定事实和适用法律正确、量刑适当、诉讼程序合法，抢劫罪的死刑判决认定事实清楚，但依法不应当判处死刑，遂对绑架罪作出核准死刑的判决，对抢劫罪的死刑判决予以改判

C. 孙某伙同李某持枪抢劫银行被分别判处死刑，最高法院进行复核时发现孙某的死刑判决认定事实和适用法律正确、量刑适当、程序合法，李某的死刑判决认定事实不清、证据不足，遂对全案裁定不予核准

D. 周某伙同吴某劫持航空器致人重伤被分别判处死刑，最高法院在复核时发现周某的死刑判决认定事实和适用法律正确、量刑适当、程序合法，吴某的死刑判决认定事实清楚，但依法不应当判处死刑，遂对周某作出核准死刑的判决，对吴某的死刑判决予以改判

**74.** 对下列哪些情形，行政复议机关可以进行调解？

A. 市政府征用某村土地，该村居民认为补偿数额过低申请复议

B. 某企业对税务机关所确定的税率及税额不服申请复议

C. 公安机关以张某非法种植罂粟为由对其处以拘留 10 日并处 1000 元罚款，张某申请复议

D. 沈某对建设部门违法拆除其房屋的赔偿决定不服申请复议

**75.** 下列哪些行政机构的设置事项，应当经上一级人民政府机构编制管理机关审核后，报上一级人民政府批准？

A. 某县两个职能局的合并

B. 某省民政厅增设内设机构

C. 某市职能局名称的改变

D. 某县人民政府设立议事协调机构

**76.** A 市李某驾车送人前往 B 市，在 B 市甲区与乙区居民范某的车相撞，并将后者打伤。B 市甲区公安分局决定扣留李某的汽车，对其拘留 5 日并处罚款 300 元。下列哪些选项是正确的？

A. 李某可向 B 市公安局申请行政复议

B. 对扣留汽车行为，李某可向甲区人民法院起诉

C. 李某应先申请复议，方能提起行政诉讼

D. 范某可向乙区人民法院起诉

**77.** 为严格本地生猪屠宰市场管理，某县政府以文件形式规定，凡本县所有猪类屠宰单位和个人，须在规定期限内到生猪管理办公室申请办理生猪屠宰证，违者予以警告或罚款。个体户张某未按文件规定申请办理生猪屠宰证，生猪管理办公室予以罚款 200 元。下列哪些说法是错误的？

A. 若张某在对罚款不服申请复议时一并对县政府文件提出审查申请，复议机关应当转送有权机关依法处理

B. 某县政府的文件属违法设定许可和处罚，有权机关应依据《行政处罚法》和《行政许可法》对相关责任人给予行政处分

C. 生猪管理办公室若以自己名义作出罚款决定，张某申请复议应以其为被申请人

D. 若张某直接向法院起诉，应以某县政府为被告

**78.** 某县地税局将个体户沈某的纳税由定额缴税变更为自行申报，并在认定沈某申报税额低于过去纳税额后，要求沈某缴纳相应税款、滞纳金，并处以罚款。沈某不服，对税务机关下列哪些行为可以直接向法院提起行政诉讼？

A. 由定额缴税变更为自行申报的决定

B. 要求缴纳税款的决定

C. 要求缴纳滞纳金的决定

D. 罚款决定

**79.** 甲厂是某市建筑装潢公司下属的独立核算的集体企业，2007年1月某市建筑装潢公司经批准与甲厂脱离隶属关系。2007年4月，行政机关下达文件批准某市建筑装潢公司的申请，将甲厂并入另一家集体企业乙厂。对此行为，下列何者有权向法院起诉？

A. 甲厂　　B. 乙厂

C. 甲厂法定代表人　　D. 乙厂法定代表人

**80.** 对下列哪些情形，行政机关应当办理行政许可的注销手续？

A. 张某取得律师执业证书后，发生交通事故成为植物人

B. 田某违法经营的网吧被吊销许可证

C. 李某依法向国土资源管理部门申请延续采矿许可，国土资源管理部门在规定期限内未予答复

D. 刘某通过行贿取得行政许可证后，被行政机关发现并撤销其许可

**81.** 甲公司向某区法院起诉要求乙公司返还货款15万元，并请求依法保全乙公司价值10万元的汽车。在甲公司提供担保后，法院准予采取保全措施。二审法院最终维持某区法院要求乙公司返还货款10万元的判决。甲公司在申请强制执行时，发现诉讼期间某区法院在乙公司没有提供担保的情况下已解除保全措施，乙公司已变卖汽车、转移货款，致判决无法执行。甲公司要求某区法院赔偿损失。下列哪一说法是正确的？

A.《国家赔偿法》未明确规定法院在民事诉讼过程中违法解除保全措施应承担赔偿责任，故甲公司的请求不成立

B. 违法采取保全措施应包括依法不应当解除而解除保全措施

C. 就某区法院的措施是否属国家赔偿范围问题，受理赔偿诉讼的法院可以进行调解

D. 甲公司应当先申请确认某区法院解除保全措施的行为违法

**82.** 某市卫健委经调查取证，认定某公司实施了未经许可擅自采集血液的行为，依据有关法律和相关规定，决定取缔该公司非法采集血液的行为，同时没收5只液氮生物容器。下列哪些说法是正确的？

A. 市卫健委在调查时，执法人员不得少于两人，并应当向当事人出示证件

B. 若市卫健委当场作出决定，某公司不服申请复议的期限应自决定作出之日起计算

C. 若某公司起诉，市卫健委向法院提供的现场笔录的效力，优于某公司的证人对现场的描述

D. 没收5只液氮生物容器属于保全措施

**83.** 因一高压线路经过某居民小区，该小区居民李某向某市规划局申请公开高压线路图。下列哪些说法是正确的？

A. 李某提交书面申请时应出示本人有效身份证明

B. 李某应说明申请信息的用途

C. 李某可以对公开信息方式提出自己要求

D. 某市规划局公开信息时，可以向李某依法收取相关成本费

**84.** 四位学生在课堂上讨论共同犯罪时先后发表了以下观点，其中正确的选项是：

A. 甲：对于犯罪集团的首要分子，应当按照集团所犯的全部罪行处罚，即应当对集团成员所实施的全部犯罪承担刑事责任

B. 乙：在共同犯罪中起主要作用的是主犯，对于犯罪集团首要分子以外的主犯，应当按照其所参与的或者组织、指挥的全部犯罪处罚；对从犯的处罚应当轻于主犯，所以，对于从犯不得按照其所参与的全部犯罪处罚

C. 丙：犯罪集团的首要分子都是主犯，但聚众犯罪的首要分子不一定是主犯，因为聚众犯罪不一定成立共同犯罪

D. 丁：一开始被犯罪集团胁迫参加犯罪，但在着手实行后，非常积极，成为主要的实行人之一，在共同犯罪中起主要作用的，应认定为主犯

**85.** 国有公司财务人员甲于2007年6月挪用单位救灾款100万元，供自己购买股票，后股价大跌，甲无力归还该款项。2008年1月，甲挪用单位办公经费70万元为自己购买商品房。两周后，甲采取销毁账目的手段，使挪用的办公经费70万元中的50万元难以在单位财务账上反映出来。甲一直未归还上述所有款项。关于甲的行为定性，下列选项正确的是：

A. 甲挪用救灾款的行为，不构成挪用特定款物罪

B. 甲挪用办公经费的行为构成挪用公款罪，挪用数额为70万元

C. 甲挪用办公经费后销毁账目且未归还的行为构成贪污罪，贪污数额为50万元

D. 对于甲应当以挪用公款罪、贪污罪实行并罚

**甲手持匕首寻找抢劫目标时，突遇精神病人丙持刀袭击。丙追赶甲至一死胡同，甲迫于无奈，与丙搏斗，将其打成重伤。此后，甲继续寻找目标，见到丁后便实施暴力，用匕首将其刺成重伤，使之丧失反抗能力，此时甲的朋友乙驾车正好经过此地，见状后下车和甲一起取走丁的财物（约 2 万元），然后逃跑，丁因伤势过重不治身亡。请回答 86—87 题。**

**86.** 关于甲将精神病人丙打成重伤的行为，下列选项正确的是：

A. 甲的行为属于正当防卫，因为对精神病人的不法侵害也可以进行正当防卫

B. 甲的行为属于紧急避险，因为“不法”必须是主客观相统一的行为，而精神病人没有责任能力，其客观侵害行为不属于“不法”侵害，故只能进行紧急避险

C. 甲的行为属于自救行为，因为甲当时只能依靠自己的力量救济自己的法益

D. 甲的行为既不是正当防卫，也不是紧急避险，因为甲当时正在进行不法侵害，精神病人丙的行为客观上阻止了甲的不法行为，甲不得针对丙再进行正当防卫与紧急避险

**87.** 关于乙与甲一起取走丁的财物的行为，下列选项正确的是：

A. 乙与甲成立抢劫罪的共同犯罪

B. 甲的行为构成抢劫罪，乙的行为属于抢夺罪，两者在抢夺罪这一重合犯罪之内成立共同犯罪，即成立抢夺罪的共同犯罪

C. 乙既不对丁的重伤承担刑事责任，也不对丁的死亡承担刑事责任

D. 乙不对丁的死亡承担刑事责任，但应对丁的重伤承担刑事责任

**88.** 甲单位向省规划自然资源厅申请颁发甲级城乡规划编制单位资质证书，省规划自然资源厅受理后一直未作答复。甲单位向法院提起诉讼，请求判令省规划自然资源厅履行颁发资质证书的法定职责。案件审理期间，省规划自然资源厅向甲单位颁发了资质证书，甲单位坚持不撤诉。关于本案，下列说法正确的是：

A. 颁发城乡规划编制单位资质证书属于直接关系公共利益的特定行业的市场准入事项

B. 省规划自然资源厅有权依照行政法规的规定收取办理许可的费用

C. 甲单位提起行政诉讼的起诉期限是 6 个月

D. 法院应判决驳回原告的诉讼请求

**89.** 张某租用农贸市场一门面从事经营。因赵某提出该门面属于他而引起争议，市场监督管理局扣缴张某的营业执照，致使张某停业 2 个月之久。张某在市场监督管理局返还营业执照后，提出赔偿请求。下列属于国家赔偿范围的是：

A. 门面租赁费

B. 食品过期不能出售造成的损失

C. 张某无法经营的经济损失

D. 停业期间张某依法缴纳的税费

**90.** 甲公司与乙公司开办中外合资企业丙公司，经营房地产。因急需周转资金，丙公司与某典当行签订合同，以某宗国有土地作抵押贷款。典当期满后，丙公司未按约定回赎，某典当行遂与丁公司签订协议，将土地的使用权出售给丁公司。经丁公司申请，2001 年 4 月 17 日市自然资源局的派出机构办理土地权属变更登记。丙公司未参与变更土地登记过程。2008 年 3 月 3 日甲公司查询土地抵押登记情况，得知该土地使用权已变更至丁公司名下。甲公司对变更土地登记行为不服向法院起诉。下列说法正确的是：

A. 甲公司有权以自己的名义起诉

B. 若丙公司对变更土地登记行为不服，应当自 2008 年 3 月 3 日起 3 个月内起诉

C. 丙公司与某典当行签订的合同是否合法，是本案的审理对象

D. 对市自然资源局与派出机构之间的关系性质，法院可以依法调取证据

## 参考答案与解析

**1. A**。一般认为，危害结果是危害行为给刑法所保护的社会关系所造成的具体侵害事实。A 选项中，对于不满 14 周岁的幼女来说，由于她们对性行为的性质和后果缺乏认识或者缺乏正确的认识，法律推定她们没有正确表达发生性行为的能力，当然也就谈不上性的自主权，行为人与她们发生性行为的，是对她们身心健康的严重损害，故甲的行为造成了危害后果。故 A 错误。根据《刑法》第 129 条的规定，丢失枪支不报罪是指依法配备公务用枪的人员，丢失枪支不及时报告，造成严重后果，危害公共安全的行为。通说认为，这里的“造成严重后果”，是指丢失的枪支被犯罪分子用作犯罪工具，造成他人伤亡、公私财产重大损失或者其他严重危害公共安全的情形。本案中清洁工王某及时上交枪支，避免了严重结果的发生。故 B 正确。根据《刑法》第 262 条的规定，拐骗儿童罪是指拐骗不满 14 周岁的未成年人，脱离其家庭或者监护人的行为。本罪侵犯的客体是正常的家庭关系。丙的拐骗行为尽管可能没有造成物质性危害结果，但其对正常监护关系的破坏是显而易见的。故 C 正确。根据《刑法》第 196 条第 2 款的规定，

恶意透支，是指持卡人以非法占有为目的，超过规定限额或者规定期限透支，并且经发卡银行催收后仍不归还的行为。本案中经发卡银行催收后丁立即归还，因此并未造成刑法意义上的危害后果。故D正确。

**2. C**。对于成立盗窃罪而言，行为人必须认识到自己所盗窃的是他人占有或所有的财物。对于自己所有的财产，只要认识到其处于他人合法占有的状态，即满足了盗窃故意的认识内容。故A错误。盗窃枪支的，只要行为人认识到对象可能是枪支，就成立盗窃枪支罪。故B错误。猥亵儿童罪的犯罪故意特别要求行为人认识到其猥亵的对象是或者可能是不满14周岁的儿童。故C正确。对于贩卖毒品罪的犯罪故意来说，只要求行为人认识到贩卖的对象具有毒品的基本性质即成立犯罪故意，而无需了解具体的毒品种类。故D错误。

**3. C**。因果关系错误，是指侵害的对象没有错误，但造成侵害的因果关系的发展过程与行为人所预想的发展过程不一致，以及侵害结果推后或者提前发生的情况。因果关系错误具体又包括狭义的因果关系错误、事前故意与构成要件的提前实现三种。犯罪构成的提前实现，实际上是指提前实现了行为人所预想的结果。要认定这种行为是否成立故意犯罪既遂，关键在于行为人在实施第一个行为时，是否已经着手实行，如果能得出肯定结论，则应认定为故意犯罪既遂，如果得出否定结论，则否认故意犯罪既遂。在本案中，甲准备使乙吃安眠药熟睡后将其勒死，但未待其实施勒杀行为，乙由于吃了过量的安眠药而死亡，这就构成了犯罪构成的提前实现。我国刑法理论通说认为，所谓着手，就是开始实行刑法分则所规定的某一犯罪构成客观要件的行为。甲投放安眠药的行为已经可以被视为故意杀人罪的实行行为，故甲的行为构成故意杀人既遂。因此C正确，ABD错误。

**4. B**。违法性认识，是指认识到自己的行为是违法的。违法性认识的可能性，是指行为人在实施符合构成要件的行为时，能够认识到自己的行为是违法的。违法性的认识问题，大多是作为违法性的错误问题从反面进行议论的。违法性的错误，是指没有事实错误，但不知道其行为在法律上是不被允许的，或者错误地以为其行为被法律所允许的情形。违法性的错误可以分为两种情形：一是可以回避的违法性的错误，在此情形下，行为人具有违法性认识的可能性；二是不可回避的违法性的错误，于此情形下，行为人没有违法性认识的可能性。而当行为人不可能认识到行为的违法性时，或者说不可避免地产生违法性的错误时，则不能以犯罪论处。在本案中，甲专门针对该行为的合法状况向法院进行了咨询，那么在其信赖了法院的见解而产生违法性的错误时，这些错误应属于不可避免的错误，故甲不具有违法性认识的可能性，不构成犯罪。因此B正确，ACD错误。

**5. D**。依照刑法通说，当经被害人承诺的行为符合下列条件时，才排除犯罪的成立：（1）承诺者对被侵害的法益具有处分权限。对于国家、公共利益与他人利益，不存在被害人承诺的问题，故只有被害人承诺侵害自己的法益时，才有可能排除犯罪的成立。A中赵某的父母就不得承诺侵害赵某的法益。因此A错误。另外，即使是承诺侵害自己的法益时，也有一定的限度。但学界一般认为，放弃自己人身自由的承诺是有效的。因此C错误。（2）承诺者必须对所承诺的事项的意义、范围具有理解能力。（3）承诺必须出于被害人的真实意志，戏言性的承诺、基于强制或者威压作出的承诺，不排除犯罪的成立。（4）必须存在现实的承诺。现实上没有被害人的承诺，但如果被害人知道事实真相后，当然会承诺，在这种情况下，推定被害人的意志所实施的保护被害人法益的行为，构成基于推定的承诺的行为。基于推定承诺所实施的行为，符合一定条件的，也排除犯罪的成立。如发生火灾之际，为了避免烧毁被害人的贵重财产，闯入屋内搬出贵重物品的行为，就是基于推定的承诺的行为，即使被害人事后不认可，仍然可阻却犯罪的成立。故B错误。（5）承诺至迟必须存在于结果发生时，被害人在结果发生前变更承诺的，则原来的承诺无效。事后承诺不影响行为成立犯罪。（6）经承诺所实施的行为不得超出承诺的范围。D中李某同意丁砍掉自己的一个小手指，而丁却砍掉了李某的大拇指，这就超出了承诺的范围。这种行为仍然成立故意伤害罪。故D正确。

**6. C**。在本案中，甲已将乙的皮箱扔到院墙外，因此可以认定乙已经对皮箱内的财产丧失了控制，故盗窃罪已经既遂。因此BD错误。依照《刑法》第270条的规定，丙将皮箱据为己有的行为构成了侵占罪。因此C正确，A错误。

**7. A**。依照刑法理论，成立不作为犯罪必须具备以下客观要件：（1）行为人负有实施特定积极行为的法律性质的义务（作为义务）。对于不作为的故意杀人罪来说，只有那些在法律上应当保证不发生死亡结果的人的不救助行为，才应作为犯罪处罚。这种处于保证地位的人，理论上称为保证人。而哪些人属于保证人，关键在于哪些人负有实施特定积极行为以防止结果发生的法律性质的义务。（2）行为人能够履行特定义务。（3）行为人不履行特定义务，造成或可能造成危害结果。在本案中，乙作为被害人的母亲，具有救助被害人的法律义务；同时乙发现了甲实施的投毒行为，且在询问后得到了甲的默认，因此具有履行救助义务的可能性；但是乙并没有实施任何救助行为，因此乙的行为构成不作为的故意杀人罪。《刑法》第310条规定："明知是犯罪的人而为其提供隐藏处所、财物，帮助其逃匿或者作假证明包庇的，处三年以下有期徒刑、拘役或者管制；情节严重的，处三年以上十年以下有期徒刑。犯前款罪，事前通谋的，以共同犯罪论处。”由此可见，事先未与被窝藏、包庇的犯罪分子通谋，而在事后予以窝藏、包庇的，是窝藏、包庇罪；如果事先有通谋，则应以共同犯罪论处。在本案中，甲乙之间存在合谋，因此乙不构成包庇罪。共同犯罪行为的表现形式既可能是共同作为或共同不作为，也可能是作为与不作为相结合。在本案中，甲乙具有共同的犯罪故意，且实施了共同的犯罪行为，故构成故意杀人罪的共同犯罪。因此 A 正确，BCD 错误。

**8. B**。依照刑法通说，盗窃枪支罪的成立要求行为人明知是或可能是枪支而故意盗窃，对于行为人为了窃取一般财物而实际上窃取了枪支的案件，依照主客观相统一的原则，只能认定为盗窃罪；如果盗窃后非法持有、私藏的，则另构成非法持有、私藏枪支罪，而不属于不可罚的事后行为。故 A 正确。吸收犯是指事实上存在数个不同的行为，其中一行为吸收其他行为，从而仅成立吸收行为一个罪名的犯罪。吸收犯具有以下特征：（1）具有数个独立的符合犯罪构成的犯罪行为。（2）数个行为必须触犯不同罪名。（3）数行为之间具有吸收关系，即前行为是后行为发展的必经阶段，后行为是前行为发展的当然结果。乙抢夺手机后变卖，其抢夺行为和变卖行为分别触犯抢夺罪和掩饰、隐瞒犯罪所得罪，但由于后行为是前行为发展的当然结果，因此成立吸收犯，只应定抢夺罪一罪。故 B 错误。《刑法》第 336 条第 1 款规定：“未取得医生执业资格的人非法行医，情节严重的，处三年以下有期徒刑、拘役或者管制，并处或者单处罚金；严重损害就诊人身体健康的，处三年以上十年以下有期徒刑，并处罚金；造成就诊人死亡的，处十年以上有期徒刑，并处罚金。”由此可见，非法行医致人死亡的行为构成了非法行医罪的结果加重犯。另外，职业犯是指犯罪构成预定将一定的犯罪作为职业或业务反复实施的犯罪。非法行医罪的成立要求未取得医生执业资格的人将行医作为一种业务而反复从事行医活动，属于典型的职业犯。C 正确。根据《刑法》第 239 条第 2 款的规定，以勒索财物为目的绑架他人，或者绑架他人作为人质，杀害被绑架人的，或者故意伤害被绑架人，致人重伤、死亡的，处无期徒刑或死刑，并处没收财产。因此，丁在绑架过程中，因被害人反抗而将其杀死，仍构成绑架罪一罪，而不数罪并罚。D 正确。

**9. B**。本案属于《刑法》第 77 条第 2 款规定的撤销缓刑的情形。在这种情况下撤销缓刑，不存在数罪并罚的问题。原判决宣告以前先行羁押的，应当折抵刑期。但这里徐某被行政拘留的 15 天并非“原判决宣告以前”先行羁押，因此不可折抵刑期。另外，由于行政拘留并非刑罚的一种，因此也不存在并罚的问题，待行政拘留执行完毕之后，再行收监执行即可。故 B 正确，ACD 错误。

**10. B**。过于自信的过失与间接故意的主要区别在于：间接故意是放任危害结果发生，结果的发生符合行为人的意志，而过于自信的过失是希望危害结果不发生，结果的发生违背了行为人的意志；间接故意的行为人是为了实现其他意图而实施行为，主观上根本不考虑是否可以避免危害结果的发生，客观上也没有采取避免结果发生的措施，而过于自信的过失的行为人之所以实施其行为，是因为考虑到可以避免危害结果的发生。在本案中，甲自己也被火烧伤，由此可见其对于火灾抱持排斥态度，且“乙储存的柴油闪点不符合标准”是甲意料之外的事，故可认定其主观心态为过失。失火罪与危险物品肇事罪、重大责任事故罪都属于过失犯罪，其主要区别在于：危险物品肇事罪是在生产、储存、运输、使用危险物品的过程中发生的，且主要由从事生产、运输、储存、使用危险物品的人构成；重大责任事故罪是在生产、作业过程中，且由企业、事业单位的职工构成；失火罪一般是由于在日常生活中用火不慎而引起火灾，且可由任何自然人实施。在本案中，甲不具有任何特殊身份，而火灾也是由于其在日常生活中用火不慎引起的。故 B 正确，ACD 错误。

**11. C**。本案中，甲乙骗贷后转贷于丙，违法所得数额较大，根据《刑法》第 175 条的规定，构成高利转贷罪。由于其骗贷后按时归还本息，未给银行造成重大损失，也无其他严重情节，故不构成骗取贷款罪。所以 BD 错误。甲乙将贷款转贷给丙的行为违背了获取贷款的特殊规定，因此对于丙来说构成“不正当利益”。故丙构成对非国家工作人员行贿罪，甲乙则另外构成非国家工作人员受贿罪。因此 C 正确，A 错误。

**12. B**。绑架罪是侵害他人人身自由权利的犯罪，其与抢劫罪的区别在于：（1）主观方面不尽相同。抢劫罪中，行为人一般出于非法占有他人财物的故意实施抢劫行为；绑架罪中，行为人既可能为勒索他人财物而实施绑架行为，也可能出于其他非经济目的实施绑架行为。（2）行为手段不尽相同。抢劫罪表现为行为人劫取财物一般应在同一时间、同一地点，具有“当场性”；绑架罪表现为行为人以杀害、伤害等方式向被绑架人的亲属或其他人或单位发出威胁，索取赎金或提出其他非法要求，劫取财物一般不具有“当场性”。敲诈勒索罪与抢劫罪的关键区别在于：（1）抢劫罪只能是当场以暴力侵害相威胁，而且，如果不满足行为人的要求，威胁内容便当场实现；敲诈勒索罪的威胁方法基本上没有限制，如果不满足行为人的要求，暴力威胁的内容只能在将来的某个时间实现。（2）抢劫罪中的暴力达到了足以抑制他人反抗的程度；敲诈勒索罪的暴力则只能是没有达到足以抑制他人反抗的轻微暴力。在本案中，甲实施的暴力已经达到足以抑制他人反抗的程度，且具有“当场性”，故构成抢劫罪，而非敲诈勒索罪或绑架罪。因此 CD 错误。《最高人民法院关于审理抢劫、抢夺刑事案件适用法律若干问题的意见》第 10 条规定，抢劫罪侵犯的是复杂客体，既侵犯财产权利又侵犯人身权利，具备劫取财物或者造成他人轻伤以上后果两者之一的，均属抢劫既遂；既未劫取财物，又未造成他人人身伤害后果的，属抢劫未遂。据此，《刑法》第 263 条规定的八种处罚情节中除“抢劫致人重伤、死亡的”这一结果加重情节之外，其余七种处罚情节同样存在既遂、未遂问题，其中属抢劫未遂的，应当根据刑法关于加重情节的法定刑规定，结合未遂犯的处理原则量刑。本案中，甲在乙的脖子上割了一刀，致其流血不止，由此可推断已造成他人轻伤，抢劫罪已经既遂。所以 B 正确，A 错误。

**13. B**。在本案中，甲得知乙一直在拐卖妇女，故向其表达了丙欲收买妇女的意愿，由于该行为并没有超出收买的范围，故不应认定为拐卖妇女罪的共犯。与该情形不同的是：如果收买人教唆没有拐卖故意的人拐卖妇女，则成立拐卖妇女罪的共犯。因此 B 错误，ACD 正确。

**14. C**。本案中，甲使用了隐瞒真相的方法，致使乙陷入了错误认识，并在该错误认识的基础上实施了处分行为，因此构成诈骗罪，而非盗窃罪。故 C 正确。

**15. C**。抢夺罪是指以不法所有为目的，乘人不备，夺取数额较大的公私财物的行为。关于其既遂标准，刑法学界存在三种不同的认识。一为“失控加控制说”，认为抢夺罪的既遂应当以财物是否脱离所有人或者保管人的完全控制、支配及行为人已否实际控制为标准。只要行为人已抢到财物，不论占有时间多么短暂，即使被追赶就弃赃而逃，亦应视为既遂；二为“控制并逃离现场说”，认为行为人只有夺取数额较大的公私财物并且携赃逃离现场，即实际控制所夺取的财物的，才能认定是抢夺罪既遂，未实际控制所夺取的财物的，是抢夺未遂；三为“控制说”，认为应以行为人是否实际控制所夺取的财物为标准，抢夺行为人已实际控制所夺取的财物的，为抢夺的既遂，未实际控制所夺取的财物的，为抢夺未遂。其中第三种为通说。依照该说，在本案中甲的抢夺行为已经既遂，因此其归还项链的行为并不能构成犯罪中止。因此 C 正确，AB 错误。依照《刑法》第 269 条的规定，盗窃、诈骗、抢夺罪转化为抢劫罪必须符合下述三个条件：(1) 行为人必须首先实施了盗窃、诈骗、抢夺行为；(2) 行为人必须是当场使用暴力或者以暴力相威胁；(3) 行为人使用暴力或者以暴力相威胁是为了窝藏赃物、抗拒抓捕或者毁灭罪证。只有上述三个条件同时具备，才能从盗窃、诈骗、抢夺罪转化为抢劫罪。本案中甲虽然实施了抢夺行为，且打了乙两个耳光，但其却并非为了窝藏赃物、抗拒抓捕或者毁灭罪证，故不构成转化型抢劫。D 错误。

**16. A**。本案中，乙的房屋虽然垮塌，但其中的财产并不属于遗忘物，乙也并没有对其脱离占有。另外，甲作为乙的邻居，很清楚当时的情形，不可能将其垮塌房屋内的财产误认为遗忘物，因此，遵循主客观相统一的原则，甲的行为并不构成侵占罪，而构成盗窃罪。另外，抢夺罪的成立要求甲实施了“公然夺取”的行为，本案显然不满足这一条件。因此 A 正确，BCD 错误。

**17. D**。拒不执行判决、裁定罪与妨害公务罪的关系如下：从广义上说，拒不执行判决、裁定的行为也属于妨害国家工作人员依法执行职务的范畴。但是，刑法基于其侵犯客体的特殊性，将其单独罪名化，并在罪状中设置不同的具体构成要件。从行为手段来看，前者并无特别限制，而后者仅限于暴力、威胁方法；从犯罪主体看，前者属于特殊主体，仅限于被人民法院判决、裁定确定负有执行义务或者协助执行义务的人，后者则属于一般主体。对于行为人以暴力、威胁方法阻碍法院执行人员执行判决、裁定的情形，应按照法条竞合的处理原则——特别法优于普通法来处理，以拒不执行判决、裁定罪处罚。另外，被执行人以暴力阻止司法工作人员，将执行人员打成重伤的，应按牵连犯原则，从一重罪按故意伤害罪处理。根据《刑法》第 290 条第 1 款的规定，聚众扰乱社会秩序罪，是指聚众扰乱社会秩序，情节严重，致使工作、生产、营业和教学、科研、医疗无法进行，造成严重损失的行为。在本案中，甲的行为并未致使工作、生产、营业和教学、科研、医疗无法进行，故不构成本罪。因此 D 正确，ABC 错误。

**18. C**。利用与职务无关仅因工作关系熟悉作案环境或易于接近作案目标、凭工作人员身份容易进入某些单位等方便条件非法占有公共财物的，不成立贪污罪。在本案中，甲虽然没有使用手中的钥匙和所知道的密码，而是使用铁棍将自己保管的保险柜打开并取现，但这并不能改变其利用管理公共财物的便利这一事实，因此甲的行为仍属于“将自己基于职务保管的财物据为己有”，应成立贪污罪。因此 C 正确，ABD 错误。

**19. D**。依照刑法理论的通说，就共同正犯而言，当所有正犯者都自动中止犯罪时，均成立中止犯。共同正犯中的一部分正犯自动停止犯罪，并阻止其他正犯实行犯罪或防止结果发生时，这部分正犯就是中止犯；其他没有自动中止意图与中止行为的正犯，则是未遂犯。如果共同正犯中的一部分正犯中止自己的行为，但其他正犯的行为导致结果发生时，均不成立中止犯，而应成立既遂犯。因为共同正犯者之间具有相互利用、相互补充的关系，形成一个有机整体，即使中止了自己的“行为”，也不能认为中止了“犯罪”。

因此对共同正犯采用“部分实行，全部责任”的原则，行为人不仅要对自己的行为及结果负责，还要对其他共同犯罪人的行为及其结果负责。在本案中，甲虽然表示放弃犯罪，但并没有有效阻止乙实施盗窃行为。既然乙的行为已经既遂，甲理当对犯罪既遂承担刑事责任。因此 D 正确，ABC 错误。

**20. B**。立法解释的效力高于司法解释，司法解释不得与其相抵触。故③错误。立法解释同样必须遵守罪刑法定原则，因此不能采取类推解释的方法。故①错误，②正确。与类推解释不同，扩大解释是对用语通常含义的扩张，不能超出用语可能具有的含义。一般认为，罪刑法定原则禁止类推解释，但并不禁止扩大解释。故④错误。因此 B 正确，ACD 错误。

**21. C**。《刑诉解释》第 7 条规定，在中华人民共和国领域外的中国船舶内的犯罪，由该船舶最初停泊的中国口岸所在地的人民法院管辖。本案中，犯罪发生地为公海，应由犯罪发生后首泊港口地法院即丙市法院管辖。因此，C 正确。

**22. C**。《刑事诉讼法》第 175 条第 3 款规定：“对于补充侦查的案件，应当在一个月以内补充侦查完毕。补充侦查以二次为限。补充侦查完毕移送人民检察院后，人民检察院重新计算审查起诉期限。”所以 A 错误。《刑事诉讼法》第 160 条第 1 款规定：“在侦查期间，发现犯罪嫌疑人另有重要罪行的，自发现之日起依照本法第一百五十六条的规定重新计算侦查羁押期限。”所以 B 错误。《刑事诉讼法》第 208 条第 3 款规定：“人民检察院补充侦查的案件，补充侦查完毕移送人民法院后，人民法院重新计算审理期限。”所以 D 错误。《刑事诉讼法》第 204 条规定：“在法庭审判过程中，遇有下列情形之一，影响审判进行的，可以延期审理：……（三）由于申请回避而不能进行审判的。”《刑诉解释》第 239 条第 2、3 款规定：“当事人及其法定代理人、辩护人、诉讼代理人申请回避的，依照刑事诉讼法及本解释的有关规定处理。同意或者驳回回避申请的决定及复议决定，由审判长宣布，并说明理由。必要时，也可以由院长到庭宣布。”根据以上规定，处理当事人回避申请后的法庭审理期限，无需重新计算，而应计入审限。所以 C 正确。

**23. B**。根据《刑诉解释》第 1 条的规定，告诉才处理的案件只是人民法院可以直接受理的三类自诉案件中的一种。因此，B 正确。

**24. C**。公安机关复议复核申请权限于自己移送起诉的案件。但是，虐待被监管人案属于“国家机关工作人员利用职权实施的侵犯公民人身权利和民主权利的犯罪案件”，由人民检察院立案侦查，公安机关无权管辖，更不能对该类案件的不起诉决定申请复议复核。所以 A 错误。本题中，A 地基层检察院认为甲情节显著轻微，不构成犯罪，因而不属于《刑事诉讼法》第 173 条第 2 款规定的情形，不能适用《刑事诉讼法》第 177 条规定，被不起诉人甲对于本题中的被不起诉决定不能提出申诉。所以 B 错误。本题中，乙是被害人，可以向上一级检察院申诉。所以 C 正确。申诉后，上级检察院维持不起诉决定的，被害人可以向法院起诉，但是基层人民法院管辖第一审普通刑事案件（依照《刑事诉讼法》由上级人民法院管辖的除外）。虐待被监管人案应由基层法院一审。所以 D 错误。

**25. B**。《刑事诉讼法》第 35 条第 2、3 款规定：“犯罪嫌疑人、被告人是盲、聋、哑人，或者是尚未完全丧失辨认或者控制自己行为能力的精神病人，没有委托辩护人的，人民法院、人民检察院和公安机关应当通知法律援助机构指派律师为其提供辩护。犯罪嫌疑人、被告人可能被判处无期徒刑、死刑，没有委托辩护人的，人民法院、人民检察院和公安机关应当通知法律援助机构指派律师为其提供辩护。”《刑事诉讼法》第 278 条规定：“未成年犯罪嫌疑人、被告人没有委托辩护人的，人民法院、人民检察院、公安机关应当通知法律援助机构指派律师为其提供辩护。”A 中的王某在开庭审理时已满 18 周岁，不属于必须指定辩护人的被告人范围。所以 A 错误。《刑诉解释》第 311 条规定：“被告人在一个审判程序中更换辩护人一般不得超过两次。被告人当庭拒绝辩护人辩护，要求另行委托辩护人或者指派律师的，合议庭应当准许。被告人拒绝辩护人辩护后，没有辩护人的，应当宣布休庭；仍有辩护人的，庭审可以继续进行。有多名被告人的案件，部分被告人拒绝辩护人辩护后，没有辩护人的，根据案件情况，可以对该部分被告人另案处理，对其他被告人的庭审继续进行。重新开庭后，被告人再次当庭拒绝辩护人辩护的，可以准许，但被告人不得再次另行委托辩护人或者要求另行指派律师，由其自行辩护。被告人属于应当提供法律援助的情形，重新开庭后再次当庭拒绝辩护人辩护的，不予准许。”B 中李某可能被判处死刑，属于应当提供法律援助的情形，在重新开庭审理后，李某再次当庭拒绝辩护人辩护的，合议庭不予准许的做法是正确的。故 B 正确。《刑诉解释》第 485 条第 4 款规定：“外国籍被告人没有委托辩护人的，人民法院可以通知法律援助机构为其指派律师提供辩护。被告人拒绝辩护人辩护的，应当由其出具书面声明，或者将其口头声明记录在案；必要时，应当录音录像。被告人属于应当提供法律援助情形的，依照本解释第五十条规定处理。”C 中法院为外籍被告人汤姆指定辩护人的做法正确，但被告人拒绝辩护人辩护的，法院应予准许。所以 C 错误。《刑诉解释》第 313 条第 1 款规定：“依照前两条规定另行委托辩护人或者通知法律援助机构指派律师的，自案件宣布休庭之日起至第十五日止，由辩护人准备辩护，但被告人及其辩护人自愿缩短时间的除外。”故 D 错误。

**26. B**。《刑事诉讼法》第 46 条第 1 款规定：“公诉案件的被害人及其法定代理人或者近亲属，附带民事诉讼的当事人及其法定代理人，自案件移送审查起诉之日起，有权委托诉讼代理人。自诉案件的自诉人及其法定代理人，附带民事诉讼的当事人及其法定代理人，有权随时委托诉讼代理人。”A 中的涉嫌强奸罪被告人的父亲可以为被告人委托辩护人。行使辩护职能，但不能为被告人委托诉讼代理人。故 A 错误。B 中抢劫案被害人的胞妹是公诉案件被害人的近亲属，有权委托诉讼代理人。故 B 正确。C 中伤害案中附带民事被告人的胞弟不是附带民事诉讼的当事人或其法定代理人，不能委托诉讼代理人。故 C 错误。D 中虐待案自诉人的胞妹不是自诉案件的自诉人或其法定代理人。故 D 错误。

**27. B**。《刑事诉讼法》第 66 条规定，拘传作为刑事强制措施适用时，只能适用于犯罪嫌疑人和被告人，而不能及于其他诉讼参与人。人民法院采取刑事强制措施时处于审判阶段，故适用对象只能是被告人。因此选项 CD 都可以排除。A 项，由于针对的是诉讼代表人，其本身并不是案件的被告人，因此法院对其采取的拘传不能理解为刑事强制措施，只是一种为了保证庭审顺利进行而采取的措施。故 A 错误。B 中针对的对象是被告人，符合刑事强制措施的适用对象的要求，且与《刑诉解释》第 148 条第 1 款（对经依法传唤拒不到庭的被告人，或者根据案件情况有必要拘传的被告人，可以拘传）中的内容相契合。综上，B 正确。

**28. A**。《刑诉解释》第 344 条规定：“审判期间，被告单位被吊销营业执照、宣告破产但尚未完成清算、注销登记的，应当继续审理；被告单位被撤销、注销的，对单位犯罪直接负责的主管人员和其他直接责任人员应当继续审理。”本题中，被告单位在审理中被注销，但单位犯罪直接负责的主管人员和其他直接责任人员应当负刑事责任，故应当依法继续审理。A 正确。

**29. D**。证据具有三大特征，即客观性、关联性和合法性。警犬辨认又称为警犬的气味鉴定，但它不属于《刑事诉讼法》规定的八种证据种类中的任何一种。同样地，心理测试结论也不属于法律规定的证据种类，不具有合法性，因而不能作为认定事实的根据。《最高人民检察院关于 CPS 多道心理测试鉴定结论能否作为诉讼证据使用的批复》中亦指出，CPS 多道心理测试（俗称测谎）鉴定结论与刑事诉讼法规定的鉴定结论不同，不属于刑事诉讼法规定的证据种类。所以，题中两类结论可以作为侦查线索使用，而不能成为定案根据。本题正确答案为 D。

**30. D**。《刑事诉讼法》第 55 条规定延伸出了证据法学上的“补强证据规则”和“孤证不能定案”的规则。A 中甲供认自己强奸了乙，乙否认，该案没有其他证据，即仅有甲的供述，而无其他证据验证，故不能作出有罪认定。A 不选。B 中甲指认乙强奸了自己，乙坚决否认，该案没有其他证据，即仅有被害人陈述，而无其他证据验证，同样不能作出有罪认定。B 不选。根据《刑事诉讼法》的规定，有罪认定的标准是“犯罪事实清楚，证据确实、充分”。C 中某单位资金 30 万元去向不明，会计说局长用了，局长说会计用了，该案没有其他证据，犯罪主体这一要件无法查清，未能达到“事实清楚”的证明标准。D 中虽然无法确定打伤丙的是谁，但故意杀人或故意伤害案的构成要件不要求犯罪结果，故只要证明两人均实施故意杀人或伤害之行为即可，现足以证明两人均向丙开枪，已经达到“犯罪事实清楚”之定罪标准。故 D 为正确答案。

**31. D**。根据《刑事诉讼法》第 67 条的规定，一般情况下，人民法院采取的取保候审措施应由公安机关执行。但是，本题被告人涉嫌泄露军事秘密，由国家安全机关侦查和移送起诉，国家安全机关在其侦查管辖范围内，享有与公安机关相同的权力。故本题正确答案为 D。

**32. D**。直接证据是指能够单独证明案件主要事实的证据。所谓的主要事实是指犯罪嫌疑人、被告人是否实施了犯罪行为。原始证据则是指直接来源于案件事实的证据材料。A 中有被害人血迹的匕首是原始证据，但不能直接证明案件的主要事实。故 A 错误。B 中证人看到甲身上有血迹，从现场走出的证言，也是原始证据，但不能单独证明甲是否实施了犯罪。故 B 错误。C 证据是传来证据和间接证据。C 错误。D 乙对甲伤害自己过程的陈述是直接来源于案件事实的原始证据，同时能单独证明甲的犯罪行为，因而也是直接证据。D 正确。

**33. C**。犯罪嫌疑人在审查起诉阶段死亡，属于《刑事诉讼法》第 16 条第 5 项规定的“犯罪嫌疑人、被告人死亡的”情形，应当作出不起诉处理。故 BD 错误。根据《六机关规定》第 36 条第 1 款，检察院无权直接没收或者返还。故 A 错误。故本题正确答案为 C。

**34. BCD**。定期考核的结果分为优秀、称职、基本称职和不称职四个等次。本题，甲是县人社局副局长，系领导职务序列公务员，年度考核被确定为不称职的，可以按照规定降低一个职务层次任职。A 正确。本题，甲年度考核被定为不称职等次，属于对甲的人事处理。B 错误。《公务员法》第 80 条第 4 款规定，公务员在定期考核中被确定为优秀、称职的，按照国家规定享受年终奖金。C 错误。《公务员法》第 37 条第 2 款规定：“领导成员的考核由主管机按照有关规定办理。”甲是县人社局副局长，系领导成员，应当由主管机关按照《党政领导干部考核工作条例》

等有关规定办理。D项误。

**35. C**。根据《行政法规制定程序条例》的规定，立项和解释也属于行政法规的制定程序。故A错误。起草部门向国务院报送的行政法规送审稿，应当由起草部门主要负责人签署。几个部门共同起草的行政法规送审稿，应当由该几个部门主要负责人共同签署。故B错误。行政法规在公布后30日内由国务院办公厅报全国人大常委会备案。故D错误。

**36. A**。《政府信息公开条例》第20条规定："行政机关应当依照本条例第十九条的规定，主动公开本行政机关的下列政府信息：（一）行政法规、规章和规范性文件；（二）机关职能、机构设置、办公地址、办公时间、联系方式、负责人姓名；（三）国民经济和社会发展规划、专项规划、区域规划及相关政策；（四）国民经济和社会发展统计信息；（五）办理行政许可和其他对外管理服务事项的依据、条件、程序以及办理结果；（六）实施行政处罚、行政强制的依据、条件、程序以及本行政机关认为具有一定社会影响的行政处罚决定；（七）财政预算、决算信息；（八）行政事业性收费项目及其依据、标准；（九）政府集中采购项目的目录、标准及实施情况；（十）重大建设项目的批准和实施情况；（十一）扶贫、教育、医疗、社会保障、促进就业等方面的政策、措施及其实施情况；（十二）突发公共事件的应急预案、预警信息及应对情况；（十三）环境保护、公共卫生、安全生产、食品药品、产品质量的监督检查情况；（十四）公务员招考的职位、名额、报考条件等事项以及录用结果；（十五）法律、法规、规章和国家有关规定规定应当主动公开的其他政府信息。"故A正确。

**37. C**。《行政诉讼法》第69条规定，原告申请被告履行法定职责理由不成立的，人民法院判决驳回原告的诉讼请求。因此，C错误，D正确。

**38. B**。根据《行政诉讼法》第12条和第13条的规定，B中市政府的通知属于行政机关制定的具有普遍约束力的、能够反复适用的命令，是一种抽象行政行为，不属于行政诉讼的受案范围。C中区房管局办理的预售预购登记是对刘某与某公司之间预售预购法律关系的确认，属于行政诉讼的受案范围。D中工商登记管理机关针对张某作出的预先核准决定是对"特定事项与特定人"作出的处理，属于行政诉讼的受案范围。故本题的正确答案是B。

**39. D**。非诉行政案件执行的申请主体一般是行政机关，只有在有权行政主体对平等主体之间的民事争议作出行政裁决的案件当中，生效行政裁决确定的权利人或其继承权利承受人根据《行诉法解释》第90条的规定才有权申请法院强制执行。某县政府责令某县公安局重新登记的决定不是行政裁决，故田某不能申请法院强制执行某县政府的复议决定。A错误。县公安局不履行复议决定的行为不属于《行政复议法》第11条规定的行政复议范围和《行政诉讼法》第12条规定的行政诉讼受案范围。因此BC错误。《行政复议法》第77条规定，被申请人应当履行行政复议决定书、调解书、意见书。被申请人不履行或者无正当理由拖延履行行政复议决定书、调解书、意见书的，行政复议机关或者有关上级行政机关应当责令其限期履行，并可以约谈被申请人的有关负责人或者予以通报批评。根据该规定，某县政府应当责令某县公安局登记。故D正确。

**40. B**。合理行政原则是指行政决定应当具有理性，主要包括三个子原则：公平公正原则，即平等对待行政相对人；考虑相关因素原则；比例原则。合理行政原则是与合法行政原则并列的行政法两大基本原则。在对某一行政活动进行评价时，先对行政活动的合法性进行评价，再对行政活动的合理性进行评价。某一行政活动，只有在符合合法行政原则的情况下才有可能符合合理行政原则，合理行政是较合法行政更高的要求。因此，合理行政属于实质行政法治的范畴，与合法行政原则有着密切的关系，并不是一项独立的原则。故B正确，C错误。不仅行政活动要具有理性，民事活动也需要具有理性，行政活动与民事活动最主要的区别在于行政活动中的行政权力因素的存在，因此A错误。行政机关发布的信息应当准确是行政法规规定的要求，是行政机关在实施该行为时的合法性要求——行政机关发布的信息不准确即是违法。故D错误。

**41. C**。《行政诉讼法》第95条规定，公民、法人或者其他组织拒绝履行判决、裁定、调解书的，行政机关或者第三人可以向第一审人民法院申请强制执行，或者由行政机关依法强制执行。因此，若法律、法规赋予某市建设委员会自行强制执行权，法院既可以受理其申请，也可以不受理其申请。某市建设委员会也并不必然要向法院申请强制执行。若某市建设委员会申请法院强制执行拆除房屋决定，也应根据《行诉法解释》第157条的规定，向不动产所在地人民法院申请强制执行而非向本机关所在地基层人民法院申请强制执行。因此，AB错误。《行诉法解释》第160条第2款规定，人民法院应当在30日内作出是否准予执行的裁定。故C正确。《行政诉讼法》第56条规定，诉讼期间不停止执行具体行政行为，只有在《行政诉讼法》第56条第1款规定的四种情形下——被告认为需要停止执行的；原告或者利害关系人申请停止执行，法院认为该行政行为的执行会造成难以弥补的损失，并且停止执行不损害国家利益、社会公共利益的；人民法院认为该行政行为的执行会给国家利益、社会公共利益造成重大损害的；法律、法规规定停止执行的，法院可以裁定停止执行。本案中无上述规定的四种情形，因此法院可以决定在诉讼期间内执行拆除决定。因此D错误。

**42. D**。该协议是某县政府行使权力的一种形式，具有对外的法律效力，因此并非内部协议。故A错误。某县政府的行为实质是行使行政许可权力的行为，该行政行为损害了乙公司的利益，因此根据《行政诉讼法》第12条，乙公司有权向人民法院提起行政诉讼，法院应予受理、审理。故C错误。由于乙公司持有的是经市政府批准取得的土地使用证，所以某县政府作为市政府的下级机关无权收回乙公司持有的15号地块国有土地使用证。因此B错误。

**43. B**。《治安管理处罚法》第98条规定，公安机关作出吊销许可证以及处2000元以上罚款的治安管理处罚决定前，应当告知违反治安管理行为人有权要求举行听证……据此，行政拘留并不在适用听证程序之列。因此，在作出拘留决定前，孔某无权要求举行听证。故A错误。若孔某对拘留决定不服，可以依法申请暂缓执行。根据《治安管理处罚法》第107条的规定，暂缓执行需满足以下条件：(1) 被处罚人不服行政拘留处罚决定，申请行政复议、提起行政诉讼；(2) 向公安机关提出暂缓执行行政拘留的申请；(3) 公安机关认为暂缓执行行政拘留不致发生社会危险；(4) 被处罚人或者其近亲属提出符合《治安管理处罚法》第108条规定条件的担保人，或者按每日行政拘留200元的标准交纳保证金。可见，仅有孔某起诉的行为并不必然导致暂缓拘留决定的适用。故D错误。《行诉法解释》第20条第2款规定，法律、法规或者规章授权行使行政职权的行政机关内设机构、派出机构或者其他组织，超出法定授权范围实施行政行为，当事人不服提起诉讼的，应当以实施该行为的机构或者组织为被告。据此，法律、法规或者规章授权的派出机构，在幅度越权时，该派出机构为被告；在种类越权时，以派出机构所属的行政机关为被告。《治安管理处罚法》第91条规定，警告、500元以下罚款可由派出所决定。该案中，派出所作出行政拘留的决定超出了法律授权的种类（警告、500元以下罚款），属于种类越权，故应以某区公安局为被告。故C错误。同理，根据该条之规定，作出该行政拘留决定的主体不合法，属违法行为。《治安管理处罚法》第79条要求公安机关依法收集证据，严禁其采用非法手段收集证据。以非法手段收集的证据不得作为处罚的依据。孔某因受逼供而说出的实情，不能作为公安机关作出拘留决定的依据，故该决定程序违法。行政决定的违法既包括实体违法，也包括程序违法。该拘留决定既有实体违法，也有程序违法，对孔某的拘留决定必然违法。故B正确。

**44. A**。李某符合《行诉证据规定》第42条规定的证人条件，并且李某与该厂有密切关系，但所作证言对该厂不利，不属于《行诉证据规定》第71条规定之情况，故法院应采信李某之证言。故A正确。法院收到甲工厂提交的证据材料，应当出具收据，并由经办人员签名或者盖章即可，不需要加盖法院印章。因此B错误。谢某作为当地居民与甲工厂并不存在亲属关系或者其他密切关系，因此，张某的证言也就不能优先于谢某的证言。故C错误。根据《行诉证据规定》第43条之规定，甲工厂在庭审中要求刘某作证，法庭有权决定是否准许。故D错误。

**45. ACD**。依照刑法理论，构成要件要素可分为记述的构成要件要素与规范的构成要件要素。在解释构成要件要素和认定是否存在符合构成要件要素的事实时，如果只需要法官的认识活动即可确定，这种构成要件要素便是记述的构成要件要素；如果需要法官的规范的、评价的价值判断才能认定，这种构成要件要素就是规范的构成要件要素。对于“贩卖”“毒品”“妇女”的理解，以及对客观事实是否符合这些要素，都只需要一般的认识活动与基本的对比判断就可以得出结论，因而属于记述的构成要件要素。反之，如“猥亵”和“淫秽物品”，则需要司法者的规范的、评价的行为才能认定。因此AC正确，B错误。构成要件要素还可分为成文的构成要件要素与不成文的构成要件要素。成文的构成要件要素，是指刑法明文规定的构成要件要素。绝大多数构成要件要素都是成文的构成要件要素。不成文的构成要件要素，是指刑法条文表面上没有明文规定，但根据刑法条文之间的相互关系、刑法条文对相关要素的描述所确定的，成立犯罪所必须具备的要素。就一些具体犯罪而言，由于众所周知的理由或者其他原因，刑法并没有将所有的构成要件要素完整地规定下来，而是需要法官在适用过程中进行补充。抢劫罪中的“非法占有目的”就属于不成文的构成要件要素。故D正确。

**46. BCD**。刑法上的因果关系，是指刑法规定的危害行为与危害结果之间存在的特定联系。查明存在因果关系，是令行为人因其行为而对该结果负刑事责任的客观条件。在认定因果关系时一定要注意：(1) 因果关系只是研究某种行为是否是某种结果的原因。(2) 因果关系是一种客观联系。(3) 一个危害结果完全可能由数个危害行为造成；反之，一个危害行为可能造成数个危害结果。(4) 在行为人的行为介入了第三者或被害人的行为而导致结果发生的场合，要判断某种结果是否是行为人的行为所造成时，应当考察行为人的行为导致结果发生的可能性的大小、介入情况的异常性大小以及介入情况对结果产生作用的大小。A中司机反身打甲的行为属于介入因素，但是其异常性很弱，不能中断甲殴打司机的行为与汽车失控撞死程某的结果之间的因果关系。故A正确。B属于行为在特定条件下导致结果发生的情形，被害人的特异体质并不能中断枪击行为与李某死亡之间的因果关系。B错误。C中丙的子弹尽管没有打中王某，但依照共犯理论却并不妨碍其行为与王某死亡结果之间的因果关系。C错误。在同样是介入了医生的重大过失引起被害人死亡的案例中，如果先前的行为只是导致被害人轻伤，则应认定先前行为与死亡之间不存在因果关系；如果先前行为导致被害人濒临死亡的重伤，则宜认定先前行为与被害人之间的因果关系。故D错误。

**47. ABD**。根据《刑法》第17条和《关于审理未成年人刑事案件具体应用法律若干问题的解释》第5条的规定，已满14周岁不满16周岁的人在拐卖妇女、儿童过程中，强行奸淫幼女，满足强奸罪的构成要件，应以强奸罪定罪处罚，而不能按照《刑法》第240条加重犯规定以拐卖妇女、儿童罪定罪处罚。在本案中，15周岁的甲在拐卖幼女过程中，强行奸淫幼女，满足强奸罪的构成要件，应以强奸罪定罪处罚，而不能按照《刑法》第240条加重犯规定以拐卖妇女、儿童罪定罪处罚。故C正确，ABD错误。

**48. AB**。具体的事实认识错误，是指行为人认识的事实与实际发生的事实虽然不一致，但没有超出同一犯罪构成的范围，因而也被称为同一犯罪构成内的错误。具体的事实认识错误主要包括对象错误、打击错误与因果关系错误。对于具体的事实认识错误，存在具体的符合说与法定的符合说的争论。前者认为，行为人所认识的事实与实际发生的事实具体地相一致时，才成立故意的既遂犯；后者认为，行为人所认识的事实与实际发生的事实，只要在犯罪构成范围内是一致的，就成立故意的既遂犯。通说采取法定符合说。关于打击错误，具体符合说认为，由于客观事实与行为人的主观认识没有形成具体的符合，所以，在本案中，甲对乙承担杀人既遂的责任，对丙则承担过失致人死亡的责任；由于只有一个行为，故二者属于想象竞合犯，从一重罪论处。而根据法定符合说中的数故意说，行为人甲对丙与乙都成立故意杀人既遂。当然，采取数故意说并不意味着成立数个故意杀人罪，因为只有一个行为，所以应按想象竞合犯以一罪论处。因此AB正确，CD错误。

**49. BCD**。爆炸罪，是指故意使用爆炸的方法危害公共安全的行为。对使用爆炸的方法杀人的，要注意分析其爆炸的行为是否足以危及公共安全，即是否使不特定多数人的生命、健康或者重大公私财产的安全受到威胁。如果行为人虽然使用了爆炸的方法杀人，但其行为并没有危及公共安全，应当认定为故意杀人罪；如果危及公共安全，则应当认定为爆炸罪。本案中，乙意欲杀丙，且丙的住宅周边没有其他人与物，故应认定其爆炸行为构成故意杀人罪。故D错误，当选。打击错误也称方法错误，是指由于行为本身的差误，导致行为人所欲攻击的对象与实际受害的对象不一致，但这种不一致仍然没有超出同一犯罪构成。刑法理论的通说采取法定符合说，即在上述情况下，行为人主观上具有杀人的故意，客观上的杀人行为也导致他人死亡，二者在刑法规定的故意杀人罪的犯罪构成内是完全一致的，因而成立故意杀人既遂。因此BC错误，当选。甲雇凶手乙杀丙，二者之间有共同的犯罪故意，也有共同的犯罪行为，因此构成了故意杀人罪的共同犯罪。故A正确，不当选。

**50. BCD**。根据《刑法》第186条的规定，违法发放贷款罪是指银行或者其他金融机构的工作人员违反国家规定发放贷款，数额巨大或者造成重大损失的行为。在本案中，甲乙作为银行工作人员，相互通谋，公然违法发放贷款，且放贷数额巨大，造成重大损失，已构成违法发放贷款罪的共同犯罪。C正确。另外，甲乙向丙索要贿赂为其谋取不正当利益，构成《刑法》第385条规定的受贿罪。综上，对甲乙应该以受贿罪和违法发放贷款罪实行数罪并罚。D正确。关于共同受贿的犯罪数额，学界存在分赃数额说和犯罪总额说之争。分赃数额说认为，各共同犯罪人只对自己实际分得的赃款、赃物的数额承担刑事责任；犯罪总额说则认为以共同犯罪的总额作为确定各共犯的刑事责任的尺度。后者是通说。具体来讲，在共同受贿犯罪中，“个人受贿数额”指的是各共同犯罪人个人实施受贿行为涉及的犯罪总额。故本案中甲乙的受贿数额都是15万元。因此A错误，B正确。

**51. ABC**。《刑法》第81条第1款规定，如果有特殊情况，经最高人民法院核准，可以不受执行刑期的限制。A将最高人民法院误为高级人民法院，故错误。依照《刑法》第85条的规定，对假释的犯罪分子，在假释考验期限内，依法实行社区矫正，如果没有《刑法》第86条规定的情形，假释考验期满，就认为原判刑罚已经执行完毕，而非“剩余刑罚就不再执行”。故B错误。《刑法》第86条规定，被假释的犯罪分子，在假释考验期限内犯新罪，应当撤销假释，依照《刑法》第71条（先减后并）的规定实行数罪并罚。因此C错误。《刑法》第81条第2款规定，对累犯以及因故意杀人、强奸、抢劫、绑架、放火、爆炸、投放危险物质或者有组织的暴力性犯罪被判处10年以上有期徒刑、无期徒刑的犯罪分子，不得假释。据此，对于被判处10年以上有期徒刑、无期徒刑的暴力性犯罪分子，即使减刑后其刑期低于10年有期徒刑，也不得假释。故D正确。

**52. ACD**。甲醉酒驾车致人死亡，构成交通肇事罪。A正确。甲冒用乙的身份将乙信用卡中的钱款转走，构成信用卡诈骗罪。C正确。《最高人民法院关于审理扰乱电信市场管理秩序案件具体应用法律若干问题的解释》第9条规定，以虚假、冒用的身份证件办理入网手续并使用移动电话，造成电信资费损失数额较大的，依照《刑法》第266条的规定，以诈骗罪定罪处罚。因此D正确。

**53. AC**。根据《刑法》第204条的规定，骗取出口退税罪是指以假报出口或者其他欺骗手段，骗取国家出口退税款，数额较大的行为。甲公司明知他人意欲骗取国家出口退税款，仍违反国家规定帮助他人报关的行为已构成本罪。故A正确。根据《关于审理骗取出口退税刑事案件具体应用法律若干问题的解释》第9条的规定，实施骗取出口税犯罪，同时构成虚开增值税专用发票罪等其他犯罪的，依照刑法处罚较重的规定定罪处罚。故B错误。《刑法》第204条第2款规定，纳税人缴纳税款后，采取前款规定的欺骗方法，骗取所缴纳的税款的，依照《刑法》第201条的规定定罪处罚，骗取税款超过所缴纳的税款部分，依照前款（骗取出口退税罪）的规定处罚。因此C正确。根据2008年当时的刑法规定，D是正确的。但2011年2月25日《刑法修正案（八）》废除了虚开增值税专用发票罪的死刑，并删除了原第205条第2款。因此，对于D中的情况，根据新规定应该择一重罪处罚。因此D错误。

**54. ABCD**。并非所有"谋财害命"的情形都构成抢劫罪。对于那些不是当场从被害人控制下取得财物的情形不能认定为抢劫罪。这种情形通常属于基于贪财动机而实施的故意杀人行为，应当认定为故意杀人罪。故BD错误。甲将毒药下在乙家米袋里，并没有威胁到不特定多数人的生命安全，因而构成故意杀人罪而非投放危险物质罪。故AC错误。

**55. ABC**。《刑法》第238条第1、2款规定："非法拘禁他人或者以其他方法非法剥夺他人人身自由的，处三年以下有期徒刑、拘役、管制或者剥夺政治权利。具有殴打、侮辱情节的，从重处罚。犯前款罪，致人重伤的，处三年以上十年以下有期徒刑；致人死亡的，处十年以上有期徒刑。使用暴力致人伤残、死亡的，依照本法第二百三十四条、第二百三十二条的规定定罪处罚。"由此可见，非法拘禁过程中又使用暴力致人伤残的，只构成故意伤害罪一罪。A错误。根据《刑法》第244条之一的规定，违反劳动管理法规，雇用未满16周岁的未成年人从事超强度体力劳动的，或者从事高空、井下作业的，或者在爆炸性、易燃性、放射性、毒害性等危险环境下从事劳动，情节严重的，构成雇用童工从事危重劳动罪。构成本罪，造成事故，又构成其他犯罪的，依照数罪并罚的规定处罚。因此对乙的行为应以雇用童工从事危重劳动罪和重大责任事故罪数罪并罚。B错误。丙的行为尽管不能构成拐卖妇女、儿童罪，但由于其明知王某会强迫农民工劳动而将农民工贩卖给他，因而构成了强迫劳动罪的共犯。C错误。根据《刑法》第248条的规定，虐待被监管人致人伤残、死亡的，依照故意伤害罪、故意杀人罪的规定定罪从重处罚。故D正确。

**56. ABC**。甲虽然为了抗拒抓捕拿出菜刀，但只是护在胸前，而并不能对李某构成足以抑制其继续追捕的暴力威胁。故A不能适用。乙抢夺后为抗拒抓捕打死狼狗，并不构成转化型抢劫所要求的暴力或威胁，因为其行为并未威胁到他人的生命安全。故B不能适用。丙为抗拒抓捕实施自伤行为，该行为并不足以抑制被害人继续追捕。恰恰相反，丙的受伤使其更容易被追捕。故C不能适用。丁为抗拒抓捕将开水泼到别人身上，已经构成了此处要求的暴力，故可以适用。

**57. ACD**。根据《最高人民法院关于村民小组组长利用职务便利非法占有公共财物行为如何定性问题的批复》，对村民小组组长利用职务上的便利，将村民小组集体财产非法占为己有，数额较大的行为，应当依照《刑法》第271条第1款规定，以职务侵占罪定罪处罚。因此A正确。根据全国人民代表大会常务委员会《关于〈中华人民共和国刑法〉第九十三条第二款的解释》，乙的行为构成贪污罪。B错误。根据《最高人民法院关于在国有资本控股、参股的股份有限公司中从事管理工作的人员利用职务便利非法占有本公司财物如何定罪问题的批复》，丙作为国有控股公司的部门经理，并非"从事公务"，因此不属于国家工作人员。C正确。依照刑法理论，不具有构成身份的人与具有构成身份的人共同实施真正身份犯时，构成共同犯罪。因此丁与李某共同实施职务侵占行为，构成职务侵占罪的共同犯罪。D正确。

**58. BC**。对于伪造的货币能否成为盗窃罪的对象，学界存在争议。主流观点认为：就盗窃罪而言，真币与假币都应当评价为财物，因为假币也需要通过法定程序收缴，故他人占有的假币也是刑法法益。这并不意味着他人占有假币是合法的，只是意味着第三者不能非法取得他人占有的假币。因此盗窃伪造的货币的行为，也可能成立盗窃罪。A错误。盗窃国家机关印章罪，是指盗窃国家机关印章的行为。行为人所盗窃的必须是国家机关已经制作的真实的印章。因为伪造的印章不能体现国家机关的公共信用这一特殊法益，同时根据罪刑法定原则也不能把"伪造的国家机关印章"解释为"国家机关印章"。因此B正确。关于《刑法》第196条第3款的"盗窃信用卡并使用"，通说认为，本款规定的信用卡仅限于他人的真实有效的信用卡，如果盗窃伪造或作废的信用卡并使用的，应认定为信用卡诈骗罪。C正确。盗窃枪支罪，是指以非法占有为目的，窃取枪支危害公共安全的行为。企业违规制造的枪支同样可能被用来危害公共安全，因此窃取这种枪支同样可以构成盗窃枪支罪。D错误。

**59. ABCD**。根据《刑法》第347条的规定，贩卖毒品罪是指明知是毒品而故意实施贩卖的行为。我国刑法规定毒品犯罪是为了通过打击毒品犯罪来控制和减少毒品在社会上的泛滥。首先，贩卖毒品罪不包括所有的买和卖的行为，仅仅针对处于流通环节的买和卖的行为；其次，贩卖毒品罪不要求同时实施买和卖两个行为，只要实施了流通环节中的买或卖任何一个行为均属于贩卖。将自有的毒品有偿地销售出去并不是通常意义上的贩卖，但由于其属于毒品的流通环节，同样是贩卖毒品罪打击的对象。具体来讲，对于吸毒者之间以购买价转让毒品的行为要分成几种情况来认定：（1）A 应 B 的要求为 B 购买毒品，然后交付给 B，并收取自己垫付的毒资。这种情况下，如果 B 购买毒品是为了高价卖出且 A 明知，那么 A 和 B 的行为都属于流通环节，A 构成贩卖毒品罪的共犯；如果 A 不明知 B 的目的或者 B 购买毒品是为了消费，那么 A 的行为不属于流通环节，不构成贩卖毒品罪。（2）A 购买毒品是为了高价卖出，但念及和 B 的关系，以购买价转让给 B。那么，A 购买毒品的行为即属于流通环节，已经构成了贩卖毒品罪。（3）A 购买毒品是为了消费，应 B 的要求以购买价转让给 B。那么，A 购买毒品的行为不属于流通环节。但是 A 转让毒品给 B 的行为属于流通环节，而且 A 通过转让获得了相应的对价，有牟利目的且实现了利益，故其行为构成贩卖毒品罪。因此在本案中，甲的行为构成贩卖毒品罪。ABCD 均错误，当选。

**60. BD**。公诉案件中，犯罪嫌疑人与被害人之间就刑事责任进行的交易不影响公诉机关的追诉行为。故 A 错误。《刑事诉讼法》第 16 条规定："有下列情形之一的，不追究刑事责任，已经追究的，应当撤销案件，或者不起诉，或者终止审理，或者宣告无罪：（一）情节显著轻微、危害不大，不认为是犯罪的；（二）犯罪已过追诉时效期限的；（三）经特赦令免除处罚的；（四）依照刑法告诉才处理的犯罪，没有告诉或者撤回告诉的；（五）犯罪嫌疑人、被告人死亡的；（六）其他法律规定免予追究刑事责任的。"根据《刑法》第 270 条，侵占案属于告诉才处理的案件，B 中的甲侵占案，被害人乙没有起诉，符合前述第 4 项规定。故 B 正确。C 中高某的行为已经构成犯罪，不属于前述第 1 项的规定，除非增加条件"依照刑法规定不需要判处刑罚或免除刑罚"才能经由检察委员会作出不起诉决定。故 C 错误。D 中犯罪嫌疑人白某在被抓获前自杀身亡，符合前述第 5 项规定。故 D 正确。

**61. AD**。《刑事诉讼法》第 183 条第 4 款规定："人民法院审判上诉和抗诉案件，由审判员三人或者五人组成合议庭进行。"故 A 正确。我国实行二审终审制，法律规定有独立的第二审程序，二审法院审理案件不应将其作为第一审案件审理。故 B 错误。《刑事诉讼法》第 188 条第 1 款规定，人民法院审判第一审案件应当公开进行。但是有关国家秘密或者个人隐私的案件，不公开审理；涉及商业秘密的案件，当事人申请不公开审理的，可以不公开审理。据此，公开审理是原则，不公开是例外。《刑事诉讼法》第 238 条规定："第二审人民法院发现第一审人民法院的审理有下列违反法律规定的诉讼程序的情形之一的，应当裁定撤销原判，发回原审人民法院重新审判：（一）违反本法有关公开审判的规定的；……"本题中，一审法院为防止被害人家属和旁听群众在法庭上过于激愤影响顺利审判，决定作为特例不公开审理的做法违背了公开审判的要求，应根据《刑事诉讼法》第 238 条的规定裁定撤销原判，发回重审。故 C 错误，D 正确。

**62. ABCD**。《刑事诉讼法》第 262 条第 1 款规定，下级人民法院接到最高人民法院执行死刑的命令后，应当在 7 日以内交付执行。但是发现有下列情形之一的，应当停止执行，并且立即报告最高人民法院，由最高人民法院作出裁定：（1）在执行前发现判决可能有错误的；（2）在执行前罪犯揭发重大犯罪事实或者有其他重大立功表现，可能需要改判的；（3）罪犯正在怀孕。本题中，A 发现关键定罪证据可能是刑讯逼供所得，可能影响该案的事实认定，属于第 1 项规定的情形；B 判决书认定的年龄错误，实际年龄未满 18 周岁，由于《刑法》第 49 条第 1 款规定"犯罪的时候不满十八周岁的人和审判的时候怀孕的妇女，不适用死刑"，因而属于第 1 项规定的情形；C 属于第 2 项规定的情形；D 属于第 3 项规定的情形。因此，本题正确答案为 ABCD。

**63. AB**。《高检规则》第 401 条规定："在法庭审理中，下列事实不必提出证据进行证明：（一）为一般人共同知晓的常识性事实；（二）人民法院生效裁判所确认并且未依审判监督程序重新审理的事实；（三）法律、法规的内容以及适用等属于审判人员履行职务所应当知晓的事实；（四）在法庭审理中不存在异议的程序事实；（五）法律规定的推定事实；（六）自然规律或者定律。"被弃尸的河流从案发村镇穿过的事实属于一般人共同知晓的常识性事实。故 A 正确。刑法关于杀人罪的法律规定属于审判人员履行职务所应当知晓的事实。故 B 正确。检察机关和石某都没有异议的案件基本事实涉及的是犯罪构成事实而非程序事实，需要证明。故 C 错误。石某的精神状态关系到其是否具备刑事责任能力，属于犯罪构成事实，需要证明。故 D 错误。

**64. ABC**。延期审理与中止审理的区别主要有三：（1）时间不同。延期审理适用于法庭审理过程中，中止审理适用于法院受理案件后至作出判决前。（2）原因不同。导致延期审理的原因是庭审自身出现障碍，因而不停止法庭审理以外的诉讼活动，导致中止审理的原因是出现了不能抗拒的情况，使诉讼活动无法正常进行，因而暂停诉讼活动。（3）延期审理的案件再行开庭的时间具有可预见性，中止审理的案件再行开庭的时间往往无法预见。故 ABC 正确。但是，《刑事诉讼法》第 206 条第 2 款规定，中止审理的原因消失后，应当恢复审理。中止审理的期间不计入审理期限。故D错误，ABC正确。

**65. AB**。《刑诉解释》第219条规定："人民法院对提起公诉的案件审查后，应当按照下列情形分别处理：（一）不属于本院管辖的，应当退回人民检察院；（二）属于刑事诉讼法第十六条第二项至第六项规定情形的，应当退回人民检察院；属于告诉才处理的案件，应当同时告知被害人有权提起自诉；（三）被告人不在案的，应当退回人民检察院；但是，对人民检察院按照缺席审判程序提起公诉的，应当依照本解释第二十四章的规定作出处理；（四）不符合前条第二项至第九项规定之一，需要补充材料的，应当通知人民检察院在三日以内补送；（五）依照刑事诉讼法第二百条第三项规定宣告被告人无罪后，人民检察院根据新的事实、证据重新起诉的，应当依法受理；（六）依照本解释第二百九十六条规定裁定准许撤诉的案件，没有新的影响定罪量刑的事实、证据，重新起诉的，应当退回人民检察院；（七）被告人真实身份不明，但符合刑事诉讼法第一百六十条第二款规定的，应当依法受理。对公诉案件是否受理，应当在七日以内审查完毕。"A中，法院发现了杨某在绑架的过程中杀害了人质的事实，可能判处死刑，应由中级人民法院管辖，系不属于本院管辖的情形，应退回检察院。故A正确。B中，杨某在审查起诉期间从看守所逃脱，符合关于被告人不在案的规定。故B正确。D中检察机关移送起诉材料欠缺已经委托辩护人的住址、通讯处，应通知检察院补送材料。故D错误。本题正确答案为AB。

**66. ABD**。《刑诉解释》第331条第2款规定，部分自诉人撤诉或者被裁定按撤诉处理的，不影响案件的继续审理。A中，甲乙系一起伤害案件的自诉人，案件审理中甲撤回起诉，法院继续案件审理的做法是正确的。故A正确。《刑诉解释》第329条规定，判决宣告前，自诉案件的当事人可以自行和解，自诉人可以撤回自诉。人民法院经审查，认为和解、撤回自诉确属自愿的，应当裁定准许；认为系被强迫、威吓等，并非自愿的，不予准许。B中，被害人提起自诉，审理中自诉人与被告人和解而撤回自诉，法院经审查准许，这种做法是正确的。《刑诉解释》第412条规定，第二审期间，自诉案件的当事人提出反诉的，应当告知其另行起诉。据此，被告人在第二审程序中提出反诉，法院予以受理并与原自诉合并审理的做法是错误的。C错误。《刑诉解释》第411条规定，对第二审自诉案件，必要时可以调解，当事人也可以自行和解。调解结案的，应当制作调解书，第一审判决、裁定视为自动撤销。当事人自行和解的，依照本解释第329条的规定处理；裁定准许撤回自诉的，应当撤销第一审判决、裁定。据此，侵犯知识产权案，第二审中当事人和解，法院裁定准许撤回自诉并撤销一审判决的做法是正确的。D正确。本题正确答案为ABD。

**67. ABCD**。《人民检察院办理未成年人刑事案件的规定》第26条规定："对于犯罪情节轻微，具有下列情形之一，依照刑法规定不需要判处刑罚或者免除刑罚的未成年犯罪嫌疑人，一般应当依法作出不起诉决定：（一）被胁迫参与犯罪的；（二）犯罪预备、中止、未遂的；（三）在共同犯罪中起次要或者辅助作用的；（四）系又聋又哑的人或者盲人的；（五）因防卫过当或者紧急避险过当构成犯罪的；（六）有自首或者立功表现的；（七）其他依照刑法规定不需要判处刑罚或者免除刑罚的情形。"本题ABCD四个选项分别符合前述第1、4、5、6项，故均正确。

**68. ABD**。实物证据是以物品的性质或者外部形态、存在状况以及其内容表现证据价值的证据。实物证据的主要特点是：其一，它的原始材料存在于人的大脑之外，具有可见性；其二，它的原始材料形成于案发之前或案发过程中，在诉讼中受人的影响较小；其三，它的证明力在许多情况下要由具有专门技能和知识的人来揭示，对科学技术、设备、知识的依赖性强。证据种类中的物证、书证、勘验、检查笔录均属于实物证据。多数视听资料属于实物证据，但询问、讯问时的录音录像是言词证据。杀人案中现场勘验笔录是勘验笔录，贪污案中证明贪污数额的账册属于书证，伤害案中证明伤害发生过程情况的监控录像是案发过程中形成的视听资料，均属于实物证据。故ABD正确。强奸案中证明被害人精神状态的鉴定结论是言词证据。故C错误。

**69. ABD**。《最高人民法院关于刑事再审案件开庭审理程序的具体规定（试行）》第6条规定："下列再审案件可以不开庭审理：（一）原判决、裁定认定事实清楚，证据确实、充分，但适用法律错误，量刑畸重的；（二）1979年《中华人民共和国刑事诉讼法》施行以前裁判的；（三）原审被告人（原审上诉人）、原审自诉人已经死亡、或者丧失刑事责任能力的；（四）原审被告人（原审上诉人）在交通十分不便的边远地区监狱服刑，提押到庭确有困难的；但人民检察院提出抗诉的，人民法院应征得人民检察院的同意；（五）人民法院按照审判监督程序决定再审，按本规定第九条第（五）项规定，经两次通知，人民检察院不派员出庭的。"A中李某抢劫案，原判事实清楚、证据确实充分，但适用法律错误，量刑畸重，符合第1项的规定；B中葛某受贿案，葛某已死亡，符合第3项的规定；D中陈某强奸案，原生效裁判于1979年之前作出，符合第2项的规定。故ABD正确。C中张某、卞某为同案原审被告人，张某在交通十分不便的边远地区监狱服刑，提审到庭确有困难，但未经抗诉的检察院同意，不符合第4项的规定。故 C 错误。

**70. ABCD**。《刑事诉讼法》第 82 条规定，公安机关对于现行犯或者重大嫌疑分子，如果有下列情形之一的，可以先行拘留：(1) 正在预备犯罪、实行犯罪或者在犯罪后即时被发觉的；(2) 被害人或者在场亲眼看见的人指认他犯罪的；(3) 在身边或者住处发现有犯罪证据的；(4) 犯罪后企图自杀、逃跑或者在逃的；(5) 有毁灭、伪造证据或者串供可能的；(6) 不讲真实姓名、住址，身份不明的；(7) 有流窜作案、多次作案、结伙作案重大嫌疑的。为投毒而买毒药的甲属于第 1 项规定的重大嫌疑分子。故 A 正确。在其住处发现被盗金项链的乙，符合第 3 项规定的重大嫌疑分子。故 B 正确。被举报挪用公款企图逃跑的丙符合第 4 项规定的重大嫌疑分子。故 C 正确。不讲真实姓名、住址，身份不明的丁属于第 6 项规定的重大嫌疑分子。故 D 正确。本题正确答案是 ABCD。

**71. ABCD**。《高检规则》第 420 条规定："在法庭审判过程中，遇有下列情形之一的，公诉人可以建议法庭延期审理：（一）发现事实不清、证据不足，或者遗漏罪行、遗漏同案犯罪嫌疑人，需要补充侦查或者补充提供证据的；（二）被告人揭发他人犯罪行为或者提供重要线索，需要补充侦查进行查证的；（三）发现遗漏罪行或者遗漏同案犯罪嫌疑人，虽不需要补充侦查和补充提供证据，但需要补充、追加起诉的；（四）申请人民法院通知证人、鉴定人出庭作证或者有专门知识的人出庭提出意见的；（五）需要调取新的证据，重新鉴定或者勘验的；（六）公诉人出示、宣读开庭前移送人民法院的证据以外的证据，或者补充、追加、变更起诉，需要给予被告人、辩护人必要时间进行辩护准备的；（七）被告人、辩护人向法庭出示公诉人不掌握的与定罪量刑有关的证据，需要调查核实的；（八）公诉人对证据收集的合法性进行证明，需要调查核实的。在人民法院开庭审理前发现具有前款情形之一的，人民检察院可以建议人民法院延期审理。"《高检规则》第 421 条规定："法庭宣布延期审理后，人民检察院应当在补充侦查期限内提请人民法院恢复法庭审理或者撤回起诉。公诉人在法庭审理过程中建议延期审理的次数不得超过两次，每次不得超过一个月。"本题正确答案为 ABCD。

**72. ABCD**。《高检规则》第 409 条规定，公诉人向法庭出示物证，一般应当出示原物，原物不易搬运、不易保存或者已返还被害人的，可以出示反映原物外形和特征的照片、录像、复制品，并向法庭说明情况及与原物的同一性。公诉人向法庭出示书证，一般应当出示原件。获取书证原件确有困难的，可以出示书证副本或者复制件，并向法庭说明情况及与原件的同一性。公诉人向法庭出示物证、书证，应当对该物证、书证所要证明的内容、获取情况作出说明，并向当事人、证人等问明物证的主要特征，让其辨认。对该物证、书证进行鉴定的，应当宣读鉴定意见。《刑诉解释》第 267 条规定，举证方当庭出示证据后，由对方发表质证意见。据此，控方出示的物证匕首，应让当事人（包括被害人、被告人）辨认，应听取双方（包括辩护人和诉讼代理人）的辩论和意见。为此，本题的正确答案为 ABCD。

**73. ABCD**。《刑诉解释》第 429 条规定："最高人民法院复核死刑案件，应当按照下列情形分别处理：（一）原判认定事实和适用法律正确、量刑适当、诉讼程序合法的，应当裁定核准；（二）原判认定的某一具体事实或者引用的法律条款等存在瑕疵，但判处被告人死刑并无不当的，可以在纠正后作出核准的判决、裁定；（三）原判事实不清、证据不足的，应当裁定不予核准，并撤销原判，发回重新审判；（四）复核期间出现新的影响定罪量刑的事实、证据的，应当裁定不予核准，并撤销原判，发回重新审判；（五）原判认定事实正确、证据充分，但依法不应当判处死刑的，应当裁定不予核准，并撤销原判，发回重新审判；根据案件情况，必要时，也可以依法改判；（六）原审违反法定诉讼程序，可能影响公正审判的，应当裁定不予核准，并撤销原判，发回重新审判。"根据这一规定，赵某因故意杀人罪和贩毒罪分别被判处死刑，最高法院对案件进行复核时，认为故意杀人罪的死刑判决事实不清、证据不足，遂对全案裁定不予核准，撤销原判，发回重审，这种做法是正确的。故 A 正确。钱某因绑架罪和抢劫罪分别被判处死刑，最高法院在对案件进行复核时，发现钱某绑架罪的死刑判决认定事实和适用法律正确、量刑适当、诉讼程序合法，抢劫罪的死刑判决认定事实清楚，但依法不应当判处死刑，遂对绑架罪作出核准死刑的判决，对抢劫罪的死刑判决予以改判，这种做法也是正确的。故 B 正确。孙某伙同李某持枪抢劫银行被分别判处死刑，最高法院进行复核时发现李某的死刑判决认定事实不清、证据不足，遂对全案裁定不予核准，这种做法是正确的。故 C 正确。D 亦符合该条之规定，D 正确。

**74. ACD**。《行政复议法实施条例》第 50 条第 1 款规定，有下列情形之一的，行政复议机关可以按照自愿、合法的原则进行调解：(1) 公民、法人或者其他组织对行政机关行使法律、法规规定的自由裁量权作出的具体行政行为不服申请行政复议的；(2) 当事人之间的行政赔偿或者行政补偿纠纷。因此，征用土地时的补偿数额可以进行调解。故 A 正确。B 中税率是由法律确定的，税务机关无权自行确定税率。因此税率和税额的确定并非行政机关行使自由裁量权的行为，复议机关也就不能就该具体行政行为引发的争议进行调解。因此 B 错误。《治安管理处罚法》第 71 条规定，有下列行为之一的，处 10 日以上 15 日以下拘留，可以并处 3000 元以下罚款；情节较轻的，处

5日以下拘留或者500元以下罚款：(1)非法种植罂粟不满500株或者其他少量毒品原植物的；……本题中，C情形属于公安机关自由裁量的行为，可以调解。故C正确。D中建设部门负有行政赔偿责任，沈某在对该行为提起复议时可对行政赔偿额申请调解。故D正确。

**75. AC**。《地方各级人民政府机构设置和编制管理条例》第9条规定，地方各级人民政府行政机构的设立、撤销、合并或者变更规格、名称，由本级人民政府提出方案，经上一级人民政府机构编制管理机关审核后，报上一级人民政府批准。故AC两项当选。《地方各级人民政府机构设置和编制管理条例》第13条规定，县级以上地方各级人民政府行政机构的内设机构的设立、撤销、合并或者变更规格、名称，由该行政机构报本级人民政府机构编制管理机关审批。故B不符合题意。《地方各级人民政府机构设置和编制管理条例》第12条规定，议事协调机构不存在机构设置问题，也就无需报请上一级机构编制管理机关审核并经上一级人民政府批准。故D不合题意。

**76. AB**。B市公安局作为甲区公安分局的上一级主管部门，李某可以向其申请复议。故A正确。根据《行政诉讼法》第14条、第18条之规定，李某可以对扣留汽车这一行政强制措施向公安分局所在地的甲区人民法院起诉。故B正确。在治安处罚案件中，复议并非诉讼的前置程序，李某可以不经复议直接提起行政诉讼。故C错误。本案中，公安机关对李某既有拘留这一限制人身自由的处罚，又有罚款300元的财产处罚。因此，若李某对该行政处罚决定不服，可以作为原告向其所在地人民法院起诉。而本案中范某既未被限制人身自由，其财产也未因此而被采取强制措施。因此，范某对公安分局的处罚决定不服的，只能向被告甲区公安分局所在地的甲区人民法院起诉。故D错误。

**77. ABC**。《行政复议法实施条例》第14条规定，行政机关设立的派出机构、内设机构或者其他组织，未经法律、法规授权，对外以自己名义作出具体行政行为的，该行政机关为被申请人。生猪管理办公室属于县政府的内设机构，未经法律、法规授权，其作出的罚款决定之法律后果归属于该县政府，因此张某申请复议应该以该县政府为被申请人。《行政复议法》第24条第1款规定："县级以上地方各级人民政府管辖下列行政复议案件：(一)对本级人民政府工作部门作出的行政行为不服的；(二)对下一级人民政府作出的行政行为不服的；(三)对本级人民政府依法设立的派出机关作出的行政行为不服的；(四)对本级人民政府或者其工作部门管理的法律、法规、规章授权的组织作出的行政行为不服的。"张某对罚款决定不服，应该向该县政府的上一级人民政府申请复议。对于县政府作出的文件规定，上一级人民政府作为有权处理该规范性文件的复议机关，应该按照《行政复议法》第56条的规定，在30日内依法处理。因此，AC错误，当选。县级政府的规范性文件无权设定行政许可和行政处罚，应当追究相关责任人的责任。但是，《行政许可法》和《行政处罚法》只有对违法实施行政许可和违法实施行政处罚的行为进行行政处分的规定，对违法设定许可和处罚不能依此给予行政处分。故B错误，当选。《行诉法解释》第20条第3款的规定，没有法律、法规或者规章规定，行政机关授权其内设机构、派出机构或者其他组织行使行政职权的，属于《行政诉讼法》第26条规定的委托。当事人不服提起诉讼的，应当以该行政机关为被告。故D正确，不当选。

**78. CD**。《税收征收管理法》第88条规定："纳税人、扣缴义务人、纳税担保人同税务机关在纳税上发生争议时，必须先依照税务机关的纳税决定缴纳或者解缴税款及滞纳金或者提供相应的担保，然后可以依法申请行政复议；对行政复议决定不服的，可以依法向人民法院起诉。当事人对税务机关的处罚决定、强制执行措施或者税收保全措施不服的，可以依法申请行政复议，也可以依法向人民法院起诉。当事人对税务机关的处罚决定逾期不申请行政复议也不向人民法院起诉、又不履行的，作出处罚决定的税务机关可以采取本法第四十条规定的强制执行措施，或者申请人民法院强制执行。"据此，AB都属于复议前置情形，不当选。C要求缴纳滞纳金，属于行政强制执行，D属于行政处罚措施，该两种情形都可直接提起诉讼。故CD正确。

**79. ABCD**。《行诉法解释》第16条规定，股份制企业的股东大会、股东会、董事会等认为行政机关作出的行政行为侵犯企业经营自主权的，可以企业名义提起诉讼。联营企业、中外合资或者合作企业的联营、合资、合作各方，认为联营、合资、合作企业权益或者自己一方合法权益受行政行为侵害的，可以自己的名义提起诉讼。非国有企业被行政机关注销、撤销、合并、强令兼并、出售、分立或者改变企业隶属关系的，该企业或者其法定代表人可以提起诉讼。甲厂作为集体企业，被行政机关合并进入另一家集体企业，则甲厂、甲厂的法定代表人都有权提起诉讼。故AC正确。同理，乙厂作为集体企业，被强令要求兼并甲厂，因此乙厂、乙厂的法定代表人都有权向法院起诉。故BD正确。

**80. ABD**。《行政许可法》第70条规定，有下列情形之一的，行政机关应当依法办理有关行政许可的注销手续：(1)行政许可有效期届满未延续的；(2)赋予公民特定资格的行政许可，该公民死亡或者丧失行为能力的；(3)法人或者其他组织依法终止的；(4)行政许可依法被撤销、撤回，或者行政许可证件依法被吊销的；（5）因不可抗力导致行政许可事项无法实施的；（6）法律、法规规定的应当注销行政许可的其他情形。据此，张某取得律师执业证书后丧失行为能力，应予注销其证书。A 正确。田某网吧被吊销许可证，属于行政许可证件被依法吊销，应予办理注销手续。B 正确。刘某违法取得的行政许可被撤销的，应予注销。D 正确。根据《行政许可法》第 50 条第 2 款，行政机关逾期未作是否准予延期决定的，视为准予延续。因此，李某申请延续采矿许可，自然资源管理部门在规定期限内未予答复的，视为准予延续，而非注销许可证件。C 错误。

**81. B**。《最高人民法院关于审理民事、行政诉讼中司法赔偿案件适用法律若干问题的解释》第 1 条规定，人民法院在民事、行政诉讼过程中，违法采取对妨害诉讼的强制措施、保全措施、先予执行措施，或者对判决、裁定及其他生效法律文书执行错误，侵犯公民、法人和其他组织合法权益并造成损害的，赔偿请求人可以依法向人民法院申请赔偿。A 错误。上述解释第 3 条第 1 项规定，违法采取保全措施，包括以下情形：（1）依法不应当采取保全措施而采取的……B 正确。根据上述解释第 1 条和第 3 条，违法解除财产保全措施造成的损害，由国家承担赔偿责任，属强行性规定，对此不能调解。故 C 错误。《国家赔偿法》第 38 条规定，人民法院在民事诉讼、行政诉讼过程中，违法采取对妨害诉讼的强制措施、保全措施或者对判决、裁定及其他生效法律文书执行错误，造成损害的，赔偿请求人要求赔偿的程序，适用本法刑事赔偿程序的规定。《国家赔偿法》第 22 条规定，赔偿义务机关有本法第 17 条、第 18 条规定情形之一的，应当给予赔偿。赔偿请求人要求赔偿，应当先向赔偿义务机关提出。赔偿请求人提出赔偿请求，适用本法第 11 条、第 12 条的规定。据此，某区法院在民事诉讼中违法采取保全措施，造成损害的，赔偿请求人甲公司向赔偿义务机关即某区法院提出赔偿请求的，其应当给予赔偿。故 D 错误。

**82. ABC**。《行政处罚法》第 42 条第 1 款规定，行政处罚应当由具有行政执法资格的执法人员实施。执法人员不得少于 2 人，法律另有规定的除外。《行政处罚法》第 55 条第 1 款规定，执法人员在调查或者进行检查时，应当主动向当事人或者有关人员出示执法证件。当事人或者有关人员有权要求执法人员出示执法证件。执法人员不出示执法证件的，当事人或者有关人员有权拒绝接受调查或者检查。故 A 正确。根据《行政复议法实施条例》第 15 条第 1 款第 1 项的规定，当场作出具体行政行为的，复议申请期限自具体行政行为作出之日起计算。故 B 正确。《行诉证据规定》第 63 条第 1 项规定，国家机关以及其他职能部门依职权制作的公文文书优于其他书证。因此，市卫健委制作的现场笔录作为国家机关制作的公文文书优先于某公司提供的证人的证言。故 C 正确。D 中的没收 5 只液氮生物容器是没收非法财物的处罚措施，而非保全措施。故 D 错误。

**83. AC**。《政府信息公开条例》第 29 条规定："公民、法人或者其他组织申请获取政府信息的，应当向行政机关的政府信息公开工作机构提出，并采用包括信件、数据电文在内的书面形式；采用书面形式确有困难的，申请人可以口头提出，由受理该申请的政府信息公开工作机构代为填写政府信息公开申请。政府信息公开申请应当包括下列内容：（一）申请人的姓名或者名称、身份证明、联系方式；（二）申请公开的政府信息的名称、文号或者便于行政机关查询的其他特征性描述；（三）申请公开的政府信息的形式要求，包括获取信息的方式、途径。"李某要求公开高压线路图，应当出示有效身份证明。故 A 正确。申请并不要求说明用途，故 B 错误，C 正确。《政府信息公开条例》第 42 条第 1 款规定，行政机关依申请提供政府信息，不收取费用。但是，申请人申请公开政府信息的数量、频次明显超过合理范围的，行政机关可以收取信息处理费。规划局在公开信息时，不得向李某依法收取相关成本费。D 错误。

**84. CD**。根据《刑法》第 26 条第 3 款的规定，对于组织、领导犯罪集团进行犯罪活动的首要分子，按照集团所犯的全部罪行处罚。需要注意的是，按照"集团所犯"的全部罪行处罚，不等于按照"集团成员所犯"的全部罪行处罚。首要分子对于集团成员超出集团犯罪计划（集团犯罪故意）所实施的罪行，不承担刑事责任。故 A 错误。对于首要分子以外的主犯，应当按照其所参与的或者组织、指挥的全部犯罪处罚。对于从犯同样应当按照其所参与的全部犯罪处罚。只是在量刑上可从轻、减轻或免除处罚。故 B 错误。根据《刑法》第 97 条的规定，首要分子分为两类：一是犯罪集团中的首要分子，二是聚众犯罪中的首要分子。在聚众犯罪构成共同犯罪的情况下，原则上也可以认定其中的首要分子是主犯。但在聚众犯罪并不构成共同犯罪的情况下（如刑法规定只处罚首要分子，而首要分子只有一人时），不存在主犯、从犯之分，其中的首要分子当然无所谓主犯。因此 C 正确。根据《刑法》第 28 条的规定，胁从犯是被胁迫参加犯罪的人，即在他人威胁下不完全自愿地参加共同犯罪，并且在共同犯罪中起较小作用的人。如果行为人起先是因为被胁迫而参加共同犯罪，但后来发生变化，积极主动实施犯罪行为，在共同犯罪中起主要作用，则不宜认定为胁从犯。由于其在共同犯罪中起主要作用，自然应被认定为主犯。D 正确。

**85. ACD**。根据《刑法》第 273 条的规定，A 正确。甲挪用 100 万元炒股亏损，结果无力偿还，属于"挪用公款数额巨大不退还"，仍构成挪用公款罪。行为人挪用公款后采用伪造单据、涂改账目、销毁凭证、变卖获利、赠送他人等方法，使所挪用的公款难以在单位财务账目上反映出来的。说明行为人主观目的发生了变化，想永久控制财物，客观上财产所有权发生了转移，符合贪污罪的构成特征，应以贪污罪定罪处罚。因此CD正确，B错误。

**86. A**。对于没有达到刑事责任年龄、不具有刑事责任能力的人的侵害行为，可以实施正当防卫。不过，为了尽可能全面地保护合法权益，在这种情况下，对防卫的必要性应当更严格地限制，虽然不要求只能在不得已的情况才进行防卫，但应尽量限制在必要的场合。另外，精神病人袭击甲时他正在手持匕首寻找抢劫目标，由此可见甲尚未着手实施犯罪，尚不能认定甲已经在实施不法侵害，因此甲可以对精神病人的行为进行正当防卫。因此A正确，BCD错误。

**87. AC**。在刚着手实行或者实行犯罪的过程中形成共同犯罪故意的，是事前无通谋的共同犯罪。如果各共犯人是在刚着手实行时形成共同犯罪故意，并共同实施犯罪行为，则各共犯人均应对共同犯罪行为及其结果承担刑事责任。如果先行为人已实施一部分实行行为，后行为人以共同犯罪的意思参与实行或者提供帮助的，则叫承继的共同犯罪。后行为人就其参与后的行为与先行为人构成共同犯罪。至于后行为人就其参与前的行为是否承担刑事责任，则应分清不同情况区别处理。依照刑法通说，甲意欲抢劫而将丁砍成重伤，乙到了现场，并且明知甲在抢劫丁的财物，乙与甲一起共同强取了丁的财物。在这种情况下，甲与乙仍然成立抢劫罪的共同犯罪。不过，乙虽然与甲构成抢劫罪的共同犯罪，但乙不对丁的重伤承担刑事责任，同样也不对丁的死亡承担责任。因为在甲造成丁重伤这一结果之时，乙尚未参与到犯罪中来，根据罪责自负原则，乙自然无需对甲的单独行为所造成的后果负责。因此AC正确，BD错误。

**88. BC**。《行政许可法》第12条规定："下列事项可以设定行政许可：(一) 直接涉及国家安全、公共安全、经济宏观调控、生态环境保护以及直接关系人身健康、生命财产安全等特定活动，需要按照法定条件予以批准的事项；(二) 有限自然资源开发利用、公共资源配置以及直接关系公共利益的特定行业的市场准入等，需要赋予特定权利的事项；(三) 提供公众服务并且直接关系公共利益的职业、行业，需要确定具备特殊信誉、特殊条件或者特殊技能等资格、资质的事项；(四) 直接关系公共安全、人身健康、生命财产安全的重要设备、设施、产品、物品，需要按照技术标准、技术规范，通过检验、检测、检疫等方式进行审定的事项；(五) 企业或者其他组织的设立等，需要确定主体资格的事项；(六) 法律、行政法规规定可以设定行政许可的其他事项。"据此可知，资质证书发放属于上述第三类事项，即认可类事项，而非特许类事项，A错误。《行政许可法》第58条第1款规定："行政机关实施行政许可和对行政许可事项进行监督检查，不得收取任何费用。但是，法律、行政法规另有规定的，依照其规定。"据此可知，B正确。《行政诉讼法》第47条第1款规定："公民、法人或者其他组织申请行政机关履行保护其人身权、财产权等合法权益的法定职责，行政机关在接到申请之日起两个月内不履行的，公民、法人或者其他组织可以向人民法院提起诉讼。法律、法规对行政机关履行职责的期限另有规定的，从其规定。"《最高人民法院关于适用〈中华人民共和国行政诉讼法〉的解释》第66条规定："公民、法人或者其他组织依照行政诉讼法第四十七条第一款的规定，对行政机关不履行法定职责提起诉讼的，应当在行政机关履行法定职责期限届满之日起六个月内提出。"据此可知，涉及行政不作为的案件，起诉期限为6个月，C正确。《最高人民法院关于适用〈中华人民共和国行政诉讼法〉的解释》第81条第4款规定："原告起诉被告不作为，在诉讼中被告作出行政行为，原告不撤诉的，人民法院应当就不作为依法作出确认判决。"据此可知，省规划自然资源厅诉讼期间颁发资质证书，甲单位不撤诉的，人民法院应当对该厅不作为的行为作出确认违法判决，D错误。

**89. AD**。根据《国家赔偿法》第36条第8项的规定，国家赔偿实行"直接损失"赔偿原则，即因国家行为造成损害请求给予赔偿的，只赔偿直接损失。停产停业期间的职工工资、税金、水电费等必要的经常性费用属于直接损失。AD属于该类经常性费用开支，故当选。所谓经常性费用开支，是指企业停产停业期间用于维持其生存的基本开支，不包括可能取得的收益或利润。故张某无法经营的经济损失不属于经常性费用开支，也就不属于直接损失。故C错误。食品过期不能出售造成的损失不是由于市场监督管理局的扣缴行为直接造成，也不属于"必要的经常性费用"。因此B错误。

**90. AD**。《行诉法解释》第16条第2款规定，联营企业、中外合资或者合作企业的联营、合资、合作各方，认为联营、合资、合作企业权益或者自己一方合法权益受行政行为侵害的，可以自己的名义提起诉讼。甲公司作为合资企业一方，认为合资企业丙公司的合法权益受到侵害，可以以自己的名义起诉。故A正确。《行诉法解释》第65条规定，公民、法人或者其他组织不知道行政机关作出的行政行为内容的，其起诉期限从知道或者应当知道该具体行政行为内容之日起计算，但最长不得超过《行政诉讼法》第46条第2款规定的起诉期限。由于丙公司未参与变更土地登记过程，不知晓该具体行政行为。因此，丙公司的起诉期限自其知道或应当知道该行为之日起计算。2008年3月3日甲公司知道变更登记的内容，但并不意味着丙公司于同一天知晓该行为之内容。因此，丙公司的起诉期限不应自 2008 年 3 月 3 日起算。故 B 错误。《行政诉讼法》第 6 条规定，人民法院审理行政案件，对行政行为是否合法进行审查。因此，本案的审理对象是该变更土地登记行为是否合法而非丙公司与典当行的合同是否合法。故 C 错误。《行政诉讼法》第 40 条、《行诉证据规定》第 22 条规定，法院可以依职权调取涉及特定事实认定以及特定程序事项认定的证据，自然资源局与派出机构之间关系的性质涉及被告资格的确认，法院可以依法调取证据。故 D 正确。

# 第30天

博观而约取，厚积而薄发。

## 试 题

**1.** 关于民事法律关系，下列哪一选项是正确的？

A. 民事法律关系只能由当事人自主设立

B. 民事法律关系的主体即自然人和法人

C. 民事法律关系的客体包括不作为

D. 民事法律关系的内容均由法律规定

**2.** 德胜公司注册地在萨摩国并在该国设有总部和分支机构，但主要营业机构位于中国深圳，是一家由台湾地区凯旋集团公司全资设立的法人企业。由于决策失误，德胜公司在中国欠下700万元债务。对此，下列哪一选项是正确的？

A. 该债务应以深圳主营机构的全部财产清偿

B. 该债务应以深圳主营机构和萨摩国总部及分支机构的全部财产清偿

C. 无论德胜公司的全部财产能否清偿，凯旋公司都应承担连带责任

D. 当德胜公司的全部财产不足清偿时，由凯旋公司承担补充责任

**3.** 甲委托乙购买一套机械设备，但要求以乙的名义签订合同，乙同意，遂与丙签订了设备购买合同。后由于甲的原因，乙不能按时向丙支付设备款。在乙向丙说明了自己是受甲委托向丙购买机械设备后，关于丙的权利，下列哪一选项是正确的？

A. 只能要求甲支付

B. 只能要求乙支付

C. 可选择要求甲或乙支付

D. 可要求甲和乙承担连带责任

**4.** 甲、乙因合伙经商向丙借款3万元，甲于约定时间携带3万元现金前往丙家还款，丙因忘却此事而外出，甲还款未果。甲返回途中，将装有现金的布袋夹放在自行车后座，路经闹市时被人抢夺，不知所踪。下列哪一选项是正确的？

A. 丙仍有权请求甲、乙偿还3万元借款

B. 丙丧失请求甲、乙偿还3万元借款的权利

C. 丙无权请求乙偿还3万元借款

D. 甲、乙有权要求丙承担此款被抢夺的损失

**5.** 神牛公司在H省电视台主办的赈灾义演募捐现场举牌表示向S省红十字会捐款100万元，并指明此款专用于S省B中学的校舍重建。事后，神牛公司仅支付50万元。对此，下列哪一选项是正确的？

A. H省电视台、S省红十字会、B中学均无权请求神牛公司支付其余50万元

B. S省红十字会、B中学均有权请求神牛公司支付其余50万元

C. S省红十字会有权请求神牛公司支付其余50万元

D. B中学有权请求神牛公司支付其余50万元

**6.** 甲打算卖房，问乙是否愿买，乙一向迷信，就跟甲说："如果明天早上7点你家屋顶上来了喜鹊，我就出10万块钱买你的房子。"甲同意。乙回家后非常后悔。第二天早上7点差几分时，恰有一群喜鹊停在甲家的屋顶上，乙正要将喜鹊赶走，甲不知情的儿子拿起弹弓把喜鹊打跑了，至7点再无喜鹊飞来。关于甲乙之间的房屋买卖合同，下列哪一选项是正确的？

A. 合同尚未成立

B. 合同无效

C. 乙有权拒绝履行该合同

D. 乙应当履行该合同

**7.** 甲手机专卖店门口立有一块木板，上书"假一罚十"四个醒目大字。乙从该店购买了一部手机，后经有关部门鉴定，该手机属于假冒产品，乙遂要求甲履行其"假一罚十"的承诺。关于本案，下列哪一选项是正确的？

A. "假一罚十"过分加重了甲的负担，属于无效的格式条款

B. "假一罚十"没有被订入到合同之中，故对甲没有约束力

C. "假一罚十"显失公平，甲有权请求法院予以变更或者撤销

D. "假一罚十"是甲自愿作出的真实意思表示，应当认定为有效

**8.** 中州公司依法取得某块土地建设用地使用权并办理报建审批手续后，开始了房屋建设并已经完成了外装修。对此，下列哪一选项是正确的？

A. 中州公司因为享有建设用地使用权而取得了房屋所有权

B. 中州公司因为事实行为而取得了房屋所有权
C. 中州公司因为法律行为而取得了房屋所有权
D. 中州公司尚未进行房屋登记，因此未取得房屋所有权

**9.** 甲将自己收藏的一幅名画卖给乙，乙当场付款，约定 5 天后取画。丙听说后，表示愿出比乙高的价格购买此画，甲当即决定卖给丙，约定第二天交货。乙得知此事，诱使甲 8 岁的儿子从家中取出此画给自己。该画在由乙占有期间，被丁盗走。此时该名画的所有权属于下列哪个人？

A. 甲　　B. 乙
C. 丙　　D. 丁

**10.** 下列哪一选项属于所有权的继受取得？

A. 甲通过遗嘱继承其兄房屋一间
B. 乙的 3 万元存款得利息 1000 元
C. 丙购来木材后制成椅子一把
D. 丁拾得他人搬家时丢弃的旧电扇一台

**11.** 黄河公司以其房屋作抵押，先后向甲银行借款 100 万元，乙银行借款 300 万元，丙银行借款 500 万元，并依次办理了抵押登记。后丙银行与甲银行商定交换各自抵押权的顺位，并办理了变更登记，但乙银行并不知情。因黄河公司无力偿还三家银行的到期债务，银行拍卖其房屋，仅得价款 600 万元。关于三家银行对该价款的分配，下列哪一选项是正确的？

A. 甲银行 100 万元、乙银行 300 万元、丙银行 200 万元
B. 甲银行得不到清偿、乙银行 100 万元、丙银行 500 万元
C. 甲银行得不到清偿、乙银行 300 万元、丙银行 300 万元
D. 甲银行 100 万元、乙银行 200 万元、丙银行 300 万元

**12.** 个体工商户甲将其现有的以及将有的生产设备、原材料、半成品、产品一并抵押给乙银行，但未办理抵押登记。抵押期间，甲未经乙同意以合理价格将一台生产设备出卖给丙。后甲不能向乙履行到期债务。对此，下列哪一选项是正确的？

A. 该抵押权因抵押物不特定而不能成立
B. 该抵押权因未办理抵押登记而不能成立
C. 该抵押权虽已成立但不能对抗善意第三人
D. 乙有权对丙从甲处购买的生产设备行使抵押权

**13.** 甲、乙结婚后购得房屋一套，仅以甲的名义进行了登记。后甲、乙感情不和，甲擅自将房屋以时价出售给不知情的丙，并办理了房屋所有权变更登记手续。对此，下列哪一选项是正确的？

A. 买卖合同有效，房屋所有权未转移
B. 买卖合同无效，房屋所有权已转移
C. 买卖合同有效，房屋所有权已转移
D. 买卖合同无效，房屋所有权未转移

**14.** 甲立下一份公证遗嘱，将大部分财产留给儿子乙，少部分的存款留给女儿丙。后乙因盗窃而被判刑，甲伤心至极，在病榻上当着众亲友的面将遗嘱烧毁，不久去世。乙出狱后要求按照遗嘱的内容继承遗产。对此，下列哪一选项是正确的？

A. 乙有权依据遗嘱的内容继承遗产
B. 乙只能依据法定继承的规定继承遗产
C. 乙无权继承任何遗产
D. 可以分给乙适当的遗产

**15.** 赵某系全国知名演员，张某经多次整容后外形酷似赵某，此后多次参加营利性模仿秀表演，承接并拍摄了一些商业广告。下列哪一选项是正确的？

A. 张某故意整容成赵某外形的行为侵害了赵某的肖像权
B. 张某整容后参加营利性模仿秀表演侵害了赵某的肖像权
C. 张某整容后承接并拍摄商业广告的行为侵害了赵某的名誉权
D. 张某的行为不构成对赵某人格权的侵害

**16.** 大华商场委托飞达广告公司制作了一块宣传企业形象的广告牌，并由飞达公司负责安装在商场外墙。某日风大，广告牌被吹落砸伤过路人郑某。经查，广告牌的安装存在质量问题。关于郑某的损害，下列哪一选项是正确的？

A. 大华商场承担赔偿责任，飞达公司承担补充赔偿责任
B. 飞达公司承担赔偿责任，大华商场承担补充赔偿责任
C. 大华商场承担赔偿责任，但其有权向飞达公司追偿
D. 飞达公司承担赔偿责任，大华商场不承担责任

**17.** 王某以个人名义向张某独资设立的飞跃百货有限公司借款 10 万元，借期 1 年。不久，王某与李某登记结婚，将上述借款全部用于婚房的装修。婚后半年，王某与李某协议离婚，未对债务的偿还作出约定。下列哪一选项是正确的？

A. 由张某向王某请求偿还
B. 由张某向王某和李某请求偿还
C. 飞跃公司只能向王某请求偿还
D. 由飞跃公司向王某和李某请求偿还

**18.** 吴某（女）16 岁，父母去世后无其他近亲，吴某的舅舅孙某（50 岁，离异，有一个 19 岁的儿子）提出愿将吴某收养。孙某咨询律师收养是否合法，律师的下列哪一项答复是正确的？

A. 吴某已满 16 岁，不能再被收养
B. 孙某与吴某年龄相差未超过 40 岁，不能收养吴某
C. 孙某已有子女，不能收养吴某
D. 孙某可以收养吴某

**19.** 甲、乙、丙、丁四人合作创作一部小说，甲欲将该小说许可给某电影制片厂改编后拍成电影，乙则想把它许可给某网站在网络上传播，丙对这两种做法均表示反对，丁则不置可否。对此，下列哪一选项是正确的？

A. 如果丙坚持反对，甲、乙均不能将作品许可他人使用

B. 甲、乙有权不顾丙的反对，将作品许可他人使用

C. 如果丁同意，则甲、乙可以不顾丙的反对将作品许可他人使用

D. 如果丁也表示反对，则甲、乙不能将作品许可他人使用

**20.** 李某于2006年8月4日创作完成小说《别来烦我》，2007年3月5日发表于某文学刊物后被张某改编成剧本，甲公司根据该剧本拍成同名电视剧，乙电视台将该电视剧进行播放。对此，下列哪一选项是错误的？

A. 李某从2007年3月5日起对小说享有著作权

B. 张某对剧本享有著作权

C. 甲公司将该剧本拍成电视剧应当取得李某和张某的许可并支付报酬

D. 乙电视台播放该电视剧应当取得甲公司许可并支付报酬

**21.** 甲从书画市场上购得乙的摄影作品《鸟巢》，与其他摄影作品一起用于营利性展览。丙偷偷将《鸟巢》翻拍后以自己的名义刊登在某杂志上，丁经丙同意将刊登在该杂志上的《鸟巢》又制作成挂历销售。对此，下列哪一选项是正确的？

A. 甲无权将《鸟巢》进行营利性展览

B. 丙的行为构成剽窃

C. 丙的行为侵犯了乙的发表权

D. 丁应停止销售，但因无过错免于承担赔偿责任

**22.** 美国某公司于2004年12月1日在美国就某口服药品提出专利申请并被受理，2005年5月9日就同一药品向中国专利局提出专利申请，要求享有优先权并及时提交了相关证明文件。中国专利局于2008年4月1日授予其专利。关于该中国专利，下列哪一选项是正确的？

A. 保护期从2004年12月1日起计算

B. 保护期从2005年5月9日起计算

C. 保护期从2008年4月1日起计算

D. 该专利的保护期是10年

**23.** 甲公司拥有一项汽车仪表盘的发明专利，其权利要求记载的必要技术特征可以分解为a+b+c+d共四项。乙公司制造四种仪表盘，其必要技术特征可以作四种分解，甲公司与乙公司的必要技术特征所代表的字母相同，表明其相应的必要技术特征相同或等同。乙公司的哪项技术侵犯了甲公司的专利？

A. b+c+d　　B. a+b+c

C. a+b+d+e　　D. a+b+c+d+e

**24.** 甲、乙、丙、丁成立一普通合伙企业，一年后甲转为有限合伙人。此前，合伙企业欠银行债务30万元，该债务直至合伙企业因严重资不抵债被宣告破产仍未偿还。对该30万元银行债务的偿还，下列哪一选项是正确的？

A. 乙、丙、丁应按合伙份额对该笔债务承担清偿责任，甲无须承担责任

B. 各合伙人均应对该笔债务承担无限连带责任

C. 乙、丙、丁应对该笔债务承担无限连带责任，甲无须承担责任

D. 合伙企业已宣告破产，债务归于消灭，各合伙人无须偿还该笔债务

**25.** 2007年1月，甲、乙、丙设立一普通合伙企业。2008年2月，甲与戊结婚。2008年7月，甲因车祸去世。甲除戊外没有其他亲人，合伙协议对合伙人资格取得或丧失未作约定。下列哪一选项是正确的？

A. 合伙企业中甲的财产份额属于夫妻共同财产

B. 戊依法自动取得合伙人地位

C. 经乙、丙一致同意，戊取得合伙人资格

D. 只能由合伙企业向戊退还甲在合伙企业中的财产份额

**26.** 甲将自己的汽车向某保险公司投保财产损失险，附加盗抢险，保险金额按车辆价值确定为20万元。后该汽车被盗，在保险公司支付了全部保险金额之后，该车辆被公安机关追回。关于保险金和车辆的处置方法，下列哪一选项是正确的？

A. 甲无需退还受领的保险金，但车辆归保险公司所有

B. 车辆归甲所有，但甲应退还受领的保险金

C. 甲无需退还保险金，车辆应归甲所有

D. 应由甲和保险公司协商处理保险金与车辆的归属

**27.** 甲公司在交易中取得汇票一张，金额10万元，汇票签发人为乙公司，甲公司在承兑时被拒绝。其后，甲公司在一次交易中需支付丙公司10万元货款，于是甲公司将该汇票背书转让给丙公司，丙公司承兑时亦被拒绝。下列哪一选项是正确的？

A. 丙公司有权要求甲公司给付汇票上的金额

B. 丙公司有权要求甲公司返还交易中的对价

C. 丙公司有权向乙公司行使追索权要求其给付汇票上的金额

D. 丙公司应当请求甲公司承担侵权赔偿责任

**28.** 甲股份公司成立后，董事会对公司设立期间发生的各种费用如何承担发生了分歧。下列哪一项费用应当由发起人承担？

A. 发起人蒋某因公司设立事务而发生的宴请费用

B. 发起人李某就自己出资部分所产生的验资费用

C. 发起人钟某为论证公司要开发的项目而产生的调研费用

D. 发起人缪某值班时乱扔烟头将公司筹备组租用的房屋烧毁，筹备组为此向房主支付的 5 万元赔偿金

**29.** 公司在经营活动中可以以自己的财产为他人提供担保。关于担保的表述中，下列哪一选项是正确的？

A. 公司经理可以决定为本公司的客户提供担保

B. 公司董事长可以决定为本公司的客户提供担保

C. 公司董事会可以决定为本公司的股东提供担保

D. 公司股东会可以决定为本公司的股东提供担保

**30.** 甲公司出资 20 万元、乙公司出资 10 万元共同设立丙有限责任公司。丁公司系甲公司的子公司。在丙公司经营过程中，甲公司多次利用其股东地位通过公司决议让丙公司以高于市场同等水平的价格从丁公司进货，致使丙公司产品因成本过高而严重滞销，造成公司亏损。下列哪一选项是正确的？

A. 丁公司应当对丙公司承担赔偿责任

B. 甲公司应当对乙公司承担赔偿责任

C. 甲公司应当对丙公司承担赔偿责任

D. 丁公司、甲公司共同对丙公司承担赔偿责任

**31.** 甲、乙、丙三人共同设立云台有限责任公司，出资比例分别为 70%、25%、5%。自 2005 年开始，公司的生产经营状况严重恶化，股东之间互不配合，不能作出任何有效决议，甲提议通过股权转让摆脱困境被其他股东拒绝。下列哪一选项是正确的？

A. 只有控股股东甲可以向法院请求解散公司

B. 只有甲、乙可以向法院请求解散公司

C. 甲、乙、丙中任何一人都可向法院请求解散公司

D. 不应解散公司，而应通过收购股权等方式解决问题

**32.** 王某承包了 20 亩鱼塘。某日，王某发现鱼塘里的鱼大量死亡，王某认为鱼的死亡是因为附近的腾达化工厂排污引起，遂起诉腾达化工厂请求赔偿。腾达化工厂辩称，根本没有向王某的鱼塘进行排污。关于化工厂是否向鱼塘排污的事实举证责任，下列哪一选项是正确的？

A. 根据“谁主张、谁举证”的原则，应当由主张存在污染事实的王某负举证责任

B. 根据“谁主张、谁举证”的原则，应当由主张自己没有排污行为的腾达化工厂负举证责任

C. 根据“举证责任倒置”的规则，应当由腾达化工厂负举证责任

D. 根据本证与反证的分类，应当由腾达化工厂负举证责任

**33.** 居民甲与金山房地产公司签订了购买商品房一套的合同，后因甲未按约定付款。金山公司起诉至法院，要求甲付清房款并承担违约责任。在诉讼中，甲的妻子乙向法院主张甲患有精神病，没有辨别行为的能力，要求法院认定购房合同无效。关于本案的说法，下列哪一选项是正确的？

A. 法院应当通知甲的妻子作为法定诉讼代理人出庭进行诉讼

B. 由乙或金山公司申请对甲进行鉴定，鉴定过程中，诉讼继续进行

C. 法院可以依职权决定对甲进行鉴定

D. 乙或金山公司可以向法院申请认定甲为无民事行为能力人，法院应裁定诉讼中止

**34.** 赵某与黄某因某项财产所有权发生争议，赵某向法院提起诉讼，经一、二审法院审理后，判决该项财产属赵某所有。此后，陈某得知此事，向二审法院反映其是该财产的共同所有人，并提供了相关证据。二审法院经审查，决定对此案进行再审。关于此案的说法，下列哪一选项是正确的？

A. 陈某不是本案一、二审当事人，不能参加再审程序

B. 二审法院可以直接通知陈某参加再审程序，并根据自愿原则进行调解，调解不成的，告知陈某另行起诉

C. 二审法院可以直接通知陈某参加再审程序，并根据自愿原则进行调解，调解不成的，裁定撤销一、二审判决，发回原审法院重审

D. 二审法院只能裁定撤销一、二审判决，发回原审法院重审

**35.** 甲公司与乙公司因合同纠纷向 A 市 B 区法院起诉，乙公司应诉。经开庭审理，法院判决甲公司胜诉。乙公司不服 B 区法院的一审判决，以双方签订了仲裁协议为由向 A 市中级法院提起上诉，要求据此撤销一审判决，驳回甲公司的起诉。A 市中级法院应当如何处理？

A. 裁定撤销一审判决，驳回甲公司的起诉

B. 应当首先审查仲裁协议是否有效，如果有效，则裁定撤销一审判决，驳回甲公司的起诉

C. 应当裁定撤销一审判决，发回原审法院重审

D. 应当裁定驳回乙公司的上诉，维持原判决

**36.** 张某因孙某欠款不还向法院起诉。在案件审理中，孙某因盗窃被刑事拘留。关于本案，下列哪一选项是正确的？

A. 法院应当裁定中止诉讼，待对孙某的刑事审判结束后再恢复诉讼程序

B. 法院应当裁定终结诉讼，并告知张某提起刑事附带民事诉讼

C. 法院应当继续审理此案

D. 法院应当将此案与孙某盗窃案合并审理

**37.** 甲向法院起诉，要求判决乙返还借款本金2万元。在案件审理中，借款事实得以认定，同时，法院还查明乙逾期履行还款义务近一年，法院遂根据银行同期定期存款利息，判决乙还甲借款本金2万元，利息520元。关于法院对该案判决的评论，下列哪一选项是正确的？

A. 该判决符合法律规定，实事求是，全面保护了权利人的合法权益

B. 该判决不符合法律规定，违反了民事诉讼的处分原则

C. 该判决不符合法律规定，违反了民事诉讼的辩论原则

D. 该判决不符合法律规定，违反了民事诉讼的平等原则

**38.** 南沙公司与北极公司因购销合同发生争议，南沙公司向仲裁委员会申请仲裁，在仲裁中双方达成和解协议，南沙公司向仲裁庭申请撤回仲裁申请。之后，北极公司拒不履行和解协议。下列哪一选项是正确的？

A. 南沙公司可以根据原仲裁协议申请仲裁

B. 南沙公司应与北极公司重新达成仲裁协议后，才可以申请仲裁

C. 南沙公司可以直接向法院起诉

D. 仲裁庭可以裁定恢复仲裁程序

**39.** 法院对于诉讼中有关情况的处理，下列哪一做法是正确的？

A. 杨某与赵某损害赔偿一案，杨某在去往法院开庭的路上，突遇车祸，被送至医院急救。法院遂决定中止诉讼

B. 毛某与安某专利侵权纠纷一案，法庭审理过程中，发现需要重新进行鉴定，法院裁定延期审理

C. 甲公司诉乙公司合同纠纷一案，审理过程中，甲公司与其他公司合并，法院裁定诉讼终结

D. 丙公司诉丁公司租赁纠纷一案，法院审理中，发现本案必须以另一案的审理结果为依据，而该案又尚未审结，遂裁定诉讼中止

**40.** 某仲裁委员会对甲公司与乙公司之间的买卖合同一案作出裁决后，发现该裁决存在超裁情形，甲公司与乙公司均对裁决持有异议。关于此仲裁裁决，下列哪一选项是正确的？

A. 该仲裁委员会可以直接变更已生效的裁决，重新作出新的裁决

B. 甲公司或乙公司可以请求该仲裁委员会重新作出仲裁裁决

C. 该仲裁委员会申请法院撤销此仲裁裁决

D. 甲公司或乙公司可以请求法院撤销此仲裁裁决

**41.** 张某将邻居李某和李某的父亲打伤，李某以张某为被告向法院提起诉讼。在法院受理该案时，李某的父亲也向法院起诉，对张某提出索赔请求。法院受理了李某父亲的起诉，在征得当事人同意的情况下决定将上述两案并案审理。在本案中，李某的父亲居于什么诉讼地位？

A. 必要共同诉讼的共同原告

B. 有独立请求权的第三人

C. 普通共同诉讼的共同原告

D. 无独立请求权的第三人

**42.** 甲公司以乙公司为被告向法院提起诉讼，要求乙公司支付拖欠的货款100万元。在诉讼中，甲公司申请对乙公司一处价值90万元的房产采取保全措施，并提供担保。一审法院在作出财产保全裁定之后发现，乙公司在向丙银行贷款100万时已将该房产和一辆小轿车抵押给丙银行。关于本案，下列哪一说法是正确的？

A. 一审法院不能对该房产采取保全措施，因为该房产已抵押给丙银行

B. 一审法院可以对该房产采取保全措施，但是需要征得丙银行的同意

C. 一审法院可以对该房产采取保全措施，但是丙银行仍然享有优先受偿权

D. 一审法院可以对该房产采取保全措施，同时丙银行的优先受偿权丧失

**43.** 关于当事人适格的表述，下列哪一选项是错误的？

A. 当事人诉讼权利能力是作为抽象的诉讼当事人的资格，它与具体的诉讼没有直接的联系；当事人适格是作为具体的诉讼当事人资格，是针对具体的诉讼而言的

B. 一般来讲，应当以当事人是否是所争议的民事法律关系的主体，作为判断当事人适格标准，但在某些例外情况下，非民事法律关系或民事权利主体，也可以作为适格当事人

C. 清算组织、遗产管理人、遗嘱执行人是适格的当事人，原因在于根据权利主体意思或法律规定对他人的民事法律关系享有管理权

D. 检察院就生效民事判决提起抗诉，抗诉的检察院是适格的当事人

**44.** 关于证人的表述，下列哪一选项是正确的？

A. 王某是未成年人，因此，王某没有证人资格，不能作为证人

B. 原告如果要在诉讼中申请证人出庭作证，应当在举证期限届满前提出，并经法院许可

C. 甲公司的诉讼代理人乙律师是目击案件情况发生的人，对方当事人丙可以向法院申请乙作为证人出庭作证，如法院准许，则乙不得再作为甲公司的诉讼代理人

D. 李某在法庭上宣读未到庭的证人的书面证言，该书面证言能够代替证人出庭作证

**45.** 甲与乙因借款合同发生纠纷，甲向某区法院提起诉讼，法院受理案件后，准备适用普通程序进行审理。甲为了能够尽快结案，建议法院适用简易程序对案件进行审理，乙也同意适用简易程序。下列哪一选项是正确的？

A. 普通程序审理的案件不能适用简易程序，因此，法院不可同意适用简易程序

B. 法院有权将普通程序审理转为简易程序，因此，甲、乙的意见无意义

C. 甲、乙可以自愿协商选择适用简易程序，无须经法院同意

D. 甲、乙有权自愿选择适用简易程序，但须经法院同意

**46.** 甲诉乙侵权赔偿一案，经 A 市 B 区法院一审、A 市中级法院二审，判决乙赔偿甲损失。乙拒不履行生效判决所确定的义务，甲向 B 区法院申请强制执行，B 区法院受理后委托乙的财产所在地 C 市 D 区法院执行，在执行中，案外人丙向 D 区法院提出执行异议。对于丙的执行异议，D 区法院应当采取下列哪种处理方式？

A. 应当对异议进行审查，异议不成立的，应当裁定驳回；异议成立的，应当裁定中止执行，并函告 B 区法院

B. 应当函告 B 区法院，由 B 区法院作出处理

C. 应当报请 C 市中级法院处理

D. 应当报请 A 市中级法院处理

**47.** A 厂生产的一批酱油由于香精投放过多，对人体有损害。报纸披露此消息后，购买过该批酱油的消费者纷纷起诉 A 厂，要求赔偿损失。甲和乙被推选为诉讼代表人参加诉讼。下列哪一选项是正确的？

A. 甲和乙因故不能参加诉讼，法院可以指定另一名当事人为诉讼代表人代表当事人进行诉讼

B. 甲因病不能参加诉讼，可以委托一至两人作为诉讼代理人，而无需征得被代表的当事人的同意

C. 甲和乙可以自行决定变更诉讼请求，但事后应当及时告知其他当事人

D. 甲和乙经超过半数原告方当事人同意，可以和 A 厂签订和解协议

**48.** 甲公司向乙公司购买了 5 万元的苹果，甲公司以乙公司提供的苹果不符合约定为由拒绝付款。为此，乙公司向法院申请支付令，要求甲公司支付货款。在支付令异议期间，甲公司既不提出异议又不履行义务，而是向另一法院提起诉讼，要求退货。下列说法中哪一项是正确的？

A. 甲公司的起诉行为使支付令失去效力

B. 甲公司的起诉行为不能阻止支付令的效力

C. 甲公司的起诉行为产生债务人异议的法律后果

D. 甲公司起诉后，受理支付令申请的法院应裁定终结督促程序

**49.** 关于民事权利，下列哪些选项是正确的？

A. 甲公司与乙银行签订借款合同，乙对甲享有的要求其还款的权利不具有排他性

B. 丙公司与丁公司协议，丙不在丁建筑的某楼前建造高于该楼的建筑，丁对丙享有的此项权利具有支配性

C. 债权人要求保证人履行，保证人以债权人未对主债务人提起诉讼或申请仲裁为由拒绝履行，保证人的此项权利是抗辩权

D. 债权人撤销债务人与第三人的赠与合同的权利不受诉讼时效的限制

**50.** 甲向乙借款 5 万元，乙要求甲提供担保，甲分别找到友人丙、丁、戊、己，他们各自作出以下表示，其中哪些构成保证？

A. 丙在甲向乙出具的借据上签署“保证人丙”

B. 丁向乙出具字据称“如甲到期不向乙还款，本人愿代还 3 万元”

C. 戊向乙出具字据称“如甲到期不向乙还款，由本人负责”

D. 己向乙出具字据称“如甲到期不向乙还款，由本人以某处私房抵债”

**51.** 喜好网球和游泳的赵某从宏大公司购买某小区商品房一套，交房时发现购房时宏大公司售楼部所展示的该小区模型中的网球场和游泳池并不存在。经查，该小区设计中并无网球场和游泳池。下列哪些选项是正确的？

A. 赵某有权要求退房

B. 赵某如要求退房，有权请求宏大公司承担缔约过错责任

C. 赵某如要求退房，有权请求宏大公司双倍返还购房款

D. 赵某如不要求退房，有权请求宏大公司承担违约责任

**52.** 下列行为中，哪些构成无因管理？

A. 甲错把他人的牛当成自家的而饲养

B. 乙见邻居家中失火恐殃及自己家，遂用自备的灭火器救火

C. 丙（15 岁）租车将在体育课上昏倒的同学送往医院救治

D. 丁见门前马路下水道井盖被盗致路人跌伤，遂自购一井盖铺上

**53.** 婷婷满一周岁，其父母将某影楼摄影师请到家中为其拍摄纪念照，并要求影楼不得保留底片用作他途。相片洗出后，影楼违反约定将婷婷相片制成挂历出售，获利颇丰。本案中存在哪些债的关系？

A. 承揽合同之债　　B. 委托合同之债

C. 侵权行为之债　　D. 不当得利之债

**54.** 某热电厂从某煤矿购煤 200 吨，约定交货期限为 2007 年 9 月 30 日，付款期限为 2007 年 10 月 31 日。9 月底，煤矿交付 200 吨煤，热电厂经检验发现煤的含硫量远远超过约定标准，根据政府规定不能在该厂区燃烧。基于上述情况，热电厂的哪些主张有法律依据？

A. 行使顺序履行抗辩权

B. 要求煤矿承担违约责任

C. 行使不安抗辩权

D. 解除合同

**55.** 王某有一栋两层楼房，在楼顶上设置了一个商业广告牌。后王某将该楼房的第二层出售给了张某。下列哪些选项是正确的？

A. 张某无权要求王某拆除广告牌

B. 张某与王某间形成了建筑物区分所有权关系

C. 张某对楼顶享有共有和共同管理的权利

D. 张某有权要求与王某分享其购房后的广告收益

**56.** 甲为乙的债权人，乙将其电动车出质于甲。现甲为了向丙借款，未经乙同意将电动车出质于丙，丙不知此车为乙所有。下列哪些选项是正确的？

A. 丙因善意取得而享有质权

B. 因未经乙的同意丙不能取得质权

C. 甲对电动车的毁损、灭失应向乙承担赔偿责任

D. 对电动车毁损、灭失，乙可向丙索赔

**57.** 王某与李某系夫妻，二人带女儿外出旅游，发生车祸全部遇难，但无法确定死亡的先后时间。下列哪些选项是正确的？

A. 推定王某和李某先于女儿死亡

B. 推定王某和李某同时死亡

C. 王某和李某互不继承

D. 女儿作为第一顺序继承人继承王某和李某的遗产

**58.** 张某旅游时抱着当地一小女孩拍摄了一张照片，并将照片放在自己的博客中，后来发现该照片被用在某杂志的封面，并配以"母女情深"的文字说明。张某并未结婚，朋友看到杂志后纷纷询问张某，熟人对此也议论纷纷，张某深受困扰。下列哪些说法是正确的？

A. 杂志社侵害了张某的肖像权

B. 杂志社侵害了张某的名誉权

C. 杂志社侵害了张某的隐私权

D. 张某有权向杂志社要求精神损害赔偿

**59.** 甲研究所与刘某签订了一份技术开发合同，约定由刘某为甲研究所开发一套软件。3 个月后，刘某按约定交付了技术成果，甲研究所未按约定支付报酬。由于没有约定技术成果的归属，双方发生争执。下列哪些选项是正确的？

A. 申请专利的权利属于刘某，但刘某无权获得报酬

B. 申请专利的权利属于刘某，且刘某有权获得约定的报酬

C. 如果刘某转让专利申请权，甲研究所享有以同等条件优先受让的权利

D. 如果刘某取得专利权，甲研究所可以免费实施该专利

**60.** 王某以 5 万元从甲商店购得标注为明代制品的瓷瓶一件，放置于家中客厅。李某好奇把玩，不慎将瓷瓶摔坏。经鉴定，瓷瓶为赝品，市场价值为 100 元，甲商店系知假卖假。王某下列请求哪些是合法的？

A. 要求甲商店赔偿 10 万元

B. 要求甲商店赔偿 5 万元

C. 要求李某赔偿 5 万元

D. 要求李某赔偿 100 元

**61.** 小牛在从甲小学放学回家的路上，将石块扔向路上正常行驶的出租车，致使乘客张某受伤，张某经治疗后脸上仍留下一块大伤疤。出租车为乙公司所有。下列哪些选项是错误的？

A. 张某有权要求乙公司赔偿医药费及精神损害

B. 甲小学和乙公司应向张某承担连带赔偿责任

C. 张某有权要求甲小学赔偿医疗费及精神损害

D. 张某有权要求小牛的监护人赔偿医疗费及精神损害

**62.** 甲电视台获得了某歌星演唱会的现场直播权，乙电视台未经许可对甲电视台直播的演唱会实况进行转播，丙广播电台经过许可将现场演唱制作成 CD，丁音像店从正规渠道购买到 CD 用于出租，戊未经许可将丙广播电台播放的演唱会录音录下后上传到网站上传播。下列哪些选项是正确的？

A. 甲电视台有权禁止乙电视台的转播

B. 乙电视台侵犯了该歌星的表演者权

C. 丁音像店应取得该歌星或丙广播电台的许可并向其支付报酬

D. 戊的行为应取得丙广播电台的许可并应向其支付报酬

**63.** 甲公司于 2004 年 5 月 10 日申请一项汽车轮胎的实用新型的专利，2007 年 6 月 1 日获得专利权，2008 年 5 月 10 日与乙公司签订一份专利独占实施许可合同。下列哪些选项是正确的？

A. 该合同属于技术转让合同

B. 该合同的有效期不得超过 10 年

C. 乙公司不得许可第三人实施该专利技术

D. 乙公司经甲公司授权可以自己的名义起诉侵犯该专利技术的人

**64.** 甲、乙结婚多年，因甲沉迷于网络游戏，双方协议离婚，甲同意家庭的主要财产由乙取得。离婚后不久，乙发现甲曾在婚姻存续期间私自购买了两处房产并登记在自己名下，于是起诉甲，要求再次分割房产并要求甲承担损害赔偿责任。下列哪些选项是正确的？

A. 乙无权要求甲承担损害赔偿责任

B. 法院应当将两处房产都判给乙

C. 请求分割房产的诉讼时效，为乙发现或者应当发现甲的隐藏财产行为之次日起两年

D. 若法院判决乙分得房产，则乙在判决生效之日即取得房屋所有权

**65.** 甲、乙、丙、丁欲设立一有限合伙企业，合伙协议中约定了如下内容，其中哪些符合法律规定？

A. 甲仅以出资额为限对企业债务承担责任，同时被推举为合伙事务执行人

B. 丙以其劳务出资，为普通合伙人，其出资份额经各合伙人商定为 5 万元

C. 合伙企业的利润由甲、乙、丁三人分配，丙仅按营业额提取一定比例的劳务报酬

D. 经全体合伙人同意，有限合伙人可以全部转为普通合伙人，普通合伙人也可以全部转为有限合伙人

**66.** 贾某是一有限合伙企业的有限合伙人。下列哪些选项是正确的？

A. 若贾某被法院判决认定为无民事行为能力人，其他合伙人可以因此要求其退伙

B. 若贾某死亡，其继承人可以取得贾某在有限合伙企业中的资格

C. 若贾某转为普通合伙人，其必须对其作为有限合伙人期间企业发生的债务承担无限连带责任

D. 如果合伙协议没有限制，贾某可以不经过其他合伙人同意而将其在合伙企业中的财产份额出质

**67.** 王某将自己居住的房屋向某保险公司投保家庭财产保险。保险合同有效期内，该房屋因邻居家的小孩玩火而被部分毁损，损失 10 万元。下列哪些选项是错误的？

A. 王某应当先向邻居索赔，在邻居无力赔偿的前提下才能向保险公司索赔

B. 王某可以放弃对邻居的赔偿请求权，单独向保险公司索赔

C. 若王某已从邻居处得到 10 万元的赔偿，其仍可向保险公司索赔

D. 若王某从保险公司得到的赔偿不足 10 万元，其仍可向邻居索赔

**68.** 甲向乙开具金额为 100 万元的汇票以支付货款。乙取得该汇票后背书转让给丙，丙又背书转让给丁，丁再背书转让给戊。现查明，甲、乙之间并无真实交易关系，丙为未成年人，票据金额被丁变造。下列哪些选项是正确的？

A. 尽管甲、乙之间没有真实交易，但该汇票仍然有效

B. 尽管丙为未成年人，但其在票据上的签章仍然有效

C. 尽管票据金额已被丁变造，但该汇票仍然有效

D. 戊不能向甲、乙行使票据上的追索权

**69.** 甲公司向乙银行贷款 100 万元，由 A 公司和 B 公司作为共同保证人，并以甲公司的厂房作抵押担保。其后，甲公司因严重资不抵债而向法院申请破产。法院裁定受理破产申请，并指定了破产管理人。下列哪些选项是正确的？

A. 管理人可以优先清偿乙银行的债务

B. 如 A 公司已代甲公司偿还了乙银行贷款，则其可向管理人申报 100 万元债权

C. 如乙银行不申报债权，则 A 公司或 B 公司均可向管理人申报 100 万元债权

D. 如乙银行已申报债权并获 40 万元分配，则剩余 60 万债权因破产程序终结而消灭

**70.** 周某向钱某转让其持有的某有限责任公司的全部股权，并签署了股权转让协议。关于该股权转让和股东的认定问题，下列哪些选项是正确的？

A. 在公司登记机关办理股权变更登记前股东仍然是周某

B. 在出资证明书移交给钱某后，钱某即成为公司股东

C. 在公司变更股东名册后，钱某即成为公司股东

D. 在公司登记机关办理股权登记后该股权转让取得对抗效力

**71.** 刘某是甲有限责任公司的董事长兼总经理。任职期间，多次利用职务之便，指示公司会计将资金借贷给一家主要由刘某的儿子投资设立的乙公司。对此，持有公司股权 0.5%的股东王某认为甲公司应该起诉乙公司还款，但公司不可能起诉，王某便自行直接向法院对乙公司提起股东代表诉讼。下列哪些选项是正确的？

A. 王某持有公司股权不足 1%，不具有提起股东代表诉讼的资格

B. 王某不能直接提起诉讼，必须先向董事会或监事会提出请求

C. 王某应以甲公司的名义起诉，但无需甲公司盖章或刘某签字

D. 王某应以自己的名义起诉，但诉讼请求应是将借款返还给甲公司

**72.** 华胜股份有限公司于 2006 年召开董事会临时会议，董事长甲及乙、丙、丁、戊等共五位董事出席，董事会中其余 4 名成员未出席。董事会表决之前，丁因意见与众人不合，中途退席，但董事会经与会董事一致通过，最后仍作出决议。下列哪些选项是错误的？

A. 该决议有效，因其已由出席会议董事的过半数通过

B. 该决议无效，因丁退席使董事的同意票不足全体董事表决票的二分之一

C. 该决议是否有效取决于公司股东会的最终意见

D. 该决议是否有效取决于公司监事会的审查意见

**73.** 关于对当事人及其法定代理人的缺席判决，下列哪些选项是正确的？

A. 原告经法院传票传唤，无正当理由拒不到庭的，或者未经法庭许可中途退庭的，可以按撤诉处理；被告反诉的，法院可以缺席判决

B. 无民事行为能力人离婚案件，当事人的法定代理人应当到庭，法定代理人不能到庭的，法院应当在查清事实的基础上，依法作出缺席判决

C. 有独立请求权第三人经法院传票传唤，无正当理由拒不到庭的，或者未经法庭许可中途退庭的，法院可以缺席判决

D. 无独立请求权第三人经法院传票传唤，无正当理由拒不到庭的，或者未经法庭许可中途退庭的，法院可以缺席判决

**74.** 三个小孩在公路边玩耍，此时，一辆轿车急速驶过，三小孩捡起石子向轿车扔去，坐在后排座位的刘某被一石子击中。刘某将三小孩起诉至法院。关于本案举证责任分配，下列哪些选项是正确的？

A. 刘某应对三被告向轿车投掷石子的事实承担举证责任

B. 刘某应对其所受到损失承担举证责任

C. 三被告应对投掷石子与刘某所受损害之间不存在因果关系承担举证责任

D. 三被告应对其主观没有过错承担举证责任

**75.** 根据《民事诉讼法》的规定，我国法院与外国法院可以进行司法协助，互相委托，代为一定的诉讼行为。但是在下列哪些情况下，我国法院应予以驳回或说明理由退回外国法院？

A. 委托事项同我国的主权、安全不相容的

B. 不属于我国法院职权范围的

C. 违反我国法律的基本准则或者我国国家利益、社会利益的

D. 外国法院委托我国法院代为送达法律文书，未附中文译本的

**76.** 李某在甲市 A 区新购一套住房，并请甲市 B 区的装修公司对其新房进行装修。在装修过程中，装修工人不慎将水管弄破，导致楼下住户的家具被淹毁。李某与该装修公司就赔偿问题交涉未果，遂向甲市 B 区法院起诉。B 区法院认为该案应由 A 区法院审理，于是裁定将该案移送至 A 区法院，A 区法院认为该案应由 B 区法院审理，不接受移送，又将案件退回 B 区法院。关于本案的管辖，下列哪些选项是正确的？

A. 甲市 A、B 区法院对该案都有管辖权

B. 李某有权向甲市 B 区法院起诉

C. 甲市 B 区法院的移送管辖是错误的

D. A 区法院不接受移送，将案件退回 B 区法院是错误的

**77.** 根据我国《民事诉讼法》和相关司法解释的规定，下列关于审判组织的哪些表述是正确的？

A. 再审程序中只能由审判员组成合议庭

B. 二审法院裁定发回重审的案件，原审法院应当组成合议庭进行审理

C. 法院适用特别程序审理案件，陪审员不参加案件的合议庭

D. 中级法院作为一审法院时，合议庭可以由审判员与陪审员共同组成，作为二审法院时，合议庭则一律由审判员组成

**78.** 李某和张某到华美购物中心采购结婚物品。张某因购物中心打蜡地板太滑而摔倒，致使左臂骨折，住院治疗花费了大量医疗费，婚期也因而推迟。当时，购物中心负责地板打蜡的郑某目睹事情的发生经过。受害人认为购物中心存在过错，于是，起诉要求其赔偿经济损失以及精神损害赔偿。关于本案诉讼参与人，下列哪些选项是正确的？

A. 李某、张某应为本案的共同原告

B. 李某、郑某可以作为本案的证人

C. 华美购物中心为本案的被告

D. 华美购物中心与郑某为本案共同被告

**79.** 关于现行民事执行制度，下列哪些选项是正确的？

A. 发生法律效力的判决的执行法院，包括案件的第一审法院和与第一审法院同级的被执行财产所在地的法院

B. 案外人对执行标的异议的裁定不服的，可以根据执行标的的不同情况，选择提起诉讼或通过审判监督程序进行救济

C. 申请执行人与被申请执行人达成和解协议的，在和解协议履行期间，执行程序终结

D. 申请执行的期限因申请人与被申请人为自然人或法人而不同

**80.** 关于诉的种类的表述，下列哪些选项是正确的？

A. 甲公司以乙公司违约为由，诉至法院要求解除合同，属于变更之诉
B. 甲公司以乙公司的履行不符合约定为由，诉至法院要求乙公司继续履行，属于给付之诉
C. 甲向法院起诉乙，要求返还借款1000元，乙称自己根本没有向甲借过钱，该诉讼属于确认之诉
D. 甲公司起诉乙公司，要求乙公司立即停止施工或采取有效措施降低噪音，属于变更之诉

**81.** A地甲公司与B地乙公司签订买卖合同，约定合同履行地在C地，乙到期未能交货。甲多次催货未果，便向B地基层法院起诉，要求判令乙按照合同约定交付货物，并支付违约金。法院受理后，甲得知乙将货物放置于其设在D地的仓库，并且随时可能转移。下列哪些选项是错误的？

A. 甲如果想申请财产保全，必须向货物所在地的D地基层法院提出
B. 甲如果要向法院申请财产保全，必须提供担保
C. 受诉法院如果认为确有必要，可以直接作出财产保全裁定
D. 法院受理甲的财产保全申请后，应当在48小时内作出财产保全裁定

**82.** 民事诉讼与民商事仲裁都是解决民事纠纷的有效方式，但两者在制度上有所区别。下列哪些选项是正确的？

A. 民事诉讼可以解决各类民事纠纷，仲裁不适用于与身份关系有关的民事纠纷
B. 民事诉讼实行两审终审，仲裁实行一裁终局
C. 民事诉讼判决书需要审理案件的全体审判人员签署，仲裁裁决则可由部分仲裁庭成员签署
D. 民事诉讼中财产保全由法院负责执行，而仲裁机构则不介入任何财产保全活动

**83.** 执行法院对下列哪些财产不得采取执行措施？

A. 被执行人未发表的著作
B. 被执行人及其所扶养家属完成义务教育所必需的物品
C. 金融机构交存在中国人民银行的存款准备金和备付金
D. 金融机构的营业场所

**84.** 关于民事诉讼中的证据收集，下列哪些选项是正确的？

A. 在王某诉齐某合同纠纷一案中，该合同可能存在损害第三人利益的事实，在此情况下法院可以主动收集证据
B. 在胡某诉黄某侵权一案中，因客观原因胡某未能提供一项关键证据，在此情况下胡某可以申请法院收集证据
C. 在周某诉贺某借款纠纷一案中，周某因自己没有时间收集证据，于是申请法院调查收集证据，在此情况下法院应当进行调查收集
D. 在武某诉赵某一案中，武某申请法院调查收集证据，但未获法院准许，武某可以向受案法院申请复议一次

**陈某向贺某借款20万元，借期2年。张某为该借款合同提供保证担保，担保条款约定，张某在陈某不能履行债务时承担保证责任，但未约定保证期间。陈某同时以自己的房屋提供抵押担保并办理了登记。请回答85—87题。**

**85.** 抵押期间，谢某向陈某表示愿意以50万元购买陈某的房屋。下列选项正确的是：

A. 陈某将该房屋卖给谢某应得到贺某的同意
B. 如陈某将该房屋卖给了谢某，则应将转让所得价款提前清偿债务或者提存
C. 如陈某另行提供担保，则陈某的转让行为无须得到贺某同意
D. 如谢某代为偿还20万元借款，则陈某的转让行为无须得到贺某同意

**86.** 如果贺某打算放弃对陈某的抵押权，并将这一情况通知了张某，张某表示反对，下列选项正确的是：

A. 贺某不得放弃抵押权，因为张某不同意
B. 若贺某放弃抵押权，张某仍应对全部债务承担保证责任
C. 若贺某放弃抵押权，则张某对全部债务免除保证责任
D. 若贺某放弃抵押权，则张某在贺某放弃权利的范围内免除保证责任

**87.** 关于贺某的抵押权存续期间及张某的保证期间的说法，下列选项正确的是：

A. 贺某应当在主债权诉讼时效期间行使抵押权
B. 贺某在主债权诉讼时效结束后的两年内仍可行使抵押权
C. 张某的保证期间为主债务履行期届满之日起六个月
D. 张某的保证期间为主债务履行期届满之日起二年

**甲继承了一套房屋，在办理产权登记前将房屋出卖并交付给乙，办理产权登记后又将该房屋出卖给丙并办理了所有权移转登记。丙受丁胁迫将房屋出卖给丁，并完成了移转登记。丁旋即将房屋出卖并移转登记于戊。请回答88—90题。**

**88.** 在办理继承登记前，关于甲对房屋的权利状态，下列选项正确的是：

A. 甲已经取得了该房屋的所有权
B. 甲对该房屋的所有权不能对抗善意第三人
C. 甲出卖该房屋未经登记不发生物权效力
D. 甲可以出租该房屋

**89.** 关于甲、乙、丙三方的关系，下列选项正确的是：

A. 甲与乙之间的房屋买卖合同因未办理登记而无效

B. 乙对房屋的占有是合法占有

C. 乙可以诉请法院宣告甲与丙之间的房屋买卖合同无效

D. 丙已取得该房屋的所有权

**90.** 关于戊的权利状态，下列选项正确的是：

A. 戊享有该房屋的所有权

B. 戊不享有该房屋的所有权

C. 戊原始取得该房屋的所有权

D. 戊继受取得该房屋的所有权

## 参考答案与解析

**1. C**。民事法律关系是基于民事法律事实，由民法规范调整而形成的民事权利义务关系。民事法律关系可以由当事人自主设立，也可因法律规定而成立，如无因管理形成的民事法律关系等。故A错误。《民法典》规定，民事法律关系的主体包括自然人、法人和非法人组织。故B错误。民事法律关系的客体是指民事法律关系中的权利和义务共同指向的对象，包括物、行为、知识产权和人身利益，其中行为包括作为和不作为。故C正确。民事法律关系是平等主体之间的关系，一般是自愿设立的。只要当事人依其意思实施的行为不违反法律规定，所设立的法律关系就受法律保护。故D错误。

**2. B**。德胜公司为凯旋公司全资设立的子公司，德胜公司的债务由其以其全部财产清偿，凯旋公司不承担连带或补充责任。因此，CD错误。德胜公司为外国公司，其在中国发生的债务应以其全部财产承担。因此A错误。故B为正确答案。

**3. C**。《民法典》第926条第1、2款规定："受托人以自己的名义与第三人订立合同时，第三人不知道受托人与委托人之间的代理关系的，受托人因第三人的原因对委托人不履行义务，受托人应当向委托人披露第三人，委托人因此可以行使受托人对第三人的权利。但是，第三人与受托人订立合同时如果知道该委托人就不会订立合同的除外。受托人因委托人的原因对第三人不履行义务，受托人应当向第三人披露委托人，第三人因此可以选择受托人或者委托人作为相对人主张其权利，但是第三人不得变更选定的相对人。"本题中，甲是委托人，乙是受托人，丙是第三人，受托人乙以自己名义与丙签订合同，在向丙披露委托人甲之后，丙可以选择甲或者乙支付。因此，C正确，ABD错误。

**4. A**。受领迟延是指债权人对于已提供的给付，未为受领或未提供其他给付完成所必要的协助的事实。债权人受领迟延的构成，须具备以下要件：一是债务人履行债务需要债权人受领或提供其他协助；二是债务人已经依约提供了履行；三是债权人拒绝受领或因其自身其他原因导致受领不能。一般来说，受领迟延的法律后果之一是债务人仅就故意和重大过失负其责任。本题中，甲还款未果后，并没有采取其他自行消灭债务的行为，同时，甲对将现金袋夹放在自行车后座并路过闹市遭人抢夺负有重大过失，据此，甲依约定携带3万元现金前往丙家还款不能视为其已经完成债务履行，丙对甲的债权依然有效存在。由于甲乙为个人合伙，合伙人之间承担无限连带责任，丙仍有权请求甲乙偿还3万元借款。故A正确。

**5. C**。《民法典》第660条第1款规定："经过公证的赠与合同或者依法不得撤销的具有救灾、扶贫、助残等公益、道德义务性质的赠与合同，赠与人不交付赠与财产的，受赠人可以请求交付。"在本题中，赠与人神牛公司将其财产100万元无偿赠与受赠人S省红十字会，但是鉴于该赠与具有社会公益性质，S省红十字会有权向神牛公司请求支付剩余50万元。B中学虽为受益人，但其并非赠与合同主体，根据合同相对性原理，B中学无权请求神牛公司支付剩余50万元。故C正确。

**6. C**。甲乙双方就特定房屋的买卖和价款已达成合意，因此买卖合同成立。乙提出的"如果明天早上7点你家屋顶上来了喜鹊"是对合同效力附加的生效条件，乙对于甲之子拿起弹弓把喜鹊打跑并不知情，并非不正当阻止条件成就，因此条件未成就，合同未生效。乙有权拒绝履行该合同。C正确。

**7. D**。甲手机店自愿作出"假一罚十"的承诺，是其真实意思表示，乙在该店购买了一部手机，甲手机店应受其允诺的约束。故D正确。

**8. B**。物权主体对物权的取得，分为原始取得和继受取得两种。原始取得是指由于一定的法律事实，根据法律的规定，取得新建房屋、无主房屋的所有权，或者不以原房屋所有的人的权利和意志为根据而取得房屋的所有权。《民法典》第231条规定："因合法建造、拆除房屋等事实行为设立或者消灭物权的，自事实行为成就时发生效力。"本题中，中州公司在其依法取得土地建设用地使用权的土地上建造房屋，属于因事实行为原始取得所有权情形。这种情形下，登记并不是物权发生变动的生效要件。因此，B正确。

**9. A**。《民法典》第224条规定："动产物权的设立和转让，自交付时发生效力，但是法律另有规定的除外。”我国对于动产所有权的移转以交付为生效要件。对于交付的理解是，首先交付必须基于权利人的意思，如果权利人没有使受让人取得某动产物权的意思，而受让人自行占有该动产的，不构成现实交付。B 中，乙虽付款，但是甲并未交付名画于他。因此乙并未获得名画所有权。C 中，虽然甲和丙对名画的买卖已经达成一致，但是由于没有交付从而导致丙无法取得该画的所有权。D 中，虽然丁实际占有了该画，但是并非基于甲的交付，丁也无法获得该画的所有权。综上，A 正确。

**10. A**。依据是否基于原权利人的意志及权利，所有权的取得可以分为原始取得和继受取得，前者指不以原权利人的权利及意志为依据，而直接依据法律规定取得所有权，如先占、发现隐藏物、埋藏物、拾得遗失物、漂流物、失散的动物、添附、善意取得以及时效取得等；后者指以原权利人的权利及意志为依据取得所有权，如买卖、互易、赠与、遗赠和继承。B 为所有权收益权能的体现，C 为添附中的加工，D 为拾得抛弃物。因此，A 正确。

**11. C**。甲丙交换了抵押权顺位，并且履行了变更登记手续，由此丙成为第一顺位抵押权人，甲成为第三顺位抵押权人。但是鉴于乙对此并不知情，在没有获得其书面同意的情况下，该抵押权的变更不应当对其产生不利的影响，因此应当在其原本可获清偿的范围内得到全部偿还。因此，C 正确。

**12. C**。《民法典》第 396 条规定：“企业、个体工商户、农业生产经营者可以将现有的以及将有的生产设备、原材料、半成品、产品抵押，债务人不履行到期债务或者发生当事人约定的实现抵押权的情形，债权人有权就抵押财产确定时的动产优先受偿。”本题中，法条明确规定“现有的以及将有的生产设备、原材料、半成品、产品”可以作为抵押物，因此个体工商户甲将其现有的以及将来所有的生产设备、原材料、半成品、产品一并抵押，抵押物特定，抵押权及于上述抵押物全部。因此，A 错误。《民法典》第 403 条规定：“以动产抵押的，抵押权自抵押合同生效时设立；未经登记，不得对抗善意第三人。”本题中，甲乙之间的动产浮动抵押权自抵押合同生效时设立，但由于该抵押合同未经登记，因此不能对抗善意第三人，并非抵押权未成立。因此，B 错误，C 正确。《民法典》第 404 条规定：“以动产抵押的，不得对抗正常经营活动中已经支付合理价款并取得抵押财产的买受人。”本题中，由于第三人丙以合理价格从甲处购买生产设备，属于正常的经营活动，因此乙银行不得以其抵押权对抗。因此，D 错误。

**13. C**。虽然房屋是甲乙二人婚后购买，但是房屋登记的名字为甲，而且转让房屋后办理了房屋所有权变更登记手续。因此，丙作为善意的不知情第三人，其与甲办理了房屋所有权变更登记手续，房屋所有权已转移。但甲未与其妻协商擅自出卖共同财产，属于无权处分，而因无权处分订立的买卖合同有效，并非效力待定。故 C 正确。

**14. B**。《民法典》第 1142 条规定：“遗嘱人可以撤回、变更自己所立的遗嘱。立遗嘱后，遗嘱人实施与遗嘱内容相反的民事法律行为的，视为对遗嘱相关内容的撤回。立有数份遗嘱，内容相抵触的，以最后的遗嘱为准。”《民法典》第 1125 条规定：“继承人有下列行为之一的，丧失继承权：（一）故意杀害被继承人；（二）为争夺遗产而杀害其他继承人；（三）遗弃被继承人，或者虐待被继承人情节严重；（四）伪造、篡改、隐匿或者销毁遗嘱，情节严重；（五）以欺诈、胁迫手段迫使或者妨碍被继承人设立、变更或者撤回遗嘱，情节严重。继承人有前款第三项至第五项行为，确有悔改表现，被继承人表示宽恕或者事后在遗嘱中将其列为继承人的，该继承人不丧失继承权。受遗赠人有本条第一款规定行为的，丧失受遗赠权。”本题中，遗嘱人甲在病榻上当着众亲友的面将遗嘱烧毁，系与遗嘱内容相反的民事法律行为，可以认为甲的行为具有撤回遗嘱内容的意思表示，发生撤回遗嘱内容的法律效果，视为对遗嘱相关内容的撤回，则乙无权依照遗嘱的内容继承遗产。A 错误。之后甲未订立新的遗嘱，且乙不存在丧失法定继承权的事由，因此乙只可以主张法定继承权。因此，B 正确，CD 错误。

**15. D**。AB 中，张某经过多次整容外形酷似全国知名演员，虽然其参加了营利性模仿秀并接拍商业广告，但是毕竟其使用的不是赵某本人的肖像，因此张某的行为并未侵犯赵某的肖像权。因此，AB 错误。张某整容后承接并拍摄商业广告的行为并没有使赵某社会评价降低，没有侵犯其名誉权。因此，C 错误。综上，D 正确。

**16. C**。《民法典》第 1253 条规定：“建筑物、构筑物或者其他设施及其搁置物、悬挂物发生脱落、坠落造成他人损害，所有人、管理人或者使用人不能证明自己没有过错的，应当承担侵权责任。所有人、管理人或者使用人赔偿后，有其他责任人的，有权向其他责任人追偿。”大华商场作为该广告牌的所有人，其负有管理的责任，应由其承担损害赔偿责任。但是鉴于该损害是由于飞达公司安装质量问题所致，因此该损害赔偿责任由大华商场承担后，有权向有过错的飞达公司追偿。因此，C 正确。

**17. D**。王某虽然是在婚前以个人名义向飞跃公司借款，该债务属于王某婚前所负个人债务，但该债务被用来作为婚房的装修，是用于婚后家庭共同生活的，应视为共同债务，由王某和李某共同承担。一人有限责任公司作为企业法人，有独立的法人财产，享有法人财产权。据此，应由借款人飞跃公司主张债权。本题正确答案为D。

**18. D**。《民法典》第1093条规定："下列未成年人，可以被收养：(一) 丧失父母的孤儿；(二) 查找不到生父母的未成年人；(三) 生父母有特殊困难无力抚养的子女。"吴某丧失父母，且属于未成年人，可以被收养。A错误。《民法典》第1100条规定："无子女的收养人可以收养两名子女；有子女的收养人只能收养一名子女。收养孤儿、残疾未成年人或者儿童福利机构抚养的查找不到生父母的未成年人，可以不受前款和本法第一千零九十八条第一项规定的限制。"《民法典》第1099条第1款规定，收养三代以内旁系同辈血亲的子女，可以不受本法第1093条第3项（即生父母有特殊困难无力抚养的子女可以被收养）、第1094条第3项（即有特殊困难无力抚养子女的生父母可以作送养人）和第1102条（即无配偶者收养异性子女的，收养人与被收养人的年龄应当相差40周岁以上）规定的限制。本题中，由于孙某是吴某的舅舅，孙某收养吴某属于收养三代以内同辈旁系血亲的子女，因此，孙某收养吴某不受年龄相差超过40周岁的限制。故B错误。孙某虽然有子女，但依然可以收养一个子女。故C错误。结合上述表述，孙某收养吴某不存在障碍，吴某可以收养孙某。故D正确。

**19. B**。《著作权法》第14条规定："两人以上合作创作的作品，著作权由合作作者共同享有。没有参加创作的人，不能成为合作作者。合作作品的著作权由合作作者通过协商一致行使；不能协商一致，又无正当理由的，任何一方不得阻止他方行使除转让、许可他人专有使用、出质以外的其他权利，但是所得收益应当合理分配给所有合作作者。合作作品可以分割使用的，作者对各自创作的部分可以单独享有著作权，但行使著作权时不得侵犯合作作品整体的著作权。"甲乙丙丁四人合作创作一部小说，该四人为合作作品的著作权人。在无法获得协商一致使用合作作品的情况下，任何一方均可以行使除转让、许可他人专有使用、出质以外的权利。题干并未说明是专有使用。因此，B正确。

**20. A**。本题中，李某应从其作品创作完成之日起，即2006年8月4日起享有著作权。因此，A错误。张某因改编小说而成为改编人，剧本为改编作品，其对剧本享有著作权。因此，B正确。《著作权法》第42条规定，录音录像制作者使用他人作品制作录音录像制品，应当取得著作权人许可，并支付报酬。录音制作者使用他人已经合法录制为录音制品的音乐作品制作录音制品，可以不经著作权人许可，但应当按照规定支付报酬；著作权人声明不许使用的不得使用。C正确。《著作权法》第48条规定，电视台播放他人的视听作品、录像制品，应当取得视听作品著作权人或者录像制作者许可，并支付报酬；播放他人的录像制品，还应当取得著作权人许可，并支付报酬。D正确。

**21. B**。甲购买乙的摄影作品后取得该作品的所有权，也就获得了该美术作品的展览权。因此，A错误。丙将他人作品以自己名义发表，已构成剽窃。B正确。根据发表权"一次用尽"的原则，由于乙的摄影作品已经发表，丙的行为不会侵犯乙的发表权。因此，C错误。丁未经著作权人乙的许可将《鸟巢》制作成挂历销售的行为已经构成了著作权侵权行为，其应当承担侵权责任。D错误。

**22. A**。《专利法》第29条规定，申请人自发明或者实用新型在外国第一次提出专利申请之日起12个月内，或者自外观设计在外国第一次提出专利申请之日起6个月内，又在中国就相同主题提出专利申请的，依照该外国同中国签订的协议或者共同参加的国际条约，或者依照相互承认优先权的原则，可以享有优先权。申请人自发明或者实用新型在中国第一次提出专利申请之日起12个月内，或者自外观设计在中国第一次提出专利申请之日起6个月内，又向国务院专利行政部门就相同主题提出专利申请的，可以享有优先权。《专利法》第42条第1款规定，发明专利权的期限为20年，实用新型专利权的期限为10年，外观设计专利权的期限为15年，均自申请日起计算。据此，美国某公司成功提出要求优先权，因此该专利的保护期从其在先申请的申请日计算，即2004年12月1日。因此，正确答案应当是A。

**23. D**。《最高人民法院关于审理专利纠纷案件适用法律问题的若干规定》第13条第1款规定："专利法第五十九条第一款所称的'发明或者实用新型专利权的保护范围以其权利要求的内容为准，说明书及附图可以用于解释权利要求的内容'，是指专利权的保护范围应当以权利要求记载的全部技术特征所确定的范围为准，也包括与该技术特征相等同的特征所确定的范围。"根据前述规定，我国专利侵权认定采用全面覆盖原则，指被控侵权对象将专利权利要求中记载的技术方案的必要技术特征全部再现，被控侵权对象与专利独立权利要求中记载的全部必要技术特征一一对应并且相同。本题只有D的组合完全落入甲公司专利权的保护范围。因此，D正确。

**24. B**。《合伙企业法》第84条规定，普通合伙人转变为有限合伙人的，对其作为普通合伙人期间合伙企业发生的债务承担无限连带责任。因此，普通合伙人甲在转为有限合伙人后，对其作为普通合伙人期间合伙企业的30万元债务仍应承担无限连带责任。B正确。AC均免除了有限合伙人甲的责任，故错误。《合伙企业法》第92条第2款规定，合伙企业依法被宣告破产的，普通合伙人对合伙企业债务仍应承担无限连带责任。D认为各合伙人无须偿还该笔债务。故错误。

**25. C**。《合伙企业法》第20条规定，合伙人的出资、以合伙企业名义取得的收益和依法取得的其他财产，均为合伙企业的财产。本合伙企业中甲的财产份额属于合伙企业的财产，而非夫妻共同财产。故A错误。《合伙企业法》第50条第1款规定，合伙人死亡或者被依法宣告死亡的，对该合伙人在合伙企业中的财产份额享有合法继承权的继承人，按照合伙协议的约定或者经全体合伙人一致同意，从继承开始之日起，取得该合伙企业的合伙人资格。本题中，合伙协议对合伙人资格取得或丧失未作约定，故合伙人甲因车祸去世后，其唯一的继承人戊经全体合伙人一致同意后，可以取得合伙人资格。BD错误，C正确。

**26. A**。《保险法》第59条规定，保险事故发生后，保险人已支付了全部保险金额，并且保险金额等于保险价值的，受损保险标的的全部权利归于保险人。本题中，保险金额按车辆价值确定为20万元，即保险金额等于保险价值。在该车被盗后，保险公司支付了全部保险金额，按照规定，保险公司成为该汽车的法律上的所有人，不管公安机关是否追回被盗汽车，甲都不能主张汽车的所有权，自然也无须退还保险金。故A正确，BC错误。另本条是强制性规定，没有赋予投保人和保险人协商保险事故处理方案的权利。故D错误。

**27. A**。《票据法》第36条规定，汇票被拒绝承兑、被拒绝付款或者超过付款提示期限的，不得背书转让；背书转让的，背书人应当承担汇票责任。本题中，甲公司将被拒绝承兑的汇票背书转让给丙公司，违反了被拒绝承兑的汇票不得背书转让的规定，应当承担票据责任，即甲公司应当向丙公司支付汇票上的金额。故A正确。B中返还责任和D中侵权赔偿责任都是民法上的责任，非“汇票责任”。故BD错误。C是丙公司通过行使追索权主张给付汇票金额，而追索权的前提是汇票的背书转让合法，而本案汇票的背书转让是违法的，故无追索权的适用。故C错误。

**28. D**。《公司法》第44条第3款规定，设立时的股东为设立公司以自己的名义从事民事活动产生的民事责任，第三人有权选择请求公司或者公司设立时的股东承担。故D当选。

**29. D**。《公司法》第15条第1、2款规定，公司向其他企业投资或者为他人提供担保，按照公司章程的规定，由董事会或者股东会决议；公司章程对投资或者担保的总额及单项投资或者担保的数额有限额规定的，不得超过规定的限额。公司为公司股东或者实际控制人提供担保的，应当经股东会决议。由此，公司为他人提供担保的，应当由董事会或者股东会作出决议，公司经理和董事长都无权作出以公司名义担保的决定。故AB错误。但公司为股东或实际控制人提供担保的，必须经股东会决议，董事会此时没有决定权。故C错误，D正确。

**30. C**。《公司法》第22条规定，公司的控股股东、实际控制人、董事、监事、高级管理人员不得利用关联关系损害公司利益。违反前款规定，给公司造成损失的，应当承担赔偿责任。本题中，甲公司持股达到丙公司总股本的66.67%，是丙公司的控股股东。甲公司多次利用其股东地位，通过公司决议让丙公司以高于市场同等水平的价格从其子公司——丁公司进货，构成关联交易。此类关联交易造成丙公司亏损，严重损害了丙公司的利益，甲公司应当对丙公司承担赔偿责任。故C正确，B错误。丁公司是独立的法人，其虽然以高于市场同等水平的价格将货物卖给丙公司，但该交易本身并未违反法律规定，故丁公司无须对丙公司承担赔偿责任。故AD错误。

**31. B**。《公司法》第231条规定，公司经营管理发生严重困难，继续存续会使股东利益受到重大损失，通过其他途径不能解决的，持有公司10%以上表决权的股东，可以请求人民法院解散公司。本题符合司法解散的情形，故D错误。持有公司全部表决权10%以上的股东可以请求法院解散公司。甲、乙、丙三人出资比例分别为70%、25%、5%，且题干中未指出公司章程另行约定，故应按照出资比例行使表决权。甲、乙二人的表决权均超过10%，有权提起公司解散之诉，而丙的表决权不足10%，无权提起公司解散之诉。故AC错误，B正确。

**32. A**。《民事诉讼法》第67条第1款规定：“当事人对自己提出的主张，有责任提供证据。”该条是关于民事诉讼证明责任分配的基本规定，同时也是通常所谓的“谁主张、谁举证”规则的法律依据。根据该条的规定，当事人对自己提出的诉讼请求所依据的事实应当提供证据加以证明，否则将承担不利后果。又根据《民法典》第1230条规定，因污染环境、破坏生态发生纠纷，行为人应当就法律规定的不承担责任或者减轻责任的情形及其行为与损害之间不存在因果关系承担举证责任。本案中，权利人王某向法院诉求腾达化工厂环境污染损害赔偿，应当对侵权行为（污染事实）以及损害结果承担举证责任，而加害人腾达化工厂则对法律规定的免责事由及其行为与损害结果之间不存在因果关系承担举证责任。故A正确。

**33. D**。首先可以确定A是错误的，因为对于甲的行为能力问题尚需经过法定的程序进行认定，而在此之前尚不能确定甲是否需要法定诉讼代理人代为进行诉讼。至于有关甲的行为能力的鉴定，又存在两个问题：第一是谁有权启动；第二是鉴定期间诉讼程序如何处理。《民诉解释》第347条规定：“在诉讼中，当事人的利害关系人或者有关组织提出该当事人不能辨认或者不能完全辨认自己的行为，要求宣告该当事人无民事行为能力或者限制民事行为能力的，应由利害关系人或者有关组织向人民法院提出申请，由受诉人民法院按照特别程序立案审理，原诉讼中止。”在本题中，甲的妻子乙和金山公司都是利害关系人，都有权向人民法院申请认定甲无行为能力。故 D 正确。

**34. C**。《民诉解释》第 420 条规定：“必须共同进行诉讼的当事人因不能归责于本人或者其诉讼代理人的事由未参加诉讼的，可以根据民事诉讼法第二百零七条第八项规定，自知道或者应当知道之日起六个月内申请再审，但符合本解释第四百二十一条规定情形的除外。人民法院因前款规定的当事人申请而裁定再审，按照第一审程序再审的，应当追加其为当事人，作出新的判决、裁定；按照第二审程序再审，经调解不能达成协议的，应当撤销原判决、裁定，发回重审，重审时应追加其为当事人。”故 C 正确。

**35. D**。《仲裁法》第 26 条规定：“当事人达成仲裁协议，一方向人民法院起诉未声明有仲裁协议，人民法院受理后，另一方在首次开庭前提交仲裁协议的，人民法院应当驳回起诉，但仲裁协议无效的除外；另一方在首次开庭前未对人民法院受理该案提出异议的，视为放弃仲裁协议，人民法院应当继续审理。”此外，本题中，甲乙两公司在一审法院首次开庭前均未对人民法院受理该案提出异议，即使双方之间事先存在仲裁协议，也应当视为放弃了该协议，人民法院得予受理。一审判决作出后，乙公司仅以双方之间事先签订仲裁协议为由提起上诉，显然不能得到支持，二审法院应当直接裁定驳回上诉。D 正确。

**36. C**。《民事诉讼法》第 154 条规定：“有下列情形之一的，终结诉讼：（一）原告死亡，没有继承人，或者继承人放弃诉讼权利的；（二）被告死亡，没有遗产，也没有应当承担义务的人的；（三）离婚案件一方当事人死亡的；（四）追索赡养费、扶养费、抚养费以及解除收养关系案件的一方当事人死亡的。”本题不属于上述情形之一。《民事诉讼法》第 153 条第 1 款规定：“有下列情形之一的，中止诉讼：（一）一方当事人死亡，需要等待继承人表明是否参加诉讼的；（二）一方当事人丧失诉讼行为能力，尚未确定法定代理人的；（三）作为一方当事人的法人或者其他组织终止，尚未确定权利义务承受人的；（四）一方当事人因不可抗拒的事由，不能参加诉讼的；（五）本案必须以另一案的审理结果为依据，而另一案尚未审结的；（六）其他应当中止诉讼的情形。”本题中，孙某欠款不还与盗窃两个案件之间没有关联，对孙某刑事责任的追究与其民事责任的承担互不影响，所以本题中债务纠纷不以孙某刑事诉讼的审理结果为依据，不需要中止民事案件的审理。同理，本案不符合提起刑事附带民事诉讼的基本条件。故 C 正确。

**37. B**。处分原则是民事诉讼的一项基本原则，其在民事诉讼中有若干方面的表现，如民事诉讼程序是否启动由当事人决定；当事人在起诉时有权选择司法保护的范围和司法保护的方法；诉讼开始后，原告可以申请撤回起诉，从而终结诉讼程序。本题中，原告甲的诉讼请求仅限于要求乙偿还本金 2 万元，并未涉及逾期还款的利息。法院超出原告的诉讼请求，判令被告在偿还 2 万元本金之外还加付利息 520 元，显然违背了民事诉讼的处分原则。另外根据《民法典》第 680 条第 2、3 款的规定，借款合同对支付利息没有约定的，视为没有利息。借款合同对支付利息约定不明确，当事人不能达成补充协议的，按照当地或者当事人的交易方式、交易习惯、市场利率等因素确定利息；自然人之间借款的，视为没有利息。所以，本案判决乙还甲借款利息 520 元，也没有实体法上的依据。综上，B 正确。

**38. A**。《仲裁法》第 49 条规定：“当事人申请仲裁后，可以自行和解。达成和解协议的，可以请求仲裁庭根据和解协议作出裁决书，也可以撤回仲裁申请。”《仲裁法》第 50 条规定：“当事人达成和解协议，撤回仲裁申请后反悔的，可以根据仲裁协议申请仲裁。”因此 A 正确，南沙公司可以根据原仲裁协议申请仲裁。

**39. D**。《民事诉讼法》第 154 条规定：“有下列情形之一的，终结诉讼：（一）原告死亡，没有继承人，或者继承人放弃诉讼权利的；（二）被告死亡，没有遗产，也没有应当承担义务的人的；（三）离婚案件一方当事人死亡的；（四）追索赡养费、扶养费、抚养费以及解除收养关系案件的一方当事人死亡的。”C 中的情形不属于应当终结诉讼的情形。C 错误。《民事诉讼法》第 149 条规定，有下列情形之一的，可以延期开庭审理：……（3）需要通知新的证人到庭，调取新的证据，重新鉴定、勘验，或者需要补充调查的；……《民事诉讼法》第 153 条第 1 款规定，有下列情形之一的，中止诉讼：……（4）一方当事人因不可抗拒的事由，不能参加诉讼的；（5）本案必须以另一案的审理结果为依据，而另一案尚未审结的；（6）其他应当中止诉讼的情形。所以 AD 和 B 的情形应当分别适用诉讼中止和延期审理。但是根据《民事诉讼法》第 157 条的规定，中止诉讼应当以裁定为之，而延期审理应当以决定为之。所以只有 D 正确。

**40. D**。仲裁裁决书自作出之日起发生法律效力，裁决有缺陷的，仲裁委员会无权自行变更。《仲裁法》第 58 条第 1 款规定：“当事人提出证据证明裁决有下列情形之一的，可以向仲裁委员会所在地的中级人民法院申请撤销裁决：（一）没有仲裁协议的；（二）裁决的事项不属于仲裁协议的范围或者仲裁委员会无权仲裁的；（三）仲裁庭的组成或者仲裁的程序违反法定程序的；（四）裁决所根据的证据是伪造的；（五）对方当事人隐瞒了足以影响公正裁决的证据的；（六）仲裁员在仲裁该案时有索贿受贿，徇私舞弊，枉法裁决行为的。”因此甲公司和乙公司均有权向法院请求撤销仲裁裁决。《仲裁法解释》第19条规定，当事人以仲裁裁决事项超出仲裁协议范围为由申请撤销仲裁裁决，经审查属实的，人民法院应当撤销仲裁裁决中的超裁部分。但超裁部分与其他裁决事项不可分的，人民法院应当撤销仲裁裁决。故D正确。

**41. C**。普通共同诉讼，是指当事人一方或者双方为2人以上，其诉讼标的是同一种类，人民法院认为可以合并审理并经当事人同意而进行的共同诉讼。题中法院是在征得当事人同意的情况下才决定将两个案件合并审理的。C正确。

**42. C**。《民诉解释》第157条规定：“人民法院对抵押物、质押物、留置物可以采取财产保全措施，但不影响抵押权人、质权人、留置权人的优先受偿权。”因此一审法院仍然可以对乙公司的该处房产采取保全措施，该保全裁定并不影响抵押权人丙银行的优先受偿权。故C正确。

**43. D**。对生效民事裁判提起抗诉是人民检察院启动再审程序的途径，也是人民检察院法律监督职能在民事诉讼中的重要体现。但是人民检察院在再审程序中并不是当事人，而仅仅是履行法律监督者的职能出席庭审。D错误，当选。

**44. C**。待证事实与其年龄、智力状况或者精神健康状况相适应的无民事行为能力人和限制民事行为能力人，可以作为证人。故A错误。证人作证的方式应当是出庭，只有在“确有困难”的情况下，才可能允许证人以书面证言、视听传输技术或者视听资料等方式作证。即便如此，该书面证言仍应当接受质证。因此不能认为书面证言可以代替证人出庭作证。故D错误。当事人申请证人出庭作证，应当在举证期限届满10日前提出，并经人民法院许可。故B错误。律师作为证人出庭作证的，不得再接受委托担任该案的辩护人或者代理人出庭。故C正确。

**45. C**。《民事诉讼法》第160条规定，基层人民法院和它派出的法庭审理事实清楚、权利义务关系明确、争议不大的简单的民事案件，适用本章规定。基层人民法院和它派出的法庭审理前款规定以外的民事案件，当事人双方也可以约定适用简易程序。据此，适用普通程序的案件可以不经法院审查同意，由当事人双方协商适用简易程序。故C正确。

**46. B**。案外人对据以执行的生效法律文书指定交付的财物和票证提出异议的，受托法院应当及时将案外人的书面异议转交委托法院处理。委托法院应当及时作出中止执行或驳回异议的裁定，并通知受托法院。故B正确。

**47. B**。无论是人数确定的代表人诉讼还是人数不确定的代表人诉讼，法院指定都不是产生代表人的法定的首选方式。所以A错误。《民事诉讼法》第61条规定，诉讼代表人可以委托1至2人作为诉讼代理人。该条规定并未给诉讼代表人选任诉讼代理人设定任何条件，即无需征得其他当事人的同意。所以B正确。代表人变更、放弃诉讼请求或者承认对方当事人的诉讼请求，进行和解，必须经被代表的当事人同意。所以C错误。由于甲、乙两人是作为所有起诉的当事人的诉讼代表人，根据前引之规定，达成和解必须征得所代表的当事人——全体原告的同意。D错误。

**48. B**。债务人在收到支付令后，不在法定期间提出书面异议，而向其他人民法院起诉的，不影响支付令的效力。B为正确答案。

**49. ABCD**。民事权利可分为绝对权和相对权，绝对权具有排他性，相对权不具有排他性。A中乙对甲享有的权利为债权，债权为相对权，不具有排他性。因此A正确。以民事权利的作用为标准，可以将民事权利划分为支配权、请求权、抗辩权和形成权。支配权人可以直接支配权利客体，根据《民法典》第373条、第374条的规定，B中丁对丙享有的权利为地役权，地役权属于物权的一种，而物权为支配权。因此B正确。抗辩权为对抗对方请求权的权利，因此C中保证人享有对抗债权人请求履行的权利为抗辩权。C正确。形成权是指权利人依单方意思表示使民事法律关系发生、变更、消灭的权利，法律上规定的形成权的存续期间为除斥期间，不受诉讼时效的限制。D中债权人享有的撤销权为形成权。故D正确。

**50. ABC**。主合同中虽然没有保证条款，但是，保证人在主合同上以保证人的身份签字或者盖章的，保证合同成立。据此，A构成保证。B和C行为符合设立保证的目的和形式，均应构成保证。保证人应以其全部财产对债务人的债务承担责任，己表示仅以某处私房抵债不符合保证责任的要求。D不构成保证。

**51. ABD**。购房时宏大公司售楼部所展示的该小区模型中的网球场和游泳池对于赵某而言应构成要约，而小区设计中并无网球场和游泳池，表明宏大公司有欺诈行为，《民法典》第148条规定，一方以欺诈手段，使对方在违背真实意思的情况下实施的民事法律行为，受欺诈方有权请求人民法院或者仲裁机构予以撤销。故赵某有权申请法院撤销该买卖合同，宏大公司应当依照《民法典》第500条承担缔约过失责任。如果赵某不申请撤销，则可以违约为由，请求宏大公司承担违约责任。ABD正确。C无法律依据，错误。

**52. BCD**。A中，甲主观上缺乏为他人利益的意思，不构成无因管理。《民法典》第979条规定，管理人没有法定的或者约定的义务，为避免他人利益受损失而管理他人事务的，可以请求受益人偿还因管理事务而支出的必要费用；管理人因管理事务受到损失的，可以请求受益人给予适当补偿。管理事务不符合受益人真实意思的，管理人不享有前款规定的权利；但是，受益人的真实意思违反法律或者违背公序良俗的除外。故 BCD 正确。

**53. ACD**。根据《民法典》第 770 条的规定，婷婷父母请某影楼摄影师到家中为其拍摄纪念照的行为，构成加工承揽合同，在婷婷父母与某影楼之间形成承揽合同之债。根据《民法典》第 919 条的规定，委托合同只是强调由受托人处理委托人事务，并不强调工作成果，因此本题不符合委托合同特点。根据《民法典》第 1019 条的规定，影楼擅自将婷婷相片制成挂历出售的行为构成对婷婷肖像权的侵害，在婷婷与某影楼之间形成侵权之债。根据《民法典》第 122 条的规定，影楼制成挂历出售所获收益，系侵害婷婷肖像权所得，并无合法根据，影楼应将所获利益返还利益受损的婷婷，由此在婷婷与某影楼之间形成不当得利之债。综上，ACD 正确。

**54. ABD**。《民法典》第 526 条规定："当事人互负债务，有先后履行顺序，应当先履行债务一方未履行的，后履行一方有权拒绝其履行请求。先履行一方履行债务不符合约定的，后履行一方有权拒绝其相应的履行请求。"本题中煤矿交付的煤的含硫量远远超过约定标准，热电厂作为后履行一方有权根据顺序履行抗辩权拒绝相应履行。《民法典》第 577 条规定："当事人一方不履行合同义务或者履行合同义务不符合约定的，应当承担继续履行、采取补救措施或者赔偿损失等违约责任。"据此，热电厂有权要求煤矿承担违约责任。不安抗辩权为负有先履行义务一方的当事人享有，本题中热电厂属于后履行义务一方，其不能行使不安抗辩权。根据《民法典》第 563 条第 1 款第 4 项，煤矿的违约行为导致热电厂购煤的合同目的不能实现，热电厂有权解除合同。综上，ABD 正确。

**55. ABCD**。《民法典》第 271 条规定："业主对建筑物内的住宅、经营性用房等专有部分享有所有权，对专有部分以外的共有部分享有共有和共同管理的权利。"王某将楼房第二层出售给张某后，张某即成为该栋楼房的业主之一，与王某就该栋楼房形成了建筑区分所有权关系。该栋楼房楼顶作为建筑物的共有部分，张某作为业主对其享有共有和共同管理的权利。在张某成为业主后，王某在楼顶设置商业广告牌属于对共有部分的利用，应经各共有人同意，王某和张某同为共有人，因此，张某单方无权要求王某拆除广告牌。王某在楼顶设置商业广告牌属于对共有部分的利用，则根据《民法典》第 283 条的规定，张某有权要求与王某分享其购房后的广告收益。因此 ABCD 正确。

**56. ACD**。《民法典》第 434 条规定："质权人在质权存续期间，未经出质人同意转质，造成质押财产毁损、灭失的，应当承担赔偿责任。"《民法典》第 311 条规定了善意取得其他物权制度。据此，我国《民法典》承认动产质权的善意取得。A 正确，B 错误。甲作为质权人对未经同意转质造成电动车毁损、灭失的，应向出质人乙承担损害赔偿责任。因此 C 正确。虽然甲转质乙并不知情，但乙作为质物的所有权人，以侵权为由，可以请求丙赔偿损失。因此 D 正确。

**57. ABCD**。《民法典》第 1121 条第 2 款规定，相互有继承关系的数人在同一事件中死亡，难以确定死亡时间的，推定没有其他继承人的人先死亡。都有其他继承人，辈份不同的，推定长辈先死亡；辈份相同的，推定同时死亡，相互不发生继承。据此，王某和李某为夫妻，辈份相同，应推定王某和李某同时死亡，同时王某和李某互不继承。由于王某李某与女儿互为第一顺序继承人，而三者同时死亡，应推定王某和李某作为长辈先死亡，女儿作为晚辈后死亡，并作为第一顺序继承人继承王某和李某的遗产。ABCD 均正确。

**58. ABD**。《民法典》第 990 条规定，公民享有肖像权和名誉权。本题中，杂志社未经张某同意用作杂志封面侵害了张某的肖像权；杂志社捏造张某与照片中小女孩为母女关系，损害了张某的名誉权。根据《民法典》第 1183 条规定，张某有权向侵害其肖像权和名誉权的杂志社要求精神损害赔偿。本题中，杂志社的行为并未涉及对张某隐私的披露，不存在侵犯张某隐私权的情形。C 错误。综上，ABD 正确。

**59. BCD**。《民法典》第 859 条规定，委托开发完成的发明创造，除法律另有规定或者当事人另有约定外，申请专利的权利属于研究开发人。研究开发人取得专利权的，委托人可以依法实施该专利。研究开发人转让专利申请权的，委托人享有以同等条件优先受让的权利。本题中，刘某作为研究开发人，申请专利权应属于刘某；刘某取得专利权的，甲研究所作为委托人有权免费实施该专利；刘某转让专利申请权的，甲研究所享有以同等条件优先受让的权利。同时，尽管当事人就技术成果的归属没有约定，但不影响技术开发合同的效力，刘某仍然有权获取约定的报酬。因此 BCD 正确。

**60. ABD**。《消费者权益保护法》第 55 条第 1 款规定："经营者提供商品或者服务有欺诈行为的，应当按照消费者的要求增加赔偿其受到的损失，增加赔偿的金额为消费者购买商品的价款或者接受服务的费用的三倍；增加赔偿的金额不足五百元的，为五百元。法律另有规定的，依照其规定。"可见，2013 年修正后的《消费者权益保护法》增加了惩罚性赔偿的金额，即返一赔三。本题中，甲商店知假卖假，有欺诈行为，王某有权要求甲商店最高赔偿其 40 万元。但是否要求惩罚性赔偿以及赔偿多少是王某的权利，他可以要求甲商店只赔偿其 10 万元，也可以要求甲商店照销售原价即 5 万元赔偿。因此 AB 正确。《民法典》第 1165 条第 1 款规定，行为人因过错侵害他人民事权益造成损害的，应当承担侵权责任。本题中，李某由于过失摔坏王某的瓷瓶，应该承担侵权责任，但侵权责任为补偿责任，应以瓷瓶的实际价值为限承担责任。因此 C 错误，D 正确。

**61. ABC**。张某与乙公司形成旅客运输合同，对于张某遭受人身损害，张某可以要求乙公司承担违约责任，但违约责任中并不包括精神损害赔偿。因此 A 错误。小牛已脱离甲小学管辖范围，甲小学不应当承担赔偿责任。因此 BC 错误。

**62. ABD**。根据《著作权法》第 47 条的规定，甲电视台有权禁止乙电视台未经其许可转播其直播的演唱会，此时乙电视台侵犯的是甲电视台的现场直播权。A 正确。《著作权法》第 39 条规定，表演者对其表演享有许可他人从现场直播和公开传送其现场表演并获得报酬的权利。乙电视台未经同意转播歌星的现场，侵犯了歌星的表演者权。B 正确。根据《著作权法》第 44 条的规定，丁音像店虽然通过正规渠道买到丙广播台制作的 CD，但如要出租，应同时经过 CD 制作者即丙广播电台和表演者即该歌星的许可并向他们支付报酬。因此，C 错误。《著作权法》第 47 条第 1 款规定："广播电台、电视台有权禁止未经其许可的下列行为：（一）将其播放的广播、电视以有线或者无线方式转播；（二）将其播放的广播、电视录制以及复制；（三）将其播放的广播、电视通过信息网络向公众传播。"据此，戊将丙广播电台播放的演唱会录音录下后上传到网站上传播应取得丙的许可，并向其支付报酬。因此，D 正确。

**63. AC**。该合同为专利独占实施许可合同，《民法典》第 863 条规定，专利独占实施许可合同为技术转让合同的一种。A 正确。《民法典》第 865 条规定，专利实施许可合同仅在该专利权的存续期限内有效。该合同转让对象为实用新型，《专利法》第 42 条第 1 款规定："发明专利权的期限为二十年，实用新型专利权的期限为十年，外观设计专利权的期限为十五年，均自申请日起计算。"本题中，该实用新型的有效期在合同订立时为 6 年，因此该合同有效期不得超过 6 年。B 错误。《专利法》第 12 条规定："任何单位或者个人实施他人专利的，应当与专利权人订立实施许可合同，向专利权人支付专利使用费。被许可人无权允许合同规定以外的任何单位或者个人实施该专利。"C 正确。专利权人或者利害关系人可以向人民法院提出诉前责令被申请人停止侵犯专利权行为的申请。提出申请的利害关系人，包括专利实施许可合同的被许可人、专利财产权利的合法继承人等。专利实施许可合同被许可人中，独占实施许可合同的被许可人可以单独向人民法院提出申请；排他实施许可合同的被许可人在专利权人不申请的情况下，可以提出申请。据此，乙公司可以自己的名义起诉侵犯该专利技术的人，无需甲公司授权。D 错误。

**64. AD**。根据《民法典》第 1091 条的规定，甲隐匿财产的行为并不构成乙主张损害赔偿的法定情形。A 正确。根据《民法典》第 1092 条的规定，对于离婚时隐藏夫妻共同财产的一方，分割夫妻共同财产时，可以少分或不分。B 错误。《婚姻家庭编解释（一）》第 84 条规定："当事人依据民法典第一千零九十二条的规定向人民法院提起诉讼，请求再次分割夫妻共同财产的诉讼时效期间为三年，从当事人发现之日起计算。"据此，C 错误。《民法典》第 229 条规定："因人民法院、仲裁机构的法律文书或者人民政府的征收决定等，导致物权设立、变更、转让或者消灭的，自法律文书或者征收决定等生效时发生效力。"据此，D 正确。

**65. BC**。《合伙企业法》第 68 条第 1 款规定，有限合伙人不执行合伙事务，不得对外代表有限合伙企业。A 错误。《合伙企业法》第 16 条第 1 款规定，合伙人可以用货币、实物、知识产权、土地使用权或者其他财产权利出资，也可以用劳务出资。《合伙企业法》第 64 条第 2 款规定，有限合伙人不得以劳务出资。B 正确。《合伙企业法》第 69 条规定，有限合伙企业不得将全部利润分配给部分合伙人；但是，合伙协议另有约定的除外。C 正确。有限合伙企业至少应当有一个普通合伙人，即使全体合伙人同意，也不能全部转为普通合伙人。故 D 错误。

**66. BCD**。《合伙企业法》第 79 条规定，作为有限合伙人的自然人在有限合伙企业存续期间丧失民事行为能力的，其他合伙人不得因此要求其退伙。A 错误。《合伙企业法》第 80 条规定，作为有限合伙人的自然人死亡、被依法宣告死亡或者作为有限合伙人的法人及其他组织终止时，其继承人或者权利承受人可以依法取得该有限合伙人在有限合伙企业中的资格。B 正确。《合伙企业法》第 83 条规定，有限合伙人转变为普通合伙人的，对其作为有限合伙人期间有限合伙企业发生的债务承担无限连带责任。C 正确。《合伙企业法》第 72 条规定，有限合伙人可以将其在有限合伙企业中的财产份额出质；但是，合伙协议另有约定的除外。D 正确。

**67. ABC**。本题属于因第三者对保险标的的损害而造成保险事故，如果王某已从邻居处得到 10 万元的赔偿，按照损害补偿的原则，其不能再向保险公司索赔。故 C 错误。但如果王某从保险公司得到的赔偿不足 10 万元，其可以就未取得赔偿的部分向邻居索赔。故 D 正确。《保险法》第 61 条第 1 款规定，保险事故发生后，保险人未赔偿保险金之前，被保险人放弃对第三者请求赔偿的权利的，保险人不承担赔偿保险金的责任。B 错误。另根据保险法损害补偿的基本原则，只要发生保险责任范围内的损失，保险公司都应当赔偿，没有必须向第三者索赔无果这一前置条件。故 A 错误。

**68. AD**。根据票据无因性的特征，票据行为与作为其发生前提的实质性原因关系相分离，从而使票据行为的效力不再受原因关系的存废或其效力有无的影响。虽然《票据法》第 10 条规定了票据的签发、取得和转让，应当遵循诚实信用的原则，具有真实的交易关系和债权债务关系。但其规定仅作为特定的票据当事人之间的一种抗辩事由，不影响票据本身的效力。故 A 正确。《票据法》第 6 条规定，无民事行为能力人或者限制民事行为能力人在票据上签章的，其签章无效，但是不影响其他签章的效力。丙为未成年人，系无民事行为能力人或限制民事行为能力人，其在票据上的签章无效，但不影响其他签章的效力。故 B 错误。《票据法》第 9 条第 2 款规定，票据金额、日期、收款人名称不得更改，更改的票据无效。因此，变造票据金额的，票据无效。故 C 错误。由于丁变造票据金额而导致票据无效，故戊不能以无效的票据向变造前签章人甲和乙行使追索权。故 D 正确。

**69. BC**。《企业破产法》第 109 条规定，对破产人的特定财产享有担保权的权利人，对该特定财产享有优先受偿的权利。《企业破产法》第 132 条规定，本法施行后，破产人在本法公布之日前所欠职工的工资和医疗、伤残补助、抚恤费用，所欠的应当划入职工个人账户的基本养老保险、基本医疗保险费用，以及法律、行政法规规定应当支付给职工的补偿金，依照本法第 113 条的规定清偿后不足以清偿的部分，以本法第 109 条规定的特定财产优先于对该特定财产享有担保权的权利人受偿。本题中，甲公司以厂房作抵押担保其 100 万元银行贷款，银行对该抵押财产享有优先受偿权，但其优先权能否实现还受到一定限制。A 错误。《企业破产法》第 51 条规定，债务人的保证人或者其他连带债务人已经代替债务人清偿债务的，以其对债务人的求偿权申报债权。债务人的保证人或者其他连带债务人尚未代替债务人清偿债务的，以其对债务人的将来求偿权申报债权。但是，债权人已经向管理人申报全部债权的除外。如果保证人 A 公司已代甲公司偿还了乙银行贷款，则其可向管理人申报 100 万元债权；如果乙银行不申报债权，则 A 公司或 B 公司均可向管理人申报 100 万元债权。故 BC 正确。《企业破产法》第 124 条规定，破产人的保证人和其他连带债务人，在破产程序终结后，对债权人依照破产清算程序未受清偿的债权，依法继续承担清偿责任。因此，如果乙银行已申报债权并获 40 万元分配，则保证人应依法继续承担剩余 60 万元债务的清偿责任。故 D 错误。

**70. CD**。《公司法》第 56 条第 2 款规定，记载于股东名册的股东，可以依股东名册主张行使股东权利。《公司法》第 32 条第 1 款规定，公司登记事项包括：（1）名称；（2）住所；（3）注册资本；（4）经营范围；（5）法定代表人的姓名；（6 有限责任公司股东、股份有限公司发起人的姓名或者名称。《公司法》第 34 条规定，公司登记事项发生变更的，应当依法办理变更登记。公司登记事项未经登记或者未经变更登记，不得对抗善意相对人。此处包含两层含义：一是股东名册是证明股东资格和行使股东权利的依据；二是股权转让应当办理变更登记，但登记中关于新股东姓名或名称的记载具有对抗第三人的效力，并不是股东资格和股东权利的取得条件。因此，CD 正确。

**71. BD**。根据《公司法》第 189 条第 1、2 款规定："董事、高级管理人员有前条规定的情形的，有限责任公司的股东、股份有限公司连续一百八十日以上单独或者合计持有公司百分之一以上股份的股东，可以书面请求监事会向人民法院提起诉讼；监事有前条规定的情形的，前述股东可以书面请求董事会向人民法院提起诉讼。监事会或者董事会收到前款规定的股东书面请求后拒绝提起诉讼，或者自收到请求之日起三十日内未提起诉讼，或者情况紧急、不立即提起诉讼将会使公司利益受到难以弥补的损害的，前款规定的股东有权为公司利益以自己的名义直接向人民法院提起诉讼。"据此，有限责任公司的股东不受持股比例的限制，故 A 错误。但应当遵守一定程序，即在董事、高级管理人员给公司造成损失时，应先请求监事会或者不设监事会的有限责任公司的监事向人民法院提起诉讼。故 B 正确。另外，股东代表诉讼应当以股东自己的名义而非公司的名义。故 C 错误。由于股东代表诉讼是为了公司的利益而提起，因此，诉讼利益应当归属于公司，而非股东个人。故 D 正确。

**72. ACD**。《公司法》第 124 条第 1 款规定，董事会会议应当有过半数的董事出席方可举行。董事会作出决议，应当经全体董事的过半数通过。由此可见，董事会决议的效力取决于两个方面：一是有过半数的董事出席；二是必须经全体董事的过半数通过。CD 不是董事会决议效力的条件，错误。本题中，华胜股份有限公司共有 9 名董事，董事会会议须有 5 名董事出席，但通过决议所需的半数表决票是以全体董事数为基数的，而不是以出席董事数为基数的。故 B 正确，ACD 错误，当选。

**73. ABD**。《民事诉讼法》第 146 条规定："原告经传票传唤，无正当理由拒不到庭的，或者未经法庭许可中途退庭的，可以按撤诉处理；被告反诉的，可以缺席判决。"《民诉解释》第 234 条规定："无民事行为能力人的离婚诉讼，当事人的法定代理人应当到庭；法定代理人不能到庭的，人民法院应当在查清事实的基础上，依法作出判决。"AB 正确。C 错误，因为有独立请求权的第三人在诉讼中处于参加之诉的原告当事人的地位。《民诉解释》第 236 条规定："有独立请求权的第三人经人民法院传票传唤，无正当理由拒不到庭的，或者未经法庭许可中途退庭的，比照民事诉讼法第一百四十六条的规定，按撤诉处理。”无独立请求权的第三人在诉讼中不享有主诉当事人的权利，《民诉解释》第 82 条规定：“在一审诉讼中，无独立请求权的第三人无权提出管辖异议，无权放弃、变更诉讼请求或者申请撤诉，被判决承担民事责任的，有权提起上诉。”辅助被告一方的无独立请求权的第三人经人民法院传票传唤，无正当理由拒不到庭，或者未经法庭许可中途退庭的，人民法院依然可以缺席判决其承担民事责任。故 D 正确。

**74. AB**。根据民事诉讼“谁主张，谁举证”的举证责任分配规则，刘某要对三被告向轿车投掷石子的事实和其本身受到的损失承担举证责任。AB 正确。《民法典》第 1170 条规定，二人以上实施危及他人人身、财产安全的行为，其中一人或者数人的行为造成他人损害，能够确定具体侵权人的，由侵权人承担责任；不能确定具体侵权人的，行为人承担连带责任。由此可知，除非能确定具体侵权人，三被告仅证明其投掷石子与刘某所受损害之间不存在因果关系或者证明其主观没有过错，并不能免责。因此，CD 错误。

**75. ABCD**。《民事诉讼法》第 293 条规定：“根据中华人民共和国缔结或者参加的国际条约，或者按照互惠原则，人民法院和外国法院可以相互请求，代为送达文书、调查取证以及进行其他诉讼行为。外国法院请求协助的事项有损于中华人民共和国的主权、安全或者社会公共利益的，人民法院不予执行。”据此，该条前一款的规定实际上确定了人民法院进行司法协助应当在其职权范围之内的原则，而后一款的规定则确定了司法协助不得违背我国主权、国家和社会公共利益的原则。因此 ABC 正确。《民事诉讼法》第 295 条第 1 款规定：“外国法院请求人民法院提供司法协助的请求书及其所附文件，应当附有中文译本或者国际条约规定的其他文字文本。”因此 D 正确。

**76. ABCD**。《民事诉讼法》第 24 条规定：“因合同纠纷提起的诉讼，由被告住所地或者合同履行地人民法院管辖。”《民事诉讼法》第 29 条规定：“因侵权行为提起的诉讼，由侵权行为地或者被告住所地人民法院管辖。”A 区既是侵权行为地，又是合同履行地，B 区为被告所在地，据此，无论是提起侵权之诉还是违约之诉，A、B 两个区的法院都有管辖权，形成共同管辖。故 AB 正确。《民诉解释》第 36 条规定：“两个以上人民法院都有管辖权的诉讼，先立案的人民法院不得将案件移送给另一个有管辖权的人民法院。人民法院在立案前发现其他有管辖权的人民法院已先立案的，不得重复立案；立案后发现其他有管辖权的人民法院已先立案的，裁定将案件移送给先立案的人民法院。”所以 B 区法院作为有管辖权的法院不应移送管辖。故 C 正确。《民事诉讼法》第 37 条规定：“人民法院发现受理的案件不属于本院管辖的，应当移送有管辖权的人民法院，受移送的人民法院应当受理。受移送的人民法院认为受移送的案件依照规定不属于本院管辖的，应当报请上级人民法院指定管辖，不得再自行移送。”所以 D 正确。

**77. BCD**。《民事诉讼法》第 218 条规定：“人民法院按照审判监督程序再审的案件，发生法律效力的判决、裁定是由第一审法院作出的，按照第一审程序审理，所作的判决、裁定，当事人可以上诉；发生法律效力的判决、裁定是由第二审法院作出的，按照第二审程序审理，所作的判决、裁定，是发生法律效力的判决、裁定；上级人民法院按照审判监督程序提审的，按照第二审程序审理，所作的判决、裁定是发生法律效力的判决、裁定。人民法院审理再审案件，应当另行组成合议庭。”据此，再审所适用的程序既可能是一审程序，也可能是二审程序，如果是按照一审程序审理自然可能会有人民陪审员参与其中。所以 A 错误。《民事诉讼法》第 41 条规定：“人民法院审理第二审民事案件，由审判员组成合议庭。合议庭的成员人数，必须是单数。……发回重审的案件，原审人民法院应当按照第一审程序另行组成合议庭……”所以 B 正确。《民事诉讼法》第 185 条规定：“依照本章程序审理的案件，实行一审终审。选民资格案件或者重大、疑难的案件，由审判员组成合议庭审理；其他案件由审判员一人独任审理。”据此，人民陪审员不能参与特别程序案件的合议庭。C 正确。最后，《民事诉讼法》第 40 条第 1 款规定：“人民法院审理第一审民事案件，由审判员、人民陪审员共同组成合议庭或者由审判员组成合议庭。合议庭的成员人数，必须是单数。”所以 D 正确。

**78. BC**。首先可以确定李某并非本题中的适格当事人，因其对本案并不存在诉的利益，不具备成为当事人的条件。所以 A 错误。李某、郑某共同目睹了张某在购物中心摔倒的全过程，是了解案件情况的人，符合成为本案证人的条件。所以 B 正确。张某在华美购物中心购物，并因为打蜡地板太滑以致摔伤，造成人身损害，《民诉解释》第 56 条规定，法人或者其他组织的工作人员执行工作任务造成他人损害的，该法人或者其他组织为当事人。《民法典》第 1191 条第 1 款规定，用人单位的工作人员因执行工作任务造成他人损害的，由用人单位承担侵权责任。用人单位承担侵权责任后，可以向有故意或者重大过失的工作人员追偿。因此华美购物中心为单独被告。C 正确，D 错误。

**79. AB**。《民事诉讼法》第 235 条规定：“发生法律效力的民事判决、裁定，以及刑事判决、裁定中的财产部分，由第一审人民法院或者与第一审人民法院同级的被执行的财产所在地人民法院执行。法律规定由人民法院执行的其他法律文书，由被执行人住所地或者被执行的财产所在地人民法院执行。”所以A正确。《民事诉讼法》第238条规定：“执行过程中，案外人对执行标的提出书面异议的，人民法院应当自收到书面异议之日起十五日内审查，理由成立的，裁定中止对该标的的执行；理由不成立的，裁定驳回。案外人、当事人对裁定不服，认为原判决、裁定错误的，依照审判监督程序办理；与原判决、裁定无关的，可以自裁定送达之日起十五日内向人民法院提起诉讼。”所以B正确。《民事诉讼法》第241条规定：“在执行中，双方当事人自行和解达成协议的，执行员应当将协议内容记入笔录，由双方当事人签名或者盖章。申请执行人因受欺诈、胁迫与被执行人达成和解协议，或者当事人不履行和解协议的，人民法院可以根据当事人的申请，恢复对原生效法律文书的执行。”可见，执行和解协议的达成并不意味着执行程序的终结，一旦一方当事人不履行协议，对方当事人仍有恢复强制执行程序的机会。所以C错误。《民事诉讼法》已经对申请执行的期限作了统一的规定，即第246条“申请执行的期间为二年。申请执行时效的中止、中断，适用法律有关诉讼时效中止、中断的规定”。故D错误。

**80. AB**。根据请求的内容不同，可以将诉分为确认之诉、给付之诉、变更之诉（形成之诉）。A中甲公司请求法院解除业已合法存在的合同法律关系，当属变更之诉。A正确。B中甲公司诉请法院判令乙公司继续履行合同，显属给付之诉。B正确。C中甲公司与乙公司虽然表面上是对于是否存在借款法律关系存在争议，要求法院确认，但实际上该诉所要解决的问题是甲要求乙偿还借款的诉讼请求，仍然是给付之诉。C错误。D中甲公司的诉讼请求是要求乙公司立即停止施工或采取有效措施降低噪音，还是给付之诉，因为给付之诉不仅包括积极的作为内容，也可以是消极的不作为内容，停止施工的请求就是给付的一种表现样态。D错误。

**81. ABD**。《民事诉讼法》第104条第1款规定，利害关系人因情况紧急，不立即申请保全将会使其合法权益受到难以弥补的损害的，可以在提起诉讼或者申请仲裁前向被保全财产所在地、被申请人住所地或者对案件有管辖权的人民法院申请采取保全措施。申请人应当提供担保，不提供担保的，裁定驳回申请。《民事诉讼法》第103条规定，人民法院对于可能因当事人一方的行为或者其他原因，使判决难以执行或者造成当事人其他损害的案件，根据对方当事人的申请，可以裁定对其财产进行保全、责令其作出一定行为或者禁止其作出一定行为；当事人没有提出申请的，人民法院在必要时也可以裁定采取保全措施。人民法院采取保全措施，可以责令申请人提供担保，申请人不提供担保的，裁定驳回申请。人民法院接受申请后，对情况紧急的，必须在48小时内作出裁定；裁定采取保全措施的，应当立即开始执行。本题中，B地基层法院已经受理案件，因此在保全的种类上只能是诉讼中的保全。诉讼中的保全法院可以依职权作出裁定，也可以责令申请人提供担保。所以ABD错误。

**82. ABC**。一方当事人因另一方当事人的行为或者其他原因，可能使裁决不能执行或者难以执行的，可以申请财产保全。当事人申请财产保全的，仲裁委员会应当将当事人的申请依照民事诉讼法的有关规定提交人民法院。所以，仲裁当中也是可以申请财产保全的，并且仲裁委员会应当依法向人民法院提交当事人的申请，这就不能说仲裁机构不介入任何财产保全活动。D错误，ABC正确。

**83. ABCD**。被执行人及其所扶养家属生活所必需的衣服、家具、炊具、餐具及其他家庭生活必需的物品；被执行人及其所扶养家属所必需的生活费用。当地有最低生活保障标准的，必需的生活费用依照该标准确定；被执行人及其所扶养家属完成义务教育所必需的物品；未公开的发明或者未发表的著作等财产，法院执行时不得查封、扣押、冻结。AB正确。被执行人为金融机构的，对其交存在人民银行的存款准备金和备付金不得冻结和扣划，但对其在本机构、其他金融机构的存款，及其在人民银行的其他存款可以冻结、划拨，并可对被执行人的其他财产采取执行措施，但不得查封其营业场所。CD正确。

**84. ABD**。涉及可能有损国家利益、社会公共利益或者他人合法权益的事实法院可以依职权查取证。A正确。当事人及其诉讼代理人确因客观原因不能自行收集的其他材料。当事人及其诉讼代理人可以申请法院收集证据。所以B正确。人民法院对当事人及其诉讼代理人的申请不予准许的，应当向当事人或其诉讼代理人送达通知书。当事人及其诉讼代理人可以在收到通知书的次日起3日内向受理申请的人民法院书面申请复议一次。所以D正确。

**85. AD**。《民法典》第406条规定：“抵押期间，抵押人可以转让抵押财产。当事人另有约定的，按照其约定。抵押财产转让的，抵押权不受影响。抵押人转让抵押财产的，应当及时通知抵押权人。抵押权人能够证明抵押财产转让可能损害抵押权的，可以请求抵押人将转让所得的价款向抵押权人提前清偿债务或者提存。转让的价款超过债权数额的部分归抵押人所有，不足部分由债务人清偿。”本题中，抵押人陈某和抵押权人贺某无特别约定的前提下，抵押人陈某可以转移抵押财产，不需要经过抵押权人贺某的同意。因此，A正确。只有抵押权人贺某有证据证明抵押财产转让可能损害抵押权的，才可以请求抵押人陈某将转让所得的价款向其提前清偿债务或者提存。本题中没有存在上述前提条件。因此，B错误。抵押人转让抵押财产，无须抵押权人的同意，也无须另行提供担保，履行通知义务即可。本选项中的前提条件“如陈某另行提供担保”表述错误，因此，C错误。抵押权人能够证明抵押财产转让可能损害抵押权的，可以请求抵押人将转让所得的价款向抵押权人提前清偿债务或者提存。因此，D正确。

**86. D**。《民法典》第409条第2款规定：“债务人以自己的财产设定抵押，抵押权人放弃该抵押权、抵押权顺位或者变更抵押权的，其他担保人在抵押权人丧失优先受偿权益的范围内免除担保责任，但是其他担保人承诺仍然提供担保的除外。”前述法条明确指出抵押权人可以放弃对债务人的抵押权，且没有指出需要经过其他担保人的同意，即认为不需要经过其他担保人的同意，其他担保人在抵押权人丧失优先受偿权益的范围内免除担保责任。同时，依据一般法理，在不会损害社会公众利益、不会对他人的权利造成损害的前提下，权利人可以放弃自己的权利。因此，贺某作为抵押权人可以放弃对陈某的抵押权，也无须经过张某同意。故A错误。抵押权人贺某放弃抵押权，张某作为担保人，可以在贺某放弃权利的范围内免除相应的担保责任。因此，BC错误，D正确。

**87. AC**。《民法典》第419条规定，抵押权人应当在主债权诉讼时效期间行使抵押权；未行使的，人民法院不予保护。据此，A正确，B错误。本题中，保证担保条款约定，张某在陈某不能履行债务时承担保证责任，根据《民法典》第687条第1款的规定，此担保为一般保证；同时，该保证合同未约定保证期间，《民法典》第692条第2款规定，一般保证的保证人与债权人未约定保证期间的，保证期间为主债务履行期届满之日起6个月。据此，C正确，D错误。

**88. ABCD**。《民法典》第230条规定：“因继承取得物权的，自继承开始时发生效力。”甲自继承开始取得所有权。所以A正确。一般认为，物权变动中登记的效力分为：(1) 形成力：登记为物权变动的生效要件，如不动产抵押登记；(2) 对抗力：登记使物权变动产生对抗的效力，如地役权的设立，进行登记的，可以对抗善意第三人；(3) 处分力：未经登记不得处分。关于处分力与对抗力之间的关系如何？有观点认为，物权变动中登记的对抗力与处分力属于并列的关系，如果未按照《民法典》第232条办理公示登记的，仅仅是行为人无权对该不动产进行处分，但是不影响行为人就该取得的不动产对抗善意的第三人。而本书认为，登记的对抗力和处分力是相互交叉的，即未按照《民法典》第232条办理公示登记的，不得对抗善意的第三人。本题中，甲基于继承而取得了房屋的所有权，但是没有办理过户登记，所以，甲的未登记所有权是不能对抗善意第三人的。所以B正确。《民法典》第232条规定：“处分依照本节规定享有的不动产物权，依照法律规定需要办理登记的，未经登记，不发生物权效力。”甲出卖房屋的行为属于处分不动产物权，不经登记不发生物权效力。所以C正确。甲作为该房屋的所有权人，有权出租房屋，出租属于行使物权权能当中的收益权能，并不是处分行为，不会涉及物权变动。所以D正确。

**89. BD**。《民法典》第215条规定：“当事人之间订立有关设立、变更、转让和消灭不动产物权的合同，除法律另有规定或者当事人另有约定外，自合同成立时生效；未办理物权登记的，不影响合同效力。”据此，甲与乙之间的房屋买卖合同并不因未办理登记而无效。因此A错误。本题中，乙对房屋的占有是基于甲与乙之间的房屋买卖合同，因此乙占有房屋有合法依据，为合法占有。因此B正确。《民法典》第216条第1款规定，不动产登记簿是物权归属和内容的根据。本题中丙已对该房屋进行登记取得所有权，乙无权请法院宣告甲与丙之间的房屋买卖合同无效。因此C错误，D正确。

**90. AD**。《民法典》第214条规定：“不动产物权的设立、变更、转让和消灭，依照法律规定应当登记的，自记载于不动产登记簿时发生效力。”本题中，丁将房屋出卖并移转登记于戊，该房屋所有权自记载于不动产登记簿时转移于戊所有。因此A正确，B错误。根据是否基于原权利人的所有权与意志，所有权取得可以分为原始取得和继受取得。继受取得是指以原所有权人的意志为依据，通过某种法律行为或法律事件从原所有权人那里取得财产所有权。本题中，戊通过房屋买卖合同取得该房屋的所有权，属于继受取得。因此C错误，D正确。